Leo Roth (Hrsg.)
Pädagogik

Leo Roth (Hrsg.)

Pädagogik

Handbuch für
Studium und Praxis

Studienausgabe

Ehrenwirth

Die Deutsche Bibliothek – CIP-Einheitsaufnahme

Pädagogik : Handbuch für Studium und Praxis / Leo Roth
(Hrsg.). – Studienausg. – München : Ehrenwirth, 1994
   ISBN 3-431-03321-0
NE: Roth Leo [Hrsg.]

ISBN 3-431-03321-0
© 1994 by Ehrenwirth Verlag GmbH, München
Ohne ausdrückliche Genehmigung des Verlages ist es auch nicht gestattet,
das Buch oder Teile daraus auf irgendeinem Wege (fotomechanische
Reproduktion, Fotokopie, Mikrokopie, Xerographie o. a.) zu vervielfältigen
Satz: Friedrich Pustet, Regensburg
Druck und Bindung: Wiener Verlag, Himberg
Printed in Austria 1994

Inhalt

Vorwort 1

I Grundlagen, Voraussetzungen und Absichten pädagogischen Handelns

Dietrich Benner
Systematische Pädagogik – die Pädagogik und ihre wissenschaftliche Begründung
1 Zum Verhältnis von Allgemeiner und Systematischer Pädagogik . 5
2 Ansätze Systematischer Pädagogik 6
3 Zum geschichtlichen Wandel und den Aufgaben einer zeitgemäßen Systematischen Pädagogik . . 8
4 Prinzipien pädagogischen Denkens und Handelns . . . 9
5 Systematische Gliederung der Pädagogik nach handlungstheoretischen Fragestellungen . 12
6 Systematische Gliederung der Pädagogik nach Dimensionen pädagogischen Handelns . . . 14
7 Zur Bedeutung Systematischer Pädagogik für die Geschichte der Pädagogik und die Einheit der Pädagogik in Theorie, Empirie und Praxis 16
Literatur 17

Hans Merkens
Wissenschaftstheorie
1 Der Problembereich 19
2 Die pädagogische Handlung als bestimmendes Element der Praxis 19
3 Die geisteswissenschaftliche Wissenschaftstheorie 20
4 Die empirisch-sozialwissenschaftliche Wissenschaftstheorie . . 23
5 Der Einwand der kritischen Theorie 27
6 Zusammenfassung 30
Literatur 30

Leo Roth
Forschungsmethoden der Erziehungswissenschaft
1 Der Problembereich 32
2 Kontext erziehungswissenschaftlicher Forschungsmethoden . . 32
3 Zusammenhang von Gegenstandsbereich und Forschungsmethoden 33
4 Geisteswissenschaftliche Forschungsmethoden 35
5 Empirische Forschungsmethoden 40
6 Ethnographische Forschungsmethoden 54
7 Wirklichkeit, Wissenschaft und Forschungsmethoden 61
Literatur 63

Annegret Eickhorst, Harm Steinforth
Die pädagogische Wissenschaft in ihrer Literatur – Handbücher, Lexika, Periodika
1 Vorbemerkungen 68
2 Handbücher und Lexika . . . 68
3 Periodika 77
4 Literatur der Vereinigten Staaten und der Sowjetunion 83
5 Zusammenfassung 84
Literatur 85

Alfred Schöpf
Philosophische Anthropologie, Sozialanthropologie und Kulturanthropologie
1 Vorbemerkungen 87
2 Geschichtliche Bestimmung und Kritik der philosophischen Anthropologie 87
3 Systematische Probleme der Sozialanthropologie 94
Literatur 97

Irmgard Bock
Pädagogische Anthropologie
1 Pädagogische Anthropologie – eine sich geschichtlich und kulturell wandelnde Wissenschaft . 99
2 Konstanten im Wandel . . . 100
3 Pädagogische Anthropologie als Anthropologie der Lebensalter . 102
4 Erziehungsbedürftigkeit, Bildsamkeit und Erziehungsfähigkeit als Beispiel 103
5 Identität im Wandel . . . 107
Literatur 108

Hans Thomae
Psychologische Anthropologie
1 Vorbemerkungen 109
2 Die These von der handlungsleitenden Rolle kognitiver Prozesse und Strukturen . . . 110
3 Die These vom reflektierenden Charakter menschlichen Handelns 112
4 Die These von der zunehmenden Symbolisierung der Kommunikation 113
5 Die These von der primären Formung des Menschen durch Sozialisation 114
6 Menschliches Verhalten ist zukunftsorientiert – Antizipation und Humanisation 118
7 Schluß 119
Literatur 120

Felix von Cube
Verhaltensbiologie und Pädagogik
1 Problem und Intention . . . 122
2 Erkenntnisse der Verhaltensbiologie – das verhaltensökologische Gleichgewicht 123
3 Verwöhnung durch Technik und Wohlstand – Störung des verhaltensökologischen Gleichgewichts 125
4 Das Menschenbild der Verhaltensbiologie – der evolutionär erwachsene Mensch 127
5 Das evolutionäre Erziehungsprinzip – Fordern und Selbstfordern 128
6 Selbstforderung durch Einsicht . 131
Literatur 131

Erwin Roth, Mercedes Zsifkovics
Intelligenz, Begabung und Umwelt
1 Begriffsexplikation 132
2 Forschungslinien 135
3 Vererbung und Umwelt . . . 138
4 Intelligenz und Schulleistung . 140
Literatur 141

Peter Becker
Persönlichkeit von Lehrern und Schülern: seelische Gesundheit, Verhaltenskontrolle und damit zusammenhängende Eigenschaften
1 Persönlichkeitspsychologische Grundbegriffe 143
2 Persönlichkeitsbeschreibung und Persönlichkeitsdiagnostik . . 145
3 Eigenschaftspsychologische Persönlichkeitssysteme . . . 146
4 Ausgewählte pädagogische relevante Persönlichkeitsmerkmale 148
Literatur 155

Rolf Oerter
Entwicklung und Förderung: Angewandte Entwicklungspsychologie
1 Problembereich 158
2 Zur Problemgeschichte . . . 159
3 Zum gegenwärtigen Diskussionsstand 160
4 Defizite und zukünftige Forschungsfragen 168
Literatur 169

Rudolf Schmitt
Moralische Entwicklung und Erziehung
1 Vorbemerkungen 172
2 Das Gewissen – ein konditionierter Reflex . . 172
3 Das Über-Ich als Gewissensinstanz 174

4 Lernen am Modell durch
 Imitation 175
5 Kognitive Dezentrierung in
 Stufen 176
6 Moralische Entwicklung und
 Erziehungsstil 180
Literatur 182

Helmut Skowronek
Lernen und Lerntheorien
1 Begriff 183
2 Geschichte 183
3 Paradigmen 184
4 Informationsverarbeitungsmodelle des Lernens . . . 188
Literatur 192

Gerhard Kleining
Sozialer Wandel
1 Begriff, Bedeutung 194
2 Alltagstheorien 195
3 Klassische Theorien . . . 195
4 Moderne Theorien 197
5 Zur Bewertung von Theorien
 über sozialen Wandel . . . 202
Literatur 202

Gerhard Kleining
Soziale Klassen,
soziale Schichten, soziale Mobilität
1 Theorie 204
2 Zur neueren Empirie . . . 205
3 Neuere Entwicklungen . . 207
Literatur 208

Rüdiger Lautmann, Michael Meuser
Pädagogische Soziologie –
Gesellschaft, Organisation, Interaktion
1 Begriff und theoretischer Zugang 210
2 Organisierte Sozialisation . . 211
3 Gesamtgesellschaftliche Analyse 212
4 Organisationsanalyse . . . 214
5 Interaktionsanalyse 215
6 Ausblick auf Entwicklungen . 216
Literatur 218

Eckard König
Werte und Normen in der Erziehung
1 Terminologische Vorklärung . 219
2 Werte und Normen in der
 Erziehungspraxis 220
3 Legitimationsprobleme von
 Werten und Normen . . . 220
4 Empirische Wertforschung . 225
5 Werterziehung 226
Literatur 227

Jürgen Oelkers
Theorien der Erziehung – Erziehung
als historisches und aktuelles Problem
1 Exposition des Problems . . . 230
2 Historische Bemerkungen zur
 modernen Theorie der
 Erziehung 231
3 Erziehungstheorie im 20. Jahrhundert 233
4 Veränderte Voraussetzungen . 235
5 Folgeprobleme und künftige
 Aufgaben der Erziehungstheorie 237
Literatur 239

Rimmert van der Kooij
Pädagogik und Spiel
1 Das Spiel in seiner zunehmenden
 Bedeutung für das Kind . . 241
2 Mangel an integrativen Spieltheorien 242
3 Spiel: eine nicht definierbare
 Aktivität 243
4 Spielverhalten auf verschiedenen
 Altersstufen 244
5 Spiel und Entwicklung . . . 246
6 Intensität und mentale Aktivität
 während des Spiels 248
7 Erziehung und Spiel 249
8 Spielpädagogik oder Spiel in der
 Pädagogik? 252
Literatur 253

Franz-Josef Wehnes
Theorien der Bildung – Bildung als historisches und aktuelles Problem
1 Bleibende Aktualität des Bildungsbegriffs 256
2 Bildung als historisches Problem 258
3 Bildung als aktuelles Problem . 264
Literatur 269

Felix von Cube
Informationsgesellschaft, Qualifikation und Bildung – eine kritische Analyse
1 Problembereich 271
2 Die Informationsgesellschaft und ihre Mängel 272
3 Mehr Qualifikation in der Informationsgesellschaft? . . 275
4 Mehr Bildung in der Informationsgesellschaft? . . . 278
Literatur 280

Helmut Heid
Pädagogik und Politik
1 Problembereich 281
2 Politische Voraussetzungen von Pädagogik 281
3 Pädagogische Voraussetzungen von Politik 282
4 Pädagogik hat Politik zum Gegenstand 283
5 Politik hat Pädagogik zum Gegenstand 285
6 Pädagogik »als« Politik? . . . 287
Literatur 288

II Institutionen der Erziehung und Bildung

Herwart Kemper
Theorie pädagogischer Institutionen
1 Das institutionstheoretische Dilemma der Erziehungswissenschaft 293
2 Zur Geschichte und Funktion institutioneller Erziehung . . 293
3 Zur Theorie der Schule und der außerschulischen Erziehungseinrichtungen 295
4 Der antinomische Charakter institutioneller Erziehung . . 297
5 Institutionelle Erziehung als gesellschaftliche Affirmation . 299
6 Perspektiven einer Theorie institutioneller Erziehung . . 300
Literatur 302

Gerhard E. Ortner
Bildungsökonomie und Bildungsmanagement
1 Die Grundbegriffe und deren Zusammenhang: Bildung, Ökonomie, Management . . 304
2 Bildungsökonomie als Planungstheorie staatlicher Bildungspolitik 306
3 Bildungsbetriebslehre als Organisationstheorie der öffentlichen Bildungseinrichtungen . . . 313
Literatur 319

Josef Martin Niederberger
Organisationssoziologie und -psychologie von Bildungsinstitutionen
1 Organisationen als Sozialgebilde eigener Art 322
2 Organisationssoziologie . . . 324
3 Struktur und Technologie der Schule 326
4 Das organisierte Chaos – Neuere Theorien 327
5 Die Mehrklassenschule . . . 329
6 Individuum und Organisation – Human-Relations-Bewegung und Organisationspsychologie . . 329
Literatur 332

Jürgen Baumert
Das allgemeinbildende Schulwesen der Bundesrepublik Deutschland
1 Vereinheitlichung des Schulwesens der Bundesrepublik nach dem Zweiten Weltkrieg und Grundzüge der Bildungsexpansion 334
2 Zusammenspiel von Demographie und Bildungsnachfrage 336
3 Entwicklung der Schulformen . 340
4 Selektivität des gegliederten Schulsystems 351
Literatur 355

Eiko Jürgens, Leo Roth, Kurt Aurin
Strukturveränderungen im Bildungswesen der Bundesrepublik Deutschland
Die Orientierungsstufe *(Eiko Jürgens)*
1 Die konzeptionelle Entwicklung der Orientierungsstufe . . . 359
2 Grundfunktionen der Orientierungsstufe 366
3 Bezeichnung und Organisationsstruktur der Klassen 5 und 6 in den Bundesländern . . . 368
4 Perspektiven für die weitere Entwicklung der Orientierungsstufe 370
Literatur 371

Die reformierte gymnasiale Oberstufe *(Leo Roth)*
1 Problembereich 372
2 Die Reform der gymnasialen Oberstufe 375
3 Die Evaluation der Reform . . 379
4 Intersystemvergleich 387
5 Die neugestaltete gymnasiale Oberstufe und ihre Lehrer . . 389
6 Weitere Entwicklung und Forschung 390
Literatur 393

Die Gesamtschule *(Kurt Aurin)*
1 Ausgangssituation 395
2 Historische Entwicklung . . . 397
3 Ziele 397
4 Definition von Gesamtschule . 398
5 Entwicklung und Erprobung von Gesamtschulen 399
6 Mittel der Gesamtschulen zur Erreichung ihrer Ziele . . . 400
7 Wichtigste Ergebnisse bisheriger Gesamtschul-Evaluation . . . 402
8 Resümee und Ausblick . . . 405
Literatur 406

Wiebke Ammann
Institutionen der Sonderpädagogik
1 Einleitung 407
2 Früh- und Elementarbereich . 408
3 Schulischer Bereich 409
4 Beruflicher Bereich 413
Literatur 414

Annegret Eickhorst
Freie Schulen und ihre pädagogischen Konzeptionen
1 Zum Problembereich 416
2 Bezeichnung und Funktion . . 417
3 Freie Waldorfschulen 418
4 Deutsche Landerziehungsheime 421
5 Kirchliche Schulen 425
6 Die Schulen des Verbandes Deutscher Privatschulen . . . 427
7 Perspektiven 428
Literatur 428

Ursula Neumann
Ausländische Kinder an deutschen Schulen
1 Der Problembereich 432
2 Aufnahmeunterricht 433
3 Muttersprachlicher Unterricht . 434
4 Interkulturelle Erziehung . . . 436
5 Bildungsrechte: Schulerfolg und Übergang in den Beruf . . 438
6 Forschungsperspektiven . . . 439
Literatur 441

Hans-Georg Herrlitz
Schulgeschichte als Bildungsreform – Intentionen und Perspektiven
1 Problemstellung 445
2 Das Schulmodell der Aufklärung 445
3 Das Schulmodell des Neuhumanismus 447
4 Erfahrungen des Scheiterns . . 450
5 Perspektiven 452
Literatur 454

Gerhardt Petrat
Grenzen und Möglichkeiten einer aus der Geschichte des Schulalltags hergeleiteten Praxis
1 Unmittelbarkeit zur Praxis, Mittelbarkeit durch Konzepte – eine falsche Alternative . . . 456
2 Erfahrungen der Geschichte, die gefragt sind 457
3 Schlußbetrachtung 466
Literatur 467

Leo Roth
Allgemeine und berufliche Bildung
1 Diskrepanzen zwischen beruflicher und allgemeiner Bildung . 469
2 Modelle beruflicher und allgemeiner Bildung 469
3 Die gegenwärtige Situation . . 471
4 Die Integration allgemeiner und beruflicher Bildung 472
5 Allgemeinbildung in der Industriegesellschaft? 476
6 Lebensgestaltung durch allgemeine und berufliche Bildung 478
Literatur 480

Hans-Jürgen Albers
Das berufliche Bildungswesen in der Bundesrepublik Deutschland
1 Allgemeine und berufliche Bildung 482
2 Struktur beruflicher Bildung in der Bundesrepublik Deutschland 485
3 Berufliche Schulen 486
Literatur 490

Karl-Heinz Sommer
Betriebliche Ausbildung
1 Problemstellung 491
2 Sozialgeschichtliche Aspekte der betrieblichen Ausbildung . 492
3 Struktur und Probleme der heutigen betrieblichen Ausbildung 495
Literatur 504

Hans-Werner Prahl
Hochschule/Universität
1 Vorbemerkungen 507
2 Geschichte 507
3 Strukturprobleme des Hochschulwesens 513
4 Hochschule und Gesellschaft . 516
Literatur 517

Hildegard Müller-Kohlenberg
Sozialpädagogische Institutionen
1 Gegenstandsbereich 518
2 Formen sozialpädagogischer Institutionen 518
3 Die Träger sozialpädagogischer Institutionen 525
4 Kritik an der »Verinstitutionalisierung« der sozialpädagogischen Arbeit . . 526
Literatur 527

Walter Mattl
Institutionen der Erwachsenenbildung
1 Historische Entwicklung . . . 528
2 Grundlegende Strukturen . . 529
3 Träger in der Erwachsenenbildung 530
Literatur 535

Wolfgang Royl
Militärpädagogik
1 Der wissenschaftssystematische Ort 536

2 Geschichte der Militärpädagogik   537
3 Stand der militärpädagogischen
   Theorieentwicklung . . .   538
4 Stand der militärpädagogischen
   Praxis   539
5 Forschungsperspektiven . . .   540
Literatur   542

Lutz Dietze
Bildungsrecht, Elternrecht,
Bildungsverwaltung, Lehrplanrecht
1 Bildungsrecht   543
2 Elternrecht   546
3 Bildungsverwaltung . . .   547
4 Lehrplanrecht   549
Literatur   550

Hans-Joachim Fischer
Deutsche Bildungseinrichtungen
im Ausland
1 Bundesrepublik Deutschland   552

2 Ehemalige Deutsche Demokratische Republik   559
Literatur   561

Siegfried Baske
Pädagogik und Bildungswesen
in der ehemaligen DDR
1 Pädagogik als Wissenschaft . .   563
2 Bildungswesen   566
Literatur   571

Wolfgang Mitter
Strukturfragen des Bildungswesens im
internationalen Vergleich mit besonderer
Berücksichtigung der Industrieländer
1 Problemstellung   572
2 Segregation versus Integration –
   die zentrale Frage   573
3 Strukturvergleich: allgemeine
   Entwicklungen   577
4 Perspektiven   585
Literatur   586

III Erziehung und Unterricht

Wolfgang Tietze
Familienerziehung
und Kleinkindpädagogik
1 Begriffe   589
2 Historische Ausgangspunkte .   589
3 Familiale Erziehung   591
4 Bewertung und Ausblick . . .   597
Literatur   598

Lilian Fried
Kindergarten- und Vorschulpädagogik
1 Problembereich   601
2 Abriß zur Geschichte in Deutschland   601
3 Reform der vorschulischen
   Institutionen in der Bundesrepublik   602
4 Neuere Tendenzen   606
Literatur   609

Hans-Dieter Heun,
Dorothea Wiesenfeldt-Heun
Sozialpädagogik und Heimerziehung
1 Heimerziehung im System der
   Jugendhilfe   612
2 Zur Geschichte der
   Heimerziehung   613
3 Heimerziehung
   in den 80er Jahren   616
4 Heimerziehung in der
   pädagogischen Diskussion . .   621
5 Resümee   625
6 Aspekte der Heimerziehung
   in den 90er Jahren   625
Literatur   627

Horst Siebert
Erwachsenenbildung und Weiterbildung
1 Begriffserklärung   629

2 Geschichtliche Entwicklungen . . 630
3 Erwachsenenbildung als Wissenschaftsdisziplin 633
4 Theoretische Orientierungen der Erwachsenenbildung 635
5 Perspektiven 638
Literatur 639

Gerald A. Straka
Altenbildung
1 Einführung 640
2 Alten-, Altersbildung und »educational gerontology« – eine Abgrenzung 641
3 Altern als Prozeß und Altern als Zustand 641
4 Elemente einer psychopädagogisch orientierten Theorie der Altenbildung 642
5 Offene Fragen 646
Literatur 647

Wolfgang Einsiedler
**Schulpädagogik –
Unterricht und Erziehung in der Schule**
1 Schulpädagogik als wissenschaftliche Disziplin . . . 649
2 Schulpädagogik und Funktionen der Schule 651
3 Zum Zusammenhang von Unterricht und Erziehung . . . 652
4 Schulpädagogik und schulpraktische Studien 654
Literatur 656

Wilhelm H. Peterßen
Didaktik und Curriculum/Lehrplan
1 Didaktik, Lehrplan, Curriculum 658
2 Historische Entwicklungen . . 659
3 Gegenwärtige Entwicklungen . 664
Literatur 672

Hans-Karl Beckmann
Fachdidaktik, Bereichsdidaktik, Stufendidaktik
1 Begriffserklärung 674

2 Bedeutung für Wissenschaft, Studium und Praxis 675
3 Historische Aufarbeitung der genannten Bereiche 677
4 Gegenwärtiger Diskussionsstand 681
5 Subjektive Stellungnahme . . 685
6 Perspektiven und Forschungsanregungen 686
Literatur 686

*Peter Strittmatter,
Hans Werner Bedersdorfer*
**Präskriptive Unterrichtswissenschaft.
Ein Beitrag erfahrungswissenschaftlicher Unterrichtsforschung zur Lösung praktischer Probleme**
1 Einleitung 689
2 Entwicklung von Handlungsempfehlungen als problemlöseorientierte Interventionsplanung 689
3 Schlußbemerkungen 701
Literatur 702

Günter Schorch
**Unterrichtsplanung
und Unterrichtsvorbereitung**
1 Bedeutung, Problemlage, Begriff 704
2 Konzeptionelle Vorentscheidungen 705
3 Zum Entstehungsprozeß der Unterrichtsvorbereitung . . . 707
4 Darstellung des Begründungszusammenhangs 708
5 Plan der Durchführung . . . 712
6 Nachbereitung 713
Literatur 714

Manfred Bönsch
Methoden des Unterrichts
1 Problembereich 716
2 Historische Befunde 716
3 Gegenwärtiger Diskussionsstand 719
4 Perspektiven und Forschungsanregungen 726
Literatur 728

Elisabeth Kaiser
Unterrichtsformen, Differenzierung und Individualisierung
1 Vorbemerkungen 730
2 Begriff und Merkmale von »Unterrichtsformen« 730
3 Begriffsproblematik und Ziele von Differenzierung und Individualisierung . . . 731
4 Konzepte der Differenzierung in der Gesamtschule und Unterrichtsformen . . . 732
5 Konzepte der inneren Differenzierung (Binnendifferenzierung) und Unterrichtsformen . . . 735
6 Konzepte der Individualisierung und Unterrichtsformen . . . 738
Literatur 740

Gerhard Tulodziecki
Medien in Unterricht und Erziehung
1 Medienbegriff und Problemlage 742
2 Medienpädagogische Konzepte in historischer und systematischer Sicht 744
3 Medienpädagogische Forschung 747
4 Aufgaben gegenwärtiger und zukünftiger Medienpädagogik . 749
Literatur 750

Gerd Stein
Schulbücher in Lehrerbildung und pädagogischer Praxis
1 Schulbücher: Politicum/Informatorium/Paedagogicum . 752
2 Umgang mit Schulbüchern in Lehrerbildung und Schulen . 755
Literatur 758

Karlheinz Ingenkamp
Pädagogische Diagnostik
1 Gegenstandsbereich und Definition 760
2 Geschichtliche Perspektive . . 761
3 Pädagogische und gesellschaftliche Aufgaben der Pädagogischen Diagnostik . . 762
4 Diagnose und Rückmeldung im schulischen Lernen . . . 764
5 Diagnose von individuellen Lernvoraussetzungen . . . 775
6 Ausblick 780
Literatur 781

Georg Dietrich
Pädagogische Psychologie im Unterricht
1 Problembereich 786
2 Historische Aspekte des Problems 787
3 Gegenwärtiger Diskussionsstand 788
4 Probleme und Perspektiven . . 796
Literatur 797

Rudolf Krüger
Das Lehrer-Schüler-Verhältnis
1 Zum Problembereich . . . 799
2 Der Pädagogische Bezug als klassische Theorie des Lehrer-Schüler-Verhältnisses 799
3 Zur Kritik des Pädagogischen Bezugs 801
4 Neuere Impulse und Ansätze zur Erforschung des Lehrer-Schüler-Verhältnisses: die Wiederentdeckung personaler Beziehungen 803
5 Das Lehrer-Schüler-Verhältnis aus heutiger Sicht – eine Modellskizze 807
6 Zusammenfassung 810
Literatur 811

Hans Schiefele, Manfred Prenzel
Motivation und Interesse
1 Problemkreis 813
2 Motivation 813
3 Interesse 818
4 Perspektiven 821
Literatur 822

Dieter Spanhel
Sprache im Unterricht
1 Begriff 824

2 Bedeutung 824
3 Ansätze zu einer Theorie der
   Unterrichtssprache 825
4 Die Leistungen der Sprache im
   Kontext der unterrichtlichen
   Kommunikation 827
5 Forschungsstand und
   -probleme 829
6 Praktische Konsequenzen für
   die sprachliche Gestaltung des
   Unterrichts 830
Literatur 832

Detlef H. Rost
**Der hochbegabte Schüler/
die hochbegabte Schülerin**
1 Geschichte der »Hochbegabungsforschung« 833
2 Begriff und Konzept der »Hochbegabung« 839
3 Identifikation »hochbegabter«
   Schüler 843
4 Eigenschaften und Merkmale
   »hochbegabter« Schüler . . . 848
5 Die Förderung »hochbegabter«
   Schüler 851
Literatur 853

Fritz Loser, Ewald Terhart
**Schule als Lebensraum –
Schüler und Lehrer**
1 Vorbemerkung 859
2 Schule als Lebensraum für
   Schüler 859
3 Schule als Lebensraum für
   Lehrer 864
Literatur 867

Siegfried Prell
Evaluation und Selbstevaluation
1 Das Alltagsverständnis von
   Evaluation und Selbstevaluation 869
2 Begriffsklärung 870
3 Evaluationsaufgaben und
   -modelle 870

4 Programm-Evaluation . . . 871
5 Evaluation von Schulversuchen 873
6 Evaluation und Selbstevaluation
   in der Hochschuldidaktik . . 874
7 Evaluation und Selbstevaluation
   im Unterricht 876
8 Ausblick 878
Literatur 878

Brigitte Rollett
**Pädagogische Intervention, Anamnese,
Gutachten, Therapieformen**
1 Pädagogische Intervention . . 880
2 Anamnese 881
3 Gutachten 882
4 Therapieformen 883
5 Trainingsprogramme 885
6 Milieutherapie 888
7 Heilpädagogische Interventionsformen 889
8 Einzelfallhilfe Casework . . . 889
9 Perspektiven und Forschungsanregungen 890
Literatur 890

Volker Krumm
**Das Verhältnis von Elternhaus
und Schule**
1 Zur Geschichte des Problems
   und zur Begründung der
   Forderung nach Kooperation von
   Eltern und Lehrern 893
2 Das Verhältnis von Elternhaus
   und Schule im Schulrecht . . 894
3 Theoretische Konzeptionen und
   empirische Untersuchungen zum
   Verhältnis von Elternhaus und
   Schule 895
4 Kooperation heute: Empirische
   Befunde 898
5 Möglichkeiten und Aussichten
   einer Verbesserung des
   Verhältnisses von Elternhaus und
   Schule 901
Literatur 903

Erich E. Geißler,
Heinz-Werner Wollersheim
Autorität und Disziplin
1 Zum vorliegenden Begriffspaar   906
2 Ideengeschichtliche Aspekte von
   »Autorität«   907
3 Disziplin und Gehorsam . . .   911
4 Autorität, Gehorsam und Disziplin
   im Bereich der Erziehung . . .   913
Literatur   917

Ludwig Huber
Lehren und Lernen an der Hochschule
1 Ein pädagogischer Gegenstand?   918
2 Didaktische Perspektiven auf
   Lehren und Lernen an der
   Hochschule   919
3 Lernsituationen und ihre
   Veränderungen   928
Literatur   929

Horst W. Opaschowski
Freizeit und Pädagogik
1 Handlungsfeld Freizeit . . .   933
2 Defizitäres Freizeitbewußtsein   933
3 Sozialisationsfeld Freizeit . .   934
4 Bildungsfaktor Freizeit . . .   936
5 Bildungsdefizit Freizeit . . .   938
6 Freizeitorientierte Bildungsarbeit   939
7 Bildungsziel Selbständigkeit .   940
8 Sinnorientierungen des
   Freizeitverhaltens   941
9 Freizeitpädagogische Ziele . .   941
10 Kompetenz der
   Freizeitpädagogik   942
Literatur   944

IV Pädagogen und ihre Tätigkeitsfelder

Helmut Heid
Das Theorie-Praxis-Verhältnis
in der Pädagogik
1 Vorbemerkungen   949
2 Jeder Praxis ist eine Theorie
   immanent   950
3 Erziehungswissenschaft ist
   gesellschaftliche Praxis . . .   952
4 Praxis als Gegenstand von
   Erziehungswissenschaft . .   953
5 Die Verbesserung pädagogischer
   Praxis ist einer der Zwecke von
   Erziehungswissenschaft . . .   955
Literatur   956

Rudolf W. Keck
Erziehen und Unterrichten als Beruf
1 Begrifflich-systematische Ausgangspunkte. Identifikation von
   Erziehen und Unterrichten
   in der erziehungswissenschaftlichen Theoriebildung   958

2 Die anthropologische und
   gesellschaftliche Legitimation von
   Erziehung und Unterricht im
   Widerstreit   960
3 Die bildungstheoretische
   Legitimation für die Einheit
   von Erziehung und Unterricht   963
4 Erziehung und Unterricht
   als professionelle Handlungs-
   dimensionen in der Schule . .   965
Literatur   970

Dietrich von Derschau
Erzieher/Erzieherin
1 Vorbemerkungen   973
2 Ausbildung   973
3 Fort- und Weiterbildung . . .   981
4 Arbeitsbedingungen   982
Literatur   985

Hans Pfaffenberger
Sozialpädagoge/Sozialarbeiter, Sozialpädagogin/Sozialarbeiterin
1 Berufsbezeichnungen – Ausbildungsabschlüsse – Berufsfeld(er) 988
2 Aufgaben und Tätigkeiten . . 989
3 Geschichte und aktueller Stand von Beruf und Ausbildungsgängen 992
4 Zum Verhältnis Schulpädagogik – Sozialpädagogik 998
5 Arbeitsbedingungen und Arbeitsmarkt 999
Literatur 1000

Ferdinand Graf, Konrad Ronecker
Lehrer/Lehrerin
1 Vorbemerkung 1002
2 Geschichtliche Entwicklung des Berufs der Lehrerinnen und Lehrer in verschiedenen Schularten 1002
3 Gegenwärtige Lage 1008
4 Theoretische Gesichtspunkte . 1013
Literatur 1015

Karl Andre, Konrad Daumenlang
Erziehungsberater/Erziehungsberaterin
1 Allgemeines 1017
2 Zur geschichtlichen Entwicklung der Erziehungsberatung . 1017
3 Fort- und Weiterbildung . . . 1023
4 Besoldung 1024
5 Standesorganisationen . . . 1024
6 Zum Selbstverständnis des Erziehungsberaters 1025
Literatur 1028

Christine Schwarzer
Beratungslehrer/Beratungslehrerin
1 Bildungspolitische Entwicklung 1030
2 Beratungslehrer in der Schulpraxis 1031
3 Beratungswissenschaft – eine Herausforderung 1040
Literatur 1042

Dirk Busch, Christoph Hommerich
Diplompädagoge/Diplompädagogin
1 Generelle Entwicklungslinien des Diplomstudiengangs in Pädagogik 1044
2 Die Diplompädagogen der ersten Generation 1045
3 Die aktuelle Situation: Der Diplompädagoge am Beginn seiner Selbstbehauptung 1049
4 Ansatzstelle für die Weiterentwicklung eines Professionalisierungskonzeptes für pädagogische Berufe . . . 1050
Literatur 1052

Erich Perlwitz
Schulpsychologe/Schulpsychologin
1 Vorbemerkungen 1053
2 Entwicklung der Schulpsychologie 1053
3 Schulpsychologische Arbeit . . 1055
4 Entwicklungstrends in der Schulpsychologie 1060
Literatur 1061

Klaus Künzel
Erwachsenenpädagoge und Erwachsenenpädagogin – Pädagogische Mitarbeiter im Weiterbildungswesen
1 Ein Beruf sucht Begriff und Identität 1062
2 Berufsforschung und berufskundliche Annäherung . 1063
3 Vom Wanderlehrer zum Bildungsdisponenten 1064
4 Strukturbedingungen und Tätigkeitsmerkmale erwachsenenpädagogischer Arbeit 1066
5 Unternehmer – Bürokrat – Menschenfreund:

Der Erwachsenenpädagoge
und seine Qualifikation . . . 1069
Literatur 1070

Karl-Heinz Flechsig
Interkulturelle Didaktik
1 Begriffsbestimmung 1073
2 Interkulturelle Kontexte für
  didaktisches Handeln 1073
3 Handlungsfelder für professionelle und semi-professionelle
  Tätigkeit auf dem Gebiet
  interkultureller Didaktik . . . 1074
4 Wissensvorräte und Wissens-
  arten interkultureller
  Didaktik 1076
Literatur 1081

Dieter Lenzen
**Hochschullehrer/Hochschullehrerin
und wissenschaftlicher Nachwuchs**
1 Begriffe 1082
2 Geschichte 1084
3 Neuere Ansätze zur Förderung
  des wissenschaftlichen Nachwuchses 1093
Literatur 1096

Rüdiger Falk
**Pädagoge und Pädagogin
im Spannungsfeld zwischen konventionellen und alternativen Berufen**
1 Vorbemerkung 1098
2 Ausgangssituation 1099
3 Untersuchungen und
  Modellversuche 1100
4 Entwicklung 1102
5 Lehrer: Wünsche und
  Qualifikation 1103
6 Bewertung 1106
Literatur 1107

Wiltrud Gieseke
**Professionalisierung und
Probleme multidisziplinärer Zugriffe**
1 Begriffliche Abklärungen . . 1108
2 Professionelle Standards . . . 1109
3 Die Fragilität
  der Selbstdefinition in
  der Innen-/Außenrepräsentanz 1113
4 Deprofessionalisierungsdebatten – zur Begründung
  einer Demontage von Experten-
  wissen und Verschulung . . . 1115
Literatur 1118

Angaben über die Autoren und Autorinnen 1120
Personenregister 1134
Sachregister 0000

Vorwort

Vor etwa zehn Jahren legte der Herausgeber unter Mitarbeit von mehr als 100 Fachkollegen das »Handlexikon zur Erziehungswissenschaft« vor. Es ist seit längerer Zeit vergriffen. Die weitere Nachfrage hätte eine neue Auflage gerechtfertigt, doch schien diese ohne erhebliche Überarbeitung, die im Grunde eine Neufassung forderte, nicht möglich. Pädagogik als Praxis und Pädagogik als (Erziehungs-)Wissenschaft zeigen eine *historisch* bedingte an *gesellschaftliche* Verhältnisse gebundene, mithin *aktuelle* Dimension. Um die gegenwärtigen Probleme dieser Bereiche auch nur annähernd angemessen zu behandeln, genügt in keinem Fall ein System pädagogischer Begriffe, die zeitlose Gültigkeit andeuten könnten. Bereits der zeitliche Abstand von nur etwa zehn Jahren zum genannten Handlexikon zeigt, daß nicht nur neue Forschungen weitere Erkenntnisse zu den verschiedenen Gegenstandsbereichen der Pädagogik beigetragen haben, sondern inzwischen auch neue Inhaltsbereiche entstanden sind und manche Teilaspekte besondere Bedeutung erfahren.

Jeder Beitrag des Handbuchs beschreibt daher keine zeitlosen Erscheinungs- und Handlungsformen, sondern Probleme, die in Praxis und Forschung zur Lösung anstehen.

Die Herausgabe dieses Handbuchs rechtfertigt sich somit aus der Notwendigkeit, zu verschiedenen Gegenstandsbereichen und ihren Veränderungen eine jeweils aktuelle Position in der pädagogischen Praxis, Lehre und Forschung zu beziehen.

Als wesentliche Bereiche, die auch die Gliederung des Handbuchs bestimmen, werden gesehen:

– Grundlagen, Voraussetzungen und Absichten pädagogischen Handelns,
– Institutionen der Erziehung und Bildung,
– Erziehung und Unterricht,
– Pädagogen und ihre Tätigkeitsfelder.

Die diesen Themenbereichen zugeordneten Einzelbeiträge sind unterschiedlich in Anzahl und Umfang. Dieses hat der Herausgeber zu verantworten, wenn auch versucht wurde, die Subjektivität der Selektion von Themen, Autoren, Beitragsumfang und -zuordnung durch zahlreiche Gespräche mit Fachkollegen und schriftliche Rückkoppelungen mit den Autoren zu mindern.

Zwei wesentliche Bereiche pädagogischen Denkens und Handelns berücksichtigt das Handbuch nicht. So wurde erstens auf die Behandlung von Personen, die die Pädagogik maßgeblich beeinflußt haben, in eigenständigen Beiträgen verzichtet. So wichtig entsprechende Informationen sein mögen, so halten wir sie für ein in der vorgelegten Weise konzipiertes Handbuch weder für sinnvoll noch für zeitgemäß: es geht hier nicht darum, eine »Personengeschichte der Pädagogik« anzubieten. Daher werden Personennamen nur in den Problemzusammenhängen genannt, zu deren Erkenntnis die Personen beigetragen haben.

Zweitens wurden die Schulfächer und ihre Didaktik nicht aufgenommen. Hier bietet das vom Herausgeber 1980 im Ehrenwirth Verlag vorgelegte »Handlexikon zur Didaktik der Schulfächer«, das inzwischen auch in einer preiswerten Studienausgabe erschienen ist, umfassende Information.

Von der Anlage her wendet sich das Handbuch an einen weiten Leserkreis. Es wird dem Wissenschaftler in Auseinandersetzung mit den vorgetragenen Positionen der Kollegen manche Anregung liefern können. Dem Praktiker in Erziehung, Schule und Unterricht zeigt es nicht nur den aktuellen Diskussionsstand, sondern leistet auch praktische Hilfe zur Bewältigung täglicher Probleme. Dem Lehrerstudenten gibt das Handbuch Information über ausgewählte wichtige Gebiete der Pädagogik, deren Breite es ebenso andeutet, wie es Schwerpunkte akzentuiert und auf Nachbarwissenschaften hinweist. Den Hauptfachstudenten der pädagogischen Disziplinen mögen die Beiträge darüber hinaus sowohl zur Diskussion herausfordern als auch zu Forschungsarbeiten anregen. Schülern, die das Studium der Pädagogik erwägen, kann es einen Überblick über Schwerpunkte der wichtigsten Bezugswissenschaften in Theorie und Praxis vermitteln. Bei dem großen Interesse, das in der Öffentlichkeit an Problemen von Erziehung, Schule, Unterricht und dem Bildungswesen allgemein besteht, soll das Handbuch auch dem Laien, der bewußt oder unbewußt mit diesen Bereichen unseres gesellschaftlichen Lebens fast täglich in mancherlei Form in Beziehung steht, Information und Klärung auch aktueller Fragen bieten.

Der Herausgeber hat allen Autoren für die bereitwillige Mitarbeit zu danken. Nur so war es möglich, für die einzelnen Beiträge kompetente Wissenschaftler zu gewinnen, die auf entsprechenden Schwerpunkten arbeiten und den aktuellen Forschungsstand selbst maßgeblich bestimmen. Damit ist das Handbuch ein Werk der Autoren. Der Herausgeber hat zwar eine formale Struktur der Beiträge vorgeschlagen, aber keine inhaltlichen Vorgaben gemacht. Mein Respekt vor den Autoren und ihren hier vorgelegten Beiträgen zeigt sich auch darin, daß ich prinzipiell davon abgesehen habe, eigenständig Veränderungen, Kürzungen etc. vorzunehmen, selbst wenn ich ausdrücklich von den Verfassern dazu autorisiert war. Zu danken habe ich den Autoren auch für die Geduld bei schriftlichen Antworten auf Rückfragen.

Mein besonderer Dank gehört Frau Dr. A. Eickhorst, Universität Bremen, die mit großem Sachverstand und viel Akribie das Gesamtmanuskript betreute und einen wesentlichen Teil der redaktionellen Arbeit leistete. Für einen großen Teil organisatorischer Hilfe, für ihre Geduld und Ermunterung danke ich Frau L. Bogenrieder, Universität Bremen. Weiterer Dank gebührt dem Ehrenwirth Verlag, besonders Herrn R. Stachwitz, der zur Herausgabe dieses Handbuchs angeregt hat. Außerdem danke ich der Universität Bremen, den Kollegen im Fachbereichsrat und in der Studiengangskommission des Diplomstudiengangs Erziehungswissenschaft, die durch Bereitstellung nicht unerheblicher Mittel die Herausgabe dieses Handbuchs wesentlich förderten.

Ich widme das Handbuch meiner Frau Almuth und unserem Sohn Dietmar – stellvertretend für Kolleginnen und Studenten.

Bremen, im Januar 1990 *Leo Roth*

I
Grundlagen, Voraussetzungen und Absichten pädagogischen Handelns

Dietrich Benner

Systematische Pädagogik – die Pädagogik und ihre wissenschaftliche Begründung

1 Zum Verhältnis von Allgemeiner und Systematischer Pädagogik

Der Begriff Systematische Pädagogik wird zuweilen synonym mit dem Begriff Allgemeine Pädagogik gebraucht. Dies verweist darauf, daß eine Allgemeine Pädagogik nur als Systematische Pädagogik möglich ist. Der Umkehrschluß, daß nur eine Allgemeine Pädagogik den Anspruch erheben könne, systematische Aussagen zu pädagogischen Fragen zu formulieren, derweil die Regionalpädagogiken von der Vorschulerziehung über die Schul- und Sozialpädagogik bis hin zur Erwachsenenbildung unsystematische Disziplinen seien, trifft jedoch nicht zu, denn die systematischen Aussagen Allgemeiner Pädagogik müssen sich, wenn ihnen irgendeine Bedeutung und Geltung zukommen soll, auf Pädagogik insgesamt beziehen und in dieser bewähren. Im Hinblick auf die der Allgemeinen Pädagogik zukommende Grundlegungs- und Reflexionsfunktion werden die Begriffe Allgemeine und Systematische Pädagogik im Folgenden synonym verwendet.

Aufgabe einer Allgemeinen Pädagogik ist es, die Grundstruktur pädagogischen Denkens und Handelns, die handlungstheoretischen Fragestellungen der Erziehungswissenschaft und den Vermittlungszusammenhang von pädagogischer Praxis, pädagogischer Handlungstheorie und erziehungswissenschaftlicher Forschung systematisch zu bestimmen. Eine diesen Aufgaben genügende, allgemein anerkannte Systematische Pädagogik gibt es für unsere Zeit nicht. In der gegenwärtigen Diskussion stehen vielmehr verschiedene Ansätze Allgemeiner Pädagogik einerseits (vgl. BALLAUFF 1984; FISCHER 1984; HEITGER 1984; HUSCHKE-RHEIN 1984; SCHÜTZ 1984) und Versuche andererseits, die das Ende der Systematischen Pädagogik feststellen und in ihr nurmehr eine überflüssige Disziplin zu erkennen vermögen, weitgehend unvermittelt nebeneinander (vgl. LENZEN 1987; BENNER/GÖSTEMEYER 1987).

Im Folgenden (vgl. hierzu BENNER 1987) werden zunächst einige dieser Ansätze kurz genannt (2); dann wird auf den geschichtlichen Wandel und die Aufgaben einer zeitgemäßen Systematischen Pädagogik aufmerksam gemacht (3); schließlich werden im Rückgriff auf die theoriegeschichtliche Tradition der Pädagogik Prinzipien pädagogischen Denkens und Handelns (4) sowie eine Gliederung der Pädagogik nach handlungstheoretischen Fragestellungen (5) und nach Dimensionen pädagogischen Handelns (6) vorgestellt. Überlegungen zur Bedeutung Systematischer Pädagogik für die Geschichtsschreibung der Pädagogik und die Einheit der Pädagogik in Theorie, Empirie und Praxis (7) beschließen den Gedankengang.

2 Ansätze Systematischer Pädagogik

Unter Problemstellungen, die in den späteren Abschnitten ausgeführt werden, lassen sich die Ansätze zur Systematischen Pädagogik grob in drei Gruppen einteilen und danach ordnen, ob sie sich vorrangig als Wissenschaftstheorie oder als handlungstheoretische Prinzipien- und Kategorialanalyse oder als Vermittlung zwischen Wissenschafts- und Handlungstheorie begreifen.

Seit dem Positivismusstreit der 60er Jahre, der in der Pädagogik ohne tiefergehende Auseinandersetzung mit ihrer eigenen Tradition und mit der Kritischen Theorie geführt wurde, ist es üblich geworden, unter Systematischer Pädagogik die Wissenschaftstheorie der Erziehungswissenschaft (→ *Wissenschaftstheorie*) zu verstehen und die Systematischen Pädagogiken paradigmatisch nach wissenschaftstheoretischen Grundrichtungen in kritisch-analytische, historisch-hermeneutische und andere mehr zu ordnen (vgl. hierzu LENZEN/MOLLENHAUER 1983, S. 25–279). Solche Ordnungsversuche führten zu einer Abgrenzung miteinander konkurrierender Positionen und zu Versuchen, eine Logik sozialwissenschaftlicher Forschung zu ermitteln, welche klärt, ob und wie Forschungskonzepte unterschiedlicher Provenienz miteinander kooperieren können.

Als »Ertrag« der zurückliegenden metatheoretischen Diskussion läßt sich mindestens dreierlei festhalten: (a) Im Streit um den richtigen oder besseren einheitswissenschaftlichen Ansatz hat nicht ein Paradigma die anderen abgelöst, sondern ist die alte Einsicht bestätigt worden, daß Forschungsmethoden konstitutiv für den Gegenstand wissenschaftlicher Erkenntnis sind und die Vorstellung von einem einheitswissenschaftlichen Paradigma verabschiedet werden muß (→ *Forschungsmethoden der Erziehungswissenschaft*). (b) Die mit dieser Einsicht zu vereinbarenden Integrationskonzepte empirisch-analytischer und historisch-hermeneutischer Forschung haben zwar zu Logiken sozialwissenschaftlicher Forschung, nicht aber zu einer Systematischen Pädagogik geführt. Dies verweist darauf, daß die klassischen Fragestellungen der Erkenntnistheorie und der Handlungstheorie sich nicht bruchlos in wissenschaftstheoretische und metatheoretische Fragen überführen lassen. (c) Aus alledem folgt, daß Systematische Pädagogik auf der Grundlage einer nur metatheoretisch argumentierenden Wissenschaftstheorie gar nicht möglich ist, sondern einer prinzipiellen Bestimmung ihres Gegenstandes bedarf (vgl. BENNER 1983).

Damit gewinnen die einer zweiten Gruppe zuzuordnenden Ansätze neuerlich an Bedeutung, die durch die Metatheorien der Erziehung abgelöst werden sollten und in deren Zentrum nicht wissenschaftstheoretische und forschungslogische, sondern *kategoriale Bestimmungen des Gegenstandes theoretischer und praktischer Pädagogik* stehen. Die ältesten Versuche einer objekttheoretischen Bestimmung des Pädagogischen begriffen die pädagogische Praxis als einen Teil der auf die Erhaltung des Staats und der Gesellschaft gerichteten politischen Praxis und verstanden die wissenschaftliche Beschäftigung mit pädagogischen Fragen als angewandten Teil der Philosophie, insbesondere der Erkenntnistheorie und der praktischen politischen Philosophie. Die Systematischen Pädagogiken der Neuzeit betonen dagegen die Eigenart und relative Autonomie pädagogischen Denkens und Handelns und legen diese auf das Verhältnis von Pädagogik, Erkenntnistheorie, Ethik und Politik aus. Neben HERBARTS »Allgemeiner Pädagogik« (1806) sind hier insbesondere KANTS Vorlesungen über Pädagogik (1803), SCHLEIERMACHERS Vorlesungen zur Theorie der Erziehung (1813; 1820; 1826) sowie

DILTHEYS Abhandlung »Über die Möglichkeit einer allgemeingültigen pädagogischen Wissenschaft« (1888) zu nennen. Die bedeutendsten Allgemeinen und Systematischen Pädagogiken unseres Jahrhunderts stehen in dieser Tradition. Sie lassen sich nicht vorrangig wissenschafts- und metatheoretischen, sondern philosophischen und pädagogischen Schulrichtungen zuordnen, so W. FLITNERS »Allgemeine Pädagogik« (1933; 1950) und M. J. LANGEVELDS »Einführung in die theoretische Pädagogik« (1945; 1951) der Geisteswissenschaftlichen Pädagogik, A. PETZELTS »Grundzüge Systematischer Pädagogik« (1949) dem Neukantianismus, Th. BALLAUFFS »Systematische Pädagogik« (1962) der Existentialontologie HEIDEGGERS, E. FINKS »Grundfragen der systematischen Pädagogik« (1978) einer existentialontologischen Deutung der philosophischen Tradition und H.-J. GAMMS »Allgemeine Pädagogik« (1979) einer materialistischen Deutung der Geschichte der bürgerlichen Gesellschaft.

Schließlich ist noch eine dritte Gruppe von Arbeiten zur Systematischen Pädagogik zu nennen, welche sich um eine *Vermittlung zwischen metatheoretischen Systematisierungsversuchen und Allgemeiner Pädagogik* bemühen. Stellvertretend für viele Abhandlungen in dieser Richtung sei verwiesen auf J. DERBOLAVS Analysen zu »Problem und Aufgabe einer Pädagogischen Anthropologie im Rahmen der Erziehungswissenschaft« (1959) und auf seinen »Grundriß einer Gesamtpädagogik« (1987), auf H. ROTHS »Pädagogische Anthropologie« (1966; 1971), eine unter pädagogischer Fragestellung stehende Integrationsdisziplin der Resultate empirischer Humanwissenschaften, sowie auf H. BOKELMANNS propädeutische Studie »Pädagogik: Erziehung, Erziehungswissenschaft« (1970), ferner auf K. MOLLENHAUERS »Theorien zum Erziehungsprozeß« (1972), D. BENNERS »Hauptströmungen der Erziehungswissenschaft. Eine Systematik traditioneller und moderner Theorien« (1973), W. SCHMIED-KOWARZIKS »Dialektische Pädagogik« (1974) und W. KLAFKIS »Aspekte kritisch-konstruktiver Erziehungswissenschaft« (1976).

Als eine gemeinsame, diese Arbeiten verbindende Problemperspektive kann festgehalten werden, daß wir zwischen pädagogischer *Praxis*, pädagogischer *Handlungstheorie* und pädagogischer *Forschung* unterscheiden müssen. Denn die pädagogische Praxis ist zwar Gegenstand sowohl pädagogischer Handlungstheorie als auch pädagogischer Forschung, sie ist dies jedoch in durchaus unterschiedlicher Art und Weise. Während Theorien pädagogischen Handelns, sofern es sich nicht bloß um implizite, sondern mit wissenschaftlichem Anspruch auftretende Aussagensysteme handelt, auf eine systematische Anleitung und Aufgabenorientierung pädagogischer Praxis zielen, welche die Entscheidungen in der Praxis nicht normiert und vorwegnimmt, sondern an einem kategorial begründeten Begriff pädagogischer Praxis ausrichtet (vgl. BENNER/SCHMIED-KOWARZIK 1967, S. 125 ff.; 1969, S. 260 ff.), geht es der pädagogischen Forschung darum, die Praxis über ihre Bedingungen und Folgen aufzuklären und pädagogische Handlungstheorie mit ihrem über Praxis vermittelten Praktischwerden zu konfrontieren (vgl. BENNER ²1978, S. 319 ff.).

Insofern sich hierbei aufgrund der theoretisch unüberbrückbaren *pädagogischen Differenz* zwischen Handlungstheorie und Praxis einerseits sowie pädagogischer Forschung und Handlungstheorie andererseits Empirie, Theorie und Praxis »nicht in ein Kontinuum eintragen« (ADORNO 1957, S. 207) lassen, ist es sinnvoll, pädagogische Wissensformen voneinander abzugrenzen und zwischen dem Handlungswissen und den Erfahrungen der Praktiker, dem handlungstheoretischen Wissen der Pädagogik und dem wissenschaftlichen Wissen pädagogischer Forschung zu unterscheiden (vgl. TENORTH 1984). Nicht minder dringlich ist es freilich, den Zusammenhang dieser Wissensformen zu klären (vgl. VOGEL 1986; BENNER 1986 b). Wird nämlich zwischen Praxiswissen und pädagogischer Handlungstheorie auf der einen und Forschungswissen auf der anderen Seite so unterschieden, daß erstere als vorwissenschaftliche Kategorialanalyse und letzteres als Wissenschaft im eigentlichen Sinne verstanden werden, dann entsteht die Aporie, daß die Pädagogik sich um eine ihrem Gegenstand angemessene Systematik nur als handlungsbezogene Kategorialanalyse bemühen kann, als Wissenschaft dagegen keinerlei Perspektiven einer Systematischen Pädagogik verpflichtet, sondern entweder nach einem der konkurrierenden metatheoretischen Forschungsparadigmen oder als historische Erforschung eines selber nicht theoriefähigen Gegenstandsbereichs zu betreiben ist.

Eine kategoriale Klärung des Gegenstands pädagogischen Denkens und Handelns, die sich auf die pädagogische Praxis, deren theoretische Handlungsanleitung und -orientierung sowie Grundsatzfragen pädagogischer Forschung zugleich bezieht und das oft unfruchtbare Nebeneinander normativ-ideologischer Handlungslehren und paradigmatisch begrenzter Forschungskonzepte zu überwinden sucht, ist ohne Rückbesinnung auf den geschichtlichen Wandel Systematischer Pädagogik nicht möglich (→ *Das Theorie-Praxis-Verhältnis in der Pädagogik*).

3 Zum geschichtlichen Wandel und den Aufgaben einer zeitgemäßen Systematischen Pädagogik

Allgemeine und Systematische Pädagogik ist nicht mit einer *paedagogia perennis* identisch, die für ihre Aussagen über pädagogisches Denken und Handeln eine übergeschichtliche Geltung beansprucht; sie kommt jedoch auch nicht ohne Vorstellungen von einer die Zeiten und Epochen überdauernden Grundfragestellung aus. Kontinuität und Diskontinuität dieser Fragestellung lassen sich problemgeschichtlich bestimmen.

Die in unserer Tradition ältesten Fassungen Systematischer Pädagogik entstammen der Polisphilosophie der griechischen Antike, insbesondere der Philosophie von PLATON und ARISTOTELES. Diese begriff die pädagogische Praxis als jenen Teil der politischen Praxis, der sich auf die Sorge der Erwachsenen um die nachwachsende Generation bezieht. Die Ziele pädagogischen Handelns folgen hier aus dem vorgegebenen Ordnungszusammenhang des gesellschaftlichen Lebens, dem die einzelnen als Angehörige eines untersten, arbeitenden Standes oder eines Standes freier Bürger zuzuordnen sind. Als Mittel pädagogischen Handelns wird neben der Gewöhnung der einzelnen an die für ihren Stand jeweils geltende Sitte die erziehende und bildende Unterweisung angesehen, welche allerdings nur den freien Bürgern zukommt. Sie erweitert die Erfahrung der Heranwachsenden zu wissenschaftlicher Einsicht und fördert hierdurch die praktische Klugheit und das tugendhafte Handeln der nachfolgenden Generation von Bürgern.

Der vorherrschende Zug der ältesten Formen Systematischer Pädagogik liegt in ihrer *teleologischen* und *genetischen*, in einem vorgegebenen Ordnungszusammenhang alles Seienden und in der Ordnung der für die Erhaltung der Polis notwendigen Tätigkeiten begründeten Fragestellung. Alles im Lernprozeß zeitlich und genetisch Frühere wird begriffen als fundiert in einem der Sache nach Früheren, das erst als genetisch Späteres angeeignet werden kann. So müssen die Heranwachsenden zunächst von den Erwachsenen regiert werden, um später selbst gut regieren zu können. Das Regiertwerden geht in genetischer Sicht dem Regieren voraus, begründet dieses jedoch nicht, sondern ist seinerseits in der politischen Ordnung der Polis begründet. So gehen die einzelnen Welterfahrungen dem Wissen um die allgemeine Ordnung des Seienden und die Gewöhnung an die Sitte der praktischen Klugheit im Handeln zeitlich voraus und sind als das genetisch Frühere doch immer schon in der fundamentalen, kosmologischen Ordnung des Seienden und der politischen Ordnung des Staates begründet.

Dieses Begründungsmodell Systematischer Pädagogik blieb in unserer Tradition bis in die philosophisch-teleologischen Ordnungslehren des Mittelalters gültig. Es verlor seine fundierende Bedeutung erst mit der Entwicklung der neuzeitlichen bürgerlichen Gesellschaft, welche keinerlei vorgegebene Gesamtteleologie der für den Erhalt der Gesellschaft erforderlichen Tätigkeiten mehr kennt und unter Wissenschaft nicht mehr die Erkenntnis einer ontologischen und kosmologischen Ordnung alles Seienden, sondern die Erklärung aller Weltbegebenheiten nach Maßgabe einer Gesetzgebung durch den menschlichen Verstand versteht.

Die Systematischen Pädagogiken der Neuzeit unterscheiden sich von den älteren dadurch, daß sie das pädagogische Handeln angesichts des Telosschwundes der traditionellen Ordnungssysteme nicht mehr als einen angewandten Teil einer ontologischen und politischen Gesamttheorie begreifen, sondern für die pädagogische Praxis einen im Vergleich mit der politischen Praxis gleich bedeutsamen und gleich gewichtigen Rang beanspruchen. Im Unterschied zur bürgerlichen Politik der Antike zielt die bürgerliche Politik der Neuzeit auf die Überführung der traditionellen, hierarchisch und teleologisch geordneten Ständegesellschaften in eine Gesellschaft freier, gleicher und brüderlicher Menschen. Mit der Neuzeit differenziert sich das ältere, politisch verstandene Generationsverhältnis in ein rechtliches und ein pädagogisches (vgl. BENNER/BRÜGGEN 1988). Das rechtliche bindet weiterhin die Inanspruchnahme der bürgerlichen Freiheiten an die Erlangung einer gesetzlich geregelten Volljährigkeit; das pädagogische Generationsverhältnis ist nun jedoch weder ein angewandter noch ein integrierter Teil des rechtlich-politischen, sondern ein solches mit eigenen Prinzipien und Grundsätzen, die eine mit der gesellschaftlichen Gesamtpraxis koordinierte und zugleich relativ *autonome pädagogische Handlungstheorie* sowie eine neue Dimensionierung der pädagogischen Praxis begründen.

4 Prinzipien pädagogischen Denkens und Handelns

Seit der Differenzierung der Mündigkeit in eine rechtliche und eine pädagogische kann die Bestimmung der einzelnen nicht mehr aus den für den Erhalt und die Sicherung einer Gesellschaft erforderlichen Tätigkeiten und Leistungen abgeleitet werden und schließen sich Vorstellungen, die von einer prästabilierten Kongruenz zwischen individuellen Anlagen und gesellschaftlich vorgegebenen Abnehmererwartungen ausgehen, von der Erörterung pädagogischer Fragen aus.

Statt den einzelnen eine ihnen geburtsständisch zukommende oder an ihren Begabungen unmittelbar ablesbare Bestimmung zuzuweisen, gilt es, jeden Heranwachsenden als einen in seiner späteren Bestimmung gerade nicht festgelegten Menschen wahrzunehmen und als jemanden anzuerkennen, der an der Erlangung seiner Bestimmtheit mitwirkt. Den Begriff einer nicht mehr teleologisch normierten Bestimmung des Menschen entwarf ROUSSEAU in seinem »Emile«, als er feststellte, das Ziel der Erziehung sei nicht durch die Gewohnheiten der Gesellschaft oder eines Standes festgelegt, sondern die unbestimmte, offene und sich entwickelnde menschliche »Natur selbst« (ROUSSEAU 1762, S. 110). Herbart faßte diese nichtteleologische Zielbestimmung pädagogischer Praxis im Prinzip der Bildsamkeit, welche »ein Übergehen von der Unbestimmtheit zur Festigkeit anzeigt« (HERBART ²1841, S. 165) und besagt, daß die Heranwachsenden in der pädagogischen Interaktion als an der Aneignung ihrer Bestimmung mitwirken.

Im Unterschied zum Anlagenbegriff, der seit PLATONS Seelenlehre eine Präformiertheit der Lernmöglichkeiten der einzelnen unterstellt, und im Unterschied zum Begabungsbegriff, der feststellt, was den einzelnen im Lernprozeß leichter oder schwerer fällt, formuliert der Begriff der *Bildsamkeit* ein Prinzip pädagogischer Interaktion, das die Gegebenheit von Anlagen und Begabungen zwar nicht leugnet, wohl aber begründet, warum nach dem Fraglichwerden eines teleologischen Verständnisses der Aufgaben pädagogischer Interaktion ein bildungstheoretisch begründeter Begriff der Bestimmung der einzelnen nicht mehr von deren Anlagen und Begabungen ausgehen kann. Das Prinzip der Bildsamkeit verweist auf eine stets im Werden begriffene Identität des Menschen, die nicht auf Einseitigkeit und Bestimmtheit, sondern auf Vielseitigkeit und Offenheit angelegt ist und zur Voraussetzung hat, daß wir uns gegenseitig als an unserer Bestimmung arbeitende Subjekte anerkennen.

Die Frage, wie sich auf die »Natur« des Menschen so einwirken lasse, daß die künftige Bestimmung der Heranwachsenden weder teleologisch vorbestimmt noch willkürlich durch ihre Erzieher bewirkt wird, beantwortete die bürgerliche Pädagogik der Neuzeit, indem sie als ein zweites Prinzip pädagogischen Denkens und Handelns dasjenige der Aufforderung zur *Selbsttätigkeit* aufstellte, welches die der veränderten Aufgabenstellung pädagogischer Praxis affine Kausalität pädagogischen Wirkens auf einen Begriff bringt.

Die methodische Struktur eines erzieherischen Umgangs, der die Bestimmung der Heranwachsenden bewußt offenhält und auf diese so einwirkt, daß sie durch eigene Selbsttätigkeit ihre Bestimmung erlangen können, begründete ROUSSEAU mit seiner Konzeption *»negativer Erziehung«*. Sie deutet alle legitimen pädagogischen Einwirkungen als Einwirkungen, welche die Heranwachsenden zur Selbsttätigkeit auffordern, statt sie zu einem fremdbestimmten Verhalten anzuhalten. Zur Eigenart der für pädagogische Interaktion konstitutiven Selbsttätigkeit gehört es, daß wir sie verfehlen, sobald wir unter ihr nur eine bestimmte Selbsttätigkeit verstehen und diese auf Formen eines herstellenden Tuns oder einer politischen Selbstbestimmung einengen. Denn der Begriff der Selbsttätigkeit ist für sich genommen notwendig ebenso allgemein wie der der Bildsamkeit. Das zweite Prinzip pädagogischer Interaktion besagt nämlich, daß alle Rezeptivität im Lernen über eine Spontaneität des Lernenden vermittelt ist und daß Aufforderungen zur Selbsttätigkeit darum solche sein müssen, die sich gleichermaßen an die Rezeptivität wie die Spontaneität des Lernenden richten (vgl. BRÜGGEN 1986).

Die beiden Prinzipien der zwar nicht unendlichen, sondern endlichen, gleichwohl universellen und vielseitigen Bildsamkeit und der Fremdaufforderung zur Selbsttätigkeit sind Prinzipien der individuellen Seite pädagogischer Praxis. Damit sie in der pädagogischen Interaktion anerkannt werden können, ist die Beachtung zweier weiterer Prinzipien erforderlich, welche sich auf die veränderte Stellung der neuzeitlichen pädagogischen Praxis im Rahmen der menschlichen Gesamtpraxis beziehen. Es sind dies die Idee der *Transformation der gesellschaftlichen Determination pädagogischer Prozesse in eine praktische Determination* und die *Idee einer nichthierarchischen Verhältnisbestimmung der ausdifferenzierten Grundformen menschlicher Praxis.*

Schon die konstitutiven Prinzipien pädagogischer Interaktion enthalten Bezüge zur gesellschaftlichen Seite der pädagogischen Praxis. Richtig verstanden besagen sie, daß es um der Freiheits- und Menschenrechte willen, welche die die neuzeitliche bürgerliche Gesellschaft erstmals in der Geschichte der Menschheit dem Anspruch und der Idee nach allen Menschen zugesteht, keine prästabilierte Bestimmung der einzelnen nach Maßgabe gesellschaftlicher Interessen mehr geben kann und darf. Dies schließt nicht aus, daß die Gesellschaft Kritik an der pädagogischen Praxis und ihren Leistungen üben kann und darf, dies schließt jedoch ein, daß die Bewertung solcher Kritik stets zugleich über eine dem Prinzip der Aufforderung zur Selbsttätigkeit verpflichtete pädagogische Gesellschaftskritik erfolgen muß. Auf die Lernprozesse Heranwachsender wirken ja niemals nur über erziehliche Aufforderungen zur Selbsttätigkeit vermittelte, sondern immer auch von den außerpädagogischen Bereichen der Gesellschaft ausgehende Einflüsse ein. Diese gilt es nicht nur unter ökonomischen und politischen, sondern auch unter pädagogischen Fragestellungen zu beurteilen und daraufhin zu prüfen, inwieweit sie zur Selbsttätigkeit auffordernde pädagogische Wirkungen erleichtern oder erschweren. Die Idee einer solchen Kritik und Prüfung bringt die regulative Idee der Transformation der gesellschaftlichen Determination pädagogischer Prozesse in eine praktische Determination auf den Begriff. Nur in einer Gesellschaft, die ihre Einwirkungen auf pädagogische Prozesse unter dieser Idee überprüft, kann die individuelle pädagogische Interaktion das für ihre Wirkungen konstitutive Prinzip der Aufforderung zur Selbsttätigkeit beachten (→ *Pädagogische Soziologie*).

Ein vergleichbarer Zusammenhang gilt für das konstitutive Prinzip universeller Bildsamkeit aller einzelnen und die regulative Idee einer nichthierarchischen Verhältnisbestimmung der ausdifferenzierten Grundformen menschlicher Praxis. Die traditionelle teleologische Normierung der Bildsamkeit der einzelnen nach Maßgabe gesellschaftlicher Erwartungen kann nämlich nur überwunden werden, wenn die von der pädagogischen Praxis zu fördernde individuelle und vielseitige Bildsamkeit auch gesellschaftlich anerkannt wird und wenn alle für die Erhaltung und Weiterentwicklung der Gesellschaft erforderlichen Tätigkeiten daraufhin überprüft werden, inwieweit ihre Betätigungsfelder solche eines vielseitigen Interesses sind oder nicht sind. Eine solche Überprüfung aber kann nur gelingen, wenn in ihr kein Bereich menschlicher Praxis einen Primat gegenüber den anderen beansprucht, sondern pädagogische, ethische, ökonomische und politische Fragen gleichberechtigt berücksichtigt werden.

Die *vier Prinzipien* der individuellen und vielseitigen Bildsamkeit, der Fremdaufforderung zur Selbsttätigkeit, der Idee der Transformation gesellschaftlicher Einflüsse auf pädagogische Prozesse in praktische Einflüsse und der Idee einer nichthierarchischen Verhältnisbestimmung der menschlichen Gesamtpraxis wurden von der neuzeitlichen Pädagogik im Zusammenhang mit drei handlungstheoretischen Fragestellungen entwickelt, die im nächsten Abschnitt skizziert werden. Auf den systematischen Zusammenhang der vier Prinzipien und der drei handlungstheoretischen Fragestellungen weist das folgende Schema hin (vgl. BENNER 1983; 1987):

	Die Prinzipien pädagogischen Denkens und Handelns	
	Konstitutive Prinzipien der individuellen Seite	Regulative Prinzipien der gesellschaftlichen Seite
A *Theorie der Erziehung* (2):(3)	(2) Aufforderung zur Selbständigkeit	(3) Überführung gesellschaftlicher Determination in pädagogische Determination
B *Theorie der Bildung* (1):(4)	(1) Bildsamkeit als Bestimmtsein des Menschen zur Selbstbestimmung	(4) Nichthierarchischer Ordnungszusammenhang der menschlichen Gesamtpraxis
	C *Theorie pädagogischer Institutionen und ihrer Reform* (1)/(2):(3)/(4)	

Abb. 1: Prinzipien und handlungstheoretische Fragestellungen der Pädagogik

5 Systematische Gliederung der Pädagogik nach handlungstheoretischen Fragestellungen

Den vier Prinzipien pädagogischen Denkens und Handelns lassen sich drei systematische Fragestellungen pädagogischer Handlungstheorie so zuordnen, daß zwei von ihnen jeweils auf ein Prinzip der individuellen und der gesellschaftlichen Seite pädagogischer Interaktion bezogen sind und die dritte Fragestellung dem Vermittlungszusammenhang der individuellen und der gesellschaftlichen Seite pädagogischer Interaktion zugeordnet wird.

Das Prinzip der Aufforderung zur Selbsttätigkeit und die Idee der Transformation der gesellschaftlichen Determination pädagogischer Praxis in pädagogisch legitime Einwirkungen der Gesellschaft formulieren Grundaussagen zum Problem pädagogischen Wirkens, dessen systematische Erörterung seit ROUSSEAUS »Emile« und SCHLEIERMACHERS Vorlesungen über Erziehung den Gegenstand der Theorie der Erziehung (→ *Theorien der Erziehung*) ausmacht. Das Prinzip der Bildsamkeit und die Idee einer nichthierarchischen Verhältnisbestimmung von Ökonomie, Ethik, Pädagogik und Politik formulieren Grundaussagen zum Problem der Aufgaben pädagogischen Handelns, dessen systematische Erörterung seit ROUSSEAUS teleologisch unbestimmtem Naturbegriff, SCHLEIERMACHERS nichthierarchischer Verhältnisbestimmung von Pädagogik und Politik, HUMBOLDTS Bildungsfragment und HERBARTS gleichgewichtiger Bestimmung der Interessen aufgegebener Vielseitigkeit den Gegenstand der Theorie der Bildung (→ *Theorien der Bildung*) auszeichnet. Eine Ortsbestimmung der pädagogischen Praxis, welche diese weder auf den pädagogischen Bezug individueller pädagogischer Interaktion noch auf die gesellschaftliche Seite pädagogischen Handelns verkürzt, kennzeichnet schließlich seit der Verbesonderung der pädagogischen Praxis zu einem eigenen, nicht mehr in die für die Selbsterhaltung der Gesellschaft notwendigen Tätigkeiten integrierten Handlungsfeld den Gegenstand der Theorie pädagogischer Institutionen (→ *Theorie pädagogischer Institutionen*).

Da allen drei handlungstheoretischen Fragestellungen der Pädagogik besondere

Artikel in diesem Handbuch gewidmet sind und eine Allgemeine Pädagogik die Fragestellungen nur präzisieren, nicht aber aus eigener Kraft beantworten kann, soll im Folgenden lediglich auf mögliche Problemverkürzungen pädagogischer Handlungstheorie aufmerksam gemacht werden, die dann zustande kommen, wenn die Theorie der Erziehung und die Theorie der Bildung die ihnen zugeordneten Prinzipien nicht beachten und die Theorie pädagogischer Institutionen entweder der individuellen oder der gesellschaftlichen Seite pädagogischer Interaktion einen Primat zuerkennt.

Im Bereich der Theorie der Erziehung stellen intentionale und funktionale Theorien, im Bereich der Theorie der Bildung formale und materiale Theorien, im Bereich der Theorie pädagogischer Institutionen auf Entinstitutionalisierung ausgerichtete sowie entlastungstheoretisch argumentierende Konzepte Problemverkürzungen dar, welche das Spannungsverhältnis zwischen der individuellen und der gesellschaftlichen Seite pädagogischer Interaktion sowie den konstitutiven und den regulativen Prinzipien nicht aushalten. Der Grundfehler dieser sich ansonsten deutlich voneinander unterscheidenden reduktionistischen Theorien ist es, daß sie letztlich nur ein affirmatives Verständnis der Möglichkeiten pädagogischen Wirkens und der Aufgaben pädagogischer Praxis kennen.

Intentionale Erziehungstheorien verstoßen gegen das erziehungstheoretische Prinzip der Aufforderung zur Selbsttätigkeit und abstrahieren von den intentional gar nicht beherrschbaren gesellschaftlichen Einwirkungen auf die pädagogische Praxis; *funktionale* Erziehungstheorien abstrahieren von den durch Aufforderung zur Selbsttätigkeit möglichen pädagogischen Wirkungen und verstoßen gegen die erziehungstheoretische Idee der Transformation gesellschaftlicher Einwirkungen in pädagogisch-legitime Einwirkungen. *Formale* Bildungstheorien reduzieren das bildungstheoretische Prinzip der Bildsamkeit auf einen bloßen Begriff menschlicher Grundkräfte und abstrahieren von der gesellschaftlich vermittelten Aufgabenstellung pädagogischen Handelns; *materiale* Bildungstheorien verstoßen gegen die bildungstheoretische Idee einer nichthierarchischen Verhältnisbestimmung von Pädagogik, Ökonomie, Ethik und Politik und erkennen die Subjektivität des an seiner Bildung arbeitenden Menschen nur als Identität im Sinne gesellschaftlich normierter Endverhaltensweisen an. *Institutionstheoretische* Konzepte schließlich, die für eine bloße Abschaffung pädagogischer Institutionen und eine Rückkehr in vorbürgerliche Verhältnisse eintreten und hierin den einzig möglichen Ausweg aus den Irrtümern intentionaler und funktionaler Erziehung sowie formaler und materialer Bildung erblicken, abstrahieren davon, daß die pädagogische Praxis die relative Autonomie handlungstheoretischer Fragestellungen ihrer Verbesonderung zu einer gesellschaftlich und institutionell ausgegrenzten Praxisform verdankt; umgekehrt binden *systemtheoretisch* argumentierende Institutionalisierungskonzepte die Funktionalität pädagogischer Praxis daran zurück, daß diese in gesellschaftlich ausgegrenzten Institutionen Wirkungen erzielt und Aufgaben erfüllt, welche die Gesamtgesellschaft von der Beachtung gesellschaftlicher Interdependenzen, die für pädagogische Fragen und Prozesse relevant sind, entlastet.

Dagegen betonen *nichtaffirmative*, den Prinzipien pädagogischen Denkens und Handelns verpflichtete Erziehungs-, Bildungs- und Institutionentheorien, daß die individuellen und gesellschaftlichen Möglichkeiten pädagogischer Interaktion untrennbar daran zurückgebunden sind, daß die pädagogische Praxis als eine intergenerationelle Praxis verstanden wird, die ihren Beitrag zur Identitätsbildung der einzelnen nur erbringen kann, wenn die Sorge um günstige Voraussetzungen für pädagogische, über Selbsttätigkeit und Aufforderung zu ihr vermittelte Prozesse als eine alle Praxisformen ausdifferenzierter Humanität verbindende Sorge begriffen wird.

6 Systematische Gliederung der Pädagogik nach Dimensionen pädagogischen Handelns

Eine Dimensionierung der pädagogischen Praxis, die dem neuzeitlichen Verständnis der über Selbsttätigkeit vermittelten Kausalität pädagogischen Wirkens sowie der nichtteleologischen Aufgabenbestimmung der pädagogischen Praxis Rechnung trägt, hat erstmals HERBART in seiner Allgemeinen Pädagogik (1806) vorgestellt, als er die Grundformen pädagogischen Handelns in »Kinderregierung«, »Erziehung durch Unterricht« und Erziehung als »Zucht« einteilte (vgl. HERBART 1986; BENNER 1986a). Die in dieser Einteilung begründete Revolutionierung pädagogischer Denkungsart läßt sich verdeutlichen, wenn man sie mit der älteren Aristotelischen Einteilung der pädagogischen Praxis in Gewöhnung und Unterweisung vergleicht (vgl. BENNER 1987).

Nach ARISTOTELES geht, wie im Abschnitt 3 angedeutet, die *Gewöhnung* an die Sitte aller unterrichtlichen Unterweisung voraus. Erst wer sich in die bestehende Sitte eingewöhnt hat, kann hernach durch *Unterweisung* von der schon erworbenen lebenspraktischen Erfahrung zum Wissen aufsteigen und sich einen Begriff von der ontologischen Ordnung alles Seienden, welche der Erfahrung immer schon vorausliegt, und der zweckmäßigen Ordnung der Einzeltätigkeiten in der Polis aneignen und anschließend ins Handeln zurückkehren, um dort in den öffentlichen Angelegenheiten besonnen tätig zu werden. Dieser Zweiteilung der pädagogischen Praxis in Gewöhnung und Unterweisung in den theoretischen und – viel später – in den praktischen Wissenschaften steht als neuzeitliche Differenzierung eine Dreiteilung der pädagogischen Praxis gegenüber, derzufolge die Gewöhnung in Kinderregierung und die Unterweisung in Erziehung durch Unterricht zu transformieren ist und die in der älteren Dimensionierung gar nicht mehr zur Pädagogik gehörende Rückkehr ins Handeln den Status einer dritten Dimension pädagogischen Handelns gewinnt, in welcher sich die pädagogische Praxis ins intergenerationelle Handeln aufhebt.

Von der älteren pädagogischen Praxis als einer regierenden und gewöhnenden Tätigkeit unterscheidet sich die wohlverstandene »Kinderregierung« der Neuzeit dadurch, daß sie keinerlei teleologischer Rechtfertigung bedarf, sondern, im Unterschied zur alten Gewöhnung, als einzigen Zweck denjenigen verfolgt, »keine Zwecke im Gemüte des Kindes zu erreichen« (HERBART 1986, S. 80). Hierzu bemerkte schon ROUSSEAU im »Emile«, die einzige Gewohnheit, die Emile annehmen solle, sei die, keine Gewohnheiten zu haben. Hinter dieser Auffassung steht die neuzeitliche Einsicht, daß der Gehorsam einem fremden Willen gegenüber nicht den Anfang einer Erziehung zur Freiheit ausmachen könne, daß vielmehr Gehorsam als Folgsamkeit der eigenen Einsicht gegenüber das Ende der pädagogischen Praxis markiere. Statt Heranwachsende an eine positive Ordnung zu gewöhnen, fällt aus erziehungs- und bildungstheoretischen Gründen der neuzeitlichen Kinderregierung die nur negative Aufgabe zu, Kinder lediglich an uneinsichtigem Handeln zu hindern und Sorge dafür zu tragen, daß sie weder den

Einrichtungen der Gesellschaft Schaden zufügen noch selber durch uneinsichtiges Handeln Schaden erleiden.

Ebenso, wie wir zwischen der älteren Gewöhnung als einer durchaus zweckgerichteten, politisch-regierenden Praxis und der neuzeitlichen Konzeption einer zweckfreien Kinderregierung unterscheiden müssen, müssen wir auch die Unterweisung im traditionellen Sinne von der neuzeitlichen *Erziehung durch Unterricht* abgrenzen (→ *Erziehen und Unterrichten als Beruf*). Zwar verbindet beide miteinander, daß alles Lehren und Lernen vom schon erworbenen Wissenszusammenhang als dem im Lernprozeß genetisch Früheren ausgehen muß, um erfolgreich zu sein. Im Unterschied zur antiken Wissenschaft führt Unterricht im neuzeitlichen Sinne jedoch nicht mehr zu einem Wissen um die jeglicher Erfahrung vorausliegenden Gründe alles Seienden, sondern zu vom menschlichen Verstand konstruierten Gesetzen, mit welchen neuzeitliche Wissenschaft keineswegs die Ordnung der Natur auf einen substantiellen Begriff bringt, sondern die Mannigfaltigkeit der Erscheinungen in der Absicht ordnet, die Welt zu erklären und beherrschbar zu machen. Zu dieser Differenz von antiker und neuzeitlicher Wissenschaft kommt eine zweite hinzu. Im Unterschied zu Gesellschaften mit vorwiegend mündlicher Tradierung kann die geschichtliche Vermitteltheit der Gegenwart in der bürgerlichen Gesellschaft der Neuzeit nicht mehr im unmittelbaren Zusammenleben der Menschen erinnert werden. In ihr bedürfen die einzelnen, um sich und die Gesellschaft in ihrer Geschichtlichkeit begreifen zu können, einer über Unterricht vermittelten *Aufklärung*, welche Erfahrung und Umgang nicht nur szientifisch, sondern auch historisch-gesellschaftlich erweitert. Da dem neuzeitlichen Weltverständnis und den theoretischen und hermeneutischen Wissenschaften keine teleologische Ordnung der Welt zugrunde liegt, müssen sich die Heranwachsenden im erziehenden Unterricht rezeptiv und spontan die über menschliche Gesetzgebung und geschichtliche Praxis vermittelten Erkenntnisse der Wissenschaften aneignen und nach einem Zusammenhang von verwissenschaftlicher Zivilisation und Weltgeschichte fragen lernen, für den es keinerlei prästabilierte und präformierte zweckmäßig-teleologische Gesamtordnung gibt.

Zu den Differenzen zwischen traditioneller Gewöhnung und Unterweisung auf der einen und pädagogischer Praxis als einem sich selbst negierenden Gewaltverhältnis und Erziehung durch Unterricht auf der anderen Seite tritt als weitere Differenz diejenige zwischen einer bloßen Rückkehr ins Handeln, die gar nicht als besonderer Teil pädagogischer Praxis angesehen wurde, und der dritten Dimension neuzeitlicher pädagogischer Praxis hinzu. Im Unterschied zur aristotelischen Rückkehr ins Handeln, welche den Eintritt der Heranwachsenden in die Arbeitswelt ausdrücklich ausschloß und sich nur auf die in »Muße« auszuübenden theoretischen und politischen Tätigkeiten der freien Bürger bezog, stellt sich in der dritten Dimension pädagogischen Handelns die Aufgabe, die pädagogische Praxis in die menschliche Gesamtpraxis aufzuheben und die Heranwachsenden im Medium bürgerlicher Öffentlichkeit schrittweise an der Beratung über alle menschlichen Angelegenheiten zu beteiligen.

Kinderregierung als sich selbst negierendes Gewaltverhältnis Erwachsener über Heranwachsende, Erziehung durch Unterricht als teleologiefreie Erweiterung von Erfahrung und Umgang und Erziehung als Aufhebung der pädagogischen Praxis in intergenerationale Praxis sind in der Neuzeit durch keinerlei metaphysisch-ontologische Gesamtordnung mehr verbunden, sondern offen für eine geschichtliche Praxis des Menschen, in deren Zentrum zunehmend die Frage steht, wie die Freiheit der einzelnen im neuzeitlichen Sinne mit der gegenseitigen Anerkennung der Menschen als Selbstzweck und einer die Natur als deren eigene und unsere Lebensgrundlage erhaltenden ökonomischen Praxis abgestimmt werden kann (vgl. PEUKERT 1988).

Auf diese Frage eine positive Antwort zu geben steht der Systematischen Pädagogik nicht zu. Die nachwachsende Generation an der Erörterung dieser Frage zu beteiligen ist dagegen Aufgabe einer zeitgemäßen pädagogischen Praxis, in welcher die arbeitsteilig ausgeübten pädagogischen Berufe durch die skizzierten drei handlungstheoretischen Fragestellungen und die drei Dimensionen pädagogischen Handelns untereinander verbunden sind.

7 Zur Bedeutung Systematischer Pädagogik für die Geschichte der Pädagogik und die Einheit der Pädagogik in Theorie, Empirie und Praxis

Die in den vorausgegangenen Abschnitten vorgestellten allgemein-pädagogischen Perspektiven beanspruchen eine dreifache Bedeutung. Sie erheben Anspruch, für die Verständigung im Handeln und für die Beratung in pädagogischen Entscheidungssituationen hilfreich zu sein; sie beanspruchen ferner, Perspektiven für eine historische Erforschung der Entstehungsgeschichte neuzeitlicher Pädagogik und die empirische Erforschung gegenwärtiger Handlungsfelder zu formulieren, und sie versuchen schließlich, einen Beitrag zur Verständigung über die Einheit der Pädagogik in Theorie, Empirie und Praxis zu leisten.

Keine der drei möglichen Bedeutungen kann jedoch ohne die jeweils andere realisiert werden. Die der Erziehungs-, Bildungs- und Institutionentheorie sowie der systematischen Dimensionierung des pädagogischen Handelns zukommende praxisanleitende und -orientierende Relevanz ist ohne eine historische Aufklärung über die Wirkungsgeschichte, in der Handlungstheorie und Erziehungswirklichkeit stehen, nicht zu gewinnen; sie bedarf zugleich einer empirischen Kontrolle, welche die Theorie mit ihrem über Praxis vermittelten Praktischwerden und die Praxis über ihre Folgen in den individuellen Lernprozessen Heranwachsender aufklärt und auf diese Weise die Interdependenzen zwischen pädagogischer, ökonomischer und politischer Praxis erneut der theoretischen Reflexion zuführt.

Die anzustrebende Einheit der Pädagogik in Theorie, Empirie und Praxis kann nur auf dem Wege einer nichtnormativen, *handlungsanleitenden Theorie* pädagogischen Handelns, welche Theorie und Praxis in kein Anwendungsverhältnis zwingt, einer *historischen Erziehungswissenschaft*, welche über die Geschichte aufklärt, ohne aus der Geschichte pädagogische Fragen beantworten zu wollen, und einer *empirischen Erziehungswissenschaft* gefunden werden, welche sich dazu bekennt, die erfolgsgarantierenden Gesetze pädagogischen Handelns nicht aufstellen, wohl aber durch Aufklärung über die Bedingungen von Erfolg und Mißerfolg die Chancen zur Verminderung von Mißerfolg steigern zu können (vgl. DIEDERICH 1982). Diese Einheit aber zeichnet sich nicht durch ein Kontinuum von pädagogischer Handlungstheorie, historischer und empirischer Erziehungswissenschaft aus, sondern dadurch, daß in ihr Theorie und Empirie offen sind für künftige Erfahrung und insoweit der Praxis einen Primat zuerkennen, Praxis umgekehrt aber offen ist für wissenschaftliche Aufklärung und sich hierin einer historisch-reflektierten und empirisch kontrollierten pädagogischen Handlungstheorie verpflichtet weiß (→ *Das Theorie-Praxis-Verhältnis in der Pädagogik*).

Literatur

ADORNO, TH. W.: Soziologie und empirische Forschung (1957). In: HORKHEIMER, M./ders.: Sociologica II. Frankfurt 1962, S. 205–222
BALLAUFF, TH.: Ist systematische Pädagogik heute noch möglich und notwendig? In: Vierteljahrsschrift für Wissenschaftliche Pädagogik 60 (1984), S. 425–441
–: Systematische Pädagogik. Heidelberg 1962
BENNER, D.: Allgemeine Pädagogik. Weinheim/München 1987
–: Grundstrukturen pädagogischen Denkens und Handelns. In: LENZEN, D./MOLLENHAUER, K. (Hrsg.): Theorien und Grundbegriffe der Erziehung und Bildung. Enzyklopädie Erziehungswissenschaft. Bd. 1. Stuttgart 1983, S. 283–300
–: Hauptströmungen der Erziehungswissenschaft. Eine Systematik traditioneller und moderner Theorien. München 1973, ²1978
–: Die Pädagogik Herbarts. Weinheim/München 1986a
–: Pädagogisches Wissen und pädagogisches Ethos. Überlegungen zur unvollendbaren Pädagogik der Moderne. In: Vierteljahrsschrift für Wissenschaftliche Pädagogik 62 (1986b), S. 507–518
–/BRÜGGEN, F.: Mündigkeit. In: HOLZ, H./RADERMACHER, H. (Hrsg.): Handbuch des Humanismus. (erscheint im Lang-Verlag)
–/GÖSTEMEYER, K.-F.: Postmoderne Pädagogik. Analyse oder Affirmation eines gesellschaftlichen Wandels? In: Zeitschrift für Pädagogik 33 (1987), S. 61–82
–/SCHMIED-KOWARZIK, W.: Prolegomena zur Grundlegung der Pädagogik. Bd. I: Herbarts praktische Philosophie und Pädagogik. Ratingen 1967; Bd. II: Die Pädagogik der frühen Fichteaner und Hönigwalds. Wuppertal u. a. 1969
BOKELMANN, H.: Pädagogik. Erziehung, Erziehungswissenschaft. In: SPECK, J., WEHLE, G. (Hrsg.): Handbuch pädagogischer Grundbegriffe. Bd. II. München 1970, S. 178–267
BRÜGGEN, F.: Freiheit und Intersubjektivität. Ethische Pädagogik bei Kant und Schleiermacher. Habilitationsschrift 1986 (Fachbereich Erziehungswissenschaft der Universität Münster)
DERBOLAV, J.: Problem und Aufgabe einer Pädagogischen Anthropologie im Rahmen der Erziehungswissenschaft. In: ders./ROTH, H. (Hrsg.): Psychologie und Pädagogik. Heidelberg 1959
–: Grundriß einer Gesamtpädagogik. Hrsg. von B. H. REIFENRATH. Frankfurt 1987
DIEDERICH, J.: Bemessene Zeit als Bedingung pädagogischen Handelns. In: LUHMANN, N./SCHORR, K. E. (Hrsg.): Zwischen Technologie und Selbstreferenz. Frankfurt 1982, S. 51–86
DILTHEY, W.: Über die Möglichkeit einer allgemeingültigen pädagogischen Wissenschaft (1888). Kleine pädagogische Texte 3. Weinheim 1961
FINK, E.: Grundfragen der systematischen Pädagogik. Freiburg 1978
FISCHER, W.: Erziehungswissenschaft und Systematische Pädagogik – Bemerkungen zu ihrem Verhältnis untereinander. In: Vierteljahrsschrift für Wissenschaftliche Pädagogik 60 (1984), S. 411–424
FLITNER, W.: Allgemeine Pädagogik (1933). Stuttgart 1950
GAMM, H.-J.: Allgemeine Pädagogik. Die Grundlagen von Erziehung und Bildung in der bürgerlichen Gesellschaft. Reinbek 1979
HEITGER, M.: Über die Notwendigkeit und Möglichkeit einer systematischen Pädagogik. In: Vierteljahrsschrift für Wissenschaftliche Pädagogik 60 (1984), S. 396–410
HERBART, J. F.: Allgemeine Pädagogik (1806). In: ders.: Pädagogische Schriften. Hrsg. von W. ASMUS. Bd. 2. Stuttgart 1984
–: Umriß pädagogischer Vorlesungen (²1841). In: ders.: Pädagogische Schriften. Hrsg. von W. ASMUS. Bd. III. Stuttgart 1984
–: Systematische Pädagogik. Eingeleitet, ausgewählt und interpretiert von D. BENNER. Stuttgart 1986
HUMBOLDT, W. v.: Theorie der Bildung des Menschen (1794). In: ders.: Werke in fünf Bänden. Hrsg. von A. FLITNER/K. GIEL. Bd. 1. Darmstadt 1960, S. 234–240

Huschke-Rhein, R.: Über die Zukunft der Allgemeinen Pädagogik. Systematische und systemökologische Überlegungen. In: Zeitschrift für Pädagogik 30 (1984) S. 31–48
Kant, I.: Über Pädagogik. Hrsg. von D. F. Th. Rink. Königsberg 1803
Klafki, W.: Aspekte kritisch-konstruktiver Erziehungswissenschaft. Weinheim/Basel 1976
Langeveld, M. J.: Einführung in die theoretische Pädagogik (1945). Stuttgart 1951
Lenzen, D.: Mythos, Metapher und Simulation. Zu den Aussichten Systematischer Pädagogik in der Postmoderne. In: Zeitschrift für Pädagogik 33 (1987), S. 41–60 ff.
–/Mollenhauer, K. (Hrsg.): Theorien und Grundbegriffe der Erziehung und Bildung. Enzyklopädie Erziehungswissenschaft. Bd. 1. Stuttgart 1983
Mollenhauer, K.: Theorien zum Erziehungsprozeß. München 1972
Peukert, H.: Bildung und Vernunft. Frankfurt 1988
Petzelt, A.: Grundzüge Systematischer Pädagogik. Freiburg 1949
Roth, H.: Pädagogische Anthropologie. Bd. I: Bildsamkeit und Bestimmung. Hannover 1966; Bd. II: Entwicklung und Erziehung. Hannover 1971
Rousseau, J. J.: Emile oder über die Erziehung (1762). Hrsg. von M. Rang. Stuttgart 1965
Schleiermacher, F.: Die Vorlesungen aus dem Jahre 1926. In: ders.: Pädagogische Schriften I. Hrsg. von E. Weniger unter Mitwirkung von Th. Schulze. Berlin/Wien 1983
Schmied-Kowarzik, W.: Dialektische Pädagogik. Vom Bezug der Erziehungswissenschaft zur Praxis. München 1974
Schütz, E.: Einige Überlegungen zur Fragwürdigkeit systematischer Pädagogik. In: Zeitschrift für Pädagogik 30 (1984), S. 17–29
Tenorth, H.-E.: Berufsethik, Kategorialanalyse, Methodenreflexion. Zum historischen Wandel des »Allgemeinen« in der wissenschaftlichen Pädagogik. In: Zeitschrift für Pädagogik 30 (1984), S. 49–68
Vogel, P.: Zum Zusammenhang pädagogischer Wissensformen. In: Vierteljahrsschrift für Wissenschaftliche Pädagogik 62 (1986), S. 472–486

Hans Merkens

Wissenschaftstheorie

1 Der Problembereich

Die Ausdifferenzierung der Wissenschaften in der Neuzeit und der damit verlorengegangene Anspruch der Philosophie, das Gesamt der wissenschaftlichen Denkweisen und Erkenntnisse in einem gemeinsamen Gebäude vereinen zu können, wie das beispielsweise noch KANT versucht hatte, haben die Frage entstehen lassen, was denn, wenn schon die inhaltliche Verknüpfung zwischen wissenschaftlichen Disziplinen fehle, formal das Gemeinsame all dessen sei, was mit Wissenschaft bezeichnet wird. Eine Antwort hierauf wird von der Wissenschaftstheorie erwartet. Neben einer solchen allgemeinen Formulierung kann die Problemstellung ebenso aus dem Horizont einer einzelnen Wissenschaft wie der Pädagogik gewonnen werden: Die Geschichte des wissenschaftlichen Bemühens in dieser Disziplin läßt sich dahingehend charakterisieren, daß immer dann, wenn als Antwort auf gesellschaftliche Herausforderungen Institutionen mit neuen pädagogischen Aufgabenstellungen gegründet wurden – Schule, Kindergarten, Berufsausbildung z. B. –, anschließend ein Reflexionsprozeß und ein Theoretisieren über die je spezifischen Bedingungen der jeweiligen Praxis begann. Das Allgemeine mußte im je Besonderen identifiziert werden, und gleichzeitig mußte verhindert werden, daß das Besondere im Allgemeinen aufgehoben wurde (vgl. HERBART 1806, 1965; BENNER/RAMSEGER 1981).

Wenn das Besondere so im Mittelpunkt steht und der Praxis des pädagogischen Handelns eine eigene Dignität zugeschrieben wird (SCHLEIERMACHER 1826, 1983), stellt sich wie von selbst die Frage danach ein, was denn Theorie in bezug auf Praxis leisten könne, in welchem Verhältnis ihre Aussagen zum Handeln in der Praxis stünden und wie man eine angemessene Theorie der Praxis gewinnen könne. Vor allem ist zu entscheiden, ob jede Praxis ihrer eigenen Theorie bedarf oder ob es vermittels der Theorie zu einer Vereinheitlichung von Praxen kommen könne, ob also über die Theorie eine Gemeinsamkeit in Fragestellung, Methoden und Handlungsanweisungen gewonnen werden könne (→ *Das Theorie-Praxis-Verhältnis in der Pädagogik*). Eine Wissenschaftstheorie, die diese Fragen bejaht, trägt dazu bei, einer Disziplin mit einer unbestimmten diffusen Identität zu einem Einheitsfinden zu verhelfen (vgl. DRERUP 1987).

2 Die pädagogische Handlung als bestimmendes Element der Praxis

Wenn praktisches Handeln konstitutiv für die Theorien einer Disziplin ist, dann muß die Wissenschaftstheorie, die die Gestalt der theoretischen Aussagen in bezug auf diese Praxis bzw. über diese Praxis bestimmen soll, auch für sich zuerst die Struktur der Praxis und damit im Falle der Pädagogik des Handelns in dieser Praxis zum Ausgangspunkt nehmen (→ *Systematische Pädagogik*). Diese Sehweise hat in der Pädagogik eine lange

Tradition. Sie gründet auf SCHLEIERMACHER (1826, 1983), der formuliert, daß die Praxis mit der Theorie eine bewußtere werden könne.

Die Figur des Handelns weist verschiedene Komponenten auf: Handeln wird einerseits als zielgerichtet angesehen – das Ziel des Handelns beispielsweise in der Handlung antizipiert (vgl. SCHÜTZ 1974). Handeln wird andererseits in einem Kontext vollzogen, d. h., es ist situationsabhängig (vgl. LAING/PHILLIPSON/LEE ²1973). Handeln ist außerdem in seiner Grundstruktur interaktiv und läßt sich kognitiv rekonstruieren. Dadurch unterscheidet es sich von der einfachen Reaktion des Tieres (vgl. MEAD ²1975) (→ *Philosophische Anthropologie* ..., → *Pädagogische Anthropologie*, → *Psychologische Anthropologie*).

In Erziehungstheorien sind gemäß dieser Vorgabe, da pädagogisches Handeln im Prinzip zwischen Personen geschieht, die Gestalt des pädagogischen Verhältnisses und die Struktur pädagogischen Handelns einschließlich deren Rahmenbedingungen in Aussagensysteme zu fassen; in Metatheorien muß vorgegeben werden, welchen Kriterien die pädagogischen Theorien wiederum zu genügen haben. In diesem Sinne wurde beispielsweise in der sogenannten geisteswissenschaftlichen Pädagogik vorgegangen. Trotz der Darstellung von HUSCHKE-RHEIN (1979), in der die Unangemessenheit der Verwendung des Terminus »geisteswissenschaftlich« im Kontext der Pädagogik herausgearbeitet wird, soll er beibehalten werden, weil in Abgrenzung zu anderen Positionen die Gemeinsamkeiten überwiegen.

3 Die geisteswissenschaftliche Wissenschaftstheorie

Die Struktur der pädagogischen Handlung scheint auf den ersten Blick sehr einfach zu sein: Erzieher und Educandus stehen in einer *dyadischen Interaktionsbeziehung,* in der der Erzieher sein eigenes Wollen zugunsten des Entfaltens der Person des Zöglings zurücknimmt (vgl. NOHL 1963) oder sogar aufgibt (vgl. ROUSSEAU ⁴1978). Betrachtet man in diesem Verhältnis den Zögling, so übernimmt dieser teils die Vorstellungen des Erziehers, teils interpretiert er sie um, und teils entwickelt er eigene Zielvorstellungen. Der Interaktionsprozeß läßt sich also keineswegs auf die einfache Form eines Reiz-Reaktions-Schemas reduzieren, vielmehr enthält jede pädagogische Handlung, weil sie in den Subjekten – sowohl des Educandus als auch des Erziehers – vollendet und auch zugleich wieder begonnen wird, etwas Neues, Nichtintendiertes. Pädagogen haben diesen Aspekt mit Selbsttätigkeit (FICHTE 1807/08, 1955; ROUSSEAU ⁴1978), Spontaneität (SCHLEIERMACHER 1826, 1983), Autonomie (WENIGER 1936, 1964), Wachsenlassen (LITT 1967) etc. zu erfassen versucht. Alle diese Auslegungen kann man dahingehend zusammenfassen, daß das pädagogische Verhältnis prinzipiell als ein offenes betrachtet werden muß, bei dem sich zwar vielleicht eine formale Struktur der Handlung sowie eine Klassifikation der Einwirkungsmöglichkeiten erstellen lassen, bei dem aber keine eindeutigen Ursache-Wirkungs-Beziehungen gefunden werden können (→ *Lehrer-Schüler-Verhältnis*). Vielmehr gilt als Maxime, daß jedes Individuum seine eigene, ihm zukommende Form finden müsse. Die Idee des Individuums, das qua Erziehung gefördert wird, sich zu seiner Vollendung zu bringen (DILTHEY 1957), indem es seine Begabung entfaltet, leitet diese Vorstellung von der Aufgabe der Erziehung und damit dem Ziel aller pädagogischen Handlungen.

Eine eigene geisteswissenschaftliche Wissenschaftstheorie, in der die Anforderungen an entsprechende theoretische Aussagensysteme metatheoretisch vorgeklärt werden, gibt es als selbständige Disziplin nicht. Die Geisteswissenschaften zeichnen sich vielmehr dadurch aus, daß sie Theorie und Metatheorie miteinander vereinen. Sie werden von DILTHEY (⁷1973) durch Absetzen von den Naturwissenschaften und dennoch zugleich in Analogie zu jenen bestimmt. Während bei den Naturwissenschaften die Einzelwissenschaft im Vordergrund steht, gewinnt bei den Geisteswissenschaften die einzelne Disziplin ihre Typik und Besonderheit aus dem Gesamt der Geisteswissenschaften heraus. Bei den Naturwissenschaften bilden Erfahrung beim Erfassen von Praxis sowie Erklären beim Verarbeiten von Aussagen das Grundgerüst, bei den Geisteswissenschaften treten an ihre Stelle das Erleben sowie das Verstehen, deshalb ist die naturwissenschaftliche Erkenntnis immer kognitiv geleitet und partikular, die geisteswissenschaftliche nimmt für sich in Anspruch, *ganzheitlich* bestimmt und nicht auf einzelne Aspekte bzw. Elemente beschränkt zu sein. Naturwissenschaftliche Aussagen sind allgemein, und es wird vorausgesetzt, daß sie nicht nur unter bestimmten raum-zeitlichen Rahmenbedingungen zutreffen, geisteswissenschaftliche nehmen in Anspruch, die besonderen historischen Bedingungen des Verstehenden zu enthalten. So sind die Querschnittswissenschaften der Naturwissenschaften Logik und Mathematik, die der Geisteswissenschaften Geschichte und Psychologie. Während aber bei den Naturwissenschaften diese Querschnittswissenschaften nicht der Rationalität der Naturwissenschaften unterliegen und einen Sonderstatus aufweisen, indem ihre Aussagen beispielsweise nicht an der Erfahrung geprüft werden müssen, werden die geisteswissenschaftlichen auch als Einzeldisziplinen geführt, genießen also einen Doppelcharakter (→ *Forschungsmethoden der Erziehungswissenschaft*).

Indem die Praxis erlebt wird, wird sie in die Wissenschaft integriert, d. h., es bereitet aus der Sehweise der Geisteswissenschaften keine Schwierigkeiten, Praxis angemessen in die wissenschaftlichen Theorien einzubinden. Für die Pädagogik hat WENIGER (1929, 1975) diesen Zusammenhang zu klären versucht, indem er drei verschiedene Grade der Theorie unterschied: Die *Theorie ersten Grades,* die die häufig unbewußten Voreinstellungen des Praktikers umfaßt, aus denen heraus er sein Handeln in der Praxis vollzieht. Diese Voreinstellungen lassen sich meistens nicht einmal verbalisieren, sie werden aus dem Alltagswissen heraus geboren, das man leicht für Allerweltswissen hält (vgl. BERGER/LUCKMANN ⁴1974). Dieses Wissen wird in der Regel auch nicht hinterfragt. Die *Theorie zweiten Grades* enthält die und entsteht aus den Erfahrungen des Praktikers. Sie wird aus seinen Generalisierungen gespeist und häufig ebenfalls nicht verbalisiert, läßt sich aber mit einigem Bemühen an andere weitergeben und kann dann zu einer Kunstlehre gerinnen. Erst die *Theorie dritten Grades* ist wissenschaftliche Theorie. Sie ist der Praxis nachgängig. Die Theorien ersten und zweiten Grades leiten das konkrete Handeln, die Theorie dritten Grades leitet die Reflexion über ebendieses Handeln. Wissenschaftstheorie hätte das Verhältnis dieser drei Grade des Theoretisierens zu untersuchen und dabei das Zusammenwirken von Handlungsrahmen aus dem Alltagswissen sowie der individuellen Erfahrung auf der einen Seite mit der Handlungsreflexion auf der anderen Seite zu klären.

Geisteswissenschaftliche Pädagogik verfolgt den Anspruch, das Besondere im einzelnen erzieherischen Verhältnis mittels Nacherleben sowohl des historischen Rahmens als auch der Handlungsvollzüge zu verstehen und dadurch das Bewußtsein für die Formen sowie Bedingungen des praktischen pädagogischen Handelns zu schärfen, damit auf diese Weise auch die gegenwärtige Praxis eine *bewußtere* wird und der theoretischen Reflexion zugeführt werden kann. Indem die Geisteswissenschaft das subjektive Erleben zum Ausgangspunkt wählt und es gleichzeitig in das Gesamt des menschlichen Handelns verlegt, schafft sie es, den Bogen vom praktischen pädagogischen Handeln bis zur metatheoretischen Besinnung zu spannen.

Das Individuum wird zum alleinigen Ausgangspunkt gewählt, die Gesellschaft als Summe dieser Individuen aufgefaßt, und gleichzeitig wird gesetzt, daß die Entwicklung aller Individuen gemäß ihren Anlagen dem gesellschaftlichen Bedarf an Qualifikationen genüge (vgl. DILTHEY 1958). Auf diese Weise gelingt es, zusätzlich Korrektive von außen auszuschalten, die Geisteswissenschaften bedürfen keiner Ergänzung, allenfalls im naturwissenschaftlichen Bereich eines kompensatorischen Wissenschaftsmodells. Die geforderte Reflexion der Praxis durch die Theorie verbleibt in dem Horizont, der durch die Geisteswissenschaften aufgespannt wird.

Gemäß dem Diktum SCHLEIERMACHERS (1826, 1983) beschränkt sich eine solche Wissenschaft zusätzlich auf die Reflexion des praktischen Handelns, wie auch FLITNER (^{3}1963) nochmals bestätigt hat. Nicht die konkrete Handlungsanleitung, sondern das gründliche Nachdenken über das Handeln, seine Angemessenheit sowie den Verlauf der Interaktion bildet das Ziel. In der dahinter verborgenen Totalität des Anspruchs, alles pädagogische Handeln verstehend nachvollziehen zu können, liegen die Stärke und die Schwäche dieses Ansatzes. Die Stärke kann in dem Wollen gesehen werden, das Besondere in seine je spezifischen historischen Bedingungen einzubetten und es auf diese Weise ganzheitlich und vollständig zu erfassen; die Schwäche kann gesehen werden in der schon benannten Beschränkung auf die Reflexion sowie in der Notwendigkeit, alle institutionalisierten Formen der Interaktion auf dyadische zu reduzieren, weil andere sich dem besonderen Ansatz des pädagogischen Verhältnisses als Grundmuster pädagogischen Handelns nicht einpassen lassen.

Die bisher vorgestellte Form der dyadischen Handlung stellt nur eines der möglichen Muster des Handelns dar. Sie läßt sich ergänzen, indem beispielsweise eine institutionalisierte Form pädagogischen Handelns, der Unterricht, betrachtet wird. Diese Artikulation pädagogischen Handelns enthält eine andere Grundfigur: einem Lehrenden stehen mehrere Lernende gegenüber. Nicht die Individualisierung der Lehr-Lern-Prozesse, sondern deren Ökonomisierung wird mit ihm angestrebt, wie schon einer der ersten theoretischen Entwürfe, die Didactica Magna von COMENIUS (1632, 1964), in eindrucksvoller Weise ausweist. Getreu dem Leitwort »Allen Alles durch das Ganze« zielt Unterricht nicht auf die Individualisierung des Wissens- und Kenntniserwerbs. HERBART (1806, 1965) hatte zwar noch das Aufeinander-angewiesen-Sein von Unterricht und Erziehung gesehen (→ *Erziehen und Unterrichten als Beruf*), aber schon SCHLEIERMACHER (1826, 1983) hob die Differenz zwischen den beiden pädagogischen Artikulationen hervor. Der Ideologie von der Dyade als dem Grundmuster des pädagogischen Verhältnisses wird beim Unterricht diejenige von der Notwendigkeit gegenübergestellt, den Transfer des Wissens ökonomisch zu gestalten – eine Version, die auf einer Rationalität ähnlich der Produktion in der Industrie basiert. Wissenschaftstheoretisch wird dabei auf das Vorbild der Naturwissenschaften bzw. der empirisch orientierten Sozialwissenschaften rekurriert.

4 Die empirisch-sozialwissenschaftliche Wissenschaftstheorie

In der empirischen Unterrichtsforschung tritt an die Stelle des pädagogischen Verhältnisses die Figur der *Interaktion:* ein Lehrer interagiert mit vielen Schülern, damit diese gemeinsam die Unterrichtsziele erreichen. Die für diese Zwecke optimalen Formen der Interaktion werden nunmehr gesucht. Nicht die Beziehungen zwischen dem Lehrer und dem einzelnen Schüler, sondern diejenigen zwischen dem Lehrer und dem *Gesamt der Schüler* müssen erforscht werden (vgl. MERKENS/SEILER 1978). Das unterrichtliche Muster des Interaktionsprozesses soll in bezug auf seine Idealform optimiert werden. Dazu bedarf es einer Erfassung der unterrichtlichen Interaktionen mit Hilfe von Interaktionsanalysen und der Vorgabe eines entsprechenden Modells, wie das das entsprechende Beispiel von FLANDERS (1970) demonstriert.

Für die empirische Unterrichtsforschung resultieren aus dieser Schilderung drei Anforderungen, die wiederum metatheoretisch abgesichert sein müssen, wenn die Metatheorie mit dem Anspruch entworfen wird, ein Modell für die empirische Erziehungswissenschaft vorzugeben: Erstens muß es Vorschriften dafür geben, wie zu verfahren sei, wenn nach den optimalen Mustern der unterrichtlichen Interaktion für das Erreichen der Unterrichtsziele gesucht und bewiesen wird, daß es sich um die optimalen Muster handelt. Zweitens muß das Verhältnis von Kontrolle der unterrichtlichen Interaktion und im System vorgegebenen Mustern der Interaktion geklärt sein. Drittens muß klarsein, unter welchen Bedingungen sich ein einmal installiertes Modell als änderungsbedürftig bzw. nicht mehr angemessen erweist.

Aus dieser Perspektive entsteht zuerst die Suche nach Regeln, mit deren Hilfe Lehr-Lern-Prozesse im Unterricht optimiert werden können. Nicht das Individuelle, Besondere, sondern das *Allgemeine* wird angesteuert, d. h., es werden Aussagensysteme mit dem Anspruch formuliert, Regelmäßigkeiten für alle Lehr-Lern-Prozesse zu enthalten. Nicht die Befangenheit der Geisteswissenschaft in sich selbst, sondern letzten Endes die Unfähigkeit, auf der Basis des Erlebens eine pädagogische Theorie zu erstellen, mit deren Hilfe die Ökonomisierung der Lehr-Lern-Prozesse im Unterricht wissenschaftlich abgesichert werden kann, hat zu einer Abwendung vom geisteswissenschaftlichen Ansatz geführt. Während in den Geisteswissenschaften der Primat der Praxis nicht aus dem Auge verloren und die Suche nach dem Besonderen dieser Praxis (vgl. DILTHEY 1957) bis zum Prinzip der Nichtwiederholbarkeit gesteigert wurde (vgl. BENNER/RAMSEGER 1981), wird in der am naturwissenschaftlichen Vorbild orientierten empirischen Forschung die Trennung der Theorie von der Praxis gemäß dem Vorbild propagiert (vgl. BREZINKA 1978).

Für die Hinwendung zum Vorbild der Naturwissenschaften gab es in der Pädagogik Gründe: Solange die Kunst des Unterrichtens in der Form der Meisterlehre vom erfahrenen Lehrer an den Neuling bzw. in Unterrichtslehren weitergegeben wurde, bestand für eine Wissenschaft kein Bedarf, wenn sich mit dem einfachen Tradieren begnügt wurde. Die Frage nach der Angemessenheit des Verfahrens bzw. gar danach, ob es nicht bessere gebe, änderte diese Perspektive. Nunmehr mußten solche Prozesse kontrolliert und ausprobiert werden, wie schon der erste Versuch einer wissenschaftlichen Fundierung bei TRAPP (1913) lehrt. Die Unterrichtsforschung orientierte sich daher am experimentellen Vorgehen der Naturwissenschaft. Das hat in der Pädagogik eine ebenso lange Tradition wie die geisteswissenschaftliche Richtung. LAY (1902) und

MEUMANN (1914) werden in der Regel als frühe Vertreter dieses Ansatzes angeführt, den in der Forschung selbst ein pragmatisches Vorgehen kennzeichnet: nicht das Nachdenken über das angemessene Verhältnis von Theorie und Praxis oder Methode und Erkenntnis, sondern die Übernahme von Methoden und Konzepten, die in Nachbarwissenschaften entwickelt wurden, beispielsweise für die Erforschung von Lehr-Lern-Prozessen, steht im Mittelpunkt. So entsteht eine Tradition, in der sich Wissenschaftlichkeit über den rechten Gebrauch der Forschungsmethoden ausweist. Dabei werden Art und Qualität der Idealisierung, die mit dem Einsatz solcher Methoden verknüpft ist, nicht weiter beachtet. Eine Ausnahme bildet die pädagogische Tatsachenforschung (vgl. MERKENS 1975) (→ *Forschungsmethoden der Erziehungswissenschaft*).

Erst mit BREZINKA (1971, 1978), der die traditionelle Pädagogik durch die Erziehungswissenschaft zu ersetzen versuchte, indem er eine wissenschaftstheoretische Neubesinnung einleitete, vollzog sich eine Wende. Dazu wurde eine Wissenschaftstheorie erforderlich, die den Zusammenhang von im Experiment gesicherter wissenschaftlicher Erfahrung mit dem im praktischen Handeln Gewonnenen herstellen kann, denn schon HERBART (1964, 1965) hatte in seinen Vorlesungen von 1802 sowie von 1806 darauf aufmerksam gemacht, daß die naive Erfahrung der Praxis nicht ausreiche. BREZINKA (1971) versuchte, die für die neue Erziehungswissenschaft entstehenden Probleme, die einerseits in ihrem Verhältnis zur Praxis liegen und andererseits im historischen Wandel des Phänomens Erziehung sowie seiner sich ändernden Randbedingungen zu sehen sind, dadurch zu lösen, daß er die Erziehungswissenschaft von der Historiographie der Erziehung sowie der technologischen Anwendung ihrer Resultate in der Praxis trennte. Das, was bei HERBART (1806, 1965) die dunkel bleibende Kategorie des »Taktes« im pädagogischen Handeln einte, bleibt bei ihm getrennt, indem er analog zum Vorbild der Naturwissenschaft verfährt. Technik kann die Position des Taktes nicht ausfüllen, weil der Takt sowohl die Verfügbarkeit von Methoden und wissenschaftlichen Kenntnissen als auch deren angemessene Auswahl in der pädagogischen Situation einschließt. Dieses Element der Intuition, dem auch nur unvollkommen unter dem Aspekt der vorausgesetzten Einmaligkeit pädagogischer Praxen genügt werden kann, läßt sich mit der technischen Rationalität schlecht vereinbaren. Technik muß auf deren Wiederholbarkeit setzen.

Schon auf der Ebene der analytischen Trennung ist BREZINKAS Ansatz nie eingelöst worden. Erschwert wurde dessen Rezeption in der Forschungs- und Wissenschaftspraxis auch dadurch, daß er in seiner Metatheorie wissenschaftstheoretische Positionen unterschiedlicher Provenienz kompilierte und dadurch in der Folgezeit mehr Verwirrung stiftete als zur Klärung beitrug. So wurde er immer wieder als »Kritischer Rationalist« apostrophiert, obwohl er sich im Kern auf KRAFT (1960) stützte.

Betrachtet man die wissenschaftstheoretischen Bemühungen, die auf die Sicherung der Erfahrung für das System der Wissenschaft gerichtet sind, so lassen sich drei unterschiedliche Ansätze unterscheiden. Zuerst wurde versucht, über *Protokollsätze* so etwas wie Grundaussagen bzw. Aussagen mit besonderer Authentizität für die Wissenschaft zu sichern (vgl. CARNAP 1933; NEURATH 1933). Ohne Außenkriterien, die aber nicht entwickelt werden konnten, können Lügen bzw. Halluzinationsaussagen nicht von richtigen unterschieden werden. Deshalb blieb als Entscheidungskriterium nichts anderes übrig, als die Übereinstimmung mit schon bekannten Aussagen zu fordern. Ein Wechsel des daraus im Bereich der Wissenschaft entstehenden Zusammenhangs wurde erst für erforderlich gehalten, wenn es sehr viele Aussagen gab, die mit den bestehenden nicht übereinstimmten. Letzten Endes diente das so entstehende Aussagensystem eher zur Bestätigung des bisher für richtig Gehaltenen, wenn in Experimenten entsprechende Resultate gewonnen wurden, als daß in Frage gestellt wurde. Das hat POPPER (²1966) zu einem Wechsel des Ansatzes veranlaßt, indem er nur noch Aussagen zuließ, die an der Erfahrung scheitern konnten, und gleichzeitig forderte, Experimente so anzulegen, daß sie auf die Möglichkeit des Scheiterns zielten. Sieht man einmal davon ab, daß es schwerfällt, das scheinbar Gesicherte ständig in Frage zu stellen, dann resultiert eine Schwierigkeit daraus, daß das Entdecken eines einer Theorie widersprechenden Resultates allein nicht zu deren *Falsifikation* hinreichen kann, weil es durch eine Vielzahl von Meßfehlern produziert worden sein kann. POPPER (²1966) schlug als Ausweg vor, daß nicht die Widerlegung eines Basissatzes allein ausreiche, sondern zusätzlich eine Hypothese formuliert werden müsse, zu der der Basissatz als Bestätigung passe. Damit wurde die von POPPER behauptete Asymmetrie zwischen Falsifikation und Verifikation, die darin besteht, daß universelle Es-gibt-Sätze an der Erfahrung nicht scheitern können, weil ihre Nichtbestätigung im Augenblick eine solche in der Zukunft nicht ausschließt, wiederaufgehoben, denn offenbar muß man nunmehr davon ausgehen, daß eine Theorie erst dann als widerlegt betrachtet werden kann, wenn eine konkurrierende bestätigt worden ist (vgl. JUHOS 1970).

Eine andere Schwierigkeit tritt aber in diesem Zusammenhang zusätzlich auf: Bezogen auf den Problembereich Interaktionsanalyse ist zu fragen, ob das Nichterreichen von Idealnormen in konkreten Unterrichtsverläufen als Falsifikation der *Idealnorm* angesehen werden muß, wenn beispielsweise dennoch die Unterrichtsziele erreicht werden bzw. das Verfehlen der Unterrichtsziele bei Befolgen der Idealnorm eine solche Entscheidung impliziert. Ebenso bedarf es einer Vorschrift, wie der Vergleich konkurrierender Modelle zu bewerkstelligen sei. Zusätzliche Probleme können daraus entstehen, daß sich bei unterschiedlichen Schülern bzw. Unterrichtszielen differierende Resultate einstellen. Bereits in den Naturwissenschaften ist man bei der Bewertung solcher Fragen nicht gemäß dem Vorbild von logischem Empirismus bzw. kritischem Rationalismus verfahren: das Formulieren der Einsteinschen Relativitätstheorie sowie deren Bestätigung im Experiment haben keineswegs dazu geführt, daß die vorangehende Newtonsche Physik ad acta gelegt wurde bzw. die in ihrem Horizont formulierten Naturgesetze nicht mehr angewendet wurden. Diese Entwicklung hat STEGMÜLLER (1973, 1974) veranlaßt, den *Non-Statement-View* zu elaborieren. Danach gibt es im Kern bestätigter naturwissenschaftlicher Theorien eine Menge von Aussagen, die selbst der Rechtfertigung durch empirische Ereignisse bzw. auf deren Basis formulierter Aussagen nicht bedürfen, sondern die als zutreffend angenommen werden. Deshalb kann eine Theorie nach einer eventuellen Falsifikation in dem Bereich, für den die Falsifikation zutrifft, geändert werden und als Ganze in der geänderten Version doch gültig bleiben.

Mag diese Annahme in den Naturwissenschaften, für die sie formuliert worden ist, eine angemessene Metatheorie darstellen, in den Sozialwissenschaften läßt sich auch diese Modifikation nicht durchsetzen, denn in deren Rahmen lassen sich Aussagen, die nicht beschränkt auf Raum-Zeit-Koordinaten gelten, kaum finden. WEIMANN (1984) hat darüber hinaus eine Differenz in der Rationalität des Forschens konstatiert: Während er den Naturwissenschaften ein fast ausschließliches Orientieren in Richtung auf Erklärung und Erfassung invarianter Gesetze konzediert, sieht er in den Sozialwissenschaften neben dem Interesse an der »blanken Erkenntnis« andere mögliche Ziele, die von der Beratung bis hin zur wissenschaftlichen Begleitung von Versuchen in der Praxis reichen. Außerdem sieht er die ständige Veränderung der Forschungsobjekte als konstitutives Merkmal in den Sozialwissenschaften an, während er den naturwissenschaftlichen Forschungsobjekten Invarianz zuschreibt.

In der Erziehungswissenschaft und speziell im Fall der Interaktionsanalyse gibt es weder Theorien, die den Anforderungen des Kritischen Rationalismus genügen, noch solche, die dem Modell von STEGMÜLLER entsprechen. Vielmehr werden in der Praxis der empirischen pädagogischen Forschung Hypothesen getestet, die singulär auf die einzelne Untersuchung ausgerichtet formuliert und in keinen größeren theoretischen Zusammenhang gestellt werden. Replikationen von Untersuchungen bilden die Ausnahme, so daß es allenfalls eine Aneinanderreihung von mehr oder weniger gesicherten empirischen Einzelbefunden gibt. POPPERS und STEGMÜLLERS Lösungsversuche erweisen sich so als nicht praktikabel (vgl. MERKENS 1980). Sie werden auch in der Wissenschaftstheorie kontrovers diskutiert (vgl. GADENNE 1985; WEIMANN 1984).

Für die Erziehungswissenschaft und die Sozialwissenschaft hat zuerst ULICH (1976) vorgeschlagen, nicht mehr von Gesetzen, sondern von der Suche nach sozialen Regeln auszugehen, wobei er soziale Regeln als »Bedingungen und immer auch schon Ergebnisse sozialer Interaktion« auffaßt, die die »Regelmäßigkeiten des Handelns begründen und erklären« (ebd., S. 33). KRAPP (1979) modifizierte diese Einschränkung dahingehend, den Geltungsbereich von Aussagen bzw. Theorien mit einzuführen, also für unterschiedliche Kontexte und Zwecke beispielsweise differente Modelle der Interaktionsanalyse vorzusehen. Beide setzen die begrenzte Gültigkeit wissenschaftlicher Aussagen als konstitutiv für die Erziehungswissenschaft voraus. So können Theorien über die unterrichtliche Interaktion erst entstehen, nachdem die Unterweisung in der Form des Unterrichts organisiert und institutionalisiert wird (vgl. PETRAT 1979). Gegenüber dem radikalen Ansatz POPPERS, der allenfalls spezielle Randbedingungen für das Gewinnen von Basissätzen aus allgemeinen Aussagen zuläßt, werden nunmehr die Randbedingungen in den Stand theoretischer Aussagen erhoben, indem mit ihnen die Grenzen der Theorie bestimmt werden. Für Theorien mit einem eindeutig historischen Charakter, die also erst unter bestimmten historischen Bedingungen entstehen können, weil ihr Geltungsbereich sich mit der Geschichte bzw. der Veränderung der Gesellschaft anders bzw. neu gestaltet, kann eine solche Begrenzung sinnvoll sein. Die Schwierigkeit liegt allein darin, die Grenzen zu begründen, weil ohne Kriterien für die Grenze die Gefahr besteht, diese Grenzen empirisch, d. h. über die Bestätigung von Aussagen, zu bestimmen und alle Nichtbestätigungen nach außen zu verlagern. So gesehen kann man diese Versuche im weiteren Umkreis des schon erwähnten Non-Statement-View subsumieren. Man kann sie aber auch im Sinne POPPERS (^{2}1966) als Form einer Immunisierungsstrategie entlarven. Sollen diese Beurteilungen vermieden werden, dann müssen in der Metatheorie Aussagen über den Geltungsbereich von Theorien enthalten sein. Aus einer anderen Perspektive betrachtet, wird mit dieser Denkrichtung die Historizität pädagogischer Theorien und Praxis in den Horizont der Metatheorie gebracht.

Das Ziel der sozialwissenschaftlich orientierten empirischen Forschung in der Erziehungswissenschaft und die Suche nach allgemein, unabhängig von raum-zeitlichen Einschränkungen oder innerhalb eines bestimmten historischen Rahmens geltenden Gesetzen kann man noch aus einem anderen Blickwinkel kritisch beleuchten und damit auch die Angemessenheit der wissenschaftstheoretischen Grundposition in Zweifel ziehen: So ist ein Anspruch demokratischer Systeme, daß pädagogische Institutionen vor allem durch Gewährung gleicher Chancen zur Demokratisierung der Gesellschaft beitragen sollen. Die Gesamtschule sei stellvertretend dafür genannt, wie diese Zielsetzung in der Praxis des pädagogischen Handelns durchgesetzt werden soll (→ *Strukturveränderungen im Bildungswesen*). Am Scheitern dieses Anspruchs kann man erkennen, daß diese Sicht ebenfalls zu einseitig ist: mit Schule und Unterricht soll nicht erreicht werden, daß am Ende der Ausbildung alle über dieselben Qualifikationen verfügen, vielmehr sollen mit der Gesamtzahl der Ausgebildeten die Qualifikationsnotwendigkeiten des Beschäftigungssystems erfüllt werden, nicht Gleichheit, sondern Differenzierung wird angestrebt.

Faßt man die bisherigen Überlegungen zusammen, so zeigt sich, daß sowohl das dyadische als auch das Modell der unterrichtlichen Interaktion zu kurz greifen, weil sie jeweils nur *einen Aspekt* der pädagogischen Handlung akzentuieren. Die Grundfigur des pädagogischen Verhältnisses muß nunmehr dahingehend korrigiert werden, daß unter den Bedingungen des ökonomischen Wissenstransfers im Unterricht die Individualisierung des Qualifikationserwerbs erreicht wird (→ *Unterrichtsformen*). Dazu könnte entweder auf eine Aufteilung in einzelne Bausteine – das würde allerdings eine Festlegung des Zieles am Beginn des Prozesses voraussetzen – oder auf die Reaktionen des Individuums im Lehr-Lern-Prozeß gesetzt werden. Das letztere Modell soll hier zugrunde gelegt werden. Damit rückt eine neue Betrachtungsweise in den Vordergrund, wenn die Grundstruktur des pädagogischen Verhältnisses untersucht werden soll. Offenbar müssen die historischen Besonderheiten und das gesellschaftlich Notwendige in eine Beziehung gesetzt werden. Diese Idee ist vor allem von der kritischen Theorie verfolgt worden.

5 Der Einwand der kritischen Theorie

Mit der pädagogischen Handlung wird angestrebt, Individuen beim Gewinnen einer Position in ihrer Welt zu helfen, die es ihnen gestattet, sowohl am Formungsprozeß dieser Welt teilzunehmen als auch selbst die ihnen gemäße Form zu gewinnen (vgl. ADORNO 1979). Die Grundidee ist damit die der *Entwicklung*, und zwar der Welt sowie des Individuums. Das jetzt Seiende muß das noch nicht Seiende als Möglichkeit enthalten. Wissenschaft darf sich nicht mit dem Erfassen des jetzt Seienden, aber auch nicht des bisher Gewordenen begnügen. Sie muß vielmehr in ihren Horizont die Frage aufnehmen, inwieweit durch die bisherige Entwicklung ursprünglich vorhandene Möglichkeiten verschüttet worden sind, d. h., sie muß sowohl gegenüber der Praxis als auch gegenüber der Geschichte der Praxis kritisch bleiben. Um diesem Anspruch zu genügen, müssen pädagogische Handlungen erstens die besonderen und die allgemeinen individuellen Voraussetzungen sowie zweitens diejenigen des gesellschaftlichen Umfeldes einbeziehen. Damit wird gegenüber der pädagogischen Handlung eine Perspektive gewählt, die der von ROUSSEAU (1762, 1978) stark ähnelt, indem beispielsweise einerseits an PIAGETS (1973) genetische Erkenntnistheorie im Sinne einer Entwicklungspsychologie angeschlossen und damit der systematische, phylogenetisch determinierte Wandel als in der Ontogenese jeden Menschen zu beachten vorgeschrieben wird: die Ziele und die

Formen der Interaktion hätten sich entsprechend mit dem Alter der Kinder zu verändern (→ *Entwicklung und Förderung*). Parallel und in Ergänzung dazu wird andererseits nach den Voraussetzungen in der Gesellschaft für das Gelingen pädagogischer Handlungen gefragt, d. h., ähnlich wie bei ROUSSEAU wird auch die Vernunft des gesellschaftlichen Fortschritts bestritten. So wird im Verlauf der abendländischen Geschichte beispielsweise ein Umschlagen von Aufklärung in Unterwerfung unter die Naturgesetze konstatiert (vgl. HORKHEIMER/ADORNO 1947) und gleichzeitig für die Pädagogik die Aufgabe formuliert, an der Überwindung dieses Zustandes mitzuwirken (vgl. ADORNO 1979). Das pädagogische Handeln, wie es von der kritischen Theorie her intendiert ist, schließt demnach an der gesellschaftlichen Praxis an und berücksichtigt die Entwicklungsgesetze der Individuen, bleibt aber zugleich der Praxis sowie diesen Entwicklungsgesetzen gegenüber kritisch, indem gefragt wird, was im Befolgen der Praxis sowie ihrer Geschichte bzw. der Entwicklungsgesetze der Individuen an Möglichkeiten verschüttet wird und wie durch das konsequente Nichtbeachten dieser Möglichkeiten sich bestimmte Formen der Welt so verfestigen, daß sie auf Dauer eine angemessene Ontogenese der Individuen unterdrücken.

Metatheoretisch erfordert das Einlösen dieses Anspruchs einen weiteren als den bisher dargestellten Rahmen: das Zusammenspiel von individuellem Handeln und gesellschaftlichem Umfeld, in dem es geschieht, muß erklärt werden. Dazu bedarf es nach der Meinung von WIDDERSHOVEN (1985) eines hermeneutischen Handlungsbegriffs, weil nur über ihn eine Eingliederung der gesellschaftlichen Gedankenmuster und Verhaltensweisen über eine strukturell nachkonstruierbare Weise im Handeln der Individuen verstehend nachvollzogen werden kann. Damit werden der Wandel des gesellschaftlichen Rahmens und dessen Einfluß auf die Theoriekonstruktion ebenfalls in den Horizont der Metatheorie eingeführt. In diesem Kontext wurden in der empirisch orientierten Wissenschaftstheorie zwei wichtige Fragen ausgeblendet: diejenige nach dem *Entstehen* von Wissenschaften und wissenschaftlichen Theorien – POPPER (^{2}1966) erklärt das lapidar zum psychologischen Problem – und diejenige nach deren *Wirkung*. Kritische sowie marxistische Wissenschaftstheorie haben auf dem Einbeziehen dieser Fragen insistiert. Auf diese Weise wurde die Problemstellung für die Wissenschaftstheorie um die *gesellschaftliche Eingebundenheit* des jeweils als Wissenschaft Definierten und Praktizierten erweitert. Gerade für die Pädagogik mit ihren wechselnden Forschungskonjunkturen, aber auch einem sich ändernden Außeninteresse der Gesellschaft ist eine Berücksichtigung dieses Aspektes dringlich.

Darüber hinaus hat die kritische Theorie den instrumentellen Gebrauch der Erfahrung als nicht angemessen zu entlarven versucht. Den Grundtenor dieser Kritik kann man nachvollziehen, wenn man den Ausgangspunkt der empirischen Wissenschaftstheorie sowie deren Lösungsvorschläge kritisch analysiert. Wissenschaftstheorie hat danach u. a. zu klären, in welcher Beziehung wissenschaftliche Aussagen zu Ereignissen der Praxis stehen. Da es nicht gelungen ist, für dieses Problem einen Rahmen zu entwerfen, innerhalb dessen Zuordnungen nach von allen befolgten und anerkannten Regeln erfolgen sowie eindeutig sind, wird in der empirischen Wissenschaftstheorie angenommen, daß eine solche Zuordnung nur per Entscheidung – und damit willkürlich – vorgenommen werden könne. Deshalb ist nicht mehr zu erklären, wie und warum sich Aussagen, die in bezug auf Ereignisse in der Praxis formuliert werden, von anderen unterscheiden. Aussagen über die Praxis erhalten einen hypothetischen Charakter.

HORKHEIMER/ADORNO (1947) vertreten die Auffassung, daß Aufklärung in ihr Gegenteil umschlägt, wenn sich das hypothetische Wissen der Naturwissenschaft zur Technik verdinglicht. Statt die Natur mit Hilfe der Naturgesetze zu beherrschen, liefere der Mensch sich ihr mehr und mehr aus und reduziere sein Sein gleichzeitig auf die Vernunft. Statt die Welt zu beherrschen, verliere er sich. Radikale Analysen dieser Art finden ihre Bestätigung in der pädagogischen Praxis, wenn Chancengleichheit instrumentell über Schulreformen realisiert werden soll, wenn Unterrichtsprozesse mit Hilfe von Interaktionsanalysen rational gesteuert werden sollen und der Unterricht im Sinne einer Effizienzsteigerung evaluiert wird, um ihn anschließend zu optimieren. All diesen Ansätzen ist gemeinsam, daß das Prinzip der Technik auf einen pädagogischen Prozeß übertragen wird. Dem setzten HORKHEIMER/ADORNO (1947) den Verlust der Einheit von heute getrennten Anschauungsformen und Verarbeitungsformen von Welt – Kunst und Sprache in der Form von Abbild sowie abstraktes Zeichen – entgegen. Kritische Theorie wendet sich unter diesem Blickwinkel gegen die Instrumentalisierung der Erfahrungen sowie deren Reduktion auf das Meßbare.

Die Struktur des pädagogischen Verhältnisses darf unter diesem Aspekt in der Wissenschaft weder zur Reflexion über Möglichkeiten und Grenzen im aktuellen pädagogischen Handeln noch zur kurzatmigen empirisch kontrollierten Akkumulation von Wissen unter den Rationalitäten der nach ökonomischen Prinzipien verlaufenden Produktion degenerieren. Aus der Perspektive der kritischen Theorie stellt sich so gesehen die Sinnfrage immer wieder von neuem. Im Gelingen des einzelnen Aktes wird zweifelnd zu fragen sein, wieweit durch sein Gelingen andere Möglichkeiten verhindert werden. Nicht mehr die formale Struktur des pädagogischen Verhältnisses oder der Interaktionsform, sondern die über jedes Handeln vollzogene Verdinglichung rückt in das Zentrum der Betrachtung. Die Fragehaltung des kritischen Rationalismus wird dahingehend radikalisiert, daß der über die Intentionalität des Handelns und über dessen Rahmenbedingungen kreierte sowie implementierte Sinn in Zweifel gezogen wird. Wissenschaftstheorie wird auf diese Weise ähnlich wie bei der geisteswissenschaftlichen Pädagogik in das *konkrete pädagogische Handeln* eingewoben, über dessen Vollzug sie herausgefordert ist. Zusätzlich wird nach der Qualität der Erfahrung unter den obwaltenden gesellschaftlichen Verhältnissen gefragt. Auf diese Weise tritt das ins Zentrum des Interesses, was man als *die Frage nach den objektiven Umständen* begreifen kann, unter denen pädagogisch gehandelt wird. Allgemeiner ins Bewußtsein sind von diesem Komplex die Fragen danach getreten, unter welchen Bedingungen bestimmte Auffassungen und Theorien reussieren sowie andere nicht weiter beachtet werden und welche Folgen das Präferieren von Theorien für die Praxis hat. An die Stelle von Beobachtung und Experiment als Königsmethode tritt die *Befragung*, wobei allerdings im Unterschied zum Empirismus in all seinen Varianten die mit dem Einsatz von Forschungsmethoden notwendigerweise verbundene Idealisierung ins Bewußtsein gehoben wird, indem etwa kontrafaktisch unterstellt wird, daß alle Handlungsmotive in der Struktur möglicher Rede organisiert seien (vgl. HABERMAS 1971) (→ *Forschungsmethoden der Erziehungswissenschaft*). Neben der Verantwortung des Theoretikers für den Gegenstand seiner Theorie wird auch die Bedeutsamkeit des theoretischen Besinnens für das praktische Handeln einbezogen.

6 Zusammenfassung

Die Wissenschaftstheorie hat in der Erziehungswissenschaft bisher nicht dazu beitragen können, ein einheitliches Verständnis davon zu schaffen, was denn das Wissenschaftliche sei, was es zu leisten habe und wie in der Wissenschaft vorzugehen sei. Vielmehr haben sich aus den unterschiedlichen Horizonten des Reflektierens pädagogischer Praxis auch unterschiedliche Wissenschaftstheorien herausgebildet bzw. sind von außen übernommen worden, wie am Beispiel der pädagogischen Handlung demonstriert wurde. Vor diesem Hintergrund wird der rasche Wechsel von theoretischen und metatheoretischen Referenztheorien verständlich, wie er sich in den letzten 25 Jahren beobachten ließ. Positiv kann man diesen Zustand damit beschreiben, daß die *Mehrdimensionalität* des pädagogischen Handelns (→ *Systematische Pädagogik*...) der Erforschung aus den Blickwinkeln sehr unterschiedlicher wissenschaftstheoretischer Positionen bedürfe, weil Fragen, wie das Individuum zu seiner Vollendung komme, wie der Unterrichtsprozeß optimiert werden könne und wie die Erfahrung von Welt in den Konkretionen durch Wissenschaft und Technik vereinseitigt werde, sich nicht im Rahmen eines Ansatzes lösen lassen. Negativ kann man einwenden, daß für die Wissenschaft von der Pädagogik der Archimedische Punkt noch nicht gefunden sei. Jedenfalls werden, solange das nicht der Fall ist, die Vielfalt und der Wechsel in der Erziehungswissenschaft das einzig Beständige sein, d. h., auch das Sichbesinnen auf Wissenschaftstheorie stellt das Gewinnen einer Identität für die Disziplin nicht in Aussicht. Unterschiedliche wissenschaftstheoretische Positionen erweitern aber den Fragehorizont und können dadurch die angesichts der Vielfalt der Praxen notwendige Mehrperspektivität der Wissenschaft sichern.

Literatur

ADORNO, TH. W.: Theorie der Halbbildung. In: ders.: Soziologische Schriften. Bd. 1. Frankfurt 1979, S. 93–161
BENNER, D./RAMSEGER, J.: Wenn die Schule sich öffnet. Erfahrungen aus dem Grundschulprojekt Gievenbeck. München 1981
BERGER, P. L./LUCKMANN, T.: Die gesellschaftliche Konstruktion der Wirklichkeit. Eine Theorie der Wissenssoziologie. Frankfurt 1974
BREZINKA, W.: Von der Pädagogik zur Erziehungswissenschaft. Weinheim 1971
–: Metatheorie der Erziehung. Eine Einführung in die Grundlagen der Erziehungswissenschaft, der Philosophie der Erziehung und der Praktischen Pädagogik. München 1978
CARNAP, R.: Über Protokollsätze. In: Erkenntnis. Bd. 3 (1933), S. 215–228
COMENIUS, J. A.: Große Didaktik (1632). Düsseldorf 1964
DILTHEY, W.: Die geistige Welt. Einleitung in die Philosophie des Lebens. Erste Hälfte: Abhandlungen zur Grundlegung der Geisteswissenschaften. Gesammelte Schriften. Bd. 5. Stuttgart 1957
–: System der Ethik. Gesammelte Schriften. Bd. 10. Göttingen 1958
–: Einleitung in die Geisteswissenschaften. Gesammelte Schriften. Bd. 1. Göttingen [7]1973
DRERUP, H.: Identitätsprobleme der Erziehungswissenschaft. In: Zeitschrift für internationale erziehungs- und sozialwissenschaftliche Forschung 4 (1987), S. 1–30
FICHTE, J. G.: Reden an die Deutsche Nation (1807/08). Hamburg 1955
FLANDERS, N. A. S.: Analyzing Teaching Behavior. Reading, Mass. 1970
FLITNER, W.: Das Selbstverständnis der Erziehungswissenschaft in der Gegenwart. Heidelberg [3]1963
GADENNE, V.: Theoretische Begriffe und die Prüfbarkeit von Theorien. In: Zeitschrift für allgemeine Wissenschaftstheorie 16 (1985), S. 19–24

Habermas, J.: Vorbereitende Bemerkungen zu einer Theorie der kommunikativen Kompetenz. In: ders./Luhmann, N. (Hrsg.): Theorie der Gesellschaft oder Sozialtechnologie. Frankfurt 1971, S. 101–141
Herbart, J. F.: Die ersten Vorlesungen über Pädagogik (1802). In: ders.: Pädagogische Schriften. Bd. 1. (Kleinere pädagogische Schriften) Hrsg. von W. Asmus. Düsseldorf 1964, S. 121–131
–: Allgemeine Pädagogik aus dem Zweck der Erziehung abgeleitet (1806). In: ders.: Pädagogische Schriften. Bd. 2. (Pädagogische Grundschriften) Hrsg. von W. Asmus. Düsseldorf 1965, S. 9–155
Horkheimer, M./Adorno, Th. W.: Dialektik der Aufklärung. Amsterdam 1947
Huschke-Rhein, R.: Das Wissenschaftsverständnis in der geisteswissenschaftlichen Pädagogik. Dilthey – Litt – Nohl – Spranger. Stuttgart 1979
Juhos, B.: Die methodologische Symmetrie von Verifikation und Falsifikation. In: Zeitschrift für allgemeine Wissenschaftstheorie 1 (1970), S. 41–70
Kraft, V.: Erkenntnislehre. Wien 1960
Krapp, A.: Prognose und Entscheidung. Weinheim 1979
Laing, R. D./Phillipson, H./Lee, A. R.: Interpersonelle Wahrnehmung. Frankfurt ²1973
Lay, W. A.: Experimentelle Didaktik. Leipzig 1902
Litt, Th.: Führen oder Wachsenlassen. Eine Erörterung des pädagogischen Grundproblems (1927). Stuttgart 1967
Mead, G. H.: Geist, Identität, Gesellschaft. Frankfurt ²1975
Merkens, H.: Die pädagogische Tatsachenforschung Else und Peter Petersens als Beispiel empirischer Unterrichtsforschung. In: Zeitschrift für Pädagogik 21 (1975), S. 835–842
–: Bemerkungen zur Popper-Diskussion. In: Zeitschrift für allgemeine Wissenschaftstheorie 11 (1980), S. 162–163
–/Seiler, H.: Interaktionsanalyse. Stuttgart 1978
Meumann, E.: Abriß der experimentellen Pädagogik. Leipzig 1914
Neurath, O.: Protokollsätze. In: Erkenntnis. Bd. 3 (1933), S. 204–214
Nohl, H.: Die pädagogische Bewegung in Deutschland und ihre Theorie. Frankfurt 1963
Petrat, G.: Schulunterricht. Seine Sozialgeschichte in Deutschland 1750–1850. München 1979
Piaget, J.: Einführung in die genetische Erkenntnistheorie. Frankfurt 1973
Popper, K. R.: Logik der Forschung. Tübingen ²1966
Rousseau, J. J.: Emile oder über die Erziehung (1762). Paderborn ⁴1978
Schleiermacher, F. D.: Die Vorlesungen aus dem Jahre 1826. In: ders.: Pädagogische Schriften. Bd. 1. Hrsg. von E. Weniger. Stuttgart 1983
Schütz, A.: Der sinnhafte Aufbau der sozialen Welt. Frankfurt 1974
Stegmüller, W.: Theorie und Erfahrung. Zweiter Halbband: Theoriestruktur und Theoriedynamik. Berlin 1973
–: Theoriedynamik und logisches Verständnis. In: Diederich, W. (Hrsg.): Theorien der Wissenschaftsgeschichte. Frankfurt 1974, S. 167–209
Trapp, E. C.: Versuch einer Pädagogik. Hrsg. von T. Fritsch. Leipzig 1913
Ulich, D.: Pädagogische Interaktion. Weinheim 1976
Weniger, E.: Zur Geistesgeschichte und Soziologie der pädagogischen Fragestellung. Prolegomena zu einer Geschichte der pädagogischen Theorie (1936). In: Röhrs, H. (Hrsg.): Erziehungswissenschaft und Erziehungswirklichkeit. Frankfurt 1964, S. 346–362
–: Theorie und Praxis in der Erziehung (1929). In: Ausgewählte Schriften zur geisteswissenschaftlichen Pädagogik. Weinheim 1975. S. 29–44
Weimann, J.: Die Funktion der normalen Wissenschaft in den Wirtschaftswissenschaften. In: Zeitschrift für allgemeine Wissenschaftstheorie 15 (1984), S. 278–298
Widdershoven, G. A. M.: Handlung und Struktur. In: Zeitschrift für allgemeine Wissenschaftstheorie 16 (1985), S. 36–112

Leo Roth

Forschungsmethoden der Erziehungswissenschaft

1 Der Problembereich

Die Beschäftigung mit einer Wissenschaft in Studium und Praxis bedeutet die Analyse und Reflexion des Gegenstandsbereichs dieser Wissenschaft unter Zugrundelegung bestimmter Kriterien und Standards, die diese Wissenschaft als hilfreich für die Analyse und Systematisierung ausgewählter Aspekte von »Realität« entwickelt hat. Diese Kriterien und Standards sind gewissermaßen »kanonisiert«, d. h., sie haben sich bisher bewährt, müssen sich aber nicht für die Zukunft bewähren. Deshalb ist jede wissenschaftliche Aussage überprüfbar und auch prinzipiell »überholbar«. Aussagen der Erziehungswissenschaft – wie jeder anderen Wissenschaft – sind durch die besondere Form der Aussage*bemühung* charakterisiert. Die Aussage als wissenschaftliches *Ergebnis* ist aufgrund eines Forschungsprozesses, der Aussagebemühung, entstanden. Diese ist durch einen Satz überprüfbarer Regeln und Instrumente gekennzeichnet, die es erlauben, bestimmte Aussagen als wissenschaftliches Ergebnis zu formulieren. Damit ist nicht jede Aussage eines Wissenschaftlers per se bereits eine abgesicherte wissenschaftliche Aussage, sondern erst der ausgewiesene Weg, auf dem der Wissenschaftler zu dieser Aussage gekommen ist, erlaubt es, die Bedeutung dieser Aussage als wissenschaftlich einzuschätzen. Dieser Weg ist nicht willkürlich, zufällig oder beliebig, sondern er ist mehr oder weniger erprobt und bewährt: es sind die gebräuchlichsten und am meisten bewährten *Forschungsmethoden* der betreffenden Wissenschaft, hier: der Erziehungswissenschaft. Je mehr diese Methoden entwickelt, differenziert und erprobt werden, um so mehr bilden sie selbst einen eigenen Gegenstand erziehungswissenschaftlicher Forschung. Sie sind allerdings nicht endgültig vorgegeben, sondern werden jeweils weiter- und neuentwickelt. Das ist eine permanent zu lösende Aufgabe zur angemessenen Analyse vergangener, gegenwärtiger oder zukünftiger »Wirklichkeit«. Das Wissen vom gesamten Gegenstandsbereich kann nicht besser sein als die Forschungsmethoden, mit denen der Gegenstandsbereich erforscht wird. Einzelne Forschungsmethoden oder auch deren Verbund können immer nur Aspekte des komplexen Gegenstandsbereichs erfassen. Damit ergibt sich, daß einige Teilgebiete aufgrund vorhandener Forschungsmethoden und -instrumente mehr, andere weniger erforscht werden und ein Bild des Gegenstandsbereichs zeichnen, wie er de facto nicht zu sein braucht; er ist in seinen Teilbereichen nur unterschiedlich intensiv erforscht. Insofern konstituieren die Forschungsmethoden gleichzeitig den Gegenstand, den sie erforschen, und zwar in ihrem jeweiligen Zuschnitt.

2 Kontext erziehungswissenschaftlicher Forschungsmethoden

Die Forschungsmethoden der Erziehungswissenschaft stehen in direktem Zusammenhang mit der Theoriebildung über den Gegenstandsbereich der Erziehungswissenschaft. Von bestimmten Theorien über einen Problembereich (bzw. über Aspekte dieses

Bereichs) lassen sich jeweils mehr oder weniger adäquate Forschungsmethoden, die eine angemessene Erkenntnis von Teilbereichen oder dem Gesamtbereich erwarten lassen, wissenschaftstheoretisch begründen. Das kann im ersten Ansatz häufig nur eine eher prinzipielle Vor-Entscheidung darüber sein, ob das Problem eher oder ausschließlich hermeneutisch, empirisch, vergleichend, ethnographisch, ideologiekritisch etc. oder im Verbund mehrerer Methoden erforscht werden soll. Eine differenzierte Entscheidung wird oft erst möglich, nachdem zuvor die einzelnen Untersuchungsfragen exakt formuliert worden sind.

Allerdings ist auch die Umkehrung bekannt: Bestimmte Methoden der Erkenntnisgewinnung werden absolut gesetzt und dogmatisiert. Sie werden quasi als anwendbar auf alle Gebiete – nicht nur einer, sondern aller Wissenschaften – postuliert. Dabei ist einsichtig, daß eine solche universelle Methode für die Praxis der Forschung nicht hilfreich sein kann, weil sie einerseits die Spezifität des Forschungsfeldes und andererseits seine Makro- bzw. Mikrostruktur unberücksichtigt läßt. In der Regel liegt dem Postulat einer Universalmethode bewußt oder unbewußt, ausgesprochen oder unausgesprochen die Überzeugung zugrunde, die »Wahrheit« prinzipiell erkannt zu haben, es ginge nur noch darum, durch Anwendung dieser »obligatorischen« Methode diese »Wahrheit« auch in Detailfragen zu belegen, um sie durch die Fülle von Detailergebnissen zu verbreiten und durchzusetzen. Solche Positionen stehen vor dem Hintergrund bestimmter Bezugssysteme, die sie selbst nicht mehr kritisch analysieren. Sie sind charakteristisch für relativ geschlossene Gesellschaften, die häufig totalitäre Merkmale – mittelfristig oder langfristig – zeigen. Sie sind oft weltanschaulich fundiert. In einer pluralistischen Gesamtgesellschaft sind sie bei Teilgruppen ebenfalls identifizierbar. Demgegenüber können in einer demokratischen Gesellschaft, die durch ihre Pluralität bestimmt ist, Forschungsmethoden im Kontext der Alternativen nur *instrumentellen* Wert haben. Der Aspektreichtum von Wirklichkeit(en) bedingt ihre Verschiedenheit. Unterschiedliche Positionen, Kriterien, Forschungsmethoden, Forschungsergebnisse wie praktisch-pädagogisches Handeln bilden ein notwendiges Potential gesellschaftlicher Prozesse, konstituieren und differenzieren damit einen Teil des Bereichs, der Gegenstand erziehungswissenschaftlicher Forschung ist. (Diese Aussage deutet eine Position an, die nicht generell Akzeptanz erwarten kann.)

3 Zusammenhang von Gegenstandsbereich und Forschungsmethoden

Die Auffassungen darüber, was Erziehungswissenschaft sei und welches die Problembereiche seien, die sie aufzuarbeiten habe, führen zu unterschiedlichen Theorien und zu unterschiedlichen Forschungsmethoden.

Es besteht keineswegs Konsens über den Begriff *Erziehung*, der den Bezeichnungen »Pädagogik« und »Erziehungswissenschaft« zugrunde liegt. Kann man SCHLEIERMACHER in seiner Zeit bereits nicht mehr zustimmen, wenn er meint, als bekannt voraussetzen zu können, was man im allgemeinen unter Erziehung verstehe, so gilt das erst recht, wenn zu bestimmen ist, was im besonderen unter Erziehung verstanden werden kann.

Das gilt in Geschichte wie in Gegenwart, reicht von Abnormformen der Erziehung bis zur (institutionalisierten) Pädagogik der Gegenwart, die von einer »Antipädagogik« im Grunde ebenfalls als Abnormform kritisiert wird (→ *Theorien der Erziehung*).

So wird die Bestimmung des Gegenstandsbereichs zum grundlegenden Problem. Die permanente Diskussion z. B. über die Sein-Sollen-Problematik von der Antike bis in die Gegenwart ist ein Indiz für die Eingebundenheit der Erziehung in die coincidentia oppositorum und damit in die jeweiligen gesellschaftlichen und politischen Verhältnisse.

Außer von wenigen Ansätzen in der Antike sind *eigenständige* pädagogische Theoriebildungen bis Mitte des 17. Jahrhunderts kaum möglich: vor dieser Zeit gilt im Grunde jeder als Ketzer, der sich anmaßt, als »sündiger« Mensch einen anderen auf *diesseitige* Ziele zu lenken. Erste Ausnahmen lassen sich im italienischen Renaissance-Humanismus feststellen. Insofern ist »Erziehungswissenschaft« mit Säkularisierung eng verknüpft. Theoriediskussion ist dabei eher das Resultat von sich verlierenden Sicherheiten und Selbstverständlichkeiten als Ausdruck eines sich neu anbahnenden und zunehmenden Verstehens von Welt und Mensch schon in der jeweiligen Gegenwart – und nicht erst für eine Zukunft in einer anderen Welt. Daraus wird deutlich, daß erziehungswissenschaftliche Diskussion heute zwangsläufig Theoriediskussion sein muß mit dem Versuch, (letztlich auch praxisbezogene) Lösungen zu finden. Folglich kann es nur *jeweils* relevante, aber keine allgemeingültigen Theorien geben. Die gegenwärtig relevanten Theoriemodelle und die in ihrem Zusammenhang stehenden Forschungsmethoden differieren aufgrund der Bestimmung, was Erziehungswissenschaft sei, woher ihr erkenntnisleitendes Interesse resultiere (und wie es sich darstelle) und welche Aufgabe die Erziehungswissenschaft habe (→ *Systematische Pädagogik*). Es wird häufig verkürzt geschlossen, daß die z. Z. praktizierten Forschungsmethoden unzulänglich seien, da die mit ihnen erbrachten Ergebnisse relativ wenig zur wünschenswerten Veränderung erzieherischer Wirklichkeit beitrügen. Dabei wird das Kriterium »wünschenswert« von verschiedenen Gruppen jeweils spezifisch und durchaus unterschiedlich verstanden.

Ebenfalls wird auch den verwendeten Forschungsmethoden Wissenschaftlichkeit zugebilligt oder auch nicht bzw. den einen mehr, den anderen weniger. Die Auseinandersetzung beginnt dort, wo *Methoden* zur Anwendung kommen, und zwar schon über die Frage, ob es nur *eine* oder *mehrere* Methoden gibt. Damit wird der Methodenstreit zum Machtkampf, der zur Diskriminierung, ja Diskreditierung der nicht »anerkannten« Methoden und häufig zu erheblichen Konsequenzen z. B. in der Wissenschaftsförderung führt. So hat die Vorherrschaft geisteswissenschaftlicher Pädagogik als Wissenschaft in Deutschland bis in die 60er Jahre sehr deutliche wissenschafts-, bildungs-, hochschul- und personalpolitische Konsequenzen gehabt. Ähnliche Erscheinungen lassen sich auch gegenwärtig in Hochschulen und Gutachterausschüssen für Forschungsförderung beobachten, wo definierte wissenschaftsmethodische, wissenschaftstheoretische oder politische Mehrheiten vorherrschen. Weder für die Wissenschaft insgesamt noch für die Erziehungswissenschaft im besonderen lassen sich *allgemein verbindliche* Methodologien bestimmen, die für das konkrete Handeln eines Forschers im konkreten Forschungsprozeß Gültigkeit haben. Wissenschaftliche Methoden haben jeweils unterschiedliche Relevanz bei spezifischen Fragen; keineswegs können sie für Gegenwart *oder gar* Zukunft eine generelle Akzeptanz erwarten. Abgesehen davon, daß unumstößliche Regeln und Standards unabhängig von Raum und Zeit nicht möglich sind (D'AVIS 1984), würden sie den Fortschritt wissenschaftlicher Erkenntnis – wie die Wissenschaftsgeschichte zeigt – zweifellos behindern (FEYERABEND 1976).

Im wesentlichen lassen sich drei *Grundmodelle* erziehungswissenschaftlicher Forschungsmethoden identifizieren: geisteswissenschaftliche, empirische und – in letzter Zeit – ethnographische. (Aus Platzgründen werden nur diese drei behandelt.) Andere Methoden können ihnen zugeordnet werden, wenn sie auch ihre eigene Spezifität ausgebildet haben. So ist z. B. die *Ideologiekritik* (vgl. KLAFKI in ROTH 1978) letztlich auch Bestandteil der geisteswissenschftlichen Methoden, obwohl sie dort nicht in dem Maße gesellschaftskritisch pointiert erscheint. Die umstrittene *Handlungsforschung* als action-research (vgl. STRAKA in ROTH 1978) kann als Sonderform ethnographischer Methoden eingeschätzt werden, wobei sie allerdings, in ihrer Realisierung aufklärerisch, emanzipatorisch und praxisbezogen, von einem dialektischen Gesellschaftsmodell ausgeht, sich als »phänomenologisch-interaktionistische Position« (HEINZE u. a. 1975, S. 23) versteht mit dem Ziel, Lebenswelt und Alltag, letztlich auch Gesellschaft zu *verändern*, während die ethnographische Forschung nur auf die *Rekonstruktion* solcher Lebenswelten zielt. Die *vergleichende Erziehungswissenschaft* hat im Grunde keine eigene Methodologie ausgebildet (vgl. SCHIFF in ROTH 1978), sondern – je nach spezifischen Fragestellungen – eine Integration möglichst vieler Methoden versucht.

Die *empirischen* Methoden, die in der erziehungswissenschaftlichen Forschung besonders in den 60er und 70er Jahren hoch geschätzt waren, gelten – mit mancherlei Einschränkung und Kritik – auch in der Gegenwart als angemessene Methoden sowohl für entsprechende Grundlagenforschung wie auch für praxisbezogene Forschung. Ihr quantifizierender Aspekt wird häufig sowohl in primär geisteswissenschaftlich orientierten wie in primär ethnographisch orientierten Forschungsprojekten herangezogen. Deshalb werden sie in diesem Beitrag ausführliche Darstellung erfahren.

4 Geisteswissenschaftliche Forschungsmethoden

Geisteswissenschaftliche Forschungsmethoden sind nicht spezifisch für Gegenstandsbereiche der Pädagogik entwickelt, sondern für sie übernommen worden. Dennoch erhalten sie im Zusammenhang pädagogischer Fragestellungen eine besondere Ausprägung. Mit ihrer Anwendung auf diese Fragestellung wird auch der Gegenstandsbereich bestimmt: pädagogische Tatbestände werden geisteswissenschaftlich analysiert, Pädagogik wird also als *Geisteswissenschaft* definiert.

Die wissenschaftstheoretische Grundlegung soll hier im wesentlichen an DILTHEYS Begründung der Geisteswissenschaften und seiner Wissenschaftstheorie erläutert werden, und zwar besonders der Ansatz (= Lebensphilosophie), die zentralen Kategorien (= Erlebnis, Verstehen), die Erkenntnismethode (= Hermeneutik) und die Perspektive (= Bedeutung) als Auswahlkategorie für das »erkenntnisleitende Interesse« (→ *Wissenschaftstheorie*).

4.1 Der lebensphilosophische Ansatz

DILTHEY begründet die Geisteswissenschaften durch ihre Unterscheidung von der Naturwissenschaft und geht davon aus, daß es nötig sei, »in menschliche Organismen ein seelisches Geschehen zu verlegen« (DILTHEY, V, S. 249). »Innere Vorgänge«, die im Menschen »auftreten«, entsprechen denen, »die in der inneren Erfahrung gegeben sind« (ebd.); sie sind »geistige Vorgänge«; sie geben den Geisteswissenschaften ihren Namen (ebd., S. 250). Diese Vorgänge sind nach DILTHEY »geistige Tatsachen«, weil sie, spezifisch menschlich, »uns wirklich bis auf den letzten Grund verständlich sind. Sie sind alle untereinander verwandt.« (ebd., S. 245) Ein weiteres Merkmal macht diese Vorgänge zu geistigen »Tatsachen«: »die Gleichartigkeit der Tatsachen eigener innerer Erfahrung mit denen, welche wir in die anderen menschlichen Körper zu verlegen genötigt sind, die hieraus gegründete Möglichkeit, die eigenen inneren Erfahrungen bis in ihre letzte Tiefe in anderen Personen wiederzufinden.« Dadurch entsteht der »Zusammenhang der geistigen Welt« (ebd., S. 250). DILTHEY interessiert der »ganze Mensch ... in der Mannigfaltigkeit seiner Kräfte, das wollend-fühlend-vorstellende Wesen und auch die Erklärung der Erkenntnisse und ihrer Begriffe (wie Außenwelt, Zeit, Substanz, Ursache) ...« (DILTHEY in MISCH 1947, S. 25). Der »ganze Mensch«, das ist der lebende, in seinen Lebenszusammenhängen handelnde Mensch, und das menschliche Leben ist nur in seinen Handlungen bzw. in seiner Geschichte erkennbar. Hier haben die Geisteswissenschaften ihren (erkenntnistheoretischen) Ort. DILTHEY schreibt auf einen Notizzettel:

»Jede Geisteswissenschaft ist entweder Wirklichkeitsdarstellung, oder sie besteht aus Abstraktionen, welche nur Teilinhalte der Wirklichkeit enthalten. Sie gleicht einer Brücke, die über einen mächtigen Strom führt, einem Schiff, das über das nicht ergründliche ... Meer ... Das Leben ist dieser Strom, dieses Meer, unergründlich usw.« (DILTHEY in MISCH 1947, S. 45 f.)

Dieser »omnipräsente Strom des Lebens« (HABERMAS 1969, S. 229) ist Grundlage, den Menschen – wie das Leben – in seinen Objektivationen zu verstehen.

4.2 »Erlebnis« und »Verstehen« als erkenntnistheoretische Kategorien

Das Problem stellt sich dadurch, daß die »Erfahrung des einzelnen und ihre Erkenntnis zur geschichtlichen Erfahrung« (GADAMER 1960, S. 209) erhoben werden muß. Diese Generalisierungsforderung ist für den Wissenschaftscharakter konstitutiv, und diese Bedingung erfüllt das Verstehen:

»Verstehen nennen wir den Vorgang, in welchem aus sinnlich gegebenen Äußerungen menschlichen Lebens dieses zur Erkenntnis kommt ... So verschieden auch die sinnlich auffaßbaren Äußerungen seelischen Lebens sein mögen, so muß das Verstehen derselben durch die angegebenen Bedingungen dieser Erkenntnisart gegebene gemeinsame Merkmale haben.« (DILTHEY, V, S. 332, im Original gesperrt)

Dieses Verstehen ist durch Erleben und Nacherleben des anderen einzelnen möglich. Vergleich und In-Beziehung-Setzen des anderen einzelnen mit dem eigenen Selbst sind damit gefordert. Die gemeinsame Basis ist durch die »Lebendigkeit« (DILTHEY, V, S. 318) gegeben. Im Erlebnis manifestiert sich Leben (vgl. GADAMER 1960, S. 56–67). »Im Erlebnis ist Innesein und der Inhalt, dessen ich inne bin, eins.« (DILTHEY, VII, S. 27) Die Artikulation menschlichen Lebens geschieht in Erlebnis – Ausdruck – Verstehen. Im Erlebnis legt sich das Leben selber aus, wird Bedeutung geschaffen. Die psychologische Natur des Menschen findet für das erschütternde, tief aufwühlende Erlebnis einen Ausdruck in Bewegung, Sprache, Ton, Farbe, Handlung. Indem der andere diesen Ausdruck verstehend aufnimmt, entsteht menschliche Gemeinsamkeit, entsteht neues Erlebnis im retrospektiv sich gegenüber dem objektiven bzw. objektivierten Ausdruck verhaltenden Individuum, das sich mit dem ersten Erlebenden geistig-seelisch verbindet. Damit wird Erlebnis zum »Ort der Eröffnung von Möglichkeiten (des Erkennens,

Handelns, Verstehens)« (BOEHM 1978, S. 18). Hier hat man DILTHEY »Intuitionismus« als Methode vorgeworfen (ALBERT 1973, S. 58). Damit werden erkennendes Subjekt und das Objekt der Erkenntnis gewissermaßen »identisch« (HABERMAS 1969, S. 198). Wenn so »die Objektivationen der geistigen Welt Protuberanzen eines in der Zeit sich erstreckenden omnipräsenten Lebensstroms darstellen, dessen Einheit durch die potentielle Gleichzeitigkeit und Ubiquität seiner Hervorbringungen gesichert ist«, dann kann Geschichte als Gesamtheit »aller möglichen Erlebnisse aufgefaßt werden« (HABERMAS 1969, S. 229), dann wird sie durch Erlebnis des erkennenden Subjekts erlebbar, durch Verstehen verstehbar. Dann wird aber andererseits für das Verstehen der konkret erlebten Erfahrung auch der Weg durch die Geschichte, der die Entwicklung dieser Erfahrung, Handlung, Situation durch die Geschichte deutlich macht, unabdingbar. Das hat eindeutige Folgen für die geisteswissenschaftliche Pädagogik gehabt, die jedes in der Praxis sich stellende konkrete pädagogische Problem bis zu seinen Ursprüngen zurückzuverfolgen suchte, um so Möglichkeiten für seine aktuelle Lösung begründen zu können. In diesem Zusammenhang ist der Begriff »Bedeutung« zentral.

4.3 »Bedeutung« – eine Auswahlkategorie für das erkenntnisleitende Interesse

Mit dem Begriff »Bedeutung« ist eine weitere zentrale Kategorie von DILTHEYS Denken angesprochen. Bedeutung ist eine Auswahlkategorie. Dasjenige, was für das Individuum von Bedeutung ist, wird für das Erinnern, Verstehen, Erkennen ausgewählt. Bedeutung kann etwas aber nur immer *in bezug auf* etwas anderes haben; in diesem Begriff ist *Beziehung* also schon mitgedacht. Ein einzelnes Moment für sich kann nicht Bedeutung haben, sondern Bedeutung hat es nur in einem Zusammenhang. Bedeutungsgehalte sind nicht ontologisch vorgegeben; sie sind offensichtlich »logisch« begründet, d. h. auch: wo sie ausgedrückt werden, sind sie an (u. a. sprachliche) Symbole fixiert. Symbole aber haben in Bedeutungszusammenhängen zweifellos intersubjektive Verbindlichkeit für Verstehen, Beurteilen und Handeln. Hiermit zeigt sich DILTHEYS Wissenschafts- bzw. Erkenntnistheorie als eminent (lebens-)praktisch, d. h. auch: handlungsbezogen. Da Verstehen auf Verständigung (= Kommunikation) verweist und zumindest sprachliche Gemeinsamkeiten (DILTHEY, III, S. 132f.) bedingt, ist dieses Gemeinsame prinzipiell vorausgesetzt und unabdingbar. Diese »Intersubjektivität der Verständigung« (HABERMAS 1969, S. 221) als Grundlage hermeneutischen Verfahrens ist gesichert in der »Selbigkeit der Vernunft, der Sympathie im Gefühlsleben, der gegenseitigen Bindung in Pflicht und Recht, die vom Bewußtsein des Sollens begleitet ist« (DILTHEY, VII, S. 145). Hier ist Denken und Handeln unter gemeinsamen Normen verbindlich. Wird ein kommunikatives Handeln und die Möglichkeit zu freiem Konsensus durch Nichteinhaltung gewisser »Spielregeln« ausgeschlossen, wird also nicht gewährleistet, daß selbst subjektivste Ausprägung des Individuums noch so viel »Gemeinsamkeit« mit anderen im kulturellen Zusammenhang stehenden Individuen aufweist, daß ihm individuelle, gewaltlose Anerkennung zugebilligt ist, dann ist Kommunikation schwierig oder sogar unmöglich. Wenn die »Gemeinsamkeiten« zwischen menschlichen Individuen untereinander soweit ausgeräumt sind, daß sie quasi nicht mehr vorhanden bzw. nicht mehr als solche erkennbar sind, dann kann der Mensch sein Gegenüber bzw. seine Welt nicht mehr verstehen. In solcher isolierten Situation steht das Individuum in keinem Zusammenhang mehr, Sachen und Personen können ihm nicht mehr zugeordnet werden, sie haben dadurch keine »Bedeutung«. Damit ist jede Voraussetzung für Praxis (menschlichen Lebens) entzogen. Es gibt keine Chance (weil keine Grundlage) für Weltbewältigung.

4.4 Hermeneutik als Methode der Geisteswissenschaft

Die Methode, die auf solcher erkenntnistheoretischen Grundlegung die Welt menschlicher Objektivationen als »Produkte« des Handelns und des Handlungsprozesses analysieren soll, ist die Hermeneutik, die »Interpretationskunst«, die »Kunstlehre der Auslegung von Schriftdenkmalen« (DILTHEY, V, S. 320). An der Wissenschaftlichkeit dieser Methode ist viel Kritik geübt worden; ihr wurde Subjektivismus, Irrationalismus, Emotionalität, Verhaftetsein in bestehenden Strukturen, Ahistorizität, letztlich Konservatismus vorgeworfen. Diese Kritik an DILTHEY ist zweifellos wenig gerechtfertigt, und ein großer Teil dieser Kritik ist mit DILTHEYS Aussage: »Wir fordern von einem wissenschaftlichen Satz die allgemeine Gültigkeit, Anerkennung durch andere« (System der Ethik, SS 1890, Vorlesungsnachschrift von CARTELLIERE, entziffert von VOGT, S. 139) widerlegt. KRAUSSER hat überzeugend nachweisen können, daß die Objektivität wissenschaftlicher Aussagen von DILTHEY nicht von den Ergebnissen her bestimmt wird, sondern als vor allen Dingen intersubjektiver »Forschungs- oder Lernprozeß, d. h. als Prozeß der ständigen intersubjektiven Selbstkontrolle und -korrektur« (KRAUSSER 1968, S. 197) zu sehen ist. Daraus folgt, daß eine auf hermeneutischem Wege gewonnene Aussage nicht als allgemein gültig angesehen werden darf, solange sie nicht »in ihren Konsequenzen intersubjektiv kontrollierbar ist, solche Kontrolle in Gang ist und sie sich in dieser Kontrolle bezüglich der Erfahrungstatsachen, von denen oder über die sie etwas aussagt, ... bewährt hat« (KRAUSSER, 1968, S. 197). Daß solche bei DILTHEY angelegten Kriterien ignoriert wurden, ist nicht ihm, nicht der geisteswissenschaftlichen Methode, sondern nur einzelnen ihrer Vertreter anzulasten. Verstehen als Ziel hermeneutischer Bemühung hat nicht Produkt-, sondern Prozeßcharakter. Dieser Prozeß verläuft nach dem Modell eines Zirkels, in dem die einzelnen »Variablen« als abhängige Variablen gesehen werden können. Sie bilden ein dynamisches System, das sich selbst – und durch andere – kontrollieren und korrigieren kann. KRAUSSER verdeutlicht die Struktur dieses *hermeneutischen Zirkels* durch ein Schema (s. gegenüberliegende Seite).

Wenn DILTHEY auch sagte: »Die Natur erklären wir, das Seelenleben verstehen wir« (V, S. 144), so ist damit das Verstehen nicht als Alternative zum Erklären gemeint. Es ist nur ein gradueller und kein prinzipieller Unterschied zwischen beiden Methoden« (ebd., S. 334, S. 336–337). Verstehen ist ein »der Deduktion analoges Verfahren« (ebd., S. 337), und seine logische Grundlage beruht im »Zusammenwirken von Induktion, Anwendung allgemeiner Wahrheiten auf den besonderen Fall und vergleichendem Verfahren« (ebd., S. 330). Es bleibt die Frage zu stellen, ob die hermeneutische Methode für die Pädagogik hilf- und erfolgreich bei der Erkenntnisgewinnung und -vermittlung sein kann. Im pädagogischen Feld geht es um Sinnfragen, Sinnbeziehungen, Sinnbestimmungen, Deutungen und Bedeutungen für Gegenwart und Zukunft, um Wertfragen und Wertentscheidungen in bezug auf pädagogisches Handeln. Entscheidungen der die Bildungsinstitutionen konstituierenden und kontrollierenden »Mächte«, letztlich auch der Lehrer und Schüler in solchen Bereichen, sind ohne Berücksichtigung der Eingebundenheit des Individuums in Gesellschaft und Geschichte nicht angemessen begründbar. Historisch-hermeneutische Analysen gehören in vielen Wissenschaften

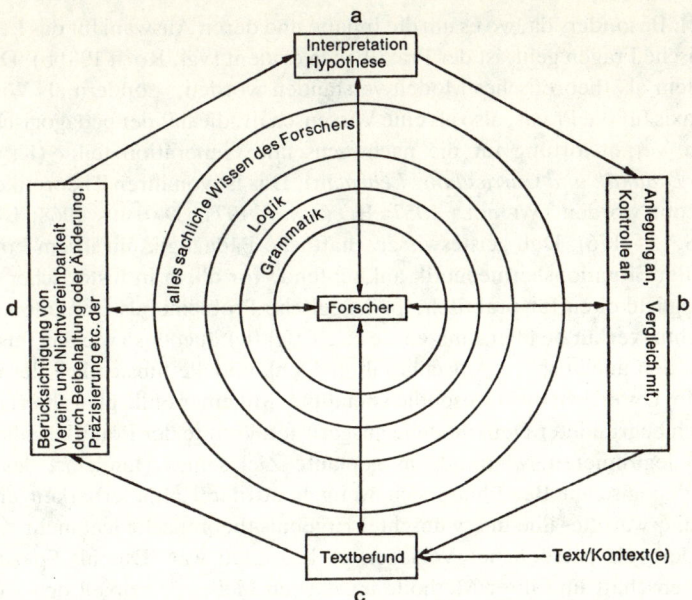

Die Skizze soll, bei *a* beginnend, rechtsherum gelesen werden. Wichtig ist die Offenheit des Zirkels bei *c*, wodurch das Heranziehen immer wieder neuer Kontexte (z. B. neuer wissenschaftlicher Erkenntnisse etc.) zum »Text« möglich wird. Dadurch können sich in den jeweiligen »Durchgängen« Veränderungen auch der Ausgangshypothese bei *a* aufgrund der erfolgten Interpretation ergeben.

Abb. 1: Struktur des hermeneutischen Zirkels nach KRAUSSER (1968, S. 32)

zum konstitutiven methodischen Repertoire; sie sind für die Erziehungswissenschaft unverzichtbar. Aber sie können auch nicht als alleinige Methode Anwendung finden, da sie nur einen Teil von Wirklichkeit erfassen. Die historisch-hermeneutische Methode beschränkt sich auf die Bewußtseinsebene, auf objektivierte Intentionen Handelnder (z. B. Unterrichtsplanung, die zunächst nur vom Lehrer organisiert ist). Die Analyse des konkreten Prozeßverlaufs (z. B. Unterrichtsverlaufs) kann Hermeneutik nicht übernehmen, es sei denn, daß sie sich zu einer »Situationshermeneutik«, also Handlungshermeneutik (BUCK 1981, S. 39 ff.) entwickeln läßt, wie sie Interaktionsanalysen in Modellen des symbolischen Interaktionismus andeuten (s. u. Abschnitt 6). Allerdings kann Hermeneutik bei dokumentiertem Unterricht wieder Anwendung finden. Die Dokumente als Objektivationen müssen ja nicht historisch vorliegen, sondern können als Rekonstruktion produziert werden. Das ist über den Erlebnisbegriff bei DILTHEY durchaus gegeben. »Von daher gibt es bei Dilthey eigentlich keinen Gegensatz zwischen unser aller alltäglichem Leben und den – auf dieses Leben bezogenen – Geisteswissenschaften.« (UHLE 1980) Das alltägliche Leben ist aber immer Praxis des Lebens.

4.5 Das Verhältnis von Theorie und Praxis

Es wird aus diesen Ausführungen deutlich, daß für die geisteswissenschaftliche Pädagogik der Praxisbezug konstitutiv sein muß, soweit von wahrgenommenen Wirklichkeiten ausgegangen bzw. an diese angeknüpft wird (→ *Das Theorie-Praxis-Verhältnis in der*

Pädagogik). Besonders da, wo es um die Inhalte und deren Auswahl für das Lehren, also um didaktische Fragen geht, ist der Praxisbezug evident (vgl. ROTH 1981b). Didaktik ist niemals allein als theoretisches Modell verstanden worden,»sondern als Wissenschaft von der Praxis für die Praxis, also als eine Wissenschaft, die mit der pädagogischen Praxis gemeinsam Verantwortung für die nachwachsende Generation teilt« (KLAFKI 1977, S. 704) (→ *Didaktik und Curriculum / Lehrplan*). Das ist von ihren Theoretikern immer wieder betont worden (WENIGER 1957; BECKMANN 1971; DAHMER 1968; BUCK 1981, S. 39–46, S. 154–176). Daß geisteswissenschaftliche Pädagogik mit ihrem Praxisbezug, an Text- oder Situationshermeneutik anknüpfend, vor allem in historischer Reflexion Lösungsmöglichkeiten für praktische pädagogische Probleme als Denkmodelle zu liefern versuchte, verkürzte über Jahrzehnte ihre Effektivität ebenso wie die Tatsache, daß sie sich um den analytischen Aufschluß ihrer Denkmodelle hinsichtlich der Praxiswirkung z. B. im Unterricht nicht wesentlich bemühte. Mit einer Fülle plausibler, historisch-systematisch begründeter Denkmodelle ausgerüstet, konnte der Praktiker sein Handeln theoretisch legitimieren, während das geplante Ziel seines Handelns, das Ergebnis solcher pädagogischen Bemühung sich weitgehend der Kalkulierbarkeit entzog und häufig als unerwartetes und unerwünschtes Ergebnis theoretisch nicht mehr zu rechtfertigen, sondern als persönliches Versagen zu begreifen war. Das als Spezifikum der Geisteswissenschaft und ihrer Methode anzulasten hieße, prinzipiell den Zusammenhang von Theorie und Praxis zu verkürzen. Auch die empirische Erziehungswissenschaft steht da vor ähnlichen Problemen, wo die Übertragung generalisierter Aussagen auf die konkrete individuelle Praxis nicht bruchlos erfolgen kann.

5 Empirische Forschungsmethoden

Häufig wird der Eindruck erweckt, als seien empirische Forschungsmethoden der Erziehungswissenschaft als Alternative zu geisteswissenschaftlichen Methoden, die in der Analyse von Wirklichkeit versagt hätten, entwickelt worden. Das trifft keinesfalls zu, sondern ist abhängig von der Bestimmung des Gegenstandsbereichs bzw. von dem Stellenwert, der der *Erfahrung* im Zusammenhang pädagogischer Sachverhalte zugesprochen wird. Schon KANT verlangt 1776/77 Experimente und Versuche in der Erziehung, besonders im Zusammenhang von schul- und unterrichtsreformerischen Untersuchungen (z. B. Dessauer Philanthropin). TRAPP, Lehrer am Philanthropin, kennt auch CAMPES Forderung nach Experiment und Beobachtung und fordert als erster deutscher Professor für Pädagogik in Halle 1779 die Methode der Beobachtung sowohl »zum Studium der menschlichen Natur« als auch zur »Verbesserung des Unterrichts«. Ein früher systematischer Ansatz findet sich bei STEIN (1896). Er bezieht sich auf MILL, SPENCER, ARDIGO und schlägt eine naturwissenschaftliche Fundierung der Pädagogik vor, ähnlich wie sie die Psychologie gefunden habe: Die Pädagogik »soll statt wie früher auf willkürliches dialektisches Deuten und Klügeln, statt auf spekulatives Kritteln und Tifteln in Zukunft auf statistisch festgestellte Daten und experimentell ermittelte Beobachtungen gestützt werden« (STEIN 1896, S. 250). Ebenfalls gibt es Anfänge in England bei LOCKE (1632–1704), PRIESTLEY (1733–1804), EDGEWORTH, DAY, E. DARWIN, BENTHAM, für die BACON die wissenschaftstheoretischen Grundlagen entworfen hatte. Auch in Italien finden sich Ansätze, z. B. FILLANGIERS (1753–1788), BECCARIA

(1738–1794), ROMAGNOSI (1761–1835). Wieweit die italienischen Ansätze bis in die educazione morale civile des Renaissance-Humanismus zurückreichen, scheint noch ungeklärt. Die Forderung nach empirischer Fundierung der Pädagogik ist immer wieder erhoben worden – auch in DILTHEYS Konzept einer Pädagogik als Wissenschaft haben empirische Elemente ihre Bedeutung –, sie hat sich allerdings erst in den 60er Jahren dieses Jahrhunderts in der Bundesrepublik Deutschland durchsetzen können (zur Geschichte vgl. ROTH 1978; ROTH 1986).

5.1 Die wissenschaftliche Grundlegung

Die Bestimmung des erkenntnistheoretischen Ortes einer *Erfahrungswissenschaft* müßte spätestens bei GALILEI (1564–1642) und bei BACON (1561–1626) beginnen. Hier ist der mit Sinnesorganen ausgestattete Mensch als Instanz der »Wahrheit« begriffen. BACON kritisiert in seiner Idolenlehre die Philosophie und beruft sich auf die Erfahrung. Damit ist der alte Begriff des Naturgesetzes, welcher die »von Gott gewollte vernünftige Ordnung der Welt aussagte« (BÖHME 1988, S. 200) in Frage gestellt. Mit GALILEI ist der historischen Erfahrung eine andere Erfahrung hinzugefügt, die als »Empirie« nun »die Distanz zum Erfahrungsraum herstellt, welche Distanz erst das Experiment, wenn nicht ermöglicht, so doch in den Dienst der Wahrheitsfindung stellt: die beliebige Wiederholbarkeit, in der von der Erkenntnis der sinnlichen Erfahrung, der erlebten Erfahrung abgesehen werden kann« (BÖHME 1988 S. 186).

Das war philosophisch durch POMPONAZZI (1462–1525) in seiner Lehre von den zwei Wahrheiten, daß die Idee der Unsterblichkeit der Seele nur auf dem Glauben, nicht auf Vernunft beruhe, vorbereitet: Die Erkenntnis der Wissenschaft ist eine, die Erkenntnis des Glaubens ist eine andere »Wahrheit«. So kann der Mensch »materialistisch« interpretiert, können auf ihn die Methoden der Empirie angewendet, kann in logischer Konsequenz die Seele als sterblich gesehen werden. Vorbereitet war dieses durch Maimonides (1135–1204) und besonders Averroes (Ibn Ruschd, 1126–1198) mit der Diskussion über die zwei Wahrheiten, der »Wahrheit« philosophischer Erkenntnis und der »Wahrheit« des (offenbarten) Glaubens. Beide Autoren, vor allem Averroes mit seinen Kommentaren zu Aristoteles, wurden auch an den europäischen Universitäten gelesen und stark beachtet.

Die o. a. Ansätze wären dann als Apologien auf diese Überzeugung anzusehen. Bei COMTE ist Sozialwissenschaft eine »soziale Naturwissenschaft«. Damit kann eine Neubestimmung empirischer Forschungsmethoden mit dem *objektiven* Positivismus von COMTE (1798–1857) gesetzt werden, in dessen *Dreistadienlehre* der Mensch nach Überwindung der theologischen und metaphysischen Geistesstadien nun in das positive exakt wissenschaftliche Stadium tritt. Die Soziologie integriert alle Wissenschaften zur »objektiven Einheit«, nicht zu reiner Erkenntnis, sondern zum Nutzen des Menschen (voir pour prevoir). Soziologie ist »soziale Naturwissenschaft«. Hier wird eine (fragwürdige) Analogiebildung vorgenommen. So »sinnvoll«, wie die Natur geordnet sei, müsse auch ein Modell sinnvoll organisierter sozialer Wirklichkeit möglich werden. Damit ist auch hinsichtlich empirischer Forschungsmethoden ein Wendepunkt und eine Neubestimmung erfolgt: die bis dahin auf dem Gebiet der Naturwissenschaft bewährten empirischen Methoden werden auf den sozialen Komplex, auf Gesellschaft bzw. Gesellschaften übertragen. So anschaulich KOLAKOWSKI (1971, S. 84) dieses durch COMTES »manische Begeisterung für Ordnung« charakterisiert, so könnte zu dieser frühen Zeit ein pathologischer Terminus im Zusammenhang mit COMTE leicht zu mißverständlicher Einschätzung des objektiven Positivismus führen.

Bereits hier ist also das der analytischen Wissenschaftstheorie vorgeworfene »technologische« Erkenntnisinteresse angelegt. Der nächste kritische Vorwurf besteht darin, daß der Positivismus beim Gegebenen ansetzt (lat. positum = das Vorgegebene, Gesetzte) und nicht hinterfragt, wer es »gesetzt« hat.

Die Linie verläuft weiter über den logischen Positivismus bzw. logischen Empirismus (Neopositivismus) des Berliner und vor allem des Wiener Kreises, für den CARNAP mit seiner Schrift »Der logische Aufbau der Welt« (1928) steht. Der logische Aufbau der Welt wird nach CARNAP durch drei Aspekte charakterisiert: die eigenpsychische Basis, die Relationslogik (als Teil der formalen Logik) und die »konstitutionale« Definition. Da es für Sätze über Gegenstände oder Begriffe sich um »keinen logischen Unterschied«, sondern »nur um zwei verschiedene Sprechweisen« (CARNAP 1928, ³1966, S. 5) handelt, kommt z. B. der Sprachlogik (WITTGENSTEIN) eine besondere Bedeutung zu. CARNAP unterscheidet zwischen *Beobachtungssprache* L_b und *theoretischer Sprache* L_t. Die eigenpsychische Basis konkretisiert sich in Erlebnissen (ist also über Erfahrung vermittelt) und bildet so die Grundlage für jedes wissenschaftliche Erkennen. Erlebnisse lassen sich in »Protokollsätze« (CARNAP) fassen. Sie sind an der Erfahrung überprüfbar. Diese prinzipielle Verifikationsmöglichkeit gilt als »empiristisches Sinnkriterium«.

Das Problem, das entsteht, ist: Beobachtungssprache L_b und theoretische Sprache L_t so miteinander zu verbinden, daß die undefinierten theoretischen Begriffe in L_t empirisch interpretiert werden können. Sie lassen sich dann gewissermaßen in Beobachtungssprache L_b unter prädikativem Aspekt »übersetzen« und sind an der Erfahrung überprüfbar. Diesen prinzipiellen Ansatz, Realität durch Sprache zu erfassen, hat bereits WITTGENSTEIN problematisiert, indem er auf die Vielfalt von »Sprachspielen« hinwies. Ein Höhepunkt in der Diskussion des Positivismus wird durch POPPER im *kritischen Rationalismus* erreicht (1934, ⁵1973). Obwohl der Untertitel seines Buches »Logik der Forschung« in der 1. Auflage heißt »Zur Erkenntnistheorie der modernen Naturwissenschaft«, ist kaum ein anderes Werk für die wissenschaftstheoretische Diskussion der Sozialwissenschaften bis in die Gegenwart von größerer Bedeutung geworden. POPPER lehnt ein absolutes Sinnkriterium ebenso ab wie das Verifikationsprinzip. An die Stelle des Sinnkriteriums setzt er ein Abgrenzungskriterium (⁵1973, S. 14f.). Dieses *Abgrenzungskriterium* ist für ihn nicht das Verifikations-, sondern das *Falsifikationsprinzip*. Erfahrung, in »Basissätzen« als singuläre Aussage formuliert, auf intersubjektive Überprüfung angelegt, ist für POPPER Grundlage wissenschaftlicher Erkenntnis. Allerdings ist diese Erfahrung nicht durch (subjektive) Erlebnisse wie bei CARNAP, sondern durch »Festsetzung«, »durch Beschluß« der Basissätze Grundlage wissenschaftlicher Erkenntnis (POPPER ⁵1973, S. 73). Diese Setzung ist nicht frei von Werten unter anderem und vor allem des praktischen Handelns; sie wird von »Zweckmäßigkeitsüberlegungen« (S. 73) mit bestimmt. Damit wendet sich POPPER gegen einen »Psychologismus«, der in individuellen Erlebnissen konkret wird, wie er, um Mißverständnisse auszuräumen, 1968 in einem »Zusatz« betont (S. 76).

Das Falsifikationsprinzip als Abgrenzungskriterium hat gegenüber dem Verifikationsprinzip als Sinnkriterium eine fundamentale wissenschaftstheoretische (und forschungspraktische) Konsequenz: »Wir fordern zwar nicht, daß das System auf empirisch-methodischem Wege endgültig positiv ausgezeichnet werden kann, aber wir fordern, daß es die logische Form des Systems ermöglicht, dieses auf dem Wege der methodischen Nachprüfung negativ auszuzeichnen: *Ein empirisch-wissenschaftliches System muß an der Erfahrung scheitern können.*« (POPPER ⁵1973, S. 15) Eine Dogmatisierung des kritischen Rationalismus und der entsprechenden Standards quasi als einzigen forschungsmethodologischen Ansatz ist problematisch. Nicht zu Unrecht hat STEGMÜLLER (1973, S. 310) davor gewarnt, wenn er – allerdings überpointiert – von »metascience of science fiction« sprach (→ *Wissenschaftstheorie*). Die Position des kritischen Rationalismus ist am deutlichsten an der Werturteilsproblematik sichtbar. Auf sie kann hier nur verwiesen werden (u. a. ALBERT ⁴1967). In der Erziehungswissenschaft wurde die Wertfreiheit von LOCHNER (1969, S. 412) in Anlehnung an WEBER besonders hervorgehoben: »Allgemeingültige Sätze können nur im Raum einer ›wertfreien‹ (und in diesem Sinne objektiv sich verhaltenden) Wissenschaft formuliert werden.«

In engem Zusammenhang mit den Ansätzen bei LOCHNER und ALBERT ist BREZINKA zum engagierten Verfechter einer wertfreien Erziehungswissenschaft geworden. Damit werden Aussagensysteme bezeichnet, die in intersubjektiv nachprüfbaren Sätzen über den Wirklichkeitsbereich (Objektbereich) Erziehung informieren (BREZINKA 1971, S. 34). Das ist einerseits eine Absage an die traditionelle normative und geisteswissenschaftliche Pädagogik, »die Tatsachenaussagen und Werturteile ... so naiv miteinander vermengt, daß nur schwer zu erkennen ist, was man jeweils vor sich hat« (ebd., S. 7), und andererseits eine Kritik des naiven Empirismus (z. B. bei FISCHER), der meine, »die reine ›theoriefreie‹ Beschreibung des Gegebenen stehe am Anfang aller Wissenschaft und ermögliche erst die Fragestellung« (BREZINKA 1971, S. 49). Dem steht eindeutig gegenüber, »daß man von der Wirklichkeit nur etwas erfährt, wenn man gezielte Fragen an sie richtet« (ebd.), denn es gehen »jeder Beobachtung bestimmte Erwartungen, theoretische Annahmen oder Hypothesen voraus« (ebd.). Bei solcher Position negiert BREZINKA keineswegs, daß »ohne inhaltliche, d. h. weltanschauliche Entscheidungen zu treffen, ... weder erzieherisches Handeln noch normative Theorien für dieses Handeln möglich sind« (ebd., S. 201) (→ *Werte und Normen in der Erziehung*). Doch »darf man sich nicht darüber täuschen, daß es Glaubensüberzeugungen und keine wissenschaftlichen Sätze sind, selbst wenn sie in wissenschaftlicher Sprache gefaßt werden«. Hier schließt sich also wieder der Kreis mit dem ausgangs genannten Problem präskriptiver und deskriptiver Sprache.

In der Kritik des empirischen Ansatzes wird dem nomologisch-deduktiven Modell vorgeworfen, daß es in seiner Beschränkung auf Erklärung und Prognose immer den gerade vorgefundenen Bedingungen der Erklärung naiv verhaftet sei, d. h. in ereignisbeschreibenden Sätzen nur an diesen die Bedingungen erklärt. Die forschungslogische Diskussion kann dabei die Verbindung von Beobachtungssprache und theoretischer Sprache nur unzulänglich lösen, verstrickt sich in der Suche nach dem empirischen Sinnkriterium in einen nur bedingt fruchtbaren Werturteilstreit, der letztlich zur Trennung von Begründungs- und Gewinnungszusammenhängen (REICHENBACH) wie von deskriptiven und normativen Sätzen führt und (in Anlehnung an WEBER) die Unbegründbarkeit normativer Sätze festlegt. Normative Sätze können letztlich durch Glaubensentscheidungen entschieden werden. Das sei Dezisionismus, der dazu führe, daß bei einer verbindlichen Vorgabe bestimmter Werte – oder bei Konsens über sie – es nur noch Aufgabe sei, die gewonnenen Erklärungen über Zusammenhänge in Handlungsanweisungen zu fassen. Das sei ein technologisches Praxiskonzept. Für die Erziehungswissenschaft ist das besonders deutlich: (Erziehung und) Erziehungswissenschaft ist zwangsläufig normativen Sätzen verbunden und zusätzlich von Wirkungsaussagen abhängig. Für die empirischen Methoden der erziehungswissenschaftlichen Forschung, besonders der Schul- und Unterrichtsforschung, hat ein derart auf Praxis bezogenes Handlungskonzept (scheinbar!) bestechende Vorzüge vor allem für die in der Erziehungspraxis Handelnden (→ *Präskriptive Unterrichtswissenschaft*...). Das führt häufig zu einem naiven Empirismus, der nur noch unter dem Aspekt von Effektivität und Anwendungsbezug argumentiert – hier wird dann Pädagogik zur Technologie: das ist die entscheidende Gefahr eines so verstandenen Positivismus. Bei konkreten Anwendungen solcher Forschungsmethoden im Bereich der Erziehungswissenschaft wie der Sozialwissenschaften allgemein zeigt sich deutlich als Problem: empirische Forschungsmethoden sind für die Sozialwissenschaft aus den Naturwissenschaften übernommen. Dem liegt der Gedanke einer *Einheitswissenschaft* (vgl. Abschnitt 7) zugrunde. In den Naturwissenschaften ist im Zusammenhang mit der Anwendung von empirischen Forschungsmethoden auch die entsprechende Theoriebildung geleistet worden. Dort läßt sich Realität in Modellen angemessener abbilden, simulieren, lassen sich Variablen eher isolieren und kontrollieren, allerdings niemals exakt, sondern nur approximativ. In komplexen sozialen Situationen wie Schule und Unterricht sind realitätsadäquate Modelle oft von einer Simplizität oder aber von einer Komplexität, ist die Theoriebildung im Zusammenhang mit empirischen Forschungsmethoden so unzulänglich, daß der Approximationsgrad erheblich absinkt. Daher erklären sich auch unterschiedliche Ergebnisse bei Kontrolluntersuchungen. Hinsichtlich der Variablenisolierung gibt es durchaus Grenzen (auch z. B. in der Biologie, Geophysik, Astronomie, Kosmologie etc.). Hier müssen ebenfalls komplexe Systeme analysiert werden. Eine abschließende Einschätzung von empirischen Forschungsmethoden für die Erziehungswissenschaft ist gegenwärtig nicht möglich. Ihre Bedeutung liegt darin, daß sie zur Analyse relevanter, auch komplexerer Probleme eine wesentliche Hilfe bieten, die ohne sie nicht gegeben wäre: Erfahrungen müssen geprüft und rationalisiert werden. Entscheidend ist, wie diese Prüfung *methodisch geregelt* wird, ob per Doktrin oder dem Problem entsprechend offen, letztlich also heuristisch. Empirische Forschungsmethoden absolut zu setzen wäre ebenso naiv, wie sie zu ignorieren.

5.2 Die Methoden empirischer erziehungswissenschaftlicher Forschung

Der systematische Zusammenhang, in dem empirische Forschungsmethoden der Erziehungswissenschaft zu sehen sind, umfaßt auch die Pläne des Forschungsarrangements (Versuchsplan, Design), die Verfahren und Instrumente der Datenerhebung und die Verfahren der quantitativen Analyse des erhobenen (Daten-)Materials (Datenanalyse, Statistik). Der hier skizzierte systematische Zusammenhang resultiert aus der für die gegenwärtige empirische erziehungswissenschaftliche Forschung konstitutiven Bedeutung der *Hypothese* für die Konkretisierung des erkenntnisleitenden Interesses im Forschungsprozeß. Die Hypothesen sind dabei von verschiedenen wissenschaftstheoretischen und wissenschaftspolitischen Bedingungen abhängig. Diese Bedingungen sind der Hypothesenbildung forschungslogisch vorgeordnet. Als zwei solcher Bedingungen unterschied REICHENBACH (^{2}1968) zwischen *Entdeckungszusammenhang* und *Begründungszusammenhang*.

5.2.1 Hypothesen

Die Prüfung von Hypothesen an der Realität ist das charakteristische Merkmal empirischer Forschung in der Weiterentwicklung und Absetzung gegenüber deskriptiver pädagogischer Forschung, der es um Erfassung und Beschreibung von »Tatsachen« ging. Als Beispiel mag MÜLLER-PETERSEN zitiert werden, die als Anweisung für das Protokoll zur Beobachtung von Unterricht feststellt, das Protokoll habe »ausführlich«, »die Aufnahme ... stetig« zu sein; sie »darf keine Lücken aufweisen«; »die Wiedergabe der Situation muß anschaulich sein, so lebendig nämlich, daß das Lesen der Aufnahme Freude macht und sie bis zu einem gewissen Grade ein persönliches Zuhören im Unterricht ersetzt« (PETERSEN / PETERSEN 1965, S. 244). Zur Problematik dieses Ansatzes vgl. ROTH (1969, ²1974, S. 31–51, bes. S. 32). Diese Ansätze deskriptiver Forschung können bis zur reinen Kasuistik führen, die eher ein Beispiel für die *klinische* Methode ist.

Demgegenüber ist das Interesse der empirischen erziehungswissenschaftlichen Forschung die *Prüfung* von Hypothesen an der *Realität*, um Zusammenhänge, Bedingungen, Wechselwirkungen, Abhängigkeiten von Variablen im Bereich von Erziehung und Unterricht konkret *erklären* zu können.

Solche forschungsleitenden Hypothesen müssen, um empirisch überprüft werden zu können (d. h. an der Realität scheitern zu können), operational definiert werden. Es handelt sich dabei um (von einer Theorie etc. abgeleitete) Aussagen bzw. Behauptungen darüber, ob und wie sich bestimmte Faktoren bzw. Faktorenkomplexe auf definierte Variable bzw. auf die Stärke der Ausprägung dieser Variablen auswirken. Eine Variable ist die quantitativ bestimmbare Größe einer Merkmalsausprägung. Diese Definition erklärt sich dadurch, daß Merkmale bzw. Merkmalsdimensionen z. B. bei verschiedenen Menschen (interindividuell) oder einem einzigen Menschen (intraindividuell) unterschiedlich ausgeprägt, also variabel sein können. Operationale Definition bedeutet nun, daß die darin bestimmten Merkmale bzw. Merkmalsausprägungen *erhebbar* und *quantifizierbar* sein müssen. Eine solche operationale Definition unterscheidet sich damit deutlich von Verbaldefinitionen (z. B. Erklärung eines Begriffs aus seiner sprachlich-etymologischen Herkunft) und Realdefinitionen (z. B. Erklärung eines Begriffs aus den für wesentlich angesehenen Eigenschaften eines Gegenstandes). Was aber *wesentlich* ist, kann von verschiedenen Positionen sehr unterschiedlich eingeschätzt werden. Nominaldefinitionen bestimmen, welche Bedeutung ein verwendeter Begriff (das Definiendum) haben *soll*. Häufig müssen zunächst qualitative Begriffe (z. B. Ingelligenz, Schicht, Aufmerksamkeit, Schulerfolg etc.) operationalisiert werden. Intelligenz, Schicht, Schulerfolg u. a. sind nicht direkt beobachtbar. Um sie empirisch erfaßbar zu machen, müssen eindeutige Indikatoren für die operationale Definition eingeführt werden. Intelligenz wäre dann z. B. das, was ein ganz konkreter Intelligenztest mißt, Schulerfolg wäre, was sich in Zensuren, Zeugnisnoten, Schulabschluß ausdrückt. Bereits beim letzten Beispiel wird deutlich, daß solche operationalen Definitionen nicht einfach oder gar unproblematisch sind. Man wird immer erst im konkreten Forschungszusammenhang entscheiden können, wie eine solche Definition erfolgen kann, wobei berücksichtigt werden muß, wie sie möglicherweise in der Literatur bisher verwendet wurde. Einfacher wird die operationale Definition, wenn der empirische Bezug des Begriffs direkter ist. Viele Formen menschlichen Verhaltens lassen sich direkt beobachten (z. B. ein Schüler meldet sich, experimentiert, gähnt). Dabei bleibt allerdings auch hier die Ursache bzw. der

Grund für dieses Verhalten nicht erfaßt. Direkt beobachtbar sind auch z. B. die Schülerzahl einer Klasse, die Klassenzahl einer Schule, die Länge des Schulweges u. v. a. m.

Hypothesen können *gerichtet* (einseitige Fragestellung) oder *ungerichtet* (zweiseitige Fragestellung) sein. Hinsichtlich der *statistischen* Hypothesenprüfung ist es zweckmäßig, *Nullhypothese* (H_0) und *Alternativhypothese(n)* (H_1, H_2 ... H_n) zu formulieren, damit ein eindeutiger Erklärungs- und Entscheidungswert festgestellt werden kann. Ebenfalls ist das Anerkennungsrisiko festzulegen.

Nach ZETTERBERG (1965, S. 82f.) und FRIEDRICHS (1973, S. 105) enthalten Hypothesen folgende Beziehungen zwischen Variablen:

(a) deterministisch (wenn X, dann immer Y) oder statistisch (wenn X, dann wahrscheinlich Y);

(b) reversibel (wenn X, dann Y; wenn Y, dann nicht X);

(c) aufeinanderfolgend (wenn X, dann später Y) oder gleichzeitig (wenn X, dann auch Y);

(d) hinreichend (wenn X, dann immer Y) oder bedingt (wenn X, dann Y – aber nur, wenn Z als Bedingung vorhanden);

(e) notwendig (wenn X, dann und nur dann Y) oder substituierbar (wenn X, dann Y; aber wenn Z, dann auch Y).

Gibt es in der Literatur Belege für einen vermuteten Zusammenhang zwischen zwei Variablen, so wird man die Hypothese »richten«. Liegen solche plausiblen Belege nicht vor, so arbeitet man mit ungerichteten Hypothesen. Wir übernehmen ein Beispiel aus einer konkreten Untersuchung (ROTH 1971, ²1977) für ungerichtet formulierte Hypothesen (es ist nicht angegeben, in welcher Richtung eine Überlegenheit/Unterlegenheit erwartet wird):

H_0: Die Klassifikationsvariablen (O, I) haben keinen signifikanten Einfluß auf die Mittelwertdifferenzen der abhängigen Variablen (aV).

H_1: Die drei verschiedenen Unterrichtsmethoden (O) führen zu signifikanten Mittelwertdifferenzen der aV.

H_2: Unterschiedliches Intelligenzniveau der Schüler (I_1–I_3) führt zu signifikanten Mittelwertdifferenzen der aV.

H_3: Zwischen den Klassifikationsvariablen (O,I) besteht Wechselwirkung (OxI) hinsichtlich des Einflusses auf die aV.

Anzugeben ist dann das Signifikanzniveau, das Kriterium für die Anerkennung der Ergebnisse sein soll. Z. B. »Als Kriterium für den Einfluß der Klassifikationsvariablen (O,I) gelten signifikante ($p < 0,05$) Mittelwertunterschiede«.

5.2.2. Forschungsarrangement

Das Forschungsarrangement (Versuchsplan, Design) ist abhängig vom Problembereich, von den Fragestellungen und von der Hypothesenformulierung. Von wesentlicher Bedeutung sind hier experimentelle und quasi-experimentelle Pläne, das Panel-Verfahren und die Handlungs- bzw. Aktionsforschung (vgl. ausführlich ROTH 1978).

Das Experiment

Das *Experiment* ist in der Geschichte der Erziehung bekannt, wenn auch nicht immer als solches identifiziert. Diese Experimente unterscheiden sich dennoch prinzipiell vom

Experiment im naturwissenschaftlichen Verständnis. Andere, nicht aus pädagogischem Erkenntnisinteresse initiierte Bedingungsveränderungen lassen sich heute als ex-post-facto-Experiment interpretieren (z. B. im Bereich der Abnormformen der Erziehung bei den Janitscharen in der Türkei und möglicherweise bei der Securitate unter Ceaucescu in Rumänien). Das Experiment, in dem es um *planmäßige* Veränderung einer bzw. mehrerer Variablen und deren Wirkungskontrolle geht, ist die exakteste, anspruchsvollste, eindeutigste, aber auch aufwendigste Forschungsanordnung besonders für *Kausalanalysen* im komplexen Bereich von Unterricht und Erziehung. Über das Experiment hat es seit MILL (1862) und vor allem in der erziehungswissenschaftlichen Forschung seit MCCALL (1923), FISCHER (1925) eine Fülle von Publikationen gegeben. Eine Übersicht findet sich u. a. bei CAMPBELL / STANLEY (1963). Wichtig ist die exakte Deskription der *abhängigen* (dependent) und der unabhängigen (independent) Variablen. Variablen sind – qualitativ gefaßt – Merkmale einer definierten Dimension, quantitativ gefaßt sind sie der *Ausprägungsgrad* eines Merkmals, das an einem *Merkmalsträger* erhoben wird. Die übliche Manipulation nur *einer* unabhängigen Variablen bei Konstanthaltung aller anderen wichtigen Faktoren wird in der Regel dem komplexen Bedingungs- und Wirkungszusammenhang des Unterrichtsprozesses nicht gerecht. *Mehrdimensionale Konzepte* (ROTH 1971, ²1977 und ROTH 1969, ²1974) sind angemessener, allerdings auch aufwendiger und schwieriger in der Realisierung.

Unterschieden werden *exploratives Experiment, Laborexperiment, Feldexperiment* (FLECHSIG 1967). KLAUER (1973) zählt Labor- und Feldexperiment als Experimente, die keine sind. Dazu gehören außerdem Schulversuch, Erhebung und Test, Ex-post-facto-Experiment und CAMPBELLS Quasi-Experimente. *Explorative Experimente* dienen zur Analyse von Variablen und deren Zusammenhängen an kleinen Stichproben. *Laborexperimente* sichern weitgehende Variablenkontrolle, sind aber gegenüber der komplexen Realität eingeschränkt, was die *Übertragbarkeit* auf die reale Situation mindert. *Feldexperimente* von Unterricht und Erziehung werden in der Realität selbst durchgeführt. Sie machen größte Schwierigkeiten hinsichtlich der Kontrolle *intervenierender Variablen* und deren Organisation.

Ex-post-facto-Experimente beruhen in der Regel nicht auf bewußt geplanter Manipulation des Kausalfaktors als *experimenteller Variable,* sondern analysieren *retrospektiv* von den gegenwärtig feststellbaren Effekten her die möglichen wirkungsverursachenden Faktoren. *Quasi-experimentelle Forschungspläne* können die Bedingungsvariablen nur unvollkommen oder gar nicht erfassen, sondern versuchen z. T. nur den Zusammenhang von Klassifikationsvariablen festzustellen. Als *nichtexperimentelle* Arrangements sind *Umfragen, Repräsentativerhebungen* u. a. zu nennen, die zunächst *deskriptiven* Charakter haben, aber auch in Experimente überführt werden können.

Jedes Experiment birgt wegen der in der Regel komplexen Struktur des Forschungsfeldes zahlreiche Fehlerquellen und spezifische Effekte. KLAUER (1973) zählt dazu: Hawthorne-, Placebo- und Novitätseffekt, Versuchsleitereffekt, Positionseffekte, Prätesteffekte, Störfaktoren, Wechselwirkungen (Interaktionen) von Variablen, Regressionseffekt, Stichprobeneffekte u. a. Selbstverständlich ist es nicht nur schwierig, sondern häufig auch nicht möglich (prinzipiell wie organisatorisch), im Bereich erziehungswissenschaftlicher Fragestellungen und Untersuchungen Variablen zu isolieren und sie dann planmäßig und kontrolliert zu verändern.

Panel-Verfahren
Wir können diese Verfahren nur kurz andeuten und müssen auf die ausführliche Literatur verweisen. Panel-Verfahren und Folgestudien lassen sich dazu verwenden, um Veränderungen, die über längere oder kürzere Zeit hin geschehen, festzustellen. Vor allem zeigen sie sich geeignet, um Meinungs- und Einstellungsveränderungen zu bestimmten Problemen oder Phänomenen zu erfassen (z. B. zur Ganztagsschule, zum Umfang von Hausaufgaben, zur Gesamtschule u. a.). Es handelt sich also immer um Längsschnittuntersuchungen (HELMREICH 1977), bei denen als häufigste Verfahren der Datenerhebung Befragung und Interview, seltener dagegen Beobachtung benutzt werden.

Das Multitrait-Multimethod-Paradigma
Die genannten Forschungsarrangements und die noch darzustellenden Verfahren der Datenerhebung (ebenso wie die Verfahren der Datenanalyse) haben ihre besonderen Vor- und Nachteile. Letztlich geht es um »Messen« im weiteren Sinne, wobei das Meßergebnis außer durch die Verfahren und Instrumente u. a. auch durch folgende Faktoren determiniert wird:
(a) Zufallsfehler in der Messung (RUNKEL / McGRATH 1972, S. 162f.),
(b) unterschiedliche Ausprägung des gemessenen Merkmals zu verschiedenen Zeiten selbst bei einer Person (z. B. unterschiedlicher körperlicher bzw. psychischer Disposition angesichts eines Tests),
(c) Fehler, die während des Messens entstehen,
(d) Eigenarten spezifischer Meßmodelle.

Um einigermaßen objektive, valide und reliable Meßergebnisse zu erhalten, verwendet man entsprechend dem Multitrait-Multimethod-Paradigma mehrere (z. T. unterschiedliche) Instrumente, um ein einziges Merkmal zu erfassen (multimethod). Man stellt damit fest, ob z. B. die operationale Definition, die dem jeweils verwendeten Instrument zugrunde liegt, das Merkmal präzise erfaßt. Der Korrelationskoeffizient beschreibt die Größe des Zusammenhanges. Ebenso kann man mit einem Instrument mehrere Merkmale zu erfassen suchen (multitrait). Dabei ergibt sich, ob z. B. ein verwendeter Test das in Frage stehende Merkmal differenziert abbildet oder ob er auch ganz andere Merkmale bzw. deren Ausprägung zusätzlich erfaßt und so relativ unspezifisch mißt. Beispielsweise könnte ein Test zur Diagnose der Lese-Rechtschreibschwäche (Legasthenie) evtl. keine differenzierte Erfassung spezifischer Wahrnehmungsschwächen (auditive bzw. visuelle Ausfälle) sichern, aber möglicherweise die »Intelligenz« des Probanden mit erfassen. Letzteres ist zweifellos nicht unwichtig, aber für eine differenzierte Diagnose oder Therapie allein nicht ausreichend.

5.3 Verfahren der Datenerhebung
Als Verfahren der Datenerhebung im Zusammenhang empirischer erziehungswissenschaftlicher Forschung kann man die *Beobachtung* im weitesten Sinne ansehen. Die Befragung kann letztlich als aus ihr abgeleitet gelten, wobei eine Sonderform der Beobachtung bzw. der Befragung der Test (als Verfahren der Datenerhebung) ist.

5.3.1 Die Beobachtung
Beobachtung ist das grundlegende Verfahren der empirisch forschenden Sozialwissen-

schaften und der Erziehungswissenschaft. Beobachtung, eine der häufigsten Verhaltensweisen zur Orientierung im täglichen Leben, wird zu einem wissenschaftlichen Verfahren der Erkenntnisgewinnung. Allerdings ist vor der naiven Auffassung zu warnen, es könnte die Gültigkeit von Theorien durch den Rekurs auf Beobachtungen festgestellt werden. Die Beobachtung ist mehrfach theoriegebunden: gebunden an die Theorie über den Gegenstand der Beobachtung (wenn Schüler beim Lesen beobachtet werden sollen, muß [operational] definiert werden, was Lesen denn eigentlich ist) und gebunden an die Theorie der Beobachtung. So trivial die Beobachtung zunächst zu sein scheint, so anspruchsvoll und schwierig ist sie in ihrer systematischen Durchführung. Man unterscheidet *teilnehmende* und *nicht teilnehmende* Beobachtung (der teilnehmende Beobachter ist *Mitglied* der beobachtenden Gruppe, der nicht teilnehmende steht *außerhalb* der Gruppe), *unsystematische* und *systematische* Beobachtung (letztere arbeitet mit einem *definierten Kategoriensystem*). Beobachtung geschieht in *artifiziellen* oder *natürlichen* Beobachtungssituationen. Erstere werden z. B. experimentell kontrolliert. Als Verfahren, das auch Generalisierung erlaubt, kann z. Z. die *systematische, kontrollierte* Beobachtung gelten. Sie erhebt z. B. als Unterrichtsbeobachtung Daten mit einem differenzierten Kategorienschema (Instrument), das den *Gütekriterien: Objektivität, Validität, Reliabilität* genügen muß (vgl. Abschnitt 5.4). Es gibt über das Problem der Beobachtung in den Sozialwissenschaften eine fast unübersehbare Literatur. Im Bereich von Erziehung und Unterricht ist die mehr oder weniger systematische, mehr oder weniger gezielte und geplante Beobachtung ein wesentliches Mittel des Lehrers, sich über die Schüler einer Klasse, über einzelne Schüler (Einzelfallbeobachtung) oder über sich selbst einen objektiveren Eindruck zu verschaffen, als es auf dem Niveau spontanen subjektiven Meinens möglich wäre.

Als ein Verfahren der Unterrichtsforschung ist die *Unterrichtsbeobachtung* seit TRAPP (1745–1818; erster Professor für Pädagogik an einer Universität: Halle 1779–1783) gefordert. Sie hat eine lange Tradition, die u. a. mit den Namen FLANDERS, MEDLEY, MITZEL, PETERSEN, SCHRADER, TAUSCH, WINNEFELD verbunden ist (vgl. die zusammenfassende Darstellung bei MERKENS/SEILER 1977). Im Zusammenhang mit der Unterrichtsforschung sowohl unter sozialpsychologischem als auch didaktisch-methodischem Aspekt ist sie in der Bundesrepublik Deutschland von DIEDERICH, DIETRICH, ROEDER, ROTH u. a. angewendet worden. In der Lehrerausbildung sind in der Bundesrepublik Deutschland Verfahren von SCHORB (WINNEFELD), PETRAT, ZIFREUND (FLANDERS) gebräuchlich. Instrumente für die Unterrichtsbeobachtung sind verschieden in Quantität und Qualität. Sie werden eingesetzt zur Erfassung und Analyse von Lehrer- und Schülerverhalten in definierten Situationen. Es wäre sinnlos, hier die Fülle der Kategoriensysteme zur Unterrichtsbeobachtung zu nennen oder gar darzustellen. Einen umfassenden Überblick bieten – vor allem für die Unterrichtsforschung – die Handbücher von INGENKAMP, SIMON/BOYER, ROTH/PETRAT.

Unterrichtsbeobachtung ist nur im Zusammenhang eines theoretischen Kontextes und unter spezifischen Fragestellungen sinnvoll. Einfaches Dabeisein während des Unterrichts – häufig wohlwollend als Hospitation bezeichnet – ist relativ wertlos (→ *Präskriptische Unterrichtswissenschaft...*).

Merkmale der Beobachtung: Beobachtung ist immer *selektiv;* das beobachtete Verhalten geschieht in *sozial definierten* Situationen (Unterricht, Pause). Die *Situation* ist objektiv beobachtbar und beschreibbar (in deskriptiven Kategorien), die *Intention* des

Handelnden ist subjektiv und nur auf dem individuellen gesellschaftlichen Erfahrungshintergrund des Beobachters erschließbar und interpretierbar und in *interpretativen* Kategorien unzulänglich erfaßbar.

Die Kategorienbildung erfolgt – um es grob zu klassifizieren – unter sozial-psychologischem oder didaktisch-methodischem Aspekt. Versuche, sowohl sozial-psychologische als auch didaktisch-methodische Aspekte bei der Konstruktion des Kategorienschemas zur Unterrichtsbeobachtung zu verbinden, sind relativ selten. Die Analyse der einzelnen Verfahren ergibt, daß ihre (unbearbeitete) Übernahme und Anwendung für die Untersuchung spezifischer Fragestellungen nur dann möglich ist, wenn die eigenen Fragestellungen mit denen des jeweiligen Autors des entsprechenden Kategoriensystems weitgehend identisch sind. Das ist selten der Fall. Einzelkategorien anderer Autoren zu übernehmen und sie additiv zu reihen sichert nicht schon die Zuverlässigkeit der Kategorien an ihrem originären Ort für den neuen Zusammenhang. Ist man gezwungen, für eigene Fragestellungen ein neues Kategoriensystem zur Beobachtung zu entwickeln, so darf man die dabei auftretenden Schwierigkeiten und den Arbeitsaufwand nicht unterschätzen: er ist nicht geringer als der bei der Entwicklung eines Tests. Ebenso wie für einen Test gibt es vergleichbare Gütekriterien für ein Kategoriensystem zur Unterrichtsbeobachtung.

Berücksichtigt man die Gütekriterien, dann wird deutlich, welche Probleme in der Kategoriendefinition liegen. Hier kann man grob zwischen *deskriptiven* (z. B. »Schüler melden sich«) und *interpretativen* (z. B. »Schüler sieht/hört zu«) Kategorien unterscheiden.

Ein weiteres Problem ist die Bestimmung der *Beobachtungseinheit,* wobei man sich auf *Zeiteinheiten* (time-unit) bzw. »*natürliche« Einheiten* (natural-unit) festlegt. Erstere werden relativ willkürlich gewählt, letztere sind im Grunde erst auf einer differenzierten Theorie des (Unterrichts-)Handelns bestimmbar. Am häufigsten wird verbales Verhalten, selten nichtverbales Verhalten erfaßt. Die Kategorien bzw. Kategoriensysteme genügen nur unbefriedigend den Gütekriterien. Daher sind die durch Unterrichtsbeobachtung erhobenen Daten wenig exakt und deren statistische Analyse oft problematisch. Häufig verschleiert solche Analyse mit höchst anspruchsvollen statistischen Verfahren die mangelnde Datenqualität und *täuscht* Exaktheit *vor.*

5.3.2 Befragung

Die Befragung führt zur Feststellung von *Meinungen* (subjektiv) oder *Fakten* (objektiv). Letztere sind prinzipiell nachprüfbar. Die Methoden und Formen der Befragung sind zu einem ebenso komplexen einerseits und spezialisierten forschungsmethodischen Problembereich andererseits geworden wie etwa die der Beobachtung. Abgesehen davon, daß es eine besondere »Lehre von der Frage« (FRIEDRICHS 1973, S. 189f.) gibt, kann man allgemein zwischen *mündlicher Befragung* (Interview, Intensiv- oder Tiefeninterview) und *schriftlicher Befragung* (in der Regel durch Fragebogen) unterscheiden. Beim Interview gibt es eine weitere Einteilung nach ungelenkter und standardisierter Form. Auch bei der schriftlichen Befragung findet man die völlig freie, die eingeschränkte und die geschlossene Antwortform. Im weiteren Bereich erziehungswissenschaftlich relevanter Problembereiche werden alle Formen der Befragung verwendet. Vor allem aus personal- und zeitökonomischen Gründen wird bei größeren Untersuchungen die schriftliche Befragung bevorzugt. Sie erlaubt zwar, einerseits eine große Stichprobe zu erfassen, muß aber andererseits damit rechnen, daß nur ein Teil der Fragebogen beantwortet zurückgereicht wird. Die Motivation derer, die den Fragebogen ausgefüllt zurückreichen, ist dabei als besondere Variable bei der Analyse und Interpretation des Materials zu berücksichtigen. Schwierigkeiten liegen in der *Frageformulierung*, deren *Verstehbarkeit*, dem Aufbau der Fragen und des Fragebogens u. a. Fragebogen müssen an kleinen Gruppen erprobt werden. Für umfangreichere Fragebogenerhebungen (z. B. Eltern-, Schüler-, Lehrereinstellungen zu Hausarbeiten, zu Ganztags- bzw. Gesamtschulen etc.) empfiehlt es sich, die Fragebogen bereits auf EDV-Auswertung anzulegen. Solche Ausrichtung schränkt allerdings die Fragenformulierung weitgehend auf *geschlossene* Fragen ein. Offene Fragen zeigen aufgrund wenig strukturierter Antworten Auswertungsschwierigkeiten, die über die Konstruktion eines Kategoriensystems für die Zuordnung bzw. mit Hilfe der *Contentanalyse* (Inhaltsanalyse), einem von der *Werkanalyse* angeregten und vor allem in der Sozio- und Psycholinguistik weiterentwickelten Verfahren, wenig befriedigend gelöst werden. Mündliche Befragung und Interview sind für die *Handlungsforschung* wichtig. Bei mündlicher Befragung (wie bei teilnehmender Beobachtung) muß beachtet werden, daß der Durchführende die soziale Situation mit konstituiert! Interviewer müssen eingewiesen, bei wenig gelenktem Interview geschult werden, um sich richtig zu verhalten und nicht als »Fehlerquelle« zu wirken.

Eine besondere Form der Befragung besteht im Zusammenhang der *Soziometrie*. »Soziometrie ist die quantitative Untersuchung zwischenmenschlicher Beziehungen unter dem Aspekt der Bevorzugung, Gleichgültigkeit und Ablehnung in einer Wahlsituation«. (BJERSTEDT 1956, S. 105) Die Befragung in der Soziometrie, die in der Regel in ein (Netz-)Soziogramm transformiert wird, ist eines der am häufigsten auch von Lehrern in der Schulpraxis verwendeten Verfahren, um Aufschluß über die Gruppenstruktur der Schulklasse zu erhalten. Für die praktische Anwendung muß auf die einführende Literatur verwiesen werden (BRÜGGEN 1974; DOLLASE 1973).

5.4 Test

Tests spielen außer in der im engeren Sinne klinischen und diagnostischen Psychologie auch in Schule und Unterricht in diagnostischer und prognostischer Funktion eine bedeutende, aber nicht unproblematische Rolle (→ *Pädagogische Diagnostik;* → *Pädagogische Intervention*). Die Sorge um ihren unreflektierten Einsatz wie eine prinzipiell naiv gläubige Überschätzung der mit ihrer Hilfe erhaltenen Ergebnisse bzw. deren Verwendung hat zu Recht dazu geführt, daß z. B. der Einsatz von Intelligenztests eine Zustimmung der betroffenen Schüler, bei Minderjährigen der Erziehungsberechtigten wie auch der Schulaufsicht bis hin zu den Kultusministerien voraussetzt. Im Zusammenhang empirischer erziehungswissenschaftlicher Forschung sind sie z. Z. ein unersetzbares Instrumentarium der Variablenkontrolle. Nach der gebräuchlichsten Definition *»sind sie ein wissenschaftliches Routineverfahren zur Untersuchung eines oder mehrerer empirisch abgrenzbarer Persönlichkeitsmerkmale mit dem Ziel einer möglichst quantitativen Aussage über den relativen Grad der individuellen Merkmalsausprägung«* (LIENERT [3]1969, S. 7). Dabei kann die Merkmalsausprägung entweder am Mittelwert einer definierten Grundgesamtheit (z. B. Schüler des 8. Schuljahrgangs in der Hauptschule, in der Realschule, im Gymnasium; Physikstudenten im 4. Semester etc.) orientiert oder aber auf ein von jeder direkten Bezugsgruppe abgehobenes und definiertes Kriterium (z. B. festgelegte Lernziele) bezogen werden. Der Unterschied zwischen solchen normorientierten (norm-referenced measurement) und den lernzielorientierten (criterion-referenced measurement) Tests ist fundamental. Die ersteren weisen dem Probanden einen Platz in einer Rangreihe einer vergleichbaren Bezugsgruppe hinsichtlich des untersuchten Merkmals (z. B. Intelligenz, Neurotizismus, Konzentration, Schulleistung in einem bestimmten Fach usw.) zu, während die letzteren Auskunft darüber geben, ob ein Proband ein bestimmtes Lehr-/Lernziel erreicht hat oder nicht – ohne Rücksicht darauf, ob andere (in seiner möglichen Bezugsgruppe) dieses Ziel ebenfalls erreichten oder nicht erreichten. Für die zuerst genannten Testverfahren gilt auch heute noch die sogenannte klassische Testtheorie, die bereits ab 1900 in ihrer grundlegenden Konzeption sehr differenziert entwickelt wurde und Testkonstruktion, Testanalyse, Testanwendung und Testauswertung umfaßt. Für sie gelten bestimmte *Gütekriterien* (vgl. LIENERT [3]1969, S. 12ff.). Bei der *Objektivität* eines Tests unterscheidet man die Durchführungs-, Auswertungs- und Interpretationsobjektivität. Sie kann als Maß dafür betrachtet werden, wieweit die Testergebnisse vom Versuchsleiter unabhängig sind. Bei der *Validität* (Gültigkeit) unterscheidet man im wesentlichen zwischen Inhaltsvalidität (Kontentvalidität), Konstruktvalidität und Kriteriumsvalidität. Sie ist ein Maß dafür, ob ein Test in der Tat die Variable mißt, die er zu messen intendiert. Sie darf nicht mit dem Grad der Genauigkeit verwechselt werden, mit dem dieses Persönlichkeits- oder Verhaltensmerkmal gemessen wird. Über diesen Grad der Genauigkeit gibt die *Reliabilität* (Zuverlässigkeit) eines Tests Auskunft. Neben den genannten Hauptgütekriterien nennt LIENERT noch als Nebengütekriterien die *Normierung*, die *Vergleichbarkeit*, die *Ökonomie* und die *Nützlichkeit* eines Tests. Während die Hauptgütekriterien wesentlich über die Qualität eines Tests aussagen und daher auch unbedingte Beachtung dann verdienen, wenn man Tests als Instrumente der Datenerhebung in Praxis und Forschung einsetzen will, entscheidet man über die Bedeutung die man den Nebengütekriterien einräumt, sinnvollerweise im konkreten Fall. So wird man z. B. bei Vergleichsuntersuchungen von mehreren Schulklassen hinsichtlich eines bestimmten Merkmals bzw. einer Merkmalsausprägung (z. B. Schulleistung in einem Unterrichtsfach) – wenn man die Aussagen nicht generalisieren will – auf die Normierung eines Tests verzichten und eher den Aspekt der Ökonomie berücksichtigen können, d. h. eher mit Gruppen- als mit Einzeltests arbeiten. Beim Testen einer einzigen Schulklasse oder einiger Schüler wird man dagegen auf einen normierten Test Wert legen, während die Ökonomie (Einzel- oder Gruppentest, Testzeit etc.) bei einer solch geringen Probandenzahl weniger ins Gewicht fallen dürfte.

Ein Test ist verständlicherweise nur dann valide und reliabel, wenn auch die einzelnen Items, die in ihrer Gesamtheit den Test bilden, valide und reliabel sind. Als *Aufgabenkennwerte* (Itemparameter) bleiben noch zu berücksichtigen: *Schwierigkeitsindex*, *Trennschärfe*, *Iteminterkorrelation*. Für die Feststellung der Itemreliabilität benutzt man den Mittelwert der Korrelationen einer Testaufgabe mit jeder anderen Aufgabe des gleichen Tests. Trennschärfe und Aufgabenschwierigkeit sind nicht unabhängig. Die Aufgaben sollen eine mittlere Schwierigkeit von 50% haben. Der Schwierigkeitsindex gibt an, wieviel Prozent der Probanden die Aufgabe richtig gelöst haben. Keineswegs sollte die Aufgabenschwierigkeit außerhalb des Bereiches 20%–80% liegen. Sonst kann mit keiner befriedigenden Trennschärfe mehr gerechnet werden. Diese ist aber für die »klassische Testtheorie« von besonderer Bedeutung: eine trennscharfe Aufgabe ist dadurch charakterisiert, daß sie (z. B. bei Intelligenz- bzw. Schulleistungstests) von den »besseren« Probanden häufiger richtig gelöst wird als von den »schlechteren«. Hier also wird der Selektionsmechanismus durch das Instrument vorgegeben und nur zu leicht praktisch und konsequent durchgeführt. Der Bedeutung der Itemanalyse hinsichtlich Schwierigkeit und Trennschärfe liegt – verkürzt gesagt – ein spezielles meßtheoretisches Problem zugrunde. Schon aus Platzgründen kann hier nicht dargestellt werden, warum die »klassische« Testtheorie als Grundlage ihrer Messungen die Normalverteilung (Glockenkurve, GAUSSsche Fehlerkurve) wählt. Diese Normalverteilung findet sich in der Tat in »natürlichen« Zusammenhängen, z. B. bei der Größe von Pantoffeltierchen, Blattlänge und -breite u. v. a. m. Auch die Bekleidungsindustrie nimmt z. B. darauf Rücksicht, wenn sie nur wenige extrem kleine bzw. extrem große Anzuggrößen anbietet, aber ein vielfältiges Angebot in Durchschnittsgrößen offeriert. Wenig läßt sich als Beleg dafür anführen, daß psychische Merkmale (z. B. Intelligenz) sich ebenso der Normalverteilung fügen. Dennoch wird dieses Meßmodell auf manche psychischen Merkmale übertragen. Damit es dann auch »paßt«, müssen die einzelnen Aufgaben so lange einer Schwierigkeits- und Trennschärfenanalyse unterzogen – und ggf. ausgewechselt – werden, bis Ergebnisse vorliegen, die bei einer entsprechend großen Stichprobe dem Verlauf der Normalverteilungskurve genügen. Überspitzt gesagt: Bildet die GAUSSsche Kurve die Verteilungen in der »Natur« in bestimmten Bereichen relativ gut ab, so wird sie nun zugrunde gelegt, um auch möglicherweise anders strukturierte Verteilungen abzubilden. Da das nicht ohne weiteres geht, wird durch einige Kunstgriffe solche Verteilung geschaffen, d. h. die (psychische) »Natur« formal dem Instrument angepaßt. Mit anderen Worten ausgedrückt: Die Aussage, Intelligenz verteile sich entsprechend der Normalverteilungskurve, ist bestenfalls tautologisch. Denn die Items und Tests werden so lange bearbeitet, bis die Testergebnisse eine Normalverteilung liefern (→ *Intelligenz, Begabung und Umwelt*). Diese Normalverteilung entsteht also eindeutig durch die Konstruktionsbedingungen des Tests. Hier, wie immer, wenn es um die Quantifizierung empirischer Befunde geht, ist zu berücksichtigen, daß es im Grunde PYTHAGORAS war, der glaubte, Mathematik – bzw. die »Sprache der Zahlen« – sei der Natur inhärent und nicht nur eine Methode des Messens. Die Testtheorie ist aus diesen und anderen Gründen, auf die hier nicht eingegangen werden kann, kritisiert worden. Neue Ansätze einer Testtheorie brachten GUTTMANN mit der sogenannten GUTTMANN-Skala und in der Fortentwicklung das logistische Meßmodell von RASCH (siehe dazu FRICKE 1972). Seit etwa 20 Jahren ist besonders im Zusammenhang der Curriculumdiskussion der kriteriumsbezogene Ansatz beobachtet worden. Bei einem lehrzielorientierten Test ist es durchaus möglich, daß sehr viele (oder gar alle) Probanden das Lernziel erreichen, d. h. den gleichen Testwert erhalten. In diesem Falle ist eine Varianz des (variablen) Merkmals bzw. der Merkmalsausprägung als Berechnungsgrundlage z. B. für Korrelationsanalysen nicht im »klassischen« Sinn gegeben. Empirische Untersuchungen in Schule und Unterricht arbeiten weitgehend noch mit normorientierten Testverfahren. Für viele Forschungsprobleme bleiben sie nach wie vor die am sorgfältigsten abgesicherten Instrumente der Variablenkontrolle und Datenerhebung. Allerdings ist es bei ihrer Verwendung unerläßlich, um die zugrundeliegende Problematik und die Bedingtheiten zu wissen, damit ihre Leistung angemessen eingeschätzt werden kann. Versuche, klassische Testtheorie und kriterienorientiertes Testen zu verbinden, scheinen aufgegeben. Das Forschungsinteresse hat sich der Präzisierung des lernzielorientierten Testens zugewandt. Hierzu ist umfassende Literatur erschienen (KLAUER 1972; STRITTMATTER 1973; FRICKE 1974; HERBIG 1976a).

6 Ethnographische Forschungsmethoden

Betrachtet man die Forschungsmethoden unter dem Aspekt der *Distanz* zwischen Forscher und Forschungsfeld, dann läßt sich feststellen, daß die geisteswissenschaftlichen Methoden, sofern sie auf »Texte« und Objektivationen angewendet werden, die größte Distanz zur konkreten Praxis, in der die Objektivationen entstanden sind, aufweisen. Eine Ausnahme kann, muß aber nicht, die Situations- und Handlungshermeneutik bilden. Die empirischen Forschungsmethoden dagegen versuchen, vor dem Hintergrund theoretischer Modelle ein Abbild von in der Regel gegenwärtiger Praxis unter bestimmten Fragestellungen zu liefern. Wenn hierfür objektive, reliable und valide Instrumente zur Datenerhebung vorliegen, muß der Forscher selbst die Praxis nicht aufsuchen: er kann die Informationen durch Fragebogen vom Schreibtisch, Beobachtungen durch Beobachter erheben lassen. Seine Subjektivität ist dadurch bei Datenerhebung, Datenanalyse und, im Idealfall, Interpretation – von den wissenschaftstheoretischen Prämissen her – kontrolliert. Ethnographische Methoden dagegen – wie auch die Handlungsforschung (action-research) – setzen die Involvierung des Forschers im Feld voraus.

6.1 Grundlegung

Erziehungswissenschaftliche Forschung mit ethnographischen Methoden setzt sich zum Ziel, *Lebenswelten* und soziales Handeln im *Alltag* der verschiedensten Bereiche von Erziehung und Bildung zu untersuchen. Eine *Veränderung* von Alltag und Handeln ist dabei – anders als bei der Handlungsforschung – nicht intendiert. Je nach Untersuchungsaspekt und wissenschaftstheoretischer Position wird dabei versucht, die Methoden dem Feld anzupassen. Das führt u. a. auch dazu, daß eine einheitliche und deklarative Bezeichnung für diese Art der Forschung fehlt. Für sie stehen unterschiedliche, doch fast synonym verwendete Bezeichnungen: Feldforschung, kommunikative (Bildungs-)Forschung, qualitative Forschung, interpretative Forschung, emische (= verstehende) Forschung, pädagogische Aktionsforschung u. a.

Die Grundlegung ethnographischer Forschungsmethoden wie ethnomethodologischer Ansätze geht von einer anthropologischen Bestimmung aus, nach der die Menschen zwar in einer Welt leben, aber in unterschiedlichen Lebenswelten.

Die wissenschaftstheoretische Begründung für die Anwendung entsprechender Methoden in der erziehungswissenschaftlichen Forschung bzw. für ihre Übernahme aus kulturanthropologischer und ethnographischer – sowie in ihrer weiteren Entwicklung aus sozialanthropologischer und soziologischer – Forschung (→ *Philosophische Anthropologie*) geschieht durch eine besondere Modellierung des Gegenstandsbereichs, des pädagogischen Feldes. Dieses wird mit den darin agierenden und interagierenden Individuen (actors) als eine eigene und spezifische »Kultur« gesehen mit spezifischen Strukturen, Abhängigkeiten, Gesetzen, Ordnungen, Regeln, Riten, Handlungen etc. Die Personen dieses Feldes, Lehrer, Schüler, Frauen, Männer, Jungen, Mädchen, weibliche und männliche Bandenmitglieder, Aufsichtspersonen, Politiker etc., wer auch immer als Person und/oder Rollenträger in diesem Feld involviert ist, gelten – mit einem (Hilfs-)Begriff bezeichnet – als »Eingeborene« (natives). Der Forscher weiß mehr oder weniger über den »Stamm«, dem er sich hier nähert, vergleichbar etwa einer Expedition zu den Pygmäen. Wobei es ggf. günstiger scheint, möglichst wenig über das Feld zu wissen (terra incognita), um unvoreingenommen in den Gegenstandsbereich »einzutauchen«. Wenn LÉVI-STRAUSS meint (1978, S. 315–368), daß nichts einen Ethnographen mehr begeistern könne, als »der erste Weiße zu sein, der zu einer Gemeinschaft von Eingeborenen vordringt«, dann bezeichnet das die Spezifität der Methode: der zweite Weiße wird nicht mehr dieselben Eingeborenen vorfinden wie der erste; sie haben bereits den ersten Weißen erlebt. Da es in entwickelten Gesellschaften, in denen der Forscher selbst lebt, schwierig ist, einem Gegenstand ebendieses Feldes als einem unbekannten gegenüberzutreten bzw. in ihn einzutreten, muß ein Kunstgriff angewendet werden. DAVIES charakterisiert die Situation: »Ethnographers tend to play ›hunt the culture‹, or at least ›hunt the subculture‹: for one goes in with the notion, that there is going to be something identifiably distinct to discover and then portray« (DAVIES in BURGESS 1985, S. 81). DAVIES untersuchte mit dieser Prämisse Mädchen mit abweichendem Verhalten, das weibliche Äquivalent zu den jugendlichen »Glasgow gangs«. Die Anwendung der Methoden ethnographischer Forschung erfolgte erst vor relativ kurzer Zeit auf z. B. Schule und Unterricht. Es waren Sozialanthropologen und Soziologen, die in den USA (vgl. den zusammenfassenden Bericht bei WILCOX 1982) und in England, angeregt durch GLUCKMAN, von HARGREAVES, 1967 dieses Modell auf die Schule wie auch auf andere »Kulturen« übertrugen. Dies geschah, teils um die Strukturen solcher »Kulturen« aufzudecken, teils um die Methoden selbst bei neuen Gegenstandsbereichen zu erproben. Ist dieses ein Aspekt für die Grundlegung und Entwicklung dieser Methoden für den erziehungswissenschaftlichen Bereich, so ist ein anderer deutlicher wissenschaftstheoretisch begründet, wird sogar als Paradigmenwechsel im Sinne KUHNS gegenüber behavioristischen bzw. empirischen Methoden angesehen. Kritisch wird gegen die empirische Forschung eingewendet, daß sie den sozialen Prozeß (und die gesellschaftlichen Bedingungen), in dem der Forschungsgegenstand sich befindet, ignoriere, indem sie sich auf die Analyse weniger definierter Variablen beschränke. Das könne zu dem Eindruck führen, als ob der Forscher vom sozialen Feld der Forschung relativ unbeeinflußt bleibe. Der Forscher glaube, sich in eher wissenschaftstheoretischen Kategorien zu definieren, und ignoriere dabei, daß er »social agent« sei. Er gehe damit von einer völlig anderen Theorie aus als von der, in der er z. B. das Verhalten von Lehrern und Schülern fasse. Empirische Forschung abstrahiere vom sozialen (und gesellschaftlichen) Prozeß, als wären Schule, Erziehungswissenschaft und Forscher z. B. von 1918 bis zur Gegenwart relativ gleich geblieben, als hätten nicht Sozial-, Politik- und Erziehungswissenschaft den jeweils spezifischen engen Zusammenhang zwischen Institution, Person, Gesellschaft und dem jeweiligen mikro- und makrosozialen Prozeß belegt. Das könne – selbst bei aller Bemühung – nicht aus dem Forschungsprozeß eliminiert werden, der letztlich selbst ein sozialer Prozeß sei.

Forscht man mit ethnographischen Methoden, so ist man in die Praxis des Forschungsfeldes, in den Alltag der darin agierenden Personen involviert, ist in deren Erfahrungen und deren Erfahrungs- und Lebenswelt(en) eingebunden. Insofern ist auch diese Forschung prinzipiell empirische Forschung – allerdings auf der Grundlage eigener Methodologie und spezifischer Methoden.

Die Rezeption ethnomethodologischer Modelle in der Erziehungswissenschaft ist über die interpretativen soziologischen Ansätze vermittelt und versucht, hier über die *Alltagswende* das Theorie-Praxis-Problem zu lösen (→ *Das Theorie-Praxis-Verhältnis in der Pädagogik*). Das bedeutet eine weitere »Versozialwissenschaftlichung« (LAUT-

MANN/MEUSER 1986, S. 690) der Erziehungswissenschaft. Eine solche Alltagsorientierung impliziert drei theoretische Voraussetzungen und Konsequenzen für das entsprechende erziehungswissenschaftliche Forschungsparadigma: Die Erziehung im »Alltag« wird zum Forschungsgegenstand, normative und institutionelle Vorgaben gelten als abhängig damit verflochten, die entsprechenden Forschungsmethoden sind an denen interpretativer Soziologie bzw. Sozialpsychologie orientiert oder daraus abgeleitet bzw. übernommen. Diese – letztlich auf die Phänomenologie HUSSERLS zurückgehende und über SCHÜTZ (1960) vermittelte – Kategorie der »Lebenswelt« (siehe weiter unten 6.1) orientiert die Forschung auf die Lebenswirklichkeit der im erzieherischen Alltag Agierenden und bedeutet den Versuch, deren lebensweltliche Sinndeutungen zu rekonstruieren. Wobei SCHÜTZ (nach SRUBAR 1988, S. 255) durch die Abkehr von HUSSERLS Transzendentaltheorie eine Ontologisierung der Lebenswelt liefert. So werden als theoretische Grundlage gesehen sowohl GARFINKEL (1967) in seiner Kritik an behavioristisch und strukturfunktionalistisch orientierter Soziologie als auch CICOUREL (1973) mit seinem Interaktionsmodell der vorausgesetzten Gemeinsamkeiten der Verständigung entsprechend seinen »Basisregeln« bzw. »interpretativen Verfahren«, die er mit der Tiefenstruktur von CHOMSKYS generativer Grammatik/Transformationsgrammatik vergleicht. Das bedeutet eine Analyse der Interaktionslogik und formaler, gewissermaßen universeller Regeln der Interaktion. Damit konzentriert sich die Forschung auf eine »mikrosoziologische Analyse von Verständigungsprozessen« (LAUTMANN / MEUSER 1986, S. 692), für die im deutschsprachigen Raum die Kommunikationstheorie von HABERMAS (vgl. z. B. HABERMAS 1970) wie die Theorie des symbolischen Interaktionismus zentral werden. (Für BRUMLIK [1973, S. 242] ist der symbolische Interaktionismus gar eine »spezifisch erziehungswissenschaftliche Theorie«.) Damit ergibt sich die Konsequenz, in die Analyse lebensweltlicher Interaktion, die sich verbal wie nonverbal darstellt, Psycho- und Soziolinguistik wie kognitive Anthropologie und Erkenntnispsychologie, transzendentale Philosophie wie Erkenntnistheorie, Entwicklungspsychologie wie Organisationssoziologie und -psychologie in den ethnomethodologischen Zugang zum erzieherischen Alltag einzubringen, um ihn zu erfassen. Ob diese sehr unterschiedlichen Ansätze überhaupt integrierbar sind, ob sie, auf erziehungswissenschaftliche Fragestellungen hin transformiert, nicht auch gleichzeitig deformiert werden, bleibt als Frage. Selbst wenn die Deskription des Alltagshandelns und die interpretative Rekonstruktion von Bedeutungen der Handelnden auf der phänomenologischen Ebene unter erziehungswissenschaftlichen Aspekten gelingen sollten und man glaubt, damit bereits einen legitimen Anspruch zu verwirklichen, löst man damit nicht das Theorie-Praxis-Problem in der Pädagogik: aus Erklärungswissen kann Handlungswissen nicht ohne weiteres gewonnen werden, können Empfehlungen für tägliches pädagogisches Handeln nicht direkt abgeleitet werden, wie es besonders die Sozialpädagogik als erste erziehungswissenschaftliche Disziplin in der Bundesrepublik versuchte (THIERSCH 1978) (→ *Wissenschaftstheorie;* → *Das Theorie-Praxis-Verhältnis in der Pädagogik*).

Mag der Begriff »Lebenswelt«, der philosophisch grundlegend für ethnomethodologische Modellierung von Forschung ist, für manche Ethnologen sowie mit diesem Begriff operierende Wissenschaftler sozial- wie erziehungswissenschaftlicher Disziplinen möglicherweise heuristische Funktion haben und ein quasi paradigmatisches Faszinosum bedeuten, so ist er doch weder in seinem Entstehungszusammenhang noch in der entsprechenden philosophischen Systematik unproblematisch.

HUSSERL hat ihn 1924 geprägt, aber erst viele Jahre später konstitutiv verwendet. Das Kompositum »Lebenswelt«, aus dem Grundwort »Welt« und dem Bestimmungswort »Leben« gebildet, verbindet die allgemeinen und unverbindlichen Wörter »Leben« und »Welt« in einem theoretisch verbindlichen Schlüsselbegriff und indiziert eine Art basales Deskriptionsprogramm. Das ist von HUSSERL erst später im Zusammenhang seiner genetischen bzw. transzendentalen Phänomenologie ausgeführt worden, allerdings hat er keine Theorie der Lebenswelt ausgearbeitet. Insinuiert wird mit dem Begriff »Lebenswelt« eine Form konkreter Empirie als Erfahrung – nicht als Wissenschaft. Er gibt vor, direkt am Leben, an alltäglicher Wirklichkeit und darin eingebundener »Existenz« jedes Subjekts orientiert zu sein, und verzichtet damit bewußt auf Abstraktion, Systematisierung und Generalisierung als Kriterien von Wissenschaftlichkeit.

Allerdings wird in der Fortführung des Ansatzes doch eine Form von Systematisierung und Generalisierung postuliert, wenn SCHÜTZ' Schüler LUCKMANN eine »Matrix der allgemeinen Strukturen der Lebenswelt« fordert (LUCKMANN 1990, S. 12; SCHÜTZ/LUCKMANN 1984).

Wissenschaftstheoretisch kann das als Reflex auf die Lebensphilosophie und besonders auf den Positivismusstreit interpretiert werden. Das galt damals, das gilt 70 Jahre später in bezug auf einen Neopositivismus in veränderter Situation mit seinem neuerlichen Auftreten und die Konkretheit und bedingte Unvollkommenheit empirischer Forschungsprogramme. In der Gegenwart ist der Begriff »Lebenswelt« allerdings um den von HEIDEGGER eingebrachten Begriff »Alltäglichkeit« – auch bei HUSSERL Lebenswelt als »alltägliche Gemeinwelt« (1954, VI, S. 357) – vermehrt worden, wobei die Lebenswelt auch als lebensnahe bzw. lebensverbundene und lebenseingebundene Welt bestimmt wird. Damit erhält die Lebenswelt gewissermaßen eine realistische Dimension. Es geht auch nicht mehr nur darum, Urteile als formalisierte Resultate über Vorgänge, Empfindungen, Erlebnisse zu fällen, sondern zu eruieren, wie das geworden ist, was sich uns zeigt, und wie es durch die darin eingebundenen Subjekte genau dieses ist. Dieser genetische Strang der Phänomenologie legt das Schwergewicht auf den Prozeßcharakter und sucht den Ursprung dessen, was sich uns darstellt.

Doch was als spezifische »Lebenswelt« beschrieben und in einem konkreten Forschungsprogramm als »Gegenstandsbereich« benannt wird, muß zunächst als solche bestimmt werden. Und diese Definition wird aufgrund wie auch immer strukturierter Fremdwahrnehmung durch den Forscher geleistet, der diese Lebenswelt zunächst (phänomenologisch?) erschließt. Sie mag mit der empirisch vorfindlichen teilidentisch sein, ist aber keinesfalls von anderen Lebenswelten hermetisch abgeschlossen. Wir leben alle in Teilen mehrerer Lebenswelten; die unberührte Lebenswelt der Eingeborenen des LÉVI-STRAUSS gibt es in der komplexen Industriegesellschaft empirisch nicht, und das paradigmatische Modell der Dekomplexion von Welt und Lebenswelt ist bestenfalls trügerische Hoffnung, eine vermeintliche Totalität »in a nut-shell« unmittelbar wahrnehmbar, greifbar und verfügbar zu erhalten, nachdem man sie in einem Prozeß von Protention und Retention in der eigenen Gegenwart über Destruktion und Restruktion mehr oder wenig konturiert erzeugt hat. Die Lebenswelt als »Welt der schlichten intersubjektiven Erfahrungen« (HUSSERL 1954, VI, S. 136) mag in der perspektivischen Beschreibung interessant sein, bleibt aber theoretisch relativ belanglos. Die Lebenswelt »hat ihre Geschichten, die Nachdenklichkeit stiften mögen, aber Denken als ein Bedingungsverhältnis von Fragen und Antworten überflüssig machen«, klassifiziert sie im Kapitel »Das Lebensweltmißverständnis« BLUMENBERG (1986, S. 67) im größeren Zusammenhang der Betrachtung von »Lebenszeit und Weltzeit«.

6.2 Die Methoden

EVANS-PRITCHARD (1973, S. 1) berichtet anschaulich über seinen Versuch, sich bei berühmten Ethnologen über die Methoden des ethnographischen Forschens zu informieren. Die Antworten charakterisieren die Situation: Man solle einen Informanten nicht länger als zwanzig Minuten in ein Gespräch verwickeln; man solle sich als Gentleman benehmen; man solle sich vom anderen Geschlecht fernhalten; man solle (im Ausland) ruhig schmutziges Wasser trinken, da man recht bald immun würde. Einem Forscher wurde geraten, sich ein Notizbuch und einen Bleistift zu kaufen (AGAR 1981) bzw. freie Zeit zur Verfügung zu haben (DITTON/WILLIAMS 1981, S. 46). Die Zeit reicht im Grunde niemals aus. Der Forscher, selbst der Ethnologe kann niemals so leben wie die ganz oder partiell anderen mit ihrem eigenen Lebens- und Zeitgefühl in deren spezifischen Lebensformen. Im Grunde könnte nur ein Leben (bzw. Berufsleben) ausreichen, um fremde Lebensformen durch Mitleben zu erfahren. Auch dann aber wäre die eingebrachte Fremderfahrung und -wahrnehmung nicht völlig eliminierbar. So bleibt die Extrapolation vom Momentanen (BLUMENBERG 1986, S. 262) ein Hilfsmittel der Vorläufigkeit einer auf Erfahrungswissen angelegten Erkenntnisbemühung. Das bedeutet gleichzeitig, daß die Erfahrungen, die im Feld gemacht werden, sehr individuell sind. Ein Ergebnis solcher Forschung ist, daß Forschungsberichte persönlich gefärbt, Einzelergebnisse verschiedener Untersuchungen selbst zum gleichen Forschungsfeld nicht kumulierbar sind (HARGREAVES 1980). Das resultiert nicht nur daraus, daß – wie von Vertretern der Ethnomethodologie gegen positivistische Ansätze kritisch ausgeführt wird – soziale Tatsachen als »Lebenswelten« nicht »objektiv« vorliegen, sondern sich in Verständigungsprozessen jeweils konstituieren und konstruieren; sie werden im Forschungshandeln in einem spezifischen Prozeß von Definition, Selektion und Analyse aufgrund der Welt-, Wirklichkeits- und Wissenschaftssicht des individuellen Forschers durch »Verstehen« (dieses Wort verwendet auch die amerikanische Literatur in deutscher Sprache, vgl. SMITH 1987, S. 176) vor dem Hintergrund eines (seines?) interpretativen Paradigmas evtl. recht eigenwillig rekonstruiert. Insofern ist es nicht erstaunlich, daß selbst bei einer Fülle entsprechender interpretativer Projekte und einer Anzahl wissenschaftstheoretischer Arbeiten für den erziehungswissenschaftlichen Bereich keine ethnographisch orientierte Methodenlehre vorliegt. Das »Verstehen« ist hier nicht unbedingt identisch mit der im engeren Sinne geisteswissenschaftlich-hermeneutischen Methode (vgl. Abschnitt 4.2), sondern ist »the primacy of ... Verstehen, of understanding that penetrated to the realm of feeling, motivation, and spirit« (NISBET 1976, S. 12).

Dabei ist die *Struktur* des Forschungsprozesses prinzipiell ähnlich einem empirischen Design: Konzeptualisierung und Definition des Problems → Bestimmung und Definition des Forschungsfeldes, seiner Teilbereiche und Fragestellungen → Methodenwahl und Datenerhebung → Datenanalyse und Interpretation → Bericht. Solche formale Struktur vernachlässigt einige wesentliche Aspekte (vgl. BURGESS 1985, S. 5). Der Forschungsprozeß wird also auf ein »set« technischer Operationen reduziert, die den Prozeß konstituieren. Außerdem entsteht der Eindruck, als wäre jede Phase in sich relativ abgeschlossen. Ebenso bleibt unberücksichtigt, auf welche Weise Datenerhebung und -analyse tatsächlich geschehen, da sie unmittelbar in der Prozeßphase selbst ablaufen, wobei unklar ist, auf welche Weise sie in den gesamten Prozeß eingebunden bzw. spezifisch durch ihn determiniert bleiben. Als nächstes ist zu bedenken, welche Bedeutung dem Theoriebereich im Forschungsprozeß zukommt, häufig scheint die Theorie im Forschungsprozeß selbst zu entstehen (WOODS 1985). Letztlich bleiben in dem ausgeführten formalen Modell sämtliche sozialen, ethischen und politischen Probleme, die im Prozeß selbst sich stellen, unerwähnt.

SPINDLER (1970) schildert einen Beleg für das letzte Problem: Einem jungen Forscher war es gelungen, Mitglied einer Jugendbande zu werden. Als teilnehmender Beobachter war er anwesend, als die Bande die Durchführung eines größeren Raubes plante. Ihm wurde deutlich, daß der Raub mißlingen mußte, einige seiner »Probanden« verhaftet würden und seine Untersuchung abgebrochen würde. Seine Besorgnis ließ ihn einen alternativen Plan vorschlagen, der erfolgreich ausgeführt werden konnte. Darauf beschloß die Jugendbande, ihm die Leitung zu übergeben. Er stand nun vor der Entscheidung, ob denn eine weitere Zusammenarbeit noch innerhalb der Tradition und der Prinzipien ethnographischer Forschung läge. Nach Rücksprache mit der Projektleitung war er nicht mehr in der Lage, seine Feldforschung weiter durchzuführen. Damit sind im Grunde zwei grundsätzliche Methoden der Forschung beschrieben: der Forscher als »professional stranger« (AGAR 1981) muß weitestgehend zum Mitglied der spezifischen »Kultur« werden, die er untersucht. Die – im Grunde ausschließliche – Methode der teilnehmenden Beobachtung, in der Regel ohne systematisches Kategorienschema, kann nur erfolgreich sein, wenn der Forscher in der untersuchten Gruppe als kompetentes Mitglied akzeptiert wird. Dabei ist das Dilemma für den teilnehmenden Beobachter eindeutig: einerseits sein Wissen von der »Kultur« der anderen zu prüfen und andererseits Mitglied dieser »Kultur« zu sein (ADELMAN 1985). Wenn die Methode der teilnehmenden Beobachtung auch zentral bleibt, so ist die Forschung nicht auf sie beschränkt. Es mag Projekte geben, die durch »härtere« empirische Methoden ergänzt werden wie auch durch eine eher hermeneutische Methode, wenn es z. B. um Handlungs- und Situationshermeneutik geht bzw. wenn Dokumente, Tagebücher, Lehrpläne, Unterrichtsvorbereitungen zusätzlich analysiert werden. Insgesamt ist SCHATZMAN und STRAUSS (1973, S. 14) zuzustimmen, wenn sie sagen: »Field method is not an exclusive method in the same sense, say, that experimentation is. Field method is more like an umbrella of activity beneath which any technique may be used for gaining the desired information, and for process of thinking about this information.«

Forschung, nach dem interpretativen Paradigma weitgehend mit Methoden teilnehmender Beobachtung durchgeführt, wird immer mit Argumenten der mangelnden Objektivität, Reliabilität und Validität – letztere kann im Grunde nur im Diskurs mit den Handelnden im Alltag erreicht werden – konfrontiert bleiben. Ihr Wert wird dann vor allem in der »lebendigen« Beschreibung der »Kultur« und unter hypothesenbildendem Aspekt gesehen. Allerdings wird von einigen Vertretern inzwischen Reliabilität, Validität und Objektivität gefordert (KIRK / MILLER 1986); letztlich sei Objektivität ein Kriterium aller Forschung. Andere Forscher verlangen eine Prüfung interner Kohärenz und Kontingenz wie die Verifikation an Außenkriterien (LE COMPTE / GOETZ 1982). Die von vielen Theoretikern und Praktikern betonten Fragen, die dem Forscher in dem von ihm aufgesuchten System beggenen: »Wer bist du?« und »Was willst du?« deuten eine wesentliche Schwierigkeit an. Bei offener Beantwortung mögen ihn Sympathien, können aber auch Antipathien den Zugang zu Informationen beeinflussen.

Als weitere Methode der ethnographischen Forschung gilt die *Befragung*. Anders als bei empirischer Forschung, wo z. B. *Interviews* mit geschlossenen Fragen ein größtes Maß an Objektivität und Validität sichern (sollen), wird bei ethnographischen Methoden das freie und offene »qualitative« Interview bevorzugt. Insgesamt wird die dieser Methodologie verpflichtete Forschung als *qualitative* Forschung bezeichnet (ERICKSON ³1986; SMITH 1987).

In diesem Zusammenhang gibt es eine erhebliche methodologische Diskussion, die allerdings unter erziehungswissenschaftlichen Fragestellungen wenig aufgearbeitet zu sein scheint. Besondere Bedeutung hat im Interview entsprechend dem interpretativen Ansatz des »Alltagshandelnden« die Sicht des Betroffenen. Dementsprechend sind *biographische Interviews* (z. B. Lernbiographie), *narrative Interviews* (z. B. Erzählung über Schullaufbahnvorstellungen), *Tagebuchaufzeichnungen*, *biographische* Dokumente aller Art, *Gruppeninterviews* wichtig. Wenn es bei diesem »Material« auch scheinen mag, als unterscheide es sich nicht von demjenigen, das Grundlage für psychoanalytische, inhalts- und textanalytische, geisteswissenschaftlich-hermeneutische Interpretationsverfahren (z. B. als »objektive Hermeneutik«, vgl. 4.4) ist, so ist dennoch ein wesentlicher Unterschied im Auswertungsprozeß wie der Auswertungsintention festzustellen: es geht immer um die *Rekonstruktion* der sozialen Wirklichkeit des jeweiligen Alltags. Diese Deutung des Forschers wird durch die befragte Person re-interpretiert und auf diese Weise verworfen oder bestätigt (kommunikative Validierung). Allerdings: »Die Verständigung über etwas setzt ein Verständigtsein in etwas voraus.« (HABERMAS 1970, S. 3)

So kann das Interview zum »Diskurs« werden. Das ist ein Zusammenhang, in dem das Verhältnis von sprachlicher Kompetenz und sprachlicher Performanz Bedeutung erhält. Die für einen »herrschaftsfreien« Diskurs erforderliche »kommunikative Kompetenz« mag »die Vereinigung von Sprache und Praxis auf dem Boden intersubjektiver Anerkennung handelnder Subjekte« (ebd., S. 10) ermöglichen. Doch das scheint nur theoretisch und formal postulierbar zu sein; empirisch ist es kaum zu belegen. Für die »reine Intersubjektivität« (ebd., S. 16) ist die »prinzipielle Austauschbarkeit der Dialogrollen verlangt« und »vollständige Symmetrie« (ebd.). Das ist eine Idealisierung von Sprechsituationen, die weder konkrete Sprachbarrieren berücksichtigt noch die Frage stellt, ob Worte zur Verfügung stehen und ausreichen, um – selbst alltägliches – Denken, Fühlen und Meinen zur Sprache zu bringen und in Sprache zu fassen. Insgesamt enthält die kommunikative Validierung weitere Probleme. Abgesehen davon, daß durch die Interviewsituation und das Interview (vor allem als Diskurs) Einstellungen, Meinungen, Haltungen der befragten Person sich gegenüber der Zeit vor dem Interview ändern können, vergeht zwischen Interview und Re-Interpretation eine gewisse Zeit, in der ebenfalls die Einschätzung der Sache, zu der die Person befragt wurde, eine Änderung erfahren haben könnte.

Möglicherweise hat die befragte Person kurz nach der Re-Interpretation bereits wieder eine andere Sicht der Dinge. So kann die kommunikative Validierung in einen infiniten Regreß laufen, in dem (und indem) ungesicherte Wahrscheinlichkeiten der Information über Information über Information reflektiert werden. Überspitzt formuliert: Über dem mühevollen und letztlich immer nur vorläufig gelingenden Versuch, die vermeintlichen Antworten zu validieren, geraten die gestellten Forschungsfragen außer Blick. Versucht man, diese Ansätze auf die verbale Kommunikation zwischen Lehrern und Schülern (→ *Sprache im Unterricht*) zu übertragen, so werden die Schwierigkeiten sehr schnell deutlich (vgl. den Überblick bei FLORIO-RUANE 1987).

Erziehungswissenschaftliche Forschung mit ethnographischen Methoden sieht per definitionem das Feld als soziales Feld, die darin agierenden Personen als »social agents«, die verwendeten Methoden als sozial determiniert, den Forschungsprozeß als prinzipiell sozialen Prozeß.

Damit wird der Übergang zur Handlungsforschung (action-research) fließend, z. T. kann zwischen beiden Forschungsmodellen Identität hergestellt werden.

Auch wenn ethnographische und ethnomethodologische Ansätze versuchen, den hermeneutisch bzw. empirisch Forschenden aus seiner objektivierenden Distanz, aus der er gewissermaßen von einem Archimedischen Punkt aus glaubt, die Wirklichkeit analysieren zu können – ein Irrtum, auf den HEISENBERG bereits im Zusammenhang seiner Quantenmechanik (1965) hinweis –, in die Realität von »Alltag« und »Lebenswelten« hereinzuholen, entwirft auch diese Forschung nur Bilder dieser Wirklichkeit; und diese Bilder bestimmen das Denken und Handeln (ZIMAN 1982). Erziehungswissenschaftliche Forschung mit ethnographischen Methoden, häufig als qualitative Forschung bezeichnet, bleibt nicht unumstritten, obwohl es inzwischen eine große Anzahl von Forschungsberichten gibt. Als Indikator für die zögernde Akzeptanz mag gelten, daß die Zeitschrift der American Educational Research Association (AERA), das vierteljährlich erscheinende »AMERICAN EDUCATIONAL RESEARCH JOURNAL«, erstmalig im Sommer 1987 auf Anregung der neuen Herausgeber drei Artikel zu diesem Thema bringt. Dabei beschäftigt sich der Einleitungsbeitrag mit dem Problem »Publishing qualitative research« (SMITH 1987).

7 Wirklichkeit, Wissenschaft und Forschungsmethoden

Die ausführliche Darstellung geisteswissenschaftlicher, empirischer und ethnographischer Forschungsmethoden im Zusammenhang der Erziehungswissenschaft hat, wenn auch nicht besonders betont, zwei Aspekte gezeigt:

(a) Die behandelten Forschungsmethoden sind nicht spezifisch erziehungswissenschaftliche Forschungsmethoden, sondern sie finden in naturwissenschaftlichen wie geistes- und sozialwissenschaftlichen Disziplinen Anwendung, wenn auch mit unterschiedlicher Schwerpunktbildung. Dieses ist einer, wenn auch nicht der ausschlaggebende, der Gründe, daß heute argumentiert wird, man sei auf dem Weg zu einer »Einheitswissenschaft«. Das wird wissenschaftstheoretisch und sozialhistorisch begründet. Die in der sozialwissenschaftlichen wie erziehungswissenschaftlichen Forschung seit Ende der 60er Jahre – besonders im Zusammenhang der Handlungsforschung – unternommenen Versuche, die Subjekt-Objekt-Relation im Forschungsprozeß zugunsten einer Subjekt-Subjekt-Relation aufzuheben, werden in der ethnographisch orientierten Forschung konkret. Die Kritik an den Folgen naturwissenschaftlicher Technikforschung – ebenfalls mit ethischen, moralischen und politischen Begründungen vorgetragen – scheint ebenfalls darauf zu zielen, die durch BACON (1561–1626) begründete Subjekt-Objekt-Relation von Mensch zu Natur zu relativieren, wenn nicht gar in Frage zu stellen. Die Diskussion um die Einheitswissenschaft nimmt erheblich zu (BATESON 1982, D'AVIS 1984, SCHEIBE 1987, WILD 1987).

Sie wurde von SNOW (1967) mit dem Schlagwort von den »Zwei Kulturen« (Naturwissenschaften – Geisteswissenschaften) thematisiert und später von anderen Autoren in unterschiedlichen Wendungen, ob es nun Wissenschaft in den »Zwei Kulturen« sei, ob es »Zwei Kulturen« oder zwei Formen einer Kultur seien, ob die »Zwei Kulturen« vor der Einheit ihrer Probleme ständen und ob der Evolutionsbegriff ein Mittel zur Synthese sei, ausformuliert.

Hier hat in den letzten 20 Jahren eine intensive erkenntnisphilosophische Diskussion um das Problem »Erklärung und wissenschaftliches Verstehen« (FRIEDMANN in SCHURZ 1988, S. 171–191) eingesetzt. DILTHEY hatte als je spezifische Erkenntnishaltung des erkennenden Subjekts für die Naturwissenschaften einerseits und die Geisteswissenschaften andererseits formuliert: »Die Natur erklären wir, das Seelenleben verstehen wir ... Dies bedingt eine sehr große Verschiedenheit der Methoden, vermittels deren wir Seelenleben, Historie und Gesellschaft studieren, von denen, durch welche die Naturerkenntnis herbeigeführt ist.« (DILTHEY, V, S. 144) LAMBERT (in SCHURZ 1988, S. 308) postuliert in einem Bikonditional: »Etwas ist eine wissenschaftliche Erklärung einer Tatsache E genau dann, wenn es wissenschaftliches Verstehen hervorbringt.« Wenn dieses Bikonditional »wahr« ist, ist vollständiges Wissenschaftliches Verstehen ein Erkennungsmerkmal für vollständige wissenschaftliche Erklärungen. Dabei hat E innerhalb einer Theorie T zu stehen und die Erklärung – auf die Warum-Frage – das aufzuzeigen, »was in einer adäquaten Antwort auf die verstehenssuchende Wie-Frage ›Wie paßt E in T hinein‹ beschrieben wird – nämlich die Art und Weise, wie sich E in T fügt« (ebd., S. 306). Diese und ähnliche Versuche – 90 Jahre nach DILTHEY und 40 Jahre nach HEMPEL-OPPENHEIM zeigen die epistemologische Richtung der Diskussion einer Lösung des Problems um die Vereinheitlichung, liefern aber noch nicht die Lösung.

(b) Wissenschaft mit ihren Forschungsmethoden setzt sich die Aufgabe, Wirklichkeit angemessen zu analysieren, sei es mit dem Ziel, sie zu beschreiben und zu erklären, sei es, um handelnd in sie einzugreifen. Dieser im (italienischen) Renaissance-Humanismus zu lokalisierende Ansatz, die Wirklichkeit aus sich heraus zu erklären, hat Geistes- und Naturwissenschaften, hat Welt- und Menschenbild gravierend bis heute hin verändert.

Die Wissenschaftsgeschichte hat jedoch gezeigt, daß es *die* Wirklichkeit als eine, die unabhängig von Zeit und Raum existiere, nicht gibt, daß selbst die der Natur »eingeschriebenen« Naturgesetze, die es angeblich nur zu entdecken gäbe, nicht unabhängig vom Menschen, seiner Zeit und dem spezifischen Raum existieren. Da der Mensch – zeit- und raumgebunden – in die Wirklichkeit eingreift, sie handelnd gestaltet, findet er selbst im subjektiven Erkenntnisbemühen – spezifische Wirklichkeiten vor. Den Wissenschaften ist es nur möglich, Modelle von Wirklichkeit bzw. von Teilwirklichkeiten zu entwerfen, die »Abbild« von Entitäten sind. Daß das Beobachtete vom Beobachter nicht zu trennen ist, ist eine relativ neue von HEISENBERG formulierte Aussage unserer modernen Wissenschaft; es ist übrigens ein alter Bestand hinduistischen Denkens (SPRADLIN / PORTERFIELD 1984, S. 231). Diese Modelle ergeben sich nicht von selbst, sondern sind mehr oder weniger gelungene Rekonstruktionen der Wirklichkeit, nicht die Wirklichkeit selbst. Sie sind »part of the map, not of the territory« (CAPRA 1975, S. 161). Sie sind bestenfalls per Konsens objektiv, beziehen sich auf die entsprechende Wirklichkeit, die sie reduzieren, zu einer bestimmten Zeit unter pragmatischem Aspekt; ihnen liegen (wissenschaftliche) Theorien zugrunde. Dementsprechend haben auch die Theorien keine allgemeine Gültigkeit und keinen allgemeinen Wahrheitswert, müssen also weder falsch noch wahr sein; sie sind nur mehr oder weniger hilfreich und nützlich zur Analyse und möglicherweise intendierten Veränderung und Gestaltung von Wirklichkeit. Dem »angemessen« bzw. »angepaßt« werden die Forschungsmethoden. Auch hier kann es keine allgemein verbindliche, allgemeingültige Methodologie geben, die auf die Gegenstandsbereiche der Wirklichkeit angewendet, gewissermaßen Sicherheit in der Erkenntnis – und im Handeln – garantieren könnte. »The search for certainty« lieferte uns »the death of certainty« und führt »to rely on probabilities and calculated uncertainties« (SPRADLIN / PORTERFIELD 1984, S. 223). Forschungsmethoden sind mehr oder weniger standardisiert, um unsere subjektiven Erfahrungen und Alltagstheorien zu relativieren, damit wir nicht vorschnell und unkontrolliert unserer Wirklichkeitsanalyse eine mehr als subjektive Bedeutung geben.

Literatur

ADELMAN, C.: Some problems of ethnographer culture shock. In: BURGESS, R. G. (Hrsg.): Field methods in the study of education. Lewes 1985, S. 37–50
AGAR, M.: The professional stranger: An informal ethnography. New York 1981
ALBERT, H.: Wertfreiheit als methodisches Prinzip. Zur Notwendigkeit einer normativen Sozialwissenschaft. In: TOPITSCH, E. (Hrsg.): Logik der Sozialwissenschaften. Köln u. a. ^{4}1967, S. 181–210
–: Das Problem der Wissenschaftslehre in der Sozialforschung. In: KÖNIG, R. (Hrsg.): Handbuch der empirischen Sozialforschung. Bd. 1. Stuttgart ^{3}1973, S. 57–102
D'AVIS, W.: Neue Einheit der Wissenschaften. Methodologische Konvergenzen. Frankfurt u. a. 1984
BAMMÈ, A. / MARTENS, B.: Methodenvielfalt und Forschungspragmatik zur wissenschaftstheoretischen Situation empirischer Sozialforschung. In: Soziologie (Mitteilungsblatt der Deutschen Gesellschaft für Soziologie) 1 (1985), S. 5–35
BATESON, G.: Geist und Natur. Eine notwendige Einheit. Frankfurt 1982
BECK, K.: Die empirischen Grundlagen der Unterrichtsforschung. Göttingen 1987
BECKMANN, H.-K.: Das Verhältnis von Theorie und Praxis im engeren Sinne. In: KLAFKI, W. u. a.: Funk-Kolleg Erziehungswissenschaft. Bd. 3. Frankfurt 1971, S. 184–202
–: Aspekte der geisteswissenschaftlichen Didaktik. In: RUPRECHT, H. u. a.: Modelle grundlegender didaktischer Theorien. Hannover ^{3}1976. S. 73–116
–: Geisteswissenschaftliche Methoden. In: ROTH, L. (Hrsg.): Methoden erziehungswissenschaftlicher Forschung. Stuttgart 1978, S. 43–64
BJERSTEDT, A.: Interpretations of sociometric choice status. Lund 1956
BLUMENBERG, H.: Lebenszeit und Weltzeit. Frankfurt 1986
BOEHM, G.: Einleitung. In: GADAMER, H. G. /ders. (Hrsg.): Seminar: Die Hermeneutik und die Wissenschaften. Frankfurt 1978, S. 7–61
BÖHME, G.: Wirkungsgeschichte des Humanismus im Zeitalter des Rationalismus. Darmstadt 1988
BREZINKA, W.: Von der Pädagogik zur Erziehungswissenschaft. Weinheim 1971
BRÜGGEN, G.: Möglichkeiten und Grenzen der Soziometrie. Neuwied u. a. 1974
BRUMLIK, M.: Der symbolische Interaktionismus und seine pädagogische Bedeutung. Frankfurt 1973
BURGESS, R. G. (Hrsg.): Field methods in the study of education. Lewes 1985
BUCK, G.: Hermeneutik und Bildung. München 1981
MCCALL, W. A.: How to experiment in education. New York 1963
CAMPBELL, D. T. / STANLEY, J. C.: Experimental and quasi-experimental designs for research on teaching. In: GAGE, N. L. (Hrsg.): Handbook of research on teaching. Chicago 1963, S. 171–246
CARNAP, R.: Der logische Aufbau der Welt (1928). Hamburg ^{3}1966
CAPRA, F.: The Tao of physics. Boulder (Colorado) 1975

Cicourel, A.: Basisregeln und normative Regeln im Prozeß des Aushandelns von Status und Rolle. In: Arbeitsgruppe Bielefelder Soziologen (Hrsg.): Alltagswissen, Interaktion und gesellschaftliche Wirklichkeit. Bd. 1. Reinbek 1973, S. 147–167
Le Compte, M. D. / Goetz, J. P.: Problems of reliability and validity in ethnographic research. In: Review of Educational Research 52 (1982), S. 31–60
Dahmer, J.: Theorie und Praxis. In: dies. / Klafki, W.: Die geisteswissenschaftliche Pädagogik am Ausgang ihrer Epoche. Erich Weniger. Weinheim 1968, S. 35–80
Davies, L.: Ethnography and status: focussing on gender in educational research. In: Burgess, R. G. (Hrsg.): Field methods in the study of education, a.a.O., S. 79–96
Diederich, J.: Fördern im Kernunterricht. Hannover u. a. 1973
Dilthey, W.: Gesammelte Schriften. Bde. I–XIV. Stuttgart und Göttingen 1962/1966
Ditton, J. / Williams, R.: ›The fundable vs. the doable‹. Background Papers 1. University of Glasgow, Department of Sociology. 1981
Dollase, R.: Soziometrische Techniken. Weinheim u. a. 1973
Erickson, F.: Qualitative methods in research on teaching. In: Wittrock, M. (Hrsg.): Handbook of research on teaching. New York ³1986 S. 119–161
Evans-Pritchard, E. E.: Some reminiscences and reflections on fieldwork. In: Journal of the Anthropological Society of Oxford 4 (1973), S. 1–12
Feyerabend, P.: Wider den Methodenzwang. Frankfurt 1976
Finckh, J.: Geisteswissenschaftliche Pädagogik und kritische Erziehungswissenschaft. In: Zeitschrift für Pädagogik 25 (1979), S. 941–952
Firestone, W. A.: Meaning in method: The rhetoric of quantitative and qualitative research. In: Educational Research 16 (1987), S. 16–21
Fischer, A.: Leben und Werk. Hrsg. von K. Kreitmair. München 1950ff.
Fischer, R. A.: The design of experiments. London 1935
Flanders, N. A.: Analyzing teaching behavior. Reading, Mass. 1972
Flechsig, K.-H.: Die Funktion des Experiments in der Unterrichtsforschung. In: Die Deutsche Schule 59 (1967), S. 397–413
Florio-Ruane, S.: Soziolinguistics for educational researchers. In: American Educational Research Journal 24 (1987), S. 185–197
Fricke, R.: Über Meßmodelle in der Schulleistungsdiagnostik. Düsseldorf 1972
–: Kriteriumsorientierte Leistungsmessung. Stuttgart u. a. 1974
Friedrichs, J.: Methoden empirischer Sozialforschung. Reinbek 1973
Gadamer, H. G.: Wahrheit und Methode. Tübingen 1960
Garfinkel, H.: Studies in ethnomethodology. Englewood Cliffs, N. J. 1967
Gassen, H.: Geisteswissenschaftliche Pädagogik auf dem Wege zur Kritischen Theorie. Studien zur Pädagogik Erich Wenigers. Weinheim/Basel 1978
Gruijter, D. M. de / Kamp, L. J. Th. v. d. : Advances in psychological and educational measurement. London u. a. 1976
Habermas, J.: Erkenntnis und Interesse. Frankfurt 1969
–: Über Sprachtheorie. Wien 1970
Hargreaves, D. H.: Classrooms, schools and juvenile deliquency. In: Educational Analysis 2 (1980), S. 75–87
Heinze, T. / Miller, W. / Stickelmann, B. / Zinnecker, J.: Handlungsforschung im pädagogischen Feld. München 1975
Heisenberg, W.: Das Naturbild der heutigen Physik. Hamburg 1965
Heller, K. / Rosemann, B.: Planung und Auswertung empirischer Untersuchungen. Stuttgart 1974
Helmreich, R.: Strategien zur Auswertung von Längsschnittdaten. Stuttgart 1977
Herbart, J. F.: Pädagogische Schriften. Hrsg. von W. Asmus. 3 Bde. Düsseldorf/München 1964/65
Herbig, M.: Praxis lernorientierter Tests. Düsseldorf 1976a
–: Test. In: Roth, L. (Hrsg.): Handlexikon zur Erziehungswissenschaft. München 1976b, S. 429–436
Hönigswald, R.: Studien zur Theorie pädagogischer Grundbegriffe. Stuttgart 1913
Husserl, E.: Gesammelte Werke. Bd. VI. Den Haag 1954

INGENKAMP, K. u. a. (Hrsg.): Handbuch der Unterrichtsforschung. Teil I–III. Weinheim 1970ff.
– (Hrsg.): Tests in der Schulpraxis. Weinheim u. a. 1972
JACOB, E.: Qualitative research traditions: A review. In: Review of educational research 57 (1987), S. 1–50
KIRK, J. / MILLER, M. L.: Reliability and validity in qualitative research. Beverly Hills 1986
KLAFKI, W.: Kategoriale Bildung. In: Zeitschrift für Pädagogik 5 (1959a), S. 386–412
–: Das Problem des Elementaren und die Theorie der kategorialen Bildung. Weinheim 1959b
–: Erziehungswissenschaft als kritisch-konstruktive Theorie. Hermeneutik, Empirie, Ideologiekritik. In: Zeitschrift für Pädagogik 17 (1971), S. 351–385
–: Ideologiekritik. In: ROTH, L. (Hrsg.): Methoden erziehungswissenschaftlicher Forschung, a.a.O., S. 146–167
–: Zur Entwicklung einer kritisch-konstruktiven Didaktik. In: Die Deutsche Schule 69 (1977), S. 703–716
KLAUER, K. J. u. a.: Lernzielorientierte Tests. Düsseldorf 1972
– u. a.: Das Experiment in der pädagogischen Forschung. Düsseldorf 1973
KÖNIG, E.: Theorie der Erziehungswissenschaft. 3 Bde. München 1975, 1978
KÖNIG, R. (Hrsg.): Handbuch der empirischen Sozialforschung. Stuttgart 1970ff.
KOLAKOWSKI, L.: Die Philosophie des Positivismus. München 1971
KRAUSSER, P.: Kritik der endlichen Vernunft. Diltheys Revolution der allgemeinen Wissenschafts- und Handlungstheorie. Frankfurt 1968
LAUTMANN, R. / MEUSER, M.: Verwendung der Soziologie in Handlungswissenschaften am Beispiel von Pädagogik und Jurisprudenz. In: Kölner Zeitschrift für Soziologie und Sozialpsychologie 38 (1986), S. 685–708
LAY, W. A.: Experimentelle Pädagogik mit besonderer Rücksicht auf die Erziehung durch die Tat. Leipzig ²1972
LÉVI-STRAUSS, C.: Tristes Tropiques. Paris 1955. Dt. Frankfurt 1978, S. 315–368 (Achter Teil: Tupi-Kawahib)
LIENERT, G. A.: Testaufbau und Testanalyse. Weinheim u. a. ³1969
LOCHNER, R.: Deskriptive Pädagogik. Reichenberg 1927
–: Deutsche Erziehungswissenschaft. Meisenheim 1963
–: Zur Begründung einer empirischen Unterrichtsforschung innerhalb der Erziehungswissenschaft. In: ROTH, L. (Hrsg.): Beiträge zur empirischen Unterrichtsforschung. Hannover u. a. 1969, ²1974
LUCKMANN, T.: Lebenswelt. Modebegriff oder Forschungsprogramm. In: Grundlagen der Weiterbildung 1 (1990), S. 9–13
MEDLEY, D. M. / MITZEL, H. E.: Measuring classroom behavior by systematic observation. In: GAGE, N. L. (Hrsg.): Handbook of research on teaching. Chicago 1963, S. 247–328
MERKENS, H. / SEILER, H.: Interaktionsanalyse. Stuttgart u. a. 1977
MISCH, G.: Vom Lebens- und Gedankenkreis Wilhelm Diltheys. Frankfurt 1947
MEUMANN, E.: Vorlesungen zur Einführung in die experimentelle Pädagogik. 3 Bde. Leipzig ²1911ff.
NISBET, R.: Soziologie as an art form. New York 1976
PARMENTIER, M.: Ethnomethodologie. In: LENZEN, D. / MOLLENHAUER, K. (Hrsg.): Theorien und Grundbegriffe der Erziehung und Bildung (Enzyklopädie Erziehungswissenschaft, Bd. 1). Stuttgart 1983, S. 246–261
PETERSEN, P. / PETERSEN, E.: Die pädagogische Tatsachenforschung. Hrsg. von Th. RUTT. Paderborn 1965
PETRAT, G. u. a.: Prozeßorientierter Unterricht. München 1977
POPPER, K.: Logik der Forschung. (1934). Tübingen ⁵1973
REICHENBACH, H.: Der Aufstieg der wissenschaftlichen Philosophie. Braunschweig ²1968
ROEDER, P. M.: Versuche einer kontrollierten Unterrichtsbeobachtung. In: Psychologische Beiträge 16 (1965), S. 408–423
ROTH, H.: Die realistische Wendung in der pädagogischen Forschung. In: Die Deutsche Schule 55 (1963), S. 109–119
ROTH, L. (Hrsg.): Beiträge zur empirischen Unterrichtsforschung. Hannover u. a. 1969, ²1974

–: Zur Wissenschaftstheorie Wilhelm Diltheys. In: Diskussion über die Probleme des Erkennens, Wertens und Handelns 3 (1970), S. 3–27
–: Effektivität von Unterrichtsmethoden. Hannover u. a. 1971, ²1977
–: Empirische Forschungsmethoden. In: Roth, L. (Hrsg.): Handlexikon zur Erziehungswissenschaft. München 1976a, S. 152–156
–: Statistik im Studium der Sozialwissenschaften. In: Lohnes, P. R. / Looley, W. W.: Einführung in die Statistik mit EDV-Übungen. Hannover u. a. 1976b, S. 316–324
– (Hrsg.): Methoden erziehungswissenschaftlicher Forschung. Stuttgart 1978
–: Empirische Forschungsmethoden. In: Roth, L. (Hrsg.): Methoden erziehungswissenschaftlicher Forschung, a.a.O., S. 65–90
–: Die Schule als Feld empirischer Forschung. In: Twellmann, W. (Hrsg.): Handbuch Schule und Unterricht. Bd. 1. Düsseldorf 1981a, S. 74–97
–: Geisteswissenschaftlich orientierte und sogenannte kritisch-konstruktive Didaktik. In: Twellmann, W. (Hrsg.): Handbuch Schule und Unterricht. Bd. 4.1. Düsseldorf 1981b, S. 28–51
–: Entwicklung, methodisches Niveau und Schwerpunkte der empirischen pädagogischen Forschung in der DDR. In: Baske, S. (Hrsg.): Erziehungswissenschaftliche Disziplinen und Forschungsschwerpunkte in der DDR. Berlin 1986, S. 139–166
–/ Petrat, G. (Hrsg.): Unterrichtsanalysen in der Diskussion. Hannover 1974
Runkel, Ph. / McGrath, J.: Research on human behavior. New York 1972
Ruprecht, H.: Einführung in die empirische pädagogische Forschung. Bad Heilbrunn 1974
Schatzman, L. / Strauss, A. L.: Field research: strategies for a natural sociology. Englewood Cliffs 1973
Scheibe, E.: Gibt es eine Annäherung der Naturwissenschaften an die Geisteswissenschaften? In: Universitas 42 (1987), S. 5–17
Schiff, B.: Über Methoden der Vergleichenden Erziehungswissenschaft. In: Roth, L. (Hrsg.): Methoden erziehungswissenschaftlicher Forschung, a.a.O., S. 138–145
Schorb, A. O.: Unterrichtsanalysen. In: Roth, L. / Petrat, G. (Hrsg.): Unterrichtsanalysen in der Diskussion, a.a.O., S. 22–38
Schütz, A.: Der sinnhafte Aufbau der sozialen Welt. Wien 1960
–/ Luckmann, T.: Strukturen der Lebenswelt. Bd. 2. Frankfurt 1984
Schurz, G. (Hrsg.): Erklären und Verstehen in der Wissenschaft. München 1988
–: Das Problem der Relevanz. Frankfurt/M. 1971
Simon, A. / Boyer, E. G.: Mirrors of behavior. Philadelphia 1967
Smith, M. L.: Publishing qualitativ research. In: American Educational Research Journal 24 (1987), S. 173–183
Snow, Ch. P.: Die zwei Kulturen. Stuttgart 1967
Spindler, G. D. (Hrsg.): Being an anthropologist. New York 1970
Spradlin, W. W. / Porterfield, P. P.: The search for certainty. New York/Berlin/Heidelberg/Tokio 1984
Srubar, J.: Kosmion. Die Genese der pragmatischen Lebenswelttheorie von Alfred Schütz und ihr anthropologischer Hintergrund. Frankfurt 1988
Stegmüller, W.: Theorie und Erfahrung. Berlin u. a. 1973
Stein, L.: Experimentelle Pädagogik. In: Deutsche Rundschau 88 (1896), S. 240–250
Stemme, F.: Die Säkularisation des Pietismus zur Erfahrungsseelenkunde. In: Zeitschrift für deutsche Philologie 72 (1951), S. 144–158
Stoy, K. V.: Encyclopädie, Methodologie und Literatur der Pädagogik. Leipzig ²1878
Straka, G. A.: Handlungsforschung. In: Roth, L. (Hrsg.): Methoden erziehungswissenschaftlicher Forschung, a.a.O., S. 168–187
Strittmatter, P. (Hrsg.): Lernzielorientierte Leistungsmessung. Weinheim u. a. 1973
Thiersch, H.: Alltagshandeln und Sozialpädagogik. In: Neue Praxis 8 (1978), S. 6–25
Topitsch, E. (Hrsg.): Logik der Sozialwissenschaften. Köln ⁸1972
Trapp, E. Chr.: Versuch einer Pädagogik. Berlin 1780
Travers, R. M. W.: Einführung in die erziehungswissenschaftliche Forschung. München 1972
Uhle, R.: Alltagsorientierte Erziehungswissenschaft als Reformulierung geisteswissenschaftlicher Pädagogik. Vortrag, gehalten auf dem Kongreß der Deutschen Gesellschaft für Erziehungswissenschaft 1980 in Göttingen. Manuskript

Weber, M.: Methodologische Schriften. Besorgt von J. Winkelmann. Frankfurt 1969
Weniger, E.: Theorie und Praxis in der Erziehung. In: ders.: Die Eigenständigkeit der Erziehung in Theorie und Praxis. Weinheim 1957, S. 7–22
Weymann, A.: Kommunikative Bildungsforschung. In: Haft, H. / Kordes, H. (Hrsg.): Methoden der Erziehungsforschung (Enzyklopädie Erziehungswissenschaft, Bd. 2). Stuttgart 1984, S. 223–249
Wilcox, K.: Ethnography as a methodology and its application to the study of schooling. In: Spindler, G. (Hrsg.): Doing the ethnography of schooling. New York 1982, S. 117–136
Wild, W.: Naturwissenschaften und Geisteswissenschaften – immer noch zwei getrennte Kulturen? In: Universitas 42 (1987), S. 25–36
Winnefeld, F.: Pädagogischer Kontakt und pädagogisches Feld. München 1965
Wörlein, J. W.: Pädagogische Wissenschaftskunde. Erlangen 1826
Woods, P.: Ethnography and theory construction in educational research. In: Burgess, R. G. (Hrsg.): Field methods in the study of education. Lewes 1985, S. 51–78
Zedler, P. / Moser, H. (Hrsg.): Aspekte qualitativer Sozialforschung. Studien zur Aktionsforschung, empirischer Hermeneutik und reflexiver Sozialtechnologie. Opladen 1983
Zetterberg, H. L.: On Theory and Verification in Sociology. Totowa 1965
Ziman, J.: Wie zuverlässig ist die wissenschaftliche Erkenntnis? Braunschweig 1982

Annegret Eickhorst und Harm Steinforth

Die pädagogische Wissenschaft in ihrer Literatur – Handbücher, Lexika, Periodika

1 Vorbemerkungen

Mit dem vorliegenden Literaturbericht werden im wesentlichen drei Zielsetzungen verbunden:
– Er will zunächst (über die Zusammenstellung von Handbüchern und Lexika) einen Zugang zum Problembereich und Kenntnisstand der Pädagogik als Wissenschaft vermitteln und (über die Darstellung pädagogischer Periodika) auch eine Möglichkeit zur Erschließung der aktuellen Diskussion aufzeigen.
– Er versucht, die aktuelle Bestandsaufnahme mit der Tradition zu verbinden. Das bedingt zum einen die Aufarbeitung der historischen Dimension von Zeitschrift und Enzyklopädie, zum anderen auch die Einbeziehung grundlegender älterer Werke bzw. Zeitschriften in die Gesamtdarstellung.
– Er will die zusammengetragenen Publikationen entsprechend den – zumeist in den Titelangaben ausgewiesenen – thematischen Schwerpunkten in eine Ordnung bringen, die als Gesamtübersicht widerspiegelt, welche Bereiche für die pädagogische Disziplin als zentral angesehen werden, mithin Aufschluß über ihren Gegenstandsbereich geben können.

Es ist für keinen der ausgewählten Literaturbereiche das Ziel, eine lückenlose Bibliographie zu erstellen (auf diese verweisen z. B.: WALFORD [4]1982, KERNCHEN [6]1985 sowie HEIDTMANN [2]1978, DERBOLAV 1962, DOLCH [2]1960 und SPIELER 1930) – wohl aber, die Darstellung so weitgehend auszuführen, daß sie den angestrebten Zielsetzungen genügen kann.

2 Handbücher und Lexika

Die beiden Formen der pädagogischen Fachliteratur *Handbuch* und *Lexikon* erfüllen gegenüber den Periodika ergänzende Funktionen. Während diese als Nachschlagewerke einen umfassenden Überblick über das Wissen eines Fachgebietes intendieren, ermöglichen Zeitschriften eher aktuelle Information und Kommunikation. In ihrer »Reinform« unterscheiden sich Handbuch und Lexikon. Der am alphabetisch geordneten Stichwort orientierten lexikalischen Bestandsaufnahme des Wissens steht dessen »enzyklopädisch-systematische Verarbeitung« (DERBOLAV 1962, S. 5) in Handbüchern gegenüber. Zum organisierenden Prinzip für die Aufbereitung des Wissens wird häufig auch der Anspruch, Hilfen für die Praxis bereitstellen zu wollen. Die Grenzen zwischen Lexikon und Handbuch sind da schwer zu ziehen, wo versucht wird, den Wissensstand sowohl nach fachsystematischen Aspekten zu präsentieren als auch seine schnelle Zugänglichkeit über den »Begriff« zu wahren.

2.1 Historische Entwicklung

In ihrer Zielsetzung verbinden sich Handbuch und Lexikon am stärksten mit der Darstellungsform der *Enzyklopädie*. Die Entwicklung einer »Idee« der Enzyklopädie (HEINEMANN 1959) spiegelt neben der Ausrichtung an einem jeweiligen Wissensstand auch gesellschaftliche Einflüsse. Die ersten Enzyklopädien entsprangen dem Bedürfnis nach umfassender Bildung, »sei es in den Tatsachen, sei es in der kritischen Aufklärung über Vorurteile und angebliches Wissen ihrer Zeit, sei es in der Übersicht der Forschungsergebnisse, oder endlich in den Mitteln, die zur Erziehung der Individuen und der Gesellschaft bereitstehen« (ebd. 1959, S. 1). Eine hervorragende Synthese des ganzen ihm erreichbaren Wissens gelang ARISTOTELES. Als repräsentativ für mittelalterliches Denken gelten die stark an geistlichen Grundlagen ausgerichteten enzyklopädischen Systeme des THOMAS VON AQUIN und des V. BEAUVAIS (1484/94). Im »Globus Intellektualis« des Francis BACON (1561–1626) verkörpert sich die Renaissanceidee einer Enzyklopädie des autonomen Wissens, während das BAYLESSCHE »Dictionnaire« repräsentativ ist für den aufklärerischen Geist des 17. Jahrhunderts. Das 18. Jahrhundert brachte neben der großen DIDEROTSCHEN »Encyclopedia« bereits das »Große vollständige Universal-Lexikon aller Wissenschaften und Künste« (1732–1754), die »Encyclopedia Britannica« (1786) und »Brockhaus' Conversationslexikon« (1796) hervor, während das eigentliche »Konversationslexikon« als Nachschlagewerk über das rasch angewachsene Spezialwissen seine Blütezeit erst im 19. Jahrhundert erlebte. Charakteristisch für diese Darstellungsform ist das Zerlegen des Wissensbestandes in kleine und kleinste Teile. Für das 20. Jahrhundert wird der Übergang von einer Enzyklopädie des Wissens zu einer des Verstehens gefordert. Sie verbindet den Anspruch nach optimaler Orientierung mit selektivem, auf die großen Zusammenhänge bezogenem Vorgehen und nimmt auch zukunftsorientierte Gesichtspunkte auf.

Mit Blick auf die Pädagogik unterscheidet STOY (^{2}1878, S. 7) von der herkömmlichen, auf dem Prinzip der alphabetischen Anordnung basierenden »Real-Enzyklopädie« die »methodologische Enzyklopädie«, deren Aufgabe es ist, die »zum Gesamtkreis gehörigen Einzelwissenschaften zu konstruieren«. Ausgerichtet an einer Aufarbeitung des ganzen Bereichs der »einzelnen pädagogischen Disziplinen«, wird sie aufgrund einer »Topographie der Wissenschaft zu einem methodologischen Wegweiser« (ebd., S. 9) und kommt damit den Zielsetzungen des heutigen Handbuchs sehr nahe.

2.2 Darstellung der Handbücher

2.2.1 Ältere Werke

Auf katholischer Grundlage erarbeitet wurde das von F. X. EGGERSDORFER, M. ETTLINGER, G. RAEDERSCHEIDT, J. SCHRÖTELER herausgegebene »Handbuch der Erziehungswissenschaft«. Es erschien von 1929 bis 1934 in insgesamt fünf Bänden. Das »Handbuch der Pädagogik nach den neuen Lehrplänen bearbeitet« von K. HEILMANN (3 Bde., Leipzig 1897, 1898; 15. Aufl. 1911) wollte die zum »Allgemeingut« gewordenen Bereiche der HERBARTSCHEN Pädagogik zugänglich machen. Bedeutung bis in die Gegenwart hinein besitzt das von H. NOHL und L. PALLAT herausgegebene »Handbuch der Pädagogik« (5 Bde., 1928–1934; Reprint Weinheim 1966 und 1981). Es ist aus dem Bemühen um eine pädagogische Autonomie in den 20er Jahren unseres Jahrhunderts erwachsen und noch um enzyklopädische Vollständigkeit bemüht.

Auch für spezifische Bereiche der Erziehungswissenschaft liegen ältere Handbücher vor (vgl. dazu z. B. SANDER ²1889, S. 442f.; SPIELER 1930, Bd. 1, S. 325f. und DERBOLAV 1962, S. 5). Auf das »höhere Schulwesen« beziehen sich: AULER, A. u. a. (Bearb.): »Handbuch für Lehrer höherer Schulen« (Leipzig 1906) mit den Bereichen Geschichte, Systematik, spezielle Didaktik und Methodik der Unterrichtsfächer sowie BAUMEISTER, A. (Hrsg.): »Handbuch der Erziehungs- u. Unterrichtslehre f. höhere Schulen« (3. Bde., 1895–1898). Auch ein »Handbuch für das deutsche Volksschulwesen« (Breslau 1820, ³1839) von W. HARNISCH liegt vor. Das Berufsschulwesen hat zum Gegenstand: PACHE, O. W.: »Handbuch des deutschen Fortbildungsschulwesens«, Teile 1–7 (Wittenberg 1896–1905; Nachdruck hrsg. von K. KÜMMEL, 7 Teile in 2 Bänden, Köln/Wien 1986). Es umfaßt eine detaillierte Auflistung gesetzlicher Bestimmungen, Fächer, Stundenpläne usw. der »Fortbildungsschulen«.

2.2.2 Erziehungswissenschaft insgesamt, Teildisziplinen und Forschungsfelder

Aktuelle Handbücher, die sich auf das ganze erziehungswissenschaftliche Gegenstandsfeld beziehen, machen keine eigenständige Gruppe im Rahmen der Darstellung aus, da nur zwei Werke vorliegen. Eines davon ist das auf 14 Bände geplante »Erziehungswissenschaftliche Handbuch«, herausgegeben von TH. ELLWEIN, H.-H. GROOTHOFF, H. RAUSCHENBERGER, H. ROTH (Berlin 1969ff.). Die bisher vorliegenden fünf Bände sind unter verschiedenen Aspekten dem Phänomen der Erziehung sowie der Pädagogik als Wissenschaft gewidmet. Die Fortsetzung des Werkes wurde eingestellt.

Eine Sonderstellung zwischen Handbuch und Lexikon nimmt die von D. LENZEN herausgegebene zwölfbändige »Enzyklopädie Erziehungswissenschaft« (Stuttgart 1983–86) ein. Jeder Band enthält neben einem Handbuchteil, in dem zentrale Fragestellungen, die alle Erziehungsfelder (Bd. 1–5) bzw. einzelne Abschnitte des pädagogischen Prozesses – von »Erziehung in der frühen Kindheit« bis »Erwachsenenbildung« (Bd. 6–11) – betreffen, systematisch und problemorientiert erörtert werden, einen alphabetisch geordneten Lexikonteil. In den knapp gefaßten lexikalischen Artikeln werden Teilprobleme des Erziehungs- und Bildungsprozesses erläutert. Auf der Basis dieser Enzyklopädie – aktualisiert durch neuere Entwicklungen – wurde von D. LENZEN (Reinbek 1989) die zweibändigen »Pädagogische(n) Grundbegriffe« herausgegeben. Die Ausführlichkeit der Darstellung ist nach dem Handbuch verpflichtet, während die alphabetische Anordnung der Stichwörter dem Werk eher den Charakter eines Lexikons gibt.

Eine größere Gruppe von – zumeist mehrbändig angelegten – Handbüchern bezieht sich auf eine Teildisziplin der Erziehungswissenschaft bzw. auf einen umfassenden Forschungsbereich, der systematisch aufgearbeitet wird. So sind z. B. durch Handbücher vertreten: die Sonder- und Behindertenpädagogik, Kinderpsychotherapie, Früh- und Vorschulpädagogik, Sozialpädagogik und -erziehung, Berufs- und Wirtschaftspädagogik, Erwachsenenbildung, Spielpädagogik, Sexualpädagogik, Bildungsgeschichte sowie das Forschungsfeld Schule und Unterricht. Hierzu – wie auch in der weiteren Darstellung – sollen jeweils aktuelle Werke vorrangig referiert werden.

BACH, H. u. a. (Hrsg.): Hb. der Sonderpädagogik. 11 Bde. Berlin ²1980 – BERG, C. / BUCK, A. u. a. (Hrsg.): Hb. der deutschen Bildungsgeschichte. 6 Bde. München 1987ff. – BIERMANN, G. (Hrsg.): Hb. der Kinderpsychotherapie. 4 Bde. München ⁴1976–1981 –

DENNERLEIN, H. / SCHRAMM, K. (Hrsg.): Hb. der Behindertenpädagogik. 2 Bde. München 1986 – DOLLASE, R. (Hrsg.): Hb. der Früh- und Vorschulpädagogik. 2 Bde. Düsseldorf 1978 – EYFERTH, H. / OTTO, H. U. u. a. (Hrsg.): Hb. zur Sozialarbeit/Sozialpädagogik. Neuwied 1984 – HACKER, J. / OLZOG, G. (Hrsg.): Deutsches Hb. der Erwachsenenbildung. München 1986 – HEESE, G. / WEGENER, H. (Hrsg.): Enzyklopäd. Hb. der Sonderpädagogik u. ihrer Grenzgebiete. 3 Bde. Berlin ³1969 – KERKHOFF, E. (Hrsg.): Hb. Praxis der Sozialarbeit und Sozialpädagogik. 2 Bde. Düsseldorf 1981 – KLAUER, K. J. (Hrsg.): Hb. der Pädagogischen Diagnostik. 4 Bde. Düsseldorf 1978 – KLUGE, N. (Hrsg.): Hb. der Sexualpädagogik. 2 Bde. Düsseldorf 1984 – KREUZER, K. J. (Hrsg.): Hb. der Spielpädagogik. 4 Bde. Düsseldorf 1983/84 – MÜLLGES, U. (Hrsg.): Hb. der Berufs- u. Wirtschaftspädagogik. 2 Bde. Düsseldorf 1979 – PÖGGELER, F. (Hrsg.): Hb. der Erwachsenenbildung. 8 Bde. Stuttgart u. a. 1974–85 – WESCHENFELDER, K. u. a.: Hb. Museumspädagogik. Düsseldorf 1981 – WEYMANN, A. (Hrsg.): Hb. für die Soziologie der Weiterbildung. Darmstadt/Neuwied 1980.

Nicht in bezug auf eine Teildisziplin, sondern für die Bereiche »Schule und Unterricht« will das von W. TWELLMANN herausgegebene Werk »Handbuch Schule und Unterricht« (8 Bde. Düsseldorf. Bd. 1–6 1981ff. Bd. 7 u. 8 1985/86) vorliegendes Wissen sammeln und aufarbeiten.

Handbücher, die sich auf einen abgrenzbaren Forschungsbereich beziehen und damit stärkeres Gewicht legen auf die Methoden des Erkenntnisgewinns, auf Forschungsfragestellungen und -ergebnisse sind:

HAMEYER, U. / FREY, K. / HAFT, H. (Hrsg.): Hb. der Curriculumforschung. Erste Ausgabe. Übersichten zur Forschung 1970–1981. Weinheim 1983 – HURRELMANN, K. / ULICH, D. (Hrsg.): Hb. der Sozialisationsforschung. Weinheim 1980. Studienausgabe 1983 – INGENKAMP, H. / PAREY, E. (Hrsg.): Hb. der Unterrichtsforschung. 3 Bde. Weinheim ²1971/72 (dt. Bearbeitung von GAGE, N.: Handbook of Research on Teaching. Chicago 1973) – KELLER, H. (Hrsg.): Hb. der Kleinkindforschung. Berlin 1989 – NAVE-HERZ, R. / MARKEFKA, M. (Hrsg.): Hb. der Familien- und Jugendforschung. 2 Bde. Neuwied 1989

Einen starken Anwendungsbezug intendieren: FREY, K. u. a. (Hrsg.): Curriculum-Handbuch. Bd. 1–3. München 1975 – HORNEY, W. / MERKEL, P. / WOLF, F. (Hrsg.): Hb. für Lehrer. 2 Bde. Gütersloh ²1965–66 – JUNG, E. / KREUZER, R. / LOTZ, I.: Hb. der Unterrichtspraxis mit Geistigbehinderten. Frankfurt ²1977 – MEISSNER, O. / ZÖPFL, H. (Hrsg.): Hb. der Unterrichtspraxis. 3 Bde. München 1973–74. Bd. 1 ³1976 – MÖRSBERGER, H. / MOSKAL, E. u. a. (Hrsg.): Der Kindergarten. Hb. für die Praxis. Bd. 1–3. Freiburg 1978 – READ, K. H.: Hb. des Kindergartens. Ravensburg 1974.

2.2.3 Unterrichtsfächer und ihre Didaktik/Schulformen

Eine weitere Gruppe von Handbüchern macht die zumeist auf Praxis gerichtete Darstellung einzelner Unterrichtsfächer und ihrer Didaktik bzw. eines breiteren fachlichen Schwerpunkts zu ihrem Gegenstand. Es kann sich auch um eine Zusammenstellung von unmittelbar für die Praxis zu verwertenden Materialien bzw. einsetzbaren »Techniken« handeln. Die Thematik des Handbuchs wird häufig weiter eingegrenzt durch die Bezugnahme auf eine bestimmte Schulform oder -stufe.

Eine Auflistung der Einzelwerke soll aufgrund ihrer großen Anzahl unterbleiben. Es folgt eine an den jeweiligen Fächern orientierte Übersicht. Handbücher liegen vor:

– zum Deutschunterricht (mit Schwerpunkten in der Sprach- bzw. Literaturdidaktik und mit zwei Werken für besondere Bereiche): BLUMENSTOCK, L. (Hrsg.): Hb. der Leseübungen. Weinheim 1983 – TRIEBEL, H. / MADAY, W.: Hb. der Rechtschreibübungen. Weinheim 1982,
– zum Sprachunterricht generell bzw. mit spezieller Darstellung des Lateinunterrichts: BAUSCH, K.-R. / CHRIST, H. /MÜLLEN, W. / KRUMM, H.-J. (Hrsg.): Hb. Fremdsprachenunterricht. Tübingen 1989,
– zum Mathematikunterricht, auch mit besonderer Konzentration auf die Grundschule sehr umfassend angelegt: WOLFF, G. u. a. (Hrsg.): Hb. der Schulmathematik. 7 Bde. Hannover/Paderborn 1966–67,
– zum Chemie- und Physikunterricht (sehr umfassend): GÖTZ, R./DAHNKE, H./LANGENSIEPEN, F. (Hrsg.): Hb. des Physikunterrichts für den Sek. I. 7 Bde. Köln 1985 ff.,
– zum Musikunterricht mit Begrenzung auf die Grundschule bzw. Sekundarstufe, (sehr umfassend): SCHMIDT, H.-CHR. (Hrsg.): Hb. der Musikpädagogik. Kassel 1986ff.
– zum Geschichtsunterricht bzw. politischen Unterricht, z. B. mit besonderer Berücksichtigung der Didaktik: BERGMANN, K./KUHN, A./RÜSEN, J./SCHNEIDER, G. (Hrsg.): Hb. der Geschichtsdidaktik. Düsseldorf 1985,
– zum Geographie-, Religions- und Werkunterricht,
– zum Kunstunterricht, auch eine Zusammenstellung von »Techniken«: KAMPMANN, L.: Malerische, graph. u. räumliche plastische Techniken. Ein Handbuch für den Kunstunterricht. Ravensburg 1977,
– zum Sportunterricht.

Zu den Fächern »Pädagogik« bzw. »Psychologie« liegen vor: HÜLSHOFF, R. / SCHMACK, E. / HEILAND, H.: Hb. Pädagogikunterricht in der Sek. II. Paderborn 1981 – SEIFFGE-KRENKE, I.: Hb. Psychologieunterricht. 2 Bde. Düsseldorf 1981; zum Fach Philosophie: REHFUS, W. D. u. a. (Hrsg.): Hb. des Philosophie-Unterrichts. Düsseldorf 1986.

Generell auf Unterricht bezieht sich: TYBL, R. / WALTER, H. (Hrsg.): Hb. zum Unterricht/Grundschule. Starnberg 1973.

2.2.4 Spezielle Fragen und Probleme

Die bisher nicht einzuordnenden Handbücher decken ein breites Spektrum pädagogischer Themen ab. Sie befassen sich – z. T. mit Ausrichtung auf die Praxis – u. a. mit den Bereichen Medien, Bildungsberatung, Gruppenpädagogik, Unterricht mit Ausländerkindern, Berufsausbildung, Kinder- und Jugendliteratur, Elternhaus und Schule, Freie Schule, Schulmitwirkung.

Fragen der Lehrerausbildung und Unterrichtsvorbereitung werden in mehreren Handbüchern angegangen: FROMMER, H. (Hrsg.): Hb. des Vorbereitungsdienstes. 2 Bde. Düsseldorf ³1986 – DRÖGEMÜLLER, H.-P.: Hb. für Studienreferendare. Stuttgart ²1978 – FICHTNER, B. / LIPPITZ, W. / POPP, W.: Hb. Schulpraktische Studien. Königstein 1978 – GSCHWENDNER, K. u. a. (Hrsg.): Lehrer im Vorbereitungsdienst. Hb. für den Junglehrer. Regensburg 1972 – HÜTHER, J. / TERLINDEN, R. (Hrsg.): Neue Medien in der Erwachsenenbildung. Hb. für Praktiker. München 1986 – KNAUF, T. (Hrsg.): Hb. zur Unterrichtsvorbereitung in der Grundschule. Frankfurt 1979 – PETERSSEN, W. H.: Hb. Unterrichtsplanung. München ³1988 – REINDEL, H. (Bearb.): Hb. der Unterrichtsplanung und Curriculumentwicklung nach Hilde Taba. Stuttgart 1974.

ARBEITSGEMEINSCHAFT FREIER SCHULEN (Hrsg.): Hb. Freie Schulen. Reinbek 1988 – BARKOWSKI, H. / HARNISCH, U. / KUMM, S.: Hb. für den Deutschunterricht mit ausländischen Arbeitern. Königstein 1980 – BIENERT, H. / KÖTHER, H. / STREBEL, H.: Hb. der Berufsausbildung. Berlin 1974 – BREM, K. (Hrsg.): Pädagogische Psychologie der Bildungsinstitutionen. 2 Bde. München 1968 – BRENNER, G. / KOLVENBACH, H. J.: Praxishandbuch Kinder- und Jugendliteratur. Königstein 1982 – BRICKENKAMP, R. (Hrsg.): Hb. psychologischer und pädagogischer Tests. Göttingen 1975 ff. – CALLIESS, J. / LOB, R. E. (Hrsg.): Hb. Praxis der Umwelt- u. Friedenserziehung. 3 Bde. Düsseldorf 1987/88 – FTHENAKIS, W. E. (Hrsg.): Handbuch der Elementarerziehung. Seelze 1988 – GRÜNEWALD, D. / KAMINSKI, W.: Kinder- und Jugendmedien. Ein Hb. für die Praxis. Weinheim 1984 – ESSER, A. (Hrsg.): Handbuch Schulfernsehen. Weinheim 1977 – HELLER, K. / ROSEMANN, B. (Hrsg.): Hb. der Bildungsberatung. 3 Bde. Stuttgart 1975/76 – HOOF, D.: Hb. der Spieltheorie Fröbels. Braunschweig 1977 – JUNG, E. / KREUZER, R. / LOTZ, I.: Hb. der Unterrichtspraxis mit Geistigbehinderten. Frankfurt ²1977 – KULTUSMINISTER NORDRHEIN-WESTFALEN (Hrsg.): Hb. Schulmitwirkung. Köln ⁶1983 – LÜCKERT, H.-R.: Hb. der Erziehungsberatung. 2 Bde. München 1964 – MAUTHE-SCHONIG, D.: Hb. Schulanfang I. Weinheim 1979 – DU BOIS-REYMOND / SÖLL, B.: Hb. Schulanfang II. Weinheim 1979 – GÜNTHER, K.-B.: Hb. Schulanfang III. Weinheim 1981 – KLASSEN, TH. / SKIERA, E. / WÄCHTER, R. (Hrsg.): Hb. der reformpädag. und alternativen Schulen in Europa. Baltmannsweiler 1990 – MEYER, E. (Hrsg.): Hb. Gruppenpädagogik/Gruppendynamik. Heidelberg 1977 – MÜLLER, E. (Hrsg.): Hb. für Eltern und Schule. Wolfenbüttel 1974 – MÜLLER, H. (Hrsg.): Ausländerkinder in dt. Schulen. Ein Handbuch. Stuttgart 1974 – MUTZECK, W. / PALLASCH, W. (Hrsg.): Hb. zum Lehrertraining. Weinheim 1983 – RÖSNER, L.: Hb. für Elternabende. Frankfurt ²1971 – RÖHRS, H. (Hrsg.): Die Schulen der Reformpädagogik heute. Hb. reformpäd. Ideen und Schulwirklichkeit. Düsseldorf 1986 – SCHENK-DANZINGER, L.: Hb. der Legasthenie im Kindesalter. Weinheim ³1975 – SIKORA, J.: Hb. der Kreativ-Methoden. Heidelberg 1976 – TRAPMANN, H. / LIEBETRAU, G. / ROTTHAUS, W.: Hb. für Eltern und Erzieher. Auffälliges Verhalten im Kindesalter. Dortmund ³1973 – ULKÜ, G. / LAQUEUR, K. / SZABLEWSKI, P.: Hb. für den Deutschunterricht mit türkischen Frauen. Königstein 1982 – WELLENHOFER, W. (Hrsg.): Hb. der Unterrichtsgestaltung. 8 Bde. 1979–1983 – WINKEL, G. (Hrsg.): Das Schulgarten-Handbuch. Seelze 1986.

2.3 Darstellung der Lexika und Wörterbücher

Das *Wörterbuch* soll hier als Sonderform des Lexikons mit in die Darstellung aufgenommen werden. Es ist in der Regel stärker ausgerichtet auf einen an definitionsgemäßen Umschreibungen orientierten Bestand an Grundbegriffen der Pädagogik, während lexikalische Stichwörter eher umfassendere Zusammenhänge der Disziplin repräsentieren.

2.3.1 Ältere Werke

Eine erste lexikalische Erfassung des pädagogischen Wissensbestandes liegt bereits 1843/47 vor. Die von K. H. HERGANG herausgegebene zweibändige »Encyclopädie« lautet mit vollem Titel: »Pädagogische Real-Encyclopädie oder Encyklopädisches Wörterbuch des Erziehungs- und Unterrichtswesens und seiner Geschichte für Lehrer an Volksschulen und anderen Lehranstalten, für Eltern und Erzieher, für Geistliche, Schulvorsteher und andere Freunde der Pädagogik und des Schulwesens.« Die von K. A. SCHMID herausgegebene »Encyclopädie des gesammten Erziehungs- und Unterrichtswesens« (11 Bde. Gotha 1859 ff., 2. Aufl. Bd. 1–10, Gotha 1876–1887) trat mit dem Ziel an, »... die allgemeine Pädagogik mit ihren Hülfswissenschaften, die Schulkunde, die Geschichte der Pädagogik und die Schulstatistik« (Gotha 1859, S. V) in die Darstellung aufzunehmen. In knapper Übersicht versuchte F. SANDER das »Ganze des Erziehungs- und Unterrichtswesens« wiederzugeben (Breslau ²1889, S. II). Das erste Lexikon im modernen Sinn läßt sich dem Herbartianismus zuordnen. Es ist das von W. REIN herausgegebene »Enzyklopädische Handbuch der Pädagogik« (11 Bde. Langensalza 1895 ff., 2. Aufl. Bd. 1–10, 1903–1910). Ein bedeutendes, bis in die Gegenwart hinein fortgesetztes Unternehmen ist das einen katholischen Standpunkt repräsentierende »Freiburger Lexikon«, beginnend 1913–17 mit dem von E. M. ROLOFF unter Mitarbeit von O. WILLMANN herausgegebenen 5bändigen »Lexikon der Pädagogik«. Diesem folgte das im wesentlichen vom Deutschen Institut für wissenschaftliche Pädagogik/Münster betreute und von J. SPIELER herausgegebene »Lexikon der Pädagogik der Gegenwart« (2 Bde. Freiburg 1930). Als Ergänzung dazu kann das aus evangelischer Sicht erarbeitete und von H. SCHWARTZ herausgegebene »Pädagogische Lexikon« (4 Bde. Bielefeld u. Leipzig 1928–31) gelten. Es seien noch zwei ältere Werke angeführt, die auch den Praktiker ansprechen: das »Enzyklopädische Handbuch der Erziehungskunde mit besonderer Berücksichtigung des Volksschulwesens« (Wien/Leipzig 1884, 4. Aufl. 1891) von G. A. LINDNER sowie das – stärker auf österreichische Verhältnisse bezogene – »Enzyklopädische Handbuch der Erziehungskunde« (Wien/Leipzig 1906–1908) von J. LOOS und Mitarbeitern. W. VORBRODT UND K. HERRMANN konzentrieren sich mit ihrem »Handwörterbuch des gesamten Schulrechts und der Schul- und Unterrichtsverwaltung in Preußen« (Leipzig ²1930) auf rechtliche Aspekte des Bildungswesens.

2.3.2 Erziehungswissenschaft insgesamt

Eine große Zahl von aktuellen Lexika und Wörterbüchern bezieht sich auf den Gesamtbereich der Erziehungswissenschaft. Das »Freiburger Lexikon« wurde fortgeführt und erschien in der Herausgabe von H. ROMBACH als »Lexikon der Pädagogik« (5 Bde. Freiburg/Basel/Wien ⁴1964; 1. Aufl. 1960). Im Jahre 1971 brachte das Willmann-Institut München/Wien unter der leitenden Herausgeberschaft von H. ROMBACH das vierbändige »Lexikon der Pädagogik. Neue Ausgabe« heraus. Es baut auf der Erfahrung früherer Ausgaben auf, ohne sich inhaltlich an diese anzulehnen. Die Einzelbeiträge sind von hoher Informationsdichte, die Konzeption des Werkes versucht Vorteile von Hand- und Wörterbuch zu verbinden. Eine Kurzfassung zu diesem Werk liegt vor mit dem ebenfalls von H. ROMBACH herausgegebenen dreibändigen »Wörterbuch der Pädagogik« (Freiburg/Basel/Wien 1977). Weltanschaulich neutral gehalten, jedoch vorwiegend an der pädagogischen Situation der Schweiz orientiert, ist das »Lexikon der Pädagogik« (3 Bde. Bern 1950), herausgegeben von H. KLEINERT. Das von HORNEY, W. / RUPPERT, J. P. / SCHULZE, W. herausgegebene »Pädagogisches Lexikon« (Bd. 1,2. Gütersloh 1970) ist um Aktualität, Praxisnähe und Informationsfülle bemüht. Unter der Herausgeberschaft von H.-H. GROOTHOFF entstanden mehrere einbändige Lexika: GROOTHOFF, H.-H. (Hrsg.): Fischer-Lexikon Pädagogik. Frankfurt ¹³1975 – ders. / SALBER, L. / SATZVEY, F.: Lexikon für Eltern und Erzieher. Stuttgart 1973 – ders. / STALLMANN, M. (Hrsg.): Neues päd. Lexikon. Stuttgart ⁵1971 – dies.: Pädagogisches Lexikon. Mit einem

Anhang über die Geschichte der Päd. u. über das Bildungswesen der Länder. Im Auftrage des Evangelischen Kirchentages. Stuttgart 1961.

Zu den neueren Lexika gehören die folgenden um knappe Übersicht bemühten Werke: HIRDEIS, H. (Hrsg.): Taschenbuch der Pädagogik. 2 Bde. Baltmannsweiler ²1986 – MAIER, K. E. (Hrsg.): Pädagogisches Taschenlexikon. Regensburg 1978 – KELLER, J. A. / NOVAK, F.: Kleines Pädagogisches Wörterbuch. Freiburg/Basel/Wien ⁶1988 – SCHORB, A. O.: Päd. Taschenlexikon. Bochum ⁸1975. – Meyers kleines Lexikon Pädagogik. Mannheim 1988

Das von L. ROTH herausgegebene »Handlexikon zur Erziehungswissenschaft« (München 1976) weist thematische Schwerpunkte aus, die als zusammenhängende Sachgebiete dargestellt werden und damit dem Werk Handbuchcharakter verleihen.

Eine an ausgewählten Begriffen orientierte Darstellung realisieren: BAST, R.: Grundbegriffe der Päd. (Kritik, Emanzipation, Verantwortung). Düsseldorf 1983 – SCHRÖDER, H.: Grundwortschatz Erziehungswissenschaft. Ein Wörterbuch der Fachbegriffe. München 1985 – SPECK, J. / WEHLE, G. (Hrsg.): Handbuch pädagogischer Grundbegriffe. 2 Bde. München 1970 (enthält sehr weit ausgeführte Sachartikel) – WEHLE, G. (Hrsg.): Pädagogik aktuell. Lexikon pädagogischer Schlagworte und Begriffe. Bd. 1–3. München 1973 – WEIGL, F. / HERMANN, E. / KOPP, F. / WEGMANN, R.: Pädagogisches Fachwörterbuch. München 1952 – WULF, CH. (Hrsg.): Wörterbuch der Erziehung. München ⁵1980 – XOCHELLIS, P.: Pädagogische Grundbegriffe. München ⁴1973. Einen aktuellen Überblick zum Wissensstand der Pädagogik in der DDR vermittelt: LAABS, H.-J. / DIETRICH, G. / DREFENSTEDT, E. u. a.: Päd. Wörterbuch. Berlin 1987. Auf eine lange Tradition zurückblicken können das 1931 von W. HEHLMANN begründete und 1982 in der 12., von W. BÖHM neuverfaßten Auflage erschienene »Wörterbuch der Pädagogik« (Stuttgart ¹³1988) sowie J. DOLCH's bis zur 8. Auflage vorliegende, auf etymologischer und geistesgeschichtlicher Grundlage erarbeitete »Grundbegriffe der pädagogischen Fachsprache« (München 1971). Die von H.-J. IPFLING geplante Revision führte zu einem neuen Werk, an dem mehrere Autoren beteiligt sind: »Grundbegriffe der pädagogischen Fachsprache« (München ²1975).

Lexika, die den Gegenstandsbereich der Erziehungswissenschaft in bezug auf einen spezifischen Schwerpunkt erschließen, sind: ELZER, H.-M.: Begriffe und Personen aus der Geschichte der Pädagogik (hrsg. von F. J. ECKERT und K. LOTZ. Frankfurt/Bern/ New York 1985) – KRAPP, A. u. a.: Forschungs-Wörterbuch. Weinheim 1982 – RAUCH, E. / ANZINGER, W. (Hrsg.): Wörterbuch Kritische Erziehung. Frankfurt 1975 – RACH, A.: Sachwörterbuch zur deutschen Erziehungsgeschichte. Weinheim ²1967 – ZÖPFL, H. / BITTNER, G. / MÜHLBAUER, R. / TSCHAMLER, H. (Hrsg.): Kleines Lexikon der Pädagogik und Didaktik. Donauwörth ⁷1976.

2.3.3 Pädagogische Teildisziplinen

Es liegen Lexika vor u. a. zu den Bereichen Schulpädagogik, Sexualerziehung, kybernetische Pädagogik, Pädagogische Psychologie, Sozialpädagogik: ASCHERSLEBEN, K. / HOHMANN, M.: Handlexikon der Schulpädagogik. Stuttgart/Berlin/Köln/Mainz 1979 – BROCHER, T. / v. FRIEDEBURG, L. (Hrsg.): Lexikon der Sexualerziehung. Stuttgart 1972 – BRUNNER, R. / ZELTNER, W.: Lexikon zur Pädagogischen Psychologie und Schulpädagogik. München 1980 – DAHM, G. u. a. (Hrsg.): Wörterbuch der Weiterbildung. München 1980 – FRANK, H. / HOLLENBACH, G.: Begriffswörterbuch der kybernetischen Pädagogik. Hannover/Paderborn 1973 – FRANKE, U.: Logopädisches Handlexikon. München ²1984 – GRÜNER, G. / KAHL, O. / GEORG, W.: Kleines berufspädagogisches Lexikon. Bielefeld ³1974 – GUTJAHR-LÖSER, P. / HORNUNG, K. (Hrsg.): Politisch-pädagogisches Handwörterbuch. Percha ²1985 – HAUTMANN, W. / KROHER, E. u. a. (Hrsg.): Kleines Lexikon zur politischen Bildung. München 1970 – KOCH, F. / LUTZMANN, K. U.: Stichwörter zur Sexualerziehung. Weinheim 1985 – KÖCK, P. / OTT, H.: Wörterbuch für Erziehung und Unterricht. Donauwörth ³1983 – NIERMANN, M. M. (Hrsg.): Wörterbuch der Vorschulerziehung. Bd. 1 u. 2. Heidelberg 1979 – NICKLIS, W. S. (Hrsg.): Handwörterbuch der Schulpädagogik. Bad Heilbrunn 1975 – ODENBACH, K.: Lexikon der Schulpädagogik. Begriffe von A–Z. Braunschweig 1974 – PETZOLD, H.–J. / SPEICHERT, H.: (Hrsg.): Handbuch pädagogischer und sozialpäd. Praxisbegriffe. Reinbek 1975 – SCHIEFELE, H. / KRAPP, A. (Hrsg.): Handlexikon zur Pädagogischen Psychologie. München 1981 – SCHWENDTKE, A. (Hrsg.): Wörterbuch der Sozialarbeit und Sozialpädagogik. Heidelberg ²1980 – SPEICHERT, H. (Hrsg.): Krit. Lexikon der Erziehungswissenschaft und Bildungspolitik. Reinbek 1981 – WEBER, E. / DOMKE, H. / GEHLERT, S.: Kleines sozialwissenschaftliches Wörterbuch für Pädagogen. Donauwörth 1974 – WIRTH, I. (Hrsg.): Handwörterbuch der Erwachsenenbildung. Paderborn 1978.

2.3.4 Unterrichtsfächer und ihre Didaktik

Zu diesem Bereich liegen im Vergleich zu anderen Literaturformen nur wenige Werke vor: ATHEN, H. u. a. (Hrsg.): Lexikon der Schulmathematik. 4 Bde. Köln 1976–78 – EGGERER, W. / MAYER, E.: Aufsatzlexikon. München 1972 – HÖFLING, O. (Hrsg.): Lexikon der Schulphysik. 8 Bde. Köln 1978 – HOLSTEIN, H. (Hrsg.): Kleines Lexikon der Verkehrspädagogik. Ratingen 1972 – KÖHRING, K. H. / BEILHARZ, R. (Hrsg.): Begriffswörterbuch der Fremdsprachendidaktik und -methodik. München 1973 – KORHERR, E. J. / HIERZENBERGER, G. (Hrsg.): Praktisches Wörterbuch der Religionspädagogik und Katechetik. Wien/Freiburg 1973 – NÜNDEL, E. (Hrsg.): Lexikon zum Deutschunterricht. Weinheim ²1981 – ROTH, L. (Hrsg.): Handlexikon zur Didaktik der Schulfächer. München 1980 – STOCKER, K. (Hrsg.): Taschenlexikon der Literatur- u. Sprachdidaktik. Königstein 1976.

Lexika in Karteikartenform: EBERT, W. (Hrsg.): Lexikon der Kunstpädagogik. Wuppertal 1970ff. – HOPF, H. / HEISE, W. (Hrsg.): Lexikon der Musikpädagogik. Regensburg 1984 – NÜNDEL, E. (Hrsg.): Lexikon der Deutschdidaktik. Düsseldorf 1972ff.

2.3.5 Spezielle Fragen und Probleme

Auch hier sind die bereits häufiger angeführten Bereiche Medien, Beratung, Unterricht mit ausländischen Schülern, Kinder- und Jugendliteratur vertreten: AUERNHEIMER, G. (Hrsg.): Handwörterbuch Ausländerarbeit. Weinheim 1984 – DODERER, K. (Hrsg.): Lexikon der Kinder- und Jugendliteratur. Bd. 1–4. Weinheim ²1977–1982 – HEINRICHS, H. (Hrsg.): Lexikon der audio-visuellen Bildungsmittel. München 1971 – KOCHAN, B. / NEUHAUS-SIEMON, E. u. a. (Hrsg.): Taschenlexikon Grundschule. Königstein 1979 – SCHWARZER, R. (Hrsg.): Beraterlexikon. München 1977.

3 Periodika

Als *Periodika* werden Publikationen bezeichnet, die regelmäßig und unter gleichbleibendem Titel erscheinen, vorzugsweise Zeitungen und Zeitschriften. Zwischen diesen beiden soll hier eine weitere Differenzierung nicht erfolgen, zumal die Zahl der als »Zeitung« zu klassifizierenden pädagogischen Periodika sehr gering ist.

Der Begriff *»pädagogische Zeitschrift«* umfaßt im weitesten Sinne auch Schriften, die in pädagogischer Absicht für einen definierten Adressatenkreis herausgegeben werden: Kinder- und Jugendzeitschriften, Schul- und Schülerzeitschriften sowie Elternzeitschriften. Unter den Begriff fallen auch die Gesetzes- und Verordnungsblätter des Bundes und der einzelnen Bundesländer, die Amtsblätter der Kultusministerien sowie primär als Mitteilungsblätter ausgewiesene Verbandszeitschriften von Gewerkschaften, Lehrerverbänden und anderen Vereinigungen. Die hier vorliegende Darstellung konzentriert sich auf die *Fachzeitschriften*, d. h. auf Organe für die aktuelle Information und Kommunikation von Erziehungswissenschaftlern, Lehrern und von Pädagogen in außerschulischen Tätigkeitsfeldern.

3.1 Historische Entwicklung

Die Zeitschrift als ein »vielseitiges, zahllosen Interessengruppen und mannigfachen Absichten dienendes Werkzeug« (Kirchner ²1958, S. 1) kann nicht losgelöst gesehen werden von ihrer ». . . vielfältigen Verwobenheit mit der politischen, Geistes-, Wissenschafts- und Kulturgeschichte jener Zeitabläufe, die sie durchlief« (ebd.). Gegen Ende des 17. Jahrhunderts, mit dem Zeitalter der Aufklärung schienen jene Voraussetzungen gegeben zu sein, deren es zur Entstehung von Zeitschriften bedurfte. Der in der Aufklärungsphilosophie zum Ausdruck kommende Glaube an die Vorherrschaft der menschlichen Vernunft, die Abkehr von einer religiös geprägten Deutung des menschlichen Weltbildes brachten mit sich, daß die Nützlichkeit des Wissens betont wurde, ein größerer Kreis von Menschen am geistigen Leben teilnahm und seine Kenntnisse auch zu verbreiten suchte. Als erste Zeitschrift auf deutschem Boden erschien im Jahre 1682 in lateinischer Sprache die »Acta Eruditorum«. Sechs Jahre später folgten als erste deutschsprachige Zeitschrift die von Thomasius herausgegebenen »Monatsgespräche«. Erst im Jahre 1741 erschien die erste rein pädagogische Zeitschrift, die »Acta Scholastica«. Sie wurde herausgegeben von dem Magister G. Biedermann und knüpfte an das Vorbild der »Acta Eruditorum« an. Das Blatt weist in seiner Ankündigung und »Vorrede« als grundlegende Ziele aus: »Sammlung, Verbreitung und Erhaltung der besten Programma . . . Schulmerkwürdigkeiten, Schulgeschichten, Lehrerbiographien sollen geboten werden – und schließlich wird die ›zur Schule gehörige Gelehrsamkeit‹ hier einen Platz haben, d. h. die Fachliteratur erhält einen publizistischen Sammelpunkt« (Marx 1929, S. 40). J. Fr. Hähn, Lehrer an der neu gegründeten Heckerschen Realschule in Berlin, brachte im Jahre 1744 die »Agenda Scholastica« heraus. Sie erschien in zehn Stücken von 1749 bis 1752 und wurde als »Nova Agenda Scholastica« für die Jahre 1765–74 fortgesetzt.

Im letzten Drittel des 18. Jahrhunderts erschienen nicht weniger als 109 pädagogische Blätter. Die Gründe dafür werden in der Wirkung der Rousseauschen Lehre in Deutschland sowie in der sich unter ihren Vertretern Campe, Salzmann und Trapp rasch entwickelnden Pädagogik des Philanthropismus gesehen. Unter den häufig nur sehr kurzlebigen Unternehmen ragen als führende Zeitschrift die »Vierteljährlichen Unterhandlungen« (1768) hervor. Sie erschienen von 1777 bis 1782 und wurden von dem Direktor des Dessauer Philanthropins J. B. BASEDOW in Verbindung mit J. H. CAMPE herausgegeben. Unter den schulpädagogischen Zeitschriften erlangten die sogenannten »Nördlinger Journale« Bedeutsamkeit: das »Magazin für Schulen und die Erziehung überhaupt« (1766–72) sowie als dessen Fortsetzung die »Allgemeine Bibliothek für das Schul- und Erziehungswesen in Deutschland« (1773–86).

Von den in Preußen wirksamen Bestrebungen zur Modernisierung und Verbesserung des Unterrichtswesens zeugen die weitgehend theoretisierend angelegte Schrift des als Abt berufenen Konsistorialrats VON RESEWITZ »Gedanken, Vorschläge und Wünsche zur Verbesserung der öffentlichen Erziehung« (1777/87) sowie das praktische Erfahrungen einbeziehende »Magazin für die Erziehung und Schulen, besonders in den preußischen Staaten« (1781–83) mit seiner Fortsetzung, dem »Neuen Magazin für Schullehrer« (1790–94).

Einen Überblick über das zur Jahrhundertwende abermals stark angewachsene pädagogische Schrifttum verschafft die von J. CH. F. GUTS-MUTHS herausgegebene »Bibliothek der pädagogischen Literatur«, die mit ihren beiden Fortsetzungen von 1800 bis 1820 erschien. Hier wurde erstmals die Form der Dreiteilung in Abhandlungen, Schulnachrichten, Buchbesprechungen realisiert (vgl. VOGEL ^{5}1971, S. 846; SCHWAGER 1959, S. 39), der pädagogische Zeitschriften bis heute folgen.

Als einziger der führenden Pädagogen dieser Zeit trat PESTALOZZI mit einer Zeitschrift, der »Wochenschrift für Menschenbildung« (1807–11), hervor, die ein bedeutendes Niveau erreichte. Von den nach dem Wiener Kongreß (1815) erschienenen Zeitschriften machten die dem bisher stark vernachlässigten Volksschulwesen gewidmeten Blätter einen großen Anteil aus. A. DIESTERWEG – Direktor des Schullehrerseminars in Moers – legte seine von PESTALOZZI beeinflußten Ansichten über Erziehung, Unterricht und Schulwesen überzeugend dar in dem von ihm herausgegebenen Journal »Rheinische Blätter« (1824). Neben dieser richtunggebenden Zeitschrift erlangten alle anderen eher untergeordnete Bedeutung. Bald kamen auch Zeitschriften auf, die sich mit Standesangelegenheiten befaßten, wie die 1849 erschienene und zunächst noch um das Recht auf Pressefreiheit ringende »Allgemeine Deutsche Lehrerzeitung« als Organ des allgemeinen deutschen Lehrervereins. Der Lehrerbildung in den Seminaren gewidmet war die Zeitschrift »Pädagogische Blätter für Lehrerbildung und Lehrerbildungsanstalten« (1872–1922). Historische Forschungsziele verfolgten die von der Gesellschaft für deutsche Erziehungs- und Schulgeschichte herausgegebenen Organe der »Monumenta Germaniae Paedagogica« und die von K. KEHRBACH betreute Schrift »Mitteilungen der Gesellschaft für deutsche Erziehungs- und Schulgeschichte«. Eine 1897 vom Deutschen Lehrerverein veranlaßte und von R. RISSMANN herausgebrachte Zeitschrift »Die Deutsche Schule« trat mit ihren Abhandlungen unter dem Leitgedanken der »sozialen Pädagogik« an und hatte bis ins Jahr 1934 Bestand. Das für die Reform des neusprachlichen Unterrichts sich einsetzende Organ »Die neueren Sprachen« wurde 1894 von W. VIETOR begründet und besteht bis zur Gegenwart fort.

Zeitschriften, die sich mit Volksschulfragen befaßten, erreichten im Jahre 1900 mit 328 Schriften die höchste Ziffer im 19. Jahrhundert. Ihr Inhalt bestand im wesentlichen aus Verbands- und Vereinsmitteilungen, Forderungen nach besserer Ausbildung der Lehrer und schulpolitischen Tagesereignissen. Zur Klärung der reformpädagogischen

Bewegung trug das von E. PALLAT u. a. im Jahre 1919 herausgebrachte »Pädagogische Zentralblatt« bei. Die ebenfalls dieser Bewegung verpflichtete Schrift »Die Erziehung« (1926–43) – herausgegeben von A. FISCHER, H. NOHL, T. LITT und E. SPRANGER – besitzt Bedeutung bis in unsere Zeit hinein.

3.2 Der gegenwärtige Bestand

Das Verzeichnis »Deutschsprachige Zeitschriften. Bundesrepublik Deutschland – DDR – Österreich – Schweiz« (Köln 1990) weist für das Sachgebiet »Erziehung/Bildung/Unterricht« rund 350 Zeitschriften aus. Das »Zentralblatt für Erziehungswissenschaft und Schule« (SCHMIDT 1985ff.) wertet – unter Einbeziehung auch wichtiger ausländischer Periodika – rund 450 pädagogische Zeitschriften aus.

Um den Zugriff der pädagogischen Zeitschrift auf ihren Gegenstand deutlich zu machen, soll versucht werden, den Zeitschriftenbestand nach vorab umschriebenen Kriterien zu ordnen. Ordnungsgesichtspunkte werden gewonnen aus den bereits erarbeiteten Systematisierungsversuchen unter Einbeziehung des zusammengetragenen Zeitschriftenbestandes. Zu grundlegenden Zeitschriften wird eine kurze Kommentierung gegeben, die Auflistung folgt nach alphabetischer Anordnung.

3.2.1 Erziehungswissenschaft insgesamt

Das Themenspektrum einer ersten Gruppe pädagogischer Zeitschriften erstreckt sich auf den Gesamtbereich der Erziehungswissenschaft, u. U. unter dem eingrenzenden Blickfeld einer bestimmten methodischen Zugangsweise bzw. eines ausgewählten Forschungsbereichs. VOGEL (^{5}1971, S. 846) erfaßt diese Blätter zum großen Teil mit der Kategorie »Allgemeine pädagogische Zeitschriften«, die er gegenüber den »speziellen« abgrenzt; TYMISTER (1971, S. 395) führt die Bezeichnung »Wissenschaftliche Zeitschriften« ein. Der hier herangezogene Gesichtspunkt schließt sowohl die von SANDER (^{2}1889, S. 444) benutzte Kategorie des »ganzen Unterrichts- und Erziehungswesens« ein, bezieht sich auf die von PREISSLER (1970, S. 1430) referierten Themen »pädagogische Grundlagenforschung unter Einbeziehung der pädagogischen Anthropologie, Soziologie und Psychologie« und nimmt auch wissenschaftstheoretische Aspekte mit auf. Innerhalb dieser großen Gruppe kann nochmals zwischen »vorwiegend der Theorie dienend« und »Praxis und Theorie verbindend« (vgl. VOGEL ^{5}1971, S. 846f.) differenziert werden. Dieser Unterscheidung soll hier nicht gefolgt werden. Sie wird aber ggf. durch die Kommentierung mit erfaßt.

Die Zeitschrift »Bildung und Erziehung« (Köln) weist als ihren Themenbereich theoretische und praktische, internationale und vergleichende Pädagogik aus und besitzt einen Schwerpunkt in der pädagogischen Dokumentation. Die »Deutsche Schule« (Weinheim), herausgegeben von der Gewerkschaft für Erziehung und Wissenschaft, wurde im Jahre 1987 neunzig Jahre alt. Sie hat sich zum Ziel gesetzt, Erziehungswissenschaft, Bildungspolitik und Praxis als gleichwertige Teile zu berücksichtigen. Das Periodikum »Erziehung und Unterricht« (Wien) ist dem österreichischen Schul- und Bildungswesen gewidmet. Die »Internationale Zeitschrift für Erziehungswissenschaft« wird von einem unabhängigen internationalen Kreis von Hochschullehrern des Unesco-Instituts in Hamburg herausgegeben und erscheint dreisprachig (englisch, deutsch, französisch). Sie bezieht Probleme der gesamten Erziehungswissenschaft ein, die internationales Interesse beanspruchen können. Die Zeitschrift »Neue Sammlung« (Seelze) setzt das von H. NOHL (1945) begründete Blatt »Die Sammlung« fort und widmet sich besonders den Zusammenhängen zwischen Kultur und Erziehung. Als grundlegendes Organ der ehem. DDR gilt die Zeitschrift »Pädagogik« (Berlin/Ost). Alle wesentlichen Bereiche von Erziehung und Bildung abdecken will die »Pädagogische Rundschau« (Frankfurt). Sie folgt der Dreiteilung in »Thematischer Schwerpunkt, Buchbesprechungen, Berichte und Diskussionen«. Als Organ der katholischen Pädagogik behandelt die vom Deutschen Institut für wissenschafliche Pädagogik in Münster herausgegebene »Vierteljahresschrift für wissenschaftliche Pädagogik« Grundfragen von Bildung und Erziehung, schulpädagogische, didaktische und schulorganisatorische Themen. Die »Zeitschrift für erziehungswissenschaftliche Forschung – Journal of Educational Research« (Nieder-Olm) konzentriert sich auf die Darstellung von Forschungsvorhaben. Die »Zeitschrift für internationale erziehungs- und sozialwissenschaftliche Forschung« (Köln) wird seit 1984 herausgegeben im Auftrag des Forschungskollegiums des DIPF und zählt die Förderung des internationalen Dialogs zu einem ihrer Aufgabenbereiche. Die »Zeitschrift für Pädagogik« (Weinheim) setzt die Aufgaben und Ziele des bereits angeführten Periodikums »Die Erziehung« fort und versteht sich als Organ einer weltanschaulich unabhängigen Pädagogik. Mit dem Jahrgang 1962 wurde die Trennung in zwei Teile (Erziehungswissenschaft und Lehrerbildung) aufgegeben.

Drei in den letzten Jahren völlig neu gegründete Zeitschriften heben sich bewußt vom traditionellen »Bild« wissenschaftlicher Publikationen ab, indem sie vielfältige Formen literarischer Darstellung (Essay, Glosse) und auch Fotos nutzen: »Émile. Zeitschrift für Erziehungskultur« (Berlin 1988), »Forum Pädagogik« (Baltmannsweiler 1988) und »Pädagogische Korrespondenz«, hrsg. v. Institut für Pädagogik und Gesellschaft e. V. (Münster 1987). Die Argumentationsform ist überwiegend qualitativ und historisch und steht einer sozialwissenschaftlich-empirischen Betrachtung distanziert gegenüber.

Zeitschriften, die einer anderen Disziplin angehören, sich in hohem Maße jedoch auch Fragestellungen zuwenden, die für die Erziehungswissenschaft Relevanz beanspruchen können, sind die »Kölner Zeitschrift für Soziologie und Sozialpsychologie«, die »Psychologie in Erziehung und Unterricht« (München), die »Zeitschrift für Pädagogische Psychologie« (Bern/Stuttgart/Toronto) sowie die vom Deutschen Institut für Fernstudien in Tübingen betreute »Zeitschrift für Entwicklungspsychologie und Pädagogische Psychologie« (Göttingen). Besondere erziehungswissenschaftliche Fragestellungen, die durch einen bestimmten methodischen Zugang bzw. einen ausgewählten Forschungsbereich konstituiert sind, gehen an: Die Zeitschrift »Empirische Pädagogik«, hrsg. vom Zentrum für empirisch-pädagogische Forschung Landau, welche überwiegend empirische Forschungsberichte veröffentlicht, die »Zeitschrift für Sozialisationsforschung und Erziehungssoziologie« (Weinheim), der »Evangelische Erzieher« als Zeitschrift für Theologie und Pädagogik sowie das Blatt »Vergleichende Pädagogik« (Berlin/Ost). Vornehmlich an den Lehrer in der pädagogischen Praxis wenden sich die Zeitschriften »Pädagogik heute« (Weinheim), »Pädagogische Welt« (Donauwörth), »Pädagogik« (Weinheim) sowie das Organ der Freien Waldorfschulen »Erziehungskunst«.

3.2.2 Pädagogische Teildisziplinen und ihre besonderen Aufgabenbereiche

Die Kategorie »Teildisziplinen« wird in vorliegenden Ordnungsversuchen der Zeitschriften nicht herangezogen. Es soll damit hier der besonderen Akzentuierungsmöglichkeit einer Teildisziplin gefolgt werden, einen Bereich in sich zusammenhängender

Problemstellungen im Fragenbereich einer Fachwissenschaft zu repräsentieren. Zeitschriften liegen u. a. vor für die Sozialpädagogik, Unterrichtswissenschaft, Berufspädagogik und Heilpädagogik. Im einzelnen sind es: Heilpädagogische Forschung (Berlin) – Hörgeschädigtenpädagogik (Heidelberg) – Welt des Kindes. Zeitschrift für Kleinkindpädagogik und außerschulische Erziehung (München) – Sonderpädagogik (Berlin) – Sozialpädagogik (Gütersloh) – Sozialpädagogische Blätter (Heidelberg) – Sprache – Stimme – Gehör. Zeitschrift für Kommunikationsstörungen (Stuttgart) – Die Sprachheilarbeit. Fachzeitschrift für Sprachbehindertenpädagogik (Hamburg) – Theorie und Praxis der Sozialpädagogik (Bielefeld) – Unterrichtswissenschaft (Weinheim) – Vierteljahresschrift für Heilpädagogik und ihre Nachbargebiete (Freiburg/Schweiz) – Zeitschrift für Berufs- und Wirtschaftspädagogik (Stuttgart) – Zeitschrift für Heilpädagogik (Nürnberg).

3.2.3 Unterrichtsfächer und ihre Didaktik

Unter diese Kategorie fällt ein großer Teil der von TYMISTER (1971, S. 395f.) dem Bereich »Zeitschriften im Dienste der Unterrichtspraxis« zugewiesenen Periodika. Die Zeitschriften wenden sich primär an den unterrichtenden Lehrer, greifen aber – darüber hinausgehend – Themen auf, die einen Beitrag zur Weiterentwicklung der Fachdidaktiken leisten. Auch hier sei – aufgrund der großen Zahl vorliegender Periodika – nur ein fächerbezogener Überblick gegeben.

Es gibt Zeitschriften für die folgenden Fächer:
– zu Arbeitslehre bzw. polytechnischem Unterricht (in der ehem. DDR) sowie mit verwandtem Schwerpunkt: Technik im Unterricht – tu – (Villingen/Schwenningen),
– zu Wirtschaft und Gesellschaft im Unterricht (Bad Homburg),
– zu den Naturwissenschaften insgesamt bzw. in Verbindung mit Mathematik sowie zu den Einzelfächern Biologie, Chemie, Physik und mit der besonderen Ausrichtung »Sachunterricht und Mathematik in der Primarstufe« (Köln),
– zur Mathematik,
– zur Geschichte bzw. politischen Bildung,
– zum Fach Deutsch mit dem besonderen Schwerpunkt »Sprache und Literatur in Wissenschaft und Unterricht« (München/Paderborn),
– zum Fremdsprachenunterricht insgesamt bzw. für verschiedene Einzelsprachen
– zu den Bereichen des alt- und neusprachlichen Unterrichts sowie mit besonderem Schwerpunkt: »Fremdsprachen lehren und lernen« (Bad Honnef)
– zur Religion (an berufsbildenden bzw. höheren Schulen), mit besonderem Bezug: »Katholische Bildung« (Paderborn),
– zur Kunst,
– zur Musik,
– zum Sport,
– zur Hauswirtschaft und Textilarbeit.
Für besondere Fächer liegen vor: Zs. für Verkehrserziehung (Braunschweig) – Zeitschrift für Didaktik der Philosophie (Hannover), Sozialwissenschaftliche Informationen für Unterricht und Studium (Seelze).

3.2.4 Pädagogische Institutionen unter besonderer Berücksichtigung von Schule

Die einer pädagogischen Institution gewidmeten Zeitschriften werden in mehreren Übersichten als eigenständige Kategorie aufgenommen. VOGEL (⁵1971, S. 847) ordnet sie den »speziellen pädagogischen Zeitschriften/für einzelne Schulgattungen« zu; SANDER (²1889, S. 444f.) unterscheidet zwischen Zeitschriften »für höheres Schulwesen« und »für Volksschulwesen und Volksschullehrer«.

Für den vorschulischen Bereich liegt vor »Kindergarten heute« (Freiburg). Den besonderen Fragen der Grundschularbeit widmen sich die Zeitschriften: Die Grundschulzeitschrift (Seelze) – Die Grundschule (Braunschweig) – Lehrer Journal/Grundschul-Magazin (München) – Praxis Grundschule (Braunschweig) und – bezogen auf die Situation in der ehem. DDR – Die Unterstufe (Berlin/Ost). In bezug auf das Sekundarschulwesen liegen vor: Lehrer Journal/Hauptschul-Magazin, ab 1991: Schulmagazin 5 bis 10 (München) – Die Realschule (Hannover) – Anregung. Zeitschrift für Gymnasialpädagogik (München) – Gymnasium (Heidelberg) und Gymnasium Helvetikum (Aarau). Die Ganztagsschule ist vertreten mit dem Periodikum: Ganztägige Bildung und Erziehung (Berlin/Ost). Für den berufsbildenden Bereich liegen vor: Berufsbildung (Berlin/Ost) – Die berufsbildende Schule (Wolfenbüttel) – Die Fachschule (Berlin/Ost).

Für den Bereich des Sonderschulwesens liegt vor: Lehrer Journal/Sonderschul-Magazin (München) – Die Sonderschule (Berlin/Ost). Der Tertiäre Bereich bzw. die Institutionen der Weiterbildung werden repräsentiert durch: Hochschulausbildung. Zeitschrift für Hochschuldidaktik und Hochschulforschung (Alsbach) – Das Hochschulwesen (Berlin/Ost) – Deutsche Universitäts Zeitung (Stuttgart) – Erwachsenenbildung (Düsseldorf) – Die österreichische Volkshochschule (Wien). Schule allgemein bzw. bestimmte Aspekte der Institution Schule werden ebenfalls zum zentralen Gegenstand einer Zeitschrift: Elternhaus und Schule (Berlin/Ost) – Schulleiter-Handbuch (Braunschweig) – schulmanagement (Braunschweig) – Schulpraxis. Zeitschrift für Unterricht und Schulorganisation (Paderborn) – Schulreport (München) – Schulverwaltung (Kronach) – Schweizer Schule (Kriens).

3.2.5 Spezielle Fragen und Probleme

Die bisher nicht einzuordnenden pädagogischen Fachzeitschriften befassen sich mit einem breit gestreuten Themenspektrum. Es reicht von Fragen der Berufsausbildung und -beratung über rechtliche Aspekte, Medienfragen, über Schule im Ausland bzw. Unterricht mit Ausländerkindern bis zur wissenschaftlichen Reflexion der Bereiche »Jugend« und »Freizeit«. Dazu gehören: Der Ausbilder (Bielefeld) – Berufsberatung und Berufsbildung (Zürich) – Berufsbildung in Wissenschaft und Praxis (Bielefeld) – Erziehungswissenschaft und Beruf (Rinteln) – Gruppendynamik (Leverkusen) – Der deutsche Lehrer im Ausland (Hannover) – Internationale Schulbuchforschung (Frankfurt) – Deutsche Jugend (Weinheim) – Jugendhilfe (Berlin/Ost) – Jugendwohl (Freiburg) – Lehrmittel aktuell/Lehrmittel Computer (Braunschweig) – Lernen in Deutschland (Baltmannsweiler) – LOG in. Informatik und Computereinsatz in der Schule (München) – Neue Praxis Zeitschrift für Sozialarbeit, Sozialpädagogik u. Sozialpolitik (Neuwied) – Recht der Jugend und des Bildungswesens (Neuwied) – Pädagogik und Schule in Ost und West (Oldenburg) – Die Schiefertafel. Zeitschrift für Kinder- u. Jugendbuchforschung (Pinneberg) – Praxis Spiel + Gruppe (Mainz) – Recht der Jugend und des Bildungswesens (Neuwied) – Unsere Jugend (München) – Wirtschaft und Berufs-Erziehung (Bielefeld) – Freizeitpädagogik (Baltmannsweiler).

4 Literatur der Vereinigten Staaten und der Sowjetunion

Die im folgenden angeführte Literatur ist nicht als eine umfassende Übersicht der vorliegenden amerikanischen und russischen Handbücher, Lexika und Periodika gedacht. Mit einer Auswahl wichtiger und weit verbreiteter Werke soll in diesen Zusammenhang lediglich auch eine internationale Perspektive eingebracht werden.

4.1 Handbücher

Vereinigte Staaten:
BLOOM, B. S. / HASTINGS, T. J. / MADAUS, G. F.: Handbook on formative and summative evaluation of student learning. New York 1971 – LANDIS, D. / BRISHIN, R. W.: Handbook of intercultural training. Vol. 1–3. New York u. a. 1983 – WITTROCK, M. C. (Hrsg.): Handbook of Research on Teaching. Third Edition. New York 1986 (Vorgänger: GAGE, N. L. [Hrsg.]: Handbook of research on teaching. Chicago 1963 und TRAVERS, R. M. W. [Hrsg.]: Second handbook of research on teaching. Chicago ²1973).

Sowjetunion:
ESIPOV, B. P. (Hrsg.): Osnoy didaktiki (Grundlagen der Didaktik). Moskau 1967 – KOROLEV, F. F. / GMURMANN, V. E. (Hrsg.): Obščie osnovy pedagogiki (Allgemeine Grundlagen der Pädagogik). Moskau 1967.

4.2 Lexika

Vereinigte Staaten:
ANDERSON, S. B. u. a. (Hrsg.): Encyclopedia of educational evaluation. San Francisco ⁴1976 – DEIGHTON, L. C. (Hrsg.): The Encyclopedia of Education. Vol. 1–10. New York 1971 (Vorgänger: Monroe, P. [Hrsg.]: A cyclopedia of education. New York 1911–13; Reprint: Gale 1969) – DUNKIN, M. J.: The international Encyclopedia of Teaching and Teacher education. Oxford/New York u. a. 1987 – GOOD, C. V. (Hrsg.): Dictionary of Education. New York u. a. ³1973 – HAWES, G. R. / HAWES, L. S.: The Concise Dictionary of Education. New York u. a. 1982 – MITZEL, H. E. u. a. (Hrsg.): Encyclopedia of Educational Research. Vol. 1–4. New York ⁵1982 (1. Aufl. 1941, W. S. MONROE; 4. Aufl. EBEL, R. L. 1969) – RIVLIN H. N. / SCHUELER, H. (Hrsg.): Encyclopedia of Modern Education. Vol. 1–2. Post Washington N. Y. 1969 (Neuausgabe von 1943).

Sowjetunion:
Pedagogičeskaja enciklopedija (Pädagogische Enzyklopädie) – Pod. red. A.G. Kalasnikova. Bd. I–III. Moskau 1927–1929 – Pedagogičeskij slovar' (Pädagogisches Wörterbuch). Pod red. I. A. Kairova i dr. Bd. I–II. Moskau 1960 – Pedagogičeskaja enciklopedija (Pädagogische Enzyklopädie). Pod red. I. A. Kairova i dr. Bd. I–IV. Moskau 1964–1968.

4.3 Periodika

Vereinigte Staaten:
American Educational Research Journal (Washington D.C.) – American Journal of Education (Chicago) – Journal of Educational Psychology (Arlington) – Journal of Educational Research (Washington D.C.) – Journal of Teacher Education (Washington D.C.) – International Journal of Qualitative Studies in Education (London/New York/Philadelphia).

Sowjetunion:
Bjulleten' Ministerstva vysšego i sredn. spec. obrazovanija (Bulletin des Ministeriums für Hochschulbildung und mittlere Fachbildung) – Doškol'noe vospitanie (Vorschulerziehung) – Načal' naja škola (Die Grundschule) – Narodnoe obrazovanie (Die Volksbildung) – Professional'no-techničeskoe obrazovanie (Beruflich-technische Bildung) – Russkij' jazik v nacional'noj škole (Russische Sprache in der Nationalschule) – Sem' ja i škola (Familie und Schule) – Srednee special'noe obrazovanie (Mittlere Fachbildung) – Učitel'skaja gazeta (Die Lehrerzeitung) – Vestnik vysšej školy (Der Hochschulbote).

5 Zusammenfassung

Im Unterschied zu der mit der Literaturübersicht als solcher gegebenen orientierenden Funktion bedarf die Frage nach den darin zum Ausdruck kommenden Aspekten des pädagogischen Gegenstandsbereichs einer zusammenfassenden Betrachtung.

Im Bereich der aktuellen wie Übersicht gebenden Literatur nehmen die der Kategorie *»Erziehungswissenschaft insgesamt«* zugeordneten Publikationen einen hohen Stellenwert ein. Da eine differenzierende inhaltliche Auswertung (vgl. z. B. PREISSLER ²1966) hier nicht erfolgt ist, soll nur grob unterschieden werden zwischen den auf »Grundlagenfragen« bezogenen Beiträgen und solchen zu »anderen thematischen Bereichen«, wie sie prinzipiell auch in den angeführten Einzelpublikationen entfaltet werden.

Der Schwerpunkt *»Grundlagen«* (Pkt. 3.2.1) kann dort weiter spezifiziert werden, wo über die Titelangabe eine inhaltliche Akzentuierung der Erziehungswissenschaft insgesamt bzw. eines ihrer zentralen Forschungsbereiche erfolgt. Entsprechend stellen sich – z. T. mit Blick auf die Nachbardisziplinen – nach der hier referierten Literatur dar: die Geschichte der Pädagogik (als Personen- bzw. Erziehungsgeschichte), die Vergleichende Pädagogik, die Pädagogische Psychologie, Entwicklungspsychologie und Erziehungssoziologie sowie als Forschungsfelder empirische bzw. sozialwissenschaftliche Forschung und Sozialisationsforschung.

Weiterhin weisen sich über ihre Repräsentation in mehreren Publikationsformen thematische Schwerpunkte aus:

– als *Teildisziplinen* der Erziehungswissenschaft: Früh- und Vorschulpädagogik, Sozialpädagogik, Berufs- bzw. Wirtschaftspädagogik, Erwachsenenbildung, Sonder- bzw. Behindertenpädagogik (mit z. T. weitgehender Differenzierung im heilpädagogischen Bereich);

– als *Unterrichtsfächer* und ihre *Didaktik*, im wesentlichen mit Bezug auf das Fächerspektrum des allgemeinbildenden Schulwesens;

– als pädagogische *Institutionen* (nahezu ausschließlich über die Präsentation in der Zeitschriftenliteratur), differenziert nach verschiedenen Schularten bzw. dem außerschulischen Bereich.

Von den mit »speziellen Fragen und Problemen« befaßten Publikationen sind mit einer stärkeren Gewichtung vertreten:

der Bereich der Medien (Schulfernsehen, Computer, Schulbuch), Bildungs- und Erziehungsberatung, Unterricht mit Ausländerkindern, Gruppenpädagogik und -dynamik, Kinder- und Jugendliteratur sowie der überwiegend im Handbuch abgehandelte Bereich der Lehreraus- und -fortbildung bzw. der Unterrichtsvorbereitung.

Das, was durch die auf Verbreitung des Wissens hin angelegte pädagogische Literatur als Gegenstandsbereich der Erziehungswissenschaft akzentuiert wird, kann sich weder als vollständig ausweisen noch für sich einen systematischen Zusammenhang repräsentieren. Er steht jedoch als ein Beitrag an, etwa in Überlegungen zur »Systematisierung pädagogischer Aufgabenfelder« (SCHEUERL 1975, S. 76ff.) einbezogen zu werden (→ *Systematische Pädagogik*).

Literatur

DERBOLAV, J.: Die gegenwärtige Situation des Wissens von der Erziehung. Kritischer Sammelbericht zur Pädagogik und ihren Grenzgebieten. Bonn 1962

DOLCH, J.: Pädagogische Bibliographie, Bücherkunde, Schrifttumskenntnis. In: ROMBACH, H. (Hrsg.): Lexikon der Pädagogik. Bd. 3. Freiburg/Basel/Wien ²1960, S. 762–766

HEIDTMANN, F.: Wie finde ich pädagogische Literatur? Berlin ²1978

HEINEMANN, F.: Die Aufgabe einer Enzyklopädie des Zwanzigsten Jahrhunderts. In: ders.: Die Philosophie im XX. Jahrhundert. Stuttgart 1959, S. 1–22

KERNCHEN, H.-J / D. KERNCHEN, (Hrsg.): TOTOK-WEITZEL: Handbuch der bibliographischen Nachschlagewerke. Bd. 2. Frankfurt ⁶1985, S. 76–95

KIRCHNER, J.: Das deutsche Zeitschriftenwesen, seine Geschichte und seine Probleme. Teil 1: Von den Anfängen bis zum Zeitalter der Romantik. Leipzig ²1958. Teil 2: Vom Wiener Kongreß bis zum Ausgang des 19. Jahrhunderts. Wiesbaden 1962

MARX, H.: Die Entstehung und die Anfänge der Pädagogischen Presse im deutschen Sprachgebiet. Diss. Frankfurt 1929

PREISSLER, G.: Grundfragen der Pädagogik in westdeutschen Zeitschriften seit 1960. Frankfurt u. a. ²1966

–: Zeitschriften, pädagogische. In: HORNEY, W. / RUPPERT, J. P. / SCHULTZE, W. (Hrsg.): Pädagogisches Lexikon. Bd. 2. Gütersloh 1970, S. 1430f.

SANDER, F.: Pädagogische Litteratur; Pädagogische Presse. In: ders.: Lexikon der Pädagogik. Breslau ²1889, S. 442–446

SCHEUERL, H.: Probleme einer Systematischen Pädagogik. In: ELLWEIN, TH. / GROOTHOFF, H.-H. u. a. (Hrsg.): Erziehungswissenschaftliches Handbuch. Bd. 4: Pädagogik als Wissenschaft. Theorien und Methoden. Berlin 1975, S. 13–88

SCHMIDT, H. (Hrsg.): Zentralblatt für Erziehungswissenschaft und Schule. Duisburg 1985ff.

SCHWAGER, K. H.: Zur Geschichte der pädagogischen Zeitschriften. In: Westermanns Pädagogische Beiträge 11 (1959), S. 35–42

SPIELER, J.: Bibliographie, pädagogische. In: ders. (Hrsg.): Lexikon der Pädagogik der Gegenwart. Bd. 1. Freiburg 1930, S. 325–331

STOY, K. V.: Encyclopädie, Methodologie und Literatur der Pädagogik. Leipzig ²1878

TYMISTER, J.: Zeitschriften, pädagogische. In: ROMBACH, H. (Hrsg.): Lexikon der Pädagogik. Neue Ausgabe. Bd. 4. Freiburg/Basel/Wien 1971, S. 394–397

Verzeichnis: »Deutschsprachige Zeitschriften – Bundesrepublik Deutschland – DDR – Österreich – Schweiz«. Köln 1990

VOGEL, C.: Pädagogische Zeitschriften. In: GROOTHOFF, H.-H. / STALLMANN, M. (Hrsg.): Neues pädagogisches Lexikon. Berlin ⁵1971, S. 845–849
WALFORD, A. J. (Hrsg.): Walfords' Guide to Reference Material. Vol. 2. London ⁴1982, S. 296 ff.
XOCHELLIS, P.: Pädagogische Bibliographie. Eine Einführung in die pädagogische Fachliteratur. Geretsried 1965

Alfred Schöpf

Philosophische Anthropologie, Sozialanthropologie und Kulturanthropologie

1 Vorbemerkungen

Eine Standortbestimmung der philosophischen Anthropologie kann nur aus einer Kritik der Standpunkte gewonnen werden, die sie im Laufe ihrer Entwicklung eingenommen hat. Dabei können jeweils gegensätzliche Positionen die Spannweite des Problems deutlich machen. Die wichtigsten Probleme bei der Bestimmung des Menschlichen lassen sich auf vier Alternativen zurückführen: 2.1 Anfang bei der Erkenntnis oder beim Menschsein, 2.2 Bios oder Gesellschaft, 2.3 Freiheit oder Determination des Menschen, 2.4 Wesen des Menschen oder Geschichtlichkeit. Vor dem Hintergrund dieser kritischen Auseinandersetzung soll dann der Begriff einer Sozialanthropologie entwickelt werden, der sich im wesentlichen aus folgender These ableiten läßt: Das Existenzproblem des Menschen, seine Bedürfnisse besser zu erkennen und befriedigen sowie Versagungen praktisch verarbeiten zu können, ist nur auf der Grundlage freien und gegenseitigen Austauschs oder Anerkennung möglich.

2 Geschichtliche Bestimmung und Kritik der philosophischen Anthropologie

2.1 Anfang bei der Erkenntnis oder beim Menschsein

2.1.1 Der Standpunkt der Erkenntniskritik

Zum Problem »Anfang bei der Erkenntnis oder beim Menschsein« hat die philosophische Anthropologie zwei alternative Möglichkeiten erprobt. Die erste besteht darin, daß zuerst das Problem der *Erkenntnis* gelöst werden müsse, bevor man die Frage nach dem Menschen stellen könne (Standpunkt der Erkenntniskritik bei I. KANT 1917, S. 127f.). Die zweite besteht darin, daß man zuerst die Frage nach dem *Menschen* beantwortet haben müsse, bevor man angeben könne, welchen Stellenwert die Erkenntnisfähigkeit im Gesamtaufbau des Menschlichen einnehme (Standpunkt der klassischen philosophischen Anthropologie bei M. SCHELER 1947, S. 29f., A. GEHLEN 1976, S. 290f. u. a.). Begibt man sich auf den ersten Standpunkt, dann muß man unsere Erkenntnismöglichkeiten radikal in Frage stellen, sie von Grund auf neu bestimmen und ihre Grenzen feststellen wollen. Dies hat zur Folge, daß sich gewissermaßen unsere Erkenntnisbewegung verdoppelt. Statt sich auf die Gegenstände zu richten, beugt sie sich auf sich selbst zurück, reflektiert in sich und wird damit zu einer Erkenntnis von der Erkenntnis. Diese Bewegung der Selbstreflexion hat man als *transzendentale Fragerichtung* gekennzeichnet und eine kopernikanische Wende der Philosophie darin erblickt. Als Kriterium der Unterscheidung des sicheren vom unsicheren Wissens hat man in der Aufklärung DESCARTES' Maßstab der Zweifelsfreiheit oder – anders ausgedrückt – der Klarheit und Deutlichkeit (clare et distincte) angewandt. Diese Prüfung führt dazu, daß nur logisch widerspruchsfrei oder denknotwendig aufgebaute Erkenntnisse zum Wissen zugelassen werden können, wobei sie entweder formale Erkenntnisse rein logisch-mathematischer Natur oder inhaltliche Erkenntnisse darstellen. Letztere müssen erstens der Form nach logisch aufgebaut bzw. mathematisierbar und zweitens empirisch gehaltvoll im Sinne äußerer Sinneswahrnehmungen sein. Sie stellen das eigentliche Gebiet des Wissens dar, für das KANT zwei Quellen benannt hat, nämlich Verstand und Sinnlichkeit. Auf die Frage nach dem Menschen angewandt, bedeutet dies, daß er in theoretischer Hinsicht nur gewußt werden kann, insofern er Gegenstand der mathematischen Naturwissenschaft ist. Dies ist der Bereich der physiologischen Anthropologie. In praktischer Hinsicht wird er relevant als Träger des Sittengesetzes, dessen Einfluß auf den Menschen die moralische Anthropologie klärt. Aus dem strengen Bereich des Wissens fallen also alle Zwischenbereiche wie das Seelische, die Gesellschaft und Geschichte heraus. Aufgrund ihres verengten Kriteriums des Wissens im Sinne der Zweifelsfreiheit und aufgrund der Konsequenz, daß im Prinzip nur Gegenstände der mathematischen Naturwissenschaft, also die Physiologie des Menschen, im strengen Sinn gewußt werden können, geriet die erkenntniskritische Position in die Krise.

2.1.2 Der Standpunkt der Lehre vom Menschen

Wenn die Erkenntnistheorie nicht in der Lage ist, mittels Selbstreflexion die Erkenntnis vom Menschen inhaltlich befriedigend zu bestimmen, dann – so folgert die klassische philosophische Anthropologie – muß man umgekehrt die Frage nach der Erkenntnis aus dem Zentrum und die nach dem Menschsein ins Zentrum rücken und zu klären versuchen, welches die (anthropologischen) Grundlagen der Ausbildung des Erkenntnisvermögens sind. Anders ausgedrückt: Es ist eine *anthropologische Kritik des Erkenntnisvermögens* durchzuführen, welche seinen Stellenwert im Gesamtaufbau des Menschlichen ausweisen soll. Dies erfordert eine Bestimmung der »Stellung des Menschen im Kosmos«, insbesondere, ob ihm darin eine Sonderstellung zukommt (M. SCHELER 1947, S. 34f.). Ausgangspunkt aller anthropologischen Überlegungen dieser Art ist der Vergleich von Mensch und Tier, in dem die spezifische Äußerungsform des Lebens im Menschen, d. h. die Bestimmung seiner organischen Grundlage gewonnen werden soll. Nach A. GEHLEN ([11]1976, S. 10) kann er nietzscheanisch als das »nicht festgestellte Tier« betrachtet werden. Für M. SCHELER kennzeichnet die Triebhaftigkeit seine biologische Grundlage im Gegensatz zur Eingebundenheit des Tieres in biologische Kreisläufe. Bei A. GEHLEN ([11]1976, S. 31f.) ist es die Instinktreduktion, die ihn im Vergleich zum Tier als »Mängelwesen« erscheinen läßt. Wenn aber die Lebensgrundlage des Menschen nicht auf der Basis der Instinkte und Reflexe gesichert ist, sondern er der Welt mit ihren Belastungen durch Reize und ihren Gefahren ausgesetzt ist, dann muß er spezifische Vermögen entwickeln, die ihm ein Überleben und eine Steigerung seines Lebenspotentials im Sinne der Höherentwicklung möglich machen. An dieser Stelle führen die klassischen philosophischen Anthropologien das menschliche *Erkenntnisvermögen* ein, wobei sie seine Stellung und Funktion unterschiedlich bestimmen. Während für SCHELER der Mensch die praktische Intelligenz noch mit dem Tier teilt, insofern sie in der Richtung der Bedürfnisse und Triebe funktioniert, hebt er sich radikal vom Tier durch seine theoretische Intelligenz oder den *Geist* ab, der entgegengesetzt zu allen Trieb- und Bedürfnisstrebungen wirkt. Dagegen sieht GEHLEN den Menschen vom Primat der *Handlung* her, die ihm allein Überleben garantiert. Im Aufbau des Handelns bekommen daher Wahrnehmung, Sprache, Phantasie und Vernunft erst ihre Stellung zugesprochen. Die Bestimmung der Erkenntnis von einem Begriff des Menschseins her operiert jedoch mit lebensphilosophischen und biologischen Grundannahmen, die ihrerseits einer doppelten Kritik durch die Biologie als Einzelwissenschaft, aber auch durch die Philosophie im Hinblick auf ihren Erkenntnisstatus ausgesetzt sind. Sie müssen sich vor dem Vorwurf einer dogmatischen Ontologisierung rechtfertigen. Damit meldet sich aber die kritisierte Erkenntnistheorie zurück, und das Dilemma lautet: Erkenntniskritik vor anthropologischer Grundlegung oder anthropologische Grundlegung vor Erkenntniskritik. Die Auflösung dieses Dilemmas muß der Erkenntniskritik einen zeitlichen Vorrang einräumen, ohne diese an das enge Aufklärungskriterium zu binden. Ihre Grundfrage lautet: Welches sind die Bedingungen unseres Wissens vom Menschen? Demgegenüber muß einer erkenntnistheoretisch reflektierten anthropologischen Grundlegung der sachliche Vorrang eingeräumt werden. Ihre Grundfrage lautet: Wie sind die organischen Grundlagen des Menschseins zu interpretieren, von denen her seine Erkenntnisfähigkeit zu bestimmen ist?

2.2 Bios oder Gesellschaft

2.2.1 Die biologischen Grundlagen der Anthropologie

Eine zweite Standortbestimmung der philosophischen Anthropologie ergibt sich daraus, wie sie sich in Relation zu den gegensätzlichen Möglichkeiten verhält, entweder die wesentlichen Bedingungen des Menschseins im organisch-vitalen Bereich anzusetzen oder sie in der Gesellschaft zu sehen. Der erste Standpunkt wäre der einer *biologischen Anthropologie*. Sie versucht den Menschen ausgehend von den Naturbedingungen seiner Existenz zu denken, ohne Gesellschaft vorauszusetzen. Im Grunde genommen ist dabei die Vorstellung eines »Naturzustandes« vor und unabhängig von einem Gesellschaftszustand leitend. Wie T. PARSONS (1977, S. 104) treffend bemerkt, ist die Analogie zur Pflanze vorbildlich, nämlich daß »die wichtigsten Merkmale des reifen Organismus ... in der genetischen Konstitution der Art festgelegt« sind. Der Umwelt kommt dann lediglich eine modifizierende Bedeutung zu. Diesen Gedankenstrang einer ausschließlich biologischen Argumentation hat A. GEHLEN in seiner ersten Konzeption von »Der Mensch« verfolgt, ehe er ihn in späteren Auflagen des Werkes durch einen soziologischen überformte. Wenn jedoch die biologische Ausgangssituation des Menschen durch Rückbildung seiner instinktiven Leitsysteme (der angeborenen artspezifischen Auslösemechanismen und der Schlüsselreize nach K. LORENZ) gekennzeichnet ist (→ *Verhaltensbiologie und Pädagogik*), muß er sie durch Lernerfahrungen ersetzen. GEHLEN hat diesen Befund im Begriff der *Instinktreduktion* zusammengefaßt und diese – biologisch sehr anfechtbar – als Mängelstruktur im Mensch-Tier-Vergleich interpretiert, worin man sein erstes anthropologisches Prinzip erblicken kann. Konsequenterweise müßte dann aus dem Zwang, instrumentell handeln, d. h. arbeiten zu müssen, gefolgert werden, daß der Mensch dies nicht allein tun kann und er deshalb in Gesellschaft eintreten muß. Die Gesellschaftlichkeit des Menschen wäre dann aus biologischen Gründen abgeleitet. Dabei tritt jedoch das Problem auf, daß die logische Konsequenz der Gesellschaftlichkeit ihrerseits schon für die Möglichkeit der Prämisse Arbeit vorausgesetzt ist, denn diese impliziert, daß man bereits den Schutz der Gruppe genießt, um arbeiten zu können, daß man schon vorweg darüber verständigt sein muß, was und wie man arbeitet. GEHLEN hat daher aus der Kritik die Konsequenz gezogen, ein gemeinschaftsbildendes rituell-darstellendes Handeln dem instrumentellen vorzuordnen.

2.2.2 Die soziologischen Grundlagen der Anthropologie

Die philosophische Anthropologie sieht sich also gezwungen, die fundamentale Tatsache der menschlichen *Gesellschaftlichkeit* anzuerkennen, und hat den gegenteiligen Standpunkt erprobt, die Bestimmung des Menschseins gänzlich aus ihr abzuleiten. PARSONS (1977, S. 104) hat sich für dieses zweite Modell entschieden, das »in der genetischen Konstitution eine nicht spezifische Basis der Persönlichkeitsentwicklung« sieht, dagegen »in den Werten der Kultur und den Bedeutungen der sozialen Objekte ... die wesentlichen musterbildenden Komponenten«. Der biologische Anteil wird somit auf ein unspezifisches Moment des Antriebs, gewissermaßen auf den Strom als Kraftquelle des Computers reduziert, dagegen erscheint die Gesellschaft als die entscheidende musterbildende Realität (der »patterns of behavior«). Vorausgesetzt ist also die soziale Wirklichkeit als in sich gegliedertes System mit dem Ziel der Selbsterhaltung. Diese differenziert sich in Rollen, die jeweils ihren Beitrag zum Funktionieren des Ganzen leisten. Jeder Rolle liegen Normen und Werte zugrunde. Diese legen fest, welche Erwartungen mit den Rollen verknüpft sind. Ihre Erfüllung ist mit Sanktionen (Belohnung und Bestrafung) verknüpft. Das Individuum setzt sich mit seinen unspezifischen Voraussetzungen dem gesellschaftlichen Kräftespiel aus. Dessen Sanktionen werden wirksam und prägen Verhaltensmuster. Das Individuum hat lediglich die Alternative, durch Rollenübernahme ein nützliches Glied der Gesellschaft zu werden oder ab-normes, abweichendes Verhalten zu entwickeln (→ *Werte und Normen in der Erziehung*). Die Annahme eines gesellschaftlichen Systems vor und unabhängig von der »Natur« des Menschen und seine Betrachtung als funktional für es stoßen jedoch an die Grenze, daß die Inhalte und Ziele der Arbeit nicht beliebig veränderbar und manipulierbar sind, sondern daß sie letztendlich der Befriedigung von Bedürfnissen dienen, die ihre organischen Grundlagen haben (Körperbedarf). Die Bildung gesellschaftlicher Muster der Bedürfnisbefriedigung muß hier auf genetische Muster aufbauen, die nicht aus ihnen ableitbar sind. Damit wird die anthropologische Alternative fragwürdig, die Gesellschaftlichkeit des Menschen allein aus biologischen Gründen erklären zu müssen oder seine Lebensbedingungen allein aus der Gesellschaft abzuleiten. Das Dilemma ist nur aufzulösen, wenn wir von einer ursprünglichen Wechselwirkung zwischen Natur und Gesellschaft im Hinblick auf den Menschen ausgehen. Die soziologische Anthropologie (CLAESSENS ²1970; LEPENIES 1977) hat von seiten der Soziologie einen solchen Ansatz versucht. Dabei ist erkenntnis- und wissenschaftstheoretisch zu reflektieren, daß gesellschaftliche Vorstellungen ebenso eine entscheidende Rolle spielen bei der biologischen Konzeption des Lebens (vgl. die Parallele zwischen dem gesellschaftlichen Konzept des Konkurrenzkampfes in der klassischen Nationalökonomie und DARWINS Zuchtwahl), wie biologische Modelle und Kategorien in die Konzeption von Gesellschaft eingehen (vgl. die verschiedenen Eigenschaften, die den Genen zugesprochen werden: entweder egoistisch oder, in Grenzen, altruistisch zu sein). Ferner ist inhaltlich genau abzugrenzen, inwieweit die genetischen Bedingungen eine Anlage zur Gesellschaft enthalten und gesellschaftliches Verhalten präformieren (soziobiologischer Standpunkt) bzw. welche gesellschaftlichen Einwirkungen die genetischen Voraussetzungen historisch in der vielfältigsten Weise überlagern und transformieren.

2.3 Freiheit oder Determination des Menschen

2.3.1 Die deterministische Auffassung des Menschen

Eine weitere radikale Alternative ergibt sich für die philosophische Anthropologie, wenn sie sich zwischen diesen beiden Möglichkeiten entscheiden muß. Die Auffassungen, welche die *Determination* in den Mittelpunkt stellen, sehen den Menschen im vollen Ausmaß als bedingt und abhängig vom anderen – der Natur und Gesellschaft –, so daß er keinen Spielraum hat, sich sich selbst ins Verhältnis zu setzen und Freiheit zu gewinnen. Er ist das Wesen, das von internen Bedingungen seines Organismus wie externen der Umwelt bewirkt und gestaltet wird. Die Bedingtheiten seiner Existenz sind in vielfacher Weise bestimmbar: biologisch als Abhängigkeit von der genetischen Konstitution und von Instinktbewegungen; physiologisch als Abhängigkeit vom Körperbedarf und von reflexauslösenden Reizen; psychologisch als Abhängigkeit von inneren und äußeren Stimuli, von Wahrnehmungen, Kognitionen, Bedürfnissen, Trieben, Emotionen und Handlungen (→ *Psychologische Anthropologie*) und soziologisch von gesellschaftlichen Bedingungen. Eine Auffassung, an der die Argumentationsweise des Determinismus exemplarisch aufzuzeigen ist, ist die behavioristische Position von B. F. SKINNER (1973). Nach ihm ist die Ausprägung menschlichen Verhaltens in Form von Verhaltensmustern radikal determiniert, und zwar durch die Umweltkonsequenzen dieses Verhaltens. Dabei muß er allerdings Voraussetzungen machen, die selbst nicht geklärt sind. Er muß ein zufällig auftretendes Verhalten annehmen (operantes Verhalten), dazu nachfolgend dargebotene Reize von seiten der Umwelt, denen eine Wirkung im Sinne der Verstärkung dieses Verhaltens zugeschrieben wird. SKINNER interessiert sich lediglich für diese durch Verstärkung (Belohnung und Bestrafung) bewirkte Determination des Verhaltens, die er in ihrer statistischen Häufigkeit zu erfassen versucht (→ *Lernen und Lerntheorien*). Daraus wird gewissermaßen die anthropologische Konsequenz extrapoliert: der Mensch ist das von Umwelteinwirkung determinierte Wesen. Abgesehen davon, daß mögliche andere Determinationen nur als modifizierende Faktoren erscheinen (erbliche oder physiologische Zustände), besteht der entscheidende Punkt darin, daß SKINNER auch das Selbstverhalten des Menschen von seinem Umweltverhältnis abhängig machen und damit die Annahme der Freiheit als unhaltbar erweisen will. Zweifellos lassen sich solche determinierenden Wirkungen bis in das selbstbeschreibende Verhalten hinein nachweisen. Allerdings enthält das Selbstverhältnis auch den Ansatzpunkt, diese Wirkungen in das Sich-Wissen und Sich-Wollen aufzunehmen und dadurch einen Abstand von ihrem unmittelbaren Einfluß zu gewinnen. Diese Möglichkeit unterschlägt SKINNER zugunsten der anderen, determinierenden Wirkung. Jene erscheint in seiner Statistik der Abhängigkeit lediglich indirekt in den relativ häufigen Ausnahmen.

2.3.2 Die Anthropologie der Freiheit

In anthropologischen Positionen, die die Unabhängigkeit und *Freiheit* des Menschen betonen, wird dagegen dieses Selbstverhältnis des Menschen in den Mittelpunkt gestellt und behauptet, daß es prinzipiell in der Lage ist, alle Abhängigkeiten von anderen Bedingungen in sich einzubeziehen, zu begreifen und aufzulösen. Der Mensch gilt dann als das sich bewirkende und gestaltende Wesen und ist daher in seinem Kern frei. Am radikalsten ist dieser Freiheitsgedanke in den Bewußtseins- und Geistphilosophien des

Deutschen Idealismus entwickelt worden. J. G. FICHTE (1971, S. 3f.) versuchte auf der Grundlage eines allgemeinen Selbstverhältnisses des Bewußtseins oder Ichs dessen Determinationen aufzulösen. Gemäß den Prinzipien seiner Wissenschaftslehre ist dieses Ich im Erkennen zwar noch vom anderen seiner selbst bestimmt, aber im Handeln (genauer im sittlichen Handeln) löst es diese Bestimmung auf und realisiert seine Freiheit. In der geistidealistischen Position von G. W. F. HEGEL (1955, S. 30f.) ist die Sinnlichkeit (der Außenwelt und des eigenen Körpers) von vorneherein nichts anderes als die in die Materie entäußerte Idee, die sich auf den verschiedenen Stufen des Bewußtseins, der Vernunfterkenntnis und der geistigen Einsicht zum absoluten Wissen um sich und damit zur Erkenntnis der Freiheit als Grundlage des gesamten Wirklichkeitsverständnisses erhebt. Die Argumentationsweise der Anthropologien der Freiheit ist im Prinzip folgende: Der Mensch erfährt sich zwar als bedingt durch das andere der Welt, der Mitmenschen und des Leibes, daher als endlich und unfrei, aber dieses Verhältnis kann er in sein Selbstverhältnis mit hineinnehmen, sich im anderen erkennen und daher in freier Weise damit umgehen. Nichts ist daher prinzipiell von dieser Einbeziehung in die Freiheit ausgenommen.

Während der Deutsche Idealismus der Auffassung war, daß in einer übermenschlichen Sphäre des Geistes alle Determination überwindbar und Freiheit universal sei, fragen Phänomenologie, Existenzphilosophie und Lebensphilosophie nach dem Maß an Freiheit, das einer leibgebundenen, endlichen Existenz des Menschen möglich ist. Damit werden alle bedingenden Momente der genetischen, der physiologischen, der psychologischen Konstitution und der gesellschaftlichen Umwelt zu relevanten Gesichtspunkten bei der Bestimmung der realen, anthropologischen Freiheit. Das anthropologische Dilemma: Determination oder Freiheit des Menschen ist nur aufzulösen, wenn man anerkennt, daß das Moment der Determination des Menschen aufgrund seines Verhältnisses zum anderen seiner selbst formal nicht widerlegbar und aufhebbar ist. Es reicht in die äußerste Zone der Freiheit hinein. Aber ebenso gilt umgekehrt, daß das Moment der Freiheit des Menschen aufgrund seines Selbstverhältnisses formal nicht widerlegbar und daher unauflöslich ist. Es reicht in die äußerste Zone der Abhängigkeiten hinein.

Anthropologen wie H. PLESSNER (³1975, S. 321f.) haben daher den Schluß daraus gezogen, daß die »condition humaine« als *vermittelte Unmittelbarkeit* bestimmt werden muß: vermittelt durch ihre Abhängigkeiten, aber in ihrer Möglichkeit zur Unmittelbarkeit ebenso frei. M. MERLEAU-PONTY (1966, S. 514) hat von der *bedingten Freiheit* des Menschen gesprochen, der in seiner leiblichen Bestimmtheit relativ gebunden und in seinem intentionalen Bewußtsein relativ frei ist. Das Problem wird erst dann zum Dilemma, wenn der Anspruch eines kausal-mechanistischen Denkens vollständige Determination suggeriert und mit einer metaphysischen Geistphilosophie kollidiert, die von ihrem Anspruch her ein universales Reich der Freiheit unterstellt.

2.4 Wesen des Menschen oder Geschichtlichkeit

2.4.1 Wesensanthropologie

Die Entwicklung der philosophischen Anthropologie hat beide äußersten Möglichkeiten gedanklich ausgeschöpft. Sie hat zunächst den Versuch gemacht, die Wirklichkeit des Menschen auf das Wesentliche zu reduzieren. Die Fragestellung lautete: Was ist das in den verschiedenen Erscheinungen des Menschseins sich Durchhaltende oder Invariante, das uns zu zeitlos gültigen Aussagen über es berechtigt? Das methodische Vorgehen besteht darin, alle variablen Bestimmungen des Menschseins abzuziehen und das Allgemeine herauszuabstrahieren. Beispiele für solche Verfahrensweisen sind E. HUSSERLS (1963, S. 103) *eidetische Reduktion* und M. SCHELERS (1947, S. 46) *ideierendes Verfahren*. HUSSERL hält zwei Schritte für notwendig, um an Wesensgehalte heranzukommen. Denken wir uns, wir seien interessiert, das Wesen des Schmerzes zu erfassen. Dann müssen wir zunächst unseren Blick nicht auf einen bestimmten Schmerz lenken, sondern versuchen, intuitiv sein Allgemeines zu erfassen. In einem zweiten Schritt ist es notwendig, diesen intuitiven Vorgriff methodisch durch ein Verfahren zu erhärten, das im Durchvariieren der einzelnen Merkmale des Schmerzes besteht. Dabei wird sich herausstellen, ob wir ein Merkmal weglassen können, ohne daß sich das gesamte Phänomen verändert, oder ob es sich dadurch in seinem Sinn auflöst. Je nachdem werden wir das Merkmal als zufällig oder wesentlich bezeichnen. M. SCHELER (1947, S. 47) ist der Auffassung, daß der menschliche Geist – ohne auf das Verfahren der Variation angewiesen zu sein – bereits aus einem Beispiel die Wesensbeschaffenheit herausziehen kann. »Ideieren heißt also, unabhängig von der Größe und Zahl der Beobachtungen, die wir machen, und von induktiven Schlußfolgerungen, wie sie die Intelligenz anstellt, die essentiellen Beschaffenheiten und Aufbauformen der Welt an je einem Beispiel der betreffenden Wesensregion miterfassen.« In einer Art Selbstanwendung dieser Wesenserfassung bestimmt SCHELER das Wesen des Menschen und seine Sonderstellung durch das dem Leben entgegengesetzte Geistprinzip, das ihn befähigt, seine Triebe zu hemmen und weltoffen und sachlich sein zu können.

Gegen eine Festlegung der Anthropologie auf Wesensaussagen sind zahlreiche Einwände erhoben worden, die sie schwer erschüttert haben. Zunächst läßt sich für jede Wesensbestimmung des Menschen selbst ein historischer Sinn angeben. Dies gilt auch für SCHELERS Konzept, das unter dem Eindruck der Auflösung der bürgerlichen Welt in der Folge des Ersten Weltkriegs eine Neuordnung durch Rückbesinnung auf die Ideale der Askese und der geistigen Sublimierung versucht. Sodann stieß das methodische Vorgehen auf Skepsis. Während zu HUSSERLS Verfahren zu sagen ist, daß seine Wesensbestimmungen nicht von der Art und Anzahl der Variationen unabhängig sind, muß bei SCHELERS Wesensschau bezweifelt werden, daß Seinserkenntnisse und Wertauffassungen inhaltlicher Art denselben universalen Status haben können wie mathematische Einsichten. Schließlich fällt auf, daß das als invariant Behauptete als unterschiedenes Etwas im Sinne eines Seinsbestandes oder einer -region aufgefaßt wird, während man sich doch fragen muß, ob es sich nicht um formale Strukturen handelt, die an einem Seienden erfaßbar sind.

2.4.2 Anthropologien der Geschichtlichkeit

Wenn sich jedoch der Verdacht erhärtet, daß Wesensaussagen vom Menschen von der geschichtlichen Erfahrung abgezogen und zu Konstanten erhoben werden, dann liegt es nahe, sich dem konkret geschichtlichen Sinn zuzuwenden, der durch sie verdeckt wird. Als Konsequenz bietet sich eine anthropologische Position an, für die der Mensch primär ein *geschichtliches Wesen* ist (Historismus). Wenn man diese Behauptung aber radikalisiert, dann muß für sie selbst gelten, daß sie sich als geschichtlich zu den geschichtlichen Erscheinungsformen des Menschen in Beziehung setzt. Der Mensch ist dann nicht nur Objekt, sondern auch Subjekt der Geschichte. Er zeigt selbst seine Geschichte, ist also ein durch und durch geschichtliches Wesen. M. HEIDEGGER (⁸1957, S. 148) hat die Grundfigur der Wirklichkeitsaneignung des Menschen, in der er sich zugleich selbst erfaßt, als *Verstehen* und *Auslegen* bezeichnet. Das Moment des Verstehens ist dabei die Bewegung, die das Dasein auf Wirklichkeit hin vollzieht und die in seinem Entwurf besteht. Auslegen ist die Bewegung, die vom erfahrenen Gegenstand her vollzogen wird und dem Dasein ein neues Selbstverständnis ermöglicht. Diese Grundfigur ist von H. G. GADAMER (²1965, S. 250) als »*hermeneutischer Zirkel*« expliziert und weiterentwickelt worden (→ *Wissenschafstheorie*; → *Forschungsmethoden der Erziehungswissenschaft*). Dabei kommt es GADAMER darauf an, zu zeigen, daß es sich um eine fundamentale Bewegung handelt, die allen Prozessen der Alltagsverständigung, allen wissenschaftlichen Forschungsprozessen und dem Räsonieren der Philosophie selbst zugrunde liegt. Diese muß strikt vom fehlerhaften Zirkel im Sinne der Logik unterschieden werden, bei dem unerlaubterweise in die Prämissen gesteckt wird, was aus ihnen gefolgert wird. Die Annahme eines solchen umfassenden Bewegungsganzen, für welches gilt, daß das Selbstverständnis des Menschen nicht nur von seiner Begegnung mit dem geschichtlichen Gegenstand abhängig ist, sondern dieser auch von der geschichtlichen Selbstbegegnung des Menschen, kennzeichnet die Position der »historischen Anthropologie«. Doch auch diese Auffassung war gewichtigen Einwänden ausgesetzt. Das Problem, ob die Einsicht in dieses Bewegungsganze selbst im historischen Fluß steht, konnte dadurch noch aufgefangen werden, daß HEIDEGGER die Lehre von den Existentialien als den im Fluß sich entfaltenden Grundbedingungen der Existenz entwickelte. Doch die historische Anthropologie kommt nicht umhin, den historischen Prozeß der Entwicklung des Wissens von seinem logischen Bedeutungsgehalt zu unterscheiden und in diesem invariante Zusammenhänge anzuerkennen. Ganz allgemein gilt, daß das Fließen des Zeitflusses außer uns und in uns nur an persistierenden Bezugspunkten erfahren und erkannt werden kann. Das ist der Einwand, von dem die Wesensanthropologie eine erneute Berechtigung ableiten möchte. Aber ist das Dilemma der philosophischen Anthropologie, den Menschen entweder als zeitloses Wesen oder als sich geschichtlich generierendes Dasein auffassen zu müssen, nicht anders auflösbar? Die Wesensanthropologie ist zweifelsohne im Recht, wenn sie darauf hinweist, daß nur invariante Muster erlauben, den geschichtlichen Fluß zu erfahren. Aber müssen diese deshalb als Seinsbestände ontologisiert oder als menschliche Vermögen anthropologisiert werden? Die Annahme formaler Strukturen des Denkens und der Sprache ist viel besser geeignet, das Problem zu lösen. Die historischen Anthropologien sind im Recht, wenn sie darauf bestehen, daß sich alle Lebensäußerungen des Menschen in einem geschichtlich-kulturellen Kontext entfalten und daß die geschichtliche Bewegung der Kultur von der menschlichen Selbsterfahrung her weitergetrieben wird. Aber muß diese Auffassung mit einer Leugnung invarianter Strukturen des Denkens und der Sprache verknüpft sein (→ *Pädagogische Anthropologie*)?

3 Systematische Probleme der Sozialanthropologie

Wenn die philosophische Anthropologie diesen Dilemmata entgehen will, muß sie sich ins Zentrum der alternativen Möglichkeiten begeben und sie in ihrem Ansatz auflösen.

3.1 Die Synthese von erkenntnistheoretischer und anthropologischer Fragestellung

Die erkenntnis- und wissenschaftstheoretische Dimension läßt sich mit der anthropologischen nur verbinden, wenn man eine neue Antwort auf die Frage findet, wie wir von unseren *Bedürfnissen* und *Wünschen* wissen können. In den traditionellen Auffassungen war ihre Erkennbarkeit dadurch garantiert, daß sie entweder als Inhalte des *Bewußtseins* (KANT 1917, S. 131) oder des *Erlebens* (DILTHEY 1970, S. 235; HUSSERL 1963, S. 66) betrachtet wurden, die reflektierbar sind, oder als physische Tatsachen (Wiener Kreis, WITTGENSTEIN 1960, S. 11) galten, die einer objektiven Beobachtung zugänglich sind. In den neueren Auffassungen dagegen stellt sich die Frage der Erkennbarkeit in der Weise, ob und in welcher Art sich die menschlichen Bedürfnisse in der *Sprache* artikulieren. Nur im Medium einer ursprünglichen Sprachlichkeit werden sie Gegenstand einer analysierenden oder interpretierenden Wissenschaft. Nur unter dieser Voraussetzung werden sie Gegenstand einer Philosophie, die die sprachlichen Ausdrucksmöglichkeiten kritisch reflektiert. Damit wird es von entscheidender Bedeutung, die Modi der Sprache zu analysieren, in denen sie zum Ausdruck kommen: die der Wort- oder Begriffssprache, die symbolischen Darstellungsformen und die mimisch-gestischen Ausdrucksmöglichkeiten der Körperlichkeit (LANGER 1984, S. 86 f.). Schließlich ist die Frage zu klären, in welchem Maße sich die Bedürfnisse und Wünsche in der Sprache artikulieren oder verschleiern, direkt zum Ausdruck gebracht oder verborgen werden. Eine auf die Untersuchung der Sprachlichkeit menschlicher Bedürfnisse ausgerichtete philosophische Anthropologie muß hier an die Wissenschaft vom Unbewußten anschließen, wenn sie auf die Einbeziehung verborgener, unterdrückter, abgewehrter Wünsche nicht verzichten will (JAKOBSON 1979, S. 137 f.; LACAN 1975, S. 213).

3.2 Die Synthese von biologischer und soziologischer Anthropologie

Die Dimension einer biologischen Anthropologie läßt sich mit der einer Kultur- oder Sozialanthropologie nur verknüpfen, wenn wir davon ausgehen, daß unseren Bedürfnissen und Wünschen ein *Körperbedarf* zugrunde liegt, der biologisch und physiologisch zu interpretieren ist. Biologisch muß er unter dem Aspekt gedeutet werden, daß Organismen in der Evolution der Arten genetische Programme aufgebaut haben, aus denen Bedürfnisse resultieren, die sie in ihrer biologischen Umwelt zu befriedigen trachten. Physiologisch erscheinen die Bedarfszustände des Organismus als Mangelerscheinungen, die im Stoffwechsel mit der Umwelt behoben werden müssen. Unter menschlichen Bedingungen ist jedoch die Bedürfnisbefriedigung des einzelnen durch die genetische und physiologische Ausstattung nicht hinreichend gesichert. Instinktreduktion und Rückbildung von Körperspezialisierungen (CLAESSENS ²1970, S. 81 u. 99) bewirken, daß die Bedürfnisbefriedigung erst in Auseinandersetzung mit einer spezifisch menschlichen Umwelt erlernt werden muß. Dies erfordert erstens eine Auseinandersetzung mit der materiellen Umwelt in Form der *Arbeit*, weil die Mittel zur Bedürfnisbefriedigung nicht von Natur bereitgestellt sind, sondern produziert werden müssen (MARX 1966, S. 54). Da dies der einzelne nicht allein bewerkstelligen kann, muß er in eine Auseinandersetzung mit der Wirklichkeit des Mitmenschen und der Gesellschaft eintreten, weil seine Bedürfnisse von den anderen anerkannt werden müssen. Es sind also Prozesse *kommunikativer Verständigung* unerläßlich (→ *Sprache im Unterricht*). Die Untrennbarkeit der Beziehung von Arbeit und Kommunikation ist von HABERMAS (1968, S. 9 f.) herausgearbeitet worden. Im Vollzug der Arbeit erfährt der Mensch, welche Möglichkeiten er hat, seine Bedürfnisbefriedigung herzustellen, in welchem Maß er sie zuerst hemmen muß, um sich künftig bessere Befriedigungsmöglichkeiten zu verschaffen, wie er seine Werkzeuge weiterentwickeln muß, um ein größeres Maß und differenziertere Weisen zu ermöglichen. Im Vollzug der Arbeit lernt er also gleichzeitig sich und seine Möglichkeiten kennen. Gleichzeitig ist er mit seinen Bedürfnissen darauf angewiesen, vom anderen verstanden und akzeptiert zu werden. LACAN (1975, S. 207) hat dies so ausgedrückt, daß sich die Bedürfnisse (besoin) als Bitte oder Anspruch (demande) an den anderen richten. In und mittels der Kommunikation werden sie gewissermaßen erst bezeichnet und als die eigenen Wünsche im psychologischen Sinne faßlich. Zugleich geraten sie in das Spannungsfeld der Gesellschaft, sind den Geboten und Verboten der anderen ausgesetzt, werden also normativ beurteilt und sanktioniert (in Form von Belohnung und Bestrafung). Durch die Prozesse der gesellschaftlichen Vermittlung werden die menschlichen Bedürfnisse und Wünsche weiter ausdifferenziert. Was biologisch-physiologisch als basaler Körperbedarf vorstrukturiert war, wird jetzt historisch, kulturell und sozial höchst variabel weiterentwickelt, wie bereits HEGEL (1955, S. 170) zeigte. Der Gesichtspunkt der biologischen Anthropologie verbindet sich hier mit dem der Kultur- und der Sozialanthropologie. Die Problemspannung zwischen den Wünschen und den gesellschaftlichen Normen wird dagegen zum zentralen Problembereich der Sozialanthropologie. Ihre Fragestellung zielt darauf, wieviel an ökonomisch möglicher Bedürfnisbefriedigung durch die normativen Strukturen der Gesellschaft (die letztendlich Machtstrukturen darstellen) zugelassen oder unterdrückt wird, wie die Befriedigungsmöglichkeiten schicht- oder klassenspezifisch verteilt werden und somit zu einem unterschiedlichen Bedürfnisprofil in einer Gesellschaft führen (→ *Soziale Klassen, soziale Schichten, soziale Mobilität*; → *Pädagogische Soziologie*).

3.3 Die Vermittlung von Determination und Freiheit

Vor diesem Hintergrund stellt sich für eine philosophische Anthropologie auch das Problem der Determination und Freiheit in einer neuen Weise. In einer allgemein-anthropologischen Hinsicht gilt zweifelsohne, was PLESSNER die »vermittelte Unmittelbarkeit« oder MERLEAU-PONTY die »bedingte Freiheit« nannte: Die Möglichkeit eines Selbstseins im Sinne einer Verwirklichung eigener Wünsche ist vermittelt durch die Erfahrung der determinierenden Grenzen der eigenen biologisch-organischen Beschaffenheit, der gesellschaftlichen Bedingungen und der Bedingungen der eigenen Psyche oder des persönlichen Lebensschicksals. Der Wunsch, der sich auf den Wunsch des Mitmenschen richtet, ist irreduzibel davon abhängig, in welchem Maße er anerkannt oder nicht anerkannt wird. Insofern ist die Möglichkeit der Befriedigung immer durch die des Mangels, der Enttäuschung und Frustration vermittelt. Die Freiheit des anderen ist Ermöglichungsgrund und Grenze meiner Freiheit in einem. Ferner ist die Artikulation meines Wunsches immer an die leiblichen Bedingungen meiner Existenz gebunden. Der Leib ist ebenfalls Ermöglichungsgrund wie Grenze meiner Art des Wünschens. In der Auseinandersetzung mit ihm vermag ich sein Lebenspotential kennenzulernen und auszuschöpfen. Zugleich weist er mein Wünschen in die Grenzen, die durch seine Leistungskraft, seine Anfälligkeit für Krankheiten und seine Hinfälligkeit im Tod gezogen sind (FREUD 1948, S. 444). Das menschliche Wünschen ist frei in den Grenzen der Mangelerfahrungen in Krankheit und Tod (HEIDEGGER [8]1957, S. 246). Innerhalb dieser allgemein anthropologischen Perspektive stellt sich jedoch erst das Problem von Determination und Freiheit in konkreter Weise. In welchem Maß sind die historisch-konkreten Beziehungen zwischen den Menschen in einer Gesellschaft so entwickelt, daß die Lebenswünsche des einzelnen (innerhalb der realen ökonomischen Möglichkeiten) anerkannt und verwirklicht werden können, in welchem Maße werden diese durch Normen autoritativer Art (basierend auf willkürlichen Machtstrukturen) eingeschränkt und unterdrückt? Welche Formen der inneren Einschränkung und Unterdrückung entsprechen den in der Gesellschaft praktizierten? In welchem Maße ist das eigene Lebensschicksal deshalb nicht nur eine die Verwirklichung von Lebenswünschen ermöglichende, sondern sie verhindernde Bedingung? Dies ist der Fragenkreis einer *Sozialanthropologie* auf *psychoanalytischer* Grundlage. Die letzte dieser Fragen entscheidet konkret darüber, welches Maß an Freiheit und Determination dem einzelnen in seiner geschichtlichen Situation möglich ist.

3.4 Die Verbindung von Struktur und Historie

Damit wird zugleich deutlich, in welchem Maße sich eine philosophische Anthropologie auf Aussagen allgemeiner Art stützen und in welchem Maße sie historisch konkret werden muß. Sie bedarf solcher allgemeiner Vorstellungen wie der »vermittelten Unmittelbarkeit« PLESSNERS oder der »bedingten Freiheit« MERLEAU-PONTYS, um das Feld konkreter historischer Fragen zu strukturieren. Würde sie sich freilich zur Gänze in diesen allgemeinen Überlegungen erschöpfen, dann wäre sie auf einer formalen Ebene angesiedelt, die sie inhaltlich unverbindlich und unergiebig macht. Sie wäre eine dem historischen Geschehen entrückte, abstrakte Menschenlehre. Umgekehrt würde eine historische Analyse ins methodisch Unbestimmte verschwimmen, wenn sie sich nicht auf formale Grundkonzepte beziehen kann, die die Art ihres Fragens und der gesuchten Antwort festlegen. Letztendlich werden auch dadurch erst die historischen Entwicklungen, die das menschliche Wünschen durchlaufen haben, historisch kritisch aufeinander beziehbar und vergleichbar.

Literatur

CLAESSENS, D.: Instinkt, Psyche, Geltung. Köln/Opladen ²1970
DILTHEY, W.: Der Aufbau der geschichtlichen Welt in den Geisteswissenschaften. Frankfurt/M. 1970
FICHTE, J. G.: Von den Pflichten der Gelehrten. Hamburg 1971
FREUD, S.: Das Unbehagen in der Kultur. Frankfurt/M. 1948
GADAMER, H. G.: Wahrheit und Methode. Tübingen ²1965
GEHLEN, A.: Der Mensch. Wiesbaden ¹¹1976
HABERMAS, J.: Philosophische Anthropologie. In: ders.: Kultur und Kritik. Frankfurt/M. 1973; S. 89–111
–: Technik u. Wissenschaft als »Ideologie«. Frankfurt/M. 1968
HEGEL, G. W. F.: Enzyklopädie (1830). Der subjektive Geist. Hamburg ⁶1959
–: Grundlinien der Philosophie des Rechts. Hamburg 1955
HEIDEGGER, M.: Sein und Zeit. Tübingen ⁸1957
HUSSERL, E.: Cartesianische Meditationen. Husserliana. Bd. I. Den Haag 1963
JAKOBSON, R.: Zwei Seiten der Sprache und zwei Typen aphatischer Störungen. In: RAIBLE, W., (Hrsg.): Aufsätze zur Linguistik u. Poetik. Frankfurt/M./Berlin/Wien 1979, S. 117–141
KANT, I.: Anthropologie in pragmatischer Hinsicht. Akademieausgabe. Bd. VII. Berlin 1917

Lacan, J.: Schriften I. Frankfurt/M. 1975
Langer, S. K.: Philosophie auf neuem Wege. Frankfurt/M. 1984
Lepenies, W.: Soziologische Anthropologie. Frankfurt/M. u. a. 1977
Marquardt, O.: Anthropologie. In: Historisches Wörterbuch der Philosophie. Bd. I. Darmstadt 1971, Sp. 362–374
Marx, K.: Ökonomisch-philosophische Manuskripte. Reinbek/Hamburg 1966
Merleau-Ponty, M.: Phänomenologie der Wahrnehmung. Berlin 1966
Parsons, T.: Sozialstruktur und Persönlichkeit. Frankfurt/M. 1977
Plessner, H.: Die Stufen des Organischen und der Mensch. Berlin/New York ³1975
Scheler, M.: Die Stellung des Menschen im Kosmos. München 1947
Skinner, B. F.: Wissenschaft und menschliches Verhalten. München 1973
Wittgenstein, L.: Tractatus logico-philosophicus. Frankfurt/M. 1960

Irmgard Bock

Pädagogische Anthropologie

1 Pädagogische Anthropologie – eine sich geschichtlich und kulturell wandelnde Wissenschaft

H. R. ROTH hat in seiner zweibändigen Anthropologie hervorgehoben, daß jede Pädagogik in Theorie und Praxis auf einer impliziten Anthropologie beruhe. Und schon eine kurze Besinnung auf den Gegenstand dieser Wissenschaft kommt zu demselben Ergebnis. Sozialisation, Erziehung und Bildung meinen jenes Tun, das einem Menschen, der einen angestrebten Reifestand noch nicht erreicht hat, dabei helfen soll, diesen zu realisieren, und zugleich die wissenschaftliche Erhellung und Reflexion, die den Anspruch hat, Grundlagen für eine verbesserte Praxis zu liefern. Pädagogik enthält so Vorstellungen bzw. Aussagen über den Ist-Zustand eines Menschen, über seinen Soll-Zustand, weil pädagogisches Tun ohne Ziele als planvolles nicht möglich ist, und wenigstens rudimentäre davon, daß und wie eine Überführung von einem Zustand in den anderen möglich sei.

Genau diese Struktur ist unschwer wiederzuerkennen, wenn man die erste große (deutschsprachige) Anthropologie anschaut, die unter ausdrücklich pädagogischen Gesichtspunkten erschienen ist: die schon erwähnte Arbeit von ROTH. Während der erste Band, »Bildsamkeit und Bestimmung« (1966), stärker der Ermöglichung von pädagogischem Tun nachgeht, thematisiert der zweite, »Entwicklung und Erziehung« (1971), ausdrücklich die Zielfrage auf der Grundlage einer Persönlichkeitstheorie.

Hier kann weder die Geschichte der Pädagogischen Anthropologie als Wissenschaft ausgebreitet noch verfolgt werden, warum gerade die Pädagogische Psychologie führend im Erforschen pädagogisch-anthropologischer Fragestellungen wurde. Es soll statt dessen auf Probleme aufmerksam gemacht werden, die noch einer näheren und intensiveren Erforschung bedürfen (vgl. BOCK 1985).

Spätestens seit DILTHEY können wir von der ständigen Wandlung der Lebensweisen und Erziehungsziele nicht mehr absehen. Geschichtsforschung und Kulturanthropologie haben ein übriges getan, uns die Bandbreite menschlicher Möglichkeiten zu demonstrieren. Von daher ist es immer schwieriger geworden, von einem Wesen des Menschen zu sprechen.

Selbst dem Anschein nach so fundamentale Gegebenheiten wie Kindheit und Jugend sind, wie die Arbeiten von VAN DEN BERG (1960), ARIÈS (1975) und GILLIS (1980) herausstellen, keine Konsonanten. Dabei ist es aber auch für unsere Fragestellung belanglos, wieweit Einzelthesen dieser Autoren überspitzt oder falsch waren (vgl. ARNOLD 1980), das Phänomen des Wandels ist richtig gesehen worden und weit in das allgemeine Bewußtsein eingedrungen. Ähnliche Auswirkungen hatte die systematische Erforschung der Völker, die bis dato von der europäischen Welt kaum beachtet worden waren.

Wenn selbst dem Anschein nach ausschließlich oder doch wenigstens vornehmlich biologisch vorgegebene Fakten wie die *Altersphasen* einer solchen Breite an Realisierungsmöglichkeiten unterliegen, ist es dann noch möglich, überhaupt von einem Wesen des Menschen zu sprechen, von dem Erziehung ausgehen kann und wohin sie wieder münden muß?

Die erste Aufgabe für eine Pädagogische Anthropologie besteht also darin, zu untersuchen, ob es trotz allen Wandels bestimmte Grundzüge gibt, die Menschsein konstituieren, um damit die Grundlage für reflektiertes pädagogisches Tun abgeben zu können. Soweit ich sehe, ist ein erster Ansatz in dieser Richtung bisher nur von GERNER (1974) vorgelegt worden. Auf seine anregende Arbeit sei deshalb ausdrücklich verwiesen.

2 Konstanten im Wandel

Die erste dieser gesuchten Konstanten ist mit dem bisher Gesagten bereits angesprochen. Das wird deutlich, wenn man die Überlegungen positiv wendet: *Menschsein realisiert sich immer zeit- und kulturgebunden*. Das bedeutet für die Pädagogische Anthropologie, daß sie in ihren Aussagen beide bedenken muß. Sie ist höchstens formal allgemeingültig. Konkretisiert als Wissenschaft für die Praxis, hat sie zu berücksichtigen, für welches Jahrhundert sie das theoretische Fundament pädagogischen Tuns liefert und für welche Kultur sie formuliert wird. Wenn man in die Überlegungen einbezieht, daß pädagogisches Tun dem Menschen Hilfestellung geben soll, sein Leben in einer konkreten Umwelt zu realisieren, ist es nicht mehr gleichgültig, ob das in einer hochindustrialisierten oder in einer agrarisch strukturierten geschehen soll, ob im 17. oder im 20. Jahrhundert. Probleme, die sich mit der Übertragung von Bildungssystemen der Industrienationen auf die sogenannte Dritte Welt ergeben haben, haben auch in der Vernachlässigung dieser anthropologischen Grunderkenntnisse eine ihrer Wurzeln. An den Erziehungszielen, die genuiner Bestandteil einer Pädagogischen Anthropologie sind, läßt sich besonders deutlich aufweisen, wie stark sie von der Zeit und der Kultur geprägt sind und ihnen auch entsprechen müssen (→ *Philosophische Anthropologie*).

Menschsein realisiert sich nur in zwischenmenschlichen Bezügen. Intentionale Erziehung als eine Ausprägung pädagogischen Tuns umfaßt immer wenigstens zwei Personen, und auch Sozialisation als eine weitere Form dieses Tuns meint vorwiegend die ungerichteten Einflüsse, die von anderen Menschen ausgehen. Die Forschungen von SPITZ (1967) und BOWLBY (1975) haben trotz aller Einwände vor allem methodischer Art, die gegen sie erhoben werden konnten, doch deutlich gemacht, daß das Kleinkind ohne Sozialkontakte, die mehr sind als das Versorgtwerden und zu einer Bindung an bestimmte Bezugspersonen führen, sich nicht zu entwickeln vermag und selbst eine geringere Überlebenschance hat. Dem vergleichbar sind die Deprivationserscheinungen alter Menschen, die weitgehend isoliert leben (vgl. LEHR 1981, S. 90). *Man kann also feststellen, daß Sozialität zum Menschsein gehört*. Wie sie sich realisiert, ist wieder je nach Zeit und Kultur verschieden. Als Beispiel kann man die grundlegendste menschliche Gemeinschaftsform, die Familie, heranziehen, die eine Bandbreite aufweist von der bei uns hauptsächlich vorkommenden Kernfamilie mit der neuesten Besonderheit der unvollständigen Familie bis hin zu großen Gruppierungen, die selbst das Zusammenleben eines Mannes mit mehreren Frauen umgreifen

Daß *Sprache ein auszeichnendes Merkmal* des Menschen sei, ist schon in der Antike hervorgehoben worden. Für die Pädagogik ist diese Fähigkeit von besonderer Bedeutung. Sprache ist nicht nur weitgehend mit höheren Denkformen gekoppelt, sie ist auch das entscheidende Medium pädagogischer Einwirkung (→ *Sprache im Unterricht*). Wie bedeutsam sie für die Entwicklung menschlicher Rationalität ist, zeigt das Faktum, daß Gehörlose, die ohne besondere Schulung die auch bei ihnen potentialiter vorhandene Sprachfähigkeit nicht realisieren können, bis in die jüngste Zeit als unbildsam angesehen wurden.

Sprache ist darüber hinaus bedeutsam bei einem weiteren menschlichen Spezifikum, seiner *Geschichtlichkeit*. Diese meint nicht nur, daß jeder zu einem bestimmten Zeitpunkt geboren wird und darum weiß, sondern Geschichtlichkeit meint, daß der Mensch aus der Vergangenheit lebt und auf dieser Grundlage in die Zukunft hinein plant. Sprache ist dabei das entscheidende Mittel, frühere Erfahrungen und kulturelle Errungenschaften zu tradieren. Schule ist nur deshalb notwendig geworden, weil es gilt, einen ungeheuer angewachsenen Wissensbestand an die nachfolgende Generation zu überliefern.

Geschichtlichkeit zeigt sich darüber hinaus im persönlichen Lebenslauf, den jeder von uns hat. Hier wirkt das Gewesene ebenfalls weiter und bildet die Grundlage aller Entscheidungen, ohne wirklich determinierend zu sein. Wir wissen darum, wie schwer ein einmal eingeschlagener Bildungsweg zu revidieren ist. Trotzdem haben wir besondere Einrichtungen geschaffen, die eine Fehlentscheidung korrigieren helfen.

Zu den menschlichen Grundzügen gehört des weiteren seine *Reflexivität*. Spätestens wenn das Ich-Bewußtsein angebahnt ist – der Gebrauch des Personalpronomens in der ersten Person ist ein Indiz –, ist der Mensch in der Lage, sich von seiner Umwelt abzugrenzen und sich selbst zu verobjektivieren. Reflexivität meint also nicht Reflexion, sondern die Möglichkeit, zwischen Antrieb und Handlung einen Hiatus einzuschalten (vgl. ZDARZIL ²1978), sich auf sich selbst zu beziehen und sich als Urheber und Grund von Handlungen zu erfahren. Damit verbunden ist eine Wertung des eigenen Tuns auf verschiedenen Ebenen als mißlungen oder gelungen, erfolgreich oder vergeblich, angemessen oder unangemessen, bis hin zu gut oder böse. So eröffnet die Reflexivität auch eine *ethische und sittliche Dimension*. Ihre inhaltliche Ausfüllung ist gelernt und so wieder zeit- und kulturgebunden. Auf der anderen Seite hat jeder Mensch ein Gewissen und die Möglichkeit, sich zu entscheiden, wie eng der Spielraum dazu im konkreten Fall auch sein mag.

Reflexivität führt den Menschen an seine Grenzen, gerade auch im sittlichen Bereich. Er erfährt Versagen und Schuld, Scheitern des Strebens und der Erkenntnismöglichkeit. Die Geschichtlichkeit lenkt ihn über das Wissen um die eigene Endlichkeit an eine absolute Grenze, die er mit einem *Bezug zur Transzendenz* zu überwinden sucht. Es ist uns kein Volk bekannt, bei dem nicht in irgendeiner Form eine Religion eine Bedeutung hat. *Religiosität* gehört also ebenfalls zum Wesen des Menschen.

Für die Pädagogik besonders bedeutsam ist die *Bildsamkeit*, die als Bedingung der Möglichkeit pädagogischen Tuns sehr lange im Mittelpunkt ihrer Forschungen gestanden hat. Sie meint die Fähigkeit und Notwendigkeit zu lernen, die PORTMANN (²1951) sogar im frühen Geburtstermin des Menschen, für den es keine physiologische Notwendigkeit geben soll, biologisch manifestiert sehen will. Ihr entspricht eine *Erziehungsfähigkeit* als die Möglichkeit, dem anderen die notwendige Hilfe zu geben. Diese eignet ebenfalls allen Menschen. Kinder sind bereit, anderen etwas zu zeigen, ihnen bei der Lösung von Problemen beizustehen, und langsam dringt auch in das Bewußtsein ein, daß Erwachsene von Kindern lernen können (BELL/HARPER 1977; DOEHLEMANN 1979).

Alle diese Grundcharakteristika umfassen das gesamte Sein des Menschen, nicht nur Teilaspekte. Es gibt im Abendland eine Tradition, in der menschliches Sein in drei Sphären oder Schichten aufgeteilt wurde: Geist, Seele und Körper. Traditionell war damit eine Wertung verbunden. Der Geist als oberste Instanz erfuhr die höchste Wertschätzung, der Körper wurde dagegen abgewertet. Wir müssen zu sehen lernen, daß diese Sicht eine Theorem ist, mit dem jeweils verschiedene Aspekte isoliert und hervorgehoben werden, daß es aber dem Menschen eigentlich nicht gerecht wird. Körper, Seele und Geist bilden eine Einheit und machen zusammen die menschliche Wirklichkeit aus, die einmalig und unverwechselbar ist. Personalität existiert konkret leiblich. Nur wenn das realisiert wird, ist es möglich, Gefühle, Stimmungen, Befindlichkeiten einer sinnvollen Interpretation zuzuführen (vgl. BOCK 1984).

Die psychosomatische Medizin hat vieles Wissen um diese Zusammenhänge aufgedeckt oder auch wiederentdeckt. Eine Berücksichtigung dieser Einheit, die ich *Leiblichkeit* nenne, würde nicht nur von der Überbetonung des Intellekts in weiten Bereichen unserer Erziehung wegführen können (vgl. RUMPF 1981), sie würde ebenfalls eine Revision unseres Bildes von Behinderungen mit weitreichenden Folgerungen für die Pädagogik im Gefolge haben können. Was wir heute Behinderung nennen und damit zugleich als Defizit qualifizieren, müßte als andere Seinsweise interpretiert werden.

Ausdrücklich hervorzuheben ist, daß diese verschiedenen Grundzüge nicht als isolierte gesehen werden dürfen. Die vorherigen Ausführungen sollten wenigstens angedeutet haben, wieweit sie sich überlagern und gegenseitig bedingen. Sie machen nur verschiedene Seiten eines Ganzen aus, die in bestimmten Zusammenhängen gesondert beleuchtet werden können. Eine Anthropologie, die einen dieser Grundzüge verabsolutiert, wird aber notwendig falsch, weil einseitig.

3 Pädagogische Anthropologie als Anthropologie der Lebensalter

Wenn man die Pädagogische Anthropologie, wie sie bislang vorliegt, betrachtet, ist ein denkwürdiges Phänomen bis in die jüngere Zeit zu beachten: Sie verstand sich einerseits als eine solche *des* Menschen, unabhängig von Zeit und Kultur, aber auch unabhängig von den verschiedenen Lebensphasen, die jeder durchläuft, und fand doch zugleich nur Anwendung auf das Kind, ohne zu realisieren, daß Kindsein etwas qualitativ anderes ist als nur »weniger erwachsen sein«. Das hängt mit dem intentionalen Erziehungsbegriff zusammen, der – wenn er als der einzig mögliche betrachtet wird – von der Vorstellung ausgeht, daß ein »fertiger« Erwachsener ein »noch nicht fertiges« Kind auf seine Höhe »hinaufzieht«. Vernachlässigt wird dabei, daß es auch andere pädagogische Einflüsse als die intentionalen Erziehungsakte gibt, daß pädagogisches Tun ein wechselseitiges Geschehen ist, bei dem der Educandus immer mit aktiv ist, und vor allem, daß auch der Erwachsene vor ständig neuen Aufgaben der Lebensführung und des Werdens steht, zu deren Erfüllung er der Hilfe anderer bedarf.

Erst nach dem Zweiten Weltkrieg wurde die Forderung nach einer ausdrücklichen Anthropologie des Kindes laut (vgl. u. a. A. FLITNER nach FROESE/KAMPER 1971).

LANGEVELD (1959; ³1968) hat erste Ansätze zu ihrer Ausführung vorgelegt. Dem schlossen sich dann eine Anthropologie des Jugendalters (DIENELT 1974) und die von PÖGGELER (1964) vorgelegte Andragogik an. Mit dem höheren Alter befassen sich noch immer vornehmlich die Medizin, Psychologie und Soziologie, wobei man allerdings weite Teile von ROSENMAYRS »Die späte Freiheit« (1983) auch als Anthropologie lesen kann (→ *Erwachsenenbildung und Weiterbildung*; → *Altenbildung*).

Wenn nun die hier herausgestellten menschlichen Grundkonstanten wirklich konstitutiv sein sollen, muß es möglich sein, sie durch alle Lebensalter hindurch aufzuweisen, wenn auch in jeweils anderer Ausprägung. Wegen der grundlegenden Bedeutung für die Pädagogik soll das im folgenden an der Erziehungsbedürftigkeit, Bildsamkeit und Erziehungsfähigkeit exemplifiziert werden.

Dabei wird ein methodisches Grundaxiom für die Pädagogische Anthropologie zum Tragen kommen. Ergebnisse anderer Wissenschaften müssen aufgenommen werden, allerdings unter einem leitenden Gesichtspunkt, der mit der fachspezifischen Fragestellung gegeben ist. Die Pädagogik, die sich aus der Philosophie herausgegliedert hat, bleibt ihr dabei insofern verhaftet, als sie ein personales Menschenbild zur Grundlage ihrer Forschungen macht. Das heißt, daß sie nur solche Ergebnisse heranzieht, die dieser Grundannahme, die die Wertigkeit und Freiheit jedes Menschen betont, nicht widersprechen. Damit werden andere Aussagen nicht völlig ignoriert. Sie werden aber auf ihren wissenschaftstheoretischen Ansatz hin befragt und können von daher möglicherweise korrigiert werden. Eine Psychologie, die keinen Unterschied zwischen Mensch und Tier macht und Ergebnisse, die mit Tieren gewonnen wurden, undifferenziert auf den Menschen überträgt, kann von daher als begrenzt aufgewiesen werden. Interdisziplinarität bedeutet gegenseitige Abhängigkeit des Forschens. Die Pädagogik ist nicht nur auf die Ergebnisse anderer Disziplinen angewiesen, sie vermag ihrerseits jene von ihrer Fragestellung aus zu befruchten (vgl. LOCH 1963; BOLLNOW ²1968).

4 Erziehungsbedürftigkeit, Bildsamkeit und Erziehungsfähigkeit als Beispiel

Die Pädagogik hat die *Erziehungsbedürftigkeit* und *Bildsamkeit* immer als Ausgang ihrer Überlegungen und in der Praxis als Grundlage ihres Tuns betrachtet, auch wenn in ihrer Geschichte die Phasen eines pädagogischen Optimismus von einer pessimistischeren Grundhaltung abgelöst worden sind und umgekehrt. Heute weiß man, daß Bildsamkeit das Produkt aus genetisch Vorgegebenem, durch Umwelteinflüsse, zu denen auch gezielte Einwirkungen gerechnet werden, Erworbenem, einer freien persönlichen Entscheidung und einem Zeitfaktor ist. Damit werden Ergebnisse aus der Biologie sowie der Humangenetik und -anthropologie bedeutsam; solche aus der Psychologie und der Soziologie, Geschichtsforschung und Kulturanthropologie haben wir in anderem Zusammenhang schon betont. Daß sie weitgehend vernachlässigt worden sind, ebenso wie die verschiedenen Sprachwissenschaften, hat seinen Grund in der derzeitigen Entwicklung unserer Wissenschaft, die intellektuelle Fähigkeiten und deren Förderung besonders betont. Dasselbe ist für die starke Zurückdrängung der Philosophie zu sagen, die häufig nur noch als wissenschaftstheoretischer Ansatz zum Tragen kommt, und die der Ethik und Theologie. Ein Grund für die Vernachlässigung der beiden zuletzt genannten Wissenschaften ist darin zu sehen, daß die Frage der Erziehungsziele – wohin kann und soll der Mensch mit pädagogischer Hilfe geführt werden – weitgehend aus anthropologischen Fragestellungen herausgedrängt wurde.

In der Nachkriegszeit hat vor allem das Verhältnis von Erbe und Umwelt die Diskussion bestimmt (→ *Intelligenz, Begabung und Umwelt*). Fragen nach dem Anteil beider am Werden des Menschen haben die Gemüter erregt. Die empirisch-pädagogische Forschung hat hier ihre Bedeutung, weil nur auf der Grundlage gesicherter Ergebnisse realistische Ziele und sinnvolle Mittel des Einwirkens erarbeitet werden können. Daß sie aber unterschiedlichen Interpretationen zugänglich sind, hat die Diskussion um JENSEN (1973) deutlich vor Augen geführt. Außerdem darf das Moment der Freiheit nicht vernachlässigt werden. Jeder Erzieher erfährt beim einzelnen Educandus seine Grenzen, und schon SPRANGER (1962) hat die ungewollten Nebenwirkungen in der Erziehung ausdrücklich reflektiert. Außerdem bleibt das eigentliche Arbeitsfeld des Pädagogen das Spektrum der Einwirkungsmöglichkeiten, wie breit oder eingeengt es auch sein mag. Wir können nach heutigem Wissensstand wohl davon ausgehen, daß dieses Spektrum beim gesunden Menschen so breit ist, daß es nie völlig ausgeschöpft wird.

Es ist weitgehend anerkannt, daß der Mensch nur mit Resten von Instinkten geboren wird und statt dessen seine Verhaltensweisen erlernt. Dabei ist es für unseren Zusammenhang unwichtig, ob man dieses Faktum als Mangel oder Vorzug interpretiert. Damit ist aufgewiesen, was als Erziehungsbedürftigkeit bezeichnet wird. Ohne die Übernahme tradierter Strategien der Lebensbewältigung ist kein Mensch überlebensfähig. Auch im weiteren Leben steht er immer wieder vor Schwierigkeiten, die neue Verhaltensweisen und Einstellungen erfordern. Häufig bedarf er dazu der Anleitung anderer. Die *Geragogik*, die zunehmend an Bedeutung gewinnt, ist eine Antwort auf dieses Faktum. *Erziehungsbedürftigkeit* meint also die grundsätzliche Angewiesenheit auf pädagogische Lernhilfen. *Bildsamkeit* meint dagegen, daß eine unendliche Vielfalt solcher Strategien entwickelt worden ist, die jeweils einer bestimmten Kultur entsprechen und sich im Laufe der Zeit mit dem Wandel der jeweiligen Kultur ebenfalls wandeln. Auch persönliche Möglichkeiten sind zu berücksichtigen (vgl. PESTALOZZI: »Der Mensch ist auch Werk seiner selbst«), vom Nachahmen des Kindes bis hin zu kreativen Lösungen, die in Einzelfällen Auswirkungen auf andere, selbst größere Gruppierungen, haben können.

PORTMANNS Lehre von der »physiologischen Frühgeburt« des Menschen, die ihn in einer Zeit besonderen Gehirnwachstums bei schon funktionstüchtigen Sinnen in den »sozialen Uterus« entlasse und damit biologischer Beleg für die besondere Bildsamkeit sei, ist von der Pädagogik gerne aufgenommen worden. Nicht nur die Beobachtung und Erfahrung, sondern auch gezielte empirische Forschungen haben erwiesen, wie falsch es ist, von der frühen Kindheit als dem »dummen Alter« zu sprechen. Im ersten Lebensjahr werden entscheidende Fähigkeiten fundiert oder schon ausgebildet. Dabei ist nicht nur an solche intellektueller und geistiger Art zu denken. Auch die Körperbeherrschung ist dazu zu rechnen. Sie läuft mit der seelisch-geistig-sittlichen parallel, was die These von der Leiblichkeit des Menschen stützt. Spielerisch werden Greif- und Haltemöglichkeiten der Hände erprobt und geübt; das Aufrichten, Gehen und Stehen wird in der frühkindlichen Phase erworben; soziale Kontakte werden aufgenommen und aufrechterhalten – das Kind bindet sich an eine oder mehrere Bezugspersonen und lehnt schon im ersten Lebensjahr andere Menschen ab, es weiß sehr früh sein Lächeln gezielt einzusetzen; die

Sprachfähigkeit wird angebahnt und rudimentär verfestigt; die Grundlage von Sittlichkeit als Eingewöhnung in bestimmte Sitten und Gebräuche der Gruppe, der es angehört, wird errichtet; selbst Moralität erfährt ihre erste Begründung, indem es lernt, mit anderen zu teilen, daß Eifersucht und Eigenwille die Abwendung der Bezugsperson im Gefolge haben können und daß es diese freut, wenn man sich ihr zuwendet.

Alle diese Entwicklungen geschehen nicht automatisch, sondern werden von der Umgebung auf das dort herrschende Idealbild hin unterstützt oder auch eingedämmt. Daß das Kleinkind schon erzogen wird, zeigen die elterlichen Entscheidungen über die Zeiteinteilung und die Fütterungsgewohnheiten und nicht zuletzt die Praktiken, die mit der Entwöhnung und Sauberkeitserziehung einhergehen, die in verschiedenen Kulturen sehr unterschiedlich gestaltet und gehandhabt werden.

Nur sehr wenige menschliche Fähigkeiten unterliegen biologisch gesteuerten Reifungsprozessen, die dann allerdings zu beachten sind. Der aufrechte Gang setzt solche voraus, ebenso die Möglichkeit einer Sauberkeitserziehung.

Darüber hinaus gibt es einige wenige sogenannte *sensible Phasen*, die nicht nur eine Grenze nach unten markieren, sondern auch einen Zeitpunkt beinhalten, nach dem sich einmal versäumte Fähigkeiten nie mehr wirklich erwerben lassen. Die bekannteste dürfte die im Rahmen des Spracherwerbs sein. Ist er nicht bis zum sechsten Lebensjahr etwa angebahnt worden, ist es unmöglich, eine Sprache in ihrer ganzen Komplexität und Ausdifferenziertheit überhaupt noch zu lernen (→ *Entwicklung und Förderung*).

Biologisch fundiert ist auch die im Vergleich zu anderen Säugern über die frühkindliche Phase hinaus verlängerte Kindheit. Als Zeit der verzögerten sexuellen Reife bietet sie ausgezeichnete Möglichkeiten des Lernens, ohne schon von der Sorge um die nächste Generation belastet zu sein. In unserer Kultur wird diese Phase durch eine immer mehr ausgedehnte Ausbildungszeit über das biologisch Vorgegebene weiter vergrößert. Es ist eine besondere Jugendzeit herausgebildet worden mit der Tendenz, sich zu erweitern, der sich die Adoleszenz anschließt, in der biologische Reife mit sozialer Unmündigkeit gekoppelt ist. Das bringt zwar besondere Probleme mit sich, ist aber bezogen auf die Notwendigkeit des Lernens ein Vorzug.

Der oben erwähnte Zeitfaktor der Bildsamkeit ist insofern bedeutsam, als das einmal Erworbene die Ausgangsbasis für das weitere Lernen wird. Das zeigt sich besonders deutlich in der Jugendphase, die dieselben Aufgaben – Erkundung der Welt und des eigenen Ich, Übernahme von immer mehr Verantwortung – hat wie die Kindheit und bei ihrer Lösung auf dem dort Erworbenen aufbaut.

Das Erwachsenenalter und das Alter stellen noch einmal vor andere Probleme, deren Bewältigung ebenfalls zu lernen ist. Wenn hier Erziehung und Bildung auch weitgehend in Selbsterziehung und -bildung überführt sind, so ist auch dafür Bildsamkeit die Grundlage.

Es wäre also völlig falsch, wollte man Bildsamkeit als eine feststehende »Eigenschaft« fassen. Sie selber ist Bildungsvorgängen zugänglich und so veränderbar. Man kann auch die Bildsamkeit fördern. Sie dauert das ganze Leben hindurch an. Man weiß zwar, daß verschiedene Fähigkeiten in den einzelnen Lebensaltern unterschiedlich gut gefördert werden können, auch, daß bestimmte im Laufe des Lebens wieder abgebaut werden, vor allem, wenn sie nicht weiter eingesetzt werden; Untersuchungen alter Menschen (vgl. OLECHOWSKI 1976) haben aber gezeigt, daß auch sie noch in der Lage sind, Neues zu erwerben, vor allem dann, wenn sie ausreichend Zeit zur Verfügung haben und an schon

Bekanntes anknüpfen können. Man kann also festhalten, daß Bildsamkeit ein menschlicher Grundzug ist, der sich durch alle Lebensalter hindurchzieht, sich zwar spezifisch wandelt, aber als solcher erhalten bleibt (→ *Altenbildung*).

Ähnliches gilt für die *Erziehungsfähigkeit*, die als der Bildsamkeit komplementär bezeichnet wurde. Daß sie in der pädagogischen Forschung bisher weitgehend vernachlässigt wurde, ist kein ausreichender Beleg dafür, daß sie bedeutungslos sei. Ihre Grundlage ist die menschliche Sozialität, die die Bezogenheit auf den anderen meint. Im Bindungsverhalten wird sie auf bestimmte Menschen hin konkretisiert. Schon im ersten Lebensjahr bindet sich das Kleinkind an eine Bezugsperson und erleichtert ihr durch seine Aktivität, dies ebenfalls zu tun. Die Hinwendung zum Jüngeren ist darüber hinaus durch die Reaktion auf das Kindchenschema biologisch fundiert, dem jeder Mensch, wenn auch in unterschiedlichem Ausmaß, folgt. Männer und Kinder reagieren ebenso wie Frauen auf die typischen Kleinkindformen mit Zuwendung (→ *Verhaltensbiologie und Pädagogik*).

Daß Kinder einander als Geschwister oder in der Peer-group beeinflussen, sozialisieren, ist weitgehend anerkannt. Bei der Geschwistererziehung schreibt man ihnen dagegen nur eine unterstützende Funktion zu. Von Jugendlichen weiß man, daß sie aufgrund ihrer eigenen Erfahrung in der Lage und oft auch bereit sind, Erwachsenen ganz konkrete Lebenshilfen anzubieten. Nach der Shell-Studie (JUGENDWERK DER DEUTSCHEN SHELL 1985) sind 88% der Jugendlichen und 76% der Erwachsenen der Meinung, »daß ›Erwachsene von Jugendlichen etwas lernen‹ können« (Band 1, S. 74).

Von Kindern kann man zwar nicht sagen, daß sie Erwachsene bewußt und intentional erziehen. Dem direkten Einfluß, den sie sehr wohl auszuüben wissen, fehlt das als erzieherisch gesetzte und verantwortete Ziel. Aber durch ihre Eigenaktivität steuern sie bis zu einem gewissen Grad ihre eigene Erziehung. Und vor allem zwingen sie die Eltern durch ihr Vorhandensein zur Selbsterziehung, die letztlich darin mündet, daß sie sich der Werte, die sie ihnen gegenüber vertreten, neu versichern und sie für sich selber verbindlich machen müssen.

Soweit kindliche Einflußmöglichkeiten in der Forschung überhaupt Beachtung gefunden haben, hat man sie vor allem unter dem Aspekt der Wiederbelebung kindlicher Züge beim Erwachsenen gesehen (CLAESSENS [4]1979). Die Problematik dieses von der Psychoanalyse beeinflußten Ansatzes ist hier nicht zu diskutieren, aber das Faktum der Fragestellung ist bedeutsam.

Auch Erziehungsfähigkeit ist ein menschlicher Grundzug, der der Formung bedarf und so der Kultur und Zeit entsprechend geprägt wird. Bei uns werden typisch männliche und weibliche Formen angenommen und ausgebildet, auch wenn sich diesbezüglich zunehmend ein Wandel anzubahnen scheint. Aus unserer Kultur und Geschichte ist es auch verständlicher, daß sie bei Kindern praktisch nicht gesehen oder doch vernachlässigt worden ist und bei Erwachsenen vorausgesetzt wird, ohne systematisch gefördert zu werden. Selbst in der Lehrerbildung nimmt das Fachwissen einen größeren Raum ein als die pädagogische Ausbildung (→ *Erziehen und Unterrichten als Beruf*; → *Lehrer/ Lehrerin*).

Die selbstverständliche Annahme einer reifen Erziehungsfähigkeit der Erwachsenen hat auch weitgehend in Vergessenheit geraten lassen, daß sie trotz ihrer biologischen Wurzeln vornehmlich ein sittliches Problem ist (BOCK 1984).

5 Identität im Wandel

In den vorhergehenden Überlegungen ist immer wieder auf Veränderungen für das Menschsein generell und im konkreten Lebenslauf des einzelnen hingewiesen worden. Wir müssen uns deshalb abschließend noch der Frage der Identität im Wandel zuwenden.

Identität ist im Unterschied zur *Personalität* (BOCK 1984) nicht mit der Geburt gegeben, sondern wird erworben. Damit ist sie letztlich für jeden eine Aufgabe.

Zu deren Lösung gibt es allerdings Voraussetzungen: Da ist einmal die Leiblichkeit. Identität ist immer konkret an sie gebunden. Sie zu erfahren, auszubilden und zu akzeptieren ist so eine Grundlage von Identität. Dazu gehört z. B. die Übernahme der kulturell geprägten Geschlechtsrolle, das Wissen darum, bestimmte Dinge besonders gut zu können, andere gar nicht.

Zum anderen ist an die Reflexivität zu erinnern, deren eine Wurzel die Fähigkeit ist, sich als Urheber seiner Handlungen, die willentlich gesteuert werden können und nicht durch Antriebe in Zielsetzung und Ablauf festgelegt sind, zu erfahren. Damit verbunden kann und muß die Erfahrung sein, mit sich und der Umgebung bzw. ihren Verhaltenserwartungen nicht übereinzustimmen. Das führt dazu, daß man sich und andere zu beurteilen lernt und akzeptiert, daß man schuldig werden kann. Ein Teil der Identität ist so das Erwerben reifer Sittlichkeit (SCHWARZ 1957) und eine Entscheidung gegenüber der Transzendenz.

Beim Kind sind diese Fähigkeiten sicher nur in Ansätzen vorhanden. Vor allem das Kleinkind erfährt sich so, wie die Umgebung es sieht. Wenn die Bezugspersonen auf es böse sind, hält es sich für böse. Für den Jugendlichen wird die Ausbildung einer eigenen Identität auf der geschilderten Grundlage zur eigentlichen Aufgabe. In dieser Zeit gilt es endgültig, ein Selbstbild aufzubauen, das die sich ändernde Leiblichkeit, die Erwartungen der Umwelt und vor allem eine selbständige Lebensplanung umfaßt, die die eigenen Möglichkeiten realistisch einschätzt und ihnen angemessen ist. Parallel laufen die Lösung aus der Vormundschaft und die Übernahme eigener Verantwortung – und das nicht nur in Entgegensetzung zu den früheren Bezugspersonen und der Gesellschaft, denen man verbunden bleibt als Teil einer Gruppe und einer »gemeinschaftlichen Kultur« (ERIKSON ²1974, S. 18).

In der Jugend hat man auch schon eine eigene Geschichte, hat Erfahrungen gemacht und sie in das Selbst integriert. Diese Geschichte bildet die Grundlage für den Ausgriff auf die Zukunft, die neue Erfahrungen ermöglicht. Identität ist nämlich nichts endgültig Feststehendes, sondern eine immer neue Aufgabe, die sich jeweils anders stellt. LOCH (1979) verbindet sie deshalb mit der Chronologie und dem Lebenslauf. Der Hinweis auf die Bildsamkeit mag verdeutlichen, daß man auch zu ihrer Herausbildung der Hilfe bedarf.

Spätere Lebensphasen bringen neue Konstellationen und Probleme, die in die Lebensführung integriert werden müssen. Im Erwachsenenalter wären der Beruf und die Elternschaft zu nennen; im Alter die Notwendigkeit, sich aus Beziehungen und von Fähigkeiten zu lösen. Damit wandelt sich auch die Identität. Da diese Wandlung aber auf der Grundlage des einmal Erworbenen geschieht, die eigene Geschichte mit einbezogen wird, haben wir hier einen Punkt gefunden, wo Wandel und Beständigkeit nicht nur formal, sondern auch konkret zusammentreffen.

Literatur

ARIÈS, P.: Geschichte der Kindheit. München/Wien 1975
ARNOLD, K.: Kindheit und Gesellschaft in Mittelalter und Renaissance. Paderborn/München 1980
BELL, R. Q./HARPER, L. V.: Child Effects on Adults. New York 1977
BERG, J. H. VAN DEN: Metabletica. Über die Wandlung des Menschen. Göttingen 1960
BOCK, I.: Pädagogische Anthropologie der Lebensalter. Eine Einführung. München 1984
–: Lebensalter und Erziehung – Menschsein in pädagogischer Sicht. In: Universitas 40 (1985), S. 1131–1138
BOLLNOW. O. F.: Die anthropologische Betrachtungsweise in der Pädagogik. Essen ²1968
BOWLBY, J.: Bindung. Eine Analyse der Mutter-Kind-Beziehung. München 1975
CLAESSENS, D.: Familie und Wertsystem. Berlin ⁴1979
DIENELT, K.: Anthropologie des Jugendalters. Ratingen u. a. 1974
DOEHLEMANN, M.: Von Kindern lernen. Zur Position des Kindes in der Welt der Erwachsenen. München 1979
ERIKSON, E. H.: Jugend und Krise. Die Psychodynamik im sozialen Wandel. Stuttgart ²1974
FROESE, L./KAMPER, D.: Anthropologie und Erziehung. In: ELLWEIN TH./GROOTHOFF H.-H. u. a.: Erziehungswissenschaftliches Handbuch. Bd. 3: Aufwachsen und Erziehen als Gegenstände verschiedener Wissenschaften. Erster Teil: Philosophie, Anthropologie, Biologie, Genetik, Medizin, Rechtswissenschaft, Kybernetik. Berlin 1971, S. 67–154
GERNER, B.: Einführung in die Pädagogische Anthropologie. Darmstadt 1974
GILLIS, J. R.: Geschichte der Jugend. Tradition und Wandel im Verhältnis der Altersgruppen und Generationen in Europa von der zweiten Hälfte des 18. Jahrhunderts bis zur Gegenwart. Weinheim/Basel 1980
JENSEN, A. R.: Educability and Group Differences. London 1973
JUGENDWERK DER DEUTSCHEN SHELL: Jugendliche und Erwachsene 1985. Generationen im Vergleich. Band 1: Biografie Deutungsmuster Perspektiven. Opladen 1985
LANGEVELD, M. J.: Kind und Jugendlicher in anthropologischer Sicht. Eine Skizze. Heidelberg 1959
–: Studien zur Anthropologie des Kindes. Tübingen ³1968
LEHR, U.: Zur Psychologie des Alterns – Stereotypen und Erkenntnisse. In: BRAUN, W. (Hrsg.): Die ältere Generation. Zum Problemfeld zwischen Gerontologie und Pädagogik. Bad Heilbrunn 1981, S. 85–95
LOCH, W.: Die anthropologische Dimension der Pädagogik. Essen 1963
–: Lebenslauf und Erziehung. Essen 1979
OLECHOWSKI, R.: Psychologie des Erwachsenen. In: ZDARZIL, H./OLECHOWSKI, R.: Handbuch der Erwachsenenbildung. Bd. 3. Stuttgart u. a. 1976, S. 111–239
PESTALOZZI, J. H.: Meine Nachforschungen über den Gang der Natur in der Entwicklung des Menschengeschlechts (1797). In: Sämtl. Werke. Bd. 12. Hrsg. von A. BUCHENAU; E. SPRANGER; H. STETTBACHER. Berlin 1938, S. 1–166
PÖGGELER, F.: Der Mensch in Mündigkeit und Reife. Eine Anthropologie des Erwachsenen. Paderborn 1964
PORTMANN, A.: Biologische Fragmente zu einer Lehre vom Menschen. Basel ²1951
ROSENMAYR, L.: Die späte Freiheit. Das Alter – ein Stück bewußt gelebten Lebens. Berlin 1983
ROTH, H.: Pädagogische Anthropologie. Bd. I: Bildsamkeit und Bestimmung. Göttingen u. a. 1966. Bd. II: Entwicklung und Erziehung. Göttingen u. a. 1971
RUMPF, H.: Die übergangene Sinnlichkeit. Drei Kapitel über die Schule. München 1981
SCHWARZ, R.: Wissenschaft und Bildung. Freiburg/München 1957
SPITZ, R. A.: Vom Säugling zum Kleinkind. Stuttgart 1967
SPRANGER, E.: Das Gesetz der ungewollten Nebenwirkungen in der Erziehung. Heidelberg 1962
ZDARZIL, H.: Pädagogische Anthropologie. Graz/Wien/Köln ²1978

Hans Thomae

Psychologische Anthropologie

1 Vorbemerkungen

Von der verwirrenden Vielfalt aus gesehen, in der sich die Psychologie seit einem Jahrhundert zeigt (THOMAE 1977), verbietet sich jeder Versuch, die Anthropologie der Psychologie zu definieren oder zu charakterisieren. Einmal böte sich die Möglichkeit, die unterschiedlichen Menschenbilder zu kennzeichnen, wie sie in verschiedenen Psychologien explizit oder implizit bestehen, zum anderen die der Darstellung der eigenen anthropologischen Konzeption. Die erste Alternative wurde schon verschiedentlich versucht (REVERS 1962; THOMAE 1968, 1977; GROEBEN 1986). So sind z. B. mechanistische Modelle oder Maschinenmodelle des Menschen auch in der neueren Psychologie vertreten. WEINER (1972) rechnete das bis vor zwei Jahrzehnten in den USA und der BRD führende System von HULL (1952) hierzu. Wie aber in der Philosophie die anthropologischen Modelle sich stets am Fortschritt der Technik orientierten, haben heute Computermodelle des Gehirns bzw. des Menschen ein hohes Maß an Attraktivität gewonnen.

Daneben haben auch organologische Modelle in der zweiten Hälfte dieses Jahrhunderts erneute Beachtung gefunden. Die Idee, daß menschliches Verhalten sich organisch entfalte und auf Selbstverwirklichung gerichtet sei, hat sich von der deutschen Klassik und Romantik über die Ganzheitspsychologie (KRUEGER 1953) bis in die humanistische Psychologie (MASLOW 1971; ROGERS 1959) hinein als einflußreich erwiesen.

Nicht zuletzt sind auch neue Variationen des uralten Homo-Faber-Modells des Menschen zu erwähnen. Der Mensch, von der Natur mit einem Defizit an angeborenen Verhaltensweisen zur Daseinssicherung ausgestattet, muß sein Leben durch Werkzeugerfindung und Werkzeuggebrauch zu erhalten trachten: dies ist ein Denkmotiv, das sich bei VYGOTSKY (1962) wie bei GEHLEN (1940), bei LEONTJEW (1964) und RUBINSTEIN (1958) und anderen findet (→ *Philosophische Anthropologie*).

Die Aufzählung solcher Modelle ließe sich fortsetzen. Sinnvoller aber erscheint mir, auf Ansätze zu einem anthropologischen Modell der gegenwärtigen Psychologie zu verweisen, die sich in unterschiedlichsten Richtungen dieses Faches zeigen und somit auf Übereinstimmungen in wichtigen Konzeptionen verweisen. Solche Ansätze lassen sich in fünf Thesen zusammenfassen, welche die Umrisse eines nicht nur für Minderheiten gültigen »Menschenbildes« der gegenwärtigen Psychologie erkennen lassen. Die erste dieser Thesen bezieht sich auf die handlungsleitende Funktion kognitiver Prozesse und Strukturen im menschlichen Verhalten, die zweite auf die Rolle bewußter Reflexion, die dritte auf jene der symbolischen Kommunikation. Trotz neuerdings wieder stärker in den Vordergrund tretender erbbiologischer Gedankengänge kann man als Überzeugung einer Mehrheit von Psychologen die entscheidende Bedeutung von Sozialisationsvorgängen bei der Bildung der menschlichen Persönlichkeit festhalten, und zum mindesten eine gewichtige Minderheit sieht in der zukunftsbezogenen Zeitperspektive ein bedeutsames Konstituens menschlichen Verhaltens.

2 Die These von der handlungsleitenden Rolle kognitiver Prozesse und Strukturen

Vor einigen Jahrzehnten war das Image des »guten« Psychologen an dessen Fähigkeiten geknüpft, das Wirken *unbewußter Motive* hinter allen Wahrnehmungen, Vorstellungen und Gedankengängen aufzuspüren. Auch viele soziale Beziehungen, wie etwa das Verhältnis des Kindes zu seinen Eltern, wurden durch unbewußte Dynamismen mitbestimmt gesehen. Der Mensch als Triebwesen – so ließ sich die anthropologische Orientierung vieler Psychologen der ersten Jahrhunderthälfte umschreiben, wobei gleich hinzugefügt sei, daß dieses Menschenbild keineswegs mit jenem von FREUD identisch ist. Die Instinktlehren der 20er Jahre und jene der Verhaltensforscher setzen da viel eindeutigere Akzente, während für FREUD der Widerstand des »Ich« gegen die Triebdynamik das eigentliche Thema darstellte (vgl. THOMAE 1977, S. 134f.). Heute dagegen stehen *»kognitive« Psychologien* und *kognitive Theorien* des Verhaltens in den meisten psychologischen Teildisziplinen im Vordergrund, ob es nun um die Wahrnehmung, das Lernen, die Motivation und Emotion, die Auseinandersetzung mit Streß, den Sozialisationsprozeß oder die Struktur der Persönlichkeit geht (→ *Lernen und Lerntheorie*; → *Persönlichkeit von Lehrern und Schülern*; → *Entwicklung und Förderung*). Entsprechend der Vielzahl von Anwendungen kognitiver Theorien gibt es viele Ansichten über die wirklich entscheidenden kognitiven Systeme oder Strukturen. Zu erwähnen sind etwa Theorien über handlungsleitende Funktionen kognitiver Strukturen (vgl. z. B. OERTER u. a. 1977), solche über die Rolle »generalisierter Erwartungen« als Verhaltensdeterminanten (ROTTER u. a. 1972), über die Funktion von Überzeugungen im sozialen wie im intrapersonalen Konflikt (ROKEACH 1960; KREITLER 1982) oder über »Schemata« als »organisierte Strukturen, die Kenntnisse über die Welt und das eigene Selbst einschließen« (SINGER/KOLLIGIAN 1987, S. 555).

Trotz aller unterschiedlichen Akzente ist allen diesen Theorien die Einsicht gemeinsam, daß »die erste Phase der durch einen Reiz ausgelösten und mit der Handlung beendeten Ereigniskette in der Bildung einer kognitiven Repräsentation der distalen Umgebung charakterisiert wird. Diese kognitive Repräsentation fungiert als die effektive Umgebung, welche Motive und Gefühle auslöst und das von außen beobachtbare Verhalten auf sein Ziel lenkt.« (BALDWIN 1969, S. 326)

BOLLES (1974) meinte, die Entwicklung der Motivationstheorie seit der Jahrhundertmitte habe dazu geführt, daß man an die Stelle motivationaler Konstrukte – wie Bedürfnis, Motiv oder Emotion – solche kognitiver Natur setzen könne (→ *Motivation und Interesse*), und BIRCH und ATKINSON (1974) stellten die These auf, der Gedanke allein lenke das Handeln. Solche »kognitivistischen« Wucherungen kognitiver Theorien haben mit Recht Widerspruch erfahren (ULICH 1979). Aber sie sind wohl der Preis, den die Psychologie für die Wiederentdeckung des Erlebens nach einer Epoche behavioristischer Extremvarianten (vgl. THOMAE 1977, S. 55–66) zu zahlen hatte. Das Resultat einer solchen Umkehr ist die Definition von Persönlichkeitspsychologie als der »Wissenschaft von privater Erfahrung« durch SINGER und KOLLIGIAN (1987). In diesem Zusammenhang wird das Studium des Verhaltens und Erlebens als unerläßlich für die Psychologie bezeichnet und damit die Grenze experimentell gewonnener Befunde über menschliches Verhalten aufgewiesen. Der vor zwanzig Jahren formulierte Grundsatz, das Studium des Verhaltens des Individuums in *seiner* Welt – und nicht in jener des Experimentators,

Fragebogenkonstrukteurs und Testerfinders – müsse den Ausgangspunkt der Psychologie bilden (THOMAE 1987a), ist heute weitgehend zu einer Selbstverständlichkeit geworden (vgl. die Nachweise in THOMAE 1988). Die »Welt« des Individuums besteht vor allem in den von ihm internalisierten »kognitiven Repräsentationen« dieser Welt, in den von ihm übernommenen oder selbst gebildeten »Grundüberzeugungen«, Erwartungen oder Schemata der andern und des eigenen Selbst. Erst die Erfassung dieser kognitiven Systeme eröffnet ein Verständnis menschlichen Verhaltens – wobei der Einfluß motivationaler Prozesse nicht ganz vernachlässigt werden darf.

Die Bedeutung kognitiver Prozesse und Systeme kann gerade im Zusammenhang mit der Problematik von Konflikt und Entscheidung aufgewiesen werden. SKINNER (1975), der letzte Vertreter eines rigorosen Behaviorismus, hat in einer Rede den psychologischen Nachwuchs gewarnt, den Verlockungen von Gedankengängen zu erliegen, denen zufolge es so etwas wie »Willensfreiheit« gebe. Nur wenn man die durchgängige Determiniertheit des menschlichen Verhaltens erkenne, nur wenn man einsehe, daß menschliches Verhalten nicht freier sei als die Verdauung, als Schwangerschaft, Immunisierung oder jeder andere physiologische Prozeß, nur dann werde man lernen, die Umgebung zu kontrollieren, die unser Verhalten bestimmt (→ *Philosophische Anthropologie*). Anstatt an Spontaneität und Kreativität des Menschen zu glauben, müsse man aus der Wissenschaft die Erkenntnisse ableiten, die sich auf die richtigen Kontrollfaktoren des Verhaltens beziehen.

Schon die etwas drastischen Vergleiche zeigen, wie sehr SKINNER sich in der neueren Psychologie auch Amerikas isoliert fühlte. Dennoch gilt für jede Form wissenschaftlicher Psychologie die prinzipielle Vorhersagbarkeit auch des menschlichen Verhaltens als ein Axiom, das auch Vertreter kognitiver Theorien nicht aufgeben wollen. Bei jedem Experiment, bei dem ich Gefühle durch kognitive Prozesse beeinflusse, oder bei anderen, in denen die Versuchspersonen veranlaßt werden, ihre Schmerzempfindungen durch bestimmte Vorstellungen zu beeinflussen, erwartet man, daß die vom Versuchsleiter geschaffenen Versuchsbedingungen zu einem bestimmten Resultat führen. Von ACH (1935) wurde schon vor Jahrzehnten behauptet, die Wahl von Versuchspersonen zwischen zwei verschieden schweren Manipulationen an sinnlosen Silben zu 100% vorhersagen zu können, wenn man sich in Vorversuchen Informationen über bestimmte Handlungspräferenzen verschaffte. Die Versuchspersonen selbst hätten das Gefühl gehabt, sich völlig frei zu entscheiden, obwohl die Wahl genau nach der Vorhersage erfolgte.

Wenn man aber – gemäß den neuen Normen der Psychologie als einer Wissenschaft von den »privaten Erfahrungen« (SINGER/KOLLIGIAN 1987) – daran geht, zu erkunden, was Menschen, die sich um eine Entscheidung in bedeutsamen Lebenssituationen bemühten, wirklich erlebten, dann zeigte sich zunächst einmal, daß ein solches Gefühl der Freiheit keineswegs so positiv aufgenommen werden muß, wie dies nach Meinung der »Determinationspsychologen« der Fall ist. Weit häufiger erscheint eine solche Entscheidung als schwere Belastung (THOMAE 1987).

Was aber noch entscheidender ist: Auch wenn sehr starke Bedürfnisse und Motive miteinander in Konflikt geraten sind, kann man niemals davon sprechen, daß ein gleichsam physischer Kampf dieser dynamischen Kräfte diese Entscheidung herbeiführt. Es siegt nicht das »stärkere« Motiv, sondern jenes, das die Gedanken und Überlegungen so lenken kann, daß der Konflikt im Sinne bestimmter Grundüberzeugungen gelöst werden kann. Solche Grundüberzeugungen können sich auf das eigene Selbst beziehen, wenn etwa ein schlauer Ausweg mit dem Argument abgewehrt wird: »So etwas Schäbiges tue *ich* doch nicht.« Der gleiche Weg kann aber auch beschritten werden, weil man zu der Überzeugung kam: »Das mag ja schofel aussehen, aber in *meiner* Situation kann ich mich darum nicht kümmern.« In einem Fall wird eine Grundüberzeugung über die Unvereinbarkeit einer bestimmten Alternative mit dem eigenen Selbstbild aktualisiert, im anderen wird diese Überzeugung »ausgeschaltet«, indem die Situation als eine Ausnahmesituation interpretiert, d. h. kognitiv repräsentiert wird.

Außer auf das eigene Selbst können sich solche Grundüberzeugungen auf Normen beziehen, wie sie für die eigene Gruppe, Familie oder Institution als verbindlich angesehen werden (vgl. JANIS/MANN 1977; → *Pädagogische Soziologie*), sie können sich auf bestimmte Leitbilder beziehen, wie etwa: »Ein moderner Mensch kann sich durch solche Gefühle doch nicht beeinflussen lassen« oder: »Ein Demokrat kann sich unmöglich so verhalten«. Schließlich können umfassendere Ziele und Pläne die Grundlage für die Beurteilung von Alternativen bilden. In der Ein- oder Ausschaltung solcher kognitiver Systeme vollzieht sich der Entscheidungsverlauf, wobei sehr komplexe, interindividuell und von Situation zu Situation unterschiedliche Interaktionen zwischen diesen kognitiven und mehr oder minder mächtigen motivationalen Prozessen ablaufen.

Der Mensch, der in der Überzeugung handelt, daß sein künftiges Tun mit bestimmten Einstellungen seiner Grundüberzeugungen übereinstimmt, hat das Gefühl der freien Wahl. Im Falle der fehlenden Übereinstimmung kommt es u. U. zu Verzerrungen der kognitiven Einschätzung durch affektive Einflüsse. Ich weiß nicht, ob man in solchen Fällen von freien Entscheidungen sprechen kann.

3 Die These vom reflektierenden Charakter menschlichen Handelns

Bis über die Jahrhundertmitte hinaus waren viele Psychologen von der durch WATSON (1913) verkündeten Norm bestimmt, dergemäß ein Psychologe die Begriffe »Geist«, »Seele« und »Bewußtsein« meiden solle. Die Begriffe »Geist« und »Seele« sind schon von WUNDT (1908/11) aus dem Vokabular der modernen Psychologie ausgeschieden worden, weil sich diese für die Bearbeitung so stark durch theologische und philosophische Bemühungen vorbelasteter Problemgebiete unzuständig erklärte. Dagegen definierte er die Psychologie als eine Wissenschaft von den Bewußtseinsprozessen.

Nach einer von Land zu Land unterschiedlich langen Dauer einer behavioristischen Tabuisierung des Bewußtseins hat dieses seinen Platz in der Psychologie wieder erhalten. RUBINSTEIN (1958), einer der Begründer einer spezifisch »sowjetischen Psychologie«, hielt der primitiv-materialistischen Deutung des Menschen, wie sie von den Reflexologen BECHTEREW und PAWLOW vorgenommen wurde, die These entgegen, ohne Bezugnahme auf das Bewußtsein sei spezifisch menschliches Verhalten nicht zu verstehen. Eine bewußte Handlung unterscheide sich vom Reflex oder einer einfachen Reaktion durch eine andere Beziehung zum Objekt. Erst durch diese spezifische Objektbeziehung werde aus der Reaktion eine Handlung (vgl. THOMAE 1977, S. 73f.).

In der westlichen Psychologie waren es verschiedene Entwicklungen, die zur Wiedereinführung des Bewußtseins als eines legitimen Begriffs und zugleich aber auch als eines Problemgebietes führten. HILGARD (1980) rechnet hierzu die kognitive Wende, aber auch bestimmte Entwicklungen in der Neurophysiologie und -psychologie. Durch Anwendung des Elektroenzephalogramms wurde es möglich, physiologische Korrelate unterschiedlicher Bewußtseinszustände zu objektivieren. Schließlich hat die Entdeckung bestimmter Schlafzyklen mit Hilfe des EEGs (KLEITMANN 1963), insbesondere der REM-Phase, welche von Träumen begleitet ist, das Augenmerk auf die subjektive Erfahrungswelt gerichtet.

In der technologischen Entwicklung begründet liegt dagegen der zweite Anstoß zu der Wiederbelebung des Bewußtseinsproblems; er verbindet sich mit dem Stichwort »Vigilanzforschung«. Die für den Ausgang des Zweiten Weltkrieges entscheidende Erfindung der Radartechnik stellte an das Personal hohe Anforderungen in bezug auf eine gleichbleibende Wachsamkeit bei relativ monotoner Reizstruktur über längere Zeit hinweg. Man fand nun, daß diese Vigilanz nach einer bestimmten Zeit nicht etwa infolge von Ermüdung, sondern mit Rücksicht auf Faktoren, welche den Zugang zu dem System »Wachheit« regeln, nachläßt. Hieraus ergaben sich verschiedene Theorien der Aufmerksamkeit (NORMAN 1973) und damit »die Wiederbelebung einer Problematik, die von Wundt und seinen Zeitgenossen intensiv bearbeitet worden war, um nachher nur noch die Aufmerksamkeit von einigen wenigen zu erregen« (THOMAE 1977, S. 185).

Noch entscheidender hat wohl die Drogenszene die Psychologen in den 60er Jahren veranlaßt, sich dem Problem des Bewußtseins und seiner Veränderungen zuzuwenden. Denn für die Sucht bildet die Erzielung bestimmter Bewußtseinszustände das unbezwingliche Motiv. In der internationalen Entwicklung der Psychologie sind schließlich Bemühungen zu finden, Erfahrungen in der Meditation bzw. der Selbstkontrolle, wie sie im Zen-Buddhismus gewonnen wurden, für die Erweiterung psychologischen Wissens um die Varianten des Bewußtseins zu nutzen (SATO 1968).

Die neue Freiheit gegenüber dem Bewußtseinsproblem, welche die Psychologie durch diese Entwicklung gewann (HILGARD 1980, S. 23), hat auch die Aufmerksamkeit auf die unterschiedlichen Veränderungen des Bewußtseinsstromes außerhalb des Schlafes gelenkt. Man wird dieser Freiheit freilich nicht gerecht, wenn man nun alle Verhaltensweisen von einem scharfen, bewußten Ich kontrolliert sieht. Vielmehr muß sich an die Wiedereinführung des Bewußtseinsproblems auch das Studium seiner teils dominanten, teils eingeschränkten Rolle anschließen, wie dies ROTHACKER (²1965) vorschlug. Nicht die Gleichsetzung von bewußtem Handeln mit stets rational kontrolliertem Handeln, sondern die Beachtung des reflektierenden Charakters bewußter Prozesse und der vielen Modifikationen dieser Reflexion wird dem anthropologischen Aspekt des Bewußtseinsproblems gerecht.

4 Die These von der zunehmenden Symbolisierung der Kommunikation

Seit vielen Jahrhunderten gilt als eines der eindeutigsten Kennzeichen der menschlichen Natur deren Sprachfähigkeit (→ *Pädagogische Anthropologie*). Man hat von den verschiedensten Beobachtungen aus gezeigt, daß alle sprachähnlichen Verständigungsformen unter Tieren wesentliche Merkmale einer Sprache im menschlichen Sinne vermissen lassen. Dies gilt auch für die sogenannte Bienensprache (v. FRISCH ⁷1964), da hier die Verständigung nicht durch ein Symbol, sondern durch die Mitteilung einer Initialbewegung geschieht, welche spätere Bewegungen andeutend vorwegnimmt und damit ein Vollzugsschema für die auszulösenden Bewegungen schafft (→ *Verhaltensbiologie und Pädagogik*). Damit entbehrt hier die Mitteilung dessen, was echte Sprache ausmacht, nämlich die Lösung vom praktischen Tun und der Übergang zur symbolischen Verständigung. Die menschliche Sprache als Inbegriff eines Systems von expressiven, auffordernden und hinweisenden Symbolen ermöglicht eine Ablösung des Handelns vom »Hier und Jetzt«. Dadurch wird eine Information des Gesprächspartners über ein Minimum an Bewegung bzw. stofflicher Vermittlung bewirkt. Dies aber läßt Raum für neue Information.

RÜFNER (1972) hat auf Ergebnisse vergleichend-psychologischer Forschung verwiesen, bei denen Schimpansenkinder mit Menschenkindern aufgezogen wurden. Hier werde schon im frühen Kindesalter die völlige Andersartigkeit der Verhaltensstruktur deutlich: bei z. T. überlegener praktischer Intelligenzentwicklung beim Schimpansenkind zeige sich bei diesem vor allem im sprachlichen Bereich sehr früh ein Stillstand, der nicht lediglich auf quantitative Unterschiede in den kognitiven Prozessen, sondern auf substantielle Unterschiede verweise. Thesen, wie sie Herder vor über 200 Jahren formulierte, sind durch die moderne Psycholinguistik vielfach bestätigt worden. »Die menschliche Sprache scheint offenbar von einer spezifischen mentalen Organisation, wie sie eben nur der Mensch aufweist, geleitet zu sein.« (WENZEL/HARTIG 1977, S. 17)

LENNEBERG (1977) sieht die Sprache als Grundlage der spezifischen menschlichen kognitiven Tätigkeiten, als Resultat bisher unbekannter artspezifischer Fähigkeiten an. Die Ausbildung solcher artspezifischen Fähigkeiten sei mit dem Grundgedanken der Evolution im Sinne von Darwin ohne weiteres vereinbar. Artspezifische Besonderheiten in der Strukturierung von Verhaltensweisen seien ja das, was die Evolutionslehre postuliere.

Nun, ob die Erklärung dieses artspezifischen Verhaltens im Sinne DARWINS oder gegen DARWIN ist, geht über meinen Kompetenzbereich hinaus. Festzuhalten bleibt aber, daß die von Karl BÜHLER (1934) schon vor mehr als einem halben Jahrhundert konstatierte Kluft zwischen den expressiven und demonstrativen Lautäußerungen der Tiere und der menschlichen Sprache durch die moderne vergleichende Psycholinguistik bestätigt wurde.

5 Die These von der primären Formung des Menschen durch Sozialisation

Daß die menschliche Persönlichkeit nicht mit fertig ausgebildeten Eigenschaften zur Welt kommt, sondern zur so und so gearteten Person durch einen Prozeß der Entwicklung wird, ist ein weitgehend anerkannter Tatbestand. Strittig ist freilich der Grad der Veränderung, die mit dieser Entwicklung verbunden ist, und strittig auch der Zeitraum, in dem diese Veränderung vor sich geht. Nach manchen Autoren, die heute wieder größeren Einfluß gewinnen als z. B. nach 1945, ist ein relativ großer Anteil der Persönlichkeitseigenschaften erblich festgelegt, nach anderen ist die individuelle menschliche Persönlichkeit Resultat einer Formung durch Kultur, Familie, Gruppe, Institution, kurz, durch die Gesellschaft. Der einzelne ist Produkt eines Sozialisationsprozesses. Hierzu ist festzustellen: Die Ergebnisse der psychologischen Vererbungsforschung lassen lediglich den Schluß zu, einige sehr formale und weit zu fassende Verhaltenstendenzen wie etwa Höhe der allgemeinen Intelligenz, der Aktivität, Aspekte der Grundstimmung und Tendenz zur Extraversion seien in einem gewissen Umfang hereditär verankert (GOTTSCHALDT 1960; VANDENBERG 1966). Selbst hier scheinen jedoch noch viele Fragen offen zu sein, wenn man die sehr überzeugenden Befunde über diskordantes Verhalten von eineiigen Zwillingen berücksichtigt, die v. BRACKEN (1936) und ZAZZO (1960) vorlegten (→ *Intelligenz, Begabung und Umwelt*; → *Persönlichkeit von Lehrern und Schülern*).

Auch ohne sich einer radikalen »Tabularasa«-Theorie zu verschreiben, wird man daher dem Vorgang der Bildung der Persönlichkeitsstruktur im lebenslangen Interaktionsprozeß zwischen Individuum und Umwelt seine Aufmerksamkeit schenken. Da diese Umwelt für den Menschen aber weitgehend mit einer sozialen Umwelt identisch ist, hat man den Vorgang der kontinuierlichen Prägung des Persönlichkeitsgefüges durch die Gruppen und die Gesellschaft als *Sozialisation* umschrieben (PARSONS, WURZBACHER, SCHARMANN u. a.). Aggression und Angst, Leistungsmotivation und Selbstsicherheit, Bereitschaft, anderen zu helfen, und viele andere Persönlichkeitseigenschaften werden danach in der Auseinandersetzung mit einem vorübergehenden oder bleibenden Umweltschicksal gebildet (→ *Philosophische Anthropologie*; → *Pädagogische Soziologie*).

Manche dieser durch Sozialisation geprägten Verhaltenstendenzen unterstreichen den Einfluß von sozialen Normen und insbesondere elterlichen Erziehungshaltungen. So hat man z. B. eine hohe Konstanz eines eher anlehnungsbedürftigen, abhängigen Verhaltens bei Mädchen bzw. bei Frauen vom 8. bis 30. Lebensjahr konstatiert, dagegen keine Konstanz hinsichtlich aggressiver Verhaltensweisen. Das Ausmaß der Aggressivität zeigte dagegen ein hohes Konstanzmaß bei der männlichen Teilstichprobe dieser Längsschnittstudie. Diese gesellschaftsspezifischen Unterschiede in bezug auf Konstanz bzw. Veränderlichkeit bestimmter Persönlichkeitsmerkmale werden jedoch in Bezugnahme auf die in der Gesellschaft existierenden Normen in bezug auf männliches und weibliches Verhalten gedeutet. Die Eltern werden, diesen Normen entsprechend, stärker anlehnungsbedürftiges Verhalten bei den Mädchen, stärker aggressives Verhalten bei den Jungen tolerieren (→ *Werte und Normen in der Erziehung*).

Die kulturelle Abhängigkeit solcher Normen für männliche und weibliche Eigenart wurde u. a. von Margaret MEAD und Simone DE BEAUVOIR unterstrichen bzw. durch ethnologisches Material belegt. Selbst Unterschiede in der Intelligenzentwicklung von Jungen und Mädchen bzw. Männern und Frauen lassen sich von solchen kulturellen Normen her erklären. So sind im Kindes- und Jugendalter meist geringe geschlechtsspezifische Unterschiede gefunden worden, während beim Vergleich von heute 70- bis 80jährigen Männern und Frauen selbst bei vergleichbarer sozialer Schicht starke Unterschiede auffallen. Diese sind nur durch die unterschiedlichen Rollenerwartungen und Bildungschancen dieser Männer und Frauen zu erklären.

Die kulturvergleichende Forschung der letzten vier Jahrzehnte hat aber nicht nur Hinweise auf die kulturelle Abhängigkeit männlicher und weiblicher Persönlichkeitsentwicklung erbracht, sie verwies auch auf Zusammenhänge zwischen kulturell genormten Erziehungsweisen einerseits und kulturspezifischen Erklärungen von Krankheit oder Vorstellungen über den wohl- oder übelwollenden Charakter von Geistern und Gottheiten oder die Häufigkeit von Versündigungsideen andererseits.

Die kulturellen Normen, mögen sie definierbar oder nicht definierbar sein, sind nur eine Gruppe von Determinanten der Entwicklung. Seit über 40 Jahren liegen aus den verschiedensten Ländern viele Untersuchungsergebnisse vor, welche den Einfluß der sozialen Schicht auf die Persönlichkeitsentwicklung bekunden. Dabei ist der Zusammenhang nicht so einfach zu sehen, wie er oft in politisch orientierten Darstellungen des Problems erscheint. Kinder niedriger sozialer Schicht haben oft zweifellos ungünstigere Entwicklungsbedingungen, und zwar auch abgesehen von ihren Bildungschancen. Diese Entwicklungsbedingungen werden aber vor allem durch die erzieherischen Einstellungen der Eltern und durch den von ihnen erlebten »Freiraum« definiert. So scheinen die ökonomisch-soziologischen und sozialen Bedingungen der Unterschicht oft zusammenzuwirken, um den subjektiven Lebensraum oder den subjektiv empfundenen Freiraum so einzuschränken, daß das Gesamtniveau der leistungszentrierten Angepaßtheit durch zehn Jahre hindurch entweder auf einem niedrigen Niveau verbleibt oder aber allmählich ansteigt. Diesen zwei Formen der Persönlichkeitsentwicklung, die wir bei unserer Längsschnittuntersuchung bei den »Nachkriegskindern« (COERPER/HAGEN/THOMAE 1954) fanden, stehen drei bis vier Entwicklungsvarianten bei Kindern der mittleren und höheren Schicht gegenüber. Neben einem konstant höheren und sinkenden Niveau der leistungsbezogenen Aktivität können hier verschiedene Varianten der Zu- und Abnahme, von unregelmäßigem Verlauf usw. beobachtet werden. Generell kann man zweifellos festhalten, daß die »soziale Schicht« einen Inbegriff wesentlicher Entwicklungsdeterminanten darstellt, durch die unterschiedliche Verlaufsformen der Entwicklung bestimmt werden. Aber wesentlich ist es, sie als Zusammenhang verschiedener Einflußfaktoren zu betrachten, zu denen immer auch jene bestimmter elterlicher Einflüsse gehören (→ *Soziale Klassen, soziale Schichten, soziale Mobilität*).

Zu einem Streit zwischen Entwicklungspsychologen einerseits, einigen Psychoanalytikern und Pädiatern andererseits kam es vor einiger Zeit hinsichtlich der Bedeutung eines kontinuierlichen Kontaktes zwischen Mutter und Kind im ersten Lebensjahr und späterer Persönlichkeitsentwicklung des Kindes.

Ich möchte hier nicht auf die Einzelheiten eingehen, sondern nur hervorheben, daß nicht strittig ist die Notwendigkeit einer fördernden, warmherzigen Bezugsperson und der Bereitstellung aller jener Pflege- und Erziehungshaltungen, die, wie ERIKSON das ausdrückt, eine Atmosphäre des Urvertrauens zu schaffen in der Lage sind. Aber wogegen wir Entwicklungspsychologen uns wehren, das ist eine vereinfachende, aber meist sehr lautstark propagierte Betrachtungsweise, derzufolge auf der einen Seite ein gewisses Quantum an Kontakt zwischen leiblicher Mutter und Kind als eine gleichsam monolithisch wirkende Ursache und auf der anderen Seite eine gestörte oder störungsfreie Persönlichkeitsentwicklung bis ins hohe Alter als Folge stehen. LEHR (1974) hat die vielen Aspekte der Sozialisationseinwirkungen der Mutter anhand der umfangreichen internationalen Literatur zusammengestellt und gezeigt, wie verhängnisvoll gerade in diesem Zusammenhang ein zu stark vereinfachendes Kausaldenken ist (→ *Entwicklung und Förderung*; → *Pädagogische Anthropologie*).

Wir haben gerade die Steitfrage um die Rolle der Mutter in der Sozialisation des Kindes in unsere Erörterungen einbezogen, weil sie uns erneut an das Problem von *Determination* und *Freiheit* heranführt. Immer stärker ist in den letzten Jahren die Forderung erhoben worden, statt nach allgemeinen »Entwicklungsgesetzen« forschen zu wollen, die Bedingungen zu analysieren, unter denen diese oder jene Form psychischer

Entwicklung in Kindheit, Jugend- und Erwachsenenwelt auftritt. Bei der Erfüllung dieser Forderung aber wird sich stets die Frage stellen, ob wir bestimmte Korrelationen zwischen Entwicklungsumständen und Entwicklungsergebnissen als Hinweise auf Ursache-Wirkungs-Beziehungen sehen dürfen. Die statistischen Verfahren, mit denen wir solche Zusammenhänge überprüfen, lassen zunächst einmal keineswegs eine Aussage über Kausalbeziehungen zu. Sie sagen nur aus, ob ein gefundener Zusammenhang zwischen Variable A und B zufällig ist oder nicht. Von hier aus gesehen ist bei allen biologischen, sozialen und psychologischen Korrelaten bestimmter Entwicklungsformen festzustellen, daß sie nicht als Ursachen anzusehen sind, die *notwendigerweise* zu dieser oder jener Wirkung führen müssen. Von den verschiedenen empirischen und theoretischen Standpunkten aus hat man Kritik z. B. an Sozialisationstheorien geübt, welche das Kind als passives Objekt der Sozialisationsbedingungen sehen. Die Interaktion zwischen Mutter und Kind oder zwischen Pflegeperson und Kind wurde deshalb zum Forschungsthema, vor allem auch die Auswirkung des Verhaltens des Kindes auf das Verhalten der Mutter und der Pflegeperson.

Ein aktiver Organismus steht in Interaktion mit bestimmten Entwicklungsbedingungen – das ist ein in sehr vielen Forschungsansätzen bestimmendes Interpretationsmodell von entwicklungspsychologischen Zusammenhängen, das gerade in der populären Diskussion oft vernachlässigt wird. Dabei bleibt auch in der wissenschaftlichen Diskussion das eigentliche Ziel die *Vorhersage* eines künftigen Geschehens oder die Erklärung eines Entwicklungsablaufs aus diesen oder jenen Lebensumständen. Der Entwicklungspsychologe als Wissenschaftler muß insofern von der Vorhersagbarkeit von psychischer Entwicklung überzeugt sein. Steht er aber damit nicht im Gegensatz zu der Idee der Person, deren Eigenart nicht allein Resultat biologischer oder sozialer Einflüsse, sondern jeweils »personaler Entscheidungen« ist?

Ich glaube, daß es sich hier um einen scheinbaren Gegensatz handelt. Erstens stellt jede Voraussage über menschliches Verhalten im theoretischen wie im praktisch-klinischen Bereich nur ein Wahrscheinlichkeitsurteil dar. Es ist eher ein Zeichen von kritikloser Unterschätzung der Komplexität der Lenkung des Entwicklungsgeschehens, wenn man aus bestimmten erkannten Entwicklungsumständen notwendige Verhaltenskonsequenzen ableitet. Das trifft auf die Entwicklung im frühen Kindesalter in gleicher Weise zu wie auf jene in der Jugendzeit oder im Erwachsenenalter. Auch wenn wir Einblick in alle inneren und äußeren Entwicklungsbedingungen hätten und sogar die Situation vorhersagen könnten, in die ein Individuum gestellt wird, so bleibt es doch schwierig vorherzusagen, wie das Individuum diese Situation erleben wird. Die Situation, *so, wie sie wahrgenommen*, *erlebt wird*, erwies sich aber als die wesentlichste Variable, welche über die Wahl zwischen verschiedenen Verhaltensweisen entscheidet. Diese Wahrnehmung wird vor allem durch Überzeugungen, Werthaltungen, d. h. mehr oder minder übergreifende kognitive Systeme bestimmt. Insofern ist es nicht die dumpfe Gewalt von Trieben und Affekten, welche den Menschen in diese oder jene Richtung treibt, sondern der Aufbau, die Einbeziehung oder Ausschaltung bestimmter Grundüberzeugungen und Grundwerte. Dies ist, wie aufgewiesen, keine idealistische Philosophie, sondern Resultat empirischer Untersuchungen über Entscheidungsverhalten.

Von diesen Einsichten aus erscheint uns ein Gegensatz zwischen dem wissenschaftlichen Ziel einer Entwicklungsprognose und einer Philosophie der Person heute nicht mehr zu bestehen. Denn jede Entwicklungsprognose muß durchaus nicht erst beim

Jugendlichen und Erwachsenen Raum für jene personalen Entscheidungen lassen, deren Verlaufsform und Ergebnisse nur in bestimmten Annäherungsgraden erfaßt werden.

6 Menschliches Verhalten ist zukunftsorientiert – Antizipation und Humanisation

SGANZINI (1940) wollte das Merkmal der Antizipation als »Ur-Kategorie« alles Lebendigen bezeichnet wissen. Nun soll mit der Diskussion der hier zu erörternden anthropologischen Merkmale nicht die These verbunden werden, keines von ihnen könne in irgendeiner Weise bei irgendeinem Tier angetroffen werden. Probleme der vergleichenden Psychologie überlassen wir gerne anderen. Wesentlich erscheint uns aber die Feststellung, daß das Merkmal der Antizipation der eigenen Zukunft nichtmenschlichen Lebewesen nur zugeschrieben wird, wenn man in Kauf nimmt, des Anthropomorphismus geziehen zu werden. Nachweisbar ist das Moment der »inneren Vorwegnahme« eines Zustandes nur bei Menschen. Hier wird die jeweilige Gegenwart in ständig wechselndem Maße durch das Hineinnehmen der Zukunft verändert, ein Sachverhalt, auf den theoretisch so unterschiedlich orientierte Autoren wie BERGIUS, KELLY, HECKHAUSEN, LERSCH, LEWIN und NUTTIN verweisen. Viele Überlegungen konzentrierten sich auf die Einsicht, daß der Mensch »Vergangenheit und Zukunft verbindet« (KELLY).

»Zwar lebt der Mensch in der Gegenwart. Er steht jedoch mit gespreizten Beinen über der Kluft, welche die Vergangenheit von der Zukunft trennt. Er ist das einzig verbindende Glied zwischen beiden Universen. Er, und nur er allein, kann sie miteinander verbinden.« (KELLY 1958, S. 51)

Die Entwicklung des Kindes erhält ein spezifisch »menschliches« Gepräge, wenn sich die Dimension der Zukunft erschließt. STERN und KOFFKA haben schon vor Jahrzehnten auf die Langwierigkeit und Schwierigkeit dieses Prozesses hingewiesen. Wenn auch die Dimension der Vergangenheit gemeinsam mit der Dimension der Zukunft zu wachsen scheint, insofern, als aus Erfahrungen immer mehr Erwartungen über die Konsequenzen bestimmter Ereignisse abgeleitet werden, so hat kindliches Verhalten im Rollenspiel, in den zunächst »spielerisch«, dann immer »realistischer« vorgebrachten Berufswünschen, in den Identifikationsprozessen, wie sie FREUD beschrieb, in manchen Phänomenen »unerklärlicher« kindlicher Angst doch unverkennbare Merkmale eines größeren Gewichts der Zukunftsdimension gegenüber jener der Vergangenheit.

Wie sehr die Zukunftsperspektive in der Reifezeit an Bedeutung gewinnt, haben geisteswissenschaftliche, gestalttheoretische und psychoanalytische Entwicklungstheorien hervorgehoben.

Die Entwicklung im Erwachsenenalter wurde insbesondere von Martha MOERS und Charlotte BÜHLER als eine solche des Erfassens einer Bestimmung, einer Aufgabe, d. h. sehr oft einer Vorwegnahme eines drohenden oder zu meisternden Zustandes charakterisiert. Für das höhere Alter bringt das »Innewerden der entrinnenden Zeit« neue Aufgaben, die sich in einer entscheidenden thematischen Umstrukturierung des Verhaltens äußern. Die zum Teil merkbare Konzentration auf gegenwartsbezogene Themen hat die Funktion einer subjektiven Gleichgewichtsregulation unter den verschiedenen Segmenten des Zeitkontinuums. Indem die Kunst zur Kultivation der Gegenwart wächst und sich der »innere Blick« auf sie konzentriert, erscheinen um diesen Fixationspunkt herum, subjektiv gesehen, die Extensionen der Zeitperspektive nicht nur in Richtung auf die Vergangenheit, sondern auch in jene der Zukunft subjektiv immer noch unbegrenzt möglich.

Das Spezifische der menschlichen Motivation wie der Formung der Persönlichkeit wird durch die sich ständig ändernde, aber sich nie verlierende *Hineinnahme des Künftigen in das Gegenwärtige* bestimmt. Starke Störungen der Persönlichkeitsstruktur sind deshalb mit einem defizienten Zukunftsbezug verbunden.»So wird vom Wahnkranken gesagt, daß ihm die zeitliche Verankerung seines Seins fehle. Für ihn gibt es nichts Zukünftiges, keine echte Vorhabe, ›weil es einfach keine mögliche Zukunft gibt‹.« (WEITBRECHT 1963)

Auch die depressive Psychose ist nach WEITBRECHT durch ihren Verlust der nach vorwärts gerichteten Tendenzen gekennzeichnet. Einen defizienten Zukunftsbezug stellte DIETRICH (1962) bei kriminellen Jugendlichen fest.

Andererseits muß man einräumen, daß die Fähigkeit zur »Vorwegnahme« künftiger eigener Befindlichkeit eine konstitutive Störung des Zukunftsbezuges beim Menschen herbeiführen könnte. Diese Annahme liegt ganz offensichtlich der Existenzphilosophie von HEIDEGGER zugrunde. Die These von der Zukunftsbezogenheit der »Zeitlichkeit« könnte von den bisher erörterten Arbeitsansätzen aus bestätigt werden. Soweit seine Lehre jedoch die These enthält, alles menschliche Verhalten sei letztlich evasive Reaktion in bezug auf diese Störung der Zukunftsdimension, muß sie von vielen empirischen Befunden her eingeschränkt werden. Dies zeigt sich besonders in Untersuchungen über das Problem der Einstellung zum Tode. Entscheidend bleibt offensichtlich, daß subjektiv die Proportion unter den Erstreckungen der Zeitperspektive konstant erscheint. Die Arten, wie diese Konstanz gesichert wird, zu beschreiben ist eine der fruchtbarsten Aufgaben einer Psychologie der menschlichen Existenz.

7 Schluß

Das Menschenbild der Psychologie wurde hier aufgrund einer Analyse bestimmter Forschungstrends gekennzeichnet, also, wie ich sagen zu können glaube, durchaus nicht aus einem subjektiven Standpunkt heraus. Ein Trend ist stets die Resultante vieler Kräfte. Man kann mir viele psychologische Theorien entgegenhalten, die meinen Ableitungen widersprechen. Wer allerdings in der Lage ist, den Überblick zu behalten, wird die von mir hervorgehobenen Tendenzen in Richtung auf eine stärkere *humanistische Psychologie* erkennen. Allerdings möchte ich nur die aufgewiesenen fünf Denk- und Arbeitstendenzen als Inbegriff dieser stärker humanistischen Psychologie ansehen, nicht das, was in Kalifornien und in Greenwich Village daraus geworden ist: eine Art Ersatzreligion oder eine therapeutische Gemeinschaft mit Erlösungsansprüchen. Insofern wird die Humanisierung der Psychologie von manchen strengen Experimentatoren entschiedener betrieben als von der Association of Humanistic Psychology.

Ergeben aber die aufgewiesenen fünf Merkmale ein Bild? Läßt sich aus ihnen eine ähnlich gängige Formel ableiten wie aus SCHELERS Philosophie der Weltoffenheit des Menschen, aus GEHLENS Anthropologie des kompensatorischen Charakters des menschlichen Geistes, aus PORTMANNS Formel vom Menschen als einem Nesthocker, der anormal lange Tragezeiten aufweist, usw.? Nun, ich würde sehr zögernd oder eigentlich nicht zustimmen, wenn man die von mir herausgestellten Merkmale des psychologischen Menschenbildes in eine Formel wie »rationales Menschenbild« oder »zukunftsbestimmtes Menschenbild« reduzieren wollte. Besser ist es, beim Begriff »Menschenbild« zu bleiben und auf eine Kurzformel zu verzichten. An diesem psychologischen Bild wurden fünf Merkmale – kognitive Dominanz, reflektierende Steuerung, symbolische Kommunikation, interaktive Persönlichkeitsbildung und genuine Zukunftsorientierung – hervorgehoben. Für eine interdisziplinäre Diskussion scheint es mir fruchtbarer, bei diesen Merkmalen zu bleiben und auf jede formelhafte Verkürzung zu verzichten – auch auf jene, daß der Mensch ein geistiges Wesen sei.

Literatur

Ach, A.: Analyse des Willens. Wien/Berlin 1935
Baldwin, A. L.: A cognitive theory of socialisation. In: Goslin, D. A. (Hrsg.): Handbook of socialisation theory and research. Chicago 1969, S. 250–345
Birch, D./Atkinson, J. W./Bongotz, K.: Cognitive control of action. In: Weiner, B. (Hrsg.): Cognitive view of motivation. New York 1974, S. 85–90
Bolles, R. C.: Cognition and motivation: some historical trends. In: Weiner, B. (Hrsg.): Cognitive views on motivation. New York 1974, S. 1–20
Bracken, H. v.: Über die Sonderart der sujektiven Welt von Zwillingen. In: Arch. ges. Psych. 97 (1936), S. 97–105
Bühler, Ch.: Der menschliche Lebenslauf als psychologisches Problem (^{2}1933). Göttingen 1959
Bühler, K.: Sprachtheorie. Jena 1934
Coerper, C./Hagen, W./Thomae, H.: Deutsche Nachkriegskinder. Stuttgart 1954
Dietrich, G.: Kriminelle Jugendliche. Bonn 1962
Frisch, K. v.: Aus dem Leben der Bienen. München 1964
Gehlen, A.: Der Mensch. Seine Natur und Stellung in der Welt. Berlin 1940
Gottschaldt, K.: Das Problem der Phänogenetik der Persönlichkeit. In: Lersch, Ph./Thomae, H. (Hrsg.): Handbuch der Psychologie. Bd. 1. Göttingen 1960, S. 22–280
Groeben, N.: Handeln, Tun, Verhalten als Einheiten einer verstehend-erklärenden Psychologie. Tübingen 1986
Hilgard, E. R.: Consciousness in Contemporary Psychology. In: Annual Review of Psychology 31 (1980), S. 1–26
Hull, C. L.: A behavior system. New Haven 1952
Janis, I. L./Mann, L.: Decision making. New York 1977
Kelly, G.: Psychology of personal constructs. New York 1955
–: Man's construction of his alternatives. In: Lind, G. (Hrsg.): Assessment of human motives. New York 1958, S. 33–64
Kleitman, N.: Sleep and wakefulness. Chicago 1963
Kreitler, H./Kreitler, S.: The theory of cognitive orientation: widening the scope of behavior prediction. In.: Maher, B. A./Maher, W. B. (Hrsg.): Progressive Experimental Personality Research, Vol. 11. New York 1982, S. 101–169
Krueger, F.: Zur Psychologie und Philosophie der Ganzheit. Berlin 1953
Lehr, U.: Die Rolle der Mutter in der Sozialisation des Kindes. Darmstadt 1974
Lenneberg, E. H.: Sprache in biologischer Sicht. In: Wenzel, U./Hartig, E. (Hrsg.): Sprache – Persönlichkeit – Sozialstruktur. Hamburg 1977
Leontjew, A. N.: Probleme der Entwicklung des Seelischen. Berlin 1964
Maslow, A.: The farther reaches of human nature. New York 1971
Norman, D.: Aufmerksamkeit und Gedächtnis. Weinheim 1973
Oerter, R./Dreher, E./Dreher, M.: Kognitive Sozialisation und subjektive Struktur. München 1977
Parsons, T./Shils, E. (Hrsg.): Toward a general theory of action. Cambridge, Mass. 1951

Revers, W. J.: Ideologische Horizonte in der Psychologie. München 1962
Rogers, C.: A theory of therapy, personality, and interpersonal relationships as developed in the client-centered framework. In: Koch, S. (Hrsg.): Psychology: A study of a science. Vol. 3. New York 1959, S. 184–256
Rokeach, M.: The open and the closed mind. New York 1960
Rothacker, E.: Schichten der Persönlichkeit (1938). Bonn ²1965
Rotter, J. R./Chance, J. E./Phares, E. J. (Hrsg.): Applications of a social learning theory of personality. New York 1972
Rubinstein, S.: Grundlagen der allgemeinen Psychologie. Berlin 1958
Rüfner, U.: Psychologie. In: Mayer, H. (Hrsg.): Handbuch der Philosophie. Bd. IV. Paderborn 1972
Sato, K.: Zen from a personological viewpoint. In: Psychologica 11. Kyoto 1968, S. 3–34
Scharmann, Th.: Rolle, Person und Persönlichkeit. In: Lienert, G. (Hrsg.): Bericht über den 24. Kongreß der Deutschen Gesellschaft für Psychologie (Würzburg 1962). Göttingen 1963, S. 15–32
Sganzini, C.: Vom grundsätzlichen Gebrauch des Gesichtspunktes »Vorwegnahme« (Antizipation). In: Festschrift für R. Herbertz. Bern 1940
Singer, J./Kolligian, J., jr.: Personality: Developments in the study of private experience. In: Annual Review of Psychology 38 (1987), S. 533–574
Skinner, B. F.: The steep and thorny way to a science of behavior. In: American Psychologist 30 (1975), S. 42–49
Thomae, H.: Das Individuum und seine Welt. Eine Persönlichkeitstheorie. Göttingen 1968
–: Psychologie in der modernen Gesellschaft. Göttingen 1977
–: Das Individuum und seine Welt. 2., völlig neu bearbeitete Auflage. Göttingen 1988
–: Lebensentscheidungen im Rückblick. In: Gordon, P. P. (Hrsg.): Lebensentscheidung. Graz/Wien 1987, S. 97–117
Ulich, D.: Rationalismus und Subjektivismus in »Kognitiven« Motivationstheorien. In: Zeitschrift für Pädagogik 25 (1979), S. 21–41
Vandenberg, S. G.: The contributions of twin research to psychology. In: Psychol. Bull. 66 (1966), S. 327–352
Vygotsky, L. S.: Thought and language. New York 1962
Watson, J. B.: Psychology as the behaviorist views it. In: Psychol. Review 20 (1913), S. 158–177
Weiner, B.: Theories of motivation. From mechanism to cognition. Chicago 1972
Weitbrecht, J.: Psychiatrie im Grundriß. Heidelberg 1963
Wenzel, U./Hartig, E. (Hrsg.): Sprache – Persönlichkeit – Sozialstruktur. Hamburg 1977
Wundt, W.: Grundzüge der Physiologischen Psychologie. 3 Bde. Leipzig 1908–11
Wurzbacher, G.: Der Mensch als soziales und personales Wesen. Stuttgart 1965
Zazzo, R.: Les Jumeneaux. Le couple et la personne. Paris 1960

Felix von Cube

Verhaltensbiologie und Pädagogik

1 Problem und Intention

Seit einigen Jahrzehnten muß sich die sogenannte zivilisierte Menschheit mit gravierenden, ja lebensbedrohenden Problemen auseinandersetzen: mit zunehmender Gewalt, Selbstzerstörung durch Zivilisationskrankheiten oder Drogen, Umweltzerstörung durch Vergiftung oder Vernichtung unserer natürlichen Lebensgrundlagen u. a. Diese Probleme schlagen auf die Pädagogik durch: Sie kann sich nicht mehr auf Anpassung beschränken, auf die Eingliederung der jungen Generation in eine bestehende Lebenswelt. Die Pädagogik muß mithelfen, die weltweiten Probleme zu lösen, um der nachfolgenden Generation überhaupt eine Lebenschance einzuräumen. Der zunehmenden Gewalt – man denke an Großstadtgangs, Fußballfans, Straßenverkehr, gewalttätige Demonstrationen, Terrorismus etc. – kann nur durch eine *Friedenserziehung* begegnet werden; die zunehmenden Zivilisationskrankheiten – Kreislauf-, Magen- und Darmkrankheiten etc. – können nur durch eine umfassende *Gesundheitserziehung* eingeschränkt werden; der Umweltzerstörung läßt sich nur durch eine systematische *Umwelterziehung* dauerhaft Einhalt gebieten.

Dabei erhebt sich die Frage, ob die bisherigen pädagogischen Konzeptionen zur Lösung dieser schwierigen Aufgaben geeignet sind. Hat eine Friedenserziehung eine Chance, die Ursachen von Gewalt allein auf die Gesellschaft schiebt? Kann man eine Moral, die der Überbevölkerung unserer Erde Vorschub leistet, der Erziehung zugrunde legen? Kann man mit einer Ideologie, die den Menschen als Herrscher über die Natur begreift, Umwelterziehung betreiben?

Ich hege ein tiefes Mißtrauen gegen religiöse oder auch geisteswissenschaftliche Vorstellungen, die den Menschen als reines Geistwesen auffassen, abgekoppelt von der Natur, abgekoppelt von seinem stammesgeschichtlichen Erbe. Gewiß hat der Mensch mit seinem Geist, seiner Vernunft, seinem, biologisch gesprochen, Großhirn Technik geschaffen, Kunst, Wissenschaft, Kultur etc.; durch die Mißachtung der Natur, insbesondere auch seiner eigenen Natur, hat er aber auch viel Unglück heraufbeschworen; er hat sich in eine Situation hineinmanövriert, in der ihm die Zerstörung seiner selbst droht (→ *Philosophische Anthropologie;* → *Pädagogische Anthropologie;* → *Psychologische Anthropologie*).

Ich bin auch mißtrauisch gegen eine Sozialwissenschaft, die den Menschen nur als Produkt seiner sozialen Umwelt auffaßt und damit ebenfalls seine Natur ignoriert, die gebannt auf die Geschichte des Menschen blickt, unter »Geschichte« aber nur die Kulturgeschichte des Menschen versteht und nicht auch seine Stammesgeschichte.

Tatsächlich ist der Mensch ein Teil der Natur, es ist daher nur folgerichtig, daß Pädagogik auch *Naturwissenschaft* sein muß. Jede pädagogische Maßnahme bedeutet einen Eingriff in ein biologisch-kybernetisches System. Ist dieses nicht bekannt, kann die Maßnahme leicht zum Gegenteil dessen führen, was man will. Um dies zu verdeutlichen, braucht man nur an einen thermostatisch beheizten Raum zu denken, in welchem jemand, der eine Abkühlung möchte, zu diesem Zwecke das Fenster öffnet. Die hereinströmende kalte Luft führt über den Meßfühler des Thermostaten zu einem weiteren Aufheizen, so daß die Temperatur nach dem Schließen des Fensters noch höher ist als vorher. Ganz ähnlich greifen wir in die vernetzten und automatischen Zusammenhänge der Natur ein. Dabei erreichen wir kurzfristig die gewünschten Zwecke – ertragreiche Monokulturen, lustvolle Triebbefriedigung –, langfristig aber fast immer das Gegenteil.

Heute weiß man, daß zahlreiche Verhaltensstörungen bei Kindern (und Erwachsenen) – Eßstörungen, Bettnässen, Fetischismus, Angst, Autismus – auf die Unkenntnis oder Mißachtung des komplexen Instinktsystems und dessen Entwicklungsbedingungen zurückgehen, auf unsachgemäße Eingriffe in die Kybernetik des Verhaltens. Die folgenschwerste Ignoranz evolutionärer Verhaltensprogramme, die mangelnde Mutterbindung, führt zu dem bekannten *Hospitalismus*. Er zeigt, daß Verhaltensstörungen durch falsche Eingriffe in die vernetzten Systeme der Natur im Grunde nicht mehr korrigiert werden können. Damit wird in erster Näherung deutlich, welche Rolle der Verhaltensbiologie in der Pädagogik zukommt: so, wie die Erkenntnisse über die vernetzten Systeme der Ökologie absolut notwendig sind, um sich – bei allem Spielraum im einzelnen – umweltgerecht verhalten zu können, so sind auch die Erkenntnisse über unser eigenes Trieb- und Instinktsystem, über unser stammesgeschichtliches Programm absolut notwendig, um dauerhaft überleben zu können.

Im folgenden möchte ich zunächst Erkenntnisse der Verhaltensbiologie darstellen und dann die unbedingt notwendigen Konsequenzen für die Pädagogik ziehen.

2 Erkenntnisse der Verhaltensbiologie – das verhaltensökologische Gleichgewicht

Das stammesgeschichtliche Erbe des Menschen besteht nicht nur aus seiner Anatomie, seinen Körperformen, Bewegungs- und Sinnesorganen, es umfaßt auch bestimmte vorprogrammierte Verhaltensdispositionen. Zu diesen instinktiven Verhaltensdispositionen gehören Triebe wie Nahrungstrieb, Sexualtrieb, Neugiertrieb und die dazugehörigen »Werkzeuginstinkte« wie Saugen, Greifen, Beißen, Laufen usw.

Bezüglich des Trieb- und Instinktsystems nimmt der Mensch – gegenüber dem Tier – eine Sonderstellung ein. Diese besteht in der für den Menschen charakteristischen Mutation, dem Großhirn. Mit diesem erlangt nicht nur die Fähigkeit des objektbezogenen Denkens eine neue Qualität; die eigentliche »*Fulguration*« (LORENZ 1974) besteht in der Fähigkeit, die instinktiven Verhaltenstendenzen zu *reflektieren* und das Verhalten bis zu einem gewissen Grad zu *steuern*. Der Mensch kann, wie die Umgangssprache treffend sagt, sich beherrschen. Er kann aber auch, wenn er keinen Hunger mehr hat, der Lust wegen weiteressen. Der Mensch kann seine Aggression zurückhalten, er kann aber auch (der Lust wegen) andere Menschen quälen oder foltern.

Ein zweites Ergebnis der Verhaltensforschung ist das *Gesetz der doppelten Quantifizierung*. Betrachten wir dieses zunächst bei Tieren! Eine Triebhandlung, z. B. Fressen oder sexuelles Verhalten, wird aus zwei Quellen gespeist: den äußeren Reizen, z. B. Nahrungsreize oder sexuelle Reize, und der inneren Triebstärke. Zentral ist die Erkenntnis, daß das Tier eben nicht nur auf äußere Reize reagiert, sondern auch sich spontan aufladende Triebpotentiale und damit unterschiedliche Handlungsbereitschaften besitzt. Es gibt also nicht nur mehr oder weniger hohe Reize, sondern auch mehr oder weniger hohe Triebstärken. Das Gesetz der doppelten Quantifizierung besagt nun, daß eine Triebhandlung dann erfolgt, wenn die Triebstärke hoch ist, dann genügt auch ein niedriger Reiz, oder wenn der Reiz hoch ist, dann genügt auch eine niedrige Triebstärke. Wenn wir sehr hungrig sind, sind wir an einem Stück trockenen Brotes sehr froh, wenn wir aber gut gegessen haben und – der Lust wegen – noch weiteressen wollen, brauchen wir etwas besonders Leckeres. Und dies gilt nicht nur für den Nahrungstrieb. Selbstverständlich erfolgt eine Triebhandlung auch dann, wenn beide Quantitäten hoch sind: Reizstärke und Triebstärke.

Das Gesetz der doppelten Quantifizierung gilt als stammesgeschichtliches Programm auch für den Menschen. Es sind jedoch zwei Unterschiede zum Tierverhalten zu nennen: Zum einen besitzt der Mensch eine enorme Lernfähigkeit (→ *Lernen und Lerntheorien*). Das bedeutet, daß er sich ein großes Repertoire an Reizen zur Auslösung von Triebhandlungen aneignen kann, man denke etwa an die seit alters her gepflegte Kochkunst. Zum andern kann er lernen, sein Verhalten in der einen oder anderen Richtung zu steuern: er kann sich zurückhalten, er kann aber auch – im Gegenteil – durch eine raffinierte Erhöhung der Reize ein niedriges Triebpotential zum Lustgewinn nutzen.

Das dritte Ergebnis der Verhaltensforschung betrifft das *Appetenzverhalten*. Dieses besteht darin, daß das Tier bei steigender Triebstärke die auslösenden Reize aktiv aufsucht. Es sucht nach Nahrung, und zwar um so intensiver, je größer der Hunger ist; es sucht nach dem Sexualpartner, wenn die Triebstärke den auslösenden Reiz erforderlich macht. LORENZ (1974) nennt das Appetenzverhalten »ein urgewaltiges Streben, jene erlösende Umweltsituation herbeizuführen, in der sich ein gestauter Instinkt entladen kann«.

Entscheidend ist, daß das Appetenzverhalten mit Anstrengung verbunden ist. Das Suchen nach Nahrung, das Erjagen der Beute erfordern den Einsatz der ganzen Energie. Auch das Leben des Urmenschen war hart und anstrengend. Schätzungen zufolge mußte er etwa 20–30 km täglich laufen, um seine Nahrung zu beschaffen. Auf dieses Laufpotential sind wir durch unsere Stammesgeschichte programmiert!

Das vierte Ergebnis der Verhaltensforschung ist nicht unumstritten. Es handelt sich um die Behauptung von LORENZ, daß auch die *Aggression* (→ *Persönlichkeit von Lehrern und Schülern*) ein Trieb sei mit allen charakteristischen Eigenschaften: Spontaneität, auslösende Reize, Appetenzverhalten, Triebhandlung und »Endhandlung« mit Lustempfindung. Für den Triebcharakter der Aggression sprechen zunächst drei Gründe: Revierverhalten, Rivalenkämpfe und Rangordnungskämpfe.

Das *Revierverhalten* zahlreicher Fische, Vögel und Säugetiere ist weithin bekannt. Diese Tiere brauchen ein Revier, das ihnen genügend Nahrung einbringt. Dringt ein anderes Tier derselben Art ein, so geht es um nichts weniger als die Existenz. Das Tier muß also sein Revier verteidigen, ein Jungtier muß sich ein Revier suchen oder erobern.

Viele Tiere – meist sind es die männlichen – müssen den *Rivalen* erst besiegen, bevor sie zur Begattung kommen. Oft sind sie, wie etwa die Hirsche, mit besonderen Waffen ausgerüstet. Dennoch nehmen die innerartlichen Kämpfe in der Regel keinen tödlichen Ausgang. Sie werden vielmehr ritualisiert ausgefochten: der Unterlegene muß sich unterwerfen oder den Platz räumen. Entscheidend ist, daß wiederum derjenige in Vorteil ist, der über die größere Aggressionsbereitschaft verfügt.

Schließlich sind noch die *Rangordnungskämpfe* zu nennen. Auch diese haben eine überlebenswichtige Funktion: durch Rangordnungskämpfe gelangen die kräftigsten oder auch klügsten Tiere in Führungspositionen, was der gesamten Gruppe zugute kommt. Auch diese Erscheinung ist heute weithin bekannt: Wer spräche nicht von der Hackordnung im Büro oder im Betrieb, wer wüßte nicht, was ein »Platzhirsch« ist?

Es sprechen also mehrere Gründe für die Hypothese, daß auch Aggression ein Trieb ist: auslösende Reize sind die Rivalen, sie machen das Revier streitig, den Sexualpartner, die Rangstellung. Die Triebhandlung ist der Kampf, die Endhandlung der Sieg; er wird mit Lust erlebt. Man denke etwa an den Triumph des Torschützen oder des eben gewählten Politikers.

Erkennt man den Zweck der Aggression im Sieg über den Rivalen und nicht etwa in der Gewalt – Gewalt ist nur ein Mittel zum Sieg –, so erkennt man auch Spontaneität und Appetenz: man sehe sich doch daraufhin an, was auf unseren Straßen passiert, im Sport oder im Beruf.

Der Einwand, daß der heutige Mensch keinen Aggressionstrieb habe, weil er ihn nicht mehr brauche, ist unhaltbar. Unter dem Aspekt der Evolution schrumpft die Zeit zwischen den Anfängen der Menschheit und dem heutigen »Kulturmenschen« zu einer vernachlässigbaren Größe zusammen.

Im übrigen widerlegen die psychologischen Aggressionstheorien, die *Frustrations-Aggressions-Theorie* und die *Lerntheorie der Aggression* (→ *Persönlichkeit von Lehrern und Schülern*) die Triebtheorie nicht, sie sind vielmehr in ihr enthalten: frustriert wird man vom Rivalen, dieser ist der auslösende Reiz der Aggression; Lernprozesse finden statt bei der Ausübung und der Kontrolle von Aggression. Aggression selbst wird sowenig gelernt wie Sexualität.

Das fünfte Ergebnis der Verhaltensforschung ergibt sich durch folgende Überlegung: Das gesamte System der spontanen Triebe und Instinkte hat sich bei Tier und Mensch der natürlichen Umwelt angepaßt; es steht, wie man auch sagen kann, mit dieser im *Gleichgewicht*. Es wird soviel Laufpotential erzeugt, wie man zum Überleben braucht, es wird soviel Aggressionsenergie erzeugt, wie man zum Kampf um Nahrung und Fortpflanzung braucht. Man kann auch sagen: Von unserer Anatomie und Physiologie her erwarten wir eine bestimmte Umwelt; wir erwarten Luft und Licht, angemessene Temperaturen und Druckverhältnisse. Wir erwarten aber auch – und das ist m. E. nur selbstverständlich – den Gebrauch von Bewegungsapparaten, von Aggression, Sexualität, Neugier und anderen Trieben. Wir erwarten Gefahr, Streß, Anstrengung, Kampf und Bindung. Auf eine solche Umwelt, auf ein hartes und anstrengendes Leben, ist der Mensch angelegt: die wenigen Jahre Zivilisation sind evolutionär bedeutungslos.

Das Gleichgewicht zwischen dem stammesgeschichtlich programmierten Aktions- und Triebpotential und der natürlichen Umwelt nenne ich *»verhaltensökologisches Gleichgewicht«* (V. CUBE / ALSHUTH ⁴1989).

3 Verwöhnung durch Technik und Wohlstand – Störung des verhaltensökologischen Gleichgewichts

Unter den modernen Lebensbedingungen der technischen Entlastung und des materiellen Wohlstands braucht der Mensch nicht mehr auf anstrengende oder gefährliche Nahrungssuche zu gehen; er braucht nicht mehr um den Sexualpartner zu kämpfen, er braucht, um seine Neugier zu befriedigen, die Welt nicht mehr unter Anstrengung und Gefahren zu erforschen; er genießt das Abenteuer im Lehnstuhl. Der Mensch kann seine Triebe rasch und leicht befriedigen, er kann Lust ohne Anstrengung haben, er kann sich, mit einem Wort, verwöhnen.

Ein Paradebeispiel für Lust ohne Anstrengung ist das Autofahren: Allein schon die rasche Fortbewegung ohne Anstrengung verschafft Lust; sie steigert sich, wenn man die Fortbewegung selbst steuern kann, sie steigert sich noch mehr, wenn man – ohne eigene Anstrengung – andere überholen, sprich: besiegen kann. Ein anderes Beispiel ist das Fernsehen. Der Zuschauer genießt die Lust der Endhandlung, z. B. durch Identifikation mit dem Sieger, ohne jede eigene Anstrengung. Man muß sich einmal klarmachen, daß das ursprüngliche Appetenzverhalten des Menschen – Laufleistung, aufwendiges Erkundungs- und Werbeverhalten etc. – sich beim Fernsehen auf den Knopfdruck reduziert oder, bei mehreren Programmen, auf mehrere Knopfdrücke.

Gewiß: *Verwöhnung* gab es schon immer. Während aber früher die Verwöhnung nur wenigen Privilegierten vorbehalten war, den Königen, Fürsten, Adeligen, Besitzenden, konnte das Volk vom Schlaraffenland nur träumen. Verwöhnung im Sinne von Lust ohne Anstrengung wurde für später versprochen, für das ewige Leben im Paradies. In unserer heutigen Wohlstandsgesellschaft ist Verwöhnung ein massenhaft auftretendes Phänomen, verhaltensbiologisch gesprochen: eine massenhaft auftretende Störung des verhaltensökologischen Gleichgewichts.

In der verwöhnten Wohlstandsgesellschaft zeigen sich denn auch immer stärker die Konsequenzen der Verwöhnung. Genauer handelt es sich um drei Ketten von Konsequenzen, die letztlich zu Umweltzerstörung und Selbstzerstörung führen.

Die erste Kette von Konsequenzen funktioniert so: Da Triebverzicht unangenehm ist und die Wohlstandsgesellschaft über genügend hohe Reize verfügt, wird die Lust der Endhandlung gemäß dem Gesetz der doppelten Quantifizierung durch geringere Triebstärke und hohe Reizstärke gesucht. Das bedeutet dann, da die Reize sich bekanntlich abschleifen, daß auch immer höhere Reize gesetzt, immer höhere Ansprüche befriedigt werden müssen. Die steigenden Ansprüche – immer exotischere Delikatessen, immer schnellere Autos, immer weitere Reisen, immer noch mehr Luxus – führen zwangsläufig zu einer immer größeren Belastung und letztlich zur Zerstörung der Umwelt.

Die zweite Kette von Konsequenzen funktioniert so: Die Vermeidung von Anstrengung führt zum Einsatz fremder Energie. Man denke an Rolltreppen, Skilifte und Sesselbahnen, an Traktoren, Motorsägen und Bagger, an die zahlreichen Haushaltgeräte, an die vielen Produkte, die mit fremder Energie hergestellt werden, an alles, was uns das Leben »erleichtert«. Als Energiequellen verwenden wir fossile Brennstoffe oder, neuerdings, die Kernenergie. Dies führt über mancherlei Zwischenstationen zur Zerstörung der Umwelt bzw. zum globalen und totalen Risiko.

Die dritte Kette von Konsequenzen funktioniert so: Werden die für Appetenzverhalten und Triebhandlungen vorgesehenen Aktivitäten nicht abgerufen, steigen die Trieb- und Aktionspotentiale aufgrund ihrer Spontaneität an. Es kommt zu *aggressiver Langeweile*. Langeweile hat aus zwei Gründen eine aggressive Tendenz: Zum einen enthält das Aktionspotential immer auch eine aggressive Komponente, zum andern ist das ungenutzte Potential im Grunde lästig. Der Ausdruck »Mir ist langweilig!« kennzeichnet eine innere Aktionsbereitschaft, die weder durch äußere Umstände noch durch eigene

Initiative in Anspruch genommen wird. Man hat ja die Anstrengung nicht mehr nötig, es gibt keinen Beweggrund mehr für Bewegung.

Aggressive Langeweile kann leicht zu Gewalt und Selbstzerstörung führen: Der Anstieg der Gewalt bei Jugendlichen ist großenteils eine Folge von Verwöhnung und Unterforderung, nicht von Streß oder Überforderung. Der Anstieg von Drogenkonsum und Alkoholismus ist, wenn FREUD recht hat, eine Folge von Gewalt gegen sich selbst, also auch eine Folge von Verwöhnung, ein Syndrom der Wohlstandsgesellschaft. Nicht eingesetzte Trieb- und Aktionspotentiale sind auch Ursache zahlreicher »Zivilisationskrankheiten«: Kreislauferkrankungen, Herzinfarkt, Magen- und Darmkrankheiten usw.

Halten wir fest: Der Mensch strebte schon immer nach Lust ohne Anstrengung. Bei diesem Unterfangen ignorierte er die Verletzlichkeit der ökologischen Zusammenhänge und die evolutionären Bedingungen seines eigenen Verhaltens.

4 Das Menschenbild der Verhaltensbiologie – der evolutionär erwachsene Mensch

Die Verhaltensbiologie kann als Wissenschaft keine Soll-Werte setzen, also auch kein Menschenbild. Sie kann nur sagen, ob ein gesetztes Menschenbild potentiell überlebensfähig ist oder nicht. Tatsächlich lassen sich aber aus der Forderung nach dauerhaftem Überleben und aus den Erkenntnissen der Verhaltensbiologie eine Reihe notwendiger Verhaltensbedingungen ableiten.

Die grundlegende Bedingung besteht in der Reflexion der evolutionären Situation, also in der Feststellung, daß man nur mit Hilfe des evolutionär erworbenen Erkenntnisvermögens eine Chance zum Überleben hat. Der Mensch kann sich bei seiner Selbststeuerung nicht »bedenkenlos« auf sein Trieb- und Instinktsystem verlassen – durch dessen Bewußtwerden bedarf es der Steuerung –, ebensowenig kann er sich aber auch auf überkommene Moralen verlassen. Moralische Vorschriften sind nicht durch Erkenntnisse legitimiert; ja sie können solchen durchaus widersprechen. Man denke etwa an Moralen uneingeschränkter Fortpflanzung in einer übervölkerten Welt, an Moralen der Machbarkeit in einer bedrohlich geschädigten Umwelt, an Moralen der Duldsamkeit in einer totalen »Risikogesellschaft« (BECK 1986).

Mit FREUD könnte man auch so sagen: Die Steuerungsinstanz des Menschen ist weder das stammesgeschichtlich programmierte Es noch das (internalisierte) Über-Ich, sondern das erkenntnisorientierte und reflektierende Ich.

Gewiß können auch in der heutigen Situation (noch) unterschiedliche gesellschaftliche Gestaltungsmöglichkeiten, unterschiedliche Moralen und Menschenbilder realisiert werden – die Kontrollinstanz kann jedoch keine normative sein; die Prüfungsinstanz für Überlebensfragen ist die wissenschaftliche Erkenntnis.

Der Mensch aus der Sicht der Verhaltensbiologie ist also derjenige, der sich seines Auf-sich-gestellt-Seins bewußt ist und sich selbst mit der reflektierenden Ratio steuert. Ich nenne ihn *Anēr*. Dieses griechische Wort bedeutet den reifen, erwachsenen, souveränen Menschen. Er weiß um seine Möglichkeiten, aber auch um seine Grenzen. Er weiß um den stammesgeschichtlichen »Unterbau« seiner Triebe und Instinkte, er reflektiert sie und geht damit um. (Ob man solche erkenntniskontrollierte Handlungen und

Handlungsvorschriften, z. B. gewaltfreie Aggressionsbefriedigung, als »moralisch« bezeichnen kann, sei dahingestellt; vielleicht sollte man besser von Handlungsregeln sprechen.)

Geht man von dem erkenntniskontrollierten Handeln des Anēr aus, so scheint das *Erleben von Lust* ein zusätzliches und willkürliches Attribut dieses Menschenbildes zu sein. Es scheint ja auszureichen, ökologische Zusammenhänge nicht zu zerstören und Aktionspotentiale einzusetzen. Tatsächlich gehört aber auch die Lustempfindung zu den notwendigen Bedingungen: Lust ist ein Bestandteil des Triebsystems. Auch hier kann die Ratio nur reflektieren und steuern; ein dauerhafter Verzicht auf Lust würde – ähnlich wie eine dauerhafte Vermeidung von Anstrengung – zu hoher Aggressivität, auch gegen sich selbst, führen.

Das bedeutet: Auch der Anēr befriedigt seinen Nahrungstrieb lustvoll, aber er weiß, daß er sein Bewegungspotential abbauen muß. Er genießt die Lust im sexuellen Bereich, aber er kennt auch die Funktion der Werbung (im weitesten Sinne), er weiß, daß sich die Anstrengung lohnt. Der Anēr schöpft vor allem den menschlichsten aller Triebe aus: den *Neugiertrieb*. Das explorative Verhalten ist nämlich besonders geeignet, Aktions- und Triebpotentiale human einzusetzen. Der Anēr läßt sich auch den Sieg nicht schenken. Er weiß, daß der selbsterrungene Sieg befriedigender ist, und er weiß auch, daß er seine aggressionsspezifischen Werkzeuginstinkte einsetzen muß – im Rahmen humaner Handlungsregeln.

Es sind schon viele utopische Menschenbilder entworfen worden, Menschenbilder also, die grundsätzlich außerhalb der Realität liegen, außerhalb des Erreichbaren: idealistische oder religiöse Vorstellungen, in denen der Geist verabsolutiert, das Körperliche entsprechend als »unvollkommen« oder sündhaft angesehen wird, oder die neuen Menschen der kommunistischen Gesellschaft, in der es keine Herrschaft von Menschen über Menschen gibt u. a. Die (gemeinsame) Utopie solcher Vorstellungen liegt darin, daß die Natur des Menschen, das stammesgeschichtliche Programm, ignoriert oder falsch eingeschätzt wurde. Demgegenüber fußt das Menschenbild des Anēr auf Erkenntnissen der Naturwissenschaft. Der Anēr kontrolliert sein Handeln nicht durch Moral, sondern durch Erkenntnis.

Ein fundamentales Ergebnis dieses Erkenntnisprozesses habe ich schon angeführt: die Wiederherstellung und Aufrechterhaltung des verhaltensökologischen Gleichgewichts. Entsprechend der Aufschlüsselung der Verwöhnung in steigende Ansprüche und Vermeidung von Anstrengung, lassen sich auch die absolut notwendigen Bedingungen für dieses Handeln aufschlüsseln: Begrenzung von Ansprüchen, also Triebbefriedigung auf entsprechend niedriger Reizebene und Erfüllung des stammesgeschichtlichen Anstrengungsprogramms, also Einsatz der Trieb- und Aktionspotentiale.

5 Das evolutionäre Erziehungsprinzip – Fordern und Selbstfordern

Der Anēr ist das Ziel der (anērischen) Erziehung. Seine Legitimation bezieht dieses Erziehungsziel aus dem Postulat des Überlebens und den Erkenntnissen der Naturwissenschaft. Anērische Erziehung bedeutet Erziehung zur rationalen Selbstkontrolle, insbesondere Erziehung zur *Selbstforderung*. Hierfür gibt es drei allgemeine Strategien:

Abforderung der Trieb- und Aktionspotentiale, Belohnung der damit verbundenen Anstrengung mit Lust, Einsichtigmachen der verhaltensökologischen Zusammenhänge. Im einzelnen lassen sich diese Strategien etwa so aufgliedern:

5.1 Verwöhnung vermeiden!
Wenn man Kindern einen Wunsch nicht sofort erfüllt – »Ich will jetzt fernsehen!«, »Ich will dieses Spielzeug jetzt!« –, reagieren sie zunächst einmal aggressiv. Da dies nicht angenehm ist, geben viele Eltern nach. Ein anderer Grund für Verwöhnung ist das schlechte Gewissen. Eltern, die häufig von zu Hause weg sind oder sich nicht der Anstrengung unterziehen wollen, mit ihren Kindern zu spielen, erfüllen ersatzweise alle möglichen Wünsche, insbesondere auch den Wunsch nach Fernsehen (→ *Medien in Unterricht und Erziehung*).

Allerdings ist zuzugeben, daß es in der Wohlstandsgesellschaft auch mit bester Absicht schwierig ist, Kinder nicht zu verwöhnen. Diese sehen ja die ganze Fülle reizvoller Objekte um sich herum, in Kaufhäusern, bei Nachbarn, im Fernsehen. Wenn in dieser Situation die Eltern einen Wunsch versagen, so sind sie es und nicht die Umstände, die den Unmut der Kinder auf sich ziehen.

5.2 Natürliche Aktivitäten unterstützen!
Schon bei höheren Tieren hat sich eine zweckmäßige Mutation durchgesetzt: die Betätigung und Vervollkommnung von Instinktbewegungen in den Zeiträumen, in denen sie nicht unmittelbar gebraucht werden, mit einem Wort, das Spielen (→ *Pädagogik und Spiel*). Beim Spiel setzen die Kinder ihre Trieb- und Aktionspotentiale noch ganz natürlich, nämlich unreflektiert ein; sie laufen, raufen, erkunden, fliehen. Sie denken nicht an Verwöhnung. Diese Gefahr tritt erst mit der Fähigkeit der Reflexion auf. Verwöhnte Kinder sind also immer das Produkt falscher Erziehung, einer Erziehung, die ihnen Lust ohne Anstrengung anbietet oder gar vermittelt.

Die Erziehung hat hier vor allem die Aufgabe, Gelegenheiten für natürliche Aktivitäten zu schaffen. Dies ist in unserer technischen Welt gar nicht so leicht.

5.3 Funktionslust erzeugen!
Die Erzeugung von *Funktionslust* besteht darin, Fertigkeiten – Laufen, Skifahren, Rollschuhfahren, Musikinstrumente spielen, handwerkliche Fertigkeiten etc. – bis zu jenem Grad zu perfektionieren, bei dem die Ausübung der Fertigkeiten mehr Lust bereitet als Anstrengung. Wer das Tennisspiel hinreichend beherrscht, wird sich beim Spiel zwar immer noch mehr oder weniger anstrengen müssen, die Lust am »Funktionieren«, am gekonnten Bewegungsablauf, überwiegt jedoch gegenüber der mit Unlust verbundenen Anstrengung. Oft bringen gekonnte Fertigkeiten noch weitere positive Erlebnisse mit sich: Anerkennung, Kooperation, Bindung.

5.4 Neugiertrieb einsetzen!
Der *Neugiertrieb* läßt sich schon bei höheren Tieren beobachten, beim Menschen ist er in besonders hohem Maße entwickelt. In diesem Bereich sehe ich auch heute noch enorme Möglichkeiten, überschüssige Aktionspotentiale abzubauen und Lust zu gewinnen. Man braucht den Triebablauf nur freizuschaufeln vom Ballast der Informationsfülle und der Gewohnheit des Informationskonsums. Man muß freilich erleben lassen, daß selbstge-

wonnene Erkenntnis mit einem tieferen Lustgefühl verbunden ist als die »vorgekaute«. Tatsächlich wurde die Bedeutung des Neugierverhaltens schon von mehreren Pädagogen richtig gesehen: man denke an SOKRATES, MONTESSORI, KERSCHENSTEINER, WAGENSCHEIN u. a. Die Verhaltensökologie gibt diesen Pädagogen recht.

5.5 Faire Konkurrenz einüben!

Konkurrenz als Bestreben, den Sieg über den Rivalen zu erringen, gehört zur Triebhandlung der Aggression. Wir erinnern an das Konkurrenzverhalten bei Tieren, vor allem das Rangordnungsverhalten in Sozietäten. Als aggressionsspezifische Handlung, wie LORENZ sagt, ist *Konkurrenz* also ein Bestandteil unseres stammesgeschichtlichen Programms. Bei Kindern kommt dieses Verhalten noch unreflektiert zum Ausdruck: Wettkämpfe jeder Art – vom Wettrennen über das Wettspucken bis zum Ringkampf – sind an der Tagesordnung. Für den reflektierenden Menschen erhebt sich das Problem, in welcher Form Konkurrenz stattfinden soll – am Konkurrenzstreben als solchem kann er nicht rütteln.

Erzieht man zu einem fairen Konkurrenzverhalten – wobei ich unter »fair« verstehe, daß der Gegner nicht vernichtet oder erniedrigt wird und daß der Sieg durch eigene Leistung errungen wird und nicht durch »faule Tricks« –, so kann Konkurrenz auch in Schule und Arbeitswelt durchaus zu einem kulturell und gesellschaftlich akzeptablen Abbau von Aggressionspotentialen beitragen.

5.6 Gemeinsames Handeln fördern!

Der Mensch lebte von Anfang an in Horden. LORENZ spricht einmal von der Elfmannsozietät! Wer dächte da nicht an den Fußball, an Regierungen, Vorstände oder an den Stammtisch. Das *gemeinsame Handeln* – man denke an gemeinsame Nahrungssuche, gemeinsamen Kampf usw. – ist der Sinn jeder Sozietät. Gemeinsames Handeln nach außen erzeugt Bindung nach innen. Dies gilt heute noch genauso wie für die Urhorde – sei es in einem Unternehmen, in der Fußballmannschaft, in Ehe oder Familie. Im übrigen geht gemeinsames Handeln über das bloße Zusammensein, wie es von vielen Jugendlichen heute praktiziert wird – »unter Freunden sein«, »gemeinsam Musik hören« –, weit hinaus. Gemeinsames Handeln erfordert aufeinander abgestimmte Aktivitäten, erfordert Einsatz der Aktionspotentiale. Hier liegt die hohe Motivation begründet: Wer beim gemeinsamen Spiel oder beim gemeinsamen Projekt seine Aufgaben nicht erwartungsgemäß erfüllt, wird sich anstrengen, die Anforderungen beim nächsten Mal zu erfüllen, wer die Erwartungen erfüllt hat, wird versuchen, durch weitere Leistung seine Position zu verbessern.

Die Erziehung hat hier die Aufgabe, Sozietäten zu bilden, aber auch erleben zu lassen, daß gemeinsames Handeln mit intensiverer Lust verbunden ist als das bloße Zusammensein oder gar nur das Ansehen von Familiensendungen. Leider weist unser Schulsystem einen erheblichen Mangel an Kooperation auf: eine Schulklasse ist ja keine Sozietät; es besteht im allgemeinen kein Anlaß zu gemeinsamem Handeln. Die Sozietätenbildung in der Schule folgt eher am Rande: im Orchester, im Mannschaftssport, in Projektgruppen und dergleichen.

6 Selbstforderung durch Einsicht

Die unterschiedlichen Strategien des Forderns haben letztlich nur dann Sinn, wenn es gelingt, zur *Selbstforderung* zu erziehen, wobei dieses Ziel einmal durch »*Anstrengung mit Lust*«, zum andern aber durch *Einsicht* in die verhaltensökologischen Zusammenhänge erreicht werden kann. Zur Erzeugung von Einsicht ist es zweckmäßig, zunächst einfache Zusammenhänge zu vermitteln, beispielsweise das Prinzip der doppelten Quantifizierung. Durch dieses Prinzip wird die Schwellenerniedrigung verständlich, aber auch das Aufsuchen hoher Reize zur Auslösung einer Triebhandlung oder eines Erregungszustandes. Danach kann man zu komplexeren Zusammenhängen übergehen. So ist etwa die Erkenntnis zu vermitteln, daß viele Handlungen kurzfristig als lustvoll erlebt werden können, langfristig aber das verhaltensökologische Gleichgewicht nachhaltig stören.

Ziel solcher Erkenntnisse ist es, den Menschen zu befähigen, seine Handlungen in größere Zusammenhänge zu stellen – insbesondere in den Zusammenhang der *Evolution* –, und ihn zu veranlassen, die Erkenntnisse über die eigene Natur ständig zu erweitern.

Insgesamt gilt: Anērische Erziehung sorgt für das überlebensnotwendige Handeln sowie für eine rationale Kontrollinstanz individueller oder normativer Handlungen; sie ist damit notwendiger Bestandteil jeder Erziehung.

Literatur

BECK, U.: Risikogesellschaft. Auf dem Weg in eine andere Moderne. Frankfurt 1986
CUBE, F. v. / ALSHUTH, D.: Fordern statt Verwöhnen – Die Erkenntnisse der Verhaltensbiologie in Erziehung und Führung. München ⁴1989
CUBE, F. v.: Besiege deinen Nächsten wie Dich selbst – Aggression im Alltag. München ²1989
LORENZ, K.: Das sogenannte Böse. München 1974
REDL, F.: Erziehung schwieriger Kinder. München 1987

Erwin Roth und Mercedes Zsifkovics

Intelligenz, Begabung und Umwelt

1 Begriffsexplikation

Begriffliche Klärungen der in der Alltagssprache so geläufigen Termini »Intelligenz« und »Begabung« bilden seit mehr als zwei Jahrtausenden zentrale Inhalte von zunächst Philosophie und Theologie, später von Einzelwissenschaften wie der Pädagogik und der Psychologie oder der Soziologie, aber auch der Physiologie und der Ethologie sowie heute auch einer Reihe naturwissenschaftlicher Disziplinen, die sich in der physiologisch-biochemischen und in der »Künstlichen Intelligenz«-Forschung (Artificial Intelligence = AI) niederschlagen.

Dennoch läßt sich heute weniger denn je eine allgemein verbindliche Übereinkunft darüber herbeiführen, welche Phänomene unter diesen Wortmarken intendiert sind, von welchen Bedingungen sie abhängen und was und gegebenenfalls wie sie das bewirken.

Die Schwierigkeiten für zureichende Definitionen sind nicht nur in der Komplexität der angesprochenen Sachverhalte und ihrer Beziehungen untereinander begründet, sondern liegen auch darin, daß Unterschiede der Intelligenz bzw. der Begabung zu den auffallendsten Merkmalen »menschlicher Ungleichheit« (EYSENCK 1976) gehören, somit zum Gegenstand kontroverser ideologischer Standpunkte werden.

Da also keine Definitionen gegeben werden können, müssen zur Kennzeichnung der gemeinten Sachverhalte jene Aspekte diskutiert werden, die im Verlaufe der Auseinandersetzung damit Bedeutung gewonnen haben.

1.1 Intelligenz

Intelligenz, Ableitungen daraus und Verbindungen damit stammen aus dem Lateinischen (intellegere, intelligentia, intellectus) und bedeuten Einsehen, Verstehen, Verstand.

Seit der Antike und im ganzen Mittelalter galt »intellectus« als das höchste Erkenntnisorgan, das unabhängig von der »sensatio«, also durch die Sinne bezogene Kenntnis der Welt, und der »ratio«, die das von den Sinnen gelieferte Material begrifflich verarbeitete, allein nicht an Sinnesdaten gebundene Erkenntnis wie die von Ideen, aber auch von Gott leisten konnte.

KANT drehte die Bedeutung von Verstand (intellectus) und Vernunft (ratio) um und ordnete ersterem die Begriffsbildung, letzterer die Ideenerkenntnis zu. Dadurch wurden vor allem in der Pädagogik empfundene negative Assoziationen möglich, wie sie z. B. mit dem Wort »Intellektualismus« verbunden werden. Auch in unserer Zeit läßt sich eine Strömung gegen eine angebliche Überbetonung des Intellekts und der Wissenschaft beobachten.

Die Begriffsdiskussion der letzten Jahrzehnte bezog sich vor allem auf die ihr zugesprochenen Funktionen (vgl. ROTH / OSWALD / DAUMENLANG ²1980, S. 8f.). Folgende Aspekte wurden unterschieden:

Biologisch: Ausgehend von der vor allem durch GEHLEN (1962) vertretenen Auffassung des Menschen als eines Mängelwesens, nach der im Zuge der Evolution die Sicherheit der Verhaltenssteuerung durch Instinkte verlorengegangen sei und die erforderliche Anpassung durch Intelligenz geleistet werden müsse (→ *Philosophische Anthropologie;* → *Pädagogische Anthropologie;* → *Psychologische Anthropologie*). So definiert CLAPAREDE: »Ein durch mangelhafte Anpassung hervorgerufener geistiger Prozeß, der dazu dient, das Individuum wieder anzupassen.« Aus heutiger Sicht muß diese Annahme insofern relativiert werden, als im Intelligenzbegriff immer auch die Fähigkeit zu lernen impliziert ist, Lernen aber entsprechende Antriebe voraussetzt, die der Instinktausstattung des Menschen zugeschrieben werden müssen (vgl. LEYHAUSEN 1977).

Differentialpsychologisch: ROHRACHER unterscheidet bei psychischen Phänomenen »Kräfte« (Triebe, Interessen, Fühlen, Wollen), die Verhaltensziele setzen, und »Funktionen« (Wahrnehmung, Gedächtnis, Denken), die das Verhalten zielgerichtet steuern. Dementsprechend definiert er Intelligenz als den »Leistungsgrad der psychischen Funktionen bei der Lösung neuer Probleme« (ROHRACHER 1971, S. 385). Ziel braucht dabei nicht mehr nur biologische Anpassung zu sein, sondern kann auch die Realisierung kultureller Werte sein (→ *Persönlichkeit von Lehrern und Schülern*).

Sozialpsychologisch: Wenn die Auswirkungen von Intelligenz als Leistung oder als Erfolg im Lernen und beim Problemlösen usw. aufgefaßt werden und wenn es von Kultur zu Kultur, von Gesellschaft zu Gesellschaft, ja sogar innerhalb einer Gesellschaft in verschiedenen Subgruppen (z. B. sozialen Schichten) unterschiedliche Erfolgskriterien gibt (→ *Soziale Klassen, soziale Schichten, soziale Mobilität*), dann müssen entsprechend unterschiedliche Fähigkeiten angenommen werden, die diesen Erfolg determinieren. (Z. B. Spurensuche für die Jagd und Konstruktion effektiver Maschinen.) Intelligenz wäre demzufolge von Kultur zu Kultur etwas Unterschiedliches, und HOFSTÄTTER (1957, S. 173) kann Intelligenz entsprechend definieren als »die den innerhalb einer Kultur Erfolgreichen gemeinsamen Fähigkeiten«.

Informationstheoretisch: Sich ein adäquates Bild von der Welt zu machen, in der wir handeln müssen, setzt die Kenntnis der in ihr herrschenden Zusammenhänge ihrer Ordnung voraus. Sie zu erfassen wäre eine Funktion von Intelligenz, die wieder eng an die philosophische Tradition anschließt. HOFSTÄTTER (1966, S. 241) drückt dies in moderner Diktion aus und definiert: »Intelligenz ist die Befähigung zur Auffindung von Redundanz.« Unter Aufgabe enger Restriktionen der ursprünglichen technischen Informationstheorie und unter Hinzunahme von Ergebnissen der Kognitions- sowie der psychophysiologischen Forschung führte dieser Ansatz zu der heute weithin geteilten Auffassung der Intelligenz als den Inbegriff aller Strukturen und Prozesse, in denen und durch die Information aufgenommen, verarbeitet, gespeichert und nach Abruf in Handeln umgesetzt bzw. wodurch neue Information erzeugt wird (→ *Informationsgesellschaft, Qualifikation und Bildung*).

1.2 Begabung

Der Begabungsbegriff hat seine heutige(n) Bedeutung(en) erst relativ spät erhalten. Im »Deutschen Wörterbuch« von GRIMM (1854) wird »begaben« als Übersetzung des lateinischen »donare« angeführt und seine Verwendung im Sinne des Beschenkens bis ins 19. Jahrhundert nachgewiesen. Die Einschränkung der Bedeutung von »mit Gaben ausstatten« auf mit »Geistesgaben« oder mit »Talenten« ausstatten erfolgt erst relativ spät (KLUGE 1975).

Ansätze der im 19. Jahrhundert beginnenden Intelligenzforschung und der Begabungsforschung waren zunächst nicht zu unterscheiden. STERN (1912, S. 3) setzte Intelligenz mit geistiger Allgemeinbegabung gleich, unterschied davon »Talent« als Spezialbegabung. Auch WENZL (1957, S. 31) definiert: »Unter Intelligenz oder geistiger Begabung oder Begabung schlechthin, wie wir kurz sagen wollen, verstehen wir unter Zugrundelegung unserer Begriffsbestimmung des Denkens die Fähigkeit zur Erfassung und Herstellung von Bedeutungen, Beziehungen und Sinnzusammenhängen.«

Eine systematische Unterscheidung des Intelligenz- vom Begabungsbegriff in der Wissenschaft setzt erst mit der Kritik an der psychometrischen Intelligenzforschung ein. Sie ist hauptsächlich mit dem Namen von H. ROTH (1957, [10]1967) verbunden. Weil »die Begabungsforschung der Psychologie ... sich auf die Intelligenzforschung verengt (hat)« ([10]1967, S. 129), fordert er einen pädagogischen Begabungsbegriff im dynamischen Sinne als »eine Gabe verleihen«, einer »Erwerbung von außen«. Dafür ist die Testintelligenz »nur Anfangsleistung neuen Aufgaben gegenüber«, und Begabung wird »die Fähigkeit zu lernen« (ebd., S. 133). Das von H. ROTH (1968) als Gutachten des Deutschen Bildungsrates unter Mitwirkung namhafter Autoren herausgegebene Sammelwerk »Begabung und Lernen« hat in diesem Sinne nachhaltigen Einfluß ausgeübt.

Die Forderung von H. ROTH, Lerntests zu entwickeln, die Lerngewinn aufgrund von in vorausgehenden Aufgaben gewonnenen Einsichten messen, wird von GUTHKE (1972) und FLAMMER (1975) realisiert. Nach kritischer Diskussion der einschlägigen Termini schlägt GUTHKE (1972, S. 43) folgende Begriffsbestimmung vor: »Unter allgemeiner Lernfähigkeit (allgemeiner ›Begabung‹) sei das Insgesamt aller Lernfähigkeiten eines Menschen verstanden (intellektuelle, künstlerische, sportliche usw.). Unter intellektueller (kognitiver) Lernfähigkeit (Lernpotenz) verstehen wir jenes durch die angeborenen Anlagen mitbedingte, im Prozeß der aktiven Lebenstätigkeit unter bestimmten historischen und Bildungsbedingungen entwickelte interindividuell variierende System habitueller Leistungsdispositionen, das dem Individuum die denkerische, kognitive, bewußte Auseinandersetzung mit der Umwelt ermöglicht. Neben der hierarchisch strukturierten Gesamtheit der Denkfähigkeiten (üblicherweise mit dem Terminus ›Intelligenz‹ bezeichnet) gehören zur intellektuellen Lernfähigkeit auch außerintellektuelle Eigenschaften (z. B. Ausdauer, Lernmotivation, geistige ›Neugier‹), sofern sie den Erfolg bei der denkerischen Auseinandersetzung mit der Umwelt beeinflussen.« Nicht unerwähnt soll bleiben, daß eine Reihe von Autoren den Begabungsbegriff in der Wissenschaft für überflüssig halten, weil er zuwenig präzise sei. In jüngster Zeit hat er aber im Zusammenhang mit der Diskussion um Hochbegabtenförderung (vgl. HELLER / FELDHUSEN 1986, WEINERT / WAGNER 1987) (→ *Der Schüler, der hochbegabte Schüler*) wiederum besondere Bedeutung erlangt, wobei zumeist vorausgesetzt wird, daß ein hoher IQ wohl eine notwendige, aber keine zureichende Bedingung für intellektuelle Hochbegabung ist.

Diese aspekthafte Vielfalt der Sichtweisen von Intelligenz und Begabung wird noch unübersichtlicher, wenn man die Beziehung zu verwandten Begriffen, z. B. Lernen, Gedächtnis, Denken, Problemlösen (→ *Lernen und Lerntheorien*) in die Diskussion einbezieht. Es ergeben sich viele Überschneidungen, aber keine Deckungsgleichheiten. Darüber hinaus muß die zweifellos gegebene Interaktion zwischen kognitiven und emotionalen sowie motivationalen Prozessen mit berücksichtigt werden. Dies kann hier nicht im Detail geschehen, sondern es kann nur auf die für die weitere Forschung erforderlichen Konsequenzen verwiesen werden. Wir müssen die isolierte Betrachtung von Intelligenz, Begabung, Wahrnehmen, Lernen, Gedächtnis und Denken, zu denen jeweils einzelne Psychologien entwickelt wurden, aufgeben und deren enge Verflochtenheit in einem informationsverarbeitenden System sehen und analysieren lernen.

2 Forschungslinien

Im folgenden werden Intelligenz- und Begabungsforschung gemeinsam abgehandelt, weil sie de facto schwer voneinander zu trennen sind und weil beide als Dispositionen für die gleiche Klasse von Verhaltensweisen stehen.

2.1 Psychometrie und Strukturforschung

Mit dem Beginn der empirischen Erforschung der Intelligenz und der Begabung Ende des vergangenen Jahrhunderts traten begriffliche Analysen in den Hintergrund, und die Entwicklung von Meßverfahren begann das Feld zu dominieren. Männer wie GALTON, CATTELL, RIEGER und BINNET setzten die ersten Meilensteine darin. Eine eigene Wissenschaft, die Psychometrie, begann sich zu entwickeln und breitete sich wegen der scheinbar leichten Anwendbarkeit ihrer Ergebnisse rasch aus.

Dennoch führte diese Forschungsrichtung nicht nur zu einer Vielzahl von Intelligenz- und Begabungstests, sondern nach Einführung faktorenanalytischer Techniken durch SPEARMAN in England und THURSTONE in den USA zu allgemeinen Strukturmodellen der

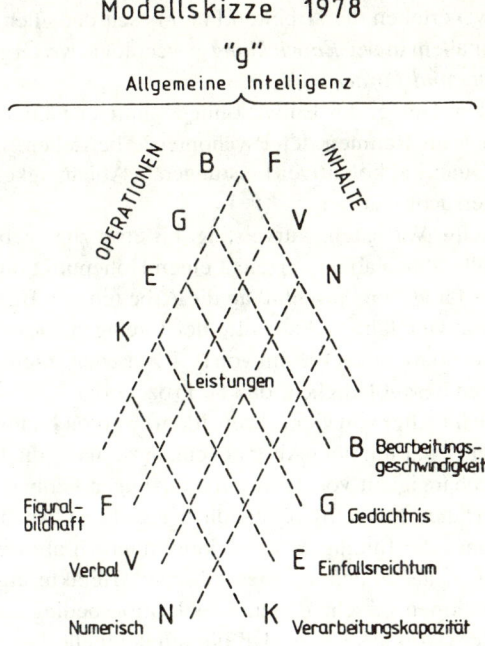

Abb. 1: Modell nach JÄGER (1984)

Intelligenz, wie sie auch heute noch vielen Tests zugrunde liegen. Die einzelnen Modelle wie z. B. die von SPEARMAN, THURSTONE, MEILI, GUILFORD, BURT, VERNON, JÄGER sind vielfach beschrieben und kritisch gewürdigt worden, es kann daher auf zusammenfassende Literatur verwiesen werden (AMELANG/BARTUSSEK ²1985, E. ROTH u. a. ²1980). *Abbildung 1* (s. o.) zeigt ein Modell der allgemeinen Intelligenz nach JÄGER (1984, S. 26).

2.2 Genetische und Prozeßforschung

An der Psychometrie wurde vor allem kritisiert, daß sie sich ausschließlich mit den Produkten kognitiver Prozesse befasse, diese Prozesse selbst aber vernachlässige.

Die Dominanz der Strukturforschung darf aber nicht darüber hinwegtäuschen, daß in der Psychologie, vor allem in Mitteleuropa, auch die Prozeßforschung vorangetrieben wurde. Sie ist vor allem mit dem Namen PIAGET verknüpft. Grundbegriffe für die Auffassung PIAGETs von der Intelligenz stammen aus der Biologie (vgl. PIAGET 1975) und beziehen sich auf die Organisation eines Organismus, der sich an seine physikalische und soziale Umwelt anpassen muß. Diese Adaption erfolgt in den komplementären (hier kognitiv aufgefaßten) Prozessen der *Assimilation* (Angleichung der Wahrnehmungsinhalte an die eigene kognitive Struktur) und der *Akkommodation* (Veränderung der eigenen kognitiven Struktur in Abhängigkeit von Erfahrung). Die Struktur besteht aus *Schemata,* die sowohl handlungssteuernder als auch kognitiver Natur sein können. Beide Prozesse regeln den Bezug zwischen Individuum und Umwelt. Intelligenz als sich ausdifferenzierendes Fließgleichgewicht zwischen den Grundprozessen in mehreren Phasen ist aus *Abbildung 2* ersichtlich. Trotz heftiger Kritik an PIAGET (klinisch-kasuistische Methodik, fehlende Statistik, Veränderbarkeit der Altersgrenzen seiner Phasen durch Erziehung usw.) erleben die Arbeiten PIAGETs seit den 70er Jahren eine Renaissance und werden vor allem in der *Entwicklungs*psychologie weitergeführt (vgl. FLAVELL 1979) (→ *Entwicklung und Förderung*).

Forschungen auf dem Gebiet der Entwicklung kognitiver Fähigkeiten des Menschen wurden natürlich auch im Rahmen der Psychometrie betrieben, in dem Veränderungen in Qualität und Quantität kognitiver Leistungen in Abhängigkeit vom fortschreitenden Lebensalter untersucht wurden.

Die damit festgestellte Wachstumskurve steigt bis etwa zum siebten Lebensjahr steil an, flacht sich dann allmählich ab und erreicht einen Höhepunkt im dritten Lebensjahrzehnt. Dennoch ist es falsch, im Anschluß an die Arbeiten von BLOOM (1971) anzunehmen, daß im Alter von vier Jahren die Hälfte der Intelligenz des Alters von 17 Jahren entwickelt sei. Ein Korrelationskoeffizient von 0.70 zwischen Intelligenzmaßen im Alter von vier und 17 Jahren besagt lediglich, daß 50 Prozent der Varianz bei 17jährigen mit den Intelligenzmaßen im Alter von vier Jahren erklärt werden können. Die Stabilität der Intelligenzmaße nimmt zwar mit dem Alter allgemein zu, individuell können aber große Veränderungen in Abhängigkeit von Umweltbedingungen beobachtet werden.

Auch mußte die früher für selbstverständlich gehaltene Annahme, daß mit dem dritten Lebensjahrzehnt die Intelligenzkurve kontinuierlich absinkt, im gleichen Ausmaß relativiert werden, als es gelang, methodische Artefakte auszuschalten und die zwischen den Generationen verschiedenen Sozialisationsbedingungen zu berücksichtigen. Man kann heute davon ausgehen, daß die intellektuelle Leistungsfähigkeit unter günstigen Umweltbedingungen und kontinuierlich fortgesetzter geistiger Aktivität bis

Entwicklungsstufen:	Lebensalter:	
	Geburt	
		– Reflexe
	1. Monat	
		– primäre Zirkulärreaktionen: erste Apassungshandlungen – »Übungen«
	4. Monat	
		– sekundäre Zirkulärreaktionen: scheinbar absichtsvolle Handlungen
sensomotorische	8. Monat	
		– Beginn der praktischen Intelligenz: zielorientierte Handlungen – Objektpermanenz
	12. Monat	
		– tertiäre Zirkulärreaktionen: erste Differenzierung zwischen »Ich« und Gegenständen
	18. Monat	
		– Vorstellungsvermögen – »Einfallsreichtum«
	2 Jahre	
		– egozentrischer Sprachgebrauch (kollektiver Monolog) – perzeptives Denken – Zentration
prä-operationale	4–5 Jahre	
		– Sozial-kommunikativer Sprachgebrauch – Intuitives Denken – Dezentration
	7 Jahre	
konkret-operationale		– Operationen (Internalisierung, Reversibilität, Koordinierung) – Konservation – Kausalität
	11 Jahre	
formal-operationale		– Hypothesenbildung – Faktorenkombination – logisches Denken – Transitivität
	15 Jahre	

Abb. 2: Perioden der kindlichen Entwicklung nach PIAGET (vgl. THOMAS / FELDMAN 1986, S. 136)

ins siebte Lebensjahrzehnt und darüber hinaus erhalten, ja sogar gesteigert werden kann. Dafür gibt es sogar hirnanatomische Evidenz (HAUG 1985).

Für die Prozeßforschung im Intelligenz- und Begabungsbereich haben auch die Denkpsychologie und die aus ihr erwachsene Problemlösungsforschung wichtige Beiträge geleistet. Erste Erklärungsversuche mit den Aristotelischen Assoziationsgesetzen (Vorstellungen verbinden sich und rufen einander hervor nach Ähnlichkeit, Kontrast, Koexistenz und Sukzession) erfuhren eine Hochblüte mit dem englischen Empirismus und liegen, wenn auch nicht mehr als Ideenassoziation, sondern als Reiz-Reaktions-Verbindung, der Reflexologie PAWLOWS und seiner Schule und dem gesamten Behaviorismus zugrunde. Nach allgemeiner Kritik an den unter dem Namen »Assozianismus« zusammengefaßten verschiedenen Richtungen waren es erst die Würzburger Schule und die Berliner Gestaltpsychologie, die Ansätze zur Beschreibung und Erklärung von Denkprozessen über die Assoziationspsychologie hinaus leisteten (vgl. GRAUMANN 1966). Auf ihnen baut die gegenwärtige Forschung zu Problemlösungsprozessen auf (DÖRNER ²1979), die Probleme als unbefriedigende Ausgangszustände auffassen und jene kognitiven Prozesse zu analysieren versuchen, die den Ausgangszustand in einen erwünschten Zielzustand transformieren oder eben das Problem einer Lösung zuführen. Dies führte schon zu Computerprogrammen, die es gestatten, Problemlöseprozesse erfolgreich zu simulieren (NEWELL / SIMON 1972). Jedoch hat sich gerade für komplexe Probleme herausgestellt, daß Zusammenhänge zwischen der Lösungsgüte und traditionell gemessener Intelligenz nur gering sind (DÖRNER / KREUZIG 1983). Dies heißt aber nichts anderes, als daß intellektuellen Leistungen mehr Determinanten zugrunde liegen, als in Intelligenztests erfaßt werden. KLIX (1983) zeigt einen Weg auf, Problemlösungsprozesse diagnostisch nutzbar zu machen (→ *Pädagogische Diagnostik;* → *Pädagogische Intervention*).

3 Vererbung und Umwelt

3.1 Allgemeine Grundsätze

Diskussionen über die Frage nach der Herkunft der Intelligenz wurden zwischen sogenannten »Nativisten« und »Environmentalisten« nicht immer sachlich geführt, weil mit den Standpunkten, daß Intelligenz angeboren, also vererbt sei bzw. daß sie umweltabhängig in einer individuellen Lerngeschichte erworben werde, weltanschauliche Positionen verbunden werden können. Das letzte aufsehenerregende Beispiel war die Debatte um den US-amerikanischen Psychologen JENSEN, der vor allem die Thesen vertreten hat, daß Intelligenz vererbt sei, daß dabei systematische Unterschiede zwischen den Rassen bestünden und daß den Bemühungen, Intelligenz und Schulleistung zu fördern, enge Grenzen gesetzt seien (in deutscher Sprache zusammenfassend dokumentiert durch SKOWRONEK 1973).

Ohne auf Details der Erbbiologie (vgl. OLIVERIO 1977) oder der Erbpsychologie (vgl. MERZ / STELZL 1977) eingehen zu können, muß festgestellt werden, daß in solchen Debatten schon die Ausgangsfragen falsch bzw. mißverständlich gestellt wurden. Geht man davon aus, daß menschliche Entwicklung das Ergebnis eines komplexen Zusammenwirkens von genetischer Information und einer je spezifischen Umwelt ist, dann kann kein Merkmal nur angeboren oder nur erworben sein. Es ist daher sinnvoller, zwischen *umweltstabilen* und *umweltlabilen* Merkmalen zu unterscheiden, je nachdem, wie stark eine genetische Anlage sich in verschiedenen Umwelten durchsetzt oder nicht. Auch die Frage, welcher Anteil eines Merkmals wie der Intelligenz erbabhängig und welcher umweltbedingt ist, läßt sich sinnvollerweise nur für Populationen unter gegebenen Bedingungen stellen und besagt für Einzelindividuen nichts. Zwar sind sich die Autoren solcher Varianzzerlegungsmodelle, die üblicherweise etwa 80 Prozent der Intelligenzunterschiede auf Vererbung und 20 Prozent auf Umwelteinflüsse zurückführen, darüber klar, daß sie Aussagen über Populationen treffen (z. B. EYSENCK 1976) und diese nur für die gegebenen Umweltbedingungen gelten, doch werden diese Zahlenverhältnisse gerade immer wieder so behandelt, als ob sie auch für Individuen gelten würden.

Die über diese Schwierigkeiten hinausführende Fragestellung müßte in folgende Richtung gehen: In welcher Interaktion zwischen genetischer Information und spezifischen Umweltbedingungen kommt ein beobachtbares Verhalten bzw. dessen Voraussetzungen zustande?

3.2 Befunde zum Einfluß von Vererbung und Umwelt auf die Intelligenz

Untersuchungen zu diesem Thema liegen in schier unüberschaubarer Fülle vor, und ihre Ergebnisse sind teilweise widersprüchlich. Es können deshalb nur Beispiele angeführt werden, deren Auswahl subjektiv sein muß. Vorausgeschickt sei, daß wir zwar weder wissen, auf wie vielen oder gar welchen Chromosomen die genetischen Informationen für den Aufbau eines kognitiven Apparates weitergegeben werden, noch abzuschätzen vermögen, welchen Einfluß alle Ereignisse eines individuellen Lebenslaufes auf dessen Entwicklung haben, doch läßt der Gesamtstand unseres Wissens keinen begründbaren Zweifel darüber zu, daß Art und Ausmaß von Intelligenz eines Individuums sowohl von seinem Genom als auch von seiner eigenen Biographie in einer gegebenen soziokulturellen Umwelt determiniert werden.

Dafür sprechen folgende Argumente:
– Der Ablauf kognitiver Prozesse ist an einen funktionierenden Organismus, insbesondere an das Zentralnervensystem (ZNS) gebunden. Der allgemeine Bauplan von Menschen ist unter Einschluß großer intraindividueller Variabilität genetisch festgelegt.
– Dies kann belegt werden mit vielen Dutzend pathologischen Erscheinungen, bei denen in Verbindung mit Chromosomenaberrationen (z. B. Mongolismus) oder genetisch bedingten Stoffwechselstörungen (z. B. Phenylketonurie) immer auch Schwachsinn auftritt.
– Wichtig für das Funktionieren des ZNS ist nicht nur die Anzahl der Nervenzellen, die vermutlich mit der Geburt festliegt, sondern deren Vernetzung, die im wesentlichen nach der Geburt erfolgt. SPIEL (in MATZENAUER u. a. 1985, S. 77f.) beschreibt die Forschungsergebnisse von AKERT in vier Punkten:
»1. Ein großer Teil dieser Verästelung wird auf der Basis genetisch gesteuerter Information ermöglicht.
2. Akert hat ferner nachgewiesen, daß ein Teil der Vernetzung, und zwar die innere Vernetzung, erst dann stattfinden kann, wenn ein äußerer Reiz die Vernetzung sozusagen auslöst.
3. Ein weiteres, ganz entscheidendes Ergebnis von Akerts Untersuchungen: Es ist möglich, daß auch eine Vernetzung ohne genetische Information zustande kommt, weil die Umweltbedingungen das erzwingen.
4. Akert hat auch nachgewiesen, daß es Vernetzungsaussprossungen gibt, die nicht in Betrieb genommen werden, die während unseres Lebens wieder absterben, weil wir sie nicht gebrauchen.«
– Dies macht verständlich, daß frühe Reizung und frühe Erfahrung großen Einfluß auf die Entwicklung des kognitiven Apparates haben; gleiches zeigt beim Menschen die Untersuchung von SPITZ (1945) über Entwicklungsdefizite früh hospitalisierter Kinder, die nach heutiger Interpretation Folgen des Fehlens ausreichender kognitiver Stimulation waren. Extrem veranschaulicht dies das Schicksal von Caspar Hauser.
– Statische Untersuchungen über verschiedene Verwandtschaftsgrade erbringen zumeist Korrelationen, die der je nach Verwandtschaftsgrad zu erwartenden Ähnlich-

keit entsprechen. Diese Ergebnisse, insbesondere der Vergleich zwischen eineiigen und zweieiigen Zwillingen, die entweder gemeinsam oder getrennt aufgewachsen sind, bilden deswegen auch das Hauptargument für die Vererblichkeit der Intelligenz in der sozialwissenschaftlichen Diskussion. Daran ändert auch die Tatsache nichts, daß einer ihrer Hauptvertreter, nämlich BURT, seine Daten offenkundig manipuliert hat. Kontrolliert man jedoch den Anregungsgehalt der Umwelten, in denen eineiige Zwillinge getrennt aufgewachsen sind, sinken die beobachtbaren Korrelationen zwischen ihren Intelligenzmaßen stark ab (BLOOM 1971, S. 81). Jedoch muß dem einschränkend hinzugefügt werden, daß viel Mühe darauf verwendet wurde, Merkmale an Individuen zu messen, daß aber kaum zuverlässige Maße für Variablen der Umwelt vorliegen.

– Wie schwer es ist, »rechtzeitig die richtigen Anreize, Hilfen und Motivationen« zu geben (v. HENTIG 1973, S. 157), um Intelligenz optimal und Chancengleichheit wahrend zu entwickeln, zeigt die relative Erfolglosigkeit der mit großem Aufwand und viel Engagement vor allem in den USA im Sinne einer kompensatorischen Erziehung durchgeführten Förderungsprogramme und Schulreformversuche (JENCKS 1973) (→ *Motivation und Interesse;* → *Strukturveränderungen im Bildungswesen*). Auch Forschung über deren Ursachen steht noch aus.

4 Intelligenz und Schulleistung

Die Erforschung der Intelligenz ist nicht nur aus allgemeinpsychologischen oder theoretischen Gründen interessant, sondern vor allem wegen ihres Zusammenhangs mit der

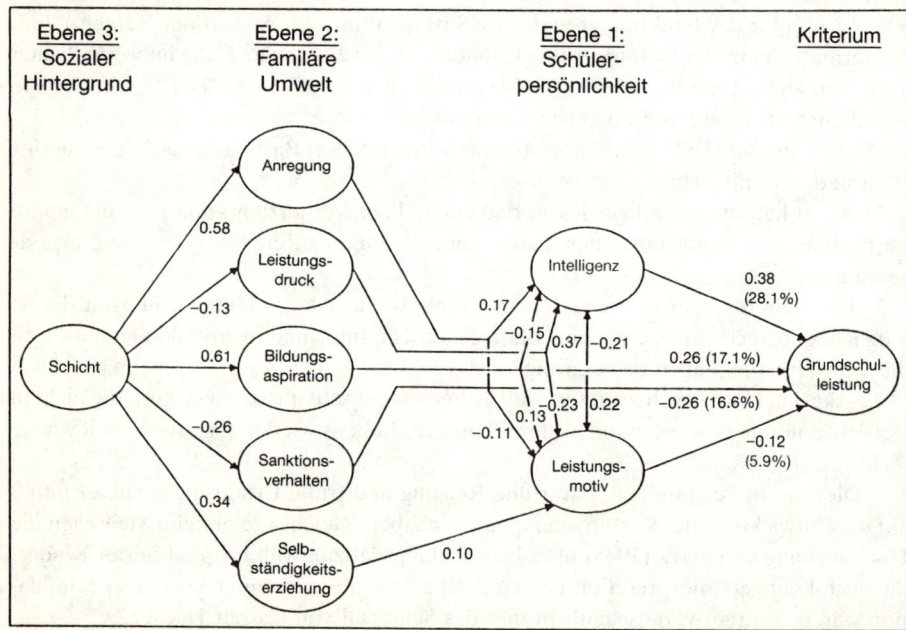

Abb. 3: Pfadmodell einiger Determinanten der Grundschulleistung (nach SAUER / GATTRINGER 1985, S. 298)

Schulleistung und den damit verbundenen Bildungs- und Existenzchancen. Die zahlreiche Literatur dazu ist bei SAUER (1987) zusammengefaßt. Er entwickelt auch ein Strukturmodell, das viele der bisherigen Ergebnisse zu integrieren gestattet und das 80 Prozent der Varianz in den Schulleistungen aufklärt (vgl. *Abbildung 3*).

SAUER und GATTRINGER (1985, S. 304) fassen selbst zusammen, »daß die Intelligenz (bzw. Testintelligenz) zwar die bedeutsamste Determinante der Grundschulleistung ist ... alleine jedoch keine zureichend genaue Vorhersage des Schulerfolgs garantieren würde. Bei gleichzeitiger Kontrolle anderer Determinanten erscheint sie nur als eine von mehreren wichtigen Bedingungen der Grundschulleistung. Betrachtet man die Vernetzung im Pfadmodell, so bestätigt sich, daß die Intelligenz selbst wiederum abhängig ist von den Bedingungen in der häuslichen Umwelt (vor allem »Anregung« und »Bildungsaspiration« und »Sanktionsverhalten« der Eltern), die ihrerseits z. T. schichtspezifisch (genauer: vor allem in Abhängigkeit der elterlichen Schulbildung) variieren«.

Literatur

AMELANG, M. / BARTUSSEK, D.: Differentielle Psychologie und Persönlichkeitsforschung. Stuttgart/Berlin ²1985
BLOOM, B. S.: Stabilität und Veränderung menschlicher Merkmale. Weinheim/Berlin/Basel 1971
DÖRNER, D.: Problemlösen als Informationsverarbeitung. Stuttgart/Berlin/Köln 1976, ²1979
– / KREUZIG, H. W.: Problemlösefähigkeit und Intelligenz. Psychologische Rundschau 34 (1983), S. 185–191
EYSENCK, H. J.: Die Ungleichheit der Menschen. München 1976
FLAMMER, A.: Individuelle Unterschiede im Lernen. Weinheim/Basel 1975
FLAVELL, J. H.: Kognitive Entwicklung. Stuttgart 1979
GEHLEN, A.: Der Mensch. Seine Natur und seine Stellung in der Welt. Frankfurt/Bonn 1962
GRAUMANN, C. F. (Hrsg.): Denken. Köln/Berlin 1966
GRIMM, J. / GRIMM, W.: Deutsches Wörterbuch. Leipzig 1854, S. 1277f.
GUTHKE, J.: Zur Diagnostik der intellektuellen Lernfähigkeit. Berlin 1972
HASSENSTEIN, B.: Erbgut, Umwelt, Intelligenzquotient und deren mathematisch-logische Beziehungen. In: Zeitschrift für Psychologie 190 (1982), S. 345–391
HAUG, H.: Are neurones of the human cerebral cortex really lost during aging? A morphometric examination. In: TRABER, J. / GISPEN, W. H.: Senile dementia of the alzheimer type. Berlin/Heidelberg u. a. 1985, S. 150–163
HELLER, K.: Intelligenz und Begabung. München/Basel 1976
– / FELDHUSEN, J. F.: Identifying and nurturing the gifted. An international perspective. Toronto / Lewiston, N. Y. u. a. 1986
HENTIG, H. v.: Erbliche Umwelt – oder Begabung zwischen Wissenschaft und Politik. In: SKOWRONEK, H.: Umwelt und Begabung, a.a.O. (1973) S. 156–178
HOFSTÄTTER, P. R.: Psychologie. Frankfurt 1957
–: Zum Begriff der Intelligenz. Psychologische Rundschau 17 (1966), S. 229–248
JÄGER, A. O.: Intelligenzstrukturforschung: Konkurrierende Modelle, neue Entwicklungen, Perspektiven. In: Psychologische Rundschau 35 (1984), S. 21–35
JENCKS, C.: Chancengleichheit. Reinbek 1973
KLIX, F.: Begabungsforschung – ein neuer Weg in der kognitiven Intelligenzdiagnostik? Plenarvortrag, gehalten zur Eröffnung des VI. Kongresses der Gesellschaft für Psychologie der DDR am 11. 1. 1983 in Leipzig. Zeitschrift Psychologie 191 (1983), S. 360–387
KLUGE, F.: Etymologisches Wörterbuch der deutschen Sprache. Berlin/New York 1975
LEYHAUSEN, P.: Die ethologischen Grundlagen des Lernens. In: NISSEN, G. (Hrsg.): Intelligenz, Lernen und Lernstörungen. Berlin/Heidelberg/New York 1977, S. 14–23

MATZENAUER, H. / OLECHOWSKI, R. u. a.: Die Schulreform geht weiter. Vorträge und Diskussionen anläßlich des Symposiums zum 50. Todestag von Otto GLÖCKEL. Wien/München 1985
MERZ, F. / STELZL, I.: Einführung in die Erbpsychologie. Stuttgart/Berlin u. a. 1977
NEWELL, A. / SIMON, H. A.: Human problem solving. New Jersey 1972
OLIVERIO, A.: Genetics, environment and intelligence. Amsterdam/New York/Oxford 1977
PIAGET, J.: Biologische Anpassung und Psychologie der Intelligenz. Stuttgart 1975
ROHRACHER, H.: Einführung in die Psychologie. Wien/München/Berlin 1971
ROTH, E. / OSWALD, W. D. / DAUMENLANG, K.: Intelligenz. Aspekte – Probleme – Perspektiven. Stuttgart/Berlin/Köln/Mainz ²1980
ROTH, H.: Pädagogische Psychologie des Lehrens und Lernens. Hannover/Berlin u. a. 1957, ¹⁰1967
– (Hrsg.): Begabung und Lernen. Ergebnisse und Folgerungen neuer Forschungen. Stuttgart 1976
SAUER, J.: Determinanten der Grundschulleistung und ihr prognostischer Wert für den Sekundarschulerfolg. Habilitationsschrift. Salzburg 1987
– / GATTRINGER, H: Soziale, familiale, kognitive und motivationale Determinanten der Schulleistung. Kölner Zeitschrift für Soziologie und Sozialpsychologie 37 (1985), S. 277–287
SKOWRONEK, U. (Hrsg.): Umwelt und Begabung. Stuttgart 1973
SPITZ, R. A.: Hospitalism. An inquiry into the genesis of psychiatric conditions in early childhood. In: Psychoanalytical Study of the Child 1 (1945), S. 53–74
STERN, W.: Die psychologischen Methoden der Intelligenzprüfung und deren Anwendung an Schulkindern. Leipzig 1912
THOMAS, R. M. / FELDMAN, B.: Die Entwicklung des Kindes. Weinheim/Basel 1986
WEINERT, F. E. / WAGNER, H.: Die Förderung Hochbegabter in der Bundesrepublik Deutschland. Bad Honnef 1987
WENZL, A.: Theorie der Begabung. Entwurf einer Intelligenzkunde. Heidelberg 1957

Peter Becker

Persönlichkeit von Lehrern und Schülern: seelische Gesundheit, Verhaltenskontrolle und damit zusammenhängende Eigenschaften

1 Persönlichkeitspsychologische Grundbegriffe

Wichtigste Aufgabe der *Persönlichkeitspsychologie* ist die Beschreibung, Erklärung und Vorhersage individuellen Verhaltens. Im Gegensatz zur allgemeinen Psychologie, die nach Gesetzmäßigkeiten des Verhaltens (z. B. der Wahrnehmung oder des Denkens) sucht, die für möglichst viele oder alle Personen gelten, werden in der Persönlichkeitspsychologie (oder differentiellen Psychologie) die zwischen Individuen bestehenden Verhaltensunterschiede erforscht. Dabei wird von der Grundannahme ausgegangen, daß die in einer bestimmten Situation (z. B. einer mündlichen Prüfung) beobachtbaren interindividuellen Verhaltensunterschiede auf relativ stabile *Persönlichkeitseigenschaften* (wie z. B. Intelligenz oder Ängstlichkeit) zurückzuführen sind, die bei verschiedenen Personen in unterschiedlichen Ausprägungsgraden vorliegen. Persönlichkeitspsychologen fragen also nicht danach, welche Bedingungen einer spezifischen Prüfung in besonderem Maße geeignet sind, Prüfungsängste auszulösen, sondern danach, warum Person A in einer bestimmten Prüfung – oder gemittelt über mehrere Prüfungen – mehr Angst hat als Person B. In vielen Fällen läßt sich die Hypothese vertreten, daß die Ausprägungsgrade der betreffenden Persönlichkeitseigenschaft in der Bevölkerung nach Art der Gaußschen Normalverteilung (Glockenkurve) verteilt sind. Bei Persönlichkeitseigenschaften handelt es sich um hypothetische Konstrukte, d. h., sie können nicht unmittelbar beobachtet, sondern lediglich aus bestimmten Konsistenzen des Verhaltens oder aus bestimmten biologischen Merkmalen erschlossen werden. Die einzigartige Kombination der bei einem Individuum vorhandenen Eigenschaftsausprägungen wird als dessen *Persönlichkeit* bezeichnet (→ *Psychologische Anthropologie*).

Eine in der Persönlichkeitspsychologie häufig verwendete Forschungsmethode ist die Berechnung von Korrelationen. Dabei sind zwei Auswertungsstrategien zu unterscheiden (vgl. *Abbildung 1*). Zum einen überprüft man an einer Gruppe von Personen, bei denen eine Reihe von Merkmalen (Verhaltensweisen oder Eigenschaften) erhoben wurde, die Zusammenhänge zwischen den Merkmalen. Handelt es sich bei den Merkmalen um Verhaltensweisen in bestimmten Situationen, so läßt sich aus Verhaltensweisen, die untereinander hoch korrelieren, auf eine zugrundeliegende Persönlichkeitseigenschaft schließen, wobei die Zusammenhänge in der Regel mit Hilfe einer spezifischen statistischen Methode, der sogenannten Faktorenanalyse, ausgewertet werden (Pawlik 1968). Liegen die Merkmale bereits als Persönlichkeitseigenschaften vor, d. h., bewegt man sich auf einer höheren, abstrakteren Ebene, so werden mit Hilfe der Faktorenanalyse Persönlichkeitseigenschaften höherer Ordnung und hierarchische Persönlichkeitsmodelle erschlossen. Faktorenanalytisch gewonnene Persönlichkeitseigenschaften bezeichnet man auch als *Persönlichkeitsfaktoren* oder als Persönlichkeitsdimensionen.

Eine zweite Auswertungsstrategie einer Datenmatrix, wie sie in *Abbildung 1* wiedergegeben ist, basiert auf dem Vergleich verschiedener Personen. Weisen mehrere Perso-

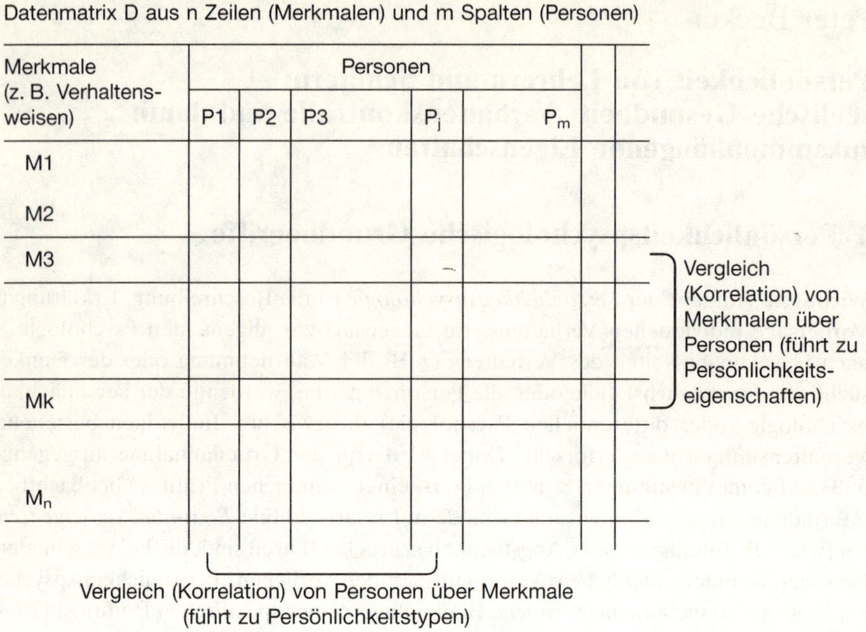

Datenmatrix D aus n Zeilen (Merkmalen) und m Spalten (Personen)

Merkmale (z. B. Verhaltensweisen)	Personen				
	P1	P2	P3	P_j	P_m
M1					
M2					
M3					
Mk					
M_n					

} Vergleich (Korrelation) von Merkmalen über Personen (führt zu Persönlichkeitseigenschaften)

Vergleich (Korrelation) von Personen über Merkmale
(führt zu Persönlichkeitstypen)

Abb. 1: Methodisches Vorgehen bei der Suche nach Persönlichkeitseigenschaften bzw. nach Persönlichkeitstypen

nen ähnliche Ausprägungsgrade in ausgewählten Merkmalen auf, so gleichen sie einander (korrelieren hoch miteinander) und können zu *Persönlichkeitstypen* zusammengefaßt werden.

Die Suche nach Persönlichkeitstypen hat eine lange Tradition. So wurden die vier bekannten Temperamentstypen des Sanguinikers, Phlegmatikers, Cholerikers und Melancholikers bereits in der Antike beschrieben. Persönlichkeitstypologien beschränken sich in der Regel auf wenige Typen und stellen daher Grobraster zur Erfassung von Persönlichkeitsunterschieden dar. Der Nutzen einer Typologie besteht darin, daß sich aus der Kenntnis der Zugehörigkeit eines Individuums zu einem bestimmten Typ im günstigsten Fall Verhaltensprognosen, Verhaltenserklärungen oder Entscheidungshilfen für zielangemessenes Verhalten ableiten lassen. Ein gutes Beispiel für typologisches Denken im pädagogischen Bereich liefert HOFER (1981). Er konnte die Annahme empirisch stützen, daß Lehrer ihre Schüler nicht nur bestimmten Typen zuordnen (z. B. dem Typ des »guten Schülers« mit der Merkmalskombination: gute Leistungen, intelligent, fleißig, diszipliniert und aktiv), sondern sich den verschiedenen Schülertypen gegenüber auch unterschiedlich verhalten, wobei Lehrer ihre wesentlichen pädagogischen Ziele vor Augen haben, nämlich Kontrolle über das Unterrichtsgeschehen und Förderung der Schülerleistungen. Typologisches Denken von Lehrern erweist sich insbesondere dann als hilfreich, wenn ein Lehrer im Unterricht sehr rasche Entscheidungen darüber treffen muß, ob und wie er auf einen oder mehrere Schüler reagieren soll. Grenzen einer Typologie zeigen sich, wenn eine größere Anzahl von Personen keinem der Typen zugeordnet werden kann. Im Vergleich zur typologischen Charakterisierung kann eine Diagnostik der individuellen Ausprägungsgrade in relevanten Persönlichkeitseigenschaften sehr viel genauer das unverwechselbare individuelle Persönlichkeitsprofil herausarbeiten.

2 Persönlichkeitsbeschreibung und Persönlichkeitsdiagnostik

Persönlichkeitseigenschaften lassen sich nach inhaltlichen und formalen Gesichtspunkten (z. B. nach engen oder weiten, unipolaren oder bipolaren, Oberflächen- oder Grundeigenschaften) einteilen. CATTELL (1957) trifft die inhaltliche Unterscheidung in Fähigkeitseigenschaften (vor allem verschiedene Intelligenzkomponenten), motivationale Eigenschaften, die er als Ergs (weitgehend angeborene Motive) und Sentiments (erworbene Motivziele) bezeichnet, sowie *Temperamentseigenschaften.* Wir werden uns im folgenden auf die Temperamentseigenschaften beschränken. Darunter versteht man einen breiten Bereich von Merkmalen, die sich im Stil des Verhaltens (vor allem dem energetischen Niveau, der Schnelligkeit und der emotionalen Tönung des Verhaltens) äußern.

Zur diagnostischen Erfassung des individuellen Ausprägungsgrades von Eigenschaften stehen vor allem drei Methoden zur Verfügung: die Selbstbeschreibung (meist mit Hilfe standardisierter Persönlichkeitsfragebogen), die Fremdbeschreibung durch Personen, die den zu Beurteilenden gut kennen (meist mit Hilfe standardisierter Beurteilungsskalen, z. B. »Hamburger Verhaltensbeurteilungsliste« von H. WAGNER 1981), sowie die Registrierung von Verhaltensdaten und physiologischen Daten (z. B. Anzahl richtiger Antworten in einem Intelligenztest, Reaktionsgeschwindigkeit unter bestimmten experimentellen Bedingungen, Fluktuationen des Hautwiderstandes). Über die Vor- und Nachteile dieser Methoden informieren Lehrbücher der Persönlichkeitspsychologie und Psychodiagnostik (z. B. AMELANG/BARTUSSEK [3]1990). Am beliebtesten sind Persönlichkeitsfragebogentests, bei denen die zu diagnostizierende Person ihr Verhalten und Erleben sowie ihre Einstellungen mitteilt. HELMKE / FEND (1981, 1982) gingen der Frage nach, wie gut Lehrer die Persönlichkeitseigenschaften ihrer Schüler, gemessen über Selbstbeschreibungen der Schüler, beurteilen können. Generell war der Grad der Übereinstimmung der Beurteilungen von Schülern und Lehrern eher gering, ein Ergebnis, das angesichts der auch bei anderen Beurteilern ermittelten bescheidenen Übereinstimmungen von Fremd- und Selbsturteilen wenig überrascht. Am besten konnten die Lehrer noch die unmittelbar lern-, leistungs- und schulerfolgsbezogenen Merkmale wie Konzentrationsfähigkeit, Begabung, Ehrgeiz und Schulfreude sowie abweichendes Schülerverhalten (Rückzugstendenzen, reduzierte Unterrichtsteilnahme) einstufen (Korrelationen in einer Größenordnung von etwa .20 bis .40). Zur Beurteilung verdeckter Eigenschaften, wie Selbstvertrauen oder Schul- und Leistungsangst, sind Lehrer jedoch in der Regel kaum in der Lage. Ist ein Lehrer an derartigen Informationen interessiert, so empfiehlt sich der Einsatz entsprechender Persönlichkeitstests für Kinder und Jugendliche, wie z. B. des »Hamburger Persönlichkeitsfragebogens für Kinder« – HAPEF – K (WAGNER / BAUMGÄRTEL 1978), des »Angstfragebogens für Schüler« (WIECZERKOWSKI u. a. [2]1975) oder des »Anstrengungsvermeidungstests« (ROLLETT / BARTRAM 1977) (→ *Pädagogische Diagnostik;* → *Pädagogische Intervention*).

3 Eigenschaftspsychologische Persönlichkeitssysteme

Zu den zentralen Aufgaben der empirischen Persönlichkeitsforschung gehören die Sichtung der vielen tausend in der Umgangssprache verwendeten Begriffe zur Beschreibung psychisch relevanter Personenmerkmale, die Klärung der zwischen ihnen bestehenden Zusammenhangsmuster und die Auswahl und Präzisierung jener Eigenschaften, die sich für die Beschreibung, Erklärung und Vorhersage individuellen Verhaltens als besonders nützlich erweisen. Zu den bekanntesten Persönlichkeitspsychologen, die derartige mehr oder weniger umfassende Persönlichkeitssysteme entwickelt haben, zählen GUILFORD (1974), CATTELL (1957), EYSENCK (1985) und STRELAU (1983). Diese vier Systeme unterscheiden sich vor allem im Hinblick auf die Anzahl der zugrunde gelegten Eigenschaften (zwischen 3 und 16) und im Hinblick auf deren primär beschreibenden oder auch erklärenden Charakter. Insbesondere EYSENCK und STRELAU suchen nach Persönlichkeitseigenschaften, deren biologische Grundlagen entweder bekannt oder zumindest teilweise erforscht sind und deren Ausprägungsgrad zu erheblichen Anteilen durch Vererbung determiniert ist. Die unterschiedliche Anzahl der herangezogenen Eigenschaften findet ihre Erklärung im Prinzip der hierarchischen Verschachtelung. Mehrere Eigenschaften niederer Ordnung (z. B. Geselligkeit und Lebhaftigkeit), die untereinander positiv korrelieren, lassen sich auf einer höheren Ebene unter übergeordneten, breiten Eigenschaftsbegriffen (z. B. Extraversion–Introversion) subsumieren. Exemplarisch herausgegriffen sei ein derartiges hierarchisch strukturiertes Persönlichkeitsmodell, nämlich das Modell von EYSENCK. Im Bereich der Temperamentsmerkmale unterscheidet EYSENCK drei breite Persönlichkeitsfaktoren: *Extraversion–Introversion* (Geselligkeit, Lebhaftigkeit, Impulsivität), *Neurotizismus* (emotionale Labilität) und *Psychotizismus* (Untersozialisiertheit, Feindseligkeit, Impulsivität, Eigenwilligkeit). Diese Persönlichkeitseigenschaften lassen sich sowohl bei Erwachsenen als auch bei Kindern und Jugendlichen nachweisen. Personen mit hohen Neurotizismus- bzw. Psychotizismuswerten neigen zu bestimmten Arten von psychischen Störungen, wobei auch der Ausprägungsgrad im Merkmal Extraversion–Introversion zu berücksichtigen ist. Auf Kritikpunkte an den genannten vier umfassenden Persönlichkeitssystemen kann hier nicht näher eingegangen werden (siehe etwa P. BECKER 1988, BECKER / MINSEL 1986).

Für die Zwecke des vorliegenden Beitrages erscheint es uns nützlich, auf ein von P. BECKER (1988) vorgeschlagenes zweidimensionales Persönlichkeitsmodell zurückzugreifen, das in *Abbildung 2* wiedergegeben ist. Dieses Modell basiert auf umfangreichen faktorenanalytischen Studien und umfaßt zwei besonders varianzstarke (breite) und gut replizierbare Persönlichkeitsfaktoren höherer Ordnung. Diese werden als seelische Gesundheit und Verhaltenskontrolle bezeichnet. Sie sind in *Abbildung 2* durch eine horizontale und eine dazu senkrecht stehende Linie als bipolare Dimensionen charakterisiert. Unter *seelischer Gesundheit* verstehen BECKER und MINSEL (1986) die Fähigkeit eines Menschen zur Bewältigung externer und interner Anforderungen bzw. zur effizienten Auseinandersetzung mit der Außenwelt sowie mit der »psychischen Innenwelt«. Ein seelisch gesunder Mensch ist unter anderem selbstbewußt, gelassen, emotional ausgeglichen, ein guter Problemlöser, autonom und liebesfähig. Personen mit geringer seelischer Gesundheit weisen die entgegengesetzten Merkmale auf. Menschen unterscheiden sich nicht nur in ihrem aktuellen Zustand der seelischen Gesundheit (z. B. Grad ihres

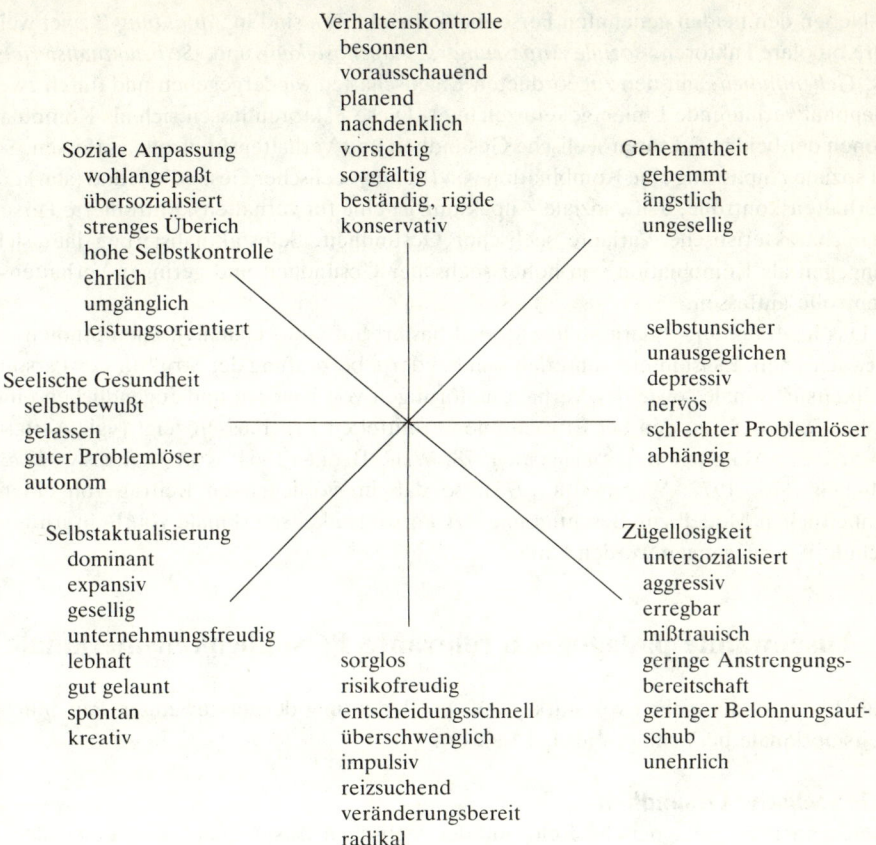

Abb. 2: Faktorenanalytisch ermitteltes Persönlichkeitsmodell mit den Hauptfaktoren »seelische Gesundheit« und »Verhaltenskontrolle« sowie den Nebenfaktoren »soziale Anpassung vs. Zügellosigkeit« und »Selbstaktualisierung vs. Gehemmtheit«

psychischen Wohlbefindens und ihrer Gelassenheit), sondern in ihrem über die Zeit aggregierten (gemittelten, durchschnittlichen) Grad der seelischen Gesundheit. In diesem Sinne handelt es sich bei der seelischen Gesundheit um ein relativ stabiles Persönlichkeitsmerkmal. *Verhaltenskontrolle* ist ein von seelischer Gesundheit unabhängiger bipolarer Persönlichkeitsfaktor. Personen mit starker Verhaltenskontrolle orientieren ihr Verhalten an verinnerlichten Normen und Wertsystemen sowie an mittel- und langfristigen Zielen (→ *Werte und Normen in der Erziehung*). Sie reagieren eher besonnen und vorausschauend, zögerlich, vorsichtig und bedächtig (langsam). Sie machen sich Gedanken um zukünftige Entwicklungen und legen Wert auf sorgfältige Planung. Sie zeichnen sich durch Beständigkeit aus und neigen eher zu konservativen Ansichten. Personen mit geringer Verhaltenskontrolle zeigen die entgegengesetzten Verhaltenstendenzen (sorglos, risikofreudig usw.). Der breite Persönlichkeitsfaktor Verhaltenskontrolle umfaßt auch den kognitiven Stil der Reflexivität–Impulsivität (siehe unten).

Neben den beiden genannten Persönlichkeitsfaktoren sind in *Abbildung 2* zwei weitere bipolare Faktoren »*soziale Anpassung vs. Zügellosigkeit*« und »*Selbstaktualisierung vs. Gehemmtheit*« mit den zugeordneten Eigenschaften wiedergegeben und durch zwei diagonal verlaufende Linien gekennzeichnet. Diese Faktoren lassen sich als Kombinationen der beiden Faktoren seelische Gesundheit und Verhaltenskontrolle auffassen. So ist soziale Anpassung eine Kombination von (hoher) seelischer Gesundheit und (starker) Verhaltenskontrolle, d. h., soziale Anpassung ist eine für verhaltenskontrollierte Personen charakteristische Variante seelischer Gesundheit. Selbstaktualisierung läßt sich hingegen als Kombination von hoher seelischer Gesundheit und geringer Verhaltenskontrolle auffassen.

Das in *Abbildung 2* dargestellte Modell basiert auf faktorenanalytischen Studien an Erwachsenen. Es ist interessant, daß sich bei der Überprüfung der Struktur der Persönlichkeitsmerkmale sowie der Verhaltensstörungen von Kindern und Jugendlichen eine hohe Kongruenz zu den bei Erwachsenen ermittelten Ergebnissen zeigt (vgl. ACHENBACH 1985; ACHENBACH / EDELBROCK 1978; W. C. BECKER 1964; KOHN / ROSMAN 1973; MILLER 1967, 1972; WEINTRAUB 1973), so daß im vorliegenden Beitrag von einem einheitlichen Modell zur Beschreibung der Persönlichkeitsmerkmale von Lehrern und Schülern ausgegangen werden kann.

4 Ausgewählte pädagogisch relevante Persönlichkeitsmerkmale

Aus Platzgründen gehen wir stärker auf die Bedeutung der ausgewählten Persönlichkeitsmerkmale bei Schülern als bei Lehrern ein.

4.1 Seelische Gesundheit

Welches ist die pädagogische Relevanz der seelischen Gesundheit? Zum einen deckt dieser Persönlichkeitsfaktor wesentliche Anteile sowohl des idealen Lehrers als auch des idealen Schülers ab. So ist ein Ziel von Lehrern, bei ihren Schülern Eigenschaften wie Selbstvertrauen, Gelassenheit, emotionale Ausgeglichenheit, hinreichende Selbstkontrolle und Selbstverwirklichung im Rahmen der schulischen Möglichkeiten zu fördern. Auf der anderen Seite haben empirische Untersuchungen gezeigt, daß sich auch Schüler bei einem »guten« oder »idealen Lehrer« die genannten Eigenschaften wünschen (vgl. WEIDENMANN / KRAPP 1986). Diese Eigenschaften lassen sich den beiden Bereichen »Kompetenz« und »Liebe« zuordnen, Merkmale, die von allen Theoretikern der seelischen Gesundheit hervorgehoben werden (vgl. P. BECKER 1982 a).

Warum ist es für einen Lehrer günstig, wenn er wenigstens durchschnittliche oder sogar erhöhte Werte in seelischer Gesundheit aufweist? Wie u. a. VAILLANT (1980), P. BECKER (1985) und BECKER / MINSEL (1986) zeigen konnten, verfügen seelisch Gesunde über ein effizienteres Bewältigungsverhalten, d. h., sie können besser mit schwierigen und belastenden Situationen umgehen. Solche Situationen gehören zum beruflichen Alltag des Lehrers, nicht nur bei der didaktischen Vermittlung eines komplexen Stoffes an weniger begabte und weniger motivierte Schüler, sondern vor allem beim Umgang mit schwierigen Schülern, bei Disziplinproblemen oder wenn Lehrer mit widersprüchlichen Rollenanforderungen konfrontiert werden. Seelisch Gesunde reagieren in solchen Situationen gelassener, flexibler, je nach Situation zum

Beispiel mit Humor, Zuwendung, Festigkeit oder einer anderen angemessenen und nicht emotionalen Strategie. Die erfolgreiche Bewältigung solcher Situationen und das Erreichen der eigenen pädagogischen Ziele vermitteln berufliche Zufriedenheit, stärken das Selbstbewußtsein und tragen damit zugleich zur Aufrechterhaltung und Förderung der eigenen seelischen Gesundheit bei. Durch ihr kompetentes Bewältigungsverhalten sind seelisch gesunde Lehrer für ihre Schüler zugleich nachahmenswerte Vorbilder (→ *Lehrer-Schüler-Verhältnis*).

Läßt sich der von der Theorie von BECKER / MINSEL (1986) postulierte Zusammenhang von (hoher) Kompetenz und (positiver) emotionaler Befindlichkeit auch bei Schülern nachweisen? Im »Hamburger Persönlichkeitsfragebogen für Kinder« zeigten von ihren Mitschülern als tüchtig eingeschätzte Schüler ein hohes Ausmaß an emotionaler Stabilität, wenig neurotische Reaktionen auf Mißerfolg und wenig Ängste und somatische Beschwerden (WAGNER / BAUMGÄRTEL 1978). Signifikante, wenn auch schwache Zusammenhänge ergaben sich in dieser Untersuchung zwischen dem von Lehrern eingestuften Leistungsfehlverhalten und (geringer) seelischer Gesundheit. MILLER (1972) fand einen deutlichen inversen Zusammenhang zwischen der Höhe der gemessenen Intelligenz und der Anzahl der vom Lehrer eingestuften Verhaltensstörungen. Mit Hilfe der »Marburger Verhaltensliste« ermittelten EHLERS / EHLERS / MAKUS (1978) Korrelationen in einer Größenordnung von .40 bis .65 zwischen Elterneinstufungen des instabilen Leistungsverhaltens und verschiedenen Indikatoren für geringe seelische Gesundheit ihrer Kinder.

Auf welchem Wege können Lehrer einen Beitrag zur Förderung der seelischen Gesundheit ihrer Schüler leisten? Stützt man sich auf Ergebnisse der Erziehungsstilforschung, so ist die pädagogische Haltung des Verständnisses und der Wertschätzung gegenüber Schülern zu nennen. Ausgehend von der oben skizzierten Theorie der seelischen Gesundheit, kommt der Vermittlung von Erfolgserlebnissen, dem Vermeiden von Überforderungen, dem Mutmachen bei vorübergehenden Mißerfolgen sowie dem Vermeiden einer »erlernten Hilflosigkeit« (vgl. SELIGMAN 1979) ein hoher Stellenwert zu. Wünschenswert ist es ferner, wenn Lehrer auf die individuellen Temperamentsmerkmale ihrer Schüler eingehen, denn es hat sich gezeigt, daß Schüler mit unterschiedlichen Temperamentsmerkmalen (z. B. im Sinne des Aktivitätsniveaus oder der Stärke des Nervensystems) unterschiedliche Umweltbedingungen benötigen, um sich optimal entfalten zu können (vgl. STRELAU 1984, THOMAS / CHESS 1980 sowie weiter unten).

4.2 Verhaltenskontrolle und Reflexivität–Impulsivität

Da oben bereits das Eigenschaftsmuster von Personen mit starker Verhaltenskontrolle beschrieben wurde, beschränken wir uns hier auf Personen mit geringer Verhaltenskontrolle (vgl. P. BECKER 1988 sowie *Abbildung 2*). Sie neigen zu schnellen Reaktionen und eher impulsiven und manchmal risikoreichen Entscheidungen. Ihre hohe Reaktionsgeschwindigkeit läßt sich zum Beispiel bei Wahrnehmungs- und Gestalterfassungsaufgaben oder im Bereich der Wortflüssigkeit nachweisen. Sie können sich rasch von einer Situation auf eine andere umstellen. Ihre Fähigkeit zum Belohnungsaufschub ist eher schwach ausgeprägt, d. h., sie lassen sich von kurzfristig erreichbaren Belohnungen verlocken und übersehen dabei leicht die langfristigen ungünstigen Konsequenzen. Sie haben einen eher großen »Reizhunger«, d. h., sie sind häufig auf der Suche nach neuen anregenden oder aufregenden Reizbedingungen. Wir wollen nur kurz auf die Bedeutung dieses Persönlichkeitsfaktors bei Lehrern eingehen, da hierzu kaum empirische Befunde vorliegen. Die folgenden Aussagen bedürfen daher der empirischen Überprüfung. Es ist zu erwarten, daß Lehrer mit starker Verhaltenskontrolle ihren Unterricht sorgfältig planen und den Ablauf einer Unterrichtsstunde relativ starr nach ihren Vorstellungen zu strukturieren und zu lenken suchen. Sie legen besonderen Wert auf Disziplin in der Klasse und fühlen sich durch Klassenlärm im Sinne der Reizüberflutung schnell und stark beeinträchtigt. Lehrer mit geringer Verhaltenskontrolle vertrauen hingegen stärker auf ihr Improvisationstalent, auf ihre Fähigkeit, sich rasch auf eine neue Situation einzustellen. Sie bevorzugen einen offenen Unterrichtsstil, d. h., es fällt ihnen relativ leicht, von den Schülern ausgehende Anregungen aufzugreifen und von einem vorgefertigten Unterrichtsschema abzuweichen. Sie können auf Ruhe und strenge Disziplin in der Klasse zugunsten eines lebhaften Unterrichtsklimas vorübergehend verzichten (→ *Autorität und Disziplin;* → *Lehrer-Schüler-Verhältnis*).

Der Persönlichkeitsfaktor Verhaltenskontrolle als wichtiges Schülermerkmal findet in der Literatur unter den Bezeichnungen »Selbstkontrolle« (KENDALL / WILCOX 1979; KENDALL u. a. 1981; WEINTRAUB 1973) sowie *»Reflexivität – Impulsivität«* starke Beachtung. Die genannten drei Persönlichkeitskonstrukte sind zwar nicht deckungsgleich, weisen jedoch eine beträchtliche Verwandtschaft untereinander auf. Wir wollen uns im folgenden auf den von KAGAN (1966) und Mitarbeitern beschriebenen kognitiven Stil Reflexivität – Impulsivität beschränken (vgl. STEINACK 1977). Unter einem *kognitiven Stil* versteht man ein relativ stabiles Persönlichkeitsmerkmal, das sich auf die charakteristische Art und Weise bezieht, wie eine Person mit kognitiven Aufgaben und Lernsituationen umgeht. Reflexivität bezeichnet die Tendenz, ein nicht ganz einfaches Problem, bei dem man mit mehreren Reaktions- bzw. Lösungsalternativen konfrontiert ist, eher langsam und sorgfältig zu bearbeiten. Impulsivität würde sich demgegenüber in raschen und stärker fehlerbehafteten Reaktionen äußern. Zur Messung dieses Persönlichkeitsmerkmals wurden häufig der »Matching Familiar Figures«-Test sowie der »Porteus Maze«-Test verwendet (vgl. auch den Bonner Aufmerksamkeitstest von WAGNER 1981). Bei dem zuerst genannten Test soll eine Person jeweils einen visuellen Standardreiz mit mehreren zum Verwechseln ähnlichen Reizen vergleichen und jenen einzigen Vergleichsreiz herausfinden, der mit dem Standardreiz identisch ist. Reflexive Kinder nehmen sich für die Vergleiche mehr Zeit, beachten die Details genauer und machen weniger Fehler als impulsive Kinder. Bei dem zweiten Test handelt es sich um Labyrinthaufgaben wachsender Schwierigkeit, bei denen einerseits die Zahl der richtig gelösten Aufgaben und andererseits der Arbeitsstil (Sauberkeit und Präzision der Linienführung) gemessen werden.

Untersuchungen zu diesem kognitiven Stil, über die STEINACK (1977) zusammenfassend berichtet, haben unter anderem folgendes erbracht: Interindividuelle Unterschiede im Grad der Reflexivität lassen sich bereits ab etwa dem zweiten oder dritten Lebensjahr nachweisen, und der Rangplatz eines Individuums in diesem Merkmal besitzt über die Zeit eine hinreichend hohe Stabilität. Mit zunehmendem Lebensalter erhöht sich der Grad der Reflexivität. (Ein entsprechendes Ergebnis zeigt sich auch bezüglich der Entwicklung der Verhaltenskontrolle im Erwachsenenalter.) Von der Tendenz her sind Mädchen reflexiver als Jungen, jedoch liegen hierzu einige widersprüchliche Befunde vor. Impulsive Kinder zeigen eine größere motorische Aktivität bis hin zur Hyperaktivität und haben eine kürzere Aufmerksamkeitsspanne (vgl. die Kategorie »Störungen mit

Aufmerksamkeitsdefizit« im »diagnostischen und statistischen Manual psychischer Störungen«; KOEHLER / SASS 1984). Reflexive Schüler verwenden reifere Denkstrategien, sind stärker feldunabhängig, zeigen mehr Widerstand gegenüber Versuchungen und erbringen bessere Lese- und Schulleistungen.

STEINACK (1977) geht detailliert auf die Probleme des kognitiven Tempos von Kindern im Schulunterricht ein. Wenn Lehrer diesem kognitiven Stilmerkmal ihrer Schüler ungenügende Beachtung schenken, bestehen folgende Gefahren: Reflexive Kinder werden aufgrund ihrer langsamen Reaktionen in ihrer Begabung unterschätzt, was zu einer Beeinträchtigung der Leistungsmotivation führen kann. Dies wiederum kann im ungünstigen Fall (infolge von Entmutigung, Unlust und anderen störenden Affekten) bei langsamem Lösungstempo dennoch eine hohe Fehlerzahl bewirken. Da impulsive Kinder bei gleicher Intelligenz im Durchschnitt mehr Fehler produzieren als reflexive, besteht die Gefahr, daß sie vom Lehrer oder von Mitschülern häufiger negative Reaktionen erfahren, die bei ihnen Schulunlust und Unzulänglichkeitsgefühle hervorrufen. Legt ein Lehrer besonders großen Wert auf schnelles Antworten seiner Schüler, so kann er ungewollt einen kognitiven Stil der Impulsivität fördern.

Generell werden die Gefahren eines zu impulsiven kognitiven Stils höher veranschlagt als die eines zu reflexiven Stils. Aus diesem Grunde richten sich pädagogisch-psychologische Trainingsmaßnahmen primär an impulsive Schüler. Über entsprechende Förderungsmöglichkeiten informieren unter anderem KENDALL / BRASWELL (1985); SCHLOTTKE (1984), STEINACK (1977) und J. WAGNER (1976). KENDALL und BRASWELL (1985) schätzen, daß wenigstens 1–4 Prozent aller Grundschüler wegen des genannten Störungsbildes dringender Hilfe bedürfen.

4.3 Ängstlichkeit

Zum Thema Lehrerangst liegen nur sehr wenige Arbeiten vor (vgl. BRÜCK 1978; WEIDENMANN 1978), so daß wir uns im folgenden auf eine allgemeine Erörterung der Ängstlichkeit von Schülern beschränken. In der Angstforschung hat sich die Unterscheidung zwischen *Angst als Zustand* und Angstneigung als Persönlichkeitseigenschaft bewährt. Angst in der zuerst genannten Bedeutung ist ein vorübergehender aversiver Zustand angesichts drohender Gefahren (Verluste und Mißerfolge). Er läßt sich auf wenigstens drei Ebenen beschreiben: einer physiologischen, einer kognitiven sowie einer emotionalen (vgl. *Abbildung 3*). Im Bereich der Prüfungsangst wird insbesondere zwischen Besorgtheit (unter anderem aufgabenirrelevante, selbstbezogene Gedanken) und Aufgeregtheit (Wahrnehmung physiologischer Erregung) als zwei Angstkomponenten unterschieden, wobei Besorgtheit im engeren Zusammenhang zum Leistungsverhalten steht.

Angstneigung als Eigenschaft kennzeichnet die Tendenz einer Person, häufige und starke Angstzustände zu erleben. Während man zunächst von der Annahme einer globalen Angstneigung ausging, sprechen neuere Befunde für eine Bereichsspezifität der Angstneigung (vgl. P. BECKER 1980), d. h., bei vielen Menschen konzentriert sich deren Angstbereitschaft auf ganz bestimmte Klassen von Situationen, z. B. Auftrittssituationen oder Situationen, in denen sie physisch angegriffen und verletzt werden können. Zur Messung bereichsspezifischer Angstneigungen wurde der Interaktions-Angst-Fragebogen (IAF) entwickelt (P. BECKER 1982b).

Im vorliegenden Zusammenhang ist das Phänomen der Schul- oder Prüfungsängstlich-

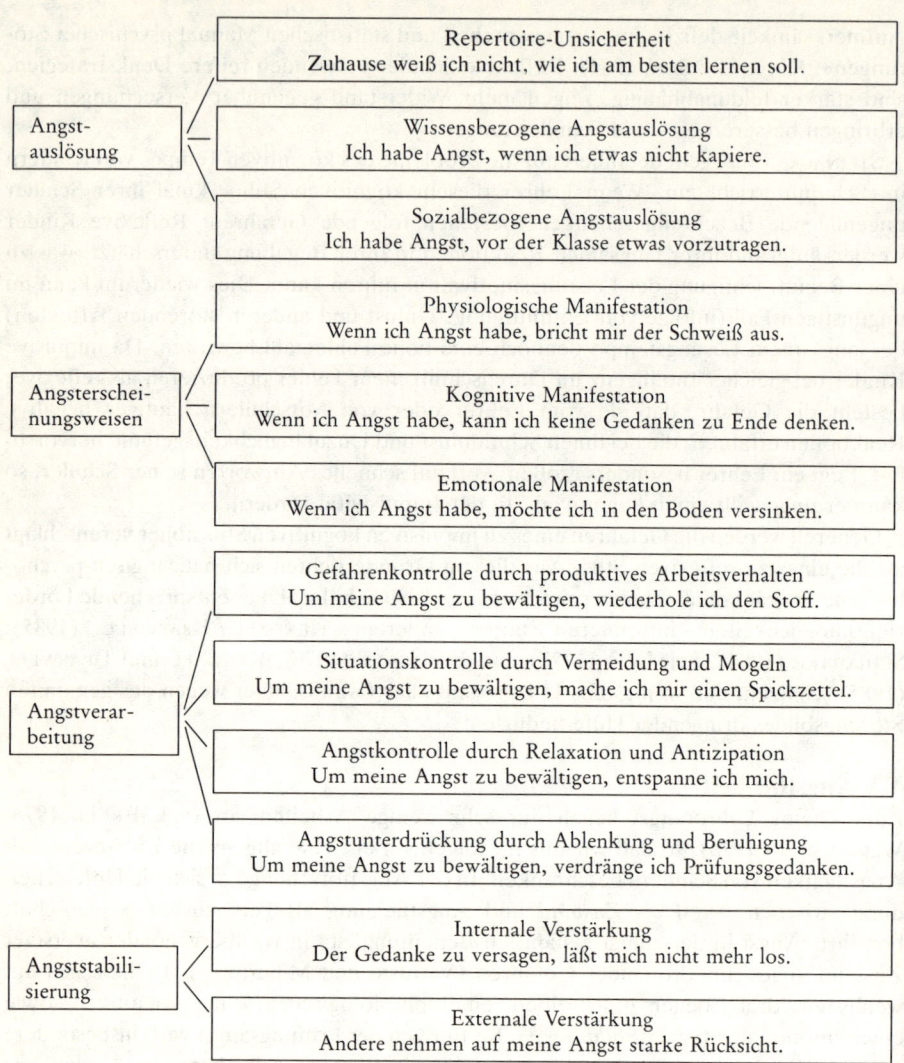

Abb. 3: Das Modell einer differentiellen Leistungsangstdiagnostik nach ROST / SCHERMER (1987, S. 29). Leicht modifizierte Darstellung

keit von primärem Interesse. Der Grad der Angstneigung in diesem Bereich läßt sich unter anderem mit dem »Angstfragebogen für Schüler« (WIECZERKOWSKI u. a. ²1975) oder dem »Konstanzer Fragebogen zur Schulangst« (HELMKE 1983) quantifizieren. Mit Hilfe dieser Verfahren konnte unter anderem eine höhere Schulängstlichkeit von Mädchen nachgewiesen werden. Möglichkeiten einer umfassenden und systematischen differentiellen Diagnostik der Leistungsangst werden von ROST / SCHERMER (1987) vorgestellt (vgl. *Abbildung 3*) (→ *Pädagogische Diagnostik*).

Unter welchen Bedingungen ist mit einer erhöhten Ängstlichkeit zu rechnen? ROST / SCHERMER (1987) berücksichtigen mit Blick auf die Schulängstlichkeit die in *Abbildung 3* wiedergegebenen Angstauslösungen durch Repertoire-Unsicherheit, Wissensdefizite und soziale Situationen. Daß ein Zusammenhang zwischen Begabungs- und Leistungsniveau einerseits und Angstniveau andererseits besteht, konnte vielfach nachgewiesen werden (z. B. auf der Ebene der vom Lehrer oder Schüler eingeschätzten Schülermerkmale; siehe WIECZERKOWSKI u. a. ²1975). Neben Kompetenzmerkmalen sind – wie Forschungsergebnisse von EYSENCK (1985) und STRELAU (1984) belegen – bei der Erklärung interindividueller Differenzen in der Angstneigung aber auch biologische Faktoren bzw. Temperamentsmerkmale zu berücksichtigen. EYSENCK betont vor allem die Kombination von hohem Neurotizismus und hoher Introversion, während STRELAU eine Schwäche des Nervensystems (sensu PAWLOW) bzw. eine hohe Reaktivität hervorhebt. Auf seiten der Lernumwelt nennen HELMKE (1983) und WAHL u. a. (1984) folgende angsterzeugende Bedingungen: starker Leistungsdruck, betonte Konkurrenz zwischen den Schülern, unklare Leistungsanforderungen, willkürliche Bewertungen, eine unsystematische Organisation der Arbeit, häufige Bestrafungen sowie eine kalte, abwertende Einstellung oder eine Bevormundung der Schüler durch den Lehrer. (Zum Zusammenhang von Streß, Angst und Hilflosigkeit siehe auch SCHWARZER 1981.) Für die Erklärung relativ stabiler Schulängste ist es zweckmäßig, zusätzlich die von ROST / SCHERMER (1987) in *Abbildung 3* aufgeführten stabilisierenden Bedingungen (internale und externale Verstärkungen) einzubeziehen.

Welches sind die Auswirkungen von Schulangst? Diese liegen zum einen auf dem Leistungssektor, wobei die Zusammenhänge von Angst und Leistung einer differenzierten Betrachtung bedürfen. Es ist unbestritten, daß hohe Grade von Angst komplexe Informationsverarbeitungsprozesse stören und insbesondere kreative Lösungen erschweren. Die erfolgreiche Bearbeitung sehr einfacher Aufgaben hingegen kann durch Angst, die dabei aktivierend wirkt, erleichtert werden. Die wiederholt nachgewiesenen, wenn auch nicht sehr engen negativen korrelativen Zusammenhänge von Angst und Schulleistungen lassen sich jedoch nicht einseitig im Sinne einer Verursachung schlechter Leistungen durch Angst interpretieren. Es muß auch die umgekehrte Ursache-Wirkungs-Relation in Betracht gezogen werden, daß nämlich bei schlechten Leistungen in persönlich bedeutsamen Situationen Angst hervorgerufen wird. (Zum Zusammenhang von Streß, Angst und Leistung siehe auch KROHNE / LAUX 1982.) Da Angst ein aversiver Zustand ist, wird ein Schüler Schritte zur Angstbewältigung unternehmen. In *Abbildung 3* sind vier häufig anzutreffende Strategien genannt. Sie lassen sich grob danach unterscheiden, ob sie stärker auf die Bewältigung der Gefahrensituation (Gefahren- und Situationskontrolle) oder stärker auf die Angst als solche (Angstkontrolle bzw. -unterdrückung) ausgerichtet sind (ROST / SCHERMER 1986).

Zur Frage eines angstreduzierenden Unterrichts sei auf WAHL u. a. (1984) verwiesen. Diese Autoren betonen unter anderem »vertrauensbildende Maßnahmen« des Lehrers, Geordnetheit und Durchschaubarkeit des Unterrichts, Bewertungen von Leistungen am erzielten Lernfortschritt sowie Ermutigung, Lob und Anerkennung durch den Lehrer. Aus der Forschung zu Wechselwirkungen von Persönlichkeitsmerkmalen und Unterrichtsformen (A-T-I) liegen Hinweise darauf vor, daß »... für intelligentere und weniger ängstliche Schüler eher ein deduktiver, temporascher, verbal voraussetzungsvoller und neugierinduzierender Unterrichtsstil von Vorteil ist, der dem Lernenden Gelegenheit zu selbstgesteuerten Aneignungsbemühungen läßt ... Leistungsschwächeren oder ängstlichen Schülern kommt dagegen eher ein stark strukturierter, straff organisierter, verständlichkeitsfördernder und ordnungsstiftender Unterricht ... zugute« (TREIBER 1981, S. 28) (→ *Methoden des Unterrichts;* → *Pädagogische Psychologie;* → *Unterrichtsformen*).

4.4 Zügellosigkeit und Aggressivität

Fragt man Lehrer nach den wichtigsten Belastungsfaktoren in ihrem Beruf, so werden Störungen des Unterrichts häufig an erster Stelle genannt. Diese Störungen können eher aktiver oder passiver Art sein. Im ersten Fall handelt es sich um offenes unruhiges, aggressives und provozierendes Verhalten, im zweiten Fall um fehlende Motivation, Unaufmerksamkeit und Anstrengungsvermeidung, ein Syndrom, für das auch die Bezeichnung »passiv-aggressives Verhalten« verwendet wird. Unter Bezugnahme auf *Abbildung 2* fallen die genannten Verhaltensweisen unter die Kategorie der Zügellosigkeit, die als eine Kombination von geringer seelischer Gesundheit und geringer Verhaltenskontrolle aufgefaßt und deren Gegenpol als soziale Anpassung bezeichnet werden kann. EDELBROCK / ACHENBACH (1984) subsumieren die entsprechenden Verhaltensstörungen unter dem Begriff der Externalisierung. Zügelloses Verhalten im Unterricht ist häufiger bei Jungen als bei Mädchen zu beobachten. Diese Geschlechtsdifferenz ist zu wesentlichen Anteilen auf die unterschiedliche Sozialisation von Jungen und Mädchen zurückzuführen.

Wir wollen im folgenden speziell die *Aggressivität* herausgreifen, weil hierzu die meisten Theorien und empirischen Befunde vorliegen. Unter Aggressivität wird eine relativ stabile Bereitschaft zu aggressivem Verhalten verstanden, wobei kein völliger Konsens darüber besteht, was genau unter aggressivem Verhalten verstanden werden soll. In erster Annäherung meinen wir damit ein Verhalten, das auf die körperliche oder seelische Schädigung von Lebewesen abzielt. Die wichtigsten Erklärungsansätze für aggressives Verhalten unterscheiden sich vor allem darin, ob sie das Schwergewicht mehr auf die in der Person lokalisierbaren Antriebskräfte und biologischen Prozesse oder auf die Umweltbedingungen legen. Die von FREUD und einigen Ethologen, insbesondere LORENZ, vertretenen Trieb- bzw. Instinkttheorien der Aggression betonen die Innengesteuertheit der Aggressivität (→ *Verhaltensbiologie und Pädagogik*). Von ihnen wurde die Katharsishypothese formuliert, wonach die Ausübung oder Beobachtung aggressiver Verhaltensweisen zu einer Verringerung psychischer Erregung und zu einer Abschwächung weiterer Aggressionstendenzen führe. Diese triebtheoretischen Modellvorstellungen sind sehr umstritten, weil sie mit einer Reihe empirischer Befunde nicht zu vereinbaren sind, und sie tragen zur Aufklärung interindividueller Differenzen in der Aggressionsneigung wenig bei. Sehr bekannt ist die von DOLLARD u. a. (^{4}1972) vertretene *Frustrations-Aggressions-Hypothese*, die sich besonders gut mit alltäglichen Beobachtungen zu decken scheint. Dieser Ansatz bietet eine Erklärung für den empirisch nachweisbaren Zusammenhang von schlechten schulischen Leistungen, Schulunlust und schulischer Aggressivität (siehe mit dem »Hamburger Persönlichkeitsfragebogen für Kinder« erzielte Ergebnisse von WAGNER / BAUMGÄRTEL 1978). Die Frustrationen eines Schülers können vor allem aus schlechten Schulleistungen, aus einer subjektiv erlebten Ablehnung durch den Lehrer, aus gestörten Beziehungen im Elternhaus oder aus einer perspektivelosen persönlichen Zukunft resultieren. In manchen Fällen lassen sich

Aggressionen von Schülern gegen Lehrer als Verschiebungen oder Übertragungen emotionaler Reaktionen, die primär gegen die Eltern gerichtet sind, interpretieren. Lehrer werden dabei als Sündenböcke mißbraucht, wobei die Frage interessant ist, warum gerade bestimmte Lehrer zur Zielscheibe von Schüleraggressionen werden. Die Frustrations-Aggressions-Hypothese ist ebenfalls nicht uneingeschränkt haltbar. Weder löst jede Frustration automatisch eine Aggression aus, noch läßt sich jede Aggressivität auf Frustration zurückführen.

Beachtung verdienen auch die lerntheoretischen Analysen der Aggressivität. Für die vor allem von SKINNER vertretene Theorie des Lernens am Erfolg lassen sich aus dem schulischen Alltag zahlreiche Belege finden: So wird aggressives und störendes Unterrichtsverhalten nicht selten durch die Bekräftigung seitens der Mitschüler aufrechterhalten. Offen bleibt bei dieser Art der Erklärung, wie es eigentlich zu den ersten aggressiven Verhaltensweisen gekommen ist und warum gerade ganz bestimmte Personen zu dieser Verhaltensstrategie greifen. Wie vor allem BANDURA zeigen konnte, wird aggressives Verhalten nicht nur durch Lernen am Erfolg, sondern auch durch Lernen am Modell, d. h. Beobachtungslernen, erworben (→ *Lernen und Lerntheorien*).

Zusammenfassend läßt sich festhalten, daß wir zwar über eine Reihe von Erklärungsansätzen für Teilaspekte der Aggressionsproblematik (für einen Überblick siehe MUMMENDEY 1983), nicht jedoch über eine umfassende, integrative Aggressionstheorie verfügen, die auch differentiellen Gesichtspunkten hinreichend Rechnung trägt.

Literatur

ACHENBACH, T. M.: Assessment and taxonomy of child and adolescent psychopathology. Beverly Hills 1985
/ EDELBROCK, C. S.: The classification of child psychopathology: A review and analysis of empirical efforts. In: Psychological Bulletin 85 (1978), S. 1275–1301
AMELANG, M. / BARTUSSEK, D.: Differentielle Psychologie und Persönlichkeitsforschung. Stuttgart ³1990
BECKER, P.: Studien zur Psychologie der Angst. Weinheim 1980
: Psychologie der seelischen Gesundheit. Bd. 1: Theorien, Modelle, Diagnostik. Göttingen 1982a
: Interaktions-Angst-Fragebogen (IAF). Testmappe (Manual, Testheft, Auswertungsblatt). Weinheim 1982b
: Bewältigungsverhalten und seelische Gesundheit. In: Zeitschrift für Klinische Psychologie 14 (1985), S. 169–184
: Seelische Gesundheit und Verhaltenskontrolle: zwei replizierbare, varianzstarke Persönlichkeitsfaktoren. In: Zeitschrift für Differentielle und Diagnostische Psychologie. 9 (1988), S. 13–38.
/ MINSEL, B.: Psychologie der seelischen Gesundheit. Bd. 2: Persönlichkeitspsychologische Grundlagen, Bedingungsanalysen und Förderungsmöglichkeiten. Göttingen 1986
BECKER, W. C.: Consequences of different kinds of parental discipline. In: HOFFMAN, M. L. / HOFFMANN, L. W. (Hrsg.): Review of child development research. Bd. 1. New York 1964, S. 169–208
BRÜCK, H.: Die Angst des Lehrers vor seinem Schüler. Reinbek 1978
CATTELL, R. B.: Personality and motivation: Structure and measurement. New York 1957
DOLLARD, J. u. a.: Frustration and Aggression. Weinheim ⁴1972
DELBROCK, C. / ACHENBACH, T. M.: The teacher version of the Child Behavior Profile: I. Boys aged 6–11. In: Journal of Consulting and Clinical Psychology 52 (1984), S. 207–217
EHLERS, B. / EHLERS, T. / MAKUS, H.: Die Marburger Verhaltensliste (MVL). Handanweisung. Göttingen 1978

Eysenck, H. J.: Personality and individual differences: A natural science approach. New York 1985
Guilford, J. P.: Persönlichkeitspsychologie. Stuttgart 1974
Helmke, A.: Schulische Leistungsangst: Erscheinungsformen und Entstehungsbedingungen. Frankfurt 1983
– / Fend, H.: Wie gut kennen Eltern ihre Kinder und Lehrer ihre Schüler? In: Zimmer, G. (Hrsg.): Persönlichkeitsentwicklung und Gesundheit im Schulalter. Frankfurt 1981, S. 341–360
– / –: Diagnostic sensitivity of teachers and parents with respect to the test anxiety of students. In: Schwarzer, R. / van der Ploeg, H. M. / Spielberger, C. D. (Hrsg.): Advances in test anxiety research. Vol. 1. Lisse 1982, S. 115–128
Hofer, M.: Schülergruppierungen im Urteil und Verhalten des Lehrers. In: ders. (Hrsg.): Informationsverarbeitung und Entscheidungsverhalten von Lehrern. München 1981, S. 192–222
Kagan, J.: Reflection–impulsivity: The generality and dynamics of conceptual tempo. In: Journal of Abnormal Psychology 71 (1966), S. 17–24
Kendall, P. C. / Braswell, L.: Cognitive-behavioral therapy for impulsive children. New York 1985
– / Wilcox, L. E.: Self-control in children: Development of a rating scale. In: Journal of Consulting and Clinical Psychology 47 (1979), S. 1020–1029
– / Zupan, B. A. / Braswell, L.: Self-control in children: Further analyses of the Self-Control Rating Scale. In: Behavior Therapy 12 (1981), S. 667–681
Koehler, K. / Sass, H.: Diagnostisches und statistisches Manual psychischer Störungen. DSM-III. Weinheim 1984
Kohn, M. / Rosman, B. L.: A two-factor model of emotional disturbance in the young child: Validity and screening efficiency. In: Journal of Child Psychology and Psychiatry 14 (1973), S. 31–56
Krohne, H. W. / Laux, L. (Hrsg.): Achievement, stress, and anxiety. Washington 1982
Miller, L. C.: Louisville Behavior Check List for males, 6–12 years of age. In: Psychological Reports 21 (1967), S. 885–896
–: School Behavior Checklist: An inventory of deviant behavior for elementary school children. In: Journal of Consulting and Clinical Psychology 38 (1972), S. 134–144
Mummendey, A.: Aggressives Verhalten. In: Thomae, H. (Hrsg.): Psychologie der Motive. Enzyklopädie der Psychologie. Serie Motivation und Emotion. Bd. 2. Göttingen 1983, S. 321–439
Pawlik, K.: Dimensionen des Verhaltens. Bern 1968
Rollet, B. / Bartram, M.: Anstrengungsvermeidungstest. Braunschweig 1977
Rost, D. H. / Schermer, F. J.: Strategien der Prüfungsangstverarbeitung. In: Zeitschrift für Differentielle und Diagnostische Psychologie 7 (1986), S. 127–139
– / –: Auf dem Weg zu einer differentiellen Diagnostik der Leistungsangst. In: Psychologische Rundschau 38 (1987), S. 14–36
Schlottke, P. F.: Psychologische Behandlung von Aufmerksamkeitsstörungen bei Kindern. Eine kontrollierte Studie. Habilitationsschrift. Universität Tübingen 1984
Schwarzer, R.: Streß, Angst und Hilflosigkeit. Stuttgart 1981
Seligman, M. E. P.: Erlernte Hilflosigkeit. München 1979
Steinack, J.: Impulsivität und Reflexivität bei Kindern. Eine systematische Einführung für Pädagogen, Psychologen und Verhaltenstherapeuten. München 1977
Strelau, J.: Temperament – personality – activity. New York 1983
–: Das Temperament in der psychischen Entwicklung. Berlin 1984
Thomas, A. / Chess, S.: Temperament und Entwicklung. Stuttgart 1980
Treiber, B.: Attribute – Treatment – Interaction (ATI). In: Schiefele, A. / Krapp, A. (Hrsg.): Handlexikon zur Pädagogischen Psychologie. München 1981, S. 26–30
Vaillant, G. E.: Werdegänge. Erkenntnisse der Lebenslauf-Forschung. Reinbek 1980
Wagner, H.: Hamburger Verhaltensbeurteilungsliste (HAVEL). Göttingen 1981
– / Baumgärtel, F.: Hamburger Persönlichkeitsfragebogen für Kinder (HAPEF-K). Göttingen 1978
Wagner, I.: Aufmerksamkeitstraining mit impulsiven Kindern. Stuttgart 1976
–: Therapieorientierte Diagnostik schulrelevanter Aufmerksamkeit. In: Bommert, H. / Hockel, M. (Hrsg.): Therapieorientierte Diagnostik. Stuttgart 1981, S. 147–170

WAHL, D. / WEINERT, F. E. / HUBER, G. L.: Psychologie für die Schulpraxis. München 1984
WEIDENMANN, B.: Lehrerangst. Ein Versuch, Emotionen aus der Tätigkeit zu begreifen. München 1978
– / KRAPP, A. u. a.: Pädagogische Psychologie. München 1986
WEINTRAUB, S. A.: Self-control as a correlate of an internalizing-externalizing symptom dimension. In: Journal of Abnormal Child Psychology 1 (1973), S. 292–307
WIECZERKOWSKI, W. / NICKEL, H. u. a.: Angstfragebogen für Schüler. Braunschweig ²1975

Rolf Oerter

**Entwicklung und Förderung:
Angewandte Entwicklungspsychologie**

1 Problembereich

Erziehung und Unterricht treffen ganz unterschiedliche Bedingungen an, von denen einen Bedingungsbereich der Entwicklungsstand der Adressaten bildet. Entwicklung determiniert Bildung und Erziehung in zweierlei Richtung immer grundsätzlich mit: *(a)* bezüglich des Wie (Wie wird auf einer bestimmten *Entwicklungsstufe* gelernt?), *(b)* bezüglich des Was (Welches Entwicklungsniveau ist nötig, um bestimmte Inhalte zu verarbeiten und sich anzueignen?). Die Verschränkung von Entwicklung und Erziehung kann auch – und wahrscheinlich besser – als sich wechselseitig bedingendes Interaktionsgefüge aufgefaßt werden, dergestalt, daß menschliche Entwicklung ohne Erziehung und Bildung nicht möglich ist, und umgekehrt, daß Bildung und Erziehung als notwendige Voraussetzung, zugleich aber auch als Ziel die Entwicklung der menschlichen Persönlichkeit haben.

Aus diesem grundsätzlichen Zusammenhang von Entwicklung und Erziehung ergeben sich eine Reihe von praktisch relevanten Fragen. Die zwei wichtigsten beziehen sich auf die Entwicklungsgemäßheit von Erziehungs- und Bildungsmaßnahmen und auf den günstigsten Zeitpunkt für das Einsetzen von Förderungsmaßnahmen. Für beide Fragen spielt die *Entwicklungsdiagnostik* eine wichtige Rolle: nur wenn der aktuelle Entwicklungsstand hinreichend differenziert beschrieben bzw. erfaßt werden kann, lassen sich entwicklungsgemäße Förderungsmaßnahmen planen und kann der optimale Zeitpunkt für Förderung ausgemacht werden.

Die theoretische Annahme der Verschränkung von Entwicklung und Erziehung bzw. Bildung vermeidet typische Einseitigkeiten, die sich historisch bis in die neueste Zeit immer wieder herausgebildet haben. Ohne die Berücksichtigung des Entwicklungsgedankens werden Erziehungs- und Bildungsprozesse zu universell beschreibbaren Vorgängen, die immer den gleichen Gesetzmäßigkeiten gehorchen. Lernen und Sozialisation folgen dann entwicklungsunabhängigen Gesetzen. Umgekehrt führt die Sichtweise von Entwicklung als einem unabhängig von Erziehung verlaufenden Prozeß zur Postulierung von quasi natürlichen Entwicklungsgesetzen, denen die individuelle Entwicklung unabhängig von aktuellen Erziehungseinflüssen folgt. Entwicklungsstadien wären unter diesem Gesichtspunkt immer und überall gleich.

Die folgende Darstellung konzentriert sich auf Impulse der Anwendung entwicklungspsychologischer Erkenntnisse, die aus der Disziplin der Entwicklungspsychologie selbst stammen. Die Konzeption und die Benutzung von Entwicklungsbegriffen und -annahmen, die die Pädagogik im Laufe ihrer Geschichte benutzt hat, bleiben hingegen unberücksichtigt (→ *Philosophische Anthropologie;* → *Pädagogische Anthropologie;* → *Psychologische Anthropologie*).

2 Zur Problemgeschichte

Die Beschäftigung mit entwicklungspsychologischen Problemen hat seit jeher starke Impulse von praktischen Fragestellungen erhalten. Um Kinder besser verstehen zu können, um sie besser erziehen, besser behandeln zu können, wollte man wissen, wie Kinder sich und die Umwelt verstehen, was sie wünschen und befürchten und ob es für verschiedene Altersstufen typische Erscheinungsbilder von Entwicklung gibt. Die um die Jahrhundertwende einsetzende Intelligenzmessung (BINET / SIMON 1907) war ausgesprochen entwicklungsorientiert und verglich den Leistungsstand des Einzelkindes mit dem Altersdurchschnitt. Es folgten eine Reihe von Entwicklungsskalen, die zum Ziel hatten, für die Praxis Entwicklungsnormen für eine normale Entwicklung zur Verfügung zu stellen, und zugleich als Diagnoseinstrument für den Einzelfall dienten (BÜHLER / HETZER ²1951; BAYLEY 1933; GOODENOUGH / MAURER / VAN WAGENEN 1932). Den entwicklungspsychologischen Instituten und sonstigen Einrichtungen waren in den zwanziger Jahren meist Erziehungsberatungsstellen angegliedert, so z. B. in Berlin und in Wien. In den USA wurden die *Child Guidance Clinics* gegründet, die sich mit Verhaltensproblemen von Kindern und Jugendlichen befaßten und wesentlich zur Anwendungsorientierung der Entwicklungspsychologie beitrugen. Von den vierziger Jahren an entwickelte GESELL an der Yale Clinic of Child Development eine *deskriptiv-normative Entwicklungspsychologie*, mit deren Hilfe er detailliert die Entwicklung von der Geburt bis zum 16. Lebensjahr nach *Altersnormen* in einem breiten Spektrum von Verhaltensbereichen beschreibt (z. B. GESELL u. a. 1956). Die rein beschreibenden Darstellungen von GESELL und seinen Mitarbeitern verzichteten auf die Erklärung von Entwicklungszusammenhängen, waren aber praktisch, nützlich und sehr gefragt.

Auch in Deutschland tauchten anwendungsorientierte entwicklungspsychologische Darstellungen auf, so vor allen Dingen die »Entwicklungspsychologie des Grundschulkindes« und die »Psychologie der Oberstufe« von KROH (1944a/b). HAVIGHURST und seine Mitarbeiter entwickelten von den vierziger Jahren an ein Konzept, das entwicklungspsychologische Erkenntnisse und Erziehungsfragen verband, nämlich das Konzept der *Entwicklungsaufgabe*. HAVIGHURST formulierte für größere Altersperioden Aufgaben, die in dem betreffenden Lebensabschnitt zu bewältigen waren, und gab damit den Erziehern einen Leitfaden für Ziele an die Hand, die über konkrete Lernziele und -inhalte hinaus generell für menschliche Entwicklung bedeutsam sind. Er orientierte sich dabei bewußt an Normen und Zielsetzungen des amerikanischen Mittelstandes, da seine Ansprechpartner ja die Wertvorstellungen und Erziehungsziele dieser Schicht teilten. Das Konzept der Entwicklungsaufgabe ist in jüngerer Zeit wiederaufgegriffen und theoretisch weiterentwickelt worden (OERTER 1978, 1986), weil es sich für Fragen der angewandten Entwicklungspsychologie als sehr fruchtbar erweist. Ein zweites, wohl noch wichtigeres theoretisches Konzept der Entwicklungsförderung stammt von VYGOTSKY (1978), der mit seiner Idee der *Zone der nächsthöheren Entwicklung* Erziehung und Entwicklung systematisch miteinander verbindet (siehe unten). Der Grundgedanke besteht in der Annahme, daß menschliche Entwicklung nicht ohne Erziehung vor sich gehen kann, da zum Wesen des Menschen die Übernahme der gesamten bisherigen kulturellen Entwicklung gehört. Die Ontogenese muß demnach den historischen Prozeß gesellschaftlicher Entwicklung in kurzer Zeit durchlaufen (*soziohistorischer Ansatz:* LURIA 1976; VYGOTSKY 1978).

Pädagogische Programme für Vorschulkinder und Kleinstkinder werden ebenfalls stark durch die Entwicklungspsychologie mit gestaltet. Dies trifft vor allen Dingen für die von den USA ausgehende Vorschulbewegung zu (*Head-Start-Programm*, spezifische Förderungsprogramme; zur Evaluation siehe MILLER / DYER [1975]; LAZAR / DARLINGTON [1982]; Modellversuche in Deutschland vgl. PORTTNER / LIEGLE [1973]; → *Kindergarten- und Vorschulpädagogik*). Bei der Förderung frühkindlicher Entwicklung sind vor allem das Modell von LEVENSTEIN (1971), das Modell von PALMER (z. B. 1976), das Krippenmodell von LALLY / HONIG (1977), das Tagesmüttermodell (»Tagesmütter« 1979) und das Berliner Modell der Kleinstkindpädagogik (BELLER u. a. 1983) bekannt geworden. In der DDR ist die *Kinderkrippenerziehung* in Anlehnung an entwicklungspsychologische Ansätze systematisch ausgebaut worden (→ *Familienerziehung und Kleinkindpädagogik*). Schließlich hat die Frage der Nutzung entwicklungspsychologischer Erkenntnisse für die Praxis zu einem eigenen Zweig der Entwicklungspsychologie geführt, der sogenannten *Angewandten Entwicklungspsychologie* (BRANDTSTÄDTER 1985; MONTADA ²1987).

3 Zum gegenwärtigen Diskussionsstand

3.1 Perspektiven einer angewandten Entwicklungspsychologie

MONTADA (²1987) nennt als Aufgaben einer angewandten Entwicklungspsychologie, die für eine Reihe von Praxisfeldern wie Schule, psychiatrische Klinik, Erziehungsberatung, forensische Begutachtung, Altenheime u. a. m. zutreffen: Orientierung über den Lebenslauf, Ermittlung von Entwicklungsbedingungen, Vorhersage von Stabilität und Veränderung von Merkmalen und Verhaltensweisen, Begründung von Entwicklungs- und Interventionszielen, Planung von Interventionsmaßnahmen, Evaluation von Interventionsmaßnahmen. Solche Aufgaben verändern sukzessive die Forschungslandschaft in der Entwicklungspsychologie, da sie neue Forderungen an die Forschung stellen. Die im Laboratorium gefundenen experimentellen Ergebnisse besitzen möglicherweise keine »ökologische Validität« (BRONFENBRENNER 1979), weshalb Forschungen in natürlichen Kontexten, d. h. in den *Settings*, in denen das Individuum aufwächst, immer häufiger werden. Während diese Forderung auch für andere psychologische Disziplinen wichtig wird, gibt es noch einen genuinen entwicklungspsychologischen Beitrag, die Erfassung von Bedingungszusammenhängen über längere Zeiträume hinweg. Erst ein besseres Verständnis über das komplexe Zusammenwirken von Bedingungen bei der individuellen Entwicklung ermöglicht eine wissenschaftliche Basis für die Übertragung entwicklungspsychologischer Erkenntnisse auf die Praxis (→ *Forschungsmethoden der Erziehungswissenschaft*).

Betrachtet man menschliche Entwicklung unter dem Förderungsaspekt, so erscheint es notwendig, den *Entwicklungsbegriff* von einem Verständnis von Entwicklung als eher naturhaftem Prozeß abzuheben. Mit BRANDTSTÄDTER (1985, S. 7) kann man in diesem Zusammenhang »Entwicklung als aktional kontrollierten Prozeß« ansehen, womit gemeint ist, daß Entwicklungsprozesse allemal durch Handlungen, seien es solche von Interaktionspartnern, seien es die Handlungen des Individuums selbst, getragen werden. Besonders die Intentionen des sich entwickelnden Subjektes, auf seine eigene Entwicklung einzuwirken und sie zu bestimmten Zielen hinzulenken, sind für den hier gemeinten

Entwicklungsbegriff bedeutsam. Die Formel, daß das Individuum selbst der Gestalter seiner Entwicklung sei, kann zum Fokus sowohl für Entwicklungsförderung im allgemeinen als auch für Erziehungsmaßnahmen im besonderen bestimmt werden (LERNER / BUSCH-ROSSNAGEL 1981; BRANDTSTÄDTER 1985).

Entwicklungsförderung setzt so gesehen zunächst indirekt ein, nämlich bei der Umwelt bzw. den Umwelten, in denen das Individuum lebt. Die Umgestaltung der Ökosysteme, von denen das Individuum ein Teil ist, zu entwicklungsanregenden Umwelten ist wichtiger als der direkte intentionale Eingriff eines Interaktionspartners. Unter diesem Gesichtspunkt sieht BRONFENBRENNER (1979) optimale Entwicklung dann gewährleistet, wenn das Individuum vielen *Settings* angehört und dadurch seinen Handlungsspielraum erweitert, wobei aber das Eintreten in neue Settings durch Stützmaßnahmen, z. B. durch die Mitglieder bisheriger Settings, abgesichert werden muß. Entwicklung im zeitlichen Ablauf wird von BRONFENBRENNER als permanenter Übergang zu neuen Ökosystemen gesehen, gewissermaßen als Durchschreiten einzelner Settings.

Ein zweiter Gesichtspunkt, der dem Individuum ebenfalls noch großen Spielraum läßt, sind Formen *entwicklungsbezogener Beratung*. Mit BRANDTSTÄDTER (1985, S. 6) kann man darunter »argumentative Vorbereitung entwicklungsbezogener Entscheidungen« verstehen. Je bewußter und planvoller die eigene Entwicklung für das Subjekt wird, desto bedeutsamer werden entwicklungsbezogene Entscheidungen. Diese lassen sich mit Hilfe von Beratungsformen unterstützen. Die Entscheidung liegt letztlich wiederum beim Entwicklungssubjekt, ist nun aber besser – d. h. vor allem rationaler – begründet. Der von LORENZEN / SCHWEMMER (1975) vorgeschlagenen Einteilung in *technische Beratung* (Hilfe bei Realisationsproblemen für vorgegebene Entwicklungsziele und -anforderungen) und *praktische Beratung* (Beurteilung von Entwicklungszielen selbst) fügt BRANDTSTÄDTER noch die *konzeptuelle Beratung* hinzu (Klärung von Entwicklungszielen und Lebensplanaspekten, die als »Sinngrundlage« im Vorfeld von technischer und praktischer Beratung zu klären sind). Hier wären auch bereits Formen der Prävention anzusiedeln, wobei unter Primärprävention der Einsatz von Maßnahmen zu verstehen ist, die Fehlentwicklungen schon vor ihrem Auftreten entgegensteuern, während Sekundärprävention die Stabilisierung von bereits eingetretenen Fehlhaltungen bzw. -erscheinungen zu verhindern trachtet. Diese Unterscheidung benutzen SILBEREISEN / KASTNER (1985) am Beispiel des Drogengebrauchs, der einerseits durch Maßnahmen vor seinem Einsetzen verhindert werden kann (*Primärprävention*), dessen Stabilisierung andererseits zu verhindern versucht wird (*Sekundärprävention*). Gerade angesichts von drohender oder bereits manifester Fehlentwicklung gilt es, *Entwicklungspläne* gemeinsam mit dem Entwicklungssubjekt zu entwerfen, die als individuelle Entwicklungsaufgaben oder als persönliche Projekte (LITTLE 1983) noch vor Intervention und direktem erzieherischem Eingriff stehen ($\rightarrow$ *Erziehungsberater;* $\rightarrow$ *Beratungslehrer;* $\rightarrow$ *Schulpsychologen*).

Damit wird auch deutlich, daß anwendungsorientierte Entwicklungspsychologie auf die sogenannte differentielle Entwicklungspsychologie zurückgreifen muß, die über alle Gemeinsamkeiten von Entwicklung hinaus die Einmaligkeit und Unwiederholbarkeit individueller Entwicklung im Auge hat.

Die in der Logik der Maßnahmen von *Entwicklungsförderung* nun folgenden Möglichkeiten von Interventionen, einschließlich des kulturell vorgeformten Angebots an Erziehung und Bildung, können wiederum einerseits als fest umrissene und damit besser kontrollierbare »Treatments« behandelt, andererseits aber auch im Gesamtgefüge des

Durchschreitens von *Ökosystemen* geplant bzw. untersucht werden. Die letztgenannte Sichtweise verzichtet bewußt auf die wissenschaftliche Kontrolle aller beteiligten Variablen, da sie niemals in ihrem komplexen Zusammenspiel erfaßt werden können, sondern studiert die Wirkung des Gesamtsystems, in das Interventions- und Erziehungsmaßnahmen eingebettet sind, auf das Individuum (ökologisches Experiment: BRONFENBRENNER 1979). In der Forschungsgeschichte wird bis heute dieser letztgenannte Gesichtspunkt zuwenig berücksichtigt, wohl auch aufgrund eines bestimmten Wissenschaftsverständnisses, das bei empirischen Untersuchungen Wert auf die Kontrolle einzelner Variablen legt (→ *Forschungsmethoden der Erziehungswissenschaft*).

3.2 Die Zone nächsthöherer Entwicklung

Lange Zeit war VYGOTSKYS These (1978) des Ineinandergreifens von Erziehung und Entwicklung in der sogenannten Zone der nächsthöheren Entwicklung nur noch historisch bedeutsam. Heute greift man diese These erneut auf, weil inzwischen eine Reihe von Befunden vorliegen, die ihre Brauchbarkeit bestätigen (COLE 1983, s. Laboratory of Comparative Human Cognition; OERTER ²1987). Der Grundgedanke ist einfach. Erziehung greift im günstigen Falle immer an dem Grenzwert von Entwicklung ein, den das Kind, der Jugendliche oder auch der Erwachsene von seinem aktuellen Entwicklungsstand aus als nächstes erreichen könnte. Liegt der angestrebte Zielgehalt deutlich über diesem Niveau, so bleiben die getroffenen Maßnahmen weitgehend wirkungslos, bewegt sich Erziehung unterhalb oder auf gleichem Niveau wie der derzeitige Entwicklungsstand, so findet ebenfalls keine Entwicklung statt. Die Entwicklungsinhalte stammen, wie schon oben angedeutet, aus dem historisch gewordenen gesellschaftlich-kulturellen Wissen, dessen Aneignung erst Handlungskompetenzen ermöglicht, die das Individuum befähigen, sich in der umgebenden Gesellschaft zurechtzufinden und sie mitzutragen. Der Erwerb solcher Kompetenzen ist ohne die Hilfe von Erziehung nicht möglich, weshalb menschliche Entwicklung nicht als natürlicher Wachstumsprozeß oder als alleinige Konstruktionsleistung des Individuums angesehen werden kann. Dennoch bleibt das Konzept der Zone nächsthöherer Entwicklung praktisch wenig fruchtbar, wenn es nicht gelingt, ein bestimmtes Entwicklungsniveau präzise zu beschreiben und zu diagnostizieren, das nächsthöhere Entwicklungsniveau zu definieren und schließlich die Konstruktionsschritte des Übergangs vom niedrigeren zum höheren Niveau festzulegen. Im folgenden sollen diese Schritte an drei Beispielen illustriert werden, wobei aber in keinem Falle VYGOTSKYS Konzept explizit verwendet wurde.

3.2.1 Die Entwicklung von Gedächtnisstrategien

FLAVELL u. a. (1966) haben erstmals experimentell eine typische Reihenfolge beim Aufbau der Gedächtnisstrategien gefunden. Zunächst verfügt das Kind noch nicht über die entsprechende Gedächtnisstrategie für das Einprägen eines bestimmten Gedächtnismaterials, dann vermag es die Strategie zu benutzen, wenn sie ihm gelehrt wird, und schließlich benutzt es die betreffende Gedächtnisstrategie spontan. Der kritische Übergang unter dem Aspekt der Zone nächsthöherer Entwicklung ist die Vermittlung der Strategie. Sie hat nur Erfolg, wenn der kritische Entwicklungsstand erreicht ist, vorher bleibt sie erfolglos. In der Praxis erfolgt die Vermittlung von Gedächtnisstrategien meist nicht bewußt als Teil eines Erziehungs- oder Bildungsprogrammes, sie ist aber implizit Gegenstand erzieherischer oder unterrichtlicher Bemühungen, wobei die Schule die entscheidende Instanz für Gedächtnistraining darstellt. Experimentell hat man den Übergang für verschiedene Strategien überprüft, so beim Rehearsal (HAGEN / KAIL 1973), beim Organisieren und Strukturieren von Gedächtnismaterial (KOBASIGAWA 1974) und bei der Elaboration (KLIEGL / SMITH / BALTES 1986). Das Beispiel der Entwicklung von *Gedächtnisstrategien* ist insofern bemerkenswert, als diese experimentell gut kontrollierbar sind (→ *Lernen und Lerntheorien*).

3.2.2 Förderung der Entwicklung konkret-logischer Operationen

CASE (1978) hat eine *entwicklungsorientierte Instruktionstheorie* vorgeschlagen, die sich ebenfalls, aber in einem allgemeineren Sinne als bei den Gedächtnisstrategien, auf die Vermittlung von Konstruktionsprinzipien beim Übergang von einem Niveau zum nächsthöheren konzentriert. Sein Ansatz richtet sich an Adressatengruppen, die von sich aus nicht in der Lage sind, ohne intentionale Hilfe aus der Umwelt das nächsthöhere Entwicklungsniveau zu erreichen (geistige Retardation, Umweltdeprivation, spezifische Erkrankungen). Wiederum ohne Bezug auf VYGOTSKYS Konzept zeigt CASE detailliert einzelne Schritte auf, die von einer aktuellen kognitiven Leistung im Entwicklungsverlauf zur nächsthöheren Leistung führen. Er demonstriert dies u. a. an einer Aufgabe, bei der die Ursache für die Biegsamkeit von Stäben mit verschiedenem Durchmesser, verschiedener Form, unterschiedlicher Länge und verschiedenem Material ermittelt werden sollte. Die Strategie der Variation einer Variablen bei Konstanthaltung aller übrigen erweist sich für Kinder als zu schwer, weil die Variablen ungeschieden im selben Gegenstand stecken und die erforderliche Strategie viel Speicherplatz im Arbeitsspeicher benötigt. CASE entwirft nun anhand solcher Beispiele Techniken und Prinzipien der Planung von Instruktion, wobei er vor allen Dingen drei Schritte unterscheidet:
– Analyse der spontan erzeugten Strategien und der zu lehrenden Strategie, mit deren Hilfe das Problem bewältigt werden kann.
– Planung einer Instruktion, die die Nachteile oder Fehlerhaftigkeit der spontan verwendeten Strategie demonstriert und die Vorteile der richtigen Strategie beweist.
– Planung von Methoden, die den benötigten Speicherplatz im Arbeitsspeicher minimalisieren.

Seine Untersuchungsergebnisse belegen, daß bei Berücksichtigung dieser drei Prinzipien das Entwicklungsniveau von Probanden durch Instruktion angehoben werden kann. Die Aufwendigkeit dieses Vorgehens erzwingt notwendigerweise die Einschränkung auf Probandengruppen, bei denen das normale Angebot an Umweltanregung als »natürlichem Lehrmeister« nicht ausreicht. Implizit steckt in solchen Überlegungen auch die Sichtweise, daß Entwicklungsförderung durch Erziehung nicht unbedingt als intentionale Maßnahme eines Interaktionspartners verstanden werden muß, sondern daß in vielen Fällen die umgebende Kultur durch strukturiertes Umweltangebot und durch Setzung von Entwicklungsaufgaben als Lehrer und Erzieher fungiert. Von hier aus erklärt sich Umweltdeprivation als Fehlen solcher regulierender und steuernder Einflüsse, die an der Zone nächsthöherer Entwicklung eingreifen können (→ *Intelligenz, Begabung und Umwelt*).

3.2.3 Moralische Erziehung

KOHLBERGS (1970, 1986) Ergebnisse zu den Entwicklungsniveaus des moralischen Urteils haben ihn und seine Mitarbeiter zu Überlegungen angeregt, wie ein aktuelles Entwicklungsniveau des moralischen Urteils angehoben werden kann, d. h., wie höhere Entwicklungsniveaus durch Erziehung zu erreichen sind. Ausschlaggebend war wieder die Annahme, daß Niveaus nicht übersprungen werden können, sondern daß Erziehung nur an der Zone nächsthöherer Entwicklung, beispielsweise nur eine halbe Stufe des moralischen Urteils weiter, einsetzen kann. Von den beiden hauptsächlich verwendeten Ansätzen, der Förderung durch Diskussion und Argumentation und der Förderung durch Schaffung einer angemessenen »moralischen Atmosphäre«, hat sich letztere Vorgehensweise sowohl theoretisch wie praktisch als besser erwiesen. Man ging dabei davon aus, daß das Verständnis für moralische Zusammenhänge am besten in sozialen Interaktionen erfahren wird, deren moralische Atmosphäre das gewünschte Niveau widerspiegelt. Die Zone nächsthöherer Entwicklung (wiederum nicht explizit als Erklärungskonzept benutzt) bezieht sich hier interessanterweise auf ein Ökosystem, das zu moralischem Handeln und Urteilen auf der nächsthöheren Ebene anregt. Die bisher vorliegenden Untersuchungen in sogenannten Clusterschulen (POWER / HIGGINS 1981) zeigen recht eindrucksvoll, wie Entwicklungsförderung im Sinne eines ökologischen Experiments das Ergebnis des komplexen Zusammenwirkens vieler einzelner Bedingungen eines ganzen *Ökosystems* ist (→ *Moralische Entwicklung und Erziehung*).

Obwohl von Inhalten und Zielsetzungen her sehr unterschiedlich, zeigen die drei Beispiele praktische Pädagogik, die sich auf Entwicklungsförderung ausrichtet. Eine solche entwicklungsorientierte Pädagogik hat zum einen Ziele und Wertvorstellungen, die sich an theoretisch fundierten und empirisch geprüften Entwicklungsniveaus orientieren, andererseits Methoden, die es gestatten, solche Ziele zu erreichen und deren Erfolg empirisch zu prüfen. Damit darf man aber keineswegs unterstellen, daß *angewandte Entwicklungspsychologie* die Pädagogik vereinnahmt und sich ihr theoretisch überordnet. Da sich Entwicklungspsychologie als empirische Wissenschaft versteht, wird sie niemals den Anspruch erheben, Ziel- und Wertsetzungen außerhalb der empirischen Prüfbarkeit zu formulieren.

3.3 Entwicklungsaufgaben und Erziehung

In jeder Gesellschaft gibt es sozio-kulturell determinierte Entwicklungsaufgaben, die das Individuum meist innerhalb einer bestimmten Altersspanne zu bewältigen hat (z. B. Regulierung der Ausscheidungsorgane, Schuleintritt, erfolgreicher Schulabschluß, Ausübung eines Berufes, Eheschließung und Familie, Pensionierung bzw. Rückzug aus dem Arbeitsleben). Solche Aufgaben stehen im Spannungsfeld zwischen individueller Leistungsfähigkeit und sozio-kultureller Anforderung (HAVIGHURST ²1982). Da aber Entwicklungsaufgaben eine aktive Auseinandersetzung des Individuums erfordern, ist eine dritte Komponente für das Verständnis der hier wirkenden Dynamik erforderlich: die aktuelle Zielsetzung des Individuums. Die Bewältigung von Entwicklungsaufgaben gelingt auf allen Altersstufen besser, wenn sie durch Erziehung bzw. soziale Hilfe unterstützt wird. In der frühen Kindheit ist diese soziale Hilfe sehr massiv, das Kind wird sowohl auf bestimmte Ziele hingewiesen (z. B. Sauberhalten, Schuleintritt) als auch trainiert bzw. gefördert, um Entwicklungsaufgaben zu bewältigen.

Im einfachsten Fall stellen sich Entwicklungsaufgaben als *Altersnormen*, die entweder informell oder institutionell festgelegt sind. Zu Entwicklungsnormen des Alltags zählen beispielsweise der Zeitpunkt des Laufenlernens, der Reinlichkeitserziehung, der heterosexuellen Partnerschaft, der Geburt des ersten Kindes und des Ausscheidens aus dem

Berufsleben (siehe hierzu NEUGARTEN u. a. 1965). Altersnormen können für die Entwicklung sehr restriktiv sein, wenn das Individuum den gewünschten Entwicklungsstand noch nicht erreicht hat. Da gerade in diesem Falle massive Erziehungsmaßnahmen einsetzen, soll das Prinzip von Altersnormen behutsam gehandhabt werden. Dies gilt auch für die Jahrgangsklassen unseres Schulsystems, das Altersnormen bezüglich des Leistungsniveaus vorschreibt, denen nur der Durchschnitt der Altersgruppe gerecht wird.

Entwicklungsaufgaben lassen sich sowohl hinsichtlich ihrer Hierarchie als auch hinsichtlich unterschiedlicher Bereiche taxonomisieren. Eine *Hierarchie* von Entwicklungsaufgaben entsteht, wenn man von sehr allgemeinen, durchs ganze Leben hindurch gestellten Aufgaben (z. B. Gesundheit) über epochale Aufgaben (z. B. Übernahme der Geschlechtsrollenidentität) bis zu spezifischeren Aufgaben (z. B. Lösung vom Elternhaus, Schulabschluß) fortschreitet. Als Bereiche für Entwicklungsaufgaben lassen sich ausmachen: Familie, Beruf, soziale und politische Rolle, Persönlichkeitsentwicklung und Gesundheit – siehe z. B. WADSWORTH / FORD (1983); NEUGARTEN / DATAN (1973) –, wobei sich die *Bereiche* oft nicht integrieren lassen und anstehende Entwicklungsaufgaben in einem Bereich auch recht insulär im Vergleich zu anderen Bereichen sein können (z. B. wird Familiengründung heute oft unabhängig von beruflicher und materieller Absicherung gesehen). In jedem Falle aber sollten mit fortschreitender Entwicklung Entwicklungsaufgaben aktive Zukunftsentwürfe darstellen, die als *Projekte* (LITTLE 1983) im Dienste einer integrativen Identitätsentwicklung stehen. Die Rolle von Erziehung kann daher auch nicht vordringlich darin bestehen, daß kulturell normierte Entwicklungsaufgaben innerhalb vorgegebener Zeitgrenzen erreicht werden, sondern muß zunehmend den Prozeß der Entscheidungsfindung, Planung und Konzeption solcher Entwicklungsaufgaben angesichts der ungeheuren Vielfalt von Handlungsmöglichkeiten in einer hochkomplexen Gesellschaft unterstützen. Immer dann jedoch, wenn Entwicklungsaufgaben unausweichlich erscheinen und beim Individuum den Eindruck von Ausweglosigkeit erwecken, kann Erziehung den Handlungsspielraum durch Eröffnung neuer Alternativen, durch Umdefinieren von Aufgaben und durch Ermöglichung einer sukzessiven Abarbeitung von gehäuft auftretenden Aufgaben erweitern. Damit stellt sich auch bei diesem theoretischen Konzept die Frage nach Erziehungszielen und Wertorientierungen nicht einfach als Auseinandersetzung mit vorgegebenen Entwicklungsanforderungen, sondern als permanente Entwicklung neuer Handlungsmöglichkeiten (→ *Werte und Normen in der Erziehung*).

3.3.1 Bewältigungsprozesse

Die Bearbeitung und Meisterung von Entwicklungsaufgaben erfordert Bewältigungsprozesse, die einerseits als ich-nahe bewußte und rationale Prozesse (*coping*), andererseits als Abwehrreaktionen (*defense*) auftreten (HAAN 1977). LAZARUS (1981) weist auf die Mehrdeutigkeit von Bewältigungsprozessen sowohl bezüglich ihres Effektes als auch des Vorganges selbst hin. Angesichts einer gehäuften Zahl von Entwicklungsaufgaben mag etwa die Verdrängung von Aufgaben bei gleichzeitiger Konzentration auf eine oder zwei von Vorteil sein. Insgesamt freilich erweist sich die rationale und konstruktive Auseinandersetzung mit Entwicklungsanforderungen auf lange Sicht als angemessen (produktive Anpassung: OLBRICH 1984). Wichtiger als die getroffene formale Einteilung sind inhaltliche Formen von Bewältigung wie z. B. Drogengebrauch, Tagebuchschreiben und Musikhören als Bewältigungsstrategien im Jugendalter. Viele alltägliche Verhaltensweisen erscheinen unter diesem Aspekt in einem neuen Licht. So kann etwa die Disco durch die simultane Präsentation von akustischen, visuellen und kinästhetischen Reizen integrierte Wahrnehmungserlebnisse schaffen, die es in dieser Intensität sonst nicht gibt, und damit dem Bedürfnis nach intensiveren Erfahrungen Rechnung tragen (OERTER 1975). Auch Devianz kann als (inadäquate) Form der Bewältigung angesehen werden (SILBEREISEN / KASTNER 1985; JESSOR / JESSOR 1978; KAPLAN 1980). Im Falle einer Häufung von Entwicklungsaufgaben kann es zu Problemen, Verhaltensstörungen und Entwicklungsbeeinträchtigungen kommen, vor allem dann, wenn Aufgaben nicht mehr sukzessive abgearbeitet werden können.

Das Konzept der Entwicklungsaufgabe steht im Widerspruch zur Gegenwartsorientierung als einer Zielsetzung, die in jedem Entwicklungsabschnitt bedeutsam ist. Das dialektische Verhältnis von Gegenwarts- und Zukunftsorientierung wird in der Kindheit durch Spielverhalten bewältigt, indem das Kind vieles von der Attraktivität des Erwachsenenlebens vorwegnimmt und zu einer Art stellvertretender Wunscherfüllung gelangt (VYGOTSKY 1967) (→ *Pädagogik und Spiel*). Im Jugendalter erweist sich der Widerspruch als besonders belastend, da Gegenwartsorientierung (aktuelle Interessen, Peergruppenwirkung) und Zukunftsziele (Beruf, Familie) oft nicht zur Deckung gebracht werden können. Im Alter schließlich weicht die Zukunftsorientierung mehr und mehr einer Vergangenheitsbewältigung. Pädagogisch erweist sich die Zielsetzung der Hereinnahme von Zukunftsorientierung in sinnerfülltes gegenwartsbezogenes Handeln als fruchtbar.

3.3.2 Erziehung als Aufbau von Entwicklungskompetenzen

In jedem Lebensalter werden zur Bewältigung von Aufgaben Kompetenzen benötigt, die es zu entwickeln gilt. Dabei lassen sich mindestens drei Ebenen unterscheiden: Skills oder Fertigkeiten, Kompetenzen als Gruppierungen von Fertigkeiten und schließlich die Tätigkeit (LEONTJEW 1977) als organisierende zentrale Aktivität.

Einfache Fertigkeiten sind gewöhnlich an konkrete Gegenstände und den adäquaten Umgang mit ihnen gebunden. FISCHER (1980) spricht auch von Handlungen (actions) und meint damit die Fähigkeit, den Umgang mit Objekten situativ angepaßt zu handhaben. Das bedeutet, daß eine Handlung nie völlig gleich ist, sondern wegen ihrer Zielorientierung permanente Anpassungsprozesse leisten muß und immer wieder anders ausfällt. SCHMIDT-KOLMER (1984) hat solche gegenstandsbezogene Handlungen bzw. Fertigkeiten im Kleinkindalter beschrieben und untersucht, in welchem Alter sie zum ersten Mal bzw. bei der Gesamtgruppe der Kinder auftauchen. Die auf diese Weise erstellte Liste von gegenstandsbezogenen Handlungen demonstriert eindrucksvoll, wie sich solche einfachen Fertigkeiten im Laufe der Entwicklung aufbauen. Zu ihnen gesellen sich eine Vielzahl neuer Fertigkeiten, die je nach dem Objektbereich, mit dem das Individuum es zu tun hat, recht unterschiedlich sein können.

Skills oder umfassendere Fertigkeiten bilden meist ein ganzes System von einfachen Handlungen und lassen sich als hierarchisches System von aufeinander aufbauenden Leistungen beschreiben (FISCHER 1980). Zu dieser Ebene gehören die Kulturtechniken (Lesen, Schreiben, Rechnen). Sie stellen keineswegs einfache Fertigkeiten – etwa der Übersetzung von Buchstaben in Sprache bzw. von gedachter oder gelesener Sprache in Schriftzeichen – dar, sondern beinhalten eine Vielfalt von kognitiven Einzelleistungen, die im Laufe der Entwicklung komplexer werden, so daß solche Fertigkeiten sich auch noch nach Erwerb der Grundtechniken fortlaufend verbessern lassen. Gutes, verständiges Lesen ist eine Aufgabe, die zeitlebens immer wieder neue Anforderungen stellt und nicht mit dem Schulabschluß, schon gar nicht mit der Grundschule bewältigt ist.

Unter *Kompetenzen* versteht man die Nutzung von Fertigkeiten, die auf bestimmte anstehende Thematiken und Aufgaben ausgerichtet sind. Solche Kompetenzen wären etwa der Umgang mit sozialen Partnern, die dabei erforderliche soziale Kognition und die Fähigkeit des Konfliktlösens. Diese soziale Kompetenz wird erstmals im Vorschulalter ausgeprägt benötigt (WATERS / SROUFE 1983). Kompetenzen unterscheiden sich von Skills nicht nur durch den möglicherweise höheren Komplexitätsgrad, sondern dadurch, daß emotionale Spannungen und Probleme mit einbezogen werden müssen. Das Beispiel der sozialen *Kompetenz* beinhaltet als Leistung die Fähigkeit, Konflikte zu lösen, in die man selbst involviert ist. Diese Ichbeteiligung und die damit verbundene emotionale Erregung erfordern neben kognitiven Fähigkeiten und bestimmten Handlungsfertigkeiten auch Leistungen der Kontrolle von Emotionen und die Fähigkeit, sich trotz emotionalen Beteiligtseins von der eigenen Position distanzieren zu können.

In der sowjetischen Psychologie (RUBINSTEIN 1977; LURIA 1979; LEONTJEW 1977; VYGOTSKY 1978) bilden *Tätigkeiten* theoretisch die grundlegende Form der menschlichen Beziehung zur Umwelt. Sie sind kulturell organisiert und werden vom Individuum als gesellschaftliche Aktivitäten auf jedem Entwicklungsniveau geteilt. Tätigkeiten machen zugleich den Sinn des Handelns aus. Sie können als übergeordnete regulierende Kräfte Kompetenzen und Skills oder einfache Fähigkeiten bzw. Operationen einsetzen. LEONTJEW benutzt zur Beschreibung des Ineinandergreifens drei Ebenen der Tätigkeit. Die oberste ist die sinnstiftende Person-Umwelt-Beziehung, die aus gesellschaftlich-kultureller Aktivität erwächst, die zweite Ebene wird als Handlung bezeichnet, die auf konkrete Ziele gerichtet ist; die unterste Ebene ist die der automatisierten Operationen, die in den Dienst von Handlungen gestellt werden. Diese vielleicht etwas übervereinfachte Hierarchie kann in grober Analogie zu den genannten Ebenen von Fertigkeiten, Skills und Kompetenzen gesehen werden, wobei aber oberhalb der Kompetenzebene als sinnstiftender Umweltbezug die Tätigkeit anzusetzen wäre. Beispiele für solche Tätigkeitsformen sind das Spiel und die Arbeit als grundlegende Formen des Umweltbezugs. Es sind auch andere Klassifizierungen denkbar, so z. B. die Daseinsthematiken im Sinne von THOMAE (1968) oder eben die in verschiedenen Lebensaltern auftretenden Entwicklungsaufgaben, deren Wahrnehmung und Bewältigung ebenfalls auf der Tätigkeitsebene anzusiedeln wären.

3.3.3 Probleme der Passung

Für entwicklungsorientierte Förderung wie für pädagogische Zielsetzungen überhaupt wird heute mehr und mehr die Frage der Passung zwischen individueller Handlungsstruktur bzw. persönlicher Eigenart und der Umwelt, in der dieses Individuum lebt, diskutiert. HECKHAUSEN (1974) schränkt den Begriff Passung auf das schulische Lernangebot und die aktuelle individuelle Leistungsfähigkeit ein: beide sollen einander entsprechen, was unter Umständen innerhalb von Jahrgangsklassen nicht zu realisieren ist. LERNER (1984) generalisiert die Passung (goodness-of-fit) auf das Gesamtverhältnis von sich entwickelnder Persönlichkeit und Umwelt. In ähnlicher Weise, ohne explizit den Begriff zu verwenden, argumentiert auch BRONFENBRENNER (1979). Entwicklungs- und Erziehungsprobleme werden unter dieser Perspektive auf die fehlende Passung zurückgeführt, und das heißt im Einzelfall, daß die Umwelt (z. B. die schulische Umwelt) für ein bestimmtes Individuum ungeeignet sein kann. Eine deutlich andere Umwelt, die besser zu dem »Temperament« und generell zu den individuellen Handlungsmöglichkeiten paßt, könnte nach diesem Ansatz Entwicklungsprobleme mildern bzw. beseitigen. SCARR / MCCARTNEY (1983) weiten diese Perspektive erneut aus auf das Verhältnis von Anlagepotential und Umweltbedingungen. Ihrer Meinung nach schafft sich das Individuum, das bestimmte Anlagevoraussetzungen hat, seine Umwelt selbst, indem es sie den eigenen Bedürfnissen und Möglichkeiten gemäß umgestaltet. Die im Laufe der Entwicklung immer klarer zu Tage tretenden und bisher häufig auf rein genetische Ursachen zurückgeführten Begabungs- und Leistungsunterschiede erklären sie somit aus einer Wechselwirkung von Anlage und Umwelt, wobei letztere aktiv durch das Individuum mitgestaltet worden ist. Nutzt man diese Ansicht, für die es auch empirische Belege gibt, pädagogisch, so besteht die erziehliche Aktivität weniger in einer Vorstrukturierung der Umwelt im Sinne optimaler Passung als vielmehr in der Schaffung der *Möglichkeit* von Selektion und Umgestaltung gegebener Umwelten. Die Realisierung solcher Möglichkeiten liegt in Händen des Individuums. Alle drei genannten Aspekte sind empirisch noch wenig systematisch untersucht worden, wohl hauptsächlich deshalb, weil sich methodisch beträchtliche Schwierigkeiten ergeben bezüglich der Analyse des Ich-Umwelt-Verhältnisses als eines komplexen Systems, in dem je nach Situation unterschiedlich viele Elemente und Einflußrichtungen wirksam sind.

4 Defizite und zukünftige Forschungsfragen

Theoretisch wie empirisch schälen sich für zukünftige Forschung zwei Schwerpunkte heraus, die Pädagogik und Entwicklung besser verbinden können. Der erste bezieht sich auf die *Subjektivität* der sich entwickelnden Persönlichkeit. Empirische Forschung neigt schon aufgrund der verwendeten Methoden dazu, das Subjekt als Forschungs*objekt* zu betrachten, was auch heißt, möglichst präzise Vorhersagen zu treffen (→ *Forschungsmethoden der Erziehungswissenschaft*). Dies wiederum impliziert, daß auch inhaltlich Annahmen über wünschenswerte Entwicklung getroffen werden, wie wir dies ja auch bei der Konzeption von Entwicklungsaufgaben vor uns haben. Mehr und mehr aber setzt sich die Sichtweise durch, daß menschliche Entwicklung prinzipiell offen und damit auch nicht vorhersagbar ist. Dies liegt zum einen daran, daß das Individuum selbst mehr oder minder Gestalter seiner Entwicklung sein kann, zum anderen daran, daß Entwicklung, sofern man dem Subjekt Entscheidungsfreiheit zubilligt, einen permanenten Prozeß des Problemlösens darstellt, bei dem die Erziehung und Sozialisation wichtige Stützfunktion einnehmen kann, keineswegs aber vollständig Richtung und Methode zu bestimmen hat. Damit erfolgt auch eine Absage gegen jede Form von Technologie, sofern sie nicht in den größeren Rahmen der prinzipiellen *Offenheit von Entwicklung* eingebettet wird.

Der zweite Schwerpunkt folgt aus dem im letzten Abschnitt dargelegten Sachverhalt, der Verschränkung von Individuum und Umwelt mit dem Ziel einer optimalen Passung. Da man infolge der Restriktivität von Umwelten, deren »Sachzwang« und nicht zu verändernder Struktur ausgeht, beschränken sich pädagogische wie auch entwicklungsinterventive Überlegungen häufig auf Möglichkeiten der Veränderung und Anpassung des Subjektes. Theoretisch läßt sich das Verhältnis von Individuum und Umwelt durch das Konzept der *Isomorphie* von *objektiver Struktur* (Universum der Handlungsmöglichkeiten in einer Kultur) und *subjektiver Struktur* (System der individuellen Handlungsmöglichkeiten) fassen (OERTER 1982). Entwicklung kann sich nur innerhalb dieses prinzipiell gegebenen Verhältnisses der Strukturgleichheit beider Seiten verwirklichen. Sofern individuelle Entwicklung über vorgegebene Umweltstrukturen hinaus vorstößt, erfordert dies auf Dauer auch eine Umstrukturierung der Umwelt. Dies geschieht in modernen Kulturen allerdings fortlaufend, was sich besonders eindrucksvoll in dem Sich-Durchsetzen der »Jugendkultur« im Hauptstrom der Kultur nachweisen läßt. Überlegungen und praktische Modellversuche, die systematisch Umweltveränderungen in pädagogische Zielsetzungen einbeziehen, stehen immer noch wenig zur Diskussion, sind aber heute wohl eine entscheidende Bedingung, um wissenschaftliche Fortschritte zu erzielen.

Literatur

BAYLEY, N.: The California First Year Mental Scale. Berkeley 1933
BELLER, E. K. / STAHNKE, M. / LAEWEN, H. J.: Das Berliner Krippenprojekt: ein empirischer Bericht. In: Zeitschrift für Pädagogik 29 (1983), S. 407–416
BINET, A. / SIMON, TH.: La mesure du développement de l'intelligence chez les jeunes enfants. Paris 1907
BRANDTSTÄDTER, J.: Entwicklungsberatung unter dem Aspekt der Lebensspanne: Zum Aufbau eines entwicklungspsychologischen Anwendungskonzeptes. In: ders. / Gräser, H. (Hrsg.): Entwicklungsberatung unter dem Aspekt der Lebensspanne. Göttingen 1985, S. 1–15
BRONFENBRENNER, U.: The ecology of human development. Cambridge, Mass. 1979
BÜHLER, CH. / HETZER, H.: Kleinkindertests. Entwicklungstests vom 1. bis 6. Lebensjahr (1932). Göttingen ²1951
CASE, R.: A developmentally based theory and technology of instruction. In: Review of Educational Research 48 (1978), S. 439–463
COLE, M.: The zone of proximal development: Where culture and cognition create each other. CHIP Report 106, part 2, Sept. 1981. San Diego, La Jolla, University of California 1981
DREHER, E. / DREHER, M.: Entwicklungsaufgaben im Jugendalter: Bedeutsamkeit und Bewältigungskonzepte. In: LIEPMANN, D. / STIKSRUD, A. (Hrsg.): Entwicklungsaufgaben und Bewältigungsprobleme. Göttingen 1985, S. 56–70
FISCHER, K. W.: A theory of cognitive development: The control and construction of hierarchies of skills. In: Psychological Review 87 (1980), S. 477–531
FLAVELL, J. H. / BEACH, D. R. / CHINSKY, J. M.: Spontaneous verbal rehearsal in a memory task as a function of age. In: Child Development 37 (1966), S. 283–299
GESELL, A. / ILG, F. L. / AMES, L. B.: The years from ten to sixteen. New York 1956
GOODENOUGH, F. L. / MAURER, K. M. / WAGENEN, M. J. VAN: Minnesota Preschool Scales. Forms A and B. Minneapolis: Educational Test Bureau 1932
HAAN, N.: Coping and defending. Processes of self-invironment organization. New York 1977
HAGEN, J. W. / KAIL, R. V.: Facilitation and distraction in short-term memory. In: Child Development 44 (1973), S. 831–836
HAVIGHURST, R. J.: Developmental tasks and education (1948). New York ²1982
HECKHAUSEN, H.: Leistungsmotivation und Chancengleichheit. Göttingen 1974
JESSOR, R. / JESSOR, S. L.: Theory testing in longitudinal research on marihuana use. In: KANDEL, D. B. (Hrsg.): Longitudinal research on drug use. Washington 1978
KAPLAN, H. B.: Deviant behavior in defense of self. New York 1980
KLIEGL, R. / SMITH, J. / BALTES, P. B.: Testing-the-Limits, Expertise, and Memory in Adulthood and Old Age. In: KLIX, F. / HAGENDORF, H. (Hrsg.): Proceedings of a Symposium in Memoriam Hermann Ebbinghaus. Amsterdam 1986

Kobasigawa, A.: Utilization of retrieval cues by children in recall. In: Child Development 45 (1974), S. 127–134
Kohlberg, L.: The moral atmosphere of the school. In: Overly, N. (Hrsg.): The Unstudied Curriculum: Its impact on children. Washington, D. C.: Monographs of the Association for Supervision and Curriculum Development 1970
–: Moral stages and moralization. In: Lickona, T. E. (Hrsg.): Moral development and behavior. Theory, research, and social issues. New York 1976
–: Der »Just Community«-Ansatz der Moralerziehung in Theorie und Praxis. In: Oser, F. / Fatke, R. / Höffe, O. (Hrsg.): Transformation und Entwicklung. Frankfurt 1986, S. 21–55
Kroh, O.: Psychologie der Oberstufe. Langensalza 1944a
–: Entwicklungspsychologie des Grundschulkindes. Langensalza ¹⁹1944b
Laboratory of Comparative Human Cognition: Culture and cognitive development. In: Kessen, W. (Hrsg.): L. Carmichael's manual of child psychology: History, theory, and methods. New York 1983
Lally, J. R. / Honig, A. S.: The family developmental research program. In: Day, M. C. / Parker, R. D. (Hrsg.): The preschool in action. Boston 1977
Lazar, I. / Darlington, R. B.: Lasting effects of early education. With commentary by Craig T. Ramey. Monographs of the Society for Research in Child Development 47 (1982), S. 2–3, Serial No. 195
Lazarus, R. S.: Streß und Streßbewältigung. Ein Paradigma. In: Filipp, S.-H. (Hrsg.): Kritische Lebensereignisse. München 1981, S. 198–232
Leontjew, A. N.: Tätigkeit, Bewußtsein, Persönlichkeit. Stuttgart 1977
Lerner, R. M.: Jugendliche als Produzenten ihrer eigenen Entwicklung. In: Olbrich, E. / Todt, E.: Probleme des Jugendalters. Berlin 1984, S. 69–85
– / Busch-Rossnagel, N. A.: Individuals as producers of their development: Conceptual and empirical basis. In: dies. (Hrsg.): Individuals as producers of their development. A life-span perspective. New York 1981
Levenstein, P.: Mothers as early cognitive trainers: Guiding low income mothers to work with their preschoolers. Paper presented at the meeting of the Society for Research in Child Development. Minneapolis 1971
Little, B. R.: Personal projects: A rationale and method for investigation. In: Environment and Behavior 15 (1983), S. 273–309
Lorenzen, P. / Schwemmer, O.: Konstruktive Logik, Ethik und Wissenschaftstheorie. Mannheim 1975
Luria, A. R.: Cognitive Development. Its cultural and social foundations. Cambridge, Mass. 1976
–: The making of mind. Hrsg. von M. Cole / S. Cole: Cambridge, Mass. 1979
Miller, L. B. / Dyer, J. L.: Four preschool programs: Their dimensions and effects. Monographs of the Society for Research in Child Development 162 (1975), S. 5–6
Montada, L.: Systematik der Angewandten Entwicklungspsychologie: Probleme der Praxis, Beiträge der Forschung. In: Oerter, R. / ders. u. a.: Entwicklungspsychologie. München ²1987, S. 769–788
Neugarten, B. L. / Moore, J. W. / Lowe, J. C.: Age norm, age constraint, and adult socialization. In: American Journal Sociol. 70 (1965), S. 710–717
– / Datan, N.: Sociological perspectives on the life cycle. In: Baltes, P. B. / Schaie, K. (Hrsg.): Life-span developmental psychology. Personality and Socialization. New York 1973, S. 53–69
Oerter, R.: Sozialisation und religiöses Erleben. In: Keilbach, W. (Hrsg.): Archiv für Religionspsychologie. Bd. 11. Göttingen 1975, S. 188–208
–: Zur Dynamik von Entwicklungsaufgaben im menschlichen Lebenslauf. In: ders. (Hrsg.): Entwicklung als lebenslanger Prozeß. Hamburg 1978, S. 66–110
–: Interaktion als Individuum-Umwelt-Bezug. In: Lantermann, E.-D. (Hrsg.): Wechselwirkungen. Psychologische Analysen der Mensch-Umwelt-Beziehungen. Göttingen 1982, S. 101–127
–: Developmental Task through the Life-Span. A New Approach to an Old Concept. In: Baltes, P. B. / Featherman, D. L. / Lerner, R. M. (Hrsg.): Life-Span Development and Behavior. Bd. 7. New York 1986, S. 233–271
–: Der ökologische Ansatz. In: ders./Montada, L. u. a.: Entwicklungspsychologie. München ²1987, S. 87–128

Olbrich, E.: Jugendalter – Zeit der Krise oder der produktiven Anpassung? In: ders. / Todt, E. (Hrsg.): Probleme des Jugendalters. Neue Sichtweisen. Berlin 1984, S. 1–47

Palmer, F. H.: The effects of minimal early intervention on subsequent IQ scores and reading achievement. Research Report for the Educational Commission of the States 1976

Porttner, I. / Liegle, W.: Vorschulische Erziehung in der Bundesrepublik: Ansätze – Modelle – Initiativen. In: Zimmer, J. (Hrsg.): Curriculumentwicklung im Vorschulbereich, Bd. 2. München 1973, S. 135–180

Power, C. / Higgins, A.: Moralische Atmosphäre und Lernen. In: Unterrichtswissenschaft 9 (1981), S. 225–240

Rubinstein, S. L.: Sein und Bewußtsein. Berlin (DDR) 1977

Scarr, S. / McCartney, K.: How people make their own environments: A theory and genotype Environment effects. In: Child Development 54 (1983), S. 424–435

Schmidt-Kolmer, E.: Frühe Kindheit. Beiträge zur Psychologie. Bd. 18. Berlin (DDR) 1984

Silbereisen, R. K. / Kastner, P.: Jugend und Drogen: Entwicklung von Drogengebrauch – Drogengebrauch als Entwicklung? In: Oerter, R. (Hrsg.): Lebensbewältigung im Jugendalter. Weinheim 1985, S. 192–219

»Tagesmütter«, Arbeitsgruppe. Das Modell »Tagesmütter«. Abschlußbericht. DJI Information. München: Deutsches Jugendinstitut 1979

Thomae, H.: Das Individuum und seine Welt, eine Persönlichkeitstheorie. Göttingen 1968

Vygotsky, L. S.: Play and its role in the mental development of the child. In: Soviet Psychology 5 (1967), S. 6–18

–: Mind in society: The development of higher psychological processes. Hrsg. v. M. Cole / v. John-Steiner / E. Souberman. Cambridge, Mass. 1978

Wadsworth, M. / Ford, D. H.: Assessment of personal goal hierarchies. In: Journal of Counseling Psychology 30 (1983), S. 514–526

Waters, E. / Sroufe, L. A.: Social competences as a developmental construct. In: Developmental Review 3 (1983), S. 79–97

Rudolf Schmitt

Moralische Entwicklung und Erziehung

1 Vorbemerkungen

Wer in Lehrbüchern und Nachschlagewerken der Entwicklungspsychologie oder in Handbüchern der Pädagogik das Stichwort »moralische Entwicklung« sucht, stößt unweigerlich auf die Namen PIAGET und KOHLBERG. Die Stufenlehren der moralischen Entwicklung dieser beiden Autoren werden inzwischen beinahe synonym gesetzt mit dem gesamten Komplex »moralische Entwicklung und Erziehung«. Das müßte nicht so sein. Die häufig kritiklose Beschränkung auf diese beiden Autoren ist einseitig, willkürlich und – wie im Verlauf dieses Beitrages klarwerden wird – irreführend. Es gibt eine ganze Reihe von Entwicklungstheorien, in denen das »Moralische« seinen ihm gebührenden Platz einnimmt, wenn auch meistens unter anderen Kennworten: Gewissen, Über-Ich, Lernen am Modell, Rollenübernahme, Empathie und Solidarität (→ *Entwicklung und Förderung;* → *Werte und Normen in der Erziehung*).

2 Das Gewissen – ein konditionierter Reflex

»Wie kommt es dazu, daß so viele Leute in der Tat gesetzestreue Bürger sind, die nicht gegen die Regeln unserer Gesellschaft verstoßen, daß so viele Leute keine Verbrechen begehen, sondern friedlich leben, ohne je mit dem Gesetz in Berührung zu kommen?« So sei die Frage richtig gestellt, meint EYSENCK in seinem Buch »Kriminalität und Persönlichkeit« (1977, S. 136). Die umgekehrte Frage hingegen sei unsinnig; denn das sehe man bei den Tieren und kleinen Kindern: die Menschen seien nun einmal von Natur aus »egoistisch, aggressiv und unmoralisch« (EYSENCK 1983, S. 14). Die Chance, bei unmoralischem Verhalten ungestraft davonzukommen, liege bei 90 bis 99 Prozent. Warum handeln dann Menschen im allgemeinen nicht »natürlich«, d. h. also egoistisch und antisozial, sondern »wider ihre Natur«, nämlich sozial und moralisch? Verstand und Willen können dafür nicht verantwortlich sein. Es muß eine Instanz geben, die so sicher und unabhängig wie das autonome Nervensystem reagiert: *das Gewissen als konditionierter Reflex.*

In den nüchternen Worten EYSENCKS heißt das folgendes: »Man bedenke das Verhalten des Kleinkindes; es wird häufig Dinge tun, die seine Eltern, Lehrer und Spielkameraden als schlecht, gemein oder böse betrachten. Gewöhnlich folgt diesen Handlungen die Strafe auf dem Fuß; ein Klaps, Zimmerarrest, Essensentzug, Strafarbeiten oder andere unerfreuliche Konsequenzen. Damit ist ein perfektes Konditionierungsparadigma hergestellt.

Die böse Handlung ist der konditionierte Reiz (Conditioned Stimulus = CS), der PAWLOWS Glocke entspricht, auf die der Hund konditioniert wurde. Die ›Strafe‹ ist der unkonditionierte Reiz (Unconditioned Stimulus = UCS), entsprechend dem Futter, das PAWLOW seinen Hunden anbot, nachdem die Glocke ertönte. Und die unkonditionierte Reaktion (Unconditioned Response = UCR) ist der Schmerz, den man als Konsequenz

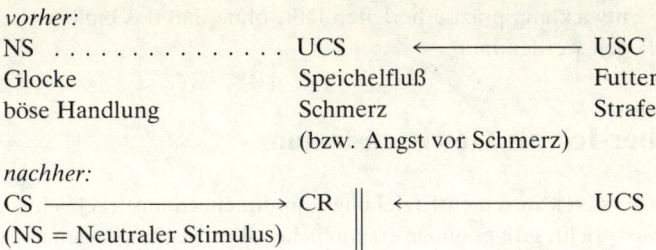

Abb. 1: Reaktives Konditionieren nach PAWLOW und EYSENCK

der Strafe erleidet – im Experiment PAWLOWS war der Speichelfluß die unkonditionierte Reaktion. Wir würden erwarten, daß Angst (konditionierte Furcht) allmählich zur konditionierten Reaktion (Conditioned Response = CR) auf die Durchführung oder sogar Planung einer bösen Handlung würde und daß diese sofortige negative Verstärkungskonsequenz sowohl von der Planung als auch von der Durchführung der fraglichen Handlung abschreckt. Diese konditionierte Angst wird vom Kind als ›Gewissen‹ erlebt. Der Erwerb dieses ›Gewissens‹ wird natürlich durch entsprechende Etikettierung und Generalisierung über verschiedene Handlungstypen ermöglicht. Indem wir eine ganze Reihe von Handlungen böse, schlecht oder schlimm nennen, ermutigen wir das Kind, sie alle in eine Kategorie zu stecken und künftig auf alles so Etikettierte mit Angst zu reagieren.« (EYSENCK 1983, S. 15; Klammereinschübe und Schema R. Sch.)

EYSENCK holt sich noch weitere Rückendeckung bei PAWLOW; denn PAWLOW stellte experimentell fest, daß es große Unterschiede in der *Konditionierbarkeit* von Hunden gab. Einige Hunde waren nach wenigen Durchgängen auf die Glocke konditioniert, andere benötigten Hunderte von Durchgängen. Auch bei den Menschen gibt es eine ganze Skala von »gewissenhaft« bis »gewissenlos«, d. h., auch sie sind unterschiedlich leicht konditionierbar. Diese unterschiedliche Konditionierbarkeit des Menschen erklärt EYSENCK weitgehend biologisch: Auf der einen Seite steht der von Geburt an introvertierte Mensch, der sich schnell konditionieren läßt, auf der anderen Seite der extrovertierte Mensch, der sich nur schwer konditionieren läßt, ein grundsätzlicher Unterschied, der wiederum mit der unterschiedlichen kortikalen Erregbarkeit der beiden Genotypen zu tun hat (EYSENCK 1977, S. 130–133). Die Ausdifferenzierung dieser Theorie würde zu weit führen. Wichtig sind die Konsequenzen, die EYSENCK aus seinem theoretischen Ansatz für die moralische Erziehung zieht: »Wenn wir ›moralisches‹ Verhalten – in Übereinstimmung mit philosophischen Voraussetzungen – als frei gewolltes und verantwortliches Entscheidungsverhalten betrachten, dann ist dieser Beitrag für eine Erörterung von Moral kaum relevant.« (EYSENCK 1983, S. 36)

EYSENCK fordert unverblümt das, was in der pädagogischen Literatur »autoritäre Erziehung« genannt wird: »Das Fehlen angemessener sozialer Konditionierung spielt eindeutig eine wichtige Rolle bei der Bildung schlechten Verhaltens, und die Erziehungsphilosophie des Laissez-faire, welche von FREUDschen Unterdrückungsängsten erzeugt wurde, schwächt wahrscheinlich die Wirkung der geeigneten Konditionierung ab.« (EYSENCK 1983, S. 16)

Dieser extreme Standpunkt EYSENCKS bietet eine hervorragende Basis für die weitere Erörterung, weil sich nun die jeweilige Leistungsfähigkeit der folgenden Theorien der moralischen Entwicklung präzise herleiten läßt, ohne daß das biologische Fundament gänzlich verlassen werden muß.

3 Das Über-Ich als Gewissensinstanz

Obwohl sich EYSENCK in seinen Erziehungskonsequenzen ausdrücklich gegen die Psychoanalyse ausspricht, gibt es einige erstaunliche Übereinstimmungen zwischen Konditionierungskonzept und psychoanalytisch begründeter Entstehung des Gewissens, die eine Behandlung der psychoanalytischen Vorstellungen im Anschluß an die extrem biologistische Theorie der moralischen Entwicklung rechtfertigt. Beide Theorien gehen davon aus, daß die Entstehung des Gewissens nach festgelegten Gesetzmäßigkeiten in früher Kindheit erfolgt und im wesentlichen von der Angst geprägt ist.

Moralische Entwicklung aus der Sicht der Psychoanalyse läßt sich authentisch darstellen, wenn der Begründer dieser einflußreichsten Denkrichtung unseres Jahrhunderts selbst zu Wort kommt. In seiner Abhandlung »Das Ich und das Es« aus dem Jahr 1923 hat FREUD mit der Einführung des Begriffs »*Über-Ich*« sehr deutlich seine Vorstellungen von Moral und Gewissen formuliert. Folgende Zitate mögen zunächst die Nähe zur EYSENCKschen Theorie belegen: »Vom Standpunkt der Triebeinschränkung, der Moralität, kann man sagen: Das Es ist ganz amoralisch, das Ich ist bemüht, moralisch zu sein, das Über-Ich kann hypermoralisch und dann so grausam werden wie nur das Es« (FREUD [7]1972, S. 284).

Drei Seiten später: »Das Ich ist ja eigentlich die Angststätte ...« FREUD spricht dann von den dreierlei Gefahren, die das Ich ängstigen: die Bedrohungen der Außenwelt, die Libidogefahr des Es, und beschreibt die dritte Gefahr folgendermaßen: »Hingegen läßt sich sagen, was sich hinter der Angst des Ichs vor dem Über-Ich, der *Gewissensangst*, verbirgt. Vom höheren Wesen, welches zum Ichideal wurde, drohte einst die Kastration und diese Kastrationsangst ist wahrscheinlich der Kern, um den sich die spätere Gewissensangst ablagert, sie ist es, die sich als Gewissensangst fortsetzt.«

Verdeutlicht werden soll diese biologische Verankerung an den entscheidenden Aussagen FREUDS zur Entstehung des Über-Ichs, den Kernaussagen zur moralischen Entwicklung im psychoanalytischen Verständnis. FREUD betrachtet die Entstehung des Über-Ichs, das er ausdrücklich auch als Gewissen bezeichnet, »als das Ergebnis zweier höchst bedeutsamer biologischer Faktoren, der langen kindlichen Hilflosigkeit und Abhängigkeit des Menschen und der Tatsache seines Ödipuskomplexes ...« (FREUD [7]1972, S. 263).

Die biologisch begründete Entstehung und Zertrümmerung des *Ödipuskomplexes* wird in allen Aussagen Freuds sichtbar. Immer wieder beschreibt FREUD ausführlich und exakt, was er unter Zertrümmerung des Ödipuskomplexes versteht. Deutlich wird vor allem, daß aufgrund der von ihm angenommenen konstitutionellen Bisexualität des Individuums jedes Kind, ob Junge oder Mädchen, sich jeweils mehr oder weniger mit beiden Elternteilen identifiziert, wenn auch FREUD bevorzugt immer vom Vater spricht. Deutlich wird auch, daß FREUD letztlich nicht die jeweils konkreten Eltern meint; für wichtiger erachtet er das in den Eltern verkörperte Über-Ich, das sich über Generationen fortgepflanzt hat (FREUD [5]1969, S. 73). Diese Wirksamkeit der Tradition in den konkreten Eltern spricht auch aus seiner Beschreibung des Gewissens: »Das Über-Ich wird den

Charakter des Vaters bewahren und je stärker der Ödipuskomplex war, je beschleunigter (unter dem Einfluß von Autorität, Religionslehre, Unterricht, Lektüre) seine Verdrängung erfolgte, desto strenger wird später das Über-Ich als Gewissen, vielleicht als unbewußtes Schuldgefühl über das Ich herrschen.« (FREUD [7]1972, S. 263)

Diese beherrschende und beängstigende Funktion des Über-Ichs wird von vielen späteren, insbesondere entwicklungspsychologisch interessierten Vertretern der Psychoanalyse »verdrängt« oder zumindest als zweitrangig behandelt. An die erste Stelle rückt die emotional positiv besetzte Beziehung zu den Eltern und damit auch zu dem in den Eltern wirksamen Über-Ich der Tradition. So zieht etwa ZULLIGER (1953, S. 65) aus seiner psychoanalytischen Praxis das Fazit:»Ohne *Liebe*, so sahen wir, kann ein Kind kein richtiges Gewissen entwickeln.«

Das ist zweifellos das Positive und Bleibende, was der psychoanalytische Theorieansatz in die Entwicklungspsychologie eingebracht hat: die Erkenntnis, wie bedeutsam die frühkindliche emotionale Bindung an die Eltern bzw. Bezugspersonen für die Entwicklung eines Menschen ist. Es fragt sich aber, ob der ganze Vorgang der Übernahme elterlichen Denkens, Fühlens und Handelns mit Angst verbunden sein muß, ob es nicht andere, angstfreie Möglichkeiten der Übernahme gibt, ob nicht der psychoanalytische Erklärungsversuch entsprechend seinen Ursprüngen auf die Erklärung extrem abweichenden Verhaltens beschränkt bleiben sollte.

4 Lernen am Modell durch Imitation

Wer nicht wie EYSENCK von der Kriminalität und wie FREUD von den Neurosen her argumentiert, wird vermutlich keine Schwierigkeiten haben, das alltägliche Verhalten von kleinen Kindern weitgehend durch *Nachahmung* zu erklären. Wer kleine Kinder beobachtet, erlebt laufend, wie sie ihre Eltern und Geschwister imitieren oder andere Personen nachahmen, mit denen sie zusammenleben und die sie schätzen. BANDURA hat zusammen mit vielen Mitarbeitern die Bedingungen und Wirkungen dieses Imitationslernens in zahlreichen experimentellen Untersuchungen erforscht und eine umfassende Theorie des Beobachtungslernens oder, wie er es nennt, des *»Lernens am Modell«* aufgestellt, die das gesamte menschliche Verhalten einschließlich des Moralverhaltens erklären soll: »Das Lernen am Modell hat sich als ein sehr wirksames Mittel zur Schaffung abstrakten oder regelgeleiteten Verhaltens erwiesen. Auf der Grundlage von Regeln, die sie durch Beobachtung gewonnen haben, lernen die Menschen unter anderem Urteilsfähigkeit, Sprachstile, Begriffssysteme, Strategien zur Informationsverarbeitung, kognitive Operationen und Verhaltensstandards.« (BANDURA 1979, S. 50)

Ganz generell meint BANDURA (1979, S. 33): »Die Menschen, mit denen wir regelmäßig umgehen, weil wir es so wollen oder müssen, bestimmen weitgehend, welche Verhaltenstypen wir regelmäßig beobachten und folglich am ehesten lernen können.«

BANDURA unterscheidet in seiner Theorie vier Teilprozesse, die das *Beobachtungslernen* steuern. Das sind zunächst die »Aufmerksamkeitsprozesse«, die einerseits vom Aufforderungscharakter des Modells, andererseits von der Aufnahmebereitschaft des nachahmenden Subjektes abhängig sind. An zweiter Stelle nennt er die »Behaltensprozesse«, die vom Grad der Symbolisierungsfähigkeit des heranwachsenden Menschen abhängen. An dritter Stelle stehen die sogenannten »motorischen Reproduktionsprozesse«, d. h. die unterschiedlichen Fähigkeiten, etwas selbstkontrolliert in Handlung umsetzen zu können. Von größter Bedeutung sind schließlich die »Motivationsprozesse«, die durch äußere Bekräftigung (Belohnung), *stellvertretende Bekräftigung* (am Modell beobachtete Belohnung) und Selbstbekräftigung in Gang gesetzt werden.

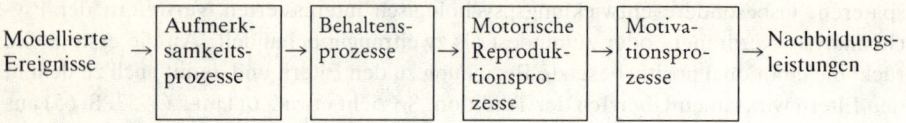

Abb. 2: Beobachtungslernen nach BANDURA (1979, S. 32)

In einer negativen Allaussage faßt BANDURA (1979, S. 38) seine Theorie folgendermaßen zusammen:
»Jedesmal also, wenn ein Beobachter das Verhalten eines Modells nicht nachbildet, läßt sich die Tatsache auf eine der folgenden Bedingungen zurückführen: Er hat die entsprechenden Tätigkeiten nicht beobachtet . . ., er hat nicht behalten, was er gelernt hat, er verfügt nicht über die physischen Fähigkeiten, die Reaktionen auszuführen, oder er empfindet die Anreize nicht als hinreichend.«

BANDURA selbst nennt seine Lerntheorie »social learning theorie«, wobei sich »sozial« nicht in erster Linie auf die Zielsetzung des Lernens, sondern auf die Art und Weise des Lernens bezieht. Von der Beziehung zum anderen, zum Modell, hängt es ab, daß und wie Menschen, insbesondere Kinder, lernen. Die deutsche Übersetzung des Titels »Sozial-kognitive Lerntheorie« halte ich für nicht ganz korrekt, weil die Kognitivität bei BANDURA nicht im Mittelpunkt der Theorie steht. Wichtiger ist die emotionale Beziehung zum Modell, die die Kognitivität als Fähigkeit zur symbolischen Vorwegnahme von Verhaltenskonsequenzen einschließt. Im Kern bleibt aber BANDURAS Lerntheorie eine Bekräftigungstheorie, die zweifellos mit Hilfe des Imitationskonzeptes eine große Bandbreite der moralischen Entwicklung erklären kann, ohne dabei auf eine übermächtige Wirkung der Angst zurückgreifen zu müssen (→ *Lernen und Lerntheorien*).

5 Kognitive Dezentrierung in Stufen

Wir nähern uns jetzt jenem Theoriegebäude, dem üblicherweise ausschließlich in der psychologischen Literatur die Bezeichnung »Moralische Entwicklung« zugebilligt wird. Es sind das die *kognitivistischen Stufenlehren* PIAGETs und KOHLBERGs.

5.1 Vom »moralischen Realismus« zur »autonomen Moral« (PIAGET)
Nach wie vor lesenswertes Standardwerk zur Einführung in die kognitivistische Theorie der Moralentwicklung ist das bereits 1932 veröffentlichte Buch von PIAGET: »Das moralische Urteil beim Kinde«, ein Werk, das auch heute noch nicht in seinen Grundaussagen überholt ist. Wichtigster Maßstab für die moralische Entwicklung ist das Niveau der kognitiven Entwicklung. PIAGET hat sich später nie mehr mit der moralischen Entwicklung beschäftigt, interessiert hat ihn immer nur der kognitive bzw. strukturelle Aspekt des menschlichen Verhaltens.

»Jede Moral ist ein System von Regeln, und das Wesen jeder Sittlichkeit besteht in der Achtung, welche das Individuum für diese Regeln empfindet.« (PIAGET 1973, S. 7) Wie es zu dieser Achtung vor den Regeln der Gruppe kommt, erschließt PIAGET aus dem kindlichen Murmelspiel, das er in allen Einzelheiten über die Altersstufen hinweg beobachtet und auf den ersten 100 Seiten seines Buches minutiös beschrieben hat. Die vier Stadien der Regelübernahme entsprechen ziemlich genau den PIAGET'schen Stufen der Intelligenzentwicklung: Sensumotorik, privatsymbolisches, anschauliches bis hin zum vollendeten konkret-operativen Denken, schließlich das formal-operative Denken (→ *Intelligenz, Begabung und Umwelt*). Wichtig ist, was PIAGET aus seinen Beobachtungen für das kindliche Regelbewußtsein ableitet. Er unterscheidet drei Bewußtseinszustände: ein prämoralisches Bewußtsein, in dem die Regel rein motorisch bzw. noch nicht als verpflichtend aufgenommen wird, gefolgt von zwei Arten von moralischem Bewußtsein, die den beiden bekannten Stufen der moralischen Entwicklung entsprechen:

– Die *heteronome Moral*, ein Bewußtseinszustand, in dem das Kind jede Regel für heilig und unantastbar hält, der man in jedem Fall gehorchen muß. Was allein zählt, ist die materielle Erfüllung der Regel, nicht die Absicht. PIAGET nennt diese Stufe deshalb auch »moralischen Realismus«. Egozentrisches Denken und der von den Erwachsenen auf das Kind ausgeübte Zwang sind verantwortlich für das Entstehen dieser ersten Stufe des moralischen Bewußtseins (PIAGET 1973, S. 121 ff.).

– Die *autonome Moral*, ein Bewußtseinszustand, in dem das Kind die Regel als gegenseitige Übereinkunft betrachtet; entscheidend ist die Gleichbehandlung aller Beteiligten. Da die Absicht wichtiger ist als die materielle Erfüllung, können Billigkeitsgründe, die die Lage des einzelnen berücksichtigen, Ausnahmen rechtfertigen. Weil diese autonome Moral nach der Meinung PIAGETS aus der »gegenseitigen Achtung und Solidarität der Kinder untereinander« entsteht, spricht er auch von der »Moral der Zusammenarbeit« (1973, S. 223 f.).

5.2 Sechs Stufen der moralischen Entwicklung (KOHLBERG)

Im Grunde hat KOHLBERG nichts anderes getan, als die beiden PIAGET'schen Arten der Moral ausdifferenziert und auf alle Menschen, Kinder wie Erwachsene, angewendet (vgl. KOHLBERG 1974, S. 60 f.). Dem »moralischen Realismus« (heteronome Moral) entsprechen bei ihm die beiden Stufen der »Präkonventionellen Orientierung«:

Stufe 1: Strafe und Gehorsam

Stufe 2: Instrumenteller Egoismus (»Wie du mir, so ich dir«)

Der »Moral der Zusammenarbeit« (autonome Moral) in ihrer vollendeten Form (Anerkennung von Billigkeitsgründen) entsprechen bei KOHLBERG die beiden Stufen der »Postkonventionellen Orientierung«:

Stufe 5: Sozialer Vertrag

Stufe 6: Universelle ethische Prinzipien

Die besondere Leistung KOHLBERGS liegt in dem Versuch der Präzisierung des Zwischenstadiums, das PIAGET mehr oder weniger als Vorstadium der »Moral der Zusammenarbeit« (Gegenseitigkeit ohne Billigkeitsgründen) behandelt. Bei KOHLBERG erhält dieses Zwischenstadium als »Konventionelle Orientierung« sowohl theoretisch wie empirisch (am häufigsten bei Erwachsenen zu beobachten) ein großes Gewicht. Es unterteilt sich in:

Stufe 3: Interpersonelle Beziehungen (früher »good boy« morality)

Stufe 4: Autorität und Ordnung

Dieser sechsteiligen Stufenfolge schreibt KOHLBERG folgende Eigenschaften zu:
- Die Stufen unterscheiden sich nicht inhaltlich, sondern strukturell (immer differenziertere Denkmuster!).
- Die Stufen bilden eine invariante Reihe, die unumkehrbar ist und für alle Kulturen Gültigkeit besitzt.
- Die jeweils vorausgehende Stufe ist in der folgenden Stufe integriert. Jedes Individuum bevorzugt die höchste ihm zugängliche Stufe (vgl. u. a. KOHLBERG ²1977, S. 227 und 232).

Das sind drei schwerwiegende Behauptungen. Jede einzelne läßt sich aus dem theoretisch-empirischen Material KOHLBERGS und seiner Mitarbeiter stringent widerlegen.

Vieles spricht dafür, daß sich in den *moralischen Dilemmata*, die KOHLBERG seinen jugendlichen und erwachsenen Probanden vorlegt, um die Strukturhöhe ihrer moralischen Urteilsfähigkeit zu erkunden, der »american way of life« widerspiegelt, noch dazu in seiner typisch maskulinen Form. Merkwürdigerweise hat KOHLBERG immer nur männliche Probanden untersucht. Typisches Beispiel ist das vielzitierte »Heinz-Dilemma« (vgl. u. a. KOHLBERG 1974, S. 66) – Widerspruch zwischen Eigentum und Leben –, das sich nicht einmal in westeuropäischen Ländern mit ihrem Krankenversicherungswesen, geschweige denn in anderen Kulturen anwenden läßt, wie es KOHLBERG in der Türkei, in Taiwan und in Mexiko getan hat. Auch wenn immer wieder betont wird, daß es bei dieser und bei ähnlichen Geschichten nicht auf die inhaltliche Entscheidung, sondern auf die Strukturhöhe der Begründung ankommt, so zeigt eine sorgfältige Analyse der zahlreichen Antwortmöglichkeiten aus dem Auswertungs-Handbuch, daß sich die inhaltliche Bewertung gar nicht vermeiden läßt (vgl. SCHMITT 1979b, S. 368).

Besonders fragwürdig ist die Invarianzbehauptung. Es gibt nur zwei echte Längsschnittuntersuchungen, in denen sich der Stufenwerdegang *einzelner* Individuen ablesen läßt. Die eine stammt von KRAMER, einem Mitarbeiter KOHLBERGS. Merkwürdigerweise wurde diese Studie nie veröffentlicht. Ihre Ergebnisse sind nur in der zweiten Längsschnittuntersuchung von HOLSTEIN (1976) zugänglich. Beide Studien sind keine Beweisstücke für die Gültigkeit der *Invarianzthese*. In nüchternen Zahlen liest sich das so: Mit Hilfe der Dilemma-Methode wurden im Dreijahresabstand insgesamt in den beiden Längsschnittuntersuchungen 192 (≙ 100%) Jugendliche und Erwachsene befragt. 90 (≙ 47%) der Probanden, also knapp die Hälfte, verharrten auf ihrer beim ersten Untersuchungstermin erreichten Stufe; sie zeigten also keinerlei »Entwicklung«. 55 (≙ 29%) verhielten sich *gegen* die Invarianzhypothese, d. h., sie regredierten auf eine tiefere Stufe (30 ≙ 16%), oder sie übersprangen mindestens eine Stufe (24 ≙ 13%). Lediglich 47 Probanden »bewegten« sich im Sinne der Hypothese auf eine nächsthöhere Stufe, d. h., nur ein knappes Viertel (24%) aller Beteiligten zeigte die erwartete Entwicklung des moralischen Urteils. Ein knappes Drittel – nimmt man die Gruppe der Jugendlichen für sich, sind es sogar genau 33 Prozent – verhielt sich im eklatanten Widerspruch zur Invarianzthese. Die Hälfte der Probanden kann man überhaupt nicht zur Beweisführung heranziehen, weil sie sich nicht veränderten. Erstaunlich ist auch, daß gerade die Erwachsenen (Väter und Mütter eines Teils der untersuchten Jugendlichen) noch häufiger (fast ein Fünftel dieser Gruppe) Regressionen auf eine tiefere Stufe zeigten als die Jugendlichen (vgl. HOLSTEIN 1976, S. 58).

Während die beiden echten Längsschnittuntersuchungen die Invarianzhypothese eher widerlegen als bestätigen, erhärten sie sehr deutlich einen Verdacht, den ich bereits ausgesprochen habe: Die sechs KOHLBERG-Stufen sind weitgehend *inhaltlich* bestimmt. Im bewußten Gegensatz zu KOHLBERG hat HOLSTEIN auch weibliche Jugendliche und Erwachsene in ihre Erhebungen einbezogen. Ein Vergleich der einzelnen Gruppierungen – unter Einschluß der KRAMER-Studie – zeigt deutlich, daß männliche Jugendliche und Erwachsene den Schwerpunkt ihrer Urteilsbildung auf Stufe 4 (Autorität und Ordnung) haben, während die weiblichen Jugendlichen und Erwachsenen bevorzugt auf Stufe 3 (Interpersonelle Beziehungen), bzw. die erwachsenen Frauen auch auf Stufe 5 (Sozialer Vertrag), urteilen. HOLSTEIN (1976, S. 59) schreibt dazu: »Reines Stufe-drei-Argumentieren ist nicht mit der traditionell instrumentalistischen amerikanischen Männerrolle vereinbar, ebensowenig ist reines Stufe-vier-Argumentieren mit der traditionell expressiven Frauenrolle vereinbar.«

Daß diese inhaltliche Abhängigkeit der Stufen auch unabhängig vom Geschlecht besteht, hat HOLSTEIN durch die Zuordnung ihrer Probanden zu einer Liberalismus-Konservativismus-Skala (Einstellung zur Todesstrafe, zur Abtreibung usw.) nachgewiesen. Sie fand einen signifikanten korrelativen Zusammenhang zwischen Stufe 4 und »konservativ« bzw. Stufe 3/Stufe 5 und »liberal« (vgl. S. 59f.).

Das spannendste Ergebnis der beiden Längsschnittuntersuchungen scheint jedoch in der Eigenart der festgestellten Regressionen und Sprünge über zwei Stufen zu liegen.

Wie ernst KOHLBERG selbst das Problem der Regression nahm, spiegelt die Tatsache, daß es ihn 1973 zu einer Revision seines Stufenschemas veranlaßte. Da 33 Prozent der Collegestudenten der KRAMER-Studie, die bereits die Stufe 4 und 5 im Highschoolalter erreicht hatten, bevorzugt zur Stufe 2 (Instrumenteller Egoismus) regredierten, erfand KOHLBERG die Stufe 4½, eine Mischung aus Stufe 2 und Stufe 5, eine Art »Instrumentellen Egoismus auf abstrakterem Niveau«, den er als ethischen Skeptizismus oder Relativismus beschreibt (vgl. KOHLBERG ²1977, S. 237f.). Eingeschoben zwischen Stufe 4 und 5, rettet die Stufe 4½ die Kontinuität und invariante Stufenfolge der moralischen Entwicklung.

Vielleicht sollte man diesen Zusammenhang zwischen Stufe 2 und Stufe 4½, dieses Aufsteigen vom konkreten Nützlichkeitsstandpunkt (»Wie du mir, so ich dir«) zu einer abstrakteren, zweifellos komplexeren und differenzierteren Form des Nützlichkeitsdenkens, als ersten Hinweis werten, daß in dem Sechsstufenschema von KOHLBERG unterschiedliche Entwicklungssequenzen vermischt sind. Stark gestützt wird diese Überlegung durch die typischen Mehrstufensprünge, wie sie in den beiden Längsschnittuntersuchungen aufgetreten sind. So bewegen sich bei den männlichen Jugendlichen fast alle Mehrstufensprünge von Stufe 1 bzw. Stufe 2 nach Stufe 4, während bei den Mädchen und Frauen fast alle Sprünge von Stufe 3 zur Stufe 5 führen. Diese geschlechtstypischen, inhaltlich aus der amerikanischen Männer- bzw. Frauenrolle begründbaren Sprünge verweisen auf mögliche Entwicklungssequenzen, die sich aus unterschiedlichen Wertvorstellungen ableiten lassen.

6 Moralische Entwicklung und Erziehungsstil

Unter pädagogischen Gesichtspunkten ist das KOHLBERGsche Stufenschema ein Monstrum: Im frühen Kindesalter durch Strafe und Belohnung dressiert (Stufe 1) (vgl. PORTELE 1978, S. 150f.), wird das ältere Kind anschließend dem chaotischen Drängen seiner Lüste und Bedürfnisse überlassen (Stufe 2), um schließlich partnerschaftliche Beziehungen im Jugendalter aufnehmen zu können (Stufe 3), die wiederum zur Unterwerfung unter »Autorität und Ordnung« (Stufe 4) führen. Anschließend folgt wieder das bedürfnisorientierte Chaos (Stufe 4½). (Wie ist das bei älteren Erwachsenen, die erst auf Stufe 4 sind?) Endlich (Wann?) erreicht das Subjekt die postkonventionelle Ebene, auf der die autonome Einsicht dominiert (Stufe 5). Diese Stufe erreichen vielleicht nur die amerikanischen Frauen, wenn man der HOLSTEIN'schen Längsschnittstudie Glauben schenkt.

Man kommt der Wirklichkeit der moralischen Entwicklung unter dem Gesichtspunkt der Beeinflussung des Heranwachsenden durch Umwelt und Erziehung vermutlich näher, wenn man je nach gesellschaftlich wirksamem Normensystem unterschiedliche Sequenzen der moralischen Entwicklung projiziert. Man könnte sogar versucht sein, das Sechserschema von KOHLBERG in drei Zweierschemata aufzuteilen, wobei jeweils die Stufen der ersten Ebene stärker personenbezogen, heteronom, konkret-operativ, kurz dem »moralischen Realismus« PIAGETs ähnlich wären, während die Stufen der zweiten Ebene, stärker gesellschaftsbezogen, autonom, formal-operativ, der PIAGET'schen »Moral der Zusammenarbeit« entsprechen würden.

Folgende Aufteilung wäre denkbar:

Ethisches System	Ethischer Positivismus	Individualistischer Utilitarismus	Deontologische Ethik
personenbezogen	*Stufe 1* Strafe u. Gehorsam	*Stufe 2* Instrumenteller Egoismus	*Stufe 3* Interpersonelle Beziehungen
gesellschaftsbezogen	*Stufe 4* Autorität u. Ordnung	*Stufe 4 1/2* Bedürfnisorientierter Relativismus	*Stufe 5* Sozialer Vertrag
Erziehungsstil/-klima	autoritär	»laissez faire«	sozial-integrativ

Abb. 3: Neuaufteilung des KOHLBERG'schen Stufenschemas nach SCHMITT (1979b, S. 371)

6.1 Folgen einer repressiven Erziehung

Besonders die Wirkungen eines *autoritären*, dirigistischen oder machtausübenden (power-assertion) *Erziehungsstils* bei Eltern und sonstigen Bezugspersonen sind in der psychologisch-pädagogischen Literatur hinreichend empirisch belegt (vgl. Übersichtstabelle bei HOFFMANN ³1970, S. 291). Ein Fortschreiten von Stufe 1 zu Stufe 4 wäre ohne weiteres denkbar. Seinen »Sitz im Leben« hat dieser Erziehungsstil im weit verbreiteten *Rechtspositivismus* bzw. im Naturrechtsdenken, das häufig theonom überhöht wird: die

Erziehenden stellen selbst nicht in Frage, was sie von den Heranwachsenden uneingeschränkt fordern und unter Strafandrohung durchsetzen. In dieser Sequenz der moralischen Entwicklung hat auch die Gewissenstheorie der konditionierten Angst eines EYSENCK ihren legitimen Platz. Auch die Auswüchse der Gewissensangst, wie sie FREUD bei der Analyse von Neurosen festgestellt hat und die ihn schließlich zu seinem Über-Ich-Konzept der Bedrohung des Ichs führten, passen nahtlos in diese Sequenz.

6.2 Der Vorrang der Bedürfnisse
Daß der *Erziehungsstil des »laissez faire«* zumindest in den westlichen Industrieländern unter dem Reizwort »antiautoritäre Erziehung« eine nennenswerte Verbreitung gefunden hat, ist sicher eine Folge der Lehren FREUDS und der zahlreichen psychoanalytisch begründeten Variationen dieser Lehre. Um die Gewissensängste und Schuldkomplexe einer autoritären Erziehung zu vermeiden, gibt man der Bedürfnisbefriedigung des Kindes und Jugendlichen einen möglichst breiten Raum. Auch diese Grundhaltung hat eine lange philosophische und lebenspraktische Tradition: »Gut ist, was mir nützt«, lautet die Alltagsübersetzung eines individualistischen *Utilitarismus*, sei er nun hedonistisch oder eudaimonistisch ausgerichtet. Die egozentrische Form dieser Bedürfnisorientierung beim Kind im Übergang zur mehr die Bedürfnisse der anderen einkalkulierenden Form des Jugendlichen und Erwachsenen würde durchaus in eine Sequenz »Stufe 2 → Stufe 4½« passen.

6.3 Der Appell an die Einsicht
Ein *sozial-integrativer* bzw. demokratischer *Erziehungsstil* in Reinkultur ist eher Wunschvorstellung denn verbreitete Realität im Alltag. »Sozial-integrativ« würde bedeuten, daß Kinder von Geburt an in ein Klima der emotionalen Zuwendung eingebettet sind, daß in ihrem Leben von klein auf Einsicht, Empathie, Solidarität mit anderen eine bestimmende Rolle spielen, daß Angst, Dressur, Liebesentzug, Kälte, Ausgesetztsein zu keinem Zeitpunkt der kindlichen Entwicklung die Oberhand gewinnen können. Die Probe aufs Exempel wäre, wenn bei diesen Kindern die Stufen 1 (Strafe und Gehorsam) und 2 (Instrumenteller Egoismus) und später die Stufe 4 (Autorität und Ordnung) zumindest in ausgeprägter Form nicht auftreten würden, vielmehr die Entwicklung von einer mehr in der Beziehung zu konkreten Personen verankerten Moral (Stufe 3) zu einer eher gesellschaftsbezogenen Moral der gegenseitigen Solidarität (Stufe 5) führen würde. Philosophisches Fundament dieser möglichen Sequenz wäre eine *ethische Pflichtenlehre* (Deontologie), eine Theorie des gerechtfertigten Handelns als Interessenausgleich auf der Basis der gleichen Freiheit für alle (vgl. RAWLS 1975, S. 49). BANDURAS Theorie des »Lernens am Modell durch Imitation« mit ihrer Betonung einer positiven Beziehung zu den Modellpersonen, die Förderung der Empathiefähigkeit von früher Kindheit an (HOFFMANN 1983), die Steigerung der Rollenübernahmefertigkeit (FLAVELL u. a. 1968), ständige Einübung in Solidarität (SCHMITT 1979a) sind pädagogische Maßnahmen, die diese selbstverständlich auch von PIAGET und KOHLBERG erwünschte moralische Entwicklung begünstigen können.

Auch die von mir postulierten Zweistufensequenzen sind idealtypische Verlaufsformen der moralischen Entwicklung. Grundsätzlich sind weitere Verlaufsformen denkbar, etwa wenn man den »gruppenkonform-solidarischen Urteilstyp« in die Analyse mit einbezieht, den BERTRAM (1978, S. 29) bei seinen Untersuchungen zum moralischen

Urteil festgestellt hat. Vermutlich sollte man, wie üblich in der heutigen Entwicklungspsychologie, auch bei der moralischen Entwicklung auf Stufen- oder Phasenlehren ganz verzichten, weil die individuellen Unterschiede der Heranwachsenden meistens größer sind als ihre Ähnlichkeiten (OERTER 1969, S. 71) und die allmählichen kontinuierlichen Übergänge viel wichtiger sind als sogenannte Stufensprünge (→ *Entwicklung und Förderung*). Ganz entscheidend für die weitere Forschung ist das Verhältnis von moralischem Urteil und moralischem Verhalten bzw. das Zusammenwirken verschiedenster Einflüsse (Gesellschaft, Familie, Freunde, Fernsehen usw.) bei der Veränderung von moralisch relevanten Einstellungen und Verhaltensweisen.

Literatur

BANDURA, A.: Lernen am Modell. Stuttgart 1976
–: Social Learning Theory. Englewood Cliffs 1977; deutsch: Sozial-kognitive Lerntheorie. Stuttgart 1979
BERTRAM, H.: Gesellschaft, Familie und moralisches Urteil. Weinheim und Basel 1978
EYSENCK, H. J.: Crime and Personality. London 1964; deutsch: Kriminalität und Persönlichkeit. Wien 1977
–: Das Gewissen – ein bedingter Angstreflex? In: SCHREINER, G. (Hrsg.): Moralische Entwicklung und Erziehung. Braunschweig 1983, S. 14–41
FLAVELL, J. H. u. a.: The Development of Role-taking and Communications Skills in Children. New York 1968; deutsch: Rollenübernahme und Kommunikation bei Kindern. Weinheim 1975
FREUD, S.: Das Ich und das Es (1923). In: Gesammelte Werke. Bd. 13. Frankfurt ^{7}1972, S. 237–289
–: Neue Folge der Vorlesungen zur Einführung in die Psychoanalyse (1932). In: Gesammelte Werke. 15. Bd. Frankfurt ^{5}1969
HOFFMANN, M. L.: Moral Development. In: MUSSEN, P. H. (Hrsg.): Carmichael's Manual of Child Psychology. Bd. II. New York ^{3}1970, S. 261–359
–: Vom empathischen Mitleiden zur Solidarität. In: SCHREINER, G. (Hrsg.): Moralische Entwicklung und Erziehung. Braunschweig 1983, S. 235–265
HOLSTEIN, C. B.: Irreversible Stepwise Sequence in the Development of Moral Judgment: A Longitudinal Study of Males and Females. In: Child Development 47 (1976), S. 51–61
KOHLBERG, L.: Stufe und Sequenz: Sozialisation unter dem Aspekt der kognitiven Entwicklung. In: ders.: Zur kognitiven Entwicklung des Kindes. Frankfurt 1974, S. 7–255
–: Eine Neuinterpretation der Zusammenhänge zwischen der Moralentwicklung in der Kindheit und im Erwachsenenalter. In: DÖBERT R. / HABERMAS, J. / NUNNER-WINKLER, G. (Hrsg.): Entwicklung des Ichs (1973). Köln ^{2}1977, S. 225–252
LICKONA, TH. (Hrsg.): Moral Development and Behavior. New York 1976
OERTER, R.: Moderne Entwicklungspsychologie. Donauwörth 1969
PIAGET, J.: Das moralische Urteil beim Kinde (1932). Frankfurt 1973
PORTELE, G.: »Du sollst das wollen«. Zum Paradox der Sozialisation. In: ders. (Hrsg.): Sozialisation und Moral. Weinheim und Basel 1978, S. 147–168
RAWLS, J.: Eine Theorie der Gerechtigkeit. Frankfurt 1975
SCHMITT, R.: Kinder und Ausländer. Einstellungsänderung durch Rollenspiel – eine empirische Untersuchung. Braunschweig 1979a
–: Stufen der moralischen Entwicklung – Basis für ein pädagogisches Konzept? In: Westermanns Pädagogische Beiträge 31 (1979b), S. 366–371
ZULLIGER, H.: Umgang mit dem kindlichen Gewissen. Stuttgart 1953

Helmut Skowronek

Lernen und Lerntheorien

1 Begriff

Nach einer inzwischen fast kanonisch zu nennenden Definition bedeutet Lernen die relativ dauerhafte Änderung von Verhalten aufgrund von Erfahrung, d. h. von Interaktionen eines Organismus mit seiner Umwelt. Nicht gemeint sind *Verhaltensänderungen* aufgrund genetisch programmierter Entwicklungsschritte (Reifung) und aufgrund vorübergehender Zustände wie Ermüdung oder Rausch (vgl. HILGARD / BOWER 1975, S. 17). Es mag gelegentlich schwerfallen, Reifungs- und Lernvorgänge in der menschlichen Entwicklung, insbesondere der frühen Kindheit, eindeutig zuzuschreiben, weil sie eng miteinander in Wechselwirkungen verflochten sind. Die anhaltenden Debatten um *Nativismus vs. Empirismus*, etwa in der Wahrnehmungs- oder Sprachentwicklung, sprechen für diese Schwierigkeiten. Aber davon abgesehen ist neben dem Sprachgebrauch wohl kein Merkmal so charakteristisch für die menschliche Spezies – im Vergleich mit anderen Arten – wie die weitreichende Fähigkeit, zu lernen und sich damit höchst unterschiedlichen Existenzbedingungen, natürlichen wie kulturell geschaffenen, anzupassen. Wir beobachten Lernen in den verschiedensten Formen: wir lernen schwimmen, die Schriftzeichen des Alphabets zu unterscheiden, eine fremde Sprache zu sprechen oder einen Motor zu reparieren; wir lernen, die Gültigkeit von Argumenten zu überprüfen, einen Computer zu programmieren oder Experimente zu erfinden. Wir lernen aber auch Vorlieben, Vorurteile und Muster der Konfliktbewältigung. Daß Lernen stattfindet, ist nicht direkt beobachtbar, sondern wird aus der dauerhaften Veränderung des Kriteriumsverhaltens nach entsprechenden Aneignungsbemühungen oder Erfahrungsgelegenheiten gefolgert. So unterschiedlich die Ergebnisse von der einfachen Verbindung von Gegenstand und Name bis zur komplexen Strategie beim Problemlösen sind, so verschiedenartig sind die Bedingungen, unter denen gelernt wird. Der Versuch, die Kenntnisse über Lernen, d. h. über Lernbedingungen und Lernergebnisse sowie deren Zusammenhänge zu systematisieren, führt zu Lerntheorien.

2 Geschichte

Assoziation, von den britischen Empiristen im vorigen Jahrhundert eingeführt und verstanden als die Verknüpfung von mentalen Elementen, z. B. visuellen Vorstellungen, zu komplexeren Einheiten oder Ideen (vgl. MILL 1869), ist historisch gesehen der Kernbegriff des Lernens. Die wesentliche Bedingung für den Erwerb stabiler Assoziationen ist nach dieser Auffassung das gemeinsame Auftreten der relevanten Elemente *(Kontiguität)*. Die (strukturalistische) Psychologie dieser Zeit war undynamisch und konzentrierte sich auf die Beschreibung und Unterscheidung der geistigen Elemente und Einheiten. Nachfolgende Psychologen wie WUNDT oder JAMES verstanden zwar weiterhin Psychologie als die Wissenschaft von der Geistestätigkeit oder den Bewußtseinsprozessen, aber die Akzentuierung der *Funktionen* von lebenden Organismen, wie sie mit

DARWIN bekannt und u. a. von JAMES und DEWEY in die Psychologie assimiliert wurde, fügte den Überlegungen zum Lernen einen wichtigen Aspekt hinzu: Welche Rolle kommt der (adaptiven) Aktivität des Lernenden selbst für den Lernvorgang zu? »... In modernerem Gewand ist sie (die funktionalistische Psychologie) seit SPENCERS ›Psychologie‹ und DARWINS ›Entstehung der Arten‹ zunehmend in den Vordergrund getreten ... Dies bedeutet die Identifizierung der funktionalistischen Psychologie mit dem Bemühen, die typischen Operationen des Bewußtseins unter aktuellen Lebensbedingungen zu unterscheiden und nachzuzeichnen – gegenüber dem Versuch, seine (des Bewußtseins) elementaren und komplexen Inhalte zu analysieren und zu beschreiben« (ANGELL, zit. und übers. nach MOWRER 1960, S. 3).

Nachdem der *Behaviorismus* die funktionalistischen Vorstellungen in der amerikanischen Psychologie zunehmend überlagerte, dankte, methodologisch gesehen, die Introspektion zugunsten der Beobachtung »objektiver« Sachverhalte von Situationen und darauf bezogenen Verhaltens ab, und begrifflich wurden »mentalistische« Konzepte wie Bewußtsein oder Vorstellung obsolet oder gar tabu (WATSON 1919). An die Stelle der zu verknüpfenden mentalen Elemente traten Reize auf der einen und Reaktionen auf der anderen Seite. Das grundlegende Konzept der Assoziation, sowohl als Erwerbsmechanismus wie als psychische Grundeinheit, blieb aber erhalten. Als elementarer Baustein, der in das Erlernen komplexerer Fertigkeiten und Wissensbestände eingeht, wird die Assoziation in der Regel auch in zeitgenössischen Lerntheorien unterstellt. So versteht die Analyse des Lernens unter Aspekten der *Informationsverarbeitung* das menschliche Langzeitgedächtnis als *assoziatives Netzwerk*, dessen begriffliche »Knoten« miteinander verknüpft sind, so daß die Aktivierung eines Knotens weitere mit diesem mehr oder weniger stark assoziierte Knoten aufruft. Damit sind der Kernbegriff Assoziation und in unterschiedlichem Maße auch die damit operierenden Prototypen oder Paradigmen des Lernens von mehr als historischem Interesse (vgl. GAGNÉ ⁴1985, S. 6) (→ *Intelligenz, Begabung und Umwelt*).

3 Paradigmen

PAWLOWS Lernen *bedingter Reflexe* (1953) und THORNDIKES »*Lernen durch Versuch und Irrtum* mit zufälligem Erfolg« (1898) – beide in Experimenten mit Tieren entwickelt – waren die Paradigmen, die das allgemeine Programm des Funktionalismus mit ausreichend präzisen Modellen und Methoden ergänzten und so in den Behaviorismus als eine strenge Verhaltenswissenschaft überführten. THORNDIKE wie PAWLOW suchten – im Sinne DARWINS – nach den Regeln der Evolution neuen Verhaltens. Dabei setzten wohl beide voraus, daß – zumindest in bezug auf grundlegende Lernvorgänge – eine Kontinuität von Tier zu Mensch besteht und daß Verhalten eine Sache des Reagierens auf Reize ist. Ansonsten bestehen deutliche Unterschiede.

3.1 Lernen am Erfolg

Das typische Experiment THORNDIKES setzt eine hungrige Katze in einen Vexierkasten, aus dem sie sich – außerhalb des Kastens eine Portion Futter vor Augen – befreien kann, wenn sie einen unauffälligen Öffnungsmechanismus betätigt. Das Tier beginnt mit zielloser Aktivität in »Versuch und Irrtum«, bis es schließlich zufällig die Befreiung erreicht. Bei wiederholten Versuchen wird der Zeit- und Bewegungsaufwand allmählich geringer – die zum Erfolg, d. h. zu einem »befriedigenden Allgemeinzustand« führende Sequenz von Aktionen wird ausgelesen und tritt in gleichen Situationen mit wachsender Wahrscheinlichkeit auf; umgekehrt schwächt ein unbefriedigender Ausgang der Dinge, dem sich das Tier also zu entziehen sucht, die Stärke der entsprechenden *Reiz-Reaktions-Verbindung*. Diese Stärkung oder Schwächung geschieht nicht bewußt, sondern quasi mechanisch. So lernen die Tiere etwa nicht, wie THORNDIKE in ergänzenden Experimenten zeigt, aus der Beobachtung anderer Tiere. Der Autor war überzeugt, daß dieses »Gesetz der Wirkung« auch für komplexe Formen menschlichen Lernens gilt. Zweifellos lernen wir bestimmte Verhaltenskategorien – Sprechweisen, Gesten und Bewegungsmuster beispielsweise – ohne bewußte Aufmerksamkeit, unter dem Gesetz der Wirkung. Insoweit ist ein wichtiges Prinzip menschlichen Lernens entdeckt. Andererseits läßt THORNDIKE, auch nach seinen angewandten Untersuchungen zum schulischen Lernen, ungeprüft, auf welche Weise die einzelnen unterschiedlich komplexen Reiz-Reaktions-Verbindungen sich zu größeren strukturierten Einheiten zusammenschließen – eine Frage, der jedoch jede Theorie sich stellen sollte, die mit einem Grundbaustein des Lernens arbeitet.

3.2 Klassisches Bedingen

PAWLOW stieß bei Untersuchungen zur Verdauungsphysiologie auf ein »Erwartungsverhalten« seiner Versuchstiere: Seine Hunde sonderten Speichel nicht erst bei der Fütterung ab, sondern schon vorher – offenbar auf vorbereitende Signale hin. Die ungelernte, in der Reflexausstattung der Spezies gegebene Reaktion der Speichelsekretion ließ sich offenbar auch von einem gelernten (oder bedingten) Reiz auslösen. Das Grundschema der zahlreichen Experimente der PAWLOW-Schule schickt also einem ungelernten oder unbedingten Reiz einen zunächst neutralen Reiz, z. B. einen Summton, voraus und erreicht – in der Regel nach mehreren Versuchsdurchgängen –, daß die Reaktion bereits auf den bedingten Reiz des Summtons hin eintritt. Das Versuchstier hat also eine neue Reiz-Reaktions-Verbindung erworben, allgemein bedingter Reflex oder bedingte Reaktion genannt. Geschwächt oder gelöscht wird eine bedingte Reaktion, wenn der unbedingte Reiz wiederholt ausbleibt (dem Summton folgt kein Futter). Der unbedingte Reiz hat für die Sicherung der neuen Reiz-Reaktions-Verbindung eine vergleichbare Funktion wie der befriedigende Allgemeinzustand bei THORNDIKE. Die Unterschiede der Paradigmen aber sind deutlich: Das neue Verhalten entsteht bei PAWLOW aus der Substitution eines unbedingten durch einen bedingten Reiz. »Neue« Reize oder Signale werden an wenige »alte« Reaktionen geknüpft; man spricht deshalb auch von *Signallernen*. Bei THORNDIKE werden aus einem breiten, durchzuprobierenden Inventar »neue«, d. h. erfolgsbezogene Verhaltensweisen mit »alten« Motiven (Hunger, Bewegungsfreiheit) verbunden; man spricht hier vom *instrumentellen Lernen* (→ *Moralische Entwicklung und Erziehung*).

Außerhalb der engeren PAWLOW-Schule favorisierte vor allem WATSON (1919) das Paradigma des bedingten Reflexes und postulierte in seinen programmatischen Aussagen komplexe menschliche Handlungen als Ketten bedingter Reaktionen. Tatsächlich repräsentiert dieses Paradigma – wie übrigens schon THORNDIKE meinte – wohl nur einen schmalen Ausschnitt von Lernphänomenen, insbesondere den Erwerb autonomer und emotionaler Reaktionen wie Erregung, Furcht oder affektive Tönung von Einstellungen

(HILL 1981). »Ein Kind, das Radfahren lernen will, dürfte wenig Nutzen aus Lernsituationen ziehen, die gemäß dem Prototyp der bedingten Reaktionen gestaltet sind, weil die willkürliche Steuerung von Bewegungen einfach nicht auf diese Weise erworben wird.« (GAGNÉ ⁴1985, S. 10)

3.3 Die Rolle der Verstärkung

In der weiteren Geschichte der *Reiz-Reaktions-Theorien des Lernens*, die also mit den Paradigmen des Signallernens und des instrumentellen Lernens beginnt, gewinnt der Begriff der Bekräftigung oder *Verstärkung*, der bei THORNDIKE mit dem »befriedigenden Allgemeinzustand« eingeführt ist, immer mehr an Bedeutung. In späteren Arbeiten THORNDIKES verlor sich bereits die zunächst postulierte Symmetrie von Stärkung und Schwächung, Belohnung und Bestrafung zugunsten einer Dominanz der Belohnung. Bei HULL steigert sich diese Entwicklung zu der grundlegenden Idee, daß alles Lernen – auch das klassische Bedingen PAWLOWS – von Verstärkung kontrolliert werde und Verstärkung in einer *Triebreduktion*, z. B. durch Futteraufnahme oder Flucht vor Bedrohung, bestehe. Verstärkung als allgemeinere Fassung des Begriffs der Belohnung wird in den systematisierenden Bemühungen von HULL (1943) auch zur *sekundären* Verstärkung erweitert. Schimpansen, die dressiert wurden, mit Chips aus einem Automaten Futter zu ziehen, lernen danach mit großer Ausdauer Unterscheidungsleistungen, wenn sie allein mit Chips belohnt werden; die Chips haben durch die Koppelung mit dem primären Verstärker Futter sekundären Verstärkungswert angenommen (COWLES 1937).

Auch für die Lerntheorie SKINNERS (1969) ist der Begriff der Verstärkung zentral und gewinnt weitere Bedeutungsnuancen: Verstärkung ist zwar häufig, aber nicht notwendig mit Belohnung verbunden. In Lernsituationen kommt es darauf an, daß eine erwünschte Reaktion unmittelbar einer bereits bestehenden und mit hoher Wahrscheinlichkeit eintretenden Reaktion, dem *Verstärkungsreiz*, voraufgeht. Theorie der *Verstärkungskontingenzen* ist eine passende Bezeichnung des SKINNERschen Systems. Verstärkung ist also nicht auf Triebreduktion (auch höherer Ordnung) begrenzt. Was als Verstärkungsreiz fungieren kann, ist nicht von vornherein ausgemacht – es ist vielmehr empirisch zu ermitteln. Damit ist Verstärkung zu einem höchst flexiblen und universellen Prinzip geworden. Mit überlegter Planung konkreter Verstärkungskontingenzen hat SKINNER einen praktisch sehr bedeutsamen Beitrag zur Lernforschung in der Dressur von Tieren und in Programmiertem Lernen für Menschen geliefert (Z. B. SKINNER 1954).

3.4 Einsicht

Das Paradigma der »Einsicht«, das der (deutschen) Gestaltpsychologie entstammt, bedeutet, auf die eben skizzierte historische Entwicklung der Reiz-Reaktions-Theorien bezogen, einen weiten Rückgriff; denn die für dieses Paradigma klassischen Untersuchungen von KÖHLER, nämlich »Intelligenzprüfungen an Menschenaffen« erschienen bereits 1917. Der Rückgriff ist gerechtfertigt, weil mit diesen Untersuchungen die Klasse *kognitiver Lerntheorien* begründet wird, die weniger die äußeren Bedingungen (Reize, Verstärkungen) des Lernens als vielmehr die innere Repräsentation (der Umwelt) in Wissensstrukturen und Handlungsplänen betonen (→ *Intelligenz, Begabung und Umwelt*). Die Gestaltpsychologie nimmt ihren Ausgang von Experimenten zur Bewegungswahrnehmung, die sich als »Ganzheit« eigener Art erweist und nicht in die Sinneselemente der herrschenden Assoziationspsychologie zu zerlegen ist. Ganzheit oder »Gestalt« ist am Beispiel einer Melodie zu demonstrieren: auch in andere Tonarten transponiert, wenn ihre Elemente also verändert werden, bleibt die Melodie erhalten. Aus der Kritik des Gestaltpsychologen KOFFKA an den Vexierkastenversuchen THORN-DIKES wird der eigene gestaltpsychologische Zugang zum Lernen deutlich: Die Tiere hätten keine Übersicht über die Zusammenhänge zwischen ihrem Verhalten und ihrer endlichen Befreiung. KÖHLER hingegen stellt seine Schimpansen in Problemsituationen, in denen sie diese Übersicht ausbilden können. Beispielsweise hängt eine Banane so hoch an der Wand, daß sie nur mit Hilfe einer Kiste zu erreichen ist. Die Kiste steht aber einige Meter vom Ziel und von der Wand entfernt im Raum. Die Tiere bewegen sich ruhelos durch den Raum, probieren dies und das, springen unter dem Ziel in die Höhe oder rucken an der Kiste. Nach einiger Zeit agiert der eine oder andere Schimpanse plötzlich zielgerichteter, wie nach einem Plan, rückt die Kiste unter das Ziel und erreicht die Banane. KÖHLER folgerte aus vielen Beobachtungen dieser Art, daß die Schimpansen »einsichtiges Verhalten von der Art des beim Menschen bekannten« zeigen. Und zwar scheinen für die plötzlichen Einsichten »Raumgestalten« entscheidend zu sein, die sich im Spannungsfeld zwischen Ziel und verfügbaren Mitteln ausbilden. WERTHEIMER (1957) berichtet über Versuche mit Kindern zur Parallelogrammberechnung, die ähnliche Folgerungen nahelegen. In seiner Kritik der Reiz-Reaktions-Theorien bestreitet KOFFKA nicht die Ergebnisse von THORNDIKE und anderen. Er wendet sich aber dagegen, daß Lernen nur eine Verknüpfung von Reiz und Reaktion sein soll. Wenn eine einzelne Verhaltensweise durch ihren Erfolg verstärkt werde, dann deshalb, weil sie Teil eines zielgerichteten Gesamtverhaltens sei und diese Funktion vom Lernenden erkannt werde. Umgekehrt lautet die Kritik am gestaltpsychologischen Lernen durch »Einsicht« in die Situation und ihre Struktur, daß die Rolle der Erfahrung vernachlässigt werde: Menschen wie Tiere lösen Probleme auch durch Übertragung von bereits Gelerntem. Wie repräsentativ ist Lernen durch Einsicht für Lernvorgänge insgesamt? Zweifellos ist Einsicht gegeben, wenn Schüler die Beziehung zwischen Druck und Temperatur oder eine syntaktische Regel ihrer Muttersprache entdecken. Andererseits lernen sie nicht allein per Einsicht das Lesen oder den englischen Grundwortschatz.

3.5 Versuche der Integration

TOLMAN (1949) suchte mit dem Programm seines »zielgerichteten« Behaviorismus nach einem halben Jahrhundert getrennter Entwicklungen eine erste Vermittlung zwischen Reiz-Reaktions-Theorien und kognitiven Theorien. »Was ich wollte, war eine behavioristische Psychologie, die in der Lage sein würde, mit realen Organismen umzugehen und sie in ihrer inneren psychologischen Dynamik zu erfassen.« (1959, S. 94) So war er von der Existenz von »Gestalten« überzeugt, nahm aber an, daß sie auf assoziative Art kumulativ gelernt werden und nicht plötzlich wie aus dem Nichts entstehen. Nachdem die unterschiedlichen theoretischen Ansätze eine Fülle von empirischen Befunden und teilweise konkurrierenden Interpretationen für die gleichen Phänomene wie z. B. latentes Lernen erzeugt hatten, war die Zeit reif für Integrationen.

Ein pragmatischer und insbesondere auf die Zwecke schulischen Lernens orientierter Integrationsversuch stammt von GAGNÉ (1965, 1969). Er unterscheidet fünf Kategorien von *Lernergebnissen: intellektuelle Fertigkeiten, kognitive Strategien, sprachgebundenes Wissen, motorische Fertigkeiten* sowie *Einstellungen*, und acht Lernarten: Signallernen, Reiz-Reaktions-Lernen, Lernen motorischer und sprachlicher Ketten, Lernen von

Unterscheidungen, Begriffsbildung und Begriffslernen, Regellernen sowie Problemlösen. Nach Auffassung des Autors bauen die Lernarten – ausgenommen die Beziehung zwischen Signallernen und Reiz-Reaktions-Lernen – hierarchisch aufeinander auf: die voraufgehende einfachere Lernart muß jeweils beherrscht sein, bevor eine komplexere Lernart erfolgreich anzugehen ist. Unter dieser zweidimensionalen Gliederung der gesammelten Befunde der Lernforschung ordnet er einerseits Lernbedingungen und Lernhilfen, die für die verschiedenen Lernarten relevant sind, und analysiert andererseits Lerngegenstände, z. B. die Berechnung der Resultante in einem Kräfteparallelogramm *(Abb. 1),* nach ihrem hierarchischen Aufbau in Teilaufgaben.

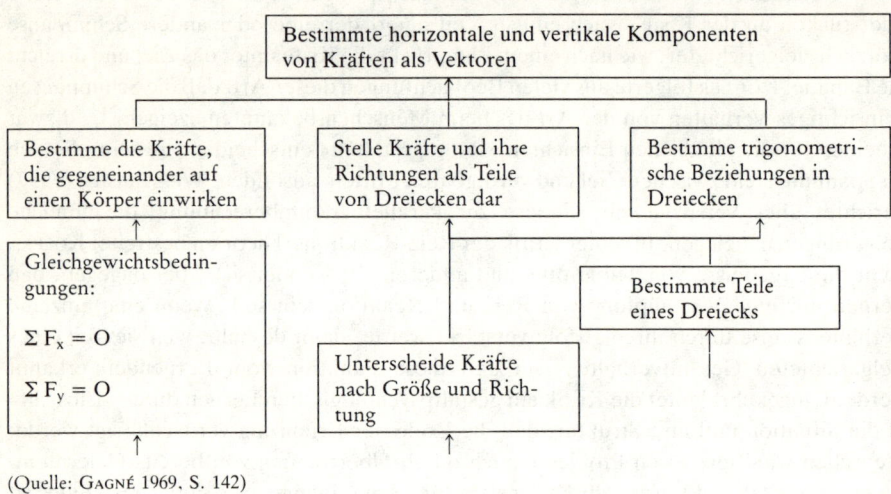

(Quelle: GAGNÉ 1969, S. 142)

Abb. 1: Hierarchie von Regeln zum »Paralellogramm der Kräfte«

In dieser pragmatischen Orientierung hat GAGNÉ einiges mit SKINNER gemein, der weniger an einer Lerntheorie denn an empirischen Regeln der Verhaltenssteuerung interessiert ist. So betont GAGNÉ (1962) ausdrücklich, daß sein Buch »kurz vor einer Theorie des Lernens« aufhöre, obschon es die Grundlagen enthalte, aus denen eine solche zu entwickeln wäre. Den Anstoß, diese Integration zu suchen, erhielt er interessanterweise bei der Entwicklung militärischer Ausbildungssysteme für besonders komplexe Leistungen, z. B. bei Radarbeobachtung oder Fehlersuche in technischem Gerät. Über die Zerlegung der komplexen Aufgabe in hierarchisch strukturierte Teilaufgaben *(Aufgabenart)* mußten die Überlegungen konsequenterweise zu Vorstellungen über Strukturen und Prozesse *im Kopfe des Lernenden* führen.

4 Informationsverarbeitungsmodelle des Lernens

Eine vollkommenere Ausführung des Integrationsprogramms, um sowohl adaptives Verhalten als auch innere Repräsentation und Dynamik (s. o. TOLMAN) zu erfassen, wird mit den zeitgenössischen Vorstellungen des Lernens als Informationsverarbeitung mölich (LINDSAY / NORMAN ²1977). Diese Vorstellungen sind auf der Basis von Entwicklungen in mathematischer Lerntheorie, in der Computersimulation intelligenten Verhaltens und in der Linguistik, insbesondere in Theorien zu Sprachlernen und Sprachverwendung, entstanden (→ *Informationsgesellschaft, Qualifikation und Bildung*). Gegenstand sind die Prozesse der inneren Verarbeitung von, allgemein gesprochen, Information; vom Input an den Rezeptoren bis zum Output in Handlungen. Postuliert werden auf der Grundlage vielfältiger Befunde aus den genannten Quellen bestimmte innere *Strukturen* und diesen zugeordnete Transformations- oder Verarbeitungs*prozesse* (vgl. Abb. 2).

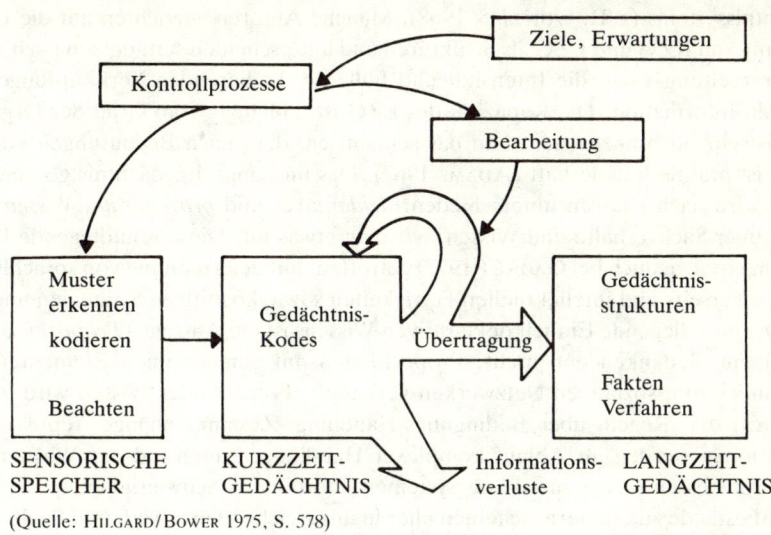

(Quelle: HILGARD/BOWER 1975, S. 578)

Abb. 2: Komponenten von Informationsverarbeitungsprozessen

Nachdem die von den Rezeptoren aufgenommene physikalische Energie, z. B. Licht von den Buchstaben dieses Textes, als Nervenimpulse in das *sensorische Register* (im Zentralnervensystem) gesendet ist, wird dort für extrem kurze Zeit (ca. 0,3 Sek.) ein getreues Bild der Sinneswahrnehmung aufgebaut. Davon wird aber nur ein kleiner Teil für die weitere Repräsentation im sogenannten *Kurzzeitgedächtnis* oder Arbeitsspeicher durch Prozesse der *selektiven Wahrnehmung* bewahrt. Wird die so reduzierte Information nicht wiederholt und erneut vergegenwärtigt – wie man sich beispielsweise eine eben nachgeschlagene Telefonnummer immer wieder vorsagt –, bleibt sie für die kurze Zeit von etwa zehn Sekunden für die weitere Verarbeitung erhalten. Nicht nur zeitlich, sondern auch, was die Anzahl der bearbeitbaren Elemente angeht, stellt der Arbeitsspeicher einen Flaschenhals für den gesamten Informationsfluß dar. Nach MILLER (1956) ist 7 ± 2 Elemente die »magische Zahl«, andere Autoren nehmen eine durchschnittliche Kapazität von nur fünf Elementen an. Durch sogenanntes »chunking« kann die Kapazität erweitert werden, wie man beispielsweise durch Gruppenbildung auch Telefonnummern mit weit mehr als fünf Ziffern kurzfristig behalten kann. Das Kurzzeitgedächtnis (KZG) oder der *Arbeitsspeicher* – daher diese zweite Bezeichnung – tritt auch in Funktion, wenn wir bei einer Problemlösung neue Informationen, z. B. die Anleitung zu einer geometrischen Konstruktion, mit bestehendem Wissen aus dem Langzeitgedächtnis, z. B. über die erfolgreichen Lösungen ähnlicher Aufgaben, zusammenzubringen haben. Bei solchen Gelegenheiten können die Schwierigkeiten, eine größere Zahl relevanter Elemente im Arbeitsspeicher präsent zu halten, besonders fühlbar werden. Wird die im KZG präsent gehaltene Information, z. B. die neu erreichte Problemlösung oder die Hauptidee eines Satzes oder Textteils, für dauerhaft behaltenswert erachtet, wird sie *kodiert* und damit ins *Langzeitgedächtnis* (LZG) überführt. *Kodierung* bedeutet die Integration in das bestehende Wissen, z. B. durch Verknüpfung mit verschiedenen »alten« Begriffen oder Aussagen eines mehr oder weniger hierarchisch oder topisch strukturierten Gedächtnissystems (z. B. QUILLIAN 1968). Manche Autoren verzichten auf die Unterscheidung von KZG und LZG als Strukturen und unterscheiden statt dessen nach »Tiefe der Verarbeitung«, d. i. die Intensität und Fülle der kodierenden Verknüpfungen der einzelnen Information. Die Kapazität des LZG ist, abhängig vom Grad der Organisation, als sehr hoch anzusehen, und das semantisch, d. h. nach Bedeutungen kodierte Wissen ist praktisch dauerhaft (ADAMS 1967). Das im Langzeitgedächtnis gespeicherte Wissen wird nach Klassen unterschieden: *deklaratives* und *prozedurales Wissen*, d. h. Wissen über Sachverhalte und Wissen, *wie* man etwas tut. Diese grundlegende Unterscheidung ist u. a. auch bei GAGNÉ (³1977) getroffen, mit der Trennung von sprachlichem Wissen einerseits und intellektuellen Fertigkeiten sowie kognitiven Strategien andererseits. Die grundlegende Einheit deklarativen Wissens ist die Aussage (*Proposition*), was grob einem Gedanken entspricht. Propositionen mit gemeinsamen Elementen sind miteinander zu assoziativen Netzwerken verknüpft. Prozedurales Wissen wird in *Produktionen,* d. i. Regeln über Bedingungs-Handlungs-Zusammenhänge, repräsentiert. Produktionen werden im Ablauf komplexer Handlungen aufgrund der Wirkung von Kontrollprozessen (s. u.) zu ad-hoc-Systemen koordiniert. Schwierigkeiten, relevante Wissensbestände zu erinnern, scheinen eher in unzureichenden *Abruf-* und Such*prozessen* als im »Verfall« des LZG begründet zu sein. Die Such- und Abrufprozesse werden durch Hinweisreize initiiert und gesteuert, die in der Situation bzw. der Aufgabenstellung gegeben sind oder vom Lernenden selbst, in Suchstrategien über andere Gedächtnisinhalte, produziert werden. Wie oben schon dargestellt, werden Inhalte des LZG in den Arbeitsspeicher abgerufen um – in einem ersten Fall – mit neu aufzunehmender Information verglichen und zu neuen Einheiten verknüpft (kodiert) zu werden. Handelt es sich um neuartige Aufgaben oder Probleme, die Transfer von früher Gelerntem verlangen, dann treten zu einfachen Suchprozessen konstruktive Prozessse der Abstraktion und Generalisierung des abzurufenden Wissens (LINDSAY / NORMAN ²1977). Diese Phänomene des *Lerntransfers* sind aber bisher nur unzureichend analysiert. Im andern Fall geschieht der Abruf aus dem LZG, um eine (bewußte) Handlung einzuleiten, z. B. mit Hilfe des geläufigen Algorithmus schriftlich zu multiplizieren. Die Handlungen in schulischen Lernprozessen bestehen in der Regel in Schreiben oder mündlicher Rede. In der Beobachtung der Folgen seiner Handlung gewinnt der Lernende – am Ende des Zyklus der Informationsverarbeitung – eine *Rückmeldung* über den Erfolg seines Lernens, die u. U. einen neuen Verarbeitungszyklus einleitet.

Die insbesondere bei Problemlösungen, in denen also Transfer von Gedächtnisbeständen gefragt ist, beobachtbare Komplexität und Anpassungsfähigkeit in der Produktion verschiedenartiger Lösungsansätze läßt erkennen, daß Metaprozesse, die sogenannten *exekutiven Kontrollprozesse,* die Organisation der grundlegenden Routinen des Beachtens, Kodierens, Speicherns, Abrufens, Generalisierens etc. im Lösungsvorgang steuern. Die kognitiven Strategien, die beispielsweise GAGNÉ als Klasse von Lernergebnissen beschreibt (s. o.), oder generell die heuristische Struktur (DÖRNER 1978) gehören dazu. Andererseits weisen die Selektivität in Problemwahrnehmungen (»blinde Flecken«) oder Ausdauer bzw. Resignation, die die Lösungsansätze begleiten, auf die steuernde Wirkung von *Erwartungen* (situationsspezifische Motivationsdynamik) hin. Beide Klassen von Steuerprozessen sind selbst Ergebnisse von Lernprozessen. Die beschriebenen Teilprozesse der Informationsverarbeitung (in Lernvorgängen) werden durch äußere Bedingungen, d. h. *Lernhilfen,* im Unterricht beeinflußt und gefördert: die selektive Aufmerksamkeit etwa durch Hervorhebungen im Lernmaterial, die Kodierung etwa durch sprachliche Hinweise, Grafiken oder Schemata, das Abrufen durch das Bereitstellen von Hinweisreizen in Form von Grafiken, Tabellen o. ä. Auch Kontrollprozesse, wie Strategien des Beachtens, Kodierens, Abrufens und Problemlösens, sind durch entsprechende Hilfen wie Kontrollfragen und direkte Instruktion zu aktivieren, und die spezifische Erwartung wird durch Information über die angestrebte Leistung erzeugt. Von besonderer Bedeutung ist die differenzierte Rückmeldung über den Lernerfolg. Je besser der Lerner in der Lage ist, die eigenen Lern- und Verarbeitungsprozesse mit Hilfe seiner Kontrollprozesse selbständig zu steuern, um so stärker können diese äußeren Hilfen zurücktreten.

Die Idee, kognitive Strategien, insbesondere des Problemlösens, zu lehren, ist älter als die kognitive Psychologie der letzten beiden Jahrzehnte (vgl. CRUTCHFIELD 1966; POLYA 1957; WICKELGREN 1974). Aber die Informationsverarbeitungsmodelle des menschlichen Lernens und Denkens geben diesem Ansatz größere Breite und Wirksamkeit, weil sie die systematische Funktion dieser Kontrollprozesse besser verstehen lassen und seither durch eine Vielzahl empirischer Untersuchungen für eine differenziertere Beschreibung gesorgt haben. Es geht dabei nicht nur um allgemeine Strategien des Problemlösens wie z. B. Mittel-Zweck-Analyse oder Gliederung in Teilprobleme, sondern auch um grundlegende Regulationen, wie etwa das eigene Handlungsergebnis vorausschätzen zu können, Arbeitszeit einzuteilen, den eigenen Lernfortschritt zu kontrollieren und ähnliches. Darüber hinaus liegen inzwischen zahlreiche empirische Analysen *gegenstandsspezifischer* Strategien und ihrer Entwicklung bzw. Förderung vor, beispielsweise für Mathematik (vgl. GINSBURG 1983) oder für Lesen (BAKER / BROWN 1984). Die Analyse von Informationsverarbeitungsprozessen in spezifischen Gegenstandsbereichen ist geradezu charakteristisch für die Anwendung der neueren kognitiven Psychologie auf Fragen des Unterrichtens. Entsprechend ist die Entwicklung *bereichsspezifischer Lerntheorien* zu beobachten. Damit sind im Prinzip Voraussetzungen für die Entwicklung von Unterrichtstheorien gegeben wie sie bisher noch nie bestanden (vgl. COLLINS / BROWN 1987; GLASER u. a. 1987).

Wenn auch Kontrollprozesse bzw. kognitive Strategien die erste Beachtung in einem kognitionspsychologisch aufgeklärten Unterricht verdienen mögen, so liefern doch die vom Informationsverarbeitungsansatz inspirierten empirischen Analysen beispielsweise der Unterschiede zwischen Anfängern und Experten in einem Gegenstandsbereich auch wichtige Befunde zur Entwicklung der *Wissensstrukturen*. Zunächst isolierte Wissenselemente, wie einzelne Definitionen oder zu enge Begriffsverständnisse, werden zunehmend vernetzt und mit alten Kenntnisbeständen integriert, so daß sie rascher und in größeren, strukturierten Einheiten für neue Problemlösungen abrufbar werden. Solche

Prozesse *strukturierenden* Lernens (vgl. CASE 1975, 1985) gehen in ihrer zeitlichen Erstreckung und Komplexität über einfache Verknüpfungen und eindimensionale Wissensorganisation deutlich hinaus. Lernende, die die Anwendung eines Algorithmus bei einer bestimmten Aufgabe beherrschen, aber bei einer leichten Veränderung der »Einkleidung« versagen, liefern Beispiele für unzureichende Strukturierung. Probleme werden von Experten entsprechend schneller auf ihre »Muster« und zugrundeliegenden Prinzipien hin analysiert und erkannt als von Anfängern (LARKIN u. a. 1980). Eine weitere Veränderung der Wissensstruktur ist mit der zunehmenden Verschränkung von deklarativem und prozeduralem Wissen beobachtbar. In frühen Stadien der Aneignung kennen Lernende ein Gesetz oder eine Regel ohne zureichendes Wissen über die Bedingungen, unter denen sie anzuwenden sind. Mit zunehmender Strukturierung wird das Wissen also funktionaler und ist beim Abrufen in Problemsituationen in Mittel-Zweck-Einheiten zugänglich.

Ebenso wie Kontrollprozesse bzw. Strategien können diese Veränderungen der Wissensstruktur explizit zu Zielen des Unterrichts erhoben und vermutlich erfolgreich gefördert werden.

Literatur

ADAMS, J. A.: Human memory. New York 1967
BAKER, L. / BROWN, A. L.: Metacognitive skills and reading. In: PEARSON, D. (Hrsg.): Handbook of reading research. Newark 1984, S. 353–394
CASE, R.: Gearing the demands of instruction to the developmental capacities of the learner. In: Review of Educational Research 45 (1975), S. 59–86
–: Intellectual development. Birth to adult. New York 1985
COLLINS, A. / BROWN, J. S.: The new apprenticeship: Teaching students the crafts of reading, writing and mathematics. In: RESNICK, B. L. (Hrsg.): Cognition and instruction. Issues and agendas. Hillsdale, N. J. 1987
COWLES, J. W.: Food-tokens as incentives for learning by chimpanzees. In: Comparative Psychology Monographs 14 (1937) S. 1–96
CRUTCHFIELD, R. S.: Sensitization and activation of cognitive skills. In: BRUNER, J. S. (Hrsg.): Learning about learning. Washington 1966, S. 64–70
DÖRNER, D.: Problemlösen als Informationsverarbeitung. Stuttgart 1978
EDELMANN, W.: Lernpsychologie. München ²1986
GAGNÉ, R. M.: Military training and principles of learning. In: American Psychologist 17 (1962), S. 83–91
–: Die Bedingungen des menschlichen Lernens. Hannover 1969 (Übersetzung der amerikanischen Ausgabe: The conditions of learning. New York 1965)
–: The conditions of learning. New York ³1977, ⁴1985
GINSBURG, H.: The development of mathematical thinking. New York 1983
GLASER, R. / LESGOLD, A. M. / LAJOIE, S.: Toward a cognitive theory for the measurement of achievement. In: RONNING, R. R. u. a. (Hrsg.): The influence of cognitive psychology on testing and measurement. Hillsdale, N. J. 1987, S. 126–152
HILGARD, E. R. / BOWER, G. H.: Theories of learning. Englewood Cliffs 1975
HILL, W. F.: Principles of learning. A Handbook of Applications. Palo Alto, Cal. 1981
HULL, C. L.: Principles of behavior. New York 1943
KÖHLER, W.: Intelligenzprüfungen an Menschenaffen. Berlin 1917
KOFFKA, K.: Principles of Gestalt Psychology. London 1935
LARKIN, J. H. / MCDERMOTT, J. u. a.: Models of competence in solving physics problems. In: Cognitive science 4 (1980), S. 317–345

Lindsay, P. H. / Norman, D. A.: Human information processing. New York ²1977
Mill, J. S.: Analysis of the Phenomena of the Human Mind. London 1869
Miller, G. A.: The Magical Number Seven: Plus Or Minus Two. In: Psychological Review 63 (1956), S. 81–97
Mowrer, H. O.: Learning theory and behavior. New York 1960
Pawlow, I. P.: Sämtliche Werke. Berlin 1953
Polya, G.: How to solve It. Garden City, N. J. 1957
Quillian, M. R.: Semantic memory. In: Minsky, M. (Hrsg.): Semantic information processing. Cambridge 1968, S. 227–270
Skinner, B. F.: The science of learning and the art of teaching. In: Harvard Educational Review 24 (1954), S. 86–97
–: Contingencies of reinforcement. New York 1969
Skowronek, H.: Lernen und Lernfähigkeit. München ⁶1976
Thorndike, E. L.: Animal intelligence. In: Psychological Review Monograph Supplements 2, Nr. 4 (1898)
Tolman, E. C.: There is more than one kind of learning. In: Psychological Review 56 (1949), S. 144–155
–: Principles of purposive behavior. In: Koch, S. (Hrsg.): Psychology: A study of a science. Bd. 2. New York 1959, S. 92–157
Watson, J. B.: Psychology from the Standpoint of a Behaviorist. Philadelphia 1919
Wertheimer, M.: Produktives Denken. Frankfurt/M. 1957
Wickelgren, W. A.: How to solve problems. San Francisco 1974

Gerhard Kleining

Sozialer Wandel

1 Begriff, Bedeutung

Soziale Wandlungen sind im weiteren Sinne alle Veränderungen gesellschaftlicher und ideologisch/kultureller Art als Folge und in Wechselwirkung mit Veränderungen in der physischen Umwelt, den biologisch-demographischen und ökonomischen Bedingungen, unter denen eine Gesellschaft lebt. Im engeren Sinne versteht man unter sozialem Wandel nur diejenigen Veränderungen, die als charakteristisch angesehen werden zur Kennzeichnung der Lebensform eines bestimmten historischen Zeitabschnitts, etwa des Liberalkapitalismus oder der Moderne. In diesem Sinne sind Aussagen über sozialen Wandel immer Geschichtsinterpretationen.

Das Bewußtsein von Veränderungen als umfassendes Kennzeichen des Lebens ist schon in der klassisch griechischen Philosophie ausgeprägt (HERAKLIT). Geschichtsbewußtsein im modernen Sinne geht auf die Aufklärung und die Romantik zurück und steht im Zusammenhang mit erheblichen ökonomischen, demographischen und politischen Veränderungen und Krisen der Zeit. Die Hoffnungen auf eine Verbesserung der Lebensumstände einerseits und die unbeabsichtigten Folgen von Ökonomie und Politik andererseits (massenhafte Armut, Verstädterung, Bevölkerungsexplosion, Umweltzerstörung usw.) haben besonders seit der Industrialisierung eine Reihe von Utopien und Theorien über Art und Richtung gesellschaftlicher Veränderungen hervorgebracht. In heutigen komplexen Gesellschaften sowohl mit kapitalistischen als auch sozialistisch orientierten Wirtschaftsformen, die über Verwaltungs- und Planungsbürokratien geleitet werden und auf Massenloyalität angewiesen sind, wurde die Bewertung von sozialen Veränderungen (»Trends«) durch die Bevölkerung zunehmend wichtig. Staatliche, politische, religiöse, wirtschaftliche Institutionen haben sich dezidert dem Umgang mit Veränderungen verschrieben, den Reaktionen auf »natürlichen« Wandel, der Erforschung und der Beeinflussung von Entwicklungen.

Wissenschaftliche Theorien über sozialen Wandel beziehen sich auf *alle* gesellschaftlichen und kulturellen Bereiche, von Handlungs- und Interaktionsarten in verschiedenen Lebensfeldern (Arbeit, Familie, Freizeit) über Institutionen und Organisationen wirtschaftlicher, familiärer, politischer usw. Art, Bildungs- und Herrschaftsformen, gesellschaftliche Großgruppen und Lebensstile (Klassen, Schichten, ethnische Gruppen, Subkulturen), Norm- und Wertesysteme, kulturelle und geistige Zeugnisse bis zu komplexen Gesellschaften, Staatsverbänden und der »Weltgesellschaft«. Gegenstand sozialen Wandels sind sowohl gesellschaftliche Strukturen (ökonomisch, sozial, ideologisch) als auch Erscheinungen der »Oberfläche« wie Sprachformen und Mode. Soziale Veränderungen werden kurz-, mittel- und langfristig erfaßt und prognostiziert.

2 Alltagstheorien

Alltagstheorien über sozialen Wandel entstehen als »naive« Reaktionen auf erlebte und vermutete Veränderungen. Sie sind das Ergebnis ideologischer und normativer Bedingungen in einer Gesellschaft, vermittelt durch familiäre und außerfamiliäre Erziehung, zumeist tradiert. Aus vergangenen und fremden Kulturen sind sie uns durch Mythen, Märchen, religiöse Schriften und Kunst zugänglich, aus unserer Kultur auch durch Sozialforschung. Da die Wichtigkeit von Alltagstheorien erst in den letzten Jahrzehnten erkannt wurde (SCHÜTZ / LUCKMANN 1979), sind Alltagstheorien über Entwicklung noch wenig erforscht, obgleich sie die Ansichten von Menschen über ihren Lebenszyklus und die Welt mehr bestimmt haben als wissenschaftliche Theorien. Derzeitige Weltbilder scheinen bestimmt zu sein von
– der Idee, die Zeit entwickle sich sehr rasch und sei von Sachlichkeit und Rationalität bestimmt,
– das Private sei vom Öffentlichen getrennt, sei gekennzeichnet durch Gemeinschaft und organisch-zyklische Abläufe (Werden und Vergehen) (KLEINING 1990).

3 Klassische Theorien

Wissenschaftliche Theorien versuchen dagegen, die wirkliche gesellschaftliche Entwicklung zu fassen. Alle Annahmen über Bedingungen, Ursachen und Folgen sozialen Wandels sind zugleich Annahmen über die Natur des Gesellschaftlichen. Die »klassischen« Theorien sind durch Bestätigung, Modifikation und Negation immer noch weitgehend bestimmend für die modernen. Besonders wichtig sind die positivistischen, dialektischen und evolutionären Theorien über sozialen Wandel.

3.1 Positivismus, Forschrittstheorie: AUGUSTE COMTE
Die erste rein soziologische Theorie ist die vom gesellschaftlichen Fortschritt. Mit der frühbürgerlichen Emanzipation des Individuums von den Zwängen der Feudalherrschaft und der klerikalen Unterdrückung, der Autonomie der Städte, der Verselbständigung des Handelskapitals ging die Entstehung der modernen Naturwissenschaft einher, der klassischen Mechanik, der Astronomie, der Chemie und Biologie. Die Aufklärung schuf die Idee des modernen bürgerlichen Individuums, die Französische Revolution versuchte, diese Idee in politische Praxis umzusetzen. Die Entwicklung der Menschheit schien zu einem Idealzustand des menschlichen Zusammenlebens fortzuschreiten. Aufklärung hieß Gebrauch des Verstandes und der Vernunft und damit zugleich Bildung. Schon CONDORCET (1794) hatte den Aufstieg der Menschheit von Aberglauben und Vorurteil zur Herrschaft der Tatsachen postuliert und keine Grenzen der Vervollkommnung des Menschen gesehen. COMTE (1830–42) entwarf sein *Dreistadiengesetz,* das die Entwicklung der Menschheit vom theologischen zum metaphysischen und zum positiven Stadium behauptete. Im theologischen Stadium bestimmen religiöse Erklärungen das Weltbild (Fetischismus, Poly- und Monotheismus), in der Übergangsform des metaphysischen Stadiums herrscht die spekulative Philosophie. Das positive oder reale Stadium ist erreicht, wenn nur noch Beobachtung der Tatsachen, Experiment und Verstand gelten, »rationale Positivität«. Fortschritt also durch Wissenschaft, die sowohl die

Naturgesetze als auch die der Gesellschaft immer vollständiger erforscht, ohne sie jedoch jemals ganz erkennen zu können. Damit tritt der Geist von seiner »Kindheit« über in sein »Mannesalter«, sowohl beim Individuum (ontogenetisch) als auch bei der Gattung (phylogenetisch).

3.2 Materialistische Dialektik, Entwicklung durch Widersprüche: Karl Marx und Friedrich Engels

Die zweite Gesellschaftstheorie des 19. Jahrhunderts, die Grundlage wurde für moderne Theorien, ist der historische Materialismus. Die Theorie reagiert auf die ökonomischen Krisen, die Konzentration des Reichtums bei massenhafter Armut und die sozialen Probleme der beginnenden Industrialisierung. Marx und Engels erklären gesellschaftliche Veränderungen als in Zusammenhang stehend und in letzter Instanz als bestimmt durch die Verhältnisse, die Menschen eingehen, um ihren Lebensunterhalt zu produzieren, also durch die Veränderungen der gesellschaftlichen Arbeit (Basis-Überbau-Theorie, Materialismus) (Marx 1859). Die Entwicklung von Produktivkräften (menschliche Arbeitskraft, Rohstoffe, Werkzeuge im weitesten Sinn) gerät in Widerspruch zu den Bedingungen, unter denen die Produktion und Reproduktion des Lebens erfolgt (Produktionsverhältnisse, Eigentumsverhältnisse). Periodisch auftretende Krisen, soziale Unruhe und, daraus entstehend, revolutionäre Umwälzungen sind die Folge. Die überschaubare Geschichte ist eine Geschichte von Klassenkämpfen, sie gliedert sich nach der Art, in der sich die jeweils herrschende Klasse die Arbeitsprodukte der Unterdrückten aneignet (Marx / Engels 1848). Die Ausbeutungsverhältnisse im Kapitalismus beruhen auf dem Grundwiderspruch der privaten Aneignung bei Vergesellschaftung der Produktion; da die private Aneignung mit zunehmender Arbeitsteilung fortschreitet, spitzen sich ihre Widersprüche zu (Engels 1880). Die Marxsche Werttheorie zeigt, daß die gesellschaftlichen Widersprüche, für den naiven Betrachter unerkennbar, in dem Produkt der kapitalistischen Produktionsweise, der Ware, ausgemacht werden können (Marx 1867). Gesellschaftliche Wandlungen sind der Gesellschaft immanent, die Einheit und der Kampf der Widersprüche treiben die gesellschaftliche Entwicklung voran (Dialektik). Die Marxsche Kritik des Kapitalismus in der Phase der Entstehung der großindustriellen Produktion wurde von Lenin (1917) für den liberalistischen (Hoch-)Kapitalismus weiterentwickelt, das Bankkapital und der Kapitalexport erklären Verhältnisse und Dynamik in den Entwicklungsländern (*Imperialismustheorie*). In kapitalistischen Gesellschaften sind der Staat und seine Institutionen (z. B. Bildungsinstitutionen) Instrumente der herrschenden Klasse zur Repression; neuere marxistische Theorien unterscheiden aber zwischen Dienstleistungs- und Repressionsfunktionen. Seit Bernstein, Kautsky und den Menschewiki unterscheidet man zwischen orthodoxem und reformistischem, sozialdemokratischem Marxismus: die materialistische Dialektik ist vom reformistischen aufgegeben.

3.3 Gesellschaft als Organismus, Evolutionstheorie: Herbert Spencer und Emile Durkheim

Die dritte wichtige klassische Theorie über die Entwicklung von Gesellschaften ist die Auffassung, Sozialorganisationen seien ähnlich wie Organismen, sie folgten biologischen Gesetzen. Darwin (1859) hatte die Entwicklung der Arten auf drei Faktoren zurückgeführt: Vererbung, Mutation und Selektion. Die starke Bevölkerungsvermehrung in Europa, die Bevölkerungsverdichtung in den Städten in der Folge der Industrialisierung und die zunehmende Arbeitsteilung brachten gravierende Veränderungen in der Gesellschaftsstruktur. SPENCER (1907) interpretierte die Entwicklung organisch: Durch Wachstum von Gesellschaften trete zunehmende *Differenzierung* auf. Wie bei der Entwicklung eines Samenkorns zum Baum oder eines Eis zu einem Tier verändere sich auch bei Gesellschaften die Struktur vom Homogenen zum Heterogenen, vom Einfachen zum Komplexen. Differenzierung sei funktional: Differenzierung der Funktionen. Gesellschaften teilen sich zunächst in Herrschende und Beherrschte, die Herrschenden gliedern sich auf in Religiöse und Weltliche, in Kirche und Staat, die sich weiter differenzieren und zunehmend unterschiedliche Herrschafts- und Kontrollformen hervorbringen. Gleichzeitig differenzieren sich die Beherrschten in Kasten, Klassen und Zünfte mit zunehmender Unterteilung der Funktionen. Wie die Schwerkraft ein Naturgesetz der physischen Welt, ist die zunehmende Differenzierung ein Gesetz der gesellschaftlichen. Der französische Soziologe DURKHEIM (1893) stellte sich die Frage, wie derart heterogene, komplexe Gesellschaften zusammenhalten. Seine Antwort: Die Teile einer Gesellschaft sind verbunden durch *Solidarität*, die sich verändert von einer »*mechanischen*« bei einfachen Gesellschaften zu einer »*organischen*« bei komplexen. Damit verändere sich auch die Funktionalität. Einfache Gesellschaften mit geringer Bevölkerungszahl (Jäger, Ackerbauer, Viehzüchter) haben gleiche Tätigkeiten, die nebeneinanderstehen, komplexe Gesellschaften mit hoher Bevölkerungszahl erfüllen viele verschiedene Aufgaben, die sich aber aufeinander beziehen müssen. Zusammengehörigkeit oder Vergesellschaftung ist dann, in Ansehung der Zusammengehörigkeit des Verschiedenen, »organisch«.

4 Moderne Theorien

Es gibt zahlreiche wissenschaftliche Theorien, die, auf den klassischen aufbauend, sozialen Wandel im 20. Jahrhundert zu erklären suchen, zumeist bezogen auf die westlichen Industrieländer und deren Einwirkungen auf die Sozialstrukturen und Lebensformen mehr traditioneller Gesellschaften. Ich stelle die wichtigsten vor, soweit sie vor allem gesamtgesellschaftliche Entwicklungen betreffen. Einen Überblick über verschiedene neuere Ansätze geben die Sammelbände von ETZIONI (1964), ZAPF (²1970), DREITZEL (²1972), HANF (1975).

4.1 Bürokratisierung und Zweckrationalität: MAX WEBER

WEBER hat als erster umfassend *Bürokratie* als Herrschaftsinstrument dargestellt. Herrschaft ist die »Chance, für einen Befehl bestimmten Inhalts bei angebbaren Personen Gehorsam zu finden« (WEBER ⁴1956, Bd. 1, S. 28). Herrschaft muß begründet werden. Es gibt drei *reine Typen legitimer Herrschaft:* die legale, die traditionelle und die charismatische (WEBER ⁴1956, Bd. 2, S. 551–558). Die legale Herrschaft ist rational, sie beruht auf dem Glauben an die Legalität gesetzter Ordnungen und der durch sie zur Ausübung der Herrschaft Berufenen (WEBER ⁵1976, Bd. 1, S. 124). Ihr reinster Typus ist der mittels eines bürokratischen Verwaltungsstabes, getragen durch moderne Berufsbeamte mit Kompetenzregelung, Amtshierarchie, Aktenapparat und erlernbarer Regelhaftigkeit der Amtsführung (WEBER ⁵1976, Bd. 2, S. 559–560). Den Herrschaftstypen entsprechen *Typen des sozialen Handelns*. Es kann zweckrational, wertrational, affektuell (emotional) und traditional bestimmt sein (S. 12). Bürokratisches Handeln ist idealtypisch durch Amtstreuepflicht einem sachlichen Zweck (S. 561) verpflichtet, also *zweckrational*. Zu einer Entwicklungssoziologie wird WEBERs idealtypische Betrachtung durch die Interpretation des Überganges von Vergemeinschaftung zur Vergesellschaftung als Übergang von affektueller bzw. traditionaler zu wert- bzw. zweckrationaler Zusammengehörigkeit (WEBER ⁵1976, Bd. 1, S. 21) und der Diagnose umfassender Rationalisierungsprozesse bei der Entwicklung der modernen europäischen Kultur (WEBER 1947, Vorbemerkung). Das moderne Wirtschaftsethos, der »Geist des Kapitalismus,« entsteht aus der rationalen Ethik des asketischen Protestantismus (WEBER 1904, S. 12). Der moderne Kapitalismus ist auf den rationalen Verwaltungsstaat angewiesen (WEBER ⁵1976, Bd. 2, S. 823–845). Die bürokratische Struktur ist rational, sie ist das technisch höchstentwickelte Machtmittel (S. 580, 586). Intellektualismus aber »entzaubert« die Welt, um so dringlicher erwachse die Forderung an die Welt und die Lebensführung nach sinnvoller Ordnung (WEBER ⁵1976, Bd. 1, S. 308) (→ *Organisationssoziologie*).

4.2 Sozialer Wandel als Veränderung der Kultur: WILLIAM F. OGBURN

OGBURN hat 1922 mit seiner Schrift »Social Change« den Begriff »sozialer Wandel« in die Literatur eingeführt; gegen die biologischen Theorien betont er die Bedeutung von *Kultur* zur Erklärung sozialer Veränderungen. Kultur ist das »soziale Erbe« des Menschen. Nicht Entwicklung von vererbten geistigen Fähigkeiten erklärt die Lebensformen, sondern kultureller Wandel. »Kultur« muß weit gefaßt werden: Zu unterscheiden sind »immaterielle Kultur« (Sprache, soziale Organisationen, Kunst, Wissen, Glauben, Moral, Recht, Sitte) und »materielle Kultur« (die materiellen Bestandteile des Lebens, Produkte, Technologie). *Zivilisation* ist die moderne Form der Kultur (OGBURN ³1964, S. 4–5). Die Dominanz der materiellen Kultur kennzeichnet die Zivilisation. Kultur wächst durch Erfindungen und Entdeckungen, die häufig gleichzeitig von unabhängigen Forschern gemacht wurden, wie die Gasgesetze, Entdeckung des Sauerstoffs, Erfindung des Fernrohres, des Mikrofons etc. (S. 90). Akkumulation, die Anhäufung von kulturell bedeutsamen Elementen, fördert Erfindungen, ebenfalls Diffusion, die Verbreitung von kulturellen Erkenntnissen. Kultur ist für den Menschen nützlich, aber Menschen können sich gegen Wandel zur Wehr setzen durch die Verhinderung von Erfindungen oder deren Verbreitung, durch Gruppeninteressen, sozialen Druck und Macht der Gewohnheit

Sozialer Wandel erzeugt

– Probleme der Anpassung von Kultur und menschlicher Natur aneinander, die sich wie physische Krankheiten äußern und durch behutsame Veränderung der kulturellen Normen bekämpft werden sollten (S. 364), und

– Fehlanpassung verschiedener kultureller Bereiche aneinander. Zum Beispiel verzögert sich die Reaktion auf ursprünglich und im kleinen Maße sinnvolles Roden und Nutzen von Wäldern bei zunehmender Zerstörung der Lebensgrundlagen: erst nachdem Industrieunfälle zu einem Problem geworden sind, kommt der Unfallschutz u. a. (*Cultural lag*) (S. 200) auf.

Der Kultur-Analyse-Ansatz zur Beschreibung von sozialem Wandel steht in Verbindung mit der Forschungsrichtung der Kulturanthropologie (GREVERUS 1978), er wurde vielfach verwendet auch zur Unterscheidung von »Kultur« und »Zivilisation« (A. WEBER

1951, ELIAS 1939, methodische Probleme bei MANNHEIM 1925) (→ *Philosophische Anthropologie*).

4.3 Die Zerstörung des Individuums: Kritische Theorie

Die frühe »*Frankfurter Schule*« (1931–40, zuerst Frankfurt, dann Emigration) ist mit den Namen HORKHEIMER, ADORNO, POLLOCK, FROMM, MARCUSE, LÖWENTHAL u. a. verbunden. Ihr Programm ist die Frage, »warum die Menschheit, anstatt in einen wahrhaft menschlichen Zustand einzutreten, ist eine neue Art von Barbarei versinkt« (HORKHEIMER/ADORNO 1947). Die »Kritische Theorie« (HORKHEIMER 1937) beschäftigt sich mit den großen Katastrophen der 30er und 40er Jahre: Stalinismus, Faschismus, Weltkrieg, Judenmord. Die Antwort: Die höchste Errungenschaft des menschlichen Geistes, die objektive Vernunft, die durch Rationalität die Befreiung des Menschen vom Mythos gebracht hat, verselbständigt und »verdinglicht« sich, wird zum Instrument, wendet sich gegen den Menschen selbst. In der Totalität der verwalteten Welt verschwindet das Individuum, seine Zerstörung ist die Folge des Apparats. Schon in der griechischen Geistesgeschichte, den Homerischen Epen ist die Verselbständigung des Geistes zu beobachten. Die Rationalität erreicht in der Aufklärung ihren Höhepunkt, aber rationales Handeln pervertiert in der Moderne, im autoritären Staat. Rationalität schlägt zurück in den Mythos. Der Niedergang ist total, auch die Kultur ist von ihm betroffen (Kulturindustrie) (HORKHEIMER / ADORNO 1947, HORKHEIMER 1947). In der verwalteten Welt schwindet selbst die Möglichkeit zur Kritik (*Kulturpessimismus*). MARCUSE (1964) hat die »Gesellschaft ohne Opposition« geschildert. Gewisse Parallelen der Analyse zeigen die Werke von LUKÁCS (1923, 1954).

4.4 Struktur-Funktionalismus, Äquilibrium: TALCOTT PARSONS

Die zwischen 1950 und 1970 in der Bundesrepublik einflußreichste soziologische Theorie war die von PARSONS. *Soziale Systeme* sind Handlungssysteme mit selbstregulativer Verhaltenskontrolle, *äquilibristisch* (das Gleichgewicht haltend). Sie grenzen sich ab gegen ihre »Umwelten«: andere soziale Systeme, Persönlichkeitssysteme, Organismussysteme und kulturelle Systeme. Soziale Systeme sind »offen«, sie tauschen sich aus mit den sie umgebenden Systemen, über sie erst wird die Verbindung zur physischen Umwelt hergestellt. Jedes soziale System muß vier grundlegende Funktionen erfüllen, ohne die es nicht überleben kann: Erhaltung seines Identitätsmusters, Integration seiner Teile, Verfolgung seiner Ziele und Anpassung an die Umwelten, in dieser Abfolge der Wichtigkeit (AGIL-Schema). Sozialer Wandel wird erzeugt durch exogene oder endogene Quellen. Exogene Wirkungen gehen von den »Umwelten« aus, den kulturellen, Persönlichkeits- und Organismussystemen. Besonders wichtig sind Veränderungen in anderen sozialen Systemen. Endogene Quellen für Strukturwandel sind »Spannungen«, also Ungleichgewichte zwischen Subsystemen. Sie werden, wie eine Krankheit, durch Wiederherstellung (»Heilung«) gelöst oder durch Arrangement mit der Entwicklungsstörung. Es gibt eine Rangordnung der Einflüsse auf Sozialsysteme, ökonomische Wirkungen sind nicht prinzipiell wichtiger als z. B. Veränderungen in kulturellen Systemen (Werte, technisches Wissen). Da aber die Funktion der Selbsterhaltung des Identitätsmusters der wichtigste Kontrollmechanismus für den Fortbestand eines Systems ist, ergibt sich Stabilität des Wertsystems als wichtigster Bezugspunkt für seine Stabilität (PARSONS 1961).

Langfristiger Wandel von Gesellschaften wird bestimmt durch die »*evolutionären Universalien*«. Dies sind komplexe Strukturen, welche die Anpassungskapazität von lebenden Organismen derart steigern, daß nur diese Organismen eine größere Anpassung erreichen. Beispiel aus der Biologie ist die Ausbildung des Gesichtssinnes. Soziale Systeme verbessern ihre Überlebenschance durch folgende Universalien, die Voraussetzung sind für ihre Höherentwicklung: In einfachen Gesellschaften müssen die Funktionen einer grundlegenden Orientierung in der Welt, der Kommunikation, der einfachen gesellschaftlichen Organisation und der Auseinandersetzung mit der physischen Umwelt erfüllt werden. Dies leisten Religion, Sprache, einfache Verwandtschaftsorganisation und einfache Technologie. Entwickeltere Gesellschaften müssen zunächst diese Bindungen aufbrechen. Dies geschieht durch die Universalien der sozialen Schichtung und der kulturellen statt religiösen Legitimierung. Sie müssen dann die auf Verwandtschaftsbeziehungen begründete Macht beschränken zur Verwirklichung kollektiver Ziele und die Nutzung von Gütern und Dienstleistungen verallgemeinern. Dafür sorgen die Errungenschaften der Verwaltungsbürokratie und der Geld- und Marktorganisation. Moderne Gesellschaften schließlich müssen sich des Konsenses ihrer Mitglieder versichern: sie entwickeln ein universalistisches Rechtssystem und demokratische Führung. Diese Höherentwicklung gibt den Systemeinheiten die Möglichkeit zu größerer Autonomie und Pluralität (PARSONS 1964).

4.5 Systemtheorien, Kybernetik: NIKLAS LUHMANN

Im Anschluß an Theorien in der Biologie, der Thermodynamik, besonders an Informationstheorie und Kybernetik und der Praxis der bürokratischen Verwaltung wurde der Systembegriff auf soziale Gebilde übertragen. Nach LUHMANN sind *Systeme* universalistisch, ihre allgemeine Funktion ist die Reduktion von Komplexität durch Selektion. Die ältere Systemtheorie unterscheidet System und Umwelt, die neuere führt den Begriff der Selbstreferenz (autopoiesis) ein, als Fähigkeit eines Systems, Beziehungen zu sich selbst herzustellen (LUHMANN 1984, S. 31). Sozialer Wandel ist Strukturwandel von Systemen. Strukturänderung setzt Selbsterhaltung voraus, Selbstreferenz entscheidet über Änderung oder Nichtänderung einer Struktur. An die Stelle der biologischen »Anpassung« setzt LUHMANN drei Differenzen, die sozialen Wandel von Systemen kennzeichnen: die zwischen System und Umwelt (Umweltanpassung), die zwischen Element und Relation (Selbstanpassung) und die zwischen Ermöglichung und Repression (Morphogenese). Letztere ist die Reaktion eines Systems auf inhibierte Möglichkeiten. Ein Beispiel sind Wohlstandsgesellschaften, die auf selbstgeschaffene Probleme reagieren müssen, ohne auf diesem Wege ein besseres Verhältnis zu sich selbst oder zur Umwelt zu erreichen (S. 470ff.). Strukturänderungen sind entweder Anpassung oder unkontrollierte morphogenetische Prozesse, zielgerichtete (teleologische) Sequenzen sind selten.

4.6 Kolonialisierung der Lebenswelt: JÜRGEN HABERMAS

Die jüngste Theorie über sozialen Wandel ist die von HABERMAS (1981). Er unterscheide in modernen Gesellschaften zwei Bereiche: »*Lebenswelt*« und »*System*«. Lebenswe entspricht dem »kommunikativen Handeln«, ist symbol-, sprach- und verständigungs orientiert. In der Lebenswelt verständigen sich Menschen über Tatsachen, Normen un Erlebnisse (zum Begriff »Lebenswelt«: SCHÜTZ / LÜCKMANN 1979). In der Lebenswe herrscht die »kommunikative Vernunft«, die Fähigkeit, die Menschen besitzen, sich z einigen. System dagegen ist ein Herrschaftsverband, bestehend aus den Subsystemen Wirtschaft und Staat, die durch zweckrationales Handeln gekennzeichnet sind und über die Mittel Geld und Macht verfügen. Sozialer Wandel wird nun dadurch erzeugt, daß die Lebenswelten vom System »entkoppelt« und dabei fortschreitend rationalisiert werden, daß die Systemmittel Geld und Macht über das positive Recht in die Lebenswelten eindringen (»Mediatisierung«), das Öffentliche also in das Private, und daß dadurch das Alltagsbewußtsein fragmentiert wird. Diesen Vorgang nennt HABERMAS die »Kolonialisierung der Lebenswelt«. Dadurch verlagern sich die Konflikte in die Lebenswelten. Erzeugt wird Verdinglichung, pathologische Verformung der Lebenswelt, der nur dann zu entkommen ist, wenn sich die Lebenswelt aus den betroffenen Funktionen zurückzieht und sich verteidigt (HABERMAS 1981, S. 549). So bleibt eine gewisse Hoffnung. Diese Tendenzen sind charakteristisch für postliberale Gesellschaften, sowohl die des »organisierten Kapitalismus« als auch des »bürokratischen Sozialismus« (S. 563).

4.7 Theorien über Entwicklungsländer

Fast alle traditionellen und modernen gesellschaftlichen Theorien über sozialen Wandel beziehen sich auf Industrienationen. *Entwicklungsländer* maß man ursprünglich am Status der Entwickelten (HOSELITZ ²1977). »Modernisierung« wurde etwa von LERNER (1958) in Nahost-Ländern in vier Stufen beschrieben: Urbanisierung, Verbesserung formaler Bildung, Nutzung von Massenmedien, Teilnahme an politischen Wahlen. LEVY (1969, S. 11) definiert Modernisierung als zunehmende Nutzung nichtmenschlicher und nichttierischer Energiequellen und zunehmende Effektivität von Werkzeugen. Die meisten Indikatoren erweisen im Ländervergleich die USA als das »modernste« Gemeinwesen. Die zunehmenden ökonomischen und sozialen Probleme gerade in den »modernisierten« oder »westernisierten« Entwicklungsländern haben zur Aufnahme anderer, weniger positivistischer Theorien geführt (Zentrum–Peripherie, *Dependenz-Theorie*, SENGHAAS 1974).

4.8 Postindustrielle und postmoderne Gesellschaften

Als *»postindustriell«* bezeichnen TOURAINE (1969) und BELL (1973) Gesellschaften, deren Produktion durch den tertiären Sektor, durch Dienstleistungen und Technokraten, bestimmt wird. FOURASTIÉ (1963) beschreibt den Übergang zur Dienstleistungsgesellschaft (dazu GIDDENS 1973). Gegenwärtig wird diskutiert, ob mit dem angenommenen Wertewandel bei der jungen Generation (»Post-Materialismus«, INGLEHART 1979, KMIECIAK 1976) und veränderten Einstellungen in Politik (»neuer Konservatismus«) und Architektur (»Postmoderne«, HABERMAS 1985) auf neue gesellschaftliche Entwicklungen geschlossen werden kann. BECK (1986) beschreibt die »Risikogesellschaft« als eine »andere Moderne«.

4.9 Indikatoren für soziale Veränderungen

Scheinbar unbeeinflußt von Theorien über sozialen Wandel sind die Datensammlungen, die im Auftrag von Staat, Industrie, Verbänden und Parteien über soziale Veränderungen erstellt werden und die zur Planung und Begründung von politischen und wirtschaftlichen Maßnahmen dienen. Die statistischen Ämter, Ministerien und andere Behörden sammeln und verarbeiten kontinuierlich Daten (»Statistische Jahrbücher« und eine Vielzahl anderer Publikationen). 1971 hat die damalige Bundesregierung eine »Kommission für wirtschaftlichen und sozialen Wandel« berufen, die zwischen 1973 und 1976 Forschungsergebnisse in 140 Bänden publiziert hat. Der Abschlußbericht (1976) bleibt offen für fast jede Interpretation. Die Markt-, Meinungs- und Wahlforschung erstellt für Auftraggeber Datensammlungen zumeist quantitativer Art. Wissenschaftliche Bemühungen richten sich auf die Feststellungen von »Indikatoren«, mit Hilfe deren sozialer Wandel bestimmt werden kann (ZAPF 1977; BALLERSTEDT / GLATZER 1975; FLORA 1974, 1975). Problematisch bei allen positivistischen Daten, die (nur) Einzelaspekte aufzeigen, ist ihre vergleichsweise hohe Manipulierbarkeit, also ihre Eignung für herrschaftskonforme Interpretation.

5 Zur Bewertung von Theorien über sozialen Wandel

Die scheinbare Vielfältigkeit und Widersprüchlichkeit der hier vorgestellten Theorien läßt die Frage aufkommen, welche denn nun die »richtige« sei. Die so gestellte Frage kann deswegen nicht beantwortet werden, weil sie überhistorische Wahrheit bei historischen Entwicklungen unterstellt. Tatsächlich zeigt der historische Überblick eine starke Abhängigkeit der Theorien von bestimmten Problemen der Zeit, in denen sie entstanden sind. Dies gilt für die Fortschrittseuphorie CONDORCETS und COMTES ebenso wie für die Instrumentalisierung und Fragmentierung von »Fakten« der Indikatorenbewegung. Wenn eine Theorie also nicht aus ihrer Zeit herausgelöst werden kann, nicht aus den gesellschaftlichen Gruppen, die sie tragen und denen sie nützt, so reflektiert sie doch bestimmte Kennzeichen, die über ihre gesellschaftliche Lage hinausreichen. Es gibt einfache und komplexe, metaphorische und analytische, affirmative und kritische Theorien, solche, die Widersprüche vermeiden, und solche, die sie zu erklären suchen, Theorien, für die soziale Katastrophen Betriebsunfälle sind, und andere, die sie zu erkennen trachten, um sie zu vermeiden. Das heißt auch, daß alle Theorien über sozialen Wandel, so oder so, einen politischen Gehalt haben (→ *Pädagogik und Politik*).

Literatur

BALLERSTEDT, E. / GLATZER, W.: Soziologischer Almanach. Frankfurt/New York 1975
BECK, U.: Risikogesellschaft. Frankfurt 1986
BELL, D.: Die nachindustrielle Gesellschaft (1973). Frankfurt 1975
CONDORCET, M. J. A.: Entwurf einer historischen Darstellung der Fortschritte des menschlichen Geistes (1794). Frankfurt 1963
COMTE, A.: Die Soziologie. Stuttgart ²1974 (Cours de philosophie positive. 6 Bde. 1830–1842)
DARWIN, CH.: Die Abstammung des Menschen (The Descent of Man. 1859 ²1874) Stuttgart 1966
DREITZEL, H. P. (Hrsg.): Sozialer Wandel. Neuwied/Berlin ²1972
DURKHEIM, E.: Über die Teilung der sozialen Arbeit (1893). Frankfurt 1977
ENGELS, F.: Die Entwicklung des Sozialismus von der Utopie zur Wissenschaft (1880). In: Marx-Engels-Werke, a.a.O., Bd. 19
ELIAS, N.: Über den Prozeß der Zivilisation. 2 Bde. Basel 1939
ETZIONI, A. / ETZIONI, E. (Hrsg.): Social Change. New York / London 1964
FLORA, P.: Modernisierungsforschung. Opladen 1974
–: Indikatoren der Modernisierung. Opladen 1975
FOURASTIÉ, J.: Die große Hoffnung (1963). Köln 1969
GIDDENS, A.: Die Klassenstruktur fortgeschrittener Gesellschaften (1973). Frankfurt 1979

GREVERUS, I. M.: Kultur und Alltagswelt. München 1978
HABERMAS, J.: Theorie des kommunikativen Handelns. 2 Bde. Frankfurt 1981
–: Moderne und postmoderne Architektur. In: Die Neue Unübersichtlichkeit. Frankfurt 1985
HANF, TH. u. a. (Hrsg.): Sozialer Wandel. 2 Bde. Frankfurt 1975
HORKHEIMER, M.: Traditionelle und kritische Theorie. In: Zeitschrift für Sozialforschung 6 (1937), S. 245–294
–: Zur Kritik der instrumentellen Vernunft (1947). Frankfurt 1974
– / ADORNO, TH.: Dialektik der Aufklärung (1947). Frankfurt 1971
HOSELITZ, B. F.: Sozialer Wandel in unterentwickelten Ländern. In: KÖNIG, R. (Hrsg.): Handbuch der empirischen Sozialforschung. Bd. 8. Stuttgart ²1977, S. 263–328
INGLEHART, R.: Wertwandel und politisches Verhalten. In: MATTHES, J. (Hrsg.): Sozialer Wandel in Westeuropa. Frankfurt 1979, S. 505–533
KLEINING, G.: Systeme im Alltagsverständnis. Zur Phänomenologie der Moderne. In: WITTE, E. (Hrsg.): Sozialpsychologie und Systemforschung. Braunschweiger Studien zur Erziehungs- und Sozialarbeitswissenschaft. Braunschweig 1990
KMIECIAK, P.: Wertstrukturen und Wertwandel in der Bundesrepublik Deutschland. Göttingen 1976
Kommission für wirtschaftlichen und sozialen Wandel. Schriften. Göttingen 1973–1976, 140 Bde. und Gutachten. Bundesregierung 1976
LENIN, W. I.: Der Imperialismus als höchstes Stadium des Kapitalismus (1917). In: Werke. Bd. 22
LERNER, D.: The passing of traditional society. Glencoe, Ill. 1958
LEVY, M.: Modernization and the Structure of Societies. Princeton 1969
LUHMANN, N.: Soziale Systeme. Frankfurt 1984
LUKÁCS, G.: Geschichte und Klassenbewußtsein (1923). Neuwied/Berlin 1970
–: Die Zerstörung der Vernunft (1954), 3 Bde. Darmstadt/Neuwied 1962
MANNHEIM, K.: Das Problem einer Soziologie des Wissens (1925). In: WOLFF, K. H. (Hrsg.): Wissenssoziologie. Neuwied/Berlin ²1970
MARCUSE, H.: Der eindimensionale Mensch (1964). Neuwied/Berlin 1967
MARX, K.: Zur Kritik der politischen Ökonomie. Vorwort (1859). In: Marx-Engels-Werke, a.a.O., Bd. 13
–: Das Kapital Bd. 1 (1867). In: Marx-Engels-Werke, a.a.O., Bd. 23
– / Engels, F.: Marx-Engels-Werke. Hrsg. vom Institut für Marxismus-Leninismus beim ZK der SED. Berlin 1956f.
– / –: Manifest der kommunistischen Partei. (1848) In: Marx-Engels-Werke, a.a.O., Bd. 4
OGBURN, W. F.: Social Change (1922). Gloucester, Mass. ³1964
PARSONS, T.: An Outline of the Social System. IV. The Problem of Structural Change. In: ders. (Hrsg.): Theories of Society. Bd. 2. New York 1961, S. 70–79
–: Evolutionary Universals in Society. In: American Sociological Review 29 (1964), S. 339–357
SCHÜTZ, A. / LUCKMANN, TH.: Strukturen der Lebenswelt. Frankfurt 1979
SENGHAAS, D. (Hrsg.): Peripherer Kapitalismus. Frankfurt 1974
SPENCER, H.: Die Evolutionstheorie (1907). In: DREITZEL, H. P. (HRSG.): Sozialer Wandel, a.a.O. (Essays Bd. I)
TOURAINE, A.: The Post-industrial Society (1969). London 1971
WEBER, A.: Prinzipien der Geschichts- und Kultursoziologie. München 1951
WEBER, M.: Wirtschaft und Gesellschaft. Bd. 2 (1911–13). Tübingen ⁴1956
–: Wirtschaft und Gesellschaft. Bd. 1 (1918–20). Tübingen ⁵1976
–: Die protestantische Ethik und der Geist des Kapitalismus. In: Gesammelte Aufsätze zur Religionssoziologie (1904f.). Tübingen 1947, S. 17–206
ZAPF, W. (Hrsg.): Theorien des sozialen Wandels. Köln/Berlin ²1970
– (Hrsg.): Lebensbedingungen in der Bundesrepublik. Frankfurt/New York 1977

Gerhard Kleining

Soziale Klassen, soziale Schichten, soziale Mobilität

1 Zur Theorie

1.1 Begriffe, Bedeutung

Soziale Klassen bezeichnen die Stellung von Menschen im ökonomischen System der Gesellschaft, also ihr Verhältnis zu den Produktivkräften und dem daraus abgeleiteten und zumeist durch das positive Recht geregelten Zugang zum gesellschaftlichen Reichtum. *Soziale Schichtung* ist die (vorgestellte) vertikale Gliederung der Gesellschaft als Ausdruck von hierarchisch interpretierten sozioökonomischen Ungleichheiten und den damit legitimierten ökonomischen und sozialen Privilegien. Schichtung äußert sich in einem für die Mitglieder einer Schicht etwa gleichen Lebensstil. *Soziale Mobilität* ist der dynamische Aspekt der Zugehörigkeit von Menschen zu Klassen oder Schichten: sie bezeichnet die Klassenveränderung bzw. die Auf- und Abstiege innerhalb einer Gesellschaft, individuell und kollektiv.

Obgleich in der wissenschaftlichen Diskussion die Ansichten über die Begriffe weit auseinandergehen, besteht doch Übereinstimmung, daß sie auf wesentliche, weil strukturelle Verhältnisse von modernen oder früheren Gesellschaften zielen. Klassen und Schichten bestimmen Lebensbedingungen und Lebensarten. Viele Lebensbereiche werden von ihnen beeinflußt, z. B. Familienstruktur und Kinderzahl, kommunikative Strategien, politische Einstellungen, Werte und Normen. Die Ungleichverteilung der Bildungschancen ist vielfach beschrieben worden (BOURDIEU / PASSERON 1971, OEVERMANN 1972).

1.2 Das Verhältnis von Klasse und Schicht

Der Klassenbegriff stammt aus der klassischen englischen Nationalökonomie, er ist durch die marxistische Gesellschaftstheorie geprägt (MARX / ENGELS 1848; MARX 1852; LENIN 1919). Klasse wird als Grundverhältnis in allen historischen Gesellschaften verstanden, das die gesellschaftlich geregelte Aneignung fremder Arbeit ermöglicht, zu Ausbeutung und Klassenkampf führt und dadurch zur Fortentwicklung der Gesellschaft (→ *Sozialer Wandel*). Der Begriff »soziale Schichtung« kommt aus der amerikanischen, kulturell-anthropologisch orientierten Soziologie der 40er Jahre (WARNER / LUNT 1947, dort »social class« genannt), er beschreibt, in amerikanischen Städten, Arten der Lebensführung, die als hierarchisch differenziert angesehen wurden. Das Studium von Lebensbedingungen entsteht mit dem Massenelend der frühen Industrialisierung in England (englische Parlamentsberichte, ENGELS 1845) und wird dann auf die herrschenden Klassen übertragen (VEBLEN 1899). M. WEBER stellt Klasse und Lebensführung (als »Stand«) nebeneinander (WEBER 1918–20, S. 177). Bei den Begriffen Klasse und Schicht handelt es sich nicht um alternative Konzepte, sondern um zwei Seiten desselben Gegenstandes: die Produktion von Ungleichheiten (»Klasse«) und ihre symbolische Umsetzung in Lebensstil auf der Grundlage der jeweiligen durch die Klassenlage bestimmten Lebensbedingungen. Historisch hat sich die Sichtbarkeit der Klassen verändert. Die »Massengesellschaft« (LE BON), die »nivellierte Mittelstandsgesellschaft«

(SCHELSKY), die »Freizeitgesellschaft« (RIESMAN) oder neuerdings die »Risikogesellschaft« aus unverbundenen einzelnen (BECK 1986) löst scheinbar die Klassengesellschaft des 19. Jahrhunderts ab. Aber man braucht sich nur vorzustellen, die kapitalistische Produktionsweise verschwinde oder sei, bei Streik, angehalten, um die Folgen der Ökonomie für die Lebensweise zu erkennen. HABERMAS (1968) nimmt an, im staatlich geregelten Kapitalismus sei der Klassenkonflikt, weil systemgefährdend, stillgestellt, die Klassen also latent. Er unterscheidet Arbeit und kommunikatives Handeln (1968, S. 62) bzw. System und Lebenswelt (1981) (→ *Sozialer Wandel*). Die Begriffe Klasse und Schicht sind traditionelle Bezeichnungen für diesen Sachverhalt, sie verhalten sich zueinander wie Struktur und Erscheinungsweise.

1.3 Das Entstehen von Klassen und Schichten

Nach der marxistischen Lehre sind die Klassen Folgen der gesellschaftlichen Teilung der Arbeit (ENGELS 1884), die antagonistische Klassen hervorbringt und durch Klassenkampf und Revolution zur Befreiung des Proletariats und Aufhebung aller Klassen führt (MARX 1852; ENGELS 1880). Nichtmarxistische Theorien über die Entstehung von sozialen Ungleichheiten reichen von Naturgegebenheit bis zur Bedingtheit durch soziale Normen (DAHRENDORF 1961). Besonders kritisch diskutiert wurde die struktur-funktionalistische Theorie, nach der soziale Ungleichheit notwendig sei, um bei ungleicher Verteilung von Fähigkeiten zur Ausbildung für und zur Besetzung von funktional wichtigen Positionen in einer Gesellschaft zu motivieren (DAVIS / MOORE 1945), bei verzögerter Rückerstattung des in Bildung investierten Kapitals (»deferred gratification« für Mittelschichten). Diese Theorie legitimiert die »Leistungsgesellschaft« und schreibt soziale Ungleichheit fest. Neuere Theorien sind die von LENSKI (1966) und KLEINING (1973).

1.4 Die Idee der sozialen Mobilität

Sie stammt aus der revisionistischen, sozialdemokratischen Tradition (GOLDTHORPE 1980) und ist noch in der Idee der »offenen Gesellschaft« präsent: jeder habe alle Chancen zum Aufstieg. Gleichheit der Chancen und Ungleichheit der Positionen passen aber nicht zusammen, und daran leidet die inzwischen zu einem Zweig der empirischen Soziologie entwickelte Mobilitätsforschung noch immer. Die Bedeutung eines Mobilitätsvorganges ist nur individuell auszumachen, Stabilität und selbst Abstieg aus einer Führungsposition ist besser als Aufstieg in unteren Rängen. Übertritt in einen anderen Beruf kann erstrebt oder auch erzwungen sein, die »offene Gesellschaft«, die vollständig mobile, ist nur als Idee erstrebenswert, in praxi dagegen krisenhaft, da alle Individuen entweder aufsteigen *oder* absteigen.

2 Zur neueren Empirie

Frühere Untersuchungen über soziale Klassen und Eliten gehen ins 18., über Lebensbedingungen und Lebensformen ins 19. und über soziale Mobilität in den Beginn des 20. Jahrhunderts zurück. Im Folgenden wird nur die Forschungslage der neueren Zeit diskutiert.

2.1 Untersuchungen über soziale Klassen

Die gesellschaftskritische amerikanische Forschung hat sich mit Einfluß- und Herrschaftsstrukturen beschäftigt. Für die 50er Jahre ist die Unterscheidung von MILLS (1959) hervorzuheben (militärisch-industrieller Komplex), daneben gibt es eine Reihe von Studien über Herrschaftsverhältnisse in Städten und Gemeinden (HUNTER 1953). In der Bundesrepublik haben zwei marxistische Gruppen (IMSF 1972, 1974 und PKA 1973, 1974) Daten der amtlichen Statistik zur Analyse und quantitativen Bestimmung von Klassen verwandt. Sie kommen zu unterschiedlichen Ergebnissen, besonders strittig sind die Zuordnung der »dritten Personen«, also Einkommensbezieher außerhalb Kapital-Arbeit (Angestellte, Beamte, Rentner), und eine enge bzw. weite Fassung der Arbeiterklasse (nur mehrwertproduzierend oder nicht).

	ISMF %	Tendenz seit 1950	PKA %	Tendenz seit 1950
Kapitalistenklasse	3.2	–	4.6	–
Mittelschichten	24.0	–		
Mittelklassen			30.1	–
Arbeiterklasse	22.8	+	51.6	+

Tab. 1: Klassenanteile 1970 nach LEISEWITZ / IMSF (1977) und PKA (1974, S. 417 ff.)

Aus Umfragedaten können, in Anlehnung an Frühschriften von MARX und ENGELS, folgende Klassen abgebildet werden: Großbourgeoisie (unter 1%), Mittel- und Kleinbourgeoisie (10%, rückläufig), Bauern (3%, rückläufig), Bürokratie (41%, steigend), Arbeiterklasse (46%, stagnierend) (KLEINING 1975, S. 103 ff.). Die Schwierigkeit bei allen Klassenanalysen, die sich auf das Merkmal »Beruf« stützen, liegt darin, daß die Berufsangaben, zumal die der amtlichen Statistik, häufig zu ungenau sind, um, wie erforderlich, die Stellung im Produktionsprozeß zu bestimmen.

2.2 Empirische Untersuchungen über soziale Schichtung

Üblicherweise wird das Sozialprestige von Berufen allein oder in Kombination mit anderen Merkmalen zur Messung von Sozialstatus verwandt (STEWART u. a. 1980). Es gibt verschiedene Verfahren zur Klassifizierung (Vergleich bei BALLERSTEDT / GLATZER 1975, S. 367–370; HANF 1975, S. 39 f.). Vergleichbare Daten liefern die Indizes von SCHEUCH und KLEINING. Die »Soziale Selbst-Einstufung« (SSE) (KLEINING 1968; KLEINING / MOORE 1960) ist ein häufig verwandtes Verfahren.

Repräsentative Daten für die Schichtgliederung der Bevölkerung der Bundesrepublik liegen über einen Zeitraum von 20 Jahren vor. Sie zeigen hohe Stabilität der Schicht-Selbst-Zuordnung der Bevölkerung (KLEINING 1975, S. 275, ergänzt).

	1962 %	1972 %	1982 %	1987 %
Oberschicht/Obere Mittelschicht	6	7	6	6
Mittlere Mittelschicht	10	12	10	9
Untere Mittelschicht	36	40	41	41
Obere Unterschicht	29	28	31	32
Untere Unterschicht	15	11	10	10
Sozial Verachtete	4	2	2	2

Tab. 2: Schichtgliederung für die Bevölkerung der BRD nach KLEINING (1975, S. 275, ergänzt)

Das Verfahren erlaubt auch Fremdzuordnungen aufgrund des Berufs (bei Schülern/ Studenten des Berufs des Vaters) aufgrund des Sozialprestiges von Berufen (KLEINING 1968, 1973; TREIMAN 1977). Größere Umfrageinstitute bieten zum Teil eigene Verfahren an (PAPPI 1979). Eindimensionale, auf Berufsprestige von Einzelberufen bezogene Schichtungszuordnungen haben den Vorteil der leichten Handhabbarkeit und der Stabilität über Jahrzehnte bei hohem Aussagewert. Mehrdimensionale Indizes haben das Problem der Gewichtung der Variablen und der Stabilisierung über Zeit bei nicht wesentlichem Informationsgewinn. Der bekannteste mehrdimensionale Index für die USA ist der »sozioökonomische Index« aus Beruf, Einkommenshöhen und Bildung (DUNCAN 1961). Informativer ist der von WARNER u. a. (1949) mit Beruf, Einkommensart, Bildung und Wohnbezirk.

2.3 Empirische Untersuchungen über soziale Mobilität

Der Ausdruck stammt von SOROKIN (1927). Die neuere Forschung ist positivistisch ausgerichtet, die Untersuchung von BLAU / DUNCAN (1967), die statistischen Aufwand mit einer Verengung des Gegenstandes (»Berufsmobilität«) verbindet, wurde Vorbild für viele internationale Erhebungen. Man unterscheidet »horizontale« (Wanderungs-) und »vertikale« Mobilität, die eigentliche Statusmobilität. Die Mobilitätsarten werden generell nach intergenerativer (Vater-Sohn-) und intragenerativer (Karriere-) Mobilität unterschieden. Die neuere Mobilitätsforschung verwendet eine große Anzahl von statistischen Kennzeichen und Indizes aus der Matrizenrechnung (Übersicht bei HERTZ 1983). MAYER hat verschiedene Mobilitätsuntersuchungen miteinander verglichen (BALLERSTEDT / GLATZER 1975, S. 415 f.). Aus zwei größeren Mobilitätsuntersuchungen (KLEINING 1975; MAYER 1977) kann man folgende Übereinstimmungen ablesen:
– Starke Ungleichheit der Zugänglichkeit von Berufsgruppen, zum Teil hohe »Selbstrekrutierung«, also geschlossener Zugang für Angehörige (oder Söhne von Angehörigen) anderer Berufskreise. Beispiel: Landwirte.
– Vergleichsweise starke Barrieren für den Zugang zu höheren Positionen aus Unterschichts-(Arbeiter-)Berufen.
– Keine wesentliche Veränderung der Mobilitätsraten seit den Geburtskohorten der frühen 20er Jahre (KLEINING) bzw. denen der 20er und 30er Jahre (MAYER), also keine zunehmend »offene« Gesellschaft.

3 Neuere Entwicklungen

Die »neue Unübersichtlichkeit« (HABERMAS) hat sich auch in der Klassen- und Schichtenforschung eingestellt, die ehemals zur Beschreibung und wenn möglich zur Erklärung von Ausbeutung und Herrschaft, Unterdrückung und Diskriminierung, Reichtum und Elend und deren Wirkung auf die Lebenschancen dienen sollte. Der neue Oberbegriff heißt »Ungleichheit«, unter dem sich alle Arten von Sozialdifferenzen unterbringen lassen (KRECKEL 1983, BOLTE/HRADIL 1984, STRASSER/GOLDTHORPE 1985, GIESEN/ HAFERKAMP 1987, BADER/BENSCHOP 1989). Zu unterstützen ist die Forderung nach Einbeziehung regionaler Disparitäten (Peripherie-Zentrum, KRECKEL 1983), wenngleich nicht nur als »horizontale« Ungleichheit (Entwicklungsländer!), der ethnischen und rassischen Minoritäten (KÖNIG 1985), der neuen sozialen Bewegungen, der Unterprivilegierung von Frauen, Kindern, Alten. Problematisch erscheint das Konzept der Individualisierung (BECK 1986), das soziale Bedingtheiten in individuelle Chancen und Risiken überführt. Soziale Faktoren dagegen betonen HRADIL 1987 (»Lage«, »Milieu«) und KROTZ 1990 (»Lebenswelt«), als kulturelle Wirkung BOURDIEU 1982. Eine Integration neuerer Blickrichtungen und der klassischen Theorien steht noch aus.

Literatur

BADER, V. M. / BENSCHOP, A.: Ungleichheiten. Opladen 1989
BALLERSTEDT, E. / GLATZER, W.: Soziologischer Almanach. Frankfurt/New York 1975
BECK, U.: Risikogesellschaft. Frankfurt 1986
BLAU, P. M. / DUCAN, O. D.: The American Occupational Structure. New York 1967
BOLTE, K. M. / HRADIL, S.: Soziale Ungleichheit in der Bundesrepublik Deutschland. Opladen 1984
BOURDIEU, P. / PASSERON, J.-L.: Die Illusion der Chancengleichheit. Stuttgart 1971
–: Die feinen Unterschiede. Frankfurt 1982
DAHRENDORF, R.: Über den Ursprung der Ungleichheit unter den Menschen. Tübingen 1961
DAVIS, K. / MOORE, W. E.: Some Principles of Stratification. In: American Sociological Review 10 (1945), S. 242–249
DUNCAN, O. D.: A Socioeconomic index for all occupations. In: REIS, A. J. u. a.: Occupations and Social Status. New York 1961, S. 109–138
ENGELS, F.: Die Lage der arbeitenden Klasse in England (1845). In: Marx-Engels-Werke. Hrsg. vom Institut für Marxismus-Leninismus beim ZK der SED Berlin (DDR) 1956f., Bd. 2
–: Die Entwicklung des Sozialismus von der Utopie zur Wissenschaft (1880). In: Marx-Engels-Werke, a.a.O., Bd. 19
–: Der Ursprung der Familie, des Privateigentums und des Staats (1884). In: Marx-Engels-Werke, a.a.O., Bd. 21
GIESEN, B. / HAFERKAMP, H. (Hrsg.): Soziologie der sozialen Ungleichheit. Opladen 1987
GOLDTHORPE, J. H.: Social Mobility and Class Structure in Modern Britain. Oxford 1980
HABERMAS, J.: Technik und Wissenschaft als »Ideologie«. Frankfurt 1968
–: Theorie des kommunikativen Handelns. 2 Bde. Frankfurt 1981
HANF, TH. u. a. (Hrsg.): Sozialer Wandel. 2 Bde. Frankfurt 1975
HERTZ, T. A.: Klassen, Schichten, Mobilität. Stuttgart 1983
HRADIL, S.: Sozialstruktur im Umbruch. Opladen 1985
–: Sozialstrukturanalyse in einer fortgeschrittenen Gesellschaft. Opladen 1987
HUNTER, F.: Community Power Structure. Chapel Hill 1953
IMSF: Klassen- und Sozialstruktur der BRD 1950–1970. 2 Bde. Frankfurt 1972, 1974
KÖNIG, R.: Der Wandel in der Problematik der sozialen Klassen und Minoritäten. In: HRADIL, S. (Hrsg.): Sozialstruktur im Umbruch, a.a.O., S. 11–28
KLEINING, G.: Soziale Selbsteinstufung (SSE): In: Kölner Zeitschrift für Soziologie und Sozialpsychologie 20 (1968), S. 502–532
–: Die Legitimation der Ungleichheit. In: ALBRECHT, G. / DAHEIM, H. J. / SACK, F. (Hrsg.): Soziologie. Festschrift René König. Opladen 1973, S. 303–326
–: Soziale Mobilität in der Bundesrepublik Deutschland I und II. In: Kölner Zeitschrift für Soziologie und Sozialpsychologie 27 (1975), S. 97–121, S. 273–292
– / MOORE, H.: Das soziale Selbstbild der Gesellschaftsschichten in Deutschland. In: Kölner Zeitschrift für Soziologie und Sozialpsychologie 12 (1960), S. 86–119
KRECKEL, R. (Hrsg.): Soziale Ungleichheiten. In: Soziale Welt. Sonderband 2. Göttingen 1983
KROTZ, F.: Lebenswelten in der Bundesrepublik Deutschland. Opladen 1990
LEISEWITZ, A.: Klassen in der Bundesrepublik Deutschland heute. Frankfurt 1977
LENSKI, G. E.: Power and Privilege. A Theory of Social Stratification. New York 1966
LENIN, W. I.: Die große Initiative (1919). In: Werke. Bd. 29, S. 397–424
MARX, K. / ENGELS, F.: Manifest der kommunistischen Partei (1848). In: Marx-Engels-Werke a.a.O., Bd. 4

–: Brief an Weydemeyer (1852). In: Marx-Engels-Werke, a.a.O., Bd. 28, S. 507–508
Mayer, K. U.: Soziale Ungleichheit und Mobilität. In: Zapf, W. (Hrsg.): Lebensbedingungen in der Bundesrepublik, a.a.O., S. 149–208
Mills, C. W.: Die amerikanische Elite (1959). Hamburg 1962
Oevermann, U.: Sprache und soziale Herkunft. Frankfurt 1972
Pappi, F. U. (Hrsg.): Sozialstruktur-Analysen mit Umfragedaten. Königstein 1979
PKA (Projekt Klassenanalyse): Materialien zur Klassenstruktur der BRD. 2 Bde. Berlin 1973, 1974
Sorokin, P. A.: Social and Cultural Mobility (1927). New York 1964
Stewart, A. / Prandy, K. / Blackburn, R. M.: Social Stratification and Occupations. London 1980
Strasser, H. / Goldthorpe, J. H. (Hrsg.): Die Analyse sozialer Ungleichheit. Opladen 1985
Treimann, D. J.: Occupational Prestige in Comparative Perspective. New York 1977
Veblen, Th.: Theorie der feinen Leute (1899). Köln/Berlin o. J.
Warner, L. / Lunt, P.: The Status System of a Modern Community. New Haven 1947
Warner, L. / Meeker, L. / Eells, K.: Social class in America. Chicago 1949
Weber, M.: Wirtschaft und Gesellschaft. Bd. 1 (1918–20). Tübingen ^{5}1976
Zapf, W. (Hrsg.): Lebensbedingungen in der Bundesrepublik. Frankfurt/New York 1977

Rüdiger Lautmann und Michael Meuser

Pädagogische Soziologie – Gesellschaft, Organisation, Interaktion

1 Begriff und theoretischer Zugang

Mit der Soziologie als einer Fachdisziplin entsteht auch die P. S., insofern der Mitbegründer EMILE DURKHEIM zwar eine Wissenschaft der Erziehung fordert, aber die Pädagogik nicht dafür halten mag. DURKHEIM hat die zentrale Bedeutung von Erziehung für die Integration der Gesellschaft erkannt. Mensch und Kultur können ohne Bildung nicht existieren, und jede Bildung vollzieht sich in soziokulturellem Rahmen.

Unter dem Stichwort P. S. versammelt sich alles, was Soziologie zum Verständnis des Bildungsvorgangs beitragen kann. Aufgabe der P. S. ist es, das wechselseitige Verhältnis auf den drei grundlegenden soziologischen Analyseebenen zu untersuchen: Interaktion, Organisation, Gesamtgesellschaft.

Dieses analytische Muster besteht aus der makrosozialen Ebene (Schichtung, Werte usw.) (→ *Soziale Klassen, soziale Schichten, soziale Mobilität*), der mesosozialen Ebene (Institutionen der organisierten Erziehung, der Schule usw. → *Organisationssoziologie*) und der mikrosozialen Ebene (Interaktion der Sozialisanden mit dem Personal der Erziehungsumwelt). Die individuelle Ebene (Handlungsfähigkeit, kognitive und emotionale Entwicklung des Subjekts) soll in ihrer eigenen Vielfalt der Psychologie überlassen bleiben.

Das Modell impliziert nicht notwendig, obwohl es oft so sein wird, daß die Ebenen hierarchisch zu denken sind – sozialstrukturelle Einflüsse vermitteln sich über die Organisationsebene in die Interaktion und an die Individuen. Die Einflüsse können als kausal-erklärend oder als sinnschaffend-verstehend gedeutet werden. Bei empirischen Untersuchungen ist darauf zu achten, für welches Niveau die Daten erhoben wurden; was für die eine Ebene gilt, muß für eine andere erst bestätigt werden. Leider ganz selten sind Erhebungen, die ihre Daten sowohl auf verschiedenen Aggregationsniveaus (= Mehrebenen) als auch longitudinal (= im zeitlichen Längsschnitt) sammeln. Das Verhältnis zwischen Erziehung und Gesellschaft im Mehrebenenmodell zu betrachten empfiehlt sich auch deshalb, weil hier über die bildungspolitischen Optionen nicht vorentschieden wird: Maßnahmen und Veränderungen können auf jeder Ebene angesetzt werden, beim Individuum ebenso wie in der Schule oder an gesamtgesellschaftlichen Verhältnissen. Für die P. S. sind Bildung und Erziehung von jeder der Ebenen beeinflußt und beeinflußbar.

Der Analyse bieten sich drei verschiedene Ausgangspunkte an: man kann ansetzen
(a) bei den elementaren Prozessen, in denen ein Neugeborenes zu einem Mitglied der Gesellschaft wird,
(b) bei den Systemen gesellschaftlich institutionalisierter Erziehung,
(c) beim Einfluß gesamtgesellschaftlicher Vorgaben.

Dieses geschieht in der P. S. Das erste in Form einer allgemeinen Theorie der Sozialisation, das zweite vor allem in Gestalt einer Soziologie der Schule, das dritte mit einer Theorie von Erziehungssystem und Gesellschaft.

Sozialisationstheorie und Erziehungssystemanalyse stehen nicht unverbunden nebeneinander. Ein großer – und immer noch wachsender – Teil der Vergesellschaftung des Subjekts vollzieht sich heute in ausdifferenzierten Erziehungsorganisationen. Dies fängt im Kindergarten an und findet mit der Schulentlassung nur einen vorläufigen Abschluß. Allerdings kann sich die P. S. nicht auf den Bereich öffentlich veranstalteter Sozialisation beschränken. Einerseits breiten sich spezialisierte sozialisatorische Teilsysteme aus – man denke nur an die Expansion des Weiterbildungsangebots oder an die in jüngster Zeit sich etablierenden freizeitpädagogischen Maßnahmen. Andererseits expandiert auch der Bereich der außerpädagogischen Sozialisationseinflüsse – neben den hier traditionell wirksamen Instanzen Familie und Gleichaltrigengruppe haben die Massenmedien stark an Bedeutung gewonnen. Und daß von der bereits eingesetzten Computerisierung der (Spiel-)Welt der Kinder und Jugendlichen gravierende Sozialisationswirkungen ausgehen, kann als sicher gelten, auch wenn zur Zeit noch nicht ausgemacht ist, welcher Art sie sein werden.

Wenn P. S. den Oberbegriff Sozialisation bevorzugt, so will sie damit die Variablen der Bildungsfähigkeit, Intelligenz und des Lernerfolgs dem genetischen Zugeschriebensein entziehen und sie statt dessen als Resultate einer lebenslangen Auseinandersetzung zwischen Individuum und sozialer Umwelt ausweisen.

2 Organisierte Sozialisation

Die neuere Sozialisationsforschung (GEULEN 1977; HURRELMANN u. a. 1986) versteht den Prozeß der Persönlichkeitsentwicklung nicht als einseitige Prägung des Kindes durch gesellschaftliche Einflüsse, sondern hat als Prämisse, daß sich das Kind die soziale und materielle Umwelt in seinen Interaktionen mit den Personen seiner Lebenswelt aktiv aneignet, als »produktiv realitätsverarbeitendes Subjekt« (HURRELMANN u. a. 1986) (→ *Entwicklung und Förderung*). Dieses Verständnis des Sozialisationsprozesses hebt die Mikroebene innerhalb des Dreiebenenmodells hervor. Das geschieht, um die Vergesellschaftung des Subjekts nicht auf eine Art von einseitiger Anpassung, ja Manipulation zu verkürzen, wie dies ältere Entwürfe vielfach getan haben. Freilich werden die beiden anderen Ebenen nicht ausgeblendet. Sozialisationsrelevante Interaktionen finden in einem gesellschaftlich strukturierten Handlungsraum statt, in dem die gültige Wertstruktur repräsentiert ist (Makroebene). Dabei spielen die Familie, die Peer-group sowie die organisierten Erziehungseinrichtungen (Kindergarten, Schule usw.) »als direkte Vermittler und Erschließer der äußeren Realität« (HURRELMANN u. a. 1986, S. 99) eine besondere Rolle (Mesoebene).

Die früheste Sozialisationsinstanz in unserer Gesellschaft ist gewöhnlich die Familie. Erziehung geschieht hier nur sporadisch und in wenig systematisierter Form. Familie ist keine rational-zielgerichtete Institution, sondern eine Lebensgemeinschaft, die der Persönlichkeitsbildung entscheidende Impulse gibt. Freilich läßt sich im Zuge der Entwicklung der modernen Gesellschaft beobachten, daß der Anteil geplanter Erziehung in der Familie wächst. Die Eltern-Kind-Interaktion wird zunehmend von pädagogischen Absichten durchzogen – an der Ausdehnung des Marktes für Elternbildung und Erziehungsratgeber läßt sich das ablesen –, und auch die Spielumwelt der Kinder wird verstärkt pädagogisch gestaltet – Kinderspielzeug wird nach dem Kriterium ausgewählt, daß ihm das Prädikat »pädagogisch wertvoll« zuerkannt worden ist (→ *Familienerziehung und Kleinkindpädagogik*).

Dies war nicht immer so. Was uns als selbstverständlich erscheint: daß Kinder erzogen werden müssen, ist eine historisch relativ neue Idee. Die mittelalterliche Zivilisation hatte, wie ARIÈS (1978) gezeigt hat, mit Ausnahme des Adels keine Vorstellung von Erziehung. Erst die Rennaissance begreift Erziehung als besondere Kunst und entdeckt das Kind als Erziehungsobjekt (BÜCHNER 1985). Vor Beginn der Neuzeit wurde dem Kind, sobald es entwöhnt war, keine besondere Aufmerksamkeit mehr geschenkt. Es lernte durch Mittun zunächst in der Familie, dann – im Alter von sieben oder acht Jahren – in Lehrverhältnissen außerhalb der Familie. Kindheit als abgegrenztes Lebensalter ist eine Erfindung der Neuzeit und wesentlich an die »Einsicht« in die Erziehungsbedürftigkeit geknüpft. Die historische Relativität des Erziehungsgedankens zeigt, daß das Ob und das Wie von Erziehung aus gesellschaftlichen Verhältnissen entsteht und sich mit ihnen wandelt.

Hatte man erst die Notwendigkeit von Erziehung eingesehen, begann sich ein allgemeines Schulsystem herauszubilden. Sowohl in historischer wie in sozialstruktureller Perspektive läßt sich die Schule als die Institution begreifen, in der sich die Idee der Erziehung am greifbarsten niedergeschlagen hat. Mehr als im Kindergarten, der ersten Stufe in der Abfolge organisierter Erziehungseinrichtungen, wird in der Schule »die erzieherische Situation absolut gesetzt und vom übrigen sozialen Alltag isoliert« (KOB 1976, S. 53). Die Schule ist die Institution, in der dem heranwachsenden Mitglied der Gesellschaft deren Forderungen zum ersten Mal gezielt und geordnet vermittelt werden. ARIÈS (1978, S. 48) beschreibt die Schule als eine »Art Quarantäne«, in der eine »Einsperrung der Kinder« stattfinde.

Diese drastischen Bilder sind nicht wörtlich zu nehmen, weisen aber auf ein nicht zu unterschätzendes Merkmal hin: die Schule besitzt Zwangscharakter (→ *Theorie pädagogischer Institutionen*). Das Kind muß zur Schule gehen, und hier werden bindende Entscheidungen über seinen Lebensweg getroffen. Die Gehorsamspflichten können mit körperbezogenen Maßnahmen (Umsetzen, Aussperren usw.) bzw. deren Androhung durchgesetzt werden, deren es aber angesichts der physischen Unterlegenheit und materiellen Abhängigkeit meist gar nicht erst bedarf. Das verregelte Binnenklima der Schule vereinheitlicht die Sozialisationseinflüsse. Während in der Familie – und zum Teil wohl auch im Kindergarten – die Besonderheiten und Bedürfnisse der Mitglieder – der Eltern wie der Kinder – die Interaktionen bestimmen, ist der Unterricht weitgehend durch Normen vorgeprägt, die außerhalb der direkten Verfügung der Handelnden liegen: von den Lehrplänen, Schulordnungen, Prüfungs- und Versetzungsbestimmungen bis zur Klasseneinteilung und den Stundenplänen machen hier die Kinder ihre ersten Erfahrungen mit den organisierten Bereichen der Gesellschaft.

3 Gesamtgesellschaftliche Analyse

Das Teilsystem Bildung hat sich ausdifferenziert; es ist heute in den wesentlichen Hinsichten – als Politikfeld, mit Rechtsvorschriften, Budget, Wissenschaften, Professionen und Publikum – verselbständigt. Für die Gesellschaft als ganze erfüllt es eine Reihe von Aufgaben, welche es für den Sozialprozeß unentbehrlich zu machen scheinen. Ohne organisiertes Lernen wird das Individuum sich nicht in einer durch ökonomische Arbeitsteilung und politische Herrschaft hochdifferenzierten Gesellschaft bewegen können – und die Sektoren Wirtschaft und Politik könnten nicht auf produktiv bzw. demokratisch handelnde Mitglieder rechnen. Diese Funktionen lassen sich, am Beispiel der Schule, so einteilen (in Erweiterung zu FEND 1974, im Anschluß an die grundlegende Funktionsbeschreibung von PARSONS 1968):

Die *Qualifikationsfunktion*: Die Schule vermittelt Kenntnisse und Fertigkeiten, die vom Beschäftigungssystem nachgefragt werden und die Wettbewerbsfähigkeit der Wirtschaft sichern. Dies darf freilich nicht in der Weise (miß-)verstanden werden, als unterliege die schulische Ausbildung bruchlos kapitalistischen Verwertungsinteressen. Dem steht die »relative Autonomie des Bildungssystems« entgegen (BOURDIEU/PASSERON 1974).

Die *Plazierungs- und Selektionsfunktion*: Alle Bemühungen um Chancengleichheit ändern nichts daran (können es auch nicht), daß mitgebrachte Verschiedenheiten – Privilegien ebenso wie Startnachteile – sich in der Schule reproduzieren. Die Reform des Bildungswesens hat allenfalls zu einem »Anwachsen des ›kulturellen Kapitals‹ der Gesellschaft« und zu einer Verlagerung der »Selektionsschwelle« geführt. Diese liegt heute weniger beim Eintritt in die Sekundarstufe als vielmehr beim Zugang zur Berufsbildung. Das Moment der Leistung hat vieles vom Prinzip der Zuschreibung, wie es in der ständischen Gesellschaft herrschte, außer Kraft gesetzt. Die Fakten der sozialen Ungleichheit haben sich verändert, diese selbst aber ist als Strukturmerkmal geblieben (HURRELMANN 1985).

Die *Integrations- und Legitimationsfunktion*: Schule vermittelt nicht nur Inhalte und abfragbares Wissen, sondern transportiert auch ganz bestimmte Werthaltungen und Ideologien. Dies geschieht nur zum Teil direkt und offen – durch politische Bildung und Weltanschauungsunterricht –, hauptsächlich aber durch Unterrichtsklima, Stoffauswahl und Akzentuierung »sekundärer« Tugenden (sogenannter heimlicher Lehrplan). Neben der Einübung in Disziplin ist vor allem die Verpflichtung der Schüler auf das Leistungsprinzip entscheidend. Hierdurch wird die Fiktion der Chancengleichheit erzeugt (→ *Lehrer-Schüler-Verhältnis*; → *Schule als Lebensraum*).

Nach neuester systemtheoretischer Sicht orientiert sich Erziehung nicht an einem einzigen obersten Wert (z. B. Vervollkommnung des Menschen), sondern folgt einem zweiwertigen Code, nämlich wie gut bzw. schlecht die Erzogenen seien. Damit bestätigt sich Selektion, sowenig dies der Pädagogik schmecken mag, als Basismerkmal der Erziehung als eines planvollen Unternehmens (LUHMANN 1987, S. 187).

Die Verschiedenheit der Versuche, den Aufbau einer Gesellschaft und dessen Einfluß auf Erziehung nachzuzeichnen, kann leicht verwirren. Die Vielzahl von Begriffen und Theorien läßt sich indessen auf wenige typische Ansätze reduzieren, die sich aus einer Kombination der theoretischen Vorentscheidungen ergeben: je nach dem forschungsleitenden Interesse, dem Vokabular zur Erklärung, dem Menschenbild und dem problematisierten Aspekt der Vergesellschaftung (STRASSER 1987). Wegen ihres Interesses an der Anwendbarkeit sowie ihres Vokabulars von Ordnung und Wert hat sich die funktionalistische Theorie besonders intensiv mit dem Erziehungswesen befaßt.

Ein dauerhaftes Thema ist die Frage, wie und warum das soziale Milieu des Aufwachsens die Sozialisation, beispielsweise den Schulerfolg und die Wertorientierungen, beeinflußt. Erwirbt das Kind (nur) die Qualifikationen, die seine Eltern besaßen? Sind die Erziehungsmilieus als hierarchisch angeordnet von der Ober- bis hinab zur unteren Unterschicht vorzustellen? Wird hier soziale Ungleichheit reproduziert und damit stets aufs neue die überkommene Sozialstruktur bekräftigt? Solche Fragen berühren das grundlegende Verständnis von Gesellschaft und Individuum; die Antworten wechseln, waren bislang empirisch nie zwingend (→ *Soziale Klassen, soziale Schichten, soziale Mobilität*).

Der früher für ausschlaggebend gehaltene Faktor der sozialen Schicht ist von einer komplexeren sozialökologischen Perspektive abgelöst worden: die Sozialisationsumwelt bestimmt den Erziehungserfolg. Besonderen Einfluß besitzt neben der schichtspezifischen Kultur der Arbeitshintergrund der Eltern (immer noch: des Vaters). Eingehende Erhebungen zeigen, daß sich das Erleben der objektiven Arbeits- und Einkommensbedingungen sowie deren subjektive Ausdeutung zunächst in die Weltsicht und Wertorientierung der Eltern umsetzen und anschließend auf die Kinder übertragen. Verfügen die Eltern über ein hohes Maß an Entfaltungsmöglichkeiten, an Spielraum und Anordnungsbefugnissen, so schafft dies ein Sozialisationsklima, in dem die Kinder zu einem überlegenen Bildungs- und Lebenserfolg gelangen können (vgl. dazu STEINKAMP/STIEF 1978; KOHN 1981; BERTRAM 1981; HRADIL 1987, S. 105–120).

4 Organisationsanalyse

Die Globalziele setzen sich nicht unmittelbar in das alltägliche Handeln, etwa im Unterricht, um, sondern werden über die Mesoebene einer spezifischen Organisationsform vermittelt. Das Ziel- und Bedingungsgefüge folgt allerdings keinen deterministischen Gesetzen, nicht schlichten Mustern wie von-oben-nach-unten oder von-außen-nach-innen; vielmehr stellt es einen labilen und dynamischen Zusammenhang vielfältiger Interdependenzen dar. Was im Unterricht geschieht, läßt sich nicht bruchlos aus den gesellschaftlichen Funktionszusammenhängen ableiten. Interaktion und Organisation unterliegen partiell eigenen Gesetzmäßigkeiten, in denen gesellschaftliche Imperative sich ebenso spiegeln, wie sie sich daran brechen.

Bildung bedarf, angesichts ihres Beitrags zur Entwicklung und zur Plazierung des Individuums eines organisierten Orts. Denn findet sie auch allüberall statt – Familie, Kameraden, Betrieb, Medien usw. –, so bleibt dies doch selektiv, schließt also nicht unmittelbar an die gesellschaftliche Aufgabenstellung an. Die Organisationsebene ist für das Verständnis des Erziehungsvorgangs schon deshalb so bedeutsam, weil Erziehung als abgrenzbare Form sozialen Handelns erst dann sichtbar wird, wenn sie aus alltäglichen Handlungsabläufen der Familie herausgelöst und zum spezifischen Zweck einer eigenständigen Institution gemacht wird. Dies ist, wie THEODOR GEIGER (1930) bereits gesehen hat, auch Voraussetzung dafür, daß sich eine eigenständige wissenschaftliche Disziplin Erziehungswissenschaft überhaupt herausbilden konnte (→ *Theorien der Erziehung*).

Die Organisationsform der Schule der Gegenwart ist eine Mischung aus klassischer Verwaltungsbürokratie und modernem professionellem Dienstleistungsbetrieb. Der Bürokratie entstammen die Prinzipien der Amtsautorität und -hierarchie, die die Beziehungen der Lehrer untereinander und gegenüber der Kultusverwaltung regeln. Diese Beziehungen schaffen allerdings günstigstenfalls den Raum, in dem der eigentliche Organisationszweck erfüllt wird. Erziehung ist kein Verwaltungsakt, sondern vollzieht sich in direkter Kommunikation von Lehrern und Schülern. Schule kann ihren Zweck nur durch die Arbeit an Personen erreichen, die auf Zeit in die Organisation aufgenommen werden und die zur Kooperation bereit sein müssen. Insofern bestehen Parallelen zu anderen modernen Dienstleistungsorganisationen (z. B. Krankenhaus) (HURRELMANN 1975).

Als Organisation folgt die Schule somit einer doppelten Orientierung: zum einen an sich selbst und an ihren Dauermitgliedern, zum anderen an ihrer pädagogischen Aufgabe und den Schülern. Die handlungsleitenden Prinzipien – administrative Effizienz hier, pädagogische Intentionalität dort – können in Diskrepanz stehen (→ *Organisationssoziologie* ...).

Neben der Schule gilt die *Familie* als wichtigste Mittelinstanz im Sozialisationsprozeß. Nicht selten geraten Familie und Schule in Gegensatz, beispielsweise beim Weltanschauungs- und Sexualkundeunterricht (→ *Das Verhältnis von Elternhaus und Schule*). Auch neutralisiert die Familie vieles von den egalitären Tendenzen des modernen Erziehungswesens. Die elterlichen Wertorientierungen und Handlungsweisen prägen sich im Kind aus; sie sind in den Überzeugungen und Routinen des späteren Erwachsenen zu einem guten Teil wieder anzutreffen.

5 Interaktionsanalyse

Die tatsächlichen Resultate der Erziehung stehen in einem oft bestürzenden Gegensatz zu dem, was die Erzieher/innen zu bewirken vorhaben. P. S. erklärt dies aus dem konflikthaften Handlungsgefüge der rollenreich organisierten Sozialisation.

In jüngster Zeit hat sich die empirische Schulforschung verstärkt den konkreten Interaktionen zwischen Lehrern und Schülern in der täglichen Unterrichtspraxis zugewandt. Der Zuwachs an Aufmerksamkeit, die der *mikrostrukturellen Ebene* gewidmet wird, hängt zusammen mit dem Vordringen interpretativer Ansätze in der soziologischen Theoriediskussion in den beiden letzten Jahrzehnten. Für die erziehungssoziologische Forschung hat sich der symbolische Interaktionismus als eine maßgebliche theoretische Orientierung herausgestellt (→ *Forschungsmethoden der Erziehungswissenschaft*).

Das wesentliche Ergebnis dieser Entwicklung ist, daß pädagogische Interaktionen nun auch aus der Perspektive der Schüler analysiert werden. Sowohl die soziologischen Untersuchungen zur Lehrerrolle als auch die behavioristischen Ansätze der Lerntheorie und nicht zuletzt erziehungswissenschaftliche Theoreme wie das des pädagogischen Bezugs hatten einer einseitigen Betrachtungsweise Vorschub geleistet, in der die Unterrichtssituation nahezu ausschließlich als durch die Vorgaben des Lehrers definiert erschien. Natürlich kann nicht bestritten werden, daß der Lehrer gewöhnlich über die Definitionsmacht verfügt. Die ist institutionell garantiert – hier zeigt sich der Einfluß der Organisation – und wird durch Ritualisierung und Routinisierung des Unterrichts gesichert. In den schulischen Ritualen, insbesondere im Leistungsritual, wird der Zusammenhang von Schule und Gesellschaft symbolisch hergestellt und für die Schüler erfahrbar (WELLENDORF ³1975) (→ *Lehrer-Schüler-Verhältnis*).

Trotz der asymmetrischen Interaktionsstruktur stehen auch den Schülern Möglichkeiten offen, ihre Situationsdefinitionen einzubringen. Freilich geschieht dies weniger in

Form eines offenen Aushandelns als vielmehr in informeller Interaktion unterhalb der offiziellen Ebene des Unterrichts: durch Stören, Streiche, Schulschwänzen, Leistungsverweigerung, Täuschungsmanöver und dergleichen mehr (→ *Schule als Lebensraum*).

Ein weiteres Korrektiv der interaktionistischen Perspektive gegenüber einer rein funktionalistisch verfahrenden Analyse betrifft die Arbeitssituation des Lehrers. Organisationsregeln und Dienstvorschriften sind generell interpretationsbedürftig (ZIMMERMANN 1978). Eine bruchlose Umsetzung von Lehrplänen und Vorgaben der Kultusbürokratie scheitert nicht nur an der widerständigen Interaktionskultur der Schüler, auch die Lehrer sind nicht bloße Marionetten in den Händen mehr oder minder anonymer gesellschaftlicher Mächte, wie dies das traditionelle rollentheoretische Modell implizit unterstellt. Der Unterrichtsalltag ist eine Abfolge von Entscheidungssituationen, die komplexe Interpretationsleistungen erfordern (→ *Lehrer / Lehrerin*).

Weil sich die Jugendzeit verlängert, wird die Erfahrungswelt von Jugendlichen zunehmend von altershomogenen Gruppen geprägt (BAETHGE u. a. 1983, S. 219–227). So gewinnt nicht nur die Schule als organisierte Sozialisationsinstanz an Bedeutung, sondern gleichzeitig und als unmittelbare Konsequenz daraus verstärken sich die Einflüsse der Gleichaltrigengruppe.

Jenseits des Grundschulalters wird das Verhalten zunehmend durch eine *Jugendkultur* bestimmt, die sich in Cliquen, speziellen Klubs, Freizeitaktivitäten und Handlungsstilen manifestiert. Zu lernen sind hier die Fakten und Regeln derjenigen Lebensbereiche, die in Familie und Schule neutralisiert bleiben, wie der Umgang mit physischer Attraktion, erotische Interaktion und zwischengeschlechtliche Kommunikation. Mögen die jugendkulturellen Wertorientierungen auch manche der familialen und schulischen Zielsetzungen konterkarieren – auch sie vermitteln selektiv Erfolg und Ansehen und steuern damit die differentielle Entwicklung von Persönlichkeiten, die später an verschiedenen Plätzen stehen werden. An diesem Beispiel eines gleichsinnigen Wirkens von Interaktion (im jugendlichen Spiel), Organisation (in der Gleichaltrigen-Clique) und Sozialstruktur (selektive Vorbereitung für das Leben in einer arbeitsteiligen, hochdifferenzierten Gesellschaft) zeigt sich ein andermal der Erkenntniswert des Mehrebenenmodells.

6 Ausblick auf Entwicklungen

Der Bildung mißt die Soziologie einen ausgezeichneten Stellenwert zu, gilt sie doch – neben und historisch sogar vor der Verstädterung – als der Motor sozialen Wandels, vor allem der Modernisierung. Bildungsgeschehen und -politik genießen daher zu Recht größte Aufmerksamkeit, zumal die Szenerie sich fortwährend verändert (→ *Sozialer Wandel*).

Durch die Ausdehnung der Schulzeit – ein Trend, der sich bei anhaltender Massenarbeitslosigkeit noch verstärken dürfte – wird das Schülerdasein für immer mehr Jugendliche und für immer längere Zeit zu einer dominanten Lebensform. Das durchschnittliche Alter, in dem ein Jugendlicher in das Erwerbsleben eintritt, hat sich in den letzten 30 Jahren deutlich erhöht. Und damit hat sich auch der Zeitpunkt, zu dem der Übergang in den Erwachsenenstatus stattfindet, hinausgeschoben.

Mit der Schulentlassung ist für die meisten Heranwachsenden der Weg durch die Institutionen der organisierten Bildung noch nicht beendet. Berufsbildung oder Studium schließen sich an. Lehre und Hochschule werden zunehmend unter pädagogisch formulierte und begründete Anforderungen gestellt. Vieles aus der schulsoziologischen Forschung läßt sich auf die Analyse der nachschulischen Bildungsinstanzen anwenden. Noch rasanter hat sich ein weiterer Gegenstand der P. S. entwickelt: die Erwachsenensozialisation und deren pädagogische Organisation in der Weiterbildung (→ *Erwachsenenbildung und Weiterbildung*).

Genauso wie Sozialisation prinzipiell ist auch Erwachsenensozialisation ein alltäglicher Prozeß, der en passant geschieht, wobei der Beruf, die Familie und die Massenmedien die wichtigsten Instanzen sein dürften. In jüngster Zeit nimmt allerdings die Bedeutung der organisierten (Weiter-)Bildung deutlich zu; sie wird für immer größere Teile der Bevölkerung zu einer konstitutiven Komponente im Lebenslauf (ROSEWITZ 1985). Stand die Weiterbildung in der Phase ihrer Reorganisation nach dem Zweiten Weltkrieg noch deutlich unter den Vorzeichen traditioneller Bildungsvorstellungen entweder des Bürgertums oder der Arbeiterschaft und war die Teilnahme damit weitgehend von privaten Bildungsinteressen bestimmt, so ist sie seit den 70er Jahren in großem Maße auf Probleme des Arbeitsmarktes bezogen und dient der Vermittlung beruflicher Qualifikationen. Der Qualifikationsbegriff hat den Bildungsbegriff abgelöst (WEYMANN 1984).

Die Lebenslänglichkeit von Bildung verankert sich zunehmend in Vorschriften und Institutionen. Schon um erwerbstätig bleiben zu können, wird man sich den Diktaten beugen. Wenn das Bildungsmoment immer mehr Lebensbereiche durchzieht – Arbeit, Kultur, Politik, Familie usf. –, dann wird Pädagogik allgegenwärtig. Dieser Trend zur *Pädagogisierung* ist in dem Maße bedenklich, als er Lebensvollzüge ihres ursprünglichen Sinnes entleert, sie in instrumentelle Zusammenhänge einfügt, Erfüllungserlebnisse immer erst in der Zukunft verspricht und das Alltagshandeln an didaktischen und curricularen Leinen hält.

Im Gegenzug dazu unternehmen die Menschen zahlreiche *Ausbruchsversuche*. Einige weigern sich, ihr Leben von der Pädagogik eingemeinden zu lassen. Themen wie Antipädagogik und Selbstbestimmungsrecht der Kinder kommen auf. Dumpfer Widerstand entlädt sich in abweichendem Verhalten (Fernbleiben, Vandalismus) oder schwer erklärlichem Versagen (Legasthenie, Lernbehinderungen). Schule und Lehrer werden entwertet. Man flieht die pädagogische Provinz und entwickelt Rückzugspotentiale im Rausch der Musik, Idole und Drogen.

Sozialisation als ein Insgesamt gesellschaftlicher Einflüsse zu begreifen heißt nicht, in einen »*Soziologismus*« zu verfallen, wonach Erziehung bloß Einpassung in gesellschaftliche Verhältnisse, Bildung bloß deren Reflex darstellte. Da Sozialisation nicht mechanisch abläuft, da eine bloße Dressur die Leistungsfähigkeit des Individuums nicht ausschöpft, bleiben stets der Eigenbeitrag des Subjekts, der Spielraum des Erziehungspersonals sowie das spontane Überschreiten oder Verschieben vorgegebener Grenzen.

Das Verhältnis von Soziologie – als einer Grundlagenwissenschaft – und Pädagogik – als einer Handlungswissenschaft – unterliegt einem veränderlichen Schicksal (dazu LAUTMANN/MEUSER 1986). Zwar werden immer enge Bezüge zwischen Soziologie und Pädagogik bestehen, doch werden sie unter wechselnden Etiketten verhandelt. Da Sozialisation – als zweite, soziokulturelle Geburt des Menschen – zu den Kernthemen jeder Gesellschaftsanalyse zählt, wird keine Erziehungswissenschaft an der gesellschaftlichen Einbettung jeglicher Bildung vorübergehen.

Literatur

Ariès, Ph.: Geschichte der Kindheit. München 1978
Baethge, M. u. a.: Jugend und Krise. Frankfurt 1983
Bertram, H.: Sozialstruktur und Sozialisation. Darmstadt 1981
Bourdieu, P./Passeron, J. C.: Abhängigkeit in der Unabhängigkeit: Die relative gesellschaftliche Autonomie des Bildungssystems. In: Hurrelmann, K. (Hrsg.): Soziologie der Erziehung, a. a. O., S. 124–158
Büchner, P.: Einführung in die Soziologie der Erziehung und des Bildungswesens. Darmstadt 1985
Durkheim, E.: Erziehung, Moral und Gesellschaft. Frankfurt/M. 1984
Fend, H.: Gesellschaftliche Bedingungen schulischer Sozialisation. Weinheim 1974
Geiger, Th.: Erziehung als Gegenstand der Soziologie (1930). In: Hurrelmann, K. (Hrsg.): Soziologie der Erziehung, a. a. O., S. 85–105
Geulen, D.: Das vergesellschaftete Subjekt. Frankfurt/M. 1977
Hradil, S.: Sozialstrukturanalyse. Opladen 1987
Hurrelmann, K. (Hrsg.): Soziologie der Erziehung. Weinheim 1974
–: Erziehungssystem und Gesellschaft. Reinbek 1975
–: Soziale Ungleichheit und Selektion im Erziehungssystem. In: Strasser, H./Goldthorpe, J. H. (Hrsg.): Die Analyse sozialer Ungleichheit. Opladen 1985
– u. a.: Persönlichkeitsentwicklung als produktive Realitätsverarbeitung. In: Zeitschrift für Sozialisationsforschung und Erziehungssoziologie 6 (1986), S. 91–109
Kob, J.: Soziologische Theorie der Erziehung. Stuttgart 1976
Kohn, M. L.: Persönlichkeit, Beruf und soziale Schichtung. Stuttgart 1981
Lautmann R./Meuser, M.: Verwendung der Soziologie in Handlungswissenschaften. Am Beispiel von Pädagogik und Jurisprudenz. In: Kölner Zeitschrift für Soziologie und Sozialpsychologie 38 (1986), S. 685–708
Luhmann, N.: Soziologische Aufklärung. Bd. 4. Opladen 1987
Parsons, T.: Sozialstruktur und Persönlichkeit. Frankfurt 1968
Rosewitz, B.: Weiterbildungssystem und Erwachsenensozialisation. Weinheim 1985
Steinkamp, G./Stief, W. H.: Lebensbedingungen und Sozialisation. Opladen 1978
Strasser, H.: Diesseits von Stand und Klasse. In: Giesen, B./Haferkamp, H. (Hrsg.): Soziologie der sozialen Ungleichheit. Opladen 1987
Wellendorf, F.: Schulische Sozialisation und Identität. Weinheim ³1975
Weymann, A.: Erwachsenensozialisation. Fernuniversität Hagen 1984
Zimmermann, D. H.: Normen im Alltag. In: Hammerich, K./Klein, M. (Hrsg.): Materialien zur Soziologie des Alltags. Opladen 1978, S. 86–93

Eckard König

Werte und Normen in der Erziehung

1 Terminologische Vorklärung

Die Begriffe *Norm* und *Wert* werden in der Literatur nicht eindeutig und häufig unscharf verwendet (vgl. KORTHALS-BEYERLEIN 1979; WESTMEYER 1984). So werden zuweilen Werte und Normen deutlich unterschieden; oder es wird zwischen Norm als »subjektiver Verhaltensbestimmung« und »objektivem Wert« unterschieden, wobei dann Normen und Werte dennoch wieder als »die beiden Seiten desselben Phänomens« betrachtet werden (ROMBACH/HILLMANN 1977, S. 307); oder man spricht von »Wertvorstellung«, »Werthaltung«, »Wertklärung«, »Wertbewußtsein«, »Grundwerten« usw. (WESTMEYER 1984).

Um hier eine zumindest grobe begriffliche Klärung zu erzielen, legt sich zunächst eine Unterscheidung zwischen Beschreibung und Empfehlung bzw. Bewertung oder (wie des öfteren auch formuliert wird) zwischen deskriptiven und normativen oder präskriptiven Sätzen nahe (vgl. HARE 1972, S. 19 ff.; KLAUER 1973, S. 83 ff.; KÖNIG 1975 a, S. 27 ff.): Ein Satz wie: »Die meisten Lehrer führen vorwiegend Frontalunterricht durch« ist eine (mehr oder minder zutreffende) Beschreibung bestimmter Sachverhalte. Sätze wie: »Lehrer sollten weniger (oder auch: mehr) Frontalunterricht durchführen!« bzw. auch: »Es ist problematisch, daß Unterricht vorwiegend als Frontalunterricht durchgeführt wird« dagegen sind Empfehlungen oder Bewertungen, d. h. Sätze, die die Funktion haben, jemanden zu bestimmten Handlungen aufzufordern, die also Handlungen gebieten oder verbieten, erlauben oder empfehlen, als gut oder nicht gut bewerten. Damit deutet sich bereits an, daß Empfehlungen oder Handlungsanweisungen sprachlich unterschiedlich formuliert werden können: als Imperative, als Sätze mit »sollen« und »dürfen«, mit »gut« oder »richtig«, als Indikativ- oder Fragesätze.

Darüber hinaus können solche Aufforderungen nonverbal erfolgen, z. B. durch eine Geste, die einen Gesprächspartner zum Platznehmen auffordert. Das bedeutet aber generell, daß die Unterscheidung zwischen Beschreibung und Aufforderung nicht an irgendwelchen formalen Kriterien (z. B. an der sprachlichen Form von Sätzen) festzumachen ist, sondern sich immer nur im Blick auf die Funktion verschiedener Handlungen treffen läßt (vgl. v. WRIGHT 1979, S. 100 ff.). Im Rahmen einer solchen groben Unterscheidung werden dann von verschiedenen Autoren Normen und Werte als bestimmte Arten von Aufforderungen abgegrenzt:

Im Unterschied zu Imperativen als singulären Aufforderungen in einer konkreten Situation (z. B. »Gib mir das Buch!«) lassen sich Normen als generelle Aufforderung verstehen. Eine solche generelle Aufforderung wäre etwa der Satz: »Lehrer sollen mehr Gruppenunterricht durchführen.« Dies bedeutet allgemein: Normen werden hier als generelle Aufforderung verstanden, in denen keine Kennzeichnungen einmaliger Situationen auftreten und die damit für alle Personen von einem Typ S (z. B. alle Lehrer, alle Schüler, alle Erzieher usw.) gelten (so z. B. KAMBARTEL 1984; KORTHALS-BEYERLEIN 1979, S. 60 ff.; KUTSCHERA 1973, S. 11 ff.).

Innerhalb solcher generellen Normen lassen sich dann Werte als gewisse grundlegende

Normen ausgrenzen (so z. B. PEUCKERT 1986; WILLIAMS 1972, S. 254), sodaß in diesem Zusammenhang auch des öfteren von *Grundwerten* (z. B. GORSCHENEK 1977; HOLZ 1978; PÖGGELER 1980) gesprochen wird.

Insgesamt sind mit der Frage nach Werten und Normen Grundprobleme pädagogischen Tuns und Denkens gekennzeichnet: Muß Erziehung nicht immer Werte und Normen vermitteln? Welches sind dann aber die richtigen? Wie lassen sich Werte vermitteln? Oder müssen Erziehung und Erziehungswissenschaft möglichst neutral und wertfrei sein? – All das sind Fragen, die in pädagogischer Theoriebildung seit ihren Anfängen behandelt werden.

2 Werte und Normen in der Erziehungspraxis

Insofern menschliches Tun nicht als bloßes Reagieren auf vorgegebene Reize, sondern als Handeln und damit als Entscheiden verstanden wird, ist es grundsätzlich von Normen und Werten geleitet: eine Entscheidung ist immer nur im Blick auf bestimmte Normen und Werte möglich. Wenn ein Jugendlicher sich für ein bestimmtes Studium oder eine bestimmte Lehre entscheidet, so tut er das im Blick auf bestimmte Werte, z. B. später möglichst viel Geld zu verdienen, einen möglichst zukunftsreichen Beruf zu wählen usw. Und wenn sich ein Lehrer im Unterricht für oder gegen ein bestimmtes Vorgehen (z. B. eine Gruppenarbeit) entscheidet, so sind hier ebenso bestimmte Normen und Werte vorausgesetzt: so z. B. die Eigenaktivität der Schüler zu fördern oder den Unterrichtsverlauf möglichst störungsfrei durchführen zu können.

Dieses letzte Beispiel deutet zugleich auf die besondere Bedeutung von Normen und Werten für die Erziehung hin: in stärkerem Maße als andere soziale Praxis ist Erziehung explizit darauf angelegt, das Verhalten oder auch Einstellungen oder Haltungen anderer Personen im Blick auf bestimmte Normen und Werte zu verändern. So sind Unterrichtsziele (»Die Schüler sollen die vier Grundrechnungsarten im 100er Raum beherrschen lernen«) nichts anderes als Normen. Oder Eltern versuchen, ihre Kinder im Blick auf bestimmte allgemeine Normen wie »Erziehung zur Selbständigkeit« zu erziehen.

Faktisch werden in der Erziehungspraxis also immer Entscheidungen im Blick auf bestimmte Erziehungsziele – oder allgemein: bestimmte Normen und Werte – getroffen, wobei die jeweils vorausgesetzten Werte sicherlich unterschiedlich sein können. Auch die in der Tradition der Kritischen Theorie oder der antiautoritären Erziehung vorgebrachte Kritik an Erziehungszielen ist somit letztlich eine Wertentscheidung im Blick auf eine bestimmte Norm, nämlich die Norm: »Es sollen keine Erziehungsziele von außen vorgegeben werden!«

3 Legitimationsprobleme von Werten und Normen

Während in der Erziehungspraxis Werte und Normen häufig unreflektiert und in der Folge bestimmter Traditionen gesetzt werden, stellt sich in der Pädagogik als wissenschaftlicher Disziplin die Frage nach »richtigen« Normen und Werten der Erziehung. Wenn Pädagogik mit dem Anspruch auftritt, wissenschaftlich gesicherte Sätze über Erziehung aufzustellen (und ebendas ist der Anspruch wissenschaftlicher Pädagogik sei ihren Anfängen), dann stellt sich die Frage, ob bzw. wie sich Normen und Werte der Erziehung legitimieren lassen.

In der Tradition pädagogischer Theoriebildung lassen sich mehrere grundlegende Konzepte hinsichtlich der Begründung von Normen unterscheiden (→ *Wissenschaftstheorie*, → *Systematische Pädagogik*):

3.1 Werte und Normen in traditionell normativer Pädagogik

Spätestens seit HERBART wird in der Pädagogik versucht, gewisse erste Normen oder Grundwerte wissenschaftlich zu begründen. Die Pädagogik, so heißt es in HERBARTS Einleitung zur »Allgemeinen Pädagogik« aus dem Jahr 1806, hat zunächst die Aufgabe zu klären, »mit welcher Absicht der Erzieher sein Werk angreifen soll« (HERBART 1982, Bd. 2, S. 22), d. h., sie hat Normen und Werte der Erziehung wissenschaftlich zu begründen. HERBART greift dabei auf die Ethik zurück, aus der er meint, gesicherte Normen (nämlich fünf »praktische Ideen«: »innere Freiheit«, »Vollkommenheit«, »Wohlwollen«, »Recht« und »Billigkeit«) für Erziehung und Unterricht zu gewinnen (vgl. BENNER 1986, S. 88 ff.).

Grundsätzlich ähnliche Argumentationen finden sich auch in wertpädagogischen Konzepten des 20. Jahrhunderts. Im groben lassen sich hier zwei Argumentationen unterscheiden: Im Rahmen eines naturalistischen Konzeptes (vgl. ZEDLER 1976, S. 84 ff.) wird versucht, oberste Werte aus deskriptiven Sätzen (z. B. Sätzen über das Wesen des Menschen) abzuleiten. So versucht z. B. KERSCHENSTEINER (1931, S. 58 ff.; im Anschluß an WINDELBAND und RICKERT) Werte aus »Bewußtseinsgesetzlichkeiten« zu beweisen. Und grundsätzlich entsprechend argumentiert auch KOHLBERG (1974, 1981 a), wenn er aus empirischen Befunden über die Stufen moralischer Entwicklung Normen herzuleiten sucht (zur Kritik vgl. z. B. PELTZER 1986).

Die Alternative zu einer naturalistischen Begründung oberster Werte ist ein intuitionistisches Konzept, indem man (meist in Anlehnung an die intuitive Festlegung von Axiomen in der Mathematik) meint, oberste Wertaxiome gleichsam intuitiv erkennen zu können. Dieser Ansatz wurde im Anschluß an die Wertphilosophie, etwa bei HARTMANN und SCHELER, insbesondere in wertpädagogischen Konzepten des 20. Jahrhunderts vertreten (z. B. HENZ ⁴1975, TRÖGER 1974).

Neuerdings haben wertpädagogische Konzepte durch die sogenannte Grundwertediskussion wieder größere Beachtung gewonnen: angesichts der Unsicherheit hinsichtlich geltender Normen wird auf die Wichtigkeit zentraler und allgemein verbindlicher Grundwerte für die Erziehung hingewiesen (vgl. »Mut zur Erziehung« 1979). Nun sind wertpädagogische Fundierungen von Normen und Werten gewiß nicht unproblematisch. Zumindest zwei Probleme sind in der Diskussion deutlich geworden:

– Ein erstes Problem besteht in der Auswahl von Grundwerten. Faktisch werden ja von verschiedenen Autoren durchaus unterschiedliche Grundwerte angesetzt. Wie läßt es sich dann begründen, welches die »richtigen« Grundwerte sind? Daß hier auch eine Berufung auf Intuition und Evidenz nicht weiterführt (sie könnte ja von jedem Konzept in Anspruch genommen werden), liegt auf der Hand.

– Ein zweites Problem besteht im Übergang von ersten Grundwerten zu konkreten Entscheidungen. Besteht nicht die Gefahr, daß die Ansetzung von absolut gültigen Grundwerten nicht auch zu einem starren Normensystem für die Erziehungspraxis führt (wie es z. B. im HERBARTianismus deutlich der Fall war) (→ *Methoden des Unterrichts*), bei dem die besondere Situation, die jeweiligen historischen und individuellen Umstände nicht mehr berücksichtigt werden können?

3.2 Werte und Normen in der geisteswissenschaftlichen Pädagogik

Dieser zweite Einwand, daß nämlich die klassische normative Pädagogik letztlich zu einem starren Normensystem führt, ist Anlaß für die Entstehung der geisteswissenschaftlichen Pädagogik. Bereits SCHLEIERMACHER hatte an traditionellen normativen Systemen kritisiert, daß dabei die jeweilige besondere Situation nicht berücksichtigt wird, und eine nähere Bestimmung »in Beziehung auf den jeweiligen Zustand, in welchen der Erzogene hineintreten soll«, gefordert (SCHLEIERMACHER 1957, Bd. 1, S. 22). Diese Kritik wird dann weitergeführt bei DILTHEY und in der daran anschließenden geisteswissenschaftlichen Pädagogik.

DILTHEY wendet sich explizit gegen die Aufstellung allgemeingültiger (d. h. für alle Orte und Zeiten geltender) Normen: »So muß unser Endurteil sein: diese allgemein gültige pädagogische Wissenschaft, welche von der Feststellung des Zieles der Erziehung aus die Regeln für das Geschäft derselben gibt, absehend von allen Verschiedenheiten der Völker und Zeiten, sie ist eine rückständige Wissenschaft.« (DILTHEY 1959ff., Bd. 9, S. 177) Er stellt demgegenüber die These auf, daß Normen immer nur aus der Geschichte heraus aufgestellt werden können: »Nur aus dem Ziel des Lebens kann das der Erziehung abgeleitet werden ... Was der Mensch sei und was er wolle, erfährt er erst aus der Entwicklung seines Wesens durch die Jahrtausende und nie bis zum letzten Worte, nie in allgemein gültigen Begriffen, sondern immer nur in lebendigen Erfahrungen, welche aus der Tiefe seines ganzen Wesens entspringen.« (DILTHEY 1959ff., Bd. 6, S. 57)

Damit hat DILTHEY ein Programm aufgestellt, das später für die geisteswissenschaftliche Pädagogik wegweisend wurde.

3.3 Normen und Werte in der Tradition der empirischen Sozialwissenschaft

Die Kritik an normativen Systemen wird in der Tradition der empirischen Sozialwissenschaft (und damit auch in der Tradition der empirischen Erziehungswissenschaft) noch weitergeführt, indem die wissenschaftliche Begründbarkeit von Normen und Werten schlechterdings in Zweifel gezogen wird.

Ausgangspunkt dafür ist WEBERS berühmte These von der »Wertfreiheit« der Sozialwissenschaften. Die »wissenschaftliche Vertretung von praktischen Stellungnahmen«, so formulierte er, »ist prinzipiell deshalb sinnlos, weil die verschiedenen Wertordnungen in unlöslichem Kampf untereinander stehen« (WEBER ³1968, S. 603). Angesichts des Scheiterns aller bisherigen Versuche, erste Normen und Werte wissenschaftlich zu begründen, sieht man im Anschluß an WEBER keine andere Möglichkeit als die, Wissenschaft auf die Untersuchung von Sachverhalten zu beschränken und die Aufstellung von Normen und Werten aus der Wissenschaft auszuklammern. Sozialwissenschaft als empirische Wissenschaft muß damit wertfrei sein: »... wir sind der Meinung, daß es niemals Aufgabe einer Erfahrungswissenschaft sein kann, bindende Normen und Ideale zu ermitteln, um daraus für die Praxis Rezepte ableiten zu können.« (WEBER ³1968, S. 149)

In der Erziehungswissenschaft ist die These der Wertfreiheit insbesondere von LOCHNER (1963) und BREZINKA zu Beginn der 70er Jahre aufgegriffen worden: In wissenschaftlichen Theorien, so schreibt BREZINKA (1971, S. 59), »... ist nur der deskriptive (beschreibende und interpretierende) Sprachgebrauch zulässig, während der praeskriptive (vorschreibende) und der emotive (gefühlsansprechende) ausgeschlossen bleiben sollen«.

Eine empirische Sozialwissenschaft (das klingt schon bei WEBER an) kann zwar empirische Untersuchungen darüber durchführen, welche Normen und Werte befolgt werden, sie kann auch die Zweckmäßigkeit von Mitteln im Blick auf gegebene Ziele untersuchen, aber sie kann Ziele ihrerseits nicht begründen. Kritisiert wird dieses Konzept im wesentlichen mit drei Argumenten:

– Gerade für die Pädagogik stehen praktische Fragen (etwa bei der Festlegung von Lernzielen usw.) dermaßen im Mittelpunkt, daß es fraglich erscheint, ob hier die These der Wertfreiheit in einer Disziplin, die sich seit ihren Ursprüngen als praktische verstanden hat, sinnvollerweise aufrechterhalten werden kann.

– Seit Ende der 60er Jahre wurde von seiten der Kritischen Theorie und der daran anschließenden emanzipatorischen Pädagogik der empirischen Sozialwissenschaft vorgeworfen, daß die These der Wertfreiheit unter der Hand zu einer »Stabilisierung bestehender Machtverhältnisse« (WELLMER 1969, S. 20) führt.

– Und schließlich zeigt sich als wissenschaftstheoretisches Problem wertfreier empirischer Sozialwissenschaft, daß auch wissenschaftliche Methoden stets von Werten und Normen geleitet sind: jede Wissenschaft, das steht insbesondere seit dem Positivismusstreit in der deutschen Soziologie in den 60er Jahren fest, besitzt eine Wertbasis, in der Auswahlkriterien, aber auch Methoden und Definitionen von Grundbegriffen festgelegt werden. Da solche Fragen sinnvollerweise nicht aus der wissenschaftlichen Diskussion ausgeklammert und möglichen vorwissenschaftlichen normativen Entscheidungen überlassen bleiben können, wird auch innerhalb wissenschaftlicher Praxis die Frage nach der Begründbarkeit von Normen und Werten unausweichbar (→ *Wissenschaftstheorie;* → *Forschungsmethoden der Erziehungswissenschaft*).

3.4 Zum gegenwärtigen Stand der Normendiskussion

Während noch bis in die 70er Jahre die erziehungswissenschaftliche Diskussion gekennzeichnet war durch scharfe Auseinandersetzungen zwischen verschiedenen Positionen hinsichtlich der Begründbarkeit von Normen und Werten, hat sich mittlerweile so etwas wie eine Ernüchterung ausgebreitet: eine Ernüchterung, die vor allem daraus resultiert, daß (wie etwa die Paradigmendiskussion im Anschluß an KUHN gezeigt hat) wissenschaftliche Erkenntnisse schlechthin keineswegs so objektiv und voraussetzungslos sind, wie man lange Zeit angenommen hat. Das hat zur Folge, daß die Diskussion um die Begründbarkeit von Normen und Werten nicht mehr unter dem Absolutheitsanspruch steht, wie es früher der Fall gewesen ist.

Insgesamt zeichnet sich in der neueren Diskussion eine gleichsam vermittelnde Position hinsichtlich der Frage der Begründbarkeit von Normen und Werten ab:

– Daß für die Erziehung Normen und Werte unverzichtbar sind, steht außer jedem Zweifel. Ebenso ist es zweifellos wichtig, die Frage nach der Begründung bei der Ansetzung bestimmter Werte und Normen zu stellen, ohne daß hier eine gleichsam unbezweifelbare Beweismöglichkeit besteht.

– Welche Werte und Normen angesetzt werden, ist sicherlich von der jeweiligen historischen Situation mit beeinflußt: erst in bestimmten Situationen ergibt sich die Notwendigkeit, über bestimmte Normen und Werte nachzudenken (z. B. Umweltschutz); in bestimmten historischen Veränderungen erhalten bestimmte andere Werte mehr Gewicht bzw. treten mehr in den Hintergrund.

– Erziehungswissenschaft als Wissenschaft kann schwerlich Entscheidungen für bestimmte konkrete Normen wissenschaftlich beweisen. Entsprechende Versuche, wie der Versuch, eine bestimmte Schulform (wie das Gesamtschulsystem) als besser zu beweisen, haben sich im nachhinein als erfolglos erwiesen (vgl. DRERUP 1987).

In diesem Zusammenhang hat auch eine wohlverstandene These der Wertfreiheit ihren guten Sinn, die besagt, daß Wissenschaft (und somit auch Erziehungswissenschaft) nicht schlechterdings absolute Anweisungen über richtigen Unterricht, die richtige Schulform usw. aufstellen kann, wohl aber Argumente, die helfen können, praktische Entscheidungen begründet und nicht willkürlich und zufällig zu treffen.

3.5 Werte und Normen in konsenstheoretischen Konzepten

Einen möglichen Ansatz dafür könnten konsenstheoretische Konzepte bieten, deren Maxime es ist, Normen und Werte so anzusetzen, daß sie auf möglichst große Zustimmung stoßen: um Beliebigkeit und Willkür bei der Festlegung von Normen zu verringern, bietet sich an, Normen durch einen möglichst weiten Konsens abzusichern.

Im Grunde hat dieses *Konsensverfahren* eine lange Tradition, die bis auf KANTS kategorischen Imperativ hinführt. Konsenstheoretische Ansätze wurden dann ausführlicher entwickelt, im deutschsprachigen Raum etwa bei HABERMAS (z. B. 1971), APEL (z. B. 1971), in der Tradition der Erlanger Philosophie (z. B. KÖNIG 1975b; LORENZEN/ SCHWEMMER 1973) und in der angelsächsischen Moralphilosophie (z. B. BAIER 1974; RAWLS 1975; RAZ 1975; SINGER 1975). Dabei hat sich herausgestellt, daß auch Konsensverfahren keine unbezweifelbare Begründung liefern können (vgl. z. B. HÖFFE 1977; WEINBERGER 1983), daß sie aber brauchbare Verfahren darstellen, Diskussionen über Normen methodisch abzusichern.

3.6 Grundwerte und verantwortliches moralisches Handeln

Die Befolgung bestimmter grundlegender Werte ist notwendige, aber nicht hinreichende Voraussetzung für verantwortliches moralisches Handeln (→ *Moralische Entwicklung und Erziehung*). Dies bedeutet, wer z. B. die Forderung akzeptiert, Entscheidungen im Konsens zu treffen, ist damit noch nicht ohne weiteres in der Lage, das in tatsächlichen Situationen auch durchführen zu können: die Erfahrung, daß »guter Wille« hier allein nicht ausreicht, ist immer wieder zu machen.

Das aber bedeutet, daß zusätzliche Verfahren notwendig sind, die helfen, in konkreten Situationen begründet zu entscheiden.

Im groben lassen sich hier zwei Ansätze unterscheiden:

– Zunächst einmal liegt es nahe, hier Argumentationsformen etwa für konkrete Entscheidungen zu entwickeln. In diesem Zusammenhang sind die verschiedenen Ziel-Mittel-Argumentationen naheliegend (vgl. GEULEN 1977; KÖNIG 1975b): Wenn es darum geht, einen Konsens herzustellen, ist zunächst einmal abzuklären, ob sich gemeinsame Ziele finden lassen. Und es ist auf dieser Basis die Angemessenheit von Mitteln im Blick auf diese Ziele (und mögliche relevante Nebenwirkungen) zu diskutieren.

– Die Erfahrungen mit rationalem Argumentieren haben jedoch gezeigt, daß die einseitige Ausrichtung auf Ziel-Mittel-Argumentationen für einen Konsens nicht aus

reicht. Ausgehend von der in der Kommunikationstheorie getroffenen Unterscheidung, daß jedes Gespräch eine Sach- und Beziehungsebene hat (WATZLAWICK 1969, S. 53f.), reicht es eben nicht aus, lediglich sein Augenmerk auf die Sachebene zu richten, sondern es ist zu fragen, durch welche Probleme auf der Beziehungsebene (z. B. dadurch, daß sich ein Gesprächspartner überredet fühlt, daß Interpunktionen entstehen usw.) eine sachliche Einigung verhindert oder erschwert wird bzw. welche Möglichkeiten zur Lösung von Beziehungsproblemen bestehen. Auch hierzu stehen mittlerweile eine Reihe von Ansätzen zur Verfügung, wie sie im Umkreis der Kommunikationstheorie von WATZLAWICK entwickelt worden sind, z. B.:
- aktives Zuhören,
- Vermeidung von Interpunktion,
- Akzeptieren des anderen, Reframing usw.

(vgl. z. B. GORDON ⁶1975; WATZLAWICK 1969; BANDLER/GRINDER 1985) (→ *Sprache im Unterricht*).

4 Empirische Wertforschung

Das Zurücktreten von Diskussionen über die Begründbarkeit von Normen und Werten in der gegenwärtigen sozialwissenschaftlichen Diskussion hat zu einer verstärkten Untersuchung empirischer Fragen über Wertentstehung und Wertveränderung geführt (vgl. GRAUMANN/WILLIG 1983). Wie sich Werte beim Kind und Jugendlichen heranbilden, wie sie sich im einzelnen oder in Gruppen und Gesellschaften verändern und damit auch, wie sie veränderbar bzw. beeinflußbar sind, das sind Fragen, die auch für die Pädagogik wichtig sind.

4.1 Forschungsmethodische Probleme

Bei der Diskussion der Frage, welche Werte von jemandem akzeptiert werden, stellt sich das forschungsmethodische Problem, wie sich die Befolgung von Normen und Werten überhaupt empirisch erfassen läßt. Das Standardvorgehen hierfür besteht darin, daß man versucht, Werte mit Hilfe von Befragungen zu ermitteln. In diesem Zusammenhang sind verschiedene Analyseverfahren entwickelt worden (vgl. z. B. GRAUMANN/WILLIG 1983; KLAGES/KMIECIAK 1979, S. 463ff.; STIKSRUD 1976). So werden in dem Verfahren von ROKEACH (1973) den Versuchspersonen verschiedene Werte (z. B. »echte Freundschaft«, »ein behagliches Leben«, »innere Harmonie« usw.) in alphabetischer Reihenfolge vorgestellt mit der Aufforderung, sie in eine Rangordnung zu bringen.

Allerdings ist ein solches Verfahren nicht unproblematisch (vgl. WESTMEYER 1984): Zunächst einmal ist nicht gesichert, daß verschiedene Personen unter den vorgelegten Begriffen – wie »ein behagliches Leben« – dasselbe verstehen. Zum anderen wird hierbei lediglich die verbale Zustimmung zu bestimmten Werten überprüft, was zunächst noch nichts über das tatsächliche Handeln gemäß bestimmten Werten aussagt: Wenn jemand »wahre Freundschaft« als Wert nennt, so ist damit noch nichts darüber gesagt, daß eben dieser Wert tatsächlich sein Handeln leitet.

4.2 Wertentwicklung

Bei der Frage, wie Werte entstehen bzw. sich verändern und entwickeln, lassen sich grundsätzlich zwei Forschungsschwerpunkte unterscheiden:

– Im Rahmen von Untersuchungen auf einer *Makroebene* geht es um die Frage, wie sich in einer Gesellschaft Werte und Normen verändern (vgl. z. B. JAIDE 1983; STIKSRUD 1984). In der Tat läßt sich in den letzten Jahren deutlich so etwas wie ein »Wertwandel« feststellen: während bis in die 60er Jahre Werte wie Disziplin, Gehorsam, Leistung, Pflichterfüllung usw. im Mittelpunkt standen, wurden danach in stärkerem Maße sogenannte Selbstentfaltungswerte wie »Emanzipation«, »Autonomie«, »Selbstverwirklichung« usw. betont (KLAGES 1984) (→ *Pädagogische Soziologie*).

– Auf *individueller Ebene* stellt sich die Frage, wie beim Kind und Jugendlichen Werte entstehen bzw. sich verändern. Es werden drei verschiedene Konzepte diskutiert (→ *Moralische Entwicklung und Erziehung;* → *Entwicklung und Förderung*):

– In kognitiven Konzepten (z. B. PIAGET, KOHLBERG) wird die moralische Entwicklung als Entwicklung des (moralischen) Denkens verstanden.

– Psychoanalytisch orientierte Entwicklungstheorien deuten die Entstehung von Werten im Anschluß an FREUD als Heranbildung des Über-Ichs- im Spannungsfeld zu Ich und Es (vgl. ERIKSON ³1966; HARTMANN 1973).

– Und schließlich lassen sich sozialpsychologische Konzepte zusammenfassen, bei denen in besonderem Maße der Einfluß der Umwelt bei der Entstehung von Werten und Normen untersucht wird: Werte und Normen werden durch Beobachtung und Imitationslernen bzw. durch Verstärkung und Bestrafung gelernt (vgl. z. B. SECORD/BACKMANN 1976).

5 Werterziehung

Daß Erziehung grundsätzlich Werte und Normen des zu Erziehenden beeinflußt, ist nicht zu bestreiten. Das ist jedoch nicht nur dann der Fall, wenn Erziehung explizit auf die Vermittlung von Werten ausgerichtet ist, sondern grundsätzlich immer auch im Rahmen des sogenannten »heimlichen Lehrplans« (vgl. z. B. ZINNECKER 1975), in dem z. B. Schüler lernen, daß es sich nicht auszahlt, wenn sie allzu kritische Einwände bringen, wo sie lernen, sich nicht gegen den Lehrer zu wenden usw. (→ *Lehrer-Schüler-Verhältnis*).

Wenn aber Unterricht und Erziehung ohnehin Werte und Normen beeinflussen, dann wird die Frage nach einer Werterziehung unabweisbar: die Frage nämlich, welche Werte dann sinnvollerweise angesetzt werden sollen.

Im groben lassen sich hier drei Hauptrichtungen unterscheiden:

– In den 70er Jahren wurden in der Tradition einer emanzipatorischen Erziehung verstärkt Konzepte wie »Kritikfähigkeit«, »Selbstbestimmung« usw. in den Mittelpunkt gestellt (z. B. FELLSCHES 1977, S. 143 ff.; SCHMIEDERER 1971).

– Als Gegenbewegung zu einer solchermaßen kritischen Erziehung wurde in der Tradition des Programms »Mut zur Erziehung« (vgl. z. B. »Mut zur Erziehung« 1979) wieder stärker die Betonung klassischer Grundwerte wie »Tüchtigkeit« oder »Vertrauen« gefordert (z. B. BREZINKA 1986; GORSCHENEK 1977; PÖGGELER 1980).

– Und schließlich wird in der gegenwärtigen Diskussion relativ stark versucht, Werterziehung im Sinne von KOHLBERG als Entwicklung des moralischen Bewußtseins zu verstehen (z. B. AUFENANGER u. a. 1981; BERKOWITZ/OSER 1985; LIND/RASCHERT 1987; SCHLÄFLI 1986).

Die Vermittlung solcher Werte im Rahmen eines »moralischen Unterrichts« glaubte man in den 70er Jahren im wesentlichen durch gezielte Unterrichtsmaßnahmen erreichen zu können. Mittlerweile hat sich jedoch herausgestellt, daß moralische Erziehung ein wesentlich komplexerer Prozeß ist, der sich nur zu einem geringen Teil direkt im Unterricht erreichen läßt (→ *Moralische Entwicklung und Erziehung*).

Im Anschluß an OSER (1987) lassen sich vier »Typen« moralischer Erziehung unterscheiden:
– Die Diskussion soziomoralischer Dilemmata (was im Anschluß an KOHLBERG darauf abzielt, bei den Schülern die nächsthöhere Stufe moralischer Entwicklung zu erreichen),
– die Integration moralpädagogischer Elemente in Schulfächer,
– die Einrichtung spezieller Kurse moralischer Erziehung,
– Institutionalisierung von moralpädagogischen Modellschulen, wobei sich Verbindungen zu Landerziehungsheimen (→ *Freie Schulen*), aber auch zu den Just-community-Versuchen von KOHLBERG (z. B. KOHLBERG 1981b, POWER 1986) ergeben.

Insgesamt scheint sich dabei anzudeuten, daß moralische Erziehung weniger durch gezielte Unterrichtseinheiten, sondern primär durch den Unterricht soziales Handeln bewirkt: wie Lehrer und Schüler miteinander umgehen, wie ein Erzieher auf einen Jugendlichen eingeht, welche sozialen Regeln in Erziehungssituationen gelten usw., dürfte stärker die Einstellung des Lernenden zu bestimmten Werten prägen als explizit angelegte Unterrichtsarrangements (z. B. KERSTIENS 1987; SCHLÄFLI u. a. 1985). Damit aber sind es letztlich die Schulorganisation und die Persönlichkeit des Lehrers, die Werteinstellungen verändern und moralische Erziehung fördern können.

Literatur

APEL, K. O. u. a.: Hermeneutik und Ideologiekritik. Frankfurt 1971
AUFENANGER, S. u. a.: Erziehung zur Gerechtigkeit. München 1981
BAIER, K.: Der Standpunkt der Moral. Düsseldorf 1974
BANDLER, R./GRINDER, J.: Reframing: ein ökologischer Ansatz in der Psychotherapie. Paderborn 1985
BENNER, D.: Die Pädagogik Herbarts. Weinheim 1986
BERKOWITZ, M./OSER, F.: Moral Education. Hillsdale, N. J. 1985
BREZINKA, W.: Von der Pädagogik zur Erziehungswissenschaft. Weinheim 1971
–: Erziehung in einer wertunsicheren Gesellschaft. München 1986
DILTHEY, W.: Gesammelte Schriften. Stuttgart 1959ff.
DRERUP, H.: Wissenschaftliche Erkenntnis und gesellschaftliche Praxis. Weinheim 1987
ERIKSON, E. H.: Identität und Lebenszyklus. Frankfurt ³1966
FELLSCHES, J.: Moralische Erziehung als politische Bildung. Heidelberg 1977
GEULEN, D.: Das vergesellschaftete Subjekt. Frankfurt 1977
GORDON, T.: Familienkonferenz. Hamburg ⁶1975
GORSCHENEK, G.: Grundwerte in Staat und Gesellschaft. München 1977
GRAUMANN, C. F./WILLIG, R.: Wert, Wertung, Werthaltung. In: THOMAE, H. (Hrsg.): Theorien und Formen der Motivation. Göttingen 1983, S. 312–396
HABERMAS, J.: Vorbereitende Bemerkungen zu einer Theorie der kommunikativen Kompetenzen. In: ders./LUHMANN, N.: Theorie der Gesellschaft oder Sozialtechnologie. Frankfurt 1971, S. 101–141

HARE, R. M.: Die Sprache der Moral. Frankfurt 1972
HARTMANN, H.: Psychoanalyse und moralische Werte. Stuttgart 1973
HENZ, H.: Lehrbuch der systematischen Pädagogik. Freiburg ⁴1975
HERBART, J. F.: Allgemeine Pädagogik (1806). In: ders.: Pädagogische Schriften. Hrsg. von W. ASMUS. Bd. 2. Stuttgart 1982
HÖFFE, O.: Über John Rawls' Theorie der Gerechtigkeit. Frankfurt 1977
HOLZ, H. H.: Grundwerte-Diskussion. Köln 1978
JAIDE, W.: Wertwandel: Grundfragen einer Diskussion. Opladen 1983
KAMBARTEL, F.: Stichwort »Norm«. In: MITTELSTRASS, J. (Hrsg.): Enzyklopädie Philosophie und Wissenschaftstheorie. Bd. 2. Mannheim 1984, S. 1030–1031
KERSCHENSTEINER, G.: Theorie der Bildung. Leipzig ³1931
KERSTIENS, L.: Das Gewissen wecken. Bad Heilbrunn 1987
KLAGES, H.: Wertorientierungen im Wandel. Frankfurt 1984
–/KMIECIAK, P. (Hrsg.): Wertwandel und gesellschaftlicher Wandel. Frankfurt 1979
KLAUER, K. J.: Revision des Erziehungsbegriffs. Düsseldorf 1973
KÖNIG, E.: Theorie der Erziehungswissenschaft. Bd. 1. München 1975a
–: Theorie der Erziehungswissenschaft. Bd. 2. München 1975b
KOHLBERG, L.: Zur kognitiven Entwicklung des Kindes. Frankfurt 1974
–: Essays on moral development. San Francisco 1981a
–: The meaning and measurement of moral development. Worcester, Mass. 1981b
KORTHALS-BEYERLEIN, G.: Soziale Normen. Begriffliche Explikation und Grundlagen empirischer Erfassung. München 1979
KUTSCHERA, F. v.: Einführung in die Logik der Normen, Werte und Entscheidungen. München 1973
LIND, G./RASCHERT, J.: Moralische Urteilsfähigkeit. Weinheim 1987
LODMER, R.: Deutsche Erziehungswissenschaft. Meisenheim a. G. 1963
LORENZEN, P./SCHWEMMER, O.: Konstruktive Logik, Ethik und Wissenschaftstheorie. Mannheim 1973
–/–: Mut zur Erziehung. Beiträge zu einem Forum am 9./10. Januar 1978 im Wissenschaftszentrum Bonn. Bad Godesberg 1979
OSER, F.: Möglichkeiten und Grenzen der Anwendung des Kohlberg'schen Konzepts der moralischen Erziehung in unseren Schulen. In: LIND, G./RASCHERT, J. (Hrsg.): Moralische Urteilsfähigkeit. Weinheim 1987, S. 44–53
PELTZER, U.: Lawrence Kohlbergs Theorie des moralischen Urteilens. Opladen 1986
PEUCKERT, R.: Stichwort »Werte«. In: SCHÄFERS, B. (Hrsg.): Grundbegriffe der Soziologie. Opladen 1986, S. 373–376
PÖGGELER, F. (Hrsg.): Grundwerte in der Schule. Freiburg 1980
POWER, C.: Demokratische und moralische Erziehung in einer großen öffentlichen High School. In: OSER, F. u. a.: Transformation und Entwicklung. Frankfurt 1986, S. 297–324
RAWLS, J.: Eine Theorie der Gerechtigkeit. Frankfurt 1975
RAZ, J.: Practical Reason and Norm. London 1975
ROKEACH, M.: The nature of human values. New York 1973
ROMBACH, H./HILLMANN, K.-H.: Stichwort »Norm, Wert«. In: ROMBACH, H. (Hrsg.): Wörterbuch der Pädagogik. Bd. 2. München 1977, S. 307–312
SCHEELE, B./GROEBEN, N.: Eine Dialog-Konsens-Variante der Ziel-Mittel-Argumentation. Heidelberg 1986
SCHLÄFLI, A. u. a.: Does moral education improve moral judgment? In: Review of Educational Research 55 (1985), S. 319–352
–: Förderung der sozial-moralischen Kompetenz. Frankfurt 1986
SCHLEIERMACHER, F.: Pädagogische Schriften. Hrsg. von E. WENIGER. 2 Bde. Düsseldorf 1957
SCHMIEDERER, R.: Zur Kritik der politischen Bildung. Frankfurt 1971
SECORD, P. F./BACKMANN, C. W.: Sozialpsychologie. Frankfurt 1976
SINGER, M. G.: Verallgemeinerung in der Ethik. Frankfurt 1975
STIKSRUD, H. A.: Diagnose und Bedeutung individueller Werthierarchien. Frankfurt 1976
–: Jugend und Werte. Weinheim 1984
TRÖGER, W.: Erziehungsziele. München 1974
WATZLAWICK, P.: Menschliche Kommunikation. Bern 1969

WEBER, M.: Gesammelte Aufsätze zur Wissenschaftslehre. Tübingen ³1968
WEINBERGER, O.: Logische Analyse als Basis der juristischen Argumentation. In: KRAWIETZ, W./ALEXY, R. (Hrsg.): Metatheorie juristischer Argumentation. Berlin 1983
WELLMER, A.: Kritische Gesellschaftstheorie und Positivismus. Frankfurt 1969
WESTMEYER, H.: Methodologische Probleme der Wertforschung in der Psychologie. In: STIKSRUD, A. (Hrsg.): Jugend und Werte. Weinheim 1984, S. 32–44
WILLIAMS, R. M.: Stichwort »Values«. In: International Encyclopedia of the Social Science. Bd. 16. New York 1972, S. 283–287
WRIGHT, G. H. V.: Norm und Handlung. Königstein 1979
ZEDLER, H. P.: Zur Logik von Legitimationsproblemen. München 1976
ZINNECKER, J.: Der heimliche Lehrplan. Weinheim 1975

Jürgen Oelkers

Theorien der Erziehung – Erziehung als historisches und aktuelles Problem

1 Exposition des Problems

Daß und wie »Erziehung« als *Problem* erscheinen kann, ist selbst ein – historisches – Problem. Auf die Tatsache, daß sich Kinder *nicht* gemäß einer natürlichen Determination »entwickeln«, haben Kulturen und Gesellschaften nicht nur mit höchst unterschiedlichen institutionellen Konzepten reagiert, vielmehr war auch die dabei zugrunde gelegte Problemsicht dessen, was jeweils »Erziehung« genannt wurde, überaus vielfältig und heteronom. Auf diese Weise differieren nicht bloß die großen epochalen Entwürfe der antiken, der mittelalterlichen und der neuzeitlichen *Pädagogik*, sondern auch das elementare, lebensweltliche Verständnis von *Erziehung*.

Die Geschichte der Pädagogik ist aber nicht die Geschichte der Erziehung (vgl. SCHEUERL 1985), jedenfalls nicht in irgendeinem Verständnis direkter Ableitung, so als sei die Theorie die Widerspiegelung der Praxis oder die Praxis das folgerichtige Deduktivat der Theorie (→ *Das Theorie-Praxis-Verhältnis in der Pädagogik*). Vielmehr erfaßt die Geschichtsschreibung mehrfache Beziehungen zwischen auch in sich changierenden Polen »Pädagogik« und »Erziehung«. So entsteht eine Pluralität von Geschichten, die nicht – prinzipiell nicht – in der einen richtigen kulminieren können.

Die Geschichte der Erziehungs*theorien* kann epochal unterschieden werden, wenn man zu ihrem Ausgangspunkt konstitutive *philosophische* Merkmale oder die theoretischen Weltbilder einer Epoche macht. Auf dieser Linie ist zwischen der geschlossenen Welt des Mittelalters und dem unendlichen Universum der Neuzeit unterschieden worden (KOYRE 1969), denen sich zwei grundlegend andere Erziehungsprinzipien zuordnen lassen, das Prinzip der göttlichen Ordnung und das der menschlichen Emanzipation (GILSON 1950; BLANKERTZ 1982). Derartige Versuche sind aber insofern kritikanfällig, als die Exklusivität der Unterscheidungskriterien nur schwer demonstriert werden kann. Was die »Emanzipation« des Menschen letzten Endes sein soll, ist pädagogisch ebenso umstritten wie theologisch die »göttliche Ordnung«.

So empfiehlt sich nicht eine historische Unterscheidung der Folge von Epochen, sondern eine Differenzierung der Funktion von Erziehung und Erziehungstheorie im Kontext gesellschaftlicher Entwicklungen. Zu einer öffentlichen Aufgabe ersten Ranges wird die gesellschaftliche Erziehung erst mit der *Aufklärung*, also im Übergang von christlicher Mythologie zu wissenschaftlichem Rationalismus, der sich im 18. Jahrhundert ideologiekritisch und politisch artikuliert und erst auf diesem Wege die Erziehungstheorie zu bestimmen beginnt. Und erst die *kritische* Theorie der Erziehung, die politisch artikuliert wird (→ *Wissenschaftstheorie*), gewinnt über den Common sense hinaus Einfluß auf die Erziehungsinstitutionen einer expandierenden Gesellschaft, die selbst in Abhängigkeit zur organisierten Erziehung gerät (PARSONS/PLATT 1973).

2 Historische Bemerkungen zur modernen Theorie der Erziehung

Die sozialphilosophische Aufklärung des 18. Jahrhunderts hat drei wesentliche Voraussetzungen: Sie kritisiert die Dogmen der Theologie mit Hilfe der Doktrinen der Physik, die aber nicht empirisch-deskriptiv, sondern in philosophischer Generalisierung und moralischer Färbung verwendet werden. »Aufklärung« setzt dabei auf einen pädagogischen Effekt. Das bisher dunkle Bewußtsein aller Menschen soll, vermittelt über eine Avantgarde, *erhellt* werden, so daß die vernünftige Organisation der Gesellschaft möglich wird. »Vernünftig« heißt aber bei den französischen Materialisten richtige Anwendung der *Gesetze*, die – nach der Vorgabe MONTESQUIEUS – von der Physik auf die moralischen Wissenschaften und schließlich auf die »science de l'éducation« (HELVÉTIUS 1795, S. 75 ff.) übertragen werden.

Die Zäsur der Erziehungstheorie ist damit aber nur halb markiert, denn zweierlei blieb an diesem Konzept unklar, das Verhältnis der Erfahrung zum erkennenden Subjekt und die Beziehung des Handelnden zur Geschichte, sofern beides nicht einfach durch die neue Wissenschaft mit bearbeitet werden konnte. Die Unklarheiten beseitigte die Philosophie KANTS, die für den eigentlichen Theorieschub der zuvor mehr oder weniger nur pragmatisch verstandenen und religiös überbauten Pädagogik sorgte (LUHMANN 1981). Nach KANT ist *Erfahrung* nicht mehr das Medium und das Ergebnis subjektiver Biographie, sondern die individuelle Konstruktion eines überindividuellen Apparates der Erkenntnis; und *Geschichte* wird in die Zukunft verlagert, stilisiert zur Philosophie des Fortschritts und damit Abwertung der Vergangenheit, die nicht mehr Reservoir dessen ist, was als »Geschichte« das Gewesene bezeichnet hatte.

Sofern man überhaupt von einer Pädagogik der Aufklärung sprechen kann, so liegt ihr Gemeinsames hier, in der innerweltlichen Utopie des gesellschaftlichen Fortschritts, der pädagogisch als Perfektionierung des Subjekts (vgl. PASSMORE 1970, bes. Ch. 10ff.) gedacht wurde. Freilich erkannte die neuzeitliche Pädagogik sofort die Grenzen: »Perfektionierung« rangierte in den zentralen Theorieentwürfen von FRANCKE über ROUSSEAU bis auf HERBART und SCHLEIERMACHER nicht als technisches, sondern als moralisches Problem. Der Unterschied zur Naturwissenschaft wurde (jedenfalls in der deutschen Tradition) gerade darin gesehen, daß »Sittlichkeit« nicht als (äußerlich) herstellbar erschien, sondern (innerlich) entwickelt werden sollte. »Erziehung« mußte dann aber paradox gedacht werden: Die Ziele (Emanzipation oder Mündigkeit) waren gebunden an Mittel, die – mindestens nach KANTS Revolution der Ethik – den Zielen gerade widersprachen. Die Pädagogik mußte das Kind als *Objekt* der Erziehung betrachten, das seine *Subjektivität* erst in einer fernen Zukunft erlangen oder »ausbilden« konnte. Gleichzeitig wurde die »innere Natur« des Kindes oder eben seine Subjektivität zur emphatischen Wertgröße pädagogischen Handelns stilisiert.

Die Paradoxie nahm dieser hauptsächlichen – klassischen – Erziehungstheorie nichts von ihrer Wirksamkeit. Und mehr noch: Sie verhinderte geradezu, daß sich im 19. Jahrhundert eine *empirische* Erziehungswissenschaft herausbildete, die der deskriptiv-analytischen Normalform der positivistischen Disziplinen folgte (vgl. zum Folgenden: OELKERS 1989). Anders als in allen vergleichbaren Nachbardisziplinen (Psychologie, Anthropologie, Kindermedizin, Soziologie etc.) blieb die Pädagogik auf spekulative Theorien und philosophische Entwürfe von Mensch und Welt verwiesen, um ihre

231

utopischen oder mindestens kontrafaktischen Zielsetzungen wirkungsvoll begründen zu können. »Erziehung« war so nicht Gegenstand wertfreier (besser: voraussetzungsfreier) Forschung, sondern normativer Diskurse, die ihren engen Bezug zu politischen Bewegungen und Parteiungen nie verloren (→ *Pädagogik und Politik*). Die Erziehungstheorie bediente sich bestimmter wissenschaftlicher Resultate, soweit sie damit ihr Grundanliegen absichern konnte, aber sie brachte sie nicht hervor und verstand ihren Gegenstand daher auch nicht empirisch-relativ, sondern normativ-absolut, in aller Regel ausgehend von einem substantiellen Begriff des »Guten«, an welchem die pädagogische Zielsetzung ausgerichtet wurde (→ *Werte und Normen in der Erziehung*).

Diese Theoriegestalt war nicht etwa erfolglos: im Namen und unter Orientierung der klassischen Entwürfe wurde im 19. Jahrhundert der Aufbau des staatlichen Schulsystems betrieben. Die pädagogische Legitimation verknüpft sich dabei mit drei sehr unterschiedlichen, jedoch auf dieser Linie durchaus kompatiblen Ansätzen: Seit Beginn der intensiven und flächendeckenden Verschulung stellte sich das Problem der richtigen *Methode*. Auf die Frage, wie der schulische Unterricht professionell effektiv organisiert werden könnte, gab es im Prinzip zwei Antworten, nämlich die Organisation nach einheitlichen Regeln des Handelns oder nach heteronomen Prinzipien der Schulfächer. Die Lösung der Volksschulpädagogik war überwiegend die der einheitlichen Methode, deren Grundlagen nach den Vorgaben vor allem PESTALOZZIS entwickelt wurden. Die »Abbilddidaktik« der Gymnasialpädagogik oder deren »didaktischer Materialismus« (DÖRPFELD) wurde mehr oder weniger einhellig abgelehnt, gerade auch dort, wo die Methode »wissenschaftlichen« Ansprüchen genügen sollte. Die HERBART-Schule, die dies versuchte, entwickelte aber kein grundlegend neues Modell, welches den Vorgaben PESTALOZZIS – an die HERBART ausdrücklich anknüpfte – widersprochen hätte (→ *Methoden des Unterrichts*).

Das zweite Problem der langen Phase der Verschulung war der *erziehende Unterricht* oder die Frage, wie die Vermittlung des Wissens mit der Formung des Charakters verbunden werden könne (→ *Schulpädagogik;* → *Erziehen und Unterrichten als Beruf*). Die Standardantwort war weniger psychologisch als anthropologisch, und zwar zumeist unter Berufung auf einen Autor, der Verschulung grundsätzlich bekämpft hatte, nämlich ROUSSEAU. Aber sowohl seine These, die Erziehung müsse der Entwicklung der kindlichen Natur folgen, als auch seine Vorschläge zum Anschauungsunterricht waren erfolgreiche Versatzstücke in der Rezeption der Schulpädagogik des 19. Jahrhunderts, die auf diese Weise Erziehung und Unterricht widerspruchsfrei verbinden zu können glaubte. Wie immer dieser Rückgriff auf Konzepte ROUSSEAUS zweifelhaft gewesen sein mag, auch hier gab es einen folgenreichen Effekt, nämlich die Bindung der Institution Schule an *pädagogische* Legitimationen, die in einem buchstäblichen Sinne nicht zu erfüllen waren, aber ein kritisches Potential enthielten, auf das sich die pädagogischen Schriftsteller, die mit der Schulwirklichkeit unzufrieden waren, immer wieder berufen konnten. Das gilt auch für jene Ansätze, die sich – wie wiederum die Herbartianer – auf die Psychologie und die Ethik beriefen, um den »erziehenden Unterricht« zu begründen.

Das dritte Problem der preußisch-deutschen Volksschule war die *Disziplin*, und anders als in den anderen beiden Feldern der Legitimation gelang hier keine überzeugende Lösung. HERBARTS Unterscheidung der »Regierung« der Kinder (also ihrer äußeren Disziplinierung) von der Erziehung und dem Unterricht ließ die entscheidende Frage nach dem Sinn und dem Recht der schulischen Disziplin offen. Es verwundert daher nicht, daß an dieser Stelle die radikale Schulkritik ansetzte, weil die Verteidiger der rigiden Formen schulischer Ordnung gegen jene Prinzipien verstoßen mußten, auf die sie sich bei der Methode und dem erziehenden Unterricht gerade berufen hatten (→ *Autorität und Disziplin*).

Die Schul*kritik* begleitet den historischen Prozeß der Verschulung von Anfang an, so daß die »Reformpädagogik« der Jahrhundertwende keineswegs für einen grundlegenden Wandel der Reflexion und Semantik sorgte (hierzu: OELKERS 1988). Die Schulreformdiskussion konzentrierte sich im gesamten 19. Jahrhundert auf die Fragen der Methode und des erziehenden Unterrichts und stieß dabei immer wieder auf die Unvereinbarkeit der etablierten Formen der Disziplin mit den pädagogischen Zielvorstellungen. Die Schriftsteller der Reformpädagogik nutzten diesen grundlegenden Konflikt zu verstärkter Publizistik, ohne wirklich neue Motive der Veränderung der Institution Schule ins Spiel zu bringen. Auch sie diskutierten nur, was schon die klassische Pädagogik gefordert hatte: anschaulichen Unterricht, kindgemäße Vermittlung des Stoffs, Ganzheitlichkeit des Lehrplans, innere Reform von Schulpraxis und Schulleben etc. (→ *Schule als Lebensraum*).

Unter »Reformpädagogik« kann aber nicht nur *Schul*reform verstanden werden, wie vor allem die radikale »Pädagogik vom Kinde aus« demonstrierte. Sie erinnerte zunächst einmal daran, daß »Pädagogik« nicht mit *Schul*pädagogik gleichzusetzen sei. Diese Verengung des 19. Jahrhunderts wurde freilich mit einem radikalen Wechsel gegenüber der pädagogischen Tradition aufgelöst, dessen Folgen es tatsächlich gestatten, von einer Zäsur der Erziehungstheorie zu sprechen. Die klassische Theorie hatte das zu erziehende Subjekt nicht ohne innere Folgerichtigkeit »objektivieren« müssen, denn das Kind erschien als das Besondere eines verbindlichen Allgemeinen – als Exemplar der Gattung –, welches seine Entwicklung *teleologisch* bestimmen sollte. Die pädagogischen Zielsetzungen sind daher auch nie nur auf das individuelle Kind bezogen gewesen, sondern operierten stets mit einem unumgänglichen Allgemeinen, das »größte Glück der größten Zahl« bei den Utilitaristen, der moralische Fortschritt zum ethischen Gesetz bei den Idealisten oder die Übereinstimmung der Persönlichkeit des Kindes mit der göttlichen Schöpfung bei den Romantikern (→ *Werte und Normen in der Erziehung,* → *Moralische Entwicklung und Erziehung*).

3 Erziehungstheorie im 20. Jahrhundert

Mit dieser Relation bricht die »progressive Erziehungstheorie« der Pädagogik vom Kinde aus (vgl. OELKERS 1987): sie stellt den Gedanken der Entwicklung in den Mittelpunkt, aber nunmehr nur noch des kindlichen Individuums, welches *ohne* ein verbindliches Allgemeines und daher rein psychologisch konzipiert wird. Die neue, empirische Kinderpsychologie des 19. Jahrhunderts (PREYER; SULLY; PEREZ u.a.) ist denn auch der wichtigste Bezugspunkt der »Pädagogik vom Kinde aus«, wie sie etwa KEY, OTTO oder GURLITT formuliert haben (vgl. DIETRICH 1982). Ihr entscheidender Theoretiker aber ist DEWEY geworden, der von einer »kopernikanischen Wende« in der Erziehungstheorie sprach (DEWEY 1905, S. 23), welche dann eintrete, wenn das gesamte Erziehungs- und Unterrichtswesen um das Kind als seinen Mittelpunkt organisiert werde.

DEWEYS zentrale These wird in »Democracy and Education« (1916) entfaltet, wo ebenfalls der Entwicklungsbegriff zentrale Bedeutung annimmt, ohne aber - wie große Teile der Kinderpsychologie vor 1900 – »Entwicklung« als Entfaltung von »Anlagen« zu verstehen und damit letzten Endes biologisch (teleologisch) erklären zu müssen. DEWEYS Pragmatismus erlaubt eine handlungstheoretische Rekonstruktion des Entwicklungsgedankens, welcher dann ganz einfach als Wachstum (growth) der Erfahrung des Kindes konzipiert wird (DEWEY ³1964, S. 64ff.), deren Qualität sich danach bemißt, was das individuelle Kind hat lernen können und was nicht. »Lernen« ist eine abhängige Funktion von »Handeln«, so daß in der Erziehung alles darauf ankommt, dem Kind selbsttätige oder handelnde Erfahrung zu ermöglichen (→ *Entwicklung und Förderung;* → *Lernen und Lerntheorien*).

Die Veränderung des Ausgangspunktes der klassischen Theorie ist radikal und zeigt sich an zwei Stellen: DEWEY ersetzt den Begriff der Natur durch den der Gesellschaft, so daß nicht länger eine natürliche Teleologie die Erziehungstheorie beherrscht, sondern ein pragmatisches Ideal, das Erziehung an die Zukunft der demokratischen Gesellschaft zu binden versucht; dieses Ideal wird aber nicht auf die Gattung des Menschen bezogen, wie in den idealistischen Geschichtsphilosophien, sondern an die gelingende Erfahrung der Individuen gebunden. »Gelingen« kann die Erfahrung freilich nur unter pädagogischer Leitung, eine These, für die DEWEY zwei scheinbar starke Argumente ins Feld führen kann: Einerseits vermittelt die durchschnittliche Alltagserfahrung offenbar wichtige Lerninhalte nicht, vor allem solche der Wissenschaften, die gesellschaftlich zu beherrschen für die Zukunft der Demokratie als unabdinglich angesehen wird; andererseits beschneidet gerade die entfremdete Großstadterfahrung des 20. Jahrhunderts die Lernmöglichkeiten selbst, so daß *organisierte* Bildung notwendig erscheint, um die weitgehenden Zielsetzungen der Pädagogik (die für solche der Gesellschaft selbst genommen werden) verwirklichen zu können. Die Frage ist nur, nach welchen Prinzipien diese Bildung – also die Schulen – ausgerichtet werden soll.

Dieser Ansicht sind alle anderen Schulreformer des frühen 20. Jahrhunderts auch, deren Schulkritik mit einem uneingeschränkten Erziehungsoptimismus einhergeht, dem sozusagen nur noch das richtige Anwendungsfeld fehlt. Die Reformschulen sollten genau diesem Zweck dienen, von den »Landeserziehungsheimen« LIETZ' über DEWEYS »laboratory school« an der Universität Chicago bis hin zu PETERSENS Jenaplan-Schule oder den sozialistischen Schulversuchen der Weimarer Republik (OELKERS 1989a) (→ *Freie Schulen*). Die Gemeinsamkeit dieser an sich überaus heteronomen Ansätze zeigt sich an zwei Stellen, den Konzepten der Reform und dem ausgeblendeten Problem, für welche (reale) Gesellschaft diese Reform eigentlich konzipiert wurde. Der erste Komplex ist bereits angesprochen worden. Die schulischen Konzepte der Reformpädagogik sind die der pädagogischen Kritik an der verstaatlichten Schule, seit es diese gibt: Möglichst freie, bürokratisch ungebundene Institutionen sollen zugleich der Bildung und dem Leben dienen, also die Isolation der Schule als künstliche Institution auflösen *und* den Bildungsaufgaben einer komplexer und differenzierter werdenden Gesellschaft gerecht werden.

Dabei kommen im Prinzip sehr ähnliche Ideen zur Anwendung: anschaulicher Unterricht, Verbindung von Herz, Kopf und Hand, Schulleben, Respekt vor der kindlichen Entwicklung, hohe moralische Anforderungen an den Lehrer etc. Auch die schulpraktischen Folgen dieser Veränderung sind durchaus zwischen den verschiedenen Versuchen vergleichbar: Auflösung des bürokratischen Zeittaktes der Schulstunden, freie Wahl der Themen und Unterrichtspläne, aufwendige Betreuungsarbeit (der Schüler wie der Eltern), diskursive Behandlung des Disziplinproblems, Transformation der Lehrpläne in Projekte, die von den Fragen und Bedürfnissen der Kinder getragen werden etc. Der kritische Einwand gegen diese Art Schulreform hat eine interessante polemische Spitze (vgl. GOODMAN 1975), nämlich den Hinweis, daß dies Schulen sind, die die Gesellschaft des 20. Jahrhunderts gar nicht benötigt, weil sie die Notwendigkeit organisierter Bildung oder verschulter Kindheit und Jugend längst überwunden hat (ILLICH 1984).

Die Pointe der progressiven Erziehungstheorie, daß Pädagogik nicht in Schulpädagogik aufgehe, wiederholt sich hier, wobei auch das liberale Argument, die Freiheit des Kindes dürfe nicht durch staatliche Bildung beschränkt werden (MILL 1974, S. 141ff., 176ff.), neue Verwendung findet (zum ganzen Komplex: S. BLANKERTZ 1986). Die auf dieser Linie entwickelten Entschulungstheorien sind nicht neu, haben aber erstmalig breitere Rezeptionschancen, und zwar vor allem deswegen, weil die Reformpädagogik der Jahrhundertwende an die Grenzen ihrer Legitimität stieß. Die staatlichen Schulen veränderten sich überwiegend *nicht* in die Richtung, die die Reformmodelle anstrebten; andererseits überstieg die Reform*dauer* die Aufmerksamkeitstoleranz der politischen Öffentlichkeit. Zwei Wege blieben in dieser Situation offen: die Zurücknahme der Reform und ihre Radikalisierung. Die liberale Entschulungstheorie stellte die radikale Variante dar, die angesichts der inneren Strukturkrise des öffentlichen Bildungswesens in den siebziger und achtziger Jahren des 20. Jahrhunderts auf höhere Aufmerksamkeit stieß (und stoßen wird) als die Versuche, die Schule nach konservativen Prinzipien zu disziplinieren. Was schon im 19. Jahrhundert nicht gelang, nämlich eine stabile Sinndefinition der schulischen Disziplin, wiederholt sich hier.

Bedeutsam ist die liberal-anarchistische Kritik vor allem deswegen, weil sie den unbefragten Konnex zwischen Pädagogik und staatlicher Schule aufsprengt, der unterstellte, deren Praxis sei die für die Gesellschaft einzig sinnvolle und bedeutsame. Die psychologische Wendung der Erziehungstheorie auf das Kind hatte freilich noch eine weiter gehende Sprengwirkung, die sich als Negation der Erziehung selbst artikulierte. Auch hier wiederholte sich eine Erfahrung aus den Anfängen der modernen Pädagogik, nämlich daß die Freiheit des Kindes, verstanden nicht als Ziel, sondern als Attribut, den Erziehungsanspruch ad absurdum führt. Daher macht die neuere »Antipädagogik« auch wiederum nur ein altes Dilemma populär (vgl. OELKERS/LEHMANN 1990), wenn gegen jegliche Erziehung die vorausgesetzte Freiheit des Kindes gestellt wird, die von *keinem* organisierten Einfluß beschränkt oder manipuliert werden dürfe. Neu ist an diesem Liberalismus lediglich, daß er mit tiefenpsychologischen Erklärungen operiert und therapeutische sowie literarische Erfahrungen verwendet, die allerdings am Zuschnitt des pädagogischen Problems nichts grundlegend ändern.

4 Veränderte Voraussetzungen

Entschulungstheorie und Antipädagogik stellen in gewisser Weise Schlußpunkte der langgestreckten pädagogischen Aspiration der Moderne dar, die über Institutionen organisierter Bildung gesellschaftlich verankert wurde, ohne die selbst gesteckten Erwartungen erfüllen zu können (OELKERS 1987b; allgemein: KOSELLECK 1979; HABER-

MAS 1985). Zweifel an dem Anspruch, mit Hilfe der richtigen Erziehung die bessere Gesellschaft der Zukunft herstellen zu können, gab es parallel zur Aufklärung und ihrer Wirkungsgeschichte immer. Aber erst *nach* dem Experiment mit der pädagogisierten Gesellschaft wird diese Kritik erfahrungsrelevant und stellt die pädagogische Theorie vor neue Aufgaben, die offenbar nicht einfach in Rückwendung auf die eigene Tradition gelöst werden können. Dafür spricht auch die These, daß die fortgeschrittene Industriegesellschaft des 20. Jahrhunderts die Verschulungstendenzen verstärkt, ohne noch glaubwürdig rechtfertigen zu können, wofür sie eigentlich stattfinden. Die Intensivierung einer bloßen Routine aber kann die Legitimationsdefekte nicht verschleiern und wird ihnen über kurz oder lang zum Opfer fallen.

Für diese These gibt es mindestens drei Gründe, die sehr unterschiedlichen Kontexten entstammen: Zunächst hat sich der Zusammenhang von gesellschaftlicher *Arbeit* und Reproduktion grundlegend verändert (vgl. BELL 1976). Die Soziologie der Arbeit löst sich von der Gleichsetzung mit *maschineller* Reproduktion (ETZIONI 1971) und damit zugleich von Analogien zur Körperkraft oder dem physikalischen Paradigma von »Arbeit«. Diese Veränderung hat Folgen für die Vermittlung gesellschaftlichen Wissens und Könnens, also dem Basisbereich der Verschulung: Wenn alles Wissen selektive Simplifizierung ist (ETZIONI 1971, S. 148ff.), die in anderen Kontexten immer auch anders möglich ist, dann kann es nicht gelingen, *ein* treffendes Design für die allgemeinbildende Schule zu finden, welches dafür Sorge trägt, daß Erziehung und Unterricht für die Ausrüstung mit dem *richtigen* Wissen und also der zureichenden Ausrüstung der Arbeitskraft sorgen. Anders gesagt: Es gibt keine strukturelle, sondern immer nur eine okkasionelle Verbindung zwischen »Schule« und »Leben« und damit keine Möglichkeit, die Grundforderung der Schulreform wirkungsvoll zu erfüllen (→ *Grenzen und Möglichkeiten*).

Zweitens hat sich der Adressat der klassischen Erziehungstheorie, das sich entwickelnde Subjekt, völlig anders gestaltet, als dies die pädagogischen Prognosen noch der Jahrhundertwende für möglich hielten. Die Psychologie und Ästhetik der *Subjektivität* zeigen spätestens seit der Literatur der »Empfindsamkeit«, dem romantischen Protest und der Kunst des *Fin de siècle* Züge, die einer Erziehungsteleologie widersprechen. Offenbar wird »Subjektivität« nicht planmäßig durch Erziehung vorbereitet oder gar hervorgebracht, sondern entwickelt sich selbst je nach Erfahrung in unterschiedlichen Zusammenhängen, von denen die organisierte Bildung nur eine ist, deren langfristige Wirksamkeit zudem nicht technisch hervorgebracht werden kann. Die klassische Erziehungstheorie setzte das *moralische* Subjekt voraus, aber nicht als psychologische und ästhetische »innere Wirklichkeit«, sondern als Ziel oder Aufgabe (→ *Moralische Entwicklung und Erziehung*). Das Schlüsselproblem eines ihrer großen Entwürfe, der Pädagogik SCHLEIERMACHERS, war, wie das *höchste Gut* der Ethik und damit zugleich der Erziehung begründet werden könne, und dieses Problem blieb um so *ungelöster*, je mehr sich – auf der Linie der progressiven Erziehungstheorie – die Pädagogik nur noch dem Kind und seiner Individualität zuwandte, die verschult, aber nicht, in keiner Weise, pädagogisch erzeugt werden konnte, sondern vorausgesetzt werden mußte. Die lernende Erfahrung folgt keinem ihr vorausliegenden *telos*.

Drittens hat sich auch die semantische Beschaffenheit der Erziehungstheorie selbst gewandelt, und zwar in einem anderen Sinne als dem des beständigen Wechsels von wissenschaftlichen Moden (vgl. NEUMANN/OELKERS 1981). Die empirische Philosophie der *Sprache* hat im Anschluß vor allem an WITTGENSTEIN offengelegt, daß alle globalen Konzepte (wie eben »Erziehung« oder »Bildung«) unter schwerwiegenden Referenzproblemen leiden, weil sich nicht genau zeigen läßt, worauf sie sich beziehen sollen oder können. Sie bleiben *vage* (BLACK 1949; SCHEFFLER 1979), was sich auch so deuten läßt, daß ihre naiven Realitätsimplikationen fraglich werden. Genau die aber verwendet der umgangssprachliche Diskurs über solche Fragen wie die der »Erziehung« oder »Bildung« (vgl. OELKERS 1985, Teil 2). Hier muß so getan werden, als gäbe es eine eindeutige Referenz zwischen Wort und Gegenstand; aber »Erziehung« und »Bildung« sind natürlich keine Gegenstände, sondern *marker* (PUTNAM) der Kommunikation, die höchst verschieden theoretisiert werden können. So macht man unausweichlich die Erfahrung, daß der scheinbar eindeutige »Gegenstand« Erziehung zerfließt, wann immer er praktisch entschieden bestimmt werden soll. Wenn aber immer unklar werden kann oder muß, was Erziehung *ist*, fällt es auf gleicher Linie schwer, anzugeben, wozu sie dienen soll oder zu was sie gut ist.

5 Folgeprobleme und künftige Aufgaben der Erziehungstheorie

Aus diesem Befund lassen sie drei aktuelle und zukünftige Probleme der Erziehungstheorie ableiten, die abschließend skizziert werden sollen:

Nicht die klassische Bildungstheorie, wohl aber die profane Schulpädagogik hat auf einen Konnex des schulischen »outputs« mit der Ausrüstung der Arbeitskraft gesetzt. Auch aus diesem Grunde (und nicht nur aus solchen der Gesinnungsethik) ist die Schule immer ein Gegenstand politischer Optionen gewesen, was für die Pädagogik zugleich eine verhältnismäßig wirksame Hilfe gewesen ist, sich gesellschaftlich zu profilieren und trotz der unübersehbaren wissenschaftstheoretischen Legitimationsprobleme akademisch zu etablieren. Dieser Konnex setzt einen Transfer voraus, der immer weniger gegeben ist, nämlich den des schulisch Gelernten auf eine bestimmte berufliche Nützlichkeit. Das Schulsystem hat auf diese Schwäche längst reagiert, etwa durch den Ausbau des berufsbildenden Schulwesens, der nicht nötig gewesen wäre, könnte die allgemeinbildende Schule ihre selbstgewählte (und über lange Zeit erfolgreiche) Ideologie wirklich erfüllen (→ *Das berufliche Bildungswesen*). Jedoch wird nun auch sichtbar, daß *jegliche* Verschulung dort auf Grenzen stößt, wo sie Nützlichkeit in völlig anders strukturierten Kontexten beansprucht. Die künstliche Institution »Schule« wird sich daher nur bildungstheoretisch rechtfertigen lassen, wenn damit gemeint ist, daß es organisierte Bildung geben muß, um jenes Wissen und Können zu vermitteln, welches zum *Verstehen* der Welt notwendig ist, *ohne* in der durchschnittlichen Alltagserfahrung gelernt werden zu können (→ *Theorie pädagogischer Institutionen*).

Auch der zweite Problemzusammenhang verlangt eine Revision klassischer Ansprüche: Eine psychologisch und ästhetisch definierte Subjektivität kann nicht länger »Gegenstand« der Erziehung sein, auch in dem Sinne nicht, daß man sie als gleichsam sakrosankt voraussetzt. Die sich selbst bildende Subjektivität ist radikal verzeitlicht, wird also nicht mehr von einem abschließenden Punkt oder Zustand her entworfen, wie es die Teleologie der »Entwicklung« annehmen mußte. Daher kann sie auch nicht von außen hervorgebracht werden, denn alles »Außen« ist nur der Anlaß zum unaufhörlichen Weiterlernen der Individuen. »Erziehung« kann daher nur als Transit verstanden werden, der sich gleichsam selbst herstellt und dabei pädagogisierte Erfahrungen zugleich braucht und nicht braucht. In jedem Fall hat die Erziehung, sofern sie organisiert erscheint, keinen Zugriff auf die Persönlichkeit des Kindes, sondern ist immer nur der Versuch zur Verbesserung *einzelner* Qualitäten, soweit sie eben lehrend und lernend aufgebaut werden. Hinzu kommt, daß jeder »Aufbau« durch andere Erfahrungen immer verändert (»abgebaut«) werden kann, ohne daß es darüber mehr als die Kontrolle durch die individuelle Biographie gäbe.

Drittens schließlich ist die gewohnte pädagogische Semantik tangiert: Ihre Realitätsimplikationen können nicht länger naiv gehalten werden, soll es zu einer raffinierteren und besseren Theoriebildung wirklich kommen. Die bisherige Sprache der Pädagogik hatte den Vorteil, relativ schnell emotionalisiert (und damit politisiert) werden zu können; aber damit ist zugleich der theoretische Nachteil verbunden, keine scharfen und analytisch klaren Begriffe zuzulassen, die Verwendungskontexte voraussetzen, in denen sie überhaupt erst eindeutig werden können. *Weil* sie der Umgangssprache affin waren, konnten pädagogische Konzepte öffentliche Diskurse mit bestimmen; aber die Glaubwürdigkeitsgrenze scheint erreicht, sonst wären Entschulungstheorie und Antipädagogik kaum sehr erfolgreich gewesen. Aus dieser Sackgasse hilft nur die entschlossene Theoretisierung heraus, denn nur so kann genauer bestimmt werden, was unter »Erziehung« und »Bildung« verstanden und – fast noch wichtiger – was darunter *nicht* verstanden werden kann und muß.

Die drei Aufgaben lassen sich auch so bezeichnen: Eine erneuerte *Bildungstheorie* hätte Abstand zu nehmen von der Erwartung, daß sich das individuelle Weltverstehen pädagogisch-technisch hervorbringen läßt; sie wäre auf dieser Linie die Theorie des Curriculums und seiner psychologischen und soziologischen Voraussetzungen, nicht jedoch gesellschaftlicher Großprojekte, die sich mit empirischen und analytischen Mitteln gar nicht pädagogisch fassen lassen (→ *Theorien der Bildung*). Eine revidierte *Erziehungstheorie* müßte Abstand nehmen von technischer Wirksamkeit, welche die richtige Einlaßstelle der individuellen Entwicklung voraussetzt; statt dessen wäre »Erziehung« (als Akt oder Prozeß) mit Versuchshandeln zu übersetzen, welches zugleich die Unvermeidlichkeit *und* die Grenzen dessen markiert, was eine ungenaue Semantik mit aufgeladener Bedeutung als »Erziehung« benannt hat. Schließlich hätte die *Metatheorie* der Pädagogik Abstand zu nehmen von einem wissenschaftstheoretischen Überbauschema und müßte sich konzentrieren auf analytische Fragen der pädagogischen Sprache und ihrer Entwicklung (Hirst 1963); sie hätte dann Kontakt mit ihrem klassischen thematischen Sachverhalt, ohne normative Ansprüche zu stellen, von denen nur eines klar ist, nämlich daß sie die Wissenschaftspraxis nicht erfüllen kann (→ *Wissenschaftstheorie*).

Die *Theorie* der Erziehung ist kein lästiges Übel, obwohl sie oft so angesehen wird und auch in der Vergangenheit häufig so angesehen worden ist. Die verwerfende Kritik ist aber immer theoretisch, nicht etwa praktisch, so daß ein theoretischer Zugriff auf Phänomene und Strukturen der »Erziehung« unumgänglich ist. Die Wahl besteht nur zwischen besserer und schlechterer Theorie, wobei die selbstgewählte Nähe vieler Pädagogen zur »Praxis« (vor allem der Schule) nicht etwa bessere Theorien zutage gefördert hat als die Distanz der Gelehrsamkeit. Die Pädagogik wird freilich erst lernen müssen, die Chancen zu nutzen, die die Arbeits*teilung* zwischen Wissenschaft und Erziehung bietet, um mehr Klarheit und damit bessere Einsicht in ein komplexes und vielfach noch ganz unklares Geschehen zu gewinnen, das in der Vergangenheit sehr oft nur emotional radikalisiert worden ist. Worauf es ankäme, wäre, in Zukunft auch analytische und strukturtheoretische Radikalität zu gewinnen.

Literatur

BELL, D.: Die nachindustrielle Gesellschaft. Übers. von S. SUMMER/G. KURZ (amerik. Orig. 1973). Frankfurt/New York ²1976
BLACK, M.: Vagueness: An exercise in logical analysis. In: ders.: Language and Philosophy. Studies in Method. Ithaca, N.Y. 1949, S. 23–58
BLANKERTZ, H.: Die Geschichte der Erziehung von der Aufklärung bis zu Gegenwart. Wetzlar 1982
BLANKERTZ, S.: Legitimität und Praxis. Studien zur erziehungswissenschaftlichen Relevanz angelsächsischer Schulkritik. Habilitationsschrift. Wuppertal 1986
DEWEY, J.: Schule und öffentliches Leben. Übers. von E. GURLITT, Einl. von L. GURLITT (amerik. Orig. 1899). Berlin 1905
–: Demokratie und Erziehung. Eine Einleitung in die Philosophie der Erziehung. Übers. von E. HYLLA (amerik. Orig. 1916). Braunschweig u. a. ³1964
DIETRICH, TH. (Hrsg.): Die pädagogische Bewegung »vom Kinde aus«. Bad Heilbrunn/Obb. ⁴1982
ETZIONI, A.: The Active Society. A Theory of Societal and Political Processes. London/New York 1971
GILSON, E.: Der Geist der mittelalterlichen Philosophie. Übers. von R. SCHMUECKER (frz. Orig. 1944). Wien 1950
GOODMAN, P.: Das Verhängnis der Schule. (amerik.Orig. 1964). Frankfurt 1975
HABERMAS, J.: Der philosophische Diskurs der Moderne. Zwölf Vorlesungen. Frankfurt 1985
HELVETIUS, C.-A.: Oeuvres Complètes, t.IX–XII: De l'homme, de ses facultés intellectuèlles et de son éducation (1772). Paris 1795
HIRST, P.: Philosophy and Educational Theory. In: British Journal of Educational Studies XII (1963), S. 51–64
ILLICH, I.: Entschulung der Gesellschaft. Entwurf eines demokratischen Bildungssystems. Übers. von H. LINDEMANN (amerik. Orig. 1970). Reinbek 1984
KOSELLECK, R.: Vergangene Zukunft. Zur Semantik geschichtlicher Zeiten. Frankfurt 1979
KOYRE, A.: Von der geschlossenen Welt zum unendlichen Universum. Übers. von R. DORNBACHER (amerik. Orig. 1957). Frankfurt 1969
LUHMANN, N.: Theoriesubstitution in der Erziehungswissenschaft. Von der Philanthropie zum Neuhumanismus. In: ders.: Gesellschaftsstruktur und Semantik. Studien zur Wissenssoziologie der modernen Gesellschaft. Bd. 2. Frankfurt 1981, S. 105–194
MILL, J. S.: On Liberty. Hrsg. von G. HIMMELFARB (1859). Harmondsworth/Middlesex 1974
NEUMANN D./OELKERS, J.: Folgenlose Moden? Beobachtungen zur Trivalisierung der Pädagogik. In: Pädagogische Rundschau 35 (1981), S. 623–648
OELKERS, J.: Erziehen und Unterrichten. Grundbegriffe der Pädagogik in analytischer Sicht. Darmstadt 1985
–: Reformpädagogik. In: WINKEL, R. (Hrsg.): Pädagogische Epochen von der Antike bis zur Gegenwart. Düsseldorf 1987, S. 183–228
–: Was bleibt von der Reformpädagogik? Kritische Überlegungen zur »progressiven Erziehungstheorie«. In: NEUMANN, D./– (Hrsg.): Soziales und politisches Lernen. Pädagogische Reflexionen und Exempla zum 60. Geburtstag von Harm Prior. Frankfurt/Bern u. a. 1987, S. 13–32
–: Die Moderne – ein *pädagogisches* Projekt? In: Zeitschrift für Entwicklungspädagogik Nr. 3 (1987a), S. 2–8
–: Die große Aspiration – Zur Herausbildung der Erziehungswissenschaft im 19. Jahrhundert. Darmstadt 1989
–/LEHMANN, TH.: Antipädagogik – Herausforderung und Kritik. Weinheim/Basel ²1990
–: Reformpädagogik – Eine kritische Dogmengeschichte. Weinheim/München 1989a
PARSONS, T./PLATT, G.: The American University. Cambridge, Mass. 1973

PASSMORE, J.: The Perfectibility of Man. London 1970
SCHEFFLER, I.: Beyond the Letter. A Philosophical Inquiry into Ambiguity, Vagueness and Metaphor in Language. London/Boston/Henley 1979
SCHEUERL, H.: Geschichte der Erziehung. Ein Grundriß. Stuttgart/Berlin/Köln/Mainz 1985

Rimmert van der Kooij

Pädagogik und Spiel

1 Das Spiel in seiner zunehmenden Bedeutung für das Kind

Bis zum Alter von etwa sieben Jahren spielt ein Kind in seinem Leben mehr als 15 000 Stunden, die Anzahl der *wissenschaftlichen* Publikationen über das Spiel ist schon auf weit über 4000 gestiegen! Es gibt mehr als 25 differenzierte Theorien über das Spiel. Diese Tatsachen können nur zu einer Konklusion führen: Spiel ist die wichtigste Aktivität der jungen Kinder, und dies wird auch von Pädagogen und Psychologen anerkannt. Deswegen darf das Spiel in der Theorie und Praxis der Pädagogik nicht übersehen werden.

Im Laufe unserer Bildungsgeschichte, soweit wir sie kennen, seit lange vor Christi Geburt, ist das Spiel immer prägnanter in Erscheinung getreten. HUIZINGA (⁴1952) hat sich in »Homo ludens« intensiv mit dem Verhältnis zwischen Spiel und Bildung auseinandergesetzt. Er sagte: »Kultur fängt nicht an *als* Spiel und nicht *aus* Spiel, sondern *im* Spiel.« (ebd., S. 76) Damit wird auch SCHEUERLS (⁹1973) Aussage unterstrichen, daß Spiel eine Art Urphänomen ist, das sich nicht aus anderen Verhaltensweisen ableiten läßt. HUIZINGA spricht über Spiel als eine für jeden sofort wiedererkennbare, primäre Kategorie, als eine Ganzheit.

Es hat allerdings lange gedauert, bis zum 18. Jahrhundert, daß GUTMUTHS und SCHILLER versucht haben, sich in theoretischem Sinne mit dem Spiel auseinanderzusetzen. Seitdem hat es sehr viele Spieltheorien gegeben. Wir (VAN DER KOOIJ 1983) haben eine Übersicht der europäischen psychologischen Theorien des Spiels dargestellt, wobei unterschieden wird zwischen den modernen und älteren Spieltheorien, von denen wir die vier bekanntesten erwähnen: In der Energieüberschußtheorie behauptet SPENCER (1855), daß das Spiel eine Folge der Anwesenheit von mehr Energie ist, als zur Erhaltung der biologischen Art erforderlich ist. Die Rekapitulationstheorie (HALL 1906) geht davon aus, daß die Entwicklung des Individuums (Ontogenese) eine verkürzte Wiederholung der Art (Phylogenese) darstellt. In seiner Einübungstheorie geht GROOS (1901 und 1922) davon aus, daß das Spiel ein Impuls ist, mit dem unvollständige erbliche Instinkte geübt werden (→ *Verhaltensbiologie und Pädagogik*). Die Erholungs- und Entspannungstheorie von LAZARUS (1883) und PATRICK (1916) sieht die Funktion des Spiels als Erholung und Entspannung, wobei Spiel und Arbeit als Gegensätze betrachtet werden.

In den modernen Spieltheorien handelt es sich vielmehr um die Beziehung zwischen dem Spiel und der individuellen Entwicklung des Kindes. Deswegen sind die modernen Theorien von größerer Bedeutung für die Pädagogik als die älteren, die zum größten Teil eine philosophische Basis haben und auf die Evolutionstheorie DARWINS zurückzuführen sind. Das schnell zunehmende Interesse von Pädagogen und Psychologen am Spiel kann auch mit den Evolutionsauffassungen zusammenhängen: Es sieht danach aus, daß sich Ausbildungszeiten verlängern, die Schulpflicht ist in den letzten Jahrzehnten in Europa immer mehr ausgedehnt worden. Dadurch hat die Abhängigkeit der Aufwachsenden zugenommen und sich das Moment von Ernst, der Arbeitsbeginn, immer mehr verschoben. Man könnte folgern, daß Kinder und Jugendliche auch immer mehr Zeit haben zu spielen (→ *Entwicklung und Förderung*).

2 Mangel an integrativen Spieltheorien

Ob man die existierenden Theorien über Spiel in historischer Perspektive betrachtet, wie VANDENBERG (1986) es nochmals gemacht hat: er spricht über die ersten 50 Jahre der modernen Theorien (wie wir sie von FREUD und ERIKSON kennen, aber auch von PARTEN über soziales Spiel oder von ISAACS über die intellektuellen und sozialen Werte des Spiels), die Periode von der Mitte dieses Jahrhunderts (BERLYNE 1960 und 1969) und die Periode der beiden letzten Dezennien mit Interesse für PIAGET (in derselben Linie auch MCCUNE-NICOLICH und VYGOTSKY), oder ob man sich die theoretischen Ansätze einteilt nach den Aspekten der Entwicklung, die jeweils beeinflußt werden, wie wir (VAN DER KOOIJ 1977 und 1983) es bevorzugt haben; sei es, daß man sich bemüht hat, Übereinstimmungen zu finden zwischen den klassischen und modernen Theorien (vgl. RUBIN 1982), eines steht fest: eine theoretisch integrative Sicht auf das Spiel existiert nicht.

PIAGET (^{3}1972) akzentuiert vor allem die Folgen des Spiels für die kognitive Entwicklung. Auf der Basis des Entwicklungsgedankens von PIAGET haben MCCUNE-NICOLICH (1981) sowie MCCUNE-NICOLICH/BRUSKIN (1982) in Amerika vor allem in bezug auf das Spiel die verschiedenen Phasen der Symbolbewältigung genauestens beschrieben. Danach gibt es zwei Spielformen: sensomotorisches Spiel und symbolisches Spiel, wobei gemeint ist, daß in der Spielsituation das spielende Kind Schritt für Schritt sich die verschiedenen Symbole erringt und auch Beziehungen dazwischen herstellt. Vorstellung, Symbol, Wörter und Sprache bilden die Mittel für das Durchlaufen der verschiedenen kognitiven Stadien. PIAGET macht einen Unterschied zwischen Imitation und Spiel. Imitation sollte eine akkommodierende Aktivität des Organismus sein und Spiel eine assimilierende. Später (in Abschnitt 5) werden wir auf dieses Thema zurückkommen.

Nach (neo)psychoanalytischer Auffassung, so, wie sie zuerst von FREUD und später von ERIKSON vertreten wurde, geht es vor allem um das emotionale und soziale Verhalten. Das Spiel wird als eine Möglichkeit des Kindes gesehen, sich mit erlebten traumatischen Ereignissen abzufinden. Dieselben Prinzipien werden angewandt in der Spiel-Psychotherapie, in der das Spiel eine Art Katharsisfunktion hat. Nicht nur in den psychodynamischen Auffassungen, auch in den non-direktiven Therapien (AXLINE 1947; GOETZE/JAEDE 1974) handelt es sich um das Bestreben, das emotionale und soziale Verhalten des Kindes zu verbessern (→ *Pädagogische Intervention*).

CH. BÜHLER (1928) wird noch immer als Urheberin des Gedankengangs betrachtet, nach dem das Interesse der Bewegung, der Funktionen in Besonderheit beschrieben und bewertet wird. Unendlich oft wird ihre Aussage zitiert: »Nicht das gegenständliche Material wird geformt, sondern geformt wird mit und an dem Material eine Bewegung, eine Funktion.« (ebd., S. 56) Man kann sagen, daß CH. BÜHLERS Akzente auf die Entwicklung des Spiels beim jungen Kind, vor allem auf die Einflüsse des sensomotorischen Verhaltens, Bezug nehmen.

Aus phänomenologischer Sicht sind es vor allem BUYTENDIJK (1932) und CHÂTEAU (1947, 1954) gewesen, die sich mit dem Spiel befaßt haben. CHÂTEAU hat die Spiele eingeteilt in Spiele mit und ohne Regeln. BUYTENDIJK hat sich in seinen Beschreibungen vor allem mit den Wesenszügen des Spiels befaßt. Auch SCHEUERLS (^{3}1973 und ^{10}1975) Ansichten zum Spiel meinen wir als phänomenologisch betrachten zu können, und seine Analyse des Spiels zeigt sowohl seine großen historischen Kenntnisse als auch seinen scharfen Blick. Was in positivistischen Kreisen als wissenschaftliche Untersuchungen betrachtet wird, fehlt meistens bei den Phänomenologen, das heißt, Experimente und quantitative Untersuchungen sind nicht durchgeführt worden.

3 Spiel: Eine nicht definierbare Aktivität

Weil es sehr viele verschiedene Theorien über das Spiel gibt, würde man erwarten, daß es eine gute Definition vom Spiel gibt. SCHEUERL (^{10}1975, S. 12) stellt die Frage: »Was wollen wir unter Spiel verstehen? Eine Haltung? Eine Tätigkeitsnorm? Oder einen naturhaft ablaufenden Prozeß? Eine Zwangshandlung mit unbewußten Determinationen? Oder gerade im Gegenteil: einen Ausdruck kreativer und emanzipativer Freiheit?« Ähnliche Fragen stellt VANDENBERG (1982). So fragt er sich, ob das Fehlen einer guten Definition bedeutet, daß abgesehen werden muß vom Spiel als einem wissenschaftlichen Konzept, das heißt auch, daß es operationalisiert werden muß. VANDENBERG sagt aber: »Ich habe mehr Vertrauen in den Status des Spiels als etwas Ganzem, als in die Doktrin des Operationalismus.« (ebd., S. 16)

Wenn man nicht über definierte Begriffe verfügt und ebenfalls bestimmte allgemein akzeptierte Theorien über ein Phänomen fehlen, so muß man sich die Frage stellen, ob es wohl lohnt, sich in wissenschaftlichem Sinne mit Spiel zu beschäftigen. Gerade die Pädagogik, die so normativ eingestellt ist, versucht die Motivation und die Ziele für das erzieherische Handeln oft wissenschaftlich, das heißt theoretisch und empirisch zu begründen. Haben denn die Psychologie und die experimentelle Pädagogik den praktizierenden Pädagogen noch etwas zu bieten, wenn es keine klaren Konzepte und nur undeutliche Zusammenhänge gibt?

Das Problem des Mangels einer Definition ist nicht neu. Für Intelligenz gilt dasselbe wie für Spiel: die Phänomene sind so komplex und wahrscheinlich auch so dynamisch, daß sie sich nicht in statischen Konzepten erfassen lassen (→ *Intelligenz, Begabung und Umwelt*). MATTHEWS/MATTHEWS (1982) zeigen, daß es nicht notwendig ist, über operationale Definitionen zu verfügen, um eine hohe Übereinstimmung zwischen Untersuchern bei der Anwendung von theoretischen Konzepten zu erreichen. Sie schlagen den »paradigm case approach« vor, das heißt das Prüfen der Übereinstimmung beim Wiedererkennen von Prototypen der sogenannten natürlichen Konzepte. In ihrer Begründung gehen sie auf Experimente von ROSCH (1973 und 1978) zurück, wobei festgestellt wurde, daß es eine hohe Übereinstimmung in der Beurteilung auf Basis des Wiedererkennens eines Prototyps von sogenannten natürlichen Konzepten gab. Das Wiedererkennen eines Prototyps kommt dann an die Stelle dessen, was früher der Funktion der operationalen Definition zugeschrieben wurde. MATTHEWS/MATTHEWS (1982) bewiesen, daß ihre These für das Wiedererkennen des Phantasiespiels von sechs verschiedenen Beurteilern zutrifft: sie erreichen eine hohe Interbeurteiler-Übereinstimmung! Ohne diesen theoretischen Unterbau haben wir (VAN DER KOOIJ 1974) schon eine ähnliche Untersuchung durchgeführt, die wir nicht auf eine Spielart beschränkten, sondern die sich auf das Wiedererkennen von zehn verschiedenen Spielarten bezog.

Unterschiede im Ausmaß der Übereinstimmung bei MATTHEWS/MATTHEWS und uns gab es nicht (Scott's pi .89 und .90).

Die Schlußfolgerung, die wir damals zogen, war: Laßt uns nicht über Spiel, sondern über Spiel*verhalten* sprechen, darüber können wir Andeutungen machen und verschiedene Formen unterscheiden. Allerdings können nicht alle konzeptuellen Probleme dadurch gelöst werden. ROST (1986) deutet die Probleme nochmals ganz klar. Er behauptet im Anschluß an HUTT (1966 und 1970) und PIAGET (³1972) und unterstützt von GARVEY (1977) und SUTTON-SMITH (1979), daß dem Spiel Nicht-Spiel gegenübergesetzt werden sollte. Konsequenz hiervon ist, daß viele Formen des sensomotorischen Spiels und des Explorationsverhaltens als Nicht-Spiel betrachtet werden und daß erst vom Spiel die Rede ist, wenn der Handelnde selbst etwas zufügt, was in der Situation noch nicht existiert. Die Diskussion ist nicht neu, und sie wurde schon von CHÂTEAU (1946) in bezug auf das »Spiel« des Säuglings geführt. Wir haben uns immer auf einen rein pragmatischen Standpunkt gestellt: es hängt davon ab, was man verabredet, zum Spiel zu rechnen, und für uns ist Exploration in seinen vielen Wiederholungen ein klarer Spielakt, ist also Spielverhalten.

4 Spielverhalten auf verschiedenen Altersstufen

Pädagogen in der Praxis stellen oft die Frage: Wie spielen Kinder in den verschiedenen Altersstufen? Diese Frage war schon Anfang der siebziger Jahre für uns ein Grund, systematisch das individuelle Spiel zu observieren, weil Daten fehlten, um diese Frage adäquat beantworten zu können. Wir (VAN DER KOOIJ 1974, 1977 und 1986) haben im Laufe der Jahre die Observationsergebnisse komplettiert, die sogar schon bei ASANGER/ WENNINGER im »Handwörterbuch der Psychologie« (1983) aufgenommen wurden. Als eine Art größten gemeinsamen Teiler der verschiedenen theoretischen Ansichten des Spiels haben wir vier Hauptkategorien des Spiels unterschieden:

– *Wiederholungsspiel,* oft auch Funktionsspiel oder sensomotorisches Spiel genannt: Man sieht, daß Kinder immer wieder Bewegungen wiederholen, manchmal, ohne Rücksicht auf deren Folgen zu nehmen, nicht selten auch als Exploration der Umgebung.

– *Imitationsspiel*, auch Phantasiespiel, Identifikations- oder symbolisches Spiel genannt: Es handelt sich immer um eine Sinngebung an einer Bewegung.

– *Konstruktionsspiel:* Bedeutungslose Spielzeugelemente werden zusammengefügt, um ein sinnvolles Ganzes zu schaffen, wobei ein Kontakt zwischen den Elementen hergestellt wird.

– *Gruppierungsspiel*, meistens »Weltspiel« genannt: Sinnvolle Spielzeugelemente, die schon etwas darstellen wie Häuser, Bäume und Tiere, werden aufgestellt und gruppiert.

Das wichtigste Kriterium für diese Viererteilung ist die Art, wie das Kind mit Spielzeug umgeht, wie es damit hantiert. In den verschiedenen theoretischen Auffassungen sieht man immer wieder den Gedanken formuliert, daß die Art und Weise, wie Kinder mit Material umgehen, ein Kriterium für das Entwicklungsniveau sein soll. Die vier genannten Spielformen manifestieren sich auch nacheinander, im Laufe der individuellen Entwicklung. Außerdem werden die konkreten Spielhandlungen in der Reihenfolge »Wiederholungsspiel – Gruppierungsspiel« immer komplexer. Mit Hilfe dieser oft noch unterteilten Observationskategorien haben wir mehr als 480 Kinder während ihres Spiels im »time sampling«-Verfahren observiert. Es handelt sich dabei um das individuelle Spiel des Kindes in einer konstanten Umgebung wie das Spielzimmer unserer Universität mit einer konstanten Menge an Spielzeugangebot. Ergebnisse dieser systematischen Untersuchung werden in der Abbildung gezeigt.

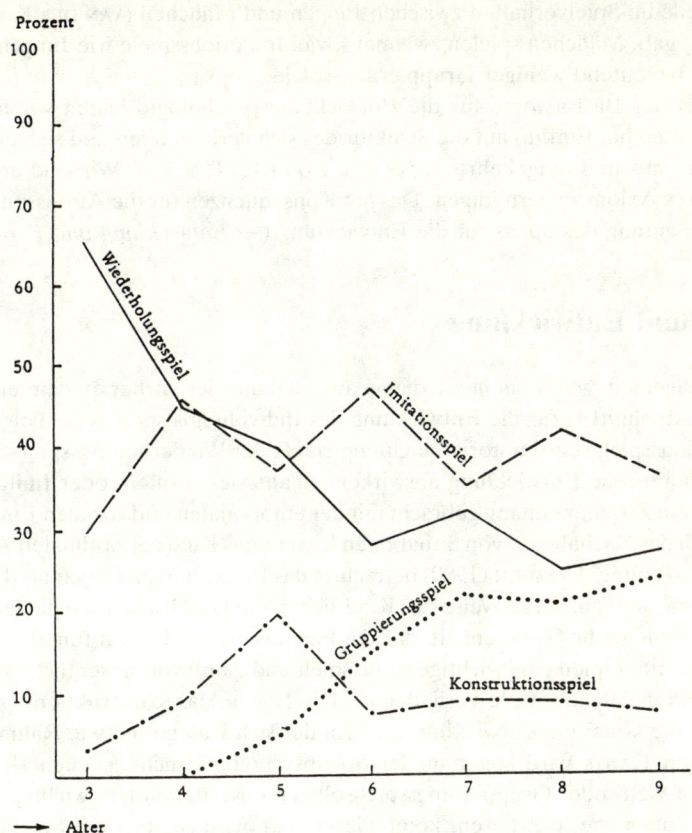

Abb. 1: Spielverhalten von 408 nicht abweichenden Kindern, ausgedrückt in Prozent der Gesamtspielzeit von 45 Minuten bei Kindern über 5 Jahren. Die Spielzeit der jüngeren Kinder beträgt 30 Minuten. Die Observationen wurden in standardisierten Situationen durchgeführt, die Kinder wurden individuell observiert. Die Spielart wurde aufgezeichnet mit Hilfe der vier Hauptkategorien des Spiels.

Wenn wir die Ergebnisse betrachten, fällt auf, daß ein relativ hoher Prozentsatz der Spielzeit Bewegungsspielen und nur ein sehr kleiner Teil Konstruktionsspielen gewidmet wird. Sogar von den Kollegen der Legofabrik in Dänemark bekamen wir die Bestätigung (nur mündlich), daß tatsächlich das Konstruktionsspiel immer unter 20 Prozent aller Spielaktivitäten bleibt. Auffallend ist weiter, daß es in verschiedenen kleineren Stichproben immer wieder zu einem hohen Prozentsatz an Konstruktionsspiel bei

Fünfjährigen kam. Aus unseren Untersuchungen mit geistig Behinderten (VAN DER KOOIJ 1977) geht hervor, daß diese mehr Konstruktionsspiele spielen, weniger Gruppierungsspiele. Wir neigen dazu, diese Erscheinungen aus dem Prinzip der Dominanz der Darstellungsintention (VAN WYLICK 1936) zu erklären. Das Kind möchte etwas darstellen, das Bauen von etwas wird leichter sein als das Organisieren einer Welt, so, wie das im Gruppierungsspiel gefordert wird.

Mit Hilfe unserer Observationskategorien konnten wir auch feststellen, daß es große Unterschiede im Spielverhalten zwischen Jungen und Mädchen (VAN DER KOOIJ 1983a, S. 122–125) gab. Mädchen spielen zweimal soviel Imitationsspiele wie Jungen, dagegen spielen sie bedeutend weniger Gruppierungsspiele.

Als eines der Basisaxiome für die Entwicklungspsychologie haben wir formuliert: »Das Verhalten hat Einfluß auf die Struktur des sich verhaltenden und sich entwickelnden Organismus und umgekehrt«. (VAN DER KOOIJ 1974, S. 326) Wir sind noch immer bereit, dieses Axiom zu verteidigen. Das hat Konsequenzen für die Auffassung in bezug auf die Bedeutung des Spiels für die Entwicklung (→ *Entwicklung und Förderung*).

5 Spiel und Entwicklung

Ziemlich allgemein geht man heute davon aus, daß die vier vorher erwähnten Spielformen (vgl. Abschnitt 4) für die Entwicklung des Individuums spezifische Folgen haben. Das Funktionsspiel, sensomotorische Übungsspiel oder Wiederholungsspiel soll sich auf die sensomotorische Entwicklung auswirken. Phantasie-, Rollen- oder Imitationsspiel wird immer in Zusammenhang gebracht mit der emotionalen und sozialen Entwicklung. Denn durch das Nachahmen von Situationen kommt das Kind zur optimalen Anpassung an seine Umgebung. ELKONIN (1980) betrachtet das Imitationsspiel sogar als die wichtigste Spielform, weil auf diese Weise das Kind sich in die Gesellschaft eingliedern soll. Es ist eine psychologische Gegebenheit, daß das Phantasiespiel, das »So-tun-als-ob«, in den Kinderpsychotherapien eine wichtige Rolle spielt und damit von wesentlichem Interesse für das emotionale und soziale Verhalten ist. Das Bauen, das Konstruktionsspiel galt als wichtig für die kognitive Entwicklung, wo Kinder sich Kategorien wie Raum und Zeit (das Denken KANTS wird sogar in der Spielpsychologie nicht geleugnet!) zu eigen machen. Im Welt- oder Gruppierungsspiel sollen die Kinder andere wichtige kognitive Aktivitäten üben wie selektieren, kombinieren und organisieren (von Spielmaterial).

Diese allgemein akzeptierten Beziehungen zwischen den verschiedenen Spielformen und der Entwicklung des Kindes können auf Basis unserer experimentellen Erfahrungen mit dem Spiel nicht aufrechterhalten werden. Wenn wir davon ausgehen, daß das Spiel von Jungen und Mädchen sich wesentlich voneinander unterscheidet, wie wir (VAN DER KOOIJ 1974) feststellten, so würde das heißen, daß sich auch strukturell Jungen und Mädchen unterscheiden. Schon 1974 hat es in professionellen Kreisen (u. a. mit HETZER) Diskussionen gegeben, wie man den Unterschied im Spielverhalten zwischen Jungen und Mädchen erklären könnte. Mädchen spielen weniger Gruppierungsspiele und viel mehr Imitationsspiele als Jungen. Dies würde auf eine geringere kognitive Entwicklung der Mädchen hindeuten. Dieser Gedankengang ist völlig der Wirklichkeit – wie zum Beispiel in der Schule – entgegengesetzt, wo es keine Unterschiede zwischen Jungen und Mädchen in intellektuellen Leistungen gibt.

Wahrscheinlich bietet eine umgekehrte Beweisführung die beste Einsicht: Das Imitationsspiel wird zweimal so häufig von Mädchen wie von Jungen gespielt. Angenommen, daß das Spielverhalten Einflüsse auf die Entwicklung hat, und wenn das Entwicklungsergebnis (das Niveau des Verhaltens schulreifer Jungen und Mädchen) etwa dasselbe ist, dann muß das Imitationsspiel *neben* Folgen für die emotionale/soziale Entwicklung *auch* Konsequenzen für die kognitive Entwicklung haben. Es fragt sich, wie man die Rolle des Imitationsspiels in der kognitiven Entwicklung erklären kann. CH. BÜHLER (1928) hat schon darauf aufmerksam gemacht, daß das Fiktionsspiel aus dem Funktionsspiel durch eine Sinngebung an eine Bewegung entsteht. Das Kind soll in seinem Spiel spontan Bewegungen imitieren und während dieser imitativen Bewegungen entdecken, welches der Sinn ist, den der Erwachsene der spontan imitierten Bewegung beigemessen hat. Damit ist die Imitation zu einem der wichtigsten Motoren der Entwicklung geworden. Wir sind deswegen der Überzeugung, daß die Imitation ein fundamentaler Trieb oder eine fundamentale Eigenschaft der höheren Organismen ist. Damit zweifeln wir genauso wie SUTTON-SMITH (in FLITNER ³1976) an PIAGETS Unterscheidung zwischen Spiel und Imitation. Spiel enthält unserer Meinung nach immer Imitation.

Die drei Spielformen Imitations-, Konstruktions- und Gruppierungsspiel haben etwas gemeinsam: immer wird entweder ein Geschehen oder ein Gebilde (eventuell Kombination von Gebilden) *imitiert*. Im Imitationsspiel ist das ganz klar: Vater und Mutter spielen, Spiel im Puppenhaus, Laden spielen usw. Die Imitation betrifft hier Szenen aus dem täglichen Leben. Das Konstruktionsspiel kann nicht gespielt werden, wenn ein Kind nicht ein Vorbild oder »Vorstellungsbild« hat, was es mit seinen Konstruktionen nachahmt: ein Haus bauen, eine Brücke bauen, etwas zeichnen usw. Ähnliches gilt für das Gruppierungsspiel. VAN WYLICK (1936) hat als eine der Bedingungen für das Entstehen des Weltspiels die Anwesenheit einer »Weltvorstellung« genannt. Auch in den beiden letzten Spielformen ist immer die Rede von Imitation von etwas Konkretem, Anschaulichem aus der Umgebung.

In den imitativen Spielhandlungen, wie man sie schon bei etwa vierzehn Monate alten Kindern beobachten kann, treten Variationen auf. Gerade diese Variationen, also das Abweichen von stereotypen Bewegungen, ermöglichen dem Spieler, Grenzen abzutasten und zu überschreiten. Das ist unserer Meinung nach auch der Anfang der Kreativität. Der kreative Prozeß der Entdeckung vom Sinn einer Bewegung (im Imitationsspiel) und später das Entdecken von Kombinationsmöglichkeiten, die im Spielmaterial aufgeschlossen liegen (im Konstruktionsspiel), bringt nicht nur kognitive, sondern auch emotionale Erfahrungen. Das Erfolghaben im kognitiven Sinne, das Entdecken, daß etwas ineinanderpaßt, rollen oder aufeinander stehenbleiben kann, führt auch zur Selbstrealisierung; CHÂTEAU (1954) spricht von »l'affirmation du moi« (Selbstbestätigung). Auf diese Weise bildet die Imitation eine Art Brücke zwischen Kognition und Emotionalität. Daher ist es auch nicht erstaunlich, daß das Imitationsspiel *gleichzeitig* Folgen hat für die kognitive und für die emotionale/soziale Entwicklung.

Die Auswirkungen des Imitationsspiels auf die kognitive Entwicklung sind nicht nur die Folge des Entdeckens, denn die Momente sind nur beschränkt. Die konkreten Handlungen im Imitationsspiel fordern auch eine Vorstellungsaktivität. Von eigener Hand im Spiel eine Puppe zu machen bedeutet, daß man »viel dazudenken« muß, was nicht direkt sichtbar ist und somit ein Kind zur Vorstellungsaktivität reizt. Aus dieser Sicht wecken die Ergebnisse einiger Experimente in den USA, worin gezeigt wird, daß die Stimulierung des Phantasiespiels für die Qualität der schulischen Leistungen positive Folgen hat, kein Erstaunen.

Es muß wohl unsere Schlußfolgerung sein, daß, wenn *eine* Spielform gleichzeitig *unterschiedliche* Folgen für die Entwicklung haben kann, wir es im Spiel mit einer multikausalen Verhaltensform zu tun haben, die oft von sehr komplexer Art ist. Deswegen gibt es auch keine linearen Beziehungen zwischen Spielformen und Folgen für die Entwicklung. Auch ist es dadurch zu verstehen, daß viele Korrelationen, die wir (VAN DER KOOIJ 1983 a) berechnet haben zwischen Spielverhalten und zum Beispiel Konzentration, Wohnumgebung, sozio-kulturellem Status der Eltern usw., sich als sehr niedrig erwiesen. Wegen der Komplexität des Spielverhaltens und wegen unterschiedlicher Folgen einer Spielform für die Entwicklung des Kindes haben wir (VAN DER KOOIJ 1985 und 1986) in den letzten Jahren ein Plädoyer für eine multidimensionale Annäherung an das Spielverhalten gehalten. Das heißt, daß man *dasselbe* Spiel(verhalten) aus *verschiedenen* Perspektiven betrachten soll (→ *Entwicklung und Förderung*).

6 Intensität und mentale Aktivität während des Spiels

Bei den Spielobservationen von hoch und niedrig pädagogisch stimulierten Kindern, wobei wir das Spielverhalten mit Hilfe der (siehe Abschnitt 4) erwähnten Observationskategorien registrierten, entdeckten wir die Wichtigkeit der *Intensität* während des Spiels. Zwei verschiedene Kinder können dieselben Spielhandlungen zeigen, wie zum Beispiel das Bauen eines Hauses. Das eine Kind kann sich völlig im Bauen verlieren, das andere ist sich immer noch seiner Umgebung bewußt und achtet auch darauf. Das erste Kind spielt so *intensiv*, daß es sich völlig dem Spiel übergibt.

Fängt man an, das Phänomen »Intensität« zu analysieren, so sind wir sowohl in der Literatur als auch in der praktischen Situation immer wieder auf drei Merkmale des Spiels gestoßen:
– das »So-tun-als-ob«,
– interne Kontrolle,
– intrinsische Motivation.

Das »So-tun-als-ob« ist einer der stärksten Wesenszüge des Spiels. Wir (VAN DER KOOIJ 1985 und 1986) haben diesen Begriff weiter operationalisiert, wobei wir Konzepte angewandt haben wie: Beziehung zur Realität, Maß der Phantasie, Kreativität, Dynamik der Einbildung und Komplexität im Handeln.

Der Begriff »interne Kontrolle« (internal locus of control) existiert etwa 20 Jahre und steht in Zusammenhang mit den Erfahrungen, die jemand in bezug auf seine Gefühle zum Ausmaß an Kontrolle über eine Situation hat. Spiel fordert immer Kontrolle, sei es von Bewegungen im Wiederholungsspiel, sei es vom Material wie im Konstruktionsspiel. Wir suchten Konzepte zur Operationalisierung wie: Erfolgserlebnis, die Anwesenheit eines Spielplans, Ausmaß an Spielbeherrschung, Spielstrategie und Intentionalität.

Intrinsisch motiviertes Verhalten ist Verhalten, das instand gehalten wird ohne Einflüsse von außen. In der Motivationspsychologie fanden wir eine Reihe von Begriffen, die in Zusammenhang mit intrinsischer Motivation gebracht wurden: Intensität und Dauer des Spielverhaltens, Explorationsdrang, Spielfreude und Ausdauer im Verhalten (→ *Motivation und Interesse*).

Unsere Spielintensitätsskala, die wir entwarfen, umfaßte Operationalisierungen dieser Konzepte. Diese Skala erwies sich als geeignet für das Unterscheiden verschiedener Gruppen spielender Kinder.

Die Typisierung bezieht sich hauptsächlich auf die emotionalen Aspekte des spielenden Kindes. Das »So-tun-als-ob« verlangt eine starke soziale Anpassung und emotionale Einfühlung: um Kontrolle über seine (Spiel-)Situation zu haben, muß man sich sicher *fühlen*.

In Osteuropa findet man sehr oft drei stärker kognitiv gefärbte Begriffe im Zusammenhang mit dem Spiel:
– Selbststeuerung,
– mentale Aktivität,
– Flexibilität.

Mit Selbststeuerung ist gemeint, daß jemandes Handeln die Folge von dem ist, was er meint und will. Mentale Aktivität wird auch operationalisiert in Konzepten wie: Initiative, Planübersicht, Systematik, Gleichmäßigkeit des Aktivitätsniveaus. Flexibilität wird oft in Zusammenhang gebracht mit dem Begriff »transfer of training«, das heißt, daß Variationen zum Überbrücken einladen, ohne etwas Neues dazuzulernen. Ähnlich wie die Spielintensitätsskala konstruierten wir eine »Prozeßanalyseskala«, wobei wir auf Basis der osteuropäischen Literatur versuchten, die drei kognitiven Konzepte zu operationalisieren.

Aus unseren quantitativen Untersuchungen ist klar hervorgegangen, daß es starke Zusammenhänge zwischen den Begriffen der Spielintensitätsskala und der Prozeßanalyseskala gibt. Die Korrelationen, wie wir (VAN DER KOOIJ 1986) sie fanden, sind sehr hoch (rho .74) zwischen den sechs Begriffen unserer Observationsskalen mit Ausnahme des »So-tun-als-ob«.

Moderne statistische Methoden (LISREL IV) haben gezeigt (VAN DER KOOIJ 1986), daß man vorsichtig sein muß mit der Behauptung, daß hohe Korrelationen zwischen Konzepten zur Überflüssigkeit führen, wie wir es bei interner Kontrolle und intrinsischer Motivation gezeigt haben.

Ohne Diskussionswert ist die Art der Beziehung zwischen Observationskategorien und Intensitätsskala und Prozeßanalyseskala. Die Beziehungen sind meistens nur schwach, oft auch negativ. Wir meinen damit folgern zu dürfen, daß es jedenfalls zwei klare Unterschiede gibt, um das Spielverhalten zu beurteilen: 1. Observieren, wie das Kind mit Spielmaterial umgeht (Observationskategorien), 2. Feststellen der Intensität und mentalen Aktivität, die das Kind während des Spiels zeigt (Beurteilungsskalen).

Weil beide Methoden zu Informationen verschiedener Art führen, kann man folgern, daß man durch *gleichzeitige* Anwendung mehr über das komplexe Phänomen des Spielverhaltens erfährt.

7 Erziehung und Spiel

In den fünfziger Jahren war man in pädagogischen Kreisen der Überzeugung, daß Spielzeug der wichtigste Spielstimulator ist. Deswegen auch gründete man 1954 in der Bundesrepublik den Arbeitsausschuß gutes Spielzeug, der den orangefarbenen Kleber mit der Aufschrift »Spiel gut« für Spielzeug verleiht, das sowohl Qualitätsnormen wie pädagogischen Kriterien genügt. Der 1959 gegründete Internationale Rat für Kinderspiel (International Council for Children's Play) befaßte sich zuerst mit Spielzeug, seit 1965 richtet er seine Aufmerksamkeit auf das Spiel. Schon 1961 ließ sich durch eine internationale Umfrage feststellen (vgl. VAN DER KOOIJ 1977), daß in den meisten europäischen Ländern eine große Vielfalt an Spielzeug vorhanden ist. Seitdem haben sich die Produktion von Spielzeug und der Spielzeugumsatz vervielfältigt. Trotz des Wachstums an Spielmitteln wird von Pädagogen oft über den Rückgang des Spielniveaus geklagt. Es gibt zwei quantitative Untersuchungen, in denen anhand von Daten versucht wurde nachzuweisen, daß es einen Rückgang im Niveau des Spielverhaltens gibt. Wir (VAN DER KOOIJ 1974) verglichen die Ergebnisse von VAN WYLICK (1936), Schülerin von CH. BÜHLER, mit den von uns Anfang der siebziger Jahre gesammelten Daten und stellten fest, daß sich der Prozentsatz des Bewegungsspiels (Funktionsspiel, Wiederholungsspiel) verdoppelt hatte und daß das Imitationsspiel um 50 Prozent reduziert wurde. Obwohl wir damals die statistischen Daten mit aller Vorsicht präsentiert haben (es gab in den dreißiger Jahren noch keine einwandfreie, von statistischen Methoden unterstützte Empirie), gibt das Ausmaß der festgestellten Unterschiede doch wohl einige Unterstützung für oft gehörte Bemerkungen praktischer Pädagogen über den »Rückgang des Spiels«. Fast ähnliche Ergebnisse wurden bei einer Vergleichsuntersuchung in Belgien (N. D. O. 1984) hinsichtlich des Spiels im Freien erzielt.

Trotz materiellem Wohlstand scheint es so zu sein, daß sich Kinder weniger kreativ mit ihrer Umwelt verständigen, das heißt, weniger kreative Spielformen zeigen. Unvermeidlich kommt dann die Frage, ob nicht die sozialen Bedingungen von größerer Bedeutung sind als die materiellen. In Abschnitt 5 haben wir die Funktion der Imitation hervorgehoben. Wenn tatsächlich der Imitationsprozeß so wichtig ist, dann muß es auch etwas zu imitieren geben und müssen derartige kindliche Aktivitäten stimuliert werden. Man muß sich fragen, ob wir uns als Erwachsene wohl ausreichend intensiv mit dem spielenden Kind beschäftigen. Liegt dann doch einige Wahrheit in den Aussagen von HEINSOHN/KNIEPER (1975), die eine spielpädagogische Situation skizzieren, in der wir dabei sind, als Eltern immer mehr die Erziehung professionellen Kräften zu überlassen. Sie versuchen, die Frage zu beantworten, warum »trotz richtiger Erkenntnisse über das Kinderspiel unter der *Lohn*erziehungs- und Kollektivstruktur des bestehenden Kindergartens eine zerstörerische Spielpädagogik zustande kommt« (ebd., S. 191 ff.). Die Entwicklung in Richtung »Lohnerziehung« wird außerdem noch durch eine Verfrühung der Schulpflicht unterstützt. So wurde bei uns in den Niederlanden die Schulpflicht auf das Alter von fünf Jahren vorverlegt.

Die These von HEINSOHN/KNIEPER (1975) über Lohnerziehung ist nur von Bedeutung, wenn es Unterschiede im Umgangsstil zwischen professionellen Pädagogen und »Leiherziehern« gibt. Uns ist nur eine Untersuchung von WOOD/MIDDLETON (1975) bekannt, aus der klar hervorgeht, daß Kindergärtnerinnen sich anders verhalten, wenn sie mit dreijährigen Kindern zusammen einen Puzzleturm bauen, als eigene Mütter das tun. Es stellte sich heraus, daß eigene Mütter in ihrem Umgang mit dem spielenden Kind vor allem darauf achteten, daß ihr Kind Erfolg im Spiel hatte; automatisch hoben sie dann das Niveau ihres Umgangs mit ihrem Sohn oder ihrer Tochter. Kindergärtnerinnen reagierten mit ihren Interventionen vor allem auf das Moment des Versagens. Mütter, die man zusammen mit »fremden« Kindern spielen ließ, zeigten ähnliche Verhaltensweisen wie die Kindergärtnerinnen. Eine von uns durchgeführte Wiederholungsstudie (VAN

DER KOOIJ 1983a, S. 137f) zeigte dieselben Ergebnisse (→ *Kindergarten- und Vorschulpädagogik*).

Aus unseren früheren Studien (VAN DER KOOIJ 1983b) wissen wir, daß bei vierjährigen Kindern die Spielintensität in der Gruppe größer ist, wenn sie von ihren Eltern kräftiger stimuliert wurden, als in der Gruppe mit weniger stimulierenden Vätern und Müttern. Wir hatten Stimulierung sehr praktisch operationalisiert mit Fragen wie: »Was tun Sie, wenn Ihr Kind im Geschäft ein Stück Spielzeug sieht, das es gerne haben möchte?«, »Kommen Nachbarskinder auch oft zu Ihnen in der Wohnung spielen?«, »Darf Ihr Sohn oder Ihre Tochter eine selbstgemalte Zeichnung im Wohnzimmer aufhängen?« Da wir mehr Informationen bekommen möchten, von welchen Aspekten im Umgang das Spiel mehr oder weniger stimuliert wird, führten wir (VAN DER KOOIJ/NEUKÄTER 1987) eine neue internationale Untersuchung durch zu den Folgen von Lenkungsverhalten des Erziehers bei vier- und fünfjährigen Kindern. In der Literatur über Erziehungsstile (u. a. bei SCHAEFER 1959; TAUSCH/TAUSCH⁶1971; LUKESCH 1975) findet man immer wieder zwei Hauptdimensionen: Dominanz, Autorität, Lenkung versus emotionale Wärme und Bezogenheit. Da einer der Wesenszüge des Spiels Freiheit ist, Freiheit in der Wahl, zu spielen oder nicht zu spielen, Freiheit der Spielzeugwahl, waren wir an der Frage interessiert, welche Folgen ein lenkender Erziehungsstil für das Spielverhalten von vier- bis fünfjährigen Kindern hatte. Mit Hilfe eines Fragebogens, bestehend aus 85 dichotomen Fragen, wovon wir in Deutschland, den Niederlanden und Norwegen über 1000 im Rücklauf erhielten (etwa 60 Prozent), stellten wir jedesmal zwei Extremgruppen fest mit hoch und niedrig lenkenden Eltern. Wir baten die Eltern, mit ihrem Kind zum Institut zu kommen. Während Sohn oder Tochter spielten, zeigten wir den Eltern Videoszenen über pädagogische Situationen und befragten sie, wie sie reagieren würden. Damit hatten wir eine erste Kontrolle eingebaut, ob wir es tatsächlich mit hoch- und niedriglenkenden Eltern zu tun hatten. Die dritte Kontrolle erhielten wir dadurch, daß wir die Eltern baten, noch eine Viertelstunde mit ihrem Kind zusammen zu spielen und diese Interaktion auf einer Dominanzskala zu beurteilen. Wir fanden in keinem der drei Länder Unterschiede im Spielverhalten der beiden Extremgruppen. Unsere Schlußfolgerung war, daß Lenkungsverhalten des Erziehers keinen Einfluß auf das Spielverhalten des Kindes hat (→ *Familienerziehung und Kleinkindpädagogik*).

Obwohl es nicht Ziel unserer Untersuchung war, haben wir exploriert, inwiefern emotionale Wärme und Bezogenheit der Eltern das Spielverhalten beeinflußte. Wir haben die auf Video aufgezeichneten Spielinteraktionen nachträglich auf Ausmaß an emotionaler Wärme beurteilt. Wir fanden dabei eine hohe Korrelation zwischen emotionaler Wärme und Spielintensität und, was noch viel wichtiger ist, eine Art U-förmiger Beziehung zwischen emotionaler Wärme und Intensität des Spiels. Das bedeutet, daß einerseits zuwenig Bezogenheit in »geringe Intensität« im Spielverhalten mündet und andererseits zuviel emotionale Wärme erstickend auf die Entfaltung des kindlichen Spielverhaltens wirkt. Weitere Forschung wird notwendig sein, um genauere Informationen zu der Bedeutung der erzieherischen Beeinflussung auf das Spiel zu bekommen.

8 Spielpädagogik oder Spiel in der Pädagogik?

Wir haben kurz verschiedene Probleme, die mit Spiel verbunden sind, erwähnt: Definitionsprobleme des Spielbegriffs, keine Uniformität in theoretischen Auffassungen über das Spiel, Komplexität der Spielverhaltensstruktur, keine Einstimmigkeit über die Folgen des Spiels für die Entwicklung, Unsicherheit über Folgen der verschiedenen Erziehungsstile für das Spiel.

Unausgesprochen hat mehr oder weniger unseren Auffassungen die Tatsache zugrunde gelegen, daß das Spielen als die meist gezeigte Aktivität von Kindern zwischen null und zehn Jahren aufgefaßt wird. Oberhalb dieses Alters gibt es zwei weitere Begriffe: Sport und Rekreation, in denen die von uns unterschiedenen Aspekte immer mehr gemischt werden. Nicht selten wird das »So-tun-als-ob« zum einzigen Merkmal des Spiels erhoben; dadurch wird leicht der Eindruck erweckt, daß Sport und Spiel wesentlich fremd voneinander sind, weil sie sich gerade am Ausmaß des »So-tun-als-ob« voneinander unterscheiden. Jedoch bürgen die Merkmale der internen Kontrolle und der intrinsischen Motivation dafür, daß es klare Übereinstimmungen zwischen diesen Begriffen gibt.

In den Vereinigten Staaten sieht man »recreation« in wachsendem Ausmaß verselbständigt. Es gibt schon sehr viele bekannte Universitäten, die ihr »department of recreation« haben. Auch in Freizeitaktivitäten, einem der Grundmerkmale unserer Gesellschaft, nämlich der Arbeit gegenüber, findet man verschiedene Merkmale des Spiels wieder (→ *Freizeit und Pädagogik*). Es ist wahrscheinlich, daß bei einer weiteren Reduktion der Arbeitszeit, wie wir sie in diesem Jahrhundert haben wahrnehmen können, »recreation« und »leisure« von wachsendem Interesse werden. Damit rücken dann auch die Merkmale des Spiels in den Vordergrund. Allerdings haben die Freizeitaktivitäten eine ganz andere Funktion für den Menschen, als das bei jungen Kindern (und Tieren) der Fall ist. Da ist das Spiel von großer Bedeutung, weil es die Entwicklung beeinflußt. Deswegen gibt es trotz aller Unterschiede in Auffassungen und Untersuchungsergebnissen kaum einen Psychologen oder Pädagogen, der das Spiel nicht für wichtig hält für die kindliche Entwicklung. Der eine spricht von Spielstimulierung, der andere von Spielpädagogik. Es gibt organisierte Spielwochen, Spielplätze, Organisationen, die Spiel stimulieren wollen. Die fundamentale Frage lautet: »Geht das wohl? Denn Spiel mit seinem Freiheitscharakter und Direktiven der Umwelt lassen sich schlecht vereinen.« Pädagogik ist normativ, man erzieht immer zu etwas (→ *Werte und Normen in der Erziehung*).

Unserer Meinung nach kann man nicht zum Spiel erziehen, höchstens kann man zum Spielen herausfordern. Das bedeutet eine Atmosphäre schaffen, Mittel zur Verfügung stellen und zur Aktivität herausfordern. Jedem Kind wünscht man Kontrolle über sein Verhalten, eine hohe Motivation, das Handhaben von Regeln und ein hohes Ausmaß an Flexibilität, wodurch es sich in verschiedenen Situationen wohl fühlt. Emotionale und soziale Verhaltensstörungen haben unserer Meinung nach (VAN DER KOOIJ 1988) fast immer mit den Verhaltensaspekten geringer Motivation, schlechter Kontrolle, zu großer Starrheit, Mangel an Gegenseitigkeit und Verstoß gegen Regeln zu tun. Gerade diese Verhaltensaspekte werden im Spiel und während des Spiels dauernd geübt und trainiert. Man befindet sich als Pädagoge in dem Dilemma, daß man gerne möchte, daß die Kinder so intensiv wie möglich spielen, aber daß man das Spiel nicht *direkt*, sondern höchstens *indirekt* beeinflussen kann. Wir *laden ein* zum Spiel, wir geben nie einen Auftrag.

In einem auf die Praxis gerichteten Büchlein haben wir (VAN DER KOOIJ/DE VALCK 1984) eine Reihe von Fragen gestellt, die unserer Meinung nach ein Erzieher beantworten können muß, damit er in einer praktischen Situation adäquat handlungsfähig ist: »Was ist Spielen? Warum spielen? Wie spielt ein Kind? Womit spielt ein Kind? Wo spielen Kinder? Wer ist der Meister über das Spielzeug? Ausreichend Spielzeug? Spiel, Spiegel der Gesellschaft? Was darf man mit Spielzeug? Willst du mit mir spielen?«

Die letzte Frage scheint eine der besonders wesentlichen zu sein. Die Welt des Kindes und die des Erwachsenen trennen sich immer mehr. VAN DEN BERG (^{3}1957) hat in »Metabletica« (Lehre der Änderungen) das Thema der »Unsichtbarkeit des Erwachsenen« angerührt. Er behauptet, daß unsere Kinder unsere beruflichen Handlungen nicht mehr wahrnehmen und ursprüngliche einfache Prozesse nicht mehr verfolgen können. In Fachkreisen führte das schon zu folgendem Witz: Ein fünfjähriger Sohn des Psychiaters wird gefragt, was er später werden will. Seine Antwort lautet: »Patient.« Für das Spiel scheint die Frage wichtig zu sein: »Integrieren wir das Kind in unsere Gesellschaft, oder entschließen wir uns zu einer Art Ghettobildung und zur Lohnerziehung?«

Pädagogik und Spiel sind durch ihre Wesensfremdheit eigentlich nicht miteinander zu vereinen. Wir sind der Überzeugung, daß das Spiel nicht selten im therapeutischen Sinne, sei es in der Orthodidaktik, sei es in der Psychotherapie, *angewandt* wird (→ *Pädagogische Intervention*).

Einer der Wesenszüge des Spiels ist aber, daß die Handlungen des Spiels ein Ziel in sich selbst haben und daß manchmal sogar der Spieler diesen Zweck nicht kennt. Hier liegt auch einer der wesentlichen Unterschiede zwischen Spiel und Sport. Wir fürchten, daß in der Spiel*pädagogik* ein Mittel zum Zweck erhoben wird, denn wir erziehen nicht *durch* Spiel, nein, wir erziehen *im* Spiel!

Literatur

ASANGER, R./WENNINGER, G. (Hrsg.): Handwörterbuch der Psychologie. Weinheim 1983
AXLINE, V. M.: Play Therapy. Boston 1947
BERG, J. H. VAN DEN: Metabletica. Nijkerk ^{3}1957
BERLYNE, D. E.: Conflict, arousal and curiosity. New York 1960
–: ›Laughter, humor and play‹. In: LINDSEY, G./ARONSON, E. (Hrsg.): Handbook of social psychology. New York 1969
BÜHLER, CH.: Kindheit und Jugend. Leipzig 1928
BÜHLER, K.: Die geistige Entwicklung des Kindes. Jena ^{6}1930
BUYTENDIJK, F. J. J.: Het spel van mens en dier. Amsterdam 1932
CHÂTEAU, J.: Le jeu de l'enfant après trois ans, sa nature, sa discipline. Paris 1946
–: L'enfant et le jeu. Paris 1954
ELKONIN, S.: Psychologie des Spiels. Berlin 1980
FLITNER, A. (Hrsg.): Das Kinderspiel. Weinheim ^{3}1976
GARVEY, C.: Play. London 1977
GOETZE, H./JAEDE, W.: Die nicht direktive Spieltherapie. München 1974
GROOS, K.: The Play of Man. New York 1901
–: Das Spiel. Zwei Vorträge (Spiel als Katharsis, der Lebenswert des Spiels). Jena 1922
HALL, G. S.: Youth. New York 1906

Heinsohn, G./Knieper, B. M. C.: Theorie des Kindergartens und der Spielpädagogik. Frankfurt 1975
Huizinga, J.: Homo ludens. Haarlem ⁴1952
Hutt, C.: Exploration and play. In: Symposium of the zoological Society. London 1966, 18, S. 61–88
–: Specific and diversive exploration. In: Reese, H./Lippsitt, L. P. (Hrsg.): Advances in child development and behavior. Bd. 5 New York 1970
Kooij, R. van der: Spelen met Spel. Ijmuiden 1974
–: Toy and Play Study. In: –/Groot, R. de: That's All in the Game. Theory and research, practice and future of children's play. Rheinstetten 1977
–: Die psychologischen Theorien des Spiels. In: Kreuzer, K. J. (Hrsg.): Handbuch der Spielpädagogik. Bd. 1. Düsseldorf 1983a
–: Empirische Spielforschung. Überblick und neuere Ergebnisse. In: Kreuzer, K. J.: Handbuch der Spielpädagogik, Bd. 1. Düsseldorf 1983a
–: Le jeu. Méthodes d'observation – Stimulation de jeu. In: Handicaps et inadaptations – Les cahiers du C. T. N. E. R. H. I., no. 24, 1983b
–: Multidimensionale Untersuchung des Spielverhaltens. In: Einsiedler, W. (Hrsg.): Aspekte des Kinderspiels. Weinheim 1985
–: Different research approaches to play behavior. In: –/Hellendoorn, J.: Play, Play Therapy, Play Research. Lisse 1986
–: Spiel und Verhaltensstörungen. In: Goetze, H./Neukäter, H.: Handbuch der Sonderpädagogik. Bd. 6. Berlin 1988
–/ Neukäter, H.: Elterliche Lenkung und Kinderspiel im internationalen Vergleich. In: Haeberlin, U./Amrein, Ch. (Hrsg.): Forschung und Lehre für die sonderpädagogische Praxis. Bern 1987
–/ Valck, M. de: En ik ben de conducteur. Nijkerk 1984
Lazarus, M.: Über die Reize des Spiels. Berlin 1883
Lukesch, H.: Erziehungsstile. Stuttgart 1975
Matthews, W. S./Matthews, R. J.: Eliminating Operal Definitions. In: Pepler, D. J./Rubin, K. H.: The play of children: Current theory and research. Basel 1982
McCune-Nicolich, L.: Towards Symbolic Functioning: Structure of Early Pretend Games and Potential Parallels with Language. In: Child Development 52 (1981), S. 785–797
–/ Bruskin, L.: Combinatorial Competence in Symbolic Play and Language. In: Pepler, D. J./ Rubin, K. H.: The play of children: Current theory and research. Basel 1982
N. D. O., Nationale Dienst voor Openluchtleven V. Z. W.: Spelen en spelen is twee. Brüssel 1984
Parten, M. B.: Social Play among Preschool Children. In: Journal of Abnormal Sociology and Psychiatry 28 (1933), S. 136–147
Patrick, G. F. W.: The psychology of relaxation. Boston 1916
Piaget, J.: Play, Dreams and Imitation. London ³1972
Rosch, E.: On the internal structure of perceptual and semantic categories. In: Moore: Cognitive Development and the Acquisition of Language. New York 1973
–: Principles of categorization. In: Rosch, E./Lloyd, (Hrsg.): Cognition and Categorization. New York 1978
Rost, H.: Exploration and Play: a Micro-Analysis. In: Kooij, R. van der/Hellendoorn, J.: Play, Play Therapy and Play Research. Lisse 1986
Rubin, K. H.: Early Play Theories Revisited: Contributions to Contemporary Research and Theory. In: Pepler, D. J./Rubin, K. H. (Hrsg.): The play of children: Current theory and research. Basel 1982
Schaefer, E.: A circumplex model for maternal behavior. In: Journal for Abnormal and Social Psychology 59 (1959)
Scheuerl, H.: Das Spiel. Weinheim ⁹1973
–: Theorien des Spiels. Weinheim ¹⁰1975
Spencer, H.: The Principles of Psychology. London 1855
Sutton-Smith, B.: Play and Learning. New York 1979
Tausch, R./Tausch, A.: Erziehungspsychologie. Göttingen ⁷1971

VANDENBERG, B.: Play: a concept in need of a definition. In: PEPLER, D. J./RUBIN, K. H. (Hrsg.): The play of children: Current theory and research. Basel 1982
–: Play Theory. In: FEIN, G./RIVKIN, M. (Hrsg.): The Young Child at Play. Washington, D. C. 1986
VERMER, E. A. A.: Het spel van het kind. Groningen 1969
VYGOTSKY, L. S.: Play and its role in the mental development of the child. In: Voprosy Psikhologii 1966
WOOD, D./MIDDLETON, D.: A Study of Assisted Problem Solving. In: British Journal of Psychology, July 1975
WYLICK, M. VAN: Die Welt des Kindes in seiner Darstellung. Wien 1936

Franz-Josef Wehnes

Theorien der Bildung – Bildung als historisches und aktuelles Problem

1 Bleibende Aktualität des Bildungsbegriffs

Die »Krise der Bildung«, wenn nicht »das vollständige Enden aller Bildungstheorien« war in den letzten Jahrzehnten eine ausgemachte Sache. Denn die Aufgaben und Probleme der Gegenwart – Chancengleichheit und Schulreform, Sozialisationstheorie und empirische Erziehungswissenschaft u. a. m. – schienen mit dem alten geisteswissenschaftlichen Begriff »Bildung« nicht mehr vereinbar. Wer dennoch – selbst mit gebührender Kritik – daran festhielt, kam in den Verdacht, überholten Zielvorstellungen nachzuhängen oder gar traditionelle Strukturen verfestigen zu wollen. So war es nicht verwunderlich, daß man innerhalb der modernen Erziehungswissenschaft mehr und mehr vom »klassischen Bildungsbegriff« abrückte, nachdem Bildung jahrhundertelang ein Leitbegriff der Pädagogik gewesen war, an deren Begründung und Ausformung die besten Denker der deutschen Geistesgeschichte wesentlichen Anteil gehabt hatten.

War der Bildungsbegriff nach 1945 zunächst noch wiederbelebt worden, so wurde seine Fragwürdigkeit in den fünfziger und sechziger Jahren zusehends aufgedeckt, z. B. Litt (1969, S. 13): »Verstehen wir Bildung als (eine hochzielende) Idee, dann hilft uns nichts vor dem Eingeständnis, daß in uns, den Zeugen, Vollstreckern und Opfern der deutschen Katastrophe, alle Voraussetzungen zerstört sind, von denen die Möglichkeit echter Bildung abhängt.« Schon 1952 hatte Dolch Bildung definiert als einen Begriff, »der heute daran (ist), seine zeitweise beherrschende Stellung zu verlieren, ja geradezu aufgegeben zu werden« (Dolch ⁴1963, S. 36f.).

Doch was sollte an seine Stelle treten, ohne das mit jenem Begriff Gemeinte und an Problem- und Identitätsbewußtsein in ihm Enthaltene voreilig preiszugeben: Selbstbestimmung und Urteilskraft, Emanzipation und Kritikfähigkeit, Autonomie und Verantwortung? Außerdem zeigte sich, daß das Interesse an »wahrer Bildung«, ihrer pädagogischen Realisierung und erziehungswissenschaftlichen Begründung keineswegs erloschen war; zum einen erschien der Bildungsbegriff unentbehrlich in der Diskussion um Bildungspolitik und Bildungsreform, Bildungsrat samt Bildungsgesamtplan, Bildungsdefizite und Bildungsbarrieren, Bildungsurlaub und Weiterbildung bis hin zu den Fragen von Berufsbildung und Fortbildung, Erwachsenen- und Elternbildung; zum anderen brach mit den neuen Leitbegriffen der Pädagogik wie Lernen, Sozialisation, Emanzipation, Kompetenz und Qualifikation recht bald die alte Problematik um Freiheit und Humanität, Individualität und Sozialität erneut auf und drängte zu einer zeitgemäßen Klärung und Begründung dieser neuen pädagogischen Kategorien: nicht nur Rollenübernahme, sondern auch Rollendistanz, nicht nur Sozialisation, sondern auch Personalisation, nicht nur lerntheoretisches, sondern auch bildungstheoretisches Modell.

So wurde nach und nach immer deutlicher, daß die Kernfrage der traditionellen Bildungstheorie – die Emanzipation des Individuums zu eigenverantwortlichem Denken und Handeln gegenüber Natur und Gesellschaft, Welt und Gott – nicht nur mit anderen, sondern womöglich mit recht unzulänglichen Begriffen angegangen worden war. Waren mit dem abgelegten Bildungsbegriff vielleicht doch umfassendere Ziele und gründlichere Einsichten verbunden gewesen, als dies in den neu entwickelten Kategorien jemals möglich sein würde? Waren letztere eventuell zu eng konzipiert, mit der Absicht auf mehr Eindeutigkeit, aber dadurch auch mit dem Mangel der Einseitigkeit angelegt, so daß der Verlust des »ganzen« Menschen drohte? Wurde an der Fülle der gegenwärtigen pädagogischen und gesellschaftlichen Probleme – Familie, Schule, Beruf, Wissenschaft und Politik – nicht erkennbar, daß die Bildungsaufgabe eigentlich nur verdrängt, aber keineswegs gelöst worden war? Kurzum: Die Frage, inwieweit ein erneuertes Bildungsverständnis notwendig und eine für unsere Zeit sinnvolle Begründung möglich sei, wurde immer aktueller.

Zudem erkannte man, daß das Interesse an einem zeitgemäß verstandenen Bildungsbegriff – trotz aller gegenteiligen Behauptungen – nie ganz verstummt war. Wer, von NIETZSCHE bis HEYDORN, um nur diese zu nennen, Bildung – oder genauer: die mangelnde Bildungswirklichkeit – kritisiert hatte, betonte dennoch die Notwendigkeit »wahrer Bildung« für den Menschen in seiner jeweiligen Zeit. So kam es, daß ab ca. 1975 nicht mehr von der Abschaffung des Bildungsbegriffes gesprochen, sondern über seine Neufassung und Neubegründung diskutiert wurde.

PLEINES (1978) beschreibt die neue Situation so: »... unter heutigen Pädagogen (gibt es) wieder neben der Gleichgültigkeit und Ablehnung eine gespannte Erwartung ..., die nichts mehr mit einer radikalen Negation oder bloß reservierter Zurückhaltung zu tun hat«; er meint, daß es heute an der Zeit sei, »die Rolle der Bildungskategorie in Vergangenheit und Gegenwart aufs neue zu überdenken« (ebd., S. 8).

Hinzu kommt, daß die gegenwärtige Medienwelle – und hier vor allem die »Computerisierung unserer Gesellschaft« – ein neues Bewußtsein möglicher Entmenschlichung begründet hat, so daß in unseren Tagen die Notwendigkeit eines »erneuten Bildungsverständnisses als Orientierungshilfe« für den Menschen von heute betont wird, damit dieser »gegenüber den unabsehbaren technologischen Entwicklungen autonom bestehen« kann (KLEMM u. a. 1985, S. 116, 161).

Doch alle Forderungen nach einem neuen Bildungsbegriff helfen nicht weiter, wenn nicht mit aller Klarheit herausgearbeitet wird, was »Bildung heute« beinhalten soll und kann, da sonst die alte Problematik – die Unschärfe des Bildungsbegriffes – sofort wieder eine neue Fragwürdigkeit in die gegenwärtigen Überlegungen einbringen würde. Darum folgt hier:

– eine Demonstration der »Bildung als historisches Problem«, denn zum vollen Verstehen eines Phänomens gehört notwendig auch das Bewußtsein von dessen Entstehen;

– eine Analyse der gegenwärtigen Reflexion über die »Bildung als aktuelles Problem«, denn historisches Verstehen allein genügt nicht, um im konkreten Leben selbst menschlich denken und handeln zu können; dazu gehört notwendig das Wissen um die gesellschaftlichen Bedingungen und Voraussetzungen der Möglichkeiten und Grenzen von Bildung in der jeweiligen Zeit.

2 Bildung als historisches Problem

Wenn von der Bildung als einem Leitbegriff der Pädagogik gesprochen wurde, so war damit nicht gemeint, daß dieser stets der alleinige Schlüsselbegriff gewesen war; vielmehr bestand immer ein Wettstreit der pädagogischen Grundbegriffe, in denen sich die zeitbedingten Auffassungen vom Menschen und seiner Humanisierung widerspiegelten. So hat sich z. B. im 19. Jahrhundert der Bildungsbegriff an die Stelle schon vorhandener Zielvorstellungen gesetzt und dadurch den älteren Erziehungsbegriff zeitweilig verdrängt.

TRAPP stellt 1780 erstmalig die Begriffe Erziehung, Unterricht und Bildung in einen theoretischen Zusammenhang, überläßt aber der Erziehung eindeutig den Vorrang (nach PLEINES 1978, S. 15ff.). SCHWARZ stellt 1805 fest: »Die Begriffe Erziehung und Unterricht gehören zusammen, aber wir können nicht vorläufig bestimmen, wozu sie sich vereinigen und unterscheiden und ob der Begriff Bildung etwa beide umfasse.« (SCHWARZ 1968, S. 11) HERBART macht 1806 den Erziehungs- und nicht den Bildungsbegriff zur Grundkategorie seiner »Pädagogik aus dem Zwecke der Erziehung abgeleitet«, in der das Verhältnis von Erziehung und Unterricht ihre Synthese im »erziehenden Unterricht« findet.

Erst bei HUMBOLDT erfährt die Bildungsidee ihre erste herausragende Bedeutung in seinem Bemühen, angesichts der wachsenden Verzweckung des Menschen mit der Bildung ein Gegen-, wenn nicht Heilmittel gegen die Zerrissenheit seines Zeitalters zu begründen. Dennoch entwickelt SCHLEIERMACHER wieder eine »Theorie der Erziehung«, in der der Bildungsbegriff nur am Rande erscheint.

Das 20. Jahrhundert setzt diese wechselnde Betonung von Erziehung und Bildung fort. Die Beweggründe sind verschieden, sei es, daß »bürgerliches Bildungsdenken« eine zunehmende Rolle spielt und Bildung dadurch einen fragwürdigen sozial-elitären Charakter erhält, sei es, daß sich eine Trennung von kognitiver Formung = Bildung und sittlichem Verhalten = Erziehung durchsetzt, die etliche Theoretiker veranlaßt, in der Erziehung den Grundbegriff ihrer Pädagogik zu sehen, weil nur hier existentielle Prozesse wie Entscheidung und Verantwortung, Gewissen und Charakter relevant werden können (so bei PETERSEN, PETZELT u. a.) (→ *Theorien der Erziehung*).

Dennoch bleibt der Bildungsbegriff aktuell: so denkt SPRANGER mit seinem Stufenmodell »Grundlegende Bildung, Berufsausbildung, Allgemeinbildung« über HUMBOLDT hinaus, und auch KERSCHENSTEINER begreift die »Berufsbildung als Pforte zur Menschenbildung«. Aber erst unter dem Druck gewandelter gesellschaftlicher Verhältnisse geht in unserer Zeit der Bildungsbegriff ganz neue Sinnbeziehungen ein: Bildung und Technik, Bildung und Computer, Bildung und Begegnung oder Bildung als »Entsprechung« in Sachlichkeit und Mitmenschlichkeit.

Solcher Wechsel der pädagogischen Zentralbegriffe ist jedoch mehr als nur Ausdruck von Modetrends. Hier geht es um die immer neu zu stellende Frage: Was ist der Mensch? Wie soll und kann er den Sinn seines Lebens verstehen? Wie ist seine Humanität in einen Begriff zu fassen, der Glaubwürdigkeit verbürgt und dem einzelnen Orientierungshilfe sein kann?

2.1 Der vorklassische Bildungsbegriff

Die Geschichte des Bildungsbegriffs hat auf die eben gestellten Fragen verschiedene Antworten gegeben. Die historische Forschung hat einen vielfachen Bedeutungswandel aufgedeckt (DOHMEN 1964; RAUHUT/SCHAARSCHMIDT 1965; FROESE 1978; MENZE 1970; BALLAUFF 1969, 1981 u. a.), von denen hier nur die wichtigsten Ursprünge und Epochen erwähnt werden können.

2.1.1 Die griechische »paideia«

In PLATONS »politeia« sowie in seinen »nomoi« liegt uns die erste systematische Grundlegung menschlicher Bildung vor; so im »Höhlengleichnis«, in dem die menschliche »Natur in bezug auf Bildung und Unbildung« untersucht wird: Unbildung wird veranschaulicht in dem Bilde von Menschen, die »von Kindheit an« in einer Höhle, mit dem Gesicht zum Höhleninneren, gefesselt sind und also in einer Welt bloßer Schatten (d. h. nicht der Wirklichkeit) leben; Bildung dagegen im Bilde eines daraus Befreiten, der, wenn auch unter großen Schmerzen, durch Wahrnehmung, Erfahrung und Erkenntnis Zugang findet zur Wirklichkeit = »Wahrheit«.

Auch in den »Gesetzen« geht es um »die Bestimmung, was Bildung sei und was sie vermöge«. Hier ist das gleiche Anliegen: Der Mensch muß herausgeführt werden aus dem »Zustand der Unbildung«, und zwar von Kindheit an, damit er zur »Tugend«, zur Tauglichkeit für menschliches Denken und Handeln befähigt werde; denn »Bildung« sei zu unterscheiden von »Ausbildung«, wo es nur um »Gelderwerb« und sonstige Verzwekkung gehe, die das rechte Verständnis von Bildung – als dem »Vorzüglichsten unter allem Trefflichen« – behindere.

Nach BALLAUFF (1981) erreicht mit der Konzeption der »paideia« die Bildungstheorie einen ersten Höhepunkt, indem dort bereits entwickelt und begründet wird »der emanzipatorische Gedanke der Befreiung ..., der partizipatorische Gedanke der Teilhabe an der Wahrheit ..., der theoretische Gedanke der Erschlossenheit des Ganzen durch Denken ..., der periagogische Gedanke der (Umkehrung) zur Wahrheit ..., der politisch-praktische Gedanke ... der Rückwendung zum Alltag und gemeinsamen Leben, für das der Gebildete nun Maßgabe und Wege kennt« (ebd., S. 233).

2.1.2 Der theologisch-mystische Bildungsbegriff

Im Mittelalter wird das Wort »Bildung« ganz vom christlichen Gott her begriffen, vor allem bei Meister ECKHART (auch bei TAULER und SEUSE). ECKHART verbindet die neuplatonische Emanzipationstheorie mit der christlichen Imago-Lehre, d. h., das Ausfließen Gottes in die Welt wird von dem »Sichinbilden« der Seele zurück in Gott erinnerlicht. Hier ist nichts Pädagogisches, sondern reine theologische Theorie und religiöse Praxis, der es ausschließlich um die Entbindung des Menschen von allem Kreatürlichen geht, um das »Wiedergebildetwerden in Gott« zu erlangen; dies kann aber nur ein »Übergebildetwerden durch Gott« selbst sein: nicht Formung aus eigener Kraft, sondern das »Wiederaufhellen« eines lebendigen »inneren Bildes« ist das Ziel (nach DOHMEN 1964, S. 46). Bildung als Wiedervereinigung mit Gott in der unio mystica ist nie pädagogische Tat, sondern immer Werk göttlicher Gnade.

Dennoch sind damit schon wesentliche Elemente, aber auch künftige Probleme des späteren pädagogischen Bildungsbegriffes grundgelegt: Innerlichkeit und Weltbezug, Individualität und Kollektivität, Natur und Gesellschaft, Befreiung und Bindung. LU-

THER, J. BÖHME, SPENER u. a. haben bei der Differenzierung dieses Bildungsverständnisses mitgewirkt, so daß es in den langsam sich entwickelnden pädagogischen Bildungsbegriff einmünden konnte.

2.1.3 Naturphilosophisch-organologischer Bildungsbegriff
Um 1500 entstand ein neues Verständnis vom Menschen: Nicht mehr das mystische »Einbilden auf Gott« wurde gesucht, sondern die Entfaltung natürlicher innerer Anlagen des einzelnen, die zwar nicht gänzlich ohne Gottes Schöpfung gedacht, nun aber mehr als Teilkräfte der Natur begriffen wurden. So sieht z. B. PARACELSUS »alle ding gebildet« (nach DOHMEN 1964, S. 70), da ihr Inneres im Äußeren abgebildet ist. Demnach ist auch der Mensch »gebildet«, nämlich durch die Entwicklung seiner natürlichen Kräfte. Damit bringt PARACELSUS Gott, Mensch und Natur in einen Zusammenhang, in dem nicht mehr nur die Bildung der Seele, sondern die des ganzen Menschen in seiner Beziehung zu Gott und konkreter Welt gesehen wird. Dieses Verständnis von der Entfaltung innerer Kräfte hat großen Einfluß auf die weitere Entwicklung des Bildungsbegriffes ausgeübt. OETINGER, LAVATER, GELLERT u. a. haben daran entscheidend mitgewirkt.

2.1.4 Der humanistische Bildungsbegriff
Zur gleichen Zeit um 1500 entstand eine weitere Konzeption vom Menschen und seiner Bildung: durch den Humanismus des 14. (in Italien) und des 15. Jahrhunderts (in Deutschland). Indem dieser das »Humanum« des Menschen zu bestimmten sucht, findet er in den Schriften antiker Autoren Orientierungshilfe. Nach PICO DELLA MIRANDOLA ist der Mensch berufen, sich selbst nach »eigenem freien Willen« zum Menschen zu bilden, damit er »als eigener, vollkommen frei schaltender Bildhauer und Dichter sich selbst die Form bestimmt, nach der er zu leben wünscht« (vgl. BALLAUFF 1969, S. 513). Im gleichen Sinne kämpft ERASMUS VON ROTTERDAM gegen die »Kulturlosigkeit seiner Zeit«, d. h. gegen die Ungeformtheit in Wissen und Verhalten; er sieht die Humanität realisiert in der geschliffenen Sprache, in dem Wissen um die antike Weisheit, im eigenständigen Urteil, in der individuellen Freiheit und der Gelehrsamkeit. Bildung wird hier zur Qualität einer geistigen Elite, alles andere ist Barbarei.

Auch durch dieses Bildungsverständnis wurden entscheidende Elemente des späteren neuhumanistischen Bildungsbegriffes grundgelegt: Sprachlichkeit, Individualität und Selbstentfaltung. KANT, PESTALOZZI, HERDER, HUMBOLDT u. a. sollten hier anknüpfen.

2.1.5 Der rationalistische Bildungsbegriff
Im 17. Jahrhundert entwickelt LEIBNIZ ein System, in dem alle Substanz als bewegende Kraft interpretiert wird, wodurch allem Lebendigen Dynamik und Zielgerichtetheit (Teleologie) zukommt. In seiner Monadenlehre werden Struktur und Gesetz der Kraftträger (Monaden) beschrieben, die in einer Stufung alles Seienden von der Natur über den Menschen bis zu Gott gesehen werden, je nach dem verschiedenen Grad an Klarheit und Deutlichkeit, Bewußtheit und Aufgeklärtheit.

Dadurch, daß hier ein Bild vom Menschen als Kraftzentrum und Selbstbewußtsein – verbunden mit Aussagen über das Verhältnis von Mensch und Welt – entworfen wurde, konnte die Monadologie von LEIBNIZ zu der »geistesgeschichtlich wichtigsten Schaltstelle« für die weitere Entwicklung des Bildungsbegriffs werden: »Erst mit diese

Philosophie ist jener Horizont geschaffen, in dem sich die neuen Erörterungen bewegen können.« (MENZE 1970, S. 136)

In der Aufklärung wird dann die Vorstellung vom »Licht der Vernunft« in jedem Menschen bedeutsam. Bildung heißt jetzt Aufklärung und Aufgeklärtheit des Menschen über seine eigene Kraft, richtig zu denken, um gleichzeitig dadurch zur rechten Tugend zu gelangen. Gebildet ist, wer sich selbst und sein Verhältnis zu Welt und Gesellschaft nach vernünftigen Prinzipien zu regeln weiß. Zusammen mit dem humanistischen Verständnis hat Bildung hier zum ersten Mal eine spezifisch pädagogische Bedeutung. Unterricht als rational geplantes Lernen mit dem Ziel der gesellschaftlichen Tüchtigkeit und der persönlichen Zufriedenheit wird Aufgabe für die Schule, die jetzt mehr und mehr in den Blick kommt (Philanthropinismus auf der einen, der Staat als Organisator von Schulbildung auf der anderen Seite).

2.2 Der klassische Bildungsbegriff

Alle genannten Konzeptionen bilden den Wurzelgrund für den um 1800 entwickelten »klassischen Bildungsbegriff«. Auch hier fließen mehrere Theorieansätze zusammen, bis sie in den Bildungsauffassungen von HUMBOLDT und HEGEL einen Höhepunkt erreichen, der bis ins 19. und 20. Jahrhundert das pädagogische Zieldenken bestimmen sollte. ROUSSEAU und PESTALOZZI bereiten die Idee einer allgemeinen Menschenbildung vor, die betont das Verhältnis von Individualität und Kollektivität, von Bildung und Beruf, von Mensch und Gesellschaft mitdenkt. Im Zusammenhang mit der Konzeption des deutschen Idealismus wird diese Verpflichtung von Bildung und Gesellschaft gelokkert, aber nicht – wie oft behauptet worden ist – aus Desinteresse an der gesellschaftlichen und beruflichen Wirklichkeit, sondern aus Sorge um die Zerrissenheit und Verzweckung des Menschen durch eine Gesellschaftsentwicklung, die den einzelnen immer mehr spezialisiert und determiniert und ihn so seiner »vollen Menschlichkeit« beraubt. Darum die Betonung von Ganzheit und Allseitigkeit, von Autonomie und Freiheit und die Abwehr gegen eine zu frühe berufliche Eingepaßtheit und gesellschaftliche Nützlichkeit.

2.2.1 Humboldts Bildungsbegriff

Die verschiedenen Konzeptionen von KANT, SCHILLER, HERDER, PESTALOZZI u. a. können hier nicht behandelt werden. Aber sie alle haben Anteil an der inhaltlichen Ausformung des neuen Bildungsverständnisses, indem sie Anregungen und Ansätze einbringen, während HUMBOLDT darangeht, »die Prinzipien der Bildung in ihrem ganzen Zusammenhang (zu) behandeln«. Das Ergebnis ist eine ebenso umfassende wie in sich geschlossene – allerdings nicht systematisch ausgeführte – Bildungstheorie von der allseitigen harmonisch geformten Individualität als der vornehmsten Aufgabe des Menschen.

Diese ist für HUMBOLDT primär Kraftzentrum (energeia), das ihn befähigt, alle Anregungen von außen so in sein Inneres aufzunehmen, daß sie individuell-einmalig zu einem harmonischen Ganzen werden. Nur wo es gelingt, die Buntheit, ja Zerrissenheit der modernen Welt in sich zu einem persönlichen »Bild« zu integrieren, nur dort hat sich der Mensch zu seiner vollen Bestimmung »gebildet«. Nach MENZE (1970, S. 140) umfaßt diese Theorie der Bildung »1. eine Prinzipienwissenschaft« (Möglichkeit, Gültigkeit), 2. die wesentlichen Bereiche des menschlichen In-der-Welt-seins« (bzgl. Menschwerdung und Menschlichkeit), »3. eine umfassende empirische Bestandsaufnahme« (Daten für die Anleitung zur Veränderung und Verbesserung des einzelnen).

Kritische Auseinandersetzung, nicht bloße Anpassung an Welt und Gesellschaft, Emanzipation zu persönlicher Freiheit und Eigengestaltung, nicht Reaktion und Determination sind das Ziel. Darum wird die frühe berufliche Spezialisierung verworfen, statt dessen möglichst für *jeden* Menschen eine anfängliche allgemeine Bildung gefordert, die dann Vorbildung für jeden Beruf und Grundlage sowohl für die individuelle Selbstentfaltung als auch für eine verantwortliche Mitgestaltung der Welt sein kann (HUMBOLDT selbst hat, als Diplomat, Jahrzehnte seines Lebens dem Dienst an der geistigen und politischen Gestaltung der Gesellschaft seiner Zeit gewidmet – und nicht als Bewahrer, sondern als Reformer der Zeitverhältnisse). Das wurde in der Pädagogik der Vergangenheit zumeist übersehen und deshalb HUMBOLDT und seine Lehre fälschlicherweise als Ausdruck eines rein individualistischen Lebens verstanden, indem man Sätze wie diese einseitig interpretierte: »... daß nichts auf Erden so wichtig ist als die höchste Kraft und die vielseitigste Bildung der Individuen und daß daher der wahren Moral erstes Gesetz ist: Bilde dich selbst und nur ihr zweites: wirke auf andere durch das, was Du bist!« (Brief an FORSTER 1791; HUMBOLDT 1953, S. 154) Durch die Interpretation SPRANGERS wurde dieses HUMBOLDTbild eher verstärkt als korrigiert. Erst die neueren Analysen von MENZE und HEYDORN werden dessen Denken gerecht: »Es ist unmöglich, den Menschen HUMBOLDT als eine fensterlose, nur auf Kultivierung und Selbstvollendung des Ich bedachte Monade zu deuten, für den die Welt Spielball und Tätigkeitsfeld des überlegenen Selbst ist.« (MENZE 1965, S. 259) Und HUMBOLDT selbst: »Der isolierte Mensch vermag sich ebensowenig zu bilden, als der in seiner Freiheit gewaltsam Gehemmte.« (Brief an FORSTER 1792; 1953, S. 162)

Auch daß die Antike für HUMBOLDT mehr Orientierung als Vorbild war, wurde übersehen. Wohl sah er – in kritischer Weiterführung der Gedanken von F. A. WOLF – in den Griechen und ihrer Sprache schon »alle Eigenschaften der reinen Menschlichkeit« vereinigt, aber er distanziert sich doch ausdrücklich von ihnen; denn warum sollten »wir nur leisten, was jene leisteten? Es ist ... unverkennbar. Wir haben mehr als sie ... Sie waren nur, was sie waren. Wir wissen auch, was wir sind und blicken darüber hinaus. Wir haben durch die Reflexion einen doppelten Menschen aus uns gemacht.« (Brief an SCHILLER 1803; 1953, S. 473)

2.2.2 Hegels Bildungstheorie

Wieder ganz anders ist der Bildungsbegriff HEGELS begründet, der nur aus dem Gesamt seiner Geistes- und Geschichtsmetaphysik begriffen werden kann. Nach ihm gehört es zum Wesen des Geistes, sich in einem dialektischen Prozeß zum Bewußtsein seiner selbst fortzuentfalten. Dabei ist ihm der Faktor »Arbeit« von wesentlicher Bedeutung: denn dadurch, daß der Mensch die Natur bearbeitet und sie so in menschliche Kultur umwandelt, erhebt er sich über die Natur und wird sich dadurch seiner selbst – als Nichtnatur, als Geistwesen – bewußt; jetzt erblickt er in der Natur nicht mehr ein Fremdes, sondern kann sich selbst in seinem geschaffenen Werk erkennen. Nach HEGEL wird dadurch das, was anfänglich notwendige »Entäußerung bzw. Entfremdung« war, durch »das-Andere-zu-sich-selber-Kommen« der wahre Bildungsprozeß des Menschen: aus Verlust wird Gewinn, aus Unterwerfung unter das Gesetz der Natur Verwirklichung des Geistes.

Ferner sieht HEGEL in der Individualität, als »bloßer Partikularität«, nicht das Ziel menschlicher Bildung, sondern nur einen Ausgangs- und Durchgangspunkt; erst wo diese sich in den Dienst des Überindividuell-Allgemeinen stellt, kommt sie zu ihrer höheren Bestimmung: »Durch die Arbeit der Bildung ist es aber, daß der subjektive Wille selbst in sich die Objektivität gewinnt, in der er seinerseits allein würdig und fähig ist, die Wirklichkeit der Idee zu sein.« (Rechtsphilosophie § 187; HEGEL 1970, S. 343ff.) Sosehr HEGELS Bildungstheorie stark auf das pädagogische Denken des 19. und 20. Jahrhunderts gewirkt hat, hat doch HUMBOLDTS Bildungskonzeption konkreter die pädagogische Theorie und Praxis (vor allem der gymnasialen Allgemeinbildung) beeinflußt, was allein schon die zahlreiche Kritik zeigt, der gerade seine Theorie ausgesetzt war. Das »humanistische Bildungsideal« – lange Leitbegriff der Pädagogik, dann aber unter dem Verdacht der Ideologie – wurde mehr und mehr als apolitisch, elitär, weltfremd und utopisch abgelehnt. Wenngleich damit mehr dessen Rezeption als HUMBOLDT selbst kritisiert wurde, kann sein Bildungsbegriff dennoch nicht bruchlos in unsere Zeit übertragen werden, da sich seitdem in sozialer, politischer, kultureller Hinsicht Entscheidendes gewandelt hat. Dennoch sind die darin enthaltenen Spannungselemente und Grundfragen bis heute lebendig geblieben.

Dafür spricht die gegenwärtige Diskussion, die geradezu auf eine »Neuentdeckung HUMBOLDTS« (MENZE 1965; HEYDRON 1973; PLEINES 1978) zusteuert: geht es hier doch um »seinen Beitrag für eine tatsächliche Befreiung des Menschen ..., für eine wie auch immer verzweifelte Möglichkeit, sein Selbstbewußtsein zurückzugewinnen. Dies ist so aktuell, daß es keine andere Fragestellung gibt, die für unsere Gegenwart bedeutsamer wäre. Doch ist dieser Gesichtspunkt im überlieferten Humboldtbild gänzlich verdunkelt worden. Man kann HUMBOLDT nur mit wachsender Erregung lesen!« (HEYDORN 1973, S. 67 u. 82f.).

2.3 Bildung im 19. Jahrhundert

Hatte man um 1800 gemeint, Bildung allgemeingültig und übergesellschaftlich definieren zu können, so zeigte sich schon im Laufe des 19. Jahrhunderts, daß Bildung nie jenseits der gesellschaftlichen Bedingungen formuliert werden kann und daß auch ihr idealistisch-neuhumanistisches Verständnis bestimmte sozialgesellschaftliche Voraussetzungen hatte.

Während des Entstehungsprozesses der sogenannten »bürgerlichen Gesellschaft« wird Bildung – mit ihren Elementen Individualität, Eigenständigkeit und Freiheit – zu einem entscheidenden Mittel, die neue Gesellschaft neu zu formieren. Bildung wird zum Privileg einer Geisteselite, die sich betont von den »ungebildeten Massen« abhebt und mittels Bildung ihre gesellschaftliche Vorrangstellung zu festigen und zu erhalten sucht. Konnte dies zeitweilig noch als ein notwendiger Schritt der gesellschaftlichen Weiterentwicklung zu einer allgemeinen Bildungsgesellschaft verstanden werden, in der die Idee von der Autonomie ihrer Mitglieder als freie Individuen vorbereitet und begründet wird, so zeigte sich bald, daß Bildung mehr und mehr zu einem bloßen Statussymbol, zu einem Kulturgut« und zu einer »abgeschlossenen Bildung« wurde und damit in ihr Gegenteil umschlug: wo HUMBOLDT mit Bildung die höchstmögliche Humanität jedes einzelnen Menschen gemeint hatte (Königsberger und Littauischer Schulplan 1809: »Das neue Schulwesen bekümmert sich daher um keine Kaste« und zielt »ziemliche Gleichheit« an; HUMBOLDT 1959, S. 112f.), kann NIETZSCHE nur noch ihre Entartung im »Bildungsphilister« seiner Zeit sehen, dem er die »übergehängte moderne Bildungshaut abziehen« möchte, da »die allerallgemeinste Bildung eben die Barberei« (NIETZSCHE 1921, S. 24, 28, 31) sei. So bleibt die Spannung zwischen Individualität und Kollektivität, Theorie und Praxis, Bildung und Berechtigung ein Problem, das bis heute ungelöst ist. Zwar hat man immer wieder versucht, diese Gegensätze durch eine Neuformulierung des Bildungsbegriffes aufzuheben, so z. B. durch PAULSEN, der Bildung so definiert: »Gebildet ist, wer mit klarem Blick und sicherem Urteil zu den Gedanken und Ideen, zu den Lebensformen und Bestrebungen *seiner* geschichtlichen Umgebung Stellung zu nehmen weiß ... und sich in ihr zu betätigen fähig ist. Wahre, rechtschaffende Bildung werden wir jedem zuschreiben, der die Fähigkeit gewonnen hat, sich von dem Punkte aus, auf den er durch Natur und Schicksal gestellt ist, in der Wirklichkeit zurechtzufinden und sich eine eigene, in sich zustimmende geistige Welt zu bauen, sie mag groß oder klein sein.« Danach ist auch ein Bauer, der nie über die Volksschule hinausgekommen ist und nicht einmal die Namen von GOETHE und SCHILLER kennt, dennoch ein »gebildeter Mann«; umgekehrt spricht PAULSEN jedem Mann oder jeder Frau, »die von allen Dingen zu reden wissen, aber nur mit gelernten Redensarten und fremden (nicht verstandenen) Wörtern«, Bildung ab, mögen sie »von allen Bildungsanstalten und Prüfungskommissionen ... Bescheinigungen ihrer Bildung beibringen« (PAULSEN 1958, S. 354f.).

3 Bildung als aktuelles Problem

1955 setzte sich LITT mit dem »Bildungsideal der deutschen Klassik« auseinander, mit dem Ziel, den Bildungsbegriff neu zu hinterfragen und mit neuen Sinnkategorien zu verbinden: Humanität nicht mehr verstanden als Harmonie, sondern als Kraft, die unaufhebbaren Widersprüche unserer menschlichen Existenz auszuhalten bzw. den antinomischen Charakter unseres Seins zu erkennen, so daß für LITT als »gebildet« nur der gelten kann, »wer diese Spannung sieht, anerkennt und als unaufhebbares Grundmotiv in seinen Lebensplan einbaut« (LITT [7]1959, S. 121). Damit waren völlig neue Perspektiven eröffnet.

3.1 Bildung und Arbeit

Schon vor LITT hatte man versucht, den Bildungsbegriff dadurch zu retten, daß man den klassischen Begriff für neue menschliche Bereiche öffnet. Hatte der idealistische Humanismus eine verhängnisvolle Trennung von Kultur und Zivilisation, Arbeitswelt und Humanität, Bildung und Ausbildung geschaffen, so denkt man nun daran, diese Kluft – heute noch sichtbar in der Isolierung von allgemeinem und beruflichem Schulwesen – zu überbrücken. Denn auf die Dauer konnte die Realität des menschlichen Lebens nicht so aufgeteilt bleiben: hier Bildung, Emanzipation und Personalisation; dort Ausbildung, Entfremdung und Ausbeutung. Industrielle Entwicklung, sozialgesellschaftliche Wandlung und die daraus resultierende neue Lebenssituation der arbeitenden Menschen zwangen zu einer Revision des traditionellen Bildungsbegriffs.

Schon zur Zeit HUMBOLDTS hatte GOETHE in seinem »Wilhelm Meister« eine erste Kritik in dieser Richtung angedeutet: »Narrenpossen sind eure allgemeine Bildung ... Daß ein Mensch etwas ganz entschieden verstehe, vorzüglich leiste, wie nicht leicht ein anderer in der nächsten Umgebung, darauf kommt es an ... Eines recht wissen und ausüben gibt höhere Bildung als Halbheit im Hundertfältigen.« (GOETHE 1951, S. 1027, 873) Auch für HEGEL und MARX waren Arbeit und Humanität keine Widersprüche, im Gegenteil: menschliche Arbeit konstituiert erst wahre Menschlichkeit und darf darum nicht von der Bildungsfrage gelöst werden. Vor allem für MARX gehören allgemeinbildender Unterricht und industriell-technische Arbeitswelt zusammen, will erstere den konkreten Menschen nicht verfehlen und soll die Kluft zwischen dem denkenden und dem arbeitenden Menschen überbrückt und das gesellschaftliche Problem endgültig einer humanen Lösung zugeführt werden. Wenngleich solche Ansätze für die pädagogische Theorie und Praxis erfolglos blieben, bleibt das Begriffspaar »Bildung und Arbeit« aktuell: Nach 1918 versucht SPRANGER (1969, S. 9), die Arbeit in den traditionellen Bildungsbegriff zu integrieren mittels seiner Dreistufentheorie »Grundlegende Bildung, Berufsbildung, Allgemeinbildung«. Die erste Stufe ist eine allgemeine, vor jeder Besonderung liegende Elementarbildung, in der die grundlegenden Akte des geistigen und praktischen Lebens vermittelt werden. Auf der zweiten Stufe »geht der Weg zur höheren Allgemeinbildung über den Beruf und nur über den Beruf«. Erst auf der zwar eingeschränkt-spezialisierten, aber genaueren und festeren Grundlage des beruflichen Wissens und Könnens kann sich die eigentliche Allgemeinbildung aufbauen: »Aus dem Kern der Berufsbildung wächst der Mantel der Allgemeinbildung hervor.« (ebd., S. 16) Damit war ein Modell geschaffen, das über HUMBOLDT hinausging und Bildung und Ausbildung wieder zu verbinden suchte, dem auch KERSCHENSTEINER – schon 1908 mit seiner Arbeitsschule – einen entscheidenden Impuls gegeben hatte. Auch er erweiterte den alten Bildungsbegriff, indem er die Berufsbildung als »Pforte zur Menschenbildung« begreift ($\rightarrow$ *Das berufliche Bildungswesen*).

Dennoch konnten beide Konzepte keine zukunftsträchtigen Modelle für die pädagogische Theorie und Praxis werden, weil beide »Arbeit« nur als ganzheitlich-handwerkliche Tätigkeit verstanden und nur diese mit »Bildung« für kombinierbar hielten, weil nur sie zur Selbstprüfung und Reflexion, zur Freiheit und Autonomie des Individuums beizutragen vermochte. Damit blieb der an der Maschine arbeitende Mensch weiterhin von der Bildung ausgeschlossen; »technische Arbeit« war ein Phänomen, das mit »Bildung« nicht zu vereinbaren war.

3.2 Bildungstheorien heute

3.2.1 Bildung und Technik

Die fortschreitende technische Entwicklung machte die o. a. Diskrepanz immer deutlicher. LITT sieht darum die Notwendigkeit, »die unserem Zeitalter gemäße Auffassung von Menschlichkeit und Menschwerdung in aller Klarheit von derjenigen abzuheben, die als Vermächtnis unseres klassischen Zeitalters auf uns gekommen ist« (LITT [7]1959, S. 146). Für ihn ist die Versachlichung der Natur kein »Sündenfall«, weil im Verhältnis Mensch und Welt uranfänglich grundgelegt, so daß der »Wille zur Sache« für ihn gleichzeitig ein Akt der Reflexion und der Selbstkontrolle und somit wesentlicher Teil »menschlicher Bildung« ist. Andererseits ist aber jede Versachlichung des Menschen selbst ein Akt der »Entmenschlichung«, weil das, was der Sachwelt zukommt, auf den Menschen übertragen, zur Verkümmerung seiner vollen Menschlichkeit führt. Folglich muß – neben der »Natur als Sache« – für den Menschen die »Natur als Umgang«, d. h. als Lebenspartner in ihrer sinnlich-, erlebnis- und begegnungsträchtigen Qualität erhalten bleiben. Erst beide Verhältnisse zusammengesehen ergeben den ganzen Menschen und legen den Grund für eine zeitgemäße Bildung, zu der zentral das Bewußtsein vom »Doppelleben der menschlichen Existenz« gehört. Gebildet ist für LITT nur der, der bereit ist, »die wesensgegründeten Widersprüche des menschlichen Seins in ihrer Unumgehbarkeit zu sehen und ohne Abschwächung in die Bilanz dieses Seins einzustellen« (ebd., S. 113).

Konkreter auf die Schulpraxis bezogen waren die Überlegungen, die in der DDR nach 1950 angestellt wurden und die Schritt um Schritt der Theorie und Praxis der »polytechnischen Bildung« den Boden bereiteten. Hierbei spielte die MARXsche Zielvorstellung von einer Aufhebung der Trennung von Schule und Betrieb, von Bildung und technischer Arbeit zum Zwecke einer neuen Gesellschaftsordnung eine maßgebliche Rolle. Organisatorisch führte das seit ca. 1959 zur Errichtung der »Allgemeinbildenden polytechnischen Oberschule« und methodisch zur Integration von Allgemeinbildung und technischer Grundbildung als Basis für die spätere Fachausbildung. In der BRD wurde in einer gewissen Parallele dazu seit ca. 1969 das Fach »Arbeitslehre« – als vorberufliche technische Elementarerziehung – in der Hauptschule eingeführt (→ *Pädagogik und Bildungswesen in der DDR;* → *Strukturfragen des Bildungswesens im internationalen Vergleich*).

Beide Modelle, in Ost und West haben jedoch keine endgültige Lösung der Probleme gebracht. Denn längst ist an die Stelle des lebenslangen »Berufes« der Job, die rasch wechselnde Tätigkeit, getreten, so daß heute einige Erziehungswissenschaftler den »Gegensatz zwischen Allgemeinbildung und Berufsbildung für eine Scheinalternative halten« (MENZE 1970, S. 171). Darum sei auch die These, Bildung sei nur über die Berufsbildung zu gewinnen, fragwürdig, denn heute sei »an die Stelle der Spezialisierung auf bestimmte Berufe die Entspezialisierung (getreten). Entspezialisierung bedeutet aber zugleich auch Theoretisierung.« (ebd., S. 171)

3.2.2 Bildung und Computer

Hier geht es um die Entwicklung der neuen Informations- und Kommunikationstechnologien, die künftig maßgeblichen Einfluß auf nahezu alle Bereiche des menschlichen Lebens nehmen und seine Realität entscheidend verändern werden. Wenn die Maschine bisher dem Menschen nur physische Arbeit abnahm, so kann der Computer geistige Arbeit – menschliches Denken – übernehmen, speichern und verarbeiten. Neben manchen Chancen sind damit auch große Gefahren für Mensch und Gesellschaft verbunden: Ein Überhandnehmen der Sekundär- gegenüber den Primärerfahrungen führe zum »allmählichen Verschwinden der Wirklichkeit« (V. HENTIG 1984) und dem »Verschwinden der Kindheit« (POSTMAN 1983); das Zurückbleiben unseres Vorstellungs- und Orientierungsvermögens gegenüber den Möglichkeiten des Rechners und die Undurchschaubarkeit seiner technischen Prozesse könnten zu einer neuen Abhängigkeit von der Maschine und zur blinden Technikgläubigkeit führen; Reduzierung von Denken und Sprache auf die Programmiersprache bedingt möglicherweise Verlust von Kreativität, Distanzfähigkeit und Kritikvermögen – um nur diese hier zu nennen, ganz zu schweigen von den sozialen Folgen.

Das alles hat gegenwärtig zu neuen pädagogischen Erkenntnissen geführt: Wir brauchen »besser gebildete Menschen ..., die in der Lage sind, in einer Welt, die immer mehr in Einzelinformationen zerfällt, Gesamtzusammenhänge zu erkennen, zu reflek tieren ... und entsprechend praktisch zu handeln«; alles deutet auf »weniger Spezial- und (auf) ein Mehr an Allgemeinbildung, um richtige Fragen stellen, aus den Informationen das Richtige herausfinden und Probleme vernünftig lösen zu können.« (*NW* 1985, S. 39).

»Bildung« wird damit zum neuen Schlüsselbegriff für die Schule erhoben, die künftig neben der breiten Allgemeinbildung auch eine »informations- und kommunikationstechnologische Grundbildung« für jeden Schüler bereitstellen soll (z. Z. in Planung oder als Modellversuch in allen Bundesländern). Dieses neue Bildungsverständnis soll folgende Merkmale enthalten: »Gestaltbarkeit (historisch-politische Zusammenhänge aufzeigen) ... Durchschaubarkeit (Wissenschaftsorientierung und Erkenntniskritik fördern) ... Sinnlichkeit (zu Eigentätigkeit anregen und Erfahren, Miterleben verbinden) ... Ganzheitlichkeit (den Zusammenhang der Lebenspraxis verständlich machen) ... Solidarität (Beschränkungen abbauen und die Schüler stärken).« (KLEMM u. a. 1985, S. 170ff.) (→ *Informationsgesellschaft, Qualifikation und Bildung*)

3.2.3 Bildung und Didaktik

Hier wird Bildung verstanden als eine pädagogische Kategorie, die die Einzelfaktoren des Unterrichts in einen Sinnzusammenhang bringt: so die »Theorie der kategorialen Bildung«, die die materiale und formale Bildungstheorie in dieser Synthese zu vereinen und ihre »Subjekt- bzw. Objekt-Seite des Bildungsgeschehens« (KLAFKI) dialektisch aufzuheben sucht. Weder kann man geistige Kräfte im Menschen getrennt von Inhalten voraussetzen, noch gibt es Inhalte ohne Bezug zu der Methode, durch die jene aufgearbeitet werden. Diese Diskrepanz zu überwinden ist das Anliegen der »kategorialen Bildung«. Nach ihr ist Bildung »Erschlossenheit einer dinglichen und geistigen Wirklichkeit für einen Menschen – das ist der objektive oder materiale Aspekt, aber d. h. zugleich Erschlossensein dieses Menschen für diese seine Wirklichkeit – das ist der subjektive oder formale Aspekt. Diese doppelseitige Erschließung geschieht als Sichtbarwerden von allgemeinen, kategorial erhellenden Inhalten auf der objektiven Seite und als Aufgehen allgemeiner Einsichten, Erlebnisse, Erfahrungen auf der Seite des Subjekts.« (KLAFKI 1978, S. 76) Konkret für den Unterricht heißt das: Nur die Inhalte, die »kategoriale Bildung« grundlegen, sollten im Unterricht erscheinen, denn nur so wird der Lernprozeß zum Bildungsprozeß.

Auch die »Didaktik der Bildungskategorien« von DERBOLAV fußt auf dem Bildungsverständnis: Danach durchläuft der einzelne drei Reflexionsstufen – unbewußter Umgang mit der Welt (Subjekt-Objekt-Einheit), Gegenstandsbewußtsein (Subjekt-Objekt-Distanz), Sinnverständnis (Gewissen) –, um zur Bildung zu gelangen. Nach dieser Theorie sind »Bildungskategorien ... die in den Sachinhalten (Wissenschaften) vorausgesetzten bereichsspezifischen Normstrukturen und Sinngehalte, denen sich das Selbst im Bildungsgespräch aufschließt und denen gemäß es sich zugleich in Gestalt eines bestimmten Verantwortungshorizontes individuell strukturiert« – oder kurz: »pädagogische Kategorien erfüllen die Aufgabe der Norm- und Gewissenskonstitution« (DERBOLAV 1971, S. 78) (→ *Didaktik und Curriculum / Lehrplan*).

3.2.4 Die Diskussion der letzten Jahre

1977 war GIESECKE der Auffassung, daß »es keine in der Praxis wirksame Theorie des Bildungsganges mehr« gebe; er befürchtete, daß »die bürgerliche Bildung ... am Ende sei und durch einen historisch neuen Typus der Sozialisation abgelöst« werde: den »homo disponibilis«. Doch gerade diese Gefahr könne vielleicht einen »neuen noch unartikulierten Widerstand« herausfordern und damit die »Chance für die Wiederanerkennung jener, wenn auch ... revidierten Prinzipien der bürgerlichen Bildung« schaffen (GIESECKE 1977, S. 10f., 174).

Auch SCHALLER bekannte sich – innerhalb seiner Klassifizierung heutiger Bildungstheorien – noch zu einem »Bildungsmodell«, indem er eine »dialogische und kommunikative« Konzeption begründete. Für ihn ist dieser Prozeß »nicht mehr mit dem humanistischen Menschen- und Bildungsverständnis« begreifbar, da hier nicht mehr »reflexiv« gedacht wird, »das Bildungssubjekt aus dem kommunikativen Prozeß gesellschaftlicher Wandlung herauslösend und auf sich stellend, sondern proflexiv in der Kommunikation vorausweisend auf das, was an kommunikativ erhandelten Möglichkeiten des Menschen in der gegebenen Wirklichkeit noch nicht verwirklicht ist und deren Verwirklichung ins Werk setzend« (SCHALLER/SCHÄFER 1971, S. 49) (→ *Informationsgesellschaft, Qualifikation und Bildung* ...)

3.2.5 Die heutige Situation

Diese ist dadurch gekennzeichnet, daß z. Z. doch eine recht vielschichtige Diskussion im Gange ist: Auf der einen Seite gibt es die Auffassung, »daß die Kategorie der Bildung bei vielen weder an Glaubwürdigkeit noch an Überzeugung verloren hat« und damit die Hoffnung bestehe, daß es möglich sei, »in kritischer Absicht eine allgemein vertretbare Bildungstheorie unter den gegenwärtigen Verhältnissen zu konstituieren« (PLEINES 1978, S. 8, 19). Auch für KLAFKI (1980, S. 33) bleibt Bildung ein »zentrierendes und übergeordnetes Orientierungs- und Beurteilungskriterium für alle pädagogischen Einzelmaßnahmen«; er sieht in seinen »Neuen Studien zur Bildungstheorie und Didaktik« (1985) Bildung als moderne pädagogische Kategorie, die kontinuierlich aus früherem Bildungsdenken (Humanismus, Aufklärung) hervorgehe, allerdings mit der Zielsetzung der Aufhebung »der schematischen Trennung von Allgemeinbildung und Berufsbildung ... von theoretischer Bildung und sog. praktischer Ausbildung ... von geistiger und körperlicher Arbeit« (KLAFKI 1985, S. 28).

Auf der anderen Seite – dem ersten Ansatz genau entgegengesetzt – wird die Auffassung vertreten, daß »die Chance, in der Gegenwart noch ein umfassendes, inhaltlich ausgeführtes System der Bildung« zu begründen, mehr als fragwürdig sei. Was es umgreifen und kritisch in sich aufnehmen müßte, wäre eine Vielzahl an Kulturgebieten und Lebensbereichen – in einer solchen Theorie wäre der »Bereich der Wirtschaft genausowenig zu eliminieren wie der Bereich des Sports« –, die heute nicht mehr in einem übergeordneten Begriff integriert werden könnten, so daß »eine Theorie der Bildung vorerst ... unmöglich« sei (MENZE 1970, S. 181).

Eine dritte Position ist dadurch gekennzeichnet, daß die Möglichkeit eines erneuerten Bildungsverständnisses nicht ganz ausgeschlossen wird, die Skepsis aber doch vorherrscht, so 1987 bei MOLLENHAUERS Frage: »Sind die Fronten so leicht auszumachen« inmitten der heutigen »neuen sozialen Bewegungen« (ökologische Bewegung, Frauen-, Friedens- und Jugendbewegung), in denen der alte Kampf von Aufklärung und Gegenaufklärung, von kritischer Vernunft und spontanem Engagement offenbar zugunsten des zweiten auszugehen scheint, in einer Zeit, in der die »Postmoderne« ausgerufen wird und alle Anzeichen gegen Wissenschaft und Fortschritt stehen, ja auf eine Remythologisierung des Lebens hinauslaufen? »Die Dialektik der Aufklärung hat sich bewährt und zugleich gerächt«, denn das Apollinische steht z. Z. in der Verteidigung gegen das Dionysische, vor allem: die »Eckpunkte einer dialektischen Bewegung der Aufklärung« zeigen sich heute nicht mehr nur in kleinen Intellektuellenkreisen, sondern werden »in den Lebensorten des Alltags« von den vielen praktiziert, konkret: Phänomene, die schon immer von der Bildungstheorie vernachlässigt worden waren, werden heute zur radikalen Herausforderung für das neu entstehende Bildungsverständnis: Leiblichkeit, Arbeit und Interaktion, »Prozeß versus Produkt« und vor allem »Authentizität«, wodurch vollends der »Abschied vom neuzeitlichen Geschichtsbild (und) die tiefste Provokation (gegen) die traditionelle Bildung« deutlich wird. Dennoch – trotz all dieser bestürzenden Merkmale unserer Zeit – sieht auch MOLLENHAUER noch Chancen für die Bildung, denn »auf keinen Fall ist (der moderne Mensch) genötigt, sich vom Bildungskonzept der europäischen Neuzeit, von der ihm einwohnenden Rationalität *überhaupt* zu verabschieden« (MOLLENHAUER 1987, S. 3ff.).

Daß 1986 der 10. Kongreß der Deutschen Gesellschaft für Erziehungswissenschaft dem Thema »Allgemeinbildung« gewidmet war, zeigt, daß die Diskussion um diesen pädagogischen Zentralbegriff noch längst nicht am Ende ist. Hier wurden – neben den grundlegend – systematischen und historischen Aspekten – erneut folgende Dimensionen erörtert: Bildung in ihrem Verhältnis zu Wissenschaft, Technik, Freizeit, Sport und Politik, zum Frieden und dem Geschlechterproblem (*Zeitschrift für Pädagogik* 1987). Insgesamt ging es dabei – bei aller Diskrepanz der Auffassungen – nicht um die Auflösung des Bildungsbegriffs, sondern um das Bemühen, eine »neue Allgemeinbildung« zu begründen.

Literatur

BALLAUFF, TH.: Der Gedanke einer »allgemeinen Bildung« und sein Wandel bis zur Gegenwart. In: TWELLMANN, W. (Hrsg.): Handbuch Schule und Unterricht. Bd. 4.1. Düsseldorf 1981, S. 233–248
–: Pädagogik, Eine Geschichte der Bildung und Erziehung. Bd. 1. München 1969, S. 515ff.
DERBOLAV, J.: Systematische Perspektiven der Pädagogik. Heidelberg 1971
DOHMEN, G.: Bildung und Schule. Bd. 1. Weinheim 1964
DOLCH, J.: Grundbegriffe der pädagogischen Fachsprache. München ⁴1963
FROESE, L.: Begriff und Bedeutungswandel der Bildung. In: PLEINES, J. E.: Bildungstheorien, Probleme und Positionen, a.a.O., S. 130–136
GIESECKE, H. (Hrsg.): Ist die bürgerliche Erziehung am Ende? München 1977
GOETHE, J. W.: Wilhelm Meisters Wanderjahre. In: Poetische Werke. Bd. 7. Stuttgart 1951
HEGEL, G. W. F., Rechtsphilosophie. In: Theorie – Werkausgabe. Bd. 7. Frankfurt 1970
HENTIG, H. v.: Das allmähliche Verschwinden der Wirklichkeit. München 1984
HEYDORN, H.-J./HUMBOLDT, W. v.: In: HEYDORN H.-J./KONEFFKE, G.: Studien zur Sozialgeschichte und Philosophie der Bildung. Bd. 2. München 1973
HUMBOLDT, W. v.: Aus Briefen und Tagebüchern. Berlin 1953
–: Bildung und Sprache. Hrsg. von C. MENZE. Paderborn 1959
KLAFKI, W.: Kategoriale Bildung. In: PLEINES, J. E. (Hrsg.): Bildungstheorien, Probleme und Positionen, a.a.O., S. 64–77
–: Die bildungstheoretische Dialektik. In: Westermanns Pädagogische Beiträge 1 (1980), S. 32–35
–: Neue Studien zur Bildungstheorie und Didaktik. Weinheim 1985
KLEMM, K./ROLFF, H. G./TILLMANN, J.-J.: Bildung für das Jahr 2000. Reinbek 1985

LITT, TH.: Berufsbildung, Fachbildung, Menschenbildung. Bonn 1969
–: Das Bildungsideal der deutschen Klassik u. die moderne Arbeitswelt. Bochum o. J. (⁷1959)
MENZE, C.: Bildung. In: SPECK, J./WEHLE, G. (Hrsg.): Handbuch pädagogischer Grundbegriffe. Bd. 1. München 1970, S. 134–184
–: W. v. Humboldts Lehre und Bild vom Menschen. Düsseldorf 1965
MOLLENHAUER, K.: Korrekturen am Bildungsbegriff? In: Zeitschrift für Pädagogik 33 (1987), S. 1–20
NIETZSCHE, F.: Über die Zukunft unserer Bildungsanstalten (1872). In: Gesammelte Werke. Bd. 4, Musarionausgabe. München 1921, 1. Vortrag, S. 9ff.
NW-Rahmenkonzept: Neue Informations- und Kommunikationstechnologien in der Schule. Heft 43 der Schriftenreihe Strukturförderung im Bildungswesen des Landes Nordrhein-Westfalen. Köln 1985
PAULSEN, F.: Bildung. In: Enzyklopädisches Handbuch der Pädagogik. Hrsg. von W. REIN. Jena 1895. In: FLITNER, W.: Die Erziehung. Wiesbaden 1958, S. 351–357
PLEINES, J. E.: Bildungstheorien, Probleme und Positionen. Freiburg 1978
POSTMAN, N.: Das Verschwinden der Kindheit. Frankfurt 1983
RAUHUT, F./SCHAARSCHMIDT, I.: Beiträge zur Geschichte des Bildungsbegriffs. Weinheim 1965
SPRANGER, E.: Grundlegende Bildung, Berufsbildung, Allgemeinbildung. In: BRÄUER, G./FLITNER, W. (Hrsg.): Geist der Erziehung. Heidelberg 1969, S. 7–19
SCHALLER, K./SCHÄFER, K.-H.: Kritische Erziehungswissenschaft und kommunikative Didaktik. Heidelberg 1971
SCHWARZ, F. H. G.: Lehrbuch der Erziehungs- und Unterrichtslehre. Hrsg. von H.-H. GROOTHOFF/ U. HERRMANN, Paderborn 1968
TENORTH, H. E.: Allgemeine Bildung. Weinheim 1986
ZEITSCHRIFT FÜR PÄDAGOGIK, 21. Beiheft: Allgemeinbildung. Beiträge zum 10. Kongreß der Deutschen Gesellschaft für Erziehungswissenschaft. Weinheim u. Basel 1987

Felix von Cube

Informationsgesellschaft, Qualifikation und Bildung – eine kritische Analyse

1 Problembereich

Man kann unsere moderne Gesellschaft unter zahlreichen Aspekten sehen und entsprechend definieren: als Wohlstandsgesellschaft, als Konsumgesellschaft, als Freizeitgesellschaft, als Industriegesellschaft oder – im Aspekt atomarer Bedrohung und Umweltzerstörung – als Risikogesellschaft. Sicher ist auch der Aspekt der Information ein »bezeichnender«: man denke an die Massenmedien, an die automatische Informationsverarbeitung, an die »Informationsflut« oder gar »Informationslawine«.

Dabei erhebt sich die Frage, ob die Informationsgesellschaft ohne Einschränkung als Fortschritt aufzufassen ist. Was die Industriegesellschaft anbetrifft, haben wir ja inzwischen feststellen müssen, daß sie lebensbedrohende Konsequenzen nach sich zieht. Könnte es nicht sein, daß auch die Informationsgesellschaft unerwünschte Nebenwirkungen mit sich bringt? Wird in der Informationsgesellschaft der einzelne überhaupt noch »informiert« im Sinne vermehrter Sicherheit und freier Handlungskapazität, oder führt die Informationsflut nicht – im Gegenteil – zu Unsicherheit, Ratlosigkeit, Aggression?

Fordert die auf den Menschen zukommende Information von ihm in erster Linie ein anpassendes Lernen – Speicherung, Konditionierung, Wahrscheinlichkeitslernen etc. –, so verbindet sich mit dem Begriff »Qualifikation« ein darüber hinausgehendes Können, ein produktives und kompetentes Denken und Handeln. Man kann sich über alles mögliche informieren, qualifizieren kann man sich nur auf wenigen Gebieten. Dabei ist es sicher erstrebenswert, Qualifikation in seinem Beruf zu erreichen. Ist aber Qualifikation ein zentraler Bestandteil menschlicher Existenz, so muß man die Frage stellen, ob in der Informationsgesellschaft die Chancen einer (beruflichen) Qualifikation zugenommen haben. Ermöglicht die moderne Arbeitswelt mehr Qualifikation im Sinne kreativer »Selbstverwirklichung«?

Durch Anpassung an die Umwelt und durch (individuelle) Qualifikation ist das typisch Menschliche noch nicht erfaßt. Dieses besteht vielmehr in der Reflexionsfähigkeit, in der Fähigkeit, auf sich selbst, auf die eigenen Verhaltenstendenzen reflektieren zu können – kommen diese eher aus dem Triebsystem oder dem Normensystem. LORENZ sieht in der Reflexionsfähigkeit die für den Menschen charakteristische »Fulguration«; mit ihr kommt die Fähigkeit der Entscheidung in die Evolution, mit ihr ist aber auch deren Ende angesagt: der Mensch übernimmt die weitere Gestaltung (→ *Pädagogische Anthropologie*; → *Psychologische Anthropologie*; → *Verhaltensbiologie und Pädagogik*).

Ist Reflexionsfähigkeit als solche auch typisch für den Menschen, so kann der einzelne diese Fähigkeit doch sehr unterschiedlich ausbilden oder von ihr Gebrauch machen. Hier setzt der Bildungsbegriff an. Ich sehe jedenfalls kein anderes objektives Kriterium für eine so hohe Bewertung, wie sie das Wort »Bildung« nun einmal ausdrückt, als die für den Menschen typische Mutation selbst (→ *Theorien der Bildung*).

Im folgenden möchte ich diese Gedanken in drei Schritten näher ausführen und dabei den Schwerpunkt jeweils auf die kritische Analyse legen.

2 Die Informationsgesellschaft und ihre Mängel

2.1 Lernen als Informationsabbau

Um die moderne Informationsgesellschaft beurteilen zu können, möchte ich zunächst nachweisen, daß anpassendes Lernen (Speicherung, Wahrscheinlichkeitslernen etc.) im subjektiven Abbau objektiver Information besteht. Ich zeige dies zunächst am Beispiel der Speicherung von Information:

Die Zuflußkapazität des Gegenwartsgedächtnisses beträgt $C = 10–16$ bit/sec., des Dauergedächtnisses $K = 0,5–0,7$ bit/sec. Lesen wir also einen Text, so »behalten« wir ca. 5 Prozent der Information, oder, anders ausgedrückt, die subjektive Information des Textes ist für uns um diesen Betrag geringer geworden. Weitere Wiederholungen bewirken, daß die subjektive Information immer mehr abnimmt oder, anders ausgedrückt, daß der Text immer mehr bekannt wird. Ein auswendig gelernter Text schließlich hat (auf dem Repertoire der einzelnen Zeichen) für den Betreffenden keine Information mehr. Die Schreibweise des Wortes Kybernetik hat für den, der das Wort kennt, keine Information mehr; auf dem Repertoire des Wortschatzes kann man eine Information von ca. 10 bit annehmen ($\rightarrow$ *Intelligenz, Begabung und Umwelt.*)

Als zweites Beispiel diene das Wahrscheinlichkeitslernen. Vom kybernetischen Standpunkt aus bezeichnet das Wahrscheinlichkeitslernen den Sachverhalt, daß der Empfänger nicht mehr Information aufzunehmen braucht, als in Wirklichkeit vorhanden ist. Kennt man nämlich die Wahrscheinlichkeiten, mit denen Ereignisse auftreten, nicht, so ist die Information, die wir von diesen Ereignissen erhalten, zu groß; kennen wir hingegen die Wahrscheinlichkeiten der Ereignisse, so haben diese für uns die richtige, der Wirklichkeit entsprechende Information. Durch das Erlernen von Wahrscheinlichkeiten bauen wir also unnötige Information ab: wir haben uns dem objektiven Wahrscheinlichkeitssystem angepaßt. Dasselbe gilt auch für die bedingten Wahrscheinlichkeiten, auch diese können gelernt werden und vervollständigen damit den Anpassungseffekt ($\rightarrow$ *Lernen und Lerntheorien*).

Schließlich sei noch die Bildung größerer Informationseinheiten (Superzeichen) angeführt. Beim Übergang zu größeren Informationseinheiten wird die Information im allgemeinen stark herabgesetzt. Dies gilt beispielsweise für die irreversible Superzeichenbildung der Wahrnehmung: Nur durch die Gestaltbildung beim Wahrnehmungsprozeß sind wir überhaupt in der Lage, die Informationsmenge durch »Ordnung« zu reduzieren und damit unserem Bewußtseinskanal zugänglich zu machen. Die Superzeichenbildung wird insbesondere auch beim Prozeß der Erkenntnis wirksam. Hier handelt es sich ja darum, die Elemente eines Problems so zusammenzufassen, daß eine »Einsicht« entsteht.

Im Gegensatz zur Wahrnehmung handelt es sich bei der Erkenntnis abstrakter Zusammenhänge allerdings um reversible Vorgänge – nichtsdestoweniger dienen auch die Superzeichen der Erkenntnis der Herabsetzung der (objektiven) Information der Außenwelt.

Die evolutionäre Funktion des Informationsabbaus wird deutlich, wenn man den

Lernenden in seiner Umwelt betrachtet: Mensch und Tier (sofern dieses lernfähig ist) erreichen durch den subjektiven Abbau der sie umgebenden Information eine Zunahme an Sicherheit: je weniger Information die Außenwelt enthält, je bekannter sie also ist, desto sicherer kann man sich in ihr bewegen. Das, was sich täglich in gleicher Weise ereignet – bekannte Wege, bekannte Menschen, bekannte Arbeit etc. –, enthält praktisch keine Information mehr, es bedarf keiner Aufmerksamkeit mehr und keiner Informationsverarbeitung. Dadurch wird die Gedächtnis- und Denkkapazität für neue, überraschende Informationen frei. Für denjenigen, der das Autofahren lernt, bedeuten die einzelnen Handgriffe und deren Abfolge eine ganze Menge an Information; für denjenigen, der Auto fahren kann, hat die Fahrtechnik selbst praktisch keine Information mehr – er kann seine ganze Aufmerksamkeit auf den Verkehr richten. Die Unsicherheit, die mit einer unbekannten Außenwelt verbunden ist, kann der geübte Autofahrer dann wieder beim Fahren in einer fremden Stadt erleben.

Halten wir fest: Der evolutionäre Sinn der Anpassung an eine Umwelt durch Abbau der umgebenden Information besteht im Gewinn an Sicherheit und der Freisetzung von Bewußtseinskapazität für überraschende und eventuell gefährliche neue Informationen. Hier liegt auch der Sinn des explorativen Verhaltens bei Tier und Mensch. Je mehr von der Außenwelt bekannt ist, desto größer wird die Sicherheit und Souveränität, desto größer also die Überlebenschance.

Mit der Erkenntnis des anpassenden Lernens als Informationsabbau der Außenwelt wird zugleich deutlich, daß nur das Lernen solcher Informationen sinnvoll ist, die zum Gewinn an Sicherheit beitragen: in einer modernen Welt sind das neben Sprache, Verhaltensregeln, Naturgesetzen und Denkmethoden sicher auch technische Vorgänge – sei es im Haushaltsgerät, im Auto oder im Rechner. In der Ausbildungszeit wird man auch nicht umhin können, Informationen einzuspeichern, die man erst später braucht, d. h., deren informationsabbauende Wirkung erst später zur Geltung kommt, beispielsweise eine (später gebrauchte) Fremdsprache.

Die Anpassung an Informationen, die überhaupt nicht zur Lebenswelt gehören, bringt dagegen keinen Gewinn an Sicherheit – im Gegenteil: sie verursacht zusätzliche Unsicherheit und Verwirrung. Dies kommt dadurch zustande, daß die Information eines Zeichensystems mit dem Umfang des Zeichenrepertoires wächst – wenn auch nur logarithmisch: ein Zeichen in einem Repertoire von 32 hat eine Information von 5 bit, in einem Repertoire von 64 Zeichen 6 bit usw. Die Informationsflut »belastet« also auch die schon vorhandenen Informationen!

Betrachtet man unsere moderne Informationsgesellschaft vom Standpunkt des Informationsabbaus aus, also der Sicherheit des Handelns in der eigenen Lebenswelt, so lassen sich mindestens drei Mängel feststellen: mangelnde Vertrautheit mit der Lebenswelt, Verunsicherung durch Allgemeinbildung, Verwöhnung durch Massenmedien.

2.2 Mangelnde Vertrautheit mit der Lebenswelt

Oft beginnt der Mangel an Vertrautheit mit der Lebenswelt als Mangel an einer hinreichend häufigen Wiederholung der Mutter-Kind-Kommunikation. Daß dieser Mangel zu schweren Verhaltensstörungen führt – Ängstlichkeit, Autismus, Hospitalismus etc. –, ist, dank verhaltensbiologischer Forschung, inzwischen bekannt. Später wird die Anpassung an die Lebenswelt vor allem durch deren Undurchschaubarkeit erschwert oder unmöglich gemacht. So bleibt dem Kind oft lange (oder überhaupt) verborgen, was

Vater oder Mutter eigentlich machen; geben die Eltern dem Kind technisch kompliziertes Spielzeug, etwa ferngesteuerte Autos, so wird die Technik zwar als reizvoll, aber als undurchschaubar erlebt; das Kind kann – durch noch so viele Wiederholungen – die elementaren Ursache-Wirkungs-Beziehungen nicht erkennen (→ *Entwicklung und Förderung*; → *Verhaltensbiologie und Pädagogik*).

Auch die Anpassung an den Straßenverkehr bleibt – bei noch so vielen Wiederholungen – unvollständig: Anpassung ist ja nur an eine relativ konstante und damit berechenbare Umwelt möglich; der Straßenverkehr ist aber eine permanent unberechenbare Außenwelt.

Das Fernsehen trägt im allgemeinen auch nicht zur Anpassung an die Lebenswelt bei. Es gibt zwar Sendungen über Verkehr, Umwelt, Familie, Recht etc., die zu mehr Sicherheit führen; die meisten Sendungen sind jedoch für die eigene Lebenswelt irrelevant, sie vergrößern lediglich die »Entropie« und damit die Unsicherheit.

Leider macht die Schule denselben Fehler: viele Informationen, die der Schüler lernen muß, dienen nicht dem Informationsabbau, weil sie in der Lebenswelt gar nicht enthalten sind. Ein solches Wissen wird zu Recht als Ballast empfunden; er wird »von Natur aus« wieder »abgeworfen«: das Wissen wird aus Sicherheitsgründen (!) wieder vergessen.

Halten wir fest: Die »Informationsgesellschaft« beliefert uns mit zahlreichen Informationen, die eher zur Verunsicherung beitragen als zur Vertrautheit mit der Lebenswelt. Die zur Anpassung erforderlichen Informationen, beispielsweise Informationen über Natur und Ökologie, über fundamentale Techniken, über das Verhalten der Menschen – insbesondere über das eigene –, werden durch die Fülle belastet oder erst gar nicht »gegeben«. (Liegt dies eventuell auch daran, daß der Sinn des Lernens als Abbau der umgebenden Information noch gar nicht erkannt wurde?)

2.3 Verunsicherung durch Allgemeinbildung

Vor der »Allgemeinbildung« haben schon mehrere Philosophen, Dichter und Pädagogen eindringlich gewarnt. So schreibt beispielsweise GOETHE: »Narrenpossen sind eure allgemeine Bildung und alle Anstalten dazu ...« SCHLEIERMACHER spricht vom »fruchtlosen enzyklopädischen Herumfahren«, und NIETZSCHE spottet: »Mit fünfzig Klecksen bemalt an Gesicht und Gliedern ...« KERSCHENSTEINER weist darauf hin, daß Universalismus zu allen Zeiten ein Phantom der Bildung gewesen sei: »Es kann deswegen keine Allgemeinbildung geben, weil das wissenschaftliche Denken eine Beschränkung des Stoffgebietes erfordert und weil der Mensch eine geistige Struktur besitzt, die nicht jedes Kulturgut zu einem Bildungsgut werden läßt.«

Trotz dieser Warnungen läßt sich die Ideologie der Allgemeinbildung offenbar nicht ausrotten. In den Programmen sämtlicher Parteien wird wieder »mehr Allgemeinbildung« gefordert; in den Medien, insbesondere im Fernsehen, wird das Allgemeinwissen zum Volkssport. In sogenannten Quizsendungen werden die Kandidaten gefragt, wie die gegenwärtig erfolgreichen Schlagersänger heißen, Sportler oder Politiker. Gefragt wird, wer der erste Mensch auf dem Mond war oder mit welchem Schiff Kolumbus Amerika entdeckte. Vor kurzem wurde ein Kandidat gefragt, wie die Fähre heißt, die im Kanal gekentert ist und Hunderte von Menschen in den Tod gerissen hat.

Wenn man sich fragt, warum es trotz der Unsinnigkeit der »Allgemeinbildung« zu einer derartigen Hochschätzung kommt, insbesondere in einer Zeit, in der jedem deutlich wird, daß er den Wettlauf mit der Informationslawine niemals gewinnen kann, in einer Zeit, in der die Informationen im Computer gespeichert werden können, in der der Mensch ohnehin nur wenige Prozente der dargebotenen Informationen verarbeiten kann, so liegt die Antwort nahe, daß es sich bei dieser Wertschätzung um ein Rudiment aus früherer Zeit handelt. In einer traditionsgeleiteten Gesellschaft war nämlich das im Leben »angehäufte« Wissen durchaus wertvoll: es war Überlebenswissen, es verbürgte Sicherheit und Kontinuität. In der Informationsgesellschaft, in der die Informationslawine »rollt«, wird das irrelevante Wissen zur »allgemeinen Verunsicherung« (→ *Das allgemeinbildende Schulwesen;* → *Das berufliche Bildungswesen;* → *Theorien der Bildung*).

2.4 Verwöhnung durch Massenmedien

Im allgemeinen werden die Massenmedien, insbesondere das Fernsehen, als zentraler Bestandteil der Informationsgesellschaft angesehen. Tatsächlich werden ja auch Informationen vermittelt, die man zur Lebenswelt rechnen kann: Informationen aus Politik, Wissenschaft, Gesundheit, Umwelt usw. Darüber hinaus werden Informationen angeboten, die zu der eben kritisierten Allgemeinbildung gehören.

Die meisten »Informationen« dienen jedoch überhaupt nicht der Informiertheit des Konsumenten, sondern dessen Erregung und Lust. Insbesondere das Fernsehen kann durch die Realcodierung der Reize – man denke an sexuelle Reize, an aggressive oder an Neugierreize – die Endhandlung hervorrufen, ohne ein Appetenzverhalten oder auch die Triebhandlung abzuverlangen. Insofern ist Fernsehen das »Endstadium der Verwöhnung« (→ *Verhaltensbiologie und Pädagogik*).

Erkennt man Fernsehen als »Reizmittel«, so ist das noch übriggebliebene Appetenzverhalten des Fernsehkonsumenten konsequent: Er sucht sich die jeweils höchsten Reize aus, also solche Sendungen, die am ehesten lustvolle Erregungszustände versprechen. Er springt von einem Programm zum andern; je mehr Programme geboten werden, um so intensiver wird das Suchverhalten. Die Konsequenzen der Verwöhnung sind bekannt: steigende Ansprüche, ungenutzte Werkzeuginstinkte, aggressive Langeweile, Krankheiten, Suchtverhalten etc.

Halten wir fest: Die Massenmedien dienen zum großen Teil gar nicht der Information, sie sind vorwiegend Reizmittel zur Verwöhnung der Konsumenten (→ *Medien in Unterricht und Erziehung*).

3 Mehr Qualifikation in der Informationsgesellschaft?

3.1 Begriff der Qualifikation

Unter »Qualifikation« verstehe ich in erster Näherung ein (aktives) Können – sei es eher ein angewandtes Wissen oder eher eine Fertigkeit –, das über das durchschnittliche Können einer Bezugsgruppe hinausreicht und eine kreative Komponente enthält. Die drei Kriterien – Aktivität, Überdurchschnittlichkeit, Kreativität – scheinen mir aus folgenden Gründen charakteristisch:

Nach KERSCHENSTEINER ist derjenige gebildet, der aktiv an Probleme herangeht und diese unter ständiger strenger Prüfung zu lösen versucht. Er weist nach, daß auch manuelle Arbeit geistige Aktivität in diesem Sinne erforderlich macht. Aus der Sicht der

Verhaltensbiologie ist es allerdings, wie wir sehen werden, zweckmäßig, den Begriff »Bildung« für das reflektierte Handeln und den KERSCHENSTEINERschen Begriff der »Arbeit« als Charakteristikum der Qualifikation zu verwenden (→ *Theorien der Bildung*). Entscheidend ist, daß Qualifikation über ein (passives) Wissen hinausgeht, sei es in Form einer Vermehrung oder Anwendung von Wissen oder in Form einer Fertigkeit.

Die Überdurchschnittlichkeit des Könnens ist Bestandteil des Begriffes Qualifikation und zeigt zugleich dessen Relativität. Ein Handwerker ist gegenüber einem Nichthandwerker qualifiziert, ein Wissenschaftler gegenüber einem Nichtwissenschaftler. Qualifikation gibt es aber auch in den Tätigkeitsfeldern selbst: es gibt qualifizierte Handwerker, qualifizierte Wissenschaftler u. a.

Die *kreative* Komponente scheint mir insofern unabdingbar zu sein, als sie durch anpassendes Lernen allein nicht erreichbar ist. Anpassendes Lernen heißt, wie wir gesehen haben, subjektiver Abbau objektiver Information. Kreativität erweist sich als das genaue Gegenteil, nämlich als Aufbau von Information. Dieser kommt durch die Auflösung bestehender Ordnungen und neue, nicht in der Umwelt vorfindliche Kombinationen von Elementen zustande: Kreativität erhöht die Entropie! Der Mensch verfügt eben nicht nur über die Fähigkeit der Anpassung, sondern auch über die der Kritik und Neuordnung, der Veränderung und der Gestaltung. »Triebfeder« des entsprechenden Handelns ist dabei die Neugier, deren Befriedigung mit Lust verbunden ist. Wird unter »Qualifikation« ein über Anpassung hinausgehendes Können verstanden, so ist diese kreative Komponente angesprochen.

Es braucht nicht besonders betont zu werden, daß Qualifikation – im Gegensatz zum anpassenden Lernen – von der jeweiligen Individualität abhängt: qualifizieren kann man sich daher auch nur auf wenigen Gebieten, oft nur auf einem einzigen.

Die Erkenntnisse der Verhaltensbiologie liefern noch einen weiteren interessanten Aspekt der Qualifikation: Es zeigt sich nämlich, daß die stammesgeschichtlich programmierten, spontanen Trieb- und Aktionspotentiale auch wirklich eingesetzt werden müssen. Dieser Einsatz kann durch Qualifikation erreicht werden, und zwar nicht nur in Form eines speziellen Könnens und explorativen Handelns, sondern auch in Form leistungsorientierter Konkurrenz und Kooperation: ein »Sieg« kann am ehesten dort erreicht werden, wo das besondere Können liegt; Kooperation wird dort am effektivsten, wo man am meisten zu bieten hat. Durch Qualifikation kann man also am ehesten das ganze Spektrum der Triebmotive nutzen, um die naturbedingten Aktivitätspotentiale einzusetzen.

Die Verhaltensbiologie bestätigt noch eine weitere wichtige Erkenntnis, nämlich die, daß der Mensch auf den Ernstfall programmiert ist, auf den verantwortlichen Einsatz seiner Potentiale in einer Sozietät. Die Urhorde mußte Nahrung herbeischaffen, Nachkommen schützen, sich verteidigen oder angreifen. Daß ein völliges Aufgehen im Spiel, überhaupt in der Freizeit, nicht funktioniert, läßt sich an alltäglichen Beispielen aufzeigen: So läßt sich feststellen, daß Menschen, die aus ihrer Arbeit herausgerissen werden – sei es durch Arbeitslosigkeit, Pensionierung oder andere Gründe –, darunter leiden, daß sie nicht gebraucht werden, daß sie keine nützliche Arbeit verrichten können, keine Verantwortung und keine Anerkennung mehr haben. Viele Menschen suchen sich in dieser Situation einen Ersatz in anderen Bereichen der Arbeitswelt (→ *Freizeit und Pädagogik*).

Wenn aber der Mensch darauf eingerichtet ist, sein Trieb- und Aktionspotential verantwortlich in Sozietäten einzusetzen, so müssen ihm diese auch die Möglichkeit geben, nicht nur sein Können, sondern auch sein exploratives, konkurrierendes und kooperatives Handeln in der Sozietät zu realisieren (→ *Verhaltensbiologie und Pädagogik*).

3.2 Behinderung der Qualifikation in der Informationsgesellschaft
Tatsächlich sind die meisten Arbeitssozietäten der Informationsgesellschaft noch immer nach dem TAYLORschen Modell organisiert. Das bedeutet aber, daß der Mitarbeiter seine (spontanen) Aktionspotentiale nicht einsetzen kann. Die Arbeit ist dann im wörtlichen Sinne unbefriedigend, sie führt zu Frustration oder aggressiver Langeweile. Der einzelne kann seine Aktivitätspotentiale bestenfalls in der (ersehnten) Freizeit einsetzen; auf Dauer aber wird er, wie sich immer wieder zeigt, den Ernstfall vermissen.

Gewiß gibt es in der Informationsgesellschaft Ansätze für eine verhaltensökologisch richtige Arbeit. Zu nennen sind etwa Kreativitätszirkel oder Kooperationsseminare. Meist haben solche Veranstaltungen aber keine Auswirkungen auf den Arbeitsplatz selbst, oder es handelt sich um bildungspolitische Alibis. Der Computer schafft Freiräume für eine höhere Qualifikation; allerdings »schafft« er auch neue Probleme, wie etwa die (passiven) Bedienungsaufgaben oder die Reduktion von (TAYLORistisch organisierten) Arbeitsplätzen.

Die Informationsgesellschaft führt also nicht automatisch zu mehr Qualifikation – im Gegenteil: die Aspekte Information und Konsum verleiten zu einem eher passivrezeptiven Menschenbild. Tatsächlich aber ist die (kreative) Qualifikation eine biologische Notwendigkeit. Die Arbeitswelt ist dieser Erkenntnis noch nicht hinreichend gerecht geworden. Möglicherweise liegt dies daran, daß die Informationsgesellschaft den Menschen zu einseitig als kognitives Wesen sieht und sein stammesgeschichtlich programmiertes Trieb- und Instinktsystem übersieht.

3.3 Mangel an qualifizierender Ausbildung
Die Informationsgesellschaft macht mit zunehmender Informationsfülle und dem Wiederaufleben der Allgemeinbildung den Fehler, den Schwerpunkt der Ausbildung auf abfragbare Kenntnisse zu legen. Mit anpassendem Lernen allein läßt sich aber keine Qualifikation erreichen. Als besonderes (kreatives) Können kann Qualifikation nur durch aktives, problemlösendes und kreatives Handeln erreicht werden. Um dieses zu fördern, bedarf es der genetischen oder problemorientierten Lehrstrategie. Dabei wird der Lernende vor ein Problem gestellt, das ihn interessiert und zum Denken anregt. Macht er Anstrengungen zur Lösung, ohne jedoch zum Ziel zu kommen, so gibt ihm der Lehrer sukzessive Lösungshilfen. Dadurch wird das Problem schließlich soweit eingeengt, daß der Lernende (immer noch mit eigener Kraft) die Lösung zustande bringt. Entscheidend ist, daß das problemlösende Verhalten selbst stets aufrechterhalten und damit trainiert wird: der Lernende wird nicht durch Mitteilung oder Belehrung zu einem Nachvollzug angeleitet; es wird ihm vielmehr indirekt ermöglicht, in eigener Aktivität und auf individuelle Weise Qualifikation zu erreichen. Die genetische Lehrstrategie fördert im übrigen nicht nur das produktive und kreative Denken und Handeln, sondern auch – durch gemachte und korrigierte Fehler – das kritische und selbstkritische (→ *Lernen und Lerntheorien*).

Nun ist die genetische Lehrstrategie zwar seit langem bekannt – neben dem Urheber

SOKRATES sind vor allem KERSCHENSTEINER, MONTESSORI und WAGENSCHEIN zu nennen –, sie wird jedoch sowohl in der Schule als auch in der betrieblichen Ausbildung nur selten durchgeführt. Vorherrschend ist die auf Kenntnisse und reproduktives Können ausgerichtete »darstellende Lehrstrategie« ($\rightarrow$ *Methoden des Unterrichts*). Außerdem wird die genetische Strategie, wenn überhaupt, zu spät eingesetzt. Viele Pädagogen stehen auf dem Standpunkt, daß erst die allgemeine Wissensbasis zu legen sei, bevor man »spezialisieren« dürfe. Der »Erfolg« ist der, daß produktives und kreatives Denken und Handeln unzureichend geschult werden, daß die Ausbildung fast ausschließlich informierend ist und nicht qualifizierend.

Tatsächlich ist produktives und kreatives Denken und Handeln schon bei Vorschulkindern zu beobachten. Eine qualifizierende Ausbildung muß das genetische Vorgehen in den gesamten Ausbildungsgang einbauen; dazu bedarf es Phasen der »produktiven Einseitigkeit«, der Stoffbeschränkung und Individualisierung. Das Prinzip der produktiven Einseitigkeit kann dann mit fortschreitender Reife zur Berufsbildung im Sinne KERSCHENSTEINERS werden, also zur »Pforte der Menschenbildung«. Dies ist so zu verstehen, daß nur über die Berufsbildung, über die Qualifikation, eine (individuelle) Selbstverwirklichung im Ernstfall ermöglicht wird. Im übrigen ist derjenige, der sich auf diesem Wege qualifiziert hat, eher bereit und in der Lage, von seinem Fachgebiet aus auch in andere Bereiche vorzudringen, als derjenige, der nur über ein allgemeines Wissen verfügt. Allgemeinbildung im Sinne eines lebenslangen Lernens führt somit notwendig über Qualifikation ($\rightarrow$ *Theorien der Bildung*; $\rightarrow$ *Das berufliche Bildungswesen*).

4 Mehr Bildung in der Informationsgesellschaft?

4.1 Bildung als reflektiertes Handeln

Der Begriff »Bildung« enthält die Vorstellung eines (idealen) Menschenbildes. Gebildet zu sein ist eine Auszeichnung; dies wird besonders deutlich in der negativen Bewertung des Ungebildeten. Aber welches Menschenbild liegt dem Bildungsbegriff zugrunde? Hier gehen die Auffassungen erheblich auseinander.

In der ständischen Gesellschaft des Mittelalters gab es keine Diskussion über das ideale Menschenbild: es war der Mensch der Oberschicht, der diese Auszeichnung für sich in Anspruch nahm. Unterstrichen wurde der Anspruch durch die Bezeichnung »humanistische Bildung«, wobei dieses Ziel bekanntlich nur über das humanistische Gymnasium zu erreichen war. Mit der wachsenden Bedeutung der Naturwissenschaften und der Technik geriet der Alleinvertretungsanspruch humanistischer Bildung ins Wanken: Naturwissenschaftler und Techniker wollen auf das Prestige des »Gebildeten« nicht verzichten. Ein besonders engagierter Kämpfer für einen Naturwissenschaft und Technik umfassenden, auf geistige »Arbeit« schlechthin zielenden Bildungsbegriff war bekanntlich KERSCHENSTEINER ($\rightarrow$ *Theorien der Bildung*).

Mit zunehmender Auflösung der Standesgesellschaft, zunehmendem Pluralismus der Werte und schließlich der Errichtung einer freiheitlichen Demokratie nahm auch die Vielfalt der erstrebenswerten Menschenbilder zu ($\rightarrow$ *Soziale Klassen, soziale Schichten, soziale Mobilität*; $\rightarrow$ *Werte und Normen in der Erziehung*). Dementsprechend wurde die Anzahl der Begriffsdefinitionen von Bildung immer größer – ebenso aber auch der gegenseitigen Vorwürfe der Unbildung.

Bleibt aber als einzig Gemeinsames der vielen Bildungsbegriffe nur noch das Prestige als solches übrig, so erhebt sich die Frage, ob es überhaupt noch sinnvoll ist, dieses Prestigewort mit neuem Inhalt zu füllen.

So könnte man etwa auf der Ebene der Information denjenigen durch das Prädikat »Bildung« hervorheben, der über ein hohes Maß an Überlebenswissen verfügt, der sich umweltgerecht verhält, der die Natur schützt, der das Autofahren einschränkt, der Energie einspart, den Müllanfall reduziert etc. In einer aufs äußerste bedrohten Welt ist schließlich nicht Luxuswissen gefragt, sondern das Wissen über das im wörtlichen Sinne »Notwendige«.

Auf der Ebene der Qualifikation sehe ich keine inhaltlichen Kriterien, nach denen der eine oder andere Qualifikationsbereich besonders hoch zu bewerten wäre. Ist der (qualifizierte) Arzt höher einzuschätzen als der (qualifizierte) Jurist, Altphilologe, Handwerker oder Künstler? Nein – eine Auszeichnung könnte nur anhand der Qualifikation selbst erfolgen, am Maß der Kompetenz, der Selbstkontrolle, der »Vollendung«, wie KERSCHENSTEINER sagt.

Ein weiteres Kriterium könnte der verantwortliche Einsatz der Qualifikation *in einer Sozietät* sein. Diese Auffassung, nach der Qualifikation als Selbstzweck keine Auszeichnung verdient, wird durch die Erkenntnis der Verhaltensbiologie, daß der Mensch auf den Ernstfall programmiert ist, gestützt.

Meines Erachtens gibt es nur eine objektiv gerechtfertigte Möglichkeit, dem Wort »Bildung« einen neuen Sinn zu verleihen: Man muß auf die natürliche Auszeichnung des Menschen (vor dem Tier) zurückgehen, auf die charakteristische Mutation der Spezies Mensch schlechthin: die *Fähigkeit der Reflexion*. Sie ist charakteristisch für den Menschen, sie ist seine evolutionäre Auszeichnung. Freilich macht er von dieser Fähigkeit nicht immer optimalen Gebrauch, und er bemüht sich auch nicht immer um eine Verbesserung dieser Fähigkeit. Es ist also durchaus möglich, den Menschen nach dem Grad der Reflexion, dem Grad der Selbsterkenntnis und der Selbststeuerung zu beurteilen und zu bewerten. Der Gebildete wäre demnach derjenige, der sich weder von seinem Trieb- und Instinktsystem »bedenkenlos« steuern läßt noch sich ohne Reflexion auf das Über-Ich, auf traditionelle Normen und Moralen verläßt; er wäre derjenige, der aufgrund reflektierten Denkens und Verstehens seine (!) Entscheidungen trifft und verantwortet (→ *Philosophische Anthropologie*; → *Pädagogische Anthropologie*; → *Psychologische Anthropologie*; → *Verhaltensbiologie und Pädagogik*).

4.2 Die Behinderung von Bildung in der Informationsgesellschaft

Definiert man Bildung als reflektiertes Denken (und Handeln), so zeigt sich, daß Bildung in jedem Falle *Muße* voraussetzt. Wird nämlich der Bewußtseinskanal ständig und mit voller Kapazität beansprucht, so ist keine Kapazität für Reflexion frei. Reflektieren heißt ja, daß man schon gespeicherte Informationen »hervorholt«, kombiniert, ordnet, daß man Übersicht gewinnt, Konsequenzen zieht usw. Nicht umsonst spricht man vom »Überdenken« und vom »Nachdenken«. Wer ständig mit Informationsaufnahme beschäftigt ist, kommt zu keiner Reflexion.

Die Informationstheorie bestätigt diese Erfahrung: Der Prozeß der (inneren) Informationsverarbeitung führt zu einer neuen Entropie, die dann zur Basis für Entscheidungen wird. Die Entscheidungen selbst beruhen auf »Selektion«; in der Informationstheorie spricht man daher auch von »*selektiver Information*«.

Tatsächlich behindert die moderne Informationsgesellschaft die Entstehung von Muße. Die ständige »Berieselung«, der Zwang, aus der von außen kommenden Information auswählen zu müssen, unnötige abzuweisen und wichtige herauszufiltern, führen zur ständigen Auslastung des Bewußtseinskanals. Auch das Auswählen triebauslösender Reize aus der Fülle des Angebots behindert die Reflexion.

Gewiß – manche Menschen wollen gar nicht erst reflektieren. Das Nachdenken erfordert ja eigene Aktivität, es ist mit Anstrengung verbunden. Die Informationsgesellschaft macht es diesen Menschen leicht, mit gutem Gewissen dem Nachdenken aus dem Wege zu gehen: sie sind stets geschäftig, gehen dahin, wo »etwas los« ist, häufen Ämter und Ehrenämter.

Bildung im Sinne des reflektierten, des evolutionär erwachsenen Menschen läßt sich – wie andere Formen der Bildung auch – nicht ohne Anstrengung erreichen. Wer gebildete Menschen will, muß Bildung zum zentralen Erziehungsziel machen, insbesondere auch in der Schule. Die heutige Schule ist aber in erster Linie auf Information eingestellt, sehr viel weniger auf Qualifikation und so gut wie gar nicht auf Bildung.

Literatur

BECK, U.: Risikogesellschaft. Auf dem Weg in eine andere Moderne. Frankfurt 1986
CUBE, F. v.: Allgemeinbildung oder produktive Einseitigkeit? Stuttgart 1960
–: Kybernetische Grundlagen des Lernens und Lehrens. Stuttgart ^{4}1982
– / ALSHUTH, D.: Fordern statt Verwöhnen – Die Erkenntnisse der Verhaltensbiologie in Erziehung und Führung. München ^{2}1987 ^{4}1989
FEUERSTEIN, T.: Humanisierung der Arbeit und Reform der beruflichen Bildung. Zur persönlichkeitsförderlichen Gestaltung von Lernzielen und Qualifikationsanforderungen. 1983
HEID, H./HERRLITZ, H.-G. (Hrsg.): Allgemeinbildung – Beiträge zum 10. Kongreß der Deutschen Gesellschaft für Erziehungswissenschaft. Zeitschrift für Pädagogik, 21. Beiheft. Basel/Weinheim 1987
KERSCHENSTEINER, G.: Wesen und Wert des naturwissenschaftlichen Unterrichts. München/Düsseldorf 1914
LORENZ, K.: Abbau des Menschlichen. München 1983
OTTO, P./SONNTAG, P.: Wege in die Informationsgesellschaft. Steuerungsprobleme in Wirtschaft und Politik. Stuttgart 1985
POSTMAN, N.: Wir amüsieren uns zu Tode. Frankfurt 1985
SEEL, W.: Bildungs-Egoismus. Alle wollen mehr. Stuttgart 1985

Helmut Heid

Pädagogik und Politik

1 Problembereich

»*Pädagogik*« kann als allgemeinste (Sammel-)Bezeichnung sowohl für praktische als vor allem auch für wissenschaftliche Aktivitäten angesehen werden, die sich auf die »Entwicklungstatsache« menschlicher Existenz beziehen und die Formung des Menschen zum Zweck versus Gegenstand haben. »*Politik*« ist demgegenüber der Name für Handlungen, die (dem Aspekt) der Regelung gesellschaftlicher Verhältnisse bzw. einer »Ordnung der öffentlichen Gewalt« (HENNIS 1965, S. 423 f.) gewidmet sind (HELBIG 1982, S. 205 ff.). Während nach herrschender Auffassung in politischem Handeln *Macht und Gewalt* zur Durchsetzung bestimmter, vor allem staatlicher Zwecke (relativiert u. a. von HARTWICH 1987, S. 4 ff.) und zur Gewährleistung einer entsprechenden öffentlichen Ordnung eine zentrale Rolle spielen (WEBER ²1958; ders. 1964, S. 657 ff.; HENNIS 1963, S. 14 ff.; FREUND 1964, S. 356 ff.; STAMMER/WEINGART 1972, S. 21 f.; relativierend: RANDELZHOFER/SÜSS 1986), sind sie keineswegs nur in der Realität, sondern auch in Theorie und Programmatik eines als »pädagogisch« anerkannten Handelns seit Anbeginn umstritten (BENNER 1987, S. 187 ff.). Die Auffassungen sowohl darüber, wodurch genau und im einzelnen ein Handeln als »pädagogisch« gekennzeichnet ist oder sein sollte, als auch die Vorstellungen darüber, wie »Politik« im Kontext gesellschaftlicher Praxis präzise zu verstehen und zu verwirklichen sei, gehen weit auseinander. Deshalb kann nur auf relativ hoher Abstraktionsstufe und orientiert an der mit den Begriffen »Pädagogik« und »Politik« bezeichneten Wirklichkeit einiges über die Wechselbeziehungen zwischen Pädagogik und Politik ausgesagt werden.

2 Politische Voraussetzungen von Pädagogik

Mit dem Begriff »Voraussetzung« ist zunächst keine sachliche oder zeitliche Priorität behauptet, sondern lediglich die Auffassung benannt, daß Politik ein wesentliches Moment jeder, also auch einer solchen gesellschaftlichen Praxis ist, der die Persönlichkeitsformung als Bestandteil oder als eigener Sektor professionalisierten pädagogischen Handelns angehört. Bereits jene »Entscheidung«, die freilich nicht als singulärer Willensakt oder Beschluß mißzuverstehen, sondern als sozialhistorischer Prozeß aufzufassen ist (u. a. TITZE 1973), nämlich: Pädagogik zu einem eigenen Bereich arbeitsteiliger und professionalisierter gesellschaftlicher Praxis zu verselbständigen (→ *Professionalisierung und Überfremdung*), ist als eine im weiteren Sinne politische »Vorgabe« »der Pädagogik« anzusehen. Hier ist nicht der Ort, diese Entwicklung zu bewerten (dazu BENNER 1983, S. 288 ff.), jedoch als politische »Voraussetzung« gegenwärtiger pädagogischer Praxis und Wissenschaft ist sie von nicht zu vernachlässigender Bedeutung. Ihren Ausdruck findet die politische Konstitution »der Pädagogik« in der Kodifizierung relevanter (Grund-)Rechte und Gesetze zur Begründung, Regelung und Kontrolle des sogenannten Bildungssektors der Gesellschaft (→ *Bildungsrecht*). Die Deklaration

»Pflege und Erziehung der Kinder sind das natürliche Recht der Eltern und die zuvörderst ihnen obliegende Pflicht« (GG 6,2) ist Ergebnis politischen Handelns. Aber nicht nur die Gewährung dieses Grundrechts, sondern auch die Sanktionierung seiner Ausübung ist in politischen Entscheidungsverfahren zum Gegenstand politischen Handelns (genauer: zur Aufgabe der politischen Exekutive) bestimmt worden: »Über ihre Betätigung wacht die staatliche Gemeinschaft.« (GG 6,2, Satz 2) Darüber hinaus steht »das gesamte Schulwesen unter der Aufsicht des Staates« (GG 7,1) – als einem »Subjekt« der politischen Exekutive. Dasjenige, was der Staat zu beaufsichtigen hat, muß zuvor (rechtlich, institutionell, finanziell) ermöglicht, geschaffen, gesetzlich geregelt, ausgestaltet und unterhalten werden. Auseinandersetzungen um die Realisierung allein der Organisationsformen institutionalisierten pädagogischen Handelns (dazu HERRLITZ/ HOPF/TITZE 1981) zeigen, wieweit Pädagogik Politik »zur Voraussetzung« hat.

Ähnlich verhält es sich mit der Ermöglichung, Einrichtung, Regelung und Unterhaltung pädagogischer Wissenschaften und Studiengänge. Die grundgesetzliche Garantie »... Wissenschaft, Forschung und Lehre sind frei« (GG 5,3) resultiert zunächst selbst aus politischem Handeln. Zuvor aber müssen – unter gegebenen Bedingungen professionalisierter und institutionalisierter (Erziehungs-)Wissenschaft – auch hier zahlreiche Voraussetzungen dafür geschaffen werden, daß jene pädagogische »Wissenschaft, Forschung und Lehre«, deren Freiheit besonderen grundrechtlichen Schutzes zu bedürfen scheint (DGfE 1980), überhaupt erst existiert: Das erfordert beispielsweise die Schaffung oder die Zulassung der Schaffung von Personalstellen in Forschungseinrichtungen; die (rechtliche) Regelung der Rekrutierung und »Verwaltung« wissenschaftlichen Personals; die Einrichtung oder die Zulassung der Einrichtung sowie die (rechtliche) Regelung von Studiengängen, in denen die Qualifizierung (u. a.) von Erziehungswissenschaftlern erfolgen kann; die Finanzierung beträchtlichen Sachbedarfs (Gebäude, Bibliotheken, Forschungs- und Lehrmittel ...) und nicht zuletzt die (rechtliche) Regelung der Beschaffung und Verwaltung aller dieser Mittel. Eine Vielzahl politischer Entscheidungen über die organisatorischen Voraussetzungen von Bildung hat jene Entscheidungen über die Allokation finanzieller Mittel zur Voraussetzung oder zur Folge, deren politischer Charakter (aus politischen Gründen) häufig in scheinbar unpolitische »Sachzwänge« umdefiniert wird.

3 Pädagogische Voraussetzungen von Politik

In der menschlichen Gesamtpraxis sind Politik und Pädagogik »ursprünglich« nur gedanklich isolierbare Aspekte. Pädagogik und Politik sind einerseits Momente einer gesellschaftlichen Praxis, in der der Mensch als geschichtliches Wesen (zugleich) seine eigene Bestimmung leistet (BENNER 1983, S. 285 ff.). Andererseits wird »die Politik ... nicht ihr Ziel erreichen, wenn nicht die Pädagogik ein integrierender Bestandteil derselben ist ...« (SCHLEIERMACHER ²1966, S. 12). So, wie an der Konstitution aller Realisierungsformen von Pädagogik politisches Handeln beteiligt ist, sind Ziele, Inhalte und Formen politischen Handelns stets (auch) eine Funktion jener geistes- und sozialgeschichtlichen Entwicklung, in der die Ermöglichung der als »pädagogisch« geltenden personalen und sozialen Selbstbestimmung zugleich ihre Realisierungsbedingungen vorfindet und sich objektiviert. »Die geistig und gesellschaftlich gegebenen Möglichkeiten des Handelns bringen ... die Politik ... in Abhängigkeit von der kulturellen Gesamtkonstellation des jeweiligen Verbandes ... Auch die politischen Akte gewaltsamer Veränderung von Ordnungen ... setzen ... eine dem revolutionären Akt vorhergehende Kristallisation von Überzeugungen voraus, die gegenüber der formalen Legalität der vorhandenen die überlegene Legitimität der zu begründenden Ordnung behaupten können« (BERGSTRAESSER ⁶1961, Sp. 336f.; vgl. ferner FLITNER ⁷1961, S. 99ff.; ELLWEIN ⁵1967; SCHEPP 1978, S. 2; MARTIN 1980, S. 128). Tradierung, Fortentwicklung und Erneuerung des Wissens und des (davon niemals völlig unabhängigen) Wollens sind Sache der Pädagogik.

Unter sozialgeschichtlich gegebenen Bedingungen demokratischer Herrschaftsformen (er-)fordert Politik jenen mündigen Bürger (u. a. MESSERSCHMID ⁶1961, Sp. 356; skeptisch: SONTHEIMER 1963; FREUND 1964), der als oberstes Ziel pädagogischen Handelns praktisch allgemein anerkannt ist. Die demokratische Willens- (ELLWEIN ⁵1967, S. 89ff.) und Regierungsbildung, die Ausübung und die Kontrolle politischer Macht stellen bestimmte Anforderungen an Wissen, Können und Moral aller an demokratischen Prozessen Beteiligten. Zusammenfassend und vereinfachend könnte man sagen, daß eine Politik nicht besser sein kann als die Kompetenz und Sittlichkeit ihrer Subjekte.

4 Pädagogik hat Politik zum Gegenstand

Zwecke, Inhalte, Normen, Formen, Mittel und nicht zuletzt Ergebnisse politischen Handelns sind zumindest indirekt immer auch Themen pädagogischen Handelns. Das Spektrum der Realisierungsformen einer pädagogischen Thematisierung von Politik reicht von politischer Bildung als »Unterrichts- oder Bildungs- oder Erziehungsprinzip« (u. a. MESSERSCHMID ⁶1961, Sp. 358; SONTHEIMER 1963, S. 169f.) bis hin zu einem eigenen Unterrichtsfach, für dessen Benennung die unterschiedlichsten Bezeichnungen üblich waren und sind: z. B. »Staatsbürgerkunde«, »Bürgerkunde«, »Sozialkunde«, »Gemeinschaftskunde«, »Gegenwartskunde«, »Politische Bildung«, »Politikunterricht«.

Zweck der pädagogischen, insbesondere unterrichtlichen Beschäftigung mit Politik ist zunächst der Erwerb jener »Allgemeinbildung«, die als Teilhabe des Menschen an den »Wertgehalten der Kultur« (DOLCH ⁴1963, S. 19f.) auch Tradition und gegenwärtige Realität politischen Handelns umfaßt (→ *Theorien der Bildung*; → *Das berufliche Bildungswesen*).

Darüber hinaus verfolgt die unterrichtliche Beschäftigung mit Politik den (deklarierten) Zweck, den Adressaten dieses Unterrichts jenes Wissen, jene Urteilsfähigkeit und vor allem jene Haltung zu vermitteln, die sie befähigen, an den (demokratischen) Prozessen politischer Willensbildung (ELLWEIN ⁵1967) zu partizipieren, das Handeln der Inhaber politischer Herrschaft (wie auch immer) zu kontrollieren und nicht zuletzt die jedem einzelnen politisch eingeräumten Bürgerrechte – freilich möglichst in Übereinstimmung mit den Zielen politisch jeweils Herrschender (ELLWEIN 1970, S. 337f.) – wahrzunehmen. »Mitverantwortung für das Wohl des Staates«, für Bestand und Zukunft des Gemeinwesens opferbereit zu sein (zit. bei SONTHEIMER 1963, S. 171), »Dienst an der Gemeinschaft« oder »Staatstreue« sind schon bemerkenswerte Ziele politischer Bildung (GREIFFENHAGEN 1966, S. 41), die den real niemals eliminierbaren politischen Gesichtspunkt *in* pädagogischem Handeln zur Geltung bringen. Unabhängig von der nur durch wiederholte empirische Untersuchungen beantwortbaren Frage nach der faktischen Wirksamkeit politischen Unterrichts ist die Unterscheidung ELLWEINS (1970, S. 337) in »Aktivbürger, Interessierte, Unbeteiligte und Uninteressierte« geeignet, die Tatsache zu verdecken, daß Unbeteiligte und Uninteressierte in ebenso hohem Maße (und in vielleicht besonders erwünschter Weise; vgl. METZGER 1966, S. 31 ff.) die jeweils herrschende Politik mitbestimmen wie Aktivbürger und Interessierte: denn ohne (schlecht »informierten« und insofern »blinden«) Gehorsam ist der Befehlshaber und ohne Diener ist der Herr nicht möglich (R. WALSER). Auch die (andere) These ELLWEINS (⁵1967, S. 75), daß politische Bildung »die erziehende Wirkung der gegebenen politischen Verhältnisse« lediglich (korrigierend) begleitet, ist nicht so recht mit der Feststellung in Einklang zu bringen, daß Ziele, Inhalte und Verfahren politischer und politisch für besonders bedeutsam gehaltener Bildung ihrerseits politisch heftig umstritten sind (worauf im nächsten Kapitel einzugehen ist). Zwar wird die sogenannte »Politisierung« der Bildung (→ *Theorien der Bildung*), insbesondere auch des politischen Unterrichts scharf verurteilt (u. a. NIPPERDEY 1976, S. 98 ff., 105), und auch der politische Unterricht ist dem nominellen Politisierungsverbot unterworfen. Jedoch beweist das Engagement, mit dem Kritik und Verbot geltend gemacht und sanktionswirksam werden, die politische Intention und Funktion des Politisierungsverbots. Die angebliche politische Neutralität und die übliche Abstraktheit (Leerformelhaftigkeit) gerade der obersten Ziele politischer Bildung (z. B. Mündigkeit, Emanzipation, Solidarität, Toleranz, Gerechtigkeit ...) gewährleisten die Abhängigkeit der jeweiligen Inhaltsbestimmungen von den Zwecksetzungen und Interessen politisch Sanktionsmächtiger. Letzter Garant der rechten Bestimmung und des rechten Gebrauchs in abstrakten Zielen benannter Rechte und Pflichten durch die Adressaten dieser Ziele und ihrer unterrichtlichen Verwirklichung ist die politische (staatliche!) Kontrolle der Qualifizierung, Rekrutierung und der grundgesetzlich kodifizierten (Art. 7,1) Beaufsichtigung verbeamteter Lehrer (→ *Bildungsrecht, Elternrecht* ...). Die inhaltlichen Bestimmungen bleiben also nicht wirklich offen – wie v. KROCKOW (1966, S. 21 ff.) oder GREIFFENHAGEN (1966, S. 34 f.) feststellen bzw. fordern –, und das Postulat der Offenheit bleibt in dem Maße problematisch, in dem die aktiv wie passiv an dieser Bestimmung Beteiligten ungleiche Voraussetzungen und Möglichkeiten haben, dabei ihre Interessen geltend zu machen.

»Die *Inhalte* der politischen Bildung sind umstritten« (ELLWEIN 1970, S. 342; auch GREIFFENHAGEN 1966, S. 30 ff.). Nach jener Auffassung von Experten, die um so strittiger ist, je präziser sie formuliert wird, geht es unter dem Aspekt politischer *Handlungskompetenz* nicht nur um für politisches Urteilen und Handeln bedeutsames *Wissen*, die Auswahl der Inhalte habe immer auch so zu erfolgen, daß eine jeweils entsprechende *Urteilsfähigkeit, Haltung* und *Handlungsbereitschaft* gewährleistet würden. Dafür bedeutsame Inhalte sind zunächst in herkömmlichen Fächern kanonisierten Unterrichts zu finden, beispielsweise in Geschichte, Sozialkunde, Geographie, Wirtschafts- und Rechtskunde – und nicht zuletzt im symptomatischerweise uneinheitlich benannten Fach »Politikunterricht«. Für sämtliche Stufen institutionalisierter politischer Bildung dürfte analog gelten, was v. KEMPSKI (1967, S. 434) für die Theorie der Politik behauptet, nämlich »daß man ... nicht nur einen Lehrstuhl [ein Unterrichtsfach] für Politik braucht, sondern eine ganze Fakultät, wenn man die Gefahr des Dilettantismus vermeiden will«. Kennzeichnend für Einschätzung und Realität politischer Bildung ist wohl auch die Tatsache, daß, vom Fach Geschichte abgesehen, hier jene Fächer besonders bedeutsam sind, deren Anerkennung im Bildungskanon (mit immer noch höchst zweifelhaftem Erfolg) gegen stets auch (bildungs-)*politische* Widerstände erkämpft werden mußte.

Über eine (eigene) *Methode* pädagogischer Aktualisierung von Politik ist eine konsolidierte (Experten-)Auffassung noch weniger in Sicht. Im Rahmen des schulisch Realisierbaren und Erlaubten scheint alles in Betracht gezogen (nicht aber auch schon verwirklicht) zu werden, was (kaum wirklich evaluiert) die Erfüllung jeweils postulierter Ziele eines jeweiligen Verständnisses von politischer Bildung nicht gerade unwahrscheinlich macht. Einigen gelten eigene Lehrbücher als »wenig geeignet und ... auch überflüssig« (ELLWEIN 1970, S. 345). Gelegentlich findet man Hinweise auf für politische Bildung besonders bedeutsame Prinzipien (auch) pädagogischen Handelns (z. B. Subsidiaritätsprinzip, s. MESSERSCHMID ⁶1961, Sp. 358). Methodische Hinweise beziehen sich vor allem auf (vermeintlich) handlungsaktivierende Verfahren: freie Rede und Diskussion, Arbeitsgemeinschaft, Gruppenarbeit (MESSERSCHMID ⁶1961, Sp. 358) oder auf Formen der Stoffintegration: z. B. Projektmethode oder Planspiel (→ *Methoden des Unterrichts*).

5 Politik hat Pädagogik zum Gegenstand

Jenseits genereller pädagogisch bedeutsamer Regelungen gesellschaftlicher Verhältnisse haben sich eigene Zuständigkeiten für Bildung als einem Kernbereich der Politik entwickelt und formalisiert. Zwar gibt es Indizien für den Anschein, Bildungspolitik besitze einen geringen Stellenwert im Vergleich zu anderen Sachgebieten der Politik. Jedoch sprechen Anzahl und Umfang der dem Bildungssystem gewidmeten politischen Organe, Organisationen und Gremien eine andere Sprache. Vielleicht gilt Bildungspolitik darin als so gut aufgehoben, daß bildungspolitische Parlamentsdebatten nahezu überflüssig oder belanglos werden. Wo die Arbeitsergebnisse solcher Einrichtungen mit bildungspolitischen Maßgaben weniger gut vereinbar waren, wurden die Gremien neu besetzt, umstrukturiert oder abgeschafft. Bildungspolitische Ideen, Pläne, Initiativen, die die (vermeintliche) Kontinuität des im Bildungswesen (aus selektiven Gründen) als bewährt Geltenden und des mit dem Bildungswesen politisch jeweils Bezweckten auch nur in Frage stellen, lösen häufig ein erstaunlich breitenwirksames politisches Engagement aus. Die Heftigkeit der Auseinandersetzungen um die Hessischen Rahmenrichtlinien, die Gesamtschule, die sogenannte Koop-Schule oder die Kollegstufe in Nordrhein-Westfalen sind beliebig herausgegriffene Beispiele (→ *Strukturveränderungen im Bildungswesen*). Der Stellenwert von Bildungspolitik ließe sich auch an den politischen Diskussionen in den sechziger Jahren dieses Jahrhunderts aufzeigen; genannt seien nur die Stichworte »Bildungskatastrophe«, »Sputnikschock«, »Ausschöpfung der Begabungsreserven«, und erinnert sei an die Expansion bildungsökonomischer Forschung (→ *Bildungsökonomie und Bildungsmanagement*) und bildungspolitischer und -planerischer Initiativen quer durch alle Parteien ... Bildungspolitik hat unter erwähnten Voraussetzungen bisweilen den Rang eines Wahlkämpfe beherrschenden und Wahlausgänge (vermutlich) bestimmenden oder wesentlich beeinflussenden Themas.

Entscheidungen über Ziele, Organisationsformen und Inhalte pädagogischen Handelns gehören – trotz der inzwischen offensichtlich für notwendig gehaltenen Deklaration oder Forderung eines pädagogischen Freiraums – zum bildungspolitischen Alltag (PREUSS 1975, S. 13 ff.). In diesen weitgehend politischen Entscheidungen kommt eine Vielzahl politischer Maximen direkt und vor allem indirekt zur Geltung: Beispielsweise (1) die Deckung des Bedarfs der Gesellschaft an sozialer Ungleichheit als Verteilung der Heranwachsenden auf die Hierarchie gesellschaftlicher und beruflicher Positionen (SCHELSKY 1959, S. 12 ff.; MATTERN/WEISSHUHN 1980, S. 157 ff.; KLEMM u. a. 1985, S. 20 ff.); (2) die Deckung des Bedarfs an hierarchisch abgestuften Qualifikationen, Kompetenzen (und Inkompetenzen) zur Realisierung bestimmter Strukturen, Inhalte und Formen der Erfüllung gesellschaftlicher (ökonomisch definierter und strukturierter, politisch vermittelter) Arbeitsaufgaben; (3) und nicht zuletzt die Gewährleistung des Fortbestehens und der Weiterentwicklung der jeweiligen Gesellschaftsordnung und Staatsform, insbesondere durch Sicherstellung von Loyalität (»Staatstreue«) durch Vermittlung einer der gesellschaftlichen Struktur entsprechenden und diese Struktur legitimierenden Wertorientierung (→ *Pädagogische Soziologie*; → *Soziale Klassen, soziale Schichten, soziale Mobilität*). RUSSELL (1980, S. 167; vgl. auch DURKHEIM 1973, S. 39 ff.) beklagt, daß es das Ziel der Erziehung sei, »Überzeugung statt Denken hervorzubringen und die Jugend zu zwingen, positive Meinungen über zweifelhafte Dinge festzuhalten«, statt sie das Zweifeln zu lehren und zu geistiger Unabhängigkeit zu ermutigen. »Es ist ... das Anliegen der Gesellschaft, dem Lehrer ständig das Denken und Fühlen bewußt zu machen, das dem Kinde eingeprägt werden muß, um es in eine Harmonie mit dem Milieu zu bringen, in dem es leben muß ...« (DURKHEIM 1972, S. 38) »Um des Gemeinwohls willen dürfen Opfer, ja sogar Verzichte auf persönliche Rechte gefordert werden. In einer besonderen Form der Gerechtigkeit, dem Gehorsam gegenüber der Obrigkeit nämlich, wird der Staatsbürger der Obrigkeit gerecht. Im Fall des Beamten oder Soldaten kann der Gehorsam noch qualifiziert sein ...« (HAUSER [6]1961, Sp. 347). HAUSER fügt hinzu, daß der Gehorsam »freie sittliche Leistung« zu sein habe und daß die »christliche politische Ethik ... ein ... Widerstandsrecht in verschiedenen Formen« kenne.

Nicht nur über Ziele, Organisationsformen und Inhalte veranstalteter Pädagogik wird politisch entschieden, auch die Maßgaben der Qualifizierung (in staatlich kontrollierten Bildungseinrichtungen, nach staatlich sanktionierten Plänen, Ordnungen und Richtlinien); Sozialisierung, Verbeamtung, formelle wie informelle (Über-)Prüfung (einschließlich dienstlicher Beurteilungen) und Beaufsichtigung von Lehrern als Angehörigen des öffentlichen Dienstes (GG 33,4) sind Angelegenheiten der Politik (zur Geschichte: HERRLITZ u. a. 1981, S. 32 ff.; ferner DURKHEIM 1972, S. 39; v. HENTIG 1969, S. 33; HEID 1986, S. 4 ff.). Prüfungs- und Studienordnungen (Lehramtsprüfungen sind Staatsprüfungen) mögen von (staatlich rekrutierten) Gremien wissenschaftlicher Selbstverwaltung ausgearbeitet worden sein, ohne Überprüfung und Genehmigung durch die politische Exekutive können sie nicht in Kraft treten (→ *Lehrer/Lehrerin*). Das für »die pädagogische Praxis« Ausgeführte gilt im Prinzip auch für die konkrete, als soziales System definierbare (BUNGE 1983, S. 199 ff.) Erziehungswissenschaft; denn als soziales System ist Erziehungswissenschaft selbst gesellschaftliche – und unter hier thematischen Gesichtspunkten auch: pädagogische Praxis.

6 Pädagogik »als« Politik?

Zunächst ein Wort zu der durch das Gliederungsprinzip vielleicht begründeten Erwartung, es müsse sinnvoll sein, die Fragestellung auch umzukehren: Für das Ausmaß, in dem um politische Herrschaft konkurrierende (politische) Gruppierungen stets auch (mit als »pädagogisch« definierten Mitteln) einen »Kampf« um die »Köpfe«, die »Herzen« und die Wertorientierungen derer führen, von deren Handeln ihre Herrschaft und deren Legitimierung abhängt, gibt es in »umgekehrter« Fragestellung keine Analogie. HELBIG (1982, S. 208, 246) zeigt, »daß ›pädagogische‹ Sinnkriterien die bildungspolitische Entwicklung faktisch *nicht* bestimmen«. »Politik als Pädagogik«, das läuft nach aller Erfahrung auf dasselbe hinaus: menschliche Praxis in den Dienst jener politischen Ziele zu stellen, in denen es »fast immer irgendwie um die Aufrechterhaltung der bestehenden Ordnung« (RUSSELL 1980, S. 165) geht und in denen der Erhalt und die Festigung der jeweiligen politischen Macht in der Regel eine größere Rolle spielen als die Selbstbestimmung des Menschen, die geistige Unabhängigkeit, das »freie Fragen« oder der Zweifel (RUSSELL 1980, S. 165ff.; HEYDORN 1970; gegenteilig: BREZINKA ³1977, S. 152f.). Politische »Institutionen bemächtigen sich, solange sie ... die Macht dazu haben, der Erziehungsmaschinerie und prägen Achtung vor ihrer Vortrefflichkeit in die noch bildsamen Gemüter der Jugend. Reformer versuchen dann ihrerseits, ihre Widersacher aus der vorteilhaften Stellung zu vertreiben. An das Kind denkt keine der beiden Parteien. Die Kinder kommen nur insofern in Betracht, als sie für die eine oder andere Armee angeworben werden sollen. Würde man an die Kinder selbst denken, so würde die Erziehung nicht danach trachten, einen Bestandteil dieser oder jener Partei aus ihnen zu machen, sondern sie instand zu setzen, verstandesmäßig zwischen den Parteien zu wählen« (RUSSELL 1980, S. 163f.).

Freilich gibt es didaktische Konstruktionen von »Politik« als »Medium« der Pädagogik: die »Schülerselbstverwaltung« oder »-mitverwaltung« (SCHEIBE 1959; ROBINSOHN 1962, S. 94ff.) (→ *Schule als Lebensraum*), das »politische« Planspiel, den Parlamentsbesuch – um einige Beispiele zu nennen –, aber das alles *ist* nicht Politik; das sind didaktisch reduzierte, konstruierte, pädagogisierte »Erziehungsmittel«. MESSERSCHMID (⁶1961, Sp. 358) beschreibt und postuliert Zwecke, Prinzipien und Verfahren der unterrichtlichen Realisierung (»Übertragung«) »klein- und vorpolitischer« Ordnungen und nennt die »Sauberhaltung des Klassenzimmers« als erstes Beispiel. Politisches Handeln – so die verbreitete Auffassung – lernt man am besten in politischem Handeln. Aber ist politische Praxis auch ein Modus oder ein Medium pädagogischer Praxis? Kann Pädagogik anders, besser sein als die sie ermöglichende und sanktionierende Politik?

Voraussetzungen der Möglichkeit einer politischen Instrumentalisierung von Pädagogik sind die »Veranstaltlichung« von Pädagogik (GEIGER 1962, S. 304ff.) und die Professionalisierung von Politik. Diese Veruflichung ist jedoch außerstande, die (*stets auch*) politische Intention, Relevanz und Wirksamkeit pädagogischen Handelns zu suspendieren und dem pädagogischen Gesichtspunkt personaler Selbstbestimmung (stets auch) *in* politischem Handeln und *durch* politische Praxis jene Rechtsgrundlage zu entziehen, für deren Gewährleistung Politik keine ausschließliche Zuständigkeit zu beanspruchen und endlich wirklich auch durchzusetzen vermag.

Literatur

BENNER, D.: Grundstrukturen pädagogischen Denkens und Handelns. In: LENZEN, D./MOLLENHAUER, K.: Theorien und Grundbegriffe der Erziehung und Bildung. (Enzyklopädie Erziehungswissenschaft. Bd. I). Stuttgart 1983, S. 283–300
–: Allgemeine Pädagogik. Weinheim/München 1987
BERGSTRAESSER, A.: Politik. In: Staatslexikon. Bd. 6. Freiburg ⁶1961, S. 335–341
BREZINKA, W.: Grundbegriffe der Erziehungswissenschaft. München/Basel ³1977
BUNGE, M.: Epistemologie. Mannheim/Wien/Zürich 1983
DERBOLAV, J.: Pädagogik und Politik. Stuttgart 1975
DGfE – DEUTSCHE GESELLSCHAFT FÜR ERZIEHUNGSWISSENSCHAFT: Die Behinderung der erziehungswissenschaftlichen Forschung in der Bundesrepublik. Frankfurt/M. 1980
DOLCH, J.: Grundbegriffe der pädagogischen Fachsprache. München ⁴1963
DURKHEIM, E.: Erziehung, Moral und Gesellschaft (1902/1903). Neuwied 1973
–: Erziehung und Soziologie (1922). Düsseldorf 1972
ELLWEIN, T.: Politische Verhaltenslehre. Stuttgart/Berlin u. a. ⁵1967
–: Politische Bildung. In: SPECK, J./WEHLE, G. (Hrsg.): Handbuch pädagogischer Grundbegriffe. Bd. II. München 1970, S. 330–346
FLITNER, W.: Allgemeine Pädagogik. Stuttgart ⁷1961
FREUND, M.: Politik. In: Handwörterbuch der Sozialwissenschaften. Bd. 8. Stuttgart/Tübingen/Göttingen 1964, S. 356–371
GEIGER, T.: Erziehung als Gegenstand der Soziologie (1930). In: ders.: Arbeiten zur Soziologie. Neuwied/Berlin 1962, S. 293–315
GREIFFENHAGEN, M.: Zur wissenschaftlichen Grundlegung der politischen Erziehung. In: Bundeszentrale für Politische Bildung (Hrsg.): Die politische Bildung an den Pädagogischen Hochschulen. Bonn 1966, S. 27–42
HARTWICH, H.-H.: Die Suche nach einer wirklichkeitsnahen Lehre vom Staat. In: Aus Politik und Zeitgeschichte B 46–47/87, 14. 11. 1987, S. 3–20
HAUSER, R.: Ethik und Politik. In: Staatslexikon. Bd. 6. Freiburg ⁶1961, Sp. 341–349
HELBIG, P.: Erziehung als Politik? Phil.-Diss. Regensburg 1982
HEID, H.: Über Schwierigkeiten und Möglichkeiten schulischer Bildung in den neunziger Jahren. In: Der Junglehrer 29 (1986), S. 4–8
HENNIS, W.: Politik und praktische Philosophie. Neuwied 1963
–: Aufgaben einer modernen Regierungslehre. In: PVS 4 (1965)
HENTIG, H. v.: Öffentliche Meinung, öffentliche Erregung, öffentliche Neugier. Göttingen 1969
–: Vorwort. In: ILLICH, I.: Entschulung der Gesellschaft. München 1972, S. 5–12
HERRLITZ, H.-G.; HOPF, W./TITZE H.: Deutsche Schulgeschichte von 1800 bis zur Gegenwart. Königstein 1981
HEYDORN, H. J.: Über den Widerspruch von Bildung und Herrschaft. Frankfurt/M. 1970
KEMPSKI, J. v.: Wie ist Theorie der Politik möglich? (1950). In: SCHNEIDER, H. (Hrsg.): Aufgabe und Selbstverständnis der politischen Wissenschaft. Darmstadt 1967, S. 433–450
KLEMM, K./ROLFF, H. G./TILLMANN, K.-J.: Bildung für das Jahr 2000. Reinbek 1985
KROCKOW, CH. GRAF VON: Politik als praktische Wissenschaft. In: Bundeszentrale für Politische Bildung (Hrsg.): Die politische Bildung an den Pädagogischen Hochschulen. Bonn 1966, S. 13–26
MARTIN, K.-R.: Pädagogische Berufe im gesellschaftlichen Bezugssystem. In: KUPFFER, H. (Hrsg.): Öffentliche Erziehung als Aufgabe der Gesellschaft. Heidelberg 1980, S. 119–150
MATTERN, C./WEISSHUHN, G.: Einführung in die ökonomische Theorie von Bildung, Arbeit und Produktion. Frankfurt/M. 1980
MESSERSCHMID, F.: Politische Erziehung. In: Staatslexikon. Bd. 6. Freiburg i. Br. ⁶1961, Sp. 355–360
METZGER, W.: Das Individuum zwischen Meinungen und Einsichten. In: Politische Erziehung als psychologisches Problem. Frankfurt 1966, S. 30–44
NIPPERDEY, T.: Die Schule im Sog totaler Politisierung. In: UTZ, A. F. u. a.: Politische Bildung im Umbruch. München 1976, S. 91–106

Preuss, U. K.: Bildung und Herrschaft. Frankfurt/M. 1975
Randelzhofer, A./Süss, W. (Hrsg.): Konsens und Konflikt. 35 Jahre Grundgesetz. Berlin/New York 1986
Robinsohn, S. B.: Methoden politischer und mitbürgerlicher Erziehung. In: Hauptlinien und Kernfragen der internationalen pädagogischen Entwicklung, hrsg. v. UNESCO-Institut für Politik Hamburg und v. Internationalen Arbeitskreis Sonnenberg. Braunschweig o. J. (1961), S. 71–78
–: Schülermitverwaltung als Form mitbürgerlicher Erziehung. In: Hauptlinien und Kernfragen der internationalen pädagogischen Entwicklung, hrsg. v. UNESCO-Institut für Pädagogik Hamburg und v. Internationalen Arbeitskreis Sonnenberg. Braunschweig o. J. (1962), S. 94–104
Russell, B.: Erziehung als politische Institution (1916). In: Brinkmann, W. (Hrsg.): Erziehung – Schule – Gesellschaft. Bad Heilbrunn 1980, S. 163–170
Scheibe, W.: Schülermitverantwortung. Düsseldorf 1959
Schelsky, H.: Schule und Erziehung in der industriellen Gesellschaft. Würzburg 1959
Schepp, H. H.: Die Krise der Erziehung und der Prozeß der Demokratisierung. Kronberg 1978
Schleiermacher, F.: Pädagogische Schriften (1826). Unter Mitwirkung v. Th. Schulze, hrsg. v. E. Weniger. Düsseldorf/München ²1966
Sontheimer, K.: Politische Bildung zwischen Utopie und Verfassungswirklichkeit. In: Zeitschrift für Pädagogik 9 (1963), S. 167–180
Stammer, O./Weingart, P.: Politische Soziologie. München 1972
Titze, H.: Die Politisierung der Erziehung. Frankfurt/M. 1973
Weber, M.: Politik als Beruf (1918/19). In: ders.: Gesammelte Politische Schriften. Tübingen ²1958, S. 493–548
–: Wirtschaft und Gesellschaft. Köln/Berlin 1964

II
Institutionen der Erziehung und Bildung

Herwart Kemper

Theorie pädagogischer Institutionen

1 Das institutionstheoretische Dilemma der Erziehungswissenschaft

Die Theorie pädagogischer Institutionen ist noch nicht geschrieben; sie dürfte vielmehr eines der ältesten Desiderate erziehungswissenschaftlicher Theoriebildung sein. Zwar fehlt es nicht an Untersuchungen, die sich mit Theorie und Geschichte einzelner Institutionen und Bereiche des Erziehungs- und Ausbildungssystems beschäftigen (z. B. JEISMANN 1974; LESCHINSKY/ROEDER 1976). Auch gibt es außerhalb der Erziehungswissenschaft allgemeine Institutionstheorien, die als soziologische Theorien die Kollektivierungsfunktion (z. B. SCHELSKY 1970) und als anthropologische die stabilisierende Wirkung der Institutionen auf menschliches Verhalten behandeln (z. B. GEHLEN ²1964). Aber eine allgemeine Theorie pädagogischer Institutionen, welche die unterschiedlichen Erziehungseinrichtungen einem gemeinsamen, spezifisch pädagogischen Beurteilungskriterium unterstellt, konnte bisher nicht vorgelegt werden.

Daß nach einer solchen Theorie gefragt wird, ist selber eine Folge der *Institutionalisierung* von Erziehung und damit ein Ergebnis jenes historischen Prozesses, in dem sich die Erziehung zu einer besonderen Praxis und eigenen Theorie verselbständigte und der fortschreitenden Arbeitsteilung entsprechend institutionell und professionell immer weiter ausdifferenziert wurde. Denn im Zuge dieses Ausgrenzungs- und Differenzierungsprozesses zerfiel die Einheit von Familien- und Standeserziehung immer mehr in eine Vielzahl verschiedener – altersspezifischer, religiöser, beruflicher und sozialer – Teilfunktionen. Die schulischen und sozialpädagogischen Einrichtungen, die dabei entstanden, unterscheiden sich heute in Status, Organisation und Selbstverständnis z. T. erheblich voneinander; sie verbindet kaum noch eine gemeinsame Vorstellung von den Aufgaben und Möglichkeiten der Erziehung. Der Begriff der Erziehung hat sich vielmehr inzwischen in einen formalen Sammelbegriff verwandelt, der ganz unterschiedliche Fragestellungen beinhaltet, aber kein einheitliches Aufgabenfeld mehr umschreibt, aus dem Maßstäbe für die Legitimation und Kritik pädagogischer Institutionen zu gewinnen wären. Das institutionstheoretische Dilemma aber wird im schulischen Bereich früher bemerkt und schärfer kritisiert als in den anderen Bereichen institutioneller Erziehung; denn die Entstehung der Schule als ein besonderes Handlungs- und Problemfeld hängt mit der Verselbständigung der Erziehung eng zusammen (→ *Theorien der Erziehung . . .*).

2 Zur Geschichte und Funktion institutioneller Erziehung

Die Vergesellschaftung der Erziehung und ihre Institutionalisierung in Schulen werden für unseren Kulturkreis erstmals im 5. vorchristlichen Jahrhundert notwendig, als in Griechenland die Adelsherrschaft, die auf Grundbesitz beruhte, durch den demokratisch regierten Stadtstaat mit seinen überregionalen Handelsbeziehungen abgelöst wurde. Dieser gesellschaftliche Strukturwandel verlangte allen freien Bürgern nicht nur die Beherrschung der Kulturtechniken des Lesens, Schreibens, Rechnens und ein bestimmtes Maß an Sachkenntnissen ab. Die Übernahme politischer Verantwortung machte vielmehr auch eine allgemeine Bildung und staatsbürgerliche Erziehung für alle erforderlich (Marrou 1957). Seitdem entsteht Schule immer dort, wo die selbstverständlichen Formen des erzieherischen Umgangs in der Familie nicht mehr ausreichen, um die differenzierter werdenden Ansprüche an die nachwachsende Generation zu erfüllen. So wurde z. B. ein Schulunterricht für breitere Bevölkerungsschichten in den Städten des 13. und 14. Jahrhunderts notwendig. Als Handels- und Gewerbezentren benötigten sie für den Nachwuchs der Kaufmannsgilden und Handwerkerzünfte ein Unterrichtswesen, das sich anders als die kirchlichen Einrichtungen des frühen Mittelalters an den Anforderungen bürgerlicher Berufe orientierte. Als in den religiösen Auseinandersetzungen der Reformationszeit Papst- und Kaisertum an Autorität verloren, versuchten die Landesherren ihren Machtzuwachs durch Schulordnungen abzusichern, die für eine religiöse Volkserziehung und eine qualifizierte Ausbildung des Beamtennachwuchses sorgen sollten (Michael/Schepp 1973).

Die Übernahme der sozial wünschenswerten Handlungsmuster und die Aneignung der gesellschaftlich nützlichen Kenntnisse und Fertigkeiten vollziehen sich zwar auch weiterhin überwiegend naturwüchsig im Zusammenleben mit den Älteren. Aber dies geschieht in der Regel fraglos und unsystematisch, auf den jeweils erreichten Stand des gesellschaftlichen Wissens bezogen. In der Schule wird dagegen die Tradierungsfunktion der Erziehung, abgehoben von den Handlungszwängen des Erwachsenenlebens, durch planmäßige Unterweisung und methodische Einwirkung ergänzt. Auf diese Weise aber kann die nachwachsende Generation nicht nur zweckmäßiger auf ihre künftigen Berufs- und Lebensaufgaben vorbereitet und die Reproduktion der Gesellschaft im biologisch bedingten Generationenwechsel effizienter gestaltet werden. Seit der bürgerlichen Aufklärungsbewegung des 18. Jahrhunderts wird vielmehr darüber hinaus an öffentliche Schulen die Hoffnung geknüpft, mit ihrer Hilfe könnten die überlieferten, vorwiegend noch religiös geprägten Welt- und Wertvorstellungen entsprechend dem wissenschaftlichen Erkenntnis- und wirtschaftlichen Produktionsfortschritt systematisch ausgeweitet und neue, rationale Handlungsmaximen und Arbeitsmethoden anstelle der traditionalen gesellschaftlich durchgesetzt werden. Dadurch werde es möglich, in Orientierung an der gemeinsamen Vernunftnatur die Abhängigkeit der Menschen von unbefragt geltenden Natur- und Herrschaftszwängen durch *Aufklärung* zu überwinden und die individuelle wie gesellschaftliche Höherentwicklung kontinuierlich voranzutreiben (Heydorn/Koneffke 1973) (→ *Schulgeschichte als Bildungsreform* ...; → *Grenzen und Möglichkeiten* ...).

Im Unterschied zur Schule sind die Einrichtungen der anderen Bereiche institutioneller Erziehung wie *Vorschulerziehung*, *Sozialpädagogik* und *Weiterbildung* nicht nur später gesellschaftlich notwendig geworden. Im Vergleich zu den weit gespannten gesellschaftsreproduktiven und -innovativen Zielfunktionen der Schule wurden den außerschulischen Erziehungseinrichtungen auch von vornherein engere Zwecke gesetzt. Diese Einrichtungen wurden nämlich geschaffen, um besondere soziale Notlagen bzw. bestimmte kulturelle Defizite und erzieherische Mängel zu beheben. So entstehen mit fortschreitender Industrialisierung im 19. Jahrhundert vorschulerzieherische und sozialpädagogische Einrichtungen, um die Folgeerscheinungen der Verarmung, der sozialen

Entwurzelung und Verwahrlosung in den unteren Bevölkerungsschichten erzieherisch aufzufangen (REYER 1983; KRAFELD 1984). In den industriellen Ballungsräumen vermitteln z. B. Kinderbewahranstalten eine familienergänzende Erziehung zur Sauberkeit, Ordnung und Disziplin (→ *Kindergarten- und Vorschulpädagogik*). Sozialpädagogische Heime versuchen, die gesellschaftliche Eingliederung verhaltensauffälliger Kinder und Jugendlicher sicherzustellen, wo die traditionellen *Erziehungsinstitutionen* der Familie und Schule diese Aufgabe nicht mehr ausreichend erfüllen, weil ihnen selbst immer speziellere Leistungen abverlangt werden (HOMFELDT u. a. 1977) (→ *Sozialpädagogik und Heimerziehung*; → *Sozialpädagogische Institutionen*). Denn je nachdrücklicher im Zuge der wissenschaftlich-technischen Revolution in der Schule der ökonomische Anspruch auf eine beruflich-soziale Leistungsauslese durchgesetzt wurde, um so schwieriger war es z. B. für das Elementarschulwesen, seinen traditionellen sozialintegrativen Erziehungsanspruch einzulösen. Der Industrialisierungsprozeß beschleunigte zudem den Wandel der Berufsarbeit, erhöhte die soziale Mobilität und war in der zweiten Hälfte des 19. Jahrhunderts von heftigen Auseinandersetzungen um die politischen Rechte bisher benachteiligter Bevölkerungsgruppen begleitet. Daraus entwickelten sich institutionelle Formen einer Erwachsenenbildung, die als allgemeine und berufliche Weiterbildung Mängel in der Schulausbildung vor allem der sozialen Unterschichten ausgleichen sollte (GROOTHOFF 1976) (→ *Erwachsenenbildung und Weiterbildung*; → *Institutionen der Erwachsenenbildung*).

Damit werden den außerschulischen Erziehungsinstitutionen von vornherein überwiegend kompensatorische Funktionen und komplementäre Aufgaben zugewiesen. Ihre Arbeit wird zu einem »pädagogischen Reservemechanismus« vor allem für die Schule, wo diese unter dem Primat des kognitiven Lernens die erzieherischen Voraussetzungen für die technische Zivilisation nicht mehr schaffen bzw. die politisch-sozialen Rückwirkungen der fortschreitenden Industrialisierung selber nicht genügend auffangen kann (HOMFELDT u. a. 1977). Die Unterschiede und wechselseitigen Beziehungen zwischen den Aufgaben schulischer und außerschulischer Erziehungseinrichtungen aber haben sich auch in der Theoriebildung niedergeschlagen.

3 Zur Theorie der Schule und der außerschulischen Erziehungseinrichtungen

Die frühen geisteswissenschaftlichen Reflexionsansätze über den Sinn der Schule, die im Streit um die Weimarer Schulreform vermitteln sollten, versuchten im Rückgriff auf die pädagogische Ideengeschichte den erzieherischen Eigenwert dieser Institution im kulturellen Gesamtzusammenhang zu bestimmen (z. B. GEBHARD 1923). Auf diese Weise sollten die unterschiedlichen, sich wandelnden gesellschaftlichen Funktionsansprüche an die Schule mit dem Eigenrecht des Kindes auf eine freie Entfaltung seiner schöpferischen Kräfte und Fähigkeiten in Übereinstimmung gebracht werden. Solche schulischen Sinnbestimmungen blieben allerdings schon damals reformpolitisch folgenlos, weil seit der Mitte des 19. Jahrhunderts Schultypen und -abschlüsse einerseits mit beruflich-sozialen Positionen andererseits immer enger verzahnt worden waren (MÜLLER 1977).

Der Anspruch auf eine eigenständige pädagogische Theoriebildung über Schule wurde jedoch erst in den sechziger Jahren aufgegeben, als das Erziehungs- und Ausbildungssystem zur Sicherung wirtschaftlichen Wachstums und sozialer Chancengleichheit systematisch umgestaltet werden sollte. In Orientierung an der Theorieentwicklung der Sozialwissenschaften wurden damals u. a. bildungsökonomische, organisationssoziologische, sozialpsychologische und lerntheoretische Schulanalysen als Alternativen zur geisteswissenschaftlichen Sinnreflexion ausgearbeitet (z. B. WIDMAIER u. a. 1966; FÜRSTENAU u. a. 1969; ROTH 1969 a). Da sich aber diese Neuansätze in ihrer Methodenvielfalt nicht ohne weiteres zu einer neuen schulischen Gesamttheorie integrieren ließen, geriet die schultheoretische Diskussion in eine ausweglose Situation. Einerseits wurde eine allgemeine Theorie der Schule zur Orientierung der Lehrer als unabdingbar notwendig angesehen; gleichzeitig wurde jedoch andererseits grundsätzlich bezweifelt, daß eine solche Theorie angesichts der Komplexität und Vielschichtigkeit des Phänomens Schule und der methodischen Perspektivenbedingtheit wissenschaftlicher Untersuchungsansätze überhaupt einlösbar sei. Schließlich zeigte sich an den Krisenerscheinungen der *Bildungsreform* in den siebziger Jahren, daß die heterogenen Schulaussagen nur zu einer teilweisen Rationalisierung der Reformmaßnahmen hatten beitragen können (→ *Strukturveränderungen im Bildungswesen* ...).

Zur Überwindung dieser Schwierigkeiten wurden daher Integrationskonzepte entwickelt, welche die unterschiedlichen Theorien- und Methodenkonzeptionen unter der übergreifenden Zielperspektive der *Emanzipation* hierarchisch nach empirisch-analytischen, hermeneutischen und ideologiekritischen Verfahren ordneten (z. B. KRAMP 1973). Diese nachgängige Gliederung bildete jedoch lediglich die Spezialisierung der Forschungspraxis ab, ohne zu einer neuen Qualität wissenschaftlicher Theoriebildung über die Schule beizutragen (→ *Forschungsmethoden der Erziehungswissenschaft*). Solche Integrationsversuche wurden erst aufgegeben, als im Anschluß an die angloamerikanische *Gegenschulbewegung* auch in der Bundesrepublik die Reformstrategie, das Schullernen zu gesellschaftspolitischen Zwecken wissenschaftlich zu perfektionieren, grundsätzlich in Frage gestellt wurde.

Angesichts zunehmender Klagen über den »inhumanen« Leistungs- und Konkurrenzdruck wurden jetzt Notwendigkeit und Chancen einer »Entschulung« von Schule und Gesellschaft erörtert (z. B. REIMER 1972; WINKEL 1974) (→ *Schule als Lebensraum* ...). Dabei entwickelte sich in der zweiten Hälfte der siebziger Jahre die Einsicht, daß das Dilemma der schultheoretischen Diskussion in ihrer einseitigen Konzentration auf methodologische Fragen begründet sei. Die Frage, wie eine allgemeine Theorie der Schule grundzulegen sei, war nämlich bis dahin vorwiegend als ein Problem der Anwendung vorliegender wissenschaftlicher Theorien und Methoden auf den Gegenstandsbereich der Schule angesehen worden (→ *Schulpädagogik* ...). Dabei wurde die pädagogische Legitimität der Schule stets vorausgesetzt. Weil sich aber die neueren Theorieansätze dieser Voraussetzung gegenüber durchweg unkritisch verhielten, bewegte sich die schulische Theoriediskussion in einem Zirkel fortwährender Methodenkritik und -legitimation, ohne ihre Grundlagenprobleme in den wesentlichen Erziehungsproblemen der Institution Schule selber zu verorten (KEMPER 1983).

Die Theoriebildung über außerschulische Erziehungseinrichtungen hat sich dagegen seit Beginn der Bildungsreform vornehmlich der Aufgabe gewidmet, die institutionelle und professionelle Verbesonderung der außerschulischen Erziehungsarbeit aus ihren kompensatorischen bzw. komplementären Leistungen für Schule und Familie zu begründen und zu rechtfertigen (LIEGLE 1984; MÜNDER 1984) (→ *Sozialpädagogische Institutionen*). Die vorgefundene Vielfalt der Gesetzgebungskompetenzen, Trägerorganisationen, Institutionen und Reformaktivitäten soll in eine wissenschaftlich begründbare Ordnung überführt werden, die anstelle der rigiden Trennung eine kooperative Verknüpfung der unterschiedlichen Erziehungsinteressen und -kompetenzen ermöglicht. Schließlich soll die außerschulische Erziehung entsprechend den wachsenden gesellschaftlichen Anforderungen strukturell wie inhaltlich weiter ausgebaut und mit den anderen Bereichen und Stufen des Erziehungs- und Ausbildungssystems noch enger verbunden werden.

Solche Bemühungen, die historische Vielfalt der außerschulischen Erziehungseinrichtungen systematisch zusammenfassen, laufen allerdings Gefahr, die Entlastungsfunktion dieser Institutionen im nachhinein theoretisch zu rechtfertigen und damit die Erziehungsmängel der Familie und Schule zu stabilisieren, anstatt zu ihrer Überwindung beizutragen. Da allgemeinpädagogische Fragen hier zugunsten funktionaler Gesichtspunkte ausgeblendet bleiben, wird die Veränderungsbedürftigkeit der traditionellen Erziehungsinstanzen leicht übersehen. Gleichzeitig versäumen die außerschulischen Erziehungseinrichtungen, neue Formen der Erziehungshilfe zu entwickeln, welche die Betroffenen in die Lage versetzen, die Ursachen der Hilfsbedürftigkeit selber zu beseitigen. Diese Aufgabe dürfte aber in Zukunft zunehmend wichtiger werden. Denn zum einen erscheint eine weitere Expansion sozialer Dienstleistungen gegenwärtig kaum noch finanzierbar. Zum anderen wird im Rahmen der »neuen sozialen Bewegungen« gerade Selbsthilfe immer mehr als Chance begriffen, den eigenen Lebenszusammenhang und individuellen Handlungsspielraum gegen die bürokratischen Sachzwänge der Institutionen zu verteidigen (HEINZE/OLK 1982).

Der außerschulische Bereich ist folglich genauso wie der schulische auf eine allgemeine Theorie pädagogischer Institutionen angewiesen, die die institutionellen Trennungen und professionellen Ausdifferenzierungen der Erziehungsaufgabe übergreift, indem sie nach der pädagogischen Legitimation dieser Entwicklung fragt. Denn nur im Rahmen einer solchen Theorie können die Möglichkeiten und Grenzen der Institutionalisierung pädagogischer Praxis und Theorie wieder bewußtgemacht und noch einmal grundsätzlich erörtert werden. Gerade die Frage der Legitimation aber ist seit den Anfängen institutioneller Erziehung immer wieder unterschiedlich bis gegensätzlich beantwortet worden.

4 Der antinomische Charakter institutioneller Erziehung

Schon in der frühbürgerlichen Aufklärung des 5. vorchristlichen Jahrhunderts ist der Wert institutioneller Erziehung umstritten. Die Sophisten, die als erste die Erziehung zum Bürger berufsmäßig betrieben, vermittelten zahlungskräftigen Kunden eine wissenschaftliche Ausbildung und rhetorische Schulung, damit diese ihre Interessen gesellschaftlich besser durchsetzen könnten. Demgegenüber versuchte SOKRATES seine Mitbürger davon zu überzeugen, daß ein Gemeinwesen nur fortbestehen könne, wenn jeder rechtzeitig gelernt habe, für seine Sittlichkeit selber zu sorgen. Die Einsicht in das Gute als Beweggrund sittlichen Handelns aber könne nicht schulmäßig gelehrt, sondern müsse in den Ernstsituationen des Alltagslebens von jedem selbst gewonnen werden (PLATON 1957).

Aber auch der neuzeitliche Aufklärungsoptimismus, in öffentlichen Schulen »alle alles im ganzen« (COMENIUS 1657, 1982) zu lehren und damit den gesellschaftlichen Produktions- und Vernunftfortschritt gleichermaßen zielstrebig voranzutreiben, bleibt nicht lange unwidersprochen. Denn unter dem feudalstaatlichen wie bürgerlichen Interesse an wirtschaftlichem Wachstum trug die Erziehung »zur Tugend, Geschicklichkeit und Zufriedenheit« (BASEDOW 1768, 1975) zwar dazu bei, die Funktionstüchtigkeit und Gemeinnützigkeit des einzelnen in seinem Stand und Beruf zu steigern. Doch änderte sich dadurch wenig an den ständisch-feudalen Beschränkungen individueller Bildungs- und Lebenschancen. Im Interesse einer sittlichen Höherentwicklung der bestehenden Verhältnisse fordert daher KANT 1776/77, anstelle staatlicher »Normalschulen« erst einmal Experimentalschulen in privater Initiative einzurichten (KANT 1978). Mit ihrer Hilfe sollte »empirisch« nachgewiesen werden, inwieweit eine institutionelle Erziehung anders als die häusliche in der Lage sei, über die traditionellen Aufgaben der »Disziplinierung, Kultivierung und Zivilisierung« hinaus jedem den freien Gebrauch der Vernunft zu ermöglichen und damit die Menschheit ihrer Bestimmung zur Moralität schrittweise näherzubringen. Aber schon HERBART bedauert 1810 die fortschreitende Verschulung der Erziehung und verurteilt die politische und berufliche Verzweckung der öffentlichen Schule (HERBART 1964). In ihrem Bemühen um die »Aristokratie der besten Köpfe« fördere sie den Egoismus und die Gegensätze unter den Menschen, anstatt Gemeinsinn zu stiften, und stelle so immer von neuem die soziale Ungleichheit der Bürger wieder her. Als bürokratisch organisierte Massenerziehung mißachte sie zudem alle individuellen Besonderheiten und behindere damit die Entwicklung des Menschen vom möglichen zum wirklichen Vernunftwesen.

Ungeachtet dieser frühen pädagogischen Schulkritik entwickelte sich die öffentliche Schule im 19. Jahrhundert jedoch immer mehr zu einer bürokratischen Großorganisation und zu einem bevorzugten Instrument staatlicher Wirtschafts- und Sozialpolitik (HERRMANN 1977) (→ *Schulgeschichte als Bildungsreform* ...). Angesichts dieser Entwicklung hat die Reformpädagogische Bewegung seit der Jahrhundertwende die »Unkindlichkeit« der staatlichen Regelschule als »Stoff-, Buch- und Lernschule« scharf kritisiert und demgegenüber die altersspezifische Entwicklung und individuelle Förderung aller schöpferischen Kräfte und Fähigkeiten im Kinde gefordert (SCHEIBE 1969) (→ *Freie Schulen* ...). Dagegen haben die sozialistischen Pädagogen der Weimarer Republik vor allem den Klassencharakter der institutionellen Erziehung betont und ihre sozialselektive Funktion hervorgehoben (z. B. BERNFELD 1925). Anstatt die Schule zu »pädagogisieren«, haben sie die Erziehung unmittelbar in den politischen Kampf um die Demokratisierung der Gesellschaft mit einbezogen.

Die Schulkritik der sechziger und siebziger Jahre hat diese reformpädagogischen und -politischen Argumente – vielfach unbewußt – wiederaufgenommen und auf der Grundlage der modernen empirischen Sozial- und schulischen Sozialisationsforschung weiterentwickelt (z. B. ROLFF 1967; ROTH 1969b). Entgegen dem aufklärerischen Schuloptimismus der staatlichen Bildungsreform werden einerseits die Entfremdungsmechanismen des spätbürgerlich-kapitalistischen Vergesellschaftungsprozesses im Schullernen offengelegt und von der Bildungsreform die Erziehung zum Klassenbewußtsein gefordert (z. B. ZINNECKER 1975; RANG/RANG-DUDZIK 1978). Andererseits wird die Institutionalisierung der Erziehung in Schulen als Verwechslung von Schulwissen und Bildung grundsätzlich in Frage gestellt und die Entinstitutionalisierung und -professionalisierung des Lernens als emanzipatorische Zukunftsperspektive entworfen (z. B. ILLICH 1972).

Gleichzeitig entstehen in Anlehnung an die anglo-amerikanische Gegenschulbewegung »alternative« Schulkonzepte, um die Spontaneität, Kreativität und »natürliche« Moralität der Heranwachsenden vor jeder entmündigenden bürokratischen und didaktischen Reglementierung in Schutz zu nehmen (RAMSEGER 1975, 1976) (→ *Schule als Lebensraum* ...). Erst in Rückbesinnung auf die Tradition pädagogischer Schulkritik (BENNER 1976; FISCHER 1978) wird wieder bewußt, daß der Widerspruch der Schule zwischen der pädagogischen Forderung nach individueller Förderung und dem gesellschaftlichen Zwang zur sozialen Auslese von Anfang an eng mit dem politischen Widerspruch zwischen bürgerlichem Gleichheitsversprechen und faktischer sozialer Ungleichheit zusammenhängt (KEMPER 1985a). Die Schule konnte diesen Widerspruch nicht aufheben, weil sie, wie schon SOKRATES kritisierte, rationales Denken von sittlichem Handeln trennt und damit jene Entzweiung von »Wissen und Gewissen« (W. BÖHM 1983) fördert, die mit der *beruflichen Arbeitsteilung* in Gesellschaft und Erziehung einsetzte und die *soziale Ungleichheit* der Bürger verfestigte (→ *Soziale Klassen, soziale Schichten, soziale Mobilität*).

5 Institutionelle Erziehung als gesellschaftliche Affirmation

Als Reaktion auf die grundsätzliche Kritik an der institutionellen Erziehung und auf das institutionstheoretische Dilemma der Erziehungswissenschaft werden seit den achtziger Jahren verstärkt die wechselseitigen Beziehungen zwischen Erziehungs- und Gesellschaftssystem herausgearbeitet (z. B. FEND 1981). Unter der Frage nach den gesellschaftlichen Funktionen der Schule sollen die auseinanderdriftenden Reformstandpunkte wieder zusammengeführt und die traditionellen Widersprüche institutioneller Erziehung und ihre aktuellen Theorieprobleme überwunden werden. Außerdem wird die Frage nach dem pädagogischen Sinn der Schule neu zu beantworten versucht. Dabei werden einerseits ihre verhaltensstabilisierenden Wirkungen angesichts der »ubiquitären Bedürftigkeit des Menschen nach Sicherheit und Geborgenheit« zu Bedingungen menschlicher Existenzsicherung erhoben (GEISSLER 1984). Andererseits wird die Verschulung der Erziehung, weil sie »Maßfinden und -halten« lehrt, zur entscheidenden Voraussetzung für Bildung als »Bollwerk gegen die Entmenschlichung des Menschen« (BALLAUFF 1982) erklärt. Bei solchen Funktions- und Sinnbestimmungen aber geht die Dialektik von politischem Gleichheitspostulat und pädagogischer Fürsorge für den einzelnen verloren, in der Pädagogen wie KANT und HERBART die treibende Kraft der sittlichen Höherentwicklung von Individuum und Gesellschaft erkannten. Statt dessen werden die faktischen Schulverhältnisse sinntheoretisch überhöht oder die Möglichkeiten und Grenzen der Erziehung mit denen der Institution Schule für identisch erklärt und damit gesellschaftsfunktional ausgelegt (KEMPER 1985b).

Ähnlich affirmativ endet auch der Versuch, Theorien, die die Persönlichkeitsentwicklung, die Institutionalisierung sozialer Prozesse oder den gesellschaftlichen Wandel auf menschliches Handeln zurückführen, zu einem Modell »partizipativer« Schulpraxis zu verknüpfen (KRÜGER/LERSCH 1982). Im Rahmen dieses Modells sollen institutionelle Strukturen Schülern »als handlungsermöglichende und -begrenzende Bedingungen« bewußt und die ständige Reorganisation und qualitative Verbesserung ihrer Erfahrungen als Befreiung vom »unmittelbaren Zwang der gesellschaftlichen Verhältnisse«

begreiflich werden. Institutionen sind dann vergegenständlichte menschliche Tätigkeit; ihr Fortbestand erscheint nur so lange gesichert, als die darin ablaufenden Prozesse von den Beteiligten als »sinnhafte Selbstverwirklichung« erfahren werden. Die institutionellen Strukturen in Gesellschaft und Erziehung, die aus der beruflichen Arbeitsteilung hervorgegangen sind, können folglich in und durch menschliche Tätigkeit wiederaufgelöst bzw. prinzipiell revidiert werden.

Damit trägt die »handlungstheoretische Interpretation« und Integration der unterschiedlichen Bezugstheorien zwar der gegenwärtigen »Schulkrise als Motivationskrise« der Schüler Rechnung; denn die demotivierenden schulischen und gesellschaftlichen Verhältnisse werden als gemacht und damit als veränderbar angesehen. Doch setzt die Definition menschlicher Tätigkeit als »sinnhafte Selbstverwirklichung« einen allgemeinen bzw. gemeinsamen Begriff gesellschaftlicher und erzieherischer Praxis voraus, von dem die »klassische« Pädagogik noch wußte, daß er unter den Bedingungen beruflicher Arbeitsteilung und wissenschaftlicher Spezialisierung nicht vorgegeben, sondern aufgegeben sei und nur politisch, pädagogisch und ethisch zugleich verwirklicht werden könne. Auf der Grundlage des partizipativen Handlungsbegriffs aber werden die je besonderen Aufgaben von Politik und Pädagogik im Rahmen praktischer Philosophie zugunsten einer linearen Fortschrittsbeziehung zwischen dem Prinzip der ständigen Reorganisation von Erfahrung und dem politischen Votum für eine demokratische und humane Gesellschaft aufgegeben. Infolgedessen bleibt die Frage unbeantwortet, *wie* gehandelt werden soll und *was* in Gesellschaft und Erziehung getan werden muß, damit die Rückführung institutioneller Strukturen auf Handlungsprozesse eine Veränderung der bestehenden Verhältnisse bewirken kann. Hier führt auch die systemtheoretische Reformulierung des Problems der wechselseitigen Beziehungen zwischen Gesellschaft und Erziehung nicht weiter (LUHMANN 1970, 1979). Denn dabei wird an die Stelle jenes Begriffs menschlicher Selbst- und Sinnverwirklichung die Selbsterhaltung der gesellschaftlichen Teilsysteme durch fortschreitende Differenzierung als evolutionäres Entwicklungsprinzip gesetzt und damit individuelles Handeln zu einer Funktion des Gesamtsystems erklärt (→ *Pädagogische Soziologie* . . .; → *Pädagogik und Politik*).

6 Perspektiven einer Theorie institutioneller Erziehung

Der Verzicht auf die Dialektik von Politik und Pädagogik unter dem Primat der Ethik erscheint um so fragwürdiger, je mehr die Schulkrise als Struktur- und *Sinnkrise* der industriellen *Arbeitsgesellschaft* begriffen wird. Mit der fortschreitenden Rationalisierung der Berufsarbeit droht nämlich dieser Gesellschaft die Arbeit auszugehen (OFFE 1983). Damit schwindet zugleich die Grundlage der sozialen Integration, der moralischen Orientierung und Identitätsbildung, die auch das Institutionensystem trägt. An diese Entwicklung aber werden gegenwärtig ganz unterschiedliche Hoffnungen geknüpft. Die einen erwarten das Ende der Expansion pädagogischer Institutionen in der neuen »Alternativzivilisation«; denn mit den eigeninitiierten statt marktgesteuerten Tätigkeiten sollen zugleich auch die alten sozialen Netzwerke wie Großfamilie und Nachbarschaft als Erziehungshilfe wiedererstehen (HEINZE/OLK 1982). Andere wiederum hoffen darauf, daß der Bedeutungswandel der beruflichen Erwerbsarbeit ganz neue Möglichkeiten für eine institutionelle und professionelle Freizeitbetreuung eröffnet, die der großen Zahl arbeitsloser Pädagogen zukunftssichere Betätigungsfelder erschließen könnte (NAHRSTEDT 1986). Doch ist die Verklärung vorbürgerlicher Arbeits- und Lebensformen hier pädagogisch ebenso naiv wie die freizeitpädagogische Therapie gesellschaftlicher Strukturprobleme politisch fragwürdig. Denn der Übergang zur *postindustriellen Gesellschaft* verlangt Handlungskompetenzen, die weder durch einen Rückfall hinter die Problemgeschichte der beruflichen Arbeitsteilung noch durch ihre pädagogische Überspitzung entwickelt werden können (z. B. LYOTARD 1986). Mit dieser Alternative wird vielmehr nur der traditionelle Zirkel der Kritik und Legitimation öffentlicher Erziehungseinrichtungen abermals in Gang gesetzt (→ *Sozialer Wandel*; → *Freizeit und Pädagogik*).

Dieser perspektivlose Zirkel aber kann nicht in einer Theorie pädagogischer Institutionen, sondern nur durch eine *Theorie institutioneller Erziehung* aufgehoben werden. Eine solche Theorie hat einerseits die Institutionalisierung der Erziehung als eine gesellschaftliche Notwendigkeit zu begreifen, die sich aus den restriktiven Folgen der beruflichen Arbeitsteilung, der sozialen Ungleichheit und des bürgerlichen Interessenegoismus für die individuelle und gesamtgesellschaftliche Höherentwicklung ergibt. Andererseits wird sie die vorhandenen pädagogischen Institutionen kritisieren, wo diese unter dem Prinzip der Zweckrationalität die individuellen Besonderheiten von Personen und Situationen übergehen und in Orientierung an einem abstrakten Leistungsprinzip die gesellschaftlichen Verhältnisse reproduzieren, statt an ihrer Versittlichung mitzuwirken. Damit wird die paradoxe Aufgabe institutioneller Erziehung ernst genommen, die auf dem Wege der Spezialisierung jenen Zusammenhang von Leben, Arbeit und Lernen rational (wieder)herstellen soll, der im Übergang zur bürgerlichen Form beruflicher Arbeitsteilung unwiederbringlich verlorenging. Aber im Unterschied zu den neueren Theorieversuchen wird der paradoxe Charakter dieser Aufgabe nicht gesellschaftsfunktional oder bildungsphilosophisch, partizipations- oder systemtheoretisch aufgelöst, sondern als eine Herausforderung begriffen, mit der in der Alltagspraxis institutioneller Erziehung immer wieder von neuem produktiv umgegangen werden muß.

Dazu aber bedarf es als Handlungsorientierung eines allgemeinen Begriffs menschlicher Existenz und Erziehungstätigkeit, der nicht aus den vorgefundenen Strukturen abgeleitet werden kann, sondern durch die Praxis selber erst hervorgebracht werden muß (BENNER 1983). Dies ist wiederum nur möglich, wenn die institutionelle und professionelle Verbesonderung erzieherischer Praxis tendenziell immer wieder aufgehoben wird und gleichzeitig ihre regulativen Ideen auch in den anderen gesellschaftlichen Handlungsfeldern Anerkennung finden. Deshalb muß eine Theorie institutioneller Erziehung von einem *dialogischen Erziehungsbegriff* ausgehen, der die Reproduktion der gesellschaftlichen Verhältnisse im Machtgefälle der Generationen überwindet, indem Erziehung als Selbsterziehung durch intergenerationelles Lernen und gemeinsames Handeln von Älteren und Jüngeren verstanden wird. Ein solches Erziehungsverständnis ist jedoch seinerseits auf einen *dialektischen Bildungsbegriff* angewiesen; denn die Entzweiung von rationalem Denken und sittlichem Handeln muß zum Gegenstand der Selbstreflexion und Mittelpunkt einer verändernden Lebenspraxis werden, welche die überkommenen Wertorientierungen und Wissensbestände in ihrer gesellschaftlich-historischen Bedingtheit erkennt und aus den je besonderen Situationen des Alltagslebens die allgemeinen Geltungsansprüche des eigenen wie des gemeinsamen Handelns entwickelt (Kemper 1990). Erst auf dieser Grundlage kann die gesellschaftliche Interdependenz und institutionelle Differenz öffentlicher Erziehung ein Ansatz dazu sein, die bestehenden Verhältnisse zu versittlichen, indem sie selber wieder »erziehlich« werden. Die Theorie institutioneller Erziehung stellt folglich eine allgemeinpädagogische Aufgabe dar, die nur erziehungs-, bildungs- und institutionstheoretisch zugleich bewältigt werden kann (→ *Systematische Pädagogik* ...; → *Theorien der Erziehung* ...; → *Theorien der Bildung* ...; → *Erziehen und Unterrichten als Beruf*).

Literatur

BALLAUFF, TH.: Funktionen der Schule. Weinheim/Basel 1982
BASEDOW, J. B.: Ausgewählte pädagogische Schriften. Hrsg. v. A. REBLE. Paderborn 1975
BENNER, D.: Herbart als Schultheoretiker. In: BUSCH, F.W./RAAPKE, H. D. (Hrsg.): Johann Friedrich Herbart: Leben und Werk in den Widersprüchen seiner Zeit. Oldenburg 1976, S. 53–66
–: Grundstrukturen pädagogischen Denkens und Handelns. In: LENZEN, D./MOLLENHAUER, K. (Hrsg.): Theorien und Grundbegriffe der Erziehung und Bildung. (Bd. 1 der Enzyklopädie Erziehungswissenschaft). Stuttgart 1983, S. 283–300
BERNFELD, S.: Sisyphos oder die Grenzen der Erziehung. Leipzig/Wien/Zürich 1925
BÖHM, W.: Schule und Erziehung. In: MITTER, W. (Hrsg.): Kann die Schule erziehen? Köln/Wien 1983, S. 47–62
COMENIUS, J. A.: Große Didaktik (1657). Hrsg. v. A. FLITNER. Stuttgart ⁵1982
FEND, H.: Theorie der Schule. München/Wien/Baltimore 1981
FISCHER, W. u. a. (Hrsg.): Die Schule als parapädagogische Organisation. Kastellaun 1978
FÜRSTENAU, P. u. a. (Hrsg.): Zur Theorie der Schule. Weinheim/Basel/Berlin 1969
GEBHARD, J.: Der Sinn der Schule. In: NOHL, H. (Hrsg.): Göttinger Studien zur Pädagogik. Heft 1. Göttingen 1923, S. 3–38
GEHLEN, A.: Urmensch und Spätkultur. Bonn ²1964
GEISSLER, E. E.: Die Schule. Theorien, Modelle, Kritik. Stuttgart 1984
GROOTHOFF, H.-H.: Erwachsenenbildung und Industriegesellschaft. Paderborn 1976
HEINZE, R. G./OLK, TH.: Arbeitsgesellschaft in der Krise – Chance für den informellen Sektor. In: Österreichische Zeitschrift für Soziologie 7 (1982), S. 8–21
HERBART, J. F.: Pädagogische Schriften (1810). Hrsg. v. W. ASMUS. Bd. 1. Düsseldorf 1964
HERRMANN, U. (Hrsg.): Schule und Gesellschaft im 19. Jahrhundert. Weinheim/Basel 1977
HEYDORN, H.-J./KONEFFKE, G.: Studien zur Sozialgeschichte und Philosophie der Bildung. Bd. 1: Zur Pädagogik der Aufklärung. München 1973
HOMFELDT, H. G. u. a.: Für eine sozialpädagogische Schule. München 1977
ILLICH, I.: Entschulung der Gesellschaft. München 1972
JEISMANN, K. E.: Das preußische Gymnasium in Staat und Gesellschaft. Stuttgart 1974
KANT, I.: Über Pädagogik (1776/77). In: ders.: Schriften zur Anthropologie, Geschichtsphilosophie, Politik und Pädagogik 2, Werkausgabe Bd. XII. Hrsg. v. W. WEISCHEDEL. Frankfurt 1978, S. 695–761
KEMPER, H.: Schultheorie als Schul- und Reformkritik. Frankfurt/Bern 1983
–: Schultheorie und Schulreform: Von der Aufklärung bis zur Gegenwart. Königstein/Ts. 1985
–: Zur gegenwärtigen Situation der schultheoretischen Diskussion. In: TWELLMANN, W. (Hrsg.): Handbuch Schule und Unterricht. Bd. 7.1. Düsseldorf 1985b, S. 45–62
–: Erziehung als Dialog. Weinheim/München 1990
KRAFELD, F. J.: Geschichte der Jugendarbeit: Von den Anfängen bis zur Gegenwart. Weinheim 1984
KRAMP, W.: Studien zur Theorie der Schule. München 1973
KRÜGER, H.-H./LERSCH, R.: Lernen und Erfahrung. Perspektiven einer Theorie schulischen Handelns. Bad Heilbrunn 1982
LESCHINSKY, A./ROEDER, P. M.: Schule im historischen Prozeß. Stuttgart 1976
LIEGLE, L.: Die Reform des Elementarbereichs im internationalen Zusammenhang. In: ZIMMER, J.

(Hrsg.): Erziehung in früher Kindheit. (Bd. 6 der Enzyklopädie Erziehungswissenschaft). Stuttgart 1984, S. 72–96
LUHMANN, N.: Institutionalisierungs-Funktion und Mechanismus im sozialen System der Gesellschaft. In: SCHELSKY, H. (Hrsg.): Zur Theorie der Institution. Düsseldorf 1970, S. 27–41
–/SCHORR, K. E.: Reflexionsprobleme im Erziehungssystem. Stuttgart 1979
LYOTARD, J.-F.: Das postmoderne Wissen. Hrsg. v. P. ENGELMANN. Graz/Wien 1986
MARROU, H.-J.: Geschichte der Erziehung im klassischen Altertum. Freiburg/München 1957
MICHAEL, B./SCHEPP, H.-H. (Hrsg.): Politik und Schule von der Französischen Revolution bis zur Gegenwart. Bd. 1. Frankfurt 1973
MÜLLER, D. K.: Sozialstruktur und Schulsystem. Aspekte zum Strukturwandel des Schulwesens im 19. Jahrhundert. Göttingen 1977
MÜNDER, J.: Institutionalisierung der Jugendhilfe. In: BAETHGE, M./NEVERMANN, K. (Hrsg.): Organisation, Recht und Ökonomie des Bildungswesens. (Bd. 5 der Enzyklopädie Erziehungswissenschaft). Stuttgart 1984, S. 135–152
NAHRSTEDT, W.: Allgemeinbildung im Zeitalter der 35-Stunden-Gesellschaft. Lernen zwischen neuer Technologie, Ökologie und Arbeitslosigkeit. In: Zeitschrift für Pädagogik 32 (1986), S. 515–528
OFFE, C.: Arbeit als soziologische Schlüsselkategorie? In: MATTHES, J. (Hrsg.): Krise der Arbeitsgesellschaft? Verhandlungen des 21. Deutschen Soziologentages in Bamberg 1982. Frankfurt/New York 1983, S. 38–65
PLATON: Apologie. In: ders.: Sämtliche Werke. Hrsg. v. W. F. OTTO/E. GRASSI/G. PLAMBÖCK. Bd. 1. Hamburg 1957
RAMSEGER, J.: Gegenschulen: Radikale Reformschulen in der Praxis. Bad Heilbrunn 1975
–: Freie Schulen: Träume oder Alternativen? In: päd. extra 7/8 (1976), S. 47–52
RANG, A./RANG-DUDZIK, B.: Elemente einer historischen Kritik der gegenwärtigen Reformpädagogik. In: Reformpädagogik und Berufspädagogik. Berlin 1978, S. 6–62
REIMER, E.: Schafft die Schulen ab! Hamburg 1972
REYER, J.: Wenn die Mütter arbeiten gingen ... Eine sozialhistorische Studie zur Entstehung der öffentlichen Kleinkindererziehung im 19. Jahrhundert in Deutschland. Köln 1985
ROLFF, H. G.: Sozialisation und Auslese durch die Schule. Heidelberg 1967
ROTH, H.: Schule als optimale Organisation von Lernprozessen. In: Die Deutsche Schule 61 (1969a), S. 520–536
– (Hrsg.): Begabung und Lernen. Stuttgart ²1969b
SCHELSKY, H.: Zur soziologischen Theorie der Institution. In: ders.: Zur Theorie der Institution. Düsseldorf 1970, S. 9–26
SCHEIBE, W.: Die Reformpädagogische Bewegung 1900–1932. Weinheim/Berlin/Basel 1969
WIDMAIER, H. P. u. a.: Bildung und Wirtschaftswachstum. Stuttgart 1966
WINKEL, R.: Das Ende der Schule oder: Alternativprogramme im Spätkapitalismus. München 1974
ZINNECKER, J. (Hrsg.): Der heimliche Lehrplan. Untersuchungen zum Schulunterricht. Weinheim/Basel 1975

Gerhard E. Ortner

Bildungsökonomie und Bildungsmanagement

1 Die Grundbegriffe und deren Zusammenhang: Bildung, Ökonomie, Management

Der Geltungsbereich der kombinierten, ja konstruierten Bezeichnungen »Bildungsökonomie« und »Bildungsmanagement« scheint klar und eindeutig umrissen: es ist das Überschneidungsfeld zwischen den gesellschaftlichen Teilsystemen »Bildung« und »Wirtschaft«. Um zu erkennen, welche Vielzahl und Vielfalt die Beziehungen und Rückbeziehungen annehmen können, bedarf es einer operationalen Präzisierung der zusammengefügten Teilbegriffe.

Es ist hilfreich, sich hierbei vor Augen zu führen, daß die Bezeichnung »Bildungsökonomie«, so, wie wir sie heute kennen und gebrauchen, auf den englischen Terminus »*economics of education*« zurückgeht (EDDING 1963). »Bildung« im Sinne von »education« ist ein tendenziell globaler Sammelbegriff. Er umfaßt alle zielgerichteten Maßnahmen, Instrumente und Verfahren, die zu Verhaltensänderungen des Menschen, sei es durch Vermehrung von Wissen, sei es durch Veränderung von Einstellungen, führen (→ *Theorien der Bildung* . . .). Ein solch pauschaler *Bildungs-Begriff* unterscheidet nicht nach Bildungsstufen, auch nicht zwischen Ausbildung und Weiterbildung, nicht nach dem Ort und dem Status der bildungsvermittelnden Einrichtungen und auch nicht zwischen allgemeiner und beruflicher Bildung (→ *Das berufliche Bildungswesen* . . .). Bildung im Zusammenhang von Bildungsökonomie bezieht sich ganz allgemein auf die Qualifikation von Individuen und Gruppen, wobei sich die erreichten Qualifikationen, meist direkt, mindestens aber indirekt, auch auf die Lösung wirtschaftlicher Problemstellungen auswirken (HEGELHEIMER/WEISSHUHN 1974). Jede Qualifikation, die erworben und eingebracht wird, trägt zur Lebensgestaltung, zur Aufgabenerfüllung, zur Problembewältigung bei; die Summe aller erreichten Qualifikationen wird mit »Bildung« etikettiert (SCHMIDT 1982).

Der *Ökonomie-Begriff* im Kontext von »Bildungsökonomie« bezeichnet nach Anspruch und Reichweite alle diejenigen wissenschaftlichen Disziplinen, die sich mit der Überwindung der Knappheit von Gütern und Dienstleistungen auf individueller, betrieblicher, staatlicher und überstaatlicher Ebene befassen.

Auch der Begriff des »*Managements*« im Zusammenhang mit Bildung bedarf einer Erläuterung bzw. Eingrenzung. Er entstammt dem Begriffsvorrat von Wirtschaftspraxis und Betriebswirtschaftslehre, die mit Bildungspraxis und Bildungsbetriebslehre zwar Gemeinsamkeit und Ähnlichkeiten haben, die aber auch entscheidende Unterschiede aufweisen. Die Gemeinsamkeiten resultieren aus der Tatsache, daß es sich sowohl bei Wirtschaftsunternehmen als auch bei Bildungseinrichtungen um soziale Systeme mit – in der Regel – umfangreicher Sachausstattung handelt, die zur Erreichung ihrer Ziele einer Struktur bedürfen, in der die einzelnen Realisierungsprozesse ablaufen. »Management« kann definiert werden als das »Gestalten« und »Steuern« von sozialen Systemen beliebiger Zielstellung unter ökonomischen Gesichtspunkten, d. h. unter der Maxime eines optimalen Verhältnisses zwischen Leistung und Aufwand. Die Unterschiede

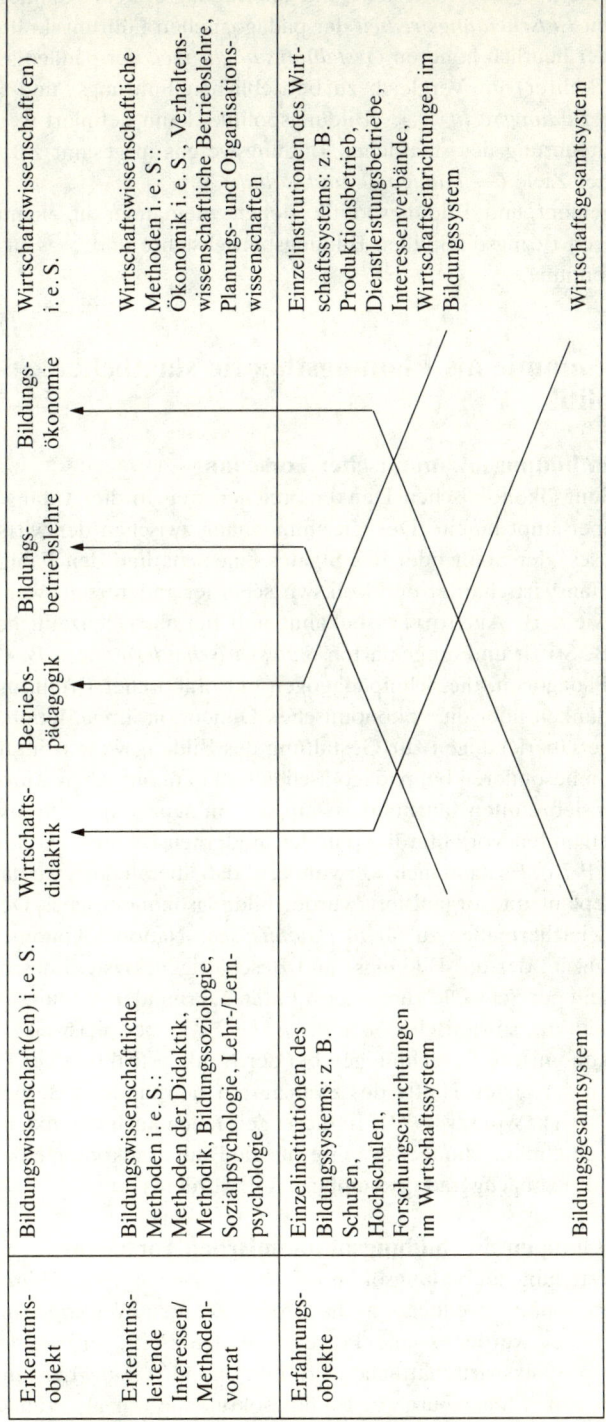

Abb. 1: Erkenntnisobjekte im Überschneidungsbereich von Bildungs- und Wirtschaftswissenschaften

zwischen Management in der Wirtschaft und im Bildungssystem resultieren aus der deutlich geringeren *Entscheidungsfreiheit* der pädagogischen Führungskräfte (z. B. der Schulleiter) und der deutlich höheren *Gestaltungsmöglichkeit* der pädagogischen Fachkräfte (z. B. der Lehrer) im Vergleich zu betrieblichen Führungs- und Fachkräften (WEBER 1983) (→ *Bildungsrecht* ...). »Bildungspolitik« kann definiert werden als die Gestaltung und Steuerung des staatlichen Bildungswesens insgesamt zur Erreichung allgemeinpolitischer Ziele (→ *Pädagogik und Politik*).

Bildungsmanagement und Bildungspolitik stehen zueinander in einem ähnlichen Verhältnis wie deren Bezugsdisziplinen Bildungsbetriebslehre und, was zu zeigen sein wird, Bildungsökonomie.

2 Bildungsökonomie als Planungstheorie staatlicher Bildungspolitik

2.1 Die Wurzeln bildungsökonomischer Forschung

Die Wurzeln bildungsökonomischen Denkens reichen weit in die Anfänge ökonomischen Denkens überhaupt hinein. Der Zusammenhang zwischen der wirtschaftlichen Führung des Hauses, der Stadt oder des Staates einerseits und den Fähigkeiten und Fertigkeiten der Hauswirtschafter und Volkswirtschafter andererseits war schon antiken Ökonomen wie z. B. ARISTOTELES bekannt und fiel auch neuzeitlichen *Freiwirtschaftlern* wie z. B. SMITH und aufgeklärten *Staatswirtschaftlern* wie z. B. COLBERT ins Auge. Auch die Pädagogen, die Schulpädagogen mit praktischer Erfahrung allzumal, machten sich Gedanken über die »ökonomische« Dimension ihres Metiers. So finden sich wirtschaftliche Überlegungen zur Gestaltung des Bildungswesens im allgemeinen und der Schulen im besonderen bei pädagogischen und ökonomischen Autoren vereinzelt schon ab dem siebzehnten Jahrhundert, um sich im neunzehnten taktisch zu einer freilich noch unbenannten Vorläuferdisziplin der modernen Bildungsökonomie zu verdichten (KAHLERT 1976). Es kann nicht verwundern, daß überall dort, wo das Bildungswesen staatlich geplant und organisiert wurde, bildungsökonomisches Denken reüssierte. Dies trifft gleichermaßen zu für *merkantilistische* Nationalökonomen, wie beispielsweise A. MÜLLER, der das Bildungs- und Beschäftigungssystem des postjosefinischen Österreichs an der Schwelle zum neunzehnten Jahrhundert bildungsökonomisch durchleuchtete, wie für sowjetische *Sozialstatistiker*, wie beispielsweise STRUMILIN, dessen bildungsökonomische Berechnungen bei der Neukonstruktion des Bildungswesens der UdSSR in der ersten Hälfte des zwanzigsten Jahrhunderts Berücksichtigung fanden (KNAUER/MAIER/WOLTER 1972). In diese Zeit fallen auch die ersten quantitativen und empirischen Untersuchungen, wie sie für die Bildungsökonomie der Zeit nach dem Zweiten Weltkrieg nachgerade exemplarisch geworden sind.

2.2 Die Fragestellungen der bildungsökonomischen Forschung

Die zentrale Fragestellung der bildungsökonomischen Forschung, wie sie im Verlauf der Rezeption der »economics of education« nach dem Zweiten Weltkrieg im deutschen Sprachraum bearbeitet wurde, ist die Frage nach den Beiträgen des (staatlichen) Bildungssystems zur »volkswirtschaftlichen Produktion«, d. h. zur »Leistung des Staates«, erbracht von seinen Staatsbürgern. Bildungsökonomie war also zunächst und ist wohl heute noch zuallererst eine Teildisziplin der Wirtschaftswissenschaften. Sie entstand auf der Suche der Nationalökonomen nach einer Erklärung für den unterschiedlichen wirtschaftlichen Erfolg von Volkswirtschaften mit tendenziell gleichen Voraussetzungen an »klassischen« Produktionsfaktoren: Boden, Arbeit, Kapital, bzw. deren »modernen« Entsprechungen: Arbeit und Realkapital (BOMBACH 1964). Die Suche nach dem *»Dritten Faktor«* führte zunächst zum Hilfsfaktor *»Technischer Fortschritt«*, als dessen Generatoren alsbald diejenigen erkannt wurden, die für ihn verantwortlich waren. Von da war es nur ein kleiner gedanklicher Schritt, die mittelbaren und unmittelbaren Ur-Sachen zu entdecken: »qualification« und »education«, also einmal Bildung als Ergebnis und einmal Bildung als Prozeß.

Obwohl dieser letzte logische Schritt nur ein kleiner war, so sieht es zumindest post festum aus, so hat es dennoch recht lange gedauert, bis er von Nationalökonomen getan wurde (BLAUG 1970). Diese hatten selbstverständlich immer schon die Bedeutung von qualifizierter Arbeit für den volkswirtschaftlichen Produktionsprozeß erkannt und anerkannt, sie aber keinem eigenen Produktionsfaktor zugeordnet. In der Tat ist ja die Qualität des Faktors »Arbeit« unauflöslich mit der Qualifikation der Arbeitenden verbunden. Interessanterweise wurde *Wirtschaftswachstum*, traditionell gemessen am Zuwachs des Bruttosozialprodukts pro Kopf der Bevölkerung, lange Zeit (fast) ausschließlich der Investition in den *Produktionsfaktor* »Kapital« zugeschrieben, worunter die Ökonomen allerdings keineswegs nur Geld-Kapital, sondern die Gesamtmenge aller Güter, z. B. Gebäude, Einrichtungen, Ausstattung, Werkzeuge, Maschinen, Konstruktionen, verstehen, die in den Produktionsprozeß eingehen. Dieses *»Realkapital«* war auch lange Zeit der entscheidende knappe Faktor, weshalb man sich auch in der Forschung fast ausschließlich um ihn bemühte. Das *»Humankapital«*, das Vermögen, das in den qualifizierten Mitarbeitern im wahrsten Wortsinne »verkörpert« ist, wurde erst zu einem theoretischen Problem, als es zu einem praktischen geworden war: in den Industriestaaten etwa Anfang der sechziger Jahre (PICHT 1964). Aus dieser Zeit stammen die ersten mathematischen Berechnungen über den Zusammenhang zwischen *Formalqualifikationen* (z. B. Schulabschlüsse, Universitätszertifikate) und Wirtschaftswachstum, ausgedrückt in formalquantifizierten »Raten« (DENISON 1962). Dieser Zusammenhang schien plausibel und wurde rasch von der Wirtschaftspraxis akzeptiert. Er führte zu einer ökonomischen, ja ökonomistischen Legitimierung der Ausgaben im öffentlichen und privaten Bildungsbereich, und zwar nicht nur im speziell berufsbildenden, sondern auch im generell allgemeinbildenden (SCHLAFFKE 1976). Er hat auch heute noch theoretischen Bestand und politische Legitimationsmacht, sofern man die Fixierung auf rein ökonomische Wachstumsraten aufbricht und um ökologische und soziale Entwicklungsmarken ergänzt, wie dies beispielsweise das Konzept der *»Sozialen Indikatoren«* vorsieht LEDERER 1981).

.3 Die politische Wende der »Neuen Bildungsökonomie«

Die Bildungsökonomie machte allerdings bei Erklärungsversuchen nicht halt. Sie ging, als »Neue Bildungsökonomie«, den Weg von der auf Bildung bezogenen Volkswirtschaftslehre zu einer auf die Gestaltung des Bildungssystems abzielenden Volkswirtschaftspolitik mit. Sie entwickelte sich in der Bundesrepublik Deutschland parallel zur politischen Diskussion um die *Bildungsreform* ab Mitte der sechziger Jahre rasch DEUTSCHER BILDUNGSRAT 1970) und wurde zu einer Art Leitdisziplin für Bildungsplanung und Bildungspolitik während der Expansionsphase um die Jahrzehntwende zu den siebziger Jahren (ROLFF 1970) (→ *Strukturveränderungen im Bildungswesen* ...). Um dies zu verstehen, muß man sich die Interdependenzen zwischen »Bildungsökonomie« einerseits und »Bildungsplanung und Bildungspolitik« andererseits vor Augen führen (SCHORB 1972).

Es ist unstrittig, daß Politik, daher auch *Bildungspolitik*, mit der Formulierung von gesellschaftlich wünschbaren Zielen zu tun hat. Nun gehört aber zur Politik auch ein »*Umsetzungsaspekt*«: es genügt nicht bloß, etwas zu wünschen, man muß auch Strukturen aufbauen und Prozesse in Gang bringen, damit die gesetzten Ziele erreicht werden können. Genau dies vorausschauend zu bedenken, kann man als »Planen« und »Organisieren« bezeichnen. Bildungsplanung richtet sich auf Prozesse, Bildungsorganisation auf Strukturen, die notwendig, wenn auch noch nicht hinreichend sind, damit sich Bildungsergebnisse, wie sie politisch vereinbart worden sind, einstellen können (→ *Pädagogik und Politik*).

Um zu legitimierbaren Zielvorstellungen zu gelangen, fragen Politiker regelmäßig nach den »Grundlagen«: zum Beispiel, wie denn die gesellschaftliche und die wirtschaftliche Entwicklung des Staates insgesamt mit den *Investitionen* in den Bildungssektor zusammenhänge oder welche Mengen welcher Qualität von Schulbildung, Ausbildung, Hochschulbildung, Weiterbildung wann und wem angeboten werden müssen, damit die wirtschaftliche Leistungskraft des Staates auf einem bestimmten Niveau gehalten und somit die sozialen Verpflichtungen des Staates gegenüber seinen Staatsbürgern erfüllt werden können.

Genau dies sind Fragen, denen sich die »Bildungsökonomie« widmet. Diese wird solchermaßen zu einer Art »Theorie der Bildungspolitik«, allerdings einer im engeren Sinne »ökonomischen«, sofern sie sich ausschließlich auf ökonomische Fragestellungen, ökonomische Methoden und ökonomische Lösungsvorschläge beschränkt. Aber genau dieses hat die »Neue Bildungsökonomie«, besser: haben die »neuen« ökonomischen Bildungsforscher eben *nicht* getan (RIESE 1968).

2.4 Die methodischen Ansätze der »Neuen Bildungsökonomie«

Schon in der ersten Phase der »politikorientierten« Bildungsökonomie wurden außerökonomische Kategorien wie beispielsweise das *»Bürgerrecht auf Bildung«* in die Zielperspektive staatlicher Bildungspolitik einbezogen (DAHRENDORF 1965). Eine Reihe von einander ergänzenden oder miteinander konkurrierenden Konzepten, »Ansätze« genannt, wurden entwickelt, diskutiert und – teilweise – realisiert: Der *»Manpower-Approach«* versuchte, den Bedarf an Qualifikationen – und damit natürlich auch an Qualifizierten – aus den Anforderungen des Beschäftigungssystems (des »Arbeitsmarktes«) bzw. dessen Institutionen abzuleiten. Er kann daher als *»Institutioneller-Bedarfs-Ansatz«* bezeichnet werden.

Die Fragestellung schien einfach, befriedigende Antworten konnten trotz erheblicher Anstrengungen jedoch nicht gegeben werden. Das Problem lag und liegt in der Zeitdifferenz zwischen der Qualifizierung, also der Aus- und Fort- bzw. Weiterbildung im Bildungssystem, und der Umsetzung der erreichten Qualifikationen im Beschäftigungssystem. Das Bildungssystem scheint, wenn es sich genau an den je gegenwärtigen Anforderungen orientiert, beständig hinter den letztlich nicht mit Sicherheit vorauszusehenden Entwicklungen des *Beschäftigungssystems* hinterherzuhinken: es bildet meist fü die Gegenwart, nicht selten für die Vergangenheit und nur selten für die Zukunft aus.

Prognosen mit ausreichender Sicherheit sind zwar grundsätzlich möglich, blieben aber bis heute zu unscharf, als daß man damit differenzierte und detaillierte Bildungsplanung hätte betreiben können. Man mußte sich mit *Bildungs-Rahmenplänen* begnügen (BUND-LÄNDER-KOMMISSION FÜR BILDUNGSPLANUNG 1973).

Beim *»Social-Demand-Approach«*, dem Ansatz, den man besser *»Individuellen-Nachfrage-Ansatz«* nennen sollte, ging man nicht mehr vom Bedarf der Institutionen in Wirtschaft und Verwaltung, die das Beschäftigungssystem ausmachen, aus, sondern von den Menschen, die bestimmte Bildungsgänge bzw. Schullaufbahnen und deren Abschlüsse »nachfragen«. Setzt man Rationalität der persönlichen Entscheidung und Vollständigkeit der Informationen über das Beschäftigungssystem voraus, so muß der »Individuelle-Bedarfs-Ansatz« tendenziell zu den gleichen Ergebnissen kommen wie der »Institutionelle-Bedarfs-Ansatz«. Das Problem liegt auch bei diesem Konzept nicht so sehr in der wissenschaftlichen Erklärung dessen, was jeweils passiert ist, sondern in der Prognose, was in überschaubaren und damit planbaren Zeiträumen passieren wird (v. WEIZSÄCKER u. a. 1972). Der »Individuelle-Bedarfs-Ansatz« ging von Erfahrungswerten über *Schullaufbahnwahl* und *Übertrittsquoten* (zwischen Schulformen, Schularten und zwischen den Stufen des Bildungssystems) aus und versuchte, die dabei auftretenden vielfältigen Unsicherheiten mathematisch zu berücksichtigen. Voraussetzung für das Funktionieren dieses Ansatzes war und ist eine funktionierende Schüler- und Studenten- bzw. Auszubildenden*statistik*.

Berechnungen solcher Art sind Anfang der siebziger Jahre in den meisten Industriestaaten, insbesondere im deutschen Sprachraum und vor allem für hochqualifizierte Arbeitskräfte angestellt worden (ALEX u. a. 1972)

Einer der frühesten bildungsökonomischen Ansätze, der *»Rate-of-Return-Approach«* (SCHULTZ 1961), versuchte individuelle Erträge von (ebenfalls individuellen oder individualisierten) Bildungsinvestitionen zu bestimmen. Er kann daher *»Individueller-Ertrags-Ansatz«* genannt werden. Seine Fragestellung war strikt ökonomisch: Bei welcher persönlichen *Investition* in die eigene Qualifikation, z. B. zum Besuch einer bestimmten Schule, einer bestimmten Universität, von wem auch immer diese ideell oder materiell getragen werden, kann jemand mit einem um wieviel höheren Einkommen rechnen als derjenige, der sich diese Qualifikation nicht »geleistet« hat. Auch hier ist die Frage einfacher gestellt als die Antwort gefunden. Außerdem stieß die tendenziell privatistische und ökonomische »Bewertung« von Bildungsmaßnahmen in der Bundesrepublik Deutschland auf heftigen pädagogischen und politischen Widerstand (FALLER 1971).

2.5 Die Kritik an der »Ersten Generation der Bildungsplanung«

Bildungsökonomie, hier verstanden als theoretisch-methodisches Grundkonzept staatlicher Bildungsplanung, geriet gemeinsam mit dieser, da deren Ergebnisse weit hinter den Erwartungen zurückblieben, spätestens Anfang der siebziger Jahre in die Diskussion, ja in die »Krise«. Auf einer internationalen Konferenz der OECD zur Frage einer *expansiven Bildungspolitik* wurde kritisch Bilanz gezogen (CLEMENT 1972). Man hatte in nahezu allen Industriestaaten zu diesem Zeitpunkt bereits Erfahrungen mit expansiver staatlicher Bildungsplanung gesammelt und wollte aufgrund dieser den Schritt von der

»ersten« zur *»zweiten« Generation der Bildungsplanung* tun. Aus den diskutierten Kritikpunkten und den vorgebrachten Verbesserungsvorschlägen wird deutlich, wie sehr sich damals bereits Bildungsökonomie als theoretisches Grundkonzept staatlicher Bildungspolitik durchgesetzt hatte. Im Vordergrund der Beratungen standen daher auch vor allem methodische, ja technische Fragen, wie die der *Bedarfserhebung* und der *Bedarfsprognose* (OECD 1967). Dabei war man sich des »statischen« Charakters aller bisherigen Bildungsplanung bewußt geworden, obwohl man immerhin bereits mit *Planungshorizonten* bis zu fünfzehn Jahren kalkulierte. Die Bildungsplanung der ersten Generation, so meinten es zahlreiche Kritiker, habe sich auf Quantitäten beschränkt, vernachlässige Qualitäten, interpretiere die Zukunft lediglich als Extrapolation der Gegenwart, berücksichtige nur wenige oder gar keine (gesellschafts-)politischen Ziele und schon gar nicht deren mögliche Veränderung, sei generell zentralistisch ausgerichtet, begnüge sich mit einem einzigen Entscheidungsträger, nämlich dem Staat als der für das Bildungssystem ausschließlich verantwortlichen Institution, lasse andere gesellschaftliche Teilbereiche bzw. Teilsysteme weitgehend außer Ansatz und beziehe sich fast ausschließlich auf »Entwicklungen und Maßnahmen im Rahmen bestehender Systeme« (CLEMENT 1972, S. 4).

Gegen diese *systemimmanente Kritik* an der Bildungsplanung und damit an der Bildungsökonomie, wie sie sich im wesentlichen in den Industriestaaten mit parlamentarisch-demokratischen Gesellschaftssystemen entwickelte, trat eine radikale *systemtranszendierende Kritik* an, von ihren Vertretern »Politische Ökonomie des Ausbildungssektors« genannt (ALTVATER/HUISKEN 1971). Sie qualifizierten die systemimmanenten Kritiker als *»bürgerliche« Bildungsökonomen*, deren Ansätze nichts anderes als methodische und technische Retuschen, *»technokratische Reformen«* eben, sein könnten, weil die grundsätzlichen »Probleme«, nämlich die systembedingten Widersprüche der bürgerlichen Gesellschaft, unangetastet blieben (MASUCH 1972). Wegen ihrer tatsächlichen oder auch nur vermuteten Verbindung mit der »Frankfurter Schule« der Sozialwissenschaften wurden die Vertreter dieser systemtranszendierenden Bildungsökonomie-Kritik auch gelegentlich als »neomarxistische Bildungsökonomen« bezeichnet, was sich insofern als Mißverständnis herausstellte, als sie keineswegs versuchten, bildungsökonomische oder bildungsplanerische Probleme zu lösen, sondern sich darauf beschränkten, die prinzipielle Funktionsunfähigkeit des bürgerlichen Gesellschaftssystems anhand von politökonomischen Analysen des (Aus-)Bildungssektors nachzuweisen (HUISKEN 1972).

Damit stellten sie sich gänzlich andere Aufgaben als beispielsweise die *»marxistische«* oder *»sozialistische Bildungsökonomie«*, wie sie in den Staaten des »real existierenden Sozialismus« als Vermittlungsdisziplin zwischen der marxistisch-leninistischen *Interpretationswissenschaft* und der konkreten zentralstaatlichen »Bildungsadministration« betrieben wurde (LUDWIG/MAIER/WAHSE 1972).

2.6 Der Konflikt zwischen »sozialistischer« und »bürgerlicher« Bildungsökonomie

»Sozialistische« Bildungsökonomie unterscheidet sich von »bürgerlicher« Bildungsökonomie im operativen, also im ausführenden Bereich und im Methodenvorrat nicht oder nur insofern, als sich aufgrund der besonderen Gesellschaftsorganisation in sozialistischen Staaten bestimmte Probleme nicht oder nicht mit Dringlichkeit stellen. Dies wird deutlich und verständlich, wenn man sich vor Augen führt, daß wesentliche Probleme der »bürgerlichen« Bildungsökonomie daher rühren, daß zwar das Bildungswesen *zentralstaatlich* organisiert ist, das Beschäftigungssystem, soweit es nicht Teil der staatlichen Verwaltung ist, aber nach dezentralen Prinzipien, wie sie für die *Marktwirtschaft* charakteristisch sind (BEELITZ/FREUDENFELD 1975). Einem oder wenigen Entscheidungsträgern im Bildungswesen steht eine Vielzahl von Entscheidenden in der Wirtschaft, in der die Absolventen des Bildungswesens Beschäftigung finden wollen und sollen, gegenüber (HEGELHEIMER 1983). Eines der größten Ärgernisse der ersten Generation der Bildungsplanung, die über den Deutschen Bildungsgesamtplan (einschließlich dessen Fortschreibung) unsere gegenwärtige Bildungslandschaft nachhaltig beeinflußt hat, ist bekanntlich der »*Numerus clausus*« im tertiären Bereich (LOHMAR/ORTNER/ BAYER 1975) (→ *Hochschule/Universität*). Er ist die Folge einer prinzipiellen Konkurrenz zwischen persönlicher Freiheit und gesellschaftlicher Notwendigkeit, in diesem Fall zwischen der individuellen Freiheit der Studien- bzw. Berufswahl und dem institutionellen Bedarf an bestimmten Qualifikationen. Eine solche Diskrepanz ist dem »sozialistischen Menschen«, dessen Freiheit sich in der persönlichen Einsicht in gesellschaftliche Notwendigkeit erfüllt, vom Prinzip her nicht nachvollziehbar. Aus diesem Grunde negiert beispielsweise die marxistische Bildungsökonomie aus theoretischen Überlegungen die tatsächlich existierende Kontingentierung von *Studienplätzen* in den sozialistischen Staaten. Auf der anderen Seite stellen sich in Systemen, die *Marktpreise* als Bewertungsgrundlage von Waren und Dienstleistungen grundsätzlich nicht akzeptieren, fast unüberwindliche Probleme, wenn es beispielsweise in bildungsökonomischen Gesamtrechnungen darum geht, Investitionen in den Bildungssektor einem »*Wertzuwachs*« der gestiegenen Qualifikation gegenüberzustellen. Es muß hinzugefügt werden, daß Vertreter der sozialistischen Bildungsökonomie von der Eigenständigkeit nicht nur ihrer Ziele und Aufgaben, sondern auch ihres Methodenapparates überzeugt sind (KNAUER/MAIER/WOLTER 1972).

2.7 Die Konsequenzen für die »Zweite Generation der Bildungsplanung«

Während die systemtranszendierende Kritik an der Bildungsplanung in der Bundesrepublik Deutschland bislang keine nachhaltige Wirkung auf die staatliche Bildungspolitik zeitigte, führte die systemimmanente Kritik an der Bildungsökonomie zu einer Reihe von anspruchsvolleren Lösungsversuchen, die zumindest in Teilbereichen des Bildungssystems erprobt, validiert und weitergeführt wurden. Wegen der Vielzahl und der Schwierigkeit der grundsätzlichen und methodischen Probleme von planungsorientierter Bildungsökonomie, die man innerhalb überschaubarer Zeiträume für nicht lösbar ansah, entwickelte man den »*Penetrations- bzw. Absorptions-Ansatz*« (ARMBRUSTER u. a. 1971). Dieser läßt sich einerseits auf das von DAHRENDORF und anderen propagierte »*Bürgerrecht auf Bildung*«, also auf die Möglichkeit einer weitestgehend freien Berufs- und Bildungswahl zurückführen, andererseits auf das freiwirtschaftliche Prinzip des »*Laisser-faire*«. Der »Penetrations-Ansatz« kommt ohne aufwendige Prognose- und Planungsverfahren aus. Er schließt aus aller bisherigen Erfahrung, daß Menschen mit ihren erworbenen Qualifikationen auch entsprechende berufliche Positionen finden. Dieser Ansatz versuchte die Frage nach dem je zukünftigen institutionellen Bedarf an Bildung zu umgehen. Auch wenn er, vor allem bei Planungstheoretikern, auf heftigen Widerstand stieß, zeigen die Vergleichszahlen der Arbeitslosenstatistik, daß höher qualifizierte Arbeitnehmer, so viele sie in absoluten Zahlen auch sein mögen, stets relativ bessere Beschäftigungschancen haben als weniger hoch qualifizierte. Sie »penetrieren« also offenkundig erfolgreich das Beschäftigungssystem bzw. werden durch dessen Institutionen »absorbiert«.

Während der »Penetrations-Ansatz« auf die exakte Bestimmung von Bildungsbedarf, wie auch immer er sich konstituiert und manifestiert, überhaupt verzichtet, versucht der »*Bedarfskomponenten-Ansatz*« (ORTNER 1981) eine weniger radikale »Lösung«. Er entstand im Zusammenhang mit der bislang letzten großflächigen und umfassenden Bildungsplanungsmaßnahme in der Bundesrepublik Deutschland, der *Weiterbildungsentwicklungsplanung* in Nordrhein-Westfalen (KULTUSMINISTER NORDRHEIN-WESTFALEN 1978). Die Hereinnahme des *quartären Bereiches* (Erwachsenenbildung, Volksbildung, Familienbildung, Arbeiterbildung usw., jetzt zusammengefaßt zu »Weiterbildung«) in das staatliche Bildungssystem ließ eine wissenschaftlich fundierte Bedarfserhebung für geboten erscheinen, an deren Ergebnisse die materielle, personelle und finanzielle Planung und Organisation anschließen sollten (→ *Erwachsenenbildung und Weiterbildung*). Im Rahmen der grundlegenden Arbeiten hierfür wurde ein differenziertes Konzept von *Bedarfskomponenten* entwickelt. Es wurde davon ausgegangen, daß sich Bildungsbedarf aus *individuellen* (»was gewünscht wird«), aus *institutionellen* (»was gebraucht wird«) und aus *politischen* (»was gefordert wird«) Komponenten zusammensetzt. Den unterschiedlichen Komponenten entsprechen unterschiedliche *Erhebungsverfahren*: Befragung, Berechnung, Bestimmung. Mit dieser Differenzierung sollte den Forderungen an die »Zweite Generation« der Bildungsplanung nach »Erweiterung und Verfeinerung der Ansätze«, nach »konzeptueller sowie statistischer Realitätsannäherung« und nach »Berücksichtigung qualitativer Elemente« (CLEMENT 1972, S. 4) entsprochen werden.

2.8 Die Perspektiven einer »pädagogischen Bildungsökonomie«

Der bislang neueste Ansatz bezieht das differenzierte Bedarfskomponenten-Konzept implizit mit ein. Er versteht sich als interdisziplinäres Vorgehen und bemüht sich um »Planungsrealismus«. Er bezieht in die eigenen Überlegungen die Frage ein, was Bildungsplanung überhaupt leisten kann und wieweit deren theoretische Bezugsdisziplin, also die Bildungsökonomie, in der Lage ist, hierfür Hilfestellung zu leisten. Im Vordergrund steht die Arbeit an den Erhebungs-, Auswertungs- und Prognosemethoden, sowohl für den Bereich des Beschäftigungssystems als auch für das Bildungssystem. Qualitative Arbeits(markt)forschung, auch Intensivanalysen genannt, systematische und heuristische Prognoseverfahren, aber auch Überlegungen zu einer dynamisierten Curriculumentwicklung sind charakteristisch für den *Integrations-Ansatz*, wie er heute für zielführend gehalten wird. Bildungsökonomie als Basisdisziplin für qualitative Bildungsplanung und damit für staatliche Bildungspolitik wird heute nur noch selten interdisziplinär, wie dies am Institut für Bildungsforschung der Max-Planck-Gesellschaft der Fall war, betrieben, sondern eingebettet in die traditionellen Disziplinen: »*ökonomische Bildungsökonomie*« innerhalb der Wirtschaftswissenschaften, »*pädagogische Bildungsökonomie*« innerhalb der Bildungswissenschaften.

Im Gegensatz zur Expansionsphase der Bildungssysteme in den Industriestaaten um 1970, in der quantitative Überlegungen im Vordergrund standen, sind die Aufgaben, die sich seit Anfang der achtziger Jahre stellen, vorwiegend qualitativer Natur. Sie wurden ausgelöst durch die Diskussion um die inhaltliche und methodische Integration der

»Neuen Informations- und Kommunikationstechnik« in das Bildungssystem. In konkreten Projekten, wie zum Beispiel dem ambitiösen europäischen DELTA-Projekt, fließen Erkenntnisse und Ergebnisse aus der pädagogischen und ökonomischen Bildungsökonomie mit ein (CEC/DG XIII 1987). Bildungsökonomische Studien »klassischen«, d. h. »ökonomischen« Zuschnitts werden heute in der Hauptsache für Länder der dritten Welt angestellt. Aber auch dort gewinnen die differenzierten, integrierten und qualitativen Ansätze einer »pädagogischen Bildungsökonomie« an Bedeutung (DEUTSCHE STIFTUNG FÜR INTERNATIONALE ENTWICKLUNG/ZGB 1985).

3 Bildungsbetriebslehre als Organisationstheorie der öffentlichen Bildungseinrichtungen

3.1 Theoretisches Interesse an Bildungsmikroökonomie und praktische Notwendigkeit für Bildungsmanagement

Schon die frühesten Ansätze der Bildungsökonomie, die sich – wie dargestellt – vorwiegend makroökonomischen bzw. politischen Überlegungen verschrieben hatten, reichten in den »Mikrobereich«. So machte ja beispielsweise schon der individuelle Ertrags-Raten-Ansatz an den persönlichen Bildungsinvestitionen fest. Dieser Ansatz wurde später auf den Bereich der »Institutionen«, insbesondere der Wirtschaftsunternehmen, ausgedehnt und führte zum Begriff des *Humankapitals* bzw. des *Humanvermögens* als Gesamtheit der in den Mitarbeitern eines Unternehmens akkumulierten Bildungsinvestitionen (SCHMIDT 1982). Um dieses *institutionelle Idealkapital* berechnen zu können, mußte man sich eines bedenklichen Kunstgriffes bedienen: man mußte die Ausgaben für Aus-, Fort- und Weiterbildung als Maßgröße für den Qualifikationserfolg der Aus-, Fort- und Weiterbildungsmaßnahmen nehmen. Das kann zutreffen, muß aber nicht; die Problematik der Aussagekraft von Noten wurde in die ökonomische Bewertung übertragen (→ *Pädagogische Diagnostik*). Dies kann beispielsweise zu dem – offensichtlichen – Fehlschluß führen, daß ein vielfach und lange qualifizierter Mitarbeiter grundsätzlich für einen Betrieb »wertvoller« wäre als ein nur einfach und kurz ausgebildeter (ORTNER 1982).

Die hier zutage tretende Diskrepanz zwischen dem Qualitätsanspruch von Bildung und dem ökonomischen Zwang zur Rechenhaftigkeit durchzieht die gesamte bildungsmakro- und -mikroökonomische Diskussion. Sie konnte bis heute nicht überwunden werden. Immerhin hatte die Beschäftigung mit mikroökonomischen Kategorien die positive Folge, daß man sich mit der inneren Struktur von Institutionen, die Bildung vermitteln, mindestens aber anbieten, genauer befaßte. Dieser zunächst nur theoretische und abstrakte Zugang gewann in der Bundesrepublik Deutschland Anfang der siebziger Jahre sehr praktische und konkrete Bedeutung (→ *Organisationssoziologie* ...).

Durch die *Bildungsexpansion* aufgrund politischer Vorgaben und infolge der demographischen Entwicklung stiegen nicht nur die Zahlen der Schüler und Studenten insgesamt, sondern auch die Belegungszahlen in den Bildungseinrichtungen, deren Kapazitätserweiterung nach Zahl und Ausstattung mit der Entwicklung der Nachfrage nach Schul- und Studienlaufbahnen nicht Schritt halten konnte. Bereits Anfang der siebziger Jahre wurden in der Bundesrepublik Deutschland Schüler- und Studentenzahlen erreicht, die nach internationalem Verständnis für »*Massenbildungssysteme*« charakteristisch sind.

Dies stellte nicht nur das Bildungssystem insgesamt, sondern auch, ja vor allem die einzelnen Bildungseinrichtungen vor bislang nicht gekannte Probleme, vor solche der systematischen Regelung des »*Inneren Betriebes*« bzw. der »*Internen Verwaltung*« nämlich, wie sie bislang nur in Institutionen der Großindustrie oder in Großbehörden der staatlichen Verwaltung aufgetreten waren. Den dabei sichtbar werdenden Aufgaben und Problemen versuchte man durch »Management« zu entsprechen, ein Sammeletikett für eine Vielzahl von Versuchen und Konzepten (FROMMBERGER 1977). Die Mehrzahl der frühen »Bildungsmanagement-Ansätze« hat, trotz aller unterschiedlichen Schwerpunkte, miteinander gemeinsam, daß man versuchte, Überlegungen aus dem Management von Wirtschaftsinstituten ganz oder teilweise in das Bildungssystem und dessen Einzelinstitutionen, in die Schulen, Hochschulen und Weiterbildungseinrichtungen, zu übertragen. Dabei machte man vor allem im englischen Sprachraum Anleihen und bemühte sich um eine Rezeption von »educational administration« und »school management«, die sich auf akademischem Boden in Großbritannien, Kanada und in den USA bereits Ende der sechziger Jahre etabliert hatten (BESSOTH 1975). Bei diesem Ansatz stieß man freilich sehr rasch an die Grenzen der Übertragbarkeit, die einerseits in den prinzipiellen Unterschieden zwischen wirtschaftlichen Unternehmen und staatlichen Bildungseinrichtungen, andererseits in den Besonderheiten der Bildungssysteme der einzelnen Staaten begründet lagen. Dies war in einem Zeitraum, in dem man nicht nur besondere schulbetriebliche Probleme, sondern gleichzeitig auch erhebliche Qualifikationsdefizite bei den Führungskräften des Bildungssystems geortet hatte, besonders unangenehm. Der Problemdruck innerhalb der sich vielfach und vielfältig aufdifferenzierenden Bildungswissenschaften wurde so groß, daß in relativ kurzer Zeit eine Vielzahl von Einzelansätzen zur Lösung schulinterner »Betriebsprobleme« hervorgebracht wurde (DÖRING 1978). Hierbei kam der Schulpraxis eine wichtige Schrittmacherfunktion zu.

3.2 Einzelansätze zur Lösung der Probleme des Bildungsmanagements

Als einer der ersten erkannte bereits Mitte der sechziger Jahre der Schulleiter und Berufspädagoge KROMMWEH die Notwendigkeit, den Problemen des Schulbetriebs mit anderen als nur pädagogischen Mitteln beizukommen. Er identifizierte *Informationsdefizite*, die für Störungen und Fehlentscheidungen im Schulbetrieb verantwortlich zu machen sind. Folgerichtig entwickelte er ein umfassendes *Ordnungsschema* zur Strukturierung schulbetrieblicher (pädagogischer, administrativer und ökonomischer) Informationen. Er schuf mit seinem informationstechnischen bzw. datenorganisatorischen Konzept eine bisher nicht wieder erreichte systematische Grundlage für *Arbeitsteilung* und Arbeitsorganisation im Schulbetrieb (KROMMWEH 1976).

Aufgrund der erkannten *Qualifikationsdefizite* von Führungskräften im Bildungswesen (Schulleiter, Schulträger- und Schulaufsichtsbeamte, Beamte der Bildungsverwaltung auf allen Ebenen) kam eine Reihe von Projekten zur *Curriculumentwicklung* für schulbetriebliche Fortbildung in Gang, die über die traditionellen Seminare zur Erläuterung rechtlicher Regelungen (Gesetze, Erlasse, Verordnungen) hinausgingen (CLEVINGHAUS/HELD 1980). In diesen wurde den kommunikativen und organisationssoziologischen Aspekten der Leitung von Bildungsinstitutionen breiter Raum eingeräumt (ORT-

NER/STEUER/TENFELDE 1977) (→ *Organisationssoziologie* ...). Dabei machte man sich auch Erkenntnisse aus dem Ausland zunutze, die unter der bereits erwähnten Bezeichnung »educational administration« zusammengefaßt werden, und verband sie mit Erfahrungen mit dem Betrieb von öffentlichen Einrichtungen zu einem verwaltungswissenschaftlichen Ansatz für den Bildungsbereich, der gleichzeitig auch die bürokratiekritische Dimension einschloß (DEUTSCHE GESELLSCHAFT FÜR BILDUNGSVERWALTUNG 1980). Die politische Dimension des Problems wurde interessanterweise lange Zeit vorwiegend durch Rechtswissenschaftler bearbeitet, die sich die geltenden »schulrechtlichen Bestimmungen« vornahmen und hinsichtlich ihrer Begründung und ihrer Wirksamkeit im Schulbetrieb diskutierten und kritisierten (HECKEL/SEIPP ^{5}1976, 1986). Der besondere Beitrag dieser Arbeiten ist darin zu sehen, daß sie deutlich gemacht haben, daß »*Bildungsrecht*« nicht bloß formal zu interpretieren ist, sondern daß darin entscheidende inhaltliche Vorgaben politischer, pädagogischer und selbst ökonomischer Mächtigkeit festgeschrieben sind (NEVERMANN/RICHTER 1979) (→ *Bildungsrecht* ...). Selbstverständlich wurden auch ökonomische Versuche im engeren Sinne zur Erklärung und Beurteilung pädagogischer Leistungserstellung (»Produktion« im weiteren Sinne) angestellt (FRANK 1975). Politische Bedeutung erlangten hierbei die Verfahren der *Kosten-Nutzen-Analyse* bzw. der Ausgaben-Ertrags-Berechnung, mit deren Hilfe man individuellen, institutionellen und politischen Investitionen in Bildung mikroökonomisch legitimieren wollte (NOEKE/ORTNER/WILDEN 1981). Pädagogische Leistung und pädagogische Ergebnisse haben sich freilich bis heute hartnäckig einer exakten Quantifizierung bzw. Monetarisierung, also Bewertung in Währungseinheiten, widersetzt.

.3 Die Suche nach einem interaktiven Konzept des Bildungsmanagements

Die entwickelten Einzelansätze lieferten interessante »*Erklärungsmodelle*«, konnten aber nicht in wirkungsvolle und widerspruchsfreie »*Entscheidungsmodelle*« umgesetzt werden. Aufgrund der tendenziellen Nichtquantifizierbarkeit von pädagogischen Leistungen waren auch die vielfach von Betriebswirten angestellten Versuche, eine Betriebswirtschaftslehre des Bildungswesens bzw. der Bildungseinrichtungen« zu begründen, zum Scheitern verurteilt, obwohl sie eine Reihe von wichtigen Erkenntnissen über den internen Betrieb von pädagogischen Institutionen erbrachten (LOITLSBERGER/RÜCKLE/KNOLLMAYER 1973). Überall dort, wo der rein monetäre Aspekt und die strikte Kosten-Ertrags-Dimension verlassen werden konnten und man sich mit den generellen Prinzipien der *Personalführung* in komplexen sozialen Systemen befaßte, kam man der Bildungswirklichkeit viel näher. Das war der Leitgedanke, der hinter der »*Schulmanagement-Bewegung*« stand, die sich kein geringeres Ziel gesetzt hatte als die Demokratisierung und Erneuerung des Bildungswesens« durch Mangementverfahren, wie sie aus der Wirtschaft und teilweise auch aus der Verwaltung bekannt geworden waren (BESSOTH/BRAUNE 1977).

Was fehlte, war ein umfassendes Konzept, das der Eigenständigkeit und Eigenart der Bildungsinstitutionen entsprach und das als Raster für die Übernahme oder die Nichtübernahme von Führungs- und Fachfunktionen aus anderen gesellschaftlichen Bereichen bzw. anderen Institutionen dienen konnte. Dieses Defizit motivierte zur Entwicklung des Konzeptes der *Bildungsbetriebslehre* durch den Verfasser und die Mitarbeiter im gleichnamigen Institut des Bildungsforschungszentrums FEoLL in den Jahren 1972 – 1980.

In diesen Ansatz gingen die Erfahrungen und Erkenntnisse aus einer Vielzahl von Forschungs- und Entwicklungsprojekten, aber auch von konkreter Curriculumarbeit ein, die in den siebziger Jahren vorangetrieben wurden (ORTNER/STEUER/TENFELDE 1977).

3.4 Das »bildungsbetriebliche Strukturgitter« als Ordnungsraster für Bildungseinrichtungen

Am Beginn stand die Aufgabe, ein theoretisch begründbares und gleichzeitig praktisch handhabbares Instrument zu entwickeln, das es erlaubte, einerseits die komplexen und komplizierten soziotechnischen Systeme der »Bildungsinstitution« und die darin ablaufenden Prozesse des »*Bildungsbetriebes*« systematisch zu analysieren, andererseits die bereits vorhandenen Forschungs- und Entwicklungsergebnisse synthetisch zusammenzuführen. Als operationaler Kompromiß wurde ein dreidimensionales Ordnungsraster entworfen: das »*bildungsbetriebliche Strukturgitter*«. Es wurde am Beispiel der Bildungseinrichtung »Schule« evaluiert. Das bildungsbetriebliche Strukturgitter erlaubt eine differenzierte Abbildung der Schule als Einzelsystem der institutionalisierten Bildung. Es strukturiert die Schule unter institutionalen (Schule als Gesamtsystem), funktionalen (Schule als Gesamtaktivität) und inhaltlichen (Schule als Gesamtbestand) Aspekten.

Darstellung und Analyse der Systemstruktur, Aktivitätsstruktur und Bestandsstruktur zielen auf die Gewinnung von Erkenntnissen und auf die Entwicklung von Instrumenten für eine zielentsprechende Steuerung und Gestaltung der Schule als Bildungseinzelsystem ab. Die *Systemstruktur* des Erfahrungsobjektes Schule bildet Schule unter institutionellen Aspekten unter Einbeziehung von Kategorien der Systemtheorie ab

Strukturierungs-merkmale	Gesamtbetrachtung	Einzelbetrachtung	
		differenziert nach	differenziert in
Institutionelle Kategorien	Bildungsinstitution als komplexes System (Bildungsinstitution als Gesamtsystem)	dominierenden Systemzielen/ Systemaufgaben	Dispositiv-politisches Subsystem
			Soziopädagogisches Subsystem
			Administrativ-ökonomisches Subsystem
Funktionale Kategorien	Bildungsinstitution als komplexes Funktionsbündel (Bildungsinstitution als Gesamtfunktion)	personaler Zuordnung/ personaler Anweisungskompetenz	Führungsbereich: Führungsfunktionen Fachbereich: Fachfunktionen
Substantielle Kategorien	Bildungsinstitution als komplexe Bestandsmenge (Bildungsinstitution als Gesamtbestand)	inhaltlicher Bestandsklasse	Personalbestand Materialbestand Finanzbestand Informationsbestand

Abb. 2: Das »bildungsbetriebliche Strukturgitter«: theoretische Kategorien und formale Ausprägung

Schule wird hierbei als ein Gesamtsystem, das sich zunächst in drei Systeme strukturieren läßt, gesehen. Nach den Zielsetzungen kann man differenzieren in das *dispositivpolitische System* – die Funktion »Schulleitung« i. w. S., das *sozio-pädagogische System* – die Funktion »Bilden« i. w. S., das *administrativ-ökonomische System* – die Funktion »Schulverwaltung« i. w. S. (→ *Theorie pädagogischer Institutionen*; → *Schulpädagogik* ...).

Die *Aktivitätsstruktur* des Erfahrungsobjektes Schule bildet Schule unter funktionalen Aspekten unter Einbeziehung von Kategorien der Organisationstheorie ab; Schule wird hierbei als Gesamtaktivität, die sich in zwei Aktivitätsgruppen strukturieren läßt, gesehen. Je nach der mit den Aktivitäten verbundenen Personalverantwortung kann man differenzieren in *Führungsaktivitäten* und *Fachaktivitäten* (→ *Organisationssoziologie* ...).

Die *Bestandsstruktur* des Erfahrungsobjektes Schule bildet Schule unter inhaltlichen Aspekten unter Einbeziehung von Kategorien der allgemeinen betrieblichen Theorie ab. Schule wird hierbei als Gesamtbestand, der sich in vier Bestände strukturieren läßt, gesehen. Nach der unterschiedlichen Natur der Bestände kann man differenzieren: *Bestand Personal, Bestand Material, Bestand Informationen, Bestand Finanzen*.

3.5 Theoretischer Anspruch und praktische Perspektiven der Bildungsbetriebslehre

Charakteristisch für die Bildungsbetriebslehre ist das integrative und interdisziplinäre Vorgehen, sowohl im Inhaltlichen als auch im Methodischen. Es wurde also nicht eine neue ökonomische Theorie oder ein zusätzliches pädagogisches Modell entwickelt, sondern ein Orientierungsrahmen, der das »Betreiben« von Bildungseinrichtungen, also das Führen und Ausführen sozialer und administrativer Prozesse, initiieren und unterstützen sollte. Ausschließlich hierzu wurden Bildungseinrichtungen unter Anwendung von systemtheoretischen, funktionalen und inhaltlichen Aspekten durchleuchtet, Systeme, Aktivitäten und Bestände differenziert und schließlich Verknüpfungen hergestellt. Entscheidungstheoretische und handlungspraktische Überlegungen standen und stehen im Vordergrund: Bildungsbetriebslehre ist nicht die Theorie des »Bildungs-Betriebs«, also etwa eines (kommerziellen) »Unternehmens«, das Bildung »produziert«, sondern des »Betreibens« von Schulen, Hochschulen, Weiterbildungseinrichtungen etc. Für den wissenschaftstheoretischen Anspruch und die bildungspolitische Legitimation der Bildungsbetriebslehre gilt:
- Bildungsbetriebslehre ist die Theorie der Gestaltung und Steuerung von Bildungseinzelinstitutionen.
- Ziel der Bildungsbetriebslehre ist das zieladäquate, funktionsgerechte »Betreiben« von Einzelinstitutionen im Bildungswesen.
- Erfahrungsobjekte der Bildungsbetriebslehre sind sowohl Institutionen der Forschung (Forschungsinstitute, Forschungszentren, unabhängig von deren Zielsetzung und deren Träger) als auch Institutionen der Lehre (Schulen im weitesten Sinn, unabhängig von deren Stufe, Art, Typ, Form oder Struktur).
- Die Bildungsbetriebslehre versteht sich als Lehre vom internen Gestalten und Steuern von Einzelsystemen der institutionalisierten Bildung.
- Bildungsinstitutionen werden als komplexe soziale Systeme mit heterogener Zielstruktur und komplizierter technischer Ausstattung gesehen.

Systemstruktur / Funktionsstruktur	Dispositiv-politisches Subsystem		Soziopädagogisches Subsystem		Administrativ-ökonomisches Subsystem	
Bestandsstruktur	Führungsfunktionen	Fachfunktionen	Führungsfunktionen	Fachfunktionen	Führungsfunktionen	Fachfunktionen
Personal		Personalentwicklungsplanung	Lehrerbeurteilung	Unterrichten	Personaleinsatzplanung	Lehrerdatenverwaltung
Material	Ausstattungskonzeption koordinieren	Bauplanung	L/L-Einsatzberatung	Medienauswahl	Materialbestandskontrolle	L/L-Bestellungen
Informationen	P.R.-Arbeit koordinieren	Einrichten eines Dokumentationssystems	Informationsterminplanung	Elterninformation	Dokumentationsentscheidungen	Schülerpersonaldatenspeicherung
Finanzen	Haushaltsplan abstimmen	Haushaltsverhandlungen führen	L/L-Mittelfinanzierung koordinieren	L/L-Mittelfinanzbedarf ermitteln	Ausgabenkontrolle	Ausgabendokumentation

Abb. 3: Führungs- und Fachfunktionen der Schulleitung im »bildungsbetrieblichen Strukturgitter«

- Gegenstand der Bildungsbetriebslehre sind einerseits Strukturen und Prozesse in den jeweiligen Bildungsinstitutionen, andererseits die Positionen und Funktionen der jeweiligen Bildungsinstitution im Bildungsgesamtsystem sowie ihre Einbindung in ihr gesellschaftliches Umfeld.
- Die Erkenntnisse der Bildungsbetriebslehre sollen dazu dienen, die Individuen und Gruppen in einer Bildungsinstitution in die Lage zu versetzen, ihre vorgegebenen und selbstbestimmten Ziele zu erreichen.

Unter Anwendung der Erkenntnisse der Bildungsbetriebslehre ist es beispielsweise möglich, *Arbeitsteilung* und Zusammenarbeit in und zwischen den sozialen, pädagogischen, administrativen, ökonomischen und dispositiven Bereichen zu ermöglichen, sichtbar zu machen und zu begründen. Das Konzept der Bildungsbetriebslehre hat von Anfang an deutlich gemacht, daß sie im Überschneidungsfeld zweier gleichberechtigter Partner, nämlich der Pädagogik *und* der Ökonomie, angesiedelt ist, daß sich ihr Gestaltungsanspruch auf Einzelinstitutionen bezieht und daß sie sich als Bezugswissenschaft für das Führen bzw. Leiten von Bildungsinstitutionen, also für »Bildungsmanagement«, versteht. Durch die politische Durchsetzung der *Mitbestimmung* in der Schule ist Bildungsbetriebslehre zum unverzichtbaren Inhalt von allgemeiner Lehreraus- und Lehrerfortbildung geworden (→ *Lehrer/Lehrerin*). Sie ist heute nicht bloß Thema von Schulleiterfortbildung, sie ist auch für die anderen an der Regelung des laufenden Schulbetriebes beteiligten Gruppen von Bedeutung geworden. Wer Schule rational mitbestimmen will, kommt an bildungsbetrieblichem Wissen nicht vorbei.

Literatur

ALEX, L. u. a.: Angebot und Nachfrage an hochqualifizierten Arbeitskräften in der Bundesrepublik Deutschland bis 1980. München 1972

ALTVATER, E./HUISKEN, F. (Hrsg.): Materialien zur Politischen Ökonomie des Ausbildungsrechtes. Erlangen 1971

ARMBRUSTER, W./BODENHÖFER, A. J. u. a.: Expansion und Innovation. Bedingungen und Konsequenzen der Aufnahme und Verwendung expandierender Bildungsangebote. Berlin (Max-Planck-Institut für Bildungsforschung) 1971

BAYER, M./ORTNER, G. E./THUNEMEYER, B. (Hrsg.): Bedarfsorientierte Entwicklungsplanung in der Weiterbildung. Opladen 1981

BEELITZ, A./FREUDENFELD, B.: Unternehmerinteresse und Hochschulbildung. In: LOHMAR, V./ORTNER, G. E./BAYER, M. (Hrsg.): Der doppelte Flaschenhals . . ., a.a.O., S. 106–126

BESSOTH, R.: Schulmanagement: Begriff und Aufgaben. Saarbrücken 1975

–/BRAUNE, G.: Schule und Management. Braunschweig 1977

BLAUG, M.: An Introduction to the Economics of Education. London 1970

BOMBACH, G.: Bildungspolitik und wirtschaftliche Entscheidung. In: Vortragsreihe des DJJ 14, 1964/12

BUND-LÄNDER-KOMMISSION FÜR BILDUNGSPLANUNG (Hrsg.): Bildungsgesamtplan. 2 Bde. Stuttgart 1973

BUNDESARBEITSGEMEINSCHAFT SCHULE–WIRTSCHAFT (Hrsg.): Schule im Spannungsfeld von Ökonomie und Pädagogik. Köln 1976

CEC/DG XIII – TELECOMMUNICATIONS, INFORMATION, INDUSTRIES AND INNOVATION: DELTA: Development of European Learning Through Technological Advance. Initial Study, Brussels and Luxembourg 1987

CLEMENT, W.: Von der ersten zur zweiten Generation der Bildungsplanung. In: IBE – Bulletin, Bildungsplanung + Entwicklungshilfe, P/1972, S. 3–18

CLEVINGHAUS, B./HELD, F.-W.: Schulverwaltungsausbildung: Bericht und Konzeption. Düsseldorf (KM-NW) 1980
DAHRENDORF, R.: Bildung ist Bürgerrecht. Hamburg 1965
DENISON, E. F.: The Sources of Economic Growth in the United States and the Alternatives before Us. Comm. for Ec. Development. Suppl. Paper No. 13, New York 1962
DER KULTUSMINISTER NORDRHEIN-WESTFALEN (Hrsg.): Weiterbildungsentwicklungsplanung. Köln 1978
DEUTSCHE GESELLSCHAFT FÜR BILDUNGSVERWALTUNG (Hrsg.): Bildungsverwaltung: verschiedene Aufgaben, gemeinsame Probleme. Frankfurt/M. (DGBV) 1980
DEUTSCHER BILDUNGSRAT: Strukturplan für das Bildungswesen. Empfehlungen der Bildungskommission. Bonn 1970
DEUTSCHE STIFTUNG FÜR INTERNATIONALE ENTWICKLUNG/Zentralstelle für gewerbliche Berufsförderung: Berufspädagogik für Dozenten. Mannheim (DSE) 1985
DIETZE, L.: Von der Schulanstalt zur Lehrerschule. Braunschweig 1976
DÖRING, P. A.: Beruf: Schulleiter. Bd. 2 des Schulleiterhandbuches. Braunschweig 1978
EDDING, F.: Ökonomie des Bildungswesens. Lehren und Lernen als Haushalt und als Investition. Freiburg/Brg. 1963
FALLER, P.: Zur Problematik der investitionstheoretischen Rechtfertigung von Bildungsausgaben. In: Wirtschaftsdienst 7 (1971), S. 369ff.
FRANK, H.: Wirtschaftlichkeitsgrenzen bildungstechnischer Medien und Methoden. In: Zur Ökonomie der kybernetischen Pädagogik (Protokoll des Mainzer Werkstattgesprächs). Paderborn (FEoLL) 1975
FROMMBERGER, H.: Schulmanagement. In: Handwörterbuch der Schulleitung. München ab 1977, S. 1–15
HECKEL, H./SEIPP, P.: Schulrechtskunde. Neuwied/Darmstadt ⁵1976; 6., von H. AVENARIUS völlig neu bearbeitete Auflage. Neuwied/Darmstadt 1986
HEGELHEIMER, A.: Bildung und Beruf. Perspektiven für die Zukunft. Köln 1983
–: Texte zur Bildungsökonomie. Frankfurt/M./Berlin/Wien 1974
–/WEISSHUHN, G.: Ausbildungsqualifikation und Arbeitsmarkt. Beiträge zur Strukturforschung Heft 29. Berlin 1974
HUISKEN, F.: Zur Kritik bürgerlicher Dialektik und Bildungsökonomie. München 1972
KAHLERT, H.: Prolegomena zur Geschichte der Bildungsökonomie. Bibliographie und Darstellung (1850–1945). Weinheim/Basel 1976
KNAUER, A./MAIER, H./WOLTER, W.: Sozialistische Bildungsökonomie. Grundfragen. Berlin-Ost 1972
KROMMWEH, B.: Aufgabengliederung und Kostenstruktur im Gesamtsystem Schule. Administrative und ökonomische Ordnungsstrukturen als Voraussetzung zur Gestaltung des Schul-Betriebes. In: SO – Schul- und Unterrichtsorganisation 2 (1976), S. 11–16
–/ORTNER, G. E./ROOSEN, H.-J./SEIDEL, CH.: Informationen im Schulbetrieb. Paderborn (FEoLL) 1977)
LEDERER, K.: Planungsanforderungen: Soziale Indikatoren und individuelle Bedürfnisse. In: BAYER, M./ORTNER, G. E./THUNEMEYER, B. (Hrsg.): Bedarfsorientierte Entwicklungsplanung . . ., a.a.O., S. 193–218
LOHMAR, V./ORTNER, G. E./BAYER, M. (Hrsg.): Der doppelte Flaschenhals. Die deutsche Hochschule zwischen Numerus Clausus und Akademikerarbeitslosigkeit. Hannover 1975
LOITLSBERGER, E./RÜCKLE, D./KNOLLMAYER, G.: Hochschulplanungsrechnung – Aktivitätenplanung und Kostenrechnung der Hochschule. Wien 1973
LUDWIG, U./MAIER, H./WAHSE, J.: Bildung als ökonomische Potenz im Sozialismus. Berlin-Ost 1972
MASUCH, M.: Politische Ökonomie der Ausbildung. Lernarbeit und Lehrarbeit im Kapitalismus. Reinbek bei Hamburg 1972
MAX-PLANCK-INSTITUT FÜR BILDUNGSFORSCHUNG, PROJEKTGRUPPE BILDUNGSBERICHT (Hrsg.): Bildung in der Bundesrepublik Deutschland. Daten und Analysen. Bd. 1: Entwicklung seit 1950. Bd. 2: Gegenwärtige Probleme. Reinbek bei Hamburg 1980
NAUMANN, I.: Entwicklungstendenzen des Bildungswesens der Bundesrepublik Deutschland im Rahmen wirtschaftlicher und demographischer Veränderungen. In: MAX-PLANCK-INSTITUT

für Bildungsforschung/Projektgruppe Bildungsbericht (Hrsg.), a.a.O., Band 1 S. 21–102
Nevermann, K./Richter, I.: Verfassung und Verwaltung der Schule. Stuttgart 1979
Noeke, J./Ortner, G. E./Wilden, K.: Kosten-Nutzen-Analyse im Modellversuch »Fernstudium im Medienverbund«: Verfahren und Ergebnisse. Paderborn (FEoLL) 1981
OECD: Methods and statistical needs for educational planning. Paris 1967
Ortner, G. E.: Schulbetriebslehre. In: Honal, W. H./Lachner, I. (Hrsg.): Handwörterbuch der Schulleitung. München 1977, 2. Lieferung 1978, S. 1–17
–: Bildungsbetriebslehre: Konturen einer praxisorientierten Theorie der Bildungsinstitutionen. In: Forschungs- und Entwicklungszentrum für objektivierte Lehr- und Lernverfahren (Hrsg.), Forschung für die Bildungspraxis: 10 Jahre FEoLL. Opladen 1980, S. 21–45
–: Bedarf und Planung in der Weiterbildung: zur Differenzierung des Bedarfsbegriffes in der Weiterbildung. In: Bayer, M./Ortner, G. E./Thunemeyer, B. (Hrsg.): Bedarfsorientierte Entwicklungsplanung..., a.a.O., S. 24–46
–: Personalvermögensrechnung. In: Schmidt, H., a.a.O., S. 356–395
–/Steuer, E./Tenfelde, W.: Das ALFA-Schulleitungskolleg, Ziele – Inhalte – Methoden. Paderborn (FEoLL) 1977
Picht, G.: Die deutsche Bildungskatastrophe. Olten/Freiburg/Brg. 1964
Rolff, H.-G.: Bildungsplanung als rollende Reform. Frankfurt/M./Berlin/München 1970
Recum, H. v.: Bildungsökonomie im Wandel. Braunschweig 1978
Riese, H.: Theorie der Bildungsplanung und Struktur des Bildungswesens. In: Konjunkturpolitik 14 (1968), S. 261–290
Schlaffke, W.: Schule im Spannungsfeld zwischen Ökonomie und Pädagogik. Köln 1976. In: Bundesarbeitsgemeinschaft Schule–Wirtschaft (Hrsg.): Schule im Spannungsfeld..., a.a.O., S. 17–54
Schmidt, H. (Hrsg.): Humanvermögensrechnung. Berlin/New York 1982
Schorb, A. O. (Hrsg.): Bildungsplanung und Bildungspolitik. Frankfurt/M. 1972
Schultz, T. W.: Education and Economic Growth. In: Social Forces influencing American Education. 60. Jahrbuch der National Society for the Study of Education. Chicago 1961
Steuer, E.: Schulinterne Stellenbeschreibung. Bd. 1 des Schulleiterhandbuches. Braunschweig 1977
Weber, W. (Hrsg.): Betriebliche Aus- und Weiterbildung. Paderborn 1983
Weizsäcker, C. C. von: Simulationsmodell für Bildungssysteme. Weinheim/Basel 1972
Widmaier, H. P. u. a.: Bildung und Wirtschaftswachstum. Modellstudie zur Bildungsplanung. Villingen 1966
Wolfmeyer, P.: Die schulinterne Verwaltungstätigkeit der Lehrer. Kastellaun 1981

Josef Martin Niederberger

Organisationssoziologie und -psychologie von Bildungsinstitutionen

1 Organisationen als Sozialgebilde eigener Art

Die Soziologie der Organisation befaßt sich nicht mit der Kunst des Organisierens, sondern mit der Organisation als einem Sozialgebilde eigener Art. So, wie es für andere Typen der Gesellung (Familie, Gruppe) spezialisierte Soziologien gibt, so besteht eine solche für die Erscheinung der Organisation. Daß diese soziologische Subdisziplin erst in dem Moment sinnvoll auf dem Feld der Erziehung anwendbar wird, wo Erziehung diesem Gesellungstypus überantwortet wird, versteht sich. Der Punkt, an dem dies geschieht, stellt eine Wende sowohl in der Evolution der Gesellschaft wie in jener der Erziehung dar, wobei Evolution hier gerade als Neustrukturierung des Verhältnisses dieser beiden – Gesellschaft und Erziehung – zustande kommt. Der Begriff für diese Neustrukturierung lautet: *Ausdifferenzierung*. Das heißt hier: Erziehung wird in ein auf diesen Zweck angesetztes und nur diesem dienendes (»funktional spezifisches«) gesellschaftliches Subsystem ausgelagert, ähnlich, wie etwa die sozialen Funktionen des Wirtschaftens oder des Helfens in je eigenen Subsystemen anberaumt werden.

In *archaischen* Gesellschaften geschieht Erziehung dagegen im Rahmen des funktional-diffusen Ganzen der Familie und der Dorfgemeinschaft oder von spontanen Kindergruppen. Ein großer Teil der hier tatsächlich ablaufenden Erziehungsprozesse geht nicht bewußt vor sich oder ist jedenfalls nicht absichtlich und aufgrund einer Entscheidung herbeigeführt worden. Die bloße Teilhabe am typischen Alltag der eigenen Gemeinschaft ist in der Regel Garantie genug, daß das zukünftige Stammesmitglied jene Kompetenzen und Eigenschaften erwirbt, die seine Mitgliedschaft später, in der Erwachsenenrolle, ihm abverlangen wird. Der Mechanismus des Lernens ist dabei wohl überwiegend imitativer Natur. Das heißt nicht, daß erzieherische Akte nicht vorkommen würden. Aber ihr Auftreten richtet sich nach der Gelegenheit und geschieht wohl oft genug »notwendig«, als dringendes Abhalten des Kindes vom aktuellen Tun. Es heißt auch nicht, daß eigentliche Unterweisungen und Anleitungen fehlen würden. Aber auch solche durchaus reflektierten erzieherischen Handlungen werden nach Maßgabe der günstigen Situation erbracht, deren Auftreten zwar erkannt und wahrgenommen, eventuell sogar erwartet, aber kaum gezielt herbeigeführt (»organisiert«) wird.

Zwischen der Evolutionsstufe der Erziehung in Organisationen und dem eben umrissenen Urzustand läßt sich eine *Zwischenstufe* erkennen, bestehend in der Praxis, Sozialisanden fremden Familien und/oder Handwerksbetrieben oder Adelshöfen anzuvertrauen. Sie wurde etwa in der Prinzenerziehung, in der Handwerkerausbildung (»Lehre«) und im England des ausgehenden Mittelalters allgemein unter Bürgersfamilien (ARIÈS 1978) betrieben. Sozialisation geschieht auch hier nicht in eigens dazu ausdifferenzierten Handlungs- und Mitgliedschaftssystemen, sondern in »natürlich« gewachsenen – von der Sache der Erziehung her betrachtet – schon bestehenden, funktional diffusen Sozialgebilden. Doch ist der anvertraute Zögling in diesem Gebilde fremd und mit ihm nicht über jene Art von Beziehung verbunden, die für dieses konstitutiv ist, d. h. weder durch Geburt noch durch Sexualität, am ehesten noch (im Falle der Handwerkslehre) durch Zugehörigkeit zu einer Produktionsgemeinschaft. Zu Beginn des Erziehungsverhältnisses steht er jedenfalls in keiner anderen Beziehung als in der willentlich gegründeten von Erzieher und Zögling (im Falle des Lehrlings auch in derjenigen einer Arbeitskraft zum Unternehmer). Was die in einem solchen Gebilde vorhandenen Beziehungstypen betrifft, handelt es sich also um einen Mischtypus. Zu diesem kommt es, indem von einem funktional diffusen Gebilde zu spezifisch erzieherischem Zwecke Gebrauch gemacht wird.

Auf der *dritten Entwicklungsstufe* nun wird auf die Inanspruchnahme vorhandener Strukturen verzichtet und ein Handlungs- und Statussystem errichtet, das ganz für den Zweck der Erziehung frei ist und auf diesen hin durchstrukturiert werden kann. So die Intention; mittlerweile ist die Erkenntnis gewachsen, daß auch die Schule ein Ort ist, wo nichtprogrammiertes, z. T. unerwünschtes Lernen vorkommt (*hidden curriculum*; DREEBEN 1980; ZINNECKER 1975) (→ *Lehrer-Schüler-Verhältnis*), und daß andererseits der Gewinn an Organisierbarkeit des Lernens mit einem Zuwachs an *Organisationsbedürftigkeit* desselben erkauft werden mußte.

Dies wird etwa bei solchen Lerninhalten sichtbar, deren Aneignung auf Situationen angewiesen ist, die das Lernziel in sich enthalten oder den Vorteil einer Aneignung erlebbar und einsichtig werden lassen. Das kann etwa im Bereich des sozialen Lernens der Fall sein. Aus der Unmittelbarkeit von Aneignung und Verwendung resultiert auch ein motivationaler Vorteil; ebenso daraus, daß in Echt-Situationen oft Personen gegenwärtig sind, die der Sozialisand für nachahmenswert hält. Die Schwäche von Sozialisation, die auf Echt-Situationen abstützt, ist die Zufälligkeit, mit der die brauchbaren Gelegenheiten auftreten, und die Schwierigkeit, diese konsequent unter dem Gesichtspunkt ihres Sozialisationswertes zu nutzen. Diese Schwierigkeit wird vor allem auf der Zeitdimension spürbar. Bewußte Erziehung erfordert Zeit zur Explikation, zur Einübung und zur Reflexion; Zeit, die in Real-Situationen zu diesem Zweck weder vorgesehen noch beanspruchbar ist. In Handlungskontexten, die einzig auf den Erziehungszweck hin angelegt sind, kann und muß diesem eigene, autonome Programmierung von Zeitabläufen gewährt werden. Erzieherische Situationen werden unter dieser Voraussetzung dann beliebig dehn- und wiederholbar.

Motivational muß ein solcher Kontext weitgehend auf eine neue Basis gestellt werden. Er muß entweder die Motivationsmittel aus sich selber schöpfen – durch selber generierte Belohnung (das Lob des Lehrers, anreizend gestaltete Situationen, Beförderungen), die er anstelle des Zwangs oder Anreizes der Echt-Situation einsetzt – oder sie aus dem Tausch mit anderen Subsystemen gewinnen (etwa durch Entlohnung mittels Geld, welches in frei wählbare Produkte anderer Subsysteme einzutauschen ist, im Falle der Schule auch durch Noten und Zeugnisse; vgl. NIEDERBERGER 1984). Als Vorteil resultiert Unabhängigkeit vom nur zufällig verfügbaren Motivationspotential von Echt-Situationen und – in Grenzen – Entscheidbarkeit der selber erzeugten oder eingetauschten Motivation (in verschiedener Hinsicht; z. B. wer, mit welchen Mitteln, wann, wen, wozu zu motivieren hat).

2 Organisationssoziologie

Gedanken über Vor- und Nachteile verschiedener Gesellungstypen, über Leistungssteigerungen, die mit dem Übergang zu organisationaler Leistungserbringung möglich werden, und über die unbeabsichtigten Folgen, wie sie hier – unsystematisch, eher exempelhaft – angestellt wurden, sind nicht Inhalt der Organisationswissenschaft. Diese hat ihre eigenen evolutionären Voraussetzungen nie reflektiert und morphologische Alternativen nie in ihre Überlegungen einbezogen – jedenfalls nicht unter dem Namen der Organisationswissenschaft. Man begegnet derartigen Überlegungen heute am ehesten in den systemtheoretischen Arbeiten LUHMANNS (1973, 1986), und sie lassen sich in den Anfängen der Organisationssoziologie erkennen, die mit dem Namen WEBERS verbunden sind, der seinerseits aber nicht beabsichtigte, eine Grundlegung der Organisationssoziologie zu verfassen.

WEBER (1922, 1972) ging es um die Erscheinung der *Bürokratie*, die ihn als Ausdruck und Instrument von Rationalisierung und Herrschaft zugleich interessierte. Weil in Bürokratien definitionsgemäß
- nach abstrakten, d.h. von der Besonderheit des Einzelfalles absehenden *Regeln* verfahren wird und weil
- alle Mitglieder derselben *unpersönlichen Ordnung* unterworfen sind, auch die Vorgesetzten, und weil
- *fachliche Qualifikation* und *Schulung* bei der Rekrutierung der Beamten maßgeblich ist,

sieht WEBER die Bürokratie als allen anderen überlegenen Herrschaftstypus und rechnet daher mit ihrer universalen Verbreitung. Seine Annahme nun, daß diese Merkmale in ihrer Gesamtheit der Bürokratie eine einmalige Leistungsüberlegenheit verschaffen, fand das Interesse der (in ihren Anfängen amerikanischen) Organisationswissenschaft.

Die ersten empirischen Überprüfungen dieser Hypothese galten vor allem der Frage, ob die den Idealtypus der Bürokratie konstituierenden Merkmale in der Realität auch wirklich gemeinsam auftreten. Die Resultate ließen Zweifel aufkommen. In mehreren Studien trat zwar eine Assoziation zwischen einer oder mehreren der Dimensionen *Arbeitsteiligkeit*, Vorgehen nach *Regeln* und *Unpersönlichkeit* einerseits und *Zentralität der Machtverteilung* andererseits auf. Letztere erwies sich aber in der Tendenz als unverträglich mit *Professionalisierung*. Auf diesem Erkenntnisstand angelangt, ließ sich die These von der überragenden Rationalität und Leistungsüberlegenheit des bürokratischen Modells nicht länger aufrechterhalten. Die real vorfindbaren Organisationen schienen eher zwei sich ausschließenden idealtypischen Modellen zuzustreben, die unter je anderen Bedingungen als rational zu gelten hatten (→ *Sozialer Wandel*; → *Professionalisierung und Probleme* ...).

Die Frage war nun, worin diese Bedingungen bestanden. Man konnte sie natürlich in der Höhe und Menge des in einer Organisation versammelten Fachwissens erblicken, aber dieses schien nicht das einzige Kriterium zu sein und seinerseits von weiteren Bedingungen abzuhängen. Diese Bedingungen suchte man nun außerhalb der Organisation. Für baugewerbliche Organisationen etwa fand man sie in der Instabilität des Marktes und des Produktionsprogramms. Eine bürokratische Verwaltung mit starren Kommunikationskanälen, Aktenlegung und zentralisierter Entscheidung wäre unter dieser Bedingung nicht das Richtige. Und daß hier die engste Umwelt variabel, nie ganz voraussehbar und in diesem Sinne unsicher ist, erfordert relativ viel Entscheidung »vor Ort«, die vom *Handwerker* nach Ermessen und nach traditionellen Standards seines Berufs getroffen wird.

In ihrer schon klassisch zu nennenden Arbeit behaupten BURNS/STALKER (1961) aufgrund sekundärstatistischer Analysen die Existenz zweier unterschiedlicher Managementsysteme; eines *mechanistischen* und eines *organischen*. Das mechanistische halten sie bei stabilen Verhältnissen für angezeigt; es gleicht im wesentlichen dem Bürokratiemodell. Das organische ist demgegenüber angemessen bei sich ständig wandelnden Bedingungen, die immer neue Probleme aufwerfen und nicht vorhergesehenes Handeln abnötigen. Uns interessieren an ihm die folgenden Strukturmerkmale:

– »Dem Betriebsleiter wird nicht mehr Allwissenheit zugeschrieben, die Kenntnis von der Natur einer konkreten Aufgabe kann überall in dem Netz lokalisiert sein; eine solche Stelle wird zum Ad-hoc-Zentrum von Kontrolle, Autorität und Kommunikation ...« (BURNS/STALKER 1961, S. 150);
– »... de(r) Fortfall der Vorstellung von ›Verantwortung‹ als eines begrenzten Bereichs von Rechten, Pflichten und Methoden. (Probleme können nicht nach oben, unten oder nebenan abgeschoben werden, als gehörten sie zur Verantwortung eines anderen) ...« (BURNS/STALKER 1961, S. 150)

Daß die Leistung einer Organisation von ihrer Fähigkeit abhängt, sich strukturell an das Maß an Unsicherheit oder Instabilität anzupassen, welches die für sie relevante Umwelt kennzeichnet, konnten LAWRENCE und LORSCH (1969) zeigen. Der Sicherheitsgrad der Umwelt wurde in die Dimensionen *Klarheit der Information, Unsicherheit der Kausalbeziehungen* und *Zeitspanne bis zum Eintreten des feed back* aufgegliedert. Auch sie konnten das bürokratische Modell auf das eine Ende eines Kontinuums je optimal angepaßter Organisationsformen verweisen. In leistungsfähigen Unternehmen lag das Einflußzentrum allgemein dort, wo das relevante Wissen konzentriert war. Je höher der Unsicherheitsgrad, um so tiefer in der Hierarchie muß dieses offenbar alloziert sein (→ *Bildungsökonomie und Bildungsmanagement*).

In der genannten Arbeit erscheint auch die *Technologie* als mögliche Quelle von Unsicherheit. Dies gilt hinsichtlich der Frage, wieweit der Organisation eine effektive Technologie *bekannt* ist und wieweit diese *routinisierbar*, d. h. nach immer gleichbleibendem Schema abwickelbar ist. Der *erste* Aspekt betrifft genaugenommen nicht eine Dimension der Umwelt, sondern eine solche der Beziehung zu dieser, nämlich *Wissen*. Bei mangelnder Bekanntheit effektiver Verfahren werden Eigenschaften wie know how, Einfühlung, Handfertigkeit, künstlerisches flair oder persönliche Ausstrahlung wichtig, die alle eine fortgesetzte Entscheidungtätigkeit nach schwer objektivierbaren Kriterien beinhalten, welche folglich kaum an höherer Stelle formuliert werden können. Der *zweite* Aspekt führt wiederum auf eine Umwelteigenschaft zurück: auf die *Homogenität* der bearbeiteten Umweltausschnitte resp. – auf der Zeitachse betrachtet – auf deren *Stabilität*. Ist die Umwelt in sich und über die Zeit gleich beschaffen, kann sie mit gleichbleibender Technologie bearbeitet werden: nach Schemata also, die an höherer Stelle verbindlich beschrieben und leicht auf ihre Einhaltung hin kontrolliert werden können (→ *Informationsgesellschaft, Qualifikation und Bildung*).

3 Struktur und Technologie der Schule

Uns interessiert nun erstens, welche *Umwelt- und Technologiebedingungen* für die Organisation Schule zutreffen, und zweitens, ob sich der von der Organisationswissenschaft behauptete Zusammenhang zwischen diesen Bedingungen und den Eigenschaften der *Organisationsstruktur* auch im Falle der Schule bewahrheitet.

Zum ersten: Es wäre ein leichtes, auf das hohe Maß an Unsicherheit und Instabilität hinzuweisen, die der Lehrer in der von ihm bearbeiteten Umwelt findet. Der Behauptung, daß sich nie zwei Schüler wirklich gleich seien, wird niemand widersprechen wollen; ebensowenig der Folgerung, daß nicht alle Schüler auf dieselbe Technologie, auf dasselbe Vorgehen und Verhalten des Lehrers gleich gut ansprechen, und schon gar nicht in jedem einzelnen Moment. Aber die Frage ist, welche *Geltung* die Schule dieser Heterogenität beimißt. Von ihrem Ausmaß wird der Charakter der Technologie abhängen und, wie noch zu zeigen sein wird, auch die Struktur der Schule.

Die Antwort auf diese Frage hängt unmittelbar davon ab, welche Auffassung von ihrer Aufgabe der Schule zugrunde gelegt wird (→ *Theorie pädagogischer Institutionen*). Sie fällt anders aus, wenn die maximale Förderung aller Schüler verlangt wird, als wenn die Erwartung nur ein Erfolgsminimum definiert; oder gar bloß das reine Vortragen eines Stoffangebots, von dem dann der einzelne Schüler nach alleiniger Maßgabe von Veranlagung, Interesse, Arbeitshaltung usw. profitieren werde. *Förderung* impliziert, daß der Lehrer auf die Heterogenität seiner Klasse eintritt; daß er den je aktuellen Wissensstand, das Lerntempo, den soziokulturellen Hintergrund und die momentane Motivationslage des einzelnen Schülers berücksichtigt, und zwar im laufenden Unterricht. Das verlangt viel Entscheiden »vor Ort« und »von Fall zu Fall«. Die Struktur dieser Schule gleicht dem Typus der *Handwerksorganisation* mit ihrem eher flachen Machtprofil und dem großen Anteil an Ermessensentscheiden.

Anders wenn der Lernerfolg des Schülers als alleiniges Ergebnis seiner persönlichen Eigenschaften und seines – nur ihm zuzurechnenden – Verhaltens definiert ist (→ *Persönlichkeit von Lehrern und Schülern* ...). Unterricht kann sich dann getrost auf das Exponieren des Stoffes beschränken, dessen Tempierung und didaktische Aufbereitung sich an einem fiktiven Schülermodell, wie dem »Normalfall« oder dem »begabten Schüler«, orientiert. So verstanden läßt sich die Aufgabe nach sehr generell formulierten und schemenhaft angewendeten Regeln lösen, als deren oberste dann der zeitlich durchprogrammierte *Stoff* dient. In solcher Regelhaftigkeit und Unpersönlichkeit ist unschwer das *bürokratische* oder *mechanistische* Modell zu erkennen.

Die Realität nun ist nicht einfach als Annäherung an eines der beiden Modelle oder als Zwischenposition zu begreifen, sondern als Überlagerung der beiden. Es gibt drei hauptsächliche *Erscheinungsweisen von Bürokratie* in der Schule, die ihr Gesicht unverkennbar geprägt haben. Die erste wurde schon genannt: der *Stoff- oder Lehrplan* (→ *Didaktik und Curriculum / Lehrplan*). Die zweite Erscheinungsweise ist der *Stundenplan* oder die *Stundentafel*. Der Stundenplan zwingt den Unterricht in ein extrem regelhaftes, nicht nur von Eigenarten der Person, sondern auch von stoffimmanenten Zusammenhängen und den daran gekoppelten Motivationsverläufen gänzlich absehen des Raster (Rumpf 1966).

Die dritte Erscheinungsform besteht in der *Jahrgangsklasse*. Sie teilt die Schüler nach einer einfachen und von jeder persönlichen Eigenschaft absehenden Regel in die wichtigste Subeinheit der Schule ein. Die Jahrgangsklasse läßt sich leicht als Strategie begreifen, die das Grundproblem einer Organisation lösen soll, welche ihre Leistung an einer extrem variablen, heterogenen und damit unsicheren Umwelt vollbringen muß. Sie reduziert die Unsicherheit, indem sie klassifizierend in die Umwelt eingreift und sie in Segmenten von größerer Homogenität neu organisiert. Diese sekundäre, organisationsinterne Umwelt erlaubt eine Bearbeitung mittels routinisierbarer, immer derselben Regel folgender Verfahren. Diese Regel aber ist nichts anderes als der Stoffplan. So ermöglicht die Jahrgangsklasse eine bürokratische Führung trotz ungewisser Umwelt.

Mit dieser Strategie entspricht die Schule der Theorie THOMPSONS (1967). In Weiterentwicklung der Theorie von BURNS/STALKER, die das Auftreten verschiedener Organisationstypen behaupten, welche je anderen Umwelt- bzw. Technologiebedingungen angepaßt sind, entwickelte er ein universelles Modell der rationalen Organisation. Diese versucht mit Hilfe verschiedener Strategien, ihren technologischen Kern gegen die eindringende Unsicherheit zu puffern, um ihn »konstant zu halten« und nach eigenen Regeln und zeitlicher Planung führen zu können. Menschenbearbeitende Organisationen wenden die Strategie des *Kategorisierens* an, der die Bildung von Jahrgangsklassen genau entspricht.

Das Vorgehen nach generellen, gegenüber der Verschiedenheit von Situationen und Individuen gleich-gültigen Regeln erleichtert überdies die Kontrolle und damit die Führung über eine zentralisierte Entscheidungsstruktur. Die hauptsächlichen *Koordinationsmittel* sind, wie gesagt, der Stundenplan und der geregelte Stoff – beide sehr einfacher Natur und ökonomisch in der Anwendung. Kombiniert eingesetzt erlauben sie es einer nur minimal instruierten (Laien-)*Aufsichtsperson*, sich zu einem beliebigen Zeitpunkt über das Geschehen im Klassenzimmer ins Bild zu setzen und es auf seine Regelhaftigkeit zu überprüfen. Als Ergänzung dienen die *Absenzenkontrolle* und das *Klassenjournal*; Mittel, die in MAX WEBERS Terminologie unter dem Begriff der *Rechenschaftslegung* und der *Aktenmäßigkeit* vorgesehen sind. Natürlich dient dieses Kontrollinstrumentarium kaum der Qualitätshebung, aber diesem Zweck ist es auch nicht zugedacht. Es soll nur ein Minimum an Einheitlichkeit, Erwartbarkeit und Loyalität garantieren, und dank ihm gelingt das der Schule mit einer Sparsamkeit an strukturellen und materiellen Ressourcen, die vielleicht kein anderes System von vergleichbarer Größe erreicht (→ *Bildungsökonomie und Bildungsmanagement*)!

4 Das organisierte Chaos – Neuere Theorien

Diese Einfachheit der Führungsmittel und die Tatsache, daß sie im Alltag weder nach außen noch nach innen irgendwie dramatisch in Erscheinung treten, ja daß sie überhaupt kaum sichtbar sind und nur für denjenigen Lehrer spürbar werden, der die Grenzen der tatsächlich zugestandenen pädagogischen Freiheit ausmessen will (was nicht jeder tut), dies sollte nicht dazu verleiten, Existenz und Wirkung dieser Mittel zu leugnen. Was jedenfalls die Bundesrepublik und die Schweiz betrifft, so sollten gewisse Wendungen, die die organisationswissenschaftliche Theoriebildung der letzten fünfzehn Jahre vollzogen hat, nur mit Zurückhaltung übertragen werden. Diese neuen Theorien, von denen hier die Rede ist, unterscheiden sich von ihren Vorläufern insofern, als sie anhand von

Bildungsorganisationen entwickelt wurden, also nicht erst nachträglich auf solche bezogen werden müssen.

Die Theorie des *loose coupling* von WEICK (1976) ist vielleicht die in der Bildungswissenschaft bekannteste. Nach ihr würden sich die Elemente des Bildungssystems durch beträchtliche Autonomie und lockere Verbundenheit auszeichnen, was ihnen einerseits hohe Flexibilität in der Anpassung an ihre je spezifische Umwelt verleihe, sie andererseits aber auch unsteuerbar und unberechenbar werden lasse. Nach MEYER/ROWAN (1977, 1978) ist in Erziehungseinrichtungen die Managementebene von der technischen (d. h. der Vollzugsebene) weitgehend entkoppelt und die letztere überdies von jeder Möglichkeit einer Kontrolle über die von ihr tatsächlich erzielte Wirkung weitgehend abgeschnitten. Die obere Ebene würde auf die Wahrnehmung ihrer Kontrollaufgabe im Vertrauen auf die Loyalität und das Können der unteren Ebene weitgehend verzichten, um allerdings nach außen um so ritualhafter und theatralischer den Eindruck intensiver Kontrollbemühungen zu erwecken. Diese Entkoppelung der inneren von der äußeren Referenz im Handeln des Managements ziele darauf ab, die Unterrichtsarbeit möglichst gegen unrealistische und darum zerstörerische Ansprüche abzuschirmen, die als Produkt der im Äußeren waltenden bildungspolitischen Diskussionen ins Innere eindringen könnten.

Nun ist der Gehalt dieser Theorien im Vergleich zu früheren nicht so neu, wie man aus der Intensität, mit der sie diskutiert werden, schließen könnte. Schon BIDWELL (1965) betonte in seinem mittlerweile klassisch gewordenen Aufsatz zur Organisationssoziologie der Schule deren *structural looseness*. Diese sei mit der Einführung der *Schulleiterrolle* noch vergrößert worden, weil sie die Klasse gegenüber direkten Interventionen des Aufsichtsgremiums (school board) isoliere. Und die Entkoppelungstheorie von MEYER/ROWAN entspricht in ihren Grundzügen der Theorie der offenen Systeme, etwa in der oben erwähnten Variante THOMPSONS, wonach eine Organisation mittels verschiedener Strategien versuchen würde, ihren technologischen Kern gegen externe Störungen und Unsicherheiten abzuschirmen. Und daß es Organisationen gibt, die es in ihrem Arbeitsbereich mit höchst unsicheren Kausalrelationen zu tun haben, ist spätestens seit den Arbeiten von LAWRENCE und LORSCH bekannt. Trotzdem mag diesen neuen Theorien das Verdienst zukommen, die Organisationswissenschaft noch näher an die Realität herangeführt zu haben. Die Frage ist nur, an welche Realität.

Sie gilt erst recht für eine dritte Theorie, die – jedenfalls in der hier vorgestellten Version – ebenfalls dem Bildungsbereich entstammt; die sogenannte Mülltonnen-Theorie (*carbage can model*) von MARCH und OLSON (1975, 1976). Mülltonnenartig sei die Struktur der Entscheidungsfindungsprozesse solcher Organisationen, in denen keine präzisen Zielangaben bestehen; die mit unklaren Ursache-Wirkungs-Relationen arbeiten müssen und die hohe Mitgliederfluktuation aufweisen. In ihnen fänden sich ebenso zufällig wie der Inhalt von Mülltonnen, aber auch nicht zufälliger, die folgenden Elemente zusammen: Entscheidungs*probleme*, *Lösungen*, *Teilnehmer* des Entscheidungsprozesses und die Gelegenheit, eine Entscheidung zu treffen. Zur Bestätigung ihrer Theorie weisen MARCH/OLSEN auf amerikanische und andere Universitäten hin.

Die Theorien von MEYER/ROWAN und von WEICK sind zwar nicht auf das oberste Stratum des Bildungssystems zugespitzt, aber ihre Gültigkeit ist in anderer Hinsicht beschränkt: in nationaler. In den USA ist die Volksschule stärker kommunalisiert, und die darin gegebene Autonomie wird vor allem vom *school board* und dem *Schulleiter* wahrgenommen; eigenständiger als in der Bundesrepublik oder der Schweiz, wo die Rolle des Schulleiters gebietsweise fehlt. Gemeinsam sind diesen beiden Staaten aber die Einheitlichkeit des Stoffplans (je innerhalb eines Landes bzw. Kantons), der Stundenplan und das eiserne Festhalten am Jahrgangsprinzip. Vielleicht kann gerade auf der Grundlage dieser in die Mikroebene eingreifenden Koordinationsmittel eine gewisse Lockerheit auf der Makroebene ohne großes Risiko gewagt werden (→ *Bildungsökonomie und Bildungsmanagement*).

5 Die Mehrklassenschule

Auf der Mikroebene aber werden diese Koordinationsmittel – unter der Prämisse des fördernden Unterrichts – zu Elementen eines Mechanismus, der (vgl. NIEDERBERGER 1984, 1985) wie kein anderer die Struktur der Schule bestimmt hat. »Förderung« bedeutet, auf die Rest-Heterogenität einzutreten, die in der vermeintlich homogenisierten Klasse doch verbleibt. Dies geschieht als Individualbefassung, die sicherlich dem Lehrer im Rahmen seines Handwerker-Spielraums konzediert ist, aber die Anforderungen an die Unterrichtsführung hochschnellen läßt. Darauf wird dann mit *Klassenverkleinerung* und *Differenzierung* reagiert, in der Illusion, endlich ausreichende Homogenität zu erlangen (→ *Unterrichtsformen, Differenzierung und Individualisierung*). Sie wurde nie erlangt, wie die Entwicklung zeigt. Aber in ihrem Lauf geriet aus dem Sinn, daß es auch anders geht: Die *Mehrklassenschule* beläßt die Alters-(und mit ihr die übrige) Heterogenität, und sie gewinnt daraus Lösungen: durch Anwendung von Heterogenität auf sich selber (*Helferprinzip*). Handeln unter diesen Umständen erfordert Entscheidungskompetenz an der Basis. Der Lehrer der Mehrklassenschule erfreut sich darum größerer Autonomie und folglich, wenn die unten vorzustellenden Theorien nicht irren, größerer Satisfaktion.

6 Individuum und Organisation – Human-Relations-Bewegung und Organisationspsychologie

Ob mechanistisch, organisch oder chaotisch – die Strukturen, von denen oben die Rede ging, waren die Strukturen von Handlungen. Organisationen wurden aufgefaßt als mehr oder weniger vorgeformte, aufeinander abgestimmte Handlungsgerüste. Daß diese gedachten Strukturen erst durch Individuen als reale Handlungen aktualisiert würden, hatte die Organisationswissenschaft zwar nicht außer Betracht gestellt, aber es interessierten noch nicht die Strukturen, die die Individuen in eigener Sache initiieren.

Während bei WEBER diese Thematik – die Bereitschaft des Individuums zu Partizipation, Konformität und Leistung – mit ethischen Kategorien wie Verantwortung und Loyalität angegangen wurde, trat die praktisch interessierte amerikanische Organisationswissenschaft mißtrauischer an das Individuum heran. TAYLOR schlug in seiner Theorie des *scientific management* (1915) äußerliche Mittel zur Lenkung des Individuums vor: eine optimale Passung von Mensch und Maschine, die Optimierung physiologisch wirksamer Faktoren des Arbeitsplatzes (z. B. der Beleuchtung) und den Leistungslohn. Als universelles Tauschmittel (d. h. als Geld) ausbezahlt, sollte mit seiner Hilfe die prinzipiell gegebene Interessendivergenz zwischen Arbeitgeber und -nehmer neutralisiert werden, indem der letztere den Lohn für die ihn interessierenden Zwecke verwenden konnte. Lange Zeit schien damit das gültige Paradigma gefunden; die in der Folge einsetzende Forschungstätigkeit beinhaltete vor allem Rationalisierungsstudien sowie Versuche, leistungssteigernde Verbesserungen an der Ausstattung des Arbeitsplatzes ausfindig zu machen.

Der Realitätsschock trat dann im Laufe der nachgerade berühmt gewordenen Studien in den *Hawthorne*-Werken ein, wo u. a. beobachtet wurde, wie das Leistungsniveau einer zu Experimentierzwecken isolierten Gruppe weit unter der physischen Kapazität und damit auch unter dem höchstzugänglichen Lohn blieb. Interessant ist daran nicht nur das Versagen des TAYLORschen Anreizsystems, sondern auch die Tatsache, daß die Einzelleistungen nur wenig vom Gruppendurchschnitt abwichen. Weitere Beobachtungen zeigten, daß die Gruppe sich selber informelle Normen gab. Sie versuchte, allzu hohen Einzelleistungen zuvorzukommen, um ein Hochschrauben der formellen Norm zu verhindern. Seit ihrer erstmaligen wissenschaftlichen Erwähnung durch ROETHLISBERGER/DICKSON (1939) gehört die Existenz informeller Gruppenstrukturen zum Grundwissen der Organisationswissenschaft, wobei sich allerdings die Soziologie über deren Bedeutung uneins ist.

In der weiteren theoretischen Entwicklung wurde von der ursprünglich beobachteten defensiven Funktion der Gruppe abstrahiert. Vor allem die *Human-Relations*-(H-R-) Bewegung hatte es sich zum Ziel gemacht, die kohäsive Potenz der Gruppe für eine stärkere und harmonischere Integration des Individuums in die Organisation zu nutzen. Wie weit dieser Anspruch bisweilen reichte, demonstriert der folgende Satz aus LIKERTS (1961) idealem Merkmalskatalog der hocheffektiven Gruppe:

»Die Werte und Ziele der Gruppe stellen eine befriedigende Synthese der Werte und Bedürfnisse der Mitglieder dar, welche ihrerseits geholfen haben, diese Werte und Ziele herauszubilden.«

Ein Grundbegriff, der allen H-R-Modellen eignet, lautet *Partizipation*. Die Vorteile partizipativer Führungsstrukturen waren in zahlreichen Studien der experimentellen Kleingruppenforschung und der industriesoziologischen Feldforschung zutage getreten. Sie betrafen etwa das Maß der Aggression (LEWIN 1947), das »Wir-Gefühl« (LIPPITT 1940) oder die Produktivität (COCH/FRENCH 1948 u. a. m.). BLAU/SCOTT (1962) konnten in Wohlfahrtsagenturen Hinweise darauf erbringen, daß Gruppenkohäsion hilft, professionelle Werthaltungen auch bei schwierigen Bedingungen aufrechtzuerhalten, daß sie aber den Sozialarbeiter vor Überengagement zurückhält und sein Verhalten im Umgang mit provokativen Klienten stabilisiert.

Dieser Punkt scheint geeignet, die Frage nach Existenz und Wirkung *informeller Strukturen* unter *Lehrern* zu stellen. Sie berührt einen bekannten und alten Topos: die Vereinzelung des Lehrers an seinem ureigentlichen Arbeitsort (LORTIE 1975). Es handelt sich primär um eine strukturell auferlegte Isolation; aber die Indizien sind deutlich, daß der Lehrer sie weit über das Unvermeidbare hinaus ausweitet und verfestigt, sie also schätzt (LESCHINSKY 1986). Um so mehr interessieren die mit Sicherheit doch vorhandenen informellen Strukturen, und zwar vor allem unter dem Gesichtspunkt ihrer Leistungsfähigkeit. Hier scheint einschlägige empirische Arbeit nach wie vor erwünscht; sie müßte wohl insbesondere auf die Dynamik in Lehreraufenthaltsräumen fokussiert sein (→ *Lehrer/Lehrerin*; → *Schule als Lebensraum* ...).

Es ist der zentrale Gedanke des individuum-orientierten Stranges der Organisationswissenschaft, daß in der arbeitsteiligen Organisation das Individuum einen zu kleinen Ausschnitt seiner Interessen und Fähigkeiten verwirklichen könne (MAYO 1933, 1945; MASLOW 1943, 1954; HERZBERG u. a. 1967; ARGYRIS 1964, 1971). Auf diese Behauptung gestützt, werden Entfremdungssymptome wie häufiges Pausieren, Stellenwechsel und eben »Herumpolitisieren« in informellen Gruppen (MARCH/SIMON 1958) prognostiziert. Trifft man nun für Lehrer die Annahme, daß geringe Identifikation mit dem Beruf gerade *nicht* ihr dominantes Problem sei, so wäre daraus ein schwaches Bedürfnis nach informellen Strukturen hypothetisch zu erklären. Die Schwierigkeit, Lehrer in ihren Klassenzimmern zu hospitieren (WALTER 1974; FRECH 1976; LESCHINSKY 1986), kann jedenfalls als Zeichen hoher Identifikation gesehen werden.

Als Quelle beruflicher *Satisfaktion* wird in der Fachliteratur (JACKSON 1968; LORTIE 1975) – natürlich nebst Lohn und Prestige – vor allem der Schüler gesehen, und zwar weniger mit seiner als Ergebnis langfristiger Bemühungen erzielten Leistung, eher mit unmittelbar in der Unterrichtssequenz erfolgenden Anzeichen des Interesses und des Begreifens. Für viele Lehrer mag sogar die Befriedigung dann am größten sein, wenn es gelingt, einen schlechten, von anderen Lehrern vielleicht schon aufgegebenen Schüler doch noch zum »Aufblühen« zu bringen. So gewonnene Satisfaktion ist im Höchstmaß *intrinsisch*, d. h. aus der Arbeit selbst erwachsend und nicht aus ihren Tauschartikeln – ganz wie dies die Individualtheoretiker der Organisationswissenschaft verlangen.

Was nun die *Ebene des Schülers* betrifft, so sind die Variablen, denen das Interesse der Organisationswissenschaft gilt, weitgehend mit jenen identisch, um die es auch bei der Entwicklung neuer Unterrichts- und Schulmodelle geht, nämlich *Führungsstruktur/ Partizipation* und *Motivation*. Einen Überblick über diese Modelle zu geben würde den Rahmen dieses Beitrags sprengen (→ *Strukturveränderungen im Bildungswesen*...; → *Freie Schulen*...). Es soll hier nur noch auf einige Punkte hingewiesen werden:

Eine deutliche Parallele zum Gedankengut der H-R-Bewegung läßt sich im *Gruppenunterricht* ausmachen. Daß dieser nicht einfach Motivationsmittel ist und über eine flachere Machtstruktur sanft integrieren soll, sondern Gelegenheit zur Aneignung prosozialer Verhaltensweisen geben will, dies unterscheidet ihn letztlich wenig von H-R-Modellen. Auch dort ist die Gruppe nicht nur als Instrument der Führung gedacht, sondern ebenso als menschengerechtes Lebensmedium. Dort soll in ihr besser gelebt werden können, hier soll gelernt werden, in ihr zu leben.

Die Forderung der H-R-Theoretiker, die Arbeit mit intrinsischen Anreizen anzureichern, findet eine genaue Entsprechung in den Bestrebungen, die gratifizierenden Qualitäten des *Stoffes* motivational zu nutzen. Nun hat dies schon immer zu den Aufgaben der Didaktik gezählt. Neues liegt eher in dem Versuch, den Anreiz nicht eigentlich im Stoff zu schaffen, sondern im Weg zu diesem; nämlich dadurch, daß er dem Schüler überlassen wird, zur selbständigen Erkundung. Motivation besteht hier als Lust am Entdecken. Die Praktikabilität dieser Methode hängt einerseits davon ab, ob die verbleibenden Steuerungsmittel reichen, den Schüler über die krummen und zeitraubenden Wege, die er dann vielleicht wählt, doch ans Ziel zu führen, und zwar ohne den Druck erneut ins Spiel zu bringen, den die Methode durch Lust ersetzen wollte. Und sie hängt andererseits von der Frage ab, ob sie nicht die erzielten Leistungswerte auseinanderzerrt, indem einige Schüler viel Lust *und* viel Lerngewinn aus der Freiheit zu ziehen vermögen, während andere ratlos oder mit wenig Entdeckerdrang vor ihr stehen und durch das schnelle Abheben der ersteren obendrein entmutigt werden (→ *Methoden des Unterrichts*).

Die Schule verfügt an sich über ein Anreizmittel, das wegen seiner generalisierten Form und der Konvertierbarkeit in außerorganisationale Tauschgüter klassischen Organisationstheorien entspricht: *Noten* und *Zeugnisse*. Unter motivationalen Gesichtspunkten besteht die Problematik wohl weniger in den unsicheren und momentan inflationären Tauschbedingungen, sondern – vor allem auf den unteren Schulstufen – im mangelnden subjektiven Realitätsgehalt. Diesen kognitiv aufzubauen ist Gegenstand *elterlicher Hilfe*. Vor allem aber versuchen Eltern, dieses Tauschmittel mit affektivem Gehalt zu versehen, der es erstrebenswert machen soll. So stellt die Schule eine Organisation dar, die mit Motivationen arbeitet, welche außerhalb ihrer Grenzen erzeugt und gestützt werden. Daß dieser Überlegung nichts Artifizielles anhaftet, zeigt die Sensitivität, mit der Lehrer diese Motivationsquelle verfolgen. Sie belohnt nämlich letzten Endes auch sie (→ *Pädagogische Diagnostik*; → *Verhältnis von Elternhaus und Schule*).

Literatur

ARIÈS, PH.: Geschichte der Kindheit. München 1978
ARGYRIS, C.: Integrating the Individual and the Organization. New York 1964
–: Management and Organizational Development. New York 1971
BIDWELL, C.: The School as a Formal Organization. In: MARCH, J. G. (Hrsg.): Handbook of Organizations. Chicago 1965, S. 972–1022
BLAU, P./SCOTT, W.: Formal Organizations. A Comparative Approach. San Francisco 1962
BURNS, T./STALKER, G.: The Management of Innovation. London 1961
COCH, L./FRENCH, J.: Overcoming Resistance to Change. In: Human Relations I (1948), S. 512–532
DREEBEN, R.: Was wir in der Schule lernen. (orig. engl. 1968) Frankfurt 1980
FRECH, H.: Berufsvorbereitung und Fachsozialisation. Empirische Untersuchung zur Ausbildung von Fachreferendaren. In: Studien und Berichte des Max-Planck-Instituts für Bildungsforschung. Berlin 1976
HERZBERG, F./MAUSNER, B./SNYDERMAN, B.: The Motivation to Work. New York 1967
JACKSON, PH.: Life in Classrooms. New York 1968
LAWRENCE, P./LORSCH, J.: Organization and Environment. Homewood, Ill. 1969
LESCHINSKY, A.: Lehrerindividualismus und Schulverfassung. In: Zeitschrift für Pädagogik 32 (1986), S. 225–246
LEWIN, K.: Frontiers in Group Dynamics. In: Human Relations 1 (1947), S. 2–38
LIKERT, R.: New Patterns of Management. New York 1961
LIPPITT, R.: An Experimental Study of Democratic and Authoritarian Group Atmospheres. University of Iowa Studies on Child Welfare 16 (1940), S. 45–195
LORTIE, D.: Schoolteacher: A Sociological Study. Chicago 1975
LUHMANN, N.: Zweckbegriff und Systemrationalität. Frankfurt 1973
–/SCHORR, K. E. (Hrsg.): Zwischen Technologie und Selbstreferenz. Frankfurt 1982
–/– (Hrsg.): Zwischen Intransparenz und Verstehen. Frankfurt 1986
MARCH, J./OLSON, J.: The Uncertainty of the Past: Organizational Learning under Ambiguity. In: European Journal of Political Research 3 (1975), S. 147–171
–/–: Ambiguity and Choice in Organizations. Bergen 1976
–/SIMON, H.: Organizations. New York 1958
MASLOW, A.: A Theory of Human Motivation. In: Psychological Review 50 (1943), S. 370–396
–: Motivation and Personality (1954). New York 1970
MAYO, E.: The Social Problems of an Industrial Civilization. Boston, Mass. 1945
–: The Human Problems of an Industrial Civilization (1933). New York 1966

MEYER, J./ROWAN, B.: Institutionalized Organizations: Formal Structure as Myth and Ceremony. In: American Journal of Sociology 83 (1977), S. 340–363
–/–: The Structure of Educational Organizations. In: MEYER, M. u. a.: Environments and Organizations. San Francisco 1978, S. 78–109
NIEDERBERGER, J.: Organisationssoziologie der Schule. Motivation, Verwaltung, Differenzierung. Stuttgart 1984
–: Die Bürokratie und die Zukunft der Mehrklassenschule. In: Bildungsforschung und Bildungspraxis 2 (1985), S. 95–105
ROBBINS, ST.: Organization Theory. The Structure and Design of Organizations. New Jersey 1983
ROETHLISBERGER, F./DICKSON, W.: Management and the Worker. Cambridge, Mass. 1939
RUMPF, H.: Die administrative Verstörung der Schule. Essen 1966
TAYLOR, F.: The Principal of Scientific Management. New York/London 1915/1947
TERHART, E.: Organisation und Erziehung. In: Zeitschrift für Pädagogik 32 (1986), S. 205–223
THOMPSON, J.: Organizations in Action. New York 1967
WALTER, H.: Auf der Suche nach dem Selbstverständnis. Studium und Beruf im Urteil der Junglehrer. In: IPFLING, H.-J. (Hrsg.): Verunsicherte Lehrer? München 1974
WEBER, M.: Wirtschaft und Gesellschaft (1922). Tübingen ^{5}1972
WEICK, K.: Educational Organizations as Loosely Coupled Systems. In: Administrative Science Quarterly 21 (1976), S. 1–18
–: Der Prozeß des Organisierens. Frankfurt 1985
WEINERT, A.: Lehrbuch der Organisationspsychologie. München u. a. 1981
ZINNECKER, J. (Hrsg.): Der heimliche Lehrplan. Weinheim/Basel 1975

Jürgen Baumert

Das allgemeinbildende Schulwesen der Bundesrepublik Deutschland

1 Vereinheitlichung des Schulwesens der Bundesrepublik nach dem Zweiten Weltkrieg und Grundzüge der Bildungsexpansion

In den 50er Jahren wurde das Schulwesen der Bundesrepublik im Anschluß an Organisationsstrukturen der Weimarer Zeit wiederhergestellt und konsolidiert. Reformansätze der unmittelbaren Nachkriegszeit, die zum Teil unter amerikanischem Einfluß das gegliederte Schulwesen in Richtung auf einen gestuften Schulaufbau verändern wollten, wurden zurückgedrängt (KUHLMANN 1970; ERDMANN 1976). 1955 vereinbarten die Bundesländer mit dem Düsseldorfer Abkommen zur Vereinheitlichung des Schulwesens eine verbindliche Grundstruktur. Erst mit dem Hamburger Abkommen der Länderregierungen von 1964 eröffnete sich wieder die Möglichkeit, Schulversuche mit abweichender Organisationsstruktur durchzuführen. Dennoch wäre es falsch, die 50er Jahre – wie dies häufig geschieht – als Zeitabschnitt bloßer Stagnation zu beschreiben. Einzelne Experimente nahmen bereits spätere Reformmaßnahmen vorweg (FÜHR 1967). Vor allem aber waren in dieser Zeit die noch lange nachwirkenden kriegsbedingten Mängel in der Schulraum-, Lehrmittel- und Personalversorgung zu überwinden. In den süddeutschen Ländern entwickelte sich überhaupt erst die Dreigliedrigkeit des Schulsystems durch den Ausbau der Mittel-/Realschulen, die sich vielfach von Volksschulen ablösten. Die quantitative und qualitative Konsolidierung der 50er Jahre legte die Grundlage der nachfolgenden Expansion (LESCHINSKY 1983).

Von Besonderheiten in einzelnen Bundesländern abgesehen, hatte sich in diesem Zeitraum folgende Struktur des Schulwesens herausgebildet (SCHEUERL 1970; FÜHR 1979; ARBEITSGRUPPE BILDUNGSBERICHT AM MAX-PLANCK-INSTITUT FÜR BILDUNGSFORSCHUNG 1990): Für alle Kinder begann – wie auch heute – im Alter von sechs Jahren die Schulpflicht. Die Mehrzahl der Kinder hatte zuvor weder einen Kindergarten noch irgendeine andere vorschulische Einrichtung besucht. Der selbstverständliche Kindergartenbesuch ist erst das Ergebnis des Ausbaus des vorschulischen Bereichs in den 60er und 70er Jahren. Nach gemeinsamer vierjähriger Schulzeit in der Volksschule besuchten 75 bis 80% der Schüler die vierjährige (in einigen Bundesländern schon fünfjährige) Volksschuloberstufe, die von der Erziehungsphilosophie der volkstümlichen Bildung getragen wurde. Die Volksschule war vielfach konfessionell und vorwiegend in den Städten auch geschlechtsspezifisch gegliedert. Allerdings löste sich die konfessionelle Bindung unter der Hand bereits auf – zunächst als Folge des Zustroms von Vertriebenen und Flüchtlingen, sodann als Begleiterscheinung einer zunehmenden Mobilität der Erwerbsbevölkerung (MACKENSEN 1979; ELLWEIN 1960) (→ *Soziale Klassen, soziale Schichten, soziale Mobilität*). Hinsichtlich des Ausbaustandes der Volksschulen war das Gefälle zwischen Stadt und Land beträchtlich. Der Anteil kleiner Schulen (»Zwergschulen«), in denen Unterricht nicht durchgehend in Jahrgangsklassen erteilt wurde, lag im Bundesdurchschnitt bei etwa 50%. In kleinen Gemeinden war der jahrgangsübergreifende Unterricht die Regel. Nach der achtjährigen Vollzeitschulpflicht wechselte der ganz überwiegende Teil der Altersgruppe in die Berufsausbildung oder unmittelbar in die Erwerbstätigkeit.

Das Gymnasium galt ungebrochen als Vorschule zur Universität und als Elitebildungsanstalt. Nach einer Aufnahmeprüfung wechselten etwa 12 bis 15% der 10- bis 11jährigen Schüler zu dieser Schulform, von denen weniger als die Hälfte – davon der größere Teil mit Klassenwiederholung – bis zum Abitur gelangte. Besondere interne Selektionsschwellen des Gymnasiums waren das erste Gymnasialjahr sowie der Übergang in die gymnasiale Oberstufe. In Regionen mit schmalem Realschulangebot war das Gymnasium für viele Schüler entgegen der Gymnasialidee funktionales Äquivalent einer mittleren Schulform.

Nachdem die historischen Realschulformen auf Oberschulniveau im Gymnasium aufgegangen waren, setzte sich der Begriff »Realschule« in den folgenden Jahren als einheitliche Bezeichnung einer Schulform durch, die nach zehnjährigem Schulbesuch zu einem mittleren Abschluß (»mittlere Reife«) führt und auf mittlere Berufspositionen vorbereitet. Im Bundesdurchschnitt war die Realschule mit einem Schüleranteil von unter 10% noch schwach entwickelt. Dennoch kennzeichnete diese Schulform eine beträchtliche organisatorische Vielfalt.

Die vertikale Gliederung des Schulsystems wurde durch eine nativistische Begabungstypologie und eine entsprechende Klassifikation von Berufsgruppen gerechtfertigt. Auf diesen Grundgedanken greifen alle bildungstheoretischen Begründungen des gegliederten Schulwesens zumindest implizit zurück. Trotz eines allgemeinen politischen Auftrags unter den Leitideen von Demokratie und Völkerverständigung galt die Schule noch als pädagogische Provinz, die in Absetzung gegen das NS-Deutschland und die DDR als neutrale Gemeinsamkeit der Jugend politisch gleichsam exterritorial sein sollte (GIESECKE 1980).

In den vergangenen 30 Jahren hat das Schulwesen der Bundesrepublik eine teilweise dramatische Entwicklung durchlaufen, die durch folgende Grundzüge gekennzeichnet ist (MAX-PLANCK-INSTITUT FÜR BILDUNGSFORSCHUNG 1980; HÜFNER/NAUMANN 1977 und 1986):

1. Relativ kurzfristige demographische Schwankungen führten zu einer großen Heterogenität von Problemlagen im Bildungssystem, die jeweils unterschiedliche Entwicklungsmöglichkeiten begünstigten.

2. Durch Verlängerung der Vollzeitschulpflicht sowie eine steigende Nachfrage nach höherwertigen Bildungsabschlüssen hat sich die mittlere Schulbesuchszeit kontinuierlich erhöht. Die Schule ist mehr und mehr zur prägenden Institution des Jugendalters geworden.

3. Unter den Gesichtspunkten der Durchlässigkeit und der curricularen Modernisierung wurden die Bildungsprogramme des vertikal gegliederten Systems allmählich angeglichen. Die Angleichung wurde durch die Anhebung des Ausbildungsniveaus der Hauptschule, aber auch durch die Erweiterung des Unterrichtsangebots der Realschule vorangebracht. Diese Entwicklung stand unter dem Vorzeichen der Wissenschaftsorientierung schulischen Lernens. Seit einigen Jahren werden faktische Grenzen der Angleichung sichtbar, und das Programm einer gemeinsamen wissenschaftsorientierten Grundbildung für die gesamte nachwachsende Generation wird zunehmend kontrovers diskutiert.

4. Ein wachsendes Bewußtsein für die Kontingenz von Organisationsstrukturen und kanonischen Kulturinhalten findet Ausdruck in Strukturreformen (→ *Strukturveränderungen im Bildungswesen* ..., → *Orientierungsstufe*, → *Gesamtschule*, → *Reformierte gymnasiale Oberstufe*), in vielfältigen curricularen Veränderungen und in der Problematisierung des Verhältnisses von Schule und gesellschaftlicher Umwelt. Die Vorstellung der politischen Exterritorialität der Schule wird verabschiedet. Dies führt zu einer sprunghaften Vermehrung schulischer Themen, die republikweit politikfähig sind. Folgerichtig trennt sich auch die Rechtsprechung von der Konzeption des besonderen Gewaltverhältnisses und verlangt die Einschaltung des Gesetzgebers zur Regelung wesentlicher Fragen (DEUTSCHER JURISTENTAG 1981) (→ *Bildungsrecht, Elternrecht* ...). Daß der Horizont ausgeschlossener pädagogischer Möglichkeiten stärker als zuvor sichtbar bleibt (»es könnte alles ganz anders sein«), ist auch eine Folge der Expansion der Erziehungswissenschaft und der damit institutionalisierten Kritik (LESCHINSKY/ROEDER 1980).

2 Zusammenspiel von Demographie und Bildungsnachfrage

Zentrale Bestimmungsgrößen der Schulentwicklung in der zweiten Hälfte dieses Jahrhunderts sind relativ kurzfristige demographische Schwankungen, die den anhaltenden Modernisierungstrend sinkender Fruchtbarkeitsraten überlagern, und ein kontinuierlicher Anstieg der Bildungsaspirationen der Bevölkerung. Der demographische Zyklus und die steigende Nachfrage nach höheren Bildungsabschlüssen greifen in einer schwer steuerbaren Weise ineinander.

2.1 Demographische Entwicklung und relativer Sekundarschulbesuch

Von 1955 bis Mitte der 60er Jahre stieg die Zahl der jährlichen Geburten in der Bundesrepublik von etwa 800 000 auf gut eine Million an, da die starken Vorkriegsjahrgänge in dieser Zeit ihre Familien gründeten. Nach 1967 stürzten die jährlichen Geburtenzahlen innerhalb von weniger als zehn Jahren von einer Million auf unter 600 000 – teils als Spätfolge des Zweiten Weltkrieges, überwiegend jedoch als Ergebnis veränderten Fruchtbarkeitsverhaltens (LESCHINSKY 1982). Bis Anfang der 90er Jahre werden die Geburtenzahlen auf diesem Niveau pendeln. Danach beginnt unter der Annahme konstanter Geburtenziffern eine neue Talfahrt, die zu weniger als 400 000 jährlichen Geburten nach dem Jahr 2000 führen wird (KÖHLER 1988).

Infolge des schnellen demographischen Zykluswechsels war das Bildungssystem über nahezu 30 Jahre hinweg jeweils zu ein und demselben Zeitpunkt je nach Schulstufe mit ganz unterschiedlichen Herausforderungen konfrontiert. Während etwa die Sekundarstufe I von 1975 bis 1985 demographischen Höchstbelastungen ausgesetzt war, leerten sich zur selben Zeit die Grundschulen und vergrößerte sich der demographische Druck auf die Universitäten. Wenn ab 1990 der Schülerrückgang in der Sekundarstufe Reaktionen unaufschiebbar macht, wird gleichzeitig die Spitzenbelastung an den Hochschulen erreicht, während eine vorausschauende Bildungspolitik sich bereits auf die zu erwartende neuerliche Schrumpfung der Grundschule einstellen muß. Die Bevölkerungsgrafik zeigt die demographischen Ungleichzeitigkeiten am Altersjahrgang der Schulanfän-

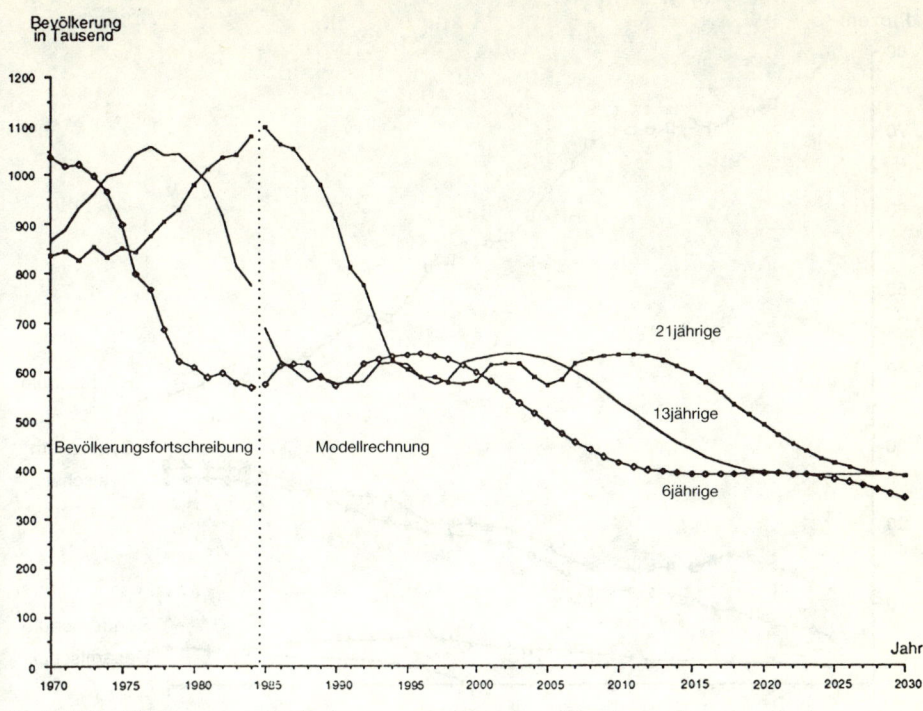

Quelle: Köhler 1988

Abb. 1: Bevölkerung in ausgewählten Altersjahrgängen, 1970 bis 2030

ger, nach dem Übergang in die Sekundarschulen und an der Alterskohorte der Studienanfänger (siehe Abbildung 1).

Während sich die demographische Bewegung in der Grundschule unmittelbar abbildet, wird sie auf der Sekundarstufe durch quantitative Verschiebungen zwischen den Schulformen überlagert. Abbildung 2 zeigt das Ausmaß der Schülerwanderung in der Sekundarstufe seit 1952: den Bedeutungsverlust der Hauptschule und den quantitativen Gewinn von Realschule und Gymnasium, die ihre Anteile am Jahrgang nahezu verdreifachen konnten (KÖHLER 1978 und 1988).

Oftmals wird die Bildungsexpansion als Ergebnis einer (mißratenen) Bildungsreform interpretiert. Diese Deutung überschätzt jedoch die politische Steuerbarkeit dieses komplizierten Prozesses. Unabhängig vom jeweiligen bildungspolitischen Kurs weisen alle Bundesländer im wesentlichen dasselbe Entwicklungsmuster auf. Die frühe Bildungswerbung hatte ebenso wie spätere Versuche, Übergangshürden wieder höher zu setzen, bestenfalls kurzfristige und keineswegs strukturbestimmende Wirkungen. Vielmehr vollzieht sich eine allmähliche gesellschaftliche Neudefinition bürgerlicher Grundbildung auf dem Mindestniveau des mittleren Schulabschlusses. Nach der letzten Umfrage der Arbeitsstelle für Schulentwicklungsforschung (AFS) der Universität Dortmund aus dem Jahre 1985 streben 56% der Schülereltern für ihre Kinder das Abitur und 35% die mittlere Reife an (ROLFF/BAUER/KLEMM/PFEIFFER 1990).

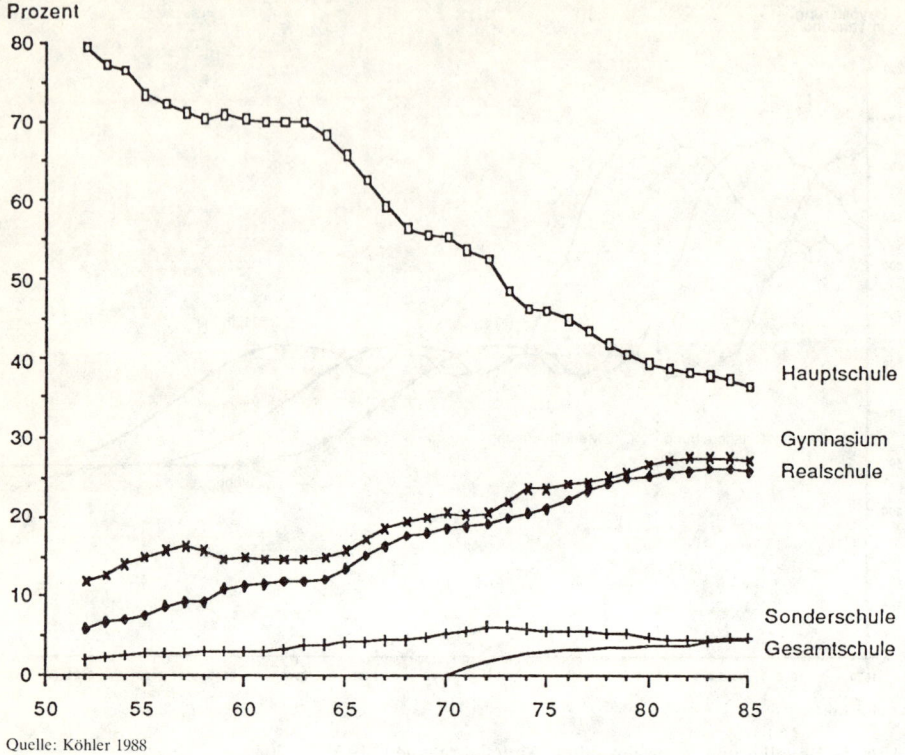

Quelle: Köhler 1988

Abb. 2: Relativer Schulbesuch der 13jährigen nach Schulformen 1952 bis 1985

2.2 Expansionsphase

Das Zusammenspiel von Demographie und Bildungsnachfrage erzeugte in der expansiven Phase das Bewußtsein für einen potentiellen Krisenherd. Infolgedessen erhielt die Bildungspolitik für einen vorübergehenden Zeitraum eine relativ hohe Priorität unter konkurrierenden Politikbereichen. Dies erlaubte den Kultusministern aller Bundesländer, eine extensive Ausbaustrategie und insbesondere eine prozyklische Personalpolitik zu verfolgen. Durch den anhaltenden Zustrom von Berufsanfängern vollzog sich innerhalb weniger Jahre ein abrupter Generationswechsel im Lehrkörper aller Schulformen. In die Grund- und Hauptschulen zog eine junge Lehrerschaft ein, die nach dem akademisierten Fachstudium an den Pädagogischen Hochschulen veränderte Ausbildungsvoraussetzungen mitbrachte. Der schnelle Wandel der Altersstruktur und die damit verbundene Ausbildungsdiskontinuität wirkten einerseits auf Kollegien destabilisierend, erzeugten andererseits aber eine ungewöhnliche Veränderungsbereitschaft (BAUMERT 1980) (→ *Lehrer/Lehrerin*).

Da die Expansion nur teilweise durch Schulneugründungen aufgefangen werden konnte, wurden die bestehenden Schulen ausgebaut und erweitert, so daß in der Regel Betriebsgrößen erreicht wurden, die erhebliche Veränderungen in der Schulorganisation erforderten.

Als Folge der veränderten Bildungsnachfrage schließlich veränderte sich die Zusammensetzung der Schülerschaft aller Sekundarschulen durchgreifend. Die Realschule verlor ihre gesamte Stammklientel an das Gymnasium, während die Hauptschule die Leistungsspitze an das Gymnasium und die Realschule abgab. Im Zusammenwirken von schnellem Generationswechsel in der Lehrerschaft, zunehmender interner Differenzierung von Bildungseinrichtungen sowie einer veränderten Schülerrekrutierung entstand eine Innovationsdynamik, deren Auswirkungen bis heute erst in Ansätzen analysiert sind.

2.3 Kontraktionsphase

Nach der schnellen Expansion stellen zurückgehende Schülerzahlen zunächst eine Entlastung dar. Diese Entlastung war in der Grundschule Anfang der 80er Jahre deutlich zu spüren; Mitte der 80er Jahre erreichte sie die Sekundarstufe I und Ende der 80er Jahre die Sekundarstufe II. Eine unmittelbare Folge der schrumpfenden Schulbevölkerung sind Verbesserungen in der Personalversorgung. Trotz Stellenabbaus sank im Zeitraum von 1975 bis 1985 in der Grund- und Hauptschule die Zahl der Schüler pro Lehrer von 27 auf knapp 18. Für die Realschule und das Gymnasium zeichnet sich die entsprechende Entwicklung seit Anfang der 80er Jahre ab. Die langfristigen Strukturprobleme einer prozyklischen Personalpolitik sind freilich ebenfalls sichtbar (BUDDE/ KLEMM 1986; SOMMER 1986). Nach dem schnellen Generationswechsel droht eine neue Überalterung und personelle Unbeweglichkeit der Lehrkörper.

Dennoch darf man von dem kollektiven Alterungsprozeß der Lehrerschaft nicht ohne weiteres auf institutionelle Verkrustung schließen. Allein der demographische Abschwung sorgt für eine neue, im einzelnen schwer berechenbare Dynamik. Die durchschnittlichen Betriebsgrößen der Schulen gehen zurück, und der erreichte interne Differenzierungsgrad ist oft nicht aufrechtzuerhalten. Dies kann empfindliche Folgen für den Jahrgangsunterricht in Grundschulen strukturschwacher Gebiete, für die Ausgestaltung der gymnasialen Oberstufe oder das Bildungsangebot einer Realschule haben. Bei Bestandsgefährdung einzelner Schulen – betroffen sind vornehmlich kleine Grund-, Haupt- und Realschulen – gewinnen integrative Lösungen wie der jahrgangsübergreifende Unterricht, die kombinierte Haupt- und Realschule oder die Integrierte Gesamtschule pragmatische Attraktivität, die auch zu neuen politischen Koalitionen auf lokaler Ebene führt (HANSEN/ROLFF 1984).

Gleichzeitig ist mit einer beachtlichen Zunahme der Variation zwischen Schulen zu rechnen. Dafür sind sowohl große regionale Strukturunterschiede als auch der intensivierte Wettbewerb zwischen Einzelschulen und Schulformen um schwächer werdende Schülerjahrgänge verantwortlich. Im Grundschulbereich sind die neuen regionalen Disparitäten am deutlichsten sichtbar. Um in strukturschwachen Gebieten ein ausreichendes Grundschulangebot zu sichern, muß man zumindest informell ein deutliches Überschreiten der Lehrerrichtzahlen und damit große Unterschiede in den tatsächlichen Klassenfrequenzen dulden. Gegenüber städtischen Schulen können sich mittlerweile die Klassengrößen in den Grundschulen bevölkerungsschwacher Regionen halbieren. In dünnbesiedelten ländlichen Regionen reicht auch diese Maßnahme gelegentlich nicht aus, so daß in einzelnen Bundesländern wieder an jahrgangsübergreifenden Unterricht gedacht wird.

Der Wettbewerb zwischen Schulen ein und derselben Schulform konzentriert sich im wesentlichen auf städtische Gebiete. Für das staatliche Schulwesen der Bundesrepublik, das die Gleichwertigkeit von Schulen desselben Typs unterstellt, ist diese offene Konkurrenz eine neue Erscheinung, deren langfristige Auswirkungen auf das professionelle Handeln innerhalb der Einzelinstitution schwer abzuschätzen sind (TILLMANN/BAUMERT/DÖRGER 1986).

Ende der 80er Jahre ist noch nicht entschieden, ob der eingeläutete Wettbewerb zwischen den Schulformen zu einer neuen Beschleunigung der Schülerwanderung im Sekundarbereich führen wird, auch wenn erste Anzeichen dafür sichtbar sind. Der Zustrom zu den weiterführenden Bildungsgängen schwächte sich nach 1980 ab, ohne daß eine Sättigung der Bildungsaspirationen sichtbar wäre.

3 Entwicklung der Schulformen

3.1 Grundschule

Eine für alle Kinder gemeinsame Grundschule einzurichten war ein Auftrag der Weimarer Verfassung. Das Reichsgrundschulgesetz von 1920 führte die vierjährige Grundschule ein und umriß die Grundzüge ihres ausgesprochen modernen Bildungsauftrags. Danach sollte die Grundschule zu einer umfassenden Entfaltung aller Anlagen des Kindes beitragen, so daß die weitere Schullaufbahn nicht durch Herkunft und soziale Stellung der Eltern, sondern durch Begabung und Neigung bestimmt würde. Leitlinien der Grundschularbeit waren Kindgemäßheit und ganzheitliche Entwicklung, Anschaulichkeit und Lebensnähe sowie Selbsttätigkeit (zu den Grundschulrichtlinien von 1921 vgl. LANDÉ 1927).

Noch Anfang der 60er Jahre galt die Grundschule als diejenige Schulform, die wie keine zweite ihre eigene Gestalt gefunden habe, die nur der lebendigen Ausfüllung durch die Einzelschule bedürfe (DEUTSCHER AUSSCHUSS FÜR DAS ERZIEHUNGS- UND BILDUNGSWESEN 1962). Einige Jahre später begann jedoch eine neue Grundschuldiskussion, in der vor allem mit zwei Argumenten für eine Weiterentwicklung und Reform der Grundschule plädiert wurde (SCHWARTZ 1969). Danach habe die Weimarer Grundschule keine befriedigende Lösung für das schwierige Verhältnis von Einheit und Differenzierung gefunden. Einerseits sei die Idee der Integration angesichts der konfessionellen und geschlechtsspezifischen Gliederung der Schulen und der häufig viel zu kleinen Einzugsgebiete nicht wirklich eingelöst; andererseits habe man im Vertrauen auf die Wirksamkeit des gemeinsamen Anfangsunterrichts das für die Überwindung von Herkunftsschranken notwendige Prinzip der Differenzierung und Individualisierung zuwenig beachtet, so daß Entwicklungsdefizite von Kindern aus anregungsarmen Elternhäusern kaum ausgeglichen würden. Das zweite Argument besagte, daß der inhaltliche Rahmen der Grundschule im Hinblick auf die veränderte Lebenswelt der Kinder und die besondere Bildsamkeit dieser Altersphase zu eng gesteckt sei.

Der DEUTSCHE BILDUNGSRAT (1970) nahm in seinem Strukturplan diese Kritik auf und empfahl eine Ergänzung der Kriterien des »Kindgemäßen« und »Anschaulichen« um die Gesichtspunkte der Individualisierung und Differenzierung, der Wissenschaftsorientierung des Unterrichts und der kompensatorischen Förderung. Die Anfänge der Naturwissenschaften und der Sozialwissenschaften sollten in elementarer Form Eingang in den Unterricht des Primarbereichs finden und Arbeitsformen besonderes Gewicht erhalten, die entdeckendes Lernen, selbständiges und kooperatives Arbeiten begünstigen und Problemlösen schulen. Die notwendigen Differenzierungsmaßnahmen sollten vornehmlich im Rahmen des Klassenverbandes getroffen werden und sowohl Neigungs- wie auch Stützangebote vorsehen. Diese Gesichtspunkte haben als Leitideen der Grundschularbeit noch immer Bedeutung, auch wenn sie nicht unbestritten geblieben sind. Insbesondere hat die – oft mißverstandene – Wissenschaftsorientierung des Unterrichts Widerspruch gefunden (NEUHAUS 1977; HORN 1985).

Die erste große Veränderung erfuhr die Grundschule in der zweiten Hälfte der 60er Jahre mit der Landschulreform. Um größere, vollausgebaute Schuleinheiten zu schaffen, reduzierten die Flächenstaaten ihren Schulbestand innerhalb weniger Jahre einschneidend (siehe Tabelle 1). Wenn man bedenkt, daß für viele Kommunen der Verlust der Schule auch eine kulturelle Verarmung bedeutete, ist es im Rückblick geradezu verblüffend, wie politisch konfliktarm dieser Einschnitt in die kommunale Infrastruktur verlief. Seit dieser Reform wird auch die Grundschule überwiegend mehrzügig geführt, wenngleich mit dem Schülerrückgang die Zahl der einzügigen oder nicht mehr jahrgangsmäßig gegliederten Schulen in ländlichen Gebieten wieder zugenommen hat. Die Mehrzügigkeit war wohl eine äußere Voraussetzung für die Durchsetzung des heute den Grundschulunterricht kennzeichnenden gemäßigten Fachlehrerprinzips. In der Praxis der Grundschule sind Elemente des Gesamt- und Fachunterrichts eine Verbindung eingegangen.

Jahr	Schulen	Schüler insgesamt	dav. an Grundschulen[1]	Grund- und Hauptschule Lehrer[2] insgesamt	dav. an Grundschulen[1]	Schüler je Lehrer insgesamt	dav. an Grundschulen[1]
1960	31 109	5 219 300	3 096 900	148 100	–	36,7	–
1965	30 048	5 565 700	3 453 200	168 100	–	33,1	–
1970	21 504	6 347 400	3 972 500	201 500	–	31,5	–
1975	18 107	6 425 100	3 914 700	234 300	126 900	27,4	30,8
1980	18 411	4 706 500	2 772 800	232 900	116 400	20,2	23,8
1985	19 280	3 587 100	2 254 600	200 400	111 500	17,8	20,2
1988	20 726	3 442 900	2 367 100	193 900	116 300	17,8	20,4

1 Klassenstufe 1–4
2 Vollzeitlehrer und in Vollzeitlehreräquivalente umgerechnete Teilzeitlehrer.
Quelle: Bundesminister für Bildung und Wissenschaft (Hrsg.): Grund- und Strukturdaten 1989/90. Bonn 1989.

Tab. 1: Basisdaten Grund- und Hauptschule

Die gemäßigte Verfachlichung des Grundschulunterrichts ist jedoch nur eine Entwicklungslinie. Den Alltag stärker prägen wahrscheinlich Veränderungen der Lehr- und Lernformen. Allerdings erlaubt die unbefriedigende Forschungslage keine genaueren Angaben über die empirische Verteilung und insbesondere Variation von Unterrichtsformen. Wenn auch der lehrergeleitete Unterricht die modale Instruktionsform darstellt, so hat die Grundschule doch eine Reihe von Elementen des »offenen« Unterrichts aufgenommen, so daß das Unterrichtsgeschehen variabler und vielfältiger geworden ist. Besonders bemerkenswerte Veränderungen vollzogen sich an der Nahtstelle zwischen Kindergarten/Vorschule und Grundschule, im Verhältnis von Schule und lokalem

Umfeld und im Bereich des gelenkten Experimentierens im Sachkundeunterricht (EINSIEDLER 1979; NEUHAUS-SIEMON 1981).

Nicht zuletzt infolge der demographisch bedingten Verbesserung der Schüler-/Lehrerrelation (siehe Tabelle 1) konnten sich einige Differenzierungsformen allgemein durchsetzen. Dazu gehört vor allem der temporäre Förderunterricht. Aber auch die Klassenteilung, die für einen Teil der Schulstunden Unterricht in Gruppen mit halber Klassenstärke erlaubt, wird immer dann, wenn Klassenstärken noch über 20 Schülern liegen, häufig praktiziert. Dagegen scheinen Gruppen- und Partnerarbeit mit *differenzierter* Aufgabenstellung noch relativ selten zu sein (HOPF/KRAPPMANN/SCHEERER 1980) (→ *Unterrichtsformen, Differenzierung und Individualisierung*; → *Methoden des Unterrichts*).

In dieses Programm einer sich öffnenden und fördernden Schule fügt sich die in verschiedenen Bundesländern vorgenommene Liberalisierung der Regelung von Versetzung und Leistungsbeurteilung ein. In diesen Ländern geht man von einer Regelversetzung in den ersten Schuljahren aus und verzichtet zumindest im 1., gelegentlich auch im 2. Schuljahr auf Notenzeugnisse zugunsten von verbalen Beurteilungen (BENNER/RAMSEGER 1985; SCHEERER/SCHMIED/TARNAI 1985) (→ *Pädagogische Diagnostik*).

Die häufig vorgetragene und auch die Grundschule nicht ausnehmende Kritik an der Unwirtlichkeit und Lebensarmut der Schule, die mit ihrer Konzentration auf Lernfächer alles Musisch-Expressive ersticke, ist nach einer 1984 durchgeführten Erhebung zum Schulleben selbst als vereinfachende Beschreibung nicht haltbar. Gesellige Veranstaltungen und vor allem außercurriculare Angebote vielfältiger Art, mit denen im Durchschnitt etwa 30% der Schüler einer Schule erfaßt werden, sind in ungefähr 80% der Grundschulen selbstverständlich. Insgesamt ergibt sich das Bild einer sozial aktiven, zugleich aber ihrer primären Aufgabe bewußten Schule (BAUMERT/LESCHINSKY 1985) (→ *Schule als Lebensraum* . . .).

Seit Mitte der 70er Jahre stellt sich die Grundschule zunehmend einer Diskussion über die Probleme einer separierten Sonderschule. Inzwischen wurden eine Reihe von Versuchen zur Integration von Behinderten in die Grundschule durchgeführt, die eine Umorientierung begünstigen. Es deutet sich an, daß die Grundschulen mit Sonderschulüberweisungen zurückhaltender verfahren und sich Integrationsprogrammen bereitwilliger öffnen (HOPF/KRAPPMANN/SCHEERER 1980; BLEIDICK 1983; VALTIN u. a. 1984; PREUSS-LAUSITZ 1986; TIETZE/ROSSBACH 1987) (→ *Institutionen der Sonderpädagogik*).

3.2 Hauptschule

Die Hauptschule schließt in der Regel an die vierjährige Grundschule oder die – vornehmlich schulformspezifische – zweijährige Orientierungsstufe an und führt anschließend je nach Bundesland in drei oder vier Jahrgangsstufen bis zum Ende der Vollzeitschulpflicht nach neun bzw. zehn Schuljahren. Die Hauptschule entläßt ihre Schüler überwiegend in die Berufsausbildung oder unmittelbar in die berufliche Tätigkeit; allerdings ist ein zunehmender Übergang in berufliche Vollzeitschulen zu verzeichnen.

Ihren Namen trägt die Hauptschule seit dem Jahr 1964, in dem er durch das Hamburger Abkommen der Länderregierungen zur Vereinheitlichung des Schulwesens als neue Bezeichnung für die bisherige Volksschuloberstufe eingeführt wurde. Im selben Jahr erschienen die Empfehlungen des Deutschen Ausschusses für das Erziehungs- und

Bildungswesen zum Aufbau der Hauptschule. Wesentliche Elemente dieser Empfehlungen fanden dann fünf Jahre später Eingang in eine Vereinbarung der Kultusministerkonferenz, in der die Grundzüge dieser Schulform festgelegt wurden. Mit der Hauptschulreform war die Zielsetzung verknüpft, für die Mehrheit der Schüler eine wissenschaftsorientierte Grundbildung in Verbindung mit einer stärkeren Vorbereitung auf die Arbeitswelt anzubieten. Die curricularen und unterrichtsorganisatorischen Veränderungen waren beträchtlich. Dazu gehörten: der obligatorische Englischunterricht, die Einführung der Arbeitslehre und die Erhöhung der Anforderungen in den naturwissenschaftlichen Fächern und Mathematik, der leistungsdifferenzierte Mathematik- und Englischunterricht sowie Versuche, die Wahldifferenzierung auch in der Hauptschule zu verankern. Leitgedanken der Reform waren Verfachlichung, die durch eine entsprechende Fachlehrerausbildung sichergestellt werden sollte, und Niveauangleichung. Die Harmonisierung der Stundentafeln der Sekundarschulen, die in den 70er Jahren vorgenommen wurde, ist ein Ausdruck dieser Zielsetzungen (DIETRICH/KLINK/SCHEIBE 1974; STRUCK 1979; LESCHINSKY/ROEDER 1980; KLEWITZ/LESCHINSKY 1984).

Um dem Anspruch der Hauptschulreform überhaupt gerecht werden zu können, waren rechtliche und organisatorische Bedingungen notwendig, wie sie bis Mitte der 60er Jahre allenfalls in den Stadtstaaten und in den städtischen Regionen einiger Bundesländer gegeben waren. Zu den wichtigsten die Reform vorbereitenden Maßnahmen zählen die einheitliche Festlegung der Vollzeitschulpflicht auf neun Jahre, die Landschulreform und die Verringerung der Klassenstärken. Nicht weniger wichtig war die Verbesserung der Personalversorgung, die eine allmähliche Verkleinerung der Klassen ermöglichte. Mitte der 60er Jahre waren Volksschulklassen mit 40 und mehr Schülern noch keineswegs selten.

Die Durchführung der Hauptschulreform zog sich – mit großen Länderunterschieden – bis weit in die 70er Jahre hinein. Sie ist gekennzeichnet durch den Widerspruch zwischen Programm und sich verschlechternden Realisierungsbedingungen. Insbesondere in den Städten geriet die Reform, die diese Schulform gerade für die Mehrheit der Schüler attraktiv machen und stabilisieren sollte, unter den Druck der sich gleichzeitig vollziehenden Schülerabwanderung (siehe Abb. 2, S. 338, und Tab. 2). In Großstädten

Jahr	Schüler	Lehrer[1]	Schüler je Lehrer	Relativer Schulbesuch[2]
1960	2 122 400	–	36,7[3]	70,1
1965	2 112 500	–	33,1[3]	65,7
1970	2 374 900	–	31,6[3]	55,3
1975	2 510 400	107 400	23,4	46,0
1980	1 933 700	116 500	16,6	39,2
1985	1 332 500	88 900	15,0	36,9
1988	1 075 800	77 600	13,9	34,8[4]

1 Vollzeitlehrer und in Vollzeitlehreräquivalente umgerechnete Teilzeitlehrer.
2 der 13jährigen (in Prozent)
3 Angaben für Grund- und Hauptschule.
4 Wert von 1987.
Quellen: Bundesminister für Bildung und Wissenschaft (Hrsg.): Grund- und Strukturdaten 1989/90. Bonn 1989; Köhler, H.: Neuere Entwicklungen des relativen Schul- und Hochschulbesuchs. Eine Analyse der Daten für 1975 bis 1987. Berlin: Max-Planck-Institut für Bildungsforschung 1990 (Materialien aus der Bildungsforschung).

Tab. 2: Basisdaten Hauptschule

sinken die Übergangsquoten mittlerweile deutlich unter 20%. Diese Entwicklung hat einige Schulverwaltungen veranlaßt, die Grenzen einer Angleichung der Schulformen wieder stärker zu betonen.

Die Hauptschule verwirklicht bestenfalls ein gemäßigtes Fachlehrerprinzip. Um die persönlichen Bindungen zwischen Schülern und Lehrern zu festigen, wird ein möglichst großer Stundenanteil in die Hände des Klassenlehrers gelegt, auch wenn dadurch fachfremd unterrichtet werden muß. Folglich ist in keiner Schulform der Anteil fachfremd erteilten Unterrichts so hoch wie in der Hauptschule (ARBEITSGRUPPE BILDUNGSBERICHT AM MAX-PLANCK-INSTITUT FÜR BILDUNGSFORSCHUNG 1990). Manche Schulen überdenken aus ganz ähnlichen Erwägungen auch die Unterrichtsorganisation und nehmen von der Fachleistungsdifferenzierung zugunsten von Varianten des Team-Kleingruppen-Modells Abschied, das in dieser Schulform dann sozialpädagogische Akzente erhält (→ *Unterrichtsformen, Differenzierung und Individualisierung*). Kultusverwaltungen, die der Angleichungspolitik von vornherein skeptisch begegnet waren, versuchen die Lernanforderungen zugunsten von Grundkenntnissen, die in einem handlungsorientierten und anschauungsnahen Unterricht vermittelt werden sollen, zu senken. Dazu gehört auch die Eröffnung von Möglichkeiten, die Fremdsprache frühzeitig abzusetzen. Diese Maßnahmen treffen sich mit einer in Hauptschulen vorherrschenden Unterrichtsform, die HAGE, BISCHOFF und DICHANZ (1985) aufgrund ihrer empirischen Befunde als »gelenkte Beschäftigung« bezeichnet haben.

Der ins Auge fallende quantitative Bedeutungsverlust der Hauptschule darf aber nicht dazu verleiten, die immer noch außerordentlich große Heterogenität der Schülerschaft dieser Schulform – selbst in Großstädten – zu übersehen (FEND/RODAX/SPITZ 1985; ROEDER 1985 und 1987). Zu der Disparität der Leistungsvoraussetzungen trägt nicht zuletzt der hohe Ausländeranteil bei. Während die in der Phase des Zustroms ausländischer Arbeitnehmer zuwandernden ausländischen Jugendlichen als sogenannte Quereinsteiger die Arbeit der Hauptschule belasteten, üben die in der Bundesrepublik mittlerweile aufgewachsenen Ausländerkinder oftmals einen ausgesprochen leistungsstabilisierenden Einfluß aus (siehe Abschnitt 4.3). Die Heterogenität der Schülerschaft spiegelt sich auch in der Auseinanderentwicklung der erreichten Abschlüsse wider.

3.3 Realschule

Die Realschule ist jene Schulform, die – von Bildungspolitik und Wissenschaft wenig beachtet – von der Bildungsexpansion am stärksten profitiert hat, so daß man sie als den »stillen Gewinner der Nachkriegsentwicklung« bezeichnen konnte (ARBEITSGRUPPE BILDUNGSBERICHT AM MAX-PLANCK-INSTITUT FÜR BILDUNGSFORSCHUNG 1990). Der Name »Realschule« wurde als einheitliche Bezeichnung für das mittlere Schulwesen 1964 mit dem Hamburger Abkommen eingeführt. Er ersetzte die in einigen Bundesländern noch übliche Bezeichnung »Mittelschule«. Die Realschule bietet einen Bildungsgang, der nach zehn Schuljahren mit dem früher als »mittlere Reife« bezeichneten Realschulabschluß endet. Das Bildungsprogramm der Realschule liegt hinsichtlich Umfang und Anspruchsniveau zwischen Hauptschule und Gymnasium, wobei sich der Abstand zur Hauptschule kontinuierlich vergrößert hat. Nach dem Schulabschluß nimmt der größere Teil der Realschüler eine Berufsausbildung auf oder tritt unmittelbar ins Erwerbsleben ein.

Zugleich eröffnet der Realschulabschluß aber auch die Möglichkeit, die schulische

Ausbildung entweder in beruflichen Vollzeitschulen, insbesondere in der Fachoberschule, oder in der gymnasialen Oberstufe fortzusetzen. Für den Übergang in die Fachoberschule oder das Gymnasium wird in der Regel ein besonderer Qualifikationsvermerk im Abschlußzeugnis vorausgesetzt (Fachoberschulreife; → *Das berufliche Bildungswesen* ...).

Die institutionelle Gestalt der Realschule ist außerordentlich vielfältig. Je nach Bundesland kann die Realschule vier- oder sechsjährig geführt werden. Mittlerweile sind Realschulen überwiegend selbständige Bildungseinrichtungen; in Hamburg und Schleswig-Holstein jedoch blieb die traditionelle Verbindung von Haupt- und Realschule erhalten, während Niedersachsen, Hessen und Bremen Realschulen auch in kooperative Schulzentren einbeziehen. Hinsichtlich ihres internen Differenzierungsgrades – ablesbar an den Schwerpunkten der Wahlpflichtdifferenzierung – unterscheiden sich Realschulen sowohl zwischen als auch innerhalb von Bundesländern erheblich. Dies tangiert die Chancen von Realschulabsolventen, auf weiterführende Schulen überzugehen. In vier Bundesländern setzt der Realschulabschluß das Bestehen einer besonderen Prüfung am Ende des 10. Schuljahres voraus (WOLLENWEBER 1979 und 1981; RÖSNER 1984).

Die Expansion des Realschulbesuchs ist nicht zuletzt deshalb besonders bemerkenswert, da sie im Bundesdurchschnitt auf einem sehr niedrigen Niveau begann. Der Anteil der 13jährigen, die eine Realschule besuchten, betrug 1952 knapp 6%, bis 1960 stieg er auf 11%, und Mitte der 80er Jahre versorgt die Realschule rund ein Viertel des Jahrgangs (siehe Tabelle 3). Nach 1945 wurde die Mittelschultradition ohne besonderen programmatischen Anspruch wiederbelebt, wobei sich je nach Region unterschiedliche Anknüpfungspunkte anboten: etwa die preußische Mittelschule oder die bayerische konfessionell gebundene Mädchen-Realschule (MASKUS 1979). Kennzeichnend für die Anfänge der Realschulentwicklung sind große Unterschiede zwischen den Bundesländern. Noch 1960 schwankte der Realschulbesuch länderspezifisch zwischen 4 und 20%. In den nachfolgenden Jahren verminderten sich diese Unterschiede, ohne wirklich überwunden zu werden.

Für den Erfolg der Realschule waren weniger eine überzeugende Bildungskonzeption als vielmehr sehr pragmatische Umstände verantwortlich. Sobald eine ausreichende Prosperität der Familie die langfristige Planung des Lebensweges der Kinder erlaubte,

Jahr	Schulen	Schüler	Lehrer[1]	Schüler je Lehrer	Relativer Schulbesuch[2]
1960	1 125	430 700	19 300	23,0	11,3
1965	1 555	570 900	24 300	23,5	13,4
1970	2 116	863 500	37 800	23,1	18,5
1975	2 348	1 179 900	51 800	22,7	21,0
1980	2 623	1 351 100	62 700	21,5	25,4
1985	2 617	1 049 000	59 300	17,7	26,1
1988	2 580	875 200	54 600	16,0	26,2[3]

1 Vollzeitlehrer und in Vollzeitlehreräquivalente umgerechnete Teilzeitlehrer.
2 der 13jährigen (in Prozent)
3 Wert von 1987
Quellen: Bundesminister für Bildung und Wissenschaft (Hrsg.): Grund- und Strukturdaten 1989/90. Bonn 1989; Köhler, H.: Neuere Entwicklungen des relativen Schul- und Hochschulbesuchs. Eine Analyse der Daten für 1975 bis 1987. Berlin: Max-Planck-Institut für Bildungsforschung 1990 (Materialien aus der Bildungsforschung).

Tab. 3: Basisdaten Realschule

bot sich die Realschule als Aufstiegsweg für eher bildungsferne Schichten an. Ende der 80er Jahre erfüllt die Realschule diese Funktion noch in ländlichen Gebieten und für einen zunehmenden Anteil der im deutschen Schulwesen heranwachsenden Ausländerkinder. Diese Entwicklung wurde durch den Strukturwandel der Erwerbstätigkeit zugunsten von Beamten- und Angestelltenberufen, die einen mittleren Schulabschluß voraussetzen, unterstützt (HEGELHEIMER 1980; RÖSNER 1984). Schließlich hat der Realschulabschluß auch durch seine gegenüber früher verbreiterte Verwendbarkeit an Wert gewonnen, da er nicht nur den Zugang zu anspruchsvollen betrieblichen Berufsausbildungen und der mittleren Laufbahn des öffentlichen Dienstes, sondern auch zu allen höherwertigen Bildungsgängen und -abschlüssen eröffnet.

Gegenüber der Hauptschule zeichnet sich die Realschule als eine vornehmlich an fachlichen Gütemaßstäben ausgerichtete Institution aus. Aber auch gegenüber dem Gymnasium konnte die Realschule trotz Annäherung ein eigenes Profil bewahren, das man als Verbindung von Allgemeinbildung und berufsfeldbezogener Orientierung beschreiben kann. In der Wahlpflichtdifferenzierung, die der Realschule die eigentliche Gestalt gibt, wird dies besonders deutlich (DERBOLAV 1966; WOLLENWEBER 1979). Spätestens in der 9. Jahrgangsstufe erhalten die Schüler die Möglichkeit, neben einem für alle verbindlichen Unterricht unterschiedliche Kursschwerpunkte zu wählen, auf die bis zu 25% der Wochenstunden entfallen können. Man kann vier Wahlpflichtschwerpunkte unterscheiden, die allerdings nicht in allen Bundesländern vorgesehen sind, geschweige denn in jeder Einzelschule angeboten werden. Schwerpunkte sind der fremdsprachliche, der mathematisch-naturwissenschaftliche, der sozial- und wirtschaftskundliche sowie der künstlerisch-musische Bereich.

Die Realschule ist mittlerweile über den Typ einer Mittelschule hinausgewachsen. Mit der Expansion ist aber auch die Schülerschaft der Realschule heterogener geworden. Realschulleiter sehen die Veränderung von Leistungsvoraussetzungen und Lernmoral mit größerer Sorge als Leiter von Gymnasien oder Gesamtschulen (BAUMERT 1987). Aus vergleichenden Schuluntersuchungen wird deutlich, daß ihre Sorge – dem üblichen Bild der Realschule als konformitätsorientierter Leistungsschule widersprechend – nicht gänzlich unbegründet ist (RÖSNER 1984). Hinsichtlich der Ausgestaltung des Schullebens nimmt die Realschule eine Mittelstellung zwischen Hauptschule und Gymnasium ein, wobei im Unterschied zum Leistungsbereich eine größere Nähe zur Hauptschule zu erkennen ist. Die relativ hohe Variation zwischen den Schulen deutet darauf hin, daß die Realschule (noch) keine dem Gymnasium vergleichbar stabilen normativen Erwartungen an die Gestaltung des außercurricularen Bereichs ausgebildet hat.

Es gibt Anzeichen, daß die Realschule zumindest in städtischen Regionen (vorläufige) Grenzen ihrer Expansion erreicht hat. In jedem Fall aber wird sie den demographisch bedingten Schülerrückgang auch nicht annähernd durch Zugewinne kompensieren können, so daß vielerorts der erreichte Differenzierungsgrad nicht aufrechtzuerhalten ist. Die schon beträchtliche Unterschiedlichkeit der einzelnen Realschulen wird also weiter zunehmen.

3.4 Gymnasium

3.4.1 Vorschule zur Universität

Nach 1945 entwickelten sich die weiterführenden Schulformen in der Bundesrepublik entgegen den Beschlüssen des Alliierten Kontrollrats von 1947 sehr unterschiedlich. 1955 unternahmen die Bundesländer mit dem Düsseldorfer Abkommen zur Vereinheitlichung auf dem Gebiet des Schulwesens den Versuch, eine grundlegende Harmonisierung herbeizuführen. Dabei erhielten alle Formen der höheren Schule, die zur Hochschulreife führten, einheitlich die Bezeichnung »Gymnasium«. Zugleich wurden die zulässigen Grundformen dieser Schule – nämlich das altsprachliche, neusprachliche und mathematisch-naturwissenschaftliche Gymnasium – festgelegt (ULSHÖFER 1967). Mit dem Begriff »Gymnasium« wurde nicht einfach der Name einer traditionsreichen Schule aufgenommen, sondern es kam darin im Rückgriff auf die preußische Gymnasialreform des beginnenden 19. Jahrhunderts ein Programm zum Ausdruck, nach dem die höhere Schule an den Erfordernissen eines Universitätsstudiums ausgerichtet sein sollte. In den 50er Jahren setzte sich die Hochschulreife – verstanden als Studienberechtigung – als Leitvorstellung wieder durch (HERRLITZ 1982). Deutlichen Ausdruck fand diese Entwicklung in dem sogenannten Tutzinger Maturitätskatalog von 1958, der von Beauftragten der Kultusministerkonferenz und der Westdeutschen Rektorenkonferenz mit dem Ziel erarbeitet worden war, die Mindestanforderungen der Hochschulreife zu bestimmen. Diesem Katalog folgten in den 60er und 70er Jahren weitere Versuche der Hochschulen, Anforderungen an den Gymnasialabschluß zu präzisieren (FLITNER 1959; SCHEUERL 1962 und 1969; HERRLITZ 1968 und 1982; TENORTH 1975; KAISER 1982; DERBOLAV 1983).

Das Gymnasium unter die Zielsetzung der Hochschulreife zu stellen heißt auch, Gymnasium und Universität als Bildungseinheit zu sehen. Diese Konzeption geht auf Reformvorstellungen WILHELM VON HUMBOLDTS zurück, nach denen die philologische und mathematische Schulung des Gymnasiums unmittelbar durch die philosophische Bildung der Universität, deren Kern zu Beginn des 19. Jahrhunderts noch die einheitliche philosophische Fakultät war, ergänzt und fortgesetzt werden sollte. Obgleich die Entwicklung der Universität mit der Spezialisierung in den Fachwissenschaften und mit ihrem Verzicht auf die Fortsetzung der Allgemeinbildung dieser Idee die Grundlage entzog, hielt das Gymnasium daran fest, Vorschule zur Universität zu sein. Es versuchte, die fachwissenschaftliche Entwicklung in gewissem Grade durch eine institutionelle Ausdifferenzierung bzw. durch Erweiterung des schulischen Lehrplans nachzuvollziehen und dennoch den allgemeinbildenden Anspruch aufrechtzuerhalten (→ *Theorien der Bildung . . .*; → *Allgemeine und berufliche Bildung*). Damit entstand das bislang nicht gelöste Dilemma des Gymnasiums, sowohl eine moderne und breite Allgemeinbildung als auch Wissenschaftspropädeutik anbieten zu wollen.

Ansätze der 50er und 60er Jahre, neue Gymnasialformen einzurichten, waren ebensowenig erfolgreich wie die Versuche, den besonderen Bildungswert einzelner Fächer oder Fachrichtungen theoretisch zu begründen. Sonderformen – wie das wirtschaftswissenschaftliche, sozialwissenschaftliche, erziehungswissenschaftliche oder frauenberufliche Gymnasium – setzten sich quantitativ nicht durch (DREWEK/MÜLLER 1982). Antworten auf die Frage, weshalb die Wirtschafts- und Sozialwissenschaften sowie das Recht und die Technik im Bildungsgang des Gymnasiums so gut wie nicht vertreten sind und der musisch-künstlerische Bereich eine nur nachgeordnete Rolle spielt, blieben aus. Die spätestens 1960 mit der Saarbrückener Oberstufenvereinbarung der Kultusminister begonnene und durch die Oberstufenreform von 1972 forcierte Enttypisierung des Gymnasiums ist ein Versuch, diesem Problem zu begegnen, ohne das grundlegende Dilemma aufheben zu können.

3.4.2 Formen des Gymnasiums und Enttypisierung

Nachdem das Düsseldorfer Abkommen von 1955 die höheren Schulen auf drei Grundformen beschränkt hatte, setzte bald ein neuer institutioneller Differenzierungsprozeß ein, der wieder zu einer Reihe gymnasialer Sonderformen führte. Die Aufteilung der Schulformen wird maßgeblich durch Art, Anzahl und Abfolge der unterrichteten Fremdsprachen bestimmt, wobei alle Gymnasien einen Kern gemeinsamer Unterrichtsfächer besitzen. Mit der Reform der gymnasialen Oberstufe wurde die Typisierung durch vergrößerte Wahlmöglichkeiten der Schüler in individuelle Bildungsgänge aufgefächert, so daß man in der Oberstufe nicht mehr sinnvoll von Gymnasialformen sprechen kann (→ *Strukturveränderungen im Bildungswesen..., Die reformierte gymnasiale Oberstufe*).

Dennoch sind die traditionellen Schulzweige für das reformierte Gymnasium nicht unwichtig. Einige Bundesländer haben die Struktur der Mittelstufe möglichst unberührt gelassen; dort kennt man in den Jahrgangsstufen 7–10 auch noch das altsprachliche, neusprachliche und mathematisch-naturwissenschaftliche Gymnasium. Und die Gestaltung der Mittelstufe strukturiert Kurskombinationen der Oberstufe faktisch vor. Andere Länder haben dagegen im Zusammenhang mit der Oberstufenreform die Stundentafel für die Mittelstufe neu gefaßt und dabei entweder die Gliederung in Gymnasialzweige aufgegeben oder die Anzahl der Gymnasialformen zumindest verringert. Das neusprachliche und das mathematisch-naturwissenschaftliche Gymnasium stellen quantitativ die Hauptformen gymnasialer Ausbildung dar. Daneben gibt es in einigen Bundesländern als gymnasiale Sonderformen das wirtschaftswissenschaftliche, sozialwissenschaftliche und musische Gymnasium, das mit zwei Pflichtfremdsprachen ebenfalls zur allgemeinen Hochschulreife führt.

Um den Übergang ins Gymnasium auch für Schüler zu ermöglichen, die nicht unmittelbar von der Grundschule bzw. Orientierungsstufe, sondern später von der Haupt- oder Realschule zum Gymnasium überwechseln wollen, wurden in den meisten Bundesländern neben der neun- bzw. siebenjährigen Lang- oder Normalform sogenannte Aufbaugymnasien eingerichtet. Meistens sind sie einem Gymnasium in Normalform als eigener Zweig angegliedert und vermitteln die allgemeine Hochschulreife. Daneben besteht die Möglichkeit, die Hochschulreife auf dem sogenannten Zweiten Bildungsweg zu erwerben. Berufstätige, die den Realschulabschluß oder ein Äquivalent besitzen, können hier im Abendgymnasium oder bei Aussetzung der Berufstätigkeit in vollzeitlichen Kollegs den Gymnasialabschluß erwerben (→ *Erwachsenenbildung und Weiterbildung*).

Während die genannten Bildungsgänge mit der allgemeinen Hochschulreife abschließen, die im Prinzip zur Aufnahme jedes Hochschulstudiums berechtigt, führen die dem beruflichen Schulwesen zugerechneten Fachgymnasien – überwiegend in dreijähriger Aufbauform – zu einer fachgebundenen Hochschulreife, die früher Fakultätsreife genannt wurde. Die Fachgymnasien setzen nur *eine* Pflichtfremdsprache voraus und verlangen eine stärkere Spezialisierung, zumeist mit beruflicher Ausrichtung (→ *Das berufliche Bildungswesen* ...).

3.4.3 Wandel des Gymnasiums

Noch Anfang der 60er Jahre war das Gymnasium eine hochselektive Schule, mit der sich sehr wohl Vorstellungen einer sozial homogenen Elitebildung verbinden konnten. 1960 besuchten 15% der 13jährigen das Gymnasium, und im gleichen Jahr erreichten etwa 7% des entsprechenden Altersjahrgangs die Hochschulreife. Untersuchungen aus den 60er Jahren zeigen, daß von den untersten Klassen eines Gymnasiums weniger als die Hälfte der Schüler die Hochschulreife erlangten und die übrigen vorzeitig das Gymnasium verließen (PEISERT/DAHRENDORF 1967).

Durch die Verbindung von restriktiven Aufnahmeregelungen, sprachbetontem Curriculum und unausgeglichenem regionalem Angebot wirkte das Gymnasium in verschiedener Hinsicht diskriminierend. Die DAHRENDORFsche Kunstfigur der »katholischen Arbeitertochter vom Lande« steht für eine Kumulation von Benachteiligungen. Im Jahr 1965 stammten 10% der Gymnasiasten des 10. Schuljahres aus Arbeiterfamilien, während 25% Beamtenkinder waren. Zur gleichen Zeit betrug der Anteil der Arbeiter an den männlichen Erwerbstätigen 45% und der der Beamten knapp 9%. Die Arbeiterkinder wurden ferner in besonderem Maße durch die Auslese innerhalb des Gymnasiums betroffen. Ihr Anteil am Schuljahrgang sank bis zur 13. Jahrgangsstufe auf 6%, während der Anteil der Beamtenkinder auf 28% anstieg. Die Benachteiligung von Mädchen war zwar nicht ähnlich schwerwiegend, aber doch deutlich.

In den nachfolgenden Jahren hat sich das Gymnasium erheblich verändert. Im Zeitraum zwischen 1960 und 1980 verdoppelte sich etwa die Anzahl der Gymnasiasten (vgl. Tabelle 4). Da der Ansturm nicht allein durch Neugründungen aufgefangen werden konnte, erreichten die bestehenden Schulen Betriebsgrößen, wie man sie üblicherweise den Gesamtschulen als Nachteil anrechnet. Für das Ausmaß der Gymnasialexpansion ist ein Zusammenspiel von demographischer Entwicklung und steigender

Jahr	Schulen	Schüler	Lehrer[1]	Schüler je Lehrer	Relativer Schulbesuch[2]	Erfolgsquote[3]	Studierwillige Abiturienten (in Prozent)
1960	1 823	853 400	48 900	17,5	15,0	42,3	–
1965	1 926	957 900	53 800	17,8	15,8	48,6	–
1970	2 311	1 379 500	76 900	17,9	20,4	64,3	89,7[4]
1975	2 415	1 863 500	98 100	19,0	23,7	67,3	74,5[5]
1980	2 477	2 119 000	121 800	17,4	26,7	64,9	67,6
1985	2 486	1 750 300	122 000	14,3	27,5	72,4	58,6
1988	2 460	1 563 000	116 400	13,4	29,1[6]	67,6	64,0

1 Vollzeitlehrer und in Vollzeitlehreräquivalente umgerechnete Teilzeitlehrer.
2 der 13jährigen (in Prozent)
3 Abiturienten in Prozent der Siebtkläßler am Gymnasium 7 Jahre vorher.
4 Wert von 1972: einschließlich Schüler an Abschlußklassen, die die Fachhochschulreife anstreben.
5 Wert von 1976.
6 Wert von 1989.
Quellen: Bundesminister für Bildung und Wissenschaft (Hrsg.): Grund- und Strukturdaten 1989/90. Bonn 1989; Köhler, H.: Neuere Entwicklungen des relativen Schul- und Hochschulbesuchs. Eine Analyse der Daten für 1975 bis 1987. Berlin: Max-Planck-Institut für Bildungsforschung 1990 (Materialien aus der Bildungsforschung).

Tab. 4: Basisdaten Gymnasium

Nachfrage verantwortlich. Von 1960 bis 1988 stieg der relative Gymnasialbesuch der 13jährigen von 15 auf knapp 29%. Gleichzeitig verringerte sich die interne Selektivität dieser Schulform beträchtlich. Die konservativ geschätzte Erfolgsquote erhöhte sich von rund 40 auf 70% (siehe Tabelle 4). Für diese Entwicklung dürfte nicht zuletzt die weniger auslesebetonte Erziehungsphilosophie der neuen Generation der Gymnasiallehrer verantwortlich sein. An der Ausweitung des Gymnasiums hatten alle Sozialschichten Anteil, ohne daß sich die sozialen Disparitäten durchschlagend änderten (siehe Abschnitt 4).

Der Wandel der Sekundarstufe stellte das Gymnasium vor zwei große Herausforderungen. Die erste Herausforderung brachte die Ausweitung des Gymnasiums mit sich. Das Gymnasium betreut keine sozial homogene Minderheit mehr, sondern eine vielfältige Schülerschaft mit unterschiedlichen Bildungsvoraussetzungen und Lebensperspektiven. Die zunehmende Heterogenität der Schülerschaft verlangt eine neue Balance zwischen Auslese- und Förderungsfunktion der Schule und verbietet durch den quantitativ größeren Anteil einer traditionell gymnasialfernen Klientel Lösungen, welche die Auslesefunktion überdeutlich betonen. Und in der Tat ist die interne Auslese des Gymnasiums gerade im Verlaufe der Expansion zurückgegangen, ohne daß das Gymnasium in der Mittelstufe einen Differenzierungsgrad wie etwa die Realschule erreicht hätte. Kritiker der Gymnasialentwicklung fragen, ob mit der Expansion das Gymnasium nicht nur seinen Elitecharakter verloren, sondern zugleich auch das Ausbildungsniveau Schaden genommen habe. In der Bundesrepublik gibt es keine institutionalisierte Leistungsbeobachtung von Schülerjahrgängen, wie sie etwa in den Vereinigten Staaten üblich ist. Auf der Grundlage der verfügbaren empirischen Informationen kann man den Verdacht eines Leistungsabfalls weder zurückweisen noch stützen. Es gibt jedoch ausreichende Hinweise für die Annahme, daß – wenn überhaupt eine Niveausenkung feststellbar sein sollte – diese nicht auf die Gymnasialexpansion als solche zurückzuführen ist, sondern auf andere Faktoren wie den Generationswechsel im Lehrkörper oder veränderte Lehrpläne (ROEDER/BAUMERT/SANG/SCHMITZ 1986; BAUMERT 1987).

Die zweite Herausforderung liegt in der Weiterentwicklung der Realschule. Kern dieser Veränderung war die Verpflichtung auf ein wissenschaftsorientiertes Lernen auch außerhalb des Gymnasiums. Auch die Realschullaufbahn führt entweder über die gymnasiale Oberstufe oder die Fachoberschule zur Hochschule, so daß das Gymnasium in gewissem Maße sein Monopol wissenschaftsorientierter Ausbildung verloren hat. Gleichzeitig verläßt ein erheblicher Anteil der Gymnasiasten die Schule, ohne ein Studium aufnehmen zu wollen (siehe Tabelle 4). Für das Gymnasium verstärkt sich damit die Notwendigkeit, über die Erfüllung seines Erziehungsauftrags und seine Stellung zu Universität und Gesellschaft erneut nachzudenken.

Benutzt man das Angebot von Entfaltungsmöglichkeiten, die eine Schule ihren Schülern über den Unterricht hinaus unter anderem als Korrektiv einseitiger kognitiver Ausbildung gewährt, als Indikator für die bewußte Wahrnehmung des Erziehungsauftrags, so legen die verfügbaren empirischen Befunde den Schluß nahe, daß sich das Gymnasium dieser Aufgabe gestellt hat. Ein breitgefächertes und gut genutztes außercurriculares Angebot – insbesondere im musisch-künstlerischen Bereich – gehört zum Standardrepertoire fast eines jeden Gymnasiums (BAUMERT/LESCHINSKY 1985). Daß das Gymnasium in der Entfaltung des »Schullebens« andere Schulformen übertrifft, mag letztlich nicht verwunderlich sein, wenn man an die Altersstaffelung der Gymnasiasten, die noch immer günstige Zusammensetzung der Schülerschaft und die häuslichen Unterstützungsleistungen denkt.

Dagegen ist die Aufgabe, das Verhältnis des Gymnasiums zur Universität und zur Gesellschaft neu zu bestimmen, keineswegs befriedigend gelöst. Nach dem Willen der Kultusminister sollte das Gymnasium mit der 1972 beschlossenen Oberstufenreform in ein »dynamisches Verhältnis zur gesellschaftlichen Wirklichkeit« treten, so daß sich auch neue »Wege in berufliche Ausbildung und Tätigkeit« eröffnen (KULTUSMINISTERKONFERENZ 1972). Die Folgebeschlüsse der Kultusministerkonferenz haben diese die Gymnasialtradition sprengende Entwicklungsmöglichkeit weitgehend beschnitten.

4 Selektivität des gegliederten Schulsystems

Die Kritik des vertikal gegliederten Schulsystems war und ist eine Kritik seiner Selektivität. Sie richtet sich auf die frühe Übergangsauslese und die unzureichenden Korrekturmöglichkeiten für negative Übergangsentscheidungen, auf die sozialen und geschlechtsspezifischen Disparitäten der Bildungsbeteiligung und des Schulerfolgs und seit der zweiten Hälfte der 70er Jahre auf die Benachteiligung ethnischer Minderheiten.

4.1 Durchlässigkeit, Übergangsauslese und interne Selektivität

Es kann kein Zweifel daran bestehen, daß in den 60er Jahren eine nachträgliche Aufbesserung des eingeschlagenen Bildungswegs oder des einmal erreichten Abschlusses schwierig war. Beschreibt man die Mobilität eines Schülerjahrgangs anhand des Anteils von Schulformwechslern, so war noch Ende der 60er Jahre die Offenheit des Sekundarschulwesens mit einer Mobilitätsquote von unter 10% bei einem deutlichen Übergewicht der Abstufungen mehr als gering ($\rightarrow$ *Soziale Klassen, soziale Schichten, soziale Mobilität*).

Dieser Indikator wird auch heute noch herangezogen, um die minimale Offenheit des Systems zu belegen (HANSEN/RÖSNER/WEISSBACH 1986). Der Schulformwechsel in der Sekundarstufe I ist bei geringer interner Differenzierung der Schullaufbahnen und ihrer unmittelbaren Bindung an bestimmte Abschlüsse – was in den 60er Jahren der Fall war – als Schätzgröße für die Offenheit des Systems vertretbar. Die Verwendung dieses Maßes wird jedoch problematisch, wenn sich die Bildungsgänge curricular annähern und zugleich intern differenzieren, so daß Abschlüsse und Zugangsberechtigungen nicht mehr an bestimmte Schulformen gebunden sind. Ferner trägt zu einer von dem Indikator nicht erfaßten Öffnung des Systems ein Ausbau von Bildungsgängen in der Sekundarstufe II bei, die ohne unzumutbaren Zeitverlust neben beruflichen Qualifikationen auch einen weiterführenden Abschluß vermitteln. Es entstehen dann in der Tendenz parallele Bildungswege, die sich zwar in ihrer inhaltlichen Akzentsetzung und in ihrem zeitlichen Verlauf unterscheiden, jedoch nicht unmittelbar mit der Hierarchie der Schulabschlüsse verknüpft sind. Bei einer zunehmenden Wahl dieser Bildungswege führt der Indikator des Schulformwechsels nicht nur zu einer zu vernachlässigenden Unterschätzung der tatsächlichen Mobilität, sondern verliert unmittelbar seine Validität, da die Haltekraft der einzelnen Schulformen zunehmen und sich zugleich die Offenheit des Systems vergrößern kann. Genau dies ist eingetreten.

Für das Schulwesen der Bundesrepublik verfügen wir über keine Verlaufsstatistik, so daß man Übergänge nur durch die Gegenüberstellung von Absolventenzahlen und Bestandsgrößen – gegebenenfalls in angemessenen Zeitabständen – erfassen kann. Bei einer vorsichtigen Schätzung muß man davon ausgehen, daß Ende der 80er Jahre etwa 35% der erfolgreichen Hauptschulabsolventen ihren Schulabschluß entweder in einem 10. Hauptschuljahr oder im beruflichen Schulwesen zum Realschulabschluß oder zu einem Äquivalent aufbessern. In den Bundesländern, wo die Möglichkeit eröffnet wurde, auch an der Hauptschule den Realschulabschluß zu erwerben, wird dieses Angebot zunehmend genutzt. In Nordrhein-Westfalen gehen über 35% der Hauptschüler, die ihre Schule erfolgreich durchlaufen haben, mit dem Realschulabschluß ab. In Niedersachsen sind es 20%, und in Berlin, wo die Hauptschule kaum mehr als 10% eines Jahrgangs erreicht, erwerben immer noch 8% dieser ausgelesenen Schülerschaft den mittleren Abschluß.

Eine ähnliche Aufwärtsmobilität läßt sich auch bei Realschülern erkennen. Zwischen 25 und 30% der Realschulabsolventen setzen ihre schulische Ausbildung mit dem Ziel der Hochschulreife fort. Etwa 7% der Abgänger wechseln direkt in eine gymnasiale Oberstufe, während ungefähr 23% ihre schulische Ausbildung an einem Fachgymnasium oder einer Fachoberschule fortsetzen. Bei diesen Mobilitätsschätzungen sind Abschlüsse des Zweiten Bildungswegs noch nicht berücksichtigt.

Die Offenheit des gegliederten Schulsystems ist in den vergangenen 30 Jahren erheblich größer geworden, ohne daß sich die Durchlässigkeit zwischen den Schulformen der Sekundarstufe I nennenswert geändert hätte. Vielmehr hat die Haltekraft der weiterführenden Schulformen zugenommen (siehe Tabelle 4) (DREWEK/HARNEY 1982).

4.2 Geschlechtsspezifische und soziale Auslese

Ein wichtiges Thema der Bildungsreform war die Benachteiligung von Mädchen im selektiven Schulsystem der Bundesrepublik. Der geringere Gymnasialbesuch der Mädchen war ein Beispiel, ein weiteres ihre Benachteiligung in der Berufsausbildung. Nach der Expansion gibt es im allgemeinbildenden Schulsystem diese Benachteiligung nicht mehr. Mädchen sind jetzt nicht nur in der Realschule – ihrer traditionellen Domäne –, sondern auch im Gymnasium leicht überrepräsentiert. Diese überproportionale Bildungsbeteiligung setzt sich auch in den beruflichen Vollzeitschulen fort (KÖHLER/ZYMEK 1981; FAULSTICH-WIELAND/HORSTKEMPER/TILLMANN/WEISSBACH 1984; KÖHLER 1988).

Die Bildungsbenachteiligung von Frauen ist damit jedoch nicht aufgehoben, sondern die Selektionsschwelle hat sich zum Studium und Berufseintritt hin verschoben. Der Anteil der 18jährigen Männer, die sich noch in schulischer Ausbildung befinden, lag Mitte der 80er Jahre bei etwa 80%, während der Frauenanteil ungefähr 69% betrug. Mädchen können ihren Vorsprung aus der vollzeitschulischen Ausbildung beim Übergang in die Berufsausbildung offenbar nicht halten. Männer sind in den längeren und qualifizierten Ausbildungsgängen stärker vertreten. Während der Bildungsexpansion wurden diese Disparitäten zwar geringer, beseitigt sind sie jedoch keineswegs.

Ähnliches gilt für die Aufnahme eines Hochschulstudiums. Bis 1980 haben Frauen von der Hochschulexpansion etwas stärker profitiert als Männer, so daß ihre Benachteiligung leicht zurückgegangen ist. Seit 1981 ist dieser Trend gebrochen. Schlechte Berufsaussichten für Absolventen typisch weiblicher Studiengänge, wie des Lehramtstudiums, scheinen Frauen eher als Männer an der Aufnahme eines Studiums überhaupt zu hindern (→ *Lehrer/Lehrerin*).

Bei der Betrachtung der schichtspezifischen Bildungsbeteiligung über mehrere Generationen hinweg wird eine Verbesserung der Situation im schulischen Bereich deutlich (TROMMER-KRUG 1980; HANDL 1985). Seit 1965 hat sich jedoch an der Struktur der Ungleichheit nur wenig geändert. Von der Bildungsexpansion haben alle Sozialschichten in ähnlicher Weise profitiert: Die Chancen, einen höheren Bildungsabschluß zu erreichen, sind deutlich gestiegen, während das Verhältnis der schichtspezifischen Bildungschancen weitgehend stabil blieb (MEULEMANN/WIESE 1984; HANDL 1985; BLOSSFELD 1987; HANSEN/ROLFF 1990) (→ *Soziale Klassen, soziale Schichten, soziale Mobilität*). Den Mikrozensusdaten ist zu entnehmen, daß Arbeiterkinder zwischen 1972 und 1988 eine geringfügige strukturelle Verbesserung im Gymnasialbesuch erreicht haben. Dennoch bleiben die Unterschiede der schichtspezifischen Beteiligungsquoten groß: Von den Arbeiterkindern wechseln ungefähr 11% zum Gymnasium, während fast 60% der Beamtenkinder diesen Bildungsweg einschlagen. Auf Hochschulebene schließlich nehmen die sozialen Disparitäten seit einigen Jahren wieder zu (BUNDESMINISTER FÜR BILDUNG UND WISSENSCHAFT 1986).

Kennzeichen der Bildungsexpansion sind vor allem starke Niveaueffekte (= höhere Beteiligung aller Sozialschichten an weiterführenden Bildungsgängen) und weniger Struktureffekte (= hohe Stabilität der sozialen Disparitäten). Dennoch sind die Folgewirkungen der Anhebung des Bildungsniveaus kaum zu überschätzen. Da die unteren Sozialschichten quantitativ das weitaus größte Gewicht haben, hat die gleiche Aufbesserung von Beteiligungschancen überproportionale Auswirkungen auf die soziale Zusammensetzung weiterführender Bildungseinrichtungen und deren Absolventengenerationen. Diese soziale Durchmischung hat ausgereicht, um Mechanismen der Selbstrekrutierung höherer sozialer Positionen zu schwächen (MEULEMANN/WIESE 1984). Kosten dieser Entwicklung sind freilich ein intensivierter und vorverlegter Wettbewerb.

4.3 Bildungsbeteiligung von Ausländerkindern

Eine der größten Herausforderungen, die das Schulsystem in den vergangenen Jahren zu bestehen hatte, war die Zuwanderung der ausländischen Schüler in den 70er Jahren (→ *Ausländische Kinder an deutschen Schulen*). Zwischen 1970 und 1980 nahm der Anteil ausländischer Mitschüler an Grund- und Hauptschulen von rund 2% auf 14% zu. Diese Durchschnittswerte kennzeichnen die Situation jedoch nur sehr unbefriedigend, da sie die außerordentlich großen regionalen und lokalen Unterschiede in der Beschulung von Ausländerkindern verdecken. Einer 1984 in sechs Bundesländern durchgeführten Untersuchung ist zu entnehmen, daß etwa die Hälfte der nicht-selektiven Schulen einen Ausländeranteil von weniger als 10% und jeweils ungefähr ein Viertel einen Ausländeranteil von 10 bis 25% bzw. von 25 bis über 50% hat (BAUMERT/LESCHINSKY 1985).

Nach der politisch umstrittenen Zuwanderungsbegrenzung hat sich die Situation stabilisiert, und mit dem Heranwachsen jener ausländischen Kinder, die ihre Vorschulzeit bereits in der Bundesrepublik verbracht haben, ist so etwas wie die neue Normalität einer multiethnischen Schule erkennbar. Beim Übergang zu den weiterführenden Schulen zeichnet sich in Gebieten mit hohem Ausländeranteil ein Schiebeeffekt ab, der die Wanderung der deutschen Schüler zur Realschule und zum Gymnasium beschleunigt (BAKER/ESMER/LENHARDT 1985). Ob dieser Effekt freilich von Dauer sein wird, ist ungewiß, da sich das Bildungsverhalten der ausländischen Schüler offenbar schneller, als

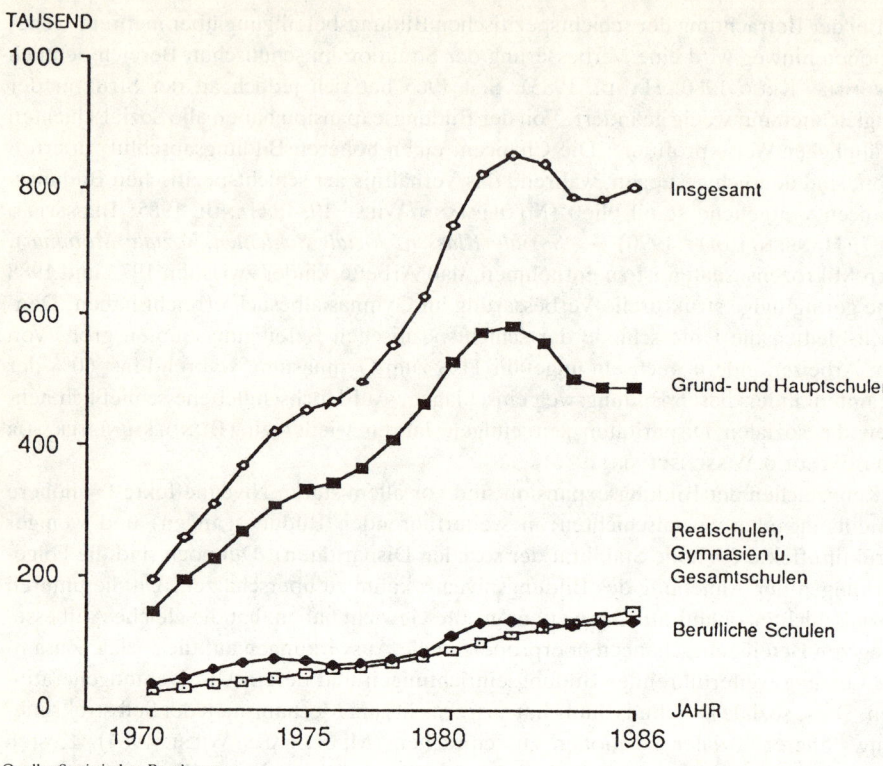

Quelle: Statistisches Bundesamt

Abb. 3: Ausländische Schüler an allgemeinbildenden und beruflichen Schulen 1970 bis 1986

man erwarten konnte, dem der deutschen Altersgefährten angleicht: die Mißerfolgsquoten sinken, und zugleich nehmen die Übergänge zur Realschule und zum Gymnasium zu. Realschulleiter sehen in den nachrückenden Ausländerkindern mittlerweile ein leistungsstabilisierendes Moment (BAUMERT/LESCHINSKY 1985; HOPF 1987). Die Entwicklung in Berlin kann man als Vorwegnahme eines auch andernorts unter günstigen Rahmenbedingungen zu erwartenden Angleichungsprozesses interpretieren. Tabelle 5 gibt einen Eindruck vom Tempo des Wandels.

Schuljahr	Hauptschule	Realschule	Gymnasium	Gesamtschule
1980/81	47,1	15,4	14,5	23,0
1983/84	35,0	18,4	16,2	30,5
1985/86	26,8	20,1	21,4	31,6
1987/90	23,8	22,2	24,9	29,1

Quelle: Der Senator für Schulwesen: Das Schuljahr in Zahlen. Allgemeinbildende Schulen in Berlin (West). Berlin 1975/76ff.; eigene Berechnungen.

Tab. 5: Verteilung der ausländischen Schüler der 7. Jahrgangsstufe in Berlin (West) auf die Sekundarstufe I, 1980/81 bis 1989/90 (in Prozent)[1]
1 Ohne Schüler in Vorbereitungsklassen.

Diese Entwicklung darf jedoch nicht als Anzeichen für konfliktlose Integration mißdeutet werden. Möglicherweise wird die Bewahrung religiöser und kultureller Identität erst mit einem auch bildungsmäßig wachsenden Selbstbewußtsein einer Minderheit zum konflikthaften Problem. Ferner sind deutliche Grenzen für Verallgemeinerungen zu ziehen. Das Angleichungsmuster hat vermutlich nur für einen geschlossenen Markt Gültigkeit, in dem sich ausländische Arbeitnehmer auf einen langfristigen Verbleib in der Bundesrepublik einrichten müssen, da eine Rückkehr in ihr Heimatland eine erneute Zuwanderung ausschließt.

Literatur

ARBEITSGRUPPE BILDUNGSBERICHT AM MAX PLANCK-INSTITUT FÜR BILDUNGSFORSCHUNG: Das Bildungswesen in der Bundesrepublik Deutschland. Ein Überblick für Eltern, Lehrer, Schüler. Reinbek bei Hamburg 1990

ARBEITSSTELLE FÜR SCHULENTWICKLUNGSFORSCHUNG (AFS): AFS-Umfrage: Die Schule im Spiegel der öffentlichen Meinung. Ergebnisse der vierten AFS-Repräsentativbefragung der bundesdeutschen Bevölkerung. In: ROLFF, H.-G./KLEMM, K./TILLMANN, K.-J. (Hrsg.): Jahrbuch der Schulentwicklung. Bd. 4 (1986), a.a.O., S. 13–50

BAKER, D. P./ESMER, Y./LENHARDT, G. u. a.: Effects of Immigrant Workers on Educational Stratification in Germany. In: Sociology in Education 58 (1985), S. 213–227

BAUMERT, J.: Aspekte der Schulorganisation und Schulverwaltung. In: MAX-PLANCK-INSTITUT FÜR BILDUNGSFORSCHUNG, PROJEKTGRUPPE BILDUNGSBERICHT (Hrsg.): Bildung in der Bundesrepublik Deutschland. Bd. 1 (1980), a.a.O., S. 589–748

–: Die Leistungen werden schlechter – oder? Bildungsexpansion und Wandel der Schülerschaft. In: Westermanns Pädagogische Beiträge 39 (1987), S. 22–26

–/LESCHINSKY, A.: Unterricht und Schulalltag im Urteil von Schulleitern. Berlin: Max-Planck-Institut für Bildungsforschung 1985

BENNER, D./RAMSEGER, J.: Zwischen Ziffernzensur und pädagogischem Entwicklungsbericht: Zeugnisse ohne Noten in der Grundschule. In: Zeitschrift für Pädagogik 31 (1985), S. 151–174

BLEIDICK, U.: Sonderschule. In: SKIBA, E./WULF, CH./WÜNSCHE, K. (Hrsg.): Erziehung im Jugendalter. Sekundarstufe I. (Enzyklopädie Erziehungswissenschaft. Bd. 8) Stuttgart 1983, S. 270–287

BLOSSFELD, H.-P.: Bildungsverläufe im historischen Wandel. Eine Längsschnittanalyse über die Veränderung der Bildungsbeteiligung im Lebenslauf dreier Geburtskohorten. Frankfurt/M.: J. W. Goethe-Universität, Mannheim: Universität Mannheim, Sonderforschungsbereich 3, 1987

BUDDE, H./KLEMM, K.: Der Teilarbeitsmarkt Schule in den neunziger Jahren. Gutachten. Frankfurt/M.: Max-Traeger-Stiftung 1986

BUNDESMINISTER FÜR BILDUNG UND WISSENSCHAFT (Hrsg.): Das soziale Bild der Studentenschaft in der Bundesrepublik Deutschland. 11. Sozialerhebung des Deutschen Studentenwerks. Bonn 1986

– (Hrsg.): Grund- und Strukturdaten 1989/90. Bonn 1989

DERBOLAV, J.: Die bildungstheoretischen Grundlagen der Schulorganisation und die Aufgabe der Realschule. In: ders. (Hrsg.): Wesen und Werden der Realschule. Bonn ²1966, S. 9–42

–: Gymnasium. In: SKIBA, E./WULF, CH./WÜNSCHE, K. (Hrsg.): Erziehung im Jugendalter. Sekundarstufe I. (Enzyklopädie Erziehungswissenschaft. Bd. 8) Stuttgart 1983, S. 211–227

DEUTSCHER AUSSCHUSS FÜR DAS ERZIEHUNGS- UND BILDUNGSWESEN (Hrsg.): Empfehlungen und Gutachten, 1953–1965. Gesamtausgabe. Stuttgart 1966

DEUTSCHER BILDUNGSRAT (Hrsg.): Strukturplan für das Bildungswesen. Stuttgart 1970

DEUTSCHER JURISTENTAG: Schule im Rechtsstaat. Bd. 1: Entwurf für ein Landesschulgesetz. Bericht der Kommission Schulrecht des DJT. München 1981

DIETRICH, T./KLINK, J.-G./SCHEIBE, W. (Hrsg.): Zur Geschichte der Volksschule. 2 Bde. Bad Heilbrunn 1974

DREWEK, P./HARNEY, K.: »Relative Autonomie«, Selektivität und Expansion im modernen Schulsystem. Zur Verallgemeinerungsfähigkeit schultheoretischer Annahmen des Qualifikationskrisenprojekts der DFG. In: Zeitschrift für Pädagogik 28 (1982), S. 591–608
DREWEK, P./MÜLLER, D. K.: Zur sozialen Funktion der gymnasialen Oberstufe. In: BLANKERTZ, H./DERBOLAV, J./KELL, A./KUTSCHA, G. (Hrsg.): Sekundarstufe II. Jugendbildung zwischen Schule und Beruf. Teil 1: Handbuch. (Enzyklopädie Erziehungswissenschaft. Bd. 9) Stuttgart 1982, S. 108–129
DÜSSELDORFER ABKOMMEN VOM 17. 2. 1955. Abkommen zwischen den Ländern der Bundesrepublik zur Vereinheitlichung auf dem Gebiete des Schulwesens. In: REBLE, A. (Hrsg.): Zur Geschichte der Höheren Schule. 2 Bde. Heilbrunn 1975, S. 160 ff.
EIGLER, H./KLEMM, K./KOCH, H.: Quantitative Entwicklung: Schule im Zeichen des Rotstifts. In: ROLFF, H.-G./HANSEN, G./KLEMM, K./TILLMANN, K.-J. (Hrsg.): Jahrbuch der Schulentwicklung. Daten, Beispiele und Perspektiven. Bd. 2. Weinheim/Basel 1982, S. 49–73
EINSIEDLER, W.: Lehrstrategien und Lernerfolg. Eine Untersuchung zur lehrziel- und schülerorientierten Unterrichtsforschung. Weinheim/Basel 1976
–: Konzeptionen des Grundschulunterrichts. Bad Heilbrunn 1979
ELLWEIN, T.: Was geschieht in der Volksschule. Ein Bericht. Berlin/Bielefeld 1960
ERDMANN, K. D.: Überblick über die Entwicklung der Schule in Deutschland 1945–1949. In: Neue Sammlung 16 (1976), S. 215–234
FAULSTICH-WIELAND, H./HORSTKEMPER, M./TILLMANN, K.-J./WEISSBACH, B.: Erfolgreich in der Schule, diskriminiert im Beruf: Geschlechtsspezifische Ungleichheiten bei der Berufseinmündung. In: ROLFF, H.-G./HANSEN, G./KLEMM, K./TILLMANN, K.-J. (Hrsg.): Jahrbuch der Schulentwicklung. Bd. 3. Weinheim/Basel 1984, S. 117–143
FEND, H./RODAX, K./SPITZ, N.: Zur Begabungsgerechtigkeit des Schulsystems. Wie genau ist die Zuordnung der Schüler zu Hauptschulen, Realschulen und Gymnasien? Vortrag anläßlich einer Tagung der International Society for the Study of Behavioral Development (ISSBD). Tours 1985 (Manuskript)
FLITNER, W.: Hochschulreife und Gymnasium. Heidelberg 1959 (²1960)
FÜHR, CH.: Schulversuche 1965/66. 2 Bde. Weinheim 1967
–: Das Bildungswesen in der Bundesrepublik. Weinheim 1979
GIESECKE, H.: Entwicklung der Didaktik des politischen Unterrichts. In: MAX-PLANCK-INSTITUT FÜR BILDUNGSFORSCHUNG, PROJEKTGRUPPE BILDUNGSBERICHT (Hrsg.): Bildung in der Bundesrepublik Deutschland. Bd. 1 (1980), a.a.O., S. 501–547
HAGE, K./BISCHOFF, H./DICHANZ, H. u. a.: Das Methoden-Repertoire von Lehrern. Eine Untersuchung zum Schulalltag der Sekundarstufe I. Opladen 1985
HANDL, J.: Mehr Chancengleichheit im Bildungssystem. Erfolg der Bildungsreform oder statistisches Artefakt? In: Kölner Zeitschrift für Soziologie und Sozialpsychologie 37 (1985), S. 698–722
HANSEN, R./ROLFF, H.-G.: Sinkende Schülerzahlen, Schulstruktur und Lernbedingungen. Die Sekundarstufe in den 80er Jahren. In: ROLFF, H.-G./HANSEN, G./KLEMM, K./TILLMANN, K.-J. (Hrsg.): Jahrbuch der Schulentwicklung. Daten, Beispiele und Perspektiven. Bd. 3. Weinheim/Basel 1984, S. 144–175
–/–: Abgeschwächte Auslese und verschärfter Wettbewerb – Neuere Entwicklungen in den Sekundarschulen. In: ROLFF, H.-G./BAUER, K.-O./KLEMM, K./PFEIFFER, H. (Hrsg.): Jahrbuch der Schulentwicklung. Daten, Beispiele und Perspektiven. Bd. 6. Weinheim/Basel 1990, S. 45–79
HANSEN, R./RÖSNER, E./WEISSBACH, B.: Der Übergang in die Sekundarstufe I. In: ROLFF, H.-G./KLEMM, K./TILLMANN, K.-J. (Hrsg.): Jahrbuch der Schulentwicklung. Bd. 4 (1986), a.a.O., S. 70–101
HEGELHEIMER, A.: Die Realschule im Bildungs- und Beschäftigungssystem. Paderborn 1980
HERRLITZ, H.-G.: Hochschulreife in Deutschland. Göttingen 1968
–: Geschichte der gymnasialen Oberstufe. Theorie und Legitimation seit der Humboldt-Süvernschen Reform. In: BLANKERTZ, H./DERBOLAV, J./KELL, A./KUTSCHA, G. (Hrsg.): Sekundarstufe II. Jugendbildung zwischen Schule und Beruf. Teil 1: Handbuch. (Enzyklopädie Erziehungswissenschaft. Bd. 9) Stuttgart 1982, S. 89–107
HOPF, D.: Herkunft und Schulbesuch ausländischer Kinder. Eine Untersuchung am Beispiel griechischer Schüler. Berlin: Max-Planck-Institut für Bildungsforschung 1987

−/Krappmann, L./Scheerer, H.: Aktuelle Probleme der Grundschule. In: Max-Planck-Institut für Bildungsforschung, Projektgruppe Bildungsbericht (Hrsg.): Bildung in der Bundesrepublik Deutschland. Bd. 2 (1980), a.a.O., S. 1113–1176
Horn, H. A.: Der Primarbereich in der Bundesrepublik Deutschland. Entwicklung und heutige Situation. In: Bildung und Erziehung 38 (1985), S. 281–300
Hüfner, K./Naumann, J.: Konjunkturen der Bildungspolitik in der Bundesrepublik Deutschland. Bd. 1: Der Aufschwung (1960–1967). Stuttgart 1977
−/−/Köhler, H./Pfeffer, G.: Hochkonjunktur und Flaute: Bildungspolitik in der Bundesrepublik Deutschland 1967–1980. Stuttgart 1986 (eine Veröffentlichung des Max-Planck-Instituts für Bildungsforschung, Berlin)
Kaiser, A.: Die didaktische Struktur der gymnasialen Oberstufe. Entwicklungen nach der KMK-Reform von 1972. In: Blankertz, H./Derbolav, J./Kell, A./Kutscha, G. (Hrsg.): Sekundarstufe II. Jugendbildung zwischen Schule und Beruf. Teil 1: Handbuch. (Enzyklopädie Erziehungswissenschaft. Bd. 9) Stuttgart 1982, S. 130–151
Klewitz, M./Leschinsky, A.: Geschichte der Volksschule. In: Baethge, M./Nevermann, K. (Hrsg.): Organisation, Recht und Ökonomie des Bildungswesens. (Enzyklopädie Erziehungswissenschaft. Bd. 5) Stuttgart 1984, S. 72–97
Köhler, H.: Der relative Schul- und Hochschulbesuch in der Bundesrepublik Deutschland 1952 bis 1975. Berlin: Max-Planck-Institut für Bildungsforschung 1978
—: Neuere Entwicklungen des relativen Schul- und Hochschulbesuchs. Eine Analyse der Daten für 1975 bis 1985. Berlin: Max-Planck-Institut für Bildungsforschung 1988
−/Zymek, B.: Chancengleichheit für Frauen durch Bildungsvorteile? Daten und Erklärungsansätze zum steigenden Schulbesuch der Mädchen an Realschulen und Gymnasien. In: Die Deutsche Schule 73 (1981), S. 50–63
Kuhlmann, C.: Schulreform und Gesellschaft in der Bundesrepublik Deutschland 1946–1966. In: Robinsohn, S. B./Kuhlmann, C./Mende, K.-D. u. a.: Schulreform im gesellschaftlichen Prozeß. Bd. 1. Stuttgart 1970, S. 1/1–1/206
Kultusministerkonferenz (KMK): Vereinbarung zur Neugestaltung der gymnasialen Oberstufe in der Sekundarstufe II. Beschluß vom 7. 7. 1972. Neuwied 1972
Landé, W. (Hrsg.): Die Grundschule. Sammlung der Bestimmungen. Berlin 1927
Leschinsky, A.: Volksschule zwischen Ausbau und Auszehrung. Schwierigkeiten bei der Steuerung der Schulentwicklung seit den zwanziger Jahren. In: Vierteljahreshefte für Zeitgeschichte 1 (1982), S. 27–81
—: Geschichte des Schulwesens im Sekundarbereich I. In: Skiba, E./Wulf, Ch./Wünsche, K. (Hrsg.): Erziehung im Jugendalter. Sekundarstufe I. (Enzyklopädie Erziehungswissenschaft. Bd. 8) Stuttgart 1983, S. 163–197
−/Roeder, P. M.: Schule im historischen Prozeß. Zum Wechselverhältnis von institutioneller Erziehung und gesellschaftlicher Entwicklung. Stuttgart 1976 (Neuausgabe Berlin 1983)
−/−: Didaktik und Unterricht in der Sekundarstufe I seit 1950. Entwicklung der Rahmenbedingungen. In: Max-Planck-Institut für Bildungsforschung, Projektgruppe Bildungsbericht (Hrsg.): Bildung in der Bundesrepublik Deutschland. Bd. 1 (1980), a.a.O., S. 283–391
Mackensen, R.: Bevölkerung und Gesellschaft in Deutschland. Die Entwicklung 1945–1978. In: Matthes, J. (Hrsg.): Sozialer Wandel in Westeuropa. Verhandlungen des 19. Deutschen Soziologentages, 17.–20. April 1979 im ICC Berlin. Frankfurt/M. u. a. 1979, S. 443–464
Maskus, R.: Zur geschichtlichen Entwicklung der Realschule. In: Wollenweber, H. (Hrsg.): Die Realschule. Bd. 1. Paderborn u. a. 1979, S. 9–35
Max Planck-Institut für Bildungsforschung, Projektgruppe Bildungsbericht (Hrsg.): Bildung in der Bundesrepublik Deutschland. Daten und Analysen. Bd. 1: Entwicklungen seit 1950. Bd. 2: Gegenwärtige Probleme. Reinbek bei Hamburg/Stuttgart 1980
Meulemann, H./Wiese, W.: Bildungsexpansion und Bildungschancen. Soziale Selektion nach dem 10. Gymnasialschuljahr zwischen 1964 und 1973. In: Zeitschrift für Sozialisationsforschung und Erziehungssoziologie (ZSE) 4 (1984), S. 287–306
Neuhaus, E.: Reform des Primarbereichs. Darstellung und Analyse auf dem Hintergrund gegenwärtiger erziehungswissenschaftlicher Erkenntnisse. Düsseldorf ²1977
Neuhaus-Siemon, E.: Lehren und Lernen in der Grundschule. In: Twellmann, W. (Hrsg.):

Handbuch Schule und Unterricht. Bd. 5.1: Schule und Unterricht unter dem Aspekt der didaktischen Bereiche. Düsseldorf 1981, S. 125–143

PEISERT, H./DAHRENDORF, R. (Hrsg.): Der vorzeitige Abgang vom Gymnasium. Villingen 1967

PREUSS-LAUSITZ, U.: Sonderschule, eine Schule der Krise? In: ROLFF, H.-G./KLEMM, K./TILLMANN, K.-J. (Hrsg.): Jahrbuch der Schulentwicklung. Bd. 4 (1986), a.a.O., S. 102–124

ROEDER, P. M.: Fallstudien zur Fachleistungsdifferenzierung in der Hauptschule. Berlin: Max-Planck-Institut für Bildungsforschung 1985

–: Gute Schule unter schlechten Rahmenbedingungen. Fallstudien an Berliner Hauptschulen. In: STEFFENS, U./BARGEL, T. (Hrsg.): Erkundungen zur Wirksamkeit und Qualität von Schule. Wiesbaden: Hessisches Institut für Bildungsplanung und Schulentwicklung (HIBS). Konstanz: Forschungsgruppe Gesellschaft und Region 1987, S. 81–103

–/BAUMERT, J./SANG, F./SCHMITZ, B.: Expansion des Gymnasiums und Leistungsentwicklung. In: Zeitschrift für Soziologie 15 (1986), S. 210–220

RÖSNER, E.: Erfolg durch Nützlichkeit: Strukturen, Legitimationsprobleme und Veränderungstendenzen der Realschule. In: ROLFF, H.-G./KLEMM, K./TILLMANN, K.-J. (Hrsg.): Jahrbuch der Schulentwicklung. Daten, Beispiele, Perspektiven. Bd. 3 (1984), a.a.O., S. 176–203

ROLFF, H.-G./BAUER, K.-O./KLEMM, K./PFEIFFER, H. (Hrsg.): Jahrbuch der Schulentwicklung. Daten, Beispiele und Perspektiven. Bd. 6. Weinheim/Basel 1990

SCHEERER, H./SCHMIED, D./TARNAI, CH.: Verbalbeurteilung in der Grundschule. Arbeits- und Sozialverhalten in Grundschulzeugnissen in Nordrhein-Westfalen. In: Zeitschrift für Pädagogik 31 (1985), S. 175–200

SCHEUERL, H.: Probleme der Hochschulreife. Bericht über die Verhandlungen zwischen Beauftragten der Ständigen Konferenz der Kultusminister und der Westdeutschen Rektorenkonferenz 1958–1960. »Tutzinger Gespräche I–III«. Heidelberg 1962

–: Kriterien der Hochschulreife. Eine neue Diskussionsgrundlage aus dem Schulausschuß der Westdeutschen Rektorenkonferenz. In: Zeitschrift für Pädagogik 15 (1969), S. 21–35

–: Die Gliederung des deutschen Schulwesens. Analytische Darstellung und Gesichtspunkte zu seiner weiteren Entwicklung. Stuttgart ²1970

SCHWARTZ, E.: Die Grundschule. Funktion und Reform. Braunschweig 1969

SENATOR FÜR SCHULWESEN: Das Schuljahr in Zahlen. Allgemeinbildende Schulen in Berlin (West). Berlin 1975/76ff.

SOMMER, M. (Hrsg.): Lehrerarbeitslosigkeit und Lehrerausbildung. Diagnosen und Strategien zur Überwindung der Krise. Opladen 1986

STRUCK, P.: Die Hauptschule. Geschichte, Krise und Entwicklungsmöglichkeiten. Stuttgart u. a. 1979

TENORTH, H.-E.: Hochschulzugang und gymnasiale Oberstufe in der Bildungspolitik von 1945 bis 1973. Zur Genese und pädagogischen Kritik der »Gymnasialen Oberstufe in der Sekundarstufe II«. Bad Heilbrunn 1975

TIETZE, W./ROSSBACH, H.-G.: Didaktisch-ökologische Bedingungen der Schulkindergartenzuweisung und Auswirkungen des Schulkindergartenbesuchs. Schulkindergarten und Schulerfolg. Münster: Universität Münster, Projektgruppe SKG 1987

TILLMANN, K.-J./BAUMERT, J./DÖRGER, U.: Sekundarschulen unter Konkurrenzdruck. Fallstudien aus dem viergliedrigen Schulsystem. Wiesbaden: Hessisches Institut für Bildungsplanung und Schulentwicklung (HIBS) 1986

TROMMER-KRUG, L. unter Mitarbeit von L. KRAPPMANN: Soziale Herkunft und Schulbesuch. In: MAX-PLANCK-INSTITUT FÜR BILDUNGSFORSCHUNG, PROJEKTGRUPPE BILDUNGSBERICHT (Hrsg.): Bildung in der Bundesrepublik Deutschland. Bd. 1 (1980), a.a.O., S. 217–281

ULSHÖFER, R.: Die Geschichte des Gymnasiums seit 1945. Dokumente und Kommentare. Heidelberg 1967

VALTIN, R. u. a. (Hrsg.): Gemeinsam leben – gemeinsam lernen. Behinderte Kinder in der Grundschule. Konzepte und Erfahrungen. Frankfurt/M.: Arbeitskreis Grundschule 1984

WOLLENWEBER, H. (Hrsg.): Die Realschule. 2 Bde. Paderborn u. a. 1979

–: Die Realschule. In: TWELLMANN, W. (Hrsg.): Handbuch Schule und Unterricht. Bd. 5.1: Schule und Unterricht unter dem Aspekt der didaktischen Bereiche. Düsseldorf 1981, S. 56–80

Eiko Jürgens, Leo Roth und Kurt Aurin

Strukturveränderungen im Bildungswesen der Bundesrepublik Deutschland

Die Orientierungsstufe (Eiko Jürgens)

Vorbemerkungen

Im Verlauf der bildungspolitischen Auseinandersetzungen und erziehungswissenschaftlichen Diskussionen um Reformen im allgemeinbildenden Schulwesen spielt die Orientierungsstufe (OS) eine wichtige Rolle.

In den folgenden Ausführungen wird zunächst die Entwicklung der Orientierungsstufenproblematik in groben Zügen historisch aufgearbeitet, um auf der Basis grundsätzlicher Informationen eine kritische Betrachtung der heutigen Situation der OS anschließen zu können.

1 Die konzeptionelle Entwicklung der Orientierungsstufe

1.1 Bildungswissenschaftliche Forschungsergebnisse und bildungspolitische Forderungen

Zahlreiche Aussagen und Untersuchungsergebnisse der Wissenschaft unterstützen die Forderung, die Selektionsmechanismen und punktuellen Beurteilungsverfahren zugunsten langfristig angelegter individueller Lernförderung abzubauen. In unmittelbarem Zusammenhang mit diesen Bestrebungen ist die Entwicklung der OS zu verstehen (→ *Strukturfragen des Bildungswesens im internationalen Vergleich* . . .).

So zeigten unter anderem Beiträge zur Begabungsforschung, daß die Schule weniger die adäquate Begabung für die von ihr gestellten Lernanforderungen vorauszusetzen als vielmehr schulisches Lernen zu organisieren hat, daß Begabung »entwickelt« werden kann. Der Begriff der »statischen Begabung« fand die Ablösung durch den der »dynamischen Begabung« (H. ROTH 1961) (→ *Intelligenz, Begabung und Umwelt*).

Weiter wurde besonders mit INGENKAMPS Veröffentlichung über die »Fragwürdigkeit der Zensurengebung« (³1971) die ganze Problematik und Mangelhaftigkeit der schulischen Beurteilungspraxis in das Bewußtsein einer breiteren Öffentlichkeit gerückt. Die Messung und Bewertung von Schulleistungen wurde besonders im Zuge der Diskussion um grundlegende Innovationen im Schulwesen Ende der 60er Jahre und zu Beginn der 70er Jahre generell in Frage gestellt und verstärkt zum Gegenstand wissenschaftlicher Abhandlungen und empirischer Untersuchungen gemacht. Unter anderem offenbarten die Forschungen zur Prognose und Diagnose von Schulleistungen, daß der Voraussagewert, die prognostische Validität, von Schulnoten äußerst gering ist, besonders im Hinblick auf langfristige Vorhersagen (INGENKAMP 1968, 1975, 1977; UNDEUTSCH 1968) → *Pädagogische Diagnostik*). Unmittelbar verbunden mit den Problemen der Leistungsbeurteilung und der -prognose ist eine vielfältige und zum Teil recht heftig vorgetragene Kritik am *Lehrerurteil*. Jedoch waren es nicht ausschließlich Forschungsergebnisse sozialwissenschaftlicher, pädagogischer und psychologischer Untersuchungen, die gewichtige Gründe für die strukturellen Veränderungen des deutschen Schulwesens lieferten. PICHT (1964) wies in seiner Veröffentlichung auf die zu erwartende »Bildungskatastrophe« hin, falls die Zahl der Abiturienten in der Bundesrepublik Deutschland nicht drastisch gesteigert würde. Das Schulwesen der Bundesrepublik Deutschland brächte im Vergleich zu anderen Industrienationen zuwenig Abiturienten hervor. Wollte die Bundesrepublik Deutschland ihre wirtschaftliche Weltgeltung nicht gefährden, müßte sie – so PICHTS Argumentation – mehr qualifizierten Nachwuchs hervorbringen. Das führte zum Ruf nach Mobilisierung aller vorhandenen »Begabungsreserven«.

Darüber hinaus wurde in den 60er Jahren angesichts »sozialer Selektionsmechanismen in der Schule«, die in den schichtabhängigen Übergangszahlen von Schülern zu den weiterführenden Schulen und dem hohen Anteil von Schülern aus unteren Schichten an den Sonderschulen ihren Ausdruck fanden, vor allem von Sozialwissenschaftlern nachdrücklich auf das grundsätzlich verankerte Recht auf gleiche Bildungschancen hingewiesen.

Besonders DAHRENDORF (1965) war es, der auf das soziale Grundrecht aller aufmerksam machte, ihre Chancen so wahrzunehmen und zu verwirklichen, wie es ihren Fähigkeiten und Wünschen entspreche. Die Wahrnehmung und Durchsetzung des rechtlichen Anspruchs würde die Abschaffung jeder rechtlichen, wirtschaftlichen und gesellschaftlichen Diskriminierung bedeuten (→ *Schulgeschichte als Bildungsreform* . . .).

Mit den gemachten Ausführungen sollte schlagwortartig verdeutlicht werden, daß von seiten der Wissenschaft im Bereich der Bildungsforschung umfangreiches Material vorgelegt wurde, aus dem sich konzeptionelle Aussagen und Vorschläge zur Veränderung und Weiterentwicklung des Schulwesens ableiten ließen.

Wenn jedoch das Schulwesen, gemessen am Ausmaß verbalen Reformwillens von Politikern, relativ unverändert geblieben ist (GSTETTNER/SEIDEL 1975, S. 50), dann hat das seine wesentliche Ursache darin, daß wissenschaftliche Erkenntnisse allein keine Reformaktivitäten bewirken können, denn dazu bedarf es der politischen Um- und Durchsetzung (→ *Pädagogik und Politik*). Für die Diskussion um die OS sieht beispielsweise REUTER die Positionsunterschiede zwischen den verschiedenen gesellschafts- und bildungspolitischen Interessengruppen einerseits von einem »humanitär-sozialen« und andererseits von einem »technokratischen« Verständnis für Schule und Bildung her bestimmt (REUTER 1975, S. 44ff.).

Eine Sammlung der wichtigsten Argumente für und gegen die OS ist bei ZIEGENSPECK (1976, S. 12f.) zu finden. Über die Entwicklung der OS vor dem Hintergrund bildungspolitischer Positionen der Bundestagsparteien gibt JÜRGENS (1988) eine umfangreiche Beschreibung, in der das besondere Verhältnis von Bildungspolitik und Bildungsreform erörtert wird, ohne das der geschichtliche Weg der Orientierungsstufenentwicklung im Schulsystem nur unzureichend erklärt werden könnte.

Die schulpolitische Diskussion und Kontroverse um die Reformierung der Jahrgangsstufen 5 und 6 läßt sich bis zum Beschluß der Bund-Länder-Kommission (BLK) zur Einführung der OS (BLK 1973, S. 36) in vier Entwicklungsphasen nachvollziehen.

In der ersten Phase war der Wiederaufbau (»Restauration«) des Bildungswesens nach 1945 relevant, während die zweite Phase schulpolitischer Nachkriegsentwicklung ganz im Zeichen der Diskussion des »Rahmenplanes zur Umgestaltung und Vereinheitlichung des allgemeinbildenden Schulwesens« stand (DEUTSCHER AUSSCHUSS FÜR DAS ERZIEHUNGS- UND BILDUNGSWESEN 1959).

Die dritte Entwicklungsphase wurde geprägt durch den »Strukturplan für das Bildungswesen« (DEUTSCHER BILDUNGSRAT 1970) und läßt sich – im eigentlichen Sinne – als der »orientierungsstufenspezifische« Abschnitt identifizieren.

Als vierte und letzte Phase lassen sich die Ausführungen zur OS im Bildungsgesamtplan der BLK (1973) kennzeichnen.

1.2 Der Wiederaufbau des Bildungswesens nach 1945 aus orientierungsstufenspezifischer Sicht

Wie sich anhand der Darstellung des historischen Verlaufs der Entstehung des *Orientierungsstufenkonzeptes* und der Maßnahmen zur Realisierung der OS in einzelnen Bundesländern zeigen läßt, sind die eingenommenen bildungspolitischen Standpunkte und vorgetragenen Argumente vielfach nicht neu. Sie werden teilweise bereits in den Jahren 1945 bis 1949 bei der Frage nach der Dauer der Grundschule vertreten (WINKELER 1975, S. 19).

Politisch konservative Kreise und Parteien, wie die Vertreter der Kirchen und der Gymnasiallehrer, verteidigten nachdrücklich die vierjährige Grundschule, wie sie bereits zur Weimarer Zeit bestanden hatte, indem sie mit dem traditionellen Leistungsvermögen des deutschen Schulsystems argumentierten (BEHNKE 1955, S. 81). Andere Gruppierungen, wie Teile der Volksschullehrerschaft, Vertreter der Gewerkschaften und Politiker, überwiegend aus der SPD, setzten sich für die Ausdehnung der Grundschulbesuchszeit um zwei auf sechs Jahre ein, wobei besonders die sozialintegrative Wirkung der gemeinsamen Grundschule für alle Kinder und die Notwendigkeit einer Objektivierung der punktuellen Auslese beim Übergang zu den weiterführenden Schulformen hervorgehoben wurden.

Während die Stadtstaaten Berlin, Hamburg, Bremen und das Land Schleswig-Holstein 1948/49 die sechsjährige Grundschule einrichteten, wobei sich Berlin zunächst sogar auf eine achtjährige Grundschulzeit festlegte (ROBINSOHN 1970), ließen sich die anderen Bundesländer nicht von den Besatzungsmächten eine über vier Jahre hinausgehende Grundschule »aufzwingen« (ALLIIERTER KONTROLLRAT 1947). Allerdings revidierte ein Teil der Länder mit sechsjähriger Grundschulzeit später wieder seine Entscheidung, da sich aus der Uneinheitlichkeit des Bildungswesens in den Bundesländern verschiedene Probleme ergaben, wie u. a. die unterschiedlichen Übergangsverfahren am Ende der Grundschule sowie die ungelöste Differenzierungsproblematik in den sechsjährigen Grundschulen.

In der Folgezeit wurde der Ruf nach einer Vereinheitlichung des allgemeinbildenden Schulwesens immer lauter, während die Diskussion um die Dauer der Grundschulzeit verebbte, da sich herausstellte, daß die Frage – verlängerte Grundschulzeit ja oder nein – zu isoliert und getrennt vom gesamten schulischen Bildungswesen und seinen Aufgaben gestellt worden war. Die bildungspolitische Diskussion in den 50er Jahren war von der Einsicht geleitet, daß die Frage nach der Dauer der Grundschule nicht zu trennen ist von der übergreifenden Fragestellung nach der Funktion und Angemessenheit des bestehenden gegliederten Schulwesens und den Problemen der inhaltlichen und strukturellen Gestaltung der Schuljahre 5 und 6 (→ *Das allgemeinbildende Schulwesen* . . . ; → *Strukturfragen des Bildungswesens im internationalen Vergleich* . . .). Mit dieser Erkenntnis erhielt nicht nur die Diskussion um die Dauer der Grundschulzeit bzw. um die strukturelle, funktionale und inhaltliche Formung der Schuljahre 5 und 6 eine völlig neue Richtung, sondern sämtliche Reformbemühungen und -vorhaben mußten sich dieser Frage stellen.

1.3 Reformkonzept des Deutschen Ausschusses für das Erziehungs- und Bildungswesen

Als erstes bedeutungsvolles und grundlegendes Reformkonzept zu strukturalen Veränderungen des Schulsystems muß der »Rahmenplan zur Umgestaltung und Vereinheitlichung des allgemeinbildenden öffentlichen Schulwesens« (DEUTSCHER AUSSCHUSS FÜR DAS ERZIEHUNGS- UND BILDUNGSWESEN 1959) angesehen werden. Als Kernstück der Reform und Vereinheitlichung des Schulsystems sollte eine *Förderstufe* durch die Zusammenfassung der Schuljahre 5 und 6 zu einer selbständigen Schulstufe entstehen. Damit war die vierjährige Grundschulzeit als Regel anerkannt, und die Diskussion um die Dauer der Grundschule war nicht mehr aktuell; sie wich der Frage nach der Stellung der Schuljahre 5 und 6 im Schulwesen.

Die vom DEUTSCHEN AUSSCHUß FÜR DAS ERZIEHUNGS- UND BILDUNGSWESEN konzipierte Förderstufe sollte als eigenständige zweijährige Schulstufe die Jahrgangsstufen 5 und 6 umfassen und einen von der Grundschule wie von den weiterführenden Schulen weitgehend unabhängigen Bildungsauftrag erhalten. Die Notwendigkeit der Einführung der Förderstufe wurde vom DEUTSCHEN AUSSCHUß FÜR DAS ERZIEHUNGS- UND BILDUNGSWESEN mit dem Hinweis auf das allgemeine Recht auf soziale Gerechtigkeit und den steigenden Bedarf nach qualifiziertem Nachwuchs begründet. Damit wurde der Förderstufe die Aufgabe zugewiesen, sie solle »vor allem dazu helfen, daß nach den Maßen der sozialen Gerechtigkeit und des steigenden Bedarfs unserer Gesellschaft an höhergebildetem Nachwuchs jedem Kind der Weg sich öffnet, der seiner Bildungsfähigkeit entspricht« (DEUTSCHER AUSSCHUSS... 1959, S. 83). Schüler, von denen sich mit »an Sicherheit grenzender Wahrscheinlichkeit« voraussagen läßt, daß ihre »Fähigkeit« ausreicht, zum Abitur zu gelangen, sollten sofort von der Grundschule in die neunjährige »Studienschule« aufgenommen werden (DEUTSCHER AUSSCHUSS... 1966, S. 105). Die Frage nach der Stellung der Förderstufe im Schulaufbau und nach ihrer organisatorischen wie curricularen Gestaltung entfachte einen schulpolitischen Streit, als der DEUTSCHE AUSSCHUß 1963 sein Konzept zur Förderstufe verdeutlichte. Die Förderstufe sollte örtlich einer Grund- bzw. Hauptschule zugeordnet werden, da der Erfahrungsbereich der bisherigen Volksschule für diese Schulform als bedeutsam anerkannt wurde. Trotz dieser schulorganisatorischen Anbindung und der Anlehnung an unterrichtsdidaktische Methoden der Volksschule sollte die Förderstufe als eine eigenständige didaktische und unterrichtsorganisatorische Einheit entstehen, gleichzeitig aber auch konkrete Ansprüche der weiterführenden Schulen berücksichtigen, um Ziele bestimmen zu können, die am Ende des 6. Schuljahres erreicht sein könnten und/oder sollten. Aus diesem Grunde wurde gefordert, Volks-, Realschul- und Gymnasiallehrer an den Förderstufen unterrichten zu lassen.

Der von den Kritikern der Förderstufe in die Diskussion gebrachte Vorwurf, der DEUTSCHE AUSSCHUß würde über seine Konzeption die Forderung nach einer sechsjährigen Grundschule neu aufleben lassen und mit der Förderstufe einen ersten Schritt zur »Einheitsschule« geleistet haben, ist falsch. Die Förderstufe wurde ausdrücklich als eine unterrichtsorganisatorisch und didaktisch selbständige, von der Grundschule abgehobene Schulstufe deklariert (DEUTSCHER AUSSCHUSS ... 1966).

In der Förderstufendiskussion ließen sich von Anfang an zwei entgegengesetzte Standpunkte verfolgen. Auf der einen Seite wurde das schulartspezifisch gegliederte und qualitativ deutlich differenzierte Schulsystem gefordert, weil Unterschiede in der Bildungsfähigkeit nicht zu leugnen seien und Eltern für ihre Kinder unterschiedliche Bildungswege anstrebten. Für die Vertreter dieser Argumente hatte die Förderstufe lediglich den Charakter einer verlängerten Grundschule, die unterschiedlichen Begabungen nicht gerecht werde und Bildungswünsche der Eltern zwar nicht verhindere, doch unnötigerweise hinauszögere. Demgegenüber wurde argumentiert, damit alle Schüler mit der gleichen Chance die Bildungsmöglichkeiten und -angebote der Schule wahrnehmen könnten, müßten alle Schüler soweit wie möglich in gleicher Weise gefördert werden. Als Konsequenz forderten die Anhänger dieser Position ein reformiertes, schulartenintegrierendes Schulwesen.

Die Förderstufe hatte sich – von einigen Fällen abgesehen – nicht durchsetzen können. Die zuständigen Kultusministerien standen der Einrichtung von Förderstufen weitgehend skeptisch und ablehnend gegenüber. Nur Niedersachsen (NIEDERSÄCHSISCHER KULTUSMINISTER 1963) und Hessen (GEISSLER u. a. ²1968) haben in umfangreichem Maß Förderstufenversuche durchgeführt, obwohl es nie dazu kam, die Förderstufe flächendeckend zu verwirklichen. Dennoch haben sowohl die Praxisberichte als auch die Theorieerkenntnisse der Förderstufenversuche einen wesentlichen Beitrag zur weiteren pädagogischen und bildungspolitischen Diskussion besonders auch im Hinblick auf die OS geleistet.

Die Entwicklung der OS ist nicht zu trennen von den Reformbemühungen, langfristig ein stufenbezogenes, integriertes Schulsystem aufzubauen. Mit der OS, so glaubten die Verfechter dieser neuen Schulstufe, könnte der wichtige erste Schritt zur Demokratisierung des Schulwesens vollzogen werden und über sie ließe sich die Forderung nach Aufbau einer integrierten Stufenschule leichter realisieren. Man sprach der OS eine Art Hebelwirkung in der Neustrukturierung des Schulwesens zu. Diese Möglichkeiten erkannten auch ihre bildungspolitischen Gegner, die sie von Anfang an als »gesamtschulverdächtig« abqualifizierten. Dagegen gab es Vertreter der Gesamtschule, die in der OS lediglich eine »verschleierte Reform« sahen, die der Gesamtschulidee und -entwicklung zuwiderlief (NEUMANN/ZIEGENSPECK 1979) (→ *Strukturveränderungen im Bildungswesen ..., Die Gesamtschule*).

1.4 Der Reformansatz zur Orientierungsstufe des DEUTSCHEN BILDUNGSRATES

Mit der Gründung des DEUTSCHEN BILDUNGSRATES, der die Nachfolge des 1965 aufgelösten DEUTSCHEN AUSSCHUSSES FÜR DAS ERZIEHUNGS- UND BILDUNGSWESEN antrat, begann die dritte Phase der Nachkriegsschulentwicklung, die als entscheidend für die Einrichtung der OS angesehen werden kann.

Die Orientierungsstufenkonzeption des DEUTSCHEN BILDUNGSRATES verstand sich als eine Maßnahme innerhalb umfassender Pläne zur Um- bzw. Neugestaltung des allgemeinbildenden Schulwesens (DEUTSCHER BILDUNGSRAT 1970). Nach den Vorstellungen des BILDUNGSRATES sollte die OS nur unter der Voraussetzung eingerichtet werden, daß analog dazu grundlegende strukturelle und inhaltliche Veränderungen im gesamten

Schulwesen stattfinden, besonders im Hinblick auf die angestrebte Horizontalisierung des Schulwesens (→ *Das allgemeinbildende Schulwesen* ...).

Den Klassen 5 und 6 wurden in einem horizontal aufgebauten Schulwesen besondere Funktionen zugeordnet; die OS sollte als »Gelenkstelle« zwischen Primar- und Sekundarbereich fungieren. Nach den Vorstellungen des BILDUNGSRATES sollte die OS nicht ähnlich der Förderstufe an das bestehende Schulsystem »angepaßt« bzw. in dieses eingefügt werden, ohne gleichzeitig eine fundamentale Neugestaltung des gesamten Systems durchzuführen. Das Orientierungsstufenkonzept wurde auch aus diesem Grund von dem Förderstufenentwurf des DEUTSCHEN AUSSCHUSSES bewußt abgehoben, wenn auch Elemente der Förderstufe übernommen wurden (DEUTSCHER BILDUNGSRAT 1970, S. 141).

Die Einführung der OS wird vom DEUTSCHEN BILDUNGSRAT als konsequente Umsetzung der Forderung verstanden, möglichst spät endgültige Entscheidungen über die Zuweisung von Schülern zu getrennten Bildungsgängen bzw. Schulformen herbeizuführen. Mit der OS soll die (zu) frühe Selektion nach der 4. Grundschulklasse vermieden werden. Der Zweijahresblock dieser Stufe soll die Möglichkeit bieten, über eine breiter abgesicherte Diagnose des Lernverhaltens eine Vergrößerung der Prognosesicherheit bezüglich der zu wählenden Schullaufbahn am Ende der OS herbeizuführen. Die elementaren Faktoren der Orientierung, der Förderung des Lernverhaltens und der sozialen Integration, der Beratung und veränderten Beurteilungspraxis sollen zusammenwirkend diesem Ziel im Sinne einer Bewährungsauslese dienen. Das wichtigste Ziel der OS liegt darin, eine sozial gerechtere, dem Chancengleichheitsprinzip verpflichtete und den Lernmöglichkeiten und -interessen der Schüler angepaßte Entscheidung über den weiteren Bildungsweg zu ermöglichen.

1.5 Der Bildungsgesamtplan der BUND-LÄNDER-KOMMISSION und die Auswirkungen auf die Orientierungsstufe

In den Beratungen der BLK zeigte sich sehr bald, daß für die im »Strukturplan« dokumentierten Vorschläge und Zielvorstellungen zur Einführung der OS und der damit einherzugehenden Struktur- und Inhaltsveränderungen im Bildungswesen kein Konsens herbeigeführt werden konnte. Während man sich in der BLK noch weitgehend über die Ziele und allgemeinen Grundsätze für die Reform des Bildungswesens einigen konnte, wurden die grundsätzlichen bildungspolitischen Gegensätze bei der Frage nach den diesen Absichten und Prinzipien gerecht werdenden Schulformen unüberbrückbar. Auch ausdrücklich in bezug auf die Organisation der OS wurde bereits im »Zwischenbericht« ein »besonderes Votum« der Unionsländer eingebracht, in welchem festgestellt wird, daß die OS auch schulformabhängig eingerichtet werden kann (BLK 1973, S. 35). Außerdem wurde vereinbart, in den Bundesländern – soweit es noch nicht geschehen war – die OS in Schulversuchen zu erproben und ihre Einführung zeitlich so zu planen, daß bis zum Jahr 1976 alle Schüler der betroffenen Altersjahrgänge die OS besuchen könnten (BLK 1973, S. 27). Bis heute ist die Vorgabe unerfüllt geblieben und wird wohl unerfüllt bleiben. Das Einbringen des »besonderen Votums« bedeutete eine schwerwiegende Relativierung und eine teilweise Aufgabe der im Strukturplan vorgelegten Konzeption zur inhaltlichen und organisatorischen Gestaltung der OS. Das Zugeständnis an die Länder, die OS sowohl *schulformabhängig* als auch *schulformunabhängig* einführen zu können, ließ den Beginn eines Prozesses evident werden, in dessen Verlauf

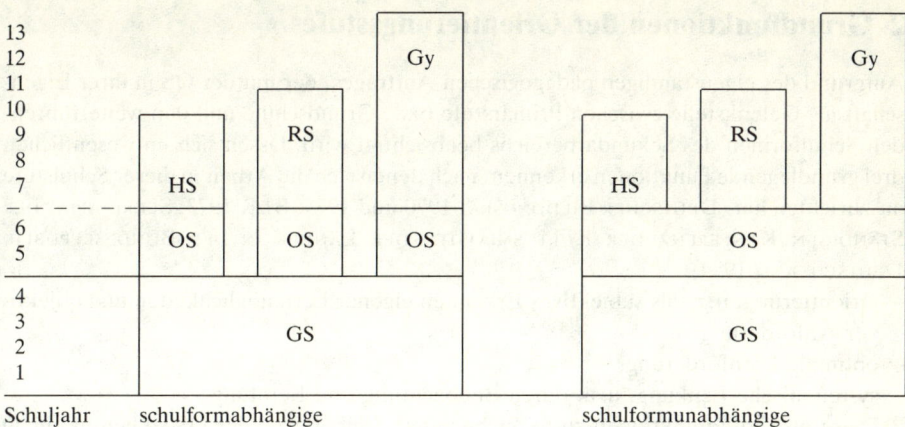

Hauptschule (HS)
Realschule (RS)
Gymnasium (Gy)
Orientierungsstufe (OS)
Grundschule (GS)

Eine Gegenüberstellung der beiden Organisationsformen im Schema zeigt, daß bei der schulformabhängigen Orientierungsstufe eine Vorauslese am Ende der Grundschule stattfindet, während bei der schulformunabhängigen Orientierungsstufe eine Entscheidung über den weiteren Bildungsgang erst am Ende der 6. Klasse fällt.

Abb. 1: Organisationsformen der Orientierungsstufe

der Widerstand gegen Neuerungen im Schulwesen verstärkt wurde, indem alte bildungspolitische Positionen und bekannte Widerstände wieder verstärkt ins Feld geführt wurden.

Mit der Zulassung der schulformabhängigen OS bleibt die Pflicht zur Auslese bzw. zur Vorbereitung der Elternentscheidung weiterhin bei der Grundschule, da die Schüler bereits nach der 4. Jahrgangsstufe auf die weiterführenden Schulformen zu verteilen sind. Damit werden einige wesentliche Ziele, die dem konzeptionellen Entwurf zur OS im Strukturplan zugrunde lagen, bereits wieder aufgegeben, wie beispielsweise das Hinausschieben der Übertrittsauslese für das weiterführende Schulsystem, um die Prognose für die weitere Schullaufbahn verbessern und die soziale Integration aller Schüler ermöglichen zu können.

Die Ausarbeitung der Entwicklung der OS erfolgte in vier Schritten. Die zunächst ganz im Zeichen der Schulreform der 70er Jahre stehende vierte Phase kann als die entscheidende für die OS bezeichnet werden, da in diesen Zeitraum die Vereinbarung der Bundesländer über die Einführung der OS fällt. Aber auch aus einem anderen Grund ist sie als die entscheidende für die Entwicklung der OS zu bezeichnen. In ihr wurde die Chance zur Vereinheitlichung des Bildungswesens in der Bundesrepublik Deutschland vorerst verpaßt, so daß die OS zu einem Sammelbegriff für unterschiedliche bildungspolitische Ziele und Interessen geworden ist, was sich an den unterschiedlichen Entwicklungen und Realisierungen der OS in den einzelnen Bundesländern nachweisen läßt.

2 Grundfunktionen der Orientierungsstufe

Aufgrund des eigenständigen pädagogischen Auftrages, der mit der OS in ihrer Eigenschaft als Gelenkstelle zwischen Primarstufe bzw. Grundschule und den weiterführenden Schulformen des Sekundarbereichs beabsichtigt wird, lassen sich im wesentlichen drei grundlegende Funktionen erkennen, nach denen sich die Arbeit in dieser Schulstufe auszurichten hat (DEUTSCHER BILDUNGSRAT 1970 und 1975; BLK 1973; SEKRETARIAT DER STÄNDIGEN KONFERENZ DER KULTUSMINISTER DER LÄNDER IN DER BUNDESREPUBLIK DEUTSCHLAND 1974):
– Orientierung, u. a. als subjektives Erkennen eigener Lernmöglichkeiten und objektiver Anforderungen,
– optimale Lernförderung,
– systematische Lenkung, u. a. durch Beobachtung und Beratung.

Diese als Grundfunktionen zu bezeichnenden Zielbereiche der OS stehen in einem engen Zusammenhang; keine der intendierten Funktionen kann für sich allein stehen, sie sind Komponenten eines gemeinsamen Prozesses, an dessen Ende der Übergang aus der OS zu den weiterführenden Schulformen steht.

2.1 Orientierungsfunktion

Der Begriff »OS« macht schon nach außen hin deutlich, daß der Orientierungsfunktion in dieser Schulstufe ein besonderer Stellenwert zukommt.

Orientierung in der OS ist zuallererst eine Aufgabe, die sich auf den Schüler bezieht. Dieser soll sich orientieren über seine eigenen Lernfähigkeiten und Interessengebiete, indem er seine Lernmöglichkeiten erproben kann, aber auch, indem er lernt, die eigene Leistungsfähigkeit zu beurteilen, um künftige Aufgaben realistisch einschätzen zu können.

Die pädagogische Konsequenz daraus ist offensichtlich: Die organisatorische wie die inhaltliche Struktur der OS haben sich darauf einzustellen, unterstützende Maßnahmen und Hilfen bereitzustellen, damit der Schüler in diesem schwierigen Prozeß des »Sich-Orientierens« bestehen und sich zurechtfinden kann. Denn es scheint auf der Hand zu liegen, daß die Wahrnehmung derartig anspruchsvoller Ziele, wie Einschätzung der eigenen Lernfähigkeiten, Bestimmung eigener Lern- und Interessenschwerpunkte, Erkennen eigener »Leistungs- bzw. Lerngrenzen«, für Zehn- bis Zwölfjährige ohne gezielte und umfangreiche Unterstützung durch Schule und Elternhaus kaum möglich ist. Demnach wird die Orientierungsfunktion nicht ausschließlich als subjektive Aufgabe verstanden, indem sich der Schüler informiert, sondern sie wird ebenfalls als objektiver Auftrag aufgefaßt. Schüler und Eltern sollen informiert werden. Den Eltern soll die OS die Möglichkeit einräumen, sich umfassend und fortlaufend über die Lernentwicklung ihrer Kinder und über die weiterführenden Bildungsangebote zu unterrichten.

Unabhängig von der Frage, ob Schüler dieser Altersstufe überhaupt in der Lage sind, aktiv in den Prozeß der Orientierung einzutreten, wird die Orientierungsfunktion bisher nicht im Sinne eines Sach- und Erprobungsprozesses verstanden, an dessen Ende die Wahl bzw. Abwahl von Unterrichtsfächern bzw. Fachbereichen der weiterführenden Schultypen stehen könnte (HAENISCH/ZIEGENSPECK 1977, S. 81 f.). Letztlich vollzieht sich die Orientierungsfunktion gegenwärtig in der OS in der Auseinandersetzung des Schülers mit den Anforderungsstrukturen des Sekundarbereichs. Orientierung bedeutet dann vor diesem Hintergrund allenfalls einerseits nichts anderes als ein Sich-Orientieren auf die organisatorischen und inhaltlichen Strukturen der weiterführenden Schullaufbahnen einschließlich der dafür vorgesehenen Eingangs- und Übergangsvoraussetzungen und andererseits die Einschätzung eigener Leistungsfähigkeit, um die Eignung für unterschiedlich anspruchsvolle Bildungsgänge zu ermitteln.

2.2 Förderfunktion

Lernförderung in der OS ist immer auf die Orientierungsfunktion bezogen, denn ohne eine gezielte und intensive Förderung ist es dem Schüler nicht möglich, seine individuellen Fähigkeiten und Interessen im Hinblick auf die Wahrnehmung angebotener Bildungsmöglichkeiten auszubilden und einzuschätzen sowie begründete Wahlentscheidungen zu treffen. Das Förderprinzip in der OS knüpft an die pädagogische und unterrichtliche Arbeit in der Grundschule an und soll versuchen, in einem verbreiterten Bildungsangebot der Verschiedenartigkeit der Individualansprüche der Schüler größeres Gewicht beizumessen. Die OS soll einer umfassenden, optimalen Förderung aller Schüler durch gezielte, kontrollierte und möglichst angstfreie Lernanforderungen dienen.

Förderung in der OS findet in einem Spannungsfeld statt. Auf der einen Seite werden Erwartungen von den weiterführenden Schulformen gestellt, die als vorgegebene Rahmenbedingungen die Fördermaßnahmen determinieren, und auf der anderen Seite stehen die individuellen Fähigkeiten und Lernvoraussetzungen des Schülers, die es durch eine individuell differenzierte Herausforderung zum Lernen zu fördern gilt.

Um die Lernförderung in die Praxis umsetzen zu können, bedarf es einer Reihe von pädagogischen und organisatorischen Maßnahmen, in deren Zentrum die Differenzierungsproblematik steht (→ *Unterrichtsformen* . . .). Die umfangreiche Literatur zu dieser Thematik zeigt, daß es sich hierbei um ein Grundproblem schulischer Arbeit handelt, jedoch in der OS – ähnlich wie in der Gesamtschuldiskussion – zu heftigen Auseinandersetzungen geführt hat (Passow 1972). Dementsprechend werden in der OS, je nach Bundesland, unterschiedliche Differenzierungsverfahren praktiziert. Ein Modell, mit dem die Problematik der Polarisierung zwischen individueller Förderung und früher Selektion zugunsten des Förderprinzips zu lösen versucht wird, stellt die *gleitende Differenzierung* dar (Ziegenspeck 1976, S. 158f.). Dieses Verfahren sieht vor, differenzierende Maßnahmen in Stütz- und Projektgruppen zu organisieren. In der Stützgruppe erhalten die Schüler zusätzliche Lernhilfen in jenen Bereichen, in denen Lernschwierigkeiten bzw. -rückstände festgestellt worden sind. In der Projektgruppe arbeiten die Schüler selbständig an kleineren Aufgaben, die über die Grundanforderungen hinausgehen. Der Projekt- und Stützgruppenunterricht ergänzt den Kernunterricht im Klassenverband. Die Zugehörigkeit zur Stütz- und Projektgruppe soll grundsätzlich nur kurzfristig sein, damit sich keine stabilen Gruppen herausbilden.

2.3 Lenkungsfunktion

Da die OS ihre Schüler in das gegliederte Schulwesen entläßt, ist die Schullaufbahnlenkung als spezifische Funktion zu betrachten. Für die OS kann es also nicht um die Frage gehen, *ob* »gelenkt« werden soll, sondern darum, *wie* gelenkt werden soll und welche Voraussetzungen von der OS zu schaffen sind, damit diese Schullaufbahnlenkung möglichst verläßlich, zutreffend und sicher ist.

Im Sinne einer »Bewährungsauslese« ist es Ziel der OS, den Prozeß der Bewährung möglichst lange offenzuhalten, um bei Ausschöpfung optimaler Förder- und Orientierungshilfen zu einer verläßlichen Schullaufbahnprognose zu gelangen. Die Schullaufbahnlenkung wird in der OS sowohl als ein über zwei Jahre ablaufender *Prozeß* als auch als ein Ergebnis, als eine Plazierungsentscheidung, verstanden. Durch die Bereitstellung und den Einsatz von gezielten Orientierungs- und Fördermaßnahmen soll es möglich werden, sowohl helfend bzw. steuernd in den Lenkungsvorgang einzugreifen als auch die Offenheit dieses Prozesses zu gewähren. In diesem Sinne wird die OS als pädagogisches Steuerungsinstrument verstanden.

3 Bezeichnung und Organisationsstruktur der Klassen 5 und 6 in den Bundesländern

Die KMK hat im Jahr 1974 mit der Vereinbarung über die OS die Ziele und Organisationsmöglichkeiten dieses Zweijahresblockes formuliert, wobei sich dieses Gremium auf die Beschlüsse der BLK und auf die Empfehlungen des DEUTSCHEN BILDUNGSRATES stützte.

An dieser Stelle soll nun eine kurze Übersicht über den Stand der Realisierung der Vereinbarung der KMK zur OS in den Bundesländern bis zum gegenwärtigen Zeitpunkt gegeben werden, um zu belegen, daß das mit der Entwicklung der Orientierungsstufenkonzeption angestrebte Ziel der Vereinheitlichung des Schulwesens in der Bundesrepublik Deutschland nicht erreicht wurde. Ganz im Gegenteil kann behauptet werden, daß die Implementation der KMK-Vereinbarung es ermöglichte, föderalistische Eigeninteressen verstärkt zum Tragen zu bringen. Die nachstehende Darstellung beschränkt sich auf Aspekte der Bezeichnung und der Organisation der Klassen 5 und 6 in den einzelnen Bundesländern.

3.1 Bezeichnung der Klassen 5 und 6

Baden-Württemberg:	Orientierungsstufe
Bayern:	5. und 6. Klasse der Hauptschule
	5. und 6. Klasse des Gymnasiums
Berlin:	Klassen 5 und 6 der Grundschule
Bremen:	Orientierungsstufe
Hamburg:	Beobachtungsstufe der Haupt- und Realschule
	Beobachtungsstufe des Gymnasiums
	Orientierungsstufe
	Klassen 5 und 6 der Gesamtschule
Hessen:	Förderstufe
Niedersachsen:	Orientierungsstufe
Nordrhein-Westfalen:	Erprobungsstufe
Rheinland-Pfalz:	Orientierungsstufe
Saarland:	Eingangsstufe an den Realschulen und Gymnasien
	Klassen 5 und 6 an Hauptschulen
Schleswig-Holstein:	Orientierungsstufe

3.2 Organisationsstruktur der Klassen 5 und 6

Baden-Württemberg: Die Klassen 5 und 6 sind in der schulformabhängigen OS an Haupt-, Realschulen und Gymnasien organisiert.

Bayern: Die Klassen 5 und 6 sind schulformabhängig an den Hauptschulen und den Gymnasien organisiert. Die Realschulen beginnen erst mit der Klasse 7.

Berlin: In der gemeinsamen sechsjährigen Grundschule sollen die Aufgaben der OS von den Klassen 5 und 6 wahrgenommen werden.

Bremen: Die Klassen 5 und 6 werden in der schulformunabhängigen OS als Eingangsstufen des Sekundarbereichs in der Regel an Schulzentren mit Haupt-, Realschul- und Gymnasialabteilung organisiert.

Hamburg: Es gibt neben der schulformabhängigen Beobachtungsstufe auch die schulformunabhängige OS. Die Beobachtungsstufen werden an der Haupt- und Realschule, dem Gymnasium und der kooperativen Gesamtschule geführt.

Hessen: Es wurde die Förderstufe eingerichtet, die der schulformunabhängigen OS im Sinne der KMK-Vereinbarung (1974) entspricht. Daneben können die Klassen 5 und 6 auch schulformbezogen bei der Haupt-, Realschule und am Gymnasium geführt werden, da der Besuch der Förderstufe grundsätzlich freiwillig ist (1987 besuchen 64% der Schüler die 5. Klasse einer Förderstufe oder einer integrierten Gesamtschule; 22% die 5. Klasse eines Gymnasiums, 8% die 5. Klasse einer Realschule und 6% die 5. Klasse einer Hauptschule).

Niedersachsen: Flächendeckend wurde die schulformunabhängige OS eingeführt. Sie kann als selbständige Schule geführt werden oder einer Haupt- bzw. Haupt- und Realschule oder einer Gesamtschule angegliedert sein.

Nordrhein-Westfalen: Die Klassen 5 und 6 werden schulformabhängig als Erprobungsstufe an der Haupt-, Realschule und am Gymnasium geführt.

Rheinland-Pfalz: Grundsätzlich kann die OS schulformabhängig oder schulformunabhängig eingerichtet werden; die Regel stellt bisher jedoch die schulformabhängige Organisation dar.

Saarland: Keine OS. Schüler der Grundschule wechseln nach erfolgreich beendetem 4. Schuljahr entweder zur Hauptschule, zur Realschule oder zum Gymnasium über.

Schleswig-Holstein: Die OS ist schulformabhängig organisiert. Jeweils die ersten beiden Klassenstufen an der Hauptschule, der Realschule und dem Gymnasium bilden die OS.

Schon diese Übersicht zur Bezeichnung und Organisation der Klassen 5 und 6 dürfte nachhaltig gezeigt haben, daß der gegenwärtige Entwicklungsstand der OS einen Ausdruck tiefgreifender Gegensätze bildungspolitischer Vorstellungen zwischen den Bundesländern dokumentiert und daß das ehemals mit dem Reformansatz der OS angestrebte Ziel der Vereinheitlichung des Schulwesens in der Bundesrepublik Deutschland gänzlich aus dem Blick verloren zu sein scheint.

Die Unterschiede zwischen den Ländern werden noch offensichtlicher, wenn die Gegenüberstellung um so zentrale Aspekte wie Lehrpläne, Stundentafel, Lehr-/Lernbücher, Differenzierung, Fördermaßnahmen, Schülerbeurteilung und -beobachtung, Übergangsverfahren zu den weiterführenden Schulformen, Lehrereinsatz etc. ergänzt würde.

4 Perspektiven für die weitere Entwicklung der Orientierungsstufe

Die Darstellung zur Bezeichnung und Organisationsform der 5. und 6. Klassen in den einzelnen Bundesländern hat deutlich machen können, daß die im Bildungsgesamtplan der BLK (1973) erzielte Übereinstimmung, grundsätzlich die beiden ersten Schuljahre des Sekundarbereichs I zur OS zu entwickeln, nicht realisiert wurde.

Außerdem bestehen weiterhin erhebliche Differenzen über die Zuordnung der OS. Bisher wurde die OS in drei Varianten realisiert: in der schulformabhängigen Form, die allerdings bereits eine Vorentscheidung für eine bestimmte weiterführende Schulform beinhaltet, in der schulformunabhängigen Form und als selbständige OS.

Vor dem Hintergrund der unterschiedlichen Organisationsformen muß jedoch immer wieder hervorgehoben werden, daß die ursprüngliche Orientierungsstufenkonzeption des DEUTSCHEN BILDUNGSRATES (1970) ausschließlich von der schulformunabhängigen Organisationsform ausgegangen ist und die schulformabhängige OS das Ergebnis eines späteren bildungspolitischen Kompromisses darstellt.

Mit der Zulassung der schulformabhängigen OS wurde diese Schulstufe einer an die bestehenden Schulformen angehängten Beobachtungs- bzw. Förderstufe vergleichbar.

Außerdem verlor die OS mit ihrer schulformbezogenen Zuordnung vollends den ihr vom DEUTSCHEN BILDUNGSRAT zugedachten Anspruch bildungspolitischer Wirksamkeit zur Neustrukturierung des Bildungswesens im Sinne eines integrierten und stufenbezogenen Schulsystems. Allerdings hat auch in den Ländern, in denen die OS schulformunabhängig eingerichtet wurde, bisher keine grundlegende Umgestaltung des Schulwesens mit dem Ziel der generellen Aufhebung der Dreigliedrigkeit stattgefunden. Im Gegenteil: Es lassen sich eher Anzeichen dafür finden, daß sich auch schulformunabhängige OS in Richtung auf eine stärkere Schulformbezogenheit »weiterentwickeln« (NIEDERSÄCHSISCHER KULTUSMINISTER 1987).

Insgesamt betrachtet unterliegt die OS in der gegenwärtigen bildungspolitischen Situation der Gefahr, sich zu einer Schulstufe zu entwickeln, der vornehmlich die Aufgabe zufiele, selektive Entscheidungen vorzubereiten und/oder abzusichern, indem der Schulformbezug zum dominierenden Faktor würde. Die OS würde dann lediglich in der Lage sein, Härten abzumildern und die selektiven Schullaufbahnentscheidungen zu »objektivieren«. Jedoch würde damit der Name »Orientierungsstufe« hinfällig, da die Grundfunktion der »Orientierung« überflüssig würde. Auch fällt eine definitive Entscheidung für oder gegen die OS, für oder gegen Schulformabhängigkeit bzw. -unabhängigkeit etc. schwer, da bisher zuwenig empirisches Material über Erfahrungen mit den unterschiedlichen Organisationsformen im einzelnen oder im Vergleich vorliegt (ECKES/ HAENISCH 1979; GRUNWALD/ZIEGENSPECK 1977; JÜRGENS 1983, 1988; KLEMM u. a. 1978; NIEDERSÄCHSISCHER KULTUSMINISTER 1984, 1986).

Für den Reformansatz »Orientierungsstufe« wird es deshalb darum gehen, schulnahe

Forschung und schulbezogene Entwicklungsarbeit zu aktivieren, um auf einer möglichst breiten empirischen Basis Veränderungsbestrebungen neu zu initiieren und umzusetzen. Dann könnte die OS auch weiterhin einen Ansatzpunkt zur Innovation im Sekundarbereich des Schulwesens darstellen, soweit dazu die Bildungspolitik bereit ist.

Literatur

ALLIIERTER KONTROLLRAT (Hrsg.): Direktive Nr. 54: Grundprinzipien für die Demokratisierung der Erziehung in Deutschland. 25. Juni 1947
BEHNKE, H.: Gutachter im Grundschulausschuß. In: Bremer Grundschulausschuß. Gutachten. Bremen 1955
BETHÄUSER, H.: Probleme der Orientierungsstufe. In: Kultusministerium Baden-Württemberg (Hrsg.): Bildungsberatung in der Praxis. Villingen 1975, S. 208–235
BUND-LÄNDER-KOMMISSION FÜR BILDUNGSPLANUNG (Hrsg.): Bildungsgesamtplan. Bde. 1 und 2. Stuttgart 1973
DAHRENDORF, R.: Bildung ist Bürgerrecht. Hamburg 1965
DEUTSCHER AUSSCHUSS FÜR DAS ERZIEHUNGS- UND BILDUNGSWESEN (Hrsg.): Rahmenplan zur Umgestaltung und Vereinheitlichung des allgemeinbildenden öffentlichen Schulwesens. Stuttgart 1959
–: Empfehlungen und Gutachten 1953–1965. Gesamtausgabe. Stuttgart 1966
DEUTSCHER BILDUNGSRAT (Hrsg.): Empfehlungen der Bildungskommission: Strukturplan für das Bildungswesen. Stuttgart 1970
–: Bildungsbericht '75 – Entwicklungen im Bildungswesen. Stuttgart 1975
ECKES, K./HAENISCH, H.: Schulversuch gemeinsame Orientierungsstufe. Mainz 1979
GEISSLER, E./KREUZER, R./RANG, A.: Fördern und Auslesen – Eine Untersuchung an hessischen Schulen mit Förderstufe. Frankfurt/M. ^{2}1968
GRUNWALD, M./ZIEGENSPECK, J.: Empirischer Leistungsvergleich zwischen Orientierungsstufenschülern und Schülern der Hauptschule, der Realschule und des Gymnasiums (Klasse 5 und 6). Teil I. Lüneburg 1977
GRUNWALD, M./MÜLLER-WOLF, E./MÜLLER-WOLF, K. U./ZIEGENSPECK, J.: Empirischer Leistungsvergleich zwischen Orientierungsstufenschülern und Schülern der Hauptschule, der Realschule und des Gymnasiums (Klasse 5 und 6). Teil II. Lüneburg 1979
GSTETTNER, P./SEIDEL, P.: Sozialwissenschaft und Bildungsreform. Köln 1975
HAENISCH, H./ZIEGENSPECK, J.: Die Orientierungsstufe. Weinheim/Basel 1977
HENTIG, H. v.: Systemzwang und Selbstbestimmung. Stuttgart 1970
INGENKAMP, K.: Möglichkeiten und Grenzen des Lehrerurteils und der Schultests. In: ROTH, H. (Hrsg.): Begabung und Lernen. Stuttgart 1968, S. 407–431
–: Pädagogische Diagnostik. Weinheim 1975
–: Einige Ergebnisse einer Untersuchung zur Übergangsauslese. In: ders. (Hrsg.): Schüler- und Lehrerbeurteilung. Weinheim 1977, S. 65–84
–: Die Fragwürdigkeit der Zensurengebung. Weinheim/Basel ^{3}1971
JÜRGENS, E.: Der Schülerbeobachtungsbogen in der Orientierungsstufe des Landes Bremen. Frankfurt/Bern/New York 1983
–: Die Orientierungsstufe im Urteil von Eltern und Lehrern – unter besonderer Berücksichtigung der Problematik von Schullaufbahnempfehlung und Elternentscheidung. Habilitationsschrift. Bremen 1988. Frankfurt 1989
KLEMM, K./PFUNDTNER, R./STÖSSEL, U.: Orientierungsstufe im Flächenversuch. Weinheim/Basel 1978
KLINK, R./ULLRICH, K.-P.: Leistungsprognose. Leistung und Sozialstatus in der Orientierungsstufe. Kiel 1974
NEUMANN, H./ZIEGENSPECK, J.: Fördern und Verteilen – oder: Was leistet die Orientierungsstufe? Stuttgart 1979

NIEDERSÄCHSISCHER KULTUSMINISTER (Hrsg.): Der differenzierte Mittelbau – Untersuchungen zu Problemen der Niedersächsischen Schulversuche. Hannover 1963
–: Schullaufbahnempfehlung und Schulerfolg. Oder: Wie sicher ist die Prognose der Orientierungsstufe (Vorläufige Fassung). Hannover 1984
–: Orientierungsstufe in Niedersachsen – Ergebnisse einer Bestandsaufnahme im Schuljahr 1984/85. Hannover 1986
–: Die Arbeit in der Orientierungsstufe. Erlaß vom 30. 4. 1987. Hannover 1987
PASSOW, H. A.: Der Irrgarten der Forschung zur Leistungsdifferenzierung. In: YATES, A. (Hrsg.): Lerngruppen und Differenzierung. Weinheim/Basel 1972, S. 175–185
PETERSSEN, W. H. (Hrsg.): Orientierungsstufe. Beiträge aus der Bildungspolitik, Erziehungswissenschaft, Praxis. Ravensburg 1975
PICHT, G.: Die deutsche Bildungskatastrophe. Olten/Freiburg 1964
RETTER, H./NAUCK, J./OHMS, R.: Orientierungsstufe – Schule zwischen den Fronten. Braunschweig 1986
REUTER, E.: Orientierungsstufe – Ein Beitrag zur Chancengleichheit. In: PETERSSEN, W. H. (Hrsg.): Orientierungsstufe ..., a.a.O., S. 44–62
ROBINSOHN, S. B. (Hrsg.): Schulreform im gesellschaftlichen Prozeß. Stuttgart 1970
ROTH, H.: Revolution der Schule? Hannover 1961
–: Jugend und Schule zwischen Reform und Restauration. Hannover 1969
ROYL, W.: Zur Organisation der Orientierungsstufe. Saarbrücken 1975
SEKRETARIAT DER STÄNDIGEN KONFERENZ DER KULTUSMINISTER DER LÄNDER IN DER BUNDESREPUBLIK DEUTSCHLAND (Hrsg.): Vereinbarung über die Orientierungsstufe (Klasse 5 und 6). Bonn 1974
UNDEUTSCH, U.: Zum Problem der begabungsgerechten Auslese beim Eintritt in die höhere Schule und während der Schulzeit. In: ROTH, H. (Hrsg.): Begabung und Lernen. Stuttgart 1968, S. 377–405
WINKELER, R.: Zur Diskussion um die Orientierungsstufe in den Reformansätzen seit 1945. In: ZIEGENSPECK, J. (Hrsg.): Bestandsaufnahme: Orientierungsstufe. Braunschweig 1975, S. 18–55
ZIEGENSPECK, J. (Hrsg.): Bestandsaufnahme: Orientierungsstufe. Braunschweig 1975
–: Zum Planungs- und Entwicklungsstand der Orientierungsstufe in der Bundesrepublik Deutschland – Eine Dokumentation und Zwischenbilanz. Lüneburg 1976

Die reformierte gymnasiale Oberstufe (Leo Roth)

1 Problembereich

In zwei wesentlichen Grundaussagen gipfelt die bildungsreformerische Diskussion der 50er und 60er Jahre, die die Bildungspolitik als Teil einer allgemeinen Gesellschaftspolitik bestimmt. Die eine begründet den engen Zusammenhang zwischen ökonomischem System und Bildungssystem, wonach wirtschaftliche Entwicklung proportional zur Abiturientenzahl zu sehen sei (PICHT 1964). Die andere sieht Bildung als Grundrecht einer demokratischen Gesellschaft; eine – bisher – formale Chancengleichheit sei durch aktive Bildungspolitik material zu sichern (DAHRENDORF 1965). Beide Ansätze haben dabei eindeutig die Erhöhung von Quantität und – weniger deutlich angesprochen – von Qualität der höheren Bildung zum Ziel, verlangen dadurch aber letztlich eine Umgestaltung des gesamten Bildungssystems. Die gymnasiale Oberstufe (GO) ist dabei zentral betroffen.

Beim Versuch, die gymnasiale Oberstufe aufgrund bildungsreformerischer Diskussion neu zu gestalten, können zwei *extreme* Positionen bezeichnet werden. Die eine wollte alles im wesentlichen unverändert lassen. Die Vertreter der anderen erstreben eine grundlegende Neustrukturierung des gesamten Bildungswesens organisatorisch durch die Einrichtung der *Stufenschule* und inhaltlich-curricular, aber mit organisatorischen Konsequenzen, die *Verbindung* von allgemeiner und beruflicher Bildung (→ *Das allgemeinbildende Schulwesen* ...; → *Das berufliche Bildungswesen* ...). Diese Position ist von einflußreichen Gremien, nicht zuletzt vom DEUTSCHEN BILDUNGSRAT (Strukturplan 1970), mehr oder weniger dezidiert vertreten worden. Beide Aspekte dieser Position sollen kurz dargestellt werden, damit die Situation der gegenwärtigen reformierten gymnasialen Oberstufe deutlich wird.

1.1 Der Aspekt »Stufenschule«

Die GO gehört zum Bereich der Sekundarstufe II (Sek II), umfaßt Schüler der 11.–13. Klasse, also 16–20jährige. Eine Verkürzung auf 12 Jahre steht z. T. an.

Die Aussage, die GO gehöre *zur* Sek II ist allerdings weniger Deskription eines Tatbestandes denn vielmehr ein Programm, das kaum noch verfolgt wird.

Sek II, das ist ein bildungspolitischer Begriff, den der DEUTSCHE BILDUNGSRAT 1970 in seinem Strukturplan verwendet, der die Struktur eines modernen Bildungswesens für die Bundesrepublik Deutschland entwirft. Sek II, damit ist eine *horizontale* Gliederung des Schulwesens gemeint, der Primarstufe und Sek I vorausgehen, eine *Stufenschule* also, die die *vertikale* Gliederung des allgemeinbildenden Bereichs nach den Schularten (Hauptschule, Realschule, Gymnasium) und des berufsbildenden Bereichs (Berufsschule, Berufsfachschule, Fachschule) aufgibt (→ *Das allgemeinbildende Schulwesen* ...).

Dieser Gedanke ist nicht neu. Seit dem 19. Jahrhundert gibt es Diskussionen, das allgemeinbildende Schulwesen horizontal zu gliedern; Einheitsschule ist hier ein traditionsreicher Begriff. Nach dem Zweiten Weltkrieg taucht er als »Gesamtschule« auf (→ *Strukturveränderungen im Bildungswesen* ..., *Die Gesamtschule*). Beide ideologieverdächtigen Begriffe werden dann durch den Begriff »Stufen« ersetzt. Der Gedanke der Stufenschule ist auch nicht auf die Bundesrepublik beschränkt. Wir finden diese Schule in der Sowjetunion und in den USA, in Schweden, England, in der ehemaligen DDR usw. Die Stufenschule ist also nicht an ein bestimmtes herrschendes politisches System gebunden (→ *Strukturfragen des Bildungswesens im internationalen Vergleich* ...).

In Deutschland ist die Stufenschule für den Primarbereich seit der Weimarer Verfassung 1918 realisiert – als gemeinsame vierjährige Grundschule. Ansätze, sie nach 1945 auf sechs Jahre zu erweitern, sind zurückgenommen worden. Die Jahrgangsstufen 5 und 6 als (schulformunabhängige) Orientierungsstufe für die gesamte Bundesrepublik einzuführen dürfte gegenwärtig aufgegeben sein (→ *Strukturveränderungen im Bildungswesen* ..., *Die Orientierungsstufe*).

1.2 Der Aspekt »Verbindung allgemeiner und beruflicher Bildung«

So, wie der Gedanke der Stufenschule aufgegeben zu sein scheint – auf eine Ausnahme wird noch hingewiesen werden –, so ist die mit dem Begriff »Sek II« ebenfalls gemeinte Verbindung allgemeiner und beruflicher Bildung suspendiert. Die Berufsbildung hat in Deutschland zwar ihre eindeutige pädagogische Tradition; doch gilt auch nach ihr diese zwar »als ökonomisch unabdingbar, bildungstheoretisch aber als weniger bedeutsam« (BLANKERTZ in ROTH 1980, S. 83). Hinsichtlich der Wissenschaftspropädeutik und im Hinblick auf das Hochschulstudium widerlegt die Praxis allerdings diese These. Studenten, die über die Nichtabiturientenprüfung oder über Fachhochschulabschlüsse zum Universitätsstudium kommen, machen keine schlechteren Abschlüsse als Abiturienten. Auch die Geschichte widerlegt diese Theorie. Institutionen der Berufsausbildung, wie z. B. gegen Ende des 19. Jahrhunderts die preußischen Provinzialgewerbeschulen nach ihrer Umwandlung zu Oberrealschulen, sind – zum Beispiel als naturwissenschaftlich-mathematische Zweige – ins Gymnasium integriert worden. Damit verloren sie allerdings ihre eher berufsqualifizierenden Möglichkeiten (→ *Das berufliche Bildungswesen in der Bundesrepublik Deutschland*; → *Betriebliche Ausbildung*; → *Allgemeine und berufliche Bildung*).

Der DEUTSCHE BILDUNGSRAT hatte im Strukturplan 1970 die Integration berufsqualifizierender und studienvorbereitender Bildung postuliert und 1974 bestätigt (DEUTSCHER BILDUNGSRAT: Zur Neuordnung der Sekundarstufe II. Bonn 1974). Doch zwischen 1970 und 1974 fiel die Entscheidung der KULTUSMINISTERKONFERENZ (KMK) 1972 in einem merkwürdigen Kompromiß. Gefunden wurde die Bezeichnung »Gymnasiale Oberstufe *in der* Sekundarstufe II«, und in der »Zielsetzung« wurde definiert: »Die Vereinbarung ist auf den Bereich der gymnasialen Oberstufe beschränkt. Die Neugestaltung schafft jedoch die organisatorischen Voraussetzungen, um den bisherigen curricularen Bereich des Gymnasiums zu erweitern und die Kooperation von allgemeinen und berufsbezogenen Bildungsgängen zu erproben...« (KULTUSMINISTERKONFERENZ 1972) Ältere Modelle (z. B. Hibernia-Schule in Wanne-Eickel) und neuere Versuche (z. B. Kollegstufe in Nordrhein-Westfalen) wurden weitergeführt. Die Intentionen der Reform waren nicht prinzipiell unterschiedlich, wenn sie sich auch von der »Saarbrücker Rahmenvereinbarung« 1960 bis zur »Bonner Vereinbarung« 1972 durchaus veränderten (SCHINDLER 1980). Bekannte weitere Reformversuche der Praxis – allerdings ohne die starke berufsorientierende Verbindung wie die Odenwaldschule (→ *Freie Schulen* ...) und das »Buxtehuder Modell« der Halephagen-Schule (WILDE 1978) – hatten bereits Tradition. – Gegenüber der (normativen) Setzung der KMK von 1972 versuchte Bremen eine normative Alternative. Das Bremische Schul*gesetz* von 1975 formuliert: »Das bremische Schulwesen ist schrittweise zu einem integrierten in Stufen gegliederten Gesamtsystem zu entwickeln...« (§ 3) und fährt zum Sekundarbereich II in § 6 fort: »... Er faßt berufsqualifizierende und studienbezogene Bildungsgänge zusammen und ermöglicht entsprechende Abschlüsse.« – Dieses Gesetz wurde allein mit der absoluten Mehrheit der regierenden SPD verabschiedet. Eine Realisierung ist allerdings bis 1990 nicht erfolgt.

1.3 Gründe für die Reform

Die Reform der GO ist keineswegs als isolierte bildungspolitische Maßnahme zu sehen. Sie ist einbezogen in die Reformdiskussion der 60er Jahre, die sowohl zu inhaltlich-curricularen (z. B. Grundschule) als auch organisatorischen (z. B. Vorschule, Orientierungsstufe, Gesamtschule) Reformen im gesamten Bildungsbereich bis hin zur Universität (z. B. Gruppenuniversität) führten (→ *Strukturveränderungen im Bildungswesen* ...; → *Hochschule/Universität*). Sie ist vor allem deshalb in den Blickpunkt gerückt, weil hier ein seit etwa 1810 weitgehend bestehender Konsens allgemeiner Bildung offensichtlich aufgegeben zu werden schien und weil Vertrautes und als bewährt Angesehenes auf ein mehr oder weniger kalkuliertes Risiko hin geplant, (scheinbare) Stabilität gegen Unsicherheit gewagt wurde (→ *Theorien der Bildung* ...).

Konkret waren vier Beweggründe für die Reform ausschlaggebend:
- die Vielzahl der Disziplinen an den Universitäten, für deren Studium das Abitur immer noch die allgemeine Zugangsberechtigung bedeutet, fanden sich im Gymnasium nicht mehr repräsentiert;
- insgesamt kritisierten die Universitäten den Wissensstand der Abiturienten und forderten eine stärkere Vorbereitung auf das Hochschulstudium;
- der Primat einer allgemeinen Bildung war obsolet geworden, denn die Vielfalt der Fächer und die Fülle ihrer Inhalte ließen sich nicht mehr auf ein gemeinsam Verbindliches und Verbindendes konkretisieren;
- gesellschaftspolitisch für relevant gehaltene Ziele wie Chancengleichheit, Demokratisierung, soziale Gerechtigkeit, Emanzipation, Selbstbestimmung, Selbstverwirklichung, Rationalität, Wissenschaftsorientiertheit schienen in der bisherigen Form des gesamten Bildungssystems nicht realisierbar; seine weitgehende – nach manchen Auffassungen: totale – Umstrukturierung galt als erforderlich. Damit wird Bildungspolitik als Teil der Gesellschaftspolitik definiert (→ *Pädagogik und Politik*).

2 Die Reform der gymnasialen Oberstufe

Drei Aspekte dieser Reform sollen herausgegriffen werden, um Struktur und Organisation der neugestalteten gymnasialen Oberstufe (NGO) deutlich zu machen. Es sind gleichzeitig die Aspekte, die auch in besonderer Weise die Kritik herausgefordert haben.

2.1 Historische Entwicklung unter didaktischem Aspekt

Die Konzeption des gegenwärtigen Gymnasiums geht bekanntlich auf die neuhumanistische Bildungsvorstellung der preußischen Schulreform von HUMBOLDT und SÜVERN 1810–1812 zurück (→ *Schulgeschichte als Bildungsreform* ...). Bis in die Gegenwart waren zwei grundsätzliche Ziele verbindlich: die *allgemeine Bildung*, die durch *gelehrte Bildung* erreichbar schien, und die *Vorbereitung* auf das *wissenschaftliche Studium aller Fächer*. Letzteres geschah betont ab 1810, als die sogenannte Artistenfakultät aus den Universitäten in die Gymnasien verlagert wurde. (Nach der Zahl der Fächer im examen pro facultate docendi stimmten die Anforderungen 1810 und im Abiturexamen 1812 in Preußen noch im wesentlichen überein.) (→ *Hochschule/Universität*) Beide Ziele sollten im Grunde durch vier Hauptfächer erreicht werden: Latein, Griechisch, Deutsch, Mathematik. – Die aufkommende Industrialisierung, ihre Auswirkungen auf die Disziplinen der Universitäten zeigten, daß diese vier Hauptfächer nicht ausreichten. Der für eine Industriegesellschaft wichtigen modernen Sprachen und der Naturwissenschaften nahmen sich neue Schulen an, wie die Oberrealschule und das Realgymnasium, die ab 1900 ebenfalls das Reifezeugnis vergaben. Damit wurde also der Kanon gymnasialer Inhalte erweitert, und diese Erweiterung hielt an. Es gab zunehmend weniger altsprachliche Gymnasien, dafür mehr neusprachliche, sozialwissenschaftliche usw. Es gab später musische Gymnasien, Sportgymnasien, technische Gymnasien, Aufbaustufen und eine Fülle verschiedener Varianten (→ *Das allgemeinbildende Schulwesen* ...). Der Trend ging weiter. Es schien beliebig, in welchen Fächern Schüler ihr Abitur, das laut Hochschulrahmengesetz von 1983 die allgemeine Hochschulreife für ein Studium an wissenschaftlichen Hochschulen bescheinigt, machten, um dennoch in ganz anderen

Fächern die Universitäten erfolgreich zu absolvieren. Das gelang ihnen sogar ohne Abitur, aufgrund beruflicher Ausbildung. Damit soll gesagt sein, daß es offensichtlich keine verbindlichen Inhalte und keine verbindlichen Strukturen mehr gab, durch die allein Bildung und Wissenschaftspropädeutik erreicht werden können. Insgesamt gibt es etwa über 40 Möglichkeiten, das Abitur außerhalb des üblichen Gymnasialbesuchs abzulegen. War man früher überzeugt, daß die vier Fächer Griechisch, Latein, Deutsch und Mathematik für das Studium *aller* Wissenschaftsdisziplinen qualifizierten – auch dieses durchaus nicht einheitlich und unbestritten (PAULSEN 1897, S. 427) –, so zeigte die Entwicklung, daß es beliebig schien, ob man unter den Sprachen nun Latein oder Französisch oder Russisch oder Spanisch wählte. Ebenso beliebig war es, ob die erste Fremdsprache Englisch oder Französisch oder Latein war. Ebenso konsequenzenlos blieb – z. B. nach der Vereinbarung der KMK 1972 –, ob die Schüler mit der 10. Klasse die modernen Fremdsprachen, mit der 12. Klasse Mathematik oder Deutsch völlig abwählten, ob sie nach viereinhalb statt nach sieben Jahren das sogenannte große Latinum erhielten. Das blieb konsequenzenlos für ein erfolgreiches Universitätsstudium selbst der *abgewählten* Fächer.

Die Reform, man möchte fast sagen, die Revolution der gymnasialen Bildung war geschehen, längst bevor die KMK 1972 ihre Vereinbarungen traf. Insofern trifft nicht zu, wenn SCHINDLER schreibt: »Nicht allein das bestehende Bildungssystem wird umgebrochen, sondern zugleich auch der normative Bezugsrahmen ... insofern ist der Umbruch total.« (SCHINDLER 1982, S. 78) Sanktioniert wurde nur ein Zustand, der sich seit 150 Jahren entwickelte, also längst eingetreten war, er wurde nun bundesweit verallgemeinert. Im Prinzip konnte jede zur Wissenschaft gewordene und für wichtig gehaltene Disziplin als Schulfach aufgenommen werden, denn wie sollte man eine Auswahl begründen, wenn an Spezialgymnasien diese Fächer bereits zum Abitur geführt hatten? Wie sollte man Fächer ablehnen, die in anderen hochindustrialisierten Ländern zur Ausbildung technisch-ökonomischer Qualifikationen bewährt schienen? So tauchten als neue Fächer in der Oberstufe auf: Psychologie, Soziologie, Rechtskunde, Wirtschaftslehre, Informatik, Russisch, Spanisch, Polnisch, Maschinentechnik, Elektrotechnik u. a.

Es handelt sich bei der seit 1972 sanktionierten Reform um die entschiedenste Veränderung des Gymnasiums seit seiner Gründung. Das Problem ist sehr komplex und kann hier nicht ausführlich diskutiert werden. Es läßt sich in der Frage zusammenfassen, ob es denn einen *gemeinsamen* Kern der allgemeinen Hochschulreife überhaupt gibt (LÜTH 1983). Selbst das in der ehemaligen DDR nach 12jähriger Schulzeit erworbene Abitur mit anderen Fach- und Stundentafeln wurde und wird in der Bundesrepublik anerkannt.

2.2 Fächervielfalt und Aufgabenfelder

Die Fächervielfalt ist immer umstritten geblieben. Eine Vereinheitlichung hat die KMK 1977 in ihrem Lübecker Beschluß versucht. Die WESTDEUTSCHE REKTORENKONFERENZ (WRK) empfahl ebenfalls 1977 die Erweiterung des gemeinsamen Pflichtbereichs, also der Grundbildung, wobei sie sich auf ihren Katalog der Hochschulreife von 1969 berief, der im Grunde auf dem Tutzinger Maturitätskatalog von 1958 fußte. Der BUNDESVERBAND DER DEUTSCHEN INDUSTRIE (BDI) äußerte sich 1981 ähnlich. Der Staatsgerichtshof in Hessen urteilte 1981 über die gymnasiale Oberstufe, indem er eine »umfassende Allgemeinbildung zur Vorbereitung eines Hochschulstudiums« forderte.

Die Verlautbarung der WRK fordert die verbindliche Fortschreibung von Deutsch, Mathematik, zwei Fremdsprachen, zwei naturwissenschaftlichen Fächern, Geschichte und einem sozialwissenschaftlichen Fach (WRK 1977, S. 196). Dieses ist ebenso als Absage an die Integration beruflicher Bildung in die gymnasiale Oberstufe zu verstehen wie das Urteil des Staatsgerichtshofes in Hessen. Übrigens hatte die WRK 1973 durchaus anders Position bezogen, als sie dem Modell der Kollegschule in Nordrhein-Westfalen zustimmte, in der Berufsbildung *und* Abitur angestrebt wurden. LÜTH (1983, S. 642) führt diesen Sinneswandel auf bildungsökonomische Überlegungen zurück, deren Ziel die Verringerung der Abiturientenzahl sei.

Die Fächerwahl in der NGO ist inzwischen nicht beliebig. Jedes der Oberstufenfächer ist einem *Aufgabenfeld* zugewiesen: sprachlich-literarisch-künstlerisch (SLK), gesellschaftswissenschaftlich (G), mathematisch-naturwissenschaftlich-technisch (MNT). Unter den vier Abiturfächern (= Prüfungsfächern) müssen zwei *Leistungsfächer* gewählt werden. Das erste Leistungsfach ist eine Fremdsprache bzw. ein naturwissenschaftliches Fach oder Mathematik. Das zweite Leistungsfach ist Deutsch oder Kunst oder Musik und ein Fach des Aufgabengebietes G (einschließlich Religion [R̄] und Sport [S]). Zweites Leistungsfach kann auch eine Naturwissenschaft oder Fremdsprache sein. Als drittes Prüfungsfach muß ein Fach aus einem Aufgabenfeld gewählt werden, dem keines der beiden Leistungsfächer angehört (außer Sport) und als viertes Prüfungsfach ein Fach aus dem Aufgabenfeld, aus dem noch kein Prüfungsfach gewählt wurde. Das vierte Fach kann ggf. auch frei gewählt werden, wenn die Aufgabenfelder 1–3 abgedeckt sind. Sollte ein solches nicht vorhanden sein, ist freie Wahl möglich. Dann gibt es z. T. recht unterschiedliche Regelungen und Ausnahmeregelungen für bestimmte Fächer, Stundenzahl, Kurskorrekturen etc.: »insgesamt ein kompliziertes, die innerschulische Bürokratie um ein Vielfaches erweiterndes System administrativer Kontrolle der Schülerentscheidungen – aber ohne inhaltliche Aussage zu den durch die Schülerwahlentscheidung alternativ möglich werdenden Lernschwerpunkten« (BLANKERTZ in ROTH 1980, S. 87). Die Kritik an der Reform der NGO meint heute, daß eher das Gegenteil dessen erreicht wurde, was sie beabsichtigte. »Die Wahlmöglichkeit werde von den Schülern wesentlich genutzt, um Anforderungen auszuweichen und – besonders unter dem Druck des Numerus clausus – Kurse zu wählen, bei denen bessere Noten erwartet würden; damit trete an die Stelle eines unter Gesichtspunkten allgemeiner Hochschulreife verantwortbaren Kanons inhaltlicher Anforderungen ein durch solche extrinsischen Motive gesteuertes, weitgehend beliebiges Sammelsurium von Kursen.« (ROEDER 1982, S. 16)

Die Leistungsschwerpunkte setzen sich – entsprechend der Ebene der Aufgabenfelder klassifiziert – folgendermaßen zusammen:

a	b	c	d	e	f	g
MNT	MNT	MNT	MNT	SLK	SLK	SLK
MNT	SLK	G	SR	SLK	G	SR

Wegen der Einschränkung, Sport als Leistungsfach (nur auf Antrag bzw. an bestimmten Schulen) und Religion als Schwerpunkt zu wählen, stehen im Grunde folgende fünf Kombinationen zur Verfügung: a, b, c, e, f.

Diese Konzeption, die im DEUTSCHEN BILDUNGSRAT, in der KMK und WRK diskutiert und formuliert wurde, geht weitgehend auf eine bildungstheoretische Position von

H. ROTH zurück. Dieser sah die Wissenschaften als zentrale, wenn nicht gar einzige Interpretationsmodelle von Welt und Leben. Sie ließen sich in »humanities, social sciences und physical and biological sciences« einteilen, wobei sie als Fächer innerhalb der drei Gruppen relativ austauschbar seien, da ihre Methodologie hohe Affinität aufweise. Die Aufgabenfelder der NGO und die Zuordnung der Kurse zu ihnen sind ein Abbild dieser Position. Gleichzeitig werde durch die Ausrichtung an den Wissenschaften das sittliche Bewußtsein gebildet, da allein über die an den Wissenschaften gelernte Rationalität Verständigung über nationale Grenzen hinweg möglich scheine (H. ROTH 1968). Die WRK brachte eine auf W. FLITNERS Lehrplantheorie basierende bildungstheoretische Konzeption ein, die in der KMK mit H. ROTHS wissenschaftsorientiertem Schema zu einem Strukturprinzip »Aufgabenfelder« konfundiert und mit einem weiteren Strukturprinzip, dem dem Strukturplan des DEUTSCHEN BILDUNGSRATES entlehnten »Kurs-System«, verflochten wurde. Damit schien ein – im vorgegebenen Rahmen – individuelles Curriculum für jeden Schüler weitgehend gewährleistet ($\rightarrow$ *Didaktik und Curriculum/Lehrplan*).

2.3 Organisation und Leistungsbewertung

Der Unterricht ist in Form von Halbjahreskursen organisiert und umfaßt vier Halbjahre (Jahrgangsstufe 12 und 13). Dabei ist das vierte Halbjahr in manchen Bundesländern evtl. bis 1989 kaum noch von wesentlicher Bedeutung, weil in ihm bereits die Abiturprüfungen stattfinden. Neben diesen Leistungskursen müssen gleichzeitig mindestens 20 (ab 1989 mindestens 22) Grundkurse absolviert werden. Sie bedeuten letztlich das allgemein Verbindliche und Verbindende für alle Schüler, sind gewissermaßen der Kern allgemeiner Grundbildung. Mit der Auflösung des Klassenverbandes (vorübergehend in der Jahrgangsstufe 11, jetzt in der Jahrgangsstufe 12; aber auch ab Jahrgangsstufe 11 immer noch möglich), der eingeschränkten Wahlfreiheit in den Leistungskursen und den obligatorischen Grundkursen ist auch anstelle der herkömmlichen Ziffernzensur 1 bis 6 ein neues Leistungsbewertungssystem eingeführt worden, das mit 0 bis 15 Punkten bewertet. Es ersetzt zugleich auch weitgehend die bisher punktuelle Abiturprüfung und kann im weiteren Sinne als studienbegleitende Leistungsbewertung auf der Grundlage eines »Kreditsystems« angesehen werden, weil die Punkte der Jahrgänge 12 und 13 mit zwei Dritteln in das Abiturzeugnis eingehen. Diese Entzerrung soll Prüfungsängste mindern und die Endprüfung entlasten. Kritiker wenden dagegen ein, daß nun die Prüfung als kumulative Leistungsbewertung über die 12. und 13. Jahrgangsstufe ausgedehnt würde, die Schüler dadurch während dieser ganzen Zeit unter Prüfungsdruck stünden und der Leistungsdruck insgesamt zunehme.

Wenn einerseits in bezug auf die Leistungs- und Grundkurse wie ihre Inhalte Kritiker der NGO die bildungstheoretische Legitimation absprechen (FINGERLE/WICKE 1982), so wird andererseits der Wert des Notendurchschnitts für die sogenannten NC-Fächer (Studienfächer, die dem Numerus clausus und damit der zentralen Vergabe von Studienplätzen [ZVS] unterliegen) als ausschlaggebend für die Fächerwahl in der NGO angesehen. Der Wert des Notendurchschnitts für die Zulassung zum Studium zwinge die Schüler zum Kalkulieren, beeinflusse häufig die Fächerwahl. Denn der Notendurchschnitt ist ja nicht nur für die NC-Fächer von Bedeutung. Die Universitäten haben auch in anderen Disziplinen nur begrenzte Studienplatzzahlen. Da die Bewerbungen in der Regel zahlreicher sind als die zur Verfügung stehenden Studienplätze, werden letztere von der Universität ebenfalls nach Notendurchschnitt vergeben, obwohl es sich nicht um NC-Fächer handelt. (Den NC gibt es in allen Ländern der EG außer in Italien.) Die Praxis der Zulassung zum Studium und die Tatsache, daß das Studium verschiedener Fächer noch keinen Arbeitsplatz sicherte, führte zur Abnahme der Studierwilligkeit von Abiturienten. Von 1980 bis zum Wintersemester 1985/86 ist die Zahl der Studien*anfänger* erheblich zurückgegangen. Sie stieg dann wieder an und betrifft vor allem die Fachhochschulen. Abiturienten wählen zunehmend eine Berufsausbildung, was ihnen z. T. allerdings ein daran anschließendes Studium manchmal interessant erscheinen läßt. 1989 verfügte jeder dritte Studienanfänger außer dem Abitur zusätzlich über eine abgeschlossene Berufsausbildung. Die NGO hat auf solche unübliche Entscheidung noch nicht durch berufsorientierende Kurse reagiert. Sie vergibt hier eine Chance, wenn sie nach wie vor davon ausgeht, daß fast alle Abiturienten sofort ein Studium wählen.

3 Die Evaluation der Reform

Die Untersuchungen zu einzelnen Problemen der Reform sind – in Anbetracht der relativ kurzen Zeit – überaus zahlreich. Von Anfang an versuchten Befürworter und Kritiker der Reform, ihre Argumente wissenschaftlich abzusichern.

3.1 Die Forschungsmethoden

Soweit es um Voraussetzungen und Messung der Effekte ging, wurden und werden Methoden der empirischen erziehungswissenschaftlichen Forschung verwendet (→ *Forschungsmethoden der Erziehungswissenschaft*; → *Evaluation und Selbstevalution*). Hier hat das Instrumentarium zwar seit 1972 ein anspruchsvolles Niveau erreicht, doch die vielen Anwender dieses Instrumentariums auf die Fragestellungen der gymnasialen Oberstufe waren nicht immer in der Lage, sich auf dieses Niveau zu begeben, sind häufig deutlich hinter die Standards erreichter empirischer Methodologie zurückgefallen. Das eigentlich Auffallende und überraschend Neue ist allerdings etwas anderes: Der Schüler selbst wird als Kriterium für den Erfolg der Reform genommen; er ist nämlich die Instanz, die über die Effektivität der Reform befindet. Das ist – in dieser Konsequenz – in der erziehungswissenschaftlichen empirischen Forschung bisher ohne Beispiel. Im Zusammenhang der Untersuchungen zur gymnasialen Oberstufe findet sich fast ausschließlich die Anwendung der (schriftlichen) Befragung durch Fragebogen, in Ausnahmefällen die Ergänzung durch mündliche Befragung in der Form des Interviews. Andere Instrumente der Datenerhebung, z. B. Beobachtungssysteme, Tests etc., sonst übliches Standardrepertoire »objektiver« Datenerhebung, finden in diesen Untersuchungen kaum eine Anwendung. Im Vergleich zu der Vielzahl der Untersuchungen gibt es in dieser Hinsicht nur wenige Ausnahmen (z. B. KORNADT 1978; HUMMER 1986). Befragt wird dabei immer der Schüler. Bei den Befragungen wird der Schüler als »Betroffener« der Reform zur Instanz von »Wahrheit«. Seine subjektiven Empfindungen, Einschätzungen, Phantasien werden als »objektive Tatsachen« analysiert, als Bewertung und Urteil ernst genommen. Seine Aussagen werden gewissermaßen als einziger Indikator für den Erfolg der Reform gewertet. Sosehr man dieses Ernstnehmen des Schülers, im Grunde die Herstellung einer besonderen Form der Subjekt-Subjekt-Relation im Forschungsprozeß, positiv würdigen sollte, so muß letztlich auch über die Validität solcher

Indikatoren reflektiert werden, bevor man sie als quasi zentralen Maßstab für den Erfolg bzw. Mißerfolg der Reform heranzieht. In diesem Zusammenhang wird gleichzeitig die »Rolle« des Schülers gewissermaßen neu gesehen. Bezogen auf die Rollentheorie erhält er – zumindest indirekt – die Möglichkeit, zusätzlich auch Elemente der Lehrerrolle zu definieren; seine »Macht« wird durch die Institution »Wissenschaft« mitbegründet (CLAESENS 1968) (→ *Persönlichkeit von Lehrern und Schülern* ...; → *Lehrer-Schüler-Verhältnis*).

3.2 Schülerverteilung auf die verschiedenen Schularten

Gegenwärtig besuchen im Bundesdurchschnitt 28% eines Schülerjahrgangs die Eingangsklasse des Gymnasiums; man rechnet bis 1991 mit etwa 33%. In einzelnen Städten liegen die Zahlen gegenwärtig bereits bei über 50%. Diese Zahl sollte für Bayern schon 1985 erreicht werden (SCHORB 1980). Dagegen waren 1950 noch 80% der Schüler in der sogenannten Volksschule. 23% eines Schülerjahrganges absolvieren ein Studium (bisherige DDR: 13%).

Die Gründe für diese Entwicklung liegen nicht allein in der unter Aspekten des Wirtschaftswachstums geforderten Erhöhung der Abiturientenzahl (PICHT) noch in der Postulierung von Bildung als Grundrecht (DAHRENDORF), d. h. einer allgemeinen Hochschätzung der durch gymnasiale Abschlüsse ermöglichten akademischen Berufe. Sie müssen auch gesehen werden in der Veränderung der sozialen Struktur. Die Mittelschicht, die immer schon stark bildungsorientiert war, hat sich seit etwa 1925 ungefähr verdoppelt. Das Durchschnittseinkommen allein stieg von 1950 bis 1970 um 400%. Im Jahre 1956 ging mit 20% Jungen und 15% Mädchen fast die doppelte Zahl gegenüber 1931 zum Gymnasium (→ *Soziale Klassen, soziale Schichten, soziale Mobilität*).

Es ist hier weder zu analysieren noch zu diskutieren, ob diese Entwicklung sinnvoll ist. Es ist hier auch nicht der Ort, bildungspolitische Reflexionen und Konsequenzen darzustellen. Allein das *Faktum* dieser Prozentzahlen stellt das Gymnasium vor didaktische und methodische Probleme, die heute weitgehend noch nicht reflektiert sind (→ *Das allgemeinbildende Schulwesen* ..., *Das Gymnasium*).

Will das Gymnasium seine Ziele und Standards auch nur annährend halten und die drop-out-Quote nicht erhöhen – diese ist ja kontinuierlich zurückgegangen –, so wird das für die Unter- und Mittelstufe Konsequenzen haben. Der Deutsche Philologen-Verband forderte von der KMK 1982 eine »bessere Abstimmung des Oberstufenunterrichts mit den Voraussetzungen, die in Unter- und Mittelstufe des Gymnasiums erworben werden« (STUCKMANN 1982, S. 279). Dabei wird aber nur der inhaltliche Aspekt gesehen. Lehrplanabsprachen, Akzentuierung von grundlegenden Lern- und Arbeitstechniken, Kooperationsbeziehungen zwischen den Fächern, Jahresarbeitspläne, Modelle innerer Differenzierung, Ausgleichsunterricht mit diagnostischem Aspekt etc. werden erforderlich. Hierfür sind die Lehrer der Gymnasien nicht ausgebildet, sehen es gegenwärtig auch nicht als ihre Aufgabe, im Kontaktstudium oder in der Lehrerfortbildung eventuelle entsprechende Qualifikationen zu erwerben (→ *Lehrer/Lehrerin*). So wird eine Niveausenkung des gymnasialen Unterrichts nicht auszuschließen sein.

3.3 Die Übergangsproblematik

In der 11. Jahrgangsstufe finden sich im Gymnasium Schüler mit prinzipiell drei Formen des Abschlusses der Sek I zusammen: Realschüler, Gesamtschüler, Gymnasiasten.

Könnte man zunächst noch vermuten, daß bei den Gymnasiasten von gleichem Niveau ausgegangen werden kann, so zeigt sich nach Berichten von Lehrern, daß bei Zusammensetzung der 11. Klassen das Niveau bereits von Klasse zu Klasse des gleichen Gymnasiums unterschiedlich war und erst recht unterschiedlich wird, wo Schüler verschiedener Gymnasien in eine 11. Jahrgangsstufe zusammengeführt werden. Wie stark nun solche Niveauunterschiede auch sein mögen, sie werden jedenfalls noch deutlicher durch den Übergang zunehmend größerer Zahlen aus den Realschulen und Realschulzweigen der Gesamtschulen und Schulzentren. Hier stellen sich dann für die NGO in besonderer Weise didaktische und methodische Probleme.

Zum didaktischen und curricularen Problem sollen nur wenige Überlegungen gemacht werden. Vergleichbarer Kenntnisstand kann bei den Schülern verschiedener Sekundarstufen-I-Abschlüsse nicht vorausgesetzt werden. Neuerdings wird der gesamte 11. Jahrgang als Kompensationsstufe zum Defizitausgleich betrachtet. Lehrer, die die Wissenschaftsorientierung, besonders in den Leistungskursen, häufig in übertriebener Weise betonen, wenn sie in der Tat Universitätsinhalte vorwegnehmen, werden sich besinnen müssen auf exemplarisches Lehren. Es wird darum gehen müssen, »an stofflich weit beschränkteren, inhaltlich bedeutsamen Themen jene Grundfragen zu entwickeln, ... die zu einem ersten, zugleich kritisch-grenzbewußten Verstehen dessen führen könnten, was ›Wissenschaftlichkeit‹ bedeutet, was wissenschaftliche Forschung leisten und nicht leisten kann, was eigentlich die Rede von der ›Verwissenschaftlichung des Lebens oder der Gesellschaft‹ meint« (KLAFKI 1983, S. 8).

Die fachlichen Kenntnisse, die in der NGO vorausgesetzt und in der Sek I vermittelt sein müßten, werden als unzulänglich eingeschätzt. Nur ca. 30% der Schüler meinen, sie hätten ausreichendes Fachwissen erworben, ebenso viele schätzen es als nicht ausreichend ein. Das ist schon bedenklich genug. Differenziert man nun nach Realschülern, Gesamtschülern und Gymnasiasten, dann glauben nur 16% der Realschüler, 20% der Gesamtschüler und 32% der Gymnasiasten aus der Sek I ein ausreichendes Fachwissen mitzubringen (WIS 1983, S. 26). Ob sich das *objektiv* so verhält, sei dahingestellt. Aber wenn Schüler sich *subjektiv* so fühlen, dann hat das für die, die dieses nicht von sich behaupten können, nicht zuletzt psychologische und pädagogische Konsequenzen: sie müssen sich permanent überfordert fühlen. – In der NGO wäre also zunächst pädagogisch-diagnostisch zu verfahren. Es hat zuallererst der jeweilige Wissensstand festgestellt zu werden, bevor man neue Inhalte erarbeitet. Ähnliches ist der »Entschließung des Philosophischen Fakultätentages« zu entnehmen, wo es mit Bezug auf die Kollegstufe heißt: »Neben einem breiten Wissen, das für das Studium aller geisteswissenschaftlichen Fächer eine unerläßliche Grundlage darstellt, kommt der sicheren und vielseitigen Beherrschung der deutschen Sprache in Wort und Schrift zentrale Bedeutung zu. – Studienfachspezifische Kenntnisse und Fähigkeiten auf Proseminarniveau brauchen hingegen nicht in der Schule vermittelt zu werden. Sie sind teils unnötig, da Gegenstand des Universitätsstudiums, teils von zweifelhaftem Wert, da sich seit der Ausbildung der Lehrer in der Regel Methoden und Gegenstände der Wissenschaft erheblich gewandelt haben.« (PHILOSOPHISCHER FAKULTÄTENTAG 1983, S. 213). Auch die Methoden der Schülerarbeit sind in der NGO neu zu bedenken. Diese für die Wissenschaftsorientierung in selbständiger geistiger Arbeit erforderlichen Arbeitstechniken sollen hier angesprochen werden. Die Befragung von Schülern ergibt hier ein ähnliches Bild wie bei den fachlichen Kenntnissen. 30% der Schüler fühlten sich in den von den Lehrern vorausgesetzten Arbeitstechniken ungeübt (Realschüler 43%, Gesamtschüler 33%, Gymnasiasten 27%):

		sehr gut/ gut	mangelhaft bzw. gar nicht
	Führung v. Arbeitsmappen	ca. 61%	10%
	Benutzung verschiedener Lexika	57%	7%
	Selbstbeschaffen v. Material	50%	12%
	Anfertigen v. Tabellen	45%	10%
	Durchführung naturwiss. Experimente	35%	24%
x	Anfertigung v. Unterrichtsmitschriften	27%	17%
x	Lesen v. Statistiken	26%	22%
x	Exzerpieren	25%	20%
	Textanalyse u. -interpretation	24%	18%
x	Protokollieren naturwiss. Experimente	23%	24%
x	Inhaltl. Zusammenfassung unter bestimmten Gesichtspunkten	23%	13%
x	Freier Vortrag v. Referaten	23%	32%
x	Textformen unterscheiden, Bewerten ihrer Aussage	22%	20%
x	Zitieren	20%	29%
x	Umgang mit Sekundärliteratur	16%	27%
	(Mehrfachnennungen waren möglich)	⌀ 31,8	⌀ 19,0
		(vgl. WIS 1983, S. 22)	

(Das Zeichen x kennzeichnet die für selbständige wissenschaftliche bzw. wissenschaftsorientierte Arbeit besonders wichtigen Arbeitstechniken.)

Tab. 1: Einschätzung von wissenschaftlichen Arbeitstechniken durch Schüler der GO

Wenn man zusammenfassend davon ausgeht, daß nur 30% glauben, die verlangten Arbeitstechniken »sehr gut bis gut«, 19% sie mangelhaft oder überhaupt nicht zu beherrschen, d. h. die restlichen 50% sie mehr oder weniger beherrschen, dann ist wissenschaftsorientiertes Lehren und Lernen in den Leistungskursen erheblich in Frage gestellt.

Achtet man nun darauf, welche der o. a. Arbeitstechniken für wissenschaftsorientiertes Arbeiten besonders wichtig sind, dann sinkt die Prozentzahl der Schüler wesentlich ab, z. T. weit unter 30% – im Extrem auf 16% –, die diese Techniken sehr gut bis gut zu beherrschen glauben.

Auch unter diesem methodischen Aspekt sollte die NGO in den ersten Wochen und Monaten zunächst – fast formal – an motivierenden und leichten Inhalten diese »Techniken geistigen Arbeitens« komprimiert evtl. in Kompaktkursen vermitteln, bevor sie deren Anwendung verlangt.

Auf einen weiteren, im engeren Sinne methodischen Aspekt sei noch verwiesen: Die Schüler, die sich in der 11. Jahrgangsstufe zusammenfinden, kommen aus sehr unterschiedlichen Lernumwelten und sozialen Schichten. Das sollte als pädagogische Konsequenz nicht nur zur Neubesinnung und Auswahl der Inhalte – auf exemplarisches Lehren und Lernen wurde bereits hingewiesen –, sondern auch zum Einsatz einer Vielfalt von Methoden führen. Für die Klientel des Gymnasiums einschließlich seiner Oberstufe ist die einseitige Ausrichtung auf abstrakt-verbale Vermittlung von Inhalten und Techniken weniger denn je angemessen. Der Einsatz verschiedener Medien, das Entstauben und Wiederbenutzen der Sprachlabors, das Arbeiten in und mit Büchern statt allein mit

Kopien, selbst der programmierte Unterricht, die originale Begegnung statt Tafel und Kreide sind ebenso einzubringen wie die Lernorganisation nach gruppenunterrichtlichen Verfahren und dem Projektunterricht (→ *Methoden des Unterrichts*; → *Medien im Unterricht und Erziehung*).

3.4 Die Wahl der Leistungskurse

Empirische Untersuchungen zeigen, daß die Wahl der Leistungskurse – zumindest nach Angabe der Wählenden – nicht dem pauschalen Vorurteil nach möglichst geringer Anstrengung entspricht, wie eine Fülle kritischer Stellungnahmen es vermutete (u. a. DEUTSCHER PHILOLOGENVERBAND 1981). Schüler scheinen zunächst ihre Leistungskurse nach dem Interesse am Fach auszurichten (64%, N = 1897; WIS 1983, S. 18 auch für folgende Prozentzahlen), die Mädchen stärker (69%), die Jungen weniger (60%).

Als zweiter Gesichtspunkt für die Fächerwahl wird die Orientierung auf Studium/ Beruf angeführt (13%). Andere Untersuchungen kommen hier (Interesse/Beruf) auf etwa ein Drittel (v. ALT-SUTTERHEIM 1976) und sogar 50% (HUMMER 1979). EILERS (1980, S. 301) findet hier sogar 75% und bestätigt damit Ergebnisse von JACOB/KURZ (1977); SCHMIED (1982a, S. 18) findet das Interesse für das 1. Leistungsfach von 80,1% und für das 2. Leistungsfach von 89,2% genannt. Das 1. Leistungsfach scheint aus Gründen der Studien- und Berufsvorstellungen, das 2. Leistungsfach mehr aus »reinem« Sach- und Fachinteresse gewählt zu werden (SCHMIED 1982a, S. 19).

Abgeschlagen folgen »Erwartung hoher Punktzahlen« (5%; WIS 1983), während EILERS (1980, S. 301) auf 20% kommt, und »zu erwartender geringer Arbeitsaufwand« (1%; WIS 1983).

Entsprechende Tendenzen belegen MÖLLER u. a. bereits 1977, KORNADT 1978, ECKERLE/KRAAK 1981, JUNGKUNZ 1982, 1984. Das sind durchaus positive Indikatoren.

Wie beurteilen nun Schüler der NGO ihre Wahl nach einiger Zeit? 50% träfen die gleiche Wahl, 25 % würden nur den ersten Leistungskurs wieder wählen, 22% nur den zweiten. Nur 4% würden keinen der beiden Kurse in Betracht ziehen (WIS 1983, S. 19). Das ist ein überaus klares Ergebnis. Ähnliches bestätigt auch der überwiegende Teil von Studenten. Sie sind der Meinung, ihre Leistungs- und Grundkurse gut gewählt und dabei eine gute Studienvorbereitung gehabt zu haben.

Im Grunde belegen alle bisherigen Untersuchungen, daß das inhaltliche Interesse sowie die eigene Leistungsfähigkeit (beide korrelieren durchaus) für die Fächerwahl ausschlaggebend sind (LOHE/REINHOLD/HALLER 1980).

Eine andere Frage ist, welche Leistungsfächer bei den Wahlen Priorität haben. Doch dieses ist einerseits formal eine spezifische Determination der NGO, andererseits eine Frage der gesellschaftlichen Akzeptanz bzw. Wertschätzung des Faches wie seiner (vermuteten) beruflichen Perspektive. Wenn viele der Untersuchungen Englisch, Biologie und Mathematik als die am häufigsten gewählten Leistungsfächer ausweisen (WICHMANN/OERTEL 1975b; v. ALT-SUTTERHEIM 1980; HITPASS 1980; HUMMER 1986), so zeigen sich darin auch die formalen Konsequenzen der Wahlauflagen, wonach eines der Leistungsfächer eine Fremdsprache oder Mathematik oder eine Naturwissenschaft sein muß. Daß aber Biologie den Vorzug gegenüber Physik bzw. Chemie, Englisch den Vorzug gegenüber Latein, Französisch, Russisch etc. erhält (FRÖHLICH/SCHMERL 1976; KELLER 1977; KORNADT 1978; HUMMER 1986), ist nicht allein dadurch zu erklären, daß diese Fächer als »leichter« eingeschätzt werden, sondern hat zweifellos auch mit ihrer (aktuellen) Wertschätzung zu tun.

Nach HUMMER 1986 wählen Schüler der NGO zu 33% beide Leistungsfächer aus einem Aufgabenfeld, 27% wählen aus zwei Feldern je ein Fach, 40% vertiefen ihr Wissen in einem gesellschaftswissenschaftlichen Fach (HUMMER 1986, S. 172).

Eine weitere Frage betrifft die geschlechtsspezifische Fächerwahl. Doch auch dieses ist kein Spezifikum der NGO. Daß Jungen sich häufiger für Mathematik, Physik, Gemeinschaftskunde/Geschichte entscheiden und Mädchen dagegen Französisch und Deutsch präferieren, ist wiederholt belegt (MÖLLER u. a. 1977; KORNADT 1978; HUMMER 1986). Doch galt diese Orientierung auch an herkömmlichen gymnasialen Oberstufen, was sich häufig in entsprechenden Zensuren zeigte. Allerdings bestand dort die Möglichkeit der Abwahl der »ungeliebten« Fächer nicht. Dieser geschlechtsspezifische Unterschied gilt auch für die Wahl der Studienfächer nach dem Abitur. Insgesamt sehen Schüler »sachfremde« Wahlmotive und ›sachbezogene‹ als einander ergänzend, nicht aber sich ausschließend an. Eindeutig dominierend sind die Lerninteressen.

3.5 Sozialpsychologische Aspekte

Dieser Problembereich hat im wesentlichen drei Aspekte, von denen der erste nur kurz erwähnt werden soll.

Das Gymnasium und auch die NGO versammeln heute Kinder unterschiedlicher Schichten. Es sind nicht – wie früher – ausschließlich Kinder des Bildungsbürgertums und einiger aufstrebender benachbarter Gruppen. Der Anteil der Arbeiterkinder unter den Studenten stieg in den letzten zwanzig Jahren von fünf auf achtzehn Prozent. Er blieb auch 1985 konstant. Die Väter der Erstsemester 1979 hatten zu zwei Fünfteln die Volksschule, zu einem Fünftel die Realschule besucht (vgl. DEUTSCHES STUDENTENWERK 1986) (→ *Soziale Klassen, soziale Schichten, soziale Mobilität*). Die soziale Determiniertheit von Gruppenbildungen, von Sympathie- und Antipathiebezeugungen ist bekannt. Wir wissen wesentlich mehr um die soziokulturellen Bedingungen des Lernens. Die soziale Determiniertheit von Motiven und Motivationen, Interessen und Emotionen, Bedürfnissen, Sprache und vieles andere, das für ein angemessenes sozial-emotionales Lehr- und Lernklima sorgt, sind bis zum 10. Schuljahr nicht aufgehoben worden (→ *Motivation und Interesse*; → *Sprache im Unterricht*). Dieses hat auch zusätzlich didaktische und methodische Konsequenzen (vgl. hierzu auch STURZEBECHER 1982). Die beiden anderen Aspekte betreffen die durch die Klassensituation determinierte affektive Grundlage des Lernens, die man mit dem Begriff »Stimmung« (EWERT 1965) fassen könnte, wie die Zusammenhänge von Gruppenklima und Lernerfolg als wechselseitig bedingte und sich bedingende Variablen sowie die Bedeutung der peer-group (BRONFENBRENNER 1976; FEND 1980; STURZEBECHER 1982) (→ *Schule als Lebensraum*).

Der zweite Aspekt ist bisher wenig untersucht. Er betrifft die Vertrautheit mit der Lernumwelt, die an Personen festgemacht werden kann, Lehrern und Schülern. Zunächst ein Blick auf das Verhältnis zu den Lehrern: Schüler mit Schulwechsel in die 11. Klasse bezeichnen das Verhältnis zu den Lehrern häufiger als »verändert« (61%) als solche ohne Schulwechsel (56%), dabei die Realschüler zu 71%, die Gymnasiasten zu 62%.

Als »unpersönlicher« bezeichnen es 46% der Realschüler, aber nur 29% der Gymnasiasten, als freundschaftlicher nur 19% der Realschüler und 21% der Gymnasiasten.

Darüber hinaus wird das Verhältnis als »sachbezogener« und »leistungsorientierter« betrachtet, ohne daß sich Realschüler, Gesamtschüler und Gymnasiasten wesentlich unterscheiden. Nur die Gesamtschüler finden es leistungsorientierter als die beiden anderen Gruppen. Die Gesamtschüler finden es auch »strenger«, die Realschüler »distanzierter«.

Die empirischen Ergebnisse (WIS 1983, S. 35) sollen nicht interpretiert, nicht gewertet werden. Sie sollten nur angeführt werden, da die Bedeutung der »Lehrerpersönlichkeit« für soziales Klima, Wohlbefinden und schulisches Lernen evident ist. Und die Variable »Lehrerpersönlichkeit« hat nicht nur ihre Bedeutung für den Primarbereich, wie immer wieder betont wurde und wird. Sie behält auch noch wesentliche Bedeutung für die NGO. Das um so mehr, als die NGO vorübergehend die Auflösung des Klassenverbandes ab der 11. Jahrgangsstufe brachte (→ *Persönlichkeit von Lehrern und Schülern* . . .; → *Lehrer-Schüler-Verhältnis*).

Das ist der dritte sozial-psychologische Aspekt. Das dahinterstehende Problem ist von Psychologen und Pädagogen diskutiert worden; es wurde und wird in der Regel sehr kritisch gesehen. Nun sichert in fast allen Bundesländern inzwischen die 11. Jahrgangsstufe noch den Klassenverband, d. h., das Problem hat sich dort entschärft. Dennoch wird das Verhältnis zu den Mitschülern gegenüber der Sek I als entscheidend verändert beschrieben, nur 32% finden es unverändert. »Unpersönlicher« finden es 37%, dagegen »freundlicher« bzw. »kameradschaftlicher« nur 20%, noch weniger allerdings bei den Realschülern. Hier empfinden es sogar 50% als unpersönlicher. Die Mitschüler sind jetzt leistungsorientierter, meinen 66% der 12. Jahrgangsstufe (WIS 1983, S. 40f.). Hier könnte ein Indikator für das beklagte Leistungs- und Konkurrenzdenken hinsichtlich des Notendurchschnitts des Abiturs gesehen werden. Allerdings hat man den Eindruck, als würde sich die Situation zwischen 1976 und 1979 erheblich wandeln (EILERS 1980, S. 304). Nach SCHMIED (1982b, S. 41) wird die Frage nach dem Konkurrenzverhalten mit 53,0%, die Aussage, daß »sich jeder selbst der Nächste« sei, von 47,7% der Oberstufenschüler als zutreffend bejaht. Es sind insgesamt Ergebnisse, die STURZEBECHER 1982 bestätigt. Ob das objektiv so ist, mag dahingestellt bleiben, doch die *subjektive* Empfindung prägt zweifellos eigenes Verhalten und soziales Klima. Schülerinterviews zeigten, daß Schüler nach Auflösung des Klassenverbandes nach der 10. Klasse sich vereinsamt, isoliert, verunsichert fühlten. Das führte bei ihnen häufig zu einer eigenartigen Reaktion. Sie versuchten, den alten Klassenverband *außerschulisch* aufleben zu lassen. Es gab Klassentreffen, Teenachmittage etc. bis hin zum Abitur. Selbst Schüler, die die Schule inzwischen verlassen hatten, wurden dazu eingeladen, blieben integriert. Dieses eindeutig positive Verhalten macht auf ein *Defizit* aufmerksam. Die NGO kann offensichtlich keinen Ausgleich schaffen für ein zumindest von den Schülern retrospektiv als sozial positiv empfundenes und soziale Sicherheit verleihendes Geflecht sozial-emotionaler Beziehungen, die Schule noch lebenswert erscheinen lassen. – Die Möglichkeit, zur Aufrechterhaltung sozial positiver Beziehungen die Kursentscheidungen von Freunden abhängig zu machen, wird gegenüber der Entscheidung zurückgestellt, ob man bei dem den Kurs leitenden Lehrer gern Unterricht hat (v. ALT-SUTTERHEIM 1976, 1980; HUMMER 1979; ECKERLE/KRAAK 1981; FRIES 1981; SCHMIED 1982). JACOB/KURZ (1977) liefern Ergebnisse, wonach die Rücksicht auf Freunde unmittelbar den Fachinteressen bei der Wahl der Leistungsfächer folgt, während EILERS (1980) zu entgegengesetzten Aussagen kommt. SCHMIED (1982a, S. 18) findet, daß nur 6–8% das Fach wählen, weil es ihre

Freunde auch tun, aber etwa 30–32%, weil sie bei dem entsprechenden Lehrer gern Unterricht haben.

Im Grunde deuten auch diese Befunde explizit oder implizit die Übergangsproblematik an, d. h. besonders: Wie sehen Schüler die NGO im Vergleich zur Sek I? Fast alle herangezogenen Ergebnisse zeigten, daß der Übergang als einschneidend gesehen wurde und als eher negativ aufgeladen. Das galt besonders verstärkt für die Schüler, die von der Realschule kamen, also einen Schulwechsel vollzogen hatten. Zu den genannten Aspekten kam – erschwerend – hinzu:

79% erlebten stärkeren Leistungsdruck,
64% von ihnen waren die Mitschüler weitgehend unbekannt,
57% kannten keinen Lehrer dieser NGO,
50% fanden das Verhältnis zu den Mitschülern unpersönlicher,
46% fanden das Verhältnis zu den Lehrern unpersönlicher,
43% waren in den vorausgesetzten Arbeitstechniken ungeübt,
34% hatten kein ausreichendes Fachwissen aus der Sek I,
26% waren durch den Unterricht in wechselnden Lerngruppen verunsichert,
33% erlebten größere Vereinsamung (WIS 1983, S. 57f.).

Daß hier weitere nicht erfragte Variablen zu psychischen und physischen Zusatzbelastungen führen, ist anzunehmen. Es gibt dabei durchaus Schüler, auf die mehrere dieser als Belastung empfundenen Tatbestände zutreffen. D. h., die Belastungsmomente kumulieren. Auf diese Gruppe der Gymnasiums*fremden* wird die NGO zunehmend ihr Augenmerk richten müssen, will sie nicht chancengerechte Durchlässigkeit mit psychophysischer Schädigung erkaufen. Diese Belastungsmomente werden nicht dadurch relativiert, daß von den Realschülern

31% mit einigen Freunden zusammenblieben,
46% gut informiert wurden und sich schnell zurechtfanden,
79% neue Bekanntschaften machten,
84% stärkere Vertiefung des Stoffes erlebten,
71% mehr Verantwortung für eigenes Lernen übernahmen,
62% größere Möglichkeiten der Interessenentfaltung sahen (WIS 1983, S. 57f.).

Ähnlich ist das Verhältnis positiver und negativer Aussagen, d. h. *subjektiv* empfundenen Erlebens auch bei Gesamtschülern und Gymnasiasten. Aber nirgends sind die positiv zu wertenden Verhältnisse so gering und die negativ zu wertenden Tatbestände so massiv ausgeprägt wie bei den Realschülern. Ein Positivum kommt bei ihnen hinzu – sie erwerben in der Regel das Abitur.

Über diese besondere Gruppe hinaus werden Leistungsdruck und Schulstreß übrigens sehr eigenartig beurteilt. Möglicherweise neigen Schüler dazu, hier Stereotype zu reproduzieren. Ähnlich wie bei der kritisch angeführten Konkurrenzsituation wird das Problem als zutreffend angegeben, aber für die eigene Person und Situation mehrheitlich als nicht gegeben bezeichnet (SCHMIED 1982b). Insgesamt findet SCHMIED (1982b, S. 51), daß nur ein geringer Prozentsatz (6,3%) der Schüler der NGO sich »ständig unter Leistungsdruck und den Anforderungen der Oberstufe kaum noch gewachsen« fühlt. Er entwirft auch ein Psychogramm dieser Schüler. Allerdings werden die Übergänger von der Realschule nicht gesondert erfaßt. Ein allgemeiner differential-psychologischer Tatbestand, daß Individuen auf ein besonderes Arrangement sozialen Umfeldes spezifisch reagieren und in ihm entsprechend agieren, gilt verständlicherweise auch für die

Schüler der gymnasialen Oberstufe. Der Zusammenhang von Stimmung und Leistung hat auch hier seine Bedeutung.

Die NGO muß stärker als bisher soziale Beziehungen anbahnen und pflegen. Die Tutorien sollten sich häufiger treffen. Schüler sollten ermuntert werden, ihre (Schul-) Freunde zu Tutorentreffen mitzubringen, selbst wenn diese einen anderen Tutor haben. Eine »Didaktik des Tutoriums ist noch nicht einmal in Ansätzen vorhanden« (JUNGKUNZ 1980, S. 29).

4 Intersystemvergleich

Wurde in Kap. 3 die Reform eher an ihren Intentionen gemessen (systemimmanente Analyse) bzw. auf Unterschiedlichkeiten innerhalb der NGO eingegangen, so wird im folgenden dargelegt, wie die Existenz der gleichzeitig vorhandenen Formen von herkömmlicher gymnasialer Oberstufe (HGO) und NGO in der Zeit von 1972–1977 die Möglichkeit zum Vergleich beider Systeme (Intersystemforschung) als Begleitforschung ergab (ROTH 1981a, S. 92).

Der wesentliche Unterschied zwischen den beiden Systemen bestand im Grunde darin, daß die Schüler des herkömmlichen Systems bis zum Abitur im Klassenverband verblieben und einzelne Fächer kaum abgewählt werden konnten. Besondere Interessen konnten die Schüler in spezifischen Arbeitsgemeinschaften pflegen. Insgesamt aber blieb die Fächerwahl durch die Entscheidung für einen bestimmten Zweig des Gymnasiums beim Eintritt in diese Schulart bzw. durch die Entscheidung in der Mittelstufe des Gymnasiums (z. B. für die zweite Fremdsprache) bis zum Abitur determiniert. Umfang und Inhalte des Unterrichts in den einzelnen Fächern waren allerdings institutionell wesentlich stärker festgelegt als in der NGO. Bei einem Intersystemvergleich dieser Art muß berücksichtigt werden, daß die NGO unter sehr schlechten Rahmenbedingungen stand. Sie war vom größten Teil der Lehrer, Eltern, Schüler nicht gewollt, d. h., ein besonderes Engagement war nicht zu erwarten – eher das Gegenteil. Sie war nicht erprobt, sondern befand sich im Erprobungsstadium. Sie fiel zusammen mit dem »Schülerberg«, der mit Unterrichtsausfall und Lehrermangel einherging.

Als ein wesentliches Effektivitätskriterium des Intersystemvergleichs wurde die Abiturdurchschnittsnote gewählt. Dabei zeigte sich, daß die Schüler der NGO bessere Noten erreichten als die der HGO (HUMMER/JANSEN 1978; KORNADT 1978; LÄHNEMANN 1979). Das mag aber u. a. auch daran liegen, daß Schüler der NGO die Wahl ihrer Leistungsfächer danach treffen, welche Fächer besonders in den Jahren vorher gut benotet wurden. KORNADT stellt darüber hinaus fest, daß an der NGO mehr Schüler das Abitur erreichen. HITPASS (1980) beobachtet dagegen unter Verwendung des Tests der akademischen Befähigung (TAB) der Studienstiftung des deutschen Volkes eine Überlegenheit in den Testergebnissen der Schüler der HGO. KRAUSE und REINERS-LOGOTHE-TOU (1981) finden beim Studiengangstest Physik in einer bundesweiten Untersuchung eine minimale Überlegenheit um einen Punktwert der HGO, doch ist dieses nicht signifikante Ergebnis eindeutig durch ein einziges Bundesland (Baden-Württemberg) bestimmt. Bei Kontrolle der Bundesländer erreichen Studienanfänger der NGO etwas bessere Ergebnisse, die aber auch nur in zwei Fällen signifikant werden. Dabei ist jedoch zu berücksichtigen, daß in diesen Fällen häufig Physik und/oder Mathematik als Leistungsfächer gewählt und mit hohem Stundenanteil unterrichtet wurden. Vor allem zeigt sich, daß Schüler, die Physik und Mathematik als Leistungsfächer wählten, in diesem Test die höchsten Werte erreichten gegenüber den Schülern, die keines dieser Fächer als Leistungsfach gewählt hatten; diese zeigten die schlechtesten Ergebnisse.

Fachspezifische Ausprägungen gab es verständlicherweise immer. Die NGO gibt hier allerdings die Möglichkeit deutlicherer Akzentuierung. Eine zweite wesentliche Variable beim Intersystemvergleich war die *Studierfähigkeit*. HITPASS, der hier die umfassendste repräsentative Untersuchung 1985 vorlegte, wählte als Stichprobe (N = 6944) Schüler aus 11 Bundesländern, die 1980 ihr Abitur abgelegt hatten. Es war der erste Jahrgang, der nach bundesweit verbindlicher Einführung der NGO 1977/78 unter den neuen Bedingungen die gymnasiale Oberstufe absolviert hatte. Die Erhebung erfolgte 1983. Gegenüber seiner Untersuchung von 1980 findet HITPASS im Vergleich der Schüler des traditionellen Gymnasiums mit denen von kooperativen und integrierten Gesamtschulen keine durchgehenden Unterschiede (HITPASS 1985, S. 20). Auch für die Studienwahl stellt er »ein höchst bemerkenswertes Überwiegen intrinsisch getönter Motive« (S. 31) fest und bestätigt damit die entprechende Wahl der Leistungskurse nach »Begabung« und »Neigung« mit ca. 85 %, lehrerbezogene Wahlen: unter 3% (HITPASS 1985, S. 55)

In der retrospektiven Einschätzung der NGO fällt auf, daß die Schüler aus der Vielfalt der etwa 80 Wahlmöglichkeiten für Grund- und Leistungskurse auf einen eher konventionellen Kanon rekurrieren. So besteht das typische Abiturprofil aus den Fächern Biologie, Mathematik, Englisch, Deutsch, Erdkunde, Gemeinschaftskunde, Geschichte (HITPASS 1985, S. 80). 75% der Abiturienten haben ein Latinum, 0,4% das Graecum (S. 77). Hinsichtlich des Studienerfolges vergleicht HITPASS den Teil seiner Stichprobe der bereits ein Zwischenexamen abgelegt hat, mit den Ergebnissen einer Untersuchung von TROST aus dem Jahre 1976. Er kommt zu dem Schluß, daß die Abiturienten der NGO besser abschneiden als die, die TROST untersuchte. Allerdings sind solche Vergleiche problematisch, denn auch die Prüfungs- und Studienordnungen der Universitäten haben sich geändert. Immerhin kann aber festgestellt werden, daß das Abitur heute hinsichtlich des Studienerfolges in seiner prognostischen Validität dem des früheren Gymnasiums gleichwertig ist (vgl. HITPASS 1985, S. 102). Zu ähnlichen Ergebnissen hinsichtlich der Studierfähigkeit kommen weitere Untersuchungen (KNOSTMANN 1984). Dabei wird der Begriff »Studierfähigkeit« verständlicherweise von Schülern, Lehrern, Professoren unterschiedlich verstanden. Die Untersuchung von HELDMANN (1984) an etwa 130 Professoren aus 27 Disziplinen zeigt deutliche Unterschiede zwischen der Einschätzung von Studenten und Professoren in bezug auf tatsächliche Studierfähigkeit. Hochschullehrer werden immer davon ausgehen, daß Studierfähigkeit prinzipiell Voraussetzung für das Studium ist und nicht erst während des Studiums erworben werden soll.

Zum Intersystemvergleich hat HUMMER 1986 die wohl differenzierteste Studie über »Auswirkungen der neugestalteten gymnasialen Oberstufe auf Schüler und Studenten« vorgelegt. An etwa 3000 Schülern aus NGO und HGO aller Bundesländer untersucht sie eine Fülle von Variablen in Abhängigkeit von einer großen Zahl von Klassifikationsvariablen, zu denen auch psychische Merkmale, Geschlecht, Schulbildung von Vater und Mutter etc. zählen. Nach ihren Ergebnissen gibt es bei NGO und HGO keine signifikanten Unterschiede hinsichtlich der Zahl der Schüler, die sich nach dem Abitur für bzw. gegen ein Studium entscheiden; gleiches gilt hinsichtlich Studiengangswechsel oder Studienabbruch innerhalb der ersten zwei bzw. drei Semester. Als Studenten schätz

Schüler der NGO die Studienvorbereitung ihrer Oberstufe höher ein als Schüler der HGO; sie beurteilen ihre letzten Schuljahre insgesamt positiver. Sie haben verständlicherweise eher Studienfächer gewählt, die auch dem schulischen Schwerpunkt entsprechen. Das gilt übrigens auch für Schüler der HGO, wenn es eine deutliche Affinität zwischen Schulzweig und studierter Fachrichtung gibt.

5 Die neugestaltete gymnasiale Oberstufe und ihre Lehrer

Ähnlich wie für Eltern und Schüler ist auch für die Lehrer durch die curricularen Erweiterungen, organisatorischen Schwierigkeiten, verstärkte Bürokratisierung, unterschiedliche Leistungsverrechnung nach einem besonderen Punktsystem die gymnasiale Oberstufe schwer durchschaubar geworden. Eltern wurden im Zweifelsfall an den »Oberstufenkoordinator« verwiesen. Viele ältere Lehrer verhielten sich so, wie sie es vor Einführung der NGO taten, zensierten nach Ziffernnoten und rechnen dann auf das Punktsystem um, beraten Eltern, wie sie es gewohnt waren, und kompensieren ihre Unsicherheit gegenüber der gar nicht mehr neuen Situation durch eher emotionale Kritik an der Reform (→ *Lehrer/Lehrerin*).

Durch die Einführung neuer Fächer, die bisher nicht zum traditionellen Kanon gymnasialer Bildung gehörten, hat auch ein neuer Typus von ›Lehrer‹ für diese Fächer Eingang in die NGO gefunden. Viele dieser neuen Fächer werden nämlich nicht von dafür ausgebildeten Lehrern unterrichtet, sondern von oft zufällig hinzugezogenen Praktikern. Rechtskunde z. B. lehren Richter, Staatsanwälte oder Rechtsanwälte ohne didaktische und methodische Reflexion und Erfahrung. Deren Benotung hat das gleiche Gewicht wie die der Gymnasiallehrer, obwohl sie hinsichtlich Leistungsmessung und Leistungsbewertung in der Schule häufig nur ihre eigene Erfahrung als Schüler haben. Während es außerdem für die traditionellen Fächer sowohl eine historische wie aktuell zu verfolgende ausführliche Diskussion zur Didaktik und Methodik wie zur Lehrerausbildung gibt, ist das für die neuen Fächer kaum angelaufen. Als Beispiel sei das Fach Psychologie gewählt (vgl. ROTH in SCHIEFELE 1981b).

Den Bildungspolitikern und den Kultusministern der Länder muß der Vorwurf gemacht werden, daß sie – nachdem sie die Einführung des Schulfaches Psychologie in der GO initiiert und im wesentlichen 1972 beschlossen hatten – die Ausbildung entsprechender Lehrer sträflich vernachlässigten. Auch die Universitäten haben bisher wenig reagiert. Das gilt für die meisten der neuen Fächer in der GO.

Insgesamt sind die Einstellungen der Lehrer zur GO, zu ihrer Arbeit darin, wie die Lehrerarbeit überhaupt, wissenschaftlich im Grunde wenig untersucht. Es fehlt dagegen nicht an Praxisberichten, die auch veröffentlicht werden (KUTZSCHBACH 1980; SEIDL/ DREXLER 1980; LOHE 1980; RAHMEL 1980). Allerdings werden hier häufig singuläre Erfahrungen zu pseudoempirischen Verallgemeinerungen hochstilisiert. RAHMEL (1980, S. 295) bezeichnet die Haltung als »reserviert skeptisch«. Dem alten System würde der Vorzug gegeben. An der NGO werden kritisiert: höhere Arbeitsbelastung durch Fachkonferenzen; halbjährliche Veränderung der Schülergruppen in den Grundkursen; Heterogenität inhaltlicher und lerntechnischer Voraussetzungen; Fremdheit, Distanz oder Instabilität der Kursgruppen; kalkuliertes Schwänzen des Unterrichts, ein Aspekt, den KUTZSCHBACH (1980) besonders betont und der durchaus gravierende Konsequenzen für das Abitur haben könnte. Die Koordination in den einzelnen Fächern sei nicht gewährleistet; Absprachen unter den Lehrern würden nicht eingehalten, das gelte besonders für die eher geisteswissenschaftlichen und musischen Fächer. Insgesamt beurteilten ehemalige Hauptfachlehrer die NGO kritischer, sicherlich auch, weil diese Fächer nun weniger Bedeutung haben, während z. B. die Biologie als ehemaliges Nebenfach im Wahlverhalten der Schüler eindeutig den Vorzug erhält.

Besonders wird der Verwaltungsaufwand beklagt, den das »Kurssystem mit seinen vielfältigen Möglichkeiten, Verzweigungen, Auflagen, Plänen und den verschiedenen Überprüfungsmechanismen« mit sich gebracht hat (LOHE 1980, S. 315). Die Absurdität des Verwaltungsaufwands schildert LOHE (S. 316) am Beispiel der Meldung zum Abitur. Die Belastung der Lehrer hat – und zwar nicht nur nach der subjektiven Empfindung – zugenommen. Selbstverständlich bedeutet schon jeder zusätzlich in einen Kurs aufgenommene Schüler eine weitere Belastung. Fast jeder Lehrer unterrichtet etwa fünf Kurse und hat entsprechende Klausuren zu korrigieren. Ein zeitweise halbjährig stattfindendes Abitur mit den verbürokratisierten Themenfindungen trug zur Belastung bei, die bei ausgesprochenen Oberstufenzentren kumulierten und nicht mehr vertretbar erscheinen. Der Aufwand, für einen einzigen Schüler Themen zu finden, ist nicht geringer als für 20 Schüler. Welchen Weg die Abiturthemen dann nehmen, bis sie endgültig genehmigt werden, ist oft unerfreulich. Bereits die kritische Stellungnahme des schulinternen Fachberaters zu den eingereichten Abiturthemen kann häufig als Legitimation mehr oder weniger vorhandenen Fachverstandes und des – besonders des neuen – Amtes interpretiert werden. Es gibt Fachberater, die prinzipiell keine sogenannten W-Fragen, die durchaus sinnvoll sein können, zulassen, sondern diese als imperativ formulierte Arbeitsaufträge gefaßt sehen wollen. Auch die weiteren – dienstrechtlich »höheren« – Instanzen, die sich mit den Themen befassen, verhalten sich so, als wäre das höhere Amt prinzipiell mit einer versammelten höheren Fach-Vernunft ausgestattet. – Als entlastende Alternative könnte das Zentralabitur, wie Bayern und Baden-Württemberg es kennen, bundesweit diskutabel erscheinen. Die Konsequenz der Oberstufenreform kann selbstverständlich nicht sein, daß »nahezu zwei Drittel des Kollegiums ... nicht mehr ›voll‹ [arbeiten], die meisten nur mit halber Stundenzahl, weil es anders nicht mehr zu schaffen ist« (KUTZSCHBACH 1980, S. 272). Diese Aussage ist zweifellos engagiert überspitzt, sie deutet aber immerhin auf ein Problem hin, das gelöst werden muß. Denn: Eine Schulreform ist immer nur so gut wie ihre Lehrer. Überlastete Lehrer sind zweifellos keine *guten* Lehrer. Das gilt für die Schule wie für jeden anderen Arbeitsplatz.

6 Weitere Entwicklung und Forschung

Ähnlich, wie das Zustandekommen der Reform der gymnasialen Oberstufe politisch als Kompromiß der Kulturhoheit von 11 Bundesländern pädagogisch bei Lehrern, Eltern, Schülern und Wissenschaftlern keine uneingeschränkte Zustimmung fand, sind auch die inzwischen diskutierten Vorschläge zu ihrer »Novellierung« umstritten. Doch gibt es offenbar niemanden, der die Reform in toto ablehnt und die Verhältnisse der Zeit vor 1972 wiederherstellen möchte. Die Divergenz der Diskussion ist verständlich, weil die Reform selbst weniger ein bildungstheoretisches als vielmehr ein gesellschaftspolitisches Anliegen war. Außer Einzelpositionen und mehr oder weniger zufällig entstandenen

Gruppenäußerungen sind es vor allem politische Institutionen (z. B. KMK), die Parteien, Interessenverbände (GEW, Deutscher Philologenverband, Lehrerverbände, Elternverbände, Deutscher Hochschulverband), Wissenschaftsorganisationen (WRK) u. a., die hier Modifizierungen verlangen. Dazu kommen die Verlautbarungen der einzelnen Kultusbehörden, die in unterschiedlicher Weise die Reform beurteilen und entsprechende Veränderungen wünschen bzw. innerhalb des betreffenden Bundeslandes realisieren.

Die Diskussion in der Kultusministerkonferenz um die GO wurde besonders in den Jahren 1986/87 brisant. Es drohte die Nichtanerkennung der Abschlüsse einzelner Bundesländer in anderen Bundesländern. Am 1. 10. 1987 einigte die KMK sich über die »Fortschreibung der gymnasialen Oberstufe« (Protokoll vom 2. 10. 1987) und faßte am 4. 12. 1987 einen entsprechenden Beschluß. (Alle folgenden Zitate aus diesem.)

Danach gilt für Schüler, die am 1. 8. 1989 in die GO eintreten: Im Pflichtbereich sind mindestens »zwei der Fächer Deutsch, Fremdsprache, Mathematik« von 12/I durchgehend bis einschließlich 13/II zu belegen. Hier »sind die Ergebnisse von mindestens drei Halbjahrskursen ... einzubringen« (in Hamburg erst ab 1. 8. 1996). Geschichte ist mit 4 Halbjahrskursen zu belegen bzw. kann eine entsprechende Zahl von Kursen gewählt werden in einem anderen gesellschaftswissenschaftlichen Fach, »in dem Geschichte mit festen Anteilen unterrichtet wird«. Fehlen diese »festen Anteile«, so »sind mindestens zwei Halbjahrskurse Geschichte zu belegen«. Außerdem müssen nachgewiesen werden: »Entweder eine Naturwissenschaft oder in 12/I bis 13/II je zwei Halbjahreskurse aus zwei auch in der Jahrgangsstufe 11 unterrichteten Naturwissenschaften.« Die Wahl der Abiturprüfungsfächer wird eingeschränkt: »Eines der Fächer Deutsch oder Fremdsprache oder Mathematik muß Prüfungsfach sein, wobei es sich um eine fortgeführte Fremdsprache handeln muß.«

Die Gesamtqualifikation besteht aus den Ergebnissen von 22 Grundkursen (einfach gewertet), 6 Leistungskursen (doppelt gewertet) sowie den Ergebnissen der Facharbeit und den 4 Fächern der Abiturprüfung (vierfach gewertet) »sowie den Ergebnissen der in diesen Fächern im Abschlußhalbjahr erbrachten Leistungen in einfacher Wertung«.

Nach wie vor führen Fachgymnasien/berufsbezogene Bildungsgänge zur allgemeinen Hochschulreife, »wenn die Bedingungen der Vereinbarung vom 7. 7. 1972 und der weiteren Vereinbarungen zur gymnasialen Oberstufe erfüllt sind und es sich um Schulen mit den [entsprechend dem ›Normalkatalog‹ vereinbarten, L. R.] Fachrichtungen und Schwerpunkten handelt«.

Besonders umstritten war in der KMK die sogenannte Doppelqualifikation. Es handelt sich dabei um die nordrhein-westfälischen Kollegschulen, um *bisher* dreijährige »doppelqualifizierende Bildungsgänge, die zur allgemeinen Hochschulreife und zu einem beruflichen Abschluß nach Landesrecht führen«.

Hier gelten nun für die gegenseitige Anerkennung der Abschlüsse als Bedingungen: – sämtliche Vereinbarungen zur GO, – *vierjährige* Dauer beider Bildungsgänge (kürzere Dauer muß beantragt werden), – zwei *getrennte* Abschlußprüfungen, – gleiche Zugangsbedingungen wie für die GO.

Die genannten Vereinbarungen regeln relativ formal die quantitativen und inhaltlichen Vorgaben nur in bezug auf Fächerverpflichtungen.

Die eigentlichen Probleme dürften sich erst stellen, wenn es um die Evaluierung der einheitlichen Prüfungsanforderungen (EPA) für die Abiturprüfungsfächer geht, deren

»Entwicklung bzw. Ergänzung ... wesentlicher Bestandteil dieser Vereinbarung« ist. (Zitat aus dem Protokoll vom 2. 10. 1987)

Außer eher Marginalien zeigen sich zwei prinzipielle bildungspolitische Festlegungen:
- die Vereinheitlichung einiger Grundfächer bis zum Abitur, damit u. a. die Freizügigkeit innerhalb der Bundesrepublik nicht behindert wird;
- die Vereinheitlichung des Leistungsniveaus zur Sicherung der Studierfähigkeit, damit u. a. die Universitäten auf ein propädeutisches Kursangebot verzichten können.

Solange die Kulturhoheit der Länder besteht, wird es keine verbindliche Stufenschule geben. Gleiches gilt für die Integration beruflicher und allgemeiner Bildung (→ *Das allgemeinbildende Schulwesen* . . .; → *Das berufliche Bildungswesen* . . .; → *Allgemeine und berufliche Bildung*).

Akzeptiert ist eine additive Verbindung beruflicher und allgemeiner Bildung. Allerdings ist eine Definition dessen, was unter *allgemeiner* Bildung zu verstehen sei, in einer pluralistischen Gesellschaft kaum möglich (→ *Theorien der Bildung* . . .).

Dennoch scheint es in der gesamten Diskussion über bestimmte Wertvorstellungen, die für die GO gefordert werden, Übereinstimmung zu geben. Doch sind diese weniger ein Spezifikum der GO als vielmehr Erziehungsziele, die das Schul- und Bildungswesen betreffen. Es geht hier um das Erreichen von Einstellungen und Verhaltensweisen wie: Konzentrationsfähigkeit, Zielstrebigkeit, Absehung von der eigenen Lust oder Unlust, Frustrationstoleranz, Belastbarkeit, Sachlichkeit, Beharrlichkeit, Gewissenhaftigkeit, Genauigkeit, Kooperationsfähigkeit, geistige Neugier, aber auch um Kritikfähigkeit, Lern- und Umlernbereitschaft, Selbständigkeit. Diese gelten als »die entscheidenden Voraussetzungen für ein wissenschaftliches Studium, gleichfalls aber auch für fast jede andere anspruchsvolle berufliche Ausbildung« (Schulausschuß der KMK/Ständige Kommission Schule/Hochschule der WRK, Bonn 1982).

Dieses zu erreichen wird nicht nur die GO vor schwerere Aufgaben stellen, als die Umsetzung der Reform bedeutete.

Durch die Vereinigung Deutschlands hat sich ein neues Problem ergeben: Wie in fast allen Ländern der EG war in der ehemaligen DDR das Abitur nach 12 Schuljahren zu erreichen. Einzelne Modellversuche gab es auch in der Bundesrepublik (z. B. Rheinland-Pfalz). Seit der Vereinigung nimmt ab Ende 1990 die Diskussion um die Schulzeitverkürzung auf 12 Jahre massiv zu. Schulzeitverkürzung ist zweifellos sinnvoll und möglich. Doch wird sie die gesamte Schulzeit in den Blick nehmen und nicht nur, wie von wenig Sachverständigen gefordert, das letzte Jahr der GO streichen können.

Auch die Forschung wird sich neu orientieren müssen. Es wird weniger um eine rasch produzierte summative Evaluation gehen können als eher um formative Evaluation (→ *Evaluation und Selbstevaluation*). Diese wird sich als Lehr-Lern-Forschung innerhalb des Systems (Intrasystemforschung) um didaktische und methodische Fragen, um Probleme der Differenzierung und Integration, um Motivation, Leistungsmessung und -bewertung etc. zu sorgen haben. Sie wird stärker als bisher die Übergangsproblematik in den Blick nehmen müssen. Ebenfalls wird das gesamte Gebiet der Pädagogischen Diagnostik u. a. auch unter den Aspekten Prozeß- und Verhaltensdiagnostik im Zusammenhang der NGO zu strukturieren sein (→ *Pädagogische Diagnostik;* → *Motivation und Interesse;* → *Methoden des Unterrichts;* → *Unterrichtsformen* . . .).

Literatur

ALT-SUTTERHEIM, W. v.: Studieneinstellung ehemaliger Kollegiaten. Begleituntersuchung zur Kollegstufe. München 1976
–: Die Kollegstufe im Urteil von Kollegiaten. Eine Befragung zur neugestalteten gymnasialen Oberstufe. München 1980
ARNOLD, E.: Oberstufe, Abitur und Hochschulzugang in Italien, Frankreich und England. In: Die Höhere Schule 38 (1985), S. 180–185
AURIN, K.: Das Sekundarschulwesen – Strukturen, Entwicklungen und Probleme. Stuttgart 1978
– (Hrsg.): Schulvergleich in der Diskussion. Stuttgart 1987
BLÄTTNER, F.: Das Gymnasium. Aufgaben der höheren Schule in Geschichte und Gegenwart. Heidelberg 1960
BLANKERTZ, H.: Gymnasiale Oberstufe in der Sekundarstufe II. In: ROTH, L. (Hrsg.): Handlexikon zur Didaktik der Schulfächer. München 1980, S. 82–89
BRONFENBRENNER, U.: Ökologische Sozialisationsforschung. Stuttgart 1976
BUNDESMINISTERIUM FÜR BILDUNG UND WISSENSCHAFT (Hrsg.): Studenten an Hochschulen 1975–1982. Bonn 1983
BUNDESVERBAND DER DEUTSCHEN INDUSTRIE (BDI): Zur Leistungsfähigkeit der gymnasialen Oberstufe. – Ziele der Reform und ihre Verwirklichung. Memorandum des BDI. Köln 1981
CLAESENS, D.: Rolle und Macht. München 1968
DAHRENDORF, R.: Bildung ist Bürgerrecht. Hamburg 1965
DEUTSCHER BILDUNGSRAT (Hrsg.): Strukturplan für das Bildungswesen. Bonn 1970
–/Zur Neuordnung der Sekundarstufe II. Bonn 1974
ECKERLE, G.: Zur Bildungstheorie der neugestalteten gymnasialen Oberstufe. Bd. 1: Die Sicht der Lehrer. Weinheim/Basel 1980
–/KRAAK, B.: Zur Bildungstheorie der neugestalteten gymnasialen Oberstufe. Bd. 2: Die Sicht der Schüler. Weinheim/Basel 1981
EILERS, R.: Die reformierte Oberstufe auf dem Weg zur Normalität. In: Zeitschrift für Pädagogik 26 (1980), S. 297–306
EWERT, O.: Gefühle und Stimmungen. In: THOMAE, H. (Hrsg.): Allgemeine Psychologie II: Motivation. Handbuch der Psychologie. Bd. 2. Göttingen 1965, S. 229–271
FEND, H.: Theorie der Schule. München 1980
FINGERLE, K./WICKE, E.: Die neue gymnasiale Oberstufe ohne bildungstheoretische Legitimation. In: Zeitschrift für Pädagogik 28 (1982), S. 93–110
FRIES, M.: Die Auswirkungen der neugestalteten gymnasialen Oberstufe auf die Studienfachwahl an der Hochschule – eine empirische Untersuchung. In: FTHENAKIS, W. E. u. a. (Hrsg.): Bildungswirklichkeit, Bildungsforschung, Bildungsplanung. Donauwörth 1981, S. 84–95
FRÖHLICH, W./SCHMERL, C.: Erste Ergebnisse der psychologischen Begleituntersuchung zur Mainzer Studienstufe. Mainz (Universität) 1976
FURCK, D.-L.: Die Reform der gymnasialen Oberstufe im Schnittpunkt konfligierender Interessen – Analyse einer Bildungsreform. In: Zeitschrift für Pädagogik 30 (1983), S. 661–673
HECK, G./EDLICH, G./BALLAUFF, TH.: Die Sekundarstufe II. Grundlagen – Modelle – Entwürfe. Darmstadt 1978
HELDMANN, W.: Studierfähigkeit. Göttingen 1984
– (Hrsg.): Studierfähigkeit durch berufliche Ausbildung? Sinn und Ziel wissenschaftspropädeutischer Grundbildung. Krefeld 1987
HITPASS, J.: Gesamtschule oder Gymnasium. Ein Leistungsvergleich ihrer Abiturienten. Bonn 1980
–: Reformierte Oberstufe – besser als ihr Ruf? Sankt Augustin 1985
HUMMER, A.: Schüler aus reformierten und herkömmlich organisierten gymnasialen Oberstufen. Ein Vergleich. In: Psychologie in Erziehung und Unterricht 26 (1979), S. 84–94
–: Neuorganisierte gymnasiale Oberstufe und Vorbereitung auf das Studium. Manuskript 1982
–: Auswirkungen der neugestalteten gymnasialen Oberstufe auf Schüler und Studenten. Eine Längsschnittstudie. Baden-Baden 1986
JANSEN, R.: Versetzungszeugnisse der gymnasialen Oberstufe. Frankfurt (DIPF) 1978
JACOB, N./KURZ, G.: Auswirkungen der neugestalteten gymnasialen Oberstufe auf die Einschät-

zung des Lernverhaltens und der Sozialbeziehungen durch Schüler. In: Zeitschrift für Pädagogik 23 (1977), S. 211–220
JUNGKUNZ, D.: Orientierungsprobleme und Konfliktsituationen von Schülern der reformierten gymnasialen Oberstufe. Bad Honnef 1980
–: Zum Wahl- und Entscheidungsverhalten von Oberstufenschülern. In: Unterrichtswissenschaft 10 (1982), S. 73–83
–: Zum Zusammenhang von schulischer Schwerpunktwahl und Studienfachwahl von Abiturienten. In: Die Deutsche Schule 76 (1984), S. 41–49
KELLER, G.: Psychologische Fundierung der Studienberatung in der Bundesrepublik Deutschland. In: AMHOLD, W. (Hrsg.): Texte zur Schulpsychologie und Bildungsberatung. Bd. 2. Braunschweig 1977, S. 255–266
KLAFKI, W.: Exemplarisches Lehren und Lernen. In: unterrichten/erziehen 2 (1983), S. 6–13
KNOSTMANN, H.-H.: Zum Studienerfolg von Studenten des Zweiten im Vergleich zu Studenten des Ersten Bildungsweges. In: Neue Sammlung 24 (1984), S. 381–390
KORNADT, H. J.: Zur Evaluierungsuntersuchung zum Schulversuch Oberstufe Saar. Saarbrücken 1978
KRAUSE, F. / REINERS-LOGOTHETIDOU, A.: Kenntnisse und Fähigkeiten naturwissenschaftlich orientierter Studienanfänger in Physik und Mathematik. Ergebnisse des bundesweiten Studieneingangstests Physik. Bonn (Universität) 1981
KULTUSMINISTERKONFERENZ: Vereinbarungen zur Neugestaltung der gymnasialen Oberstufe in der Sekundarstufe II. Darmstadt 1972 (Sowie die weiteren Beschlüsse bis zum 4. 12. 1987)
KUSS, H.: Das Gymnasium im gesellschaftlichen Wandel der Nachkriegszeit. In: Die Höhere Schule 36 (1983), S. 21–28
KUTZSCHBACH, D.: Tagebuchnotizen zum Schulalltag von Lehrern und Schülern in der reformierten Oberstufe. In: Zeitschrift für Pädagogik 26 (1980), S. 271–278
LÄHNEMANN, M.: Schüler vor dem Abitur. Ergebnisse aus einer empirischen Untersuchung zu den Auswirkungen des Numerus clausus auf die gymnasiale Oberstufe. In: Die Deutsche Schule 71 (1979), S. 636–651
LINGELBACH, K. (Hrsg.): Materialien zur Reform der Sekundarstufe II. Kronberg/Ts. 1975
LOHE, P.: Erfahrungen mit der Oberstufenreform aus der Sicht der Schüler, der Fächer und der Lehrer. In: Zeitschrift für Pädagogik 26 (1980), S. 307–318
LOHE, P. / REINHOLD, K. / HALLER, H.-D.: Die Reform der gymnasialen Oberstufe und ihre Verwirklichung in den Ländern der Bundesrepublik Deutschland. In: MAX-PLANCK-INSTITUT FÜR BILDUNGSFORSCHUNG, PROJEKTGRUPPE BILDUNGSBERICHT (Hrsg.): Bildung in der Bundesrepublik Deutschland. Daten und Analysen. Bd. 2: Gegenwärtige Probleme. Stuttgart 1980, S. 1177–1212
LÜTH, CH.: Kriterien der Hochschulreife. In: Zeitschrift für Pädagogik 29 (1983), S. 629–645
MÖLLER, J. / SCHMERL, CH. / FRÖHLICH, W.-D.: Einstellungen von Schülern zur Mainzer Studienstufe. Eine empirische Untersuchung zur Reform der gymnasialen Oberstufe in Rheinland-Pfalz. Mainz 1977
PAULSEN, F.: Geschichte des gelehrten Unterrichts. Leipzig 1897
PHILOSOPHISCHER FAKULTÄTENTAG: Allgemeine Studierfähigkeit und Studienerfolg. In: Mitteilungen des Hochschulverbandes 31 (1983), S. 213–214
PICHT, W.: Die deutsche Bildungskatastrophe. Olten/Freiburg 1964
RAHMEL, R.: Erfahrungen im Alltag der reformierten gymnasialen Oberstufe. In: Zeitschrift für Pädagogik 26 (1980), S. 285–305
ROEDER, P. M.: Bildungsreform und Bildungsforschung. Manuskript eines Vortrages im Erziehungswissenschaftlichen Colloquium des Diplomstudiengangs Erziehungswissenschaft an der Universität Bremen. 4. 5. 1982
ROTH, H.: Stimmen die deutschen Lehrpläne noch? oder – Die kommende Revolution der Inhalte. In: Die Deutsche Schule 60 (1968), S. 69–76
ROTH, L.: Psychologie in der Sekundarstufe II. In: ders. (Hrsg.): Handlexikon zur Didaktik der Schulfächer. München 1980, S. 372–381
–: Die Schule als Feld empirischer Forschung. In: TWELLMANN, W. (Hrsg.): Handbuch Schule und Unterricht. Düsseldorf 1981a. Bd. 4.1., S. 74–97
–: Pädagogische Psychologie als Ausbildungsinhalt. In: SCHIEFELE, H. / KRAPP, A. (Hrsg.): Handlexikon zur Pädagogischen Psychologie. München 1981b, S. 272–278

–: Die Reform der gymnasialen Oberstufe. In: ROTH, L./SCHÖNWÄLDER, H.-G. (Hrsg.): Brennpunkte in der Erziehung, im Unterricht und in den Bildungssystemen. Bremen 1983, Universität. Tagungsberichte Nr. 9, S. 321–360
SEIDL, P./DREXLER, W.: Pädagogische Freiräume und administrative Regelungen: Drei Fallanalysen zur Oberstufenreform. In: Zeitschrift für Pädagogik 26 (1980), S. 211–241
SCHINDLER, I.: Die gymnasiale Oberstufe – Wandel einer Reform. In: Zeitschrift für Pädagogik 26 (1980), S. 161–191
–: Die Reform der gymnasialen Oberstufe – betrachtet unter ideengeschichtlichen und normativen Aspekten. In: Die Höhere Schule 35 (1982), S. 77–89
SCHMIED, D.: Fächerwahl, Fachwahlmotive und Schulleistungen in der reformierten gymnasialen Oberstufe. In: Zeitschrift für Pädagogik 28 (1982a), S. 11–30
–: Leistungsdruck und Arbeitsaufwand in der reformierten gymnasialen Oberstufe. In: Zeitschrift für Pädagogik 28 (1982b), S. 31–54
SCHORB, A. O.: Entwicklungen im Schulwesen eines Flächenstaates am Beispiel Bayern. In: MAX-PLANCK-INSTITUT FÜR BILDUNGSFORSCHUNG, PROJEKTGRUPPE BILDUNGSBERICHT (Hrsg.): Bildung in der Bundesrepublik Deutschland. Bd. 2: Gegenwärtige Probleme. Stuttgart 1980, S. 761–816
SCHULTZ, H.: Bildungs- und Berufslaufbahnen von Gesamtschulabsolventen. Bielefeld 1986
SCHWEIZER, F.: Gymnasiale Oberstufe und Sekundarstufe II. Zwischen Reform und Revision. In: Zeitschrift für Pädagogik. 23. Beiheft 1988, S. 215–221
SPERBER, J.: Aufgaben des Tutors in der reformierten gymnasialen Oberstufe. In: Zeitschrift für Pädagogik 26 (1980), S. 279–284
STAATSGERICHTSHOF DES LANDES HESSEN: Urteil wegen Verletzung von Grundrechten; hier: Gesetz über die Neuordnung der gymnasialen Oberstufe vom 21. Juni 1977 (GVBl. I, S. 284, verkündet am 30. 12. 1981 (Az.: P. St. 880))
STUCKMANN, E.: Oberstufenreform des Gymnasiums vor einer neuen Zukunft? In: Die Höhere Schule 35 (1982), S. 278–283
STURZEBECHER, K.: Orientierungen bei Oberstufenschülern. Opladen 1982
TROST, G./BICKEL, H.: Studierfähigkeit und Studienerfolg. München 1979
TÜTKEN, H.: Die neugestaltete gymnasiale Oberstufe und die Studierfähigkeit. In: Die Deutsche Schule 78 (1986), S. 248–254
WESTDEUTSCHE REKTORENKONFERENZ (WRK): Zur Weiterentwicklung der neugestalteten gymnasialen Oberstufe (Thesen des 122. Plenums der WRK vom 5. 7. 1977). In: WRK: Arbeitsbericht 1977. Bonn-Bad Godesberg 1978, S. 193–197
WICHMANN, A./OERTEL, W.: Leistungskurswahlen in neugestalteten gymnasialen Oberstufen mit Jahrgangsstufen unterschiedlicher Größenordnung. In: Neue Unterrichtspraxis 8 (1975a), S. 307–313
–/–: Auswirkungen der Leistungskurs-Wahlauflagen in der differenzierten gymnasialen Oberstufe (KMK). In: Neue Unterrichtspraxis 8 (1975b), S. 370–377
WILDE, H.: Das Buxtehuder Modell (1968). In: HECK, G./EDLICH, G./BALLAUFF, TH. (Hrsg.): Die Sekundarstufe II. Grundlagen, Modelle, Entwürfe. Darmstadt 1978, S. 141–160
WISSENSCHAFTLICHES INSTITUT FÜR SCHULPRAXIS (WIS): Einschätzung von Arbeits-, Verfahrens- und Verhaltensweisen durch Schüler der GO innerhalb der GO. Bremen 1983
WESTPHALEN, K.: Gymnasialbildung und Oberstufenreform. Donauwörth 1979
ZIMMERMANN, W./HOFFMANN, J.: Die gymnasiale Oberstufe. Stuttgart 1985

Die Gesamtschule (Kurt Aurin)

1 Ausgangssituation

Seit Mitte der 60er Jahre wurde die Gesamtschule (GS) als Alternative zum bestehenden gegliederten Schulsystem (→ *Das allgemeinbildende Schulwesen* ...) erörtert, es wurden Planungsentwürfe erstellt und vielfältige Modellversuche durchgeführt. Mit der Erprobung der GS wurde die wohl bislang umfassendste, auf strukturelle Änderung ausgerichtete Reform weiterführender allgemeinbildender Schulen eingeleitet. Dies geschah in einem Zeitraum, in dem sich ohnehin eine Reihe schulischer Veränderungen, insbesondere hinsichtlich der Weiterentwicklung der Volksschuloberstufe zur *Hauptschule* (→ *Das allgemeinbildende Schulwesen* ...), vollzog; ferner war infolge zunehmender *Motivation* der in sozialen Umschichtungsprozessen befindlichen Bevölkerung (u. a. Zunahme des neuen Mittelstandes) (→ *Soziale Klassen, soziale Schichten, soziale Mobilität*) für Bildungsgänge mit qualifizierten Abschlüssen wie auch aufgrund beträchtlich angestiegener Schülerzahlen infolge vorausgegangener geburtenstarker Jahrgänge die Notwendigkeit von Schulneugründungen gegeben. Nicht zuletzt wurde aufgrund des zunehmenden allgemeinen Bewußtseins für demokratische Forderungen wie »mehr Bildung für alle« der Ausbau des Bildungswesens und mit ihm der Abbau regional und sozial bedingter Ungleichheiten im Bildungsangebot in Gang gesetzt. Hierzu trug auch die Gründung von GS bei. – Im Zuge der Erprobung von GS wurden viele curriculare und methodisch-didaktische Neuerungen eingeleitet. Damit war ein erhebliches Engagement der *Erziehungswissenschaften* verbunden, die für die GS wie auch für Versuche mit anderen Schulformen Aufgaben der *wissenschaftlichen Begleitung* und systemvergleichender Untersuchung übernahmen (→ *Evaluation und Selbstevaluation*). Manche Formen der GS-Realisierung führten zu Schwierigkeiten, waren mit Einseitigkeiten, problematischen Lösungen und nachteiligen pädagogischen Auswirkungen verbunden, so daß spannungsreiche Auseinandersetzungen und Konflikte, je nach Anlaß und Charakter auf der Ebene der Gemeinden, der Länder und des Bundes, bis in die Gegenwart hinein nicht ausblieben. Wohl ist die GS gegen Ende der 70er Jahre in sechs Ländern der Bundesrepublik als Regelschule, in einigen Ländern als ergänzende Schulform eingeführt worden, dennoch hat sie nirgendwo zur völligen Ersetzung des gegliederten Schulsystems geführt, das quantitativ im Sekundarbereich I überwiegt. In Berlin besuchten 1988 etwa 28–29% aller Schüler des Sekundarbereichs I die GS, in Hamburg und Hessen zwischen 18–20%, in Bremen rund 10% und in allen übrigen Ländern waren es unter 7%, teilweise unter 3%.

Länder	1970/71	1972/73	1977/78	1980/81	1987/88	1987/88*)
Baden-Württemberg	2	3	6	6	2	0,8%
Bayern	1	3	3	3	2	0,4%
Berlin	5	7	25	29	28	28,1%
Bremen	2	5	4	4	5	10,0%
Hamburg	4	8	8	23	25	19,4%
Hessen	16	54	64	65	4	15,5%
Niedersachsen	–	8	13	13	4	2,8%
Nordrhein-Westfalen	9	15	29	32	131	6,9%
Rheinland-Pfalz	–	–	2	3	4	1,5%
Saarland	–	1	1	2	11	6,3%
Schleswig-Holstein	–	2	2	2	4	1,2%
Bundesgebiet insges.	39	107	157	182	300	5,4%

*) Anteil der Schüler aus integrierten Gesamtschulen an allen Schülern der 8. Jahrgangsstufe.

*Tab.*1 Anzahl der integrierten Gesamtschulen in den Ländern

2 Historische Entwicklung

Von Vorgängern früherer Jahrhunderte abgesehen (COMENIUS, CONDORCET, CAMPE, DIESTERWEG), die den Gedanken einer einheitlichen Schule für alle Bevölkerungsgruppen vertraten, sind in der ersten Hälfte dieses Jahrhunderts neben den entschiedenen Schulreformern (Paul ÖSTERREICH u. a.) vor allem Peter PETERSEN (Jenaplan-Schule), Rudolf STEINER (Waldorfschule) und auch Paul GEHEEB (Odenwaldschule) zu nennen (→ *Freie Schulen* ...). Jedoch haben zunächst weniger die deutschen Vorläufer aus der Zeit der Reformpädagogik als das englische *Comprehensive-*, das amerikanische *High-School-System* sowie vor allem auch die schwedische 9jährige Grundschule bei der Entwicklung deutscher GS-Konzepte Pate gestanden (→ *Strukturfragen des Bildungswesens im internationalen Vergleich* ...). Der GS-Gedanke, zunächst in Berlin (ab 1964 in Planungen) und dann gleichfalls relativ früh von den Ländern Hamburg (1968), Hessen (1969), Bremen (1969) und Nordrhein-Westfalen (1969) aufgegriffen, fand bald in allen Ländern Aufnahme. Die Gründung der ersten neu entwickelten GS erfolgte 1968 in Berlin-Neukölln. Weitere Anstöße zur Einrichtung von GS gingen 1969 vom DEUTSCHEN BILDUNGSRAT aus, der sich in einer seiner Empfehlungen für die Durchführung eines Experimentalprogrammes mit mehr als 40 GS aussprach und hierfür eine wissenschaftlich versuchsbegleitende Kontrolle und Auswertung forderte (1969, S. 141 ff.). Diese Anregung wurde von den Kultusministern der Länder aufgegriffen, die im November 1969 ein Experimentalprogramm vereinbarten, das sich sowohl auf integrierte als auch auf kooperative GS erstreckte. Ein systematisch angelegtes gemeinsames Erprobungsprogramm der Länder kam jedoch nicht zustande. Im Rahmen der 1970 gegründeten BUND-LÄNDER-KOMMISSION FÜR BILDUNGSPLANUNG UND FORSCHUNGSFÖRDERUNG (BLK) wurde dann ein Verfahren vereinbart (1971), das mit Hilfe des Innovationsausschusses der BLK die Vorbereitung, Durchführung und Auswertung von Modellversuchen im Bildungswesen, darunter solche mit GS, koordinierte und auch für deren Finanzierung sorgte. Hierdurch kam es bis 1975 zur verstärkten Einrichtung von GS, für deren Gründung sich in einer Reihe von Fällen ebenso die Kommunen und Landkreise in ihrer Funktion als *Schulträger* einsetzten – nicht zuletzt auch deshalb, um ihr Schulangebot attraktiver zu gestalten und hierfür zusätzliche finanzielle Unterstützung zu erhalten.

3 Ziele

Zentral für die gesellschafts- und bildungspolitische Begründung der GS waren die Zielforderungen nach Realisierung von mehr *Chancengleichheit* für alle, nach Verwirklichung einer besseren *sozialen Integration* der Schüler aller Bevölkerungsgruppen, unterschiedlicher *Intelligenz*grade und Begabungsausrichtungen und damit eine stärker an demokratischen Grundsätzen orientierte Gestaltung des Schulwesens und ebenso des Schulgeschehens (SANDER/ROLFF/WINKLER 1967). Hiervon kann die pädagogisch-psychologische Begründung unterschieden werden; sie ging von einem veränderten dynamischen Verständnis von *Begabung* aus (ROTH u. a. ⁶1971) (→ *Intelligenz, Begabung und Umwelt*) und zielte auf eine stärker individuell ausgerichtete, lern- und motivationstheoretisch unterbaute Förderung der Schüler ab, die mit Hilfe des GS-Systems besser zu realisieren sei als mit der bisherigen Form des *gegliederten Schulsystems*, das nach Ansicht der GS-Befürworter auf die interindividuellen Fähigkeitsunterschiede, Begabungsschwerpunkte und Neigungen nicht angemessen genug einzugehen erlaube und zuwenig den Prinzipien von ausgleichender Erziehung und Förderung nachkomme (→ *Das allgemeinbildende Schulwesen* ...). Weitere Kritikpunkte, die dem gegliederten Schulsystem vorgehalten und durch Untersuchungen gestützt wurden, waren neben den relativ hohen Sitzenbleiberquoten, vorzeitigen Abgängern, insbesondere vom Gymnasium, die unzureichende Prognosegültigkeit bisher praktizierter Auswahlverfahren, die mit ihnen verbundene Gefahr der Nichtrevidierbarkeit getroffener Schulwahlentscheidungen sowie die mangelnde Durchlässigkeit im gegliederten Schulsystem und dessen sozial selektive Wirkung. – Ferner wurden bildungsökonomische Argumente zugunsten der GS ins Feld geführt: Bessere Nutzung des Potentials unterschiedlicher Begabungen – vor allem auch im Hinblick auf den prognostizierten Mangel an qualifiziertem Nachwuchs – und bessere Erschließung von Begabungsreserven. Gleichfalls spielte das Argument des Modernitätsrückstandes des deutschen Bildungswesens gegenüber dem anderer Industriestaaten eine Rolle. Die bereits vom DEUTSCHEN AUSSCHUSS (1959, S. 59 ff.) geforderte stärkere Ausrichtung der Lehrpläne an den Ergebnissen und Erkenntnissen der Wissenschaft wurde vom DEUTSCHEN BILDUNGSRAT (1970) noch mehr betont und eine moderne, *wissenschaftsorientierte Grundbildung* für alle Bildungsgänge des Sekundarbereichs I gefordert, was besonders von den GS-Befürwortern aufgegriffen wurde, andererseits ebenso für das gegliederte System galt. Als Zielsetzungen der GS (siehe auch DEUTSCHER BILDUNGSRAT 1969, S. 9) sind vor allem noch zu nennen die Förderung »*sozialen Lernens*« und die besonders von der GEMEINNÜTZIGEN GESELLSCHAFT GESAMTSCHULE (GGG) und der GEWERKSCHAFT ERZIEHUNG UND WISSENSCHAFT (GEW) favorisierte Förderung bestimmter Formen emanzipatorischen Lernens, die als Mittel zur Erreichung politischer Zielsetzungen, z. B. im Sinne des »Abbaues ökonomisch bedingter Herrschaft in der Arbeitswelt und Freizeit« (GGG 1973) und im Sinne »antikapitalistischer Strukturreform« (ROLFF 1974), angesehen wurden. Hierdurch wurden in den Jahren ab 1972 sowohl innerhalb einer Reihe von GS als auch zwischen ihnen und ihrem sozialen Umfeld (Elternschaft), ebenso zwischen GS, Schulpolitik und Staat Spannungen und Konflikte herbeigeführt. Für manche Lehrer spielten in ihrem Engagement an der GS neben pädagogischen Motiven auch standes- und verbandspolitische eine Rolle, so solche nach gleicher Anerkennung, gleichen Rechten und gleichen pädagogischen Wirkungsmöglichkeiten wie andere Lehrergruppen sowie nach verbesserten Möglichkeiten beruflichen und sozialen Aufstiegs. Die vielseitigen Zielvorstellungen, teilweise sehr weitreichenden Forderungen – so auch hinsichtlich gesamtschulspezifischer Neugestaltung der Lehrpläne und Realisierung neuer Formen des Lehrens und Lernens – führten dazu, daß sich vielerorts GS mit Zielerwartungen hoch befrachtet sahen und glaubten, fast in allen Bereichen schulischen Geschehens vom »Punkt Null« beginnen zu müssen.

4 Definition von Gesamtschule

Es ist nicht möglich, von *der* GS als einer in allen Ländern und an allen Standorten in gleicher Weise organisatorisch und curricular gestalteten Schulform zu sprechen; das gilt auch für den anglo-amerikanischen Bereich. Dennoch lassen sich gemeinsame Merkmale des Schultypus »GS« ausmachen, wobei entsprechend der jeweiligen Grundstruktur zwischen »*integrierter GS*« *(IGS)* und »*kooperativer GS*« *(KGS)* zu unterscheiden ist; letztere wird auch als additive oder schulformbezogene GS bezeichnet. – Die IGS definiert sich dadurch, daß zugunsten der gemeinsamen Förderung von Schülern in ein und derselben Schule die im gegliederten Schulsystem für sich geführten Bildungsgänge der *Haupt-/ Realschule* und des *Gymnasiums* durch ein System von *Kern-, Leistungs-* und *Wahlpflichtkursen* (= Differenzierungskonzept) (→ *Unterrichtsformen* ...) ersetzt und unterschiedliche Formen der *sozialen Integration* von Schülern realisiert werden. Es bestehen somit keine einheitlich ausgerichteten *Bildungsgänge* mehr nebeneinander: die *Schullaufbahnen* der Schüler ergeben sich aus den jeweils von ihnen auf den einzelnen Jahrgangsstufen erreichten Lernerfolgen, womit eine entsprechend flexible Gestaltung der Schullaufbahn ermöglicht und die Entscheidung über den zu erreichenden Abschluß soweit wie möglich offengehalten werden soll. – Die KGS stellt eine Schuleinheit dar, bei der in der Regel für alle Schüler eine integrierte (schulformübergreifende) *Orientierungsstufe* (Jahrgangsstufe 5/6) (→ *Strukturveränderungen im Bildungswesen* ..., Die Orientierungsstufe) besteht, danach die Schularten getrennt geführt werden. Aufgrund unmittelbarer Nähe und Unterbringung im möglichst gleichen Gebäude wird enge Kooperation zwischen den drei Schulformen angestrebt; für die Schüler soll der Übergang auf einen anderen Bildungsgang erleichtert und damit die *Durchlässigkeit* verbessert werden. Diese Form der GS wird in Bayern auch als »teilintegrierte GS« bezeichnet. Die KGS stellt ebenfalls organisatorisch eine Einheit dar, mitunter auch in rechtlicher Hinsicht; entsprechend besteht entweder eine einheitliche Schulleitung oder ein Schulleitungsverbund der drei zusammengefaßten Schulformen.

5 Entwicklung und Erprobung von Gesamtschulen

Hierbei verfolgten die Länder entsprechend der von ihnen favorisierten bildungs- und gesellschaftspolitischen Grundorientierung unterschiedliche Absichten. In den SPD- bzw. SPD/FDP-regierten Ländern wurde meist mit der Einführung und Erprobung dieses Schultyps das Fernziel seiner generellen Einführung verfolgt und auf die Ersetzung des gegliederten Schulsystems abgezielt, wobei einige dieser Länder stärker als die anderen GS-Varianten erprobten und dabei den Schulen unterschiedlich große Spielräume der Entwicklung ließen (u. a. Niedersachsen, Hamburg, in der Anfangsphase 1969–73 auch Nordrhein-Westfalen). Die CDU-regierten Länder betrieben GS-Versuche stärker mit dem Ziel ihrer grundsätzlichen Erprobung, zum einen um hinsichtlich der generellen Einführung von GS als Regelschulen, zum anderen um hinsichtlich der Formen, die sich am meisten bewährt hatten, Entscheidungen treffen zu können. – Im Verlauf der GS-Erprobungen (Ende der 60er bis Anfang der 80er Jahre) kam es zunehmend zu bildungspolitischen Konfrontationen und Auseinandersetzungen (u. a. über Rahmenrichtlinien für *Gesellschaftslehre* in Hessen, 1973/74, über die generelle Einführung der kooperativen Gesamtschule in Nordrhein-Westfalen, 1978). In der Mehrzahl der Länder wurde bis Anfang der 80er Jahre die Versuchsphase abgeschlossen. Einen gewissen Einschnitt stellen die 1982 von den Kultusministerien der Länder getroffene Vereinbarung über die wechselseitige Anerkennung von GS-Abschlüssen

(KMK 1982) und die Beendigung der von der BLK veranlaßten umfassenden Auswertung von 74 Bund-Länder-geförderten GS-Modellversuchen dar. In dieser Zeit bestanden 183 integrierte und 181 kooperative GS, die auch infolge politisch unterschiedlichen Engagements regional unterschiedlich verteilt waren. Etwa 54% der IGS waren in Großstädten und Ballungsräumen (KGS 38%), knapp 10% in mittelgroßen Städten und rund 36% wie auch die Mehrzahl der KGS (60%) in ländlichen Bereichen eingerichtet worden (BLK 1982, S. 123). Die Länder Berlin und Hessen hatten die meisten (23% bzw. 16% der Schüler der 7. Klasse besuchten eine IGS), Baden-Württemberg, Bayern, Niedersachsen, Rheinland-Pfalz, Saarland und Schleswig-Holstein die wenigsten GS (0,5% BIS 2,4% DER SCHÜLER DER 7. JAHRGANGSSTUFE) (GESAMTSCHULINFORMATIONEN 1981, S. 21ff.).

Während größer angelegte *Schulvergleichsuntersuchungen* im Sinne von Intersystemvergleichen gegen Ende der 70er Jahre in Hessen (1976/77) und Nordrhein-Westfalen (1978/79) und in Niedersachsen (1980/81) durchgeführt und abgeschlossen wurden, erfolgten solche noch bis 1983 in Rheinland-Pfalz und bis 1986 in Baden-Württemberg, womit auch dort die Versuchs- und Erprobungsphase ihren Abschluß fand. Schon in der Zeit vor der KMK-Gesamtschulvereinbarung 1982 flaute die GS-Diskussion ab, was auch noch für die nachfolgenden Jahre gilt, in denen Bemühungen um Konsolidierung des Erreichten, insbesondere bewährter Strukturelemente, und gezielt Weiterentwicklungen stattfanden. Ab 1985 entbrannte die Diskussion erneut infolge bildungspolitischer Aktivitäten vor allem in Nordrhein-Westfalen, Hessen und im Saarland sowie innerhalb der die GS fördernden politischen Gruppen.

6 Mittel der Gesamtschulen zur Erreichung ihrer Ziele

IGS wie KGS suchen ihre Ziele vor allem mit Hilfe ihres Differenzierungskonzepts, einer entsprechenden inhaltlichen und methodischen Ausrichtung der *Curricula* (→ *Didaktik und Curriculum / Lehrplan*), durch positive Gestaltung der *Lehrer-Schüler-Interaktion* und damit des Schulklimas sowie mit Hilfe der Möglichkeiten der Ganztagsbetreuung, ferner durch eine alle Jahrgangsstufen umfassende Beratung und stärkere Mitwirkung der Schüler am Schulgeschehen und intensivere Zusammenarbeit mit den Eltern zu erreichen. Spezifisch sind dabei für sie Formen der *Unterrichtsdifferenzierung nach Leistungsniveaus* in zentralen Fächern, nach Wahlpflicht- und Wahlfächern; sie werden durch Stütz- und Förderkurse, *Binnendifferenzierung* und andere Formen ergänzt (→ *Unterrichtsformen* ...). Hierdurch suchen die GS den unterschiedlichen Fähigkeiten, Begabungsausrichtungen und Interessen der Schüler wie auch deren Lernschwierigkeiten und -defiziten gerecht zu werden. Dabei ist je nach erzieltem Lernfortschritt und Leistungsstand die Teilnahme an einem entsprechenden Niveau-Kurs möglich; Wechsel erfolgen meist halbjährlich. Durch entsprechende Wahl von Fächern bzw. Fächerschwerpunkten (auch »Profile« genannt) kann jeder Schüler seine *Schullaufbahn* individuell gestalten. Dadurch, daß der differenzierte Unterricht auf den Jahrgangsstufen 5 bis 9 unterschiedlich einsetzt, sich auf wenige oder viele Fächer erstrecken kann, daß auch die Zahl der Niveaus, auf denen nach Leistung differenziert wird und das Angebot an wählbaren Fächern unterschiedlich breit und in der Profilbildung verschiedenartig gestaltet sein kann (z. B. auf der Basis verwandter Fächer), ergeben sich sehr verschiedenartige Differenzierungsformen mit unterschiedlichen Schullaufbahnmöglichkeiten. Die Anteile äußerlich differenzierten Unterrichts betragen zwischen 25 bis 80% aller Jahreswochenstunden (Stufen 5–10), wobei hiervon der Wahlpflichtunterricht ein Viertel bis zwei Drittel ausmacht. Die Spannweite der Fächer, in denen nach Leistung differenziert wird, beläuft sich von 2 bis 9 Fächern bei 2 und bis zu 4 Leistungsniveaus (BLK 1982, S. 270ff.). In vielen IGS sind mit der Entscheidung für das 1. *Wahlpflichtfach* Vororientierungen auf für wünschenswert angesehene Abschlüsse und damit auch sozial-selektive Nebenwirkungen verbunden, z. B. mit der Entscheidung für die zweite Fremdsprache als 1. Wahlpflichtfach in Richtung Abitur, mit der Wahl des Schwerpunktes »Arbeitslehre, Technik/Wirtschaft« in Richtung mittlerer oder Hauptschul-Abschluß. In der Art und Weise, wie Differenzierungskonzepte gestaltet sind und in der Praxis gehandhabt werden, schlagen sich Zielschwerpunkte und Förderorientierungen nieder – z. B. stärkere Ausrichtung an leistungsschwächeren Schülern/ausgleichende Förderung – oder Bemühen sowohl um diese als auch um leistungsstärkere Schüler – oder stärkere Betonung der Ziele sozialen Lernens als der Förderung kognitiver Fähigkeiten.

Die *flexible Differenzierung* dient an GS meist der ausgleichenden (kompensatorischen) Förderung und dem Erreichen der Unterrichtsziele durch möglichst alle Schüler; dabei findet der Unterricht phasenweise einmal in heterogenen Kern- oder Stammgruppen statt (entspricht dem Klassenverband), einmal in Gruppen, die je nach Lernfortschritt, aufgetretenen Lernschwierigkeiten und -defiziten über alle Stammgruppen hinweg gebildet werden. Obwohl diese Form häufiger in IGS angewandt zu werden scheint, existieren hierzu wenig detaillierte, aussagekräftige Untersuchungen. Der Zusammenhang zwischen sozialer Herkunft und *Leistungsstatus* der Schüler (= jeweils erreichtes fachliches Niveau in zentralen Fächern) scheint bei der flexiblen Differenzierung weniger wirksam zu sein als bei üblicher *Fachleistungsdifferenzierung* (u. a. MORAWIETZ 1978) (→ *Unterrichtsformen* ...). Bei letzterer treten infolge häufigeren Wechsels der Kursniveaugruppe für Schüler Schwierigkeiten der sozialen Umorientierung und andere nachteilige Folgen der relativen Instabilität von Bezugsgruppen auf. Um diese zu vermeiden, wurde die *Team-Kleingruppenorganisation* (AFFELDT 1977; BRANDT/LIEBAU 1978; GGG 1975) entwickelt, mit der sozialpädagogische Anliegen verfolgt und auch psychologisch-therapeutische Intentionen verbunden werden. Hierbei wird die größere Schuleinheit in Großgruppen von 60 bis 90 Schülern (mit 3 bis 4 Stammgruppen) aufgeteilt. Diese bleiben als »pädagogische Einheiten« über einige Jahre hinweg zusammen und werden von einem möglichst konstant bleibenden »Team« von 6 bis 9 Lehrern betreut. Innerhalb der Stammgruppe werden »Kleingruppen« von 5 bis 6 Schülern (nach Schülerwunsch und/oder Lehrervorschlag) gebildet, in denen differenziert unterrichtet wird. Hierfür stellen spezifische didaktische und sozialpädagogische Kompetenzen der Lehrer, ihr Eingespieltsein und Miteinanderauskommen im Team wie auch eine angemessene Lehrerzuweisung wichtige Voraussetzungen dar. – An den KGS wird spätestens nach der Eingangs- und Orientierungsstufe (Klasse 5 und 6) fächerübergreifend Niveaudifferenzierung *(»streaming«)* praktiziert, die der Grunddifferenzierung des gegliederten Schulsystems nach den Bildungsgängen *Haupt-*, *Realschule* und *Gymnasium* (→ *Das allgemeinbildende Schulwesen* ...) entspricht. Ein Teil der KGS führt überwiegend in der *Orientierungsstufe* (→ *Strukturveränderungen im Bildungswesen* ..., *Die Orientierungsstufe*) in den Fächern Englisch, Mathematik und Deutsch Niveaudifferenzierung

(»setting«) durch, andere nur in Englisch und Mathematik, ein sehr geringer Teil in vier bis zu fünf Fächern; ebenfalls wird nur von wenigen KGS auf den Jahrgangsstufen 7 und 9 noch schulartübergreifend in Englisch, Mathematik und Deutsch nach Leistungsniveau differenziert. Das *Wahlpflichtangebot* der KGS orientiert sich überwiegend an den Regelungen des gegliederten Schulsystems; es enthält ein teilweise breites inhaltliches Spektrum von 4 bis 6 Ausbildungsrichtungen und Fächerschwerpunkten, insbesondere im Bereich des Realschulbildungsganges (BLK 1982, S. 279ff.).

7 Wichtigste Ergebnisse bisheriger Gesamtschul-Evaluation

Im Rahmen der Erprobung von GS wurden vielfältige Untersuchungen durchgeführt, die unterschiedlichen Charakter hatten, verschiedenartige Fragestellungen verfolgten, daher unterschiedliche Methodenansätze aufwiesen und sich gleichfalls auf unterschiedliche Bereiche erstreckten (Literatur über GS-Untersuchungen siehe in: BLK 1982, S. 651ff.; ferner in: FEND 1982, S. 420ff.; HAENISCH/LUKESCH 1980, S. 254ff. und – einschließlich neuester Studien – in: AURIN 1987, S. 190ff.). Die Untersuchungen, die im Rahmen wissenschaftlicher Begleitung stattfanden, begrenzten sich meist auf eine einzelne GS und auf deren speziellen pädagogischen Entwicklungs- und Erprobungsauftrag (z. B. Erprobung eines kompensatorisch ausgerichteten Curriculums, alternative Formen der Leistungsermittlung und -beurteilung). Sie hatten in der Regel den Charakter *formativer Evaluation*, mit der Aufgaben der Beratung und Mitwirkung bei Reformentwicklungsarbeiten verbunden waren. Verallgemeinerungsfähige Ergebnisse lassen sich aufgrund des Charakters dieser Untersuchungen und teilweise auch infolge ihrer unterschiedlichen methodischen Ausrichtung und Qualität nur begrenzt herausarbeiten. Die Übernahme versuchsbegleitender Forschung bedeutete für die mit einer solchen Aufgabe noch wenig vertraute empirische Pädagogik eine Herausforderung. Sie hatte sich in dieses Gebiet erst einzuarbeiten und hierfür geeignete Konzepte und Methoden zu entwickeln. Die Anzahl größerer Untersuchungen, mit denen die pädagogischen Leistungsmöglichkeiten mehrerer Gesamtschulen im Vergleich mit Schulen des gegliederten Systems überprüft wurden, sind dagegen nur im begrenzten Umfang durchgeführt worden. Diese zielten mehr auf eine *summative Evaluation*; von ihnen wurden Befunde erwartet, die über den Grad der Zielerreichung, über Erfolge und Wert der GS-Erprobungen Aussagen gestatteten und damit für politische Entscheidungen Hilfen lieferten (→ *Evaluation und Selbstevaluation*). Diesen Charakter hatte auch die von der BLK veranlaßte, differenziert angelegte, umfassende Evaluation von 74 Bund-Länder-geförderten Gesamtschulen (BLK 1982). Das Hauptinteresse, das die größeren Untersuchungen leitete, lag in der Ermittlung der Förderwirkungen, die Gesamtschulen im Vergleich zu den Schulen des gegliederten Systems im Unterrichtserfolg und in den Erziehungswirkungen bei Schülern erzielten. Dabei waren weitere Fragen, z. B. ob bestimmte Schülergruppen in einem der beiden Systeme besser gefördert würden, größere oder geringere Chancen im Hinblick auf das Erreichen bestimmter Schulabschlüsse hätten, von besonderem Interesse. Bei der Ergebnisbewertung sind die jeweils länderspezifischen Rahmenbedingungen der GS-Realisierung in Rechnung zu setzen, unterschiedliche Methodenansätze und Auswertungsformen sowie durch sie bedingte Einschränkungen in der Reichweite von Aussagen zu berücksichtigen; in einigen Fällen sind jahrgangsspezifische Effekte nicht auszuschließen. Dennoch lassen sich einheitliche Ergebnistendenzen herausstellen.

Dort, wo *Globalvergleiche* (= mit Schülern aller Niveaugruppen der GS und Schularten des gegliederten Systems) durchgeführt werden konnten, zeigte sich: Die Ergebnisse waren im Bereich der Fachleistungen auf den unteren Jahrgangsstufen eher uneinheitlich; in 5 Ländern ergaben sich teils keine Unterschiede zugunsten eines der beiden Systeme, teils solche zugunsten der GS; auf den höheren Stufen 9/10 bestanden teils keine Unterschiede, teils überwiegend solche zugunsten des gegliederten Schulsystems. Im aussagekräftigeren *differentiellen Vergleich* sprachen die Befunde bei den leistungsschwächeren Schülern (geringerer Grad der *Intelligenz*, Hauptschulempfohlene oder in Hauptschul- bzw. C-Kursen der IGS unterrichtete Schüler) auf den unteren Jahrgangsstufen eher zugunsten der GS, im begrenzten Umfang wurden keine signifikanten Unterschiede ermittelt; auf der 9. Jahrgangsstufe traf das nur noch in zwei Ländern zu, in den anderen drei wiesen die Studien Unterschiede zugunsten des gegliederten Systems aus. Hingegen ergaben sich hinsichtlich der Gruppe leistungsstärkerer Schüler (mittlere bis hohe Intelligenzgrade, Realschul-/Gymnasiumempfohlene, in Realschulen/Gymnasien und in A/B-Kursen von IGS Unterrichtete) in der Mehrzahl der Tests Unterschiede zugunsten des gegliederten Schulsystems. Die Wirkung des *Faktors »Schulsystem«* war dabei in der Regel von nur geringer bis mittlerer Stärke, weit größer war die des *Faktors »Einzelne Schule«*; der größte Anteil an aufgeklärter Varianz kam jedoch auf den *Intelligenz*faktor und die Grundschulleistung (→ *Intelligenz, Begabung und Umwelt*). – Die Befunde, die hinsichtlich der Förderwirkungen beider Systeme im Bereich der Einstellungen, Verhaltensweisen und emotionalen Entwicklungen von Schülern ermittelt wurden, beruhen ausschließlich auf Einschätzungen der Schüler. Sie drückten meist eine generell positive Bewertung der Schulsituation aus, jedoch schätzten diese die Schüler der IGS positiver ein, insbesondere was schulisches Wohlbefinden und ihr *Verhältnis* zu Lehrern und teilweise (zwei Länder sind hier auszunehmen) das Verhältnis der Schüler untereinander betrifft (→ *Lehrer-Schüler-Verhältnis*). Hierbei dürften schülerfreundliche Umgangs- und Handlungsformen der Lehrer, ihr Führungs- und Anforderungsstil sowie damit verbundene atmosphärische Gegebenheiten eine Rolle spielen. Auch die bei Schülern der GS ermittelten geringeren Werte an *Leistungs-* und *Prüfungsangst* stehen offensichtlich damit im Zusammenhang; allerdings traten in den neueren Untersuchungen die Unterschiede in diesem Bereich weniger deutlich zutage, ferner näherten sie sich auf höheren Jahrgangsstufen (d. h. mit steigenden Leistungsanforderungen) an. Die differentiellen Vergleiche machten deutlich, daß die positivere Bewertung der Schulsituation durch Schüler der GS vorwiegend auf die Einschätzungen der leistungsstärkeren Schüler zurückzuführen ist, was bei allerdings etwas geringeren Werten innerhalb des gegliederten Systems auch für die Schüler der Gymnasien galt. Dies wurde mit der möglichen Wirkung der jeweiligen systemspezifischen *sozialen Bezugsgruppensysteme* interpretiert, wobei von Schülern der GS mehr der gesamte Altersjahrgang als Bezugsgruppe erfahren wird. Die unterschiedliche Wahrnehmung des *Schulklimas* (→ *Schule als Lebensraum* ...) scheint bei Schülern verschiedenartigen Leistungsstatus des gegliederten Systems weniger ausgeprägt zu sein; möglicherweise ist für sie die Selbsteinschätzung der eigenen Begabung stärker von Bedeutung als die Wirkung sozialer Vergleichsmöglichkeiten.

Es liegen weiter eine Reihe interessanter Ergebnisse zu den Bereichen Arbeitskapazität, Lernmoral, *Leistungsmotivation* (→ *Motivation und Interesse*) und auch zum sozialen Verhaltensbereich vor: sie sprechen bei der einen oder anderen Schülergruppe im einen Fall zugunsten der GS, im anderen zugunsten des gegliederten Systems. Auch hier waren innerhalb der einzelnen Schulen beider Systeme die Unterschiede größer als zwischen letzteren insgesamt; die Wirkung des Systemfaktors ist, von wenigen Fällen abgesehen, in der Regel eher von geringer Stärke und tendenziell niedriger zu veranschlagen als im Leistungsbereich. Auch konnten keine durchgängigen Befunde ermittelt werden, die dafür sprächen, daß im Bereich sozialen Verhaltens die Schüler eines der beiden Systeme entscheidend besser gefördert wurden. Aufs Ganze gesehen, stehen bei den GS Einschränkungen im Bereich der fachunterrichtlichen Förderung gewissen Vorteilen im emotionalen Bereich gegenüber. Dies wurde zum Teil durch über 4 bis 6 Jahre sich erstreckende Längsschnittanalysen zweier Länder und die Analysen des Leistungsstandes der Schüler gleicher Abschlüsse bestätigt (AURIN 1987, S. 174 ff.). Dabei wurden zuungunsten der GS nicht unbeträchtliche Unterschiede im durchschnittlichen fachlichen Leistungsstand (zwischen einer halben und bis zu einer Standardabweichung), vor allem in den Fächern Englisch und Mathematik auf dem Realschul- und Gymnasiumsniveau, ermittelt. Dies ist im Zusammenhang mit den vielfach höheren Quoten an Schülern vor allem mit Realschulabschluß, nur begrenzt bei solchen mit Berechtigung zum Übergang in die *gymnasiale Oberstufe* (→ *Strukturveränderungen im Bildungswesen ..., Die reformierte gymnasiale Oberstufe*) zu sehen, wie auch generell mit der Frage nach Ermöglichung von mehr *Chancengleichheit*. Wohl haben Schüler mit Haupt- und Realschulempfehlung, zu denen vielfach solche aus unteren Sozialschichten zählen, in GS mehr Chancen, in höhere Niveaukurse aufzusteigen und einen entgegen der Grundschulprognose höheren Abschluß zu erreichen; dabei liegen jedoch die Fachleistungen – je nach Streubreite – bei einer mehr oder weniger großen Teilgruppe beträchtlich unter dem Niveau, das die Schüler des gegliederten Systems mit dem jeweils entsprechenden Abschluß im Schnitt erreichten. Damit stellt sich die Frage, inwieweit die Verringerung *sozialer Ungleichheiten* auf dem Erfolg *ausgleichender Förderung* oder zumindest bei Teilen dieser Schülergruppen auf einer Veränderung von Anforderungs- und Verteilungsmaßstäben beruht. Für letzteres gibt es eine Reihe von Hinweisen, insbesondere auch, was die Angebotsschulen mit Ganztagsbetrieb betrifft (siehe u. a. BAUMERT/RASCHERT 1983, S. 257). Das Ziel der Verminderung interindividueller Leistungsunterschiede steht zu dem der optimalen individuellen Förderung in Spannung; beide in gleicher Weise zu erfüllen erscheint schwer oder nur unter besonders günstigen pädagogischen Bedingungen möglich, was wiederum höhere finanzielle Zuwendungen erforderte. Unbestritten ist die größere strukturell bedingte Durchlässigkeit der GS, von der etwa ein Drittel eines Altersjahrgangs profitiert; allerdings überwiegt auf den höheren Stufen die Abwärtsmobilität, nicht zuletzt als Folge zu hoher Aufstufungen in den unteren Klassen; andererseits hat sich im gegliederten Schulsystem sowohl im Zugang als auch im Verlauf von Klasse 5 bis 10 infolge Zunahme der Förder- und Haltefunktion die soziale Selektion erheblich verringert.

Detaillierte Auskünfte über Abschlußverfahren und -anforderungen sowie Schülerlaufbahnen und -abschlüsse gibt insbesondere die BLK-Auswertung (1982, S. 331–506), ebenso über die für GS im Schnitt erforderliche relative personelle und bauliche Mehrausstattung und die damit verbundenen Mehrkosten (S. 194 ff.). Die *Größe* von GS erfordert in jedem Fall ein Mehr an Organisationsaufwand; die hier notwendig werdende

Koordinierung und Abstimmung erfordern mehr Zeit und führen für Schulleitung und Kollegien zu höheren Belastungen; andererseits kann dem Entstehen von Problemen, die pädagogisch mit der Größe von GS verbunden sind, durch entsprechende organisatorisch-pädagogische Regelungen entgegengewirkt werden (KNAPP 1985; SCHIESSL 1981; AURIN 1987a). Als generelle pädagogische Einsichten aus der GS-Evaluation sind anzusehen, daß einerseits Schulsysteme in ihrer Wirkung nicht überschätzt und stärker als komplexe Handlungssysteme mit vielen auf unterschiedlichen Ebenen miteinander verschränkten Teilsystemen angesehen werden sollten; aus dieser Sicht gewinnen die Fragen nach der Steuerung eines Systems, nach dem Grad seiner Kompliziertheit, nach den Abstimmungserfordernissen, nach der Art, wie systemspezifische Bedingungen pädagogisch genutzt werden, nach dem Engagement der Lehrer, nach ihrem Konsens und dem *Schulethos* zentrale Bedeutung.

8 Resümee und Ausblick

Die GS-Evaluation hat zu einer realistischeren wie auch pädagogisch sachgerechteren Einschätzung der Möglichkeiten von Schulreformen wie auch der Wirklichkeit neuer Systeme geführt. Die GS-Reform hat ihre Ziele nur teilweise erreicht, andererseits ist das »Experiment« auch nicht grundsätzlich widerlegt worden. Ferner hat die GS-Reform zur pädagogischen Aktivierung des gegliederten Schulsystems, zu dessen Weiterentwicklung und Modernisierung entscheidend beigetragen; durch dessen erheblichen *regionalen Ausbau* wurde vieles erreicht, was sich die GS zum Ziel gesetzt hatten. – Die Befürworter der GS streben weiterhin deren Konsolidierung und eine stetige Weiterentwicklung in kleinen Schritten bei grundsätzlichem Festhalten an den Zielen und Prinzipien, die dem GS-Konzept zugrunde liegen, an (KLAFKI 1985). Der *Schülerrückgang* wie auch das Bemühen einiger Länder, die GS flächendeckend einzuführen, haben zur Konzeption kleinerer GS-Einheiten (drei- bis vierzügig) geführt, wobei den GS gegenüber den Schulen des gegliederten Systems planerisch und personell günstigere Regelungen zugestanden wurden, z. B. hinsichtlich der Anzahl von Zügen (Parallelklassen) und der Höhe der Klassenfrequenzen. Das wurde mit bildungspolitischen Intentionen der »pädagogischen Rückeroberung« der GS (BREITENBACH 1985) verbunden, was zur Postulierung einer neuen, zweiten GS-Generation führte, wobei man unter teilweisem Rückgriff auf ganzheitliche Erziehungskonzepte der *Reformpädagogik* darum bemüht ist, Einseitigkeiten und Probleme bisheriger GS-Realisierung zu vermeiden. – In der Mehrzahl der Länder stellt die GS gegenwärtig eine Ergänzung des bestehenden gegliederten Systems dar, die dieses auch dort, wo hierfür politische Mehrheiten bestehen, in absehbarer Zeit nicht ersetzen wird. So wird je nach Land und bildungspolitischer Entwicklung ein mehr oder minder spannungsreiches Nebeneinander beider Systeme bestehen, das insgesamt zu elf unterschiedlich ausdifferenzierten und nur teilweise einander gleichartigen »Schullandschaften« führt. Dabei muß auch gesehen werden, daß zwischen GS- und gegliedertem System trotz unterschiedlicher Schwerpunktsetzungen in den Zielen auch strukturell Annäherungen stattgefunden haben.

Literatur

AFFELDT, W. u. a.: Das Team-Kleingruppen-Modell an der Gesamtschule Köln-Hohlweide. In: Gesamtschule 9 (1977), Heft 3, S. 19–21
AURIN, K.: Die Gesamtschule. In: ders.: Sekundarschulwesen. Stuttgart 1978, S. 123–146
–/SCHWARZ, B. u. a.: Gegliedertes Schulsystem und Gesamtschule – Vergleichsuntersuchung des Landes Baden-Württemberg. Bd. I: Forschungskonzept und Methoden. Bd. II: Unterrichtserfolge und Förderwirkungen. Freudenstadt 1986
– (Hrsg.): Schulvergleich in der Diskussion. Stuttgart 1987
–: Kleine Schulen. In: Die Realschule 95 (1987a), S. 424–429
BAUMERT, J./RASCHERT, J.: Gesamtschule. In: SKIBA, E.-G./WULF, CH./WÜNSCHE, K. (Hrsg.): Erziehung im Jugendalter – Sekundarstufe I (Enzyklopädie Erziehungswissenschaft. Bd. 8) Stuttgart 1983, S. 228–269
BRANDT, H./LIEBAU, E.: Das Team-Kleingruppen-Modell. München 1978
BREITENBACH, D.: Eine Schule für alle Kinder. In: Service SPD, Bonn 17. 9. 1985
BUND-LÄNDER-KOMMISSION FÜR BILDUNGSPLANUNG UND FORSCHUNGSFÖRDERUNG (BLK): Modellversuche mit Gesamtschulen. Bühl 1982
DEUTSCHER AUSSCHUSS FÜR DAS ERZIEHUNGS- UND BILDUNGSWESEN: Rahmenplan ... vom 4. 2. 1959. In: Empfehlungen und Gutachten 1953–1965. Stuttgart 1966, S. 59 ff.
DEUTSCHER BILDUNGSRAT: Einrichtung von Schulversuchen mit Gesamtschulen. Stuttgart 1969
–: Strukturplan für das Bildungswesen. Stuttgart 1970
EDELSTEIN, W.: Odenwaldschule. Eine differenzierte Gesamtschule. Frankfurt 1967
FEND, H.: Gesamtschule im Vergleich. Weinheim 1982
GGG – GEMEINNÜTZIGE GESELLSCHAFT GESAMTSCHULE (Hrsg.): Grundsatzbeschluß vom 2. 6. 1973, Leverkusen. Eigendruck, Bochum 1973
–: Soziale Organisation, soziales Lernen und Differenzierung. Arbeitsmaterialien. Heft 1/1975. 4/1976. 1/1978. Bochum
–: Das Team-Kleingruppen-Modell: Arbeitsmaterialien. Heft 2/1975. Hamburg
GESAMTSCHULINFORMATIONEN, hrsg. v. PÄD. ZENTRUM BERLIN – INFORMATIONSDIENST –, 14 (1981)
HAENISCH, H./LUKESCH, H.: Ist die Gesamtschule besser? Gesamtschulen und Schulen des gegliederten Schulsystems im Leistungsvergleich. München 1980
KEIM, W. (Hrsg.): Gesamtschule. Bilanz ihrer Praxis. Hamburg ²1976
KLAFKI, W.: Integrierte Gesamtschule ein notwendiger Schulversuch. In: Zeitschrift für Pädagogik 14 (1968), S. 521–581
–/RANG, A.: Integrierte Gesamtschule und Comprehensive School. Braunschweig 1972
–: Thesen zur inneren Schulreform – am Beispiel der Gesamtschule. In: ders.: Neue Studien zur Bildungstheorie und Didaktik. Weinheim 1985, S. 228–245
KMK – STÄNDIGE KONFERENZ DER KULTUSMINISTER DER LÄNDER IN DER BUNDESREPUBLIK DEUTSCHLAND: Rahmenvereinbarung für die gegenseitige Anerkennung von Abschlüssen an integrierten Gesamtschulen. In: Dokumentar-Dienst für das Bildungswesen 1982, S. 204 ff.
KNAPP, A.: Leiden Schüler unter großen Schulen? In: Zeitschrift für Pädagogik 31 (1985), S. 239–254
MASTMANN, H. u. a. (Hrsg.): Gesamtschule – Teil I. Schwalbach 1971
MORAWIETZ, H.: Flexible Differenzierung im Unterricht. Oldenburg 1978
ROLFF, H. G. u. a.: Strategisches Lernen in der Gesamtschule. Reinbek bei Hamburg 1974
ROTH, H. (Hrsg.): Begabung und Lernen. Stuttgart ⁶1971
SANDER, TH./ROLFF, H. G./WINKLER, G.: Die demokratische Leistungsschule. Hannover 1967
SCHIESSL, O.: Auswirkungen der Größe einer Schule auf die Erziehungssituation, hrsg. v. STAATSINSTITUT FÜR SCHULPÄDAGOGIK. München 1981
TILLMANN, K.-J. u. a.: Kooperative Gesamtschule, Modell und Realität. Weinheim 1979
WOTTAWA, H.: Gesamtschule: Was sie uns wirklich bringt. Methodenkritische Darstellung der Schulvergleiche in Hessen, Nordrhein-Westfalen und Niedersachsen. Düsseldorf 1982

Wiebke Ammann

Institutionen der Sonderpädagogik

1 Einleitung

Mit dem Begriff »*Sonderpädagogik*« ist eine auf die besonderen Bedürfnisse und Problemlagen Behinderter zentrierte Pädagogik gemeint. Sonderpädagogik wird damit als Teilgebiet der Pädagogik verstanden. *Institutionen der Sonderpädagogik* sind Einrichtungen, deren Zweck es ist, behinderte Kinder, Jugendliche und Erwachsene zu fördern (→ *Sozialpädagogische Institutionen*). Sonderpädagogik hat präventive, edukative und rehabilitative Aufgaben zu erfüllen, umfaßt alle Altersgruppen und wird als Oberbegriff für folgende Fachrichtungen gebraucht: Pädagogik der Blinden und Sehbehinderten, Gehörlosen und Schwerhörigen, Körperbehinderten, Sprachbehinderten, Geistigbehinderten, Lernbehinderten und Verhaltensgestörten.

Neben »Sonderpädagogik« wird häufig der Terminus »Heilpädagogik« verwendet. Wie wenig einheitlich der wissenschaftliche wie der praktische Sprachgebrauch ist, zeigt sich in der Bezeichnung der entsprechenden Institute an Hochschulen und Universitäten: »Institut für Heilpädagogik«, »Institut für Sonderpädagogik« oder »Institut für Heil- und Sonderpädagogik«, daneben Institutsnamen, die eine veränderte Aufgabenbestimmung markieren sollen: »Institut für Sonderpädagogik, Prävention, Rehabilitation«.

Es zeichnen sich in den letzten Jahren Tendenzen ab, »Heilpädagogik« und »Sonderpädagogik« durch »Behindertenpädagogik« zu ersetzen. »Die Entscheidung für diese Begriffswahl hat ihren Grund in den mißverständlichen Deutungen, die die Namen Heilpädagogik respektive Sonderpädagogik gewollt oder ungewollt in eine Theorie einbringen. Sie enthalten ein vorgefaßtes Verständnis, daß es bei der Erziehung von Behinderten um Heilung, um Heil, oder um eine grundsätzliche Besonderung gehe.« (BLEIDICK 1977, S. 44) Dennoch wird der Begriff »Sonderpädagogik« im folgenden verwendet, da er im schulischen Bereich, um den es vorrangig gehen soll, der gebräuchlichste ist.

Die Benennung der außerschulischen Einrichtungen ist entweder unspezifisch (z. B. »Hospital«) oder verweist auf eines oder mehrere der folgenden Merkmale:
– den Zweck der Einrichtung (z. B. Werkstatt, Wohnheim)
– den Träger der Einrichtung (z. B. sozialpädiatrisches Zentrum des Diakonischen Werkes)
– die Behinderungsart der Betreuten (z. B. Landesbildungszentrum für Hörgeschädigte)
– die Altersgruppe der Betreuten (z. B. heilpädagogischer Kindergarten)
– die Verweildauer der Betreuten innerhalb der Einrichtung – ambulant, teilstationär, stationär (z. B. Sprachheilambulanz, Dauerwohn- und Pflegeheim).

Zahlreiche Einrichtungen der Behindertenhilfe im außerschulischen Bereich stehen unter der Trägerschaft eines Spitzenverbandes der freien Wohlfahrtspflege. Dazu gehören: die Arbeiterwohlfahrt, das Diakonische Werk der EKD, der Deutsche Caritasverband, der Deutsche Paritätische Wohlfahrtsverband, das Deutsche Rote Kreuz, die Zentralwohlfahrtsstelle der Jugend in Deutschland. Nach einer Statistik der BUNDESAR-

BEITSGEMEINSCHAFT DER FREIEN WOHLFAHRTSPFLEGE (1985, S. 105/106) stehen 5403 Einrichtungen der Behindertenhilfe mit einem Gesamtvolumen von nahezu 200 000 Plätzen unter der Trägerschaft eines der genannten Spitzenverbände.

2 Früh- und Elementarbereich

Je früher im Leben eines behinderten und von Behinderung bedrohten Kindes Hilfen einsetzen, desto wirksamer werden sie sein – darin besteht unter den Experten ganz unterschiedlicher Disziplinen Einigkeit. Dabei muß allerdings unter interaktionistischen Gesichtspunkten mit bedacht werden, daß die frühzeitige Feststellung einer Behinderung auch die Gefahr einer frühzeitigen Festschreibung auf die Behindertenrolle mit sich bringen kann. Gefährdungen der Identitätsentwicklung des etikettierten Individuums könnten die Folge sein (vgl. GOFFMAN 1967). Bei der Organisation der institutionalisierten Früherkennung und Frühförderung darf dieser Aspekt nicht außer acht gelassen werden. Gleichwohl können präventive Aufgaben der Sonderpädagogik nur durch eine frühzeitige Erkennung von Risikofaktoren in der physischen, psychischen und sozialen Entwicklung eines Kindes wirksam wahrgenommen werden. Es hat sich – so SANDER 1983 – als sinnvoll erwiesen, primäre, sekundäre und tertiäre Aspekte der Prävention zu unterscheiden. *Primäre Prävention* zielt darauf, das Auftreten einer Schädigung zu überwinden, ist also Vorsorge im eigentlichen Sinne. Hier sind Aufgaben gemeint, die allgemein auf die Verbesserung familiärer Lebenslagen und Erziehungsbedingungen und speziell auf die Wahrnehmung der gesetzlichen Schwangerschafts- und Vorsorgeuntersuchungen sowie auf die Reduktion von Geburtsrisiken zielen. *Sekundäre Prävention* setzt ein, wenn bereits erste Anzeichen einer Schädigung sichtbar geworden sind und durch Frühförderung beseitigt oder gemildert werden können. *Tertiäre Prävention* bedeutet zu verhindern, daß eine bereits vorhandene Störung sich auf weitere Bereiche ausdehnt (→ *Erziehungsberater*; → *Beratungslehrer*; → *Schulpsychologen*).

Aufgaben dieser Art setzen interdisziplinäre Kooperation voraus, wobei die Tätigkeit von Sonderpädagogen sich je nach Alter der Kinder und nach Schwere und Art der festgestellten Schädigung mit je unterschiedlicher Gewichtung auf alle drei Präventionsarten beziehen sollte. Institutionalisierte sonderpädagogische Frühförderung bleibt derzeit noch hinter diesem Anspruch zurück. Im letzten Jahrzehnt sind die Einrichtungen im Früh- und Elementarbereich erheblich ausgebaut worden. Derzeit steht ein Versorgungsangebot zur Verfügung, das neben sozialpädiatrischen Zentren 562 Frühförderstellen umfaßt (vgl. SPARTY 1989). Daneben gibt es 1360 *Sonderkindergärten* für körperbehinderte, blinde und sehbehinderte, gehörlose und schwerhörige, sprachbehinderte, verhaltensgestörte, geistig- und mehrfachbehinderte Kinder, die in den meisten Fällen als Tagesstätten geführt werden, d. h. Ganztagsbetreuung anbieten (→ *Sozialpädagogische Institutionen*). Je nach Ausbaugrad in den einzelnen Bundesländern und Behinderungsart stellt sich das Angebot an Institutionen im Früh- und Elementarbereich unterschiedlich dar. Dem größten Teil der Gehörlosen- und Schwerhörigenschulen in der Bundesrepublik sind z. B. pädoaudiologische Beratungsstellen angeschlossen (NEUMANN 1982, S. 27). Die frühpädagogische Betreuung sprachbehinderter Kinder erfolgt häufig in sogenannten »Sprachambulanzen« (vgl. ZUCKRIGL 1980, S. 110).

In den letzten Jahren hat die Tendenz erheblich zugenommen, behinderte und nichtbehinderte Kinder in *einen* Kindergarten aufzunehmen, um ihnen dort gemeinsames Leben und Lernen zu ermöglichen *(integrative Erziehung)*. Regelkindergärten öffneten sich entweder für behinderte oder Sonderkindergärten für nichtbehinderte Kinder. 1986 gab es nach Angaben des DEUTSCHEN JUGENDINSTITUTS 185 Kindergärten mit dem Angebot integrativer Erziehung. Es bleibt zu hoffen, daß künftig alle Kinder – ob mit oder ohne Behinderungen – in ihrem Wohnumfeld einen Kindergarten vorfinden, in dem ihre je speziellen Bedürfnisse in der räumlichen Gestaltung, der personellen Besetzung sowie in der (sonder)pädagogischen Konzeption berücksichtigt werden, so daß behinderte und nichtbehinderte Kinder gemeinsam leben und lernen können.

3 Schulischer Bereich

3.1 Historische Aspekte

Das derzeit vorfindbare gegliederte Sonderschulwesen hat sich seit der Reichsschulkonferenz von 1920 als eigenständiger Teil des Schulwesens herausgebildet. Die Bezeichnung »*Sonderschule*« als Oberbegriff für Schulen, in denen behinderte Kinder unterrichtet werden, wurde offiziell zuerst in Preußen im Jahre 1926 eingeführt und hat sich seitdem allmählich durchgesetzt (vgl. BLEIDICK 1983, S. 272).

Die schulische Erziehung und Bildung derjenigen Kinder, die wir aus heutiger Sicht als »behindert« kennzeichnen würden, basiert in der Tradition von Rationalismus und Aufklärung auf der Idee der Bildbarkeit des Individuums. Zur Zeit der ersten Schulgründungen vor über 200 Jahren wurden blinde, taubstumme und verkrüppelte Kinder und Jugendliche unterschieden, der Oberbegriff »Behinderte« war nicht gebräuchlich.

Diese Kinder lebten in Hilflosigkeit, Armut und Not. Für sie war nicht die Schule, sondern das Armenhaus zuständig (vgl. MÖCKEL 1983, S. 28). Die Beweggründe, ab 1770 Schulen für Gehörlose (früher sagte man Taubstumme), Schulen für Blinde (ab 1784), »Rettungshäuser« für verwahrloste Kinder (ab 1820), Schulen (Anstalten) für »Krüppelhafte« – sprich Körperbehinderte – (ab 1833) und Anstalten für geistig behinderte Kinder (ab 1842) – sogenannte »Idiotenanstalten« – zu errichten, waren bei den einzelnen Initiatoren sicher unterschiedlich. Sie reichten von christlich religiösen bis hin zu wissenschaftlich rationalen Motiven (vgl. SOLAROVÁ 1983, S. 9). Doch vermutlich spielte die Absicht, behinderte Kinder vom Betteln abzubringen, eine erhebliche Rolle. So wird von Valentin HAÜY (1745–1822), dem Begründer der ersten Blindenschule in Paris, berichtet, er habe seinem ersten Schüler eine Entschädigung zahlen müssen für die während der Unterrichtszeit entstandenen Betteleinnahmeverluste (vgl. MÖCKEL 1983, S. 31).

Auffallend ist es, daß sich die ersten Unterrichts- und Erziehungsversuche in den meisten Fällen auf Kinder und Jugendliche jeweils *einer* Behindertengruppe bezogen, nur vereinzelt auf Gruppen *verschiedenartig* Behinderter. Das heute vorfindbare »Typensonderschulwesen« ist hier schon vorgezeichnet. Die Geschichte des Sonderschulwesens ist damit gleichsam eine Geschichte der einzelnen Sonderschultypen und wird auch vielfach so dargestellt (vgl. SOLAROVÁ 1983).

Gleichwohl gibt es eine Reihe von Gemeinsamkeiten zwischen den bis 1850 entstandenen älteren Sonderschulen: sie waren alle private Internatsschulen, die nicht in Verbindung mit den Elementarschulen oder Lateinschulen entstanden sind (→ *Freie Schu-*

len ...; → *Lehrer / Lehrerin*). Sie dienten dem »Schutz vor sozialem Abstieg«, der »Erziehung zum Beruf« und waren sich ihrer »Überlegenheit über die Familienerziehung sicher« (MÖCKEL 1983, S. 42/43).

Die nach 1850 entstandenen jüngeren Sonderschulen sind überwiegend als Tagesschulen konzipiert und standen in engerem Zusammenhang mit den öffentlichen Schulen. Die im Jahre 1902/1907 gegründete Schwerhörigenschule und die 1905 eingerichtete Sprachheilschule können als Differenzierung der Taubstummenschule verstanden werden, die ab 1919 entstandene Sehgeschädigtenschule als Differenzierung der Blindenschule. Durch die Gründung der ersten Hilfsschulen (später Lernbehindertenschulen) ab 1879/81 fand – systemtheoretisch betrachtet – eine entlastende Reduktion der Komplexität der pädagogischen Arbeit innerhalb der Volksschule statt.

Auf der Reichsschulkonferenz von 1920 wurden dann die Weichen gestellt zugunsten der Selbständigkeit der bestehenden »heilpädagogischen Schulen«. Der Vorsitzende des deutschen Hilfsschulvereins, Stadtrat GROTHE, führt dazu aus: »Denn nachdem die schwachbefähigten, die taubstummen, die blinden, die schwerhörigen Kinder abgesondert sind, ist zwischen ihnen und der Grundschule ein starker Strich gemacht. Es gibt kein hinüber mehr, sie bleiben in der Anstalt der Spezialschule.« (DIE REICHSSCHULKONFERENZ 1921, S. 521 ff.) PREUSS-LAUSITZ (1986, S. 104) hebt denn auch hervor, daß auf dieser Konferenz auch diejenigen Reformpädagogen, die sich für die achtjährige Einheitsschule für alle Kinder einsetzten, keine Einwände gegen ein separates Sonderschulwesen erhoben.

Während der Zeit der nationalsozialistischen Herrschaft werden die Hilfsschulen und die übrigen Sonderschulen weitgehend zu Sammelstellen für die Anmeldung von Schülern bei den Erbgesundheitsgerichten, in denen über Zwangssterilisationsverfahren nach dem »Gesetz zur Verhütung erbkranken Nachwuchses« entschieden wurde. In Anstalten lebende behinderte Kinder, Jugendliche und Erwachsene wurden außerdem vielfach Opfer sogenannter »Euthanasie« (vgl. HÖCK 1979).

Die Entwicklung nach 1945 ist geprägt durch das Bemühen um Konsolidierung und Ausbau des Sonderschulwesens. Im »Gutachten zur Ordnung des Sonderschulwesens«, das 1960 vom Schulausschuß der Kultusministerkonferenz (KMK) erstattet wurde, heißt es in der Einführung: »Das Ansehen der Sonderschulen in der Öffentlichkeit muß gehoben werden. Das Deutsche Volk hat gegenüber den Menschen, die durch Leiden und Gebrechen benachteiligt sind, eine geschichtliche Schuld abzutragen ...« (S. 3) Die KMK-Empfehlung von 1972 ist eine konsequente Fortführung der entwickelten Ansätze.

Die Entwicklung des separierten Sonderschulwesens nach 1945, die sich in der Tradition der vor 1933 entwickelten Institutionen bewegte, ist aufgrund der Forderung nach integrierter Beschulung Behinderter vielfach kritisiert worden (z. B. PREUSS-LAUSITZ 1986).

3.2 Sonderschulen als Teil des allgemeinbildenden Schulwesens

Die Bezeichnung »*Sonderschulwesen*« verstellt nur allzuleicht den Blick dafür, daß Sonderschulen Teil des allgemeinbildenden Schulwesens sind. Bei Darstellungen des Bildungssystems der Bundesrepublik Deutschland fehlt häufig der Hinweis auf die Existenz von Sonderschulen. Dementsprechend wird von einem dreigliedrigen Schulsystem gesprochen, damit gemeint sind Hauptschule, Realschule und Gymnasium (→ *Das*

	SONDERSCHULEN							
Gymnasium	Schule für Blinde	Schule für Sehbehinderte	Schule für Gehörlose	Schule für Schwerhörige	Schule für Körperbehinderte	Schule für Sprachbehinderte	Schule für Verhaltensgestörte
Realschule							
Grund- und Hauptschule							
Schule für Lernbehinderte (Sonderschule)							
Schule für Geistigbehinderte (Sonderschule)							

Abb. 1: Gliederung des Schulsystems unter Einbeziehung der Sonderschulen

allgemeinbildende Schulwesen ...). Bei Berücksichtigungen der Sonderschulen ist es jedoch fünfgliedrig (vgl. KLEIN 1975, S. 156).

Die Zuweisung zu einer dieser fünf Schulen wird mit unterschiedlicher Leistungsfähigkeit der Schüler legitimiert. Die zu erwerbenden Abschlüsse sind dementsprechend hierarchisch strukturiert, d. h., die damit verbundenen Berechtigungen eröffnen unterschiedliche Chancen weiterführender Schul- und Berufslaufbahnen. Die Schüler der anderen Sonderschultypen (Blinde, Sehbehinderte, Gehörlose, Schwerhörige, Körperbehinderte, Sprachbehinderte und Verhaltensgestörte) sind nicht von vornherein auf einen bestimmten Abschluß festgelegt, ihnen steht prinzipiell das gesamte Spektrum der fünf dargestellten Schulabschlüsse offen. Ein entsprechendes Schulangebot ist allerdings auf wenige Städte zentriert.

3.3 Statistische Entwicklungen

Im Schuljahr 1989/90 besuchten nach der Schulstatistik der Kultusministerkonferenz insgesamt 246 100 Schüler eine *Sonderschule* (KMK 1990, S. V). Das ergibt eine Behindertenquote von 4,05% – bezogen auf alle Schüler im schulpflichtigen Alter (Klasse 1–10). Die Sonderschüler verteilen sich folgendermaßen auf die einzelnen Sonderschulklassen im Bundesgebiet (KMK 1990, S. 3) (s. u. Tab. 1):

Nach einer Phase erheblicher Expansion während der Nachkriegszeit ist die derzeitige Situation durch einen anhaltenden Schülerschwund gekennzeichnet. Vom Schuljahr 1977/78 zum Schuljahr 1978/79 verringerte sich die Sonderschülerzahl erstmalig um nahezu 10 000 Schüler. Seit der Zeit ist bis zum Schuljahr 1989/90 ein Sonderschülerrückgang von insgesamt über 140 000 Schülern festzustellen (errechnet nach KMK 1986, S. II/1, 1990, S. 3). In diesen Zahlen schlagen sich sinkende Geburtenziffern nieder, sie sind also primär *demographisch* bedingt.

Die Behindertenquote, d. h. der Anteil der Sonderschüler an der Gesamtzahl der Schüler im vollzeitschulpflichtigen Alter, ist nur geringfügig gesunken: von 4,2% im Jahre 1980 auf 4,05% im Jahre 1989 (KMK 1990, S. 5). Der Schülerrückgang bei den absoluten Zahlen hat im Bereich der Schulen für Lernbehinderte zu Schulschließungen

	1980	1985	1986	1987	1988	1989
Schüler	353 867	270 999	261 062	253 978	248 011	246 080
davon in Klassen für:						
Lernbehinderte	243 931	163 580	152 740	143 280	136 422	131 589
sonstige Behinderte	109 936	107 419	108 322	110 698	111 589	114 491
– Blinde	1 327	1 165	1 066	983	1 277	1 137
– Sehbehinderte	2 654	2 341	2 226	2 129	2 016	2 001
– Gehörlose	4 039	3 238	3 053	2 907	2 734	2 622
– Schwerhörige	6 575	5 757	5 412	5 049	4 834	4 819
– Sprachbehinderte	14 316	17 841	18 726	19 461	19 879	20 946
– Körperbehinderte	13 702	13 738	13 244	13 526	13 613	13 873
– Geistigbehinderte	46 339	41 504	40 436	38 869	37 970	37 013
– Verhaltensgestörte	9 755	8 533	8 571	8 720	8 788	8 993
– Kranke	4 797	5 372	6 153	7 512	7 453	7 438
– Mehrfachbehinderte/ Hausunterricht/schulische Erziehungshilfe	6 432	7 930	9 435	11 542	13 025	15 649

Tab. 1: Schüler in Klassen für Behinderte 1980–1989

(ca. 200 seit 1980) geführt. Demgegenüber verzeichnet die KMK-Statistik einen Mehrbestand von über 200 Einrichtungen in der Rubrik »Mehrfachbehinderte, Hausunterricht, schulische Erziehungshilfe« (1990, S. 2) und 54 neue Einrichtungen für sprachbehinderte Schüler (KMK 1990, S. 2). Daraus wird ersichtlich, daß sich die pauschale These vom Rückgang *der* Sonderschulen nicht halten läßt (vgl. dazu auch PREUSS-LAUSITZ 1986, S. 113).

3.4 Integrative Tendenzen

Es besteht unter Sonderpädagogen weitgehend Einigkeit darüber, daß eine größtmögliche gesellschaftliche *Integration* behinderter Menschen eines der wichtigsten Ziele sonderpädagogischer Bemühungen darstellt (Integration als Ziel). Auf welchen Wegen und mit welchen Mitteln dieses Ziel zu erreichen ist, wird kontrovers diskutiert (Integration als Prozeß). Die zum Teil mit großer Vehemenz geführte Integrationsdebatte wird dadurch erschwert, daß die einzelnen »Komplexitätsebenen der Integration: institutionell, interpersonell, innerpsychisch« nicht auseinandergehalten werden (vgl. BLEIDICK 1987, Abb. 7, S. 55). Viele Integrationsprojekte sind auf Initiative der Eltern behinderter Kinder entstanden, die aufgrund ihrer Erfahrungen mit »Integrationsgruppen« im vorschulischen Bereich die Forderung erhoben, behinderte und nichtbehinderte Schüler gemeinsam zu unterrichten.

Ein wesentlicher Anstoß zu dieser Entwicklung ging von der im Jahre 1973 verabschiedeten Empfehlung der Bildungskommission des DEUTSCHEN BILDUNGSRATES: »Zur pädagogischen Förderung behinderter und von Behinderung bedrohter Kinder und Jugendlicher« aus. Diese Empfehlung ist – was ihre institutionellen Vorschläge anbelangt – bisher nur in Ansätzen verwirklicht worden, gleichwohl stellt sie eine wichtige Argumentationsgrundlage integrativer Bemühungen dar. Die derzeit vorfindbaren Integrationsversuche sind unterschiedlich strukturiert und basieren auf verschiedenen pädagogischen Konzeptionen (vgl. zusammenfassend HAUPT 1985). Einige Vorhaben sind präventiv orientiert, sie beziehen sich auf potentiell lernbehinderte und verhaltensgestörte Schüler (z. B. Berlin-Tempelhof, München, Frankfurt und Mainz). Integrationsprojekte im Grundschulbereich lassen sich danach unterscheiden, ob sie Schüler *einer* Behinderungsart aufnehmen (z. B. Sprachbehinderte oder Körperbehinderte in Wolfsburg) oder Schüler ganz *unterschiedlicher* Behinderungsarten, wie sie im Wohnumfeld der Schule vorkommen (z. B. Fläming-Schule, Uckermarkschule in Berlin, Montessorischule in Bonn-Friesdorf, verschiedene Grundschulen in Hamburg). Aufgrund begrenzter Aufnahmekapazität sehen sich die Verantwortlichen nicht selten genötigt, eine selektive Integrationspraxis zu betreiben, d. h., sie nehmen nicht alle Schüler auf, die angemeldet worden sind. Integrationsprojekte müßten sich daran messen lassen, ob es ihnen gelingt, für die Schüler lebensweltliche Bezüge (Familie, Nachbarschaft) zu erhalten, ohne auf professionelle Hilfen zu verzichten (WOCKEN/ANTOR 1987, S. 91). Das kann z. B. auch dadurch geschehen, daß ein Sehbehindertenlehrer seine auf die verschiedenen allgemeinen Schulen verteilten Schüler regelmäßig aufsucht und allen Beteiligten – Lehrern der Allgemeinschulen, Schülern und Eltern – sonderpädagogische Beratung und Hilfe gewährt. Dieses Ambulanzlehrersystem ist für die sehbehinderten Schüler Schleswig-Holsteins flächendeckend eingeführt worden (APPELHANS/KREBS 1983).

Die Frage, ob einzelne Schüler oder Schülergruppen – nach einer Phase der Sonderbeschulung – wieder in die allgemeine Schule reintegriert werden sollen, wird ebenso kontrovers diskutiert wie einzelne Aspekte integrativer Unterrichtspraxis von Anfang an. Reintegration (*Rücküberweisung*) von der Sonderschule zur allgemeinen Schule ist, schulrechtlich betrachtet, in allen Bundesländern möglich (AMMANN 1985, 1986). Doch die einzelnen Bundesländer machen offenbar von dieser Möglichkeit ganz unterschiedlich Gebrauch. So differieren z. B. die Rückschulungsquoten aus Lernbehindertenschulen von Schule zu Schule und von Bundesland zu Bundesland erheblich (AMMANN 1985). Über Reintegrationschancen für Schüler der anderen Sonderschultypen liegen Daten aus Hessen, Rheinland-Pfalz und Bayern vor. Übereinstimmung besteht darin, daß Schüler, die in den drei Bundesländern eine Schule für Sprachbehinderte oder eine Schule für Verhaltensgestörte (bzw. Erziehungsschwierige) besuchen, mit großer Wahrscheinlichkeit ihre Schullaufbahn als »Normalschüler«, als Schüler einer allgemeinen Schule, beenden können. Die einmal getroffene Schullaufbahnentscheidung ist reversibel, nicht wie für die meisten Schüler der Lern- und Geistigbehindertenschulen sowie der Sinnes- und Körperbehindertenschulen nahezu irreversibel (vgl. AMMANN 1986). Die Chance, die Sonderschule als Durchgangsschule zu konzipieren und als Angebotsschule für Schüler und deren Eltern attraktiv zu machen, sollte auch für diese Schülergruppen mehr als bisher genutzt werden.

4 Beruflicher Bereich

Von den sonderpädagogischen Institutionen im beruflichen Bereich sollen die *Berufsbildungswerke* sowie die Werkstätten für Behinderte hervorgehoben werden (→ *Institutionen der Erwachsenenbildung*). »Berufsbildungswerke dienen der erstmaligen Berufsausbildung vornehmlich jugendlicher Behinderter, die nur in einer auf ihre Behinderungsart und deren Auswirkungen eingestellten Ausbildungsorganisation und bei einer auf die jeweiligen Belange ausgerichteten kontinuierlichen ausbildungsbegleitenden Betreuung durch Ärzte, Psychologen, Sonderpädagogen und andere Fachkräfte der Rehabilitation zu einem Ausbildungsabschluß nach dem Berufsbildungsgesetz und dadurch zur Eingliederung auf dem allgemeinen Arbeitsmarkt befähigt werden können.« (BUNDESANSTALT FÜR ARBEIT 1986) Dem von SPARTY 1986 herausgegebenen Sozialadressbuch zufolge gibt es 43 überregional angelegte Berufsbildungswerke, die in der Regel mit einem Internat verbunden sind. Der überwiegende Teil der Berufsbildungswerke rechnet ehemalige Schüler der Lernbehindertenschule ab 15 Jahren hauptsächlich zu seiner Klientel. Einige Berufsbildungswerke nehmen vorrangig blinde und sehbehinderte Jugendliche oder körperbehinderte oder hör- und sprachbehinderte Jugendliche auf. Darüber hinaus gibt es Berufsbildungswerke, die Jugendliche mit ganz verschiedenen Behinderungsarten aufnehmen.

Die *Werkstatt für Behinderte* ist eine Einrichtung für diejenigen Behinderten, die weder auf dem freien Arbeitsmarkt unterkommen noch eine Berufsausbildung in einem Berufsbildungswerk erhalten können. Die Werkstätten für Behinderte sind im § 54 des Schwerbehindertengesetzes folgendermaßen definiert: »1. Die Werkstatt für Behinderte (WfB) ist eine Einrichtung zur Eingliederung Behinderter in das Arbeitsleben. Sie bietet denjenigen Behinderten, die wegen Art oder Schwere der Behinderung nicht, noch nicht oder noch nicht wieder auf dem allgemeinen Arbeitsmarkt tätig sein können, einen Arbeitsplatz oder Gelegenheit zur Ausübung einer geeigneten Tätigkeit. 2. Die Werkstatt muß es den Behinderten ermöglichen, ihre Leistungsfähigkeit zu entwickeln, zu erhöhen oder wiederzugewinnen und ein dem Leistungsvermögen angemessenes Arbeitsentgelt zu erreichen. Sie soll über ein möglichst breites Angebot an Arbeitsplätzen und Plätzen für Arbeitstraining sowie über eine Ausstattung mit begleitenden Diensten verfügen. 3. Die Werkstatt soll allen Behinderten unabhängig von Art oder Schwere der Behinderung offenstehen, sofern sie in der Lage sind, ein Mindestmaß wirtschaftlich verwertbarer Arbeitsleistung zu erbringen.« Die Werkstättenverordnung des Schwerbehindertengesetzes gibt detaillierte Auskünfte über die Organisation der Werkstätten. Prinzipiell können alle Behinderten, auf die die oben genannte Definition zutrifft, in eine Werkstatt für Behinderte aufgenommen werden. In den meisten Werkstätten arbeiten jedoch hauptsächlich geistig behinderte Menschen; die BUNDESANSTALT FÜR ARBEIT (1986) nennt eine Quote von 70 bis 80%. Insgesamt gibt es in der BRD derzeit 686 Werkstätten für Behinderte (SPARTY 1989).

Sonderpädagogische Institutionen, auch diejenigen, die hier nicht berücksichtigt werden konnten (z. B. Anstalten und Heime) (→ *Sozialpädagogik und Heimerziehung*) sind in den letzten Jahren unter dem Gesichtspunkt beurteilt worden, inwieweit sie ihrer Klientel ein »Leben, so normal wie möglich« gestatten (*Normalisierungsprinzip*), d. h. ein Handeln in kultur-, alters- und geschlechtsspezifischen Rollen (THIMM u. a. 1985). Die Anwendung der sozialpolitisch akzentuierten Prinzipien des Normalisierungsprinzips hat in einigen Einrichtungen bereits einen Prozeß der Umstrukturierung eingeleitet, der den behinderten Menschen größtmögliche soziale Teilnahmechancen eröffnen soll.

Literatur

AMMANN, W.: Re-Integrationschancen für Sonderschüler. Eine schulstatistische Analyse der Rücküberweisungshäufigkeiten im Bundesländervergleich. In: Zeitschrift für Heilpädagogik 37 (1986), S. 305–311
–: Schullaufbahn mit Umwegen. Rücküberweisungen aus der Sonderschule. Oldenburg ²1985

APPELHANS, P./KREBS, E.: Kinder und Jugendliche mit Sehschwierigkeiten in der Schule. Heidelberg 1983
BERICHT DER BUNDESREGIERUNG, DER BUNDESMINISTER FÜR ARBEIT UND SOZIALORDNUNG (Hrsg.): Behinderte und Rehabilitation. Bonn 1984
BLEIDICK, U. u. a.: Einführung in die Behindertenpädagogik. Bd. I–II. Stuttgart 1977
–: Rahmenbedingungen für die soziale Integration Behinderter in das Bildungs- und Gesellschaftssystem. In: SCHUCHARDT, E. (Hrsg.): Schritte aufeinander zu. Bad Heilbronn 1987
–: Sonderschule. In: SKIBA, E.-G./WULF, CH./WÜNSCHE, K. (Hrsg.): Erziehung im Jugendalter – Sekundarstufe I (Enzyklopädie Erziehungswissenschaft. Bd. 8). Stuttgart 1983
BUNDESARBEITSGEMEINSCHAFT DER FREIEN WOHLFAHRTSPFLEGE (Hrsg.): Die Spitzenverbände der Freien Wohlfahrtspflege – Aufgaben und Finanzierung. Freiburg 1985
BUNDESANSTALT FÜR ARBEIT, NÜRNBERG (Hrsg.): Behinderte Jugendliche vor der Berufswahl. Handbuch für Lehrer und Berufsberater. Ausgabe 1986
DER BUNDESMINISTER FÜR BILDUNG UND WISSENSCHAFT (Hrsg.): Grund- und Strukturdaten 1984/85. Bonn 1984
DEUTSCHER BILDUNGSRAT: Empfehlungen der Bildungskommission: Zur pädagogischen Förderung behinderter und von Behinderung bedrohter Kinder und Jugendlicher. Stuttgart 1974
DEUTSCHES JUGENDINSTITUT: Gemeinsam leben. Heft 15/1985. München
–: Adressenliste 1986, Kindergärten mit integrativer Erziehung. München 1986
GOFFMAN, E.: Stigma. Über Techniken der Bewältigung beschädigter Identität. Frankfurt 1967
HAUPT, U.: Die schulische Integration von Behinderten. In: BLEIDICK, U. (Hrsg.): Theorie der Behindertenpädagogik (Handbuch der Sonderpädagogik. Bd. 1). Berlin 1985
HÖCK, M.: Die Hilfsschule im Dritten Reich. Berlin 1979
KLEIN, G.: Die Frühförderung potentiell lernbehinderter Kinder. In: MUTH, J. (Hrsg.): Sonderpädagogik 1. Behindertenstatistik, Früherkennung, Frühförderung. Stuttgart ²1975
–: Die Sonderschulen in der bundeseinheitlichen Schulstatistik 1980–1989. Bonn, Juli 1990
KMK – SEKRETARIAT DER STÄNDIGEN KONFERENZ DER KULTUSMINISTER DER LÄNDER IN DER BUNDESREPUBLIK DEUTSCHLAND (Hrsg.): Die Sonderschulen in der bundeseinheitlichen Schulstatistik 1975 bis 1985. Bonn, Juni 1986
–: Die Sonderschulen in der bundeseinheitlichen Schulstatistik 1980–1989. Bonn, Juli 1990
KMK – STÄNDIGE KONFERENZ DER KULTUSMINISTER DER LÄNDER IN DER BUNDESREPUBLIK DEUTSCHLAND: Empfehlung zur Ordnung des Sonderschulwesens vom März 1972
–: Gutachten zur Ordnung des Sonderschulwesens März 1960
MÖCKEL, A.: Geschichte der Sonderpädagogik unter besonderer Berücksichtigung der Schule für Lernbehinderte. Teil 1 u. 2, Reader (Sonderpädagogische Grundlegungsprobleme 1. Kurseinheit 3. Fernuniversität). Hagen 1983
NEUMANN, H.: Erfassung und diagnostische Abgrenzungen. In: JUSSEN, H./KRÖHNERT, O. (Hrsg.): Pädagogik der Gehörlosen und Schwerhörigen (Handbuch der Sonderpäd. Bd. 3). Berlin 1982
PREUSS-LAUSITZ, U.: Sonderschule – Schule in der Krise? In: ROLFF, H.-G./KLEMM, K./TILLMANN, K.-J.: Jahrbuch der Schulentwicklung. Daten, Beispiele und Perspektiven. Bd. 4. Weinheim 1986, S. 102–124
DIE REICHSSCHULKONFERENZ 1920: Ihre Vorgeschichte und ihre Verhandlungen. Amtlicher Bericht, erstattet vom Reichsministerium des Inneren. Leipzig 1921
SANDER, A.: Prävention und Integration im Primarbereich. In: BAIER, H./BLEIDICK, U. (Hrsg.): Handbuch der Lernbehindertendidaktik. Stuttgart 1983, S. 34–39
Schwerbehindertengesetz (SchwbG): Text in der Neufassung vom 26. 8. 1986, hrsg. v. der ARBEITSGEMEINSCHAFT DER DEUTSCHEN HAUPTFÜRSORGESTELLEN. Kassel 1986
SOLAROVÁ, S. (Hrsg.): Geschichte der Sonderpädagogik. Stuttgart 1983
SPARTY, L.: Sozial-Adreßbuch. REHA-Verzeichnis. Bonn ⁴1989
THIMM, W.: Mit Behinderten leben. Hilfe durch Kommunikation und Partnerschaft. Freiburg ³1981
–/FERBER, CH. V. u. a.: Ein Leben so normal wie möglich führen ... Hrsg. v. der BUNDESVEREINIGUNG LEBENSHILFE FÜR GEISTIG BEHINDERTE e.V. Marburg 1985
WOCKEN, H./ANTOR (Hrsg.): Integrationsklassen in Hamburg. Solms-Oberbiel 1987
ZUCKRIGL, A.: Organisationsformen des Sprachheilwesens. In: KNURA, G./NEUMANN, B. (Hrsg.): Pädagogik der Sprachbehinderten (Handbuch d. Sonderpäd. Bd. 7). Berlin 1980, S. 95–121

Annegret Eickhorst

Freie Schulen und ihre pädagogischen Konzeptionen

1 Zum Problembereich

Obwohl die Schulen in freier Trägerschaft – rein quantitativ gesehen – nur einen sehr kleinen Teil des bundesdeutschen Schulwesens ausmachen (knapp 6% der allgemeinbildenden und etwa 14% der berufsbildenden Schulen sind Privatschulen; vgl. BMBW – »Strukturdaten« – 1989/90, S. 36f.), repräsentieren sie eine große Vielfalt. Diese weist sich aus
– an den das ganze Spektrum des öffentlichen Bildungswesens widerspiegelnden Schulformen, wie den Vor- und Grundschulbereich, das allgemein- und berufsbildende Schulwesen, die Institutionen der Erwachsenenbildung und eine Vielzahl an Sonderformen (z. B. das Internat),
– an dem ihrem jeweiligen pädagogischen Profil zugrundeliegenden religiös, weltanschaulich oder anderweitig begründeten Programm,
– an der dadurch mitbedingten Struktur der Schulen, die weitgehend dem öffentlichen Schulwesen angepaßt sein, aber auch in betontem Gegensatz zur Staatsschule stehen kann.

Die Heterogenität dieses Bereichs deutet bereits darauf hin, daß es einen gleichsam für alle Freien Schulen verbindlichen historischen Kontext nicht geben kann. Daraus resultiert eine gesonderte Aufarbeitung von Entstehungsbedingungen und gegenwärtigen pädagogischen Konzeptionen der einzelnen Schulgruppen, für deren Abfolge in der Darstellung der Gesichtspunkt ihrer Wertschätzung in der aktuellen pädagogischen Diskussion leitend geworden ist. Mit der Begrenzung auf die nach geltendem Privatschulrecht genehmigten Schulen bleiben bestimmte Teilbereiche alternativer Schul- bzw. Erziehungswirklichkeit (→ *Kindergarten- und Vorschulpädagogik*) hier weitgehend unberücksichtigt. So werden nicht gesondert abgehandelt:
– die sehr kleine Gruppe der zum Teil noch um ihre Anerkennung als Privatschule bemühten Freien Alternativschulen, welche – angeregt durch reformpädagogisches Gedankengut, durch die Studentenbewegung der 60er Jahre, die amerikanische »Free-School«-Bewegung und durch Entschulungskonzepte – einen Unterricht anstreben, der sich an den Bedürfnissen des Kindes und dessen Möglichkeiten zur Selbstbestimmung und Freiheit ausrichtet (z. B. van Dick 1979, S. 170ff.; Behr/Jeske 1982, S. 172ff.; Eickhorst 1983),
– die ebenfalls nur geringe Zahl der als staatliche Schulversuche realisierten Reformschulen (Behr/Jeske 1982, S. 125ff.). Hierzu gehören z. B. das Grundschulprojekt Münster-Gievenbeck, die als integrierte Gesamtschule mit Ganztagsbetrieb geführte Laborschule Bielefeld sowie die Glocksee-Schule in Hannover, deren pädagogische Arbeit sich an dem Prinzip der »Selbstregulierung« ausrichtet,
– die im Zusammenhang mit der reformpädagogischen Bewegung zu Beginn des 20. Jahrhunderts begründeten Schulen nach den theoretischen Konzepten Maria Montessoris bzw. Peter Petersens, welche innerhalb der Arbeitsgemeinschaft Freier Schu-

len nicht durch einen eigenständigen Verband repräsentiert sind (BEHR/JESKE, S. 49 ff.) und z. T. als öffentliche Schulen geführt werden,
- die Reformschulen des europäischen bzw. anglo-amerikanischen Auslandes (VAN DICK 1979, S. 92 ff.; BEHR/JESKE 1982, S. 95 ff.; KLASSEN, SKIERA, WÄCHTER 1990), wenngleich sie in Beziehung auch zu den deutschen Alternativschulen stehen, die einzelne Elemente ihres Ideenguts übernommen haben.

Die Darstellung erfolgt von einer Position her, die die Berechtigung *Freier Schulen* grundsätzlich bejaht, zugewiesene Aufgabenstellungen und pädagogische Ansätze im einzelnen jedoch einer kritischen Prüfung für bedürftig hält.

2 Bezeichnung und Funktion

2.1 Historische Dimension

Zur Bezeichnung der »Schulen in nichtstaatlicher Trägerschaft« – so die etwas umständliche, auf einen präzisen Sprachgebrauch zielende Formulierung bei ROEDER (1979, S. 14) – sind verschiedene Begriffe in Gebrauch. Gegenüber dem »überkommenen« und sehr stark auf Partikularität und Exklusivität abhebenden Begriff »*Privatschule*« zeigt sich gegenwärtig eine Bevorzugung des Terminus »Freie Schule«. Zusätzlich werden noch die Bezeichnungen »Alternativschule« und »Reformschule« verwandt.

Für das Privatschulwesen als Teilbereich des Bildungssystems insgesamt gilt, daß der »interdependente Zusammenhang« (BECK 1971, S. 7) zwischen Schule und Gesellschaft u. a. unter der Kategorie der »gesellschaftlichen Funktion« entfaltet werden kann. Bezeichnungen wie auch Funktionszuschreibungen sind eng mit der historischen Entwicklung des freien Schulwesens verknüpft, die wiederum nicht losgelöst von der Geschichte des Schulwesens überhaupt zu sehen ist ($\rightarrow$ *Theorie pädagogischer Institutionen*; $\rightarrow$ *Schulgeschichte als Bildungsreform* . . .).

In der ersten Hälfte des Mittelalters gab es mit Kloster- und Domschulen bereits Initiativen der Kirchen im Bereich des Bildungswesens. In den – gegen Ausgang des 15. Jahrhunderts bestehenden – Privatschulen wurde Lesen und Schreiben in deutscher Sprache gelehrt (vgl. PAULSEN ³1919, S. 20). Erste Gründungen privater Schulen für den Sekundarbereich sind bereits im Pietismus zu verzeichnen. Es folgten die Philanthropine (1774) sowie Schulen auf der Grundlage des pädagogischen Konzepts PESTALOZZI (vgl. LENNERT 1979, S. 51 f.). Mit dem Preußischen Allgemeinen Landrecht (1794) erhielt die staatliche Mitsprache für das Bildungswesen eine verbindliche Form. Jedoch erst die Weimarer Reichsverfassung aus dem Jahre 1919 beendete die geistliche Schulaufsicht und schuf die Voraussetzungen für die Entstehung von Privatschulen im heutigen Sinne (vgl. V. FRIEDEBURG 1979, S. 39 f.). Die zur Zeit des Nationalsozialismus zum großen Teil verstaatlichten Privatschulen entstanden erst nach 1945 in ihrem früheren Umfang wieder. Die »Idee« einer staatsfreien Schule hat ihre eigene – im wesentlichen durch das Konzept SCHLEIERMACHER (1814) geprägte – historische Dimension (vgl. WEHNES 1982, S. 30 ff.).

In der Realität festigte sich schon früh der subsidiäre Charakter der Privatschule. Ihr Bildungsangebot war überall da willkommen, »wo bestimmte fürsorgerische, sozial- und schulpädagogische Aufgaben auf der staatlichen Bildungslandkarte sich als weiße Flecken zeigten« (PÖPPEL 1977, S. 22). So war sie Vorreiter auf dem Gebiet des höheren

Mädchenschulwesens, bei den berufsbildenden Schulen und bei bestimmten pädagogischen Sondereinrichtungen, die der Förderung von in verschiedener Hinsicht »Schwachen« oder auch völkischen Minderheiten dienten. Als weitere traditionelle Schwerpunkte haben sich bis in die Gegenwart hinein die konfessionelle Bildung sowie die Internatserziehung gehalten. Als allgemeine Funktion der Privatschule wird entsprechend definiert ». . . *die Wahrnehmung öffentlicher Bildungsaufgaben, die der Staat nicht ausreichend oder gar nicht berücksichtigen kann*« (AG FREIER SCHULEN 1971, S. 19).

2.2 Gegenwärtiges Selbstverständnis

Das Grundrecht zur Errichtung von Privatschulen ist durch Artikel 7, Abs. 4 unseres Grundgesetzes garantiert. Die ebenfalls vom Gesetzgeber vorgegebene Unterteilung in *»Ersatzschulen«*, die den öffentlichen Schulen vergleichbar sind, und außerhalb des allgemeinen Schulaufbaus stehende *»Ergänzungsschulen«* unterstreicht den subsidiären Status.

Ersatzschulen unterliegen einer Genehmigungspflicht. Sie müssen ihre Gleichwertigkeit gegenüber der öffentlichen Schule – z. B. in bezug auf Lehrziele, Ausstattung und Ausbildung der Lehrkräfte – nachweisen; Ergänzungsschulen sind lediglich anzeigepflichtig (vgl. HECKEL/AVENARIUS ⁶1986, S. 144–159) (→ *Bildungsrecht, Elternrecht . . .*).

Gegenwärtig versuchen sich Freie Schulen zunehmend stärker von der überkommenen Funktionszuschreibung zu lösen. Ihren »Wandel im Selbstverständnis« und die »Veränderung ihres Standortes innerhalb des gesamten Schulwesens« (AG FREIER SCHULEN 1971, S. 12) bringen sie durch die Bevorzugung des Terminus *»Freie Schule«* zum Ausdruck. Als solche wollen sie sich verstanden wissen als die ausgeprägte Verkörperung der Freiheit in einem öffentlichen Bildungswesen« (ebd.) und nehmen *»Freiheitsrechte zur Gestaltung von Erziehung und Bildung in Anspruch«* (AG FREIER SCHULEN 1988, S. 24), um dem pädagogischen Auftrag zu entsprechen, »ein jedes Kind zu sich selbst kommen zu lassen« (S. 28). Dem wird kritisch entgegengehalten, daß die Realität diesem hohen Autonomieanspruch nicht in jedem Fall gerecht werden kann. Es gibt auch unter den Freien Schulen solche, die – nicht zuletzt aufgrund der Elternnachfrage – eher geneigt sind, ihr »traditionelles Profil« zu wahren (SCHUPPE 1977, S. 284), und keinen größeren Spielraum für Reformen bereitstellen können als staatliche Schulversuche (ROEDER 1979, S. 12). Durch das Einbringen des Begriffs *»Alternativschule«* hebt RICHTER (1979, S. 65) die Schulen, deren Struktur und Curriculum dem allgemeinen öffentlichen Schulwesen entgegengesetzt sind, aus der großen Gruppe Freier Schulen heraus.

3 Freie Waldorfschulen

3.1 Ausgangspunkt

Für den Beginn des Jahres 1990 weist der Bund der Freien Waldorfschulen seinen Bestand für die Bundesrepublik mit 117 Schulen und 3 Internaten aus. Ein starkes Interesse an der Waldorfpädagogik spiegelt sich auch in Elterninitiativen zur Gründung neuer Schulen (GERBAULET 1986) sowie in der großen Zahl neuerer Veröffentlichungen (KIRCHNER 1985) wider.

Die erste Waldorfschule wurde im Jahre 1919 von E. MOLT, dem Direktor der Waldorf-Astoria-Zigarettenfabrik, gegründet. Mit ihr wurde der Anspruch verbunden, eine umfassende und allgemeine Bildung für Menschen aller sozialen Bevölkerungsschichten verwirklichen zu wollen. Die Entstehung dieser ersten Gesamtschule (→ *Strukturveränderungen im Bildungswesen* ..., *Die Gesamtschule*) kann nicht losgelöst gesehen werden von der Persönlichkeit und dem Werdegang ihres geistigen Urhebers und ersten Leiters Rudolf STEINER (1861–1925). Dieser hatte sich nach einem naturwissenschaftlichen Studium, kurzer wissenschaftlicher Tätigkeit und einigen Erfahrungen als Hauslehrer als Mitarbeiter der Theosophischen Gesellschaft angeschlossen. In den Jahren 1902 bis 1910 veröffentlichte er seine eigenen grundlegenden anthroposophischen Erkenntnisse und versuchte in Vorträgen, sie in bezug auf pädagogische Belange weiterzuentwickeln. STEINER konkretisierte seine Gedanken im Hinblick auf ein Schulmodell erst angesichts der gesellschaftlichen und politischen Wirren der Zeit (1918). Er stellte die Schulproblematik in den größeren Zusammenhang einer notwendigen kulturellen und gesellschaftlichen Veränderung. Ausgehend von der Idee einer »Dreigliederung des sozialen Organismus« (STEINER 1969) in die Bereiche eines Wirtschafts-, Rechts- und Geisteslebens, denen jeweils die Grundsätze der sozialen Brüderlichkeit, demokratischen Gleichheit und geistigen Freiheit entsprächen, könne nur die Unabhängigkeit dieser drei Bereiche voneinander ein schöpferisches Geistesleben ermöglichen, in dem auch die Schule zu verankern sei.

3.2 Anthroposophische Erkenntnislehre

Die anthroposophische Lehre STEINERS hängt geschichtlich und inhaltlich eng zusammen mit der theosophischen Bewegung gegen Ende des 19. Jahrhunderts und ist auch auf andere Lebensgebiete – z. B. Landwirtschaft und Medizin – (vgl. z. B. BRÜGGE 1984) übertragen worden. STEINER verstand die *Anthroposophie* als »Erkenntnisweg ..., auf dem der Mensch durch fortschreitendes Eindringen in die Wirklichkeit zur Entfaltung seines seelisch-geistigen Wesens gelangt« (WITZENMANN [5]1971, S. 33). Aus dem Zusammenbringen von gegenständlicher Erkenntnis und Selbsterkenntnis (PRANGE 1985, S. 56) ergibt sich, daß für den Menschen Wirklichkeit erst im (Selbst-)Erkennen entsteht, mithin auch nicht sinnlich erfahrbare Weltinhalte einschließt, »die dann ganz so wie die gegebene anschaulich erfahrbare Welt gesehen und ›erforscht‹ ...« werden (S. 64).

Entsprechend STEINERS aus der »Akasha-Chronik« geschöpften Erkenntnis über die Weltentstehung, die sich in jedem Erdenleben und im Menschen wiederholt, ist das Stoffliche aus einer Art Verdichtung des Geistigen hervorgegangen. Auch die heutige Erde ist eine Wiederverkörperung von Geistigem und hat bereits drei planetarische Zustände durchgemacht. Der Mensch tritt erst auf der vierten Stufe auf und ist aus vier Gliedern zusammengesetzt, die durch die vorhergehenden Entwicklungstatsachen vorbereitet sind: physischer Leib, Äther- oder Lebensleib, Seelen- oder Astralleib und Geist (vgl. BOPP 1930; STEINER [11]1918 und [16]1925). Beim Tod fallen die einzelnen Leiber nacheinander ab. Nach einer Stufe der Bewußtlosigkeit folgt die Reinkarnation. Die über Geburt und Tod hinaus bewahrten seelischen Erlebnisse, Gedanken usw. verbindet STEINER mit der Vorstellung des selbst gewirkten Schicksals oder »Karmas«.

3.3 Waldorfpädagogik

Nach STEINER (1979, S. 75) hat sich aus der von der Anthroposophie gelieferten »ganzen, vollen Menschenerkenntnis« das Pädagogische »ganz von selbst« ergeben. Der Mensch, welcher als vielschichtige Wesenheit den Stufenbau der Natur spiegelt und sie nur mit seinem Wesenskern, dem »Ich«, transzendiert, ist für die Erziehung das, was sie als ihre Voraussetzungen vorfindet. Die *»physische Geburt«* stellt sich dar als eine Loslösung des Menschen von der physischen Mutterhülle und umfaßt das, »was ihn als Erscheinung aus Stoffen und Kräften der Umwelt konstituiert« (LEBER 1983, S. 4), wie auch die in ihm stattfindenden Lebensprozesse. In der ersten Lebensphase wirken sich unmittelbare und nachahmenswerte Sinneserlebnisse »erziehend« auf das Kind aus (vgl. STEINER 1979, S. 99ff.). Zur Zeit des Zahnwechsels – etwa um das 7. Lebensjahr – wird dann durch die Loslösung einer ebensolchen Hülle der *Ätherleib*, den der Mensch gemeinsam mit allen lebenden Wesen hat, »geboren«. Die nicht mehr für den physischen Körper voll benötigten »Bildekräfte« stehen dem Lernen frei zur Verfügung, da »das Gedanken-, Phantasie- und Erinnerungsleben sich nun nicht mehr auf die sinnliche Gegenwart der Dinge stützen ... muß« (LINDENBERG 1975, S. 36). Die bildhafte Gestaltung des Unterrichts ermöglicht es dem Kind, zu den vermittelten Weltinhalten einen erlebnishaften inneren Bezug aufzubauen. Eine einseitige intellektuelle Beanspruchung soll vermieden werden. Da das Kind noch keine eigene Urteilskraft besitzt, verlangt es geradezu nach der Autorität *eines* Lehrers, der die Klasse vom 1. bis 8. Schuljahr der Waldorfschule führt.

Die dritte Entwicklungsphase wird – etwa um das 14. Lebensjahr herum – durch das Einsetzen der Pubertät markiert. Mit der »Geburt« des *Astralleibes*, der auch der ganzen Tierwelt zukommt, wird ein rein seelisches Kraftfeld frei, das alles umfaßt, »was der Mensch an Lust und Leid, Freude und Schmerz, Begierde und Trieb in sich trägt« (STEINER 1985, S. 18). In der Beherrschung dieser inneren Regungen wird der Jugendliche fähig, Welterscheinungen anhand von Begriffen urteilend zu ordnen. Ein stärker wissenschaftlich ausgerichteter Unterricht trägt dem Rechnung. Das erzieherische Ziel einer Befähigung zu mündigem Handeln kann erst mit der Freisetzung des »Ich« als Inbegriff menschlicher Individualität – etwa um das 21. Lebensjahr herum – erreicht werden.

STEINERS Gedanken zu einer umfassenden Volksbildung und seine Erkenntnisse über die kindliche Entwicklung haben sich in der Konzeption einer Freien Schule niedergeschlagen, die in ihrem Aufbau und ihrer Organisation weitere eigenständige Elemente einer Waldorfpädagogik begründet (vgl. KRANICH 1971; LINDENBERG 1975, S. 15f.; ULLRICH 1986, S. 17ff.):

– Alle Waldorfschulen sind zwölfklassige, äußerlich nicht differenzierte Gesamtschulen, deren wirtschaftlicher Träger ein Schulverein ist. Sie haben sich unter der Bedrohung durch den Nationalsozialismus 1933 und nach ihrem Verbot 1946 zum *»Bund der Freien Waldorfschulen«* zusammengeschlossen.

– Es gibt keine Zensuren und keine Versetzung; im Jahreszeugnis wird das Werden des Schülers (Arbeitsstil, Auseinandersetzung mit den Aufgaben usw.) charakterisiert.

– Die seelischen Kräfte des Menschen sind in ihrer Gesamtheit zu fördern und zu bilden. Dies soll durch die Gleichgewichtigkeit von theoretischen, künstlerisch-musischen und handwerklich-praktischen Fächern, die z. T. auch berufskundliche Elemente enthalten, erreicht werden.

– Von der ersten Klasse an werden zwei Fremdsprachen – Englisch und Französisch – gelehrt. Ein Fach, das es an staatlichen Schulen nicht gibt, ist die *Eurythmie*. Diese auf

die Ausdrucks- und Bewegungsfähigkeit des Kindes zielende Übung will Innerliches (wie Sprache und Musik) sichtbar machen.
– Eine weitere Besonderheit stellt der *Epochenunterricht* dar. Die Schüler können sich im Rahmen einer »Epoche« mehrere Wochen lang in Fächern, die nicht der ständigen Übung bedürfen, auf einen Schwerpunkt konzentrieren. Er findet jeden Morgen als sogenannter »Hauptunterricht« in der Zeit von 8–10 Uhr statt.
– Freie Waldorfschulen verwalten sich unter einer kollegialen Schulleitung selbst. Die Lehrkräfte haben eine eigenständige, an der Lehre Rudolf STEINERS orientierte Ausbildung durchlaufen und sind dem hohen Anspruch verpflichtet, eine *»Erziehungskunst«* – so auch der Titel der eigenen pädagogischen Zeitschrift – auf der Grundlage der Menschenkunde zu verwirklichen.

3.4 Diskussion und Kritik

Im Zusammenhang einer »neuen Phase« der »kritischen Auseinandersetzung mit der Waldorfpädagogik« (ULLRICH 1986, S. 7) lautet ein zentraler Vorwurf, daß diese durch die anthroposophische Lehre STEINERS theoretisch nicht hinreichend begründet sei und daher den Zielen, Inhalten und Methoden der Erziehung nicht zugrunde gelegt werden könne. Vor allem die Form der übersinnlichen Erkenntnis erscheint nicht nachvollziehbar, geht über das traditionelle Verständnis von Wissenschaft hinaus (ULLRICH 1986, S. 204; OPPOLZER 1959, S. 56) und kann sich auf keine andere Legitimationsbasis als das Erleben Steiners selbst berufen (PRANGE 1986, S. 553). Zudem kennt die Menschenkunde, der die »zirkuläre, gegen Kritik immune Denkfigur« der Anthroposophie insgesamt immanent ist, »weder Veränderung noch Fortschritt ...« (PRANGE 1985, S. 89). Die Erziehungswirklichkeit der Waldorfschule kann daher mit ULLRICH (1986, S. 15, 7) als »Überbleibsel einer früheren pädagogischen Reformepoche«, der »reformpädagogisch-spätherbartianischen Schulkultur«, ausgelegt werden. Allerdings wird den Waldorfschulen trotz theoretischer Schwächen ihres Konzeptes eine »eigene pädagogische Dignität« (ebd. S. 7) und erfolgreiche Praxis zugestanden. In dem »umfassenden« und »geschlossenen« Charakter dieser Lehre, die »Widersprüche und Probleme« ausgrenzt (KALLERT/SCHLEUNING/ILLERT 1984, S. 644), scheint gerade ihre »Orientierungswirkung« für den Erzieher zu liegen.

Dagegen kommt der »notwendige Dialog« (WIGGER 1984) der »akademischen« Erziehungswissenschaft mit einem so verfaßten Konzept nur zögernd in Gang. KIERSCH (1986) fängt den Angriff PRANGES vornehmlich auf durch den Verweis auf Unzulänglichkeiten in der Aufarbeitung und Interpretation der Schriften STEINERS bzw. anderer Anthroposophen. HANSMANN (1987) versucht, aus den im Zusammenhang einer Ringvorlesung dargelegten kontroversen Standpunkten ein »Spektrum dialogfähiger Inhalte« (S. 260ff.) auszusondern, das auch die noch »offenen Fragen« enthält, an denen sich die Fortsetzung des Dialogs orientieren kann.

4 Deutsche Landerziehungsheime

4.1 Geschichtliche Entwicklung

Die in der Vereinigung Deutscher Landerziehungsheime zusammengeschlossenen Internatsschulen – es handelt sich mit Ausnahme der Odenwaldschule um Gymnasien – bilden mit 17 Schulen innerhalb des privaten Bildungswesens eine verhältnismäßig kleine

Gruppe. Die pädagogische Konzeption des Landerziehungsheims hat ihre Wurzeln in der gegen Ende des 19. Jahrhunderts beginnenden *reformpädagogischen Bewegung*. Vor dem Hintergrund einer grundsätzlichen Infragestellung des Überkommenen und als krisenhaft empfundener Zeiterscheinungen – vor allem im Bereich der Großstadtkultur – kam es zu einer Vielzahl von Auf- und Umbrüchen, die sich als pädagogische Strömungen mit den Bereichen der Kunsterziehung, Frauenbildung und Jugenderziehung verbanden. All diese Bestrebungen zeichneten sich durch ein gemeinsames »innerstes Ziel« aus: »den Willen zu einem neuen Typus Mensch in einer neuen Gemeinschaft« (NOHL ⁹1982, S. 61). Eine phasenhafte Charakterisierung der Reformpädagogik ist wiederholt versucht worden (RÖHRS 1986, S. 14ff.):

Die erste Phase (etwa ab 1890) weist sie als von Beginn an internationale Bewegung aus. Orientiert an den Ideen ROUSSEAUS und PESTALOZZIS, wurde die Auseinandersetzung mit der »alten« »Lern- Lehrer- und Wissenschule« (»Buchschule«) geführt. In der etwa ab 1914 zu datierenden zweiten Phase begann zwischen den einzelnen Reformversuchen eine intensive, an den Gemeinsamkeiten ihrer pädagogischen Grundeinstellung orientierte Diskussion. In einer dritten Phase – etwa ab 1924 – wurde das Bemühen um die Erarbeitung einer theoretischen Grundlegung deutlich. Der enthusiastischen Grundstimmung folgte eine Besinnung auf das Realisierbare. Als permanente Bewegung, in deren Vollzug wir heute noch stehen, ist für die Reformpädagogik nach RÖHRS (ebd.) eine vierte und fünfte Phase kennzeichnend, die in der Bundesrepublik seit etwa 1970 zur Gründung von Freien Alternativschulen geführt hat.

4.1.1 Lietzsche Landerziehungsheime

Aus dem Gedankengut der ersten reformpädagogischen Phase heraus entwickelte die Strömung der *»Landerziehungsheimbewegung«* den Typus eines Schul-»Heimes«, das – weit abgelegen von dem als verderblich angesehenen Einfluß großer Städte – die idealen Bedingungen für die Entstehung einer angestrebten Lebensgemeinschaft bot. Große Gründerpersönlichkeiten waren es jeweils, die durch die Umsetzung ihrer pädagogischen Ideen verschiedene Modelle des Deutschen Landerziehungsheims hervorbrachten (DIETRICH 1971; ERBE ⁵1971).

Hermann LIETZ (1868–1919) nahm nach dem als bedrückend empfundenen Wissensdrill der Schule das Studium der Theologie auf und entschied sich später für den Lehrerberuf. Die Tätigkeit an der Übungsschule Wilhelm REINS sowie ein Besuch an der Reformschule Cecil REDDIES »New School Abbotsholme« bei Rochester, ließen schon früh den Plan eines eigenen schulischen Entwurfs reifen, den LIETZ in seiner Schrift »Emlohstobba« – dem Anagramm von Abbotsholme – darstellt (LIETZ 1970a, S. 6–30). In enthusiastischer Form entwirft er ein Ideal, das die Bildung des Charakters höher einschätzt als bloße Wissensvermittlung.

Die Gründung des ersten Heims 1898 in Ilsenburg/Harz orientierte sich in seinem äußeren Rahmen an dem englischen Modell. Weitere Heime folgten 1901 (Haubinda bei Meiningen), 1904 (Bieberstein/Rhön) und 1914 (Landwaisenheim Veckenstedt). Die Schüler wurden entsprechend ihrer Zugehörigkeit zu einer Altersgruppe auf die ersten drei Heime verteilt. Die Kennzeichnung »deutsch« verweist auf die nationale und staatsbürgerliche Ausrichtung der Erziehung, die unter dem Nachfolger Alfred ANDREESEN (1933) zu einer pronazistischen Haltung der Heimleitung führte und bis heute Gegenstand kritischer Auseinandersetzung geblieben ist (RÖHRS 1986, S. 19ff.).

Im Sinne einer ganzheitlichen Ausrichtung standen geistige, körperliche und charakterliche Bildung gleichberechtigt nebeneinander und erfuhren ihre Ausgestaltung nicht nur im Unterricht, sondern auch durch musische und künstlerische Betätigung, durch handwerkliches Tun und durch die praktische Arbeit auf den Feldern. Das Heimleben war in seinem Ablauf ausgerichtet an einem Tagesplan, in dem alle Betätigungen ebenso wie der vormittägliche wissenschaftliche Unterricht ihren festen Platz hatten. Auch die Abhärtung des Körpers in Verbindung mit einer spartanisch einfachen Lebensweise wurde systematisch mit einbezogen. Neben der die Schule umgebenden Natur kam der *Stille* eine besondere pädagogische Bedeutung zu: in den Schweigezeiten bei Tisch, der Morgenandacht und dem feierlichen Tagesausklang in der Kapelle. Der Lehrplan sollte dem »einer Realschule mit vereinigtem fakultativen Reformgymnasium« (LIETZ 1970b, S. 32) ähneln und letztlich dem Ziel einer »Selbsterziehung zum sittlichen Charakter« (S. 35) dienen (→ *Schule als Lebensraum* ...).

Jeder einzelne war auf vielfältige Weise in die Lebensgemeinschaft des Internats eingebunden: Geborgenheit gab ihm die Zugehörigkeit zu einer »*Familie*«; die Klasse vermittelte ihm Teilhabe an einer Arbeitsgruppe; eigenen Interessen konnte er im Rahmen »seines« Vereins nachgehen. LIETZ wurde von Zeitgenossen charakterisiert als starke Erzieherpersönlichkeit mit patriarchalisch-autokratischen Grundzügen, was zu wiederholten Konflikten mit Mitarbeitern führte.

4.1.2 Freie Schulgemeinde Wickersdorf

Gustav WYNEKEN (1875–1964) hat sowohl die Landerziehungsheime wie auch die Jugendbewegung entscheidend beeinflußt. Die Differenzen mit LIETZ in bezug auf Lebenshaltung und Erziehungsgrundsätze führten 1906 zur Trennung und zur Gründung der Freien Schulgemeinde Wickersdorf bei Saalfeld im Thüringer Wald. WYNEKEN entwickelte einen eigenen kulturkritischen Ansatz, welcher der Jugendphase ein eigenes Recht einräumte und sie nicht lediglich als eine Vorbereitungszeit für das spätere Erwachsenendasein auffaßte. Entsprechend ihrer eigentümlichen Sonderstellung zwischen Natur und Geist, sah er die Hauptaufgabe der Erziehung darin, »den Heranwachsenden dem tierischen Bereich zu entreißen und ihm das ›Verwachsen mit dem objektiven Geiste‹ zu ermöglichen« (BADRY 1979, S. 159). Als wahrhaftes Abbild des Lebens sollte die diesem Ziel dienende »*Schulgemeinde*« alle Altersstufen sowie beide Geschlechter im Zusammenleben frei gewählter »*Kameradschaften*« umfassen. Durch den »*Schülerausschuß*« gab es eine demokratisch gesicherte Mitwirkungsmöglichkeit an der Schulgemeinde. Auch hier kam körperlicher und musischer Betätigung ein gleichrangiger Stellenwert zu.

4.1.3 Odenwaldschule und Schloß Salem

Der Gründer der Odenwaldschule – Paul GEHEEB (1870–1961) – kam über die evangelische Theologie zur Pädagogik. Eine vielfältige sozialerzieherische Tätigkeit prägte seine Grundeinstellung. Gestützt auf die Prinzipien einer »*Pädagogik vom Kinde aus*«, sah sein erzieherisches Konzept vor, alle pädagogischen Maßnahmen so zu verwenden, daß dem Individuum zu seiner Bestimmung verholfen werden konnte (BADRY 1979, S. 163). Auch die Organisationsform der Schule sollte Ausdruck der »Forderung nach weitgehender individueller Autonomie« (ebd.) sein.

Mit der Gründung der Odenwaldschule (bei Heppenheim/Bergstraße) im Jahre 1910 entwickelte GEHEEB ein neues Schulmodell auf der Grundlage seiner Erfahrungen in Haubinda, Abbotsholme und Wickersdorf. Er wollte die als Gefahrenmoment erkannte Abseitsstellung der Landerziehungsheime durch die Vorteile der von der Nähe größerer Städte ausgehenden geistigen Anregung kompensieren. Die bei LIETZ und WYNEKEN deutlich gewordenen Ansätze zur Schülermitwirkung wurden bei GEHEEB zu einer republikanischen Schulverfassung ausgeweitet. Der Schulgemeinde als Entscheidungsebene des Schullebens gehörten alle Beteiligten der Schule an. Zum weiteren Merkmal der Odenwaldschule wurde die Realisierung der Koedukation und eines neuartigen Kurssystems, das die intensive Beschäftigung mit einem Sachgebiet über einen längeren Zeitraum ermöglichen sollte.

Die Odenwaldschule hat sich schrittweise zu einer *integrierten Gesamtschule* weiterentwickelt und ist in mehreren Publikationen ausführlich dargestellt worden (z. B. EDELSTEIN 1967; G. BECKER 1979). Als Internatsschule umfaßt sie die Klassen 5–13. Für die Mittelstufe (Klasse 7–10) treten an die Stelle des Klassenverbandes kleinere, nach pädagogischen Gesichtspunkten zusammengestellte Lerngruppen. In der Sekundarstufe II ist dann der Unterricht als offenes Kursangebot jahrgangsübergreifend organisiert (→ *Strukturveränderungen im Bildungswesen..., Die Gesamtschule, Die reformierte gymnasiale Oberstufe*).

Einen herausragenden Stellenwert unter den Landerziehungsheimen nimmt Schloß *Salem*, die Gründung Kurt HAHNS im Kreise der Familie des Prinzen Max VON BADEN, ein. Aus dieser »Keimzelle« entstand u. a. auch die über alle Kontinente verstreute besondere Form der »*Kurzschulen*« (SCHWARZ 1968; WEBER/ZIEGENSPECK 1983).

4.2 Bedeutung für die Gegenwart

Die Landerziehungsheime haben in ihrer Blütezeit als Vorbilder stark in das öffentliche Schulwesen hineingewirkt und auch Reformen angeregt. Ihre weltanschauliche bzw. politische Ungebundenheit, welche die Begründung einer gemeinsamen Pädagogik weitgehend verhindert hat, war für sie die große Chance, allen Geistesrichtungen und Konventionen offenzustehen. Nach wie vor ist das Ziel eine allseitige Förderung von Begabungen und Neigungen.

Das Landerziehungsheim übernimmt auch in der Gegenwart Verantwortung für die Erziehung der Heranwachsenden. Die Heimgemeinschaft in ihrer Distanz etwa zum städtischen Leben bietet zudem die Voraussetzungen dafür, »daß Kind und Jugendlicher ihre Fähigkeiten und Möglichkeiten« mit ihren »positiven und negativen Wirkungen durchspielen können, ohne die volle sachliche Konsequenz ertragen zu müssen« (SCHÄFER 1964, S. 57). Es können Verhaltensweisen – wie die »Kultur des Mitmenschlichen« (ebd., S. 60) – eingeübt werden, wofür der engere Rahmen der Familie kaum Raum bietet (→ *Schule als Lebensraum ...*). Aber auch das Aufkommen von Spannungen – wie der soziologische Gegensatz von Individuum und Gesellschaft bzw. der biologische zwischen Jugendlichen und Erwachsenen – scheint in der Konzeption des Landerziehungsheims angelegt zu sein (vgl. ANDREESEN 1926, S. 11ff.). Dem soll durch das persönliche Gespräch in den kleinen Gruppen der »Kameradschaften« und »Familien« begegnet werden. – Die Landerziehungsheime der Gegenwart beteiligen sich an der Erprobung vielfältiger Alternativen im Bildungswesen, wie z. B. der Förderung musikalischer Begabung und der Oberstufenreform (→ *Strukturveränderungen im Bildungswesen..., Die reformierte gymnasiale Oberstufe*).

Neben dieser positiven Einschätzung gibt es Stellungnahmen, die ihnen einen eher »reaktionären« Standort zuweisen. Aufgrund ihrer Exklusivität – so die bei SCHÄFER (1979, S. 215f.) referierten Vorwürfe – betrieben sie »Fürsorge erster Klasse« für die Kinder von Großbürgern. Sie sollten zu staatlichen Beispielschulen umgewandelt werden, auch um ihre pädagogischen Maßnahmen einer breiteren Bevölkerungsschicht zugute kommen zu lassen.

Trotz der – keineswegs begrüßten – Tendenz, aufgrund hoher Ausbildungskosten zu einer Art von »Eliteschulen« zu werden, waren die Landerziehungsheime in ihrer historischen Entwicklung zunächst einmal »Krisengebilde« oder »Protestschöpfungen« (SCHÄFER, S. 218ff.), die etwas Neues versuchten. Unter veränderten gesellschaftlichen Voraussetzungen, die zu ganz anderen »Gegenschulen« geführt haben, tritt dieses spezifische mit ihrer Entstehung verbundene Selbstverständnis kaum noch hervor.

5 Kirchliche Schulen

5.1 Ansatzpunkte christlichen Erziehungsdenkens

Als »*kirchliche Schulen*« werden hier mit HOMEYER (1970, S. 446) benannt ». . . alle von ev. oder kath. Christen gestalteten Schulen, die sich als ev. oder kath. Schulen bezeichnen, unabhängig von ihrer jurist. Trägerschaft (Diözese, Pfarrgemeinde, Orden, Stiftung oder e. V.)«. Mit ca. 660 allgemeinbildenden und 215 berufsbildenden Schulen (ohne Krankenpflegeschulen) der katholischen Kirche (ZENTRALSTELLE BILDUNG 1984, Aufstellung f. 1987/8); 119 allgemeinbildenden und 289 beruflichen Schulen in der Trägerschaft der evangelischen Kirche (AG FREIER SCHULEN 1988, S. 117) sowie verschiedenen anderen pädagogischen Einrichtungen stellen die kirchlichen Schulen die zahlenmäßig stärkste Gruppe innerhalb des privaten Bildungswesens dar. Mit ihrem »verfassungskonformen Freiheitsverständnis«, das zwar religiösen Normen verpflichtet und an die Kirche gebunden ist (POTTHAST 1987, S. 206), stehen sie für die Auffassung, daß es keine Zwangsschule für alle geben sollte.

Die Ausgangspunkte für ein dem Unterricht kirchlicher Schulen zugrunde zu legendes pädagogisches Konzept sind vielfältig und schließen die Reflexion so umfassender Bereiche wie die des Verhältnisses von »Glauben und Erziehen«, »Theologie und Pädagogik«, »Kirche und Schule« mit ein (vgl. STALLMANN 1971, S. 425). Dabei ist zu beachten, daß der Anspruch, die Erziehungsarbeit orientieren zu wollen, sich keineswegs darauf stützen kann, daß die Theologie »die Prinzipien enthält, aus denen entsprechende pädagogische Normen und Einsichten abzuleiten wären« (HOMEYER 1970, S. 447). Es bleibt auf den weiteren Konkretisierungsebenen einer humanen bzw. christlichen sowie einer konfessionell gebundenen Erziehung noch zu leisten, »die Impulse und die Aussagen der Offenbarung und der Kirche z. B. über den Menschen . . . , über das zwischenmenschliche Zusammenleben . . . , über die Welt . . . jeweils neu in den pädagogischen Vollzug einzubringen« (HOMEYER 1970, S. 447f.).

Ein auf *humane Erziehung* ausgerichtetes Erziehungskonzept begreift das Christentum als Kulturgut, steht ihm aber andererseits mit der Vorstellung einer Verwirklichung aller individuellen Anlagen und Befriedigung der Bedürfnisse fern. Vom Standpunkt einer *christlichen Erziehung* aus gewinnt der Begriff des »Humanen« durch den auf »Welt- oder Sinndeutung« zielenden Transzendenzbezug der Religion eine umfassendere Tiefendimension (KOPP 1978, S. 133). Damit kann deutlich gemacht werden, daß das Wesen des Menschen »erst in der Hinwendung zu Gott zu seiner Bestimmung, der Menschwerdung, findet« (HOFMEIER 1978, S. 89).

Katholische Pädagogik versteht sich – trotz einer im Glauben hinzunehmenden Offenbarungswahrheit – als Sonderfall einer Wissenschaft neben anderen (BRUNNENGRÄBER 1950, S. 7). Sie differenziert zwischen einer katholischen Erziehung, die es »immer nur in der konkreten geschichtlichen Situation gibt«, einer katholischen Erziehungslehre, die den normativen Aspekt – »... wie katholisch erzogen werden soll« (ERLINGHAGEN 1970, S. 407) – umfaßt, und einer katholischen Pädagogik als Wissenschaft.

In der *evangelischen Pädagogik* entfaltet sich das Nachdenken über Erziehungsfragen in erster Linie als Gespräch zwischen Theologie und Pädagogik. Dabei wird stets auch die Säkularisierung als Prozeß der allmählichen Loslösung menschlicher Verhaltensweisen von ihren »ursprünglich religiösen Sinn- und Lebensbezügen ...« (STALLMANN 1971, S. 86) mit ihren negativen Folgen für das Leben einbezogen. Zum Teil wird das pädagogische Konzept auch zurückhaltender als »evangelische Lehre von der Erziehung« (UHSADEL 1960, S. 131) bezeichnet, die von der »Autonomie der Pädagogik als Wissenschaft« ausgeht.

5.2 Katholische Schulen

Nach der Glaubensspaltung im 16. Jahrhundert kam es zur evangelischen und katholischen Schule. Das Schulwesen wurde jetzt zum Instrument der katholischen Reform und Gegenreformation (ERLINGHAGEN ⁵1971). Zumeist aus der Einsicht in aktuelle erzieherische Notsituationen heraus entstanden die von *Orden* oder ordensähnlichen Gemeinschaften betriebenen Schulen, die vor allem den klerikalen Nachwuchs heranbilden sollten (ERLINGHAGEN 1971). Die Gründungen der Jesuiten machten im 16. bis 18. Jahrhundert das gesamte höhere Schulwesen in den katholischen Gebieten aus und schufen den entscheidend durch den Humanismus geprägten Typ der allgemeinbildenden höheren Schule (→ *Lehrer / Lehrerin*). Der Orden der Ursulinerinnen und der Orden der Englischen Schwestern machten sich vor allem um den Aufbau eines höheren Mädchenschulwesens verdient. Mit der Entwicklung des staatlichen Schulwesens im 18. Jahrhundert erhielt die katholische Schule eine Sonderstellung.

Die um die Wende zum 19. Jahrhundert entstandenen neuen Orden sahen neben der Heranbildung des Nachwuchses ihre Aufgabe vor allem als »Dienst am Heil des Menschen« (HOMEYER 1971, S. 108), eine Zielsetzung, die bis in die Gegenwart hinein von allen katholischen Schulen vor allem durch die »Glaubenserziehung« (DIKOW 1984, S. 48f.) wahrgenommen wird und den Dienst an den sozial Benachteiligten und Behinderten einschließt.

Während es vor 1933 nahezu keine Reformversuche im katholischen Schulwesen gab – wobei besonders den von Orden geleiteten Schulen eine gewisse Schwerfälligkeit vorgehalten werden kann (PÖGGELER 1968, S. 133ff.) –, sind die katholischen Schulen der Gegenwart demgegenüber als »fortschrittlich« zu bezeichnen und können z. B. mehrere Projekte mit Ganztags- bzw. Gesamtschulen aufweisen.

5.3 Evangelische Schulen

Die »Erweckungsbewegung« des frühen 19. Jahrhunderts gab dem evangelischen Privatschulwesen einen starken Auftrieb. Daneben haben die pädagogischen Vorstellungen der Landerziehungsheime vor allem die Konzeption der Internate stark beeinflußt, die darüber hinaus geprägt wurden durch PESTALOZZIS Maxime vom »Heimleben als Familienleben«. Einen besonderen Stellenwert nahmen die Heime von WICHERN ein, deren helfender Charakter überall dort deutlich wurde, wo Kinder zu Opfern von Gesellschaft oder Eltern wurden (H. BECKER ^{5}1971; POTTHAST u. a. 1984; POTTHAST 1987) (→ *Sozialpädagogik und Heimerziehung*). Auch als nach 1945 das Grundrecht auf Unterrichtsfreiheit wiedereingeführt wurde, verstanden sich die neugegründeten Heimschulen als Dienst gegenüber den Heranwachsenden in den Notständen der Zeit. Daneben hat die evangelische Schule echte Bedarfslücken im Bereich der Mädchenbildung ausgefüllt.

In der seit 1960 begonnenen kritischen Besinnung weisen freie evangelische Schulen als ihre primäre Motivation aus, in der Bindung an das Evangelium »einfach da sein« zu wollen (BAUER u. a. 1971, S. 86). Aus dem Evangelium ergeben sich besondere Gesichtspunkte für Maß und Wert des Menschen, die auch dann herangezogen werden, wenn es um Fragen wie Fleiß, Begabung und Leistung geht.

Synodalbeschlüsse geben weitere Richtwerte für die pädagogische Arbeit vor. Auf den Synoden der EKD von 1971 und 1978 wurde als Gemeinsamkeit mit dem katholischen Verständnis die Auffassung von Schule als ein »Ort der Gemeinschaft« und der Zusammenarbeit aller Beteiligten deutlich (vgl. POTTHAST 1987, S. 209). Das christliche bzw. evangelische Profil einer Schule ergibt sich aus dem Gefüge aller Lebensmomente und spiegelt sich in dem Grundsatz, das Kind so lange zu schützen, bis es die Lebenskonflikte selbstverantwortlich bestehen kann. Nach einem aktuell formulierten Selbstverständnis nehmen evangelische Schulen, orientiert an ihrem Verkündigungsauftrag, Aufgaben im Bereich von Lehre und Diakonie wahr, die sich nach einem weiten Verständnis auf den Unterricht in allen Fächern erstrecken. Mit Schulversuchen zu Gesamtschulen und der Realisierung besonderer Bildungsprogramme (z. B. Sportzug für Leistungssportler) haben sich die evangelischen Schulen um Reformansätze bemüht (→ *Strukturveränderungen im Bildungswesen . . ., Die Gesamtschule*).

Als besondere Gruppe stellen sich die vom Christlichen Jugenddorfwerk Deutschlands getragenen *Jugenddorf-Christophorus-Schulen* dar. Sie versuchen den Grundgedanken der Jugenddorfpädagogik, das von gegenseitiger Verantwortung füreinander geprägte Zusammenleben von bis zu mehreren hundert jungen Menschen und Erwachsenen in einer Ausbildungsgemeinschaft, nach dem »Muster« der überschaubaren Ordnung eines Dorfes zu realisieren (vgl. DANNENMANN 1970).

6 Die Schulen des Verbandes Deutscher Privatschulen

Als ältester Zusammenschluß von freien Schulträgern in Deutschland entstand im Jahre 1903 der politisch, weltanschaulich und konfessional neutrale *»Verband Deutscher Privatschulen e. V«*. Heute repräsentieren die nahezu 1000 ihm angehörenden Schulen fast alle Möglichkeiten innerhalb des allgemeinbildenden und berufsbildenden Bildungswesens (vgl. HECKEL 1971; BÜCHLER 1988).

In seiner Aufgabenstellung, dem privaten Bildungs- und Erziehungswesen insgesamt dienen zu wollen, vertritt der Verband die Belange seiner Mitgliedsschulen und beteiligt sich bei Gesetzesvorhaben des Bundes und der Länder. Um den einzelnen Schulen

Impulse wirksamer vermitteln zu können, wurden – in sich wiederum untergliederte – Fachgruppen gebildet. Unter den Schulen dieses Verbandes haben sich einige durch ihre besondere pädagogische Prägung einen Namen gemacht, wie z. B. die an den pädagogischen Prinzipien MONTESSORIS (vgl. z. B. HOLTSTIEGE 1986; EICKHORST 1985) orientierte *Anna-Schmidt-Schule* in Frankfurt und die *Werkhaus-Schule Merz* in Stuttgart.

7 Perspektiven

Die Reflexion des Stellenwerts Freier Schulen im Bildungswesen hat drei Ebenen gegenwärtig zu halten.
– Unter dem Gesichtspunkt des Verhältnisses von *Staat* bzw. *Gesellschaft* und *Schule* werden unterschiedliche Funktionen Freier Schulen deutlich, die von der Zuschreibung subsidiärer Aufgaben bis zu einem selbst gesetzten Freiheitsverständnis reichen, das sich u. a. an der Realisierung pädagogischer Alternativprogramme ausweist. Die kritische Prüfung dieser Auffassungen sowie die Berücksichtigung der Vielfalt Freier Schulen lassen erkennen, daß sich die tatsächlich ausgefüllten Funktionen zwischen diesen beiden Polen bewegen und jeweils von den Zeitumständen und dem darin realisierbaren öffentlichen Bildungswesen abhängig sind.
– Unter dem – eng mit dem Verhältnis von Gesellschaft und Schule zusammenhängenden – Aspekt einer »Institutionalisierung von Erziehung« (→ *Theorie pädagogischer Institutionen*) zeigt sich am Beispiel der stark durch die pädagogischen Vorstellungen ihrer Gründerpersönlichkeiten (STEINER, GEHEEB, LIETZ u. a.) geprägten »Geschichte« Freier Schulen, wie jeweils »die personengebundene Initiative sich in eine personenunabhängige Organisation transformiert« (FREY/KNOLL/KÜNZLI 1987, S. 377) und dabei »pädagogische Ideen« auch unter sich verändernden gesellschaftlichen Ansprüchen »überdauern« (ebd.) können.
– Auf der Ebene einer *theoretischen Begründung* der Bildungs- und Erziehungsarbeit Freier Schulen liegen unterschiedliche Ansätze vor. Sie umfassen die relativ geschlossene Lehre der Waldorfpädagogik, die weltanschaulich nicht so stark eingebundenen Erziehungsgrundsätze der Landerziehungsheime sowie die mehr als Orientierungswerte aufzufassenden Vorgaben der kirchlichen Schulen, die zudem stark auf den Dialog mit der Theologie verwiesen sind.
Die Ansätze lassen – in unterschiedlichem Ausmaß – eine wissenschaftliche Auseinandersetzung nur eingeschränkt zu. Dem sollte – nicht zuletzt von der Erziehungswissenschaft her – begegnet werden, auch wenn die traditionelle Praxis der Schulen zunächst gefährdet erscheint. Die von staatlichen Schulversuchen und Freien Schulen gleichermaßen wahrzunehmende Bereicherung des öffentlichen Schulwesens könnte von seiten der Privatschulen dann um so überzeugender geleistet werden.

Literatur

ANDREESEN, A.: Das Landerziehungsheim. In: ders. (Hrsg.): Das Landerziehungsheim. Leipzig 1926, S. 1–17
ARBEITSGEMEINSCHAFT FREIER SCHULEN (Hrsg.): Freie Schule. Stuttgart 1971
–: Handbuch Freie Schulen. Reinbek 1988 (erw. Neuausgabe)

BADRY, E.: Pädagogische Genialität in einer Erziehung zur Nicht-Anpassung und zum Engagement. Phil. Diss. Bonn 1976
–: Die Gründer der Landerziehungsheime (LIETZ/WYNEKEN/GEHEEB/HAHN). In: SCHEUERL, H. (Hrsg.): Klassiker der Pädagogik. Bd. 2. München 1979, S. 152–169
BAUER, H./POTTHAST, K.-H./REICHEL, W.: Die evangelischen Schulen. In: ARBEITSGEMEINSCHAFT FREIER SCHULEN (Hrsg.): Freie Schule, a.a.O., S. 86–93
BECK, J.: Schule und Gesellschaft. In: ROMBACH, H. (Hrsg.): Lexikon der Pädagogik. Neue Ausgabe. Bd. 4. Freiburg u. a. 1971, S. 7–9
BECKER, G.: Die Odenwaldschule Ober-Hambach. In: Westermanns Pädagogische Beiträge 31 (1979), S. 79–83
–/ERBE, H. W./WEIDAUER, K.: Die deutschen Landerziehungsheime. In: ARBEITSGEMEINSCHAFT FREIER SCHULEN (Hrsg.): Freie Schule, a.a.O., S. 146–163
BECKER, H.: Kirche und Schule. Evangelisch. In: GROOTHOFF, H.-H./STALLMANN, M. (Hrsg.): Neues Pädagogisches Lexikon. Stuttgart/Berlin ⁵1971, Sp. 590–593
BEHR, M./JESKE, W.: Schul-Alternativen. Düsseldorf 1982
BOPP, L.: Anthroposophische Pädagogik. In: SPIELER, J. (Hrsg.): Lexikon der Pädagogik der Gegenwart. Bd. 1. Freiburg 1930, Sp. 78–84
BRÜGGE, P.: Die Anthroposophen. Reinbek 1984
BRUNNENGRÄBER, H.: Katholische Pädagogik. In: KLEINERT, H. (Hrsg.): Lexikon der Pädagogik. Bd. 2. Bern 1950, S. 7–11
BÜCHLER, K.: Schulen in freier Trägerschaft des Bundesverbandes Deutscher Privatschulen. In: ARBEITSGEMEINSCHAFT FREIER SCHULEN (Hrsg.): Handbuch Freie Schulen, a.a.O., S. 261–272
BUND DER FREIEN WALDORFSCHULEN E. V. (Hrsg.): Übersicht über die nach der Pädagogik R. Steiners arbeitenden Schulen in der BRD. Stuttgart 1990
BUNDESMINISTER FÜR BILDUNG UND WISSENSCHAFT – BMBW – (Hrsg.): Grund- und Strukturdaten. Ausgabe 1989/90. Bonn 1990
CARLGREN, F.: Erziehung zur Freiheit. Frankfurt 1981
DANNENMANN, A.: Jugenddorf. In: ROMBACH, H. (Hrsg.): Lexikon der Pädagogik. Neue Ausgabe. Bd. 2. Freiburg 1970, S. 350f.
DICK, L., VAN: Alternativschulen Reinbek 1979
DIETRICH, TH. (Hrsg.): Die Landerziehungsheimbewegung. Bad Heilbrunn 1967
–: Landerziehungsheim(bewegung), Freie Schulgemeinden. In: ROMBACH, H. (Hrsg.): Lexikon der Pädagogik. Neue Ausgabe. Bd. 3. Freiburg u. a. 1971, S. 22f.
DIKOW, J.: Katholische Schulen. In: ARBEITSGEMEINSCHAFT FREIER SCHULEN (Hrsg.): Handbuch Freie Schulen, a.a.O., S. 49–116
EDELSTEIN, W.: Odenwaldschule. Frankfurt/M. 1967
EICKHORST, A.: Alternativschulen. In: Ehrenwirth Grundschulmagazin 10 (1983), S. 2
–: Montessori-Pädagogik. In: Ehrenwirth Grundschulmagazin 12 (1985), S. 2
ERBE, H. W.: Landerziehungsheime. In: GROOTHOFF, H.-H./STALLMANN, M. (Hrsg.): Neues Pädagogisches Lexikon, a.a.O., Sp. 644f.
ERLINGHAGEN, K.: Katholische Pädagogik. In: ROMBACH, H. (Hrsg.): Lexikon der Pädagogik. Bd. 2, 1970, a.a.O. 1970, S. 406–408
–: Ordensschulen. In: ROMBACH, H. (Hrsg.): Lexikon der Pädagogik, Bd. 3, a.a.O. 1971, S. 245f.
–: Kirche und Schule. Katholisch. In: GROOTHOFF, H.-H./STALLMANN, M. (Hrsg.): Neues Pädagogisches Lexikon, a.a.O., ⁵1971, Sp. 593–595
FREY, K./KNOLL, J. H./KÜNZLI, R. (Hrsg.): Privatschulen – von der pädagogischen Spontanität zur bildungspolitischen Regelung. Bildung und Erziehung 40 (1987), Heft 4
FRIEDEBURG, L., V.: Zur gesellschaftlichen Funktion von Privatschulen im öffentlichen Schulsystem. In: GOLDSCHMIDT, D./ROEDER, P. M. (Hrsg.): Alternative Schulen. Stuttgart 1979, S. 39–50
GERBAULET, S.: Störfaktor freie Schule. In: Die Zeit, Nr. 8 v. 14. 2. 1986
GOLDSCHMIDT, D./ROEDER, P. M. (Hrsg.): Alternative Schulen. Stuttgart 1979
GROOTHOFF, H.-H./STALLMANN, M. (Hrsg.): Neues Pädagogisches Lexikon. Stuttgart/Berlin ⁵1971
HANSMANN, O. (Hrsg.): Pro und Contra Waldorfpädagogik. Würzburg 1987
HECKEL, H.: Die Schulen des Verbandes Deutscher Privatschulen. In: ARBEITSGEMEINSCHAFT FREIER SCHULEN (Hrsg.): Freie Schule, a.a.O., S. 124–145
–/AVENARIUS, H.: Schulrechtskunde. Neuwied ⁶1986

HOFMEIER, J.: Das christliche Verständnis von Welt und Mensch. Grundlegung einer Erziehung aus dem Glauben. In: MAIER, H. (Hrsg.): Aspekte christlicher Erziehung in der Schule. Regensburg 1978, S. 72–95

HOLTSTIEGE, H.: Maria Montessori und die reformpäd. Bewegung. Freiburg, Basel, Wien 1986

HOMEYER, J.: Kirchliches Schulwesen. In: ROMBACH, H. (Hrsg.): Lexikon der Pädagogik. Bd. 2, a.a.O., S. 446–448

–: Die katholischen Schulen. In: ARBEITSGEMEINSCHAFT FREIER SCHULEN (Hrsg.): Freie Schule, a.a.O., S. 106–111

KALLERT, H./SCHLEUNING, E.-M./ILLERT, CH.: Der Aufbau der kindlichen Persönlichkeit in den Entwicklungslehren von Maria Montessori und Rudolf Steiner. In: Zeitschrift für Pädagogik 30 (1984), S. 633–645

KIERSCH, J.: Die Waldorfpädagogik. Stuttgart ⁵1979

–: Wie läßt sich die Pädagogik Rudolf Steiners verstehen? In: Zeitschrift für Pädagogik 32 (1986), S. 550–554

KIRCHNER, CH.: Eine Weltanschauung im Crescendo. Anthroposophie und Waldorfpädagogik. In: Buch und Bibliothek 37 (1985), S. 269–729

KLASSEN, TH. F./SKIERA, E./WÄCHTER, B. (Hrsg.): Handbuch der reformäd. u. alternativen Schulen in Europa. Baltmannsweiler 1990

KÖPPEN, W.: Die Schule Schloß Salem. Ratingen 1967

KOPP, F.: Humane Erziehung – christliche Erziehung. In: MAIER, H. (Hrsg.): Aspekte christlicher Erziehung in der Schule. Regensburg 1978, S. 128–147

KRÄMER, F. J./SCHERER, G./WEHNES, F.-J.: Anthroposophie und Waldorfpädagogik. Annweiler 1987

KRANICH, E.-M.: Freie Waldorfschulen. In: ARBEITSGEMEINSCHAFT FREIER SCHULEN (Hrsg.): Freie Schule, a.a.O., S. 61–85

LEBER, S.: Einleitung. In: ders. u. a.: Die Pädagogik der Waldorfschule und ihre Grundlagen. Darmstadt 1983, S. 1–27

LENNERT, R.: Beobachtungen zum Verhältnis von öffentlichen und privaten Schulen. In: GOLDSCHMIDT, D./ROEDER, P. M. (Hrsg.): Alternative Schulen, a.a.O., S. 51–62

LIETZ, H.: Emlohstobba. Roman oder Wirklichkeit? (1897). In: LASSAHN, R. (Hrsg.): Hermann Lietz. Schulreform durch Neugründung. Paderborn 1970(a), S. 5–30

–: Die Erziehungsgrundsätze des Deutschen Landerziehungsheims von Dr. H. Lietz bei Ilsenburg im Harz. In: LASSAHN, R. (Hrsg.): Hermann Lietz. Schulreform durch Neugründung. Paderborn 1970(b), S. 31–36

LINDENBERG, CH.: Waldorfschulen: Angstfrei lernen, selbstbewußt handeln. Reinbek 1975

NOHL, H.: Die pädagogische Bewegung in Deutschland und ihre Theorie (1933). Frankfurt ⁹1982

OPPOLZER, S.: Anthropologie und Pädagogik bei Rudolf Steiner. Phil. Diss. Münster 1959

PAULSEN, F.: Geschichte des gelehrten Unterrichts. Bd. 1. Leipzig ³1919, unv. Nachdruck Berlin 1960

PÖGGELER, F.: Erziehung aus dem Glauben. Freiburg 1968

PÖPPEL, K. G. (Hrsg.): Freie Schule als Beitrag zur Schulreform. Hildesheim/New York 1977

POTTHAST, H.-J. u. a.: Evangelische Schulen und Heime. In: ARBEITSGEMEINSCHAFT FREIER SCHULEN (Hrsg.): Handbuch Freie Schulen, a.a.O., S. 115–182

–: Kirchliche Schulen. In: BLOTH, P. C./DAIBER, K. F./KLEEMANN, J. u. a.: Handbuch der Praktischen Theologie. Bd. 4. Gütersloh 1987, S. 206–212

PRANGE, K.: Erziehung zur Anthroposophie. Bad Heilbrunn 1985

–: Mythisch-Allzumythisches. In: Zeitschrift für Pädagogik 32 (1986), S. 550–554

RICHTER, I.: Versuch macht klug. Rechtsprobleme bei der Verwirklichung gesellschaftspolitischer Alternativen im Bildungswesen. In: GOLDSCHMIDT, D./ROEDER, P. M. (Hrsg.): Alternative Schulen, a.a.O., S. 63–98

ROEDER, P. M.: Einleitung. In: GOLDSCHMIDT, D./ROEDER, P. M. (Hrsg.): Alternative Schulen, a.a.O., S. 11–35

RÖHRS, H.: Die Reformpädagogik. Hannover 1980

–: Die Schulen der Reformpädagogik – Glieder einer kontinuierlichen internationalen Bewegung. In: ders. (Hrsg.): Die Schulen der Reformpädagogik heute. Düsseldorf 1986, S. 13–64

Rombach, H. (Hrsg.): Lexikon der Pädagogik. Neue Ausgabe. Bd. 2. Freiburg 1970. Bd. 3 und 4. Freiburg u. a. 1971
Schäfer, W.: Das Selbstverständnis der Landerziehungsheime in Geschichte und Gegenwart und die Konsequenzen für die Zukunft. In: Neue Sammlung 4 (1964), S. 51–64
–: Deutsche Landerziehungsheime in der demokratischen Gesellschaft. In: Goldschmidt, D./Roeder, P. M. (Hrsg.): Alternative Schulen, a.a.O., S. 215–240
Schuppe, E.: Privatschulen als Alternative zur staatlichen Schule? In: Neue Sammlung 17 (1977), S. 273–290
Schwarz, K.: Die Kurzschulen Kurt Hahns. Ratingen 1968
Stallmann, M.: Evangelische Pädagogik. In: Groothoff, H.-H. (Hrsg.): Neues Pädagogisches Lexikon, a.a.O. (1971), Sp. 82–96
Steiner, R.: Theosophie. Einführung in übersinnliche Welterkenntnis und Menschenbestimmung (1904). Leipzig ¹¹1918
–: Die Geheimwissenschaft im Umriß (1909). Dornach ¹⁶1925
–: Freie Schule und Dreigliederung. In: ders.: Die pädagogische Grundlage und Zielsetzung der Waldorfschule. Drei Aufsätze. Dornach 1969, S. 7–25
–: Anthroposophische Menschenkunde und Pädagogik. Neun öffentliche Vorträge, gehalten zwischen dem 25. März 1923 und dem 30. August 1924. Dornach 1979
–: Die Erziehung des Kindes vom Standpunkt der Geisteswissenschaft (1906). In: ders.: Elemente der Erziehungskunst. Dornach 1985, S. 17–29
Ullrich, H.: Waldorfpädagogik und okkulte Weltanschauung. Weinheim/München 1986
Uhsadel, W.: Evangelische Erziehung und Unterweisung. In: Scheibe, W. (Hrsg.): Die Pädagogik im XX. Jahrhundert. Stuttgart 1960, S. 131–136
Weber, H./Ziegenspeck, J.: Die deutschen Kurzschulen. Weinheim/Basel 1983
Wehnes, F. J.: Einleitung: Zur historischen Dimension der Alternativen Schulen. In: Behr, M./Jeske, W.: Schul-Alternativen, a.a.O., S. 10–36
Wigger, L.: Erziehungswissenschaft und Waldorfpädagogik: ein notwendiger Dialog. In: Pädagogische Rundschau 38 (1984), S. 403f.
Witzenmann, H.: Anthroposophie. In: Groothoff, H.-H./Stallmann, M. (Hrsg.): Neues Pädagogisches Lexikon, a.a.O., Sp. 33–35
Zentralstelle Bildung der Deutschen Bischofskonferenz (Hrsg.): Verzeichnis der katholischen Schulen, Internate und Schülerheime in freier Trägerschaft in der Bundesrepublik Deutschland und in Berlin (West). Bonn 1984 – (Zahlenangaben, Stand: Schuljahr 1986/87)

Ursula Neumann

Ausländische Kinder an deutschen Schulen

1 Der Problembereich

In der Geschichte der deutschen Pädagogik hat man sich erstmals um 1900 mit den organisatorischen, curricularen und bildungstheoretischen Fragen beschäftigt, die sich aus »dem Vorhandensein fremdsprachiger Kinder« (LICHTE 1901) ergaben. Damals – bezogen auf Polen, Masuren und Kaschuben – wie heute – bezogen auf Arbeitsmigration und Flüchtlinge – gilt die Schule als zentrale Institution der Integration in die Gesellschaft des aufnehmenden Landes (FRIESENHAHN 1986, S. 80). Sie ist jedoch in ihren Maßnahmen und Anstrengungen stets abhängig von politischen Entscheidungen und weltwirtschaftlichen Entwicklungen, die außerhalb ihres Einflußbereiches liegen; die Situation ausländischer Schüler an Schulen der Bundesrepublik Deutschland ist daher in erster Linie Abbild der rechtlichen und sozialen Situation eines Bevölkerungsteils ohne politische Macht. Die Begrenztheit pädagogischer Maßnahmen bis hin zu ihrer Konterkarierung durch die politischen Bedingungen, innerhalb deren sie wirken, wird in der Ausländerpädagogik – und dem Streit um diesen Begriff – besonders deutlich (vgl. dazu HAMBURGER u. a. 1981; REICH/WITTEK 1984).

Die Zahl der Kinder, die allgemeinbildende und berufliche Schulen in Deutschland besuchen, aber nicht die deutsche Staatsbürgerschaft besitzen, ist bis 1982 stetig angestiegen (845 000 Schüler) und ist 1987 etwa wieder auf diesem Stand (AUSLÄNDISCHE SCHÜLER UND SCHULABSOLVENTEN, S. 10). Der Anteil ausländischer Schüler an der Gesamtzahl aller Schüler geht jedoch kaum zurück, wie auch am Anteil der 6–10jährigen Ausländerkinder am Altersjahrgang abzulesen ist: 1980 – 13,8%, 1982 – 14,7%; 1985 – 12,7% (GRUND- UND STRUKTURDATEN 1985/86, S. 239). Prognosen über zukünftige Schülerzahlen sind schwierig, da politische Maßnahmen, wie 1984 das »Rückkehrhilfegesetz«, zu Veränderungen führen können, deren Ausmaß sich nicht abschätzen läßt. Es ist jedoch eher von gleichbleibender (z. B. in Hamburg 18% der Grundschüler bis 1990, vgl. ENTWICKLUNGSPLAN FÜR DIE ALLGEMEINBILDENDEN SCHULEN IN HAMBURG 1986) oder steigender Tendenz (vor allem im Sekundarbereich II bis 1992; vgl. ALEX 1985, S. 329) auszugehen als von rückläufigen Anteilen.

Die Gruppe der ausländischen Schüler ist äußerst heterogen, sie setzt sich aus Kindern unterschiedlicher sozialer und kultureller Herkunft zusammen (ca. 85% Arbeitsmigranten aus Agrargebieten, ca. 50% türkische Schüler islamischen Glaubens), deren politische und rechtliche Sicherheit der Lebenssituation (EG-Angehörige, Asylbewerber) höchst unterschiedlich ist und die in mehr oder minder hohem Maße sozialer Diskriminierung und rassistischen Einstellungen in der Bevölkerung ausgesetzt sind. Die meisten Kinder sind bereits in Deutschland aufgewachsen und stellen die Schule vor andere Aufgaben als in der Vergangenheit und als solche Kinder, die heute meist als Asylsuchende im Schulalter nach Deutschland kommen oder als »Pendelkinder« (DAMANAKIS 1982) zwischen den Staaten der Europäischen Gemeinschaft und deren Schulsystemen wechseln. Die Aufgaben der Schule sind entsprechend heterogen. BOOS-NÜNNING u. a. (1983 und 1986) fassen sie zu drei Bereichen zusammen:

- Aufgabe der Einführung in die Sprache und Kultur des Aufnahmelandes;
- Aufgabe des Erhalts der Sprache und Kultur des Herkunftslandes;
- Aufgabe der Einführung der einheimischen Schüler in die Sprachen und Kulturen der Entsendeländer.

2 Aufnahmeunterricht

Am weitesten entwickelt ist dieser erste Aufgabenbereich, da die Probleme ausländischer Kinder mit der deutschen Schule am augenfälligsten werden, wenn sie neu in diese Schule kommen und den Lehrern bzw. der Schuladministration die meisten Schwierigkeiten bereiten. Die heute anzutreffenden, sehr voneinander abweichenden Organisationsformen dieser Aufnahmeklassen – von national- und sprachhomogenen Jahrgangsklassen über gemischt-nationale, Schulstufen übergreifende Klassen bis hin zu Intensivkursen und Beschulung in Regelklassen mit begleitendem Deutsch-Förderunterricht – lassen sich zurückführen auf das Fehlen eines pädagogisch-sozialisatorisch begründeten Konzepts, das mit den politischen Entscheidungen zur Ausländerbeschäftigung hätte entwickelt werden müssen. Die Ausländerbildungspolitik stellt sich aus heutiger Sicht jedoch vielmehr als ein eher hilfloses Reagieren auf Wanderungsbewegungen und regionale Entwicklungen mit kurzfristigen schulpolitischen Maßnahmen dar, die jeweils nachträglich durch KMK-Empfehlungen 1964, 1971 und 1976 (mit einer Ergänzung 1979) legitimiert wurden (RÖHR-SENDLMEIER 1986). So kommt KLEMM in seiner Analyse der Schulsituation im Ruhrgebiet zu dem Schluß, daß sozialökologische Faktoren entscheidender für die Schul- und Lebenschancen ausländischer Kinder sind als die jeweils verkündete Bildungspolitik des Bundeslandes oder der Stadt, in der sie leben (KLEMM 1984, S. 129).

Kernstück des Aufnahmeunterrichts ist das Fach Deutsch, das als Fremdsprache (Betonung des Unterschieds zum Deutschunterricht für Muttersprachler) oder Zweitsprache (Betonung des Aspekts der deutschsprachigen Umwelt mit ihrem Einfluß auf den Spracherwerb) unterrichtet wird. Die Entwicklung didaktischer Modelle (→ *Didaktik und Curriculum / Lehrplan*) ist kontrovers verlaufen. Vertreten wurden kommunikations- und handlungsorientierte Ansätze (REICH 1976; POMMERIN 1977; SCHMITT 1980; HEGELE/POMMERIN 1983) und der kontrastive Ansatz (MEYER-INGWERSEN u. a. 1977), der in Hinblick auf sprachhomogene Klassen entwickelt wurde und zumindest ansatzweise über Fehleranalyse und Sprachenlernen von Lehrern (insbesondere Türkisch) allgemein Eingang in den Deutsch- als Zweitspracheunterricht gefunden hat (zum Sprachkontrast vgl. die Fortbildungsmaterialien des DEUTSCHEN INSTITUTS FÜR FERNSTUDIEN – (d) bis (m) – sowie die dort angegebene Literatur). Eher am Rande und zeitlich später wurde der Fachunterricht in *Vorbereitungsklassen* diskutiert, da der Zusammenhang zwischen sprachlichem und fachlichem Lernen, z. B. im Mathematikunterricht, unterschätzt wurde (LÖRCHER 1982; DEUTSCHES INSTITUT FÜR FERNSTUDIEN 1985 (b)) und die didaktischen Konsequenzen für fachliches Lernen in der Fremdsprache Deutsch erst in Zusammenhang mit Fragen der Berufsvorbereitung und Ausbildung Aktualität gewannen (KURTH u. a. 1981, DEUTSCHES INSTITUT FÜR FERNSTUDIEN 1985 – (e) und (c)). Er ist häufig inhaltlich reduziert (KMK-Empfehlung: »an den deutschen Lehrplänen orientiert« bzw. »nach eigenen Lehrplänen«) und kann in sprachhomogenen Klassen in der Muttersprache der Schüler, ohne daß es dafür entwickelte Materialien gäbe, unterrichtet werden (→ *Sprache im Unterricht*).

Als Ziel des Aufnahmeunterrichts definieren BOOS-NÜNNING u. a. (1983, S. 273) »Partizipation«, die Befähigung zur Teilnahme an den Lebensbereichen Schulleben, öffentliches Leben, Freizeit und Beruf. Der Unterricht schließt also einen sozialen Eingliederungsprozeß ein, erweitert die Aufgabe der Schule auf das soziale Umfeld und stellt Zusammenhänge zwischen sprachlichem, kulturellem und sozialem Lernen her. So schließt Aufnahmeunterricht insbesondere die Übergänge (von der Vorbereitungsklasse in die Regelklasse, von der allgemeinbildenden Schule in die Berufsbildung usw.) ein.

Organisatorische Lösungen für die Aufgabe der Einführung in Sprache und Kultur des Aufnahmelandes sind zu bewerten unter dem doppelten Anspruch, einerseits möglichst direkte und authentische Lernprozesse zwischen einheimischen und ausländischen Schülern herbeizuführen (*Integrationskonzepte*) und andererseits möglichst spezifisch auf Lernvoraussetzungen, z. B. die Muttersprachen, und Lernbedingungen einzugehen (*Segregationskonzepte*). Finanziell und organisatorisch aufwendige Modelle (z. B. das Krefelder Modell, Bremer Vorbereitungsgruppen, Hamburger Modell, Petersschule in Oberhausen usw.), die flexible Formen von Integration und Differenzierung, eingebettet in soziale Maßnahmen – z. B. Nachmittagsangebote –, vorsahen, waren zeitlich begrenzt, erfolgreich und sind mit dem geringer werdenden Interesse an den Rechten ausländischer Kinder im Bildungswesen nicht als Regelmaßnahmen übernommen worden (vgl. zur Bewertung von Modellversuchen FUCHS/WOLLMANN 1987) (→ *Interkulturelle Didaktik . . .*).

Von Bedeutung ist in der heutigen Diskussion nur noch die Aufnahme in die Grundschule, d. h. die Chance eines ausländischen Kindes, in eine deutsche Regelklasse – die auch nur aus ausländischen Kindern bestehen kann wie die »besonderen« Klassen in Berlin und Nordrhein-Westfalen – oder in eine längerfristige separate Klasse – wie die »zweisprachigen Klassen« in Bayern bis zum 9. Schuljahr oder die »nationalen Übergangsklassen« in Hamburg bis zum 4. Schuljahr – aufgenommen zu werden. Die letztgenannten Organisationsformen werden u. a. begründet mit der Aufgabe des Erhalts der Sprache und Kultur des Herkunftslandes, sind jedoch auch als Maßnahmen zur Entlastung der Klassen zugunsten deutscher Kinder zu verstehen.

3 Muttersprachlicher Unterricht

Bevor in der Bundesrepublik überhaupt die Schulpflicht auch für ausländische Kinder galt, d. h. ihnen ein Recht auf Bildung zuerkannt wurde (mit der KMK-Empfehlung von 1971), waren die diplomatischen Vertretungen der Herkunftsländer aktiv geworden und hatten aus Sorge um die Bildungschancen der Kinder bei ihrer Rückkehr Kurse in den Muttersprachen angeboten. Ab 1964 wurde dann in der KMK vereinbart, diese Kurse von seiten der deutschen Schulbehörden zu unterstützen. In die Geschichte der Ausländerbildungspolitik ist dieses Bestreben, muttersprachliche Kenntnisse und landeskundliches Wissen sowie Religion für den Fall der Rückkehr zu erhalten und zu entwickeln und gleichzeitig die Eingliederung in das deutsche Schulsystem zu erreichen, als »Doppelstrategie« eingegangen, an der in allen nachfolgenden Empfehlungen festgehalten worden ist. Sie erlebt seit 1984 eine Renaissance, da aufgrund der »Rückkehrförderung«

auch quantitativ die Probleme von Kindern im Schulsystem der Länder ihrer Eltern wuchsen und bekannter wurden (STENZEL/HOMFELDT 1985; ISS-INFORMATIONSDIENST 2/1985).

Auch im Bereich der Bildungsangebote in den Herkunftssprachen der Kinder ist heute eine weitgehende Uneinheitlichkeit festzustellen. Sie ist Folge kurzsichtiger Ausländerbildungspolitik, die sich an der offiziellen Leitlinie *Integration* (dann wird muttersprachlicher Unterricht als hinderlich betrachtet) und *Rotation* (dann dient muttersprachlicher Unterricht der Rückkehr) orientiert. Die Bildungsangebote in bezug auf die Herkunftssprachen sind in ihrer Beliebtheit nicht pädagogisch begründbar: in einigen Bundesländern bezahlt und organisiert und unter Aufsicht der deutschen Schulbehörden, in anderen Bundesländern zum Teil durch die Konsulate erteilt (für Kinder im deutschen Regelsystem als Zusatzangebot), zum Teil durch ausländische Lehrer als Angestellte der deutschen Schulämter (für Kinder in Vorbereitungsklassen oder in langfristig segregierten Klassenformen). Ebenso schwankt die Mindestzahl der Schüler für die Bildung einer Klasse (eines Kurses) zwischen fünf (in Rheinland-Pfalz) und zwanzig (in Hamburg); die Chance eines Schülers auf muttersprachlichen Unterricht hängt somit in erster Linie von seinem Wohnort ab (Dokumentation der Länderregelungen; RIXIUS/THÜRMANN 1987).

Der muttersprachliche Unterricht kann jedoch in allen seinen Formen als randständig charakterisiert werden (WITTEK 1986, S. 292), wo er einen hohen Anteil des Gesamtunterrichts einnimmt (z. B. in Bayern; BOOS-NÜNNING 1981) ist die gesamte Beschulungsform marginal, d. h. weniger anerkannt und durch deutsche Schüler nicht absolvierbar: er ist kein Pflichtunterricht (mit Ausnahme von Hessen, wo Schüler sich jedoch abmelden können), seine Zensuren sind nicht relevant für die Schullaufbahn, er wird durch schlechter bezahlte ausländische Lehrer erteilt, diese dürfen weder deutsche Schüler unterrichten, noch richtet sich der Unterricht an deutsche Schüler.

Die Entwicklung in den letzten Jahren verläuft bisher leider nur in Ansätzen in eine andere Richtung. Aufmerksam geworden durch Studien zur *Zweisprachigkeit* von Migrantenkindern (z. B. STÖLTING 1980) und politische Forderungen in anderen Ländern (SKUTNABB-KANGAS 1983), ist die Lebenssituation von Kindern ethnischer Minderheiten in der multikulturellen Gesellschaft in ihrer Zweisprachigkeit als Ausgangspunkt pädagogischer Forderungen in den Blick gerückt. An die Stelle der Vehikelfunktion der muttersprachlichen Kompetenz für den Zweitspracherwerb (je weiter die Erstsprache entwickelt ist und gefördert wird, um so besser wird auch die Zweitsprache aufgebaut) und des Anspruchs der Herkunftsgesellschaften auf den Eigenwert der Sprachen und ihre Funktion bei Rückkehr tritt die »Erziehung zur Zweisprachigkeit«. Das ist die Forderung nach pädagogischer Integration der Familiensprachen ausländischer Kinder in ein Gesamtkonzept interkultureller Erziehung, die auch von den Einwandererverbänden selbst erhoben wird (BAGIV 1985). Die Entwicklung von Lehrwerken (z. B. Türkisch: SENATOR FÜR SCHULWESEN..., Berlin) und von Curricula (z. B. in Nordrhein-Westfalen; THÜRMANN 1983) für den Sprachunterricht sind ebenso wie die Etablierung des islamischen Religionsunterrichts (KAPPERT/NIEMEYER 1986) Schritte in diese Richtung.

Die Auseinandersetzung um die pädagogischen Ziele des muttersprachlichen Unterrichts wird zum Teil sehr heftig geführt (ISS-INFORMATIONSDIENST 1984; DEUTSCH LERNEN 4/1983). Auf der einen Seite wecken Forderungen nach muttersprachlicher Förderung immer auch den Verdacht auf eine dahinterstehende Absicht, ausländische Kinder zu segregieren und sie auf diese Weise zu benachteiligen. Integration im Sinne von

Vermittlung gleicher Qualifikationen zur Herstellung von Chancengleichheit wird als wesentlichste Aufgabe der Schule hervorgehoben. Auch der Staat hat ein Interesse an Integration, nämlich soziales Konfliktpotential zu vermindern, indem er verhindert, daß sich in der »zweiten Generation« ein kollektives Bewußtsein als Ethnie, der Aufstiegschancen verweigert werden, herausbildet (KLEMM 1984, S. 126/127). Diesem Interesse müssen sich Verfechter des Rechts ethnischer Minderheiten auf Tradierung und Weiterentwicklung ihrer Sprachen und Kulturen in der Migration widersetzen und das Ziel von Chancengleichheit im Schulsystem dennoch verfolgen. Der Kern des Streits um den muttersprachlichen Unterricht erweist sich so als politisch, als die Frage nach rechtlicher Gleichstellung ethnischer Minderheiten. In der Schule würde die formal-rechtliche Gleichheit der Minderheiten bedeuten (RADTKE 1987, S. 97):
– die Integration der Muttersprache in den Unterrichtskanon,
– die Beschäftigung von Angehörigen der Minderheiten als Lehrer/innen im Regelunterricht gemäß dem Anteil ihrer Minderheitsgruppe an der Schülerpopulation,
– die Gleichstellung der religiösen Unterweisung.

Diese politischen Forderungen bedeuten pädagogisch eine Abkehr von kompensatorischen Konzepten, die dem einzelnen Kind, seiner sozialen und kulturellen Herkunft, die Verantwortung für schulischen (Miß-)Erfolg zuweisen.

»*Erziehung zur Zweisprachigkeit*« geht von einem (derzeit verwehrten) Recht der Kinder ethnischer Minderheiten aus, wie deutsche Kinder ihre »Muttersprache«, d. h. ihre Zweisprachigkeit, in der Schule auszubilden, zu nutzen und zu erweitern. Die Durchsetzung dieses Rechts wird als politische Forderung begriffen, die eng mit anderen (verwehrten) politischen Rechten von Migranten, z. B. dem Wahlrecht, zusammenhängt (GOGOLIN 1988).

4 Interkulturelle Erziehung

REICH (1982, S. 86) kennzeichnet die Förderkonzepte der siebziger Jahre als das Bemühen, »die notwendige gemeinsame Grundlage für ihre Erziehung und Unterrichtung soweit herzustellen, daß dann nach den gültigen Inländerregeln mit ihnen weitergearbeitet werden könne«. Erst später zeichnete sich die Entwicklung interkultureller Vorstellungen ab, d. h. die Erkenntnis, daß auch der Regelunterricht – seine Curricula, Lehrmittel und Lehrpersonal – Veränderungen erfahren muß, die der Tatsache Rechnung tragen, daß Kinder unterschiedlicher Sprachkompetenzen daran teilnehmen. Die interkulturelle Hypothese rückt von der Vorstellung ab, die Schüler einer Klasse repräsentierten eine sozial, sprachlich und kulturell homogene Gesellschaft, sie begreift vielmehr die Heterogenität als konstituierend für den Unterricht. HOHMANN (1982) zieht die Entwicklung westlicher Industriestaaten zu multikulturellen Gesellschaften als Begründung für die Notwendigkeit heran, Kinder für ein Leben in dieser durch Verschiedenartigkeit geprägten Gesellschaft zu erziehen. Gegen die bis heute in den Schulen vertretene *Defizittheorie*, die ausländische Kinder als »fehlerhafte deutsche Kinder« mit Sprachrückständen, Akkulturationsrückständen etc. betrachtet, setzte er die Frage danach, »wie gegebene Pädagogik theoretisch und praktisch verändert werden muß, damit sie adäquate Antworten auf die durch die Migration bestimmte gesellschaftliche Situation zu geben vermag« (S. 5–8).

Eine der Prämissen interkultureller Erziehung ist der Grundsatz der Gleichwertigkeit der Kulturen, wobei die lebendige Migrantenkultur als eigenständiger Ausdruck der Migrationserfahrung von den Herkunftskulturen getrennt wird (→ *Interkulturelle Didaktik*).

Diese Position des Kulturrelativismus ist nicht unbestritten (z. B. RUHLOFF 1982; DICKOPP 1982; vgl. die Diskussion bei NIEKE 1986); nach wie vor ist die Kritik von KLEMM (1985) zutreffend, daß der Kulturbegriff im Bildungskonzept der interkulturellen Erziehung ungeklärt ist. In der pädagogischen Praxis richtet sich das Postulat von der Gleichwertigkeit der Kulturen gegen die ethnozentrische Haltung der deutsch geprägten Institution Schule, in der die Höherwertigkeit westlich-industrieller Orientierungen von großer Selbstverständlichkeit ist. Typische Konfliktpotentiale in der kulturellen Auseinandersetzung sind die Geschlechtsrollendefinition, die Bedeutung, die Individualität gegenüber Familienorientierung beigemessen wird, und die Orientierung an religiösen Normen über den Privatbereich hinaus (→ *Werte und Normen in der Erziehung*). Nach Vorstellung der interkulturellen Erziehung sollte die Schule zu einem Ort werden, der kulturelle Auseinandersetzung ermöglicht, um Kinder nicht allein mit den von ihnen erlebten Differenzen fertig werden zu lassen und sie auch nicht einem einseitigen Anpassungsdruck auszusetzen. Gefordert wird eine Revision der Bildungsziele und Bildungsinhalte für alle Kinder der Schule, also für die Kinder der Majorität ebenso wie für die Kinder der Minoritäten. An dieser Curriculumrevision sind die Minderheiten selbst zu beteiligen, eine Forderung, die bei der Schuladministration (z. B. bei der Zusammensetzung von Richtlinienkommissionen, die nicht für Sondermaßnahmen für ausländische Schüler, sondern für den Regelunterricht zuständig sind) auf Unverständnis und Widerstand stößt.

Als Ziele interkultureller Erziehung werden genannt: die Fähigkeit zur Wahrnehmung von Kulturunterschieden und kultureller Vielfalt (KUHS 1984), die Fähigkeit zu Kulturkritik und die gemeinsame Entwicklung neuer Lebensmöglichkeiten (STEFFEN 1981) und die Hilfe bei der Auseinandersetzung mit Konflikten, die aufgrund des hierarchischen Verhältnisses der kulturellen Gruppen in der multikulturellen Gesellschaft zueinander bestehen (BOOS-NÜNNING u. a. 1983, S. 360/361).

Das Konzept der interkulturellen Erziehung ist wesentlich aus der pädagogischen Praxis von Modellversuchen entstanden. Es konkretisiert sich im sprachlichen, im sozialen und im inhaltlichen Lernen (REICH 1985); Unterrichtsbeispiele liegen vor zum Geschichtsunterricht (z. B. GÖPFERT 1985; PERRY 1982), Deutschunterricht (z. B. HEGELE/POMMERIN 1983; DIFF 1985d), Sachunterricht (z. B. OOMEN-WELKE 1982; REICH 1985), Mathematikunterricht (z. B. DIFF 1985d), Geographieunterricht u. a. m.

Didaktisch ist das Konzept der interkulturellen Erziehung an Ansätzen wie »*offenem Unterricht*«, »*Projektunterricht*« und »*Community education*« orientiert (→ *Methoden des Unterrichts;* → *Unterrichtsformen* ...), was weniger mit einem bewußten Bezugnehmen auf reformpädagogische Ideen zusammenhängt (Ausnahmen bilden Bezüge auf MONTESSORI, FREIRE und FREINET, die jedoch sehr vereinzelt sind) als mit der Notwendigkeit, einen »Gegenstand« unterrichten zu wollen, über den die Schülerinnen und Schüler selbst mehr wissen als ihren Lehrerinnen und Lehrern durch Bücher, Sprache und eigene Erfahrung zugänglich ist. Da die politische Dimension Teil des Konzepts ist, muß der Unterricht im alltäglichen Leben verankert sein und im Idealfall Konsequenzen für den Stadtteil (vgl. SPRINGER 1984) haben. Die Konsequenz für den Lehrer, seine Rolle neu definieren zu müssen, nicht mehr Kontrolleur für Wissen und alleiniger Übermittler zu sein, weil er über dieses Wissen nicht verfügt, ist eines der Haupthindernisse für die Durchsetzung interkulturellen Unterrichts.

Wie stark das Bewußtsein von Schule als einer deutschen Institution auch bei den zweisprachigen Kindern verankert ist, wie wenig also interkulturelle zweisprachige Erziehung verwirklicht ist, läßt sich daran ablesen, daß umgekehrt in den Veröffentlichungen zum Projektunterricht trotz »Lebensweltbezug« und »Schülerorientierung« die Migrantenkulturen keine Erwähnung finden.

5 Bildungsrechte: Schulerfolg und Übergang in den Beruf

Erst seit 1964 unterliegen auch ausländische Kinder in der Bundesrepublik der Schulpflicht. Für Asylsuchende, die von ihren Familien z. B. aus dem Iran zum Schutz vor dem Militärdienst in die Bundesrepublik Deutschland gebracht wurden, gilt dies nicht. Außer in wenigen Bundesländern, wo sie ein Recht auf Unterricht haben, wenn sie sich dazu melden, werden sie geduldet, wenn die Schulen sich in der Lage sehen, sie zu »beschulen«. Einen Unterricht in ihrer Muttersprache erhalten sie nicht; die diplomatischen Vertretungen der Länder, aus denen sie geflohen sind, wären wohl auch kaum daran interessiert, und die Einstellung ausländischer Lehrer ist bei der restriktiven Finanzpolitik der Länder im Bildungsbereich nicht zu erwarten. So wird am Fall der Flüchtlingskinder deutlich, daß in ca. 25 Jahren kaum eine Veränderung im Umgang mit dem Recht auf Bildung von neuen ethnischen Minderheiten zu verzeichnen ist, trotz aller schulorganisatorischen Maßnahmen und Modellversuche. Das Bildungssystem hat sich durch die ausländischen Schüler eher in seinen Strukturen und Mechanismen gefestigt denn verändert. Den Nutzen haben die deutschen Schüler gezogen, wie sich am Schulerfolg und an der Verteilung auf die Schulformen zeigen läßt.

Wie im Arbeitsmarkt hat auch im Schulsystem ein Unterschichtungsprozeß stattgefunden. MERKENS (1985) hat in einer Untersuchung der Entwicklung in Berlin, in der er die Schulabschlüsse ausländischer Schüler mit denen deutscher Schüler vergleicht, festgestellt, daß sich die erreichten Abschlüsse wohl erhöht haben – es verlassen weniger ausländische Schüler ohne Hauptschulabschluß die Schule, und immer mehr erreichen den Realschulabschluß –, die deutschen Schüler aber ebenfalls höher qualifiziert werden, so daß die relative Position ausländischer Schüler nicht verbessert wird. Eine Durchmischung, etwa ein Anteil an Schulabschlußquoten, der dem Anteil ausländischer Schüler am Altersjahrgang entspricht, ist nicht festzustellen. Die Statistik der Stadt Hamburg führt zu demselben Schluß:

Schuljahr	ohne Abschluß	Hauptschul- abschluß	Realschul- abschluß	Fach-/allg. Hochschulreife
1978/79	8	28,9	38,1	25,0
1984/85	6,4	24,4	36,1	33,1

Tab. 1: Qualifikation der deutschen Schulabgänger aus den Schuljahren 1978/79 und 1984/85 in Prozent

Schuljahr	ohne Abschluß	Hauptschul-abschluß	Realschul-abschluß	Fach-/allg. Hochschulreife
1978/79	42,1	35,9	15,7	6,3
1984/85	24,5	44,7	22,3	8,5

Tab. 2: Qualifikation der ausländischen Schulabgänger aus den Schuljahren 1978/79 und 1984/85 in Prozent

Eine entsprechende Auswertung für die Bundesrepublik ist nicht möglich, da die dafür notwendigen Daten in den meisten Bundesländern nicht erhoben werden. Es kann jedoch davon ausgegangen werden, daß 1987 ungefähr ein Viertel aller ausländischen Schulabgänger die Schule ohne Hauptschulabschluß verlassen mußte und ein Drittel einen höheren Abschluß als den der Hauptschule erreicht hat (Daten von Nordrhein-Westfalen).

KLEMM (1987) weist in seiner Analyse der Bildungsbeteiligung auf Basis der Mikrozensusdaten von 1985 nach, daß sich die Situation insofern »normalisiert« hat, als Ausländerkinder inzwischen so auf die Schulformen verteilt sind wie Arbeiterkinder, das System der sozialen Ungleichheit im Bildungssystem sich aber insgesamt ausdifferenziert (BOOS-NÜNNING/HENSCHEID 1986, S. 73) hat. Kennzeichnend sind zwei Entwicklungstendenzen:

Polarisierung: Während der Anteil ausländischer Schüler, die ein Gymnasium besuchen, stieg (1985: 11,5%, Deutsche 25,6%), liegt der Anteil derer, die eine Sonderschule besuchten, doppelt so hoch wie bei deutschen (8,4%, Deutsche 3,5%).

Segmentierung: Die Bildungschancen differenzieren sich zunehmend ethnisch aus. Nur knapp 3% der türkischen gegenüber 27% der griechischen und 16% der jugoslawischen Kinder gingen zum Gymnasium.

Die relativ schlechteren Schulabschlüsse ausländischer Schüler wirken sich auf einem Ausbildungsmarkt, der für alle Schüler einen Verdrängungswettbewerb der besser Qualifizierten gegenüber den niedriger Qualifizierten in Gang gesetzt hat, besonders negativ aus. Etwa die Hälfte aller ausländischen Jugendlichen erhält keine berufliche Ausbildung (vgl. NEUMANN 1986, S. 39; KLEMM 1987); auch der Anteil der Arbeitslosen liegt bei ausländischen Jugendlichen mehr als doppelt so hoch wie bei deutschen. Die Bildungsbeteiligung der Kinder aus Migrantenfamilien muß heute als Ausdruck struktureller Barrieren im Bildungssystem interpretiert werden. Zahlreiche Untersuchungen (NEUMANN 1981; WILPERT 1980; MEHRLÄNDER 1983; YAKUT u. a. 1986; MIHÇIGAZGAN 1986) haben die hohe Bildungsorientierung von Migranten nachgewiesen, die allerdings in ein spezifisches System berufsbezogenen Wissens und Wertvorstellungen eingebettet ist. Ein ›Desinteresse‹ ausländischer Eltern an Bildung kann jedenfalls nicht für die Mißerfolge der Kinder im Schulsystem verantwortlich gemacht werden.

6 Forschungsperspektiven

Kennzeichnend für die Forschung in der Ausländerpädagogik war von Anfang an ihre Interdisziplinarität. Beteiligt waren Soziologen (z. B. Prozesse der Arbeitsmigration, Sozialisationsforschung), Linguisten (z. B. sprachkontrastive Studien, Spracherwerb und Zweitspracherwerb), Ethnologen (z. B. vergleichende Studien Herkunftsland –

Bundesrepublik) und Psychologen (z. B. psycholinguistische Untersuchungen), die z. T. in gemischten Forschungsteams Voraussetzungen, Abläufe und Folgen von Migrationserfahrungen für Bildung und Erziehung ausländischer Kinder und Jugendlicher untersucht haben. Schwerpunkte empirischer Forschung, die im engeren Sinn der Pädagogik zuzurechnen sind, waren Sozialisationsbedingungen ausländischer Kinder (z. B. RENNER 1975; SCHRADER u. a. 1976; DAMANAKIS 1978; WILPERT 1980; NEUMANN 1981), die Schulorganisation und ihre Wirkung auf Bildungsverläufe (z. B. GLUMPLER 1985), Modellversuche im Schulbereich und ihre Evaluation (einen Überblick gibt BOOS-NÜNNING in FUCHS/WOLLMANN 1987), Berufswahlen und Ausbildung (z. B. MEHRLÄNDER 1983; SCHWEIKERT 1983; BEIDERWIEDEN 1985; YAKUT u. a. 1986) und die gesteuerten Erwerbsprozesse in der Zweitsprache Deutsch (vgl. APELTAUER 1987). Weit größeren Raum nahmen aber theoretische Abhandlungen, Erfahrungsberichte und didaktisch-methodische Entwicklungen z. B. von Lehrbüchern im Unterricht in Deutsch als Zweitsprache ein (einen qualifizierenden Überblick gibt die kommentierte Auswahlbibliographie des NIEDERSÄCHSISCHEN LANDESINSTITUTS 1985).

Sowohl in der Forschung wie in den Veröffentlichungen bleiben die Sozialpädagogik und Sozialarbeit von der schulbezogenen Pädagogik weitgehend getrennt. Die *Sozialpädagogik* hat sich – angeregt durch Projekte, Initiativgruppenarbeit und Handlungsdruck in den sozialen Diensten – den Themenfeldern vorschulische Förderung und interkulturelle Erziehung in vor- und außerschulischen Einrichtungen für Kinder, Ausländerrecht und Sozialberatung, Lebenssituation von Frauen, Gesundheitssituation und politische Situation von Migranten gewidmet (vgl. die Veröffentlichungen des Deutschen Jugendinstituts, München, und des Instituts für Sozialarbeit und Sozialpädagogik, Frankfurt) (→ *Sozialpädagogik und Heimerziehung*; → *Sozialpädagogen/Sozialarbeiter*). Zunehmende Ausländerfeindlichkeit und rassistische Tendenzen in der deutschen Bevölkerung waren Gegenstand sozialwissenschaftlicher und pädagogischer Forschung beider Bereiche (z. B. HOFFMANN/EVEN 1983; GÖPFERT 1985; KALPAKA/RÄTHZEL 1986). Gleiches gilt für die Untersuchung der *Remigration,* die ein eher jüngeres Thema darstellt, in der Literatur zur schulischen Situation zum großen Teil auf dem Niveau von Erfahrungsberichten (z. B. BIZIM ALMANCA 1987) oder kleineren empirischen Studien (STENZEL/HOMFELDT 1985).

Kennzeichnend für die Ausländerpädagogik war lange Zeit der hohe Praxisdruck, dem sie sich in Form von Nachfrage nach Lehrerfortbildung, nach Konzepten für die Schulorganisation, die Unterrichtsplanung und nach Materialentwicklung, nach Ausbildung für Lehramtsstudentinnen und -studenten ausgesetzt sah und dem in vielen Fällen zu leicht, kurzsichtig und politisch naiv nachgekommen worden ist.

Der gegenwärtige Forschungsbedarf ist demgegenüber als ein Bedarf an kritischer Praxisanalyse und theoretischer Fundierung zu bestimmen, mit dem Ziel, die regulären Strukturen der Erziehung und des Unterrichts und die relative Bedeutung kultureller und sozialer Faktoren für die fortdauernde schulische Benachteiligung der Migrantenkinder und die Beziehung zwischen pädagogischer Integration und multikultureller Entwicklung der Gesellschaft aufzuhellen. Notwendig ist ein Perspektivenwechsel; zu untersuchen sind nicht mehr die ausländischen Kinder, die als problembehaftet angesehen werden, sondern die deutsche Schule. Wie kann sie in ihren Strukturen so verändert werden, daß sie als eine multikulturelle und mehrsprachige Schule das Recht auf Bildung aller Schüler sichert, welche gesellschaftlichen Prozesse – rechtlich, sozial, politisch –

wären dazu erforderlich, und welche Aufgabe kommt der Pädagogik in diesem Prozeß zu?

Literatur

ALEX, L.: Ausländische Jugendliche in der Bundesrepublik Deutschland. In: Arbeit-Bildung-Arbeitslosigkeit. Zeitschrift für Pädagogik, Beiheft 19 (1985), S. 328–336
APELTAUER, E. (Hrsg.): Gesteuerte Zweisprachigkeit – Voraussetzungen und Konsequenzen für den Unterricht. München 1987
AUSLÄNDISCHE SCHÜLER IN DER BUNDESREPUBLIK DEUTSCHLAND 1970 bis 1984. Statistische Veröffentlichungen der Kultusministerkonferenz. Dokumentation Nr. 94. August 1985
AUSLÄNDISCHE SCHÜLER UND SCHULABSOLVENTEN 1980 bis 1987. Statistische Veröffentlichungen der Kulturministerkonferenz. Dokumentation Nr. 107. Juli 1989
BAGIV (BUNDESARBEITSGEMEINSCHAFT DER IMMIGRANTENVERBÄNDE IN DER BUNDESREPUBLIK DEUTSCHLAND UND BERLIN [WEST]) (Hrsg.): Muttersprachlicher Unterricht in der Bundesrepublik Deutschland. Sprach- und bildungspolitische Argumente für eine zweisprachige Erziehung von Kindern sprachlicher Minderheiten. Hamburg 1985
BEIDERWIEDEN, K.: Bedingungen der beruflichen Eingliederung von ausländischen Jugendlichen in Abhängigkeit von regional unterschiedlichen Lebenssituationen. Institut für Entwicklungsplanung und Strukturforschung GmbH an der Universität Hannover. Hannover 1985
BIZIM ALMANCA – UNSER DEUTSCH. Heft 25. »Überall ein Ghetto. Junge Rückkehrer berichten.« 4 (1987)
BOOS-NÜNNING, U.: Muttersprachliche Klassen für ausländische Kinder: Eine kritische Diskussion des bayerischen »Offenen Modells«. In: Deutsch lernen 2 (1981), S. 40–70
–/HENSCHEID, R.: Ausländische Kinder an deutschen Schulen. In: Politische Bildung 9 (1986), S. 64–82
–/HOHMANN, M./REICH, H. H./WITTEK, F.: Aufnahmeunterricht – Muttersprachlicher Unterricht – Interkultureller Unterricht. München 1983
DAMANAKIS, M.: Sozialisationsprobleme der griechischen Gastarbeiterkinder in den Grund- und Hauptschulen des Bundeslandes Nordrhein-Westfalen. Kastellaun 1978
–: Aus ausländischen Pendelkindern Neu-Deutsche machen. In: Lernen in Deutschland 3 (1982), S. 6–16
DEUTSCH LERNEN. Zeitschrift für den Sprachunterricht mit ausländischen Arbeitnehmern 4 (1983)
DEUTSCHES INSTITUT FÜR FERNSTUDIEN AN DER UNIVERSITÄT TÜBINGEN (Hrsg.): Ausländerkinder in der Schule. Fernstudienmaterialien für die Lehrerfortbildung. Tübingen 1985
Bereich Unterricht:
– Anfangsunterricht mit ausländischen Schülern (a)
– Aufnahmeunterricht für »Seiteneinsteiger« (b)
– Förderung in Sprach- und Fachunterricht (c)
– Gemeinsames Lernen mit ausländischen und deutschen Schülern (d)
– Ausländische Jugendliche in der beruflichen Bildung (e)
– Konflikte, Störungen und soziales Lernen (f)
Bereich Kooperation:
– Zusammenarbeit mit ausländischen Eltern (g)
Bereich Lebenswelt:
– Herkunftsland Türkei (h)
– Herkunftsland Griechenland (i)
– Herkunftsland Jugoslawien (k)
– Herkunftsland Italien (l)
– Herkunftsland Portugal (m)
DICKOPP, K.-H.: Erziehung ausländischer Kinder als pädagogische Herausforderung. Das Krefelder Modell. Düsseldorf 1982
ENTWICKLUNGSPLAN FÜR DIE ALLGEMEINBILDENDEN SCHULEN IN HAMBURG 1985–1990. Freie und Hansestadt Hamburg, Behörde für Schule und Berufsbildung, Hamburg 1986

FRIESENHAHN, G.: Interkulturelle Pädagogik. Entwicklung, Kritik und Perspektiven. In: Vorgänge 3 (1986), S. 77–87
FUCHS, H. E./WOLLMANN, H. (Hrsg.): Hilfen für ausländische Kinder und Jugendliche. Wege aus dem gesellschaftlichen Abseits. Basel/Boston/Stuttgart 1987
GLUMPLER, E.: Schullaufbahn und Schulerfolg türkischer Migrantenkinder. Pädagogische Beiträge zur Kulturbegegnung. Hamburg 1985
GOGOLIN, I.: Erziehungsziel Zweisprachigkeit. Hamburg 1988
GÖPFERT, H.: Ausländerfeindlichkeit durch Unterricht. Düsseldorf 1985
GRUND- UND STRUKTURDATEN 1985/86, hrsg. v. BUNDESMINISTER FÜR BILDUNG UND WISSENSCHAFT. Bonn 1985
HAMBURGER, F. u. a.: Über die Unmöglichkeit, Politik durch Pädagogik zu ersetzen. In: Unterrichtswissenschaft 9 (1981), S. 158–167
HEGELE, J./POMMERIN, G.: Gemeinsam Deutsch lernen. Interkulturelle Spracharbeit mit ausländischen und deutschen Kindern. Heidelberg 1983
HOFFMANN, L./EVEN, H.: Die Belastungsgrenze ist überschritten. Entwurf einer Theorie der Ausländerfeindlichkeit. Bielefeld 1983
HOHMANN, M. (Hrsg.): Unterricht mit ausländischen Kindern. München 1982 (früher: Düsseldorf 1976)
–/REICH, H. H. (Hrsg.): Ein Europa für Mehrheiten und Minderheiten. Diskussion um interkulturelle Erziehung. Münster, New York 1989
ISS – INFORMATIONSDIENST ZUR AUSLÄNDERARBEIT. Institut für Sozialarbeit und Sozialpädagogik. Heft 4 (1984). Heft 2 (1985). Hefte 1 und 2 (1986)
KALPAKA, A./RÄTHZEL, N.: Die Schwierigkeit, nicht rassistisch zu sein. Berlin 1986
KAPPERT, P./NIEMEYER, R. (Hrsg.): Din dersleri 1, 2 und 3. Religionsbuch für türkische Kinder – Hamburger Modell (in türkischer Sprache). Hamburg 1986
KLEMM, K.: Makrostatistik und Regionalanalyse – Zur Bedeutung eines sozialökologischen Ansatzes in der Ausländerpolitik. In: REICH, H. H./WITTEK, F. (Hrsg.): Migration, Bildungspolitik, Pädagogik, a.a.O., S. 121–131
–: Interkulturelle Erziehung – Versuch einer Eingrenzung. In: Die Deutsche Schule 77 (1985), S. 176–187
–: Bildungsbe(nach)teiligung ausländischer Schüler in der Bundesrepublik. In: Pädagogische Beiträge 39 (1987), S. 18–21
KLESSMANN, CH.: Polnische Bergarbeiter im Ruhrgebiet 1870–1945. Göttingen 1978
KMK-KULTUSMINISTERKONFERENZ: Unterricht für Kinder ausländischer Arbeitnehmer. Beschlüsse der Kultusministerkonferenz vom 8. 4. 1976, in der Fassung vom 26. 10. 1979. Neuwied 1981
KUHS, K.: Interkulturelles Lernen. Pädagogisches Prinzip und Unterrichtswirklichkeit. In: REICH, H. H./WITTEK, F.: Migration, Bildungspolitik, Pädagogik, a.a.O., S. 171–186
KURTH, I. u. a.: Visualisierte Problemstellung im Mathematikunterricht mit ausländischen Jugendlichen. In: Deutsch lernen 1 (1981), S. 68–79
KULTUSMINISTERIUM NORDRHEIN-WESTFALEN (Hrsg.): Daten zur Situation ausländischer Kinder in NW. Statistische Übersicht 183. Düsseldorf 1987
LICHTE, J.: Welche Aufgaben erwachsen unserer Schule aus dem Vorhandensein fremdsprachiger Kinder? In: Erziehung und Unterricht 51 (1901), S. 191–194
LÖRCHER, G.: Probleme ausländischer Schüler im Mathematikunterricht. Eine Übersicht. In: mathematica didactica 2 (1982), S. 59–69
MEHRLÄNDER, U.: Türkische Jugendliche – keine beruflichen Chancen in Deutschland? Bonn 1983
MERKENS, H.: Kinder türkischer Eltern im deutschen Schulsystem – die bisher kaum gelungene Integration, dargestellt am Beispiel von Berlin. In: Ausländerkinder. Forum für Schule und Sozialpädagogik Heft 11 (1985), S. 6–22
MEYER-INGWERSEN, J./NEUMANN, R./KUMMER, H.: Zur Sprachentwicklung türkischer Schüler in der Bundesrepublik. 2 Bde. Kronberg/Ts. 1977
MIHÇIYAZGAN, U.: Wir haben uns vergessen. Ein intrakultureller Vergleich türkischer Lebensgeschichte. Hamburg 1986
NESTVOGEL, R.: Interkulturelles Lernen ist mehr als »Ausländerpädagogik«. In: Informationsdienst zur Ausländerarbeit 2 (1987), S. 64–71

NEUMANN, U.: Erziehung ausländischer Kinder. Erziehungsziele und Bildungsvorstellungen in türkischen Arbeiterfamilien. München 1981 (zuerst: Düsseldorf 1980)
–: Ausländische Jugendliche zwischen Schule und Beruf. Statistische Daten erläutert am Beispiel der Geschichte des türkischen Jungen Eşref. In: YAKUT, A. u. a.: Zwischen Elternhaus und Arbeitsamt: Türkische Jugendliche suchen einen Beruf, a.a.O., S. 11–44
NIEDERSÄCHSISCHES LANDESINSTITUT FÜR LEHRERFORTBILDUNG, LEHRERWEITERBILDUNG UND UNTERRICHTSFORSCHUNG – NLI – (Hrsg.): Kommentierte Auswahlbibliographie Ausländerpolitik und interkulturelle Erziehung. Reihe NLI-Drucksachen. Hildesheim 1985
NIEKE, W.: Multikulturelle Gesellschaft und interkulturelle Erziehung. Zur Theoriebildung in der Ausländerpädagogik. In: Die deutsche Schule 78 (1986), S. 462–473
OOMEN-WELKE, I. u. a.: Mehrsprachiger Sachunterricht – Zu den bilingualen Sachunterrichtsmaterialien des FWU. In: Sachunterricht bei ausländischen Schülern. In: mathematica didactica 2 (1982), S. 71–94
PERRY, P.: Was diesseits der Pyrenäen wahr ist, ist jenseits falsch. Interkultureller Unterricht in einem französischen Grundschulprojekt. In: Ausländerkinder in Schule und Kindergarten 4 (1982), S. 13–16
POMMERIN, G.: Deutschunterricht mit ausländischen und deutschen Kindern. Bochum 1977
RADTKE, F.-O.: Pädagogische Grenzüberschreitungen. Probleme interkultureller Erziehung. In: Ausländerkinder. Forum für interkulturelles Lernen in Schule und Sozialpädagogik Heft 30 (1987), S. 75–99
REHBEIN, J. (Hrsg.): Interkulturelle Kommunikation. Tübingen 1985
REICH, H.: Zum Unterricht in Deutsch als Fremdsprache. In: HOHMANN, M. (Hrsg.): Unterricht mit ausländischen Kindern, a.a.O., S. 149–184
–/WITTEK, F. (Hrsg.): Migration, Bildungspolitik, Pädagogik. Essen/Landau 1984
REICH, H. H.: Kulturoffener Sachunterricht und Erziehung zur Zweisprachigkeit. Bericht über einen Modellversuch mit türkischen Kindern an einer französischen Grundschule. In: Deutsch lernen 4 (1985), S. 19–41
–: Interkulturelle Erziehung als Partner pädagogischer Reform. In: BAUSINGER, H.: Ausländer–Inländer. Arbeitsmigration und kulturelle Identität. Tübingen 1986, S. 83–98
RENNER, E.: Erziehungs- und Sozialisationsbedingungen türkischer Kinder. Ein Vergleich zwischen Deutschland und der Türkei. Neuburgweiler 1975
RIXIUS, N./THÜRMANN, E.: Muttersprachlicher Unterricht für ausländische Schüler. Berlin 1987
RÖHR-SENDLMEIER, U.: Die Bildungspolitik zum Unterricht für ausländische Kinder in der Bundesrepublik Deutschland. Eine kritische Betrachtung der vergangenen 30 Jahre. (1986), S. 51–67
RUHLOFF, J.: Bildung und nationalkulturelle Orientierung. In: ders. (Hrsg.): Aufwachsen im fremden Land. Probleme und Perspektiven der »Ausländerpädagogik«. Frankfurt 1982, S. 175–205
SAĞLAM, M.: Yurtdışından Dönen Öğrenciler İçin Uyum Programı Modeli. (Das Modell des Anpassungsprogramms für aus dem Ausland zurückgekehrte Schüler). Ankara 1985
SANDFUCHS, U. (Hrsg.): Lehren und Lernen mit Ausländerkindern. Bad Heilbrunn 1981
SCHLOTMANN, B.: Ein interkultureller Kalender als schuljahresbegleitendes Materialangebot. In: Sachunterricht und Mathematik in der Grundschule 14 (1986), S. 467–473
SCHMITT, G.: Deutschunterricht in Vorbereitungsklassen und Förderkursen – Konzeption für einen didaktischen Baukasten. In: Ausländerkinder. Forum für Schule und Sozialpädagogik Heft 2 (1980), S. 4–32
SCHRADER, A./NIKLES, B./GRIESE, H.: Die Zweite Generation. Sozialisation und Akkulturation ausländischer Kinder in der Bundesrepublik. Kronberg 1976
SCHWEIKERT, K.: Berufsbildungssituation der ausländischen Jugendlichen in der Bundesrepublik Deutschland. Luxemburg 1983
SENATOR FÜR SCHULWESEN, JUGEND UND SPORT, BERLIN (Hrsg.): Türkçe. Dil ve okuma kitabı. Bde. 5–10. Berlin 1982–1986
SKUTNABB-KANGAS, T.: Ziel: Zweisprachigkeit – Sprachenpolitik, sprachwissenschaftliche Forschungsergebnisse und pädagogische Erfahrungen in Schweden. In: Ausländerkinder. Forum für Schule und Sozialpädagogik Heft 13 (1983), S. 27–51

Springer, M.: Kontakte wie ein Netz geknüpft. In: Stüwe, G./Peters, F. (Hrsg.): Lebenszusammenhänge von Ausländern und pädagogische Problematik. Bielefeld 1984, S. 95–107
Stenzel, A./Homfeldt, H. G.: Auszug in ein fremdes Land? Türkische Jugendliche und ihre Rückkehr in die Türkei. Weinheim/Basel 1985
Steffen, G.: Interkulturelles Lernen – Lernen mit Ausländern. In: Sandfuchs, U. (Hrsg.): Lehren und Lernen mit Ausländerkindern. Bad Heilbrunn 1981, S. 56–68
Stölting, W.: Die Zweisprachigkeit jugoslawischer Schüler in der Bundesrepublik Deutschland. Berlin 1980
Thürmann, E.: Curriculare Grundlagen des muttersprachlichen Unterrichts für ausländische Schüler in Nordrhein-Westfalen. In: Deutsch lernen 4 (1983), S. 71–79
Wilpert, C.: Die Zukunft der Zweiten Generation. Erwartungen und Verhaltensmöglichkeiten ausländischer Kinder. Königstein/Ts. 1980
Wittek, F.: Muttersprachlicher Unterricht oder Erziehung zur Zweisprachigkeit? In: Materialien Deutsch als Fremdsprache, Arbeitskreis Deutsch als Fremdsprache beim DAAD 25 (1986), S. 289–301
Yakut, A. u. a.: Zwischen Elternhaus und Arbeitsamt: Türkische Jugendliche suchen einen Beruf. Berlin 1986

Hans-Georg Herrlitz

Schulgeschichte als Bildungsreform –
Intentionen und Perspektiven

1 Problemstellung

Wenn heute im öffentlichen und erziehungswissenschaftlichen Sprachgebrauch von »Bildungsreform« die Rede ist, dann verknüpft sich mit diesem Begriff in aller Regel die Erinnerung an einen bestimmten Abschnitt der jüngsten deutschen Schulgeschichte: man denkt an die bildungspolitische Reformperiode der 60er und frühen 70er Jahre, an die Warnungen vor einer »deutschen Bildungskatastrophe« (PICHT 1964), an die sozialliberale These »Bildung ist Bürgerrecht« (DAHRENDORF 1965), an den »Strukturplan für das Bildungswesen« (DEUTSCHER BILDUNGSRAT 1970), schließlich (als Schluß- und Wendepunkt) an den »Bildungsgesamtplan« der BUND-LÄNDER-KOMMISSION FÜR BILDUNGSPLANUNG vom 15. Juni 1973. Von der Aufbruchstimmung und den weitreichenden Reformerwartungen jener Jahre ist heute fast nichts übriggeblieben. Sprach man damals schon gelegentlich von »Reformillusionen« (BAETHGE 1972), später gar von »mißratenem Fortschritt« (A. FLITNER 1977), so stimmen Befürworter und Gegner einer sozialliberalen Bildungsreformpolitik heute jedenfalls darin überein, daß diese Politik im wesentlichen gescheitert sei.

Welches aber ist der Maßstab, der einem solchen Urteil zugrunde liegt? Wer sich in kurzsichtiger Optik damit begnügt, das punktuell Erreichte an den hochgespannten Erwartungen und Versprechungen der sozialliberalen Reformperiode zu messen, der wird fast zwangsläufig zu einem negativen, enttäuschungsbeladenen Ergebnis kommen. Wer hingegen aus einer langfristigen Perspektive heraus argumentiert und den Versuch unternimmt, die begrenzten Erinnerungen und Erfahrungen der eigenen Gegenwart in die zweihundertjährige Entwicklung des modernen Schulwesens einzuordnen, der wird sich durch die jüngste »Tendenzwende« nicht so rasch beunruhigen lassen. Er wird aus der Geschichte lernen können, daß Fortschritte in der Bildungsreform immer nur geringfügig waren, immer einen langen Atem brauchten, immer gegen zähen Widerstand mühsam durchgesetzt und verteidigt werden mußten. Unter diesem Gesichtspunkt enthält das Thema »Schulgeschichte als Bildungsreform« eine optimistische These, die im folgenden durch einige wenige historische Befunde und Zusammenhänge, unter besonderer Berücksichtigung der *Schulorganisations*frage, belegt und bekräftigt werden soll (→ *Organisationssoziologie* ...).

Das Schulmodell der Aufklärung

Was den Historiker angesichts gegenwärtiger bildungspolitischer Auseinandersetzungen zu relativer Gelassenheit ermutigt, ist zunächst die Tatsache, daß in der modernen deutschen Schulgeschichte immer schon umstritten war, nach welchen Prinzipien das öffentliche Schulwesen organisiert werden sollte. Horizontale oder vertikale Gliederung? Realisierung eines *Stufen-* oder eines *Säulenmodells*? Der Streit um diese Frage durchzieht bereits das 17. und 18. Jahrhundert, die dazu verfaßten Kampf- und Programmschriften füllen eine kleinere Bibliothek. Dabei ging es niemals nur um organisatorische Äußerlichkeiten und niemals nur um pädagogische Prinzipien, sondern der Streit um die »richtige« Schulorganisation und um die »richtige« Didaktik wurde immer auch mit politischen Argumenten ausgetragen und zu der Frage nach der »richtigen« Gesellschaftsordnung ausgeweitet (→ *Pädagogik und Politik*). Diesen Zusammenhang möchte ich an einem Beispiel verdeutlichen, das typisch für den Zeitgeist des ausgehenden 18. Jahrhunderts ist und den Beginn zentralstaatlicher Schulpolitik in Preußen am Vorabend der Französischen Revolution markiert.

In mehreren Reden zwischen 1776 und 1787 hat der preußische Minister VON ZEDLITZ eine Bilanz der Schulreformdebatte seines »aufgeklärten« Zeitalters gezogen und die Umrisse eines allgemeinen Schulorganisationsplans vorgetragen. Darin heißt es:

»In der bürgerlichen Gesellschaft stehen die Bürger auf verschiedenen Stufen. In jedem Stande ist eine eigne Denkungsart, sind andere Gaben nöthig. Wollte der Lehrer Einerley Methode bey allen seinen Lehrlingen anwenden, so würde er die Grundfesten der monarchischen Regierungsform untergraben und den Geist der Subordination zerstören.« Um diesen »Geist der Subordination« zu bewahren, wollte der Minister selbst die Methode, wie der Jugend »Patriotismus einzuflößen« sei, nach Ständen differenziert wissen: Zwar sei der »allgemeine ›Patriotismus-Unterricht‹ für alle Bürger ohne Unterschied«, aber der »besondere« Unterricht müsse »nach ihren verschiedenen Klassen natürlicherweise verschieden seyn«. Schule, so faßt der Minister zusammen, sei dazu da, »jeden Schüler seiner Bestimmung gemäß zu unterrichten, und ihn weder mehr noch weniger zu lehren, als was er wissen muß und wovon er in der Lebensart, welche er erwählen wird, Gebrauch machen kann« (zit. nach HERRLITZ 1973, S. 87f.).

Die schulorganisatorischen Konsequenzen liegen damit fest: »Wenn der Schulunterricht den Endzweck haben soll: die Menschen besser und für ihr bürgerliches Leben brauchbarer zu machen, so ist es ungerecht, den Bauer wie ein Thier aufwachsen, ihn einige Redensarten, die ihm nie erklärt werden, auswendig lernen zu lassen; und es ist eine Thorheit, den künftigen Schneider, Tischler, Krämer wie einen künftigen Konsistorialrath oder Schulrektor zu erziehen, sie alle lateinisch, griechisch, hebräisch zu lehren und den Unterricht in Kenntnissen, die jene nöthig haben, ganz zu übergehen. Daraus folgt also, daß der Bauer anders als der künftige Gewerbe oder mechanische Handwerke treibende Bürger, und dieser wiederum anders als der künftige Gelehrte oder zu höheren Ämtern des Staats bestimmte Jüngling unterrichtet werden muß. Folglich ergeben sich drei Abtheilungen aller Schularten des Staats, nämlich: 1. Bauer-, 2. Bürger- und 3. Gelehrte Schulen.« (zit. nach HERRLITZ 1973, S. 90f.)

Das Grundmuster dieser Argumentation ist uns vertraut. Wir haben hier die klassische Form eines berufsständisch organisierten *Säulenmodells* vor uns, und die didaktische Begründung dafür schleppt sich bis heute in vielen Köpfen fort (→ *Das allgemeinbildende Schulwesen*...). Die Vorschläge des Ministers VON ZEDLITZ dürfen als die preußische Gründungsurkunde des dreiteiligen, vertikal gegliederten allgemeinen Schulsystems gelten, wie es sich dann im 19. Jahrhundert entwickelt und verfestigt hat. Aber bevor wir großzügige Parallelen ziehen, sollten wir uns das Konzept in seinen ursprünglichen historischen Zusammenhang etwas genauer ansehen. Warum verwahrt sich der Minister so energisch gegen die Idee eines integrierten Schulsystems, warum hält er den reformpädagogischen Vorschlag einer einheitlichen, standesübergreifende

Lehrmethode für derart gefährlich, daß sie »die Grundfesten der monarchischen Regierungsform untergraben und den Geist der Subordination zerstören« könnte?

Die Antwort hängt mit dem politischen Dilemma des aufklärerischen Fortschrittsglaubens zusammen. Einerseits hat sich im 18. Jahrhundert der Gedanke durchgesetzt, daß öffentliche Schulen gesellschaftlich notwendige Einrichtungen sind, um die junge Generation »für ihr bürgerliches Leben brauchbarer zu machen«. Wenn öffentlicher Wohlstand und ökonomischer Fortschritt vom Lernzuwachs und Erfindungsreichtum der jungen Generation abhängen, dann erscheint die traditionelle Form des Lernens im unmittelbaren Lebenszusammenhang der Generationen als hoffnungslos veraltet. Dann müssen Schulen als besondere Orte des gezielten, symbolischen Lernens her, um den Fortschritt sicherzustellen. »Schulpflicht für alle« hieß darum die fortschrittliche Devise, und der Minister von ZEDLITZ war einer ihrer überzeugtesten Vorkämpfer.

Andererseits hat Bildung, über schulisches Lernen vermittelt, die fatale Eigenschaft, daß sie soziale Ansprüche wecken und eine soziale Mobilität erzeugen kann, die die traditionelle Gesellschaftsordnung und Staatsverfassung in Frage zu stellen droht. Im 18. Jahrhundert entstand zum erstenmal in der deutschen Schulgeschichte eine leidenschaftliche Debatte darüber, wie die »Überfüllung« der Universitäten zu verhindern sei, und diese Debatte richtete sich auch damals schon in erster Linie gegen die sogenannte »Studiersucht der armen Leute«. In einer Vielzahl von Erlassen, durch Einschränkungen der Stipendienvergabe und durch rigorose Studienverbote für die niederen Stände versuchte die Obrigkeit, die sozialen Folgen der gewollten und zugleich befürchteten Bildungsbeteiligung unter Kontrolle zu halten. »Bildungsbegrenzung«, standesgemäße »Umschleusung« in praktische Berufe, so lautete daher die zweite Devise, in der die Kehrseite des aufklärerischen Fortschrittsglaubens zum Ausdruck kommt.

Vor diesem sozialgeschichtlichen Hintergrund wird das Konzept des Ministers von ZEDLITZ als ein bildungspolitischer Kompromiß durchaus verständlich. Der Bildungsanspruch auch der niederen Stände wird anerkannt, aber in doppelter Hinsicht begrenzt: einmal im Hinblick auf die soziale Herkunft, zum anderen im Hinblick auf den ökonomischen Bedarf. Schule wird im Prinzip als *Berufsschule* verstanden, angereichert durch »allgemeinbildende« Elemente christlicher Morallehre, schlichter Kulturtechnik und patriotischer Unterweisung. Schule ist *Standesschule*, die der sozialen Selbstrekrutierung der Berufsstände dient. Sie qualifiziert für berufliche Aufgaben und verhindert zugleich soziale Mobilität (→ *Soziale Klassen, soziale Schichten, soziale Mobilität*; → *Das berufliche Bildungswesen* ...). Sie befördert den ökonomischen Fortschritt und befestigt zugleich den »Geist der Subordination«. Das Strukturproblem einer künftigen öffentlichen Nationalerziehung schien damit politisch entschieden und die reformpädagogische Idee eines einheitlichen, standesübergreifenden Schulsystems als staatsgefährdender Unfug widerlegt zu sein.

3 Das Schulmodell des Neuhumanismus

Aber ebendiese Idee wurde zwanzig Jahre später, nach der Französischen Revolution und nach dem militärischen Zusammenbruch Altpreußens, zum offiziellen bildungspolitischen Programm, zum Kernstück einer Revolution »von oben«, die in Preußen mit friedlichen Mitteln die gleichen bürgerlichen Freiheitsrechte erreichen wollte, um die das französische Bürgertum gekämpft hatte. Dem absolutistischen Prinzip der berufsständischen Bildungsbegrenzung setzten die liberalen preußischen Reformer das revolutionäre Prinzip der *allgemeinen Menschenbildung* entgegen, und wenn man heute die Schulpläne und Programmschriften eines Wilhelm von Humboldt liest, so nehmen sie sich in vielen Einzelheiten wie eine direkte Antwort an seinen vor-revolutionären Amtskollegen von Zedlitz aus (→ *Theorien der Bildung* ...).

Um die neue Grundauffassung von Schule, ihrer Organisation und ihrer Didaktik, zu verdeutlichen, ziehe ich ein spätes Dokument jener Reformepoche, den Entwurf eines allgemeinen Schulverfassungsgesetzes von 1819, heran.

Die liberale, gegen das Konzept der Standes- und Berufserziehung gerichtete Tendenz dieses Gesetzentwurfs kommt schon dadurch zum Ausdruck, daß im § 1 nur noch diejenigen Schulen als »öffentliche« und »allgemeine« anerkannt werden, »welche die allgemeine Bildung des Menschen an sich und nicht seine unmittelbare Vorbereitung zu besonderen einzelnen Berufsarten bezwecken«. Die Schulen sollen »die Grundlage der gesamten Nationalerziehung bilden«, ihre Aufgabe ist es, »die Erziehung der Jugend für ihre bürgerliche Bestimmung auf ihre möglichste allgemeinmenschliche Ausbildung zu gründen«. Daher darf das öffentliche Schulwesen nicht aus getrennten, berufsständisch sortierten Schularten bestehen, sondern es muß als ein integriertes System organisiert sein, das durch »drei wesentliche Stufen«, wie es im Entwurf heißt, gekennzeichnet ist:

– »Auf der ersten dieser Stufen soll sich die Schule mit der ersten methodischen Entwicklung der menschlichen Anlagen und Hervorbringung der inmittelst derselben zu gewinnenden Einsichten, Kenntnisse und Fertigkeiten beschäftigen, dem Bildungsbedürfnisse der unteren Volksklasse in den Städten und auf dem Lande genügen und *allgemeine Elementarschule* heißen.« (Es hat mehr als ein Jahrhundert gedauert, bis der Vorschlag einer allgemeinen Grundschule in der Weimarer Republik endlich durchgesetzt werden konnte.)

– »Auf der zweiten Stufe soll die Schule die Bildung ... bis zu der Grenze fortführen, wo sich die Fähigkeit und Bestimmung entweder zu weiterer wissenschaftlicher Ausbildung oder zu besonderer Vorbereitung auf ein bürgerliches Gewerbe zu entscheiden pflegt. Die Schulen dieser zweiten Stufe sollen *allgemeine Stadtschulen* heißen.«

– »Auf der dritten Stufe soll die Schule jenes Geschäft so weit fortsetzen, bis der Grund allgemein-wissenschaftlicher und sittlicher Bildung, sei es für die höheren und besonderen Studien der Universität oder unmittelbar fürs praktische Leben, gelegt ist. Jede Schule, welche bis zu diesem Ziele führt, soll *Gymnasium* heißen.« (Woraus zu entnehmen ist, daß das »Gymnasium« im Konzept der neuhumanistischen Reformer keineswegs als »grundständige Anstalt«, sondern als Oberstufe eines Gesamtschulsystems geplant war.)

Alle diese Stufen, so wird im § 4 des Entwurfs noch einmal betont, »müssen auf ihren Endzweck so fest gerichtet sein, daß sie zusammen wie eine einzige große Anstalt für die National-Jugendbildung betrachtet werden können. Es muß daher ihre ganze Anlage auf einem in sich übereinstimmenden System beruhen, welches die Stufen in innerem Zusammenhang untereinander erhält und keiner Stufe eine Abweichung von dem allgemeinen wesentlichen Charakter des Ganzen gestattet.« (Schweim 1966, S. 123 ff.)

Das ist im Prinzip das gleiche Stufensystem, wie es der Deutsche Bildungsrat 1970 im »Strukturplan« entworfen hat und wie wir es heute unter den Bezeichnungen »Primarstufe – Sekundarstufe I – Sekundarstufe II« kennen. Hier, im liberalen Schulkonzept der preußischen Reformer und in ihrer Kampfansage an berufsständisch begründete Bildungsbeschränkungen, hat die gegenwärtige Theorie der integrierten Gesamtschule eine ihrer historischen Wurzeln (→ *Strukturveränderungen im Bildungswesen* . . ., *Die Gesamtschule*).

Daß dieses Konzept ein eminent politisches ist und grundlegende Veränderungen der Gesellschaftsstruktur einleiten sollte, war den Reformpolitikern um Wilhelm von HUMBOLDT durchaus bewußt. Dem Prinzip der »allgemeinen Menschenbildung« entspricht auf der Ebene der politischen Programmatik die Forderung nach allgemeiner Rechtsgleichheit, die nach der Französischen Revolution auch im nichtrevolutionären Preußen breiteste Unterstützung fand. Der radikale Gedanke, daß Bildung ein Bürgerrecht sei und daher unabhängig von sozialer Herkunft und ökonomischem Bedarf verwirklicht werden müsse, wurde schon damals formuliert. In dem Plan einer integrierten Schulverfassung werden die ersten Umrisse einer demokratischen Gesellschaftsordnung sichtbar, die um der Bestimmung des Menschen willen weder Herren noch Knechte kennt und in der, wie HUMBOLDT es im Königsberger Schulplan aussprach, »jede intellektuelle Individualität ihr Recht und ihren Platz fände«.

Doch muß an dieser Stelle sogleich vor einer unhistorischen Idealisierung des neuhumanistischen Gesamtschulkonzepts gewarnt und die Frage gestellt werden, wie denn das Postulat der allgemeinen Menschenbildung – nach den Vorstellungen der Reformer selbst – unter den sozialen Bedingungen ihrer Zeit verwirklicht werden sollte. Die eben zitierte Gesetzesbestimmung über die »allgemeine Elementarschule« enthält dazu einen ernüchternden Hinweis: Wenn dort gesagt wird, daß diese Schulstufe »dem Bildungsbedürfnis der unteren Volksklasse in den Städten und auf dem Lande genügen« würde, so war das zwar angesichts der tatsächlichen Schulverhältnisse realistisch; zugleich war damit aber eingeräumt, daß die »untere Volksklasse« in aller Regel von den weiteren Stufen der allgemeinen »National-Jugendbildung« ausgeschlossen bleiben mußte. Das postulierte allgemeine Bildungsrecht war – schon auf der Ebene der schulgesetzlichen Planung – sozialselektiv eingeschränkt. Hier bahnt sich – entgegen dem egalitären Konzept – die Wirklichkeit eines Schulwesens an, in dem sich die »höhere« und die »niedere« Bildung als zwei völlig getrennte pädagogische und soziale Teilsysteme gegenüberstanden.

Zweitens ist darauf hinzuweisen, daß mit der neuhumanistischen Gesamtschulidee der Siegeszug des deutschen *Berechtigungs(un)wesens* begonnen hat (→ *Pädagogische Diagnostik*), wobei man allerdings nicht übersehen darf, daß dahinter ursprünglich ein durchaus revolutionäres Prinzip verborgen lag, die Absicht nämlich, die Verteilung sozialer Chancen nicht mehr nach dem ständischen Kriterium sozialer Herkunft, sondern nach dem bürgerlichen Kriterium persönlicher Leistung zu organisieren. Die Herrschaft der Privilegierten sollte durch die Herrschaft der Tüchtigen ersetzt werden, staatlich attestierter Schulerfolg die Eingangsvoraussetzung für höhere Berufs- und Amtskarrieren sein. Von daher wird verständlich, warum die Reformer in der kurzen Periode ihrer bildungspolitischen Wirksamkeit so energisch darangingen, das *staatliche Prüfungswesen* zu systematisieren und weiter auszubauen. Dabei handelt es sich um einen Prozeß der Leistungsauslese, der systematisch »von oben nach unten« vorangetrieben wurde. In einem ersten strategischen Schritt wurde 1810 das philologische Staatsexamen für Gymnasiallehrer eingeführt und damit das staatliche Kontrollrecht auf das Lehrpersonal derjenigen höheren Schulen ausgedehnt, die das Privileg besaßen, Schüler mit dem Abitur zur Universität zu entlassen. Konsequenterweise folgte 1812 die entsprechende Normierung des Abiturientenexamens mit dem Ziel, die Zulassung zum Studium und zu den Staatsexamina an die »Reifeprüfung« eines staatlich anerkannten humanistischen Gymnasiums zu binden. Und von daher war es schließlich nur noch ein Schritt bis zu der bürokratischen Entscheidung, daß die Zulassung zur »Reifeprüfung« von der Absolvierung eines 9jährigen gymnasialen Lehrkurses abhängig sei, das vollberechtigte Gymnasium also grundständig sein müsse. Mit dieser Entscheidung, mit der Umgestaltung der ursprünglich geplanten gymnasialen Oberstufe in eine grundständige gymnasiale Lehranstalt, war das tragende Element aus dem neuhumanistischen Gesamtschulkonzept herausgebrochen und die Realisierung eines vertikal gegliederten Schulwesens vorgezeichnet, wie es sich dann bis zum Ende des 19. Jahrhunderts in Preußen herausgebildet hat (→ *Strukturveränderungen im Bildungswesen ..., Das Gymnasium*).

4 Erfahrungen des Scheiterns

Nun wäre es freilich höchst einseitig, das Scheitern der ersten Gesamtschulreform in der deutschen Schulgeschichte vornehmlich oder gar allein auf die immanenten Schwächen und Widersprüche der damaligen Konzeptentwürfe zurückzuführen. Unübersehbar bleibt, daß es immer schon die politischen Machtverhältnisse gewesen sind, die einer Schulstrukturreform eine Chance geben oder nicht. So fiel der preußische Gesetzentwurf von 1819 genau in das Jahr, in dem sich mit den »Karlsbader Beschlüssen« die politische Großwetterlage in Europa zu ändern und der reaktionäre Widerstand gegen die bürgerliche Freiheitsbewegung zu formieren begann. Wie leidenschaftlich und grundsätzlich dieser Widerstand gewesen ist und wie deutlich gerade im konservativen Lager der Zusammenhang von Schulreform und Gesellschaftsreform gesehen wurde, läßt sich beispielhaft an den Gegen-Denkschriften studieren, die der Gesetzentwurf noch im gleichen Jahr hervorgerufen hat. Ich zitiere einige Sätze aus der Denkschrift Ludolph von BECKEDORFFS, der 1820 das Referat für Volksschulwesen im preußischen Kultusministerium übernahm:

»Daß die Menschen von Natur ungleich sind, dieser Satz steht fest. Er ruht auf der Erfahrung. ... Es gibt nun einmal verschiedene Stände und Berufe in der menschlichen Gesellschaft, sie sind rechtmäßig, sie sind unentbehrlich. Allen zugleich kann kein einzelner angehören, für einen muß er sich entscheiden. Wann soll denn der Zeitpunkt eintreten, wo diese Entscheidung gefaßt und also der besondere Bildungs- und Vorbereitungsweg betreten wird? Irgend einmal muß dies doch geschehen, und je später, desto schlimmer. Je länger der Jugend die Verschiedenheit der menschlichen Verhältnisse verheimlicht wird, als eine desto größere Last muß sie ihr hinterher erscheinen ...«

»Um aller dieser Gründe willen bedürfen wir in der menschlichen Gesellschaft nicht gleichartiger Stufenschulen, sondern *verschiedenartiger Berufs- und Standesschulen*; nicht wie der Entwurf vorschlägt, neu eingerichteter allgemeiner Elementarschulen, allgemeiner Stadtschulen und Gymnasien ..., sondern nach bisheriger alter Weise, guter Bauern-, Bürger- und Gelehrtenschulen; nicht endlich einer künstlichen Gleichheit der Volkserziehung, sondern vielmehr einer *naturgemäßen Ungleichheit der Standeserziehung*.«

Und schließlich der bemerkenswert hellsichtige Satz: »Für Republiken mit demokratischer Verfassung mag dergleichen (d. h. das Stufenkonzept des Gesetzentwurfs) vielleicht passen, allein mit monarchischen Institutionen verträgt es sich gewiß nicht.« (SCHWEIM 1966, S. 225 ff.)

In der Tat hat es in der monarchischen Geschichte Preußens bis 1918 nie wieder eine Phase gegeben, die mit dem Reformjahrzehnt 1809–1819 auch nur annähernd vergleichbar wäre. Die bildungspolitischen Forderungen des Allgemeinen Deutschen Lehrervereins von 1848 endeten genauso kläglich wie die 48er Revolution insgesamt. Adolf DIESTERWEG kämpfte mit seinen Gesamtschulplänen auf verlorenem Posten. Die deutsche Sozialdemokratie behandelte bis 1906 die Schulfrage als drittrangiges Problemfeld und hätte als die Partei der »vaterlandslosen Gesellen« ja ohnehin keine Chance gehabt, mit ihren Reformvorschlägen die wilhelminische Obrigkeit zu beeindrucken. So setzte sich unter den politischen Rahmenbedingungen der wilhelminischen Klassengesellschaft ein Schulsystem durch, das den ZEDLITZ-BECKEDORFFschen Vorstellungen von einer »naturgemäßen Ungleichheit der Standeserziehung« ziemlich nahekommt und das durch eine *Berechtigungsstruktur* gekennzeichnet war, in der sich die politischen Machtverhältnisse realistisch widerspiegeln (TITZE 1973; D. K. MÜLLER 1977; HERRLITZ/HOPF/TITZE ²1986, S. 63 ff.) (→ *Pädagogik und Politik*).

Man muß sich diese Verfestigung des deutschen Schulwesens zu einem Berechtigungssystem vor Augen halten, um zu begreifen, warum es nach dem Zusammenbruch des Wilhelminischen Kaiserreichs zwar zu einer politischen Wiederbelebung des Gesamtschulgedankens, nicht aber zur Verwirklichung einer horizontal gestuften »Einheitsschule« als staatlicher Regelschule gekommen ist. Der politische Zwang zur Schulreform war 1918 in ähnlicher Weise gegeben wie ein Jahrhundert zuvor: In beiden Fällen war ein obrigkeitsstaatliches System nicht nur militärisch besiegt, sondern an seiner sozialen Zerrissenheit, an dem *Integrationsdefizit* einer Standes- bzw. Klassengesellschaft gescheitert. In beiden Fällen rief das die Forderung nach einer neuen öffentlichen Erziehung, nach einem sozial integrierenden Schulsystem als der Keimzelle einer gesellschaftlichen und staatlichen Erneuerung hervor. In beiden Fällen läßt sich aber auch beobachten, wie rasch und wie erfolgreich sich der konservative Widerstand gerade im Bereich der Bildungspolitik formierte. Nur für anderthalb Jahre hat die Weimarer Koalition überhaupt eine parlamentarische Chance besessen, schulstrukturelle Reformen gesetzlich einzuleiten, und nur was bis zum Sommer 1920 gesetzlich verankert war, konnte danach gegen die konservative »Tendenzwende« verteidigt und gesichert werden (HERRLITZ/HOPF/TITZE ²1986, S. 104 ff.).

Das wichtigste Ergebnis dieser Auseinandersetzungen ist zweifellos die Einführung der obligatorischen vierjährigen *Grundschule* als integrierter Grundstufe des öffentlichen Schulsystems gewesen. Zwar wird man nicht übersehen dürfen, daß damit nur ein erster, unbefriedigender Kompromiß erreicht war, der die selektive Wirkung des Säulenmodells lediglich abschwächen konnte und der sich auf den höheren Selektionsstufen des Schulsystems jederzeit wieder einschränken ließ. Dennoch bedeutet der Weimarer Grundschulkompromiß einen Wendepunkt in der Geschichte des deutschen Schulsystems, ein Fundament, auf dem die Integration der Sekundarstufen weiter vorangetrieben werden kann. Wenn man heute nachliest, mit welchem Fanatismus die Grundschulpflicht in den zwanziger Jahren bekämpft und als »Machwerk der Novemberverbrecher« diffamiert worden ist, dann zeigt sich daran, wie groß die Befürchtungen waren, daß hier ein Prozeß in Gang gesetzt worden sei, der nie wieder rückgängig gemacht werden könnte (NAVE 1961) (→ *Das allgemeinbildende Schulwesen* ...).

Seit Weimar steht eine reformorientierte Bildungspolitik vor der Aufgabe, den Grundschulkompromiß »von unten nach oben« auszubauen. An solchen Versuchen hat es nach 1945 wahrlich nicht gefehlt. Ich erinnere an die Reformvorschläge und Gesetzesinitiativen, die in der unmittelbaren Nachkriegszeit nicht nur von den alliierten Besatzungsmächten und nicht nur von SPD und KPD, sondern auch von großen Teilen der CDU und von christdemokratisch geführten Kultusministerien entwickelt und getragen wurden. Ich erinnere an die gesetzliche Verlängerung der Grundschulzeit in Hamburg, Bremen und Schleswig-Holstein, an die »Einheitsschul«-Pläne des hessischen Kultusministers STEIN, an den Schulversuch »Differenzierter Mittelbau« in Niedersachsen, an das Berliner Schulgesetz von 1948. Das alles waren mehr oder weniger konsequente Versuche, aus den Erfahrungen unter dem NS-Regime schulpolitische Konsequenzen zu ziehen, Lernchancen und Lernalternativen länger offenzuhalten, dem demokratischen Ziel pädagogischer Chancengleichheit jedenfalls näherzukommen (KUHLMANN 1970). Ich erinnere schließlich an die weitverbreitete Hoffnung der 60er Jahre, daß alle politischen Parteien in der Bundesrepublik für die Gesamtschulreform gewonnen werden könnten. Im DEUTSCHEN BILDUNGSRAT war man 1969 davon überzeugt, daß es gelingen würde, auf der Erfahrungsgrundlage eines breit angelegten Experimentalprogramms einen überparteilichen, wissenschaftlich begründeten Konsens für eine gemeinsame Gesamtschulpolitik der A- und der B-Länder zu finden. Damals schrieb der Kieler Historiker Karl Dietrich ERDMANN im Vorwort der Gesamtschulempfehlungen des DEUTSCHEN BILDUNGSRATS:

»Die Grundentscheidung für das Bildungswesen, über die allgemeine Einmütigkeit besteht, heißt Chancengleichheit und individuelle Begabungsförderung. Geleitet von dieser Forderung ist eine Entwicklung in Gang gekommen, von der man erkennen kann, daß sie die früheren Formen unverbunden nebeneinanderstehender Schulen hinter sich läßt.« (DEUTSCHER BILDUNGSRAT 1969, S. 9f.)

Was ist von dieser »allgemeinen Einmütigkeit« übriggeblieben? Man vergleiche ERDMANNS Entwicklungsprognose von 1969 mit den Schulabschluß-Vereinbarungen der KMK vom Mai 1982, um zu ermessen, wie tief der Rückfall der gegenwärtigen »Tendenzwende« ist. Immer noch geben die »früheren Formen unverbunden nebeneinanderstehender Schulen« den Berechtigungsmaßstab ab, dem sich Gesamtschüler zu unterwerfen haben. Immer noch gilt die eiserne Regel, daß eine gewisse Demokratisierung der Bildungschancen »von unten« zugestanden wird, weil und solange »von oben«, von den Schulabschlüssen her, die Steuerung der Bildungsansprüche prinzipiell gewährleistet bleibt (→ *Strukturveränderungen im Bildungswesen* ..., *Die Gesamtschule*).

5 Perspektiven

Vergegenwärtigt man sich die schulgeschichtliche Entwicklung der letzten zweihundert Jahre in einer perspektivischen Gesamtbetrachtung, dann tritt als beherrschender Grundzug zunächst deren hohe Kontinuität hervor. Wie die allgemeine gesellschaftliche Entwicklung keine prägenden Brüche zeigt und die neuere deutsche Geschichte eine Geschichte ohne vollendete Revolution ist, so lassen sich auch in der deutschen

Schulgeschichte keine revolutionären Umbrüche erkennen. Was schon Friedrich PAULSEN zu Beginn unseres Jahrhunderts wußte, läßt sich heute nur bestätigen, daß nämlich »das Bildungswesen keine Eigenbewegung hat, sondern von dem großen Gang der allgemeinen Kulturbewegung bestimmt wird« (PAULSEN 1906, Vorwort).

Vor diesem Hintergrund ist der Strukturwandel des preußisch-deutschen Schulwesens in seinen langfristigen Entwicklungstendenzen nicht überraschend. Seit den Bildungsreformversuchen zu Beginn des 19. Jahrhunderts entwickelten sich das niedere und das höhere Schulwesen bis zum Ersten Weltkrieg institutionell zunehmend auseinander und konsolidierten sich als eigene Teilsysteme, die schroff gegeneinander abgeschlossen waren. Seit Weimar zeigt sich eine allmähliche Wiederannäherung der eigenständig ausdifferenzierten Schulsysteme, doch blieb diese Tendenz bis in die 50er Jahre relativ schwach ausgeprägt. Erst die 60er und frühen 70er Jahre markieren die Schwelle, über die das Schulwesen in der Bundesrepublik aus der Traditionsverhaftung an das 19. Jahrhundert heraustrat und Anschluß an moderne, sozialstaatliche Entwicklungstendenzen gewann. Die Intensität des Wandels, der damals in Gang gesetzt wurde, ist vor dem Hintergrund der starken Beharrungstendenzen in der deutschen Bildungsgeschichte beispiellos. Seit der Mitte der 60er Jahre ist in den Schulen und Hochschulen mehr in Bewegung gekommen als in jeder Epoche der deutschen Bildungsgeschichte seit Beginn des 19. Jahrhunderts:

– Die *schulische Benachteiligung der Mädchen* wurde vereinzelt schon in der Epoche der Aufklärung als ein Problem gesehen, das dann über mehr als ein Jahrhundert lang verdrängt und durch die bürgerlichen Rollenzwänge traditionalistisch verschüttet wurde. In den 60er und 70er Jahren jedoch wurde diese hartnäckige geschlechtsspezifische Diskriminierung, jedenfalls im allgemeinbildenden Schulwesen und im Hinblick auf die Abschlußquoten, relativ rasch ausgeglichen.

– *Konfessionelle* Diskrepanzen in der Bildungsbeteiligung, die noch Mitte der 60er Jahre deutlich ausgeprägt waren, sind inzwischen fast vollständig überwunden.

– Die Benachteiligung der Kinder aus *unteren Sozialschichten* ist immer noch erheblich, aber in keiner vergleichbaren Phase der geschichtlichen Entwicklung wurden größere Fortschritte bei der Annäherung der Bildungschancen erreicht: während vor 1914 der Anteil der Arbeitersöhne an den deutschen Universitätsstudenten unter 1% blieb und sich bis 1930 lediglich auf 3% erhöhte, haben wir heute – trotz aller Widerstände und Rückschläge – doch immerhin mehr als 10% zu verzeichnen (→ *Soziale Klassen, soziale Schichten, soziale Mobilität*).

– Die Zahl der Jugendlichen, die heute *längere Bildungswege* absolvieren und *anspruchsvollere Abschlüsse* erreichen, ist im Vergleich zu der Situation vor 1965 explosionsartig angestiegen. So betrug die Zahl der Schüler, die nach Beendigung ihrer Schulpflichtzeit weiter allgemeinbildende Schulen besuchten, 1960 lediglich 17%, bereits 1978 aber mehr als 48%. Der Anteil der Abgänger mit einem mittleren Abschluß betrug 1965 gut 19% der entsprechenden Altersgruppe, 1985 im Bundesdurchschnitt aber 36,5%. Im gleichen Zeitraum steigerte sich der Anteil der Absolventen mit Hochschul- und Fachhochschulreife von 7% auf annähernd 28%.

– Schließlich sei daran erinnert, daß die Bildungskommission des DEUTSCHEN BILDUNGSRATS 1969 bei der Planung ihres *Gesamtschul*programms von insgesamt 40 Versuchsschulen ausgegangen ist, diese Zahl sich aber bis 1980 annähernd verfünffacht hat. Die Erfahrung lehrt, daß die politischen Überlebens- und pädagogischen Entwicklungschancen von Gesamtschulen nicht zuletzt davon abhängen, wie lebendig sie in ihrem lokalen und sozialen Umfeld verankert sind. Wo Lehrern, Eltern und Schülern, darüber hinaus aber auch der Öffentlichkeit »vor Ort« die Möglichkeit gegeben ist, sich ein unmittelbares Urteil über die Wirklichkeit und die Schwierigkeit der Gesamtschularbeit zu bilden, da entsteht in aller Regel ein festes Fundament gemeinsamer pädagogischer Erfahrungen und Traditionen, das durch abstrakte Kampfparolen und pauschale Verdächtigungen nicht mehr so ohne weiteres aus der Welt zu schaffen ist (→ *Strukturveränderungen im Bildungswesen . . ., Die Gesamtschule*).

Freilich dürfen solche Beispiele und Aspekte nicht überbewertet werden oder gar zu dem Mißverständnis führen, Bildungsreformen setzten sich gewissermaßen von selber durch. Auch wäre es fatal, Bildungsreform mit statistischen Zuwachsraten gleichzusetzen. Aber wir brauchen das Bewußtsein realer, empirisch nachweisbarer Teilerfolge dringend, um uns das zu bewahren, was KLAFKI (1983) den »Mut zu den kleinen Schritten« im Blick auf die »Großen Perspektiven« genannt hat. Gerade weil hierzulande abermals der Durchbruch zu einer konsequent demokratischen Schulstruktur gescheitert ist, können und müssen wir unsere Kräfte auf den inneren Ausbau und die pädagogische Weiterentwicklung der erreichten Ansätze konzentrieren.

Es war eine unrealistische, gegen alle historischen Erfahrungen unreife und insofern auch naive Hoffnung, wenn man am Ende der 60er Jahre die Erwartung hegte, das überkommene Bildungswesen ließe sich innerhalb weniger Jahre grundlegend reformieren. Die Schulen und Hochschulen einer Gesellschaft können kaum freier, demokratischer, menschlicher sein als die gesellschaftlichen Lebenszusammenhänge, in die sie notwendig eingebettet sind. Die Erfahrungen der jüngsten Vergangenheit und der Gegenwart bestätigen diese alte Einsicht, die zwar ein Grund zur Nüchternheit, nicht aber zur Mutlosigkeit ist (V. FRIEDEBURG 1989).

Literatur

BAETHGE, M.: Abschied von Reformillusionen. Einige politisch-ökonomische Aspekte zum Ende der Bildungsreform in der BRD. In: betrifft: erziehung 5 (1972), S. 19–28
BUND-LÄNDER-KOMMISSION FÜR BILDUNGSPLANUNG (Hrsg.): Bildungsgesamtplan, Bd. I und II. Stuttgart 1974
DAHRENDORF, R.: Bildung ist Bürgerrecht. Plädoyer für eine aktive Bildungspolitik. Hamburg 1965
DEUTSCHER BILDUNGSRAT: Empfehlungen der Bildungskommission zur Einrichtung von Schulversuchen mit Gesamtschulen. Bonn 1969
–: Strukturplan für das Bildungswesen. Bonn 1970
FLITNER, A.: Mißratener Fortschritt. Pädagogische Anmerkungen zur Bildungspolitik. München 1977
FRIEDEBURG, L. V.: Bildungsreform in Deutschland. Geschichte und gesellschaftlicher Widerspruch. Frankfurt/M. 1989
HERRLITZ, H.-G.: Studium als Standesprivileg. Die Entstehung des Maturitätsproblems im 18. Jahrhundert. Frankfurt/M. 1973
–/HOPF, W./TITZE, H.: Deutsche Schulgeschichte von 1800 bis zur Gegenwart. Königstein/Ts. ²1986
KLAFKI, W.: Plädoyer für den »Mut zu den kleinen Schritten« im Blick auf die »Großen Perspektiven«. In: Die Deutsche Schule 75 (1983), S. 184–194
KUHLMANN, C.: Schulreform und Gesellschaft in der Bundesrepublik Deutschland. Die Differenzierung der Bildungswege als Problem der westdeutschen Schulpolitik. Stuttgart 1970

MÜLLER, D. K.: Sozialstruktur und Schulsystem. Aspekte zum Strukturwandel des Schulwesens im 19. Jahrhundert. Göttingen 1977
NAVE, K.-H.: Die allgemeine deutsche Grundschule. Ihre Entstehung aus der Novemberrevolution von 1918. Weinheim 1961
PAULSEN, F.: Das deutsche Bildungswesen in seiner geschichtlichen Entwicklung. Leipzig 1906
PICHT, G.: Die deutsche Bildungskatastrophe. Olten/Freiburg 1964
SCHWEIM, L. (Hrsg.): Schulreform in Preußen 1809–1819. Entwürfe und Gutachten. Weinheim 1966
TITZE, H.: Die Politisierung der Erziehung. Untersuchungen über die soziale und politische Funktion der Erziehung von der Aufklärung bis zum Hochkapitalismus. Frankfurt/M. 1973

Gerhardt Petrat

Grenzen und Möglichkeiten einer aus der Geschichte des Schulalltags hergeleiteten Praxis

1 Unmittelbarkeit zur Praxis, Mittelbarkeit durch Konzepte – eine falsche Alternative

Als lehrreiches und zugleich abschreckendes Beispiel für Überschätzung der Praxis um ihrer selbst willen steht uns seit 300 Jahren August Hermann Franckes »würklicher Anfang« im Waisenhaus Halle vor Augen (hierzu: Petrat 1967, S. 153): man beginne ein schulisches Abenteuer ganz vorsätzlich ohne die Spur einer pädagogischen Konzeption, um sich die Unmittelbarkeit zu erhalten, und lese die Zeichen des Wandels aus der jeweiligen Situation heraus. Zehn Jahre hat er treu zu diesem spiritualistischen Prinzip gestanden; dann zerbricht sein pädagogisches Werk an dem Widerspruch zwischen der beschworenen Nähe zum neuen Menschen, überhaupt zur Wandelbarkeit des Naturhaften, und der auf Dauer angelegten Institution.

Abschreckend hieran ist die sich erschöpfende Radikalität eines zunächst vertrauensseligen Aktionismus, der »heiliger Selbstverwirklichung« zuliebe dem Purismus die Treue hält. Dies ist die eine Seite der Gefahr, die, vom Primat der Praxis ausgehend, bei der *Person* ansetzt.

Ihre andere Seite, nämlich den *Verhältnissen* zugewandt, führt uns beispielsweise Herman Nohl mit seinem Engagement für die in den zwanziger Jahren virulente »sozialpädagogische Bewegung« vor (nach Weniger 1959, S. 10).

Da gesteht er 1927: »Die folgenden Vorträge sind mir gewissermaßen von dieser Bewegung abgefordert worden – auch die Themen wurden mir meist gestellt – bisweilen sehr gegen meinen Willen, wenn ich das sagen darf, denn als Universitätslehrer zwischen seinen Büchern kommt man sich dieser Arbeit draußen mit allen ihren Erfahrungen oft wenig gewachsen vor.«

Er benötigt also – anders als Francke – nicht erst den »neuen Menschen« für neue Verhältnisse, sondern öffnet sich den ihm begegnenden negativen Umständen:

»Handeln ist immer historisch, das heißt, die individuelle Lösung einer vorhandenen Not. Daß unsere Pädagogik nicht bloß in Idealen schwärmt, sondern sich gegenüber solcher Not entwickelt, ist ihre geschichtliche Kraft.« (ebd.)

Aber das Handeln macht sich ganz selbständig und totalisiert das Gegenüber, also die Not:

»Eine geistige Bewegung, wie die Jugendwohlfahrtsarbeit (...) entspringt nicht wie ein Bergquell aus der freien Fülle, einem Überfluß des Herzens, sondern ist das Schicksal einer Not. Diese Not in ihrer ganzen konkreten grausamen Gestalt diktiert auch die Züge der geistigen Gegenwirkung, die sie überwinden soll.« (Weniger, S. 11)

Kein Wunder also, wenn in der Folge der Zeit immer neue »Nöte« entdeckt werden, aber auch die Gier nach Praxis sich von den ursprünglichen Aufgaben löst. Nohls »Plan einer nationalpädagogischen Organisation im Rahmen der Osthilfe« (S. 19), ausgerechnet auch noch in den Jahren unmittelbar vor 1933 verfaßt, geht auf »die große Bedrohung des deutschen Ostens« ein (S. 18) und läßt unversehens aus Opportunität Opportunismus werden, ohne daß es die Absicht war, damit dem Nationalsozialismus in die Hände zu spielen.

Beiden Ansätzen ist gemeinsam, daß sie, indem sie sich der unmittelbaren Erfahrung und dem entschlossenen Vorsatz zum umsichtigen Handeln verschreiben, von der »Wucht der Gefühle« (SCHREIBER 1986) übermannt werden und damit von vornherein jeder Vorlage unterlegen sind, die sich distanziert auf eine intellektuelle Position zurückzieht und zunächst eine Zusammenschau der vielen Erfahrungen sucht.

Aber diese Gegenposition steht in der Gefahr, am grünen Tisch »Bildungsreformen« auszuhecken, die dann eine arme Schülerschaft als Deklaration oder Organisationsstruktur ereilen. Nicht so sehr die daran sichtbar gewordene Überschätzung der Rationalität ist dabei das Problem, sondern der leicht zu entlarvende Versuch, »Handlungsprogramme und Absichtserklärungen ... für die Realität selbst« (LESCHINSKY/ROEDER 1981, S. 114) auszugeben. Indem sich schließlich Betroffene einem nur noch die Wissenschaftler untereinander erheiternden Spiel ausgeliefert sehen, nämlich »falsche Gewißheiten« wechselweise zu erschüttern, folgen dann durch ihren Anstoß oder ihre Resistenz die tatsächlichen Veränderungen ihrem eigenen Lauf. Die Kontinuität einer Schulgeschichte entsteht folglich nicht über den allgemeinen Erfahrungsgewinn allein; auch objektive zivilisatorische Leistungen, in denen »das Selbstbewußtsein des Abendlandes zum Ausdruck« (ELIAS 1978, S. 1) kommt, bilden nicht in ihrer Summe die Grundlage für ein stetiges Vorankommen der Institution Schule. Aber ebensowenig richtet hier die »reine Lehre« aus, die mit Verbissenheit »zu hohe Ziele« ansteuert. Darüber ließ sich schon J. W. RALL im Jahre der großen HUMBOLDTschen Reform aus: »Wenn man mit einem Male es erlangen will, so giebt das Verwirrung, das ganze Unternehmen scheitert und man erlangt am Ende gar nichts.« (RALL 1810, S. 46) Er hat auch eine Erklärung dafür, die sich verkürzt so wiedergeben läßt: Es sind die kleinen Dinge des Alltags, die, werden sie bei einer Reform nicht bedacht und in das Konzept integriert, hohe Gedanken unterlaufen und organisatorische Maßnahmen aushöhlen. Erfahrung und Konzept bleiben aufeinander bezogen und werden sich ergänzen, wenn sich dazu die Weisheit mischt, was erst so einer Investition in die Institution »Schule« gleichkommt. Weisheit allerdings resultiert auch aus überlieferter Erfahrung, weil verteilt über Zeit und Raum und so geläutert, daß sie nicht womöglich grundsätzlich dem »Optimismus« den Rücken kehrt, wohl aber Kontinuitäten gewährleisten hilft, indem sie der Institution »Schule« »diese scheinbar einfache Welt« (SPRANGER 1957, S. 22) zu ersparen sucht. Insofern bieten sich der Einblick und die ständige Gegenwärtigkeit einer Geschichte des Schulalltags als ein pädagogischer, aber auch wissenschaftlicher Gewinn an.

2 Erfahrungen der Geschichte, die gefragt sind

2.1 Warnungen

Die Möglichkeiten, aus der Geschichte des Schulalltags Gewinn zu ziehen, liegen vorrangig bei der Warnung vor der erhofften Wiederkehr von Ähnlichkeiten. Zur Identifikation solcher Ähnlichkeiten bedarf es dabei nicht einmal einer theoriegeleiteten Praxis, womöglich noch gestützt durch ein empirisches Design, um das Maß von Ähnlichkeit bzw. Nichtübereinstimmung zu ermitteln. Überaus dicht gesät finden sich nämlich warnende Beispiele längst auf unterschiedlichen Anspruchsebenen angesiedelt. Ganz oben etwa, in der Nachbarschaft hochgespannter Erwartung, gerichtet auf die Multiplikationskraft, rahmen sie die attraktive Bildungsidee ein. Sieht man genau hin, dann lassen sie deren Brüchigkeit in der ungleichen Gleichzeitigkeit erkennen; so nehmen wir die äußerste Gegensätzlichkeit schulischer Erträge aus derselben Grundsubstanz wahr: auf der einen Seite erklimmt ein Heinrich HIMMLER – auch über das schulische Qualifikationsmerkmal des Klassenprimus – den Gipfel der Unmenschlichkeit (hierzu ANDERSCH 1980); auf der anderen Seite verliert eines seiner Opfer, Cordelia EDVARDSON, nicht ihre menschliche Orientierung, obwohl ihr weder die eigene Mutter, eine in der Bildungstradition stehende Frau, noch über längere Zeit die Schule eine Stütze gewährt (hierzu EDVARDSON 1986).

Weniger grundsätzlich fällt vor einem solchen Hintergrund die Warnung vor der Überschätzung schulischer Erträge aus, die der Anblick von Jahrgangskohorten vermittelt. Soweit sie sich nur lärmend zu irgendwelchen Jubiläen zusammenfinden, um die Lebenskarrieren gegen den zurückliegenden Schulerfolg auszuspielen, dürfte das dem Ansehen der Institution nur bedingt unzuträglich werden. Und von ganz anderer Qualität ist die Warnung, die den Zweifel an der Ergiebigkeit speziell abgetesteter Lernzielauskünfte nährt; erst vor dem Rückblick in andere zunächst hochgepriesene Erfolglosigkeiten nämlich scheut man schließlich doch die Unredlichkeit der Behauptung, etwa »die Entstehung des Umweltbewußtseins gegenwärtig« (LANGEHEINE/LEHMANN 1986, Werbetext) der Schule zuzuschreiben oder als Verdienst einer einzigen Unterrichtseinheit über Umweltfragen auszugeben.

Eine um ihr Ansehen buhlende Schule, in die Zwangslage der Beweisnot geraten, wäre möglicherweise versucht, auch mit Unterstützung der Schulgeschichte eigener Wahl Erfolge zu idealisieren; dann aber stünde ihr die eigene Geschichte in ihrer gesamten Breite warnend im Wege.

Idealisiertes Vergangenes zur Rechtfertigung gegenwärtiger Aktivitäten ist sowenig gefragt wie auch jene Spezies Aktivisten, die um jeden Preis Schule als Institution herabwürdigen möchte. Es ist inzwischen Mode geworden, mit dem Hochmut des Puristen ein Femegericht einzuberufen, um etwa die »Gewalt in der Erziehung« abzuurteilen (SCHULE, ERZIEHUNG UND GEWALT 1985). Die selbsternannten Anwälte der Schüler bemühen dafür in der Regel nicht die Geschichte, und wenn, dann nicht detailliert genug. Sonst nämlich müßte ihnen die Reproduktion von Stereotypen aufgegangen sein, die seit mehr als einem Jahrhundert nach Gebetsmühlenart auf die Ohren der Betroffenen zielen. Um aber die Fragwürdigkeit einer solchen Praxis zu entlarven, wird man schon in die siebziger und achtziger Jahre des 19. Jahrhunderts hineinhorchen müssen. Der Warner also benötigt die hinreichende Vertrautheit mit der Geschichte des Schulalltags, besonders dann, wenn Agitatoren auf dem schmalen Strang selektiver Wahrnehmung sich die passenden Beispiele schnell zusammenraffen.

Auch unter umgekehrtem Vorzeichen kann die Bahn schmal, allzu schmal sein, etwa dann, wenn der Beweis angetreten werden soll, daß die Schule »Freiheit« gewähre und nicht der »Gewalt« huldige. Selbstverständlich läßt sich unter diesem Vorzeichen eine Linie ziehen, die aus den vierziger Jahren des vorigen Jahrhunderts (BARTH 1849, S. 179 ff.) über die aufgeregte Diskussion der »Erziehung zur Freiheit« (s. etwa N. N. 1875, S. 166 ff.) bis zur distanzierten Erörterung in höheren Schulen (HEINZELMANN 1888, S. 139 ff.) reicht.

Aber solche Längsschnitte, zusammengehalten durch eine zugespitzte Thematik, lassen unberücksichtigt, daß intellektueller Hochmut nicht nur die begrenzte Thematik erfand, sondern auch schnell erfaßte, wie man sich zum eigenen Vorteil den passenden Weg bahnt. Eine tatsächlich vorhandene unendliche Reichhaltigkeit der wandelbaren und vielfältigen Praxis erleichtert eine solche Vorgehensweise noch dazu, Grund genug, jenen Verlockungen, die aus der Bequemlichkeit rühren, zu mißtrauen, und zwar im Hinblick vor allem auf die instrumentalisierte Längsschnittaussage.

Unter dem Vorzeichen der Warnung soll schließlich dem Verdacht entgegengetreten werden, daß Geschichte sich in kritischen Zeiten vorzüglich als Fluchtburg oder als Ausweichquartier eigne. Aber selbst davor, daß wir uns in kritischen Zeiten befänden, sei mit Hilfe vergangener Alltagspraxis auch noch gewarnt wie gleichfalls vor der Einlassung, mit dem Wort »Geschichte« verbinde sich die Idee von geregelter Aufeinanderfolge, womit zugleich eine Art von Folgerichtigkeit suggeriert ist. Und wenn es denn nun richtig ist, das Wort »Krisis« mit Wendepunkt zu übersetzen, dann wird mit Sicherheit darunter nicht eine Wenderichtung zurück in die Vergangenheit verstanden werden können; vielmehr höchstens eine methodologische Umkehr zugunsten einer Betrachtungsweise, die mehr auf die *Breiten*wirkung setzt als auf die schmale Spur lückenlos belegter Kontinuität über die Jahrhunderte hinweg. Vorrangig sind wir ja auch auf einzelne institutionelle Erfahrungen angewiesen; denn zum *zweiten*mal innerhalb von 200 Jahren steht eine zentrale Frage im Raum:

»Familien, die keine mehr sind, überlassen das therapiebedürftige Kind, für das eine alleinerziehende Mutter nicht die Internatskosten aufbringen kann, dem Schutzraum Schule. Wie weit geht hier die Verantwortlichkeit der Lehrer für den Heranwachsenden, kann er überhaupt ein erschüttertes Grundvertrauen wieder aufbauen?« (Voss 1987, Sonderblatt)

Um solche Fragen beantworten zu können, ist mehr, die warnenden Anmerkungen im Rücken, ein *Würdigungs*versuch dieser Institution über die Alltagsgeschichte herausgefordert, einfach aus der Tatsache heraus, daß schon einmal (s. hierzu PETRAT 1987) der »Schutzraum Schule« als gesellschaftliche Alternative gefragt war, nur mit dem Unterschied, daß man damals, als man die Institutionalität der Schule in die Pflicht zu nehmen begann, auf den Wunschtraum als alleiniges Kapital setzen konnte, während bei einem möglichen zweiten Anlauf heutzutage die Erfahrung von 200 Jahren hinzukommt. Sicher wäre es zu hoch gegriffen, den von ELZER 1967 eingebrachten Begriff der »schulischen Kultur« (ELZER 1967, S. 304, 310) einem solchen Vorhaben voranzuschikken; aber COLEMANS eindringlicher Appell, »bestimmte Züge und Beschaffenheiten des bisherigen Soziallebens nicht einfach« untergehen zu lassen und die ›Sachzwänge‹ moderner Entwicklungen nicht unbesehen zu akzeptieren« (FLITNER 1986, S. 60), verdient es nicht, mit höhnischem Lachen quittiert zu werden. Vielleicht finden »z. B. Schulen ... die ihnen eigene Form ...; die zwischen einer *personalen* Struktur und bürokratischer Selbstgesetzlichkeit« (ebd.) angesiedelt wäre. Im Dienste einer so herausgeforderten Gewichtung von Institutionalität unter besonderer Berücksichtigung der Möglichkeiten, die in der Einrichtung »Schule« liegen, steht nur jener Erfahrungszeitraum, der im Jahre 1786 mit der programmatischen Innovation des Wortes »Schulerziehung« (WEISHUHN 1786) seinen Anfang nahm.

2.2 Würdigung

Wenn der Zugriff auf die Geschichte des Schulalltags der letzten 200 Jahre mit dem Ziel, institutionelle Sinnträchtigkeit zu evaluieren, nicht der Spur von Längsschnitten folgen will, dann muß dahinter zunächst die Befürchtung vermutet werden, dabei auf eingefahrene Bahnen geraten zu können, dann aber auch der Wunsch, sich methodische Freizügigkeit zu bewahren. Eine solche Gewähr bietet selbst bei aller von vornherein zugestandenen Unzulänglichkeit zunächst nur der *Situationsbegriff* als hier einsetzendes methodologisches Rüstzeug. Es geht ja hier wirklich zunächst nur, vor aller Bewertung und ihren Konsequenzen, um nichts weiter als ein Instrument, das die »Abbildungsfähigkeit von prozeßhaft verlaufendem pädagogischem Geschehen« (ARNOLD 1981, S. 29) unterstützt. Hypothetisch bietet der Situationsbegriff dafür in dreierlei Hinsicht die Gewähr:

»1. Der Begriff der Situation erlaubt, insbesondere in pädagogischen Geschehensprozessen elementare Sinneinheiten in Form definierter Handlungs-, Verhaltens- bzw. Prozeßeinheiten so zu identifizieren, daß diese Einheiten den kontextuellen Rahmen bzw. die Umgebungsbedingungen des Geschehens widerspiegeln.
2. Wird der Situationsbegriff als deskriptive, nicht empirisch-analytische Kategorie konzipiert, dann soll durch die Verwendung des Situationsbegriffs die Praxis- bzw. Geschehensnähe der jeweiligen Argumentation oder Analyse angezeigt und betont werden, ohne daß eine operationale Analyse vorgenommen wird.
3. Der klassifizierende und typologisierende Situationsbegriff wird häufig in wissenschaftlichen, vorwiegend erziehungswissenschaftlichen Ansätzen dann verwendet, wenn eine theoretisch abgeleitete Gliederung der Gegenstandsbereiche nicht verfügbar ist und eine praxisorientierte Aufgliederung heuristischen Wert für den weiteren Gang der Untersuchung besitzt.« (ARNOLD, S. 29f.)

Wer so beabsichtigt, für den Gegenstandsbereich Schulinstitution Situationen aufzuspüren, stellt sich von vornherein »gegen einen Funktionalismus« (BOURDIEU nach LESCHINSKY/ROEDER 1981, S. 133) und bleibt damit bewußt partiell. Die Würdigung kommt ungerufen hinzu, soweit die ausschließliche Aufmerksamkeit Phänomenen einer *besonderen* Art gilt, nämlich jenen »spezifisch pädagogischen Handlungsmaximen, Urteilskriterien, Interaktionsformen und institutionellen Regelungen, die im Bildungswesen zur Definition und Lösung pädagogischer Probleme quasi autonom ausgebildet werden, in denen aber zugleich die strukturellen Imperative des umgebenden gesellschaftlichen Systems verarbeitet werden« (ebd.).

Klaus HEIPCKE (1986, vor allem S. 150ff.) hat schon auf diesem Gebiet wichtige Vorarbeit geleistet, indem er an das Wechselverhältnis von kindlichem Bedürfnis und gesellschaftlicher Notwendigkeit erinnerte mit der daraus abzuleitenden Zwangsläufigkeit einer Desymbolisierung von mitgebrachten Bedürfnissen »nach Regelmäßigkeit, Ordnung, Vertrauen, daß es mit rechten Dingen zugehe, daß sich alles zusammenfinden werde« (S. 150). Sie zielt ja auf neue Symbolbildung vor dem Hintergrund erwarteter Grundvorstellungen, vermittelt »durch die elementaren gemeinschaftlichen Erfahrungen« (S. 154) in der Schule.

Nur ist hier weniger intendiert als bei ihm; nämlich nur das aufmerksame Hinhören, das Aufnehmen jener Zwischentöne, die als Zeichen selbstverständlicher Stärke der Institution zu deuten sind. Gefragt sind also Beispiele unauffälliger Beharrlichkeit etwa von der Art, die klar der folgende Bericht aus dem Jahre 1799 zum Ausdruck bringt, betitelt: »Die Geschichte der Verbesserung des Briefschreibens in meiner Schule« (STUZMANN 1799, S. 168–176).

Hier kommt ein Lehrer aus eigener Initiative auf den Gedanken, seinen »Schulkindern einen wirklichen eigenen Briefwechsel zu verschaffen, nämlich mit Kindern einer benachbarten Schule, wo sie also ihren Korrespondenten *eigene*, Schul- oder andere Angelegenheiten, mancherlei Vorfälle und Neuigkeiten aus ihrem Ort, aus der Gegend u. dgl. schreiben, und so im umgekehrten Fall von diesen durch die Antworten aus *ihrem* Erfahrungskreise nützlich unterhalten werden können« (S. 170f.). Diese Einführung in den praktischen Umgang mit Gebrauchstexten, wie man heute zu sagen pflegt, schließt sowohl die Schilderung der eigenen Person mit ihren Vorzügen und Nachteilen gegenüber dem unbekannten Adressaten auf der anderen Seite wie die Organisation eines wechselseitigen Postdienstes ein. Wichtig ist vor allem an dieser Praxis, daß sie nicht im Schema erstarrt, sondern fortschreitend ihre mögliche Spielbreite in Anspruch nimmt:

»Auf eine nachherige Verabredung mit meinem Hrn. Amtsbruder liessen wir unsere Knaben auch an die Mädchen, und so umgekehrt, schreiben, um sie gleich in der Jugend, (wo die Leidenschaften noch schlafen) unvermerkt anzugewöhnen, auch mit Personen des andern Geschlechts sich vernünftig und ordentlich zu betragen, sich mit ihnen anständig zu unterhalten ...« (S. 174)

Seine wahre Bedeutsamkeit gewinnt das Beispiel aber erst durch die folgende Anmerkung:

»Wer weiß nicht, wie schon mancher arme Bauernjunge, der in seiner Jugend nur gut schreiben und rechnen gelernt hatte, ein recht brauchbarer Bürgermeister, Schultheis geworden, und als Vorsteher in allen Ehren gestanden ... Man nehme zwar an, ein solcher Mensch habe von Natur schon Anlage und Geschik hiezu; allein – wären vielleicht diese Anlagen durch jene Schulübungen nicht gewekt worden – er wäre der Bauernbube geblieben. Möchte daher die Wahrheit: ›daß die Kinder nicht nur für die Schule, sondern für ihr ganzes Leben lernen, und daß das Mehr oder Weniger des Glüks eines Menschen nicht selten sowohl von dem Unterricht, als auch von dem Charakter seines ehemaligen Lehrers abhänge,‹ – jedem Schullehrer in ihrem ganzen Umfange auch Wichtigkeit vor Augen schweben!« (S. 168)

Nun wird eine dem Sachverhalt angemessene Würdigung nicht übersehen und schon gar nicht übergehen dürfen, daß im Jahre 1799 Institutionalität noch nicht die sie später kennzeichnende innere Dichte erlangt hat, was gewiß einerseits für den hilflosen Lehrer auch Erschwernis bedeuten könnte, angesichts noch sehr weitmaschig verwobener Verwaltungsstruktur aber auch die persönliche Initiative davon profitiert (→ *Theorien pädagogischer Institutionen;* → *Lehrer/Lehrerin*). Unbekümmertheiten der frühen Jahre und Beschwerlichkeiten innerhalb der regionalen Beengtheit bei gleichzeitiger sehr begrenzter Mobilität halten sich noch die Waage, charakterisieren so Institutionalität in der Frühphase und steigern zugleich die Ansprüche an den Schulalltag der folgenden Zeit. Anders ausgedrückt: Institutionelle Eigenständigkeit auf dem Schulsektor wird im Fortgang der Zeit ihren Platz zwischen der oben erwähnten »personalen Struktur und bürokratischer Selbstgesetzlichkeit« (FLITNER 1986) unter den Bedingungen der jeweiligen Verhältnisse stets neu bestimmen müssen, und zwar, wie das Beispiel GOERTH aus den Jahren 1862 bis 1870 lehrt, mit entsprechend anderen »Gesinnungsfrontlinien« (HABERMAS). Auch die hier für acht Jahre verwirklichte Einheitsschule atmet zwar noch jenen Geist der Äußerlichkeit des Jahres 1799 und scheint dem rein

Organisatorischen verhaftet zu sein, und doch nimmt sich recht bald »die Königl. Regierung der Sache an« (GOERTH 1887, S. 104), offenbar doch auch wegen der damit verbundenen Provokation:

»Im Jahre 1862 gründete ich in dem Grenzorte Eydtkuhnen – es bildet nach Russland hin die letzte Station der Preuß. Ostbahn – eine Privatschule. Ein Schulverein von wohlhabenden Kaufleuten ... und von den gebildeten Beamten der Bahn- und Postverwaltung hatte mich dorthin berufen. Schon im nächsten Jahre wurde die Schule zur Ortsschule gemacht, so dass sämmtliche Kinder, auch die der kleinen Handwerker und der Arbeiter in Gemeinschaft mit den Söhnen jener Wohlhabenden und Gebildeten von mir unterrichtet wurden. Neben den zierlich gekleideten Knaben der Kaufleute, des Polizeiraths, des Postinspektors und der Bahnbeamten saßen die armen Jungen in ihren abgetragenen und geflickten Kleidern, in Holzschuhen, im Sommer barfüßig. Das war für mich eine wahre Herzensfreude; nach einem solchen Arbeitsfelde hatte ich mich stets gesehnt. Ich hielt auf große Sauberkeit, duldete keinen Riss in den Kleidern, nie schmutzige Hände oder schlecht gekämmte Haare und unsaubere Ohren, forderte von jedem Kinde den Gebrauch des Taschentuchs (Damit hatte ich anfangs am meisten zu kämpfen, aber es gelang. Ich machte es den Jungen zur Ehrensache.) und hatte nach kurzer Zeit die Freude, dass die Knaben alle ohne Unterschied als gute Kameraden mit einander verkehrten, fröhlich und harmlos gemeinsame Spiele trieben und in den Stunden tapfer miteinander wetteiferten. ... In diesen ersten Jahren hatte ich volle Freiheit, den Lehrplan nach eignem Ermessen einzurichten. Diese Freiheit wurde benutzt, um meine Idee durchzuführen. Ohne auf das Geschrei der Übelwollenden zu achten, *nahm ich Französisch in den Lehrplan auf.* Den heranwachsenden Söhnen der wolhabenden und gebildeten Eltern, sowie einigen ganz besonders talentvollen armen Jungen ertheilte ich privatim Unterricht in Latein ...« (GOERTH, S. 103)

Obwohl seine Schüler die »besten Bundesgenossen« bleiben, wächst der Widerstand, die Auflagen der Behörden mehren sich, bis schließlich der ursprüngliche Lehrplan nicht mehr aufrechtzuerhalten ist. Nach acht Jahren wird GOERTH dann fortgeholt in die Stadt.

Selbst im Scheitern bleibt hier »kulturelle Identität« gewahrt, als ja der Beweis erbracht wird, daß auf dem Boden der Institution »Schule« stets auch Möglichkeiten zur Ausdehnung der Varianz tatsächlich genutzt werden. Unter dem Dach von Institutionalität gewinnen Alternativen Gestalt, die als zeitgerechte Antworten auf die inzwischen unüberhörbar gewordene soziale Frage treffend auf dem dafür erforderlichen Anspruchsniveau liegen. Wieder 60 Jahre weiter hat sich die Institutionalität im Alltag weitere Räume erobert, stellt differenziertere Ansprüche und ermöglicht also eine neue Form von Würdigung, wie das folgende Beispiel aus dem Jahre 1921 zeigt, das einem zweiten Schuljahr entstammt:

»Ein Kind hatte das Wort ›schweben‹ nicht verstanden. Es meldete sich mit der Bemerkung: ›Ich kann es mir ja beinahe denken; ich weiß aber nicht, wie ich sagen soll.‹ Da zeigt ein zweites Kind A an: ›Ich möchte es der D. erklären. – D. warst du schon einmal auf dem Meßplatze?‹ – ›Ja!‹ – ›Bist du da schon einmal auf einem Karussell gefahren, das bloß Sitze hat, die so frei von oben herunterhängen?‹ Ein drittes Kind: ›Das kann ich mir nicht denken, ich habe das auch nicht gesehen.‹ Ein nächstes: ›Ich will es einmal anmalen!‹ Mit einigen Strichen entsteht ein zwar unvollkommenes Bild, das aber immerhin das Wesentlichste erkennen läßt. Ich selbst greife zur Kreide, um zu ergänzen: das eigenartige Karussell, das aber jedenfalls die Urform des Ringelspieles ist, in Ruhe und in Bewegung. Kind A zu D. ›Siehst du, die Leute, die dort in dem Karussell sitzen, die schweben.‹ Kind F.: ›Ich kann noch ein anderes Beispiel erzählen! Wir haben eine Schaukel zu Hause. Wenn ich mich da drauf schaukle, schwebe ich auch.‹ D.: ›Ich weiß nun, was schweben ist.‹ G.: ›Da mußt du uns nun aber auch etwas davon erzählen, daß wir sehen, ob du es auch verstanden hast.‹ D.: ›Wie (als) ich in den Ferien verreist war, hat uns mein Onkel ein langes Brett über einen dicken Baumstamm gelegt; da hat sich mein Vetter drüben draufgesetzt, und ich habe mich hüben draufgesetzt. Und dann haben wir auch geschaukelt. Da kann man auch sagen, wir schweben.‹ – Kind H.: ›Für schweben kann man auch noch fliegen sagen.‹ Da kommen neue Hände. J.: ›Nein, fliegen sagen wir bloß von den Vögeln.‹ K.: ›Das stimmt auch nicht ganz. Manche Vögel fliegen, und manche schweben.‹ T.: ›Das ist doch egal.‹ K.: ›Nein, das ist nicht dasselbe. Ich will es einmal vormachen, wie ich mir das denke!‹ Das Kind tritt vor die Klasse, hebt sich auf die Zehenspitzen und breitet die Arme aus, ohne sie weiter zu bewegen. Nur leicht den Boden berührend, schreitet es fort. ›So schweben die Vögel, denke ich mir.‹ Drauf hebt und senkt es beim Vorwärtsgehen die Arme: ›Und das ist fliegen.‹« (SPRINGER 1921, S. 54f.)

Damit ist aber die Begriffsklärung noch längst nicht abgeschlossen; denn die Schülerinnen kommen auf den Schwebestaub in der Sonne oder auf den Altweibersommer, auf Schmetterlinge oder den Drachen im Herbst zu sprechen. Beschwichtigen kann sie der Lehrer J. SPRINGER erst mit der Flucht nach vorn: »Wenn wir wieder spazieren gehen, wollen wir aufpassen und sehen, was schwebt und was fliegt und was flattert.« Er schließt seinen Bericht mit der Feststellung: »Ich finde, die Kinder sind oft bessere Schulmeister als wir selbst.« (SPRINGER, S. 55)

Daß schulischer Alltag inzwischen mit einer derartigen Unbefangenheit überhaupt praktiziert werden kann, ist einer Institutionalität zuzuschreiben, die sich im Zustand ständiger symbolischer Vergegenwärtigung von sich selbst befindet und damit im Austausch von Erfahrung und Gewohnheit.

Das läßt, folgerichtig weitergedacht, für die Phase 60 bis 70 Jahre danach, also für die Gegenwart, ein entsprechend fortentwickeltes Anspruchsniveau innerer Verdichtung der internen Umgangsformen erwarten: gewiß keine entschlossene Delegation einzuübender Verständigung an die Institution Schule nur, schon gar nicht auf der Grundlage selbstgefälliger Objektivierungssucht, höchstens im Selbstbewußtsein einer Unersetzlichkeit auf vielen Gebieten der seelischen und geistigen Versorgung einer immer neu wieder heranwachsenden Nachkommenschaft (s. hierzu COLEMAN 1986). Das ist nicht die Einsicht einer Längsschnittanalyse, sondern Nachweis von Anhaltspunkten für eine noch längst nicht ausgeschöpfte Varianz von schulischer Institutionalität. Diese Art von Nachweis der Unersetzlichkeit steht im Gegensatz zu einer im Status quo verharrenden Sozialwissenschaft, die schon vorweg weiß, daß Schulen ausschließlich die Verhältnisse geometrisieren oder die Intelligenz vermessen. Dem Verweis auf den historischen Erfahrungsvorsprung bleiben die Schattenseiten des Zusammenlebens nicht verborgen, aber bei Licht besehen, werden auch die bewahrenswerten Alltagserfahrungen sichtbar. Beispiele wie die oben erwähnten könnten geeignet sein, einen Rückfall in Umgangsformen zu verhindern, welche besser in die Zeit der institutionellen Barbarei passen oder auch in die Frühform sich ihrer Eigenheit bewußt werdender Institutionalität. Die Unersetzlichkeit der Alltagserfahrungen schlägt sich aber dort am allerdeutlichsten nieder, wo der Auftrag an die Empirie unerfüllt bleibt, etwa das Lernen in der Schule wissenschaftlich zu untermauern (→ *Theorie pädagogischer Institutionen*).

2.3 Kompensation offenkundiger Defizite

Zwar nicht grundsätzlich, aber doch aus den Bedrängnissen einer anleitungsbedürftigen pädagogischen Praxis heraus war die Alltagserfahrung stets ein willkommener Ratgeber, ja zuweilen mit einem solchen Übergewicht in Anspruch genommen, daß eine empirische Forschung mit dem Vorsatz auf den Plan trat bzw. auf den Plan treten mußte, derartige Einflüsse zugunsten verbindlicher, also nicht mehr korrekturbedürftiger Aussagen zurückzudrängen, ja zu überwinden.

Aus dem Abstand der Zeit stellt sich ein solcher Vorsatz zwar als löblich, aber eben nur als ein Engagement mit guter Absicht heraus. Das, was WALTER/EDELMANN (1979, S. 153) über den Zusammenhang zwischen pädagogischer Forschung und »transferorientierter Stoffvermittlung« in der Schule ausführen, läßt sich auf weitere wichtige Aufgabengebiete der Schule und des Unterrichts übertragen.

»So differenziert die lern- und denkpsychologischen Befunde sind, so unbefriedigend stellt sich der unterrichtswissenschaftliche Diskussionsstand dar. Es ist gewiß mehr als nur ein Zufall, daß etwa GAGNÉ (1969) dem Problem einer ›transferfördernden Unterrichtsgestaltung‹ nur eine halbe Seite einräumt und gleichzeitig in diesem Text deren überragende pädagogische Bedeutung betont. Dies liegt nicht zuletzt daran, daß auf schulisch relevante Lernsituationen unmittelbar übertragbare Befunde nur in geringer Anzahl vorliegen.«

Gleiches läßt sich etwa über die Motivationsforschung (→ *Motivation und Interesse*) auf der einen und ihre »Anwendung« im Unterricht auf der anderen Seite sagen. Wen wundert es darum, daß inzwischen in steigendem Maße Handreichungen, die aus der Alltagsforschung kommen, im Ausbildungsbereich die Runde machen, ja, zur »Fallstudie« oder zur »Situationsanalyse« verklärt (→ *Forschungsmethoden der Erziehungswissenschaft*), die Alltäglichkeit sogar einen wissenschaftlichen Anstrich erhalten kann. Inwieweit da die Geschichte hineinspielt oder die unmittelbare Erfahrung, braucht hier nicht geklärt zu werden. Es genügt, wenn hier festgestellt werden muß, daß eine durch die Schulpraxis überforderte Wissenschaft, vermutlich noch auf lange Sicht, auf Kompensation angewiesen ist, weswegen es folgerichtig wäre, über die Grenzen und Möglichkeiten ihrer wechselseitigen Aufrechnung öffentlich zu diskutieren, und zwar unter Berücksichtigung längerwährender Praxiserfahrung. Erst recht gilt dies für alles, was mit der kulturellen Überforderung von Eltern zusammenhängt. Man braucht nicht erst POSTMAN (1985, S. 197f.) zu bemühen, der ja ausdrücklich empfiehlt, in den Erziehungsfragen der Zukunft *nur* noch »auf unsere Schule« »zu setzen«, weil er nur ihr zutraut, »junge Menschen anzuleiten, die Symbole ihrer Kultur zu interpretieren«. (S. 198) Die überlieferten Alltagserfahrungen lehren uns ja dies auch, daß die Schule der Platz sein kann, wo Lebenspläne ausreifen können, »sinngebende Akte« (BOLLNOW/SPRANGER) vorkommen, sie Treffpunkt bedeuten kann, wo neue Kommunikationsformen gestiftet werden (→ *Schule als Lebensraum* ...).

Bezeichnenderweise bettet HEIPCKE (1985, S. 153) die Aufgabe der Schule, den »Egozentrismus« der Kinder zugunsten eines »Perspektivismus« zu überwinden, im Dienste ihrer Bedeutsamkeit in Situationen und Beispiele. Die Ambivalenz der Erfahrung, sie einerseits vertiefen, sie zuweilen auch meiden zu müssen, läßt sich in dieser eigenartigen Qualität am besten in Schulen und zugleich vor dem Hintergrund überlieferter Erfahrung vermitteln, wären Schulen nur von dem Geruch frei, Zwangsanstalt der übelsten Sorte gewesen und geblieben zu sein. Auch dabei kann der differenzierte Blick in die Vergangenheit den Part übernehmen, die Unglaubwürdigkeit solcher pauschalen Diffamierungen entlarven zu helfen.

2.4 Grundlage wissenschaftlicher Analyse
Die Übertragbarkeit historischer Erfahrungen, und sei es nur in bescheidenem Maß, vorausgesetzt, bietet sich ohnehin längst eine systematische Analyse unserer zweihundertjährigen Alltagserfahrung in der Schule an. Es ist ja nicht der Hochmut des Besserwissenden, sondern vielleicht eher Ausdruck eines großen Schuldgefühls, wenn man Anlaß hat zu dem Bekenntnis, in der Spannung zwischen »Verräumlichung« und »Verzeitlichung« (s. hierzu WENDORFF 1980) als zwei Grundtendenzen kultureller Prozesse möglicherweise die falsche Wahl getroffen zu haben. Was liegt da näher als die Auflage an sich selbst, andere in diesen Vorgang Einblick nehmen zu lassen. Die sich heutzutage anbahnenden Prozesse in der Dritten Welt weisen so viele Ähnlichkeiten mit den Alltagserfahrungen früherer Zeit bei uns auf, daß es einer Verpflichtung gleichkommt, die eigene Vergangenheit übersichtlich aufzuarbeiten, damit die Licht- und Schattenseiten des Alltagsgeschäfts und vor allem sie allen deutlich vor Augen stehen. An einem Beispiel kann gezeigt werden, welche Möglichkeiten, aber auch Grenzen in einem solchen Vorhaben stecken könnten, würde man hier zielstrebig Klarheit suchen:

Seit über 200 Jahren, wie durch eine umfangreiche Dokumentation belegt ist, hat sich der Lehrer, zeitweilig sogar mit Vorliebe, fiktionaler Texte bedient, um damit seine Stunde zu eröffnen. Wir wissen das aus überlieferten Protokollen, was also bedeutet, in jedem Fall nicht einer Konzeption, sondern einer Alltagserfahrung vergangener Zeit zu begegnen. Nun muß man wohl Heinz PÜTT (1979, S. 96) zwar zustimmen, daß es »bis heute ... keine empirischen Untersuchungen darüber (gibt), in welchem Ausmaß Beginn und weiterer Verlauf des Unterrichts miteinander korrelieren«. Aber man wird auch für die Bemühungen früherer Zeit davon ausgehen können, daß der Einsatz des fiktionalen Textes, im Gegensatz zur Unterrichtseröffnung mit anderen Texten oder Medien, von der Überlegung getragen ist, nicht primär Sachverhalte, sondern sprachliche Besonderheiten zur Geltung zu bringen. Unter dieser Gemeinsamkeit lassen sich alle Stunden dieses Typs vereinigen. Eigene erste Voruntersuchungen auf diesem Gebiet, gestreut über die gesamte Zeitspanne von 200 Jahren, geben Aufschluß über intern ablaufende Prozesse, aber auch über unvermutete Resistenzformen, über die Auswirkungen von pädagogischem Hochmut, wenn er bei ständigem Kontakt »von Individuen ungleicher Kultur« (DURKHEIM 1984, S. 230) zum Zuge kommt, aber auch über die verheerenden Folgen mißverstandener Liberalität.

Jener Forschungsbereich, der »die Zusammenhänge zwischen Sprachentwicklung, Sprachverhalten und Medienkonsum« (WINTERHOFF-SPURK 1986, S. 73) untersucht, könnte in Kenntnis der hier gewonnenen Befunde das eigene Design um einige Aspekte bereichern. Es böte sich aber auch die Klärung grundsätzlicherer Fragen an, etwa die der »symbolischen Vergegenwärtigung« (MESSNER 1978, S. 38) von Wirklichkeit, die wegen ihrer Unabdingbarkeit auf die tragbarsten Formen wohl achten müßte. Der große Strom der Alltagserfahrung reißt uns allerdings schnell mit, so daß, betrachtet eine Forschung sie nur unter dem Vorzeichen der schulischen Objektbewältigung, wie sie hier eben auf verschiedene Weise stattfindet, leicht eine Schule als Agentur für dies und das herauskäme. »Aus der Sicht einer Sozialgeschichte der Erziehung« (BERG 1981, S. 39) wäre aber eine Entwicklung vom Übel, die an dem schulischen Betrieb nur die Instrumentalität zu schätzen weiß. Dabei könnte, da eine »Ent-Institutionalisierung« ohnehin nicht in Frage kommt, sondern höchstens »nur Revision« der Institution Schule (ebd.), ein neuer theoretischer Rückhalt gefunden werden, wie er bei POSTMAN oder COLEMAN schon angedeutet, aber bei weitem noch nicht hinreichend fundiert wird. Hierfür böte sich eine Lösung an, die nicht im Alleigang zu finden wäre, sondern in Zusammenarbeit von Theorie *und* Praxis (→ *Das Theorie-Praxis-Verhältnis in der Pädagogik*).

3 Schlußbetrachtung

WITTGENSTEIN gibt in seinem »Braunen Buch« gleich einleitend den Hinweis, daß Sprache in frühen Stufen, wie er am Beispiel der »Confessiones« des AUGUSTINUS zeigt, noch nicht alle Spielarten der Verständigung in Anspruch nimmt, wenn sie sich vermittelt. Am Beispiel der »Abrichtung« als Sprachlernprozeß veranschaulicht er, was dieser Sprache in den »Confessiones« noch fehlt, diesem »zeigenden Lehren der Wörter« (WITTGENSTEIN V, 1970, S. 117). Im Folgenden kommt für ihn eine »Erweiterung der Sprache« (ebd., S. 119) zur anderen, und anhand von Beispielen wird deutlich, wie schließlich »in sich geschlossene Systeme der Verständigung« (S. 121) entstehen.

Ohne nun gleich die hier zugrunde gelegte Theorie der »Sprachspiele« zu strapazieren, verdient doch zumindest der Grundgedanke Aufmerksamkeit: Im Zusammenleben wird Sprache mit der Zeit so oder auch so dimensioniert, gewinnt neue Spielformen hinzu, die von bestimmten Gruppen angenommen werden oder auch nicht (→ *Sprache im Unterricht*).

Warum also, so die Frage, sollte nicht Gleiches für Institutionen mit weltweiter Geltung, zu denen inzwischen auch die Schule gehört, anzunehmen sein? Erst im konkreten Umgang des Sich-Vorfragens, des Sich-Verfragens, im Konflikt zwischen Regelbeachtung und dem Durchbrechen von Regelvorgaben, in der Spannung zwischen erzwungener Friedfertigkeit und der Provokation des Banknachbarn finden sich doch »performatorische Äußerungen« (HABERMAS 1971, S. 103) nach und nach ein, die »pragmatischen Verwendungssinn festlegen«, zugleich jedoch über ihn hinausweisen.

Wenn hier schon nicht gleich von »pragmatischen Universalien« die Rede sein soll, so wäre doch immerhin eine »empirische Pragmatik« (S. 107) zu der Frage anzuregen, ob, wie und wodurch Schule nicht auch eine spezifische »Situierung sprachlicher Ausdrücke ermöglichen« (S. 103) kann, die, so Derartiges eintreten sollte, unverwechselbaren, vor allem aber wiedererkennbaren Regeln folgt.

Den LEIBNIZschen Gedanken der »Kompossibilität« vorausgeschickt, wäre es doch denkbar, daß sich die Welt als Summe alles Möglichen auch auf diese Weise – zumindest sprachlich – mit ausdehnt. Wo wir da aber heute stehen und wohin die Reise führen könnte, und zwar mit dem Beitrag der Schule, kann vermutlich nur über die sorgfältige Aufarbeitung vergangener Alltagspraxis beantwortet werden.

Literatur

ANDERSCH, A.: Der Vater eines Mörders. Zürich 1980
ARNOLD, K.: Der Situationsbegriff in den Sozialwissenschaften. Weinheim/Basel 1981
BARTH, J.: Freiheit und Gleichheit in der Volksschule. In: Zentralblatt für Deutschlands Volksschullehrer Nr. 45 v. 6. 11. 1849, S. 179
BERG, C.: Erziehung statt Verschulung. Überlegungen aus der Sicht einer Sozialgeschichte der Erziehung. In: Mitteilungen der Universität zu Köln, Sonderheft Universitätstage 1981, S. 39–41
COLEMAN, J. S.: Die asymmetrische Gesellschaft. Weinheim/Basel 1986
DURKHEIM, E.: Erziehung, Moral und Gesellschaft. Frankfurt 1984
EDVARDSON, C.: Gebranntes Kind sucht das Feuer. München/Wien ³1986
ELIAS, N.: Über den Prozeß der Zivilisation. Bd. 2. Wandlungen der Gesellschaft. Entwurf einer Theorie der Zivilisation. Frankfurt ⁵1978
ELZER, H. M.: Bildungsgeschichte als Kulturgeschichte. Bd. 2. Düsseldorf 1967
FLITNER, A.: Gelenkstelle der Gesellschaft. In: Die Zeit Nr. 42 v. 10. 10. 1986, S. 60
GOERTH, A.: Die Einheitsschule der Zukunft. In: DITTES, F. (Hrsg.): Paedagogium 9 (1887), S. 92–110
HABERMAS, J.: Vorbereitende Bemerkungen zu einer Theorie der kommunikativen Kompetenz. In: HABERMAS J./LUHMANN, N. (Hrsg.): Theorie der Gesellschaft oder Sozialtechnologie. Frankfurt 1971, S. 101–141
HEINZELMANN: Über die Erziehung zur Freiheit. In: ALY, F. (Hrsg.): Blätter für höheres Schulwesen 5 (1888), S. 139f.
HEIPCKE, K.: Die Wirklichkeit der Inhalte. In: RAUSCHENBERGER, H. (Hrsg.): Unterricht als Zivilisationsform. Königstein/Wien 1985, S. 129–172
LANGEHEINE, R./LEHMANN, J.: Die Bedeutung der Erziehung für das Umweltbewußtsein. Kiel 1986
LESCHINSKY, A./ROEDER, P.: Gesellschaftliche Funktionen der Schule. In: Twellmann, W. (Hrsg.): Handbuch Schule und Unterricht. Bd. 3. Düsseldorf 1981, S. 107–154
MESSNER, H.: Wissen und Anwenden. Stuttgart 1978
N. N.: Die Erziehung zur Freiheit. In: BERTHELT, A. (Hrsg.): Allgemeine Deutsche Lehrerzeitung Nr. 24/25 (1871), S. 189f.
N. N.: Freiheit in der Erziehung. In: BERTHELT, A. (Hrsg.): Allgemeine Deutsche Lehrerzeitung Nr. 38 (1872), S. 321f.
N. N.: Die Erziehung zur Freiheit. In: KAHR (Hrsg.): Pädagogische Blätter, Jg. 1875, S. 166f.
N. N.: Ueber Lehrerstrike. In: BERTHELT, A. (Hrsg.): Allgemeine Deutsche Lehrerzeitung Nr. 7 (1875), S. 49–51
PETRAT, G.: Richtungweisende Maßgaben für den Ausbau des öffentlichen Schulwesens durch Francke-Schüler. In: KLINK, J./VOGT, H. (Hrsg.): Schulwirklichkeit und Erziehungswissenschaft. Bremen 1967, S. 153–163
–: Schulerziehung. Ihre Sozialgeschichte in Deutschland bis 1945. München 1987
POSTMAN, N.: Wir amüsieren uns zu Tode. Frankfurt 1985
PÜTT, H.: Die Unterrichtseröffnung als didaktisches Gestaltungsmoment. In: Neue Unterrichtspraxis 12 (1979), S. 95–105
RALL, H. W.: Ideen zur intellektuellen und moralischen Bildung des Landvolks. Journal für Prediger. Bd. 52 (1810), S. 30–56 und ff.
SCHREIBER, M.: Die Wucht der Gefühle. Zur deutschen Vorgeschichte des Terrorismus. In: FAZ Nr. 211 v. 12. 9. 1986, S. 25
SCHULE, ERZIEHUNG UND GEWALT. Diskurs. Bremer Beiträge zu Wissenschaft und Gesellschaft. Bd. 9 v. April 1985
SPRANGER, E.: Gedanken zur staatsbürgerlichen Erziehung. Bonn 1957
SPRINGER, J.: Sprachliche Selbstschulung Siebenjähriger. In: Leipziger Lehrerzeitung 38 (1921), Pädagogische Beilage Nr. 7, S. 54–56
STUZMANN: Die Geschichte der Verbesserung des Briefschreibens in meiner Schule. In: MOSER, C. F./WITTICH, C. F. (Hrsg.): Der Landschullehrer 2. Ulm 1799, S. 168–176
VOSS, U.: Bestehen Sie auf dem Mangelhaft. In: FAZ Nr. 56 v. 7. 3. 1987, Sonderblatt
WALTER, H./EDELMANN, I.: Pragmatische Unterrichtsplanung. Braunschweig 1979
WENDORFF, R.: Zeit und Kultur. Geschichte des Zeitbewußtseins in Europa. Opladen 1980

Weniger, E.: Herman Nohl und seine sozialpädagogische Bewegung. In: Zeitschrift für Pädagogik, 1. Beiheft. Weinheim 1959, S. 5ff.
Weishuhn, F. A.: Ueber den Geist der Schulerziehung, insbesondere aus der Schulanstalt zu Pforte und ihrer Geschichte erläutert. Leipzig 1786
Winterhoff-Spurk, P.: Fernsehen, Psychologische Befunde zur Medienwirkung. Bern/Stuttgart/Toronto 1986
Wittgenstein, L.: Eine Philosophische Betrachtung (Das Braune Buch). In: ders.: Schriften. Bd. 5. Frankfurt 1970, S. 117–282

Leo Roth

Allgemeine und berufliche Bildung

1 Diskrepanzen zwischen beruflicher und allgemeiner Bildung

Jugendliche, die in die berufliche Ausbildung kommen, klagen besonders darüber, daß sie vor allem die Möglichkeit zur Kreativität, Verwirklichung eigener Ideen, Eigeninitiative und zu selbständigem Arbeiten vermissen (DAVIDS 1985, S. 219). Ist damit implizit angedeutet, daß diese Jugendlichen, *bevor* sie in die betriebliche Ausbildung gelangen, diese nun vermißten Möglichkeiten kennengelernt und z. T. praktiziert haben – zumindest nach ihrem subjektiven Empfinden? Geschah das in der Schule, die z. B. in der Bundesrepublik Deutschland zum *allgemeinbildenden* Bildungswesen zählt – im Gegensatz zum *beruflichen* Bildungswesen (→ *Das berufliche Bildungswesen ...*; → *Das allgemeinbildende Schulwesen ...*)? Man spricht auch von »allgemeiner Bildung« und »beruflicher *Aus*bildung«, bzw. von »Allgemeinbildung« versus »Spezialbildung«. »Allgemeinbildendes System« einerseits und »berufsbildendes System« andererseits lassen ebenso unterschiedliche bildungstheoretische Grundlagen dieser beiden Systeme vermuten, wie die konkreten Äußerungen der Jugendlichen die Diskrepanzen in der Praxis andeuten mögen.

2 Modelle beruflicher und allgemeiner Bildung

Die beiden unterschiedlichen Modelle lassen sich verkürzt folgendermaßen skizzieren. Dabei soll zunächst die berufsbildende Position angesprochen werden, weil sie die ältere ist.

2.1 Theorie beruflicher Bildung
Im Grunde fehlt bis in die neueste Zeit, ja bis in die Mitte unseres Jahrhunderts eine Theorie beruflicher Bildung. Sowohl für die griechische wie auch für die römische Antike war der beruflich, besonders der manuell arbeitende Mensch kein Thema der Bildungsüberlegungen. Im Gegenteil – Berufsarbeit war des freien Menschen unwürdig.

Vorformen beruflicher bzw. betrieblicher Ausbildung sind allerdings bereits in alten Kulturen bekannt (→ *Betriebliche Ausbildung*). Aber das erste Modell beruflicher Bildung war die systematische Ausbildung des Handwerkers im Mittelalter. Hierarchisch und formal streng geregelt (z. B. Zünfte), hat das Mittelalter dennoch weder eine entsprechende Bildungstheorie noch eine Didaktik entwickelt; als Modell galt: Vorzeigen, Vormachen, Nachmachen. Dieses Modell der Handwerksausbildung hat sich für die beruflich-betriebliche Ausbildung im Grunde bis in die Gegenwart, auf die noch einzugehen sein wird, nicht wesentlich verändert.

2.2 Theorie allgemeiner Bildung
Auch diese soll nur skizzenhaft dargestellt werden (→ *Theorien der Bildung ...*). Bereits die griechische Antike hat eine allgemeine Bildung für den »freien« Mann

theoretisch begründet (PLATON), und die Sophisten, gewissermaßen die ersten professionellen Lehrer, sind kritisiert worden, weil ihre Lehre auf Nutzanwendung ausgerichtet war. Rom (CICERO, QUINTILIAN) hat die Griechen weitgehend kopiert. Das christliche Mittelalter vertrat ein monastisches Bildungsideal, das sein Ziel in einer anderen, jenseitigen Welt suchte. Der Humanismus, als Säkularisationsbewegung verstanden, besann sich zwar auf die antiken (vorwiegend römischen) Autoren, behielt aber die christliche Ethik als Grundlage der Erziehung und Bildung bei. Vielleicht ist ERASMUS VON ROTTERDAM (1529, 1963, S. 117) der einzige, der »Frömmigkeit« und »Wissen« an lebensnahen Inhalten als Garanten für eine bessere Welt propagiert.

Das Zeitalter der Aufklärung hat in Deutschland auf christlicher Grundlage den ökonomischen Bedürfnissen des Territorialstaates Rechnung getragen. »Es hat die mathematisch-ökonomischen Realschulen und Fachschulen für Handel, Bauwesen, Land- und Forstwirtschaft einer ersten Bewährungsprobe ausgesetzt; es hat die geforderte industriöse Gesinnung des Bürgertums als wirkliche Lebensmacht hervorgebracht, die unermüdliche Betriebsamkeit, neue Arbeits- und Produktionsmethoden zu erklügeln und den Sinn der Kinder auf eben dieses zu richten.« (BLANKERTZ 1982, S. 89) Die Kinder sollten möglichst frühzeitig ökonomisch eingesetzt werden, sollten daher etwas »Nützliches« lernen. Die Notwendigkeit der Kinderarbeit wurde durchaus akzeptiert und in sogenannten Industrieschulen realisiert, die nichts anderes als von Kindern betriebene Gewerbeunternehmen waren. Gegen diese totale »Abzweckung« des Menschen auf seine Verwertbarkeit und berufliche Arbeit wendet sich der Neuhumanismus mit seiner idealistischen »humanistischen Bildungstheorie«.

Diese bis heute folgenschwerste und – in falsch verstandener Akzentuierung – bis in die Gegenwart wirkende Theorie allgemeiner Bildung hat HUMBOLDT (1767–1835), der von 1809 bis 1810 Leiter des Kultus- und Unterrichtswesens im preußischen Innenministerium war, in seinem neuhumanistischen Bildungsideal formuliert: Bildung ist die »allgemeine Übung der Hauptkräfte des Geistes und (nicht) die Einsammlung der künftig notwendigen Kenntnisse, welche zum wirklichen Leben vorbereitet« (HUMBOLDT, Bd. XIII, S. 263). »Schulen ... müssen nur allgemeine Menschenbildung bewirken. – Was das Bedürfnis des Lebens oder eines einzelnen seiner Gewerbe erheischt, muß abgesondert, und nach vollendetem allgemeinen Unterricht erworben werden« (ebd., S. 276) – in speziellen Schulen. Die allgemeinbildende Schule muß ohne Rücksicht auf berufliche »Abzweckung« des Menschen unterrichten.

Ein ähnlicher Gedanke findet sich bereits bei LUTHER: »Und wenn ein solcher Knabe, der Latein gelernt hat, darnach ein Handwerk lernet, so schadet ihm auch solche Lehre gar nichts zur Nahrung; er kann sein Haus desto besser regieren.« (LUTHER 1530, hrsg. v. WAGNER, S. 113)

Die allgemeine Bildung wurde bis in die Gegenwart höher geschätzt als die berufliche Bildung. Im Sinne des falsch verstandenen humanistischen Bildungsideals wurde sie besonders von der geisteswissenschaftlichen Pädagogik bis in die Gegenwart vertreten. Diese Bildung hatte sich von Gesellschaft und Nützlichkeitserwägungen wie Anwendungsbezug freizuhalten. Sie vollzog sich individuell, abgehoben von Beruf, Arbeit, Politik, Ökonomie und Technik. Allgemeine Bildung wurde von beruflicher Bildung durch unterschiedliche und z. T. aufeinander folgende Bildungsinstitutionen getrennt.

3 Die gegenwärtige Situation

Zwar haben sich in diesem Jahrhundert bedeutende Pädagogen wie z. B. PAULSEN, KERSCHENSTEINER, FISCHER, SPRANGER und LITT gegen die geringe Wertung beruflicher Bildung ausgesprochen. Selbst der DEUTSCHE BILDUNGSRAT (1974, S. 65) fordert, »die im bestehenden Bildungssystem begründete Diskriminierung der Berufsbildung zu beseitigen«. Aber weitgehend gilt noch immer die Auffassung, daß allgemeine Bildung durch den geisteswissenschaftlichen Fächerkanon des Gymnasiums und weniger durch die naturwissenschaftlichen technischen und ökonomischen Fächer vermittelt werde.

Dabei hatte die Praxis diese Position längst überholt. In der Nachfolge von HUMBOLDT waren zwei grundsätzliche Ziele für das Gymnasium bis in die Gegenwart verbindlich: die allgemeine Bildung, die durch gelehrte Bildung erreichbar schien, und die Vorbereitung für das wissenschaftliche Studium aller Wissenschaftsdisziplinen an der Universität. Beide Ziele sollten im wesentlichen durch vier Hauptfächer erreicht werden: Latein, Griechisch, Deutsch, Mathematik. Die aufkommende Industrialisierung und ihre Auswirkung auf die Fächer der Universitäten zeigte, daß diese vier Hauptfächer nicht ausreichten. Der für eine Industriegesellschaft wichtigen modernen Sprachen sowie der Naturwissenschaften nahmen sich neue Schulen an (→ *Strukturveränderungen im Bildungswesen..., Die reformierte gymnasiale Oberstufe*). Damit wurde also der Kanon gymnasialer Inhalte erweitert, und diese Erweiterung hielt an. Es gab zunehmend weniger altsprachliche Gymnasien, dafür mehr neusprachliche, sozialwissenschaftliche usw. Es gab später musische Gymnasien, Sportgymnasien, technische Gymnasien, Aufbaustufen und eine Fülle verschiedener Varianten. Der Trend ging weiter. Es schien beliebig, in welchen Fächern Schüler ihr Abitur, das laut Hochschulrahmengesetz von 1983 die allgemeine Hochschulreife für ein Studium an wissenschaftlichen Hochschulen bescheinigt, machen, um dennoch in ganz anderen Fächern die Universitäten erfolgreich zu absolvieren. Das gelang ihnen sogar ohne Abitur aufgrund *beruflicher* Ausbildung. Damit soll gesagt sein, daß es offensichtlich keine verbindlichen Inhalte und keine verbindlichen Strukturen mehr gab, durch die allein allgemeine Bildung und Wissenschaftspropädeutik erreicht werden können. Im Prinzip konnte jede zur Wissenschaft gewordene Disziplin als Schulfach aufgenommen werden, denn wie sollte man eine Auswahl begründen, wenn an Spezialgymnasien diese Fächer bereits inzwischen zum Abitur geführt hatten? Wie sollte man Fächer ablehnen, die in anderen hochindustrialisierten Ländern zur Ausbildung technisch-ökonomischer Qualifikationen bewährt schienen? So tauchten als neue Fächer in der gymnasialen Oberstufe auf: Psychologie, Soziologie, Rechtskunde, Wirtschaftslehre, Informatik, Russisch, Spanisch, Polnisch, Maschinentechnik, Elektrotechnik u. a. (→ *Strukturveränderungen im Bildungswesen..., Die reformierte gymnasiale Oberstufe*).

Das Problem ist sehr komplex und kann hier nicht ausführlich diskutiert werden. Es läßt sich in der Frage zusammenfassen, ob es denn einen *gemeinsamen* Kern der *allgemeinen* Hochschulreife überhaupt gibt (LÜTH 1983).

4 Die Integration allgemeiner und beruflicher Bildung

Die Versuche, allgemeine und berufliche Bildung zu integrieren, erfolgten relativ früh. Als Beispiel sollen hier UdSSR, die bisherige DDR und die Bundesrepublik Deutschland angeführt werden.

4.1 Polytechnische Bildung und Erziehung in der UdSSR und DDR

Die polytechnische Bildung und Erziehung ist zentral für alle marxistisch orientierten Bildungstheorien. Die Notwendigkeit, in einer Industriegesellschaft eine entsprechend ausgerichtete Bildung und Erziehung zu entwerfen, erkennen andere lange vor MARX (MORUS, CAMPANELLA, BACON, SAINT-SIMON, FOURIER, OWEN, PESTALOZZI). MARX bestimmt Bildung im Grunde neuhumanistisch-idealistisch, wenn er formuliert: »Unter Bildung verstehen wir drei Dinge: Erstens: geistige Bildung. Zweitens: Körperliche Ausbildung, solche wie sie in den gymnastischen Schulen durch militärische Übungen gegeben wird. Drittens: Polytechnische Erziehung, welche die allgemeinen wissenschaftlichen Grundsätze aller Produktionsprozesse mitteilt und die gleichzeitig das Kind und die junge Person einweiht in den praktischen Gebrauch und in die Handhabung der elementarischen Instrumente aller Geschäfte.« (ANWEILER 1969, S. 15) Hierdurch soll eine Allgemeinbildung erreicht werden, die zur (allgemeinen) Disponibilität des arbeitenden Menschen führt.

Unmittelbar nach der Russischen Revolution 1917 drangen reformpädagogische Ansätze (BLONSKIJ) in die Sowjetpädagogik ein. Auch wurde eine allgemeine Polytechnisierung der Schule proklamiert (KRUPSKAJA, BLONSKIJ). Unter CHRUSCHTSCHOW setzte ab 1953 ein großangelegter Reformversuch ein, berufliche Bildung in die allgemeinbildende Schule zu verlegen und die Jugendlichen auf die Mitarbeit in der Produktion zu verpflichten. Es bestand damals und besteht heute – trotz Zurücknahme der berufsbildenden Inhalte in den allgemeinbildenden Schulen und neuerdings (seit 1984) trotz der Verstärkung allgemeiner Bildung in den beruflichen Schulen – die Möglichkeit, »Abitur und Facharbeiterbrief« gleichzeitig zu erwerben. Der Grund hierfür ist folgender: In der Sowjetunion sind die Studienplatzzahlen an Universitäten und Hochschulen begrenzt. Die Aufnahme beruflicher Inhalte in die hochschulvorbereitenden allgemeinen Schulen hinderte die Absolventen nicht daran, zum Studium zu drängen. Sie sehen die durch die Erreichung des Facharbeiterzertifikats mögliche Tätigkeit ohne Hochschulstudium nicht als sinnvolle Alternative. Verlagert man dagegen allgemeine Bildung in die berufsbildenden Systeme, zeigt sich eine »günstigere« Lösung des Verteilungsproblems. Schüler des berufsbildenden Systems haben von vornherein kaum die Absicht, an einer Hochschule zu studieren. Selbst wenn nun durch Zufügung allgemeiner Bildung und hochschulqualifizierender Ausbildung die Aussichten zum Hochschulstudium steigen, verändert das offensichtlich kaum die frühere Motivation, den gewählten Facharbeiterberuf weiter zu verfolgen.

Die Entwicklung in der DDR nach 1945 ist im Grunde eine Kopie der sowjetischen Vorgänge mit entsprechender zeitlicher Verzögerung (→ *Pädagogik und Bildungswesen in der DDR*). Allerdings gab es auf der Grundlage der Erfahrung mit dem »dualen System« bis 1945 dennoch eigenständige Realisierungen in der Praxis. Auch in der DDR war die Doppelqualifikation zurückgegangen, zumal im ländlichen Bereich die mögliche berufliche Qualifikation eingeschränkt blieb. – Hinzuweisen wäre allerdings auf den

»Export« dieses Bildungsmodells in Entwicklungsländer. Pädagogische und bildungsökonomische Konzeptionen vieler Entwicklungsländer zielen auf eine frühe Integration von Elementarbildung, (agrar-)beruflicher und handwerklicher Schülertätigkeit. Diesen Ländern erscheint die polytechnische Bildung in entsprechender Reduktion innovativ. Damit kam die DDR deren Anliegen nach Verbindung von Elementarbildung und handwerklicher Tätigkeit in unterrichtsintegrierter produktiver (Hand-)Arbeit der Schüler bereits im Primarbereich sehr entgegen (→ *Deutsche Bildungseinrichtungen im Ausland*).

4.2 Die Situation in der Bundesrepublik Deutschland

Auch hier gibt es bereits reformpädagogische Ansätze, die bis 1945 in beiden deutschen Staaten gemeinsam waren, aber nur in der Bundesrepublik fortgesetzt wurden. Es waren im wesentlichen die Deutschen Landerziehungsheime und ihnen ähnliche Bildungsinstitutionen (z. B. Odenwaldschule in Oberhambach/Bergstraße, Merz-Schule in Stuttgart). Allerdings war hier die Einbeziehung *handwerklicher* Elemente charakteristisch (→ *Freie Schulen und ihre pädagogische Konzeption*). Auch im allgemeinbildenden Schulsystem gab es ähnliche Elemente, die als »Werkunterricht« in den Lehrplänen ausgewiesen waren. Ab Ende der 60er Jahre wurde für die Hauptschule das Fach »Arbeitslehre« verbindlich, das die Schüler auf die Arbeits- und Wirtschaftswelt vorbereiten und sie mit den Grundzügen des Arbeitens in der modernen Produktion und Dienstleistung bekannt machen sollte. Das bezieht sich im wesentlichen auf die Hauptschule als Teil der Sekundarstufe I (die Klassen 7–9 [10]). Für das Gymnasium, den postulierten Hort der allgemeinen Bildung, ist dieser Bereich – bis auf wenige noch anzuführende Ausnahmen: Gesamtschule und Kollegschule in Nordrhein-Westfalen – folgenlos geblieben (vgl. z. B. KAISER in ROTH 1980).

4.2.1 Gesamtschule

In der Bundesrepublik gibt es eine erhebliche Anzahl von Gesamtschulen. Die Überführung des gesamten vertikal gegliederten in ein horizontal gegliedertes integriertes Gesamtschulsystem, in dem die Gesamtschule *Regel*schule ist, wurde inzwischen aufgegeben; sie bleibt *Angebots*schule. Allerdings ist auch in den Gesamtschulen in der Sekundarstufe II eine Integration allgemeiner und beruflicher Bildung im Grunde nicht gelungen (→ *Strukturveränderungen im Bildungswesen ..., Die Gesamtschule*).

4.2.2 Kollegschule

Der vieldiskutierte und sehr umstrittene Kollegstufenversuch im Bundesland Nordrhein-Westfalen wollte erstmals und konsequent im größeren Rahmen die Integration der bisherigen gymnasialen Oberstufe mit verschiedenen Arten beruflicher Schulen wie auch der Berufspflichtschule durchsetzen. Hier wurden bereits organisatorisch studien- und berufsqualifizierende Lernziele miteinander verbunden. Es gab *Lernbereiche, Schwerpunktprofile, obligatorische Bereiche.* Kernstück des Curriculums waren die *Schwerpunktprofile.* Entwickelt wurde ein System von Schwerpunkten. Dabei wurden z. B. im Schwerpunkt »Wirtschaftswissenschaften« die verschiedenen Bildungsgänge der kaufmännischen Berufsausbildung und Berufsvorbereitung integriert in der Art, daß sowohl berufsqualifizierende wie studienvorbereitende Lerninhalte verbunden wurden. Die verschiedenen Bildungsgänge sahen dabei eine gemeinsame fachliche Grundausbildung vor, waren nach besonderen Aspekten gruppiert und ermöglichten über spezifische Unterrichtsanteile den besonderen Abschluß. Diese doppelqualifizierenden Bildungsgänge, die zur allgemeinen Hochschulreife und zu einem beruflichen Abschluß führten, betrafen die Klassen 11–13 der Sekundarstufe II (vgl. die Evaluation der Kollegschule bei FISCHER, GRUSCHKA u. a. 1986; dort auch weitere Literatur zu dieser Spezialschule). Das System ist auf schärfste Kritik in der Bundesrepublik gestoßen, weil hier Abitur und beruflicher Abschluß innerhalb von drei Jahren *gleichzeitig* erreicht werden konnten. In der Kultusministerkonferenz (KMK) drohten einige Kultusminister der Länder, den Abschlüssen der nordrhein-westfälischen Kollegschulen die Anerkennung zu verweigern.

Nach jahrelangen, sehr spannungsreichen Verhandlungen kam man am 4. 12. 1987 zu einem Kompromiß (→ *Strukturveränderungen im Bildungswesen . . ., Die reformierte gymnasiale Oberstufe*):
- es werden an die Kollegschule alle Bedingungen gestellt, wie sie für die gymnasiale Oberstufe des allgemeinbildenden Systems überhaupt gelten;
- es folgen zwei getrennte Abschlußprüfungen;
- beide Bildungsgänge (allgemein und berufskundlich) dauern vier (statt bisher drei) Jahre; eine kürzere Dauer muß beantragt werden.

Damit ist dieses Modell integrierter allgemeiner und beruflicher Bildung hinsichtlich der Anerkennung der Abschlüsse bundesweit akzeptiert. Die Schwierigkeiten werden sich allerdings zeigen, wenn die »Einheitlichen Prüfungsordnungen« (EPA) mit bundesweiter Verbindlichkeit für die gymnasiale Oberstufe erarbeitet werden. Nur der Vollständigkeit halber soll hier ein weiteres Modell genannt werden, das die Integration allgemeiner und beruflicher Bildung in der Bundesrepublik seit Jahrzehnten praktiziert. Es handelt sich um die – an die Waldorf-Pädagogik STEINERS angelehnte, anthroposophisch orientierte – Hibernia-Schule in Wanne-Eickel.

Zusammenfassend darf gesagt werden, daß sich das allgemeinbildende Schulwesen in der Bundesrepublik, besonders das traditionelle Gymnasium, als sehr resistent gegen die Aufnahme berufsbildender Inhalte erwiesen und damit sicherlich eine große Chance vergeben hat, sich an der aktuellen bildungspolitischen Diskussion kompetent zu beteiligen. Es hat bis in die Gegenwart die Aufnahme berufsbildender und gesellschaftlichen Bedürfnissen entsprechender Inhalte neu entstehenden Spezialschulen überlassen und akzeptiert, daß auch an diesen die allgemeine Hochschulreife erworben werden kann, anstatt sich selbst grundlegend zu reformieren. Der Beschluß der Kultusministerkonferenz läßt zwar die seit 1972 bestehende Fächervielfalt zu, verlangt aber das kontinuierliche Lernen in bestimmten Fächern bis zur Hochschulreife; diese Fächer gelten gewissermaßen als Kern allgemeiner Bildung. Dagegen war das berufliche Bildungswesen für Inhalte allgemeiner Bildung wesentlich offener. Eine gewisse Ähnlichkeit, berufliche Qualifikation hochschulvorbereitenden Systemen zuzufügen, findet man z. B. seit den 60er Jahren im französischen Lyzeum, wo in den zahlenmäßig sehr stark angewachsenen Zügen f, g und h auf den Erwerb des baccalauréat de technicien vorbereitet wird. Weitere Beispiele hierfür sind das »sixth form college« in Großbritannien und die Gymnasialschule in Schweden (→ *Die Struktur des Bildungswesens im internationalen Vergleich . . .*).

4.2.3 Das berufliche Bildungswesen

Dieses ist in der Bundesrepublik sehr stark differenziert. Charakteristisch und einmalig gegenüber allen anderen Ländern ist das sogenannte *duale System* beruflicher Bildung. Das bedeutet, daß besonders in der *beruflichen Erstausbildung* zwei *Lernorte* konstitutiv sind: die (staatliche) Schule und der (in der Regel privatwirtschaftliche) Betrieb. Man unterscheidet berufsbegleitende Teilzeitschulen und berufliche Vollzeitschulen. Sie sind nach Berufszugehörigkeit organisiert als kaufmännische, gewerbliche (gewerblich-nicht-technische), hauswirtschaftliche und landwirtschaftliche Schulen. Eine allgemeine Berufsschulpflicht besteht seit dem Reichsschulpflichtgesetz vom 6. 7. 1938 (für die verschiedenen Formen: → *Das berufliche Bildungswesen* ...).

Entwicklungen dieser Art, wo berufsqualifizierenden Schulen hochschulvorbereitende Inhalte hinzugefügt werden und eine Doppelqualifikation ermöglichen, finden wir außer in der Bundesrepublik auch in der DDR (»Berufsausbildung mit Abitur«) sowie in den Berufslyzeen und Berufstechnika in Polen.

Zusammenfassend kann gesagt werden: Im Gegensatz zum allgemeinbildenden Schulsystem, das sich gegen die Aufnahme berufsbildender Inhalte sperrt – und zwar um so stärker, je höher es in der Hierarchie angesiedelt ist: von der Hauptschule zum Gymnasium; Ausnahme: Kollegschulen –, hat das berufsbildende Schulwesen Inhalte allgemeiner Bildung aufgenommen – auch hier um so stärker, je höher es in der Hierarchie steht. Trotz all dieser Versuche und Beispiele für die Integration allgemeiner und beruflicher Bildung darf man im internationalen Vergleich feststellen, daß in fast allen Industrieländern Europas und in der Sowjetunion bis auf wenige Ausnahmen die berufsbildenden Systeme *selbständige* Einrichtungen sind. Sie unterscheiden sich eindeutig von den allgemeinbildenden Schulen. In den USA und Kanada enthalten die *highschools* berufliche Ausbildungsgänge; doch entsprechen ihre berufsqualifizierenden Anteile bestenfalls in wenigen Ausnahmen dem *Facharbeiterzertifikat* in Europa.

Hinsichtlich der Zugangsvoraussetzungen für Hochschulen und Universitäten, die bisher durch das Abitur bzw. für Nichtabiturienten durch besondere Aufnahmeprüfungen erbracht werden mußten, sind in einigen Ländern der Bundesrepublik Deutschland »allgemeine Bildung« und »berufliche Bildung« gleichgestellt worden. Das Land Bremen hat 1988 eine entsprechende Möglichkeit in seinem Hochschulgesetz (BrHG vom Dezember 1988 § 35) für Bewerber mit abgeschlossener Berufsausbildung, fünfjähriger Erwerbstätigkeit und einer »Prüfung als Abschluß einer Fortbildung zum Meister ..., zum staatlich geprüften Techniker ..., zum staatlich geprüften Betriebswirt ... (oder die) eine vergleichbare Prüfung abgelegt haben« mit der Zulassung zum Studium auf Probe vorgesehen. Die Immatrikulationsordnung der Universität (i. d. F. von 1990) nennt zusätzliche Bedingungen: Die Bewerber »müssen nachweisen, daß sie das 24. Lebensjahr vollendet haben (und daß sie) ihre Hauptwohnung seit mindestens drei Jahren vor Bewerbung im Land Bremen oder den angrenzenden Kreisen gehabt haben«.

Möglichkeiten sehen auch die 1990 novellierten bzw. zur Novellierung anstehenden Hochschulgesetze in Schleswig-Holstein, Hamburg und Berlin vor. Teilweise sind Eingangsprüfungen vorgesehen bzw. erfolgt die Zulassung auf Probe; nach dem Bestehen einer Prüfung spätestens nach vier Semestern wird die Zulassung endgültig. Voraussetzung ist allerdings mehrjährige Berufstätigkeit.

Hier wird eine Forderung des Deutschen Gewerkschaftsbundes realisiert, der seit den 70er Jahren forderte, daß die in der beruflichen Ausbildung, der Berufspraxis und der

Weiterbildung erworbenen Qualifikationen ebenso zum Hochschulstudium berechtigen müssen wie das Abitur.

International gibt es prüfungsfrei Zulassungen für Nichtabiturienten in Großbritannien, Frankreich, den USA, Kanada und einigen weiteren Industriestaaten. In der Regel handelt es sich hier um eine Zulassung auf Probe, der nach Erfüllung der Leistungen des ersten Studienjahres die endgültige Zulassung folgt.

5 Allgemeinbildung in der Industriegesellschaft?

Wenn auf dem vom Europarat 1988 unter dem Thema »former pour travailler« veranstalteten Kongreß in Straßburg angesichts der vorher angeführten Situationsschilderung und der Tatsache, daß es z. B. in der Bundesrepublik Deutschland etwa 400 anerkannte Ausbildungsberufe gibt (in der gewerblichen Wirtschaft [Industrie, Handel, Handwerk, Gewerbe, Banken, Versicherungen, Bergbau], in der Landwirtschaft, im öffentlichen Dienst, in den freien Berufen, in der Hauswirtschaft etc.), nun gefragt wird, ob denn die beruflich-betriebliche Ausbildung ein Modell für das Schulwesen sein könnte, so muß man diese Frage eindeutig mit »Nein« beantworten.

Die Curricula der einzelnen 400 Ausbildungsberufe sind so spezifisch, daß nur bei relativ benachbarten Berufen Gemeinsamkeiten zu identifizieren sind. Die (Binnen-)Varianz *innerhalb* der beruflichen Bildung ist insgesamt wohl ebenso groß wie die (Außen-)Varianz *zwischen* beruflicher und allgemeiner Bildung.

Daher wird man mit Recht fragen dürfen, ob es selbst *innerhalb* der beruflichen Bildung überhaupt etwas allen Berufen Gemeinsames, d. h. Allgemeines gibt. Zweifeln darf man hingegen, ob in einer pluralistischen und hochkomplexen Industriegesellschaft der traditionelle Begriff »allgemeine Bildung« nicht nur obsolet, sondern auch eine Fiktion ist.

5.1 Der neuhumanistische Bildungsbegriff als Ideologie?

Gegeben hat es die »allgemeine Bildung« im Deutschland des 19. Jahrhunderts seit HUMBOLDT wohl in der Theorie, nicht aber in der Praxis. Selbst zu HUMBOLDTS Zeit hat GOETHE die allgemeine Bildung als »Narrenpossen« bezeichnet. Das deutsche Gymnasium hat zwar reichlich Enzyklopädismus vermittelt, sicherlich aber keine allgemeine Bildung.

Der Bildungsbegriff war in der Geschichte im Grunde ein Kampfbegriff des selbstbewußten Bürgertums gegen eine durch Privilegien charakterisierte Gesellschaft. Gemeint war mit ihm eine Qualität (»der Gebildete«) und eine Qualifikation, die man weder durch ein Adelsprädikat noch durch Geld erwerben konnte. Er war insofern emanzipatorisch und durchaus funktional, als die Absolventen allgemeinbildender Schulen entsprechende Positionen in der gesellschaftlichen Praxis einnahmen und erfüllten. Dennoch war er im Prinzip weitgehend abgelöst vom Nützlichkeits- und Verwendungsaspekt und realisierte sich weitgehend außerhalb des Berufes. Ist die allgemeine Bildung einmal erworben, »dient sie mehr dem Prestige als der Bewältigung von Lebensproblemen« (PÖGGELER 1987, S. 131).

Aus dem emanzipatorischen Begriff wurde ein Statussymbol des sogenannten Besitz- bzw. Bildungsbürgertums. Der größte Teil der Bevölkerung hatte daran nicht teil; für ihn war das entsprechende Wissen nicht zugänglich. Diese Bildung war charakteristisch für eine *vordemokratische* Gesellschaft.

Dennoch hatte diese Art von Allgemeinbildung in traditionsverbundenen Gesellschaften ihre Bedeutung, denn das in der Geschichte angehäufte Wissen war auch »Überlebenswissen: es verbürgte Kontinuität« und damit Sicherheit (→ *Informationsgesellschaft, Qualifikation und Bildung*). Für die wenig spezialisierten Berufe, die das Bildungsbürgertum besetzt hatte, reichte es – ggf. vermehrt durch ein Hochschulstudium – zur Wahrnehmung der eingenommenen Positionen. Wichtiger war es für die Kommunikation im privaten Bereich des eigenen Standes: hier waren die »Gebildeten« unter sich. Das »Ausgestoßensein« aus diesem Kreis hatte verhängnisvolle ökonomische und gesellschaftliche Konsequenzen.

5.2 Allgemeinbildung in einer demokratischen Informationsgesellschaft

In einer Demokratie ist alles Wissen prinzipiell allen Bürgern zugänglich. Selbst Wissenschaft ist davon nicht ausgenommen. Wissen und Informationen sind beliebig über den Computer abrufbar, mehr, als verarbeitet werden kann. In der Informationsgesellschaft veralten Informationen und Wissen sehr schnell. Sie werden dadurch irrelevant, verlieren ihren Wert und ihre Bedeutung, sind so – im Jargon neuhumanistischer Bildungstheorie – auch nicht mehr *bildungsbedeutsam*. Noch schlimmer: In einer sich sehr schnell wandelnden Gesellschaft wirkt angehäuftes veraltetes Wissen verunsichernd, das Beharren auf solchem Wissen und das Handeln danach sind u. U. tödlich – für Wirtschaft und Gesellschaft. Wer sich im Besitz allgemeiner Bildung kompetent und gerüstet fühlt für Gegenwart oder Zukunft, kann verhängnisvoll irren. Sofern Allgemeinbildung eine Anhäufung von weitgehend veraltetem Wissen ist – und bis neues Wissen in die Schulen kommt, vergeht eine relativ lange Zeit –, ist dieses Wissen irrelevant, wird zu allgemeiner Verunsicherung statt zu »allgemeiner Bildung«. Heute qualifiziert eine allgemeinbildende Schule allein keineswegs mehr für Funktionen und Positionen gesellschaftlicher Praxis in Leben und Beruf. Das gilt ebenso für die Universitäten, wo weder die als allgemeinbildend bezeichneten Geisteswissenschaften noch die Natur- und Wirtschaftswissenschaften ohne Einbeziehung berufsbildender Elemente für ein Bestehen in der individuellen wie gesellschaftlichen, privaten wie beruflichen Praxis qualifizieren können. »Allgemeine Bildung« als etwas zu Erwerbendes und damit Abzuschließendes wie auch berufliche Bildung, durch die man sich heute für *einen* Beruf qualifiziert, scheinen überholt in Zeiten, wo für Leben und Überleben *recurrent education* (wiederkehrende Bildung) und *éducation permanente* (lebenslanges Lernen) als lebensbegleitendes Lernen in den Lebensaltern (PROKOP 1987) verlangt sind (→ *Erwachsenenbildung und Weiterbildung;* → *Altenbildung*).

Das schließt immer die Weiterbildung ein, da ja nach dem Durchgang durch allgemeinbildende oder berufsbildende Schulen jeder sich später in einem »Betrieb«, welcher Art auch immer – ob Haushalt oder Verwaltung, ob Produktion oder Schule, ob Arztpraxis oder universitäre Professur –, findet. Es ist letztlich »betriebliche« Weiterbildung, je nach Art des »Betriebs«, um den notwendigen Kenntnisstand der darin Arbeitenden zu erhalten oder überhaupt erst herzustellen, den der rasche – nicht nur technologische – Wandel erfordert (→ *Betriebliche Ausbildung*).

Anders als in einer vordemokratischen Gesellschaft wirkt der Bürger in der Demokratie an der Gestaltung der Welt aktiv mit. Hier sind andere Inhalte der Bildung gefragt, als sie die traditionelle Allgemeinbildung vermittelte. Das (abrufbare) Wissen erhält politische, ökonomische und ethische Dimension (z. B. Folgenabschätzung von Wissenschafts- und Technikentwicklung, von der Weltraumforschung bis zur Gentechnologie). Dieses Wissen erschließt sich aber nicht quasi automatisch über die Inhalte, sondern es muß in Bildungsprozessen erschlossen und in seiner Bedeutung für das Leben des einzelnen und der Gesellschaft bewußtgemacht werden. In diesen Zusammenhängen sollten die Heranwachsenden lernen, Mündigkeit, Verantwortung und Freiheit zu realisieren. Hier sind allgemeinbildendes und berufsbildendes System gleichzeitig involviert.

Es ist im höchsten Grade problematisch, dem Begriff »Allgemeinbildung« gewissermaßen überzeitliche bzw. interkulturelle Geltung zu verleihen. Jede Zeit wird selbst definieren müssen, was sie darunter versteht. Jede Kultur, im Grunde jedes Land bzw. jede Nation hat das schon immer getan und tut es weiterhin. Auch für die Gegenwart liegen Definitionsversuche vor. Sie sehen alle den historisch-politischen und wissenschaftlich-technischen (FAULSTICH-WIELAND 1986) Bereich als konstitutiv an. ROPOHL (1985, S. 46) schreibt: »Konvergente Allgemeinbildung ... umfaßt solche Kompetenzen, die von den Menschen benötigt werden, damit diese mit der Technisierung Schritt halten können.« Und für die Beschreibung eines neuen Bildungsbegriffs nennen KLEMM/ROLFF/TILLMANN (1985, S. 168–177) fünf Merkmale allgemeiner Bildung:
– Gestaltbarkeit: historisch-politische Veränderbarkeit aufzeigen,
– Durchschaubarkeit: Wissenschaftsorientierung und Erkenntniskritik fördern,
– Sinnlichkeit: zur Eigentätigkeit anregen und Erfahren mit Erleben verbinden,
– Ganzheitlichkeit: den Zusammenhang der Lebenspraxis verständlich machen,
– Solidarität: Beschränkungen abbauen und die Schüler stärken.

Diese Kategorien umfassen selbstverständlich beide bisher getrennten Bereiche, den der bisher so genannten allgemeinen Bildung wie den der beruflichen Bildung. Auch KLAFKI (1986, S. 474/475) zieht aus der Analyse der klassischen Bildungstheorien für die allgemeine Bildung der Gegenwart den Schluß: »Allgemeinbildung
– als Bildung für *alle* zur Selbstbestimmungs-, Mitbestimmungs- und Solidaritätsfähigkeit,
– als kritische Auseinandersetzung mit einem neu zu durchdenkenden Gefüge des *Allgemeinen als des uns alle Angehenden* und
– als Bildung *aller* uns heute erkennbaren *Fähigkeits*dimensionen des Menschen.«

Auch bei dieser Definition ist eindeutig, daß berufliche Bildung nicht ausgeschlossen werden kann. Die Konsequenz kann nur sein, daß berufsbildende Systeme allgemeinbildende Inhalte aufnehmen – was international gesehen auch geschieht –, daß aber auch allgemeinbildende Systeme ebenso entschieden berufsbildende Inhalte integrieren – was international gesehen bisher eher die Ausnahme ist. Zeit hierfür ist in dem System vorhanden, denn immerhin verbringen seine Schüler in ihm bis zum 18. Lebensjahr etwa 15 000 Stunden Schulzeit.

6 Lebensgestaltung durch allgemeine und berufliche Bildung

Wie dargelegt, bedeutet die traditionelle Allgemeinbildung allein kein angemessenes Bildungsmodell für die Gegenwart und Zukunft. Auch die Berufsbildung kann dieses allein nicht leisten. Der erlernte Beruf verändert sich fortwährend, erworbene Qualifikationen müssen »nachqualifiziert« werden; zunehmend wird der Beruf zu einer »Teilzeitbeschäftigung« sowohl im Hinblick auf die zunehmende Freizeit als auch auf die verlängerte Lebenserwartung. Auf die Lebensspanne des Individuums bezogen, nimmt der Beruf – rein zeitlich – maximal noch 20% des menschlichen Lebens ein. Besonders bei Berufen, die eine lange Ausbildung erfordern, z. B. ein Universitätsstudium, kann die Zeit beruflicher Tätigkeit in der Praxis fast schon als Übergang zwischen (verlängerter) Ausbildung und (vorgezogenem) Ruhestand angesehen werden. Das berufsbildende Element auch noch wesentlich verstärkt auf die *allgemeinbildende* Schule als ausschließliches Modell zu übertragen wäre daher eine Überschätzung der beruflichen Bildung hinsichtlich ihrer relativ kurzzeitigen Bedeutung für die gesamte Lebensspanne. Zweifellos ist Berufstätigkeit immer noch ein *identitätsstiftendes Element* in unserem Leben. Aber das Maß an Identitätsstiftung ist von Beruf zu Beruf unterschiedlich. Nicht ohne Grund streben viele Erwerbstätige einen vorzeitigen Ruhestand an – freie Zeit als Alternative hat für sie einen höheren Stellenwert. Dabei ist ein verantwortliches Freizeitbewußtsein bisher nur gering entwickelt. Das kann sich ändern und den Trend zu mehr Freizeit weiterhin stärken (→ *Freizeit und Pädagogik*).

Aus anthropologischer Sicht wäre es problematisch, die relativ kurze Zeit beruflicher Tätigkeit als das Wesentliche menschlichen Lebens zu definieren. Wenn die marxistische Anthropologie einmal unter phylogenetischem Aspekt formuliert hat, daß der Mensch erst durch Arbeit zum Menschen werde, und entsprechend auch ontogenetisch folgerte, daß das Individuum sich in seiner Arbeit auf humane Weise verwirklichen können müsse, frei von Entfremdung, so relativiert sich diese Bestimmung, wenn sie auf das Leben des Individuums insgesamt bezogen wird. Wir müssen erkennen, daß unsere Auffassung vom Stellenwert der beruflichen Arbeit im menschlichen Leben stark traditionsgeprägt ist, daß Arbeit nicht das wichtigste sinnstiftende Element unseres Lebens zu sein braucht. Ein großer Teil der Jugend sucht hier Alternativen. Wir nennen es oft »Orientierungslosigkeit«; möglicherweise, weil wir selbst die Orientierung verloren haben, weil berufliche Arbeit zum Fixpunkt unseres Lebens geworden ist.

Wenig sinnvoll ist daher die Diskussion, wie sich allgemeine Bildung und berufliche Bildung zueinander verhalten. So werden dann z. B. allgemeine Bildung und berufliche Bildung als »Untermengen« von »Bildung« dargestellt (s. u.) (→ *Das berufliche Bildungswesen ...*).

Solche Modelle vereinfachen zu sehr und können irreführend sein. »Freizeitbildung« als Untermenge der »Spezialbildung« zu sehen, abgesetzt von der »Allgemeinbildung«, ist sicherlich ebenso fragwürdig, wie die »berufsspezifische Bildung« nicht auch direkt in Wechselwirkung mit »Bildung zur Bewältigung privater Lebenssituationen« zu zeigen, zu denen doch zweifellos auch »Freizeitbildung« gehört. Will man den Begriff »Bildung« benutzen, dann sollte man ihn nicht in Untermengen wie »allgemeine Bildung« und »berufliche Bildung« aufteilen und diese gar einander gegenüberstellen.

Der Mensch ist eine »Ganzheit«, ihn zu segmentieren hat sich bereits seit DESCARTES als verhängnisvoll erwiesen. Auch die Begriffe »allgemeine Bildung« und »berufliche Bildung« segmentieren den Menschen. Diese beiden Bildungsbegriffe sind insgesamt eher hinderlich als hilfreich. Anthropologisch und biologisch ist der Mensch auf Lernen angelegt. Lernen an sich ist noch nicht wertgerichtet; man kann auch lernen, drogenabhängig oder kriminell zu werden. Der Mensch muß lernen, um in neuen Situationen zu bestehen. Diese Situationen wechseln im Laufe eines Lebens sehr stark, sind von der

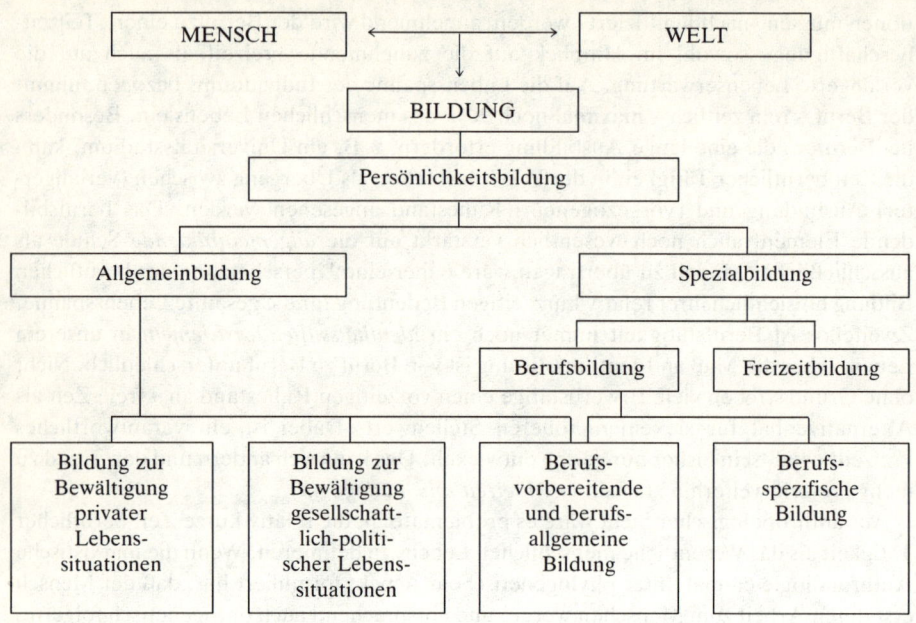

Abb. 1: Modell nach ALBERS 1987, S. 207

Geburt bis zum Tod im höchsten Maße unterschiedlich. Diese Situationen sind in »Lebenswelten« ebenso eingebunden (HUSSERL, SCHÜTZ, LUCKMANN) wie der Mensch. (Mit spezifischen Methoden versucht hier der ethnomethodologische Ansatz auch in der Erziehungswissenschaft zu angemessenen Erkenntnissen zu gelangen. → *Forschungsmethoden der Erziehungswissenschaft*) »Lebenswelt« ist ein »rationaler Begriff, der das Verhältnis zwischen den Subjekten und ihrer Umwelt bezeichnet« (SIEBERT 1987). Je nach Alter stellt sie sich dem Menschen unterschiedlich dar, wird unterschiedlich wahrgenommen, interpretiert, rekonstruiert; dementsprechend wird unterschiedlich gehandelt. Damit ist die »Lebenswelt« ein permanenter Lernimpuls. Eine Anthropologie, besonders eine Pädagogische Anthropologie, ist insofern nur noch als »Pädagogische Anthropologie der Lebensalter« (BOCK 1984) angemessen, für sie wie für die Bewältigung individuellen Lebens können nicht Begriffe allgemeiner bzw. beruflicher Bildung von Bedeutung sein, sondern als zentrales Phänomen und als zentrale Aufgabe der Pädagogik muß das lebenslange »Lernen des Lernens« zur verantwortlichen und verantwortbaren Lebensgestaltung in der Gesellschaft gelten. Das mag man dann – ohne Unterteilung – als »Bildung« bezeichnen.

Literatur

ALBERS, H.-J.: Allgemeine sozio-ökonomisch-technische Bildung. Köln/Wien 1987
ANWEILER, O.: Polytechnische Bildung und technische Elementarerziehung. Bad Heilbrunn 1969
– (Hrsg.): Technisch-ökonomische Modernisierung und Reformen im Bildungswesen. Zeitschrift: Bildung und Erziehung 40 (1987), Heft 1

Blankertz, H.: Sekundarstufe II. In: Roth, L. (Hrsg.): Handlexikon zur Erziehungswissenschaft. München 1976, S. 398–402
–: Die Geschichte der Pädagogik. Wetzlar 1982
Bock, I.: Pädagogische Anthropologie der Lebensalter. München 1984
Bundesminister für Bildung und Wissenschaft: Lage und Entwicklung des berufsbildenden Schulwesens. Antwort der Bundesregierung auf eine große Anfrage. Drucksache 10/5652 vom 12.06.1986
Bunk, G. P./Zedler, R.: Neue Methoden und Konzepte beruflicher Bildung. Köln 1986
Davids, S. u. a.: Lehre '85: Was Auszubildende davon halten. In: BWP 6/85, S. 218–220
Deutscher Bildungsrat: Zur Neuordnung der Sekundarstufe II. Konzepte für eine Verbindung von allgemeinem und beruflichem Lernen. Stuttgart 1974
Erasmus von Rotterdam: Über die Notwendigkeit einer frühzeitigen allgemeinen Charakter- und Geistesbildung der Kinder (1529). In: Gail, A. (Hrsg.): Erasmus von Rotterdam. Paderborn 1963, S. 107–159
Faulstich-Wieland, H.: »Computerbildung« als Allgemeinbildung für das 21. Jahrhundert. In: Zeitschrift für Pädagogik 32 (1986), S. 503–514
Fischer, B./Gruschka, A. u. a.: Schüler auf dem Wege zu Studium und Beruf. In: Zeitschrift für Pädagogik 32 (1986), S. 557–577
Heid, H./Herrlitz, H.-G. (Hrsg.): Allgemeinbildung. Beiträge zum 10. Kongreß der Deutschen Gesellschaft für Erziehungswissenschaft. Weinheim/Basel 1987
Humboldt, W. v.: Wilhelm von Humboldts Werke (Akademieausgabe). Hrsg. v. A. Leitzmann. Berlin 1903 ff.
Kaiser, F.-J.: Arbeits- und Wirtschaftslehre. In: Roth, L. (Hrsg.): Handlexikon zur Didaktik der Schulfächer. München 1980, S. 96–105
Klafki, W.: Die Bedeutung der klassischen Bildungstheorien für ein zeitgemäßes Konzept allgemeiner Bildung. In: Zeitschrift für Pädagogik 32 (1986), S. 455–476
Klemm, K./Rolff, H.-G./Tillmann, K. J.: Bildung für das Jahr 2000. Reinbek 1985
Köhler, K. (Hrsg.): Fragmente zur Reform der Sekundarstufe II. Beiträge zur Innovationshilfe im Rahmen der hessischen Modellversuche zur Verbindung von beruflichem und allgemeinem Lernen. Kassel 1983
Kultusministerium Hessen (Hrsg.): Verbindung von allgemeinem und beruflichem Lernen zur Entwicklung doppelqualifizierender Bildungsgänge in der Sekundarstufe II in Hessen. Frankfurt 1979
Lüth, Ch.: Kriterien der Hochschulreife. In: Zeitschrift für Pädagogik 29 (1983), S. 629–645
Luther, M.: Sermon an die Prediger, daß sie die Leute vermahnen, ihre Kinder in die Schule zu schicken (1530). In: Wagner, E. (Hrsg.): Luther als Pädagoge. Langensalza 1886, S. 109–116
Pöggeler, F.: Neue Allgemeinbildung im Spannungsfeld zwischen Beruf und Freizeit. In: Zeitschrift für Pädagogik. 21. Beiheft 1987, S. 131–136
Prokop, E.: Kenntniserwerb, Verhaltensorientierung, Selbstbildung – Konfigurationen lebensbegleitenden Lernens in den Lebensaltern. In: Schlutz, E. u. a. (Hrsg.): Zur Entwicklung der Erwachsenenbildung aus wissenschaftlicher Sicht. Bremen (Universität) 1987, S. 71–84
Ropohl, G.: Die unvollkommene Technik. Frankfurt 1985
Schenk, B./Kell, A. (Hrsg.): Grundbildung: Schwerpunktbezogene Vorbereitung auf Studium und Beruf in der Kollegschule. Königstein 1978
Siebert, H.: Allgemeinbildung in der Erwachsenenbildung. In: Zeitschrift für Pädagogik. 21. Beiheft 1987, S. 137–140

Hans-Jürgen Albers

Das berufliche Bildungswesen in der Bundesrepublik Deutschland

1 Allgemeine und berufliche Bildung

In den Stundentafeln beruflicher Schulen begegnen sich mit den sogenannten allgemeinbildenden und den berufsbildenden Fächern zwei Bildungsbereiche, deren Verhältnis zueinander die bildungstheoretische und bildungspolitische Diskussion in Deutschland während der vergangenen hundertfünfzig Jahre in besonderer Weise bestimmt hat (→ *Theorien der Bildung* ...; → *Pädagogik und Politik*; → *Strukturveränderungen im Bildungswesen* ..., *Die reformierte gymnasiale Oberstufe*; → *Allgemeine und berufliche Bildung*).

In der allgemeinen Diskussion – aber auch in der wissenschaftlichen Aufarbeitung – werden die verschiedenen Ebenen der Problematik nicht hinreichend auseinandergehalten: Begrifflichkeit, Wertigkeit, quantitative und inhaltliche curriculare Gestaltung sowie institutionelle Anbindung. Die Ebenen sind zwar nicht unabhängig voneinander – enge Wechselbeziehungen bestehen vor allem zwischen Bildungsbegriffen und Bildungsinhalten –, doch erfordert eine sachgerechte Analyse sowohl der historischen Dimension als auch der gegenwärtigen Situation eine entsprechend differenzierte Darstellung, da von Epoche zu Epoche andere Ebenen im Vordergrund standen, zu jeder Ebene besondere Vorstellungen bestanden und sich auch Einzelaussagen von Bildungstheoretikern und Bildungspraktikern – bewußt oder unbewußt – schwerpunktmäßig auf eine Ebene bezogen und beziehen und daher nicht einfach auf andere Ebenen angewendet werden können. Ein solcher Problemaufriß kann in der hier notwendigen Kürze der Darstellung allerdings nur bedingt geleistet werden. Die Ausführungen können auch nur auf die institutionalisierte, i. e. S. also *schulische Bildung* eingehen (→ *Theorie pädagogischer Institutionen*); die im Bildungsbegriff auch angelegte Selbstbildung muß unberücksichtigt bleiben.

Als Antwort auf Realismus und Aufklärung entwickelte sich in Deutschland etwa ab 1750 der *Neuhumanismus* mit seiner Hinwendung zum klassischen Altertum. Zur Leitidee der Bildung entwickelte er sich im 19. Jahrhundert; in Preußen vor allem unter dem Einfluß von W. v. HUMBOLDT, G. W. F. HEGEL, J. W. SÜVERN und in Bayern durch F. NIETHAMMER, F. W. THIERSCH (→ *Theorien der Bildung* ...).

Insbesondere W. v. HUMBOLDT, Staatsmann, Philosoph, Bildungstheoretiker und (1809–1810) Leiter des Kultus- und Unterrichtswesens im preußischen Innenministerium, prägte das neuhumanistische Bildungsideal, das Bildungsdenken und hat die Bildungsorganisation bis in die Gegenwart nachhaltig beeinflußt. Für ihn war Bildung formal, die »allgemeine Uebung der Hauptkräfte des Geistes und (nicht) die Einsammlung der künftig nothwendigen Kenntnisse, welche zum wirklichen Leben vorbereitet« (HUMBOLDT, Bd. XIII, S. 263). Die so verstandene allgemeine Bildung sollte Gegenstand allgemeiner Schulen sein, »alle Kenntnisse aber, ... wie nothwendig sie auch sein mögen«, sollten speziellen Schulen vorbehalten bleiben (ebd.). »Alle Schulen aber, deren sich nicht ein einzelner Stand, sondern die ganze Nation, oder der Staat für diese annimmt, müssen nur allgemeine Menschenbildung bezwecken. – Was das Bedürfnis des Lebens oder eines einzelnen seiner Gewerbe erheischt, muss abgesondert, und nach vollendetem allgemeinen Unterricht erworben werden« (S. 276f.) (→ *Schulgeschichte als Bildungsreform* ...).

In HUMBOLDTS Nachfolge wurden die Termini zwar beibehalten, doch führten die inhaltliche Konkretisierung schulischer allgemeiner Bildung mit einer Dominanz enzyklopädischen Faktenwissens und die Verfälschung des Bildungsideals zu einem ständisch-bürgerlichen Standesetikett vor allem in der zweiten Hälfte des 19. Jahrhunderts »zu einer kaum noch zu überbietenden Verfälschung der Grundgedanken Humboldts« (MENZE 1972, S. 19). Die im Neuhumanismus angelegte Zweckfreiheit von Bildung, die Gleichsetzung von Bildung und Allgemeinbildung, die daraus resultierende Höherschätzung allgemeiner Bildung gegenüber beruflicher Bildung und die Zuweisung von allgemeiner und beruflicher Bildung zu getrennten, aufeinanderfolgenden Bildungsinstitutionen sind bis heute zentrale Punkte in der Auseinandersetzung um das Verhältnis beider Bildungsbereiche zueinander, wobei jedoch wiederum Differenzierungen notwendig sind. Während in der pädagogischen Theorie die alten Trennungslinien überwunden zu sein scheinen, lehnt sich das öffentliche Bildungsverständnis noch weitgehend an neuhumanistische Vorstellungen an (DOHMEN 1965; MENZE 1966; STRZELEWICZ/RAAPKE/SCHULENBERG 1973; ALBERS 1982). Die nachfolgenden Überlegungen beziehen sich auf die pädagogische Theorie.

Auf der begrifflichen Ebene besteht heute weitgehend Einigkeit darüber, daß Allgemeinbildung und Berufsbildung Untermengen von Bildung, daher beide vom *Bildungsbegriff* her zu legitimieren und zu definieren sind und daß bei aller historischer Kontinuität der Bildungsbegriff für jede Zeit neu zu bestimmen ist. An Versuchen, das mit Bildung Gemeinte auf den Begriff zu bringen, hat es nicht gefehlt (→ *Theorien der Bildung* ...).

Die Abstraktheit allgemeiner Definitionen birgt die Gefahr in sich, daß die Verwendung des Bildungsbegriffs für erzieherische Prozesse gänzlich abgelehnt wird, zumindest aber, daß er seine Fähigkeit als Leitkategorie für zielgerichtetes pädagogisches Handeln verliert. Gegenwärtige Bemühungen um eine Begriffsbestimmung setzen an die Stelle der Innerlichkeit die historische und gesellschaftliche Einbindung des Individuums und betonen, daß Bildung an den Eckpunkten »Mensch« und »Welt« und am Verhältnis beider zueinander anzusetzen habe und daß das Ziel der Bildung die Bewährung des mündigen Menschen in der realen Welt sein müsse. Ein solches Bildungsverständnis schließt Entwicklung der Persönlichkeit und Fähigkeiten, Fertigkeiten, Kenntnisse usw. zur Bewältigung konkreter Lebenssituationen, Tüchtigkeit, Autonomie und Verantwortung gleichermaßen ein. Eine Arbeitsteilung in dem Sinne, daß Allgemeinbildung für die Entwicklung der Persönlichkeit, für Autonomie und Verantwortung zuständig sei, Berufsbildung dagegen für die konkreten Lebenssituationen und für praktische Tüchtigkeit, kann es nicht geben; beide Bildungsbereiche haben uneingeschränkt den Menschen und seine Welt, Persönlichkeit und situative Lebensbewältigung zum Zielpunkt (vgl. ALBERS 1987).

Ein beträchtlicher Teil der literarischen Auseinandersetzung der vergangenen hundert Jahre galt im Kern der Wertung beider Bildungsbereiche. Gegen eine Geringerwertung beruflicher Bildung haben sich früh bereits PAULSEN und im 20. Jahrhundert vor allem KERSCHENSTEINER, SPRANGER, A. FISCHER und LITT gewandt. Obwohl seit Jahrzehnten immer wieder die Gleichwertigkeit von allgemeiner und beruflicher Bildung betont wurde, hat sich am unterschiedlichen Ansehen in breiten Bevölkerungskreisen und an der unterschiedlichen institutionellen Gewichtung wenig geändert. So proklamiert der DEUTSCHE BILDUNGSRAT (1974, S. 65) als Aufgabe der »Reform der Sekundarstufe II«, ... »die im bestehenden Bildungssystem begründete Diskriminierung der Berufsbildung zu beseitigen«. Nach wie vor ist der »Erwerb« von Bildung eng verknüpft mit dem Besuch allgemeinbildender Schulen, insbesondere mit dem Fächerkanon des Gymnasiums und da wiederum mit den geisteswissenschaftlich orientierten Inhalten. Naturwissenschaftliche Gegenstände gelten nur bedingt, technische und ökonomische Inhalte kaum als Bildungs»güter«.

In der inhaltlichen Konkretisierung von Bildung offenbart sich das Kernproblem jeder Bildungsdiskussion. Wegen der (notwendigen) Abstraktheit allgemeiner Begriffsbestimmungen gewinnt der Bildungsbegriff erst Gestalt durch Formulierungen von Fähigkeiten, Haltungen, Fertigkeiten, Kenntnissen usw., deren Erwerb den Bildungsvorgang und deren Besitz schließlich Bildung ausmacht. Einerseits wird in der zeitgenössischen Literatur zu Recht darauf hingewiesen, daß ein eindeutiger Kanon von Inhalten, der die Gebildetheit der Person ausdrückt, heute unmöglich geworden ist, andererseits stellt sich das Problem der Kanonisation zwangsläufig bei der Festlegung von Lehrplänen für »Bildungs«institutionen. Zwar wird immer wieder betont, daß die herkömmlichen Abgrenzungen zwischen allgemeinen und beruflichen *Bildungsinhalten* obsolet geworden sind und daß sich die Pädagogik »in größerem Ausmaß ... für Politik und Gesellschaft, Beruf, Technik und Ökonomie« öffnen müsse (BLANKERTZ 1968, S. 103), doch findet dieser Prozeß nur zögernd statt – nicht zuletzt auch deswegen, weil es an geeigneten Kriterien der Zuordnung bzw. Abgrenzung fehlt. Als wissenschaftstheoretisch und curricular gangbarer Weg hierfür bietet sich an, Inhalte nach ihrer *Allgemeinbedeutsamkeit* und *Berufsbedeutsamkeit* zu unterscheiden (ALBERS 1982) (→ *Didaktik und Curriculum / Lehrplan*).

Ausgangspunkt derartiger Überlegungen ist zum einen die Einsicht, daß ein Individuum aus der Gesamtheit möglicher Bildungsgegenstände nur einen kleinen Ausschnitt erwerben kann und somit eine Auswahl erforderlich ist, und zum anderen, daß in einer bestimmten historisch-gesellschaftlichen Situation die Lebensanforderungen im privaten und gesellschaftlichen Bereich für die Individuen weitgehend ähnlich sind, daß sie sich im beruflichen Bereich jedoch je nach ausgeübtem Beruf deutlich unterscheiden. Somit ergeben sich zwei große Bildungsbereiche: ein einheitlicher Block, der für alle, für die Allgemeinheit, von Bedeutung ist, und ein in sich stark differenzierter Block, der in je unterschiedlicher Ausprägung nur für denjenigen von Bedeutung ist, der diesen Beruf ausübt. Es erscheint zweckmäßig, jene Fähigkeiten, Fertigkeiten, Kenntnisse usw., die für alle bedeutsam sind, als Allgemeinbildung und jene, die nur für bestimmte Berufsinhaber bedeutsam sind, als Berufsbildung zu begreifen. Bei einem solchen Verständnis erweist sich, daß eine Trennung zwischen Allgemeinbildung und Berufsbildung nach wie vor sinnvoll ist. Es zeigt sich jedoch auch, daß die Grenze nicht – wie in der herkömmlichen Sicht – zwischen Fächern, sondern quer durch nahezu alle Fächer verläuft, d. h., fast alle Fächer besitzen Inhalte, die für alle Individuen bedeutsam sind, und solche, die es nur für wenige sind.

Die Frage nach der institutionellen Zuordnung stellt sich vor allem im Zusammenhang mit einer Integration von Allgemeinbildung und Berufsbildung (vgl. u. a. KOLLEGSTUFE

NW 1972). In der dargestellten Sichtweise erscheint die Integrationsproblematik jedoch in einem anderen Licht: nicht pauschal Allgemeinbildung und Berufsbildung sind zu integrieren, sondern jene Inhalte, die für alle bedeutsam sind, auch politische, ökonomische und technische, sind als notwendige Bestandteile in die Allgemeinbildung zu integrieren. Eine so verstandene Allgemeinbildung kann nicht Aufgabe einiger weniger Schularten oder Gegenstand einer eng begrenzten Lebensphase sein. Jene Bildungsgegenstände, die nur für eine Gruppe von Individuen von Bedeutung sind, sollten konsequenterweise auch in spezifischen Lernprozessen erworben bzw. vermittelt werden.

Die beruflichen Schulen in der Bundesrepublik Deutschland sehen sich seit langem in dieser Doppelaufgabe: Fortführung der Allgemeinbildung und Vermittlung beruflicher Bildung im Sinne einer Befähigung zur Ausübung eines bestimmten Berufs. Trotz einiger Ansätze zur institutionellen Integration von allgemeiner und beruflicher Bildung (u. a. Kollegschule, berufliche Gymnasien, verschiedene Modellversuche) herrscht in allen Bundesländern eine weitgehende Trennung in allgemeine und berufliche Schulen vor (→ *Das allgemeinbildende Schulwesen ...*; → *Strukturveränderungen im Bildungswesen ..., Die reformierte gymnasiale Oberstufe*).

2 Struktur beruflicher Bildung in der Bundesrepublik Deutschland

Inhaltlich gliedert sich die berufliche Bildung in *Berufsausbildung*, berufliche Fortbildung und berufliche Umschulung (§ 1 Berufsbildungsgesetz). Institutionell wird das Gesamtsystem beruflicher Bildung von zwei großen Säulen getragen: den beruflichen Schulen und den Betrieben (»*duales System* der beruflichen Bildung«). Insbesondere die *berufliche Erstausbildung* wird von den *Lernort*bereichen »Schule« und »Betrieb« gemeinsam durchgeführt. *Fort-* bzw. *Weiterbildung* wird überwiegend von Betrieben und Wirtschaftsverbänden, *Umschulung* von der Bundesanstalt für Arbeit organisiert. Schule und Betrieb verfügen wiederum über jeweils mehrere Lernorte (vgl. SCHMIEL, M./SOMMER, K.-H. 1985), die in jüngster Zeit an Bedeutung zunehmenden *überbetrieblichen Unterweisungsstätten* (→ *Betriebliche Ausbildung*) werden teils dem Lernortbereich Betrieb zugeordnet, teils als eigener Lernortbereich geführt. In der Tat nehmen sie

	Berufliche Schulen	Betriebe
Sphäre	öffentlich	privatwirtschaftlich
Gesetzliche Zuständigkeit	Bundesländer	Bund
Gesetzliche Regelung	Schulgesetze	Berufsbildungsgesetz
Grundlage	Schulpflicht	Ausbildungsvertrag
Inhaltliche Regelung	Lehrpläne	Ausbildungsordnungen
Adressaten	Schüler	Auszubildende
Lehrende	Lehrer	Ausbilder

Tab. 1: Duales System der beruflichen Bildung

eine Mittelposition ein, da sie einerseits zwar an die privatwirtschaftlich getragene betriebliche Ausbildung gekoppelt sind, andererseits aber einen hohen Pädagogisierungsgrad besitzen.

Die traditionelle Arbeitsteilung, wonach die beruflichen Schulen theoriegeleiteten Unterricht und die Betriebe praxisorientierte Unterweisung betreiben, gilt heute nicht mehr uneingeschränkt. Praxisräume in den Schulen sowie pädagogische Systematisierung und Organisation der betrieblichen Ausbildung (z. B. in Lehrwerkstätten) haben zu einer teilweisen Überschneidung der Tätigkeitsfelder geführt. Die ohnehin nicht einfache Zusammenarbeit und Abstimmung zweier so unterschiedlicher Bildungsorte (*»didaktische Parallelität«*) wird durch unterschiedliche gesetzliche und administrative Zuständigkeiten erschwert. Einem zu weiten Auseinanderdriften der Bildungswege wird entgegengewirkt durch Rahmenvereinbarungen und Rahmenlehrpläne auf der Ebene der Kultusministerkonferenz (KMK), die sowohl einheitliche Maßgaben für die einzelnen Bundesländer vorsehen als auch eine Abstimmung mit den für die betriebliche Ausbildung geltenden sachlichen und zeitlichen Inhalten der Ausbildungsordnungen vornehmen. Die nachfolgenden Überlegungen beziehen sich auf schulische Institutionen und gelten vornehmlich für die berufliche Erstausbildung (→ *Betriebliche Ausbildung*).

3 Berufliche Schulen

Das *berufliche Schulwesen* ist ein stark differenzierter Bildungsbereich. Nach der Organisationsform lassen sich *berufsbegleitende Teilzeitschulen* und *berufliche Vollzeitschulen*; nach Berufszugehörigkeiten kaufmännische, gewerbliche (gewerblich-technische und gewerblich-nichttechnische), hauswirtschaftliche und – in geringem Umfange – landwirtschaftliche Schulen sowie Schulen mit unterschiedlicher Dauer (einjährig, zweijährig usw.) unterscheiden.

3.1 Zur Entwicklung

Die Geschichte der Berufsbildung beginnt natürlich nicht erst mit deren schulischer Institutionalisierung. Von geregelten Bildungsgängen läßt sich jedoch für unseren Raum erst seit dem Mittelalter reden. Bürger, Städte und vor allem die Zünfte nahmen sich der systematischen Heranbildung des Berufsnachwuchses an (vgl. u. a. URBSCHAT 1936; MÜLLGES 1979). Schulische berufliche Bildung entwickelte sich in den Staaten innerhalb Deutschlands durchaus unterschiedlich; sie setzte in noch recht allgemeiner Form bereits im 17. Jahrhundert an den *Sonntagsschulen* ein, die Ende des 18. und im 19. Jahrhunderts durch die allgemeinen *Fortbildungsschulen* und die mehr und mehr auf beruflich verwertbare Fertigkeiten ausgerichteten *Gewerbeschulen* und fachlichen Fortbildungsschulen abgelöst wurden. Daneben entstand im 18. Jahrhundert die *»Industrieschule«*, auch *Armen-* oder *Arbeitsschule*, die die Elementar- und Regelschule für die ärmeren Bevölkerungskreise war. Zunehmend mit Schulpflicht ausgestattet und an einzelberuflichen Belangen ausgerichtet, entwickelten sich die fachlichen Fortbildungsschulen um die Wende zum 20. Jahrhundert zu Berufsschulen. Die Bezeichnung *»Berufsschule«* wurde amtlich erstmals 1921 (im Preußischen Gewerbe- und Handelslehrer-Diensteinkommens-Gesetz) verwendet. Eine allgemeine *Berufsschulpflicht* wurde jedoch erst mit dem Reichsschulpflichtgesetz vom 6.7.1938 eingeführt (BLÄTTNER u. a. 1960; STRATMANN 1969; MÜLLGES 1970) (→ *Lehrer/Lehrerin*).

3.2 Formen und Adressaten

Im Interesse einer einheitlichen Nomenklatur hat die Kultusministerkonferenz am 8.12.1975 »Bezeichnungen zur Gliederung des beruflichen Schulwesens« erlassen. Danach bestehen im wesentlichen fünf Arten berufsbildender Schulen, innerhalb deren jedoch zahlreiche Varianten – zum Teil noch mit Unterschieden zwischen den Bundesländern – existieren. In allen beruflichen Schulen befanden sich 1984 knapp 2,8 Mio. Jugendliche; das Durchschnittsalter betrug 18,2 Jahre.

Berufsschulen sind Schulen für Berufsschulpflichtige/Berufsschulberechtigte, die sich in einer Berufsausbildung oder in einem Arbeitsverhältnis befinden. Sie sollen allgemeine und fachliche Lerninhalte unter besonderer Berücksichtigung der Anforderungen der Berufsausbildung vermitteln. Der Unterricht erfolgt überwiegend berufsbegleitend in Teilzeitform und zu einem geringeren Teil zusammenhängend im Blockunterricht.

Berufsfachschulen sind Vollzeitschulen von mindestens einjähriger Dauer; Berufsausbildung oder berufliche Tätigkeit werden nicht vorausgesetzt. Sie sollen allgemeine und fachliche Lerninhalte vermitteln und den Schüler befähigen, den Abschluß in einem anerkannten Ausbildungsberuf oder einem Teil der Berufsausbildung in einem oder mehreren anerkannten Ausbildungsberufen zu erlangen, oder ihn zu einem Berufsausbildungsabschluß führen, der nur in Schulen erworben werden kann. Es überwiegen Schulen der kaufmännischen Richtung (sogenannte Handelsschulen); die zweijährigen Berufsfachschulen verleihen zum Teil den mittleren Bildungsabschluß.

Berufsaufbauschulen werden neben einer Berufsschule oder nach erfüllter Berufsschulpflicht von Jugendlichen besucht, die in einer Berufsausbildung stehen oder eine solche abgeschlossen haben. Sie vermitteln eine über das Ziel der Berufsschule hinausgehende allgemeine und fachtheoretische Bildung und führen zu einem dem Realschulabschluß gleichwertigen Bildungsstand (»*Fachschulreife*«). Bei Vollzeitform dauert sie mindestens ein Jahr, bei Teilzeitform entsprechend länger. Die einmal als Kernstück des »zweiten Bildungsweges« gedachte Berufsaufbauschule hat die Erwartungen nicht ganz erfüllt, was sich nicht zuletzt in den seit Jahren zurückgehenden Schülerzahlen zeigt (SOMMER 1980, S. 93).

Fachoberschulen bauen auf einem mittleren Bildungsabschluß (Realschule oder Fachschulreife) auf, vermitteln allgemeine, fachtheoretische und fachpraktische Inhalte und führen (nach Abschluß der 12. Klasse) zur *Fachhochschulreife*. Fachtheorie wird überwiegend und Fachpraxis ausschließlich in Klasse 11 vermittelt; hat der Schüler eine einschlägige Berufsausbildung, kann ihm Klasse 11 erlassen werden.

Fachschulen setzen grundsätzlich den Abschluß einer einschlägigen Berufsausbildung oder eine entsprechende praktische Berufstätigkeit voraus. Sie führen zu vertiefter beruflicher Fachbildung und fördern die Allgemeinbildung. In Vollzeitform dauert ein Bildungsgang in der Regel mindestens ein Jahr, in Teilzeitform entsprechend länger.

Neben diesen Grundformen werden in einzelnen Bundesländern weitere Bezeichnungen für berufliche Schulen verwendet, wobei die Schularten nur z. T. mit den bisher beschriebenen übereinstimmen; hierzu gehören *Berufsoberschule, Berufskolleg, Fachakademie, Berufsakademie. Berufliche Gymnasien* bauen auf einem mittleren Bildungsabschluß auf und führen zur allgemeinen oder fachgebundenen Hochschulreife; sie sind

	Schüler		Durchschn.-alter	ohne HS-Abschl. %	mit HS-Abschl. %	Mittlerer Abschluß %	FH- oder Hochschulreife %	Schüler pro Klasse
	gesamt	weiblich %						
Berufsschulen	1 876 649	41,0	18,0	6,7	40,8	41,8	10,7	22,9
(Berufsgrundb.jahr)	126 950	39,2	16,3	35,8	48,0	15,5	0,7	22,5
Berufsfachschulen	399 119	66,5	17,5	4,2	48,7	41,7	5,5	19,7
Berufsaufbauschulen	12 165	32,4	19,5	0,4	93,8	5,7	0,0	22,4
Fachoberschule	78 080	32,8	19,5	0,0	1,7	98,3	0,0	21,4
Fachschule	98 803	43,9	23,0	0,0	32,2	55,4	12,1	20,8
Sonstige	170 713							

Quelle: Lage und Entwicklung des berufsbildenden Schulwesens, 1986, S. 7ff.

Tab. 2: Schüler berufsbildender Schulen nach Schularten 1984

nach beruflichen Schwerpunkten gegliedert (wirtschaftswissenschaftlich, technisch, haushalts- und ernährungswissenschaftlich, agrarwissenschaftlich und sozialpflegerisch) und können neben der Studienberechtigung einen Teil der Berufsausbildung vermitteln oder den Abschluß in einem anerkannten Beruf ermöglichen (*Doppelqualifikation*) (→ *Strukturveränderungen im Bildungswesen* ..., → *Die reformierte gymnasiale Oberstufe*).

3.4 Probleme und Perspektiven

Die vielfältigen Probleme und Perspektiven lassen sich hier nur stichwortartig andeuten. Die seit etlichen Jahren bestehende hohe Belastung der beruflichen Schulen, die sich u. a. in vergleichsweise hohen Klassenfrequenzen und Unterrichtsausfall äußert, dürfte sich in Zukunft aufgrund der demographischen Entwicklung entspannen. Die Heterogenität der Schüler (Alter, Reife, Berufserfahrungen, vorausgehende Lernerfahrungen, Bildungsabschlüsse usw.), die nicht selten dazu führt, daß Jugendliche ohne Hauptschulabschluß und Abiturienten gleichzeitig unterrichtet werden müssen, sowie die Mannigfaltigkeit der Schularten und -formen verlangen ein Höchstmaß an pädagogischer Flexibilität und stellen einen beachtlichen Belastungsfaktor für die Lehrerschaft dar (→ *Lehrer / Lehrerin*). Mit ihrem »doppelten« Bildungsauftrag im Spannungsfeld von allgemeiner und fachlich-beruflicher, von personenorientierter und funktionenbezogener Bildung tun sich die beruflichen Schulen schwer. In ihrem Selbstverständnis wird mal mehr der eine, mal mehr der andere Aspekt in den Vordergrund gerückt. Bei den verschiedenen Schularten haben sich in dieser Hinsicht auch gewisse Schwerpunkte herausgebildet (vgl. MÜNCH 1982, S. 161 f.). Die Grundaufgabe, auf berufliche Anforderungen vorzubereiten, erweist sich zusehends als schwieriger. Der schnelle Wandel in der Arbeitswelt macht eine kontinuierliche Anpassung der Lerninhalte an wechselnde und insgesamt wachsende und steigende berufliche Anforderungen notwendig, wobei die immer komplizierter und komplexer werdende berufliche Realität eine Abbildung in (schulische) Lernprozesse erschwert. Dem Modernitäts- und Spezialisierungsdruck steht die Aufgabe, einführende und grundlegende berufliche Kenntnisse, Fertigkeiten und Fähigkeiten zu vermitteln, gegenüber. Letzteres wird zusehends wichtiger, da die berufliche Realität wegen ihrer Komplexität – die durch die Einführung der Mikroelektronik sowohl im gewerblichen als auch im kaufmännischen Bereich einen neuerlichen Schub erhält – den Lernenden immer weniger unmittelbare Lern- und Erfahrungsmöglichkeiten bieten kann. Ein Ausweg, der gleichzeitig das in einer ständigen Ausweitung berufsrelevanten Wissens bestehende »Mengenproblem« lösen soll, wird in einer verstärkten Vermittlung sogenannter *Schlüsselqualifikationen* gesehen, deren gezielte Förderung allerdings noch beträchtlicher didaktischer und methodischer Aufarbeitung bedarf. Zu diesem Problemkreis gehört auch die Kontroverse um eine vornehmlich wissenschafts- oder handlungsorientierte berufliche Bildungskonzeption. Die zunehmende Pädagogisierung betrieblicher und betrieblich induzierter Ausbildung (Lehrwerkstatt, überbetriebliche Ausbildungsstätten, pädagogische Qualifizierung der Ausbilder usw.) bringt den beruflichen Schulen nicht nur einen überaus kompetenten Partner im dualen System, sondern in gewisser Weise auch einen Konkurrenten, der zunehmend die Vermittlung berufstheoretischen Wissens betreibt. Dieser Herausforderung kann die Lehrerschaft nur durch eine hohe Qualität ihrer eigenen Ausbildung und insbesondere durch ständige Weiterbildung begegnen. Beides ist auch Voraussetzung für eine Beteiligung der beruflichen Schulen an der *beruflichen Weiterbildung*, die bisher fast ausschließlich von Betrieben und deren Verbänden gestaltet wird (→ *Erwachsenenbildung und Weiterbildung*).

Literatur

ALBERS, H.-J.: Ökonomisch-technische Bildung – Allgemeinbildung oder Berufsbildung? In: Zeitschrift für Berufs- und Wirtschaftspädagogik 78 (1982), S. 723–733
–: Allgemeine sozio-ökonomisch-technische Bildung. Köln/Wien 1987
BERUFSBILDUNGSBERICHT 1987, hrsg. v. BUNDESMINISTER FÜR BILDUNG UND WISSENSCHAFT. Bonn 1987
BEZEICHNUNGEN ZUR GLIEDERUNG DES BERUFLICHEN SCHULWESENS/Beschluß der Kultusministerkonferenz v. 8.12.1975. Bundesanzeiger Nr. 52 v. 16.03.1976
BLANKERTZ, H.: Bildungsbegriff. In: DAHMER, I./KLAFKI, W. (Hrsg.): Geisteswissenschaftliche Pädagogik am Ausgang ihrer Epoche – Erich Weniger. Weinheim/Berlin 1968, S. 103–113
BLÄTTNER, F./KIEHN, L. u. a.: Handbuch für das Berufsschulwesen. Berlin 1960
DEUTSCHER BILDUNGSRAT: Zur Neuordnung der Sekundarstufe II. Konzept für eine Verbindung von allgemeinem und beruflichem Lernen. Stuttgart 1974
DOHMEN, G.: Bildung und Schule. 2 Bde. Weinheim 1964/65
HUMBOLDT, W. v.: Wilhelm von Humboldts Werke (Akademie-Ausgabe), hrsg. v. A. LEITZMANN. Berlin 1903ff.
KOLLEGSTUFE NW, hrsg. vom KULTUSMINISTER DES LANDES NORDRHEIN-WESTFALEN. Ratingen 1972
LAGE UND ENTWICKLUNG DES BERUFSBILDENDEN SCHULWESENS – Antwort der Bundesregierung auf eine große Anfrage/Bundesminister für Bildung und Wissenschaft. Drucksache 10/5652 v. 12.6.1986
MENZE, C.: Überlegungen zur Kritik am humanistischen Bildungsverständnis in unserer Zeit. In: Pädagogische Rundschau 20 (1966), S. 417–434
–: Grundzüge der Bildungsphilosophie Wilhelm von Humboldts. In: STEFFEN, H. (Hrsg.): Bildung und Gesellschaft. Göttingen 1972, S. 5–27
MÜLLGES, U.: Geschichtliche Tatbestände und Zusammenhänge der Berufserziehung. In: ders. (Hrsg.): Handbuch der Berufs- und Wirtschaftspädagogik. Bd. 1. Düsseldorf 1979, S. 3–63
– (Hrsg.): Beiträge zur Geschichte der Berufsschule. Frankfurt/M. 1970
MÜNCH, J.: Das berufliche Bildungswesen in der Bundesrepublik Deutschland. Luxemburg 1982
SCHMIEL, M./SOMMER, K.-H.: Lehrbuch Berufs- und Wirtschaftspädagogik. München 1985
SOMMER, K.-H.: Berufsbildendes Schulwesen. In: ROTH, L. (Hrsg.): Handlexikon zur Didaktik der Schulfächer. München 1980, S. 89–90
STRATMANN, K.: Quellen zur Geschichte der Berufserziehung. Wuppertal 1969
STRZELEWICZ, W./RAAPKE, H.-D./SCHULENBERG, W.: Bildung und gesellschaftliches Bewußtsein. Stuttgart 1973
URBSCHAT, F.: Grundlagen einer Geschichte der Berufserziehung. 2. Teil. Langensalza 1936

Karl-Heinz Sommer

Betriebliche Ausbildung

1 Problemstellung

Seit dem Erlaß des *Berufsbildungsgesetzes* von 1969 (BBiG) kann das hier zu behandelnde Stichwort formal-legalistisch umschrieben werden mit beruflicher bzw. betrieblicher Ausbildung in einem der gegenwärtig ca. 380 *anerkannten Ausbildungsberufe* der gewerblichen Wirtschaft (Industrie, Handel, Handwerk, Gewerbe, Banken, Versicherungen, Bergbau), der Landwirtschaft, des öffentlichen Dienstes (außer öffentlich-rechtliche Dienstverhältnisse), der freien Berufe und der Hauswirtschaft; denn das BBiG regelt nicht nur die Terminologie: *Berufsausbildung, berufliche Fortbildung* und *berufliche Umschulung*, sondern begründet und ordnet auch die Berufsbildung und legt den Geltungsbereich auf die Betriebe der Wirtschaft sowie vergleichbare Einrichtungen fest, so daß STRATENWERTH (1979, S. 384) das Berufsbildungsgesetz als das »Grundgesetz« für die betriebliche Berufsausbildung bezeichnet. Allerdings ist vom Geltungsbereich des Gesetzes u. a. partiell die Berufsbildung im Handwerk ausgenommen. Für diesen Wirtschaftszweig gilt die *Handwerksordnung* von 1953 (HwO), wobei teilweise die Vorschriften des BBiG unmittelbar auf die Ausbildung im Handwerk anzuwenden und zum Teil die Bestimmungen der HwO denjenigen des BBiG weitgehend anzupassen sind (KUTSCHA 1983, S. 145; vgl. auch STRATMANN 1982, S. 194). – In § 1, Abs. 2 des BBiG wird als Zielsetzung der Berufsausbildung folgendes formuliert: »Die Berufsausbildung hat eine breit angelegte berufliche Grundbildung und die für die Ausübung einer qualifizierten Tätigkeit notwendigen fachlichen Fertigkeiten und Kenntnisse in einem geordneten Ausbildungsgang zu vermitteln. Sie hat ferner die erforderlichen Berufserfahrungen zu ermöglichen.« Damit grenzt sich die Berufsausbildung gegen die berufliche Fortbildung und die berufliche Umschulung ab, die vom Gesetzgeber folgendermaßen umschrieben werden: »Die berufliche Fortbildung soll es ermöglichen, die beruflichen Kenntnisse und Fertigkeiten zu erhalten, zu erweitern und der technischen Entwicklung anzupassen oder beruflich aufzusteigen«, und »die berufliche Umschulung soll zu einer anderen beruflichen Tätigkeit befähigen«.

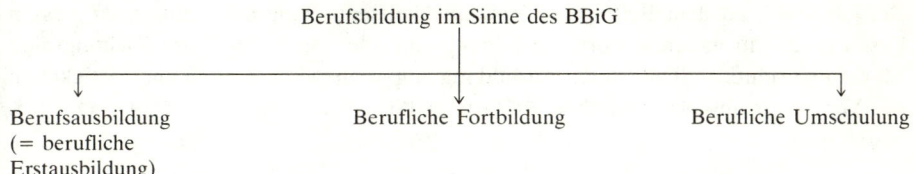

Abb. 1: Berufsbildung im Sinne des BBiG

Unterscheidet man nach Institutionen oder *Lernorten* (kritisch: BECK 1984, S. 247ff.), gelangt man zu folgenden Grundformen: Lernortbereich Schule (z. B. Unterrichtsraum, Schulwerkstatt), Lernortbereich Betrieb (z. B. Arbeitsplatz, Lehrwerkstatt), überbetriebliche (und außerbetriebliche) Lernortbereiche, die wiederum nach den im Vordergrund stehenden Funktionen (Ausbildung, Fortbildung, Umschulung) differenziert werden können. Das Zusammenwirken dieser Teilsysteme im »dualen System« der Berufsausbildung wird uns noch in den nachfolgenden Abschnitten beschäftigen (vgl. auch bzgl. eines dritten Lernortes: MICHELSEN 1977, S. 141 ff.) (→ *Das berufliche Bildungswesen* ...).

Daß mit der vorgenommenen Fixierung auf anerkannte Ausbildungsberufe (§ 30 BBiG) nicht sämtliche Ausbildungen im Betrieb erfaßt werden, liegt auf der Hand. Man denke z. B. an die heute so aktuellen Sonderausbildungsgänge für Abiturienten, an die Praktikantenausbildung, an die Einarbeitung und Anleitung von Mitarbeitern, vor allem von Hilfsarbeitern und Ungelernten, an die allgemeine Förderung des Arbeitnehmers bzw. des Auszubildenden wie z. B. Sprachförderung für ausländische Mitarbeiter, künstlerische Übungen im Rahmen der Ausbildung, an die berufliche »Zweitausbildung« usw. (SCHANZ 1979, S. 34 ff.; vgl. auch HERTEL 1976, S. 103 ff.; KUTSCHA 1982, S. 210). Auch der Blick auf die Geschichte vor allem der industriellen Berufsausbildung zeigt, daß die Ausbildung für »anerkannte Ausbildungsberufe«, früher waren es *Lehr- und Anlernberufe*, nicht die mannigfaltigen Formen der Ausbildung »im Zeitalter der großen Industrie« (BLANKERTZ 1969) umgreift. Trotz aller Unschärfen des Begriffes »Betriebliche Ausbildung«, die noch verstärkt werden durch die in Hinsicht auf die Weiterbildung getroffene Feststellung, daß nicht in jedem Falle eine exakte Trennung zwischen Ausbildung und Weiterbildung zu ziehen ist (BUNK 1982, S. 67), gilt hier als Richtschnur: Betriebliche Ausbildung hat den Schwerpunkt in der Erstausbildung für einen – vorwiegend gewerblichen (technischen) oder kaufmännischen – Beruf auf der Facharbeiter- bzw. Gehilfenebene.

Unsere Betrachtungen konzentrieren sich auf den intentionalen Bereich, d. h. auf die *geplanten* und organisierten *Bildungsmaßnahmen* des Betriebs, unbeschadet der Einsicht, daß im Betrieb bzw. Beruf auch unbewußte, unbeabsichtigte (= *funktionale*) Prozesse ablaufen, die für die *Sozialisation* des Auszubildenden und des Erwerbstätigen vor allem im Hinblick auf seine Persönlichkeitsformung bzw. -prägung höchst relevant sind (vgl. ABRAHAM ²1957; HEID/LEMPERT 1982; LEMPERT 1986; DÜRR u. a. 1987).

Verzichtet wird auf die begriffliche Auseinandersetzung zwischen *Ausbildung und Bildung*, zwischen beruflicher Bildung und allgemeiner Bildung (→ *Allgemeine und berufliche Bildung*; → *Das berufliche Bildungswesen* ...; → *Theorien der Bildung* ...). Hier sei nur an die mit der begrifflichen Abgrenzung verbundene appellativ-normative Aussage erinnert, daß zu Recht jede erzieherische Einflußnahme – ob in Schule oder Betrieb – sich an dem Beitrag zur Persönlichkeitsentfaltung des Edukanden messen lassen muß. Mit anderen Worten: »Bildung gibt aller Ausbildung ihre Richtung und Motivation, unterstellt alle durch Ausbildung erworbenen Fähigkeiten und Fertigkeiten der Verantwortung des Menschen.« (HEITGER 1963, S. 271; vgl. auch SCHLIEPER 1963, S. 62 ff.)

2 Sozialgeschichtliche Aspekte der betrieblichen Ausbildung

Auch in der Geschichte der Pädagogik hat sich ein Wandel der Betrachtungsweise vollzogen. Dominierte früher die geisteswissenschaftliche Auseinandersetzung mit der Bildungstheorie – Pädagogikgeschichte war primär Ideengeschichte –, hat sich im Zuge der sozialwissenschaftlichen Orientierung der Akzent auf die Erziehungswirklichkeit verschoben. Die sozialgeschichtlichen Ansätze widmen sich mit mehr oder weniger starker Intensität ihrer Erforschung im Kontext der philosophisch-anthropologischen, politisch-gesellschaftlichen, ökonomisch-technischen Gegebenheiten und Ideen. Folgt man der sozialgeschichtlichen Darstellung von GEORG/KUNZE (1981, S. 18ff.), kann man in der *Berufserziehungsgeschichte* zumindest zwei implizit genannte Forschungsansätze ausmachen: das »Kontinuitätskonzept« und das »Zäsurkonzept«. Während der »Kontinuitätsansatz« die Entwicklung der Berufsbildung von den Anfängen bis heute als einen lückenlosen und unmittelbaren Zusammenhang sieht, geht der »Zäsuransatz« von einem Einschnitt in der Entwicklung aus, hier bei GEORG/KUNZE von einer Zäsur zwischen mittelalterlicher Meisterlehre und neuzeitlicher Lohnarbeiterausbildung, die die Vorbereitungsphase der industriellen Revolution mit dem Konzept einer allgemeinen Arbeitserziehung bildet. Für eine Zäsur sprechen manche Gründe, vor allem das Eingebettetsein der Lohnarbeiterausbildung in den Gesamtzusammenhang der Arbeiterfrage und der sozialen Frage des 19. Jahrhunderts (vgl. SOMMER 1981) und die Nähe zum Heute. Andererseits ermöglicht das »Kontinuitätskonzept« die Aufhellung der berufserzieherisch relevanten Tatbestände in unterschiedlichen Zeiten und Räumen sowie in verschiedenartigen Zusammenhängen. Beide: das »Zäsurkonzept« und das »Kontinuitätskonzept« müssen eine vorschnelle Fortschreibung der jeweils festgestellten »Wirklichkeit« vermeiden. Das gilt nicht nur für den »Kontinuitätsansatz«, den GEORG/KUNZE (1981, S. 19) kritisieren wegen der Vorstellung von einer ungebrochenen Linie der berufspädagogischen Entwicklung und wegen der Ineinssetzung der althandwerklichen Meisterlehre mit der neuen industriegesellschaftlichen Berufsausbildung, sondern auch für den »Zäsuransatz«, wenn er den Schluß erlaubt, Berufsbildung meine auch heute noch »industriegesellschaftliche Ausbildung von Unterschichtjugendlichen für lohnabhängige und untergeordnete Positionen« (GEORG/KUNZE, S. 38). Letzteres wird vor allen Dingen schon durch die zunehmende Zahl von Realschülern und Abiturienten in der betrieblichen Ausbildung der Gegenwart und durch den Rückgang von Absolventen der Hauptschule, der Nachfolgeinstitution der ehemaligen »Volksschule«, widerlegt (vgl. SOMMER/ALBERS 1986). – Unter den oben geschilderten einschränkenden Bedingungen ist die folgende Aussage zu werten, die aus dem Umkreis des »Kontinuitätsansatzes« stammt: »Die betriebliche Berufsbildung ist die älteste Form der beruflichen Erziehung von Jugendlichen. Schulische Bildungseinrichtungen wurden erst allmählich zur Ergänzung der betrieblichen Berufsbildung geschaffen.« (SEHLING 1974, S. 9) Wie alt die betriebliche Ausbildung ist, stellt DÖRSCHEL (1972, S. 20) in seiner Darstellung der Berufserziehung von der Vorgeschichte bis zur Gegenwart heraus. Wenn die herangezogenen Quellen ein zutreffendes Bild zeichnen, findet man den Beginn einer (*handwerklichen*) Lehre schon in Alt-Mesopotamien und handwerkliche Werkstätten in den Tempeln der altsumerischen Zeit. Es ist hier aus Platzgründen nicht möglich, die Berufserziehung bzw. Ausbildung im »Betrieb« in ihren mannigfaltigen zeitgeschichtlichen Ausprägungen zu verfolgen. Einige kurze Anmerkungen, vor allem zur Ausbildung im Handwerk und in der Industrie, müssen an dieser Stelle genügen.

Die Berufserziehung im mittelalterlichen Handwerk kann als Prototyp der *ständischen Erziehung* angesehen werden. Es galten festgefügte Regeln für jeden, der ein handwerkliches Berufserziehungsverhältnis einging (vgl. auch → *Schulgeschichte als Bildungsreform* ...). Dieses war durch eine hierarchische Stufung gekennzeichnet: Lehrling,

Geselle und Meister, ähnlich wie die Adelserziehung die Stufung Page, Knappe, Ritter aufwies (BLANKERTZ 1979, S. 256ff.).

Nach ihrem Höhepunkt im Mittelalter verlief die Geschichte der Berufserziehung im Handwerk recht wechselhaft. Verfallserscheinungen der handwerklichen Berufserziehung setzten im 16. bis 18. Jahrhundert ein. Sie waren u. a. verursacht durch Auswüchse der Zunftpolitik, die auch die Reichstage beschäftigten (z. B. Reichsabschied 1731). Erhebliche Anpassungsprobleme und Schwierigkeiten hatte das Handwerk im 19. Jahrhundert durch das Aufkommen der Industrie und die Einführung der *Gewerbefreiheit* (1810/11) (INSTITUT FÜR BERUFSERZIEHUNG IM HANDWERK, 1958). Diese Entwicklung war begleitet von einem Strukturwandel innerhalb des Handwerks, der sich nicht zuletzt in einer starken Zunahme der Hilfskräfte (Gesellen, Lehrlinge) zeigte (ABRAHAM 1955, S. 56f. und S. 145). Das bedeutete, daß die handwerkliche Betriebslehre nicht mehr als prinzipielle Vorbereitung auf die Position eines Meisters angesehen werden konnte, sondern daß nun eine »Schicht der lebenslang unselbständigen Handwerksgesellen« entstand (BLANKERTZ 1979, S. 274; GEORG/KUNZE 1981, S. 19f.) und daß die »alte zünftische Erziehung« des Lehrlings sich jetzt reduzierte, »günstigstenfalls auf die fachliche Ausbildung« (ADELMANN 1979, S. 11). Damit näherten sich *handwerkliche* und industrielle *Ausbildung* in der Tendenz einander an, wie auch die *industrielle Ausbildung* teilweise dem handwerklichen Muster folgte und im Handwerk Ausgebildete Arbeitsplätze in der Industrie einnahmen. Faßt man die verschiedenen geschichtlichen Untersuchungsergebnisse zusammen, so ergibt sich daraus: In der 1. Hälfte des 19. Jahrhunderts bestand keine Notwendigkeit für eine spezifische industrielle Berufsvorbereitung; denn die Fachkenntnisse, die von den hauptsächlich vorhandenen Textilfabriken verlangt wurden, waren »selbstverständliche Inhalte der häuslichen Familienerziehung«, die von Männern, Frauen und Kindern aus der bäuerlichen und handwerklichen Bevölkerungsschicht im allgemeinen beherrscht wurden (ABRAHAM 1955, S. 72). Das änderte sich, als nach 1850 die Metallindustrie an Bedeutung gewann. Bedingt durch die neuen technischen Anforderungen, mußte für eine besondere Berufsausbildung Sorge getragen werden (ABRAHAM 1955, S. 100; MÜLLGES 1979, S. 48), die zu *industriebetrieblichen Ausbildungsformen* führte (vgl. RINNEBERG 1985, S. 267f.) bzw. dazu, daß die Industrie entsprechend ausgebildete Arbeitskräfte – »Gelernte« im Gegensatz zu »Ungelernten« oder »Angelernten« – aus dem Handwerk übernahm (ADELMANN 1979, S. 19), so daß RINNEBERG (1985, S. 262) in einer der jüngeren Untersuchungen über das betriebliche Ausbildungswesen in der Zeit der industriellen Umgestaltung Deutschlands formulieren kann: »Mehr und mehr wurde das Handwerk zum Lehrlingsausbilder der Großbetriebe.« – Durch das sogenannte Handwerkerschutzgesetz von 1897, das die vom liberalen Geist getragene *Gewerbeordnung* des Norddeutschen Bundes bzw. des Deutschen Reichs (1869/71) wieder einschränkte, indem es u. a. das industriebetriebliche *Prüfungswesen* an die (wieder möglichen) Handwerkskammern band, wurde das Handwerk in Verbindung mit dem »kleinen Befähigungsnachweis« von 1908, der die Anleitung von Lehrlingen von der handwerklichen Meisterprüfung abhängig machte, »zum normierenden Faktor der gesamten gewerblichen Ausbildung« (BLANKERTZ 1969, S. 127; vgl. auch SCHLÜTER/STRATMANN 1985, S. 5ff., Dokument 31 und 35). Ob der Verzicht auf die gesetzliche Fixierung der Industrielehre die Herausbildung von neuen industriebetrieblichen Ausbildungsformen gefördert oder gehemmt hat, ist eine (noch) offene Frage. ADELMANN (1979, S. 13f.) nimmt eher eine Förderung an im Gegensatz zu der Vermutung von BLANKERTZ (1969, S. 127), daß durch die geschilderten Tatbestände die Entwicklung industrietypischer Ausbildungsformen »vorerst unmöglich« gemacht wurde. Wie die Einschätzung auch ausfallen mag, jedenfalls kam die Industrie im neuen Jahrhundert mit ihrer Ausbildung zügig voran: 1908 wurde durch die Initiative des Verbandes Deutscher Ingenieure (VDI) und des Verbandes Deutscher Maschinenbauanstalten (VDMA) der »Deutsche Ausschuß für das Technische Schulwesen« *(DATSCH)* gegründet, der sich auch den spezifischen Ausbildungsproblemen der Betriebe widmete. 1925 errichteten die industriellen Spitzenverbände einen »Arbeitsausschuß für Berufsausbildung« (AfB), der Unterlagen für ein einheitliches Ausbildungswesen schaffen sollte. Im gleichen Jahr nahm das »Deutsche Institut für Technische Arbeitsschulung« *(DINTA)* seine Bemühungen um die Gestaltung der industriellen Ausbildung auf (s. GEISSLER 1983, S. 141f.; MÜLLGES 1979, S. 48f.; SCHLÜTER/STRATMANN 1985, Dokument 17; SEHLING 1974, S. 13; SONNTAG 1982, S. 38ff.).

In den 30er Jahren dieses Jahrhunderts wurden die ordnungsrechtlichen Bemühungen um die *industriebetriebliche Lehre* verstärkt, nicht zuletzt als Folge der nationalsozialistischen Politik, die der Industrie – insbesondere der Großindustrie – zur Durchsetzung ihrer Ziele bedurfte. Das Jahr 1938 brachte die völlige, auch rechtlich abgesicherte Gleichstellung der *Industriefacharbeiterprüfung* (und Kaufmannsgehilfenprüfung) mit der *Gesellenprüfung* (vgl. HORLEBEIN 1985, S. 33ff.; PÄTZOLD 1980, S. 34f. und S. 253ff.; STRATMANN 1982, S. 192f.; WOLSING 1977, S. 339ff.). – Es wäre nicht ohne Gewinn, die Behandlung der geschichtlichen Aspekte auch der Folgezeit fortzusetzen und dem Neubeginn nach 1945 nachzugehen. Das würde jedoch den hier vorliegenden Rahmen sprengen. Nur so viel: Nach dem Zweiten 2. Weltkrieg wurde bewußt »an Leitbildern einer früheren Epoche« angeknüpft, »freilich mit deutlich sozialkritischer ›Filterung‹« (STRATMANN 1982, S. 193; vgl. auch BECKER 1983; KLAFKI 1985). Für die berufliche Bildung ergab sich ein spannungsvoller Zustand zwischen Beharrungstendenzen und Reformvorschlägen aus den unterschiedlichsten Lagern, letztere vor allem während des Zeitraumes von 1965 bis 1975, bis die Reformphase als Reaktion auf die Bildungsreformvorstellungen (»Bildungseuphorie« und »Politisierung« der Bildung) und der Wunsch nach Konstanz in die pragmatische Phase (»Tendenzwende«) einmündeten und jetzt vor dem Hintergrund sozialer Veränderungen (Arbeitslosigkeit, Verschiebung der Bildungsabschlüsse, Werte- und gesellschaftlicher Wandel hin zur Tätigkeits- bzw. Freizeit- bzw. Informationsgesellschaft) zu einer Neuorientierung des Bildungswesens – nicht nur organisatorisch-institutioneller Art – führen kann (vgl. HAEFNER 1982; RUMPF 1985) (→ *Sozialer Wandel;* → *Freizeit und Pädagogik;* → *Informationsgesellschaft* . . .).

3 Struktur und Probleme der heutigen betrieblichen Ausbildung

Die betriebliche Ausbildung, die wir im folgenden unter mehr strukturellen Aspekten betrachten, bleibt von dieser – oben angedeuteten – Neuorientierung nicht unberührt. Bevor wir die pädagogischen Reaktionen auf die betriebliche Ausbildung im letzten Abschnitt angehen, sollen zunächst die betriebliche Ausbildung im »dualen System« und die Verhältnisse auf dem »Ausbildungsmarkt« betrachtet werden.

3.1 Erstausbildung im »dualen System«

Der Ausdruck »duales System« setzte sich in den letzten Jahrzehnten, insbesondere nach seiner Verwendung durch den DEUTSCHEN AUSSCHUSS FÜR DAS ERZIEHUNGS- UND BILDUNGSWESEN im Gutachten über das berufliche Ausbildungs- und Schulwesen von 1964 (1968, S. 51 ff.), immer stärker durch. Er bezeichnet eine berufliche Erstausbildung, die sich auf die Bestimmungen des Berufsbildungsgesetzes vom 14. 8. 1969 stützt und folgende Merkmale aufweist:
– Pädagogisches Zusammenwirken der Lernortbereiche Betrieb (einschließlich betrieblicher und überbetrieblicher Ausbildungsstätte) und *Berufsschule*.
– Unterstellung der betrieblichen Berufsausbildung unter die Verantwortung der vom Staat festgelegten sogenannten »zuständigen Stellen«, z. B. der Industrie- und Handelskammern oder Handwerkskammern. Die Ausbildung vollzieht sich in der Rechtsform eines »anerkannten Ausbildungsberufs«, und das Ausbildungsverhältnis wird privatrechtlich begründet.
– Unterstellung der schulischen Komponente der Berufsausbildung in einem anerkannten Ausbildungsberuf unter die Verantwortung des Staates, der sie durch die Kultusministerien und deren nachgeordnete Dienststellen wahrnimmt.
– Koordinierte Lehrpläne und *Ausbildungsordnungen* sowie Berücksichtigung der Lehrinhalte der beteiligten Lernortbereiche in der Abschlußprüfung als Ausdruck der Zusammengehörigkeit von Schule und Betrieb (SCHMIEL/SOMMER 1985, S. 77).

Auf eine Kurzformel gebracht, kann man das »duale System« kennzeichnen als »die fachlich-zeitliche Verbindung der – überwiegend fachpraktischen – Ausbildung in einem Betrieb oder in einer überbetrieblichen Ausbildungsstätte mit dem – vornehmlich *fachtheoretischen* – Unterricht in der (Teilzeit-)Berufsschule, die in der Regel an einem oder an zwei Tagen in der Woche mit acht bis zwölf Unterrichtsstunden besucht wird« (ADLER 1983, S. 22, kritisch zum Begriff »duales System« KUTSCHA 1982, S. 204 f., vgl. zur Berufsschule im »dualen System« SOMMER 1980, S. 91 f., zum *allgemeinbildenden Unterricht* am Beispiel des Gemeinschaftskundeunterrichts SOMMER 1986, S. 338 ff.) (→ *Das berufliche Bildungswesen* ...). Es ist offenkundig, daß die aufgelisteten Merkmale erhebliche Probleme in der Praxis aufwerfen. Sie beginnen mit der Überschneidung der jeweiligen Aufgaben – z. B. führen auch Betriebe fachtheoretischen Unterricht durch – und setzen sich fort bei der Gewährleistung der sogenannten »*didaktischen Parallelität*« von fachpraktischer und fachtheoretischer Bildung (vgl. FIX 1976, S. 30), bei der Abstimmung von Lehrplänen und Ausbildungsordnungen sowie bei der Durchführung von Prüfungen. Auch der steigende Anteil des Betriebes am »dualen System«, der auf dem in den letzten Jahren erfolgten Ausbau der überbetrieblichen Lehrwerkstätten beruht (kritisch: triales System), hat zu zusätzlichen Kontroversen zwischen den Vertretern der Betriebe und der Schule geführt (vgl. zum letzteren MÜNCH 1982, S. 95 ff.).

Insbesondere die in der Kurzformel oben angedeutete Trennung in Gewinnung von beruflichen Erfahrungen und Erwerb von Fertigkeiten (= *Unterweisung* im Betrieb und in seinen verschiedenen inner- und überbetrieblichen Lernorten) sowie Einsichtgewinnung und Kenntniserwerb (= Unterricht in der Berufsschule) (vgl. SCHLIEPER 1963, S. 199 ff.) ist im praktischen Vollzug kaum gegeben (vgl. MÜNCH 1979, S. 33; zur Frage der Lernortkombinationen und ihres Einflusses auf die Ausbildungsergebnisse MÜNCH 1981. Vgl. in diesem Zusammenhang auch die Probleme des fachlich-theoretischen Unterrichts in der Lehrwerkstatt PÄTZOLD 1977, S. 135 ff. und das Konzept einer kombinierten Unterweisung WARNECKE/KOHL 1979, S. 69ff.). Gegen diese Aufgabentrennung sprechen zudem die gegenseitige Ergänzungsbedürftigkeit von »Theorie« und »Praxis« (vgl. ZEDLER 1985, S. 23) und ebenso die Erkenntnis von der Ganzheit des Menschen, die eine Isolierung von kognitivem, motorischem und affektivem Lernen nur in der theoretischen Abstraktion erlaubt; m. a. W., es gibt kein »isoliertes Lernen einer manuellen Geschicklichkeit, ohne daß nicht zugleich auch entsprechende Kenntnisse und Verantwortung für die Arbeit mit vermittelt werden müßten« (BUNK 1987, S. 17f. = REFA).

3.2 Betriebliche Ausbildung: Angebot der Betriebe und Nachfrage der Jugendlichen

Während in der Vergangenheit (1965-1977) die Zahl der Auszubildenden bei ca. 1,3 Millionen jährlich lag (vgl. die Tabelle 13 bei MÜNCH 1982, S. 49), ist sie seitdem als Folge der starken Altersjahrgänge erheblich angestiegen. Einen Überblick über die Entwicklung der Auszubildenden und über den »*Ausbildungsmarkt*« der letzten Jahre bieten die Tabellen 1 und 2.

Jahr	Auszubildende ingesamt in Tausend	davon weiblich
1978	1517,3	566,4
1979	1644,6	621,6
1980	1715,5	655,0
1981	1676,9	647,8
1982	1676,2	654,0
1983	1722,4	676,9
1984	1800,1	718,9
1985	1831,3	743,8

(BMBW, Grund- und Strukturdaten 1986/87, S. 88f.)

Tab. 1: Zahl der Auszubildenden 1978 bis 1985

Wie *Tabelle 2* erkennen läßt, weist der Ausbildungsmarkt Ungleichgewichte auf: einmal sind noch unbesetzte Ausbildungsplätze vorhanden (vor allem in gewerblich-technischen Berufen), und zum anderen gibt es eine steigende Zahl von unvermittelten Bewerbern, von denen 1985 ca. 50% einen Organisations-, Verwaltungs-, Büro- und Dienstleistungsberuf gesucht haben (s. BERUFSBILDUNGSBERICHT 1986, S. 2ff.). Aus dem BERUFSBILDUNGSBERICHT (1986, S. 4 und S. 30) geht überdies hervor, daß männliche Bewerber eine größere Vermittlungschance haben als junge Frauen und daß Bewerber mit mittlerem Abschluß statistisch gesehen die besten Vermittlungschancen besitzen. Das bedeutet auch, daß für die Problemgruppen Ausländer, Behinderte, weibliche Jugendliche die Berufsausbildung insgesamt unbefriedigend ist (ALEX/STOOSS 1985, S. 15f.; vgl. auch KAU/EHMANN 1986, S. 27).

Die erkennbaren Tendenzen auf dem Ausbildungsmarkt – die Nachfrage nach Ausbildungsplätzen ist nach 1985 zum zweiten Mal und sogar stärker zurückgegangen – lassen nach dem BERUFSBILDUNGSBERICHT (1987, S. 5) eine Annäherung von Angebot und Nachfrage erwarten, wenngleich Ungleichgewichte – vor allem hinsichtlich der Nachfrage nach Dienstleistungsberufen – durch die demographische Entwicklung nicht von selbst beseitigt werden (ebd., S. 9). Wie sich die rückläufigen Zahlen der Auszubilden-

Jahr	Neuabgeschlossene Ausbildungsverträge	Unbesetzte Ausbildungsstellen	Noch nicht vermittelte Bewerber	Angebot an Ausbildungsplätzen	Nachfrage nach Ausbildungsplätzen	Angebotsüberhang (+) bzw. Nachfrageüberhang (−)	
	1	2	3	4 = 1 + 2	5 = 1 + 3	6 = 4 − 5	7 = 6:5
	Anzahl						Prozent
1978	601 700	22 300	23 800	624 000	625 500	− 1 500	− 0,2
1979	640 300	36 900	19 700	677 200	660 000	+ 17 200	+ 2,6
1980	650 000	44 600	17 300	694 600	667 300	+ 27 300	+ 4,1
1981	605 636	37 348	22 140	642 984	627 776	+ 15 208	+ 2,4
1982	630 990¹)	19 995	34 180	650 985¹)	665 170¹)	− 14 185	− 2,1
1983	676 734	19 641	47 408	696 375	724 142	− 27 767	− 3,8
1984	705 652	21 134	58 426	726 786	764 078	− 37 292	− 4,9
1985	697 089	22 021	58 905	719 110	755 994	− 36 884	− 4,9
1986	685 178	31 170	46 270	716 348	731 448	− 15 100	− 2,1

Vgl. Berufsbildungsbericht 1986, Übersicht 1, Seite 3.
¹) Wegen Berichtigung von Meldungen gegenüber Berufsbildungsbericht 1986 korrigierter Wert
Quelle: Bundesinstitut für Berufsbildung; Bundesanstalt für Arbeit, Erhebung zum 30. September (BMBW, *Berufsbildungsbericht* 1987, S. 3)

Tab. 2: Versorgung der Jugendlichen mit Ausbildungsplätzen 1978 bis 1986 (jeweils zum 30. September)

Tab. 3: Ergebnisse der Alternativprognose – Auszubildende, Bestände in Tsd.

Prognosejahr	Neuabgeschl. Ausbildungsverträge	Lehrlinge
1985	667	1756
1986	620	1696
1987	584	1624
1988	548	1523
1989	508	1424
1990	460	1315
1991	442	1224
1992	430	1163
1993	416	1124
1994	408	1094
1995	398	1067
1996	399	1054
1997	406	1055
1998	406	1061
1999	404	1065
2000	402	1061

den bis zum Jahre 2000 voraussichtlich darstellen werden, zeigt *Tabelle 3*, die aus einem neuen Prognosemodell von HELBERGER/PALAMIDIS stammt (1986, S. 534).

Daß jede Prognose Unsicherheiten enthält, darauf machen die Verfasser mit Hinweis auf die »Altnachfrager« und die zunehmende Zahl von Jugendlichen, die sowohl eine Berufsausbildung als auch ein Studium absolviert oder mehrere Ausbildungen durchlaufen haben, aufmerksam. Besonders die relativ hohe Zahl (13–15%) von *Ausbildungsabbrechern* und *-wechslern* führt zu einer »selbst(-system-)induzierten« Steigerung der Nachfrage nach Ausbildungsplätzen von ca. 50 000 jährlich (ALEX/STOOSS 1985, S. 15). Die hohe Abbrecherquote ist nicht nur unter ökonomisch-gesellschaftlichen Aspekten zu betrachten, sondern bedarf unter pädagogischen Aspekten gezielter Maßnahmen, um das Mißlingen der Berufsausbildung zu verhindern (s. SCHMIEL/SOMMER 1985, S. 87f.).

Industrie und Handel sowie Handwerk verzeichnen über Jahre hinweg einen Anteil von ca. 85% der Auszubildenden. Die restlichen ca. 15% verteilen sich auf die übrigen *Ausbildungsbereiche*. Die Zahlen für 1985 lauten bei insgesamt 1831,3 Auszubildenden: Industrie und Handel 47,8%, Handwerk 37,5%, Landwirtschaft 2,9%, öffentlicher Dienst 4%, freie Berufe 7,2%, Sonstige 0,6% (BERUFSBILDUNGSBERICHT 1987, S. 46).

Das vermehrte Ausbildungsplatzangebot der Betriebe (s. *Tab. 1 u. 2*), die z. T. über Bedarf ausbilden, wirft Probleme bei der anschließenden Beschäftigung der Ausgebildeten auf. Befragungen bei Ausbildungsbetrieben haben ergeben, daß die durchschnittliche *Übernahmequote* in ein Beschäftigungsverhältnis der erfaßten Bereiche (Industrie, Bauhauptgewerbe, Handel, Kreditgewerbe, Handwerk) bei 61% liegt (s. BERUFSBILDUNGSBERICHT 1986, S. 38). Befragungen bei Absolventen zeigen, daß sich ihre *berufliche Eingliederung* ein halbes Jahr nach ihrer Abschlußprüfung wie folgt darstellt: 54% tätig im erlernten Beruf (etwa die Hälfte im ehemaligen Ausbildungsbetrieb), 15% tätig in einem anderen Beruf, 13% in (anderer) Aus- und Fortbildung oder Umschulung, 9% im Wehr- und Zivildienst und 9% erwerbslos (s. BERUFSBILDUNGSBERICHT 1986, S. 61; vgl. auch HOFBAUER/NAGEL 1987, S. 45ff.).

Wie bedeutsam die Ausbildung Jugendlicher im »dualen System« ist – GRÜNER (1986,

S. 410) bezeichnet das »duale System« und das Hochschulwesen als die beiden noch allein ernst zu nehmenden Qualifizierungsstätten in der Bundesrepublik Deutschland, macht der Tatbestand deutlich, daß der Anteil der Jugendlichen eines Altersjahrganges, die im dualen System eine Ausbildung suchen, von 50% im Jahr 1976 bis 1984 auf 74% angestiegen ist (ATTRAKTIVITÄT ... 1984, S. 163f.).

Begleitet war diese Entwicklung von erheblichen Veränderungen auf seiten der nachfragenden Jugendlichen. Die *Eingangsqualifikationen* für eine betriebliche Ausbildung sind höher geworden – und damit auch das Alter –, und die Berufswünsche haben sich infolge der besseren schulischen Vorbildung auf kaufmännische und Dienstleistungsberufe verschoben. Schon 1985 waren unter den Nachfragenden um einen Ausbildungsplatz (= gemeldete Bewerber bei der Bundesanstalt für Arbeit) nicht einmal die Hälfte Hauptschüler (37,2% Hauptschulabschluß, 4,5% ohne Hauptschulabschluß). Sie werden – wenn auch nur knapp – bereits von Schülern mit mittlerem Abschluß zahlenmäßig übertroffen (44,1%), und der Anteil der Bewerber um Berufsausbildungsstellen mit Studienberechtigung beträgt fast 15% (Hochschulreife 9,4%, Fachhochschulreife 3,2%, Fachhochschul-/Hochschulabsolventen und -abbrecher 1,6%, s. BERUFSBILDUNGSBERICHT 1986, S. 30, auch S. 2f.). Wenn man die Verhältnisse z. B. des Jahres 1970 mit der Situation der achtziger Jahre vergleicht, werden die Verschiebungen der *schulischen Vorbildung* besonders deutlich: 1970 waren unter den Auszubildenden insgesamt ca. 80% Hauptschüler (1983: 42,9%), ca. 19% Realschüler (1983: 31,7%) sowie ca. 1% Abiturienten (1983: 8,4%) und 0% Absolventen beruflicher Vollzeitschulen (1983: 17%) (NEUES LEHRLINGS-PROFIL 1985, S. 258).

Vor allem die wachsende Zahl der *Studienberechtigten*, die aus unterschiedlichen Gründen kein Studium aufnehmen wollen – 1986 waren es insgesamt 16,5% (w. 24,3%, m. 9,8%) und zusätzlich insgesamt 24,4% Unentschlossene (w. 26,1%, m. 23%) (s. GRUND- UND STRUKTURDATEN 1986/87, S. 60) –, erfordert vermehrte bildungspolitische Strategien des Staates und pädagogisch-organisatorisches Handeln der beruflichen Schulen und nicht zuletzt der Betriebe (vgl. SOMMER/ALBERS 1986). Beschränkt man sich auf die anerkannten Ausbildungsberufe, stellt man fest, daß die Studienberechtigten sich vor allem auf Ausbildungsberufe in den Bereichen Industrie und Handel – hier überwiegend auf kaufmännisch/verwaltende Berufe –, freie Berufe, Landwirtschaft und öffentlicher Dienst konzentrieren (s. BMBW GRUND- UND STRUKTURDATEN 1986/87, S. 98 und S. 61; vgl. auch BERUFSBILDUNGSBERICHT 1986, S. 71 ff.).

Es ist deutlich zu erkennen, daß sich aus der schulischen Vorbildung eine ganz bestimmte Tendenz bezüglich der Berufsmöglichkeiten und Ausbildungsbereiche ergibt. Die Verteilung der Auszubildenden auf die Ausbildungsbereiche nach ihrer Schulbildung spiegelt *Tabelle 4* wider (siehe Seite 502/503).

3.3 Perspektiven der betrieblichen Ausbildung

Die Bedeutung der betrieblichen Ausbildung, die aus den vorstehenden Zahlenangaben und speziellen Befragungen erkennbar wird (vgl. ALBERS 1977; PÄTZOLD 1977b; IHK 1981; DAVIDS 1985; ZIEFUSS u. a. 1987 besagt nicht, daß an ihr nichts zu verbessern sei. Im Gegenteil: Die bessere Vorbildung, das höhere Alter und die gewandelten Einstellungen der Jugendlichen sowie der qualifikatorische Wert der Ausbildung für die Wirtschaft und für das Individuum machen neue Wege in der betrieblichen Ausbildung in der Berufsbildung insgesamt und auch auf dem Arbeitsmarkt erforderlich. Quantitativ ist dafür Sorge zu tragen, daß die Zahl der Jugendlichen ohne Berufsausbildung weiter sinkt, daß die »strukturelle Fehlausbildung« (Diskrepanz zwischen Fachkräftebedarf und Auszubildendenzahl) soweit wie möglich vermieden wird und daß im ausreichenden Maße neue qualifizierte Arbeitsplätze für die Auszubildenden geschaffen werden (Modellrechnungen der BLK in Verbindung mit Analysen des IAB, des BiBB und von Prognos, s. ZUVIEL UNGELERNTE ... 1987, S. 124 ff.). Besonders die bildungspolitischen und pädagogischen Bemühungen, die sogenannte NFQ-Quote (nicht formal Qualifizierte) zu verringern (GOTTSLEBEN 1987, S. 1 ff.) bzw. den Anteil der »Gelernten« zu erhöhen (vgl. BMBW, Zahlenbarometer, S. 7), können nicht hoch genug eingeschätzt werden, denn der »weitaus größte Unterschied in der qualifikationsspezifischen Arbeitslosenquote besteht zwischen Personen *ohne* Berufsausbildung und Personen, die eine Berufsausbildung abgeschlossen haben« (KAISER u. a. 1985, S. 395; *»Ungelernte«* stellen bezeichnenderweise die Hälfte der Arbeitslosen, s. STRUKTURANALYSE 1985, S. 12/1).

Was den qualitativen Aspekt anlangt, ist den veränderten beruflichen Anforderungen durch mehr allgemeine und *fachübergreifende Lehr- / Lerninhalte* Rechnung zu tragen (vgl. BULLINGER 1984, S. 15 ff.; SCHMIEL/SOMMER 1985, S. 25 ff.), gefolgt von bzw. in Verbindung mit den inhaltlichen Zielen neuer *Methoden* und Konzepte *des Lehrens und Lernens*. Es wird z. B. von den Auszubildenden vor allem darüber geklagt, daß in der betrieblichen Ausbildung u. a. Kreativität, Verwirklichung eigener Ideen, Eigeninitiative und selbständiges Arbeiten zu kurz kommen (DAVIDS 1985, S. 219). Das liegt vermutlich daran, daß in der betrieblichen Ausbildung das darstellende-vormachende Verfahren dominiert (vgl. V. CUBE/ALSHUTH 1986, S. 234 ff.; V. CUBE 1986, S. 91) und kaum Raum läßt für *selbstbestimmtes* und *problemorientiertes Lernen*. Wissenschaft und Praxis sind dabei, die betriebliche Ausbildung neu auszuloten und auszugestalten. Von seiten der Wissenschaft sind die theoretischen Entwürfe in Richtung auf *handlungsorientiertes Lernen* und *lernerzentrierte Didaktik* besonders auch auf dem Feld des *arbeitsmotorischen Lernens* stark vorangetrieben worden (REICHERTS 1982; SCHELTEN 1983, 1987; SCHURER 1984, 1986; DULISCH 1986), und fortschrittliche Betriebe wenden über die bereits bewährten *aktivitätsfördernden Methoden* wie Projekt- und Fallmethode sowie Planspiel hinaus neue Verfahren in der beruflichen Ausbildung und *Fortbildung* an – wobei auch die letztere, und zwar mit ca. 50%, von den Betrieben bzw. der Wirtschaft getragen wird (vgl. WEITERBILDUNG 1984, S. 30, zu den Methoden FIX 1984, S. 129 ff., 1985, S. 5 ff.) (→ *Methoden des Unterrichts*;, → *Unterrichtsformen* ...;, → *Pädagogische Psychologie* ...).

BUNK/ZEDLER haben 1986 einen mit einführenden Literaturangaben versehenen kurzen Überblick über bereits angewandte und in der Erprobung befindliche methodische Konzepte gegeben, der u. a. von der kombinierten Unterweisung als Weiterentwicklung der Vier-Stufen-Methode über die Projekt-Leittext-Methode und technologische Experimente bis hin zu den realen Übungsfirmen und zu Gruppenaktivitäten (Lernstatt) sowie Kreativitäts-, Ideenfindungs- und Problemlösungsmethoden wie auch Superlearning und künstlerischen Übungen reicht, Methoden, die auch Rückwirkungen auf die Rolle des *Ausbilders* haben. Gerade in diesem Bereich erwachsen der Arbeits- und Betriebspädagogik (bzw. Industriepädagogik) als Teile der Berufs- und Wirtschaftspädagogik wichtige Aufgaben, die sie nur erfüllen kann durch Rückbesinnung auf anthropologische, psychologische und soziologische Bedingungen des Lehrens und Lernens im Betrieb.

Art der Vorbildung	Jahr	Auszubildende Insgesamt[1]	davon im Ausbildungsbereich						
			Industrie und Handel in		Handwerk[2]	Landwirtschaft	Öffentlicher Dienst	Freie Berufe	Hauswirtschaft[3]
			kaufmänn. Berufen	gewerblichen Berufen					
Ohne Hauptschulabschluß	1983	2,6	1,2	4,0	4,6	1,9	0,1	0,2	4,1
	1984	1,9	0,8	2,8	3,9	2,8	0,1	0,1	5,2
	1985	1,6	0,7	2,1	3,8	1,7	0,1	0,2	5,2
Hauptschulabschluß	1983	36,3	28,4	44,4	52,0	39,4	11,6	13,1	38,6
	1984	32,7	24,0	41,6	50,1	36,4	11,5	10,7	36,2
	1985	31,0	21,9	39,4	51,7	32,2	11,4	10,0	41,6
Realschul- oder gleichwertiger Abschluß	1983	35,0	36,7	35,7	20,5	28,6	56,8	59,3	13,9
	1984	35,7	35,5	37,4	22,3	27,6	55,5	60,2	10,4
	1985	36,1	34,9	39,3	20,7	25,8	55,1	62,1	11,1
Hochschul-, Fachhochschulreife	1983	9,8	16,9	3,4	4,3	13,7	9,5	14,2	0,9
	1984	12,5	20,5	5,4	5,1	14,8	11,7	16,1	4,6
	1985	14,1	23,0	6,6	5,3	15,2	14,2	16,3	1,8
Schulisches Berufsgrundbildungsjahr	1983	5,9	2,6	5,7	9,4	13,2	16,5	1,1	18,0
	1984	5,9	2,5	5,9	9,8	15,3	15,1	0,5	20,6
	1985	5,8	2,6	5,5	9,5	20,1	13,1	0,5	13,9
Berufsfachschule	1983	9,4	13,8	5,8	7,6	3,1	5,4	11,7	19,7
	1984	10,6	16,3	5,9	7,6	2,9	6,0	11,9	18,9
	1985	10,8	16,6	6,2	7,5	4,7	6,0	10,6	23,3
Berufsvorbereitungsjahr	1983	0,8	0,4	1,0	1,6	0,1	0,1	0,4	4,8
	1984	0,7	0,3	1,0	1,2	0,2	0,0	0,5	3,9
	1985	0,7	0,3	1,0	1,4	0,2	0,1	0,3	3,1

Zusammen	1983	1 142 665	417 132	314 088	236 916	38 906	60 161	67 897	6 697
(Anzahl)	1984	1 270 708	483 479	342 682	242 296	43 777	67 897	82 310	7 858
	1985	1 313 794	508 495	352 726	230 651	48 549	71 817	91 466	9 599
Ohne Angabe⁴⁾	1983	11,6	8,3	6,8	3,7	25,0	5,6	47,6	23,5
	1984	6,3	1,7	1,9	3,0	17,8	1,9	37,8	20,9
	1985	4,8	1,5	1,5	2,5	9,1	1,1	30,4	9,8
Ingesamt	1983	1 292 693	454 944	336 951	245 910	51 846	63 723	129 696	8 755
(Anzahl)	1984	1 356 670	491 810	349 271	249 761	53 247	69 243	132 392	9 934
	1985	1 379 904	516 397	358 217	236 684	53 396	72 620	131 458	10 641

¹⁾ Einschließlich Ausbildungsbereich Seeverkehr
²⁾ Nur neu abgeschlossene Ausbildungsverträge
³⁾ Im städtischen Bereich
⁴⁾ Einschließlich »sonstige Vorbildung« und »nicht erfaßt«
(BMBW, Grund- und Strukturdaten, 1986/87, S. 98)

Tab. 4: Auszubildende nach schulischer Vorbildung und nach Ausbildungsbereichen in Prozent

Literatur

ABRAHAM, K.: Der Strukturwandel im Handwerk in der ersten Hälfte des 19. Jahrhunderts und seine Bedeutung für die Berufserziehung. Köln 1955
–: Der Betrieb als Erziehungsfaktor. Freiburg i. Br. ²1957
ADELMANN, G.: Die berufliche Aus- und Weiterbildung in der deutschen Wirtschaft 1871–1918. In: POHL, H. (Hrsg.): Berufliche Aus- und Weiterbildung in der deutschen Wirtschaft seit dem 19. Jahrhundert. Wiesbaden 1979, S. 9–52
ADLER, T.: Abstimmung (Duales System). In: BLANKERTZ, H. u. a. (Hrsg.): Sekundarstufe II – Jugendbildung zwischen Schule und Beruf. (Enzyklopädie Erziehungswissenschaft. Bd. 9, Teil 2). Stuttgart 1983, S. 22–25
ALBERS, H.-J.: Zufriedenheit in Arbeit und Ausbildung. Trier 1977
ALEX, L./STOOSS, F.: Entwicklungsperspektiven der Berufsausbildung in der zweiten Hälfte der 80er Jahre. Berlin/Bonn 1985
ATTRAKTIVITÄT SCHAFFT NACHFRAGE. In: IBW 10/84, S. 163–164
BBiG v. 14. 8. 69. In: BMBW (Hrsg.): Ausbildung und Beruf. Bonn ²¹1986
BECK, K.: Zur Kritik des Lernortkonzepts – Ein Plädoyer für die Verabschiedung einer untauglichen pädagogischen Idee. In: GEORG, W. (Hrsg.): Schule und Berufsausbildung. Bielefeld 1984, S. 247–262
BECKER, H.: Bildungspolitik. In: BENZ, W. (Hrsg.): Die Bundesrepublik Deutschland. Frankfurt/M. 1983, Bd. 2, S. 324–350
BERUFSBILDUNGSBERICHT s. BUNDESMINISTER ...
BLANKERTZ, H.: Bildung im Zeitalter der großen Industrie. Pädagogik, Schule und Berufsbildung im 19. Jahrhundert. Hannover 1969
–: Zur Geschichte der Berufsausbildung. In: GROOTHOFF, H.-H. (Hrsg.): Die Handlungs- und Forschungsfelder der Pädagogik. Differentielle Pädagogik. Teil 1. Königstein/Ts. 1979, S. 256–284
BULLINGER, H.-J.: Auswirkungen neuer Technologien auf die Qualifikation unserer Mitarbeiter – Wechselwirkungen zwischen Technologieentwicklung, Arbeitsgestaltung und Qualifikation. In: LUCKMANN, H./SCHART, D./SOMMER, K.-H. (Hrsg.): Technologieentwicklung und Ausbildung. Esslingen 1984, S. 15–34
BUNDESMINISTER FÜR BILDUNG UND WISSENSCHAFT (Hrsg.): Zahlenbarometer 1985
–: Grund- und Strukturdaten 1985/86 und 1986/87. Bad Honnef 1985, 1986
–: Berufsbildungsbericht 1986 und 1987. Bonn 1986/1987
BUNK, G.: Einführung in die Arbeits-, Berufs- und Wirtschaftspädagogik. Heidelberg 1982
–/ZEDLER, R.: Neue Methoden und Konzepte beruflicher Bildung. Köln 1986
CUBE, F. v.: Problemorientierter Unterricht aus der Sicht der Verhaltensbiologie. In: SOMMER, K.-H. (Hrsg.): Aspekte der Planung und Gestaltung von Unterricht und Unterweisung. Esslingen 1986, S. 91–105
–/ALSHUTH, D.: Fordern statt verwöhnen. München 1986
DAVIDS, S. u. a.: Lehre '85: Was Auszubildende davon halten. In: BWP 6/85, S. 218–220
DEUTSCHER AUSSCHUSS FÜR DAS ERZIEHUNGS- UND BILDUNGSWESEN s. GUTACHTEN ...
DÖRSCHEL, A.: Geschichte der Erziehung im Wandel von Wirtschaft und Gesellschaft. Berlin 1972
DÜRR, W. u. a. (Hrsg.): Unternehmenskultur und Sozialisation. Baltmannsweiler 1987
DULISCH, F.: Lernen als Form menschlichen Handelns. Bergisch Gladbach 1986
FIX, W.: Berufsbildung, außerschulische, betriebsgebundene Aus- und Fortbildung. In: ROTH, L. (Hrsg.): Handlexikon zur Erziehungswissenschaft. München 1976, S. 30–34
–: Aspekte, Möglichkeiten und Grenzen der Projektmethode in der betrieblichen Ausbildung. In: SOMMER, K.-H. (Hrsg.): Stuttgarter Beiträge zur Berufs- und Wirtschaftspädagogik. Esslingen 1984, S. 129–150
–: Lernen als Abenteuer. In: SOMMER, K.-H. (Hrsg.): Handlungslernen in der Berufsbildung – Juniorenfirmen in der Diskussion. Esslingen 1985, S. 5–16
GEISSLER, K. A.: Berufsbildungsforschung. In: BLANKERTZ, H. u. a. (Hrsg.): Sekundarstufe II – Jugendbildung zwischen Schule und Beruf. (Enzyklopädie Erziehungswissenschaft. Bd. 9, Teil 2). Stuttgart 1983, S. 140–144

GEORG, W./KUNZE, A.: Sozialgeschichte der Berufserziehung. München 1981
GOTTSLEBEN, V.: Randgruppe in der zertifizierten Arbeitsgesellschaft? Zur abnehmenden Bedeutung der nicht formal Qualifizierten (NFQ) am Arbeitsmarkt. In:MittAB 1/87, S. 1–14
GRÜNER, G.: Vortrag auf dem niedersächsischen Berufsschultag 1986, BLBS-Nachrichten. In: Die berufsbildende Schule 38 (1986), S. 409–412
GUTACHTEN ÜBER DAS BERUFLICHE AUSBILDUNGS- UND SCHULWESEN v. 10.7.64. In: Empfehlungen und Gutachten des DEUTSCHEN AUSSCHUSSES FÜR DAS ERZIEHUNGS- UND BILDUNGSWESEN, F. 7/8. Stuttgart 1968, S. 51–155
HAEFNER, K.: Die neue Bildungskrise. Herausforderung der Informationstechnik an Bildung und Ausbildung. Basel/Boston/Stuttgart 1982
HEID, H./LEMPERT, W. (Hrsg.): Sozialisation durch den heimlichen Lehrplan des Betriebs. Beiheft 3 zur Zeitschrift für Berufs- und Wirtschaftspädagogik. Wiesbaden 1982
HEITGER, M.: Bildung und moderne Gesellschaft. München 1963
HELBERGER, CH./PALAMIDIS, H.: Schüler- und Absolventenprognosen bis zum Jahr 2000. In: MittAB 4/86, S. 519–535
HERTEL, H.-D.: Systemanalyse betrieblicher Berufsbildung. Frankfurt/M. 1976
HOFBAUER, H./NAGEL, E.: Mobilität nach Abschluß der betrieblichen Berufsausbildung. In: MittAB 1/87, S. 45–73
HORLEBEIN, M.: Überblick über die Geschichte der kaufmännischen Berufserziehung in Deutschland. In: BERKE, R. u. a. (Hrsg.): Handbuch für das kaufmännische Bildungswesen. Darmstadt 1985, S. 22–44
INDUSTRIE- UND HANDELSKAMMER ZU MÜNSTER (Hrsg.): Berufsausbildung – Zukunft durch Qualität. Münster 1981
INSTITUT FÜR BERUFSERZIEHUNG IM HANDWERK AN DER UNIVERSITÄT KÖLN: Die geschichtliche Entwicklung der Handwerkslehre bis zum Beginn des 20. Jahrhunderts. Köln 1958
KAISER, M. u. a. (Hrsg.): Berufliche Verbleibsforschung in der Diskussion. Nürnberg 1985
KAU, W./EHMANN, C.: Szenario des Berufsbildungssystems bis 1995. Berlin/Bonn 1986
KLAFKI, W.: Die fünfziger Jahre – eine Phase schulorganisatorischer Restauration. In: BÄNSCH, D. (Hrsg.): Die fünfziger Jahre. Tübingen 1985, S. 131–162
KUTSCHA, G.: Das System der Berufsausbildung. In: BLANKERTZ, H. u. a. (Hrsg.): Sekundarstufe II – Jugendbildung zwischen Schule und Beruf. (Enzyklopädie Erziehungswissenschaft. Bd. 9, Teil 1). Stuttgart 1982, S. 203–226
KUTSCHA, G.: Berufsbildungsgesetz. In: BLANKERTZ, H. (Hrsg.): Sekundarstufe II – Jugendbildung zwischen Schule und Beruf. (Enzyklopädie Erziehungswissenschaft. Bd. 9, Teil 2). Stuttgart 1983, S. 144–148
LEMPERT, W.: Sozialisation in der betrieblichen Ausbildung. In: THOMAS, H. v./ELSTERMANN, G. (Hrsg.): Bildung und Beruf, soziale und ökonomische Aspekte. Berlin 1986, S. 105–144
MICHELSEN, U. A.: Die überbetriebliche Ausbildungsstätte – ein Dritter Lernort? In: MÜNCH, J. (Hrsg.): Lernen – aber wo? Trier 1977, S. 141–159
MÜLLGES, U.: Geschichtliche Tatbestände und Zusammenhänge der Berufserziehung. In: ders. (Hrsg.): Handbuch der Berufs- und Wirtschaftspädagogik. Bd. 1. Düsseldorf 1979, S. 3–63
MÜNCH, J.: Das Duale System. Bonn 1979
– u. a.: Organisationsformen betrieblichen Lernens und ihr Einfluß auf Ausbildungsergebnisse. Berlin 1981
–: Das berufliche Bildungswesen in der Bundesrepublik Deutschland. Luxemburg 1982
NEUES LEHRLINGS-PROFIL. In: Wirtschaft und Erziehung 37 (1985), S. 258
PÄTZOLD, G.: Die betriebliche Lehrwerkstatt – ein Beitrag zur Lernortdiskussion. In: MÜNCH, J. (Hrsg.): Lernen – aber wo? Trier 1977(a), S. 132–140
–: Auslese und Qualifikation. Hannover 1977(b)
– (Hrsg.): Quellen und Dokumente zur betrieblichen Berufsbildung 1918–1948. Köln 1980
REFA METHODENLEHRE DER BETRIEBSORGANISATION, ARBEITSPÄDAGOGIK. München 1987
REICHERTS, H.-J.: Grundlegung einer Unterweisungsdidaktik. Köln 1982
RINNEBERG, K.-J.: Das betriebliche Ausbildungswesen in der Zeit der industriellen Umgestaltung Deutschlands. Köln/Wien 1985
RUMPF, H.: Schul-Wende? Zur Ruhigstellung der Bildungsszene. In: betrifft: erziehung 18 (1985), S. 30–34

SCHANZ, H.: Betriebliches Ausbildungswesen. Wiesbaden 1979
SCHELTEN, A.: Motorisches Lernen in der Berufsausbildung. Frankfurt/M. 1983
–: Grundlagen der Arbeitspädagogik. Stuttgart 1987
SCHLIEPER, F.: Allgemeine Berufspädagogik. Freiburg/Brsg. 1963
SCHLÜTER, A./STRATMANN, K. (Hrsg.): Quellen und Dokumente zur betrieblichen Berufsbildung 1869–1918. Köln 1985
SCHMIEL, M./SOMMER, K.-H.: Lehrbuch Berufs- und Wirtschaftspädagogik. München 1985
SCHURER, B.: Gegenstand und Struktur der Lernhandlung: ein Beitrag zu einer lernerzentrierten Didaktik unter besonderer Berücksichtigung des arbeitsmotorischen Lernens. Bergisch Gladbach 1984
–: Grundlagen einer Unterweisungsdidaktik. In: SOMMER, K.-H. (Hrsg.): Aspekte der Planung und Gestaltung von Unterricht und Unterweisung. Esslingen 1986, S. 37–66
SEHLING, H.: Rechtliche Grundlagen der Aus- und Fortbildung im außerschulischen Bereich. Berlin 1974
SOMMER, K.-H.: Berufsbildendes Schulwesen. In: ROTH, L. (Hrsg.): Handlexikon zur Didaktik der Schulfächer. München 1980, S. 89–96
–: Der Verband »Arbeiterwohl« und der Volksverein für das katholische Deutschland. In: Erwachsenenbildung 27 (1981), S. 2–12
–: Gemeinschaftskundeunterricht an gewerblichen Schulen. In: REICHERT, E. v. u. a. (Hrsg.): Berufliche Bildung im Zusammenwirken von Schule und Betrieb. Villingen-Schwenningen 1986, S. 338–346
–/ALBERS, H.-J.: Abiturienten in der nichtakademischen Berufsausbildung. In: LASSAHN, R./OFENBACH, B. (Hrsg.): Arbeits-, Berufs- und Wirtschaftspädagogik im Wandel. Frankfurt/M. 1986, S. 287–303
SONNTAG, K.: Inhalte und Strukturen industrieller Berufsausbildung. Frankfurt/M. 1982
STRATENWERTH, W.: Betriebliche Berufsausbildung. In: MÜLLGES, U. (Hrsg.): Handbuch der Berufs- und Wirtschaftspädagogik. Bd. 2. Düsseldorf 1979, S. 377–431
STRATMANN, K.: Geschichte der beruflichen Bildung. Ihre Theorie und Legitimation seit Beginn der Industrialisierung. In: BLANKERTZ, H. u. a. (Hrsg.): Sekundarstufe II – Jugendbildung zwischen Schule und Beruf. (Enzyklopädie Erziehungswissenschaft, Bd. 9, Teil 1). Stuttgart 1982, S. 173–202
STRUKTURANALYSE 1985. Der Arbeitsmarkt in Baden-Württemberg, hrsg. v. LANDESARBEITSAMT BADEN-WÜRTTEMBERG
WARNECKE, H. J./KOHL, W.: Höherqualifizierung in neuen Arbeitsstrukturen. Entwicklung und Erprobung eines kombinierten Unterweisungskonzepts. In: Zeitschrift für Arbeitswissenschaft 33 (1979), S. 69–75
WEITERBILDUNG. Herausforderung und Chance. Bericht der Kommission »Weiterbildung« erstellt im Auftrag der Landesregierung von Baden-Württemberg. Stuttgart 1984
WOLSING, T.: Untersuchungen zur Berufsausbildung im Dritten Reich. Düsseldorf 1977
ZEDLER, R.: Wege zur Berufsbildung. Köln 1985
ZIEFUSS, H. u. a.: Jugendliche in der gewerblich-technischen Ausbildung in Industrie und Handwerk. Kiel 1987
ZUVIEL UNGELERNTE UND ZUVIEL FEHLQUALIFIZIERTE. In: Die berufsbildende Schule 39 (1987), S. 124–126.

Hans-Werner Prahl

Hochschule / Universität

1 Vorbemerkungen

Universitäten bestehen in Europa seit mehr als acht Jahrhunderten und sind daher Institutionen mit besonders langer Tradition. In ihnen wirkt die Spannung zwischen wissenschaftlichem Fortschritt und struktureller Beharrung, zwischen geistiger Innovation und organisatorischer Erstarrung besonders nachhaltig. Im Vergleich zu anderen Bildungsinstitutionen haben sich Hochschulen gegenüber politischen, gesellschaftlichen, wirtschaftlichen oder kirchlichen Interessen eine relative Autonomie erhalten und sind gegenüber systematisch geplanten Entwicklungen weitgehend resistent geblieben. Trotz der relativen Autonomie haben aber die Hochschulen in nahezu allen historischen Entwicklungsphasen eine mehr oder minder starke Affinität zu den herrschenden Kräften gezeigt.

2 Geschichte

In vielen frühen Hochkulturen und antiken Gesellschaften haben z. B. in Form von Akademien, Bibliotheken oder Schulen Institutionen der Wissenserzeugung/-sammlung/-vermittlung bestanden, die aber keine direkte Kontinuität gegenüber den im Mittelalter in Europa entstandenen Universitäten aufweisen. Solche früheren Institutionen widmeten sich entweder nur speziellem und nicht dem gesamten verfügbaren Wissen (z. B. nur dem Recht), oder sie waren nur einer speziellen Gruppe (z. B. nur den Beamten) zugänglich, oder sie dienten nur der Sammlung und nicht der Weiterverbreitung von Wissen. Hierin liegt der wesentliche Unterschied zu den späteren Universitäten, die ihren Namen aus der »universitas« des vorhandenen Wissens bzw. der Gesamtheit der Wißbegierigen bezogen.

2.1 Mittelalter

Die Ursachen der Universitätsgründungen werden in der neueren Forschung kontrovers diskutiert: (a) Um den wachsenden Bedarf an qualifiziertem Personal für weltliche und kirchliche Aufgaben zu decken, wurden Zentren der Wissensvermittlung eingerichtet; (b) mit der raschen Wissensexpansion durch die im Zusammenhang mit den Kreuzzügen wiederentdeckten arabischen, hellenischen und römischen Wissenschaften wurden dauerhafte Stätten der Wissenserzeugung bzw. -sammlung erforderlich; (c) die Konflikte in dem Machtdreieck Papsttum/Kaisertum/Städte sollten mit dem Medium »wissenschaftliche Wahrheit« geschlichtet werden; (d) Universitäten entstanden eher zufällig an Orten, an denen sich berühmte Gelehrte niedergelassen hatten.

Diese sich nur teilweise ergänzenden Gründungsmotive finden sich in den beiden Grundmodellen mittelalterlicher Universitäten: Bologna und Paris. Im Gegensatz zu den bereits seit dem 7./8. Jahrhundert in Italien und Spanien bestehenden Medizin- und Rechtsschulen, die jeweils nur eine Wissenschaftsdisziplin anboten (»studium particulare«), entstand im 12. Jahrhundert in Bologna ein *»studium generale«*, das alle damaligen Wissenschaften verbreiten sollte. In Oberitalien, wo Handel und Handwerk eine wohlhabende Patrizierschicht hervorgebracht hatten, bestanden schon früher Rechtsschulen, deren Lehrer und Absolventen von Höfen, Städten, Handelsherren und Diplomatie in Anspruch genommen wurden. Im 12. Jahrhundert verschärfte sich der Gegensatz zwischen Kaiser- und Papsttum, was wiederum die Nachfrage nach Rechtskundigen steigerte. In dieser Konstellation gelang es der Rechtsschule von Bologna am frühesten, die divergierenden Interessen auszubalancieren und sich von den rivalisierenden Mächten Rechte und Privilegien zu verschaffen. In Gründungsurkunden von 1088 und 1119 dokumentierten jeweils Papst und Kaiser die Existenz eines »studium generale« in Bologna, und in der »Authentica Habita« von 1158 sicherte Kaiser Friedrich I. Barbarossa allen Scholaren und Gelehrten Bolognas an allen Orten, die sie aus wissenschaftlichen Gründen aufsuchen wollten, den kaiserlichen Schutz und mithin die Befreiung von der örtlichen Strafjustiz zu. Durch langwierige Schaukelpolitik erlangte die neue Universität in Bologna zahlreiche Rechte: so die Finanzierung aus Klöstern, Pfründen, Zöllen oder Steuern, die Gleichstellung der akademischen Grade mit Adelsrängen, die Befreiung von Steuern und Lasten. Die innere Verfassung Bolognas lehnte sich an mittelalterliche Genossenschaftsformen an: Die Lernenden (Scholaren), die aus allen Teilen Europas stammten, organisierten sich in »nationes«, also selbstverwalteten Rechts- und Schutzgemeinschaften. Zunächst stellten die Scholaren in Bologna auch den Rektor und wählten die Professoren, was im 14. Jahrhundert aber an die Gemeinschaft der Magister überging, die seither auch als Professoren bezeichnet wurden. Die Magister, die sich in den vier Fakultäten – welche später an allen europäischen Universitäten vorhanden waren, nämlich in der Rangfolge von unten: Artisten-, Mediziner-, Juristen- und Theologen-Fakultät – organisierten, hatten das Recht, selbständig das Lehrpersonal auszuwählen, die Lehrinhalte und Prüfungsbestimmungen festzulegen und durch den Rektor Strafen gegen Scholaren auszusprechen (→ *Hochschullehrer und wissenschaftlicher Nachwuchs*). Nach dem Muster von Bologna, das als Genossenschaft der Scholaren und der Magister bezeichnet werden kann, wurden in Italien (mit Ausnahme von Neapel, wo 1224 eine vom deutschen Kaiser gegründete »Staatsuniversität« direkt vom kaiserlichen Hof verwaltet wurde) bis zum Ende des 15. Jahrhunderts 20 Universitäten gegründet.

Das zweite Modell mittelalterlicher Universitäten entstand in Paris, wo bereits seit dem 10. Jahrhundert Dom- und Klosterschulen bestanden und wo viele Gelehrte unter freiem Himmel unorthodoxe Vorlesungen hielten. Die rasche Vermehrung der Zahl der Schüler und Lehrer machte neue Organisationsformen erforderlich: in verschiedenen Bullen sicherten die Päpste zwischen 1174 und 1231 zu, daß die Gelehrten und Scholaren allenthalben in Europa von der örtlichen Gerichtsbarkeit befreit sein und im Machtbereich von Kurie und Kaiserreich Anstellung finden sollten. Von Anfang hatte die Kirche in Paris eine starke Stellung: der vom Papst bestellte Kanzler führte die Aufsicht und kontrollierte die Magister, die sich bald Professoren nannten. Nach dem Muster von Paris entstanden in England im 13. Jahrhundert Universitäten in Oxford und Cambridge. Ähnlich verlief die Entwicklung in Schottland, Skandinavien, Ost- und Südosteuropa. Im deutschsprachigen Bereich wurde die erste Universität in Prag (1347/66) gegründet, weitere folgten in: Wien (1365), Krakau (1384), Heidelberg (1385), Kulm (1386), Köln (1388), Erfurt (1392), Würzburg (1402), Leipzig (1409), Rostock (1419)

Greifswald (1456), Freiburg (1456), Basel (1460), Ingolstadt (1472), Trier (1473), Mainz (1476) und Tübingen (1477). So entstanden bis zum Jahre 1500 in deutschen Landen 16, in ganz Europa insgesamt 75 Universitäten, die zusammen etwa 8000 Studenten zählten. Alle Universitäten beriefen sich in ihren Gründungsurkunden auf die ursprünglich Bologna und Paris gewährten Rechte und Privilegien. Wissensinhalte und Lehrformen waren stark kodifiziert und unterlagen jahrzehntelang nur geringen Veränderungen. Das Wissen war – mit Ausnahme der Jurisprudenz – nur begrenzt auf praktische Anwendung ausgerichtet: Medizin und Theologie waren die bloße Wiederholung veralteter Lehrmeinungen, in der artistischen Fakultät wurden die »artes liberales« (z. B. Rhetorik, Geometrie, Musik) interpretiert, nur bei den Juristen entwickelten sich Lehrmeinungen fort. Die Mehrzahl der Studenten verließ die Universität, ohne einen akademischen Grad zu erwerben, nur wenige erwarben den Doktortitel, die meisten waren mit dem Titel eines Magisters bzw. Baccalaurius zufrieden. Die mittelalterlichen Universitäten wiesen – als reine Männerveranstaltung – deutlich klösterliche Züge auf, stellten mit ihren genossenschaftlichen Organisationsprinzipien ein Gegengewicht gegen die zentralistischen Universalgewalten Kaiser und Papst dar und bildeten wegen ihrer überall in Europa geltenden Inhalte und der lateinischen Sprache in einer stark zersplitterten Welt ein universales Element der mittelalterlichen Gesellschaft.

2.2 Zwischen Territorialisierung und Absolutismus

Die Universalität der europäischen Universitäten zerbrach in der Phase der Territorialstaaten (1500–1650) und des Absolutismus (1650–1800). Die Universitätssysteme entwickelten sich auseinander: In der Art der Finanzierung und staatlichen Kontrolle, in den Inhalten, Lehrformen und Graduierungen bildeten sich nationale Muster aus. Das französische Hochschulwesen verfiel wie andere Teile der Gesellschaft auch der Korruption und Ämterkäuflichkeit. In England beharrten Oxford und Cambridge auf ihrem Monopol und ließen andere Hochschulen bis ins 19. Jahrhundert nicht zu. Die italienische und deutsche Kleinstaaterei führte – umgekehrt – zu einem wahren Gründungsboom, zumal die Konfessionalisierung Abgrenzungen und Gegengründungen auslöste. 1495 beschlossen die Fürsten auf dem Reichstag zu Worms, daß jeder einzelne Staat eine eigene Universität haben solle. Ohne hinreichende materielle Absicherung entstanden im 16./17. Jahrhundert viele neue Universitäten: Wittenberg (1502), Frankfurt/Oder (1506), Marburg (1527), Königsberg (1544), Jena (1558), Helmstedt (1576), Gießen (1607), Altdorf (1622), Rinteln (1621), Herborn (1650), Duisburg (1655) und Kiel (1665) auf protestantischer Seite, Dillingen (1549), Würzburg (1582), Paderborn (1615), Salzburg (1623), Osnabrück (1630) und Bamberg (1648) auf katholischer Seite. In den Ländern des Hauses Habsburg: Olmütz (1581), Graz (1586), Linz (1636), Innsbruck (1672) und Breslau (1702). Etliche Neugründungen existierten nur einige Jahrzehnte, viele waren gegen Ende des 18. Jahrhunderts eingegangen. Eine zweite Gründungswelle setzte mit dem aufgeklärten Absolutismus im 18. Jahrhundert ein: sollten die Gründungen des 16./17. Jahrhunderts vor allem der Festlegung auf kleinstaatliche Interessen (Beamtenausbildung) oder auf das jeweilige Glaubensbekenntnis dienen, so waren die Neugründungen des 18. Jahrhunderts – Halle (1694), Göttingen (1737), Erlangen (1743) – an der Förderung praktischer Natur-, Verwaltungs- und Sprachwissenschaften, also an wissenschaftlichem Fortschritt orientiert.

Finanzierung und Verwaltung änderten sich allmählich: mußten sich die Universitäten bis ins 17. Jahrhundert durch Klosterabgaben, Kirchenland, Pfründen, Zölle oder Spenden finanzieren, so übernahmen seit dem 18. Jahrhundert die Staaten die Finanzierung. Im Gegenzuge wurden die Universitäten stärker der staatlichen Verwaltung unterstellt: die Professoren wurden auf das Bekenntnis des Landesherrn festgelegt, zum Studium wurden nur Landeskinder zugelassen, die räumliche Mobilität der mittelalterlichen Scholaren wurde drastisch eingeschränkt. Die Selbstverwaltungsrechte der Hochschulen wurden zugunsten staatlicher Rechts- und Disziplinargewalt beschnitten. Auf staatlichen Druck wurde im 18. Jahrhundert eine Reform der Inhalte (neue Fächer wie Kameralistik, Geographie) und Formen (Deutsch als Lehrsprache; das Seminar als Diskussionsstätte; Bibliotheken als Wissensspeicher) eingeleitet. Gegen Ende des 18. Jahrhunderts stand eine kleine Zahl von reformierten Universitäten einer großen Zahl von maroden Universitäten, die mangels Finanzen und geringer Frequenz vor dem Ruin standen, gegenüber. Hochschulreformen erschienen dringend erforderlich und waren in Preußen durch die Einrichtung von Spezialhochschulen schon eingeleitet worden: Bergakademien in Berlin (1770), Clausthal (1775), Freiberg (1775), in Berlin außerdem das Collegium Medico-Chirurgicum (1724), die Tierarzneischule (1780), die Pepinière für Militärärzte (1795), die Bauakademie (1799), in Braunschweig das Collegium Carolinum (1724), in anderen Orten Forstakademien, Tierarzneischulen, Konstruktions- und Zeichenschulen, aus denen im 19. Jahrhundert vielfach Technische oder sonstige Spezialhochschulen hervorgingen. Mit dem Merkantilismus orientierten sich die Hochschulen am »Praktischen und Nützlichen«, Verwaltung und Militär verlangten entsprechendes Wissen und brauchbare Qualifikation.

2.3 Hochschulen im 19. Jahrhundert

Die längst überfälligen Reformen wurden eingeleitet mit der militärischen Niederlage Preußens gegenüber den Napoleonischen Volksheeren und den allenthalben einsetzenden Reformen von oben. HUMBOLDT konnte in seinem Universitätsplan auf die Gedanken zahlreicher Professoren zurückgreifen und zugleich deren Realisierung an der neugegründeten Berliner Universität (1810) sowie an den neuen Universitäten in Breslau (1811) und Bonn (1818) erproben. Die Hochschulen wurden endgültig Staatsanstalten: volle Finanzierung aus dem Staatshaushalt, Verbeamtung der Professoren, Rechtsaufsicht durch den Staat bei gleichzeitiger Garantie einer weitgehend autonomen Selbstverwaltung der Hochschulen. Die herkömmlichen Korporationen der Lehrenden und Lernenden sollten zugunsten eines freien Marktes der Ideen aufgelöst werden. Professoren und Studenten sollten in »Einsamkeit und Freiheit« der Wahrheit nachstreben und der Vernunft zum Durchbruch verhelfen. War die bisherige Universität vorwiegend Lehranstalt gewesen, sollte nun auch die *Forschung*, insbesondere die experimentelle, vorangetrieben und fruchtbar mit der Lehre verbunden werden. Aufklärung und Vernunft sollten den Staat zum Kulturstaat machen, Politik sollte durch philosophisch erzeugte Vernunft und wissenschaftliche Erkenntnis angeleitet werden.

Entsprechend dieser Idee trat die *Philosophie* an die Spitze der Wissenschaften, die Naturwissenschaften erlebten raschen Aufschwung (zumal sich ihre Ergebnisse im Zeichen der Industrialisierung durch technische Umsetzbarkeit legitimierten), praktisch verwendbare Disziplinen wie Volkswirtschaftslehre, Geographie oder Sprachen kamen zum Durchbruch. Laboratorium, Bibliothek, wissenschaftliche Sammlungen wurden jetzt Kennzeichen der Universität, das diskussionsfreudige, nach Wahrheit suchende

Seminar trat an die Seite der Lehrmeinungen vermittelnden Vorlesung. Die einzelnen Wissenschaften differenzierten sich – insbesondere durch das Wirken von Privatdozenten und Extraordinarien – zu Spezialdisziplinen (z. B. die Medizin in Gynäkologie, Augenheilkunde usf.). Wissenschaftlicher Fortschritt trat an die Stelle orthodoxer Meinungsverkündigung.

Im Gefolge der Industrialisierung, Technisierung und Spezialisierung wurden die bestehenden Polytechnika in *technische Hochschulen* umgewandelt: Karlsruhe 1865/85 München (1868/77), Aachen (1870/79), Braunschweig (1872/79), Stuttgart (1876/90), Darmstadt (1877/95), Berlin (1879), Hannover (1880), Dresden (1890), Danzig (1904), Breslau (1910). Zwischen den alten Universitäten und den neuen technischen Hochschulen kam es zu massiven Konflikten, weil die Universitäten den neuen Hochschulen zahlreiche Rechte (z. B. Promotionsrecht, Rektoratsverfassung) absprachen; erst durch Einspruch des Kaisers kam es 1900 zu einer Einigung. Neben den technischen Hochschulen entstanden andere Spezialhochschulen: tierärztliche Hochschulen (Berlin, Dresden, Hannover, München), forstwissenschaftliche Hochschulen (Aschaffenburg, Berlin, Clausthal, Tharandt), landwirtschaftliche Hochschulen (Bonn, Hohenheim, Weihenstephan) und Handelshochschulen (Aachen, Berlin, Frankfurt a. M., Köln, Leipzig, Mannheim, München, Nürnberg).

Bis Mitte des 19. Jahrhunderts stagnierte die Zahl der Studenten an deutschen Hochschulen bei insgesamt 12 000, in der zweiten Jahrhunderthälfte stieg sie rasch an: 1914 waren es schon 60 000, zu denen seit Beginn des 20. Jahrhunderts auch Studentinnen zählten. Studium wurde immer stärker Berufsvorbereitung, neue (Diplom-)Studiengänge entstanden, akademische Qualifikation wurde vermehrt vom Beschäftigungssystem nachgefragt. Die Studentenschaft, die in der ersten Hälfte des 19. Jahrhunderts für nationale Einigung, Verfassung und Fortschritt stritt, orientierte sich nach dem Scheitern der 1848er-Bewegung immer stärker nationalistisch, konservativ und obrigkeitsstaatlich-autoritär. Ähnliche Entwicklungen vollzogen sich in der Professorenschaft, die Sozialisten und Sozialdemokraten ausgrenzte und in großer Zahl den Ausbruch des Ersten Weltkrieges emphatisch begrüßte. Die Hochschulen des Wilhelminischen Reiches waren freiwillig zu Stützen des Obrigkeitsstaates geworden.

2.4 Hochschulen in der Weimarer Republik

Die in der zweiten Hälfte des 19. Jahrhunderts begonnene Entwicklung der Hochschulen zum wissenschaftlichen Großbetrieb setzte sich nach dem Ersten Weltkrieg fort: Differenzierung der Fächer (neu: Soziologie, Ethnologie, Psychoanalyse, Betriebswirtschaftslehre usf.), Arbeitsmarktorientierung der Ausbildung (weitere Diplom-Studiengänge), gleichzeitige Betonung des Bildungswertes (Studium generale, politische Bildung), Erhöhung der Studentenzahlen (1914: 60 000, 1920: 120 000, 1933: 118 000), Zunahme des Frauenstudiums, Ausbau des staatlichen Stipendienwesens. Institutionell kamen einige neue Universitäten – Münster (1902 wiedergegründet), Frankfurt a. M. (1914), Hamburg (1919), Köln (1919 wiedergegründet) – sowie die Akademien für die Lehrerbildung hinzu (→ *Lehrer/Lehrerin*). Die Forschungsförderung wurde staatlicherseits ausgeweitet (»Notgemeinschaft« bzw. Deutsche Forschungsgemeinschaft). Hingegen scheiterten die meisten Maßnahmen zur »sozialen Demokratisierung«, d. h. zur Förderung der bislang unterprivilegierten Gesellschaftsgruppen (z. B. durch Stipendien, Abbau von Bildungshürden und Vorurteilen), am Widerstand der überwiegend konservativen Professorenschaft. Auch die gezielte Personalpolitik, durch die vereinzelt liberale oder fortschrittliche Hochschullehrer berufen wurden, brachte wenig Abhilfe, führte aber zu einer Polarisierung in der Professorenschaft, – was nach 1933 oft zu Nachteilen für die erst in der Weimarer Republik Berufenen führte.

2.5 Hochschulen im Dritten Reich

Dem Nationalsozialismus setzten die Hochschulen kaum Widerstand entgegen. In den Gremien hatten nationalsozialistische Studenten bereits seit 1930 die Mehrheit, eine große Zahl von Professoren begrüßte in einer schriftlichen Erklärung die Machtübernahme Hitlers. Die Nationalsozialisten hatten kein systematisches Hochschul- bzw. Wissenschaftskonzept. Vielmehr war ihre Politik in diesem Bereich durch ein Chaos der Ämter (Reichsminister für Erziehung, Wissenschaft und Volksbildung; Amt Rosenberg; NS-Studentenbund; NS-Dozentenbund; Reichsforschungsrat etc.) gekennzeichnet. Wesentliche Maßnahmen waren: Zentralisierung der Hochschulpolitik auf Reichsebene (vorher Länderhoheit), Einführung des Führerprinzips und Aufhebung der Selbstverwaltung (Rektor als Führer der Hochschule), Reduzierung der Studentenzahlen (1933: 118 000, 1939: 58 000) durch Zulassungssperren insbesondere für Frauen und Juden, politische Schulung und Arbeitslager für Studenten und Dozenten, Rüstungs- und Kriegsorientierung der meisten Disziplinen. Politisch und rassisch mißliebige Hochschullehrer wurden entlassen oder gingen in die Emigration: je nach Fach wurden ein bis zwei Drittel des Lehrkörpers ausgetauscht. Einige Fächer (z. B. Sexualforschung) wurden eliminiert, andere (z. B. Eugenik, Rassenkunde, Erbbiologie) neu eingerichtet. Neben den Hochschulen etablierten NSDAP, SS, SA, Arbeitsfront und einige Ämter eigene Forschungseinrichtungen, die teilweise mit den Hochschulinstituten personell verflochten waren. Trotz solcher Einbindung in die politisch-militärischen Interessen Interessen der Nationalsozialisten verblieben den Hochschulen Freiräume, die aber kaum genutzt wurden, weil der institutionellen Gleichschaltung eine Selbstbeschneidung der Hochschulen vorangegangen / gefolgt war (was nach 1945 oft als »innere Emigration« interpretiert wurde).

2.6 Hochschulen nach dem Zweiten Weltkrieg

Die Auseinandersetzung mit dem Dritten Reich verlief nach 1945 diffus: abgesehen von der sowjetischen Besatzungszone, in der das Hochschulpersonal verschärft entnazifiziert wurde, verlief die Entnazifizierung in den westlichen Besatzungszonen schleppend (nur etwa jeder zehnte Hochschullehrer wurde entlassen), inhaltliche Auseinandersetzungen erfolgten kaum, Rückkehraufforderungen an die emigrierten Wissenschaftler unterblieben. Der Wiederaufbau der teilweise zerstörten Universitäten erschien vordringlicher, und die Re-education-Pläne der Siegermächte fanden im Hochschulbereich wenig Resonanz. Die Restauration des Hochschulwesens, die in den ersten beiden Nachkriegsjahrzehnten zur Ordinarienuniversität führte, brachte zwar wachsende Studentenzahlen (1950: ca. 110 000, 1965: 280 000), zeigte aber wenig Veränderungsimpulse: Betonung der Kulturhoheit der Länder, verstärkte Autonomie der Hochschulen, politische Abstinenz der Hochschulen bei gleichzeitig reibungslosem Wechselspiel zwischen Professoren und Politikern – alles Reaktionen auf Erfahrungen im Dritten Reich und zugleich konservatives Ruhebedürfnis in der »Wirtschaftswunder-Ära«. Institutionell entwickelte sich in dieser Phase wenig: zu den etablierten Universitäten kamen die wiedergegründeten Universitäten Mainz (1946) und Gießen (1957) sowie durch die Rückkehr des Saarlandes die Universität Saarbrücken (1957) und als einzige Neugründung die Freie Universität Berlin (1948) hinzu; für die Ausbildung der Volks- und Realschullehrer richteten alle Bundesländer *pädagogische Hochschulen* (in Hessen: Abteilung für Erziehungswissenschaften an den Universitäten) ein (→ *Lehrer/Lehrerin*); die bestehenden technischen Hochschulen in Berlin, Braunschweig, Clausthal (Bergakademie), Hannover, Karlsruhe, München, Aachen, Darmstadt und Stuttgart wurden ausgebaut, Hochschulen für Medizin (Hannover, später auch Lübeck und Ulm), Tiermedizin (Hannover), Land- bzw. Forstwirtschaft (Hohenheim, Weihenstephan) wurden neu errichtet bzw. wiedergegründet. Unterhalb dieser Ebene bestand eine unübersehbare Vielfalt von *Fachschulen* für die Ausbildung von Ingenieuren, Sozialarbeitern, Künstlern etc. sowie eine kleine Zahl von Hochschulen in kirchlicher Trägerschaft. Das Hochschulwesen in der Bundesrepublik Deutschland war bis Mitte der sechziger Jahre stark hierarchisch abgestuft, wobei sich die Universitäten als »Bildungsstätten der Eliten« von den übrigen Hochschultypen deutlich absetzten. Der Zugang zu den Universitäten blieb Arbeiter- und Bauernkindern weitgehend verwehrt, die Universitäten dienten der Erhaltung der bestehenden Gesellschaftsstruktur. Diese gesellschaftliche Einbettung wurde erst in den sechziger Jahren brüchig, als zum einen international vergleichende Untersuchungen die Bedeutung des Faktors Bildung für die wirtschaftliche Entwicklung nachwiesen, zum zweiten der Zustrom von Hochschulabsolventen aus der DDR seit 1961 unterblieb und schließlich in den Hochschulen selbst in vielen Ländern Protestbewegungen ausbrachen, die sich mit außeruniversitären Bewegungen (APO) vermengten. Mit der 1964 von PICHT thematisierten »*deutschen Bildungskatastrophe*« geriet die Hochschulpolitik in Bewegung: zahlreiche Neugründungen (Bochum, Konstanz, Regensburg, Bielefeld, Dortmund, Bremen, Düsseldorf, Kaiserslautern, Trier, Oldenburg, Osnabrück, Bayreuth, Bamberg, Passau; Umbenennung bestehender technischer oder wirtschaftswissenschaftlicher Hochschulen in Universitäten (z. B. Stuttgart, Mannheim, Darmstadt) bzw. technische Universitäten; Zusammenschluß und Ausbau bestehender Hochschulen zu Gesamthochschulen (Duisburg, Essen, Kassel, Paderborn, Siegen, Wuppertal, Eichstätt), die später teilweise Universität genannt wurden; Errichtung der *Fernuniversität* Hagen; Gründung der Technischen Universität Harburg; Ausbau und Aufwertung bestehender Fachschulen zu *Fachhochschulen*; Zulassung von Hochschulen in privater Trägerschaft (Witten-Herdecke, Koblenz, Flensburg–Neumünster); Beteiligung des Bundes am Hochschulbau und an der Setzung eines rechtlichen Rahmens; Hochschulrahmengesetz und Hochschulgesetze der Länder; parteipolitische Polarisierung in der Hochschulpolitik. Die Mitte der sechziger Jahre begonnene Phase der aktiven Hochschulumgestaltung stagnierte ab Mitte der siebziger Jahre: Hochschulpolitik wird seitdem durch Mängelverwaltung und Tendenzen zur Verrechtlichung, Bürokratisierung und Verschulung gekennzeichnet.

3 Strukturprobleme des Hochschulwesens

Aus den ehemals exklusiven Anstalten der Elitenbildung und Wissenserzeugung sind in den letzten beiden Jahrzehnten – in fast allen Ländern der Welt – Institutionen der »*mass higher education*« geworden: die Zahl der Studenten ist in der Bundesrepublik von etwa

280 000 im Jahre 1965 auf fast 1,4 Mio. im Jahre 1985 gestiegen, das Personal ist im gleichen Zeitraum von 94 000 auf 205 000 Stellen (bei Wissenschaftlern von 33 000 auf 70 000) gestiegen.

3.1 Quantitative Probleme

Die politisch gewollte »Öffnung der Hochschulen« hat zu einer gravierenden Verschlechterung des Verhältnisses Lehrende/Lernende geführt (1965: 9 Studenten je Wissenschaftler, 1985: 17), wobei die Hauptlast der Ausbildung (»Überlast«) vom akademischen Mittelbau getragen wird – in diesem Personalbereich waren die größten Zuwächse und die geringsten Zukunftsaussichten zu verzeichnen. Die rasche Expansion des Hochschulwesens bescherte eine starke Verjüngung des Lehrkörpers, wodurch bis zum Ende des 20. Jahrhunderts für Nachwuchswissenschaftler nur wenige Plätze frei werden, zumal gleichzeitig wegen der öffentlichen Finanznot Stellen gestrichen/gesperrt werden: immer mehr hochqualifizierte und habilitierte Wissenschaftler werden arbeitslos, während zur gleichen Zeit die Betreuungsquoten der Studenten immer ungünstiger werden (→ *Hochschullehrer und wissenschaftlicher Nachwuchs*). Die Überfüllung nahezu aller Fächer hat zur Einrichtung von Zugangssperren (numerus clausus), zur bürokratischen Kapazitätsberechnung und Reglementierung wie auch zu dem Bemühen um Verkürzung der Studiendauer geführt. Knappe Studienplätze werden oft mit juristischen Mitteln erstritten, was wiederum eine lange Kette von Verrechtlichungsprozessen nach sich zieht. Der tatsächliche oder vermeintliche Regelungsbedarf verstärkt die Tendenzen zur Verrechtlichung, Bürokratisierung und Verschulung, macht die Hochschulen immer stärker von staatlichen Bürokratien und der Justiz abhängig. Mit der Überfüllung der Hochschulen auf allen Ebenen mußte auf didaktisch akzeptable Lehrformen oft verzichtet werden, durch die Konzentration auf die Lehre kamen andere Aufgaben der Hochschulen (Forschung, Innovation) zu kurz.

3.2 Institutionelle Probleme

Die rasche Hochschulexpansion machte eine systematische Bildungsplanung weitgehend zunichte: die unterschiedlichsten Hochschuleinrichtungen/-arten wurden unter dem Aspekt der Kapazitätserweiterung und durch die institutionelle Eigendynamik ausgeweitet, ohne umfassende Konzepte für den Hochschulbereich zu haben. Eine Reform der traditionellen Hochschule hat sich nur teilweise durchsetzen lassen: neben den alten Universitäten sind neue Universitäten mit mehr oder weniger dezidierten Reformprogrammen (von denen die meisten unter dem Sparedikt der Finanzminister nicht realisiert werden konnten oder unter den materiellen bzw. politischen Zwängen ins Gegenteil umgeschlagen sind) entstanden, in einigen Bundesländern wurden *Gesamthochschulen* eingerichtet, Spezialhochschulen (zu denen auch die Bundeswehrhochschulen in Hamburg und München zählen) wehren sich gegen die Konkurrenz der Fachhochschulen, und auf einigen Gebieten (Medizin, Wirtschaft, Technik) sind – wie in anderen Ländern längst üblich – private Hochschulen eingerichtet worden, die mit kleinen Studentenzahlen frei von staatlicher Reglementierung einzelne Reformpositionen realisieren können. Die Relationen zwischen den rund 250 Hochschulen in der Bundesrepublik sind juristisch zwar weitgehend geregelt, inhaltliche Bezüge werden aber nur selten berücksichtigt. Die Implementation von Reformprogrammen hat sich im Hochschulbereich eher als zufällig erwiesen und ist inzwischen den Gegenreformen, die unter

Stichworten wie Elitebildung, Leistung, Konkurrenz und Stabilität diskutiert werden, gewichen.

Organisatorische Veränderungen waren an den 59 Universitäten, 8 Gesamthochschulen und 11 pädagogischen Hochschulen (eingeschränkt gilt das auch für die 98 Fachhochschulen, 26 Kunsthochschulen, 24 verwaltungsinternen Hochschulen und 15 theologischen Hochschulen): Ausbau der Gremien durch verstärkte Mitbeteiligung der Studenten, wissenschaftlichen und nichtwissenschaftlichen Mitarbeiter bei gleichzeitiger Dominanz der Professoren, Stärkung der Hochschulleitung (Präsidial- oder Rektoratsverfassung), Betonung von Planung und Verwaltung, Neugliederung der Fächer/Fakultäten/Fachbereiche/Institute, Differenzierung der Personalstruktur (meist im Wildwuchs), Institutionalisierung der Studienreform in bundes- oder länderweiten bzw. fachspezifischen Kommissionen (ohne Einfluß), Aufbau neuer Studiengänge und Forschungseinrichtungen.

Forderungen, die aus der Studenten- bzw. Assistentenbewegung kamen – wie etwa Demokratisierung der Gremien, Mitbestimmung über Inhalte und Formen, forschendes Lernen, Projektstudium, Etablierung der Hochschuldidaktik, interdisziplinäre Forschung und Lehre, gesellschaftliche Verantwortung der Hochschulen –, haben die Organisationsstruktur der Hochschulen nur in Ansätzen verändern können. Ein stärkerer Veränderungsimpuls ging von anderen Entwicklungen aus: die rasche Entwicklung des Wissens auf allen Gebieten, das Vordringen neuer Informationstechnologien und die veränderten Anforderungen des Beschäftigungssystems verlangten neue Strukturen – z. B. interdisziplinäres Forschen, geplantes Veralten von Wissen, Ausbau von Zusatz- und Aufbaustudiengängen für Postgraduierte, Erwerbstätige und Alte.

3.3 Funktionsprobleme

Aus den quantitativen und strukturellen Problemen ergeben sich zahlreiche Schwierigkeiten für das Funktionieren der Hochschulen: die *Hochschulexpansion* wird vom Arbeitsmarkt nicht verkraftet, zwischen Bildungs- und Beschäftigungssystem bestehen Koordinationslücken, immer mehr Hochschulabsolventen/-studenten nutzen die Hochschulen als Warteplätze für den Einstieg in den Beruf. Da der staatlich-administrative Bereich (einschließlich Schule) kaum noch Hochschulabsolventen zusätzlich zum Ersatzbedarf aufnimmt und für den privatwirtschaftlichen Bereich die Qualifikationen (besonders bei Lehrern, Geisteswissenschaftlern, Habilitierten) nicht passen, verstärkt sich der Druck auf die Hochschulen, durch Praxisorientierung, Zusatzqualifikationen, Promotionen und dergleichen ihre Absolventen für das Beschäftigungssystem »passend« zu machen. Wegen der ohnehin bestehenden Überfüllung (selbst der ehemaligen »Orchideenfächer«) können die Hochschulen diesen Aufgaben nur begrenzt nachkommen. Umgekehrt erzeugt die geringe Berufsperspektive bei vielen Lernenden/Lehrenden Motivationsdefizite: Studium als Lebensform weicht vielfach hinter der Auffassung vom Studium als Mitnahme von Studienangeboten zurück, das Arbeiten in der Hochschule wird gegenüber Tendenzen zur »Verhäuslichung« (Wohnung, Beziehung, Familie, Wohngemeinschaft, Freizeit, Urlaub erscheinen relevanter als das Studieren) zurückgedrängt, Erwerbsarbeit neben dem Studium wird wegen veränderter Präferenzen und reduzierter Stipendien als wichtig angesehen. Hochschule als bürokratisierter, unübersichtlicher Lern-Großbetrieb bietet vielen Studenten kaum noch Identifikationsmöglichkeiten, zumal politische Aktivitäten angesichts verfestigter bürokratischer

Strukturen wenig Erfolg versprechen und aktuelle Diskussionen meist vor den Toren der Hochschulen bleiben (müssen).

Neben den Funktionen Sozialisation (einschließlich der Ausprägung eines fachtypischen Habitus), Qualifikation für Berufe, Allokation und Selektion sowie Kodierung und Kodifizierung von Wissensbeständen haben Hochschulen Innovationsfunktionen, die unter der »Überlast« des auch in den nächsten Jahren kaum abbaubaren »Studentenberges« gelitten haben: zum einen mußte die hochschulinterne Forschung eingeschränkt werden, Forschung verlagerte sich in hochschulexterne Stätten; zum anderen konnte die innovative Verknüpfung mit der »Praxis« (z. B. im Projektstudium, in der einphasigen Juristenausbildung, in Praktika) nur teilweise gelingen; schließlich blieb auch die Vermittlung zwischen Forschung und Anwendern (z. B. durch Transferstellen, Wissenschaftsläden) unsystematisch.

4 Hochschule und Gesellschaft

Hochschulen sind in der Geschichte wie in der Gegenwart Institutionen gewesen, die vorrangig von den gesellschaftlichen Mittel- und Oberschichten genutzt wurden: Bildung als Voraussetzung und Erhaltung von Privilegien, Wissen als Machtinstrument. Der Übergang zur »mass higher education« hat diese Funktion nur teilweise relativiert. Zwar sind Hochschulabschlüsse in einer Gesellschaft, in der ein Fünftel aller Jugendlichen ein Studium aufnimmt, nicht mehr exklusiv, zwar hat sich der Anteil der Arbeiter- und Bauernkinder in den letzten beiden Jahrzehnten von fünf auf fünfzehn Prozent erhöht, zwar sind mit Gesamt- und Fachhochschulen mobilitätsfördernde Institutionen entstanden, doch zeigen neuere Untersuchungen, daß Hochschulen weiterhin Chancen-Ungleichheit perpetuieren: In Studiengängen, die noch relativ gute Berufschancen bieten (Medizin, Jura, BWL, Naturwissenschaften), in Universitäten mit hoher Reputation, in Zusatz- und Promotionsstudien mit besseren Beschäftigungsaussichten sind überproportional häufig Abkömmlinge aus Mittel- und Oberschichten zu finden. Umgekehrt finden sich in Studiengängen mit gegenwärtig niedrigen Berufschancen (Lehrer, Geistes- und Sozialwissenschaften), in Gesamthochschulen und Fachhochschulen proportional mehr Abkömmlinge aus den Unter- und unteren Mittelschichten als im Durchschnitt des gesamten Hochschulwesens. Dennoch kann von einer leichten Chancenverbesserung gesprochen werden, zumal ein Hochschulstudium neben Berufschancen auch Zugang zu kulturellen Mustern und damit auch eine bessere Aneignung gesellschaftlicher Umwelt bietet.

Die Umbrüche der letzten beiden Jahrzehnte haben aber auch die Verantwortung der Hochschule für gesellschaftliche, wissenschaftliche und technische Entwicklungen verdeutlicht. Auch wenn Großforschung teilweise aus den Hochschulen ausgelagert wurde, bleibt ihnen die *Grundlagenforschung* und die Erforschung der sozialen Folgen der Technikentwicklung erhalten. Abzuwarten bleibt, in welchem Umfange die Hochschulen die Spannung zwischen der Kritik an unerwünschten Entwicklungen und deren Legitimation aushalten können.

Literatur

BECKER, E. (Hrsg.): Reflexionsprobleme der Hochschulforschung. Weinheim/Basel 1983
BÖHM, L./MÜLLER, R. A. (Hrsg.): Universitäten und Hochschulen in Deutschland, Österreich und der Schweiz. Düsseldorf 1983
BUNDESMINISTER FÜR BILDUNG UND WISSENSCHAFT: Grund- und Strukturdaten 1986/87. Bonn 1986
ELLWEIN, TH.: Die deutsche Universität vom Mittelalter bis zur Gegenwart. Königstein/Ts. 1985
GOLDSCHMIDT, D./TEICHLER, U./WEBLER, W. D. (Hrsg.): Forschungsgegenstand Hochschule. Frankfurt/M. 1984
HUBER, L. (Hrsg.): Ausbildung und Sozialisation in der Hochschule. (Enzyklopädie Erziehungswissenschaft. Band 10). Stuttgart 1983
KLÜVER, J.: Universität und Wissenschaftssystem. Die Entwicklung einer Institution durch gesellschaftliche Differenzierung. Frankfurt/M. 1983
NITSCH, W.: Die soziale Dynamik akademischer Institutionen. Weinheim/Basel 1973
PICHT, G.: Die deutsche Bildungskatastrophe. Olten/Freiburg 1964
PRAHL, H.-W.: Hochschulprüfungen – Sinn oder Unsinn? München 1976
–: Sozialgeschichte des Hochschulwesens. München 1978 und Tokyo 1987
–: Die Universität. Luzern/München 1981
PROSSER, E. (Hrsg.): Das Hochschulwesen in der Europäischen Gemeinschaft. Verzeichnis der Hochschuleinrichtungen. Luxemburg 1984
SCHELSKY, H.: Einsamkeit und Freiheit. Reinbek 1963
SCHÜLEIN, J. A.: Monster oder Freiraum. Texte zum Problemfeld Universität. Frankfurt/M. 1979
TURNER, G.: Universitäten in der Konkurrenz. Stuttgart 1986
ZEITSCHRIFT FÜR SOZIALISATIONSFORSCHUNG UND ERZIEHUNGSSOZIOLOGIE (ZSE) 1981 ff.
ZEITSCHRIFT HOCHSCHULAUSBILDUNG (Zeitschrift für Hochschuldidaktik und Hochschulforschung) 1983 ff.

Hildegard Müller-Kohlenberg

Sozialpädagogische Institutionen

1 Gegenstandsbereich

Als sozialpädagogische Institutionen werden Einrichtungen bezeichnet, deren Zweck es ist, Orte für Kinder und Jugendliche zu schaffen, in denen diese sich stationär oder für einen Teil des Tages, regelmäßig oder gelegentlich aufhalten, in denen sie betreut werden, spielen und/oder lernen können und die insofern einen Erziehungs- und Sozialisationseinfluß ausüben. Damit fallen folgende Gegenstandsbereiche aus der Betrachtung heraus:
– Die Familie, die zwar als gesellschaftliches Element vorausgesetzt wird, in einigen Fällen jedoch als ergänzungs- und beratungsbedürftig angesehen wird (*supplementäre* sozialpädagogische Institutionen) und im Einzelfall auch ausnahmsweise ersetzt werden muß (*stationäre* sozialpädagogische Institutionen);
– Die Schule, die zwar auch über Aspekte einer sozialpädagogischen Institution verfügt, jedoch traditionellerweise als *komplementäre* Einrichtung zur Familie verstanden wird;
– Soziale Einrichtungen für Erwachsene und alte Menschen, obwohl einige Merkmale auch hier zutreffen. Diese Angebote werden üblicherweise als im Bereich der Sozial*arbeit* angesiedelt betrachtet (→ *Sozialpädagogen / Sozialarbeiter*).

Sozialpädagogische Institutionen unterscheiden sich beträchtlich hinsichtlich der Zugangsvoraussetzungen und der Teilnahmeregelungen, sie haben z. T. freiwilligen, z. T. Zwangscharakter (offene und geschlossene Institutionen). Geschlossene Einrichtungen, in denen Kontakte mit der Außenwelt erschwert oder verhindert werden und in denen alle Lebensbereiche konzentriert sind, werden als totale Institutionen bezeichnet (GOFFMAN 1961; deutsch 1972). Die Auswirkungen totaler Institutionen auf die Insassen wurden häufig kritisiert. Das Syndrom spezifischer Anpassung an die sozialen Bedingungen der totalen Institution, die zu Inkompetenz außerhalb der Anstalt führt, wird als »Diskulturation« oder »Hospitalismus« bezeichnet.

2 Formen sozialpädagogischer Institutionen

Sozialpädagogisches Handeln findet größtenteils im institutionellen Rahmen statt. Eine Systematik sozialpädagogischer Institutionen sollte die Eingriffsintensität, d. h. die Veränderung des Alltags der Betroffenen, berücksichtigen. Kriterium für die Normalität von Lebensformen ist nach wie vor die Familie. Im folgenden wird deshalb zwischen familienersetzenden (stationären) und familienergänzenden (supplementären) Institutionen unterschieden.

2.1 Stationäre sozialpädagogische Einrichtungen

2.1.1 Heime

Die Heimerziehung mit ihren vielfältigen Formen in Geschichte und Gegenwart ist die verbreitetste familienersetzende Institution (Ersatzerziehung, Fremdunterbringung) (→ *Sozialpädagogik und Heimerziehung*). Die z. Z. anzutreffende Heimdifferenzierung ist Ergebnis eines historischen Prozesses, der vereinzelt bereits im Mittelalter durch die Einrichtung von Waisen- und Findelhäusern begann. Im 18. Jahrhundert wurden auf entsprechendem wirtschaftlichem Hintergrund (Merkantilismus und Manufaktur) zahlreiche Waisenhäuser gegründet, in denen die Zöglinge, teils schon im Kindesalter, handwerklich-manufakturelle Arbeit zu leisten hatten. Gegen Ende des 18. Jahrhunderts setzte unter der Bezeichnung »Waisenhausstreit« eine Gegenbewegung ein, die zur Schließung zahlreicher Anstalten führte. Die Gründe hierfür sind zumindest auf zwei Ebenen zu suchen: Einerseits war es die Kritik an den Mißständen exzessiver Kinderausbeutung, andererseits hatten die Manufakturen Absatzschwierigkeiten mit ihren Produkten durch die aufkommende Industrialisierung. Durch den gesellschaftlichen Prozeß einer schnellen Ansammlung von ehemals ländlicher Bevölkerung in den Städten, der zahlreiche unversorgte Kinder und Jugendliche hinterließ, wurde es einige Jahrzehnte später erneut notwendig, Heime zu errichten. Es entstand die »Rettungshausbewegung«, die von den Kirchen ausgehend, die religiöse und moralische Erziehung in den Mittelpunkt stellte. Seit der Einführung des Reichsjugendwohlfahrtsgesetzes (1922/24) existieren für die Fremdunterbringung von Kindern und Jugendlichen genauere rechtliche Grundlagen, die die Arbeit der bestehenden Heime berücksichtigten und durch öffentliche Angebote ergänzten. So erklärt sich die heute noch bestehende große Zahl kirchlicher Einrichtungen. Daneben existieren öffentliche Heime (der Länder und Kommunen) sowie gewerblich-private Einrichtungen. Bezogen auf die angebotenen Plätze, sieht die Verteilung zwischen den verschiedenen Typen von Trägern ungefähr folgendermaßen aus: öffentlicher Träger 14%, freie Träger 77%, privat-gewerbliche Träger 9%. Zwischen 1976 und 1983 verminderte sich die Gesamtzahl der Minderjährigen in Heimen von 74129 um 21540 auf 52580. In dieser Zeit nahmen dagegen nichtinstitutionelle Formen der Inpflegenahme (z. B. Pflegefamilien) zu.

Unter dem Begriff *»Heimerziehung«* werden unterschiedlichste Formen der Ersatzerziehung subsumiert, wobei eine einheitliche Systematisierung fehlt. Die Einweisung eines Kindes oder Jugendlichen zu einem passenden Heim aufgrund einer eindeutigen Diagnose ist keineswegs gesichert. Dieser Mangel trat besonders im Zusammenhang mit der Diskussion um die geschlossene Unterbringung (die einer richterlichen Grundlage bedarf) zutage. Während die Einweisungs*gründe* relativ genau dokumentiert sind, fehlt es weitgehend an gesichertem Wissen über optimale Zuordnungen von Kindern und Jugendlichen zu Heimtypen (Indikation) sowie über die Erfolge der Heimerziehung (Evaluation).

Die Kritikbewegungen, denen Heimerziehung im Laufe der Zeit immer wieder ausgesetzt war – zuletzt Ende der 60er Jahre –, führten zu einigen Verbesserungen, wie z. B. zu qualifizierterem Personal, kleineren Gruppen und kleineren Heimen, zu einer gewissen wirtschaftlichen Selbständigkeit der Gruppen und einem weniger repressiven Erziehungsstil. Therapeutische Heime, wie z. B. Heime für Sprachbehinderte, für Drogenabhängige oder für Körperbehinderte, können an dieser Stelle nur erwähnt, aber nicht ausführlich dargestellt werden. Es ist unbestritten, daß auch in diesen Spezialeinrichtungen die sozialpädagogische Atmosphäre neben den gezielten Therapien von entscheidender Bedeutung ist (→ *Sozialpädagogik und Heimerziehung*).

2.1.2 Anstalten des Jugendstrafvollzugs
Ob die Jugendstrafanstalten als sozialpädagogische (d. h. erzieherische) Institutionen angesehen werden dürfen, ist seit ihrer Einrichtung auf der Grundlage des Jugendgerichtsgesetzes (1923) umstritten. Zwar wird in § 91 JGG als Aufgabe des Jugendstrafvollzugs angegeben, daß der Verurteilte dazu *erzogen* werden soll, »künftig einen rechtschaffenen und verantwortungsbewußten Lebenswandel zu führen«. Weder die Praxis des Jugendstrafvollzugs noch der Kontext des Gesetzes, in dem der Strafcharakter betont wird, erlauben jedoch eine eindeutige Zuordnung, die es gerechtfertigt erscheinen läßt, von einer Erziehungseinrichtung zu sprechen. Das Jugendgerichtsgesetz sieht deshalb weitere Möglichkeiten (Erziehungsmaßregeln und Zuchtmittel) vor, die größtenteils (mit Ausnahme des Arrests) außerinstitutionell durchgeführt werden.

Trotz der Kritik an Jugendstrafrecht und -vollzug (z. B. wird die Heraufsetzung der Strafmündigkeit auf 18 Jahre – z. Z. 14 Jahre – gefordert; die Jugendstrafe von »unbestimmter Dauer« soll abgeschafft werden) bedeutet die Einrichtung von Jugendstrafanstalten gegenüber vorherigen Verhältnissen einen Fortschritt. Kinder und Jugendliche beiderlei Geschlechts wurden bis ins 19. Jahrhundert gemeinsam mit erwachsenen Straftätern eingesperrt und waren dadurch zusätzlichen Repressalien der Gefangenensubkultur ausgesetzt. In der europäischen Geschichte sind vor dem 20. Jahrhundert nur wenige Ausnahmen bekannt, die als separate Strafeinrichtungen für Jugendliche bezeichnet werden können: Mailand (Ende 16. Jahrhundert); Amsterdam (gegründet 1603); Florenz (Mitte 17. Jahrhundert); Rom (gegründet 1703); England (ab 1854).

Im internationalen Vergleich sind eigenständige Jugendvollzugsanstalten auch heute noch nicht die Regel (vgl. TOMASEVSKI 1986).

Obwohl in der Bundesrepublik vergleichsweise humane Bedingungen für den Jugendstrafvollzug herrschen, ist eine positive Weiterentwicklung trotz engagierter Kritik seit mehr als 60 Jahren nicht erfolgt.

2.1.3 Jugendarrestanstalten
Der gleiche Vorbehalt wie beim Jugendstrafvollzug hinsichtlich der erzieherischen Wirkungen gilt verschärft für den Jugendarrest, der im Jugendgerichtsgesetz, Abschnitt »Zuchtmittel« aufgeführt ist. Der Arrest wurde im Nationalsozialismus (Jugendarrestordnung vom 1. 11. 1940) eingeführt. Er wird auch heute noch verhängt, obwohl seine Wirkungslosigkeit bzw. schädlichen Wirkungen nachgewiesen sind (BRUNS 1984). Außerinstitutionelle Alternativen, wie z. B. die Erteilung von Arbeits- oder Betreuungsauflagen, nehmen in der Praxis der Rechtsprechung jedoch an Bedeutung zu.

2.1.4 Wohnkollektive / Wohngruppen
Jugendwohngruppen sind in den 70er Jahren im Zusammenhang mit einer gegen die (Fürsorge-)Heime gerichteten antiinstitutionellen Bewegung entstanden. Jugendliche aus den Heimen, Studenten und aufgeschlossene Sozialarbeiter entwickelten aus der Kritik an den Heimen ein Konzept selbstverwalteter Wohngruppen, in denen politisches Lernen und Autonomie ermöglicht werden sollten (»Heimkampagne«). Diese Versuche

mit neuen Lebensformen für Jugendliche hatten gegen zahlreiche Probleme zu kämpfen: Die Heime ließen zunächst die geflüchteten Jugendlichen polizeilich suchen und zurückführen; die Behörden waren nicht bereit, die Finanzierung der Wohngruppen zu übernehmen, wenn die Kontrolle im traditionellen Sinne nicht gewährleistet war (Heimaufsicht nach § 78 Jugendwohlfahrtsgesetz); schließlich gestaltete sich auch das Zusammenleben von Studenten und Heimjugendlichen (Lehrlingen, Schülern, Jungarbeitern) äußerst schwierig aufgrund des unterschiedlichen Tagesablaufs und der verschiedenartigen Gewohnheiten und Interessen. Deshalb verschwanden die Wohnkollektive mit politischem Anspruch bald wieder. Statt dessen griffen die Heimträger und Jugendhilfebehörden selbst die Idee auf und bauten sogenannte »Außenwohngruppen« auf, die organisatorisch, rechtlich und finanziell mit den Heimen verbunden waren, räumlich jedoch getrennt (dezentralisierte Heimerziehung). In den Wohngruppen wohnt entweder ein Sozialarbeiter, der die Betreuung übernimmt, oder er steht als Berater bei Bedarf zur Verfügung, wohnt jedoch außerhalb. Damit verschwand der antiinstitutionelle Charakter der Wohngruppen, sie wurden in das bestehende System der Jugendhilfe integriert. Einige Forderungen fanden jedoch Eingang in die pädagogische Praxis und haben somit auch den Charakter der Heime verändert: Das Selbstversorgungsprinzip und das Prinzip selbständigen finanziellen Wirtschaftens (einkaufen, kochen, waschen, Reparaturen); die Offenheit gegenüber Selbsterfahrungsprozessen der Jugendlichen hat mancherorts zugenommen; die »freie« Entscheidung eines Jugendlichen für eine Gruppe wird – jedenfalls teilweise – berücksichtigt.

Eine Weiterentwicklung des Prinzips der Dezentralisierung ist das »Betreute Wohnen« (vgl. z. B. AREND u. a., 1987).

2.2 Supplementäre sozialpädagogische Institutionen

2.2.1 Beratungsinstitutionen

Im Gebiet der ehemaligen Bundesrepublik bestehen um 1990 ca. 1500 ambulante Beratungsinstitutionen unterschiedlichen Typs.

Selten bietet eine Beratungsinstitution Hilfe in allen Beratungsbereichen an. Es bestehen Spezialdienste wie auch Kombinationen.

a) Erziehungsberatungsstellen

Sie können von Eltern und/oder Kindern und Jugendlichen bei Gefährdungen und Störung der seelisch-geistigen Entwicklung, bei Beziehungsstörungen, Verhaltensauffälligkeiten und in Konfliktsituationen aufgesucht werden. Die Beratungsstellen bieten Hilfe bei der Bewältigung dieser Probleme durch (therapeutische) Maßnahmen und die Vermittlung von Kenntnissen und Erfahrungen an Erzieher und Eltern. Nach den »Grundsätzen für die einheitliche Gestaltung der Richtlinien der Länder für die Förderung von Erziehungsberatungsstellen« von 1973 sollen Erziehungsberatungsstellen stets interdisziplinär zusammengesetzt sein mit mindestens drei Fachkräften aus den Bereichen Psychologie, Medizin (möglichst mit therapeutischer Weiterbildung), Sozialarbeit, Sozialpädagogik, Heilpädagogik u. a. m. Die Erziehungsberatungsstellen arbeiten – wie auch die meisten sonstigen Beratungsstellen – kostenfrei. 1982 existierten in der Bundesrepublik 745 Erziehungsberatungsstellen. Da der Bedarf über dem Angebot liegt, sind Wartezeiten üblich (→ *Sozialpädagoge / Sozialarbeiter*; → *Erziehungsberater*).

b) Sozialberatungsstellen

Ziel dieser Einrichtungen ist die Information über gesetzliche Möglichkeiten im Bereich von Sozialhilfe, Jugendhilfe, Mutterschutz, Versicherungen, Schuldenregulierung, Wohn-, Kinder- und Erziehungsgeld usw. Dem Ratsuchenden soll geholfen werden, seine Ansprüche geltend zu machen. Sozialberatung wird häufig mit anderen Beratungsangeboten kombiniert, z. B. mit psychosozialer Beratung in einer Institution.

c) Einrichtungen für psychosoziale Beratung

Die Tätigkeit dieser Institutionen liegt im Grenzbereich von sozialpädagogischen und therapeutischen Aktivitäten. Sie wird von Menschen mit unterschiedlichsten Problemen bei ihrer Daseinsbewältigung aufgesucht, wobei sich Ratsuchender und Berater gemeinsam um die Klärung der Ursachen, um Entscheidungskriterien und um eine Verstehensbasis bemühen. Häufig entwickelt sich dieser Prozeß über den unmittelbaren Anlaß hinaus zu einer Stärkung der Persönlichkeit und einer Verbesserung der Fähigkeit, persönliche Freiheiten zu nutzen.

d) Einrichtungen für Ehe-, Sexual- und Familienberatung sowie für Schwangerschafts- und Schwangerschaftskonfliktberatung

Beratungen in diesem Bereich können Einzel- oder Paarberatungen sein. Zunehmend wird auch Familienberatung (bzw. -therapie) mit allen beteiligten Personen durchgeführt. Einen besonderen Stellenwert nimmt die Beratung Schwangerer ein, die einen Schwangerschaftsabbruch erwägen. Nach § 218c StGB muß eine Unterrichtung bzw. eine Beratung über Möglichkeiten der Hilfe für Schwangere, Mütter und Kinder erfolgen. Diese gesetzlich vorgeschriebene Beratung (»Zwangsberatung«) verletzt den ansonsten im Beratungsbereich geltenden Grundsatz der Freiwilligkeit und bringt Berater(innen) und Beratene bisweilen in schwierige, weil ungewollte Situationen, in denen Offenheit und Vertrauen schwerlich entstehen können. Sexualberatungsstellen sehen ihre Aufgabe – vor allem bei Jugendlichen – eng verbunden mit Sexualpädagogik. Deren Ziele und Aufgaben sind verantwortungsvolles und angstfreies Erleben von Liebe und Sexualität, Empfängnisverhütung, Gesundheitsschutz, Erziehung zur Liebesfähigkeit, Unterstützung bei Fragen der Partnerwahl u. a. m. Die Eheberatungseinrichtungen werden auch von Alleinstehenden zunehmend in Anspruch genommen bei Problemen des Alleinseins nach Scheidungen, beim Tod eines Partners oder ganz allgemein bei sozialer Vereinsamung.

2.2.2 Lebensalterspezifische Einrichtungen

a) Kinderkrippen

Kinderkrippen sind Tagespflegeeinrichtungen für Kinder bis zu drei Jahren. Die falsch verstandene Kritik von SPITZ, BOWLBY u. a. (vgl. ERNST/v. LUCKNER 1985) an der Fremdbetreuung von Kleinkindern führte dazu, daß Kinderkrippen in der Bundesrepublik nach dem Zweiten Weltkrieg kaum eingerichtet wurden und auch heute nur in geringer Zahl anzutreffen sind. Die Befürchtung, daß außerfamiläre Betreuung zu *Hospitalismus* führe, trifft nur für ungünstige Pflegebedingungen zu, wie z. B. häufiger Wechsel der Bezugsperson, unpersönlicher Umgang, traumatische Trennungserlebnisse oder wenig verfügbare Zeit pro Kind (ungünstiger Personalschlüssel). Familienergänzende Einrichtungen für Kleinkinder, wie die Kinderkrippen, sind jedoch meist durch günstigere Bedingungen charakterisiert. Eine traumatische Trennung und Entfremdung von der Mutter bzw. dem Elternhaus findet durch die (stundenweise) Fremdunterbringung kaum statt, die geistige und soziale Entwicklung wird nicht notwendigerweise nachteilig, wohl aber teilweise förderlich – je nach Ausgangssituation des Kindes und der Möglichkeit der Krippe – beeinflußt (BELLER 1979). Das politische Festhalten an der restriktiven Krippenpolitik machte anderweitige Maßnahmen nötig, da die empirische Wirklichkeit der Familienverhältnisse die unterstellte günstige Versorgung der Kleinkinder nicht immer gewährleistet. Es ist jedoch fraglich, ob die Regelungen, die vom Primat der Familienerziehung ausgehen (wie z. B. das »Erziehungsgeld« als – finanziell unzureichende – Alternative zur Erwerbstätigkeit oder die Änderung des Adoptionsgesetzes, wodurch eine Erleichterung der Freigabe zur Adoption erreicht wurde), akzeptablere Lösungen sind. Die Grundlage dieser Politik ist im Strukturplan für das Bildungswesen von 1970 festgehalten, wonach das Kind bis zum dritten Lebensjahr in der Familie am besten gefördert wird (DEUTSCHER BILDUNGSRAT 1970) (→ *Familienerziehung und Kleinkindpädagogik*).

b) Kindergarten
Für Kinder vom dritten Lebensjahr an bis zum Schuleintritt steht der Kindergarten *als Angebot* zur Verfügung. Anders als die Kinderkrippen wird die Institution durch öffentliche Mittel und bildungspolitische Maßnahmen mit dem Ziel gefördert, fast allen Kindern einen Platz im Kindergarten zu bieten. Der Kindergarten wird nach dem Strukturplan des BILDUNGSRATES seit 1970 zum Elementarbereich des Bildungswesens gerechnet (→ *Kindergarten- und Vorschulpädagogik*). Im Zuge der bildungsreformerischen Impulse der 70er Jahre wurde auch der Kindergarten in die Reformbemühungen durch Modellversuche und ein Erprobungsprogramm einbezogen. Die Zielwerte der BUND-LÄNDER-KOMMISSION FÜR BILDUNGSPLANUNG sahen vor, daß im Jahr 1980 ein Anteil von 70% der Drei- und Vierjährigen bzw. 85% der Fünfjährigen in Kindergärten aufgenommen werden sollte. Davon sind besonders Ausländergruppen noch weit entfernt. Eine Erhebung in Osnabrück ergab einen Ausländerkinderanteil von 46,2% (gegenüber 86% der deutschen Kinder), wobei die Kinder der türkischen Bevölkerungsgruppe mit nur 38% am geringsten vertreten waren (MÜLLER-KOHLENBERG/WILKENING 1983) (→ *Ausländische Kinder an deutschen Schulen*).

Entsprechend der Grundannahme (die heute mit etwas weniger Rigidität vertreten wird), daß gerade die frühe Kindheit die Weichen für die Persönlichkeitsentwicklung und für die Zugangschancen für das Schulsystem stellt, wurde der Reform des Elementarbereichs besondere Aufmerksamkeit geschenkt. Es handelte sich dabei um einen vielschichtigen Ansatz, der quantitative, qualitative und organisatorische Aspekte einbezog.

Die inhaltlich-curricularen Entwicklungen werden bisweilen als der gelungenste Teil der gesamten Bildungsreform bezeichnet. Das »Erprobungsprogramm im Elementarbereich« (ab 1975 in Niedersachsen, andere Bundesländer folgten) bemühte sich um eine Klärung der Frage, ob – etwas überspitzt formuliert – eher schulische oder eher sozialpädagogische Prinzipien für die Drei- bis Sechsjährigen gelten sollen; Vorschule oder Kindergarten? Angestoßen durch die Kritik der antiautoritären Bewegung und getragen von der Zielvorstellung der Chancengleichheit, wurde ein Konzept entwickelt, das soziales Lernen, bezogen auf die Lebenssituation und den Alltag der Kinder, in den Mittelpunkt stellt (situationsorientierter Ansatz). Die Ergebnisse begründeten die Abwendung von der sogenannten Frühförderung, die einseitig die intellektuelle Leistungssteigerung (z. B. Frühlesen) betonte.

Die neuen curricularen Vorschläge konnten teilweise auf die traditionelle Kindergartenpädagogik (erster »Kindergarten« 1840, gegründet durch F. FRÖBEL) zurückgreifen, legten jedoch mehr Wert auf den Lebensbezug zu unmittelbar erfahrbaren sozialen Ereignissen, wie z. B. »neue Kinder in der Gruppe«, und versuchten, die räumlichen Grenzen des Kindergartens durch einen gemeinde- und lebensweltorientierten Ansatz zu überwinden. Auch die besonders umstrittene Gruppe der Fünfjährigen soll – diesen Vorstellungen zufolge – eher ganzheitlich gefördert als in Vorklassen auf die Schule vorbereitet werden.

Es war zu erwarten, daß die Einführung des Programms bei der heterogenen, meist privaten Trägerschaft der Kindergärten, für die keinerlei Verbindlichkeit von Lehrplänen besteht, auf Schwierigkeiten stoßen würde. Die Reform wurde deshalb mit Erziehern/innen und Eltern in ausgewählten Modelleinrichtungen entwickelt. Die Arbeit in den einbezogenen Kindergärten veränderte den Charakter dieser Institutionen in allen Bereichen (ALMSTEDT/KAMMHÖFER 1980). Die Übertragung auf die über 20 000 restlichen Einrichtungen ist noch nicht abgeschlossen (→ *Kindergarten- und Vorschulpädagogik*; → *Erzieher/Erzieherin*).

c) Kinderhort

Ein Kinderhort ist eine Einrichtung für Schulkinder, die in der schulfreien Zeit des Tages in ihren Familien ungenügend betreut werden (i. d. R. wegen der Berufstätigkeit der Eltern). Ein besonderer Bildungsauftrag des Hortes ist nicht formuliert. Die Arbeit ist inhaltlich an den Anforderungen der Schule orientiert, wobei im wesentlichen (kompensatorische) Hausaufgabenhilfe geleistet wird. In bezug auf Methoden und Organisation bedient er sich weitgehend der Formen des Kindergartens. In der unreflektierten Fortschreibung der Kindergartenpädagogik für eine Altersgruppe mit eigenen lebensalterspezifischen Bedürfnissen kommt die Randstellung dieser Institution zum Ausdruck: eine Randstellung nicht nur im Bereich der pädagogischen Diskussion, sondern auch in der Bildungspolitik.

1982 bestanden knapp 87 000 Plätze für Hortkinder, was ca. 6% des Angebots an Kindergartenplätzen entspricht. Angesichts der Häufigkeit von Frauenerwerbstätigkeit (rund 40% aller Kinder hatten/haben eine berufstätige Mutter) muß dieses Angebot an Plätzen als unzureichend betrachtet werden. Eine akzeptable Alternative zum Ausbau von Kinderhorten wäre auch ein flächendeckendes Angebot an *Ganztagsschulen*. Wenn die Ganztagsschule sozialpädagogische Elemente aufnimmt und im Freizeitbereich auf Distanz zu schulischen und sonstigen Leistungsforderungen zu gehen vermag, wäre sie in der Lage, den vom Kinderhort nur unzureichend wahrgenommenen Betreuungsbedarf zu decken.

d) Außerschulische Jugendarbeit

– *Jugendbildungsstätten*

Die Geschichte dieser Einrichtungen beginnt nach dem Zweiten Weltkrieg im Zusammenhang mit dem Umerziehungsprogramm (Re-education) der Besatzungsmächte. Besonders in der britischen Zone wurde ein entsprechendes Programm dezidiert und staatlich gelenkt in Angriff genommen. 1946 entstand der Jugendhof Vlotho als »Youth-Leader-Training-Center«. Weitere Gründungen dieser Epoche waren Jugendbildungsstätten in Bündheim, Barsbüttel und Steinbach (Eifel). Die Arbeit in diesen Häusern sollte sich an antifaschistischen und demokratischen Zielen orientieren.

In der amerikanischen Besatzungszone wurde der Akzent weniger auf die Veränderung gesellschaftlicher Strukturen, sondern mehr auf sozialpsychologische Beeinflussung gelegt; insofern wurde die Neugründung der Jugendverbände unterstützt und durch die Gründung von GYA-Heimen (= German Youth Activities) ergänzt; 1950 existierten 246 GYA-Heime in der amerikanischen Besatzungszone. Diese unterschiedlichen Auffassungen der Besatzungsmächte wurden 1950 in der »Bündheimer Entschließung« im Sinne subsidiärer Zurückhaltung der staatlichen Instanzen beigelegt.

Um 1990 existieren im Gebiet der »alten« Bundesrepublik über 200 Jugendbildungsstätten, deren inhaltliche Arbeit vorwiegend auf die Bereiche musische Bildung bzw. kulturelle Jugendarbeit und politisch-soziale Bildung zielt, oder die als Stätten der Begegnung soziale Erfahrungen ermöglichen wollen. Die pädagogische Arbeit in diesen Institutionen (»Kurzzeitpädagogik«) ist bisweilen in Frage gestellt worden wegen ihrer geringen Dauer. Es ließ sich jedoch nachweisen, daß bei entsprechender Intensität des Erlebens auch langfristige Wirkungen feststellbar sind (MÜLLER-KOHLENBERG/SAMBALE/SCHWARZ 1980).

– *Jugendfreizeitstätten / Jugendzentren / Häuser der offenen Tür*
Merkmal der Einrichtungen ist ihre Offenheit für *alle* Jugendlichen ohne Mitgliedschaft oder sonstige Bindungserwartungen. Die Zahl der Jugendfreizeitstätten nahm – regional unterschiedlich – in dem Maße zu, wie die aktive Verbands- und Vereinszugehörigkeit Jugendlicher abnahm (was sich nicht unmittelbar in den Mitgliedszahlen widerspiegelt, da die Zählweise einen höheren Mitgliederstand vortäuscht). 1982 bestanden 2265 Einrichtungen dieser Art.

Erst nach dem Zweiten Weltkrieg entwickelten sich Jugendfreizeitstätten in größerer Zahl, meist in Städten unter kommunaler Trägerschaft; sie mußten ihren Ort zwischen dem kommerziellen Angebot (Kneipe, Disco) und der Verbandsarbeit finden. Das bedeutete für die Häuser, ein labiles Gleichgewicht zwischen unverbindlichen Angeboten (z. B. Teestube) und anspruchsvolleren, aber zugleich auch Verbindlichkeit fordernden Programmen (z. B. Videogruppe) zu erreichen. Nicht immer gelang/gelingt diese Gratwanderung. Ausdruck der Problematik ist einerseits das häufige, meist gut besuchte Angebot einer (alkoholfreien) Disco, in der jedoch sozialpädagogische Arbeit kaum möglich ist, andererseits die von politisch bewußteren Jugendlichen initiierte »Jugendzentrumsbewegung«, die in den 70er Jahren die kommunale Kontrolle und deren Programmvorgabe ablehnte und selbstverwaltete Einrichtungen anstrebte, in denen die Freizeitgestaltung auch im Sinne politischen Lernens ohne Zensur frei bestimmt werden sollte.

Auch da, wo diese Bewegung sich erfolgreich durchsetzen konnte, wurde es schwierig, die Arbeit dauerhaft nach den gesetzten Zielen zu gestalten, da sie entscheidend an eine engagierte, aktive Gruppe von Jugendlichen gebunden war. Die Forderungen wurden teilweise von den Trägern aufgegriffen und als »Mitbestimmung« oder »Programmausschuß« berücksichtigt, damit zugleich aber auch um den Anspruch der Autonomie verkürzt.

3 Die Träger sozialpädagogischer Institutionen

Die *freien* Träger werden im wesentlichen durch die Wohlfahrtsverbände repräsentiert: Arbeiterwohlfahrt, Deutscher Paritätischer Wohlfahrtsverband, Deutsches Rotes Kreuz, Diakonisches Werk, Zentrale Wohlfahrtsstelle der Juden in Deutschland. Seit

1966 sind diese Verbände in der Bundesarbeitsgemeinschaft der Freien Wohlfahrtspflege (BAG) organisiert, die wiederum Ausschüsse nach fachlich-inhaltlichen Gesichtspunkten unterhält. Die früher gebräuchliche Bezeichnung »Private Wohlfahrtspflege« oder »Liebestätigkeit« ist für diesen konzernartigen Zusammenschluß, dessen Anlagevermögen größer als das der Bundesbahn ist, dessen Finanzmasse sich aus ungezählten Quellen öffentlicher Zuschüsse und privater Spenden zusammensetzt und der mehr Mitarbeiter beschäftigt als z. B. die Bundespost, inzwischen obsolet. Wenn von *öffentlichen* Trägern die Rede ist, heißt dies im allgemeinen kommunale Einrichtungen, seltener solche auf Länderebene. Der Bund kann nur (aufgrund der konföderalistischen Verfassung der Bundesrepublik) als Träger bei Modellprojekten fungieren. Die erst in letzter Zeit in nennenswerter Zahl entstandenen *kommerziellen* Institutionen im Bereich der Jugendhilfe haben meist den Charakter von Kleinsteinrichtungen, die sich über den Pflegesatz oder Erziehungshonorar/-gehalt finanzieren. Dieses auf den ersten Blick verwirrende Nebeneinander verschiedener Träger, ihre Abhängigkeiten, Konkurrenz und Kooperation bilden trotz des Zwangs zu permanenter gegenseitiger Abstimmung ein stabiles System. Die unter 2.1.2 und 2.1.3 erwähnten Vollzugseinrichtungen nach dem Jugendgerichtsgesetz fallen selbstverständlich in den Zuständigkeitsbereich der Justiz.

4 Kritik an der »Verinstitutionalisierung« der sozialpädagogischen Arbeit

Es war vor allem die Macht der Wohlfahrtsverbände, die Anlaß zur Kritik bot und indirekt Ursache der alternativen, antiinstitutionellen Bewegung wurde (→ *Theorie pädagogischer Institutionen*). Die »Bundesarbeitsgemeinschaft der Freien Wohlfahrtspflege« hatte und hat als Lobby starken Einfluß auf die Gesetzgebung im Sozial- und Jugendhilfebereich, so daß von einer parastaatlichen Organisation gesprochen wurde. Als riesige Arbeitgeber haben die Verbände über die Personalpolitik enormen Einfluß und die Möglichkeit, eigene Tarifregelungen bei den Arbeitsverträgen durchzusetzen. Vor allem die inhaltliche Schwerfälligkeit, neue Impulse aufzugreifen und auf gesellschaftliche Bedürfnisse zu reagieren, erreichte bisweilen die Qualität eines sozialpolitischen Vetos. Besonders in den 70er Jahren gab es zahlreiche Konfrontationen zwischen Initiativgruppen und etablierten Verbänden bzw. zwischen einzelnen Mitarbeitern in Verbänden und deren Mehrheit. Auseinandersetzungen gab es schwerpunktmäßig im Hinblick auf die schon erwähnten Wohngruppen, Eltern-Kind-Gruppen, Jugendlager, Drogenberatung u. a. m. Aus heutiger Sicht zeigt sich, daß nicht wenige dieser Initiativen über den Weg einer Vereinsgründung und späteren Aufnahme in einen Dachverband in die bestehenden Strukturen integriert wurden. Damit haben sie eine Entwicklung vollzogen, die beim Zustandekommen der meisten Wohlfahrtsverbände charakteristisch war: einzelne Stiftungen, Institutionen und Vereinigungen schlossen sich zusammen. Der Prozeß der Inkorporation von Außenseitern bzw. auch nur deren Existenz hat jedoch eine verändernde Wirkung auf die bestehenden Strukturen und stellt so ein Stück sozialer Evolution dar, die jedoch bei Nachlassen des Außendrucks in Richtung der konservativen Kräfte umschlagen kann. In den letzten Jahren hatten die Wohlfahrtsverbände jedoch andererseits auch die Funktion, die Interessen der von ihnen Betreuten gegen staatliche Sparmaßnahmen zu verteidigen. Daneben existieren auch heute bewußt autonome Initiativen, die die finanziellen Risiken einer nicht geförderten Arbeit zugunsten der inhaltlichen Unabhängigkeit in Kauf nehmen (z. B. autonome Frauenhäuser, Jugendzentren oder Kommunikationszentren), sowie andere, von Einzelpersonen getragene, außerinstitutionelle sozialpädagogische Arbeit, wie die der Tagesmütter, der Pflegeeltern oder die vielfältigen Formen ehrenamtlicher oder gegenseitiger Hilfe.

Literatur

ALMSTEDT, L./KAMMHÖFER, H.-D.: Situationsorientiertes Arbeiten im Kindergarten, hrsg. v. NIEDERSÄCHSISCHEN KULTUSMINISTERIUM. München 1980
AREND, D./HEKELE, K./RUDOLPH, M.: Sich am Jugendlichen orientieren. Frankfurt/M. 1987
BAUER, R.: Wohlfahrtsverbände in der Bundesrepublik. Weinheim/Basel 1978
BELLER, K. H.: Gruppenbetreuung von Kleinkindern. In: Berliner Materialien zur Krippenerziehung, hrsg. v. SENATOR FÜR FAMILIE, JUGEND UND SPORT. Berlin 1979
BLANDOW, J./MÜNSTERMANN, K.: Heimerziehung – Dichtung und Wahrheit. In: Materialien zur Heimerziehung, hrsg. v. der INTERNATIONALEN GESELLSCHAFT FÜR HEIMERZIEHUNG, 1 (1986), S. 1–5
BOWLBY, J.: Maternal care and mental health. WHO, Geneva 1951
–: Child care and the growth of love. Pelican Books. Harmondsworth ²1965
BRUNS, B.: Jugendliche im Freizeitarrest. Niedersächsische Beiträge zur Sozialpädagogik und Sozialarbeit. Bd. 1. Frankfurt/M./Bern u. a. 1984
BUNDESARBEITSGEMEINSCHAFT DER FREIEN WOHLFAHRTSPFLEGE (Hrsg.): Die Spitzenverbände der Freien Wohlfahrtspflege – Aufgaben und Finanzierung. Freiburg 1985
BUNDESKONFERENZ FÜR ERZIEHUNGSBERATUNG (Hrsg.): Verzeichnis der Erziehungsberatungsstellen. Nürnberg 1975
COLLA, H. E.: Heimerziehung. München 1981
CORNEL, H.: Geschichte des Jugendstrafvollzugs. Weinheim/Basel 1984
DEUTSCHER BILDUNGSRAT: Empfehlungen der Bildungskommission, Strukturplan für das Bildungswesen. Stuttgart 1970
ERNST, C./LUCKNER, N. v.: Stellt die Frühkindheit die Weichen? Stuttgart 1985
ERTLE, C.: Erziehungsberatung. Stuttgart 1971
GOFFMAN, E.: Asyle (amerikanische Originalausgabe 1961). Frankfurt 1972
KOBLANK, E.: Die Erziehungsberatungsstelle. Neuwied 1967
KOCH, R.: Berufstätigkeit der Mutter und Persönlichkeitsentwicklung des Kindes. Köln 1975
KRAFELD, F. J.: Geschichte der Jugendarbeit. Weinheim/Basel 1984
KUPFER, H.: Einführung in Theorie und Praxis der Heimerziehung. Heidelberg 1977
LIEBEL, M.: Jugendwohnkollektive. Alternative zur Fürsorgeerziehung? München 1972
LÜDTKE, H./GRAUER, G.: Jugend – Freizeit – »Offene Tür«. Weinheim 1973
MÜLLER, C. W. (Hrsg.): Einführung in die Soziale Arbeit. Weinheim/Basel 1985
MÜLLER-KOHLENBERG, H./SAMBALE, H./SCHWARZ, H.: Was leistet kompensatorische Kurzzeitpädagogik in der außerschulischen Jugendbildung? Versuch einer Wirkungsanalyse. In: deutsche Jugend 6 (1980), S. 262–270
–/WILKENING, U.: Ausländische Kinder in deutschen Kindergärten. In: GLÜCK, H./MÜLLER-KOHLENBERG, H. (Hrsg.): Interdisziplinäres Kolloquium Ausländerpädagogik. Osnabrück 1983, S. 55–72
NICKOLAI, W. u. a.: Sozialpädagogik im Jugendstrafvollzug. Freiburg 1985
SCHERPNER, H.: Geschichte der Jugendfürsorge. Göttingen 1966
SIMONSOHN, B. (Hrsg.): Jugendkriminalität, Strafjustiz und Sozialpädagogik. Frankfurt/M. 1969
SPITZ, R. A.: Hospitalism. Psychoanal. Study Child 1 (1945), S. 53–74
TOMASEVSKI, K.: Children in Adult Prisons. London 1986

Walter Mattl

Institutionen der Erwachsenenbildung

1 Historische Entwicklung

Seit den Anfängen der Erwachsenenbildung im 19. Jahrhundert (Ansätze in der Arbeiterbewegung, bei den Kirchen, im Bürgertum) ist dieser Bereich des Bildungswesens dadurch gekennzeichnet, daß er sich in eine Fülle von Bestrebungen und Auffächerungen verzweigt, die zum großen Teil beziehungslos nebeneinanderher bestehen. Ein halbwegs einheitliches Erscheinungsbild und Selbstverständnis, wie es sich für das Volksschulwesen mit dem Gedanken einer volkstümlichen Bildung, das mittlere Schulwesen mit seiner Orientierung an Verwaltung und Wirtschaft, das Gymnasium mit seiner Idee einer auf Studierfähigkeit hin angelegten Allgemeinbildung und für die Universität mit ihrer Orientierung an Wissenschaft und Forschung herausgebildet hat und auch heute noch – wenn auch in modifizierter Weise – gegeben ist, hat sich in der Erwachsenenbildung bis zum heutigen Tage nicht entwickelt.

Die Erwachsenenbildung zeichnet sich demgegenüber durch eine Vielfalt, ja Buntheit ihrer organisatorischen Strukturen, ihres theoretischen Selbstverständnisses und ihrer inhaltlichen Ausprägung aus, die je nach Standpunkt als Wildwuchs oder aber als Ausdruck von Flexibilität und Anpassung an die Erfordernisse der Lebenspraxis begriffen wird. Diese Vielfalt konnte sich vor allem deshalb entwickeln, weil staatliche Instanzen hier bis in die jüngste Vergangenheit kein Reglementierungsbedürfnis gezeigt und diesen Bereich beinahe ausschließlich der Initiative von privaten Kräften überlassen haben. Diese öffentliche Abstinenz erklärt sich ihrerseits aus einem traditionellen Verständnis von Lernen und Bildung, das hierin eine Aufgabe sieht, die den Entwicklungsphasen von Kindheit und Jugend zugeordnet ist. Hier erfolgt sozusagen Lernen auf Vorrat für das ganze Leben, das zwar durch Berufs- und Lebenserfahrung ergänzt und erweitert wird, insgesamt gesehen jedoch nicht erneuert werden muß.

Es ist fraglich, ob ein solches Verständnis außer in ausgesprochen statischen und überschaubaren Gesellschaften jemals richtig war. Rückblickend aus unseren heutigen sich positiv beschleunigenden Entwicklungen in wissenschaftlicher, technischer und sozialer Hinsicht ist jedenfalls eine zutreffende Beschreibung des Bildungswesens bis weit ins 20. Jahrhundert. Nachdrücklich bestritten wird diese Möglichkeit einer Bildung auf Vorrat erst ab Mitte unseres Jahrhunderts mit der Forderung nach »lebenslangem Lernen« und »recurrent education« – mit wiederkehrender Bildung nur unzulänglich übersetzt –, wie sie vor allem in Konzepten des Europarats und der UNESCO nachhaltig propagiert wurden.

Der DEUTSCHE AUSSCHUSS FÜR DAS ERZIEHUNGS- UND BILDUNGSWESEN – ein Gremium der Politikberatung – hebt in seinem Gutachten von 1960 diese Notwendigkeit, verbunden mit der Forderung nach verstärktem staatlichem Engagement für die Erwachsenenbildung, auch schon hervor, wenn auch noch ohne praktische Folgen.

Nachdrücklich nimmt dann seine Nachfolgeorganisation, der DEUTSCHE BILDUNGSRAT, in seinem Strukturplan für das Bildungswesen (DEUTSCHER BILDUNGSRAT 1970) die Forderung nach staatlicher Verantwortung für diesen Bereich, den er jetzt *Weiterbildung* nennt, auf und möchte ihn als »quartären Bereich« gleichberechtigt neben dem Primarbereich (Grundschule), dem Sekundarbereich (Klassen 5 bzw. 7–13) und dem Hochschulwesen (tertiärer Bereich) im Bildungswesen mit öffentlicher Finanzierung verankert wissen (→ *Erwachsenenbildung und Weiterbildung*).

2 Grundlegende Strukturen

Damit setzte ein verstärkter Prozeß der Institutionalisierung und Professionalisierung ein (→ *Professionalisierung* ...), der zunächst in gesetzlichen Regelungen seinen Niederschlag fand. Zwischen 1970 und 1974 wurden in allen Bundesländern Erwachsenenbildungsgesetze – teilweise integriert in die Schulgesetzgebung – verabschiedet, die jedoch keineswegs die Forderung nach voller Integration und vor allem vergleichbarer Finanzierung mit dem übrigen Bildungswesen erfüllten. Vielmehr liegt in allen Gesetzen der Tenor auf Subsidiarität und Pluralität. Der Staat anerkennt damit zwar seine prinzipielle Verantwortung für diesen Bereich, überläßt aber dessen institutionelle und inhaltliche Ausgestaltung den sogenannten freien Trägern (Subsidiarität – vergleichbar der Situation in der Wohlfahrtspflege) (→ *Sozialpädagogische Institutionen*). Als Träger kommen grundsätzlich alle gesellschaftlich relevanten Kräfte in Frage und – bei gegebenen Voraussetzungen – in den Genuß öffentlicher finanzieller Förderung. Wegen der Unterschiedlichkeit der Regelungen können diese hier nur im wesentlichen wiedergegeben werden. Die Offenheit des Angebots für jedermann, die organisatorische Selbständigkeit des Trägers bzw. die Trennung von anderen Aktivitäten und die Voraussetzung der Gemeinnützigkeit sind die wichtigsten Förderungskriterien.

Die Motive des jeweiligen Gesetzgebers für diese Zurückhaltung des Staates lagen dabei sicherlich nicht nur in einer liberalen Grundhaltung – ganz im Gegenteil waren die 70er Jahre von einem starken Vertrauen in die Plan- und Gestaltbarkeit aller Bereiche des öffentlichen Lebens geprägt –, sondern in der Erkenntnis, daß eine solche Struktur sehr viel weniger an öffentlichen Mitteln und diese zudem in weniger verbindlicher Weise erfordert, als dies bei einer Erwachsenenbildung in staatlicher Regie nötig geworden wäre.

Der Bereich der Erwachsenenbildung ist damit aber auch dem Spiel der Kräfte von Angebot und Nachfrage ausgesetzt und unterliegt in vielen Bereichen einem zum Teil erheblichen Konkurrenzdruck. Dies wird besonders deutlich, wenn etwa Maßnahmen, die nach dem Arbeitsförderungsgesetz bezuschußt sind, regelrecht mittels Ausschreibungen vergeben werden. Dabei sind dann auch kommerziell orientierte Mitbewerber vorhanden. In kleinerem Maßstab wird diese marktwirtschaftliche Orientierung sichtbar, wenn beispielsweise ausgeschriebene Kurse einer Volkshochschule mangels Interessenten nicht zur Durchführung kommen. Koordinierungsgremien, wie sie etwa in Baden-Württemberg auf Kreisebene bestehen, sollen daher die gröbsten Überschneidungen der Angebote verschiedener Träger ausgleichen, um so den Einsatz der öffentlichen Zuschüsse möglichst effizient zu gestalten.

Ein weiteres durchgehendes Merkmal der Erwachsenenbildung liegt in ihrer personellen Ausgestaltung vor. Bei allen Trägern gibt es nur wenig hauptberuflich tätiges Personal, das im wesentlichen planende und disponierende Aufgaben wahrnimmt. Der eigentliche Unterricht wird zum allergrößten Teil von Dozenten und Referenten in nebenberuflicher Tätigkeit durchgeführt. Hieraus ergibt sich eine Kostenstruktur, die vor allem im Bereich der Volkshochschulen ein breites und von den Kursteilnehmern bezahlbares Angebot überhaupt erst ermöglicht. Gleichzeitig ist so jedoch auch ein hohes Maß an Flexibilität des Angebots, ein Reagieren auf neue Entwicklungen und Nachfrageinteressen, das bewußte Setzen von Akzenten im Programm möglich, wie es mit einem festangestellten Stab an Dozenten und Lehrkräften nicht realisierbar wäre (→ *Erwachsenenpädagogen* ...).

Der Zugang zu einer Tätigkeit in der Erwachsenenbildung ist dementsprechend bei den meisten Trägern nicht an eng gefaßte Kriterien gebunden. Stellenausschreibungen für hauptberufliche Mitarbeiter verlangen oft nur ein abgeschlossenes Hochschulstudium ohne fachliche Festlegung, allerdings meist in Verbindung mit praktischer Erfahrung. Zwar gibt es seit 1972 die Möglichkeit eines Diplomstudiums Pädagogik (→ *Diplompädagoge / Diplompädagogin*), Studienrichtung Erwachsenenbildung, doch wird ein Abschluß in diesem Studienfach nur selten als zwingende Einstellungsvoraussetzung verlangt. Nebenberufliche Dozenten und Referenten werden in aller Regel aufgrund ihrer fachlichen Kompetenz beschäftigt, die sich in der Sache selbst erweist. Beschäftigungsgrundlage sind hier fast immer Honorarverträge.

Insgesamt gesehen zeigt sich in der Erwachsenenbildung eine Tendenz zur Professionalisierung, die ihren Ausdruck in einer verstärkten personellen, räumlichen und sächlichen Ausstattung findet. So gibt es zunehmend mehr Städte und Gemeinden, die für die Erwachsenenbildung eigene Häuser zur Verfügung stellen und so einen Ganztagesbetrieb in Räumen mit entsprechender Einrichtung ermöglichen. Hieraus ergeben sich auch weitere Angebote, vor allem in Form von seiten der Interessenten selbst organisierter Veranstaltungen, für die der Träger sozusagen lediglich die Infrastruktur bereitstellt. Im Idealfall stehen in solchen Bildungszentren auch Bibliotheken und Mediotheken bereit, die individuell genutzt werden können. Solche Strukturen stärken die herkömmliche Bildungsarbeit und nehmen ihr das Odium des Unverbindlichen, schaffen aber gleichzeitig auch die notwendigen Voraussetzungen für individuelle Lernbedürfnisse, die sich nicht in Kurs- oder Seminarform fügen lassen. Von einer flächendeckenden Versorgung mit solchen Einrichtungen kann allerdings auf längere Sicht noch nicht die Rede sein.

3 Träger in der Erwachsenenbildung

Der Begriff des Trägers spielt in der Erwachsenenbildung eine entscheidende Rolle. Während der Träger im Primar- und Sekundarbereich – in aller Regel die Kommunen bzw. die Landkreise – lediglich für Gebäude und Sachmittel sowie technisches Personal aufkommen muß, jedoch ohne inhaltlichen und personellen Gestaltungseinfluß ist und im tertiären Bereich über die inhaltliche Gestaltung lediglich eine formale Aufsicht wahrnimmt (Freiheit von Forschung und Lehre), hat der Träger im quartären Bereich – also in der Erwachsenenbildung – den entscheidenden inhaltlichen Gestaltungsspielraum. Oft wird dies erst im Konfliktfall deutlich. Aufgrund der »institutionellen Staffelung« (TIETGENS 1984) ist für den Außenstehenden nicht immer ersichtlich, wo die Entscheidungen über die Programmgestaltung und damit das Profil einer Einrichtung fallen bzw. von wo aus sie gelenkt wird. Als Einrichtung wird in diesem Zusammenhang die einzelne Volkshochschule oder das örtliche Bildungswerk usw. bezeichnet. Die Einrichtung ist der unmittelbare Ansprechpartner der Teilnehmer. Sie tritt nach außen hin in Erscheinung und sorgt für ein Angebot. Dahinter steht der Träger, der rechtlich für die Einrichtung verantwortlich ist. Dieser Träger ist seinerseits in vielen Fällen wiederum eigens zur Wahrnehmung von Bildungsaufgaben von anderen Organisationen geschaffen, die durch geeignete rechtliche Strukturen ihren Einfluß auf den Träger und damit auf die Einrichtung ausüben. Normalerweise liegt die inhaltliche Ausgestaltung, also die Programmplanung, bei dem Leiter und den hauptberuflich beschäftigten Mitarbeitern einer Einrichtung, die Verantwortung für die Unterrichtsinhalte im engeren Sinne bei den Dozenten und Referenten. Der Träger der Einrichtung – z. B. einer Volkshochschule oder eines kirchlichen Bildungswerkes – bringt vor allem bei der Anstellung der Mitarbeiter seine inhaltlichen Vorstellungen mittelbar zum Tragen und übt über Beiräte, Vereinsvorstände o. ä. eine mehr oder weniger strenge Kontrolle aus. Der nebenberufliche Dozent unterliegt ebenfalls einer mittelbaren Kontrolle: bei fehlender Übereinstimmung mit den Intentionen der Einrichtung bzw. des Trägers, auch wenn er bei den Teilnehmern nicht »ankommt«, erhält er keinen weiteren Vertrag mehr. Besonders bei weltanschaulich oder ideologisch gebundenen Trägern sind solche Konflikte möglich. Die Volkshochschulen lassen hier sicherlich ihren Mitarbeitern die größte Freiheit. Da es hier ausschließlich freiwillige Teilnehmer gibt, die Kurse annehmen oder wegbleiben, liegt die Kontrolle über die inhaltliche und methodische Gestaltung des Angebots letztlich bei den Adressaten.

Im folgenden sollen – soweit dies aus Platzgründen möglich ist – die wichtigsten Bereiche der Erwachsenenbildung, ausgehend von den Trägerstrukturen, skizziert werden. Eine sehr umfangreiche Übersicht über Träger und Einrichtungen mit Anschriften haben Hacker/Olzog (1985) als fortzuschreibendes Loseblattwerk herausgegeben.

3.1 Volkshochschulen

Dieser Bereich wird im öffentlichen Bewußtsein in erster Linie mit Erwachsenenbildung verbunden. Für sich genommen, ist es sicherlich auch der größte und gewichtigste Einzelbereich, wenngleich er in dem breiten Spektrum der Anbieter nur einer von vielen ist. Die Träger der Volkshochschule sind letztlich in den allermeisten Fällen die Kommunen, so daß man hier in Analogie zum öffentlichen Schulwesen von öffentlicher Erwachsenenbildung sprechen kann. Diese Trägerschaft ist in unterschiedlicher Weise organisiert: Es gibt die Form des kommunalen Amts; der Leiter und die übrigen hauptberuflichen Mitarbeiter sind städtische Bedienstete, die Dienstaufsicht liegt beim Bürgermeister, die Kontrolle beim Gemeindeparlament. Sehr viel häufiger ist der Träger ein rechtlich selbständiger eingetragener Verein, in dem die Kommune neben anderen juristischen und natürlichen Personen eventuell zusammen mit Nachbargemeinden Mitglied ist. Da die Gemeinde bei einer solchen Konstruktion in der Regel den größten finanziellen Anteil erbringt, ist ihr über die Vereinssatzung auch ein entsprechend herausgehobenes Mitspracherecht gesichert, so daß man hier häufig von einer »quasikommunalen« Einrichtung spricht. Dies ist eine häufig anzutreffende Konstruktion, die den Vorteil hat, daß die Haushaltsgestaltung und die Personalauswahl größere Spielräume zulassen als bei einem kommunalen Amt. Zudem wird es so möglich, Sachverstand aus anderen Bereichen per Mitgliedschaft mit einzubeziehen, während nur in Einzelfällen auf diese Weise weitere Geldgeber zu gewinnen sind. Eine weitere

Trägerkonstruktion besteht in der Gründung eines Zweckverbandes, der die Funktion des Trägers wahrnimmt. Auch hier liegt letztlich die Trägerschaft bei den beteiligten Kommunen.

Die Finanzierung der Volkshochschulen erfolgt also zu einem großen Teil aus kommunalen Mitteln und Zuschüssen der Länder. Der Rest in einer Größenordnung von 40 bis 50% muß über Teilnehmergebühren erwirtschaftet werden, so daß bei der Programmgestaltung der Gesichtspunkt der Wirtschaftlichkeit immer eine Rolle spielt.

Die Volkshochschulen sind in Landesverbänden und im Deutschen Volkshochschulverband (DVV) zusammengeschlossen. Die Pädagogische Arbeitsstelle (PAS) veröffentlicht einschlägige Schriftenreihen, entwickelt Materialien und Kurse, die als sogenannte Zertifikatskurse in einheitlicher Form an allen Volkshochschulen angeboten und mit einheitlichen Prüfungen abgeschlossen werden können. Das Volkshochschulwesen verfügt somit über einen sehr differenzierten Organisationsrahmen, der es ihm ermöglicht, seine Vorstellungen im öffentlichen und politischen Rahmen wirkungsvoll vorzubringen.

Nicht gleichzusetzen mit dem Bereich der Volkshochschulen sind die *Heimvolkshochschulen*. Obwohl sie eine lange Tradition haben, spielen sie im Bewußtsein der Öffentlichkeit eine geringere Rolle, als ihnen von ihrer Zahl her zukommt. Ihr Träger ist fast immer ein eingetragener Verein, in vielen Fällen mit kirchlichem Hintergrund. Sie arbeiten oft ausgesprochen zielgruppenorientiert und sehen – begünstigt und bedingt durch das längere Zusammensein der Teilnehmer – neben dem inhaltlichen Ertrag ihrer Angebote das Gemeinschaftserlebnis und die Erfahrung von Gruppenprozessen als Zielsetzung ihrer Arbeit.

3.2 Kirchliche Erwachsenenbildung

Neben den Volkshochschulen sind die Kirchen der größte Anbieter von allgemein zugänglichen Veranstaltungen der Erwachsenenbildung. Neben dieser offenen Erwachsenenbildung, deren spezifisches Selbstverständnis hier als »Erwachsenenbildung in kirchlicher Verantwortung« charakterisiert werden soll, gibt es bei beiden großen Kirchen auch interne Angebote für die eigenen Mitarbeiter.

Als Einrichtungen bestehen meist auf der Ebene der Pfarrgemeinden sogenannte Bildungswerke, aber auch Bildungshäuser, Familienbildungsstätten – Einrichtungen mit Unterbringungsmöglichkeit für die Teilnehmer und dementsprechend angelegten Programmen. Sogenannte »Werke und Dienste« sind teilweise noch Anbieter von Veranstaltungen. Hierbei handelt es sich um zielgruppenorientierte Kurse oder Seminare, die Lebensorientierung aus dem Glauben vermitteln wollen, jedoch stärker im Bereich der evangelischen Kirchen repräsentiert sind. Es handelt sich um eher lose organisatorische Strukturen, wie sie insgesamt für die evangelische Erwachsenenbildung charakteristisch sind. In kirchlicher Trägerschaft finden sich auch zunehmend Einrichtungen wie *Erwachsenenbegegnungsstätten*, die ihren inhaltlichen Schwerpunkt weniger in einem strukturierten Angebot als in der Bereitstellung einer Infrastruktur sehen, die die Voraussetzung zur Entfaltung von Eigeninitiative und Kreativität bietet, indem sie etwa Räume für die Aktivitäten einer Mieterinitiative zur Verfügung stellt oder aber für einen Gesprächszirkel, als dessen Kristallisationspunkt dann auch ein Mitarbeiter oder eine Mitarbeiterin zumindest in der Anfangsphase zur Verfügung steht.

Diese inhaltliche Orientierung zu Erwachsenenbildung als Lebenshilfe ist für das

Angebot kirchlicher Träger kennzeichnend. Zwar findet man auch hier Sprachkurse und Angebote zu beruflicher Weiterbildung, vor allem des zweiten Bildungsweges, jedoch haben diese Bereiche nur einen nachgeordneten Stellenwert. Dies wird auch daran ersichtlich, daß die Kirchen immer noch ganz überwiegend am Begriff »Erwachsenenbildung« festhalten und den Begriff »Weiterbildung« nur wenig verwenden.

Den Einrichtungen auf der unteren Ebene, die ganz überwiegend ehrenamtlich geleitet werden, stehen auf regionaler Ebene Bildungswerke zur Seite, bei denen hauptberufliche Mitarbeiter beschäftigt sind. Diese unterstützen und beraten die örtlichen Einrichtungen, indem sie Referenten und Seminare vermitteln und bei der Programmplanung beraten.

Im Bereich der Landeskirchen bzw. Diözesen bestehen wiederum Bildungswerke, bei denen die unterstützende und beratende Tätigkeit, die Entwicklung von Materialien und Kursen, die Mitarbeiterfortbildung sowie die Wahrnehmung verbandspolitischer Interessen im Vordergrund stehen. In Diözesan- bzw. Landesarbeitsgemeinschaften sind alle kirchlichen Träger in relativ loser Form zusammengeschlossen. Diese Arbeitsgemeinschaften haben in vielen Fällen wiederum die Rechtsform des eingetragenen Vereins. Als Dachverband bestehen auf Bundesebene eine Deutsche Evangelische Arbeitsgemeinschaft für Erwachsenenbildung (DEAE) e. V. sowie eine Katholische Bundesarbeitsgemeinschaft für Erwachsenenbildung (KBE) e. V., daneben aber noch eine Reihe weiterer Verbände wie etwa das Kolpingwerk oder der Deutsche Evangelische Frauenbund (Anschriften siehe HACKER/OLZOG 1985).

Besonders genannt werden müssen die *evangelischen* und *katholischen Akademien*. Sie verstehen sich als Foren, die dem Gespräch und der Diskussion kultureller, sozialer, politischer Strömungen und Tendenzen dienen und die so in gewisser Weise mitbestimmend sind für gesellschaftliche Trends und gesellschaftlichen Wandel.

3.3 Politische Bildung

Dem besonderen inhaltlichen Bereich der politischen Bildung widmen sich vor allem die Bundeszentrale und die Landeszentralen für politische Bildung sowie die Stiftungen der Parteien.

Die Bundeszentrale ist eine obere Bundesbehörde, die dem Bundesinnenministerium zugeordnet ist. Der Schwerpunkt ihrer Aufgaben liegt weniger in der Durchführung eigener Veranstaltungen als in der Entwicklung und Bereitstellung von Kursen und Materialien und in der Herausgabe von Büchern und Zeitschriften (DAS PARLAMENT). Sie fördert und unterstützt Veranstaltungen zur politischen Bildung anderer Einrichtungen. Sie wird beraten und kontrolliert von einem Kuratorium, das sich ausschließlich aus Bundestagsabgeordneten zusammensetzt. In ähnlicher Weise sind die Landeszentralen Einrichtungen mit dem Ziel der Förderung der politischen Kultur und der Befähigung zur Wahrnehmung demokratischer Verantwortung. Im Gegensatz zur Bundeszentrale liegt ihr Arbeitsschwerpunkt in der konkreten Durchführung entsprechender Seminare und Vorträge.

Demselben Ziel der Erziehung zur Demokratie fühlen sich die politischen Stiftungen der großen Parteien verpflichtet. Daß bei ihnen die Ausrichtung an der eigenen Programmatik stärker zum Tragen kommt, ist einsichtig. Dabei ist die Aufgabe der politischen Bildung in einem weiten Sinne zu verstehen. Die eigentliche Bildungsarbeit erfolgt weitgehend in eigenen Bildungshäusern oder Heimvolkshochschulen, die sich zum Teil auch im Ausland befinden, wobei häufig eine entwicklungspolitische Zielsetzung gegeben ist.

3.4 Betriebliche Weiterbildung

Während die bisher dargestellten Einrichtungen »offene«, d. h. jedermann zugängliche Angebote machen, handelt es sich bei betrieblicher Weiterbildung durchweg um »geschlossene« Veranstaltungen. Der Begriff Weiterbildung signalisiert den instrumentellen Charakter, den solche »Bildungsmaßnahmen« – ebenfalls ein Terminus aus diesem Bereich – aus der Sicht des Betriebes haben. Bildung wird hier betrieben, um den notwendigen Kenntnisstand der Mitarbeiter zu erhalten oder überhaupt erst herzustellen, den der immer raschere technologische Wandel erfordert. Neben dieser Funktionsbezogenheit, die im Begriff Weiterbildung bisher immer enthalten ist, ist jedoch festzuhalten, daß er sich als Oberbegriff immer mehr durchsetzt und dabei dann allgemeine und berufliche Weiterbildung umfaßt. Allgemeine Weiterbildung meint dann Erwachsenenbildung im bisherigen Sinne, wobei jedoch in einem ganzheitlichen Anspruch davon ausgegangen wird, daß die Spaltung in Beruf und Privatheit in solchen Bildungskonzepten überwunden werden könne (vgl. KOMMISSION WEITERBILDUNG, S. 9).

Träger der Weiterbildung im Betrieb ist bei Großbetrieben und Konzernen der Betrieb selber. Die entsprechenden Einrichtungen sind dann Abteilungen, Hauptabteilungen, eigenständige Bildungszentren oder Akademien mit Strukturen, die teilweise Fachhochschulniveau erreichen. Dementsprechend ist die Ausstattung mit Personal und Sachmitteln. Im Sinne der Praxisnähe rekrutiert sich das hauptberufliche Lehrpersonal oft aus entsprechenden Fachabteilungen und wird nur für eine bestimmte Zeit in der Lehre eingesetzt. Daneben wird auf auswärtige Kräfte wie Hochschullehrer, Unternehmensberatungen, freiberuflich tätige Trainer zurückgegriffen.

Mittel- und Kleinbetriebe decken ihren Bedarf an Weiterbildung nur selten über eigene Einrichtungen. Für sie wird einerseits von den Industrie- und Handelskammern, den Handwerkskammern sowie von Bildungswerken und privaten Einrichtungen ein Angebot bereitgestellt. Die Bildungswerke sind eingetragene Vereine, in denen einzelne Betriebe und Branchenverbände Mitglieder sind. Zwischen diesen verschiedenen Anbietern herrscht eine zunehmende Konkurrenzsituation, da sie alle zumindest kostendeckend arbeiten müssen. Es herrscht Einigkeit darüber, daß der Zwang zur beruflichen Weiterbildung sowohl für die Betriebe wie auch für die individuellen Mitarbeiter in starkem Maße zunehmen wird. Einen Überblick über die Tätigkeiten der Kammern gibt die Broschüre »Berufs- und Weiterbildung 1985/86« (DEUTSCHER INDUSTRIE- UND HANDELSTAG) (→ *Betriebliche Ausbildung*).

3.5 Gewerkschaftliche Erwachsenenbildung

Die Gewerkschaften blicken auf eine lange Tradition in der Erwachsenenbildung zurück. Die Wurzeln dieser Arbeit sind in den Handwerker- und Arbeiterbildungsvereinen zu sehen, die in der Zeit des Vormärz entstanden. In dieser Zeit entstand auch der Anspruch auf eine Verbindung von allgemeiner, beruflicher und politischer Bildung, wie sie heute noch für gewerkschaftliche Bildungsarbeit kennzeichnend ist.

Heute bemühen sich die Gewerkschaften vor allem um zwei große Bereiche: die Funktionärsbildung und die berufliche Fortbildung bzw. Umschulung. Für letzteres bestehen die sogenannten *Berufsbildungswerke*, die vom Deutschen Gewerkschaftsbund getragen werden. Ähnliche Einrichtungen betreibt auch die Deutsche Angestelltengewerkschaft. Diese Angebote bestehen für Mitglieder und Nichtmitglieder und müssen bezahlt werden. Dabei wird darauf geachtet, daß die Kurse und Lehrgänge möglichst unter die Förderkriterien des Arbeitsförderungsgesetzes fallen. Diese Angebote stehen in Konkurrenz zu anderen Anbietern.

Überwiegend auf der Ebene der Einzelgewerkschaften findet die Schulung der Funktionäre und des Funktionärsnachwuchses statt. Dabei liegt ein aufeinander abgestimmtes hierarchisches System von Kursen zugrunde. Für diese Arbeit verfügen die Gewerkschaften über *Bildungshäuser* mit Unterkunfts- und Freizeiteinrichtungen. Nur ein kleiner Teil solcher Kurse findet in fortlaufenden Abendveranstaltungen statt. Die Möglichkeiten des Betriebsverfassungsgesetzes zur Freistellung, aber auch persönlicher Erholungsurlaub – die Regelungen eines Bildungsurlaubs sind ja in den einzelnen Bundesländern noch sehr unterschiedlich ausgebaut – werden für die Angebote in den Bildungshäusern genutzt. Es ist charakteristisch für alle Träger mit weltanschaulich-ideologischer Ausrichtung, daß sie ihre Bildungsarbeit vorzugsweise in Form von längerdauernden Seminaren in eigenen Häusern durchführen. Hiermit ist die Möglichkeit zur Entwicklung von Gemeinschaftssinn und Loyalität gegeben, die durch »Kamingespräche«, ergänzende Vorträge und Gesprächskreise, aber auch durch ein entsprechendes Freizeitangebot bewußt gefördert wird. Nur zu speziellen Themen wird, auf außenstehende Referenten zurückgegriffen. In der Regel werden die Seminare von »Teamern« durchgeführt. Hierbei handelt es sich um aktive Gewerkschafter, die diese Tätigkeit nebenberuflich wahrnehmen. Die Organisation und Unterstützung, auch die Bereitstellung von Materialien und Seminarmodellen wird von hauptberuflichen Mitarbeitern geleistet.

Literatur

BECKEL, A./SENZKY, K.: Management und Recht in der Erwachsenenbildung. In: PÖGGELER, F. (Hrsg.): Handbuch der Erwachsenenbildung. Bd. 2. Stuttgart 1974
DEUTSCHER AUSSCHUSS FÜR DAS ERZIEHUNGS- UND BILDUNGSWESEN: Empfehlungen und Gutachten Nr. 4: Zur Situation und Aufgabe der Erwachsenenbildung. Stuttgart 1966
DEUTSCHER BILDUNGSRAT: Strukturplan für das Bildungswesen. Stuttgart 1972
DEUTSCHER INDUSTRIE- UND HANDELSTAG: Berufs- und Weiterbildung 1985/86. Bonn 1986
HACKER, J./OLZOG, G. (Hrsg.): Deutsches Handbuch der Erwachsenenbildung. München 1985
KOMMISSION WEITERBILDUNG: Weiterbildung – Herausforderung und Chance. Stuttgart 1984
KNOLL, J.: Institutionen der Erwachsenenbildung. Reihe Sestmat, hrsg. v. der Pädagogischen Arbeitsstelle des Deutschen Volkshochschulverbandes
TIETGENS, H.: Institutionelle Strukturen der Erwachsenenbildung. In: SCHMITZ, E./TIETGENS, H. (Hrsg.): Erwachsenenbildung. (Enzyklopädie Erziehungswissenschaft. Bd. 11). Stuttgart 1984, S. 287–302

Wolfgang Royl

Militärpädagogik

1 Der wissenschaftssystematische Ort

Die Theorie und Praxis des pädagogischen Handelns in den Streitkräften ist Gegenstand der Militärpädagogik. Sie gehört zu den Institutionenpädagogiken mit den für diese typischen Bereichsgrenzen. So, wie sich die *Schulpädagogen* mit der Theorie und Praxis des pädagogischen Handelns in der Institution »Schule« befassen, obliegt es den *Militärpädagogen*, aus der Geschichte des Militärs pädagogische Erkenntnisse zu gewinnen, den gegenwärtigen militärischen Alltag zu analysieren und Perspektiven für das pädagogische Handeln in den *Streitkräften* zu entwickeln. Defizite in dieser erziehungswissenschaftlichen Teildisziplin bedingen Defizite in der militärischen *Menschenführung*. Diffamierende Urteile über die Bedeutung des Soldaten in der Öffentlichkeit können als Folgen solcher Defizite verstanden werden. Die vergleichende Militärpädagogik überwindet die isolierte Betrachtung nationaler Besonderheiten.

Militärpädagogik wird durch den Ausbildungsbegriff näher bestimmt. Sie hat damit eine Schnittstelle zur *Berufspädagogik*. Ausgebildet wird für den Beruf des Soldaten auf Zeit oder auf Dauer. Für den Berufsoffizier ist Soldat-Sein eine *Profession*, ein Beruf sui generis mit dafür typischen Merkmalen: öffentliches Mandat (1), Monopolisierung des Verteidigungsauftrags (2), eigenständige Berufsausbildung und Bewerberauswahl (3), militärische Ethik (4), Dienstleistungsorientierung (5), militärische Expertise in Theorie und Praxis (6) (vgl. ABRAHAMSSON 1972).

Daraus ergibt sich am Beispiel der *Bundeswehr* als generelle pädagogische Aufgabe, Wehrpflichtige und Offiziersanwärter zu Soldaten auszubilden: die Auszubildenden im Sinne des grundgesetzlichen Auftrags der Armee (§§ 12a, 87a GG des Soldatengesetzes) und nach den Grundsätzen der »inneren Führung« zu qualifizieren (1), dafür einen didaktisch und methodisch fundierten Ausbildungsgang hoheitlich (2) zu organisieren (3), den Soldaten die berufsethischen Grundlagen (4) des soldatischen Dienens (5) nahezubringen und Lernziele der militärischen Verteidigung in Theorie und Praxis zu vermitteln (6). Als Reservisten sind militärisch qualifizierte Staatsbürger ein Bindeglied zwischen Armee und Gesellschaft. Die Verteidigungswürdigkeit des Staates als Territorium und als Träger einer freiheitlich-demokratischen Verfassung stellt Mannschaften und Offiziere in eine gemeinsame Verantwortung. Der Soldat hat die Chance, an der Entwicklung des Militärs zu einer der *Verantwortungseliten* mitzuwirken, die einen solchen Staat nach innen und außen erhalten helfen.

Armeen unterscheiden sich wenig in ihren militärpädagogischen Ausbildungsaufgaben, noch weniger in den Mitteln und Methoden der Durchführung von Ausbildung, am meisten jedoch in der politischen Definition ihrer Zielsetzung. Die für die Bundeswehr gültige Militärdoktrin hat die Erhaltung des Friedens in Europa durch die Unterstützung eines stabilen militärischen Gleichgewichts im Rahmen des Nordatlantischen Verteidigungsbündnisses zum Zweck.

Nach dem »Primat der Politik« nimmt der zivilregierte Staat das Interesse des Staatsbürgers am Frieden treuhänderisch wahr. Weil dadurch die Ambivalenz zwischen

Frieden und Krieg jedoch nicht grundsätzlich aufgehoben werden kann (s. Bedrohungswechsel, Terrorismus, Gangstersyndikate), bleiben Streitkräfte und Wehrdienst weiterhin erforderlich. Die militärische Schutzfunktion wird in manchen Staaten von einer Berufsarmee (z. B. USA), in anderen von einer Wehrpflichtarmee wahrgenommen (z. B. UdSSR).

2 Geschichte der Militärpädagogik

In einer Geschichte der Militärpädagogik ginge es darum, die im militärwissenschaftlichen Schrifttum vorliegenden Aussagen über die Ausbildungsziele, Ausbildungsinhalte und ihre methodische Umsetzung sowie über das Normative des Soldatischen und seiner erwarteten Verinnerlichung zu systematisieren und zeitgemäß zu deuten. Eine fünfbändige militärpädagogische Institutionenkunde wurde von POTEN (1889–97) verfaßt. Obwohl es seit alters her darum gegangen ist, auf Soldaten militärpädagogisch Einfluß zu nehmen, wird die pädagogische Interaktion zwischen Führer und Geführtem in den historischen Quellen nicht eigens thematisiert. Soweit ersichtlich, bleibt dies einer Zeit vorbehalten, in der das Pädagogische allgemein Gegenstand eigenständigen Nachdenkens wird.

Quellen für eine Geschichte der Militärpädagogik sind bislang die herausragenden Ereignisse der Kriegsgeschichte. Um Söldner für einen Kriegszug zu motivieren, bedurfte es neben des Soldes nichtmaterieller Orientierungen. Die *Vorbildleistung* des militärischen Führers und die Entwicklung einer *Idee*, für die es sich zu kämpfen und zu sterben lohnte, kennzeichnen die militärpädagogische Tradition. Sie ist invariant. Gewandelt hat sich die politische Notwendigkeit, die militärpädagogische Situation in der Öffentlichkeit prägnant zu artikulieren. Dies geschieht in einer wertpluralen Gesellschaft auch kontrovers (VOGT 1986). Gerade dadurch wird offensichtlich, ob militärpädagogische Theorie und Praxis gegenwärtig einer kulturellen Verspätung unterliegen oder nicht. Auch in der Bundesrepublik Deutschland werden militärpädagogische Gegenstände des Nachdenkens: Tapferkeit, Treue, Ehre, Vaterland, Verteidigungswille, Sieg, Niederlage, Opfer, Tod, Heldentum unwillkürlich mit den schmerzlichen Erfahrungen des Zweiten Weltkrieges und der unrühmlichen Geschichte des NS-Staates als Kontext assoziiert. Der damit verbundene und befürchtete Aufruhr der Gefühle schreckt viele Erziehungswissenschaftler davon ab, sich der Streitkräfte als Forschungsgegenstand anzunehmen. Der historische Neubeginn der Bundeswehr wird damit ignoriert.

Eine zusammenhängende Geschichte der Militärpädagogik aus heutiger Sicht liegt noch nicht vor. Interesse daran besteht, um z. B. eine Antwort auf die Frage nach der Zeitlosigkeit und der Zeitgebundenheit militärischer Ausbildungsziele fundiert zu rekonstruieren und den epochalen Wandel des militärpädagogischen Handelns über die einzelnen Jahrhunderte hinweg zu verfolgen. Das Interesse daran wird heute wesentlich dadurch verstärkt, daß die Formel »Mensch-im-Mittelpunkt« die gesellschaftliche Realität sehr viel wahrer wiedergibt als je zuvor. Solange der Soldat zum Militärdienst gepreßt, als »Ware« gehandelt, als »Kanonenfutter« verwendet und als Invalide seinem Schicksal überlassen wurde, unterblieb die militärpädagogische Reflexion weitgehend. Die niedrige soziale Bewertung des einfachen Soldaten verhinderte es, daß diesem, abgesehen von der »Abrichtung« zum militärischen Handwerk, gesonderte pädagogische Aufmerksamkeit gewidmet wurde. So, wie es üblich war, seiner Herrschaft zu gehorchen, war dies auch Gewohnheit für die Kriegsknechte. Als Vorläufer einer eigenständigen, auf *Verantwortungsethik* angelegten Militärpädagogik können Teile der Staatstheorie PLATONS (ca. 375 v. Chr.) und die mittelalterliche Rittererziehung angesehen werden. Die Tugend der »Ritterlichkeit« wurde in dieser höfischen Zeit entwickelt. In der Neuzeit knüpfte die Offiziersausbildung in »Ritterakademien« an diese Tradition an. Elemente der Ritterlichkeit sind im Kriegsvölkerrecht wiederzufinden, militärpädagogisch insofern relevant, als die Einhaltung dieser Rechtsnormen als Bestandteil des soldatischen Verhaltens individuell vermittelt werden muß.

Aus einer Geschichte der Militärpädagogik lernen heißt, sich mit der Dialektik von Krieg und Frieden – si vis pacem, para bellum – auseinanderzusetzen und zu verstehen, was VON STEIN (1872, S. 4) noch bewegte, wenn er über die Funktion des Krieges für ein Volk ausführt: »Denn das, was es dann zu leisten vermag, wenn es sich selbst aufbietet und seinem Ziele hingibt, ist das Maß seines Werthes unter den Völkern, die letzte Berechtigung seiner Individualität in der Weltgeschichte.« Hier wird der historische Abstand zu uns deutlich. Ihn gilt es militärpädagogisch ebenso zu reflektieren wie die ethnologische Quintessenz von FROBENIUS (1903, S. 382): »So erwies sich der Krieg als eines der wichtigsten Kulturmomente und hat trotz allen vergossenen Blutes und aller vernichteten Kulturerzeugnisse die kulturelle Entwicklung des Menschengeschlechts mächtig gefördert.«

Die Rückstufung militärischer Auseinandersetzungen auf den konventionell zu führenden Krieg und die Anstrengungen der Nuklearmächte, die unerwünschten Langzeitwirkungen des Einsatzes von Nuklearwaffen »auszumendeln«, belegen die Gefahr, daß bei dem Zwang der Großmächte zur Auseinandersetzung um die Weltherrschaft an die darwinistische Theorietradition angeknüpft wird (JASPERS 1958). Die moderne militärwissenschaftliche Dialektik: kämpfen können, um nicht kämpfen zu müssen, bestimmt Weltgeschichte erst dann, wenn sie militärpädagogisch universal vermittelt wird. Es ist eine Verkürzung dieser Vermittlungsaufgabe zu erwarten, wenn die Streitkräfte dabei von den Erziehungswissenschaftlern im Stich gelassen würden.

Solange es Streitkräfte gibt, ist Militärpädagogik deshalb logisch, ethisch und pragmatisch immer dann zu rekonstruieren, wenn Defizite in der Führung, Ausbildung und Erziehung von Soldaten historisch erkannt wurden oder aktuell eingetreten sind. Was PASCHEN (1979) mit dem Zweck einer Pädagogik meint, wenn er diesen als Rekonstruktion des Menschenbildes definiert, gilt auch für die Militärpädagogik mit ihrem Zweck, das »Soldatische in der Demokratie« und in dieser als Repräsentanz der freien Welt zu rekonstruieren. Das Soldatische läßt sich als eine Art der selbstlosen Einsatzbereitschaft für das soziale Ganze näher beschreiben (ROYL 1990a). Es ist in seiner symbolischen Bedeutung nicht auf den Staatsbürger in Uniform oder eine bestimmte Nation beschränkt. Es kennzeichnet alle, die unter einschneidenden persönlichen Opfern Handlungen für das Gemeinwohl vollbringen.

3 Stand der militärpädagogischen Theorieentwicklung

Während die Siegermächte des Zweiten Weltkrieges ihre Militärpädagogik weitgehend auf der Grundlage adaptierter preußischer Militärphilosophie und ihrer eigenen erfolgreichen Kriegserfahrungen (MARSHALL 1959) artikulierten, erhielt die Bundesrepublik Deutschland durch ihren Traditionsbruch mit der militärischen Vergangenheit des Dritten Reiches die Chance zur Neubesinnung und zum Neuanfang. Der große militärpädagogische Anreger war GRAF BAUDISSIN mit dem Konzept der *inneren Führung* und dem des *Staatsbürgers in Uniform*. Während das letztere ein Integrationskonzept war mit dem Ziel, die negativen Auswirkungen der Wiederbewaffnungsdiskussion und der allgemeinen Distanz zur politischen Mitverantwortung auf die Einschätzung der Bundeswehr und ihrer Angehörigen zu überwinden, bezog sich die »innere Führung« auf die Neugestaltung der Streitkräfte selbst. Der theoretischen Unschärfe dieses Konzepts ist es zu verdanken, daß es bis heute großen Interpretationsbedarf erzeugt (ROSEN 1975). Dieser bewirkte nicht nur eine sehr fruchtbare geistige Auseinandersetzung über das innere Gefüge der neuen Armee, sondern hatte auch die Nebenwirkung, daß für unverzichtbar gehaltene traditionelle militärische Wertorientierungen praktisch in Frage gestellt werden. Das Offizierskorps, soweit es sich dieser militärpädagogischen Diskussion stellte, geriet in einen Zwiespalt. Einerseits entstammten soldatische Überzeugungen und militärische Praxis den Erfahrungen, insbesondere des Rußlandfeldzuges (1941–45), von dem man befürchtete, daß er sich im Bündnis mit der westlichen Welt wiederholen könnte; andererseits entwickelte sich eine erfreuliche Offenheit gegenüber einer an demokratischen Grundregeln orientierten Bundeswehr. Das Verhältnis des Untergebenen zur Autorität des Vorgesetzten wurde umgestaltet und Ausbildungsroutinen da verändert, wo sie mit der Menschenwürde nicht vereinbar waren. Mit der Veränderung der Disziplinstruktur der Truppe ging anfangs eine Verunsicherung mancher Vorgesetzter einher, deren Auswirkungen den Eindruck hervorriefen, daß die BAUDISSIN-Konzeption für die militärische Praxis nicht tauge. Der entstehende Streit wurde politisiert und zur Auseinandersetzung zwischen sogenannten Traditionalisten und sogenannten Reformisten hochstilisiert, woran sich die Medienöffentlichkeit tatkräftig beteiligte. Unrecht geschah dort, wo loyale, in ihrer Aufbauleistung für eine demokratische Armee vorbildliche, aber parteipolitisch mißliebige Offiziere journalistisch an den Pranger gestellt wurden. Solche historischen Ereignisse verweisen auf die Notwendigkeit, den militärpädagogischen Diskurs rational weiterzuentwickeln.

4 Stand der militärpädagogischen Praxis

Die Bundeswehr verfügt über ein ausgedehntes Lehrgangssystem, über das Ausbildungsinhalte vermittelt und Ausbildungskompetenzen eingeübt werden. Die Ausbildung der Wehrpflichtigen wie der militärischen Vorgesetzten erfolgt lernzielorientiert, wenn auch mit ganz ähnlichen Akzeptanzproblemen belastet wie im Schulwesen.

Das »Zentrum Innere Führung« der Bundeswehr in Koblenz erstellt Ausbildungshilfen für die staatsbürgerliche Bildung in den Streitkräften. Der Führungsstab der Streitkräfte gibt als Weiterbildungsmaterial monatlich die »Informationen für die Truppe« heraus und außerdem Monographien in der »Schriftenreihe Innere Führung«. Alle zwei Monate erscheint die »Truppenpraxis« für den Offizier und die »Wehrausbildung« für den Unteroffizier. Etwa ein Drittel der Beiträge beziehen sich auf militärpädagogische Inhalte. Jugendoffiziere werden dazu ausgebildet, Schüler vor der Wehrdienstzeit über Sinn und Zweck der Armee zu informieren.

Die Bundeswehr unterhält eine eigene Medienzentrale mit Einrichtungen für die Produktion von Ausbildungsfilmen. Es gibt die Funktion des Lehrstabsoffiziers und des Methodiklehrers. International bekannt geworden ist das Militärgeschichtliche Forschungsamt in Freiburg, das u. a. an der Gesamtdarstellung der Geschichte des Zweiten Weltkrieges arbeitet und 1982 den Neudruck des militärpädagogischen Werkes von POTEN besorgt hat.

Untersuchungen des Sozialwissenschaftlichen Instituts der Bundeswehr belegen jedoch seit Jahren militärpädagogische Defizite in der Vollausbildung der Wehrpflichtigen und in der Ausbildung des Unteroffizierkorps (KLEIN 1983). Wehrpflichtige sind danach vor ihrer Bundeswehrzeit motivierter für den Wehrdienst als danach. Unteroffizieren fehlt die Professionalität im Umgang mit ihren Untergebenen. Das Bildungsgefälle und die Altersdifferenzierung in der Truppe überfordern Ausbilder bei der Anwendung der »Hilfen für die Innere Führung« (1972). Die während ihrer Ausbildung auch für einen zivilen akademischen Beruf qualifizierten Offiziere befinden sich in dem Zwiespalt, nach zwölf Jahren als Zeitsoldat auszuscheiden oder ihre Karriere als Berufssoldat weiterzuverfolgen. Diese Mehrfachbedingungen scheinen ein soziales Klima innerhalb der Armee zu erzeugen, das in den Berichten des Wehrbeauftragten kritisiert wird. Die amtlich als Faktum beschworene Integration von Armee und Gesellschaft erweist sich so wenig als realexistierend, daß der Sinn des Dienens auch von dieser Seite aus verschwimmt. Die Tendenz der wehrpflichtigen Jugend, *Zivildienst* oder Wehrdienst als gleichgewichtige Alternative zu verstehen, bringt die Wehrgerechtigkeit im Bewußtsein vieler Betroffener aus der Balance. Der Auswirkung dieser Einflußfaktoren, bei der sich ländliche Regionen von Großstädten deutlich unterscheiden, soll ein Attraktivitätsprogramm der Bundeswehr begegnen. Indem die Ausbildung der Unteroffiziere in Menschenführung verbessert wird, erhofft man sich positive Auswirkungen auf das Klima in den Streitkräften. Jedoch erst, wenn es gelingt, die Theorie des militärpädagogischen Handelns auf der Grundlage der »inneren Führung« weiterzuentwickeln, besteht begründete Aussicht auf eine angemessene Sinndeutung des militärischen Alltags. Er sieht in der Truppe anders aus als in den Kommandobehörden. Stabsoffiziere in leitender Funktion, die nicht in den Genuß einer Universitätsausbildung gekommen sind wie ihre nachrückenden Kameraden, geben pragmatischen Führungsentscheidungen anstelle theoriegeleiteter Praxis in der Regel den Vorzug. Dadurch bleiben Innovationschancen vielfach ungenutzt. Wenn man das ändern will, führt kein Weg an militärpädagogischer Forschung in Theorie und Praxis vorbei.

5 Forschungsperspektiven

Mit der Aufstellung des Volksheeres und der Rekrutierung von Offizieren aus dem Bürgertum wirkte die soldatische Tugend der Kameradschaft über die sozialen Standesgrenzen hinweg. Die Rolle der Armee als Schule der Nation (Friedrich II.) mit dem Zweck, die zur Fahne geholten Untertanen des preußischen Königs auch mit schulischer Elementarbildung zu versorgen, gewinnt heute die Bedeutung, staatsbürgerliche Identität zu festigen und den Verteidigungswillen gegenüber existierenden oder zukünftigen Bedrohungen zu stärken. In der für die moderne Verteidigung taktisch wichtigen kleinen Kampfgruppe müssen die einzelnen Soldaten davon überzeugt sein, daß sie sich für eine gerechte Sache einsetzen. In der Vergangenheit wurde mit soldatischer Opferbereitschaft vielfach Mißbrauch getrieben (FRISCH 1989). Er ist für die Zukunft zwar nicht auszuschließen, wohl aber dadurch besser vermeidbar, daß militärpädagogische Erkenntnisse den Ablauf des militärischen Alltags gestalten helfen.

Angesichts der von Wehrpflichtigen beobachteten und von Militärsoziologen hinreichend dokumentierten militärpädagogischen Defizite ist es nun an der Zeit, sich den Streitkräften gegenüber von persönlichen Vorurteilen zu emanzipieren, anstatt diese zu pflegen (KAISER 1983), und die kritisch-konstruktive Kompetenz der Erziehungswissenschaftler auf die Streitkräfte als Forschungsgegenstand zu lenken. Die Plattform dafür wäre ein Sonderforschungsbereich »Militärpädagogik« nach den Richtlinien der Deutschen Forschungsgemeinschaft, steht doch außer Frage, daß es sich bei der Armee um einen gesellschaftlich relevanten Gegenstand und um eine ebenso relevante pädagogische Problemstellung (LUTZ 1984) handelt:

Um den verfassungsmäßigen Auftrag zu erfüllen, wird eine Bundeswehr vorausgesetzt, deren jeweilige Angehörige den Sinn der territorialen Verteidigung der Bundesrepublik als Teil des freien Europa nachvollziehen können. Eine bereichspezifische Pädagogik, die diesen grundgesetzlichen Auftrag mit erziehungswissenschaftlichen Mitteln und Methoden unterstützt, ist bisher nicht entwickelt worden. Einzelinitiativen in Form von programmatischen Ansätzen zu einer »Allgemeinen Wehrpädagogik« (PORTNER 1977) oder einer »Militärischen Ausbildungspädagogik« (PÖGGELER 1989) sind weder von den Universitäten noch von den Streitkräften hinreichend aufgenommen und weiterentwickelt worden, obwohl davon die Sicherheit der Bundesrepublik Deutschland und von dieser Sicherheit die freie kulturelle Entfaltung jedes einzelnen wie der Gesellschaft abhängen. Dieses Versäumnis und der dadurch entstandene Forschungsrückstand sollten wegen der umfassenden gesellschaftlichen und sicherheitspolitischen Bedeutung der Bundeswehr durch koordinierte exemplarische Forschungsaktivitäten ausgeglichen werden.

Deren Erweiterung deutet sich in Richtung einer »euro-militärischen Identitätsentwicklung« an. Sie setzt die Entwicklung von Sprachkompetenz und transnationaler kultureller Bildung bei den Angehörigen der im westlichen Verteidigungsbündnis kooperierenden Streitkräfte voraus. Die Verteidigungswürdigkeit nicht nur der eigenen Nation, sondern des freien Europa wird nur dann anerkennbar, wenn eine wechselseitige transnationale Wertschätzung der Militärgeschichte und der kulturellen Leistungen der Verbündeten vermittelt werden kann. Die europäische Militärgeschichte weist Ereignisse auf, bei denen sich europäische Nationen zur Abwehr äußerer Bedrohung zusammengeschlossen haben. Sie weist aber auch Kontrastbeispiele auf (ROYL 1990b). Didaktisch stehen Militärpädagogen daher vor der Aufgabe, den »Erfahrungsraum« militärgeschichtlicher Ereignisse zu rekonstruieren und für das Lernen aus der Geschichte den gesicherten Frieden als »Erwartungshorizont« (KOSELLECK 1977) aufzubereiten. Mit dem Ziel der Entwicklung euro-militärischer Identität schließt dieser Erwartungshorizont die Idee von Europa als der politischen Einheit kulturspezifischer nationaler Regionen und deren Erweiterung durch freiwillige Kooptierung ein. Die militärpädagogische Analyse bezieht sich dabei auf Probleme der Vermittlung von objektiver Schutzbedürftigkeit einer solchen politischen Einheit nach außen und die Sicherung ihres friedlichen inneren Zusammenhalts. Die Folgen von Naturereignissen und von militärischen Bedrohungsrisiken, so wird unterstellt, machen die Ausbildung und den Erhalt des Soldatischen als dem selbstlosen Einsatz für die Sicherung des Friedens in Freiheit zu einem bevorzugten Attribut des Humanen.

Literatur

ABRAHAMSSON, B.: Military Professionalization and Political Power. Beverly Hills 1972
BAUDISSIN, W. v.: Soldat für den Frieden. München 1969
BUNDESMINISTERIUM DER VERTEIDIGUNG: Zentrale Dienstvorschrift 10/1, Hilfen für die Innere Führung. Bonn 1972
– (Hrsg.): Legitimation soldatischen Dienens. Bonn 1987
Ev. KIRCHENAMT F. D. BUNDESWEHR (Hrsg.): De officio – Zu den ethischen Herausforderungen des Offizierberufs, Bonn 1986, 3. A.
FOERSTER, F. W.: Wehrkraftpädagogik. In: ders.: Politische Ethik und politische Pädagogik. München 1918, S. 450–459
FRISCH, M.: Schweiz ohne Armee? Zürich 1989
FROBENIUS, H.: Geschichte der Landkriege. In: FROBENIUS, L. (Hrsg.): Weltgeschichte des Krieges. Hannover 1903, S. 289–656
HENTIG, H. v.: Diesseits der Leitbilder – Gedanken eines Pädagogen zur inneren Situation der Bundeswehr. In: MERKUR, Bd. 18 (1964), S. 915–936
JASPERS, K.: Die Atombombe und die Zukunft des Menschen. München 1958
KAISER, A.: Militärdienst. In: LENTZEN, D./SCHRÜNDER, A. (Hrsg.): Enzyklopädie Erziehungswissenschaft. Bd. 9/2. Stuttgart 1983, S. 406–413
KLEIN, P. (Hrsg.): Das strapazierte Rückgrat. Baden-Baden 1983
KOSELLECK, R.: »Erfahrungsraum« und »Erwartungshorizont« – zwei historische Kategorien. In: PATZIG, G. u. a.: Logik, Ethik, Theorie der Geisteswissenschaften. Hamburg 1977, S. 191–208
LUTZ, D. S. (Hrsg.): Weder Wehrkunde noch Friedenserziehung? Baden-Baden 1984
MARSHALL, S. L. A.: Soldaten im Feuer. Frauenfeld (Schweiz) 1959
NATIONAL DEFENSE UNIVERSITY (Hrsg.): Military Ethics. Washington D. C. 1987
PASCHEN, H.: Logik der Erziehungswissenschaft. Düsseldorf 1979
PLATON: Der Staat (ca. 375 v. Chr.). Leipzig 1923
PORTNER, D. (Hrsg.): Grundlagen der allgemeinen Wehrpädagogik. Regensburg 1977
POTEN, B.: Geschichte des Militär-Erziehungs- und Bildungswesens in den Landen deutscher Zunge. Bd. 1–5 (1889–97). Osnabrück 1952
RABENAU, H.-W. v.: Der Fahneneid als ethische Grundlage des Gehorsams. In: Neue Zeitschrift für Wehrrecht 26 (1984), S. 199–209
ROSEN, C. v.: Zur Theorie der Inneren Führung. In: Wehrkunde 11 (1975), S. 556–563
ROYL, W.: Der Teil-Ganze-Bezug in der militärischen Ausbildung des Soldaten. In: FAUL, CHR./ ROYL, W. (Hrsg.): Sicherheitspolitik und Verteidigungsbereitschaft – Bewußtseinsbildung an Universitäten, Baden-Baden 1990a, S. 207–234
–: Der militärpädagogische Beitrag des Reserveoffiziers zur Entwicklung euro-militärischer Identität. In: FAUL, CHR./ROYL, W., a.a.O. 1990b, S. 39–71
PÖGGELER, F.: Probleme der Ausbildung in demokratischen Armeen. In: TROTSENBURG, E. A. v.: Militärpädagogik. Frankfurt/M. 1989, S. 87–113
ROYL, W.: Zur Rekonstruktion der Militärpädagogik. In: TROTSENBURG, E. A. v.: Militärpädagogik. Frankfurt/M. 1989, S. 29–86
STEIN, L. v.: Die Lehre vom Heerwesen (1872). Osnabrück 1962
VOGT, W. R. (Hrsg.): Militär als Gegenkultur? Bd. 1. Opladen 1986

Lutz Dietze

Bildungsrecht, Elternrecht, Bildungsverwaltung, Lehrplanrecht

1 Bildungsrecht

1.1 Übersicht

Bildungsrecht ist der Sammelbegriff für alle *Rechtsfragen*, die sich auf Probleme der Sozialisation und Erziehung, der Qualifikation und Bildung beziehen. Der *Bildungsjurist* hat mit allen *Rechtsgebieten* zu tun, in denen oder innerhalb deren jene Fragen geregelt sind.

Hierzu gehören in erster Linie solche, die sich aus den Ansprüchen und Pflichten bzw. dem Rechtsstatus der Betroffenen sowie aus den Zuständigkeiten und Aufgaben privater, gesellschaftlicher oder staatlicher Träger von Erziehung, Bildung und Ausbildung einschließlich der hier tätigen Verwaltungen ergeben.

Im Hinblick auf die *Grundrechtsträger* und die auch fürs Bildungsrecht geltenden *Staatszielbestimmungen* (= Gewaltenteilungsprinzip, Rechts- und Sozialstaatsprinzip) und die verfassungsrechtliche Legitimation von Bildungsträgern und -verwaltungen ist Bildungsrecht Staatsrecht. Bildungsrecht ist Verwaltungsrecht, soweit es um staatliche oder öffentliche Bildungssysteme geht (Schulen, Privatschulen, Hochschulen, Einrichtungen der Erwachsenenbildung in öffentlich-rechtlicher Trägerschaft oder mit öffentlich-rechtlichen Aufgaben) (→ *Das allgemeinbildende Schulwesen* ...; → *Freie Schulen* ...; → *Hochschule, Universität* ...; → *Institutionen der Erwachsenenbildung*). Problembezogen umfaßt es außerdem das Familien- und Eherecht und Teilbereiche des Kommunal-, Arbeits-, Sozial- und Rehabilitationsrechts, zudem die schulische *Rechtsdidaktik (Rechtskunde)* beziehungsweise die Fachdidaktik in der Lehrer- und Juristenausbildung.

Das Gebiet ist somit stark zergliedert. Da Bildungsrecht seinem historischen Kern nach sich zunächst als Schul- und Hochschulrecht ausgebildet hat, gilt es als Teil des Besonderen Verwaltungsrechts (s. die Abrisse in Lehrbüchern hierzu). In der Juristen- wie Lehrerausbildung ist Bildungsrecht Wahl- oder Wahlpflichtfach. Zwei seiner Spezialthemen (Lehre vom Gesetzesvorbehalt, Prüfungsrecht) gehören zum Grundkanon der Juristenausbildung (nicht der Lehrerausbildung, s. unten 1.3).

Der Bildungsanspruch nach Art. 12 Abs. 1 Grundgesetz bezieht sich nur auf *Berufsausbildung*. In Literatur und höchstrichterlicher Rechtsprechung deutet sich an, daß der Schutzbereich der Norm zugunsten allgemeinbildender und beruflicher Schulen in Ausdehnung begriffen ist. Da außerdem das Recht auf Bildung nach Art. 2 des Zusatzabkommens zur Europäischen Menschenrechtskonvention bundesrechtlich als Anspruchsrecht ausgestaltet ist und Bundesrecht nach Art. 31 Grundgesetz Landesrecht »bricht«, andererseits aber, mit Ausnahme der Rahmenkompetenz des Bundes für das Hochschulrecht und gewisser Zuständigkeiten für das Recht der Auslandsschulen (→ *Deutsche Bildungseinrichtungen im Ausland*), die Kulturhoheit nach Art. 30 in Verbindung mit Art. 70 Grundgesetz bei den Ländern liegt, ist die rechtsdogmatische Natur des Rechts auf Bildung, das (rechts-)logisch der Ausgestaltung des Bildungsrechts Form geben könnte, strittig und ungeklärt. Es wird von einem Teil der Rechtsprechung und Literatur auf Art. 2 Abs. 1 Grundgesetz (freie Entfaltung der Persönlichkeit) zurückgeführt.

(Ob der in sieben Landesverfassungen enthaltene Grundrechtsanspruch auf begabungsgemäße Bildung eine mehr als deklamatorische Bedeutung hat, ist strittig und wird z. T. verneint.)

Zwischen öffentlichrechtlichen und privatrechtlichen Bildungs- oder Ausbildungsverhältnissen besteht insoweit ein Unterschied, als der *Leistungsanspruch* auf normierte Ausbildung vorbehaltlich etwaiger Notregelungen (Numerus clausus) nur gegenüber öffentlichen Trägern einklagbar ist. In privaten Bildungs- und Ausbildungsverhältnissen, die nach dem Grundsatz der Vertragsfreiheit zustande kommen, kann aber die vertraglich bedungene Ausbildungsleistung eingeklagt werden.

Nach Art. 7 Abs. 1 Grundgesetz steht die Schule unter der Aufsicht des Staates. Deshalb und aufgrund des verfassungskräftigen Leistungsprinzips ist der Staat nicht verpflichtet, das Schul- und Bildungswesen nach den Wünschen der Grundrechtsträger (Schüler und Hochschüler, Eltern) differenziert zu gestalten, sofern nicht das Landesverfassungsrecht für bestimmte Schulformen eine Bestandsgarantie enthält (strittig!). Es wird (abgesehen von der Privatschulgarantie nach Art. 7 Abs. 4 und 5 Grundgesetz) (→ *Freie Schulen* ...) nur ein Zugangsrecht zu den vom Staat eingerichteten Schul- und Hochschularten gewährleistet.

1.2 Zur Geschichte des deutschen Bildungsrechts

Hervorzuheben sind: die allmähliche Zurückdrängung kirchlichen Einflusses (Stichwort: *Bismarcks Kulturkampf*) (→ *Schulgeschichte als Bildungsreform*); die rechtliche Auseinanderentwicklung von Schulen und Hochschulen (bei beiden handelt es sich um Anstalten, Hochschulen sind außerdem Körperschaften des öffentlichen Rechts, d. h. Träger eigener Rechte) (→ *Hochschule / Universität*); die Zweiteilung der Lehrerausbildung (fürs Volksschulwesen einerseits, für Gymnasien andererseits (mit ausbildungsspezifischen Nachwirkungen bis heute) (→ *Lehrer / Lehrerin*); die äußerliche Differenzierung vor allem des Gymnasialschulwesens im Verlauf des 19. Jahrhunderts (→ *Das allgemeinbildende Schulwesen* ...); die Reform der Schulverfassung (Einbezug der Grundrechtsträger – Eltern und Schüler) in den Jahren 1918ff., 1950ff., 1968ff. (→ *Das Verhältnis von Elternhaus und Schule*) und das Kollegialitätsprinzip (Bindung des Schulleiters an die Beschlüsse der Lehrer- oder Gesamtkonferenz – 1966–1978 –).

Das »Besondere Gewaltverhältnis« (eine rechtsdogmatische Kunstfigur des Obrigkeitsstaats) beruhte im Schul- und Hochschulrecht auf der Annahme, der Staat werde hier als Leistungsverwaltung tätig. Tatsächlich regelt er die Grundrechtsgestaltung und ist zumindest auch Eingriffsverwaltung. Die Staatsrechtslehrertagung von 1964 erkannte eine »Lücke im Rechtsstaat«.

Die Entwicklung der Kulturbürokratie, die zur »verwalteten Schule« (so der Bildungsjurist Hellmut BECKER 1954) geführt hat, ist seit damals vor allem deswegen *sichtbar* vorangeschritten, weil u. a. verdrängt worden ist, daß infolge der Reform der Schul- und Konferenzverfassung an die Stelle direktorialer und rektoraler und weiterer administrativer Einzel-Anweisungsbefugnisse schriftliche Regelungsformen (Erlasse) getreten sind, die primär auf Fehlleistungen einzelner Lehrer oder Schulleiter zurückzuführen sind und dadurch einen »Regelungsbedarf« ins Bewußtsein der Aufsicht projiziert haben. Auch partizipieren nun Lehrer ungleich stärker als früher an den schulinternen

Verwaltungsentscheidungen. Im übrigen darf man *Verrechtlichung* nicht mit Bürokratisierung der Schulen verwechseln oder gleichsetzen! Das von der Kommission Schulrecht vorgeschlagene radikale Zusammenstreichen untergesetzlicher Normen (zeitweilig in einzelnen Bundesländern wie Baden-Württemberg, Hessen usw. praktiziert) führt nicht nur zur Entlastung der Aufsicht, die sich dann auf Gravamina beschränken kann, sondern auch zur Entlastung des Unterrichtspersonals. In Reaktion auf eine grundrechtsbezogene Reform der Schulverfassung (1968–1977), die Umstrukturierung im Bildungswesen (→ *Strukturveränderungen im Bildungswesen ..., – Die Orientierungsstufe, Die Gesamtschule*) und in Anerkennung dessen, daß die für die Bedeutung der Grundrechte wesentlichen Rechtsfragen vom Gesetzgeber statt der Verwaltung zu regeln sind, hat die Kommission Schulrecht des DEUTSCHEN JURISTENTAGS 1981 den »Entwurf für ein Landesschulgesetz« vorgelegt, an dem sich inzwischen die höchstrichterliche Rechtsprechung orientiert.

Für die anderen Bildungsrechtsmaterien läßt sich verallgemeinernd feststellen, daß die Wandlungen in der Auffassung an der allgemeinen Entwicklung des Gebiets partizipieren, dem die Problemfrage zuzuordnen ist. So wird z. B. im die Familien- und Schulerziehung ergänzenden Jugendhilferecht der Begriff »*Verwahrlosung*« unter Einfluß sozialpsychologischer und erziehungswissenschaftlicher Theorienbildung zunehmend edukativer und als Eingriffstatbestand enger gefaßt (→ *Sozialpädagogik und Heimerziehung*).

1.3 Der Lehrer und sein Recht

Wiewohl pädagogische Freiheit und Verantwortung des Lehrers und das Hochschullehrerprivileg nach Art. 5 Abs. 3 Grundgesetz (*Wissenschaftsfreiheit*) historisch auf die gleiche Wurzel zurückzuführen sind (→ *Lehrer / Lehrerin;* → *Hochschullehrer und wissenschaftlicher Nachwuchs*), haben sich beide Rechtsmaterien auseinanderentwickelt, sind aber seit etwa 25 Jahren wieder in einem Annäherungsprozeß befindlich.

Zugunsten der Lehrer haben die Juristen die schulgesetzliche Anerkennung der *pädagogischen Freiheit* (→ *Erziehen und Unterrichten als Beruf*) als berufstypisches Recht durchgesetzt. Praktisch bedeutet dies, daß die entscheidend vom Beamtenrecht geprägten Dienstpflichten der Lehrer nach Maßgabe dieses Freiheitsrechts modifiziert interpretiert werden müssen. Dazu gehört, daß der Lehrer bei aller Bindung an Vorschriften und Anweisungen diese als *eigene Angelegenheiten* aus- und durchzuführen hat. Er hat die *Interpretations-* und *Auslegungskompetenz*.

Infolge mangelhafter Vorbildung und Kenntnisse vermögen Lehrer/Schulleiter/Ministerialpädagogen vielfach von ihren Auslegungs- und Handlungskompetenzen keinen eigenständigen Gebrauch zu machen, so daß das eigene Berufsverständnis (als Pädagoge/Wissenschaftler/Manager) der Befassung mit dem Berufsrecht abträglich ist.

So kommt es zur Fehlannahme, zwischen Einzelanweisungen, Vorschriften, Verordnungen und Gesetzen bestehe kein Unterschied; alles sei Vorgesetzten- (weil vorgesetztes)Recht. Die berichtigende oder korrigierende Auslegung von Einzelanweisungen oder Vorschriften im Lichte des höherrangigen Rechts wird nicht (nur) mutwillig (d. h. infolge Fahrlässigkeit oder Resignation) verschenkt, sondern vor allem infolge Unkenntnis. (Die fünf rechtlichen Überprüfungskriterien bei der Notenfestsetzung z. B. sind nur dem geringsten Teil der Lehrer und Schulleiter bekannt; (vgl. dazu DIETZE 1984, § 8; ders. 1986, S. 34 ff.)

Man orientiere sich daher an drei Theoremen:
1. Im Zweifel ist jede Vorschrift so auszulegen, daß sie einen pädagogisch vernünftigen Sinn gibt. (Den freilich muß man begründen können.)
2. Eine pädagogisch falsche Entscheidung ist mit an Sicherheit grenzender Wahrscheinlichkeit auch juristisch falsch. Umgekehrt gilt nicht das gleiche. (Und zwar deshalb nicht, weil das juristische Regelungswerk grobmaschig ist.)
3. Soweit von einer Bürokratisierung (im Sinne von juristischer Verregelung) des Schulwesens gesprochen werden kann, hat dies dessen Entpädagogisierung zur Voraussetzung. (Diesen Prozeß könnten Verwaltungen und Schulen, kann *der Pädagoge* eigenständig erfolgreich umkehren.)

1.4 Weitere Probleme, Hinweise für Forschung

Die juristisch-pädagogische Diskussion konzentriert sich, nachdem nun viele Grundfragen geklärt worden sind, auf folgende Bereiche:
– Auswirkungen des Rechtsstaatsprinzips und der grundrechtsbezogenen Interpretation von Normen mit Eingriffscharakter (Grundsatz stets enger Auslegung) auf die rechtsstaatliche Konsistenz der Rechtsmaterien (Zulässigkeit des Ganztagsschulbetriebs, Änderungen der Schulformen, Bedeutung des Leistungsprinzips bei der Fortentwicklung des Schulwesens, Integration behinderter Schüler in allgemeinen Schulen, die rechtliche Seite von EDV- und Datenschutzproblemen in Schulen und Schulverwaltung, gesetzliche Bestimmung der Bildungsziele und Reform des Lehrplanrechts).
– Konkretisierung des subjektiven Rechts auf Unterricht und Erziehung (Recht auf einklagbaren Unterricht); Relevanz förderungsdiagnostischer Funktionen der Bewertung;
– Angleichung der Schul-, Schulverwaltungs- und Schulverfassungsstrukturen an die jeweiligen pädagogischen Zielsetzungen (Beispiele: Umsetzung des Paradigmawechsels in der Behindertenpädagogik zugunsten schulischer Integration Behinderter und Nichtbehinderter; Reform der Schulverfassung unter pädagogischer Bewertung der informellen Kommunikations- und Entscheidungsstrukturen [Reduktion der Gremien]); im Rahmen des Kulturföderalismus eigenständige Rechts- und Strukturentwicklung des Schulwesens in den Ländern auf dem Territorium der ehemaligen DDR; Entwicklung des europäischen Bildungsrechts im Kontext der Schaffung eines EG-Binnenmarktes mit Freizügigkeit und Berufsausübungsfreiheit;
– Absicherung individueller pädagogischer Freiheit und Verantwortung durch Initiativen zum Erwerb allgemeinrechtlicher und berufsrechtlicher Grundkenntnisse.

2 Elternrecht

Nach Artikel 6 Absatz 2 Grundgesetz haben die Eltern vor dem Staat die Pflicht, ihr Kind zu erziehen, in seinem wohlverstandenen Interesse den Bildungsweg zu bestimmen sowie seine sonstigen Rechte (Beispiel: Vermögen) zu fördern und zu schützen.

Wie jedes freiheitliche Grundrecht ist das *Elternrecht ein Abwehrrecht* gegenüber der Staatsgewalt. Es ist ein *Treuhänderrecht fürs Kind*, kein Recht aufs Kind. Der Staat darf nur ins Elternrecht eingreifen, wenn dies im Interesse des Kindes unabdingbar ist.

Können sich die Eltern bei Lebensweg entscheidenden Fragen nicht einigen, entscheidet das Vormundschaftsgericht.

Mit wachsendem Alter stehen dem Kind vor allem nach dem Bürgerlichen Gesetzbuch weitere Rechte zu, bis es mit 18 Jahren volljährig ist. Auch dann enden die Rechtsbeziehungen zwischen Eltern und Kind nicht. (Beispiele: Pflicht zur Finanzierung der Ausbildung, wechselseitige Unterstützung in Notfällen.)

Zu unterscheiden sind *pädagogisches* und *konfessionelles Elternrecht*. Dieses bezieht sich auf die religiöse oder nichtreligiöse Erziehung (ggf. die Wahl einer staatlichen Konfessions- oder einer konfessionellen Privatschule) (→ *Freie Schulen . . .*). Jenes umfaßt alle sonstigen Erziehungspflichten und -rechte.

Abgesehen von Formen der Mitwirkung in der Schulverfassung, ist gegenüber dem Staat hauptsächliches Recht der Eltern, den Bildungsweg des Kindes zu bestimmen, für den es nach Maßgabe staatlicher Einschätzung geeignet ist.

Bei der *Sexualerziehung* hat das Bundesverfassungsgericht (Entscheidungs-Band 47, S. 46 ff.) entschieden, bei altersgemäßer Information habe der Unterricht gegenüber Wertvorstellungen der Eltern tolerant zu sein; die Eltern (Erziehungsberechtigten) hätten nur das Recht auf Information über das Unterrichtsgeschehen. Für eine *wertbildende* Erziehung müsse der Gesetzgeber selbst die Ziele und maßgeblichen Prinzipien des Unterrichts festlegen (→ *Werte und Normen in der Erziehung*). Im Ergebnis werden Informationsrechte der Schüler und ihr Recht auf Bildung der eigenen Meinung stärker bewertet als das Elternrecht.

Parallel zur Entwicklung der Schulverfassung wirkt das *kollektive Elternrecht* der Elternvertretungen, wobei der Schwerpunkt der Rechte und Aktivitäten in den einzelnen Schulen liegt. Dabei ist das Elternengagement dort davon abhängig, wie offen die Schullaufbahn des Kindes im Hinblick nach »oben« verläuft.

Seit sich erwiesen hat, daß die Elternschaft als »Sozialmacht« von schulpolitischer Bedeutung aufzutreten vermag, ist das wissenschaftliche Interesse gewachsen. Lehrer und Reformprojekte werden um so unangreifbarer, je enger die Zusammenarbeit mit den Eltern und deren Zustimmung ausfällt. Bemerkenswert ist schließlich, in wie hohem Maße Eltern vor Lehrern »Angst« haben und befürchten, ihre Kritik würden die Lehrer am Kind auslassen. Umgekehrt – ceteris paribus – das gleiche Problem. Hier sollte die pluri- und interdisziplinäre Forschung ansetzen; auf der praktischen Verständigungsebene müssen Lehrer damit rechnen, bei einer bis in die privaten Kontakte reichenden Kooperation mit Eltern Zeit aufzubringen, die im Ergebnis ihre eigene pädagogische Arbeit erleichtert und das Schulklima verbessert. (Umkehrung des oben [1.3] genannten 3. Theorems) (→ *Verhältnis von Elternhaus und Schule*)

3 Bildungsverwaltung

3.1 Überblick, Aufgaben

Zunächst ist auch die Bildungsverwaltung Bürokratie.

Auffällige Unterschiede ergeben sich in den Bereichen Wissenschafts-, Kultur- und (Schul-)Bildungsverwaltung; in der Kulturverwaltung im engeren Sinne (Aufsicht über Theater, Museen etc.) herrschen freiere (Rechts-)Verhältnisse.

Die Tendenzen in den Schul- und Hochschulverwaltungen haben im Verlauf der letzten zwei Jahrzehnte zu Annäherungen geführt: Verschulung des Universitätsbetriebs, Kompetenzdelegation und Dekonzentration hinsichtlich der Schulen (Entscheidungszuwachs »unten« einerseits, Vereinheitlichung des bis dato auf Schularten bezogenen internen Verwaltungsrechts, z. B. der Dienstanweisungen und Konferenzordnungen, andererseits).

Gemäß gesetzlichen und verwaltungseigenen Vorgaben übt die Schulverwaltung gegenüber den Schulen Dienst-, Fach- und Rechtsaufsicht. Bei der Rechtsaufsicht wird nicht die Zweckmäßigkeit, sondern nur die Rechtmäßigkeit der Entscheidungen von Lehrern und Schulgremien nachgeprüft. Die rechtspraktische Bedeutung der Fachaufsicht ist mit »unbewaffnetem« Auge kaum noch wahrzunehmen. Erhebliche professionelle Fehler verstoßen praktisch stets gegen bindende Rechtsprinzipien (strittig). Die Dienstaufsicht betrifft status- und beamtenrechtliche Fragen von Lehrern; hier sind die landesrechtlich unterschiedlichen Kompetenzen von Schulleitern beachtlich, die für das nichtunterrichtende Personal im Auftrag der Schulträger stets Dienstvorgesetzte sind, gegenüber Lehrern aber nicht in allen Ländern und nicht in allen Schularten gleiche Aufsichtsrechte haben.

Relativ unbekannt, aber wichtig ist, daß das *Hausrecht* des Schulleiters unabhängig vom jeweiligen Schul- oder Kommunalrecht eine Annex-Kompetenz zum Funktionszweck des Schulgebäudes ist (mit der Folge eingeschränkter Ermessensausübung).

Aufgrund des verfassungsmäßigen Gewaltenteilungsprinzips hat die Bildungsverwaltung eine eigene verfassungsrechtliche Legitimationsgrundlage und ist bei der Ausübung ihrer hoheitlichen Befugnisse an Grundrechte wie Staatszielbestimmungen (oben 1.1) auch bei den eigenverantwortlichen Handlungen gebunden. Verwaltung im engeren Sinn (Management) besteht in Unterstützung, Vermittlung, Überwachung und ist somit einerseits selbst Funktion und andererseits funktionsabhängig von den institutionellen Prämissen. Die genuin operativen (logistischen) Leistungen bestehen im Planen, Organisieren, Leiten (Aufgabenzuweisung, Motivierung, Kommunikation, Koordination), in der Besetzung von Stellen (Personalplanung, -auswahl, -entwicklung), in Kontrolle und Veränderung. Wobei die sogenannten Politikvorgaben (auch in der Form von Gesetzesbefehlen) ihre Modifikationen erfahren können, die von den Adressaten aber ursprungs- und nicht befehlskonform zu interpretieren sind.

Wo die Verwaltung eigenes Recht setzen kann, ist sie an dieses selbst gebunden. (Das gilt auch da, wo auf der untersten Verwaltungsebene ein Lehrer Maßstäbe für die Beurteilung von Schulleistungen festlegt.)

Neben den geschilderten hierarchischen Grundstrukturen sind auf den unterschiedlichen Ebenen kollegiale Strukturen bezeichnend; da die deutsche Verwaltung im Gegensatz zu denen anderer Demokratien externen Wissenschaftlern nur ungern Einblick in ihr eigentliches Funktionieren bietet, kann u. a. (aufgrund interner Kenntnis) auf folgendes hingewiesen werden: Der Stellenüberhang bei Leitenden, die fehlende Jobrotation haben vornehmlich zu jener Impermeabilität und horizontalen Verfestigung geführt, die die deutsche Bildungsverwaltung als Leistungsverwaltung relativ immobil und ineffizient machen. Das Referats- oder Dezernatsprinzip ist typisch. Dadurch werden Entscheidungsprozesse (per Aktenumlauf-Verfahren) kompliziert, oder der Referent handelt eigenständig und wird bei Fehlern von seinesgleichen gedeckt.

Der Verwaltungsaufbau ist (länderspezifisch) ein- bis dreizügig, aber – bei geringfügigen Modifikationen – ist die deutsche Schulverwaltung immer noch unangemessen hierarchisch.

3.2 Forschungsprobleme

Mit dem hierarchischen Aufbau der Schulverwaltung sind Forschungsprobleme indiziert. Nach weitverbreiteter Meinung gehört (nächst dem Umwelt- und dem Gesundheitsschutz) die Schulverwaltung zu den Sorgenkindern der Experten. Auffällig oft werden mißliebige oder für unfähig gehaltene Beamte auf den unteren Ebenen in die Schulämter versetzt; auffällig oft klagen Schulaufsichtsbeamte über die mangelhafte Qualifikation eines Gutteils der Schulleiter, von denen nicht wenige »von der pädagogischen Front« aus nachvollziehbaren Gründen zur Aufsicht wegbefördert worden sind.

Nirgendwo sind die Mängel der deutschen Bildungsverwaltung genauer bekannt als in den eigenen Reihen; Veränderungen scheinen nur in dem Maße denkbar, wie sie »allen« Mitgliedern des »Hauses« nützen. Daher ist mit durchgreifenden Änderungen nicht zu rechnen.

4 Lehrplanrecht

Das Recht der Kultusverwaltungen, die Lehrpläne zu bestimmen, folgt aus den gesetzlich definierten Erziehungs- und Bildungsaufträgen der Schularten und -formen bzw. hätte aus ihnen zu folgen (vgl. »Entwurf für ein Landes-Schulgesetz«. DEUTSCHER JURISTENTAG 1981, §§ 2ff.). Es sind drei verfassungsrechtliche Aspekte zwingend zu beachten:
– Das *Leistungsprinzip*. Der Lehrplan muß dem jeweiligen wissenschaftlichen Erkenntnisstand im allgemeinen und dem der einzelnen Fächer angemessen sein.
– *Neutralitätspflicht*. Insbesondere bei gesellschaftlichen oder politischen Streitfragen ist es dem Staat verwehrt, seinerseits Partei zu ergreifen.
Die Schüler sind altersentsprechend, aber möglichst umfassend über die verschiedenen möglichen Standpunkte so zu informieren, daß sie sich eine eigene Meinung bilden können. Das folgt aus Artikel 5 Absatz 1 Grundgesetz (Meinungsfreiheit). Es herrscht somit das sogenannte *Indoktrinationsverbot*. Beispiel: »Darlegen, daß der Dienst in der Bundeswehr Friedensdienst ist« ist tendenziell Indoktrination. (Korrekt aber: Untersuchen, ob ...; prüfen, inwieweit ...) Die von den Kultusverwaltungen eingerichteten Lehrplankommissionen haben im Verhältnis zu jenen Zeiten, wo der Lehrplan (das Curriculum) für ein Fach aus zwei Seiten mit Stichwörtern bestand, erheblich an Bedeutung gewonnen. Erkennbar war dies Anfang der 70er Jahre bereits an der kontroversen Diskussion um umfängliche Lehrplanrichtlinien, obwohl diese der Natur nach den Lehrern hätten weiten Behandlungsspielraum einräumen wollen (Beispiel: Hessische Rahmenrichtlinien). Inzwischen haben sich die sogenannten lernzielorientierten Curricula etc. erledigt (→ *Didaktik und Curriculum / Lehrplan*). Übrig geblieben sind die tradierten Lehrplanformen.
– Das Verbindliche wird benannt, und durch Vorsprüche oder *allgemeine Teile* wird jedem Lehrer das Recht zur Abweichung zugestanden. (Das ist vielen Lehrern unbekannt.)
Bei Beachtung der Pflicht zur Vermeidung von Indoktrination kommt der lehrplan-

wendende Lehrer hinsichtlich der Neutralitätspflicht dann nicht in Versuchung, den eigenen Standpunkt für neutral auszugeben, wenn er ihn zur Diskussion stellt und wenn er akzeptiert, daß er von den Schülern nicht geteilt wird, ohne daß dies Einfluß auf die Notenbewertung hätte. (Das muß er nachweisen können, am besten dadurch, daß er ohne Themenbezug seine Bewertungsgrundsätze – schriftlich! – den Schülern zur Verfügung stellt.)

Strittig ist, ob Lehrpläne – wie früher – Verwaltungsvorschriften sind. Richtigerweise (wegen ihrer Außenwirkung und Grundrechtsrelevanz) wird man sie als Rechtssätze (Rechtsverordnungen im materiellen Sinn) zu werten haben.

Von erziehungswissenschaftlicher Seite (vgl. FAUSER/FLITNER/KNAB 1986) wird die kommissionelle Bevormundung pädagogischer Lehrplanprozesse als Skandalon empfunden. Abhilfe erwartet man nicht (!) von seinesgleichen, sondern von den Bildungsjuristen.

Aufgrund pädagogischer Freiheit wird keinem Lehrer verweigert, »nicht genehmigte« Unterrichtsmaterialien zu verwenden oder seine Unterrichtseinheiten selbst zu erstellen. Sie müssen nur zum Lehrplan passen.

Die Lehrplanreform sollte auf zweierlei hinauslaufen:
– Anerkennung der *Gleichwertigkeit* unterschiedlicher Fächer und verschiedener formaler Schulabschlüsse (beides ist derzeit in der Kulturpolitik heftig umstritten!); nach Maßgabe eines übergeordneten qualitativ zu bestimmenden Standpunktes (allgemeine Tauglichkeit als Grundlage für jede weiterführende – auch berufliche – Bildung);
– Schaffung von bundeseinheitlichen »Minimalstandards«, auf denen sich im Rahmen pädagogischer Freiheit relativ eigenständige Lernleistungen aufgrund relativ eigenständiger Lehrleistungen aufbauen ließen;
– in den Grundzügen (auch wegen der Schulbuchverlage) *gesetzlich* zu bestimmenden Unterrichtszielen.

Mit einem so konzipierten Lehrplanrecht, dem Zeugnis- und Versetzungsbestimmungen angepaßt werden müßten, könnte die Durchlässigkeit des äußerlich gegliederten Schulwesens erheblich verbessert werden.

Die gegenwärtigen Trends sind anders. Verstärkte Auslese (Selektion) ist maßgeblicher als die curriculare Öffnung; Lehrerfort- und -weiterbildung erfolgt nachfrage- und nicht bildungsziel- und bedarfskonform.

Literatur

BATTIS, U.: Bundesbeamtengesetzkommentar 1980
BECKER, H.: Die verwaltete Schule (1954), in: ders., Quantität und Qualität, 2. Aufl. Freiburg/ Breisgau 1968, S. 147–174
BESSOTH, R. u. a.: Schulleitung – Ein Lernsystem für Schulleitung und Schulaufsicht. Loseblattausgabe. 4 Bde. (Bd. 1: Schulorganisation/Schulrecht). Neuwied 1978ff.
Beutel, W./Schönig, W. u. a.: Schulrecht in erziehungswissenschaftlicher Sicht. Die Diskussion des Entwurfs für ein Landesschulgesetz der Kommission Schulrecht des Deutschen Juristentags in der pädagogischen Literatur. Eine Dokumentation, hrsg. v. DEUTSCHEN JURISTENTAG e. V. Bonn 1987
BEVER, S.: Die Rolle des Bildungsrechts im Prozeß der Europäischen Integration, Bochum 1987
CAMPENHAUSEN, A. v./LERCHE, P.: Deutsches Schulrecht. Loseblattausgabe, 1970ff.

DENNINGER, E.: Hochschulrahmengesetz, Kommentar. 1984
DEUTSCHER JURISTENTAG: Schule im Rechtsstaat. Bd. 1. Entwurf für ein Landesschulgesetz. Bericht der Kommission Schulrecht des DJT 1981
DIETZE, L.: Rechtsargumentation für die Schulpraxis. Schulleiter-Handbuch. Bd. 30. Braunschweig 1984
–: Schulverwaltung: Rechtsstellung und Aufgaben. In: TWELLMANN, W. (Hrsg.): Handbuch Schule und Unterricht. Bd. 7. 2. Düsseldorf 1985, S. 1222–1239
–: Kontroll- und Beratungspflichten des Schulleiters bei der Notengebung. In: schulmanagement 17 (1986), S. 34–41
–: Elternrecht macht Schule, 2. Aufl. Düsseldorf 1986
FAUSER, P.: Pädagogische Freiheit in Schule und Recht. Weinheim 1986
FLITNER, A./KNAB, D.: Der 51. Deutsche Juristentag – 10 Jahre später. In: Recht der Jugend und des Bildungswesens 34 (1986), S. 455–460
HECKEL, H./AVENARIUS, H.: Schulrechtskunde. Neuwied ⁶1986
KULTUSMINISTERKONFERENZ: Dokumentationsdienst Bildungswesen. Bonn 1977ff.
NEVERMANN, K.: Der Schulleiter. Juristische und historische Aspekte zum Verhältnis von Bürokratie und Pädagogik. Stuttgart 1982
NIEHUES, N.: Schul- und Prüfungsrecht. München ²1983
REHBORN, M.: Rechtsfragen der Schulbuchprüfung. München 1986
SAMMLUNG SCHUL- UND PRÜFUNGSRECHTLICHER ENTSCHEIDUNGEN (SPE, SPEnF). Neuwied (Loseblattausgabe)
SPIES, W. E.: Die Kulturadministration: Chancen und Grenzen ihrer Wirksamkeit. In: TWELLMANN, W. (Hrsg.): Handbuch Schule und Unterricht. Bd. 7.1. Düsseldorf 1985, S. 550–560
THIEME, W.: Deutsches Hochschulrecht. Köln ²1986
WOHLGEMUTH, H. H./SARGE, K.: BBiG Berufsbildungsgesetz. Kommentar für die Praxis, Köln 1987
ZEITSCHRIFT: Recht der Jugend und des Bildungswesens

Hans-Joachim Fischer

Deutsche Bildungseinrichtungen im Ausland

1 Bundesrepublik Deutschland

1.1 Auslandsschulen

Zwar nimmt sich die Vergangenheit des deutschen Auslandsschulwesens in quantitativer Hinsicht wesentlich bedeutender aus als die Gegenwart, auch fördern andere Staaten Auslandsschulen und vergleichbare Einrichtungen zum Teil mit erheblich größerem finanziellem und personellem Aufwand als die Bundesrepublik Deutschland, gleichwohl sind sie substantieller Bestandteil der *auswärtigen Kulturpolitik* der Bundesrepublik.

1.1.1 Entwicklung des deutschen Auslandsschulwesens

Sieht man von Einzeldarstellungen der Schulentwicklung ab, so finden sich unter den gegenwärtig vorliegenden Beiträgen zur Entwicklung des deutschen *Auslandsschulwesens* nur wenige Arbeiten über die Geschichte deutscher Auslandsschulen unter länder- bzw. regionalspezifischen Aspekten. Eine zusammenfassende, erziehungs-, sozial- und kulturwissenschaftlichen Ansprüchen genügende Gesamtdarstellung der Geschichte des deutschen Auslandsschulwesens fehlt bis heute.

Man kennt deutsche Schulen im Ausland seit Jahrhunderten. Jede Schule hat ihre eigene Geschichte, ihr eigenes, oft wechselhaftes, widersprüchliches Schicksal zwischen Gründung und Schließung, zwischen mancher Wiedererrichtung und erneuter Schließung. Auslandsschulen sind in der Regel dort entstanden, wo im Ausland lebende deutsche Eltern ihren Kindern eine angemessene Bildung und Erziehung zu sichern suchten, sei es, daß im Lande entsprechende Einrichtungen fehlten oder daß sie aus religiösen, kulturellen oder auch politischen Gründen als nicht geeignet betrachtet wurden.

Die Revaler Domschule, die als Vorläufer der deutschen Schulen im Ausland gesehen werden kann, wird 1319 erstmals urkundlich erwähnt; ihre Gründung im Zusammenhang mit der Niederlassung hanseatischer Kaufleute fällt wahrscheinlich schon ins 13. Jahrhundert. Die älteste noch bestehende deutsche Auslandsschule ist die St.-Petri-Schule Kopenhagen aus dem Jahre 1575.

Gruppenauswanderungen von Deutschen und ihre Niederlassungen im fremdsprachigen europäischen Ausland führten vom 14. bis zum 17. Jahrhundert zu zahlreichen Auslandsschulgründungen, doch wird die entscheidende Entwicklung eines weltweiten deutschen Auslandsschulwesens, vor allem in Südamerika, erst durch die Massenauswanderungen des 18. und 19. Jahrhunderts ausgelöst. Mit der Etablierung des Deutschen Reiches als Kolonialmacht und der Entwicklung zur Wirtschaftsmacht erreicht das deutsche Auslandsschulwesen zu Beginn des 20. Jahrhunderts seinen Höhepunkt. Die Gesamtzahl der Schulen wird zu dieser Zeit vom Auswärtigen Amt auf ca. 900 veranschlagt (JUTZI 1977, S. 32).

Als Konsequenz des Zweiten Weltkriegs ergibt sich das Ende nahezu aller auswärtigen Kulturbeziehungen und die fast vollständige Vernichtung des deutschen Auslandsschulwesens. Nicht zuletzt war daher der Neubeginn durch politische Entscheidungen zur kulturellen Wiedergutmachung und zum Wiedergewinn des Vertrauens gekennzeichnet, das in der Zeit des Nationalsozialismus verlorengegangen war. Die Bundesrepublik Deutschland beginnt 1951 mit DM 300000 die Unterstützung des institutionellen Neubeginns und pädagogischen Neuaufbaus des Auslandsschulwesens. Wenn 1986 im Schulhaushalt des Auswärtigen Amtes 289 Millionen DM ausgewiesen wurden, verweist allein diese Größenordnung auf den kulturpolitischen Stellenwert der Auslandsschulen für die Bundesrepublik. In der zweiten Hälfte der 80er Jahre besteht ein weit gespanntes Netz von allein etwa 340 amtlich geförderten Auslandsschulen mit 128000 Schülern (WERNER 1986, S. 9).

1.1.2 Deutsche Auslandsschulen heute: Begriffsbestimmung

Unter Auslandsschulen werden allgemein und übergreifend jene Einrichtungen erfaßt, die von zahlreichen Staaten außerhalb ihres Hoheitsgebiets unterhalten bzw. personell und finanziell unterstützt und gefördert werden. Sie werden entsprechend ihrem Charakter und ihrer Orientierung von Kindern der im Ausland lebenden Angehörigen dieser und anderer Nationen, häufig auch von Kindern des Gastlandes besucht.

Was unter dem Begriff einer deutschen Schule im Ausland zu verstehen ist, wird nicht einheitlich beantwortet. Im Blick auf die gewandelte Zielvorstellung der Auslandsschularbeit erweisen sich ältere Definitionsversuche als historisch überholt und untauglich. Stand früher die Bewahrung der kulturellen Eigenständigkeit im Ausland im Gefolge von Abkapselung und Disqualifikation der Kultur des Gastlandes im Mittelpunkt, so sind heute partnerschaftliche Verbindungen unverzichtbarer Bestandteil der Arbeit der Schulen.

Selbst noch 1957 – bereits auf dem Hintergrund eines gewandelten Selbstverständnisses – wurde die deutsche Auslandsschule lediglich als eine Schule gesehen, »welche deutsche Staatsangehörige im Ausland oder Deutschstämmige, die als Minderheiten fremden Staaten angehören, errichtet haben, um ihre Kinder in Verbundenheit mit deutscher Sprache und Kultur zu erziehen« (MITTERER 1957, S. 5). Deutsche Auslandsschulen lassen sich heute definieren als »allgemeinbildende, in einem fremden Sprach- und Kulturraum lokalisierte, in der Regel Privatschulen ausländischen Rechts, die von Schulvereinen, Kooperativen oder anderen Schulträgern geleitet werden. Deutsche Auslandsschulen vermitteln und pflegen vorrangig Bildungsinhalte des deutschen und Kulturraums des Gastlandes durch deutsche und häufig auch einheimische Lehrkräfte nach Lehrplänen/Richtlinien der Länder der Bundesrepublik, teilweise unter Einbeziehung der Gastländer. Deutsche Auslandsschulen sind keine Schulen der Bundesrepublik; sie werden aber durch die Bundesrepublik im allgemeinen finanziell, personell, materiell und pädagogisch unterstützt und gefördert unter Berücksichtigung ihres politischen Umfeldes, ihrer Eigenstruktur, ihrer Tradition und spezifischen Bildungsaufgaben.« (WITTIG 1970, S. 197; FISCHER 1986a, S. 521f.)

Will man die mit dem Detaileinbezug verknüpfte Problematik vermeiden, so bleibt die Kurzdefinition auf einer Abstraktionsebene, die JUTZI wählt: Es sollen unter dem Begriff der deutschen Schule im Ausland »alle allgemeinbildenden Schulen auf fremdem, nicht deutschsprachigem Staatsgebiet verstanden werden, die deutsche Kulturwerte in einem besonderen Maße pflegen und sei es nur durch eine über reinen Fremdsprachenunterricht hinausgehende Pflege der deutschen Sprache im Unterricht« (JUTZI 1977, S. 22).

1.1.3 Auswärtige Kulturpolitik und Schulwesen: Aspekte der Auslandsschularbeit

Seit Beginn der 70er Jahre sind in der Bundesrepublik Deutschland bemerkenswerte Anstrengungen zur Neuorientierung der auswärtigen Kulturpolitik und zur Neubestimmung der Position und des Bildungsauftrags der deutschen Auslandsschule unternommen worden. 1977 legte die Bundesregierung die Grundlinien der auswärtigen Kulturpolitik in einer Gesamtkonzeption vor. Abkehr von utilitärer Selbstdarstellung und Hinwendung zum Kulturaustausch auf der Grundlage partnerschaftlichen Wirkens durchziehen als Leitgedanke von Austausch und Begegnung auch den – erstmals in der hundertjährigen Geschichte der staatlich geförderten deutschen Auslandsschulen – von der Bundesregierung 1978 vorgelegten RAHMENPLAN FÜR DIE AUSWÄRTIGE KULTURPOLITIK im Schulwesen als perspektivisch ausgelegtes Konzept, das die exponierte Stellung der Auslandsschulen innerhalb der auswärtigen Kulturpolitik der Bundesrepublik ausweist (RAHMENPLAN 1978/80).

In der Begegnung junger Menschen verschiedener Sprache und Kultur sieht die Bundesregierung die wichtigste Aufgabe der von ihr geförderten Auslandsschulen. Für sie gilt – zumindest als Zielorientierung – das Grundprinzip aller auswärtigen Kulturbeziehungen der Bundesrepublik: Abschied vom einseitigen Kulturexport, hin zum partnerschaftlichen Geben und Nehmen. Partnerschaftliches Miteinander soll dabei der Förderung des Erlernens der deutschen Sprache und der Vermittlung eines differenzierten, wirklichkeitsnahen Deutschlandbildes nicht im Wege stehen.

Die wachsende Zahl nichtdeutscher Schüler an den deutschen Auslandsschulen, die Akkulturation der deutschen Auswanderer, die Veränderungen in der Bildungspolitik, in den Schulbedürfnissen und -ansprüchen zahlreicher Gastländer, schließlich Auswirkungen der Reformdiskussion im Inland führten an den Auslandsschulen zur Differenzierung ihrer Bildungsinhalte, Lernziele und Strukturen überhaupt. Die Förderungsmaßnahmen des Bundes erstrecken sich von finanziellen Zuwendungen über Lehrkräftevermittlung und pädagogische Beratungen bis zur Versorgung mit Lehr- und Lernmitteln. Die Bewältigung des größten Teils dieser Aufgaben obliegt der 1968 als nachgeordnete Fachbehörde des Auswärtigen Amtes eingerichteten *Zentralstelle für das Auslandsschulwesen* im Bundesverwaltungsamt. Fallen in die Kompetenz des Schulreferats des Auswärtigen Amtes kultur- und schulpolitische Grundsatzfragen, so ergeben sich als Aufgabenbereiche der Zentralstelle u. a. Auswahl und Vermittlung der Lehrkräfte, Entwicklung von Schulmodellen, Lehrverfassungen und curricularen Konzeptionen auf der Basis örtlicher/regionaler Bedingungen, Durchführung regionaler pädagogisch-fachdidaktischer Konferenzen, Entsendung von Schulberatern.

Im Rahmen des föderalistischen Aufbaus der Bundesrepublik, innerhalb dessen die Kulturhoheit bei den Ländern liegt, nimmt die auswärtige Kulturpolitik insofern eine Sonderstellung ein, als aus der Kulturkompetenz der Länder einerseits und der Außenkompetenz des Bundes (Pflege der Beziehungen zu auswärtigen Staaten: Art. 32 GG) andererseits ein Spannungsverhältnis resultiert, das insbesondere zwischen dem Auswärtigen Amt und der Kultusministerkonferenz ausbalanciert werden muß (vgl. dazu RAHMENPLAN 1978; STELLUNGNAHME DER KULTUSMINISTERKONFERENZ 1979).

1.1.4 Typen der Auslandsschulen: Kennzeichen und Ziele

Mit ihrer Förderung der deutschen Auslandsschulen verfolgt die Bundesregierung eine doppelte Zielsetzung, einmal die Gewährleistung der schulischen Versorgung von Kindern im Ausland lebender Deutscher, zum anderen eine »weltweite Begegnung junger Menschen unterschiedlicher Sprache und Kultur« (RAHMENPLAN 1978, S. 18) (→ *Interkulturelle Didaktik*). Auf dieser Grundlage sind bezüglich der Förderung der Auslandsschulen, der deutschen Sprache im ausländischen Schulwesen und der internationalen schulischen Zusammenarbeit vier Schwerpunkte gesetzt:

- Verbesserung der schulischen Versorgung von Kindern deutscher Staatsangehöriger im Ausland;
- Weiterentwicklung des sogenannten Typs der *Begegnungsschule* und der als Bildungseinrichtung der EG geführten *Europäischen Schule*;
- Sicherung eines angemessenen Platzes der Förderung der deutschen Sprache und Kultur im Schulwesen anderer Länder;
- Verstärkung der bilateralen und multilateralen internationalen Zusammenarbeit im Schulwesen (RAHMENPLAN 1978, S. 18).

Der überwiegende Teil der großen deutschen Auslandsschulen (derzeit 44, vgl. Auslandsschulverzeichnis 1985, hrsg. v. BUNDESVERWALTUNGSAMT) soll der Begegnung junger Menschen unterschiedlicher Sprache und Kultur dienen. Hier handelt es sich um den Typ der »*Begegnungsschule*«: »Begegnungsschulen sollen deutsche Bildungsangebote und Abschlüsse durch Bildungsangebote des Partnerlandes ergänzen. Mehr als bisher sollen Begegnungsschulen in Entwicklungsländern vor allem auch berufsbildende oder berufsvorbereitende Zweige oder Fächer anbieten. Gerade in diesen Ländern ist die partnerschaftliche Zusammenarbeit mit dem Gastland besonders wichtig, damit die Begegnungsschule, wo das gewünscht wird, auch einen Beitrag zur Weiterentwicklung des landeseigenen Schulsystems leisten kann.« (RAHMENPLAN 1978, S. 8) Hier gilt in besonderem Maße das Gebot der sozialen Öffnung und das Verbot jedweder Diskriminierung. Schulgeldnachlaß oder -befreiung werden soweit als irgend möglich in breiterem Umfang angestrebt.

Ziel der Begegnungsschulen ist, vor allem fremdsprachige Schüler des Gastlandes zu einem zweisprachigen Schulabschluß mit Zuerkennung der Hochschulreife insbesondere im Gastland und, wenn möglich, auch in der Bundesrepublik zu führen. An den Schulen, an denen dieser Abschluß nicht abgelegt werden kann, wird den fremdsprachigen Schülern in der Regel der Erwerb des deutschen Sprachdiploms geboten. 1984 erhielten das Deutsche Sprachdiplom Stufe I (Sprachnachweis zum Eintritt in ein Studienkolleg) 1870 Schüler, dasjenige der Stufe II (Nachweis der für ein Hochschulstudium in der Bundesrepublik erforderlichen Deutschkenntnisse) 1560 Auslandsschüler (WERNER 1986, S. 11).

Neben den Begegnungsschulen sind es vor allem die *Deutschsprachigen Auslandsschulen*, aber auch die *Schulen mit verstärktem Deutschunterricht*, die von der Bundesrepublik gefördert werden (vgl. Tabelle 1). Bei dem Typ der Deutschsprachigen Auslandsschule (früher: »Expertenschule«) handelt es sich um Schulen in Ländern, zu denen sich besonders enge Beziehungen entwickelt haben (Europa, USA) oder wo das wirtschaftliche Engagement besonders stark ist, vorrangig in einer Reihe von Ländern des Mittelostens, Afrikas und Asiens. Pädagogisches Ziel dieser Schulen ist die Betreuung deutscher Kinder im Ausland nach deutschen Lehrplänen, also die Ausrichtung explizit

555

Institutionen der Erziehung und Bildung

Schulart Stand Ende 1977	Zahl	Zahl der Schüler insgesamt	davon Deutsche	Ausgaben Mill. DM	%	vermittelte Lehrer	Durchschnitt Kosten/Schüler DM
Begegnungsschulen	47	42 375	10 584	99 434	55,4	809	2 346
Europäische Schulen	8	9 339	2 006	20 505 6 162 26 667	14,9	150	10 296
Expertenschulen (künftig: Deutschsprachige Auslandsschulen)	28	5 562	5 171	24 631	13,7	180	4 428
Schulen mit verstärktem Deutschunterricht	24	15 330	938	16 998	9,5	151	1 108
Sprachgruppenschulen (davon 108 kleine Siedlerschulen)	116	9 315	1 922	9 819	5,5	58	1 054
Sprachkurse (z. T. Sonnabendschulen genannt)	284	44 000	–	1 800	1,0	–	–
Insgesamt:	507	125 921	20 621	179 349	100	1 348	–

Tab. 1: Deutsche Auslandsschulen (nach RAHMENPLAN 1978, S. 12)

Fischer Deutsche Bildungseinrichtungen im Ausland

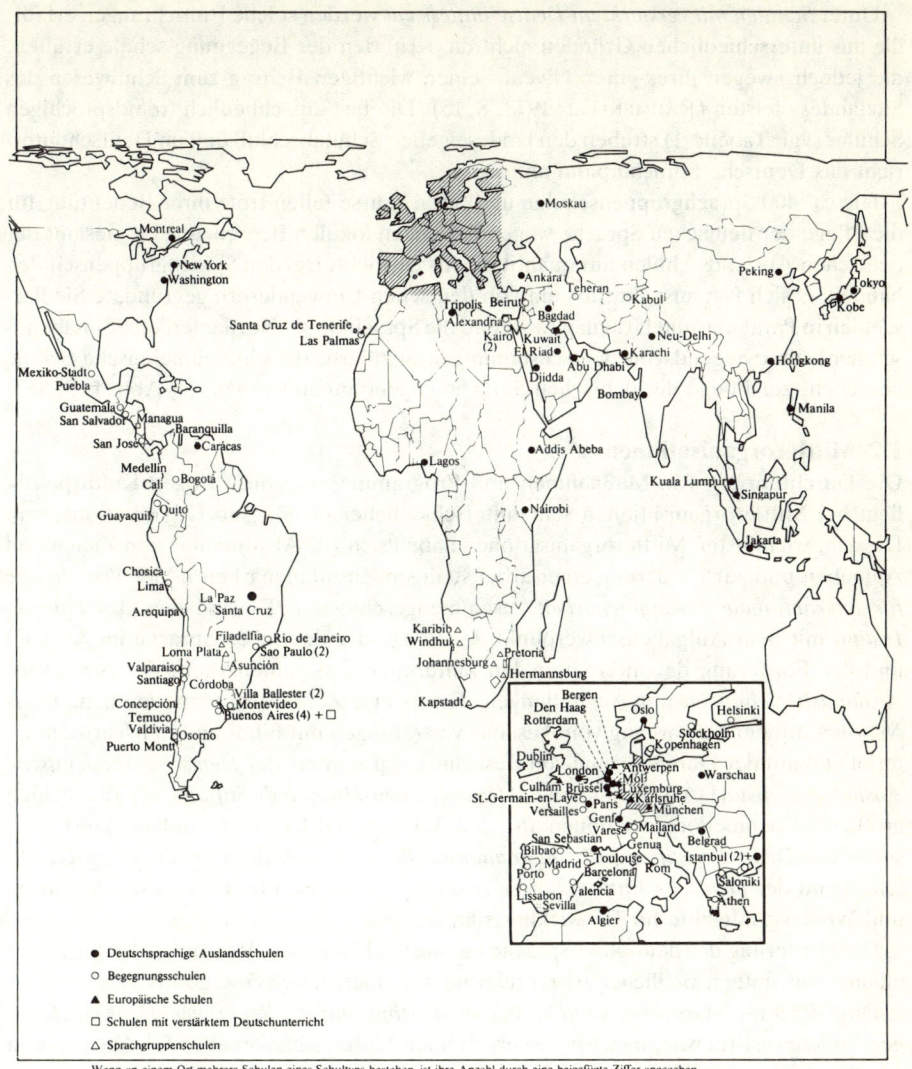

Quelle: Begegnung. Deutsche Schulen im Ausland. Hrsg.: Auswärtiges Amt, Bundesverwaltungsamt – Zentralstelle für das Auslandsschulwesen. 1985, 1.

Abb. 1: Durch Vermittlung deutscher Lehrer im Ausland geförderte Schulen

auf innerdeutsche Bildungsziele auf der Grundlage deutscher Lehrpläne und in der Orientierung auf die Reintegration in das deutsche Bildungssystem nach Rückkehr aus dem Ausland. Neben den herkömmlichen Deutschsprachigen Auslandsschulen sind in den 70er Jahren zunehmend sogenannte *Firmenschulen* entstanden, die Betriebsangehörigen auch bei zeitlich begrenztem Auslandsaufenthalt die Mitnahme der Familien ermöglichen. Erst seit Ende der 70er Jahre sind Firmenschulen – nach Maßgabe der Verhältnisse – in das Förderungsprogramm der Bundesregierung einbezogen.

Unter *Schulen mit verstärktem Deutschunterricht* werden solche Einrichtungen erfaßt, die aus unterschiedlichen Gründen nicht die Kriterien der Begegnungsschule erfüllen, die jedoch »wegen ihres guten Niveaus einen wichtigen Beitrag zum Schulwesen des Sitzlandes« leisten (RAHMENPLAN 1978, S. 15). Die fast ausschließlich fremdsprachigen Schüler (vgl. Tabelle 1) streben den landeseigenen Schulabschluß und im Deutschunterricht das Deutsche Sprachdiplom an.

Die ca. 400 Sprachgruppenschulen und Sprachkurse fallen trotz ihrer Bedeutung für die Pflege der deutschen Sprache wegen der engen lokalen Begrenzung im Gesamt der deutschen Auslandsschulen nur quantitativ ins Gewicht. Bei den Sprachgruppenschulen handelt es sich fast ausnahmslos um von deutschen Einwanderern gegründete Siedlerschulen in Paraguay und Uruguay, während die Sprachkurse (Nordamerika: Sonnabendschulen) überwiegend von deutschstämmigen Schülern, die eine einheimische Schule besuchen, zur Pflege der deutschen Sprache angenommen werden. (s. Abb. 1, S. 557)

1.2 Mittlerorganisationen

Die Durchführung von Maßnahmen und Programmen der auswärtigen Kulturpolitik liegt bei Mittlerorganisationen sehr unterschiedlicher Größe und Organisationsform. Die acht wichtigsten Mittlerorganisationen haben sich zur Abstimmung von Zielen und Aufgaben und zur Förderung einer arbeitsteiligen Zusammenarbeit in der *Vereinigung für internationale Zusammenarbeit* zusammengeschlossen. Es sind dies das *Goethe-Institut* mit dem Aufgabenschwerpunkt der Pflege der deutschen Sprache im Ausland und der Förderung der internationalen kulturellen Zusammenarbeit, das *Institut für Auslandsbeziehungen* mit Ausstellungen, Buch- und Zeitschriftenprogrammen, *Inter-Nationes* mit der Versorgung von Auslandsvertretungen mit Film- und Zeitschriftenmaterial und mit der Durchführung von Besucherprogrammen, der *Deutsche Akademische Austauschdienst* (DAAD) und die *Alexander-von-Humboldt-Stiftung* als die beiden größten Stipendienorganisationen für den Wissenschaftler- und Studentenaustausch sowie die *Deutsche Stiftung für internationale Entwicklung*, die *Carl-Duisberg-Gesellschaft* und der *Deutsche Entwicklungsdienst* als Institutionen im Bereich der Bildungs- und Wissenschaftshilfe für Entwicklungsländer.

Die Förderung der deutschen Sprache im Ausland ist neben den Auslandsschulen vor allem – mit unterschiedlicher Akzentuierung – Anliegen des Goethe-Instituts.

Das 1952 als *»Goethe-Institut e. V. zur Fortbildung ausländischer Deutschlehrer«* gegründete Institut war zunächst ausgerichtet auf Unterrichtsvorhaben für Ausländer in der Bundesrepublik, bis 1959 die Übertragung von bundeseigenen Kulturinstituten im Ausland durch das Auswärtige Amt und in den 60er und 70er Jahren der Aufbau zahlreicher neuer Einrichtungen des Instituts – in der korrekten Bezeichnung ab 1976: Goethe-Institut zur Pflege der deutschen Sprache und zur Förderung der internationalen kulturellen Zusammenarbeit – begann.

Die Pflege der deutschen Sprache und die Förderung der internationalen kulturellen Zusammenarbeit durch die 146 Institute in 66 Ländern, 15 Institute in der Bundesrepublik und in Berlin (West) mit über 3400 Mitarbeitern im In- und Ausland (Stand 1984) erfolgen auf der Grundlage rahmenvertraglicher Vereinbarungen (vom 30. 6. 76) mit dem Auswärtigen Amt. Gemäß seiner »Konzeption für die Spracharbeit des Goethe-Instituts im Ausland« wendet sich das Institut auf diesem Sektor verstärkt an kulturpolitisch relevante Zielgruppen. Aus dem RAHMENPLAN ergeben sich im Blick auf die

Sprachpflege vorrangig folgende Aufgaben: Erteilung von Deutschunterricht, insbesondere für Erwachsene; Weiterbildung ausländischer Sprachlehrer und Germanisten, Elementarunterricht und Fortbildung, begleitet von landeskundlichen Informationen über das politische, wirtschaftliche und kulturelle Leben in der Bundesrepublik; Zusammenarbeit mit Institutionen und Administrationen des Bildungswesens im Ausland; Arbeiten auf didaktischem und unterrichtsmethodischem Gebiet. Hinsichtlich der internationalen Zusammenarbeit liegt der Schwerpunkt innerhalb eines breit gefächerten Aufgabenkreises in der Durchführung auf Interessen und Anliegen der Gastländer ausgerichteter kultureller Veranstaltungen.

2 Ehemalige Deutsche Demokratische Republik

2.1 Internationale pädagogische Beziehungen: Funktionsbestimmung

Es erklärte sich aus dem sozialistischen Staatscharakter, daß die Außenpolitik der DDR die Schaffung günstiger internationaler Bedingungen für die Festigung und den Ausbau des sozialistischen Gesellschaftssystems als ihr zentrales Anliegen betrachtete. Die kulturellen, wissenschaftlichen und pädagogischen Auslandsbeziehungen hatten als Bestandteil der Außenpolitik ihre wirksamen Beiträge zur Realisierung der vorgegebenen Hauptaufgabe zu leisten. Als Ergebnis der Funktionsbestimmung der internationalen pädagogischen Beziehungen und der pädagogischen Auslandsarbeit der DDR als Element der auswärtigen Kultur- und Wissenschaftspolitik ist grundsätzlich der Zusammenhang von marxistisch-leninistischer Ideologie, jeweiligen innenpolitischen Konstellationen und außenpolitischen Entscheidungen, von Außen- und sozialistischer auswärtiger Kulturpolitik und den darin eingebundenen internationalen Beziehungen auf kulturellem, wissenschaftlichem und bildungspolitisch-pädagogischem Gebiet festzuhalten.

Im Blick auf den Versuch der Systematisierung wurden unter dem Rubrum *Internationale pädagogische Beziehungen der DDR* die allgemeinen pädagogischen Auslandsverbindungen im weitesten Sinne erfaßt: die Kooperation mit den sozialistischen Ländern in nahezu allen Bereichen von Bildungswesen und Pädagogik, die pädagogischen Beziehungen zu den »westlichen« Staaten (einschließlich Japan) und den Entwicklungsländern im allgemeinen auf der Grundlage von Abkommen, Verträgen, Vereinbarungen, Plänen u. a., das Ausländerstudium, vor allem das differenziert ausgelegte Aus-, Weiterbildungs- und Konsultationssystem für Volksbildungsfunktionäre, Schuldirektoren und Lehrer aus Ländern der Dritten Welt an Universitäten, Hoch- und Fachschulen sowie an Einrichtungen der Lehrerausbildung und an der Akademie der Pädagogischen Wissenschaften zur Qualifizierung von Führungskadern im Bildungswesen der Entwicklungsländer in der DDR, das seit Jahren auch im nichtkommunistischen Ausland stark beachtete internationale Hochschulferienkurssystem für ausländische Germanisten und Deutschlehrer, schließlich das breit gefächerte Spektrum der bildungspolitisch-pädagogisch orientierten internationalen Begegnungen (Kongresse, Tagungen, Symposien, Seminare etc.).

2.2 Pädagogische Auslandsarbeit

Der Terminus »Auslandsschularbeit der DDR« wird im Interesse begrifflicher Klarheit vermieden, weil diese Definition im bildungspolitischen und pädagogischen Verständnis in der Bundesrepublik an die Existenz der Institution »Auslandsschule« gebunden ist. Schulen jedoch, vergleichbar mit jenen Bildungseinrichtungen, die im Sprachverständnis in der Bundesrepublik und im westlichen Ausland unter »Auslandsschule« subsumiert werden, unterhielt die DDR, sieht man von der Sonderfunktion ihrer Botschaftsschulen ab, nicht (FISCHER 1986b, S. 20–21).

Die *pädagogische Auslandsarbeit* der DDR hingegen, d. h. der Einsatz von DDR-Pädagogen direkt im Ausland, umspannte die Tätigkeit von Lehrkräften auf der Grundlage abgeschlossener Kooperationsverträge an Spezialschulen und Hochschuleinrichtungen, vorrangig im deutschen Fremdsprachenunterricht bzw. in deutschsprachigen Qualifikationsveranstaltungen (Deutsch als Fremdsprache) und in Lehrerfortbildungskursen im sozialistischen Ausland, sie schloß zum anderen ein die Mitwirkung im Rahmen bilateraler vertraglicher Vereinbarungen im Sinne von Bildungs-/Unterrichtshilfe an Sekundarschulen, berufspädagogischen Einrichtungen, in der Lehrerweiterbildung oder in Expertenfunktion im Bereich der Administration des Bildungswesens in Entwicklungsländern. Die *pädagogische Auslandsarbeit* erstreckte sich überdies auf die Lehrtätigkeit von DDR-Pädagogen als Gastdozenten an Hochschulen und den Einsatz als Dozenten/Lektoren/Sprachlehrer – hier wurde der Anspruch der Vermittlung der deutschen Sprache und der Pflege des deutschen Literaturerbes wiederum berührt – an Kulturzentren und vergleichbaren Einrichtungen der DDR im westlichen Ausland und in Ländern der Dritten Welt (→ *Pädagogik und Bildungswesen in der ehem. DDR*).

2.2.1 Hauptadressaten: Sozialistisch-kommunistische Partnerstaaten und »sozialistisch orientierte« Entwicklungsländer

Wie die auswärtigen Kultur- und Wissenschaftsbeziehungen insgesamt wurden auch die internationalen pädagogischen Beziehungen der DDR durch die Priorität der Kooperation mit den sozialistischen Ländern bestimmt, wobei der seit 1974 zum Verfassungsgebot erhobenen Zusammenarbeit mit der Sowjetunion als Kernstück dieser Beziehungen besondere Bedeutung zufiel. Vor solchem Hintergrund erhielten die langfristigen vertraglichen Rahmenabkommen der DDR über kulturelle und wissenschaftliche Zusammenarbeit sowie die interministeriellen Kooperationsvereinbarungen auf den Gebieten des Hoch- und Fachschulwesens und der Volksbildung mit der UdSSR und den anderen RGW-Partnern ihr eigenes Gewicht.

Im Kontext systematischer Ausweitung der politisch-ideologischen, wirtschaftlichen, wissenschaftlich-technischen und kulturell-pädagogischen Beziehungen der DDR zu den sogenannten sozialistisch orientierten Entwicklungsländern, den »national befreiten Ländern mit progressiver Entwicklung« (GRIMM 1982, S. 28), stand mit Beginn der 80er Jahre die Intensivierung der Zusammenarbeit auf allen Gebieten des Bildungswesens auf der Basis interministerieller Übereinkommen und mehrjähriger Arbeitsprotokolle zu den Abkommen über kulturelle und wissenschaftliche Zusammenarbeit mit Äthiopien, Moçambique, Angola, Guinea-Bissau und der Volksrepublik Jemen. Die politischen, ökonomischen und soziokulturellen Bedingungen in diesen Ländern verlangten im Bildungsbereich »das Finden demokratischer Lösungen bei gleichzeitigem Einpflanzen von Elementen sozialistischer Schulentwicklung« (DRECHSLER 1985, S. 116) und verpflichteten die sozialistischen Staaten, so der Skopus des ideologischen Begründungsmusters pädagogischer Auslandsarbeit der DDR in den genannten Ländern, zur Erfahrungsvermittlung (FISCHER 1986c, S. 224–226). Die pädagogischen Aktivitäten der DDR wurden durch ihr breites Spektrum charakterisiert, das die Dozententätigkeit im Hochschulbereich, den Unterricht von DDR-Fachlehrern in mathematisch-naturwissenschaftlichen Disziplinen im Sekundarschulbereich, die Mitwirkung in der Lehreraus- und -weiterbildung umfaßte, die Mitarbeit an Bildungsplanung und Lehrbuchentwicklung einbezog, sich auf die Berufsausbildung im Rahmen des Einsatzes von FDJ- »Freundschaftsbrigaden« erstreckte, das teilweise bis zur theoretischen Begleitung und materiellen Unterstützung der Alphabetisierungskampagnen ausgriff.

2.2.2 Polytechnische Bildung: Differencia specifica pädagogischer Auslandsarbeit der DDR

Pädagogische und bildungsökonomische Konzeptionen zahlreicher Entwicklungsländer zielen auf die frühe Verschränkung von Grundkenntniserwerb, (agrar)beruflicher Vorbereitung und handwerklicher Schülertätigkeit. Seit Jahren erschien in der pädagogischen Auslandsarbeit der DDR ihre polytechnische Bildungskonzeption im Zuschnitt praktikabler Modellvarianten als Innovationsinstrument. Damit entsprach die DDR einem elementaren pädagogischen wie ökonomischen Anliegen zahlreicher Entwicklungsländer und kam ihren Bemühungen um die Verbindung von Elementarbildung und Vermittlung handwerklicher Fähigkeiten im Rahmen unterrichtsintegrierter produktiver (Hand-)Arbeit der Schüler bereits auf der Primarstufe entgegen (→ *Pädagogik und Bildungswesen in der ehemaligen DDR*).

2.3 Rückblick

Das Qualifikationssystem *in* der DDR und ihre pädagogische Auslandsarbeit bildeten als Einheit jenes Potential, das vor allem seit Beginn der 70er Jahre die systematische – allerdings keineswegs kontinuierliche – Ausweitung ihres Einflusses auf den Ausbau des Bildungswesens, auf Reformbestrebungen und die damit verbundenen curricularen Entscheidungen in einer Reihe asia-arabischer, afro-arabischer und subsaharischer Länder, in Kuba und Nikaragua ermöglichte.

Literatur

AMRHEIN, H.: Die deutsche Schule im Auslande. Leipzig 1905
AUSLANDSSCHULEN UND AUSWÄRTIGE KULTURPOLITIK. (Schwerpunktheft). Zeitschrift für Kulturaustausch 29 (1979) 1. Vierteljahr
AUSWÄRTIGES AMT (Hrsg.): Auswärtige Kulturpolitik im Schulwesen. Rahmenplan für Auslandsschulen, Sprachförderung und internationale Zusammenarbeit. Bonn 1978
BUNDESVERWALTUNGSAMT. ZENTRALSTELLE FÜR DAS AUSLANDSSCHULWESEN (Hrsg.): Auslandsschulverzeichnis 1985. München 1985
DRECHSLER, H.: Erfahrungen der sozialistischen Pädagogik in Entwicklungsländern genutzt. In: Vergleichende Pädagogik 21 (1985), S. 113–125
FISCHER, H.-J.: Deutschlandbild und Deutsche Frage in den an deutschen Auslandsschulen und in der pädagogischen Auslandsarbeit der DDR verwendeten Unterrichtsmaterialien. In: BACHMANN, S./ENGEL, J./ders. u.a.: Deutschlandbild und Deutsche Frage in den historischen, geographischen und sozialwissenschaftlichen Unterrichtswerken der Bundesrepublik Deutsch-

land und der Deutschen Demokratischen Republik von 1949 bis in die 80er Jahre. Braunschweig 1986a, S. 515–603
–: Internationale pädagogische Beziehungen und pädagogische Auslandsarbeit der DDR. In: Der deutsche Lehrer im Ausland 33 (1986b), S. 16–24
–: Pädagogische Auslandsarbeit der DDR. Terra incognita der pädagogischen DDR-Forschung. In: Bildung und Erziehung 39 (1986c), S. 221–233
GOETHE-INSTITUT ZUR PFLEGE DER DEUTSCHEN SPRACHE IM AUSLAND UND ZUR FÖRDERUNG DER INTERNATIONALEN KULTURELLEN ZUSAMMENARBEIT (Hrsg.): Akzente. Aufgaben und Angebote des Goethe-Instituts. München 1984
JUTZI, S.: Die Deutschen Schulen im Ausland. Baden-Baden 1977
LANGENBUCHER, W. R./RYTLEWSKI, R./WEYERGRAF, B. (Hrsg.): Kulturpolitisches Wörterbuch Bundesrepublik Deutschland – Deutsche Demokratische Republik im Vergleich. Stuttgart 1983
MITTERER, R.: Das deutsche Auslandsschulwesen. Bamberg ²1957
NASARSKI, P. (Hrsg.): Deutsche Schulen im Ausland Bd. 2. Erlebnisse – Erfahrungen – Erinnerungen. Berlin/Bonn 1989
RAHMENPLAN, s. AUSWÄRTIGES AMT
STELLUNGNAHME DER KULTUSMINISTERKONFERENZ ZUM RAHMENPLAN FÜR DIE AUSWÄRTIGE KULTURPOLITIK IM SCHULWESEN v. 18. 1. 1979. Neuwied 1979
WERNER, H.: Auslandsschule und Wirtschaft. Beispiel Firmenschule. Bonn 1986
–: Deutsche Schulen im Ausland Bd. 1. Werdegang und Gegenwart. Berlin/Bonn 1988
WITTIG, H. E.: Pädagogik der Auslandsschule. In: Pädagogik und Schule in Ost und West 18 (1970), S. 197–202

Siegfried Baske

Pädagogik und Bildungswesen in der ehemaligen DDR

1 Pädagogik als Wissenschaft

In der DDR wurde bis zum November 1989 Pädagogik unter ideologischem Aspekt als marxistisch-leninistische Gesellschaftswissenschaft und unter fachspezifischem Aspekt als ein System von Einzeldisziplinen verstanden. Zur Kennzeichnung ihres Bereichs in Forschung und Lehre wurden die Begriffe »Pädagogik« und »Pädagogische Wissenschaften«, relativ selten der Terminus »Erziehungswissenschaft(en)« verwendet. Ihre ideologische Ausrichtung wurde oft durch den Zusatz »sozialistisch« oder »marxistisch-leninistisch« verdeutlicht.

In Anwendung der Prinzipien des Marxismus-Leninismus gehörten zu den verbindlichen Prämissen der DDR-Pädagogik vor allem die Auffassung von der – aus dem Historischen und Dialektischen Materialismus hergeleiteten – Determiniertheit der gesellschaftlichen Entwicklung, der Primat der Politik und die Einheit von Wissenschaftlichkeit und Parteilichkeit. In Ausrichtung auf diese Bedingungen nahm sie ihre theoretischen, praxisverändernden und prognostischen Funktionen wahr und bestimmte sie ihren Gegenstand, den Erziehungsprozeß, als einen bewußt gestalteten und geführten Prozeß. Dementsprechend verstand sie die als Einheit definierte Bildung und Erziehung als ein Instrument, das zur sukzessiven Entwicklung und Festigung der sozialistischen Gesellschaftsordnung beitragen sollte. Ein wesentliches Charakteristikum der DDR-Pädagogik war weiterhin die kontinuierliche, wenn auch in den einzelnen Entwicklungsetappen unterschiedlich wahrgenommene Bindung an die Sowjetpädagogik. Anfangs als die entscheidende »Quelle« und als »Vorbild, Leitstern und Richtpunkt« apostrophiert, wurde seit den sechziger Jahren das Verhältnis zur Sowjetpädagogik im Sinne einer partnerschaftlichen Kooperation gekennzeichnet. Ein bezeichnendes Beispiel für das in jüngster Zeit praktizierte Zusammenwirken war das seit 1978 mehrfach aufgelegte Standardwerk »Pädagogik«, das als »Gemeinschaftsarbeit« von Mitgliedern und Mitarbeitern der Akademien der Pädagogischen Wissenschaften der UdSSR und der DDR ausgewiesen wurde.

Die DDR-Pädagogik war innerhalb und außerhalb der Hochschulen institutionalisiert. In allen Universitäten und in den meisten Pädagogischen Hochschulen bestanden »Sektionen«, die mehr oder minder ausdifferenzierte Pädagogische Wissenschaften vereinigten. Von Anfang an wurde die Tendenz verfolgt, die erziehungswissenschaftliche Arbeit zentral zu leiten und zu koordinieren. Diesem Zweck dienten entsprechende Einrichtungen und Forschungspläne. Die Funktion einer zentralen Leiteinrichtung hatte zunächst das 1949 gegründete »Deutsche Pädagogische Zentralinstitut«. Seit 1970 nahm die aus ihm hervorgegangene »Akademie der Pädagogischen Wissenschaften« diese Aufgabe wahr. Für bestimmte Teilbereiche, wie Berufsbildung, Hochschulbildung, Jugendforschung, Weiterbildung der Lehrer und Erzieher, Schulfunk und Fernsehen, existierten besondere »Zentralinstitute«. Die Koordination der pädagogischen Forschung wurde seit den sechziger Jahren durch Fünfjahrpläne vorgenommen, die jeweils in Abstimmung mit zentralen Plänen der gesellschaftswissenschaftlichen Forschung erstellt wurden.

Wie in der Bundesrepublik Deutschland befand sich die pädagogische Forschung der DDR seit den sechziger Jahren in einem Prozeß fortschreitender Differenzierung, der über die schon vor 1945 vorhandenen Ansätze weit hinausging. Hier wie dort bestand aber das Problem, welche der sich entwickelnden Teilgebiete den Status einer Disziplin gewonnen hatten und als solche allgemein anerkannt wurden. Abgesehen von terminologischen Schwierigkeiten – etwa bei der Frage nach der Kongruenz von Didaktik und Unterrichtstheorie oder von allgemeiner Erziehungswissenschaft, Systematischer Pädagogik und Erziehungstheorie –, gab es recht unterschiedliche Versuche der Gliederung und der Klassifikation (→ *Systematische Pädagogik* ...). Das erste übersichtliche, nach bestimmten Kategorien strukturierte Gliederungsmodell stammte aus den siebziger Jahren (NAUMANN[2] 1977, S. 195) (s. Abb. 1).

Diese Gliederung kommentierend, wurde darauf hingewiesen, daß sich auch zahlreiche Grundlagen- bzw. Nachbarwissenschaften mit der Erziehung beschäftigen, wie der Historische Materialismus, die Ethik und die Psychologie, und daß »im Grunde genommen jede pädagogische Disziplin, die einen Objektbereich widerspiegele (z.B. die Pädagogik der Allgemeinbildung oder die Pädagogik der Erziehung in den Kinder- und Jugendorganisationen), zugleich unter verschiedenen Aspekten untersucht werden könne, also unter historischen, vergleichenden oder systematischen« (NAUMANN [2]1977). Der Vergleichenden Pädagogik wurde insofern eine »Mittelstellung« eingeräumt, als sie »sowohl historische als auch systematische (aktuelle!) Vergleiche« vornehmen würde (→ *Strukturfragen des Bildungswesens im internationalen Vergleich*).

Die jüngste, 1987 veröffentlichte Gliederung (LAABS u. a., S. 275–277) unterschied sechs Gruppen von Disziplinen, und zwar
1. die Disziplinen, die »das Erziehungsgeschehen in der Gesellschaft als sich entwickelnden und deshalb immer historisch-konkreten komplexen Gegenstand sowie das Gesamtgebiet der pädagogischen Wissenschaften unter verschiedenen Aspekten untersuchen«: Allgemeine Pädagogik, Geschichte der Erziehung und der pädagogischen Wissenschaften, Vergleichende Pädagogik und Auslandspädagogik;
2. die »Querschnittswissenschaften«: Erziehungstheorie, allgemeine Didaktik, Theorie der Leitung und Organisation des Volksbildungswesens;
3. die »Bereichsdisziplinen«: Vorschulpädagogik, Schulpädagogik, Methodiken der Unterrichtsfächer, Sonderpädagogik, Berufspädagogik, Hochschulpädagogik;
4. Disziplinen, die »das Erziehungsgeschehen außerhalb des Bildungssystems« untersuchen: Familienpädagogik, Sozialpädagogik, Militärpädagogik, Betriebspädagogik, Theaterpädagogik, Museumspädagogik, Medienpädagogik;
5. Disziplinen, die das »Erziehungsgeschehen in einer gesellschaftlichen Organisation« untersuchen, die »sowohl an Erziehungseinrichtungen als auch außerhalb derselben wirkt«: Pädagogik der Jugend- und Kinderorganisationen;
6. »Grenzdisziplinen«: Bildungsökonomie, Bildungssoziologie, Jugendforschung, pädagogische Psychologie, Theorie der Hygiene des Kindes- und Jugendalters.

Als nicht minder bedeutsame Teilgebiete innerhalb des Systems der Pädagogischen Wissenschaften galten einige noch nicht zu Disziplinen entwickelte »Forschungsrichtungen«. Sie bezog sich auf so komplexe Themen wie die polytechnische Bildung, die Lehrerbildung, die Unterrichts- und Schulausstattung.

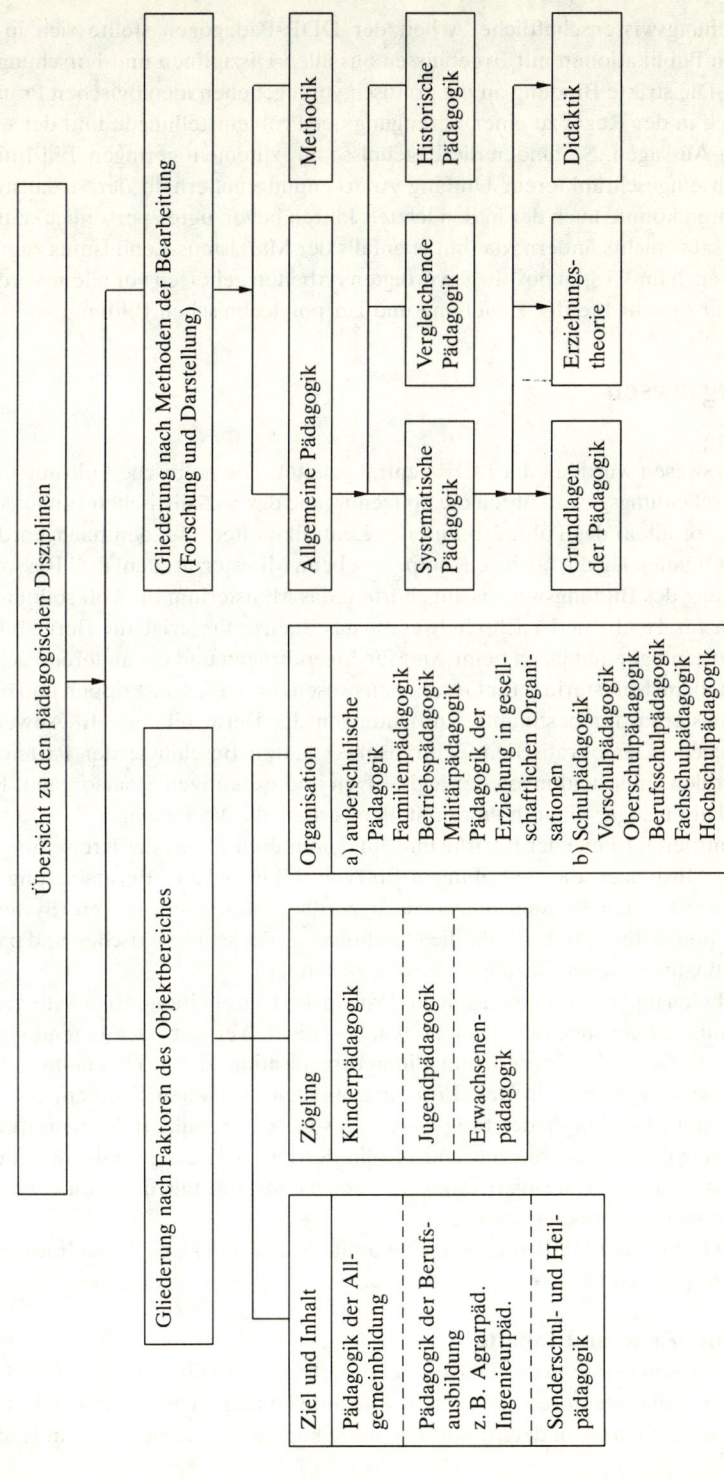

Abb. 1: Gliederungsmodell von NAUMANN (1977)

Die erziehungswissenschaftliche Arbeit der DDR-Pädagogen stellte sich in einer Vielzahl von Publikationen mit Ergebnissen aus allen Disziplinen und Forschungsrichtungen dar. Die strikte Bindung an die politisch vorgegebenen ideologischen Prämissen führte jedoch in der Regel zu einer Verengung der Problemstellungen und der wissenschaftlichen Aussagen. So fanden die Ergebnisse nur zu einem geringen Teil Interesse und in noch eingeschränkterem Umfang Anerkennung außerhalb der sozialistischen Staaten. Daran konnte auch der in den letzten Jahren bevorzugte »persönlichkeitstheoretische Ansatz« nichts ändern, da ihm ebenfalls der Marxismus-Leninismus zugrundelag. Zu den auch im Westen positiv gewürdigten Arbeiten gehörten vor allem Veröffentlichungen zur Geschichte der Erziehung und zur polytechnischen Bildung.

2 Bildungswesen

2.1 Leitung

Das Bildungswesen wurde in der DDR zentral geleitet. Die politische Führung und die oberste Entscheidungsgewalt übten die Spitzenorgane der Sozialistischen Einheitspartei (SED) aus, vor allem das Politbüro und das Zentralkomitee. Bei den nachgeordneten staatlichen Organen lag die höchste Kompetenz beim Ministerrat, dem drei Ressorts für die Verwaltung des Bildungswesens angehörten: das Ministerium für Volksbildung, das Ministerium für Hoch- und Fachschulwesen, das Staatssekretariat für Berufsbildung. Spezielle Zuständigkeiten lagen beim Amt für Jugendfragen und bei anderen Fachministerien, z. B. beim Ministerium für Gesundheitswesen für die Kinderkrippen und bei den Industrieministerien für bestimmte Einrichtungen der Berufsbildung. In Anwendung des Leninschen »Demokratischen Zentralismus« hatten Beschlüsse der Parteiorgane Vorrang vor den Entscheidungen der legislativen und exekutiven Staatsorgane. Parteibeschlüsse hatten sogar einen höheren Stellenwert als die Verfassung.

Auf der mittleren Ebene der Bezirke und auf der unteren Ebene der Kreise fungierten als staatliche Instanzen die Abteilungen für Volksbildung bzw. Berufsbildung. Wiederum entsprechenden Parteiinstanzen nachgeordnet, waren sie und ein System der Schulinspektion in ihrem Bereich für die Durchführung der schulpolitischen und pädagogischen Maßnahmen sowie für die Kontrolle zuständig.

In den Schulen und Hochschulen galt das Prinzip der Einzelleitung. Eine Selbstverwaltung für Schüler, Lehrlinge und Studenten gab es nicht. Vertreter der Jugendorganisationen – Freie Deutsche Jugend und Pionierorganisation Ernst Thälmann – hatten gewisse Mitwirkungsrechte in den Beratungsorganen. An allen Schulen, an denen mindestens drei SED-Mitglieder tätig waren, bestanden »Schulparteiorganisationen«. Ihre Hauptaufgabe war es, die führende Rolle der Partei in der jeweiligen Schule zu realisieren. Auch in den Elternvertretungen waren die SED-Mitglieder in einer besonderen Parteigruppe zusammengeschlossen.

Nach dem Beitritt der DDR zur Bundesrepublik Deutschland ging die Kulturhoheit an die wieder etablierten Länder über.

2.2 Struktur, Ziele und Inhalte

Das Bildungswesen wurde in der DDR als ein »einheitliches Bildungssystem« definiert, dessen Bestandteile strukturell und inhaltlich so aufeinander abgestimmt waren, daß sie ein geschlossenes Ganzes bildeten. Aufbau und Gliederung, wie sie seit dem Ende der

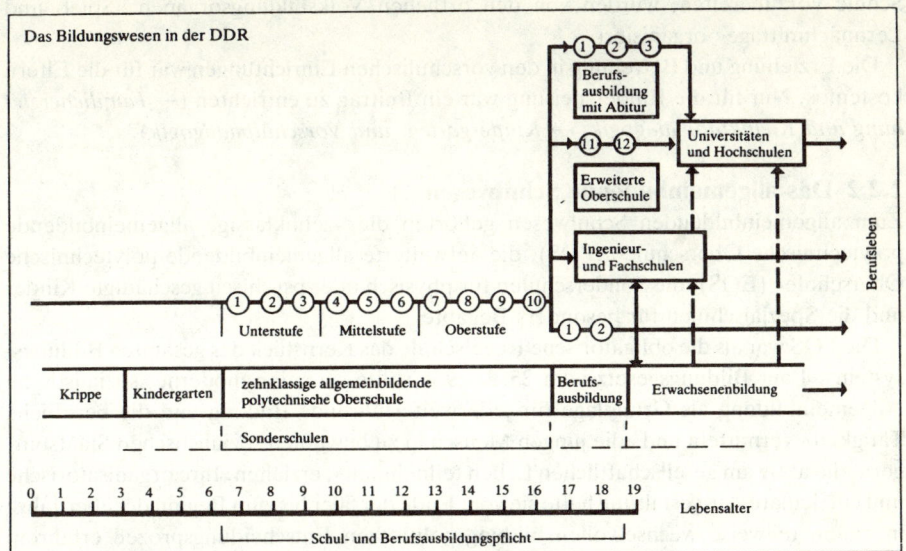

Abb. 2: Das Bildungswesen in der DDR

sechziger Jahre bestanden, zeigt die folgende Grafik (entnommen aus: PÄDAGOGIK, Berlin ⁴1983, S. 471):

Das übergreifende, für alle Teile des Systems geltende oberste Ziel der Bildung und Erziehung war die allseitige und harmonische Entwicklung der sozialistischen (seit 1976 kommunistischen) Persönlichkeit. Gemeinsame Aufgabe war auch die Vermittlung einer Reihe von »ideologischen Grundüberzeugungen«, an erster Stelle die von der »historischen Mission der Arbeiterklasse unter der Führung der marxistisch-leninistischen Partei«. Zusätzlich hatten die einzelnen Teile des Bildungssystems jeweils besondere Aufgaben.

2.2.1 Krippe und Kindergarten

Von den beiden vorschulischen Einrichtungen standen Krippen für Kinder, deren Mütter berufstätig waren oder studierten, vom 5. Lebensmonat bis zum vollendeten 3. Lebensjahr und Kindergärten für Kinder, deren Mütter nicht berufstätig sein mußten, von 3 Jahren bis zum Eintritt in die Schule zur Verfügung. Seit 1949 war der Versorgungsgrad mit geringfügigen Schwankungen, aber insgesamt stark angestiegen, in den Krippen von 1,3% der entsprechenden Jahrgänge auf fast 70% und in den Kindergärten von 20,5% auf über 90% in den achtziger Jahren.

Die pädagogische Arbeit erfolgte auf der Grundlage staatlicher Programme, in denen die Aufgaben der körperlichen und geistigen Entwicklung und der Herausbildung von »Verhaltensweisen« entsprechend den »sozialistischen Normen des Zusammenlebens« festgelegt waren. Zu den »Beschäftigungen«, die im Kindergarten durchzuführen waren, gehörten nach dem 1967 herausgegebenen »Bildungs- und Erziehungsplan« die Muttersprache, Turnen, das Bekanntmachen mit dem gesellschaftlichen Leben, mit der Kinderliteratur und mit der Natur sowie mit Mengen, das Vergleichen von Längen, Breiten und Höhen, das Malen, Zeichnen, Formen, Bauen und Basteln, die Musik. Um die Kinder, die keinen Kindergarten besuchten, in dem Jahr vor Beginn ihrer Schulpflicht auf die

Schule vorzubereiten, wurden von den örtlichen Volksbildungsorganen »Spiel- und Lernnachmittage« organisiert.

Die Erziehung und Betreuung in den vorschulischen Einrichtungen war für die Eltern kostenlos. Nur für die Kinderspeisung war ein Beitrag zu entrichten (→ *Familienerziehung und Kleinkindpädagogik;* → *Kindergarten- und Vorschulpädagogik*).

2.2.2 Das allgemeinbildende Schulwesen

Zum allgemeinbildenden Schulwesen gehörten die »zehnklassige allgemeinbildende polytechnische Oberschule« (POS), die »erweiterte allgemeinbildende polytechnische Oberschule« (EOS), die Sonderschulen für physisch oder psychisch geschädigte Kinder und die Spezialschulen für besonders Begabte.

Die POS war als die obligatorische Regelschule das Kernstück des gesamten Bildungssystems. Laut Bildungsgesetz vom 25. 2. 1965 sollte sie »eine moderne, sozialistische Allgemeinbildung als Grundlage für jede weiterführende Bildung und die berufliche Tätigkeit« vermitteln und »die jungen Menschen zu bewußten sozialistischen Staatsbürgern, die aktiv am gesellschaftlichen Leben teilnehmen«, erziehen. Ihre organisatorische und curriculare Ausgestaltung hatte sie vom Ende der 50er bis zum Beginn der 70er Jahre in einem teilweise wechselvollen bildungspolitischen Entscheidungsprozeß erfahren.

Fach/Klasse	1 1. H.	1 2. H.	2	3	4	5	6	7	8	9	10
Deutsch	11	10	12	14	14	7	6	5	4 + 1	3	3 + 1
Russisch	–	–	–	–	–	6	5	3	3	3	3
Mathematik	5	5	6	6	6	6	6	6	4	5	4
Physik	–	–	–	–	–	–	3	2	2	3	3
Astronomie	–	–	–	–	–	–	–	–	–	–	1
Chemie	–	–	–	–	–	–	–	2	4	2	2
Biologie	–	–	–	–	–	2	2	1	2	2	2
Geographie	–	–	–	–	–	2	2	2	2	1	2
Werkunterricht	1	1	1	1	2	2	2	–	–	–	–
Schulgartenunterricht	–	1	1	1	1	–	–	–	–	–	–
Polytechn. Unterricht Klasse 7–10, davon	–	–	–	–	–	–	–	4	4	5	5
Einführung in die soz. Produktion	–	–	–	–	–	–	–	1	1	2	2
Techn. Zeichnen	–	–	–	–	–	–	–	1	1	–	–
Produktive Arbeit	–	–	–	–	–	–	–	2	2	3	3
Geschichte	–	–	–	–	–	1	2	2	2	2	2
Staatsbürgerkunde	–	–	–	–	–	–	–	1	1	1	2
Zeichnen	1	1	1	1	2	1	1	1	1	1	–
Musik	1	1	1	2	1	1	1	1	1	1	1
Sport	2	2	2	2	3	3	3	2	2	2	2
Wochenstunden	21	21	24	27	29	31	33	32	32 + 1	31	32 + 1
fakultativ Nadelarbeit	–	–	–	–	1	1	–	–	–	–	–
2. Fremdsprache	–	–	–	–	–	–	–	3	3	3	2
Wochenstunden	21	21	24	27	30	32	33	35	35 + 1	34	34 + 1

Abb. 3: Stundentafel der POS

Auf mehrere kurzfristige Lehrplanrevisionen, die seit den 50er Jahren auch dem polytechnischen Bildungsgedanken Rechnung zu tragen versuchten, folgte von 1965 bis 1971 eine gründlich angelegte Reform, für die eine wesentliche Leitlinie die Orientierung an den Erfordernissen der »wissenschaftlich-technischen Revolution« war. Seitdem galt für die POS die in Abb. 3 vorhergegangene Stundentafel.

Seit 1978 war der bis dahin außerschulisch durchgeführte Wehrunterricht in den Klassen 9 und 10 obligatorisches Fach; es wurde jedoch nicht während des ganzen Schuljahres erteilt.

Die EOS umfaßte die Klassen 11 und 12 und führte zur Hochschulreife. Ihr Lehrangebot von insgesamt 35 bzw. 36 Wochenstunden (Wst.) unterscheidet den »obligatorischen Unterricht« mit 31 bzw. 28 Wst. pro Halbjahr: Deutsche Sprache und Literatur, 2 Fremdsprachen, Mathematik, Physik, Chemie, Biologie, Geographie, Geschichte, Staatsbürgerkunde und Sport; »wahlweise obligatorischen Unterricht« mit 1 bzw. 5 Wst. pro Halbjahr: Wissenschaftlich-praktische Arbeit, Kunsterziehung oder Musik; »fakultativen Unterricht« mit bis zu 3 Wst. im Schuljahr.

Seit den 70er Jahren wurden die Zulassungsquoten für die EOS auf die Aufnahmequoten an den Hochschulen abgestimmt, so daß durchschnittlich nur 10% der POS-Absolventen in die EOS übergehen konnten.

Die Spezialschulen, von denen einige an Hochschulen eingerichtet waren, und die Spezialklassen für besonders Begabte profilierten ihr Lehrangebot in technischer, mathematischer, naturwissenschaftlicher, sprachlicher, künstlerischer oder sportlicher Richtung (→ *Das allgemeinbildende Schulwesen* ...; → *Strukturveränderungen im Bildungswesen* ...).

2.2.3 Einrichtungen der Berufsbildung

Die Einrichtungen der Berufsbildung boten für Absolventen der POS eine meist zweijährige, für Absolventen der Klasse 8 (seit Mitte der 70er Jahre weniger als 10%) eine dreijährige Ausbildung zum Facharbeiter an. Der erfolgreiche Besuch der dreijährigen »Abiturklassen in den Einrichtungen der Berufsausbildung«, die etwa von 5% eines Jahrgangs besucht wurden, vermittelte mit dem Zeugnis der Hochschulreife und dem Facharbeiterbrief eine Doppelqualifikation.

Der Inhalt der Berufsbildung wurde in Berufsbildern und Lehrplänen verbindlich festgelegt. Er umfaßte berufspraktischen, berufstheoretischen und allgemeinbildenden Unterricht. Unabhängig von der Ausbildungsrichtung erhielten alle Lehrlinge Unterricht in den Fächern Staatsbürgerkunde, Sport, Betriebsökonomie, Sozialistisches Recht und in den technischen Grundlagenfächern (Grundlagen der Elektronik, der BMSR-Technik, der Datenverarbeitung und der Automatisierung). Die seit dem Ende der 60er Jahre verfolgte Tendenz, in Ausrichtung auf die Erfordernisse der »wissenschaftlich-technischen Revolution« eine größere Anzahl von »Grundberufen« einzuführen, die nach einer breiten allgemeinen und beruflichen Grundlagenbildung verschiedene Spezialisierungen ermöglichten und dadurch Voraussetzungen für eine höhere Disponibilität schafften, hatte inzwischen ihre anfängliche Intensität verloren.

Zu den Einrichtungen der Berufsbildung gehörte auch die »Aus- und Weiterbildung der Werktätigen«. Sie diente erstens der Vervollständigung der schulischen Allgemeinbildung, zweitens der Qualifizierung von un- und angelernten Kräften zu Facharbeitern und drittens zur Höherqualifizierung von Facharbeitern einschließlich der

Aus- und Weiterbildung von Meistern. Sie wurde von verschiedenen Institutionen getragen, hauptsächlich von Volkshochschulen und Betriebsakademien (→ *Das berufliche Schulwesen* ...; → *Betriebliche Ausbildung*; → *Erwachsenenbildung und Weiterbildung*).

2.2.4 Das Fachschulwesen

Die Fachschulen vermittelten eine höhere Berufsausbildung in 254 Fachrichtungen. Aufgrund unterschiedlicher Aufnahmebedingungen ließen sich zwei Typen unterscheiden. Die medizinischen, pädagogischen und künstlerischen Fachschulen setzten nur den Abschluß der POS voraus, dagegen verlangten die Ingenieur- und ökonomischen Fachschulen zusätzlich eine abgeschlossene Berufsausbildung.

Das Studium vereinigte allgemeine Grundlagenlehrgebiete, zu denen Grundlagen des Marxismus-Leninismus, Deutsch, Russisch und Körpererziehung gehörten, fachliche Grundlagenlehrgebiete, fachrichtungsspezifische Lehrgebiete und die praktische Ausbildung. Im Direktstudium wurden durchschnittlich 25 Studenten in einer »Seminargruppe« zusammengefaßt. Die wöchentliche Unterrichtszeit betrug 32–36 Stunden. Trotz der starken Verschulung des Studiums sollten die Studenten laut Bildungsgesetz vom 25. 2. 1965 dazu befähigt werden, »sich neue Erkenntnisse der Wissenschaft und Technik auf ihrem Fachgebiet und auf angrenzenden Gebieten selbständig anzueignen und in der Praxis anzuwenden« (→ *Hochschule / Universität*).

2.2.5 Das Hochschulwesen

Die Universitäten und Hochschulen hatten nach dem Bildungsgesetz vom 25. 2. 1965 »wissenschaftlich hochqualifizierte und sozialistisch bewußte Persönlichkeiten zu bilden und zu erziehen, die fähig und bereit sind, den Prozeß der immer tieferen Durchdringung der Produktion, der Kultur und aller anderen Bereiche der sozialistischen Gesellschaft mit den neuesten Erkenntnissen der Wissenschaft bewußt zu gestalten und verantwortliche Tätigkeiten zu übernehmen«.

Die Entwicklung des Hochschulwesens war neben dem quantitativen Ausbau von anfangs 21 auf 64 Universitäten, Hochschulen und Einrichtungen mit Hochschulcharakter vor allem von drei Reformen mit jeweils eigenen Zielsetzungen gekennzeichnet. Die erste, schon vor der Gründung der DDR begonnene Reform war vornehmlich darauf gerichtet, unter den Studenten den Anteil der Arbeiter- und Bauernkinder zu erhöhen. Die zweite, 1951 eingeleitete Reform bezweckte die Einführung des marxistisch-leninistischen Grundlagenstudiums und des 10-Monate-Studienjahres. Die Haupttendenz der dritten Hochschulreform von 1967 war die »Meisterung der wissenschaftlich-technischen Revolution«. Wesentliche Teilziele waren die Neugliederung des Studiums in mehrere aufeinander abgestimmte Phasen (Grund-, Fach-, Spezial- bzw. Forschungsstudium), die Veränderung der Leitungs- und Binnenstruktur, die Herstellung von engen, vertraglich geregelten Wechselbeziehungen zwischen Hochschulforschung und Industrie, Landwirtschaft und Gesundheitswesen, die Bestimmung von Schwerpunkten der Forschungs- und Lehrtätigkeit für jede Hochschule sowie eine individuelle Förderung der »Beststudenten«. Weitere Veränderungen brachten die Beschlüsse des Politbüros der SED vom 18. 3. 1980 und vom 28. 6. 1983. Während der erste Beschluß umfassende Maßnahmen zur weiteren Effizienzsteigerung der fachlichen Bildung und der ideologischen Erziehung forderte, zielte der zweite darauf ab, bis 1990 eine neue Konzeption für die Aus-

und Weiterbildung von Ingenieuren und Ökonomen zu realisieren (→ *Hochschule/ Universität*).

2.2.6 Die Ausbildung von Lehrern und Erziehern

Die fachliche Vorbereitung von Lehrkräften und Erziehern war nicht einheitlich. Die Lehrer für die Klassen 1–4 wurden in einem vierjährigen Fachschulstudium an einem der 24 »Institute für Lehrerbildung« ausgebildet und erhielten die Lehrbefähigung für Deutsch, Mathematik und ein Wahlfach. Für Lehrer der Klassen 5–12 war ein fünfjähriges Studium – in der Regel für zwei Unterrichtsfächer – an einer der neun Pädagogischen Hochschulen oder einer der sieben Universitäten vorgesehen. Sie erwerben den akademischen Grad »Diplomlehrer«. Die Lehrkräfte für den allgemeinbildenden und berufstheoretischen Unterricht in Berufsschulen wurden ebenfalls an Hochschulen und Universitäten ausgebildet. Sie erwarben die Bezeichnung »Berufsschullehrer«. Dagegen wurden die Lehrkräfte für den berufspraktischen Unterricht nach einem dreijährigen Fachschulstudium als »Lehrmeister« bzw. »Ingenieurpädagoge« bezeichnet. Die dreijährige Ausbildung von Kindergärtnerinnen geschah an »Pädagogischen Schulen für Kindergärtnerinnen«, die Fachschulstatus hatten. Sonderschullehrer konnten ihre Qualifikation im Direkt- oder Fernstudium an den Universitäten in Berlin, Halle, Rostock und an der Pädagogischen Hochschule in Magdeburg erwerben.

Für die Lehrerweiterbildung bestand seit der Mitte der 60er Jahre ein System von obligatorischen Kursen, das in Grund-, Fach- und Spezialkurse gegliedert war und nach Programmen und Rahmenplänen durchgeführt wurde, die vom Zentralinstitut für Weiterbildung der Pädagogen ausgearbeitet wurden. Ein Lehrgang, an dem periodisch alle Lehrer in den Winter- und Sommerferien teilnahmen, umfaßte 80 Stunden Lehrveranstaltungen, in denen Fragen des Marxismus-Leninismus, der Pädagogik, Psychologie und Unterrichtsmethodik sowie der entsprechenden Fachwissenschaften behandelt wurden. Der Weiterbildung dienten außerdem das Selbststudium, die von der Gewerkschaft veranstalteten »Pädagogischen Lesungen« sowie spezielle Rundfunk- und Fernsehsendungen (→ *Lehrer/Lehrerin*; → *Erzieher/Erzieherin*).

Literatur

ANWEILER, O.: Schulpolitik und Schulsystem in der DDR. Opladen 1988
BASKE, S. (Hrsg.): Erziehungswissenschaftliche Disziplinen und Forschungsschwerpunkte in der DDR. Berlin 1986
DAS BILDUNGSWESEN DER DEUTSCHEN DEMOKRATISCHEN REPUBLIK. Gemeinschaftsarbeit der Akademie der Pädagogischen Wissenschaften, des Zentralinstituts für Berufsbildung, des Instituts für Fachschulwesen, des Zentralinstituts für Hochschulbildung und der Humboldt-Universität. Berlin ³1989
GÜNTHER, K.-H./HOFMANN, F./HOHENDORF, G. u. a. (Hrsg.): Geschichte der Erziehung. Berlin ¹⁵1987
LAABS, H.-J./DIETRICH, G./DREFENSTEDT, E./GÜNTHER, K.-H. u. a. (Hrsg.): Pädagogisches Wörterbuch. Berlin 1987
NAUMANN, W.: Einführung in die Pädagogik. Vorlesungen. Berlin ²1977
NEUNER, G.: Allgemeinbildung. Konzeption – Inhalt – Prozeß. Berlin 1989
PÄDAGOGIK. Gemeinschaftsarbeit von Mitgliedern und Mitarbeitern der Akademie der Pädagogischen Wissenschaften der UdSSR und der Akademie der Pädagogischen Wissenschaften der DDR. Berlin ⁴1983
WATERKAMP, D.: Handbuch zum Bildungswesen der DDR. Berlin 1987

Wolfgang Mitter

Strukturfragen des Bildungswesens im internationalen Vergleich mit besonderer Berücksichtigung der Industrieländer

1 Problemstellung

Analysen und Vergleiche von Strukturen des Bildungswesens können keine unmittelbaren Einsichten in Inhalte von Lern- und Erziehungsprozessen vermitteln. Dazu bedarf es der Untersuchung der Ziele und Inhalte von *Lehrplänen* und ihrer Umsetzung in die Schulpraxis ebenso wie der Berücksichtigung der Vielfalt sozialisatorischer Faktoren, die das Schulgeschehen mit prägen. Das im vergangenen Jahrzehnt gewachsene Interesse an guten Schulen und dem in ihnen herrschenden Ethos hat die Bedeutung dieser beiden Problembereiche sowohl für den Schulalltag als auch für die *Bildungspolitik* verdeutlicht und zugleich eine Renaissance der Fragen, Theorien und Modelle verursacht, welche von den zu Beginn dieses Jahrhunderts wirkenden Vertretern der übernationalen Reformbewegungen (z. B. progressive education, éducation nouvelle, Reformpädagogik) hinterlassen worden sind. Die jüngste Interessenkonzentration geht in vielen Industrieländern einher mit einer Kritik an den Strukturreformen der sechziger und frühen siebziger Jahre, die vor allem in beiden Teilen Europas die bildungspolitische Entwicklung bestimmten. Diese Reformen waren von ihren Initiatoren und Befürwortern vielfach mit Erwartungen belastet worden, die nicht nur auf eine Verbesserung des Bildungswesens, sondern darüber hinaus auch auf eine Veränderung bestehender gesellschaftlicher Verhältnisse zielten. Die gegenwärtige Kritik, die sich in einigen Ländern mit einer Wiederherstellung früherer Strukturen verbindet, spiegelt Enttäuschungen darüber wider, daß geweckte Erwartungen nicht erfüllt worden sind. Der in diesem Beitrag verwendete Begriff *Industrieländer* umfaßt alle Staaten Europas, die gesamte Sowjetunion, Nordamerika (mit den Vereinigten Staaten und Kanada) sowie Japan.

Die Wendung und die Interessenpräferenz innerhalb der pädagogischen Öffentlichkeit und auch der Erziehungswissenschaft und Bildungsforschung zu Fragen der Qualität können freilich nicht bedeuten, daß Strukturfragen irrelevant geworden seien. Zum einen bestimmen vor allem in den südeuropäischen Ländern Strukturreformen nach wie vor die bildungspolitische und pädagogische Realität. Auch die gegenwärtige Bildungsreform in der Sowjetunion sowie die in den bisherigen (staats)sozialistischen Ländern Mittel- und Osteuropas beabsichtigten Neuerungen schließen Strukturveränderungen ein, auch wenn deren wesentliche Zielrichtungen noch nicht erkennbar sind. Zum anderen ist zu beobachten, daß auch in Schulreformen, die wegen ihrer hervorstechendsten Merkmale restaurativ (in ablehnender wie zustimmender Kommentierung) genannt werden, strukturelle Merkmale zutage treten, die *neuen* didaktischen und sozialisatorischen Entwicklungen und Erfordernissen Rechnung tragen. Zu denken ist dabei an Differenzierungsformen, Zulassungs- und Versetzungsverfahren, Durchlässigkeitsregelungen und Prüfungsabläufe. Die noch im Endstadium der großen Strukturreformen, nämlich im Jahre 1973, von dem schwedischen Bildungsforscher Sixten MARKLUND getroffene Formulierung, daß Strukturen im Bildungswesen »nicht darüber entscheiden, welche Prozesse stattfinden, wohl aber darüber, welche Prozesse stattfinden oder nicht stattfinden können« (MARKLUND 1973, S. 1), hat auch durch die geänderte Interessenkonzentration an ihrer *grundsätzlichen* Bedeutung nichts eingebüßt.

2 Segregation versus Integration – die zentrale Frage

Ungeachtet der Vielfalt, die sich im einzelnen in den gegenwärtigen Strukturen des Bildungswesens in den Industrieländern (und auch unter deren unmittelbarem und mittelbarem Einfluß in den meisten Entwicklungsländern) beobachten läßt, ist die Spannung zwischen den Prinzipien der *Segregation* und *Integration* allenthalben auffindbar. Die gesetzlichen und administrativen Regelungen, die zur Bewältigung dieser Spannung in den vergangenen drei Jahrzehnten getroffen worden sind, spiegeln – unter den jeweiligen historischen Bedingungen – unterschiedliche Prioritätensetzungen wider, die einerseits in den realen Erfordernissen der ökonomischen, sozialen, politischen und kulturellen Wirklichkeit, andererseits in ideologischen Programmen begründet sind. Gemeinsam ist den unterschiedlichen Prioritätensetzungen der Bezug auf die Idee der *allgemeinen Schulpflicht* und deren Umsetzung in die konkreten Strukturen der Bildungssysteme. Die allgemeingesellschaftlichen Wurzeln dieser Entwicklung sind mit den Begriffen *Reformation, Aufklärung* und *industrielle Revolution* umrissen, und die Frage nach der bildungspolitischen Kompetenz verweist grundsätzlich auf die Funktion des *modernen Staates*, der die Verantwortlichkeit für die Bildung und Erziehung der heranwachsenden Generation als Teil seiner zentralen Gesetzgebung beansprucht. Die absolutistische oder demokratische Legitimierung dieses Anspruchs kann im Zusammenhang dieser Ausführungen unbeachtet bleiben. Von dieser das 19. und 20. Jahrhundert beherrschenden Entwicklung wird auch das *private Schulwesen* erfaßt, was am Beispiel der englischen und niederländischen Schulgeschichte abzulesen ist (→ *Freie Schulen* ...).

Die *allgemeine Schulpflicht* wurde in den späteren Industrieländern zu sehr unterschiedlichen Zeitpunkten gesetzlich verankert. Als Beispiele seien genannt: Weimar 1619, Preußen 1717, Habsburgermonarchie 1773, Massachusetts (als erster Staat der USA) 1852, Frankreich 1882, Sowjet-Rußland 1918. Daß zwischen gesetzlicher Verankerung und praktischer Umsetzung gewöhnlich lange Zeiträume lagen, sei hinzugefügt. Gemeinsam waren den staatlichen Initiativen zwei grundlegende Zielsetzungen, nämlich die Heranbildung von Arbeitskräften (im weitesten Sinn dieses Wortes) sowie von Untertanen oder Staatsbürgern, die sich mit ihrem Staate zu identifizieren vermochten. Für die männliche Jugend kam dazu als dritte Zielsetzung die körperliche und geistige Befähigung zum Militärdienst. Daß sich mit diesen Zielsetzungen, die der Natur des modernen Staates entsprangen, Vorstellungen und Erwartungen der klassischen Pädagogen deckten, ist dadurch zu erklären, daß diese die allgemeine Schulpflicht als Voraussetzung für eine personale Erziehung aller Heranwachsenden begriffen und in den Pflichtschulen zugleich Stätten sahen, die zumindest die Kinder im frühesten Alter vor den Belastungen und Bedrückungen der Arbeitswelt schützen sollten. Sie begrüßten die allmähliche Ausweitung der allgemeinen Schulpflicht zunächst von vier auf sechs, später auf acht und zehn Jahre als Erweiterung dieser Erziehungs- und Schutzmöglichkeit (→ *Schulgeschichte als Bildungsreform* ...).

Bei der Konkretisierung dieser Zielsetzungen haben sich freilich bis zum heutigen Tage die Geister geschieden, und Frontenbildungen sind innerhalb aller beteiligten Gruppen zu erkennen und gelten somit für Bildungspolitiker und Wirtschaftsführer ebenso wie für Erziehungswissenschaftler, Lehrer und nicht zuletzt auch Eltern. Den Schemata *Abb. 1* und *2* liegt der Versuch zugrunde, die sich in den Kontroversen ausprägenden Begründungsmuster, die aus dem außerpädagogischen Umfeld abgeleitet sind, und die Zielorientierungen, die im pädagogischen Felde selbst konzipiert sind, den beiden erwähnten Prinzipien der Schulstruktur zuzuordnen.

Begründungsebene	Begründungsmuster für »Segregation«	Begründungsmuster für »Integration«
Gesellschaftspolitik	Kohärenz der Gesellschaft durch Beibehaltung (oder vorsichtig-langsame Veränderung) bestehender Sozialstrukturen	Kohärenz der Gesellschaft durch Veränderung der Sozialstrukturen in Richtung ihrer Egalisierung
Ökonomie	Wirtschaftsordnung auf der Grundlage individueller Leistung und Anpassung	Wirtschaftsordnung auf der Grundlage kooperativer Leistung
Ethik	Menschliches Zusammenleben auf der Grundlage personaler Unabhängigkeit	Menschliches Zusammenleben auf der Grundlage interpersonaler Solidarität

Abb. 1: Begründungsmuster aus dem außerpädagogischen Umfeld

Handlungsebene	Zielorientierung für »Segregation«	Zielorientierung für »Integration«
Erziehung	Bereitschaft und Fähigkeit zu individueller Leistung, Mobilität und Entscheidung	Bereitschaft zu Solidarität und Fähigkeit zu kooperativer Leistung
Qualifizierung	Qualität (Vortrefflichkeit) der individuellen Leistung durch permanente Auslese	Optimierung der kollektiven Leistung durch die Egalisierung der Bildungschancen (oder sogar der Bildungsergebnisse)
Unterricht	Primar- und Sekundarbereich I: Stufung der allgemeinen Bildungswege Sekundarbereich II: Abgrenzung studien- und berufsbezogener Bildungswege	Primar- und Sekundarbereich I: Einheitlichkeit des allgemeinen Bildungswegs Sekundarbereich II: Integration studien- und berufsbezogener Bildungswege

Abb. 2: Zielorientierungen im pädagogischen Feld

Die beiden Schemata sind idealtypisch konstruiert; ihre Umsetzung in die jeweilige bildungsgeschichtliche Realität hat die Konturen der Zuordnungen zum einen dadurch entschärft, daß die beiden Strukturprinzipien auf den einzelnen Begründungs- und Handlungsebenen mit dem Fortgang der Entwicklung vom 19. in das 20. Jahrhundert in zunehmendem Maße zu Präferenzen relativiert wurden, wodurch der Ausschließlichkeitscharakter des ursprünglich dominierenden Prinzips Segregation verblaßte. Vor allem der *Primarbereich* des Bildungswesens ist von dieser Entwicklung sogar so weit erfaßt worden, daß heute in allen Industrieländern zumindest im staatlichen Bildungssektor das Prinzip Integration allein vertreten ist (→ *Das allgemeinbildende Schulwesen* ...). Auffälliges Beispiel hierfür ist Deutschland mit seinem Reichsgrundschulgesetz vom 28. April 1920, das die Grundlage für die Entwicklung der einheitlichen vierjährigen *Grundschule* und damit für den bis heute in den meisten Ländern der Bundesrepublik Deutschland bestehenden Zustand geschaffen hat. Die in Preußen dominierenden Vorschulen als gesonderte Schulform, die – freilich nur in Städten – ihre Schüler speziell auf den Besuch des *Gymnasiums* vorbereiteten, sind seither aufgehoben (→ *Das allgemeinbildende Schulwesen* ...). Zum anderen ist die Entschärfung der Konturen durch unterschiedliche Präferenzen auf den einzelnen Begründungs- und Handlungsebenen zustande gekommen. Beispiele hierfür sind die Strukturreformen, die in Spanien 1970 und in Frankreich 1975 durchgeführt wurden. Sie brachten zwar die Errichtung von *Gesamtschulen* im Sekundarbereich I, orientierten die Lehrpläne aber gezielt an den Erfordernissen ökonomischer Effektivität und individueller Leistung, vergleichbar den in der Bundesrepublik Deutschland Ende der sechziger Jahre formulierten Zielen einer demokratischen Leistungsschule und einer Mobilisierung der Begabungsreserven, die ebenfalls mit Forderungen nach dem Aufbau von Gesamtschulen verknüpft wurden (→ *Strukturveränderungen im Bildungswesen* ..., *Die Gesamtschule*).

Der nachfolgende Abschnitt dient der Ordnung und Exemplifizierung der Vielfalt, die der internationale Vergleich von Strukturen des Bildungswesens sichtbar zu machen vermag. An dieser Stelle bereits sei aber betont, daß der notwendigerweise generalisierende Charakter der beiden idealtypischen Schemata verdeutlichen soll, daß in der schulgeschichtlichen Realität die jeweiligen Präferenzen für die Prinzipien *Segregation* und *Integration* die zentrale Frage des Strukturvergleichs ausdrücken. In der schulorganisatorischen Terminologie ist diese Frage durch die Gegenüberstellung der Begriffe *vertikale Gliederung* (als Zwei- oder Dreigliedrigkeit) und *horizontale Gliederung* definiert; diese Begriffe kongruieren mit dem der *Einheitlichkeit* (→ *Das allgemeinbildende Schulwesen* ...).

Die zentrale Frage des Strukturvergleichs hat eine jahrhundertelange *ideengeschichtliche* Tradition. Man kann auf Amos COMENIUS zurückgreifen, dessen Idee eines einheitlich strukturierten Bildungswesens theologisch begründet ist. Ideologisch bedeutsamer wurde der Plan einer Nationalerziehung, den Antoine de CONDORCET 1792, mitten in der Französischen Revolution also, der Nationalversammlung vorlegte. Seit CONDORCET ist die Konzeption der *Einheitsschule* (Gesamtschule, comprehensive school, école unique, edinaja škola) – mit ihren facettenreichen Varianten – auf der Tagesordnung pädagogischer und bildungspolitischer Entwürfe geblieben.

Der *reale* Ausbau der vom modernen Staat errichteten Bildungssysteme erfolgte dagegen, ungeachtet der sehr unterschiedlichen sozial-ökonomischen, politischen und kulturellen einzelstaatlichen Bedingungen, im gesamten 19. Jahrhundert am Vorbild vorindustrieller Bildungsstrukturen und einer Tradition, die bis ins Spätmittelalter zurückzuverfolgen ist. Es geht um die jahrhundertealte Dualität zwischen den Gelehrtenschulen und den (späteren) Volksschulen als den Schulen für das *gemeine* Volk. Die Karriere des Jungen (Mädchenbildung, obwohl als solche ebenfalls jahrhundertealt, entfaltete sich zur Massenbildung erst mit Beginn des 20. Jahrhunderts) wurde in der

Regel bereits mit seinem Eintritt in die Schule vorbestimmt, was sich am preußischen Beispiel folgendermaßen ausnimmt: Der akademische Bildungsweg führt von der Vorschule zum Gymnasium und von dort zur Universität (und weiter in einen Beruf in Verwaltung, Kultur und in zunehmendem Maße auch Wirtschaft), während der Besuch der Volksschule *nur* den Übergang in eine (praxiszentrierte) berufliche Ausbildung oder unmittelbar in eine un- oder angelernte Tätigkeit eröffnet. Diese Dualität beherrscht die Strukturen des Bildungswesens während des ganzen 19. Jahrhunderts in den Ländern West-, Mittel- und Osteuropas und erfaßt auch die sich entfaltenden Bildungssysteme in Rußland, Nordamerika und (nach der *Meiji-Restauration*) auch in Japan (→ *Schulgeschichte als Bildungsreform* . . .).

Prinzipiell wurde die Dualität auch durch die Einführung eines dritten Weges von Mittelschulen nicht in Frage gestellt, denn dieser Zwischentyp war zwar nicht universitätsbezogen, orientierte sich aber mit seinen Ansprüchen und Auslesekriterien am Vorbild des Gymnasiums. Durchbrochen wurde die Dualität dagegen im Bereich der Berufsbildung, in dem sich duale und vollschulische Strukturen etablierten. Diese expandierten teilweise in den Bereich der tertiären Bildung; auf diese Weise sind vor allem in England frühzeitig die Grundlagen für die *further education* gelegt worden, die ihren strukturellen Standort zwischen Sekundar- und Tertiärbereich hat.

Der Eintritt der Spannung Segregation versus Integration in die schulische Realität geschieht in den ersten Jahrzehnten des 20. Jahrhunderts. Der *Primarbereich* wird, wie bereits erwähnt, in allen Industrieländern vereinheitlicht. Im *Sekundarbereich* werden Einheitsschulen im gleichen Zeitraum in den USA und in Rußland eingeführt: in den USA im Zuge der *progressive education*, in Rußland 1918, als eine der ersten Regierungsmaßnahmen nach der Oktoberrevolution. Die sowjetische Einheitsschule wurde in modifizierten Formen nach dem Zweiten Weltkrieg auf alle Staaten des (staats)sozialistischen Machtbereichs in Ost- und Mitteleuropa übertragen. In Westeuropa wurde die Einführung von Einheitsschulen bereits zwischen den beiden Weltkriegen diskutiert und gefordert; zu erwähnen sind dabei vor allem England und auch Deutschland. Nach dem Zweiten Weltkrieg ist dann Schweden zum Durchstarter der *Gesamtschul*entwicklung geworden. Von ihr wurden alle westeuropäischen Staaten mehr oder weniger stark erfaßt, wobei die Intensität dieser Expansion bis zum heutigen Tage nicht nur unterschiedlich geblieben ist, sondern in jüngster Zeit sogar rückläufige Tendenzen zur vertikalen Gliederung hervorgebracht hat.

Eine kurze Bemerkung sei zur Verwendung der beiden im deutschen Sprachgebrauch verankerten Begriffe Einheitsschule und Gesamtschule gestattet, die zum Verständnis sowohl der vorausgegangenen als auch der folgenden Abschnitte beitragen soll. Während der Begriff Einheitsschule in der pädagogischen Diskussion der Weimarer Epoche sowohl unter *sozialistischen* als auch *bürgerlichen* Vorzeichen gebraucht wird und in Entwürfen und Diskussionen nach 1945 auch in Westdeutschland noch erscheint, taucht erst in den sechziger Jahren in der Bundesrepublik Deutschland der Begriff Gesamtschule auf, nunmehr in expliziter Abgrenzung gegen den als »sozialistisch« (im Sinne der DDR) denunzierten Begriff Einheitsschule. Mit der Kontrastierung beider Begriffe ist für den bisherigen deutsch-deutschen Vergleich seither ein definitorisches Abgrenzungskriterium gesetzt, das auf die unterschiedlichen gesellschaftsphilosophischen und gesellschaftspolitischen Rahmenbedingungen und der mit ihnen bezeichneten Schulen verweist. Relativiert man die Bedeutung dieser Rahmenbedingungen oder orientiert die

Untersuchung stärker auf Strukturen (sowie Inhalte und Methoden), dann wird das Bild allerdings differenzierter, so daß im internationalen Strukturvergleich der *umfassende* Gebrauch des Begriffs Gesamtschule als deutschsprachiger Oberbegriff – in Entsprechung zum englischen Begriff comprehensive school – für die integrierte Variante des Sekundarbereichs I zu rechtfertigen ist (→ *Strukturveränderungen im Bildungswesen ..., Die Gesamtschule*).

Im Sekundarbereich I ist die Spannung Segregation versus Integration primär auf die Frage bezogen, ob die in den Schulen zu vermittelnde *Allgemeinbildung* nach gestuften oder einheitlichen Ansprüchen erfolgen soll. Die vergleichbare Spannung im Sekundarbereich II ist dagegen an der Frage orientiert, wie die Vermittlung *allgemeiner* und *beruflicher* Bildung gestaltet und strukturell verankert werden soll (→ *Das berufliche Bildungswesen ...*). Die Ansätze zur Bewältigung dieser Spannung sind eng mit den Ansprüchen verbunden, die in den einzelnen Industrieländern einerseits an die hochschulbezogene, andererseits an die berufsbildende Funktion dieses Bereichs gestellt sind. Auch die beiden oberhalb und unterhalb des Primar- und Sekundarbereichs befindlichen Bildungsbereiche sind von der zentralen Frage des Strukturvergleichs nicht unbeeinflußt. Dies gilt zum einen für den gesamten vorschulischen Bereich (in der modernen Wortprägung) wie auch für die vielfältigen Strukturen des Tertiärbereichs mit seinen universitären und nicht-universitären Institutionen (→ *Sozialpädagogische Institutionen*; → *Hochschule / Universität*).

Unter Bezug auf die These von der dominierenden Rolle des modernen Staates konzentriert sich dieser Beitrag auf den *staatlichen* und *öffentlichen* Sektor des Bildungswesens; dieser Begriff, der weiter gefaßt ist, schließt neben den unter direkter Aufsicht zentraler Behörden des Staates stehenden Einrichtungen *auch* Schulen ein, die von regionalen und lokalen Trägern verwaltet werden. Der *private* Schulsektor bleibt außerhalb expliziter Berücksichtigung. Dieser Verzicht läßt sich allerdings durch die Bemerkung abschwächen, daß die Strukturen der Privatschulsektoren in allen Industrieländern größerenteils jenen der staatlichen und öffentlichen Sektoren angeglichen sind (→ *Freie Schulen ...*). Dies gilt nicht nur für Bildungssysteme, deren privater Sektor anteilsmäßig gering ist, sondern auch für solche, in denen Privatschulen einen beträchtlichen Anteil haben, wie beispielsweise in Frankreich und Spanien, oder sogar die Mehrzahl der Primar- und Sekundarschulen umfassen, wofür die Niederlande das schlagendste Beispiel bieten. Auffallende Ausnahme von dieser Regel bilden die elitären *Public Schools* in England, denen als Schulform des Sekundarbereichs bis zum heutigen Tage spezielle *Preparatory Schools* vorgeordnet sind.

3 Strukturvergleich: allgemeine Entwicklungen

In allen Industrieländern ist das Bildungswesen auf die horizontalen Bereiche konzentriert, deren Schüler der *allgemeinen Schulpflicht* unterliegen. Mit Ausnahme der beiden deutschen Staaten sowie Belgiens und der Niederlande kennen die Länder nur die Grundform, welche durch den *Vollzeit-Schulbesuch* definiert ist. Seine Dauer ist im Verlauf der beiden vergangenen Jahrhunderte und besonders in diesem Jahrhundert allmählich ausgeweitet worden. In den meisten Ländern beträgt die Vollzeit-Schulpflicht heute neun bis zehn Jahre; wo diese Dauer noch nicht erreicht ist, bestehen Absichten einer Schulpflichtverlängerung. In Japan, Kanada und Teilen der USA hat die allgemeine Vollzeit-Schulpflicht sogar die Jahrgangsstufen 11 und 12 erreicht. In anderen Ländern, wie beispielsweise in Schweden, nähern sich die *faktischen* Anteile der Altersgruppe der 15- bis 18jährigen dem Vollzeit-Schulbesuch. Bei der Kenntnisnahme dieser Entwicklung ist mit zu berücksichtigen, daß heutzutage die große Mehrheit der Jugendlichen tatsächlich zur Schule geht – im Unterschied zur Situation im 18. und 19. Jahrhundert, als die Realität den bestehenden Schulgesetzen nicht entsprach. Die Besonderheit der Schulpflichtregelungen in den bisherigen beiden deutschen Staaten besteht aufgrund gemeinsamer Tradition darin, daß die Mehrzahl der Jugendlichen zwar keine Vollzeit-Schule (allgemeiner oder beruflicher Orientierung) im Sekundarbereich II besucht, für sie aber bis zum 18. Lebensjahr der verbindliche Besuch einer Teilzeit-Berufsschule in den Bildungsgesetzen fest verankert ist bzw. war.

Bei Planungen einer Verlängerung der Schulpflicht stellt sich im internationalen Vergleich die Frage, ob sie nach oben, d. h. in den Sekundarbereich II, oder nach unten, d. h. in den vorschulischen Bereich, erfolgen solle. Letzteren Weg hat beispielsweise die Sowjetunion in ihrer jüngsten Reform beschritten, in deren Verlauf die Schulpflicht vom 7. auf das 6. Lebensjahr vorverlegt worden ist.

3.1 Institutionen vorschulischer Erziehung

Vorschuleinrichtungen sind in den vergangenen Jahrzehnten in allen Industrieländern ausgebaut worden; sie gründen sich auf lange Traditionen, zu denen der deutsche *Kindergarten*, die britische *infant school* und die französische *école maternelle* zählen. Auch wo der Besuch einer Vorschuleinrichtung nicht verbindlich ist, was für die meisten Industrieländer gilt, ist, vor allem in den hochindustrialisierten Ländern, das Angebot an Plätzen so stark vermehrt worden, daß die meisten Kinder wenigstens ein Jahr davon Gebrauch machen können. Ob die Vorschuleinrichtungen institutionell in den Primarbereich eingefügt sind oder einen selbständigen Kindergartenbereich darstellen, ist traditionell begründet und hängt weitgehend von der ihnen zugeordneten Erziehungskonzeption ab (→ *Sozialpädagogische Institutionen*).

3.2 Primarbereich und Sekundarbereich I

Im internationalen Strukturvergleich empfiehlt sich die gemeinsame Analyse beider Bereiche, weil beide den Kern des Pflichtschulwesens bilden, die Übergänge zwischen diesen beiden Bereichen durch *Förderstufen* (im weitesten Wortsinn) geordnet sind und die Konzeption einer – quantitativ wie qualitativ – gestuften *Allgemeinbildung* im Sekundarbereich I selbst in Bildungssystemen abgeschwächt worden ist, die nach dem Prinzip der Segregation strukturiert sind.

In den bislang (staats)sozialistischen Ländern Mittel- und Osteuropas, in der Sowjetunion sowie auch in Schweden und Teilen der USA und Kanadas stellen die drei- oder vierjährigen *Primarstufen* (Unterstufen) den unteren Sektor übergreifender einheitlicher Grundschulen (z. B. achtjährige *elementary school* in den USA, grundskola in Schweden, Allgemeinbildende Polytechnische Oberschule in der früheren DDR) dar. Auch das – allerdings vor einer Reform stehende – System der Allgemeinen Grundbildung *(educación general básica)* in Spanien ist als einheitlicher Bereich strukturiert. Die Primarklassen bilden in solchen Systemen freilich einen eigenständigen Teilbereich, der vor allem dadurch gekennzeichnet ist, daß der Klassenlehrer den gesamten oder zumindest den größten Teil des Unterrichts erteilt (→ *Das allgemeinbildende Schulwesen* ...).

Historisch gesehen, setzen die erwähnten Länder insofern eine europäische Tradition fort, als in den einstigen *Volksschulen* Primar- und Sekundarbereich I vereinigt waren. Beispielsweise überdauerte in Deutschland (und später in der Bundesrepublik Deutschland) diese Schulform noch Jahrzehnte die – 1920 erfolgte – Vereinheitlichung der vier- (oder fünf-)jährigen Grundschule. Deren Verselbständigung, begleitet von der Errichtung nichtselektiver Schulen (z. B. *secondary modern school* in England, Hauptschule in der Bundesrepublik Deutschland) und Gesamtschulen (z. B. *scuola media* in Italien) des Sekundarbereichs I, kennzeichnet eine Entwicklung, die erst am Ende des Zweiten Weltkrieges einsetzt.

In einer Reihe westeuropäischer Länder, in denen die vereinheitlichten *Grundschulen* selbständige organisatorische Einheiten innerhalb des Bildungswesens darstellen, sind im Zuge der eingangs erwähnten Reformen Übergangsstufen (*cycle d'observation* in Frankreich, *brugjaar* in den Niederlanden, *Förder-* oder *Orientierungsstufe* in der Bundesrepublik Deutschland) eingerichtet worden mit dem Ziel, die traditionell punktuelle Auslese für das Gymnasium (Lyzeum) in Form von Aufnahmeprüfungen durch einen Beobachtungszeitraum zu ersetzen, der generell den Übergang in den Sekundärbereich erleichtern soll. Im englischen Bildungswesen ist diese Funktion in manchen Grafschaften von dreijährigen *middle schools* übernommen worden; *middle schools* gibt es als innovative Form aber auch innerhalb achtjähriger Elementarschulen in den Vereinigten Staaten. Die jahrgangsstufenmäßige Bindung dieser Übergangsstufen (5–6, 6–7, 5–8 u. a.) hängt vom Umfang des Primarbereichs ab (→ *Strukturveränderungen im Bildungswesen* ..., *Die Orientierungsstufe*).

Die Struktur des Primarbereichs ist auch eine der wesentlichen Voraussetzungen für die des *Sekundarbereichs I*. Dieser beginnt entsprechend den jeweiligen nationalstaatlichen Gegebenheiten mit den Jahrgangsklassen 4, 5, 6 oder 7. Die Förderstufe ist in diesem Überblick dem Sekundarbereich I zugerechnet, weil dies für die meisten Industrieländer sowohl der administrativen Regelung als auch der Unterrichtsorganisation (Beginn des Fachlehrerprinzips) entspricht. Die Abgrenzung nach oben, nämlich in den Sekundarbereich II, zeigt demgegenüber weitgehende Stabilität, die dadurch gegeben ist, daß der Übergang zwischen das 10. und 11. Schuljahr gelegt ist.

Was die innere Struktur des Sekundarbereichs I betrifft, herrscht in den Industrieländern das Modell der *Gesamtschule* integrierten Typs vor (→ *Strukturveränderungen im Bildungswesen* ..., *Die Gesamtschule*). Wie bereits erwähnt, wurde die Entwicklung in den USA und Sowjet-Rußland im zweiten Jahrzehnt dieses Jahrhunderts eingeleitet, und die (staats)sozialistischen Staaten Mittel- und Osteuropas organisierten nach dem Zweiten Weltkrieg den vereinheitlichten Sekundarbereich I im Rahmen ihrer Grundschulen. In den USA und Kanada bestehen neben den erwähnten achtjährigen Elementarschulen in einer Reihe von Staaten (Provinzen) selbständige dreijährige *junior high schools*, die auf sechsjährigen Elementarschulen aufbauen. Die gleiche Struktur wurde in Japan nach dem Zweiten Weltkrieg aufgebaut.

In Westeuropa haben seit 1962, als Schweden und Italien die (integrierte) Gesamtschule im Sekundarbereich I gesetzlich einführten, insgesamt zehn Länder Gesamtschulen zu alleinigen oder zumindest bevorzugten Regelschulen ausgebaut und entsprechende Reformgesetze erlassen: Finnland 1968, Norwegen 1969, Spanien 1970, Island

1974, Dänemark und Frankreich 1975, Griechenland 1976 und schließlich England und Wales ebenfalls 1976. Während in der Schweiz zwei französischsprachige Kantone ein Gesamtschulsystem haben, sind in den übrigen Kantonen sowie in den übrigen westeuropäischen Staaten die in den vergangenen 20 Jahren errichteten Gesamtschulen auf den Versuchssektor beschränkt geblieben. Der Standort der Bundesrepublik Deutschland (vor 1990), die in diesem Beitrag nicht detailliert berücksichtigt wird, kann im westeuropäischen Spektrum als Mittellage zwischen Versuchs- und Regelstadium identifiziert werden.

Der Strukturvergleich muß davon ausgehen, daß es *die* Gesamtschule nicht gibt, was dem Erziehungswissenschaftler und gewiß auch dem Erziehungspraktiker nicht nur bei der Lektüre von Gesetzen, Reformplänen und Untersuchungsberichten deutlich wird, sondern insbesondere auch bei Besuchen von Schulen unter unterschiedlichen politischen, ökonomischen und sozialen Gegebenheiten. Während in Ländern mit zentral verwalteten Bildungssystemen immerhin spezifisch-nationalstaatliche Merkmale erkennbar sind, bedarf es bei der Untersuchung föderativer und dezentralisierter Systeme weiter gehender Untersuchungen, welche auf die Aufdeckung intranationaler Unterschiede zielen; als klassisches Beispiel für eine dezentralisierte Verwaltungsstruktur und eine entsprechend auffällige Vielfalt vorhandener Gesamtschulen galt bis vor kurzem England und Wales.

Die Integration als inneres Strukturprinzip äußert sich im Sekundarbereich I in der Handhabung äußerer und innerer *Differenzierung* (→ *Unterrichtsformen*). Innere Differenzierung als Mittel flexibler Unterrichtsgestaltung und Schülermobilität ist in den vergangenen Jahrzehnten in den meisten Industrieländern entwickelt und gefördert worden. Dabei ist die Tendenz zu beobachten, daß der Bildung heterogener Lern- und Aufgabengruppen (mixed ability grouping) der Vorzug vor der Bildung homogener Gruppierungen gegeben wird. In der äußeren Differenzierung kam es insbesondere in den sechziger und siebziger Jahren zur weitgehenden Verdrängung der Praktiken des *streaming* und *banding* (als den Formen einer jeweilige Jahrgangsgruppen umfassenden Leistungsdifferenzierung) durch fachbezogene Formen des *setting* oder des Kern-Kurssystems. In Frankreich wurde überdies der Einrichtung von Stützkursen für schwächere Schüler sowie von Zusatzangeboten für begabte Schüler besondere Aufmerksamkeit geschenkt.

Während alle die genannten Differenzierungsformen der integrierten *Gesamtschulform* zuzuordnen sind, stellen kooperative (additive, schulformbezogene) Gesamtschulen den Typ dar, der nur unter administrativem Aspekt als Gesamtschule zu bezeichnen ist; in bezug auf seine innere Struktur setzt er dagegen die traditionelle vertikale Gliederung fort, wofür die kooperativen Gesamtschulen in der Bundesrepublik Deutschland das beste Beispiel liefern (→ *Strukturveränderungen im Bildungswesen . . . , Die Gesamtschule*). Auch in England finden sich solche Schulen, wenngleich in eher versteckter Form.

Seit Mitte der siebziger Jahre hat sich in den meisten Industrieländern der Sekundarbereich I in Gesamtschulen stabilisiert. In England ist diese Entwicklung freilich seit dem Amtsantritt der konservativen Regierung im Jahre 1979 zu einem Stillstand gekommen, und die neuen gesetzlichen Regelungen (1988) weisen sogar auf die Möglichkeit einer Rückverwandlung von *comprehensive schools* in traditionelle Schulen, insbesondere in selektive *grammar schools* (Gymnasien) hin; von ihr ist freilich bisher nur in wenigen Fällen Gebrauch gemacht worden. In den Ländern, in denen sich Gesamtschulen niemals durchsetzen konnten, sind in den letzten Jahren vergleichbare Erscheinungen zu beobachten, die eine Stabilisierung des herkömmlichen zwei- oder dreigliedrigen Systems erkennen lassen. Neben der Bundesrepublik Deutschland sind in diesem Zusammenhang insbesondere Belgien, die Niederlande und Österreich zu erwähnen; in der Bundesrepublik lassen sich in einigen der sozialdemokratisch regierten Länder (Nordrhein-Westfalen, Saarland, Schleswig-Holstein) freilich gegenläufige Tendenzen wahrnehmen. Auch in den (staats)sozialistischen Ländern verlief die Entwicklung während der letzten beiden Jahrzehnte nicht geradlinig. Zunächst schien es, als ob die zehnjährige Einheitsschule (nach dem Vorbild der DDR und der Sowjetunion, dort freilich in Parallelität zu berufsbildenden Einrichtungen oberhalb des achten Schuljahres) allgemeine Verbreitung finden würde. Diese damals voraussehbare Entwicklung ist nicht eingetreten, denn Ungarn und die Tschechoslowakei sind bei ihren achtjährigen Einheitsschulen geblieben, und in Polen wurde die 1973 beschlossene Reform, welche die Errichtung einer zehnjährigen Einheitsschule vorsah, 1980 sogar abgebrochen. In den jüngsten Entwicklungen in diesen Ländern sind sogar Tendenzen der, wenn auch bislang nur vereinzelten, Renaissance einer Vertikalisierung zu erkennen, die sich in der Wiedergründung traditioneller Gymnasien äußert.

Schema *Abb. 3* zeigt an ausgewählten Beispielen die Gegenüberstellung von Primar- und Sekundarbereich I in bezug auf die Zahl der Jahrgangsklassen und die Abgrenzung zwischen Grund- und Sekundarschule bzw. zwischen Unter- und Oberstufe der einheitlichen Grundschule. Nicht berücksichtigt bei diesem Strukturaufriß ist die Frage Segregation versus Integration in bezug auf behinderte Kinder. Sie bedürfte gesonderter Darstellung, muß an dieser Stelle aber zumindest als wichtiges Problem genannt werden.

	Primarbereich	Sekundarbereich I
a) innerhalb von einheitlichen Grundschulen		
Schweden	3	6
Spanien	5	3
USA (ältere Variante)	8	–
Sowjetunion	3	5
Polen	4	4
(frühere) DDR	3	7
b) in getrennten Bereichen		
Frankreich	5	4
Italien	5	3
Griechenland	6	3
England und Wales	6 (2 + 4)	5
Niederlande	6	3
USA (jüngere Variante)	6	3
Japan	6	3

Abb. 3: Umfang des Primarbereichs und Sekundarbereichs I (in Jahrgangsklassen) an ausgewählten Beispielen (Regelformen) entsprechend den normativen, in der Praxis freilich oft nicht verwirklichten Festlegungen)

3.3 Sekundarbereich II

Die Struktur des Sekundarbereichs II, der im Hinblick auf gesamtstaatliche Regelungen – mit Ausnahme Deutschlands (und zwar der beiden bisherigen deutschen Staaten), Belgiens, der Niederlande und Japans – oberhalb des Pflichtschulbereichs liegt, fußt auf der Dualität allgemein- und berufsbildender Schulen, die in die Schulgeschichte des 19. Jahrhunderts weit zurückreicht. Die Entstehung von Schulen, die *Doppelqualifikationen* vermitteln, d. h. sowohl die Hochschulreife als auch den beruflichen Abschluß, hat dieses einfache System kompliziert. Aus einem historisch fundierten Grobvergleich industriestaatlicher Bildungssysteme und vorliegender Planungen lassen sich die im *Schema 4* gezeichneten Modelle ableiten. Dabei wird die Darstellung auf die Herausarbeitung von Grundtypen beschränkt. Das Vergleichskriterium ist durch das Verhältnis von studien- bzw. berufsbezogener Funktion und Organisationsstruktur (einschließlich der vermittelten Abschlüsse) bestimmt, wobei wir uns auf die Gegenüberstellung von hochschulvorbereitenden und berufsqualifizierenden Einrichtungen beschränken und die innerhalb beider Typen möglichen Differenzierungen ausklammern. Diese Ausklammerung betrifft im hochschulvorbereitenden Sektor beispielsweise die *Zweigdifferenzierung* oder die in der reformierten Oberstufe des Gymnasiums der Bundesrepublik Deutschland verwirklichte Form einer integrierten Organisationsstruktur, im berufsqualifizierenden Typ vor allem die Grobgliederung in *Vollzeit-* und *Teilzeitausbildungsgänge* (→ *Strukturveränderungen im Bildungswesen ..., Die reformierte gymnasiale Oberstufe*; → *Das berufliche Bildungswesen*). Auf diese Weise erhalten wir fünf Modelle, unter denen *Modell 1* insofern eine Sonderstellung einnimmt, als es auf das 19. Jahrhundert zurückverweist und in den nationalstaatlichen Bildungssystemen der Gegenwart keine Entsprechung mehr hat. In ihm sind hochschulvorbereitender (studienbezogener) und berufsqualifizierender Sektor streng voneinander getrennt. Die Abschlüsse enthalten entweder die Hochschulreife oder eine berufliche Qualifikation (verschiedener Wertigkeit aufgrund unterschiedlicher Ausbildungsdauer und curricularer Besonderheiten). *Modelle 2* bis *5* in *Abb. 4* stellen demgegenüber Abstrahierungen reformierter oberer Sekundarbereiche dar.

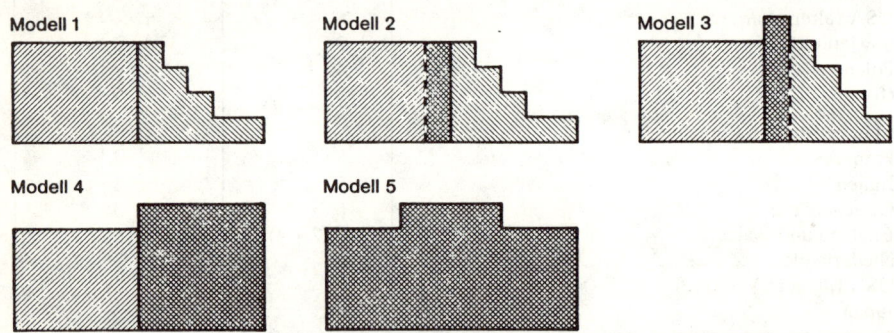

Erklärung: ▨ hochschulvorbereitend (studienbezogen)
▦ berufsqualifizierend (berufsbezogen)
Die unterschiedlichen Höhen deuten die durchschnittliche Zahl der Jahrgangsklassen oder vergleichbarer Kurse an.

Abb. 4: Modelle der Gegenüberstellung von hochschulvorbereitenden und berufsqualifizierenden Einrichtungen im Sekundarbereich II

Modell 2: Hochschulvorbereitender und berufsqualifizierender Sektor sind – wie im *Modell 1* – getrennt, doch sind innerhalb hochschulvorbereitender Sekundarschulen Zweige eingerichtet, an denen die Schüler nicht nur das Reifezeugnis erwerben, sondern auch eine berufliche Qualifikation (verschiedener Wertigkeit) erhalten. Markantes Beispiel hierfür ist das französische Lyzeum, das seit der Oberstufenreform der sechziger Jahre in den seither sprunghaft gewachsenen Zügen f, g und h auf den Erwerb des *baccalauréat de technicien* vorbereitet. In der DDR war bis Anfang der siebziger Jahre in *allen* Erweiterten Oberschulen mit dem Erwerb des Reifezeugnisses die Erlangung eines Facharbeiterbriefes sogar obligatorisch verbunden, was bei der Verfeinerung unseres Grobschemas zu einem *Sondermodell 2a* führen würde. Einem ebenfalls zu isolierenden *Sondermodell 2b* wären demgegenüber Schulen zuzuordnen, die zwar keine berufliche Qualifikation, wohl aber Unterrichtsinhalte berufsorientierender (vorberuflicher) Art anbieten. Dazu könnte man beispielsweise die im britischen und vor allem im amerikanischen Sekundarbereich II vorhandenen vielfältigen Angebote in Buchhaltung, Metallarbeit usw. zählen. Zum augenblicklichen Zeitpunkt ist noch völlig offen, wie sich das sowjetische Schulsystem, das sich 1984 am Sondermodell 2a orientierte, innerhalb des Modells 2 stabilisieren wird.

Modell 3: Hochschulvorbereitender und berufsqualifizierender Sektor sind zwar auch als exklusive Formen vorhanden, doch kommt es hier dadurch zu einer Modifizierung, daß innerhalb des berufsqualifizierenden Bereichs Schulformen geschaffen sind, die den berufsqualifizierenden Funktionen die hochschulvorbereitende hinzufügen und daher – in der Regel nach einer längeren Ausbildungsdauer als an allgemeinbildenden Sekundarschulen – einen *Doppelabschluß* bieten, der sowohl die Hochschulreife als auch eine berufliche Qualifizierung in sich schließt. Vielfältige Entsprechungen dieses Modells finden sich heute vor allem in den Staaten des westlichen und östlichen Mitteleuropas (z. B. Fachoberschulen in der Bundesrepublik Deutschland, Einrichtungen der Berufsausbildung mit Abitur in der früheren DDR, Berufslyzeen und Berufstechnika in Polen).

Modell 4: Hochschulvorbereitender und berufsqualifizierender Sektor sind voneinander getrennt, doch ist der in *Modell 3* noch in reiner Form vorhandene berufsqualifizierende Sektor in dem Brückentyp aufgegangen, der auf diese Weise zum Komplement des reinen hochschulvorbereitenden Bereichs wird. Alle Abschlüsse enthalten die Hochschulreife; das Unterscheidungskriterium besteht nur darin, ob diese eine berufliche Qualifizierung in sich schließt oder nicht. An diesem Modell orientierte sich die sowjetische Bildungspolitik vor der 1984 begonnenen, aber nicht verwirklichten Reform, wobei allerdings hinzuzusetzen ist, daß dort der Abschluß der Allgemeinbildenden Mittelschule bereits nach dem 10. Schuljahr, der der Mittleren Beruflich-technischen Schule (mit Hochschulreife) nach dem 11. Schuljahr möglich war.

Modell 5: Hochschulvorbereitender und berufsqualifizierender Bereich sind in einem organisatorisch wie curricular integrierten Schulkomplex vereint, der in sich – auch nach Ausbildungsdauer – ein differenziertes und flexibles Gebilde von verschiedenartigen Kombinationen darstellt, die grundsätzlich alle auf die Vermittlung von *Doppelabschlüssen* zielen. Beispiele hierfür finden wir innerhalb des Jugendschulwesens vor allem in den selbständigen Oberstufenschulen (*sixth form college* in Großbritannien, Gymnasialschule in Schweden, Kollegstufe Nordrhein-Westfalen). Die diesem Modell zuzuordnenden realen Entsprechungen verdienen insofern besondere Aufmerksamkeit, als sich in ihnen das Problem der Realisierbarkeit einer curricularen und organisatorischen

Integration von hochschulvorbereitender und berufsqualifizierender Funktion am schärfsten stellt.

Zusammenfassend sei bemerkt, daß in fast allen europäischen Industrieländern und in der Sowjetunion die berufsbildenden Einrichtungen, zumindest in der Regel, selbständige organisatorische Einheiten sind; sie heben sich damit sowohl von den Schulen des Sekundarbereichs I als auch von den allgemeinbildenden Schulen des Sekundarbereichs II ab. Hingegen schließen die amerikanischen und kanadischen *high schools* gewöhnlich berufliche Ausbildungsgänge ein, die sich freilich nur in Ausnahmefällen zu Qualifikationen (nach dem reinen *Modell 2*) anbieten und europäischen Facharbeiterzertifikaten gleichzusetzen sind.

Das deutsche *Gymnasium* (mit seinen heutigen Entsprechungen in den westdeutschen Bundesländern) ist ein klassisches Beispiel dafür, daß traditionsgemäß bis heute die meisten selektiven allgemeinbildenden Schulen der Sekundarbereiche I und II in Form durchgehender Schulen (all-through schools) organisiert sind (→ *Das allgemeinbildende Schulwesen* ...). Vor allem als Ergebnis des Aufbaus von Gesamtschulsystemen (im weitesten Wortsinn) in west- und osteuropäischen Industrieländern ist es zu einer zunehmenden Verselbständigung von allgemeinbildenden Schulen des Sekundarbereichs II gekommen. Markante Beispiele sind das erwähnte *sixth form college* in England und die Erweiterte Oberschule in der früheren DDR.

3.4 Tertiärbereich

Die curriculare Vielfalt des Tertiärbereichs bedingt auch in der Binnenstruktur seiner einzelnen Sektoren das Vorhandensein mannigfacher Varianten, auf die in diesem Beitrag nicht eingegangen werden soll. Dies gilt für die innere Strukturierung der *Universitäten* und *Fachhochschulen* (in Fakultäten, Fachbereiche, Institute, Seminare u. a.) sowie, um ein zweites Beispiel zu nennen, für den Aufbau von Einrichtungen der *Erwachsenenbildung* außerhalb des Hochschulsektors.

Die äußere Struktur des *Tertiärbereichs* orientiert sich an der traditionellen Trennung zwischen den beiden genannten Sektoren. Hochschulen, in Form von Universitäten und Fachhochschulen, sind Institutionen, die akademische Bildungsgänge und Qualifikationen (im weitesten Wortsinn) anbieten. Dieser Sektor hat sich vor allem im Laufe dieses Jahrhunderts dadurch stark ausgeweitet, daß einerseits die klassischen Universitäten expandierten und neue Universitäten entstanden, andererseits das Netz von Fachhochschulen zunehmend differenziert worden ist. Außerhalb des Hochschulsektors gibt es heute in den meisten Industrieländern hochentwickelte Strukturen der Erwachsenenbildung, die der beruflichen Fortbildung dienen und – im Sinne lebenslanger Bildung *(lifelong learning, éducation permanente)* – dem individuellen Lernbedürfnis dienen. Die Wurzeln dieses Sektors reichen in das 19. Jahrhundert zurück, wobei die dänische und englische Entwicklung besondere Aufmerksamkeit verdient (→ *Hochschule / Universität;* → *Institutionen der Erwachsenenbildung*).

3.5 Zusammenfassende Betrachtung

Die in den *Schemata 1* und *2* skizzierten Begründungsmuster und Zielorientierungen für Bildungsstrategien sowie die in den *Schemata 3* und *4* vorgestellten Modelle zur Zuordnung von Bildungseinrichtungen der *beiden Sekundarbereiche* sind auf der Absicht gegründet, Strukturvergleiche des Bildungswesens zu ermöglichen und zu erleichtern. Dabei ist grundsätzlich zu beachten, daß die Kompatibilität zwischen solchen Modellen und den realen Strukturen, die die nationalstaatlichen Bildungssysteme im einzelnen prägen, vergleichsweise gering ist, denn das System jedes Landes wird durch dessen soziokulturelle, ökonomische und politische Rahmenbedingungen beeinflußt. In allen Bereichen des Bildungswesens gibt es verschiedenartige Kombinationen von idealtypisch konzipierten Modellen, was, wie bereits erwähnt, damit zusammenhängt, daß auf den einzelnen Begründungs- und Handlungsebenen diese Rahmenbedingungen auf unterschiedliche Weise und in unterschiedlicher Stärke wirksam werden.

4 Perspektiven

Die gegenwärtige Lage des Bildungswesens zeigt, daß im vergangenen Jahrzehnt die Strukturen stabilisiert worden sind und große Veränderungen nicht bevorzustehen scheinen. Diese Aussage schließt selbst Länder ein, die Schulreformen eingeleitet oder geplant haben. Abgesehen davon, daß solche Reformen, wie beispielsweise in Polen, unter strukturellem Aspekt eher rückläufige Tendenzen zeigen und den Entwicklungen in der Bundesrepublik Deutschland und Österreich vergleichbar sind, sind, generell gesehen, laufende Bildungsreformen hauptsächlich auf curriculare Neuerungen orientiert. Daher sind im *Primarbereich* und *Sekundarbereich I* in naher Zukunft kaum nennenswerte Strukturveränderungen zu erwarten.

Die Konkurrenz zwischen Gesamtschulsystemen und vertikal gegliederten Systemen wird den Nachweis erbringen müssen, inwiefern beide den spannungsgeladenen Auftrag zu erfüllen vermögen, sowohl *individuelle Leistungen* als auch *Bildungschancen* aller zu fördern. Vieles spricht für *Gesamtschulen*. Diese Einschätzung beziehen wir insbesondere auf Regionen, in denen wegen geringer Schülerpopulation die Aufrechterhaltung gegliederter Systeme die Gefahr der Qualitätsminderung für den Sekundarbereich I als Ganzes birgt, denn betroffen werden davon in der Regel die Schüler der nichtselektiven Schulen (in bezug auf Klassenfrequenz, materielle Ausstattung, Lehrerversorgung usw.). Die darüber hinausführende Frage nach dem generellen Stellenwert von Gesamtschulen gegenüber den traditionellen Schulen des vertikal gegliederten Sekundarbereichs muß im internationalen Strukturvergleich offenbleiben, zumal die vorliegenden empirischen Befunde in ihrem Bezug zu sozioökonomischen Rahmenbedingungen, nationalen Traditionen und individuellen Erwartungen hierzu keine eindeutige Auskunft erlauben. In diesem Zusammenhang ist auch die historische Erfahrung zu bedenken, daß Schulreformen scheitern oder sozialen Unfrieden bewirken, wenn sie nicht von breiten Mehrheiten der betroffenen Bevölkerung getragen sind. Was die Lebensfähigkeit traditionell vertikal gegliederter Systeme betrifft, wird die Entscheidung nicht zuletzt davon abhängen, wieweit in ihnen *Durchlässigkeit* zwischen den einzelnen Schultypen ermöglicht und vor allem auch praktiziert wird.

Der *Sekundarbereich II* ist mit der grundsätzlichen Frage konfrontiert, ob es überhaupt sinnvoll ist, die Erweiterung der Sekundarbildung im Rahmen einer durchgehenden Schule vorzunehmen. Als radikale Alternative bietet sich der Ausbau eines postsekundären Zwischenbereichs an, der ohne ausgeprägte formalisierte Zäsur in den *tertiären Bildungsbereich* übergeht. Verbunden mit derartigen Überlegungen sind Empfehlungen, entgegen den auf dem europäischen Kontinent in den siebziger Jahren vorherrschenden Vorstellungen, das *Schulpflichtalter* (in der *Vollzeitform*) nicht über den Sekundarbereich I hinaus zu verlängern. Konkret ausgedrückt lautet die Frage: Sollen die Schüler nach Abschluß des unteren Sekundarbereichs im Jugendschulbereich verbleiben oder die Möglichkeit des Besuchs von Einrichtungen der *Erwachsenenbildung* erhalten, die in ihren Angeboten die 15-(16-) bis 19-(20-)jährigen ausdrücklich einschließen?

Als historisches Vorbild kann man den zwischen Sekundarbereich und Graduiertenstudium angesiedelten Collegebereich im amerikanischen Bildungswesen betrachten. Gegenwärtige Beispiele für die Alternative bietet vor allem Großbritannien mit der Entwicklung eines offenen Bildungsbereichs, wie er derzeit an den *colleges of further education* und *tertiary colleges* am besten zu studieren ist. Dies sind die Formen, in denen der Sekundarbereich II in den tertiären Bildungsbereich der *further education* weitgehend integriert ist. Daß die Chancen einer Verwirklichung dieser Alternative von dem Vorhandensein offener, durch staatliche Bestimmungen nicht eng definierter Prüfungsbestimmungen abhängen, hat sich in jüngster Zeit beispielhaft darin gezeigt, daß in der Bundesrepublik Deutschland von HENTIG die dem von ihm gegründeten Oberstufenkolleg in Bielefeld zugrunde liegende Konzeption nicht hat voll verwirklichen können. Auch für den Sekundarbereich II – wie den Tertiärbereich – gilt, daß sich die Lebensfähigkeit der vorhandenen und miteinander konkurrierenden Strukturen daran wird erweisen müssen, ob sie im Sinne MARKLUNDS die Voraussetzung für den Ablauf von Lern- und Erziehungsprozessen schaffen, die künftig erforderlich sein werden.

[Dieser Beitrag stellt die geringfügig korrigierte Fassung eines in »Bildung und Erziehung« 43 (1990) 2, S. 125–144 veröffentlichten Aufsatzes dar.]

Literatur

ANWEILER, O. u. a.: Bildungssysteme in Europa. Struktur- und Entwicklungsprobleme des Bildungswesens in der Bundesrepublik Deutschland und der Deutschen Demokratischen Republik, in England, Frankreich, Schweden und der Sowjetunion. Weinheim/Basel 1976 und 1980
–/HEARNDEN, A.: Sekundarbildung und Hochschule (Erfahrungen und Probleme in Großbritannien und der Bundesrepublik Deutschland). 1983. (= Bildung und Erziehung, Beiheft 1)
DAHMEN, K. u. a. (Hrsg.): Gesamtschulen in Europa. (Ergebnisse eines europäischen Kolloquiums). 1984
ELVIN, L. (Hrsg.): The educational systems in the European Community. A Guide. Windsor: The NFER Publishing Company. 1981
KOMMISSION DER EUROPÄISCHEN GEMEINSCHAFTEN: Der Aufbau des Bildungswesens in den einzelnen Mitgliedsstaaten der Europäischen Gemeinschaft. Luxemburg: Amt für amtliche Veröffentlichungen der Europäischen Gemeinschaften. 1987
LAWSON, R. (Hrsg.): Changing patterns of secondary education: An international comparison. 1987
MARKLUND, S.: Structures in education systems. 1973
–: Council of Europe, DECS/Rech 51 (1973)
MITTER, W./NOVIKOV, L.: Sekundarabschlüsse mit Hochschulreife im internationalen Vergleich. (Ergebnisse einer Untersuchung über Bildungssysteme sozialistischer Staaten). 1976
– (HRSG.): Hochschulzugang in Europa. (Materialien einer Europaratstagung). 1979
–: Education for all/Education pour tous. 1984
PATHWAYS TO LEARNING. Education and Training from 16 to 19. Paris: OECD 1989
SÜSSMUTH, R.: Bildungsabschlüsse in Westeuropa. In: TWELLMANN, W. (Hrsg.): Handbuch Schule und Unterricht. Bd. 3. 1981. S. 643–658

III
Erziehung und Unterricht

Wolfgang Tietze

Familienerziehung und Kleinkindpädagogik

1 Begriffe

Die Begriffe »Familienerziehung« und »Kleinkindpädagogik« sind in ihrer allgemeinen Bedeutung nur bedingt als ein sich ergänzendes Begriffspaar zu verstehen. Familienerziehung erstreckt sich prinzipiell auf die gesamte Spanne des Kindes- und Jugendalters. Der Begriff thematisiert die Familie als Subjekt von Erziehung und Betreuung des Kindes. Er grenzt sich damit von *Elternbildung* und *Familienbildung* ab, die die Familie als Adressaten pädagogischer Einwirkung ansprechen. Der Begriff Kleinkindpädagogik ist auf das frühe Kindesalter, im engeren auf die Altersgruppe der 0- bis 3jährigen Kinder bezogen. Er schließt alle Formen familialer und nichtfamilialer Erziehung und Betreuung ein. In ihrem institutionellen Bezug grenzt sich die Kleinkindpädagogik von der Kindergarten- und Vorschulpädagogik ab.

Indessen sind die einzelnen Problembereiche, die durch die Begriffe Familienerziehung und Kleinkindpädagogik angesprochen werden, im frühen Kindesalter in vielfältiger Weise miteinander verzahnt, so daß sich eine den Zusammenhang wahrende Betrachtungsweise anbietet.

2 Historische Ausgangspunkte

Für unsere Gegenwartsgesellschaft bildet die (aus Eltern und Kindern bestehende) *Kernfamilie* die primäre Instanz, in der das Kleinkind aufwächst und erzogen wird. Die Kernfamilie ist der soziale Ort, an dem das Neugeborene sich zur sozialen Existenz entwickelt, an dem es seine »zweite, sozio-kulturelle Geburt« erfährt (CLAESSENS 1962). In der Kernfamilie ist das Kind in eine kleine überschaubare Gruppe einbezogen, erfährt es ein ausgeprägtes Vertrauen und erlebt eine hohe Intensität und große Intimität der Beziehungen, Voraussetzungen der starken familialen Prägungskraft für das Kind.

Allerdings ist diese für die moderne Familie konstitutive Intimität der Beziehung, die sich für das Kleinkind speziell als eine enge *Mutter-Kind-Beziehung* darstellt, kein universelles Phänomen, sondern das Produkt eines historischen Prozesses. Nach SHORTER (1977, S. 196ff.) ist die »mütterliche Fürsorge für das Kleinkind eine Erfindung der Moderne«. Sie muß im Zusammenhang der Privatsphäre in der modernen Familie und der damit einhergehenden »Erwärmung des familiären Binnenklimas« gesehen werden. Danach ist noch im 18. Jahrhundert das Verhalten dem Kleinkind gegenüber weithin durch Gleichgültigkeit, geringe Einfühlsamkeit und das Gefühl der Last gekennzeichnet. Dies hängt damit zusammen, daß die Sorge um das leibliche und seelische Wohl des Kleinkindes nicht die einzige und angesichts wirtschaftlicher Aufgaben und Zwänge für die Mütter nahezu aller sozialen Schichten nicht die vordringlichste Aufgabe darstellte. Viele Mütter überließen die Kleinkinder älteren Geschwistern, Verwandten und Wärterinnen oder gaben sie weg zu Ammen. In Notlagen war es nicht ungewöhnlich, daß

Kleinkinder ausgesetzt wurden (ebd.). Im Zusammenhang mit dieser Einstellung stand eine hohe Sterblichkeit von Kleinkindern.

Die uns weitgehend selbstverständliche enge Mutter-Kind-Beziehung, deren Notwendigkeit in sozialisationswissenschaftlichen Ansätzen wie auch familienpolitischen Forderungen vielfach als universelle, historisch nicht zu befragende Prämisse vorausgesetzt wird, hat ihren gesellschaftlichen Ausgangsort schwerpunktmäßig in den Verhältnissen des Besitz- und Bildungsbürgertums des 19. Jahrhunderts (SCHÜTZE 1986). Im Kontext der gesellschaftlichen Entlastung der Frau von Tätigkeiten im Bereich der Produktion entwickelte sich hier eine neue, durch die Frau geprägte »Häuslichkeit« mit Fürsorge für das Kind und Mutterliebe als zentralen Werten. Dieses Leitbild, das zunehmend von Müttern anderer sozialer Schichten übernommen wurde, auch wenn deren Lebensvoraussetzungen andere waren, gewinnt um die Wende zum 20. Jahrhundert allgemeine Verbreitung.

Im Zuge des historischen Prozesses kommt es auch zur Ausdehnung der familialen Fürsorge für das ältere Kind. Dessen Funktion als Arbeitskraft, die zum Familienunterhalt beizutragen hat (JOHANSEN 1978, S. 61 ff.), wird zunehmend ersetzt durch seine Rolle als zu betreuendes und zu erziehendes Wesen, dessen Bedürfnissen allerdings nicht nur im familialen Rahmen, sondern zunehmend in öffentlichen Einrichtungen nachgegangen wird. Vor diesem Hintergrund sind die Durchsetzung der Schulpflicht im 19. Jahrhundert und die zeitliche Ausdehnung öffentlicher Erziehung in unserem Jahrhundert zu sehen. Faktisch hat sich dadurch eine langandauernde Parallelität von familialer und außerfamilialer, öffentlicher Erziehung ergeben, die gegenwärtig in vielen Fällen bis zum Erwachsenenalter reicht. Diese Parallelität von familialer und außerfamilialer Erziehung trifft indessen für Kleinkinder nicht zu. Zur Schule als der für alle 6- bis 18jährigen verpflichtenden Instanz und zum Kindergarten als einem an alle 3- bis 6jährigen sich richtenden Angebot gibt es für die 0- bis 3jährigen Kinder keine Entsprechung.

Zwar wurden die ersten *Kinderkrippen* als für Säuglinge und Kleinstkinder vorgesehene Einrichtungen um die Mitte des letzten Jahrhunderts gegründet, und ihre Zahl erfuhr zu Beginn dieses Jahrhunderts eine gewisse Ausdehnung (REYER 1982, 1985). Bestimmt waren diese Einrichtungen für erwerbstätige Mütter, deren Kinder in der Familie nicht betreut werden konnten. Unter der Vorherrschaft des bürgerlichen Familienmodells blieb jedoch der diesen Einrichtungen von Anfang an anhaftende Nothilfecharakter erhalten mit der Konsequenz, daß gegenwärtig für die Zielgruppe der 0- bis 3jährigen Kinder lediglich rund 29 000 Plätze zur Verfügung stehen (VERGLEICHENDE STÄDTESTATISTIK 1986) und Kinder*krippen* in pädagogischer Hinsicht weiterhin ein Schattendasein fristen (MARTIN/PETTINGER 1985). Als Folge der quantitativen und qualitativen Begrenzung der Krippenerziehung konnte diese auch nicht das Pflegekinderwesen (»Zieh-, Halte- und Kostkinder«) nachhaltig beeinflussen, eine Funktion, die von manchen Initiatoren und Trägern der Krippenerziehung im 19. Jahrhundert erhofft worden war (REYER 1982) (→ *Sozialpädagogische Institutionen*). Für die Bundesrepublik existieren keine verläßlichen Zahlen über die gegenwärtig in *Tagespflege* betreuten Kleinkinder. Schätzungen gelangen zu unterschiedlichen Ergebnissen. Nach dem SIEBTEN JUGENDBERICHT (1986, S. 36) kommen zu den rund 10 000 bei den Jugendämtern registrierten Tagespflegestellen 20 000 nicht genehmigte Plätze auf dem »grauen Tagespflegestellenmarkt« hinzu. Andere Schätzungen veranschlagen vier nicht genehmigte Tagespflegestellen auf eine registrierte (MARTIN/PETTINGER 1985, S. 239).

Das Leitbild der bürgerlichen Familie, in der sich die Frau vorwiegend in ihren Rollen als Ehefrau, Hausfrau und Mutter verwirklicht, scheint in der Gegenwart nachhaltig an normativer Kraft einzubüßen (vgl. SIEBTER JUGENDBERICHT 1986, NAVE-HERZ 1988). Die zu beobachtende gesellschaftliche Neuorientierung von Frauen, die Zunahme der Erwerbstätigkeit von Müttern, die in der Bundesrepublik im Vergleich zu anderen Industrienationen noch relativ gering ist, sowie sich wandelnde pädagogische Einstellungen, wonach auch Kleinkinder Gruppenerfahrungen mit Gleichaltrigen machen sollten, lassen für die Zukunft größere Veränderungen in der familienergänzenden Kleinkinderziehung erwarten.

3 Familiale Erziehung

3.1 Familiale Unterstützungssysteme

Die Erziehung des Kindes im Kleinkindalter ist mehr als die in späteren Altersstufen Familienerziehung. Bei dieser Aufgabe wird die Familie durch verschiedene öffentliche Hilfen unterstützt, die im Kleinkindalter – auch angesichts der Tatsache, daß sich Familien mit kleinen Kindern häufig noch in der Aufbauphase befinden – für die Befriedigung der materiellen und immateriellen Bedürfnisse des Kindes besondere Bedeutung haben. Zusammenfassend sollen hier drei Arten von Hilfen unterschieden werden (vgl. WISSENSCHAFTLICHER BEIRAT 1980, S. 181 ff.).

– *Materielle Hilfen:* Als wichtigste Hilfen dieser Art können die staatlichen Kindergeldzahlungen und die steuerlichen Entlastungen für ein Kind angesehen werden. Sie sollen dazu dienen, Familien bei den materiellen Aufwendungen im Rahmen der Erziehung des Kindes zu entlasten. Bezogen auf die tatsächlich zu erbringenden finanziellen Aufwendungen für ein Kleinkind, ist das Gesamt der finanziellen Transferleistungen im Rahmen des sogenannten Familienlastenausgleichs jedoch gering; über 90% der Aufwendungen müssen von den Familien selbst erbracht werden (WISSENSCHAFTLICHER BEIRAT 1980, S. 41 f.; DRITTER FAMILIENBERICHT 1979).

– *Hilfen bei der Gestaltung der Wohn-Umwelt:* Die Bedürfnisse des Kleinkindes nach einem angemessenen Lebens- und Erkundungsraum verlangen nach der Bereitstellung geeigneten Wohnraums und wohnungsnaher Spielmöglichkeiten (VASKOVICS 1988). Staatliche finanzielle Leistungen für die Beschaffung solchen Wohnraums, Wohnungsberatung und -vermittlung für die Eltern durch Kommunen und Träger der Freien Wohlfahrtspflege sowie die kommunale Förderung wohnungsnaher Spielplätze sind öffentliche Hilfen dieser Kategorie (DRITTER FAMILIENBERICHT 1979; SCHOTTMAYER/CHRISTMANN 1977).

– *Hilfen für Pflege und Erziehung:* Für das Kleinkind sind Erziehung, Pflege und seine gesundheitliche Entwicklung aufs engste miteinander verbunden. Von daher bestehen schon seit langem gesetzliche Regelungen, die Kind und Mutter besonders in der perinatalen Phase schützen sollen (Mutterschutz). Gesetzlich geregelte medizinische Vorsorgeuntersuchungen erstrecken sich von der Schwangerschaft der Mutter bis zum vierten Lebensjahr des Kindes. Seit 1986 haben Mütter (oder Väter), die ihr Kind betreuen und mit weniger als 19 Stunden wöchentlich erwerbstätig sind, Anspruch auf *Erziehungsgeld* bis zum zehnten Lebensmonat des Kindes (seit 1.7.1990 bis zum achtzehnten Lebensmonat). In Verbindung mit dem Erziehungsurlaubsgesetz besteht die Rückkehrmöglichkeit auf den zum Zwecke der persönlichen Betreuung und Pflege des Kindes aufgegebenen Arbeitsplatz. Erzieherisches Wissen und Verhalten wird in fortgeschrittenen Industriegesellschaften nur noch bedingt direkt von einer Generation an die nächste weitergegeben. Dementsprechend haben sich verschiedene öffentliche Hilfen herausgebildet mit dem Ziel, die Erziehungsfähigkeit von Eltern im engeren zu unterstützen. Neben der Information durch *Elternbriefe* (LÜSCHER u. a. 1983), der *Elternbildung* in verschiedenartigen Bildungsstätten und der Beratung in *Familien-* und Erziehungs*beratungsstätten* (KEIL 1979; POURTOIS 1985; SIEBTER JUGENDBERICHT 1986) kommt den Massenmedien hier eine große Bedeutung zu (BERTRAM 1984) (→ *Erziehungsberater;* → *Erwachsenenbildung und Weiterbildung*).

3.2 Das Kleinkind in der Familie

Die pädagogisch-psychologische Forschung zur Erziehung und Entwicklung des Kleinkinds in der Familie hat sich lange Zeit und weitgehend undiskutiert am oben angesprochenen *bürgerlichen Familienmodell* orientiert. Dementsprechend stand die Bedeutung der *Mutter* für das Kleinkind im Vordergrund. Größeres Interesse für den *Vater* zeigt die Forschung erst in den letzten beiden Jahrzehnten (FTHENAKIS 1985). Insgesamt hat sich die Erkenntnis durchgesetzt, daß das Kleinkind in der Familie in ein komplexes soziales Beziehungsgeflecht eingebunden ist, so daß rein dyadische Betrachtungsweisen (Mutter–Kind, Vater–Kind) von vornherein begrenzt bleiben. Neuere Forschungsansätze betonen darüber hinaus, daß neben den Interaktionsprozessen in der Familie (vgl. MACCOBY/MARTIN 1983) auch das *Familiensystem* beeinflussende externale Bedingungen berücksichtigt werden müssen, wie z. B. die Unterstützung durch das *soziale Netzwerk*, in das die Familie eingebettet ist, Bedingungen des Beschäftigungssystems, Bedingungen im Wohnumfeld bzw. in der Gemeinde u. ä. (BRONFENBRENNER 1986).

Im Ausgang von den klassischen Studien von SPITZ(1945) und BOWLBY (1972) zum Hospitalismussyndrom und zur frühen Mutterentbehrung wurde der Mutter für die Entwicklung des Kleinkindes eine weithin alles entscheidende Bedeutung zugesprochen (→ *Pädagogische Anthropologie;* → *Psychologische Anthropologie*). Zahlreiche Untersuchungen belegen jedoch, daß für die Entwicklung des kleinen Kindes nicht die Mutter an sich, sondern die *Qualität der Interaktion* mit dem Kind der zentrale Faktor ist (LEHR 1974), eine Aufgabe, die prinzipiell auch von einer anderen Person wahrgenommen werden kann. Auch schon beim Säugling darf dabei die Interaktion nicht als eine einseitige Stimulation durch die Mutter (oder eine andere Person) mißverstanden werden, vielmehr stimuliert auch der Säugling, z. B. durch Lächeln, Weinen, Brabbeln, seine soziale Umwelt (MACCOBY/MARTIN 1983, S. 30ff., S. 59ff.). Interaktive Anregungen wie visuelle Zuwendung, Ansprechen des Säuglings, mit ihm spielen sind für seine Entwicklung bedeutsamer als nur gute Pflege, enger körperlicher Kontakt oder reichhaltige Spielmaterialien. Entwicklungsfördernde Anregungen sind besonders dann gegeben, wenn das elterliche Verhalten auf das Verhalten des Säuglings abgestimmt, durch Einfühlsamkeit und Verläßlichkeit bezüglich der Bedürfnisse des Kindes geprägt ist (BELLER 1985). Wichtig erscheint, daß soziale Anregungen wie Anlächeln, Ansprechen usw., aber auch Reaktionen der dinglichen Umwelt (z. B. Rassel) als Konsequenz der Aktivität des Säuglings erfolgen. Dadurch erfährt der Säugling, daß seine Aktivität eine Wirkung hat (RAUH 1987). Zahlreiche Untersuchungen zeigen, daß solche Bedingungen der sozialen Umwelt in enger Beziehung zur kognitiven, sprachlichen und sozialen Entwicklung im Kleinkindalter stehen (BELLER 1985; MACCOBY/MARTIN 1983) (→ *Entwicklung und Förderung*).

In der zweiten Hälfte des ersten Lebensjahres entwickelt das Kind eine enge *Bindung* an die primäre Bezugsperson (RAUH 1987). Eine sichere Bindung ist dabei nicht nur für die Sozialentwicklung im engeren bedeutsam, sondern spielt auch für seine Erfahrungen mit der physischen und weiteren sozialen Umwelt eine wichtige Rolle. Im Gegensatz zu landläufigen Meinungen scheint die Gefahr, daß ein Kind im ersten Lebensjahr verwöhnt wird, relativ gering. Vielmehr ist ein rasches und angemessenes Reagieren der Eltern auf die Signale des Säuglings mit einem späteren erkundungsfreudigen und sozial erwünschten Verhalten verbunden (vgl. MACCOBY/MARTIN 1983).

Vom zweiten Lebensjahr an hat ein unmittelbares Reagieren der Eltern auf Weinen und andere Streßsignale des Kindes keine entwicklungsfördernde Wirkung (BELLER 1985). Durch die Möglichkeit des Kindes, sich selbst fortzubewegen und sich sprachlich zu äußern, gewinnen die Interaktionen der Eltern mit dem Kind im zweiten und dritten Lebensjahr eine neue Qualität.

Eingehen auf das Spiel und andere Handlungen des Kindes, aufgreifen seiner sprachlichen Äußerungen, verbunden mit emotionaler und verbaler Responsivität, qualitative Abstufung der elterlichen Sprache, d. h. ein angemessenes Sprachmodell, dem das Kind folgen kann, sowie Anerkennung des jeweils vom Kind erreichten Sprachniveaus gehören zu den die Entwicklung begünstigenden elterlichen Verhaltensweisen (BELLER 1985). Für die Entwicklung des Kindes sind jedoch nicht nur die direkten interaktiven Prozesse zu beachten, sondern auch die von Eltern organisierten Rahmenbedingungen des kindlichen Erfahrungsraums wie zeitliche Strukturierung des Tagesablaufs, Bereitstellung geeigneten variationsreichen Spielmaterials, entsprechender Erkundungsmöglichkeiten und sozialer Kontaktmöglichkeiten auch mit anderen Kindern (CALDWELL/ BRADLEY 1984; TIETZE 1985).

Die Familie ist der primäre Ort, an dem das kleine Kind soziale Fähigkeiten und Selbstregulierung lernt. Kinder lernen dies am besten, wenn Eltern hierin eine explizite Aufgabe erkennen. Dazu gehören auch entwicklungsangemessene elterliche Forderungen an das Kind, deren entwicklungsfördernde Potenz jedoch an affektive Zuwendung, Aufmerksamkeit, Responsivität und ein Vertrauensverhältnis mit dem Kind gebunden ist (MACCOBY/MARTIN 1983, S. 79ff.).

Entsprechend tradierten Rollenmustern überwiegt die Interaktion der Mutter gegenüber der des Vaters mit dem Kleinkind. Allerdings ist eine zunehmende Bereitschaft von Vätern zu beobachten, sich an der Betreuung und Versorgung von Kleinkindern zu beteiligen. Väter scheinen dabei grundsätzlich die gleiche Kompetenz für Pflege und entwicklungsfördernde Interaktion mit dem Kleinkind mitzubringen wie Mütter. Untersuchungen belegen aber qualitative Unterschiede. Die Interaktionen der Mütter beziehen sich danach mehr auf Pflege und konventionelles Spiel, die der Väter mehr auf Tollspiele und anderes aktives soziales Spiel (FTHENAKIS 1985). Die Bedeutung des Vaters besteht nicht nur in seiner Rolle als direkter Interaktionspartner des Kindes, sondern indirekt auch darin, daß er die Mutter sozial unterstützt und damit zu ihrem Wohlbefinden beiträgt, eine wichtige Voraussetzung für eine streßfreie, entwicklungsfördernde Beziehung zum Kind. Solche für die kindliche Entwicklung förderliche Unterstützung ist auch von anderen Personen des jeweiligen sozialen Netzwerks (Verwandte, Freunde, Nachbarn, Bekannte) wichtig, besonders wenn sich Stressoren in der Kernfamilie häufen (BELSKY 1984).

Zahlreiche Familien mit Kleinkindern (speziell die Mütter) suchen auch kindbezogene Kontakte zu anderen Eltern mit Kleinkindern. Solche Kontakte entwickeln sich häufig aus Elternvorbereitungskursen während der Schwangerschaft und werden teils privat, teils institutionell organisiert, z. B. als sogenannte Babytreffs, Miniclubs oder Mutter-Kind-Treffen im Rahmen von Familienbildungsstätten (→ *Institutionen der Erwachsenenbildung*). Im letztgenannten Fall werden z. T. auch gezielte Programme zur Förderung der Eltern-Kind-Interaktion eingesetzt (vgl. z. B. RUPPELT/RUPPELT 1982).

Aus den USA sind verschiedene, in den 60er und 70er Jahren initiierte Interventionsprogramme der Arbeit mit sozio-kulturell benachteiligten Eltern in ihrem häuslichen Milieu (home-based programs) mit dem Ziel einer Entwicklungsförderung für das Kleinkind und teilweise erfolgversprechenden Ergebnissen bekannt geworden (BELLER 1985, 1987; BRONFENBRENNER 1974). Allerdings sind noch zahlreiche Fragen – ethische, inhaltliche, methodische und Wirkungsaspekte betreffende – nicht befriedigend gelöst (GRAY/WANDERSMAN 1980). In der Bundesrepublik können Familien in extremen Situationen, die ihren durch Belastung und Krisen gekennzeichneten Alltag nicht allein bewältigen können, durch sozialpädagogische Familienhilfen unterstützt werden (SIEBTER JUGENDBERICHT 1986; CHRISTMANN/MÜLLER 1986). Ergebnisse aus kontrollierten Studien, ob und in welcher Hinsicht dadurch eine Entwicklungsförderung für Kleinkinder erreicht werden kann, sind bisher nicht bekannt geworden (→ *Sozialpädagogen/ Sozialarbeiter*).

3.3 Familienergänzende Erziehung

Familienstrukturelle Daten zeigen an, daß ein erheblicher Teil der unter drei Jahre alten Kinder nicht ausschließlich kernfamilial betreut und erzogen werden kann. So haben 30,4% der unter Dreijährigen eine erwerbstätige Mutter (absolut 555 000 Kinder), 9,1% (absolut 166 000) leben mit einem alleinerziehenden Elternteil (Mikrozensus 1988). Darüber hinaus ist eine nicht unerhebliche Anzahl nicht-erwerbstätiger Mütter aus persönlichen wie aus pädagogischen Gründen an einer Ergänzung zur Familienerziehung auch für das Kleinkind interessiert (KRÜGER u. a. 1987). Ressourcen für eine familienergänzende Erziehung können potentiell durch das soziale Netzwerk, in das eine Familie eingebettet ist, im institutionellen bzw. quasi-institutionellen Rahmen (Krippen, Eltern-Kind-Gruppen) oder durch Abmachungen mit fremden Einzelpersonen (Tagesmutter, Kinderfrau im Haushalt) bereitgestellt werden.

Eine in Baden-Württemberg durchgeführte Mikrozensuszusatzerhebung ergab, daß 15% aller unter Dreijährigen (auch) außerhalb des elterlichen Haushalts betreut werden. Im elterlichen Haushalt wurden vormittags 7%, nachmittags 6% der Kinder überwiegend von einer anderen Person als Mutter oder Vater betreut (STATISTISCHES LANDESAMT BADEN-WÜRTTEMBERG 1985). Die wichtigste Betreuungsinstanz nach der Mutter waren – noch vor dem Vater – die Großeltern. Auch eine für Bremen durchgeführte Repräsentativerhebung zeigt die große Bedeutung von Großeltern und anderen Verwandten (SCHINDLER u. a. 1985), ein Ergebnis, das in der Kontinuität früherer Untersuchungen steht und sich in eine internationale Tendenz einordnet (vgl. VOCK 1979, S. 19). Die geringe soziale Distanz dieser Betreuungspersonen ist ihr Vorteil und Nachteil zugleich. Die gute Verfügbarkeit und die geringen Kosten werden häufig um den Preis der Einmischung in die familiale Erziehung und andere familiale Angelegenheiten erkauft. Wissenschaftliche Untersuchungen zu den Auswirkungen dieser Form kernfamilienergänzender Erziehung sind in der Bundesrepublik bislang nicht bekannt geworden.

Während eine außerhäusliche Betreung des Kindes durch Verwandte bis zum dritten Grad rechtlich allein der Entscheidung der Eltern obliegt, sind alle anderen Formen der *Tagespflege* genehmigungspflichtig durch das Jugendamt (§ 43 Kinder- und Jugendhilfegesetz). Tatsächlich kommen aber auf eine offiziell registrierte Tagespflegestelle mehrere nicht genehmigte. Die Kontakte für solche Tagespflege, für die sich auch die Bezeichnung Tagesmutterbetreuung eingebürgert hat, kommen meist über Zeitungsanzeigen oder auf anderen informellen Wegen zustande. Dauer der täglichen Betreuung und Kosten variieren von Fall zu Fall (DEUTSCHES JUGENDINSTITUT 1986). Ein Vorteil von Tagesmutterarrangements wird in der familienähnlichen Atmosphäre und ihrer Flexibilität gesehen, ein Nachteil besteht in der z. T. geringen zeitlichen Stabilität dieser Betreuungsform (vgl. KRÜGER u. a. 1987). Wissenschaftliches und öffentliches Interesse sowie eine Sensibilisierung für die Probleme der Tagespflege konnten im Zuge des in den 70er Jahren vom DEUTSCHEN JUGENDINSTITUT durchgeführten Modellprojekts »Tagesmütter« geweckt werden (vgl. MARTIN/PETTINGER 1985; BUNDESMINISTER FÜR JUGEND, FAMILIE UND GESUNDHEIT 1980). In diesem Modellprojekt wurden günstige Bedingungen für die Tagespflege sichergestellt. U. a. durften Zahl und altersmäßige Zusammensetzung der betreuten Kinder (einschließlich der eigenen der Tagesmutter) vorgegebene Richtwerte nicht überschreiten, die Tagesmütter erhielten eine vorbereitende und praxisbegleitende Ausbildung, ihnen stand ein pädagogischer Berater zur Verfügung, Regelungen für Vertretung waren gegeben, es wurde eine gewisse soziale Absicherung der Tagesmütter angestrebt, ebenso wurde Wert auf eine Abstimmung zwischen Tagesmutter und Mutter gelegt. Die auf die Kinder bezogenen Ergebnisse erbrachten, daß bei den fremdbetreuten Kindern im Vergleich zu familienbetreuten die Mutter-Kind-Beziehung nicht konflikthafter war. In Spielsituationen zeigten sich die fremdbetreuten Kinder häufiger als selbständig und motiviert, in Entwicklungstests gab es praktisch keine Unterschiede zwischen beiden Gruppen. Die natürliche Bandbreite von Tagesmutterbetreuung wurde in der breit angelegten National-Day-Care-Home-Studie in den USA untersucht (FOSBURG 1981). Im Durchschnitt erwiesen sich die untersuchten Formen als hinsichtlich der altersbedingten Bedürfnisse der Kinder positive Umwelten. Bei Tagesmüttern, die in ein lokales System (Betreuernetz) eingebunden waren, ergab sich eine bessere Interaktionsqualität mit den Kindern. Gleiches galt bei der Teilnahme an kindbezogener Fortbildung. Als kritische Faktoren erwiesen sich Gruppengröße und Altersmischung der betreuten Kinder. Ebenso wirkte sich die Anwesenheit eines eigenen Kindes nicht günstig aus. Nach dem bundesweiten Mikrozensus von 1985 werden 98000 der unter drei Jahre alten Kinder (5,6%) institutionell betreut. Nach der Städtestatistik von 1986 sind rund 29000 Kinder in Krippen untergebracht (DDR: 352000, vgl. WINKLER 190, S. 142). Man kann daher davon ausgehen, daß annähernd 70000 der unter Dreijährigen im Regelkindergarten, in altersgemischten Gruppen des Kindergartens (vgl. SIEBENMORGEN 1982) oder in einer Eltern-Kind-Gruppe betreut werden. Die Versorgung mit Krippenplätzen schwankt regional stark. Einer Versorgungsquote von rund 25% in Berlin (West) steht ein Nullangebot in vielen Landkreisen gegenüber (DEUTSCHES JUGENDINSTITUT 1986). Grundlage für die Bereitstellung von

Krippenplätzen ist § 23 Kinder- und Jugendhilfegesetz. Einzelheiten wie Gruppengröße, Alterszusammensetzung der Kindergruppe, räumliche Ausstattung, Personalschlüssel werden in den Heimrichtlinien der Länder geregelt (vgl. BRIEL 1986). In der Praxis erfolgt meist eine restriktive Auslegung der Aufgabenstellung durch die Jugendämter. Nicht zuletzt aus Kostengründen werden Bedarfsquoten relativ willkürlich und niedrig, die sozialen Zugangshürden hoch angesetzt. Krippen haben so weithin Nothilfecharakter (→ *Sozialpädagogische Institutionen*). Aufgrund der Knappheit von Krippenplätzen oder dem Wunsch, eigene Erziehungsvorstellungen zu verwirklichen, schließen sich viele Eltern in *Initiativen* zusammen, um ihren Kleinkindern eine Gruppenbetreuung zu ermöglichen. Die Organisationsstruktur reicht von »schwarz« betriebenen Einrichtungen mit z. T. illegalen Beschäftigungsverhältnissen für Erzieherinnen bis zu anerkannten und vom Jugendamt geförderten Einrichtungen. Insgesamt gesehen können die Initiativen als ein Reflex auf die quantitativen und qualitativen Defizite des öffentlichen Systems betrachtet werden. In ihrem Bemühen um pädagogische Qualität und durch hohes Elternengagement kommt ihnen eine Schrittmacherfunktion auch für die Krippenerziehung zu. Das in verschiedenen Hinsichten hohe Ausmaß an Elternbeteiligung birgt allerdings auch Gefahren. Die Doppelrolle der Eltern als Arbeitgeber und Dienstleistungsnehmer kann ebenso zu Konflikten führen wie Auseinandersetzungen über das pädagogische Konzept und die konkrete Elternmitarbeit. Besonders bei nicht geförderten Einrichtungen besteht die Gefahr geringer Stabilität und aufgrund der hohen Elternbeiträge eine Tendenz zu sozialer Entmischung (DEUTSCHES JUGENDINSTITUT 1986). Die ursprüngliche behördliche Abwehrhaltung gegenüber Elterninitiativen ist im Zuge des politisch forcierten Vordringens des Selbsthilfegedankens und der dadurch gegebenen Kostenersparnis für die öffentliche Hand im Weichen begriffen, so daß in manchen Regionen (z. B. Berlin), teilweise auch auf Bundesebene zur Gründung solcher Initiativen ermuntert wird (vgl. BUNDESZENTRALE FÜR GESUNDHEITLICHE AUFKLÄRUNG 1983). Die Anzahl der beim Bundesverband Neue Erziehung als einer Dachorganisation erfaßten Eltern-Kind-Gruppen für unter Dreijährige beläuft sich auf etwa 4500, die der betreuten Kinder auf etwa 50000, wobei es sich in den meisten Fällen um kurzzeitige Arrangements handelt (persönliche Mitteilung). Obwohl die Kleinkindererziehung in Gruppen bei weitem nicht die häufigste Form außerfamilialer Erziehung darstellt, hat sie relativ viele Forschungen angeregt. Viele Untersuchungen standen dabei zunächst unter der eingeschränkten und einseitigen Frage, ob Krippenbetreuung die Kinder schädigt. Untersuchungen, die auf das positive Potential einer frühen Gruppenerziehung bezogen sind, finden sich erst in einer zweiten Phase (Forschungsübersichten u. a. bei BELSKY/STEINBERG 1978; CALDWELL/FREYER 1982; BELSKY 1985). U. a. lassen sich folgende über verschiedene Untersuchungen hinweg stabile Kernergebnisse festhalten: In Gruppen betreute Kleinkinder sind nicht häufiger krank als vergleichbare zu Hause betreute. Die Bindung gruppenbetreuter Kinder an ihre Mütter wird nicht beeinträchtigt. Allerdings können in der Eingewöhnungsphase Kummerreaktionen des Kindes auftreten (LAEWEN 1989). Die Gruppenbetreuung mit täglicher Wiedervereinigung mit der Mutter darf nicht verwechselt werden mit der Situation längerer Trennung von der Mutter (oder dem Vater). Kleinkinder sind in der Lage, mit verschiedenen Erwachsenen positiv zu interagieren. Das Problem eines Wechsels von Bezugspersonen in den Einrichtungen sollte deshalb nicht überdramatisiert werden. Gruppenbetreute Kinder unterscheiden sich in den meisten Entwicklungsdimensionen nicht von familienbetreuten (Herkunftsfamilie oder Tagesmutter) mit vergleichbarem Hintergrund. Diese Aussage bedarf der Modifikation für Kinder aus anregungsarmem Milieu: Diese Kinder profitieren von der Krippenerziehung in nachhaltiger und überdauernder Weise für ihre Entwicklung.

In einer Reihe neuerer Untersuchungen wurden qualitative Aspekte der Gruppenerziehung untersucht. Als für die Entwicklung der Kleinkinder bedeutsame Bedingungen ergaben sich u. a. die Erzieher-Kind-Quote, die absolute Gruppenstärke (bei gleicher Erzieher-Kind-Quote sind kleinere Gruppen günstiger), eine speziell auf die Bedürfnisse von Kleinkindern abgestellte Ausbildung und Fortbildung sowie ein erziehungsstatt pflegeorientiertes Verhalten der Erzieherin, das das Kind anregt, ihm Zuwendung gibt und ihm durch wenig Restriktionen reichhaltige Erfahrungen ermöglicht. Die Möglichkeiten, durch Fortbildung des Personals und ein durchdachtes pädagogisches Programm in den Regeleinrichtungen die Entwicklung von Kleinkindern nachhaltig zu fördern, sind auch in deutschen Untersuchungen gut dokumentiert (BELLER u. a. 1983; SCHMIDT-KOLMER 1977) (→ *Erzieher / Erzieherin*). Die internationale Forschungsliteratur verweist nachdrücklich auf die Bedeutung der realisierten Qualität in der Gruppenerziehung für die Entwicklung der Kinder (vgl. BELLER 1990).

4 Bewertung und Ausblick

Die Erziehung von Kleinkindern wird in der Bundesrepublik in mehrfacher Hinsicht gesellschaftlich vernachlässigt. Dies gilt im Hinblick auf Politik, Forschung, Ausbildung von Fachpersonal und die Entwicklung pädagogischer Konzepte. In dieser Situation spiegelt sich das Festhalten an einem Familienmodell mit der Mutter als stets verfügbarer und praktisch ausschließlicher Erziehungsperson für das Kleinkind. Durch epochale und seit geraumer Zeit anhaltende Veränderungen wie Zunahme mütterlicher Erwebstätigkeit, Zunahme alleinerziehender Elternteile, Neuorientierungen im Selbstbild der Frau, Entdeckung des Vaters als aktiver Erziehungspartner werden diesem Modell weitgehend die Voraussetzungen entzogen. Die Bundesrepublik teilt diese Entwicklung mit anderen Industrienationen. Für die Politik wird es darauf ankommen, in Ergänzung von Maßnahmen (vgl. z. B. Erziehungsgeld) zur Befestigung des *Dreiphasenmodells* (Erwerbstätigkeit der Mütter bis zur Geburt des Kindes, mehrjähriger Rückzug auf Erziehungs- und Familientätigkeit, späterer Wiedereinstieg in das Erwerbsleben) auch Rahmenbedingungen zu schaffen, die der Mutter bzw. einem alleinerziehenden Elternteil mit einem Kleinkind eine Fortsetzung der Erwerbstätigkeit und dem Kind eine qualitativ gute und zeitlich stabile Fremdbetreuung ermöglichen. Dies wird nur im Rahmen einer Neubewertung öffentlicher Kleinkinderziehung und unter der Voraussetzung möglich sein, daß sich die öffentliche Hand an den Kosten stärker beteiligt, wie es für ältere Kinder (Kindergarten, Schule) selbstverständlich ist.

Die pädagogisch orientierte Kleinkindforschung ist in der Bundesrepublik unterentwickelt. Dies gilt für Universitäten ebenso wie für andere einschlägig ausgerichtete Institute. Eine der zukünftigen Aufgaben pädagogischer *Kleinkindforschung* sollte darin bestehen, sich aus politisch motivierten Vordefinitionen des Forschungsfeldes stärker als bisher zu lösen, die Wirklichkeit der kindlichen Lebens- und Anregungsqualität in den verschiedenen Betreuungsformen zu untersuchen, sich dem Zusammenspiel verschiedener Betreuungsformen (querschnittlich) im Alltag und (längsschnittlich) in der Biographie des Kindes zuzuwenden. Erforderlich sind Längsschnittuntersuchungen, in denen die längerfristigen Auswirkungen verschiedener pädagogischer Umwelten analysiert werden. Aus- und Fortbildung der in der öffentlichen Kleinkinderziehung tätigen Fachkräfte müssen als weithin unzureichend angesehen werden. Zum Teil ist das Personal nur pflegerisch und medizinisch ausgebildet (Kinderpflegerinnen, Kinderkrankenschwestern). Aber auch in den pädagogischen Ausbildungsgängen für Erzieherinnen wird der Kleinkindpädagogik wenig Aufmerksamkeit geschenkt. Diese Vernachlässigung setzt sich in Studiengängen auf Hochschulebene fort (→ *Erzieher / Erzieherin;* → *Sozialpädagogen / Sozialarbeiter*). Solchen Gegebenheiten korrespondiert ein Mangel an differenzierten pädagogischen Richtlinien und Konzepten. Inwieweit die Entwicklung verallgemeinerungsfähiger pädagogischer Konzepte über Modellprojekte angeregt werden kann, wie seinerzeit im Kindergartenbereich versucht, müßte überprüft werden (→ *Kindergarten- und Vorschulpädagogik*). Weder in öffentlichen noch in Selbsthilfeeinrichtungen kann die erforderliche fachliche Kompetenz durch Engagement ersetzt werden.

Im Vergleich zu den Formen familienergänzender Kleinkinderziehung sind einer »Pädagogisierung« der Familie enge Grenzen gesetzt. Eltern zeigen jedoch besonders beim ersten Kind ein hohes Maß an Aufgeschlossenheit und Aufnahmebereitschaft für pädagogische Fragen. Bei allen von außen kommenden Hilfen sollte darauf geachtet werden, daß sie nicht zu einer Entmündigung von Eltern führen, sondern ihre Kompetenz und Verantwortungsbereitschaft stärken. Allerdings setzt dies Wahlmöglichkeiten der Eltern voraus, die ihnen – unter Berücksichtigung anderer Lebensbezüge – die Organisation einer am Wohl des Kindes orientierten pädagogischen Umwelt ermöglichen.

Literatur

BELLER, E. K.: Untersuchungen zur familialen und familienergänzenden Erziehung von Kleinstkindern. In: ZIMMER, J. (Hrsg.): Erziehung in früher Kindheit. (Enzyklopädie Erziehungswissenschaft. Bd. 6). Stuttgart 1985, S. 207–234
–: Intervention in der frühen Kindheit. In: OERTER, R./MONTADA, L.: Entwicklungspsychologie. München/Weinheim ²1987
–: Zweijährige in den Kindergarten? In: Kinderzeit, 1990, H. 1, S. 8–11
–/STAHNKE, M./LAEWEN, H. J.: Das Berliner Krippenprojekt: ein empirischer Bericht. In: Zeitschrift für Pädagogik 29 (1983), S. 407–416
BELSKY, J.: The Determinants of Parenting: A Process Model. In: Child Development 55 (1984), S. 83–96
–: The Science and Politics of Day Care. In: SHOTLAND, R./MARK, M. (Hrsg.): Social Science and Social Policy. Beverly Hills/London/New Delhi 1985, S. 237–262
–/STEINBERG, L.: The Effects of Day Care: A Critical Review. In: Child Development 49 (1978), S. 929–949
BERTRAM, H.: Elternbildung: Aktuelle Formen und Probleme der Verbreitung von Sozialisationswissen in der Bundesrepublik Deutschland. In: LÜSCHER, K. (Hrsg.): Sozialpolitik für das Kind. Frankfurt ²1984, S. 97–112
BOWLBY, I.: Mutterliebe und kindliche Entwicklung. München/Basel 1972
BRIEL, R.: Rechtliche Regelungen für Kindertageseinrichtungen und bedarfsgerechte Nutzung. Expertise im Auftrag des Deutschen Jugendinstituts. Freiburg 1986 (Mimeo)

BRONFENBRENNER, U.: Wie wirksam ist die kompensatorische Erziehung? Stuttgart 1974
ders.: Ecology of the Family as a Context for Human Development: Research Perspectives. In: Developmental Psychology 22 (1986), S. 723–742
BUNDESMINISTER FÜR JUGEND, FAMILIE UND GESUNDHEIT (Hrsg.): Das Modellprojekt »Tagesmütter« – Abschlußbericht der wissenschaftlichen Begleitung. Schriftenreihe des Bundesministeriums für Jugend, Familie und Gesundheit. Bd. 85. Stuttgart/Berlin u. a. 1980
BUNDESZENTRALE FÜR GESUNDHEITLICHE AUFKLÄRUNG (Hrsg.): Eltern helfen Eltern. Arbeitsmappe mit Informationen, Beispielen und Tips für Selbsthilfegruppen. Köln 1983
CLAESSENS, D.: Familie und Wertsystem. Berlin 1962
CALDWELL, B. M./BRADLEY, R. H.: Home Observation for Measurement of the Environment. University of Arkansas at Little Rock 1984 (Mimeo)
–/FREYER, M.: Day Care and Early Education. In: SPODEK, B. (Hrsg.): Handbook of Research in Early Childhood Education. New York/London 1982, S. 341–374
CHRISTMANN, C./MÜLLER, C. W.: Sozialpädagogische Familienhilfe 1986 in der Bundesrepublik Deutschland und Berlin (West). Berlin 1986
DEUTSCHES JUGENDINSTITUT, PROJEKT »EINRICHTUNGEN FÜR KINDER IM WOHNUMFELD« (Hrsg.): Tageseinrichtungen für Kinder. Informationen, Erfahrungen, Analysen. Stichwort: Kinder unter 3. Heft 3. München 1986
DRITTER FAMILIENBERICHT: Die Lage der Familien in der Bundesrepublik Deutschland. Bundestagsdrucksache 8/3120 und 3121. Bonn 1979
FOSBURG, S.: Final Report of the National Day Care Home Study. Vol. I. U. S. Department of Health and Human Services. Washington 1981
FTHENAKIS, W. E.: Väter. 2 Bde. München/Wien/Baltimore 1985
GRAY, S. W./WANDERSMAN, L. P.: The Methodology of Homebased Intervention Studies: Problems and Promising Strategies. In: Child Development 51 (1980), S. 993–1009
JOHANSEN, E. M.: Betrogene Kinder. Eine Sozialgeschichte der Kindheit. Frankfurt 1978
KEIL, S.: Konzeption und Organisation familienrelevanter Beratung in der Bundesrepublik Deutschland. Materialien zum Dritten Familienbericht der Bundesregierung. München 1979
KRÜGER, H./BORN, C./EINEMANN, B. u. a.: Privatsache Kind – Privatsache Beruf »... und dann hab' ich ja noch Haushalt, Mann und Wäsche«. Zur Lebenssituation von Frauen mit Kindern in unserer Gesellschaft. Opladen 1987
LAEWEN, H.-J.: Zur außerfamilialen Tagesbetreuung von Kindern unter drei Jahren. In: Zeitschrift für Pädagogik 35 (1989), S. 869–888
LEHR, U.: Die Rolle der Mutter in der Sozialisation des Kindes. Darmstadt 1974
LÜSCHER, K./KOEBBEL, I./FISCH, R.: Elternbriefe und Elternbildung. Möglichkeiten und Grenzen einer aktuellen familienpolitischen Maßnahme. Konstanz 1983
MACCOBY, E. E./MARTIN, J. A.: Socialization in the Context of the Family. In: HETHERINGTON, E. M. (Hrsg.): Socialization, Personality, and Social Development. Handbook of Child Psychology. Bd. IV. New York 1983, S. 1–101
MARTIN, B./PETTINGER, R.: Frühkindliche institutionalisierte Sozialisation. In: ZIMMER, J. (Hrsg.): Erziehung in früher Kindheit. (Enzyklopädie Erziehungswissenschaft. Bd. 6). Stuttgart 1985, S. 235–251
NAVE-HERZ, R. (Hrsg.): Wandel und Kontinuität der Familie in der Bundesrepublik Deutschland. Stuttgart 1988
POURTOIS, J.-P.: Elternerziehung. Ein handlungsorientiertes Förderungsprogramm. Salzburg 1985
RAUH, H.: Frühe Kindheit. In: OERTER, R./MONTADA, L. (Hrsg.): Entwicklungspsychologie. München/Weinheim ²1987, S. 131–203
REYER, J.: Entstehung, Entwicklung und Aufgaben der Krippen im 19. Jahrhundert in Deutschland. In: Zeitschrift für Pädagogik 28 (1982), S. 715–736
–: Wenn die Mütter arbeiten gingen. Eine sozialhistorische Studie zur Entstehung der öffentlichen Kleinkindererziehung im 19. Jahrhundert in Deutschland. Köln ²1985
RUPPELT, H./RUPPELT, C.: Bewegungs- und Spielanregungen für das erste Lebensjahr. Das Prager-Eltern-Kind-Programm. In: Geistige Behinderung (1982), S. 1–20
SCHINDLER, H./BORN, C./SCHABLOW, M.: Zur Lebenssituation unter 3 Jahre alter Kinder und ihrer Eltern in Bremen. Universität Bremen 1985
SCHOTTMAYER, G./CHRISTMANN, R.: Kinderspielplätze. Beiträge zur kindorientierten Gestaltung

der Wohnumwelt. Schriftenreihe des Bundesministers für Jugend, Familie und Gesundheit. Bd. 44, Teil 1 u. 2. Stuttgart 1977

SCHMIDT-KOLMER, E. (Hrsg.): Zum Einfluß von Familie und Krippe auf die Entwicklung von Kindern in der Frühen Kindheit. Hygiene in Kinderkollektiven. Bd. 2. Berlin 1977

SCHÜTZE, M.: Die gute Mutter – Zur Geschichte des normativen Musters »Mutterliebe«. Bielefeld 1986

SHORTER, E.: Die Geburt der modernen Familie. Reinbek 1977

SIEBENMORGEN, E.: 0- bis 6jährige Kinder in einer Gruppe? In: MERKER, H./SCHULTE, F. J. (Hrsg.): Tageseinrichtungen für Kinder – Beiträge aus der Praxis. Köln 1982

SIEBTER JUGENDBERICHT: Jugendhilfe und Familie – die Entwicklung familienunterstützender Leistungen der Jugendhilfe und ihre Perspektiven. Bundestagsdrucksache 10/6730. Bonn 1986

SPITZ, R. A.: Hospitalism. In: The Psychoanalytic Study of the Child 1 (1945), S. 53–74. Deutsch: Hospitalismus I. In: BITTNER, G./SCHMID-CORDS, E. (Hrsg.): Erziehung in früher Kindheit. München 1968, S. 77–98

STATISTISCHES LANDESAMT BADEN-WÜRTTEMBERG (Hrsg.): Die Erwerbstätigkeit von Müttern und die Betreuung ihrer Kinder in Baden-Württemberg. Materialien und Berichte, Heft 13. Stuttgart 1985

TIETZE, W.: Sozialisationsrelevante Strukturbedingungen in frühkindlichen Betreuungsformen. Münster 1985 (Mimeo)

VASKOVICS, L. A.: Veränderungen der Wohn- und Wohnumfeldbedingungen in ihren Auswirkungen auf die Sozialisationsleistung der Familie. In: NAVE-HERZ, R. (Hrsg.): Wandel und Kontinuität der Familie in der Bundesrepublik Deutschland. Stuttgart 1988, S. 36–60

VERGLEICHENDE STÄDTESTATISTIK: Kindergärten, Kinderhorte, Krippen/Krabbelstuben sowie Sonderkindergärten am 1. 1. 1986 in den Gemeinden mit 20000 und mehr Einwohnern. In: Der Städtetag (1987), S. 491–500

VOCK, J.: Probleme der Krippenerziehung. Köln 1979

WINKLER, G. (Hrsg.): Frauenreport '90. Berlin (Ost) 1990

WISSENSCHAFTLICHER BEIRAT FÜR FAMILIENFRAGEN (Hrsg.): Familien mit Kleinkindern. Schriftenreihe des Bundesministers für Jugend, Familie und Gesundheit. Bd. 84. Stuttgart 1980.

Lilian Fried

Kindergarten- und Vorschulpädagogik

1 Problembereich

Mit den Begriffen Kindergartenpädagogik und Vorschulpädagogik wird dasjenige Forschungs- und Praxisfeld charakterisiert, das die *öffentliche Erziehung* von (etwa) drei- bis sechsjährigen Kindern im Kindergarten und anderen vorschulischen Einrichtungen zum Gegenstand hat. Dieser erziehungswissenschaftliche Schwerpunkt schließt zum einen an die institutionalisierte Kleinkindpädagogik an und grenzt auf der anderen Seite an die Schulpädagogik (→ *Schulpädagogik* ...). Gleichzeitig tritt er neben die mit der *privaten Erziehung* befaßte Familienpädagogik (→ *Familienerziehung und Kleinkindpädagogik*).

2 Abriß zur Geschichte in Deutschland

Die geschichtliche Entwicklungslinie der institutionellen Vorschulerziehung pendelt zwischen zwei verschiedenartigen Funktionszuschreibungen: dem Sozialfürsorgeanliegen und dem Bildungsauftrag. Wesentlicher Motor dieser Bewegungen ist der soziale Wandel, der wechselnde Sichtweisen und Gewichtungen des Zusammenspiels von privaten und öffentlichen Erziehungsaufgaben mit sich bringt (→ *Sozialer Wandel*). Weiterhin gehen wichtige Impulse von unterschiedlichen Auffassungen über die Entwicklung und Erziehung des Vorschulkindes aus.

Wenn man nur den Hauptrichtungen folgt, so läßt sich die historische Genese in vier große Abschnitte gliedern.

2.1 19. Jahrhundert

Zu Beginn dieser Zeitspanne findet man die ersten dauerhaften Einrichtungen. Obwohl diese sich erheblich in Form, Programmatik und Bezeichnung (z. B. Kleinkinderschule, Spielschule, Warteschule, Kleinkinderbewahranstalt) unterscheiden, dienen sie doch sämtlich dem sozial-fürsorgerischen Anliegen. Danach ist es erklärtes Ziel, die Kinder der unteren Klassen so zu erziehen, daß sie sich ihrem niedrigen Stand und daneben auch ihrem Geschlecht gemäß verhalten (z. B. ERNING/NEUMANN/REYER 1987). Demgegenüber scheitert die Umsetzung erster kind- und spielorientierter Bildungsentwürfe (vgl. DAMMANN/PRÜSER 1981) an der völlig unzulänglichen Praxis, die durch Raumnot, Materialmangel, zu hohe Kinderzahlen sowie durch mangelhaft ausgebildetes Personal gekennzeichnet ist. Daraus erklärt sich auch, daß entweder rein bewahrende oder ausgesprochen schulmäßige Verhältnisse die Regel sind.

Neben die obengenannte Institutionenvielfalt tritt 1840 der von FRÖBEL (1782–1852) begründete *Kindergarten*, mit dem eine pädagogische Konzeption verbunden ist, welche die weitere Entwicklung institutioneller Vorschulerziehung nachhaltig prägt (→ *Sozialpädagogische Institutionen*). Ausgehend von der Bedeutsamkeit und Besonderheit der frühen Kindheit wird hier der eigene Bildungsauftrag der Kindergartenerziehung für die Kinder aller Stände gefordert. Dabei gelten entsprechend den spezifischen Bedürfnissen des Kindes im Vorschulalter die Spielpflege und die Sozialerziehung als zentrale Erziehungsaufgaben.

2.2 Weimarer Republik

Wenngleich auch noch in diesem Entwicklungsabschnitt einzelne Pädagogen die eigene Bildungsaufgabe der Kindergartenerziehung betonen (z. B. BLOCHMANN 1927), überwiegen doch insgesamt Argumentationen, die von einem Primat der Familienerziehung für Vorschulkinder ausgehen. Diese Tendenz wird dann noch verstärkt durch den wirtschaftlichen Niedergang im Gefolge des Ersten Weltkriegs, der zu einer desolaten Praxis in den Einrichtungen führt. So erklärt es sich auch, daß reformpädagogische Ideen, wie z. B. die Betonung des Schöpferischen im Kind, kaum Eingang in die Institutionen finden. Endgültig festgeschrieben wird der Charakter des Kindergartens als Nothilfeeinrichtung dann mit dem Reichsjugendwohlfahrtsgesetz (vgl. GROSSMANN 1987).

2.3 Nationalsozialismus

In dieser Zeitspanne wird die Familienerziehung zur natürlichen und deshalb idealen Erziehungsform für das Vorschulkind erklärt. Trotz der damit zum Ausdruck gebrachten Geringschätzung der institutionellen Vorschulerziehung ist man bemüht, massiv ideologisch auf die Praxis in den Einrichtungen einzuwirken. Dies führt zu einer zunehmenden Gleichschaltung der Institutionen, wobei die Körperertüchtigung und die Charakterbildung der Kinder zum Mittelpunkt der Kindergartenarbeit geraten (z. B. BERGER 1986).

2.4 Nachkriegsphase in der Bundesrepublik

Nach dem Zweiten Weltkrieg befindet sich die institutionelle Vorschulerziehung in der Situation, den eigenen Bildungsauftrag angesichts der völlig unzureichenden Praxisverhältnisse nicht einlösen zu können. Dessenungeachtet erfolgen wesentliche Ausdifferenzierungen kindergartenpädagogischer Konzeptionen. So greift man vor dem Hintergrund reifungsbedingter Entwicklungsvorstellungen einzelne Aspekte FRÖBELscher Pädagogik wieder auf (z. B. HOFFMANN 1961). Dabei werden die *sozialpädagogischen* Zielstellungen der Kindergartenarbeit hervorgehoben, die sich am besten durch Spiel- und Gemeinschaftserziehung verwirklichen lassen (→ *Sozialpädagogik und Heimerziehung*). In diesem Zusammenhang wird auch auf die Bedeutsamkeit einer begleitenden *Elternarbeit* aufmerksam gemacht.

3 Reform der vorschulischen Institutionen in der Bundesrepublik

Ende der 60er Jahre setzt heftige Kritik an der unzulänglichen Erziehungspraxis ein. Ausgelöst durch den Sputnikschock und getragen vom wirtschaftlichen Wachstum sowie angeregt durch die gesteigerte Sensibilität für gesellschaftliche Benachteiligungen auf der einen und neue Erkenntnisse über die Bedeutung und die Möglichkeiten frühen Lernens auf der anderen Seite, konstatiert man einen »Bildungsnotstand« (PICHT 1964).

Als Hauptursache des Erziehungsversäumnisses gegenüber jungen Kindern wird die Schonraumpädagogik im Rahmen von Bewahranstalten genannt.

Damit setzt eine *Reform der vorschulischen Institutionen* ein (vgl. LIEGLE 1984), die mit der Veröffentlichung des »Strukturplans für das deutsche Bildungswesen« (DEUTSCHER BILDUNGSRAT 1970) in der Anerkennung des eigenen, bedeutsamen Bildungsauftrags der vorschulischen Institutionen ihren vorläufigen Höhepunkt findet. Dem entsprechen intensive Ausbaubestrebungen sowie vielfältige Verbesserungsvorhaben im Rahmen von *Modellversuchen* (= in den meisten Bundesländern von Trägerverbänden und Stiftungen durchgeführte Projekte, die zur Klärung politischer Fragen beitragen sollten).

Die Aufarbeitung dieser ebenso heterogenen wie anfangs vitalen und optimistischen Reformströmung ist angesichts der zahlreichen ideologisch gefärbten Darstellungen auch in der Rückschau nicht eindeutig möglich. In dieser Situation werden drei dominierende Orientierungen aufgegriffen, deren Wirkungen sich bis heute verfolgen lassen: die Reform der Organisationsformen, die Einflüsse alternativer Pädagogiken und die curricularen Entwicklungen.

3.1 Organisationsformen

Vor dem Hintergrund lerntheoretischer Erkenntnisse (→ *Lernen und Lerntheorien*) will man den Kindergarten durch *Organisationsformen* ersetzen, die der Lernbereitschaft und Lernfähigkeit junger Kinder angemessener sind. Unter dieser Prämisse werden in verschiedenen Bundesländern Modellversuche durchgeführt, die der Wirksamkeit von Erziehungsmaßnahmen im Rahmen von *Vorklassen-* und *Eingangsstufenmodellen* nachgehen (vgl. BRIEL 1981). Fast all diesen Vorhaben ist gemeinsam, daß Sozialpädagogen (→ *Sozialpädagogen / Sozialarbeiter*) und Grundschullehrer nach vorgegebenen Rahmenplänen zusammenarbeiten, wobei sensomotorische, kognitive und sprachliche Förderungsprogramme wesentliche Erziehungshilfen darstellen.

Dagegen wenden sich bald schon Vertreter *traditioneller Kindergartenpädagogik*, die insbesondere eine Verschulung bzw. Intellektualisierung der Vorschulerziehung beklagen und auf die damit einhergehende Gefahr einer »Neurotisierung« junger Kinder verweisen (z. B. SAGI 1971). Die damit ausgelöste Kontroverse hat nicht zuletzt den Effekt, daß auch die Vertreter der Kindergartenerziehung um eine Verbesserung der erzieherischen Rahmenbedingungen bemüht sind (z. B. HÖGEMANN/KUHN 1974).

In diesem Umkreis führt die widersprüchliche Befundlage zu den Wirkungen verschieden organisierter Formen der Vorschulerziehung zu weiteren Verunsicherungen (vgl. FRIED 1985). Hier zeigt sich nämlich, daß der grobe Indikator Organisationsform, verglichen mit z. B. binnenstrukturellen Merkmalen, die Erziehungspraxis nur wenig bestimmt. Die Bildungspolitiker entscheiden sich dann auch (z. T. noch vor Abschluß der Modellversuche) für den Kindergarten und gegen einen weiteren Ausbau der Vorschul- und Eingangsklassen.

Es ist deshalb zunächst überraschend, daß die Frage nach einem Idealtypus institutioneller Vorschulerziehung in jüngster Zeit wiederauftaucht. Bei näherer Betrachtungsweise zeigt sich allerdings, daß es nicht mehr darum geht, Ideen einer die kindlichen Lernprozesse begünstigenden Erziehungsumgebung zu erproben. Vielmehr besteht jetzt die Notwendigkeit, auf veränderte gesellschaftliche Bedürfnisse (z. B. Alleinerziehende; berufstätige Eltern) zu reagieren. Die Forderung lautet dabei, daß Vorschuleinrichtungen flexibler als bisher auf die spezifischen Lebenssituationen betroffener Eltern und Kinder abgestimmt werden müssen (z. B. BRIEL 1989).

Ein Beispiel für erste Bemühungen mit dieser Absicht ist das Projekt »Ganztagseinrichtungen im Elementarbereich als familiennahe Sozialisationsfelder« (PROJEKTGRUPPE GANZTAGSEINRICHTUNGEN 1984). Hier zeigt sich nämlich, daß die Versorgung mit ganztägig geöffneten Einrichtungen nicht dem Bedarf entspricht, den Eltern anmelden. Insbesondere leiden die Familien darunter, daß ortsnahe Angebote fehlen.

3.2 Alternativen

Weitere Impulse erhält die Vorschulreform durch *alternative Pädagogiken* (→ *Freie Schulen und ihre pädagogischen Konzeptionen*), z. B. in Form der Antiautoritären Pädagogik (z. B. BREINBAUER 1980). Ihre Argumentationskraft beziehen diese Alternativbewegungen gleichermaßen aus gesellschaftskritischen Überlegungen wie aus optimistischen Annahmen über die Empfänglichkeit des jungen Kindes für erzieherische Einflüsse. Auf der Basis mehr oder weniger ausgearbeiteter theoretischer Vorstellungen zur kindlichen Entwicklung gelangt man dabei zu Erziehungsmaximen, die sich deutlich von der herkömmlichen Erziehungspraxis abheben. Damit verbunden sind günstige Prognosen z. B. für eine verbesserte Kind-Erwachsenen-Beziehung.

Einige dieser Alternativen kapseln sich aber gegenüber der herkömmlichen Kindergartenerziehung ab (z. B. Waldorfpädagogik). Damit entgehen sie zwar der Gefahr, überformt zu werden, aber sie strahlen auch wenig auf die reformerischen Tendenzen institutioneller Vorschulerziehung aus. Demgegenüber sind andere Richtungen mit besonderem Erziehungskonzept offen für eine Konfrontation mit der traditionellen Kindergartenpädagogik. Die damit provozierten Auseinandersetzungen zwischen Vertretern verschiedener Erziehungsorientierungen bestimmen die Reformbewegungen im Rahmen vorschulischer Einrichtungen wesentlich mit, lassen die Alternativen selbst aber an Kontur verlieren. Ein Beispiel dafür ist die *Kinderladenbewegung*.

Diese im Gefolge der Studentenbewegung entstandene Richtung umfaßt sehr verschieden ausgeprägte institutionelle Formen. Verbunden sind sie durch die in psychoanalytischem und antiautoritärem Gedankengut wurzelnde Erziehungsmaxime, daß die Selbstregulierung des Kindes durch repressionsfreie Erziehung gewährleistet werden muß. In diesem Zusammenhang werden auch ausgesprochen provokante Forderungen (z. B. zur Sexualerziehung) erhoben.

Dies führt dazu, daß die Kinderladenpraxis sowohl an ihren eigenen Ansprüchen gemessen als auch mit der Erziehungsrealität des Kindergartens verglichen wird (z. B. NICKEL/UNGELENK 1980). Dabei wird offenbar, daß in der Kinderladenerziehung eine Diskrepanz zwischen den Erziehungsansprüchen und dem konkreten Erzieher- und Kindverhalten besteht. So erklärt es sich auch, daß der Vergleich mit der Kindergartenerziehung zur Erkenntnis führt, wonach nicht primär die Zugehörigkeit zu einer der beiden Praxisformen die Erziehungsrealität bestimmt.

Heute ist die Kinderladenbewegung auch nach Einschätzung ihrer Verfechter und Mitinitiatoren überlebt (z. B. MEHLER 1986). Man kann das auch an der rückläufigen Zahl dieser Einrichtungen ablesen (z. B. UNGELENK 1985). Und doch wirken die alternativen Erziehungsideen dieser Strömung weiter, denn in der üblichen Kindergartenerziehung haben sie einen Umdenkungsprozeß ausgelöst und so zu einer veränderten Praxis beigetragen. Gefördert wurde u. a. eine stärkere Berücksichtigung der Sichtweisen des Kindes (z. B. pädagogische Freiräume für die Selbstbestimmung des Kindes; Kind als ebenbürtiger Gesprächspartner).

3.3 Curricula

Charakteristisch für die Reform der institutionellen Vorschulerziehung sind schließlich auch curriculare Entwicklungen. Im Anschluß an heftige Auseinandersetzungen um die traditionelle Kindergartenerziehung, der man eine Vernachlässigung der Bildungsarbeit vorwirft, werden in verschiedenen Modellversuchen Vorschulcurricula entwickelt und im *Erprobungsprogramm* (= Erprobung der Ergebnisse unterschiedlicher Modellversuche durch die Praxis) evaluiert (z. B. ALMSTEDT 1980). Wie fundamental sich dabei die verschiedenen Orientierungen unterscheiden, läßt sich an der Variationsbreite der ausgewählten Bildungsinhalte sowie der bevorzugten Fördermethoden ermessen. Von diesen Curriculumansätzen (z. B. wissenschafts-, fächer- und sozialisationsorientiert; vgl. RETTER 1978) (→ *Didaktik und Curriculum / Lehrplan*) haben sich vornehmlich zwei didaktische Konzeptionen in der Praxis durchgesetzt.

Die curricularen Ausrichtungen der ersten Phase der Vorschulreform (ca. 1967–1974) werden vom *Funktionsansatz* dominiert. Mit diesem Sammelbegriff sind alle Vorhaben gekennzeichnet, die den kindlichen Entwicklungs- und Leistungsstand verbessern wollen, indem psychische Funktionen stimuliert und Fertigkeiten eingeübt werden. Dem *kompensatorischen* Anliegen, sozioökonomisch benachteiligten Kindern zu einem chancengleichen Schulstart zu verhelfen, dienen dabei in erster Linie *Programme* zur Steigerung der Wahrnehmungsdifferenzierung, zum Training der Denkfähigkeit sowie zur Sprachförderung. Frühleseversuche und frühes Fremdsprachenlernen zielen demgegenüber auch auf eine Leistungssteigerung bei Kindern ab, die unter günstigen Bedingungen aufwachsen (vgl. FRIED 1985).

Gegen diese Richtung wird bald schon eingewandt, daß vor dem Hintergrund sozialisationstheoretischer Annahmen eine von den Lebenssituationen und den Handlungen der Kinder abgehobene Förderung zu kurz greift (z. B. BETRIFFT: ERZIEHUNG 1973). Dazu kommt dann noch die Enttäuschung darüber, daß die mittelfristige Wirksamkeit der funktionalen Trainings weit hinter den übersteigerten Erwartungen zurückbleibt. Auf diese Weise wird der Boden für den *Situationsansatz* bereitet, welcher in der zweiten Reformphase (ca. 1974–1980) die Diskussion (aber nicht unbedingt die Praxis; vgl. WOLF 1987) beherrscht.

Zentral für diese Orientierung, die durch verschiedene Materialien repräsentiert wird, ist die besondere Betonung situationsbezogenen sozialen Lernens. Es ist dabei wichtigstes Ziel, die Kinder zu autonomem und kompetentem Handeln in den für sie bedeutsamen Lebenssituationen zu befähigen. Gleichzeitig strebt man an, die Abschottung vorschulischer Institutionen gegenüber der gesellschaftlichen Wirklichkeit zu überwinden.

Die Schwierigkeiten beim Situationsansatz machen Kritiker im Zusammenhang mit den didaktischen Materialien aus. Hier werden nämlich vorgefertigte Situationsdeutungen gegeben, die das Risiko bergen, daß die tatsächlich für das Kind bedeutsamen Lebenssituationen unbeachtet bleiben oder überfremdet werden. Ebenso wichtig ist der Hinweis, daß die didaktischen Hilfen eine Gefahr der Überforderung von Vorschulkindern bergen, weil entwicklungspsychologische Gegebenheiten nicht hinreichend beachtet werden (z. B. BITTNER 1981). Dies wird daran festgemacht, daß die Materialien

Fähigkeiten voraussetzen (z. B. Sprechhandlungskompetenz), die im Rahmen der Vorschulerziehung noch entwickelt werden müssen.

Heute bieten *offene Kindergartendidaktiken* die Chance, verschiedene didaktische Orientierungen zu integrieren und dabei deren Schwächen auszugleichen. Man kann dies daran sehen, daß situationsorientiertes Arbeiten in jüngerer Zeit durch Spielerziehung angereichert wird (vgl. MERKER/RÖSING/BLANKE 1980). Auch funktionsorientierte Maßnahmen sind wieder opportun, sofern sie in umfassendere Zusammenhänge eingebunden werden (vgl. WIEDL/OHM 1980). Davon abgesehen ist man sich inzwischen über den begrenzten Stellenwert curricularer Anregungen für die Verbesserung institutioneller Vorschulerziehung im klaren. Allzu deutlich zeigen die Erfahrungen, daß diese pädagogischen Hilfen vor allem dann wirken, wenn sie engagiert umgesetzt werden (z. B. FRIED 1985).

3.4 Rückschau

Mit dem Ende der siebziger Jahre wird deutlich, daß die Bemühungen mit dem Ziel einer Verbesserung der institutionellen Vorschulerziehung zu einem (vorläufigen) Stillstand oder, wie manche sogar meinen, zum Ende gekommen sind. Die in der Rückschau erkennbare Diskrepanz zwischen den an die Bewegung geknüpften Erwartungen und den tatsächlichen Entwicklungen führt vereinzelt auch zu dem pessimistischen Schluß, die Reformen seien gescheitert. Erst in jüngster Zeit beginnt man, die Erfahrungen genauer zu analysieren.

Dabei wird auf den besonderen Stellenwert der wirtschaftlichen Rezession für den ungünstigen Reformverlauf verwiesen. Gleichzeitig wird die veränderte wissenschaftliche Erkenntnislage zur Entwicklung des Kindes genannt, weil damit der Freiraum für erzieherische Einwirkungen deutlich enger bemessen wird (z. B. RUPPELT 1987). Wichtiger noch sind Erkenntnisse, die sich unmittelbar aus den Reformmaßnahmen selbst ergeben. Hier lautet die zentrale Einsicht, daß Veränderungsversuche, die idealtypische Konstruktionen zugrunde legen (Organisationsform; pädagogische Konzeption; Curricula), an den alltäglichen Routinen in vorschulischen Institutionen zu scheitern drohen. Deshalb ist für die Verbesserung institutioneller Vorschulerziehung ein erweitertes Reformverständnis vonnöten, welches unmittelbar an der erzieherischen Praxis ansetzt.

4 Neuere Tendenzen

Somit dürften alle Bestrebungen, die *faktische Erziehung* in Vorschuleinrichtungen differenziert zu erkunden und zu verbessern trachten, für die weitere Entwicklung institutioneller Vorschulerziehung von besonderer Bedeutung sein. Solche Bemühungen sind auch schon vereinzelt zu finden. Dabei scheinen drei verschiedene Orientierungen für zukünftige Entwicklungen richtungweisend: die Erziehungssituation, das Erziehungsziel und der Erziehungsprozeß.

4.1 Erziehungssituationen

Erziehung in Vorschuleinrichtungen geschieht in ganz konkreten *Situationen*. Deshalb ist es wichtig zu wissen, ob und wie es gelingt, die sich stellenden Erziehungsaufgaben in diesem Rahmen einzulösen. Am Beispiel der Sozialerziehung von Vorschulkindern werden zukünftige Forschungsaufgaben sichtbar.

Der bisherige Kenntnisstand bezieht sich vor allem auf Versuche, Sozialerziehungssituationen mittels geeigneter Materialien zu verbessern. Dies geschieht mit unterschiedlichen Intentionen. Etliche pädagogische Mittel dienen dazu, Fördermaßnahmen für alle Kinder reicher und bewußter zu gestalten (z. B. VERLINDEN/HAUCKE 1984). Dazu können auch Diagnoseinstrumente beitragen, welche die Beurteilung der sozial-emotionalen Kompetenzentwicklung von Vorschulkindern erleichtern (vgl. BILSKY/FLAIG 1986). Leider sind die Wirkmöglichkeiten dieser Ansätze noch kaum ausgelotet.

Weitere Impulse stammen aus Modellversuchen und betreffen vornehmlich *entwicklungsbenachteiligte* sowie *entwicklungsgefährdete* Kinder. So wurden bereits im Rahmen der kompensatorischen Vorschulerziehung Hilfen für die Förderung von Randgruppenkindern konzipiert und erprobt (z. B. IBEN 1981). Auch in späteren modellhaften Vorhaben, die eine *Integration* ausländischer und behinderter Kinder anstreben, sind solche *Praxisempfehlungen* entstanden (z. B. STAATSINSTITUT FÜR FRÜHPÄDAGOGIK 1985; HÜFFNER/MAYR 1986).

Aber obwohl diese Hilfen für Erzieher/innen unzweifelhaft zu einer Bereicherung der Praxis in den Modellinstitutionen führten, ist die Übertragung der mit diesen Materialien verbundenen Erfahrungen auf den Normalkindergarten nicht gelungen. Dies liegt wohl daran, daß die Praxisempfehlungen zwar genau auf die Erziehungsrealität der Modelleinrichtungen abgestimmt sind, aber nicht zwangsläufig auf den Normalkindergarten passen. Das heißt: Es können erst dann erfolgversprechende Praxishilfen entwickelt werden, wenn wir die faktischen Erziehungssituationen der normalen Einrichtungen genauer kennen. Damit werden die wenigen einschlägigen Beobachtungsstudien zum Kindergartenalltag interessant.

Geht man davon aus, daß sich die Entwicklung der sozialen Kognition sowie die Verbesserung des faktischen sozialen Verhaltens wechselwirksam bedingen (z. B. SCHMIED/TIETZE 1980), so bieten Erziehungssituationen, welche häufige und vielfältige soziale Kontakte erlauben, eine günstige Basis für die Entwicklung der kindlichen Sozialkompetenz. Daran gemessen bedeutet die in den Regeleinrichtungen vorherrschende *altersgemischte* Gruppierung eine Entwicklungschance (z. B. STRÄTZ 1986). Indem nämlich die jüngeren Kinder am komplexeren Verhaltensmodell der älteren ausgerichtet sind (z. B. NICKEL/UNGELENK 1980) und die älteren Kinder sich den einfacheren sozialen Fähigkeiten der jüngeren anpassen müssen (z. B. KASTEN 1986), üben beide Altersgruppen verschiedene Sozialkompetenzen.

Dagegen sind die *geschlechtsspezifischen* sozialen Verhaltensweisen von Kindern im institutionellen Alltag nicht so günstig. Insbesondere die älteren Jungen dominieren offenbar in erheblichem Maße das Geschehen. Noch dazu kapseln sie sich gerne von den anderen Kindern ab. Demgegenüber agieren die Mädchen deutlich prosozialer (z. B. STRÄTZ/SCHMIDT 1982). Hier stehen deshalb noch Forschungen aus, die der spezifischen Wirkung koedukativer Praxis auf die Entwicklung von Mädchen genauer nachgehen (z. B. FRIED 1989).

4.2 Erziehungsziele

Schließt man sich der These eines Wandels kindlicher Lebenswelten an (z. B. GLOGER-TIPPELT/TIPPELT 1986), so wird der damit in Zusammenhang gebrachte »Verlust« (SPECK

1987) oder doch zumindest eine Verunsicherung der *erzieherischen Orientierung* (→ *Werte und Normen der Erziehung*) erkennbar, die sich in besonderem Maße gegenüber der Medienwelt ausdrückt. Am Beispiel der *Medienerziehung* (→ *Medien in Unterricht und Erziehung*) im Rahmen vorschulischer Institutionen werden deshalb weitere Aufgaben sichtbar, die es künftig noch zu lösen gilt.

Wir sehen heute deutlich, daß die Kindergartenpädagogik viel zu spät auf das Medienproblem reagiert hat. Daß die ersten Stellungnahmen dann abwehrender Natur sind (z. B. BECK 1977), hängt einmal mit der Tendenz der in tradierten Konzepten wurzelnden Kindergartenerziehung zusammen, das junge Kind vor Reizüberflutung zu bewahren. Zum anderen verleiten monokausale Erklärungsmuster dazu, von einer zwangsläufig schädigenden Wirkung des Medienkonsums bei Kindergartenkindern auszugehen.

Nun kann dies alles nichts an der Tatsache der Mediennutzung ändern, so daß sich ein zunehmendes Unbehagen an dieser *defensiven* Medienerziehung ausbreitet. Daraus entwickeln sich Bestrebungen, die Medien in Erziehungsmaßnahmen zu integrieren. In der Mehrzahl sind dies Vorhaben, in deren Rahmen die Entwicklung der Kinder *medienvermittelt* gefördert wird (z. B. Vorschulfernsehen). Ganz andere Wege werden eingeschlagen, wenn man die Nutzungskompetenz von Vorschulkindern für verschiedene Medien zu verbessern trachtet (z. B. BLICKLE/FRIEDL/MÜLLER 1984). Nochmals in eine andere Richtung denkt man bei Vorhaben, deren Ziel es ist, die mediale Kommunikation auf Voraussetzungen und Bedürfnisse von Vorschulkindern abzustimmen (z. B. SCHORB 1980).

Gegenwärtig tritt hervor, daß die Mediennutzung sowie damit verbundene Medienwirkungen wesentlich stärker als bisher im *ökologischen Kontext* von Elternhaus und vorschulischer Institution gesehen werden müssen (z. B. SCHNEEWIND/BECKMAN/ENGFER 1983). So sind sich z. B. die medienkonsumierenden Erwachsenen ihrer Vorbildwirkung oft nicht bewußt. Gleichzeitig wird noch zuwenig beachtet, daß der Medienkonsum vor allem dann eingedämmt werden kann, wenn dem andere attraktive Angebote gegenüberstehen (vgl. auch TIETZE/PEEK/LINK 1989).

Mit der in jüngster Zeit propagierten »Wiederentdeckung des kindlichen Spiels« (KLUGE 1987) (→ *Pädagogik und Spiel*) bieten sich dabei Chancen, daß institutionelle Vorschulerziehung mit ihrem spezifischen *spielpädagogischen* Erfahrungsfeld wesentlich zu einer aktiven Medienerziehung beitragen kann. Deshalb scheinen Forschungsvorhaben mit dem Anliegen, zu einem vertieften Verständnis dieses zentralen Phänomens des Kinderlebens zu gelangen (vgl. EINSIEDLER 1985), wieder besonders lohnend. Insbesondere die mit kindlichen Spielprozessen befaßte Richtung verspricht wertvolle Erkenntnisse im Zusammenhang mit den eigentätigen Bildungsprozessen des Kindes.

4.3 Erziehungsprozesse

Die Erziehung im Rahmen vorschulischer Institutionen läßt sich auch auf wechselwirksame Erziehungs- und Entwicklungsprozesse zurückführen. Daraus ergibt sich die Bedeutsamkeit des *Erzieherverhaltens*, das noch wenig erforscht ist.

Studien zur faktischen Erziehungsarbeit im Kindergarten verdeutlichen, daß der überwiegende Teil der beobachteten Tätigkeiten nicht auf das Kind gerichtet ist, sondern der Aufrechterhaltung der Ordnung dient (z. B. BARRES 1972). Dem entspricht, daß sich pädagogische Handlungen der Erzieher vor allem gegenüber Kindern zeigen, die durch abweichendes Verhalten die Ordnung des Tagesablaufs im Kindergarten stören (vgl. HEBENSTREIT 1980). Es steht also das Problemverhalten von Kindern und nicht so sehr die Ausformung alternativer Verhaltensweisen im Mittelpunkt des Alltagsgeschehens (z. B. NEUBAUER 1986). Daß damit aber die Entwicklungsprozesse von Vorschulkindern keineswegs optimal angeregt werden, unterstreichen weitere Befunde. Danach ist die Beeinflussung kindlicher Verhaltensweisen stark von der *Qualität der Erziehungshandlungen* abhängig, wobei ein emotional warmes, sozial-zugewandtes und dabei auch anregendes Verhalten günstig wirkt (z. B. WOLF 1987).

Zur Erklärung dieser *ungünstigen Erziehungsprozesse* hat die Forschung bisher zwei Wirkgrößen gefunden: unzulängliche Praxisverhältnisse (z. B. zu große Gruppen) sowie vor allem die *subjektiven Situationsdeutungen* der Erzieher/innen. Diese sind dadurch gekennzeichnet, daß die komplexen Bedingungsgefüge bzw. Handlungsformen, welche Erziehungssituationen bestimmen, nicht im vollen Umfang wahrgenommen bzw. reflektiert werden. Als Beispiel kann die Einschätzung von sozialem Problemverhalten bei Kindern genannt werden. Hier stellt man nämlich fest, daß nahezu ausschließlich dominante und aggressive Kinder als problematisch gelten, während schüchterne und ängstliche Kinder leicht übersehen werden (z. B. STAUDT 1984).

Wege aus dieser ungünstigen Situation werden deutlich, wenn Erzieher/innen bei Befragung auf ihre unzulängliche Ausbildungssituation und die damit einhergehende Unsicherheit verweisen (z. B. SCHMALOHR u. a. 1974). Deshalb sind erste *Weiterbildungsvorhaben*, die eine Verbesserung der Erziehungskompetenz anstreben und dabei auch die subjektiven handlungsleitenden Sinnsetzungen mit einbeziehen, richtungsweisend (z. B. BLANKE 1987). Nicht zuletzt ist an einen Ausbau des Fachberatungssystems zu denken (vgl. HEBENSTREIT 1984). Es ist dabei eine wichtige Aufgabe zukünftiger Forschung, die Wirksamkeit solcher Ansätze zu prüfen.

Literatur

ALMSTEDT, L.: Situationsorientiertes Arbeiten im Kindergarten: Bericht über ein Erprobungsprogramm. München 1980
BARRES, E.: Erziehung im Kindergarten. Weinheim 1972
BECK, H. L.: Ein Kind ist kein Computer. Schäden durch Leistungsdruck in der Entwicklung von Kindern im Vorschulalter. München 1977
BERGER, M.: Vorschulerziehung im Nationalsozialismus. Recherchen zur Situation des Kindergartenwesens 1933–1945. Weinheim 1986
BETRIFFT: ERZIEHUNG: Wider die falsche Vorschulerziehung. Weinheim 1973
BILSKY, W./FLAIG, M.: Verhaltensbeurteilung von Kindern – Reanalyse zweier Instrumente für den Einsatz in Kindergarten und Vorschule. In: Diagnostica 32 (1986), S. 129–141
BITTNER, G.: Was bedeutet »kindgemäß«? In: Zeitschrift für Pädagogik 27 (1981), S. 827–838
BLANKE, S.: Beziehungen zwischen Erziehern und Kindern – subjektive Theorien im Beratungsprozeß. In: KLUGE, N./FRIED, L. (Hrsg.): Spielen und Lernen mit jungen Kindern. Frankfurt 1987, S. 11–24
BLICKLE, J./FRIEDL, C./MÜLLER, W.: Medienerziehung im Kindergarten. In: MEYER, E. (Hrsg.): Spiel und Medien in Familie, Kindergarten und Schule. Heinsberg 1984, S. 138–146
BLOCHMANN, E.: Pädagogik des Kindergartens. In: NOHL, H./PALLAT, L. (Hrsg.): Die Theorie der Schule und der Schulaufbau. Handbuch der Pädagogik. Bd. 4. Langensalza 1927
BREINBAUER, J.: Antiautoritäre Pädagogik. In: SPIEL, W. (Hrsg.): Die Psychologie des 20. Jahrhunderts. Konsequenzen für die Pädagogik. Zürich 1980, S. 301–328

BRIEL, R.: Erziehungswissenschaft und Bildungsforschung im Rahmen von Modellversuchen im Elementarbereich. In: Zeitschrift für Pädagogik. 17. Beiheft (1981), S. 189–196
– (Hrsg.): Bedarfsgerechte Tageseinrichtungen für Kinder: Notwendigkeit, Möglichkeiten und Grenzen der Flexibilisierung von Kindergärten, Horten und Krippen. Freiburg 1989
DAMMANN, E./PRÜSER, H.: Quellen zur Kleinkindererziehung. Die Entwicklung der Kleinkinderschule und des Kindergartens. München 1981
DEUTSCHER BILDUNGSRAT: Empfehlungen der Bildungskommission: Strukturplan für das Bildungswesen. Bonn 1970
EINSIEDLER, W. (Hrsg.): Aspekte des Kinderspiels. Pädagogisch-psychologische Spielforschung. Weinheim 1985
ERNING, G./NEUMANN, K./REYER, J. (Hrsg.): Geschichte des Kindergartens. 2 Bde. Freiburg 1987
FRIED, L.: Prävention bei gefährdeter Lautbildungsentwicklung. Eine Untersuchung über die Förderungsmöglichkeiten von Kindergartenkindern. Weinheim 1985
–: Werden Mädchen im Kindergarten anders behandelt als Jungen? Analyse von Stuhlkreisgesprächen zwischen Erzieherinnen und Kindern. In: Zeitschrift für Pädagogik 35 (1989), S. 471–492
GLOGER-TIPPELT, G./TIPPELT, R.: Kindheit und kindliche Entwicklung als soziale Konstruktionen. In: Bildung und Erziehung 39 (1986), S. 149–164
FTHENAKIS, W. E. (Hrsg.): Tendenzen der Frühpädagogik. Düsseldorf 1984
GROSSMANN, W.: Kindergarten. Eine historisch-systematische Einführung in seine Entwicklung und Pädagogik. Weinheim 1987
HEBENSTREIT, S.: Einführung in die Kindergartenpädagogik. Stuttgart 1980
–: Fachberatung für Tageseinrichtungen für Kinder. München 1984
HERLTH, A./SCHLEIMER, I.: Kinder im sozialen Umfeld. Außerfamiliale Kontakte von Vorschulkindern. Frankfurt 1982
HÖGEMANN, M./KUHN, R.: Entwicklungstendenzen der Kindergärten in Deutschland 1971–1974. In: Kindergarten heute 4 (1974), S. 167–177
HOFFMANN, E.: Der sozialpädagogische Auftrag des Kindergartens. In: Beiträge zur Sozialpädagogik (1961), S. 82–93
HÜFFNER, U./MAYR, T.: Integrative Körpertherapie, eine Integrationshilfe bei der gemeinsamen Förderung behinderter und nichtbehinderter Kinder im Kindergarten? In: Praxis der Kinderpsychologie und Kinderpsychiatrie 35 (1986), S. 184–189
IBEN, G. (Hrsg.): Erzieheralltag. Hilfen für die Arbeit mit sozial benachteiligten Kindern. Ravensburg 1981
KASTEN, H.: Soziale Kognitionen von Kindern: Rollenübernahme in experimentellen und natürlichen Situationen. In: Psychologie in Erziehung und Unterricht 33 (1986), S. 250–258
KLUGE, N.: Die Wiederentdeckung des kindlichen Spiels in der neueren Spielpädagogik. In: KLUGE, N./FRIED, L. (Hrsg.): Spielen und Lernen mit jungen Kindern. Frankfurt 1987, S. 109–136
KÜHNEL, G.: Audiovisuelle Medien im Vorschulbereich. In: DOLLASE, R. (Hrsg.): Handbuch der Früh- und Vorschulpädagogik. Bd. 1. Düsseldorf 1978, S. 281–292
LIEGLE, L.: Die Reform des Elementarbereichs im internationalen Zusammenhang. In: ZIMMER, J. (Hrsg.): Erziehung in früher Kindheit. (Enzyklopädie Erziehungswissenschaft. Bd. 6). Stuttgart 1984, S. 72–98
MEHLER, F.: Kinderläden heute, ein Hort von Tabus? In: päd. extra 15 (1986), S. 27–30
MERKER, H./RÜSING, B./BLANKE, S.: Spielprozesse im Kindergarten. München 1980
NEUBAUER, E.: Erzieherverhalten bei der Bewältigung sozialer Konflikte. Bergheim 1986
NICKEL, H./UNGELENK, B. (Hrsg.): Untersuchungen zum Erzieher- und Elternverhalten und zum Sozialverhalten von Kindern aus Eltern-Initiativ-Gruppen und Kindergärten. Forschungsbericht des Instituts für Entwicklungs- und Erziehungspsychologie der Universität Düsseldorf 1980
PICHT, G.: Die deutsche Bildungskatastrophe. Olten 1964
PROJEKTGRUPPE GANZTAGSEINRICHTUNGEN: Leben und Lernen in Kindertagesstätten: Bericht über ein kooperatives Projekt des Deutschen Jugendinstituts und der Arbeiterwohlfahrt. München 1984
RETTER, H.: Typen pädagogischer und didaktischer Ansätze im Elementarbereich. In: DOLLASE, R. (Hrsg.): Handbuch der Früh- und Vorschulpädagogik. Bd. 2. Düsseldorf 1978, S. 135–150

Ruppelt, H.: Ist die früheste Kindheit für die weitere Entwicklung bedeutsam? In: Jugendwohl 68 (1987), S. 118–124
Sagi, A.: Der Freiburger Modellkindergarten. Freiburg 1971
Schmalohr, E./Dollase, R. u. a.: Vorklasse und Kindergarten aus der Sicht der Erzieher. Hannover 1974
Schmidt-Denter, U.. Kontaktinitiativen von Vorschulkindern und ihre soziale Bedeutung. In: Nickel, H. (Hrsg.): Sozialisation im Vorschulalter. Weinheim 1985, S. 47–68
Schmied, D./Tietze, W.: Perspektivenübernahme und Sozialverhalten bei Kindergartenkindern. In: Zeitschrift für Entwicklungspsychologie und Pädagogische Psychologie 12 (1980), S. 154–166
Schneewind, K. A./Beckmann, M./Engfer, A.: Eltern und Kinder. Stuttgart 1983
Schorb, B.: Medienarbeit im Kindergarten. Zum pädagogischen Ansatz der Arbeitsgruppe Vorschulerziehung. In: Zeitschrift für Pädagogik 26 (1980), S. 401–409
Speck, O.: Auch die Erziehungs-Umwelt ist gefährdet. In: Unsere Jugend 39 (1987), S. 20–25
Staatsinstitut für Frühpädagogik (Hrsg.): Zweisprachigkeit im Kindergarten. Bd. 1. Ergebnisse eines Modellversuchs. Donauwörth 1985
Staudt, H.. Abweichendes Verhalten im Kindergarten aus der Sicht der Erzieher. Unveröffentlichte Dissertation. Innsbruck: Leopold-Franzen-Universität 1984
Strätz, R.: Die Kindergartengruppe: soziales Verhalten drei- bis fünfjähriger Kinder. Köln 1986
–/Schmidt, E.: Die Wahrnehmung sozialer Beziehungen von Kindergartenkindern. Stuttgart 1982
Tietze, W./Peek, R./Link, R.: Medien im Alltag von Kindern im Kindergartenalter. Die Landesregierung informiert. Heft 17. Düsseldorf 1989
Ungelenk, B.: Die gegenwärtige Situation der Eltern-Initiativ-Gruppen. In: Nickel, H. (Hrsg.): Sozialisation im Vorschulalter. Weinheim 1985, S. 18–25
Verlinden, M./Haucke, K.: »Einander annehmen«. Soziale Beziehungen im Kindergarten. Ziele und Anregungen für Erzieher. Köln 1984
Wiedl, K./Ohm, D.: Lebensweltorientierte Sprachförderung bei Vorschulkindern aus sozialen Randgruppen. In: Zeitschrift für Empirische Pädagogik 4 (1980), S. 261–276
Wolf, B. (Hrsg.): Zuwendung und Anregung. Lernumweltforschung zur Sprachentwicklung im Elternhaus und Kindergarten. Weinheim 1987
Zimmer, J. (Hrsg.): Erziehung in früher Kindheit. (Enzyklopädie Erziehungswissenschaft. Bd. 6). Stuttgart 1984

Hans-Dieter Heun und Dorothea Wiesenfeldt-Heun

Sozialpädagogik und Heimerziehung

1 Heimerziehung im System der Jugendhilfe

Unter *»Jugendhilfe«* ist im weitesten Sinne die Gesamtheit aller außerschulischen Maßnahmen, die sich mit der Jugend befassen, zu verstehen. Im engeren Sinne wird sie in die »Jugendpflege« (heute vielfach auch als »öffentliche Jugendförderung« bezeichnet) und »Jugendfürsorge« unterschieden. Die Grenze zwischen beiden Gebieten ist nicht immer klar erkennbar, eine strenge Unterscheidung kaum möglich. Jugendhilfe wird geleistet von »freien« und »öffentlichen« Trägern. Die freien Träger sind überwiegend die Kirche und kirchliche Verbände (Diakonie und Caritas), während die öffentlichen Träger vornehmlich durch die Landesjugendämter und die kommunalen Jugendämter repräsentiert werden.

Im Rahmen dieses Jugendhilfesystems richtet sich die *Heimerziehung* (HE) an Kinder und Jugendliche, die aufgrund familiärer Notstände oder Konflikte bzw. wegen Erziehungsschwierigkeiten oder Krisen der Minderjährigen stationär betreut werden müssen. Die Fremdplazierung behinderter Kinder fällt im wesentlichen unter die Bestimmungen des Sozialhilfegesetzes und findet in diesem Zusammenhang weniger Berücksichtigung. Gegenüber anderen sozialpädagogischen Institutionen stellt sich für die HE in besonderer Weise das Problem, die Aufgaben und die Arbeit zu legitimieren und ein angemessenes Selbstverständnis zu entwickeln (→ *Sozialpädagogische Institutionen*).

Diese Institution war und ist in erheblichem Maße der Kritik der Öffentlichkeit und einer skeptischen Distanz der Fachwelt ausgesetzt. Diese Tatsache hat vielfältige Ursachen:

– Ein Vergleich der Sozialisationsbedingungen von Kindern und Jugendlichen im Heim mit denen in der Familie auf der Basis der bestehenden Familienideologie läßt die HE vorwiegend defizitär erscheinen. Das hat einerseits zur Folge, daß die Heimpädagogik vielfach versucht, sich an der idealen Familie zu orientieren (SAUER 1979). Ferner stellt sich damit auch die Frage nach der Funktion der HE gegenüber Formen der Ersatzfamilie (→ *Familienerziehung und Kleinkindpädagogik*).
– Durch die Kostenexplosion in der HE während der letzten 10–15 Jahre gerät diese Institution auch innerhalb des Jugendhilfesystems unter erhebliche Konkurrenz- und Legitimationsdruck.
– Mißerfolge, insbesondere kriminelle Karrieren bei ehemaligen Heimkindern, bringen zudem das Heim in Mißkredit.
– In vielfältiger Hinsicht wird das Image der Heime dadurch beeinträchtigt, daß sich die HE vorwiegend mit randständigen Kindern und Jugendlichen und deren Familien befaßt. Stigmatisierungsprozesse betreffen nicht nur die Klientel, sondern ebenfalls die Institution und die dort tätigen Erwachsenen. So waren z. B. – trotz der tiefgreifenden und vielfältigen Problematik der Heimkinder und ihrer Familien – über Jahrzehnte hinweg die fachliche Qualifikation und die Bezahlung der Heimerzieher extrem gering (MÜLLER-KOHLENBERG 1982).

- Das Verständnis der HE aufgrund marxistischer Positionen als Disziplinierungsinstrument für Benachteiligte in der kapitalistischen Gesellschaft irritiert ebenfalls das Selbstverständnis der stationären Jugendhilfe (AUTORENKOLLEKTIV 1971).
- In der pädagogischen Forschung und Lehre führte diese Institution bis zu Beginn der 70er Jahre ein Schattendasein.

Die gravierendsten Folgen dieser Problematik sind:
- erhebliche Defizite an Konzeption und Forschung,
- nachhaltige Beeinträchtigungen der Minderjährigen durch Etikettierungsprozesse während des Heimaufenthaltes oder im Anschluß daran,
- häufig zu spät eingeleitete Heimunterbringungen (vgl. BÜTTNER 1987).

2 Zur Geschichte der Heimerziehung

2.1 Sozialpädagogische Aspekte der Heimerziehung von den Anfängen bis zum 20. Jahrhundert

Die Charakterisierung von Berufsfeldern und Handlungsansätzen mit dem Begriff Sozialpädagogik in Abgrenzung zur *Sozialarbeit* ist eine Eigentümlichkeit des Sozialwesens im deutschsprachigen Raum; wobei festzustellen ist, daß auch im europäischen Ausland in Ausbildungsgängen und Praxisfeldern noch weitgehend unterschieden wird zwischen schwerpunktmäßig educativen und administrativen Bereichen (→ *Sozialpädagogen / Sozialarbeiter*). Die Erfassung des Gegenstandbereiches der Sozialpädagogik ist u. a. wegen der permanenten Veränderungen im sozialen Feld schwierig, außerdem fehlen weitgehend theoretische Grundlagen.

Unter historischem Aspekt liegen die Wurzeln sozialpädagogischer Arbeit in der Erziehung und Bildung von Kindern und Jugendlichen außerhalb von Schule und Elternhaus. Kindergarten und Heimpädagogik sind damit fundamentale Gegenstandsbereiche der Sozialpädagogik mit dem wissenschaftlichen Bezug zu den bedeutenden Klassikern der Pädagogik (→ *Kindergarten- und Vorschulpädagogik*). Die historischen Fundamente der Heimpädagogik sind insofern mit den Erziehungsideen von PESTALOZZI (1746–1827), MAKARENKO (1888–1939), KORCZAK (1878–1942), AICHHORN (1878–1919) und BERNFELD (1892–1953) verbunden. Gegenwärtig sind die Konzepte von BETTELHEIM, REDL und MEHRINGER von Bedeutung. Fragt man nach den für die aktuelle Diskussion bedeutsamen »Essentials« der Geschichte der HE, so ist folgendes festzuhalten:
- Grundlage und Ausgangspunkt der wissenschaftlichen Arbeit dieser Pädagogen waren immer intensive eigene, teilweise leidvolle Erfahrungen mit Kindern und Jugendlichen in sehr belastenden, z. T. ausweglosen Lebenssituationen. Armut, extreme Verlassenheit und Einsamkeit von Kindern, häufig verbunden mit politischen Unruhen wie Kriegs- und Nachkriegszeiten, Revolutionen, Bürgerkriegen bis zur Lebensbedrohung und Ermordung von Kindern im Konzentrationslager, sind der gesellschaftliche Hintergrund.
- Die Anfänge der Pädagogik deprivierter, verwahrloster Kinder liegen somit in der Heimerziehung. Hier besteht eine Verbindung zwischen den pädagogischen Leitlinien PESTALOZZIS (^{3}1975) in seiner Anstalt in Stans und den Postulaten der psychoanalytischen Pädagogik von BETTELHEIM (1972) und REDL/WINEMAN (1970). Die Vorrangig-

keit der emotionalen Betreuung und Erziehung von vernachlässigten, irritierten oder mißhandelten Kindern vor kognitiven und ethischen Forderungen ist weithin ein Kernpunkt dieser sozial- und heilpädagogischen Ansätze.
– Die Einbeziehung der Lebenslage des Kindes und seiner altersgemäßen Wünsche ist ein weiteres Kennzeichen der Heimpädagogik.
– Mit sehr unterschiedlichen Zielsetzungen und auf verschiedenartige Weise finden sich Bemühungen um Selbstorganisation der Lebenswelten von Kindern und Jugendlichen im Heim bei MAKARENKO, BERNFELD und KORCZAK.
– Heimerziehung steht immer im engen Zusammenhang mit der jeweiligen wirtschaftlichen Lage, mit ökonomischen Interessen von gesellschaftlichen Gruppen und allgemeinen Zeittendenzen. Die Ausbeutung der kindlichen Arbeitskraft in Heimen während des 17. und 18. Jahrhunderts in Verbindung mit der Entstehung von Zucht- und Arbeitshäusern aufgrund der merkantilen Interessen der Fürsten ist dafür ein bezeichnendes Phänomen. In Konkurrenz zu solchem Profitdenken können sich pädagogische Konzepte nur bedingt behaupten.
– Die gesellschaftliche Stellung des Kindes und die Geschichte der Kindheit spiegeln sich auch in der Heimerziehung wider. So waren die verwaisten Kinder im Mittelalter gemeinsam mit der notleidenden erwachsenen Bevölkerung eingebunden in das allgemeine Fürsorgesystem des Almosenwesens. Die Entwicklung verläuft über ihre Versorgung in den Spitälern und ab dem 11. Jahrhundert in speziellen Findel- und Waisenhäusern über die bereits erwähnte Ausbeutung der kindlichen Arbeitskraft in industriellen Betrieben und die teilweise Mitarbeit in der Landwirtschaft bis zur vollständigen Entlastung vom Versorgungsdruck (RÖPER 1976).

Die totale Versorgung von Kindern und Jugendlichen in den Heimen birgt jetzt die Gefahr der materiellen Verwöhnung und Entmündigung.

2.2 Heimerziehung nach dem Zweiten Weltkrieg

Das Dritte Reich hatte Europa in ein Chaos gestürzt. Nach 1945 konnte man von einer Massennot vagabundierender heimatloser Kinder und Jugendlicher sprechen, der man anfangs kaum zu begegnen vermochte. Über 5 Mio. Kinder waren durch den Krieg heimatlos geworden, 250 000 wurden Vollwaisen und 1¼ Mio. verloren ihren Vater. Der drohenden Gefährdung der Minderjährigen durch Schwarzmarkt, Delinquenz und familiäre Schwierigkeiten sollte in erster Linie durch Heimerziehung begegnet werden. So wuchs die Zahl der Heimunterbringungen in den Nachkriegsjahren stark an. Die »Anstalten«, in denen die Minderjährigen untergebracht wurden, waren durch ihre überwiegend ländliche Lage durch den Krieg kaum zerstört, wiesen aber häufig kasernenartige Verhältnisse auf. Hinzu kam, daß die Erzieher teilweise überaltert waren und nur selten über eine Fachausbildung verfügten. Erst zu Beginn der 60er Jahre wurden einzelne Heime neu konzipiert und gebaut. So konnte MEHRINGER (1949) beim Neubau des »Münchener Waisenhauses« einige Reformen durchsetzen.

Durch die Novellierung des JUGENDWOHLFAHRTSGESETZES (JWG) 1961 wurde die »Freiwillige Erziehungshilfe« (FEH) in das Gesetz eingefügt. Diese Form der »öffentlichen Erziehungshilfe« bot fortan die Möglichkeit, Minderjährige, »deren Entwicklung gefährdet oder geschädigt ist« (JUGENDWOHLFAHRTSGESETZ, §61ff.), auf Antrag der Personensorgeberechtigten in einem Heim unterzubringen.

Ein wesentlicher Einschnitt in den Bereich der Heimerziehung erfolgte in den Jahren

1969 und 1970. Im Sommer 1969 führten Initiativen im Rahmen der Studentenbewegung und der »Außerparlamentarischen Opposition« (APO) zu Aktionen gegen die stationären Einrichtungen der Jugendhilfe, die für die weitere Entwicklung der Heimerziehung bedeutsam wurden. Ziel dieser »Heimkampagnen« war es, die teilweise untragbaren Zustände in den Heimen zu verbessern und die sozial randständigen Heimjugendlichen politisch zu aktivieren (AUTORENKOLLEKTIV 1971, S. 73). Im Zuge dieser Aktionen, die gelegentlich recht spektakulär verliefen, interessierte sich auch erstmals, durch die Medien aktiviert, eine breite Öffentlichkeit für die Probleme der Heimerziehung. Zahlreiche Beiträge in Presse, Rundfunk und Fernsehen wiesen auf die Mißstände hin. Die breite Diskussion darüber gab Anstoß für zahlreiche Forderungen zur Veränderung der Situation der Heimbewohner und der Erzieher.

So waren die mittsiebziger Jahre in der HE geprägt von Reformbestrebungen und den Diskussionen um ein neues Jugendhilferecht. Hinzu kam, daß am 1. Januar 1975 die Volljährigkeit auf das 18. Lebensjahr herabgesetzt wurde. Dies bedingte, daß allein durch die neue Rechtslage die Zahl der Heimunterbringungen erheblich zurückging. Gleichzeitig mit der neuen Volljährigkeitsgrenze wurde durch eine Novellierung des JWGs in den §§ 6 Abs. 3 und 75a die Möglichkeit eröffnet, daß junge Volljährige – unter der Voraussetzung einer Schul- oder Berufsausbildung – freiwillig weiter in einem Heim verbleiben können und die Heimkosten von dem bisherigen Kostenträger übernommen werden.

In diesen Jahren verbesserte sich die Situation der HE merklich, besonders in personeller Hinsicht. Die Ausbildung für die pädagogischen Mitarbeiter wurde zunehmend qualifizierter. Sie erfolgte zum einen in der Fachschule für Sozialpädagogik (→ *Sozialpädagogen / Sozialarbeiter*), die sich allerdings nur zögernd von ihrem ursprünglichen Schwerpunkt, der Kleinkindererziehung, löste und sich der HE zuwandte (vgl. HEUN 1977, S. 111). Dennoch fand gerade dieser Arbeitsbereich bei den zukünftigen »staatlich anerkannten Erziehern« großes Interesse. Zum anderen wurde in den Studiengängen der Fach- bzw. Gesamthochschulen das Arbeitsfeld Heimerziehung in den Studienschwerpunkten berücksichtigt. Ebenfalls fanden auch die Aspekte der Heil- und Sonderpädagogik ihren Einzug in die Lehrpläne der sozialpädagogischen Ausbildungsstätten einschließlich der Universitäten. So stellte der Hessische Sozialminister bereits im August 1977 in seinem »Sachstandsbericht zur Reform der Heimerziehung in Hessen« fest, daß »Ende 1974 von den 1433 in der Heimerziehung im engeren Sinne tätigen Frauen nur noch 13,8% keine (Fach)Ausbildung hatte und bei den Männern dieser Anteil 10,7% betrug« (HESSISCHER SOZIALMINISTER 1977, S. 32).

In den nachfolgenden Jahren ging der Anteil der nichtausgebildeten Mitarbeiter ständig weiter zurück, so daß davon auszugehen ist, daß seit Beginn der 80er Jahre alle pädagogischen Mitarbeiter in den Heimen über eine Fach- bzw. Fachhochschulausbildung oder Universitätsausbildung verfügen. Diese Forderungen stellen auch die Landesjugendämter als Heimaufsicht in ihren Heimrichtlinien oder entsprechenden Erlassen (RICHTLINIEN FÜR HEIME 1982, S. 7f.).

3 Heimerziehung in den 80er Jahren

3.1 Kategorien und Differenzierung der Heime

Im Bereich der HE haben sich tradierte institutionelle Formen entwickelt, die nach heutiger Einschätzung pädagogischen Maximen nur noch bedingt entsprechen, vielmehr organisatorischen und institutionellen Zwecken dienlich sind. Kategorien wie Alter, Geschlecht, Konfessionszugehörigkeit, Art der Störung scheinen nur noch in sehr begrenztem Maße Kriterien für eine Differenzierung der Heime zu sein.

So war ein Ergebnis der Heimkritik der 70er Jahre die Forderung nach einer Differenzierung des Leistungsangebotes der Heime unter pädagogischen Aspekten und nach kleinen, überschaubaren Einheiten, um den negativen Auswirkungen totaler Institutionen zu entgehen und mehr Demokratie zu ermöglichen.

Die Aporie dieses Postulats besteht darin, daß einerseits die Institution den spezifischen Schwierigkeiten und individuellen Bedürfnissen der Kinder und Jugendlichen Rechnung tragen soll, gleichzeitig soll das Integrationsanliegen Berücksichtigung finden und eine Gettoisierung von besonders schwierigen Kindern und Jugendlichen vermieden werden.

Oberstes Gebot ist die Vermeidung von Heimwechseln bei Kindern und Jugendlichen. Dieses Kriterium steht aber u. U. auch im Widerspruch zur Spezialisierung von Heimen. Da das diagnostische Instrumentarium nicht hinreichend Prognosen für die pädagogische Arbeit ermöglicht und die Symptomatik der Jugendlichen sehr komplex ist, kann sich ein spezialisiertes Heim für die Erziehung eines Kindes im nachhinein als ungeeignet erweisen.

Die Notwendigkeit von internen Schulen und Berufsausbildungen für Kinder und Jugendliche, die in öffentlichen Schulen als untragbar gelten bzw. auf dem allgemeinen Arbeitsmarkt keine Ausbildungschancen erhalten, steht wiederum im Widerspruch zur Forderung nach kleinen Einheiten.

Im »Zwischenbericht« benennt die »Kommission Heimerziehung« als wesentliche Kriterien für die Heimunterbringung die voraussichtliche Dauer der Maßnahme und die geforderte Nähe bzw. Distanz zur Herkunftsfamilie (INTERNATIONALE GESELLSCHAFT FÜR HEIMERZIEHUNG 1977, S. 166). Die Berücksichtigung der individuellen Bedürfnisse und Erziehungsanforderungen wäre dann Aufgabe einer pädagogischen Binnendifferenzierung.

Einen Versuch, starre Strukturen zugunsten offener, flexibler Einrichtungen aufzugeben und gleichzeitig dem Anliegen nach kleinen Einrichtungen Rechnung zu tragen, stellen die Verbundsysteme dar, in denen dezentral und weitgehend autonom stationäre – ggf. auch teilstationäre und ambulante – Einrichtungen zusammengefaßt sind (FÜHNE u. a. 1979).

3.2 Rechtsgrundlagen der Heimerziehung

Die Erziehung von Kindern und Jugendlichen in stationären Einrichtungen der Jugendhilfe kann auf der Basis verschiedener rechtlicher Bestimmungen erfolgen. Hier soll ein Überblick über die wesentlichsten Rechtsgrundlagen gegeben werden (vgl. auch Abschnitt 6 d. Beitrages).

Es ist zunächst grundsätzlich zu unterscheiden zwischen Heimunterbringungen, die mit Einverständnis der Personensorgeberechtigten erfolgen, gegenüber denen, die gegen den Willen der Eltern resp. Elternteile durchgeführt werden.

3.2.1 Unterbringung mit Einverständnis der Personensorgeberechtigten
a) Die sogenannte »örtliche Erziehungshilfe« (ÖEH)
Eine Unterbringung des Minderjährigen nach § 5 Abs. 1 Nr. 3 und 7 in Verbindung mit § 6 Abs. 1 und 2 JWG stellt bei Ausfall oder Versagen des Elternhauses seine Pflege und Erziehung sicher. Eine Unterbringung erfolgt hiernach (bei Kostenübernahme durch den örtlichen Jugendhilfeträger, d. h. durch das Stadt- oder Kreisjugendamt), wenn dem erzieherischen Notstand mit den erzieherischen Mitteln einer Pflegefamilie begegnet werden kann. Es ist nicht zwingend erforderlich, daß das Kind tatsächlich in einer Pflegefamilie untergebracht wird, maßgeblich ist, ob diese Unterbringung ausreichen würde, um dem Kind zu helfen. Wenn dies zu bejahen ist, ist eine Hilfe nach § 5,6 zu gewähren, auch wenn das Kind/der Jugendliche in einem Heim untergebracht wird.
b) Die freiwillige Erziehungshilfe (FEH)
FEH ist eine spezielle darüber hinausgehende Erziehungshilfe. Sie ist subsidiär und kommt nur dann in Betracht, wenn zur Abwendung der Gefährdung oder Schädigung eines noch nicht 17 Jahre alten Minderjährigen andere Erziehungsmaßnahmen (z. B. sozialpädagogische Familienhilfe oder Erziehungsbeistandschaft) nicht ausreichen. In diesem Falle ist der überörtliche Jugendhilfeträger (Landesjugendamt, Landschaftsverband, Landeswohlfahrtsverband) Kostenträger.
c) Heimunterbringung nach dem BUNDESSOZIALHILFEGESETZ (BSHG)
Auf die sehr komplizierte Rechtsmaterie des BSHG in Verbindung mit Heimunterbringungen Minderjähriger kann hier nur am Rande eingegangen werden. So ist eine Unterbringung in einem Heim sowohl im Rahmen der »Eingliederungshilfe« (§ 39 ff. BSHG) als auch der »Hilfe zur Überwindung besonderer sozialer Schwierigkeiten« (§ 72 BSHG) möglich (vgl. BUSCH u. a. 1982). Hier ist dann die Kostenzuständigkeit des »überörtlichen Sozialhilfeträgers« gegeben.
d) Letztlich sei noch darauf hingewiesen, daß die Personensorgeberechtigten in Ausübung ihres Aufenthaltsbestimmungsrechtes die Unterbringung ihres Kindes – z. B. in einem Internat – ohne jegliche Mitwirkung des Jugendamtes (allerdings i. d. R. auch ohne Kostenbeteiligung) bestimmen können.

3.2.2 Heimunterbringung ohne Einverständnis der Personensorgeberechtigten
Eine Unterbringung eines Minderjährigen ohne die Zustimmung der Personensorgeberechtigten setzt *immer* einen Beschluß des Vormundschaftsrichters (in Ausnahmen auch des Jugend[straf]richters) voraus.
a) Die Fürsorgeerziehung (FE)
Liegen die Voraussetzungen der §§ 64 ff. JUGENDWOHLFAHRTSGESETZ vor (d. h. droht ein Minderjähriger, der das 17. Lebensjahr noch nicht vollendet hat, zu verwahrlosen bzw. ist er bereits verwahrlost) und kann der Gefährdung nicht durch andere (mildere) Maßnahmen begegnet werden, so kann der Vormundschaftsrichter FE anordnen. Nach Rechtskraft der FE verlieren die Personensorgeberechtigten ihr Aufenthaltsbestimmungsrecht, das auf den überörtlichen Träger der Jugendhilfe übertragen wird, der auch die Kosten für die Maßnahme übernimmt.

b) Unterbringung durch Anordnungen von Vormund/Pfleger

Wird aufgrund der Bestimmungen des § 1666 BGB den Personensorgeberechtigten das Aufenthaltsbestimmungsrecht (oder in Ausnahmen die gesamte elterliche Sorge) durch das Vormundschaftsgericht entzogen und einem Pfleger/Vormund übertragen, so kann dieser die Unterbringung des Kindes in einem Heim oder in einer Pflegestelle veranlassen. In der Regel werden dann Maßnahmen der ÖEH – (s. 3.2.1 a) – eingeleitet. In Ausnahmen die unter 3.2.2 b) und c) genannten.

3.2.3 Heimunterbringung für junge Volljährige

Unter den Voraussetzungen der §§ 6 Abs. 3 und 75a JWG können auch bereits früher eingeleitete Maßnahmen für junge Volljährige weiter finanziell gefördert werden (s. auch Punkt 2.2 letzter Absatz).

3.3 Trägerschaft, Finanzierung, statistische Angaben

Heimerziehung war in der Vergangenheit und ist auch in der Gegenwart immer ein Anliegen der Kirchen gewesen. Bundeseinheitliche Zahlen über die Verteilung von Heimen und Plätzen liegen nur sehr begrenzt vor, da in den jährlichen Veröffentlichungen des STATISTISCHEN BUNDESAMTES keine Differenzierung zwischen den Leistungen der öffentlichen und freien Träger vorgenommen wird (vgl. STATISTISCHES BUNDESAMT 1987).

Aus einem INTERNEN ARBEITSPAPIER des STATISTISCHEN BUNDESAMTES (1985, S. 16) geht allerdings hervor, daß es Ende 1982 insgesamt 55 436 Heime für Kinder und Jugendliche gab. Bezüglich der Trägerschaften verteilten sich diese wie folgt:

Heime ingesamt	Öffentliche Träger	Kirchliche Träger	Sonstige Träger
55 436	9 143 = 16,5%	26 889 = 48,5%	19 404 = 35%

Tab. 1: Heime für Kinder und Jugendliche, verteilt nach Trägerschaften

Damit wird deutlich, daß die kirchlichen Träger nahezu 50% aller Heime im Bundesgebiet betreiben. Auf alle Bundesländer gleichmäßig bezogen, haben die beiden großen Konfessionen nahezu den gleichen Anteil und sind damit mit Abstand die größten Heimträger (vgl. auch HEUN 1984 a, S. 330).

Zu Beginn der 70er Jahre kam es, einem dringenden Erfordernis folgend, zu einer höheren Qualifikation der Erzieher im Heim. Die damit verbundene bessere Bezahlung, die Verringerung der Gruppenstärke und die Herabsetzung der wöchentlichen Arbeitszeit führten in der Folgezeit zu einer erheblichen Anhebung der Pflegesätze im Heim. So wuchsen die Heimkosten von 1970 bis 1980 um über 400%, während die allgemeinen Lebenshaltungskosten in der gleichen Zeit nur um 55% stiegen (HEUN 1984 b, S. 13).

Nach Auskunft des Landesjugendamtes Hessen betrug der durchschnittliche Pflegesatz in den Kinder- und Jugendheimen des Landes Hessen am 31. 12. 1986 etwa 125,– DM. Auf die Personalkosten entfallen davon ca. 80%.

	in Heimen					in anderen Familien				
	1970	1975	1980	1985	1987	1970	1975	1980	1985	1987
1. Unterbringung nach § 5/6 JWG	65 467	57 654	47 108	34 209	32 237	35 932	62 252	68 446	45 118	42 618
2. Unterbringung aufgrund FEH	18 214	14 389	12 851	10 442	9 488	1 526	719	729	386	332
3. Unterbringung aufgrund FE	10 126	4 165	2 248	907	585	1 616	336	153	26	17
4. Unterbringung von jungen Volljährigen (§ 6.3)	–	1 211	2 846	4 862	5 348	–	341	1 408	–	–
5. Unterbringung von jungen Volljährigen (§ 75a)	–	826	1 200	1 708	1 896	–	70	169	–	–

Tab. 2: Im Rahmen der »Hilfen zur Erziehung« außerhalb des Elternhauses untergebrachte Minderjährige und junge Volljährige (vgl. STATISTISCHES BUNDESAMT 1989).

Die obige Tabelle verdeutlicht folgendes:
- Die Gesamtzahl aller Heimunterbringungen gem. § 5/6 JWG ging im Jahre 1970 (100%) um über die Hälfte auf 49,2% zurück.
- Die Unterbringung in »anderen Familien« (Pflegefamilien) bis 1987 gem. § 5/6 nahm im gleichen Zeitraum um 18,6% zu.
- Die Gesamtzahl aller Fremdunterbringungen betrug 1970 noch 132 881; der Anteil der »Unterbringungen in Heimen« betrug daran 71%.
- 1987 lebten insgesamt 88 609 Mj. außerhalb ihrer Familie. Im Heim lebten 42 310 = 47,8%, in anderen Familien 52,8%.
- Die Unterbringung im Rahmen der Fürsorgeerziehung ist außergewöhnlich stark zurückgegangen. 1987 waren es gerade noch 5,8% der Zahlen von 1970. Ihr Anteil an der gesamten Heimunterbringung betrug 1987 noch 1,3%.
- Beachtlich ist die Zahl der jungen Volljährigen, die im Anschluß an eine »Hilfe zur Erziehung« bzw. eine FE oder FEH auf ihren Wunsch und Antrag hin ihre Schul- bzw. Berufsausbildung in den Heimen fortsetzen konnten.

3.4 Die Heimbewohner

Im Gegensatz zu der Situation vor zehn Jahren ist das Aufnahmealter in den Heimen stark angestiegen. Lebten 1975 noch 43% aller unter sechs Jahre alten Kinder, die außerhalb ihrer eigenen Familie untergebracht werden mußten, in Heimen, so betrug ihr Anteil 1985 nur noch 16,5%. Auch das Alter der Schulkinder und Jugendlichen bei der Heimaufnahme ist seit 1975 deutlich angestiegen.

Von den 1985 neu aufgenommenen Minderjährigen, denen eine »Hilfe zur Erziehung außerhalb des eigenen Elternhauses« gewährt wurde, kamen

- aus vollständigen Familien   24,1%
- aus geschiedenen Ehen   23,9%
- von dauernd getrennt lebenden Eltern   13,9%
- als Halb- oder Vollwaisen   9,0%
- nichteheliche Kinder   29,0%.

Die Übersicht verdeutlicht, daß Heimerziehung überwiegend von alleinerziehenden Elternteilen in Anspruch genommen wird.

Erziehungsprobleme – im weitesten Sinne – sind noch immer die Hauptursachen für Heimunterbringungen. In den Akten eines großstädtischen Jugendamtes wurden als Hauptgründe für die Heimeinweisung genannt:

Jungen		Mädchen	
unter 10 Jahre			
Verhaltensstörungen	25,0%	Verhaltensstörungen	15,4%
Schulschwierigkeiten	25,0%	Schulschwierigkeiten	7,7%
10–15 Jahre			
Schule, Beruf	67,3%	Schule, Beruf	56,2%
Erziehungsschwierigkeiten	57,1%	Erziehungsschwierigkeiten	50,0%
Delinquenz	55,1%	Umhertreiben, Weglaufen	40,6%
über 15 Jahre			
Delinquenz	46,9%	Umhertreiben, Weglaufen	55,9%
Umhertreiben, Weglaufen	34,4%	Schule und Beruf	52,9%
Schule, Beruf	31,2%	Erziehungsschwierigkeiten	47,1%
Erziehungsschwierigkeiten	25,0%	Sexualverhalten	35,3%

Tab. 3: Hauptgründe für die Heimeinweisung (vgl. INTERNATIONALE GESELLSCHAFT FÜR HEIMERZIEHUNG 1986)

Drei Gruppen von Heimbewohnern sollen noch besonders erwähnt werden.

Zum einen die Gruppe der jungen Volljährigen. Sie verbleiben freiwillig zur Beendigung einer Schul- oder Berufsausbildung im Heim. Ihre Zahl betrug 1985 10 122 und war damit achtmal so hoch wie die Zahl sämtlicher FE-Unterbringungen. Diese jungen Erwachsenen benötigen intensive Vorbereitung für ihre Selbständigkeit, da 80% von ihnen keinerlei familiären Rückhalt haben und ⅔ nach dem Heimaufenthalt allein leben (vgl. »MÜNSTERANER ERKLÄRUNG« 1985).

Häufig kommen Kinder in ein Heim, die bereits mehrere Stationen einer Fremdunterbringung hinter sich gebracht haben. Bei ihnen wird Heimerziehung als »ultima ratio« angesehen. So ergab eine Untersuchung, die sich mit den Ursachen von Pflegestellenabbrüchen befaßte, daß etwa 10% aller Heimkinder in Hessen vor ihrem derzeitigen Heimaufenthalt »vier bis fünf Aufenthaltsorte hatten, wobei einige von ihnen einem ständigen Wechsel der Lebensbereiche und Bezugspersonen ausgesetzt waren« (vgl. HEUN 1984b, S. 223).

Als letztes sei eine Gruppe angesprochen, mit der sich die Heimerziehung erst in jüngster Zeit zu beschäftigen hat. Es handelt sich dabei um sogenannte »unbegleitete Flüchtlingskinder«. Es sind vornehmlich Jugendliche zwischen 12 und 17 Jahren, die aus den Krisengebieten vorwiegend des Nahen Ostens und Afrikas in die Bundesrepublik kommen und hier um politisches Asyl nachsuchen. Aufgrund internationaler Abkommen (Haager Minderjährigen-Abkommen) werden diese Minderjährigen in den Jugendhilfeeinrichtungen aufgenommen. Wegen ihrer schwierigen persönlichen Situation stellen sie an die Mitarbeiter der Heime neue Anforderungen. Am 1. 2. 1990 lebten in den hessischen Kinder- und Jugendheimen 389 unbegleitete Flüchtlingskinder, die überwiegend aus dem Iran und Eritrea kamen.

4 Heimerziehung in der pädagogischen Diskussion

4.1 Pädagogik und Therapie im Heim

Wie im vorangegangenen Abschnitt deutlich wurde, ist davon auszugehen, daß die Kinder und Jugendlichen vor ihrer Heimeinweisung belastende Erfahrungen mit ihrer Umwelt gemacht haben. Scheidung der Eltern bzw. Partner- oder Ehekrisen, materielle Unsicherheiten, Vernachlässigung oder Gewalt in der Familie, Mißerfolge und Stigmatisierungen in der Schule, Milieuwechsel u. a. haben sie verunsichert und in ihrer Persönlichkeitsentwicklung nachhaltig beeinträchtigt. Angesichts dieser negativen Erfahrungen haben sie Verhaltensstrategien entwickelt, die vielfach nicht den Erwartungen der Umwelt entsprechen. Diese Konflikte der Jugendlichen, die Kritik an der pädagogischen Arbeit und Profilierungstendenzen der Heime führten dazu, daß die Mitarbeit und Unterstützung von »Spezialisten«, vorwiegend Psychologen und Therapeuten, angestrebt wurde. Von ihnen wurde die Lösung vieler pädagogischer und heiminterner Konflikte erwartet. Das Prestige, das die Heime durch den Nachweis therapeutischer Arbeit gewannen, verstärkte diese Tendenz und führte zu einer Inflation des Therapiebegriffs. Die pädagogische Arbeit erfuhr eine Abwertung und geriet in den Hintergrund. Durch den Trend zur Therapeutisierung bestand zudem die Gefahr, daß die Schwierigkeiten primär in der Persönlichkeit der jungen Menschen gesehen wurden, die Lebenslage der Betroffenen mit ihren gesellschaftlichen Dimensionen dagegen nicht hinreichend in Betracht gezogen wurde (BIRTSCH/BLANDOW 1979). Ferner zeigte sich, daß die Bereitschaft und die Voraussetzungen für eine Therapie bei den Jugendlichen häufig nicht gegeben waren.

Aufgrund dieser Erfahrungen besteht nun die Tendenz, dem alltäglichen Leben im Heim, den Interessen und Fähigkeiten der Jugendlichen wieder mehr Aufmerksamkeit und fachliche Kompetenz zuzuwenden, d. h. die pädagogische Arbeit zu intensivieren mit dem Ziel, den Kindern und Jugendlichen einen Raum zu gewährleisten, in dem sie bisherige negative, kränkende und krankmachende Erfahrungen überwinden und sich neue Perspektiven eröffnen können, einen Raum, den man vielleicht als »gelingenderen Alltag« verstehen könnte (THIERSCH 1986, S. 108). Therapeutische Maßnahmen müßten nach diesem Konzept für spezielle Probleme ergänzende Hilfe bieten.

4.2 Chancen und Gefahren geschlossener Einrichtungen

Im Februar 1979 legte die Bundesregierung den Entwurf eines Jugendhilferechts vor. In diesem Gesetzesentwurf (BUNDESTAGSDRUCKSACHE 1979), der »eine grundlegende Reform des Jugendhilferechts« intendierte (vgl. auch Abschn. 3.1.2), war erstmals in den §§ 46 und 47 eine gesetzliche Regelung der »geschlossenen Unterbringung« (GU) (BUNDESTAGSDRUCKSACHE 1979, S. 18) vorgesehen. Diese Form der Heimunterbringung war im Anschluß an die Heimkampagne vor allem in einigen sozialdemokratisch regierten Bundesländern – wie z. B. in Hessen – aufgehoben worden, wurde in anderen Bundesländern (z. B. Berlin und Bayern) aber praktiziert.

In der Diskussion um diesen Entwurf kam es zu heftigen Kontroversen um diese Unterbringungsart, die bis heute andauern, obwohl es zu der ursprünglich geplanten Novelle zum JWG nie kam. Die Befürworter der GU gingen davon aus, daß es eine Gruppe von Kindern und Jugendlichen gibt, die pädagogisch und therapeutisch nicht zu versorgen sind, wenn sie nicht vorübergehend geschlossen untergebracht werden. Für diese Gruppe müsse die Voraussetzung für ein erzieherisches Einwirken erst geschaffen werden, indem ihre Anwesenheit dadurch garantiert wird, daß man sie gesichert unterbringt (AFET 1979).

Demgegenüber gingen die Gegner von GU davon aus, daß dies »eine den praktischen Erfordernissen der Heimerziehung und dem heutigen wissenschaftlichen Erkenntnisstand widersprechende, unmenschliche und damit durch nichts zu rechtfertigende Zwangsmaßnahme sei« (MÖLLHOF 1979, S. 37). Die Aussage, daß Erziehung Präsenz voraussetze, sei in ihrem Umkehrschluß nicht haltbar. Nicht jeder Minderjährige, der sich im Verfügungsbereich des Erziehers befinde, lasse sich auch erziehen. Das Gegenteil sei der Fall. Die Isolation werde von den Betroffenen nicht als Hilfe, sondern als Bestrafung wahrgenommen. Darüber hinaus könne in geschlossenen Einrichtungen nicht auf ein Leben in Freiheit vorbereitet werden (vgl. ALMSTEDT-MUNKWITZ 1982, S. 200).

In der Folgezeit entspannte sich die Diskussion um die GU. Zum einen wurde durch die Einführung des § 1631 b des BÜRGERLICHEN GESETZBUCHES (ab 1. 1. 1980) immer eine richterliche Kontrolle bei einer freiheitsentziehenden Maßnahme vorausgesetzt. (Dies gilt für die GU ebenso wie für eine Unterbringung in der geschlossenen Abteilung einer Psychiatrie; vgl. § 1631 b BGB: »Eine Unterbringung des Kindes, die mit Freiheitsentziehung verbunden ist, ist nur mit Genehmigung des Vormundschaftsgerichts zulässig.«)

Zum anderen bemühten sich vor allem *die* Bundesländer, die keine GU durchführten, um Alternativen dazu. In Hessen wurde beispielsweise bei einem freien Träger das Modell der »Pädagogisch-Therapeutischen-Intensivbetreuung« (PTI) erprobt. Die Intention dieser Betreuungsart sollte sein, erheblich gefährdete und verhaltensgestörte Minderjährige in sehr kleinen Gruppen durch intensive »Patenbeziehungen« an *einen* Erzieher und an die Einrichtung zu binden, um so deviantes Verhalten zu verhindern oder zumindest zu verringern. Dieses Modell, das sehr kostenintensiv arbeitet, befindet sich noch immer in der Erprobungsphase, so daß eine endgültige Beurteilung noch nicht möglich ist (BIRTSCH 1986).

4.3 Erlebnispädagogische Maßnahmen

Um den Problemen besonders gefährdeter, delinquenter Jugendlicher mit pädagogischen Maßnahmen zu begegnen und geschlossene Unterbringung zu vermeiden, wurden in den letzten Jahren verschiedentlich erlebnispädagogische Maßnahmen erprobt (GÜNDER 1985). Die pädagogischen Grundgedanken dieser Projekte finden sich bereits in der Reformpädagogik, z. B. im Konzept der Kurzschulen von Kurt HAHN und teilweise auch in der Idee der »Pädagogischen Provinz« (SCHWARZ 1968) (→ *Freie Schulen* . . .). Neu ist, daß die pädagogischen Mittel wie Abenteuer in natürlichen Bewährungsfeldern, die dem Erlebnisdrang gerecht werden sollen, Naturerlebnisse, körperliches Training, intensive Gruppenerlebnisse und Ausschaltung negativer zivilisatorischer Einflüsse hier im Blick auf die psychischen Probleme Verwahrloster bzw. von der Verwahrlosung bedrohter Jugendlicher angewandt werden, während reformpädagogische Projekte vorwiegend von Jugendlichen der Mittelschicht wahrgenommen wurden. Erlebnispädagogische Projekte werden in der Form von Bergwanderungen, Hüttenaufenthalten, Ferienfahrten ins Ausland durchgeführt. Die spektakulärste Form sind die »Segeltörns«, bei denen die Jugendlichen mehrere Monate auf See leben. Die »Unentrinnbarkeit« innerhalb der Gemeinschaft, die notwendig geforderte Mitarbeit zum Überleben und die Erfahrung lebensbedrohlicher Grenzsituationen kommen bei diesen Projekten in extremer Weise zum Tragen (ZIMMERMANN 1983).

Die psychischen Probleme treten angesichts dieser Herausforderungen weniger in Erscheinung, so daß wohl kurzfristig eine Änderung des Verhaltens bei vielen Teilnehmern zu verzeichnen ist. Entscheidend für den langfristigen Erfolg werden die Intensität und Konzeption der Nachbetreuung sein. Für die begleitenden Betreuer bedeuten erlebnispädagogische Projekte eine extreme Belastung, darin werden gewisse Grenzen derartiger Initiativen liegen. Pädagogisch problematisch erscheint ferner, daß erlebnispädagogische Projekte häufig sehr kostenintensiv sind, somit stellen sie sich im Erleben der Jugendlichen als therapeutische Maßnahme dar und nicht als echte Lebensbewährung.

4.4 Elternarbeit

Die Beachtung der Herkunftsfamilien der Kinder und Jugendlichen ist in der Heimerziehung unabdingbar, denn die Eltern sind immer präsent, »und sei es im Extremfall nur noch in der Erinnerung von Kindern« (PLANUNGSGRUPPE PETRA 1987). Die Forderung nach der Einbeziehung der Eltern in die pädagogische Arbeit im Heim ist heute unumstritten. Sie legitimiert sich in mehrfacher Hinsicht:
– Zum einen sind Informationen und Absprachen zwischen Eltern und Erziehern erforderlich zur Förderung einer bestmöglichen Zusammenarbeit. Das betrifft z. B. Besuchsregelungen und den Austausch über Erfahrungen und Verhaltensweisen des Jugendlichen in den beiden Lebensbereichen.
– Ferner muß in einem Prozeß der Beobachtung, Beratung, des Informationsaustausches die Frage der Rückführung des Kindes in das Elternhaus bzw. der gegenseitigen Loslösung geklärt werden.
– Die Heimunterbringung des Jugendlichen muß mit den Eltern, ggf. auch den Geschwistern aufgearbeitet werden, u. a. auch, um Schuldgefühle und Schuldzuweisungen zu reflektieren.
– Aus systemtheoretischer Sicht erscheint es erforderlich, die Familienstruktur zu verändern, um ggf. das Heimkind aus der Funktion des Symptomträgers zu befreien und eine Verfestigung des problematischen Beziehungsgeflechts in der Familie zu verhindern.

In der Praxis der Heimerziehung besteht eine Diskrepanz zwischen dem Bewußtsein für die Notwendigkeit der Elternarbeit und der faktischen Durchführung (HEUN 1980).

Einmal verhindern personelle Gegebenheiten den Ausbau der Elternarbeit. Gruppenerzieher mit der besten Kenntnis über die Jugendlichen verfügen häufig nicht über die hinreichende Zeit, ggf. auch Qualifikation zur Beratung der Eltern. Gruppenübergreifende Fachkräfte sind dagegen nur begrenzt in direktem Kontakt mit den Jugendlichen. Teilweise fehlt es auch an Planstellen für diese Arbeit. Zudem sind häufig die Kompetenzen des Jugendamtes und der Heime hinsichtlich der Arbeit mit den Eltern nicht klar definiert.

Das größte Hindernis liegt jedoch im Mangel an Konzeption, die den verschieden gelagerten und extremen Problemlagen der Herkunftsfamilien einerseits und den Kapazitäten der Heime andererseits Rechnung trägt. Die Therapie der Herkunftsfamilie bzw. eines Elternteils kann nicht Aufgabe der Heime sein, unabhängig von der vorhandenen oder fehlenden Bereitschaft der Eltern. Hier fehlt – wie auch in anderen Bereichen der sozialen Arbeit – eine klare Abgrenzung zwischen Therapie und sozialpädagogischer Beratung. Ferner scheint es angesichts der sehr unterschiedlichen Familienkonstellationen, Problemlagen und motivationalen Gegebenheiten nicht angezeigt, ausschließlich *eine* Form und *ein* theoretisches Konzept zu verfolgen.

In der Praxis der Heimerziehung sind gegenwärtig verschiedene Modelle in der Erprobung. Neben die interne Elternarbeit, bei der die Eltern zu Besuchen, Gesprächen, Festen und zur Hospitation in das Heim kommen, ist die externe Elternarbeit getreten mit gelegentlichen oder regelmäßigen Hausbesuchen und externen Elterngesprächskreisen. Einzelgespräche und kontinuierliche Gruppengespräche bzw. Wochenendseminare werden durchgeführt. Es ist zu erwarten, daß die Auswertung dieser Erfahrungen der Elternarbeit im Heim neue Impulse geben wird.

4.5 Alternativen zur Heimerziehung

In verstärktem Maße wurden in den vergangenen Jahren einerseits als pädagogische Ergänzung und Alternative zur traditionellen Heimerziehung, andererseits aber auch aus Kostengründen ambulante und familienorientierte Formen der Betreuung ausgebaut. Diese neuen Maßnahmen sind inzwischen fester Bestandteil des Jugendhilfesystems, obwohl nur ein Teil von ihnen gesetzlich geregelt ist.

Nachfolgend eine kurze, beispielhafte Aufzählung:
- Die Erziehungsbeistandschaft (EB)

  Sie stellt neben der FEH und FE *eine* Form der öffentlichen Erziehungshilfe dar. In den §§ 61 ff. JWG gesetzlich geregelt, ist sie sowohl ambulante Erziehungshilfe für die Eltern/-teile als auch Integrationshilfe für den Minderjährigen selbst.
- Die Schutz- oder Jugendhelfer

  In diese Maßnahme werden in der Regel junge Menschen ab 16 Jahren mit ihrem Einverständnis nach einer längeren Heimerziehung übernommen, um den Erziehungserfolg zu sichern und um ihnen Hilfe zur Verselbständigung zu geben.
- Sozialpädagogische Familienhilfe

  Sie gehört zu den am meisten favorisierten Alternativen zur Heimerziehung und wird von sozialpädagogischen Fachkräften geleistet. Zu ihren Angeboten gehört, neben der Hilfe im alltagspraktischen Bereich, vor allem die Sozialisationsfunktion der Familie zu erhalten bzw. wiederherzustellen und dadurch Fremdunterbringungen von Kindern zu vermeiden bzw. abzukürzen.
- Tagesgruppen

  Einem wesentlichen Vorwurf der Heimerziehung, sie würde die Minderjährigen ihren Familien und ihrer vertrauten Umgebung entfremden, wurde mit dem Konzept der Tagesgruppen begegnet. Hier werden Kinder und Jugendliche während des Tages betreut, erfahren Hilfe und Bestätigung in schulischen Dingen und nehmen ggf. an therapeutischen Maßnahmen teil. Abends kehren sie in ihre Familien zurück, in denen sie auch an den Wochenenden verbleiben.

5 Resümee

Heimerziehung, das wurde in den vorangegangenen Ausführungen darzustellen versucht, ist ein äußerst komplexes Gebilde. Hier haben sich in den letzten 20 Jahren erhebliche Veränderungen ergeben. So sind z. B. die großen, schwer überschaubaren Einrichtungen in der Regel verkleinert und in dezentralisierte kleinere Einheiten umgewandelt worden. Die Anzahl der Mitarbeiter und ihre Qualifikation haben sich verbessert. Neue Lebens- und Wohnformen sind entwickelt worden, um den Bedürfnissen der betroffenen Kinder, Jugendlichen und ihrer Familien besser gerecht zu werden. Über den selbstkostendeckenden Pflegesatz wird die Arbeit finanziert.

Die alten Klischees der Heimerziehung stimmen nicht mehr. Heute wird eine Vielzahl unterschiedlicher Lebensorte – oft allzu vereinfachend – unter dem Begriff »Heimerziehung« zusammengefaßt. Dazu gehören zum Beispiel
- Kinderhäuser und Kleinstheime, in denen Kinder und Jugendliche mit Erwachsenen zusammen leben;
- Jugendwohngemeinschaften, in denen das Leben und die Entwicklung in der Gruppe der Gleichaltrigen im Mittelpunkt stehen;
- heilpädagogisch-therapeutische Einrichtungen, die besonders Schutz- und Erfahrungsräume bieten;
- qualifizierte Sonderschulen und Berufsausbildungsstätten im Verbund eines Heimes unter Einbeziehung von Kindern und Jugendlichen aus der Umgebung;
- mobile Betreuung für junge Menschen, die mit Unterstützung und Beratung in ihrer eigenen Wohnung leben;
- Tagesheimgruppen für Kinder, die in ihren Familien und ihrer vertrauten Umgebung wohnen und tagsüber intensiv betreut und gefördert werden (vgl. »Münsteraner Erklärung zur Heimerziehung« 1985).

Um diese differenzierten Hilfen problemgerecht und individuell ausfüllen zu können, wird sich die zukünftige Heimerziehung darauf ausrichten müssen,
- mehr auf die inhaltliche Gestaltung der unterschiedlichen Jugendhilfeformen zu achten,
- am Einzelproblem orientierte Angebote für Kinder, Jugendliche und Eltern (Elternteile) zu entwickeln und mit Offenheit gesellschaftlichen Veränderungen Rechnung zu tragen,
- die Mitarbeiter weiter zu qualifizieren,
- die Grenzen der traditionellen Heimerziehung in Richtung teilstationärer und ambulanter Arbeit noch weiter als bereits geschehen zu verschieben,
- die speziellen Problemlagen von Kindern und Jugendlichen anderer Kulturkreise zu erkennen und sich in ihren pädagogischen Angeboten auf sie einzustellen.

6 Aspekte der Heimerziehung in den 90er Jahren

Das Manuskript dieses Artikels wurde fertiggestellt vor der Verabschiedung des Gesetzes zur Neuordnung des Kinder- und Jugendhilferechts (KJHG). Da dieses Gesetz auch wesentliche Veränderungen im Bereich der Heimerziehung bewirkt, werden an dieser Stelle nachträglich einige Hinweise gegeben.

Für die Fachwelt weitgehend überraschend stimmte der Bundesrat am 11. Mai 1990 dem vom Bundestag bereits im März verabschiedeten »Gesetz zur Neuordnung des Kinder- und Jugendhilferechts« (KJHG) zu. Mit seiner Verkündung im BUNDESGESETZBLATT (Teil I, Nr. 30 S. 1163f.) wurde das Gesetz realisiert und zum 1. Januar 1991 in Kraft gesetzt (mit Übergangsregelungen bis 1994). Es löst das in seinen Grundzügen aus der Weimarer Zeit stammende JWG ab. In der amtlichen Begründung (BUNDESTAGSDRUCKSACHE 11/6748) heißt es: Das JWG »wird in weiten Teilen ... den heutigen Anforderungen einer gewandelten Gesellschaft an die Kinder- und Jugendhilfe nicht mehr gerecht. Seine Novellierung ist daher in der Vergangenheit mehrfach in Angriff genommen worden, bisher aber an den Meinungsunterschieden zwischen Bund und Ländern gescheitert. Bund, Länder und Gemeinden sind sich jedoch mit den Fachverbänden einig, daß das JWG fachlichen und rechtlichen Anforderungen nicht mehr genügt«. Auch für den Bereich Heimerziehung werden sich rechtlich und inhaltlich ab 1. Januar 1991 wesentliche Änderungen ergeben (vgl. auch HABERMANN 1990). Nachfolgend nun die wesentlichsten Aspekte der Neuordnung in Bezug auf die Heimerziehung:

- Die unterschiedlichen Rechtsgrundlagen im JWG (FEH, FE und örtliche Unterbringung) fallen ersatzlos weg. An ihre Stelle tritt der § 34 (Heimerziehung, sonstige betreute Wohnform).
- Damit entfällt auch die Trennung zwischen »örtlichen« und »überörtlichen« Trägern der Heimerziehung. Künftig werden allein die Städte und Landkreise als »örtliche Jugendhilfe-Träger« kostenpflichtig sein (§ 92).
- Neben der traditionellen Heimerziehung ist nun auch die Erziehung in teilstationären Einrichtungen (Tagesheimen) (§ 32) und die »intensive sozialpädagogische Einzelbetreuung« (§ 35) gesetzlich geregelt.
- Von einer gesetzlichen Regelung der »geschlossenen Unterbringung« hat der Gesetzgeber Abstand genommen. Lediglich im § 42, in dem die »Inobhutnahme von Kindern und Jugendlichen« geregelt wird, ist im Absatz 3 festgelegt, daß »Freiheitsentziehende Maßnahmen ... nur zulässig sind, wenn und soweit sie erforderlich sind, um eine Gefahr für Leib und Leben des Kindes oder des Jugendlichen oder eine Gefahr für Leib und Leben Dritter abzuwenden. Die Freiheitsentziehung ist ohne gerichtliche Entscheidung spätestens bis Ablauf des Tages nach ihrem Beginn zu beenden«. Unabhängig davon, kann das Vormundschaftsgericht – wie bisher – gemäß § 1631b BGB die »Unterbringung eines Kindes, die mit Freiheitsentziehung verbunden ist« anordnen.
- Entscheidend verbessert wurden auch die Hilfen für junge Erwachsene. So können nach § 41 auch jungen Volljährigen »Hilfen für die Persönlichkeitsentwicklung« (einschl. Heimerziehung) gewährt werden, die in der Regel bis zum 21. Lebensjahr, in begründeten Einzelfällen auch für einen begrenzten Zeitraum darüber hinaus, fortgesetzt werden können. Sie sind damit nicht mehr – wie bisher – an eine Einleitung vor dem 18. Lebensjahr in Verbindung mit einer Maßnahme zur schulischen oder beruflichen Bildung gekoppelt. Selbstverständlich setzen diese Hilfen das Einverständnis der Betroffenen voraus.
- Neu geregelt wurde auch die Heimaufsicht. So bedarf jetzt, gem. § 45, der »Träger einer Einrichtung, in der Kinder oder Jugendliche ... betreut werden, ... für den Betrieb der Einrichtung der Erlaubnis«. Diese »Betriebserlaubnis« soll die Minder-

jährigen vor häufigem Heimwechseln schützen, die durch die Unterbringung in nicht genehmigten Heimen erforderlich werden könnten.
- Letztlich wurde auch im § 27 (4) festgelegt, daß Maßnahmen der Eingliederungshilfe gem. den Bestimmungen des BSHG auch den Hilfen zur Erziehung zuzurechnen sind. Somit wurden jetzt – nach langem Streit – die seelisch behinderten Kinder und Jugendlichen ebenfalls der Jugendhilfe zugeordnet.
- Infolge dieses neuen Gesetzes werden sich einschneidende strukturelle Veränderungen ergeben; sie werden sich am gravierendsten im Gebiet der ehemaligen DDR auswirken (vgl.: SEIDENSTÜCKER 1990).

Literatur

AFET: Zur Problematik geschlossener Unterbringung im Rahmen der Jugendhilfe. Sonderdruck Hannover 1979
ALMSTEDT/MUNKWITZ: Ortsbestimmung Heimerziehung. Weinheim/Basel 1982
AUTORENKOLLEKTIV: Gefesselte Jugend, Fürsorgeerziehung im Kapitalismus. Frankfurt 1971
BETTELHEIM, B.: Liebe allein genügt nicht. Stuttgart 1972
BIRTSCH, V.: Integration statt Ausgrenzung. ISS-Materialien Nr. 28. Frankfurt 1986
–/BLANDOW, J.: Pädagogik, Therapie, Spezialistentum. Frankfurt 1979
BÜRGERLICHES GESETZBUCH (BGB). München ^{30}1987
BÜTTNER, P.: Stand der Diskussion in der Heimerziehung. In: Planungsgruppe PETRA: Analyse von Leistungsfeldern der Heimerziehung. Frankfurt 1987
BUNDESTAGSDRUCKSACHE 8/2571 vom 14. 2. 1979
BUSCH, M. u. a.: Heimunterbringungen nach dem Bundessozialhilfegesetz oder nach dem JWG. In: Materialien zur Heimerziehung 4 (1982) (Frankfurt bei der IGFH)
FÜHNE, B. u. a.: Verbundsysteme in der Heimerziehung. Untersuchung der strukturellen und pädagogischen Möglichkeiten einer alternativen Organisationsform innerhalb der öffentlichen Ersatzerziehung. Frankfurt 1979
GÜNDER, R.: Heimerziehung. Beiträge zur Standortbestimmung und künftigen Entwicklung. Frankfurt 1985
HABERMANN, B.: Das neue Kinder- und Jugendhilfegesetz. In: NVDV 7/90, S. 205.
HESSISCHER SOZIALMINISTER (Hrsg.): Reform der Heimerziehung in Hessen, ein Sachstandsbericht. Wiesbaden 1977
HEUN, H. D.: Zur Ausbildung der staatlich anerkannten Erzieher. Frankfurt 1977
–: Elternarbeit im Heim. Beiträge aus der Arbeit des Diakonischen Werkes in Hessen und Nassau. Darmstadt 1980
–: Jugendhilfe (Trägerschaft). In: ZIMMER, J. (Hrsg.): Erziehung in früher Kindheit. (Enzyklopädie Erziehungswissenschaft. Bd. 6). Stuttgart 1984 (a), S. 330
–: Pflegekinder im Heim. München 1984 (b)
INTERNATIONALE GESELLSCHAFT FÜR HEIMERZIEHUNG (Hrsg.): Zwischenbericht Kommission Heimerziehung der Obersten Landesjugendbehörden und der Bundesarbeitsgemeinschaft der Freien Wohlfahrtspflege. Frankfurt 1977
–: Materialien zur Heimerziehung 1. Frankfurt 1986
INTERNES ARBEITSPAPIER DES STATISTISCHEN BUNDESAMTES WIESBADEN 1985 VII D–S
JUGENDWOHLFAHRTSGESETZ. In: Jugendrecht. München ^{10}1986
MEHRINGER, A.: Reform der Anstalt. In: Unsere Jugend 1 (1949), S. 37ff.
MÖLLHOF, B.: Geschlossene Unterbringung von Kindern und Jugendlichen – Problemdiskussion und Literaturdokumentation, hrsg. v. Institut für Sozialarbeit und Sozialpädagogik (ISS). Frankfurt 1979
MÜLLER-KOHLENBERG, H.: Das Berufsbild des Heimerziehers. Weinheim 1982
»MÜNSTERANER ERKLÄRUNG« der Internationalen Gesellschaft für Heimerziehung. Oktober 1985
PESTALOZZI, J. H.: Über seine Arbeit in Stans. Weinheim/Basel ^{3}1975

Planungsgruppe PETRA: Analyse von Planungsfeldern der Heimerziehung. Frankfurt 1987
Redl, F./Wineman, D.: Kinder, die hassen. Freiburg 1970
Richtlinien für Heime für Kinder und Jugendliche in Hessen. Wiesbaden 1982
Röper, F.: Das verwaiste Kind in Anstalt und Heim. Göttingen 1976
Sauer, M.: Heimerziehung und Familienprinzip. Darmstadt 1979
Schwarz, K.: Die Kurzschulen Kurt Hahns. Ratingen 1968
Seidenstücker, B.: Jugendhilfe in der DDR. In: NDV 8/90, S. 234.
Statistisches Bundesamt Wiesbaden (Hrsg.): Erzieherische Hilfen und Aufwand für die Jugendhilfe 1987. Reihe 6.1. Stuttgart 1989
Thiersch, H.: Die Erfahrung der Wirklichkeit. Perspektiven einer alltagsorientierten Sozialpädagogik. München 1986
Zimmermann, M.: Sozialtherapeutische Segelfahrten als mögliche Alternative zur geschlossenen Unterbringung (Heimerziehung). Das Beispiel Outlaw. Lüneburg 1983

Horst Siebert

Erwachsenenbildung und Weiterbildung

1 Begriffsklärung

Erwachsenenbildung ist die Fortsetzung oder Wiederaufnahme des organisierten Lernens nach einer schulischen und beruflichen Erstausbildung, wobei diese Erwachsenenbildung meist während oder nach einer Berufstätigkeit stattfindet. Zur Erwachsenenbildung gehören also Abendkurse, Seminare mit Übernachtung, Fernstudium, Umschulung, schulabschlußbezogene Kurse, Studienfahrten u. ä. Teilbereiche der Erwachsenenbildung sind u. a. Elternbildung, Altenbildung, Freizeitbildung für Erwachsene, *Zweiter Bildungsweg*. Der Begriff Erwachsenenbildung hat nach 1945 den Begriff »Volksbildung« abgelöst. Die Bezeichnungen »Andragogik« und »Erwachsenenpädagogik« werden zwar gelegentlich verwendet (PÖGGELER 1974), haben sich aber insgesamt nicht durchgesetzt. Die Begriffe Erwachsenenbildung und Weiterbildung werden häufig synonym verwendet; in der Bildungspolitik dominiert der Begriff Weiterbildung, in der Pädagogik der Begriff Erwachsenenbildung. Eine Einengung des Begriffs Weiterbildung auf berufliche Qualifizierung ist nicht begründet. »Weiterbildung« beinhaltet den Prozeß des lebenslangen allgemeinen, politischen und beruflichen Lernens, während Erwachsenenbildung stärker auf den Adressaten – im Unterschied zur Jugendbildung – verweist. Die Erwachsenenbildung überschneidet sich mit der Familienbildung, der Sozialpädagogik, der Freizeitpädagogik und der Berufspädagogik (→ *Sozialpädagogik und Heimerziehung;* → *Freizeit und Pädagogik;* → *Betriebliche Ausbildung;* → *Altenbildung*).

1.1 Bedeutung der Erwachsenenbildung

Die Notwendigkeit organisierten lebenslangen Lernens wächst in Zeiten eines beschleunigten sozialen und technischen Wandels (→ *Sozialer Wandel;* → *Informationsgesellschaft . . .; Qualifikation und Bildung . . .*) sowie in gesellschaftlichen Krisenzeiten. Beides trifft gegenwärtig zu: die »*neuen Technologien*« erfordern Um- und Höherqualifizierungen in Beruf und Alltag, gleichzeitig wächst der Bedarf an politischer, kultureller und ethischer Orientierung angesichts von Arbeitslosigkeit, Hochrüstung, Umweltzerstörung und Identitätskrisen. Zugleich wächst das Interesse des Staates, mit Hilfe der Erwachsenenbildung nicht nur den ökonomischen Qualifikationsbedarf zu sichern, sondern auch die »Akzeptanz« des politischen Systems und die soziale Integration von »Randgruppen« zu fördern.

Während 1979 23% der 19- bis 65jährigen an Veranstaltungen der Weiterbildung teilnahmen, waren es 1982 bereits 29%, und der Prozentsatz ist – nicht zuletzt durch die Förderung der Arbeitsverwaltung – in den letzten Jahren weiter gestiegen. Neben den traditionellen Einrichtungen des Zweiten Bildungswegs und der Erwachsenenbildung bieten in wachsendem Maße Berufs-, Hoch- und Fachschulen, private Institute, Betriebe, aber auch die »*neuen sozialen Bewegungen*« Bildungsveranstaltungen an (→ *Institutionen der Erwachsenenbildung*). Während die Bildungsreformen im Schul-

und Hochschulsystem weitgehend stagnieren, ist in der Erwachsenenbildung ein dynamischer Strukturwandel festzustellen.

2 Geschichtliche Entwicklungen

Die Entstehung der neuzeitlichen institutionalisierten Erwachsenenbildung gegen Ende des 18. Jahrhunderts hat verschiedene ökonomische und gesellschaftliche Ursachen. Die moderne Industrialisierung der Arbeitswelt hatte einen wachsenden Bedarf an Elementarbildung und beruflichen Qualifikationen zur Folge. Die Demokratisierungsbewegung – beschleunigt durch die Französische Revolution – erforderte eine politische Kritik- und Urteilsfähigkeit der Bürger. Vor allem sollte die politische Emanzipation des Industrieproletariats durch eine berufliche und politische Bildung unterstützt werden. Die Philosophie der Aufklärung forderte zur ständigen Weiterbildung im Interesse eines mündigen Individuums auf.

Vor diesem zeitgeschichtlichen Hintergrund differenzierte und institutionalisierte sich das Bildungssystem, und es entwickelte sich allmählich ein eigenes »Subsystem Erwachsenenbildung«. Vereinfacht lassen sich im 19. Jahrhundert drei Strömungen unterscheiden:

– Eine bürgerlich-liberale *Volksbildung* (DRÄGER 1979), zu der zunächst Lesezirkel und Bibliotheken, seit 1830 Sonntags- und Abendschulen, die jungen Arbeitern allgemeine und berufliche Elementarkenntnisse vermittelten, und seit 1871 vor allem die »Gesellschaft zur Verbreitung von Volksbildung« zu rechnen sind. Diese Gesellschaft versuchte, die Arbeiterschaft mit ihren kulturellen und populärwissenschaftlichen Angeboten anzusprechen, sie in das »Deutsche Reich« zu integrieren und gegen sozialistisches Gedankengut zu immunisieren. Ab 1890 etablierte sich an mehreren Hochschulen nach englischem Vorbild eine »Universitätsausdehnungsbewegung«, durch die wissenschaftliche Erkenntnisse einem nichtakademischen Publikum zugänglich gemacht werden sollten. Ab 1904 wurden in Deutschland – angeregt durch die Idee des Dänen GRUNDTVIG – die ersten Heimvolkshochschulen gegründet; 1919, also unmittelbar nach dem Ersten Weltkrieg, wurden vielerorts Abendvolkshochschulen eingerichtet. Theoretisches Diskussionsforum dieser bürgerlichen Volksbildung der Weimarer Republik war der »Hohenrodter Bund« (HENNINGSEN 1960), eine Wiederbelebung dieses Gremiums nach dem Zweiten Weltkrieg scheiterte jedoch.
– Eine sozialistische *Arbeiterbildung* entfaltete sich vor allem seit 1830 in Arbeiterbildungsvereinen, in denen insbesondere Handwerksgesellen ihre beruflichen Erfahrungen austauschten. In der Zeit des Vormärz entwickelten sich viele dieser Vereine zu Zentren des politischen Widerstands und damit zu Keimzellen der Arbeiterbewegung, aus der später die Gewerkschaften und die Sozialdemokratische Partei entstanden. Die weitere Entwicklung der Arbeiterbildung ist seit 1870 eng mit den politischen Zielvorstellungen der sozialdemokratischen und kommunistischen Parteien verbunden, wobei sich die »marxistischen Arbeiterschulen« primär auf eine Funktionärsschulung konzentrierten (OLBRICH 1982).
– Eine *christlich-karitative Erwachsenenbildung*: Mitte des 19. Jahrhunderts verstärkten auch die Kirchen – u. a. als Folge der Säkularisierung – ihr Engagement in der Erwachsenenbildung, meist verknüpft mit karitativ-sozialpädagogischen Zielsetzun-

gen. Der protestantische Pfarrer J. H. WICHERN gründete 1833 in Hamburg ein Wohn- und Bildungsheim für junge Arbeiter. Der katholische Priester A. KOLPING regte die Gründung von Gesellenvereinen an. In der Weimarer Republik entstanden die ersten konfessionellen Heimvolkshochschulen, nach 1945 evangelische und katholische Akademien sowie Landeseinrichtungen kirchlicher Erwachsenenbildung (MEIER 1979; BENNING 1969).

Die Geschichte der deutschen Erwachsenenbildung ist geprägt von Initiativen gesellschaftlicher Gruppen und Vereine. Die Bildungsarbeit ist Bestandteil sozialer Bewegungen – zunächst der Arbeiterbewegung, um die Jahrhundertwende auch der Lebensreformbewegung. Der Staat hat keine aktive Bildungspolitik betrieben, er hat – z. B. durch die Sozialistengesetze – die Arbeiterbildung zu unterdrücken versucht, die bürgerlich-liberale Bildungsarbeit eher wohlwollend geduldet, und erst die preußische Regierung hat in der Weimarer Zeit die *Volkshochschulen* finanziell und politisch unterstützt. Am stärksten werden die Einrichtungen des Zweiten Bildungswegs – 1927 gründete P. A. SILBERMANN in Berlin das erste Abendgymnasium – von den staatlichen Schulbehörden beaufsichtigt.

2.1 Entwicklungen nach 1945

Die Nationalsozialisten hatten die bestehenden Einrichtungen teils aufgelöst, teils zu Schulungs- und beruflichen Fortbildungsinstitutionen umfunktioniert oder in die Organisation »Kraft durch Freude« integriert. Gegen Ende des Krieges gab es kaum noch funktionsfähige Bildungseinrichtungen. Unmittelbar nach Kriegsende wurden auf Anregung der Militärregierungen in allen vier Besatzungszonen Volkshochschulen wiedergegründet. Die Alliierten versprachen sich von diesen Einrichtungen einen Beitrag zur demokratischen »Re-education« der Erwachsenen, die Erfolge dieser Umerziehungsversuche blieben jedoch unbefriedigend. Die meisten Volkshochschulleiter knüpften an dem bildungsidealistischen Aufgabenverständnis der Weimarer Volksbildung an. Auf die Neugründung sozialistischer Arbeiterbildungseinrichtungen wurde verzichtet. Statt dessen wurde 1948 in Niedersachsen eine von dem Deutschen Gewerkschaftsbund und dem Volkshochschulverband gemeinsam getragene »Bildungsvereinigung Arbeit und Leben« gegründet, die die Bildung der Arbeitnehmer fördern sollte. Daneben wurden in den 50er Jahren die ersten Heimvolkshochschulen sowie Abendgymnasien und Kollegs neu oder wiedergegründet.

Zwar wurden auch damals zahlreiche berufsqualifizierende Kurse – u. a. für Spätheimkehrer und Arbeitslose – sowie Sprachkurse, Stenographie und Maschinenschreiben angeboten, als »eigentlicher« Kern des Bildungsangebots galten jedoch kulturell-philosophische Themen, für die insbesondere in der bürgerlichen Mittelschicht auch ein großer Nachholbedarf bestand. Besondere Bedeutung maßen viele Verantwortliche der politischen Bildung bei, allerdings blieb das Interesse an diesen Themen gering. Anfang der 60er Jahre zeichnete sich eine sogenannte »realistische Wende« (TIETGENS 1981) in der Erwachsenenbildung ab. Die Programme sollten sich nicht mehr an einem idealistischen, »zweckfreien« Bildungsbegriff, sondern an dem gesellschaftlichen, vor allem ökonomischen Qualifikationsbedarf und an den manifesten Qualifizierungsinteressen der Bevölkerung orientieren und durch abschlußbezogene Lehrgänge des Zweiten Bildungsweges soziale Bildungsbenachteiligungen verringern (→ *Theorien der Bildung* . . .). Das eher zufällige, punktuelle Kurs- und Vortragsangebot wurde durch curricular geplante, lernzielorientierte längerfristige Lehrgänge ersetzt, Kurse zum nachträglichen Erwerb von Schulabschlüssen wurden »flächendeckend« angeboten. Man sprach von einer beschleunigten »Vergesellschaftung« der Erwachsenenbildung (WEYMANN 1980, S. 38).

Dieser Trend zur Institutionalisierung und Professionalisierung, zur Systematisierung und Rationalisierung des Bildungsangebots hält bis heute an, unterstützt u. a. durch den »Strukturplan« des DEUTSCHEN BILDUNGSRATES (1970) sowie durch Erwachsenenbildungsgesetze der meisten Bundesländer. Die Erwachsenenbildung wurde zu einem »vierten Bildungssektor« des öffentlichen Bildungssystems ausgebaut. Allerdings verlief diese Entwicklung nicht reibungslos und konfliktfrei.

Kritisiert wurde diese »realistische Wende« Ende der 60er Jahre vor allem aus den Reihen der Studentenbewegung. Insbesondere die jungen, sozialwissenschaftlich ausgebildeten Mitarbeiter erinnerten die Erwachsenenbildung an ihren historischen Auftrag zur Demokratisierung der Gesellschaft, sie forderten eine Verbindung beruflicher mit politischer Bildung, die Einführung eines bezahlten *Bildungsurlaubs*, der dann auch in einigen Bundesländern gesetzlich geregelt wurde, sowie eine Verstärkung der Bildungsarbeit für benachteiligte Zielgruppen, insbesondere für Arbeiter.

Die makrosoziologischen Gesellschaftsentwürfe verloren jedoch Mitte der 70er Jahre an Überzeugungskraft, während sich die Verschulungskritik auch in der Erwachsenenbildung immer mehr Gehör verschaffte. Es wurde befürchtet, daß die Institutionalisierung und »Verrechtlichung« der Bildungsarbeit einen Verlust an Lebensnähe und Ganzheitlichkeit zur Folge hätten. Gefordert wurden eine stärkere Verbindung von Leben und Lernen, eine stärkere Orientierung an der alltäglichen Lebenswelt, eine neue Subjektorientierung und eine Aufwertung informeller, selbstinitiierter Bildungsaktivitäten. Neben den traditionellen Institutionen etablierten sich zunehmend »alternative« Bildungshäuser und Selbsthilfegruppen, die sich zum großen Teil den neuen sozialen Bewegungen, also der Ökologie-, Friedens-, Frauen-, Dritte-Welt- und Gesundheitsbewegung verbunden fühlten.

In der staatlichen Weiterbildungspolitik werden seit einigen Jahren arbeitsmarkt- und sozialpolitische Steuerungsstrategien betont. Einerseits wird eine *Qualifizierungsoffensive* angesichts der neuen Technologien unterstützt, andererseits werden sozialpädagogische Bildungsmaßnahmen zur Integration von »Problemgruppen«, z. B. Arbeitslose, Behinderte und Ausländer, gefördert. Diese Bildungsangebote werden in zunehmendem Maße von der Arbeitsverwaltung finanziert, was auch für traditionelle Einrichtungen wie die Volkshochschule erhebliche Strukturveränderungen zur Folge hat.

Schematisch und vereinfacht läßt sich die Struktur der Erwachsenenbildung wie folgt darstellen:

3 Erwachsenenbildung als Wissenschaftsdisziplin

Pädagogen wie COMENIUS, CONDORCET, PESTALOZZI, DIESTERWEG, NATORP u. a. entwickelten Konzepte einer umfassenden »Volkserziehung«, die auch die Erwachsenen berücksichtigten. In der Weimarer Republik haben sich Wissenschaftler wie W. FLITNER, L. v. WIESE, M. SCHELER, T. GEIGER, M. BUBER u. a. mit Problemen der Volksbildung beschäftigt. Als eigenständige Wissenschaftsdisziplin etablierte sich die Erwachsenenbildung jedoch erst später. 1965 wurden an den Universitäten Berlin und Bochum Lehr-

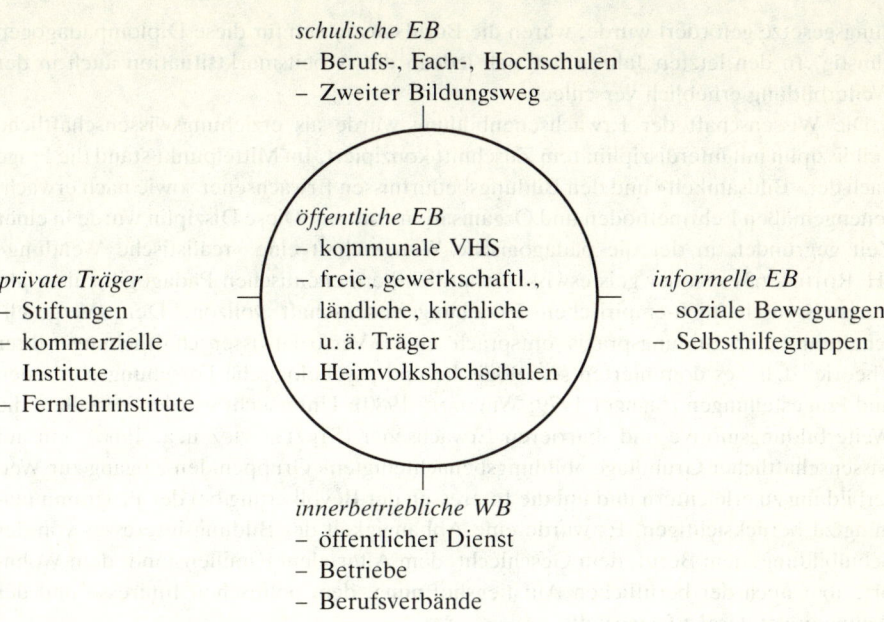

(EB = Erwachsenenbildung, WB = Weiterbildung)

Abb. 1: Struktur der Erwachsenenbildung

stühle mit dem Schwerpunkt Erwachsenenbildung eingerichtet, 1969 folgten mehrere pädagogische Hochschulen diesem Beispiel. Anfang der 70er Jahre baute die Universität Bremen einen Fachbereich Weiterbildung mit 13 Professuren auf.

Die Entstehung dieser neuen Disziplin hat unterschiedliche Ursachen. Die Sozial- und insbesondere die Erziehungswissenschaften differenzierten und spezialisierten sich Mitte der 60er Jahre. So verselbständigten sich u. a. die Bildungssoziologie (→ *Pädagogische Soziologie* ...), die Pädagogische Psychologie (→ *Pädagogische Psychologie* ...), die Bildungsökonomie (→ *Bildungsökonomie* ...), die Vergleichende Erziehungswissenschaft (→ *Strukturfragen des Bildungswesens im internationalen Vergleich*), die Sonderpädagogik (→ *Sonderpädagogik*), die Berufspädagogik (→ *Berufliche Bildung* ...), die Hochschuldidaktik(→ *Lehren und Lernen an der Hochschule*) und auch die Wissenschaft der Erwachsenenbildung. Je mehr die Erwachsenenbildung nach der »realistischen Wende« zu einem gesellschaftlich anerkannten Sektor des öffentlichen Bildungssystems ausgebaut wurde, desto notwendiger wurden eine Erforschung des Lernens Erwachsener und die wissenschaftliche Ausbildung des Berufsnachwuchses (→ *Erwachsenenpädagogen* ... ; → *Professionalisierung* ...). Die geforderte Professionalisierung beinhaltet zweierlei: die Einstellung von mehr hauptberuflichen pädagogischen Mitarbeitern und eine entsprechende berufsbezogene wissenschaftliche Forschung und Theoriebildung. So wurde 1969 an mehreren Hochschulen ein 9-semestriger Studiengang für *Diplompädagogen* mit der Studienrichtung Erwachsenenbildung eingeführt (→ *Diplompädagogen*). Solange der personelle Ausbau durch die Erwachsenenbildungsgesetze gefördert wurde, waren die Berufsaussichten für diese Diplompädagogen günstig. In den letzten Jahren hat sich jedoch die Arbeitsmarktsituation auch in der Weiterbildung erheblich verschlechtert.

Die Wissenschaft der Erwachsenenbildung wurde als erziehungswissenschaftliche Teildisziplin mit interdisziplinärem Zuschnitt konzipiert. Im Mittelpunkt stand die Frage nach der »Bildsamkeit« und den Bildungsbedürfnissen Erwachsener sowie nach erwachsenengemäßen Lehrmethoden und Organisationsformen. Diese Disziplin wurde in einer Zeit gegründet, in der die pädagogische Wissenschaft eine »realistische Wendung« (H. ROTH 1963) von der geisteswissenschaftlich-hermeneutischen Pädagogik zur erfahrungswissenschaftlich-empirischen Erziehungswissenschaft vollzog. Der »Vergesellschaftung« der Bildungspraxis entsprach eine »Versozialwissenschaftlichung« ihrer Theorie, d. h., es dominierten soziologische und psychologische Forschungsmethoden und Fragestellungen (SIEBERT 1979; WEYMANN 1980). Untersucht wurden vor allem die Weiterbildungsmotive und -barrieren Erwachsener (STRZELEWICZ u. a. 1966), um auf wissenschaftlicher Grundlage »bildungsbenachteiligten« Gruppen den Zugang zur Weiterbildung zu erleichtern und um die Interessen der Bevölkerung bei der Programmplanung zu berücksichtigen. Es wurde eine Abhängigkeit des Bildungsinteresses von der Schulbildung, dem Beruf, dem Geschlecht, dem Alter, dem Familienstand, dem Wohnort, aber auch der beruflichen Aufstiegshoffnung, dem politischen Interesse und der Ambiguitätstoleranz festgestellt.

Aus psychologischer Sicht wurde die Lernfähigkeit Erwachsener untersucht. Es wurde nachgewiesen, daß die Lernleistungen weniger vom biologischen Alter als von soziokulturellen Faktoren – z. B. Schulbildung und Beruf –, aber auch von der Gesundheit, der Lernaktivität (»Übung«), der Motivation, den Rollenerwartungen und der psychischen Stabilität abhängig sind (LÖWE 1970; ROETHER 1986) (→ *Altenbildung;* → *Motivation und Interesse*).

Seltener, weil auch methodisch aufwendiger und komplizierter, waren pädagogische Untersuchungen des Lehr- und Lernverhaltens in der alltäglichen Bildungspraxis. So wurde durch teilnehmende Beobachtungen und Befragungen ermittelt, unter welchen Bedingungen sich Lernzielpartizipation, Metakommunikation, Lernzielpräzisierung und Methodenwechsel lernfördernd auswirken und welche Lernängste und Lernhemmungen Erwachsene haben (SIEBERT/GERL 1975). Durch eine inhaltsanalytische Auswertung von Bildungsurlaubsprotokollen wurde rekonstruiert, inwieweit eine Perspektivverschränkung der Problemsichten und Deutungsmuster von Teilnehmern und Seminarleitern stattfindet (KEJCZ u. a. 1979).

Im vergangenen Jahrzehnt vollzog sich auch in der Erwachsenenbildungsforschung ein Wechsel von einem »normativen«, empirisch-quantifizierenden Paradigma zu einem »interpretativen«, hermeneutisch-qualitativen Paradigma. Forschungsmethodisch verloren standardisierte Befragungen und Tests zugunsten von narrativen Interviews und sequenz-analytischen Auswertungen von wörtlichen Protokollen (EBERT u. a. 1986) an Bedeutung. Die erwachsenenpädagogische *Biographieforschung* untersucht den Einfluß von Bildungsangeboten auf die Identitätsentwicklung und den Beitrag der Erwachsenenbildung zur Krisenverarbeitung (SCHUCHARDT 1980). Diese Bildungsforschung versteht sich als Teil der Sozialisationsforschung, wobei sich viele Forscher an den Theorien des symbolischen Interaktionismus orientieren (MADER/WEYMANN 1975; TIETGENS 1981) (→ *Forschungsmethoden der Erziehungswissenschaft*).

Bemerkenswerte Beiträge sind auch zur Historiographie der Erwachsenenbildung (TIETGENS 1985) und zur international vergleichenden Bildungsforschung (KNOLL 1969 ff.) geleistet worden.

4 Theoretische Orientierungen der Erwachsenenbildung

Für das institutionelle System der Erwachsenenbildung ist eine breite Pluralität der Interessen, Konzeptionen und Zielvorstellungen kennzeichnend. Die bestehenden Einrichtungen spiegeln das weltanschauliche und parteipolitische Spektrum unserer Gesellschaft wider, und die kommunale Volkshochschule bemüht sich durch die »Ausgewogenheit« ihres Programms um einen breitgefächerten »Binnenpluralismus«, sie versteht sich als liberales Diskussionsforum »Verschiedendenkender«.

Auch in der wissenschaftlichen Theoriebildung konkurrieren unterschiedliche Paradigmen miteinander, die auf je verschiedenen gesellschaftstheoretischen, anthropologischen und bildungstheoretischen Annahmen basieren. Auf diesen Grundlagen sollte eine umfassende Theorie der Erwachsenenbildung empirisch fundierte Aussagen enthalten über die Legitimation (Begründung, Notwendigkeit), Ziele und Funktionen, didaktische Konzepte, Lehr- und Lernverhalten und Organisationsformen der Bildungsarbeit. Die Vielfalt der Theorieansätze läßt sich z. Z. in vier Richtungen zusammenfassen:

4.1 Technokratische Orientierung

Diese Orientierung ist als »Qualifizierungsoffensive« in der derzeitigen Bildungspolitik und Bildungspraxis vorherrschend und kann als moderne Variante der »realistischen Wende« bezeichnet werden. Die Notwendigkeit ständiger Weiterbildung wird mit ökonomischen Sachzwängen und der technologischen Entwicklung begründet. Der herkömmliche Wachstums- und Fortschrittsbegriff, die Rationalisierung der Arbeitswelt und die Computerisierung vieler Lebensbereiche sind unumstritten, unsere Industriegesellschaft befindet sich demnach nicht in einer Systemkrise, Probleme ergeben sich lediglich aus der mangelnden qualifikatorischen und motivationalen Anpassung der Individuen an diesen Fortschritt (→ *Informationsgesellschaft; Qualifikation und Bildung*). »Heute laufen der naturwissenschaftlich-technische Fortschritt und seine geistig-moralische Bewältigung nicht synchron; das Bildungswesen hinkt hinter dem technischen Fortschritt her und hinterläßt geistige Bewußtseins- und Anpassungsrückstände. Eine langandauernde bildungspolitische Fehlentwicklung hat bewirkt, daß die Mehrheit der Bürger in unserer hochtechnisierten und dem Export verpflichteten Industriegesellschaft aus naturwissenschaftlich-technischen und ökonomischen Analphabeten besteht.« (SCHLAFFKE 1985, S. 74)

Gefordert ist vor allem eine technische, insbesondere mikroelektronische Höherqualifizierung, aber auch eine neue *Allgemeinbildung* (→ *Das berufliche Bildungswesen* ...), die beruflich verwertbare Schlüsselqualifikationen wie technische Sensibilität und Systemdenken beinhaltet. Darüber hinaus soll Erwachsenenbildung die Akzeptanz, d. h. die Zustimmung zu dieser industriestaatlichen Modernisierung fördern und kompensatorisch musisch-kulturelle Freizeitangebote bereitstellen.

Die Erwachsenenbildung ist ein Subsystem der Wirtschaft, ihre Begründungen sind primär ökonomisch und arbeitsmarktpolitisch, sie wird an ähnlichen Effizienzkriterien gemessen wie die industrielle Produktion selbst.

4.2 Gesellschaftskritische Orientierung

Theoretiker dieser Richtung sind vor allem Soziologen, die sich der Tradition der Arbeiterbildung verpflichtet fühlen. Erwachsenenbildung ist auch für sie kein eigenständiger Bildungsbereich, sondern sie hat einen Beitrag zur Gesellschaftsveränderung und zur Überwindung des Gegensatzes von Kapital und Arbeit zu leisten. Wissenschaftler wie O. NEGT konstatieren eine »Erosionskrise« des spätkapitalistischen Systems, in der die traditionellen Werte, Institutionen und Herrschaftsstrukturen brüchig und disfunktional werden, die aber vielschichtige und nicht nur ökonomische Ursachen hat (NEGT 1984, S. 53ff.).

Die »neuen Technologien« tragen nichts zur Lösung dieser Krise bei, sie verschärfen eher die Kluft zwischen »Rationalisierungsgewinnern« und »Rationalisierungsverlierern« sowie die sozioökonomische Benachteiligung von Frauen, Arbeitern, Ausländern, Älteren usw. Dennoch ist diese Position nicht technik- und fortschrittsfeindlich. Gefordert wird eine technische Höherqualifizierung aller Arbeiter und auch aller Arbeitslosen, verbunden mit einer Befähigung zur betrieblichen Mitbestimmung und zur Technikfolgenabschätzung. »Maßstab der Weiterbildung können in einer demokratischen Gesellschaft nicht die als Sachzwänge verstandenen Modernisierungserfordernisse der Wirtschaft sein, sondern allein und zuerst die Bildungs- und Qualifizierungsinteressen der abhängig Beschäftigten.« (GLASER/PREISS 1986, S. 16)

In der Forschung beschränken sich die Vertreter dieser Richtung nicht mehr auf makrosoziologische Gesellschaftsanalysen, sondern sie untersuchen die Auswirkungen der gesellschaftlichen Entwicklung auf die Biographie, das gesellschaftliche Bewußtsein und die Lebenswelt von Arbeitern und Arbeitslosen (ALHEIT 1984, S. 40ff.).

4.3 Ökologische Orientierung

Theoretiker dieser Orientierung stimmen dieser gesellschaftskritischen Analyse weitgehend zu, gehen aber einen Schritt weiter in ihrer Kritik an der modernen Industriegesellschaft und an dem naturwissenschaftlich-technologischen Weltbild. Für sie hat das naturwissenschaftliche Interesse an der Naturbeherrschung zu einer Naturausbeutung und Zerstörung unserer ökologischen Lebensgrundlagen geführt. Die gesellschaftlichen Institutionen – auch die Einrichtungen der Erwachsenenbildung – haben zur Entfremdung der Menschen von ihrer Lebenswelt beigetragen. Gefordert wird deshalb eine entschulte, lebensweltorientierte, alternative Bildungsarbeit insbesondere im Kontext der neuen sozialen Bewegungen (DAUBER/VERNE 1976).

Eine solche Bildungsarbeit beschränkt sich nicht auf eine vordergründige »Umwelterziehung«, sondern sie hat einen prinzipiellen Beitrag zu leisten zur Wende des Wahrnehmens und des Denkens, zu einem holistischen Wissenschaftsverständnis, zu einem Wandel von materiellen zu postmateriellen Werten (FIETKAU 1984, S. 30). Ein solches ganzheitliches Denken ist dem kausalanalytischen, digitalen Denken der computerisierten Gesellschaft diametral entgegengesetzt. Anzustreben ist nicht ein Mehr an institutionalisierter, professionell organisierter Pädagogik, sondern eine umfassende – auch sinnlich-körperliche – »Wiedergewinnung von Wirklichkeit« im Alltag sowie in Ökologie-, Friedens-, Frauen- und Dritte-Welt-Gruppen (HEGER u. a. 1983). Die Erwachsenenbildung hat also keinen Beitrag zur weiteren Modernisierung, sondern zur Überwindung der Moderne im Interesse der Zukunft zu leisten.

4.4 Bildungstheoretische Orientierung

Sosehr man diesen kritischen Analysen politisch zustimmen mag – sie liefern keine genuin *pädagogische Legitimation*, sondern sie funktionalisieren die Erwachsenenbildung für außerpädagogische Zwecke. »Die Identität der Erwachsenenbildung liegt in ihrer – paradox formuliert – Identitätslosigkeit. Ihre häufig, fast allzu häufig geäußerten Schwierigkeiten der Selbstdefinition sind Ausdruck eines hohen Defizits an Selbstlegitimation. Die Erwachsenenbildung ist auf Legitimationsimport wie wenige andere Bereiche der Gesellschaft angewiesen. Das macht sie zu einem besonders sensiblen – oder auch wenn man will – fungiblen Instrument gesellschaftlicher Entwicklungen.« (LÜHR/ SCHULLER 1977, S. 227)

Wenn man eine solche Instrumentalisierung von Erwachsenenbildung für problematisch hält, drängt sich die Frage nach einer Eigenlegitimation dieses Bildungsbereichs auf, ohne daß die Bildungsarbeit deshalb als »zweckfrei« oder als »pädagogische Provinz« interpretiert werden muß. Pädagogisch läßt sich Erwachsenenbildung weder allein von den – ökonomisch-technisch definierten – Qualifikationsanforderungen noch von den Lernbedürfnissen der Adressaten her begründen – auch Ausbeutung und Unterdrückung sind ein Resultat von Lernprozessen. Deshalb wird in jüngster Zeit neu über den Bildungsbegriff als Legitimationsbasis für die Ziele, Inhalte und Methoden der Erwachsenenbildung nachgedacht (GEISSLER/KADE 1982; SCHLUTZ 1984; SIEBERT 1983). Dazu ist allerdings eine kritische sozialhistorische Analyse der deutschen Bildungsgeschichte erforderlich (ADORNO 1972, S. 93 ff.). Die an kritischer Vernunft, Mündigkeit und gesellschaftlicher Verantwortung orientierte Bildungsidee der Aufklärungsphilosophie ist in der Vergangenheit vielfach verkürzt und entwertet worden. Man denke nur an die Reduzierung der Vernunftidee auf reine Zweckrationalität, an die Koppelung von *Bildung* und Besitz, an den Rückzug der Gebildeten aus der politischen Öffentlichkeit in eine kultivierte Innerlichkeit, an die Festschreibung eines Kanons von verdinglichten Bildungsgütern ... Bildung kann heute nicht mehr nur als individuelle »Geistespflege« verstanden werden, sondern sie muß die Solidarität mit Benachteiligten einschließen. Bildung heißt nicht nur egozentrische Selbstverwirklichung, sondern auch Verantwortung für das »Gemeinwohl«, nicht nur geistreiche Kontemplation, sondern Mut zum politischen Handeln. Bildung verweist – im Sinne KLAFKIS (1963, S. 43) – auf die Wechselwirkung zwischen Subjekt und Umwelt und erfordert die Aneignung gesellschaftlicher Erfahrung durch im weiteren Sinne kulturelle Inhalte, wobei selbstverständlich naturwissenschaftlich-technische Inhalte nicht ausgeklammert werden dürfen (AHLHEIM 1986). Bildung ist ohne Lernen nicht denkbar (→ *Theorien der Bildung* ...). Allerdings reicht ein instrumentelles Lernen im Sinne des Qualifizierungsbegriffs nicht aus, sondern Bildung erfordert ein reflexives, d. h. kritisches, selbst-bewußtes, »metakognitives« Lernen. Eine solche Bildung ist immer auch *politische Bildung* (→ *Pädagogik und Politik*). Diese Bildung ist ein Wert an sich, aber sie ist eminent folgenreich für die Identitätsfindung des Individuums wie für die gesellschaftliche Entwicklung. Es ist notwendig, daß sich die Erwachsenenbildung wieder auf ihre bildungstheoretischen Grundlagen besinnt, und zwar nicht als Flucht aus der »rauhen Wirklichkeit«, sondern wegen ihrer gesellschaftlichen Verantwortung.

5 Perspektiven

Die Erziehungswissenschaft hat genauer zu untersuchen, welchen Beitrag Bildungsarbeit zur kritischen Bewußtseinsbildung und dadurch zur vernünftigen Lösung der Zukunftsprobleme leisten kann, aber auch, wo Bildungsarbeit überfordert ist. Die gesellschaftlichen Veränderungen lassen sich hier nur in Stichworten andeuten:

Der Rückgang der Geburtenzahlen, die steigende Lebenserwartung, die Zunahme an Einpersonenhaushalten und die dritte Ausländergeneration verändern die demographische Struktur. Neue soziale Gruppen, z. B. Postadoleszenten, Vorruheständler, alleinerziehende Väter und Mütter, Analphabeten, werden zu Zielgruppen der Erwachsenenbildung. Die Verknappung der Arbeitsplätze erfordert eine neue Solidarität der Beschäftigten mit den Arbeitslosen. Die »neuen Technologien« machen nicht nur neue technische Qualifikationen notwendig, sondern auch ein neues Wissen zur Technikfolgenabschätzung. Die »neuen Medien« verändern unsere Sozialkontakte, aber auch unsere Denk- und Wahrnehmungsstrukturen und damit auch unser Lernverhalten. Die vermehrte *Freizeit* macht neue, nicht nur kompensatorische Konzepte der Freizeitgestaltung erforderlich (→ *Freizeit und Pädagogik*). Die neuen sozialen Bewegungen verändern unsere politische Kultur, sie sind aber auch eine Herausforderung für das traditionelle System der Erwachsenenbildung. Infolge des gestiegenen Schulbildungsniveaus und auch der Massenmedien werden höhere Anforderungen an die Qualität der Bildungsarbeit gestellt. Erkennbar sind auch Tendenzen, sich aus der Öffentlichkeit in die Privatsphäre zurückzuziehen, was ein wachsendes Desinteresse an politischen Themen einschließt.

Die Auswirkungen dieses sozialen Wandels (→ *Sozialer Wandel*) auf die Erwachsenenbildung sind unterschiedlich, aber erheblich, auch wenn politische und ökonomische Probleme nicht zu pädagogischen Problemen umdefiniert werden dürfen. Dennoch lassen sich ein wachsender objektiver gesellschaftlicher Bedarf an mehr Bildung Erwachsener und eine ethische Verpflichtung zur Wissenserweiterung angesichts der Gefährdung unserer Zukunft (JONAS 1986, S. 3ff.) begründen. Erwachsenenbildung darf nicht auf eine »Qualifizierungsoffensive« reduziert werden.

Die Wissenschaft der Erwachsenenbildung muß sich um eine weitere Profilierung und Präzisierung ihrer Fragestellungen bemühen, ohne ihre Interdisziplinarität aufzugeben. Da Bildung mehr ist als *Sozialisation* (BALLAUFF 1982, S. 10), als eine »symbolische Interaktion« oder als ein instrumenteller Lernerfolg, kann diese Wissenschaft nicht ohne weiteres Theoreme der Nachbarwissenschaften übernehmen und auf die Erwachsenenbildung übertragen, sondern sie muß die Erkenntnisse der anderen Sozialwissenschaften aus ihrer eigenen Perspektive prüfen und reinterpretieren.

Literatur

Adorno, Th..: Theorie der Halbbildung. In: Soziologische Schriften I. Frankfurt 1972, S. 93–121
Ahlheim, K.: Neue Technik und Kulturarbeit. Bad Heilbrunn 1986
Alheit, P.: Biographieforschung in der Erwachsenenbildung. In: Siebert, H./Weinberg, J. (Hrsg.): Literatur- und Forschungsreport Weiterbildung. Nr. 13. Münster 1984, S. 40 ff.
Ballauff, Th.: Zielrichtung der Erwachsenenbildung. In: Dahm, G. u. a.: Kultur, Freizeit, Kreativität. München 1982, S. 10 ff.
Benning, A.: Der Bildungsbegriff der deutschen katholischen Erwachsenenbildung. Münster 1969
Dahm, G. u. a. (Hrsg.): Wörterbuch der Weiterbildung. München 1980
Dauber, H./Verne, E.: Freiheit zum Lernen. Reinbek 1976
Deutscher Bildungsrat (Hrsg.): Strukturplan für das Bildungswesen. Stuttgart 1970
Dräger, H.: Volksbildung in Deutschland im 19. Jahrhundert. Braunschweig 1979
Ebert, G./Hester, W./Richter, K. (Hrsg.): Subjektorientiertes Lernen und Arbeiten. Bonn 1986
Fietkau, H. J.: Bedingungen ökologischen Handelns. Weinheim 1984
Geissler, K. H./Kade, J.: Die Bildung Erwachsener. München 1982
Glaser, H./Preiss, H.: Qualifizieren statt Entlassen. Hamburg 1986
Heger, R./Schulz, T./Heinen-Tenrich, J.: Wiedergewinnung von Wirklichkeit. Freiburg 1983
Henningsen, J.: Die Neue Richtung in der Weimarer Zeit. Stuttgart 1960
Jonas, H.: Prinzip Verantwortung. In: Meyer, T./Miller, S., (Hrsg.): Zukunftsethik und Industriegesellschaft. München 1986, S. 3–14
Kejcz, Y. u. a.: Bildungsurlaubs-Versuchs- und -Entwicklungsprogramm. Heidelberg 1979 f.
Klafki, W.: Studien zur Bildungstheorie und Didaktik. Weinheim 1963
Knoll, J. H. (Hrsg.): Internationales Jahrbuch der Erwachsenenbildung. Heidelberg, später Köln 1977 ff.
Löwe, H.: Einführung in die Lernpsychologie des Erwachsenenalters. Berlin (Ost) 1970
Lühr, V./Schuller, A.: Legitimation und Verständigung. Bad Heilbrunn 1984
Mader, W./Weymann, A.: Erwachsenenbildung. Bad Heilbrunn 1975
Meier, Ch.: Kirchliche Erwachsenenbildung. Stuttgart 1979
Negt, O.: Lebendige Arbeit, enteignete Zeit. Frankfurt 1984
Olbrich, J.: Arbeiterbildung nach dem Fall des Sozialistengesetzes. Braunschweig 1982
Pöggeler, F.: Erwachsenenbildung – Einführung in die Andragogik. Stuttgart 1974
Raapke, H. D./Schulenberg, W. (Hrsg.): Didaktik der Erwachsenenbildung. Stuttgart 1985
Roether, D.: Lernfähigkeit im Erwachsenenalter. Leipzig 1986
Roth, H.: Die realistische Wendung in der pädagogischen Forschung. In: Die Deutsche Schule 55 (1963), S. 109–119
Schlaffke, W./Winter, H. (Hrsg.): Perspektiven betrieblicher Weiterbildung. Köln 1985
Schlutz, E.: Sprache, Bildung und Verständigung. Bad Heilbrunn 1984
Schmitz, E./Tietgens, H.: Erwachsenenbildung. (Enzyklopädie Erziehungswissenschaft. Bd. 11). Stuttgart 1984
Schuchardt, E.: Soziale Integration Behinderter. Braunschweig 1980
Siebert, H. (Hrsg.): Taschenbuch der Weiterbildungsforschung. Baltmannsweiler 1979
–: Erwachsenenbildung als Bildungshilfe. Bad Heilbrunn 1983
–/Gerl, H.: Lehr- und Lernverhalten bei Erwachsenen. Braunschweig 1975
Strzelewicz, W./Raapke, H. D./Schulenberg, W.: Bildung und gesellschaftliches Bewußtsein. Stuttgart 1966
Tietgens, H.: Die Erwachsenenbildung. München 1981
– (Hrsg.): Zugänge zur Geschichte der Erwachsenenbildung. Bad Heilbrunn 1985
Weymann, A. (Hrsg.): Handbuch für die Soziologie der Weiterbildung. Darmstadt 1980
Wirth, J./Groothoff, H. H. (Hrsg.): Handwörterbuch der Erwachsenenbildung. Paderborn 1978
Wolgast, G./Knoll, J. H. (Hrsg.): Biographisches Handwörterbuch der Erwachsenenbildung. Stuttgart 1986

Gerald A. Straka
Altenbildung

> »It is not true all wine grows better with age, nor that the older the wine the better the taste. Yet it is true that a certain quality of taste in wines can only be achieved by aging.« (MOODY 1985, S. 30f.)

1 Einführung

Bildung kann umschrieben werden als das Bemühen des Individuums, sich selbst, die Welt und die Gesellschaft zu verstehen und diesem Verständnis gemäß zu handeln (DEUTSCHER AUSSCHUß 1960). Bedingt durch die Veränderungen des Individuums und der vergesellschafteten Welt, ist Bildung ein lebenslanger Prozeß (→ *Theorien der Bildung* ...). Daher stellt sich die Frage, warum »Altenbildung« überhaupt – und in letzter Zeit vermehrt – in der pädagogischen Theorie und Praxis Eingang findet. Zu dieser Entwicklung dürften beigetragen haben:
- die sich abzeichnende »Alterung« der Industrieländer (ROSENMAYR 1983), von der langfristig Auswirkungen auf das gesellschaftliche, kulturelle, wirtschaftliche und politische Leben erwartet werden;
- das immer frühere endgültige Ausscheiden aus dem Erwerbsleben mit der Konsequenz, daß die Dauer der nachberuflichen Phase die der Kindheit und Jugend überschreitet;
- das Aufkommen einer neuen, zahlenmäßig wachsenden Gruppe von Vorruheständlern (»jungen Alten«), für die es noch keine gesellschaftlich festgelegte Rollenmuster gibt;
- im nachberuflichen Lebensabschnitt auftretende Lebens- bzw. Entwicklungsaufgaben (beispielsweise die Verarbeitung des Übergangs vom Erwerbsleben in den Ruhestand in einer »Arbeitsgesellschaft«, Leben mit chronischen Krankheiten), zu deren Bewältigung externer Sachverstand notwendig werden kann;
- Beobachtungen, daß die bisherigen Bildungsangebote für Erwachsene von den Älteren unterdurchschnittlich wahrgenommen werden (LEHR/SCHMITZ-SCHERZER/QUADT 1979);
- durch »Babyboom« und Bildungsexpansion geschaffene Überkapazitäten im Bildungswesen, für die versucht wird neue Studentengruppen zu gewinnen, zu denen auch die Älteren gehören – Kritiker dieser Entwicklung malen dazu das Gespenst des »Diplompensionärs« oder der »Altenbildungspflicht« an die Wand (GRONEMEYER 1987) –;
- im Rahmen der Theorie der Altenbildung diskutierte Begründungen für derartige Angebote, wie sie beispielsweise bei PETZOLD/BUBOLZ (1976); BUBOLZ (1983); BRELOER (1985) oder FÜLGRAFF (1985) zu finden sind.

2 Alten-, Altersbildung und »educational gerontology« – eine Abgrenzung

In der anglo-amerikanischen Diskussion hat sich der von PETERSON (1985, 1983, 1976) entwickelte Begriff der »educational gerontology« durchgesetzt. Er umfaßt »education for older people« (instructional gerontology), »education about aging« (social gerontology) und »education of professionals and paraprofessionals« (gerontology education). GLENDENNING (1985) greift diese Definition auf und ergänzt sie – bedingt durch die Tradition der Altenbildungsbewegung im Vereinigten Königreich – um die Gesichtspunkte Selbsthilfe und nonformale Organisation. Was die Komponente »education« betrifft, zeigen beide Ansätze eine deutliche Nähe zum Lernen (→ *Lernen und Lerntheorien*). Davon unterscheidet sich die Diskussion im deutschsprachigen Raum, indem zum einen hier der Terminus »Bildung« statt »Erziehung« (education) verwendet und zum anderen »Bildung« von »Lernen« abgegrenzt (BALLAUFF 1981) wird. Auf diesem Hintergrund läßt sich damit folgende Unterscheidung treffen: *Altersbildung* umfaßt Bildungsangebote, die den *Prozeß des Alterns* und den *Status Alter* zum Gegenstand haben. Sie können sich zum einen an jedermann – also auch an Ältere – richten und zum anderen der Ausbildung von Professionals und Paraprofessionals, die sich Älterer annehmen, dienen. Davon abzugrenzen sind *Bildungsaktivitäten älterer Personen* selbst sowie *Bildungsangebote, die sich an ältere Menschen wenden*. Diese Aktivitäten und Bildungsangebote werden unter dem Begriff der *Altenbildung* zusammengefaßt, die Gegenstand der folgenden Ausführungen ist.

3 Altern als Prozeß und Altern als Zustand

Altern ist ein Prozeß, der mehrere, wechselseitig aufeinander bezogene Bereiche umfaßt. Die Alterswissenschaft unterscheidet dabei den biologischen, den psychischen und den sozialen Bereich (BIRREN ²1985). Schwieriger wird es jedoch, den Zustand »Alter« bestimmen zu wollen. Einerseits ist das Phänomen »Alter« im Alltagsverständnis existent. Andererseits kann die Alterswissenschaft kein Kriterium benennen, das Phänomen »Alter« eindeutig festzulegen. Chronische Krankheit, geringere motivationale und mentale Kapazitätsreserven (BALTES 1988), allein lebend sind beispielsweise Eigenschaften, die nicht ausschließlich im Alter auftreten. Somit sind die Grenzen fließend (NEUGARTEN/NEUGARTEN 1986).

In der Lebensspanne gibt es jedoch Einschnitte, mit denen Weichen für das weitere Leben gestellt werden. Ein solcher Einschnitt ist auch das endgültige Ausscheiden aus dem Erwerbsleben mit all seinen individuell erlebten Folgen. Es handelt sich dabei um ein gesellschaftlich normiertes, vorhersehbares, jedoch nicht kontrollierbares kritisches Lebensereignis. Auch wenn es individuell unterschiedlich erlebt wird, geht in unserer Gesellschaft mit dem Wegfall der Erwerbsarbeit ein identitätsstiftendes Moment verloren. Wenn daher im folgenden von »Alten« gesprochen wird, sind Personen und deren Partner gemeint, die *endgültig aus dem Erwerbsleben ausgeschieden sind*. Diese Personen erlebten individuell unterschiedliche Lebensverläufe, die sich wiederum auf die Entfaltung der Persönlichkeit des einzelnen auswirkten. Im Vergleich zur Kindheit und

Jugend kann also im Alter von einer weit größeren Spannweite des kognitiven, emotionalen und motorischen Bereiches ausgegangen werden. Sollen nun Bildungsangebote für diese Personengruppe entwickelt, verwirklicht und evaluiert werden, sind folgende Fragen zu beantworten:
- Welche Voraussetzungen bringen Ältere mit? (Bildungsvoraussetzungen)
- Was soll mit dem Bildungsangebot erreicht werden? (Bildungsziel)
- Wie soll das Bildungsziel erreicht werden? (Bildungsmethode)
- In welchen Rahmen ist der intendierte Bildungsprozeß eingebettet? (situative Bedingungen)

4 Elemente einer psycho-pädagogisch orientierten Theorie der Altenbildung

4.1 Bildungsvoraussetzungen

Die Bildungsvoraussetzungen umfassen Bereiche wie das in der Lebensspanne individuell aufgebaute Wissen über sich selbst und die Welt, die Gedächtniskapazität, die Fähigkeiten und Interessen. Darüber liegen umfangreiche, empirisch abgesicherte Erkenntnisse aus der »life-span developmental psychology« vor (z. B. die Bonner Längsschnittstudien [THOMAE 1976; LEHR/THOMAE 1987] oder die Seattle Longitudinal Study [SCHAIE 1983]). Beide belegen, daß die Defizithypothese (LEHR ^{4}1979), wonach ab dem 20. Lebensjahr die intellektuelle Leistungsfähigkeit ständig abnimmt, allgemein nicht zutrifft. Die Längsschnittstudien zeigen ein differenzierteres Bild. So nimmt beispielsweise bei den THURSTONEschen Intelligenzfaktoren Wortbedeutung (verbal meaning), räumliche Vorstellung (spatial orientation), induktives Denken (inductive reasoning) und Wortflüssigkeit (word fluency) die Leistungsfähigkeit bei den 30- bis 40jährigen und teilweise auch noch bei den 50jährigen leicht zu. Danach nehmen diese Intelligenzleistungen ab, erreichen jedoch bei den 81jährigen mindestens noch 75 Prozent der entsprechenden Leistungsfähigkeit von 25jährigen (SCHAIE 1983) (→ *Intelligenz, Begabung und Umwelt*).

Derartige Ergebnisse umreißen allerdings nur den Rahmen für die Altenbildung. Für die Wahl der Methode dürfte jedoch die Spannweite der Unterschiede in den Bildungsvoraussetzungen sowohl zwischen den Individuen selbst als auch zwischen den Kohorten bedeutsam sein. Beispielsweise liegen die Leistungen der Kohorten aus den Jahrgängen 1931 und davor bei den Faktoren induktives Denken und Wortbedeutung zunehmend unter denen des Vergleichsjahrgangs 1952. Andererseits zeigen ältere Kohorten bei der numerischen Fähigkeit generell höhere Leistungen. Bei der Wortflüssigkeit gilt das bis zum Jahrgang 1917 und darunter (SCHAIE 1983).

Nach dem HORNschen Intelligenzmodell nimmt mit dem Alter der Anteil »kristallisierter« Intelligenz (durch lebenslanges Lernen eher zu festen Strukturen organisierte kognitive Kapazität) zu Lasten der »flüssigen« Intelligenz (bewegliche, freie kognitive Kapazität) zu. In neuen Situationen müssen Ältere demzufolge vermehrt auf die durch Lebenserfahrung mit geprägte »kristallisierte« Intelligenz zurückgreifen, während Jüngere dagegen eher auf die beweglichere »flüssige« Intelligenz zurückgreifen können (CROPLEY 1980).

HAYSLIP und KENNELLY (1985) stellen in ihrem Überblicksbeitrag fest, daß bei der

Gedächtnisleistung quantitative altersbezogene Defizite grundsätzlich nicht gegeben sind. Diese treten allerdings auf, wenn Informationen zu verändern sind und die Aufmerksamkeit mit anderen Dingen zu teilen ist. Ferner bestehen altersbedingte Defizite bei der Rückrufsgeschwindigkeit (retrieval), bei Prozessen der Verschlüsselung in Phasen des Erwerbs, des Rückrufs und der Speicherung.

Für die Gründe einer Teilnahme an Veranstaltungen der Erwachsenenbildung werden im folgenden exemplarisch die Ergebnisse von MORSTAIN und SMART (1974) wiedergegeben. Mit einer Faktorenanalyse der »Educational Participation Scale« ermittelten sie sechs Faktoren: (1) der Wunsch nach sozialen Beziehungen (social relationships), (2) Erwartungen der Umwelt (external expectations), (3) soziale Beweggründe wie Verbesserung der Gemeinde, der Menschlichkeit, anderen zu helfen (social welfare), (4) berufliches Fortkommen (professional advancement), (5) Anregung (escape or stimulation) und (6) Lernen des Lernens wegen (cognitive interests). Solche Beweggründe dürften für den einzelnen unterschiedlich bedeutsam sein, wobei zudem noch zu berücksichtigen ist, daß sowohl die Bildungsmotive als auch die intellektuellen Fähigkeiten ihrerseits wieder mit Einflußgrößen wie Gesundheit, Lebensstil, Sozialschicht und Ausbildung in Beziehung stehen können (MERRIAM/LUMSDEN 1985; WILLIS 1985) (→ *Erwachsenenbildung und Weiterbildung*).

4.2 Bildungsziele

In der US-amerikanischen Diskussion über die Bildungsziele spielt der auf GALBRAITH zurückgehende und von MCCLUSKY (1971, 1974) im Rahmen der White House Conference on Aging (1971) eingebrachte *Bedürfnisansatz* eine zentrale Rolle. Ausgangspunkt dafür ist die von ihm entwickelte – jedoch nicht weiter ausgebaute – »Theorie des Spielraums« (theory of margin). Mit ihr werden die Bemühungen Erwachsener, in ihrem Leben ein Mindestmaß an Autonomie aufrechtzuerhalten, beschrieben. Letzteres ist erreicht, wenn das Handlungsvermögen (power) des Individuums zumindest geringfügig größer als die individuellen Belastungen (loads) ist. Ausgehend von der Annahme, daß im Alter die Belastungen zunehmen (z. B. durch Krankheiten) und die eigene Kraft abnimmt (z. B. durch Rollenverluste), sieht MCCLUSKY Bildung als eine Hauptkraft, diesen Handlungsspielraum zu erhalten. Bei der Auswahl von Bildungsinhalten sind dabei die folgenden fünf Bedürfnisklassen zu berücksichtigen:
– grundlegende existenzielle Bedürfnisse (coping needs), wie Beherrschen elementarer Kulturtechniken, ausreichendes Einkommen, geeignete Wohnverhältnisse;
– expressive Bedürfnisse, wie aktiv zu werden um der Aktivität selbst willen;
– Bedürfnisse, zum Gemeinwohl beizutragen, zu geben, anderen zu helfen, sich nützlich zu machen;
– Bedürfnisse nach Einfluß auf die Lebensbedingungen und die Welt, in der Ältere leben;
– Bedürfnis nach Sinngebung (Transzendenz) angesichts körperlichen Abbaus und des bevorstehenden Todes (MCCLUSKY 1971, 1974).

Dieser Ansatz erfuhr sowohl Kritik (FLUCK 1977) als auch Ergänzungen. PETERSON (1983) weist beispielsweise darauf hin, daß die Wünsche Älterer wesentlich von den Bedürfnissen abweichen können, die Bildungsplaner ihnen unterstellen. In eine ähnliche Richtung verweisen MERRIAM/LUMSDEN (1985), indem sie in ihrem Überblicksreferat zwischen Bedürfnissen und Interessen der Alten unterscheiden.

HAVIGHURST (1976) schlägt die Brücke von der auf PARSONS zurückgehenden Unterscheidung nach expressiven und instrumentellen Orientierungen und der Veränderung sozialer Rollen in der Lebensspanne zu dem *Konzept der Entwicklungsaufgaben*. Sie bestehen aus den drei Dimensionen: biologische Entwicklung, soziale Anforderungen und Erwartungen sowie persönliche Ziele (ambitions) und Wünsche (aspirations). Im deutschsprachigen Raum ist das Konzept der Entwicklungsaufgaben von LEHR (^{4}1979) aufgegriffen und von SCHNEIDER (1981) auf die Altenbildung übertragen worden. Er leitet aus ihm die Bildungsziele Anpassung an: körperliche und geistige Veränderungen, veränderte Bewertung, Veränderungen der Sozialbeziehungen, vermehrte Abhängigkeit in unterschiedlichen Bereichen, den sozialen Wandel und an den eigenen Tod ab (→ *Entwicklung und Förderung* ...).

WILLIS (1985) schlägt auf dem Hintergrund ihrer psychologisch-pädagogischen Orientierung folgende Ziele für die Altenbildung vor: das eigene Altern und den soziokulturellen Wandel verstehen; Aufbau von Fähigkeiten, um den technologischen und soziokulturellen Wandel zu bewältigen; Vorbereitung und Umschulung auf neue Berufe; entwickeln zufriedenstellender Rollen für den Ruhestand.

SITZMANN (1976) benennt auf dem Hintergrund soziokultureller Gegebenheiten und des Spannungsverhältnisses von Freiheit und Gleichheit als leitende Gesichtspunkte für die Auswahl des Bildungsstoffs Partizipation, Unabhängigkeit, Selbständigkeit und Integration. Ausgehend von gesellschaftspolitischen, ökonomischen, humanitären und sozialhygienischen Begründungen, plädieren PETZOLD/BUBOLZ (1976) für eine integrative Bildungsarbeit mit alten Menschen. Sie hat den kognitiven, affektiven, »somatomotorischen« und sozialen Bereich zu umfassen und sollte auf Selbstregulation und Selbstverwirklichung im Lebenskontext ausgerichtet sein.

Mit der Aufarbeitung und Systematisierung der Konzepte der Altenbildung hat BUBOLZ (1983) einen wichtigen Beitrag geleistet. Nach ihrem Verständnis ist Bildung ein lebenslanger Prozess, der im Alter als selbstverantwortet und individuell, emanzipatorisch, ganzheitlich und interaktional gekennzeichnet werden kann. Aus der alterswissenschaftlich orientierten Bildungsdiskussion lassen sich dazu dann die folgenden Bildungskonzepte unterscheiden: Vermeidung von Altersabbau, Bewältigung von Entwicklungsaufgaben, Erlangung von Lebenszufriedenheit, Nutzenmaximierung versus Gewähren, Sozialisation versus Desozialisation. Der erwachsenenpädagogischen Diskussion entnimmt BUBOLZ zudem den Bedürfnis- und Motivationsansatz, den Lebensproblemansatz, den ziel- oder bezugsgruppenspezifischen Ansatz, den Ansatz Lebenszusammenhang und den Ansatz Eigeninitiative zur Lebensbereicherung (→ *Erwachsenenbildung und Weiterbildung*). Diese Bildungskonzepte werden mit den Bildungsfunktionen Vorbeugen vor Defiziten/Störungen, Erhaltung, Wiedergewinnen und Ausgleich von Kompetenz, Lebensbereicherung, Annahme von Unabänderlichem und Vertretung von Interessen in der Gesellschaft in Beziehung gesetzt und auf ihre spezifische Eignung hin untersucht.

LOWY und O'CONNOR (1986) kommen in ihrer Abhandlung »Why Education in the later years?« zu dem Ergebnis, daß Bildung im Alter:

- sowohl instrumentell als auch expressiv ausgerichtet sein kann,
- zur Lösung »bio-psycho-social-emotional developmental tasks« Älterer beizutragen hat,

- auf Sicherung des Entwicklungspotentials in Anbetracht abnehmender Ressourcen ausgerichtet sein muß,
- sich an der humanistischen Philosophie zu orientieren hat, da sie die Grundlage für lebenslanges Lernen bildet und auf wechselseitiges Lernen ausgerichtet ist,
- deswegen anzubieten ist, da Ältere in allererster Linie menschliche Wesen sind. Dabei sollten die verschiedenen Bedürfnisse, Fähigkeiten und Möglichkeiten Älterer berücksichtigt und Mittel bereitgestellt werden, um damit ein Höchstmaß individueller und kollektiver Selbstverwirklichung sowie Emanzipation erreichen zu können (→ *Theorien der Bildung* ...).

4.3 Situative Bedingungen und Bildungsmethode

Bildung im Alter ist im Vergleich zur schulischen Erstausbildung *freiwillig*. Es handelt sich dabei zudem um eine Teilzeit- statt Vollzeitaktivität (CROSS 1981). Zur Bestimmung weiterer situativer Bedingungen kann auf Konzepte wie die Lebens, Entwicklungsaufgaben bzw. »bio-psycho-social-emotional tasks« (LOWY/O'CONNOR 1986), die kritischen Lebensereignisse (FOOKEN 1985) oder den »lebensproblematischen Ansatz« (BRELOER 1974) verwiesen werden. Problematisch werden diese Konzepte dadurch, daß ihnen oft idealtypische Vorstellungen des Lebenslaufes zugrunde liegen, von dem die Einzelbiographien beträchtlich abweichen können.

Bei der Suche nach verallgemeinerbaren methodischen Hinweisen erarbeitete PETERSON (1983) aus der erwachsenenpädagogischen Literatur methodische Empfehlungen für die Altenbildung, die jedoch im Einzelfall auf ihre Angemessenheit hin zu prüfen sind: Lehren in der Altenbildung sollte problemzentriert und selbstgesteuert sein, auf den Vorerfahrungen und der intrinsischen Motivation des einzelnen aufbauen sowie die jeweils erreichten Stadien der lebenslangen Entwicklung berücksichtigen (→ *Motivation und Interesse*; → *Pädagogische Anthropologie*; → *Psychologische Anthropologie*).

Weiterhin lassen sich unter Bezug auf Ergebnisse aus der lerntheoretischen und physiologischen Forschung beispielsweise die folgenden methodischen Hinweise angeben:

- Gebrauche bedeutsames (meaningful) Lernmaterial, das mittels vorstrukturierender Hilfen (advance organizers) in die Wissens- und Fähigkeitsstruktur integriert werden kann;
- lege häufiger Pausen und Übungsabschnitte ein, in denen mit dem Gelernten aktiv umgegangen wird;
- ziehe konkrete Begriffe abstrakten Begriffen vor;
- führe, wo immer das möglich ist, Lern- und Arbeitstechniken ein und fördere ihren Gebrauch;
- vermeide pro- und retroaktive Interferenzen, da lang praktizierte Gewohnheiten den Aufbau neuer behindern;
- wirke darauf hin, daß sich die Lernenden das Anspruchsniveau nicht selbst zu hoch setzen;
- kompensiere Seh- und Hörschwächen durch entsprechende Beleuchtung, Farbgebung, Buchstabengröße, genaue Ausdrucksweise und Sprechgeschwindigkeit;
- passe die Länge des Lehr-Lern-Prozesses und seine Pausen der Ausdauer, Vitalität, dem Gesundheitszustand und den Behinderungen des einzelnen an;

– sichere eine angstfreie, partnerschaftliche Lernatmosphäre (HAYSLIP/KENELLY 1985; LÖWE ⁸1977; PETERSON 1983).

Mit diesen Empfehlungen zur Gestaltung des Lehrens im Alter tritt jedoch das Problem auf, daß aufgrund der individuellen Unterschiede bei den Lernenden und des Funktionsbezugs zwischen Ziel, Methode, Lernvoraussetzung und Situation (STRAKA/ MACKE 1979) im Einzelfall zu prüfen ist, ob diese Empfehlungen überhaupt zum Tragen kommen können. Ferner ist zu berücksichtigen, daß diesen Empfehlungen implizite und/oder explizite *Lernbehinderungen* zugrunde liegen, die keinesfalls für Ältere generell gelten, was die Gefahr der Stigmatisierung dieser Personengruppe in sich birgt (→ *Methoden des Unterrichts;* → *Pädagogische Psychologie . . .*).

5 Offene Fragen

Trotz aller Zunahme von Bildungsangeboten für Ältere bleibt immer noch ein Faktum bestehen, daß die Teilnahmequote Älterer unterrepräsentativ ist (LEHR/SCHMITZ-SCHERZER/QUADT 1979). Es stellt sich daher die Frage nach Gründen der Nutzung bzw. Nicht-Nutzung dieser Bildungsangebote und nach der Bedeutsamkeit dieser Gründe. Wie darauf Antworten gefunden werden könnten, zeigt das Determinationsmodell von RÖCHNER (1987) oder das Reaktionsmodell von CROSS (1981), in das die folgenden, miteinander verknüpften Variablen eingehen:

a) das *Selbstbild;*
b) die *Einstellungen zur Bildung* als Ergebnis der Erfahrungen des Lernenden wie auch die von ihm wahrgenommenen Einstellungen seiner Freunde und von »signifikanten anderen«;
c) die subjektive *Bedeutsamkeit der Bildungsziele* (goals) und die persönlichen *Erwartungen*, ob die *Teilnahme* zur Erreichung der Ziele beiträgt;
d) die *Übergänge im Leben* (life transitions), in denen die Auseinandersetzungen mit und die Bewältigung von gesellschaftlich und individuell bedingten Lebens- bzw. Entwicklungsaufgaben erfolgt;
e) institutionell bedingte *Lernchancen* und *Lernhindernisse;*
f) *Information über Bildungsangebote.*

Die Modelle von CROSS (1981) und RÖCHNER (1987) bedürfen jedoch noch einer eingehenderen empirischen Überprüfung. Allerdings sollte sich diese dabei sowohl auf formelle als auch informelle Bildungsangebote erstrecken. Letztere dürften aufgrund der spezifischen situativen Bedingungen im Alter mehr Bedeutung haben als allgemein angenommen. Dafür sprechen US-amerikanische Untersuchungen über »Lernprojekte«. Lernprojekte bestehen aus Folgen aufeinander bezogener Episoden oder wohlüberlegten Lernbemühungen (highly deliberate efforts to learn), die mindestens sieben Stunden umfassen und innerhalb von sechs Monaten stattfinden (TOGH ²1979, S. 7ff.). Auf der Grundlage dieser Definition ermittelte HIEMSTRA (²1985), daß der durchschnittliche US-amerikanische Ältere jährlich 325 Stunden mit derartigen Lernprojekten verbringt. Das entspricht in etwa zehn zweistündigen Volkshochschulkursen. Auch bundesdeutsche Befunde weisen in dieselbe Richtung. So bejahten z. B. 76% älterer Braunschweiger Bürger die Frage, ob sie auch heute noch lernen. Die Angebote für dieses Lernen liefern das Fernsehen und das Radio (32%), die Tageszeitung (13%), Bücher

(12%) sowie Illustrierte und Zeitschriften (13%). Einen verhältnismäßig hohen Rang hat die Unterhaltung mit Freunden und Bekannten (17%), wohingegen mehr formelle Bildungsangebote wie Vorträge (14%) und Fernkurse (5%) im Gesamtkontext der genutzten Lernangebote weniger bedeutsam sind (LEHR/SCHMITZ-SCHERZER/QUADT 1979, S. 50).

Es stellt sich daher die Frage, ob nicht die sogenannten Massenmedien die eigentlichen »Lehrer« der Älteren geworden sind. Inwieweit sie diese Funktion angesichts des Wandels der Medienlandschaft in der Bundesrepublik Deutschland aufrechterhalten und/oder noch weiter ausbauen können, ist zu einer zentralen Fragestellung der Medienforschung, Medienpraxis und der Altenbildung zu machen (→ *Medien in Unterricht und Erziehung*).

Literatur

BALTES, P. P.: Erfolgreiches Altern: Mehr Jahre und mehr Leben. In: Zeitschrift für Gerontopsychologie und -psychiatrie 2 (1983), S. 5–10

Berlin 1988 (Manuskript)

BALLAUFF, T.: Erwachsenenbildung – Eine pädagogische Interpretation ihres Namens. In: POEGGELER, F. (Hrsg.): Handbuch der Erwachsenenbildung. Bd. 8. Stuttgart 1981, S. 11–26

BIRREN, J. E. (Hrsg.): The handbooks of Aging. Three volumes (biology, psychology, and social sciences). New York ²1985

BRELOER, G.: Lebensproblematik als Organisationsprinzip der Altenbildung. In: Erwachsenenbildung 20 (1974), S. 104–111

–: Zielgruppendiskussion: Beispiel Altenbildung. In: Pädagogische Rundschau 39 (1985), S. 143–158

BUBOLZ, E.: Bildung im Alter. Freiburg 1983

CROPLEY, A. J.: Lernfähigkeit im Seniorenalter: einige Erkenntnisse aus der nordamerikanischen Forschung. In: Unterrichtswissenschaft 8 (1980), S. 314–325

CROSS, P. K.: Adults as learners. San Francisco 1981

DEUTSCHER AUSSCHUSS FÜR DAS ERZIEHUNGS- UND BILDUNGSWESEN: Zur Situation und Aufgabe der deutschen Erwachsenenbildung. Stuttgart 1960

FLUCK, B.: Weiterbildung im Alter. Weinheim 1977

FOOKEN, I.: Kritische Lebensereignisse. In: OSWALD, W. D. u. a. (Hrsg.): Gerontologie. Stuttgart 1984, S. 243–254

FÜLGRAFF, B.: Altenbildung. In: RAAPKE, H.-D./SCHULENBERG, W. (Hrsg.): Didaktik der Erwachsenenbildung. Stuttgart 1985, S. 260–277

GLENDENNING, F.: What is educational gerontology? North American and British definitions. In: ders. (Hrsg.): Educational Gerontology. London 1985, S. 31–57

GRONEMEYER, R.: Altenboom oder: Wider die Verschulung des Alters. In: Universitas 42 (1987), S. 891–896

HAVIGHURST, R. J.: Education through the adult life span. In: Educational Gerontology 1 (1976), S. 41–51

HAYSLIP, B./KENNELLY, K. J.: Cognitive and noncognitive factors affecting learning among older adults. In: LUMSDEN, D. B. (Hrsg.): The older adult as learner, a.a.O., S. 73–98

HIEMSTRA, R.: The older adult's learning projects. In: LUMSDEN, D. B. (Hrsg.): The older adult as learner, a.a.O., S. 165–196

LEHR, U.: Psychologie des Alterns. Heidelberg ⁴1979

–/THOMAE, H. (Hrsg.): Formen seelischen Alterns. Stuttgart 1987

–/SCHMITZ-SCHERZER, R./QUADT, E.: Weiterbildung im höheren Erwachsenenalter. Stuttgart 1979

LÖWE, H.: Einführung in die Lernpsychologie des Erwachsenenalters. Berlin ⁵1977

LOWY, L./O'CONNOR, D.: Why education in the later years? Lexington 1986

LUMSDEN, D. B. (Hrsg.): The older adult as learner. Washington ²1985

MCCLUSKY, H. Y.: Education. 1971 White House Conference on Aging. Washington 1971

–: Education for aging: The scope of the field and perspectives for the future. In: GRABOWSKI, S. M./ MASON, W. D. (Hrsg.): Education for aging. Washington 1974, S. 324–355
MERRIAM, S./LUMSDEN, D. B.: Educational needs and interests of older learners. In: LUMSDEN, D. B. (Hrsg.): The older adult as learner, a.a.O., S. 51–71
MOODY, H. R.: Philosophy of education for older adults. In: LUMSDEN, D. B. (Hrsg.): The older adult as learner, a.a.O., S. 25–49
MORSTAIN, B. R./SMART, J. C.: Reasons for participation in adult education courses: a multivariate analysis of group differences. In: Adult Education 24 (1974), S. 83–98
NEUGARTEN, B. L./NEUGARTEN, D. A.: Changing meanings of age in the aging society. In: PIFER, A./BRONTE, L. (Hrsg.): Our aging society. New York 1986, S. 33–51
PETERSON, D. A.: Towards a definition of educational gerontology. In: SHERRON, R. M./LUMSDEN, D. B. (Hrsg.): Introduction to Educational Gerontology. Washington 1985, S. 1–29
–: Facilitation education for older learners. San Francisco 1983
–: Educational gerontology: the state of the art. In: Educational Gerontology 1 (1976), S. 61–73
PETZOLD, H./BUBOLZ, E.: Konzepte zu einer integrativen Bildungsarbeit mit alten Menschen. In: dies. (Hrsg.): Bildungsarbeit mit alten Menschen. Stuttgart 1976, S. 37–60
RÖCHNER, M.: Personenspezifische Determinanten der Weiterbildungsteilnahme. Frankfurt 1987
ROSENMAYR, L.: Die späte Freiheit. Berlin 1983
SCHAIE, K. W. (Hrsg.): Longitudinal studies in adult psychological development. New York 1983
SCHNEIDER, H.-D.: Selbstverständnis, Ziele, Inhalte und Formen der Vorbereitung auf das Alter. In: Pro Senectute (Hrsg.): Vorbereitung auf das Alter im Lebenslauf. Paderborn 1981, S. 39–62
SITZMANN, G. H.: Weiterbildung im Dritten Lebensalter. In: Zeitschrift für Gerontologie 9 (1976), S. 40–57
STRAKA, G. A.: Television and the elderly. In: PETERSON, D. A./THORNTON, J. E./BIRREN, J. E. (Hrsg.): Education and aging. Englewood Cliffs 1986, S. 95–121
–/Macke, G.: Lehren und Lernen in der Schule. Stuttgart 1979
THOMAE, H. (Hrsg.): Patterns of aging. Basel 1976
TOUGH, A.: The adult's learning projects. Austin ²1979
WILLIS, S. L.: Towards and educational psychology of the older adult learner. Intellectual and cognitive bases. In: BIRREN, J. E./SCHAIE, W. K. (Hrsg.): Handbook of the psychology of aging. New York ²1985, S. 818–847

Wolfgang Einsiedler

Schulpädagogik – Unterricht und Erziehung in der Schule

1 Schulpädagogik als wissenschaftliche Disziplin

Schulpädagogik als wissenschaftliche Disziplin entstand in der Bundesrepublik zwischen ca. 1950 und 1970 an den damaligen pädagogischen Hochschulen. Das Fach ging aus Vorläuferdisziplinen mit Bezeichnungen wie »Allgemeine Didaktik«, »Unterrichtslehre«, »Praktische Pädagogik« hervor. Wissenschaftshistorisch gesehen handelt es sich bei der Entstehung der Schulpädagogik um eine zunehmende Spezialisierung und eine Ausgliederung von bereichsspezifischen Fragen aus der Allgemeinen Pädagogik (→ *Systematische Pädagogik* ...), die mit der Etablierung anderer Spezialgebiete der Erziehungswissenschaft vergleichbar ist (z. B. Sozialpädagogik, Wirtschaftspädagogik). Die Verbindung zur Allgemeinen Pädagogik bleibt jedoch erhalten, da Einzelprobleme der Schulpädagogik auf allgemeine erziehungswissenschaftliche Theoriebereiche, wie z. B. die Frage nach dem Bildungsbegriff, die Begründung von Erziehungszielen usw., bezogen sind (vgl. KLINK 1966).

Der Wandel von der Allgemeinen Didaktik (→ *Didaktik und Curriculum / Lehrplan*) bzw. Unterrichtslehre zur Schulpädagogik wurde vor allem auf der Grundlage folgender zwei Argumentationen vollzogen: Zum einen betrachtete man die Beschränkung auf Lehr- und Lernprozesse als unzulässige Ausklammerung der eigentlich »pädagogischen Durchdringung des Unterrichts« (LOSER 1968, S. 267). Bezüglich Unterricht dürfe nicht nur technisch im Sinne einer Anknüpfung an gegebene Lernvoraussetzungen gefragt werden, sondern man müsse pädagogisch den umfassenden Einfluß schulischen Erziehens und Unterrichtens auf die Lernfähigkeit sowie die Entwicklung der Heranwachsenden untersuchen. Zum anderen wollte man die isolierte Auseinandersetzung mit Unterricht überwinden und didaktische Fragestellungen in den größeren Zusammenhang einer *Schultheorie* einordnen (→ *Theorie pädagogischer Institutionen*). Unterricht sollte stärker vor dem Hintergrund institutioneller Voraussetzungen und gesellschaftlicher Bedingungen betrachtet werden. Die Erfassung »der gesellschaftlichen Bedingtheit und Bedeutung von Schule und Unterricht« mache eine »kritische Theorie« der Schule unter neuen Fragestellungen möglich (LICHTENSTEIN-ROTHER 1971, S. 38).

Während in anderen Disziplinen Facheinteilungen nach theoretischer bzw. praktischer Orientierung noch üblich sind (z. B. »Praktische Theologie«), lehnt man in der Schulpädagogik das Selbstverständnis einer bloß »Praktischen Pädagogik« ab. Sowohl die geisteswissenschaftliche als auch die empirische Pädagogik sehen in der Unterscheidung zwischen theoriebildender Pädagogik bzw. Erziehungs- und Unterrichtsforschung (→ *Präskriptive Unterrichtswissenschaft* ...) einerseits und praktisch-präskriptiver Schulpädagogik andererseits kein ausschließliches Anwendungsverhältnis. Die geisteswissenschaftliche Pädagogik betont seit langem (WENIGER 1929/1952) die enge Verflechtung pädagogischer Theoriebildung und erziehlichen Handelns. Danach kann die Pädagogik nur eine Theorie vorgängiger Praxis sein; umgekehrt gibt es kein theorieloses pädagogisches Handeln, wenngleich bei Praktikern unterschiedliche Grade theoretischen Bewußtseins feststellbar sind (→ *Das Theorie-Praxis-Verhältnis in der Pädagogik;* → *Wissenschaftstheorie*). Der Theoretiker beschreibt allerdings nicht nur die pädagogische Praxis, was angesichts ethischer Maßstäbe zu einem fragwürdigen Bild des Erziehens und Unterrichtens führen könnte; vielmehr wird gegenwärtige Praxis durch historische Bezüge der Theorie relativiert (BECKMANN 1971, S. 194). Die empirische Pädagogik ging ursprünglich von der direkten Umsetzung deskriptiv-erklärender Aussagen der Erziehungs- und Unterrichtsforschung in präskriptive Handlungsempfehlungen für die Praxis aus. In jüngerer Zeit stellt man demgegenüber heraus, daß theoretische Aussagen nicht einfach angewandt werden können; es komme darauf an, aus Theorien genau das zu übernehmen, was für eine pädagogische Situation angemessen ist. Man leitet nicht praktische Regeln aus Theorien ab, sondern fragt von Praxisproblemen her nach spezifischen Problemlösungen (BROMME/HÖMBERG 1976). Die pädagogische Situation richtig einschätzen zu können setzt beim Praktiker wiederum differenzierte theoretische Kenntnisse voraus. Die Analyse- und Entscheidungsfähigkeit in der Situation ist zwar eine praktische Kompetenz, die Kunst zu lehren erfordert jedoch – wie andere Professionen auch – ein wissenschaftliches Fundament (GAGE 1979).

Schulpädagogik ist also mit praktischen Problemen des Unterrichtens und Erziehens in der Schule befaßt. Sie braucht jedoch die Rückbindung an die Theoriebildung und an die empirisch-pädagogische Forschung. Einer ausschließlich »Praktischen Pädagogik« fehlten die Kriterien zur Beurteilung pädagogischen Handelns. Durch die hermeneutisch-theoretische Reflexion werden Einzelhandlungen im pädagogischen Gesamtzusammenhang gesehen (BECKMANN 1978, S. 214), z. B. der Beitrag bestimmter Lehr- und Lernaktivitäten für ein umgrenztes Lernziel *und* für ein übergeordnetes Erziehungsziel. Durch den Bezug auf die empirisch-pädagogische Forschung (→ *Forschungsmethoden der Erziehungswissenschaft*) werden in der Schulpädagogik tradierte Handlungsempfehlungen überprüft und Aussagen über Wirkungen (z. B. neuer Schulformen oder bestimmter Lehrmethoden, vgl. EINSIEDLER 1981) objektiviert.

Die Ausweitung der Allgemeinen Didaktik zur Schulpädagogik ist insofern als vorteilhaft anzusehen, als sie eine »Befreiung aus dem bloß innerpädagogischen Zirkel« (LICHTENSTEIN-ROTHER 1971, S. 38) darstellt. Der Einbezug institutionell-organisatorischer und gesellschaftlicher Bedingungen in das didaktische Denken ist eine wertvolle Blickerweiterung, besonders dann, wenn man didaktisch-schultheoretische und didaktisch-politische Interdependenzen unter dem Primat des Pädagogischen untersucht. Häufig wurden jedoch in der Schulpädagogik unter der Perspektive der Interdisziplinarität simplifizierende soziologische und politikwissenschaftliche Aussagen getroffen und Forschungen zum genuinen Fachgegenstand, nämlich zur Didaktik und Methodik, vernachlässigt. So gesehen ist die Horizonterweiterung zur Schulpädagogik hin auch nachteilig; die Feststellung solcher Einseitigkeiten sollte zu neuen Akzentsetzungen und Spezialisierungen in der didaktischen und methodischen Forschung führen.

Zusammenfassend läßt sich definieren: Schulpädagogik ist eine Spezialdisziplin der Erziehungswissenschaft, deren Forschungsinteresse auf das Unterrichten und Erziehen in der Institution Schule zentriert ist. Die Schulpädagogik entwickelt eine Theorie des Unterrichts im Rahmen einer Theorie der Schule (→ *Theorie pädagogischer Institutionen*). Eine Hauptfragestellung ist auf die wechselseitige Beziehung zwischen Aussagen der Schul- und Unterrichtstheorie einerseits und pädagogischem Handeln in der Schulpraxis andererseits gerichtet. Die Schulpädagogik bedarf sowohl der hermeneutischen

Methode zur Reflexion normativer Zusammenhänge als auch der empirischen Theoriebildung und Wirkungskontrolle.

2 Schulpädagogik und Funktionen der Schule

Schule als gesellschaftliche Einrichtung des systematischen Lehrens und Lernens ist in enger Verbindung mit der *Kulturentwicklung* zu sehen. »Die ungeheure Komplexität menschlicher Kultur wäre ohne die Weitergabe erworbenen Wissens nicht zu erklären. Die Weitergabe erworbenen Wissens ist aber ohne Schulung, d. h. ohne das, was Schule schließlich in organisierter Weise treibt, nicht möglich.« (LIEDTKE 1984, S. 8) Die Wirkungsrichtung geht aber nicht nur von der Schule auf Tradition und Kultur; umgekehrt unterliegt die Schule den jeweiligen kulturellen und gesellschaftlichen Einflüssen. Dies zeigt sich historisch vor allem immer dann, wenn der Staat mit der Schule ein bestimmtes Ausbildungsziel verfolgt oder die Schule der Absicherung einer spezifischen Weltanschauung zu dienen hat.

Die Funktionen der Schule wurden u. a. von FEND (1974) und OBLINGER (1975) systematisch dargestellt. FEND (1974) führt folgende Schulfunktionen auf: die *Qualifikationsfunktion* (= fachliche und überfachliche Ausbildung), die *Allokations- / Selektionsfunktion* (= Verteilung und Auslese der jeweils Geeigneten) und die *Integrations- / Legitimationsfunktion* (= Eingliederung in die und Rechtfertigung der jeweilige[n] Gesellschaftsordnung). OBLINGER (1975) teilt etwas anders ein und unterscheidet zwischen *Sozialisationsfunktion* (= Eingliederung der Heranwachsenden), *Personalisationsfunktion* (= Förderung des einzelnen um seiner selbst willen, Ermöglichung individueller Bildung) und *Qualifikationsfunktion* (= Ausbildung). Die *Selektionsfunktion* überlagert die anderen Aufgaben der Schule und behindert in erster Linie die Personalisationsfunktion.

Derartige Analysen von Schulfunktionen sind stark vom strukturell-funktionalen Gesellschaftsmodell nach PARSONS (1964) geprägt (→ *Pädagogische Soziologie* ...). Man fragt, welchen Beitrag eine Institution zum Funktionieren des gesellschaftlichen Systems leistet. In der obigen Aufzählung fällt nur die Personalisationsfunktion eindeutig aus diesem Rahmen, d. h., mit der Anbahnung individueller Bildung betreibt die Schule ein eigenständig-pädagogisches Ziel, unabhängig von gesellschaftlichen Erfordernissen. Die Qualifikationsfunktion wird von FEND im wesentlichen unter ökonomisch-gesellschaftlichen Gesichtspunkten betrachtet; OBLINGER gewichtet mehr die Folgen der Qualifizierung für das individuelle Leben. Es ist zu fragen, wie sich die Schule selbst in diesem Spannungsverhältnis von gesellschaftlicher und individueller Ausrichtung definiert. Angesichts immer neuer Forderungen gesellschaftlicher Gruppen an die Schule ergibt sich die Notwendigkeit einer kritischen Instanz, die einen Grundbestand an Autonomie der Schule zu erhalten bzw. auszubauen in der Lage ist.

Diese kritische Instanz kann die Schulpädagogik sein, wenn es ihr gelingt, eine *Theorie der Schule* zu entwickeln, die klare Abgrenzungen zwischen sowie Begründungen von zeitüberdauernden Aufgaben der Schule und aktuellen Zusatzaufgaben kennt (→ *Theorie pädagogischer Institutionen*). Allein schon der Umfang traditioneller und auf die gegenwärtige Situation bezogener Unterrichts- und Erziehungsaufgaben macht eine

Schultheorie erforderlich, mit deren Hilfe man auswählen, gewichten und nicht Leistbares zurückweisen kann (vgl. GLÖCKEL 1985). So wäre das Schulsystem wahrscheinlich voll ausgelastet und könnte sich nicht mehr um die Kernfragen grundlegender Bildung kümmern, wenn es alle aktuellen Aufgabenstellungen wie Umwelterziehung, informationstechnische Bildung, Medienerziehung, Gesundheitslehre, interkulturelle Erziehung usw. realisieren wollte. Die Schultheorie hat vor allem historisch zu fragen: Welche Kenntnisse, Fähigkeiten, Fertigkeiten, Einstellungen und Haltungen korrespondieren der gewordenen Kultur und tragen zur weiteren kulturellen Entwicklung bei? Diese kulturelle Perspektive steht nicht im Widerspruch zu individueller *Bildung* (→ *Theorien der Bildung* ...), vielmehr kann das Individuum in kulturbezogenen Interessen und Aktivitäten seine Identität finden. Im Hinblick auf individuelle Bildung wird im allgemeinbildenden Schulsystem zu klären sein, was unverzichtbarer Bestandteil einer grundlegenden Bildung für alle ist und welche Angebote je besondere Ausprägungen der Bildung ermöglichen (→ *Das berufliche Bildungswesen* ...). Die spezielle Schwierigkeit für die Schulpädagogik besteht darin, daß sie Entscheidungen hinsichtlich individueller Bildung (die der einzelne allerdings letztlich selbst aufbaut) nicht losgelöst von gesellschaftlichen Funktionen der Schule treffen kann. Die Erhaltung und der Ausbau der pädagogischen Autonomie der Schule sind jedoch nicht aussichtslos. Sie unterliegt historischem Wandel. So ließ sich z. B. anstelle der selektiven Funktion der Notengebung teilweise die pädagogisch orientierte, förderdiagnostische Leistungsbeurteilung durchsetzen (→ *Pädagogische Diagnostik*).

Um illusionären Vorstellungen entgegenzuwirken, sollte die Schulpädagogik auch die Grenzen der Möglichkeiten schulischen Unterrichtens und Erziehens aufzeigen. Neben der durch die Vielzahl der Aufgaben notwendigen Auswahl und Gewichtung sind solche Grenzen durch die Organisation der Schule sowie durch juristische Rahmenbedingungen gegeben (BECKMANN 1983, S. 32). Die Sicherung des organisatorischen Ablaufs kann pädagogisches Handeln begrenzen und im ungünstigen Falle Eigendynamik entwickeln, zusätzlich führt das Gerechtigkeitsprinzip in Form der Verrechtlichung der Schule zu Spannungen zwischen pädagogischen Absichten und juristischen Regelungen (→ *Bildungsrecht, Elternrecht* ...). Die Schultheorie hat so mit der Bestimmung formaler Merkmale der Schule zu tun, im Zentrum steht jedoch die normative und inhaltliche Auseinandersetzung um die Prioritäten bei den Unterrichts- und Erziehungsaufgaben.

3 Zum Zusammenhang von Unterricht und Erziehung

Bei der Entstehung der Schule hatte der Unterricht in Form der Vermittlung nützlicher Kenntnisse und Fertigkeiten Vorrang vor der Erziehung. Immer wieder wurde die Schule aber auch mit dem Aufbau von Gesinnungen und Werthaltungen, also mit der erzichlichen Aufgabe, betraut. Über den Unterrichtsauftrag läßt sich bei den Beteiligten leichter Konsens erzielen als über den Erziehungsauftrag; so klagte z. B. in den 70er Jahren eine Elterninitiative in Nordrhein-Westfalen gegen Sozialerziehung in der Grundschule und die Beurteilung des Sozialverhaltens; zur gleichen Zeit lehnte die Westdeutsche Rektorenkonferenz einen Erziehungsauftrag der Universitäten ab.

Logisch gesehen ist Erziehung im weiteren Sinne dem Unterricht übergeordnet.

Erziehung im weiteren Sinne ist soziales Handeln, mit dem man das Erlernen der kulturellen Lebensweise anleitet und unterstützt (vgl. WEBER 1972, S. 48). *Unterricht* ist eine Spezialform der Erziehung, mit der man auf institutionalisierte, planmäßige und methodisierte Weise versucht, Kenntnisse, Fähigkeiten, Fertigkeiten, Einstellungen und Haltungen zu vermitteln. *Erziehung im engeren Sinne* ist das soziale Handeln, das auf den Aufbau von Werthaltungen und die Entwicklung moralischer Handlungsfähigkeit gerichtet ist (vgl. WEBER 1972, S. 52; GLÖCKEL 1985, S. 344) (→ *Theorien der Erziehung* ...; → *Werte und Normen in der Erziehung;* → *Moralische Entwicklung und Erziehung*).

Die analytische Trennung von Erziehung und Unterricht entspricht jedoch nicht der tatsächlichen Verwobenheit erziehlicher und unterrichtlicher Prozesse in der Schule. Diese Verwobenheit hat HERBART bereits 1806 in seiner Theorie des »*erziehenden Unterrichts*« exzellent beschrieben (vgl. HERBART ^{3}1913; GEISSLER 1976). Danach hat erziehender Unterricht vor allem folgende Komponenten: Im Unterricht werden Vorstellungen vermittelt, die Einsichten in die »entfernteren Folgen des jetzigen Tuns« erlauben. Über die Einsichten in die Konsequenzen des Handelns entwickeln sich Tugenden, wird Charakterbildung möglich. Der eher verstandesmäßige Anteil des »Gedankenkreises« wird durch eine einheitliche Haltung mit der Bezeichnung »vielseitiges Interesse« ergänzt bzw. überformt. Schließlich durchwirken sich Erziehung und Unterricht insofern, als beide nur wirksam sein können, wenn die Lernsituation so angelegt ist, daß sich der Schüler »insgesamt wohl fühlen kann«; aus heutiger sozialpsychologischer Sicht könnten wir in dieser Komponente die erziehlich gestaltete sozialemotionale Atmosphäre als Voraussetzung erfolgreichen Lernens sehen (→ *Erziehen und Unterrichten als Beruf*).

Später hat PETERSEN die gegenseitige Durchdringung von Erziehung und Unterricht in der Schule theoretisch und praktisch untersucht (PETERSEN 1927/^{52}1972). Nach PETERSEN ist die Krise der Schule nicht mit einer isolierten unterrichtlichen Reformmaßnahme zu bewältigen, sondern die Schule braucht insgesamt eine Erziehungskonzeption, ein ganzheitliches Verständnis von Schulleben, Erziehung und Unterricht (→ *Schule als Lebensraum* ...). Sinnvolles unterrichtliches Lernen entsteht auf der Grundlage einer *Erziehungsschule*, die eine selbstgeregelte persönlich-geistige Entwicklung fördert (^{52}1972, S. 9). Freilich spricht PETERSEN u. a. von einer alle Wirklichkeit durchwaltenden Erziehungsfunktion, der man heute skeptisch gegenübersteht, da »funktionale Erziehung« zu leicht einer normativen Beliebigkeit pädagogischer Einflüsse offensteht. Mit dem Begriff des »Ethos«, der das Ganze von Erziehung und Unterricht in einer Schule trägt, hat auch PETERSEN eine Kategorie vorweggenommen, mit der man in der neueren Schulforschung eine sozialpsychologische Einflußgröße zu fassen versucht, die den Erfolg einer Schule im Bereich fachlichen Lernens und im Einstellungs- und Verhaltensbereich mit bedingt (RUTTER u. a. 1980; FEND 1986).

Wie erwähnt ist der Erziehungsauftrag der Schule strittiger als der Unterrichtsauftrag. Aber auch die Vermittlung von Werthaltungen und moralischem Handeln durch rationale unterrichtliche Auseinandersetzung wird kritisch gesehen, da das Wissen um moralisch Richtiges bekanntlich nicht kausal auf sittliches Verhalten wirkt. Trotz dieser Einschränkungen dürfte ein Minimalkonsens darüber zu erreichen sein, daß die allgemeinbildenden Schulen nicht nur unterrichtliche Ziele verfolgen, sondern im erziehenden Unterricht Einstellungen, Haltungen und wertgeleitetes Handeln anbahnen sollen.

Beispiele für solche Erziehungsziele sind: Toleranz, demokratische Einstellungen und Verhaltensweisen, Wertschätzung der natürlichen Lebensgrundlagen, Aufgeschlossenheit gegenüber Kunst und Kultur. Im folgenden werden vier Ebenen erziehenden Unterrichts angesprochen, auf denen in der Schule Wissen, Erleben und Werthaltungen miteinander in Verbindung gebracht werden können:

3.1 Die Inhaltsebene
In vielen Themenbereichen geht es nicht nur um Kenntnisvermittlung, sondern um das Aufzeigen von Wertorientierungen, um die Unterscheidung moralischen und unmoralischen Handelns, etwa in Geschichte, aber auch in Biologie (Umweltethik) und Geographie (z. B. Moral im Nord-Süd-Konflikt) (→ *Normen und Werte in der Erziehung;* → *Moralische Entwicklung und Erziehung*).

3.2 Die Beziehungsebene
Damit ist einmal der Erziehungsstil gemeint, der in jeder Unterrichtsstunde – mehr oder weniger bewußt – wirkt. Auch der Umgang der Schüler miteinander, das Atmosphärische beeinflußt die Persönlichkeitsentwicklung sowie die sozialen Einstellungen und Verhaltensweisen der Schüler. Schließlich haben auch Lehrer-Schüler-Beziehungen als unterrichtsmethodische Formen Erziehungswirkung: Unterrichtsmethoden ermöglichen in unterschiedlichem Grade die Verselbständigung der Schüler (GEISSLER 1974, S. 310) (→ *Lehrer-Schüler-Verhältnis;* → *Methoden des Unterrichts*).

3.3 Die Ebene Fallsituation / Einzelfallhilfe
Ein Ereignis im Schulalltag, z. B. ein Konflikt, wird aufgegriffen und im Unterricht diskutiert. Allgemeine soziale oder ethische Prinzipien, die der Situation zugrundeliegen, werden herausgearbeitet. Wenn die Einzelfallhilfe auf den Aufbau veränderten Verhaltens im Unterricht zielt, z. B. auf Einhaltung von Regeln oder Verbesserung des Arbeitsverhaltens, durchdringen sich auch hier erziehliche und unterrichtliche Momente.

3.4 Die Ebene Schulleben
Dazu gehört zum einen die erziehliche Qualität des alltäglichen Zusammenlebens in der Schule. Zum anderen sind mit Schulleben die Unternehmungen gemeint, in denen besondere Erfahrungen, Erlebnisse und Aktionen initiiert werden (z. B. als Übernahme von Verantwortung für ein Projekt oder für eine Aktivität im Schullandheim), die auf die Haltungsbildung u. U. stärker wirken als die nur kognitive Auseinandersetzung mit Wertproblemen (→ *Schule als Lebensraum . . .*).

4 Schulpädagogik und schulpraktische Studien

Bereits die Vorläuferfächer der Schulpädagogik waren mit der Betreuung der Praktika in der Lehrerausbildung befaßt. Im Sinne einer »Praktischen Pädagogik« ging es dabei vorrangig um die Einübung in »handwerkliche« Lehrfertigkeiten, speziell in den routinierten Umgang mit allseitig verwendbaren Unterrichtsmethoden. Auch die Schulpädagogik hat eine besondere Verantwortung für Schul- und Unterrichtspraktika innerhalb des Lehrerstudiums, jedoch im Vergleich zur »Praktischen Pädagogik« auf der Basis eines veränderten Theorie-Praxis-Verhältnisses. Schulpraktika werden nicht primär als Einübungsfeld für praktische Qualifikationen verstanden, sondern als der Teil des Lehrerstudiums, in dem schul- und unterrichtstheoretische Erkenntnisse im Handlungs- und Bedingungsgefüge der Schule sichtbar werden und aus dem heraus die Studierenden mit besserem Verständnis sowie kritischer Analysefähigkeit an die theoretischen Studien herangehen. Wegen der Verflechtung von Praktika und erziehungswissenschaftlichem Studium hat man empfohlen, nicht mehr von »schulpraktischer Ausbildung«, sondern von »schulpraktischen Studien« zu sprechen.

Diese idealtypische Konzeption für den Rang der schulpraktischen Studien in der Lehrerausbildung (→ *Lehrer / Lehrerin*) – theoretisch angeleitetes Aufsuchen des Praxisfeldes Schulunterricht und rückwirkend geschärfte Sichtweise für erziehungswissenschaftliche Fragestellungen – wird durch vielfältige äußere Bedingungen begrenzt. Im Lehramtsstudiengang für das Gymnasium sind traditionell zuwenig Zeitanteile für schulpraktische Studien angesetzt. In einigen Bundesländern kam es auch in den Studiengängen für Grund- und Hauptschule durch die stärkere Gewichtung der Unterrichtsfächer zu einer Einschränkung schulpraktischer Studien. Ebenso wurde das Studium des Faches Schulpädagogik, das zeitweise als die zentrale Berufswissenschaft für Lehrer galt, zugunsten fachwissenschaftlicher Studien reduziert, so daß kaum Möglichkeiten bestehen, integrierte Veranstaltungen anzubieten, in denen Studierende schulpädagogisches Wissen angeleitet in Unterrichtsbeobachtungen einbringen und dadurch mit differenzierteren Erfahrungen schul- und unterrichtstheoretische Studien betreiben können.

Die angeführten Schwierigkeiten hängen z. T. damit zusammen, daß sich einige Universitätsdisziplinen nicht als berufsqualifizierend verstehen. Als Gegenposition dazu wurde in Anlehnung an die Medizinerausbildung die Konzeption einer Berufsfakultät für alle Lehramtsstudiengänge entwickelt (vgl. BECKMANN 1985, S. 502). Die Analogie zum berufsqualifizierenden Medizinstudium hätte weitreichende Folgen für die schulpraktischen Studien in der Lehrerausbildung: Entsprechend den Universitätskliniken müßten Universitätsschulen als Erprobungs- und Praxisfelder eingerichtet werden, in der Schulpädagogik und in den Fachdidaktiken gäbe es den »Kliniker« mit partieller Tätigkeit in der Schule. »Der ›Kliniker‹ der Hochschule muß demonstrieren können, wie etwa eine bestimmte Unterrichtsform aussehen kann, und der Lehrer sollte seiner Klasse nicht nur mit der Absicht gegenübertreten, eine gute Stunde zu halten, sondern auch in der Haltung des wissenschaftlich Interessierten, der sein Handeln als Realisierung von Hypothesen betrachtet, das er kritisch beobachtend registriert.« (SAUER 1969, S. 91). Die Vollintegration der Fächer der ehemaligen pädagogischen Hochschulen in die Universitätsfakultäten ist vor diesem Hintergrund auch als nachteilig zu sehen; eigenständige pädagogische Fakultäten böten bessere Chancen für die berufsqualifizierende Konzeption des Lehrerstudiums (→ *Hochschule / Universität* ...).

Bei der *Unterrichtsanalyse* innerhalb der schulpraktischen Studien sollten zunächst nicht fachdidaktische Sachverhalte untersucht, sondern fächerübergreifende schulpädagogische Fragestellungen bearbeitet werden, z. B. Führungsstil, Arbeitsformen, Motivierung, Übungsvariationen. Ziel ist die Anbahnung einer pädagogisch-diagnostischen Fähigkeit, also z. B. Situationsbedingungen mit angemessenen Kategorien beobachten, die Bedeutung einer Lehreraktivität erkennen, Einzellernvoraussetzungen erfassen zu können. In neueren Forschungszusammenfassungen (z. B. BERLINER 1986) wird die Befähigung, Klassenzimmersituationen nicht nur äußerlich einschätzen, sondern darin didaktisch-methodische Strukturen identifizieren und Schlußfolgerungen ziehen zu können, als ein entscheidendes Merkmal hochqualifizierter Lehrer angegeben. Lehrerstudenten sollen mit Hilfe theoretischer Kenntnisse eine Art Suchraster zur detaillierten Wahrnehmung der pädagogischen Situation entwickeln. Die Problempräzisierung ist häufig bereits ein Schritt zur Problemlösung (ULICH 1981, S. 185) (→ *Lehrer / Lehrerin*).

Die *Unterrichtsplanung* und *-durchführung* durch Studierende stellt höchste Anforderungen, da pädagogische, didaktische, methodische, psychologische, fachwissenschaftliche und andere Kenntnisse zu integrieren und in Handlungsabfolgen umzusetzen sind (→ *Unterrichtsplanung und Unterrichtsvorbereitung*). Günstig sind Lehrgänge, in denen die Unterrichtskomplexität reduziert wird und theoriegeleitet didaktisch-methodische Grundformen praktiziert werden (z. B. Erzählen, entdeckenlassendes Lehren, Medieneinsatz, Gruppenarbeit). Sowohl für den Aufbau der diagnostischen Fähigkeit als auch für den allmählichen Erwerb der Planungs- und Entscheidungsqualifikation wurden theoretisch fundierte Übungsmaterialien entwickelt (z. B. BECKER u. a. 1976; THIELE 1983). Schulpraktika mit dem Ziel einer Wechselwirkung zwischen theoretischen und praktischen Studien erfordern von allen Beteiligten eine heuristische Haltung; angesichts der Unterschiedlichkeit pädagogischer Situationen können keine »Allzweckmethoden« vermittelt werden, sondern muß jeweils die relativ beste Problemlösung gesucht und erprobt werden.

Literatur

BECKER, G. E. u. a.: Unterrichtssituationen. 3 Bde. München/Wien/Baltimore 1976
BECKMANN, H.-K.: Das Verhältnis von Theorie und Praxis im engeren Sinne. In: KLAFKI, W. u. a.: Funkkolleg Erziehungswissenschaft. Bd. 3. Frankfurt 1971, S. 184–202
–: Das Verhältnis von Fachwissenschaft und Schulfach. In: Westermanns Pädagogische Beiträge 30 (1978), S. 214–218
–: Schule unter pädagogischem Anspruch. Donauwörth 1983
–: Die Berufswissenschaft des Lehrers. In: Pädagogische Welt 39 (1985), S. 500–504
BERLINER, D. C.: In pursuit of the expert pedagogue. In: Educational Researcher 15 (1986), S. 5–13
BROMME, R./HÖMBERG, E.: Einführende Bemerkungen zum Problem der Anwendung psychologischen Wissens. Bielefeld 1976
EINSIEDLER, W.: Lehrmethoden. Probleme und Ergebnisse der Lehrmethodenforschung. München/Wien/Baltimore 1981
FEND, H.: Gesellschaftliche Bedingungen schulischer Sozialisation. Weinheim/Basel 1974
–: Gute Schulen – schlechte Schulen. In: Die Deutsche Schule 78 (1986), S. 275–293
GAGE, N. L.: Unterrichten – Kunst oder Wissenschaft? München/Wien/Baltimore 1979
GEISSLER, E. E.: Anmerkungen zur Erziehungsaufgabe des Lehrers. In: Westermanns Pädagogische Beiträge 26 (1974), S. 305–311
–: Herbarts Lehre vom erziehenden Unterricht. In: BUSCH, F. W./RAAPKE, H.-D. (Hrsg.): Johann Friedrich Herbart. Oldenburg 1976, S. 79–88
GLÖCKEL, H.: Erziehungsauftrag oder Erziehungsaufträge? Von der Aufgabe der Schule in unserer Zeit. In: TWELLMANN, W. (Hrsg.): Handbuch Schule und Unterricht. Bd. 7.1. Düsseldorf 1985, S. 344–356
HERBART, J. F.: Pädagogische Schriften. Bd. 1 (1806), hrsg. von O. WILLMANN/T. FRITSCH. Leipzig ³1913
KLINK, J.-G.: Ort und Inhalt der Schulpädagogik. In: Lebendige Schule 21 (1966), S. 1–8

LICHTENSTEIN-ROTHER, I.: Schulpädagogik. In: ROMBACH, H. (Hrsg.): Lexikon der Pädagogik. Bd. 4. Freiburg/Basel/Wien 1971, S. 37–39
LIEDTKE, M.: Warum Schule Schule gemacht hat. Zum Zusammenhang von Schule, Kultur und Gesellschaft. Erlanger Universitätsreden, Nr. 16. Erlangen 1984
LOSER, F.: Über den Wandel der Allgemeinen Didaktik zur Schulpädagogik. In: Evangelische Unterweisung 23 (1968), S. 265–269
OBLINGER, H.: Theorie der Schule. Donauwörth 1975
PARSONS, T.: Die jüngsten Entwicklungen in der strukturell-funktionalen Theorie. In: Kölner Zeitschrift für Soziologie und Sozialpsychologie 16 (1964), S. 30–49
PETERSEN, P.: Der Kleine Jena-Plan (1927). Weinheim/Basel ^{52}1972
RUTTER, M. u. a.: Fünfzehntausend Stunden. Schulen und ihre Wirkung auf die Kinder. Weinheim/Basel 1980
SAUER, K.: Das Schulpraktikum in der wissenschaftlichen Lehrerausbildung. In: Die Deutsche Schule 61 (1969), S. 86–93
THIELE, H.: Trainingsprogramm Gesprächsführung im Unterricht. Bad Heilbrunn 1983
ULICH, D.: Über einige Voraussetzungen der Anwendung von Theorien. In: Unterrichtswissenschaft 9 (1981), S. 174–186
WEBER, E.: Pädagogik – Eine Einführung. Bd. 1: Grundfragen und Grundbegriffe. Donauwörth 1972
WENIGER, E.: Theorie und Praxis in der Erziehung (1929). In: ders.: Die Eigenständigkeit der Erziehung in Theorie und Praxis. Weinheim 1952, S. 7–22

Wilhelm H. Peterßen

Didaktik und Curriculum/Lehrplan

1 Didaktik, Lehrplan, Curriculum

Didaktik und Lehrplan/Curriculum sind als Theorie und Praxis aufeinander bezogen. Allerdings ist Didaktik nicht bloß Theorie des Lehrplans, sondern umfaßt weitaus mehr Gegenstände. Hier wird *Didaktik als Theorie und Lehre des Lernens und Lehrens schlechthin* begriffen, als *Wissenschaft, die sich mit allen Lern- und Lehrerscheinungen befaßt und sich um die Erfassung aller Vorgänge und Faktoren in diesem Feld bemüht, einschließlich aller darauf einwirkenden Bedingungen und davon ausgehenden Wirkungen.*

Als integrierender Bestandteil der Pädagogik hat sie in dieser so große Bedeutung erlangt, daß sie als deren »Herzstück« (DERBOLAV 1959, S. 35) oder »wenigstens ... eine ihrer Herzkammern« (KLAFKI 1964, S. 82) gewertet wird. Für Pädagogen hat Didaktik den Rang einer Berufswissenschaft, darin der Bedeutung der Medizin für Ärzte nicht unähnlich; jedenfalls kommt kein Pädagoge darum herum, sich den aktuellen Erkenntnisstand von Didaktik anzueignen.

Nun kann Didaktik in dem weiten Bedeutungszusammenhang, den sie durch die obige Definition erhält, nicht unmittelbar wirksam werden, sondern muß sich im Einzelfall eingrenzen (→ *Fachdidaktik, Bereichsdidaktik, Stufendidaktik*). Ein Blick in die historische wie gegenwärtige didaktische Theoriebildung zeigt, daß dies auch tatsächlich geschieht. Und zwar spielen für die Einengung in der Regel zwei Gesichtspunkte eine besondere Rolle:
– das *Gegenstandsfeld*, d. h., aus dem umfassend-komplexen Feld des Lernens und Lehrens wird ausdrücklich ein Teilbereich zum vordringlichen Gegenstand der Didaktik erklärt, z. B. die Frage der Lehr- und Lerninhalte, deren »Auswahl und Konzentration« (WENIGER 1930; KLAFKI 1964), die Gesamtheit bildender Vorgänge (WILLMANN ⁴1909), der schulische Regelunterricht (SCHULZ 1965);
– der *Theoriebegriff*, d. h., von allen gebräuchlichen Paradigmen wissenschaftlicher Wirklichkeitsbewältigung wird eines für die didaktische Theoriebildung gewählt, z. B. die Bindung der informationstheoretisch-kybernetischen Didaktik an positivistisches Denken (VON CUBE 1980), der – inzwischen revidierten – bildungstheoretischen Didaktik an geisteswissenschaftliches Denken (KLAFKI 1964), der kommunikativen Didaktik an kritisches Denken (SCHÄFER/SCHALLER 1973; WINKEL 1980).

Wie viele unterschiedliche Ansätze Didaktik nehmen kann, läßt sich erahnen, wenn man sich die fast unüberschaubare Zahl der Erscheinungsformen der Lern- und Lehrwirklichkeit vor Augen führt. Für die unter dem Gegenstandsaspekt erfolgende Eingrenzung ist bezeichnend, daß sie häufig – ja in der Mehrzahl – auf den Bereich der Planung des Lernens und Lehrens vorgenommen wurde. Daß entsprechende Vorgänge planbar sind, ist auch die Grundvoraussetzung didaktischen Denkens; Didaktik wurde zuallererst bedeutsam, als das Bedürfnis und der Wunsch aufkamen, menschliches Lernen in größerem Umfang handhabbar zu machen, und die Notwendigkeit des Wissens um die Regelhaftigkeit des Lernens und Lehrens für die planvolle Lehre eingesehen wurde.

Didaktik bemüht sich dementsprechend besonders darum, das für die Lern- und Lehrplanung erforderliche Wissen bereitzustellen.

In vielen Fällen erfolgt(e) eine weiter gehende Einengung bloß auf den »Lehrplan« als ein Moment des Planungsvorgangs, wie z. B. bei WENIGER, der den Lehrplan als »Kodifikation des Lehrgefüges« auffaßte, durch den er mithin das gesamte Feld der Didaktik repräsentiert sah (1930; zit. 1965, S. 21). *Lehrplan bezeichnet das Ergebnis eines Prozesses, durch den eine Gesellschaft ihren Fortbestand sicherstellen will, indem sie alle ihre Heranwachsenden in sich einführt,* d. h., ein *Lehrplan enthält Aussagen über alles Wissen und Können und über alle Einstellungen / Haltungen, die das zugeordnete Bildungssystem an die Heranwachsenden zu vermitteln hat.* Und zwar spricht man von einem Lehrplan erst dort, wo diese Aussagen festgehalten sind: »Erst wo diese Auswahl dokumentiert, als Unterrichtsanweisung formatiert und kodifiziert erscheint, ist es sinnvoll, von einem *Lehrplan* zu sprechen.« (HAFT/HOPMANN 1986, S. 1)

Lehrpläne machen für ihren jeweiligen Geltungsbereich verbindliche Vorgaben für das gesamte Bildungssystem und die in ihm Tätigen, an die alle weitere Lehr- und Lernarbeit unter Berücksichtigung der je besonderen situativen Bedingungen anzuschließen hat. In der Bundesrepublik Deutschland liegt die Zuständigkeit für Lehrpläne aufgrund verfassungsmäßiger Regelung bei den einzelnen Bundesländern (vgl. GRUNDGESETZ Art. 7, Abs. 1 in Verb. m. Art. 30), so daß hier jeweils elf verschiedene Lehrpläne bestehen.

Curriculum wird häufig gleichbedeutend mit Lehrplan verwendet. Man sollte jedoch Unterschiede machen. Der Begriff, obwohl als »curriculum vitae« früher auch bei uns heimisch, wurde aus der anglo-amerikanischen Lehrplanforschung in den 60er Jahren übernommen, wiedereingeführt durch ROBINSOHNS Schrift »Bildungsreform als Revision des Curriculum« (1967). Curricula sind Vorentwürfe von Unterricht, wobei sie entweder minutiöse Vorgaben für jeden Handlungsbereich mit großer Verbindlichkeit (geschlossene Curricula) oder bloß Rahmenvorgaben mit geringer Verbindlichkeit (offene Curricula) enthalten können. Was ein Curriculum vom Lehrplan aber besonders unterscheidet, ist der Anspruch auf völlig rationales Zustandekommen (vgl. Abschn. 3.2) sowie sein Ausgang von »klar definierten und damit überprüfbaren Lernzielen« (BILDUNGSBERICHT '70, S. 130). *Curricula sind eine Form von Lehrplänen, und zwar jene, die durch ein möglichst wissenschaftlich abgesichertes Verfahren zustande kommen, die klare und eindeutige Vorgaben für den Unterricht machen und die auf ständige Überprüfung und Revision hin angelegt sind* (vgl. PETERSSEN ³1988, S. 216ff.). Die für ihre pädagogische Arbeit geltenden Lehrpläne/Curricula und zu deren Verständnis beitragende didaktische Theorie zu kennen ist für Lernende in allen Lern- und Lehrfeldern unerläßlich.

2 Historische Entwicklungen

Daß die Entwicklung von Lehrplan, Lehrplantheorie und Didaktik nicht gleichförmig und parallel erfolgte, sich mithin auch nicht als ein Strang darstellen läßt, dürfte hinlänglich deutlich geworden sein. Im folgenden werden die historischen Entwicklungen einzeln aufgezeigt.

2.1 Überblick über die Geschichte des Lehrplans

Lehrpläne wurden erstmals notwendig, als Erziehung nicht mehr dem Zufall von Erfahrung und Umgang einzelner überlassen blieb, sondern für viele und durch viele gleichartig erfolgen sollte, so daß hierfür Ziele, Inhalte und Verfahren festgeschrieben und verbindlich gemacht werden mußten. Es leuchtet unmittelbar ein, daß solche Erziehungsvorgaben nicht ein für allemal, sondern bloß für abgegrenzte Räume und Zeiten, mithin bloß sozialhistorisch gültig sein können. Für die Geschichte des abendländischen Lehrplans zeichnet DOLCH (1965) sechs Stationen.

- Von ersten Lehrplanvorgaben kann man hinsichtlich des Kanons grammatischer und musischer Übungen sprechen, durch die im 7./6. Jahrhundert v. Chr. die wohlhabende attische Jugend zur Körperertüchtigung und Wehrfähigkeit erzogen wurde (und zeitgleich gilt dies auch für den germanischen Raum, für die eddische Erziehung).
- Im 5. Jahrhundert v. Chr. führen die starke Erweiterung des Wissens einerseits und die zunehmende Bedeutung der Sprache – in Politik und vor Gericht – andererseits zu einem zweistufigen Lehrplan: Männliche Heranwachsende durchlaufen ein vergleichbares Fundamentum allgemeiner Kenntnisse und Fertigkeiten, ausgewählte zusätzlich noch ein Additum sprachlicher Übungen.
- Aus diesem Stufenplan entwickeln sich die berühmten »septem artes liberales« mit dem »Quadrivium« aus Arithmetik, Astronomie, Geometrie, Musik und dem »Trivium« aus Grammatik, Rhetorik und Dialektik. Als Disziplinen der dem Universitätsstudium vorgeschalteten Artistenfakultät bleiben diese Künste bis lange ins Mittelalter hinein verbindliches Lehrgut (→ *Hochschule / Universität*).
- Zu schulischen Lehrplänen kommt es im deutschen Mittelalter, in dem über das gesamte Land hinweg aus den städtischen Schreib- und Rechenschulen die Volksschulen gegründet werden. In ihnen bilden Religion, Lesen und Schreiben, Kirchenlieder und Rechnen festes Lehrgut. Reformation und Gegenreformation haben Spuren hinterlassen.
- Entdeckungen und Erfindungen, vor allem der Buchdruck, sowie geistige Strömungen, besonders der Rationalismus, verändern die Lehrpläne im Barock radikal und lösen die »septem artes« zugunsten curricularer und methodischer Vorgaben ab. Diese rücken das umfassende aktuelle Wissen in Form der Realien in den Vordergrund – Sprache verliert an Bedeutung – und unterlegen dem Lehrgeschäft rationale Handlungs- und Ordnungsprinzipien, die durchaus heute noch die Lehre bestimmen, wie z. B. die von COMENIUS (1657) vorgetragenen des fachlichen Nebeneinander (Fächer) und Nacheinander *(Lehrgänge)*, der Stufung *(Jahrgangsklassen)* sowie auch das unterschiedlicher Lehrpläne für unterschiedliche Schulen *(Schulartprofile)*.
- Im 19. Jahrhundert wird aus dem Lehr- ein Bildungsplan: Statt wie bisher vom Lehrgut aus wird nun mit Blick auf den Heranwachsenden nach Zielen und Inhalten gefragt; was ihm zu seiner Bildung nötig ist, ist nunmehr die Frage. Es versteht sich, daß solche Frage in einer sich zunehmend differenzierenden Gesellschaft viele und kontroverse Antworten erfährt; von einem einheitlichen Lehrplan kann nicht mehr die Rede sein, gesellschaftliche Gruppen und Ideen streiten um seine Inhalte. Die sich in dieser Zeit etablierende Systematische Pädagogik befaßt sich zwar auch mit dem Bildungsplan, vermag aber kein einheitliches Bildungsideal zu entwerfen, an dem die Pläne hätten orientiert werden können (→ *Theorien der Bildung* . . .; → *Systematische Pädagogik* . . .).

Die Ausgang des 19. Jahrhunderts einsetzende »*pädagogische Bewegung*« bringt zahlreiche programmartige Bildungspläne hervor, die zu fruchtbaren pädagogischen Diskussionen und vielfältiger schulischer Praxis führen. Nach ihrem Auslaufen in den 20er Jahren unseres Jahrhunderts werden ihre Auswirkungen durch die Gleichschaltungspraxis des Nationalsozialismus erstickt. Die heute – Ende der 80er Jahre – bestehenden Lehrpläne enthalten zum einen wieder Gedanken aus der »pädagogischen Bewegung«, gründen zum anderen und besonders aber auf Entwicklungen, die in den 50/60er Jahren eingeleitet wurden.

2.2 Historische Ansätze zur Lehrplantheorie

In der Geschichte finden sich zahlreiche objektsprachliche Aussagen über Lehrpläne, metasprachliche, d. h. solche über die *Theorie* des Lehrplans, hingegen sind spärlich und tauchen erst spät auf. Offenbar werden diese erst und nur dort für notwendig erachtet, wo die unmittelbare Lehrplanung so schwierig wird, daß man sie durch grundlegende Überlegungen zu sichern trachtet. Anfangs beziehen sich diese nur auf den inhaltlichen Fragenkomplex von Lehrplänen, d. h., welche Lehrziele und -inhalte ausgewählt und in welcher Ordnung für die Lehre sie vorgegeben werden sollen. Erst am Übergang vom historischen zum gegenwärtigen Lehrplandenken werden auch die Fragen nach Funktion und Zustandekommen von Lehrplänen Gegenstand der Lehrplantheorie.

– Eine erste Lehrplantheorie erstellt der erste Professor für Pädagogik in Deutschland, E. CH. TRAPP (1745–1818), als er vor die Aufgabe gestellt wird, für das Philanthropin in Dessau einen Unterrichtsplan auszuarbeiten. Um aus über 35 Disziplinen das maßgebliche Lehrgut auswählen und ordnen zu können, besinnt er sich auf Wesen und Bedürfnisse des Menschen als Maßstab für ein pädagogisches Ordnungsprinzip. In einem ersten Entwurf (1778) unterscheidet er zwischen »allgemeinnützigen« (die den Menschen als Menschen betreffen und für alle Menschen gelten), »gemeinnützigen« (die den einzelnen als Angehörigen einer bestimmten Gesellschaft und dort in einem bestimmten Berufsstand betreffen) und »individualnützigen Kenntnissen« (die sich nach Bedürfnis und Vermögen des einzelnen richten). Ein zweiter Entwurf (1787) geht vor allem auf die »allgemeine« Schulbildung ein, die vor beruflicher und vor universitärer Bildung erfolgen und von diesen deutlich getrennt sein soll; ihr Ziel ist, den Menschen auf die Höhe seiner Zeit und in die Gesellschaft zu führen.

– Hundert Jahre später (1873) legt F. W. DÖRPFELD (1824–1893) die »Grundlinien einer Theorie des Lehrplans« vor, wobei er sich der besonderen Aufgabe wohl bewußt ist: »Nicht einen Lehrplan verspricht der Titel, sondern eine *Theorie* desselben. Es handelt sich also um Fragen, die ins reine gebracht werden wollen, *bevor* man an die Aufstellung eines Lehrplanes gehen kann.« (DÖRPFELD 1962, S. 9) Drei Fragen sucht er zu klären: wie viele und welche Fächer gelehrt werden sollen; wie diese zu gruppieren sind; in welcher Folge sie behandelt werden sollen. Es bleibt bei einer »schematische(n) Formel«, wie er selbst bekennt, die »sachunterrichtliche Fächer« (Naturkunde, Menschenleben, Religion), »Sprache« (Reden, Lesen, Schreiben) sowie »formunterrichtliche Fächer« (Rechnen, Zeichnen, Gesang) für den Bildungsauftrag der Schule als notwendig ausweist.

– G. KERSCHENSTEINER (1854–1932) veröffentlicht »Betrachtungen zur Theorie des Lehrplans« (1899), als er in München einen Lehrplan für die »Weltkunde« in der Volksschule zu entwickeln hat. Er setzt sich darin kritisch mit überkommenen

Ordnungsprinzipien für Lehrpläne auseinander und erstellt einen eigenen Lehrplan-Aufgaben-Katalog. Was er aber besonders herausstellt, ist die bloß begrenzte Bedeutung von Lehrplänen und die hierfür maßgeblichen Gründe: das jeweils geltende Bildungsideal; die vorhandenen Schulverhältnisse; die psychologischen Gesetze; die Persönlichkeit der Lehrplanverfasser.
- Den Beginn gegenwärtiger Lehrplantheorie markiert die erstmals 1930 von E. WENIGER (1894–1961) veröffentlichte Konzeption. Deren Aussagen über Entstehung, Funktion und Struktur von Lehrplänen beeinflussen auch heute noch das Lehrplandenken. Nach WENIGERS Auffassung stehen die gesellschaftlichen *Bildungsmächte* – Parteien, Kirchen, Wissenschaften, Staat – in ständiger Auseinandersetzung darüber, im Lehrplan repräsentiert zu sein, um auf diese Weise über schulische Erziehung den eigenen Fortbestand sicherzustellen. Schule und Erziehung würden in diesen Kampf hineingezogen und kämen nicht zur Ruhe, wenn es nicht einen von allen Seiten anerkannten »Träger« des Lehrplans gäbe. Dieser ist der Staat; er ist nicht bloß eine der konkurrierenden Mächte, sondern auch neutrale Macht, die alle Ansprüche an den Lehrplan aufnimmt und zum Ausgleich bringt. Es wird angenommen, daß es historisch anerkannte »Bildungsideale« gibt, d. h. verhältnismäßig anschauliche Vorstellungen über den als gebildet geltenden Menschen (→ *Theorien der Bildung* ...). Das Bildungsideal wird für den Staat zum Leitbild für den Ausgleich der konkurrierenden Bildungsinteressen und zum Maßstab für die »Auswahl und Konzentration« der Bildungsinhalte im Lehrplan. Der Lehrplan bringt Ruhe in das alltägliche Bildungsgeschäft und gewährleistet die »Vereinheitlichung« von Bildung für seinen Geltungsbereich. Den in Erziehung und Schule Tätigen gibt er in drei Schichten vor: a) das *Bildungsideal*, und zwar in Form von Inhalten der Gesinnung; b) Inhalte der Weltbeherrschung und des Umweltverständnisses, die »geistigen Grundrichtungen« (Kultur-, Fächerbereiche, Wissenschaften) und die *»Kunde«* (an die Umgangssprache gebundene Inhalte kollektiver Erinnerung); c) Kenntnisse und Fertigkeiten.

Die von WENIGER in den Mittelpunkt gerückte Dynamik erklärt und veranschaulicht den bloß historischen Charakter von Lehrplänen besonders gut. Zugleich weist seine mit didaktischer Theorie weitgehend identische Lehrplantheorie nachdrücklich auf die bloß historische Bedeutung auch der Theorie hin. Seine Theorie ist durch und durch geisteswissenschaftlicher Art (→ *Wissenschaftstheorie;* → *Forschungsmethoden in der Erziehungswissenschaft;* → *Das Theorie-Praxis-Verhältnis in der Pädagogik*).

2.3 Didaktische Ansätze der Vergangenheit
Obwohl der Begriff »Didaktik« schon im Mittelalter auftaucht, etwa bei HUGO VON ST. VICTOR (1096–1141) als »Eruditio didascalia« und »Didascalicon«, findet er sich im spezifischen Sinne erst im 17. Jahrhundert, so daß erst von dort an die Geschichte der Didaktik als einer besonderen Disziplin datiert (vgl. PETERSSEN [2]1989, bes. S. 62ff.).

2.3.1 Didaktik als Lehrkunst
RATKE (1571–1635) und J. A. COMENIUS (1592–1670) waren von dem großen Optimismus besessen, die in der Natur gründenden Gesetzmäßigkeiten allen Lernens ausfindig machen und sie in einer Lehrkunst fassen zu können, durch die man letzten Endes fähig würde, allen Lernenden alles beibringen zu können. Die »Große Didaktik« (Didactica Magna 1657, hrsg. u. übers. 1966) des COMENIUS versprach, »die vollständige Kunst, alle

Menschen alles zu lehren«, zu sein (vgl. Titelblatt). Sie stellt ein umfassendes Regelwerk dar, das für jedes und alles Lernen und Lehren Prinzipien aufstellt, wie z. B. das berühmte »Die Natur schreitet vom Leichteren zum Schwereren vor« (ebd., S. 102). Diese umfassende erste auf Rationalität gründende und zielende Didaktik ist mit Pädagogik völlig identisch.

2.3.2 Didaktik als Unterrichtslehre
Eine Einengung erfährt Didaktik über hundert Jahre später, u. a. ausdrücklich bei J. F. HERBART (1776–1848). Dieser begreift sie schlicht als »Lehre vom Unterricht« (HERBART 1957, S. 17). Nicht alles Lernen und Lehren ist ihr Feld, sondern nur jenes, wo ein »Zögling« vom »Erzieher« mittelbar über ein »Drittes« erzogen wird, nämlich über Inhalte (Stoff, Gegenstand). Didaktik erhält den Auftrag, dieses Beziehungsgefüge zwischen Erzieher-Zögling-Stoff auf Notwendigkeiten und Möglichkeiten der Erziehung hin zu untersuchen, d. h. bei HERBART zu fragen, wie auf solche Weise beim Heranwachsenden die »Charakterstärke der Sittlichkeit«, als Fähigkeit, sich für das Gute und gegen das Böse entscheiden zu können, gebildet werden kann. Von diesem Erziehungsziel ausgehend, deduziert HERBART eine Lehre für den Unterricht, aus der – wohl vor allem durch hypostasierende Formalisierungen seiner Schüler (Herbartianer) – besonders die sogenannten »Formalstufen« Eingang in den schulischen Alltag fanden (→ *Methoden des Unterrichts*).

2.3.3 Didaktik als Bildungslehre
Mit dem zeitgemäßen Begriff Bildung (→ *Theorien der Bildung*...) operierend, versucht WILLMANN (1839–1920) die in der Pädagogik untergegangene Didaktik wiederzubeleben: »Didaktik ist die Lehre vom Bildungserwerb, wie er *auf* Grund und *als* Grund des Bildungswesens von Individuen vollzogen und vermittelt wird.« (WILLMANN 1909, S. 27) Der Gegenstand Bildung wird als »geistige«, Erziehung hingegen als »sittliche Assimilation« aufgefaßt, so daß sich ein begrenztes Gegenstandsfeld für die Didaktik herausschält. Für dieses entwirft WILLMANN allerdings nicht bloß ein System formaler Regeln – für didaktische Organisation, Lehrplangestaltung, Formgebung, Technik, Lehrverfahren –, sondern unterlegt diesen zugleich feste, an christlichen und patriotischen Zielsetzungen orientierte Vorstellungen.

2.3.4 Didaktik als Programm
Zu geradezu ideologischen Erstarrungen, bei gleichzeitigem Verlust ihres eigenständigen Status, kommt es in der Didaktik der »pädagogischen Bewegung« (vgl. NOHL 1961). Hier werden Programme aufgestellt, veröffentlicht, verteidigt, durchgeboxt und in Praxis umgesetzt. Nicht Erkenntnisgewinn wird mit Didaktik bezweckt, sondern wirksame Einrichtung von Schulen, die an jeweils ein besonderes Bildungsprogramm gekoppelt sind (→ *Freie Schulen*...). Die allen Programmen gemeinsame Grundlage ist die Absicht, Schulen nicht an abstrakten Ideen auszurichten, sondern sie kindgerecht einzurichten und in ihnen eine »Pädagogik vom Kinde aus« zu gewährleisten. Nicht über Didaktik als Disziplin, sondern über didaktisches Handeln wird gearbeitet.

2.3.5 Didaktik als Theorie der Bildungsinhalte

In der Konsolidierungsphase der »pädagogischen Bewegung«, in den 20er Jahren unseres Jahrhunderts, entwickelt die geisteswissenschaftliche Didaktik eine »Theorie der Bildungsinhalte«. Auf DILTHEY und NOHL zurückgehend, definiert WENIGER sie so und stellt ihr die Aufgabe, das Problem der »Kategorien der Auswahl und Konzentration« der Bildungsinhalte zu untersuchen (WENIGER 1930; zit. nach: 1965, S. 22). Eine solche Einengung auf das Inhaltsproblem des Lernens und Lehrens wird für gerechtfertigt gehalten, weil angenommen wird, daß dem Inhalt für Bildungsvorgänge besonderer Wert zukommt. Mit Inhalten setzen Lernende sich auseinander und gewinnen so Bildung; Inhalte haben im Gefüge des Lernens und Lehrens angeblich auch einen ständigen Wirkprimat (These vom Primat der Inhalte vor der Methode).

WENIGERS Theorie der Bildungsinhalte stellt nicht nur den Abschluß der historischen Didaktik dar, sondern wird auch zum unmittelbaren Ansatzpunkt des Neubeginns der Didaktik der Gegenwart. In den Jahren nach dem Zweiten Weltkrieg erringt diese Theorie durch persönliche Lehrer-Schüler-Beziehung WENIGERS – zu BLANKERTZ, KLAFKI, KRAMP u. a. – in der Theoriebildung wie in der Praxis große Bedeutung.

3 Gegenwärtige Entwicklungen

Nach dem Zweiten Weltkrieg und der durch den Nationalsozialismus bedingten Zwangspause schließt das didaktische Denken in Deutschland fast unmittelbar an jenes der zwanziger Jahre an. Inhaltlich bestimmen Einzelzüge aus den programmatischen Entwürfen der Reformpädagogen die Szene. Vor einer Wiederetablierung wissenschaftlicher Didaktik kommt es zu einem außergewöhnlich intensiven systematischen, aber vorwissenschaftlichen Denken, das in sogenannte »*Unterrichtslehren*« mündet, die aus der Erfahrung der Verfasser aufbereitete Handreichungen umfassen (vgl. SCHWAGER 1962). In der wissenschaftlichen Theoriebildung beherrscht lange Zeit die »Göttinger Schule« das Bild, das sind Schüler um WENIGER, die mit historisch-systematischen Untersuchungen didaktischen Einzelfragen nachgehen.

3.1 Vielfalt und Konkurrenz

3.1.1 Bildungstheoretische Didaktik

Aus einer solchen Untersuchung erwächst auch die von KLAFKI ausgearbeitete *bildungstheoretische Didaktik*, die bis in die 60er Jahre unbestritten die wirksamste ist (KLAFKI 1963; 1964). Diese Theorie ist völlig geisteswissenschaftlich ausgerichtet, d. h., sie ist auf hermeneutische Weise entwickelt worden, sie versteht sich selbst als bloß historisch gültig, sie ist pragmatischer Art und auf eine *Handlungstheorie* für Lehrende aus (vgl. BLANKERTZ 1969, bes. S. 28ff.). Ihr Gegenstandsfeld ist durch den Bildungsbegriff vorgezeichnet: Nicht alles Lernen und Lehren, sondern bloß bildungswirksames, noch dazu nur jenes, das der besonderen Bildungsvorstellung dieses Ansatzes entspricht, ist ihr Gegenstand. Bildung wird als ein einheitlicher Vorgang – und Ergebnis – formaler und inhaltlicher Veränderung der Person verstanden und als »*kategoriale Bildung*« bezeichnet. Für diesen Vorgang haben besonders die in der Bildungs-»Begegnung« zwischen Zögling und Wirklichkeit die diese Wirklichkeit repräsentierenden Inhalte

Bedeutung, so daß daraus auf einen grundsätzlichen »Primat der Inhalte vor der Methode« geschlossen wird. Und das wiederum führt dazu, daß die Didaktik sich ausschließlich mit dem Problem der Bildungsinhalte, ihrer Auswahl und Ordnung, befaßt, zumal sie das gesamte Problem der Didaktik als hierin »in nuce« beschlossen sieht. Für das Inhaltsproblem bietet sie Lehrenden auch praktische Hilfen an, und zwar bei der Unterrichtsplanung *(»didaktische Analyse«,* KLAFKI 1964, S. 126ff.; PETERSSEN ³1988, S. 47ff.) (→ *Unterrichtsplanung und Unterrichtsvorbereitung).*

3.1.2 Lerntheoretische Didaktik

In scharfe Auseinandersetzung mit der bildungstheoretischen, aber auch in Konkurrenz um Abnehmer tritt Anfang der 60er Jahre die von HEIMANN strukturierte *lerntheoretische Didaktik* (1962). Sie lehnt sich an das positivistische Wissenschaftsverständnis an und strebt nach empirisch-analytischer Erfassung aller Faktoren des Lernens und Lehrens (→ *Wissenschaftstheorie;* → *Forschungsmethoden der Erziehungswissenschaft).* Ihr Feld ist vor allem der Unterricht. Ihr Vorgehen besteht zunächst darin, die allem Unterrichtsgeschehen inhärenten Strukturen aufzudecken, darzustellen und so zu zeigen, was getan werden muß, damit Lernen und Lehren zustande kommen (nicht: wie es getan werden muß!). Es werden vier jeweils zu treffende Entscheidungen und zwei dabei zu berücksichtigende Bedingungskomplexe als dauerhafte Strukturmomente didaktischen Handelns aufgezeigt und modellhaft dargestellt *(Berliner Modell):*

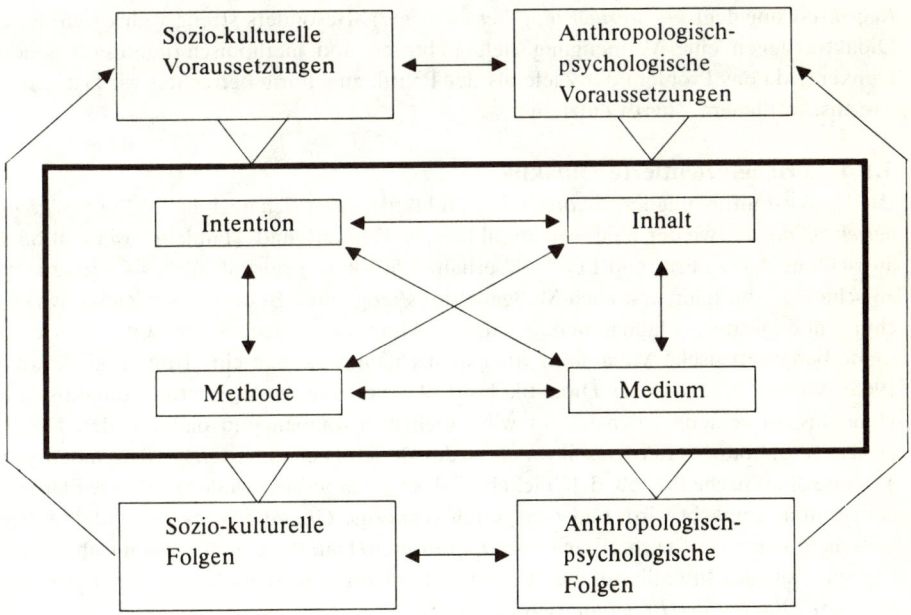

Abb. 1: »Berliner Modell« der Didaktik

Der Lernbegriff (→ *Lernen und Lerntheorien*) wird hier als zentrale Kategorie gefordert und vehement vom Bildungsbegriff abgehoben: gegenüber diesem sei er wertneutral, wohingegen jener ideologisch aufgeladen sei; er sei weiter und vermöge nicht bloß periphere Erscheinungen zu erfassen; er sei pragmatischer verwendbar und wehre allzu »stratosphärenhaftes« Denken ab. Angegriffen wird auch die These vom Primat der Inhalte und ihr die Auffassung der durchgehenden »*Interdependenz*« entgegengehalten, d. h. von der ständigen wechselseitigen Abhängigkeit aller didaktischen Momente und Maßnahmen. Und schließlich impliziert dieser Ansatz die Hoffnung, didaktisches Handeln von gesellschaftlich-ideologischen Einflüssen dadurch weitgehend unabhängig zu machen, daß entsprechende Voraussetzungen ständig beobachtet und für Entscheidungen berücksichtigt werden.

3.1.3 Informationstheoretisch-kybernetische Didaktik

Mit ähnlichen Vorstellungen über die dauerhafte Struktur von Lernen und Lehren und in noch engerer Anbindung an positivistisches Denken, hier an den kritischen Rationalismus (→ *Wissenschaftstheorie*), wird in den 60er Jahren die informationstheoretisch-kybernetische Didaktik konzipiert (VON CUBE 1968). Fasziniert von dem Gedanken, menschliches Lernen und Lehren noch mehr steuern und erfolgreicher gestalten zu können als üblich, sieht man in der kybernetischen Regeltechnik ein Modell, das als Informationsvorgang begriffene Lernen und Lehren optimal beherrschen zu können. Zwischen der Steuerung menschlichen Lernens und z. B. der einer Zentralheizung wird strukturell kein Unterschied gesehen, auf beides wird der in der Kybernetik entwickelte *Regelkreis* angelegt (→ *Lernen und Lerntheorien*). Besonders streng wehrt sich diese Didaktik gegen eine Vermengung zielgerichteten und methodisch-organisatorischen Denkens, da das Problem der Ziele als der Politik zugehörig betrachtet wird, das sich wissenschaftlichem Zugriff entzieht.

3.1.4 Lernzielorientierte Didaktik

Die Strukturauffassung lerntheoretischer Didaktik findet sich auch in der *lernzielorientierten Didaktik* wieder. Sie will didaktisches Denken und Handeln zweckrational ausrichten, d. h., Lern- und Lehrziele erhalten absolute Priorität; über sie wird zuerst entschieden und dann erst nach Maßgabe ihres möglichen Beitrages zur Zielverwirklichung über weitere Maßnahmen, – Inhalte, Methoden, Medien usw. Oft spielt eine rigide behavioristische Vorstellung über menschliches Lernen eine Rolle (vgl. MAGER 1965; MEYER 1974). Diese Didaktik hofft, Lernen durch Ausrichtung didaktischen Handelns an seinen Zielen so gut wie möglich vorplanen und dadurch den Erfolg absichern zu können. Lernen soll vor allem der Beliebigkeit entrissen werden, indem der gesamte didaktische Prozeß, d. h. nicht bloß das Lernergebnis, sondern auch die Planung überprüfbar gemacht wird, und zwar durch vorherige *Operationalisierung* didaktischer Entscheidungen (= Beschreibung von Operationen/Handlungen, an denen wahrnehmbar wird, ob das Intendierte auch tatsächlich eingetreten ist/vollzogen wird) (→ *Forschungsmethoden der Erziehungswissenschaft*).

3.1.5 Kommunikative Didaktik
Einen völligen Neuansatz stellt die *kommunikative Didaktik* dar. Sie bringt die kritische Wissenschaftsauffassung (vgl. HABERMAS ⁵1971) in die didaktische Theoriebildung ein (SCHÄFER/SCHALLER ²1973). Ihr Leitbild ist Emanzipation: Didaktisches Denken und Handeln hat dafür Sorge zu tragen, daß erzieherischer Umgang so vor sich geht, daß die Betroffenen sich emanzipieren können. Da vor allem in gesellschaftlichen Verhältnissen Hindernisse für den Emanzipationsprozeß angenommen werden, erhält Didaktik den Auftrag, diese rückhaltlos aufzudecken – durch ideologiekritische Fragestellungen – und beseitigen zu helfen (vgl. HUISKEN 1972). Den Umgang zwischen Lernenden und Lehrenden verlangt diese Didaktik repressionsfrei gestaltet. Sie entdeckt die besondere Bedeutung der »*Beziehungsdimension*« von Unterricht, d. h. der sozialen Beziehung zwischen Lehrer und Schülern, und rückt sie noch vor die *Inhaltsdimension*, der Didaktik in der Regel mehr Raum widmete. Sie verlangt eine Beziehung nach den Prinzipien »*rationalen Diskurses*« und »*symmetrischer Kommunikation*«. Das führt ganz konkret dazu, daß ihre Handlungsansätze schülerorientierten Unterricht propagieren (→ *Lehrer-Schüler-Verhältnis;* → *Sprache im Unterricht*).

3.1.6 Resümee
Die deutschsprachige Didaktik in den Jahren von 1950 bis 1980 weist diese fünf Hauptansätze, daneben aber zahlreiche Einzelansätze auf (vgl. PETERSSEN ²1989, S. 71 ff.). Man kann für diesen Zeitraum durchaus von didaktischer Vielfalt sprechen. Kennzeichnend ist eine Art Konkurrenz zwischen den Ansätzen, verbunden mit Ausschließlichkeitsansprüchen, die allerdings weniger von den Verfassern der Modelle als von Abnehmern und Epigonen erhoben werden. Auffällig ist in der Tat die starke gegenseitige Abhebung und Abschottung, wie sie besonders gut in den jeweils gewählten Hauptkategorien zum Ausdruck kommt, z. B. Bildung vs. Lernen vs. Information vs. Kommunikation. Eine Analyse auf grundsätzlich vertretene wissenschaftliche Auffassungen deckt auch schnell die unterschiedlichen Paradigmen auf, denen sich die einzelnen Ansätze verpflichtet sehen. Dem unbefangenen Beobachter bietet sich ein Bild von didaktischen Schulen und deren Schülern, zwischen denen nur ganz allmählich ein auf gegenseitige Anerkennung und Ausgleich gerichtetes Gespräch in Gang kommt.

3.2 »Curriculare Bewegung«
»Curriculare Bewegung« soll das besonders intensive Bemühen innerhalb der Didaktik um deren besonderen Gegenstand Curriculum/Lehrplan bezeichnen. Diese Bewegung erstreckt sich während gut zehn Jahren (etwa 1967–1980) über die gesamte Breite didaktischer Theoriebildung und ist nicht an einen der genannten Ansätze gebunden. Sie hat ihren Ursprung in der anglo-amerikanischen Lehrplanforschung; der dort gebräuchliche Ausdruck Curriculum ist – vor allem durch die seinerzeitige Schrift von ROBINSOHN »Bildungsreform als Revision des Curriculum« (1967) – in die deutsche didaktische Szene übernommen worden. Obwohl es einen einheitlichen *Curriculumbegriff* nie gegeben hat, bringt er gegenüber dem gebräuchlichen des Lehrplans besonders drei Tendenzen zum Ausdruck: *Erstens* soll an die Stelle bloß tradierten und nicht mehr reflektierten Lehrplandenkens ein streng rational-wissenschaftliches treten und den Lehrplan – besonders seinen Entstehungsprozeß – beherrschbar machen. *Zweitens* soll

eine durchgehende Orientierung der Lehrplanarbeit (d. i. der Prozeß der Erstellung von Lehrplänen; vgl. HAFT/HOPMANN 1986, S. 1) an den Zielsetzungen des Lernens und Lehrens erfolgen *(Lern-Lehrziel-Priorität)*. *Drittens* soll Lehrplanarbeit durch eingebaute Überprüfungen *(Evaluationen)* prozeßhaft werden (vgl. bes. FREY u. a. 1975) (→ *Evaluation und Selbstevaluation*).

Die curriculare Bewegung ist von dem großen Optimismus auf grundsätzliche Verbesserung der Bildungschancen getragen gewesen. Wenn es auch einzelne bloß technologische Entwürfe gegeben hat, so orientiert sich die curriculare Bewegung im Grunde durchgehend am Verfassungsauftrag zur Schaffung von *Chancengleichheit* im Bildungswesen für alle Heranwachsenden (→ *Strukturveränderungen im Bildungswesen der Bundesrepublik*). Es sei dahingestellt, ob sie dies erreichen bzw. wenigstens dazu beitragen konnte. Fest steht auf jeden Fall, daß sie den rationalen Lösungsweg für Lehrplanprobleme nicht gefunden hat; statt dessen erwies sich, daß es hierfür so viele Lösungen zu geben scheint, wie es Ansätze gibt, daß Lehrplanarbeit von derselben historischen Art und Bedingtheit ist, wie dies für den Lehrplan schon längst nachgewiesen wurde (vgl. dazu KÜNZLI 1986, S. 20 ff.).

Das curriculare Lehrplandenken hat aber nachhaltig und dauerhaft den Blick für einzelne Probleme und vor allem alternative Lösungsansätze geschärft: So wird zwischen einem *»offenen«* und einem *»geschlossenen« Curriculum* unterschieden, je nachdem, wie verbindlich die Vorgaben für den Unterricht sind (→ *Unterrichtsplanung und Unterrichtsvorbereitung*). Unterschieden wird auch zwischen zentral gesteuerter und regionalpraxisnaher Curriculumentwicklung (vgl. FREY 1972).

Von den zahlreichen Ansätzen – zwischen denen sich ein ähnlich rivalisierendes Verhältnis einstellte wie seinerzeit zwischen den Programmen der »pädagogischen Bewegung« (so daß sich auch von hier aus die Bezeichnung »curriculare Bewegung« aufdrängt) – sind bemerkenswert vor allem zwei:

– Der *qualifikatorische* oder *situationsanalytische Ansatz*, von ROBINSOHN (1967) entwickelt, geht neue Wege. Während traditionelle Lehrpläne ihren unmittelbaren Ansatzpunkt in den wissenschaftlichen Disziplinen haben, steht hier obenan die Absicht, Heranwachsende zu eigenständiger Lebensbewältigung dadurch instandzusetzen, daß ihnen die erforderlichen Qualifikationen vermittelt werden. Curriculumarbeit beginnt deshalb mit der Feststellung von Lebenssituationen, in denen Heranwachsende leben werden, analysiert diese Situationen auf Qualifikationen hin, die zu ihrer Bewältigung notwendig sind, und ordnet diesen Qualifikationen dann als Elemente jene Bildungsinhalte zu, durch die sie aufgebaut werden können. Diesem Ansatz ist die Forderung zu verdanken, daß der Blick zunächst auf die Lernenden gerichtet werden sollte statt auf Traditionen u. ä. Allerdings konnte der erhoffte objektive Weg nicht aufgezeigt werden; in pluralen Gesellschaften sind die Auffassungen über mögliche Lebenssituationen, Qualifikationen und deren inhaltliche Bausteine nicht einheitlich faßbar.

– Das *mittelfristige Curriculumkonzept (Strukturgitteransatz)* von BLANKERTZ geht den traditionellen Weg über die Fachwissenschaften und Unterrichtsfächer, ordnet deren Beitrag aber einer vorgegebenen »edukativen Intentionalität« unter (BLANKERTZ ²1971; 1973). Mit Hilfe eines »didaktischen Strukturgitters« soll der jeweils mögliche edukative Beitrag der Fächer erkundet und festgehalten werden. Es sind einige Strukturgitter erstellt worden, die von ihnen erhoffte initiierende Wirkung auf

Gespräche zwischen allen an Lehrplanarbeit Interessierten haben sie nicht geleistet (vgl. KELL 1985).

Die curriculare Bewegung hat didaktische Theoriebildung über längere Zeit hinweg auf das Lehrplanproblem konzentriert und das Bewußtsein um die besonderen Probleme dieses Bereichs mobilisieren und schärfen können, tatsächliche Auswirkungen auf die reale Lehrplanarbeit aber hat sie kaum gezeigt; Lehrpläne der letzten Jahre zeigen, daß nicht bloß die redaktionelle Verantwortung nach wie vor bei der Bildungsadministration liegt, sondern die gesamte inhaltliche Kompetenz auch von dieser wahrgenommen wird. Der Traum von pädagogisch autonom erstellbaren Lehrplänen scheint für längere Zeit ausgeträumt.

3.3 Konsolidierung und Paradigmenwechsel

Ausgang der 70er Jahre gerät die didaktische Szene in Bewegung. Zwar bleiben die bisherigen Ansätze durchaus erkennbar erhalten, aber die Beziehung zwischen ihnen und ihr inneres Gefüge verändern sich. So kommt es einerseits zur Konsolidierung der gesamten Theoriebildung, andererseits vollzieht sich in einzelnen Ansätzen ein Paradigmenwechsel. Von den seinerzeit fünf Ansätzen bleiben nur noch drei bedeutsam. Die *informationstheoretisch-kybernetische Didaktik* wird offenbar von ihren Hauptvertretern aufgegeben. Die *lernzielorientierte Didaktik* wird als eigene Position überflüssig, da ihre wesentlichen Vorstellungen und Forderungen – Priorität von Lernzielen bei der Planung, Einbau von Kontrollen, präzise Formulierung von Planungsentscheidungen – weitgehend von anderen übernommen worden sind.

Die Konsolidierung ist mit einer gegenseitigen Anerkennung der Ansätze verbunden, die sich zwischen den Vertretern der bedeutsamsten Ansätze – KLAFKI (bildungstheoretische) und SCHULZ (lerntheoretische Didaktik) – schon früher angekündigt hat. Hinzu kommen jetzt noch ausdrückliche Erklärungen auch aus anderen Ansätzen heraus, daß man diese nicht mehr als einander ausschließend, sondern ergänzend begreifen möchte (vgl. z. B. WINKEL für die kritisch-kommunikative Didaktik 1980, S. 81). Es ist offensichtlich eingesehen worden, daß die komplexe und aspektreiche Wirklichkeit des Lernens und Lehrens nicht von einem theoretischen Ansatz allein aus bewältigt werden kann. Stillschweigend ist auch Allgemeingut aller Ansätze geworden, was bisher bloß von einzelnen vertreten wurde, das sich aber in der Praxis bewährt hat, z. B. die Lernziel-Priorität. Berührungsängste sind abgebaut worden.

Zur weitgehenden Angleichung, nicht zur Gleichheit, kommt es zwischen der bildungstheoretischen, der lerntheoretischen und der kommunikativen Didaktik, weil die beiden ersteren einen Paradigmenwechsel vollziehen.

3.3.1 Kritisch-konstruktive Didaktik

Dieser wird am sichtbarsten an der *bildungstheoretischen Didaktik*, nicht nur weil er hier am radikalsten, sondern weil er hier von expliziten Erklärungen begleitet vollzogen wird (vgl. PETERSSEN ²1989, S. 101 ff.). Zwar bleibt sie bildungstheoretisch, weil der Bildungsbegriff nach wie vor als unerläßliche und zentrierende Kategorie für didaktisches Denken und Handeln angesehen wird. Aber sie erhält die Bezeichnung *kritisch-konstruktive Didaktik* (KLAFKI 1985, S. 31 ff.). Mit dieser will KLAFKI den Wechsel von einer ausschließlich geisteswissenschaftlich gebundenen zu einer alle metatheoretischen und forschungslogischen Positionen integrierenden didaktischen Theorie beschreiben. »Kri-

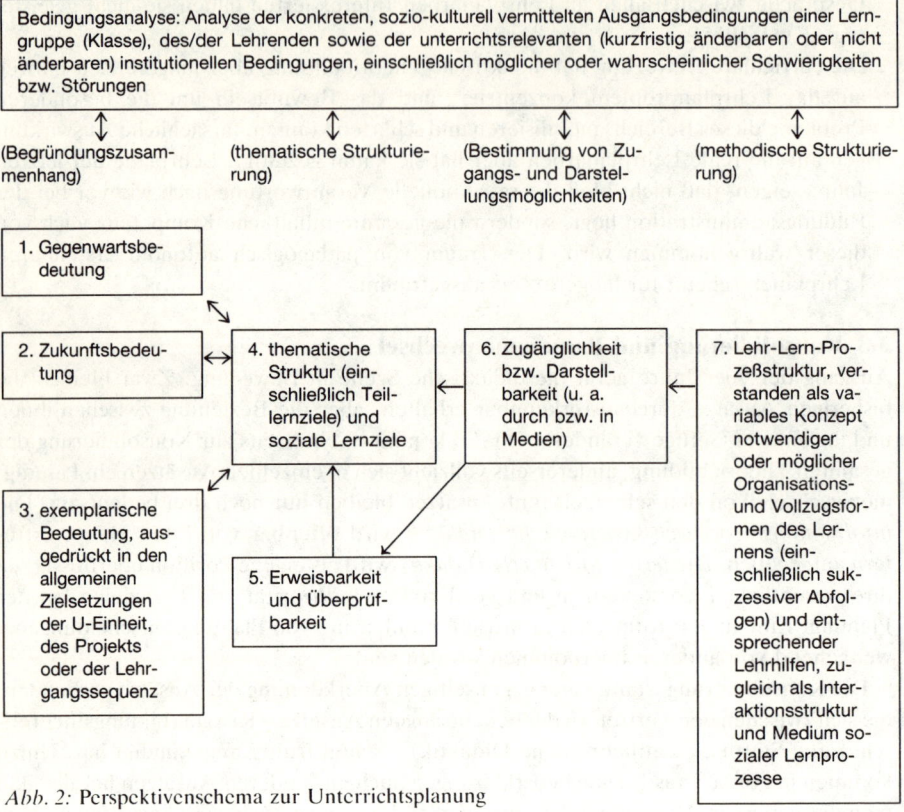

Abb. 2: Perspektivenschema zur Unterrichtsplanung

tisch« ist diese Didaktik, weil sie nicht mehr bloß nach dem bestmöglichen und notwendigen Handeln in der gegebenen geschichtlich-sozialen Situation fragt – so fragt geisteswissenschaftliche Didaktik vor allem –, sondern weil sie auch vorhandene Umstände kritisiert, wenn diese dem Bildungsauftrag im Wege stehen. Ihr Ziel ist eine Verbesserung von Bildung, wobei sie das Maß der »Emanzipation« (bei KLAFKI:. Steigerung der Fähigkeit zur Selbst-, Mitbestimmung und Solidarität) anlegt, d. h., alles Lernen und Lehren muß emanzipatorisch wirksam sein, so gut dies möglich ist; und es so gut wie möglich sein zu lassen ist Aufgabe der Didaktik. Hier hat bildungstheoretische Didaktik die kritische Sichtweise der kommunikativen Didaktik übernommen. Anders als diese will sie – und muß sie wegen ihres geisteswissenschaftlichen Erbes auch wohl – aber zugleich auch »konstruktiv« sein, d. h. praktikable Vorschläge für die Praxis unterbreiten. Mit forschungslogischen Argumenten wird die Notwendigkeit des Zusammengehens auch mit empirisch-analytischen Verfahren begründet: Einerseits ist empirische Forschung unmöglich, wenn nicht vorhergehend die Fragestellung und nachfolgend die Auswertung von Befunden hermeneutisch interpretativ erfolgt (Verklammerungsthese), andererseits ist Hermeneutik heute im didaktischen Feld wirkungslos, wenn nicht auch reale Fakten umfassend und präzise erhoben werden (→ *Forschungsmethoden der*

Erziehungswissenschaft). Daß ideologiekritisches Vorgehen unerläßlich ist, folgt aus der Annahme, didaktisches Geschehen sei grundsätzlich politisch-gesellschaftlichen Einflüssen ausgesetzt, somit auch u. U. ideologischen, die aufzudecken und zu überwinden zur kritischen Aufgabe der Didaktik gehört. Die neue kritisch-konstruktive Didaktik erweist sich als Versuch zur Integration aller metatheoretischen Positionen, um der selbstgestellten wissenschaftlichen Aufgabe so vollständig wie möglich nachkommen zu können.

Sie nimmt in ihre Theorie aber auch Momente der seinerzeit konkurrierenden Ansätze auf und verändert so ihre Struktur: – Die These vom Primat der Inhalte wird zugunsten der These vom Primat der Intentionalität (Zielsetzungen) aufgegeben. – Die enge Abgrenzung des Gegenstandsfeldes auf Inhaltsprobleme wird zugunsten einer Ausweitung auf alle didaktischen Dimensionen überwunden. – Statt Bildung als Vorgang der Begegnung zwischen Zögling und kulturellen Inhalten rückt Lernen und Lehren als Vorgang der Interaktion aller Beteiligten in den Mittelpunkt prozeßhafter Betrachtung des Lernens und Lehrens. Diese Veränderungen schlagen sich vor allem auch nieder in einem gegenüber der früheren »didaktischen Analyse« veränderten Modell zur Unterrichtsplanung, dem »*Perspektivenschema zur Unterrichtsplanung*« (KLAFKI 1985, S. 215) (→ *Unterrichtsplanung und Unterrichtsvorbereitung*).

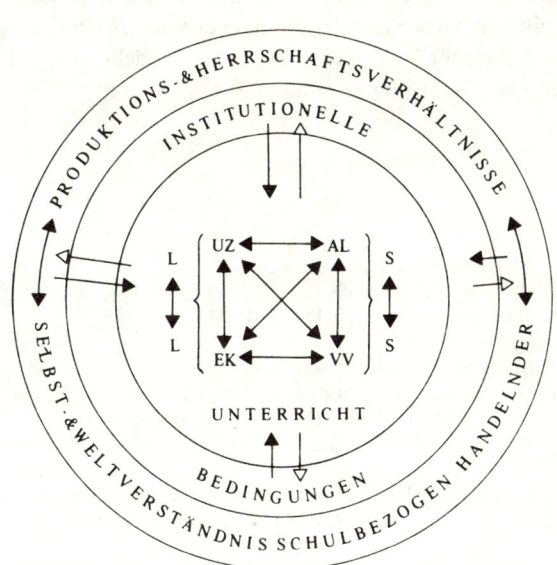

L = Lehrer
S = Schüler als Partner unterrichtsbezogener Planung
UZ = Unterrichtsziele: Intentionen und Themen
AL = Ausgangslage der Lernenden und Lehrenden
VV = Vermittlungsvariablen wie Methoden, Medien, schulorganisatorische Hilfen
EK = Erfolgskontrolle: Selbstkontrolle der Schüler und Lehrer

Abb. 3: Das »Hamburger Modell« der Didaktik

3.3.2 Das »Hamburger Modell« der lerntheoretischen Didaktik

Weniger argumentativ, aber ebenso augenfällig vollzieht sich in der *lerntheoretischen Didaktik* ein Paradigmenwechsel. SCHULZ öffnet sie für Vorstellungen der kritischen Theorie. Außer der Grundeinsicht, daß Lernen und Lehren mit dem gesellschaftlich-politischen Gesamtgeschehen unauflöslich zusammenhängt, und der Konsequenz, daß Didaktik dies nicht nur auch zu erhellen, sondern sich einzumischen hat, wenn dies für den Emanzipationsprozeß (bei SCHULZ: Förderung der Kompetenz, Autonomie und Solidarität von Heranwachsenden) erforderlich ist, wird vor allem die Forderung übernommen, Lern- und Lehrvorgänge müßten partnerschaftlich kooperativ gestaltet sein. Dies abzusichern, entwickelt SCHULZ das sogenannte *»Hamburger Modell«*, durch das das »Berliner Modell« abgelöst wird. Es ist ein Handlungsmodell, das Lehrenden den Blick dafür eröffnen soll, wo vor allem gemeinsames Handeln von Lernenden und Lehrenden möglich ist (SCHULZ 1980).

3.3.3 Kritisch-kommunikative Didaktik

Die *kritisch-kommunikative Didaktik* bildet gegenwärtig die dritte Position. Für sie gilt auch, daß sie sich bloß noch als Ergänzung zu anderen Ansätzen begreift. Aber eine Öffnung für Strukturen und Aussagen anderer Ansätze findet sich nicht. Sie ist nach wie vor ausschließlich eine kritische Theorie (vgl. WINKEL 1980) und hat sich in ihrem inneren Gefüge gegenüber ihrer früheren Konzeption nicht verändert. Verharrte sie allerdings lange Zeit bloß bei der Erörterung eigener Voraussetzungen, ihrer Rechtfertigung, so stellt sie in jüngster Zeit auch praktikable Modelle vor, z. B. das Modell zu schülerorientierter Unterrichtsplanung durch BIERMANN (1985; vgl. auch PETERSSEN ³1988, S. 169f.).

Literatur

BIERMANN, R.: Aufgabe Unterrichtsplanung. Essen 1985
BILDUNGSBERICHT '70, hrsg. v. Bundesminister für Bildung und Wissenschaft. Bonn 1970
BLANKERTZ, H.: Theorien und Modelle der Didaktik. München 1969
–: Curriculumforschung. Essen ²1971
–: Fachdidaktische Curriculumforschung. Essen 1973
COMENIUS, J. A.: Große Didaktik, hrsg. und übersetzt v. A. FLITNER. Düsseldorf/München ³1966
CUBE, F. v.: Zum Begriff der Didaktik. In: Die Deutsche Schule 60 (1968), S. 391–400
–: Die kybernetisch-informationstheoretische Didaktik. In: Westermanns Pädagogische Beiträge 32 (1980), S. 120–124
DERBOLAV, J.: Problem und Aufgabe einer pädagogischen Anthropologie im Rahmen der Erziehungswissenschaft. In: ders./ROTH, H. (Hrsg.): Psychologie und Pädagogik. Heidelberg 1959, S. 7–76
DÖRPFELD, F. W.: Schriften zur Theorie des Lehrplans (1873), hrsg. v. A. REBLE. Bad Heilbrunn 1962
DOLCH, J.: Lehrplan des Abendlandes. Ratingen ²1965
FLECHSIG, K.-H.: Leitfaden zum Kolleg »Theorie des Unterrichts«. Teil II: Lehrplantheorie. Konstanz o. J.
FREY, K.: Theorien des Curriculum. Weinheim/Basel ²1972
–: u. a. (Hrsg.): Curriculum-Handbuch. 3 Bde. München/Zürich 1975
GUDJONS, H./TESKE, R./WINKEL, R. (Hrsg.): Didaktische Theorien. Braunschweig 1980
HABERMAS, J.: Erkenntnis und Interesse. In: ders.: Technik und Wissenschaft als »Ideologie«. Frankfurt ⁵1971, S. 146–167

Haft, H./Hopmann, S.: Der gesellschaftliche Ort der Lehrplanarbeit. Skizze zu seiner Geschichte. Unveröffentlichtes Arbeitspapier. Kiel 1986
Heimann, P.: Didaktik als Theorie und Lehre. In: Die Deutsche Schule 54 (1962), S. 407–427
Herbart, J. F.: Umriß pädagogischer Vorlesungen, hrsg. u. bes. v. J. Esterhues. Paderborn 1957
–: Pädagogische Schriften. 3 Bde., hrsg. v. W. Asmus. Düsseldorf/München 1964 und 1965
Hettwer, H.: Lehrplantheorie und Lehrplangestaltung. In: Twellmann, W. (Hrsg.): Handbuch Schule und Unterricht. Bd. 4. Düsseldorf 1981, S. 163–177
Huisken, F.: Zur Kritik bürgerlicher Didaktik und Bildungsökonomie. München 1972
Kell, A.: Strukturgitter, didaktisches. In: Haller, H.-D./Meyer, H. (Hrsg.): Ziele und Inhalte der Erziehung und des Unterrichts. (Enzyklopädie Erziehungswissenschaft. Bd. 3). Stuttgart 1985, S. 559–568
Kerschensteiner, G.: Betrachtungen zur Theorie des Lehrplans (1899). München ²1901
Klafki, W.: Das pädagogische Problem des Elementaren und die Theorie der kategorialen Bildung. Weinheim ² erw. 1963
–: Studien zur Bildungstheorie und Didaktik. Weinheim. ³⁄⁴1964
–: Neue Studien zur Bildungstheorie und Didaktik. Weinheim/Basel 1985
Künzli, R.: Topik des Lehrplandenkens I. Kiel 1986
–: Topik des Lehrplandenkens II. Kiel 1987
Mager, R. F.: Lernziele und Programmierter Unterricht. Weinheim 1965
Meyer, H. L.: Trainingsprogramm zur Lernzielanalyse. Frankfurt 1974
Möller, Ch.: Technik der Lernplanung. Weinheim/Basel ⁴1973
Nohl, H.: Die pädagogische Bewegung in Deutschland und ihre Theorie. Frankfurt ⁵1961
Peterssen, W. H.: Grundlagen und Praxis des lernzielorientierten Unterrichts. Ravensburg 1974
–: Lehrbuch Allgemeine Didaktik. München ²1989
–: Handbuch Unterrichtsplanung. München ²1984, ³1988
Ratichianische Schriften, hrsg. v. P. Stötzner. 2 Bde. Leipzig 1892 und 1893
Robinsohn, S. B.: Bildungsreform als Revision des Curriculum. Neuwied 1967
Schäfer, K.-H./Schaller, K.: Kritische Erziehungswissenschaft und kommunikative Didaktik. Heidelberg ²1973
Schulz, W.: Unterricht – Analyse und Planung. In: Heimann, P. u.a. (Hrsg.): Unterricht – Analyse und Planung. Hannover 1965, S. 13–47
–: Unterrichtsplanung. München 1980
Schwager, K.-H.: Allgemeine Unterrichtslehren. In: Zeitschrift für Pädagogik 8 (1962), S. 420–428
Trapp, E. Ch.: Versuch einer Pädagogik (1780), hrsg. v. T. Fritzsch 1913
Weniger, E.: Die Theorie der Bildungsinhalte. In: Nohl, H./Pallat, L. (Hrsg.): Bd. 3. Allgemeine Didaktik und Erziehungslehre. Langensalza 1930, S. 3–35
–: Didaktik als Bildungslehre. Teil 1. Theorie der Bildungsinhalte und des Lehrplans. Weinheim ⁶⁄⁸1965
Westphalen, K.: Lehrplan – Richtlinien – Curriculum. Stuttgart 1985
Willmann, O.: Didaktik als Bildungslehre. Braunschweig ⁴1909
Winkel, R.: Die kritisch-kommunikative Didaktik. In: Westermanns Pädagogische Beiträge 32 (1980), S. 200–204

Hans-Karl Beckmann

Fachdidaktik, Bereichsdidaktik, Stufendidaktik

1 Begriffsklärung

Die hier darzustellenden Begriffe und Sachverhalte sind aufgrund der geschichtlichen Entwicklung dem Oberbegriff *»Allgemeine Didaktik«* zuzuordnen, für den es allerdings auch keine allgemeingültige Begriffserklärung gibt. Allgemein wird unter Didaktik die »Theorie des Unterrichts« verstanden. Dennoch sind bis zum heutigen Tage unterschiedliche Deutungen des Begriffs »Didaktik« im Gebrauch, die sich durch den jeweiligen Begriffsumfang unterscheiden:
– Didaktik als Wissenschaft und Lehre vom Lehren und Lernen überhaupt;
– Didaktik als Wissenschaft vom Unterricht;
– Didaktik als Theorie der Bildungsinhalte;
– Didaktik als Theorie der Steuerung von Lernprozessen (KLAFKI 1971, Sp. 229).

Der Begriff *Curriculum* hat seit 1967 einen besonderen Aspekt der Didaktik hervorgehoben, den der konsequent auf wissenschaftlichem Wege zu verfolgenden Entwicklung von Lehrplänen und Unterrichtseinheiten, so daß dieser Begriff als eine weitere Deutungsvariante des Begriffs »Didaktik« gesehen werden muß (vgl. KOPP⁵1974; PETERSSEN 1983) (→ *Didaktik und Curriculum / Lehrplan*). Die damit – ohne Anspruch auf Vollständigkeit – genannten Definitionen des Begriffes »Didaktik« müssen im Sinn bleiben bei der Deutung der hier darzustellenden Begriffe: »Die Begriffe Didaktik und Curriculum können als Allgemeine Didaktik bzw. Allgemeine Curriculumtheorie auf die generellen Probleme des Unterrichts oder als Bereichs- bzw. Fachdidaktik oder Bereichs- bzw. Fachcurriculumtheorie im Hinblick auf begrenzte Arbeitsbereiche, z. B. Fächergruppen oder Einzeldisziplinen, verwendet werden.« (KLAFKI 1984, S. 118) Anders gesagt: Die hier zu behandelnden Begriffe konkretisieren jeweils für ein bestimmtes didaktisches Feld oder einen bestimmten didaktischen Bereich die allgemeinen Fragen einer Theorie des Unterrichts, wie Ziel- und Inhalts- bzw. Curriculumproblematik, Methoden- und Medienforschung, Theorie des Lehrens und Lernens, Berufsaufgaben des Lehrers, ohne daß von einem Deduktionszusammenhang gesprochen werden kann.

Auf diesem Hintergrund ist zu unterscheiden zwischen einer *Fachdidaktik*, d. h. der Theorie und der Lehre des Unterrichts in *einem Fach* unter Beachtung des Verhältnisses zu *einer* Fachwissenschaft, einer *Bereichsdidaktik*, d. h. der Theorie und der Lehre eines *Lernbereiches*, einer Fächergruppe, die zu *mehreren* Fachwissenschaften in Beziehung steht, einer *Stufendidaktik*, d. h. der übergreifenden Theorie und der Lehre für eine *Schulstufe*, die sich vorrangig an anthropologischen Bedingungen und stufenspezifischen Zielsetzungen orientiert, und einer *Besonderen Didaktik*, die sich in Forschung und Lehre dem Unterricht einer bestimmten *Schulart* zuwendet (vgl. KLAFKI 1975, S. 82 ff.). Der Begriff der »Besonderen Didaktik« hat sich in Theorie und Praxis nicht durchgesetzt. – Die Didaktik als Theorie des Lehrens und Lernens ist nicht notwendig nur auf die Schule zu beziehen; deshalb gehört zur Stufendidaktik auch die Hochschuldidaktik (EISENMANN/SCHMIRBER 1988).

2 Bedeutung für Wissenschaft, Studium und Praxis

2.1 Bedeutung für die Erziehungswissenschaft

An der Entwicklung der Pädagogik als Wissenschaft seit dem 18. Jahrhundert ist ein zunächst sehr langsamer, in der zweiten Hälfte des 20. Jahrhunderts rasanter Differenzierungsprozeß zu erkennen, wobei zu unterscheiden ist zwischen der inhaltlichen Differenzierung (→ *Systematische Pädagogik* ...; → *Schulpädagogik – Unterricht und Erziehung in der Schule;* → *Didaktik und Curriculum/Lehrplan;* → *Erwachsenenbildung und Weiterbildung;* → *Sozialpädagogik und Heimerziehung* etc.) in Anwendungsbereiche (KLAFKI u. a. 1971, Bd. 3, S. 225 ff.) und einer wissenschaftsmethodischen Anreicherung (neben geisteswissenschaftlichen Methoden treten historische, empirische, vergleichende etc. → *Forschungsmethoden der Erziehungswissenschaft*). Bei der wachsenden Bedeutung von Erziehung und Bildung im 20. Jahrhundert ist es notwendig, daß die Unterrichtsprozesse in wachsendem Maße wissenschaftlich erforscht werden. Das aber verspricht nur Erfolg bei eingegrenzten Fragestellungen. Deshalb wandte die Wissenschaft sich in wachsendem Maße der Forschung von Teilproblemen des Unterrichts zu, z. B. des Unterrichts in einem Fach, in einem Lernbereich, in einer Schulstufe, in einer Schulart.

Dabei zeigen sich zunächst Probleme der Abgrenzungen, z. B. zwischen *Schulpädagogik* und *Didaktik* (mit den hier zu behandelnden Sachverhalten): Einerseits ist die Schulpädagogik umfassender als die Didaktik, weil sie Fragen der Erziehung, der Theorie der Schulorganisation, des Schullebens mit umfaßt (→ *Schulpädagogik* ...; → *Schule als Lebensraum* ...), andererseits ist die Didaktik weiter, da sich die zu untersuchenden Lernprozesse nicht zwingend nur auf Schule beziehen, sondern auch auf den Unterricht in anderen Institutionen, wie Kindergärten, Volkshochschulen, Akademien und Universitäten, oder neuerdings auf die Altenbildung (BECKMANN 1981, S. 87 ff.) (→ *Kindergarten- und Vorschulpädagogik;* → *Erwachsenenbildung und Weiterbildung;* → *Lehren und Lernen an der Hochschule;* → *Altenbildung*). Darüber hinaus stellen sich inhaltliche und wissenschaftsmethodische Probleme: Inhaltlich müssen Unterrichts- und Lernprozesse immer auch auf dem Hintergrund der zentralen allgemeinpädagogischen Begriffe (ders. 1983, S. 13 ff.) und der *Bildungstheorie* (vgl. bes. 21. Beiheft der Zeitschrift für Pädagogik 1987; Zeitschrift für Pädagogik 6/1986; GEISSLER 1977; GLÖCKEL 1988; SÜHL-STROHMENGER 1984; → *Theorien der Bildung* ...) gesehen und reflektiert werden; methodisch geht es um das Zusammenwirken verschiedener Methoden (L. ROTH 1978), wobei z. B. die Fachdidaktik sich generell sozialwissenschaftlicher Methoden (→ *Forschungsmethoden der Erziehungswissenschaft*) bedienen muß und nicht der Methoden der Bezugs-Fachwissenschaft. Schließlich kann das Zusammenwirken der verschiedenen didaktischen Aspekte Beispielcharakter gewinnen für die generellen Möglichkeiten interdisziplinärer Forschung und Lehre, wobei grundlegende Probleme in der Wahrung des Gesamtzusammenhangs (Ziele der pädagogischen Institutionen, der Schulart, der Stufe, des Faches) und in der Zusammenfassung von auf unterschiedlichen wissenschaftsmethodischen Wegen gewonnenen Erkenntnissen liegen.

2.2 Bedeutung für das Studium

2.2.1 Institutionelle Rahmenbedingungen

Zwischen der Entwicklung einer Wissenschaft, der Einrichtung von Lehrstühlen und der Veränderung von Prüfungsordnungen besteht ein gewisser, nicht eindeutig fixierbarer Zusammenhang. Voraussetzung einer Etablierung der *Fachdidaktik* z. B. war die Einrichtung von Professuren für *Allgemeine Didaktik* (seit den 60er Jahren) im Rahmen der Lehramtsstudiengänge an pädagogischen Hochschulen neben oder mit der *Schulpädagogik*. Zunächst gab es dann daselbst Professuren für *Fachdidaktik* in Verbindung mit der jeweiligen Fachwissenschaft, wobei die Bezeichnungen nicht einheitlich waren (z. B. Musikerziehung, Didaktik der englischen Sprache, evangelische Theologie und Didaktik des evangelischen Religionsunterrichts). Im Zuge der Integration der pädagogischen Hochschulen in die Universitäten (BECKMANN 1971; STOCK 1979) wurden – jeweils nach den Bundesländern unterschiedlich schnell – Professuren für Fachdidaktiken eingerichtet. Die Besondere Didaktik und die Bereichsdidaktik verblieben in der Regel bei der Schulpädagogik; allerdings gilt das nicht für die Didaktik der politischen Bildung. Die schulorganisatorische Trennung der ehemaligen Volksschule in Grund- und Hauptschule begünstigte die Einrichtung von Professuren bzw. von Instituten für *Grundschulpädagogik bzw. -didaktik* (→ *Das allgemeinbildende Schulwesen ...*). An einigen Reformhochschulen (Berlin, Bremen, Kassel, Oldenburg) wurden auch Professuren speziell für die Sekundarstufe I bzw. II errichtet (→ *Hochschule / Universität*).

2.2.2 Bedeutung für die Lehrer(aus)bildung

Bereits der Abschnitt 2.2.1 machte deutlich, daß die Etablierung von Fachdidaktiken und Stufendidaktiken ausschließlich im Blick auf die Lehrerbildung erfolgte. Sie wurde begünstigt durch die gravierende Veränderung der Lehramtsstudiengänge, die mit dem Stichwort »Philologisierung« bezeichnet wird (BECKMANN 1985; BECKMANN 1988; SAUER 1980): Bis auf wenige Ausnahmen im Blick auf das Studium der Grundschul- und Hauptschullehrer (Baden-Württemberg, Bayern) hat sich für alle Lehrer das Zweifachstudium durchgesetzt. Zu diesem Fachstudium gehört seitdem auch in unterschiedlichem Umfang ein Studium der dazugehörigen Fachdidaktiken. – Soweit sich »Lernbereiche« entwickelt haben, kann man auch von einem Lehrangebot in Bereichsdidaktiken reden (z. B. Arbeitslehre, politische Bildung). – Während die Entwicklung der Stufendidaktiken im Studium künftiger Lehrer bereits angesprochen wurde, ist weithin ein Desiderat hinsichtlich der Lehre und Forschung im Bereich der Besonderen Didaktik festzustellen. Die seit 1968 intensiv laufende Gesamtschuldiskussion hat weithin die Reflexion über die Theorie der einzelnen Schularten abgeschnitten, obwohl das mehrgliedrige Schulwesen das Bild des allgemeinbildenden Schulwesens in den einzelnen Bundesländern weithin bestimmt (Ausnahmen: Bremen, Hamburg) (→ *Das allgemeinbildende Schulwesen ...*). – Zur derzeitigen Situation der Lehrerbildung ist festzustellen, daß z. Z. künftige Lehrer die Universitäten verlassen, die in der Regel in zwei Fächern fachwissenschaftlich und fachdidaktisch geschult sind; es fehlt aber an pädagogischer Bildung, an theoretischem Bewußtsein über Probleme der Schularten und der Schulorganisation und an pädagogischem und psychologischem Einzelwissen (vgl. FLITNER 1983, S. 133, S. 280 ff.) (→ *Lehrer / Lehrerin*).

2.2.3 Bedeutung für andere Studiengänge

Im letzten Jahrzehnt haben sich die Magisterstudiengänge erheblich ausgeweitet, in unserem Zusammenhang sind bedeutsam die Studiengänge mit dem Ziel der Tätigkeit in der Erwachsenenbildung, Sozialpädagogik, Museumspädagogik und Altenbildung (→ *Erwachsenenbildung und Weiterbildung;* → *Sozialpädagogik und Heimerziehung;* → *Altenbildung*). Im Rahmen dieser Studiengänge konnten sich Fachdidaktik, Bereichsdidaktik oder Besondere Didaktik nicht selbständig etablieren. Lediglich bei der Wahrnehmung von Forschung und Lehre der Erwachsenenbildung und der Sozialpädagogik spielen Fragen der Methoden eine Rolle. Museumspädagogik und Altenbildung aus pädagogischer Sicht gibt es erst in wenigen Ansätzen.

2.2.4 Bedeutung für die Praxis

Aus dem bisher Gesagten wird verständlich, daß hier nur noch etwas über die Bedeutung von Fachdidaktik, Bereichsdidaktik und Stufendidaktik im Blick auf die Berufstätigkeit des Lehrers gesagt werden muß. Grundsätzlich ist festzustellen, daß aufgrund der generellen universitären Lehrerbildung erwartet werden muß, daß der Lehrer über ein didaktisches Problem- und Lösungsbewußtsein verfügt. Im Sinne einer Professionalisierung des Lehrerberufs müßte jeder Lehrer ein spezifisches Berufsverständnis mitbringen, das sich nach FLITNER aus »pädagogischer Bildung« und »Einzelwissen« bildet (GASSEN/SCHWANDER 1983) (→ *Lehrer/Lehrerin;* → *Professionalisierung und Überfremdung*). In diesem Zusammenhang sei nur erinnert an den pädagogischen Bezug, an das Leistungs- und Beurteilungsproblem, an professionalisiertes Problembewußtsein und das Wissen um unterrichtsmethodische Möglichkeiten (→ *Lehrer-Schüler-Verhältnis;* → *Pädagogische Diagnostik;* → *Methoden des Unterrichts*); das hier nur kurz umrissene »Einzelwissen« wird beispielhaft von DIETRICH (^{4}1988) aufgearbeitet. Aus didaktischer Sicht müßte sich das Lehrangebot bewähren in der Umsetzung von Unterrichtsmodellen für *Unterrichtsplanung* und *Unterrichtsvorbereitung* sowie für *Unterrichtsgestaltung* und Nachbereitung (vgl. z. B. KÖNIG/SCHIER/VOHLAND 1980) (→ *Unterrichtsplanung und Unterrichtsvorbereitung*).

Unterrichtsbesuche und Veröffentlichungen zeigen eine geringe Wirksamkeit der im Studium gebotenen didaktischen Theorien für die Praxis. Die Gründe sind vielfältiger Natur; hier seien wenigstens genannt:
- Institutionelle Problematik: Mangelnde Verbindung von Theorie und Praxis;
- Studienproblematik: Fehlende Kooperation von Fachdidaktik und Allgemeiner Didaktik;
- Fehlende oder nur geringe Kooperation zwischen Universität und Studienseminar;
- Allgemeine Theoriefeindlichkeit (MEYER 1980; LÜTGERT 1981) (→ *Das Theorie-Praxis-Verhältnis in der Pädagogik*).

3 Historische Aufarbeitung der genannten Bereiche

3.1 Allgemeine historische Entwicklung

Die Entwicklung der Lehrerbildung in institutioneller und inhaltlicher Hinsicht kann verdeutlichen, welche Aspekte von den hier zu behandelnden Bereichen berücksichtigt werden müssen (→ *Lehrer/Lehrerin*).

Unter Einfluß des Neuhumanismus wurde das gymnasiale Lehramt vom Pfarramt gelöst, und die Studien des künftigen Gymnasiallehrers wurden von den »humaniora« bestimmt, so daß die »gelehrten Schulmänner« dann in der Lage waren, auch jedes andere Fach zu unterrichten (PAULSEN 1921, S. 226); mit anderen Worten: Ziel war der gebildete Gelehrte, der als solcher humanistische Bildung vermitteln konnte, ganz gleich, in welchem Schulfach. PAULSEN sagt dazu: »Wolf besaß in vollem Maß die Verachtung gegen Philosophie und Pädagogik, welche dem echten Philologen immer eigen gewesen ist.« (S. 227) Im Zuge der Entwicklung der Wissenschaften und der Herausbildung verschiedener Gymnasialtypen (humanistisches Gymnasium, Realgymnasium, Oberrealschule) verengte sich das Idealbild des gebildeten Gymnasiallehrers zum Fachlehrer mit drei Fächern. Das berufliche Selbstverständnis wurde ausschließlich von den fachwissenschaftlichen Studien bestimmt; auf die methodische Gestaltung des Unterrichts hatte das Referendariat einen begrenzten Einfluß. – Aus dieser geschichtlichen Entwicklung ist festzuhalten: Einmal bleibt der Anstoß, über Art und Umfang des fachwissenschaftlichen Studiums nachzudenken, zum anderen ist unleugbar, daß gegenüber der Etablierung fachdidaktischer Forschungen bei den philosophischen und naturwissenschaftlichen Fakultäten weithin größte Reserve besteht. Bis zum heutigen Tage ist ungeklärt, wieviel Fachwissenschaft ein künftiger Lehrer studieren muß, um sachgemäß unterrichten zu können. Anders verlief die Entwicklung bei der Ausbildung der Volksschullehrer an den Lehrerseminaren im 19. Jahrhundert. Zwar setzten sich die Vorstellungen eines HARNISCH und eines DIESTERWEG zu einer akademischen Lehrerbildung nicht durch; die bestimmende Institution wurde das Lehrerseminar, wobei die indirekten Anreger PESTALOZZI und HERBART waren (BECKMANN 1968). Die eigentliche pädagogische Theorie des Lehrers im 19. Jahrhundert war eine Theorie der *Unterrichtsmethoden* (→ *Methoden des Unterrichts*). Deshalb zielten alle Reformbestrebungen zunächst auf eine umfassendere Allgemeinbildung, die als Voraussetzung einer fundierten Berufsausbildung angesehen wurde. Auf der Stufe der Einführung in die Unterrichtspraxis, der Gestaltung einer Artikulation des Unterrichts und der Einübung in unterrichtliche Fertigkeiten hat das Lehrerseminar wertvolle Arbeit geleistet, nachdem es sich vom Dogmatismus der Herbartianer in der zweiten Hälfte des 19. Jahrhunderts langsam gelöst hatte. Allerdings gelang dem Lehrerseminar nicht die Aufnahme von Beziehungen zur wissenschaftlichen Theorie der Pädagogik oder der Fachwissenschaften. Der Gesamtzusammenhang von Allgemeinbildung, Fachbildung, Berufsbildung und berufspraktischer Ausbildung konnte nicht geklärt und einer Lösung zugeführt werden, wobei zweifellos gesellschaftspolitische Fixierungen eine große Rolle spielten.

Reformpädagogik und der demokratische Staat gaben Anstöße, die Volksschullehrerbildung auf ein höheres Niveau zu heben. Unbeschadet unterschiedlicher institutioneller Lösungen in den Ländern des Deutschen Reiches kam es zu einer ersten Differenzierung zwischen Allgemeiner Pädagogik und Praktischer Pädagogik (→ *Systematische Pädagogik* ...). Die Vermittlung der »Stoffgebiete des Volksschulunterrichts« bzw. der »wissenschaftlichen Grundlagen dieser Wissensgebiete« wird unterschiedlich in den verschiedenen und auch in den gleichen Institutionen gelöst; es bleibt aber der Anspruch an den Lehrer, in der Praxis *alle* Unterrichtsfächer erteilen zu können. Obwohl der Begriff der »Didaktik« durchaus geläufig war, geht es in der Ausbildung um »Praktische Pädagogik« mit dem Schwerpunkt auf der »Unterrichtslehre« oder der »Unterrichtsmethodik«, die wesentlich von den Intentionen der Pädagogischen Reformbewegung getragen wurden (vgl. HOOF 1969; SCHEIBE 1971). Beispielgebend aus der Zeit der 20er Jahre gilt nach wie vor der Anspruch an Allgemeinbildung, die Vermittlung einer »pädagogischen Bildung« und eines differenzierten unterrichtsmethodischen Lösungsbewußtseins. Es würde den hier gegebenen Rahmen sprengen, auf das Problem der Vermittlung der Inhalte des Unterrichts einzugehen; man wird an den damals gefundenen Lösungen nicht durchgängig vorbeisehen dürfen.

Nach der Zeit des Nationalsozialismus wurde der wissenschaftliche Charakter der Lehrerbildung vorrangig durch die Allgemeine Pädagogik, die Schulpädagogik und die pädagogische Psychologie bestimmt. Die im Studium des einzelnen Lehrerstudenten zahlenmäßig begrenzten Methodiken erhielten einen höheren Stellenwert nach dem 5. Deutschen Pädagogischen Hochschultag 1962 in Trier, durch den sie bald in Fachdidaktiken umgewandelt wurden (ZEITSCHRIFT FÜR PÄDAGOGIK, 3. Beiheft). Dabei ging die Zielsetzung in doppelter Richtung: Einmal sollte schärfer zwischen Didaktik (Wohin? Was?) und Methodik (Wie? Womit?) unterschieden werden, zum anderen sollte der Begriff »Fachdidaktik« den wissenschaftlichen Anspruch verdeutlichen. – Die weitere Entwicklung wurde einerseits von heute überholten wissenschaftsmethodischen Diskussionen bestimmt, andererseits durch das Verdienst HEIMANNS, ROTHS u. a., die Einbeziehung der Empirie in der Unterrichtsforschung durchgesetzt zu haben (→ *Forschungsmethoden der Erziehungswissenschaft*). Damit war eine Grundlage geschaffen für eine solide Lehre und Forschung in der Didaktik und Fachdidaktik. Durch die geistige und gesellschaftspolitische Wende der 60er Jahre und nicht zuletzt durch die tiefgreifenden institutionellen Veränderungen an den Universitäten (Fach-zu-Fach-Integration) wurde eine kontinuierliche Weiterentwicklung und Kooperation in der Breite gestört (ZEITSCHRIFT FÜR PÄDAGOGIK 1983, H. 4, S. 519 ff.). Die Fachdidaktik, die noch im Stadium der Entwicklung war, verlor weithin ihre Orientierung; sie griff entweder eine der herrschenden Richtungen der Allgemeinen Didaktik auf oder wandte sich der »zuständigen« und »verläßlichen« Fachwissenschaft zu. Nur an wenigen Universitäten konnte eine Zusammenarbeit der Allgemeinen Didaktik und Fachdidaktik auch in gewissem Umfang institutionell abgesichert werden, sei es für gemeinsame Projekte oder im Rahmen der »schulpraktischen Studien« (z. B. Berlin, Kassel).

3.2 Historische Entwicklung der Fachdidaktik

Die Geschichte der Schule zeigt, daß die Theorie immer der Praxis folgt; das gilt auch für die Fachdidaktik. Vorgegeben ist die Entwicklung des *Fächerkanons* der Schule. Mit der Auflösung des mittelalterlichen Zusammenhangs von Propädeutik und Wissenschaft (trivium, quadrivium) und einem neuen Selbstverständnis der Schule bildeten sich seit dem 16. Jahrhundert die Schulfächer heraus, die zu einem jeweils historisch bedingten Fächerkanon zusammengefaßt wurden. Dabei waren bestimmend das Selbstverständnis der einzelnen Schulart, die Bedürfnisse der Erwachsenengesellschaft und die Entwicklung der Wissenschaften. Die Schulgeschichte zeigt eine fortgesetzte Anreicherung des Fächerkanons durch die Einführung neuer Schulfächer. Die Analyse dieses Prozesses und die Begründung der einzelnen Schulfächer sind eine wesentliche Aufgabe der Allgemeinen Didaktik und der Fachdidaktik; sie wird als solche aber erst seit dem Ende des 19. Jahrhunderts erkannt. Vorher verstand sich eine Theorie der einzelnen Unterrichtsfächer als Unterrichtsmethode, zumal der vom Staat verordnete Lehrplan als vorgegeben anerkannt wurde. Erste Anstöße für eine Fachmethodik kamen bereits von

RATKE und COMENIUS; aber entscheidend wurde dieselbe für das 19. Jahrhundert durch HERBART geprägt (MÜSSENER 1986). Die Epoche der Reformpädagogik hat die Unterrichtsmethoden generell und die der einzelnen Schulfächer wesentlich bereichert. EGGERSDORFER (⁷1961, S. 383ff.) hat sie in »beobachtende, deutend-erklärende, darstellende und entwickelnde Lehrformen« eingeteilt, und ODENBACH (⁵1974) bleibt das Verdienst, den unterrichtsmethodischen Ertrag der Reformpädagogik systematisch dargestellt und als Angebot für eine Fachmethodik bereitgestellt zu haben.

Die »didaktische Wende«, von WILLMANN und WENIGER bereits in den ersten Jahrzehnten des 20. Jahrhunderts eingeleitet, wird in den 50er Jahren wirksam und führte etwa nach 1960 zu dem Wandel im Verständnis der Fachmethodik zu einer »Fachdidaktik«. Vorrangig wurde diese Veränderung als eine Konzentration auf die Fragen der Begründung des einzelnen Schulfaches und dessen Inhalte verstanden.

Es würde den gegebenen Rahmen sprengen, auf die historische Entwicklung einzelner Fachdidaktiken bzw. -methodiken einzugehen. Einerseits muß auf Standardwerke verwiesen werden (besonders informativ: L. ROTH 1980), andererseits auf den Wirkungszusammenhang von Selbstverständnis der Schule, Wissenschaftsentwicklung und Lehrerbildung.

3.3 Historische Entwicklung einer Bereichsdidaktik

Diese Entwicklung wird wesentlich bestimmt von dem Begriff der *»Konzentration«*, der eine psychologische und eine materiale Seite hat. Erstere ist älter und meint eine sinnvolle Fächerverbindung; sie sollte der Geschlossenheit des Gedankenkreises dienen und setzte das Bewußtsein von einem Zentrum voraus, das mit dem Ziel des Gesinnungsunterrichts im Religionsunterricht gefunden wurde (ODENBACH ⁵1974, S. 170). Da der Schule im Pluralismus eine solche Sinnmitte verlorengegangen ist, wurde diese Art der Konzentration aufgegeben. Dennoch stellt sich auch weiterhin die Aufgabe der Konzentration, ganz besonders im Blick auf die Vermehrung der Schulfächer, die die Bildungsaufgabe gefährdet. Es geht folglich entweder um eine bildungstheoretisch reflektierte Auswahl der Fächer oder um eine neue Zuordnung der Inhalte. Eine Lösung im zuletzt genannten Sinn bietet der *»gebundene Gesamtunterricht«* an: »Er ist geplanter Unterricht, er umfaßt den gesamten Unterricht, er schließt jeden Fachunterricht aus.« (KRAMP 1971, Sp. 407) Diese Art des Gesamtunterrichts wurde von Lehrern in Leipzig in den 20er Jahren erstmals erprobt und generell oder in gemäßigter Form vorrangig in der Grundschule eingeführt (→ *Das allgemeinbildende Schulwesen* . . .). Als fächerübergreifender Unterricht kann er als »Bereich« angesehen werden, ähnlich wie der für die Grundschule der 20er Jahre konstituierende Heimatkundeunterricht. Damit wird die gemäßigte Form des Gesamtunterrichts angesprochen, bei dem einige Fächer (aus unterschiedlichen Gründen) neben dem Gesamtunterricht weiterlaufen. Diese Lösung blieb in der Grundschule bis in die 60er Jahre üblich, ohne daß der Begriff der »Bereichsdidaktik« dabei Verwendung fand.

3.4 Historische Entwicklung der Stufendidaktik

In der Schulgeschichte können zwei Stränge verfolgt werden: einmal der Prozeß der Differenzierung aufgrund des Anwachsens gesellschaftlicher Anforderungen, zum anderen das Bemühen um gemeinsame Erziehung aller Kinder. Letzteres wurde institutionell als »*Stufenschule*« unterschiedlich begründet: COMENIUS (theologisch), CONDORCET (gesellschaftspolitisch), SÜVERN (neuhumanistisch).

Der Begriff der »Stufe« hat eine psychologische und eine schulpädagogische Begründung. KROH und BÜHLER gelten seit 1918 auf dem Gebiet der Entwicklungspsychologie als Hauptrepräsentanten von Stufenmodellen; diese wirkten auf die Unterrichtsvorbereitung und besonders auf die Auswahl der Unterrichtsmethoden stark ein (→ *Entwicklung und Förderung* ...). Schulpädagogisch wurde eine »*Stufenschule*« erstmalig durch die Einführung der obligatorischen Grundschule im Jahre 1920 Wirklichkeit, wenn der Begriff »Stufendidaktik« auch nicht gebräuchlich war. Ein weiterer Anstoß kam 1959 vom »DEUTSCHEN AUSSCHUSS FÜR DAS ERZIEHUNGS- UND BILDUNGSWESEN«, der im »Rahmenplan« eine zweijährige »*Förderstufe*« für den überwiegenden Teil der Kinder für das 5. und 6. Schuljahr vorschlug. Die »Stufenschule« insgesamt wurde 1970 mit dem »*Strukturplan*« des DEUTSCHEN BILDUNGSRATES vorgeschlagen, so daß von da an auch vom Problem einer »Stufendidaktik« gesprochen werden kann: Elementarstufe, Primarstufe, Orientierungsstufe, Sekundarstufe I und II, Fachschulstufe (DEUTSCHER BILDUNGSRAT, Strukturplan 1970, S. 70ff., S. 98ff.) (→ *Das allgemeinbildende Schulwesen* ...; → *Strukturveränderungen im Bildungswesen* ...). – In pädagogischen Wörterbüchern oder Lexika wird der Begriff »Stufendidaktik« als Stichwort nicht abgehandelt.

4 Gegenwärtiger Diskussionsstand

4.1 Allgemeine Tendenzen

4.1.1 Zielproblematik

Die Diskussion der 70er Jahre wurde wesentlich unter den drei Zielbegriffen »*Bildung*«, »*Lernen*« und »*Emanzipation*« geführt, und die didaktische Literatur wird weithin von diesen verschiedenen Zielbegriffen bestimmt. In der Praxis der Schule führte diese Diskussion zu erheblichen Vergröberungen, d. h. zu einem »Lernzielfetischismus« oder zu einer Absolutsetzung von Selbst- und Mitbestimmung. In beiden Fällen wurden Bildungs- und Lernprozesse gefährdet. Erfreulicherweise wandte sich die erziehungswissenschaftliche Diskussion wieder dem *Bildungsbegriff* zu (ZEITSCHRIFT FÜR PÄDAGOGIK, H. 6/1986; 21. Beiheft der Zeitschrift für Pädagogik), und es ist zu wünschen, daß die bildungstheoretische Diskussion vertieft weitergeht und von den Fachdidaktiken prüfend aufgegriffen wird (→ *Theorien der Bildung;* → *Lernen und Lerntheorien*).

4.1.2 Relevante erziehungswissenschaftliche Richtungen

Auch die wissenschaftsmethodische Diskussion hat sich in der Erziehungswissenschaft versachlicht. Im wesentlichen sind es vier Richtungen, die Forschung und Lehre bestimmen, wobei an dieser Stelle nur punktuell auf Veröffentlichungen mit besonderer Relevanz für die Didaktik hingewiesen werden kann: historisch-hermeneutisch (WENIGER 1975), empirisch (ROTH 1971), gesellschafts- und ideologiekritisch (KLAFKI 1985), realistisch (BECKMANN 1983; DIETRICH ^{4}1988) (→ *Wissenschaftstheorie;* → *Forschungsmethoden der Erziehungswissenschaft*).

4.1.3 Vorschläge zur Reform des Fächerkanons

Die Gestaltung des *Fächerkanons* und die Bestimmungen der Inhalte der Schulfächer werden durch die Wissensexplosion immer schwieriger, wenn es auch eine Halbwahrheit ist, daß sich unser Wissensbestand in zehn Jahren jeweils grundlegend verändert (für die geisteswissenschaftlichen Fächer stimmt es nicht). Dennoch stellt sich erneut die Frage nach einer *»grundlegenden Bildung«* (GLÖCKEL 1988). Denkanstöße, wenn auch keine praktischen Lösungen, geben Überlegungen zur *allgemeinen Bildung* (KLAFKI 1985, S. 12 ff.; ders. 1986, S. 455 ff.), zu neuen Lernzielen (v. HENTIG 1969, S. 13 ff.) oder zu neuen didaktischen Strukturen (WILHELM ²1969) (→ *Theorien der Bildung ...*).

4.1.4 Lehrerbildung und Didaktik

Aus dem bisher Gesagten wird deutlich, in welchem Umfang die Situation der Lehrerbildung und die Lehre und Forschung in Didaktik und Fachdidaktik zusammenhängen. Dringlich sind jetzt Überlegungen zu einer Reform der Lehrerbildung in den 90er Jahren (BECKMANN 1988). Dazu stellt OTTO mit Recht fest: »Nun glaube ich, die Verteidigung der Position der Wissenschaftlichkeit von Pädagogik, Ausbildung und Unterricht ist eines, was not tut, das Nachdenken darüber, welcher Wissenschaftsbegriff uns bei den Optionen für Wissenschaft leitet, trennt oder verbindet, ist ein anderes; und die Überlegung, welche weiteren Aussagen über Lehrerhandeln und Lehrerausbildung über die Beschwörung der Wissenschaft hinaus notwendig sind, ist ein drittes.« (OTTO 1983, S. 538) (→ *Lehrer / Lehrerin*)

4.2 Diskussionsstand der Fachdidaktik

4.2.1 Veröffentlichungen

Es würde den Rahmen sprengen, auf die Arbeiten der einzelnen Fachdidaktiken einzugehen. Aspektreich und informativ ist das Heft 6 des Jahrgangs 1983 der ZEITSCHRIFT FÜR PÄDAGOGIK, wobei besonders auf den Beitrag von OTTO hingewiesen werden muß. Auch der von HEURSEN (1984) herausgegebene Band gibt den Stand der Diskussion treffend wieder. Das »Handlexikon der Schulfächer«, von L. ROTH (1980) ediert, hat das Verdienst, gründlich über die einzelnen Fachdidaktiken zu berichten. Ähnliches gelingt weithin auch dem »Handbuch Schule und Unterricht« von TWELLMANN (seit 1981).

4.2.2 Auswirkungen des Gesprächs zwischen Allgemeiner Didaktik und Fachdidaktik

Aus den genannten Veröffentlichungen wird deutlich, daß allgemeine Postulate der Allgemeinen Didaktik weithin aufgenommen wurden, z. B. das Prinzip der Wissenschaftsorientierung, die Beachtung der Interessen und Erfahrungen der Schüler, der Zusammenhang zwischen Zielen, Inhalten, Methoden und Medien. Nachdenklich macht eine Feststellung von LEGLER (1983, S. 590): »Durch den umfassenden Geltungsanspruch der revidierten Konzepte, die manchmal beinahe zwanghaft erscheinende Vorstellung, die Überlegenheit des Neuen durch das pauschale Verdikt gegenüber dem Alten legitimieren zu müssen, wurden aber gleichzeitig produktive Gehalte in früheren Konzepten preisgegeben.«

4.2.3 Wirksamkeit didaktischer Konzepte

Die Wirksamkeit der Empfehlungen zur Unterrichtsvorbereitung in die Unterrichtsgestaltung ist schwer abzuschätzen; die Angebote der Allgemeinen Didaktik sind zahlreich und wurden von der Fachdidaktik weithin angenommen; wobei sich aufgrund der unterschiedlichen wissenschaftlichen Strukturen der Schulfächer auch unterschiedliche Affinitäten zu den Empfehlungen zur Unterrichtsvorbereitung herausstellten. OTTO (1983, S. 539) warnt vor einer »Originalitätssucht« und ermuntert einerseits zu einem »Repertoire wiederholbarer Argumentationsfiguren, Algorithmen und Handlungsstrukturen« und andererseits zur beharrlichen Diskussion mit denen, die täglich unterrichten« (→ *Unterrichtsplanung und Unterrichtsvorbereitung*).

4.2.4 Systematischer Ort der Fachdidaktik

Hier zeichnen sich drei Positionen ab: Einerseits gibt es Fachdidaktiken, die sich weitgehend oder ausschließlich an den »zuständigen« Fachwissenschaften orientieren, wobei nicht eine bestimmte Gruppierung von Fächern gemeint ist; andererseits gibt es eine große Anzahl von Fachdidaktiken, die den systematischen Ort derselben zwischen Erziehungswissenschaften und Fachwissenschaften sehen und intensiv um ein Gespräch bemüht sind; schließlich gibt es Fachdidaktiker, die »fachdidaktische Lehre und Forschung unter einer technischen Akzentsetzung« beurteilen und für ein eigenständiges »Konzept einer Theorie der Fachdidaktik« eintreten (ACHTENHAGEN 1981, S. 284, S. 286). – Generell ist zu wünschen, daß die Fachdidaktik den Unterricht ihres Faches als Forschungsgegenstand begreift.

4.3 Diskussionsstand der Bereichsdidaktik

In dem Maße, wie die Anzahl der Fächer anstieg und gleichzeitig ganz verschiedenartige Lehrstoffe angeboten wurden, suchte man nach einer Vereinheitlichung oder Zusammenordnung. Dabei spielten schulpädagogische, psychologische und aktuelle gesellschaftspolitische Überlegungen eine Rolle. Der Begriff »Bereich« oder »Lernbereich« setzte sich für eine Vielzahl von didaktischen Aufgaben durch und verlor seine Eindeutigkeit, wie das Handbuch von TWELLMANN deutlich zeigt. Der Entwurf einer »Studienordnung für die Ausbildung des Primarstufenlehrers an der Universität Frankfurt« (BURK 1976, S. 147) bringt systematische Klarheit.

4.3.1 Disziplinorientierte Fächergruppen

Leitend sind hier die sachlogische Affinität mehrerer Unterrichtsfächer und eine unterschiedlich große Zahl von Bezugswissenschaften. Als solche disziplinorientierte Bereichsdidaktiken haben sich durchgesetzt: die Sozialkunde bzw. die Gemeinschaftskunde (wenn auch das weiter gehende Bemühen um eine umfassende »Gesellschaftslehre« in Hessen wegen der ideologischen Fixierungen gescheitert ist) und die Arbeits- und Wirtschaftslehre. Besondere Beachtung verdient die Arbeit des »Instituts für die Pädagogik der Naturwissenschaften« an der Universität Kiel, die im Sinne einer »Bereichsdidaktik Naturwissenschaft« Unterrichtseinheiten mit einer Zusammenführung von Biologie, Physik und Chemie entwickelt. Strittig ist, ob die Deutsch-Didaktik auch als eine Bereichsdidaktik angesprochen werden kann.

4.3.2 Funktionsorientierte Fächergruppen

Hier handelt es sich um eine funktionelle Koordination mehrerer Unterrichtsfächer im Blick auf eine bestimmte Schulstufe. Aus der Geschichte der Grundschule sind hier der Gesamt- und der Heimatkundeunterricht zu nennen. Heute ist besonders auf den Anfangsunterricht und auf den Sachunterricht hinzuweisen. »Die radikale Aufsplitterung des Sachunterrichts in der Grundschule in fünf oder gar sieben Fachbereiche ... belastet die Grundschule außerordentlich. So kommt es in der Praxis immer mehr zu zwei Fächergruppen.« (KOPP 1974, S. 131) – Literatur zu den Bereichsdidaktiken findet sich mit weiteren Angaben in den genannten Bänden von L. ROTH und TWELLMANN. – Die Entwicklung der Bereichsdidaktiken ist im Blick auf die Vielzahl der Unterrichtsfächer (z. T. mit nur je 1 Std. in der Woche!) von zentraler Bedeutung für die Realisierung der Bildungsaufgabe der Schule. »Vor allem steht dem die bisherige Lehrerbildung entgegen, die in hohem Maße immer noch ... am Fächerprinzip orientiert ist.« (FLECHSIG/HALLER 1975, S. 157)

4.4 Diskussionsstand der Stufendidaktik

Trotz der gemeinsamen vierjährigen Grundschule kann man erst seit dem »Rahmenplan« in Ansätzen und seit dem »Strukturplan« generell von einer zu entwickelnden Stufendidaktik reden. Von Bedeutung ist, daß die jeweilige Stufe Teil des gesamten Schulwesens ist; das aber bedeutet im Sinne des Postulats von SCHLEIERMACHER der Beachtung von »Gegenwarts- und Zukunftsbedeutung«, daß die jeweilige *Schulstufe* einerseits ihren Sinn in sich hat und andererseits über sich hinausweist, vorbereitend auf die nächste Stufe. »Stufenbezogene Didaktik ist zunächst grundsätzlich allgemeine Didaktik und enthält prinzipiell dieselben Aspekte und Vorgaben wie diese, akzentuiert sich aber aus einem System begründeter Stufenschwerpunkte von Stufe zu Stufe je anders.« (HARDÖRFER 1982, S. 91) (→ *Das allgemeinbildende Schulwesen* ...)

4.4.1 Grundstufe

Der »DEUTSCHE AUSSCHUSS FÜR DAS ERZIEHUNGS- UND BILDUNGSWESEN« hat im »Rahmenplan« mit gewissem Recht darauf hingewiesen, daß »die Grundschule eine pädagogische Haltung und unterrichtliche Verfahren gewonnen (hat), die zwar der weiteren Ausgestaltung und Fertigung, aber keiner grundsätzlichen Wandlung mehr bedürfen« (1959, S. 23). Entscheidende Anstöße kamen zehn Jahre später im Rahmen des ersten Grundschulkongresses in Frankfurt (SCHWARTZ 1969). Seitdem wird darum gerungen, die unterschiedlichen Gestaltungsprinzipien für eine für die Schulpraxis realisierbare Form zu harmonisieren: Schülerorientierung, Wissenschaftsorientierung, soziales Lernen, kompensatorische Erziehung (RABENSTEIN ²1979) (→ *Das allgemeinbildende Schulwesen* ...).

4.4.2 Die Orientierungsstufe

Nachdem in realistischer Weise der »Rahmenplan« eine »Förderstufe« für ca. 90% der Schulkinder vorgeschlagen hatte, regte der »Strukturplan« die generelle Einführung der »Orientierungsstufe« für das 5. und 6. Schuljahr an. Zum Teil unter harten schulpolitischen Auseinandersetzungen wurde die Orientierungsstufe in einzelnen Bundesländern verbindlich oder als Angebot eingeführt. Die theoretische Gestaltung der diesbezüglichen Stufendidaktik ist in unterschiedlichen Ansätzen erfolgt. Es zeigen sich allerdings erhebliche Probleme, etwa in den Fragen des Beginns einer Differenzierung und des Fächerumfangs. Darüber hinaus sind Fragen der Leistungsanforderungen und der Schülerbeurteilung strittig (NEUMANN/ZIEGENSPECK 1979) (→ *Strukturveränderungen im Bildungswesen..., Die Orientierungsstufe*).

4.4.3 Die Sekundarstufe I

Es ist unstrittig, daß die Entwicklung einer Stufendidaktik für die *Sekundarstufe I* am schwierigsten ist, und es reicht nicht aus, sich auf formale Prinzipien zurückzuziehen. Die anthropologischen Bedingungen dieser Stufe sind weit gespannt, und die Probleme des Fächerkanons und der Differenzierung sind ungelöst (AURIN 1978). Der Anspruch an eine Stufendidaktik Sekundarstufe I findet seine Bewährungsprobe in der Gestaltung der integrierten Gesamtschule (REBLE 1981) (→ *Das allgemeinbildende Schulwesen...;* → *Strukturveränderungen im Bildungswesen..., Die Gesamtschule*).

4.4.4 Die Sekundarstufe II

Hier zeigt sich am deutlichsten, daß bei der Stufung der Schulorganisation politische Entscheidungen dominieren. Mit dem Beschluß der Kultusministerkonferenz vom 7. Juli 1972 wurde mit der »Vereinbarung zur Neugestaltung der gymnasialen Oberstufe in der Sekundarstufe II« das System von Grund- und Leistungskursen mit einem komplizierten Bewertungssystem eingeführt, um dem Schüler Schwerpunktbildungen und Wahlmöglichkeiten zu geben (HECK/EDLICH 1978). Damit wurde das Gymnasium mit den allgemeinen Bildungsgedanken im Sinne HUMBOLDTS endgültig aufgegeben und politisch entschieden, mit welchen Fächern das Abitur erworben werden kann (WESTPHALEN 1979). Die stufendidaktische Diskussion – etwa über das Problem der Studierfähigkeit (HELDMANN 1984) – findet nur punktuell statt; die Einsicht in die Wirkungslosigkeit der theoretischen Überlegungen bei der schulpolitischen Fixierung wird dabei maßgebend sein (→ *Das allgemeinbildende Schulwesen...;* → *Strukturveränderungen im Bildungswesen; Die reformierte gymnasiale Oberstufe*).

5 Subjektive Stellungnahme

Für die Weiterentwicklung der Fach- und Bereichsdidaktiken ist von entscheidender Bedeutung, daß sie die »kopernikanische Wende« vollziehen von einem deduktiven Denken aus der vorgegebenen Fachwissenschaft zu einer Erforschung der jeweiligen Unterrichtswirklichkeit, und zwar mit dem Ziel, einerseits zu helfen bei der Bewältigung der Aufgaben in der Praxis und andererseits Anstöße zu geben zu einer Unterrichtsreform. – Unaufgebbar ist die Orientierung an den übergreifenden Zielen des Schulwesens, zumal deutlich ist, daß der Lern- und der Emanzipationsbegriff nur einen abhängigen und begrenzten Stellenwert haben. Demgegenüber bieten sich folgende Zielebenen an: Humanität, Bildung, Überlieferung, Vorbereitung auf das Erwachsenenleben, Vermittlung von Kenntnissen und Fertigkeiten (BECKMANN 1983, S. 154ff.). – Der Begriff der *»Verwissenschaftlichung«* ist als generelle didaktische Leitlinie problematisch; der Begriff der »Sachlichkeit« erscheint hilfreicher. Im übrigen zeigt sich der Anspruch der Verwissenschaftlichung in den verschiedenen Fächern sehr unterschiedlich (FLITNER 1977, S. 947ff.); genauere Untersuchungen sind erforderlich (BECKMANN/

FISCHER 1990). – Damit wird das zentrale Problem des Verhältnisses von Fachwissenschaft und Schulfach angesprochen; nachweislich besteht in keinem Falle ein deduktives Ableitungsverhältnis, sondern das Verhältnis ist in jedem Fall wieder anders, so daß besser von den »Bezugswissenschaften« im Verhältnis zur Fachdidaktik und zum Schulfach geredet werden sollte. Im übrigen müßte genauer reflektiert werden über die Grenzen der Allgemeinen Didaktik und der Fach- und Bereichsdidaktik: Fragen der Schul- und Unterrichtsorganisation, Ziele der einzelnen Schularten, Relevanz des Schullebens und die Erziehungsaufgabe werden von den Fachdidaktiken nicht gesehen (BECKMANN 1981, S. 87 ff.; WEBER 1979; RÖBE 1988). – Ein alter Streitpunkt ist die Frage nach dem institutionellen Ort der Fach- und Bereichsdidaktik in der Lehrerbildung. Die derzeitige Lösung der Fach-zu-Fach-Zuordnung ist ein Verhängnis für die Lehrerbildung; anzustreben wäre eine erziehungswissenschaftliche Fakultät für die Ausbildung aller pädagogischen Berufe. Dort wären auch die Fach- und Bereichsdidaktiken anzusiedeln; durch Zweitmitgliedschaften kann der Kontakt mit den Bezugswissenschaften abgesichert werden (→ *Hochschule / Universität;* → *Lehrer / Lehrerin*).

6 Perspektiven und Forschungsanregungen

Leitend muß folgende Feststellung sein: »Wenn erziehungswissenschaftliche Theorie auch der Klärung praktischer Fragen dient, dann kann die bloße Vermittlung eines Problembewußtseins für die Klärung dieser praktischen Fragen so lange nicht als nicht zureichend angesehen werden, solange die Theorie nicht auch ein Lösungsbewußtsein zu vermitteln trachtet.« (KLINK 1974, S. 181) – Auf diesem Hintergrund ergeben sich einige Grundforderungen an die Fach- und Bereichsdidaktik: Einmal müssen sie sich an den übergreifenden Zielen des Schulwesens und den spezifischen Zielen der einzelnen Schularten (hier besteht ein erheblicher Nachholbedarf!) orientieren; zum anderen müssen sie auch die erzieherische Dimension der Schulfächer und Lernbereiche untersuchen und reflektieren; schließlich ist ein Defizit zu registrieren hinsichtlich einer Theorie der Schülerbeurteilung und der Beurteilung des Unterrichts der Lehrer (→ *Pädagogische Diagnostik*). – Die Kooperation zwischen Allgemeiner Didaktik, Fachdidaktik und Bereichsdidaktik könnte auf vier Gebieten intensiviert werden: einmal im Blick auf Empfehlungen zur Unterrichtsvorbereitung (KÖNIG u. a. 1980), zum anderen in der konkreten Analyse der fachwissenschaftlichen Grundlagen des Unterrichts und in der Prüfung der Relevanz von Unterrichtsprinzipien (WÖHLER 1979) und schließlich in der Klärung erzieherischer Möglichkeiten im Fachunterricht (ASELMEIER u. a. 1985; STEINDORF 1985). Schließlich muß der Wirkungslosigkeit der Fachdidaktiker entgegengewirkt werden: z. Z. sind für die Fragen des Fächerkanons, der Schulfächer und des Lehrplans weitgehend Schulbehörden und Landesinstitute zuständig; eine institutionell abgesicherte Zusammenarbeit mit den Universitäten ist zwingend geboten.

Literatur

ACHTENHAGEN, F.: Theorie der Fachdidaktik. In: TWELLMANN, W. (Hrsg.): Handbuch Schule und Unterricht. Bd. 5.1. Düsseldorf 1981, S. 275–294
ASELMEIER, U. u. a. (Hrsg.): Fachdidaktik am Scheideweg. Der Zusammenhang von Fachunterricht und Persönlichkeitsentwicklung. München 1985

AURIN, K.: Sekundarschulwesen. Stuttgart 1978
BECKMANN, H.-K.: Lehrerseminar – Akademie – Hochschule. Weinheim 1968
–: Schule unter pädagogischem Anspruch. Donauwörth 1983
–: Die Berufswissenschaften des Lehrers. In: Pädagogische Welt 39 (1985), S. 500–504
–: Zur Lehrer(aus)bildung in den Jahren 1967–1987. Versuch einer Bestandsaufnahme. In: RÖBE, E. (Hrsg.): Schule in der Verantwortung für Kinder. Langenau/Ulm 1988, S. 175–198
– (Hrsg.): Lehrerausbildung auf dem Wege zur Integration. 10. Beiheft der Zeitschrift für Pädagogik. Weinheim 1971
– (Hrsg.): Schulpädagogik und Fachdidaktik. Stuttgart 1981
–/FISCHER, W. (Hrsg.): Herausforderung der Didaktik. Zur Polarität von Schüler- und Sachorientierung im Unterricht. Bad Heilbrunn 1990
BURK, K.: Grundschule: Kinderschule oder Vorschule der Wissenschaft. Beiträge zur Reform der Grundschule. Sonderband S 25/26. Frankfurt/M. 1976
DEUTSCHER AUSSCHUSS FÜR DAS ERZIEHUNGS- UND BILDUNGSWESEN: Rahmenplan zur Umgestaltung und Vereinheitlichung des allgemeinbildenden öffentlichen Schulwesens. Stuttgart 1959
DEUTSCHER BILDUNGSRAT: Empfehlungen der Bildungskommission: Strukturplan für das Bildungswesen. Stuttgart 1970
DIETRICH, TH.: Zeit- und Grundfragen der Pädagogik. Bad Heilbrunn ¹1988
EGGERSDORFER, F. X.: Jugendbildung. Allgemeine Theorie des Schulunterrichts. München ⁻1961
EISENMANN, P./SCHMIRBER, G. (Hrsg.): Die Hochschule im Spannungsfeld von Qualität und Quantität: Die veränderten Rahmenbedingungen der 90er Jahre. Regensburg 1988
FLECHSIG, K.-H./HALLER, H.-D.: Einführung in didaktisches Handeln. Stuttgart 1975
FLITNER, W.: Verwissenschaftlichung der Schule. In: Zeitschrift für Pädagogik 23 (1977), S. 947–955
–: Pädagogik. Gesammelte Schriften. Bd. 2. Hrsg. v. K. ERLINGHAGEN/A. FLITNER/U. HERMANN. Paderborn 1983
GASSEN, H./SCHWANDER, M.: Zuständig sein und überflüssig werden. In: Zeitschrift für Pädagogik, 18. Beiheft. Weinheim 1983, S. 417–441
GEISSLER, E. E.: Allgemeinbildung in einer freien Gesellschaft. Düsseldorf 1977
GLÖCKEL, H.: Was ist »Grundlegende Bildung«? In: SCHORCH, G. (Hrsg.): Grundlegende Bildung. Bad Heilbrunn 1988, S. 11–33
–: Realistische Schulpädagogik. Donauwörth 1981
–: Vom Unterricht. Lehrbuch der Allgemeinen Didaktik. Bad Heilbrunn 1990
HARDÖRFER, L.: Stufenbezogene Didaktik. Paderborn 1982
HECK, G./EDLICH, G. (Hrsg.): Die Sekundarstufe II. Grundlagen – Modelle – Entwürfe. Darmstadt 1978
HELDMANN, W.: Studierfähigkeit. Ergebnisse einer Umfrage. Göttingen 1984
v. HENTIG, H.: Allgemeine Lernziele der Gesamtschule. In: DEUTSCHER BILDUNGSRAT (Hrsg.): Gutachten und Studien der Bildungskommission. Bd. 12. Stuttgart ²1969, S. 13–43
HEURSEN, G. (Hrsg.): Didaktik im Umbruch. Königstein/Ts. 1984
HOOF, D.: Die Schulpraxis der Pädagogischen Bewegung des 20. Jahrhunderts. Bad Heilbrunn 1969
KLAFKI, W.: Didaktik. In: GROOTHOFF, H.-H./STALLMANN, M. (Hrsg.): Neues pädagogisches Lexikon. Stuttgart 1971, Sp. 229–235
–: Studien zur Bildungstheorie und Didaktik. Weinheim 1975
–: Curriculum-Didaktik. In: WULF, CH. (Hrsg.): Wörterbuch der Erziehung. München 1984, S. 117–126
–: Neue Studien zur Bildungstheorie und Didaktik. Weinheim 1985
–: Die Bedeutung der klassischen Bildungstheorien für ein zeitgemäßes Konzept allgemeiner Bildung. In: Zeitschrift für Pädagogik 32 (1986), S. 455–476
– u. a.: Funk-Kolleg Erziehungswissenschaft. Bd. 3. Frankfurt 1971
KLINK, J.-G.: Klasse H 7c. Bad Heilbrunn 1974
KÖNIG, E./SCHIER, N./VOHLAND, U. (Hrsg.): Diskussion Unterrichtsvorbereitung. Verfahren und Modelle. München 1980
KOPP, F.: Didaktik in Leitgedanken. Donauwörth ⁵1974
KRAMP, W.: Stichwort »Gesamtunterricht«. In: GROOTHOFF, H.-H./STALLMANN, M. (Hrsg.): Neues Pädagogisches Lexikon. Stuttgart ⁵1971. Sp. 406–408

LEGLER, W.: Allgemeindidaktische Modelle und ihre Folgen für die Fachdidaktik der Ästhetischen Erziehung. In: Zeitschrift für Pädagogik 29 (1983), S. 579–593
LÜTGERT, W.: Was leisten die Modelle der allgemeinen Didaktik? In: Neue Sammlung 21 (1981), S. 578–594
MEYER, H.: Leitfaden zur Unterrichtsvorbereitung. Königstein/Ts. 1980
MÜSSENER, G.: J. F. Herbarts »Pädagogik der Mitte«. Darmstadt 1986
NEUMANN, H./ZIEGENSPECK, J.: Fördern und Verteilen oder: Was leistet die Orientierungsstufe? Bad Heilbrunn 1979
ODENBACH, K.: Studien zur Didaktik der Gegenwart. Braunschweig ²1974
OTTO, G.: Zur Etablierung der Didaktiken als Wissenschaften. In: Zeitschrift für Pädagogik 29 (1983), S. 519–543
PAULSEN, F.: Geschichte des gelehrten Unterrichts. Bd. 2. Berlin und Leipzig ²1921, Nachdruck 1960
PETERSSEN, W. H.: Lehrbuch Allgemeine Didaktik. München 1983
RABENSTEIN, R.: Erstunterricht. Bad Heilbrunn ²1979
REBLE, A.: Gesamtschule im Widerstreit. Stuttgart 1981
RÖBE, E. (Hrsg.): Schule in der Verantwortung für Kinder. Langenau/Ulm 1988
ROTH, H.: Erziehungswissenschaft, Erziehungsfeld und Lehrerbildung. Hannover 1967
ROTH, L.: Effektivität von Unterrichtsmethoden. Hannover 1971, ²1977
– (Hrsg.): Methoden erziehungswissenschaftlicher Forschung. Stuttgart 1978
– (Hrsg.): Handlexikon zur Didaktik der Schulfächer. München 1980
SAUER, K.: Lehrerbildung zwischen Wissenschaft, Politik und Praxis. Lüneburg 1980
SCHEIBE, W.: Die Reformpädagogische Bewegung. Weinheim ²1971
SCHMIEL, M.: Einführung in fachdidaktisches Denken. München 1978
SCHWARTZ, E.: Die Grundschule – Funktion und Reform. Braunschweig 1969
STEINDORF, G.: Lernen und Wissen. Bad Heilbrunn 1985
STOCK, H.: Integration der Lehrerausbildung in die Universität. Göttingen 1979
SÜHL-STROHMENGER, W.: Horizonte von Bildung und Allgemeinbildung. Frankfurt 1984
TWELLMANN, W. (Hrsg.): Handbuch Schule und Unterricht. Bd. 5.1, S. 275–294, Bd. 5.2, S. 571–754. Düsseldorf 1981
WEBER, E.: Das Schulleben und seine erzieherische Bedeutung. Donauwörth 1979
WENIGER, E.: Ausgewählte Schriften zur geisteswissenschaftlichen Pädagogik. Weinheim 1975
WESTPHALEN, K.: Gymnasialbildung und Oberstufenreform. Donauwörth 1979
WILHELM, TH.: Theorie der Schule. Stuttgart ²1969
WÖHLER, KH. (Hrsg.): Didaktische Prinzipien. Begründung und praktische Bedeutung. München 1979
ZEITSCHRIFT FÜR PÄDAGOGIK: Jg. 29, H. 4/1983, S. 519 ff.; Allgemeine Didaktik/Fachdidaktik. Weinheim 1983
–: Jg. 32, H. 6/1986, S. 455 ff.; Allgemeinbildung. Weinheim 1986
–: 3. Beiheft: Das Problem der Didaktik. Weinheim 1963
–: 21. Beiheft: Allgemeinbildung. Weinheim 1987

Peter Strittmatter und Hans Werner Bedersdorfer

Präskriptive Unterrichtswissenschaft.
Ein Beitrag erfahrungswissenschaftlicher Unterrichtsforschung zur Lösung praktischer Probleme

1 Einleitung

Während gegenwärtig die Auseinandersetzung mit wissenschaftstheoretischen und methodologischen Fragestellungen offensichtlich nicht gerade im Zentrum erziehungswissenschaftlicher Diskussion steht, war vor einem knappen Jahrzehnt eine verstärkte Rückbesinnung auf diese Thematik festzustellen – beispielsweise in den einschlägigen Beiträgen der ZEITSCHRIFT FÜR PÄDAGOGIK (1979/1; 1979/3), der ZEITSCHRIFT FÜR SOZIALPSYCHOLOGIE (1979) oder der UNTERRICHTSWISSENSCHAFT (1979/1; 1979/3; 1980/1). Mehr oder weniger deutlich wird darin für die Unterrichtswissenschaft eine zweifache Aufgabenstellung formuliert. Sie habe einmal
- die unterrichtliche Realität, also deren Bedingungen, Prozesse, Folgen, Wechselwirkungen zu beschreiben und durch den Rückgriff auf empirisch bewährte theoretische Konzepte zu erklären (= deskriptiv-erklärende Funktion) und zum anderen
- Informationen darüber zu erarbeiten, mit welchen Mitteln und Methoden unter den gegebenen Voraussetzungen bestimmte Ziele erreicht werden können (= präskriptive Funktion).

Die wissenschaftliche Fundierung einer deskriptiv-erklärenden Unterrichtswissenschaft scheint offensichtlich weniger Probleme aufzuwerfen. Der Rückgriff auf Positionen des Kritischen Rationalismus scheint weitgehend akzeptiert, wenngleich durch Abweichungen der Wissenschaftspraxis von diesem Konzept Modifikationen oder auch grundsätzliche Neuorientierungen in die Diskussion kamen (→ *Wissenschaftstheorie*). Offen, heterogen und stellenweise unklar dagegen stellt sich die Diskussion über die wissenschaftstheoretischen Aspekte, die mit präskriptiven Aussagen verbunden sind, dar (vgl. STRITTMATTER 1986). Die Schwierigkeiten resultieren nicht zuletzt daher, daß technologische Handlungsempfehlungen nicht nur Aussagen über Mittel und Methoden enthalten, sondern auch über Ziele, die mit diesen erreicht werden sollen.

In diesem Beitrag soll ausschließlich die präskriptive Funktion der Unterrichtswissenschaft behandelt werden. Unsere Fragestellung lautet: Kann Unterrichtswissenschaft einen Beitrag zu einer möglichst rationalen Lösung praktischer Probleme leisten? Welcher Verfahren kann man sich dabei bedienen? Welchen Status haben die auf dieser Grundlage entwickelten Problemlöseangebote?

2 Entwicklung von Handlungsempfehlungen als problemlöseorientierte Interventionsplanung

In den gegenwärtigen wissenschaftstheoretischen Überlegungen zum Thema »Technologie« scheint bislang bestenfalls Einigkeit darüber erzielt worden zu sein, wie die damit verbundenen Probleme *nicht* gelöst werden können. Wenn Unterrichtswissenschaft aber

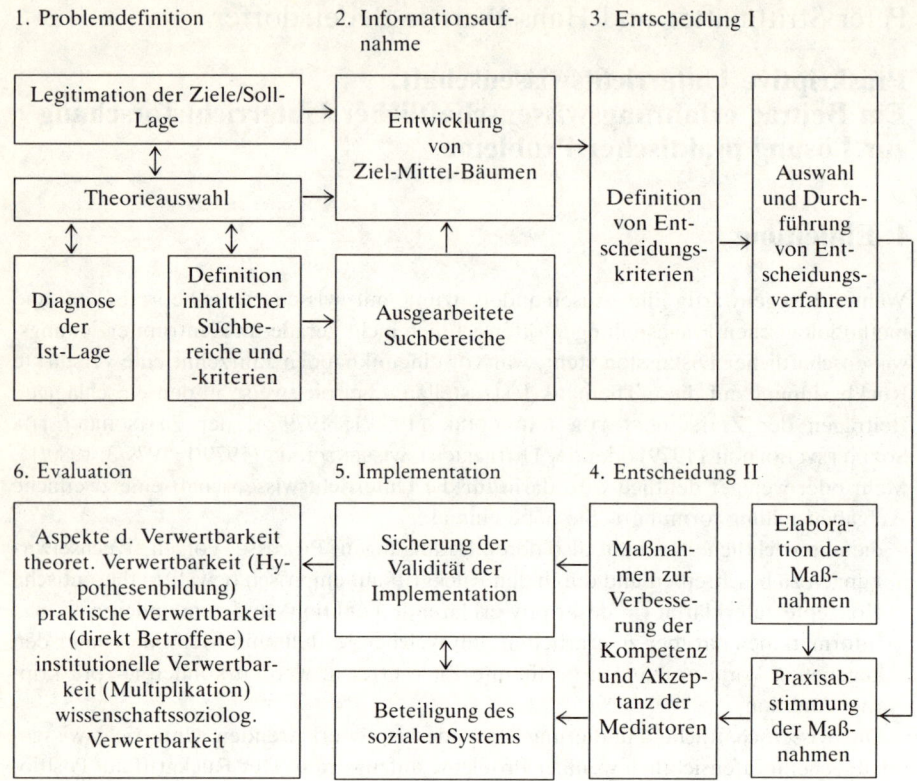

Abb. 1: Modell einer problemlöseorientierten Interventionsplanung

einen Beitrag zur Lösung praktischer Probleme leisten will bzw. soll, dann braucht sie metatheoretische Verfahrensvorstellungen darüber, wie ein solcher Forschungsprozeß zu strukturieren ist. Ein Ansatz, der vorliegende defizitäre Lösungsversuche zu integrieren sucht, besteht darin, Technologiebildung als problemlöseorientierte Interventionsplanung aufzufassen. Der Gedanke eines problemlöseorientierten Anwendungsmodells empirischen Wissens, wie es SCHÄFER (1982) im Rahmen eines konkreten Interventionsvorhabens vorgelegt hat, ist nicht neu (vgl. z. B. KÖNIG 1979), in seiner Konkretisierung lediglich weiter vorangetrieben. Dieses Konzept sollte zum einen als präskriptives Modell den Arbeitsprozeß in zwar ineinandergreifende, aber unterscheidbare Schritte mit je spezifischen Anforderungen an die Beteiligten strukturieren. Es sollte zweitens helfen, die Rationalität der Such-, Entscheidungs- und Durchführungsprozesse zu steigern und die Problemlöseversuche zu effektivieren. Es diente drittens dazu, die Arbeitsprozesse der Interventionsplanung darzustellen und methodologische Schwierigkeiten zu reflektieren. Es zeigte sich aber auch, daß durch die Umsetzung in die Wissenschaftspraxis das präskriptive Modell eine Ausdifferenzierung erfuhr und wohl auch erfahren mußte – eine Folge des Auftretens von Problemen und der Notwendigkeit entsprechender Verfahrensweisen, die im ursprünglichen Modell nicht enthalten waren.

Dies gilt vor allem für die Legitimation der Ziele und die Auswahl geeigneter Theorien, weniger für die deutlichere Differenzierung des Aspektes der Implementation. Den jetzigen Stand der Überlegungen soll – in Anlehnung an SCHÄFER (1982, S. 26) – die obige Abbildung in ihren wesentlichen Grundelementen wiedergeben und veranschaulichen.

In den folgenden Ausführungen wollen wir
– die in den einzelnen Phasen des Modells enthaltenen Arbeitsschritte vorstellen,
– dabei zur Illustration auf die konkrete Anwendung im Saarbrücker Schulangstprojekt zurückgreifen und
– einige kritische Anmerkungen zur Leistungsfähigkeit des Modells machen.

Das Saarbrücker Schulangstprojekt hatte neben der Reduktion von Schulangst auch zum Ziel, eine praktikable Strategie rationaler Interventionsplanung pädagogischer Maßnahmen zu konzipieren und auf ihre Brauchbarkeit hin zu prüfen. Die theoretischen Defizite der Technologiebildung waren von Anfang an bekannt; um so mehr kam es darauf an, das Modell in einem konkreten Forschungsvorhaben anzuwenden und konkrete Erfahrungen zu sammeln. Die theoretischen Grundlagen und praktischen Erfahrungen wurden darüber hinaus in der Arbeit von BOHSE-WAGNER (1988), auf die wir im folgenden mehrmals Bezug nehmen, einer erneuten methodologischen Kritik unterzogen.

2.1 Phase 1: Problemdefinition: Generelle Zielbildung und Theorieauswahl

»Die Phase der Problemdefinition hat die Funktion, die defizitäre Ausgangslage zu diagnostizieren und einen positiv bewerteten Endzustand zu formulieren, d. h. die allgemeine Zielbildung zu präzisieren und eine qualitative Richtschnur für die nachfolgenden Suchprozesse festzulegen.« (SCHÄFER 1982, S. 27) Das Hauptgewicht dieser Phase liegt auf den Teilphasen »Ziel-Legitimation« und »Klärung der theoretischen Grundlagen«.

Die weiteren Teilphasen »Diagnose der Ausgangssituation« (Ist-Lage) und »Festlegung inhaltlicher Suchbereiche zur Auffindung potentieller Treatments« werden in diesem Artikel nicht näher ausgeführt.

Die fünfte Teilphase »Definition methodischer Suchkriterien« wird weiter unten beschrieben.

2.1.1 Zur Legitimation pädagogischer Ziele

Die Frage, wie pädagogische Ziele legitimiert werden können, ist eine konkrete Ausprägung der allgemeinen Begründungsproblematik von Normen (→ *Werte und Normen in der Erziehung*). Fragen wir zunächst: Welche Relevanz hat die Normenproblematik für die Unterrichtsforschung? Maßnahmen zur Änderung eines Zustandes möglichst rational zu planen, durchzuführen und die Effekte zu kontrollieren heißt zunächst, diesen Zustand für veränderungsfähig und -bedürftig (»problematisch«) zu halten. Mehr noch: Unter den Bedingungen knapper (personeller, finanzieller, zeitlicher) Ressourcen bedeutet die Entscheidung, für einen Problembereich Handlungswissen zu entwickeln und bereitzustellen, ihm höhere Priorität als anderen Problembereichen einzuräumen.

Das Vorhaben, Maßnahmen zur Reduktion von Schulangst zu entwickeln, enthält eine normative Setzung, die der Rechtfertigung bedarf. Wie läßt sich diese Setzung legitimieren? KÖNIG (1975) expliziert dieses Legitimationsproblem von Normen als

einen Rekurs auf Normen höherer Ordnung. Dieser Rekurs »nach oben« der Begründung einer Norm A durch eine sie begründende Norm E hat im einfachsten Fall die Form
E!
$A \rightarrow E$

Also: A!

Die Norm A! hat demnach zwei Prämissen:
1. die normative Prämisse: E wird als wertvoll erachtet;
2. die begriffliche oder empirische Prämisse $A \rightarrow E$, die einen logischen oder kontingenten Zusammenhang zwischen beiden Zuständen behauptet oder beschreibt. Diese Norm E wiederum schöpft ihre Rechtfertigung aus der Verknüpfung mit einer Norm noch höherer Ordnung. Um den hier drohenden infiniten Legitimationsregreß, einen willkürlichen Abbruch oder einen Zirkel (»Münchhausen-Trilemma«, vgl. ALBERT 1968, 1972) zu vermeiden, muß schließlich auf fundamentale Ziele oder Normen Bezug genommen werden, die selbst nicht mehr durch das Verfahren der Verknüpfung mit Normen höherer Ordnung legitimiert werden. Zur Begründung der Wünschbarkeit einer Schulangstreduktion wird im o. g. Projekt explizit der Bezug zu folgenden Oberzielen genannt:
– Angst beeinträchtigt das subjektive Wohlbefinden;
– Angst kann sich zu einem Persönlichkeitsmerkmal stabilisieren;
– Angst reduziert die Leistungsfähigkeit bei komplexen Aufgaben (vgl. JACOBS/STRITTMATTER 1979).

BOHSE-WAGNER (1988) kritisiert diese Ziel-Mittel-Argumentation als willkürlich abgebrochen, empirisch zu schwach belegt und nicht ausreichend expliziert, nennt aber auch mögliche Gründe für die knappe Zielsetzungsdiskussion: logische Aspekte, praktische Probleme bei der Realisation des Diskurses sowie die Schwierigkeiten ausgeweiteter Legitimationsversuche. Er schlägt in Anlehnung an GROEBEN (1981), KÖNIG (1975, 1978) und LORENZEN/SCHWEMMER (1973) einen praktischen Diskurs mit folgenden Schritten vor:
1. Zieldefinition und Konsensbildung über metatheoretische Regeln der Zielklärung
2. Sammlung von Standpunkten und Argumenten
3. Aufarbeitung und Strukturierung der Sammlung
4. Aufarbeiten strittiger Argumente.

Aber auch hier tun sich Probleme auf (Auswahl der Diskursteilnehmer, Umgang mit Macht und Herrschaft, Akzeptanz metatheoretischer Regeln und oberster Ziele, Situationsvarianz der Normen). Forschungsbedarf zeigt sich sowohl hinsichtlich empirischer Argumente im Zusammenhang von Ziel-Mittel-Überlegungen als auch hinsichtlich der Prozesse in und der Ergebnisse von Diskursverfahren (vgl. STRITTMATTER 1974).

2.1.2 Die Legitimation der Theorieauswahl
Wissenschaftlich begründete Interventionsmaßnahmen setzen leistungsfähige Theorien voraus. Wenn aber – wie häufig in den Sozialwissenschaften, so auch im Bereich der Emotion »Angst« – nicht nur einzelne konkurrierende Theorien, sondern ganze Theoriegruppen unterschieden werden, ist zwischen diesen eine Entscheidung nötig ($\rightarrow$ *Persönlichkeit von Lehrern und Schülern* ...). Die Aufgabe besteht darin, aus einer Menge von Theorien zum Gegenstandsbereich nach bestimmten inhaltlichen und forma-

len Kriterien (vgl. HALL/LINDZEY 1979; EICHNER 1974; OPP 1967; STRITTMATTER 1979) auf der Basis einer Entscheidungsfunktion die Theorie höchster Güte auszuwählen.

Im Schulangstprojekt wurden folgende Kriterien im Entscheidungsprozeß explizit berücksichtigt:

Zunächst war eine Entscheidung für eines der gegenwärtig konkurrierenden Forschungsparadigmata zu treffen und damit auch für ein bestimmtes Menschenbild. Die Forschergruppe fühlte sich einem »reflexiven Subjektmodell« (vgl. GROEBEN/SCHEELE 1977; GROEBEN 1981) verpflichtet. Es gestattet, die Selbstsicht der Forscher und die Fremdsicht der übrigen Beteiligten (Lehrer/Schüler) unter reflexiver Perspektive zu vereinheitlichen, die Probleme des »behavioralen Subjektmodells« zu vermeiden, und ermöglicht die Schaffung eines kohärenten Begriffsapparates für die in Betracht kommenden (kognitionstheoretisch orientierten) Objekttheorien.

Weitere Kriterien waren die logische Konsistenz der Theorie, der empirische Gehalt der Theorie und der Grad ihrer empirischen Bestätigung, der Geltungsbereich der Theorie und ihre Ökonomie. Steht im vorliegenden Fall die Lösung eines praktischen Problems im Mittelpunkt der Überlegungen, kommen weitere Kriterien der Kategorie »Nützlichkeit/Effizienz« (Technologiefreundlichkeit) in den Blick: die Nähe der theoretischen Aussagen zu den konkreten Phänomenen der Praxis, geringer Informationsverlust bei der Betrachtung singulärer Fälle, Integrierbarkeit in die kognitive Struktur betroffener Praktiker und heuristischer Wert für die Technologiebildung. Lassen sich trotz unterschiedlicher theoretischer Ausgangspunkte vergleichbare Handlungsanweisungen ableiten, können sich Theorien dennoch in ihrer »technologischen Reichweite« unterscheiden, d. h., manche Theorien ermöglichen die Integration technologischer Ableitungen aus verschiedenen anderen Theorien. Ein eher pragmatischer Aspekt ist die jeweilige Vertrautheit der Forscher mit bestimmten theoretischen Konzeptionen; zu erwartende arbeitsökonomische Vorteile sind aber den eigentlichen Gütekriterien nachzuordnen. Wie ist nun aufgrund dieser Kriterien eine rationale Entscheidung zwischen den konkurrierenden Theorien herbeizuführen? Ein Rückgriff auf Modelle der normativen Entscheidungstheorie bietet sich zunächst an, um den Entscheidungsprozeß zu algorithmisieren und somit ein höheres Maß an Rationalität zu erzielen. Massive Schierigkeiten bleiben dennoch: Wie soll man die Entscheidungskriterien gewichten? Wie ist der Erfüllungsgrad z. B. angesichts der »Exhaustionsproblematik« (vgl. HOLZKAMP 1967; GADENNE 1984) zu quantifizieren? Wie soll man die empirische Bewährung einschätzen, und wie sollen Erfüllungsgrad und Gewichte in einem Entscheidungsalgorithmus sinnvoll verknüpft werden?

In o. g. Forschungsprojekt wurde versucht, die Kriterien der Auswahl diskursiv zu explizieren, und nach einer inhaltlichen Voraussonderung (nicht alle Angsttheorien beziehen sich auf Angstentstehung und -bewältigung; nicht alle enthalten in ihrer Wenn-Komponente manipulierbare Antezedenzbedingungen; einige umfassen andere in ihrer technologischen Reichweite und in der Tiefe ihrer Erklärung) wurden die verbleibenden diskutierend miteinander verglichen. Die Entscheidung fiel so auf die kognitive Theorie der Angstentstehung von LAZARUS (vgl. z. B. LAZARUS 1966) und deren prüfungsangstthematische Adaptation durch JACOBS (1981, 1982). Als übergreifendes Strukturierungsmittel wurden handlungstheoretische Konzepte herangezogen, die BOHSE (1981) angstthematisch aufarbeitete.

2.2 Phase 2: Informationsaufnahme: Gewinnung von Handlungsalternativen

Hier stellt sich das Problem, nach möglichst effektiven und begründeten Mitteln der Zielerreichung zu suchen. Die Maßnahmen sollen in einen funktional-kausalen Wirkungszusammenhang gebracht werden, d. h., die beschriebene Ziel-Mittel-Argumentation ist fortzusetzen, aber hier »nach unten«, d. h. in Richtung konkreter Maßnahmen. Welche Verfahren bieten sich hier an?

Zum ersten kann entsprechend den Vorschlägen Opps (1967) das Zielbaumverfahren begriffen werden als mehrstufiger Definitionsprozeß von abstrakten zu immer konkreteren Ziel-Mittel-Punkten, deren empirische Bezüge möglichst durch nomologisches Wissen belegt sein sollen (zum Verfahren siehe SCHÄFER 1982, S. 22 ff.).

Zum zweiten zeigt die Praxis, daß »weit unten« effektive, empirisch überprüfte Mittel existieren, deren Zusammenhang zum Oberziel aber nicht hergestellt ist. Sie wurden bisweilen aus Theorien hergeleitet, die den wissenschaftstheoretischen Kriterien nicht genügen; in anderen Fällen muß ein fehlender Theoriebezug nachträglich hergestellt werden. In beiden Fällen zielt Forschung für Unterricht auf die wissenschaftliche Fundierung vorhandenen Handlungswissens. BOHSE-WAGNER (1982, 1988) beschreibt dies als »Gegenstromprinzip« von unten nach oben: die begriffliche Rekonstruktion von als effektiv erwiesenen Programmen bzw. der theoretische Nachvollzug der Wirkungsweise bekannter und empirisch erprobter Treatments. Beide Vorgehensweisen, die stufenweise Konkretisierung wie das Gegenstromprinzip, sind nicht ohne Probleme.

Beim Problem der Wissenlücken z. B. handelt es sich um empirisch nicht überprüfte »Leerstellen« in den Ziel-Mittel-Relationen. Der Königsweg, diese zu schließen, besteht u. E. darin, durch der eigentlichen Untersuchung vorgelagerte theoretisch-empirische Arbeiten Wissenslücken auszufüllen (vgl. JACOBS/BEDERSDORFER/BOHSE-WAGNER 1983).

Dieser Weg stößt aber sehr bald an die Grenzen der Ressourcen. So wurde der Ausweg akzeptiert, auch solche Maßnahmen vorläufig zuzulassen, deren Wirkungsweise im Ziel-Mittel-Prinzip zumindest diskursiv-theoretisierend nachvollziehbar erschien. Das Risiko, solche Plausibilitätsüberlegungen an dieser Stelle zuzulassen, schien auch tragbar, weil es von vornherein ein Ziel der Maßnahmenevaluation war, nicht nur Globaleffekte (wie Angstreduktion) zu erheben, sondern auch den modus operandi der eingesetzten Maßnahmen durch korrespondierende Meßinstrumente nachzuvollziehen.

Das allgemeine Projektziel »Abbau von Schulangst« wurde im ersten Schritt konkretisiert durch die (Teil-)Ziele »Kompetenzsteigerung«, »Reduktion des Anspruchsniveaus« und »Reduktion aversiver Konsequenzen des Mißerfolgs«. Die Generierung von Lösungshypothesen zur Erreichung dieser Ziele, inhaltlich aufgefüllt durch die Ergebnisse der erwähnten Suchbereiche, führt sehr rasch zu einer vielfachen Verzweigung der Ziel-Mittel-Ableitungen mit konkurrierenden Mitteln auf allen Ebenen. Um Übersichtlichkeit zu wahren, wurde es bereits in der Phase der Gewinnung von Handlungsalternativen notwendig, einen zweiten Vorschlag von OPP (1967) – die kriterienorientierte Selektion theoretisch fundierter Aussagen – zu realisieren. Als Kriterien wurden u. a. festgelegt:
– theoretische Nachvollziehbarkeit der Lösungshypothesen
– Bezug zu veränderbaren Zuständen (Manipulierbarkeit)
– die Realisierung sollte keine negativen Nebeneffekte und
– begründete Widerstände erwarten lassen.

Produkt der hier beschriebenen Arbeitsphase waren drei Ziel-Mittel-Bäume (vgl.

BOHSE-WAGNER 1982), die in die folgende Phase der Treatmententscheidung als Grundlage eingehen. Die in den Bäumen enthaltenen Mittel werden dort wieder nach o. g. Kriterien begutachtet und selegiert. Aber: Die Ziel-Mittel-Bäume bilden bereits den potentiellen weiteren Handlungsraum ab; in ihnen nicht enthaltene Maßnahmen gehen nicht in den Entscheidungsprozeß ein; die Qualität der Ziel-Mittel-Bäume bedingt die Qualität der nachfolgenden Entscheidungen.

Nach welchen Kriterien ist die Güte der Ziel-Mittel-Bäume zu beurteilen? BOHSE-WAGNER (1988) erörtert zu dieser Frage u. a. die Vollständigkeit des Maßnahmenkataloges, die Nachvollziehbarkeit der begrifflichen Relationen und die empirische Bewährtheit der Wirkungsannahmen (bzw. die zu erwartende empirische Bewährung). Die Rationalität der in dieser Phase ablaufenden Entscheidungsprozesse wird kapazitätsbedingt begrenzt durch die Vorlieben und Kompetenzen der beteiligten Mitarbeiter, die bereits deren Suchprozesse (mit-)steuern. Aus diesem Grund kommt der Zusammensetzung des Forscherteams erhebliche Bedeutung zu.

2.3 Phase 3: Entscheidung I: Kriterienorientierte Bewertung und Selektion von Treatments

Entscheidungsprobleme wurden bereits bei der Legitimation der Theorieauswahl diskutiert. Sie tauchen hier, wenn auch auf anderer Ebene, wieder auf. Die in den Ziel-Mittel-Bäumen dargestellten potentiellen Treatments sind noch nicht auf verschiedene Mängel geprüft (vor allem: Überschreitung von Projekt-Ressourcen, Redundanz der Ziel-Mittel-Bäume, Konkurrenzbeziehung zwischen verschiedenen Treatments usw.). Das Ziel der Arbeitsprozesse in dieser Phase besteht darin, die in den Ziel-Mittel-Bäumen geordnete Menge potentieller Treatments auf ein im Sinne der Projektziele effektives, konsistentes und durchführbares Programm zu reduzieren.

Anders ausgedrückt:

Um Ziel X zu erreichen (1), sollen aus der Menge von Mitteln, die in den Ziel-Mittel-Bäumen abgebildet sind, (2) nach festgelegten Entscheidungskriterien und (3) auf der Basis einer Entscheidungsfunktion die anzuwendenden Maßnahmen ausgewählt werden.

Es kann aber nicht erwartet werden, es werde »gelingen, eine formal befriedigende (quantifizierte) Präferenzrelation über die relevanten technologischen Hypothesen zu bilden« (SCHÄFER 1982, S. 31). BOHSE-WAGNER (1988) nennt Gründe, warum ein solcher Anspruch (zur Zeit) überzogen wäre:
- die Vielzahl der in die Entscheidung eingehenden Alternativen, die Kriterien und ihre Verknüpfung zu einem Entscheidungsalgorithmus ist ein hochkomplexes Problem;
- das »Sprachproblem« für Maßnahmen, die auf dem Hintergrund unterschiedlicher Theorien entstanden sind, beeinträchtigt deren Vergleichbarkeit.

Wie sollen nun in dieser unbefriedigenden Lage Entscheidungen gefällt werden?

Es sind Kriterien zu definieren, nach denen die Treatments selegiert werden: Effektivität im Sinne der Zielvorgabe, empirische Bestätigung, Abwesenheit negativer Nebeneffekte, gleichzeitige Förderung anderer wichtiger Ziele und theoretische Rekonstruierbarkeit der Treatment-Wirkung. Wenn weitere Rahmenbedingungen als Vorgaben der Projektarbeit bekannt sind (z. B. Projektdauer, Anzahl der Mitarbeiter, Durchführung der Maßnahmen in öffentlichen Schulen, Lehrer als Mediatoren), können zusätzliche Kriterien definiert werden: die Kosten einer Maßnahme (Aufwand für Entwicklung,

Praxisanpassung, Lehrertraining, Aufwand im Lehrerhandeln), »Querverträglichkeit« der Maßnahmen innerhalb des Maßnahmenpakets (gegenseitige Neutralisierung bzw. Ergänzung usw.); die Vereinbarkeit mit schulpolitischen Vorgaben und institutionellen Bedingungen von Schule.

Hierzu kann auch gehören, daß bereits frühzeitig an die zu entwickelnden Maßnahmen der Anspruch gestellt wird, daß sie nach den Projektphasen der Überprüfung und Revision in Lehreraus- und -fortbildungsprogramme integrierbar sind (→ *Lehrer/ Lehrerin*).

Bei der Betrachtung einiger Kriterien (Nebeneffekte, Querverträglichkeit, politische Durchsetzbarkeit ...) wird deutlich, daß die einzelnen Phasen des Problemlöseprozesses keine voneinander isolierten Stadien darstellen, sondern durch Rückmeldeschleifen vielfältig aufeinander zu beziehen sind. Muß heuristische Fruchtbarkeit bereits bei der Theorieentscheidung beachtet werden, so wird in dieser Phase eine erneute Ziel- und Theoriediskussion notwendig. Beispiel dafür: Wieweit können Kompromisse angesichts schulpolitischer Vorgaben eingegangen werden? Wie wichtig sind welche Nebeneffekte? Wie ist die Wirkung welcher Maßnahmen? Ergänzen oder neutralisieren sie sich in ihrer Wirkungsweise?

Da diskursive Beratung und Konsensbildung angesichts hoher Komplexität dann eher möglich scheint, wenn »etwas auf dem Tisch liegt«, haben in unserem Falle verschiedene Projektmitarbeiter unabhängig voneinander jeweils eine Entscheidung vorbereitet. Diese Mitarbeiter unterzogen dabei die zur Auswahl stehenden Alternativen einer wissenschaftsbezogenen Bewertung, so daß bestimmte, mängelbehaftete Mittel ausgesondert werden konnten. Die verbleibenden Treatments wurden dann einer Beurteilung nach den eher pragmatischen Kriterien unterworfen. Die Vorschläge dieser Vorbereitungsarbeiten, die bereits von relativ hoher Übereinstimmung gekennzeichnet waren, wurden in der Gesamtprojektgruppe abschließend beraten. Die Entscheidung fiel schließlich auf die Maßnahmenpakete

– Verbesserung der Lehrer-Schüler- und Schüler-Schüler-Interaktion (→ *Lehrer-Schüler-Verhältnis*)
– Curriculum »Angst und Angstverarbeitung«
– Angstabbau durch Veränderungen im Leistungsbewertungsprozeß (→ *Pädagogische Diagnostik*)
– Lern- und Arbeitstechniken.

Diese schienen insofern ausgewogen, als sie sich gegenseitig ergänzen und nicht wechselseitig beeinträchtigen und die Beanspruchung auf die Beteiligten verteilt wird (zum modus operandi der Maßnahmenpakete vgl. STRITTMATTER u. a. 1984 und 1986; BEDERSDORFER 1988).

Je nach den konkreten Bedingungen des Forschungsprozesses läßt sich das geschilderte Verfahren optimieren, indem man den Kreis der an den Entscheidungen Beteiligten gezielt erweitert, erprobte Verfahren wie Delphi-Methode oder qualifizierende Ratings anwendet und die Entscheidungsalternativen weiter expliziert und systematisch bewertet (vgl. BOHSE-WAGNER 1988; WITTMANN 1985, S. 262 ff.).

2.4 Phase 4: Entscheidung II: Elaboration und Praxisabstimmung der Maßnahmen/Fortbildung der Lehrer

2.4.1 Elaboration der Maßnahmen

Nach OSER/PATRY (1986) sind technologische Hypothesen auf Konstruktniveaus anzusiedeln, die durch konkrete Realisierungen zu operationalisieren sind. Für die Realisierungen sind (Treatment-)Validitätsüberlegungen anzustellen, so in unserem Beispiel:

Was kennzeichnet befriedigende (angstreduzierende) Lehrer-Schüler- und Schüler-Schüler-Beziehungen (Treatment 1), eine angemessene Angstverarbeitung (Treatment 2), eine angstreduzierende Leistungsbewertung und Rückmeldung (Treatment 3) und effektive Lern- und Arbeitstechniken (Treatment 4)? Und: Wie können sie vermittelt werden? Die Fragen verdeutlichen, daß die Forderung nach Treatment-Validität die Ausweitung der theoretischen Blickrichtung über das eigentliche Thema (Angst) hinaus erfordert, so die Integration u. a. sozial- und persönlichkeitspsychologischer Theorien (Treatment 1) (→ *Persönlichkeit von Lehrern und Schülern* ...); Theorien zum Selbstkonzept (Treatment 2); Lern- und Motivationstheorien (Treatment 3) (→ *Lernen und Lerntheorien;* → *Motivation und Interesse*); Theorien zum Problemlösen, zur Lernmotivation, zum Gedächtnis (Treatment 4) (→ *Intelligenz, Begabung und Umwelt;* → *Motivation und Interesse*), sowie deren schulangstthematische Adaption erfordert. Die adäquate Vermittlung entsprechender Kompetenzen erfordert zudem eine didaktische Konzeption.

Jedes unserer Programme enthält Informationsmaterial für Lehrer, das Ziele und Aufbau des jeweiligen Programms beschreibt sowie theoretische Annahmen darüber, wie das Programm zur Angstreduktion bei den Schülern führt. Zu gewährleistende Bedingungen sind aufgeführt, die Mitwirkungschancen der Lehrer expliziert; Ziele und geplanter Ablauf der gemeinsamen Arbeitssitzungen werden transparent gemacht. Zweiter Teil jedes Programms ist der Strukturierungsvorschlag für den Seminarleiter, der Planungen, Verläufe und Ergebnisse der gemeinsamen Arbeitssitzungen dokumentiert. Diese Sitzungen verfolgen – je nach Entwicklungsstand im Projekt – unterschiedliche Ziele, wie z. B. »bessere Passung« des Programms, Qualifizierung der Lehrer zur Programmdurchführung und Beratung und Betreuung beim Auftreten schwieriger Situationen.

Zu einigen Programmen (vor allem Treatment 4) wurden zudem auch Arbeitsmaterialien für Schüler entwickelt.

2.4.2 Praxisabstimmung der Maßnahmen und Lehrerfortbildung

Ziel dieser Phase ist nach SCHÄFER (1982) die Erhöhung der »handlungsleitenden Relevanz« des Interventionsprogramms, was sich in zwei Aspekte aufgliedern läßt:
- Überprüfung und Revision der Programme in Zusammenarbeit mit den Lehrern zur Verbesserung der Praxisanpassung/Erhöhung der Durchführbarkeit;
- Gemeinsame Bemühungen zur Förderung der Kompetenz und Bereitschaft der Lehrer, das Interventionsprogramm »zu ihrer eigenen Sache« zu machen und in der Schule umzusetzen.

Beide Aspekte sind nicht unabhängig voneinander und daher auch in der Phase der Lehrerfortbildung nicht streng zu unterscheiden. Entsprechend dem »reflexiven Subjektmodell« sind die beteiligten Lehrer nicht als ausführende Organe der Forschergruppe zu betrachten, sondern als aktiv am Forschungsprozeß Beteiligte mit »Expertenstatus«: Lehrer bringen spezifische Qualifikationen und Erfahrungen (z. B. über eigene Handlungsmöglichkeiten und -defizite und solche ihrer Schüler, über Rahmenbedingungen des Handelns in ihrer konkreten Schule) in die gemeinsame Arbeit ein ($\rightarrow$ *Lehrer/ Lehrerin*).

Die Gespräche mit den Lehrern führen eher zur Vereinheitlichung des Aufbaus der Programme, zur besseren Verständlichkeit für Schüler, zur Erhöhung des Anregungsgehalts der Beispiele für Schüler und zur Überarbeitung einzelner Teile, weil sie z. B. für die Altersgruppe zu schwierig, in der Schule nicht umsetzbar oder mit der Lehrerrolle schwer zu vereinbaren sind.

Das im Projekt entwickelte Fortbildungskonzept entspricht theoretischen Überlegungen kognitiver Lehr-/Lerntheorien und ist vergleichbar dem Konzept des »Austauschs subjektiver und objektiver Theorien« (vgl. GROEBEN/SCHEELE 1977; GROEBEN 1981; WAHL 1981). Auf die Schwierigkeiten des Status »subjektiver Theorien«, methodische Probleme ihrer Erhebung und Darstellung sowie ihres Zusammenhangs mit »Handeln« können wir hier allerdings nicht eingehen (vgl. HUBER/MANDL 1982).

Aus diesen Überlegungen lassen sich folgende Prinzipien ableiten:
– die Transparenz der Zielsetzungen, inhaltlichen Festlegungen und Arbeitsprozesse;
– Beteiligung der Lehrer an Planung und Ausgestaltung der Arbeitssitzungen;
– die Erfahrungen und subjektiven Theorien der beteiligten Lehrer als Ausgangspunkt aller Arbeitsprozesse;
– eine möglichst verständliche und übersichtliche, mit Beispielen und »Arbeitsanregungen« zum eigenen Durchdenken angereicherte Darstellung der wissenschaftlichen Theorien und der entwickelten Maßnahmenpakete;
– der Vergleich zwischen »subjektiven« und »wissenschaftliche« Erklärungsversuchen;
– Diskussion des mit diesen Problemlöseangeboten gekoppelten Wertesystems und Diskussion einschränkender Bedingungen des Geltungsbereichs;
– Anpassung der Angebote an die Handlungsbedingungen im konkreten Feld;
– Ausprobieren, Optimieren und Trainieren der entsprechenden Handlungen in Situationen mit geringer Komplexität und vermindertem Handlungsdruck;
– schrittweise Erweiterung der Komplexität bis zur Umsetzung in die eigene Unterrichtspraxis;
– Reflexion und Auswertung der Erfahrungen.

Dabei auftretende Ziel- und Mittelkonflikte sind mit Kompromißbereitschaft und Verständnis auszutragen und persönliche wie Gruppen-Entwicklungsprozesse zu beachten und ggf. zu thematisieren.

Strenge Empiriker werden hier (wie schon an vielen anderen Stellen) massive Bedenken äußern:
– das Problem »wissender« Versuchspersonen ist aufgeworfen;
– das Problem, exakt angeben zu können, was eigentlich »Treatment« war (Die Maßnahmen? Die Interaktionen? Sind nicht Erwartungen im Sinne der Hypothesen aufgebaut worden?), muß gelöst werden ($\rightarrow$ *Forschungsmethoden der Erziehungswissenschaft*).

Im Grunde sahen wir uns hier (wie an anderen Stellen auch) in einem Dilemma: im Konflikt zwischen pädagogischen Zielsetzungen und forschungsmethodischen Erfordernissen haben wir uns im Zweifelsfall dafür entschieden, ersteren Priorität zu verleihen.

2.5 Phase 5: Implementation: Eingriff in soziale Systeme

Die Phase der Programmumsetzung ist eine entscheidende des gesamten Projekts, – von hoher Komplexität, nicht klar abgrenzbar von vorausgehenden und folgenden Phasen. Die Aufgabe der Unterrichtswissenschaft besteht hier vor allem in der Planung und Kontrolle der Treatment-Realisation sowie in der Beratung bei auftretenden Schwierigkeiten. Interventionsprogramme greifen in bestehende individuelle und soziale Systeme ein mit dem Ziel, bestimmte als problematisch erachtete Aspekte dieser Systeme in gewünschter Richtung zu verändern. Dazu sind Vorstellungen darüber vonnöten, wie solche Systeme »funktionieren«, wie sie sich unter welchen Bedingungen verändern lassen, mit welchen Systemreaktionen zu rechnen und wie mit diesen umzugehen ist (→ *Theorie pädagogischer Institutionen;* → *Organisationssoziologie* ...). Bereits oben wurden zwei Betrachtungsebenen unterschieden:

1. Auf der Ebene des Individuums ist zu klären, ob und in welchem Ausmaß der programmdurchführende Lehrer das Treatment valide realisiert und, damit zusammenhängend, mit welchen Bezugsnormen die Realisierungen des Treatments durch die Projektlehrer verglichen werden sollen. Kontrollehrer und -schüler verhalten sich keineswegs »wie immer«, sondern in Abhängigkeit von den Ergebnissen ihrer Reflexionen über ihre Funktion im Forschungsprojekt:

Die Treatmentrealisierungen und die Zwischenaktivitäten der Kontrollgruppen können stark überlappen (vgl. WITTMANN 1985), im Projekt von STRITTMATTER u. a. (1986) entwickelten Kontrollehrer z. T. alternative Treatments; es mußten sogar (Kontroll-) Klassen von der Auswertung ausgeschlossen werden, in denen trainierte Lehrer Treatmentteile, von denen sie besonders überzeugt waren, »aus pädagogischen Gründen« und fernab aller Versuchsplanüberlegungen umgesetzt hatten. Von Bedeutung wird solches Wissen bei der Evaluation bzw. bei der Interpretation der Ergebnisse, wenn möglicherweise vom fehlenden Unterschied in den Zielvariablen fälschlich auf mangelnde Effektivität des Treatments geschlossen wird, tatsächlich die Treatment-Realisationen der Gruppen sich aber nicht unterscheiden (Typ-III-Fehler nach WITTMANN 1985). Treatment-Realisierungen von Versuchs- und Kontrollgruppen sind demnach zu evaluieren, je nach Treatment durch Verfahren der Unterrichtsbeobachtung und -analyse, Analyse der (Unterrichts-)Planungen, der schriftlichen Leistungsrückmeldungen usw. (→ *Forschungsmethoden der Erziehungswissenschaft;* → *Evaluation und Selbstevaluation*).

2. Die Intervention greift in ein bestehendes soziales System ein und intendiert Wandlung im Sinne einer besseren Entsprechung zu bestimmten Werten. Sie kann auf eine Veränderung in der Zielhierarchie, auf Erweiterungen des methodischen Wissens zur Erreichung der Ziele, auf veränderte Aufgabenstellungen, auf veränderte Interaktionen innerhalb des Systems usw. zielen und trifft damit (ungebeten) auf die bestehende Weltsicht von Mitgliedern des sozialen Systems, die folglich, auch wenn nur mittelbar beteiligt, zu Betroffenen werden und Ängste bzw. Widerstände in unterschiedlichen Formen entwickeln können. BOHSE-WAGNER (1988) weist in diesem Zusammenhang u. a. hin auf die veränderte Interaktion zu Projekt-Lehrern, -Schülern und -Eltern (von Ironie über Verunsichern bis Ignorieren, Abweisen, Druck), auf das selektive Herausheben negativer Ereignisse in Versuchsklassen und bei Versuchslehrern und auf organisatorische Schwierigkeiten (z. B. bei der Stundenplangestaltung als wesentlicher Bedingung einer effektiven Versuchsplanung, Datenerhebung); er nennt einige Möglichkeiten, solche Schwierigkeiten zu reduzieren (Transparenz, Beteiligung, Akzeptanz, Effektivität).

2.6 Phase 6: Evaluation: Hypothesen, Versuchspläne, Ergebnisse

Letztlich ist mit dem Interventionsziel auch das Ziel der Evaluation gegeben. In unserem Fall: Wenn Schulangst reduziert werden soll, ist diese Variable zu evaluieren.

Gehen wir hypothetisch zunächst einmal davon aus, es sei nicht gelungen, Schulangst zu reduzieren. Wie kann dieses Ergebnis interpretiert werden? Sind die Treatments nicht effektiv? War die Lehrerfortbildung nicht erfolgreich? Haben die Lehrer (oder die Schüler) die Maßnahmen nicht angenommen? Waren die Lehrer nicht in der Lage, unter schulischen Bedingungen die Treatments valide umzusetzen? Bei diesen Fragen wird deutlich, daß sich wegen der Informationsverluste eine »Nur-Global«-Auswertung im Sinne der Zielvariablen verbietet. Wirkungsvolle Revision der Treatments setzt differenzierte Evaluation voraus.

BOHSE-WAGNER (1987) unterscheidet im Anschluß an CREMER/PHILIPP (1983) vier Funktionen der Evaluation:
– die theoretische Verwertbarkeit (Hypothesentestung),
– die praktische Verwertbarkeit (durch direkt Betroffene),
– die institutionelle Verwertbarkeit (Multiplikation),
– die wissenschaftssoziologische Verwertbarkeit.

Wir gehen im folgenden kurz auf den Aspekt der theoretischen Verwertung ein. Ihr Ziel ist die Überprüfung der technologischen Hypothesen. Demnach sind Überlegungen anzustellen:
1. zu Erwartungen bezüglich der Effekte und des modus operandi der Maßnahmen;
2. zur Übersetzung der im erwarteten theoretischen Weg verwendeten Konstrukte in Erhebungsinstrumente. Für diese gilt die Forderung, daß sich Unterschiede und Veränderungen im Erleben in Unterschieden bzw. Veränderungen des Antwortverhaltens abbilden müssen, d. h., es geht um die Frage der Homogenität der eine Skala repräsentierenden Items sowie um die Frage der Repräsentativität der Skalen in bezug auf das jeweilige Konstrukt (vgl. GADENNE 1976). Ersteres läßt sich teststatistisch beantworten, letzteres ist vor allem ein Problem theoretisch-empirischer Natur;
3. zur Validität der unabhängigen Variablen, zur Stichprobenauswahl und zum Versuchsplan.

Versuchsplanüberlegungen zu Interventionen im Feld sind vor allem deshalb ein heikles Unterfangen, weil sie in einer Dilemmasituation zwischen zwei sich gegenseitig begrenzenden Forderungen stattfinden. Begründete Handlungsaussagen sollen einerseits unter den Bedingungen des praktischen Feldes überprüft werden. Diese Forderung nach »Natürlichkeit«, der größtmöglichen Übereinstimmung der Versuchsbedingungen mit den Anwendungsbedingungen einer bestimmten Schulwirklichkeit (vgl. GADENNE 1976; PERREZ/PATRY 1982) verbietet massive Eingriffe in die Praxis, um Störfaktoren zu kontrollieren. In der Regel sind auch »natürliche« Gruppen (Klassen) vorgegeben, auch Stundenpläne, so daß Randomisierung und Zufallszuweisungen zu Treatments nicht möglich sind. Experimentelle »Blindheit« ist bei trainierten Lehrern ebenso ausgeschlossen; dagegen muß mit Erwartungseffekten gerechnet werden. Ziel muß es also sein, in möglichst unveränderter Praxis ein möglichst hohes Maß interner Validität zu sichern. Dafür kann es keine Patentrezepte geben, da die Bedingungen der jeweiligen Praxis (Anzahl der Lehrer, Anzahl der Treatments, Anzahl zur Verfügung stehender vergleichbarer Klassen, Stundenpläne) verschieden sind. Eine zusätzliche Kontrolle bietet in jedem Fall die Erhebung der Variablen des theoretischen Weges, über die sich die spezifischen Wirkungsweisen der Treatments abschätzen lassen. Erwartungen, Neuerungen, andere Treatments mögen auch Effekte nach sich ziehen; es ist aber nicht zu erwarten, daß sich diese auf den gleichen »Pfaden« vollziehen.

Unsere Überlegungen zur Methodologie der Evaluation haben gezeigt, daß die klassischen Verfahren der Hypothesentestung (Signifikanztests) der Ergänzung durch Maße der praktischen Bedeutsamkeit (z. B. Effektstärke) und komplexer deskriptiver Vergleiche unter Einbezug auch qualitativer Daten bedürfen (→ *Forschungsmethoden der Erziehungswissenschaft;* → *Evaluation und Selbstevaluation*).

3 Schlußbemerkungen

Wir kommen zurück auf die eingangs formulierte Fragestellung: Ermöglicht ein Vorgehen nach dem vorgestellten problemlöseorientierten Interventionsplanungsmodell einen Beitrag zur rationalen Lösung praktischer Probleme?

Die Schwierigkeiten, ein solches Modell als methodologische Grundlage zu konzipieren, dürften deutlich geworden sein. Sie beginnen mit dem Rückgriff auf unterschiedliche wissenschaftstheoretische Grundlagen, reichen über Auswahl- und Beurteilungsprobleme von Theorien, komplexe Verfahren der Suche und Bewertung von Informationen, die Berücksichtigung innovationstheoretischer Zusammenhänge und didaktischer Überlegungen im Rahmen von Lehrerfortbildungsmaßnahmen bis hin zur Bewältigung unterschiedlicher Anforderungen an die Kompetenz des beteiligten wissenschaftlichen Personals. Es liegt auf der Hand, daß die damit verbundenen Fragen noch längst nicht alle befriedigend beantwortet sind; es ist sogar vielmehr zu vermuten, daß eine Reihe von Problemen noch nicht präzise genug herausgearbeitet und hinsichtlich ihrer Konsequenzen bedacht sind (vgl. STRITTMATTER 1986).

Bleibt zu fragen und zu entscheiden, ob Unterrichtswissenschaft mit der Realisierung ihrer präskriptiven Aussagen so lange warten soll, bis es ihr gelungen ist, befriedigendere methodologische Grundlagen zu schaffen. Es spricht einiges dafür, diese Frage zu verneinen, insbesondere die Tatsache, daß viele der theoretischen Antizipationen zu einer rationalen Interventionsplanung sich erst in der praktischen Erprobung in einem konkreten Forschungsvorhaben überprüfen lassen. Erst aus den Erfahrungen können Hinweise für eine Verbesserung gewonnen werden.

Nach unserer Überzeugung ist das dem Saarbrücker Schulangstprojekt zugrundeliegende, nachträglich modifizierte Planungsmodell dann eine gegenwärtig akzeptable, gewiß aber noch verbesserungswürdige Vorgehensweise, wenn man an eine präskriptive Unterrichtswissenschaft die Forderung stellt, sie habe die Willkür einzelner zu minimieren, die Sicherheit der Entscheidung zu maximieren und ihr Vorgehen einer intersubjektiven Kontrolle zugänglich zu machen (vgl. STRITTMATTER 1986).

Literatur

ALBERT, H.: Wertfreiheit als methodisches Prinzip. Zur Frage der Notwendigkeit einer normativen Sozialwissenschaft. In: TOPITSCH, E. (Hrsg.): Logik der Sozialwissenschaften, a.a.O., S. 181–210
–: Konstruktion und Dilemma. Hamburg 1972
BEDERSDORFER, H. W.: Angstverarbeitung von Schülern. Bewältigung von Schulangst und ihre Beeinflussung durch ein pädagogisches Interventionsprogramm. Weinheim/München 1988
BOHSE, N.: Klärung der schulangsttheoretischen Grundlagen und Systematisierung in einem handlungstheoretischen Bezugsrahmen. In: STRITTMATTER, P. u. a.: Entwicklung, Realisierung und Erprobung von pädagogischen Interventionen . . ., a.a.O., S. 26–71
BOHSE-WAGNER, N.: Pädagogisch-technologische Überlegungen zum Abbau von Angst in Leistungssituationen. In: Unterrichtswissenschaft 10 (1982), S. 33–50
–: Evaluation einer pädagogischen Intervention zum Abbau von Schulangst. Frankfurt a. M. 1988
CREMER, C./PHILIPP, E.: Curriculumforschung aufgrund interventiver Forschungsstrategien: Handlungsforschung und Organisationsentwicklung. In: HAMEYER, U./FREY, K./HAFT, H. (Hrsg.): Handbuch der Curriculumforschung, a.a.O., S. 577–584
EICHNER, K.: Logische Grundlagen der Sozialtechnologie. Dissertation. Hamburg 1974
GADENNE, V.: Die Gültigkeit psychologischer Untersuchungen. Stuttgart 1976
–: Theorie und Erfahrung in der psychologischen Forschung. Tübingen 1984
GROEBEN, N.: Die Handlungsperspektive als Theorierahmen für Forschung im pädagogischen Feld. In: HOFER, M. (Hrsg.): Informationsverarbeitung und Entscheidungsverhalten von Lehrern, a.a.O., S. 17–48
–/SCHEELE, R.: Argumente für eine Psychologie des reflexiven Subjekts. Darmstadt 1977
HALL, C. S./LINDZEY, G.: Theorien der Persönlichkeit. Bd. II. München 1979
HAMEYER, U./FREY, K./HAFT, H. (Hrsg.): Handbuch der Curriculumforschung. Weinheim 1983
HOFER, M. (Hrsg.): Informationsverarbeitung und Entscheidungsverhalten von Lehrern. München 1981
HOLZKAMP, K.: Wissenschaft als Handlung. Berlin 1967
HUBER, G. L./MANDL, H. (Hrsg.): Verbale Daten. Weinheim 1982
JACOBS, B.: Angst in der Prüfung – Beiträge zu einer kognitiven Theorie der Angstentstehung in Prüfungssituationen. Dissertation. Frankfurt 1981
–: Überlegungen zu einer kognitiven Theorie der Angstentstehung in Prüfungssituationen. In: Unterrichtswissenschaft 10 (1982), S. 3–18
–/STRITTMATTER, P.: Der schulängstliche Schüler. München 1979
–/BEDERSDORFER, H. W./BOHSE-WAGNER, N.: Angstabbau durch Transparenz. Eine quasiexperimentelle Feldstudie zur ökologischen Validierung eines theoriegeleiteten Interventionsprogramms zur Reduktion von Angst in der Prüfung. Arbeitsbericht Nr. 18 aus der Fachrichtung Allgemeine Erziehungswissenschaft, Universität des Saarlandes. Saarbrücken 1983
KÖNIG, E.: Theorie der Erziehungswissenschaft. Bd. 1 u. 2. München 1975
–: Theorie der Erziehungswissenschaft. Bd. 3. München 1978
–: Was leistet die empirische Erziehungswissenschaft für die Praxis? In: Unterrichtswissenschaft 7 (1979), S. 263–268
LAZARUS, R. S.: Psychological Stress and the Coping-Process. New York 1966
LORENZEN, P./SCHWEMMER, O.: Konstruktive Logik, Ethik und Wissenschaftstheorie. Mannheim 1973
OPP, K. D.: Zur Anwendung sozialwissenschaftlicher Theorien für praktisches Handeln. In: Zeitschrift für gesamte Staatswissenschaft 123 (1967), S. 393–418
OSER, F./PATRY, J. L.: Interventionsstudien für sozial-kognitive Kompetenz. Beispiele und theoretische Überlegungen zur Transformationsvalidität. In: Unterrichtswissenschaft 14 (1986), S. 254–268
PATRY, J. L. (Hrsg.): Feldforschung: Methoden und Probleme sozialwissenschaftlicher Forschung unter natürlichen Bedingungen. Bern 1982
PERREZ, M./PATRY, J. L.: Nomologisches Wissen, technologisches Wissen, Tatsachenwissen – drei Ziele sozialwissenschaftlicher Forschung. In: PATRY, J. L. (Hrsg.): Feldforschung: . . ., a.a.O., S. 45–67

SCHÄFER, W.: Problemlöseorientierte Interventionsplanung. In: Unterrichtswissenschaft 10 (1982), S. 19–32
STRITTMATTER, P.: Curriculare Planungs- und Entscheidungsfunktionen des Lehrers. In: Unterrichtswissenschaft 2 (1974), S. 40–48
–: Unterrichtswissenschaft – Wissenschaft für Unterricht? In: Unterrichtswissenschaft 7 (1979), S. 13–23
–: Erziehungswissenschaftliche Interventionsforschung ohne Technologiebildung. In: Unterrichtswissenschaft 14 (1986), S. 219–231
–/BEDERSDORFER, H. W./BOHSE-WAGNER, N. u. a.: Forschungsberichte aus dem Projekt »Konkretisierung, Durchführung und Evaluation pädagogischer Maßnahmen zum Abbau von Angst in schulischen Leistungssituationen«. Saarbrücken 1984
–/BEDERSDORFER, H. W./BOHSE-WAGNER, N. u. a.: Forschungsberichte aus dem Projekt »Konkretisierung, Durchführung und Evaluation pädagogischer Maßnahmen zum Abbau von Angst in schulischen Leistungssituationen«. Saarbrücken 1986
–/BLUG, A./BOHSE, N. u. a.: Entwicklung, Realisierung und Erprobung von pädagogischen Interventionen zur Reduktion von Schulangst und Steigerung von Interesse an der Schule. Zwischenbericht der 1. Projektphase. Arbeitsbericht Nr. 8 aus der Fachrichtung Allgemeine Erziehungswissenschaft. Universität des Saarlandes. Saarbrücken 1981
TOPITSCH, E. (Hrsg.): Logik der Sozialwissenschaft. Köln 1968
WAHL, D.: Methoden zur Erfassung handlungssteuernder Kognitionen bei Lehrern. In: HOFER, M. (Hrsg.): Informationsverarbeitung und Entscheidungsverhalten von Lehrern, a.a.O., S. 49–77
WITTMANN, W. W.: Evaluationsforschung. Berlin 1985

Günther Schorch

Unterrichtsplanung und Unterrichtsvorbereitung

1 Bedeutung, Problemlage, Begriff

Planung und Vorbereitung des Unterrichts gehören zu den unumgänglichen Berufsaufgaben des Lehrers. Da jeder Unterricht zielgerichtetes Handeln darstellt, ist er ohne Planung nicht denkbar. Die Praxiserfahrung zeigt, daß unzureichende Planung – zumindest längerfristig – die Unterrichtsqualität stark beeinträchtigt.

Planung als zweckrationale Vorwegnahme künftiger Situationen unterliegt wesensgemäß jedoch auch Einschränkungen: Unterricht ist ein kompliziertes Geflecht einzelner Faktoren, deren Wechselwirkungen – auch für den erfahrenen Lehrer – nicht immer voll durchschaubar sind; Planung bedarf des Ausgleichs durch Variabilität und Improvisation, was unter pädagogischen Erfordernissen Weg und Ziel des Unterrichts betreffen kann; das Unterrichtsergebnis ist grundsätzlich offen, besonders wenn über meßbare Erfolge hinaus auf überdauernde Haltungsbildung Wert gelegt wird; Unterrichtsplanung kann zwar günstige Voraussetzungen schaffen, der tatsächliche Verlauf stellt sich aber als einmalige, unwiederholbare Situation dar, in der der »fruchtbare Moment« (COPEI 1930) nicht erzwingbar ist; perfekte Planung würde den Schüler nur als Objekt behandeln, das vom personalen Bezug getragene dialogische Wechselverhältnis zwischen Lehrer und Schüler mißachten (nach GLÖCKEL 1981, S. 160/161).

Unterrichtsplanung vollzieht sich demnach im polaren Spannungsfeld pädagogischen Reflektierens und Handelns. Je umfassender der Lehrer vorbereitet ist, desto souveräner kann er in der tatsächlichen Unterrichtssituation entscheiden, desto freier kann sich der pädagogische Bezug entfalten. Gerade in der heutigen Diskussion um »offenen« Unterricht ist deshalb die Notwendigkeit der Planung herauszustellen: Vorausdenken möglicher Alternativen, Hineinversetzen in von Schülern gewünschte Aktivitäten, Bereitstellen eventuell benötigter Materialien, räumliche und zeitliche Organisation usw., vor allem aber Klarheit über die längerfristige Zielsetzung, die Gesamtaufgabe der Schule sind notwendig, wenn Eigeninitiative der Schüler tatsächlich ernst genommen wird und nicht in »äußerer Geschäftigkeit« verflachen bzw. sich in Nebensächlichkeiten verlieren soll. Zielorientiertes Voraus- und Überschauen des Lernprozesses (Planung) mündet so jeweils in konkrete Überlegungen und Maßnahmen, die Unterricht erst realisierbar machen (Vorbereitung).

In der Literatur werden die Begriffe Unterrichtsplanung und Unterrichtsvorbereitung teils synonym gebraucht (z. B. BARSIG/BERKMÜLLER [7]1977), teils wird Unterrichtsplanung (z. B. PETERSSEN 1982), teils Unterrichtsvorbereitung (z. B. DICHANZ/MOHRMANN 1976) zum Oberbegriff erhoben. Zweckgemäß erscheint es, zumindest folgende Unterscheidung zu treffen:
Unterrichtsplanung bedeutet längerfristige Verteilung bzw. Bereitstellung des Lehrstoffes, z. B. über einen Monat, ein Semester, ein Schuljahr.
Unterrichtsvorbereitung bezieht sich als kurzfristige Maßnahme auf bevorstehende Unterrichtseinheiten, z. B. Unterrichtsstunde, Doppelstunde, Wocheneinheit.

So gesehen ist der Begriff Unterrichtsplanung vornehmlich der Lehrplan-/Lehrgangsebene zugeordnet. Da sich andere Handbuchbeiträge speziell mit diesem Problemkreis befassen (→ *Didaktik und Curriculum/Lehrplan;* → *Methoden des Unterrichts;* → *Fachdidaktik, Bereichsdidaktik, Stufendidaktik*), wird im folgenden schwerpunktmäßig auf Unterrichts*vorbereitung* eingegangen.

2 Konzeptionelle Vorentscheidungen

Die Frage der »rechten« Unterrichtsvorbereitung ist eng verknüpft mit didaktischen Grundauffassungen und Konzeptionen. So förderte z. B. HERBARTS Formalstufentheorie methodenbewußtes Vorgehen im Unterricht. Fortan wurden immer wieder neue »Artikulationsschemata« entwickelt (z. B. in der Arbeitsschulbewegung), wobei in neuerer Zeit lernpsychologische Einflüsse (z. B. GUYER; H. ROTH; CARELL; GAGNÉ; WELTON) unverkennbar sind (vgl. VOGEL ^{5}1976) (→ *Lernen und Lerntheorien*).

Seit den 60er Jahren haben vor allem folgende unterrichtsplanerischen Konzepte auf der Grundlage der angeführten didaktischen Richtungen die »Diskussion Unterrichtsvorbereitung« (vgl. KÖNIG u. a. 1980) geprägt:

2.1 Didaktische Analyse

Auf der Grundlage *geisteswissenschaftlicher (bildungstheoretischer) Didaktik* (→ *Didaktik und Curriculum/Lehrplan*) und ihrer Fragen nach Auswahl und Struktur der Bildungsinhalte entwickelte KLAFKI (1963, 1969) den Begriff der »Didaktischen Analyse« als Kern der Unterrichtsvorbereitung. Dabei geht es um die Erschließung des Bildungsgehalts einer Sache im Blick auf die Schüler und ihre geschichtliche Situation, verbunden mit der Bemühung um Abhebung des »Allgemeinen« aus dem »Besonderen« (kategoriale Bildung). Geleitet wird die *didaktische Analyse* von Fragen wie: Wofür steht das Thema exemplarisch? Gegenwarts- und Zukunftsbedeutung des Themas? Welches ist die Struktur des Inhalts? Wie kann der Inhalt den Schülern zugänglich gemacht werden? Erst dann folgt die methodische Vorbereitung (Gliederung des Unterrichts, Wahl der Formen und Mittel, Unterrichtsorganisation). – Dieses Vorgehen hat in der Praxis großen Anklang gefunden und ist in viele nachfolgende Modelle der Unterrichtsvorbereitung eingegangen, wobei u. a. der in geisteswissenschaftlicher Tradition stehende Ansatz einer sogenannten realistischen Didaktik (BECKMANN 1975; BECKMANN/BILLER 1978) zu nennen ist.

2.2 Strukturanalyse und Verlaufsplanung

Die Konzeption der *lerntheoretischen Didaktik* versucht als »Strukturtheorie des Unterrichts« möglichst alle Faktoren zu erfassen, die Unterricht konstituieren. Das *»Berliner Modell«* (→ *Didaktik und Curriculum/Lehrplan*) (HEIMANN/OTTO/SCHULZ 1965) orientiert sich am Lernbegriff und versteht sich als offenes System wertfreier Betrachtung von Unterricht, wobei Ziele und Inhalte den gleichen Stellenwert wie die übrigen Faktoren besitzen. Unterrichtsplanung geht von den Prinzipien der *Interdependenz* (möglichst widerspruchsfreie Wechselwirkung der U-Faktoren), *Variabilität* (Bereitstellen von Alternativen) und *Erfolgskontrolle* (aufgrund operationalisierbarer Lernziele) aus und berücksichtigt als *»Bedingungsfelder«* die anthropologischen und sozial-kulturellen Voraussetzungen für die jeweilige U-Situation. Bestimmt wird der Planungsprozeß von den »*Entscheidungsfeldern*« der Intentionalität (pädagogische Absichten in der kognitiven, pragmatischen, emotionalen Dimension bzw. auf den Qualitätsstufen der Anbahnung, Entfaltung, Gestaltung), Thematik (exemplarische Bedeutung des Inhalts), Methodik (Verfahrensweisen, Artikulationsschemata, Sozialformen) und Medienwahl. Diese Strukturplanung mündet in eine *Verlaufsplanung* des Unterrichts, wobei eine schriftliche Fassung nach drei Spalten (Erwartetes Schülerverhalten – Geplantes Lehrerverhalten – Didaktischer Kommentar) vorgeschlagen wird. – Gelungen ist mit diesem Modell eine allgemeine *Theorie der Unterrichtsvorbereitung*, weniger eine direkte Handlungsanweisung für den Lehrer.

2.3 Lernzielorientierte Unterrichtsplanung

Im Zusammenhang mit der Curriculumreform und Unterrichtstechnologie etablierte sich die Konzeption *lernzielorientierter Unterrichtsplanung*: »Lernplanung befaßt sich mit dem Prozeß der Lernzielerstellung.« (MÖLLER 1973, S. 25) Gefordert wurde die exakte Bestimmung der Ziele innerhalb einer Zielhierarchie sowie die eindeutige, operationalisierte Zielformulierung, die Inhalts- und Verhaltensangaben enthält und die Kontrollierbarkeit der Lernergebnisse von Anfang an mit bedenkt (vgl. MAGER 1965). Es handelt sich hier, wie noch betonter in der informationstheoretischen (v. CUBE 1975) (→ *Didaktik und Curriculum/Lehrplan*) bzw. systemtheoretischen Didaktik (KÖNIG/ RIEDEL 1975), um geschlossene Planungsansätze, die sich nach zweckrationalen Gesichtspunkten um Lernoptimierung in einem möglichst genau determinierten Unterrichtsverlauf bemühen. Unterrichtsplanung wird, insbesondere bei der letztgenannten, als »*Konstruktion*« verstanden, wobei der Lehrer über Planungselemente (Unterrichtsobjekt, Lernprozeß, Operationen, Hilfsmittel, Interaktionen, Initiationen, Organisationen, Anfangs-/Endzustand der Lernenden usw.) entscheiden muß.

2.4 Bedingungs- und Begründungsanalyse

Unterrichtsvorbereitung und -planung im Sinne *kritisch-konstruktiver Didaktik* (KLAFKI 1980) (→ *Didaktik und Curriculum/Lehrplan;* → *Wissenschaftstheorie*) ist – bezugnehmend auf die »Frankfurter Schule« und Erziehungswissenschaftler wie BLANKERTZ, MOLLENHAUER – von politisch-gesellschaftlichem und ideologiekritischem Anspruch geprägt. Die generelle Zielbestimmung des Unterrichts wird darin gesehen, Selbst-/ Mitbestimmungs- und Solidaritätsfähigkeit beim Lernenden zu entwickeln. Der Zusammenhang von Lehren und Lernen wird als Interaktionsprozeß verstanden, was – unter der Zielsetzung der Selbst- und Mitbestimmung – Einbezug des Schülers in den Planungsprozeß bedeutet, Unterricht in den Dienst demokratischer Sozialerziehung stellt und Variabilität als wichtiges Planungsprinzip hervorhebt. In Weiterführung der »didaktischen Analyse« (s. o.) verläuft die Unterrichtsvorbereitung als »*Bedingungsanalyse*« (Analyse der konkreten, soziokulturell vermittelten Ausgangsbedingungen einer Lerngruppe, des Lehrenden sowie der institutionellen Bedingungen) und als »*Begründungsanalyse*« (Frage nach der Gegenwarts-, Zukunfts- und exemplarischen Bedeutung der Thematik, nach der thematischen Struktur und den sozialen Lernzielen, nach Erweisbarkeit und Überprüfbarkeit, Zugänglichkeit bzw. Darstellbarkeit sowie Lehr-Lern-Prozeßstruktur/variables Interaktionskonzept!). – Ausdrücklich wird darauf hingewiesen, daß es sich bei einem solchen »Problematisierungsraster« nicht um ein wertfreies, pädagogisch und politisch interessenloses neutrales Instrument handelt, sondern seine Fragendimension im Sinne demokratischer, am Emanzipationsprinzip orientierter Bildungsauffassung ausgelegt werden soll.

2.5 Offene Unterrichtsplanung

Aus Bedenken gegenüber den zweckrationalen Unterrichtskonzepten der 70er Jahre hat sich eine Konzeption entwickelt, die sich selbst als *offene Unterrichtsplanung* eingeführt hat. Sie richtet sich vornehmlich gegen Negativerscheinungen der Leistungsschule wie Schulstreß und -angst, gegen Dominanz des Lehrers, der seine Schüler zum Planungsobjekt macht, und gegen Vernachlässigung der Schülererfahrungen sowie des emotionalen Bereichs (vgl. RAMSEGER 1977; POPP 1976; GARLICHS u. a. 1976). Offener Unterricht ist gekennzeichnet durch
– die Beteiligung der Schüler an den unterrichtlichen Entscheidungen,
– die Einbeziehung der Erfahrungen, Fragen und Anliegen der Schüler,
– die Berücksichtigung der unterschiedlichen Ausgangslage der Schüler,
– die Förderung der sozialen Beziehungen und des kooperativen Verhaltens (SCHITTKO 1980, S. 655).

Planung und Vorbereitung werden dadurch nicht überflüssig, verstehen sich aber nicht als Vorschrift, sondern als Vorschlag für einen möglichen Unterrichtsweg; der Lernprozeß wird dabei für wichtiger als das Lernprodukt erachtet. Es wird Wert darauf gelegt, daß der Schüler von sich aus Lernaktivitäten entfaltet, an Inhalten Probleme entdeckt und Alternativen entwickelt. Die Planung orientiert sich demnach nicht an vom Lehrer festgelegten Lernzielen, sondern an Lernzielen als Artikulation von Schülerwünschen bzw. -erwartungen; Artikulationsschemata werden nur als mögliche Gliederungen angesehen, Materialien werden nicht »präpariert«, sondern lassen verschiedene Interpretationen zu (THIEMANN/WITTENBRUCH 1975, S. 286). – An der Diskussion um das Konzept offenen Unterrichts, die auch schwerwiegende Angriffe (Dilettantismus, bloß postulative Formel, didaktische Bankrotterklärung, Benachteiligung schwächerer Schüler, ...) enthält, wird deutlich, daß offene Unterrichtsplanung nicht eine Alternative, sondern nur eine Ergänzung zu den anderen Modellen der Unterrichtsvorbereitung und -planung darstellen kann.

Zusammenfassend läßt sich feststellen:
»Es gibt gegenwärtig nicht die (allgemein anerkannte) Theorie des Unterrichts, so daß sich auch die von angehenden Lehrern immer wieder gestellte Frage nach dem optimalen didaktischen Modell erübrigt ... Erziehungswissenschaft kann also dem Praktiker kein ideales Rezept liefern, sondern kann immer nur verschiedene Handlungsmöglichkeiten aufzeigen. Aufgabe des Praktikers ist es dann, diese Entwürfe auf ihre Brauchbarkeit hin zu überprüfen und ggf. im Blick darauf zu modifizieren.« (KÖNIG u. a. 1980, S. 10)

3 Zum Entstehungsprozeß der Unterrichtsvorbereitung

Die meisten Modelle zur Unterrichtsvorbereitung wurden für die Ausbildungssituation des Berufs*anfängers* entwickelt. Mit der Vorgabe entsprechender »Richtlinien« entsteht häufig das Mißverständnis, die Planungsanleitungen müßten in der angegebenen Reihenfolge durchdacht und angewendet werden. Der Planende gerät dabei in Widersprüche, die durch die Alltagserfahrung praktizierender Lehrer noch verstärkt werden. Tatsächlich verläuft der Denkprozeß bei einer komplexen Aufgabe wie der der Unterrichtsvorbereitung nicht geradlinig und schematisch, sondern vielschichtig, sprunghaft und oft verwoben. Die aus Erkenntnissen verschiedener Wissenschaftsbereiche stammende Unterscheidung von »Entdeckungs- und Begründungszusammenhang« trifft auch auf die Unterrichtsvorbereitung zu: die Abfolge der gedanklichen Entstehung und der schriftlichen Darstellung ist nicht deckungsgleich. So kann der gedankliche Prozeß einer Unterrichtsplanung an sehr unterschiedlichen Stellen einsetzen und je nach Thema, Situation und persönlicher Eigenart des Lehrers einen ganz bestimmten Gang nehmen. Für diesen Entstehungsprozeß wäre eine verbindliche Reihenfolge der Planungsschritte völlig ungeeignet.

Dem Planenden sollten demgegenüber möglichst viele der zu berücksichtigenden Aspekte gegenwärtig sein, damit ihm flexibles Vorgehen möglich wird – wobei besonders der Anfänger ggf. auf entsprechende »Suchhilfen« zurückgreift. Im Verlauf dieses Prozesses wird der Lehrer sein Planungskonzept, aber auch seinen sachlichen Informationsstand fortschreitend ergänzen, erweitern und sichern. Es bedarf in der Regel eines mehrfachen Wechsels von Phasen
- kreativer Gestaltung der Unterrichtsabschnitte unter Vorwegnahme des möglichen Geschehens in der Vorstellung,
- reflektierender Prüfung der beabsichtigten Maßnahmen im Hinblick auf Ziele/Inhalte, Voraussetzungen sowie auf ihre Verträglichkeit mit anderen Unterrichtsfaktoren,
- sorgfältiger Erwägung alternativer Möglichkeiten und neuer Aspekte,
- umsichtiger Festlegung organisatorischer Details zur Sicherung des Ablaufs.

Unterrichtsvorbereitung vollzieht sich nicht nur als rationale Ableitung und logische Kombination, sondern verlangt ebenso spontane Einfälle, produktive Phantasie, vorläufige Entscheidungen und wagende Entwürfe. Auf diese Weise führt ein sehr verflochtener, ganz und gar nicht linear verlaufender Prozeß von der Planung einzelner Abschnitte schließlich hin zum Gesamtentwurf einer Unterrichtseinheit.

4 Darstellung des Begründungszusammenhangs

So unterschiedlich der Entstehungsprozeß der Unterrichtsvorbereitung von Fall zu Fall verläuft, so muß doch jeder entstandene Entwurf umfassend begründet werden, damit seine Durchführung pädagogisch legitimiert ist. Zwar hat der Planende von Anfang an immer wieder über die Rechtfertigung seines Vorgehens reflektiert, eine umfassende Begründung ist aber noch nicht geleistet. Damit kein wichtiger Punkt vergessen wird, erfolgt sie anhand eines vorgegebenen Bearbeitungsrasters. Hier kann im Unterschied zum Entstehungsprozeß nach einem Schema Schritt für Schritt vorgegangen werden, da es um die systematische Prüfung des fertigen Entwurfs geht. Die schriftliche Fassung einer solchen umfassenden Begründung gehört zum Standardniveau akademischer Lehrerbildung; sie dient dem Erlernen reflektierten Verhaltens im Unterricht, der Selbst- und Fremdüberprüfung von Unterrichtsentwürfen, sie bildet eine Diskussionsgrundlage für Nachbesprechungen und Alternativentwürfe (→ *Lehrer / Lehrerin*).

Bei der Vorgabe eines Bearbeitungsrasters muß darauf geachtet werden, daß es einerseits alle wichtigen Begründungsaspekte umfaßt, andererseits so allgemein gehalten ist, daß es für jeden Unterrichtsentwurf geeignet ist und nicht von vornherein auf die Ansprüche einer bestimmten »didaktischen Schule« eingeengt wird. Ein Beispiel dafür wird nachfolgend in Anlehnung an die Anleitungen zur Unterrichtsvorbereitung noch GLÖCKEL u. a. (1989).

Ausgegangen wird davon, daß Unterricht durch die Sache als »Unterrichtsgegenstand«, die Zielsetzung als »Soll-Stand« und die Individuallage des Schülers als »Ist-Stand« konstituiert wird.

Die schriftliche Ausarbeitung der Begründungen soll Aufschluß darüber geben, ob Vorentscheidungen, die die Unterrichtsplanung beeinflußten, im Hinblick auf eine bestimmte fachliche, fachdidaktische oder pädagogische Position getroffen wurden, ob über die Unterrichtsziele Klarheit besteht, wie die Zielsetzungen und schließlich die methodischen Entscheidungen zum Unterrichtsverfahren begründet werden. Zur besseren Veranschaulichung der vielfältigen Bezüge und Wechselwirkungen der zu beachtenden Unterrichtsfaktoren dient ein »Strukturschema« der Unterrichtsvorbereitung, das die Begründungszusammenhänge verdeutlicht: Siehe Abbildung!

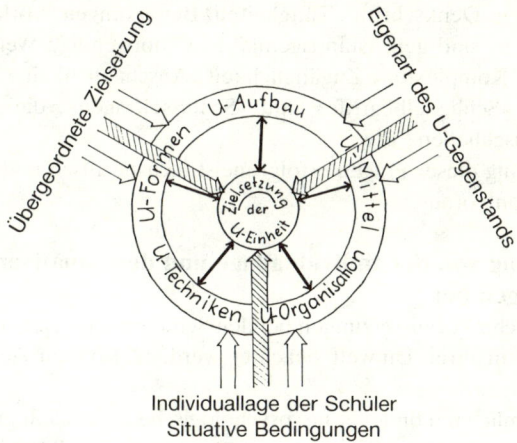

Abb. 1: Strukturschema zur Unterrichtsvorbereitung

4.1 Begründung der Zielsetzung

Es wird Wert darauf gelegt, daß die *Unterrichtsziele* präzis und möglichst in Verhaltensbegriffen formuliert werden, daß Zieldimensionen (Wissen, Erkenntnis, Fertigkeit, ...), Anforderungsniveau (reproduktive Leistung, Reorganisation, Problemlösung, Transfer, ...) und Intensitätsgrad der Vermittlung (erster Eindruck, Vertiefung, Beherrschung, ...) erkennbar sind.

Bei der Zielbegründung sind drei Hauptaspekte von Bedeutung:

4.1.1 Begründung von übergeordneten Zielen her
Es handelt sich um die bildungstheoretische Rechtfertigung der Unterrichtsaufgabe, um die Grundfrage: Welche Bedeutung hat der Sachverhalt für den Schüler, warum soll er ihn lernen?

Gefragt wird nach der Stellung des Themas im längerfristigen Lernprozeß (Lehrgang, Lehrplan) (→ *Didaktik und Curriculum/Lehrplan*), nach der Bedeutung in lebenspraktischer Hinsicht (Hilft der Unterricht, lebenspraktische Aufgaben zu meistern? Vermittelt er lebensnotwendige Informationen? usw.), nach dem Beitrag zur Erschließung der Welt (allgemeine und fachliche Kenntnisse, Arbeitsweisen und Fragestellungen, gegenstandsgerechte Problemlösungsverfahren usw.) sowie nach der Förderung von Wertorientierung und Haltungsbildung (verantwortliches Handeln, Identitätsfindung usw.).

4.1.2 Begründung von der Eigenart des Unterrichtsgegenstandes her
Hier lautet die Frage: Was soll der Schüler lernen, damit er den Sachverhalt richtig, »sachgerecht« erfaßt?

Voraussetzung ist, daß sich der Lehrer in den zu vermittelnden Gegenstand selbst gründlich eingearbeitet hat. Auf der Basis eingehender Information bemüht er sich um Erschließung der Sachstruktur, um »*didaktische Reduktion*« des Gegenstandes: Welche Begründungsweisen, Denkschritte, Tätigkeiten, Bewertungen, Vorkenntnisse, Einsichten, Fertigkeiten ... sind gegenstandsgemäß bzw. notwendig? Welche innere Gliederung, Schichtung, Komplexität, Zugänglichkeit, Anschaulichkeit ... besitzt der Sachverhalt? Gibt es »Schlüsselbegriffe« und »Schlüsselfragen«, die geeignet sind, den Gegenstand aufzuschließen? usw.

Die Beantwortung dieser Fragen erfolgt meist fachspezifisch und setzt daher fachdidaktische Reflexion voraus.

4.1.3 Begründung von der Individuallage und den situativen Bedingungen her
Zu fragen ist: Welche Voraussetzungen bei den Schülern müssen berücksichtigt, welche Lernbedingungen in ihrer Umwelt beachtet werden? Können sie die Lernaufgaben überhaupt bewältigen?

Es geht vornehmlich um biologische, psychologische und soziologische Voraussetzungen und deren »empirische« Ermittlung, wobei die Feststellung der Leistungs- und Interessenstreuung besonders wichtig ist: Welche fachlichen Voraussetzungen haben die Schüler? Was ist vom Thema schon bekannt? Mit welchen Ausführungs-/Verständnisschwierigkeiten ist zu rechnen? Wie steht es um Arbeitsverhalten, Arbeitstempo, Konzentration usw.? Welche Besonderheiten des Alters, des Geschlechts, der Herkunft sind zu beachten? Welche einzelnen Schüler bedürfen besonderer Beachtung?

Weiterhin sind allgemeine Umfeldbedingungen im Hinblick auf das Thema zu erfassen: Ausstattung der Schule und des Klassenraums, Größe und Zusammensetzung der Klasse, gruppenspezifische Bedingungen, Lehrer-Schüler-Verhältnis, Schulklima, Elterneinflüsse u. ä. (→ *Lehrer-Schüler-Verhältnis* ...; → *Schule als Lebensraum;* → *Das Verhältnis von Elternhaus und Schule*).

Schließlich – und das gilt besonders für den Anfänger – sollten auch die Voraussetzungen, die der Lehrer selbst im Hinblick auf die Unterrichtsaufgabe einbringt, mit bedacht werden: Wie gut und sicher sind seine Fachkenntnisse? Beherrscht er die notwendigen

Unterrichtstechniken? Welche Erfahrungen hat er mit Unterrichtsmethoden und -formen? Hat er Stärken oder Schwächen, Vorlieben oder Abneigungen in Bezug auf das Thema?

4.2 Begründung der methodischen Entscheidungen zum Unterrichtsverfahren

Die Begründung der methodischen Maßnahmen erfolgt in unmittelbarem Bezug zum Plan der Durchführung (siehe Kap. 5).

4.2.1 Unterrichtsaufbau

In der Verlaufsstruktur (Artikulation) des Unterrichts überlagern sich die Ergebnisse verschiedener Gedankengänge. Je nach Ziel und Sachstruktur ergibt sich aus lerntheoretischen Erwägungen eine typische *Stufenfolge* als methodische Grundstruktur. Jede Stufe hat eine eigene Funktion und verfolgt eine eigene didaktische Absicht; auf ein allgemein gültiges Stufenschema kann hierbei nicht zurückgegriffen werden. Am Beispiel der Anfangsphase des Unterrichts zeigt sich, wie bereits durch die Bezeichnung der spezifische Zweck einer Stufe charakterisiert wird: Vorbereitung, Einleitung, Einführung, Einstimmung, Anknüpfung, Einstieg.

Meist ist aus Zeitgründen die Beschränkung auf einen Stufenschwerpunkt (z. B. Problementfaltung, Besinnung, Ergebnisdarstellung, Übung) geboten. Dann ist es, schon aus arbeitshygienischen Gründen, um so notwendiger, eine klare Aufteilung der Stufe durch Unterrichtsschritte vorzusehen.

Häufig ergibt sich der Unterrichtsaufbau aus der in der Sachstruktur liegenden Gliederung, was aber nicht voreilig die didaktische Transformation des Gegenstandes ersetzen und die Art des gedanklichen Fortschreitens (in-/deduktiv, analytisch, synthetisch, genetisch, heuristisch, ...) bestimmen darf.

Wichtig ist ferner in vielen Fällen die *Unterrichtsgestaltung* (hier in engerem, präzisem Sinn verstanden), die Qualität eines »gestaltenden Gedankens«. Hier geht es nicht nur um (Anfangs-)Motivation, sondern darum, daß der Unterricht von einem »geistigen Spannungsbogen« getragen wird, Sinnmitte, gedankliche Einheitlichkeit und Folgerichtigkeit besitzt, die auch vom Schüler überschaut wird. Gute Unterrichtsbeispiele und fachdidaktische Modelle liefern wertvolle Anregungen; die konkrete Gestaltung ist aber immer individuelle Leistung des Lehrers.

4.2.2 Unterrichtsformen

Zu begründen ist weiterhin die geplante Aktivitätsverteilung im Unterricht. Sie richtet sich auf *Arbeitsformen* (darbietend, zusammenwirkend, aufgebend), *Sozialformen* (Großklasse, Klasse, Abteilung, Gruppe, Partner, einzelne) und räumliche Ordnungen (Hörblock, Hufeisenform, Kreis, Gruppensitzordnung, ...). Die Änderung der Unterrichtsformen bringt Tätigkeitswechsel mit sich, dient damit der Arbeitshygiene, ist aber nur im Blick auf die Gesamtaufgabe begründbar (gerade hier muß der Gefahr um Modeerscheinungen sowie ›äußerer Geschäftigkeit‹ begegnet werden) (→ *Unterrichtsformen ...*).

4.2.3 Unterrichtsmittel

Der Unterrichtserfolg hängt auch von der Auswahl geeigneter *Medien* (→ *Medien in Unterricht und Erziehung*) als Repräsentanten des Unterrichtsgegenstandes ab. Die verfügbaren Medien sind zu sichten, auf ihre Aussagekraft, Anschaulichkeit, Einsetzbarkeit ... zu prüfen, rechtzeitig zu besorgen oder anzufertigen. Die im Medium enthaltene didaktische Vorentscheidung sollte erkannt, ggf. relativiert oder kompensiert werden. Zu klären ist auch der »didaktische Ort«, der Zeitpunkt und die Art des Einsatzes. Wo immer möglich und sinnvoll, sind Primärerfahrung, Realbegegnung und unmittelbarer Gegenstandsbezug herzustellen, wobei der ergänzende Einsatz von Medien (z. B. Modelle, Schaubilder) wichtig sein kann.

Nicht zu vergessen sind *Hilfsmittel*, d. h. technische Vorrichtungen und Geräte, die die Bereitstellung und Präsentation der Medien sichern (z. B. Tafel, Kreide, Kartenständer, Projektor), damit die Unterrichtsorganisation (s. u.) nicht gefährdet wird.

4.2.4 Unterrichtstechniken und -organisation

Schließlich ist an die für die Unterrichtsdurchführung notwendigen Unterrichtstechniken zu denken, auch wenn diese zur »Routine« des Lehrens und Lernens gehören. Vor allem der Anfänger wird sich bei der Unterrichtsvorbereitung auf entsprechende *Lehrtechniken* wie Erzählen, Vortragen, Impulsgeben, Unterrichtsgespräch führen, Arbeitsaufträge stellen (→ *Sprache im Unterricht*), Tafelschreiben, Apparate bedienen usw. einstellen.

Die sichere Beherrschung von *Lern- und Arbeitstechniken* der Schüler ist Voraussetzung für erfolgreiches Lernen und zugleich wichtiges Ziel eines Unterrichts, der Selbsttätigkeit anstrebt. Sie können auch selbst zum Mittelpunkt von Unterrichtseinheiten und -abschnitten werden, z. B. Selbstkontrolle, Fehlerverbesserung, Nachschlagen, Stichworte machen ... (vgl. SCHORCH 1988)

Die Frage nach den Unterrichtstechniken muß immer gestellt werden. Schriftlich sollte sie nur beantwortet werden, wenn sich besondere Probleme ergeben bzw. wenn es um Einschulung von Lerntechniken im Unterricht selbst geht.

Die Bedeutung der *Unterrichtsorganisation* wird häufig unterschätzt. Auch kleinere organisatorische Mängel können den Unterricht empfindlich beeinträchtigen und seinen Erfolg in Frage stellen. Zu bedenken sind vor allem längerfristige Vorbereitungen, Bereitstellung der Hilfsmittel, Veränderungen der räumlichen Ordnungen, Zeitplanung mit Zeitreserven, Organisation von Differenzierung und Individualisierung (→ *Unterrichtsformen* ...). Erst der reibungslose Ablauf sichert die ungestörte Zuwendung zur Sache und die nötige Arbeitsdisziplin.

5 Plan der Durchführung

Eine gründliche Ablaufplanung erlaubt dem Lehrer, während des Unterrichts die volle Aufmerksamkeit dem Lernen der Schüler zuzuwenden. Die schriftliche Erstellung des Plans nötigt ihn zur geistigen Vorwegnahme des voraussichtlichen Verlaufs und zum Durchdenken möglicher Varianten. Im Unterricht dient sie als Merkhilfe, bei der Nachbesinnung als Material für Analyse und Kritik.

Während die Begründungen von Ziel und Methode in der Regel nur während der

Ausbildungsphase ausgearbeitet werden, gehört die schriftliche Fassung des Durchführungsplans zu den Alltagspflichten auch des berufserfahrenen Praktikers, wobei meist persönlich entwickelte Kurzfassungen entstehen (zu den hier auftauchenden Problemen vgl. MEYER 1980, S. 165–187).

Es ist zweckmäßig, den *Verlaufsplan* in drei Spalten anzulegen:
Zeitlinie: Angabe der veranschlagten Zeit für die einzelnen Unterrichtsphasen.
Hauptspalte: Angabe der wichtigsten Lehrer- und Schüleraktivitäten, der vorgesehenen Gliederung, der Unterrichtsinhalte in Stichpunkten. – Wörtliche Formulierung bei Leitimpulsen, Arbeitsanweisungen, Ergebniszusammenfassung.
Nebenspalte: Merkhilfen zur Unterrichtsorganisation.
Eine weitere Aufteilung, etwa nach »Formen«, »Medien« oder »didaktischem Kommentar«, erweist sich bei der Unterrichtsdurchführung eher als störend.

Die zeitliche Planung darf nicht als starre Bindung mißverstanden, muß aber dennoch gut überlegt werden (eingeplante Zeitreserven). Die wörtliche Formulierung entscheidender Stellen bedeutet nicht, daß sie tatsächlich mit gleichen Worten gebracht werden müßte, sondern hilft bei der Bemühung um knappe und präzise Lehrersprache. Ersatzimpulse, ergänzende Lehrerhilfen und Schülerbeiträge können in Stichworten vermerkt werden. Ebenso wird der Unterrichtsinhalt in seinen wichtigsten Punkten festgehalten, z. B. Hauptschritte einer Erzählung, Sprachfälle, Worterklärungen, Verständnishilfen.

Die *Notierungsform* ist davon abhängig, ob es sich um eine mehr »geschlossene« oder »offene« Vorbereitung handelt. Während beim geschlossenen Konzept Leitimpulse, stoffliche Notizen, Zusammenfassungen usw. ihren eindeutigen Platz im zeitlichen Ablauf erhalten, erfordert die offene Planung je nach Thema einen besonders sorgfältig überlegten Beginn, eine Liste mit verfügbaren Leitimpulsen, ein Reservoir an Beispielen, Aufgaben ... und eine gröbere Zeitplanung bewußt hypothetischen Charakters.

Auch wenn der Plan der Durchführung sorgfältig überlegt und zu Papier gebracht ist, bedarf es noch der »*inneren Vorbereitung*«: Nochmaliges Durchspielen des Ablaufs in der Vorstellung, Vergegenwärtigen der räumlichen Gegebenheiten usw. fördern die Einstellung auf den Schüler und seine Reaktionen und schaffen ein Repertoire von Handlungs- und Darstellungsmöglichkeiten, die in der immer unvorhersehbaren Unterrichtssituation erst die nötige Überlegenheit gewährleisten können. Ebenso wichtig ist aber auch die Einstimmung auf das Thema und auf vorhersehbare Einstellungen der Schüler.

6 Nachbereitung

Durch die Nachbereitung werden die bei Planung und Durchführung gemachten Erfahrungen faßbar und geben Anhaltspunkte für die weitere Arbeit. Es stellen sich u. a. folgende Fragen: Wie ist der Unterricht im Vergleich zur Planung wirklich verlaufen? Aus welchen Gründen ergaben sich Abweichungen? Wo zeigten sich Probleme und Schwächen, woran mag es gelegen haben? Welche Annahmen der didaktischen Begründung erwiesen sich als un-/zutreffend? Was sollten die Schüler lernen, was konnten sie tatsächlich lernen?

Entscheidend ist der Unterrichtserfolg. Anzeichen hierfür ergeben sich bereits aus dem Verlauf, aber meist macht erst eine gezielte *Lernerfolgskontrolle* (→ *Pädagogische Diagnostik*) deutlich, wie ertragreich der Unterricht wirklich war: Was haben die Schüler tatsächlich gelernt, welche unmittelbaren Unterrichtsergebnisse lassen sich feststellen? Welche bleibenden Ergebnisse (Kenntnisse, Fertigkeiten, Einsichten, Einstellungen) zeigen sich auch noch nach längerer Zeit?

Solche Überlegungen werden, vor allem für Ausbildungszwecke (→ *Lehrer/Lehrerin*), um so ergiebiger, je exakter der Verlauf protokolliert wurde und je mehr die Nachbesinnung zu einer gründlichen *Unterrichtsanalyse* wird, die sowohl Prozeß- als auch Ergebnisevaluation einschließt. Die Nachbereitung führt notwendigerweise auch zu Folgerungen für die Weiterführung des Unterrichts. Damit wird kurzschlüssiger Planung entgegengewirkt und die Bedeutung der Unterrichtseinheit in größerem Zusammenhang sichtbar gemacht.

Literatur

BARSIG, W./BERKMÜLLER, H.: Die Unterrichtsvorbereitung für die Schule von heute. Donauwörth ²1977
BECKMANN, H.-K.: Aspekte der geisteswissenschaftlichen Didaktik. In: RUPRECHT, H. u. a.: Modelle grundlegender didaktischer Theorien. Hannover ²1975
–/BILLER, K. (Hrsg.): Unterrichtsvorbereitung – Probleme und Materialien. Braunschweig 1978
BROMME, R.: Das Denken von Lehrern bei der Unterrichtsvorbereitung. Weinheim 1981
COPEI, F.: Der fruchtbare Moment im Bildungsprozeß (1930). Heidelberg ⁵1960
CUBE, F. v.: Der informationstheoretische Ansatz in der Didaktik. In: RUPRECHT, H. u. a.: Modelle grundlegender didaktischer Theorien, a.a.O., S. 127–169
DICHANZ, H./MOHRMANN, K.: Unterrichtsvorbereitung – Problem, Beispiele, Vorbereitungshilfen. Stuttgart 1976
GARLICHS, A./HEIPCKE, K. u. a.: Didaktik offener Curricula. Weinheim ²1976
GLÖCKEL, H.: Beiträge zu einer realistischen Schulpädagogik. Donauwörth 1981
GLÖCKEL, H./RABENSTEIN, R./DRESCHER, R./KREISELMEYER, H. (Hrsg.): Vorbereitung des Unterrichts. Bad Heilbrunn 1989
HACKER, H./POSCHARDT, D. (Hrsg.): Zur Frage der Lernplanung und Unterrichtsgestaltung. Hannover 1977
HAGMÜLLER, P.: Einführung in die Unterrichtsvorbereitung. Düsseldorf 1980
HEIMANN, P./OTTO, G./SCHULZ, W.: Unterricht – Analyse und Planung. Hannover 1965
KLAFKI, W.: Studien zur Bildungstheorie und Didaktik. Weinheim 1963
–: Didaktische Analyse als Kern der Unterrichtsvorbereitung. In: Auswahl Reihe A – Grundlegende Aufsätze aus der Zeitschrift »Die Deutsche Schule«. Heft 1. Hannover 1969
–: Zur Unterrichtsplanung im Sinne kritisch-konstruktiver Didaktik. In: KÖNIG, E. u. a.: Diskussion Unterrichtsvorbereitung ..., a.a.O., S. 13–44
KÖNIG, E./RIEDEL, H.: Unterrichtsplanung. Bd. 1 u. 2. Weinheim 1975
–/SCHIER, N./VOHLAND, U. (Hrsg.): Diskussion Unterrichtsvorbereitung – Verfahren und Modelle. München 1980
MAGER, R. F.: Lernziele und Programmierter Unterricht. Weinheim 1965
MESSER, A. u. a.: Planungsaufgabe Unterricht. Ravensburg ³1976
MEYER, H.: Leitfaden zur Unterrichtsvorbereitung. Königstein/Ts. 1980
MÖLLER, CH.: Technik der Lernplanung. Weinheim ⁴1973
PETERSSEN, W. H.: Handbuch Unterrichtsvorbereitung. München 1982
POPP, W. (Hrsg.): Kommunikative Didaktik. Weinheim 1976
RAMSEGER, J.: Offener Unterricht in der Erprobung. München 1977
RUPRECHT, H. u. a.: Modelle grundlegender didaktischer Theorien. Hannover ²1975
SCHITTKO, K.: Ansätze zu einer kritischen Didaktik. In: Die Deutsche Schule 72 (1980), S. 652–659

SCHORCH, G. (Hrsg.): Grundlegende Bildung. Bad Heilbrunn 1988
THIEMANN, F./WITTENBRUCH, W.: Gegen eine vor-schreibende Unterrichtsplanung. In: Bildung und Erziehung 28 (1975), S. 280–296
VOGEL, A.: Artikulation des Unterrichts. Ravensburg ⁵1976

Manfred Bönsch

Methoden des Unterrichts

1 Problembereich

Unterricht ist als eine Lehr/Lernveranstaltung zu kennzeichnen, die – in der Regel in institutionalisiertem Rahmen (Schule oder schulähnliche Institution) – bei Lernenden Lernen bewirken will. Dabei ergeben sich sofort die Fragen, was warum wie mit welcher Intention gelernt werden soll. Die Fragen implizieren, daß Planmäßigkeit, Zielorientierung, Erfolgsorientierung in der Regel konstituierende Momente der Planung, Realisierung und Analyse von Unterricht sind. Ein gegebener Zeitrahmen, Abnehmererwartungen, Curriculumkonstruktionen (ein Kanon von Fächern), Lehrressourcen (Lehrer mit unterschiedlichen fachlichen und didaktischen Kompetenzen) und Lernkapazitäten (Lernende mit unterschiedlichen Lernmöglichkeiten und -interessen) stellen das Thema »Methoden des Unterrichts« in ein komplexes Feld von zu berücksichtigenden Faktoren (→ *Unterrichtsplanung und Unterrichtsvorbereitung*). Es birgt die Gefahr, daß Methoden schnell undifferenziert in einen aktuellen Verwertungszusammenhang gestellt werden. Das kann zu eindimensionalen Betrachtungsweisen führen (Wie vermittle ich am besten den oder jenen Inhalt?). Die Bestimmung dessen, was Methoden des Unterrichts sein können, hängt daher zuallererst davon ab, wie Unterricht verstanden wird.

Wird Unterricht als eine Veranstaltung verstanden, in der möglichst effektiv in begrenzter Zeit eine bestimmte Menge Wissen zu vermitteln ist, ergibt sich das Thema »Methoden« anders, als wenn Unterricht in der Organisationsform etwa der allgemeinbildenden Schule als Gelegenheit für Kinder und Jugendliche verstanden wird, Zugänge zur Welt der Menschen zu gewinnen, Aufschlüsselungen für die Objektivationen in ihrer vielfältigen Gestalt zu erhalten, sich die Lebenswelt in all ihren Aspekten anzueignen (FLITNER 1950).

Methoden des Unterrichts sind dann entweder Strategien der Vermittlung oder Schlüssel zur Welt und für das Selbstverständnis, das jemand in und zu dieser Welt gewinnen kann. Stellt man sich eine Skala mit diesen Eckpunkten vor, so gibt es zwischen diesen eine Reihe von Varianten. Dabei kann ein sehr enger Beschreibungsrahmen entstehen. Es kann aber auch die Gefahr auftreten, sich in einen unstrukturierten Bereich von Impulsen, Ansätzen, Zufälligkeiten, Unstetigkeiten zu verlieren, so daß Konturlosigkeit und Desorientierung vorherrschen werden. Deutlich wird, daß das Thema »Methoden des Unterrichts« weit über die schlichte Frage von Wegbeschreibungen und Verfahrensweisen hinausreicht (Methode = planmäßiges Vorgehen).

2 Historische Befunde

»Der überwiegende Teil der Erziehungs- und Unterrichtsentwürfe geht davon aus, daß die Erziehenden und Unterrichtenden die Subjekte des Lehr-Lern-Prozesses sind, die Formenden; die Schülerinnen und Schüler dagegen sind Objekte formender Aktivität, wie fürsorglich die erzieherische Einwirkung auch interpretiert werden mag, bis hin zur

Haltung der rationalen Stellvertretung für die Mündigkeit des Zöglings.« (SCHULZ 1985, S. 59) Diese Feststellung stimmt in der Tendenz sicher. Sie ist aber zu differenzieren: Mit der Dominanz des Lehrenden verbindet sich die Auffassung, daß der Lehrende in der Tat im Besitz der zu vermittelnden Lerninhalte ist, daß er der Wissende, der Meister, der Könner ist. Unterricht ist dann immer *Vermittlung* von für wichtig gehaltenen Inhalten. Methode wird zur Theorie der Vermittlung.

Historische Reflexionen fangen meistens bei COMENIUS (1592–1670) an. Die Comenianische Methodik ist eine *Stufentheorie*, deren Prinzipien sind: Alles Wissen ist gestuft – Am Anfang ist schon alles da – Alles kommt auf höherer Stufe wieder, nur detaillierter und differenzierter – Aber der Stufengang muß eingehalten werden. Ein erster Höhepunkt des Stufen- oder Schrittdenkens für die Vermittlung von Inhalten sind die Darstellungen von HERBART und den Herbartianern (ZILLER, REIN). Sie brauchen hier nicht referiert zu werden. Die REINschen fünf Stufen sind »Vorbereitung–Darbietung––Verknüpfung–Zusammenfassung–Anwendung« und deutlich wird mit ihnen, daß das unterrichtsmethodische Denken mit den Herbartianern und ihrer außerordentlichen Breitenwirkung einen Stand erreicht hatte, der auch heute noch zu gelten scheint: Methode wird als eine sicher scheinende Gleisspur verstanden (KECK 1983), in die die Unterrichtsstoffe trotz unterschiedlicher Struktur wie die Lernenden trotz unterschiedlicher Voraussetzungen gleichermaßen gezwängt werden. Die Standardisierung der Unterrichts- und Lernwege war stark ausgeprägt, der Methodenmonismus stupide.

Den »Gegenschlag« brachte die Reformpädagogik in ihren unterschiedlichen Ausprägungen. GAUDIG sprach von der Tyrannei der Formalstufen und konzipierte die Methode der freien geistigen Arbeit. Unterricht müsse auf Selbsttätigkeit hin organisiert werden, d. h., die Schule müsse ihre Schüler in die Techniken des Auswendiglernens, des Beschreibens und Schilderns, des Erzählens, des Erläuterns von Texten usw. einführen (GAUDIG ²1921). *Selbsttätigkeit* ist das Kennwort der Methodik. Durch Selbsttätigkeit werde die Schule zur Arbeitsschule. Sofern der Schüler selbsttätig ist, wird er zum handelnden Subjekt. KERSCHENSTEINER kritisierte ebenfalls HERBART und führte selbst wieder ein Artikulationsschema ein (Fragen–Vermuten–Prüfen–Ergebnis) (KERSCHENSTEINER 1928). Der Gedanke der »Spurenlegung« war trotz aller Kritik so weit ausgeprägt, daß Waltraud NEUBERT eine Methodik des Erlebnisausdrucks schrieb (NEUBERT 1930): Vorbereitung oder Einstimmung – aus dem eigenen *Erlebnis* herauswachsende Darbietung – Rationalisierung des Erlebnisses durch Gewinnung der in ihm angelegten Begriffe – Aufruf zur Tat. Der Gedanke der formalen Bildung prägte sich in verschiedenen Konzepten aus (GEISSLER 1961).

Die Reformpädagogik brachte aber auch die stärkere Orientierung des methodischen Denkens an den Schülern und ihren Bedürfnissen und Interessen. Der Gedanke des Vorhabens von KRETSCHMANN und HAASE (KRETSCHMANN 1948) und der Projektgedanke von BOSSING und DEWEY (BOSSING 1942; KILPATRICK/DEWEY 1935) stehen dafür.

Nach dem Zweiten Weltkrieg hat die Literatur zu Methoden des Unterrichts diesen Diskussionsstand fortgeschrieben. Einige Stationen seien kurz skizziert.

Bis zum Erscheinen der sogenannten Berliner Didaktik im Jahre 1965 gaben vor allem die in vielen Auflagen erschienenen Unterrichtslehren von HUBER, JANNASCH/JOPPICH und STÖCKER Orientierung. Sie sind später öfter als vorwissenschaftliche Kompendien abqualifiziert worden, ohne daß »wissenschaftlichere« Methodendarstellungen erschienen wären. Die genannten Autoren haben viele Lehrergenerationen mit einem Methodenrepertoire konfrontiert, das als Sammlung reflektierter Erfahrungen gekennzeichnet werden kann und neben Ausführungen zu Sinn und Aufgabe des Unterrichts, zu Lehrplanfragen *Unterrichtsgrundsätze* (Anschaulichkeit, Selbsttätigkeit, Lebensnähe, Kindgemäßheit und Erfolgssicherung) und *Unterrichtsformen* im Überblick darstellt. Bei letzteren werden Formen des unmittelbaren (direkten) Unterrichts – dies sind die darbietende Lehrform, die erarbeitende Lehrform, der Fragenunterricht, der Impulsunterricht, der Gesprächsunterricht, der Lehrgang – und des mittelbaren Unterrichts – produktive Alleinarbeit, Gruppen- und Partnerarbeit, programmierter Unterricht – unterschieden (HUBER [11]1972; JANNASCH-JOPPICH [7]1969; STÖCKER [15]1970).

In gewissem Sinn epochemachend wirkte dann die sogenannte *Berliner Didaktik*, die 1965 von P. HEIMANN/G. OTTO/W. SCHULZ herausgegeben wurde (HEIMANN/OTTO/SCHULZ 1965) und ebenfalls viele Auflagen erreichte (→ *Didaktik und Curriculum/Lehrplan*, → *Unterrichtsplanung und Unterrichtsvorbereitung*). Diese Autoren verstehen *Didaktik* als Theorie des Unterrichts und wollen Unterricht mit wissenschaftlichen Mitteln erfassen. In der Strukturanalyse identifizieren sie *sechs Strukturmomente* (anthropogene und sozialkulturelle Voraussetzungen, Intentionalität, Thematik, Methodik und Medien) und sprechen von der Interdependenz dieser Strukturmomente. Sie holen also methodische Fragen zurück in die wechselseitige Bedingtheit von Voraussetzungen, Intentionen/Themen und Methoden/Medien, während sie in der Darstellung der Methoden nicht über den bis dahin erreichten Diskussionsstand hinausgehen. Sie unterscheiden Methodenkonzeptionen als Gesamtentwürfe des Unterrichts, Artikulationsschemata als Ablaufstrukturierungen, Sozialformen, Aktionsformen des Lehrens und Urteilsformen. Im Unterschied zu ihrem Begriff von Didaktik im weiteren Sinn konstatierte KLAFKI 1970 noch einmal die Unterscheidung von Didaktik *im engeren Sinne* (die Fragen der Intentionen und Inhalte behandelt) und der Methodik (die sich mit den pädagogischen Verfahrensweisen befaßt) (vgl. KLAFKI 1970). In der Darstellung der Methoden des Unterrichts selbst zeigt sich eine Zusammenstellung bekannter Unterrichtsmethoden, ergänzt durch neu aufgekommene Ansätze wie z. B. Großgruppenunterricht, Team-teaching. Auf dieser Linie liegen auch Publikationen des Autors (BÖNSCH 1965; [2]1973) wie spätere z. B. von ASCHERSLEBEN (ASCHERSLEBEN 1974), GUDJONS u. a. (GUDJONS/TESKE/WINKEL 1982) – sie strukturierten die Thematik neu von der jeweiligen Poligkeit der mit den Methoden implizierten Interaktionen her –, während SCHULZE die in der Regel auf praktische Verwertbarkeit ausgelegten Darstellungen von Unterrichtsmethoden in wissenschaftstheoretische Reflexionen über methodische Verfahrensweisen einband (SCHULZE 1978).

Auf zwei Ansätze darf noch hingewiesen werden, die je für sich eigenständige Anreicherungen der Thematik geleistet haben. Natürlich könnte man noch auf viele weitere Publikationen verweisen (BÖNSCH 1986). BLANKERTZ und in seiner Folge MENCK haben mit dem Begriff der *methodischen Leitfrage* deutlich gemacht, daß jedes Thema verschiedene Möglichkeiten für die inhaltliche Akzentuierung bietet. Die Entscheidung für die eine oder andere fällt mit der Berücksichtigung der anthropogenen Voraussetzungen der Schüler und der konkreten soziokulturellen Bedingungen. Die methodische Strukturierung des Unterrichts wird dabei immer schon bedacht. Die Methode hat gegenstandsbestimmende Funktionen. Die Inhaltlichkeit ergibt sich nicht allein aus der Thematik heraus, sondern immer auch von den intendierten Zugriffs- und Bearbeitungsmöglichkeiten und deren Begründung (BLANKERTZ 1969; MENCK 1972). EINSIEDLER hat in mehreren Publikationen Ergebnisse der Lehrmethodenforschung dargestellt (EINSIEDLER 1976; NEBER u. a. 1978; ders. 1981). In diesem Zusammenhang ist auch L. ROTH zu erwähnen (L. ROTH 1971, ²1977). Ihm kommt das Verdienst zu, die empirische Erforschung von Lehrmethoden und ihrer Effekte auf den Lernerfolg besonders im angelsächsischen Bereich rezipiert und dargestellt zu haben. Die Ergebnisse sind heterogen und führen noch nicht zu einer konsistenten Theorie der Unterrichtsmethoden.

3 Gegenwärtiger Diskussionsstand

Im folgenden wird versucht, in einer systematischen Gesichtspunkten folgenden Darstellung den gegenwärtigen Diskussionsstand aufzuarbeiten.

3.1 Prämissen

Drei Prämissen sind vorab noch einmal zu formulieren. Erstens: Unterricht als eine Lehr-/Lernveranstaltung ist keine Veranstaltung, die um ihrer selbst willen stattfindet. Sie dient immer dem Anliegen, Lernen bei Lernenden zu bewirken. Und zweitens: Unterricht will immer ausgewählte Inhalte, Fertigkeiten, Verhaltensweisen, Einstellungen zum Gegenstand von Lernprozessen machen. Drittens: In der Regel wird ein Lehrender Vermittlungs-, Moderator-, Beraterfunktionen wahrnehmen. Die Rede vom *didaktischen Dreieck* hat insofern ihre Berechtigung. Dies gilt auch bei allen indirekten Formen, weil entweder Lehrfunktionen von Lehrenden an Arbeitsanweisungen, Arbeitsmittel, Programme delegiert worden sind oder Informations-, Beratungs-, Kontrollfunktionen zusätzlich wahrgenommen werden. Die relativ vollständige Delegation von Lehrfunktionen gibt es beim Fernstudium (Medienverbundsysteme).

3.2 Modellierungen von Methodenkonzeptionen und Beschreibung von Methoden

Mit vier Modellbeschreibungen von Methodenkonzeptionen und dabei zu berücksichtigenden Methoden wird eine Systematik versucht.

3.2.1 Das klassische Lehrkonzept

»Da der Mensch wesenhaft darauf angelegt ist, lernen zu müssen, um existieren zu können, finden wir überall, wo Menschen miteinander leben, die Lehre.« (SCHWAGER 1964) Ältere, Fähigere übernehmen es, den Nachwuchs fähig zu machen, das Leben zu meistern. Der Könner, der Wissende, der Meister übernimmt die Lehrfunktion. Etwas Vorgegebenes wird weitergegeben. Lehren heißt vortragen, vormachen, vorführen. Lernen heißt übernehmen, nachmachen, einprägen.

– *Das Vortragen*
Die Absicht dieser verbalen Vermittlung ist darauf gerichtet, mit Hilfe des Mediums »Sprache« Informationen, Einstellungen, Bedeutungen weiterzugeben. Diese Grundform stellt sich bei näherem Zusehen komplizierter dar, als man vermuten könnte. Der Vortragende trägt Vorstellungen, Begriffe, Wissen, Denkoperationen in der ihm zur Verfügung stehenden Sprache vor. Affektive Tönungen und subjektive Bewertungen schwingen mit. Der Zuhörer soll mit Hilfe des gemeinschaftlich beherrschten Zeichensy-

stems »Sprache« das aufnehmen, verstehen und speichern, was der Vortragende ausspricht. Nun kann aber ein Zuhörer dies nur leisten, wenn seine Sprache genügend Äquivalente zur Sprache des Vortragenden besitzt. Vorträge, Referate, Erzählungen, Schilderungen sind den Verstehens- und Speichermöglichkeiten der jeweiligen Zuhörerschaft entsprechend zu gestalten. Dies erfordert eine Methodik des Vortragens (AEBLI [12]1981) (→ *Sprache im Unterricht*).

– Das Vormachen
Das Vormachen will Fertigkeiten, ein Können dem Lernenden im Vollzug zur Kenntnis geben, damit er in die Lage versetzt wird, es dann nachzumachen (die Bildung eines Lautes in der Fremdsprache, der Gebrauch eines Hammers, das Brustschwimmen u.a.m.). Die zugrundeliegende Annahme ist, daß der Lernende die vorgemachte Tätigkeit beim Zuschauen innerlich nachahmt, damit er sie anschließend im äußeren Vollzug nachahmen kann. Gleichzeitig kann der Zuschauer beim Vormachen das zu Lernende in einer Idealgestalt sehen. Dies ist wichtig, weil das gute Beispiel wichtige Orientierungs- und Steuerungsfunktionen hat. Aus diesen Grundgegebenheiten läßt sich dann eine Methodik des Vor-/Nachmachens entwickeln (motivationale Bedeutung des Vormachens, die möglichst eindringlich vollzogene Bewegung, die Zerlegung komplexer Bewegungsabläufe in Teile, die Organisation des Nachmachens – Trainingssequenzen – u.a.m.).

– Das Vorführen
Das Vorführen will Sachen, Gegenstände, Prozesse, Vorgänge zeigen, die Gegenstand von Lernprozessen sein sollen. Die sprachliche Erklärung wird als nicht ausreichend angesehen. Hier kommen auf eine erste Weise alle zur Verfügung stehenden *Medien* ins Spiel, aber eben nur in der Funktion des Vorführens: Film, Bild, Modell, Versuch, Tafelskizze u.a.m. Vom Lernenden wird erwartet, daß er das Vorgeführte und die erläuternden Erklärungen aufnehmen, speichern und verbal oder in einem anderen Modus (Zeichnung, schriftlicher Bericht) wiedergeben kann. Der Anspruch ist nicht gering, da Speicherungs- und Verarbeitungshilfen häufig dem Vorführen nicht oder nur wenig entnommen werden können.

Das klassische Lehrkonzept – so wichtig es immer wieder sein wird – sieht den aktiven Part beim Lehrenden, den reaktiven Part beim Lernenden. Eine gewisse Eingleisigkeit, Gefahren autoritären Verhaltens, ein restriktives Verständnis vom Lernen sind kritische Punkte.

3.2.2 Unterricht als Arrangement

Methoden des Unterrichts bekommen eine ganz andere Rahmenvorgabe und Ausprägung, wenn Lernen verstanden wird als Auseinandersetzung mit Sachverhalten, als Entdecken von Fragestellungen, als Versuchen und Experimentieren, als selbständiger Umgang mit Lernmaterialien. Die zentrale didaktische Intention ist dann, »Lernende und potentielle Lerngegenstände« in einem didaktischen Spannungsfeld »aneinander geraten« zu lassen. Dem Lernenden wird zugemutet, nicht nur »fertiges« Wissen zu übernehmen, sondern Fragen zu stellen, Probleme zu sehen, Lücken zu entdecken, Sinn zu erfassen, Beziehungen zu finden, Trends zu sehen, Regeln zu formulieren. Lehren heißt, ihn in schöpferische Lernprozesse zu verwickeln. Das *Lernarrangement* ist der je unterschiedlich strukturierte Zusammenhang von Problemstellung, Informationsbereitstellung, Medienangebot und Lernberatung (BÖNSCH 1970). Der Lehrende wird eher Lernplaner, Dramaturg, Arrangeur, Moderator. Methoden des Unterrichts lassen sich prototypisch wie folgt skizzieren:

– *Das Initiieren von handlungsorientiertem Lernen*
Lerngegenstände sind konkret-handgreiflich vorhanden und regen aufgrund bestimmter *didaktischer Qualitäten* (Komplexität, Lückenhaftigkeit, Sonderbares, Überraschendes, Verwunderliches, Beunruhigendes u. a. m.) zur Auseinandersetzung an. Das Umgehen mit ihnen (Pflanzen, technische Gegenstände, Modelle, Experimentiergerät u. a. m.), das tatsächliche Auseinandersetzen (Zerlegen, Abschneiden, Auseinanderbauen u. a. m.), das Anwenden, das Recherchieren, das Bauen, das Herstellen, das Entwerfen werden bevorzugte *Lernaktivitäten*.

– *Das Provozieren von problemorientiertem Lernen*
»Konstitutiv für ein Problem ist die Konfrontation eines Schülers mit einer Situation/ Aufgabe, die nicht mit Hilfe eines bereits verfügbaren Schemas anzugehen ist.« (BECKER 1972) Ein *Problem* entsteht für ein Individuum, für eine Gruppe, wenn in einer Situation oder gegenüber einem Sachverhalt Lücken, Zweifel, Widersprüche, Verwirrung entstehen und in bezug auf die Lösung subjektive Neuartigkeit besteht (BÖNSCH ²1990). Problemlöseaktivitäten können kognitiv bestimmte Operationen wie genaueres Durchdringen, Beschaffung neuer Informationen, Befragung anderer Menschen/Institutionen, aber auch praktische Versuche oder soziale Handlungen sein.

– *Das Arrangieren von entdeckendem Lernen*
Eine Hochform institutionalisierten Lernens ist gegeben, wenn Lernsituationen arrangiert werden können, die *entdeckendes, nacherfindendes Lernen* möglich machen (→ *Lernen und Lerntheorien*). »Alle methodische Kunst liegt darin beschlossen, tote Sachverhalte in lebendige Handlungen zurückzuverwandeln, aus denen sie entsprungen sind: Gegenstände in Erfindungen, Werke in Schöpfungen, Pläne in Sorgen, Verträge in Beschlüsse, Lösungen in Aufgaben, Phänomene in Urphänomene.« (H. ROTH ¹⁴1973) Das COPEIsche Milchbüchsenbeipiel kann als ein klassisches Beispiel angesehen werden (COPEI ⁵1960).

– *Das Konstruieren von situativem Lernen*
Der Terminus »Situation« ist als speziell didaktischer in verschiedenen Zusammenhängen entwickelt worden (BÖNSCH 1965). Gemeint ist hier die *Situation* als eine Konstellation, in der der Lernende sich angesprochen fühlt und spontan reagiert. Die Sprechsituation im Fremdsprachenunterricht, die Spielsituation in der Grundschule, die Praktikumssituation außerhalb der Schule sind Beispiele für Situationen, in denen der geschaffene Kontext Anregungen anbietet (Sprechanlaß, Spielregel, Produktion), auf die ein Lernender mit Lernaktivitäten (Sätze als Antwort formulieren, Spielaktivitäten, Mitmachen, Kennenlernen) reagiert.

– *Das Modellieren von simulativem Lernen*
Da institutionalisiertes Lernen häufig von Lebenswirklichkeiten abgehoben ist – es ist geradezu ein konstitutives Merkmal –, ist die Rekonstruktion von *Quasi-Wirklichkeitserfahrungen* eine eigenständige methodische Aufgabe geworden. Scheinfirmen, Lehrre-

staurants, das Lernbüro, der Flugsimulator, das Planspiel, das Rollenspiel, auch bestimmte Projektformen können in einer Linie von Abstufungen als Beispiele genannt werden. Der methodische Ansatz ist, über die Modellierung sogenannter *Modellwirklichkeiten*, über fingierte Wirklichkeiten Lernen lebensnaher, realitätsgerechter zu gestalten, andererseits die Verfügungsgewalt über die Lernintensität und über die Lernchancen zu behalten (REHM 1964).

Das Arrangement von Lernkonstellationen ist gegenüber der klassischen Vermittlung an einer anderen Qualität von Lernen orientiert. Es ist allerdings in der Planung auch schwieriger und in der Realisierung weniger in der Verfügung von Lehrenden. Wenn das Lernergebnis weniger kalkulierbar ist und die Lernprozesse nicht exakt planbar sind, sind Risiko, Offenheit, Zuversicht wichtiger als pure Output-orientierung.

3.2.3 Methodenrepertoires als Organisationsangaben

Darstellungen von Unterrichtsmethoden sind häufig Methodenrepertoires im Sinne von Sammlungen möglicher Organisationsmuster planmäßigen Lernens unter Vernachlässigung der Frage, welche Inhalte mit welcher Intention wie zum Lerngegenstand werden können. Sie sind aber zweifellos als Überblicke verbreitet und geben damit Orientierung. Stellen wir zwei Aufstellungen nebeneinander:

Unterrichtsmethoden nach WINKEL
1. Einzelarbeit
2. Programmierter Unterricht
3. Klassenarbeit
4. Hausarbeit
5. Partnerunterricht
6. Kleingruppenunterricht
7. Großgruppenunterricht
8. Simulative Verfahren sowie Lern-, Kunst- und Sportspiele
9. Lehrerdarbietung
10. Schülerdarbietung
11. Experiment
12. Entwickelndes Lehrgespräch
13. Lockeres Unterrichtsgespräch
14. Diskussion
15. Rundgespräch
16. Debatte
17. Teamteaching

Methodik nach HEIMANN–OTTO–SCHULZ
1. Methodenkonzeptionen als Gesamtentwurf des Unterrichtsverlaufes
   a) Ganzheitlich-analytische Verfahren
   b) Elementenhaft-synthetische Verfahren
   c) Projektverfahren
   d) Fachgruppenspezifische Verfahren mit Konzeptionscharakter wie etwa die direkte Methode im Fremdsprachenunterricht
2. Artikulationsschemata, die den Unterrichtsprozeß nach den vermuteten Lernphasen der Schüler strukturieren (siehe z. B. ROTHS 6-Stufen-Schema)
3. Sozialformen des Unterrichts
   a) Frontalunterricht
   b) Kreissituation
   c) Teilgruppenunterricht
   d) Einzelunterricht
4. Aktionsformen des Lehrens
   a) direkte: Vortrag, Frage, Demonstration, Unterrichtsgespräch
   b) indirekte über schriftliche Arbeitsanweisungen, präformiertes Material
5. Urteilsformen des Lehrers (Fragen des Unterrichtsstils)

Soviel die Übersichten an Orientierung bieten, so zeigen sie gleichzeitig das »Elend« vieler Publikationen, die Unterrichtsmethoden darstellen wollen. Der Begriff »Unterrichtsmethode« wird zum Teil unscharf verwendet. So ist Teamteaching eine spezielle Organisationsform der Vermittlung oder auch anderer Anliegen, im strengen Sinn aber keine Methode, Großgruppenunterricht ist wohl ebenfalls eine bestimmte Organisationsform für bestimmte methodische Anliegen (→ *Unterrichtsformen* ...). Dies kann man von den Sozialformen insgesamt sagen. Offen bleibt jedenfalls, welcher Art die Zugriffe, Aufgaben, Auseinandersetzungen sind, die mit ihnen intendiert werden. Der Begriff »Unterrichtsmethode«, wie er in den Übersichten verwendet wird, läßt weiterhin offen, welcher Art die Lerngegenstände sind, die mit ihnen zugänglich und bearbeitbar werden, und welcher Art die Vermittlungs- und Bearbeitungsmodi sind. Mit anderen Worten: Die Reichweite der jeweiligen Methode oder Organisationsform bleibt offen.

3.2.4 Adressatenorientierte Unterrichtsmethoden

Ein gänzlich unterentwickelter Bereich im Rahmen des Themas »Methoden des Unterrichts« sind adressatenorientierte Methoden im Unterschied zu den in der Regel – und bis jetzt auch in dieser Darstellung – inhaltsorientierten Methoden und dazugehörigen Organisationsmustern (z. B. Lehrervortrag und Großgruppenunterricht).

Wenn Unterricht konsequent mit dem verbreiteten Postulat der *Adressatenorientierung* ernst machen wollte, müßten ganz neue Methoden entwickelt werden. Das darf wenigstens im Ansatz herausgearbeitet werden.

– *Motiv-/Interessenartikulation*
Es fehlen bisher Methoden, die konsequent Lernmotive, -interessen und -bedürfnisse erheben können. Den Anfang könnte man mit *Suchsonden* machen, wie sie die folgende Skala darstellt (BÖNSCH 1981):

Suche nach Sinn-orientierung, Bewußtseinserweiterung	Interesse an neuen Kommunikationsweisen, Lebensformen	Interesse an Wissen über Gesellschaft/ Kultur/ Technik/ Politik/ Wissenschaft	Interesse an Freizeitaktivitäten/Bedürfnis nach Lebenserfüllung	Ausbildungs-(Qualifikations-)bedürfnis nach allgemeinbildenden Abschlüssen (Hauptschulabschluß, Abitur) oder beruflicher Qualifikation (Sekretärinnenausbildung)

Abb. 1: Suchsonden zur Erhebung von Lernmotiven, -interessen und -bedürfnissen

Befragungen – schriftlich oder mündlich – wären ein erster Weg, die Suchsonden anzuwenden. Angebote, in heuristischer Absicht gemacht, wären ein zweiter Weg. Gemeint sind Angebote, die vor allem zur Prüfung oder Hebung von Interessen und Bedürfnissen gemacht werden, um daraus Ideen für entsprechend zu planende Angebote zu finden. Man kann sich diese Ansätze zunächst nur in der Erwachsenenbildung denken (→ *Erwachsenenbildung und Weiterbildung*). Aber wenn sie in der Schule realisiert würden, würde diese sich eventuell radikal verändern müssen.

Ein *Angebotsrahmen*, der ebenfalls den Intentionen folgt, den Lernenden anzuregen, sein Lernen selbst in die Hand zu nehmen, könnte so aussehen (BÖNSCH 1981):

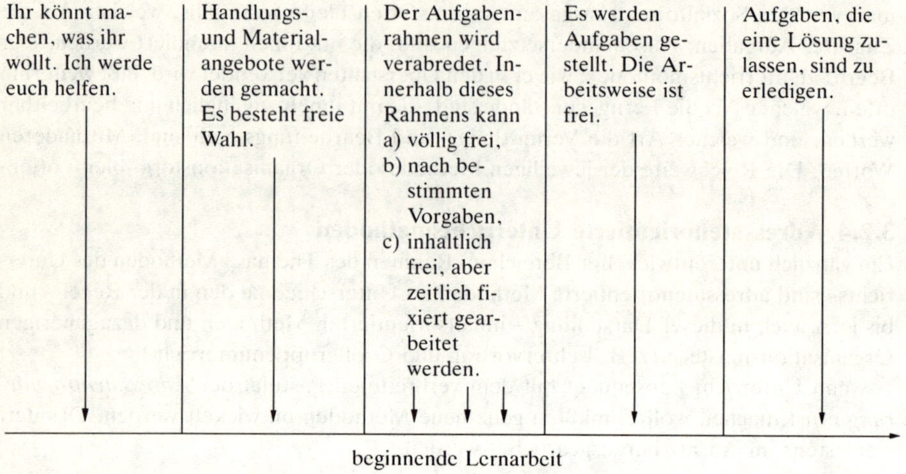

Ihr könnt machen, was ihr wollt. Ich werde euch helfen.	Handlungs- und Materialangebote werden gemacht. Es besteht freie Wahl.	Der Aufgabenrahmen wird verabredet. Innerhalb dieses Rahmens kann a) völlig frei, b) nach bestimmten Vorgaben, c) inhaltlich frei, aber zeitlich fixiert gearbeitet werden.	Es werden Aufgaben gestellt. Die Arbeitsweise ist frei.	Aufgaben, die eine Lösung zulassen, sind zu erledigen.

beginnende Lernarbeit

Abb. 2: Angebotsrahmen zur Erhebung von Interessen und Bedürfnissen des Lernenden

Die Skala enthält Möglichkeiten, die von »völlig offen« bis »ziemlich stark vorgegeben« reichen. Methodisch wäre für den Lehrenden wichtig, je nach der konkret gegebenen Lage adaptiv die Angebote zu verfolgen, die am ehesten zu gewährleisten scheinen, daß einzelne oder Gruppen ihr Interesse weiter artikulieren bei gleichzeitig konkreter werdender gemeinsamer Planung und Lernarbeit. Für den Bereich der Erwachsenenbildung mag die folgende Übersicht eine erste Strukturierung geben.

Prämisse:	Der Erwachsene als autonomes Individuum mit unterschiedlicher Bewußtseinslage und unterschiedlichen Bedürfnissen/Interessen ist der Ausgangspunkt curricularen Denkens. Es kann kein schulähnliches, d. h. verordnetes Curriculum in der quartären Phase geben.					
Qualifikationen der Lehrenden	*Kommunikationskompetenz* Sensibilität, Toleranz, Empathie, Toleranz in sozialen Fragen, Fähigkeit zu Gespräch, Meditation, Selbstreflexion, Gruppendynamiktraining	*Interdisziplinäre Fachkompetenz* Grundfragestellungen für vieles, speziellere Kenntnisse für weniges besitzen	*Lehrerqualifikationen*	*Animateurqualifikationen im engeren Sinn* Anregen, organisieren und Mut machen, Freude, Spaß bereiten, lockern	*Speziellere Fachkompetenzen bzw. Fertigkeiten*	*Ausbildungs-/Qualifikationsbedürfnis*
Bewußtseins-Bedürfnis-Skala	Suche nach Sinnorientierung, Bewußtseinserweiterung	Interesse/Bedürfnisse an neuen Kommunikationsformen, Lebensweisen	Interesse an Wissen über Gesellschaft/Kultur/Technik/Politik/Wissenschaft	Bedürfnis nach Abschlüssen wie Hauptschul-, Realschulabschluß, Abitur	Interesse an Freizeitaktivitäten. Bedürfnis nach Lebenserfüllung	
Veranstaltungsformen	Wochenendseminare, Heimvolkshochschulwochen, Bildungsurlaub, Meditationszeiten	Gruppendynamische Seminare, Bildungsurlaub, Familienseminare, Stadtteilarbeit, Projekte	Vorträge, Vortragsreihen, Seminare, Kurse, Diskussionsformen	Lehrgänge, Semesterkurse, Schulungen, Abendschule, Abendoberschule	Selbstorganisiertes Lernen, Spielen, Kurse, Lehrgänge, Exkursionen, Reisen, Theater, Konzert, Sport, Lesungen	Ausbildung, Training, Umschulungen in Bereichen wie z. B. Schreibmaschine, Stenographie, Englisch, EDV, technisches Zeichnen

Abb. 3: Adressatenorientierte Didaktik im Überblick

4 Perspektiven und Forschungsanregungen

Zum Abschluß sei der Punkt markiert, an dem die wissenschaftliche Diskussion und Forschung heute das Thema »Methoden des Unterrichts« weiterverfolgen sollte. Wenn das wieder aktuelle Interesse an Methoden des Unterrichts nicht bei den Unterrichtslehren von HUBER, JANNASCH-JOPPICH und STÖCKER ansetzen soll, ist ein Orientierungshorizont zu entwickeln, der folgendermaßen zu beschreiben ist:

4.1 Lehrer- oder Lernerorientierung

Nach der Diskussion der letzten Jahre unter dem Stichwort »*kommunikative Didaktik*« (BÖNSCH/SCHITTKO 1979) (→ *Didaktik und Curriculum/Lehrplan*) muß man heute zwei prinzipiell unterscheidbare Versionen von Unterricht beschreiben. Die folgende Übersicht kann das skizzenartig deutlich machen:

1. *Grundverständnis von Unterricht*
   1.1 Kinder zu Menschen machen durch Ältere, Wissende, Stellvertreter des »Solls«
   → eher autoritative und vorschreibende Didaktik

   1.2 Subjekten Angebote machen, um Sach- und Sozialkompetenz sowie individuelle Sinnorientierung und Handlungsfähigkeit zu gewinnen
   → eher emanzipatorische und kommunikative Didaktik

2. *Inhalte des Unterrichts*
   2.1 Fachleute wissen, was wichtig ist, und setzen damit die Ansprüche/Normen/Zwänge
   → eher fachorientierte und vorschreibende Inhaltsauswahl

   2.2 Lernmoderatoren bieten Inhalte als exemplarische Zugänge, Aufschlüsselungen und lebens-/gesellschaftsrelevante Problembereiche an
   → eher fachübergreifende, der Verabredung zugängliche Inhaltsauswahl

3. *Methoden/Medien des Unterrichts*
   3.1 Methoden der Vermittlung, Darbietungen überwiegen, Lernzielorientierung und -überprüfung gehören dazu
   → eher effektivitätsorientiert

   3.2 Unterricht ist gemeinsames Handeln in Planung, Realisation und Reflexion
   Problem-, Handlungs-, Projektorientierung überwiegen

Abb. 4: Zwei Versionen von Unterricht

Für die rechte Seite der Übersicht ist die Diskussion über Unterrichtsmethoden dringend voranzutreiben.

4.2 Neuer Bezug von Unterrichtsmethoden und Lerninhalten

Ein zweiter Orientierungshorizont ergibt sich, wenn man der Kritik folgt, nach der Unterrichtsmethoden immer wieder inhaltsneutral diskutiert worden sind. Das Methodenproblem ist in bezug auf die zu bearbeitenden Lerninhalte und das Erkenntnisinteresse an ihnen vernachlässigt worden. Hier ist ein Fortschritt möglich, wenn die potentiellen Lerngegenstände über das Buchwissen hinaus erweitert und Methoden auf unter-

Gegenstände des Lernens → Modi des Lernens ↓	Realitäten (physische, psychische, soziale, politische) des menschlichen Lebens	Wissen über Realität (gegenwärtige, vergangene, zukünftige)	Spiegelungen, Darstellungen, Auffassungen, Schöpfungen (Romane, Gedichte, Bilder, Lieder, Opern, Plastiken usw.) menschlichen Lebens	Gestaltungen (Sprache, Spiel, Sport, Malen, Singen, Musizieren, Werken) über menschliches Leben
Rezeption Hören, Sehen, Lesen, Sprechen, Speichern, Interpretieren, Nachmachen	z. B. ein Bäckermeister beschreibt seine Arbeit in der Backstube	z. B. im Fernsehen in Texten in Bildern in Statistiken in Dokumenten in Grafiken in Vorträgen in Filmen in Schulfunksendungen	z. B. Kurzgeschichten lesen und interpretieren	z. B. Spiele kennenlernen Übungen ausführen Bilder herstellen Nachsingen
Erforschen, Erfahren, Erarbeiten	z. B. Recherchieren Unterrichtsgang Erkundung, Reisen Praktikum, Exkursion Interview, Experimente		z. B. Geschichte zu einem Thema suchen	z. B. Spiele für Altennachmittag suchen, durchprobieren, zusammenstellen Planspiele, Rollenspiele
Verarbeiten, Verorten, Veröffentlichen		z. B. Arbeitsheft Collage Ausstellung Elternabend	z. B. Gedichtsammlung	z. B. Liederabend Theateraufführung
durch Produzieren, durch Gestalten, durch Verändern, durch Handeln, durch Verwenden, durch Anwenden	z. B. Projekte Demonstrationen Eingaben Agieren	z. B. Zeitung Buch Dokumentation	z. B. eigene Kurzgeschichten schreiben Rock-Workshop durchführen	z. B. Spiele erfinden Lieder komponieren Liederabend Sportfest Schulfest

Abb. 5: Inhalt und Methode: Potentielle Lerngegenstände und ihre Rezeption/Produktion

schiedliche Inhaltsstrukturen hin bedacht werden, dabei das Problem, ob Lernen eher Rezipieren/Speichern oder mindestens ebensosehr Erforschen/Erfahren/Erarbeiten sein ten sein soll, mit bedacht wird. Die folgende Übersicht ist als ein heuristisches Raster zu verstehen – sicher noch nicht in einer endgültigen Form –, das über die verschiedenen Unterrichtsfächer hinweg vier curriculare Grundstrukturen auf der Waagerechten vorsieht und in der Senkrechten dazu Methoden der Rezeption wie des Erforschens/Erfahrens/Erarbeitens und Möglichkeiten des Verarbeitens/Verortens/Veröffentlichens zuordnet. Die damit entstehende Matrix ist mit Beispielen versehen. Vollständigkeit ist auch hier nicht beabsichtigt (BÖNSCH 1986a).

Der Grundansatz ist, daß Curricula keine »Museen« menschlicher Erfindungen, Entdeckungen, Gestaltungen, Erfahrungen sind. Das menschliche Leben in all den Aspekten seiner Realitäten wie dem gewonnenen Wissen und produktiven Gestaltungen (Texte, Lieder, Bilder, Dramen, Opern u. a. m.) ist Gegenstand des Lernens, das selbst nicht nur die Übernahme von »Kulturgütern« bedeutet, sondern in starkem Maße der handlungs- und problemorientierten Methoden bedarf. Unterricht als »Werkstatt der Lebensbemächtigung« – dies ist die Signalformel für die Zukunft!

Literatur

AEBLI, H.: Grundformen des Lehrens. Stuttgart ¹²1981
ASCHERSLEBEN, K.: Einführung in die Unterrichtsmethodik. Stuttgart/Berlin u. a. 1974
AUSUBEL, D. P.: Psychologie des Unterrichts. 2 Bde. Weinheim/Basel 1974
BECKER, E.: Problemerörterung in der Volksschuloberstufe. Hannover 1972
BENNETT, N.: Unterrichtsstil und Schülerleistung. Stuttgart 1979
BÄUERLE, D.: Alternativer Unterricht. Stuttgart 1980
BLANKERTZ, H.: Theorien und Modelle der Didaktik. München 1969
BÖNSCH, M.: Situationen im Unterricht. Ratingen 1965
–: Produktives Lernen in dynamischen und variabel organisierten Unterrichtsprozessen. Essen 1970
–: Verlaufsgestalten und Aktionsstrukturen des Unterrichts. Essen ²1973
–: Moderne Unterrichtsgestaltung. München 1981
–: Unterrichtskonzepte. Baltmannsweiler 1986(a)
–: Schüler aktivieren. Hannover ²1990
–: Lernökologie. Zur Konstruktion von Lernsituationen. Essen 1986(b)
–/SCHITTKO, K. (Hrsg.): Offener Unterricht. Curriculare, kommunikative und unterrichtsorganisatorische Aspekte. Hannover 1979
BOSSING, N. L.: Progressive Methods of Teaching. Boston 1942
BRUNER, J.: Entwurf einer Unterrichtstheorie. Düsseldorf 1974
COMENIUS, J. A.: Didactica Magna. 1627/32
COPEI, F.: Der fruchtbare Moment im Bildungsprozeß. Heidelberg ⁵1960
EDELSTEIN, W./HOPF, D. (Hrsg.): Bedingungen des Bildungsprozesses. Stuttgart 1973
EINSIEDLER, W.: Lehrmethoden. München/Wien/Baltimore 1981
–: Lehrstrategien und Lernerfolg. Weinheim/Basel 1976
–: Arbeitsformen im modernen Sachunterricht der Grundschule. Donauwörth ⁿ1977
FLITNER, W.: Allgemeine Pädagogik. Stuttgart 1950
FRIEDRICH, K./MEYER, H./PILZ, E.: Unterrichtsmethoden. Oldenburg 1982
FRIES, E./ROSENBERGER, R.: Forschender Unterricht. Frankfurt/M. 1967
FREY, K.: Die Projektmethode. Weinheim/Basel 1982
GAGE, N. L./BERLINER, D. C.: Pädagogische Psychologie. München 1977

GAUDIG, H.: Didaktische Präludien. Leipzig/Berlin ²1921
GEISSLER, G. (Bearb.): Das Problem der Unterrichtsmethode. Weinheim 1961
GRELL, J.: Techniken des Lehrerverhaltens. Weinheim/Basel ⁶1977
–/GRELL, M.: Unterrichtsrezepte. München 1979
GUDJONS, H./TESKE, R./WINKEL, R. (Hrsg.): Unterrichtsmethoden: Grundlegung und Beispiele. Braunschweig 1982
HEIMANN, P./OTTO, G./SCHULZ, W.: Unterricht. Analyse und Planung. Hannover 1965
HERBART, J. F.: Allgemeine Pädagogik aus dem Zwecke der Erziehung abgeleitet (1806). Weinheim 1963
HUBER, F.: Allgemeine Unterrichtslehre. Bad Heilbrunn ¹¹1972
JANNASCH, H. W./JOPPICH, G.: Unterrichtspraxis. Hannover ⁷1969
KECK, R. W.: Unterricht Gliedern – Zielorientiert Lernen. Bad Heilbrunn 1983
KERSCHENSTEINER, G.: Wesen und Wert des naturwissenschaftlichen Unterrichts. Leipzig/Berlin ³1928
KILPATRICK, W. H./DEWEY, J.: Der Projekt-Plan. Weimar 1935
KLAFKI, W.: Die Methoden des Unterrichts und der Erziehung. In: ders. u. a.: Funk-Kolleg Erziehungswissenschaft. Bd. 2. Frankfurt/M. 1970
KLINGBERG, L.: Einführung in die Allgemeine Didaktik. Frankfurt/M. 1975
KRETSCHMANN, J.: Natürlicher Unterricht. Hannover 1948
LOSER, F./TERHART, E. (Hrsg.): Theorien des Lehrens. Stuttgart 1977
MENCK, P.: Ansätze zur Erforschung von Unterrichtsmethode in der BRD. In: MENCK, P./THOMA, G. (Hrsg.): Unterrichtsmethode. Intuition, Reflexion, Organisation. München 1972
NEBER, H. (Hrsg.): Entdeckendes Lernen. Weinheim/Basel ³1981
–/WAGNER, A. C./EINSIEDLER, W. (Hrsg.): Selbstgesteuertes Lernen. Weinheim/Basel 1978
NEUBERT, W.: Das Erlebnis in der Pädagogik. Göttingen ²1930
POPP, W. (Hrsg.): Kommunikative Didaktik. Weinheim/Basel 1976
POTTHOFF, W.: Grundformen des Unterrichts. Freiburg i. Br. 1979
REHM, M.: Das Planspiel als Bildungsmittel. Heidelberg 1964
ROTH, H.: Pädagogische Psychologie des Lehrens und Lernens. Hannover ¹⁴1973
ROTH, L.: Effektivität von Unterrichtsmethoden. Hannover. ²1977
RUMPF, H.: Scheinklarheiten. Braunschweig 1971
SCHELLER, I.: Erfahrungsbezogener Unterricht. Königstein 1981
SCHOLZ, F.: Problemlösender Unterricht. Essen 1980
SCHULZ, W.: Methoden der Erziehung und des Unterrichts unter der Perspektive der Mündigkeit. In: OTTO, G./SCHULZ, W. (Hrsg.): Methoden und Medien der Erziehung und des Unterrichts. Stuttgart 1985
SCHULZE, TH.: Methoden und Medien der Erziehung. München 1978
SCHWAGER, K. H.: Wesen und Formen des Lehrgangs im Schulunterricht. Weinheim 1958
–: Lehre, Lehrgang. In: GROOTHOFF, H. H./STALLMANN, M. (Hrsg.): Pädagogisches Lexikon. Stuttgart 1964, Sp. 541
STÖCKER, K.: Neuzeitliche Unterrichtsgestaltung. München ¹⁵1970
TREIBER, B./WEINERT, F. E. (Hrsg.): Lehr-Lern-Forschung. München/Wien/Baltimore 1982
VOGEL, A.: Artikulation des Unterrichts. Ravensburg 1973
ZILLER, T.: Die Theorie der formalen Stufen des Unterrichts. Heidelberg 1965

Elisabeth Kaiser

Unterrichtsformen, Differenzierung und Individualisierung

1 Vorbemerkungen

Die aus Schulgesetzen, Organisationserlassen und Rahmenrichtlinien ableitbare Forderung an den Unterricht, Bedingungen für optimale Lernprozesse aller Schüler zu schaffen, wirft die Frage nach der Beziehung zwischen Unterrichtsformen und dem Differenzierungs- und Individualisierungsanspruch auf, jeden Schüler entsprechend seinen Fähigkeiten zu fördern, Interessen zu entwickeln und Lerndefizite auszugleichen. Dieser Beziehungszusammenhang gestaltet sich unterschiedlich, je nach Art der schulischen und unterrichtlichen Organisation bestimmter Differenzierungs- und Individualisierungskonzepte und der sie tragenden pädagogischen Grundannahmen.

2 Begriff und Merkmale von »Unterrichtsformen«

Neben dem Begriff *Unterrichtsformen* werden in der Literatur z. B. auch die Bezeichnungen *Bildungsformen, Lehr-* und *Unterrichtsweisen* (vgl. STEINDORF 1981, S. 130), *Sozial- und Ordnungsformen des Unterrichts* nahezu gleichbedeutend verwendet. Gemeinsam ist diesem Begriffsgebrauch ein Verständnis von »Vollzugsweisen des Unterrichts«, bei denen »kommunikative Prozesse« im Spiel sind (vgl. ebd.), von »Interaktionsformen zwischen Lehrenden und Lernenden« (KRAPPMANN) oder allgemein von »Organisationsformen der Lernbedingungen« (ROTH 1971, ²1977).

Systematisierungsversuche etwa ab 1960 legen als Einteilungskriterium die »*Verteilung der Aktivität zwischen Lehrer und Schüler bei der Realisierung von Unterrichtsprozessen*« (STEINDORF 1981, S. 132) bzw. die Unterscheidung zwischen *Fremdsteuerung* und *Eigensteuerung* der unterrichtlichen Lernprozesse (vgl. VOGEL 1974, S. 23) zugrunde. Sie kommen durchweg zu einer Dreigliederung, die trotz begrifflicher Abweichungen die gleiche Tendenz einer Rücknahme der Lehrerdominanz zugunsten einer größeren Selbststeuerung der Schüler aufweist (vgl. VOGEL 1974, S. 23 ff.; MEMMERT 1977, S. 94 f.; KÖCK/OTT 1979, S. 542; STEINDORF 1981, S. 131). In Anlehnung an VOGEL (1974) und KÖCK/OTT (1979) wird hier die Kategorisierung in *darstellende, erarbeitende* und *entdeckenlassende Unterrichtsformen* aufgenommen (→ Methoden des Unterrichts).

Bei der *darstellenden Unterrichtsform* hat der Lehrer eine dominante Funktion. Er initiiert, steuert und bestimmt weitgehend den Lernprozeß der Schüler nach Art, Zeit, Dauer und Umfang. Die Aktivität der Schüler ist darauf beschränkt, das Angebot des Lehrers verstehend anzunehmen und nach Aufforderung darauf zu reagieren. Der darstellende Unterricht konkretisiert sich im *Frontalunterricht* als lehrerzentriertem Klassenunterricht. Er ist u. a. gekennzeichnet durch eine große Fremdsteuerung der Lerngruppe, einen »eindeutigen Transport des Lerngegenstandes vom Bewußtsein des Lehrers zu dem der Schüler« und den »einsinnigen Rücktransport« dessen, was der Lehrer vermittelt (VOGEL 1974, S. 33).

Bei der *erarbeitenden Unterrichtsform* (dem fragend-entwickelnden, Impulse setzenden und »aufgebenden« Verfahren – ebd., S. 34 ff.) werden die Schüler ebenfalls durch direkte oder indirekte Denkanstöße und Arbeitsanregungen »auf ein Ziel hin« geführt. Ihr Denken und Handeln bleibt somit abhängig von der Aktivität des Lehrers, der die zentrale Stellung im Unterrichtsprozeß einnimmt. Der erarbeitenden Unterrichtsform korrespondieren in erster Linie der *lehrerzentrierte Klassenunterricht* (z. B. beim fragend-entwickelnden und Impulse setzenden Verfahren) und die *Einzel-* oder *Alleinarbeit* (beim »aufgebenden« Verfahren). *Partner-* und *Gruppenarbeit* beschränken sich auf die vorgegebene zielgerichtete Erfüllung von Aufgaben und Arbeitsaufträgen.

Die *entdeckenlassende Unterrichtsform* (entdeckendes Lernen) ist dadurch gekennzeichnet, daß die Schüler die Chance zu selbstgesteuerten Lernprozessen erhalten, in denen sie sich möglichst über längere Unterrichtsphasen aktiv, kreativ und produktiv mit einem Lerngegenstand auseinandersetzen. Die Selbstfindung von Lösungen sowie die Selbsterprobung, -überprüfung und gegebenenfalls Selbstverantwortung von Ergebnissen und Entscheidungen durch die Lernenden gewinnen eine zentrale Bedeutung (vgl. VOGEL 1974, S. 43). Der Lehrer nimmt seine den Unterricht steuernde Funktion zurück und stellt statt dessen Arbeitsmittel bereit, macht Arbeitstechniken verfügbar, regt sprachliche und soziale Kommunikation an und steht den Schülern als Berater und Helfer zur Verfügung. Für den entdeckenlassenden Unterricht besonders geeignet sind z. B. das freie Unterrichtsgespräch, Projektarbeit, Gruppen-, Partner- und Einzelarbeit, Erkundungen und offene Schülerexperimente.

3 Begriffsproblematik und Ziele von Differenzierung und Individualisierung

Begriffsbestimmungen zu »Differenzierung« und »Individualisierung« beziehen sich auf gesellschaftliche, bildungspolitische und pädagogische Zielsetzungen, auf die unterschiedlichen Lernvoraussetzungen und Interessen der Schüler, auf organisatorische Maßnahmen zur Gruppierung nach bestimmten Differenzierungskriterien (z. B. Alter, Leistung, Begabung, Interesse) und auf die didaktisch-methodische Gestaltung differenzierter und individualisierter Lehr-/Lernprozesse (vgl. SCHAUB 1986, S. 341).

Seit etwa 1967 werden in der deutschen Differenzierungsliteratur die Differenzierungsformen häufig nach äußerer und innerer Differenzierung begrifflich systematisiert. Dieser Kategorisierung liegen meist organisatorische und räumliche Vorstellungen zur Gruppierung von Schülern zugrunde. Von *äußerer Differenzierung* ist dann die Rede, wenn die Gesamtheit einer Schülergroßgruppe (z. B. alle Schüler einer Jahrgangsstufe in einer Schule) nach bestimmten Differenzierungskriterien (z. B. erbrachter Leistung) »in relativ homogene Lerngruppen (z. B. in die Schulformen des gegliederten Schulsystems ...) relativ langfristig eingeteilt und räumlich getrennt voneinander unterrichtet werden« (ebd., S. 342). Dieser Lerngruppenorganisation entsprechen unter didaktischen Gesichtspunkten oft unterschiedliche Ziele, Inhalte, Methoden und Einstellungen der Lehrer. *Innere Differenzierung* (Binnendifferenzierung) wird dagegen als unterrichtsorganisatorische Maßnahme mit bestimmten pädagogisch-didaktischen Intentionen *innerhalb einer heterogen zusammengesetzten, gemeinsam unterrichteten Lerngruppe* geschen (vgl. KAISER/SCHAUB 1986, S. 327), die zeitlich begrenzte Schülergruppierungen nach Leistungsstand oder Interessenschwerpunkten einschließt. – Soll die Lernfähigkeit der Schüler optimal berücksichtigt werden, muß der Unterricht *individualisiert*, d. h. unter Aspekten wie z. B. Lernzeit und zusätzliche Hilfen jedem einzelnen Schüler angepaßt werden.

Die Unterscheidung innere versus äußere Differenzierung ist vor allem von TESCHNER und HAUSSER (vgl. HAUSSER 1980, S. 23 ff.) kritisiert worden, weil sie »einseitige bildungspolitische Präferenzen aufgrund vermeintlicher erziehungswissenschaftlicher Erkenntnisse« favorisiere (TESCHNER 1974, S. 151) und somit die dichotome Kategorisierung »innen« versus »außen« für einen multidimensionalen Sachverhalt unangemessen sei (vgl. HAUSSER 1980, S. 23 f.). HAUSSER schlägt statt dessen ein Begriffssystem vor, »das sich deskriptiv an institutionell unterscheidbare Ebenen schulischer Differenzierung hält«: *Schulsystemdifferenzierung* (z. B. die Einteilung der Schüler in der Sekundarstufe I in Hauptschule, Realschule und Gymnasium), *Schuldifferenzierung* (z. B. die Einteilung der Schüler einer Schule in Jahrgangsklassen oder Leistungskurse) und *Unterrichtsdifferenzierung* (z. B. die zeitweilige Einteilung der Schüler einer Jahrgangsklasse in Interessen- oder Fördergruppen – vgl. HAUSSER 1980, S. 24). Aus pragmatischen Gründen wird folgend an der Systematisierung »äußere« – »innere« Differenzierung festgehalten.

Die Frage nach den *Zielen* von Differenzierung und Individualisierung führt zurück in die Bildungsreformdiskussion der 60er Jahre, in der auf dem Hintergrund internationaler Entwicklungen Differenzierung zu einem zentralen Thema wurde. Die Aktualisierung des Differenzierungsproblems begründet sich u. a. in
– dem wirtschaftspolitischen und bildungsökonomischen Interesse (→ *Bildungsökonomie und Bildungsmanagement*) an hochqualifizierten und mobilitätsfähigen Arbeitskräften durch eine allgemeine Effektivierung des Unterrichts;
– dem gesellschaftlichen Interesse an der Verwirklichung des im Grundgesetz verankerten Rechts auf Bildung und Chancengleichheit durch optimale individuelle Förderung, soziale Integration und mehr Durchlässigkeit in den Bildungswegen bis zum Ende der Sekundarstufe I (→ *Strukturveränderungen im Bildungswesen ...*);
– dem pädagogischen Interesse an Überwindung der »volkstümlichen Bildung« und des »statischen Begabungsverständnisses« (→ *Intelligenz, Begabung und Umwelt*) zugunsten eines lebensbezogenen und wissenschaftsorientierten Lernens in allen Schulstufen und Schulformen (vgl. KAISER/SCHAUB 1986, S. 319 f.).

4 Konzepte der Differenzierung in der Gesamtschule und Unterrichtsformen

4.1 Äußere Fachleistungsdifferenzierung

Zur Verwirklichung dieser Ziele entwickelten die seit 1968 eingerichteten ersten Gesamtschulen in der Bundesrepublik Deutschland ein Differenzierungskonzept, »das im *Pflichtbereich* zwischen *Fächern mit Kernunterricht* in der *heterogenen Jahrgangsklasse* und *Fächern mit Fachleistungsdifferenzierung* in *homogenen klassenübergreifenden Kursen* auf *verschiedenen Anspruchsniveaus (setting)* unterscheidet sowie im *Wahlpflichtbereich* verschiedene fächerspezifische *Wahlpflichtkurse* zur Wahl stellt« (SCHAUB

1986, S. 343). Während im Bundesgebiet in der Mehrzahl der integrierten Gesamtschulen meist in den Fächern Englisch und Mathematik das Modell der *ABC-Differenzierung* (3 Niveaukurse, in den Anforderungen von A nach C abnehmend) praktiziert wurde, hatte Berlin in den Fächern Englisch, Mathematik, Deutsch und Physik das *FEGA-Modell* (F = Fortgeschrittenenkurs, E = Erweiterungskurs, G = Grundkurs, A = Anschlußkurs) eingeführt (→ *Strukturveränderungen im Bildungswesen ..., Die Gesamtschule).*

Das Konzept der *äußeren Fachleistungsdifferenzierung* geht von der (durch empirische Untersuchungen bis heute nicht eindeutig belegten) Annahme aus, daß Schüler in homogenen Gruppen besser lernen als in heterogenen. Es ist so organisiert, daß in allen Niveaukursen das für alle Schüler verbindliche *Fundamentum* vermittelt wird. Beim FEGA-Modell kann im Grundkurs die gesamte Wochenstundenzahl für das Fundamentum eingesetzt werden. In den Erweiterungs- und Fortgeschrittenenkursen haben die Schüler die Möglichkeit, das Fundamentum schneller zu absolvieren und in der verbleibenden Zeit entsprechend ihrer Leistungshöhe Zusatzangebote *(Addita)* zu erarbeiten, die jedoch das nachfolgende Fundamentum nicht vorwegnehmen dürfen. Die leistungsschwächeren Schüler setzen sich im Anschlußkurs in kleineren Gruppen und mit mehr Lehrerhilfe mit dem Fundamentum auseinander. Ein Kurswechsel (Auf- oder Abstieg) findet in der Regel am Ende eines Schulhalbjahres aufgrund der in informellen Tests oder Normarbeiten erreichten Kursnote statt. Sogenannte Liftkurse bieten für Aufsteiger in einen höheren Kurs das dort zu bewältigende Zusatzpensum an; in sogenannten Stützkursen (Förderkursen) können Schüler mit Lerndefiziten ihre Lücken ausgleichen und dadurch den Abstieg in einen niedrigeren Kurs vermeiden (vgl. SCHAUB 1986, S. 344; vgl. dazu: MASTMANN/FLÖSSNER/TESCHNER 1968; TESCHNER 1969; GAUDE/TESCHNER 1970; MASTMANN 1971 und 1975; FLÖSSNER 1973). Das Modell der ABC-Differenzierung folgt einem ähnlichen Ablaufschema (vgl. z. B. MORAWIETZ 1980, S. 31–37).

4.2 Flexible Fachleistungsdifferenzierung

Eine Alternative zu diesen Kern-Kurssystemen stellt die seit 1969/70 an der Gesamtschule Fröndenberg (Nordrhein-Westfalen) und in den folgenden Jahren in weiteren Gesamtschulen der Bundesrepublik Deutschland praktizierte *flexible Fachleistungsdifferenzierung* oder »bewegliche Unterrichtsdifferenzierung« (BUD) dar. Bei diesem Differenzierungsmodell werden drei oder vier Klassen eines Jahrgangs zu einer Organisationseinheit zusammengefaßt, in der Unterricht in Englisch und Mathematik jeweils parallel erteilt wird. In der ersten Phase jeder Unterrichtseinheit werden die Inhalte des Fundamentums in der heterogenen Großgruppe oder den Parallelklassen eingeführt und erarbeitet. Aufgrund der Ergebnisse eines Diagnosetests werden dann drei relativ *homogene Lerngruppen* gebildet, in denen entweder nur Zusatzinhalte (Addita) behandelt oder Lerndefizite beim Fundamentum ausgeglichen und danach Zusatzinhalte erarbeitet oder aber das Fundamentum in methodischer Abwandlung wiederholt und gefestigt werden (vgl. SCHMIDT 1973; EDELHOFF 1973 und 1975; MORAWIETZ 1980, S. 40–47; SCHITTKO 1984). Im Unterschied zu MORAWIETZ (1980, S. 46) zählt SCHITTKO (1984, S. 79) die Anwendung der flexiblen Fachleistungsdifferenzierung innerhalb einer Klasse zur »inneren Differenzierung«.

4.3 Das Team-Kleingruppen-Modell

Auf dem Hintergrund einer kritischen Bestandsaufnahme der meist selektiven Differenzierungswirkungen in den Gesamtschulen seit 1968 und der Gesamtschulempfehlungen des DEUTSCHEN BILDUNGSRATES (DEUTSCHER BILDUNGSRAT 1969, S. 37), ein Modell zur Erprobung vor allem innerer Differenzierung mit Elementen der Zusammenarbeit mehrerer Lehrer und mit gruppenteiligem Unterricht in der leistungsheterogenen Gruppe zu erproben, entwickelten Mitte der 70er Jahre die Planungsgruppen der Integrierten Gesamtschulen Göttingen-Geismar und Köln-Holweide zunächst unabhängig voneinander das sogenannte *Team-Kleingruppen-Modell* (TKM) (vgl. SCHAUB 1986, S. 345–348). Ziel seiner pädagogischen Konzeption in der Göttinger TKM-Schule ist, »soziale Integration, Abbau von Chancenungleichheit, soziales Lernen und optimale individuelle Förderung so zu realisieren, daß alle Kinder eines Altersjahrgangs unabhängig von ihrer sozialen Herkunft bis zum Ende des Sekundarbereichs I *gemeinsam in der heterogen zusammengesetzten Stammgruppe* lernen und dabei auf die unterschiedlichen Lern- und Sozialisationsvoraussetzungen der Schüler so eingegangen wird, daß möglichst allen ein gleichwertiger und qualitativ hoher Sekundar-I-Abschluß vermittelt werden kann« (SCHAUB 1986, S. 346); vgl. auch PROJEKTGRUPPE SIGS 1975, S. 203; WEILAND 1983, S. 48 ff.).

In der Göttinger TKM-Schule ist die *Großgruppe* eines Jahrgangs von 90 Schülern (= 3 Stammgruppen mit je 30 Schülern) die kleinste pädagogisch-organisatorische Einheit. Sie wird von einem *Lehrerteam* (6–8 Lehrern) betreut, das fast ausschließlich die Fächer der vorgeschriebenen Stundentafel in den drei Stammgruppen unterrichtet. Innerhalb der 30er Stammgruppe spielen die heterogen zusammengesetzten *Kleingruppen (Tischgruppen)* eine zentrale Rolle. Jeder Lehrer eines Teams ist zugleich *Tutor* von 2–3 Tischgruppen und damit die wichtigste Bezugsperson für diese Schüler und ihre Eltern. Zu einem Jahrgang gehören immer 180 Schüler, also 2 Teams mit je 3 Stammgruppen.

SCHLÖMERKEMPER (1981, S. 185 ff.) charakterisiert das TKM als eine »kommunikative« Form der Lernorganisation, die im Unterschied zu den »administrativen« Lernorganisationsformen der äußeren Differenzierung (z. B. der Fachleistungsdifferenzierung) *nicht selektiv* wirkt, d. h. die Schüler nicht nach ihrem Leistungsstand in relativ homogene Gruppen einteilt, getrennt voneinander unterrichtet und mit unterschiedlichen Abschlüssen »belohnt« – sondern ihnen die Chance gibt, sich z. B. an der Planung und Durchführung von Unterrichtsprozessen aktiv zu beteiligen, Interessen und Bedürfnisse in den Unterricht einzubringen und so zu Subjekten ihrer Lernprozesse zu werden (vgl. auch SCHLÖMERKEMPER 1987).

Äußere Fachleistungsdifferenzierung nach dem ABC- und dem FEGA-System wie auch *flexible Fachleistungsdifferenzierung* basieren auf der These vom Leistungsvorteil homogener Lerngruppen. Homogenität besteht jedoch immer nur in bezug auf *ein* Kriterium, nämlich die gemessene Leistung in einem bestimmten Stoffgebiet eines Faches zu einem bestimmten Zeitpunkt. Dennoch werden dieser Schülergruppierung oft gleiche Lernfähigkeit und gleiches Lerntempo unterstellt. Dieser Umstand und die Tatsache, daß der Unterricht weitgehend auf operationalisierte Lernziele ausgerichtet ist, begünstigen in der Fachleistungsdifferenzierung die *darstellende* und die *erarbeitende Unterrichtsform* mit dem für alle gemeinsamen *lehrer- und lernzielbezogenen Klassenunterricht* und die *Einzelarbeit*. Dabei werden die Schüleraktivitäten einsinnig auf die definierten Ziele hin orientiert, die Lernergebnisse an der Zielerreichung gemessen und beurteilt. Für unterrichtliche Formen der Kommunikation und Interaktion zwischen den Schülern bleibt wenig Spielraum.

Das *Team-Kleingruppen-Modell* dagegen strebt seine Ziele »soziale Integration«, »soziales Lernen« und »optimale individuelle Förderung« ausdrücklich in der heterogenen Stammgruppe an. Es erhebt nicht die erbrachte Leistung zum Kriterium für Selektion, sondern will den Schülern ermöglichen, durch Eigenaktivitäten unterschiedlicher Art ihre Lernprozesse mitzusteuern und so zu einem qualitativ hohen Sekundar-I-Abschluß zu gelangen. Das erfordert neben immer wieder notwendigen Phasen darstellenden und erarbeitenden Unterrichts in verstärktem Maße einen *entdeckenlassenden Unterricht*, in dem freie Unterrichtsgespräche – auch als Klassengespräche über Schülerprobleme –, Erkundungen, Projekte, Gruppenarbeit und offene Schülerexperimente einen wichtigen Stellenwert haben.

5 Konzepte der inneren Differenzierung (Binnendifferenzierung) und Unterrichtsformen

Die in der Literatur vorfindlichen Strukturierungs- und Theorieansätze zur *inneren Differenzierung* unterscheiden sich hauptsächlich in bezug auf die Strukturierungsmomente, die sie akzentuieren, und deren unterrichtstheoretischen Beziehungszusammenhang (vgl. KAISER 1986, S. 331 ff.):
– MORAWIETZ unterscheidet z. B. Formen der Binnendifferenzierung nach Gruppenarbeit, Partnerarbeit, Einzelarbeit und daraus weiterentwickelten neuen Formen wie innere Wahldifferenzierung (vgl. MORAWIETZ 1980, S. 59 f.). Dieser Strukturierungsversuch nach Organisationsformen innerer Differenzierung ist weit verbreitet, läßt aber die Einbindung in einen unterrichtstheoretischen Zusammenhang vermissen.
– Der Klassifikationsversuch von WINKELER, alle Formen der inneren Differenzierung in die *vier Gruppen* soziale, methodische, mediale und thematisch-intentionale Differenzierung einzuteilen (vgl. WINKELER 1975, S. 43 ff.), ist zwar an Strukturmomenten des Unterrichts orientiert, doch wird deren Interdependenz bei der Planung von Unterrichtsprozessen nicht ausdrücklich berücksichtigt (→ *Unterrichtsvorbereitung und Unterrichtsplanung*).

Theoretisch wesentlich konsequenter durchdacht und für den Unterricht planender Lehrer hilfreich sind das »Dimensionen- und Kriterienschema zur inneren Differenzierung« von KLAFKI/STÖCKER, das WINKELER zu einem eigenen Ordnungs- und Strukturraster umgearbeitet hat (vgl. WINKELER 1979, S. 49), und der »Umriß einer Theorie differenzierenden Unterrichts« von GEPPERT/PREUSS.
– Das *Dimensionen- und Kriterienschema* von KLAFKI/STÖCKER (vgl. KLAFKI/STÖCKER 1976, S. 503 ff.) beinhaltet drei Dimensionen. Die Dimension A, »*Unterrichtsphasen*«, ist durch die Frage konstituiert: »In welcher Phase des Unterrichts will ich oder kann ich Differenzierung durchführen?« Der Dimension B, »*Differenzierungsaspekte*«, liegt die Fragestellung zugrunde: »Unter welchen Gesichtspunkten kann es sinnvoll sein oder ist es notwendig, Schüler differenziert anzusprechen?« Die Dimension C verweist darauf, daß die Auseinandersetzung mit Unterrichtsinhalten »auf unterschiedlichen *Aneignungs- und Handlungsebenen* erfolgen kann« (vgl. *Abb. 1*).

B Differenzierungsaspekte A Unterrichtsphasen	1. Stoffumfang/ Zeitaufwand	2. Komplexitätsgrad	3. Anzahl der notwendigen Durchgänge	4. Notwendigkeit direkter Hilfe/ Grad der Selbständigkeit	5. Art der inhaltl. oder method. Zugänge/der Vorerfahrungen	6. Kooperationsfähigkeit
I. Aufgabenstellung/ -entwicklung						
II. Erarbeitung						
III. Festigung						
IV. Anwendung/ Transfer						

C. Aneignungs- bzw. Handlungsebenen
a) konkrete Aneignungs- bzw. Handlungsebene
b) explizit-sprachliche Aneignungs- bzw. Handlungsebene
c) rein gedankliche Aneignungs- bzw. Handlungsebene

Abb. 1: Dimensionen- und Kriterienraster zur inneren Differenzierung (aus KLAFKI/STÖCKER 1976, S. 508)

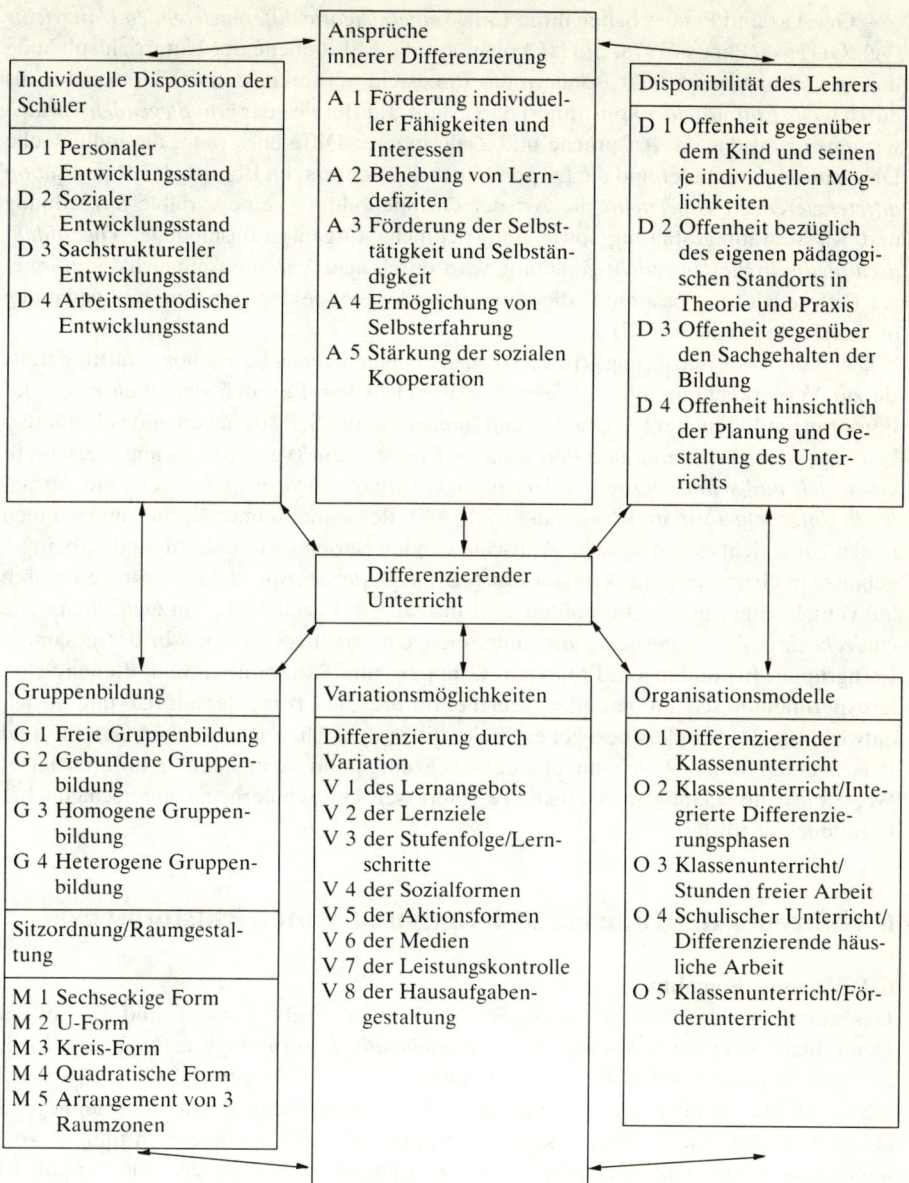

Abb. 2: Raster für eine differenzierende Unterrichtsplanung (aus: GEPPERT/PREUSS 1978. S. 72).

– GEPPERT und PREUSS haben ihren *Umriß einer Theorie differenzierenden Unterrichts* (vgl. GEPPERT/PREUSS 1978, S. 11 ff.) nicht auf die Mikroebene der Unterrichtsplanung und -gestaltung beschränkt, sondern das Praxisfeld »differenzierender Unterricht« als durch *sechs Einflußfelder* konstituiert dargestellt. Im Bereich der *grundlegenden Voraussetzungen* sind das die Ansprüche und Ziele innerer Differenzierung, die individuelle Disposition der Schüler und die Disponibilität des Lehrers, im Bereich der *Organisation differenzierenden Unterrichts* die Art der Gruppenbildung, eine variable Sitzordnung und Klassenraumgestaltung sowie unterrichtliche Organisationsmodelle. Die *didaktisch-methodische Unterrichtsgestaltung* wird durch acht Variationsmöglichkeiten innerer Differenzierung bestimmt, die überwiegend an Aspekten der Unterrichtsplanung orientiert sind (vgl. *Abb. 2*).

Da innere Differenzierung grundsätzlich in der *heterogenen* Lerngruppe stattfindet, ist sie zur Verwirklichung ihrer Ziele eines Ausgleichs von Lerndefiziten ebenso wie der Förderung individueller Fähigkeiten und Interessen, der Selbsttätigkeit und Selbständigkeit, der Selbsterfahrung und der sozialen Kooperation (vgl. *Abb. 2*) angewiesen auf einen *ziel- und schülerbezogenen Wechsel von Unterrichtsformen*. Während die *darstellende Unterrichtsform* im Klassenunterricht z. B. der gemeinsamen Einführung in einen neuen Unterrichtsgegenstand bzw. abschließenden Berichten über Lern- und Arbeitsergebnisse in Gruppen dient, kann die *erarbeitende Unterrichtsform* dazu beitragen, durch individuell zugewiesene Lernhilfen in Einzelarbeit Lerndefizite auszugleichen. Die *entdeckenlassende Unterrichtsform* mit freien Unterrichtsgesprächen in der gesamten Lerngruppe, Erkundungen, Projekten, Gruppen- und Partnerarbeit und offenen Schülerexperimenten scheint besonders geeignet für die Umsetzung der auf Ich- und Sozialentwicklung des Schülers bezogenen Ziele, die in dem Theorieansatz von GEPPERT und PREUSS einen hohen Rang einnehmen. Gleichzeitig kann sie in vielfältig differenzierter Weise die Entwicklung sachgerechter Interessen bei Schülern mit unterschiedlicher Lernfähigkeit fördern.

6 Konzepte der Individualisierung und Unterrichtsformen

6.1 Mastery learning

Das amerikanische Konzept des »*mastery learning*« von CARROLL und BLOOM, in Deutschland bekannt geworden als »*zielerreichendes Lernen*« (vgl. z. B. GLASER 1963, dt. 1973; CARROLL 1963, dt. 1973; BLOOM 1970, 1973; FLAMMER 1973, 1975), will möglichst alle Schüler zur nahezu vollständigen Beherrschung der als grundlegend erachteten Lernziele in den hierarchisch strukturierbaren Lernbereichen führen. Voraussetzung für den Unterricht sind *operationalisierte Lernziele*; die zentrale Variable ist die *Lernzeit*, die ein Schüler bis zur Erreichung eines Lernziels benötigt. Je nach ihrem Stand im Lernprozeß und ihrem individuellen Lerntempo müssen den Schülern also unterschiedlich lange Lernzeiten zugestanden werden.

In einer späteren Arbeit wendet sich BLOOM (vgl. BLOOM 1976; FEND 1980, S. 92 ff.) vor allem gegen die Vorstellung von den individuellen Differenzen in der Lernfähigkeit der Schüler und stellt ihr die These entgegen, »daß die meisten Schüler in ihrer Lernfähigkeit, der Geschwindigkeit des Lernens und der Motivation für weitere Lernprozesse sehr ähnlich werden, wenn sie günstigen Lernbedingungen begegnen« (FEND 1980, S. 92). In seinem »mastery concept« versucht er, durch optimale Lernbedingungen eine Verringerung der Unterschiede in den Lernergebnissen und -fähigkeiten herbeizuführen. Untersuchungen zu diesem Konzept haben bestätigt, daß langsame Lerner das Leistungsniveau der schnellen tatsächlich erreichen können, wenn sie häufig eine Rückmeldung über ihre spezifischen Lernausfälle sowie eine Zusatzhilfe erhalten, die genau auf diese Ausfälle abgestimmt ist.

6.2 IPI-Projekt (Individually Prescribed Instruction)

Von der Annahme, daß das Basisniveau der Beherrschung grundlegender Lernziele für alle Schüler angehoben werden kann, gehen auch andere Individualisierungsansätze aus. Die Konzeption des *IPI-Projekts* (Individually Prescribed Instruction) (vgl. FEND 1980, S. 90ff.) baut z. B. auf den nachweisbaren Vorzügen der Programmierten Instruktion auf und wurde in den USA bisher in den Lernbereichen Lesen, Mathematik und Naturwissenschaften unterrichtlich erfolgreich umgesetzt. Die Effektivität dieses Projekts begründet sich in dem gelungenen Versuch, die wichtigsten den Unterrichtsverlauf konstituierenden Momente wissenschaftlich befriedigend und praktisch realisierbar auszuweisen: Die Lehrziele werden operationalisiert. Die Fähigkeiten des Schülers und sein sachstruktureller Kenntnisstand werden hinsichtlich ihrer Langzeit- und Kurzzeitgeschichte diagnostiziert. Die Diagnoseergebnisse bestimmen die Zuteilung des Lehrstoffes an die Lerngruppe. Im Verlauf des Lernprozesses werden für den möglichen Einsatz korrigierender Hilfen die Arbeitsweise jedes Schülers beobachtet und sein Lernfortschritt an bestimmten Stellen gemessen. – Der Lehrer ist in diesem Unterrichtssystem vorrangig Berater, hilft den Lernprozeß planen, überwacht und steuert das individuelle Lernverhalten der Schüler.

Die *Individualisierungskonzepte* streben – im Rahmen eines für eine Lern*gruppe* aufbereiteten Lehrstoffes – optimale, auf die Fähigkeiten des einzelnen Schülers bezogene Lernbedingungen an. Kriterien sind die operationalisierten Lehrziele, die wichtigsten Variablen sind die Lernzeit, Häufigkeit und Art der Rückmeldung über den individuellen Lernfortschritt sowie individuelle korrigierende Lernhilfen (→ *Didaktik und Curriculum / Lehrplan*). Dementsprechend erhält die *darstellende Unterrichtsform* als *lehrzielorientierter Klassenunterricht* oder *programmierte Unterweisung* die wichtige Funktion, in ein neues Lehrgebiet einzuführen bzw. Inhalte und Erarbeitungsmethoden neuer Lernschritte zu vermitteln. Die *erarbeitende Unterrichtsform* als Einzelarbeit steht in der Phase der individuellen Aneignung des Lehrstoffes im Mittelpunkt. Sie ermöglicht unterschiedliche Lernzeiten, methodische Variationen in der Präsentation der Lernschritte und die individuelle Zuteilung korrigierender Hilfen. Formen des *entdeckenlassenden Unterrichts* sind in diesen Individualisierungskonzepten nicht vorgesehen.

Der Beziehungszusammenhang zwischen Differenzierung, Individualisierung und Unterrichtsformen ist in der deutschen pädagogischen Literatur bisher nur ansatzweise thematisiert worden. Das mag in der häufig einseitigen Präferierung kognitiver und auf den Ausgleich von Lerndefiziten bezogener Differenzierungs- und Individualisierungsziele begründet sein. Dabei bleibt außer acht, daß z. B. die Entwicklung von Sachinteressen, Selbständigkeit, Selbstwertgefühl und Kooperation eine wichtige Voraussetzung für die Bereitschaft und Fähigkeit vieler Schüler ist, bestimmte Leistungsschwächen zu beheben. Die Formen des *entdeckenlassenden Unterrichts* könnten Freude am Lernen wecken bzw. wieder erwecken. Ihre Einsatzmöglichkeiten und Wirkungen bei der

Förderung gerade auch lernschwach erscheinender Schüler zu erforschen ist eine lohnende schulpädagogische Aufgabe.

Literatur

BLOOM, B. S.: Alle Schüler schaffen es. In: betrifft: erziehung 3 (1970), S. 15–20
–: Individuelle Unterschiede in der Schulleistung: ein überholtes Problem? In: EDELSTEIN, W./ HOPF, D. (Hrsg.): Bedingungen des Bildungsprozesses, a.a.O., S. 251–284
–: Human Characteristics and School Learning. New York 1976
CARROLL, J. B.: Ein Modell schulischen Lernens. In: EDELSTEIN, W./HOPF, D. (Hrsg.): Bedingungen des Bildungsprozesses, a.a.O., S. 234–250
DEUTSCHER BILDUNGSRAT: Einrichtung von Schulversuchen mit Gesamtschulen (Empfehlungen der Bildungskommission). Stuttgart 1969
EDELHOFF, C.: Bewegliche Differenzierung – Beispiel Englischunterricht. Bericht aus der Gesamtschule Fröndenberg. In: KEIM, W. (Hrsg.): Gesamtschule. Bilanz ihrer Praxis. Hamburg 1973, S. 227–236
–: Differenzierung im Englischunterricht der Sekundarstufe I. In: Die Deutsche Schule 67 (1975) 9, S. 620–636
EDELSTEIN, W./HOPF, D. (Hrsg.): Bedingungen des Bildungsprozesses. Stuttgart 1973
FEND, H.: Theorie der Schule. München 1980
FLAMMER, A.: Individuelle Unterschiede im Lernen. Weinheim/Basel 1975
–: Wechselwirkung zwischen Schülermerkmal und Unterrichtsmethode. In: Zeitschrift für Entwicklungspsychologie und Pädagogische Psychologie 5 (1973), S. 130–147
FLÖSSNER, W.: Ansatz, Entwicklung und Ergebnisse der Fachleistungsdifferenzierung an der Walter-Gropius-Schule in Berlin/Britz-Buckow-Rudow. In: KEIM, W. (Hrsg.): Gesamtschule. Bilanz ihrer Praxis. Hamburg 1973, S. 167–196
GAUDE, P./TESCHNER, W. P.: Objektivierte Leistungsmessung in der Schule. Frankfurt/Berlin/München 1970
GEPPERT, K./PREUSS, U.: Differenzierender Unterricht konkret. Bad Heilbrunn 1978
GLASER, R.: Lernen und individuelle Unterschiede. In: EDELSTEIN, W./HOPF, D. (Hrsg.): Bedingungen des Bildungsprozesses, a.a.O., S. 332–350
HAUSSER, K.: Die Einteilung von Schülern. Weinheim/Basel 1980
KAISER, E.: Innere Differenzierung (Binnendifferenzierung) in Schule und Unterricht. In: TWELLMANN, W. (Hrsg.): Handbuch Schule und Unterricht, a.a.O., S. 327–340
–/Schaub, H.: Grundzüge der historischen Entwicklung von Schulsystem- und Schuldifferenzierung zwischen 1800 und 1970. In: TWELLMANN, W. (Hrsg.): Handbuch Schule und Unterricht, a.a.O., S. 312–326
KEIM, W. (Hrsg.): Gesamtschule. Bilanz ihrer Praxis. Hamburg 1973
KLAFKI, W./STÖCKER, H.: Innere Differenzierung des Unterrichts. In: Zeitschrift für Pädagogik 22 (1976), S. 497ff.
KÖCK, O./OTT, H.: Wörterbuch für Erziehung und Unterricht. Donauwörth 1979
MASTMANN, H. (Hrsg.): Differenzierung und Individualisierung in der Gesamtschule. Schwalbach b. Frankfurt 1971
– (Hrsg.): Die Praxis der Gesamtschule. Schwalbach b. Frankfurt 1975
–/FLÖSSNER, W./TESCHNER, W.-P. (Hrsg.): Gesamtschule. Ein Handbuch der Planung und Entwicklung. Schwalbach b. Frankfurt 1968
MEMMERT, W.: Didaktik in Grafiken und Tabellen. Bad Heilbrunn 1977
MORAWIETZ, H.: Unterrichtsdifferenzierung. Weinheim/Basel 1980
PROJEKTGRUPPE SIGS: Soziale Interaktion in der Gesamtschule (Niedersächsischer Kultusminister. Reihe: Schulversuche und Schulreform. Bd. 9). Hannover 1975
ROTH, L.: Effektivität von Unterrichtsmethoden. Hannover 1971, ²1977
SCHAUB, H.: Konzepte und Formen der Differenzierung im Sekundarbereich I der Integrierten Gesamtschule und des gegliederten Schulsystems. In: TWELLMANN, W. (Hrsg.): Handbuch Schule und Unterricht, a.a.O., S. 341–362

SCHITTKO, K.: Differenzierung in Schule und Unterricht. München 1984
SCHLÖMERKEMPER, J.: Schulische Differenzierung im gesellschaftlichen Kontext. In: HAUSSER, K. (Hrsg.): Modelle schulischer Differenzierung. München 1981, S. 185–201
–: Lernen im Team-Kleingruppen-Modell. Frankfurt/M./Bern u. a. 1987
SCHMIDT, U.: Bedingungen flexibler Differenzierung. In: KEIM, W. (Hrsg.): Gesamtschule. Bilanz ihrer Praxis, a.a.O., S. 218–226
STEINDORF, G.: Grundbegriffe des Lehrens und Lernens. Bad Heilbrunn 1981
TESCHNER, W.-P.: Differenzierung. In: WULF, CH. (Hrsg.): Wörterbuch der Erziehung. München 1974, S. 150–156
–: Unterricht in Fachleistungskursen ... In: Gesamtschule 1 (1969) 1, S. 22–28; 1 (1969) 3, S. 26–30
TWELLMANN, W. (Hrsg.): Handbuch Schule und Unterricht. Bd. 8.1. Düsseldorf 1986
VOGEL, A.: Unterrichtsformen I. Ravensburg 1974
WEILAND, D.: Zauberwort TKM. Leichter lernen und arbeiten. In: betrifft: erziehung 16 (1983), S. 47–53
WINKELER, R.: Differenzierung. Ravensburg 1975
–: Innere Differenzierung. Ravensburg 1979

Gerhard Tulodziecki

Medien in Unterricht und Erziehung

1 Medienbegriff und Problemlage

Kinder und Jugendliche setzen sich in unterrichtlichen und erzieherischen Situationen mit bestimmten Inhalten auseinander. Die Inhalte können in verschiedener Form dargestellt werden.

Soll beispielsweise der Inhalt des Begriffs »Park« vermittelt werden, kann der Lehrer mit den Kindern einen Park aufsuchen und dort Erkundungen anstellen; er kann den Begriffsinhalt jedoch auch mit Hilfe eines Sandkastenmodells von einem Park erarbeiten; des weiteren kann er eine Diaserie über Parks zeigen; schließlich wäre es möglich, den Begriff »Park« verbal zu erläutern.

Gemäß diesem Beispiel lassen sich prinzipiell folgende Formen der Darstellung von Inhalten unterscheiden:
- reale Form, diese ist z. B. beim Handeln in der Wirklichkeit, bei der personalen Begegnung mit Menschen oder beim realen Umgang mit Sachen gegeben,
- modellhafte Form, diese liegt z. B. beim Umgang mit Modellen oder beim simulierten Handeln im Rollenspiel vor,
- bildhafte Form, diese entspricht z. B. der Information mit Hilfe realgetreuer oder schematischer Darstellungen,
- symbolische Form, diese besteht z. B. in der Information durch schriftliche oder mündliche verbale Darstellungen.

Im allgemeinsten Sinne des Wortes kann man die Form, in der ein Inhalt präsentiert wird, als *Medium* bezeichnen. Geht man von einem solch weiten Medienbegriff aus, so hat jeder unterrichtliche und erzieherische Vorgang eine mediale Komponente. Diese ist mitentscheidend für die inhaltlichen Vorstellungen, die Kinder und Jugendliche von der Wirklichkeit entwickeln. Dabei ist zu bedenken, daß bereits die modellhafte Form der Präsentation eines Inhalts eine Reduktion im Vergleich zur Wirklichkeit bedeutet. Gleiches gilt für bildhafte und erst recht für symbolische Darstellungen. Lerntheoretisch folgt daraus, daß Begriffe und inhaltliche Aussagen möglichst aus dem konkreten Handeln in der Realität erwachsen sollten. Bei nur modellhaften, bildhaften oder symbolischen Darstellungsformen besteht immer die Gefahr, daß sich unangemessene bzw. irreführende Vorstellungen über die Realität ausbilden (vgl. BRUNER/OLSON 1975, S. 197 ff.).

Dies heißt allerdings nicht, daß Unterricht stets mit konkretem Handeln in der Realität beginnen müßte. Dort, wo aufgrund des bisherigen Lebens- und Bildungsweges bereits *unmittelbare Erfahrungen* zu einem Wirklichkeitsbereich vorliegen, kann selbstverständlich auf diese zurückgegriffen und mit *modellhaften, bildhaften* oder *symbolischen Darstellungsformen* angemessen gelernt werden. Unter Umständen bietet es sich auch an, einen Wirklichkeitsbereich bzw. Inhalt wegen der besseren Überschaubarkeit und der Möglichkeit der Typisierung bzw. des Sichtbarmachens von Strukturen zunächst über modellhafte oder bildhafte, eventuell auch über symbolische Darstellungen zu

erschließen. Dann ist es jedoch wichtig, an geeigneter Stelle den Rückbezug auf die Realität zu leisten. Diese Überlegungen legen zwei zentrale Fragen nahe:
- Welche Darstellungsformen bzw. Medien sind – unter Beachtung der Vorerfahrungen von Lernenden – geeignet, angemessene Vorstellungen über den jeweils zu behandelnden Wirklichkeitsausschnitt zu erzeugen?
- Wie kann man der Gefahr, daß durch Medien unter Umständen unangemessene bzw. irreführende Vorstellungen erzeugt werden, begegnen?

Die erste Frage wird üblicherweise dem Bereich der *Mediendidaktik* zugeordnet. In der Mediendidaktik geht es vor allem um eine sinnvolle Mediennutzung zur Initiierung oder Unterstützung von Lernprozessen.

Die zweite Frage verweist auf den Bereich der *Medienerziehung*. In der Medienerziehung werden die Medien mit ihren Möglichkeiten und Problemen selbst zum Gegenstand unterrichtlicher oder erzieherischer Reflexion.

Mediendidaktik und Medienerziehung sind nicht als getrennte, sondern als aufeinander bezogene Bereiche zu verstehen. Sie lassen sich unter dem Oberbegriff der *Medienpädagogik* zusammenfassen (vgl. FRÖHLICH 1982, S. 4ff.).

Allerdings ist die Begriffsverwendung in der Literatur nicht einheitlich. Dies gilt auch für den Medienbegriff selbst. Insbesondere ist neben dem bisher verwendeten *weiten Medienbegriff* ein *engerer Medienbegriff* anzutreffen. In einem engeren Sinne wird nur dann von Medien gesprochen, wenn Informationen mit Hilfe technischer Geräte gespeichert oder übertragen und in bildhafter oder symbolischer Darstellung wiedergegeben werden. Beispiele dafür sind Arbeits- und Diaprojektion, Film, Video und Fernsehen, Schallplatte, Tonband und Hörfunk, Bildplatte, Bildschirmtext und Computersimulation (vgl. HAGEMANN/TULODZIECKI 1978, S. 18ff.). Dabei umfaßt der engere Medienbegriff sowohl die technischen Geräte bzw. Einrichtungen zur Speicherung oder Übertragung von Informationen als auch die dazugehörigen AV-Materialien bzw. die Soft- oder Teachware sowie deren funktionales Zusammenwirken im Vorgang der Kommunikation.

Aus pädagogischer Sicht bietet es sich an, zunächst von einem *weiten* Medienbegriff auszugehen. Damit wird sichergestellt, daß ein für pädagogische *Interaktionen* bedeutsamer Aspekt generell im Blick bleibt: die Form, in der Informationen bzw. Inhalte vermittelt werden. Auf der Basis eines solch weiten Medienbegriffs können dann spezielle Medien durch geeignete Adjektive gekennzeichnet werden. In diesem Sinne sind die obigen – unter einem *engeren* Medienbegriff angeführten – Medien als *technische Medien* zu bezeichnen.

In der pädagogischen Diskussion kommt den technischen Medien eine besondere Bedeutung zu: einerseits, weil man sich von ihnen besondere unterrichtliche Möglichkeiten verspricht, andererseits, weil von ihnen bestimmte Gefährdungen ausgehen. Aus diesen Gründen werden sich die folgenden Ausführungen schwerpunktmäßig auf die technischen Medien beziehen.

2 Medienpädagogische Konzepte in historischer und systematischer Sicht

Lehrer und Erzieher haben sich schon immer Gedanken darüber gemacht, in welcher Form die zu lernenden Inhalte an die Kinder und Jugendlichen herangetragen werden sollen und welche Hilfsmittel für das Lernen geeignet erscheinen. Ein früher Ausdruck dieser Überlegungen ist z. B. das von COMENIUS (1658) herausgegebene bebilderte Lehrbuch »Orbis sensualium pictus«. Auch in der Folgezeit haben Pädagogen immer wieder über geeignete Anschauungsmittel für das Lehren und Arbeitsmittel für das Lernen nachgedacht (vgl. DÖRING 1969). Allerdings blieben diese Überlegungen letztlich der *Methodik* von Unterricht (→ *Methoden des Unterrichts*) zugeordnet. Erst als HEIMANN (1962) *Medienwahl* unter dem Eindruck der zunehmenden Bedeutung elektronischer Massenmedien neben *Intention*, *Thematik* und *Methodik* als eigenes Strukturmoment des Unterrichts auswies (→ *Didaktik und Curriculum / Lehrplan*), entwickelte sich im deutschsprachigen Raum eine eigenständige Mediendidaktik. Mit der zunehmenden Bedeutung des Fernsehens mündeten darüber hinaus frühere Ansätze zur Lese-, Hör- und Filmerziehung in eine umfassendere Medienerziehung ein.

Im folgenden sollen die medienpädagogischen Konzepte, die sich im Laufe der Zeit herausgebildet haben, kurz skizziert werden. Dabei müssen vielfältige Entwicklungslinien zusammengefaßt werden, was notwendigerweise zu einer vereinfachten Darstellung der komplexen Mediendiskussion führt. Darüber hinaus ist die Entwicklung nicht als linear anzusehen. Alte Konzepte werden nicht einfach durch neue ersetzt, sie existieren vielmehr neben den neuen Konzepten weiter und behalten in bestimmten Bereichen ihre Bedeutung. Insofern liefert die kurze historische Betrachtung zugleich eine Übersicht über die heute (noch) relevanten Ansätze zur Medienpädagogik.

Wegen des teilweise getrennten Verlaufs der Diskussion im Bereich von Mediendidaktik und Medienerziehung werden die Entwicklungen separat dargestellt. Im Hinblick auf die Medien*didaktik* lehne ich mich vor allem an die Arbeiten von DÖRING (1974) und FLECHSIG (1976) an, im Bereich der Medien*erziehung* vor allem an die Arbeiten von BAACKE (1978) und FRÖHLICH (1982).

2.1 Mediendidaktische Konzepte

Bilder und Bildtafeln sind stets ein wichtiges Mittel zur Veranschaulichung von Unterrichtsinhalten gewesen. Im Laufe der technischen Entwicklung kamen Fotografie, Diapositiv und Arbeitstransparent hinzu. Diese Medien sind dadurch charakterisiert, daß der Lehrer sie – je nach den unterrichtlichen Erfordernissen – flexibel einsetzen kann. Die Flexibilität bezieht sich sowohl auf die Funktion im Unterrichtsablauf als auch auf die Aufgabenstellungen und Kommentierungen, die sich damit verknüpfen lassen. Man kann solche Medien mit »Werkzeugen« vergleichen, die dem Lehrer für seinen Unterricht zur Verfügung stehen. Deshalb bezeichnet man das entsprechende Verwendungskonzept auch als *»Werkzeugkonzept«*.

Mit dem Aufkommen der komplexeren Medien Film, Hörfunk und Fernsehen sowie dem Versuch, diese für Lehr-Lern-Zwecke zu verwenden, veränderte sich der Stellenwert von technischen Medien im Unterricht. Unterrichtsfilme, Schulfunk- und Schulfernsehsendungen weisen neben inhaltlichen Aussagen eine zeitliche und didaktische Struktur auf, die dem Lehr-Lern-Ablauf nicht beliebig angepaßt werden kann. Insofern haben diese Medien weniger den Charakter von »Werkzeugen«, sondern eher den von »Bausteinen«. Die »Bausteine« können entweder als Bereicherung oder als integrierter Bestandteil von Unterricht verwendet werden. Im ersten Fall spricht man von Enrichment-, im zweiten Fall von Kontextmodell. Beide Varianten machen das *»Bausteinkonzept«* der Medienverwendung aus.

Sowohl beim Werkzeug- als auch beim Bausteinkonzept bleiben Unterrichtsplanung und -durchführung in der Hand des Lehrers, selbst wenn er beim Bausteinkonzept für eine bestimmte zeitliche bzw. didaktische Phase des Unterrichts hinter das Medium zurücktritt (→ *Unterrichtsplanung und Unterrichtsvorbereitung*). Anders ist dies bei einem dritten Konzept: dem *Medienverbundsystem*. Sein Kennzeichen liegt darin, daß der Unterricht durch Expertenteams vorgeplant und für jede Phase des Lehr-Lern-Ablaufs ein bestimmtes Medium bereitgestellt wird. So mag etwa für den Einstieg in ein Thema eine Fernsehsendung, für die Erarbeitung von Informationen ein nach den Prinzipien der Programmierten Unterweisung gestaltetes Buchprogramm, für die Zusammenfassung und Anwendung ein Satz von Arbeitstransparenten und für die Weiterführung ein Arbeitstext entwickelt werden. Der Lehrer behält zwar die Verantwortung für den Einsatz entsprechender Medienverbundsysteme. Wenn er sich für deren Verwendung entschieden hat, verändern sich jedoch seine Aufgaben. Er wird vor allem zum Organisator von Lernprozessen sowie zum Berater und verliert seine Rolle als Gestalter von Unterricht (→ *Lehrer/Lehrerin*).

Mit dem Medienverbundkonzept sind verschiedene Probleme verknüpft, z. B. externe Bestimmung des Unterrichts, Zurückdrängen personaler Beziehungen, Vernachlässigung sozialer Bedürfnisse, eingeschränktes Zweck-Mittel-Denken. Diese Probleme haben dazu geführt, daß sich Medienverbundprogramme im schulischen Rahmen letztlich nicht durchsetzen konnten. Sie sind heute praktisch nur noch im außerschulischen Bereich bzw. im Bereich der Erwachsenenbildung anzutreffen (→ *Erwachsenenbildung und Weiterbildung*). Dort sind die oben genannten Nachteile nicht so gravierend, während die Vorzüge von Medienverbundprogrammen besser zur Gestaltung kommen können.

Die Kritik am Medienverbundkonzept sowie die technische Weiterentwicklung haben zu einem weiteren Konzept geführt, das man in Abhebung von den bisherigen Konzepten als *Interaktionskonzept* bezeichnen kann. Grundlegend für dieses Konzept ist die Forderung, daß Lernen nicht einfach als Prozeß der Vermittlung von Kenntnissen, Fähigkeiten und Fertigkeiten von einem Lehrer oder Lehrsystem an einen Lernenden zu betrachten ist. Lernen soll vielmehr als aktive Auseinandersetzung eines Lernenden mit seiner *Lernumgebung* gestaltet werden. Elemente einer solchen Lernumgebung können unter anderem technische Medien sein. So lassen sich beispielsweise bestimmte Informationen, die Lernende zur Lösung eines Problems benötigen, durch Zugriff auf bestimmte Sequenzen eines interaktiven Bildplattensystems oder durch die Nutzung eines computergestützten Informationssystems erarbeiten. Die technische Entwicklung wird hier viele neue Möglichkeiten schaffen. Allerdings ist – auch vor dem Hintergrund der eingangs erwähnten lerntheoretischen Bedeutung verschiedener Darstellungsformen – darauf zu achten, daß die Realität nicht zunehmend hinter künstlichen Lernumgebungen verschwindet.

2.2 Medienerzieherische Konzepte

Medienerzieherische Überlegungen standen anfänglich unter dem Eindruck der Verbreitung von Presse- und Filmerzeugnissen, die einzelnen Pädagogen suspekt erschienen. Beispielsweise verbreitete sich der Film zunächst als Jahrmarktvergnügen. Es entstand die Sorge, daß »Schundliteratur« und »Filmspektakel« den Kindern und Jugendlichen schaden könnten. Aus dieser Sorge entwickelten sich zwei Zielrichtungen: Erstens sollte vermeintlich Gefährdendes von den Kindern und Jugendlichen ferngehalten und zweitens der Sinn für gute Presseerzeugnisse und den wertvollen Film geweckt werden. Das damit verbundene Konzept kann man als *präventive Medienerziehung* bezeichnen.

Präventive Medienerziehung hatte jedoch zwei Schwächen. Zum einen ließ sie sich mit der zunehmenden Verbreitung elektronischer Medien – insbesondere des Fernsehens – aus praktischen Gründen nicht durchhalten, da nun immer mehr Kinder und Jugendliche freien Zugang zu den Medienangeboten bekamen. Zum anderen ging sie letztlich von einem schutzbedürftigen und unmündigen Rezipienten aus. Angesichts der Medienentwicklung schien es angemessener, den mündigen und kritischen Rezipienten anzustreben, der in der Lage ist, Manipulationstechniken der Medien zu durchschauen, verführerischen Medieninhalten auf der Basis eigenständiger Beurteilungen zu widerstehen und kulturell bedeutsame Medienangebote im Sinne ästhetischer Bildung zu nutzen. Dieser Ansatz läßt sich als *kritisch-kulturorientierte Medienerziehung* charakterisieren.

Eine bedeutende Schwäche dieses Konzepts liegt allerdings darin, daß die Verantwortung für eine kritische und kulturell wünschenswerte Mediennutzung allein dem rezipierenden Individuum zugeschrieben wird. Die gesellschaftlichen Bedingungen von Medienproduktion, Mediendistribution und Medienrezeption kommen so nicht in den Blick. Auf diesen Punkt haben vor allem die Vertreter einer *kritisch-emanzipatorischen Medienerziehung* hingewiesen. Aus der gesellschaftskritischen Analyse erwächst die Forderung, den einzelnen zu befähigen, sowohl die wirtschaftlichen, sozialen und politischen Bedingungen der Mediensituation zu durchschauen als auch Veränderungen und eigene Produktionen zu realisieren. Durch eigene Produktionen soll vor allem ein Gegengewicht gegen die letztlich kapitalistisch orientierte öffentliche Medienproduktion geschaffen werden.

Aber auch dieses Konzept hat, obwohl es unverlierbare Einsichten in die gesellschaftliche Bedingtheit der Mediensituation vermittelt hat, seine Schwächen. Die vorwiegend ideologiekritische Orientierung – verbunden mit einem teilweise elitären Vokabular – traf häufig nicht die Bedürfnisse ihrer Zielgruppen sowie deren Vorstellungswelt. Weiterführen dürfte erst das Konzept einer *interaktions- und handlungsorientierten Medienerziehung*, bei dem technische Medien als Vehikel der Interaktion in einem gesellschaftlichen Zusammenhang begriffen werden. Dabei geht es um die Befähigung der Kinder und Jugendlichen, technische Medien im eigenen Lebens- und Handlungszusammenhang gemäß den eigenen Bedürfnissen und in sozialer Verantwortung zu nutzen. Die Nutzung kann in Form der kritischen Rezeption vorhandener Medienangebote und durch eigene Medienproduktionen unter Beachtung des gesellschaftlichen Kontextes geschehen (vgl. auch Punkt 4).

3 Medienpädagogische Forschung

Auch bei der medienpädagogischen Forschung ist es aus Gründen der Übersichtlichkeit sinnvoll, zwischen dem Bereich der Mediendidaktik und dem Bereich der Medienerziehung zu unterscheiden. Bei der Darstellung mediendidaktischer Forschung orientiere ich mich vor allem an den Arbeiten von HEIDT (1976) und STRITTMATTER/SEEL (1984), bei der medienerzieherisch bedeutsamen Forschung vor allem an RENCKSTORF (1977) und CHARLTON/NEUMANN (1986).

3.1 Mediendidaktisch orientierte Forschung

Mediendidaktische Forschung wurde zunächst in Form von *Vergleichsuntersuchungen* (→ *Forschungsmethoden der Erziehungswissenschaft*) durchgeführt. Insbesondere die Möglichkeit, das Fernsehen als Lehrmedium einzusetzen, führte zu einer Fülle von Studien, in denen das Fernsehen hinsichtlich des Lernerfolgs mit dem herkömmlichen Unterricht verglichen wurde. Die Untersuchungen zeigten zwar, daß man prinzipiell auch mit dem Fernsehen lernen kann. Darüber hinaus waren die Ergebnisse jedoch enttäuschend. Teils waren sie widersprüchlich, teils statistisch nicht signifikant. Damit wurde deutlich, daß die Frage, ob das Fernsehen dem herkömmlichen Unterricht überlegen sei, zu global ist, um interessante Ergebnisse hervorzubringen. Als mediendidaktisch interessanter galt nun die Frage, an welcher Stelle im Unterrichtsprozeß welches Medium das geeignete sei.

Diese Fragestellung führte zur Entwicklung von *Medientaxonomien*. Darunter versteht man Klassifikationssysteme für Medien, bei denen die Medien nach einem oder mehreren Merkmalen bzw. Eigenschaften geordnet werden. Als Merkmale bzw. Eigenschaften wurden u.a. gewählt: die Wahrnehmungsmodalität (z.B. visuell, auditiv, audiovisuell), die Kodierungsform (z.B. ikonisch, schematisch, symbolisch), die Eignung für bestimmte Funktionen im Unterricht (z.B. Aufmerksamkeit lenken, Denken steuern).

Der Versuch, die Medien nach formalen Ordnungskriterien zu klassifizieren, hatte – unter dem Anspruch, etwas über die *Lernwirkung* von Medien auszusagen – u.a. zwei Schwächen. Sowohl die medial dargebotenen Inhalte als auch die Wahrnehmungsvoraussetzungen auf seiten der Lernenden blieben so unberücksichtigt. Diese Einsicht führte zu einer Erweiterung der ursprünglichen Fragestellung: Welches Medium ist für welche Lernaufgaben bei welchen Lernvoraussetzungen das geeignete?

Die Beantwortung dieser Frage wurde durch die – auch in anderen Bereichen aufkommende – *Aptitude-Treatment-Interaction-Forschung* versucht. Dabei ging es darum, Lernwirkungen aus der Wechselwirkung von bestimmten Persönlichkeitsmerkmalen des Lernenden (z.B. kognitiver Stil) und Merkmalen der Darstellung (z.B. deduktives oder induktives Vorgehen) zu erklären (→ *Methoden des Unterrichts*; → *Unterrichtsformen* ...). Eine besondere Ausformung dieses Ansatzes stellt das Supplantationskonzept von SALOMON (1972) dar. Bei diesem wird versucht, den angestrebten Lernprozeß (z.B. differenzierte Betrachtung eines Gemäldes) in Abhängigkeit von Lernvoraussetzungen (z.B. mangelnde Differenzierungsfähigkeit) durch Medien so zu simulieren bzw. zu »supplantieren« (z.B. Herauslösen von Bilddetails mit Hilfe von Zoom), daß sich beim Lernenden die gewünschten Fähigkeiten ausbilden.

Ansätze dieser Art bleiben jedoch in der Zuordnung von Persönlichkeits- und

Darstellungsmerkmalen zu pauschal oder verkennen, daß Lernen nicht einfach als Abbildungsprozeß von medialen Informationen im Gedächtnis verstanden werden kann. Angemessener ist es, von einem Verarbeitungsprozeß auszugehen. Bereits die Wahrnehmung wird durch die beim Individuum vorhandene kognitive Struktur sowie durch situative Faktoren gesteuert. Danach kommt es – so lautet die Annahme – zu einer internen Verarbeitung der selektiv wahrgenommenen Informationen und zu ihrer mentalen Repräsentation (→ *Lernen und Lerntheorien;* → *Intelligenz, Begabung und Umwelt*). Wenn mit dieser Annahme auch verschiedene offene Fragen verbunden sind, dürfte sie doch eine wichtige Basis für zukünftige mediendidaktische Forschungsarbeiten bilden.

3.2 Medienerzieherisch bedeutsame Forschung

Da die technischen Medien in der Medienerziehung zum Gegenstand pädagogischer Reflexion werden, sind für sie in einem weiteren Sinne alle Ansätze und Ergebnisse der allgemeinen Medienforschung interessant. Diese Ansätze und Ergebnisse werden häufig nach den Elementen eines vereinfachten *Kommunikationsmodells* (Sender, Aussage, Empfänger) geordnet (vgl. z. B. MALETZKE 1978). Insofern kann man unterscheiden zwischen der Sender- bzw. Kommunikatorforschung (z. B. Studien zu institutionellen Bedingungen der Medienproduktion), der Aussagenforschung (z. B. Inhaltsanalysen) und der Empfänger- bzw. Rezipientenforschung (z. B. Studien zur Medienwirkung). Aus der Fülle der Ansätze und Ergebnisse kann hier nur auf die – für die Medienerziehung besonders bedeutsame – Entwicklung der Rezipientenforschung von der Wirkungsforschung zur Medienalltagsforschung eingegangen werden.

Medienwirkungsforschung entstand aus dem politischen und wirtschaftlichen Interesse an der Frage, wie Rezipienten durch die Medien beeinflußt werden bzw. zielgerichtet beeinflußt werden können. Dabei ging man von der Grundannahme aus, daß die Massenmedien geeignet sind, gewünschte Wirkungen beim Rezipienten zu erzielen.

Diese Grundannahme mußte aufgrund der sich zeigenden Forschungsergebnisse in Zweifel gezogen werden. Einerseits wurde deutlich, daß für die Meinungsbildung nicht in erster Linie die Medien, sondern die sozialen Kontexte, in denen die Menschen leben, und die damit verbundenen Einstellungen relevant sind. Andererseits wurde die Frage, welche Wirkungen die Medien auf den Rezipienten haben, selbst problematisiert und in einzelnen Studien durch die Frage ersetzt, wie die Rezipienten mit den Medien umgehen bzw. für welche Bedürfnisse sie die Medien in ihrem Sinne nutzen. Die damit verbundene Umkehrung der ursprünglichen Wirkungsfrage führte zum Nutzen-Ansatz in der Medienforschung.

Dieser Ansatz hat sich heute zu einer interaktionistisch zu nennenden *Medienalltagsforschung* weiterentwickelt. Dabei wird in einem umfassenderen Sinne nach der Bedeutung gefragt, die die Medien für den Menschen in seinem Alltag haben. Grundlegend ist die Annahme, daß sich die Bedeutung der Medien aus einem Wechselbezug von Medienangebot bzw. Mediennutzung und der jeweils individuellen Auswahl und Verarbeitung im Rahmen der eigenen Lebenswelt ergibt (→ *Forschungsmethoden der Erziehungswissenschaft*).

In ähnlicher Weise wie die allgemeine Medienforschung läßt sich auch die Entwicklung der medienerzieherischen Forschung im engeren Sinne charakterisieren. Auch hier ging es zunächst vor allem um die Frage, wie Medien auf Kinder und Jugendliche wirken.

Als Beispiel sei vor allem auf die zahlreichen Untersuchungen zur Gewaltproblematik verwiesen.

Neben die Frage nach den Medienwirkungen trat zunehmend die Frage, mit welchen Bedürfnissen sich Kinder und Jugendliche den Medien zuwenden. Auch dieser Ansatz muß aus heutiger Sicht in die umfassendere Frage nach der Bedeutung von Medien im Leben der Kinder und Jugendlichen integriert werden: in die Frage nach dem Zusammenhang von Medienangebot bzw. Mediennutzung als Element der Lebenswelt und individuellen Verarbeitungsformen.

4 Aufgaben gegenwärtiger und zukünftiger Medienpädagogik

Auf der Basis der vorangehenden Überlegungen kann als allgemeines Ziel medienpädagogischer Bemühungen die Befähigung zu einer *reflektierten Mediennutzung* unter Beachtung individueller Voraussetzungen und gesellschaftlicher Bedingungen gelten. Reflektierte Mediennutzung schließt eine angemessene Nutzung der Medien im Sinne von Information, Bildung, Unterhaltung und Anregung genauso ein wie den aktiven Gebrauch von Medien zur Dokumentation von Sachverhalten und zur Artikulation eigener Bedürfnisse und Interessen. Reflektierte Nutzung von Medien ist letztlich dadurch gekennzeichnet, daß die Vorzüge der Medien angemessen zur Geltung kommen und mögliche Gefährdungen vermieden werden.

Will man dieses Ziel erreichen und bezieht man die gegenwärtige Lebenssituation in die Überlegungen ein, so ergeben sich für die medienpädagogische Arbeit vier unmittelbare und zwei mittelbare Aufgaben (vgl. TULODZIECKI 1989).

Die erste unmittelbare Aufgabe besteht darin, den Kindern und Jugendlichen die Möglichkeit zu eröffnen, *emotionale Medienwirkungen* und *medienvermittelte Informationen* angemessen zu verarbeiten. Die Wichtigkeit dieser Aufgabe zeigt sich nicht zuletzt daran, daß Medien problematische Emotionen, z. B. Angst und Aggression, sowie Vorstellungen über die Wirklichkeit erzeugen können, die irreführend sind (→ *Persönlichkeit von Lehrern und Schülern* . . .).

Die zweite Aufgabe liegt in einer *sinnvollen Nutzung* vorhandener Medien. Dabei kommt sowohl dem Elternhaus als auch der Schule eine wichtige Funktion zu (→ *Das Verhältnis von Elternhaus und Schule*). Durch das Verhalten der Eltern können den Kindern und Jugendlichen geeignete Mediennutzungsmuster vermittelt werden. In der Schule geht es vor allem um eine reflektiert lernprozeßbezogene Verwendung der Medien. In diesem Sinne sollten technische Medien nur an geeigneten Stellen, z. B. zur Konfrontation mit einer interessanten Fragestellung oder als Informationsquelle, in einem insgesamt *handlungsorientierten Unterricht* genutzt werden.

Als dritte Aufgabe der Medienpädagogik ist die aktive Medienarbeit zu nennen. Mit ihrer Hilfe kann u. a. eine »audiovisuelle und informationstechnische Grundbildung« angestrebt werden. Dabei erfahren die Kinder und Jugendlichen die Möglichkeiten und Grenzen der technischen Medien durch eigenes Tun. Zugleich sollen sie befähigt werden, eigene Aussagen mit Hilfe technischer Medien angemessen zu gestalten.

Die vierte Aufgabe besteht in der *Medienanalyse* und *Medienkritik*. Dabei geht es um die Durchführung von Produktanalysen (z. B. Analysen von Fernsehsendungen und Computerspielen), Rezeptionsanalysen (z. B. Bedürfnisanalysen), Kommunikatoranalysen (z. B. Analyse der institutionellen Bedingungen des Rundfunks) sowie Gesellschaftsanalysen (z. B. Analysen zu gesellschaftlichen Bedingungen von Medienproduktion und Medienrezeption). Die Ergebnisse solcher Analysen können dann im Lichte der Kriterien von Recht und Freiheit, von Selbst- und Mitbestimmung diskutiert werden. In diesen Zusammenhang gehört auch die kritische Analyse von Entwicklungstendenzen, z. B. von zunehmenden Vernetzungen im Bereich der elektronischen Medien.

Neben diesen vier unmittelbar auf die technischen Medien bezogenen Aufgaben sind zwei – eher mittelbar zu nennende – Aufgaben hervorzuheben.

Eine dieser Aufgaben liegt darin, den Kindern und Jugendlichen alternative Handlungsmöglichkeiten zum *Medienkonsum* erfahrbar zu machen. Dieses ist besonders dann wichtig, wenn Kinder und Jugendliche in ihrem Freizeitverhalten (→ *Freizeit und Pädagogik*) auf den Konsum technischer Medien fixiert sind, z. B. auf den Konsum von Fernsehen, Video und Computerspielen.

Als übergreifende Aufgabe kommt es auf die Förderung der *intellektuellen und sozialen bzw. moralischen Entwicklung* im Umgang mit Medien an (→ *Moralische Entwicklung und Erziehung;* → *Werte und Normen in der Erziehung*). Der Ausgangspunkt für diese Forderung liegt in der Annahme, daß die Nutzung von technischen Medien als bedürfnis- und situationsbedingte Handlung in Abhängigkeit vom intellektuellen und sozialen bzw. moralischen Entwicklungsstand gedeutet werden kann. Je weiter das intellektuelle und das soziale bzw. moralische Urteilsniveau entwickelt sind, desto größer ist die Wahrscheinlichkeit einer reflektierten Mediennutzung unter Vermeidung von Gefährdungen durch die Medien. Zugleich steigt mit dem intellektuellen und sozialen bzw. moralischen Urteilsniveau die Fähigkeit, an der Gestaltung der eigenen Lebenswelt – einschließlich der Medien – im Sinne ihrer Verbesserung mitzuwirken (vgl. TULODZIECKI 1985).

Die oben beschriebenen sechs Aufgaben der Medienpädagogik können in unterrichtlichen oder erzieherischen Situationen sowohl einzeln bzw. schwerpunktmäßig als auch miteinander verbunden wahrgenommen werden. Insbesondere der *projektorientierte Unterricht* bietet die Möglichkeiten einer Verknüpfung verschiedener Aufgaben.

Bezieht man die Überlegungen zu den Aufgaben der Medienpädagogik abschließend noch einmal auf die medienpädagogische Forschung, so liegt folgende Empfehlung nahe: Mediennutzung von Kindern und Jugendlichen sollte zunächst als *bedürfnis- und situationsbedingte Handlung* gedeutet werden. Auf dieser Basis kommt es darauf an, *Konzepte für medienpädagogisches Handeln* – vor dem Hintergrund des jeweiligen intellektuellen und sozialen bzw. moralischen Entwicklungsstandes – theoriegeleitet zu entwerfen und mit den Kindern und Jugendlichen zu evaluieren (vgl. TULODZIECKI 1983).

Literatur

BAACKE, D.: Medientheorie, Medienpraxis, Medienpädagogik. Über einige Zusammenhänge. In: Zeitschrift für Pädagogik 24 (1978), S. 629–638
BRUNER, J. S./OLSON, D. R.: Lernen durch Erfahrung und Lernen durch Medien. In: DICHANZ, H./ KOLB, G. (Hrsg.): Quellentexte zur Unterrichtstechnologie I. Stuttgart 1975, S. 184–208
CHARLTON, M./NEUMANN, K.: Medienkonsum und Lebensbewältigung in der Familie. München 1986

DÖRING, K. W.: Lehr- und Lernmittel. Weinheim 1969
–: Lehrerverhalten und das Konzept der Unterrichtstechnologie. In: Zeitschrift für Pädagogik 20 (1974), S. 189–210
FLECHSIG, K. H.: Die technologische Wende in der Didaktik. In: ISSING, L. J./KNIGGE-ILLNER, H. (Hrsg.): Unterrichtstechnologie und Mediendidaktik. Weinheim 1976, S. 15–38
FRÖHLICH, A.: Handlungsorientierte Medienerziehung in der Schule. Tübingen 1982
HAGEMANN, W./TULODZIECKI, G.: Einführung in die Mediendidaktik. Köln 1978
HEIDT, E. U.: Medien und Lernprozesse. Weinheim 1976
HEIMANN, P.: Didaktik als Theorie und Lehre. In: Die Deutsche Schule 54 (1962), S. 407–427
MALETZKE, G.: Psychologie der Massenkommunikation. Hamburg 1978
RENCKSTORF, K.: Neue Perspektiven in der Massenkommunikationsforschung. Berlin 1977
SALOMON, G.: Can we Affect Cognitive Skills Through Visual Media? In: AV-Communication Review 4 (1972), S. 327–343
STRITTMATTER, P./SEEL, N. M.: Externe und interne Medien: Konzepte der Medienforschung. In: Unterrichtswissenschaft 12 (1984), S. 2–17
TULODZIECKI, G.: Theoriegeleitete Entwicklung und Evaluation von Lehrmaterialien als eine Aufgabe der Unterrichtswissenschaft. In: Unterrichtswissenschaft 11 (1983), S. 27–45
–: Ansatz zu einer entwicklungs- und bedürfnisorientierten Medienerziehung. In: Die Deutsche Schule 77 (1985), S. 356–366
–: Medienerziehung in Schule und Unterricht. Bad Heilbrunn 1989

Gerd Stein

Schulbücher in Lehrerbildung und pädagogischer Praxis

1 Schulbücher: Politicum/Informatorium/Paedagogicum

Schulbücher – nicht länger mehr nur eine besondere Gattung von Printmedien im Sortiment des Buchhandels, sondern inzwischen mehr oder minder begehrte Ware auch auf Floh- und Antiquitätenmärkten – sind ihrer Geschichte wie Funktion nach zunächst einmal pädagogische Hilfsmittel (STEIN 1985). Entwickelt und produziert werden sie für die Verwendung primär im Rahmen von schulischen, sekundär bei damit in Zusammenhang stehenden außerschulischen Informations- und Kommunikationsprozessen. Als solche finden sie vornehmlich das Interesse von professionellen Pädagogen, darüber hinaus zunehmend auch die Aufmerksamkeit von Eltern schulpflichtiger Kinder und Jugendlicher. Schon dieser Sachverhalt legt es rein formal betrachtet nahe, Schulbücher – und weiter gehend noch: Schulbuchfragen – zum Gegenstand nicht zuletzt von Lehrer/innen- und Elternbildung zu machen.

Ausdrückliches Interesse an den im staatlichen wie im privaten Schulwesen zum Einsatz kommenden Lehr- und Lernmitteln in Buchform bekunden neben den an schulischer Unterrichts- wie Erziehungspraxis unmittelbar (bzw. mittelbar an-)teilnehmenden professionellen und nichtprofessionellen Pädagogen eine Vielzahl staatlicherseits bestellter sowie selbsternannter Schulbuchkritiker. Solche Interessenbekundung erfolgt allerdings zumeist eher aufgrund vor- und außerpädagogischer Erwägungen denn aus pädagogischen Gründen.

Unter Forschungsaspekten (vgl. STEIN/SCHALLENBERGER 1981) finden Schulbücher schließlich Aufmerksamkeit bei Vertretern der unterschiedlichsten Fachwissenschaften, vor allem wenn diese – weil schulpädagogisch und/oder fachdidaktisch interessiert und engagiert (etwa als Schulbuchautoren bzw. -herausgeber) – gezielt nach der Widerspiegelung des aktuellen Erkenntnis- und Wissensstandes ihrer Disziplin in den neuesten Bildungsmedien des dieser Disziplin korrespondierenden Schulfaches fragen. Weit weniger ausgeprägt, jedenfalls relativ zu der vorgenannten Wissenschaftsgruppe gesehen, ist dagegen immer noch das Interesse von Erziehungswissenschaftlern – konkret: von Vertretern insbesondere der Allgemeinen Pädagogik, aber auch der Schulpädagogik (→ *Schulpädagogik* . . .) und der Allgemeinen Didaktik (→ *Didaktik und Curriculum/Lehrplan*) sowie der Mediendidaktik (→ *Medien in Erziehung und Unterricht*) – an Schulbüchern bzw. dem Umgang mit diesen pädagogischen Hilfsmitteln und an diesbezüglich relevanten bildungspolitischen sowie gesamtgesellschaftlichen Handlungszusammenhängen.

Daß ein Bildungsmedium wie das Schulbuch von zahlreichen Einzelpersonen und Personengruppen, gesellschaftlichen Interessenverbänden und öffentlichen Institutionen gezielt ins Visier genommen, mehr oder minder gründlich auf den Prüfstand gebracht und nicht selten vorschnell an den Pranger gestellt wird (STEIN 1979a), hat vielfältige Gründe. Als die gewichtigsten der von berufenen wie unberufenen Kritikern genannten können gelten:
– die Rolle, die Schulbücher vermeintlich oder tatsächlich immer noch (?) in schulischer

Unterrichts- und Erziehungspraxis spielen (Stichwort: das Schulbuch als »Großmacht der Schule«);
- der Stellenwert, den Schulbücher offensichtlich weiterhin für die Unterrichtsvorbereitung (!) und -gestaltung bei professionellen Pädagogen haben (Stichwort: das Schulbuch als »heimliche Richtlinien«);
- die Funktion, die Schulbüchern für die Sicherstellung vergleichbarer Bildungsförderung im Schulwesen der einzelnen Bundesländer beigemessen wird (Stichwort: »Chancengleichheit durch Lernmittelfreiheit«);
- die Ansicht, über Schulbücher am ehesten Aufschluß über das zu erhalten, was in schulischen Informations- und Kommunikationsprozessen Kindern und Jugendlichen an fachlichem Wissen und moralischen bzw. gesellschaftlichen Werten »vermittelt« wird (Stichwort: das Schulbuch als »Bildungsindikator«);
- die Meinung, daß Schulbüchern mitentscheidende Bedeutung zukommt zwar nicht unbedingt bei der Initiierung, jedoch auf jeden Fall bei der Umsetzung von bildungspolitischen Reformideen in die Realität des Schulalltags (Stichwort: das Schulbuch als »Hemmnis bzw. Schrittmacher von Schulreform«);
- die Profitchancen, die sich bei erfolgreicher Plazierung der Ware »Schulbuch« auf dem schulbezogenen Medienmarkt, der durch eine oligopolitische Anbieter- sowie eine monopolistische Nachfragestruktur gekennzeichnet ist, in erster Linie für Schulbuchverleger, ferner für Schulbuchautoren und -redakteure ergeben können (Stichwort: »Mit eigenen Schulbüchern lernt's sich besser!«);
- das Bestreben, mit Hilfe von Schulbüchern die heranwachsende Generation in schulischen Lehr- und Lernsituationen »ausrichten« zu können, und zwar jeweils entsprechend bestimmten Vorstellungen über das individuell für »wünschenswert« Gehaltene bzw. über das gruppen- oder verbandsbezogen als »gesellschaftlich relevant« Erklärte (Stichwort: das Schulbuch als »ideologisch-politisches Steuerungsinstrument mit gate-keeper-Funktion«).

Was dabei auffällt: Gleichgültig, ob Hoffnung oder Furcht die Kritiker bewegen – der Glaube an die schulpädagogische wie auch an die bildungs- und gesellschaftspolitische Bedeutung des didaktischen Mediums »Schulbuch« ist immer noch erstaunlich groß.

Neben dem Widerspruch von Kritik und Wertschätzung überrascht die Unbekümmertheit, mit der nicht nur in pädagogischen und politischen Diskussionen, sondern gelegentlich auch in fach- und erziehungswissenschaftlichen Publikationen von »dem« Schulbuch gesprochen wird. Auf Lehr- und Lernmittelmessen wie in den Katalogen der entsprechenden Verlage trifft man gegenwärtig auf eine Vielfalt von Formen didaktischer Medien in Buchform, die deren undifferenzierte Subsumierung unter die Kategorie »Schulbuch« kaum zuläßt, zumindest aber eine eindeutige und zugleich umfassende Begriffsbestimmung (vgl. BECKER 1973) erschwert. Schulpädagogisch wie mediendidaktisch betrachtet, ist vielmehr hervorzuheben, daß es eine Reihe nach Grundkonzeption und speziellen Funktionen recht unterschiedlicher Schulbücher gibt: Fibeln für den Erstlese-, Rechen- und Verkehrsunterricht; Lehr- und Arbeitsbücher für fachbezogenen wie fächerübergreifenden Unterricht; Atlanten zur Geographie, Geschichte und Sexualerziehung; Schulbücher in Programmform sowie als in Medienpakete integrierte Elemente; Formel- und Daten-, Material- und Quellensammlungen; Ganzschriften, Sachbücher und Nachschlagewerke.

Bei einer systematisch-vergleichenden Betrachtung der zuvor aufgelisteten Interessenbekundungen bzw. Erwartungshaltungen gegenüber Schulbüchern wird unschwer die Mehrdimensionalität dieses im Kern didaktischen Mediums als *Politicum / Informatorium / Paedagogicum* erkennbar (vgl. STEIN 1977 und 1979b). Nach wie vor gilt: Schule ist ein *Politicum* ersten Ranges; das Schulbuch ist es nicht minder (→ *Pädagogik und Politik*). Doch ist dieser Tatbestand letztlich keinesfalls, wie aktuelle gesellschafts-, bildungs- und parteipolitische Schulbuchkontroversen (vgl. MICKEL 1986) vermuten lassen könnten, bedingt durch die informatorische Dimension und/oder die didaktische Funktion des Massenmediums Schulbuch. Die politische Dimension dieses schulischen Hilfsmittels läßt sich im Grunde nur erklären unter Hinweis auf den politischen Charakter einer als öffentliche (»Bildungs«-)Anstalt konzipierten Schule bzw. einer entsprechend institutionalisierten Unterrichts- und Erziehungspraxis, deren konstitutive Merkmale sich zwangsläufig auch auf die Konzeption und den Einsatz didaktischer Medien auswirken.

Die politische Dimension des Unterrichtsmediums Schulbuch ernst zu nehmen, vom *Politicum* Schulbuch nicht nur zu reden heißt somit, sich mit dem *Politicum* Schule (→ *Das allgemeinbildende Schulwesen* ...; → *Schulgeschichte als Bildungsreform*) sowie mit dem *Politicum* Lehrplan bzw. Curriculum (→ *Didaktik und Curriculum / Lehrplan*) zu befassen. Denn auch Schulbuchfragen i. e. S. (d. h. didaktische Reflexionen über das Schulbuch als Lehr- und Lernmittel, als Medium schulischer Unterrichts- und Erziehungsprozesse) stehen in einem unauflösbaren Zusammenhang sowohl mit curricularen Problemen (Richtlinien- und Lehrplanrevision) als auch mit den Kernproblemen innerer und äußerer Schulreform (Entschulung von Unterricht und Erziehung; Partizipation von Lehrern, Schülern und Eltern; begrenzte Selbständigkeit der Schule). Das Wort vom *Politicum* Schulbuch in ebendiesem weiten pädagogisch-politischen Problemhorizont (vgl. STEIN 1974) bezeichnet eine nicht bloß »mittel«-bare Abhängigkeit; vielmehr soll auf einen funktionalen Sachzusammenhang hingewiesen werden. Entscheidend ist ein politisch-pädagogischer Sachverhalt von Fächer wie Lernbereiche übergreifender Bedeutung, die Tatsache nämlich, daß Schulbücher didaktische Hilfsmittel für schulische Informations- und Kommunikationsprozesse sind, die seit jeher unter eindeutig staatlicher Kontrolle stehen (vgl. MÜLLER 1977) sowie angesichts konkurrierender gesellschaftlicher Forderungen entwickelt, produziert und eingesetzt werden (vgl. SCHALLENBERGER/STEIN 1978) – womit noch nichts über in pädagogischer Hinsicht vorteilhafte oder ungünstige Auswirkungen gesagt ist! Die politische Dimension des Schulbuchs liegt begründet sowohl in seinem Warencharakter als auch in seinem instrumentellen Charakter; sie zeigt sich vor allem dort, wo Schulbuchrevision eine parteipolitisch-weltanschauliche Normierung der Inhaltsdimension von Unterrichtsmedien intendiert, sowie dann, wenn Verleger mit der Schulbuchwerbung »Gesellschaftspolitik« oder Politiker mit der Lernmittelfreiheit »Staat zu machen« suchen (→ *Pädagogik und Politik*).

Wenn vom Schulbuch als *Paedagogicum* gesprochen wird, so unter Bezugnahme auf eine Theorie pädagogischen Handelns (STEIN 1987b), in der Unterricht und Erziehung als kommunikative und kooperative, nichtmanipulative Praxis begriffen werden, durch die Heranwachsende zu Selbstbestimmung und Weltverantwortung angeleitet werden sollen. Dem Schulbuch kommt dabei im Rahmen unterrichtlicher und erzieherischer Praxis eine doppelte »mediale« Funktion zu: es ist zugleich Mittel und Mittler, sowohl für den Inhalts- als auch für den Beziehungsaspekt schulischen Lehrens und Lernens relevant. In diesem doppelten Sinne wird das Schulbuch als pädagogisches Hilfsmittel bezeichnet und als ein Medium zur Unterstützung bzw. Entlastung schulischer Informations- und Kommunikationsprozesse definiert. Ausgesagt ist damit bereits, welche mediale Funktion ihm zugeschrieben wird und daß es für den Lehrer allenfalls Hilfe bei, nie jedoch Ersatz für didaktische Planung von Unterricht und Erziehung (»heimliche Richtlinie«) sein darf.

Als *Informatorium* hat das Schulbuch kontroverse Texte und unterschiedlichste Materialien bereitzustellen (ist also Träger von Informationen) sowie Anstöße und Hilfen zu multiperspektivischer Erörterung der dargebotenen Inhalte, Themen oder Probleme zu geben (und dient somit auch als Auslöser von Diskussionen). Die in Schulbüchern zur Diskussion bereitgestellte Information muß nicht nur in sachlicher wie sprachlicher Hinsicht so präsentiert werden, daß sie der schulischen Lehr- und Lernsituation angemessen ist, sondern sollte auch die Befangenheit, Ergänzungsbedürftigkeit und Überholbarkeit des jeweils dargebotenen Schulbuchwissens verdeutlichen oder zumindest erkennen lassen. Ein Schulbuch mit (im wörtlichen Sinne) Lese- und Arbeitsbuchcharakter wird sich eben nicht mit der Vermittlung von Wissen, Fertigkeiten und Handlungsentwürfen begnügen dürfen. Es müßte zugleich zu rückhaltlosem Denken und Fragen herausfordern, über »identifikatorisches« auch zu »distanzierendem« Lesen (vgl. CONRADY 1979) freigeben. Mediendidaktisch betrachtet wäre wünschenswert, daß sich Schulbücher durch curriculare Offenheit, Polivalenz in funktionaler Hinsicht und Aufgeschlossenheit für einen Medienverbund auszeichnen.

Wer sich die hier bezugnehmend auf den praktischen Umgang mit Schulbüchern aufgezeigte Mehrdimensionalität des Massenmediums Schulbuch vergegenwärtigt; wer darüber hinaus bedenkt, in welch unterschiedlichen gesellschaftlichen Handlungsfeldern (pädagogischen wie außerpädagogischen) Menschen alltäglich mit Schulbüchern umgehen und wie vielfältig die Aspekte sind, unter denen diese »Bildungsmedien« im Einzelfall eingehender wissenschaftlicher Analyse und Kritik unterzogen bzw. beiläufig zum Gegenstand öffentlicher (schulischer und/oder außerschulischer) Auseinandersetzungen gemacht werden, der darf sich nicht länger begnügen mit einer inhaltsfixiert-monoperspektivischen Beschäftigung mit Schulbüchern – weder in schulpädagogischen oder mediendidaktischen Reflexions- noch in bildungs- und gesellschaftspolitischen Aktionszusammenhängen! Er wird vielmehr hier wie dort auf eine problemorientiert-multiperspektivische Befassung mit diesen Lehr- und Lernmitteln dringen müssen. Bei außer- bzw. vorwissenschaftlichen Schulbuchdiskussionen sollte ebenso wie in der Schulbuchforschung nicht länger nur ein bestimmtes Schulbuch »an sich« betrachtet, sondern – ungeachtet der spezifischen Fragestellung(en) im Rahmen einer umstandsbedingt jeweils begrenzten Schulbuchuntersuchung – stets der konkrete Umgang mit diesem oder jenem Schulbuch im Blick behalten werden.

2 Umgang mit Schulbüchern in Lehrerbildung und Schulen

Im Blick auf Schulen wie Lehrerbildung erscheint es angebracht, die übliche Fragestellung nach dem »guten« Schulbuch auszuweiten zu einer fort-schrittlichen, die den »angemessenen« Umgang mit Schulbüchern ins Zentrum pädagogischer wie außerpäd-

agogischer Überlegungen und Untersuchungen zur Sache Schulbuch rückt. Insofern ist es nur folgerichtig,
- zum einen in der Schulbuchforschung dem Umgang mit den entsprechenden Bildungsmedien in den verschiedensten gesellschaftlichen Bereichen (in der Öffentlichkeit, in Schulen wie Elternhäusern, in Wirtschaft, Politik und Wissenschaft) Beachtung zu schenken;
- zum anderen insbesondere in allen lehrerausbildenden Institutionen und in Schulen jedweder Art die realen Formen des Umgangs mit Schulbüchern zu thematisieren und zu problematisieren sowie darüber hinaus zu unter pädagogischen Aspekten wünschenswerten Modi des Einsatzes dieses didaktischen Mediums, aber auch der Auseinandersetzung mit ihm anzuleiten.

Bereits die Skizzierung des Spektrums jener ganz unterschiedlichen Aufmerksamkeitsrichtungen, durch die der Umgang mit Schulbüchern in seiner Vielfalt wie Divergenz zum Bewußtsein und vergleichend-systematisch auf den Begriff gebracht werden kann, verdeutlicht denkbare Ansätze (z. B. wissenschaftsdidaktische und staatspolitische, bildungstheoretische und schulpraktische) und Perspektiven (etwa: erziehungs-, fach- und sozialwissenschaftliche) einer analytisch-kritischen und kritisch-konstruktiven Befassung mit Schulbüchern in Lehrerbildung und Schulen. Mögliche und im Blick auf Lehrerbildung und Schulen besonders sinnvolle, soll heißen: pädagogisch unmittelbar oder doch mittelbar relevante Fragestellungen ergeben sich zudem, wenn professionelle Pädagogen, schulpflichtige Kinder und Jugendliche oder deren Eltern bzw. sonstige Erziehungsberechtigte sich die alltäglichen Interaktionsprozesse und Organisationsstrukturen schulbuchgestützter Unterrichts- wie Erziehungspraxis vergegenwärtigen. Dann geraten über allgemein- und schulpädagogischen, fach- und mediendidaktischen Fragen (wie »Abschied vom Schulbuch als Merkmal ›zeitgemäßer‹ Pädagogik?« / »Schulbücher als Gegenstand schulischen Lehrens und Lernens?« / »Schulbuchzentrierter oder -unterstützter Politikunterricht?« / »Das Lehrbuch: Curriculumelement oder Unterrichtsmaterial?«) zwangsläufig auch Schulbuchfragen im engeren und im weiteren Sinne in den Blick (etwa: »Didaktische Funktionen von Bildern in Schulbüchern« oder »Alternativen zur administrativen Legitimation von Schulbuchprüfung im demokratischen Staat«). Umgekehrt führen aktuelle Streitfragen wissenschaftlicher wie vorwissenschaftlicher Schulbucharbeit (Analyse und Kritik, Auswahl und Einsatz sowie Verbesserung und Weiterentwicklung von Schulbüchern betreffend), hinreichend gründlich bedacht, schließlich auch zu Grund- und Zeitfragen der Allgemeinen und Schulpädagogik sowie der Fach- und Mediendidaktik ebenso wie zu schulrelevanten Sachzusammenhängen und Problemlagen in der Bildungspolitik.

Aus diesen Hinweisen ist unschwer zu entnehmen, wieviel sowohl bei universitärer oder außeruniversitärer Forschung als auch in Lehrerbildung und Schulen zu lernen ist, wenn man Schulbücher nicht länger relativ isoliert als Fachbücher und/oder Bildungsmedien betrachtet, sondern stets auch als Produkt und Faktor politisch-ökonomischer Prozesse (vgl. SCHALLENBERGER 1973) und dabei zugleich den konkreten Umgang mit ihnen in geschichtlich-gesellschaftlicher Wirklichkeit sich deutlich macht. Demzufolge wird es in der Lehrerbildung – in akademischen Ausbildungsgängen ebenso wie bei schulinternen (!) oder außerschulischen seminaristischen Fort- und Weiterbildungsveranstaltungen – ein breitgefächertes Lehr-, Studien- und Arbeitsangebot geben können: von theoriegeleiteten Vorlesungen (z. B. »Über den Umgang mit Schulbüchern in

Schule, Politik und Wissenschaft«) über praxisbezogene Seminare (z. B. »Schüler/innen vergleichen Lesebücher: Didaktische Medien als Gegenstand schulischen Lehrens und Lernens«) bis hin zu themenzentrierten Kolloquien (z. B. »Zur Darstellung von sozialen Randgruppen und/oder politischen Minderheiten in Religionsbüchern«) und problemorientierten Übungen (z. B. »Zu den möglichen medialen Funktionen von Grundschullesebüchern: Strukturierung, Repräsentation, Steuerung, Motivation, Differenzierung, Übung und Kontrolle im Lehr-/Lernprozeß«).

In schulischer Unterrichts- und Erziehungspraxis selbst sollten Schulbücher nicht mehr nur der jeweiligen didaktischen Konzeption und ihren medialen Funktionen gemäß (vgl. HACKER 1980) eingesetzt, sondern auch »um-funktioniert« werden (dürfen). Wenn in didaktischen Leitfäden und Unterrichtshandbüchern ausdrücklich die sach- wie sprachkritische Beschäftigung mit den sogenannten Massenmedien empfohlen wird, so ist nicht einzusehen, warum das didaktische Massenmedium »Schulbuch« nicht auch zum Gegenstand schulpädagogischer Praxis, mit anderen Worten: Unterricht über Schulbücher anstatt nur Unterricht mit Schulbüchern zum Lehr- bzw. Lernprogramm gemacht wird. Dabei könnte sich zeigen, daß Kinder und Jugendliche pädagogisch angeleitet, aber auch spontan sehr wohl in der Lage sind, z. B.

– ihre eigenen oder geliehene Schulbücher »gegen den Strich« zu lesen (vom eigenen statt vom Standpunkt des Autors her betrachtet),
– Schulbuchvergleiche durchzuführen (Fibeln der Gegenwart mit solchen aus der Wilhelminischen Ära, der Weimarer Republik, dem Dritten Reich oder der DDR zu kontrastieren),
– Schulbuchuntersuchungen themenzentriert oder problemorientiert vorzunehmen (nach der Darstellung von Schule – als Teil ihrer eigenen Lebenswirklichkeit – in Schulbüchern verschiedener Unterrichtsfächer oder nach der Behandlung des Problems »Jugendarbeitslosigkeit« in miteinander konkurrierenden Politiklehrbüchern fragend),
– Schulbuchentwicklungen nachzuvollziehen (durch Gespräche mit Schulbuchredakteuren und -autoren in der Schule),
– Schulbuchprüfungen der Zielsetzung wie den Auswirkungen nach kennenzulernen (durch Gespräche mit Schulbuchgutachtern und Schulbuchautoren sowie evtl. durch eigene Erfahrungen in lokalen Fachausschüssen für die Schulbuchauswahl),
– Schulbuchverbesserung und -neugestaltung in Angriff zu nehmen (durch Versuche, vorliegende Schulbuchkapitel umzuschreiben oder auch alternative Unterrichtsmaterialien, sogenannte Antischulbücher, zumindest ansatzweise zu entwerfen).

Man mag einwenden, über solchen schulischen Aufgabenstellungen würden am Ende die eigentlichen Bildungsaufgaben vernachlässigt. Meine Auffassung ist, daß im Lehren und Lernen mit wie an Schulbüchern materiale und formale Zielsetzungen heutiger Allgemeinbildung vorzüglich sich vermitteln lassen, nicht zuletzt: Einsichten in das Verhältnis von Pädagogik und Politik (STEIN 1979a), und daß durch entsprechende Lehr-/Lernprozesse in der Lehrerbildung und in Schulen zugleich ein nicht unwesentlicher Beitrag zur Emanzipation und Bildung des öffentlich geforderten (verbal zumindest) »mündigen« Lesers wie Bürgers geleistet werden kann. Man mag ferner zu bedenken geben, ob angehende Lehrer/innen angesichts schon erheblicher Stoffpensen und Prüfungslasten sowie Kinder und Jugendliche nicht prinzipiell durch die angesprochenen (Selbst-)Bildungsaufgaben überfordert würden. Letzterem Einwand gilt es unter schulpädagogischem Aspekt entgegenzuhalten, daß Bildsamkeit bzw. Ansprechbarkeit immer nur dort sich zeigt, wo sie erwartet, und in dem Maße, wie sie gefördert wird; ersterem Einwand ist mit der Feststellung zu begegnen, daß in der Lehreraus- ebenso wie in der Lehrerfort- und -weiterbildung neben dem systematischen Forschen und Studieren auch das exemplarische Lehren und Lernen seinen Platz haben muß, bei dem nicht allein auf die Quantität des Wissenserwerbs Wert gelegt wird, sondern darüber hinaus auf eine zugleich theoriegeleitete und praxisbezogene wissenschaftliche Bildung (→ *Lehrer / Lehrerin;* → *Erziehen und Unterrichten als Beruf*). Hierzu kann ein von Anfang an problemorientiert-multiperspektivischer Umgang mit Schulbüchern als *Politicum / Informatorium / Paedagogicum* zweifellos einiges mit beitragen.

Literatur

BECKER, G.: Überlegungen zum Begriff Schulbuch. In: SCHALLENBERGER, E. H. (Hrsg.): Das Schulbuch – Produkt und Faktor gesellschaftlicher Prozesse, a.a.O., S. 13–21
CONRADY, K. O.: Vom Lesen und seinen Schwierigkeiten. In: STEIN, G. (Hrsg.): Schulbuch-Schelte als Politikum und Herausforderung wissenschaftlicher Schulbucharbeit. Stuttgart 1979, S. 101–111
DEICHSEL, A.: Das Schulbuch als Basis für Textindikatoren. In: SCHALLENBERGER, E. H. (Hrsg.): Studien zur Methodenproblematik wissenschaftlicher Schulbucharbeit (= Zur Sache Schulbuch. Bd. 5). Kastellaun 1976, S. 94–107
HACKER, H. (Hrsg.): Das Schulbuch – Funktion und Verwendung im Unterricht. Bad Heilbrunn 1980
HAMBRINK, J.: Schulverwaltung und Bildungspolitik. Die Festlegung von Lerninhalten in ministeriellen Genehmigungsverfahren für Schulbücher. München 1979
MICKEL, W. W.: Das Schulbuch im Widerstreit zwischen didaktischem Anspruch und Interessenpolitik. In: FISCHER, K. G. (Hrsg.): Zum aktuellen Stand der Theorie und Didaktik der Politischen Bildung. Stuttgart ⁵1986, S. 171–187
MÜLLER, W.: Schulbuchzulassung. Zur Geschichte und Problematik staatlicher Bevormundung von Unterricht und Erziehung. Kastellaun 1977
SCHALLENBERGER, E. H. (Hrsg.): Das Schulbuch – Produkt und Faktor gesellschaftlicher Prozesse (= Zur Sache Schulbuch. Bd. 1). Ratingen 1973
–/STEIN, G. (Hrsg.): Das Schulbuch zwischen staatlichem Zugriff und gesellschaftlichen Forderungen (= Zur Sache Schulbuch. Bd. 7). Kastellaun 1978
STACH, R.: Schulbuch in Unterricht und Forschung. In: TWELLMANN, W. (Hrsg.): Handbuch Schule und Unterricht. Bd. 4.1. Düsseldorf 1981, S. 498–508
STEIN, G.: Das Schulbuch als »Politicum« (1974). In: ders.: Schulbuchkritik als Schulkritik. Saarbrücken 1976, S. 25–76
–: Schulbuchwissen, Politik und Pädagogik (= Zur Sache Schulbuch. Bd. 10). Kastellaun 1977
–: Immer Ärger mit den Schulbüchern – Ein Beitrag zum Verhältnis zwischen Pädagogik und Politik. Stuttgart 1979(a)
–: Das Schulbuch im Spannungsfeld von pädagogischem Zweck, verlegerischer Investition und öffentlicher Kontrolle. In: TEWES, B. (Hrsg.): Schulbuch und Politik. Paderborn 1979(b), S. 26–50
– (Hrsg.): Umgang mit Schulbuchtexten [= Themaheft der Zeitschrift »Bildung und Erziehung« 33 (1980) 2]. Stuttgart 1980
–: Schulbuch. In: OTTO, G./SCHULZ, W. (Hrsg.): Methoden und Medien der Erziehung und des Unterrichts (= Enzyklopädie Erziehungswissenschaft. Bd. 4). Stuttgart 1985, S. 581–589
–: Schulbücher und der Umgang mit ihnen – sozialwissenschaftlich betrachtet. In: Aus Politik und Zeitgeschichte 1987(a), B 39, S. 29–38
–: Partizipation, Mündigkeit und Emanzipation als Leitbegriffe einer reflektiert-engagierten politischen Pädagogik. In: ibw-Journal 25 (1987b) 10, S. 3–14

–/SCHALLENBERGER, E. H.: Multiperspektivische Schulbuchforschung im Umriß. In: Blickpunkt Schulbuch 14 (1981), S. 20–22

THIEMANN, F.: Zur Erkenntnis von Entscheidungsprozessen – Schulbuchanalyse im Zusammenhang einer kommunikationswissenschaftlich ansetzenden Didaktik. In: SCHALLENBERGER, E. H. (Hrsg.): Das Schulbuch – Aspekte und Verfahren zur Analyse (= Zur Sache Schulbuch. Bd. 2). Ratingen 1973, S. 63–76

Karlheinz Ingenkamp

Pädagogische Diagnostik

1 Gegenstandsbereich und Definition

Der Begriff »Pädagogische Diagnostik« ist in Deutschland erst seit zwei Jahrzehnten bekannt (INGENKAMP 1988, S. 10) und kennzeichnet immer noch mehr ein Programm als einen etablierten Wissenschaftsbereich. Im angelsächsischen Sprachraum wird von »Educational Measurement«, im französischen von »Docimologie« gesprochen. Gemeint ist damit sowohl die wissenschaftliche Analyse als auch die praktische Handhabung all jener Vorgänge, die mit der Beurteilung von Lernenden zusammenhängen. Hier wird von folgender Definition ausgegangen:

Pädagogische Diagnostik umfaßt alle *diagnostischen Tätigkeiten, durch die bei Individuen (und den in einer Gruppe Lernenden) Voraussetzungen und Bedingungen planmäßiger Lehr- und Lernprozesse ermittelt, Lernprozesse analysiert* und *Lernergebnisse festgestellt werden, um individuelles Lernen zu optimieren*. Zur Pädagogischen Diagnostik gehören ferner die diagnostischen Tätigkeiten, die die Zuweisung zu Lerngruppen oder zu individuellen Förderungsprogrammen ermöglichen sowie den Besuch weiterer Bildungswege oder die vom Bildungswesen zu erteilenden Berechtigungen für Berufsausübungen zum Ziel haben.

Unter diagnostischer Tätigkeit wird dabei ein Vorgehen verstanden, in dem (mit oder ohne diagnostische Instrumente) unter Beachtung wissenschaftlicher Gütekriterien beobachtet und befragt wird, die Beobachtungs- und Befragungsergebnisse interpretiert und mitgeteilt werden, um ein Verhalten zu beschreiben und/oder die Gründe für dieses Verhalten zu erläutern und/oder künftiges Verhalten vorherzusagen.

Bei DÖSCHER u. a. (1977) sowie INGENKAMP (1988) wird auf weitere Definitionsversuche hingewiesen. In allen wird die Spannung erkennbar, die zwischen den Aufgaben zur Optimierung des Lernens einerseits und den gesellschaftlichen Aufgaben andererseits besteht. Darauf wird weiter unten näher eingegangen.

Hier soll nur darauf hingewiesen werden, daß die *Inhalte* des planmäßigen Lehrens und Lernens in der Definition nicht näher bestimmt wurden. Es kann sich um Inhalte aus Unterrichtsfächern, aber auch um Ziele aus dem Bereich sozialen Lernens handeln. Pädagogische Diagnostik setzt keine Lernziele, sie ermittelt nur, welche Ziele erreicht wurden und welche Lernvoraussetzungen dafür erforderlich waren. Von pädagogisch-psychologischer Forschung oder curricularer Evaluation unterscheidet sich die Pädagogische Diagnostik dadurch, daß sie nicht allgemeine Gesetzmäßigkeiten ergründen, sondern über Individuen oder bestimmte Gruppen Aussagen ermöglichen will, die eine Handlungsbasis bilden.

2 Geschichtliche Perspektive

Die wissenschaftlichen Bemühungen um die Beurteilung von Lernenden setzten in Europa früher ein als in den USA. Eine neuere historische Darstellung (HANEY 1984) nennt als »Wurzeln« des Testens Francis GALTON, die Einführung von Prüfungen für den öffentlichen Dienst, Joseph M. RICE und Alfred BINET. Wenn man berücksichtigt, daß RICE durch sein zweijähriges Studium in Deutschland inspiriert wurde und daß die Prüfungen für den öffentlichen Dienst in Großbritannien früher begannen, dann wird die europäische Prägung der wissenschaftlichen Anfänge deutlich (vgl. JUDGES 1969). Eine weniger auf angelsächsische Literatur begrenzte Geschichtsschreibung kann den deutschen Anteil noch stärker erkennen. W. WUNDT hat mit seinem 1879 in Leipzig begründeten Psychologischen Institut der neuen experimentellen Richtung zum Durchbruch verholfen und alle »Väter« der Pädagogischen Diagnostik direkt oder indirekt beeinflußt. Lange vor BINET hat EBBINGHAUS (1897) mit neuen Tests ein Schulproblem, die Übermüdung durch Unterricht, bearbeitet. Bereits 1906 gründete der Leipziger Lehrerverein sein »Institut für experimentelle Pädagogik und Psychologie«, das auch in der Schülerbeurteilung bahnbrechende Arbeiten vorgelegt hat (INGENKAMP 1990). Während des Ersten Weltkrieges und danach wurden an mehreren Stellen in Deutschland intensive Untersuchungen zur Diagnose Begabter vorgenommen (vgl. HYLLA 1927; BOBERTAG 1934) (→ *Intelligenz, Begabung und Umwelt*). Neben der kaum übersehbaren Fülle der deutschen Literatur zur Intelligenzdiagnostik vor 1933 darf nicht übersehen werden, daß Problemen der Einschulung, der sozialen Bedingtheit von Lernerfolgen, der Rolle des Schulpsychologen in der Schülerberatung (→ *Schulpsychologen*), der Verwendung von Beobachtungsbogen usw. breiter Raum gewidmet wurde. Auch die Gegenüberstellung von Leistungsmessung und Leistungsschätzung (BOBERTAG 1933) und die Fehlerquellen der Zensurengebung wurden damals bereits thematisiert (LIETZMANN 1927). Dennoch ist es in Deutschland nicht zu einer Beurteilungswissenschaft als Teildisziplin gekommen. Häufig wurde von Jugendkunde oder Schülerkunde (MARTINAK 1907) gesprochen, aber deren Programm blieb umfassender und unschärfer.

Eine an naturwissenschaftlichen Forschungsparadigmen orientierte Diagnostik hatte in Deutschland nicht nur gegen das Übergewicht einer geisteswissenschaftlichen Pädagogik und Psychologie, sondern auch gegen die mangelnde Einsicht der Administration anzukämpfen. In Ländern mit weniger einheitlicher Lehrerbildung, weniger einheitlichen Curricula und weniger zentralistischer Administration kam man gar nicht auf den Gedanken, das subjektive Lehrerurteil könne eine vergleichbare Basis für Qualifikationen sein. In Deutschland zeigt das Numerus-clausus-Verfahren, daß man diesen Irrglauben trotz aller Gegenbeweise nicht aufgegeben hat.

Den schwersten Rückschlag erlitt eine wissenschaftlich orientierte Beurteilungskunde durch die nationalsozialistische Herrschaft. Damals war man »herzlich froh, die ›wissenschaftliche Objektivität‹ von ehedem, die nur eine deutsche Schwäche war und im Grunde auch nur eine Illusion, endlich überwunden zu haben« (KIMMICH 1933). Intuition, Rassenpsychologie, Parteilichkeit und Gefolgschaft waren prägende Begriffe, die bei der Vorliebe der deutschen Pädagogik für irrationale Aspekte reichen Nährboden fanden.

Die Zeit nach dem Zweiten Weltkrieg ist für die Pädagogische Diagnostik recht gut dokumentiert (MARSOLEK 1978, INGENKAMP 1989b), so daß hier wenige Sätze ausreichen. Kennzeichnend ist, daß nicht an die eigene Tradition der Weimarer Zeit angeknüpft wurde, sondern daß die wesentlichen Impulse von Educational Measurement in den angelsächsischen Ländern ausgingen. Als Beleg sei darauf verwiesen, daß die Tätigkeit des ersten deutschen Schulpsychologen, H. LÄMMERMANN, bis heute nicht aufgearbeitet wurde und daß die gegenwärtige Hochbegabtenbewegung (→ *Der hochbegabte Schüler*) nicht einmal zu ahnen scheint, daß es vor 70 Jahren eine reiche deutsche Literatur zu diesem Thema gab (FEGER 1986). Statt dessen wurde amerikanische Testkritik, die dort als Gesellschaftskritik verständlich war, importiert und mit antikapitalistischen und antitechnologischen Argumenten auf ein Bildungssystem übertragen, das Tests kaum kannte. Diese ideologische Kritik hat zu einer deutlichen Reduktion der angewandten Forschung in diesem Bereich geführt. In Methodologie und Befunden der Pädagogischen Diagnostik ist die Bundesrepublik weitgehend ein Importland (INGENKAMP 1989b).

3 Pädagogische und gesellschaftliche Aufgaben der Pädagogischen Diagnostik

Aus der Geschichte der Pädagogischen Diagnostik läßt sich erkennen, wie zu verschiedenen Zeiten und bei unterschiedlichen Rahmenbedingungen andere Aufgaben in den Vordergrund traten. Seit den Anfängen geplanten Lernens gibt es die Notwendigkeit, die Lernfortschritte zu erfassen, damit die folgenden Lernvorgänge ihnen angepaßt und optimiert werden können. Schon immer galt als ein schlechter Lehrer, wer ohne Rücksicht auf das Verständnis der Lernenden seinen Unterricht vorantrieb. Die Erfassung des Lernfortschritts geschah bis in unsere Zeit hinein intuitiv und unreflektiert. Gleiches galt für die Rückmeldung über den Lernerfolg, den die Lernenden bei wachsender Selbständigkeit brauchten, um ihr Lernen selbst mitzuplanen und zu neuen Lernschritten motiviert zu werden. Unter Hinweis auf ausführlichere Darstellungen (INGENKAMP 1988) werden die Aufgaben, die man aus der Pädagogischen Diagnostik zur Verbesserung des Lernens ableitet, kurz zusammengefaßt:
- Selbst- und Fremdkorrektur falscher Lernergebnisse,
- Ausgleich von Defiziten in schon angebotenen, aber noch nicht beherrschten curricularen Bestandteilen,
- Bestätigung erfolgreicher Lernschritte,
- Planung der folgenden Lernschritte,
- Angemessene Motivierung durch Hinweise auf Lernerfolge und durch Steuerung des Schwierigkeitsgrades der nächsten Lernschritte,
- Einflußnahme auf die Lernumwelt, um die Voraussetzungen für den Lernerfolg zu verbessern.

Solange sich Lernen im mehr privaten Raum und nicht als öffentliche Pflichtveranstaltung abspielte (→ *Schulgeschichte als Bildungsreform* ...), waren Erfassung und Rückmeldung des Lernerfolgs nicht an bestimmte Gütekriterien gebunden. Entscheidend war, ob die Lernenden (und ihre Eltern) mit dem Lernerfolg und dem Lernklima zufrieden waren. War das nicht der Fall, konnte man den Lehrer wechseln, wie wir es heute z. B. noch im Instrumentalunterricht praktizieren. Die Anforderungen an die Meßqualität des diagnostischen Vorgehens wuchsen, als mit dem Lernen gesellschaftlich wichtige Qualifikationen erworben werden sollten und als Lernen mit wissenschaftlichen Methoden verbessert werden sollte.

In verschiedenen Gesellschaften konnte man zu unterschiedlichen Zeiten den Nachwuchs für bestimmte Funktionen nicht mehr durch Geburtsadel, ständische Privilegien oder Ämterkauf regulieren. Dann wurden Qualifikationsnachweise über Lernerfolge erforderlich. DuBois 1966 berichtet, daß in China mehr als 1000 Jahre vor Christi Geburt der Nachwuchs für den öffentlichen Dienst mit ausgefeilten Examina ausgewählt wurde, da der Geburtsadel zahlenmäßig zu gering war. In Europa kamen nach 1700 der absolutistische Staat in seinem Wunsch, die Macht des Geburtsadels zu schwächen, und das aufstrebende Bürgertum in seinem Bestreben, Führungspositionen zu übernehmen, zum gemeinsamen Interesse, die durch Bürokratisierung und Militarisierung gewachsene Zahl von Ämtern mit Hilfe von Examina zu vergeben. In den meisten europäischen Staaten wurden zwischen 1790 und 1870 Prüfungen für den öffentlichen Dienst eingeführt. HOLMES und LAUWERYS (1969) schrieben dazu:»Es sollte festgehalten werden, daß eine gesellschaftliche Folge der Einführung von Examen die größere Chancengleichheit war, die sie ermöglichten.«

In den letzten beiden Jahrhunderten sind mit zunehmender Demokratisierung die individuellen Lernerfolge zunehmend wichtiger für den persönlichen Aufstieg geworden. Vor allem das Bürgertum hat auf dem Wege über Schul- und Hochschulprüfungen die leitenden Positionen besetzt. Geburtsrechte und Ämterkauf wurden ausgeschaltet. Mit der Pädagogischen Diagnostik zur Feststellung von Qualifikationen war bis in die zweite Hälfte unseres Jahrhunderts hinein ein eminentes gesellschaftspolitisches Reformpotential zur Liberalisierung individuellen Aufstiegs verbunden.

Vom Instrumentarium für dieses Berechtigungswesen wurde nur gefordert, daß es eine Grobsortierung der Bewerber übernahm. Man mußte wissen, ob sie eine Ausbildung erfolgreich abgeschlossen hatten oder nicht, allenfalls wollte man noch über einige Abstufungen des Lernerfolgs informiert werden. Differenziertere Angaben über die Erreichung feinerer Lernziele waren unnötig. Die Bestätigungsfunktion für die Qualifikationen übernahmen die Zensuren, die im Zeugnis zusammengefaßt wurden. Aus geschichtlichen Darstellungen wissen wir, daß das Zeugnis im Mittelalter als *Benefizienzeugnis* eine ganz andere Aufgabe hatte (BREITSCHUH 1979; INGENKAMP 1989a; ZIEGENSPECK 1973). Es wurde nur an bedürftige Schüler als Nachweis zur Verteilung von Stipendien und Freitischen ausgegeben. Erst als bestimmte Minimalzensuren im Abitur für die Universitätszulassung erforderlich wurden, als sich das System der Jahrgangsklassen um 1850 durchsetzte und als schließlich nach Einführung der allgemeinen vierjährigen Grundschule 1920 die Schule mitentscheidend für den Übergang zum Gymnasium (→ *Das allgemeinbildende Schulwesen* ...) wurde, hat das Zeugnis in praktisch allen Klassenstufen seine für den Bildungsweg entscheidende Funktion bekommen. Für die Vergabe dieser Ziffernzensuren wurden bestimmte Formalien (z. B. Zahl der Klassenarbeiten, mündliche Prüfungen) vorgeschrieben, aber es wurden keine neuen diagnostischen Hilfsmittel entwickelt.

Die *Berechtigungsfunktion* der Zensur hat ihre pädagogischen Funktionen völlig überwuchert, vor allem dort, wo die Schule die einzige Institution zur Vergabe der Qualifikationen war. Für die Optimierung des Lernens war die Zensur viel zu informationsarm. Für die neue Aufgabe mußte sie anderen Kriterien genügen. Für ein Berechtigungswesen brauchte man vergleichbare Informationen, denn der Zufall der Schul- oder

Klassenzugehörigkeit durfte nicht für z. B. die Zulassung zum Studium entscheidend sein. Man benötigte von der Person des Prüfers relativ unabhängige, d. h. objektive Informationen. Die Beurteilungen sollten zuverlässig sein, d. h. nicht von Prüfung zu Prüfung willkürlich schwanken. Sie sollten auch gültig sein, also etwas über die verlangte Qualifikation aussagen und nicht über etwas anderes. Vor allem wurde auch Vorhersagegültigkeit wichtig, denn die Berechtigungen entschieden ja über die Zulassung zu Bildungswegen und Berufen.

Im internationalen Vergleich zeigt sich nun die interessante Erscheinung, daß Länder mit weniger einheitlichen Curricula, Lehrerexamina und Schulverwaltungen zusätzliche Einrichtungen für das Berechtigungswesen schufen, z. B. überregionale Prüfungsbehörden, Universitäts-Aufnahmeexamina oder -tests u. ä. Diese Länder haben auch eine Prüfungswissenschaft entwickelt, um festzustellen, welche Bestandteile des Berechtigungswesens welchen meßmethodischen Gütekriterien genügten. Länder mit einheitlicherem, stärker durch Zentralbehörden gesteuertem Schulwesen haben sich damit begnügt, das Qualifikationswesen administrativ und rechtlich abzusichern, ohne Kontrollen vorzusehen, wie das System inhaltlich funktioniere. In den Ländern, in denen das Bildungswesen die alleinige Instanz zur Vergabe der Berechtigungen ist, hat die gesellschaftliche Aufgabe der Schülerbeurteilung die pädagogische besonders stark verdrängt.

4 Diagnose und Rückmeldung im schulischen Lernen

4.1 Vorbemerkungen zu Leistung und Lernerfolg

Um 1970 war der Höhepunkt der heftigen und kontroversen Diskussion um den Leistungsbegriff in unseren Schulen (vgl. LICHTENSTEIN-ROTHER 1971). Das *Leistungsprinzip* schien für viele die Ersatzreligion unserer Zeit geworden zu sein, und die »Leistungsschule« war das Abbild dieser inhumanen Leistungsgesellschaft.

FURCK (1961) hat gezeigt, daß der Begriff *»Leistung«* in die pädagogischen Lexika erst ab 1930 aufgenommen wurde, während die Betonung der Leistung als objektiver schulischer Anforderung sich mit der Verfestigung der Schule als Institution seit der ersten Hälfte des 19. Jahrhunderts immer mehr steigerte. FURCK (1961) stellte dabei fest: »Erziehung zur Leistung wird immer in Zeiten der einseitigen Vorherrschaft des Staates mit besonderem Nachdruck gefordert.« (S. 12) Seine Analyse ließ erkennen, »daß das Wort Leistung im Zusammenhang mit der Schule in vierfacher Bedeutung gebraucht wird: Leistung als schulische Forderung für den Schüler, Leistung als Tätigkeit des Schülers, Leistung als Ergebnis der Tätigkeit des einzelnen innerhalb der verschiedenen Leistungsbereiche und Leistung als besonderer Beitrag der Schule für Gesellschaft, Staat, Wirtschaft und Wissenschaft« (ebd., S. 118).

Die zuletzt genannte gesellschaftliche Relevanz des Leistungsbegriffs hat dazu geführt, daß die Schulleistung mit in die Diskussion gezogen wurde, als in den sechziger Jahren die Unzufriedenheit mit bestimmten Erscheinungen der Leistungsgesellschaft einen Höhepunkt erreichte. Dem Pädagogen wäre ein an Außenkriterien gemessener Leistungsstandard weniger wichtig als der im Vergleich zur individuellen Vorleistung erreichte *Lernerfolg*. Aber im Zuge des Berechtigungswesens mußte auch der Pädagoge von außen gesetzte Lernziele berücksichtigen und sah sich einer ständigen gesellschaftlichen Kritik ausgesetzt, daß die Schule notwendige Leistungsvoraussetzungen nicht in ausreichendem Maße vermittele.

Die kontroverse Diskussion um den schulischen Leistungsbegriff ist weitgehend abgeflaut. In den letzten Jahren wird sogar wieder vermehrt Leistung gefordert. Dabei kann von einer theoretischen Klärung des Leistungsbegriffs nicht die Rede sein. Die Diskussion war auch darum so unfruchtbar, weil man den Begriff »Leistung« aus der kapitalistischen Wirtschaft in die Schule transponierte, als würden hier vergleichbare Produktionsgesetze und Rentabilitätsanforderungen gelten. »Leistung« in der Schule ist aber das Ergebnis curricular geplanter Lernprozesse. Was wir curricular festlegen, ist unsere gesellschaftliche Entscheidung. Es ist denkbar, daß soziale Kooperation vorherrschendes Ziel unserer Curricula werden würde. Dieser Lernerfolg wäre dann nach üblichem Sprachgebrauch auch Leistung.

Für die Schule wäre es besser, von Lernerfolgen statt von Leistung zu sprechen. In der curricularen Diskussion wären dann die Prioritäten so zu setzen, daß die Qualifikationen für eine humane Gesellschaft erworben werden können. Die Diskussion wäre sicher nicht weniger kontrovers, aber sie wäre konkreter auf die pädagogische Situation bezogen.

4.2 Traditionelle Diagnosemethoden für schulisches Lernen

Die traditionellen Methoden schulischer Leistungsbeurteilung haben in den letzten Jahrzehnten ihre Form kaum verändert. Es sind im wesentlichen mündliche Prüfungen, schriftliche Klassenarbeiten (Klausuren), Hausarbeit und informelle Zettelarbeiten.

Auch die *mündliche Prüfung* hat im Rahmen des Berechtigungswesens an Bedeutung gewonnen und ist Gegenstand grundsätzlicher Kritik geworden, über die zusammenfassend BIRKEL (1978) berichtet. Unter sozialpsychologischem Aspekt wurde die asymmetrische Position von Prüfer und Prüfling herausgestellt. Psychoanalytiker betonten die Ähnlichkeit mit Initiationsriten und die vergleichbare Angstauslösung. Gesellschaftskritiker sahen vor allem die Unterdrückungs- und Abrichtungsfunktion der Prüfung und ihre starke soziale Selektionsfunktion.

Unter methodischem Aspekt ist die mündliche Prüfung zuerst von BARNES und PRESSEY (1929) erforscht worden. Wie die häufig zitierte Untersuchung von HARTOG und RHODES von 1936 (INGENKAMP 1989a, S. 177–183) stellten sie fest, daß derselbe Prüfling von verschiedenen Prüfern unterschiedlich beurteilt wurde.

Nur in der Medizin und verwandten Fächern haben die frühen Untersuchungen Nachfolger gefunden, auf die bei BIRKEL 1978 und INGENKAMP 1975 eingegangen wurde. In diesen Untersuchungen zeigte sich, daß die Übereinstimmung zwischen zwei Beurteilern, die unabhängig voneinander denselben Prüfling im gleichen Gebiet zu den gleichen Lernzielen nach kurzen Intervallen prüften, zwischen $r = 0,40$ und $r = 0,60$ lag. Das deutet auf eine mittlere Übereinstimmung hin, die für individuelle Beurteilungen nicht ausreicht und nicht ausschließt, daß ein Prüfling von einem Beurteiler die beste, vom anderen die schlechteste Note erhält. Wenn die Prüfer im Gebrauch von Fragelisten oder Schätzskalen trainiert werden, konnte die Korrelation auf 0,70 ansteigen.

In vielen Untersuchungen sind schriftliche objektive Prüfungen oder kombinierte Beurteilungen der klinischen Arbeit als Validitätskriterien herangezogen worden. Die Korrelationen zwischen mündlichen und schriftlichen sowie praktischen Prüfungen zum gleichen Inhalt variierten von 0 bis 0,70, lagen aber in den meisten Fällen zwischen 0,20 und 0,40. Bei diesem geringen Maß an Übereinstimmung decken sich nur wenige Beurteilungen. Auch aus der Interviewforschung erhalten wir keine Anhaltspunkte, die für eine ausreichende Objektivität, Zuverlässigkeit und Gültigkeit mündlicher Prüfungen sprechen (vgl. TROST 1986).

Einblick in die Fehlerquellen mündlicher Prüfungen geben neben der Studie von BETZ (1974) vor allem die Untersuchungen von BIRKEL (1978) und PRITZ (1981). BIRKEL (1978) hatte die Deutsch-Prüfungen zweier Abiturientinnen mit der Videokamera aufgenommen und spielte sie 156 Lehrern aus 39 Gymnasien vor. Dabei wurden folgende Variablen systematisch verändert: 1. Die Reihenfolge. 2. Die Vorinformation über die Leistung im Abituraufsatz.

Die Zensuren für die Beurteilung der mündlichen Prüfung schwankten bei der einen Abiturientin von 1 bis 5, bei der anderen von 2 bis 5,5. Diese Beurteilerdifferenzen waren hier vor allem auf den Kontrasteffekt (8% Anteil) und die Information über die Vorzensur (7%) zurückzuführen. Mit großer Wahrscheinlichkeit unterschieden sich die Leistungen beider Abiturientinnen tatsächlich, was die unterschiedlichen Zensurenmittelwerte von 2,95 und 3,84 vermuten lassen. Die Beurteilung der besseren Kandidatin war aber noch besser, wenn sie nach der schwächeren Darbietung der anderen Abiturientin bewertet wurde. Die schlechtere Kandidatin wurde schlechter beurteilt, wenn die bessere zuerst zu sehen war. Dieser Kontrasteffekt ist bei schriftlichen Prüfungen ebenfalls nachgewiesen worden.

Die Information über die Zensur im Abituraufsatz beeinflußte die Beurteilung in der mündlichen Prüfung ebenfalls. Bei der Angabe, der Aufsatz habe die Note 1, lag die Zensur durchschnittlich bei 3,01. Sollte er mit 5 benotet worden sein, so sank die Note der mündlichen Prüfung auf einen Mittelwert von 3,56.

Lehrer mit mehr Lehr- und Prüfungserfahrung tendierten zu strengeren Noten, während das Geschlecht der Beurteiler die Zensuren nicht beeinflußte.

In der Untersuchung von PRITZ (1981) wurde eine Abiturprüfung in Geographie, für die die Note 3 erteilt worden war, mit der Videokamera gefilmt. Danach wurde ein Drehbuch angefertigt. Nach diesem Drehbuch wurde der Text des Prüfungsvortrages mit allen Gesten und Verweisungen zur Karte von derselben Kandidatin einmal in 16, das andere Mal in 21 Minuten gesprochen. Beide Versionen wurden wiederum mit der Videokamera aufgenommen. Bei der langsameren Version suchte die Abiturientin nach Worten, ließ kurze Pausen, sprach aber nicht übertrieben langsam und stotterte nicht. Außerdem wurden die Vorzensuren in allen Fächern außer Geographie systematisch entweder als gut oder befriedigend gekennzeichnet, und die Geographiezensuren wurden ebenfalls nach diesen beiden Kategorien in der Vorinformation variiert.

81 Geographielehrer von 25 Gymnasien beurteilten nach Zufall entweder die langsame oder die schnelle Fassung. Beide Examensfassungen erhielten Zensuren von 1 bis 5. Der Durchschnitt für die schnellere Fassung lag bei 2,51, während das langsame Sprechtempo im Mittel mit 3,38 zensiert wurde. Bei absolut identischem Examensinhalt erklärte das Sprechtempo 17% der Urteilsstreuung. 7% der Urteilsstreuung gingen zu Lasten der verschiedenen Information über Vorzensuren in Geographie, während andere Vorzensuren sich nur mit 2% auswirkten. Aus einem Fragebogen ließ sich entnehmen, daß höheres Sprechtempo nicht nur mit mehr Fachkenntnissen, sondern auch mit höherer Intelligenz assoziiert wird.

Wie an anderer Stelle gezeigt wurde, gibt es einige Möglichkeiten, den Aussagewert mündlicher Prüfungen zu steigern (INGENKAMP 1988). Aber in der gegenwärtigen Form können diese Prüfungen der Rolle nicht gerecht werden, die ihnen unser Bildungssystem zuweist.

Mehr Beachtung als andere schriftliche Klassenarbeiten hat der *Aufsatz* gefunden. Bereits um die Jahrhundertwende und danach in gewissen Abständen ist immer wieder nachgewiesen worden, daß verschiedene Beurteiler den gleichen Aufsatz so unterschiedlich beurteilten, daß fast immer die ganze Notenskala besetzt ist. Untersuchungen zur Aufsatzbeurteilung sind in den letzten 40 Jahren häufiger in Großbritannien als in anderen europäischen Ländern durchgeführt worden. Sie entsprechen in Breite und Qualität der Forschung durchaus dem Niveau in den USA, während die Untersuchungen in den anderen europäischen Ländern erst in den letzten Jahren häufiger werden und diese methodischen Standards erreichen (vgl. INGENKAMP 1989b). Bereits bei EELLS (Nachdruck 1989a) und in vielen anderen Untersuchungen wurde nachgewiesen, daß die Zuverlässigkeit von aufsatzähnlichen Prüfungen nicht den meßmethodischen Anforderungen genügt. Diese und noch zu erwähnende Untersuchungen zeigen auch, daß die Gültigkeit dieser Aufsatzformen zu gering ist, um den Anforderungen an ein Prüfungsinstrument zu genügen. COFFMAN (^{2}1971, S. 277) faßt den Untersuchungsstand folgendermaßen zusammen:

»Die gesammelten Ergebnisse führen uns jedoch zu drei unausweichlichen Schlußfolgerungen: a) Verschiedene Beurteiler neigen dazu, für dieselbe Arbeit unterschiedliche Noten zu geben; b) der einzelne Beurteiler neigt dazu, für den gleichen Aufsatz zu unterschiedlichen Zeitpunkten verschiedene Noten zu geben und c) die Differenzen in der Beurteilung erhöhen sich im allgemeinen, wenn das Aufsatzthema größere Freiheit in der Bearbeitung gibt.«

Auch im deutschsprachigen Raum ist man über den Nachweis der Beurteilerdifferenzen (SCHRÖTER 1971) hinaus zur Analyse der Ursachen für die Urteilsschwankungen vorgestoßen. WEISS (1989a) hat in Österreich 1963/64 seine bekannte Untersuchung durchgeführt, bei der er zwei Lehrergruppen zur Beurteilung des identischen Textes unterschiedliche Vorinformation über Leistung und soziale Herkunft des Schreibers gab und dadurch Urteilsdifferenzen – auch in Rechtschreibung – von rund einer Notenstufe im Mittelwert auslöste. Die Forschung konnte die Auffassung nicht bestätigen, daß die Beurteilerdifferenzen sich bei genauerer Kenntnis der unterrichtlichen Situation verringern (vgl. INGENKAMP 1988).

Die von WEISS benutzten Vorinformationen beeinflußten die Beurteiler wahrscheinlich darum so stark, weil sie Hinweise zur Leistung und zum sozialen Hintergrund kombinierten. Wenn nur Vorinformationen über die Leistungen gegeben werden, sind die Urteilsverschiebungen nicht so stark und die Ergebnisse nicht eindeutig (WIECZERKOWSKI/KESSLER 1970; FERDINAND 1971; BAURMANN 1989a). Andere Faktoren, die die Zensierung schriftlicher Arbeiten beeinflussen, sind z. B.:

– Die Länge der Textproduktionen (KÖTTER/GRAU 1965; WIECZERKOWSKI/NICKEL/ROSENBERG 1968),
– grammatikalische und orthographische Fehler, selbst wenn nur der Inhalt beurteilt werden sollte (MARSHALL 1967; MARSHALL/POWERS 1969; LINN u. a. 1970),
– die Handschrift (JAMES 1927; SHEPHERD 1929; CHASE 1968; BRIGGS 1970; OSNES 1989a),

- die Reihenfolge, in der die Arbeiten beurteilt wurden (CHASE 1968; BAURMANN 1989a),
- das Geschlecht der Beurteilten und der Beurteiler (CARTER 1989a),
- die Beliebtheit der Schüler (HADLEY 1989a).

Klassenarbeiten in anderen Fächern sind seltener untersucht worden, aber diese Studien belegen, daß sie vergleichbaren Fehlerquellen ausgesetzt sind. Das gilt besonders auch für *Mathematikarbeiten* (vgl. INGENKAMP 1989a, 1988). Bemühungen zur Verbesserung der Auswertungsqualität von Klassenarbeiten werden bei BECK 1979 und KLAUER 1978 dargestellt.

Die traditionellen Diagnosemethoden sind fast ausschließlich zur Feststellung des Lernerfolgs in klassischen Unterrichtsfächern entwickelt worden. Wenn Einstellungen und Verhaltensweisen z. B. im sozialen Bereich erfaßt werden sollten, dann mußte der Lehrer zu eigenen Adaptionen von Befragungen, Aufsätzen, bildlichen Gestaltungen greifen oder Beobachtungen durchführen, für die er nur unzureichend geschult war. Die geringe Aussagekraft dieser Vorgehensweisen ist oft genug dargestellt worden (vgl. INGENKAMP 1988; KLAUER 1978).

4.3 Objektive Methoden zur Diagnose des schulischen Lernerfolgs

Die in anderen Ländern viel früher erkannten Schwächen der traditionellen Methoden haben zur Entwicklung neuer Verfahren geführt. Schulleistungstests wurden als *objektive Verfahren* von den mündlichen und schriftlichen Prüfungen unterschieden. Ihre Anfänge gehen auf die »scale books« des Engländers G. FISHER um 1864, die Rechtschreiblisten des amerikanischen WUNDT-Schülers J. M. RICE um 1894 und die Lückentexte von H. EBBINGHAUS um 1897 zurück (vgl. MARSOLEK 1978). Obwohl Schulleistungstests bis 1933 auch in Deutschland entwickelt wurden, wobei vor allem BOBERTAG und HYLLA zu nennen sind, haben sie im dezentralisierten, pragmatischer orientierten und in starkem Ausbau befindlichen Schulwesen der USA eine viel stärkere Verbreitung und intensivere Weiterentwicklung durch Forschung erfahren. 1927, als bei uns etwa ein Dutzend Schulleistungstests verfügbar, aber nur teilweise publiziert war, lagen in den USA 520 vor (BUROS 1977).

Schulleistungstests sind *Verfahren der Pädagogischen Diagnostik, mit deren Hilfe Ergebnisse geplanter und an Curricula orientierter Lernvorgänge möglichst objektiv, zuverlässig und gültig gemessen und durch Lehrende (z. T. auch durch Lernende) oder Beratende ausgewertet, interpretiert und für pädagogisches Handeln nutzbar gemacht werden können* (INGENKAMP 1988).

Um die Aussagekraft der Diagnose im Vergleich zu den traditionellen Verfahren zu erhöhen, wurde bei der Konstruktion von Tests versucht, den Gütekriterien der *Objektivität* (inter rater reliability), *Zuverlässigkeit* (reliability) und *Gültigkeit* (validity) in hohem Maße zu entsprechen (vgl. INGENKAMP 1988; KLAUER 1978) ($\rightarrow$ *Forschungsmethoden der Erziehungswissenschaft*).

Objektivität im meßmethodischen Sinne bedeutet die Ausschaltung subjektiver Einflüsse auf der Seite der Prüfenden. Die Ergebnisse von Lernprozessen sollen von verschiedenen Prüfern unter möglichst weitgehend gleichen Bedingungen erfaßt werden *(Durchführungsobjektivität)*. Verschiedene Auswerter sollen bei der Feststellung des gleichen Tatbestandes zu gleichen Ergebnissen kommen *(Auswertungsobjektivität)*, und auch die Interpretation der festgestellten Ergebnisse soll frei von sachfremden subjektiven Einflüssen sein *(Interpretationsobjektivität)*.

Bei Tests versucht man, dieses Kriterium durch Standardisierung der Aufgabenstellung, der Prüfungsbedingungen, durch Auswertungsschlüssel und durch Anleitung zur Interpretation der Testergebnisse soweit wie möglich zu erfüllen. Bei den Formen der Testaufgabe hat die Antwort-Auswahl-Aufgabe so großes Übergewicht bekommen, weil sie den Anforderungen an die Objektivität sehr gut entspricht.

Ein Test ist dann *zuverlässig* oder *reliabel*, wenn er das Merkmal exakt mißt, das er messen soll, d. h. wenn die wiederholte Messung des gleichen Merkmals gleiche Ergebnisse erbringt. Nur objektive Verfahren können auch zuverlässig sein und bei Wiederholung der Messung gleiche Ergebnisse innerhalb gewisser Toleranzen erbringen, wenn man Übungseffekte ausschalten kann. Ein Schulleistungstest kann durch die Vorgabe von Auswertungsschlüsseln oder durch elektronische Auswertung absolut zuverlässig messen.

Die für den Praktiker wichtigste Konsequenz der Zuverlässigkeitsbestimmung ist, daß man einen *Meßfehler* errechnet. Dieser Meßfehler gibt Auskunft, innerhalb welcher Grenzen der »wahre« Wert des Lernenden mit einer bestimmten Wahrscheinlichkeit liegt. Die Kenntnis eines solchen Meßfehlers bewahrt uns davor, zufallsbedingte Unterschiede bei verschiedenen Messungen als echte Verhaltensänderung zu interpretieren und falsche Schlüsse daraus zu ziehen.

Das wichtigste Kriterium ist die *Gültigkeit* oder *Validität*, für das die vorher genannten eigentlich nur die Voraussetzung schaffen. Gültigkeit ist der Grad der Genauigkeit, mit dem das zu messende Merkmal tatsächlich erfaßt wird und nicht etwas anderes. Bei der schulischen Leistungskontrolle ist vor allem die *curriculare* Gültigkeit wichtig. Sie wird durch Vergleich der Aufgabenstellung des Meßinstruments mit den Lernzielen des Curriculums ermittelt. Aber auch die *prognostische* Gültigkeit ist von Bedeutung, wenn festgestellt wird, mit welcher Sicherheit von vorangegangenen Lernerfolgen auf die Erreichung der nächsten Lernziele geschlossen werden kann.

Neben diesen Hauptkriterien gibt es andere, auf die auszugsweise kurz verwiesen werden soll. Für die Unterrichtspraxis nicht zu unterschätzen ist die Ökonomie eines Verfahrens, wie das Schicksal der Diagnosebogen zeigt (vgl. Abs. 4.4). Für die Interpretation sollten Vergleichsnormen bereitstehen, und der Meßvorgang soll die Lernziele und die unterrichtliche Situation nicht verfremden und keine pädagogisch unerwünschten Nebenwirkungen haben.

Unter den Schulleistungstests wurden vor allem bezugsgruppenorientierte (normorientierte), kriteriumsorientierte (lernzielorientierte) und informelle Verfahren unterschieden.

Bezugsgruppenorientierte Tests, oft auch standardisierte oder normorientierte genannt, sind die Verfahren mit der längsten Tradition und der größten Verbreitung. Kennzeichnend für sie ist, daß das Testergebnis als Relation zu den Ergebnissen anderer Lernender, der Bezugsgruppe, dargestellt wird. Sie werden nach den Regeln der sogenannten klassischen Testtheorie (LIENERT 1969) entwickelt. Die aufwendige Testkonstruktion lohnt sich nur, wenn die überregionale Anwendbarkeit gesichert ist. Darum sind diese Verfahren auch an überregional gültigen, also allgemeineren oder Groblernzielen orientiert. Die Bezeichnung *normorientiert* paßt weniger gut, da der Begriff »Norm« in der Pädagogik häufiger im Sinne von Idealnorm benutzt wird.

Standardisiert sind schließlich alle Verfahren, in denen Aufgabenstellung, Durchführungs- und Auswertungsbedingungen festgelegt sind.

Bei *kriteriumsorientierten* (oder lernzielorientierten) *Tests* ist der Bezugspunkt der Ergebnismitteilung ein vorher gesetztes Kriterium, ein *Endverhalten*, das meist in Feinlernzielen operationalisiert wird. Im Ergebnis wird mitgeteilt, ob das Endverhalten erreicht wurde oder nicht, wie viele Aufgaben, die das Endverhalten repräsentieren, gelöst wurden oder nicht. Ein solches Ergebnis kann man mitteilen, ohne die Ergebnisse anderer Lernender zu kennen. Diese Verfahren wurden erst in Verbindung mit der Programmierten Instruktion entwickelt. Über ihre Konstruktion nach den Regeln probabilistischer Testtheorien informieren u. a. FRICKE (1974), KLAUER (1983) und WIEBERG (1983).

In der deutschen Pädagogik sind diese beiden Testarten vorschnell mit diagnostischen Zielsetzungen identifiziert worden.

Diese Auffassung ist einseitig und nicht haltbar. Tests, die Lerndefizite feststellen und darauf bezogene Förderprogramme anbieten, können normorientiert sein wie die Diagnostischen Rechtschreibtests von MÜLLER, und kriteriumsorientierte Tests können zur Selektion herangezogen werden, wie z. B. in medizinischen Prüfungen. Angemessener kennzeichnet FRICKE (1974, S. 14) die Beziehung der Testarten: »Man wird der kriteriumsorientierten Messung gerechter, wenn man sie nicht als völlig neuen Testtyp bezeichnet, sondern als einen möglichen neuen Aspekt der Interpretation von Testergebnissen.«

Bezugsgruppen- und kriteriumsorientierte Tests müssen in Zusammenarbeit von Fachdidaktikern und Testmethodikern entwickelt werden. Die Konstruktion mit den Arbeitsschritten: Zielanalyse, Aufgabenstellung, Aufgabenanalyse, Aufgabenauswahl, Bestimmung der Gütekriterien, Ermittlung von Referenzmaßstäben ist arbeitsaufwendig und zeitraubend (vgl. INGENKAMP 1988). Anders ist es bei den *»informellen Tests«*, die in der angelsächsischen Literatur auch als *»teacher made tests«* bezeichnet werden. Ihre Konstruktion durch Lehrer kennzeichnet ihr wichtigstes Unterscheidungsmerkmal gegenüber formellen Schultests. Der methodische Konstruktionsaufwand muß sich an den Grenzen orientieren, die Ausbildung, Verfügbarkeit technischer Hilfsmittel und Arbeitszeit dem Lehrer auferlegen. Das bedeutet erhebliche Abstriche im Umfang der curricularen Analyse, des Aufwands bei der Ableitung von Testaufgaben, in der Intensität der empirischen Aufgabenanalyse, in der Genauigkeit der Bestimmungen von Reliabilität, Meßfehler (und Validität, wenn überhaupt), im Umfang von Bezugsgruppen und im Meßniveau der an ihnen ermittelten Normen.

Ein anderes wichtiges Unterscheidungsmerkmal gegenüber formellen Tests ist die Orientierung des Tests an den pädagogischen Bedürfnissen einer oder weniger Schulklassen. Der geringe Aufwand bei der Testkonstruktion bedeutet geringere Kosten, und damit entfällt der Zwang zur überregionalen Anwendbarkeit.

Allein die curricularen Ziele für eine oder wenige Klassen, das Informationsbedürfnis eines oder weniger Lehrer bestimmen die Richtung der Testentwicklung.

Von den traditionellen subjektiven Methoden unterscheidet sich der informelle Test durch das Maß erreichbarer Objektivität. Für ihn werden dieselben Aufgabentypen wie für formelle Tests benutzt mit gewissem Übergewicht von Alternativformen und Kurzantwortformen, weil diese leichter zu konstruieren sind. Prüfungssituation, Aufgabenstellung und Rohauswertung sind aber wie bei formellen Tests standardisiert und ermöglichen eine weitgehend objektive Messung.

Der informelle Test kann sich in seiner Ergebnismitteilung mehr an gruppenbezogenen Normen, hier meist an den in einer Schulklasse erreichten Rohpunkten, oder mehr an Lernzielen orientieren. Dennoch ist es verfehlt, von informellen bezugsgruppenorientierten oder informellen kriteriumsorientierten Tests zu sprechen, da der methodische Aufwand, der das jeweilige Charakteristikum dieser Tests ausmacht, zu unterschiedlich zu dem bei informellen Tests üblichen ist.

Bei sorgfältiger Testkonstruktion können auch für informelle Tests Zuverlässigkeit und Gültigkeit angenommen werden, werden aber nicht durch statistische Verfahren nachgewiesen.

Übergänge zu formellen Tests sind vorhanden. GAUDE/TESCHNER (1970) z. B. haben Verfahren zu Trennschärfe-, Reliabilitäts- und Meßfehlerberechnungen vorgeschlagen, die für informelle Verfahren wenig praktikabel sind. Die Fortschritte der Mikroprozessorentechnik werden aber in Zukunft völlig neue Konstruktionsvoraussetzungen für informelle Tests schaffen. Anleitungen zur Konstruktion finden sich bei DIEDERICH 1968, INGENKAMP 1988, INSTITUT FÜR FILM UND BILD, o. J., ROSEMANN 1984, SEELIG 1969, WENDELER 1974, 1981.

Schulleistungstests spielen im deutschen Schulwesen eine völlig untergeordnete Rolle, denn daß Zettelarbeiten jetzt häufig »Tests« genannt werden, ist nur Etikettenschwindel. Die vielen Vorurteile gegen Tests hat HAASE (1978) im Anschluß an eine umfangreiche Befragung zusammengestellt. Die Kritik fand ihren Höhepunkt in der »Anti-Test-Bewegung« (ZEUCH 1973), in der u. a. die objektivierte Lernerfolgsmessung als Instrument bürgerlichen Klassenkampfes gegen die Lohnabhängigen bezeichnet wurde. Wie an anderer Stelle ausführlich begründet wurde (vgl. INGENKAMP 1989b), sind derartige Aussagen nicht haltbar. Selbstverständlich sind Schultests nicht gegen Mißbräuche gefeit, aber diese sind viel leichter überprüf- und kritisierbar als bei subjektiven Methoden. Alle totalitären Ideologien haben objektive diagnostische Verfahren abgelehnt, weil ihre parteiischen Selektionen sich mit subjektiven Methoden leichter der Überprüfung entzogen. Ohne Schultests wäre die Benachteiligung der Kinder aus bestimmten Sozialschichten nicht exakt nachweisbar gewesen. Nur mit Hilfe von Schultests sind adaptiver Unterricht und Schulreformen zu verwirklichen. Die »Anti-Test-Bewegung« ist fachlich steril geblieben und hat keine Alternativen anzubieten.

4.4 Möglichkeiten der Rückmeldung von Lernerfolgsdiagnosen

In Abschnitt 3 wurde beschrieben, wie Ziffernzensur und -zeugnis alle anderen Rückmeldungsformen in den Hintergrund drängten. Wenn man von den ersten beiden Schuljahren absieht, dann sind nur sehr selten im Schulalltag gutachtliche Stellungnahmen vorgeschrieben. Mündliche Rückmeldungen im Unterricht an Schüler erfolgen relativ selten (PAETZOLD 1984). Informationen für Eltern sind zwar in der Form von Elternsprechtagen verbreitet institutionalisiert worden, aber sie werden nur von einem Teil der Eltern genutzt und sind in ihrem Informationswert nicht bestätigt.

So bleibt als vorherrschende Rückmeldungsform die *Ziffernzensur*, die sich auf die o. a. traditionellen Diagnoseverfahren stützt. Diese Zensur ist nicht nur informationsarm, sie enthält auch Fehlerquellen, die in Abschnitt 4.2 noch nicht behandelt wurden. Zunächst ist darauf hinzuweisen, daß die Zensurenverteilung in verschiedenen Unterrichtsfächern charakteristisch abweicht. Es läßt sich die Tendenz erkennen, daß die Fächer um so strenger zensiert werden, je mehr die Leistungen in schriftlichen Arbeiten überprüft werden, je mehr die Leistung quantifizierbar ist und/oder je stärker die verbalen Anforderungen hervortreten.

Durch die unterschiedliche Strenge der Benotung werden die Fächer in unterschiedlichem Maße zu »*Auslesefächern*«, die besonders zum Sitzenbleiben und zur permanenten Selektion beitragen. DE GROOT (1971) unterscheidet daher auch
- die Gruppe der stark selektiven Hauptfächer,
- die Gruppe der nicht stark selektiven Haupt- und Nebenfächer und
- die Gruppe der Fächer (Leibesübungen, Zeichnen, Musik), die auf Versetzungsentscheidungen keinen Einfluß haben.

Diese Auswirkung bestimmter Fächer steht mitunter in krassem Widerspruch zu pädagogischen Intentionen oder zu ihrer Bedeutung in einem an künftigen gesellschaftlichen Anforderungen orientierten Curriculum. Als Beispiel verweisen wir auf die strenge Benotung der Rechtschreibung in der Grundschule, durch die diese Leistung eine außerordentlich starke Bedeutung für den Schulerfolg und den Übergang zur Oberschule erhält (vgl. KEMMLER 1976). In musischen Fächern schrumpft die Notenskala meist auf drei oder vier Stufen (vgl. SCHRÖTER ³1981). Auch sonst werden die Extremwerte der Skala überproportional selten vergeben.

Wenn man von Schülermerkmalen ausgeht, dann kann als gesichert angesehen werden, daß Mädchen – zumindest in der Primarschule – durchschnittlich bessere Zensuren erhalten, als ihren in Tests erfaßbaren Leistungen entspricht (vgl. INGENKAMP 1989a). Auch das Geschlecht des Beurteilers wirkt sich im Einzelfall aus, aber eine relativ einheitliche Tendenz ist in den Untersuchungen nicht erkennbar.

Beim Lehrer (vgl. HADLEY 1989a) und/oder bei den Mitschülern (vgl. PETILLON 1978, 1982) beliebtere Schüler erhalten bessere Zensuren. PETILLON (1978, S. 129) wies nach, »daß die Zuneigung des Lehrers den Kindern gilt, die gute Zensuren haben und sich fleißig, folgsam und zuverlässig verhalten«, und vermutet eine Wechselwirkung zwischen Lehrereinstellung und Schülerverhalten.

Von ganz besonderer Bedeutung ist die Wirkung des *klasseninternen Bezugsmaßstabes*, der in vielen Untersuchungen nachgewiesen wurde (vgl. INGENKAMP 1988, 1989a). Die Lehrer verteilen die Zensuren in ihrer Klasse nach dem von ihnen für richtig gehaltenen Schlüssel, ohne hinreichende Informationen über den Leistungsstand ihrer Klasse im Vergleich zu dem anderer Klassen zu besitzen. Das führt dazu, daß die nach objektiven Vergleichstests gleiche Leistung in der einen Klasse mit 1, in der anderen mit 6 beurteilt werden kann. Das bedeutet, daß das Schulschicksal eines Kindes in erheblichem Maße von der Situation der Klasse abhängt, in die es mehr oder weniger zufällig hineingerät, und daß Zensuren für überregionale Selektionen, insbesondere auch für das Numerus-clausus-Verfahren, absolut untauglich sind.

Damit ist bewiesen, daß die Ziffernzensur nicht einmal für das Berechtigungswesen geeignet ist, dem sie ihre Bedeutung verdankt. Nur ihrer administrativ leichten Handhabbarkeit und ihrer juristischen Anerkennung verdankt es die Zensur, daß in der Bundesrepublik nur in Einzelbereichen an ihrer Abschaffung und Ersetzung gearbeitet wurde. Die beiden wichtigsten Ausnahmen sind die Zeugnisberichte und die Diagnosebogen.

Der erste Versuch, in den letzten beiden Jahrzehnten das Ziffernzeugnis zu ersetzen, war der *Diagnosebogen*. Seine Einführung stand im Zusammenhang mit zwei Projekten der Schulreform: der Orientierungsstufe und der Gesamtschule (→ *Strukturveränderun-*

gen im Bildungswesen ...). BACHMAIR (1975, S. 952) führt folgende Argumente an: »Für die Entwicklung schulischer Diagnosebögen lassen sich im wesentlichen fünf Gründe angeben: (1) Unzufriedenheit mit der Ziffernnote und dem konventionellen Zeugnis; (2) der Wunsch nach größerer Objektivität und Gerechtigkeit des Lehrerurteils; (3) die Optimierung der Entscheidung über den Lernweg der Schüler; (4) die Entwicklung von Alternativen zu Schulleistungstests und (5) die Realisierung der lehrzielorientierten Schülerbeurteilung.«

Diagnosebogen sollten nicht nur eine andere Form der Rückmeldung sein, sie sollten auch die Diagnose der Lernprozesse differenzierter gestalten und damit den Unterricht verbessern. Sie sollten außerdem die Beurteilungsvorgänge objektivieren. Dies waren sehr anspruchsvolle Ziele. Wenn BACHMAIR Diagnosebogen als Alternative zu Schulleistungstests sieht, so ist das besonders unrealistisch und nicht typisch für alle Diagnosebogen.

Schüler-Beobachtungs-Bogen haben in der deutschen Pädagogik eine reiche Tradition. Hier kann nur auf BOBERTAG 1922, HÖRNER 1929, ENGELMAYER 1949, HARTKE 1962, HUTH 1955, MUCHOW 1921, ROTH 1957, SCHULTE 1923, THOMAE 1960 und zur Kritik auf KLEBER 1978 sowie ULICH/MERTENS 1973 verwiesen werden.

Für die Diagnosebogen wurden die mit Beobachtungsbogen vorliegenden Erfahrungen nur zum Teil beachtet, denn die neuen Zielsetzungen heben viel stärker auf Lernen im Unterricht ab. »Lernzielkontrolle muß als *diagnostische Hilfe* konzipiert sein, damit wird ihr ausschließlich selektiver Effekt abgebaut. Die Fixierung von Leistungen muß Anlaß zur Beratung sein. Der Schüler sollte durch Offenlegung der Lernerfolge bzw. Mißerfolge zum Weiterlernen motiviert werden. – Das System der Bewertung muß so formuliert und differenziert sein, daß subjektive Beurteilungsverfahren möglichst abgelöst werden durch *sachbezogene objektivierte Leistungsbeschreibungen.*« (Der Hessische Kultusminister 1972, zitiert nach ZIEGENSPECK 1973, S. 161) Im Hinblick auf den gesamten Diagnosebogen sollten nach WENGEL (1973, S. 94) zwei Ziele erreicht werden: »Rückmeldung der Ergebnisse objektivierter Lernzielkontrollen« und »differenziertere Beschreibung des Arbeits- und Sozialverhaltens, als dies in Zeugnissen möglich ist«.

Vorbild für die meisten Diagnosebogen war der 1969 an hessischen Gesamtschulen eingeführte Bogen, dessen Entwicklung BELOW 1973 geschildert hat. Er war mit zwei Teilen konzipiert, wobei Teil A »Informationen zum Stand des Lernprozesses« und Teil B »Informationen zur Arbeitssituation« geben sollte. Nur Teil A ist in breiterem Umfang erprobt und mehrmals revidiert worden, die Entwicklung von Teil B wurde abgebrochen (BESSER/ZIEGENSPECK 1976). Teil A war fachunspezifisch und in der Form einer Matrix angelegt. Auf der Horizontalen sollten die Unterrichtsthemen eingetragen und in den Spalten darunter zu Kategorien wie »Einstellung zur Unterrichtseinheit«, »gruppenbezogene Lernzielkontrolle« usw. Informationen vermerkt werden.

Von den Lehrern sind während der Erprobungsphase die Verschwommenheit der vorgeschlagenen Kategorien, die mangelnde Operationalisierung und der Zeitaufwand kritisiert worden. Revisionen (vgl. INGENKAMP 1988) wurden von den Schulen nicht mehr angenommen, und 1974 war das hessische Experiment mit einem Diagnosebogen praktisch beendet.

Auch dem *»Schülerbegleitbogen«* für Gesamtschulen in Niedersachsen war kein längerer Erfolg beschieden (EHEIM/SCHECKENHOFER 1973), während der Schülerbeobachtungsbogen für niedersächsische Orientierungsstufen mehr Anklang fand (BESSER

u. a. 1977). Die Situation an staatlichen Schulen ist für die Anwendung von Verbalgutachten als ständige Rückmeldungsform anscheinend wesentlich ungünstiger als die an Privatschulen (→ *Freie Schulen* ...).

Als die Diagnosebogen bereits gescheitert waren, wurden für die 1. und oft auch für die 2. Grundschulklasse in den Bundesländern ab 1975 *Zeugnisberichte* eingeführt. Die Kultusministerkonferenz hatte bereits 1970 beschlossen: »In der 1. und 2. Klasse ist eine allgemeine Aussage über die Leistungen eines Kindes im Hinblick auf das Ziel dieser Schulstufe bedeutsamer als die vorgeblich genaue Benotung der Leistungen in den einzelnen Teilgebieten des Unterrichts. In diesen beiden Klassen ist daher jeweils am Ende eines Schuljahres eine allgemeine Beurteilung des Kindes in freier Form im Zeugnis zu erteilen. Neben der Begutachtung des Sozial- und Arbeitsverhaltens sind Hinweise auf Interessen, besondere Fähigkeiten und Schwächen zu geben. Dabei muß zusammenfassend festgestellt werden, ob und inwieweit die Leistungen mit der Einschätzung des geistigen Leistungsvermögens übereinstimmen ...«

Mit der Einführung der Verbalbeurteilung in der Eingangsstufe waren folgende Ziele verbunden (vgl. z. B. BURK 1979; BARTNITZKY/CHRISTIANI 1979; SCHMACK 1978):
A. Ermutigende Erziehung statt Leistungsdruck
B. Förderung der sozialen Kooperation statt Konkurrenzverhalten
C. Erhöhung der Chancengleichheit statt Leistungsabfall der Benachteiligten
D. Individuelle Förderung statt frontal gesteuerter Lerngleichschritt.

So erstaunlich es angesichts des internationalen Forschungsstandes und nach dem Mißerfolg mit der Einführung von Diagnosebogen auch klingen mag, Zielsetzung und Einführung der Zeugnisberichte zeigen, daß hier eine Reform der Schülerbeurteilung ohne Verbesserung diagnostischer Hilfsmittel, ja geradezu unter Verzicht auf eine Auseinandersetzung mit der Methodologie der Pädagogischen Diagnostik versucht wurde (vgl. INGENKAMP 1989b). Zensuren sind pädagogisch so informationsarm und meßmethodisch so ungenau, daß man ohne weiteres zensurenfreie Räume schaffen kann. Aber der entscheidende Irrtum der »Anti-Zensuren-Bewegung« liegt darin, daß man meint, mit dem Ersatz der Ziffer durch Verbalberichte sei auch schon eine didaktische, pädagogische und diagnostische Verbesserung verbunden. Eine Änderung der Mitteilungsform bedeutet für die Güte des diagnostischen Prozesses überhaupt nichts und erst recht nicht für die Qualität des Unterrichts. Es soll nicht unterstellt werden, daß die sich ausbreitende Praxis der Kennzeichnung der Schülerarbeiten mit Sternen, Blumen usw. anstelle der Ziffernzensur im Sinne der Befürworter von Verbalberichten ist. Aber sie haben durch ihren Verzicht auf ein diagnostisches Programm viel zu den Fehlentwicklungen beigetragen.

In einigen wenigen Untersuchungen wollte man feststellen, ob die anspruchsvollen Ziele mit den Zeugnisberichten erreicht werden konnten. Allerdings sind in keinem Falle die Zeugnisberichte an einem Außenkriterium (unabhängige Beobachter, Tests u. ä.) validiert worden. Es handelte sich immer um mehr oder weniger ausgefeilte inhaltsanalytische Studien, die bei INGENKAMP (1989b) näher beschrieben wurden. Hier kann nur auf SCHMACK 1978, SCHMIDT 1980, SCHWARZER 1980, BENNER/RAMSEGER 1985, SCHEERER u. a. 1985 verwiesen werden. Aus der methodisch anspruchsvollsten Untersuchung (SCHEERER u. a. 1985, S. 194f.) wird die Zusammenfassung zitiert: »Das wichtigste Ziel der Reform, die individuelle, an der Entwicklung des einzelnen Schülers orientierte Beschreibung und Beurteilung seines Sozial- und Arbeitsverhaltens, findet sich in den untersuchten Zeugnissen kaum verwirklicht. Nicht die Persönlichkeit des Schülers, sondern die der Lehrerin bestimmt die Auswahl und die Kombination der Inhaltskategorien, die angesprochen werden. Zwar differenziert jede Lehrerin zwischen ihren Schülern, aber jeweils nur im Rahmen der ihr wichtigsten Ziele, deren Auswahl auch durch die Persönlichkeitsvariablen wie Dienstalter und Geschlecht mitbestimmt sind ... Nur ein Vergleich mit anderen Zeugnissen derselben Lehrerin versetzt Eltern in die Lage zu sehen, was ihr wichtig ist. Noch problematischer wird es, wenn man berücksichtigt, daß die Eltern über die Problematik des Sozialverhaltens, aber auch des Arbeitsverhaltens nichts wissen.« Die Zeugnisberichte werden vielleicht als Routineverfahren überleben. Eine Zeugnisreform können sie in dieser Form nicht einleiten.

Im Rückblick bietet die Diagnose und Rückmeldung schulischer Lernerfolge vom Standpunkt wissenschaftlicher Diagnostik aus ein enttäuschendes Bild. Die vorherrschenden Praktiken sind nicht durch den Nachweis ihrer diagnostischen Qualität gerechtfertigt, sondern allein durch Gewohnheit, leichte Anwendung und juristische Absicherung. Von der Bildungsadministration kann der Wille zu einer wissenschaftlich fundierten, tiefgreifenden Reform nicht erwartet werden. Die geisteswissenschaftlich orientierte Pädagogik ist dazu nicht fähig, und für empirisch orientierte Pädagogen und Psychologen sind andere Themen wesentlich prestigehaltiger.

5 Diagnose von individuellen Lernvoraussetzungen

5.1 Zur Situation in den Diagnosewissenschaften

Hier kann nur auf individuelle Voraussetzungen für geplantes und zielgerichtetes Lernen eingegangen werden. Bereits die vorwissenschaftliche Pädagogik hat neben den Vorkenntnissen des Schülers und den Methoden des Unterrichts auch eine Fähigkeitskomponente als individuelle Lernvoraussetzung berücksichtigt. Wenn wir den Blick jetzt auf Unterricht und Fähigkeit richten, so kann in der hier unvermeidbaren Vereinfachung gesagt werden, daß die wissenschaftliche Ausdifferenzierung beider Aspekte nur aus einem gewissen Wechselbezug verständlich ist.

Eine demokratische Gesellschaft braucht ein dynamisches Fähigkeitskonzept. Wären Fähigkeiten ganz überwiegend erbbedingt, gäbe es kaum eine Rechtfertigung für allgemeine Wahlen und das Berechtigungswesen, ja nicht einmal für die staatliche Mitwirkung an innerschulischer Selektion. Kernstück unseres Fähigkeitskonzepts ist das psychologische Konstrukt »Intelligenz«, das wir als determinierend für intelligentes Verhalten ansehen ($\rightarrow$ *Intelligenz, Begabung und Umwelt*). Diese »Intelligenz« hat sich in ungezählten Untersuchungen immer wieder als der wichtigste Einzelprädiktor für schulischen Lernerfolg erwiesen (vgl. GROFFMANN 1983). Aber wenn auch eine durchschnittliche Korrelation (verbaler) Intelligenztests mit dem Schulerfolg in Höhe von $r = .50$ als gesichert angesehen werden kann, so hat das für die Pädagogik doch nur begrenzten Wert. Im Individualfall kann die Korrelation sehr viel höher, aber auch sehr viel niedriger liegen, und es gibt keine allgemeine, sondern nur singuläre, differenzierte Erklärungsmöglichkeiten für diese Abweichungen. Und auch der Durchschnittswert erklärt ja nur 25% der späteren Streuung im Lernerfolg.

Wenn wir den Anlage-Umwelt-Streit hier einmal ausklammern, weil er letztlich nicht entscheidbar und pädagogisch relativ uninteressant ist, da wir mit unseren Lehrstrate-

gien den beeinflußbaren Teil des Konstrukts »Intelligenz« noch längst nicht ausschöpfen konnten, dann muß auf drei Richtungen von Forschung und Entwicklung verwiesen werden:
A. Versuche, das Intelligenzkonstrukt anders zu strukturieren und damit seinen Erklärungswert zu steigern.
B. Erforschung der anderen für den Schulerfolg wichtigen Voraussetzungen.
C. Bemühungen, unsere Lehrstrategien zu verbessern und auch Lernen zu lehren.

Die unter A genannten Vorhaben sind in der Psychologie mit großen Hoffnungen begrüßt worden, für die Pädagogik aber relativ wirkungslos geblieben. In der geforderten Kürze kann nur an die Kreativitätsdiskussion (z. B. PREISER 1976) und die Versuche, kognitive Theorien zur Erklärung von Problemlösungen zu finden (DÖRNER u. a. 1983) (→ *Lernen und Lerntheorien*), hingewiesen werden. Damit verwandt, aber stärker psychodiagnostisch orientiert, ist die Lerntest-Diskussion (KORMANN 1982), die viel Optimismus eingebüßt hat.

Bei den unter B genannten Forschungen hat man die Zahl der untersuchten Variablen, die als Determinanten des Lernerfolgs in Betracht kommen könnten, vergrößert und auch die *Lernumwelt* einbezogen. Hier kann nur auf die deutschen Untersuchungen von GAEDICKE 1974, KOHN 1983 und KRAPP 1973 hingewiesen werden. In den in- und ausländischen Studien ergibt sich mit relativ großer Übereinstimmung immer wieder, daß Intelligenz den größten Anteil der Erfolgsvarianz erklärt, gefolgt von Merkmalen der häuslichen Lernumwelt und von Persönlichkeitsvariablen. Dieses Konstrukt »Intelligenz« ist selbstverständlich von früheren Lernerfahrungen mitbestimmt (→ *Intelligenz, Begabung und Umwelt*).

Pädagogen können nicht damit zufrieden sein, daß sich der Anteil didaktischer Bemühungen eher kurzfristig, nicht sehr bedeutend und in starker Abhängigkeit von der jeweiligen *Lehrerpersönlichkeit* (→ *Persönlichkeit von Lehrern und Schülern*) auswirkt. Von den HERBARTschen Formalstufen über Programmierte Instruktion bis zu den neuen Systemen zum Training der Lernfähigkeiten (vgl. den Überblick bei DERRY/MURPHY 1986) hat man ständig versucht, die Effektivität schulischen Lernens zu steigern (→ *Methoden des Unterrichts*). Auch hier ist immer wieder Ernüchterung eingekehrt (vgl. auch TREIBER/WEINERT 1985). Schulisches Lernen umfaßt eben nur einen Teil der angebotenen Lernchancen, und das Individuum hat die Freiheit, *nicht* optimal lernen zu wollen.

So müssen wir die etwas resignierende Feststellung von GROFFMANN (1983, S. 54) über Intelligenztests akzeptieren: »Obwohl inzwischen fast uralt, gibt es bis heute kein besseres und objektiveres Meßinstrument der intellektuellen Leistungsfähigkeit. Kritiker vermögen zwar Schwächen des Verfahrens aufzuzeigen, aber sie sind bis jetzt nicht imstande, andere vergleichbare oder gar leistungsfähigere Methoden vorzuschlagen.« Wegen seiner auch erblichen Komponente ist das Intelligenzkonstrukt weder bei Demokraten noch bei Pädagogen sehr beliebt. In der akademischen Karriere kann die Beschäftigung mit ihm kaum noch Ehre einlegen. Psychodiagnostik ist nicht »in«. Von daher ist das Resümee WENDELERS (1982, S. 96) zu verstehen: »Niemand, der Intelligenztests attackiert, niemand, der sie verteidigt, niemand auch, der die vorhandenen verbessert oder neue konzipiert.« Eine sachliche Bestandsaufnahme (KÜHN 1987) über den Vorhersagewert von Intelligenztests ist in dieser Situation schon eine Ausnahme, bestätigt in ihrem Inhalt aber weitgehend WENDELER. Dessen Aussage kann mit einigen

Modifikationen auf die gesamte Lernfähigkeitsdiagnostik ausgedehnt werden. In dem begrenzten Raum können hier nur einige Anwendungsbereiche kurz skizziert werden.

5.2 Untersuchungen der Schulreifefähigkeit

Nach dem Zweiten Weltkrieg sind deutsche Lehrer bei der Anwendung von *Schulreifetests* erstmals wieder in größerer Zahl mit Tests in Berührung gekommen. Die Blütezeit der Einschulungstests von etwa 1955 bis 1975 wurde von KERN (1951) eingeleitet, der von den Annahmen ausging, daß das Kind erst von einem bestimmten Reifungszustand an die Anforderungen der Schule erfüllen könne, daß die Reifung vorwiegend endogen gesteuert sei und sich vor allem im Niveau der visuellen Wahrnehmungsdifferenzierung (Gestaltgliederungsfähigkeit) erkennen lasse und daß schließlich späteres Schulversagen weniger von mangelnder Begabung als vielmehr durch mangelnde Schulreife bedingt sei.

KERNS Annahmen wurden relativ früh widerlegt. Der Zusammenhang zwischen körperlicher und psychischer Schulreife war keinesfalls so eng, daß man von der einen auf die andere schließen konnte (KRAPP 1973). Die Entwicklung erwies sich als stark umweltabhängig (→ *Entwicklung und Förderung*), besonders die sogenannte Gestaltgliederungsfähigkeit konnte trainiert werden (KEMMLER/HECKHAUSEN 1962, später auch NICKEL 1972). Schulerfolg war langfristig doch stärker von der »Intelligenz« abhängig als von der »Schulreife«, und manche Schulreifetests hatten zu einem erheblichen Anteil auch die Intelligenz erfaßt.

Wenn so auch KERNS Konzept nicht mehr tragfähig war, so blieb doch folgender Grundgedanke: Mangelnde Schulreife oder *Schulfähigkeit*, wie man jetzt häufiger sagt, bei der Einschulung führt später zu Überforderung und damit möglicherweise zu erheblichen Folgeschäden. Kinder, die den Anforderungen der Schule noch nicht gewachsen sind, sollen nicht eingeschult, sondern erst schulfähig gemacht werden.

Die Entwicklung, über die am vollständigsten RÜDIGER u. a. (1976) unterrichten, führte dahin, daß neben dem intellektuellen Aspekt auch der körperliche Aspekt, die Arbeitshaltung und der sozial-emotionale Aspekt berücksichtigt wurden. Vor allem aber sollte der Anfangsunterricht der Grundschule sich stärker an den individuellen Bedürfnissen der Schulanfänger orientieren.

Die damals recht zahlreichen Bewährungskontrollen von Einschulungstests, die von LÖSCHENKOHL (1975) dokumentiert wurden, führten zu folgenden Ergebnissen:
- Gruppentests zur Untersuchung der Schulfähigkeit zeigten mit dem Schulerfolg nach einem Jahr meist Korrelationen zwischen 0,5 und 0,7. Diese Werte verringerten sich bis zum 4. Schuljahr nicht erheblich.
- Durch Kombination mehrerer Einschulungstests oder von Einschulungs- und Intelligenztests ließ sich die Vorhersagegültigkeit nicht oder nur geringfügig verbessern.
- Einschulungstests hatten im unteren Skalenbereich geringere prognostische Gültigkeit als im oberen. Die Erfolgsprognosen für die ersten beiden Schuljahre waren mit z. B. 89% richtiger Prognosen wesentlich besser als die Mißerfolgsprognosen mit 53% (SENDELBACH 1977).
- Der stärkste Altersanstieg, die sogenannte Schulreifeschwelle, fand sich bei verschiedenen Einschulungstests in verschiedenen Altersmonaten. Auch darin zeigte sich, daß verschiedene Tests graduell unterschiedliche Aspekte einer »Schulreife« erfassen.
- Mädchen hatten in einigen Altersspannen einen geringen durchschnittlichen Ergebnisvorsprung vor Jungen.

– Kinder aus unteren Sozialschichten hatten in Einschulungstests durchschnittlich etwas schlechtere Ergebnisse. Die Mißerfolgsprognose war bei ihnen sicherer, die Erfolgsprognose unsicherer als bei Kindern aus oberen Sozialschichten.
– Kinder mit Schulkindergartenerfahrung hatten durchschnittlich höhere Einschulungstestergebnisse (→ *Kindergarten- und Vorschulpädagogik*).

Nun konnte man entweder die in dieser Zeit populäre Folgerung ziehen: »Wer sich auf Schulreifetests verläßt, ist verlassen!« (KRAPP/MANDL 1973) oder eine Verbesserung der Einschulungsdiagnostik in Richtung auf eine differenziertere Diagnose mit zugeordneten Fördermaßnahmen in Angriff nehmen. Die Entwicklung ist den ersten Weg gegangen. Seit 1975 sind kaum noch Untersuchungen zur Einschulungsdiagnostik durchgeführt worden. Einige Zusatzverfahren wurden entwickelt, z. B. ein Beobachtungsbogen für Vorschulkinder (DUHM/ALTHAUS 1979), ein Fragebogen für Eltern und Erzieher (DUHM/HUSS 1979) und eine Skala zur Erfassung des Sozialverhaltens von Vorschulkindern (TIETZE u. a. 1981).

Seit 1975 wurden in der Bundesrepublik auch nur drei Einschulungstests publiziert. Das »*Mannheimer Schuleingangs-Diagnostikum*, MSD« (JÄGER u. a. 1976) enthält mit einer Ausnahme Aufgabentypen wie andere Gruppentests auch. Bei der Ausnahme erfolgt die Lösung durch Plättchenauflegen statt durch Ankreuzen. Für die fünf Untertests liegen Vergleichsnormen vor, aber nicht für den Gesamttest, da einer Selektion vorgebeugt werden soll. Über den prognostischen Wert der Untertests und über sich anschließende Fördermaßnahmen wird keine Auskunft gegeben. Das andere »neue« Verfahren, die »*Testbatterie für entwicklungsrückständige Schulanfänger*, TES« (KORNMANN 1977), ist als Einzeltest schon wegen des Zeitaufwandes für Lehrer kaum praktikabel. Auch hier wird auf einen Gesamtwert verzichtet, auch hier ist die prognostische Validität der Untertests nicht untersucht. Das »*Kieler Einschulungsverfahren*« (FRÖSE u. a. 1986) ist im Vergleich zu den älteren Einschulungstests ebenfalls außerordentlich zeitaufwendig. In einem »Unterrichtsspiel« sollen zwei Lehrer Gruppen bis zu maximal sechs Kindern untersuchen und beobachten, wofür 75 Minuten angesetzt werden. Außerdem sind Einzeluntersuchungen von je 20 Minuten vorgesehen. Die vorläufigen Daten sprechen für eine recht hohe Vorhersagegültigkeit. Aus ökonomischen oder methodischen Gründen wird keines dieser Verfahren die gegenwärtige Praxis wesentlich beeinflussen. Nur etwa 10% der Schulanfänger werden heute noch mit Tests untersucht. Subjektive, wenig reflektierte Praktiken beherrschen wieder das Feld.

5.3 Die Diagnose beim Übergang zur Sekundarstufe

Auf die wichtigen Anwendungsbereiche der Legasthenikerdiagnose und des Überweisungsverfahrens zur Sonderschule kann hier aus Raumgründen nicht eingegangen werden (→ *Institutionen der Sonderpädagogik*). Es wird auf INGENKAMP (1988) und die dort angeführte Literatur verwiesen.

Der für das Berechtigungswesen so wichtige Übergang zur Sekundarstufe (→ *Das allgemeinbildende Schulwesen* ...) soll in seiner diagnostischen Problematik wenigstens kurz skizziert werden.

Dieser Phase war nach Einführung der allgemeinen Grundschule in der Weimarer Republik viel Aufmerksamkeit gewidmet worden (BOBERTAG 1934; STERN 1926). Nach 1933 beruhte der Übergang auf subjektiven Methoden, vor allem Aufnahmeprüfungen, die praktisch nie auf ihre prognostische Validität hin untersucht wurden. Erst 1960 begann eine Reihe von Untersuchungen, vor allem von UNDEUTSCH und seinen Schülern (1960, 1968), über die INGENKAMP 1968 und 1989a zusammenfassend berichtete. Die Korrelationen zwischen Grundschulzensuren und Erfolg auf der Sekundarschule lagen meist um $r_s = .30$. Ähnliche Werte ergaben sich für die Aufnahmeprüfungen, bei denen nachgewiesen wurde, daß ihr Schwierigkeitsgrad von Jahr zu Jahr und von Ort zu Ort schwankte. Auch die Aufnahmeprüfung war im Bereich der schwächeren Leistungen besonders wenig valide.

Die in der gleichen Zeit und z. T. an gleichen Stichproben durchgeführten Prognosestudien mit Gruppen-Intelligenztests (vor allem Hamburg-West Yorkshire Test, Aufgaben zum Nachdenken) erbrachten für den Zeitraum von zwei bis sechs Jahren Vorhersagegültigkeiten zwischen .45 und .60 (GEBAUER 1965; HITPASS 1963, 1967). Damit erwiesen sich einmalig durchgeführte Gruppentests in ihrem Vorhersagewert den traditionellen Gutachten und Prüfungen als überlegen. Aber auch mit Testresultaten konnten nur maximal 36% des späteren Schulerfolgs erklärt werden, so daß Tests allein nicht ausreichen, eine punktuelle Übergangsauslese zu perfektionieren. Diesen Weg hatte noch UNDEUTSCH bevorzugt.

Der Einsatz von Intelligenz- und/oder Schulleistungstests im Rahmen der *Übergangsauslese* war nicht vorgeschrieben, nahm aber dennoch von 1965 bis etwa 1972 kontinuierlich zu, wurde dann aber nach 1975 fast völlig eingestellt. Die Gründe sind vor allem darin zu sehen, daß – jede Form der Selektion als unpädagogisch verurteilt wurde (PROJEKTGRUPPE 1973) und – durch Orientierungsstufen und Gesamtschulen eine organisatorische Antwort auf die Unzulänglichkeiten punktueller Auslese gesucht wurde (→ *Strukturveränderungen im Bildungswesen . . ., Die Orientierungsstufe; Die Gesamtschule*).

Da Diagnoseinstrumente Schulreformen nicht ersetzen können, sind Orientierungsstufe und differenzierter Mittelbau die richtige Antwort auf pädagogische, psychologische und gesellschaftliche Probleme, zu deren Lösung eine punktuelle Klassifikation oder Selektion ungeeignet ist. Aber eine schlechte diagnostische Praxis wird durch ihre zeitliche Ausdehnung nicht besser. Wenn in den orientierenden Phasen nicht gültigere Diagnoseinstrumente eingesetzt werden, kann man die Schüler auch nicht besser beraten und plazieren als vorher. In dieser Hinsicht hat die Orientierungsstufe, sofern ihre Beratungsfunktion überhaupt untersucht wurde, längst nicht alle Hoffnungen erfüllt (HAENISCH/ZIEGENSPECK 1977). Der Versuch, mit Diagnosebogen die Beurteilung in der Übergangsphase zu verbessern, kann als gescheitert angesehen werden, wie in Abschnitt 4.4 geschildert wurde. In den Ländern, in denen das traditionelle dreigliedrige Schulsystem erhalten blieb, leben auch die alten, unbrauchbaren Praktiken der Übergangsauslese fast unverändert fort. Zwar sind in den letzten beiden Jahrzehnten aussagekräftige Beratungstests entwickelt worden (KÜHN 1987), aber sie haben praktisch keinen Eingang mehr in die Schule gefunden. Nimmt man hinzu, daß kaum noch Untersuchungen zum Aussagewert schulischer Beratungen und Prognosen stattfinden, so entspricht das Bild nicht einem modernen Schulwesen, das die wissenschaftlichen Ressourcen planmäßig und kontrolliert zur Beratung der Schüler einsetzt. Wenn man sich erinnert, daß die Bildungskommission des DEUTSCHEN BILDUNGSRATES 1970 betonte, »Bildungsberatung ist ein Strukturelement des Bildungswesens« (S. 91), so wird das Ausmaß der Versäumnisse deutlich.

6 Ausblick

1970 hat der DEUTSCHE BILDUNGSRAT in seinem »Strukturplan für das Bildungswesen« festgestellt: »Ein ungerechtfertigter subjektiver Glaube an die eigene Fähigkeit, Schulleistungen intuitiv objektiv richtig bewerten zu können, und das Fehlen einer ausreichenden Schulung zur Erhöhung der Objektivität und Rationalität von Leistungsbewertungen in der Lehrerbildung gehören zu den spezifischen Mängeln im deutschen Bildungswesen.« (S. 88) Konnte man in den ersten Jahren nach dieser Analyse noch auf eine Besserung hoffen, so hat sich nach 1975 die Situation immer mehr verschlechtert. Die »Anti-Test-Bewegung« (ZEUCH 1973) hat alle Versuche zur Objektivierung der Schülerbeurteilung ideologisch verteufelt und sich darin mit nur vordergründig zurückgedrängten Vorurteilen antiempirischer Pädagogik getroffen. Die diagnostische Schulung in der Lehrerbildung stagnierte und verflachte wieder. Untersuchungen zur Pädagogischen Diagnostik haben im letzten Jahrzehnt rapide abgenommen. Die Testanwendung in den Schulen hat etwa 25% des Standes von 1975 erreicht, und das ist nicht in erster Linie auf die radikalen Etatkürzungen zurückzuführen.

Für unsere Gesellschaft so wichtige Fragen wie die nach Leistungsveränderungen bei unseren Berufs- und Studienanfängern werden in vorwissenschaftlicher Naivität beantwortet (INGENKAMP 1989b). Aus diesen Antworten leiten verantwortliche Bildungspolitiker weitreichende Reformpläne ab. Die Methoden, mit denen in anderen Industrienationen kontinuierlich repräsentative Lernerfolgsmessungen als Basis der Bildungsplanung durchgeführt werden (SCHREIBER 1986), sind der deutschen Pädagogik so gut wie unbekannt und scheinen die Bildungspolitiker erst recht nicht zu interessieren.

Allein bei der *Hochschulzulassung* scheint der Trend anders zu verlaufen. Die Studienstiftung des deutschen Volkes hat Studienberatungstests entwickelt. Ein Test für medizinische Studiengänge ist Bestandteil des Zulassungsverfahrens, und in den Volkshochschulen werden Zertifikatstests eingesetzt (INGENKAMP 1988) (→ *Hochschule / Universität*; → *Institutionen der Erwachsenenbildung*). Aber wenn man bedenkt, daß das Interview bei der Zulassung zum Medizinstudium größeres Gewicht als der Test hat, obwohl die Interviewer nicht für ihre Aufgabe geschult sind und sich das Interview fast immer in wissenschaftlichen Überprüfungen als prognostisch relativ wertlos erwiesen hat, dann ist der Trend nicht mehr so eindeutig.

Eine empirisch fundierte Pädagogische Diagnostik scheint – anders als in den angelsächsischen Ländern (einschließlich der früheren Kolonien), in den Niederlanden und Skandinavien – in der Bundesrepublik keine Chance zu haben. Zu stark ist wahrscheinlich die Neigung, über Prüfungen zu philosophieren, anstatt sie pragmatisch zu verbessern. Zu groß ist vielleicht auch die Befürchtung, objektive Untersuchungsverfahren könnten dort Schwächen aufdecken, wo nach unseren politischen und gesellschaftlichen Ideologien Stärken vorhanden sein müßten. Zu berechtigt ist möglicherweise angesichts der Praxis und Struktur unserer Administrationen auch die Angst, objektive und rationale Prüfungen würden eher zur lückenlosen Kontrolle als zu pädagogischer Hilfe eingesetzt werden. Was auch immer die Gründe sein mögen, das Resultat bleibt gleich: Ein Bildungswesen ohne entwickelte Pädagogische Diagnostik ist ein lernunfähiges System. Es ist mit seinen Reformen auf Importe und Modetrends angewiesen und kann sie nicht aufgrund belegter Erfolge oder Defizite weiterführen oder abändern, sondern nur aufgrund von Stimmungen, Meinungen und Vorurteilen, mögen sie auch mit noch so viel politischem Gewicht vertreten werden.

Literatur

BACHMAIR, G.: Möglichkeiten und Grenzen des Diagnosebogens. In: Zeitschrift für Pädagogik 21 (1975), S. 951–969
BARNES, E. J./PRESSEY, S. L.: The reliability and validity of oral examinations. In: School and Society 30 (1929), S. 719–722
BARTNITZKY, H./CHRISTIANI, R.: Zeugnisschreiben in der Grundschule. Düsseldorf 1979
BAURMANN, J.: Untersuchungen zur Bedeutung von Vorinformationen und Reihenfolgeeffekten auf die Aufsatzbeurteilung. In: INGENKAMP, K. (Hrsg.): Die Fragwürdigkeit der Zensurengebung. Weinheim [8]1989a, S. 117–130
BECK, O.: Theorie und Praxis der Aufsatzbeurteilung. Bochum 1979
BELOW, P.: Zur Entwicklung des Diagnosebogens in Hessen. In: Gesamtschul-Informationen 6 (1973), S. 73–94
BENNER, D./RAMSEGER, J.: Zwischen Ziffernzensur und pädagogischem Entwicklungsbericht: Zeugnisse ohne Noten. In: Zeitschrift für Pädagogik 31 (1985), S. 151–174
BESSER, H./WÖBCKE, M./ZIEGENSPECK, J.: Der Schülerbeobachtungsbogen: ein Instrument zur Verbesserung der Lerndiagnose. Braunschweig 1977
–/ZIEGENSPECK, J.: Beobachtung und Beurteilung in der Schule. In: Die Deutsche Schule 68 (1976), S. 440–461
BETZ, D.: Rhythmische Schwankungen als Fehler in der Notengebung bei mündlichen Prüfungen. In: Psychologie in Erziehung und Unterricht 21 (1974), S. 1–14
BIRKEL, P.: Mündliche Prüfungen. Bochum 1978
BOBERTAG, O.: Psychologische Schülerbeobachtung und praktische Erfahrungen mit der allgemeinen Einführung von Schülerpersonalbogen. In: Zeitschrift für pädagogische Psychologie und experimentelle Pädagogik 23 (1922), S. 110–114
–: Leistungsschätzung und Leistungsmessung in der Schule. Ein Beitrag zur Frage »Was leistet unsere Volksschule?« In: Zeitschrift für Pädagogische Psychologie und experimentelle Pädagogik 34 (1933), S. 377–393
–: Schülerauslese. Kritik und Erfolge. Berlin 1934
BREITSCHUH, G.: Zur Geschichte des Schulzeugnisses. In: BOLSCHO, D./BURK, K. H./HAARMANN, D.: Grundschule ohne Noten. Frankfurt 1979, S. 35–63
BRIGGS, D.: The influence of handwriting on assessment. In: Educational Research 13 (1970), S. 50–55
BURK, K.: Ziele und Inhalte der neuen Zeugnisbestimmungen – zum gegenwärtigen Stand in den Bundesländern. In: BOLSCHO, D./BURK, K./HAARMANN, D.: Grundschule ohne Noten. Frankfurt 1979, S. 149–167
BUROS, O. K.: 50 years in testing: some reminiscences, criticisms and suggestions. In: Educational Researcher 6 (1977), S. 9–15
CARTER, R. S.: Wie gültig sind die durch den Lehrer erteilten Zensuren. In: INGENKAMP, K. (Hrsg.): Die Fragwürdigkeit der Zensurengebung. Weinheim [8]1989a, S. 148–158
CHASE, C. J.: The impact of some obvious variables on essay test scores. In: Journal of Educational Measurement 5 (1968), S. 315–318
COFFMAN, W. E.: Essay examinations. In: THORNDIKE, R. L. (Hrsg.): Educational Measurement. Washington, D. C. [2]1971, S. 271–302
DE GROOT, A. D.: Fünfen und Sechsen. Weinheim 1971
DERRY, S. J./MURPHY, D. A.: Designing systems that train learning ability: from theory to practice. In: Review of Educational Research 56 (1986), S. 1–39
DEUTSCHER BILDUNGSRAT: Empfehlungen der Bildungskommission: Strukturplan für das Bildungswesen. Bonn 1970
DIEDERICH, P. B.: Statistische Kurzverfahren zur Analyse informeller Tests. In: CHAUNCEY, H./DOBBIN, J. E.: Der Test im modernen Bildungswesen. Stuttgart 1968, S. 147–175

DÖRNER, D./KREUZIG, H. W. u. a. (Hrsg.): Lohausen. Vom Umgang mit Unbestimmtheit und Komplexität. Bern 1983
DÖSCHER, D./KUHR, H.-J./ZIEGENSPECK, J.: Pädagogische Diagnostik. Annotierte Bibliographie (Aufsätze 1969–1976). Duisburg 1977
DUBOIS, PH. H.: A test-dominated society: China, 1115 B.C. – 1905 A.D. In: ANASTASI, A. (Hrsg.): Testing problems in perspective. Washington 1966, S. 29–36
DUHM, E./ALTHAUS, D.: Beobachtungsbogen für Kinder im Vorschulalter. Braunschweig 1979
–/HUSS, K.: Fragebogen zur Erfassung praktischer und sozialer Selbständigkeit – für Eltern und Erzieher 4- bis 6jähriger Kinder. Braunschweig 1979
EBBINGHAUS, H.: Über eine neue Methode zur Prüfung geistiger Fähigkeiten und ihre Anwendung bei Schulkindern. In: Zeitschrift für Psychologie 13 (1897), S. 401–459
EELLS, W. C.: Die Zuverlässigkeit wiederholter Benotung von aufsatzähnlichen Prüfungsarbeiten. In: INGENKAMP, K. (Hrsg.): Die Fragwürdigkeit der Zensurengebung. Weinheim [7]1989a, S. 167–172
EHEIM, H. D./SCHECKENHOFER, H.: Zur Entwicklung des Schülerbegleitbogens (SBB) an den Niedersächsischen Gesamtschulen. In: Gesamtschul-Informationen 6 (1973), S. 110–120
ENGELMAYER, O.: Beobachtung und Beurteilung des Schulkindes. Nürnberg 1949
FEGER, B.: Hochbegabtenforschung und Hochbegabtenförderung in Deutschland. Ein Überblick über 100 Jahre. In: BUNDESMINISTER FÜR BILDUNG UND WISSENSCHAFT (Hrsg.): Hochbegabung–Gesellschaft–Schule. Bad Honnef 1986
FERDINAND, W.: Das Vorurteil des Lehrers über die Leistungsfähigkeit bestimmter Schüler im Spiegel der Aufsatzzensur. In: Schule und Psychologie 18 (1971), S. 92–95
FRICKE, R.: Kriteriumsorientierte Leistungsmessung. Stuttgart 1974
FRÖSE, S./MÖLDERS, R./WALLRODT, W.: Das Kieler Einschulungsverfahren. Weinheim 1986
FURCK, C. L.: Das pädagogische Problem der Leistung in der Schule. Weinheim 1961, [5]1975
GAEDICKE, A.-K.: Determinanten der Schulleistung. In: HELLER, K.: Leistungsbeurteilung in der Schule. Heidelberg 1974, S. 46–93
GAUDE, P./TESCHNER, W. P.: Objektive Leistungsmessung in der Schule. Frankfurt 1970
GEBAUER, T.: Vergleichende Untersuchung über den Voraussagewert von Aufnahmeprüfung und Testuntersuchung für den Erfolg auf weiterführenden Schulen. In: INGENKAMP, K. (Hrsg.): Schulkonflikt und Schülerhilfe. Weinheim 1965, S. 97–141
GROFFMANN, K.-J.: Die Entwicklung der Intelligenzmessung. In: GROFFMANN, K.-J./MICHEL, L. (Hrsg.): Intelligenz- und Leistungsdiagnostik (Enzyklopädie der Psychologie. Bd. II,2). Göttingen 1983, S. 1–103
HAASE, H.: Tests im Bildungswesen. Urteile und Vorurteile. Göttingen 1978
HADLEY, S. T.: Feststellungen und Vorurteile in der Zensierung. In: INGENKAMP, K. (Hrsg.): Die Fragwürdigkeit der Zensurengebung. Weinheim [8]1989a, S. 159–166
HAENISCH, H./ZIEGENSPECK, J.: Die Orientierungsstufe. Weinheim 1977
HANEY, W.: Testing reasoning and reasoning about testing. In: Review of Educational Research 54 (1984), S. 597–654
HARTKE, F.: Psychologie des Schulalltags. Ratingen 1962
HITPASS, J.: Bericht über eine 6jährige Bewährungskontrolle von Aufnahmeprüfung und Testprüfung. In: Schule und Psychologie 10 (1963), S. 211–218
–: Verlaufsanalyse des schulischen Schicksals eines Sextaner-Jahrgangs von der Aufnahme- bis zur Reifeprüfung. In: Schule und Psychologie 14 (1967), S. 371–378
HÖRNER, F.: Beobachtung und Intelligenzuntersuchung als Grundlagen der Schülerbeschreibung. In: Bayerische Lehrerzeitung 63 (1929), S. 7556
HOLMES, B./LAUWERYS, J. A.: Education and examinations. In: LAUWERYS, J. A./SCANLON, D. G. (Hrsg.): Examinations. The world yearbook of education 1969. London 1969, S. 1–16
HUTH, A.: Meine Schüler – Eine Beobachtungsanleitung für den Lehrer (mit Beobachtungsheft). Ansbach 1955
HYLLA, E.: Testprüfungen der Intelligenz. Braunschweig 1927
INGENKAMP, K.: Untersuchungen zur Übergangsauslese. Weinheim 1968
–: Pädagogische Diagnostik. Weinheim 1975
–: Lehrbuch der Pädagogischen Diagnostik. Weinheim [8]1988
–: Die Fragwürdigkeit der Zensurengebung. Weinheim [8]1989a

–: Diagnostik in der Schule. Weinheim 1989b
–: Geschichte der Pädagogischen Diagnostik. Bd. 1: Pädagogische Diagnostik in Deutschland 1885–1932. Weinheim 1990
INSTITUT FÜR FILM UND BILD IN WISSENSCHAFT UND UNTERRICHT: Objektivierte Leistungsprüfungen. Tonbildreihen 9, 10 und 11 des Fachgebietes Pädagogik. München o. J.
JÄGER, R./BEETZ, E. u. a.: Mannheimer Schuleingangsdiagnostikum, MSD. Weinheim 1976
JAMES, H. W.: The effect of handwriting upon grading. In: The English Journal 16 (1927), S. 180–185
JUDGES, A. V.: The evolution of examinations. In: LAUWERYS, J. A./SCANLON, D. G. (Hrsg.): Examinations. The World yearbook of Education 1969. London 1969, S. 17–31
KEMMLER, L.: Schulerfolg und Schulversagen. Göttingen 1976
–/HECKHAUSEN, H.: Ist die sogenannte Schulreife ein Reifungsproblem. In: INGENKAMP, K. (Hrsg.): Praktische Erfahrungen mit Schulreifetests. Basel 1962, S. 52–89
KERN, A.: Sitzenbleiberelend und Schulreife. Freiburg 1951
KIMMICH, A.: Die Erziehung im nationalsozialistischen Staate. In: Neue Deutsche Schule 7 (1933), S. 518–521
KLAUER, K. J. (Hrsg.): Handbuch der Pädagogischen Diagnostik. Düsseldorf 1978
–: Kriteriumsorientierte Tests. In: FEGER, H./BREDENKAMP, J. (Hrsg.): Messen und Testen (Enzyklopädie der Psychologie. Bd. I,3). Göttingen 1983, S. 693–726
KLEBER, E. W.: Probleme des Lehrerurteils. In: KLAUER, K. J. (Hrsg.): Handbuch der Pädagogischen Diagnostik. Bd. 3. Düsseldorf 1978, S. 589–618
KÖTTER, L./GRAU, U.: Zur Bedingtheit der uneinheitlichen Benotung von Schüleraufsätzen (Nacherzählungen). In: Zeitschrift für experimentelle und angewandte Psychologie 12 (1965), S. 278–301
KORMANN, A.: Möglichkeiten von Lerntests für Diagnose und Optimierung von Lernprozessen. In: INGENKAMP, K. u. a. (Hrsg.): Tests und Trends 1982. Weinheim 1982, S. 97–117
KORNMANN, R.: Testbatterie für entwicklungsrückständige Schulanfänger, TES. Weinheim 1977
KRAPP, A.: Bedingungen des Schulerfolgs. München 1973
–/MANDL, H.: Wer sich auf Schulreifetests verläßt, ist verlassen. In: Bayerische Schule 26 (1973), S. 209–212
KÜHN, R.: Bedingungen für Schulerfolg. Göttingen 1983
–: Welche Vorhersage des Schulerfolgs ermöglichen Intelligenztests? Eine Analyse gebräuchlicher Verfahren. In: HORN, R. u. a. (Hrsg.): Tests und Trends 6. München/Weinheim 1987, S. 26–64
LICHTENSTEIN-ROTHER, J. (Hrsg.): Schulleistung und Leistungsschule. Bad Heilbrunn 1971
LIENERT, G. A. (Hrsg.): Testaufbau und Testanalyse. Weinheim ³1969
LIETZMANN, W.: Über die Beurteilung der Leistungen in der Schule. Mathematisches – Psychologisches – Pädagogisches. Leipzig 1927
LINN, R. L./KLEIN, S. P./HART, F. M.: The nature and correlates of law school essay grades. Princeton: Educational Testing Service. Research Bulletin 1970–74
LÖSCHENKOHL, E.: Über den prognostischen Wert von Schulreifetests. Stuttgart 1975
MARSHALL, J. C.: Composition errors and essay examination grades re-examined. In: American Educational Research Journal 4 (1967), S. 375–385
–/POWERS, J. M.: Writing neatness, composition errors and essay grades. In: Journal of Educational Measurement 6 (1969), S. 97–101
MARSOLEK, TH.: Historische Übersicht über die Testanwendung in Deutschland – unter besonderer Berücksichtigung der Schultests. In: INGENKAMP, K. (Hrsg.): Tests in der Schulpraxis. Weinheim ⁶1978, S. 11–25
Martinak, E.: Wesen und Aufgaben einer Schülerkunde. In: Zeitschrift für pädagogische Psychologie, Pathologie und Hygiene 9 (1907), S. 61–67
MUCHOW, M.: Psychologischer Beobachtungsbogen für Schulkinder. Leipzig 1921
NICKEL, H.: Neuere Ergebnisse zur visuellen Differenzierungsfähigkeit im Vorschulalter, ihre entwicklungstheoretische und praktisch-pädagogische Bedeutung. In: Schule und Psychologie 19 (1972), S. 1–11
OSNES, J.: Der Einfluß von Handschrift und Fehlern auf die Aufsatzbeurteilung. In: INGENKAMP, K. (Hrsg.): Die Fragwürdigkeit der Zensurengebung. Weinheim ⁸1989a, S. 131–147

PAETZOLD, B.: Leistungsbezogene Rückmeldung von Lehrern im Unterricht. In: Schulleitung – ein Lehrsystem. Bd. 4. Neuwied 1984
PETILLON, H.: Der unbeliebte Schüler. Braunschweig 1978
–: Soziale Beziehungen zwischen Lehrern, Schülern und Schülergruppen. Weinheim 1982
PREISER, S.: Kreativitätsforschung. Darmstadt 1976
PRITZ, V.: Der Einfluß von Sprechflüssigkeit und Vorinformation auf die Leistungsbeurteilung in der mündlichen Reifeprüfung. In: INGENKAMP, K. (Hrsg.): Wert und Wirkung von Beurteilungsverfahren. Weinheim 1981, S. 49–96
PROJEKTGRUPPE: Diagnostik in der Schule. München 1973
ROSEMANN, B.: Konstruktion und Auswertung informeller Schulleistungstests (Lernkontrolltests). In: HELLER, K. A. (Hrsg.): Leistungsdiagnostik in der Schule. Bern [4]1984, S. 162–204
ROTH, H.: Pädagogische Psychologie des Lehrens und Lernens. Hannover 1957
RÜDIGER, D./KORMANN, A./PEEZ, H.: Schuleintritt und Schulfähigkeit. München 1976
SCHEERER, H./SCHMIED, D./TARNAI, CH.: Verbalbeurteilung in der Grundschule. In: Zeitschrift für Pädagogik 31 (1985), S. 175–200
SCHMACK, E.: Zur neuen Schülerbeurteilung in der Grundschule. In: Pädagogische Rundschau 32 (1978), S. 233–253
SCHMIDT, H. J.: Grundschulzeugnisse in Niedersachsen. Lüneburg: Neubauer 1980
SCHREIBER, W. H.: Methoden und Ergebnisse überregionaler Lernerfolgskontrolle in westlichen Industrieländern. In: Zeitschrift für Pädagogik 32 (1986), S. 32–50
SCHRÖTER, G.: Die ungerechte Aufsatzzensur. Bochum 1971
–: Zensuren? Zensuren! Baltmannsweiler [3]1981
SCHULTE, W.: Die Rolle des Beobachtungsbogens bei der Auslese der Begabten. Langensalza 1923
SCHWARZER, R.: Fallstudie zur Evaluation der Neuregelung von Zeugnissen in der Grundschule. RWTH Aachen 1980
SEELIG, G. F.: Zur Aufgabenstellung bei objektivierten Leistungsprüfungen. In: INGENKAMP, K. (Hrsg.): Tests in der Schulpraxis. Weinheim [6]1978, S. 81–89
SENDELBACH, W.: Prognosefrist und Prognosegültigkeit. In: Psychologie in Erziehung und Unterricht 24 (1977), S. 136–143
SHEPHERD, E. M.: The effect of the quality of penmanship on grades. In: Journal of Educational Research 19 (1929), S. 103–105
STERN, W.: Probleme der Schülerauslese. Leipzig 1926
THOMAE, H.: Beobachtung und Beurteilung von Kindern und Jugendlichen. Basel 1960
TIETZE, W./FELDKAMP, J. u. a.: Eine Skala zur Erfassung des Sozialverhaltens von Vorschulkindern. In: Zeitschrift für Empirische Pädagogik 5 (1981), S. 37–48
TREIBER, B./WEINERT, F. E.: Gute Schulleistungen für alle? Münster 1985
TROST, G.: Die Bedeutung des Interviews für die Diagnose der Studieneignung. In: LOHÖLTER, R. u. a. (Hrsg.): Das Interview bei der Zulassung zum Medizinstudium. Stuttgart 1986
ULICH, D./MERTENS, W.: Urteile über Schüler. Weinheim 1973
UNDEUTSCH, U.: Auslese für und durch die Höhere Schule. In: Bericht über den 22. Kongreß der Deutschen Gesellschaft für Psychologie. Göttingen 1960
–: Zum Problem der begabungsgerechten Auslese beim Eintritt in die höhere Schule und während der Schulzeit. In: ROTH, H. (Hrsg.): Begabung und Lernen. Stuttgart 1968, S. 377–405
WEISS, R.: Die Zuverlässigkeit der Ziffernbenotung bei Aufsätzen und Rechenarbeiten. In: INGENKAMP, K. (Hrsg.): Die Fragwürdigkeit der Zensurengebung. Weinheim [8]1989a, S. 104–116
WENDELER, J.: Standardarbeiten – Verfahren zur Objektivierung der Notengebung. Weinheim [6]1974
–: Lernzieltests im Unterricht. Weinheim 1981
–: Brauchen wir noch Intelligenztests für die pädagogisch-psychologische Diagnostik. In: NORD-RÜDIGER, D. u. a. (Hrsg.): Beiträge zur Theorie und Praxis in Psychologie und Pädagogik. Frankfurt 1982
WENGEL, E.: Revision des hessischen Diagnosebogens – Pädagogische Konsequenzen. In: Gesamtschul-Informationen 6 (1973), S. 94–99
WIEBERG, H.-J. W.: Probleme kriteriumsorientierter Leistungsmessung: Sicherung der Kontentvalidität. In: HORN, R. u. a. (Hrsg.): Tests und Trends 3. Weinheim 1983, S. 29–52

Wieczerkowski, W./Kessler, G.: Über den Einfluß der Leistungserwartung auf die Bewertung von Schüleraufsätzen. In: Schule und Psychologie 17 (1970), S. 240–250
–/Nickel, H./Rosenberg, L.: Einige Bedingungen der unterschiedlichen Bewertung von Schüleraufsätzen. In: Psychologische Rundschau 19 (1968), S. 280–295
Zeuch, W.: Was spricht gegen die Anwendung von Testverfahren? In: Die deutsche Schulwarte 65 (1973), S. 340–348
Ziegenspeck, J.: Zensur und Zeugnis in der Schule. Hannover 1973

Georg Dietrich

Pädagogische Psychologie im Unterricht

1 Problembereich

Unterricht ist (im engeren Sinn der Bedeutung) eine Veranstaltung der Institution Schule (→ *Theorie pädagogischer Institutionen*), die darauf abzielt, durch angemessene Maßnahmen eines Lehrers und durch Auswahl geeigneter Lerngegenstände (Lehrstoffe) einen Lernprozeß bei den Schülern anzuregen und zu unterstützen, durch den die Handlungskompetenz und das Handlungsrepertoire dieser Schüler aufgebaut und verbessert werden sollen. Das Unterrichten hat eine *intentionale* (gezielte, planmäßige, bewußte, kontrollierte) und eine *funktionale* (ungezielte, unplanmäßige, unbewußte, unkontrollierte) Komponente. Das Problem ist: Wie hat die intentionale unterrichtliche Einflußnahme zu erfolgen und wie müssen die funktionalen unterrichtlichen Einwirkungsbedingungen beschaffen sein, damit auf der Seite der Schüler jene Lernprozesse eintreten und ablaufen können, welche in der Verbesserung ihrer Handlungskompetenz und ihres Handlungsrepertoires resultieren?

Die Antwort auf dieses Problem hat – soweit psychische Prozesse, deren Bedingungen und deren Effekte auf seiten des Lehrers und auf seiten der Schüler in Frage stehen – die *Pädagogische Psychologie* zu geben, d. h. jene Teildisziplin der wissenschaftlichen Psychologie, welche die aufgrund pädagogischer Einflußnahme erfolgenden Veränderungen des Educanden zu beschreiben und zu erklären hat (DIETRICH 1984; WEIDENMANN u. a. 1986; WEINERT u. a. 1974). Bezogen auf den Unterricht bedeutet das: Zu beschreiben und zu erklären sind jene Veränderungen bei Schülern, die durch deren Auseinandersetzung mit und deren lernende Übernahme von jenen Gegenständen und Erfahrungsbereichen zustande kommen, die teils durch gezieltes Lehren, teils durch unabsichtliche Einwirkung von unterrichtlichen Feldkomponenten bedingt sind. Je nachdem, welche Veränderungen beim Schüler angezielt werden, können im Rahmen der Pädagogischen Psychologie akzentuierend folgende Teildisziplinen unterschieden werden: – *Unterrichtspsychologie* (Instruktionspsychologie, Lehr-Lern-Forschung) (Zielbereich: Aufbau und Verbesserung von kognitiven Strukturen und kognitiven Funktionen) (→ *Methoden des Unterrichts*); – *Erziehungspsychologie* (Zielbereich: Aufbau und Verbesserung von personalen und sozialen Haltungen, Einstellungen, Emotionen, Daseinstechniken) (→ *Persönlichkeit von Lehrern und Schülern ...*); – *Beratungspsychologie* (Zielbereich: korrektive und präventive Intervention von Problemen und Schwierigkeiten, die sich in pädagogischen Feldern und durch pädagogische Felder ergeben) (→ *Beratungslehrer;* → *Schulpsychologen*). Die diesen Teildisziplinen der Pädagogischen Psychologie zugrundeliegende Disziplin ist die – *Lernpsychologie* (→ *Lernen und Lerntheorien*). Sowohl der Aufbau als auch die Korrektur von Handlungskompetenzen und Handlungsformen bei Schülern in der Situation des Unterrichts, der Erziehung und der Beratung kommen vornehmlich auf dem Wege des Lernens zustande.

Die vier aufgeführten Disziplinen konstituieren den Kernbereich der Pädagogischen Psychologie im Unterricht. Der Schwerpunkt der Darstellung liegt im folgenden auf diesem Kernbereich. Dabei wird insbesondere die *intentionale* Komponente der pädagogischen Einflußnahme thematisiert. Es wird davon ausgegangen, daß Lehrer ihr unterrichtliches Handeln an den Zielsetzungen der Förderung der Lernkompetenz, der Sozialkompetenz und der Persönlichkeitsentwicklung der Schüler orientieren (→ *Lehrer/Lehrerin*).

2 Historische Aspekte des Problems

In der folgenden Grobzeichnung der historischen Aspekte des Problems wird von vier Zeitabschnitten der Entwicklung der Pädagogischen Psychologie im Unterricht ausgegangen.

Um die Wende vom 19. zum 20. Jahrhundert wurde die Pädagogische Psychologie unter besonderer Berücksichtigung unterrichtlicher Problembereiche begründet. Das Bemühen der experimentellen Psychologie, grundlegende Gesetze der Gedächtnisfunktion und der Lerntätigkeit zu ermitteln, hatte erste Früchte getragen. So schien der direkten Anwendung psychologischer Methodik und Gesetzeserkenntnis auf Fragen der Unterrichtung und Erziehung ein gerader Weg bereitet. LAY (1902) und MEUMANN (1914) versuchten, mittels »experimenteller Didaktik« bzw. »*experimenteller Pädagogik*« bedeutsamen Gesetzmäßigkeiten hinsichtlich der Zusammenhänge zwischen erzieherisch-unterrichtlicher Einwirkung und den entsprechenden Effekten bei Schülern auf die Spur zu kommen. Rund fünfzig Jahre später wurden diese Intentionen im Rahmen einer psychologisch ausgerichteten »pädagogischen Tatsachenforschung« (WINNEFELD 1957) wiederaufgenommen (→ *Forschungsmethoden der Erziehungswissenschaft*). Ab den zwanziger und dreißiger Jahren dieses Jahrhunderts steht die experimentell fundierte Lernpsychologie in hoher Blüte. In den USA feiert die *behavioristische Lernforschung* – zunächst klassisches und instrumentelles Konditionieren, später dann auch das Imitationslernen – große Triumphe (→ *Lernen und Lerntheorien*). Die vielfältigen Hoffnungen, mit Hilfe dieser Theorien schulisches Lernen in einer zureichenden Weise erklären zu können, erwiesen sich jedoch alsbald als trügerisch. Dafür gibt es zwei Hauptgründe: Zum einen waren die experimentellen Bedingungen, unter denen diese Lernarten erforscht wurden, für schulisches Lernen nicht repräsentativ; zum anderen erwiesen sich die Aufgabenstellungen für den Lernenden als unangemessen (GAGNÉ/ROHWER 1969). Insgesamt muß man das damalige Bemühen, »Mechanismen« auch des schulischen Lernens auf assoziationstheoretischer Basis in den Griff zu bekommen, als wenig erfolgreich beurteilen. Demgegenüber hat die Gestaltpsychologie mit ihrer Betonung des einsichtigen Lernens, der produktiven Denkprozesse und der Organisationsvorgänge im Lernen eine eminent wichtige Vorbereitungsarbeit für die Theorie und Praxis des kognitiven Lernens geleistet.

In den darauffolgenden Jahrzehnten setzte sich immer stärker die Erkenntnis durch, daß die Lernpsychologie, allein für sich genommen, keine fundierte wissenschaftliche Begründung für das unterrichtliche Geschehen abzugeben vermag. Das Lernen des Schülers ist im Regelfall ein unter der Anregung, Unterstützung und Führung des Lehrers stattfindendes Lernen; der Lehrer hat die Aufgabe, durch sein Lehren das Lernen der Schüler zu erleichtern und zu fördern. Man hat daher in den vergangenen Jahrzehnten den Vorgängen des *Lehrens* bzw. der *Instruktion* viel Aufmerksamkeit gewidmet, eine Bemühung, die sich in Prinzipien des Lehrens und der Unterrichtsgestaltung niedergeschlagen hat, so z. B. bei ROTH, dessen »Pädagogische Psychologie des Lehrens und Lernens« in 1. Auflage 1957 erschien und sich v. a. dadurch auszeichnete, daß die Tätigkeit des Lehrens im wesentlichen als eine die Lernschritte des Schülers begleitende und führende Erteilung von Lernhilfen verstanden wurde (→ *Methoden des Unterrichts*; → *Unterrichtsplanung und Unterrichtsvorbereitung*).

Bezüglich der neuesten Entwicklung in den beiden letzten Jahrzehnten kann nur auf einige wenige Generaltrends eingegangen werden. Zum ersten ist für den Bereich des Lernens unter unterrichtlichen Bedingungen die kognitionspsychologische Auffassung bestimmend geworden (ANDERSON 1980; GAGNÉ 1985), ohne daß dabei jedoch die aufgaben-, situations- und persönlichkeitsspezifische Bedeutung anderer Lernarten und Lerntheorien aus dem Blick verschwunden ist. Zum zweiten hat sich eine *Lehr-Lern-Forschung* (TREIBER/WEINERT 1982) etabliert, deren Bemühung um die Ausgestaltung des in Frage stehenden Gegenstandsbereiches als Theorie einer pädagogischen Praxis unverkennbar ist (→ *Präskriptive Unterrichtswissenschaften*). Ausdruck dieser Bemühung ist u. a. die Konstruktion zahlreicher Lehr-Lern-Modelle (HARNISCHFEGER/WILEY 1977; LOSER/TERHART 1977). Zum dritten beschränkt sich die Pädagogische Psychologie im Unterricht nicht auf die Unterrichtspsychologie im engeren Sinne der Lehr-Lern-Forschung. Die Einsicht, daß Unterrichtsprozesse eine Figur darstellen, die vor dem Hintergrund des jeweils bedeutsamen pädagogischen Gesamtfeldes mit seinen schulischen und außerschulischen Bereichen, seinen intentionalen und funktionalen Komponenten und seinen pädagogisch angemessen-förderlichen und unangemessen-schädlichen Merkmalen gesehen werden muß, hat dazu geführt, daß erziehungspsychologische (TAUSCH/TAUSCH 1977), sozialpsychologische (HOFER 1986) und klinisch-psychologische (MEICHENBAUM 1979; ZIELINSKI 1980) Gesichtspunkte berücksichtigt werden, um die Komplexität des Unterrichtens und der Schulklasse einigermaßen in den Griff zu bekommen.

Dabei ist es eine von JAMES (1899) auf die Tagesordnung gesetzte, von SKINNER (1954) erneut thematisierte und von GAGE (1979) in letzter Zeit wiederholte Frage, in welchem Ausmaß Erziehen und Unterrichten als Wissenschaft oder als Kunst zu verstehen sind. Nach GAGE (1979, S. 11) besteht das wissenschaftliche Fundament »aus der Kenntnis regelmäßiger, nicht zufälliger Zusammenhänge zwischen einzelnen für diesen Praxisbereich relevanten Ereignissen«. Allerdings: »Interaktionen höherer Ordnung zwischen vier und mehr Variablen fordern die Kunstfertigkeit des Lehrers auf den Plan.« (ders., S. 10) Wie man zu diesem Problem auch stehen mag – fest steht, daß wissenschaftliche Lernprinzipien vom Lehrer »produktiv und erfinderisch« in Unterrichtsgestaltung umgesetzt werden müssen (SKOWRONEK 1979, S. 42).

3 Gegenwärtiger Diskussionsstand

3.1 Lernpsychologie

Schüler können im Unterricht in Abhängigkeit von Lerngegenständen, Lehrverfahren und Persönlichkeitsmerkmalen der am Unterrichtsgeschehen beteiligten Personen in einer sehr unterschiedlichen Weise lernen. GAGNÉ (^{4}1975) führt acht Lernarten auf, mit deren Hilfe die Erfahrungsgewinnung und -verarbeitung vorgenommen werden kann.

Die vier in der Lernhierarchie »unten« gelegenen Lernarten sind mit Hilfe des Konstruktes *Assoziation*, die vier darüber gelegenen ›höheren‹ Arten des Lernens (Diskriminationsbildung, Begriffsbildung, Regelbildung, Problemlösung) durch das theoretische Konstrukt *»kognitive Strukturierung«* erklärbar (HECKHAUSEN 1974). Die in der Schule aufzubauenden Wissensbestände, Fertigkeitsmuster und kognitiven Bewältigungsstrategien bedürfen zu ihrem Erwerb und zu ihrer Verfestigung v. a. der »höheren« Lernarten (DE CECCO 1968; DIETRICH 1984). Unter Bezugnahme auf AUSUBEL (1974) und BRUNER (1970) können die Arten des Lernens wie folgt aufgeteilt werden: 1. nach der Art der *Zuwendung des Lernenden zum Lerngegenstand* und der Art seiner *Auseinandersetzung* mit dem Lerngegenstand in a) proaktives, entdeckendes, den Lerngegenstand bearbeitendes Lernen b) reaktives, aufnehmendes, den Lerngegenstand rezeptiv-empfangendes Lernen; 2. nach der Art der *Beziehungserfassung* und *Beziehungsherstellung* in a) sinnvolles, Einsichten herstellendes, stellungnehmendes, reflektiertes Lernen b) mechanisches, einprägendes, nichtstellungnehmendes, unreflektiertes Lernen; 3. nach der Art und Quelle der *Steuerung* des gesamten Lernvorganges in a) innen- bzw. selbstgesteuertes Lernen b) außen- bzw. fremdgesteuertes Lernen. Die möglichen Kombinationen aus diesen Lernformen ergeben acht grundlegende Lerntypen, die alle im Bereiche menschlichen Lernens bedeutsam sind und auch im schulischen Lernen aufgewiesen werden können. Der Typ des *proaktiven-sinnvollen-selbstgesteuerten Lernens* stellt diejenige Hochform des Lernens dar, die unter personaler, sozialer und kultureller Wertperspektive das oberste Ziel der pädagogisch-psychologischen Bemühungen auf dem Lernsektor repräsentiert. Er wird wie kein anderer den pädagogischen Zielen der Eigentätigkeit, des differenzierten Verstehens und Problembewältigens und der Autonomie gerecht. Er stellt allerdings auch die höchsten Anforderungen an die Unterrichtsgestaltung des Lehrers (→ *Lernen und Lerntheorien*).

3.2 Unterrichtspsychologie (Instruktionspsychologie, Lehr-Lern-Forschung)

Aufgabe der Unterrichtspsychologie ist die Beschreibung, Erklärung und Optimierung von Lehr- und Lernprozessen unter den Bedingungen des Schulunterrichtes. Die – allerdings nicht unumstrittene – Kernannahme der Unterrichtspsychologie lautet, daß »die kognitive Entwicklung (zumindest im Bereich der Wissensaneignung) weitgehend als Ergebnis systematisch geplanten Unterrichts unter institutionellen Lehr-Lern-Bedingungen verstehbar ist« (TREIBER/WEINERT 1982, S. 11) (→ *Entwicklung und Förderung*...). Im Hinblick hierauf geht die moderne Unterrichtspsychologie von Voraussetzungen aus, die ich als das »Kreislauf-Modell« des schulischen Lehrens und Lernens charakterisiert habe (DIETRICH 1984, S. 171). Der Kreislauf selbst betrifft im engeren Sinne das kognitive Geschehen. Er besteht in der Überführung von Gegenstandsstrukturen in kognitive Strukturen und in der Nutzbarmachung dieser kognitiven Strukturen für die Erschließung neuer Gegenstandsstrukturen und in deren Überführung in kognitive Strukturen usw. Dazu bedient sich die lernende Person gegenstandsbearbeitender und informationsgewinnender kognitiver Prozesse und intellektueller Funktionen sowie gegenstandsverfestigender und informationsübertragender kognitiver Prozesse und Strukturen. Die Intensitäts-, Konsistenz- und Bedeutsamkeitsregulation des kognitiven Kreislaufes wird von motivationalen und direktionalen Komponenten sowie von interaktiven und kommunikativen Prozessen der am Unterrichtsgeschehen beteiligten Personen geleistet.

Der kognitive Kreislauf wird im Unterricht durch Maßnahmen des Lehrers stimuliert und unterstützt (oder auch fehlgeleitet und blockiert). Das Unterrichten des Lehrers zielt in der Regel auf die Anregung der kognitiven Aktivität des Schülers ab und versucht, zwischen dieser Aktivität und dem Lerngegenstand eine möglichst enge Beziehung herzustellen. Unter dieser Perspektive wird der Lehrer als Koordinator kindlicher Lernaktivitäten und als Organisator der Lernbedingungen verstanden (→ *Lehrer/Lehrerin*). Die koordinierende und organisierende Tätigkeit des Lehrers bezieht sich dabei auf die folgenden Prozeßphasen des Lehrens und Lernens:
– im Rahmen der Unterrichtsvorbereitung auf die Planung des Unterrichtes, innerhalb derer – neben der Analyse der Sache selbst, der bildenden Momente an der Sache, der zu erreichenden Ziele, des methodischen Vorgehens und bestimmter Aspekte der Lehrerpersönlichkeit – v. a. die Schülerpersönlichkeit im Hinblick auf ihre Lernkompetenz (Lernfähigkeit und Lernbereitschaft; entering behavior [DE CECCO 1968]) (→ *Persönlichkeit von Lehrern und Schülern* ...) diagnostisch aufzuklären ist;
– im Rahmen des Unterrichtsvollzuges auf die Anregung und Unterstützung des Lernens der Schüler durch die entsprechenden Lernhilfen des Lehrers (→ *Methoden des Unterrichts*);
– im Rahmen der Nachbereitung des Unterrichtes auf die Kontrolle des Unterrichtserfolges, der sich insbesondere in einer Verbesserung der Lernkompetenz der Schüler erweisen soll.

Im folgenden soll auf die zweite Prozeßphase deswegen näher eingegangen werden, weil sich in ihr die entscheidenden Prozesse der lernenden Aufschließung und Aneignung des Lerngegenstandes und der Förderung dieser Prozesse durch die Hilfen des Lehrers abspielen.

3.2.1 Kognitive Prozesse der Schüler und Kognitionshilfen der Lehrer

Die gegenstandsbearbeitenden und informationsgewinnenden kognitiven Prozesse mit dem Denken als Kernfunktion führen zum Aufbau kognitiver Produkte (Begriffs- und Begründungszusammenhänge), die in der kognitiven Struktur (Gedächtnis) gespeichert werden. Zwischen kognitiven Funktionen und kognitiver Struktur besteht ein Verhältnis wechselseitiger Abhängigkeit.

Das zentrale unterrichtspsychologische Problem besteht nun darin, ob Schüler gelehrt werden können, ihre differenzierteren Denkfunktionen zu verbessern, d. h., ob es durch den Einsatz geeigneter pädagogisch-psychologischer Maßnahmen gelingen kann, die Begriffsbildungs-, Regelbildungs- und Problemlösungsfähigkeit von Schülern zu steigern und ihr kritisches und kreatives Denken anzuregen. Um Fortschritte auf diesen Niveaustufen des denkenden Lernens und der hochkomplexen Informationsverarbeitung erreichen zu können, ist eine differenzierte Förderung einfacher und komplexer intellektueller Prozesse analytischer und synthetischer, induktiver und deduktiver, konvergenter und divergenter Art erforderlich. Zur Förderung kognitiver Prozesse können die folgenden Lehrstrategien verwendet werden (NICKERSON/PERKINS/SMITH 1985):
– Programme des Lehrens grundlegender kognitiver Operationen wie z. B. auffassendes Verstehen, Vergleichen, Klassifizieren;
– Programme des Lehrens von Methoden und Techniken des Problemlösens, der kreativen Bearbeitung von Fragestellungen und der metakognitiven Orientierung des Denkvollzuges;

- Programme des Lehrens des formal-operativen Denkens (im Sinne von PIAGET);
- Programme des Lehrens der Sprach- und Symbolmanipulation;
- Programme des Lehrens von »Denken über das Denken« (einschließlich des Lehrens metakognitiver Fertigkeiten zur bewußten Steuerung der intellektuellen und kognitiven Ressourcen).

Zentrales Bezugssystem der informationsverfestigenden und informationsübertragenden Kognition ist die kognitive Struktur des Lernenden, d. h. die im Laufe einer individuellen Lerngeschichte entstehende und ständig weiter sich entwickelnde Organisation kognitiver Inhalte und kognitiv-intellektueller Fertigkeiten. Sie gilt als die wichtigste Variable für den Erwerb neuen Wissens (AUSUBEL 1974). Grundlage der kognitiven Struktur ist das Gedächtnis als Fähigkeit, Inhalte des Erlebens einprägen, behalten und reproduzieren zu können. Die Gedächtnisforschung unterscheidet zwischen automatisch-unwillkürlicher Gedächtnisfunktion und bewußt gehandhabten, unter Optimierungsgesichtspunkten aufgebauten und reflektiert eingesetzten Gedächtnisstrategien (WEINERT 1979) (→ *Lernen und Lerntheorien*). Die gespeicherten Bestände der kognitiven Struktur können für die Bewältigung neuer Aufgaben verfügbar gemacht und darauf übertragen werden. Auch die *Transferfunktion* der kognitiven Struktur tritt in unterschiedlichen Formen auf, z. B. als spezifischer vs. unspezifischer Transfer.

Wichtige Hilfen des Lehrers für den lernenden Schüler betreffen den Prozeß des *Übens*. Das Üben hat Verfestigung des Wesentlichen, Automatisierung und/oder wachsende Vervollkommnung zum Ziel. Wichtige Grundsätze der Übungshilfe beziehen sich auf die Übungsbereitschaft (personale Bedeutsamkeit, Funktionslust), den Übungswillen (Übung unter Normenkontrolle), den Variationsreichtum der Übungsprozesse, die Organisation und Strukturierung des Übungsmaterials, den Aufbau von Strategien der Einprägung, Speicherung und Reproduktion. Transferhilfen betreffen u. a.: die Förderung der einsichtigen Beherrschung und gedanklichen Durchdringung der Grundkategorien eines Faches; die Verwendung von Stoffen mit »exemplarischer Ergiebigkeit«; das Lernen der Übertragungstechniken (DIETRICH 1984).

3.2.2 Lernmotive der Schüler und Motivationshilfen der Lehrer

Der kognitive Kreislauf des Lernprozesses wird durch Lernmotivation in Gang gebracht und in Gang gehalten (→ *Motivation und Interesse*). Relativ stabile »Wertungsvoreingenommenheiten« (HECKHAUSEN 1974) und Bedeutsamkeitsaspekte der lernenden Person einerseits und Anregungsbedingungen der Situation andererseits resultieren in der aktuellen Lernmotivation, die das Lernhandeln in bezug auf seine Richtung, Intensität und Nachhaltigkeit reguliert. Als situative Anregungsbedingungen für Lernprozesse können z. B. fungieren: der Lerngegenstand mit seinen unterschiedlichen Anreizqualitäten, der Schwierigkeitsgrad der Aufgabe, der Zeitrahmen für die Bewältigung der Aufgabe, Qualitäten des schulischen und häuslichen Lebensraumes (TRUDEWIND 1975). Die personalen Wertungs- und Bedeutsamkeitsaspekte können um vier Motivgruppen angeordnet werden:
- Gegenstandsbezogene Lernmotive (Thematik der Erkundung, des Kennenlernens, des Erkennens des Lerngegenstandes und der Überprüfung der Richtigkeit der gewonnenen Erkenntnis).
- Leistungsbezogene Lernmotive (Thematik der Verbesserung der eigenen Lern- und

Leistungstüchtigkeit, der bestmöglichen Aufgabenbewältigung und der Gestaltung unter Normbezug).
– Selbstbezogene Lernmotive (Thematik der Erhaltung, Entfaltung, Gestaltung und Verwirklichung des eigenen Selbst im Rahmen einer subjektiv sinnvollen und erträglichen Lebenslage und unter dem Aspekt der »Brauchbarkeit« des Lernstoffes für die Persönlichkeitsentwicklung).
– Sozialbezogene Lernmotive (Thematik der sozialen Beziehungen, die Lernen begünstigen und zu Lernerfahrungen führen, die wiederum die sozialen Beziehungen verbessern können). Die Lernhandlungen der Schüler gelingen um so besser, je mehr die aufgeführten Lernmotiv-Themen mit Funktionslust und Lernfreude, mit überdauernden Interessen und mit positiven Einstellungen gegenüber Schule, Lehrer und Lernaufgaben verbunden sind. Letztlich ist es immer ein Zusammenwirken von verschiedenen Lernmotiven in mehr oder minder komplexen »Motiv-Integralen« (SCHIEFELE 1974), das dem aktiven Lernen des Schülers zugrunde liegt.

Es ist eine der pädagogischen und psychologischen Hauptaufgaben des Lehrers, den Schülern Hilfen zu geben, die es ihnen ermöglichen, zielorientiert, intensiv und nachhaltig zu lernen und den Lernprozeß mit Sinn und Bedeutung zu verbinden. Diese Hilfestellung kann u. a. wie folgt praktiziert werden:
– Gegenstandsbezogene Motivationshilfen zielen darauf ab, die Lernbereitschaft der Schüler vom Lerngegenstand und Lerninhalt her anzuregen (informierender Unterrichtseinstieg [GRELL/GRELL 1977], Information der Schüler über die Kriterien des zu erreichenden Zielzustandes, Verwendung kognitiver Diskrepanzen, Dynamisierung des Lerngegenstandes, Förderung der Haltung der geistigen Verantwortung gegenüber dem Lerngegenstand).
– Leistungsbezogene Motivationshilfen dienen der Förderung der aufgabenorientierten Lernbereitschaft und der Verbesserung der aufgabenbezogenen Bewältigungskompetenzen der Schüler (Setzung und Verfolgung realistischer Ziele, Verwendung unterschiedlicher Gütemaßstäbe und Bezugsnormen der Schülerbeurteilung, Einflußnahme auf die Kausalattribuierung und Konsequenzantizipation von Erfolg/Mißerfolg, Aufbau von »copingstyles« der Anforderungsbewältigung).
– Selbstbezogene Motivationshilfen sollen die »personale Bedeutsamkeit« der unter schulischen Bedingungen zu absolvierenden Lernprozesse der Schüler fördern (Bemühung um die Lebensbedeutsamkeit der Lerngegenstände, Orientierung des Lernens in der Schule an den Prinzipien der Freiheit, der Gemäßheit und der Natürlichkeit [ENGELMAYER 1968], Förderung der Selbständigkeit, des Selbstwertes, des Selbstvertrauens und der Selbstkontrolle).
– Sozialbezogene Motivationshilfen betreffen alle Maßnahmen des Lehrers, die vermittels der Gestaltung der sozialen Verhältnisse in der Klasse die Lernaktivität der Schüler anregen (Entspannung des Lernfeldes, Verbesserung der sozialen Position problematischer Schüler, Durchführung gemeinsamer Projekte). Zur Förderung der Lernmotivation stehen Trainingsprogramme zur Verfügung (DE CHARMS 1979; WESSLING-LÜNNEMANN 1985).

3.2.3 Steuerungsprozesse der Schüler und Steuerungshilfen der Lehrer

Das Lernen unter schulischen Bedingungen bedarf nicht nur der Außensteuerung durch den Lehrer, sondern – je älter die Schüler werden, um so mehr – auch der Eigensteuerung und Selbstkontrolle durch die Schüler. Steuerungsleistung und Steuerungshilfen beziehen sich einerseits auf die *Arbeitssteuerung* (v. a. im Hinblick auf die Steuerung der Denkprozesse durch konzentrative Kontrolle) und andererseits auf die Steuerung des *sozialen Umgangsverhaltens* (v. a. im Hinblick auf Disziplin) (→ *Autorität und Disziplin*). Die Steuerungskompetenz der Schüler entwickelt sich in einem langedauernden Lernprozeß. Der Lehrer hat bei der Unterstützung des Aufbaues von Selbststeuerungsfähigkeit den Schülern vielfältige Entwicklungshilfen zu leisten (NEBER/WAGNER/EINSIEDLER 1978; STERNBERG 1985).

Bei den Hilfen des Lehrers für die Steuerung der geistigen Tätigkeit der Schüler wird zwischen Steuer- und Kontrollprozessen unterschieden (KLUWE 1982). Kontrollprozesse führen zu Informationen über das Was des eigenen Denkens (Was tue ich eigentlich? Was kann eintreten, wenn ich so weiterfahre?). Demgegenüber werden mit Steuervorgängen Modifikationen des Verlaufes des eigenen Denkens aufgebaut (Arbeite ich zu schnell? Habe ich alles versucht?). Grundprinzip der Förderung ist »die allmähliche Übertragung der Kontrolle und Steuerung geistiger Tätigkeit vom Lehrer in die Verantwortung des Schülers selbst« (KLUWE 1982, S. 131). Bei der Unterstützung und Förderung der Konzentrationsfähigkeit steht die planmäßige Arbeitserziehung der Schüler im Mittelpunkt (Strukturierung und Artikulation des Unterrichtsgeschehens; Hervorhebung des Bedeutsamen; Aufbau habitualisierter und flexibler Lerntechniken; Affektkontrolle; Steigerung der Reflexivität; Abwehr von Störreizen; Ausnützung der aktiven Lernzeit).

3.3 Erziehungspsychologie

Aufgabe der Lehrer ist nicht nur das Unterrichten, sondern auch das *Erziehen* (DEUTSCHER BILDUNGSRAT 1970). Zwischen Unterrichten und Erziehen kann keine eindeutige Trennung, sondern nur eine akzentuierende Gewichtung vorgenommen werden. Danach steht im Zentrum unterrichtlicher Bemühungen die Förderung des gesamten kognitiven Bereiches und im Mittelpunkt erzieherischer Aufgaben die Entwicklung motivationaler, emotionaler und direktionaler Strukturen und Prozesse der Persönlichkeit des Schülers (→ *Persönlichkeit von Lehrern und Schülern* ...). Die folgenden Ausführungen müssen sich auf einige Aspekte schulisch relevanter Erziehungspsychologie beschränken, die einerseits den einzelnen Schüler, andererseits die Klasse als Gruppe betreffen.

3.3.1 Erzieherische Förderung der Aktivität, der emotionalen Stabilität und der sozialen Kompetenzen des Schülers

Die erzieherische Einflußnahme auf den Aufbau aktiver und kompetenter Formen der Auseinandersetzung mit und der Bewältigung von sachlichen und sozialen Anforderungen und Aufgaben verlangt vom Lehrer Maßnahmen der Anregung der Schüler, Maßnahmen der Unterstützung der Schüler beim Aufbau von Fertigkeiten und Techniken und Maßnahmen der Bestätigung der Schüler. Die diesbezüglichen »förderlichen Aktivitäten« des Lehrers umfassen u. a. (TAUSCH/TAUSCH [8]1977): ein hohes Maß von Angeboten, Anregungen und Alternativen an die Schüler, Schaffung hilfreicher und günstiger Bedingungen – z. B. durch die Bereitstellung von Materialien, Förderung von Selbstexploration und Verantwortungsübernahme. Schüler müssen in einer äußerst differenzierten Weise mit der Funktionsstruktur von Lernformen (Lernen des Lernens), Arbeitstechniken und Sozialkompetenzen bekannt gemacht und darin geübt werden. Die erzielten positiven Resultate bedürfen der Bestätigung und der Versicherung, daß sich die Schüler auf dem richtigen Weg befinden. Bei ihrer Auseinandersetzung mit Aufgaben und Anforderungen sind Schüler mannigfachen Frustrationen, Deprivationen und Destabilisierungen ausgesetzt. Die erzieherischen Hilfen zur Bewältigung derartiger Situationen umfassen Maßnahmen des Lösens und Entspannens, Haltungen und Techniken der emotionalen Sicherung und Verfahrensweisen der Ermutigung der Schüler (ENGELMAYER 1968; TAUSCH/TAUSCH ^{8}1977) (→ *Lehrer-Schüler-Verhältnis*).

Im Rahmen einer »Sozialpsychologie erzieherischen Handelns« (HOFER 1986) werden u. a. folgende erziehungsrelevante Verhaltensmuster von Lehrern thematisiert: implizite Theorien über die Schülerpersönlichkeit, perspektivische Wahrnehmung in der schulischen Interaktion, Zuschreibung von Ursachen, Erwartungen über Schülerverhalten, Handlungsentscheidungen, Rolle von Gefühlen in der Lehrertätigkeit.

Im Mittelpunkt auch der schulischen Erziehungsarbeit steht die *Personalität* des Schülers (→ *Persönlichkeit von Schülern und Lehrern* ...) und damit die Förderung von Selbständigkeit, Selbstkontrolle, Selbstwertgefühl, Entscheidungsfähigkeit, aber auch von Sozialität. Damit wird der Problembereich »Freiheit und Zwang in Erziehung und Unterricht« (ZUMKLEY-MÜNKEL 1984) von besonderer Bedeutung. Eine schulische Erziehung, der es darauf ankommt, die Eigenaktivität und Verantwortlichkeit junger Menschen zu fördern, hat ihre Maßnahmen v. a. auf die Entwicklung von Eigeninitiative, auf das Durchführen selbständiger Entscheidungen und auf den Aufbau von Kriterien effektiver Selbstkontrolle abzustellen.

3.3.2 Erzieherische Förderung der Interaktion und Kommunikation in der Klassengruppe

Das Lernen der Schüler in der Klassengruppe setzt die Funktionstüchtigkeit der interaktiven und kommunikativen Beziehungen zwischen Lehrer und Schülern sowie der Schüler untereinander voraus (→ *Sprache im Unterricht*). Die Regel, daß erfolgreiche Lern- und Leistungserziehung nur unter der Bedingung einer differenzierten Sozialerziehung (PETERSEN) und – so kann man ergänzen – nur unter der Bedingung einer differenzierten pädagogischen Einflußnahme auf den emotionalen Bereich möglich ist, besitzt nach wie vor hohe Gültigkeit. Daher hat die Entwicklung und Gestaltung der Sozialbeziehungen in der Klasse so zu erfolgen, daß von ihnen förderliche Wirkungen auf die Lernhandlungen der Schüler ausgehen. Darüber hinaus ist die pädagogische Einflußnahme in Richtung auf die Verbesserung der Sozialität der Gruppenmitglieder aber auch Selbstzweck. Diese Einflußnahme ist auf die Entwicklung sozialer Fertigkeiten (z. B. Kontakt- und Kommunikationsfähigkeit, Kompromißfähigkeit, Hilfsbereitschaft) und auf die Verbesserung von Mustern des Gruppenverhaltens (Solidarität, Kooperation, gemeinsame Ziel- und Normorientierung) gerichtet.

Die pädagogische Förderung der sozialen Beziehungen in der Schulklasse findet in der einschlägigen Literatur (BROPHY/GOOD 1976; JOHNSON/BANY 1975) starke Beachtung. Das Training von Fertigkeiten zur Förderung konstruktiven Verhaltens in der Klassengruppe umfaßt folgende Aspekte (JOHNSON/BANY 1975): die Förderung von Gruppenkohäsion und Kooperation, die Einführung von Verhaltensstandards und die Koordination der Arbeit in Schulklassen, die Verwendung von Problemlösungsverfahren zur Verbesserung der Gruppensituation, die Veränderung eingefahrener Verhaltensmuster in Klassen, die Erhaltung und Wiederherstellung einer konstruktiven Gruppenmoral, die Regelung von Konflikten, die Begrenzung von Steuerungsproblemen.

Die verschiedenen Lehrmethoden enthalten u. a. unterschiedliche Chancen und Grenzen hinsichtlich der Entwicklung von sozialen Beziehungen und Kompetenzen (GAGE/BERLINER 1977). Einer Unterrichtsgestaltung, welche mehrere der bewährten Lehrmethoden in einer situations- und aufgabenangemessenen Weise zum Einsatz bringt, dürfte der Vorzug gegenüber einseitigen Methodenverwendungen zu geben sein (→ Methoden des Unterrichts).

3.4 Beratungspsychologie

Die Erfahrung zeigt, daß sich für Lehrer und Schüler im täglichen Zusammenleben und Zusammenarbeiten in der Klasse erhebliche Probleme ergeben können. Erziehung und Unterricht beruhen auf leicht verletzbaren sozialen Beziehungen, beinhalten mannigfache Konfliktmöglichkeiten und Störungsstellen, besitzen keine eingebaute Erfolgsautomatik und können daher aus diesen und vielen anderen Gründen in Schwierigkeiten geraten oder gar scheitern, so daß spezielle Hilfe insbesondere in Form von Beratung erforderlich wird. Neben der Unterrichtspsychologie und der Erziehungspsychologie ist daher die *Beratungspsychologie* als besonderer Bereich der Pädagogischen Psychologie im Unterricht zu thematisieren (DIETRICH 1983, 1984; HELLER/ROSEMANN 1975/76; REYNOLDS/GUTKIN 1982) (→ *Erziehungsberater;* → *Beratungslehrer*).

3.4.1 Hauptmerkmale und Hauptanlässe der Beratung in der Schule

Das Sichzurechtfinden in komplexen schulischen Situationen und die Bewältigung komplizierterer schulischer Aufgaben und Anforderungen bringt eine Reihe von Schwierigkeiten und Problemen mit sich, die teils durch die Schule selbst mit produziert, teils aber auch aus dem außerschulischen Leben in den schulischen Bereich hineingetragen werden. Orientierungsmängel, Blockierungen, Störungen, Konflikte, Entscheidungen, Behinderungen – in vielfachen Abstufungen der Intensität und in mannigfachen Kombinationen auftretend – stellen die hauptsächlichen Anlässe pädagogisch-psychologischer Beratung in der Schule dar.

Der Berater hat dafür Sorge zu tragen, daß sich seine Klienten mit ihrer Problematik aktiv auseinandersetzen. Wenn es in der Beratung darum geht, Lösungen für Probleme zu finden und durch derartige Problembewältigung einen Zuwachs an Selbsthilfebereitschaft, Selbststeuerungsfähigkeit und Handlungskompetenz zu gewinnen, dann ist dieses Ziel nur auf dem Wege der Aktivierung der Eigeninitiative und Eigenverantwortlichkeit der Klienten (Lehrer, Schüler, Eltern) erreichbar. Den Klienten helfen bedeutet auch in der schulischen Beratung, bei ihnen einen Lernprozeß in Gang setzen zu helfen, der rational-kognitive, emotionale und aktionale Neuorientierungen beinhaltet. Die beraterische Intervention hat dabei in der Regel die Reduzierung von Widerständen des Klienten, die »Unterweisung in Auseinandersetzungsfähigkeiten« (MEICHENBAUM 1979) zwecks Gewinnung neuer Positionen und die Umsetzung der Neuorientierung in konkrete Handlungskompetenzen zum Ziel.

3.4.2 Hauptbereiche pädagogisch-psychologischer Beratung in Schule und Unterricht

a) *Schullaufbahn- und Bildungswegberatung*

Angesichts der vielfältigen Möglichkeiten des schulischen Bildungsganges stehen Eltern, Schüler und Lehrer häufig vor der Frage, welcher Weg der beste für den Schüler ist. Mit Hilfe von Eignungsdiagnosen und Erfolgsprognosen versucht die Beratung, den Klienten Entscheidungshilfen an die Hand zu geben. Dieser Bereich der pädagogisch-psychologischen Beratung steht im Mittelpunkt zahlreicher Kontroversen.

b) *Beraterische Hilfe bei individuellen Schwierigkeiten, v. a. bei Schwierigkeiten des Lernens und Leistens*

Voraussetzung für erfolgreiche Beratung ist die Orientierung an einer Theorie bzw. an einem Modell, welche(s) die entscheidenden Bedingungen der Entstehung und Verfestigung von Schwierigkeiten und Störungen enthält. Als Beispiel sei hier auf das Modell von *Zielinski* (1980) zur Erklärung und Behebung von Lernschwierigkeiten hingewiesen. Der modifizierenden Einflußnahme durch interventiv-kurative Beratung sind v. a. die Vorkenntnisse des Schülers, sein Lern- und Arbeitsverhalten, die kognitiven und motivationalen Grundlagen seines Lernhandelns, die Unterrichtsbedingungen sowie zusätzliche Kontextbedingungen zugänglich.

c) *Beratung der Lehrer und der Schulverwaltung (Systemberatung)*

Die Institution Schule funktioniert aus inneren und äußeren Gründen nicht problemlos und steht daher häufig in der Gefahr, die Erfüllung ihrer Aufgaben zu verfehlen. Hier kann Systemberatung hilfreich sein, wiewohl sie gewöhnlich als ein äußerst problematischer Bereich der Beratung in der Schule angesehen wird (→ *Beratungslehrer*).

4 Probleme und Perspektiven

Die Erforschung des erstgenannten Gegenstands- und Problembereiches bereitet vielfache Schwierigkeiten. Auf wichtige Gründe für diese Schwierigkeiten hat schon WINNEFELD (1957) aufmerksam gemacht, als er zutreffenderweise pädagogische Felder ganz allgemein, speziell aber auch das pädagogische Feld der schulischen Unterrichtung, durch die Merkmale der vieldimensionalen Faktorenkomplexion, der hohen Offenheit und Labilität und der teleologischen Strukturiertheit kennzeichnete. Die nomothetisch orientierte, experimentell ausgerichtete, auf allgemeingültige Gesetzmäßigkeiten abzielende *Forschung der Pädagogischen Psychologie im Unterricht* (→ *Forschungsmethoden der Erziehungswissenschaft*) ist daher auch immer wieder auf deutliche Grenzen gestoßen. Ihre Ergebnisse werden seitens der schulischen Praxis zwar begierig erwartet; sie wurden jedoch bisher von ihr nur sehr partiell und selektiv rezipiert. Die zurückhaltend-kritischen Stimmen gegenüber der Gültigkeit und Relevanz der Erträgnisse der *pädagogisch-psychologischen Unterrichtsforschung* (→ *Präskriptive Unterrichtswissenschaft . . .*) sind unüberhörbar (TRAVERS 1973; TREIBER/WEINERT 1982).

Die begründeten Zweifel, ob es einer nomothetisch-experimentell orientierten Unterrichtsforschung gelingen kann, zu extern validen, relevanten und praktikablen Ergebnissen zu kommen, welche die berechtigten Anliegen der Unterrichtspraxis befriedigen, lassen die grundsätzliche Frage auftauchen, ob es dem wissenschaftlichen Zugriff überhaupt jemals möglich sein wird, den Reichtum an Entwicklungs- und Gestaltungsmöglichkeiten, den der Unterricht bietet, in einige Gesetze zu bannen. Kein Zweifel: die Pädagogische Psychologie hat sich so weit und so intensiv wie möglich um die exakte Erforschung der unterrichtlichen Wirklichkeit zu bemühen. Es spricht jedoch sehr viel dafür, daß die »produktive und erfinderische« (SKOWRONEK 1979, S. 42) Umsetzung wissenschaftlicher Prinzipien in Unterrichtsgestaltung (→ *Das Theorie-Praxis-Verhältnis der Pädagogik*) zahlreiche Momente beinhaltet, die sich nicht eindeutig und nicht vollständig in wissenschaftlichen Gesetzmäßigkeiten fundieren lassen. Wahrscheinlich entscheidet über den Unterrichtserfolg des einzelnen Lehrers sein flexibles Verfügen über Sichtweisen, Handlungsgesichtspunkte und Könnenstrukturen, die er adäquat einzusetzen vermag und die er sich durch Beschäftigung mit der wissenschaftlichen Unterrichtsforschung, durch kritische Verarbeitung seiner eigenen Erfahrungen und durch die Orientierung an bewährten Vorbildern verschafft hat.

Literatur

ANDERSON, J. R.: Cognitive psychology and its implications. San Francisco 1980
AUSUBEL, D. P.: Psychologie des Unterrichts. 2 Bde. Weinheim/Basel 1974
BROPHY, J. E./GOOD, T. L.: Die Lehrer-Schüler-Interaktion. München/Berlin/Wien 1976
BRUNER, J. S.: Der Prozeß der Erziehung. Berlin/Düsseldorf 1970
DE CECCO, J. P.: The psychology of learning and instruction: Educational psychology. Englewood Cliffs 1968
DE CHARMS, R.: Motivation in der Klasse. München 1979
DEUTSCHER BILDUNGSRAT: Strukturplan für das Bildungswesen. 1970
DIETRICH, G.: Allgemeine Beratungspsychologie. Göttingen 1983
–: Pädagogische Psychologie. Bad Heilbrunn 1984
–: Spezielle Beratungspsychologie. Göttingen 1986
ENGELMAYER, O.: Menschenführung im Raum der Schulklasse. München 1968
GAGE, N. L.: Unterrichten – Kunst oder Wissenschaft? München/Wien/Baltimore 1979
–/BERLINER, D. C.: Pädagogische Psychologie. München/Wien/Baltimore 1977
GAGNÉ, R. M.: Die Bedingungen des menschlichen Lernens. Hannover ⁴1975
–: The cognitive psychology of school learning. Boston 1985
–/ROHWER, W. D.: Instructional psychology. In: Annual Rev. of Psychology 20 (1969), S. 381–418
GRELL, J./GRELL, M.: Unterrichtsrezepte. München/Wien/Baltimore 1979
HARNISCHFEGER, A./WILEY, D. E.: Kernkonzepte des Schullernens. In: Zeitschrift für Entwicklungspsychologie und Pädagogische Psychologie 9 (1977), S. 207–228
HECKHAUSEN, H.: Faktoren des Entwicklungsprozesses. In: WEINERT, F. E. u. a. (Hrsg.): Pädagogische Psychologie. Frankfurt 1974
HELLER, K./ROSEMANN, B. (Hrsg.): Handbuch der Bildungsberatung. 3 Bde. Stuttgart 1975/76
HOFER, M.: Sozialpsychologie erzieherischen Handelns. Göttingen/Toronto/Zürich 1986
JAMES, W.: Talks to teachers on psychology and to students on some life's ideal. New York 1899
JOHNSON, L. V./BANY, M. A.: Steuerung von Lerngruppen. Weinheim/Basel 1975
KLUWE, R.: Kontrolle des eigenen Denkens und Unterricht. In: TREIBER, B./WEINERT, F. E. (Hrsg.): Lehr-Lern-Forschung. München/Wien/Baltimore 1982
LAY, W. A.: Experimentelle Didaktik. Wiesbaden 1902
LOSER, F./TERHART, E. (Hrsg.): Theorien des Lehrens. Stuttgart 1977
MEICHENBAUM, D. W.: Kognitive Verhaltensmodifikation. München/Wien/Baltimore 1979
MEUMANN, E.: Abriß der experimentellen Pädagogik. Leipzig 1914
NEBER, H./WAGNER, A. C./EINSIEDLER, W. (Hrsg.): Selbstgesteuertes Lernen. Weinheim/Basel 1978
NICKERSON, R. S./PERKINS, D. N./SMITH, E. E.: The teaching of thinking. Hillsdale/London 1985
REYNOLDS, C. R./GUTKIN, T. B. (Hrsg.): The handbook of school psychology. New York/Chichester u. a. 1982

Roth, H.: Pädagogische Psychologie des Lehrens und Lernens. Hannover 1957, ¹²1970
Schiefele, H.: Lernmotivation und Motivlernen. München 1974
Skinner, B. F.: The science of learning and the art of teaching. In: Harvard Educational Review 24 (1954), S. 86–97
Skowronek, H.: Entwicklungslinien der Pädagogischen Psychologie. In: Brandtstädter, J. u. a. (Hrsg.): Pädagogische Psychologie: Probleme und Perspektiven. Stuttgart 1979, S. 29–48
Sternberg, R. J.: Beyond IQ. Cambridge 1985
Tausch, R./Tausch, A.: Erziehungspsychologie. Göttingen ⁸1977
Travers, R. M. W.: Second handbook of research on teaching. Chicago 1973
Treiber, B./Weinert, F. E. (Hrsg.): Lehr-Lern-Forschung. München/Wien/Baltimore 1982
Trudewind, C.: Häusliche Umwelt und Motiventwicklung. Göttingen/Toronto/Zürich 1975
Weidenmann, B./Krapp, A. u. a. (Hrsg.): Pädagogische Psychologie. München/Weinheim 1986
Weinert, F. E. u. a. (Hrsg.): Pädagogische Psychologie. 2 Bde. Frankfurt 1974
Weinert, F. E.: Entwicklungsabhängigkeit des Lernens und des Gedächtnisses. In: Montada, L. (Hrsg.): Brennpunkte der Entwicklungspsychologie. Stuttgart 1979, S. 61–76
Wessling-Lünnemann, G.: Motivationsförderung im Unterricht. Göttingen/Toronto/Zürich 1985
Winnefeld, F.: Pädagogischer Kontakt und pädagogisches Feld. München/Basel 1957
Zielinski, W.: Lernschwierigkeiten. Stuttgart 1980
Zumkley-Münkel, C.: Freiheit und Zwang in Erziehung und Unterricht. Göttingen/Toronto/Zürich 1984

Rudolf Krüger

Das Lehrer-Schüler-Verhältnis

1 Zum Problembereich

Für Heranwachsende ist die Schule ein bedeutsamer Ort der Erziehung, ihres Lernens. Als Schülerinnen und Schüler treffen sie dort auf Lehrerinnen und Lehrer. Die Frage ist, wie das Verhältnis zwischen Schüler(n) und Lehrer(n) beschaffen ist, sein soll oder sein kann.

Die Rede ist also von den Beziehungen zwischen den *professionellen* Lehrkräften und ihren Schülern und nicht vom erzieherischen Verhältnis schlechthin. Die Bedeutung des Lehrer-Schüler-Verhältnisses wird schon ersichtlich aus den Schulerinnerungen Erwachsener, aber auch aus der größeren Wertschätzung, die in der gegenwärtigen erziehungswissenschaftlichen Diskussion das Personale wieder erhält, wobei vermutlich aktuelle Schulprobleme (Schülerverhalten, Lehrer-Professionalisierung, Schulorganisation) eine Rolle spielen (→ *Persönlichkeit von Lehrern und Schülern* ...). Für Schulpraxis und Erziehungswissenschaft ergeben sich auch wegen sich ändernder Rahmenbedingungen (z. B. Schülerrückgang) neue Fragen.

Grundsätzlich ist das Lehrer-Schüler-Verhältnis auch dort, wo vorrangig an Lehren und Lernen gedacht wird, nicht ohne den Vorgang der *Erziehung* denkbar (= Beabsichtigte Hilfestellung Erwachsener an Heranwachsenden im Horizont konsensfähiger Ziele zur Förderung der persönlichen und sozialen Entwicklung) (→ *Theorien der Erziehung* ...). Hierbei wirken helfende Lehrer und hilfsbedürftige Schüler wechselseitig aufeinander ein; hierbei muß der erziehende Lehrer bemüht bleiben, seine Einflußnahme auf Schüler zugunsten von deren Selbsterziehung immer mehr zurückzunehmen.

Bei der Analyse und Interpretation der Bedingungen der Möglichkeit eines gelingenden, d. h. die Zwecke, zu denen es entsteht, erfüllenden Lehrer-Schüler-Verhältnisses ergeben sich einige zentrale Fragen, die in der erziehungswissenschaftlichen Forschung keineswegs ausreichend geklärt sind, so die Frage nach der Emotionalität (→ *Persönlichkeit von Lehrern und Schülern*), die Frage nach Macht und Autorität (→ *Autorität und Disziplin*), die Frage nach den Rahmenbedingungen für persönliche Beziehungen.

Der Beitrag befaßt sich zunächst (2,3) mit Theorie und Kritik des *Pädagogischen Bezugs*, geht sodann (4) auf neuere Ansätze ein und versucht abschließend (5), eine Modellskizze des Gesamtproblems zu entwerfen.

2 Der Pädagogische Bezug als klassische Theorie des Lehrer-Schüler-Verhältnisses

Nohls Theorie des »Pädagogischen Bezugs« (1930) brachte seit der Antike bestehende Auffassungen über ein wirksames erzieherisches Verhältnis auf den Begriff. Sie bestimmte bis in die 60er Jahre die (geisteswissenschaftlich orientierte) Suche nach Bedingungen für die Möglichkeit von Erziehung überhaupt und auch für die Qualität der Lehrer-Schüler-Beziehungen. Sie war über Jahrzehnte ein »Kernstück des beruflichen

Selbstverständnisses der Lehrerschaft« (DÖRING/KUPFFER 1972, S. 54) und blieb bis heute eine der am meisten zitierten, interpretierten und kritisierten Lehrsätze der Erziehungswissenschaft.

Mit ihrem Hauptsatz: »Die Grundlage der Erziehung ist das leidenschaftliche Verhältnis eines reifen Menschen zu einem werdenden Menschen, und zwar um seiner selbst willen, daß er zu seinem Leben und zu seiner Form komme« (NOHL in KRON 1970, S. 54) wurde, und zwar ausdrücklich auch für Lehrer und Schüler, ein positiv emotionales, enges Interaktionsverhältnis gefordert, eine pädagogische Gemeinschaft zwischen ungleichen Partnern, die gekennzeichnet ist durch pädagogische Liebe, Autorität und Erziehungswillen auf seiten des Lehrers, durch Liebe, Vertrauen, Gehorsam und Erziehungsbereitschaft auf seiten des Schülers. NOHL hat den Begriff des Pädagogischen Bezugs aus Grenzsituationen der Verwahrlostenpädagogik entwickelt und als »Notstandsbegriff« verstanden, ehe er ihn auf das erzieherische Verhältnis allgemein und das Lehrer-Schüler-Verhältnis ausweitete (BOLLNOW 1981, S. 32). In die lange Vorgeschichte gehören u. a. PLATONS Gedanken von der Erweckung der Ideen durch den Dialog zwischen Erzieher und Zögling, PESTALOZZIS Vorstellungen über die »liebevolle Besorgung« in der Wohnstubenerziehung und vor allem HERBARTS Theorie des »erziehenden Unterrichts« (HIERDEIS 1981, S. 67ff.). Er steht in zeitgenössischer Geistesverwandtschaft zu Martin BUBERS »Begegnung« und Alfred PETZELTS »dialogischem Verhältnis« und beschreibt ein interpersonales Führungsverhältnis, das geleitet wird von der Absicht des Erziehers, die Selbständigkeit des Zöglings »auf argumentativ-dialogischem Wege und vermittels begründeter Appelle an dessen Urteilsfähigkeit zu erreichen und sich dadurch schließlich selbst aufzuheben« (IPFLING 1974, S. 218).

Erziehung geht danach nur über Personen, zwischen denen ein emotionales Verhältnis besonderer Art besteht. Die *pädagogische Liebe* als ein elementares Prinzip des Pädagogischen Bezugs wurde besonders von SPRANGER analysiert (GERNER 1969, S. 33–39). Als Sonderfall der persönlichen Liebe, die den anderen emporbilden will, aber nicht zwingend seiner Gegenliebe bedarf, meint sie die Annahme des Kindes um seiner selbst willen, ohne Wenn und Aber, fordert sie die im werdenden Menschen erwarteten Möglichkeiten u. U. auch mit Strenge heraus, riskiert sie das unbedingte Wagnis des Vertrauens und erzeugt sie selbst Vertrauen. Bei gegenseitiger Liebe, so SPRANGER, kann es sogar zu »einer wechselseitigen Erhöhung des ganzen Persönlichkeitsstandes« kommen, kann das Lehrer-Schüler-Verhältnis als eine »Leidenschaft des Geistes« zu den schönsten gehören, »die im Menschenleben auftreten«. Über eine solche idealistische Überhöhung des Liebesbegriffs ist sich SPRANGER selbst im klaren: »Die echte pädagogische Liebe ist ein sehr hohes und deshalb seltenes Phänomen.« Aber nach dem Ideal zu streben, sei Sache des Erziehers, wenn es auch fraglich erscheine, »ob man zu einer großen Anzahl von Individuen gleichzeitig in einem solchen Verhältnis stehen könne – man muß wohl zugeben, daß das in vollem Sinne nicht möglich ist« (zit. nach GERNER 1969, S. 33).

Neben der pädagogischen Liebe wird der *pädagogische Takt* als unabdingbares Element des Pädagogischen Bezugs, als soziale Grundhaltung des Lehrers, der die Menschenwürde des Kindes achtet, vor allem von MUTH untersucht (1967). Zurückgehend auf NOHL und HERBART, erkennt ihn MUTH als zwischenmenschliches Phänomen des Feingefühls, der Zurückhaltung und Distanznahme, das sich äußert z. B. in der Verbindlichkeit der Sprache, im natürlich-echten Handeln, in der Rücksichtnahme auf die kindliche Psyche. Ein Verlust jeglicher Distanz, etwa durch körperliche Berührung oder gar Züchtigung, würde hiernach zur Auflösung des Pädagogischen Bezugs führen.

NOHL selbst hat den Pädagogischen Bezug später in der Weise relativiert, daß er auch gegenseitigen Schülerbeziehungen – z. B. im Gruppenunterricht – erzieherische Wirkungen zutraute, »die aus dem Bezug zum Lehrer allein nicht wachsen würden« (HIERDEIS 1981, S. 70); NOHL-Schüler haben in Annäherung an schulische Rahmenbedingungen von einem spezifischen »Klassenbezug« des Lehrers gesprochen: »... dieser Pädagogische Bezug ist nicht gleich der Summe der Einzelbezüge nach der Anzahl der vorhandenen Schüler. Er ist vielmehr ein Kollektivbezug eigener Art, wobei dem Lehrer der einzelne Schüler als Glied einer neuen Individualität namens Schulklasse erscheint.« (NETZER 1970, S. 62) Schwierigkeiten in bezug auf diese Klassensituation wurden von der geisteswissenschaftlichen Pädagogik immer wieder gesehen, aber ein grundsätzlicher Zweifel an der Stimmigkeit der Theorie wurde aus ihnen nicht abgeleitet. (»Ebenso widerspricht die schwierige Situation der Schulklasse nicht der Forderung, daß auch der Lehrer um die Verbindung zu seinen Schülern bemüht sein muß.« [FURCK 1964, S. 704]) Befürchtungen, der Pädagogische Bezug werde im Zuge neuerer, etwa technologischer Einflüsse an Bedeutung verlieren, werden als für »alle Zeiten grundlos« zurückgewiesen, denn »was den neuen Menschen hinaufentwickelt, ... das wird er nur mit Hilfe des älteren erfahreneren, reiferen Menschen gewinnen können«, und »pädagogische Wirkungen können nur erwartet werden, wenn nicht primär die Sache, sondern die Persönlichkeit spricht« (NETZER 1970, S. 64 f.).

3 Zur Kritik des Pädagogischen Bezugs

Die in den 60er Jahren einsetzende Kritik an der Theorie des Pädagogischen Bezugs reicht vom behutsamen In-Zweifel-Ziehen von Einzelheiten bis zur radikalen Ablehnung des Ganzen. Sie ist von gesellschaftspolitischen und erziehungswissenschaftlichen Umbrüchen der Zeit nicht zu trennen und wird begleitet von z. T. gegenläufigen Theorieansätzen über Bedingungen der Lehrer-Schüler-Interaktion, die insgesamt auf Abweisung oder Verdrängung einer eher emotional bestimmten Lehrer-Schüler-Beziehung hinauslaufen. Die wichtigsten Kritikpunkte lassen sich wie folgt zusammenfassen (BARTELS 1979; DÖRING/KUPFFER 1972; HIERDEIS 1981; ULICH 1976a u. a.):

– Beschrieben werde ein idealistisches, vollkommenes, an die Beteiligten (vor allem die Lehrer) unrealistische Forderungen stellendes Verhältnis, das die pädagogischen Beziehungen aus dem Lebenszusammenhang künstlich und kunstvoll herauslöse und infolgedessen für den einzelnen Lehrer sowenig hilfreich sein könne wie jeder andere Versuch, den »idealen« Lehrer zu beschreiben.
– Es bestehe die Gefahr der Reduzierung auf ein individualistisches Ich-Du-Verhältnis, bei dem trotz aller Korrekturversuche Gruppenprozesse zu kurz kämen.
– Das Rationale im Lehrer-Schüler-Verhältnis werde vernachlässigt; die emotionale Zuwendung zwischen Lehrer und Schüler sei im gewünschten Maße weder möglich noch sinnvoll, da die zu vermittelnde Sache auch für sich spreche.
– Es werde ein auf Autorität gegründetes, komplementäres Verhältnis herausgestellt, das einem demokratischen Gesellschaftsbild nicht entspreche. Die Mitwirkung der Edukanden werde zu sehr als Anpassung gesehen, und ein fragwürdiges Nachfolge-

verständnis verkenne die notwendigen Ablösungsprozesse bzw. die von der Gruppe ausgehenden Einflüsse; im übrigen werde der pluralistische Charakter der Gesellschaft in seinen Auswirkungen auf den schulischen Erziehungs- und Sozialisationsprozeß übersehen.
- Im Umgang der Generationen unvermeidliche, ja notwendige Konflikte würden zuwenig gesehen, zumal eine harmonistische Gemeinschaftsideologie den Blick für gegenläufige Interessen von (meist mittelschichtorientierten) Lehrern und Schülern verstelle.
- Organisationssoziologische Untersuchungen stellten die Schule als bürokratische Institution heraus, in deren Hierarchie der Lehrer als ausführendes Organ ganz unten stehe. In einer solchen Bürokratie seien persönliche, gefühlsbetonte Beziehungen eher deplaziert, dort erlebe sich der Schüler »stärker, als wir ahnten, als Objekt« (BARTELS 1979, S. 8) (→ *Organisationssoziologie* ...).
- Kritische Gesellschaftstheorien sehen die Schule als Reproduktionsstätte des Klassenantagonismus, in der die gesellschaftlichen Mächte und Interessen die Lehrer-Schüler-Beziehungen entscheidend mitbestimmten und die persönlichen Beziehungen relativierten. Eine besondere Rolle spielt in diesem Zusammenhang der Begriff des *heimlichen Lehrplans*. Er geht zurück auf materialistische und psychoanalytische Hypothesen und erfuhr in der Institutionskritik der 70er Jahre eine größere Aufmerksamkeit. BERNFELDS Satz: »Die Schule – als Institution – erzieht« (BERNFELD 1985, S. 28) wurde wiederentdeckt mit dem Ziel, bürgerlich-humanitäre Bildungsillusionen zu entlarven, Schule wurde als »totale Institution«, als Sozialisationsinstanz einer Klassengesellschaft beschrieben, in der die einzelnen Personen (Lehrer wie Schüler) nur geringe Chancen hätten, über persönliche Beziehungen gefördert zu werden.

Der »Heimliche Lehrplan« sieht das Lehrer-Schüler-Verhältnis also eingebunden in gesellschaftliche und institutionelle Zwänge, denen gegenüber der Lehrer wenig ausrichten könne. Während der offizielle Lehrplan (→ *Didaktik und Curriculum / Lehrplan*) hehre Präambelgrundsätze etwa über soziale Tugenden verkünde, bewirke der heimliche mit seinem Geflecht von Verhaltens- und Orientierungsmustern, wie sie etwa in den schulischen Ritualen zum Ausdruck kommen, eine permanente Unterdrückung individueller und spontaner Bedürfnisse. Lehrer und Schüler stünden sich als Interessenvertreter eher feindselig gegenüber, spielten auf der offiziellen »Vorderbühne« ihre jeweilige Rolle, entwickelten aber auf der funktional viel wirksameren ›Hinterbühne‹ getrennte Subkulturen. Mit dem heimlichen Lehrplan als eigentlichem »Regulativ pädagogischer Interaktionen« (ULICH 1976b, S. 204) werde durch Standardisierung und Normierung zwischenmenschlicher Beziehungen Verhaltenskonformität erzeugt, ohne daß dies die Beteiligten merkten.

Mit einer solchen radikalen Infragestellung personaler Erziehungsprozesse stellt der Begriff des Heimlichen Lehrplans den Höhepunkt der Kritik des Pädagogischen Bezugs dar.
- Die Theorie des Pädagogischen Bezugs behindere, so kritisierte vor allem die Lehrerberufsforschung, die *Professionalisierung* des Lehrers (→ *Lehrer / Lehrerin*; → *Professionalisierung* ...). Sie sehe seine Berufsrolle zu undifferenziert und irrational und fordere dem Lehrer empirisch nicht überprüfbare Qualifikationen ab (DÖRING/ KUPFFER 1972, S. 57). Das bis in die Grundschule vordringende *Fachlehrersystem* als Folge verstärkter Wissenschaftsorientierung lockere notwendigerweise die persona-

len Beziehungen auf, der Fachvertreter werde leichter austauschbar; zudem habe es der Spezialist mit immer größer werdenden Schülerzahlen zu tun, so daß der einzelne Schüler kaum noch näher gekannt werden könne. Große Schulen und Maßnahmen der äußeren Differenzierung (→ *Unterrichtsformen* ...) täten ein übriges, um persönliche Beziehungen zu lockern.

– Auch unter didaktischem Gesichtspunkt wurde Kritik vorgebracht. Die (aushilfsweise vorgestellte) »Individualität« der ganzen Klasse verleite zum *Frontalunterricht*, denn der vor der Klasse stehende Lehrer vollziehe in diesem Modell, wozu er auf der Ich-Du-Ebene außerstande sei. In diesen Zusammenhang gehört auch die Kritik an Vermittlungsformen, die im Rahmen geschlossener Curricula ein sach- und lernzielorientiertes Vorgehen stützten.

Diese Kritikpunkte haben auf Schwachstellen der Theorie des Pädagogischen Bezugs aufmerksam gemacht, bei einer Reihe von Autoren aber auch zu ihrer völligen Ablehnung geführt. Entschieden heißt es z. B. bei GIESECKE (1969, S. 225), der Pädagogische Bezug sei »nicht geeignet, ein angemessenes Selbstverständnis des professionellen Erziehers in einer demokratischen Gesellschaft zum Ausdruck zu bringen«, und nicht weniger eindeutig urteilt ULICH (1976a, S. 381): »Man verabsolutierte einen bestimmten Idealtypus bürgerlicher Familienerziehung ... zur grundlegenden Bedingung aller Erziehung ... (Daraus) erwuchs Hilflosigkeit gegenüber der Realität, die sich in einer Beschönigung der herrschenden Erziehungspraxis und in einer Selbsttäuschung des Erziehers über die Möglichkeiten und Grenzen seines Tuns auswirkte.«

4 Neuere Impulse und Ansätze zur Erforschung des Lehrer-Schüler-Verhältnisses: die Wiederentdeckung personaler Beziehungen

Lief die Kritik darauf hinaus, die Bedeutung des Personalen im Lehrer-Schüler-Verhältnis z. T. erheblich in Frage zu stellen, so entstanden gleichzeitig und mit wachsender Wirkung bis zur Gegenwart hin andere Konzepte, welche die Wichtigkeit intensiver menschlicher Beziehungen im Erziehungsprozeß »neu« entdecken und ihre Vernachlässigung in Schule und Unterricht bemängeln. Verhaltensprobleme bei Schülern verschärften die Diskussion, in der Grundaussagen des Pädagogischen Bezugs wiederaufgegriffen, jedoch auch Versuche gemacht wurden, unbezweifelbare Defizite dieser Theorie auszugleichen (vgl. BARTELS 1979); zugleich werden weitere Forschungsfragen sichtbar.

4.1 Empirische Forschung

Vor allem sozialpsychologische Forschungen richten sich auf die Frage nach Merkmalen des »guten«, von den Schülern akzeptierten und erfolgreichen Lehrers und nach Auswirkungen von Lehrer- auf Schülerverhalten. Viele solcher Forschungsergebnisse laufen auf »soziale Beeinflussungstechniken« hinaus (ULICH 1976a, S. 381) und beschreiben z. B. verbale und nonverbale *Interaktionen* (GUDJONS 1978), Lehrer- und Schülersprache (SPANHEL 1971, 1973) (→ *Sprache im Unterricht*) oder Möglichkeiten der *Verhaltensmodifikation*, bei der erwünschtes Schülerverhalten durch eine festgelegte Strategie des Lehrerverhaltens herbeigeführt werden soll (z. B. KERN ²1976). Besondere Bedeutung erlangte zeitweise die *Erziehungsstil*-Forschung (TAUSCH/TAUSCH 1963ff.), die in Fortführung der LEWINschen Untersuchungen in den 30er Jahren spezifische Dimensionen des »richtigen« Lehrerverhaltens nachging (→ *Erziehen und Unterrichten als Beruf*). Sie stellte in den Schulen ein überwiegend autoritatives Lehrerverhalten fest und stieß auf der Suche nach Variablen eines »guten« Lehrer-Schüler-Verhältnisses auf Begriffe oder Sinngehalte, die auch auf den Pädagogischen Bezug hinweisen. Wo NOHL von einem »leidenschaftlichen« Verhältnis spricht, sprechen TAUSCH/TAUSCH von »emotionaler Zuwendung«, und die von TAUSCH/TAUSCH entdeckte Dimension der Echtheit findet sich als Element des pädagogischen Takts. Gleichzeitig erfährt das Emotionale schlechthin neue Beachtung (z. B. OERTER 1975).

Gegenüber der zeitweiligen Betonung einer starken Abhängigkeit des Schülerverhaltens vom Lehrerverhalten untersucht die Pädagogische Psychologie (→ *Pädagogische Psychologie* ...) verstärkt Hintergründe und Wechselwirkungen in den Lehrer-Schüler-Beziehungen (NICKEL 1976). Die soziale Lernvergangenheit des Lehrers, seine gegenwärtigen sozialen Beziehungen sowie objektive Einflüsse, denen er als Lehr- wie als Privatperson ausgesetzt ist, beeinflussen seine Wahrnehmungen, seine Einstellungen und sein Verhalten; da auf der Schülerseite die gleichen Zusammenhänge bestehen, ergibt sich eine Wechselwirkung. Für den Lehrer ist es infolgedessen wichtig, die Wahrnehmung seiner Schüler zu intensivieren.

Empirische Forschung richtet sich ferner auf Phänomene wie *Angst* bei Schülern und Lehrern (z. B. JACOBS/STRITTMATTER 1979; BRÜCK 1978) (→ *Persönlichkeit von Lehrern und Schülern*).

Ausgehend von der behavioristischen Psychologie, werden ferner Konzepte eines *Verhaltenstrainings* entwickelt, das den Lehrer instand setzen soll, situationsangemessen zu agieren und zu reagieren (z. B. MINSEL 1976).

4.2 Interaktionstheorien

Im Zusammenhang der Gesellschaftskritik propagierte Ende der 60er Jahre die sogenannte »*Antiautoritäre Bewegung*« eine Erziehung zum Ungehorsam, in der Lehrerautorität entschieden abgelehnt wird und ein auf die Gemeinschaft gleichberechtigter Menschen gegründetes Lehrer-Schüler-Verhältnis vorwalten soll – das Emotionale und der vertrauensvolle Umgang zwischen allen Beteiligten wurden aber hoch geschätzt (z. B. die Du-Anrede des Lehrers). Auf die Regelschule wirkten sich die »Antiautoritären« zumindest verunsichernd aus.

In engem Zusammenhang mit diesen heute nur noch punktuell wirksamen Impulsen steht die Theorie der Interaktion als *Diskurs*, wobei Diskurs als ständige gemeinsame Befragung von Normen, Zielen, Zwecken auf unausgewiesene, irrationale, willkürliche Herrschaft verstanden wird (BARTELS 1979, S. 14) (→ *Werte und Normen in der Erziehung*). Erziehung wird hiernach zum Gespräch zwischen Erwachsenen und Heranwachsenden; eine Autorität des Erwachsenen wird nicht anerkannt; Bedingungen von Schule und Lernen sollen immer wieder thematisiert werden. In die Regelschule reicht dieser Ansatz z. B. durch stärkere Betonung eines *schülerorientierten Unterrichts* hinein (z. B. BOETTCHER 1976; WAGNER 1976).

4.3 Offenes Curriculum

Gegenüber geschlossenen Curricula und operationalisierten Lernzielen gewinnen weniger starre Lehrplankonzepte an Boden. Im offenen Curriculum haben Lehrer und Schüler eine verstärkte Mitwirkungsmöglichkeit, welche ihre Beziehungen intensiviert. In ihnen können sie »ihre individuelle Biographie, ihre Erfahrungen, ihre Interessen und Bedürfnisse in den Unterricht einbringen und die Anonymität papierener Vorschriften unterlaufen« (z. B. KUNERT 1979). Die Regelschule erreichen diese Konzepte z. B. in Lehrplanempfehlungen zur »Freien Arbeit« oder zum »Freien Lernen« oder auch weitergehenden Lehrplanüberarbeitungen, die den Beteiligten vor Ort einen größeren Spielraum geben (z. B. WITTENBRUCH 1984) (→ *Methoden des Unterrichts;* → *Unterrichtsformen* . . .).

4.4 Gruppendynamik

Untersuchungen der Schulklasse als soziales System, zu dem auch der Lehrer gehört, gehen weit über NOHLS Einsichten über die Wirksamkeit von Gruppeneinflüssen hinaus. Die Gleichaltrigengruppe gewinnt danach mit höherer Klassenstufe einen größeren Einfluß auf den einzelnen, außerdem steht der Lehrer selbst mehr als geahnt im Netz sozialer Beziehungen, ist Gebender und Nehmender und kann sich auch der Aufgabe nicht entziehen, auf die Gruppenstruktur »seiner« Klasse Einfluß zu nehmen (z. B. STANFORD 1980). »Eine so strukturierte Lehrer-Schüler-Interaktion ist etwas qualitativ anderes als ein Pädagogischer Bezug, bei dem die Wechselwirkung auf Liebe und Vertrauen beschränkt ist und Empathie allein dem Lehrer als Anwalt des Kindes zugeschrieben wird.« (BARTELS 1979, S. 12)

4.5 Kommunikation

Kommunikationstheorie und kommunikative Didaktik schaffen neue Einsichten in die Bedeutung personaler Beziehungen, indem sie neben die »Inhaltsebene«, auf der die Lernstoffe verhandelt werden, die »Beziehungsebene« stellen, die darüber entscheidet, in welchem Verhältnis die z. B. im Unterricht Kommunizierenden stehen (z. B. WINKEL 1980) (→ *Didaktik und Curriculum / Lehrplan*). Erkenntnisse über eine überwiegend komplementäre Kommunikation im Frontalunterricht, über eine zu starke Lehrerfixierung auf den Inhaltsaspekt und die Wichtigkeit der Beziehungsebene für die Identitätsfindung der Schüler lassen deutlich werden, welche Defizite der Pädagogische Bezug gerade auf dem Gebiet des sozialen Umgangs aufweist, aber auch, welchen Spielraum im Gegensatz zu Annahmen des heimlichen Lehrplans der einzelne Lehrer bei der Ausgestaltung seines Verhältnisses zu den Schülern auch in der Regelschule besitzt. Besondere Modelle des Kommunizierens wie Gesprächstherapie, Themenzentrierte Interaktion, Selbsterfahrungsgruppen finden verstärktes Lehrerinteresse (→ *Schulpsychologen*).

4.6 Konfliktbewältigung

Ergebnisse bisher vorgestellter Ansätze aufnehmend, werden als pragmatische Lehrerhilfe Strategien der Konfliktbewältigung entwickelt (GORDON 1977; BECKER 1981; BILLER 1980). Sie werten Elemente des Pädagogischen Bezugs (Vertrauen, Takt) auf, weisen aber auch auf die Bedeutung förderlicher oder hinderlicher Rahmenbedingungen hin.

4.7 Lehrerpersönlichkeit

Ende der 70er Jahre wird die Lehrerpersönlichkeit (→ *Persönlichkeit von Lehrern und Schülern ...*; → *Lehrer / Lehrerin;* → *Erziehen und Unterrichten als Beruf*) als Hauptträger der Lehrer-Schüler-Interaktion neu entdeckt, und zwar mit Merkmalen, die z. T. im Pädagogischen Bezug ebenfalls für wichtig gehalten werden (z. B. GUDJONS/REINERT 1981). In diesen Zusammenhang gehört auch eine gewisse Rückkehr zum Klassenlehrer (STRUCK 1981; KRÜGER 1986). Wird schon die Hinwendung auch des früheren Volksschullehrers zum Fachlehrerprinzip als Abwendung vom Schüler beklagt (SCHIETZEL 1978), das Fachlehrersystem wegen seiner Beziehungsschwäche immer wieder kritisiert, so gewinnen neue Bemühungen um das Berufsbild des *Klassenlehrers*, der mit seinen Schülern in Unterricht und Schulleben (→ *Schule als Lebensraum ...*) in intensivem Kontakt steht, nach und nach an Kontur.

Weniger bedacht wurden bisher die Persönlichkeits- und Beziehungsprobleme, die sich aus der Feminisierung des Lehrerberufs ergeben.

4.8 Lehrer-Kooperation

Steht noch in der Vorstellungswelt des Pädagogischen Bezugs der einzelne Lehrer vor seiner Klasse und in möglichst engen Beziehungen zu (nur) »seinen« Schülern, so entwickeln sich zaghaft Formen einer Lehrer-Kooperation, die über traditionelle kollegiale Abstimmungsprozesse hinausgehen und bislang im Modell des *Teamteaching* die Zusammenarbeit von Lehrern auch vor Augen der Schüler am deutlichsten realisieren (MEYER 1971) (→ *Methoden des Unterrichts;* → *Unterrichtsformen ...*); wieweit sich eine solche Kooperation auf die Lehrer-Schüler-Beziehung auswirkt, ist noch wenig erforscht.

4.9 Kleine Klassen

Ein vordergründig nur statistischer Vorgang sorgt für neue Überlegungen, die bisher allerdings nur zögernd angestellt werden: Geburtenrückgang und wachsendes Lehrerangebot haben die durchschnittliche Klassengröße – verglichen mit 1960 – um rund die Hälfte, – verglichen mit 1930 – um rund zwei Drittel verringert. Damit rücken Probleme der »großen« Klasse in den Hintergrund, die stets für eine Problematisierung der Lehrer-Schüler-Beziehung gesorgt und die Kritik am Pädagogischen Bezug verstärkt hatten. In der Wahrnehmung des einzelnen Lehrers gewinnt der einzelne Schüler erheblich an Gesicht. Persönlichere Beziehungen, selbst unter weniger günstigen anderen Rahmenbedingungen, sind die geradezu unvermeidliche Folge (INGENKAMP u. a. 1985).

Es ergibt sich zusammengefaßt, daß von verschiedenen Forschungsansätzen und schulpraktischen Erfahrungen her die Bedeutung personaler und emotionaler Beziehungen zwischen Schüler(n) und Lehrer(n) erneut und verstärkt diskutiert wird. Eine Annäherung an den klassischen Begriff des Pädagogischen Bezugs wird im einzelnen sichtbar, gleichzeitig werden gewisse Defizite ergänzt. Insgesamt hat die Entwicklung noch zu keiner geschlossenen neuen *Theorie des Lehrer-Schüler-Verhältnisses*, aber doch zur alten SCHLEIERMACHERschen Einsicht führen können, daß der »Grund aller Erziehungsprobleme in den Verhältnissen der menschlichen Beziehungen zu suchen ist« (MOLLENHAUER 1986, S. 142) und daß es mit diesen Beziehungen an den Regelschulen nicht zum besten steht.

5 Das Lehrer-Schüler-Verhältnis aus heutiger Sicht – eine Modellskizze

Für Lehrerpraxis und erziehungswissenschaftliche Forschung bietet sich eine Modellskizze an, die derzeitiges Wissen von der Problematik des Lehrer-Schüler-Verhältnisses in einen gegliederten Zusammenhang zu bringen versucht. Sie kann auf Grundwahrheiten des Pädagogischen Bezugs aufbauen, muß die kritischen Einwände ernst nehmen und Befunde der Sozialwissenschaften in ein realistisches Konzept einfügen, das imstande ist, die berufliche Identität von Lehrern (und Schülern) zu fördern, und das an das Verhalten der Beteiligten erfüllbare Anforderungen stellt. Ein solches Modell kann sich auf ein isoliertes Personenverhältnis nicht beschränken, es muß auf Rahmenbedingungen Rücksicht nehmen.

Das Lehrer-Schüler-Verhältnis ist zunächst ein Verhältnis zwischen Menschen mit je eigenen Bedürfnissen, die in einer Institution zu bestimmten Zwecken Beziehungen aufnehmen (müssen). Wegen des Vorsprungs der Erwachsenen kann das Verhältnis nicht symmetrisch sein, es muß komplementäre Züge enthalten. Aus diesem Tatbestand erwächst die offenbar größte Versuchung, die es für den Lehrerpartner in diesem Verhältnis gibt: Macht über das erforderliche Maß auszuüben oder gar zu mißbrauchen. Das Lehrer-Schüler-Verhältnis ist ferner abhängig von den gesellschaftlichen Zwecken der Institution Schule, den jeweiligen institutionellen Rahmenbedingungen »vor Ort« und dem soziokulturellen Umfeld der Beteiligten. Es ist in der Schule sowohl ein Zweierverhältnis von Lehrer und Schüler, aber auch das Verhältnis eines Lehrers zu einer Schülergruppe bzw. das Verhältnis einer Lehrerin zu einer Schülergruppe.

5.1 Voraussetzungen der Lehrer-Schüler-Interaktion
5.1.1 Grundbedürfnisse der Beteiligten (anthropologischer Gesichtspunkt)

Sichere Erkenntnisse scheint es über menschliche Grundbedürfnisse – d. h. hier von Schülern und Lehrern – zu geben (zusf. n. SKIERA 1985, S. 40ff.) (→ *Pädagogische Anthropologie;* → *Psychologische Anthropologie*): – das Bedürfnis nach Liebe und Sicherheit, d. h. nach emotional positiv besetzten, verläßlichen, möglichst dauerhaften Beziehungen, die sich durch persönliche Zuwendung um des Menschen selbst willen, durch menschliche Wärme und das Fehlen von Angst auszeichnen; – das Bedürfnis nach neuen Erfahrungen. Ihm hat der Lehrer (was ihm schon immer selbstverständlich war) »auf die Sprünge zu helfen«, umgekehrt lernt kaum ein anderer Erwachsener im Umgang mit Menschen soviel wie ein Lehrer; – das Bedürfnis nach Lob und Anerkennung. Ihm gilt die notwendige und taktvolle Reaktion des erziehenden Lehrers auf Schülerleistung (und -versagen), aber doch wohl auch die Schülerreaktion auf Lehrerleistung (und -versagen); – das Bedürfnis nach Verantwortung. Ernsthafte Schülerverantwortung wurde und wird in deutschen Schulen stark vernachlässigt (GIESECKE 1985, S. 40). Besondere Lehrerverantwortung wird in zu stark reglementierten Schulen ebenso verfehlt; auf der Beziehungsebene drückt sie sich verstärkt im Aufgabenspektrum des Klassenlehrers (KRÜGER 1986, S. 20ff.) oder des Lehrerteams aus.

5.1.2 Zwecke der Institution Schule (schultheoretischer Gesichtspunkt)
Vorherrschende Bestimmungsgrößen der Schultheorie wirken auf das Lehrer-Schüler-Verhältnis ein (→ *Theorie pädagogischer Institutionen;* → *Schulpädagogik* ...). Wo Tradierungs-, Qualifizierungs- und Selektierungszwecke Vorrang haben, bekommt fachgerechte Vermittlung einen höheren Stellenwert; wird die Erziehungs- oder die Aufbewahrungsfunktion wichtiger genommen, wird eine Schule zum »Lebensraum« (→ *Schule als Lebensraum* ...) oder »Erfahrungsraum«, sind engere menschliche Beziehungen Bestandteil oder Folge des Schulprogramms (WITTENBRUCH 1980).

5.1.3 Rahmenbedingungen vor Ort (schulinterner Aspekt)
Die vergleichende Schulforschung hat auf Merkmale schulischer Lebensqualität hingewiesen, die mit dem Lehrer-Schüler-Verhältnis zusammenhängen (RUTTER 1980). Wenn Unterrichtsstile, Wertorientierungen, Verhaltensnormen, Arbeitsbedingungen und Einstellungen von Lehrern, Mitverantwortung der Schüler für Erfolg oder Mißerfolg einer Schule von Bedeutung sind, dann hat das Konsequenzen für die Ausgestaltung der Lehrer-Schüler-Beziehungen durch die ihren Freiraum ausfüllende jeweilige Schule. Hierbei scheinen im einzelnen folgende Kategorien in Frage zu kommen und im konkreten Fall der Überprüfung wert (KRÜGER 1985):
– *Zeit:* Unter welchen zeitlichen Bedingungen stehen die Beziehungen (z. B. Klassenlehrerzeit, Dauer der Zuordnung, Veranstaltungen im Schulleben usw.)?
– *Raum:* Unter welchen räumlichen Bedingungen stehen die Beziehungen (z. B. Klassenraumgestaltung, Pausenhöfe)?
– *Schülergruppierung:* Welche Gruppierungsbedingungen herrschen vor (z. B. Konstanz der Gruppe, Gruppenstruktur)?
– *Lehrerkooperation:* Welche Kooperationsformen werden praktiziert (z. B. Teambildung, gegenseitige Unterrichtsbesuche, Teamteaching, schulinterne Fortbildung usw.)?
– *Vermittlung:* Welche unterrichtlichen Vermittlungsformen herrschen vor (z. B. Frontalunterricht, Projekte)?
– *Beteiligung:* Welche Qualität hat die formelle und informelle Beteiligung von Schülern, Lehrern und Eltern an schulischen Angelegenheiten?

Die einzelnen Gesichtspunkte können als *Schulkonzept* zusammengefaßt werden, in dem neben dem übergeordneten, allgemeine Ziele und stoffliche Inhalte ansprechenden Lehrplan (→ *Didaktik und Curriculum / Lehrplan*) vor allem solche Fragen der Beziehungsebene zur Geltung kommen, die von der einzelnen Schule verantwortlich bedacht werden (können).

5.1.4 Personelle Konstellationen (sozialpsychologischer Gesichtspunkt)
Jeder Lehrer hat es i. d. R. mit einer Mehrzahl von Schülern und Klassen zu tun. Je nach vorgegebener Regelung können die Beziehungen zu einzelnen Gruppen enger, zu anderen lockerer sein. Jeder Schüler hat es i. d. R. mit mehreren Lehrern zu tun (und oft mit zu vielen). Je nach Einzelregelung können seine Beziehungen zu einzelnen Lehrern enger, zu anderen lockerer sein. Gruppenkontakte haben ihr eigenes Gesicht; auf Forschungsdesiderate wurde schon hingewiesen, zusätzlich erwähnt sei auf Schülerseite die Stufenstruktur der Schule (Grundschule, Sekundarschule) (→ *Das allgemein-*

bildende Schulwesen ...), auf Lehrerseite Probleme der Kollegiumsstruktur (z. B. Altersstruktur) (→ *Lehrer/Lehrerin*).

5.1.5 Soziokulturelles Umfeld (soziologischer Gesichtspunkt)
Jeder Beteiligte bringt sein eigenes Umfeld in die Beziehungen ein. Die bisherige Biographie, Schichtzugehörigkeit (→ *Soziale Klassen, soziale Schichten, soziale Mobilität*), Ausbildung, Berufspraxis, häusliche Verhältnisse, Medien (→ *Medien in Unterricht und Erziehung*) beeinflussen die Beziehungen.

5.2 Struktur der Lehrer-Schüler-Interaktion
Mit den eigentlich pädagogischen Beziehungsstrukturen werden die Probleme angesprochen, welche die Kernaussagen des Pädagogischen Bezugs betreffen. Daß sie hier erst am Schluß stehen, weist auf die Entwicklung des erziehungswissenschaftlichen Nachdenkens hin. Für ein wirksames pädagogisches Verhältnis – also für die Bedingungen der Möglichkeit von Erziehung in der Schule – stellen sich einige Minima heraus.

5.2.1 Emotionale Zuwendung
Das dürfte das mindeste sein, was ein Lehrer in die Beziehung einzubringen hat: persönliches Interesse für jeden Schüler, wie er ist und sein könnte, Ernstnehmen seiner auch außerschulischen Probleme, Annehmen auch der von ihm kommenden Enttäuschungen, aktives Zuhören (GORDON 1977) in Problemsituationen, Ernstnehmen der Schülergefühle. Hier hat der Lehrer gleichsam voranzugehen, sich zu »kümmern«, Zeit zu haben, Angst abzubauen – das alles ist sehr viel in einer Zeit, in der Lehrer nicht selten die einzigen sind, die sich kümmern. Pädagogische »Liebe« scheint heute nicht mehr das richtige Wort zu sein, aber auf Bemühen um Verständnis, um Hilfe und angemessene Führung wird man bestehen müssen, deshalb müßten entsprechende Fragen schon bei der Lehrerberufswahl eine Rolle spielen (→ *Lehrer/Lehrerin*; → *Erziehen und Unterrichten als Beruf*). Umgekehrt kann emotionale Zuwendung auf Schülerseite wachsen und auf verständliche Freude des Lehrers stoßen, der Vertrauen mit Vertrauen beantwortet sieht und eine gefühlsmäßige Verbundenheit mit Schülern nicht nur in der Grundschule nicht für das schlechteste Element seiner Berufsrolle hält.

5.2.2 Gespräch
Direkte Verhaltensbeeinflussung als Erziehungs»maßnahme« geschieht wechselseitig im Gespräch zwar von der Kompetenz her ungleicher, aber menschlich gleichrangiger und sich respektierender Partner. Hierbei darf der Subjektstatus des Schülers durch den Vorsprung des Lehrers nicht in Frage gestellt und muß dem Schüler Gelegenheit gegeben werden, Mündigkeit auch durch Einüben in Partizipation zu erwerben. Ein solches Gespräch schließt auf Lehrerseite Forderungen, Appelle nicht aus, ist aber in erster Linie auf gemeinsam erarbeitete (meist vorläufige) Regeln und Lösungen aus. Fragen des Erziehungsstils erhalten hier besonderes Gewicht: Echtheit, Eindeutigkeit, Konsequenz sollen genannt werden – der pädagogische Takt findet hier seine gültige Stelle. Wieweit eine Beeinflussung des Lehrerverhaltens durch gezieltes Verhaltenstraining hilfreich sein kann, bleibt abzuwarten (SCHRECKENBERG 1984, S. 162).

5.2.3 Beispiel

Kinder und Jugendliche lernen am Modell des Erwachsenen. »Das reicht von kleinen Verhaltenseigentümlichkeiten bis hin zu ganz komplexen Werthaltungen.« (KRON 1980, S. 100) Vom pädagogischen Vorbild sollte man dabei wohl nur zögernd reden. Vorbild sein zu wollen ist ein zweischneidiges Schwert; zu groß sind die Gefahren der Selbsttäuschung, des überzogenen Anspruchs auf Nachfolge. Aber das Bewußtsein, Vorbild (auch im Negativen) nicht verhindern zu können, sollte wohl ebenso vorhanden sein wie die Bereitschaft, sich selbst als Modell anzubieten für kleine »Tugenden« und gute Gewohnheiten.

5.2.4 Distanzierung

Die Komplementarität des Lehrer-Schüler-Verhältnisses sorgt von vornherein für eine prinzipiell unaufhebbare *Distanz*, deren Verringerung eine Frage des Schüleralters und der Beziehungszeit ist. Der Versuch gerade junger Lehrer, diese Distanz aufzuheben oder zu ignorieren, scheitert immer wieder (BASTIAN 1985). Zudem ist das Lehrer-Schüler-Verhältnis immer ein Verhältnis auf Zeit, dessen Ziel auch heute nicht anders als bei NOHL auf seine Beendigung nach Erfolg, also auf Trennung angelegt ist. Im übrigen sorgen in der Schule die Aufgabe des Beurteilens (→ *Pädagogische Diagnostik*) sowie zwischenzeitliche Trennungen (Stundenplan, Pausen, Halbtagsunterricht, Ferien) für Distanzierung, sorgt dort auch die Inhaltsebene für (zuweilen wohltuende) Versachlichung, besonders dann, wenn eine intrinsische Sachmotivation die Lehrperson in den Hintergrund drängt.

6 Zusammenfassung

Das Lehrer-Schüler-Verhältnis unter den Bedingungen der öffentlichen Regelschule zu beschreiben wirft gegenwärtig teilweise noch ungelöste Probleme auf. Die Theorie des Pädagogischen Bezugs ist hierfür unbeschadet überdauernder Kernaussagen unzureichend, eine Vernachlässigung des Personalen und Emotionalen, die der heutigen Schule sicher nicht grundlos vorgeworfen wird, bedarf der Korrektur. Die Entwicklung hat nach umfassender Kritik Gedanken der geisteswissenschaftlichen Pädagogik wieder ins Licht gerückt, diese durch vor allem empirische Forschung weitergebracht (→ *Forschungsmethoden der Erziehungswissenschaft*). Gleichwohl bleibt noch vieles im Bereich der Hypothesenbildung. Sicher aber scheint bei allem Streit, daß es auch an dem Schulsystem und der einzelnen Schule liegt, wenn Erziehung nur unzureichend gelingt, daß man in der einen Schule ein besserer Lehrer(erzieher) sein kann als in der anderen (RUTTER 1980, S. 23), und bedenkenswert ist immer wieder, daß man ein guter Lehrer(erzieher) durch keine noch so gute Ausbildung ist, sondern durch seine Person (WINKEL 1985, S. 590).

Literatur

BARTELS, K.: Die personale Dimension im Unterricht. In: Die Deutsche Schule 70 (1979), S. 6–18
BASTIAN, J.: Jugendkultur und Lehrerautorität. In: Westermanns Pädagogische Beiträge 37 (1985), S. 192–199
BECKER, G. E.: Lehrer lösen Konflikte. München 1980
BERNFELD, S.: Sisyphos oder die Grenzen der Erziehung. Frankfurt/M. ⁵1985
BILLER, K.: Unterrichtsstörungen. Stuttgart 1980
BOETTCHER, W.: Lehrer und Schüler machen Unterricht. München 1976
BOLLNOW, O. F.: Der Begriff des pädagogischen Bezuges bei Herman Nohl. In: Zeitschrift für Pädagogik 27 (1981), S. 31–37
BRÜCK, H.: Die Angst des Lehrers vor seinem Schüler. Reinbek 1978
DÖRING, K. W./KUPFFER, H.: Die eindimensionale Schule. Weinheim 1972
FURCK, C. L.: Pädagogischer Bezug, pädagogischer Takt. In: GROOTHOFF, H.-H./STALLMANN, M. (Hrsg.): Pädagogisches Lexikon. Stuttgart ²1964, Sp. 704
GERNER, B. (Hrsg.): Der Lehrer und Erzieher. Bad Heilbrunn 1969
GIESECKE, H.: Einführung in die Pädagogik. München 1969
–: Das Ende der Erziehung. Stuttgart 1985
GORDON, T.: Lehrer-Schüler-Konferenz. Hamburg 1977
GUDJONS, H.: Praxis der Interaktionserziehung. Bad Heilbrunn 1978
–/Reinert, B. (Hrsg.): Lehrer ohne Maske. Königstein 1981
HIERDEIS, H.: Der »Pädagogische Bezug« in der Grundschule. In: Anthropologische und Pädagogische Grundfragen des Grundschulunterrichts. Baltmannsweiler 1981, S. 67–81
INGENKAMP, K. u. a.: Klassengröße: Je kleiner desto besser? Weinheim/Basel 1985
IPFLING, H. J.: Pädagogisches Verhältnis. In: Grundbegriffe der pädagogischen Fachsprache. München ²1974, S. 217–221
JACOBS, B./STRITTMATTER, P.: Der schulängstliche Schüler. München 1979
KERN, H.: Verhaltensmodifikation in der Schule. Stuttgart ²1976
KRON, F. W. (Hrsg.): Das erzieherische Verhältnis. Bad Heilbrunn 1970
– (Hrsg.): Persönlichkeitsbildung und soziales Lernen. Bad Heilbrunn 1980
KRÜGER, R.: Erziehung als Schulaufgabe. In: Schulmanagement 16 (1985), S. 23–28
–: Schulleitung und Klassenlehrer. Braunschweig (Westermann Schulleiter-Handbuch Nr. 37) 1986
KUNERT, K. (Hrsg.): Beispiele zum Offenen Unterricht. München 1979
MEYER, E. (Hrsg.): Team teaching – Versuch und Kontrolle. Heidelberg 1971
MINSEL, W. R.: Lehrerverhalten. München 1976
MOLLENHAUER, K.: Umwege. München 1986
MUTH, J.: Pädagogischer Takt. Heidelberg ²1967
NETZER, H.: Die Bedeutung des erzieherischen Verhältnisses in der Gegenwart. In: KRON, F. W.: Das erzieherische Verhältnis. Bad Heilbrunn 1970, S. 59–65
NICKEL, H.: Die Lehrer-Schüler-Beziehung aus der Sicht neuerer Forschungsergebnisse. In: Psychologie in Erziehung und Unterricht 23 (1976), S. 153–172
OERTER, R.: Der Aspekt des Emotionalen in Unterricht und Erziehung. Donauwörth 1975
RUTTER, T.: 15000 Stunden. Weinheim 1980
SCHIETZEL, C.: Schulbeispiele. Braunschweig 1978
SCHRECKENBERG, W.: Der Irrweg der Lehrerausbildung. Düsseldorf 1984
SKIERA, E.: Schule ohne Klassen. Heinsberg 1985
SPANHEL, D.: Die Sprache des Lehrers. Düsseldorf 1971
–: Schülersprache und Lernprozesse. Düsseldorf 1973
STANFORD, G.: Gruppenentwicklung im Klassenraum und anderswo. Braunschweig 1980
STRUCK, P.: Pädagogik des Klassenlehrers. Hamburg 1981
TAUSCH, R./TAUSCH, A.: Erziehungspsychologie. Göttingen 1963ff.
ULICH, D.: Schulklasse. In: ROTH, L. (Hrsg.): Handlexikon zur Erziehungswissenschaft. München 1976(a), S. 380–385
–: Pädagogische Interaktion. Weinheim 1976(b)
WAGNER, A. C. (Hrsg.): Schülerzentrierter Unterricht. München 1976

WINKEL, R.: Die kritisch-kommunikative Didaktik. In: Westermanns Pädagogische Beiträge 32 (1980), S. 200–204
–: Phänomene klären und Verhältnisse ändern. In: Westermanns Pädagogische Beiträge 37 (1985), S. 590–594
WITTENBRUCH, W.: In der Schule leben. Stuttgart 1980
–: Das pädagogische Profil der Grundschule. Heinsberg 1984

Hans Schiefele und Manfred Prenzel

Motivation und Interesse

1 Problembereich

Jedermann kennt Schüler, die sich innerhalb und außerhalb des Unterrichts intensiv und erfolgreich mit einem oder auch mehreren Fächern beschäftigen. Zur Erklärung dieser Aktivitäten lassen sich verschiedene Beweggründe heranziehen. Je nachdem, aus welcher Perspektive und mit welchen Informationen und Annahmen das Verhalten des Schülers betrachtet wird, erscheint dieses als leistungsmotiviert, von der Sache her motiviert oder interessiert. Diese Etikettierung ist nicht beliebig. Konzepte wie Leistungsmotivation, sachbezogene Motivation, intrinsische Motivation oder Interesse bezeichnen in der wissenschaftlichen Theoriebildung zu unterscheidende Handlungsgründe oder Absichten.

Die praktische Pädagogik erwartet außer Definitionen und Begriffsordnungen hauptsächlich Wissen zur Erklärung und Vorhersage von Schüleraktivitäten und Einsichten in die Möglichkeit, sie im Sinne erfolgreichen Lernens zu beeinflussen. Pädagogen erhoffen sich etwa Antworten auf die Frage, warum jemand sich mit Begeisterung auf eine Aufgabe stürzt, um die andere einen großen Bogen machen, oder wie jemand zum Lernen oder Leisten gebracht bzw. wie Interesse geweckt und aufrechterhalten werden kann. Unter Entwicklungsaspekten geht es aber um noch mehr: Was bedeutet es, wenn sich eine Person aus Interesse mit bestimmten Gegenständen befaßt und sich diese lernend zu erschließen versucht? Und welche Folgen sind, im Unterschied dazu, zu erwarten, wenn sich jemand in verschiedenen Bereichen betätigt und anstrengt, um sich oder anderen die eigene Tüchtigkeit unter Beweis zu stellen?

Unter dem Gesichtspunkt der pädagogischen Bedeutsamkeit werden im folgenden die Motivations- und die Interessenforschung behandelt.

2 Motivation

Aus der psychologischen Motivationsforschung haben vor allem die Konzepte »*Leistungsmotivation*« und »*intrinsische Motivation*« in die Erziehungswissenschaft Eingang gefunden. Insbesondere zur Leistungsmotivationstheorie liegt eine umfangreiche und sich im Lauf der Jahrzehnte wandelnde Forschungsarbeit vor.

2.1 Geschichtlicher Aufriß
Schon in den frühesten Überlieferungen über menschliches Trachten und Tun wird von Motivationen berichtet (THOMAE 1965). Das Motivverständnis wandelt sich im Lauf der Jahrhunderte mit dem Menschenbild, das unterschiedlichen philosophischen Systemen innewohnt: der Scholastik, dem Humanismus, Rationalismus, Empirismus, der Aufklärung.

Das Motivationsproblem wird als tatsachenwissenschaftliche Fragestellung in die Psychologie übernommen, die sich in der zweiten Hälfte des 19. Jahrhunderts aus der

Philosophie löst und als selbständige Disziplin etabliert. In der Willenspsychologie der Würzburger Schule (KÜLPE 1893; ACH 1905; MESSER 1928) sind Motive die bewußten Beweggründe des Wollens; in der Psychoanalyse erscheinen Motive und Motivation als Ergebnisse innerpsychischer Verarbeitung der ursprünglichen Triebausstattung. Im Behaviorismus spielen Motiv und Motivation als introspektiv gewonnene (und damit als unwissenschaftlich geltende) Begriffe keine Rolle bzw. sie werden durch Konzepte ersetzt, die mit dem Reiz-Reaktions-Paradigma verträglich erscheinen.

Im pädagogischen Raum wurde Motivation hauptsächlich im Zusammenhang mit *schulischem Lernen* (→ *Lernen und Lerntheorien;* → *Pädagogische Psychologie* ...) behandelt. In seinen »Hilfen zur Motivierung des Lernens« behandelt H. ROTH (1957) die Motivation vor allem unterrichtsmethodisch und verweist dabei u. a. auf Handlungs- und Interessenorientierung, die Bedeutung von Zielerreichung und Erfolg, Wettbewerb und Zusammenarbeit, auf die Wirkung von Lob und Tadel (→ *Methoden des Unterrichts*). Ein ähnlicher Versuch (SCHIEFELE 1963) behandelt »Gegenstandsaufbereitung« (z. B. Anschaulichkeit, Durchschaubarkeit, Prozeßhaftigkeit) und »intentionale Spannung« (z. B. Tätigsein, Neugier, Kooperation) als motivierende Prinzipien, wobei ersteres die Tätigkeit der Lehrperson, letzteres Bedürfnisse und Strebungen auf seiten des Lernenden betrifft.

Während die im Behaviorismus entwickelten Motivationsvorstellungen wegen ihrer Wirklichkeitsferne kaum Bedeutung für die pädagogische Praxis erlangten (ausgenommen das schon lange vorher bekannte und angewendete Erfolgsprinzip), blieben die praktikablen guten Ratschläge und Empfehlungen aus anderen Quellen vortheoretisch und beriefen sich auf ihre faktische Bewährung. Das änderte sich mit dem Aufkommen neuer, theoretisch fundierter und empirisch kontrollierter Motivationsansätze.

Die neuere Motivationsforschung kennzeichnet HECKHAUSEN (1980) durch verschiedene Problemstränge. Innerhalb des persönlichkeitstheoretischen Problemstrangs ist in den letzten 30 Jahren vor allem die Leistungsmotivationsforschung der Gruppen um MCCLELLAND, ATKINSON oder HECKHAUSEN hervorgetreten. Konzeptionen der intrinsischen Motivation lassen sich demgegenüber auf aktivationspsychologische Ansätze zurückführen, zum Teil aber auch auf kognitionspsychologische Modelle.

2.2 Leistungsmotivation

HECKHAUSEN, der führende Vertreter der Leistungsmotivationsforschung im deutschen Sprachraum, definiert das *Leistungsmotiv* (1965, S. 604 bzw. 1980, S. 221) als »Bestreben, die eigene Tüchtigkeit in allen jenen Tätigkeiten zu steigern oder möglichst hochzuhalten, in denen man einen Gütemaßstab für verbindlich hält und deren Ausführung deshalb gelingen oder mißlingen kann«. Das (Leistungs-)Motiv wird als dispositionelle Voraussetzung verstanden, als individuelle Tendenz, bestimmte Zielzustände als wichtig zu bewerten und anzustreben. Die *(Leistungs-)Motivation* dagegen bezeichnet die Prozesse, die Handlungen oder Verhaltensweisen vorgeordnet sind und zu diesen führen. Für die Leistungsmotivationsforschung war lange Zeit das *Risikowahl-Modell* von ATKINSON (1964) richtungweisend, das freilich immer wieder modifiziert und erweitert wurde (KUHL 1983). Die eingeschränkte grundlagenwissenschaftliche Orientierung dieses Modells drückt sich im experimentellen Untersuchungsansatz aus. Probanden werden etwa mit der Aufgabe konfrontiert, Ringe auf ein Ziel (z. B. einen Stock) zu werfen, wobei die Probanden die Zielentfernung variieren können. Mit Hilfe eines bestimmten Verfahrens (Thematischer Apperzeptions-Test) werden zwei Motivausprägungen bei den Probanden bestimmt, die Tendenz, möglichst Mißerfolge zu vermeiden (Mißerfolgsmotiv), und die Tendenz, möglichst Erfolge zu erzielen (Erfolgsmotiv). ATKINSON konzipierte seine Risikowahl-Theorie als Erwartungs-mal-Wert-Konzeption; das heißt, die subjektive Wahrscheinlichkeit (Erwartung), eine Aufgabe zu lösen, wird multiplikativ mit dem subjektiven Anreiz (Wert) der Aufgabenlösung verknüpft. Bei dieser Aufgabenstellung hängt offensichtlich der Anreizwert der Aufgabenlösung von der subjektiven Erfolgswahrscheinlichkeit ab. Bei einer kurzen Wurfentfernung ist die Erfolgswahrscheinlichkeit groß, der Anreizwert aber eher gering, bei großer Distanz sinkt die Erfolgswahrscheinlichkeit, aber der Anreizwert steigt. Das Risikowahl-Modell führt zu der Vorhersage, daß die stärkste Motivierung bei mittelschweren Aufgaben (Erfolgswahrscheinlichkeit ca. 50%) erfolgt, und zwar bei Probanden mit Erfolgsmotivierung. Bei Probanden mit Mißerfolgsmotivierung führt jedoch die mittlere Erfolgswahrscheinlichkeit zu der stärksten Meidungstendenz. Diese Voraussagen des Risikowahl-Modells ließen sich empirisch z. T. bestätigen.

Will man dieses zunächst nur für einfache Risikowahl-Situationen geltende Modell auf reale pädagogische Situationen generalisieren, so sollten erfolgsmotivierte Schüler mit mittelschweren Aufgaben konfrontiert werden, um eine optimale Motivation zu erreichen. Bei Schülern mit vorwiegender Mißerfolgsmotivierung rufen mittelschwere Aufgaben die stärksten Vermeidungstendenzen hervor; das einfache Risikowahl-Modell gibt keine Hinweise auf praktikable Handlungsmöglichkeiten, Mißerfolgsmotivierte zu motivieren. Die pädagogische Relevanz dieser ersten Versionen der Leistungsmotivationsforschung erweist sich damit als gering.

Dies ändert sich bei einer späteren Fassung, die Leistungsmotivation als Selbstbekräftigungssystem konzipiert (HECKHAUSEN 1972). Die Erfolgs- bzw. Mißerfolgsmotivierung wird durch Rückgriff auf die *Attributionstheorie* (WEINER 1972) in kognitive und emotionale Komponenten ausdifferenziert. Erfolgs- und mißerfolgsmotivierte Personen unterscheiden sich demzufolge in ihren Attribuierungsmustern.

Stabilität über die Zeit	Ort der Kontrolle	
	innen	außen
relativ konstant	Fähigkeit	Aufgabenschwierigkeit
variabel	Anstrengung	Glück/Pech

Abb. 1: Klassifikationsschema der zugeschriebenen (attribuierten) Ursachen von Erfolg und Mißerfolg, nach WEINER 1972 (aus: SCHIEFELE 1978, S. 276)

Erfolgsmotivierte erklären sich ihre *Erfolge* durch internale Faktoren, besonders durch ihre Fähigkeit; Mißerfolgsmotivierte führen ihre Erfolge auf externale Faktoren, z. B. Glück oder Leichtigkeit der Aufgabe zurück. *Mißerfolge* erklären sich Erfolgsmotivierte durch veränderbare Faktoren, vor allem mangelnde Anstrengung; für Mißerfolgsmotivierte beruhen Mißerfolge auf ihren (stabilen) unzureichenden Fähigkeiten. Diese unterschiedlichen Attribuierungstendenzen bedingen unterschiedliche Selbstbewertungen oder -bekräftigungen nach Erfolg bzw. Mißerfolg. Während Erfolgsmotivierte sich durch ihre Erfolge selbst bestätigen und Mißerfolge leicht wegstecken, werden Misserfolgsmotivierte nicht einmal durch Erfolge ermuntert; Mißerfolge bestätigen das Selbstbild von unzureichender Fähigkeit. Diese Attribuierungsvoreingenommenheiten führen zu einer Art von Teufelskreis.

   Gegenüber der Leistungsmotiv-Konzeption des Risikowahl-Modells bietet die attributionstheoretische Aufschlüsselung des Leistungsmotivs wesentlich mehr pädagogisch relevante Information. Auf der Hand liegt die Möglichkeit, *Trainingsprogramme* zu entwickeln, die an Attributions- und Selbstbewertungsmustern ansetzen (z. B. KRUG/ HANEL 1976). Aber auch Prozesse der Entwicklung bestimmter Motivausprägungen und Attribuierungsmuster konnten besser verstanden werden. RHEINBERG (1980) hat die Effekte bestimmter Bezugsnormen bei der Beurteilung von Leistungen auf die Leistungsmotiventwicklung untersucht. Individuelle Bezugsnormen (Vergleich mit der bisherigen Leistung des Schülers) geben dem Schüler klare Informationen über seine Lernzuwächse und vermitteln Erlebnisse, den eigenen Lernprozeß kontrollieren zu können. Dagegen enthält eine *Leistungsbeurteilung* unter sozialer Bezugsnorm-Orientierung (Vergleich mit den Leistungen anderer) häufig keine Rückmeldung über individuelle Lernfortschritte, nämlich dann, wenn die Leistungsrangordnung der Gruppe nicht verändert wird – der Schüler zwar besser geworden ist, aber nicht besser als seine Mitschüler. Die Arbeiten RHEINBERGS legen unterrichtspraktische Konsequenzen nahe, die etwa das schulische Beurteilungssystem bzw. die Leistungsbeurteilung und -rückmeldung durch Lehrer betreffen (→ *Pädagogische Diagnostik*). Auf die grundsätzliche Problematik einer Leistungsmotivations- oder Tüchtigkeitserziehung in Elternhaus und Schule weist JOPT (1987) hin. Für die Entwicklung eines stabilen *Selbstkonzepts* über die eigene Tüchtigkeit und Kompetenz sind Anerkennung und Bestätigung durch Eltern und Lehrer notwendig; aber das Anlegen sozialer Vergleichsmaßstäbe durch Eltern und Lehrer, der stetige Vergleich mit den Leistungen anderer, die Einengung der Wertschätzung auf schulische Leistungen, die »fatale Koppelung von Tüchtigkeit und dem Erleben, geliebt zu werden« (JOPT 1987, S. 10) stehen dem Aufbau einer stabilen Identität entgegen und verstärken Leistungsangst und Minderwertigkeitsgefühle. So verdeutlicht vor allem die pädagogisch-psychologisch orientierte Leistungsmotivationsforschung (z. B. von RHEINBERG oder JOPT) die Schwierigkeit, unter gegebenen Sozialisationsbedingungen in Elternhaus und Schule zu einem realistischen Verhältnis zur eigenen Anstrengung, Tüchtigkeit und Leistung zu gelangen. Sie weist gleichzeitig auf Einflußgrößen (Bezugsnormorientierung von Lehrern und Schule, elterliche Zielstellungen und Leistungskriterien) hin, die unter pädagogischen Gesichtspunkten als kritisch aufzufassen sind (→ *Das Verhältnis von Elternhaus und Schule*).

   In neueren Beiträgen zur Motivationsforschung wird das Konstrukt des Leistungsmotivs noch weiter aufgelöst, zum Beispiel in einem Handlungsmodell (HECKHAUSEN 1980) mit differenzierten Erwartungs- und Wertparametern bzw. in einem Modell intentionsgeleiteten Handelns (HECKHAUSEN 1987) mit verschiedenen Speicher- und Verarbeitungssystemen. Inwieweit diese Neukonzipierungen pädagogisch bzw. pädagogischpsychologisch angewendet oder genutzt werden können, läßt sich beim momentanen Forschungsstand (abgesehen von ersten Annäherungen, z. B. HECKHAUSEN/RHEINBERG 1980; RHEINBERG 1989) noch nicht beurteilen.

2.3 Intrinsische Motivation

Unzureichende Erklärungen für bestimmte Verhaltensweisen (z. B. Explorieren oder Neugier) durch die vorherrschenden Trieb- oder Bekräftigungstheorien veranlaßten in den 60er Jahren verschiedene Autoren (z. B. WHITE 1959; BERLYNE 1960, 1967; HUNT 1965), ein Konzept der *intrinsischen Motivation* zu postulieren. Vor allem BERLYNE war es, der ein neurophysiologisch begründetes Aktivationskonzept heranzog, um zu zeigen, wie exploratives Verhalten gegenüber neuartigen, komplexen oder widersprüchlichen Reizkonfigurationen in sich selbst, durch Rückführung der Aktivierung auf ein niedriges Erregungsniveau, motiviert bzw. »bekräftigt« wird. Wenn auch intrinsische Motivation im Sinne BERLYNES stark an jeweils eine bestimmte Reizsituation gebunden ist, betont er (BERLYNE 1971) bereits die besondere pädagogische Bedeutung intrinsisch motivierten Lernens: es ist lustvoller und intensiver, hält länger an und führt eher zu produktivem und kritischem Denken.

Zwei neuere Konzeptionen intrinsischer Motivation stammen von CSIKSZENTMIHALYI und DECI.

CSIKSZENTMIHALYI (1985) befaßt sich mit Anreizen oder »Belohnungen«, die direkt mit Tätigkeiten verbunden sind bzw. aus diesen resultieren, und interpretiert diese als intrinsische Motivation. Er interviewt spezielle Personengruppen (z. B. Schachspieler, Felskletterer, Chirurgen), die viel Zeit und Energie in Aktivitäten stecken, die nur wenige oder keine extrinsischen Belohnungen bringen. CSIKSZENTMIHALYI gewinnt so Tätigkeitsbeschreibungen, die darauf hinweisen, daß sich diese Personen immer wieder in einem Zustand des »Fließens« (Flow) befinden: die Person geht in der Handlung auf, der Zeitsinn geht verloren, zugleich hat die Person den Eindruck, das Geschehen zu kontrollieren. Der *Flow-Zustand* umfaßt angenehme, durchaus spannungsgeladene Erlebnisse, die beim Handeln auftreten und in ihrer positiven Qualität als Handlungsanlässe oder Motivationen verstanden werden können. Das Flow-Erleben tritt dann auf, wenn die wahrgenommenen Handlungsanforderungen etwa den wahrgenommenen Handlungsfähigkeiten entsprechen (vgl. *Abb.* 2).

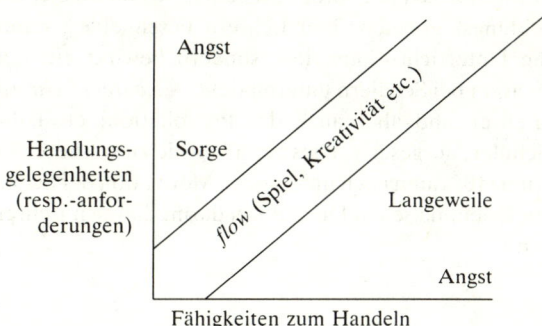

Abb. 2: Modell des Flow-Zustandes (aus CSIKSZENTMIHALYI 1985, S. 75)

Somit kann eine Person motivierende Flow-Zustände selber herbeiführen, indem sie sich auf ihren Fähigkeiten entsprechende Anforderungen einläßt (soweit dies im situativen Rahmen möglich ist). Flow-Erfahrungen können aber auch durch die pädagogisch überlegte Gestaltung von Situationen und Anforderungen unterstützt werden. Im schulisch organisierten Lernen lassen sich freilich extrinsische Bekräftigungen leichter zur Verhaltenssteuerung einsetzen; deshalb spielen Lob, Tadel, Strafe, vergleichende Zensurengebung eine so große Rolle. Das kann jedoch dazu führen, daß in den Lernaktivitäten selbst liegende Anreize nicht mehr wahrgenommen und wirksam werden.

DECI/RYAN (1985, S. 32ff.) schließen auf intrinsische Motivation, wenn eine Person Aktivitäten in Abwesenheit äußerer Bekräftigungen und Kontrolle ausführt. Intrinsische Motivation beruht nach dieser Auffassung auf dem angeborenen, organismischen Bedürfnis nach *Kompetenz* und *Selbstbestimmung* (self-determination). Den Ausgangspunkt für DECIS Ansatz bilden experimentelle Untersuchungen über die Wirkungen von Bekräftigungen auf bereits bestehende intrinsische Motivationen. Er stellt fest, daß die intrinsische Motivation absinkt, sobald die Person ihre Aktivitäten als von außen kontrolliert erlebt und so das Gefühl eigener Kompetenz und Selbstbestimmung beeinträchtigt wird. Umgekehrt fördern Umwelten, die informierende Rückmeldung über selbständige Lernfortschritte geben, die Entwicklung intrinsischer Motivation. Aus pädagogischer Sicht fordern DECI/RYAN (1985, S. 245ff.) erzieherische Umwelten mit optimalen Herausforderungen, reichhaltige Quellen an Stimulation und einen Kontext von Autonomie. In einer Reihe von Untersuchungen belegen sie die Wichtigkeit von *Klaßzimmer-Atmosphären* (→ *Schule als Lebensraum* ...) und Lehrerorientierungen, die explorierende Gegenstandsauseinandersetzungen und entdeckendes Lernen gestatten und unterstützen (→ *Methoden des Unterrichts;* → *Unterrichtsformen* ...; → *Pädagogische Psychologie* ...). Lehrer, die die Autonomie von Schülern betonen, neigen zu informierenden Mitteilungen und schaffen Unterrichtssituationen, in denen Kinder Entscheidungen treffen und ihre Kompetenz erleben können. Lehrer mit starker Kontrollorientierung üben dagegen Druck auf die Schüler aus, sich auf bestimmte Weise zu verhalten, und beeinträchtigen damit deren Gedanken und Gefühle. Nicht nur die intrinsische Motivation wird so verringert, sondern auch der Lernerfolg. Bemerkenswert sind Befunde, die einen Zusammenhang der Kontrollorientierung von Lehrern mit der Kontrollorientierung der Schulbehörde feststellen. Wenn eine restriktive Administration die Entscheidungskompetenz von Lehrern beschneidet, reduziert sie nicht nur deren intrinsische Unterrichtsmotivation, sondern bewirkt ein Lehrerverhalten, das intrinsische Motivation bei Schülern unterbindet (→ *Lehrer / Lehrerin;* → *Lehrer-Schüler-Verhältnis*). Lehrer sind aber auch der Provokation, etwa durch unruhige und uninteressierte Schüler, ausgesetzt. Dies veranlaßt sie zu stärkerer Kontrolle, und diese Kontrolle wiederum läßt kaum noch intrinsische Motivation der Schüler zu. Einen ersten Schritt aus diesem Dilemma sehen DECI/RYAN darin, daß sich Lehrer diese Zusammenhänge klarmachen.

3 Interesse

Während die Begriffe Motiv und Motivation allmählich von der Wissenschaftssprache in die Alltagssprache übernommen wurden, ist seit Jahrhunderten »Interesse« ein beliebtes Konzept, um Präferenzen von Personen zu beschreiben und zu erklären. Die Alltagsnähe des Interessenbegriffs hat allerdings nicht nur Vorteile, bedingt sie doch leicht ein von wissenschaftlichen Definitionen abweichendes Vorverständnis.

3.1 Historischer Aufriß

Die wissenschaftliche pädagogische und psychologische Beschäftigung mit Interesse beginnt bei HERBART (1806/1965). Er betrachtet das »gleichschwebende und vielseitige Interesse« als grundlegendes Erziehungsziel. Als Mittel zur Interessenförderung dient aus der Sicht HERBARTS ein systematischer, formaler Aufbau des Unterrichts, der die Gegenstände so anbietet, daß die Schüler ein erkennendes und teilnehmendes Interesse entwickeln können. HERBARTS Forderung wird von den amerikanischen Pragmatisten JAMES (1890) und DEWEY (1913/1975) ein Jahrhundert später aufgegriffen. Beide fordern die psychologische Untersuchung der Bedingungen von Interesse als Voraussetzung für pädagogisches Handeln. In den ersten Dekaden dieses Jahrhunderts werden dem Interesse aus pädagogischer, pädagogisch-psychologischer und entwicklungspsychologischer Perspektive zahlreiche theoretische, aber auch erste empirische Arbeiten gewidmet (z. B. OSTERMANN 1895; CLAPAREDE 1911; NAGY 1912; KERSCHENSTEINER 1926; LUNK 1926/1927; LERSCH 1938/1966; PIAGET 1939/1974). Ab etwa 1940 tritt mit zunehmender Vorherrschaft behavioristischer Auffassungen in den USA die traditionelle Interessenforschung zurück. Unbetroffen von dieser Wende bleibt die berufspsychologische (z. B. STRONG 1943) und persönlichkeitstheoretische (z. B. CATTELL 1936; GUILFORD 1971) (→ *Persönlichkeit von Lehrern und Schülern*) Beschäftigung mit Interesse. Beide Richtungen sind differentialpsychologisch orientiert und versuchen, Interesse mit Testverfahren zu erfassen und faktorenanalytisch aufzuschlüsseln. Erst in jüngerer Zeit, mit der Abkehr von allzu einfachen behavioristischen Denkmodellen, werden wiederum pädagogische bzw. pädagogisch-psychologische Fragestellungen in der Interessenforschung berücksichtigt.

3.2 Die aktuelle Interessenforschung

In der Tradition der differentialpsychologischen Interessenforschung steht der Ansatz von TODT (1978, 1985). In neueren Arbeiten unterscheidet TODT allgemeine bzw. Berufs-Interessen, spezifische bzw. Freizeit-Interessen und Interessiertheit bzw. Unterrichts-Interessen. Die Interessenentwicklung erfolgt in einer Art Selektionsprozeß. Den Ausgangspunkt bilden kindliche Explorationen der Umwelt, aber auch Anregungen von außen. Welche Beschäftigungen oder Interessen weiter verfolgt werden, hängt von der Möglichkeit ab, mit diesen Erfolge zu erzielen oder Anerkennung zu finden. Besondere Bedeutung spricht TODT vor allem dem geschlechtsbezogenen Selbstbild zu. Aus pädagogischer Sicht hervorzuheben sind seine Untersuchungen über Unterrichtsinteressen. Die Interessiertheit am Unterricht hängt TODT (1985) zufolge ab von den allgemeinen und spezifischen Interessen des Schülers am jeweiligen Unterrichtsgegenstand, seinem Fähigkeitsselbstbild, aber auch – auf seiten des Lehrers – von dessen methodischem Geschick, dem Eingehen auf Schülerfragen, der Gerechtigkeit der Bewertung und der Anschaulichkeit des Unterrichts.

An den Arbeiten von TODT läßt sich die Erweiterung der ursprünglich deskriptiv-differentiellen Interessenforschung um entwicklungspsychologische und pädagogisch-psychologische Fragestellungen erkennen (→ *Entwicklung und Förderung ...*; → *Pädagogische Psychologie ...*). Erwähnt sei hier auch eine in den letzten Jahren zu beobachtende Tendenz, dem Interesse aus fachdidaktischer und bildungspolitischer Sicht mehr Aufmerksamkeit zu widmen. Besonders das (anscheinend abnehmende) Interesse von

Schülern an Naturwissenschaften wird zu einem wichtigen Untersuchungsgegenstand (z. B. HOFFMANN/LEHRKE 1986).

Es zeichnet sich so (und auch durch die Verwendung des Interessenbegriffs in Theorien intrinsischer Motivation) eine Wiederbelebung des Interessenbegriffs in Pädagogik und Pädagogischer Psychologie ab. Gerade deshalb erscheint eine systematische Neubestimmung des Interessenkonzepts notwendig, um langfristig eine fruchtbare Interessenforschung mit pädagogischer Relevanz zu gewährleisten.

Diese Zielstellung liegt den Arbeiten der Gruppe um SCHIEFELE zugrunde. Ausgehend von metatheoretischen Überlegungen, wurde zunächst eine Rahmenkonzeption für eine Interessentheorie entworfen (SCHIEFELE 1986; PRENZEL/KRAPP/SCHIEFELE 1986). Diese Rahmenkonzeption definiert grundlegende Interessenmerkmale und differenziert Teilfragestellungen einer Interessenforschung. Neben der deskriptiven Rahmenkonzeption enthält die Interessentheorie ein Modell der Wirkungsweise von Interesse.

Die Rahmenkonzeption definiert Interesse als Relation zwischen Person und Gegenstand, wobei sie zwischen dem relationsstiftenden aktuellen *Interessenhandeln* (Beziehung) und dem über längere Zeiträume konstituierten latenten *Interessenbezug* zum Gegenstand unterscheidet. Die Interessenmerkmale werden in die drei Bereiche Kognition, Emotion und Wert eingeordnet. Für Interesse kennzeichnend sind:
– die hohe kognitive Komplexität des Wissens über den Gegenstand und die Handlungsmöglichkeiten;
– die emotionale positive Tönung des Gefühlserlebens beim Handeln und der Gegenstandsabbildung;
– die Wertorientierung auf die unmittelbaren Handlungsergebnisse (d. h. Interessen sind selbstintentional und nicht instrumentell) bzw. die Einordnung des Interessengegenstands und -handelns in eine herausgehobene Position in der individuellen Wertehierarchie (→ *Werte und Normen in der Erziehung*).

Diese theoretischen Beschreibungsmerkmale dienen als Vorgaben für inhaltsbereichsspezifische Operationalisierungen von Interesse, mit denen Unterschiede in Interessenausprägungen, z. B. des Interesses an Literatur (WALSER/SCHMIDT-MÜLLER 1986; SCHIEFELE/STOCKER 1990), oder *Interessenentwicklungen*, z. B. im Vorschulalter (KASTEN/KRAPP 1986), empirisch erfaßt werden können.

Das Wirkungsmodell (PRENZEL 1986) soll Auskunft darüber geben, wie Interesse funktioniert, d. h., wie beim Interessenhandeln ablaufende Prozesse sich auf die weitere Entwicklung (Aufrechterhaltung oder Aufgabe bzw. inhaltliche Ausrichtung) des Interesses auswirken. Das Aufrechterhalten des Bezugs zum Interessengegenstand über wiederholte Auseinandersetzungen hinweg wird als *Persistenz* bezeichnet; die Bildung bzw. Veränderung inhaltlicher Interessenschwerpunkte in einer Folge von Auseinandersetzungen als *Selektivität*. Von welchen Bedingungen die Persistenz und Selektivität abhängen, erscheint als pädagogisch besonders relevante Frage; denn interessierte Auseinandersetzungen mit Gegenständen führen zu Lern- und Entwicklungsprozessen. Das Wirkungsmodell behauptet Effekte von kognitiven, emotionalen und Selbststeuerungsprozessen beim Interessenhandeln, die Persistenz und Selektivität bedingen (vgl. *Abbildung* 3).

Hypothesen des Wirkungsmodells besagen etwa, daß die Persistenz gestützt wird durch auflösbar erscheinende kognitive Diskrepanzen, durch die Erfahrung von Kompetenzzuwachs, durch Flow-Erlebnisse, durch die Erfahrung der Steuerbarkeit von emo-

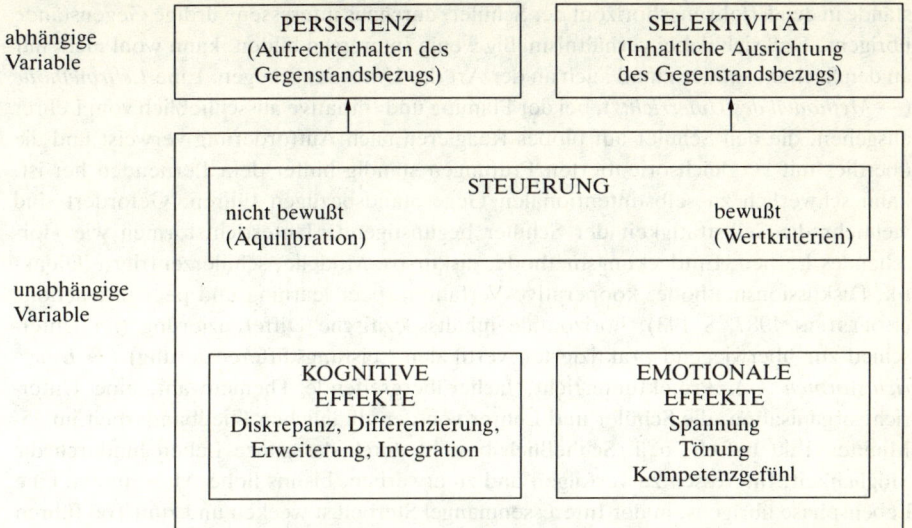

Abb. 3: Variablenstruktur des Wirkungsmodells (aus PRENZEL/KRAPP/SCHIEFELE 1986, S. 169)

tionalen Zuständen durch bestimmte Gegenstandsauseinandersetzungen. Die Selektivität wird bestimmt durch kognitive Anpassungsspielräume und Zielschemata, durch Erfahrungen über Möglichkeiten, angenehme emotionale Spannung herbeizuführen, aber auch durch wertorientierte Entscheidungen.

Die empirische Tragfähigkeit dieser Hypothesen konnte durch erste explorierende Studien (WALSER/SCHMIDT-MÜLLER 1986; PRENZEL 1988; SCHIEFELE/STOCKER 1990) belegt werden.

4 Perspektiven

Zu wissen, wie vorhandene Interessen wirken und unter welchen Bedingungen sie aufrechterhalten oder weiterentwickelt werden können, ist für pädagogisches Handeln wichtig. Nicht minder bedeutsam aber ist die Frage nach der Entstehung von Interessen; sie stellt sich, wenn die Interessenbildung begünstigt werden soll. Für den Entwicklungszeitraum der frühen Kindheit ist darüber wenig bekannt (→ *Entwicklung und Förderung...*; → *Psychologische Anthropologie*). Plausibel erscheint die Annahme, daß wichtige Bezugspersonen Modellfunktion übernehmen und daß später Anregungen durch Altersgenossen an Einfluß gewinnen. Allgemein darf davon ausgegangen werden, daß Qualität, Stabilität und Konvergenz pädagogischer Umwelten die Interessenbildung befördern, vorausgesetzt, dort treten Interessen überhaupt und für das Kind erfahrbar in Erscheinung. Oft sind Interessen mit Referenzobjekten notwendig verknüpft: Bücher, Spiel- und Werkzeuge, Instrumente; aber auch räumliche Mobilität gehört dazu, Zugänge zu bestimmten Orten, Veranstaltungen, sanktionsfreie Handlungsräume und Experimentierfelder. Der Theorie nach ist die Bedeutung der Schule für die Interessengenese kaum zu überschätzen. Der Unterricht bringt über Jahre hinweg neue Gegenstände in den Erfahrungshorizont der Schüler, durchaus interessenwürdige Gegenstände übrigens. Daß sich dabei verhältnismäßig wenig Interessen bilden, kann wohl nicht nur an den Sachen, sondern muß auch an der Art des Unterrichts liegen. Eine *Lehrmethode* (→ *Methoden des Unterrichts*), bei der Planung und Initiative ausschließlich vom Lehrer ausgehen, die den Schüler auf bloßes Reagieren nach Aufforderung verweist und die überdies mit vergleichsorientierten Prüfungen ständig hinter dem Lernenden her ist, kann schwerlich zu selbstintentionalen Gegenstandsbezügen führen. Gefordert sind vielmehr die Selbsttätigkeit der Schüler begünstigende Unterrichtsformen wie »forschendes Lernen, Entdeckungsmethode, diskursive Modelle, schülerzentrierte Didaktik, Diskussionsmethode, kooperative Verfahren, peer learning und peer instruction« (EDELSTEIN 1987, S. 193), horizontale inhaltsspezifische Differenzierung (im Unterschied zur überwiegend praktizierten vertikalen Leistungsdifferenzierung) (→ *Unterrichtsformen* . . .), Projektunterricht, fächerübergreifende Themenwahl, eine Unterrichtsorganisation, die Schüler und Lehrer von der alltäglichen Fließbandarbeit im 45-Minuten-Takt befreit, u. ä. Schließlich besteht durch das ganze Leben hindurch die Möglichkeit, Interessen zu verfolgen und zu erwerben, bis ins hohe Alter hinein, eine Lebensphase übrigens, in der Interessenmangel Sterbelust wecken und zum Tod führen kann wie irgendeine Krankheit. Beide Problembereiche, Interessenwirkung und Interessengenese, bedürfen vermehrter Forschung, eine Aufgabe, der sich die Erziehungswissenschaft angesichts zunehmender Lebenszeit (höheres Alter; → *Altenbildung;* → *Freizeit und Pädagogik*) nicht entziehen darf.

Literatur

ACH, N.: Über die Willenstätigkeit und das Denken. Leipzig 1905
ATKINSON, J. W.: An introduction to motivation. Princeton 1964
BERLYNE, D. E.: Conflict, arousal and curiosity. New York 1960
–: Arousal and reinforcement. In: LEVINE, D. (Hrsg.): Nebraska symposium on motivation. Lincoln 1967, S. 1–110
–: What next? Concluding summary. In: DAY, H. I./BERLYNE, D. E./HUNT, D. E. (Hrsg.): Intrinsic motivation: A new direction in education. Toronto 1971, S. 186–196
CATTELL, R. B.: The measurement of interest. In: Character and Personality 4 (1936), S. 147–169
CLAPAREDE, E.: Kinderpsychologie und experimentelle Pädagogik. Leipzig 1911
CSIKSZENTMIHALYI, M.: Das Flow-Erlebnis. Jenseits von Angst und Langeweile: Im Tun aufgehen. Stuttgart 1985
DECI, L. E./RYAN, R. M.: Intrinsic motivation and self-determination in human behavior. New York 1985
DEWEY, I.: Interest and effort in education. Carbondale 1975
EDELSTEIN, W.: Förderung der moralischen Entwicklung in der Schule. Möglichkeiten und Grenzen. In: Zeitschrift für Pädagogik 33 (1987), S. 185–205
GUILFORD, J. P.: Persönlichkeit. Weinheim ⁵1971
HECKHAUSEN, H.: Leistungsmotivation. In: THOMAE, H. (Hrsg.): Handbuch der Psychologie. Bd. 2. Göttingen 1965, S. 602–702
–: Die Interaktion der Sozialisationsvariablen in der Genese des Leistungsmotivs. In: GRAUMANN, C. F. (Hrsg.): Handbuch der Psychologie: Sozialpsychologie. Bd. 7/2. Göttingen 1972, S. 955–1019
–: Motivation und Handeln. Berlin 1980
–: Intentionsgeleitetes Handeln und seine Fehler. In: HECKHAUSEN, H./GOLLWITZER, P. M./WEINERT, F. E. (Hrsg.): Jenseits des Rubikon: Der Wille in den Humanwissenschaften. Heidelberg 1987, S. 145–175

–/ RHEINBERG, F.: Lernmotivation im Unterricht, erneut betrachtet. In: Unterrichtswissenschaft 8 (1980), S. 7–47
HERBART, J. F.: Allgemeine Pädagogik, aus dem Zweck der Erziehung abgeleitet. In: ders.: Pädagogische Schriften. Bd. 2: Pädagogische Grundschriften. Düsseldorf 1965, S. 9–155
HOFFMANN, L./LEHRKE, M.: Eine Untersuchung über Schülerinteressen an Physik und Technik. In: Zeitschrift für Pädagogik 32 (1986), S. 189–204
HUNT, J. McV.: Intrinsic motivation and its role in psychological development. In: LEVINE, D. (Hrsg.): Nebraska symposium on motivation. Lincoln 1965, S. 189–282
JAMES, W.: The principles of psychology. New York 1890
JOPT, U.-J.: Schulische Tüchtigkeitserziehung und Identitätsentwicklung – eine Gratwanderung. In: FREY, D./HAUSSER, K. (Hrsg.): Identität als Selbst-Erfahrung. Stuttgart 1987, S. 58–70
KASTEN, H./KRAPP, A.: Das Interessengenese-Projekt – eine Pilotstudie. In: Zeitschrift für Pädagogik 32 (1986), S. 175–188
KERSCHENSTEINER, G.: Theorie der Bildung. Leipzig 1926
KRUG, S./HANEL, J.: Motivänderung: Erprobung eines theoriegeleiteten Trainingsprogrammes. In: Zeitschrift für Entwicklungspsychologie und Pädagogische Psychologie 8 (1976), S. 274–287
KÜLPE, O.: Grundriß der Psychologie, auf experimenteller Grundlage dargestellt. Leipzig 1893
KUHL, J.: Leistungsmotivation: Neue Entwicklungen aus modelltheoretischer Sicht. In: THOMAE, H. (Hrsg.): Psychologie der Motive. Enzyklopädie der Psychologie, Bd. IV/2. Göttingen 1983, S. 505–625
LERSCH, PH.: Aufbau der Person. München [10]1966
LUNK, G.: Das Interesse, Bd. 2. Leipzig 1926/1927
MESSER, A.: Psychologie. Leipzig 1928
NAGY, L.: Psychologie des kindlichen Interesses. Leipzig 1912
OSTERMANN, W.: Das Interesse. Eine psychologische Untersuchung mit pädagogischen Nutzanwendungen. Oldenburg 1895
PIAGET, J.: Theorien und Methoden der modernen Erziehung. Frankfurt 1974
PRENZEL, M.: Die Wirkungsweise von Interesse. Ein Erklärungsversuch aus pädagogischer Sicht. Opladen 1988
–/KRAPP, A./SCHIEFELE, H.: Grundzüge einer pädagogischen Interessentheorie. In: Zeitschrift für Pädagogik 32 (1986), S. 163–173
RHEINBERG, F.: Leistungsbewertung und Lernmotivation. Göttingen 1980
–: Zweck und Tätigkeit. Göttingen 1989
ROTH, H.: Pädagogische Psychologie des Lehrens und Lernens. Hannover 1957
SCHIEFELE, H.: Motivation im Unterricht. München 1963
–: Lernmotivation und Motivlernen. München 1978
–: Interesse – Neue Antworten auf ein altes Problem. In: Zeitschrift für Pädagogik 32 (1986), S. 153–162
–/STOCKER, K.: Literaturinteresse. Ansatzpunkte einer Literaturdidaktik. Weinheim und Basel 1990
STRONG, E. K. jr.: Vocational interests of men and women. Palo Alto 1943
THOMAE, H.: Die Bedeutung des Motivationsbegriffes. In: ders. (Hrsg.): Handbuch der Psychologie. Bd. 2: Allgemeine Psychologie. II. Motivation. Göttingen 1965, S. 3–44
TODT, E.: Das Interesse. Bern 1978
–: Die Bedeutung der Schule für die Entwicklung der Interessen von Kindern und Jugendlichen. In: Unterrichtswissenschaft 13 (1985), S. 362–376
WALSER, F./SCHMIDT-MÜLLER, U.: Zur Entwicklung literarischer Interessen. In: Zeitschrift für Pädagogik 32 (1986), S. 361–374
WEINER, B.: Theorien der Motivation. Stuttgart 1976
WHITE, R. W.: Motivation reconsidered: the concept of competence. In: Psychological Review 66 (1959), S. 297–333

Dieter Spanhel

Sprache im Unterricht

1 Begriff

Unterricht vollzieht sich ganz überwiegend im Medium der Sprache. Deshalb kann der Unterricht als ein »*Sprachspiel*« bezeichnet werden, das nach bestimmten Gesetzmäßigkeiten, nach meist ungeschriebenen, aber den Lehrern und Schülern sehr wohl bekannten Regeln abläuft (→ *Präskriptive Unterrichtswissenschaft* ...). Aus pädagogischer Sicht interessiert dabei weniger die zugrundeliegende Sprache als System (linguistischer Aspekt), sondern vielmehr die *Sprech*tätigkeit der am Unterricht Beteiligten (pragmatischer Aspekt): Welche »*Sprech*handlungen« (WIERSING 1978) führen Lehrer und Schüler aus, wenn sie sich mit einem Unterrichtsgegenstand auseinandersetzen? Welche pädagogischen oder didaktischen Intentionen verfolgt der Lehrer in seinem Sprechen? Welche Auswirkungen haben die konkreten Sprechhandlungen auf die Lern- und Bildungsprozesse der Schüler? Da das Sprechen der Sprache nach WITTGENSTEIN Teil einer Tätigkeit oder Lebensform, hier des Lehrens, Unterrichtens, Lernens und Erziehens ist und weil sich die Bedeutung der Wörter nach ihrem Gebrauch in der Sprache richtet, bildet sich im Schulunterricht die »*Unterrichtssprache*« als eine eigene Bereichssprache aus. Als solche ist sie von den besonderen institutionellen Bedingungen, Zielsetzungen und Aufgaben von Schule und Unterricht geprägt. Sie nimmt eine *Vermittlungsposition* zwischen *Umgangssprache* und verschiedenen an den Unterrichtsfächern ausgerichteten *Fachsprachen* ein. Ihre Form wird bestimmt durch die Aufgabe, *den Prozeß der Verständigung* zwischen Lehrer und Schülern und über die Unterrichtsinhalte zu ermöglichen. Die Sprache ist aber nur *ein* Element im Gesamtzusammenhang unterrichtlicher Kommunikation. Verständigung beruht darauf, daß sich verbale und nonverbale Handlungen im Unterricht gegenseitig interpretieren. Im Rahmen einer »funktionalen Sprachbetrachtung« (HALLIDAY 1975) ist die Unterrichtssprache das *Insgesamt der spezifischen Formen, Strukturen und Bedeutungen der Sprechhandlungen im Unterricht*.

2 Bedeutung

Die Bedeutung der Sprache im Unterricht liegt in der ursprünglichen *anthropologischen Grundfunktion* von Sprache (→ *Pädagogische Anthropologie*; → *Psychologische Anthropologie*; → *Philosophische Anthropologie* ...), in ihrem Zeichen- bzw. Symbolcharakter. Diese basale Funktion der Sprache für den Menschen ist die *Sinnvermittlung*: Indem Lautgebilde mit einer intersubjektiven Praxis verknüpft werden, entstehen daraus Wörter, mit denen man Sachverhalte bezeichnen und zum Gegenstand von Aussagen machen kann. Aus dieser anthropologischen Funktion leiten sich die intraindividuellen und interindividuellen Kommunikationsfunktionen der Sprache ab, denen im Rahmen des Schulunterrichts jeweils ganz spezifische Bedeutungen zukommen. Die *intraindividuelle Kommunikationsfunktion* meint die Leistungen der Sprache in bezug auf das Denken (»repräsentationales Denken«), bei der Ausdifferenzierung der Wahrnehmung und Phantasie, bei der Bewußtmachung der eigenen Gefühle und Stimmungen, beim Aufbau eines internen Wertsystems und bei der Entwicklung von Handlungs- und Lebensperspektiven. Die *interindividuelle Kommunikationsfunktion* verweist auf die Leistungen der Sprache im Kontext sozialer Beziehungen, bei der Kontaktherstellung und -regelung durch Gefühlsausdruck und Bewertungen (Kundgabe), bei der Beeinflussung anderer durch Appelle oder Imperative und bei der Vermittlung von Informationen. Sprache ist das zentrale *Instrument der menschlichen Kulturentwicklung* (→ Philosophische Anthropologie . . .). In ihr ist die Gesamtheit des in der Menschheitsgeschichte kumulierten Wissens niedergelegt. Sprache repräsentiert jedoch nicht nur ein Weltbild, sondern gleichermaßen ein Selbstbild vom Menschen. Dem Schulunterricht kommt nun die Aufgabe zu, den individuellen Bildungsprozeß der Heranwachsenden so zu fördern, daß sie mit Hilfe der Sprache ein dem geschichtlichen und kulturellen Entwicklungsstand der Gesellschaft angemessenes Weltbild und Selbstbild ausarbeiten und sich aneignen können. Da die soziokulturelle Situation unserer Zeit durch eine Vielzahl unterschiedlicher Sprachsysteme und wissenschaftlicher Fachsprachen gekennzeichnet ist, stellt der Unterricht heute vorrangig ein *sprachliches Problem* dar. Es geht darum, die Heranwachsenden Schritt für Schritt in die *Mehrsprachigkeit unserer Kultur* einzuführen. Die besondere Problematik in einer vom Erkenntnisfortschritt der Wissenschaften geprägten Gesellschaft liegt in der Frage: Wie kann mittels Sprache die Kluft zwischen der Alltagserfahrung und dem Alltagsdenken der Kinder und Jugendlichen und den abstrakten Denkmodellen der Wissenschaften überbrückt werden? Die herausragende Bedeutung der Sprache liegt darin, daß sie als Verständigungsmittel zum einen *Voraussetzung* jeglichen Unterrichts, zum anderen *Instrument des Denkens und Lernens* und *Medium* der im Unterricht angestrebten Bildungsprozesse der Schüler und letztlich *Inhalt und Ziel* des Unterrichts ist.

3 Ansätze zu einer Theorie der Unterrichtssprache

Die Problematik einer Theorie der Unterrichtssprache liegt darin, daß sie jeweils einen Begriff (und d. h. eine Theorie) der Sprache, des Unterrichts, der Erziehung und des Lernens enthalten muß. Je nachdem, von wo der Zugang gewählt wird, welche Akzente gesetzt und wie die Grundbegriffe definiert werden, kommt es zu ganz unterschiedlichen Theorien von Unterrichtssprache (vgl. z. B. PRIESEMANN 1971; BELLACK 1974; SPANHEL 1977; NÜNDEL 1976; SWITALLA 1977).

3.1 Pädagogischer Ansatz

Ein erster Ansatzpunkt findet sich bei LOCH (1970). Er hat aus der signikativen Grundfunktion der Sprache vier *pädagogische Funktionen* abgeleitet, die ohne weiteres als Ausgangspunkt für eine Theorie der Unterrichtssprache herangezogen werden könnten. Sie werden folgendermaßen charakterisiert: »Bei der in jedem Erziehungsprozeß notwendigen demonstrativen Reproduktion eines Kulturobjekts fungiert die Sprache *operativ*, im Zusammenhang des Lernens fungiert und wirkt sie *instruktiv*, bei der faktischen Interaktion von Lernenden und Lehrenden ist ihre Leistung *kommunikativ*, dabei wird die instruktive Funktion der Sprache sozial, weil die Lehrenden sie den Lernenden vorgeben bzw. bekräftigend zurückgeben; im Hinblick auf das Erziehungsziel der Mündigkeit gebraucht man die Sprache *emanzipativ*, dabei wirkt die emanzipative Erziehungsfunktion der Sprache normgebend und damit kritisch auf die anderen Funktionen des erzieherischen Sprechens zurück.« (LOCH 1970, S. 494f.)

Die operative Funktion der Sprache beruht auf der wirklichkeitserschließenden und -gestaltenden Kraft des Worts. Im Prozeß der sprachlichen Erfassung der Welt vollzieht sich indirekt auch die Entwicklung seelischer Kräfte und erhält der Prozeß der Persönlichkeitsbildung wichtige Impulse (BOLLNOW 1966). Die instruktive Funktion der Sprache betrifft die unmittelbaren Auswirkungen unterrichtlicher Sprechhandlungen auf die bei den Schülern intendierten Lernprozesse.

Bei der kommunikativen Funktion der Unterrichtssprache geht es nicht nur um den Verständigungsprozeß zwischen Lehrer und Schülern; in dieser Dimension entfaltet die Sprache zusätzlich ihre im engeren Sinne erzieherischen Kräfte. Zu ihrer Realisierung steht dem Lehrer eine Vielzahl erziehender Redeformen zur Verfügung, die von BOLLNOW (1966) und LOCH (in: SPANHEL 1973b, S. 31ff.) in sehr schönen phänomenologischen Studien beschrieben worden sind. Unterrichtssprache weist eine grundlegende Ambivalenz auf. Sie kann einerseits zur direkten Verhaltensbeeinflussung und -kontrolle eingesetzt werden, andererseits ist sie das wichtigste Medium zur Verselbständigung und Selbstverwirklichung. Von daher gesehen ist es eine wichtige Aufgabe des Lehrers, die *emanzipative* Funktion der Sprache im Unterricht besonders zur Geltung kommen zu lassen, z. B. wenn er sich in seinem Reden zurückhält und wenn er Redeformen verwendet, mit denen er den Schülern Freiräume eröffnet, Verantwortung überträgt, Vertrauen ausspricht, Lebensperspektiven aufzeigt (SPANHEL 1973a).

3.2 Linguistischer Ansatz

Als einziger hat bisher PRIESEMANN (1971) eine ausgearbeitete Theorie der Unterrichtssprache vorgelegt. Für ihn ist die Unterrichtssprache »... das Medium aller Medien; es ist das Verständigungsmittel, auf das alles zurückführbar ist, was jeweils als Mittel der Verständigung eingesetzt wird; ...« (PRIESEMANN 1971, S. 82). Er unterscheidet zwei unterrichtsrelevante Sprachformen, das »fachbezogene« und das »verständigungsbezogene« Sprechen. Im »fachbezogenen Sprechen« setzt sich die Terminologie wissenschaftlicher *Objektsprachen* mit den Merkmalen der Situations- und Personunabhängigkeit, expliziter Begriffsbestimmungen und einer Tendenz zur Formalisierung durch (z. B. in den Sprachen der naturwissenschaftlichen Fächer). Im »verständigungsbezogenen Sprechen« müssen dem Schüler die Fachtermini verständlich gemacht werden. Dies ist auf der Basis der Umgangssprache mit ihrer Fähigkeit zur Reflexivität möglich; nur sie erlaubt es, *über* Sprache zu sprechen. Die Umgangssprache ist somit die *Metasprache* jeder Fachsprache, und das »verständigungsbezogene Sprechen« ist der metasprachliche Teil der Unterrichtssprache. Unterrichtliche Kommunikation stellt sich nach PRIESEMANN als fortlaufendes Wechselspiel zwischen verständigungs- und fachbezogenem Sprechen in Form von sogenannten »Erzeugungs-« und »Korrekturprozessen« dar. Je nach Schulart, Schulstufe, Zusammensetzung der Schülergruppe und nach Lehrerpersönlichkeit entwickelt sich in jeder Schulklasse in den einzelnen Unterrichtsfächern eine je spezifische Ausprägung von Unterrichtssprache, für die PRIESEMANN den Terminus »Lerngruppensprache« vorgeschlagen hat. Über den Entwicklungprozeß einer Unterrichtssprache von der Eingangs- bis zur Abschlußklasse einer Schule ist bislang noch wenig bekannt.

3.3 Kommunikationstheoretischer Ansatz
Elemente einer Theorie der Unterrichtssprache finden sich schließlich in den Begründungen eines Kategorienschemas zur Analyse verbaler Kommunikationsprozesse, das von SPANHEL; (³1977, 1979) vorgelegt wurde. Ausgangspunkt ist die Auffassung, daß sich Unterricht in einer Folge problemhaltiger, offener Kommunikationssituationen abspiele, daß der Unterricht als ein *interpretativer* Prozeß zu betrachten sei, in dem Lehrer und Schüler ihren Handlungen gegenseitig Motive zuschreiben, ihnen eine Intention, einen Sinn aus dem Kontext der Situation heraus unterstellen. Für die Forschung dienen Unterrichtstheorie (→ *Präskriptive Unterrichtswissenschaft . . .*) und Theorie der Unterrichtssprache als begriffliche Bezugsrahmen, von denen her die beobachteten Sprechhandlungen analysiert und interpretiert werden können. Diese werden von SPANHEL in ihrer Gesamtheit als »Grundformen des didaktischen Sprechens« hinsichtlich ihrer möglichen Funktionen für den im Unterricht intendierten Lernprozeß beim Schüler systematisiert. Das Ziel ist eine »*didaktische Rhetorik*«, die Erkenntnisse darüber enthält, wie bestimmte Sprechhandlungen und Sprachformen zur Verständigung der am Unterricht Beteiligten, zur Darstellung kultureller Sachverhalte (der Unterrichtsthemen) und zum Aufweis der (sprachlichen) Verfügungsmöglichkeiten über sie sowie zur optimalen Gestaltung der unterrichtlichen Lernbedingungen beitragen (SPANHEL 1976) (→ *Didaktik und Curriculum / Lehrplan;* → *Unterrichtsplanung und Unterrichtsvorbereitung*).

4 Die Leistungen der Sprache im Kontext der unterrichtlichen Kommunikation

Die bisher vorgelegten Theorieansätze stellen die notwendigen Termini bereit, um die Leistungen und das Wirken der Sprache im Zusammenhang der unterrichtlichen Kommunikation begrifflich angemessen erfassen und beschreiben zu können.

4.1 Verständigung
Kommunikation meint Verständigung, den Prozeß des wechselseitigen Mitteilens und Teilnehmens der Gesprächspartner, der auf dem Zusammenwirken vorwiegend sprachlicher mit nonverbalen Ausdrucksweisen und Verhaltensformen beruht. In diesem Prozeß machen sich Lehrer und Schüler die Situation, das Unterrichtsthema und das Lernziel zur gemeinsamen Sache ihres Handelns und regeln dabei zugleich ihre Beziehungen zueinander. Verständigung ist somit Voraussetzung und Ziel erfolgreichen Unterrichts. Die Schüler lernen in der Teilnahme an diesem Kommunikationsprozeß, d. h., sie erwerben *Handlungskompetenzen*, die das Erzeugen potentieller Sprachäußerungen und Handlungen ermöglichen.

4.2 Vermittlung von Sprechhandlungskompetenzen
Spracherwerb, der immer zugleich Handlungserwerb ist, erfordert das Erlernen der dem Unterricht zugrundeliegenden *Sprechhandlungs-Grammatik*. Die unterrichtliche Kommunikation stellt dafür fortlaufend Modellsituationen bereit und wird damit selbst zum Zweck des Unterrichts. Indem der Schüler sprechhandelnd teilnimmt, erlernt er nicht einzelne konkrete fachsprachliche Äußerungen oder isoliertes fachliches Wissen und

Können, sondern er lernt eine je bestimmte Teilnahme an bestimmten Handlungen bzw. sprachlichen Handlungszusammenhängen.

4.3 Wirklichkeitserschließung
Ziel des Unterrichts ist aus dieser Sicht eine bestmögliche sprachliche Verfügbarkeit über die Welt, damit die Schüler später an möglichst vielen Lebenszusammenhängen verständig teilnehmen und dort auftretende Probleme produktiv lösen können. In den einzelnen Unterrichtsfächern sollen die Schüler erkennen, wie die Wirklichkeit durch bestimmte Sprachsysteme jeweils unterschiedlich »konstruiert« wird und so in einer jeweils spezifischen Perspektive zum Vorschein kommt (HILLER 1973).

4.4 Vermittlung von Fachsprachen
Folgende Merkmale der Unterrichtssprache ermöglichen es, die *Vermittlungsfunktion* zwischen der Umgangssprache der Schüler und den Erfordernissen der jeweiligen Fachsprachen zu erfüllen:
- Es ist bezeichnend für den Unterricht, daß sich die Sprache ständig *selber demonstriert* und beim schrittweisen Aufbau der Strukturen einer Fachsprache auch diese dementsprechend demonstrativ reproduziert wird. Der auf der Umgangssprache basierende »verständigungsbezogene« Teil der Unterrichtssprache zeigt auf das fachbezogene Sprechen hin.
- Die Umgangssprache eines jeden Schülers enthält mehr oder weniger zahlreiche Wissensbruchstücke unterschiedlicher Art in Form unverstandener oder halbverstandener Ausdrücke, Begriffe und Erklärungsmuster, die er z. B. aus den Massenmedien übernommen hat. Damit verfügt aber die Unterrichtssprache über ein Reservoir an Elementen und Sprachmustern unterschiedlicher Sprachebenen und -systeme. Der Lehrer muß mit Hilfe der Unterrichtssprache auf die von den Schülern ständig unbewußt vollzogenen Übergänge zwischen diesen *unterschiedlichen Sprachhorizonten* hinzeigen und die sich darin dokumentierenden unterschiedlichen Zugriffsweisen auf die Wirklichkeit sichtbar machen.
- Die Unterrichtssprache entwickelt sich durch den *systematischen Ausbau der fachsprachlichen Anteile* in den einzelnen Unterrichtsfächern (aber auch in der Verbesserung der Beherrschung der Umgangssprache). Dies geht so vor sich, daß der umgangssprachliche Gebrauch der Wörter in Form von »Konzeptionen« (LIPPS) in den Unterrichtseinheiten eines Faches schrittweise durch klar definierte fachsprachliche Termini ersetzt wird. Diese Termini bezeichnen die von den Schülern im Lernprozeß angeeigneten fachspezifischen Begriffe und Denkoperationen.
- Auf der Grundlage dieses Prozesses entwickelt sich für jedes Unterrichtsfach die Fachsprache in einer Schulklasse als ein *System geteilter Bedeutungen* und *geteilten Verhaltens*. Damit wird das gemeinsame Fundament für die unterrichtlichen Verständigungsprozesse erweitert. Die Entwicklung einer solchen *Lerngruppensprache* beinhaltet viele Übereinkünfte, auf die man stillschweigend bauen kann; sie hat somit eine Entlastungsfunktion. Allerdings bleibt die Basis dieser Lerngruppensprache wegen Veränderungen in der Lerngruppe, unterschiedlicher Lernleistungen der Schüler, Übergängen, neuer Lehrbücher stets brüchig, weshalb sich die Beteiligten immer wieder neu der Grundlagen ihrer Verständigung versichern müssen.
- Die Unterrichtssprache läßt sich in ihren beiden Bereichen des verständigungs- und

fachbezogenen Sprechens in einer schier unüberschaubaren Fülle äußerst *variabler Formen*, *Redeweisen* und *Sprachmuster* realisieren. Man hat mehrfach versucht, diese Vielfalt der Formen unter bestimmten Gesichtspunkten systematisch zu erfassen und zu beschreiben (SPANHEL 1976; WIERSING 1978; DIEGRITZ/ROSENBUSCH 1977; SWITALLA 1977).

5 Forschungsstand und -probleme

5.1 Empirische Untersuchungen und ihre Grenzen

Seit Ende der sechziger Jahre erlebte die Unterrichtsforschung (→ *Präskriptive Unterrichtswissenschaft* ...) und in diesem Rahmen auch die Erforschung der Unterrichtssprache einen großen Aufschwung. Die Situation war von Anfang an durch die Diskrepanz zwischen theoretischen Konzeptionen und der Entwicklung empirischer Verfahrensweisen gekennzeichnet: Es gibt kaum empirisch abgesicherte Theorien; auf der anderen Seite sind viele Untersuchungen unzureichend theoretisch begründet. Es gibt eine Fülle spezieller Forschungsansätze, deren Ergebnisse kaum in einen umfassenden theoretischen Bezugsrahmen integrierbar erscheinen. Das Problem liegt in der Multidimensionalität, Multifunktionalität sowie der Formenvielfalt und Flexibilität von Sprache. Es lassen sich grob vier Gruppen empirischer Arbeiten unterscheiden:

– Im Rahmen der Unterrichtsforschung finden sich verschiedene sozialpsychologisch orientierte, auf unterrichtliche Interaktionen bezogene *kausalanalytische Ansätze* (→ *Forschungsmethoden der Erziehungswissenschaft*), die zu einer reduktionistischen Sichtweise von Unterrichtssprache führen (vgl. ROTH/PETRAT 1974; GOEPPERT 1977; Beispiele in SPANHEL 1973b; 1977).

– Eine Reihe von Untersuchungen zielen auf die Analyse der *pädagogischen Kommunikation* im Unterricht mit Hilfe *interpretativer Paradigmen* und teilweise unter Verzicht auf quantitative Ergebnisse (DIEGRITZ/ROSENBUSCH 1977; PETRAT u. a. 1977; ROEDER/SCHÜMER 1976; SPANHEL 1976, 1979).

– Meist von der Sprechakttheorie her begründet sind *linguistische* (pragmalinguistische) Ansätze zur *Diskursanalyse*; sie erforschen das Unterrichtsgespräch als Abfolge von Sprechakten und entwickeln dafür entsprechende Transkriptionsverfahren (EHLICH/REHBEIN 1976; SINCLAIR/COULTHARD 1977; SWITALLA 1977; WIERSING 1978).

– Da die unterrichtliche Kommunikation stets mehr ist als gesprochene Sprache, hat sich die Forschung seit Ende der siebziger Jahre auch stärker auf Aspekte der *nonverbalen Kommunikation* bzw. auf Formen der »Nebenkommunikation« konzentriert (REINERT/THIELE 1977; BAURMANN u. a. 1981; ROSENBUSCH/SCHOBER 1986).

5.2 Wichtige Forschungsergebnisse

Allerdings machen bereits die bisherigen *Forschungsergebnisse* die Verzerrungen und Störungen unterrichtlicher Kommunikation deutlich und können wichtige Hinweise darauf geben, wie unter Berücksichtigung der Möglichkeiten und Leistungen der Sprache der Unterricht besser zu gestalten wäre. Ein vielfach abgesichertes Ergebnis ist die offensichtlich über weite Strecken monologische Struktur der Kommunikation, die zudem als rigide, repressiv, irreversibel und komplementär zu kennzeichnen ist: der Lehrer bestimmt durch seine Sprachäußerungen weitgehend Ziele und Inhalte des

Unterrichts und steuert durch meist nicht sehr weitreichende Fragen oder Impulse das Denken und Handeln der Schüler. Diese haben nur sehr begrenzte Spielräume und Möglichkeiten zur Eigeninitiative, da der Lehrer den Prozeß außerordentlich eng und straff auf das intendierte Unterrichtsziel ausrichtet. Während der Lehrer sehr häufig kurze Rückmeldungen gibt, zielen nur vereinzelte Äußerungen auf die Beziehungsdimension: motivierende oder emotionale, störende oder disziplinierende Äußerungen treten neben den Formen sachbezogenen Sprechens sehr selten auf (SPANHEL 1979) (→ *Lehrer-Schüler-Verhältnis*). Oft wird im Unterricht die Verständigungsebene nicht erreicht, weil der Lehrer die Schüler nicht als kompetente Sprecher/Hörer akzeptiert, die Einigung auf ein Ziel oder geregelte Beziehungen einfach unterstellt und Verhaltensnormen ohne Berücksichtigung der Schülerinteressen festsetzt.

Erstaunlich ist, daß die grundlegenden Kommunikationsstrukturen trotz unterschiedlicher Unterrichtsziele und -inhalte (Fächer) relativ gleich bleiben und sich eher nach dem persönlichen Unterrichtsstil des Lehrers richten. Die Lehrer sind sich offenbar kaum bewußt, daß sie trotz unterschiedlicher Themen und Gestaltungsformen des Unterrichts immer wieder in dieselben Sprachmuster verfallen.

6 Praktische Konsequenzen für die sprachliche Gestaltung des Unterrichts

6.1 Anforderungen an den Lehrer

Der Lehrer ist in erster Linie dafür verantwortlich, daß die Unterrichtssprache ihre erziehenden und bildenden Kräfte und Wirkungen entfalten kann, und er muß dafür möglichst gute Voraussetzungen und Rahmenbedingungen schaffen. Da sich Sprechen, Handeln und Expression gegenseitig ergänzen, muß der Lehrer auf das Zusammenspiel dieser Elemente der Kommunikation achten; das Handeln darf nicht vernachlässigt werden und muß unter Umständen den Vorrang vor dem Sprechen erhalten. Niemals darf der Unterricht in ein bloßes »Wortgeklingel« ausarten.

Das größte Problem besteht darin, daß die Unterrichtssprache die Aufmerksamkeit des Lehrers fast ausschließlich hinsichtlich ihrer didaktischen Funktionen, ihrer Vermittlerrolle zwischen Umgangs- und Fachsprache gefangennimmt. Aber der Lehrer muß sich jederzeit bewußt sein, daß mit jeder sprachlichen Äußerung (sei es von ihm, sei es der Schüler) zugleich mehrere *Sprechakte* im Sinne von sozialen Handlungen vollzogen werden (WIERSING 1978). Das bedeutet, daß eine Verständigung nur gelingt, wenn sich Lehrer und Schüler auf den folgenden drei Ebenen einigen können: 1) Auf der *Inhaltsebene* (Unterrichtsthema, Lernziel) müssen sie versuchen, die Sache zu einer gemeinsamen zu machen; 2) auf der *Beziehungsebene* wird dabei das persönliche Verhältnis geklärt, indem der Sprecher in jeder Äußerung auch etwas von seiner Person, seiner Gefühlslage, seinem Selbstverständnis und seinen Interessen kundtut und zugleich zeigt, wie er den/die Hörer als Person sieht, wie er sein Verhältnis zu ihm/ihnen einschätzt, was er von ihm/ihnen erwartet; 3) auf der dritten Ebene geht es um die *Definition der Situation*, die in den sprachlichen Äußerungen jeweils mit vorgenommen wird; nur aus dem Kontext einer gemeinsamen Situation heraus können Lehrer und Schüler ihre Sprachäußerungen übereinstimmend interpretieren. Hinzu kommt noch, daß der Sprecher seine Aussage durch nonverbale Ausdrucksformen (Tonfall, Mimik, Gestik) relativieren und sogar ins Gegenteil umkehren kann.

6.2 Vermeidung von Kommunikationsstörungen
Aufgrund dieser Mehrdimensionalität der Unterrichtssprache kann die Verständigung zwischen Lehrer und Schüler jederzeit mißlingen. Daher ist es eine zentrale Aufgabe des Lehrers, Mißverständnisse zu vermeiden und auftretende *Kommunikationsstörungen* zu erkennen und zu überwinden. Die Machtposition des Lehrers, die unbedachte Verwendung der Fachsprache, die Heterogenität der Schulklasse, mangelnde sprachliche und kommunikative Fähigkeiten der Schüler, die straffe Lenkung und Lernzielorientierung des Unterrichtsgesprächs, die Fiktivität vieler Themen, d. h. ihre mangelnde Nähe zur Lebenssituation der Schüler, der Leistungs- und Erwartungsdruck können Ursachen für Kommunikationsstörungen sein. Es gibt kein Patentrezept dafür, wie der Lehrer sprechen müßte, um Verständigung zu garantieren. Es genügt jedenfalls nicht, wenn er akustisch deutlich, grammatikalisch korrekt, sachlich treffend, dem Sprachverständnis der Schüler angemessen spricht und auch die Ausdrucksweisen der Schüler entsprechend korrigiert. Er muß vielmehr stets *bewußt* sprechen und sich vor Augen halten, welche Handlung er mit einer Äußerung auf den drei genannten Ebenen ausführt und was sie in diesem Moment für die Schüler bedeuten könnte. Zusätzlich ist es wichtig, daß er genau auf das hinhört, was ein Schüler eigentlich *meint*, wenn er etwas so *sagt*, und daß er versucht, die Schüler in gleicher Weise zu diesem Hinhören zu erziehen. Schließlich ist der Lehrer natürlich *Vorbild* für die Schüler in seinem sichtbaren Bemühen um adäquates Formulieren, in seinem Ringen um Sprache. Der Lehrer braucht ein feines Gespür dafür, ob die gemeinsamen Grundlagen für eine Verständigung vorhanden sind oder einfach unterstellt werden und ob durch die Art des Miteinander-Sprechens ein der persönlichen Entwicklung und dem Lernen der Schüler förderliches sozial-emotionales Klima geschaffen wird (→ *Lehrer-Schüler-Verhältnis;* → *Schule als Lebensraum* ...).

6.3 Verbesserung der sprachlichen Kompetenz der Schüler
Wenn der Unterrichtserfolg von der Qualität der Unterrichtssprache, von ihrem Einsatz und von gelingender Verständigung abhängt, sind die Aufmerksamkeit des Lehrers und sein Bemühen um eine kontinuierliche Verbesserung der sprachlichen und kommunikativen Fähigkeiten der Schüler von ganz entscheidender Bedeutung. Aus dieser Sicht müßte jede Unterrichtsstunde als *»Sprachlernsituation«* (ROEDER/SCHÜMER 1976) genutzt werden. Dazu sollte der Lehrer sich im Ausmaß seines Sprechens zurückhalten, eine Gängelung der Schüler durch ein Übermaß an steuernden und bewertenden Äußerungen vermeiden und den Schülern Denkpausen und Freiräume für das Miteinander-Sprechen und für eigene Formulierungen eröffnen (DIEGRITZ/ROSENBUSCH 1977; SPANHEL 1973a; 1975). Die Pflege des Unterrichtsgesprächs von der Grundschule an ist in diesem Zusammenhang eine wichtige Aufgabe (HOLSTEIN 1978; RITZ-FRÖHLICH 1977). In jeder Unterrichtsstunde sollten möglichst variable Gesprächsanlässe durch die Thematisierung von Konflikten, Verständigungsschwierigkeiten und Problemen der Schüler geschaffen werden, um auch sonst in der Unterrichtssprache vernachlässigte Sprachfunktionen (HALLIDAY 1975) zur Geltung kommen zu lassen, wie z. B. die Funktion der Sprache als Mittel der Beziehungsstiftung, der Selbstdarstellung, der Wirklichkeitserforschung und der Schaffung einer eigenen Phantasiewelt. Die Kontrolle der Unterrichts-

sprache und vor allem des eigenen Sprechens durch den Lehrer ist deshalb so schwierig und erfordert besondere Anstrengung, weil der Mensch ganz in seiner Sprache lebt.

Literatur

BAURMANN, J./CHERUBIM, D./REHBOCK, H. (Hrsg.): Neben-Kommunikation. Braunschweig 1981
BELLACK, A. u. a.: Die Sprache im Klassenzimmer. Düsseldorf 1974
BOLLNOW, O. F.: Sprache und Erziehung. Stuttgart 1966
DIEGRITZ, TH./ROSENBUSCH, H. S.: Kommunikation zwischen Schülern. München/Wien/Baltimore 1977
EHLICH, K./REHBEIN, D.: Sprache im Unterricht – Linguistische Verfahren und schulische Wirklichkeit. In: Studium Linguistik 1 (1976), S. 47–69
GOEPPERT, H. C. (Hrsg.): Sprachverhalten im Unterricht. München 1977
HALLIDAY, M. A. K.: Beiträge zur funktionalen Sprachbetrachtung. Hannover 1975
HILLER, G. G.: Konstruktive Didaktik. Düsseldorf 1973
HOLSTEIN, H.: Das Unterrichtsgespräch. Sprachgestalt und Lehrmethode. Kastellaun 1978
LIPPS, H.: Die Verbindlichkeit der Sprache. Frankfurt ²1958
LOCH, W.: Sprache. In: SPECK, J./WEHLE, G. (Hrsg.): Handbuch der pädagogischen Grundbegriffe. Bd. 2. München 1970, S. 481–528
NÜNDEL, E.: Zur Grundlegung einer Didaktik des sprachlichen Handelns. Kronberg/Ts. 1976
PETRAT, G./STEINFORTH, H. u. a.: Prozeßorientierter Unterricht. München 1977
PRIESEMANN, G.: Zur Theorie der Unterrichtssprache. Düsseldorf 1971
REINERT, G. B./THIELE, J. (Hrsg.): Nonverbale pädagogische Kommunikation. München 1977
RITZ-FRÖHLICH, G.: Das Gespräch im Unterricht. Anleitung–Phasen–Verlaufsformen. Bad Heilbrunn 1977
ROEDER, P. M./SCHÜMER, G.: Unterricht als Sprachlernsituation. Düsseldorf 1976
ROSENBUSCH, H. S./SCHOBER, O. (Hrsg.): Körpersprache in der schulischen Erziehung. Pädagogische und fachdidaktische Aspekte nonverbaler Kommunikation. Baltmannsweiler 1986
ROTH, L./PETRAT, G. (Hrsg.): Unterrichtsanalysen in der Diskussion. Hannover 1974
SINCLAIR, J. McH./COULTHARD, M.: Analyse der Unterrichtssprache. Heidelberg 1977
SPANHEL, D.: Sprache und Emanzipation im Unterricht. In: KANZ, H. (Hrsg.): Einführung in das erziehungswissenschaftliche Grundstudium. Stuttgart 1973(a), S. 102 ff.
–: Unterrichtssprache und Sprachunterricht. In: HALBFAS, H./MAURER, F./POPP, W. (Hrsg.): Sprache, Umgang, Erziehung. Stuttgart 1975, S. 71 ff.
–: Bezugsrahmen zur Analyse und Verbesserung verbaler Kommunikation im Unterricht. In: POPP, W. (Hrsg.): Kommunikative Didaktik. Weinheim/Basel 1976, S. 209–234
–: Die Sprache des Lehrers. Grundformen des didaktischen Sprechens. Düsseldorf ³1977
–: Unterrichtsanalyse im Rahmen praxisorientierter Unterrichtsforschung. Ergebnisse einer Untersuchung verbaler Kommunikationsprozesse. In: Bildung und Erziehung 32 (1979), S. 197–208
– (Hrsg.): Schülersprache und Lernprozesse. Düsseldorf 1973(b)
SWITALLA, B.: Sprachliches Handeln im Unterricht. München 1977
WIERSING, E.: Sprechhandeln im Unterricht. Auf dem Weg zu einer Theorie und Analysemethode. Stuttgart 1978

Detlef H. Rost

Der hochbegabte Schüler/die hochbegabte Schülerin

1 Geschichte der »Hochbegabungsforschung«

Das *wissenschaftliche* Interesse an »Hochbegabung« entwickelte sich erst relativ spät, und zwar im 19. Jahrhundert, ausgelöst durch die Arbeiten von GALTON. Mit differentialpsychologischer Fragestellung wurde die quantitative Ausprägung menschlicher Fähigkeiten, insbesondere der Intelligenz sowie das Problem ihrer Vererbbarkeit, untersucht (GALTON 1869). Mit GALTONS Schlußfolgerung, die wichtigste Determinante der intellektuellen Begabung sei die genetische Ausstattung der Person, wurde eine Diskussion über die Bedeutung von Anlage und Umwelt für die Entwicklung von Intelligenz und Begabung ausgelöst, die bis heute nicht abgebrochen ist (vgl. ROTH 1969; JENSEN 1969, 1972; EYSENCK 1975a, b; VERNON 1979; EYSENCK/KAMIN 1981; HELBIG 1988; LEWONTIN/ROSE/KAMIN 1988), wobei die extremen Positionen des *Nativismus* (alleinige Betonung der angeborenen Potenz) und *Empirismus* (alleinige Betonung der auf Erfahrung beruhenden Fähigkeiten) zugunsten der Frage nach dem *Wie* des Zusammenwirkens beider Faktoren in den Hintergrund gedrängt wurden (ANASTASI 1958; KLAUER 1975).

Vor allem bizarre Einzelfälle ließen die Hypothese einer »abnormalen« Entwicklung aufkommen (»Divergenzhypothese«: Diskrepanz zwischen kognitiver Leistungsfähigkeit und körperlich-seelischer Gesundheit; vgl. NISBET 1891; LOMBROSO 1894; LANGE-EICHBAUM 1928; KRETSCHMER 1929; siehe auch BECKER 1978). Insbesondere »geniale ›Hochbegabung‹« wurde als Kovariat (Begleiterscheinung) psychischer »Abnormität« verstanden (»Genie, Irrsinn und Ruhm« wählte LANGE-EICHBAUM als Titel seines Buchs). TERMAN hingegen beobachtete bei seinen Untersuchungen (siehe weiter unten) eine positive Korrelation von sehr hoher Intelligenz und psychischer Stabilität (»Konvergenzhypothese«).

Mit dem Aufkommen von Intelligenztests (BINET/SIMON 1905; TERMAN 1916) verlagerte sich das Interesse von den »Genies« zu den »Hochbegabten«, von der schon gezeigten und gesellschaftlich wertgeschätzten herausragenden Leistung zur allgemeinen intellektuellen Potenz. Auf der Grundlage dieser neu entwickelten Instrumente zur Messung der kognitiven Leistungsfähigkeit setzte man »Hochbegabung« weithin mit einer außergewöhnlichen Ausprägung solcher intellektuellen Fähigkeiten wie logisches Denken, Sprachgewandtheit und Sprachverständnis, Gedächtnis usw. gleich.

TERMAN hatte sich schon zu Anfang unseres Jahrhunderts intensiv mit extrem begabten Kindern beschäftigt (1905; 1906). Rund 15 Jahre später begann er in Kalifornien seine berühmte Längsschnittuntersuchung »Genetic Studies of Genius«, anfänglich mit besonderem Interesse an Schülern, die unabhängig von ihrer Intelligenz weit überdurchschnittliche Fähigkeiten und Leistungen in Musik und Kunst sowie ein hervorragendes handwerklich-technisches Geschick zeigten. Die Suche nach solcherart talentierten Kindern wurde jedoch bald aufgegeben; diese Attribute waren nur schwer zu beurteilen (unzureichende Beurteilerübereinstimmung), die Beurteilung hing zudem noch vom

Aussehen und von der Anstrengungsbereitschaft der Kinder ab: zuverlässige und gültige Tests zur Überprüfung dieser Merkmale gab es nicht. Weiterhin fiel auf, daß Schüler mit diesen »Talenten« fast ausnahmslos auch über eine hervorragende allgemeine Intelligenz verfügten. Sie wurde deshalb als alleiniges Auswahlkriterium zugrunde gelegt. Alle Kinder, die die Kindergärtnerinnen und Lehrer als besonders intelligent oder leistungsfähig nominierten, sowie das jeweils jüngste Kind einer Klasse wurden (mit Ausnahme der Vorschulkinder und der Erst- und Zweitkläßler, für die es keine geeigneten Gruppentests gab) mit einem Gruppenintelligenztest voruntersucht, die besonders Vielversprechenden dann mit einem Einzelintelligenztest nachgetestet. So blieben schließlich 851 Jungen und 671 Mädchen übrig, insgesamt nahmen 1528 Kinder (einige kamen später hinzu) mit einem IQ $\geq$ 140 (dies entspricht dem obersten Prozent der Verteilung) an der Verlaufsstudie teil.

TERMAN und Mitarbeiter begleiteten sie auf ihrem Lebensweg bis in die heutige Zeit (TERMAN/DEVOSS 1924; TERMAN u. a. 1925; BURKS u. a. 1930; TERMAN/ODEN u. a. 1947; TERMAN 1954a, b; TERMAN/ODEN 1959; ODEN 1968; SEARS 1977; SEARS/BARBEE 1977; SEARS 1979). Insgesamt gesehen entwickelten sich diese »Hochbegabten« auf allen Gebieten – körperlich, intellektuell, emotional, privat, beruflich – überaus gut, wesentlich besser als der Durchschnittsamerikaner.

TERMANS Längsschnittuntersuchung, in ihrer Art wohl einmalig in der Welt, hat Geschichte gemacht. Sie ist eine äußerst reichhaltige Quelle von Hypothesen und hat viele Erkenntnisse über »Hochbegabung« erbracht. Dennoch ist an ihr vielfach Kritik geäußert worden; sie läßt sich im wesentlichen in folgenden Punkten bündeln:
a) Vorauswahl durch Lehrer (Übersehen unangepaßter »Hochbegabter« und »underachiever«);
b) unzulängliche Intelligenzdiagnostik (Überbetonung verbaler Fähigkeiten und damit Benachteiligung »nicht-verbal ›Hochbegabter‹« und von Kindern aus sprachlich anregungsarmen Familien);
c) starkes Übergewicht höherer sozioökonomischer Schichten (teilweise aus a) und b) resultierend);
d) Überrepräsentation städtischer Bevölkerungsschichten (Rekrutierung der Kinder überwiegend aus großen und mittelgroßen öffentlichen Schulen);
e) Überrepräsentation des jüdischen Bevölkerungsanteils (hervorragendes Bildungsbewußtsein);
f) Unterrepräsentation von Farbigen;
g) nicht hinreichende Beachtung des Einflusses sozioökonomischer Faktoren auf die Entwicklung;
h) Fehlen einer adäquaten Kontrollgruppe;
i) teilweise unzulängliche Datenverarbeitung und
j) fehlende Ergänzung des Längsschnittes durch zeitlich versetzte Querschnitte.

Fast zur gleichen Zeit – jedoch vermutlich ohne Kontakt zu TERMAN – begann L. S. HOLLINGWORTH (1926) ihre Arbeit mit »hochbegabten« Kindern und Jugendlichen. Wie TERMAN war sie der Ansicht, eine hervorragende Leistungsfähigkeit sei einer sehr gut ausgeprägten Intelligenz zuzuschreiben. Ursprünglich der Meinung, eine exzeptionelle geistige Kapazität definiere ein »Genie« und eine bemerkenswerte kognitive Leistungsfähigkeit – jedoch deutlich unter dem Superlativ liegend – ein »Talent«, reservierte sie später die Begriffe »Genie« und »Giftedness« für intellektuelle Leistungsfähigkeit, die auf dem SPEARMANschen »g«-Faktor basiert (»Genie«: IQ ≥ 180; »Giftedness«: IQ = 130–180), und benutzte »Talent« für all diejenigen Leistungsbereiche, die sich nicht auf »g« zurückführen lassen.

Neben der Forschung galt ihr besonderes Interesse der Förderung und Erziehung besonders begabter Kinder, vor allem der »Genies«. 1942 erschien ihr Buch über Kinder mit einem IQ jenseits von 180, in welchem sie anhand von Fallbeispielen deren Lebensschicksalen nachging. Die »extrem ›hochbegabten‹« Kinder waren beliebt, begeisterungsfähig und zeigten Spitzenleistungen, hatten jedoch häufiger Schwierigkeiten mit sich und ihrer Umwelt (vgl. dazu auch TERMAN/ODEN 1959; BARBE/HORN 1964).

Ein besonders erfolgreiches und international renommiertes Programm zur Erforschung und Förderung mathematisch »hochbegabter« Schüler ist zu Beginn der 70er Jahre an der Johns Hopkins University in Baltimore gestartet worden. In der »Study of Mathematically Precocious Youth (SMPY)« werden mit standardisierten Mathematikleistungstests Kinder identifiziert, die mathematisch ihren Klassenkameraden weit voraus waren – mindestens vier Schuljahre! Diese Schüler werden mit verschiedenen Maßnahmen (z. B. schnelleres Durchlaufen des Lehrplans, Klassenüberspringen, spezielle Arbeitsgemeinschaften, Gasthörerschaft an der Universität) besonders gefördert. Es zeigte sich, daß die mathematisch besonders befähigten Kinder sich nicht selten ihrer außergewöhnlichen Fähigkeiten vorher nicht (voll) bewußt waren. Manche wurden schon früh zum Universitätsstudium zugelassen und beendeten es noch als Adoleszenten erfolgreich. Die Entwicklung dieser Kinder wird psychologisch-pädagogisch begleitet und dokumentiert (BENBOW/STANLEY 1983; STANLEY/BENBOW 1983; 1986; STANLEY 1986).

Ein weiteres Projekt, welches Forschung und Förderung zu integrieren versucht, wurde Ende der 70er Jahre in Seattle von der »Child Development Research Group« begonnen (vgl. ROEDELL u. a. 1989). Die »Child Development Research Group« verfolgt u. a. folgende Ziele:
a) Längsschnittanalyse der Entwicklung von Vorschulkindern mit außergewöhnlichem Entwicklungspotential;
b) Betreuung »hochbegabter« Vorschulkinder;
c) Beratung und Betreuung der örtlichen Schulen im Hinblick auf Fördermaßnahmen (z. B. Klassenüberspringen) für Kinder, die leistungsmäßig ihren Altersgenossen mindestens vier Jahre voraus sind;
d) Beratung und Betreuung der Familien dieser Kinder;
e) Begleitung und Hilfestellung beim frühzeitigen Übertritt in die Universität von Schülern, die über die nötige Motivation und emotionale Reife verfügen.

Beide Programme betonen neben der allgemeinen kognitiven Leistungsfähigkeit vor allem fachbezogene Leistungsschwerpunkte.

In Großbritannien wurde 1975 von FREEMAN eine größere Studie zur Identifikation und Entwicklung »hochbegabter« Kinder unter Berücksichtigung ihres sozialen Umfeldes (Schule, Familie) angelegt. FREEMAN (1979) erfaßte 70 »hochbegabte« Kinder mit einem durchschnittlichen IQ = 147, die in der National Association for Gifted Children

(NAGC), einer Elterninitiativgruppe, organisiert waren. Sie verglich diese organisierten »Hochbegabten« hinsichtlich verschiedener Leistungs-, Persönlichkeits- und soziodemographischer Variablen mit einer gleich großen, parallelisierten »Hochbegabtengruppe« nicht organisierter Schüler (mittlerer IQ = 134) sowie mit einer Zufallsstichprobe von Kindern der gleichen Schulklassen. Diese Zufallsstichprobe war allerdings auch deutlich überdurchschnittlich intelligent (mittlerer IQ = 119).

Als Hauptergebnis der FREEMANschen Studie ist festzuhalten, daß durchgängig beobachtbare psycho-soziale Probleme nur in der NAGC-Gruppe festzustellen waren, verständlicherweise, da vermutlich vor allem diejenigen Eltern Rat und Unterstützung bei der NAGC suchen, deren »hochbegabtes« Kind mit sich selbst, seinen Alterskameraden und seiner Familie Probleme hat. Zudem ergaben sich in ihrer Studie Hinweise darauf, daß vielleicht manche der festgestellten Schwierigkeiten der in der NAGC organisierten »hochbegabten« Schüler erst durch ehrgeizige bzw. neurotische Mütter mit begründet (oder verstärkt) wurden.

Ein großes Problem der FREEMANschen Untersuchung liegt in der großen Altersheterogenität ihrer Stichprobe (Altersbereich 5 bis 14 Jahre). Auf die einzelnen Altersstufen entfallen durchschnittlich nur jeweils sieben Kinder. Man muß sich fragen, wie sinnvoll es ist, die psycho-sozialen Probleme »hochbegabter« Vorschüler denen von »hochbegabten« Pubertierenden gleichzusetzen.

1987 hat FREEMAN eine Nachfolgeuntersuchung gestartet und konnte einen großen Teil der Familien erneut befragen. Die Ergebnisse dieser Nachfolgeuntersuchung sind allerdings noch nicht publiziert. (Über anglo-amerikanische Forschungsarbeiten zum Thema »Hochbegabung« informiert ausführlich eine annotierte Bibliographie von LAUBENFELS [1977], in der 1329 einschlägige Arbeiten bis zum Jahre 1976 aufgenommen worden sind.)

Auch in Deutschland beschäftigte man sich schon um die Jahrhundertwende mit »Hochbegabung«; jedoch standen weniger Forschungen über Ursachen und Einflußquellen im Vordergrund, sondern vielmehr Bemühungen um eine für jedes Kind optimale Bildung und Erziehung, sei es durch innere Differenzierung, sei es durch geplante Elitebildung im Rahmen von Sonderklassen oder Begabtenschulen (vgl. dazu die Übersicht bei FEGER 1986; 1988a; 1988b, S. 30–39). Zeitlich parallel zu HOLLINGWORTH schrieb BAUMGARTEN (1930) in der Schweiz ein Buch über »Wunderkinder«. Der Nationalsozialismus stellte mit seiner antiintellektualistischen Kehrtwende eine drastische Zäsur dar.

Nach dem Zweiten Weltkrieg tauchten Arbeiten zur »Hochbegabung« nur vereinzelt auf (BUSEMANN 1949; JUDA 1953; MÖNKS 1963), obwohl »Begabung und Lernen« (ROTH 1969) stürmisch diskutiert wurden – zumeist jedoch im Rahmen der Erschließung von Bildungsreserven und von kompensatorischer Erziehung. Empirische Untersuchungen finden sich nur selten (ORLIK 1967; SCHLICHTING 1968; SCHMIDT 1977; URBAN 1982b; ALBRECHT/ROST 1983; RAHN 1985; 1986).

Zu Beginn der 80er Jahre erwachte auch in Deutschland erneut das Interesse an Fragen der »Hochbegabung«. Eine »Deutsche Gesellschaft für das hochbegabte Kind« wurde 1978 gegründet, die ersten Tagungen wurden organisiert (WIECZERKOWSKI/WAGNER 1981; HEITZER 1984; WEINERT/WAGNER 1987), und es erschienen einige Bücher, vornehmlich um das Informationsdefizit aufzuarbeiten (CHAUVIN 1979; URBAN

1982a; 1984; WEBB u. a. 1985; HEINBOKEL 1988; FEGER 1988b; ROEDELL u. a. 1989; HAGEN 1989; über deutschsprachige Arbeiten bis 1987 informiert eine Bibliographie von BARTENWERFER/MÜLLER 1990). 1985 fand in Hamburg die »VI. Weltkonferenz für Begabte und Talentierte« statt (CARL/HAHN 1986; CROPLEY u. a. 1986; BUNDESMINISTER FÜR BILDUNG UND WISSENSCHAFT 1986a; HELLER/FELDHUSEN 1986), und erst in jüngster Vergangenheit wurden auch in der Bundesrepublik (Psychologisches Institut II der Universität Hamburg, Arbeitsgruppe WIECZERKOWSKI; Universität der Bundeswehr Hamburg, Arbeitsgruppe DAHME; Fachbereich Psychologie der Universität Marburg, Arbeitsgruppe ROST; Institut für Empirische Pädagogik und Pädagogische Psychologie der Universität München, Arbeitsgruppe HELLER) umfangreiche empirische Forschungsvorhaben begonnen.

Die Hamburger Arbeitsgruppe vom Psychologischen Institut II hat in Zusammenarbeit mit Mathematikdidaktikern des Fachbereichs Erziehungswissenschaft der Universität Hamburg 1983 in enger Anlehnung an das SMPY-Projekt der Johns Hopkins University ein – wie die ersten Berichte zeigen – recht erfolgreiches Projekt zur mathematischen Begabungsförderung begonnen. Jährlich werden gezielte Talentsuchen unter verschiedenen Zielsetzungen durchgeführt: neben der Früherkennung besonderer mathematischer Fähigkeiten und der Förderung der Begabungen durch anspruchsvolle Aufgabenstellungen soll auch mathematisch-kreatives Denken (Entdecken und Formulierung mathematischer Probleme) angeregt werden. Die Schüler werden in ihrer Begabungsentwicklung über einen mehrjährigen Zeitraum beobachtet. Ein weiteres Projektziel besteht in der Entwicklung von Lehrmaterialien (WAGNER u. a. 1986; WIECZERKOWSKI u. a. 1987; BIRX 1988).

Die Arbeitsgruppe der Universität der Bundeswehr in Hamburg hat postalisch Teilnehmer des Wissenschaftswettbewerbs »Jugend forscht« befragt. Im Zentrum dieser Studie stehen motivationspsychologische Untersuchungen, und man geht den Fragen nach, was die Teilnehmer zur Anmeldung zum Wettbewerb bewegt hat, von welchen Faktoren es abhängt, ob sie durchhalten, und welche Bedingungen dazu führen, daß sie erneut an einem Wettbewerb teilnehmen (DAHME/RATHJE 1988; vgl. auch DAHME 1981).

Ähnliche Befragungen von Wettbewerbsteilnehmern sind übrigens 1985 und 1986 von RAHN vorgelegt worden. Die Untersuchung der »Jugend forscht«-Teilnehmer von 1966 bis 1984 (RAHN 1986) belegt, daß bei Wettbewerbsteilnehmern dem aktiven Gestaltungswillen des Individuums als bestimmende Kraft (neben Intelligenz und Lernvermögen) eine besondere Bedeutung zukommt. Die Analyse der Bundessieger im Bundeswettbewerb Mathematik 1971–1983 (RAHN 1985) konzentriert sich auf die Erfassung demographischer Daten, einzelner Fächer- und Abiturnoten, der schulischen Laufbahn, auf Ergebnisse der Wettbewerbsteilnahme, Einzelheiten des Studienverlaufs und der erreichten Abschlüsse, Angaben zur beruflichen Tätigkeit, zu wissenschaftlichen Veröffentlichungen und zu anderen Leistungen dieser Personengruppe. Verwandte Forschungen laufen im Rahmen von Studien zur Evaluation der Auswahlprozeduren der »Studienstiftung des Deutschen Volkes« (TROST 1986).

Die Arbeitsgruppe »Schule und Familie« des Fachbereichs Psychologie der Universität Marburg hat auf Initiative und unter Leitung des Verfassers 1987 eine differenzierte »Lebensumweltanalyse besonders begabter Grundschulkinder« in Angriff genommen (ROST 1984; ROST/CZESCHLIK 1988; ROST 1989; ROST/DÖRNER 1989). Aus einer nicht vorselegierten Stichprobe von über 7000 Grundschulkindern des 3. Schuljahres aus neun Bundesländern (lediglich Hamburg und Bremen verweigerten mit vorgeschobenen Gründen die Genehmigungen zur Durchführung der Untersuchung) wurden die hinsichtlich ihrer breiten intellektuellen Leistungsfähigkeit 151 Besten (verstanden im Sinne von SPEARMANS »g«) ausgewählt. Sie werden einer Kontrollgruppe von 136 durchschnittlich Begabten mit ähnlichem sozioökonomischem Hintergrund gegenübergestellt. Dabei werden nicht nur die Kinder selbst untersucht, sondern auch die »signifikanten Bezugspersonen« (Eltern und Lehrer) einbezogen, um ein umfassendes Bild von der Persönlichkeit, der sozialen Situation, den Interessen und der Lebensumwelt »hochbegabter« Grundschulkinder zu zeichnen. Ein zweiter Aspekt dieser Untersuchung befaßt sich mit einer differenzierten Analyse der Möglichkeiten und Grenzen der Identifikation hochbegabter Grundschüler durch ihre Klassenlehrer (WILD 1990). Die Datenerhebung konnte 1989 sehr erfolgreich (außergewöhnlich geringe Ausfallquote) abgeschlossen werden, zur Zeit läuft die Auswertung und Integration der vielfältigen Daten.

Die Entwicklung eines differenzierten Diagnoseinstruments zur Identifizierung unterschiedlicher »Typen« von »Hochbegabung« und die Analyse des schulischen Leistungsverhaltens »hochbegabter« Schüler stehen im Zentrum der seit 1985 laufenden längsschnittlichen Untersuchung der Münchener Arbeitsgruppe. Rund 900 Kinder mit hohen Begabungen in verschiedenen Bereichen (Intelligenz, Kreativität, soziale Kompetenz, musische Fähigkeiten, Psychomotorik) aus sechs Alterskohorten (pro Kohorte 150 Kinder) sollen vier Jahre lang begleitet werden (HELLER 1986; HELLER/HANY 1986).

Wie bei TERMAN wurden in der Münchener Studie die »hochbegabten« Kinder leider von den Lehrern vorausgelesen. Mittlerweile ist durch einschlägige Forschungen bekannt, daß Lehrer bei der Identifikation »Hochbegabter« dazu neigen, die gut angepaßten und leistungsstarken Schüler zu benennen und »underachiever« zu übersehen. So liegt der Münchener Studie eine verzerrte Stichprobe zugrunde, und das Ausmaß der Verzerrung kann leider nicht kontrolliert werden. Da weiterhin keine entsprechende Kontrollgruppe durchschnittlich begabter Kinder vorgesehen ist, muß mit ähnlichen Interpretationsschwierigkeiten wie bei der TERMANSCHEN Untersuchung gerechnet werden.

Besondere Schwachstellen vieler Untersuchungen im Bereich der »Hochbegabtenforschung« liegen, wie schon mehrfach betont, in der Einbeziehung verzerrter Stichproben (häufig Selbstselektion wie bei Wettbewerbsteilnehmern oder Vorselektion durch Lehrer) und dem Fehlen echter Vergleichsgruppen. Zukünftige Untersuchungen sollten vor allem diese beiden Punkte bei der Planung der Erhebungen berücksichtigen und neben möglichst unausgelesenen Stichproben von »Hochbegabten« auch adäquate Kontrollgruppen durchschnittlich begabter Kinder definieren, wobei vermehrt die Anlage von (leider sehr kostspieligen und deshalb seltenen) Längsschnittuntersuchungen zu fordern ist.

2 Begriff und Konzept der »Hochbegabung«

»Hochbegabung« ist alles andere als ein präziser Begriff. Zur Unschärfe trägt bei, daß es eine Reihe von Bezeichnungen gibt, die manche Autoren synonym verwenden, andere aber bewußt gebrauchen, um Bedeutungsnuancen auszudrücken. In Deutschland haben sich »hohe Begabung«, »höhere Begabung«, »Höchstbegabung«, »Hochbegabung« bzw. »Hochbefähigung«, »Spitzenbegabung« oder auch »Hochleistungsdisposition« eingebürgert (STERN 1928; BUSEMANN 1949; JUDA 1953; HOFSTÄTTER 1957; 1971; MÖNKS 1963; HILGENDORF 1985; EDER 1989). Neuerdings wird aus bildungspolitisch-ideologischen Gründen gern von »besonderen Begabungen« gesprochen, ohne daß jedoch klar wird, ob eine bestimmte Bedeutungsnuance gemeint ist. Vermutlich soll damit eine Abgrenzung von einem konservativ getönten »Elite«-Begriff erreicht werden.

Viele Unklarheiten liegen im verwaschenen Begabungskonzept begründet (IM 1975; HELBIG 1988), unter dem die verschiedensten Phänomene subsumiert werden. Auf den
(a) *statischen* vs.
(b) *dynamischen* Begabungsbegriff als Gegensatz von angeborener Leistungsdisposition und kulturell vermittelten Erfahrungen sowie auf die Bedeutung des Zusammenwirkens beider Faktoren haben wir schon hingewiesen.

Andere Unterscheidungen beziehen sich auf die *Variabilität* der Leistungsfähigkeit. So wird beispielsweise der
(c) *intellektuellen* (Denkvermögen, Sprachverständnis, Merkfähigkeit usw.) die
(d) *nicht intellektuelle* (praktisch-handwerkliche, musische, künstlerische usw.) Begabung gegenübergestellt.

Innerhalb des intellektuellen Bereichs wird zwischen
(e) *allgemeiner* Begabung im Sinne der SPEARMANschen generellen Intelligenz (Faktor »g«) und
(f) *Spezialbegabungen* oder *multiplen Intelligenzen* (sprachliche, mathematische, räumliche Intelligenz) bzw. zwischen Begabung als
(g) *konvergentem* vs.
(h) *divergentem* (Kreativität, Einfallsreichtum etc.) Denken unterschieden.

Schließlich kann man
(i) schon in *Leistungen realisiertes* vs.
(j) *noch nicht in Leistungsprodukte umgesetztes* Potential ansprechen. Die nicht selten anzutreffende produktbezogene Formel »*Begabung = Leistung*« erscheint problematisch, da zwar jeder Leistung ein gewisses Potential zugrunde liegt, andererseits aber die Umsetzung des Potentials in aktuelle Leistungen von zahlreichen Drittvariablen (vor allem Leistungswille, Motivation, Interesse, Anstrengungsbereitschaft, Belastbarkeit, aber auch Wissen, Lernerfolg, familiärer Hintergrund und körperliche Faktoren wie Krankheit und Behinderung) moderiert werden kann.

Wie groß oder stark eine Begabung ausgeprägt sein sollte, um das Etikett »hoch« zu rechtfertigen, ist nicht objektiv zu bestimmen, sondern Konventionssache. Hierbei haben sich gewisse Grenzwerte eingebürgert. So wird die Ausprägung von Merkmalen (in der Regel Intelligenz) in Relation zum Populationsdurchschnitt betrachtet, z. B. das oberste Prozent der Verteilung (IQ $\geq$ 140 wie bei TERMAN), häufiger wird jedoch ein Bereich angesprochen, der mindestens zwei Standardabweichungen über dem Mittelwert liegt (IQ $\geq$ 130) und als »extrem hoch« (HOFSTÄTTER 1971, S. 184) umschrieben wird. Weil dies willkürliche (wenn auch nicht unbegründete) Setzungen sind, sind in der Literatur immer wieder auftauchende Aussagen wie »aktuelle *Schätzungen* (Hervorhebung durch den Verfasser) klassifizieren 3% bis 5% der Population ... als hochbegabt« (HOROWITZ/O'BRIEN 1986, S. 1147) schlichtweg unsinnig.

Etwa in derselben Größenordnung (2% bis 3%) liegt auch der mittlere Prozentwert, den Lehrer bei der Frage nach der Vorkommenshäufigkeit von »hochbegabten« Schülern angeben. Umgangssprachlich wird »Höchstbegabung« mit »Genie« (IQ $\geq$ 160, d. h. ein Fall auf rund 100 000) assoziiert, und im Englischen findet sich mit »gifted« bzw. »genius« und »eminence« (ALBERT 1983) eine vergleichbare Klassifikation. Bis in unsere Zeit stellt eine gesellschaftlich hochgeschätzte, überragende kognitive, künstlerische oder musikalische – merkwürdigerweise nicht jedoch sportliche – Leistung das entscheidende Kriterium für die Definition eines »Genies« dar, wobei je nach Leistungsbreite vom »Universalgenie« (wie bei LEONARDO DA VINCI) oder vom »Genie« (z. B. EINSTEIN) gesprochen wird. »Talent« steht häufig – in Abhebung von »Hochbegabung« – für bereichsspezifische nichtintellektuelle Spitzenbegabungen (Sport, Kunst, Musik, Schauspiel). »Hochbegabung« meint in der Regel die breit angelegte intellektuelle Potenz. In diesem Sinne wird auch hier »Hochbegabung« verwendet.

Neben diesen *Quantitätsgesichtspunkten* wird neuerdings stärker auch das Problem der *unidimensionalen* vs. *multidimensionalen* Konstruktbildung diskutiert.

Seit dem Aufkommen psychometrischer Tests standen in der Nachfolge TERMANS und HOLLINGWORTHS unidimensionale Modelle im Vordergrund. Sie haben sich hervorragend bewährt, zu einem vergleichsweise homogenen Begriffsverständnis geführt und sind gut zu operationalisieren. Hier dominiert nach wie vor, wofür es sehr gute psychologische, methodische und erfassungspraktische Gründe gibt (vgl. z. B. HUMPHREYS 1985), die Orientierung an der allgemeinen Intelligenz im Sinne des SPEARMANschen (1904; 1927) Generalfaktors »g« (KEATING 1976; BENBOW/STANLEY 1983), einfach deshalb, weil Intelligenztests, die hoch mit »g« geladen sind, mit einer Vielzahl externer Kriterien (nicht nur Erfolg in Schule, Universität und industriellem Training sowie in vielen unterschiedlichen Berufen, sondern auch Monatseinkommen, sozial bedeutsamen schöpferischen Leistungen usw.) hoch bis sehr hoch korrelieren (vgl. JENSEN 1987).

Hinzu kommt, daß »talentierte« Schüler (also in einem spezifischen Bereich wie Kunst oder Musik »hochbegabt«) in der Regel auch deutlich überdurchschnittliche Werte in Intelligenztests erzielen: »Außergewöhnliche Künstler liegen in ihrer allgemeinen Intelligenz sehr deutlich über dem Durchschnitt.« (STERNBERG/DAVIDSON 1985, S. 69)

Für bestimmte Fragestellungen werden auch fachspezifische Fähigkeits- und Leistungstests eingesetzt, wie z. B. in der Mathematik. Ein hervorragendes mathematisches Leistungspotential setzt eine sehr gute allgemeine Intelligenz voraus, aber zusätzlich auch eher spezifische mathematische Fähigkeiten und Kenntnisse, oder anders ausgedrückt: »Eine weit überdurchschnittliche Intelligenz ... (ist) ... vermutlich eine notwendige, nicht aber eine hinreichende Bedingung« für die erfolgreiche Bearbeitung mathematischer Tests (WIECZERKOWSKI u. a. 1987, S. 22). In der Evaluation des Hamburger Förderprogramms für »mathematisch besonders befähigte« Schüler zeigte sich, daß die in das Förderprogramm aufgenommenen Schüler (Auswahlkriterium: mathematische Leistungsfähigkeit) einen Durchschnitts-IQ von 144 (!) hatten, »wobei sich insbesondere auch im verbalen Bereich sehr hohe Testleistungen zeigten« (WAGNER/ZIMMER-

MANN/STÜVEN 1986, S. 248). Die interessierten, aber nicht aufgenommenen Schüler erzielten immerhin noch einen mittleren IQ von 127 (BIRX 1988, S. 54–57). Einseitige mathematische »Spitzenbegabungen« (bei durchschnittlicher allgemeiner Intelligenz) kamen praktisch nicht vor.

So ist es nur konsequent, daß in fast allen Konzeptionen von »Hochbegabung« die *allgemeine kognitive Leistungsfähigkeit*, mit Gruppen- oder Einzelintelligenztests erfaßt, als *der* zentrale Bestandteil von »Hochbegabung« gilt, da überdurchschnittliche Begabung »eine notwendige, aber keineswegs hinreichende Bedingung« (WAGNER 1988, S. 58) für die Vorhersage späterer *Hochleistungen* bei Kindern und Jugendlichen darstellt. In die israelischen Sonderklassen für »Hochbegabte« werden, um nur ein Beispiel zu nennen, keine Kinder aufgenommen, die in einigen Bereichen Spitzenleistungen zeigen, in anderen Bereichen aber ein Mindestkriterium unterschreiten (HEINBOKEL 1988, S. 50).

Ein anderer Grund liegt im Alter: Je jünger das Kind ist, um so schwieriger ist es, eine »potentielle Hochbegabung« in *spezifischen* Bereichen (z. B. Mathematik, Naturwissenschaften, Sprachen) mit akzeptabler Sicherheit vorherzusagen (HAGEN 1989); dies gilt vor allem für das Vor- und Grundschulalter. Dort ist es ratsam, sich auf die Diagnose der allgemeinen kognitiven Leistungsfähigkeit zu beschränken. Eine Ausnahme davon scheint die musikalische Begabung zu sein, die sich nicht selten schon deutlich im Vorschulalter manifestiert.

Bei den mehrdimensionalen Konstrukten sind die auf den kognitiven Leistungsbereich im weitesten Sinne zentrierten Modelle (z. B. »Structure of Intellect«: GUILFORD 1967; Verbindung von Kreativität und Intelligenz: GETZELS/JACKSON 1962; TORRANCE 1962; WALLACH/KOGAN 1965; WALLACH/WING 1961) von bereichsübergreifenden Konzeptionen zu trennen, die neben kognitiven auch nichtintellektuelle Faktoren mit einbeziehen (RENZULLI u. a. 1981; TANNENBAUM 1983). Andere Autoren beispielsweise berücksichtigen »kognitive Charakteristika«, »Schulfähigkeiten«, »Schulleistungen« und »Persönlichkeitsvariablen« (vgl. HAGEN 1989).

Eine die anglo-amerikanische Diskussion stark beeinflussende Definition wurde im Auftrag des amerikanischen Kongresses von MARLAND (1971) vorgeschlagen. Demnach sind diejenigen (von Experten identifizierten) Kinder als »hochbegabt« anzusehen, die aufgrund ihrer außergewöhnlichen Fähigkeiten zu hohen Leistungen imstande sind. Das hohe Fähigkeitsniveau im Sinne MARLANDS wird als schon realisierte Leistung und/oder als Leistungspotential in einem oder mehreren der folgenden Bereiche angesehen:
– Intelligenz,
– Schulleistungen,
– Kreativität und produktives Denkvermögen,
– soziale Führungsfähigkeiten (social leadership),
– künstlerische Leistungen und
– psychomotorische Fähigkeiten.

Später wurden die »psychomotorischen Fähigkeiten« wieder aus der Definition ausgegrenzt. MARLANDS Definition schließt demnach neben rein kognitiven Aspekten auch nichtintellektuelle Leistungsbereiche ein. Zur Kritik wurde angemerkt, daß die oben genannten Kategorien nicht auf gleicher hierarchischer Ebene liegen (Fähigkeiten vs. Leistungen) und motivationale Faktoren vernachlässigen.

RENZULLIS (1978; 1986) sogenanntes *3-Ringe-Modell* sieht neben »Intelligenz« auch »Kreativität« und »leistungsorientierte Arbeitshaltung« als konstitutive Bestandteile eines erweiterten Konzepts von »Hochbegabung« vor. Dies mag zunächst sinnvoll erscheinen; so erfreut sich RENZULLIS Modell auch großer Popularität. Bei genauerem Überdenken werden jedoch einige Probleme deutlich: Zum einen ist dies kein (auf das Potential rekurrierendes) *Begabungsmodell*, sondern ein *Leistungsmodell*, bedingt durch die Berücksichtigung der »leistungsorientierten Arbeitshaltung«. Wer bei sehr hoher Intelligenz eine »leistungsorientierte Arbeitshaltung« zeigt, wird auch gute oder sehr gute Leistungen erbringen, würde aber nach RENZULLI wegen seiner möglicherweise nicht überdurchschnittlichen »Kreativität« nicht als »besonders begabt« gekennzeichnet. Diejenigen Kinder, die außergewöhnlich »kreativ« und außergewöhnlich intelligent sind, aber aufgrund eines verbesserungswürdigen Unterrichts kaum eine leistungsorientierte Arbeitshaltung zeigen (und die entsprechenden Schulleistungen auch nicht erbringen [»underachiever«]), wären ebenfalls nicht »hochbegabt«. (Zur Bedeutung der Motivation i. w. S. für weit überdurchschnittliche *Leistungen* vgl. TERMAN/ODEN 1959; ALBERT 1975; HOWE 1982; DAHME/RATHJE 1988.) Schließlich handelt es sich nicht im eigentlichen Sinne um ein *Modell*, da die Beziehungen der drei Faktoren zueinander nicht näher spezifiziert, geschweige denn quantifiziert werden.

Ein zweites Problem seines Modells liegt darin, daß mit »Kreativität« ein besonders »weiches«, im Verlauf der (kindlichen) Entwicklung notorisch instabiles Konzept einbezogen wird, das darüber hinaus bislang noch nicht klar umschrieben (vgl. zur allgemeinen Kritik WEISBERG 1989), geschweige denn vernünftig operationalisiert worden ist. Von den zahlreichen als »Kreativitätstest« benannten Verfahren erfaßt keines auch nur annäherungsweise das, was im eigentlichen Sinne produktiv-schöpferische Leistungen ausmacht, und kann diese auch kaum prognostizieren (WALLACH 1985). Für die wiederholt geäußerte Behauptung, Kreativitätsmeßwerte hätten eine »hohe prognostische Validität für hervorragende Leistungen« (z. B. HANY 1987, S.176), lassen sich in der einschlägigen Literatur keine überzeugenden Belege finden. Die meisten vorliegenden Verfahren, »Kreativität« zu messen, sind mangelhaft. So genügen viele »Kreativitätstests« beispielsweise nicht den Minimalanforderungen an psychologische Testverfahren, und sie korrelieren untereinander nicht höher, häufiger sogar noch geringer als mit »klassischen« Intelligenztests.

Mit der Erfassung des Arbeitsverhaltens und des Interesses steht es nicht besser, eher schlechter. Postuliert man solche Variablen als *Definitionsmerkmale* von »Hochbegabung«, verhindert man eine operationale Definition und stellt eine solide Diagnostik ernsthaft in Frage. Nach wie vor ist deshalb, wie ZIGLER/FARBER (1985, S. 397) betonen, Intelligenz das adäquate Kriterium zur Definition (kognitiver) »Hochbegabung«.

In noch stärkerem Maße gilt diese Kritik für die von MÖNKS (1985) vorgeschlagene Erweiterung des »Modells« von RENZULLI um die »primären Sozialbereiche«: »Familie«, »Schule« und »Peergruppe«. Über Richtung und Auswirkung der vielfältigen Interaktionen dieser Faktorbündel mit RENZULLIS Faktoren wird jedoch keinerlei Aussage gewagt, ganz davon abgesehen, daß die zur Definition hinzugenommenen »primären Sozialbereiche« auf unterschiedlichen Ebenen liegen und sehr komplex sind. »Schule« und »Familie« beispielsweise sind gesellschaftliche Institutionen, »Peers« aber Personen, die in diesen Institutionen leben. Was benötigt würde, wäre eine echte

Theorie der Hochbegabung im sozialen Bezug, nicht eine bloße Aneinanderreihung vergleichsweise beliebiger Konzepte.

Wie wenig *(hoch)begabungsspezifisch* die Erweiterung von MÖNKS ist, läßt sich schnell demonstrieren, wenn man in die Mitte des Dreiecks von MÖNKS eine beliebige andere Personenvariable plaziert. Sei es Depression oder Neurotizismus, Glück oder Zufriedenheit, Ängstlichkeit oder Aggressivität etc., das Bild stimmt immer: Peers, Schule und Familie sind als Umfeld stets wichtig, jedes Verhalten, jede Eigenschaft des Individuums wird von den jeweiligen besonderen gesellschaftlichen Verhältnissen beeinflußt. Damit gerät die Erweiterung in gefährliche Nähe zu einer Leerformel, unter die alles und jedes subsumiert werden kann. Jüngst meinte RENZULLI (1986), zwei neue Konstrukte, nämlich »schulische ›Hochbegabung‹« und »kreativ-produktorientierte ›Hochbegabung‹« voneinander unterscheiden zu müssen (vgl. *Tabelle 1*), wobei nicht nur die Beziehungen beider Konzepte zueinander, sondern auch zur im RENZULLI-»Modell« von 1978 erwähnten »Kreativität« in Kindheit, Jugend und im Erwachsenenalter unbestimmt bleiben (vgl. HELLER 1987, S. 161).

Völlig undiskutabel sind Ansätze, die den »Hochbegabungsbegriff« so ausweiten, daß jedes Kind in irgendeinem Bereich als »hochbegabt« angesehen wird (TAYLOR 1968; FELDMANN 1979). Sie sind im Prinzip so informativ wie die Aussage »alles hängt irgendwie mit allem zusammen«.

Aspekt	Schulische Hochbegabung	Produktive Hochbegabung
– Untersuchungsalter	Kindheit	Erwachsenenalter
– Phänomen	Wissensaneignung	Entdecken
– Leistungsniveau	sehr gut	»profund«
– Zeitspanne zur Zielerreichung	Minuten bis Monate	Monate bis Jahre
– Leistungsmotivation	veränderlich	hoch
– Selbstkonzeptniveau	veränderlich	hoch

Tab. 1: Zwei unterschiedliche Hochbegabungskonzepte (nach SIEGLER/KOTOVSKY 1986, S. 419)

3 Identifikation »hochbegabter« Schüler

Die zuverlässige und gültige Identifikation von »Hochbegabung« bringt große Probleme mit sich, da sich die Schwierigkeiten, »Hochbegabung« zu definieren, naturgemäß in den Identifikationsmethoden widerspiegeln. Viele der den Theorien und Definitionen zugrundeliegenden psychologischen Konzepte können bis heute noch nicht zuverlässig und gültig gemessen werden (vgl. *Tabelle 2*). Deshalb greift man pragmatisch-eklektisch auf verfügbare Instrumente zurück. Da in fast allen Konzeptionen die kognitive Leistungsfähigkeit als zentraler Bestandteil von »Hochbegabung« genannt wird, stehen natürlich Gruppen- und Einzelintelligenztests im Vordergrund. Daneben werden auch fachspezifische Fähigkeits- und Leistungstests eingesetzt, wie z. B. in der Mathematik: ein hervorragendes mathematisches Leistungspotential setzt zwar eine sehr gute allgemeine Intelligenz voraus, aber zusätzlich ebenso mathematikspezifische Kenntnisse und

Fähigkeiten, oder anders ausgedrückt: eine weit überdurchschnittliche Intelligenz ist »vermutlich eine notwendige, nicht aber eine hinreichende Bedingung« (WIECZERKOWSKI u. a. 1987, S. 22) für mathematische Begabung. Mangels bewährter Tests verzichtet man zumeist auf die Diagnostik von Kreativität und Arbeitshaltung. Vor allem in den USA werden für Lehrer und Eltern Checklisten propagiert, und nur sehr selten werden Persönlichkeitsfragebogen zur Identifikation eingesetzt. Zur Identifikation und zur Information über Entwicklungsstand und Entwicklungspotential »hochbegabter« Schüler kann man vier verschiedene Quellen heranziehen:

a) Der »hochbegabte« *Schüler* selbst wird üblicherweise mit bewährten psychologischen Fähigkeits- und Leistungstests sowie Persönlichkeitsfragebogen im weitesten Sinne untersucht. Durchführung, Auswertung und Interpretation setzen solides psychodiagnostisches Wissen voraus und sollten deshalb dem (Schul-)Psychologen überlassen werden. Weiterhin können Leistungen (Schulnoten) und – besonders wichtig in Bereichen, die nicht zum traditionellen Curriculum gehören – Werkproben (Arbeitsprodukte) herangezogen werden (allerdings ergibt sich dann häufig das Problem der mangelnden Vergleichsmöglichkeiten [fehlende Normierung]). Gerade in nichtkognitiven Bereichen wie Musik, Kunst, Sport, Tanz und darstellendem Spiel sind die bisher gezeigten Leistungen das ausschlaggebende Kriterium zur Entscheidung über das Vorliegen besonderer Begabungen. Bei solchen spezifischen Begabungsschwerpunkten ist das Urteil externer Experten (Jurybildung) nützlich. Aber auch für klassische Schulfächer gilt, daß sich die bisher erbrachten Leistungen (wie sie sich z. B. in Zensuren oder besser noch in standardisierten [Schul-]Leistungstests widerspiegeln) gut für die Vorhersage zukünftiger Leistungen eignen, wobei nicht die punktuelle Spitzenleistung, sondern das langfristig stabile sehr gute Leistungsplateau entscheidend ist.

Wenn ein gezieltes Angebot gemacht wird (z. B. bei Wettbewerben wie »Jugend forscht«), spielt die Selbsteinschätzung eigener Fähigkeit und Leistungen (Selbstnomination) eine wichtige Rolle. Hinzu kommt in diesem Falle auch der Drang, die eigenen Leistungen vor der Öffentlichkeit zu präsentieren und öffentliche Anerkennung zu gewinnen. Deshalb sollte eine Nichtteilnahme an einem Wettbewerb keine Nachteile für eine Identifikation bzw. Förderung mit sich bringen.

Daß es im Regelfall nicht ausreicht, sich bei der Identifizierung von »Hochbegabten« allein an den (Schul-)Leistungen zu orientieren, liegt u. a. an folgenden Gründen: Die Aussage, eine bisherige hervorragende (Schul-)Leistung stelle den besten Prädiktor für zukünftige Hochleistungen dar (HAGEN 1989), gilt natürlich nur unter der Voraussetzung vergleichbarer Rahmenbedingungen, d. h. unter der Voraussetzung der weitgehenden Ähnlichkeiten von Lernumweltbedingungen in der Vergangenheit, Gegenwart und Zukunft. – Manche Lehrer bevorzugen bei der Zensurengebung aus pädagogischen Gründen eine individuelle Bezugsnorm, der Vergleich mit anderen (soziale Bezugsnorm) interessiert sie weniger, ebenso wie die lernzielorientierte Bezugsnorm. – Manche Schüler besitzen ein sehr hohes Begabungspotential und sind sehr einfallsreich, können aber ihre Potenz (noch) nicht in aktuelle (Schul-)Leistungen umsetzen. Dies mag beispielsweise an bisherigen negativen Erfahrungen mit schulischen Lehr- und Leistungssituationen liegen, kann aber auch seine Wurzeln in außerschulischen Problemen haben.

b) Vom *Lehrer* wird aufgrund seiner vielfältigen Erfahrung und der breiten Vergleichsbasis erwartet, daß er relativ gut die allgemeine Leistungsfähigkeit (weniger das zugrundeliegende Potential) seiner Schüler einschätzen und über spezifische Fähigkeiten und Schwächen eines Kindes Auskunft geben könne. Deshalb ist eine auf Lehrerurteilen basierende Vorauswahl »Hochbegabter« weit verbreitet.

Tatsächlich aber pflegen Lehrer ihre Schüler eher nach der gezeigten Leistung als nach dem, was ein Kind leisten könnte, zu beurteilen. In vielen Studien – auch schon im Vorschul- und Grundschulbereich – wurden nur mittelhohe oder geringe Übereinstimmungen zwischen Lehrernomination oder Lehrereinschätzung einerseits und Intelligenztestergebnissen bzw. Leistungsentwicklung andererseits gefunden. Dies liegt wohl auch daran, daß »Begabung«, wie sie vom Lehrer aufgrund seiner pädagogischen Ausbildung und Erfahrung verstanden wird, ein wesentlich umfassenderes Konzept als »Intelligenz«, wie sie mit üblichen Tests gemessen wird, darstellt. Fragt man Lehrer nach den »Hochbegabten«, legen sie in aller Regel einen mehrdimensionalen Begriff zugrunde, der neben der allgemeinen kognitiven Leistungsfähigkeit (Intelligenz, Gedächtnis, Arbeitstempo, Merkfähigkeit usw.) auch Kreativität und Einfallsreichtum, mündliche und schriftliche Schulleistungen sowie körperliche und seelische Stabilität umfaßt. Zum zweiten ist natürlich nicht nur das Lehrerurteil fehlerbehaftet, sondern auch der zum Vergleich herangezogene Intelligenz- oder Schulleistungstest, insbesondere bei nicht vorschriftsmäßiger Administrierung und Auswertung. Zum dritten kann das Lehrerurteil als eine »intuitive Mitteilung« über unterschiedliche Situationen und über längere Zeiträume hinweg verstanden werden, während Intelligenz- oder Schulleistungstestergebnisse zunächst einmal ein Abbild der aktuellen Leistungsfähigkeit darstellen. Schließlich mag ein letzter Grund für die nur mittlere Übereinstimmung zwischen Lehrerurteil und Intelligenz- bzw. Schulleistungstestergebnissen vielleicht auch darin liegen, daß manche Lehrer eher dazu neigen, gut angepaßte Kinder als besser begabt zu bewerten und gute Begabungen von schwierigen Schülern möglicherweise zu unterschätzen – ebenso, wie andere dazu tendieren, bei Leistungsgleichheit Kinder mit höherer Leistungsmotivation besser einzuschätzen als solche mit geringerer (obwohl den letzteren ein besseres Begabungspotential zuzusprechen wäre, versteht man aktuelle Leistung als Zusammenspiel von Motivations- und Begabungsfaktoren). Ob die Beurteilungskompetenz von Lehrern – insbesondere bei älteren Schülern – steigt, wenn man ihnen vorher genauer mitteilt, was sie beurteilen sollen, ist noch nicht zufriedenstellend geklärt (vgl. dazu DENTON/POSTLETHWAITE 1985; HOGE/CUDMORE 1984; 1986).

c) Die *Eltern* sollten, vor allem bei jungen Kindern, das Lehrer- oder Kindergärtnerinnenurteil ergänzen, einfach deshalb, weil häufig entsprechende Testverfahren für diese Altersstufe fehlen. Aber auch hier ist Vorsicht angebracht, insbesondere, wenn solche Checklisten als Beurteilungsgrundlagen dienen. Über die Qualität des Elternurteils wissen wir vergleichsweise wenig. Unabhängig davon empfiehlt es sich, von Anfang an beide Elternteile aktiv in die Identifikation mit einzubeziehen: für die Plazierungsphase stellen Elterninformationen über kindliche Interessen und Beschäftigungen sowie Freizeitverhalten und Freundeskreis zusätzliche, wertvolle Hilfen dar. Weiterhin: werden Eltern – wie auch Lehrer – frühzeitig ausführlich informiert und ernst genommen, sind sie eher bereit, sich für den spezifischen Förderansatz, der den Identifikationsbemühungen zugrunde liegt, zu engagieren und ihn aktiv zu unterstützen.

d) Immer wieder liest man, Peers, das sind Freunde und Klassenkameraden, könnten »hochbegabte« Kinder gut identifizieren, manchmal sogar noch besser als Lehrer und Eltern. Leider ist auch hier festzuhalten, daß es für diese optimistische Einschätzung der Leistungsfähigkeit von Peer-Nominationen bislang keine stichhaltigen Belege gibt. Im Gegenteil, die wenigen vorliegenden Erfahrungen sind ziemlich ernüchternd: Wenn Peers die allgemeine kognitive Leistungsfähigkeit oder auch spezifische intellektuelle Begabungen ihrer Klassenkameraden einschätzen sollen, orientieren sie sich hauptsächlich an den in der Vergangenheit gezeigten Leistungen, wie sie sich beispielsweise in den Zensuren niederschlagen, was auch nicht unvernünftig ist. Von einem zusätzlichen Gewinn an Informationen kann aber nicht die Rede sein. Auch bei der Einschätzung spezifischer Talente können Peers nicht überzeugen. Bittet man Schüler, zu deutlich unterschiedlichen Fähigkeitsbereichen (allgemeine intellektuelle Befähigung, fachspezifische Begabung, Führungsqualitäten) die besonders Begabten zu nominieren, zeigt sich, daß sich diese Nominierungen bei bestimmten Kindern über die verschiedenen Fähigkeiten hinweg häufen. Die intendierte diskriminante Validität liegt nicht vor, da die Beurteilungen von Kreativität, Intelligenz, sozialer Führungsfähigkeit und künstlerischen Leistungen, berücksichtigt man den Meßfehler der Einschätzung, beinahe perfekt korrelieren. Es mag sein, daß solch eine Aufgabenstellung viele Kinder – vor allem in der Grundschule – überfordert: Insbesondere jüngere Kinder sind vergleichsweise unkritisch, wenn sie Klassenkameraden als »hochbegabt« nominieren und sich auch selbst nennen dürfen. Hinzu kommen noch starke Einflüsse des Geschlechts: Grundschüler tendieren beispielsweise dahin, gleichgeschlechtliche Kinder bevorzugt zu nominieren, auch wenn ein gegengeschlechtliches Kind bessere Leistungen zeigt. Schließlich: Über die psychometrischen Gütekriterien der mono- oder multithematischen Peer-Nominationslisten ist nichts bekannt. Weder finden sich Angaben über Beurteilerübereinstimmungen, über interne Konsistenzen noch über Test-Retest-Reliabilitäten. Es mangelt an Informationen über ihre Validität.

Ein Wort noch zu den schon erwähnten »Checklisten«. Checklisten sind in der Regel ad hoc zusammengestellte Eigenschafts- und Verhaltenslisten, die für »Hochbegabte« besonders typische Merkmale enthalten sollen (z. B. frühes Lesenlernen, geringes Schlafbedürfnis, großer Wortschatz, breites Interessenspektrum). Je mehr davon einem Kinde zugeschrieben werden kann, um so wahrscheinlicher soll es »hochbegabt« sein. Das Problem dieser Checklisten liegt erstens darin, daß sie zumeist aufgrund unzureichender Verallgemeinerungen von herausstechenden Merkmalen bei Einzelfällen zusammengestellt worden sind. Inwieweit die dort aufgeführten Verhaltensmerkmale besonders geeignet sind, »hochbegabte« Schüler zu identifizieren, ist nicht geklärt, empirische Untersuchungen dazu sind sehr selten und widersprüchlich. Zweitens sind sie in der Regel viel zu allgemein gehalten. Ihre Beantwortung verlangt eine Interpretation von Verhaltensweisen. Damit sind sie für Beurteilungsfehler hochgradig anfällig. Drittens umfassen sie so viele unterschiedliche Bereiche, daß viele Eigenschaften auf fast jedes Kind zutreffen. Wegen der atheoretischen Konzeption von Checklisten sowie wegen der geringen Erfahrungsbasis kann ihr Einsatz (noch) nicht empfohlen werden, zumal belegt worden ist, daß sich die Beurteilungskompetenz von Lehrern bei Verwendung von Checklisten kaum verbessert (DENTON/POSTLETHWAITE 1985). Allgemein verständlich und praxisnah informieren über Möglichkeiten und Grenzen der einzelnen

Identifikationsmethoden TUTTLE/BECKER (1980) sowie HAGEN (1989); der psychologisch vorgebildete Leser sei auf das Sonderheft zur »Hochbegabungsdiagnostik« der »Zeitschrift für Differentielle und Diagnostische Psychologie« (1987, Heft 3) hingewiesen.

Eine *pädagogisch orientierte* Identifikation des »hochbegabten« Schülers verläuft in drei Stufen (Screeningphase, Verifikationsphase, Plazierungs- bzw. Klassifikationsphase). Da »Hochbegabung« per definitionem statistisch relativ selten vorkommt, gestaltet sich die Identifikation besonders aufwendig: In einem ersten Schritt wird im Sinne eines Siebverfahrens *(Screening)* eine ökonomische Vorauswahl getroffen, beispielsweise durch leicht zu administrierende Gruppenintelligenz- bzw. Gruppenleistungstests, durch Lehrernominationen, durch Schulleistungen (Schulnoten) etc. Sind durch das Screening die »potentiell hochbegabten« Schüler bekannt, schließt sich die *Verifikationsphase* an, Diagnose abzuklären und zu bestätigen oder zu spezifizieren. Zur Verifikation bedient man sich i. d. R. eines Einzelintelligenz- oder Einzel(schulleistungs-)tests, aber auch Gespräche mit Eltern und Lehrern, Arbeitsproben oder Probeunterricht werden – in Ergänzung zu psychologischen Untersuchungsverfahren – herangezogen.

Die Güte des »Screenings« läßt sich nach den Kriterien »Effektivität« und »Effizienz« beurteilen (PEGNATO/BIRCH 1959). Effizienz (Ökonomie) bezieht sich darauf, daß möglichst viele der tatsächlich »Hochbegabten« (Verifikationsphase) auch schon in der Vorauswahl nominiert wurden (genauer: spezifiziert den Anteil der übereinstimmend im »Screening« und bei der Verifikation als »hochbegabt« diagnostizierten an den in der Vorauswahl nominierten »Hochbegabten«). Effektivität (Wirksamkeit) meint, daß möglichst viele der in der Vorauswahl als »hochbegabt« Nominierten sich auch bei der Verifikation als tatsächlich »hochbegabt« erweisen (genauer: spezifiziert den Anteil der übereinstimmend im »Screening« und bei der Verifikation als »hochbegabt« Diagnostizierten an den in der Verifikationsphase als »hochbegabt« Bestätigten).

Würde man alle Kinder als »hochbegabt« nominieren, betrüge die Effektivität zwar 100%, das Vorgehen wäre aber außerordentlich ineffizient (unökonomisch). Ein gutes Identifikationsverfahren wird Effektivität und Effizienz ausgewogen in Rechnung stellen. Spätestens hier zeigt sich, daß die ausgelesenen und verifizierten potentiell »hochbegabten« Kinder keine besonders homogene Gruppe darstellen, und Leistung, Persönlichkeit und Interessen werden über eine weite Bandbreite streuen, Faktoren wie Motivation, vorausgegangene Lernerfahrung, angesammeltes Wissen usw. spielen eine wichtige Rolle.

Für die anschließende *Plazierung* sind es gerade diese Aspekte, die zu berücksichtigen sind, will man dem Schüler ermöglichen, an einer bestimmten Arbeitsgemeinschaft oder Interessengruppe teilzunehmen. Diese Plazierung ist natürlich besonders schwierig und stellt auch den »Experten« oft vor fast unlösbare Probleme. Eine einigermaßen zufriedenstellende Plazierung setzt deshalb eine intensive Kommunikation und Kooperation von Eltern, Psychologen, Beratungslehrern, Klassen- und Fachlehrern sowie dem betroffenen Schüler voraus, da eine Vielzahl diagnostischer Daten (Testurteil, Lehrerurteil, Elterninformation, Interessen, Schulleistungen) gegeneinander abzuwägen sind.

Bereich	Güte			Relevanz		
	Obj.	Rel.	Val.	Screening	Verifikation	Plazierung
– Allgemeine kognitive Fähigkeit	+	+	+	+	+	–
– Spezifische kognitive Fähigkeit	+	+	+	O	+	+
– Schulleistungen	+*	+*	+*	+	+	+
– Kreativität, produktives Denken	O	O	–	–	–	O
– Soziale Fähigkeiten	–	–	–	–	–	O
– Künstlerische Fähigkeiten	–	–	–	–	O	+
– Psychomotorische Fähigkeiten	–	–	–	–	O	+
– Leistungsorientierung	–	–	–	–	–	O
– Interessen	–	–	–	–	O	+

Obj. = Objektivität; Rel. = Reliabilität; Val. = Validität; + = gut bzw. groß; O = verbesserungsbedürftig bzw. mittel; – = schlecht bzw. unbefriedigend; * = mittels Tests erfaßt

Tab. 2: Übersicht über verschiedene Begabungs- und Motivationsbereiche, ihre Meßbarkeit und Relevanz für die drei Identifikationsphasen

4 Eigenschaften und Merkmale »hochbegabter« Schüler

Hartnäckige Mythen und Mutmaßungen über »Hochbegabte« und »Hochbegabung« sind weit verbreitet, nicht zuletzt, weil sich die Massenmedien mit Vorliebe auf spektakuläre Einzelfälle stürzen und sich für »hochbegabte« Schüler, die unauffällig und hervorragend angepaßt ihre Kindheit und Jugend durchlaufen, nicht interessieren. Im Gegensatz dazu werden von anderer Seite gerne »Musterknaben« und »Mustermädchen« präsentiert. Wie immer liegt die Wahrheit vermutlich irgendwo zwischen diesen Extremen: die Frage nach spezifischen Persönlichkeitsmerkmalen und Eigenschaften »hochbegabter« Kinder kann nämlich noch nicht als befriedigend geklärt angesehen werden.

Die Tatsache, daß sich »Hochbegabte« selbst als »anders« als die Kinder ihrer Umgebung betrachten und erleben (KAPLAN 1983; JANOS/FUNG/ROBINSON 1985), ist nicht verwunderlich, denn sie unterscheiden sich ja in ihren herausragenden intellektuellen Fähigkeiten, Schulleistungen und Talenten deutlich von den Kindern ihrer Umgebung. Manche später als »hochbegabt« bezeichneten Schüler scheinen, wie eine Generalisierung von Fallstudien nahelegt, schon sehr früh aufzufallen. Es wird berichtet, sie seien als Säuglinge aktiv, brauchten weniger Schlaf, nähmen schnell und leicht Kontakt zu ihrer Umwelt auf und seien an Abwechslungen, insbesondere an visuellen Eindrücken, besonders interessiert.

Auch nach der Säuglingszeit wurden wiederholt Entwicklungsvorsprünge berichtet, etwa früher Spracherwerb, schnell wachsender und differenzierter Wortschatz, vielseitige Interessenslage, schnelle Auffassungsgabe, hervorragende Beobachtungsfähigkeit und großer Wissensschatz. In der Schulzeit wird von einem »Schuljahresvorsprung« von einer bis zu vier Jahrgangsstufe(n) berichtet. Neben diesen mehr kognitiven Merkmalen wurden jedoch zwischen »hochbegabten« und altersgleichen Kontrollgruppen wiederholt auch systematische Differenzen im Persönlichkeitsbereich beobachtet; je nach Definitionskriterium, Altersstufe und Geschlecht werden jedoch unterschiedliche Persönlichkeitsfaktoren (PORTER 1964; KURTZMAN 1967; WERNER/BACHTOLD 1969) benannt. So sollen nach KIRKENDALL/ISMAIL (1970) »hochbegabte« Schüler beispielsweise stärker aus sich herausgehen, warmherziger, emotional stabiler, ruhiger, fröhlicher, enthusiastischer, direkter und natürlicher sein als Kinder mittlerer und unterer Intelligenzgruppen. Andere Untersuchungen berichten Unterschiede im Selbstkonzept und Selbstvertrauen, in generalisierten Kontrollüberzeugungen und in (Prüfungs-)Ängstlichkeit, und zwar häufiger zugunsten der »Hochbegabten« als zuungunsten. Beispielsweise wollen MILGRAM/MILGRAM (1976) bei israelischen »hochbegabten« Kindern der 4. bis 8. Jahrgangsstufe ein positiveres Selbstkonzept, stärkere internal ausgerichtete Kontrollüberzeugungen und geringere Ängstlichkeit als bei Vergleichskindern gefunden haben. Auch REYNOLDS/BRADLEY (1983) ermittelten bei »Hochbegabten« aus 2. bis 12. Klassen niedrigere Angstwerte als bei Kontrollkindern. TERMAN glaubte, aufgrund seiner langjährigen Studien festgestellt zu haben, »Hochbegabte« seien in nahezu allen Aspekten (körperlich, sozial, emotional) Vergleichskindern überlegen. Seinen Erkenntnissen nach sind sie stabile und konfliktfähige Persönlichkeiten und führen ein zufriedenes Leben. Ein Vergleich der erfolgreichsten mit den am wenigsten erfolgreichen Teilnehmern seiner Untersuchung stellt als eines der wichtigsten differentiellen Momente stärkere Motivation, Willenskraft und Aufgabenorientierung und ausgeprägtes Durchhaltevermögen bei der Aufgabenbearbeitung heraus (TERMAN/ODEN u. a. 1947). Daß intrinsische Motivation sowie allgemeine Leistungsmotivation positiv mit der kognitiven Leistungsfähigkeit einhergehen, ist bekannt (vgl. HARTER 1981).

Aufgrund dieser – und ähnlicher – Befunde schlußfolgern KHOURY/APPEL (1977), AUSTIN/DRAPER (1981), JANOS/ROBINSON (1985) sowie CZESCHLIK/ROST (1988) nach einer Übersicht über die einschlägigen Befunde, »hochbegabte« Kinder seien ganz allgemein emotional stabiler, selbständiger, psycho-sozial besser angepaßt und entwickelt, sozial aktiver und verantwortungsbewußter sowie phantasievoller als durchschnittlich Begabte. Dies wurde in einer soeben abgeschlossenen Studie von EDER (1989) für österreichische »hochleistungsdisponierte« Schüler der Sekundarstufe II und von ROST/CZESCHLIK (1990) für Grundschüler der 4. Jahrgangsstufe erneut bestätigt.

Bei all diesen Übereinstimmungen darf jedoch nicht die große Variabilität der Merkmale »hochbegabter« Schüler in physischer, kognitiver, emotionaler, sprachlicher und sozialer Sicht, in Temperament und Verhalten, in Motivation, Lernstilen und Persönlichkeitseigenschaften übersehen werden. »Hochbegabte« Kinder sind zunächst einmal Kinder, und dann erst sind sie noch »hochbegabt«. Sie stellen nicht eine so homogene Gruppe dar, wie es das Etikett vermuten läßt. Schon TERMAN hatte darauf hingewiesen, daß in seiner Untersuchungsgruppe fast jede Art von Persönlichkeits- und Verhaltensproblemen, sozialer Unangepaßtheit und physischen Leiden, die auch in der Normalbevölkerung vorhanden sind, aufzufinden waren. Gerade an TERMANS Untersuchungen, die durch das Fehlen einer Kontrollgruppe und eine lediglich auf Lehrerurteil gestützte Vorauslese charakterisiert sind, läßt sich aufzeigen, daß solche Beschreibungen von Eigenschaften und Persönlichkeitsmerkmalen »Hochbegabter« nicht selten diejenigen Vorstellungen widerspiegeln, die ihrer Identifikationspraxis zugrunde gelegt wurden.

Was die Interessen und die Freizeitbeschäftigung angeht, so wird wiederholt berichtet,

»Hochbegabte« verhielten sich in ihrer Freizeit anders: Sie schauten nicht nur weniger fern, sondern ihre Programmauswahl beinhalte mehr informative und weniger rein unterhaltende Sendungen. Zudem läsen sie deutlich mehr, hätten vielfältigere und intensivere (Freizeit-)Interessen, träfen im Hinblick auf ihre Hobbys eine gezieltere Auswahl ihrer Lektüre und engagierten sich weniger in sportlichen Aktivitäten. Sie bevorzugten kognitiv herausfordernde (wie Schach, schwierigere Puzzles, Charade) anstelle simplerer, mehr vom Zufall bestimmter Spiele (THORNDIKE 1939; 1940; HILDRETH 1966; SCHLICHTING 1967; COX 1977; MARTUCCI 1981; ABELMANN 1984). Einschränkend muß jedoch darauf hingewiesen werden, daß »hochbegabte« Kinder häufiger aus besseren sozioökonomischen bzw. soziokulturellen Gruppen stammen (vgl. ELLIS 1904; COX 1926; VISHER 1947; DAVIS 1953; ROST/ALBRECHT 1985). Ob die gefundenen Interessenunterschiede und Persönlichkeitsdifferenzen auf die »Hochbegabung« zurückzuführen sind – und nicht lediglich auf den Faktor »besserer sozioökonomischer Status« –, ist noch nicht geklärt. Es gibt einige Hinweise darauf, daß sich viele der behaupteten Persönlichkeitsunterschiede – weniger die unterschiedlichen Interessen – verlieren, wird der Faktor »sozioökonomischer Status« kontrolliert (vgl. z. B. BONSALL/STEFFLRE 1955; SCHLICHTING 1967; 1968).

Im Zusammenhang mit dieser Frage muß auch die entwicklungspsychologische Perspektive beachtet werden: Im Grundschulalter scheinen bei »normal ›Hochbegabten‹« wenig Probleme aufzutauchen. Ob sich weitere Veränderungen im Laufe der Entwicklung ergeben und ob »hochbegabte« Schüler in der Pubertät dann besonders schwierig werden, wäre durch entsprechende Längsschnittuntersuchungen – die aber bislang fehlen – zu klären. Bei der Beantwortung der Frage nach den Persönlichkeitseigenschaften und ggf. Verhaltensschwierigkeiten »hochbegabter« Schüler sollte zwischen »normal ›Hochbegabten‹« (IQ = 120–150) und »extrem ›Hochbegabten‹« (IQ > 160) unterschieden werden. Bei außerordentlich extremen Abweichungen von Populationsmitteln (IQ > 170) werden auf der Basis von Fallstudien deutliche Verhaltensstörungen und Schwierigkeiten in sozialen Beziehungen geschildert (BURKS u. a. 1930; HOLLINGWORTH 1942; TERMAN/ODEN u. a. 1947; FELDMAN 1984). Wenn »Risiko«-Faktoren wie »Höchstbegabung« und Adoleszenz (und weibliches Geschlecht?) zusammentreffen, mögen ein geringer ausgeprägtes soziales Selbstkonzept (BRODY/PERSSON-BENBOW 1986) und gestörte Peerbeziehungen – mit Begleitstörungen in vielen anderen Persönlichkeitsbereichen – wahrscheinlicher werden, insbesondere, wenn es sich um sprachlich-künstlerisch (im Gegensatz zu mathematisch-naturwissenschaftlich) Interessierte und Begabte handelt (vgl. auch D'HEURLE u. a. 1959). Allerdings ist dies kein Anlaß zu besonderer Unruhe: Zum einen sind die Fälle mit einem IQ > 170 oder IQ > 180 derart selten, daß die Wahrscheinlichkeit, mit solch einem Schüler konfrontiert zu werden, außerordentlich gering ist. Zum zweiten scheinen die Entwicklungsverläufe dieser Kinder so hochgradig spezifisch zu sein, daß man noch nicht einmal innerhalb dieser extrem kleinen Gruppe verallgemeinern kann, erst recht nicht auf die Gruppe der »durchschnittlich ›Hochbegabten‹«. Hier ist auf jeden Fall, Verhaltensprobleme oder nicht, eine sehr spezifische, d. h. auf die besondere Persönlichkeit und die besonderen Lebensumstände abgestimmte, Beratung erforderlich.

5 Die Förderung »hochbegabter« Schüler

An der Frage, *ob* und wenn ja, *wie* »hochbegabte« Schüler und Studenten zu fördern seien, scheiden sich die Geister. So wurde die 1981 erstmals eingerichtete Versuchsklasse für »hochbegabte« Schüler der Sekundarstufe II an der Christophorus-Schule in Braunschweig zum Auslöser eines heftigen Pädagogenstreits. Der »Nestor« der pädagogisch orientierten Begabungsforschung in der Bundesrepublik, H. ROTH, nahm aus diesem Anlaß engagiert gegen eine besondere »Hochbegabtenförderung« Stellung: Spezielle Programme für »Hochbegabte, die es sowieso schaffen oder (die) sowieso nicht die konventionell festgelegten Karrierebahnen lieben« (1981, S. 11), seien unnütz, ja schädlich.

So stehen nach wie vor Mutmaßungen, Einstellungen, Vorurteile und Werthaltungen ohne wissenschaftliche Grundlagen im Mittelpunkt der kontrovers geführten Auseinandersetzung um Sinn (Betonung besonderer Bedürfnisse, Fähigkeiten, Interessen, Neigungen, Motivationslagen, Vermeidung von Überforderungen, Langeweile und Frustrationen sowie daraus resultierenden Verhaltens- und Persönlichkeitsstörungen; gesellschaftliches Interesse an der optimalen Nutzung des Reservoirs an Fähigkeiten und Talenten zur Lösung der vielfältigen Zukunftsprobleme usw.) und Unsinn (Bevorzugung der materiell und ideell Begünstigten; Elitebildung und Stabilisierung überkommener Ungleichheiten; Entzug von Ressourcen für die Schwachen, Unterprivilegierten und weniger Begabten, die auf besondere pädagogische Betreuung angewiesen sind usw.) der »Hochbegabtenförderung«.

Eigenartigerweise zentriert sich diese Diskussion fast ausschließlich auf intellektuell »Hochbegabte«. Bei besonderen Fähigkeiten im Sport, in musikalischen oder künstlerischen Bereichen werden Talentsuche und Talentförderung, auch wenn sie in Form von Spezialkursen (z. B. Trainingslager), Sonderklassen oder Spezialschulen (z. B. Kinderchorinternate) organisiert sind, von breiten Gesellschaftsschichten nicht nur akzeptiert, sondern auch finanziell und ideell gestützt und gefördert (siehe beispielsweise die »Deutsche Sporthilfe«).

Aus der Vielzahl der vorgeschlagenen und international eingesetzten Fördermaßnahmen seien (vgl. HILGENDORF 1985; BUNDESMINISTER FÜR BILDUNG UND WISSENSCHAFT 1986b; URBAN) hier nur einige typische, sich z. T. überschneidende, z. T. ergänzende und auf unterschiedlichen Ebenen angesiedelte angeführt:

a) Innere Differenzierung im Rahmen des regulären Klassenverbandes, insbesondere durch Verbreiterung, Vertiefung und Niveauanhebung des Unterrichtsstoffs, ggf. auch mit Unterstützung eines besonderen Helfers (engagierte und kompetente Eltern, pädagogische Assistenten, Kollegen [Teamteaching-Modell] etc.)

b) stundenweise, tageweise und/oder fachweise Gruppierung nach allgemeiner intellektueller Tüchtigkeit oder nach besonderen Fähigkeiten (Erweiterung des üblichen Kurssystems nach oben, sogenannte Steilkurse an der Universität)

c) äußere Differenzierung in Form von Sonderklassen innerhalb der Regelschulen oder Einrichtung von Spezialschulen (mit eigenem Lehrplan oder mit regulärem Curriculum, das besonders schnell durchlaufen wird [sogenannte D-Zug-Klassen])

d) von der Schule organisierte freiwillige und betreute Arbeitsgemeinschaften, zusätzlich zum normalen Unterricht (wie Nachmittagskurse, Wochenendkurse), die entweder schulische Fächer vertiefen oder Inhalte, die außerhalb des regulären Lehrplans liegen, behandeln

e) vorzeitige Einschulung und Überspringen von Klassen
f) individuelle zusätzliche Betreuung durch Erwachsene (Mentoren, z. B. Professoren, Lehrer, Künstler oder andere Spezialisten) oder Tutoren (ältere begabte Schüler) innerhalb und außerhalb der Schule
g) spezielle Ferienlager oder Sommercamps (Intensivkurse)
h) Gasthörerstatus in Fachhochschulen, Hochschulen und Universitäten oder vorzeitige Aufnahme eines regulären Studiums an einer Universität
i) Einsatz »hochbegabter« Schüler als Hilfslehrer oder Tutoren für Jüngere oder schwächer Begabte
j) Ausschreibung besonderer Wettbewerbe (wie »Jugend forscht«, »Jugend musiziert«, »Jugend trainiert für Olympia«, »Internationale Mathematik-, Chemie-, Physikolympiaden«, »Schülerwettbewerbe« zur deutschen Geschichte und zur politischen Bildung, »Bundeswettbewerbe« für Informatik, Mathematik, Fremdsprachen)
k) finanzielle Unterstützung von Studenten durch spezielle »Hochbegabungsförderungswerke« (z. B. Studienstiftung des Deutschen Volkes; Evangelisches Studienwerk; Cusanus-Werk; Böckler-Stiftung; Friedrich-Ebert-Stiftung; Konrad-Adenauer-Stiftung; Maximilianeum etc.)
l) Zusammenarbeit von Schulen mit Industriebetrieben, Museen, Verlagen, Zeitungsredaktionen, Forschungsinstitutionen und sozial-caritativen Organisationen, insbesondere zum Zwecke längerfristiger Hospitationen und Praktika.

Alle diese hier aufgeführten Möglichkeiten sind mit jeweils spezifischen Vor- und Nachteilen behaftet, auf die hier aus Raumgründen nicht im einzelnen eingegangen werden kann. Einige viele Maßnahmen betreffende Probleme gründen in der fehlenden und/oder nicht zureichenden Spezialausbildung von Lehrern, Mentoren oder Tutoren (»hochbegabte« Schüler brauchen speziell ausgebildete und höher begabte Lehrer, vgl. BISHOP 1975; ORNSTEIN 1984; MCLEOD/CROPLEY 1986; FELDHUSEN 1986) und dem Fehlen besonderer Unterrichts- und Arbeitsmaterialien.

Die meisten Förderungsprogramme sind bislang nicht oder nur unzureichend evaluiert worden, zumeist in Ländern mit anderen Bildungs- und Ausbildungsstrukturen, so daß lineare Übertragungen auf unsere Verhältnisse ohnehin problematisch erscheinen.

Aufgrund der fehlenden Erfahrungen hinsichtlich der Qualität der einzelnen Förderprinzipien und Förderprogramme sowie aufgrund der Unkenntnis über die Auswirkungen auf »Hochbegabte« wie auch auf »Normalbegabte« kann bislang noch kein wissenschaftlich begründetes Urteil über mögliche Vorzüge und Schwächen einzelner Maßnahmen oder Maßnahmenkombinationen getroffen werden. Insbesondere gilt dies auch für die Frage nach der Zuweisung etwaiger besonderer Begabungsschwerpunkte zu spezifischen Förderungsmaßnahmen (sogenannte differentielle Indikation). Die vielen offenen Probleme können und dürfen jedoch nicht bedeuten, »Hochbegabungsfragen« zukünftig ad acta zu legen und zum pädagogischen Alltag zurückzukehren. Das besondere Interesse an der Identifizierung und Förderung »hochbegabter« Schüler könnte Pilotcharakter für ein erneutes, breit gestreutes und intensives Bemühen um die optimale Förderung *aller* Kinder erwerben und als Initialzündung für eine Wiederbelebung der in den letzten Jahren vernachlässigten pädagogisch orientierten Begabungsforschung und Begabungsförderung dienen, die *allen* Kindern – »hochbegabt«, durchschnittlich begabt, weniger begabt – zugute kommen kann (CROPLEY u. a. 1988).

Eine pädagogische Konzeption, die sich durch eine experimentelle Atmosphäre im

Klassenzimmer, durch zahlreiche Lehrangebote und differenzierte Arbeitsmaterialien, durch vielfältige Lernanregungen über die ganze Breite und Tiefe des Lehrstoffs hinweg, durch Einfallsreichtum und Engagement von gut ausgebildeten Lehrern und motivierten Schülern auszeichnet, hat noch keinem geschadet.

Die Anfertigung dieser Arbeit erfolgte im Rahmen eines vom Bundesministerium für Bildung und Wissenschaft geförderten Forschungsvorhabens (Förderkennzeichen B 3807.00 B 7). Die Verantwortung für den Inhalt der Veröffentlichung liegt beim Verfasser.

Literatur

ABELMAN, R.: Television and the gifted child? In: Roeper Review. 7 (1984), S. 115–118
ALBERT, R. S.: Toward a behavioral definition of genius. In: American Psychologist 30 (1975), S. 140–151
–: Genius and eminence. Oxford 1983
ALBRECHT, H. T./ROST, D. H.: Über den Zusammenhang von Hochbegabung und Wohnqualität. In: Psychologie in Erziehung und Unterricht 30 (1983), S. 281–289
ANASTASI, A.: Heridity, environment, and the question »how?«. In: Psychological Review 65 (1958), S. 197–208
AUSTIN, A. B./DRAPER, C. D.: Peer relationships of the academically gifted: A review. In: Gifted Child Quarterly 25 (1981), S. 129–133
BARBE, W. B./HORN, R. A.: One in a thousand: A comparative study of highly and moderate gifted elementary school children. Columbus, Ohio 1964
BARTENWERFER, H./MÜLLER, H.: Bibliographie Hochbegabung. Frankfurt 1985
BAUMGARTEN, F.: Wunderkinder. Psychologische Untersuchungen. Leipzig 1930
BECKER, G.: The mad genius controversy: A study in the sociology of deviance. Beverly Hills 1978
BENBOW, C. P./STANLEY, J. C.: Academic precocity: Aspects of its development. Baltimore 1983
BINET, A./SIMON, T.: Methodes nouvelles pour le diagnostic du niveau intellectuel des anormaux. In: L'Année Psychologique 11 (1905), S. 191–244
BISHOP, W. E.: Successful teachers of the gifted. In: Exceptional Children 34 (1975), S. 317–325
BIRX, E.: Mathematik und Begabung. Hamburg 1988
BONSALL, M./STEFFLRE, B.: The temperament of gifted children. In: California Journal of Educational Research 6 (1955), S. 162–165
BRODY, L. E./PERSSON-BENBOW, R.: Social and emotional adjustment of adolescents extremely talented in verbal or mathematical reasoning. In: Journal of Youth and Adolescence 15 (1986), S. 1–18
BUNDESMINISTER FÜR BILDUNG UND WISSENSCHAFT (Hrsg.): Hochbegabung – Gesellschaft – Schule. Bonn 1986(a)
–: Förderung besonders Begabter. Zwischenbilanz und Perspektiven. Bonn 1986(b)
BURKS, B. S./JENSEN, D. W./TERMAN, L. M.: The promise of youth: Follow-up studies of a thousand gifted children. Genetic studies of genius. Vol. 3. Stanford, Cal. 1930
BUSEMANN, A.: Höhere Begabung. Ratingen 1949
CARL, K./HAHN, E. (Hrsg.): Talent im Sport. Schorndorf 1986
CHAUVIN, R.: Die Hochbegabten. Bern 1979
COX, C. M.: The early mental traits of three hundred geniuses. Genetic studies of genius. Vol. 2. Stanford, Cal. 1926
COX, R. L.: Background characteristics of 456 gifted students. In: Gifted Child Quarterly 21 (1977), S. 261–267
CROPLEY, A./MCLEOD, J./DEHN, D.: Begabung und Begabungsförderung. Heidelberg 1988
CROPLEY, A. J./URBAN, K. K./WAGNER, H./WIECZERKOWSKI, W. (Hrsg.): Giftedness: A continuing worldwide challenge. New York 1986
CZESCHLIK, T./ROST, D. H.: Hochbegabte und ihre Peers. In: Zeitschrift für Pädagogische Psychologie 2 (1988), S. 1–23

Dahme, G.: Naturwissenschaftlich hochbegabte Jugendliche – Ergebnisse empirischer Studien an Teilnehmern des Wissenschaftswettbewerbs »Jugend forscht«. In: Wieczerkowski, H./Wagner, H. (Hrsg.): Das hochbegabte Kind. Düsseldorf 1981, S. 156–170
–/Rathje, H.: Hochbegabung und Motivation. Forschungsbericht. Bd. 1 und 2. Hamburg 1988
Davis, B.: Eminence and level of social origin. In: American Journal of Sociology 59 (1953), S. 11–18
Denton, C./Postlethwaite, K.: Able children. Indentifying them in the classroom. Windsor 1985
Denton, F. C. J.: Identifikation durch Lehrer. In: Bundesminister für Bildung und Wissenschaft (Hrsg.): Hochbegabung – Gesellschaft – Schule. Bonn 1986, S. 172–184
D'Heurle, E. A./Mellinger, J. C./Haggard, E. A.: Personality, intellectual, and achievement patterns in gifted children. In: Psychological Monographs 73 (1959), whole No. 483
Eder, F.: Das Schul- und Klassenklima in der Wahrnehmung hochleistungsdisponierter Schüler. In: Zeitschrift für Pädagogische Psychologie 3 (1989), S. 109–122
Ellis, H. A.: A study of British genius. London 1904
Eysenck, H. J.: Vererbung, Intelligenz und Erziehung. Stuttgart 1975 (a)
–: Die Ungleichheit des Menschen. München 1975 (b)
–/Kamin, L. (Hrsg.): The intelligence controversy. New York 1981
Feger, B.: Hochbegabungsforschung und Hochbegabtenforschung in den Schulen. Ein Überblick über 100 Jahre. In: Bundesminister für Bildung und Wissenschaft (Hrsg.): Hochbegabung – Gesellschaft – Schule. Bad Honnef 1986, S. 67–89
–: Hochbegabungsforschung und Hochbegabtenförderung: Die Situation in Deutschland zwischen 1916 und 1920. In: Empirische Pädagogik 2 (1988)(a), S. 45–52
–: Hochbegabung. Chancen und Probleme. Bern 1988 (b)
Feldhusen, J. F.: Lehrer für Hochbegabte: Eigenschaften und Ausbildung. In: Bundesminister für Bildung und Wissenschaft (Hrsg.): Hochbegabung – Gesellschaft – Schule. Bad Honnef 1986, S. 194–209
Feldman, D. H.: Toward a nonelitist conception of giftedness. In: Phi Delta Kappan 60 (1979), S. 660–663
–: A follow-up of subjects scoring above 180 IQ in Terman's »Genetic Studies of Genius«. In: Exceptional Children 50 (1984), S. 518–523
Foster, W.: The unfinished task: An overview of procedures used to identify gifted and talented youth. In: Colangelo, N./Zaffraum, R. I. (Hrsg.): New voices in counseling the gifted. Dubuque, Iowa 1979; S. 63–74
Freeman, J.: Gifted children. Lancaster 1979
Galton, F.: Hereditary genius: An inquiry into its laws and consequences. London 1869
Getzels, J. W./Jackson, P. W.: Creativity and intelligence: Explorations with gifted students. New York 1962
Guilford, J. P.: The nature of human intelligence. New York 1967
Hagen, E.: Identifikation der Hochbegabten. Heidelberg 1989
Hany, E. A.: Psychometrische Probleme bei der Identifikation Hochbegabter. In: Zeitschrift für Differentielle und Diagnostische Psychologie 8 (1987), S. 173–191
Harter, S. G.: A model of mastery motivation in children: Individual differences and developmental change. In: Collins, W. A. (Hrsg.): Aspects of the development of competence. The Minnesota Symposia on Child Psychology. Vol. 14. Hillsdale, N. J. 1981, S. 215–255
Heinbokel, A.: Hochbegabte. Baden-Baden 1988
Heitzer, M. (Hrsg.): Hochbegabte in unserem Bildungswesen. Braunschweig 1984
Helbig, P.: Begabung im pädagogischen Denken. Weinheim 1988
Heller, K. A.: Psychologische Probleme der Hochbegabungsforschung. In: Zeitschrift für Entwicklungspsychologie und Pädagogische Psychologie 18 (1986), S. 335–361
–: Perspektiven einer Hochbegabungsdiagnostik. In: Zeitschrift für Differentielle und Diagnostische Psychologie 8 (1987), S. 159–172
–/Feldhusen, J. F. (Hrsg.): Identifying and nurturing the gifted. Toronto 1986
–/Hany, E. A.: Identification, development, and achievement analysis of talented and gifted children in West Germany. In: ders./Feldhusen, J. F. (Hrsg.): Identifying and nurturing the gifted. Toronto 1986, S. 67–82
Hildreth, G. H.: Introduction to the gifted. New York 1966

HILGENDORF, E.: Gemeinsamkeiten und Unterschiede der schulischen Hochbefähigtenförderung in sechs Ländern: Bedenkenswertes für die Bundesrepublik Deutschland. Berlin 1985
HOFSTÄTTER, P. R.: Psychologie. Frankfurt 1957
–: Differentielle Psychologie. Stuttgart 1971
HOGE, R. D./CUDMORE, L.: The use of teacher judgement measures in the identification of gifted pupils. Research Report (June 1984). Ottawa 1984
–/–: Some considerations regarding the use of teacher judgement measures in the identification of gifted pupils. In: CROPLEY, A. J./URBAN, K. K./WAGNER, H./WIECZERKOWSKI, W. (Hrsg.): Giftedness: A continuing worldwide challenge. New York 1986, S. 402–419
HOLLINGWORTH, L. S.: Gifted children: Their nature and nurture. New York 1926
–: Children above 180 IQ Stanford-Binet: Origin and development. New York 1942
HOROWITZ, F. D./O'BRIAN, M.: Gifted and talented children. In: American Psychologist 41 (1986), S. 1147–1152
HOWE, M. J. A.: Biographical evidence and the development of outstanding individuals. In: American Psychologist 37 (1982), S. 1071–1081
HUMPHREYS, L. G.: A conceptualization of intellectual giftedness. In: HOROWITZ, F. D./O'BRIEN, M. C. (Hrsg.): The gifted and talented. Developmental perspectives. Washington 1985, S. 331–360
IM, H. J.: Die Entwicklung eines europäischen Schlüsselwortes: Intelligenz und seine Bedeutung in der Wissenschaftssprache. Bonn 1975 (Diss.)
JANOS, P. M./ROBINSON, H. M.: Psychosocial development in intellectually gifted children. In: HOROWITZ, F. D./O'BRIEN, M. C. (Hrsg.): The gifted and talented. Developmental perspectives. Washington 1985, S. 149–195
–/FUNG, H. G./ROBINSON, H. M.: Self concept, self-esteem, and peer relations among gifted children who feel »different«. In: Gifted Child Quarterly 29 (1985), S. 78–82
JENSEN, A. R.: How much can be boost IQ and scholastic achievement. In: Harvard Educational Review 39 (1969), S. 1–123
–: Genetics and education. London 1972
–: Intelligence as a fact of nature. In: Zeitschrift für Pädagogische Psychologie 1 (1987), S. 157–169
JUDA, A.: Höchstbegabung. Ihre Erbverhältnisse sowie ihre Beziehung zu psychischen Anomalien. München 1953
KAPLAN, L.: Mistakes gifted young people too often make. In: Roeper Review 6 (1983), S. 73–77
KEATING, D. P.: Intellectual talent: Research and development. Baltimore 1976
KHOURY, T. J./APPEL, M. A.: Gifted Children: Current trends and issues. In: Journal of Clinical Child Psychology 6 (1977), S. 13–20
KIRKENDALL, D. R./ISMAIL, A. H.: The ability of personality variables in discriminating among three intellectual groups of preadolescent boys and girls. In: Child Development 41 (1970), S. 1173–1181
KLAUER, K. J.: Intelligenztraining im Kindesalter. Weinheim 1975
KRETSCHMER, E.: Geniale Menschen. Berlin 1929
KURTZMAN, K. A.: A study of school attitudes, peer acceptance and personality of creative adolescents. In: Exceptional Children 34 (1967), S. 157–162
LANGE-EICHBAUM, W.: Genie, Irrsinn und Ruhm. München 1928
LAUBENFELS, J.: The gifted student. Westport 1977
LEWONTIN, R. C./ROSE, S./KAMIN, L. J.: Die Gene sind es nicht ... München 1988
LOMBROSO, C.: Entartung und Genie. Leipzig 1894
MARLAND, S. P. Jr.: Education of the gifted and talented. Report to congress. Vol. 1 and 2. Washington 1971
MARTUCCI, M. C.: Televiewing habits and early school achievement of gifted children. In: Dissertation Abstracts Intentional DAI 42 (5 A) (1981), S. 2035
MCLEOD, J./CROPLEY, A. J.: Lehrer für Hochbegabte: Allgemeine Überlegungen. In: BUNDESMINISTER FÜR BILDUNG UND WISSENSCHAFT (Hrsg.): Hochbegabung – Gesellschaft – Schule. Bad Honnef 1986, S. 185–193
MILGRAM, R. M./MILGRAM, N. A.: Personality characteristics of gifted Israeli children. In: The Journal of Genetic Psychology 129 (1976), S. 185–194

Mönks, F. J.: Beiträge zur Begabtenforschung im Kindes- und Jugendalter. In: Archiv für die gesamte Psychologie 115 (1963), S. 362–382
–: Hoogbegaafden: Een situatieschets. In: ders./Span, P. (Hrsg.): Hoogbegaafden in de samenleving. Nijmegen 1985, S. 17–32
Nisbet, J.: The insanity of genius. London 1891
Oden, M.: The fulfillment of promise: 40-year follow-up of the Terman gifted group. In: Genetic Psychology Monographs 77 (1968), S. 3–93
Orlik, P.: Kritische Untersuchungen zur Begabtenförderung. Meisenheim 1967
Ornestein, A. J.: What organizational characteristics are important in planning, implementing and maintaining programs for the gifted. In: Gifted Child Quarterly 28 (1984), S. 99–105
Pegnato, C. W. R./Birch, J. W.: Locating gifted children in high schools: A comparison of methods. In: Exceptional Children 25 (1959), S. 300–304
Porter, R. B.: A comparative investigation of the personality of sixth-grade children and a nongroup of children. In: The Journal of Educational Research 58 (1964), S. 132–134
Rahn, H.: Talente finden – Talente fördern. Göttingen 1985
–: Jugend forscht. Göttingen 1986
Raph, J. B./Goldberg, M. I.: Bright underachievers. New York 1966
Renzulli, J. S.: What makes giftedness? Reexamining a definition. In: Phi Delta Kappan 60 (1978), S. 180–184, 261
–: The three-ring conception of giftedness: A developmental model for creative productivity. In: Sternberg, R. J./Davidson, J. E. (Hrsg.): Conceptions of giftedness. Cambridge 1986, S. 53–92
–/Reis, S./Smith, L.: The revolving door identification model. Mansfield Center, Ct. 1981
Reynolds, C. R./Bradley, M.: Emotional stability of intellectually superior children versus nongifted peers as estimated by chronic anxiety levels. In: School Psychology Review 12 (1983), S. 190–194
Roedell, W. R./Jackson, N. E./Robinson, H. B.: Hochbegabung in der Kindheit. Heidelberg 1989
Rost, D. H.: Lebensumweltanalyse besonders begabter Grundschulkinder. Projektantrag. Marburg 1984 (im Manuskript)
–: Lebensumweltanalyse besonders begabter Grundschulkinder. Forschungsbericht Nr. 2. Bd. I: Durchführung der Untersuchung und Beschreibung der Erhebungsinstrumente der 2. Projektphase. Marburg 1989 (a)
–: Identifizierung von Hochbegabung. Marburg 1989 (b)
–/Albrecht, H. A.: Expensive homes: Clever children? In: School Psychology International 6 (1985), S. 5–12
–/Czeschlik, T. (Hrsg.): Lebensumweltanalyse besonders begabter Grundschulkinder. Forschungsbericht Nr. 1. Marburg 1988
–/–: Überdurchschnittlich intelligente Zehnjährige: Probleme mit der psychosozialen Anpassung? In: Zeitschrift der Entwicklungspsychologie und Pädagogische Psychologie 22 (1990), H. 4
–/Dörner, H. (Hrsg.): Lebensumweltanalyse besonders begabter Grundschulkinder. Forschungsbericht Nr. 2. Bd. II: Briefe und Erhebungsinstrumente. Marburg 1989
Roth, H.: Begabung und Lernen. Stuttgart 1969
–: Kinderstars halten selten, was sie versprechen. In: Erziehung und Wissenschaft 33 (1981), H. 12, S. 6–11
Schlichting, U. U.: Einige Persönlichkeitsbezüge von Gymnasiasten mit hoher Testintelligenz. Dissertation. Hamburg 1967
–: Einige Persönlichkeitszüge von Gymnasiasten mit hoher Testintelligenz. In: Archiv für die gesamte Psychologie 120 (1968), S. 125–150
Schmidt, M. H.: Verhaltensstörungen bei Kindern mit sehr hoher Intelligenz. Bern 1977
Sears, P. S.: The Terman genetic studies of genius: 1922–1972. In: Passow, A. H. (Hrsg.): The gifted and talented: Their education and development. The seventy-eighth yearbook of the National Society for the Study of Education. Part I. Chicago 1979, S. 75–96
–/Barbee, A. H.: Career and life satisfaction among Terman's gifted women. In: Stanley, J. G./George, W. C./Solano, C. H. (Hrsg.): The gifted and creative: A fifty-year perspective. Baltimore 1977, S. 28–65

SEARS, R. R.: Sources of life satisfaction of the Terman gifted man. In: American Psychologist 32 (1977), S. 119–128
SIEGLER, R. S./KOTOVSKY, K.: Two levels of giftedness. Shall ever the twain meet? In: STERNBERG, R. J./DAVIDSON, J. E. (Hrsg.): Conceptions of giftedness. Cambridge 1986, S. 417–435
SPEARMAN, C.: »General Intelligence«, objectively determined and measured. American Journal of Psychology 15 (1904), S. 201–293
–: The abilities of man. London 1927
STANLEY, J. C.: Ein Ansatz zur Förderung mathematischer Talente in den USA. In: BUNDESMINISTER FÜR BILDUNG UND WISSENSCHAFT (Hrsg.): Hochbegabung – Gesellschaft – Schule. Bonn 1986, S. 225–238
–/BENBOW, C. P.: SMPY's first decade: Ten years of posing problems and solving them. In: Journal of Special Education 17 (1983), S. 11–25
–/–:Youths who reason exceptionally well mathematically. In: STERNBERG, R. J./DAVIDSON, J. E. (Hrsg.): Conceptions of giftedness. Cambridge 1986, S. 361–387
STERN, W.: Die Intelligenz der Kinder und Jugendlichen und die Methoden ihrer Untersuchung. Leipzig 1928
STERNBERG, R. J./DAVIDSON, J. E.: Cognitive development in the gifted and talented. In: HOROWITZ, F. D./O'BRIEN, M. (Hrsg.): The gifted and talented. Developmental perspectives. Washington 1985, S. 37–74
TANNENBAUM, A. J.: Gifted children: Psychological and educational perspectives. New York 1983
TAYLOR, C. W.: Cultivating new talents: A way to reach the educational deprived. In: Journal of Creative Behavior 2 (1968), S. 83–90
TERMAN, L. M.: A study in precocity and prematuration. In: American Journal of Psychology 16 (1905), S. 145–183
–: Genius and stupidity: A study of some of the intellectual processes of seven »bright« and seven »dull« boys. In: Pedagogical Seminary 13 (1906), S. 307–373
–: The measurement of intelligence. Boston 1916
–: The discovery and encouragement of exceptional talent. In: American Psychologist 9 (1954)(a), S. 221–230
–: Scientists and non scientists in a group of 800 gifted men. In: Psychological Monographs 68 (1954)(b), S. 1–41
–/DEVOSS, J. C.: The educational achievement of gifted children. In: WHIPPLE, G. M. (Hrsg.): Twenty-third yearbook of the National Society for the Study of Education. Chicago 1924, S. 169–184
– u. a.: Mental and physical traits of a thousand gifted children. Genetic studies of genius. Vol. I. Stanford, Cal. 1925
–/ODEN, M. H.: The gifted group at mid-life: Thirty-five years' follow up of the superior child. Genetic studies of genius. Vol. 5. Stanford, Cal. 1959
–/– u. a.: The gifted child grows up. Twenty-five years' follow-up of a superior group. Genetic studies of genius. Vol. 4. Stanford, Cal. 1947
THORNDIKE, R.: Responses of a group of gifted children to the Pressey interest-attitude test. In: Journal of Educational Psychology 30 (1939), S. 588–594
–: Performance of gifted children on tests and developmental age. In: Journal of Psychology 9 (1940), S. 337–343
TORRANCE, E. P.: Guiding creative talent. Englewood Cliffs, N. J. 1962
TROST, G.: Identification of highly gifted adolescents – Methods and experiences. In: HELLER, K. A./FELDHUSEN, J. F. (Hrsg.): Identifying and nurturing the gifted. Toronto 1986, S. 83–91
TUTTLE, F. B./BECKER, L. A.: Characteristics and identification of gifted and talented students. Washington 1980
URBAN, K. K. (Hrsg.): Hochbegabte Kinder. Heidelberg 1982(a)
–: Ansichten und Einstellungen von Lehrern und Eltern zu schulischer Erziehung und Erziehungszielen bei »normalen«, behinderten und hochbegabten Kindern. In: Vierteljahresschrift für Heilpädagogik und ihre Nachbargebiete 51 (1982), S. 324–336(b)
–: Hochbegabtenerziehung weltweit. Bad Honnef 1984
VERNON, P.: Intelligence: Heredity and environment. San Francisco 1979
VISHER, S. S.: Scientists starred, 1903–1943, in »American Man of Science«. Baltimore 1947

WAGNER, H.: Zum Stand der Forschung über Probleme bei besonders begabten Kindern. In: BARTENWERFER, H. (Hrsg.): Besondere Begabungen in der normalen Schule. Forschung, Beratung, pädagogischer Auftrag. Frankfurt 1988, S. 53–70

WAGNER, H./ZIMMERMANN, B./STÜVEN, N.: Identifizierung und Förderung mathematisch besonders befähigter Schüler. Bericht über einen Modellversuch. In: BUNDESMINISTER FÜR BILDUNG UND WISSENSCHAFT (Hrsg.): Hochbegabung – Gesellschaft – Schule. Bonn 1986, S. 239–251

WALLACH, M. A.: Creativity testing and giftedness. In: HOROWITZ, F./O'BRIEN, M. (Hrsg.): The gifted and talented. Washington, D. C. 1985, S. 99–123

–/KOGAN, N.: Modes of thinking in young children: A study of the creativity-intelligence distinction. New York 1965

–/WING, C. W. Jr.: The talented student: A validation of the creativity-intelligence distinction. New York 1961

WEBB, J. T./MECKSTROTH, E. A./TOLAN, S. S.: Hochbegabte Kinder, ihre Eltern, ihre Lehrer. Bern 1985

WEINERT, F. E./WAGNER, H. (Hrsg.): Die Förderung Hochbegabter in der Bundesrepublik Deutschland: Probleme, Positionen, Perspektiven. Bad Honnef 1987

WEISBERG, R. W.: Kreativität und Begabung. Heidelberg 1989

WERNER, E. G./BACHTOLD, L. M.: Personality factors of gifted boys and girls in middle childhood and adolescence. In: Psychology in the Schools 6 (1969), S. 177–182

WIECZERKOWSKI, W./WAGNER, H.: Das hochbegabte Kind. Düsseldorf 1981

–/–/BIRX, E.: Die Erfassung mathematischer Begabung über Talentsuchen. In: Zeitschrift für Differentielle und Diagnostische Psychologie 8 (1987), S. 217–226

WILD, K. P.: Identifizierung besonders begabter Grundschulkinder. Lehrer und Schüler als Datenquellen. Dissertation in Marburg. 1990

ZIEGLER, E./FARBER, E. A.: Commonalities between the intellectual extremes. Giftedness and mental retardation. In: HOROWITZ, F. D./O'BRIEN, M. (Hrsg.): The gifted and talented. Develoopmental perspectives. Washington 1985, S. 387–408

Fritz Loser und Ewald Terhart

Schule als Lebensraum – Schüler und Lehrer

1 Vorbemerkung

Eine der weithin akzeptierten Ausgangsbedingungen für die Analyse des Schulwesens, anspruchsvoller: für eine Theorie der Schule ist das große Spektrum an Betrachtungsmöglichkeiten, das man auf diese gesellschaftliche Institution richten kann. So ist eine bildungs-, sozialisations- oder gesellschaftstheoretische, historische, bildungsökonomische, lern-, sozial- und individualpsychologische, didaktische, juristische, betriebswirtschaftliche, organisationssoziologische, medizinische oder architektonische Blickrichtung auf Schule möglich; weitere Aspekte sind denkbar (→ *Theorie pädagogischer Institutionen;* → *Bildungsökonomie und Bildungsmanagement;* → *Organisationssoziologie ...;* → *Schulpädagogik ...*). Unter einer pädagogischen Fragestellung sind vor allem diejenigen Betrachtungsweisen von Bedeutung, die die Erfahrung der in der Schule handelnden Personen in den Mittelpunkt stellen, wobei diese Zentrierung auf die personale bzw. interaktionale Ebene keineswegs Ignoranz gegenüber organisatorischen und gesellschaftlichen Bedingungen impliziert. Aus der Sicht der von Schule Betroffenen – Schüler und Lehrer – kommt die Schule als ein unmittelbares Erfahrungsfeld in den Blick, welches sich in seiner Gänze – und nicht säuberlich in Aspekte zerlegt – auswirkt. Sie stellt einen *Sozialraum* dar, in dem Schüler wie Lehrer einen beträchtlichen Teil ihres Lebens verbringen und der als ein solcher »Lebensraum« Erfahrungen vorstrukturiert, eröffnet oder verschließt, die für den Bildungsweg einzelner Schüler wie ganzer Schülergruppen, aber auch für das Arbeitsleben eines Lehrers von nicht zu unterschätzender Bedeutung sind (→ *Lehrer/Lehrerin*).

Wenn wir im folgenden von Schule als Lebensraum sprechen, so ist dies zunächst in einem gleichsam neutralen Sinne gemeint: Lebensraum als gegebene, subjektiv angeeignete Sozialumwelt. Insofern ist *jede* Schule notwendigerweise ein »Lebensraum« für ihre Mitglieder. Hiervon zu unterscheiden ist die Verwendung dieses Begriffs im Rahmen von pädagogischen Überlegungen zu bildungstheoretisch wünschbaren Formen der Gestaltung des Lebensraums Schule. Und schließlich wird der Begriff Lebensraum Schule auch im Sinne eines allgemeinen Plädoyers für eine solche Gestaltung von Schule und Unterricht verwendet, welche deren durch Institutionalisierung des Lehrens und Lernens bedingte didaktisch-methodische Simulation von Wirklichkeit überwindet, sich dem »wirklichen« Leben öffnet und erst dadurch zu einem Lebensraum *wird*.

2 Schule als Lebensraum für Schüler

2.1 Zum Problem: Schule – Leben – Schulleben

Seit der Institutionalisierung von Lehren und Lernen in Schulen ist das Verhältnis von Schule und Leben durch zwei gegenläufige Bewegungen gekennzeichnet: Einmal entfernt sich die Schule immer mehr vom »Leben«. Lernen und Leben in Schulen wird nach eigenen Regeln rationalisiert: um alle alles lehren zu können, wird die Einbindung von Lerninhalten in konkrete Lebenssituationen gelockert. Inhalte werden in für alle gleichermaßen verbindliche und daher keinen mehr besonders betreffende Lehrgänge systematisiert. Lehren und Lernen werden ihrer Naturwüchsigkeit und Zufälligkeit beraubt und planvoll methodisiert. Verhaltensformen und Umgangsrituale werden zunehmend schulförmiger; gelernt wird nicht mehr das im Leben unmittelbar Brauchbare durch Mitvollzug und eigene Erfahrung, sondern das für schulische Zwecke Verwertbare. Das Reden über Handlungen verdrängt das Handeln selbst. Schließlich nimmt das schulische Ersatzleben quantitativ und qualitativ den größten Raum im Schülerleben ein, so daß es zum Leben selber wird. Schule ist für Schüler das Leben: leistungsorientiert, lehrerbezogen, erfahrungs- und handlungsfern mediatisiert, wortzentriert.

In einer gegenläufigen Bewegung distanzieren sich alle pädagogischen Reformanstöße von der zunehmenden institutionsbedingten Lebensferne schulischen Lehrens, Lernens und Lebens und fordern Lebensnähe, Anschaulichkeit (COMENIUS), die Abkehr von Lehrerwillkür und Erziehermacht, verlangen eine Erziehung durch das Leben selber, durch Natur und Dinge (ROUSSEAU), die Anbindung der Schule an die »nähesten Verhältnisse« (PESTALOZZI) und des Unterrichts an die kindlichen Erwartungen und Bedürfnisse (FRÖBEL). Aus der Buchschule müsse eine Arbeitsschule werden (KERSCHENSTEINER). Erfahrungen müßten mit Kopf, Herz und Hand (OTTO; GAUDIG) gemacht werden. Schulunterricht solle an gesellschaftliche Ernstsituationen angebunden werden (KILPATRICK; DEWEY), Schule solle schließlich als eine angstfreie, gebrauchsorientierte, erfahrungsnahe Institution offen sein für das Leben außerhalb der Schule: leibnah, authentisch, selbstbestimmt, ganzheitlicher Lebensraum für Schüler, Lehrer, Eltern, Gemeinde.

Beide Entwicklungslinien, *die Institutionalisierung und Verschulung* einerseits und *die pädagogische Kritik an dieser zunehmend sich verschärfenden Tendenz* andererseits, geben dem Begriff »Schule als Lebensraum« einen eigenartig ambivalenten Sinn. Einerseits ist mit Schule als Lebensraum die reale alltägliche, institutionalisierte räumlich-zeitliche Umgebung von Schülern gemeint mit ihrem vom »wirklichen« Leben losgelösten Eigencharakter: die Realität des Lebens in der Schule. Andererseits wird der Begriff »Schule als Lebensraum« (häufig dann in der historischen Form von »Schulleben«) als reformpädagogischer Kampfbegriff gerade gegen diese Alltagsrealität einer scholastisierten Schule verwandt. Mit »Schule als Lebensraum« sind dann Ansätze einer Veränderung des gegebenen schulischen Erfahrungsraumes der Schüler durch Maßnahmen gerade der Entschulung von Schule gemeint: mit dem »wirklichen« Leben gegen das Leben in der Schule (→ *Erziehen und Unterrichten als Beruf*).

In diesem pädagogisch-normativen Verständnis wird unter Schulleben dann traditionellerweise verstanden
- die gedeihliche Schulatmosphäre, die eine personale Begegnung von Lehrern und Schülern zuläßt (Schule als Lebensgemeinschaft),
- Ermöglichung von Selbstbestimmung von Lehrenden und Lernenden im Rahmen von Ordnungen und Regeln,
- Ermöglichung von gesellschaftlichen Lebensformen über den Unterricht hinaus, die vor allem der Identitätsbildung dienen, wie Feste und Feiern,
- Schulleben als Lebenshilfe für Schulkinder in einer Schule als Stätte eigenwertigen

Kindes- und Jugendlebens (vgl. zu »Schulleben« KECK/SANDFUCHS 1979; WITTENBRUCH 1980).

2.2 Schule als Leben: Der alltägliche Lebensraum für Schüler

Kinder gehen im Durchschnitt fünf Stunden am Tag zur Schule. Das sind in der Woche ca. 30, in Jahr rund 1200. In einem ganzen Schülerleben summiert sich Schul-Zeit auf über 15000 Stunden (RUTTER u. a. 1980). Darüber hinaus wirkt Schule über Hausaufgaben, Nachhilfe, Arbeitsgemeinschaften, über zusätzliche oder erweiterte Bildungsangebote auch noch auf das Leben außerhalb der Schule zurück. War Schule ursprünglich allenfalls eine »ergänzende Institution«, die Kinder wenige Stunden am Tag in Anspruch nahm und in der begrenzte Fähigkeiten und Fertigkeiten vermittelt wurden, so ist Schule nunmehr – ob sie es will oder nicht – »zu einem ganz wesentlichen Teil der Lebenswelt der Kinder und Jugendlichen geworden« (FAUSER u. a. 1983, S. 133).

Die Wirkungen einer derart massiven Umwelt auf Schüler werden von der ökologisch orientierten Schul- und Unterrichtsforschung empirisch zu ermitteln versucht (vgl. THIENEL 1985). Untersuchungen aus der Schulklimaforschung (KAHL 1984) haben vor allem die ökologischen Bedingungen von Schulversagen offengelegt und können in Verbindung mit dem behavior-setting-Konzept von WICKER (1979) einen Weg zu einer ökologischen Schulforschung weisen (BRONFENBRENNER 1976). RUTTER u. a. (1980) beziehen auch die architektonischen und physikalischen Faktoren der Schulumwelt in ihre Untersuchungen ein. Ebenso werden Effektvariablen auf Schülerseite definiert, die nicht nur mit dem Metermaß kognitiver Leistungstests gemessen werden.

Inhaltlich am weitesten vorangetrieben scheinen aber noch immer die wenn auch forschungsmethodisch »weichen« institutionssoziologischen und kulturanthropologischen Analysen von Schule als der Lebenswelt der Schüler und Lehrer. Die Ergebnisse aus diesen Untersuchungen kennzeichnen die Schule als den unverwechselbaren (eben scholastisierten) Lebensraum mit einer eigenen Wirklichkeit, mit eigenen Ritualen und Regeln, mit einseitiger Machtverteilung und festen Herrschaftsstrukturen, mit eigenen Verhandlungs- und Überlebenstaktiken. Dies soll im folgenden in Stichworten unter Hinweis auf die wichtigsten Untersuchungen verdeutlicht werden.

Als Elemente einer schulförmigen Lebensumwelt werden herausgestellt:
- *Standardisierung und Ökonomie des Raumes* (HEINZE 1980, S. 22ff.; HELLER 1979, S. 111): Architektonisch standardisierte Lernräume mit ihrer Begrenzung der Bewegungsfreiheit auf Aktivitäten wie Sitzen, Schreiben, Stehen.
- *Zeitökonomie* und die Rationalisierung auf Jahres-, Tages- und Stundenebene: »Pensen« müssen genau nach Plan absolviert werden. Alle Tätigkeiten sind vorausgeplant, eingeteilt und daher kalkulierbar.
- *Standardisierung der Lerninhalte:* In Fächern geordnetes, von konkreten Lebenssituationen abgehobenes, in Lehrbüchern kodifiziertes Wissen – für alle gleich, für keinen besonders verbindlich (→ *Didaktik und Curriculum / Lehrplan;* → *Schulbücher* ...).
- *Rechtlich abgesicherter Kontrollcharakter der Situation:* Schul- und Anwesenheitspflicht. Berechtigungswesen und Verteilung von Sozialchancen auf der Grundlage von Abschlüssen. Beschränkung der motorischen Bewegungsfreiheiten innerhalb rechtlich kontrollierter Zonen (→ *Bildungsrecht, Elternrecht* ...).
- *Öffentlicher Charakter der Situation:* Formaler (öffentlicher) Charakter der sprachli-

chen Kommunikation. Transposition von Privatem ins Allgemeine. Einseitige, nur für Schüler geltende Zugriffsmöglichkeit auf Privates.
- *Praxisferne* der Unterrichtssituation: Erfahrungsferne der Schule, Leibferne und Entsinnlichung schulischen Lernens.
- *Identitätsbedrohende ritualisierte Kommunikation* mit Frage-Antwort-Ritualen, Eintritts-, Austritts-, Prüfungs-, Kontrollritualen (→ *Sprache im Unterricht*).
- *Zielorientierung* und *Fixierung auf formale abstrakte Leistung* (→ *Pädagogische Diagnostik*), Orientierung nicht am Gebrauchswert, sondern am Tauschwert (Noten) unterrichtlicher Arbeit und damit Vorbereitung auf ein Leben zum »Verkauf der Ware Arbeitskraft eines Individuums auf dem Arbeitsmarkt« (HEINZE 1980, S. 26).
- *Konkurrenzorientierung* und Lernen gegen den anderen. Selegierung nach Noten.
- *Methodisierung* der Kommunikation: Lernen nach Regeln, die den Lernenden an die Hand nehmen und Schritt für Schritt zum Erfolg führen, so daß er schließlich ohne Methoden gar nicht mehr lernfähig ist (→ *Methoden im Unterricht*).
- *Mediatisierung* der Lernsituation: Lernen an einer präparierten, didaktisch reduzierten, mediatisierten Wirklichkeit. Sie führt gerade nicht zum »Verschwinden der Kindheit« (POSTMANN 1983), sondern zur Produktion und Verlängerung einer Kindheit als Schulkindheit.
- *Herrschaftscharakter und hierarchische Struktur* der schulischen Lebens- und Lernwelt: Trennung von Stab und Personal. Dominanz des Lehrers durch eine nichtsymmetrische Kommunikationsstruktur. THIEMANN (1985) hat in seiner jüngsten Untersuchung gezeigt, wie gerade in Formen einer offenen, schülerorientierten Kommunikation in der Schule sehr subtil, aber besonders effektiv Macht und Herrschaft ausgeübt werden (→ *Sprache im Unterricht*).

Zum alltäglichen Schulleben in der (totalen) Institution gehören neben Elementen der institutionell bedingten Definition der Situation die *Taktiken der Schüler als Formen des Überlebens* (HEINZE 1980; 1983; HELLER 1979; ZINNECKER 1978; MAURER 1978). Überlebensstrategien in der identitätsbedrohenden Situation äußern sich dort, wo die Legitimation eines situationsfremden Lernens für Schüler nicht mehr auf der Hand liegt, in der *»destruktiven sekundären Anpassung«* (HEINZE 1980), in Zerstörung, Provokation, Schwänzen, Lernverweigerung, Flucht oder Rückzug auf die Hinterbühne der nicht scholastisierten Räume wie Pausenhöfe und Toiletten (ZINNECKER 1978). Dort aber, wo die Gratifikationsfunktion von Schule (noch) nicht in Frage gestellt wird, bilden sich Lebensformen einer *»gemäßigten sekundären«* Anpassung an die Schule heraus: Mogeln, Abschreiben, Anschwindeln von Lehrern zur Vermeidung von Sanktionen, geheucheltes Interesse durch abgeschirmtes oder klug fragendes Engagement, Schülerstreiche, Blödeleien, Aktionen der Kameraderie (MAURER 1978), Nebenengagement auf der Hinterbühne, auf Tischen, Bänken, Toilettenwänden (ZINNECKER 1978; HERWALD/ THORING 1985). Schule als Institution ist die reale, alltägliche Lebenswelt von Schülern, die aus Kindern Schüler macht und sie gerade so, über »latente Lernprozesse« und den »heimlichen Lehrplan« (→ *Lehrer-Schüler-Verhältnis*) in die differenzierte leistungs- und konkurrenzorientierte gesellschaftliche Situation nach der Schule hineinsozialisiert (ZINNECKER 1975; LOSER 1983).

2.3 Leben als Schule: Ansätze zu einer Veränderung der Schule als Lebensraum

In bewußter Abgrenzung von einer Schule, die das Leben in der Schule auf schulische Lebens- und Lernformen verkürzte, wurden im Laufe der Geschichte des Schulwesens immer wieder Schulformen konzipiert, die die »Ganzheit des Lebens« (allerdings in der jeweiligen Perspektive ihrer Gründer!) einzufangen suchten. Die Versuche ermöglichten allerdings nur für eine jeweils kleine Elite »lebensnahes Lernen in Schulen« (z. B. Ritterakademien), bis dann HERBARTS Schüler STOY Ende des 19. Jahrhunderts erstmalig den Versuch machte, an einer öffentlichen Schule ein reiches Schulleben mit Feten, Feiern, Spielen und Schülermitverantwortung aufzubauen (→ *Grenzen und Möglichkeiten* . . .).

Erst aber in der reformpädagogischen Gegenbewegung gegen die Eingrenzung von Schule auf Unterricht wurde mit dem Begriff des »Schullebens« ganz allgemein die Forderung erhoben, die verschulte Schule durch eine *»Lebensgemeinschaftsschule«* abzulösen (s. dazu HEILAND/SAHMEL 1985). Schulgemeinschaft, Fest, Feier, Spiel, Schulgarten, aber auch Vorhaben, Projekte, Wandern, Reisen, Schullandheime und die Auflösung der »unnatürlichen« Jahrgangsklassen, die Einführung von Unterrichtsepochen und der Arbeit in Gruppen waren die wichtigsten Elemente einer auf die Lebensgemeinschaft aller an der Schule Tätigen, der Lehrenden, und Lernenden ausgerichteten Schulreform (→ *Freie Schulen* . . .).

Die reformpädagogischen Bemühungen um eine »alternative« Schule wurden erst wieder aktualisiert in der Auseinandersetzung um die Schulreformkonzepte der 60er und frühen 70er Jahre sowie in der Kritik an den derzeit gegebenen Schulverhältnissen: Erhöhung der Schülerzahlen mit gehobenen Abschlüssen, Chancengleichheit durch Vergleichbarkeit der Abschlüsse, Wissenschaftsorientierung für alle Stufen und alle Fächer, Lernzielorientierung und Standardisierung der Lehr-Lern-Situation, vornehmlich kognitive Orientierung, Gleichsetzung von Bildung mit theoretischer Bildung für alle, Gymnasialisierung der Schule, Prämierung von Praxisferne etc.

Mit der Schulkritik und der zeitweiligen Forderung nach »Entschulung der Gesellschaft« (ILLICH 1972) einher ging die Entwicklung von alternativen Schulkonzepten (V. DICK 1979), als deren gemeinsame Merkmale neben der Kritik an der Erfahrungsferne (V. HENTIG 1973) und Körperlosigkeit (Rumpf 1981) schulischen Lernens die Forderung nach ganzheitlichem Lernen mit den Elementen Lebens- und Praxisnähe (FAUSER u. a. 1983), Leiborientierung (LIPPITZ/MEYER-DRAWE 1982), Handlungsorientierung, Erfahrungsorientierung, Alltagsorientierung, Partizipation und Selbstbestimmung gelten können. Schule soll sich für das Leben außerhalb der Schule öffnen (BENNER/RAMSEGER 1981), sie soll in und mit der Gemeinde leben (Straßen- oder Stadtteilschulen), sie soll Lebens- und Kommunikationsformen praktizieren, die die kognitive Enge des schulischen Erfahrungsraumes überwinden helfen. Die Frage allerdings, ob durch die Hereinnahme des ganzen Lebens in die Schule die Schule nun lebensnäher wird oder ob nicht umgekehrt das hereingenommene »Leben« in der Schule gar nicht anders als »verschult« erlebt werden kann, bleibt offen. Beispiele der Öffnung wie etwa die Schülermitbestimmung, die Partizipation an inhaltlichen und methodischen Entscheidungen, der Abbau von Schulritualen und die Gemeinsamkeit beim Feiern und in der Freizeit werden den Schulgeruch nicht los. Insofern beinhaltet die alte und neue Forderung nach mehr Lebensnähe und Anschaulichkeit eine *innere Ambivalenz*, angesichts deren eine realistische Einschätzung der Möglichkeiten von Schule notwendig ist (LOSER/TERHART 1986).

3 Schule als Lebensraum für Lehrer

Für den Lehrer ist die Schule zuvörderst Arbeitsstätte (LORTIE 1975; WESEMANN 1984). Hier geht er seinem erlernten Beruf nach, mit dem er seinen Lebensunterhalt verdient, hier ist er Kollege unter Kollegen, hier kann er sich als Mitglied eines Berufsstandes mit einer spezifischen Berufskultur (HARGREAVES 1980) betrachten. Die Schule ist für den Lehrer jedoch nur insofern Lebensraum, als er in ihr nicht seine ganze Existenz, sondern ›nur‹ sein Berufsleben verbringt. Eine allgemeine Theorie der Lehrerarbeit liegt nicht vor (v. ENGELHARDT 1982; SCHÖNWÄLDER 1983; neuere Forschungsliteratur bei TERHART 1991) (→ *Lehrer / Lehrerin;* → *Erziehen und Unterrichten als Beruf*); folgende Aspekte des Lebensraums Schule halten wir aus der Sicht des Lehrers für bedeutsam: (3.1) Struktur des Arbeitsplatzes, (3.2) Schüler, Kollegen, Eltern, (3.3) Berufliche Sozialisation und Biographie, (3.4) Beruf und Identität.

3.1 Struktur des Arbeitsplatzes
Die beruflichen Aufgaben des Lehrers sind bestimmt durch die offiziellen Ziele und Zwecke der Berufsausübung sowie durch die organisatorischen Formen, in denen diesen nachgegangen wird. Unterricht, Erziehung und Bildung können als pädagogische Stichworte zur Beschreibung der Aufgaben des Lehrerberufs herangezogen werden. Die Gewichtung dieser drei Aspekte ist in den verschiedenen Schulstufen bzw. -formen unterschiedlich, ebenso sind fachspezifische Schwerpunktsetzungen zu verzeichnen. Spricht die Pädagogik von Unterrichten, Erziehen, Bilden, so betont sie die personale Seite von Schule. Die Bildungssoziologie stellt die gesellschaftliche Seite in den Vordergrund und unterscheidet beispielsweise die Instruktions-, Sozialisations- und Selektionsfunktion der Lehrerarbeit. Als Beamter ist ein Lehrer unkündbar; seine Entlohnung erfolgt leistungsunabhängig. Wer wollte auch eindeutig definieren, wann (und in welchem Ausmaß) seine pädagogischen Bemühungen von Erfolg gekrönt sind? Die gewöhnliche Form, in der der Lehrer seinem Beruf nachgeht, ist der Klassenunterricht; ein kompliziertes System von schulorganisatorischen und -rechtlichen Bedingungen stellt zumindest das formale Zustandekommen dieser Unterrichtsform sicher. Im Unterricht hat der Lehrer eine ganze Reihe von Vorgaben (Schulrecht, Dienstrecht, Lehrpläne, Erlasse etc.) zu beachten (→ *Bildungsrecht, Elternrecht, Lehrplanrecht* . . .), die sein Handeln in unterschiedlicher Weise kanalisieren. Diese Vorgaben garantieren natürlich keineswegs, daß eine Unterrichtsstunde auch tatsächlich »erfolgreich« verläuft. Schulpädagogik wie Schulrecht sind sich darin einig, daß das Eigentliche der erfolgreichen Lehrertätigkeit nicht allgemeinverbindlich reglementierbar ist, weil unterrichtliches Handeln von seiner Struktur her situationsspezifisch abgestimmt sein muß. Es ist ein Handeln unter großen Unsicherheiten und mit der Möglichkeit des Auftretens unbemerkter und/oder ungewollter Nebenwirkungen. Zum Pluralismus der Werte tritt die Unsicherheit in der Methode; beides zusammen erzeugt Intransparenzen und Unwägbarkeiten, die für das Berufsleben des Lehrers von konstitutiver Bedeutung sind. Weil Unterricht eine soziale Situation ist, agiert und reagiert der Lehrer am agierenden

und reagierenden Gegenüber (einzelne Schüler, ganze Klasse). In unpersönlicher, mechanischer Form ist Lehrerarbeit deshalb nicht oder doch nur in einer Schrumpfform durchzuführen. Hohes Involvement der Person ist unausweichlich.

3.2 Schüler, Kollegen, Eltern

Die *Schüler* bilden für den Lehrer in quantitativer wie qualitativer Hinsicht die bedeutsamste Gruppe, der er im Lebensraum Schule begegnet (→ *Lehrer-Schüler-Verhältnis*). Mittels verschiedener Methoden sind von der Unterrichtsforschung die Prozesse der Lehrer-Schüler-Interaktion immer wieder analysiert worden (BROPHY/GOOD 1976; HEINZE 1976). Von besonderer Bedeutung im Berufsfeld Schule sind hierbei die Einflüsse, die kurz- oder langfristig die Schüler bzw. das berufsbedingte ständige Zusammensein mit Kindern und Jugendlichen auf den Lehrer ausüben. Hinsichtlich der Einflußrichtung Schüler → Lehrer liegen vergleichsweise wenige Forschungsergebnisse vor. Wie nicht anders zu erwarten, kann die Existenz von »umgekehrten« Pygmalion-Effekten allerdings als bestätigt gelten (FELDMANN/PROHASKA 1979).

Das *Kollegium* einer Schule bietet dem einzelnen Lehrer einerseits formellen Rückhalt. Andererseits wird von vielen Lehrern die Kommunikation mit Kollegen häufig als Belastung erlebt. Dies erklärt sich aus den strukturellen Besonderheiten des Arbeitsplatzes Klassenzimmer: Aufgrund der notwendig hohen Involviertheit der Persönlichkeit des Lehrers in seine berufliche Tätigkeit und der damit verbundenen Unwägbarkeiten des Unterrichtens läßt sich in vielen Lehrerzimmern ein ängstliches Bemühen um Abdeckung des eigenen Unterrichts sowie – im Gegenzug – um konsequente Nicht-Einmischung in die beruflichen Belange der Kollegen feststellen. Diese Autonomieforderung, die »nach innen« Isolation zur Folge hat, aber auch Schutz gewährt, sorgt »nach außen« für eine rasche Solidarisierung gegenüber Kritik von Laien. So spielt »Kollegialität« im Lebensraum Schule für den Lehrer eine durchaus zwiespältige Rolle (WELLENDORF 1972; OTTO 1978) (→ *Lehrer/Lehrerin*).

Die *Eltern* sind zwar offiziell Partner des Lehrers, werden von ihm aber gleichwohl häufig als Außenstehende und »Laien« betrachtet, die von Schule und Unterricht »nichts verstehen«. In umgekehrter Richtung sind ebenfalls Vorurteile festzustellen. Konflikte ergeben sich insbesondere dann, wenn aufgrund schlechter Noten die Eltern die anvisierte Bildungslaufbahn ihres Kindes gefährdet sehen. Unterrichts- und Beurteilungskompetenz des Lehrers werden dann sehr schnell in Zweifel gezogen. So steht der Lehrer im Schnittpunkt von staatlich geregelter Pflichtschulerziehung und dem privaten Erziehungsrecht der Eltern (DU BOIS-REYMOND 1977; MELZER 1985) (→ *Das Verhältnis von Elternhaus und Schule*).

3.3 Berufliche Sozialisation und Biographie

Als Lebensraum prägt die Schule die berufliche Sozialisation jedes Lehrers. Diese ist nicht nur auf die Phase des Berufseinstiegs beschränkt, sondern ein lebenslanger Prozeß. Immer wieder ergeben sich neue Anstöße, neue Erfahrungen, die einmal gefundene Einstellungen und Handlungsweisen ändern. Berufliche Identität ist somit kein stabiler Status, sondern unterliegt einer lebenslangen Entwicklung. Bereits die Entscheidung zum Ergreifen des Lehrerberufs korreliert mit bestimmten Persönlichkeitseigenschaften; die berufliche Sozialisation beginnt im Studium und erfährt ihren wichtigsten Einschnitt im Übergang vom Studium zur Berufspraxis. Die meisten Lehrer erleben diesen Statuswechsel als starke psychische Belastung; der Lebensraum Schule wird zum Auslöser für den sog. »*Praxisschock*« (MÜLLER-FOHRBRODT u. a. 1978), wobei sich als zentraler Problembereich die Unsicherheit im Umgang mit den Schülern bzw. der Klasse (Disziplin; Motivation; Reaktion auf individuelle Schwierigkeiten der Schüler) erwiesen hat (vgl. VEENMAN 1984) (→ *Autorität und Disziplin*). Deutsche wie ausländische Untersuchungen zeigen eindeutig, daß in der Phase des Berufseinstiegs eine Änderung der Einstellung zum Schüler und damit auch des Selbstbildes als Lehrer erfolgt: in der Ausbildung angeeignete pädagogische Vorstellungen und Selbstverpflichtungen werden als illusionär und nicht realisierbar angesehen, praktische Erfahrung läßt universitäre Ausbildungsinhalte und -anforderungen rasch verblassen, die Zunahme eines gewissen auch mittelfristig stabilen pädagogischen Konservatismus ist vielfach empirisch bestätigt worden (DANN u. a. 1978). Die Berufszufriedenheit scheint mit zunehmendem Dienstalter übrigens zuzunehmen (LITTIG 1980).

Dies sollte jedoch nicht dazu verleiten, die Wirkung des Lebensraumes Schule auf den Lehrer global mit Anpassung gleichzusetzen. Letztlich sind auch hier das einzelne Individuum sowie seine Art der Aneignung und Verarbeitung von Umwelterfahrungen entscheidend. Die theoretische und empirische Erfassung dieses Prozesses hängt dabei stark vom zugrundeliegenden Sozialisationsbegriff ab (vgl. ZEICHNER 1986; BLASE 1986). Über die prozessualen Details des Aufbaus, der Stabilisierung und Modifikation einer beruflichen Identität im Lebensraum Schule ist allerdings nur sehr wenig bekannt; erste Ansätze zu einem entwicklungslogischen Stufenmodell des Lehrer-Werdens liegen vor (SPRINTHALL/THIES-SPRINTHALL 1983).

3.4 Beruf und Identität

Eine subjektiv befriedigende berufliche Identität findet nur derjenige Lehrer, der sich weder gänzlich an institutionelle Rollenerwartungen anpaßt noch seine eigenen Vorstellungen absolut setzt, sondern im Prozeß der Auseinandersetzung mit seinem beruflichen Lebensraum Person und Rolle zu koordinieren versteht. Diese Koordinationsleistung ist in aller Regel bei Statuswechseln, insbesondere beim Erlernen und Ausgestalten der Berufsrolle durch den Junglehrer vonnöten. Selbstverständlich wirken sich auch Veränderungen im privaten Lebensbereich auf die berufliche Identität aus und umgekehrt.

Zur Arbeitsplatzstruktur des Lehrers gehört, wie erwähnt, ein vergleichsweise hohes Involvement der Person bei einer Tätigkeit, die durch ebenso anspruchsvolle wie diffuswidersprüchliche gesellschaftliche Zweckbestimmungen und unklare Technologie im Bereich der eigentlichen Arbeitsvollzüge gekennzeichnet ist. Wenn es tatsächlich so ist, daß ein Lehrer hauptsächlich mit seiner Person arbeitet, so ist für ihn eine starke Überlagerung bzw. Durchmischung von »Person« und »Rolle« kennzeichnend (BUCHMANN 1986). Dies kann als sehr befriedigend, aber auch als sehr belastend erlebt werden. Psychoanalytische Argumentationen haben die Ursachen hierfür offengelegt (FÜRSTENAU 1964), die »Angst des Lehrers« ist schon beinahe sprichwörtlich geworden (BRÜCK 1978), die Entdeckung des »Helfer-Syndroms« (SCHMIDTBAUER 1975) läßt eine allzu missionarisch-hochherzige Berufsmotivation als dubios erscheinen, und im Zuge eines (sub)kulturell stark sich ausbreitenden antipädagogischen Einstellungsmusters wird gerade für die »jungen Pädagogen« (COMBE 1983) die positive Identifikation mit dem gewählten Beruf immer schwieriger. Der Lebensraum Schule wird dann keineswegs mehr als Stätte befriedigender Berufsarbeit (»Menschenbildung«) wahrgenommen, wie dies das noch von der Reformpädagogik inspirierte traditionelle Berufsethos verlangt hat, sondern im Extremfall als seelenlose Tretmühle, in der die investierten persönlichen Mühen wirkungslos versickern und es zu einem raschen »Ausbrennen« der ehedem Engagierten kommt (FARBER 1984).

Einer Belastung oder gar Bedrohung durch das Berufsleben versuchen viele Lehrer durch bemühte Trennung von Arbeit und Person, von Berufs- und Privatleben zu begegnen. Insbesondere bei Gymnasiallehrern ist eine strikte Anspruchsbegrenzung auf die Vermittlung von Fachwissen, also auf die Instruktionsfunktion zu beobachten. Der Aufbau einer vollkommen sachlichen Berufsauffassung kann insofern jedoch nicht ohne Rest gelingen, als Lehrerarbeit strukturell Personinvolvement beinhaltet. Auf diese Weise ist garantiert, daß sich ein Lehrer der »persönlichen« Auseinandersetzung mit seinem Beruf nie vollständig entziehen kann (→ *Lehrer / Lehrerin;* → *Erziehen und Unterrichten als Beruf*).

Literatur

BENNER, D./RAMSEGER, J.: Wenn die Schule sich öffnet. München 1981
BLASE, J. J.: Socialization as Humanization: One Side of Becoming a Teacher. In: Sociology of Education 59 (1986), S. 100–113
BRONFENBRENNER, U.: Ökologische Sozialisationsforschung. Stuttgart 1976
BROPHY, J./GOOD, T. L.: Die Lehrer-Schüler-Interaktion. München 1976
BRÜCK, H.: Die Angst des Lehrers vor seinem Schüler. Reinbek 1978
BUCHMANN, M.: Role over Person: Morality and Authenticity in Teaching. In: Teachers College Record 87 (1986), S. 529–543
COMBE, A.: Alles Schöne kommt danach. Die jungen Pädagogen. Reinbek 1983
DANN, H.-D. u. a.: Umweltbedingungen innovativer Kompetenz. Eine Längsschnittuntersuchung zur Sozialisation von Lehrern in Ausbildung und Beruf. Stuttgart 1978
DICK, L. v.: Alternativschulen. Reinbek 1979
DU BOIS-REYMOND, M.: Verkehrsformen zwischen Elternhaus und Schule. Frankfurt 1977
ENGELHARDT, M. v.: Die pädagogische Arbeit des Lehrers. Paderborn 1982
FARBER, B. A.: Teacher Burn-out: Assumptions, Myths and Issues. In: Teachers College Record 86 (1984), S. 322–338
FAUSER, P. u. a. (Hrsg.): Lernen mit Kopf und Hand. Weinheim 1983
FELDMANN, R. S./PROHASKA, TH.: The Student as Pygmalion: Effect of Student Expectation on the Teacher. In: Journal of Educational Psychology 71 (1979), S. 485–493
FÜRSTENAU, P.: Zur Psychoanalyse der Schule als Institution. In: Das Argument 6 (1964), S. 65–78
HARGREAVES, D. H.: The Occupational Culture of Teachers. In: WOODS, P. (Hrsg.): Teacher Strategies. London 1980, S. 125–148
HEILAND, H./SAHMEL, K. H.: Praxis Schulleben in der Weimarer Republik 1918–1933. Hildesheim 1985
HEINZE, TH.: Unterricht als soziale Situation. Zur Interaktion von Schülern und Lehrern. München 1976
–: Schülertaktiken. München 1980
–: Überlebensstrategien in der Schule. In: Westermanns Pädagogische Beiträge 35 (1983), S. 219–221
HELLER, E.: Meine Rolle als Lehrer. Versuch einer autobiographischen Auseinandersetzung mit dem Rollenkonzept. In: ADRION, D./SCHNEIDER, K.: Von Beruf Lehrer. Freiburg 1979, S. 97–114
HENTIG, H. v.: Schule als Erfahrungsraum. Stuttgart 1973
HERWALD, H./THORING, W.: Graffiti im Unterricht oder: Wie wirklich ist die Wirklichkeit für die Schulbürokratie? In: MÜLLER, S. (Hrsg.): Graffiti. Tätowierte Wände. Bielefeld 1985, S. 119–132

ILLICH, I.: Entschulung der Gesellschaft. München 1972
KAHL, TH. N.: Welche Informationen kann der Einsatz von Klima-Skalen einem Lehrer liefern? In: INGENKAMP, K. (Hrsg.): Sozialemotionales Verhalten in Lehr- und Lernsituationen. Landau 1984, S. 93–104
KECK, R. W./SANDFUCHS, U. (Hrsg.): Schulleben konkret. Bad Heilbrunn 1979
LANGEVELD, M. J.: Die Schule als Weg des Kindes. Braunschweig 1960
LIPPITZ, W./MEYER-DRAWE, K. (Hrsg.): Lernen und seine Horizonte. Königstein 1982
LITTIG, K.-E.: Berufszufriedenheit von Lehrern. Forschungsergebnisse und Forschungsschwerpunkte. In: Zeitschrift für Empirische Pädagogik 4 (1980), S. 225–243
LORTIE, D.: Schoolteacher. London 1975
LOSER, F.: Dauerkämpfe ohne Sieger und Besiegte oder: Wie Schule aus Kindern Schüler zu machen versteht. In: Westermanns pädagogische Beiträge 35 (1983), S. 228–232
–/TERHART, E.: Über die begrenzten Möglichkeiten der Schule. Warnung vor falschen Ansprüchen. In: Lernen, Ereignis und Routine. Jahresheft IV. Velbert 1986, S. 124–127
MAURER, F.: Das exkommunizierte Ich. In: KÜMMEL, F. u. a.: Vergißt die Schule unsere Kinder? München 1978, S. 55–82
MELZER, W. (HRSG.): Eltern-Schüler-Lehrer. München 1985
MÜLLER-FOHRBRODT, G. u. a.: Der Praxisschock bei jungen Leuten. Stuttgart 1978
OTTO, B.: Der Lehrer als Kollege. Weinheim 1978
POSTMANN, N.: Das Verschwinden der Kindheit. Frankfurt 1983
RUMPF, H.: Die übergangene Sinnlichkeit. München 1981
RUTTER, M. U. A.: Fünfzehntausend Stunden. Schulen und ihre Wirkung auf die Kinder. Weinheim 1980
SCHMIDTBAUER, H.: Das Helfer-Syndrom. Reinbek 1975
SCHÖNWÄLDER, H.-G.: Lehrerarbeit – Arbeit ohne Theorie. Heidelberg 1983
SPRINTHALL, N./THIES-SPRINTHALL, L.: The Teacher as an Adult Learner: A cognitive-developmental view. In: GRIFFIN, G. (Hrsg.): Staff Development. 82nd Yearbook of NSSE. Part II. Chicago 1983, S. 13–35
TERHART, E. (Hrsg.): Unterrichten als Beruf. Frankfurt/Köln 1991
THIEMANN, F.: Schulszenen. Vom Herrschen und vom Leiden. Frankfurt 1985
THIENEL, A.: Schul- und Unterrichtsforschung aus ökopsychologischer Sicht. In: Zeitschrift für Sozialisationsforschung und Erziehungssoziologie 5 (1985), S. 336–344
VEENMAN, S.: Perceived Problems of Beginning Teachers. In: Review of Educational Research 54 (1984), S. 143–178
WELLENDORF, F.: Formen der Kooperation von Lehrern in der Schule. In: FÜRSTENAU, P. u. a.: Zur Theorie der Schule. Weinheim 1972, S. 91–113
WESEMANN, M.: Arbeitsplatzstrukturen und unterrichtliche Tätigkeit des Lehrers. In: BOHNSACK, F. u. a.: Schüleraktiver Unterricht. Weinheim 1984, S. 40–120
WICKER, A. W.: Ecological Psychology. In: American Psychologist 34 (1979), S. 755–765
WITTENBRUCH, W.: In der Schule leben. Theorie und Praxis des Schullebens. Stuttgart 1980
ZEICHNER, K.: Lehrersozialisation und Lehrerausbildung: Forschungsstand und Perspektiven. In: Bildung und Erziehung 39 (1986), S. 225–278
ZINNECKER, J. (Hrsg.): Der heimliche Lehrplan. Weinheim 1975
–: Die Schule als Hinterbühne oder Nachrichten aus dem Unterleben der Schüler. In: REINERT, G. B./ZINNECKER, J. (Hrsg.): Schüler im Schulbetrieb. Reinbek 1978, S. 29–121

Siegfried Prell

Evaluation und Selbstevaluation

1 Das Alltagsverständnis von Evaluation und Selbstevaluation

Umgangssprachlich versteht man unter Evaluation und Selbstevaluation Bewertungs- und Beurteilungsprozesse, die sich auf Sachverhalte außerhalb einer Person wie von ihr verursachte und auf sie selbst bezogene beziehen. Im Alltag begegnen wir *Fremdevaluation* bei der absichtlichen oder unabsichtlichen Gegenüberstellung von Zuständen, Abläufen und Ereignissen mit bestimmten Normen (→ *Werte und Normen der Erziehung*). Normen sind »gefrorene«, in Routine überführte Evaluationsmaßstäbe, z. B. Gesetzesvorschriften, Deutsche Industrie-Normen (DIN), Verkehrsregeln, Erziehungsziele u. dgl. mehr. Ihre Funktion besteht in der Sicherstellung rechtsstaatlicher Auseinandersetzung, der Garantie technischer Produktions- und Funktionsabläufe, der Entfaltung der Persönlichkeit.

Evaluation ist ein wichtiger Teil der Gesellschafts- und Sozialpolitik. Der Stimmzettel enthält alle vier Jahre Evaluation, indem über die Güte der Politik einer vergangenen Legislaturperiode entschieden wird. Die Verbraucherzeitschrift »Test« erleichtert durch eine vergleichende Bewertung von Gebrauchsgegenständen auf dem Binnenmarkt dem Verbraucher die Kaufentscheidung. Das Bedenken von Vor- und Nachteilen, subjektiv vorgenommene Kosten-Nutzen-Erwägungen bei Anschaffungen, Risikovermeidungs- und -verminderungsstrategien, Investitionen und Engagements sind weitere Beispiele für Evaluation im Alltag. Am Ende steht immer eine Entscheidung.

Selbstevaluation dagegen dient der Selbsterkenntnis (→ *Persönlichkeit von Lehrern und Schülern* ...). Sie zeigt sich literarisch in Biographien, Bekenntnissen und nicht zuletzt in Selbstporträts. Selbstevaluation verlangt Selbstwahrnehmung bzw. -aufmerksamkeit (DUVAL/WICKLUND 1972), eine Zentrierung auf das Selbst. Prototypisch ist der Blick in den Spiegel oder die Konfrontation mit dem Spiegel, real oder vorgestellt. Der andere, das Du kann auch Spiegel sein. Im Volksmund wird »jemandem ein Spiegel vorgehalten«. Das Selbst soll sein Spiegelselbst mit einem Idealselbst vergleichen.

Nach KELLYs Ansatz der »Personalen Konstrukte« (1955) bildet jeder Mensch Hypothesen, prüft, evaluiert und revidiert sie. Selbstevaluation ist im wesentlichen Rekonstruktion, wobei retrospektiv Daten (nach eigenen Regeln aufbereitet und) mit einem individuellen Normprofil verglichen werden. Die Phasen jeder Selbstevaluation bestehen
– im Aufsuchen eines Informationsgebers für die Rückmeldung,
– in der Sensibilisierung für Hinweisreize einer Rückmeldung,
– im Entschlüsseln der Bedeutung der Hinweisreize aufgrund individueller Problemlagen und Zielvorstellungen,
– im Verarbeiten der Hinweisreize und ihrer Deutung zu »Tatsachen«,
– in der Selbstzuschreibung des eigenen Handlungsanteils am Ereignis,
– in der Bewertung des Handlungsergebnisses aufgrund interner Maßstäbe sowie
– in der Bedeutung des Selbstbewertungsaktes für künftiges Handeln.
Selbstevaluation ist ein unverzichtbarer Ablaufschritt eigenverantwortlichen Handelns.

2 Begriffsklärung

Ausgangspunkt der Evaluation für den Pädagogen war in den 30er Jahren TYLERS Zielmodell der Evaluation, in dem die Beziehungen zwischen Zielen, Lernerfahrungen bzw. -aktivitäten sowie der Einschätzung des dadurch hervorgebrachten Lernstandes überprüft und bewertet wurden. Dieses noch immer gültige Grundmodell hat eine Erweiterung dahingehend erfahren, daß heute neben der Zielerreichung auch die Ziele selbst an den Bedürfnissen der Adressaten gemessen, d. h. evaluiert werden.

Eine umfassende Definition von Evaluation gibt BEEBY (n. WOLF 1987, S. 8 ff.). Zusammengefaßt: Evaluation ist die *systematische* Sammlung von Daten, die als Erfolgs- oder Mißerfolgsindikatoren für ein pädagogisches Programm *interpretiert* werden, wobei dieser Prozeß zugleich ein *Werturteil* über die *Ziele* des Programms *selbst* zu fällen gestattet, mit der *Intention*, die pädagogische Praxis zu verbessern. Das innovative Moment ist dabei wesentlich. Evaluation ist somit mehr als Hypothesenprüfung in der empirischen Schul- und Sozialisationsforschung (→ *Wissenschaftstheorie*), Unterrichtsanalyse (→ *Forschungsmethoden der Erziehungswissenschaft*) oder Leistungsmessung in der Pädagogischen Diagnostik (→ *Pädagogische Diagnostik*). Sie ist der anwendungsorientierten Forschung zuzurechnen.

Das Evaluieren selbst als technischer Vorgang besteht nach SCRIVEN (1972, S. 61) »im Sammeln und Kombinieren von Verhaltensdaten mit einem gewichteten Satz von Skalen, mit denen entweder vergleichende oder numerische Beurteilungen erlangt werden sollen; und in der Rechtfertigung a) der Datensammlungsinstrumente, b) der Gewichtungen und c) der Kriterienauswahl«.

Der Evaluator, der extern ein Programm, Projekt oder einen Schulversuch evaluiert (Fremdevaluation), nimmt diese Funktion stellvertretend wahr für andere, die, in Praxis involviert, aus Zeitmangel und technischem Unvermögen keine Evaluation zustande bringen. Evaluatoren sind in der Regel Sozialwissenschaftler mit methodisch-statistischen Kenntnissen.

Die Evaluation bezieht sich auf alle Maßnahmen, auf soziale Dienste ebenso wie auf Schulreformmodelle, neue Formen von Unterricht und Therapie, außerschulische Jugendbildung, berufliche Weiterbildung, Projekte zur Rehabilitation und Resozialisierung (→ *Sozialpädagogen / Sozialarbeiter*; → *Erwachsenenbildung und Weiterbildung*) sowie Politikberatung.

3 Evaluationsaufgaben und -modelle

Als Aufgabengebiete im einzelnen lassen sich entwicklungs-, system-, entscheidungs- sowie theorieorientierte unterscheiden (MEYER 1976; GLASS/ELLETT 1980; HEILMANN 1980). Sie überschneiden sich in der Praxis. In der *entwicklungsorientierten* Evaluation werden die für eine Zielerreichung notwendigen Bedingungen konstituiert. Es geht i. a. um die Verbesserung der pädagogischen Praxis durch Schaffung neuer Ausbildungsgänge (Curricula), Konzipierung von Unterrichtsmodellen, Änderung der Organisationsform, Förder- bzw. Interventionsprogramme, Lehrertraining und dgl. mehr. Die Evaluation ist hier mehr »*formativer*« Art, d. h. auf die Optimierung eines Programms noch während des Entwicklungsprozesses angelegt. Ihre Praxisgüte wird am individuellen (Lern-, Bildungs- oder Heil-)Erfolg überprüft.

Bei der *systemorientierten* Evaluation werden pädagogische Institutionen, Organisationsformen und Systeme, die als Rahmenbedingungen für konkretes Handeln fungieren, auf ihre Funktionalität/Dysfunktionalität hin überprüft, so z. B. in der Begleitforschung zur Schulreform in Schulversuchen (→ *Strukturveränderungen im Bildungswesen* ...). Systemevaluation deckt auch Bedingungen auf, die die Effektivität eines Treatments behindern, um auf diese Weise wünschenswerte Innovationen gezielter ansteuern zu können. Sie ist in der Regel »summativ«, das Ergebnis als solches bewertend angelegt und spricht Empfehlungen aus für den Auftraggeber.

Die *entscheidungsorientierte* Evaluation überprüft Alternativen aller Art (Sozialprogramme, Einführung neuer Schulformen, Beratungsdienste etc.). Dabei werden in der Regel verschiedene Programmvarianten miteinander verglichen. Dies schließt die Bewertung, welche als die *bessere* Alternative anzusehen ist, ein. Sie ist administrationsorientiert und gebunden an Kosten-Nutzen-Analysen. Darüber hinaus fallen entscheidungsorientierte Evaluationstätigkeiten an bei Laufbahnentscheidungen, Differenzierungs- und Gruppierungszuweisungen (→ *Unterrichtsformen* ...), Berufseignung, vorzeitiger Entlassung aus Haftanstalten etc. Hier werden individuelle Erfolgswahrscheinlichkeiten auf dem Hintergrund eines Anforderungskriteriums abgeschätzt (Prognose). Zu beachten sind die Kosten für Fehlentscheidungen.

Die *theorieorientierte* Evaluation dient der Analyse von Konzepten, Modellen, Methoden und Instrumenten bisheriger Evaluationspraxis auf dem Hintergrund sozialwissenschaftlicher Theoriebildung (z. B. Kontrollforschung vs. Handlungsforschung) (→ *Forschungsmethoden der Erziehungswissenschaft*). Hierzu ist auch die »Metaevaluation« zu rechnen. In dieser erfolgt eine Evaluation von Forschungsarbeiten zum selben Thema, zum einen durch Sekundäranalysen, die sich auf Reanalysen von Originalstudien beziehen, zum anderen durch eine Synthese statistischer Kennwerte (Effektstärken) der einzelnen Studien (Meta-Analyse) (FRICKE/TREINIES 1985).

In Evaluationsmodellen wird evaluatives Handeln je nach Aufgabenstruktur, Strategie und Ausführungsplan spezifiziert. Nach GLASS/ELLETT (1980) gibt es in der Literatur mehr als 20 Evaluationsmodelle. Bekannte Modelle sind die von ALKIN, SCRIVEN, STAKE, STUFFLEBEAM und PROVUS (vgl. WULF 1972).

Im folgenden werden typische Aufgabengebiete pädagogischer Evaluation beschrieben.

4 Programm-Evaluation

Die Evaluation von Sozialprogrammen aller Art ist in den USA weit fortgeschritten. Der Gesetzgeber verpflichtet dort die Träger sozialer Programme zur Evaluation. Sie ist Teil der Gewährung weiterer finanzieller Unterstützung. Private Evaluationsfirmen bewerben sich um die Evaluation öffentlicher Programme, deren zunehmende Bedeutung sich in zahlreichen US-Zeitschriften zur Evaluationsforschung zeigt.

Bekannt geworden dafür ist das Evaluationsmodell von SUCHMAN (n. ATTKISSON/BROSKOWSKI 1978, S. 4–7). Es hat paradigmatischen Charakter auch für die Evaluation pädagogischer Programme, soweit sie vornehmlich adressatenorientiert sind. SUCHMAN kennzeichnet fünf Evaluationsbereiche, für die Kriterien des Informationsbedarfs sowie typische Verfahrensweisen zur Gewinnung von Indikatoren für die Evaluation spezifiziert werden.

– *Bestimmung des Aufwandes* als Kennzeichnung des Inputs aller in das Programm investierten finanziellen und personellen Mittel. Enthalten sind auch Verfahrensstandards, um Serviceleistungen aufgrund gesetzlicher Vorschriften den Klienten zugänglich und verfügbar zu machen und mit anderen Programmen zu integrieren (effort measurement).

– *Bestimmung der Wirkung / Ausführung des Programms.* Die eingeholten Informationen sollen über Ergebnisse und Effektivität des Programms Auskunft geben (Output). Die Konsequenzen aus dem Aufwand werden gemessen. Dies erfordert Klarheit der Programmziele sowie Daten über Verfügbarkeit und Zugänglichkeit der Programme auf kommunaler Ebene. Weiterhin wird erfaßt, inwieweit die angebotenen Leistungen durch die Klienten auch abgerufen werden und ihre Problemlage verbessern (performance measurement).

– *Bestimmung der Angemessenheit.* Hier werden die Serviceleistungen (definiert als Output) im Verhältnis zu den Bedürfnissen (Needs) bestimmter Ziel- und Risikogruppen sowie zu den Forderungen nach sozialen Dienstleistungen in den Kommunen überprüft (adequacy measurement).

– *Bestimmung der Leistungsfähigkeit* als Aussage über die Organisation des Input-Aufwandes, um eine größtmögliche Leistungsfähigkeit und Angemessenheit der sozialen Dienste zu erreichen. Sie wird definitorisch gekennzeichnet mit Output/Input. Im allgemeinen werden hier die Kosten versorgender Dienste mit der Wirksamkeit verschiedener Programmvarianten für unterschiedliche Zielgruppen verglichen (Kosten-Nutzen-Analyse) (efficiency measurement).

– *Analyse des Prozesses.* Diese Evaluationstätigkeit gibt Auskunft über den zugrundeliegenden Prozeß, in dem der Aufwand in das Ergebnis umgesetzt wird, kurz definiert als Outcome = f (Effort). Ausmaß und Umfang der erzielten Effekte werden spezifiziert, kausale Beziehungen zwischen Aufwand und Ergebnis hergestellt, eine Generalisierung der Effekte für andere Klientengruppen und Problemlagen versucht. Auch vom Programm-Input unabhängige, das Ergebnis jedoch bedingende Faktoren werden kontrolliert (process measurement).

Nach einem Bericht des Department of Health, Education and Welfare beträgt die Chance für einen Hilfesuchenden in den USA 40%, überhaupt einen sozialen Dienst in Anspruch nehmen zu können (ATTKISSON/BROSKOWSKI 1978, S. 8). Daher ist heute eine Akzentverschiebung von der Evaluation einzelner sozialer Programme zur »Verbund«-Evaluation (service integration) im Sinne koordinierter, integrierter Programme festzustellen. Diese neue Form der Evaluation gilt als Teil infrastruktureller Entwicklung und ist im weiteren Sinne Sozialpolitik.

In der Bundesrepublik sind Ansätze zur Programmevaluation eher zaghaft.

5 Evaluation von Schulversuchen

Die Evaluationsforschung ist in der Bundesrepublik am stärksten in der Curriculum- und Begleitforschung von Schulmodellen, Modellschulen und Schulversuchen im Zusammenhang mit Reformen des Bildungswesens repräsentiert. Die BUND-LÄNDER-KOMMISSION (1974) hat hierzu »vordringliche Reformmaßnahmen« aufgestellt (→ *Strukturveränderungen im Bildungswesen* ...). Diese beziehen sich auf
- Strukturversuche, die dem Aufbau des Schulwesens als Ganzes gelten, z. B. Gesamtschule, Orientierungs-/Förderstufe, reformierte gymnasiale Oberstufe, Ganztagsschule. (Vgl. hierzu auch die Analyse von Forschungsstrategien und Organisationsmuster der wissenschaftlichen Begleitung bildungspolitischer Innovationen (MITTER/WEISHAUPT 1977));
- Unterrichtsversuche, die sich auf didaktische und methodische Neuerungen beziehen, wie sie in den Projektbeschreibungen für Reformen im Elementar-, Primar-, Sekundar- und Weiterbildungsbereich der BUND-LÄNDER-KOMMISSION (1974, S. 78–115) gekennzeichnet sind;
- Curriculumentwicklung und -implementation (HEIPCKE 1975; KORDES 1982) (→ *Didaktik und Curriculum / Lehrplan*).

Für die Evaluation im Sinne der Schulbegleit- und Unterrichtsforschung hat sich eine Handlungslogik entwickelt, die sich nach folgenden sieben Prüffeldern gliedert (PRELL 1984, S. 123 ff.):
- *Ziel-Evaluation.* Sie umfaßt die Legitimation der Ziele und die Bewertung ihrer Angemessenheit hinsichtlich der Erfordernisse und der Bedürfnisstruktur der Adressaten. »Zielbrechungen« entstehen durch unterschiedliche Interpretationsmuster von Auftraggebern, Evaluatoren und Adressaten. Bei unveränderlichen Rahmenbedingungen muß die Evaluation oft eine Zielrevision nahelegen.
- *Gültigkeit der Ergebnismessung.* Die Überprüfung bezieht sich auf die Validität des Meß- und Beobachtungssystems hinsichtlich eines gesetzten Kriteriums, z. B. bei lehrzielorientierter Messung. (Vgl. das »goal-attainment-scaling« von KIRESUK/LUND [1978] für die Beschreibung von Verhaltensänderungen.) Für die Überprüfung von Reformzielen wie »Chancengleichheit« etc. müssen Normäquivalente hergestellt werden, was eine Aufschlüsselung des Output nach Kriterien der Sozialschicht, Inputfaktoren, Infrastrukturmerkmalen und dgl. verlangt (Konstruktvalidität). Das Meßinstrument muß mit dem Programmeffekt übereinstimmen. Es darf nicht sein, daß der Kriteriumstest etwas enthält, was nicht gelehrt und gelernt wurde (WITTMANN 1985, S. 74 ff.). Ein Fehler geht hier immer zu Lasten des Evaluationsforschers.
- *Überprüfung der Effektivität des Treatments.* Evaluation überprüft die Wirksamkeit von pädagogischen Maßnahmen, wie und ggf. unter welchen Bedingungen sie zum Erfolg geführt haben (Treatmentevaluation). Denn hauptsächlich darüber will der Evaluator Aussagen machen. Bei dieser Wirkungsanalyse finden in der Regel multivariate statistische Verfahren Verwendung (→ *Forschungsmethoden der Erziehungswissenschaft*). Es ist auch zu prüfen, ob die betreffenden Maßnahmen in einer wünschenswerten Ziel-Mittel-Relation zueinander stehen, ob sie evtl. unerwünschte Nebenwirkungen zeigen.
- *Überprüfung der Treatmentreinheit.* Das zu evaluierende pädagogische Programm muß auch das beabsichtigte sein (Treatmentreinheit). Ein Fehler aufgrund mangeln-

der struktureller Reinheit in der Unterrichtsimplementation geht zu Lasten der Durchführenden. In diesem Falle unangemessener oder mangelhafter Implementierung wurde die Umsetzung der Schulversuchsidee nicht fair getestet. Man vergleiche hierzu die Aussagen über die methodische Qualität der wissenschaftlichen Begleitung zu den Gesamtschulversuchen (FEND 1981; WOTTAWA 1982).
- *Optimierung des Treatments bezüglich der Ziele.* Dies entspricht der »*formativen*« Evaluation, die im Innovationsprozeß einsetzt und versucht, diesen laufend, anhand von Daten aus dem Projekt, z. B. aus Unterrichtsbeobachtungen, Lehr-Lern-Defizitanalysen oder Einschätzungen von Lehrern und Schülern, in Richtung Programmziel zu beeinflussen. Die Optimierung verlangt unterstützende Beratung und ggf. Intervention. Ohne Optimierungsbemühungen ist eine Zielrevision nicht zu verantworten.
- *Rechtfertigung der Kriterien und der Bewertungsnormen (Standards).* Die Bewertung eines pädagogischen Konzepts setzt testbare Kriterien und normativ gesetzte Punktwertgrenzen (cut-off-Punkte) für die Abstufung gradueller Erfolge voraus. In der Regel sind die Kriterienauswahl, die Aufstellung des Maßstabs und die Gewichtung Sache des Evaluators. Oft müssen jedoch, besonders bei Auftragsforschung, »interne« wissenschaftliche von »externen« bürokratischen Kriterien unterschieden und offengelegt werden.
- *Bildung des Gesamturteils.* Evaluation orientiert sich an Entscheidungsregeln für eine wie immer geartete Berechnung des Gesamtnutzens. Der (subjektive) Nutzenswert, der dem Auftreten der Konsequenzen von pädagogischen Maßnahmen im jeweiligen Fall zugeordnet wird, läßt sich an vorgegebenen Zielerwartungen bzw. Bedürfnissen der Betroffenen (Selbstnorm) festmachen. Im anderen Fall werden Alternativen miteinander verglichen. Evaluation ist also immer vergleichend. Für die Berechnung des Gesamtnutzens gibt es durchaus verschiedene rationale Entscheidungsprinzipien mehr »optimistischer« bzw. »pessimistischer Natur« (JUNGERMANN 1976).

Selbstevaluation in Schulversuchen findet meist in Form »schuleigener Begleitforschung« statt. Beispiele hierzu finden sich in den Jahresberichten der Kollegien von Versuchsschulen, Modellschulen oder in den Berichten einzelner Lehrer(innen) zu Unterrichtsversuchen (z. B. FRÖHLICH-KIAUKA 1981).

6 Evaluation und Selbstevaluation in der Hochschuldidaktik

Aufgabe der Evaluation in der Hochschuldidaktik ist die Verbesserung der Lehre und der Lerneffizienz von Studenten/Studentinnen (→ *Lehren und Lernen an der Hochschule*). Die Hochschuldidaktik hat in der zweiten Hälfte der 60er Jahre in der Bundesrepublik entscheidende Impulse durch Vorlesungsrezensionen in Studentenzeitungen erfahren. Sie bedeuten für den Hochschullehrer eine »Fremdevaluation«. In den USA sind studentische Schätzurteile (»student ratings of teachers«, vgl. DOYLE 1975) weit verbreitet. Sie werden dort z. T. auch für administrative Entscheidungen über akademischen Rang, Bezahlung und Anstellung von Lehrpersonen herangezogen.

Zum einen kann der Lehrende durch das Studentenurteil seinen Unterricht selbst evaluieren, die objektbezogene Einschätzung »Lehrveranstaltung« wird zur subjektbezogenen Messung der Qualität und Person des Lehrenden. Zum anderen stellen Studentenurteile zugleich eine Selbstevaluation ihrer Lernprozesse dar.

Über die Validität studentischer Schätzurteile berichtet FELDMAN (zit. n. WINTELER 1978, S. 77). Er fand, aus der Sicht von Studenten über 400 Studien hinweg, folgende fünf für einen »guten« Unterricht/Hochschullehrer konsistente Faktoren: – Weckung von Interesse, – Klarheit und Verständlichkeit, – Fachkenntnisse, – Vorbereitung auf die Organisation der Lehrveranstaltung, – Enthusiasmus für das Fach oder die Lehre.

Generell besteht ein mittlerer Zusammenhang zwischen Durchschnittseinschätzungen der Lehrwirksamkeit von Dozenten durch Studenten und deren Lernerfolg. Selbstbeurteilungen von Dozenten und Studentenurteile korrelieren jedoch kaum. Um so mehr sind Korrekturen des Selbstbildes beiderseits durch Erhebung von Schätzurteilen und Feedback in der Selbstevaluation von Lehrveranstaltungen notwendig. Über Erfahrungsberichte zur Lehrveranstaltungskritik, die auf der Tagung »Unterrichtskritik – Auswertung von Lehrveranstaltungen – Überprüfung eigener Praxis in Projekten« der Arbeitsgemeinschaft für Hochschuldidaktik e. V. im Juni 1977 eingebracht wurden, berichten HUBER/BÜRMANN u. a. (1978).

Danach können folgende Formen von Rückmeldungen, die sich zur Selbstevaluation von Lehrenden *und* Lernenden im Hochschulunterricht eignen, unterschieden werden:
– Das »*Blitzlicht*« als informelle Umfrage und spontane Rückmeldung darüber, was den einzelnen im Augenblick beschäftigt.
– Die *Paar-Interview-Technik*, wobei sich die Seminarteilnehmer gegenseitig über den Seminarverlauf interviewen und den Ertrag ins Plenum rückmelden.
– Bei der *Mini-Rückmeldung* (RIECK 1978, S. 218f.) wird von den Seminarteilnehmern auf einem Kärtchen ein Vorfall beschrieben und bewertet. Der Gruppenleiter gewinnt nach Auswertung der Kärtchen ein kaleidoskopartiges Bild des Ablaufs der Gruppensitzung aus der Sicht der Teilnehmer. Zu Beginn der nächsten Sitzung werden die Ergebnisse mit den Teilnehmern diskutiert, die damit ein Feedback ihrer Sicht von Unterricht für ihre Selbstevaluation erhalten.
– Die »*Manöverkritik*« als Schlußbefragung in Form einer Diskussion oder schriftliche Statements auf Kärtchen. Das Feedback kann auf Wandzeitungen visualisiert werden; die Seminarteilnehmer geben ihre Zustimmung/Ablehnung zu einzelnen Statements auf den Kärtchen (RITTER 1978). Gerade für die Selbststeuerung von Lerngruppen hat sich diese Form bewährt.
– *Standardisierte* oder *informell konstruierte Fragebögen* zur Erhebung von Einschätzungen der Teilnehmer von Lehrveranstaltungen. Für die Selbstevaluation gibt es eine Vielzahl »selbstgestrickter« Feedback-Fragebögen und Leitfäden. Ausgewählte Beispiele, u. a. der »Tübinger Fragebogen zur Beurteilung von Lehrveranstaltungen« (eine Adaption des »Illinois Course Evaluation Questionaire«) von HELD, werden in HUBER/BÜRMANN u. a. (1978) beschrieben.

In der Regel muß sich der Hochschullehrer selbst um ein Feedback seiner Lehrveranstaltungen bemühen. Damit Rückmeldungen einen ausreichenden Informationswert besitzen, müssen Regeln für das Geben und Entgegennehmen von Feedback aufgestellt werden. Lehrveranstaltungen sollten nicht immer nur im nachhinein evaluiert, sondern von Fall zu Fall *als* Rückmeldesysteme gestaltet werden, damit den Studenten/Studentinnen ein hohes Maß an Partizipation und Selbststeuerung ermöglicht wird (DOERRY 1978).

7 Evaluation und Selbstevaluation im Unterricht

Für Lehrer (→ *Lehrer / Lehrerin*) ist es wichtig, ihren Unterricht realistisch zu beurteilen (→ *Erziehen und Unterrichten als Beruf*). Als standardisierte Evaluationsinstrumente für die Fremd- wie für die Selbstevaluation von Unterricht eignen sich, je nach Beobachtungszweck und -aspekt, die zahlreichen Beobachtungsverfahren und Interaktionsanalysesysteme für den Unterricht. SIMON/BOYER (1970) haben in ihrer Anthologie, den »Mirrors for behavior« (Verhaltensspiegel), über 100 solcher Evaluationsinstrumente beschrieben (→ *Forschungsmethoden der Erziehungswissenschaft*). Bekannte Beobachtungssysteme sind die von ASCHNER-GALLAGHER, BELLACK, FLANDERS, TABA, OLIVER-SHAVER, SMITH u. a. Sie spiegeln zwar Strukturen des Unterrichts wider, haben jedoch den Nachteil, spezifische didaktische Intentionen auf ihre innere Konsistenz im Unterricht nicht nachprüfen zu können. Ihr Aufwand ist für die Praxis zu groß.

Die Selbstevaluation erfolgt in der Regel nach den subjektiven Theorien des Betreffenden vom Unterricht (→ *Unterrichtstheorien, Unterrichtswissenschaft, Unterrichtsforschung*). Neben globalen Einschätzungen können gezielte Aspekte wie Instruktionsverständnis, Klarheit der Präsentation, Führungsstil, Lehrerverhalten (→ *Sprache im Unterricht*; → *Lehrer-Schüler-Verhältnis*) oder andere im Blickfeld der Selbstevaluation stehen. Für die Verarbeitung der Rückmeldung, in diesem Fall einer Analyse des auf Video aufgezeichneten Unterrichts, muß sich der Lehrer eine didaktische Zielmatrix für die Erhebung von Feedback-Daten erstellen, etwa analog zum STAKEschen Evaluationsmodell (vgl. WULF 1972). Die durch dieses Raster erhobenen Daten werden verarbeitet, indem Kontingenzen (logische Verbindungen) zwischen Lehrziel, Instruktionsaufgaben, der Unterrichtsdurchführung und dem Ergebnis sowie Kongruenzen (empirische Wirkungen) zwischen Unterrichtsmethoden und erzieltem Ergebnis hergestellt werden. Damit wird eine bestimmte Logik der Selbstevaluation eingehalten, wie sie auch für jede Fremdbeurteilung von Unterricht gilt.

HOFER (1986, S. 308 ff.) klassifiziert verschiedene Arten von Rückmeldungen: verbale bzw. nichtverbale Mikro- oder Makrorückmeldungen auf der Sach- oder Beziehungsebene des Unterrichts. Im allgemeinen äußern sich in Unruhe, Unlust oder Unzufriedenheit negative Gefühle, die auf Störungen des Unterrichts hinweisen. Sie lassen sich »sofort« korrigieren, wenn nach den auslösenden Faktoren gefragt wird.

Valider für die Selbstevaluation ist die Erhebung von Daten auf der Inhaltsebene, die die didaktische Interaktion als mehr oder weniger gelungene Verschränkung von Präsentation des Lehrers und Rezeption durch die Schüler kontrollieren. Inadäquate Verschränkungsstellen signalisieren stets ein Lehrdefizit. Zur »formativen« Evaluation im Unterricht eignen sich hier die vielfältigen Formen der Lernzielkontrolle, wie Überprüfen durch Augenschein, Meldeverhalten, Lernzielkontrollblätter sowie das Stellen instruktionspsychologischer Fragen (PRELL 1981). Für die »summative« Evaluation des Unterrichts eignen sich Stegreifarbeiten, Klassenarbeiten, informelle lehrzielorientierte Tests, Prüfungen u. a. mehr (→ *Pädagogische Diagnostik*). Im Grunde handelt es sich um verbale Rückmeldungen mündlicher oder schriftlicher Art.

Für Datenerhebungen auf der Organisations- und Beziehungsebene des Unterrichts (→ *Lehrer-Schüler-Verhältnis*) können die schon genannten Unterrichtsbeobachtungssysteme oder eigens dafür erstellte Fragebogen und Befindlichkeitsskalen eingesetzt werden, oder es erfolgt eine Diskussion über Störungen auf der Beziehungsebene des Unterrichts im Sinne einer Metakommunikation (Metaunterricht).

Die Verarbeitung von Diskrepanzerfahrungen, die eigentliche Selbstevaluation also, kann, je nach internem Beurteilungsmaßstab, unterschiedlich erfolgen. Fühlt sich der Lehrer für offensichtliche Ist-Soll-Wertdifferenzen verantwortlich, so wird er vermehrte Anstrengungen unternehmen, um zielerreichendes Lernen für möglichst viele Schüler zu verwirklichen. Ein Senken des Anspruchs auf dem internen Maßstab als Folge einer Diskrepanzwahrnehmung bringt diese zwar zum Verschwinden, ist jedoch ohne Versuch einer Optimierung unpädagogisch. Nur in dem Fall, wenn Lehrer dauernd ihr Bestes geben oder der selbstgesetzte Maßstab »überzogen« ist, kann es bei Vorliegen von Diskrepanzen angebracht sein, den Maßstab zu senken, um Angst, Krankheitssymptome und Selbstwerteinbußen zu verhindern.

Das gleiche gilt für die Selbstevaluation der *Schüler*, mit dem Unterschied, daß der Lehrer den Maßstab objektiv bestimmt. Dem Schüler bleibt nur übrig, die bekannte WEINERsche Vierfelder-Attribuierung (WEINER/KUKLA 1970) für Erfolg oder Mißerfolg vorzunehmen. Die Fähigkeit zur realistischen Selbsteinschätzung als Lehrziel einer Selbstevaluation für Schüler verlangt Selbstbewertungshilfen durch den Lehrer, z. B. zur Selbstwahrnehmung eigener »effektiver« Lernzeit, zu Abschätzung eigener Lernanstrengung im Vergleich zu anderen, oder die Angabe von Instruktionsblättern zur Selbsterarbeitung sowie Musterlösungen zum Ergebnisvergleich. Vorstufe der Selbstevaluation mit eigenem Notenvorschlag ist die *Selbstbeurteilung*.

Im allgemeinen werden Lehrer wenig zur Selbstevaluation ihrer Praxis stimuliert. Die gängige dienstliche Beurteilung des Lehrers in der Bundesrepublik scheint, anders als in den USA, Selbstverantwortlichkeit und damit Selbstevaluation nicht zu fördern (→ *Lehrer/Lehrerin;* → *Erziehen und Unterrichten als Beruf*). In den USA ist die Selbstevaluation Programm! Dem Lehrer wird Gelegenheit gegeben, sich selbst anhand von Daten in konstruktiver Weise zu bewerten. Die Selbstevaluation geht in die dienstliche Beurteilung mit ein. IWANICKI (1982) berichtet über die Evaluation eines dienstlichen Beurteilungsverfahrens für Lehrer anhand des »Teacher Evaluation Needs Identification Survey« (TENIS) aus dem Staat Connecticut. Dieses Evaluationsinstrument erfaßt, wie staatlich erlassene Beurteilungsrichtlinien von der unteren Schulaufsicht ausgeführt werden. Lehrer evaluieren also ihr Evaluiertwerden durch Vorgesetzte – eine demokratische Praxis. Das Ziel ist eine fortlaufende Verbesserung der Beurteilungspraxis für Lehrer.

Das JOINT COMMITTEE ON STANDARDS FOR EDUCATIONAL EVALUATION (1981) hat Standards für die pädagogische Evaluation erlassen. Diese sollen: – die Nützlichkeit der Informationsversorgung der an Evaluation interessierten Gruppen garantieren, – die kostengünstige Wirkung, Praktikabilität und politische Lebensfähigkeit von Programmen überprüfen, – die Wahrnehmung demokratischer Prinzipien und Rechte der von Evaluation Betroffenen sicherstellen sowie – Objektivität, Zuverlässigkeit und Gültigkeit erhobener Evaluationsdaten kontrollieren. Ähnliche Standards für die Selbstevaluation sind denkbar.

8 Ausblick

Pädagogische Freiheit ist an Verantwortung, diese an Evaluation und Selbstevaluation gekoppelt. Die Befähigung zur Selbstevaluation sollte für Lehrer, Sozialpädagogen und Berater ein Lehr- und Ausbildungsziel sein. Nur dann kann der »Verzicht auf ausgeliehenes Expertentum« im Sinne von Fremdevaluation glaubhaft werden und Schule als System ihre Selbststeuerung zurückgewinnen.

Selbstevaluation, im Sinne eines Evaluationsrechts für die Betroffenen in Schulversuchen, ist aber auch angezeigt, um nicht über die »Köpfe« der Betroffenen hinweg Evaluation zu betreiben. Evaluationsstudien im kritischen Rückblick zeigen nämlich, daß pädagogische Programme oft besser arbeiten, als es der Evaluationsforscher darzustellen vermochte. Gar vom »Scheitern« eines pädagogischen Programms zu reden ist letztlich nur das Eingeständnis, keine »rettende« Hypothese im Sinne von Serviceleistungen bereitgestellt zu haben.

Damit wissenschaftlich gewonnene Evaluationsdaten von Auftraggebern nicht beliebig vereinnahmt werden können, sollte Evaluation, besonders wo es sich um politisch umstrittene Programmfragen handelt, immer in Form eines Anhörungsverfahrens mit wissenschaftlichen Gutachtern von Pro- und Contraparteien durchgeführt werden (LEVINE 1978). So kann verhindert werden, daß die »Kampagne« alles ist und »Fakten«, wenn auch gedeutete, unerheblich bleiben (→ *Pädagogik und Politik*). Dies kann auch eine Evaluation der Evaluatoren einschließen.

Literatur

ATTKISSON, C. C./BROSKOWSKI, A.: Evaluation and the emerging human service concept. In: ATTKISSON, C. C./HARGREAVES, W. A. u. a. (Hrsg.): Evaluation of human service programs. New York 1978, S. 3–26

BUND-LÄNDER-KOMMISSION FÜR BILDUNGS- UND FORSCHUNGSFÖRDERUNG: Informationsschrift über Modellversuche im Bildungswesen (außer Tertiärer Bereich). Bonn 1974

DOERRY, G.: Lehrveranstaltung als Rückmeldesystem. In: HUBER, L. u. a. (Hrsg.): Auswertung, Rückmeldung, Kritik im Hochschulunterricht, a.a.O., S. 99–124

DOYLE, K. O.: Student evaluation of instruction. Lexington/Mass. 1975

DUVAL, S./WICKLUND, R. A.: A theory of objective self awareness. New York 1972

FEND, H.: Stellungnahme zu Wottawas »Kunst der manipulativen Berichtlegung in der Evaluationsforschung«. Zeitschrift für Entwicklungspsychologie und Pädagogische Psychologie 13 (1981), S. 61–70

FRICKE, R./TREINIES, G.: Einführung in die Metaanalyse. Bern 1985

FRÖHLICH-KIAUKA, S.: Lehrerbericht zum Schulversuch »Innere Differenzierung« an der Berufsschule Altötting. In: PRELL, S./BITTNER, W./GLAICAR, M. (Hrsg.): Innere Differenzierung in der Berufsschule. Grünwald b. München 1981, S. 74–81

GLASS, G. V./ELLETT, F. S.: Evaluation research. In: Ann. Rev. Psychol. 31 (1980), S. 211–228

HEILMANN, J. G.: Paradigmatic choices in evaluation methodology. Evaluation Review 3 (1980), S. 693–717

HEIPCKE, K.: Probleme der Evaluation in der praxisorientierten Curriculumentwicklung. In: FREY, K. (Hrsg.): Curriculum-Handbuch. Bd. 2. München 1975, S. 600–614

HOFER, M.: Sozialpsychologie erzieherischen Handelns. Wie das Denken und Verhalten von Lehrern organisiert ist. Göttingen 1986

HUBER, L./BÜRMANN, I. u. a. (Hrsg.): Auswertung, Rückmeldung, Kritik im Hochschulunterricht. Bd. 1: Einführung und Überblick. Bd. 2: Erfahrungen und Folgerungen. Hamburg: Arbeitsgemeinschaft für Hochschuldidaktik e. V. 1978

IWANICKI, E. F.: Development and validation of the teacher evaluation needs identification survey. In: Educ. and Psychol. Measurement 4 (1982), S. 265–274
JOINT COMMITTEE ON STANDARDS FOR EDUCATIONAL EVALUATION: Standards for evaluations of educational programs, projects, and materials. New York 1981
JUNGERMANN, H.: Rationale Entscheidungen. Psychologisches Kolloquium. Bd. 10. Bern 1976
KELLY, G. A.: The psychology of personal constructs. Bd. I/II. New York 1955
KIRESUK, T. J./LUND, S. H.: Goal attainment scaling. In: ATTKISSON, C. C. u. a. (Hrsg.): Evaluation of human service programs. New York 1978, S. 341–370
KORDES, H.: Evaluation in Curriculumprozessen. In: HAFTMEYER, U./FREY, K./HAFT, H. (Hrsg.): Handbuch der Sozialforschung. Weinheim 1982, S. 267–301
LEVINE, M.: Adapting the jury trial for program evaluation. Eval. Program Plann. 1 (1978), S. 177–186
MEYER, H. L.: Evaluationsforschung – Stand der Diskussion. In: GRUSCHKA, A. (Hrsg.): Ein Schulversuch wird überprüft – Das Evaluationsdesign für die Kollegstufe NW als Konzept handlungsorientierter Begleitforschung. Kronberg 1976, S. 14–61
MITTER, W./WEISSHAUPT, K. (Hrsg.): Ansätze zur vergleichenden Analyse der wissenschaftlichen Begleitung bildungspolitischer Innovationen. Weinheim 1977
PRELL, S.: Instruktionstheorie. In: SCHIEFELE, H./KRAPP, A. (Hrsg.): Handlexikon zur Pädagogischen Psychologie. München 1981, S. 176–182
–: Handlungsorientierte Schulbegleitforschung. Anleitung, Durchführung und Evaluation. Frankfurt 1984
RIECK, W.: Teilnehmerorientierte Unterrichtskritik als Mittel der Weiterentwicklung und Neuplanung einer regelmäßig angebotenen Lehrveranstaltung. In: HUBER, L. u. a. (Hrsg.): Auswertung, Rückmeldung, Kritik im Hochschulunterricht, a.a.O., S. 213–224
RITTER, U. P.: Rückmeldung und Unterrichtskritik als Instrumente zur Selbststeuerung in einem wirtschaftswissenschaftlichen Seminar – Einige praktische Verfahren. In: HUBER, L. u. a. (Hrsg.): Auswertung, Rückmeldung, Kritik im Hochschulunterricht, a.a.O., S. 127–140
SCRIVEN, M.: Die Methodologie der Evaluation. In: WULF, C. (Hrsg.): Evaluation, a.a.O., S. 60–91
SIMON, A./BOYER, E. G. (Hrsg.): Mirrors for behavior II. An anthology of observation instruments. Bd. A/B. Philadelphia, Pennsylvania 1970
TYLER, R. W.: Curriculum und Unterricht. Düsseldorf 1973
WEINER, B./KUKLA, A.: An attributional analysis of achievement motivation. In: Journal of Personality and Social Psychology 15 (1970), S. 1–20
WINTELER, A.: Schätzverfahren. Ein Bericht über anglo-amerikanische Untersuchungen. In: HUBER, L. u. a. (Hrsg.): Auswertung, Rückmeldung, Kritik im Hochschulunterricht, a.a.O., S. 66–98
WITTMANN, W. W.: Evaluationsforschung. Aufgaben, Probleme und Anwendungen. Berlin 1985
WOLF, R. M.: The nature of educational evaluation. In: ders. (Hrsg.): Educational evaluation: The state of the field. In: International Journal of Educational Research 11 (1987), S. 7–19
WOTTAWA, H.: Gesamtschule: Was sie uns wirklich bringt. Düsseldorf 1982
WULF, C. (Hrsg.): Evaluation. Beschreibung und Bewertung von Unterricht, Curricula und Schulversuchen. München 1972

Brigitte Rollett

Pädagogische Intervention, Anamnese, Gutachten, Therapieformen

1 Pädagogische Intervention

Der Begriff *Intervention* wurde zunächst zur Abgrenzung gegen den Begriff *Therapie* formuliert, um ein breiteres Anwendungsspektrum bezeichnen zu können. Mit ein Grund waren rechtliche Probleme, die die Verwendung des Terminus Therapie mit sich brachte, da sie als Privileg des Arztes aufgefaßt wurde. Allerdings werden auch in der Medizin nichtärztliche Therapien angewendet, so z. B. die Bewegungstherapie in der Rehabilitation oder die Arbeits- und Beschäftigungstherapie. Fallbezogen hat sich der Begriff »*Intervention*« als Sammelbegriff für Maßnahmen eingeführt, die dazu dienen, den Betroffenen zu helfen, ihr körperliches, seelisches und soziales Wohlbefinden herzustellen, zu erhalten oder zu steigern (vgl. dazu auch LEHR 1986). F. B. BALTES (1973; 1978) unterschied bereits vier Bereiche der *Intervention in der Lebensspanne*:
– die Optimierung (Schaffung günstiger Entwicklungsbedingungen),
– die Prävention (vorbeugende Intervention),
– die Rehabilitation (therapeutische Verfahren und Trainingsmethoden im weitesten Sinn),
– das Management von Problemsituationen durch Veränderungen von Einstellungen, Einüben von Copingstrategien u. a. m.

BRANDTSTÄDTER (1982) unterscheidet zwischen *präventiven und korrektiven Interventionsformen*, wobei er von der von CAPLAN (1964) vorgeschlagenen Gliederung in primäre, sekundäre und tertiäre Prävention ausgeht. Im Rahmen der *primären Prävention* versucht man, die Auftrittshäufigkeit von Störungen dadurch zu senken, daß man sich bemüht, ungünstige Bedingungen zu beeinflussen, bevor sie noch einen negativen Effekt haben können. So konnten SCHWEINHART und WEIKART (1987) zeigen, daß durch gute Frühförderungsprogramme eindrucksvolle Langzeiteffekte im Sinne besserer Lebenschancen für Kinder aus sozioökonomisch schlecht gestellten Verhältnissen erreicht werden können (→ *Kindergarten- und Vorschulpädagogik*). Die *sekundäre Prävention* zielt auf die Beeinflussung bereits aufgetretener Störungen. In diesem Zusammenhang kommt der Frühdiagnostik und Frühbehandlung ein entscheidender Stellenwert zu (vgl. BRACK 1986). Die *tertiäre Prävention* konzentriert sich auf die Beeinflussung von Folgeschäden und umfaßt Gebiete wie die Rückfallprophylaxe und die Intervention bei Langzeitschäden bzw. Sekundärschädigungen. Rehabilitationsmaßnahmen und Nachsorgemaßnahmen spielen eine wichtige Rolle. Beispiele wären die Nachsorge bei Entzugsbehandlungen oder Straffälligen nach der Entlassung (vgl. dazu auch LEGEWIE 1982; HURRELMANN 1987) (→ *Sozialpädagogik und Heimerziehung*).

Bei der vergleichenden Bewertung präventiver und korrektiver Interventionsformen kommt BRANDTSTÄDTER (1982, S. 46) zu dem Schluß, »daß das Überwiegen korrektiv-individualtherapeutischer Interventionsformen« ... »auch durch ätiologische Wissensdefizite mitbedingt ist«, die es verhindern, daß frühzeitig Gegenmaßnahmen eingeleitet werden können.

Intervention als *übergreifender Begriff* umfaßt sowohl medizinische, sozialtherapeutische, psychologische und pädagogische Maßnahmen. Die *pädagogische Intervention* im engeren Sinn stützt sich einerseits auf die in anderen Wissensgebieten gewonnenen Erkenntnisse, geht aber über diese in charakteristischer Weise hinaus, indem sie sich dezidierter, als dies in anderen Bereichen der Fall ist, von einem einseitigen medizinischen Krankheitsmodell gelöst hat. *Ziel individueller Interventionen ist die Realisierung eines bestimmten sachstrukturellen Entwicklungsstandes* (→ Entwicklung und Förderung . . .). Die Variablen, die dabei berücksichtigt werden müssen, sind entsprechend vielfältiger als z. B. im Rahmen therapeutischer Interventionen. Handelt es sich z. B. um die Intervention bei Schulschwierigkeiten, so wird man neben der Lerngeschichte in den in Frage stehenden Fächern auch die curricularen und organisatorischen Rahmenbedingungen, die Unterrichtsgestaltung usw. in den Interventionsplan einbeziehen. *Pädagogische Interventionen sind immer dann angezeigt, wenn sehr komplexe Änderungsprogramme im Spiel sind, die eine wertende Zielabwägung und eine exakte curriculare Planung der Maßnahmen erfordern* (→ Erziehungsberater; → Beratungslehrer; → Schulpsychologen).

2 Anamnese

Entsprechend spielen exakte Diagnosen eine entscheidende Rolle. WESTMEYER (1982) definiert die → *Pädagogische Diagnostik* als »Die Analyse konkreter Einzelfälle auf dem Hintergrund der zur Verfügung stehenden technologischen Regeln und anderer darauf bezogener Wissensgrundlagen der Pädagogik« (ebd., S. 15). Er unterscheidet drei Gruppen von »Einzelfällen«:
– Probleme einzelner Personen (z. B. Schüler, Lehrer, Erzieher, etc.),
– Personengruppen (Familien, Schulklassen, Hortgruppen u. ä.),
– Institutionen (Schulen, Kindergärten, Hochschulen usw.).
Der diagnostische Problemlösungsprozeß umfaßt
– die Beschreibung des Problems (Deskription),
– die Analyse des Problems (Diagnose),
– die Vorhersage des Problemverlaufs (Prognose),
– die Wahl einer geeigneten Maßnahme zur Lösung des Problems (Entscheidung).

Der erste Schritt einer Problemaufarbeitung betrifft die Exploration des Falls und die Gewinnung einer problemangemessenen *Anamnese*. Ohne die Kenntnis der Vorgeschichte ist eine erfolgversprechende Intervention im Einzelfall kaum möglich. Im Rahmen der Einzelfallhilfe sind *Anamneseschemata* als gesprächsstrukturierende Hilfen entwickelt worden (vgl. den Überblick bei KEMMLER und ECHELMEYER 1978, S. 1634ff.). Sie haben sich allerdings in der Praxis nicht immer bewähren können, da sie häufig nach dem Prinzip der möglichst großen Vollständigkeit entwickelt wurden. Oft wurde dies von den Anwendern so mißverstanden, als müßte man in jedem Fall das gesamte Anamneseschema abfragen oder durch Tests abklären. Wesentlich besser bewährt haben sich Verfahren der *gezielten Problemanamnese* (vgl. ROLLETT/BARTRAM 1975; BRACK 1986).

In diesem Fall stellt das Problem selbst den ordnenden und auswählenden Gesichtspunkt für die zu erhebenden Informationen dar. Will man mit einem Anamneseschema arbeiten, dann bedeutet dies, daß man nur jene Bereiche erfaßt, von denen vermutet werden kann, daß sie mit dem in Frage stehenden Problemgebiet zusammenhängen. Bewährt hat sich dabei das Ausgehen von *Leitsymptomen*, wenn es um die Intervention bei Störungen geht, bzw. das Ausgehen von den *Zielvorstellungen der Betroffenen*, wenn die pädagogische Intervention der Realisierung eines Förderprogramms dienen soll.

3 Gutachten

Im Rahmen der öffentlichen und privaten Gutachtenpraxis spielt das *pädagogische Gutachten* noch nicht die Rolle, die ihm aufgrund der Fragestellungen zukommen würde, die zur Anforderung eines Gutachtens führen. Geht es z. B. um Entscheidungen wie die Einschulung eines Kindes, Lernschwierigkeiten, Entscheidungen über Bildungs- und Berufswege, wird oft nur ein psychologisches Gutachten eingeholt. Einen besonders gravierenden Mangel stellt es dar, daß bei Sorgerechtsfragen allein die Bedürfnisse der Eltern im Vordergrund stehen. Im Rahmen der Gutachtenerstellung wird meist einseitig darauf abgehoben, zu welchem Elternteil das Kind eine bessere Beziehung hat.

So wichtig dies ist, wird nicht berücksichtigt, daß eine veränderte Lebenssituation des Kindes auch oft schulische Konsequenzen nach sich zieht (Schulwechsel, Verlust der Beziehungen zur Freundesgruppe u. a. m.). Allgemein wäre zu fordern, daß immer dann, wenn durch ein Gutachten Entscheidungen nahegelegt werden, die Auswirkungen im Bereich der Bildungs- und Ausbildungssituation eines Probanden haben, ein pädagogischer Sachverständiger zugezogen werden sollte.

Entsprechend der geschilderten Problemlage wird in der Begutachtungsliteratur das pädagogische Gutachten meist ausgeklammert (vgl. z. B. den Überblick von KURTH 1980). Sind Pädagogen als Gutachter tätig, dann handelt es sich oft um einen Ersatz eines psychologischen Gutachtens. Einen gewissen Aufschwung erhielt die pädagogische Gutachtertätigkeit dadurch, daß von den Gerichten bei Verfahren, in denen es um die Erlangung eines Studienplatzes in Numerus-Clausus-Fächern ging, ausdrücklich neben dem psychologischen ein pädagogisches Gutachten von einem/einer ausgewiesenen Fachvertreter/in verlangt wurde.

Die unbestrittene Domäne des pädagogischen Gutachtens sind derzeit die Sonderschulzuweisungen einerseits, Gutachtentätigkeit im Zusammenhang mit der Bildungsberatung im engeren Sinn und der Institutionenberatung im pädagogischen Bereich andererseits (→ *Institutionen der Sonderpädagogik;* → *Beratungslehrer*).

Unter einem *Gutachten* versteht man eine auf den wissenschaftlichen Erkenntnissen eines oder mehrerer für den Begutachtungsgegenstand relevanter Fachgebiete beruhende schriftliche Äußerung zu bestimmten Fragen, die vom Auftraggeber des Gutachtens gestellt wurden. Dabei kann es sich um das Einholen von Diagnosen, Ursachenerklärungen oder Prognosen handeln. Die pädagogische Begutachtung stützt sich auf die wissenschaftlichen Erkenntnisse der Erziehungswissenschaften und gibt Auskunft zu Fragen im Zusammenhang mit Erziehung, Unterricht, allgemeiner Bildung, Aus-, Fort- und Weiterbildung bzw. zu den zugeordneten Institutionen.

HEISS (1964) unterschied folgende Gutachtenformen:
– das darstellende Gutachten,
– das Prüfungs- oder Urteilsgutachten,
– das beratende Gutachten.

Im konkreten Fall werden diese Aspekte in unterschiedlicher Gewichtung entsprechend dem Gutachtenauftrag zum Tragen kommen.
Informationsquellen für die Begutachtung sind:
a) die Befragung bzw. das Explorationsgespräch,
b) Untersuchung mit Hilfe von problemspezifischen Fragebogen,
c) Beobachtung (als freie Beobachtung oder als Beobachtung nach einem Beobachtungssystem),
d) Videoanalyse von Aufnahmen aus Alltags- oder diagnostischen Situationen,
e) (Selbst-)beurteilungsschemata, wobei unter »Beurteilung« eine zusammenfassende, meist auch wertende Kategorisierung zu verstehen ist,
f) Testergebnisse von informellen oder standardisierten Testverfahren,
g) Analyse von Produktionen der Begutachtungspersonen (Aufsätze, Zeichnungen u. ä.),
h) Auswertung von Akten und Vorgutachten.

Neben den Routineangaben (Zeit und Ort der diagnostischen Informationsgewinnung und der Begutachtung, Name des Gutachters und gegebenenfalls weiterer Beteiligter, Auftraggeber, Zweck der Begutachtung) umfaßt das *pädagogische Gutachten* folgende *Bereiche*:
– Fragestellung,
– verwendete Untersuchungsverfahren,
– vollständige Wiedergabe der Befunde, die zu den gutachterlichen Folgerungen geführt haben,
– die Interpretation der Befunde samt Angabe der Informationen, auf die sie sich stützt,
– die Schlußfolgerungen des Gutachters in bezug auf die Fragestellung. Wesentlich ist dabei eine Aussage darüber, welcher Grad der Sicherheit den Schlußfolgerungen zukommt.

Im Rahmen pädagogischer Interventionen spielen Begutachtungen als *den Veränderungsprozeß steuernde Basisinformationen* eine entscheidende Rolle.

4 Therapieformen

Ziel einer psychotherapeutischen Intervention sind umfassende Veränderungen im Verhalten und Erleben von Personen. Einerseits sollen hierdurch Konflikte, Störungen, Fehlanpassungen und -entwicklungen aufgefangen, andererseits Verhaltens- und Erlebensmöglichkeiten, die bisher nicht realisiert werden konnten, zugänglich gemacht werden. Diese sehr weit gefaßte Definition ermöglicht es, die Flut der im Zuge des ›Psychobooms‹ der 70er Jahre entstandenen Verfahren in eine Begriffsbestimmung zu fassen.

Die *psychotherapeutischen Verfahren* lassen sich nach sechs verschiedenen Prinzipien im Sinn einer multiaxialen Klassifizierung einteilen:
1. Nach dem *theoretischen Hintergrund* und den aus ihm abgeleiteten Interventionsverfahren. Danach ergeben sich folgende Gruppen von Interventionen:
    1.1 tiefenpsychologische Verfahren,
    1.2 verhaltenstherapeutische Verfahren,
    1.3 humanistisch orientierte Psychotherapie (»Third Force Psychology«, MASLOW ²1968), Gesprächstherapie,

1.4 gestalttheoretisch orientierte Psychotherapie,
1.5 systemische Therapieformen,
1.6 pädagogische Therapie.
2. Nach den *Zielgruppen* therapeutischer Intervention lassen sich unterscheiden:
 2.1 Einzeltherapie (Kinder-/Erwachsenentherapie),
 2.2 Therapie von Gruppen:
  2.2.1 Paartherapie,
  2.2.2 Familientherapie,
  2.2.3 Gruppentherapie,
  2.2.4 Gemeindetherapie, Therapie gesellschaftlicher Großgruppen,
 2.3 Intervention bei Institutionen.
3. Ein dritter Gesichtspunkt betrifft die Einteilung nach *Aktivitäten*, in die die Klienten einbezogen und über die eine therapeutische Wirkung entfaltet werden soll:
 3.1 kreative Aktivitäten (z. B. Maltherapie, Musiktherapie, Tanztherapie usw.),
 3.2 Spieltherapie,
 3.3 Arbeits- und Beschäftigungstherapie,
 3.4 Sport als Therapie (z. B. Reittherapie),
 3.5 entspannungsorientierte Therapien (z. B. autogenes Training).
4. Nach dem *Kommunikationsmittel* zwischen Therapeut und Klient lassen sich zwei große Gruppen therapeutischer Verfahren abgrenzen:
 4.1 verbale Techniken,
 4.2 nonverbale Techniken (Aktivitäts-/Milieutherapie).
5. Ein weiterer, häufig verwendeter Einteilungsgesichtspunkt geht von mehr oder weniger klar abgegrenzten *Symptombildern* aus: Therapie der Depression, Therapie bei Teilleistungsstörungen, Eßstörungen, Sexualtherapie u. v. m.
6. Die *Dauer der Behandlung* kann ebenfalls zur Kategorialisierung von Therapieformen benützt werden:
 6.1 Krisenintervention: Sie dient der wirksamen Einflußnahme bei momentan auftretenden schwerwiegenden Problemen, wobei die kurzfristige Symptombeherrschung im Vordergrund steht,
 6.2 Kurztherapien,
 6.3 Langzeittherapien.

Wie die hier entwickelte Systematik zeigt, lassen sich unterschiedliche Therapievarianten danach generieren, welche Aspekte in dem betreffenden Konzept kombiniert werden. So können z. B. familientherapeutische Interventionen nach jedem der angegebenen theoretischen Modelle durchgeführt werden. Charakteristische Modifikationen der Musiktherapie ergeben sich, wenn sie entweder für Kinder oder Erwachsene angeboten wird, usw.

Integrative Therapiekonzepte unterscheiden sich von *eklektischen Ansätzen*, da sie je nach Problemanalyse unterschiedliche Verfahren miteinander kombinieren, um den Therapieerfolg zu maximieren. Stehen hinter derartigen Ansätzen *empirische kontrollierte Zuordnungen von Diagnose und Behandlung* in Analogie zu ATI-Konzeptionen (CRONBACH/SNOW 1977; SNOW 1980) (→ *Unterrichtsformen* ...), dann handelt es sich um vielversprechende Möglichkeiten, den Interventionserfolg zu optimieren. Für die Behandlung von Klienten aus dem Unterschichtmilieu hat GOLDSTEIN eine »Strukturierte Lerntherapie« entwickelt. Als Hauptkomponenten bezeichnete GOLDSTEIN das

Modellernen (→ *Persönlichkeit* ...; → *Lernen und Lerntheorien*), das Rollenspiel und die soziale Verstärkung (vgl. GOLDSTEIN 1978, S. 71). Ziel der Intervention ist es, wirksames Copingverhalten in unterschiedlichsten Lebenssituationen aufzubauen oder zu unterstützen. Ein umfangreiches Spektrum integrativer Therapieformen stellen die verschiedenen Ansätze einer »Educational Therapy« dar (JOHNSTON 1984; OSBORNE 1987; GRANDE 1988).

Auf einer breiteren Basis der Integration psychotherapeutischer und pädagogischer Interventionsformen entwickelten ROLLETT/BARTRAM (1975) eine auf einer exakten kriterienbezogenen Diagnose des Lernzustandes einzelner Schüler oder Schülergruppen aufbauende *Lerntherapie*. Ihr Ziel ist es, durch differenzierte, auf den Einzelfall zugeschnittene Behandlungspläne therapeutische Veränderungen im Sinne bestimmter, durch den Betroffenen selbst bzw. seine soziale Umwelt definierter Zielperspektiven zu erreichen (vgl. ROLLETT 1977; 1982). Mit Hilfe dieses Ansatzes ist es möglich, die Einschränkungen des nur psychotherapeutischen Vorgehens einerseits und der nur pädagogischen Intervention andererseits aufzufangen: Im Rahmen psychotherapeutischer Interventionsformen geht man davon aus, daß sich die verschiedenen Probleme der Probanden durch Lösung der Interaktionskonflikte, Beseitigung der Ängste und anderer emotionaler und Verhaltensstörungen, Aufarbeitung der Biographie usw. lösen lassen. Eine direkte Intervention im Sinne komplexer Trainingsprogramme, wie dies beim pädagogischen Ansatz der Fall ist, findet nur in Ausnahmefällen statt. Ein derartiges Vorgehen hat seine Grenzen dort, wo der Klient oder die Klientin nicht in der Lage ist, in Schule, Beruf oder anderen Alltagsbereichen erforderliches *Copingverhalten* zu zeigen, da Wissens- und Fertigkeitsdefizite bestehen, die er oder sie aus eigener Kraft nicht bewältigen kann. In einem solchen Fall ist die Integration genuin pädagogischer Interventionsformen in den Behandlungsplan angezeigt. Die Problematik einer Integration von Erziehung und Therapie in sytemischer Sicht beleuchtet der Sammelband von ROTTHAUS (²1989). Eine Analyse der Beziehungen zwischen Psychotherapie und Pädagogik bringt DATLER (1991).

5 Trainingsprogramme

Trainingsverfahren wurden ursprünglich als »eine spezifische Art von Unterrichtsmethoden« (MINSEL 1986) bezeichnet, die vor allem in der *Förderpädagogik* entwickelt wurden.

Die Notwendigkeit, im Rahmen pädagogischer Interventionen umfassende Zielstrukturen anzusteuern, führte zur Integration von Elementen aus der psychotherapeutischen Intervention. Unter dem Begriff »*Trainingsprogramm*« sind in den letzten Jahren eine Vielzahl von Interventionskonzepten entwickelt worden, die in der Regel zur Intervention bei klar definierten Problembereichen gedacht sind und ein umfangreiches, strukturiertes Angebot von Verfahren umfassen. Neben curricularen Bausteinen werden häufig Techniken der Verhaltensmodifikation, der klientenzentrierten Interaktion, Gruppenverfahren, Interpretationstechniken, Rollenspiele u. a. m. kombiniert. Neben der *Eingangsdiagnose* ist in der Regel eine *interventionsbegleitende Diagnose* vorgesehen, für die oft auch die diagnostischen Hilfsmittel im Rahmen des Trainingspaketes bereitgestellt werden: Fragebogen, Einstellungsskalen, speziell entwickelte Testverfahren, Beobachtungsschemata für die Verhaltensdiagnose, Selbstbeurteilungsbogen u. a. m. Auf diese Weise ist es möglich, die Intervention an den Einzelfall anzupassen.

Die hinter den Trainingsverfahren stehende Konzeption ist dem *Mastery Learning* (→ *Unterrichtsformen* ...) von BLOOM (1968) verpflichtet. Ziel ist die Erreichung des Interventionsziels durch alle Probanden, für die es in Frage kommt. Entsprechend findet man bei vielen neueren Trainingsprogrammen Elemente von Konzeptionen des Mastery Learning wieder. Nach dem von TORSHEN (1977) entwickelten Modell handelt es sich um die folgenden: – Definition des *Trainingsziels*, – Festlegung der *minimalen Lernniveaus* für einen Teilabschnitt, die als ausreichend gelten, um zum nächsten übergehen zu können, – *Eingangsdiagnose* des Probanden, um die *Einsprungstelle in das Programm* und den *Trainingsweg* festzulegen, – *Remediale Passagen* zum Ausgleich von Defiziten, – *Recycling-Passagen* (Schleifen), wenn ein Trainingsteil nicht ordnungsgemäß abgeschlossen werden konnte, – *Prozeßbegleitende* und – *Endevaluation des Trainings* (→ *Evaluation und Selbstevaluation*). Programmvermittelte Lernerfahrungen *(Instrumental Enrichment)* als Methode der Entwicklung höherer kognitiver Leistungen wurde von FEUERSTEIN und seinen Mitarbeitern (FEUERSTEIN 1979; 1980; FEUERSTEIN u. a. 1985) ausgearbeitet und erprobt. Das Training eignet sich sowohl für leistungsretardierte wie für normal leistungsfähige Kinder. Das Programm besteht aus 20 Aufgabenserien, deren Bearbeitung insgesamt bis zu 300 Stunden in Anspruch nimmt. In Analogie zu Erfahrungen in der psychologischen Praxis haben sich drei bis fünf Trainingsstunden pro Woche als vorteilhaft erwiesen. Es geht dabei insbesondere darum, kognitive Funktionen, die mangelhaft ausgebildet sind, zu verbessern, Strategien, Konzepte, Operationen und Fertigkeiten, die für die Lösung komplexer Aufgabenstellungen notwendig sind, aufzubauen und so zu automatisieren, daß sie spontan zur Verfügung stehen, und zweckmäßige Lern- und Verhaltensgewohnheiten auszuformen. Weitere Ziele sind die Entwicklung der Prozesse der *Metakognition* und *Metamemory* und das Aufgeben passiver Lernhaltungen zugunsten selbstverantworteter, von intrinsischem Interesse gesteuerter Lernprozesse (vgl. FLAVELL 1979) (→ *Motivation und Interesse*). WEINERT (1986) wies darauf hin, daß sich das Programm auch zur Förderung hochbegabter Kinder eignet, wenn man es an deren Erfordernisse anpaßt (→ *Der hochbegabte Schüler*).

1975 stellte LOMPSCHER ein Programm zur Förderung formaler Denkoperationen bei Grundschulkindern vor, einer Altersstufe, in der Kinder noch in der Phase der konkreten Operationen nach PIAGET (1948) stehen (→ *Entwicklung und Förderung* ...). Das Programm ist nicht als remediales Training, sondern als *Förderprogramm* für alle Schülerinnen und Schüler gedacht und hat sich, wie die Begleituntersuchungen gezeigt haben, sehr gut bewährt. Kern des Programms ist die Ausformung komplexer Denkprozesse, wie das Analysieren und Synthetisieren, die Deduktion und die Implikation. Ähnlich erfolgreich ist das *V-G-Training* KLAUERS (1987). Einen *Enrichmentansatz* besonderer Art stellte LIPMAN 1974 erstmals vor. Er konnte nachweisen, daß die Entwicklung kognitiver Fähigkeiten wesentlich besser durch Programme gefördert werden kann, die den Kindern die Chance einer selbstgesteuerten Auseinandersetzung mit komplexen Aufgabenstellungen eröffnen. Zu diesem Zweck entwickelte er eine Konzeption, die als »*Philosophie für Kinder*« bekannt geworden ist (LIPMAN 1974; 1976; 1985; LIPMAN u. a. 1979). Das Programm ist für Kinder vom Vorschulalter bis zur 12. Schulstufe geeignet. Zu den pädagogischen Prinzipien, die den Lehrgang leiten, gehören die folgenden: Ausgehen von der Erfahrungswelt der Kinder, Einbeziehung der

Bedürfnisse der Kinder nach eigenen Sinnstiftungen, Modifizierung des Programms im Einklang mit den Erfahrungen und Wünschen der Kinder, Vermeiden jeder schulmäßigen Routine (vgl. auch FRESE 1985).

Ausgehend von den Forschungsergebnissen der Arbeitsgruppe um FLAVELL wurden in den vergangenen Jahren umfassende Trainingsprogramme zur Entwicklung von Lernstrategien im Sinne des Ausbaus der *Metagedächtnisfunktionen* entwickelt. Sie haben sich besonders bei Kindern mit Lernschwierigkeiten bewährt (vgl. BROWN/CAMPIONE/DAY 1981; CAMPIONE 1984; PALINCSAR/BROWN 1984) (→ *Intelligenz, Begabung und Umwelt;* → *Lernen und Lerntheorien;* → *Pädagogische Psychologie* ...).

WELTNER hat ein integriertes Trainingsprogramm »Einführung in die Mathematik für Physiker« (1976) gestaltet, in dessen Rahmen neben den inhaltlichen Kenntnissen *Arbeitstechniken* in programmierter Form vermittelt werden.

Ein Programm zur Entwicklung der *Informationsverarbeitungsfähigkeit* von Studierenden stammt von DANSEREAU (1978; 1985). MANDL (1981) und Mitarbeiter haben ein Programmpaket vorgestellt, das die *Informationsverarbeitung aus Texten* vermittelt. Für die sechste Schulstufe erarbeiteten HASSELHORN/KÖRKEL (1983) ein entsprechendes Trainingsprogramm.

Zur Entwicklung *kreativer Problemlösungsfähigkeiten* unter Berücksichtigung der emotionellen Begleiterscheinungen hat COVINGTON (1985) umfassende Forschungsarbeiten durchgeführt und entsprechende Programme veröffentlicht. Sein Ansatz eignet sich insbesondere für die Förderung schöpferisch begabter Kinder, vermag aber auch als Therapieprogramm zur Entwicklung kreativer Fähigkeiten bei Kindern benützt zu werden, bei denen dieser Bereich wenig entwickelt ist.

Speziell zur *Förderung Hochbegabter* im mathematischen Bereich wurde an der John Hopkins Universität am Center for the Advancement of Academically Talented Youth ein Förderprogramm entwickelt, in dessen Rahmen es den Schülern ermöglicht wird, ihr Lerntempo selbst zu bestimmen, um ihnen die Frustrationen zu ersparen, die mathematisch begabte Kinder im normalen Schulunterricht erleben. Grundgedanke ist die Akzeleration. Das Zentrum bietet neben Beratungen auch Fortbildungskurse an. Es ist mittlerweile für einen ausführlichen Fächerkanon (Fremdsprachen, kreatives Schreiben, Naturwissenschaften, Geschichte etc.) erweitert worden (→ *Der hochbegabte Schüler*).

Das *DT-PI-Modell* der Förderung Hochbegabter (diagnostic testing followed by prescriptive instruction) geht von folgenden Voraussetzungen aus: Mit Hilfe eines ersten Screenings werden die Spitzenschüler (die besten fünf Prozent) des Altersjahrgangs der Zwölf- bis Dreizehnjährigen ermittelt und mit dem *SAT (Scholastic Aptitude Test)* für Sechzehnjährige getestet. Wer in diesem Bereich mindestens durchschnittliche Ergebnisse erzielt, ist nach dem Programm für eine Förderung qualifiziert. Durch kriteriumsorientierte Schulleistungstests (→ *Pädagogische Diagnostik*) wird ermittelt, welche Kenntnisse die Kinder haben und wo noch Lücken bestehen, die durch eigens entwickelte Instruktionsmaterialien gefüllt werden. Die Schüler arbeiten im wesentlichen selbständig in Gruppen zu ca. fünfzehn Schülern. Bei Fragen stehen ihnen ein Lehrer und zwei Unterrichtshelfer zur Verfügung. Ein wichtiges Element der Intervention ist neben der sachstrukturellen Förderung die gruppendynamische Funktion des Programms. Entscheidend ist dabei, in einer Gruppe Gleichaltriger angenommen zu werden (vgl. WAGNER 1986).

Eine besondere Gruppe von Trainingsverfahren ist erst im Zuge der neueren Wissenspsychologie entstanden. Es handelt sich um Programme, die aufgrund einer detaillierten *Analyse der Wissensrepräsentation* im individuellen Gedächtnis und der zugeordneten *Verstehens- und Problemlösungsprozesse* eine wirksamere Auseinandersetzung des einzelnen mit Problemstrukturen anzielen. Einen Überblick über Methoden der *qualitativen Wissensdiagnose* gibt TERGAN (1987). Die auf diesem Ansatz aufbauenden Trainingsprogramme bedienen sich häufig computervermittelter Programme zur Realisierung der Trainingsziele (vgl. z. B. SPADA/REIMANN 1986) (→ *Intelligenz, Begabung und Umwelt;* → *Lernen und Lerntheorien*).

Integrative Trainingsprogramme in Bereichen, die zu den klassischen Einsatzgebieten der traditionellen Psychotherapie gehören, wurden z. B. von F. und U. PETERMANN entwickelt: Das »Training mit aggressiven Kindern« (1978) bzw. das »Training mit sozial unsicheren Kindern« von U. PETERMANN (1983) (→ *Persönlichkeit* . . .) integriert Einzeltraining, Gruppenarbeit in Kindergruppen und Elternarbeit aufgrund klar definierter theoretischer Modellvorstellungen und empirischer Evaluationen der Interventionen (→ *Evaluation und Selbstevaluation*).

6 Milieutherapie

Neben den klar strukturierten Trainingsprogrammen existieren eine Reihe von Ansätzen, die einerseits aus der psychoanalytischen Tradition, andererseits aus dem Alternativschulbereich stammen und unter der Bezeichnung »*Milieutherapie*« zusammengefaßt werden. In jedem Fall handelt es sich um Interventionen, die pädagogische Elemente enthalten.

Einer der ersten, die durch Schaffung eines »therapeutischen Milieus« umfassende Persönlichkeits- und Verhaltensänderungen zu bewirken versuchten, war AICHHORN (³1951) mit seiner Therapie für verwahrloste Jugendliche. Anna FREUD (1927) schuf mit dem heute noch existierenden Anna-Freud-Kindergarten in Wien eine pädagogische Modelleinrichtung für normale Kinder. REDL und WINEMAN (1979) arbeiteten mit delinquenten, aggressiven Jugendlichen in einem nach psychoanalytischen Grundsätzen organisierten therapeutischen Heim. Für die Arbeit mit emotional gestörten Kindern entwickelte SLAVSON (1943) den Gedanken *therapeutischer Aktivitätsclubs*. Der wohl bekannteste Versuch einer Milieutherapie war die von BETTELHEIM angeblich nach therapeutischen Gesichtspunkten umstrukturierte »Orthogenic School« der University of Chicago. Die Entwicklung einer nach milieutherapeutischen Grundsätzen organisierten Gemeinschaft ist ohne Integration pädagogischer Gesichtspunkte nicht denkbar. Eine Erweiterung dieses Ansatzes stellt das Konzept der »mobilen Erziehungshilfe« dar (vgl. ZACHMANN-HINTERMEIER 1990), wobei durch gezielte Maßnahmen versucht wird, ein für die Integration verhaltensanfälliger Schüler und Schülerinnen günstiges Umfeld in Schule und Elternhaus zu schaffen.

Wie aus der *psychotherapeutischen Tradition* stammende Ansätze der Milieutherapie nicht ohne Pädagogik auskommen können, haben andererseits *Alternativschulsysteme* (→ *Freie Schulen*) immer schon therapeutische Elemente integriert. Wenig beachtet wurde bisher die Tatsache, daß NEILL (1980) den Schülerinnen und Schülern seiner Schule bei Schwierigkeiten therapeutische Gespräche verordnete, die er selbst durchführte. Da die Schule nie mehr als 40–50 Schüler umfaßte, war eine derartige Intensivbetreuung möglich. Dies erklärt auch den Erfolg Summerhills bei schwierigen Kindern – und die Probleme, die viele Nachfolgeorganisationen bekamen, als sie versuchten, das pädagogische Konzept ohne die therapeutischen Begleitmaßnahmen zu übernehmen.

7 Heilpädagogische Interventionsformen

Ein klassisches Einsatzgebiet pädagogischer Interventionsformen stellt die *Heilpädagogik* dar. HAEBERLIN (1985) definiert im Anschluß an MOOR die Heilpädagogik als »angemessene Erziehung für Kinder und Jugendliche, bei denen nicht die üblichen Bedingungen vorzufinden sind«. Heilpädagogik ist daher »Pädagogik unter erschwerenden Bedingungen« (HAEBERLIN, S. 23). Eine umfassende Übersicht über Interventionsformen bringen SPIEL/SPIEL (1987). Von besonderer Bedeutung ist in diesem Zusammenhang die Wende von der älteren »Bewahrungspädagogik« zu einer aktiven *Integration Behinderter* in unsere Gesellschaft, die eine beträchtliche Ausweitung der notwendigen Interventionsformen mit sich brachte (vgl. REYNOLDS 1982).

Bei der Planung eines *heilpädagogischen Schulungsprogramms* sollte nach JOHNSON/MYKLEBUST (1971) eine diagnostische Bewertung folgender Bereiche erfolgen: Sinnesleistungen, Intelligenzprofil, Leistungen im Sprachbereich (Sprechen, Lesen, Schreiben), Motorik, Lernleistungen (zur Erstellung einer exakten *Lerndiagnose* siehe ROLLETT/BARTRAM 1975), emotionaler Status, soziale Reife. Die Autoren bringen ein ausführliches diagnostisch-heilpädagogisches Konzept, das es erlaubt, für spezifische Kombinationen von *Lernschwächen* ein individuelles Programm zusammenzustellen.

8 Einzelfallhilfe Casework

Eine weitere, gut eingeführte Form pädagogischer Intervention stellt die *Einzelfallhilfe* dar. Sie ist aus der Casework-Bewegung innerhalb der PSW-Ausbildung (Psychiatric-Social-Worker-Ausbildung) als Reaktion auf den Mangel an ausgebildeten Therapeuten hervorgegangen. Man erkannte, daß Sozialarbeiter bei entsprechender Ausbildung im Sinne der Entwicklung der Fähigkeit, eine *»helfende Beziehung«* zu gestalten, therapeutische Funktionen übernehmen können (→ *Sozialpädagogen/Sozialarbeiter*). Die Merkmale ähneln jenen eines wirksamen Therapeutenverhaltens im Rahmen der *klientenzentrierten Therapie* von ROGERS (ROGERS 1942; 1951; 1957; TAUSCH/TAUSCH 1956; TAUSCH ⁵1973): Wertschätzung des Klienten, Wärme, Fähigkeit zur Empathie, Kongruenz (Echtheit und Integration). Unter der Bezeichnung *»Einzelfallhilfe«* ist das Verfahren durch BANG (1958) im deutschen Sprachraum bekannt gemacht und hinsichtlich des Anwendungsbereiches wesentlich erweitert worden. Charakteristisch ist, daß auch Nichtärzte und Nichtpsychologen therapeutische Funktionen übernehmen.

Als Interventionsstrategie bei Kindern mit Lernstörungen hat SANDER (1981) das Konzept einer pädagogischen Einzelfallhilfe entworfen. Neben der helfenden Beziehung werden Therapiebausteine aus verschiedenen theoretischen Konzeptionen in den Behandlungsplan integriert.

9 Perspektiven und Forschungsanregungen

Insgesamt sind die pädagogischen Interventionsformen dabei, sich zu einem ähnlich umfassenden Gebiet zu entwickeln wie die im engeren Sinn therapeutischen Verfahren.

In diesem Zusammenhang sind einerseits weitere Entwicklungsarbeiten, andererseits Evaluationen bestehender Interventionsprogramme zu leisten.

Literatur

AICHHORN, A.: Verwahrloste Jugend. Die Psychoanalyse in der Fürsorgeerziehung. Bern ³1951
BALTES, P.: Strategies for psychological intervention in old age. In: Gerontologist 13 (1973), S. 4–6
–: Intervention in life-span development and aging. Paper presented at the conference »Interventionsgerontologie«. Heidelberg 1978
BANG, R.: Psychologische und methodische Grundlagen der Einzelfallhilfe (Casework). München 1958
BERUFSVERBAND DEUTSCHER PSYCHOLOGEN E. V.: Richtlinien für die Erstellung Psychologischer Gutachten. Schriftenreihe Heft 6. Bonn 1986
BETTELHEIM, B.: So können sie nicht leben. Die Rehabilitierung emotional gestörter Kinder. Stuttgart 1973
BLOOM, B. S.: Learning for mastery. Evaluation Comment. I. No. 2. University of California, Center for the Study of Evaluation. Los Angeles 1968
BOERNER, K.: Das psychologische Gutachten. Weinheim/Basel 1980
BRACK, U. B.: Zusammenfassung und Ausblicke. In: ders. (Hrsg.): Frühdiagnostik und Frühtherapie. München 1986, S. 53–55
– (Hrsg.): Frühdiagnostik und Frühtherapie. Psychologische Behandlung von entwicklungs- und verhaltensgestörten Kindern. München 1986
BRANDTSTÄDTER, J.: Methodologische Grundfragen psychologischer Prävention. In: BRANDTSTÄDTER, J./EYE A. V.: Psychologische Prävention. Bern 1982, S. 37–79
BROWN, A. L./CAMPIONE, J. C./DAY, J. D.: Learning to Learn: On training students to learn from Texts. Educational Researcher 10 (1981), S. 14–21
BÜRGERMANN, S./BODO, G.: Einführung in die Pädagogische Therapie. Düsseldorf, 1984
CAMPIONE, J. C.: Ein Wandel in der Instruktionsforschung mit lernschwierigen Kindern: Die Berücksichtigung metakognitiver Kompetenzen. In: WEINERT, F. E./KLUWE, R. H. (Hrsg.): Metakognition, Motivation und Lernen. Stuttgart 1984, S. 109–131
CAPLAN, G.: Principles of preventive psychiatry. New York 1964
COVINGTON, M. V.: Strategic thinking and the fear of failure. In: SEGAL, J. W./CHIPMAN, S. F./GLASER, R. (Hrsg.): Thinking and learning skills, a.a.O., S. 389–416
CRONBACH, L. J./SNOW, R. E.: Aptitudes and Instructional Methods: A Handbook for Research on Interaction. New York 1977
DATLER, W.: Bilden und Heilen. Eine Studie zum Verhältnis zwischen Psychotherapie und Pädagogik. Manuskript, Inst. f. Erziehungswiss., Universität Wien, 1991
DANSEREAU, D. F.: The development of a learning strategy curriculum. In: O'NEIL, H. F. jr. (Hrsg.): Learning strategies. New York 1978
–: Learning strategy research. In: SEGAL, J. W./CHIPMAN, S. F./GLASER, R. (Hrsg.): Thinking and learning skills, a.a.O., S. 209–239
DAWYDOW, W. W./LOMPSCHER, J./MARKOWA, A. K.: Ausbildung der Lerntätigkeit bei Schülern. Berlin (DDR) 1982
FEUERSTEIN, R.: The dynamic assessment of retarded performers. The learning potential assessment device, theory, instruments, and techniques. Baltimore 1979
–: Instrumental enrichment. An intervention program for cognitive modifiability. Baltimore 1980
–/JENSEN, M. u. a.: Instrumental enrichment. An intervention program for structural cognitive modifiability. In: SEGAL, J. W./CHIPMAN, S. F./GLASER, R. (Hrsg.): Thinking and learning skills, a.a.O., S. 43–82
FISSENI, H.-J.: Persönlichkeitsbeurteilung. Zur Theorie und Praxis des psychologischen Gutachtens. Göttingen 1982

FLAVELL, J. H.: Kognitive Entwicklung. Stuttgart 1979
FRESE, H. L.: Denkerziehung und Persönlichkeitsentwicklung im Lehrgang »Philosophie für Kinder im Alter von 9–13 Jahren«. Zwischenbericht. Institut für Allgemeine und Vergleichende Erziehungswissenschaft der FU Berlin. Berlin 1985
FREUD, A.: Einführung in die Technik der Kinderanalyse. Leipzig 1927
GOLDSTEIN, A. P.: Strukturierte Lerntherapie. Ansätze zu einer Psychotherapie der sozial Benachteiligten. München 1978
GRANDE, C. G.: Educational therapy for the failing and frustrated student offender. In: Adolescence 23/92 (1988), S. 889–897
HAEBERLIN, U.: Allgemeine Heilpädagogik. Einführung in die Heilpädagogik. Bd. 1. Bern 1985
HASSELHORN, H./KÖRKEL, J.: Gezielte Förderung der Lernkompetenz am Beispiel der Textverarbeitung. Unterrichtswissenschaft 11 (1983), S. 31–38
HEISS, R.: Technik, Methodik und Problematik des Gutachtens. In: ders. (Hrsg.): Psychologische Diagnostik. Göttingen 1964, S. 975–995
HURRELMANN, K.: The limits of potential of social intervention in adolescence: An exemplary analysis. In: ders./KAUFMANN, F.-X./LÖSEL, F.: Social intervention: potential and constraints. Berlin/New York 1987, S. 219–238
INNERHOFER, P./KLICPERA, CH. u. a.: Psychische Auffälligkeiten im Kleinkindalter. Wien 1986
JOHNSON, D. J./MYKLEBUST, H. R.: Lernschwächen. Stuttgart 1971
JOHNSTON, C. L.: Educational therapy: Past perspectives, current practices, and a proposal for change. In: Journal of Learning Disabilities 17/4 (1984), S. 200–204
KEMMLER, L./ECHELMEYER, L.: Anamnese-Erhebung. In: GOTTSCHALDT, K. u. a. (Hrsg.): Handbuch der Psychologie. Bd. 8: Klinische Psychologie, 2. Halbbd. Göttingen 1978, S. 1628–1648
KLAUER, K. J.: Induktives Denken, analytische Lösungsstrategie und Intelligenz: Ergebnisse zweier Trainingsstudien. In: Zeitschrift für Entwicklungspsychologie und Pädagogische Psychologie 19 (1987), S. 325–339
KURTH, W.: Das Gutachten. Anleitung für Mediziner, Psychologen und Juristen. München/Basel 1980
LEGEWIE, H.: Prävention. In: BASTINE, R. u. a. (Hrsg.): Grundbegriffe der Psychotherapie. Weinheim 1982, S. 269–272
LEHR, U.: Intervention. In: SARGES, W./FRICKE, R. (Hrsg.): Psychologie für die Erwachsenenbildung – Weiterbildung. Göttingen 1986, S. 277–281
LIPMAN, M.: Harry Stottlemeiers's discovery. JATC Upper Montclair, N. J. 1974
–: Philosophy for children. In: Metaphilosophy 7 (1976), S. 17–39
–: Thinking skills fostered by philosophy for children. In: SEGAL, J. W./CHIPMAN, S. F./GLASER, R. (Hrsg.): Thinking and learning skills, a.a.O., S. 83–108
–/SHARP, A. M./OSCANYAN, S. S.: Philosophical inquiry: Instructional manual to accompany Harry Stottlemeiers's discovery. N. J. 1979
LOMPSCHER, J. (Hrsg.): Theoretische und experimentelle Untersuchungen zur Entwicklung geistiger Fähigkeiten. Berlin 1975
MANDL, H. (Hrsg.): Zur Psychologie der Textverarbeitung. Ansätze, Befunde, Probleme. München 1981
MASLOW, A. H.: Toward a psychology of being. Princeton, N. J. ²1968
MINSEL, W. R.: Trainingsmethoden. In: SARGES, W./FRICKE, R.: Psychologie für die Erwachsenenbildung – Weiterbildung. Göttingen 1986, S. 549–552
NEILL, A. S.: Theorie und Praxis der antiautoritären Erziehung. Das Beispiel Summerhill. Reinbek b. Hamburg 1980
OSBORNE, E.: The O.R.T. and adolescents with examination anxieties. In: British Journal of Projective Psychology 32/1 (1987), S. 45–59
OLECHOWSKI, R./PERSY, E. (Hrsg.): Fördernde Leistungsbeurteilung. Wien/München 1987
PALINCSAR, A. S./BROWN, A. L.: Reciprocal teaching of comprehension-fostering and comprehension-monitoring activities. In: Cognition and Instruction 1 (1984), S. 117–175
PETERMANN, U.: Training mit sozial unsicheren Kindern. Einzeltraining, Kindergruppen, Elternberatung. München 1983
PETERMANN, F./PETERMANN, U.: Training mit aggressiven Kindern. München 1978
PETILLON, H./WAGNER, J. W. L./WOLF, B.: Schülergerechte Diagnose. Theoretische und empirische Beiträge zur Pädagogischen Diagnostik. Weinheim/Basel 1986

Piaget, J.: Psychologie der Intelligenz. Zürich 1948 und Freiburg 1987
Redl, F./Wineman, D.: Kinder, die hassen. Auflösung und Zusammenbruch der Selbstkontrolle. München/Zürich 1979
Reynolds, M. C.: Handicapped Individuals. In: Mitzel, H. E. (Hrsg.): Encyclopedia of Educational Research. Vol. 2. New York 1982, S. 757–764
Rogers, C. R.: Counseling and psychotherapy. Boston 1942
–: Client-centered therapy. Boston 1951
–: The necessary and sufficient conditions of therapeutic personality change. In: Journal of consulting Psychology 21 (1957), S. 95–103
Rollett, B.: Die Diagnose von Lernschwierigkeiten. In: Unterrichtswissenschaft 5 (1977), S. 317–324
–: Lerntherapie im sozialen und emotionalen Bereich. In: Unterrichtswissenschaft 10 (1982), S. 252–259
–: Die Video-Analyse am Beispiel von Sceno-Test-Aufnahmen. In: Höllinger, S. (Hrsg.): Die neuen Medien an den Hochschulen. Bundesministerium für Wissenschaft und Forschung. Wien 1986, S. 81–86
–/Bartram, M.: Lerndiagnose und Lerntherapie. In: Krohne, H. W. (Hrsg.): Fortschritte der Pädagogischen Psychologie. München 1975, S. 80–119
Rost, D. (Hrsg.): Pädagogische Verhaltensmodifikation. Weinheim/Basel 1975
Rotthaus, W. (Hrsgb.): Erziehung und Therapie in systemischer Sicht. Dortmund, 1989²
Sander, E.: Lernstörungen. Ursachen, Prophylaxe, Einzelfallhilfe. Stuttgart 1981
Segal, J. W./Chipman, S. F./Glaser, R. (Hrsg.): Thinking and learning skills, Vol. 1. Relating instruction to research. Hillsdale, N. J. 1985
Slavson, S. R.: An introduction to group therapy. New York 1943
Snow, R. E.: Aptitude, learner control, and adaptive instruction. In: Educational Psychologist 15 (1980), S. 151–158
Spada, H./Reimann, P.: Hypothesis formation in knowledge acquisition: Preparing the ground for an Intelligent Tutoring System. In: Klix, F./Hagendorf, H. (Hrsg.): Human memory and cognitive capabilities. Mechanisms and performances. Amsterdam 1986, S. 951–961
Scheele, B.: Selbstkontrolle als kognitive Interventionsstrategie. Manifestationen und Konsequenzen eines Forschungsprogrammwechsels. Weinheim 1981
Schnotz, W.: Textverstehen als Aufbau mentaler Modelle. In: Mandl, H./Spada, H. (Hrsg.): Wissenspsychologie. München 1987
Schwarzer, Ch.: Einführung in die pädagogische Diagnostik. München 1979
Schwarzer, R. (Hrsg.): Beraterlexikon. München 1977
Schweinhart, L. J./Weikart, D. P.: Evidence of Problem Prevention by Early Childhood Education. In: Hurrelmann, K./Kaufmann, F.-X./Lösel, F.: Social Intervention: Potential and Constraints. Berlin/New York 1987
Spiel, W./Spiel, G.: Heilpädagogische Therapie. In: dies. [Hrsgb.], Kompendium der Kinder- und Jugendpsychiatrie, München, 1987, S. 299–307
Tausch, R./Tausch, A.: Kinderpsychotherapie in nichtdirektivem Verfahren. Göttingen 1956
Tausch, R.: Gesprächspsychotherapie. Göttingen ⁵1973
Tergan, S. O.: Qualitative Wissensdiagnose – Methodologische Grundlagen. In: Mandl, H./Spada, H. (Hrsg.): Wissenspsychologie. München/Weinheim 1987
Torshen, K. P.: The Mastery Approach to competency – based education. New York 1977
Wagner, H.: Außerschulische Fördermaßnahmen. In: Weinert, F. E./Wagner, H. (Hrsg.): Die Förderung Hochbegabter in der Bundesrepublik Deutschland: Probleme, Positionen, Perspektiven. Projektbericht. Bonn 1986, S. 85–106
Weinert, F. E.: Probleme der systematischen Trainierbarkeit von hohen Denk- und Lernkompetenzen. In: ders./Wagner, H. (Hrsg.): Die Förderung Hochbegabter in der Bundesrepublik Deutschland: Probleme, Positionen, Perspektiven. Projektbericht. Bonn 1986, S. 9–27
Westmeyer, H.: Grundbegriffe, Diagnose, Prognose und Entscheidung. In: Klauer, K. J. (Hrsg.): Handbuch der pädagogischen Diagnostik. Bd. 1. 1982, S. 15–26
Zachmann-Hintermeier, U.: Mobile Erziehungshilfe: Ein Versuch zur Integration verhaltensauffälliger Schüler. In: Report Psychologie März 1990, S. 18–22

Volker Krumm

Das Verhältnis von Elternhaus und Schule

1 Zur Geschichte des Problems und zur Begründung der Forderung nach Kooperation von Eltern und Lehrern

Das Problem, das der Beitrag »Elternhaus und Schule« andeutet, wird in der Literatur sehr unterschiedlich überschrieben (vgl. Literaturverzeichnis). Es entstand, als im 18. und 19. Jahrhundert die Staats- und Pflichtschulen eingeführt wurden (→ *Schulgeschichte als Bildungsreform* ...). Der Widerstand der Eltern gegen die Unterrichts- bzw. Schulpflicht schien zu rechtfertigen, die Schule zur reinen Angelegenheit des als aufgeklärt geltenden und angeblich nur am Interesse der Allgemeinheit orientierten Staates zu erklären. Eltern hatten nichts mitzureden: sie galten als unwissend, rückständig, in ihren egoistischen, kurzsichtigen Interessen befangen.

Mit der zunehmenden Besitzergreifung der Schule durch den Staat mehrten sich die Gegenstimmen: Liberale Denker kritisierten, daß der Staat – wie zuvor die Kirche – mit der Schule auch nur seinen und nicht den Interessen des Kindes folgt; Erziehungsdenker (etwa TRAPP, CAMPE, HUMBOLDT, SCHLEIERMACHER, PESTALOZZI, DÖRPFELD) betonten zunehmend die Erziehungsleistung der Familie und daß Schule und Familie aufeinander angewiesen sind. Sie vermochten gegen den übermächtigen Staat jedoch nichts auszurichten – auch weil die Lehrerschaft gegen die »Einmischung« der Eltern war (KREUZER 1977; KRUMM 1988).

Die Reformpädagogen forderten intensive Zusammenarbeit zwischen Elternhaus und Schule und verlangten »Partnerschaft«, z. T. in autonomen, sich selbstverwaltenden »Schulgemeinden« (→ *Freie Schulen* ...). Ihre Gedanken wurden nach und nach für die Pädagogik »selbstverständlich«; heute sind sie es mehr denn je.

Die Begründungen für die Forderung nach Partnerschaft und Kooperation lassen sich in zwei große Gruppen gliedern in: (1.) politische bzw. verfassungsrechtliche und (2.) in pädagogische Begründungen. In der deutschen und österreichischen Literatur dürfte die erste Gruppe vorherrschen. Es geht darum, auch im Schulbereich den Eltern jenen Einfluß zu erwirken, den sie in anderen Gesellschaftsbereichen (als mündige Staatsbürger) schon lange haben (MOHRHARDT 1979; NEVERMANN 1977; DIETZE 1976) (→ *Bildungsrecht, Elternrecht,* ...).

Die pädagogischen Gründe lauten letztlich: Ohne wirkliche Zusammenarbeit von Eltern und Lehrern sind optimaler Schulerfolg und optimale Erziehung nicht möglich: entweder weil die Lehrer die Hilfe (Wissen/Information/Mitberatung/Mitentscheidung/Mitarbeit) der Eltern benötigen oder die Eltern die Hilfe der Lehrer oder beide jeweils die Unterstützung des anderen »Erziehungsträgers« (SCHLEICHER 1973; KECK 1978; WINTER 1979).

Die Forderung nach Kooperation wird in den deutschsprachigen Schriften wenig auf theoretisches oder empirisches Wissen bezogen. Sie wird in der Regel gestützt auf (normative bzw. spekulative) reformpädagogische Vorstellungen, die Empfehlung des DEUTSCHEN BILDUNGSRATES zur Lehrer-Eltern-Kooperation von 1973 und das sogenannte »Förderstufenurteil« des Bundesverfassungsgerichts (s. Kapitel 2). Im angelsächsischen Schrifttum wird das Thema vor allem unter den Stichworten »Parent Involvement«, »Family-Home-Relations«, »Parents as Educators« behandelt. Anlaß zu der bis heute anhaltenden intensiven Beschäftigung damit waren in den USA der COLEMAN Report (1966) und in England der PLOWDEN Report (1967). In beiden Studien wurde dem Elternhaus ein größerer Einfluß auf die Schulleistungen der Schüler als den Schulen zugesprochen. Die Forderungen nach Kooperation beziehen sich in diesen Ländern vor allem auf sozialwissenschaftliche Theorien und empirische Untersuchungen. Aufgrund der andersartigen Schulverfassungsgeschichte spielen politische und rechtliche Erwägungen zur »Mitbestimmung« der Eltern in diesen Ländern im Vergleich zu Deutschland oder Österreich eine untergeordnete Rolle (SCHLEICHER 1972).

2 Das Verhältnis von Elternhaus und Schule im Schulrecht

Im erziehungswissenschaftlichen Schrifttum findet sich somit heute einhellig die Forderung, Elternhaus und Schule müßten im Interesse des Kindes intensiv zusammenarbeiten. Spiegelt sich diese Forderung im Schulrecht? (→ *Bildungsrecht, Elternrecht* ...)

Bis 1973 litt die Diskussion unter dem »Spannungsverhältnis« der Art. 6 (2) und 7 (1) des Bonner Grundgesetzes. Art. 6 (2) bestimmt: »Pflege und Erziehung der Kinder sind das natürliche Recht der Eltern und die zuvörderst ihnen obliegende Pflicht.« Er schien den Eltern eine Einflußmöglichkeit wenn nicht »auf« die Schule, so doch wenigstens »in« der Schule zu eröffnen. Die Gegner einer Mitwirkung in der Schule konnten sich jedoch auf Art. 7 (2) berufen, der lautet: »Das gesamte Schulwesen steht unter der Aufsicht des Staates.« Mit Hilfe dieses Artikels wehrten sich Staat und Lehrerverbände erfolgreich gegen die Öffnung der Schule für Eltern, auch indem sie an der fragwürdigen Unterscheidung zwischen »Erziehung« (im Elternhaus) und »Unterricht« (in der Schule) zur Abgrenzung der Kompetenzbereiche festhielten.

Die Widersprüchlichkeit zwischen den genannten Artikeln wurde 1972 durch das Bundesverfassungsgericht aufgehoben, als es feststellte, daß es Elternhaus und Schule um »die Bildung der *einen* Persönlichkeit des Kindes geht«, und das verbietet sowohl Ausschließlichkeitsansprüche der Eltern wie der Schule. »Der staatliche Erziehungsauftrag in der Schule, von dem Artikel 7 Abs. 1 GG ausgeht, ist in seinem Bereich dem elterlichen Erziehungsrecht nicht nach-, sondern gleichgeordnet. Diese gemeinsame Erziehungsaufgabe von Eltern und Schule, welche die Bildung der einen Persönlichkeit des Kindes zum Ziel hat, läßt sich nicht in einzelne Kompetenzen zerlegen. Sie ist in einem sinnvoll aufeinander bezogenen Zusammenwirken zu erfüllen.« (BVerfG, Bd. 34, S. 165)

Nach dieser höchstrichterlichen Interpretation scheint somit die Kooperation zwischen Eltern und Schule zwingend – nur, was heißt »sinnvoll aufeinander bezogenes Zusammenwirken«? Wieviel Interpretationsspielraum diese Formulierung erlaubt, zeigen die in den Bundesländern in den 70er Jahren verabschiedeten Gesetze: Alle Länder räumen den Eltern ein Informations-, Anhörungs- und Vorschlags- bzw. Beratungsrecht ein, einige wenige auch Zustimmungsrechte. Zwischen den Ländern bestehen jedoch beträchtliche Unterschiede, und es besteht ein deutliches Nord-Süd-Gefälle: Hamburg hat dem Kooperationsgebot am weitesten entsprochen, Bayern am wenigsten. Österreich liegt mit seiner 1986 erlassenen Novellierung »immer noch im Süden«, gestattet aber im Unterschied zu Bayern jetzt auch Unterrichtshospitationen.

Die Länderbestimmungen erlauben heute ein gewisses Ausmaß an Kooperation, allerdings weitaus mehr in äußeren Schulangelegenheiten als in pädagogischen Kernfragen des Unterrichts; und sie bleiben beträchtlich hinter einer Interpretation der zitierten Aussagen des BVerfG im Sinne (reform-)pädagogischer Kooperationsforderungen zurück (Übersicht über die Länderbestimmungen: FERNAU 1981; HÜLSHOFF 1979).

3 Theoretische Konzeptionen und empirische Untersuchungen zum Verhältnis von Elternhaus und Schule

3.1 Theoretische Ansätze

Gibt es Theorien, die die Annahme stützen, daß Lernen in der Schule nur optimal erfolgt, wenn Eltern und Lehrer kooperieren? Es liegt nahe, zur Beantwortung dieser Frage interaktionstheoretische Ansätze heranzuziehen. Hiernach wird Verhalten (V) jeder Art, somit auch Schul(leistungs-)verhalten, als eine Funktion von Persönlichkeitsmerkmalen bzw. Verhaltensdispositionen (P) und Umweltbedingungen (U) erklärt: V = f (P, U).

Die Interaktion von zwei Personen läßt sich folgendermaßen am einfachsten veranschaulichen (*Abbildung 1*):

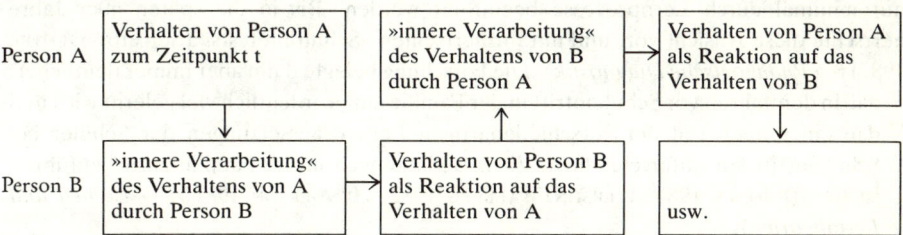

Abb. 1: Interaktion von zwei Personen: Das Verhalten der Personen ist also zum einen durch das Verhalten des Interaktionspartners (Umwelt »U«) bedingt, zum anderen durch die internen Dispositionen und Prozesse (P): »Erwartungen«, »Wahrnehmungen«, »Erleben«, »Absichten«, »Kompetenzen« usw.) Ferner veranschaulicht die Abbildung, die »Bidirektionalität« oder den »reziproken Determinismus« (BANDURA) des Verhaltens.

Mit diesem Ansatz kann nun sowohl das Interaktionsgeschehen in der Familie als auch das in der Schule beschrieben werden (→ *Lehrer-Schüler-Verhältnis*). Die Eltern-Kind-Interaktionen bzw. die Schüler-Lehrer-Interaktionen erfolgen allerdings nicht um ihrer selbst willen. Es geht bei ihnen darum, wie die Interaktionspartner mit dem »Thema« der Interaktion (dem Gegenstand, Problem ...) interagieren (sollen). Es ist unter diesem Aspekt zweckmäßig, neben einer »Person-Person-Interaktion« eine »Person-Problem-Interaktion« zu unterscheiden (s. *Abb. 2*).

Zur Veranschaulichung: Wenn ein Lehrer seine Schüler auffordert, eine Aufgabensequenz durchzuarbeiten, dann versucht er, eine Interaktion der Schüler mit der von ihm bereitgestellten Lernumwelt zu initiieren. Oder wenn eine Mutter ihren Sohn bittet, sein

Zimmer aufzuräumen, dann versucht sie, eine Interaktion »Sohn – Zimmer« zu veranlassen.

Im Blick auf das Verhältnis von Elternhaus und Schule stellen sich nun folgende Fragen: (1.) Beeinflussen die Interaktionsprozesse und insbesondere das damit verbundene Lernen in den beiden Institutionen einander? (2.) Gibt es Probleme in beiden Systemen, die besser gelöst werden können, wenn Eltern und Lehrer zusammenarbeiten?

Im Lichte des theoretischen Ansatzes sind beide Fragen positiv zu beantworten: Denn (ad 1): »Kind« und »Schüler« sind die »eine« zu erziehende Persönlichkeit, und dadurch (also durch »P«) werden die Interaktions- bzw. Lernprozesse in beiden Systemen mitbedingt. Und (ad 2): Sofern in Familie und Schule die gleichen Probleme anstehen, werden sie um so erfolgreicher gelöst werden, je gleichartiger Eltern und Lehrer sie zu lösen versuchen. Vor allem aber: Solange das erforderliche Kindverhalten (noch) einer »Fremdkontrolle« bedarf, weil »Selbstkontrolle« (noch) nicht hinreichend (von »P«) erworben ist, bedarf es des Einsatzes von Personen, die das Verhalten zu lenken vermögen: z. B. der Hilfe der Eltern bei der Hausaufgabenerledigung.

3.2 Empirische Daten

Zweifel an der Gültigkeit der ersten Hypothese rühren von der Annahme her, daß die Verhaltensdispositionen (P), mit denen das Kind in die Schule kommt, vor allem Ergebnisse von Entwicklungsprozessen sind (→ *Entwicklung und Förderung* ...) und nur minimal durch Lernprozesse beeinflußt werden. Bis in die späten 60er Jahre herrschte diese Ansicht vor, und mit ihr herrschten »Schulreifetests« (SCHMIDT-DENTER 1982) (→ *Pädagogische Diagnostik*). Die Forschung belegte dann aber immer deutlicher:
- daß in den Jahren vor Schuleintritt in der Familie außerordentlich viel gelernt wird und daß ein großer Teil der verschiedenartigen Lernvoraussetzungen der Schüler bei Schuleintritt auf unterschiedliche *Lern*-Bedingungen in der Familie zurückzuführen ist (SCOTT-JONES 1984; IVERSON/WALBERG 1982; HENDERSON 1981) (→ *Lernen und Lerntheorien*);
- daß das Gewicht der Lernumwelt Familie nicht nur viel größer ist, als unter dem Einfluß der herrschenden Entwicklungstheorien angenommen wurde, sondern in bestimmter Hinsicht auch größer ist als das Gewicht der Lernumwelt Schule (WALBERG 1984a);
- daß die Leistungsdifferenzen zwischen Schülern in der Schule nur mit Hilfe der Familie konstant gehalten oder vielleicht sogar verringert werden können (SMITH 1968; WALBERG u. a. 1980);
- daß die späteren Lernprozesse (in der Schule und danach) wesentlich von den Lernprozessen in den frühen Kindheitsjahren beeinflußt sind (BLOOM 1971; relativierend: CLARK 1984).

Die zweite Hypothese wurde und wird bezweifelt unter dem Einfluß jener persönlichkeitstheoretischen Vorstellungen, nach denen sich Verhalten als eine Funktion der Persönlichkeit erklärt (V = f (P)) (→ *Persönlichkeit von Lehrern und Schülern* ...). Wird, wie es hier geschieht, Verhalten immer als »Verhalten in einer bestimmten Umwelt« verstanden – dann folgt daraus die zweite Hypothese, der sogenannte Mediatorenansatz (PERREZ u. a. 1985). Dazu zeigt die Forschung:

– Erwünschtes Verhalten ist leichter zu lehren oder aufrechtzuerhalten, wenn in die Lehrprozesse jene Personen einbezogen werden, die die »Stimulin-« und/oder »Verstärkerkontrolle« ausüben können (BARTH 1979).

3.3 Folgerungen für das Verhältnis von Elternhaus und Schule

Das Verhältnis der beiden Systeme stellt sich nach diesen Erwägungen und Daten nun wie in *Abbildung 2* skizziert dar:

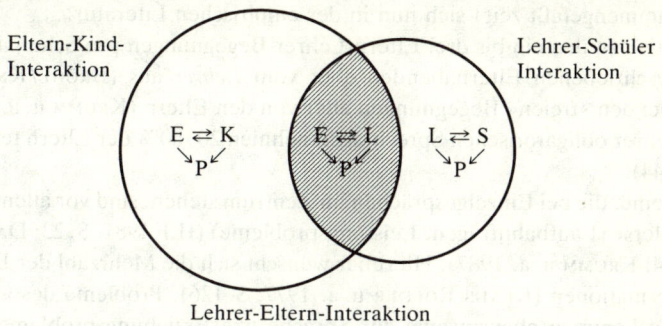

Lehrer-Eltern-Interaktion
(jeweils bezogen auf ein Problem [P])

Abb. 2: Die Beziehung von Elterhaus und Schule unter dem Aspekt der in beiden Systemen zu lösenden Probleme. Das System Elternhaus wurde größer angesetzt als das System Schule, um damit anzudeuten, daß sich die Mächtigkeiten der beiden Lernumwelten beträchtlich unterscheiden: von ihrer wachen Zeit verbringen Schüler – im Vergleich zur »Schulzeit« – je nach Alter das Fünf- bis Dreifache unter der Verantwortung der Familie.

Familie und Schule haben zum Teil getrennt zu bewältigende, zum Teil gemeinsam zu verantwortende Aufgaben oder Probleme. Die Trennung ist natürlich definitionsbedingt und hängt vom Selbstverständnis der Systeme bzw. der Tradition ab.

Aus den Problemzuschreibungen ergeben sich folgende drei Kooperationsaspekte:
– Eltern und Lehrer kooperieren im Hinblick auf *gemeinsame Probleme*: z. B. Hausaufgaben, Schulschwänzen, Schulangst ...
– Lehrer und Eltern kooperieren bei der Lösung von *»schulischen«* Lernproblemen: Lehrer oder Erzieher suchen Information oder Rat bei Eltern oder bitten Eltern um Mitarbeit im Unterricht bzw. Kindergarten.
– Die Kooperation erfolgt im Blick auf die Lösung von *»familiären«* Lernproblemen: Eltern holen sich Information, Rat, Schulung oder aktive Hilfe beim Pädagogen, oder der Fachmann bietet den Eltern Rat und Hilfe an. Diese Art von Zusammenarbeit betrifft auch die sogenannte *»Familienarbeit«* – die Kooperation von Eltern und Experten, *bevor* das Kind eine schulische Institution besucht.

Im Blick auf diese Probleme *können* nun Eltern und (Berufs-)Pädagogen kooperieren. Wenn optimale Förderung der Kinder als Erziehungsziel gewollt ist, dann ist die Kooperation *geboten*.

4 Kooperation heute: Empirische Befunde

Die Frage danach, was Kooperation zwischen Lehrern und Eltern heute kennzeichnet, ist vor allem eine Frage danach, wie sie von den Betroffenen gesehen und erlebt wird. Die *Abbildung 3* veranschaulicht diese »Zweiseitigkeit«. In ihr ist – in Anlehnung an KRUMM u. a. 1987 – die Mehrzahl der Kooperationsdimensionen und Erklärungsgrößen enthalten, die in der Literatur – unterschiedlich ausführlich und befriedigend – erforscht wurden. Auf sie bezieht sich die folgende Übersicht (s. u. *Abb. 3*).

Grob zusammengefaßt zeigt sich nun in der empirischen Literatur:
- Die Initiative zu den ein bis drei Eltern-Lehrer-Begegnungen pro Schuljahr geht bei den vorgeschriebenen Elternabenden eher vom *Lehrer* aus (BRÜHL/KNAKE 1978, S. 65f.), bei den »freien« Begegnungen eher von den Eltern (KRUMM u. a. 1987). An den für Lehrer obligatorischen Sprechtagen nehmen 20–60% der Eltern teil (MELZER 1987, S. 144).
- Die Probleme, die bei Einzelgesprächen im Zentrum stehen, sind vor allem Probleme des »Schülers« (Laufbahnfragen, Leistungsprobleme) (ILF 1981, S. 23; DANNHÄUSER 1980, S. 34; KRUMM u. a. 1987). Hierüber wünscht sich die Mehrzahl der Eltern auch mehr Informationen (KLAUS-ROEDER u. a. 1977, S. 126). Probleme des »Kindes« in der Schule kommen ebensowenig zur Sprache wie Erziehungsprobleme daheim – ausgenommen in der Grundschule (MELZER 1987, S. 144; THOMAS 1985, S. 237).

Für Lernprobleme daheim scheinen die Lehrer kaum Hilfe anzubieten, obgleich sie bei schwachen Schülern verlangen, daß daheim »etwas passiert« (GEHMACHER 1979; EIGLER/KRUMM 1978, S. 104), und die Eltern gerne wüßten, wie sie besser helfen könnten (ILF 1981, S. 35).

Für *Elternabende*, an denen 50–70% der Eltern teilnehmen, gilt dasselbe, zusätzlich werden »äußerliche« Unterrichtsprobleme (Organisationsfragen) besprochen (MELZER 1987, S. 147f.; KLAUS-ROEDER u. a. 1977, S. 142).

Soweit es zu Kooperation auf Klassen- oder Schulebene kommt, geht es wiederum vor allem um *Hilfsdienste* der Eltern für Lehrer oder Schule: Hilfe bei Klassenausflügen, Organisation von Festen, Einsammeln von Geldern, Pressuregroup-Funktionen gegenüber politischen Instanzen etc.

- *Unterrichtshospitationen* durch Eltern kommen äußerst selten vor, Elternmitarbeit im Unterricht und Hausbesuche durch die Lehrer praktisch nicht (MELZER 1987, S. 141f.).
- Die durchschnittliche Dauer der Einzelkontakte beträgt etwa 10 Minuten. Erfolgt sie im Rahmen von Sprechtagen oder Sprechstunden, beträgt die Wartezeit im Durchschnitt 30 Minuten (KRUMM u. a. 1987).
- Ob und wie Probleme tatsächlich gelöst werden und welche Folgen sich ggf. daraus ergeben, ist nur qualitativ erforscht. Die Aussagen sind widersprüchlich (z. B. HEIM 1977).

Im Lichte der erwähnten pädagogischen Kriterien lassen diese Befunde die heutige Kooperation wenig befriedigend erscheinen: Sie scheint weitgehend auf Pflichtrituale beschränkt, in deren Rahmen es kaum zu intensiver Bearbeitung pädagogischer Kernprobleme kommt. Auf eine wirklich *partnerschaftliche* Beziehung lassen die Daten nicht schließen. Die Eltern scheinen – vor allem als Informationsempfänger – mehr im Dienste der Schule als die Lehrer im Dienste der Eltern zu stehen. In den

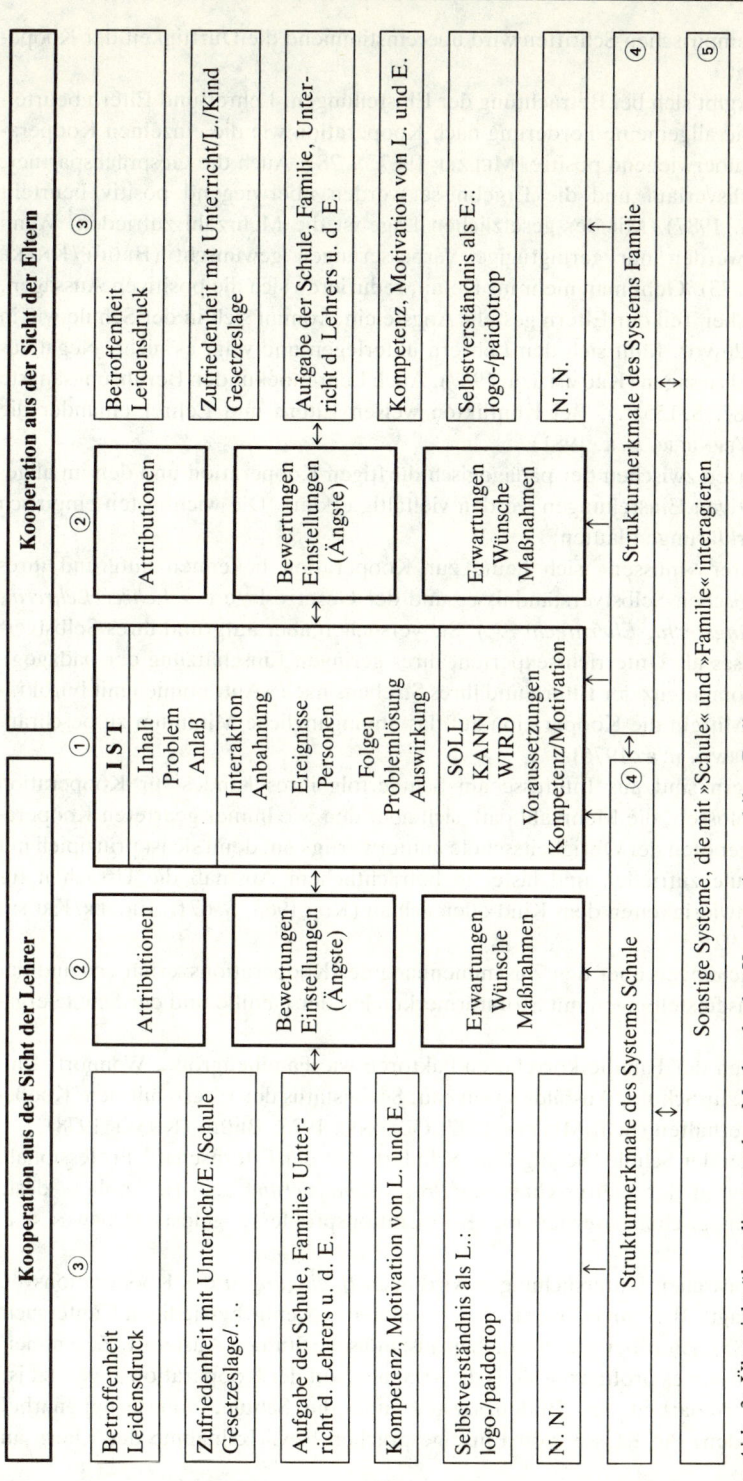

Abb. 3: Übersicht über die zentralen Merkmale der Kooperation und ihre Bedingungen:
1. Im mittleren Feld 1 geht es um den Ist-Zustand der Kooperation, wie er von den Betroffenen wahrgenommen wird.
2. in den Feldern 2 um die auf den Ist-Zustand bezogenen Einstellungen, Attributionen, Erwartungen, Wünsche.
3. Die Felder 3 enthalten die Sichtweisen oder Erlebnisweisen von Sachverhalten, von denen angenommen wird, daß sie mit den Variablen der Felder 1 + 2 in Zusammenhang stehen.
4. Die Felder 4 stehen für die (objektiven) Strukturmerkmale der Systeme »Schule« und »Familie«.
5. Das Feld 5 verweist auf die Merkmale jener weiteren Systeme, mit denen Schule und Familie in Beziehung stehen.

vielen nicht empirischen Schriften wird übereinstimmend die Dürftigkeit der Kooperation beklagt.
- Positiveres ergibt sich bei Betrachtung der Einstellungen: Lehrer und Eltern beurteilen sowohl die allgemeine Forderung nach Kooperation wie die einzelnen Kooperationsformen überwiegend positiv (MELZER 1987, S. 28). Auch die Gesprächspartner, der Gesprächsverlauf und die Ergebnisse werden überwiegend positiv beurteilt (KRUMM u. a. 1987). Mit der gesetzlichen Lage ist die Mehrzahl zufrieden. Wenn überhaupt, werden nur geringfügige Verbesserungen gewünscht (BRÜHL/KNAKE 1978, S. 25 u. 73). Geht man mehr ins Detail, reduzieren sich die positiven Aussagen. Ein beachtlicher Teil der Eltern gesteht Ängste ein, kommt sich in der Schule wie in einer Behörde vor, fühlt sich den Lehrern unterlegen und wagt es nicht, Negatives über das Kind zu sagen (KRUMM u. a. 1987). Auch Lehrer bekunden Berührungsängste (MELZER 1987, S. 155ff.). Bei Konflikten weisen Eltern und Lehrer einander die Schuld zu (VERNBERG u. a. 1981).
- Die Differenzen zwischen der pädagogisch dürftigen Kooperation und den im allgemeinen positiven Einstellungen werden vielfältig erklärt. Die wichtigsten empirisch geprüften Erklärungen lauten:
  - - die Lehrer »müssen« sich heute zur Kooperation bekennen aufgrund ihres pädagogischen Selbstverständnisses und der Gesetzeslage (→ *Lehrer/Lehrerin;* → *Bildungsrecht, Elternrecht* ...). Sie versuchen aber aufgrund ihres Selbstverständnisses als Unterrichtsexperten, ihrer geringen Einschätzung der pädagogischen Kompetenz der Eltern und ihres Strebens nach »Autonomie« mit bürokratischen Mitteln die Kooperation auf das unumgängliche Minimum zu beschränken (CORWIN u. a. 1976).
  - - Die Eltern sind aus Interesse am Schulerfolg ihres Kindes für Kooperation aufgeschlossen, die Mehrzahl paßt sich aber den wie immer gearteten Kooperationsangeboten der Obrigkeitsschule »unterwürfig« an, denn sie ist prinzipiell mit der Schule zufrieden und lastet in beträchtlichem Ausmaß die Ursachen für Schulschwierigkeiten dem Kind oder sich an (KOB 1963, S. 67f.; EIGLER/KRUMM 1979, S. 92).
- Die Untersuchungen über den Zusammenhang des Kooperationsverhaltens und der Kooperationseinstellungen mit Strukturmerkmalen der Familie und der Schule ergaben u. a:
  - - Auf seiten der Familie korrelieren Faktoren wie Familiengröße, Wohnort, Entfernung zur Schule, Ausbildungsniveau, Sozialstatus der Eltern mit dem Kooperationsverhalten (u. a. MELZER 1987; GÖLDNER 1978; BRÜHL/KNAKE 1978);
  - - auf seiten der Schule: Schulgröße, Schulart, Art der Elternschaft, Professionalisierungsgrad der Lehrerschaft (→ *Professionalisierung* ...) (je »höher« desto »unpädagogischer« werden die Kooperationsprobleme gelöst) (CORWIN u. a. 1976).
- In allen empirischen Untersuchungen wird nach *Bedingungen* des Kooperationsverhaltens gefragt. *Wirkungen* werden nicht oder nur wenig befriedigend untersucht (THOMAS 1985). Hierüber geben lediglich ausländische Studien Auskunft. Zusammengefaßt zeigen sie: es profitiert jeweils die »Ebene«, auf der Kooperation angesetzt ist: von Delegiertenarbeit das Bildungssystem und die Schule, von Gruppenarbeit (Elternabenden) die Klasse, von Einzelgesprächen bzw. Teilnahme der Eltern am

Unterricht Eltern, Lehrer und das betreffende Kind. Auf das Schulleistungsverhalten von Kindern haben Elternabende *keinen* Einfluß – auch nicht die Einstellungen der Eltern zum Lehrer (THOMAS 1985, S. 409) –, sondern nur Aktivitäten der Eltern, die sich unmittelbar auf das Lernen des Kindes beziehen wie Hospitationen, Mitarbeit im Unterricht, direkte Anregungen bzw. Hilfen des Lehrers (SHEA/BAUER 1985; KEESLING/ELARAGNO 1983).

5 Möglichkeiten und Aussichten einer Verbesserung des Verhältnisses von Elternhaus und Schule

5.1 Möglichkeiten im Rahmen der derzeitigen Rechtslage

In der Skizze über die »durchschnittliche Kooperation heute« konnte nicht auf die großen Unterschiede eingegangen werden, die zwischen Schulen oder Lehrern bestehen (z. B. BAUCH 1987).

Der Blick auf die *positiven* Abweichungen von den angegebenen Mittelwerten zeigt an, was im Rahmen der gegebenen Schulverfassung möglich ist. Nur auf diese positiven Abweichungen sei im folgenden eingegangen, nicht aber auf die vielfältigen Verbesserungsvorschläge in der Literatur:

Es gibt Lehrer und Eltern, die gemeinsame Wochenenden veranstalten, um sich gegenseitig kennenzulernen, um ihre Vorurteile und Ängste aufzuarbeiten und sich in besseres Kommunikationsverhalten einzuüben (KLINGLER 1978); es finden sich Lehrer, die informelle Begegnungen herbeiführen, um evtl. zukünftige Konflikte gemeinsam leichter bewältigen zu können (HÜLSHOFF 1979, S. 72).

Es gibt Lehrer, die die Eltern zur Unterrichtshospitation einladen; in Hamburg läuft seit Jahren ein von allen Betroffenen sehr positiv beurteilter Versuch über Mitarbeit der Eltern im Unterricht (BÖTTCHER 1981).

Relativ häufig wird von regelmäßigen schriftlichen Informationen der Eltern durch Schule oder Lehrer berichtet (HÜLSHOFF 1979; S. 75; ILF 1981, S. 23). Und es wird von Schulen berichtet, die mit Vortrags- und Diskussionsabenden systematische Elternarbeit versuchen (HÜLSHOFF 1979, S. 79).

In einer unsystematischen Erhebung neuer Formen der Mitarbeit von Eltern in der Schule fanden Wicht und Melzer (1983): eine Ganztagsschule, in der Eltern in der Mittagsfreizeit mitarbeiteten, je eine Schule, in denen sie mitarbeiteten in Neigungsgruppen, in der Schulbibliothek, in Verfügungsstunden, in einer Projektwoche. Schließlich fanden sie Schulen, in denen Eltern im Unterricht mitwirkten.

Aus Österreich wird von Lehrern oder Schulen berichtet, die an Elternabenden mit den Eltern »Eisbrecherspiele« spielen, zusätzlich zu den Elternabenden »Mütterrunden« durchführen, mit »Sprechzeitkarten« die Wartezeiten für Eltern verkürzen, Kindergartengruppen zur Schulbesichtigung einladen, Elternabende im Gasthof durchführen oder sich einmal monatlich mit den Eltern im Kaffeehaus treffen, Eltern zu Hospitation oder Mitarbeit im Unterricht einladen, mit Eltern eine Schulzeitung machen, am Elternsprechtag ein Buffet als Kommunikationszentrum einrichten oder einen Flohmarkt durchführen, Eltern in die Projektwoche mit einbeziehen, mit Eltern und Schülern gemeinsam an Fortbildungstagungen teilnehmen, mit Eltern gemeinsam

Materialien erarbeiten, die Spezialkenntnisse von Eltern in den Unterricht mit einplanen (BMUK 1986).

Im Rahmen der deutschen, österreichischen und Schweizer Rechtslage wären auch erfolgreich bewertete Praktiken möglich, über die aus anderen Ländern berichtet wird: Zusammenarbeit mit Eltern bei allen möglichen Lern- und Disziplinproblemen (BARTH 1979); Unterweisung der Eltern, wie sie dazu beitragen können, daß die Kinder während der Ferien nicht zuviel vergessen (SULLIVAN/LA BEAUNE 1971) oder die schwachen Kinder besondere Hilfe erhalten (MCNAUGHTON u. a. 1981); offene Klassenzimmer, was den Eltern die Klassenzimmer-Schwellenangst nimmt (CYSTER/CLIFT 1980, S. 161); Informationen an die Eltern, wie sie den Kindern bei den Hausaufgaben helfen können (HOLMSTEDT u. a. 1978). Ferner: Aufbau eines systematischen und regelmäßigen Rückmeldesystems für Eltern (GIANNANGELO 1975), systematische, den Lehrer wenig belastende Telefonkontakte (SHEA/BAUER 1985, S. 139) und Vorbereitung auf den Elternabend mit Fragebögen, mit denen der Lehrer die Bedürfnisse der Eltern erhebt (STROM o. J.).

Damit Eltern an der Schule heimisch werden, haben viele Schulen in den USA Elternzimmer, wo sich Eltern treffen und unterhalten können; und als besonders wichtige »Institution« für das Verhältnis zum Elternhaus wird der »*Elternkoordinator*« an den Schulen angesehen, ein Schulangehöriger, der nur für die Elternarbeit zuständig ist (KEESLING 1983).

Solche Praxisberichte zeigen, wie Lehrer und Eltern pädagogisch befriedigender kooperieren können, wenn sie es wirklich wollen. Daß in den Berichten die Initiative fast immer beim Lehrer lag, dürfte kein Zufall sein. Die Verbesserung der heutigen Situation – darüber sind sich alle Autoren einig – hängt vor allem von den Interessen der Lehrer ab.

Bei der heutigen Schulverfassung wird es allerdings nie viele Lehrer geben, die das pädagogische Engagement aufbringen, das die Praxisberichte spiegeln (→ *Bildungsrecht, Elternrecht ...*). Einige Merkmale der heutigen Schule sind ja gerade Ausdruck des Willens der Schulaufsicht bzw. der Lehrerschaft, die Kooperation mit den Eltern in den heutigen Grenzen zu halten (CORWIN u. a. 1976; KRUMM 1988).

5.2 Möglichkeiten im Rahmen einer veränderten Schulverfassung

Obgleich kaum Chancen zu einer radikalen Schulverfassungsreform bestehen, sei doch wenigstens angedeutet, welche fundamentalen Merkmale der heutigen Schule nach Ansicht einiger Autoren verändert werden müßten, damit das Verhältnis zwischen Elternhaus und Schule pädagogisch befriedigender und ergiebiger werden könnte.

Innerhalb der Erziehungswissenschaft nimmt man an, daß eine Entstaatlichung der Schule zu einer Besserung führen würde. Im Anschluß an DÖRPFELD und Reformpädagogen wird die »Schulgemeinde« gefordert: eine Schule, deren Träger – als autonome Erziehungsgemeinschaft – Eltern und Lehrer sind, die das Schulleben bzw. die Schulorganisation nach *pädagogischen* Ideen *gemeinsam* gestalten (KECK 1979). Bestimmte Privatschulen werden als mögliche Modelle dafür angesehen (SANDFUCHS 1979) (→ *Freie Schulen ...; → Schule als Lebensraum ...*).

In der Soziologie, den Wirtschafts- und Politikwissenschaften sieht man das Haupthindernis für ein verbessertes Elternhaus-Schule-Verhältnis außer in der staatlichen Verwaltung von oben auch darin, daß die Schule Verteiler von Lebenschancen (Berechtigungen) ist und die Finanzierung von »oben« erfolgt (VAN LITH 1985; BLANKERTZ 1987).

Über die negativen Auswirkungen des Berechtigungswesens auf das Verhältnis von Elternhaus und Schule besteht in der Literatur Einigkeit. Und auch die Literatur über die Kooperation von Lehrern und Eltern an Privatschulen (COLEMAN/HOFFER 1987; SANDFUCHS 1979) und die Arbeiten über Effekte von Bildungsscheinen (die Schulen werden vom Staat nicht direkt sondern indirekt, über die Eltern finanziert; VAN LITH 1985, S. 246) stützen die prinzipielle Gültigkeit dieser »radikalen« Vorstellungen. Der derzeitige minimale Wettbewerb von Schulen um Schüler und ihre Eltern aufgrund des Schülerrückgangs deutet an, welche pädagogisch positiven Auswirkungen auf das Verhältnis von Elternhaus und Schule von einem Bildungssystem erwartet werden dürfen, das ebenso frei verfaßt ist wie die meisten anderen gesellschaftlichen Subsysteme, neben denen das heutige Schulsystem immer noch eine »Insel des Absolutismus« ist (ANSCHÜTZ, nach QUILISCH 1973).

Literatur

BARTH, R.: Home-based reinforcement of school behavior: A review and analysis. In: Rev. of Educat. Res. 49 (1979), S. 436–458
BAUCH, P. A.: Family Choice and Parent Involvement. Paper presented on the AERA. Washington 1987
BLANKERTZ, S.: Legitimität und Praxis. Wetzlar 1987
BLOOM, B.: Stabilität und Veränderung menschlicher Merkmale. Weinheim 1971
BUNDESMINISTERIUM FÜR UNTERRICHT UND KUNST – BMUK (Hrsg.): Beispiele für die Zusammenarbeit zwischen Schülern, Lehrern und Eltern. Wien 1986
BÖTTCHER, J.: Mitarbeit von Eltern im Unterricht der Grundschule, hrsg. vom Amt für Schule. Hamburg 1981
BRÜHL, D./KNAKE, H.: Eltern und Schule. Oldenburg 1978
CLARK, A. M.: Early Experience and Cognitive Development. In: GORDON, E. W. (Hrsg.): Review of Research in Education 11 (1984), S. 125–160
COLEMAN, J. S. u. a.: Equality of educational opportunity. Washington 1966
–/HOFFER, TH.: Public and Private High Schools. New York 1987
CORWIN, G. C./WAGENAAR, TH. C.: Boundary Interaction Between Service Organizations and Their Publics: A Study of Teacher-Parent Relationships. In: Social Forces 1955 (1976), S. 471–492
CRAFT, M. u. a. (Hrsg.): Linking Home and School. London ³1980
CYSTER, R./CLIFT, PH.: Parental Involvement in Primary Schools. In: CRAFT, M. u. a. (Hrsg.): Linking Home and School, a.a.O., S. 152–164
DANNHÄUSER, A.: Kooperation zwischen Schule und Elternhaus. In: Forum E (1980), S. 33–36
DEUTSCHER BILDUNGSRAT: Empfehlungen der Bildungskommission. Zur Reform von Organisation und Verwaltung im Bildungswesen. Teil I: Verstärkte Selbständigkeit der Schule und Partizipation der Lehrer, Schüler und Eltern. Stuttgart 1973
DIETZE, L.: Von der Schulanstalt zur Lehrerschule. Braunschweig 1976
–: Pädagogisches Elternrecht oder staatliches Erziehungsrecht? Versuch einer Zuordnung. In: NEVERMANN, K. (Hrsg.): Rechte der Lehrer, Rechte der Schüler, Rechte der Eltern. München 1977, S. 137–157
EIGLER, G./KRUMM, V.: Zur Problematik der Hausaufgaben. Weinheim 1979
EPSTEIN, J.: Teacher Reported Practices of Parent Involvement: Problems and Possibilities. In: The Elementary School Journal 83 (1982), S. 101–103
–: School Policy and Parent Involvement: Research Results. In: Educational Horizons 62 (1984), S. 70–72
FERNAU, F.-W.: Rechtliche Grundlagen der Schulmitwirkung. In: Schulmitwirkung und Schulalltag. Teil 2. Bielefeld 1981, S. 141–186

GEHMACHER, E.: Die Schule im Spannungsfeld von Schülern, Eltern und Lehrern. Wien 1979
GIANNANGELO, D. M. M.: Make report cards meaningful. In: The Educational Forum 1975, S. 409–415
GÖLDNER, H.-D.: Elternmeinung, Elternwille und der Einfluß auf die Schule. München 1978
GRIFFORE, R. J./BOGER, R. P. (Hrsg.): Child Rearing in the Home and School. New York 1986
HEIDMEYER, W.: Eltern und Schule – Einstellungen und Voraussetzungen zur Mitwirkung. In: Schulmitwirkung und Schulalltag, hrsg. von der Arbeitsgemeinschaft Demokratischer Bildungswerke. Bielefeld 1980
HEIM, D.: Lehrer begegnen Eltern. München 1977
HENDERSON, R. W.: Home Environmental and Intellectual Performance. In: ders. (Hrsg.): Parent Child Interaction. New York 1981, S. 3–32
HOLMSTEDT, P. u. a.: Teaching Children at Home and at School. In: Theory into Practice 16 (1978), S. 7–11
HÜLSHOFF, R.: Eltern und Lehrer. Paderborn 1979
INSTITUT FÜR LEHRERFORT- UND -WEITERBILDUNG – ILF (Hrsg.): Kooperation zwischen Schule und Eltern in der Hauptschule. Mainz 1981
IVERSON, B. K./WAHLBERG, H. J.: Home environment and school learning: A quantitative synthesis. In: Journal of Exp. Education 52 (1982), S. 144–151
KECK, R. W. (Hrsg.): Kooperation Elternhaus–Schule. Analysen und Alternativen auf dem Weg zur Schulgemeinde. Bad Heilbrunn 1979
KERKHOFF, W. (Hrsg.): Eltern und Lernbehindertenschule. Berlin 1979
KEESLING, J. W./ELARAGNO, R. J.: Parent Participation in Federal Education Programs. In: HASKINS, R. (Hrsg.): Parent Education and Public Policy. Norwood 1983, S. 230–256
KLAUS-ROEDER, R./HESSLER, U.: Eltern und Gesamtschule. Weinheim 1977
KLINGLER, J.: Der Blick durch die Augen des Fremden oder: Eltern und Lehrer sehen einander im Spiegel. In: MACHOLD, M./POSCH, P./THONHAUSER, J. (Hrsg.): Österreichische Beiträge zur Bildungsforschung. Wien 1978, S. 289–308
KOB, J.: Erziehung in Elternhaus und Schule. Stuttgart 1963
KREUZER, K. J.: Das Verhältnis von Elternhaus und Schule unter besonderer Berücksichtigung einer Mitwirkung der Eltern in der Schule. Eine historische Strukturanalyse. Diss. Bochum 1977
KRUMM, V.: Wem gehört die Schule? Anmerkungen zu einem Mißstand, mit dem fast alle zufrieden sind. In: GANTHALER, H./ZECHA, G. (Hrsg.): Wissenschaft und Werte im Wandel. Salzburg 1988
–/ ASTLEITNER, H. u. a.: Wie Eltern und Lehrer ihre Zusammenarbeit sehen. Ergebnisse einer Pilotstudie. Institut für Erziehungswissenschaft der Universität Salzburg 1987
LITH, U. VAN: Der Markt als Ordnungsprinzip des Bildungsbereichs. München 1985
MCNAUGHTON, S. u. a.: Parents as Remedial Reading Tutors. Wellington 1981
MELZER, W.: Eltern im Unterricht. In: betrifft: erziehung 14 (1981), S. 30–39
–: Familie und Schule als Lebenswelt. Weinheim 1987
MOHRHARDT, D.: Elternmitwirkung in der BRD. Frankfurt 1979
NEVERMANN, K.: Rechte der Lehrer, Rechte der Schüler, Rechte der Eltern. München 1977
PERREZ, M. u. a.: Erziehungspsychologische Beratung und Intervention. Bern 1985
PLOWDEN, B. u. a.: Children and Their Primary Schools. London 1967
QUILISCH, M.: Die Verfassung als Auftrag oder als Hindernis für die Bildungsreform. In: Neue Sammlung 12 (1973), S. 346–363
RISTERS, W.: Familienwochenenden mit Schulanfängern und ihren Eltern. In: SUSTECK, H. (Hrsg.): Elternarbeit und Schulleben. Bochum 1981, S. 31–58
SANDFUCHS, U.: Eltern in der »Schulgemeinde« – untersucht am Beispiel der Jenaplan-Schule, Waldorfschule und Free School. In: KECK, R. W. (Hrsg.): Kooperation Elternhaus–Schule ..., a.a.O., S. 61–80
SCHLEICHER, K. (Hrsg.): Elternhaus und Schule. Kooperation ohne Erfolg? Düsseldorf 1972
– (Hrsg.): Elternmitsprache und Elternbildung. Düsseldorf 1973
SCHMIDT-DENTER, U.: Vorschulische Erziehung. In: OERTER, R./MONTADA, L. (Hrsg.): Entwicklungspsychologie. München/Wien/Baltimore 1982, S. 729–742
SCOTT-JONES, D.: Family influences on cognitive and school achievement. In: GORDON, E. W. (Hrsg.): Review of Research in Education 11 (1984), S. 259–330
SHEA, TH. M./BAUER, A. M.: Parents and Teachers of Exceptional Students. Boston 1985

SMITH, M. B.: School and Home. In: PASSOW, A. H. (Hrsg.): Developing Programs for the Educationaly Disadvantaged. New York 1968, S. 87–107

STROM, R.: Parent-Teacher Conference Agenda Guide. Office of Parent Development International. Arizona State University o. J.

SUSTECK, H.: Zur Begründung der Zusammenarbeit von Lehrern und Eltern. In: ders. (Hrsg.): Elternarbeit und Schulleben. Bochum 1981

SULLIVAN, H./LA BEAUNE, C.: Parents: Summer Reading Teachers. In: The Elementary School Journal 72 (1971), S. 279–285

THOMAS, L.: Verhältnis von Eltern und Schule in einem pädagogischen Reformprojekt. Frankfurt 1985

VERNBERG, E. M./MEDWAY, F. J.: Teacher and Parent Causal Perceptions of School Problems. In: American Ed. Res. Journal 18 (1981), S. 29–37

WALBERG, J. H. u. a.: School-based family socialization and reading achievement in the inner city. In: Psychology in the Schools 17 (1980), S. 509–514

–: Families as Partners in Educational Productivity. In: Phi Delta Kappan 66 (1984a), S. 397–400

–: Improving the Productivity of America's School. In: Educational Leadership 44 (1984b), S. 19–27

WICHT, G./MELZER, W.: Eltern in der Schule, Eltern im Unterricht. Aurich 1983

WINTER, H.: Zusammenarbeit zwischen Eltern und Sonderschullehrer (L); Begründungen, Schwierigkeiten, Zielsetzung. In: KERKHOFF, W. (Hrsg.): Eltern und Lernbehindertenschule. Berlin 1979, S. 39–58

Erich E. Geißler und Heinz-Werner Wollersheim

Autorität und Disziplin

1 Zum vorliegenden Begriffspaar

Die Nennung des Begriffes »Autorität« (A) in ein und demselben Atemzug mit dem der »Disziplin« (D) kann zu Mißverständnissen Anlaß geben: Versteht man nämlich (in einseitiger Verkürzung zwar, doch durchaus nicht selten anzutreffen) D lediglich als ein durch äußere Ordnungsmaßnahmen dem Individuum aufgezwungenes normenkonformes Verhalten, so liegt es unter Vorgabe dieses Begriffspaares nahe, mit A die dafür verantwortliche repressive Instanz zu identifizieren. Umgekehrt scheint für einige ein Festhalten an A als einer unverzichtbaren Bestimmungsgröße des erzieherischen Verhältnisses bereits ausreichend zu sein, um auch die *erzieherische* Relevanz disziplinarischer Maßnahmen als gesichert anzusehen. Beide Denkweisen sind als unangemessen zurückzuweisen, zumal sie in ihrer Eindimensionalität den Gehalt beider Begriffe ins Schlagwortartige verkürzen (vgl. »autoritär«). Allerdings wird dabei der weltanschauliche Hintergrund des verwendeten Argumentationszusammenhanges deutlich. Die darin erkennbare – unzulässige – Schlußweise läßt in beiden Fällen Zweifel darüber aufkommen, ob beide Begriffe jene einander entsprechenden Pole eines bestimmten Interaktionsverhältnisses bezeichnen, für die man sie bei erster Betrachtung halten könnte (der A des einen entspreche die D des anderen), ob also beide Begriffe überhaupt in einem Atemzug genannt und zu einem lexikalischen Stichwort zusammengefügt werden sollten, wie dies hier geschieht.

Die Verklammerung der Begriffe »A« und »D« ist jedoch keineswegs eine Leistung der antiautoritären Bewegung der 60er Jahre, sondern findet sich in dieser Weise bereits in der schul- und gesellschaftskritischen Literatur der Jahrhundertwende (F. WEDEKIND; H. und TH. MANN; H. HESSE, R. MUSIL u. a.), wo beide als Programmpunkte einer obrigkeitsstaatlich ausgerichteten Schule und Gesellschaftsordnung attackiert wurden. Wissenschaftliche Veröffentlichungen dieser Epoche bestätigen die in der Literatur behaupteten Zusammenhänge zumindest teilweise, wenn es beispielsweise in einem pädagogischen Handbuch aus dem Jahre 1908 zum Stichwort »D« heißt: »Die ungezähmte Jugendkraft verlangt daher oft Zaum und Gebiß, oft sogar am meisten in den edelsten, kräftigsten Naturen. Dadurch wird die Schulzucht und eine gewisse polizeiliche Strenge unerläßlich. Eine erschlaffte Disziplin ist das größte Unglück, das einer Schule begegnen kann.« (LOOS 1908, S. 719) Auf den ersten Blick erscheint die Forderung nach »D« in diesem Zusammenhang als »Instrument zur Stabilisierung von Herrschaft«, wie man das heute öfters nennt. Das Vorschieben eigener »A« dient als dafür nötige Begründung. »A« würde damit zum eigentlichen Gegenpol von »Freiheit«.

Ausgehend von dieser Denkfigur entwickelte die Sozialpsychologie bereits in den dreißiger Jahren dieses Jahrhunderts, weiter dann verstärkt durch die Erfahrung des Totalitarismus und des Holocaust, ein starkes Interesse an Erscheinungsformen und Auswirkungen der A. Insbesondere die Frage nach der Genese der »autoritären Persönlichkeit« (→ *Persönlichkeit von Lehrern und Schülern* ...) führte dabei wieder in den Bereich der Erziehungswissenschaft zurück, indem die Frage aufgeworfen wurde, welche Bedeutung dem familialen und schulischen Milieu für die Entwicklung der »autoritären Persönlichkeit« zukommt.

Die Genese der »autoritären Persönlichkeit« stellt nach wie vor einen wesentlichen Forschungsschwerpunkt der Sozialwissenschaften dar, wobei sich in einem Teilbereich der Erziehungswissenschaft der Akzent von der »antiautoritären Pädagogik« (BEUTLER 1970) zur »*Anti-Pädagogik*« (BRAUNMÜHL 1975; MILLER 1980) verschoben hat. Generell ist jedoch davon auszugehen, daß nach dem Scheitern der Utopie einer autoritätsfreien (= herrschaftsfreien) Gesellschaft das Interesse der Erziehungswissenschaft am Phänomen A nachgelassen hat, wobei sich die »Restaufmerksamkeit« auf die Bedeutung der A im Erziehungsgeschehen konzentriert. Dabei steht man vor der besonderen Schwierigkeit, die Begriffe »A« wie auch »D« möglichst unabhängig von ihren historischen Erscheinungsweisen und ihren ideologischen Verzerrungen analysieren zu müssen, wobei man im Falle mißliebiger Ergebnisse mit schnell geäußertem »Faschismusverdacht« zu rechnen hat.

2 Ideengeschichtliche Aspekte von »Autorität«

2.1 Begriffsursprung

A leitet sich vom lateinischen Wort »augere« ab. Augere heißt mehren, zunehmen, wachsen lassen und fördern. Auf das intrapersonale Verhältnis bezogen, wurde augere bereits damals auch in der übertragenen Bedeutung »die Entscheidungsfähigkeit eines anderen Menschen mehren« verwendet. Die stehende Wendung »alicui auctorem esse« (jemandem auctor sein) war gleichbedeutend mit »jemandem einen Rat geben« (ESCHENBURG 1965). Auctoritas erscheint in diesem Zusammenhang allerdings nicht als ein beliebiger, sondern als ein maßgeblicher Rat. Staatsrechtlich entsprach diesem Gedanken die strikte Trennung von auctoritas und potestas, von »beratender Funktion« »angesehener« Bürger hier und Macht und Exekutivgewalt dort; lag die auctoritas beim Senat, so die potestas beim Magistrat.

Hervorzuheben ist, daß »A« ihrer ursprünglichen Bedeutung nach ein freiwilliges und auf einen bestimmten Fall eingeschränktes Unterordnungsverhältnis bezeichnet, welches die personale Freiheit des einzelnen bewahrte, wenn auch verlagerte: niemand kann gezwungen werden, sich der beratenden A eines anderen zu bedienen; in dieser Entscheidung liegt seine Freiheit. Wenn er dies jedoch tut, erkennt er damit die zwingende Überlegenheit des Befragten an; dies beinhaltet als logische Konsequenz seine Unterordnung unter die Entscheidung des als A Angerufenen. Bei der Unterwerfung unter eine A handelt es sich der ursprünglichen Bedeutung nach – denn über diese wird hier noch reflektiert – um einen Akt der Selbstverpflichtung. Gleichzeitig wird deutlich, daß solche Selbstverpflichtung das Vertrauen des Ratsuchenden voraussetzt, von der auctoritas einen helfenden und selbstlosen Rat zu erhalten.

Damit läßt sich als wichtige Grundunterscheidung angeben: Im Gegensatz zum Befehl, der auch auf einem von Dritten gesetzten und vom Betroffenen nicht gebilligten Normengerüst beruhen und dessen Ausführung unabhängig von der Zustimmung des Befehlsempfängers und im Extremfall durch Zwang einer dafür eingesetzten Exekutivgewalt eingefordert werden kann, handelt es sich beim A-Gehorsam um einen auf Vertrauen in die auctoritas gegründeten Akt der Selbstverpflichtung, so daß auch moderne gesellschaftskritische Denker, wenn auch mit anderer Wertung, A als innerlich »bejahte Abhängigkeit« (HORKHEIMER 1936, S. 24) charakterisieren konnten.

Wenn im folgenden diese ursprüngliche Bedeutung von »A« als Maßstab beibehalten wird, die der späteren Entwicklung als Regulativ entgegengestellt werden soll, so ist doch hier ein einschränkender Hinweis angebracht: Unabhängig von dem dargestellten und prinzipiell unaufhebbaren Charakter des A-Verhältnisses als von Fall zu Fall frei gewählter Unterordnung ist davon auszugehen, daß eine solche partielle Belehnung mit auctoritas nicht selten durch Gewohnheit der kasuistischen Entscheidung entzogen und institutionalisiert wird und solchermaßen aus der innerlich »bejahten Abhängigkeit« sogar dauerhafte Abhängigkeit entstehen kann. Das so entstandene, verfestigte und seiner auf Vertrauen und Selbstverpflichtung beruhenden Grundlage dann entkleidete Unterordnungsverhältnis wäre mit »A« kaum zutreffend charakterisiert, auch wenn es umgangssprachlich meist noch so genannt wird.

2.2 Anspruch auf Autorität

Der Gedanke, auctoritas bezeichne die freiwillige Unterordnung unter die zwingende Überlegenheit eines anderen, liegt zunächst auch dem Verständnis von auctoritas in der mittelalterlichen Philosophie zugrunde. »A« wird zum wesentlichen Beweisgrund der Theologie als Wissenschaft; so hält etwa Thomas VON AQUIN das Beweisverfahren »aus Gewährschaft (ex autoritate)« für der Theologie im höchsten Grade eigentümlich, weil deren Ursätze durch die Offenbarung gegeben seien und das Zeugnis derer als maßgeblich anzusehen sei, denen die Offenbarung zuteil geworden ist (Summa theologica I,8). Hinter dem Offenbarungsinhalt steht die göttliche A; dies begründet den noch in der Hochscholastik letztlich unangetasteten Primat der Theologie als Glaubenswissenschaft vor der Philosophie als Vernunftwissenschaft, der Erkenntnis »übernatürlicher Wahrheiten« im Glauben vor der durch das »natürliche Licht der Vernunft«. »Wissen« und »Glaube« sind in diesem Zusammenhang Übersetzungen der lateinischen Begriffe »ratio« und »auctoritas« und nicht etwa, wie man vermuten würde, »ratio« und »fides«.

Diese Betonung des Primates der Theologie als A schlechthin spiegelt allerdings bereits die Tatsache, daß deren auctoritas fragwürdig zu werden begann. So stellten etwa die Häresien des Hochmittelalters die auctoritas der römischen Kirche in Frage, welche ihrerseits diese auctoritas nun für sich explizit beanspruchte. Dieses Beispiel verdeutlicht einen unter systematischen Gesichtspunkten wichtigen Aspekt: auctoritas erhält neben dem ursprünglichen Verständnis der freiwilligen Unterordnung unter die zwingende Überlegenheit eines anderen einen veränderten Sinn, der sich allmählich in den Vordergrund schiebt. Indem man für sich in Anspruch nimmt, »A« zu sein, verlangt man die Unterordnung eines anderen unter die *eigene* zwingende Überlegenheit. Dieser Anspruch wirkt sich begreiflicherweise negativ auf das Vertrauensverhältnis aus, das Voraussetzung für die Belehnung mit auctoritas sein müßte. Überspitzt läßt sich daher formulieren: auctoritas schwindet in dem Maße, in dem der auctor »A« einfordert. Historisch gesehen entspricht dieser These die Verselbständigung der Naturwissenschaft und der Philosophie gegenüber dem als doktrinär empfundenen Führungsanspruch der Theologie seit der Renaissance. Insbesondere das Zeitalter der Frühaufklärung ist geprägt durch den »Kampf wider die Autoritäten«; gemeint ist damit in erster Linie die Ablehnung von »A« als Erkenntnisprinzip und Beweisgrund für Wissenschaft. In diesem Sinne formulierte HEGEL (Einleitung in die Geschichte der Philosophie) am Abschluß dieser Entwicklung seinen provokatorischen Satz: Das »Unterschieben eines anderen Grundes als den der Autorität hat man philosophieren genannt«.

2.3 Die Verselbständigung des hierarchischen Elementes

Seit dem späten neunzehnten Jahrhundert findet man den Begriff der A vorwiegend in gesellschaftstheoretischen Denkzusammenhängen. Unter Wiederaufnahme hegelianischer und romantisch-konservativer Denkfiguren hatte G. LE BON (1895) die Ansicht vertreten, daß in der bürgerlich-industriellen Gesellschaft traditionelle Formen sozialer Verhaltensweisen durch solche verdrängt würden, die für die »Masse« (hier im Sinne einer unstabilen und vorübergehenden Ballung erregter Menschen) typisch seien. In Massensituationen sei der einzelne leichtgläubiger und unterliege der »psychologischen Ansteckung«, wodurch die Masse von einem Führer leicht zu lenken sei. Unter diesem Gesichtspunkt wird A nun auch von den Vertretern der älteren deutschen Soziologie (TÖNNIES; SIMMEL; VIERKANDT) reflektiert: A erscheint als qualifizierende und legitimierende Eigenschaft eines Führers – wobei das Verhältnis von Führer und Gefolgschaft, tief in der sozialen Wirklichkeit der Epoche verankert, selbst noch nicht fragwürdig geworden und daher in allen weltanschaulichen Strömungen anzutreffen war. A wird aus solchen Denkzusammenhängen heraus nicht selten aufgrund eines Führungsanspruches gegenüber der Masse als »Menge der Nichtqualifizierten« (ORTEGA Y GASSET 1949, S. 10) reklamiert, wogegen SIMMEL bereits 1908 einwandte, A setze »in höherem Maße, als man anzuerkennen pflegt, eine Freiheit des der Autorität Unterworfenen voraus, sie ist selbst, wo sie diesen zu »erdrücken« scheint, nicht auf einen Zwang und ein bloßes Sich-Fügen-Müssen gestellt«. Sie erwirke »Spontaneität und Mitwirksamkeit des untergeordneten Subjektes« (SIMMEL ²1922, S. 102).

Basierend auf frühen Arbeiten HORKHEIMERS (1936) und FROMMS stellten ADORNO (1950) und seine Mitarbeiter die Frage nach den Zusammenhängen zwischen »autoritärer« Persönlichkeit und deren Familienhintergrund erneut. Der antidemokratische Symptomkomplex des »autoritären Syndroms« ist nach ADORNO in einer neun Variable erfassenden F-Skala (»Faschistisches Potential«) zu messen, die faktisch allerdings lediglich die tough-mindness (T) (= Verbohrtheit, EYSENCK ⁴1964) einer Person erfaßt. Zu den wesentlichen Merkmalen dieses Persönlichkeitstyps gehört nach ADORNO die Bewunderung von A sowie die Neigung, sich ihr unterzuordnen, obwohl die betreffende Person selbst A sein möchte (die Karikatur des »Radfahrers«). Die Genese der »autoritären Persönlichkeit« wird auf einen pathogenen, antidemokratischen Erziehungsstil der Eltern zurückgeführt. Zwar erwies sich dieses einfache Erklärungsmodell rasch als unzureichend (CHRISTIE/JAHODA 1954), dennoch bildete es in den sechziger Jahren den Hintergrund zahlreicher Arbeiten mit unmittelbar erziehungswissenschaftlicher Relevanz, vor allem im Bereich der Erziehungsstil-Forschung (MITSCHERLICH 1963; TAUSCH/ TAUSCH 1965) und im Hinblick auf Namen und Programm der »antiautoritären Erziehung« (→ *Lehrer-Schüler-Verhältnis*).

2.4 »Autorität« in marxistischen Denkkonzepten

Obwohl durch die Arbeiten des ADORNO-Kreises in die Nähe des Faschistoiden gerückt, taucht der Begriff der A nicht weniger häufig auch in sozialistischen Denkmustern auf, und dies durchweg positiv abwägend. So bewirkt A nach ENGELS die »Überordnung eines fremden Willens über den unseren: Autorität setzt auf der anderen Seite Unterordnung voraus« (MARX/ENGELS 1952, I, S. 603). Während vor Beginn der westlichen A-Kritik die Notwendigkeit von A-Verhältnissen herausgestellt wurde (»Die A einer Persönlichkeit oder einer gesellschaftlichen Institution ist notwendig für die Organisierung des gesellschaftlichen Lebens [ohne die Chaos und Anarchie herrschen würden].« Pädagogische Enzyklopädie. Berlin [Ost] 1963, S. 80), wird vierzehn Jahre später aus offizieller Sicht eine Differenzierung vorgetragen: Während in den »auf Privateigentum an Produktionsmitteln beruhenden Klassengesellschaften« A letztlich »Ausdruck der bestehenden antagonistischen Klassengegensätze« sei, werde »in der sozialistischen Gesellschaft [...] der Inhalt der A.beziehungen durch die Herrschaft der Arbeiterklasse [...] und somit durch die Interessen der gesamten Gesellschaft bestimmt«. Daher stehe die »dialektisch-materialistische Auffassung von der A.« im »unversöhnlichen Gegensatz zu den bürgerlich-idealistischen A.theorien« (WÖRTERBUCH DER MARXISTISCH-LENINISTISCHEN SOZIOLOGIE 1977).

2.5 Autorität als Machtverhältnis

Insgesamt dominiert im zwanzigsten Jahrhundert die Interpretation von A als eines hierarchischen Verhältnisses. Dem entspricht auch die psychologische Definition, A bezeichne den Status einer Person in einer Beziehung zwischen zwei oder mehreren Individuen, der durch die Möglichkeit gekennzeichnet ist, die anderen in dieser Beziehung oder Gruppe in ihren Meinungen, Urteilen, Bewertungen und Entscheidungen zu beeinflussen oder zu lenken (SCHMIDT-MUMMENDEY 1971, S. 222f.). Beide Ansätze, letztgenannter sogar in sprachlichem Anklang, lassen die Nähe von A zum Begriff der »Macht« (nach Max WEBER, Wirtschaft und Gesellschaft: Chance, in einer sozialen Beziehung den eigenen Willen auch gegen Widerstreben durchzusetzen, gleichviel, worauf diese Chance beruht) erkennen. Einer Idee GUARDINIS folgend, läßt sich das Verhältnis von A und Macht durch folgendes Schema verdeutlichen:

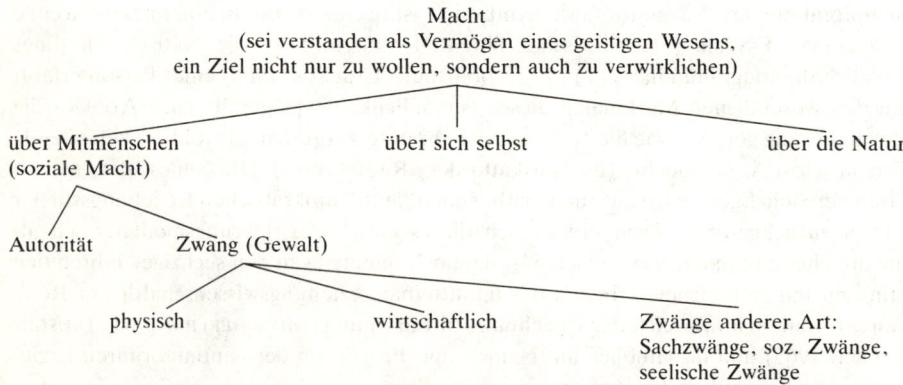

Abb. 1: Das Verhältnis von Autorität und Macht nach GUARDINI 1952

3 Disziplin und Gehorsam

3.1 Disziplin

Wie der Begriff der A so ist auch der der D mehrdeutig. Verbaldefinitorisch gibt der Begriff wenig her; disciplina bezeichnet schlicht dasjenige, womit der discipulus konfrontiert wird: die Lehre, das System von Wissen um Fakten und ihre Zusammenhänge.

Auch D als Verhaltensweise läßt sich nur mittelbar von disciplina ableiten, denn tatsächlich ist D am ehesten zu umschreiben als das Akzeptieren von vorgefundenen sachlogischen und psychologischen Gesetzmäßigkeiten im Hinblick auf ein gemeinsames (oder eigenes) Ziel: So lobt man etwa in Mannschaftssportarten das »disziplinierte Spiel« als besonders mannschaftsdienlich; derselbe Terminus bezeichnet in Einzelsportarten ein besonders sorgfältig geplantes und über einen längeren Zeitraum konzentriert ausgeführtes Verhalten. Hinter beiden Arten der D erscheint als Grundmuster der Mechanismus von *Selbstkontrolle* im Hinblick auf ein Handlungsziel.

Setzt man die anthropologische Einsicht in die Bildungs- und Erziehungsbedürftigkeit des Menschen als gesichert voraus, so folgt aus dem zuvor Gesagten unmittelbar, daß diese Art D nicht Voraussetzung, sondern nur *Produkt* erzieherischer Einflußnahme sein kann.

3.2 Disziplinierung

An dieser Stelle hat man zwischen D und Disziplinierung zu unterscheiden. Gilt D als ein Mechanismus der zielorientierten Selbstkontrolle und folglich als Produkt von Erziehung, so ist doch Disziplinierung keineswegs mit Erziehung identisch, sondern geht dieser voraus; – wobei sie in bestimmten Fällen deren Zielen sogar zuwiderlaufen kann, falls sie sich in der rein äußerlichen Angleichung von Verhaltensweisen erschöpft.

Offenbar erfolgt die Aneignung der Fähigkeit zu diszipliniertem Verhalten stufenweise: Bereits der Säugling wird mit einer existierenden Ordnung konfrontiert. Diszipli-

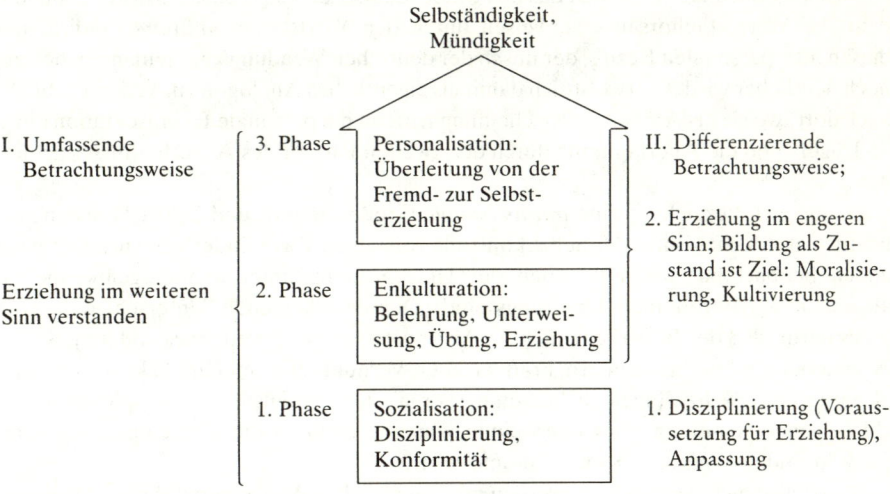

Abb. 2: Stufen bei der Aneignung der Fähigkeit zu diszipliniertem Verhalten

nierung bedeutet in diesem Zusammenhang eine elementare Vor-Ordnung des Verhaltens: daß das Kind beispielsweise in die Lage versetzt wird, nach einer Phase der Gewöhnung seine individuelle Begehrungsstruktur ansatzweise selbst zu kontrollieren und auf die Lebensordnung der Familie abzustimmen (→ *Pädagogische Anthropologie;* → *Psychologische Anthropologie*). Dies hatte KANT im Blick, als er formulierte: »Disziplin oder Zucht ändert die Tierheit in Menschheit um.« (Studienausgabe) Ähnlich dachten auch PESTALOZZI (Wie Gertrud ihre Kinder lehrt, 9.–13. Brief) und HERBART (Allgemeine Pädagogik 1806), der die D zu den Maßnahmen der »Regierung« zählte. Gemein ist dabei im Kern Ähnliches, was auch der zeitgenössische Berliner Soziologe CLAESSENS (1972) mit seinem Begriff der »Soziabilisierung« ausdrücken will: Sozialisationsprozesse im frühesten Kindesalter schaffen erst die Voraussetzung dafür, daß der Säugling zu einem sozialfähigen Individuum wird. Von höchster Bedeutung ist dabei die Gewöhnung des Kindes an konstante Ordnungsstrukturen (z. B. Wohnumgebung, Rhythmus der Nahrungsaufnahme, Bezugsperson) unter schrittweisem Einschluß ihrer Sinnvermittlung, da sich ohne die Erfahrung solcher Ordnungszusammenhänge beim Kind nicht jene Grundeinstellung des »Urvertrauens« (ERIKSON 1971) herausbildet, die Grundlage für einen ungestörten Bezug zur Außenwelt ist.

3.3 Gehorsam

Hierbei handelt es sich keineswegs um eine bloße »repressive Sozialisationsdressur« im Sinne bestehender äußerer Ordnung. Vielmehr stellen diszipliniertes Verhalten und die ihm zugrundeliegende Haltung des Gehorsams (G) einen willentlichen Akt dar. Dies gilt bereits für das Säuglingsalter: »Jede Mutter weiß, wie erstaunlich fügsam ein Kind in diesem Stadium sein kann, wenn es sich entschlossen hat, daß es tun *will*, was es tun *soll*.« (ERIKSON 1971, S. 78) Aus demselben Grunde hatte bereits HEGEL im G die eigentlich »sittliche Leistung« des Kindes gesehen.

G und D weisen bei aller oberflächlicher Ähnlichkeit einige entscheidende Unterschiede auf: Beim G handelt es sich um ein *interpersonales* Verhältnis. Sowohl das lateinische oboedientia als auch das im Althochdeutschen nach seinem Muster gebildete deutsche Wort »Gehorsam« verweisen durch den Wortstamm »hören« (audire) auf diesen interpersonalen Bezug, der uns in der deutschen Wendung »auf jemanden hören« noch deutlicher wird. G erweist sich damit als eigentliches Analogon zu A, denn A bleibt auch dort, wo sie als Amts-A in Erscheinung tritt, an die personale Repräsentation eines A-Trägers und die Anerkennung durch den zweiten Partner des A-Verhältnisses gebunden.

D hingegen bezeichnet eine *intrapersonale* Größe: Fremd- und Selbst-D lassen sich letztlich als Mechanismus der Selbstkontrolle verstehen. Zwar findet sich auch hier nach außen beobachtbar das Phänomen der Unterordnung unter »Spielregeln«, die im allgemeinen heteronomen Ursprungs sind. Der entscheidende Unterschied besteht indes darin, daß der Betroffene nicht im Vertrauen auf das Urteil eines anderen, »einer A zuliebe«, gehorcht, sondern kraft eigener Vernunft die im Hinblick auf ein Ziel akzeptierten »Sachzwänge« als Handlungsvorgaben annimmt, in die komplexe Hierarchie eigener Handlungsprioritäten einbezieht und dadurch die Zielrealisierung einer fortwährenden kritischen Kontrolle unterwirft.

D darf also nicht verwechselt werden mit »äußerlicher Wohlangepaßtheit«. Mag auch der vordergründige, zweckrationale Aspekt disziplinierten Verhaltens als soziale

Tugend eingefordert werden und sich in Begriffen wie Arbeits-D, Partei-D oder auch Kampf-D niederschlagen, erzwingen läßt sich D nicht. Erzwingen läßt sich bestenfalls die Befolgung einer äußeren Ordnung, beispielsweise der Schulordnung, ohne daß damit unmittelbar das gewünschte disziplinierte schulische Arbeiten erreicht würde. Überall dort, wo der Verfall von D beklagt wird, trägt ihre Einforderung eher appellativen als administrativen Charakter.

4 Autorität, Gehorsam und Disziplin im Bereich der Erziehung

4.1 Anthropologische Vorannahmen und Konsequenzen

Faßt man das bisher Dargelegte unter systematischem Aspekt zusammen, so wird deutlich, daß das Verständnis von »A« von den (möglicherweise nicht explizit formulierten, stets jedoch latent vorhandenen) anthropologischen Grundannahmen des jeweiligen Interpreten abhängt. Hier ist vor allem auf die unterschiedliche Interpretation und Bewertung menschlicher Individualität hinzuweisen, weil sich aus ihr unmittelbar die Bewertung von A ergibt: Erscheint im einen Extrem individuelles Verhalten (Denken) als grundsätzlich einem Dilettantismus und einer Ordnungslosigkeit verhaftet, dann wird A zu einer in Permanenz notwendigen Integrationsinstanz, welche den einzelnen an ein »übergeordnetes Ganzes« bindet, ihn aus seiner Vereinzelung heraushebt und seiner Existenz Orientierung bietet. Das Individuum, in seiner beschränkten Existenz der unmittelbaren Erkenntnis von »Wahrheit« selbst nicht fähig, kann dann nur dadurch am »Sein-Sollenden« partizipieren, daß es sich dem Ratschluß eines »Auserwählten«, eines »Erleuchteten«, eines »Führers« gehorsam unterwirft. Erscheint im gegengelagerten Extrem Individualität als Selbstmächtigkeit, dann ist jede äußere Einflußnahme als Störung zu bewerten. A stellt sich dann als unberechtigter Anspruch an das souveräne Ich, als Anmaßung einer in toto »repressiven Gesellschaft« dar. Versteht man in Abgrenzung zu diesen beiden Polen Individualität als zwar prinzipiell zur Selbständigkeit fähig, betrachtet man jedoch diese Mündigkeit nicht einfach als gegeben oder sich naturwüchsig entfaltend, sondern immer von vorausgehender Bildung abhängig, dann kann Lehrerautorität eine partielle (vorübergehende, zeitweilige, vormundschaftliche) Funktion annehmen. Sie vermittelt dann als »Hilfe zur Selbsthilfe« Voraussetzungen von Mündigkeit, macht sich aber dadurch nach und nach überflüssig (= *interimistischer Charakter von Erziehung*) (→ *Theorien der Erziehung . . .*).

4.2 Autorität und Lernprozesse: Chancen und Gefahren

Bildung als Prozeß der Aneignung von Welt im Medium der Kultur bedarf der Begleitung durch A. Diese Aussage bezieht ihre Berechtigung aus der psychologischen Situation des Lernenden, der in der Konfrontation mit neuen Sachverhalten und Problemzusammenhängen ja stets auch eine kognitive Verunsicherung erfährt, die nicht ohne Einfluß auf seine personale Stabilität bleibt. Zwar gelingen Lernakte nicht selten auch ohne die vermittelnde Hilfe anderer, doch läßt sich der Lernerfolg im allgemeinen durch die Hilfe einer Mittlerperson beträchtlich erhöhen. Geht man davon aus, daß in Hochkulturen die überwiegende Anzahl der Bildungsinhalte komplexe und nicht unmittelbar einsehbare Sachverhalte, Einsichten, Gesetze und Normen sind, ergibt sich folgender Zusammenhang:

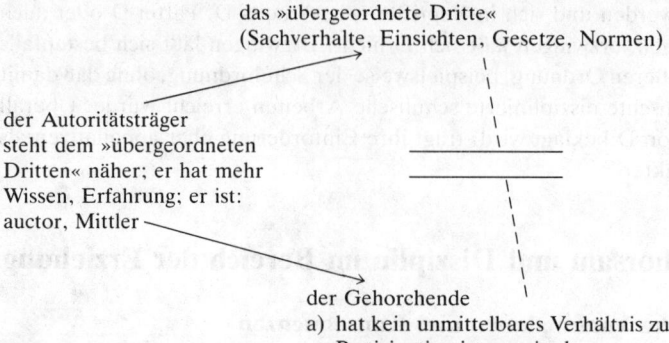

Abb. 3: Verhältnis von Autoritätsträger, Gehorchendem und »übergeordnetem Dritten«

Organisierte Lernprozesse, deren Notwendigkeit nicht in Zweifel gezogen werden kann, beinhalten stets Elemente der Lenkung – und sei es in der Form didaktisch aufbereiteten Materials (MONTESSORI). Mit jeder Form von Lehre sind daher auch A-Phänomene verknüpft, die vermittelnde Funktion haben. Andererseits ist nicht zu verkennen, daß jede Lehre in sich die fatale Tendenz birgt, durch Vor-Interpretation Lernende im vorläufigen Verständnis (Vor-Urteil) von Sachverhalten zu verfestigen und dadurch Offenheit für dessen Weiterentwicklung zu verdecken. Aus diesem Grund fordert ROUSSEAU für jeden Schüler: »Er erlerne die Wissenschaft nicht, sondern er finde sie. Wenn man jemals in seinem Geist die Autorität an die Stelle der Vernunft setzt, so wird er nicht mehr denken; er wird nur noch der Spielball fremder Meinungen sein.« (ROUSSEAU, Emile, S. 195) Diese Ambivalenz bezeichnet die grundlegende Spannung im Verständnis von A, die generell nicht aufgelöst werden kann, sondern eine immer situationsangemessene Bewertung erfordert.

Versuche, auf jedwede Lenkungsmaßnahmen zu verzichten (laissez faire), haben bislang keineswegs positive Wirkung gezeitigt: im Laissez-faire-Stil unterrichtete Schülergruppen äußerten Unzufriedenheit über die Situation und ihre quantitativ wie qualitativ geringen Arbeitserfolge; Aggressivität und Gereiztheit bezeichneten das Arbeitsklima (→ *Lehrer-Schüler-Verhältnis;* → *Erziehen und Unterrichten als Beruf*).

4.3 Pädagogische Autorität: Ein Abgrenzungskriterium

Charakteristisch für die Eigenart pädagogischer Lenkungsmaßnahmen ist der bereits erwähnte Umstand, daß sie darauf angelegt sind, sich je länger, je mehr überflüssig zu machen. Dieser interimistische Charakter wird damit zu einem wesentlichen Abgrenzungskriterium, ob es sich bei einem vorliegenden Über- und Unterordnungsverhältnis um pädagogische A handelt: Macht, welche auf die Verfestigung ihrer selbst zielt, hat nichts gemein mit jener A in pädagogischen Prozessen, die auf die Verselbständigung eines noch Unselbständigen gerichtet sind. Aus pädagogischer Perspektive läßt sich daher formulieren: Die Bereitschaft und Fähigkeit, Verantwortung für pädagogische

Lenkungen zu übernehmen, nennt man A; die Bereitschaft und Fähigkeit, sich etwas sagen zu lassen und auf die A zu hören, heißt G. Beide, A wie G, sind *nicht Ziele* von Erziehung, sondern gehören in den Bereich der dispositionellen Grundlagen von Erziehung, die in der liebevollen Zuwendung von Erwachsenen und Kind im frühesten Lebensalter angelegt werden.

D hingegen, verstanden als Mechanismus der zielbezogenen Selbstkontrolle, ist ein wichtiges Ziel von Erziehung: »Selbständig« wird man gewiß nur jenen Menschen nennen, der in der Lage ist, momentane Affekte zu kontrollieren und seine augenblicklichen Bedürfnisse der komplexen Zielhierarchie eigenen Handelns zu unterwerfen. Doch ist zu betonen, daß solche D Produkt von Erziehung, nicht deren Voraussetzung ist.

4.4 »Disziplinschwierigkeiten«
Bei den in Familie und Schule nicht selten beklagten »Disziplinschwierigkeiten« lassen sich grundsätzlich zwei Typen voneinander abheben: Man wird unterscheiden müssen, ob es sich um (a) einen Verstoß gegen eine äußere Ordnung oder (b) einen Mangel an Selbst-D handelt.

4.4.1 Verstöße gegen die Disziplinarordnung
Verstöße gegen eine Disziplinarordnung können einerseits unbeabsichtigt, aus Gedankenlosigkeit begangen werden oder aber aus bewußter Auflehnung gegen eine eingeforderte, aber nicht anerkannte A. Während der erste Fall sich häufig aus Eifer und Überschwang (etwa in Spielsituationen) ergeben wird, sich (dennoch) gleichermaßen im Kindes- wie Jugendalter findet, erscheint das Auflehnen gegen die elterliche Autorität in der Familie oder die Amtsautorität des Lehrers (→ *Lehrer/Lehrerin*) charakteristisch für die mit der Pubertät beginnende Lebensphase. Jugendliche empfinden im typischen Konfliktfall das objektiv existierende Machtgefälle zwischen Lehrer und Schüler, ohne daß sie bereit wären, die Machtposition des Lehrers durch die Belehnung mit A aus ihrer Warte zu »legitimieren«. Ähnliches gilt für das Spannungsverhältnis zwischen Ablösetendenz vom Elternhaus und als bedrückend empfundener wirtschaftlicher Abhängigkeit von den Eltern. Drittens entstehen Verstöße gegen die Disziplinarordnung nicht selten als Fluchttendenz aus als langweilig empfundenen Situationen, denen man sich nicht zur Gänze entziehen kann. Mit Blick auf alle drei Arten von Verstößen gegen die Disziplinarordnung scheint uns der Hinweis wichtig, daß ein moralisierender Vorwurf an die Adresse des Kindes oder des Jugendlichen ungerechtfertigt ist: Gilt es im ersten Fall das kindliche Ungestüm zu kanalisieren und die ihm inhärente Spontaneität in Richtung auf erzieherische Zielsetzungen zu transformieren, so ist im zweiten Fall ein Grundtatbestand des Lehrerberufs angesprochen: daß nämlich die verliehene Amtsautorität des Lehrers immer wieder aufs neue erworben werden muß, um als erzieherische A wirksam werden zu können. Im dritten Fall schließlich ist ein Schuldvorwurf deshalb unangebracht, weil dem Schüler hier nicht selten ein Verhalten als Fehler vorgehalten wird, das allzu häufig durch Eigenarten des Unterrichts selbst erst provoziert worden ist (fehlende Artikulation, permanenter Frontalunterricht) (→ *Methoden des Unterrichts;* → *Unterrichtsformen . . .*).

Selbstverständlich bedarf es in der Schule zur Durchführung von Unterricht eines Minimums an äußerer Ordnung, die den gemeinschaftlichen Lernprozeß erst ermöglicht. Um diese Ordnung aufrechtzuerhalten, kann der Lehrer auf den Einsatz von

Disziplinarstrafen nicht grundsätzlich verzichten. Mit Nachdruck ist aber darauf hinzuweisen, daß solche Disziplinarstrafen keinen *erzieherischen* Wert haben, ja in der Regel eine ganze Reihe von unerwünschten Nebenwirkungen mit sich bringen, weil sie wichtige erzieherische Zielsetzungen mißachten müssen (momentan nötiger Druck behindert auf Dauer hin nötige Einsicht). Disziplinarstrafen zielen nämlich ausschließlich auf die momentane Situation, wodurch sie sich von Erziehungsstrafen unterscheiden, die eine nachhaltige Einstellungsänderung bewirken sollen.

4.4.2 Mangel an Selbstdisziplin

Der dritte Typus von Verstößen gegen die Disziplinarordnung verweist auf eine andere Art verbreiteter »Disziplinschwierigkeiten«: auf Defizite im Bereich der zielbezogenen Selbstkontrolle. Was hier als Mangel an Selbst-D beklagt wird, kann Schwäche im Bereich der Zielorientierung wie auch der Sorgfalt und Ausdauer bei der Durchführung gewählter Ziele sein. Bei der Analyse solcher »Motivationsprobleme« (→ *Motivation und Interesse*) wird es sicher von Bedeutung sein, ob es sich um ein momentanes, unwillkürliches Abfallen der Aufmerksamkeit handelt oder ob sich strukturelle Bedingungen des Desinteresses ausmachen lassen. Auch hier sind vorwurfsvoll moralisierende Vorhaltungen in der Regel unangebracht: »Selbstdisziplin« ist ein deontischer Begriff, der gleichzeitig »Ist-« und »Sollzustand« einer Haltung bezeichnet, auf jeden Fall also auch als Ziel, nicht nur als Voraussetzung von Erziehung betrachtet werden muß.

4.4.3 Einflußfaktoren

Beide Arten von »Disziplinschwierigkeiten« werden durch eine Reihe von Faktoren situativ verstärkt, die ihrerseits einer zeitgeistabhängigen und daher mitunter rasch wechselnden Interpretation unterliegen. Während zu Beginn der 80er Jahre beispielsweise eine weit verbreitete Zukunftsangst (»No future«) und die unwirtliche Architektur unserer Städte zu den Kristallisationspunkten des sogenannten Jugendprotestes gehörten, ist für die Mitte der 80er Jahre an die anhaltend angespannte Arbeitsmarktlage für Jugendliche und junge Erwachsene zu erinnern. Ob, wie oft behauptet, schulische Diziplinarprobleme (Vandalismus, Gewalt) durch den Konsum gewaltverherrlichender Filmbilder (»Horrorvideos«) befördert werden, wird unterschiedlich diskutiert (→ *Medien in Erziehung und Unterricht*). Schließlich ist darauf hinzuweisen, daß der Verlust von A-Erleben im Bereich der Familie (MITSCHERLICH 1963) (→ *Familienerziehung und Kleinkindpädagogik*) als Verweigerung von A seine Entsprechung im Bereich der Schule gefunden zu haben scheint: die bewußte Verweigerung erzieherischer A im Rahmen einer »antiautoritären Pädagogik« wie der resignative Rückzug auf die ausschließliche Position des Fachlehrers schaffen an unseren Schulen mancherorts ein generelles Klima des Laissez-faire, welches dem erzieherischen Auftrag der Schule, den Schüler zur »Selbstverwirklichung in sozialer Verantwortung« zu befähigen, wenig förderlich ist.

Literatur:

ADORNO, TH. W.: The Authoritarian Personality. New York 1950
AMERY, J.: Vom kommenden Ende der Autorität. In: Autorität was ist das heute? München 1965
BEUTLER, K.: Was heißt »antiautoritäre Erziehung«? In: Westermanns Pädagogische Beiträge 22 (1970), S. 325–336
BRAUNMÜHL, E. v.: Antipädagogik. Weinheim 1975
CHRISTIE, R./JAHODA, M.: Studies in the Scope and Method of the Authoritarian Personality. Glencoe 1954
CLAESSENS, D.: Familie und Wertsystem. Berlin 1972
ERIKSON, E. H.: Identität und Lebenszyklus. Frankfurt/M. 1971
ESCHENBURG, TH.:: Über Autorität. Frankfurt/M. 1965
EYSENCK, H. J.: The Psychology of Politics. London ^{4}1964
GEISSLER, E. E.: Autorität und Freiheit. Bad Heilbrunn ^{5}1977
GUARDINI, R.: Die Macht. Würzburg 1952
HEGEL, G. W. F.: Einleitung in die Geschichte der Philosophie, hrsg. v. J. HOFFMEISTER. Hamburg ^{3}1959
HERBART, J. F.: Pädagogische Grundschriften. 3 Bde., hrsg. v. W. ASMUS. Düsseldorf/München 1965
HORKHEIMER, M.: Autorität und Familie (1936). Frankfurt/M. 1968
KANT, I.: Studienausgabe, hrsg. v. W. v. WEISCHEDEL. 6 Bde. Frankfurt/M. ^{5}1983
LE BON, G.: Psychologie des foules. Paris 1895
LOOS, J. (Hrsg.): Enzyklopädisches Handbuch der Erziehungskunde. Wien/Leipzig 1906ff.
MARX, K./ENGELS, F.: Ausgewählte Schriften. Berlin (Ost) 1952
MILLER, A.: Am Anfang war Erziehung. Frankfurt/M. 1980
MITSCHERLICH, A.: Auf dem Weg zur vaterlosen Gesellschaft. München 1963
ORTEGA Y GASSET, J.: La rebelión de las masas (1929) (deutsch: Der Aufstand der Massen, 1931). Stuttgart 1949
PÄDAGOGISCHE ENZYKLOPÄDIE, hrsg. v. H. FRANKIEWICZ/H. BRAUER/J. CZERWINKA u. a.. Berlin (Ost) 1963
RÖHRS, H. (Hrsg.): Die Disziplin in ihrem Verhältnis zu Lohn und Strafe. Frankfurt/M. 1968
ROUSSEAU, J. J.: Emile (1762), zit. nach: Winkler-Werkausgabe. Bd. III. München 1979
SCHMIDT-MUMMENDEY, A.: Autorität. In: ARNOLD, W./EYSENCK, H. J./MEILI, R. (Hrsg.): Lexikon der Psychologie. Freiburg i. Br. 1971
SIMMEL, G.: Soziologie. München ^{2}1922
TAUSCH, A./TAUSCH, R.: Erziehungspsychologie. Göttingen 1965
THOMAS VON AQUIN: Summa theologica (1265–1274). In: Opera Omnia (iussu St. Pii V, »Editio Piana«). Vol. 1–18. Rom 1570–71
VIERKANDT, A.: Autorität und Prestige. In: Schmollers Jahrbuch 41 (1917), H. 4
WEBER, M.: Wirtschaft und Gesellschaft. Tübingen ^{4}1956
WÖRTERBUCH DER MARXISTISCH-LENINISTISCHEN SOZIOLOGIE (1977). Opladen 1978

Ludwig Huber

Lehren und Lernen an der Hochschule

1 Ein pädagogischer Gegenstand?

Unzweifelhaft findet auch an der Hochschule Unterricht (»Lehre«) und Lernen (»Studium«) statt. Die Situationen, in denen sich Lehre vollzieht, weisen im Prinzip dieselbe Faktorenkonstellation auf wie in anderen Ausbildungseinrichtungen auch: Aufgaben bzw. Ziele, Gegenstand und Thema, die Personen der Lehrenden und Lernenden mit ihren je vorhandenen Kompetenzen und Beziehungen untereinander, die Sozialformen, Arbeitsverfahren und -methoden, in denen sie miteinander arbeiten, und die Umstände des Raumes, der Zeit, der Mittel ... treten auch hier in vielfältige Wechselbeziehungen. Einige dieser Faktoren mögen komplizierter sein als z. B. in der Hauptschule (z. B. die Inhalte, sofern es um Vermittlung hochspezialisierten Wissens geht), andere einfacher (z. B. die soziale Situation der Lernenden). Insgesamt sind die Lehr- und Lernprozesse auch auf der Hochschule keineswegs unproblematisch, wie Studiendauer, Studienabbruch, Fachwechsel, Prüfungsmißerfolge (vgl. WISSENSCHAFTSRAT 1986; REISSERT u. a. 1982), psychische Störungen (vgl. KRÜGER u. a. 1982; 1986), wie schließlich die Dauerdiskussion zur Studienreform und wie persönliche Krisen und Klagen der Studierenden, zuweilen auch der Lehrenden anzeigen.

Trotzdem ist es in der Tradition der deutschen Hochschulen (anders als in z. B. englischen oder amerikanischen Colleges) – und zumal in den Universitäten noch stärker als in den Fachhochschulen – mitnichten selbstverständlich, daß dieses Lehren und Lernen zum Gegenstand didaktischer Forschung und Entwicklung oder gar allgemein pädagogischer Wissenschaft gemacht wird. Zwar türmen sich die Festreden und Programmschriften unübersehbar auf, in denen mit den Zielen der (»deutschen«) Universität auch die der universitären Bildung beschworen werden, aber Untersuchungen dazu, ob und wie sie in Lehr- und Lernprozessen umgesetzt wurden, werden und werden könnten, gibt es nur wenige – bis vor kurzem eigentlich nur solche historischer Observanz, die die Veränderungen der institutionellen Strukturen und der Unterrichtsorganisation beschrieben (vgl. als bedeutendes Beispiel PAULSEN 1902; 1919).

Die älteren Handbücher über das Hochschulwesen (vgl. z. B. LEXIS 1893; DOEBERL u. a. 1930/1931) schweigen sich über die Didaktik universitären Lehrens aus; die Enzyklopädien und Handbücher der Pädagogik vor der »ENZYKLOPÄDIE ERZIEHUNGSWISSENSCHAFT« (hrsg. v. LENZEN, 1983ff.) auf der anderen Seite widmen der Universität keinen oder minimalen Raum (in dem von REIN Anfang des Jahrhunderts herausgegebenen zehnbändigen »Enzyklopädischen Handbuch« ganze 20 Seiten) – und also auch nicht ihrer Didaktik. Innerhalb der Fachbereiche oder Fakultäten für Erziehungswissenschaft gibt es in der Bundesrepublik (anders als bisher in der DDR) keine Lehrstühle für Hochschulpädagogik oder -didaktik, und in den Prüfungsordnungen für das Staatsexamen oder Diplom taucht das Gebiet nicht auf. Die sich explizit »*Hochschuldidaktik*« nennende interdisziplinäre Arbeitsrichtung ist jetzt (1990) wenig mehr als 20 Jahre, die wenigen in peripherer Position existierenden Zentren für Hochschuldidaktik sind im Schnitt kaum 15 Jahre alt. Zwischen Erziehungswissenschaft und Hochschulunterricht herrscht Nichtkommunikation: jene befaßt sich in der Regel nicht mit diesem (außer allenfalls bezogen auf den eigenen Bereich der Lehrerausbildung); dieser, genauer: die Hochschullehrer nehmen weder von der hochentwickelten Theorie der Didaktik schulischer Vermittlungsprozesse noch von der elaborierten Methodik der Erwachsenenbildung Kenntnis (der zutreffenden Beschreibung dieses Zustandes bei WAGEMANN [1986], könnten viele ähnliche an die Seite gestellt werden) (→ *Hochschullehrer und wissenschaftlicher Nachwuchs;* → *Erwachsenenbildung und Weiterbildung*).

Der Zustand hat historische Tradition: die Abgrenzung der Universität von jeder Art von Schule, das Postulat der »Bildung (nur) durch Wissenschaft«, die (und sei es: kontrafaktische) Prämisse der Selbständigkeit der Studierenden, die wohl durch das Vorbild der Lehrenden und den Verkehr mit ihnen immer noch weiter lernen (wie idealiter jene von diesen), nicht aber schulmeisterlicher Hinsicht und Rücksicht bedürfen – das sind Kernstücke der Gründungsschriften des Kreises um HUMBOLDT für die Berliner Universität. (Diese bewegten sich, nebenbei bemerkt, in einem theoretischen Rahmen, in dem wissenschaftliche Theoriebildung und ihre philosophische und didaktische Selbstreflexion noch ungeschieden waren, sind also auch Urschriften der Hochschuldidaktik.) Es kann auf diese hier ebensowenig eingegangen werden wie auf ihre weitere Geschichte; nur so viel: So herausfordernd der darin enthaltene Anstoß, nimmt man ihn ernst, auch heute noch sein kann (vgl. die neue Diskussion zur »Allgemeinbildung«, z. B. KLAFKI 1986) (→ *Theorien der Bildung...*), so sehr haben sich diese Gedanken auch zu einer Privilegien stützenden, gegen Kenntnisnahme struktureller Änderungen immunisierenden, Selbstreflexion abwehrenden Ideologie der Hochschullehrer geeignet – und zwar wohl gleich von Anfang an (vgl. BRUNKHORST 1986; SCHMITHALS 1985 und eine lange Diskussion seit NITSCH u. a. 1965). Aus ihr war auch die wissenschaftsdidaktische Reflexion verdrängt, und die wiederholten pädagogisch motivierten Anläufe der Hodegetik in der ersten Hälfte des 19. Jahrhunderts und der Hochschulpädagogik an dessen Ende sind, wie es auch die Hochschuldidaktik der letzten Jahrzehnte erfährt, als ob sie von außen kämen, abgewehrt, nicht als Hinweis auf und Teil der Aufgabe der Wissenschaften selbst integriert worden (vgl. die umfassende Geschichtsschreibung dazu von LEITNER 1984).

2 Didaktische Perspektiven auf Lehren und Lernen an der Hochschule

In den geschilderten historischen Vorgängen manifestiert sich aber auch ein systematischer Grund für die Distanz zwischen Pädagogik und hochschulischem Lehren und Lernen: daß die Hochschule eben nicht nur, nicht einmal primär eine (Aus-)Bildungseinrichtung, sondern ihrer raison d'être nach eine Einrichtung der Wissenschaft, Teil des Wissenschaftssystems ist, an der *auch* ausgebildet wird, allerdings in großem (bisher immer zunehmendem) Umfang. Als solcher hat sie (und das Lehren und Lernen an ihr) darüber hinaus teil an dessen ständig sich steigernder Differenzierung insbesondere nach Fächern, Forschungsrichtungen und methodischen Paradigmen. Daraus folgt eine Komplexität des Feldes, die einen allgemeinen, soll heißen: von den spezifischen Kontexten und Inhalten der Fächer absehenden pädagogischen oder didaktischen Zugriff äußerst problematisch macht.

Es ist folglich auch nicht möglich, in diesem Artikel »die« Ergebnisse »der« Hochschuldidaktik darzulegen. Es können und sollen nur die Perspektiven aufgezeigt werden, die auf den Gegenstand »Lehren und Lernen an der Hochschule« gerichtet werden können.

2.1 Drei Hauptbezüge

Die Hauptperspektiven ergeben sich aus den eben schon angedeuteten Bezügen, in denen Lehren und Lernen an der Hochschule von vornherein steht. Ohne sich hier differenzierter auf systemtheoretische Bestimmungen der Funktion der Hochschule (vgl. PARSONS/PLATT 1973; KLÜVER 1983) und deren Problematik (vgl. JOAS 1980) oder auf reproduktionstheoretische Analysen ihrer gesellschaftlichen Wirkungen (vgl. z. B. BOURDIEU 1984) einzulassen (→ *Hochschule/Universität*...), darf man konstatieren, daß es sich um die folgenden drei Bezüge handelt:
- Bezug auf die Wissenschaft, in der und mittels deren Lehren und Lernen sich vollzieht: die Hochschule wird gesehen als traditionell und, wenn ihre differentia specifica erhalten bleiben soll, notwenig Teil des Wissenschaftssystems; als solcher hat sie primär zur Produktion geprüften Wissens und zur Heranbildung des wissenschaftlichen Nachwuchses beizutragen (→ *Hochschullehrer und wissenschaftlicher Nachwuchs*);
- der Bezug auf die (künftige) berufliche und gesellschaftliche Praxis: die Hochschule hat in immer zunehmendem Umfang Ausbildungsleistungen für andere Bereiche übernommen und ist insofern sekundär auch Teil des Bildungssystems (→ *Das allgemeinbildende Schulwesen*...); als solcher setzt sie die pädagogische Arbeit (Qualifikation, Sozialisation, Selektion) vorangehender Bildungseinrichtungen bzw. -phasen an den Studierenden fort und ist sie ebenfalls auf ihren Beitrag zur Reproduktion gesellschaftlicher Strukturen hin zu analysieren;
- der Bezug auf die Personen der Lehrenden und Lernenden selbst: die Hochschule ist Arbeits- und z. T. auch Lebenswelt für ihre Mitglieder, für die in ihr Berufstätigen, zumal Lehrenden, wie vor allem für die zwar auf Zeit, aber für eine bedeutsame Phase ihrer Entwicklung in sie eintretenden Studierenden, die sich, ihre Persönlichkeit, in ihr entwickeln.

Für die theoretische Bearbeitung der Probleme (Forschung) sind damit auch die Bezugswissenschaften angesprochen, die gleichsam die Grundlagenforschung der Hochschuldidaktik ausmachen: Wissenschaftsforschung, Sozialstruktur- und Berufsforschung, Sozialisationsforschung und, insoweit sie die Konsequenzen aus diesen pädagogisch bearbeitet, die Erziehungswissenschaft. Für die praktische Bearbeitung (Entwicklung) kommt es darauf an, in dem von diesen Polen konstituierten Spannungsfeld immer von neuem eine Balance zwischen diesen Bezügen herzustellen. Historisch und vergleichend läßt sich jedenfalls feststellen, wohin es mit Hochschulkonzepten und -praxis kommt, wenn einer dieser Bezüge verabsolutiert wird (vgl. SCHELSKY 1963):
- zum akademischen Zunftwesen oder zur scholastischen Wissenschaft, abgehoben von der Praxis und verkrustet gegenüber den Personen,
- zur funktionalistischen Berufsausbildung, immunisierend gegenüber theoretischer Reflexion und Kritik, die Personen instrumentalisierend,
- zum Salon oder zum therapeutischen Zirkel, spielerisch mit der Wissenschaft umgehend und resignierend oder passiv gegenüber der Praxis.

Auch innerhalb der drei genannten Pole besteht jeweils noch einmal eine Spannung zwischen Allgemeinem und Besonderem, die produktiv nur jeweils durch den Versuch bewältigt werden kann, das eine durch das andere zu erreichen: So gilt es, *in* der spezialisierten Bearbeitung fachspezifischer Probleme, konzentrisch ausgreifend das Allgemeine daran durch methodologische, wissenschaftstheoretische und -historische sowie erkenntnistheoretische Reflexion erfahr- und reflektierbar zu machen (vgl. GEIGER 1949; HABERMAS 1969; v. HENTIG 1969; 1980; NITSCH u. a. 1965). So gilt es, im Praxisbezug nicht nur Anwendungswissen und, getrennt davon, etwas politische Bildung zu vermitteln, sondern den jeweiligen angestrebten Beruf in seiner gesellschaftlichen historischen Verfaßtheit kritisch zu reflektieren, Anpassungszwänge und Handlungsspielräume zu erfahren und den Zusammenhang von Erkennen, Wissen und Handeln selbst wissenschaftlich zu bearbeiten (vgl. BECKER 1975). Schließlich muß es auch im Personenbezug statt nur um kompensatorische Pädagogik oder individuelle Therapie darum gehen, den Subjekten dazu zu verhelfen, »Selbstbetroffenheit« von und in der Wissenschaft aufzuarbeiten (vgl. SCHÜLEIN 1977; HOMFELDT u. a. 1983), die individuelle Biographie und Situation als gesellschaftlich bestimmte und als Teil der übergreifenden Geschichte zu begreifen.

2.2 Analyse- und Handlungsebenen

Aus je unterschiedlicher Berücksichtigung, Gewichtung und Verknüpfung dieser Bezüge erklären sich, soweit durch ihre Ziele bestimmt, die vorfindlichen Gestaltungen der Lehr-Lern-Prozesse an der Hochschule von den organisatorischen Rahmenbedingungen bis zu den einzelnen Lernsituationen. Auch diesen Zusammenhang gilt es zu sehen: Über die einzelnen Lernsituationen wird auch schon durch Entscheidungen über Rahmenbedingungen (wie z. B. Größe und Ausstattung der Hochschulen) mitbestimmt, und umgekehrt können auch deren Veränderungen nichts bewirken, wenn ihnen nicht entsprechende Veränderungen im Handeln der Lehrenden und Lernenden miteinander parallel gehen. Diesen Zusammenhang bildet das von FLECHSIG (1975) eingeführte, von WEBLER/WILDT (1979) erweiterte Modell der Bedingungs-, Analyse- und (mit Einschränkungen) auch »Handlungsebenen« der Hochschuldidaktik ab:

- I. Ebene der Beziehungen zwischen Hochschule und anderen gesellschaftlichen Teilbereichen; dabei geht es insbesondere um die (mit unterschiedlicher Sanktionsmacht versehenen) Erwartungen, Einflüsse, Interventionen seitens Staat, Wirtschaft, Gewerkschaften, Öffentlichkeit usw. und die Antworten der Hochschule darauf.
- II. Ebene der organisatorischen, finanziellen, rechtlichen und personellen Rahmenbedingungen und Strukturen; dazu gehören die Gliederung des Hochschulwesens, die Organisation, Administration, Selbstverwaltungsstrukturen der einzelnen Hochschulen, aber auch die Rekrutierung des Personals und, unmittelbar bis auf die Ebene der Lernsituationen »durchschlagend«, die Bestimmungen über Studiengangssysteme (Differenzierung), Zulassung zum Studium und Abschlußarten (Grade, Prüfungsstrukturen), also entscheidende Determinanten der Selektion.
- III. Ebene der Studiengänge und Formen der Studienorganisation als Ordnungen der (für die) Lehr- und Lernprozesse: Ausgestaltung der Studiengangsmodelle (vertikal gestufte, verzweigte, integrierte oder aus einzelnen »Bauelementen« kombinierbare Studiengänge), Formen der Studienorganisation (insbesondere, was Intervallphasen,

eingebettete Praktika oder Fernstudienanteile betrifft); schließlich und vor allem gehört hierzu die Revision alter und die Entwicklung neuer Studiengänge (Curricula).
- IV. Ebene der Teilabschnitte oder Teilbereiche von Studiengängen (Teilcurricula): Ausgestaltungen nur des Grund- oder des Haupt- oder des Aufbaustudiums, von Propädeutika oder Orientierungsphasen, von praxisbezogenen Studiensequenzen oder sozialwissenschaftlichen Begleitstudien;
- V. Ebene der Lehrveranstaltungen und Kurse: Konzepte (zu Zielen, Inhalten, Kombinationen und Sequenzen von Lernsituationen), Organisation und Durchführung der Semesterveranstaltungen (wie Vorlesungen, Laborpraktika, Übungen und Seminare);
- VI. Ebene der Lernsituationen innerhalb und außerhalb von Lehrveranstaltungen: die jeweiligen Konstellationen von Personen, Aufgaben, Inhalten, Lehr- und Lernformen und -mitteln, Spielregeln, Arbeitsschritten, Raum und Zeit und die konkret daraus folgenden Interaktionen.

Der Überblick in dieser Perspektive läßt in theoretischer Hinsicht erkennen, welche in den sozialwissenschaftlichen Bezugsdisziplinen gepflegten Forschungsrichtungen herangeführt werden müssen, um den jeweiligen Zusammenhang, in dem Lehren und Lernen an der Hochschule sich vollzieht und ausgestaltet wird, weiter theoretisch bearbeiten zu können: Sozial- und Politikwissenschaft (zumal für I); Organisationssoziologie (→ *Organisationssoziologie* ...), Hochschulgeschichte (→ *Hochschule/Universität* ...), Wissenschafts- und Bildungsrecht (→ *Bildungsrecht, Elternrecht* ...), aber auch Bildungssoziologie (insbesondere »Studentenforschung«, d. h. Untersuchungen zu Rekrutierung der Studierenden, Studienverlauf, -erfolg oder - abbruch) und Leistungsdiagnostik (Prüfungsforschung und Testpsychologie) (zumal für II) (→ *Pädagogische Diagnostik*); Didaktik, Curriculumforschung und -evaluation (zumal für III und IV, aber auch V) (→ *Didaktik und Curriculum*); Lerntheorie (→ *Lernen und Lerntheorien*), Sozialpsychologie, überhaupt Unterrichtsforschung und -methodik im weitesten Sinne (zumal für V und VI, aber gewissermaßen »rückwirkend« auch für III und IV) (→ *Präskriptive Unterrichtswissenschaft* ...; → *Methoden des Unterrichts*).

In praktischer Hinsicht beleuchtet diese Perspektive zunächst einmal, d. h. vor allen pädagogischen Absichten oder gar Interventionen, wer auf diesem Theater die Akteure sind: nämlich auf den verschiedenen Bühnen durchaus verschiedene mit verschiedenem Gewicht und erst auf den unteren Ebenen die eigentlich Betroffenen selbst. Auf der Ebene I ringen die gesellschaftlichen Kräfte und Interessenvertretungen, Staat, Unternehmer, Gewerkschaften, zuweilen Kirchen, aber auch die Berufsverbände und nicht zuletzt die wissenschaftlichen Fachgesellschaften um die Definition dessen, was Hochschule sein, was Lehre und Studium leisten soll (gut nachzuvollziehen an der Darstellung der Nachkriegsgeschichte der deutschen Hochschulen; vgl. WEBLER 1985; NEUSEL/TEICHLER 1986). Diese Auseinandersetzung wird, bezogen auf die Ebene II, konkretisiert und institutionalisiert in den »kooperativen« Beratungs-, Planungs- und z. T. Entscheidungsgremien, die außerhalb von Parlamenten und Regierungen eingesetzt und, soweit auf Bundesebene tätig, vor allem dazu bestimmt sind, für eine gewisse Einheitlichkeit im bzw. trotz dem föderalen System zu sorgen (insgesamt transparent beschrieben von PEISERT/FRAMHEIN 1981): allen voran ist hier, weil einflußreich und mit seinen Empfehlungen wiederholt auch auf Studienstruktur, -zeit, -zulassung etc. zielend, der Wissenschaftsrat zu nennen (vgl. z. B. zuletzt WISSENSCHAFTSRAT 1986), ferner der

Planungsausschuß für den Hochschulbau, der mittelbar die Studienrealität nachhaltig beeinflußt; die BUND-LÄNDER-KOMMISSION für Bildungsplanung und Forschungsförderung, die u. a. durch die von ihr betriebene Förderungspolitik für Modellversuche zeitweilig besondere Akzente gesetzt hat. Deren Wirkungen reichten punktuell bis auf die Handlungsebene der Teilcurricula, ja z. T., soweit es um Tutorien oder Einsatz von neuen Medien ging, bis auf die Ebene der Lehrveranstaltungen und Lernsituationen herab, ohne allerdings dauerhafte Spuren zu hinterlassen, wenn man zum Maßstab nimmt, wie weit die Entscheidungsträger der unteren Ebene eine Institutionalisierung der erprobten Innovationen unternommen haben (vgl. BLK 1982).

Exemplarisch für den Versuch, die besagten gesellschaftlichen Kräfte durch Repräsentanten einzubinden, war das mit dem Hochschulrahmengesetz von 1976 geschaffene, inzwischen (1986) durch dessen Novellierung wiederaufgehobene sogenannte Instrumentarium der Studienreform; ein System von fachbezogenen Studienreformkommissionen, die angeleitet und koordiniert wurden durch die sog. Ständige Kommission, die die fachübergreifenden und Grundsatzfragen bearbeitete, beide jeweils aus Vertretern der Kultusverwaltungen und der Hochschulen bzw. der jeweiligen Fächer sowie je einem der Unternehmer und Gewerkschaften (mit beratender Stimme) zusammengesetzt. Pädagogen oder Hochschuldidaktiker waren aber auch hier sowenig wie in den zuvor genannten Gremien vertreten. Nicht nur die komplizierte Konstruktion dieses Instrumentariums, sondern auch der Umstand, daß sie auf die Handlungsebene III beschränkt war, ohne Möglichkeit und ernsthaften Versuch, nach oben oder unten auf die anderen einzuwirken, bedingte ihre relative Folgenlosigkeit (vgl. KLUGE/NEUSEL 1984, zur kontroversen Einschätzung vgl. HUBER 1984; WILDT 1986).

Auf der Ebene III treffen sonst als Akteure direkt oder vermittelt durch Landesstudienreformkommissionen die Hochschulen bzw. ihre Fachbereiche mit den durch die gewählten Gremien ihrer Selbstverwaltung erarbeiteten und beschlossenen Vorschlägen, Plänen oder Empfehlungen für Prüfungs- und mittelbar auch Studienordnungen und die für die Genehmigung zuständigen Kultus- oder Wissenschaftsministerien zusammen (zu den Kompetenzen und Verfahren im einzelnen vgl. KLUGE/NEUSEL 1984). Pädagogische Kriterien und Beratung oder auch das Muster der Curriculumentwicklung spielen in diesem Prozeß, wenn überhaupt, eine geringe Rolle, so folgenreich für Orientierung der Studierenden und Anforderungen an sie die beschlossenen Ordnungen auch sind; in erster Linie müssen dabei inhaltliche Weiterentwicklungen und Geltungsansprüche der Fächer und Fachgebiete, Kapazitätsfolgen der vorgesehenen Studentafeln und Unterrichtsformen, von Rahmenordnungen der KMK (Kultusministerkonferenz) und WRK (Westdeutsche Rektorenkonferenz) vorgegebene Kriterien der Einheitlichkeit und juristisch geforderte Prinzipien der Vergleichbarkeit und Kontrollierbarkeit gegeneinander ausgehandelt werden. Der relativ formale Charakter der schließlich erlassenen Ordnungen und ihre wenig aussagekräftigen Formulierungen über Lehrziele und Lernformen resultieren jedoch nicht nur aus den notwendig kompromißhaften Ergebnissen solcher Auseinandersetzungen, sondern reflektieren auch den trotz zunehmender Einengung immer noch bestehenden Freiraum, den nicht nur die Methodenfreiheit jedes Lehrenden, sondern hier auch die Wissenschaftsfreiheit des Hochschullehrers gewähren (→ *Hochschullehrer und wissenschaftlicher Nachwuchs*).

Allerdings wird dieser Freiraum auf den nächsten Ebenen nur sehr ungleichmäßig durch überindividuelle, also kollegiale Entscheidungen ausgefüllt: stärker in Fächern, denen etwa BERNSTEIN (1977) einen »Kollektionscode« zuschreibt, wie den Natur- und Ingenieurwissenschaften oder Medizin, in denen einer ausgeprägten historisch gewordenen Fachsystematik durch strikt sequenzierte, also aufeinander aufbauende und dazu unter den Lehrenden abgesprochene Vorlesungen Genüge getan und insofern auch über Teilcurricula entschieden werden muß, weniger oder gar nicht in den tendenziell einen »integrativen Code« aufweisenden geistes- und sozialwissenschaftlichen Fächern, in denen die Lehrenden weitgehend nur individuell Ziele, Inhalt und Methoden ihrer Veranstaltungen festlegen. Auf diesen Ebenen (IV–VI), auf denen die Entscheider die Hochschullehrer sind, haben pädagogische bzw. hochschuldidaktische Berater eine Chance, wenn und soweit es gelingt, eine Kooperation zwischen ihnen und den Akteuren von der einen oder der anderen Seite aus aufzubauen; sei es durch die Beratung von Studienreformgremien auf Fach- oder Fachbereichsebene, sei es durch die Unterstützung (informeller) Arbeitsgruppen von Lehrenden (und Studierenden), die etwa gemeinsam ein Konzept für ihre Kurse oder ein Projektstudium oder einen neuen Veranstaltungstypus (z. B. eine Orientierungseinheit) planen, sei es durch Evaluation reformierter Teilcurricula und Veranstaltungen oder Supervision kritischer Lernsituationen (→ *Evaluation und Selbstevaluation*), oder sei es schließlich durch Angebote hochschuldidaktischer Fortbildung an Hochschullehrer und Tutoren (vgl. BRANDT u. a. 1984; HEGER 1986).

Während die Hochschuldidaktik sich im Verhältnis zu den oberen Handlungsebenen in einer exzentrischen Position befindet, aus der heraus sie faktisch und auch nur in günstigen Fällen durch Politikberatung und darauf orientierte Forschung tätig werden und Gehör finden kann (→ *Pädagogik und Politik*), ist ihr praktischer Hauptarbeitsbereich mehr und mehr auf diese unteren Ebenen beschränkt worden, wo sie immerhin durch ihre Forschung und deren Vermittlung prinzipiell zu Aufklärung und Reflexivität der Beteiligten beitragen und durch Entwicklungsarbeit konkrete Innovationen zu entwickeln helfen kann (zu diesen Forschungstypen vgl. BECKER/RITSERT 1983). Allerdings finden alle genannten Interaktionsformen ihre Grenze an der Freiwilligkeit der Hochschullehrer, die weder von Amts wegen noch durch die herrschenden Normen ihrer Profession, noch gar durch eine regelhafte pädagogisch-didaktische Ausbildung (wie es sie in der DDR bisher obligatorisch gab, in den angelsächsischen Ländern – unter normativem Druck der Dekane oder Präsidenten – verbreitet gibt) dazu gedrungen werden, sich vermittlungswissenschaftlich mit ihrer fachwissenschaftlichen Lehre auseinanderzusetzen (→ *Hochschullehrer und wissenschaftlicher Nachwuchs*).

2.3 Ansätze hochschuldidaktischer Theorie und Praxis

Ein drittes Bündel von Perspektiven auf Lehren und Lernen an der Hochschule bilden die in der hochschuldidaktischen Arbeit identifizierbaren »Ansätze«: Amalgame aus dem jeweils dominant gesetzten Bezug (vgl. 23.1), der notwendigen, gewählten oder aufgedrungenen Analyse- und Handlungsebene (vgl. 2.2), den entsprechenden Problemdefinitionen und den jeweils zur Lösung herangezogenen (Teil-)Disziplinen und methodischen Paradigmen. Als solche zeigen sich die folgenden: Der *unterrichtstechnologische* Ansatz sieht die Probleme der Hochschulausbildung besonders in einer Ineffektivität des Unterrichts, die er u. a. auf Methodenarmut und Technologiedefizit zurückführt. Folglich richten sich Forschung und Entwicklung auf effizientere Lehre und Erfolgskontrolle, etwa durch die Produktion von Selbstinstruktionsmaterialien (Programme, Skripten, Lehrbriefe), auf den Lehrerfunktionen ergänzenden oder ersetzenden Einsatz audiovisueller Medien (vgl. den Überblick bei RIECK/RITTER 1983, bes. S. 378 ff.) (→ *Medien in Unterricht und Erziehung*) oder neuerdings den noch weiter gehenden des Computers (vgl. BERGER/KOTZMANN 1985; PRAHL 1986; SCHULMEISTER 1987), auf die planvolle und begründete Wahl und Kombination didaktischer Modelle, Unterrichtsmethoden und Arbeitsformen und auf objektive Formen der Leistungsmessung. Die Methoden dieses Ansatzes können auf denen der empirischen Unterrichtsforschung im Schul- und Collegebereich aufbauen und sind entsprechend vergleichsweise gut entwickelt, allerdings auch in die Kritik an jenen einzubeziehen (→ *Methoden des Unterrichts;* → *Unterrichtsformen* ...; → *Präskriptive Unterrichtswissenschaft* ...). Bei aller Tendenz, den Lehr-Lern-Prozeß nur unter dem Aspekt der Qualifizierung zu sehen und diesen als technisches Problem ahistorisch zu bearbeiten, stecken in diesem Ansatz doch Möglichkeiten zur Erweiterung der Lern- und Arbeitsformen (z. B. durch den Computer) und zur Öffnung der starren Unterrichtsorganisation an den Hochschulen (z. B. durch der Weiterbildung dienendes Fernstudium), hinter denen der konventionelle Lehrbetrieb weit zurückbleibt und die darum der Entwicklung harren.

Im *sozialpsychologischen* Ansatz werden die Probleme in der Kontaktarmut und Unpersönlichkeit des akademischen Studiums, in Konkurrenz- und Dominanzdenken oder autoritärem Verhalten, in der verkümmerten Sensibilität und Expressivität der Subjekte gesehen, die ihre Beziehungen, ihre Kooperationsfähigkeit in Gruppen und ihre Selbsterfahrung beeinträchtigen. Die Forschungsmethoden, aus der pädagogischen Psychologie und Sozialpsychologie stammend, können hoch elaboriert sein (→ *Forschungsmethoden der Erziehungswissenschaft*). Die Interpretationsmuster waren zunächst den verschiedenen Richtungen der Gruppendynamik entnommen; die Innovationsansätze zielten auf die Verbesserung der Kommunikation und Kooperation in Lernsituationen durch Kleingruppenarbeit (vgl. LOHÖLTER 1984), Tutorenprogramme (vgl. GERSPACH 1984), instrumentelle Gruppendynamik und Selbsterfahrungs-, Verhaltens- und Kommunikationstrainings (→ *Sprache im Unterricht*). Seit dieser Ansatz Anfang der 70er Jahre die hochschuldidaktische Diskussion und Praxis stark beeinflußte, hat er vielfältige Variationen und Entwicklungen erfahren. Neben instrumentellen Varianten von Gruppendynamik haben sich therapeutische verselbständigt und den Wechsel der Therapierichtungen bis zur Gestalttherapie mitgemacht (vgl. BÜRMANN 1983) (→ *Pädagogische Intervention*); andererseits hat zeitweilig gegen beide eine sich eher politisch verstehende Richtung sich zu wehren versucht, die den Selbstfindungs- und Selbstbestimmungsanspruch der (wiederentdeckten) Subjekte gegen das Verwaltet- und Verplantwerden durch Hochschuladministration und (»reform-technokratische«) Hochschuldidaktik artikulierte. In der Reflexion des »Monstrums Universität« in dieser Sicht (vgl. SCHÜLEIN 1979) ist allerdings bereits die Ebene des sozialisationstheoretischen Ansatzes (s. u.) erreicht.

Dem *curricularen* oder *didaktischen* Ansatz gelten als Hauptproblem des Lehrens und Lernens an der Hochschule nicht die Vermittlungsmethoden, sondern die Ziele und Inhalte, denen jene entsprechen müßten; diese aber sind häufig theoretisch schlecht begründet, praktisch dysfunktional beschrieben oder formal unzureichend legitimiert und können so zu ihrem Teil die Orientierungs-, Motivations- und Lernprobleme der Studierenden verursachen. Zur Lösung dieses Problems wurde die Übertragung des Paradigmas von Curriculumkonstruktion und -revision auf die Studienreform für möglich gehalten, zunächst in seiner strengen, dann in seiner »offenen«, partizipatorischen Form. Theoretisch teilt dieser Ansatz auch die Dilemmata des Curriculumkonzepts: die Fragwürdigkeit der Zielableitung und -legitimation und den Mangel einer zureichenden Theorie der Entwicklung des Subjekts. Wie sehr sich der Versuch einer entsprechenden Praxis rationaler und konsistenter Entwicklung und Begründung von (Teil-)Studiengängen und Lehr-Lern-Sequenzen an den tatsächlichen Entscheidungsstrukturen brechen muß, dürfte deren Beschreibung (vgl. oben 2.2) deutlich gemacht haben. Je mehr er sich daraufhin auf die gemeinsame Planung und Reflexion nur noch einzelner Lehrveranstaltungen beschränkt, desto mehr verschwimmen seine Grenzen zu einer allgemeinen kommunikativen Didaktik (→ *Didaktik und Curriculum/Lehrplan*).

Für die Gruppe der *am Beschäftigungssystem oder Beruf orientierten Ansätze* steht das Problem im Mittelpunkt, daß der Berufsbezug der Studiengänge ungenügend geklärt und ausgestaltet ist. In den Anfangsjahren der Hochschuldidaktik dominierte hier die bildungsökonomische Fragestellung (→ *Bildungsökonomie und Bildungsmanagement*), die sich auf die allgemeinen gesellschaftlichen Funktionen der Hochschulausbildung und den entsprechenden gegenwärtigen und künftigen Bedarf an qualifizierten Arbeitskräften richtete (kritisch hierzu BECKER/JUNGBLUT 1972). Die spätere curricular orientierte Berufsforschung richtete sich demgegenüber auf die Ermittlung berufsbezogener und berufsübergreifender (tätigkeitsfeldbezogener) Qualifikationsanforderungen. Gegenüber diesem noch quasi »deduktiven« Vorgehen meldete sich schließlich die Fragestellung, wie erreichte Qualifikationsprofile der Hochschulabsolventen ihrerseits die Berufswirklichkeit und den Arbeitsmarkt beeinflussen (vgl. HOLTKAMP/TEICHLER 1983; BÜLOW 1984; KAISER u. a. 1985; BAETHGE u. a. 1986). Gemeinsam ist diesen Ansätzen, ob affirmativ oder kritisch, weithin der Ausgangspunkt, Lehre und Studium sei wesentlich von der zu erbringenden Qualifikationsleistung für das Beschäftigungssystem her zu analysieren und zu gestalten. Das Problematische des über lange Zeit hin die hochschuldidaktische Diskussion dominierenden Orientierungsbegriffs »Berufspraxisbezug« liegt darüber hinaus in dessen Ambivalenz selbst, die ihn sowohl für eine technokratische Curriculumplanung wie für eine wissenschafts- und praxiskritische Projektstudienstrategie verwendbar macht (vgl. BECKER 1975).

Die *sozialisationstheoretischen* Arbeitsrichtungen der Hochschuldidaktik machen zum Ausgangspunkt die Frage, wie sich die der Hochschule angehörenden Personen, insbesondere die Studierenden, als gesellschaftlich handelnde Subjekte in der Auseinandersetzung mit ihrer sozialen Umwelt, vor allem eben der Hochschule oder dem Fachbereich selbst, entwickeln. Auch diese Arbeiten können affirmativ oder kritisch (etwa gegenüber den die Herrschaftsstrukturen konservierenden Merkmalen akademischer Sozialisation oder gegenüber dem den proklamierten Zielen zuwiderlaufenden »heimlichen« Curriculum) angelegt oder (→ *Lehrer-Schüler-Verhältnis*), was nicht einfach damit zusammenfällt, sozialtechnologisch auf Planung oder Intervention oder kommunikativ auf Aufklärung und Selbstverständigung gerichtet sein. Ihre Entwicklung ist von den früher besonders in den USA dominierenden Messungen isolierter Einstellungs- und Umweltmerkmale zu immer komplexeren Konzepten sowohl der Interaktion beziehungsweise der wechselseitigen Konstituierung von Subjekt und Umwelt als auch der subjektiven Entwicklung selbst gegangen. Identitäts- und biographieorientierte Forschung hat dabei besonderes Interesse auf sich gezogen (vgl. WINDISCH/NOCK 1985; VOGEL 1986; HUBER 1990).

Mehr und mehr sind dabei herkunftsspezifische (vgl. FUNKE 1986; FUNKE u. a. 1986; SCHNITZLER u. a. 1986), situationsspezifische (vgl. HUBER 1985 a) und, unter dem starken Einfluß der Frauenbewegung, geschlechtsspezifische Erfahrungen in und mit der Hochschule (vgl. z. B. und als Zugang zu einer rapide wachsenden Literatur FRAUEN UND NATURWISSENSCHAFT 1983; CLEMENS u. a. 1986) auf der einen Seite, auf der anderen Seite die »fachspezifischen Kulturen« (vgl. BECHER 1981; HUBER u. a. 1983; DAHLGREN/ PRAMLING 1985; LIEBAU/HUBER 1985) in den Blick geraten – auch in allgemeinen Studentenuntersuchungen (vgl. FRAMHEIN/LANGER 1984; BARGEL u. a. 1984 sowie die Erhebungen des Hochschulinformationssystems und des Deutschen Studentenwerks).

Für den *wissenschaftstheoretischen* und *wissenschaftsdidaktischen* Ansatz weisen die Probleme der Hochschulausbildung auf eine Krise der Wissenschaften selbst zurück: auf die Expansion und zugleich Auffächerung in empirische Einzelwissenschaften unter Verlust ihrer praktisch-philosophischen Dimension, auf ziellose, nur ihrer eigenen Systematik folgende Wissensproduktion, auf die Unfähigkeit der Disziplinen zur Reflexion der ihre Erkenntnis und Strukturen leitenden Interessen, ihrer gesellschaftlichen Funktionen und Folgen und zur Kommunikation und Kooperation untereinander (vgl. v. HENTIG 1969; 1970). Auch dieser Ansatz hat – von den Ursprüngen in der Konzeption der Berliner Universität zu schweigen – seine Geschichte durchgemacht: in Abwehr der unterrichtstechnologischen Tendenzen der ersten Phasen der Hochschuldidaktik orientierte er sich, bestimmt von der kritischen Theorie der Frankfurter Schule (→ *Wissenschaftstheorie*), am Modell des rationalen herrschaftsfreien Diskurses als Medium wissenschaftlicher Arbeit, Ausbildung und öffentlicher Mitteilung, deren vorfindliche historische Gestalt es hieran zu messen, auf ihre gesellschaftlichen Bedingungen zu untersuchen und praktisch zu reformieren galt (vgl. MOLLENHAUER 1968). Selbstkritik und -reform der Wissenschaft, ihrer Vermittlung *und* Forschung auch um ihrer selbst, nicht etwa nur um der Ausbildung willen sollten gerade »Bildung durch Wissenschaft« wieder möglich machen (vgl. NITSCH u. a. 1965), ohne dazu »pädagogische Beschwichtigung« oder »didaktische Rücksichtnahme« zu üben (vgl. v. HENTIG 1970; KAMBARTEL 1975); nie ging es dabei, anders als in den Empfehlungen des WISSENSCHAFTSRATES, nur um so etwas wie stoffliche »Entrümpelung«, sondern um exemplarische Formen wissenschaftlichen Arbeitens. Gegen die zwischenzeitlich dominierende »Berufsorientierung« kam BECKER (1975) auf dieses Programm zurück, gegen eine nur erziehungswissenschaftlich gefaßte Hochschuldidaktik bringt KLÜVER (1983) Wissenschaftsforschung vor, gegen eine auf die Eigenfunktion »Wissensproduktion« verengte fordern BECKER/RITSERT (1983) und BRUNKHORST (1986) eine universelle wissenschaftliche Kommunikation und darin die Bearbeitung des Verhältnisses von Wissenschaft und Alltag als Aufgabe der Wissenschaftsdidaktik. Die Entwicklungen in Richtung auf hochschulische Weiterbildungsprogramme einerseits, wachsende Wissenschaftskritik und die von den »neuen Technologien« ausgelösten Bemühungen um Technologie-Folgen-Einschätzung und Wissenschaftsethik als Aufgaben der Hochschulen selbst dürften diesen Ansatz in der Zukunft beträchtlich herausfordern und stärken.

Es sei nicht behauptet, daß mit den hier aufgeführten Ansätzen die Zahl der möglichen erschöpft ist. So ließe sich ein die *Selektionsprozesse* thematisierender Ansatz denken, doch müßten erst noch die einstweilen voneinander getrennten Stränge der Prüfungsforschung und -kritik (vgl. jüngst P. BECKER 1987) und der Forschung zu Studienverlauf und Studienabbruch miteinander und mit Analysen der Interaktionen in Lehr-Lern-Prozessen und ihrer subjektiven Verarbeitung verknüpft werden (vgl. HUBER 1990). So fehlt noch ein Ansatz zu einer umfassenden *Theorie der Institution* Hochschule (vgl. aber allgemein SCHÜLEIN 1987) (→ *Theorie pädagogischer Institutionen*). Auch bleibt die Umsetzung der oben zuletzt genannten drei mehr auf Grundlagenforschung orientierten Ansätze in eine hochschuldidaktische Praxis weitgehend noch zu leisten, wofür man sie mit den Praxisformen der ersten drei Ansätze verbinden müßte. Lediglich im *projektorientierten* Ansatz ist, der Idee nach, dieses Dilemma aufgehoben, da Forschung, Aufklärung, Veränderung und Lernen in der Aktionsforschung verbunden konzipiert werden, doch sind eben die Komplexität der Bezüge und die Verknüpfung der Ansätze wohl dafür verantwortlich, daß das projektorientierte Studium (vgl. NEEF/HAMMANN 1983) sich als so schwer realisierbar erweist und, wie an den Zerfallsprodukten ablesbar, faktisch bestimmte Formen des Berufspraxisbezuges (Erkundungen, Praktika) die anderen Bezüge dominiert haben.

3 Lernsituationen und ihre Veränderungen

Konkret geschieht Lehren und Lernen in Lernsituationen. Deren Gestalt an der Hochschule müßte hier eigentlich auch noch beschrieben werden, ebenso wie ihre historische Entwicklung. Doch läßt diese »Fülle der Erscheinungen«, so vielfältig nach Hochschultypus, Fach, spezifischen Umständen, sich hier nicht einfangen. Es läßt sich nur, sieht man sich um, erkennen, daß, ähnlich wie die hochschuldidaktischen Annäherungen an Lehren und Lernen in den Hochschulen nach den geschilderten Ansätzen, so auch die dort aktuell oder potentiell vorfindlichen Lernsituationen selbst gruppiert werden können, wenn man sie nach den jeweils dominant gesetzten Lernanreizen unterscheidet. RIECK/RITTER (1983) besprechen in ihrem umfassenden Überblick in diesem Sinne lehrerzentrierte, medienorientierte, praxisorientierte, interaktionelle, persönlichkeitsorientierte, zukunftsorientierte und kontextuelle Lernsituationen.

Ebenso wird – blickt man zurück – sichtbar, wie bestimmte Konjunkturen, die teils aus der Entwicklung der gesellschaftlichen und speziell hochschulischen Problemlagen, teils aus der objektiven Situation der Hochschuldidaktik und Hochschulforschung entstehen, bald mehr den einen, bald mehr den anderen Ansatz in den Vordergrund rücken. Brennpunkte auch hochschuldidaktisch begündeter und betriebener Reformversuche waren in den letzten zwei Jahrzehnten
– der gesamte Komplex des (Berufs)praxisbezuges, von Projektstudium und projektorientierten Studiengängen und -teilen über die Integration praktischer Ausbildungsjahre (einphasige Ausbildungen der Juristen und Lehrer; praktisches Jahr der Mediziner) und der einzelnen Schul- oder Betriebspraktika bis hin zu Veranstaltungen zu Erkundungen der Berufsfelder und -institutionen;
– die Aufgabe besserer Orientierung der Studierenden im Studium und darüber hinaus, von Orientierungsveranstaltungen und -wochen über neue Konzepte für Einführungskurse oder -phasen bis hin zur studienbegleitenden Beratung oder Arbeitsgruppe;
– das Feld der Kommunikation und Beziehungen zwischen Lernenden und Lehrenden, die zu stärken und zu intensivieren die Hauptabsicht bei der Einführung von Kleingruppenarbeit und Tutorien und aufgelockerter Vorlesungs- und Seminarformen

sowie bei den auf das Lehr- und Kommunikationsverhalten der Hochschullehrer bezogenen Fortbildungsveranstaltungen ist;
- die Versuche, die Bornierungen des reinen und von Stoffülle überwältigten Fachstudiums zu überwinden: durch die schon erwähnten Formen eines auch wissenschaftskritisch gedachten Praxisbezuges oder durch wissenschaftstheoretische, wissenschaftsgeschichtliche oder allgemein sozialwissenschaftliche Begleitveranstaltungen. Ähnliches war in den 50er und 60er Jahren mit dem *studium generale* (vgl. LEITNER 1984) und ist z. T. mit jüngst wiederaufgenommenen interdisziplinären Ringvorlesungen oder mit der in ingenieurwissenschaftlichen Hochschulen so genannten »Allgemeinen Wissenschaft« (vgl. KUCKUCK 1985) intendiert.

Dieser Überblick zeigt zugleich auch weiße Flächen und Beschränkungen. So ist, um nur eine zu nennen, nach der politisch begründeten Zurücknahme der einphasigen Ausbildungsmodelle von einer wirklich durchgreifenden Curriculumreform der existierenden Studiengänge in ihrem fachlichen Kern nirgendwo (in der Bundesrepublik) mehr die Rede; die hochschuldidaktischen Reformversuche bewegen sich mehr oder minder an der Peripherie – so wichtig diese sein mag. Andererseits ist, trotz einer Position an der Peripherie, eine Umorientierung seitens der Hochschuldidaktik und durch sie, abgesehen von der kurzen Aktivitätsphase des Projektstudiums, hin auf eine radikale Öffnung der Universität und der Wissenschaft zur Gesellschaft auch nur in der Theorie nicht erfolgt. DAXNER (1986) hat ihr deswegen Mangel an utopischem Gehalt vorgeworfen, und um dieses Defizit geht es wohl auch, wenn jetzt das Verhältnis zwischen Hochschule und sozialen Bewegungen thematisiert (vgl. NITSCH 1986) und für eine notwendige Zukunftsorientierung des Lehrens und Lernens an der Hochschule gesprochen und gestritten wird (vgl. RITTER/KÜHN 1985; HUBER 1985b; vgl. auch SCHRATZ 1986).

Literatur

Um Text und Bibliographie zu entlasten, sind hier aus der immensen Literatur, von wenigen Ausnahmen und notwendigen Zitaten abgesehen, nur Schriften aufgeführt, die nach 1983 publiziert worden sind. Das Schrifttum bis 1983 ist, wenn auch nicht vollständig, so doch weitgehend repräsentiert und zugänglich über die beiden Sammelwerke:
  HUBER, L. (Hrsg.): Ausbildung und Sozialisation in der Hochschule. (Enzyklopädie Erziehungswissenschaft. Bd. 10). Stuttgart 1983 und
  GOLDSCHMIDT, D. u. a. (Hrsg.): Forschungsgegenstand Hochschule. Überblick und Trendbericht. Frankfurt 1984
Auf die darin enthaltenen Abhandlungen und Bibliographien, die alle in diesem Artikel angesprochenen Themen erfassen, wird daher hiermit ebenfalls nur pauschal verwiesen. Im übrigen wird das Feld (soweit es die Bundesrepublik betrifft) erschlossen durch die beiden von der ARBEITSGEMEINSCHAFT FÜR HOCHSCHULDIDAKTIK (AHD), Hamburg, herausgegebenen Schriftenreihen:
  BLICKPUNKT HOCHSCHULDIDAKTIK: Heft 1ff., 1969ff.
  HOCHSCHULDIDAKTISCHE MATERIALIEN: Heft 1ff., 1968ff. (seit 1983 in neuer Zählung, M 1ff.)
durch die Zeitschriften:
  HOCHSCHULAUSBILDUNG, hrsg. von der AHD
  ZEITSCHRIFT FÜR HOCHSCHULDIDAKTIK, hrsg. von der ÖSTERREICHISCHEN GESELLSCHAFT FÜR HOCHSCHULDIDAKTIK, Wien
sowie die von den hochschuldidaktischen Zentren und Hochschulforschungsinstituten publizierten Berichte.

BAETHGE, M. u. a.: Studium und Beruf. Freiburg 1986
BARGEL, T. u. a.: Studiensituation und studentische Orientierungen. Bad Honnef 1984
BECHER, T.: Towards a Definition of Disciplinary Cultures. In: Studies in Higher Education 6 (1981), S. 109–122
BECKER, E.: »Berufsorientierung«. Zur Kritik einer Reformforderung. In: HERZ, D. (Hrsg.): Praxisbezug im Studium. Hamburg 1975, S. 88–104
–/JUNGBLUT, G.: Strategien der Bildungsproduktion. Frankfurt 1972
–/RITSERT, J.: Der brüchige Diskurs der Hochschulforschung. In: ders. (Hrsg.): Reflexionsprobleme der Hochschulforschung. Weinheim 1983 (Blickpunkt Hochschuldidaktik 75), S. 26–75
BECKER, P.: Grundfragen des Prüfungsrechts. Diss. Marburg 1987
BERGER, W./KOTZMANN, E.: Neue Medien in Forschung und Lehre. In: Zeitschrift für Hochschuldidaktik 9 (1985), Sonderheft 11, S. 109–123
BERNSTEIN, B.: Klassifikation und Rahmung pädagogisch vermittelten Wissens. In: ders.: Beiträge zu einer Theorie des pädagogischen Prozesses. Frankfurt 1977, S. 125–161
BLK – BUND-LÄNDER-KOMMISSION FÜR BILDUNGSPLANUNG UND FORSCHUNGSFÖRDERUNG
BRANDT, D./SELL, R. (Hrsg.): Angewandte Hochschuldidaktik – Konzeption, Praxis, Bewertung. Weinheim 1984 (Blickpunkt Hochschuldidaktik 76)
BOURDIEU, P.: Homo academicus. Paris 1984 (Les Editions de Minuit)
BRUNCKHORST, H.: Systemreflexion oder doch noch eine »Idee« der Universität? In: Hochschulausbildung 4 (1986), Heft 3, S. 147–155
BÜLOW, M.: Akademikertätigkeit im Wandel. Frankfurt/M. 1984
BÜRMANN, J.: Gestaltpädagogik – ein Weg zu humanerem Lernen. In: SAUTER, F. (Hrsg.): Psychotherapie der Schule. München 1983
BUND-LÄNDER-KOMMISSION FÜR BILDUNGSPLANUNG UND FORSCHUNGSFÖRDERUNG (BLK): Modellversuche zu einzelnen Fragen der Hochschuldidaktik. Auswertungsbericht. Bonn/Köln 1982
CLEMENS, B. u. a. (Hrsg.): Töchter der Alma Mater. Frauen in der Berufs- und Hochschulforschung. Frankfurt 1986
DAHLGREN, L./PRAMLING, I.: Conceptions of knowledge, professionalism and contemporary problems in some professional academic subcultures. In: Studies in Higher Education 10 (1985), Heft 2, S. 163–174
DAS SOZIALE BILD DER STUDENTENSCHAFT IN DER BUNDESREPUBLIK DEUTSCHLAND. 11. Sozialerhebung des Deutschen Studentenwerkes (bearb. von W. ISSERSTEDT/M. LESZCZENSKY/K. SCHNITZER). Bonn 1986 (Studien Bildung Wissenschaft, hrsg. vom BUNDESMINISTER FÜR BILDUNG UND WISSENSCHAFT – BMBW, 42)
DAXNER, M.: Wozu Hochschuldidaktik? Ein nichtgehaltener altmodischer Vortrag. In: Hochschulausbildung 4 (1986), Heft 1, S. 17–27
DOEBERL, M./SCHEEL, O. u. a. (Hrsg.): Das akademische Deutschland. 5 Bde. Berlin 1930/31
FLECHSIG, K.-H.: Handlungsebene der Hochschuldidaktik. Hagen: Fernuniversität 1975 (ZIFF-Papiere 3)
FRAMHEIN, G./LANGER, J. (Hrsg.): Student und Studium im interkulturellen Vergleich. Student Worlds in Europe. Klagenfurt 1984
FRAUEN UND NATURWISSENSCHAFT. Themaheft. Zeitschrift für Hochschuldidaktik 7 (1983), Heft 4
FUNKE, A. (Hrsg.): Hochschulzugang und Probleme beim Studium von Arbeiterkindern. Düsseldorf: Hans-Böckler-Stiftung o. J. (1986)
– u. a.: Karrieren außer der Reihe. Köln 1986
GEIGER, TH.: Aufgabe und Stellung der Intelligenz in der Gesellschaft. Stuttgart 1949
GERSPACH, M.: Die letzten Reservate des selbstbestimmten Lernens. In: Hochschulausbildung 2 (1984), Heft 1, S. 19–32
HABERMAS, J.: Protestbewegung und Hochschulreform. Frankfurt 1969
HEGER, M.: Ergebnisse der Evaluation hochschuldidaktischer Aus- und Fortbildung. Aachen: Hochschuldidaktisches Zentrum der Rhein. Westf. Techn. Hochschule 1986 (Arbeitsberichte 20)
HENTIG, H. V.: Das Lehren der Wissenschaft. In: ders.: Spielraum und Ernstfall. Stuttgart 1969, S. 256–267
–: Wissenschaftsdidaktik. In: ders./HUBER, L./MÜLLER, P. (Hrsg.): Wissenschaftsdidaktik. Göttingen 1970 (Neue Sammlung, 5. Sonderheft), S. 13–40

–: Magier oder Magister? Über die Einheit der Wissenschaft im Verständigungsprozeß. Stuttgart 1972
–: Die Krise des Abiturs und eine Alternative. Stuttgart 1980
HERZ, D. (Hrsg.): Praxisbezug im Studium. Hamburg 1975
HOLTKAMP, R./TEICHLER, U. (Hrsg.): Berufstätigkeit von Hochschulabsolventen. Frankfurt 1983
HOMFELDT, H. G. u. a.: Student sein – Lehrer werden? Selbsterfahrung in Studium und Beruf. München 1983
HUBER, L.: Auch weiterhin: Studienreform! In: Hochschulausbildung 2 (1984), Heft 2, S. 79–92
–: Studiensituation heute und Wandel der Studentenrolle. Hamburg 1985a (Hochschuldidaktische Stichworte, hrsg. vom IZHD, Heft 19)
–: Lehren und studieren für die Zukunft. Oder: Die Zukunft der »Zukunft« an den Universitäten. In: Neue Sammlung 25 (1985b), Heft 1, S. 42–59
–: Sozialstation in der Hochschule. In: HURRELMANN, K./ULICH, D. (Hrsg.): Handbuch der Sozialisationsforschung. Weinheim ²1990
–/LIEBAU, E. u. a.: Fachcode und studentische Kultur. In: BECKER, E. (Hrsg.): Reflexionsprobleme der Hochschulforschung. Weinheim 1983, S. 144–170
JOAS, H.: Universität und Rationalität. Über Talcott Parsons Beitrag zur Soziologie der Universität. In: GROHS, G. u. a. (Hrsg.): Kulturelle Identität im Wandel. Festschrift für Dietrich Goldschmidt. Stuttgart 1980, S. 236–250
KAISER, M. u. a. (Hrsg.): Berufliche Verbleibsforschung in der Diskussion. Materialienband 3: Hochschulabsolventen beim Übergang in den Beruf. Nürnberg: Institut für Arbeitsmarkt und Berufsforschung 1985
KAMBARTEL, F.: Wissenschaftstheorie und Wissenschaftspraxis. In: WEINGART, P. (Hrsg.): Wissenschaftsforschung. Frankfurt 1975, S. 162–183
KLAFKI, W.: Die Bedeutung der klassischen Bildungstheorien für ein zeitgemäßes Konzept allgemeiner Bildung. In: Zeitschrift für Pädagogik 32 (1986), Heft 4, S. 455–476
KLÜVER, J.: Universität und Wissenschaftssystem. Frankfurt/M. 1983
KLUGE, N./NEUSEL, A.: Studienreform in den Ländern: Dokumentation und Vergleich von Studienreformverfahren. Bad Honnef 1984
KRÜGER, H. J./MACIEJEWSKI, F./STEINMANN, I.: Studentenprobleme. Psychosoziale und institutionelle Befunde. Frankfurt 1982
– u. a.: Studium und Krise. Frankfurt/M. 1986
KUCKUCK, P. (Hrsg.): Fachwissen allein reicht nicht. Über allgemeine Wissenschaften als Ergänzung der Fachausbildung an Hochschulen. Weinheim 1985
LEITNER, E.: Hochschulpädagogik. Frankfurt 1984
LENZEN, D. (Hrsg.): Enzyklopädie Erziehungswissenschaft. 10 Bde. Stuttgart 1983ff.
LEXIS, W. (Hrsg.): Die deutschen Universitäten. 2 Bde. Berlin 1893
LIEBAU, E./HUBER, L.: Die Kulturen der Fächer. In: Neue Sammlung 25 (1985), Heft 3, S. 314–339
LOHÖLTER, R.: Hochschuldidaktische Forschung zum Kleingruppenunterricht im Medizinstudium. In: Hochschulausbildung 2 (1984), Heft 3, S. 149–168
MOLLENHAUER, K.: Wissenschaft und Praxis – Vorbemerkungen zu einer Wissenschafts- und Hochschuldidaktik. In: ders.: Erziehung und Emanzipation. München 1968, S. 36–54
NEEF, W./HAMANN, M. (Hrsg.): Projektstudium in der Ausbildung von Ingenieuren, Wirtschafts- und Naturwissenschaftlern. Alsbach 1983 (Hochschuldidaktische Materialien, hrsg. von der ARBEITSGEMEINSCHAFT FÜR HOCHSCHULDIDAKTIK – AHD, M 1)
NEUSEL, A./TEICHLER, U. (Hrsg.): Hochschulentwicklung seit den sechziger Jahren. Weinheim/Basel 1986
NITSCH, W.: Hochschulentwicklung und soziale Bewegungen. In: NEUSEL, A./TEICHLER, U. (Hrsg.): Hochschulentwicklung seit den sechziger Jahren. Weinheim/Basel 1986, S. 347–404
– u. a.: Hochschule in der Demokratie. Berlin/Neuwied 1965
PARSONS, T./PLATT, G. M.: The American University. Cambridge, Mass. 1973
PAULSEN, F.: Die deutschen Universitäten und das Universitätsstudium. Berlin 1902 (Reprograph. Nachdruck, Hildesheim 1966)
–: Geschichte des gelehrten Unterrichts auf den deutschen Schulen und Universitäten vom Ausgang des Mittelalters bis zur Gegenwart. 2 Bde. Leipzig 1919 (unveränd. Nachdruck, Berlin 1965)

Peisert, H./Framhein, G.: Das Hochschulsystem in der Bundesrepublik Deutschland. Stuttgart ²1981
Prahl, H.-W.: In Einsamkeit und Freiheit am Bildschirm. Verändern neue Medien die Hochschulausbildung? In: Hochschulausbildung 4 (1986) Heft 2, S. 65–79
Rein, W. (Hrsg.): Enzyklopädisches Handbuch der Pädagogik (11 Bde. Langensalza 1895 ff.). 2. Aufl. Bd. 1–10, 1903–1910
Reissert, R./Birk, L.: Studienverlauf, Studienfinanzierung und Berufseintritt von Hochschulabsolventen und Studienabbrechern des Studienjahres 1979. Hannover: HIS GmbH 1982 (HIS-Hochschulplanung 41)
Rieck, W./Ritter, U. P.: Lernsituationen in der Hochschulausbildung. In: Huber, L. (Hrsg.): Ausbildung und Sozialisation in der Hochschule. (Enzyklopädie Erziehungswissenschaft. Bd. 10). Stuttgart 1983, S. 367–400
Ritter, U. P./Kühn, H. P. (Hrsg.): Higher Education by the year 2000. Frankfurt 1985
Schelsky, H.: Einsamkeit und Freiheit. Idee und Gestalt der deutschen Universität und ihrer Reformen. Reinbek 1963
Schmithals, F.: Die »Humboldtsche Universität« zwischen Idee und Wirklichkeit. Historische Zugänge zum Streit um den Praxisbezug des Studiums. In: Hochschulausbildung 3 (1985), Heft 4, S. 193–212
Schnitzer, K. u. a.: Probleme und Perspektiven des Ausländerstudiums in der Bundesrepublik Deutschland. Hannover 1986
Schratz, M. (Hrsg.): Ökologisches Lernen an der Universität. Didaktik im Spannungsfeld von Politik, Wissenschaft und Lebenswelt. Themaheft. Zeitschrift für Hochschuldidaktik 10 (1986), Nr. 2–3
Schülein, J. A.: Monster oder Freiraum? Texte zum Problemfeld Universität. Gießen 1979
–: Selbstbetroffenheit. Über Aneignung und Vermittlung sozialwissenschaftlicher Kompetenz. Gießen 1977
–: Theorie der Institution. Opladen 1987
Schulmeister, R.: Bedarf und Nachfrage nach Computerwissen für den Hochschulunterricht. Hamburg 1987 (Manuskript, Interdisz. Zentrum für Hochschuldidaktik)
Vogel, U.: Studienstrategien von Studenten. Biographische Analysen. Frankfurt 1986
Wagemann, C.-H.: Über das Ingenieur-Grundstudium. In: International Journal for Applied Engineering Education 2 (1986), S. 257–272
Webler, W.-D.: Externe Einflüsse auf die Hochschulen in der Bundesrepublik. Ms. Bielefeld 1985
–/Wildt, J.: Zur Konzeption einer Hochschuldidaktik als Ausbildungsforschung und wissenschaftlich fundierte Studienreform. In: dies. (Hrsg.): Wissenschaft – Studium – Beruf. Hamburg: Arbeitsgemeinschaft für Hochschuldidaktik – AHD 1979 (Blickpunkt Hochschuldidaktik, Heft 52), S. 1–26
Wildt, J.: Gewerkschaften und Studienreform. In: Köhler, G. (Hrsg.): Hochschule in der Demokratie, Demokratie in der Hochschule. Freiburg 1986, S. 125–131
Windisch, A./Nock, B.: Anregungen für die Übertragung der biographischen Forschung auf die Hochschule. In: Hochschulausbildung 3 (1985), Heft 2, S. 65–81
Wissenschaftsrat: Empfehlungen zur Struktur des Studiums. Köln 1986

Horst W. Opaschowski

Freizeit und Pädagogik

1 Handlungsfeld Freizeit

Noch nie hat es eine Generation gegeben, die mit so viel Geld, Bildung und Wohlstand aufgewachsen ist. Arbeit ist nur noch das halbe Leben. Wichtiger für die meisten Bundesbürger sind Familie, Freunde und Freizeit. Der Strukturwandel in der Arbeitswelt hat die Einstellung der Menschen zum Leben, insbesondere zum arbeitsfreien Teil des Lebens verändert:
- *Freizeit ist Eigenzeit.* Die Bundesbürger wünschen sich dreimal soviel Zeit für sich selbst, wie sie tatsächlich zur Verfügung haben. Sie wollen mehr Zeit zum Leben, mehr Zeit für persönliche Interessen und Freizeitbeschäftigungen.
- *Freizeit ist Bildungszeit.* Je weniger schöpferische Fähigkeiten im Arbeitsleben zur Geltung kommen, um so mehr wächst der Wunsch nach außerberuflicher Freizeitbildung. Mehr Freizeit läßt das Anspruchsniveau an die eigene Persönlichkeitsentwicklung und -bildung wachsen.
- *Freizeit ist Sozialzeit.* Jeder fünfte Bundesbürger engagiert sich in seiner Freizeit freiwillig für Natur und Umwelt, im sozialen Bereich, für Selbsthilfe und freie Initiativen.
- *Freizeit ist Arbeitszeit.* Um persönliche Betätigungs- und Bestätigungsmöglichkeiten in der Freizeit zu finden, die Spaß machen und Sinn haben, aber auch um den eigenen Lebensstandard zu erhalten, werden Formen freier Eigenarbeit praktiziert – Haus- und Heimarbeit, Do-it-yourself und Nachbarschaftshilfe, Nebentätigkeit und Zweitberuf.

2 Defizitäres Freizeitbewußtsein

Unter »Freizeitbewußtsein« ist das Wissen und Erkennen der individuellen und gesellschaftlichen Chancen und Probleme zu verstehen, die mit der Entwicklung der Freizeit verbunden sind. Zu einem freizeitbewußten Handeln gehört immer auch die reflektierte und kritische Auseinandersetzung mit den Möglichkeiten und Gefahren der Freizeitentwicklung.

Kennzeichen eines mangelnden Freizeitbewußtseins ist hingegen die einseitige Sichtweise der Freizeit als einer »rundum schönen Sache« und die gleichzeitige Verdrängung von Problemen und Konflikten (z. B. Sinnleere, Langeweile, Einsamkeit). Ebensowenig Freizeitbewußtsein beweisen beispielsweise Politiker, die Freizeit mit Freiheit und Selbstbestimmung gleichsetzen und lediglich das Private, das Zweckfreie und Spielerische der Freizeit betonen und die öffentliche Dimension, die ökonomische Nutzung oder den sozialen Verpflichtungscharakter der Freizeit verschweigen. Zum Charakter der Freizeit gehört immer beides: Privates und Öffentliches, Zweckfreies und Nützliches, Lebenswertes und Lebensproblematisches. Dieses *dialektische Problembewußtsein von Freizeit* ist bisher kaum verbreitet.

Bereits 1971 kritisierte der Verfasser offensichtliche Informations- und Problemdefizite im Freizeitbewußtsein der Bevölkerung:
- »Klare Vorstellungen über die Begriffe der ›freien Zeit‹ und der ›Freizeit‹ sind in der Mehrheit der Bevölkerung nicht vorhanden. So rational sie auch den beruflichen Teil ihres Lebens bewältigt – die Freizeit, die der eigenen Disposition und Wahlfreiheit unterliegen sollte, verläuft nur halb bewußt.
- Der hohe Wert der Entscheidungsfreiheit wird in aller Regel nicht genutzt, um so mehr wird die Freizeit von außen gesteuert. Ob die Verantwortlichen der Freizeitindustrie oder die Planer der Infrastruktur der Freizeit es wollen oder nicht – indem sie den Menschen Angebote machen, steuern sie ihr Freizeitverhalten.
- Das Freizeitbewußtsein der Bevölkerung hat nicht mit dem *Stand der Freizeitentwicklung* Schritt gehalten. Die Freizeit ›läuft den Bundesbürgern zwischen den Händen davon‹. Mangels Reflexion über die Freizeit gehen die meisten Menschen an ihren Möglichkeiten vorbei.
- Die große Masse der Bevölkerung ist nicht in der Lage, mit den vielfältigen Freizeitangeboten adäquat umzugehen und sie für sich individuell zu nutzen. Für die meisten ist das Fernsehen einstweilen das absolut überragende Freizeitangebot. Sie lassen ihr Freizeitleben von dem einen Medium ›erdrücken‹.« (OPASCHOWSKI 1971, S. 522f.)

An dem defizitären Freizeitbewußtsein hat sich bis heute nicht viel geändert, weil insbesondere Politik, Massenmedien und Bildungswesen einem weitgehend naiven Freizeitverständnis anhängen, wonach Freizeit dem freien Spiel der Kräfte überlassen werden könne, weil doch Freizeit »Privatsache« sei und »Freiheit bleiben« müsse. Infolgedessen wird bis heute das Freizeitbewußtsein mehr von Konsum, Werbung und Freizeitindustrie als von Information, Aufklärung oder Bildung geprägt.

3 Sozialisationsfeld Freizeit

Im außerfamiliären, außerschulischen und außerbetrieblichen Bereich vollziehen sich wichtige Sozialisationsprozesse, die über den engeren Freizeitbereich hinaus für das gesamte Leben bedeutsam sind. In der vom EMNID-Institut schon vor fünfzehn Jahren geführten Untersuchung zur Situation der deutschen Jugend im Bundesgebiet (EMNID 1975) wurde die Frage gestellt: »Wo erwirbt man eigentlich diejenigen Eigenschaften, die für das moderne, vielfältige Leben wichtig sind?« Dabei zeigte sich, daß beispielsweise Arbeiterjugendliche die Lebensbedeutung der Freizeit und des Umgangs mit Altersgenossen erheblich höher einschätzen (22%) als die der Familie (15%), des Berufslebens (12%) oder gar der Schule (0%!). Am höchsten wird von den Arbeiterjugendlichen (35%) wie auch vom Durchschnitt aller Jugendlichen (26%) die eigene Lebenserfahrung bewertet, die wiederum zu einem nicht geringen Teil außerhalb von Familie, Schule und Betrieb erworben wird.

In der Fachdiskussion ist die Frage nach den Anregern, Ideengebern oder gar »geheimen Verführern« für persönliche Freizeitbeschäftigungen von zentraler Bedeutung. »Wer hat Sie auf die Idee gebracht, dieses zu tun?« Die Antworten auf diese Frage fallen klar und eindeutig aus (OPASCHOWSKI 1987 a). Die meisten Beschäftigungen werden schon von früher Kindheit an ausgeübt. Drei Viertel (74%) verweisen auf die Macht der Gewohnheit. »Mache ich schon lange« heißt, die Beschäftigung ist zur

Gewohnheit, fast alltäglich geworden, wird beinahe schon immer ausgeübt. Lieblingsbeschäftigungen in der Freizeit sind in den seltensten Fällen von Modeströmungen abhängig. Zumeist werden sie schon lange praktiziert, so daß sie wie Essen und Schlafen zur »lieben Gewohnheit« geworden sind.

Impulse für neue Freizeitbeschäftigungen gehen von den Freunden (44%) oder der Familie (35%) aus. Ihre Wirksamkeit als Ideengeber ist verständlich, denn meist agieren sie selbst als Freizeitpartner – beim Wandern oder Radfahren, beim Tennis oder Skifahren. Sie wirken als tatkräftige Multiplikatoren: sie begeistern und regen an und sorgen zugleich dafür, daß aus der Freizeitidee eine Freizeitbeschäftigung wird.

Überraschend gering wird auf den ersten Blick der Einfluß der Medien (12%) eingeschätzt. Die Medien bereiten den Boden für Entscheidungen vor, die handlungsleitenden Anstöße zum Selbermachen aber gehen von Familie und Freunden aus. Die Medien betätigen sich als Inspiratoren, Freunde und Familie als Transporteure. Multiplikatoren sind sie alle. Das bedeutet: Freunde und Familien werden bewußt als persönliche Ideengeber wahrgenommen. Die Anregungen durch Medien werden eher unbewußt aufgenommen. Ihr tatsächlicher Wirkungsgrad ist wahrscheinlich größer, als die relativ geringe subjektive Einschätzung vermuten läßt (→ *Medien in Unterricht und Erziehung*).

Ähnliches mag für den Wirkungsgrad der Schule (10%) gelten. Allerdings gehört zum unmittelbaren Bildungsauftrag der Schule auch die konkrete Vorbereitung der Schüler auf den außerberuflichen Teil des Lebens. Die Schule müßte als direkter Initiator und nicht nur als geheimer Anreger wirken. Der DEUTSCHE AUSSCHUSS FÜR DAS ERZIEHUNGS- UND BILDUNGSWESEN hat seinerzeit die Einführung der Hauptschule mit der Begründung vorgeschlagen, sie solle nicht nur Unterrichtsanstalt sein, sondern »für das Leben in der schulfreien Zeit die Initiative der Jugendlichen anregen«. Außerdem solle ein 10. Schuljahr dazu beitragen, »daß die arbeitsfreie Zeit im späteren Leben tieferen Gehalt gewinnt« (DEUTSCHER AUSSCHUSS 1966, S. 354 und 383). Nach der subjektiven Einschätzung der Befragten sind Schulen bis heute bloße Unterrichtsanstalten geblieben. Nur jeder zehnte Bundesbürger meint, die Schule sei auch ganz persönlich eine Lernstätte für die Freizeit gewesen (→ *Schule als Lebensraum* ...).

Begreift man Sozialisation als einen Prozeß, in dem Kompetenzen für die Gestaltung des eigenen Lebens erworben werden, so ist die Bedeutung der Freizeit als Sozialisationsträger unverkennbar. Sozialisation findet wesentlich auch und gerade in der Freizeit statt. Der Hinterhof, das Wohngebiet, die Straße und das Fernsehen stellen ein der Schule vielfach überlegenes Lernfeld dar. In Freizeit und Freundeskreis werden soziale und kulturelle Kompetenzen erworben, die über die Eindimensionalität der Berufsvorbereitung und die arbeitsabhängigen Rekreations- und Kompensationsfunktionen hinaus existentielle Bedeutung haben. Kreatives Gestalten und spontanes Spielverhalten, Selbstbestimmung und Eigeninitiative aber lassen sich nicht nur auf die Freizeit beschränken: Handeln und Lernen vollziehen sich im Lebenszusammenhang von Familie, Schule (Betrieb) und Freizeit. Daher muß auch das schulische Lernen auf die Sozialisationserfahrungen in Familie und Freizeit bezogen sein und darf kein Eigenleben als isolierte »Schul«-Pädagogik führen, wenn eine Entfremdung des schulischen Lernens vom außerschulischen Handeln vermieden werden soll (→ *Schulpädagogik* ...). Umgekehrt muß auch eine in der Freizeit ansetzende Pädagogik (Freizeitpädagogik) verstärkt in das Schul- und Bildungssystem einbezogen werden, wenn die Chance der Freizeitsozialisation nicht zur Unchance der bloßen Freizeitkonsumtion werden soll. Freizeit als Feld schulischen und außerschulischen Lernens findet meist außerhalb von Institutionen und in unorganisierter, auf dem Prinzip der Freiwilligkeit basierender Form statt. Die Freizeit kann ein bedeutsamer Ansatzpunkt für soziales und kulturelles Lernen im Sinne »aktiven Lernens« werden. Aktives Lernen heißt »selber sprechen, selber experimentieren, selber erkunden, selber Situationen realisieren, selber tätig sein« (KRINGS 1974, S. A 54). Aktives Lernen eröffnet Raum für eigenes Handeln, ersetzt die traditionelle Verpflichtung zum Leistungsergebnis durch die Freiwilligkeit und Eigenmotivation zum selbstinitiierten Lernerlebnis.

4 Bildungsfaktor Freizeit

Bildung wird immer wichtiger. Gemeint ist Bildung für sich selbst, Persönlichkeitsbildung, freizeitkulturelle Weiterbildung (→ *Theorien der Bildung* . . .; → *Erwachsenenbildung und Weiterbildung*). In der persönlichen Wertehierarchie der Bundesbürger nimmt die Bildung mit 79 Prozent mittlerweile den vierten Rangplatz ein – noch vor dem Beruf (78%), der Kultur (60%), der Politik (49%) und der Religion (48%). Vor Bildung rangieren lediglich Familie (90%), Freunde (88%) und Freizeit (85%). Besonders hoch wird die Wichtigkeit der Bildung für das eigene Leben (84%) von der Generation der 20- bis 34jährigen eingeschätzt (B.A.T. FREIZEIT-FORSCHUNGSINSTITUT 1986).

Mit dem Lebenszyklus der Generationen verändern sich die Ansprüche an das Leben und damit auch die unterschiedlichen Gewichtungen von Arbeit, Freizeit und Bildung. Für die jüngere Generation geht zunächst einmal Freizeit über alles: Arbeit und Bildung sind ihr in der persönlichen Lebensbedeutung nachgeordnet. Im mittleren Alter von 30 bis 39 Jahren bewegen sich Arbeit, Freizeit und Bildung aufeinander zu. Die drei Lebensbereiche sind fast gleich wichtig. Zwischen 40 und 49 Jahren erreichen viele Arbeitnehmer den Höhepunkt ihres Berufslebens. Nur in dieser Lebensphase schätzen sie Arbeit vorübergehend höher als Freizeit oder Bildung ein. Ab 50 beginnt der heimliche Ausstieg aus dem Arbeitsleben, ab 60 ist die Arbeit nur mehr das halbe Leben. Bildung wird plötzlich wichtiger als Arbeit und Freizeit. Bildung bekommt wieder Eigenwert – als Persönlichkeitsbildung.

Bildung bleibt als *»life long learning«* ein lebenslanges Bedürfnis, das gerade im höheren Alter nach dem Berufsleben einen Bedeutungszuwachs erfährt (→ *Altenbildung*). Immer mehr Universitäten gehen dazu über, eine Art »studium generale« für Menschen in der nachberuflichen Lebensphase einzurichten, die als Frührentner oder Pensionäre wieder lernen wollen. In den USA haben etwa 7% der über 55jährigen Universitätskurse belegt; die Zahl steigt ständig an. Mit der Forderung des »life long learning« wird hier ernst gemacht. Vorhandene Kenntnisse werden aufgefrischt und neue Kenntnisse erworben. Im *»Dritten Bildungsweg«* geht es nicht in erster Linie um wissenschaftliche Abschlüsse. Allgemein- und Persönlichkeitsbildung sind gefragt, weshalb auch jeder Interessent – unabhängig von Schulabschluß oder Hochschulreife – teilnehmen kann. Die Erfahrung zeigt, daß vor allem Menschen des mittleren Bildungsstandes mobilisiert werden. Sie holen jetzt endlich das nach, was ihnen früher aus den verschiedensten Gründen (z. B. Kriegs-, Nachkriegszeit, Heirat, Kindererziehung) nicht möglich war. Dies gilt vor allem für Frauen, die doppelt so hoch vertreten sind wie die Männer.

Der Struktur- und Wertewandel, insbesondere die technologischen Veränderungen der Arbeitswelt, haben Auswirkungen auf das gesamte Bildungssystem (→ Sozialer Wandel; → Pädagogische Soziologie . . .). Die Bildungskonzepte der Zukunft werden gleichermaßen und gleichwertig berufs-, freizeit- und persönlichkeitsbezogen sein.

Schon heute deutet sich tendenziell eine Entwicklung an, bei der sich zu etwa einem Drittel Berufsbildung, Freizeitbildung und Persönlichkeitsbildung die Waage halten. Berufsbezogene Bildungsbedürfnisse bleiben nach wie vor außerordentlich wichtig, werden aber weniger dominant sein. Mit dem allgemeinen Zuwachs an Freizeit und Urlaub, die an Umfang und Bedeutung dem Berufsleben nahezu gleichkommen, entstehen Bildungsbedürfnisse, die in den letzten zwanzig bis dreißig Jahren weitgehend unberücksichtigt geblieben sind, weil sie in der Arbeitswelt auch kaum gefordert werden.

In dem Maße, in dem eigenschöpferische Fähigkeiten in der Arbeitswelt nicht mehr zur Geltung kommen können, wächst die Bedeutung außerberuflicher Bildung, die frei bleibt von materiellen Erwägungen und beruflichen Verwertungsabsichten und auch nicht an den Nachweis bestimmter Leistungen gebunden ist. Die außerberufliche Bildung in Form der Freizeit- und Persönlichkeitsbildung ist eine freiwillig motivierte und freizeitorientierte Bildung, die Kommunikation ermöglicht, eigene Interessen weckt und weiterentwickelt sowie die Teilnahme am kulturellen Leben erleichtert.

Zur Bildungseuphorie besteht dennoch kein Anlaß. Schon aus dem ersten Freizeitbericht der nordrhein-westfälischen Landesregierung, in dem die Ergebnisse einer INFAS-Repräsentativerhebung über solche Aktivitäten aufgeführt waren, die selten oder nie in der Freizeit ausgeübt werden, ging hervor: 84% der Bevölkerung widmen ihre Freizeitbeschäftigung selten oder nie der Weiterbildung.

Und bei einer weiteren aktuellen Repräsentativerhebung, bei der nach Aktivitäten gefragt wurde, die »in der letzten Woche und/oder am Wochenende« ausgeübt wurden, nannten nur 7% der Befragten »Mich persönlich weiterbilden«, aber 80% »Fernsehen« (OPASCHOWSKI 1990). Bezogen auf einzelne Bevölkerungsgruppen ergibt sich folgende Rangliste der Bildungsaktivitäten in der Freizeit:
1. Leitende Angestellte/höhere Beamte (17%)
2. Auszubildende (16%)
3. Schüler (15%)
4. Arbeitslose (12%)
5. Angestellte/Beamte (11%)
6. Arbeiter (4%)
7. Hausfrauen (3%).

Die Entdeckung der Freizeit als Feld außerberuflichen Lernens steht noch aus – im praktischen Tun jedes einzelnen, aber auch in den Zielsetzungen und Maßnahmen der Bildungspolitik selbst.

5 Bildungsdefizit Freizeit

Zwischen Anspruch und Wirklichkeit besteht noch eine große Kluft. In den nächsten zehn Jahren wird die Freizeit vermutlich zum großen seelisch-geistigen Problem. Das »Wie« der Beschäftigung in der Freizeit wird ebenso wichtig werden wie das »Wie« der Beschäftigung in der Arbeit. Der Umgang mit der Freizeit muß in Zukunft ebenso gelernt werden wie die Arbeit im Beruf. Eine Bildungsoffensive in Sachen Freizeit ist zwingend geboten, wenn psychische und soziale Folgen verhindert werden sollen. Pointiert: Fit für den Beruf, untauglich für die Freizeit – eine grobe Charakterisierung von etwa einem Drittel der Bevölkerung, die das Freizeitlernen nie gelernt hat.

Nach der MARPLAN/STERN-Untersuchung über Lebensziele der Deutschen bekunden von allen 31,8 Millionen 14- bis 54jährigen Bundesbürgern 64% sehr großes Interesse an Informationen über Freizeitgestaltung, Urlaub und Reisen. Dagegen sind nur 27% sehr stark an Fragen über Berufs- und Weiterbildung interessiert. Dies spiegelt ein deutliches *Informationsdefizit* in Fragen von Freizeit- und Urlaubsgestaltung wider. Von den 14- bis 17jährigen Jugendlichen wünschen sich sogar 91% mehr Informationen über Freizeit und Urlaub, von den 18- bis 24jährigen 76% (MARPLAN/STERN 1981, S. 196).

Die Repräsentativerhebung von PSYDATA/SHELL weist nach, daß 31% der Jugendlichen *nie ihre freie Zeit planen* und ihren Tagesablauf zeitlich einteilen. Zeit wird von ihnen sprichwörtlich »totgeschlagen« oder zerrinnt ihnen zwischen den Fingern (PSYDATA/SHELL 1981, S. 22). Im Hinblick auf eine veränderte Verteilung und Verkürzung der Lebensarbeitszeit wird das Planen, Einteilen und Gestalten von freier Zeit ebenso wichtig wie das Planen, Einteilen und Gestalten der Arbeitszeit im Beruf. Die traditionell als »freizeitrelevant« geltenden Schulfächer wie z. B. Sport, Musik oder Kunst vermitteln diese neue *Fähigkeit der Zeitsouveränität* kaum oder gar nicht. Eingebunden in ein System von Curricularisierung und Zensurengebung können sie allenfalls lehren, *was* man inhaltlich u. a. in der freien Zeit tun kann, geben aber kaum Anregungen, *wie* man die freie Zeit für sich persönlich am besten nutzen kann.

Es geht hier weder um eine bloße Thematisierung (z. B. über Freizeit reden) noch um eine Erweiterung des vorhandenen Fächerkanons (z. B. durch ein neues Schulfach). Als zukünftige Lernaufgabe der Schule kommt vielmehr die Vermittlung einer neuen Handlungskompetenz hinzu: das Erlernen und Einüben von Fähigkeiten, über die eigene Lebenszeit bzw. über den Zuwachs an freiverfügbarer Zeit selbständig verfügen und eigenverantwortlich damit umgehen zu können.

Aus heutiger Sicht kann nur nachdrücklich die Einheit von Wissens- und Verhaltensbildung beim Freizeitlernen betont werden. Dabei stellt die *Vermittlung notwendiger Grundkenntnisse* (»Grundwissen«) eine unverzichtbare Voraussetzung dar, wie sie z. B. geschieht durch
- die Behandlung medienpädagogischer Aspekte des Umgangs mit elektronischen Freizeitmedien (→ *Medien in Unterricht und Erziehung*),
- Erziehung zu natur- und umweltbewußtem Freizeitverhalten,
- Anregung und Anleitung zu handwerklicher und sozialer Freizeitarbeit (Do-it-yourself, Nachbarschaftshilfe, freiwilliges Engagement),
- gesundheitserzieherische Aspekte des Freizeitverhaltens,
- Verbraucherberatung und Konsumerziehung.

Parallel dazu aber muß sich Freizeitlernen wesentlich durch praktisches Tun vollziehen.

Freizeitlernen in der Schule kann nur ein Lernen mit mehr individueller Frei-Zeit der Schüler und mehr pädagogischem Frei-Raum der Lehrer sein,
– das Kreativität und vielseitige Interessen entwickelt,
– Selbständigkeit und Eigeninitiative einübt,
– Freude am learning by doing weckt und zu lebenslangem Lernen motiviert.

6 Freizeitorientierte Bildungsarbeit

Mit einer stärkeren Freizeitorientierung der Bildungsarbeit wird auch der Weg frei für ein neues Lernen, das nicht mehr nur eine Domäne des Kopfes ist. Das Herz, der ganze Körper lernt mit. Es ist ein Lernen von innen heraus mit mehr Atmosphäre und weniger Streß. Der 1979 vom CLUB OF ROME vorgelegte Lernbericht suchte nach Auswegen aus der gegenwärtigen Lernkrise. Für die Zukunft empfahl er die Erschließung und Auslotung der freien inneren Spielräume, die in uns selbst existieren, die allerdings als verborgene Kräfte erst geweckt, stimuliert und entwickelt werden müssen. Dazu gehören vor allem ungenutzte emotionale Fähigkeiten.

Das neue freizeitorientierte Lernen wird Gefühlsleere und Erlebnisarmut überwinden helfen. Lernen könnte wieder ein angstfreier und lustvoller Prozeß werden, der Körper, Geist und Seele zum »Reden« bringt. Aus der Meditationsforschung ist bekannt, daß sich Lernen und Konzentration optimal mit Ruhe und innerer Gelassenheit verbinden. Mit der Freizeitorientierung der Bildungsarbeit könnte wieder von innen heraus mit Weile und Muße gelernt werden. Für die Zukunft besteht durchaus die Chance einer Humanisierung der geistigen Arbeit, bei der Leben Lernen und Lernen Leben bedeutet und Persönlichkeitsbildung im Mittelpunkt steht (→ *Persönlichkeit von Lehrern und Schülern . . .*).

Bei der Persönlichkeitsbildung, die ihren tendenziellen Schwerpunkt im außer- und nachberuflichen Leben bekommt, werden
– das Entdecken eigener und die Entwicklung vielseitiger Interessen,
– die Befähigung zur Selbstbeschäftigung und Eigeninitiative sowie
– das Umgehenkönnen mit der Informationsfülle
wichtiger als die bloße Ansammlung von Wissen. »Wissen ist Stückwerk« (1. Kor. 13, 9), solange es nur die Anschauungsweise und nicht auch die Lebensweise verändert. Persönlichkeitsbildung und Lebensweise sind nicht voneinander zu trennen.

Die Persönlichkeitsbildung wird das Bindeglied zwischen Berufs- und Freizeitbildung sein. Eine gute Persönlichkeitsbildung ist immer auch eine gute Berufs- und Freizeitbildung: Kommunikationsfähig sein, Zuhören können, neue Ideen entwickeln, Probleme finden, analysieren und auf der Suche nach Lösungen neue Wege gehen, flexibel reagieren, praktisch denken und Anwendungsbezüge im Blick haben, gruppenfähig sein und sich konsensfähig verhalten – dies alles sind überfachliche Kompetenzen, die über Beruf und Freizeit hinaus für das gesamte Leben wichtig sind.

Neue Untersuchungsdaten zeigen, daß Probleme im Umgang mit freier Zeit (wenn also im subjektiven Empfinden »die Zeit so lang wird«) vor allem ein Ausdruck von Persönlichkeitsschwäche sind. Persönlichkeitsschwäche äußert sich danach in einem Mangel an Kontaktfreudigkeit, Aktivität, Heiterkeit, Aufgeschlossenheit und Selbstbewußtsein. Persönlichkeitsschwache Menschen sind oft unsicher, wie sie sich verhalten sollen, übernehmen ungern Verantwortung und rechnen bei dem, was sie machen, selten mit Erfolg (vgl. ALLENSBACH 1983).

Dabei zeigt sich, daß Persönlichkeitsschwäche weitgehend unabhängig von Schulbildung, Einkommen, Besitz und Schichtzugehörigkeit ist. Persönlichkeitsschwache Menschen sind in ihrer Freizeit weniger zu Mitarbeit in Parteien, Gewerkschaften oder Bürgerinitiativen bereit. Ebensowenig üben sie ein Amt in einem Verein oder einer Organisation aus. Jeder vierte Mann (25%) bzw. jede vierte Frau (24%) mit Persönlichkeitsstärke geben als bevorzugte Freizeitbeschäftigung an: »Mich weiterbilden, Kurse besuchen.« Männer und Frauen mit geringer Persönlichkeitsstärke erwähnen diesen Interessenbereich fast nie; persönlichkeitsschwache Menschen füllen ihre Freizeit deutlich mehr mit Fernsehen (76%) als persönlichkeitsstarke Menschen (64%). Umgekehrt bevorzugen persönlichkeitsstarke Menschen aktive und kommunikative Freizeitbeschäftigungen wie Sport treiben, Do-it-yourself, Lesen, Ausflüge, Freunde besuchen und Gäste zu Besuch haben.

7 Bildungsziel Selbständigkeit

Es besteht kein Zweifel, daß die Entwicklung der Persönlichkeitsstärke wesentlich durch den Erziehungsstil in Elternhaus und Schule und die Erfahrungen in Freundeskreis und Freizeitclique begünstigt oder verhindert wird. Wenn 68% der persönlichkeitsstarken Menschen angeben, schon frühzeitig von Kindheit und Jugend an zu großer Selbständigkeit erzogen worden zu sein (persönlichkeitsschwache: 31%), dann wird deutlich, daß sich Eigeninitiative nur sehr schwer im Erwachsenenalter nachträglich erlernen läßt.

Eine frühzeitige Erziehung zur Persönlichkeitsstärke durch systematisches Einüben von Persönlichkeitsbildung (Selbständigkeit, Selbstvertrauen, Offenheit, Kontaktfähigkeit, Lebensfreude u. a.) machen Langeweileprobleme im Umgang mit der Freizeit entbehrlich. Die genannten Erziehungsziele sind identisch mit den Persönlichkeitsmerkmalen, die auch für das Freizeitleben wichtig und unverzichtbar sind (vgl. OPASCHOWSKI/ RADDATZ 1982). Bei einer frühzeitigen Erziehung zur Selbständigkeit und Eigeninitiative kann man also auf eine spätere Freizeiterziehung oder gar Therapierung von Lageweileproblemen verzichten.

Wenn der Arbeitsgesellschaft die Arbeit ausgeht und ein Mehr an Freizeit (in welcher Form auch immer) für alle Bevölkerungsgruppen unausweichlich erscheint, müssen das »Zwangs«lernen in der Schule und die »abhängige« Beschäftigung in Ausbildung und Beruf qualitativ verändert werden, d. h. mehr Freiwilligkeitscharakter annehmen und mehr individuelle Dispositions- und Flexibilitätsspielräume vorsehen. Was man bisher in Schule und Beruf vor allem lernte, war abhängige Beschäftigung. Und was man von Fernsehen und Freizeitindustrie lernen konnte, war Passivität und Zeitvertreib. Die Einübung von Selbständigkeit und Eigeninitiative blieb der Familie oder dem Zufall überlassen.

In einer künftigen Gesellschaft, in der die Menschen mehr mit sich und ihrer freien Zeit etwas anfangen müssen, ist es nicht damit getan, wenn sie lernen, sich selbst zu ertragen und sich mit der eigenen Langeweile zu arrangieren. Über das subjektive Erleben hinaus bekommt Langeweile dann objektiven Charakter: die Gesellschaft als Ganzes ist betroffen. Die sozialpsychologische Betrachtungsweise der Langeweile wird notwendig um bildungspolitische Dimensionen erweitert werden müssen. In einer Gesellschaft ohne garantierte Vollbeschäftigung werden sich nur persönlichkeitsstarke Menschen behaupten können. Menschen also, die nicht resignieren, wenn sie nicht mehr gebraucht werden (z. B. Arbeitslose, Vorruheständler), sondern bereit und in der Lage sind, sich neue Lebensziele zu setzen und neue Lebensaufgaben, die Sinn haben und Spaß machen, zu übernehmen. Mehr als je zuvor werden menschliche Fähigkeiten gefordert sein. »Longlife-Learning« wird in Zukunft nicht mehr in erster Linie Berufsqualifizierung, sondern Horizonterweiterung, Persönlichkeitsentwicklung und Selbstverwirklichung sein. Arbeitszeitverkürzung, mehr frei disponible Lebenszeit und höhere Lebenserwartung bewirken, daß das lebenslange Lernen weniger auf den speziellen Job und mehr auf das private und öffentliche Leben ausgerichtet ist.

8 Sinnorientierungen des Freizeitverhaltens

Gerade in ihrer freien Zeit empfinden die Menschen das Defizit an Lebenssinn. Hier werden sie sich des Sinndefizits erst richtig bewußt, ja, es wird doppelt spürbar: Einerseits wird ihnen eingeredet, in der Freizeit sei alles möglich; andererseits fühlen sie sich von der öffentlichen Forderung nach »sinnvoller Freizeitgestaltung« überfordert. Was weitgehend fehlt, ist die persönliche Bereitschaft und Fähigkeit, einen *Gesamtlebenssinn* für sich zu finden, in dem die Sinngebung des Arbeitslebens und des Freizeitlebens gleichermaßen aufgehoben ist. Heute werden nicht unbedingt die großen Sinnstifter gesucht, sondern eher sinnstiftende Anlässe, Gelegenheiten und Aufgaben, damit Tun und Nicht-Tun in der Freizeit einen festen Grund, einen Ort, ein Ziel bekommen und auch die Fähigkeit wächst, den Struktur- und Wertewandel von Arbeit und Freizeit in einem neuen Verständnis anzunehmen.

Der Moraltheologe AUER hat bereits 1972 für ein neues »Ethos der Freizeit« plädiert und die Forderung erhoben, es müßte doch auch in unserer pluralen Gesellschaft möglich sein, für die Frage nach dem Sinn, für die es natürlich verschiedene Antworten gibt, eine gemeinsame »Vereinbarung« zu finden (vgl. AUER 1972, S. 44). Heute, gut ein Jahrzehnt später, sind wir auf der Suche nach einem Konsens des Sinnvollen in der Freizeit noch kein Stück weitergekommen.

Die Konsequenz: Sinn kann nicht einfach von außen gesetzt werden. Die Sinngebung wird in den Verantwortungsbereich des Individuums verlagert: jeder muß den Sinn für sein eigenes Tun oder Nicht-Tun selber finden, begründen und verantworten können. Zur eigenen Sinnfindung aber muß der einzelne auch bereit und fähig sein, um aus der Pluralität möglicher Sinnorientierungen eine individuelle Auswahl treffen zu können.

9 Freizeitpädagogische Ziele

Dies schließt nicht aus, vielmehr notwendig ein, daß Pädagogen am Sinnfindungsprozeß mitwirken sollen. Abgeleitet aus Freizeitbedürfnissen der Bevölkerung, bieten sich sechs pädagogisch begründbare Freizeit-»S« als Leitlinien für das Freizeitverhalten an:
– *Selbständig leben* und nicht wahl- und gedankenlos konsumieren. Sich Zeit für persönliche Bedürfnisse und Interessen nehmen, die eigene Persönlichkeit weiterent-

wickeln und an die Gesundheit und das eigene Wohlbefinden denken, aber auch Verantwortung für die Erhaltung und Sicherung der natürlichen und sozialen Umwelt tragen. Und die zur eigenen freien Verfügung stehende Zeit als persönliche Herausforderung und Lebensaufgabe für jeden einzelnen begreifen.

– *Selbst aktiv sein*, das eigene Phlegma, die Trägheit und Bequemlichkeit überwinden und Eigeninitiative entwickeln. Selber etwas machen und nicht nur darauf warten, daß andere etwas tun. Passivität durch Eigenaktivität (einschließlich innerer geistiger Aktivität) ersetzen, ohne Aktivität zu Aktionismus, Geschäftigkeit zu bloßer Betriebsamkeit werden zu lassen.
– *Soziale Kontakte finden*, mit Familie und Freunden zusammensein und gemeinsam mit anderen etwas tun und erleben, ohne Gemeinschaft und Gruppe gleich zum Zwang werden zu lassen oder nicht mehr in der Lage zu sein, auch mal allein zu sein. Die Angst vor Vereinsamung nicht durch die Flucht in Kontaktstreß ersetzen.
– *Spontan sein*, aber auch planen können. Sich vorübergehend von Alltagspflichten entlasten, ohne familiäre und soziale Verpflichtungen zu vernachlässigen. Frei von Reglementierung, Organisierung und Verplanung sein und offen für Neues, Ungeplantes und Überraschendes bleiben.
– *Spaß haben*, Vergnügen und Zerstreuung finden und genießen, solange dies nicht zum Mißvergnügen der anderen wird. Heiterkeit und Fröhlichkeit als Lebens- und Lustprinzip in der Freizeit suchen, ohne sich von organisierten Vergnügungen »einlullen« zu lassen. Ohne Schuldgefühl und schlechtes Gewissen Lust und Spaß haben in der Freizeit, solange dadurch nicht ungelöste Probleme und Konflikte verdeckt oder verdrängt werden sollen.
– *Sich entspannen* und ausruhen, Zeit für sich selber finden, faul sein und auch mal nichts tun – als Ausgleich und Kontrast zum Arbeitsalltag, zu Anforderung, Anstrengung und Belastung. Selbstbesinnung und innere Muße gleichen Hektik und Streß wieder aus.

10 Kompetenz der Freizeitpädagogik

Freizeitpädagogik ist eine Teildisziplin
– der Freizeitwissenschaft und
– der Erziehungswissenschaft.

Wer Freizeitpädagogik lehrt, muß für Freizeitwissenschaft genauso kompetent wie für Erziehungswissenschaft sein. Vereinzelte Zuordnungsversuche, Lehre und Forschung der Freizeitpädagogik in der Sozialpädagogik und Sozialarbeit oder in der Erwachsenenbildung und außerschulischen Jugendbildung anzusiedeln (→ *Sozialpädagogik und Heimerziehung;* → *Sozialpädagogen / Sozialarbeiter;* → *Erwachsenenbildung und Weiterbildung*), müssen ebenso naiv wie dilettantisch erscheinen. Die Entwicklung des Lebensbereichs Freizeit gehört (neben Arbeit, Umwelt, Frieden u. a.) zu den zentralen gesellschaftlichen Problemen und Aufgaben der Zukunft. Sie lassen sich nicht im Rahmen einer »Und-auch«-Pädagogik erledigen.

10.1 Interdisziplinäre Kompetenz

Die Behandlung von Fragen und Problemen der Freizeit ist eine gleichermaßen disziplinäre (= erziehungswissenschaftliche) wie disziplinübergreifende Aufgabe. Freizeitpädagogik ist auf Interdisziplinarität angewiesen. Freizeitpädagogik ist eine Integrationswissenschaft und der Freizeitpädagoge ein Integrationswissenschaftler. Wer Freizeitpädagogik lehrt, muß auch für Psychologie und Soziologie der Freizeit, Ökonomie und Ökologie der Freizeit, Urlaubs- und Tourismusforschung kompetent und ausgewiesen sein.

10.2 Prospektivische Kompetenz

Kompetenz in Freizeitpädagogik heißt auch, Vor- und Querdenker in gesellschaftlich zentralen Fragen zu sein und vorausschauen, also perspektivisch und prospektivisch denken und handeln zu können. Freizeit braucht Visionen, und Freizeitpädagogik braucht Visionäre. Das Nachdenken über die Frage, wie wir heute, morgen und übermorgen leben, ist ein Grundanliegen der Freizeitpädagogik. Dazu gehört die Fähigkeit, sich die Welt anders vorstellen zu können, als sie heute ist. Die gesellschaftliche Diskussion über die Zukunftsentwicklung von Arbeit und Freizeit wird wesentlich von den Ergebnissen der pädagogischen Freizeitforschung beeinflußt und geprägt.

10.3 Holistische Kompetenz

Mit der Freizeitpädagogik ist die Hoffnung, vielleicht sogar die »Revolution der Hoffnung« (FROMM) verbunden, die Spaltung der menschlichen Existenz in Arbeit und Freizeit tendenziell aufzuheben und zu einem ganzheitlichen Lebenskonzept zurückzufinden. Jahrhundertelang stellte der homo faber die solide psychische und soziale Grundlage unserer Existenz dar. Jetzt, wo die Erwerbsarbeit knapp wird, ist der homo faber in uns nicht mehr ausgelastet. Freizeitpädagogik muß sich um holistische Lebenskonzepte bemühen, die den »Mitmenschen dazu verhelfen können, ihre körperlichen, intellektuellen und geistigen Fähigkeiten zu entwickeln, ohne von Arbeit abhängig zu sein« (BERICHTE AN DEN CLUB OF ROME 1984, S. 13f.). Freizeitpädagogik sieht den Menschen als frei handelndes Wesen, das etwas aus sich macht, sich weiterentwickelt, und sich in der Tradition ROUSSEAUS und CONDORCETS fast unendlich vervollkommnen (»perfectibilité indéfinie«) kann. Im Mittelpunkt stehen immer der ganze Mensch und seine lebenslange Vervollkommnungsfähigkeit.

10.4 Didaktische Kompetenz

Freizeitpädagogisches Handeln findet zumeist in offenen Situationen statt. Schul- und unterrichtsbezogene Didaktiken müssen um einen eigenen freizeitdidaktischen Ansatz erweitert werden. Freizeitpädagogik hat ein spezifisches Methodenkonzept der *Animation* (= »Animative Didaktik«) entwickelt (OPASCHOWSKI 1973, 1976 und 1977), das inzwischen auch für die Erwachsenenbildung (SIEBERT 1979) (→ *Erwachsenenbildung und Weiterbildung* ...), Altenbildung (KNOPF 1981) (→ *Altenbildung*), Sozialpädagogik (KRÜGER 1982) (→ *Sozialpädagogik und Heimerziehung*) und Kulturpädagogik (GRÜNEISL/ZACHARIAS 1984) relevant geworden ist. Die didaktische Kompetenz der Freizeitpädagogik hat Grundlagencharakter und ist richtungweisend für pädagogisches Handeln in offenen Situationen und bei neuen Formen der Bildungsarbeit, die frei bleiben von Verwertungsabsichten, verbindlichen Leistungsansprüchen und Sanktionen. Mit Hilfe der didaktischen Kompetenz der Freizeitpädagogik kann außerschulische Bildung zur lustvollen Freizeitbeschäftigung werden.

Literatur

ALLENSBACH/Institut für Demoskopie: Persönlichkeitsstärke. Allensbach 1983
AUER, A.: Ethos der Freizeit. Düsseldorf 1972
B.A.T. FREIZEIT-FORSCHUNGSINSTITUT, Repräsentativerhebung »Was uns im Leben wichtig erscheint: Familie, Freunde, Freizeit« (Freizeitbrief). Hamburg April 1986
BERICHTE AN DEN CLUB OF ROME: Der Weg ins 21. Jahrhundert. Genf/Tokio 1984
CLUB OF ROME. BERICHT FÜR DIE ACHTZIGER JAHRE: Das menschliche Lernen. Zukunft und Lernen. Wien/München u. a. 1979
DEUTSCHER AUSSCHUSS FÜR DAS ERZIEHUNGS- UND BILDUNGSWESEN: Empfehlungen und Gutachten 1953–1965. Stuttgart 1966
EMNID: Jugend zwischen 13 und 24. Bielefeld 1975
GRÜNEISL, G./ZACHARIAS, W.: Umweltanimation durch historische Stadtspiele. In: Animation. Fachzeitschrift Freizeit 1 (1984), S. 12–23
INFAS/DATUM: Wohnumfeldbezogenes Freizeitverhalten (Schriftenreihe Landes- und Stadtentwicklungsforschung des Landes NRW). Dortmund 1983
KNOPF, D.: Animation als Leitkonzept im Modellprogramm »Weiterbildung älterer Menschen«. In: OPASCHOWSKI, H. W. (Hrsg.): Methoden der Animation – Praxisbeispiele. Bad Heilbrunn 1981, S. 192–203
KRINGS, H.: Der Lernort Studio und der Lernbereich Spiel und Gestalten. In: DEUTSCHER BILDUNGSRAT (Hrsg.): Empfehlungen der Bildungskommission: Zur Neuordnung der Sekundarstufe II. Bonn 1974
KRÜGER, G.: Offene Sozialpädagogik und freizeit-kulturelle Animation. Frankfurt/M. 1982
MARPLAN/STERN: Lebensziele. Hamburg 1983
NAHRSTEDT, W.: Freizeitpädagogik in der nachindustriellen Gesellschaft. 2 Bde. Neuwied/Darmstadt 1974
–: Freizeitberatung. Animation zur Emanzipation? Göttingen 1975
OPASCHOWSKI, H. W.: »Freizeitberater«. Plädoyer für ein neues Berufsbild. In: deutsche jugend 11 (1971), S. 521–529
–: Standortbestimmung der Freizeitpädagogik. In: Westermanns Pädagogische Beiträge 25 (1973), S. 679–689
–: Pädagogik der Freizeit. Grundlegung für Wissenschaft und Praxis. Bad Heilbrunn 1976
–: Freizeitpädagogik in der Schule. Aktives Lernen durch animative Didaktik. Bad Heilbrunn 1977
– (u. a.): 7 Stunden sind kein Tag ... Auswirkungen der 35-Stunden-Woche auf Arbeit, Freizeit, Kultur, Bildung und Partizipation. uni-workshop sfp 1. Hamburg 1978
–: Zukunftsperspektiven kommunaler Freizeitpolitik. In: Archiv des Badewesens 4 (1978), S. 163–166
–: Ohne Arbeit und Freizeit leben. Perspektiven für die Zukunft: Wunschtraum oder Alptraum? In: Animation Heft 1 (1982 a), S. 2–4
–: Hamburg 1992. Ein Tag wie jeder andere ... in: Animation Heft 4 (1982 b), S. 138–140
–: Arbeit. Freizeit. Lebenssinn? Orientierungen für eine Zukunft, die längst begonnen hat. Opladen 1983
–: Freizeit und Animation. In: SKIBA, E. G./WULF, CH./WÜNSCHE, K. (Hrsg.): Erziehung im Jugendalter. Sekundarstufe I. (Enzyklopädie Erziehungswissenschaft. Bd. 8). Stuttgart 1983, S. 103–118
–: Animation. In: OTTO, G./SCHULZ, W. (Hrsg.): Methoden und Medien der Erziehung und des Unterrichts. (Enzyklopädie Erziehungswissenschaft. Bd. 4). Stuttgart 1985, S. 372–374
–: Freizeit im Ruhestand. Hamburg 1984
–: Freizeit und Umwelt. Hamburg 1985
–: Konsum in der Freizeit. Zwischen Freisein und Anpassung (Bd. 7 der B.A.T. Schriftenreihe zur Freizeitforschung). Hamburg 1987 a

–: Wie leben wir nach dem Jahr 2000? Szenarien über die Zukunft von Arbeit und Freizeit. Hamburg 1987 b
–: Urlaub 86/87. Was Reiseziele bieten müssen. Hamburg 1987 c
–: Pädagogik und Didaktik der Freizeit (Bd. 1 der Freizeit- und Tourismusstudien). 2. Aufl. Opladen 1990
–: Psychologie und Soziologie (Bd. 2 der Freizeit- und Tourismusstudien). Opladen 1987 c
–: Herausforderung Freizeit. Perspektives für die 90er Jahre (Bd. 10) der B.A.T. Schriftenreihe zur Freizeitforschung). Hamburg 1990
–/Raddatz, G.: Freizeit im Wertewandel. Die neue Einstellung zu Arbeit und Freizeit (Bd. 4 der B.A.T. Schriftenreihe zur Freizeitforschung). Hamburg 1982
Psydata/Shell (Hrsg.): Jugend '81. Hamburg 1981
Siebert, H.: Animation in der Weiterbildung (Schriftenreihe Bildungsplanung 30). Emsdetten 1979

IV
Pädagogen und ihre Tätigkeitsfelder

Helmut Heid

Das Theorie-Praxis-Verhältnis in der Pädagogik

1 Vorbemerkungen

Die naheliegende Unterstellung, Theorie und Praxis stünden einander gegenüber, ist in dieser generellen Formulierung problematisch, und zwar aus anthropologischen Gründen, aus Gründen also, die mit den realen Bedingungen der Möglichkeit von Theorie und Praxis, nämlich der Natur und Kultur des Menschen (als dem Träger und Subjekt von Theorie und Praxis) gegeben sind: es gibt keine theorielose (menschliche) Praxis, und es gibt keine noch so spirituelle menschliche Aktivität, die nicht selbst menschliche und gesellschaftliche Praxis ist. Die Verselbständigung von zunächst nur gedanklich unterscheidbaren Aspekten sozialen Handelns zur »Theorie« versus »Praxis« ist zum einen Resultat einer historisch sich entwickelnden gesellschaftlichen Arbeitsteilung, in der sich eigene für »Theorie«, genauer: für Wissenschaft und »Praxis« als zuständig geltende gesellschaftliche Gruppen bzw. Sektoren mit je eigenen, durchaus divergierenden Handlungsnormen, -zwecken, -gegenständen und -inhalten herausgebildet haben. Zum anderen ist die Unterscheidung nur als Differenz zwischen Ebenen, Zwecken, Inhalten und Gegenständen menschlichen Handelns *gleicher Thematik* sinnvoll präzisierbar, beispielsweise (eigentlich schon viel zu grob) in bezug auf (schulisch organisierten) Unterricht. Inhalt der ungenau als »Theorie« bezeichneten Handlungen ist die Beobachtung, Beschreibung, Analyse des als Unterricht Vorgefundenen oder die Entwicklung und Programmierung des als Unterricht Geplanten oder zu Verwirklichenden, ohne daß der Theoretiker auf *jener Ebene*, mit gleichen Inhalten und gleichen Verfahren, die Gegenstand seiner Analyse sind, selbst unterrichtet. Auf *anderer Ebene* kann selbstverständlich auch der Theoretiker als solcher, also als Wissenschaftler, *selbst* unterrichten. Beispiel: Der Praktiker (Lehrer) unterrichtet »Deutsch«; der Theoretiker (Wissenschaftler) unterrichtet Ergebnisse der Erforschung erfolgreichen Unterrichtens im Unterrichtsfach »Deutsch«. Inhalt des als Praxis geltenden menschlichen Handelns ist die »Verarbeitung« oder »Verwendung« von (meistens verallgemeinerten) Ergebnissen als »Theorie« anerkannten Handelns zur Erfüllung von »praktischen«, also solchen Zwecken, die von der Gewinnung und Sicherung wissenschaftlichen Wissens und Könnens verschieden sind. Freilich kann man die Unterscheidung (der Ebenen) zwischen Theorie und Praxis radikalisieren und Theorie unabhängig von Subjekten der Theorieerzeugung als Abstraktum »Wissen«, Praxis dagegen als Konkretum »Handeln« definieren, opfert damit aber einige Möglichkeiten, Theorie und Praxis *real* in Beziehung zu setzen. Als zentrales Kriterium für die Beurteilung von Theorien gilt die Wahrheit von Aussagen; als zentrales Kriterium für die Beurteilung von Praxis gilt die Wirksamkeit von Handlungen.

Wieweit das Resultat einer wissenschaftlichen Analyse (nämlich eine wissenschaftliche Theorie), die einen bestimmten Typ praktischen Handelns und die ihm zugrundeliegenden Zusammenhänge zum Gegenstand hat, mit jener Theorie identisch oder vereinbar ist, sein muß oder sein kann, die die Identität dieses praktischen Handelns konstituiert, ist wohl nur empirisch entscheidbar; und wieweit zwischen beiden Sorten von Theorien eine Ableitungsbeziehung besteht, ist in zunehmendem Maße logisch und wissenschaftstheoretisch strittig (dazu u. a. DRERUP 1987) (→ *Wissenschaftstheorie*). Insofern haben Praxis und die ihr immanente Theorie eine gegenüber wissenschaftlicher Theorie unabhängige, eigene Dignität. Hinzu kommt, daß die »Beherrschung« einer wissenschaftlich zumindest haltbaren Theorie wahrscheinlich eine wichtige, nicht aber schon hinreichende Bedingung für das Gelingen einer dieser Theorie »entsprechenden« Praxis ist. Zum theoretischen Wissen (und zur theoretischen Kompetenz) muß ein praktisches Können hinzukommen, um praktische Kompetenz zu begründen.

Da die Entfremdung zwischen Theorie und Praxis in der »Pädagogik« anders als beispielsweise in Medizin, Jurisprudenz oder Theologie – aus hier nicht zu erörternden Gründen (dazu HERBART 1802/1986, S. 55 ff.; BECKMANN 1971, S. 184 ff.) –, besonders groß zu sein scheint, dürfte es zweckmäßig sein, besonderes Augenmerk auf einige Kategorien und Dimensionen der Zusammenhänge von Theorie und Praxis zu legen.

In systematischer Analyse lassen sich *vier Modalitäten eines Theorie-Praxis-Verhältnisses* unterscheiden, die in der Realität freilich eng miteinander verflochten sind:
– Jeder Praxis ist eine Theorie immanent;
– Wissenschaft und also auch Erziehungswissenschaft *ist* gesellschaftliche Praxis;
– pädagogische Praxis ist *Gegenstand* von Erziehungswissenschaft;
– die *Verbesserung* pädagogischer Praxis ist einer der Zwecke von Erziehungswissenschaft.

2 Jeder Praxis ist eine Theorie immanent

Es gibt keine theorielose Praxis (vgl. u. a. HERBART 1802/1986, S. 57; FLECK 1980, S. 54, 130 u. passim; POPPER ²1966, S. 31, 61 ff.; WENIGER o. J., S. 7 ff.; KLAFKI 1971, S. 177 f.). Die der Praxis immanente Theorie ist sogar das identitätsstiftende Element dieser Praxis. Wer handelt, tut dies zu einem bestimmten Zweck. Um sich (realistische) Zwecke praktischen Handelns setzen zu können, muß man zunächst über Theorien *möglicher* Zweckerfüllung verfügen. Denn es ist vernünftig, sich (nur) solche Zwecke zu setzen, für die (über aktuelle Handlungsbegrenzungen hinaus) eine prinzipielle Realisierungsmöglichkeit begründbar ist und für die es entscheidungszugängliche Alternativen gibt (MORITZ 1968). Bereits die Zweckbestimmung erfolgversprechender pädagogischer Praxis stellt also hohe Anforderungen an Umfang und Qualität bewährten Wissens. Nun besteht pädagogische Praxis aber nicht nur aus der Bestimmung und Rechtfertigung von Handlungszwecken. Hinzu kommen müssen Wahl und Einsatz jener Mittel, die geeignet erscheinen, gesetzte Zwecke unter gegebenen, zu verändernden oder zu schaffenden Bedingungen vorhersagbar zu erfüllen. Dazu ist wiederum umfangreiches und überprüftes Wissen darüber vorausgesetzt, welche Sachverhalte (Inhalte und Verfahren) überhaupt in Betracht kommen, definierten Zwecken unter bestimmten Bedingungen als Mittel zugeordnet zu werden. »Theorien« über die Eignung von Mitteln, festgesetzte Zwecke unter bestimmten Bedingungen zu erfüllen, erstrecken sich in der pädagogischen Praxis beispielsweise:
– auf die Relevanz und Funktion von Lernvoraussetzungen (Bildsamkeit) der Adressaten pädagogischen Handelns, also auf Annahmen, die in Theorien pädagogischer

Diagnostik ihren jeweils höchsten (theoretischen) Reifegrad erreicht haben (→ *Pädagogische Diagnostik* ...);
- auf die Ableitbarkeit, Begründbarkeit und auch Rechtmäßigkeit von Interventions- und Lernerfordernissen, also auf Ziele pädagogischer Intervention, auf Wesen und Würde der Interventionsadressaten, auf Rechte, Interessen und Bedürfnisse Lernender; auf Ansprüche der Gesellschaft usw. (→ *Didaktik und Curriculum / Lehrplan;* → *Werte und Normen in der Erziehung*);
- auf Gesetzmäßigkeiten erfolgreichen Lernens, also auf Informationen, die auf höchster Reflexionsstufe zu (alternativen) Lerntheorien ausgearbeitet worden sind (→ *Lernen und Lerntheorien*);
- auf die spezifische (Ziel-)Wirksamkeit bestimmter Inhalte und Verfahren unterrichtlicher Interventionen, wie sie beispielsweise zu Didaktik und Methodik pädagogischen oder unterrichtlichen Handelns ausgereift sind (→ *Fachdidaktik, Bereichsdidaktik, Stufendidaktik;* → *Methoden des Unterrichts*).

Das sind nur Beispiele für Theorieelemente, die jeder pädagogischen Praxis immanent sind. Durch solche Theorien wird die Rationalität planbaren und verantwortbaren Handelns allererst begründet (→ *Präskriptive Unterrichtswissenschaft* ...). In den Beispielen wurde bereits angedeutet, daß die der Praxis immanenten Theorien unterscheidbare Reifegrade besitzen können, und zwar

(a) nach dem Grad, in dem sich die Reflexion aus der Unmittelbarkeit und Besonderheit des Handlungszusammenhanges löst und verselbständigt und die Reflexionsergebnisse verallgemeinerbar sind,

(b) nach dem Grad, in dem das der Handlung zugrundeliegende Wissen überprüft, (vereinfacht:) also wahr bzw. richtig ist,

(c) nach dem Grad, in dem alle die pädagogische Praxis konstituierenden theoretischen Bestimmungen der in der Tradition der Pädagogik »begründeten« Dignität des Pädagogischen entsprechen oder Rechnung tragen.

– Der Zweckmäßigkeit, verschiedene »Reifegrade« pädagogischen Denkens und Wissens – also pädagogischer Theorien – in Stufen einzuteilen, wurde in der Vergangenheit einige Aufmerksamkeit gewidmet (vgl. z. B. WENIGER O. J. und KLAFKI 1964).

– Die einer Praxis immanenten Theorien können (wie die als Wissenschaft anerkannten Theorien) auch falsch sein. Eine »an sich« »funktionierende« Praxis ist noch kein Beweis für die Richtigkeit der diese Praxis konstituierenden, fundierenden, anleitenden und rechtfertigenden Theorien. Die Berufung auf praktische Erfahrung kann nicht per se Anspruch auf theoretische Dignität begründen, sie kann im Gegenteil eine Kompetenzerschleichung und Immunisierung gegen Kritik bezwecken. Die Feststellung, daß praxisimmanente Theorien auch falsch sein können, ändert nichts daran, daß Verhaltenselemente erst durch eine (wie auch immer zu bewertende) Theorie zu einem Handeln integriert werden. Damit aufgeworfene Probleme (beispielsweise der Möglichkeit, Kriterien für die Wahrheit insbesondere technologischer Aussagen unabhängig von Kriterien für den Erfolg einer »entsprechenden« Praxis zu bestimmen) stellen sich erst jenseits des elementaren Tatbestandes, daß es keine theorielose Praxis gibt.

– Ob und wieweit eine Theorie als »pädagogisch« anerkannt wird, ist nicht unabhängig von jener Grundposition beurteilbar, hinsichtlich deren »Pädagogik« in eine Vielzahl teils unvereinbarer Besonderungen zerfällt. Abstrakte Bestimmungen sind allenfalls geeignet, über diesen Tatbestand hinwegzutäuschen.

Das bisher Ausgeführte gilt für *jede* Praxis, also auch für jede Wissenschaft, sofern sie selbst als gesellschaftliche Praxis angesehen werden kann.

3 Erziehungswissenschaft ist gesellschaftliche Praxis

Wissenschaft ist Inhalt, Voraussetzung und Resultat menschlichen *Handelns*. Wissenschaftler sind konkrete Menschen, und der Wissenschaft gewidmete Organisationen (z. B. Forschungsinstitute) sind soziale Gebilde, die – so autonom sie auch sein mögen – alles andere als autark sind.

Wissenschaft kann als Entscheidungsprozeß charakterisiert werden, der die Produktion wissenschaftlicher Sätze bezweckt, beinhaltet oder zur Folge hat. Entschieden werden muß beispielsweise über Untersuchungsgegenstände, Begriffsbestimmungen, Fragestellungen, Untersuchungsziele, wissenschaftstheoretische und logische Regeln, über das forschungsmethodische Instrumentarium, über die Auswahl jedes Wortes, mit dem die aufgrund von Auswahlentscheidungen erhobenen Daten interpretiert und Interpretationen veröffentlicht werden (GEIGER 1953; BUNGE 1983, S. 165ff.). Alle wissenschaftstheoretischen, methodologischen und forschungsmethodischen Regeln (BREZINKA 1978, S. 98), Standards und Gütekriterien sind (konstruktive) Reaktionen auf die Tatsache, daß Forschung Menschenwerk ist. Im Falsifikationsprinzip wird aus der Not, daß der Mensch ein in vielfacher Hinsicht endliches und irrendes Wesen ist, eine methodologische Tugend gemacht. Und in den Annahmen über das Wesen des Subjektes der Wissensgewinnung, Wissensüberprüfung und Wissensverarbeitung sind zweifellos auch Vorstellungen darüber enthalten, was für ein Wesen dieses Subjekt des Wissens sein sollte. Das alles sind keine bloß forschungstechnischen und -methodischen Fragen, sondern Probleme immer auch der Dignität, des Geltungsmodus und nicht zuletzt der Relevanz wissenschaftlichen Wissens und Handelns. Die in diesem Zusammenhang häufig aufgeworfene, hier jedoch nicht zu erörternde Frage, ob die wissenschaftlichem Handeln vorausgesetzten und immanenten Entscheidungen mit dem Postulat einer werturteilsfreien (Erziehungs-)Wissenschaft vereinbar sind, ist damit keineswegs beantwortet, wie oft behauptet oder unterstellt wird (dazu ALBERT 1965; HABERMAS 1965; NAGEL 1971; ZECHA 1984; SPINNER 1985) (→ *Wissenschaftstheorie;* → *Forschungsmethoden der Erziehungswissenschaft*).

Die Praxis, die konkretes erziehungswissenschaftliches Handeln selbst ist, läßt sich nicht nur am Vollzug dieser Praxis demonstrieren, sondern auch an den Voraussetzungen und Wirkungen dieser Praxis. Die Ermöglichung von Wissenschaft und ihrer Institutionalisierung hängt von Entscheidungsprozessen ab, unter denen politische Prioritätensetzungen und ökonomische Mittelallokationen von herausragender Bedeutung sind. Politische und ökonomische Entscheidungen aber erfordern Entscheidungs*kriterien*, in denen *Interessen* und *Wertungen* zur Geltung kommen, durch die konkretes staatliches und ökonomisches Handeln immer und unvermeidbar charakterisiert ist. Der nicht nur viel, sondern auch stets zweckbestimmt und selektiv zitierte Artikel des Grundgesetzes, daß »... Wissenschaft, Forschung, Lehre ... frei« sind (GG 5,3), mag dazu benutzt werden, über die skizzierte Tatsache hinwegzutäuschen, auszuschließen oder auch nur zu kompensieren vermag er sie nicht. Im Gegenteil: der Freiheitsappell impliziert geradezu den Verweis auf den Entscheidungscharakter, durch den konkrete

Erziehungswissenschaft als gesellschaftliche Praxis bestimmt ist. KNORR-CETINA (1984) hat in einer wissenschaftssoziologischen Arbeit gezeigt, in welchem Maße die Entwicklung selbst naturwissenschaftlicher Grundlagenforschung von außerwissenschaftlichen Entscheidungen mit abhängt und durchsetzt ist.

Auch der Verwertungsgesichtspunkt ist bedeutsam: Erfahrungen der letzten Jahrzehnte haben besonders eindringlich »gelehrt«, daß ein Denken von den Neben- und Fernwirkungen wissenschaftlich ermöglichten, angeleiteten und vollzogenen Handelns her eine Überlebensnotwendigkeit zu werden beginnt. Dadurch werden jedoch nicht die wissenschaftlich unverzichtbaren Evaluationskriterien der Wahrheit oder Falschheit von Aussagen außer Kraft gesetzt, es wird lediglich die ohnehin stets zu entscheidende Frage nach der Relevanz (und darin wohl auch nach der Verantwortbarkeit) von konkreten Forschungsaktivitäten und nach der Verwertung von Forschungsergebnissen berührt. Alle diese Fragen verweisen nicht nur auf einen bestimmten Wissens- und Wertenshorizont wissenschaftlicher Reflexion, sondern auch auf ein bestimmtes Interesse (oder Desinteresse) an Menschen und an gesellschaftlichen Zuständen. Gefunden wird in der Regel nur das, was zuvor gesucht oder wenigstens als Möglichkeit in Betracht gezogen wurde. Die Feststellung, daß Wissenschaft von Menschen und für Menschen betrieben wird, ist nur so lange banal, wie die Implikationen und Konsequenzen der Vernachlässigung dessen nur unzureichend reflektiert, rational kontrolliert und vielleicht auch empirisch erforscht werden, was als »Entstehungszusammenhang« einerseits und »Verwendungszusammenhang« andererseits bezeichnet und vom Begründungszusammenhang wissenschaftlicher Aussagen getrennt zu werden pflegt. Ausgangspunkt der Gewinnung, Überprüfung und Konsolidierung methodisch kontrollierten Wissens sind menschliche Fragen. Deshalb hat die Ausarbeitung der Fragestellung einer Untersuchung eine so fundamentale Bedeutung in der Forschung. Selbst in dem Grenzfall, in dem eine unerwartete, also den aktuellen Fragehorizont überschreitende Entdeckung gemacht zu werden scheint, wird eben eine Entdeckung *gemacht*, und zwar in dem Maße und Sinne, in dem sie auf eine andere, neue, weiterführende Frage beziehbar ist. In der Frage wird das bereits vorhandene Wissen zur Rechenschaft gezogen und zur Diskussion gestellt. Die Frage verweist zugleich auf jene Subjektivität menschlichen Wissens und Wissenserwerbs, die der Objektivität dieses Wissens wieder hinzugedacht zu werden verdient. Nicht umsonst sind wissenschaftliche Leistungen um so mehr mit dem Namen dessen verbunden, dem sie zu verdanken sind, je *objektiv* bedeutender sie (zugleich) sind; sie tragen sogar gelegentlich dessen Namen (dazu u. a. WEBER 1919/²1951, S. 573) (→ *Forschungsmethoden der Erziehungswissenschaft*). Damit ist schon einiges über die Wechselbeziehung angesprochen, die zwischen derjenigen Praxis besteht, die die Erziehungswissenschaft selbst *ist*, und jener davon unterscheidbaren Praxis, die die Erziehungswissenschaft zu ihrem Gegenstand hat.

4 Praxis als Gegenstand von Erziehungswissenschaft

Praxis als Gegenstand von Erziehungswissenschaft ist der vertraute, scheinbar unproblematische Modus eines Theorie-Praxis-Verhältnisses. Dieser Schein trügt. Bereits die Bestimmung des Gegenstandes erziehungswissenschaftlicher Aktivitäten ist nicht unabhängig von jener Orientierung, durch die das wissenschaftliche Handeln als gesellschaftliche Praxis gekennzeichnet ist: Die Bestimmung dessen, was Erziehung »ist«, enthält stets auch eine Entscheidung darüber, was Erziehung sein soll. Das beginnt bei der Definition der für eine Untersuchung zentralen Begriffe. Definitionen sind Bestimmungsleistungen, Vereinbarungen, Regelungen für die Verwendung von Sprache. Die Beantwortung der Frage, durch welche Merkmale eine menschliche Handlung als Erziehung oder Bildung zu kennzeichnen ist, erfordert eine Entscheidung. Wodurch ist eine Wirkung oder eine Intention menschlichen Handelns als »erzieherisch« oder »pädagogisch« bestimmt? Wie grenzt man Erziehung beispielsweise von Sozialisation oder Manipulation oder Indoktrination ab? Diese Fragen verdeutlichen, daß Erziehungswissenschaft den Gegenstand ihres Handelns nicht einfach (in einem naiv-empiristischen Sinne) vorfindet. Sie ist – wie indirekt auch immer – an der Konstitution dieses Gegenstandes wesentlich und mit praktischen Konsequenzen beteiligt.

Erziehungswissenschaft gehört zu den (ein wenig mißverständlich so genannten) praktischen Wissenschaften. Die ihr inhärenten Entscheidungen – darunter auch die methodologischen – sind Moment einer Wechselbeziehung zwischen jener gesellschaftlichen Praxis, die Gegenstand der Erziehungswissenschaft ist, und der davon unterscheidbaren gesellschaftlichen Praxis, die wir als »konkrete Erziehungswissenschaft« bezeichnen können und deren Zweck die Analyse und die Anleitung der von ihr untersuchten Praxis ist. Unter dem Gesichtspunkt des Theorie-Praxis-Verhältnisses ist vor allem für die Erziehungswissenschaft besonders bemerkenswert und wichtig, daß das in die Praxis eingehende, in der Praxis konkretisierte und konsolidierte (wissenschaftlich kontrollierte) Wissen (in einem Rückkopplungsprozeß) den Gegenstand von Erziehungswissenschaft bestimmt und verändert. An einer Fülle von Beispielen aus der empirischen Forschung ließe sich zeigen, wie wissenschaftlich produziertes und kontrolliertes Wissen beispielsweise das Wissen (Alltagstheorien) derer beeinflußt, von deren Interpretationen die Bedeutung und die Wirkung erziehungspraktischer Interventionen oft ausschlaggebend abhängen und durch die der Gegenstand von Erziehungswissenschaft, nämlich die Erziehungspraxis, bestimmt wird. Subjekte dieser praktischen Informationsverarbeitung sind nicht nur Erziehungspraktiker (Lehrer), sondern auch Adressaten von Erziehungspraktikern (Schüler). Dazu ein Beispiel: Wie Lob und Tadel auf die damit bezweckte Modifikation der Verhaltensdisposition *tatsächlich* sich auswirken, hängt von der material durch Wissen fundierten Fähigkeit der Adressaten ab, Lob und Tadel als Indikatoren für Informationen zu analysieren, die für ihr Selbstbild bedeutsam sind (HOFER 1985).

Ein ganz anderer Aspekt des Theorie-Praxis-Verhältnisses ist mit der Frage angesprochen, ob Erziehungswissenschaft eher eine Affirmation der vorgefundenen Praxis bezweckt oder bewirkt oder ob sie eine Analyse leistet, die in der Tradition der Aufklärung eher eine kritische Funktion besitzt. Kritisch in diesem Sinne ist ein Befund nicht, wenn er Vorgefundenes negiert, ablehnt oder negativ bewertet, sondern wenn er Irrtümer oder borniert Unterstellungen und Annahmen über Vorgefundenes aufklärt, also Vorgefundenes gerade nicht negiert, sondern zur Kenntnis nimmt, wie es ist, wie es geworden ist, wovon es abhängt und (vor allem in einer »praktischen« Wissenschaft wie der Pädagogik) welche Stellungnahmen und Veränderungen es zuläßt bzw. nicht ausschließt (dazu u. a. BENNER 1980, S. 488 ff.) (→ *Systematische Pädagogik* ...; → *Wissenschaftstheorie*).

Als »affirmativ« ist eine Wissenschaft anzusehen, in der es nicht (in erster Linie) darum geht, wie gut ein Aussagensystem (wissenschaftlich anerkannte und bewährte) Prüfungsverfahren überstanden hat und unter welchen Voraussetzungen und mit welchen Einschränkungen es Geltung beanspruchen kann, sondern, wie gut es sich unabhängig davon eignet, eine jeweils herrschende oder erstrebte gesellschaftliche Praxis direkt oder (wohl häufiger) indirekt zu legitimieren. Keineswegs nur die diesbezüglich oft verdächtigte Empirie ist in Gefahr, anwendungsbedeutsames Wissen zu liefern, das die faktischen Bedingungen seiner Geltung als unabänderlich und/oder legitim erscheinen läßt und damit die bloße Effektivierung dessen begünstigt, was ohnehin unter jeweiligen historischen und gesellschaftlichen Voraussetzungen – wie fragwürdig auch immer – geschieht.

5 Die Verbesserung pädagogischer Praxis ist einer der Zwecke von Erziehungswissenschaft

Unabhängig von der nur empirisch entscheidbaren Frage, zu welchem Zweck Erziehungswissenschaftler jeweils Erziehungswissenschaft treiben, gehen in der mit logischen und wissenschaftstheoretischen Argumenten geführten Diskussion die Auffassungen darüber auseinander, auf welche Weise Erziehungswissenschaft jener Erziehungspraxis zu dienen vermag, über die sie (erklärende und prognostizierende) Aussagen formuliert. Während u. a. noch POPPER (1964, S. 96) die (technologische) »Anwendbarkeit« von Erklärungen (und Prognosededuktionen) als eine Sache logischer Transformation ansah (ZECHA 1984, S. 39–49), gehört beispielsweise BUNGE zu den Wortführern derer, die diese Möglichkeit bestreiten, wobei logische und wissenschaftstheoretische Argumente mit Annahmen über die Zweckmäßigkeit und Gepflogenheit der »Anwendung« von wissenschaftlichen Theorien auf eine noch genauer zu erklärende Weise vermischt zu werden scheinen. So bekräftigt BUNGE (1983, S. 173) seine Behauptung, daß »der Technologe (sich) nicht immer für die Wahrheit der Propositionen« interessieren wird, mit der These: »Das ist zwangsläufig so ...« Nach Vermittlungsvorschlägen u. a. von HERRMANN (1979: »Theoretisches Hintergrundwissen«) und WESTMEYER (1979: »bedingte Wahrscheinlichkeitsaussagen«) wirft BECK (1981, S. 86 ff.) die Frage auf, ob es wissenschaftslogisch erlaubt und erforderlich sei, zur Bewältigung methodologischer und praktischer Probleme das Wahrheitskriterium zugunsten eines Effektivitätskriteriums aufzugeben oder auch nur zu relativieren. Wissenschaftliche Erklärungen mögen unzureichende Voraussetzungen für die logische »Ableitung« von Handlungsanweisungen sein (DRERUP 1987); ihre Unentbehrlichkeit für die Begründung rationalen Handelns dürfte jedoch außer Zweifel stehen (→ *Wissenschaftstheorie*). Mit dieser Fragestellung schließt sich der Kreis der Überlegungen, in dem davon ausgegangen wurde, daß jeder Praxis eine Theorie immanent ist.

Einige Anmerkungen über den Zusammenhang der unterschiedenen Modalitäten eines Theorie-Praxis-Verhältnisses sollen die bisherigen Überlegungen abrunden: Erziehungswissenschaft hat es mit drei Stufen von Praxis zu tun, die zwar nicht in einem formallogischen Ableitungsverhältnis, jedoch – obwohl die Praxis jeder Stufe ihre eigene Dignität besitzt! – in einem *Konstitutionszusammenhang* stehen. Diese Stufen, die nicht als semantische Stufen (im Sinne TARSKIS) angesehen werden können, sind nach relativ

selbständigen Sektoren gesellschaftlichen Handelns gebildet. Die gewählte Abfolge ist beliebig:
- Die Praxis *erster Stufe* repräsentiert die Erziehungswissenschaft selbst.
- Die Praxis *zweiter Stufe* ist nicht mehr Inhalt, sondern Gegenstand und möglicher Zweck erziehungswissenschaftlichen Handelns. Es ist jene Praxis, auf die der unmittelbare Adressat erziehungswissenschaftlichen Handelns, beispielsweise der Lehramtsstudent als angehender Lehrer, vorbereitet werden soll: die Praxis kompetenten und verantwortlichen Lehrens.
- Als Praxis *dritter Stufe* schließlich ist jene Wirklichkeit anzusehen, auf die der Pädagogikstudent nach erfolgreichem Abschluß seines Studiums die Adressaten seines erziehungspraktischen (unterrichtlichen) Handelns, beispielsweise die Schüler, vorbereiten soll: die alltägliche gesellschaftliche und berufliche Praxis.

Es ist für erziehungswissenschaftliche Fragestellungen unter vielen Gesichtspunkten keineswegs belanglos zu klären, worin das (sachlich richtige und sittlich gute) Handeln besteht bzw. bestehen soll, zu dem jene Schüler zu befähigen sind, die von den dereinstigen Absolventen der Lehramtsstudiengänge kompetent unterrichtet werden sollen. Die Frage danach, wie sich begründen läßt, was als sachlich richtiges und sittlich gutes Handeln anerkannt wird, stellt sich jedoch auf jeder der unterschiedenen Stufen der Praxis anders und dennoch nie unabhängig davon, was daraus für die anderen Stufen jeweils folgt. Konkreter und beispielhaft: Es ist nicht so, daß Pädagogik als Wissenschaft ein für allemal bestimmen müßte, was sachlich richtiges und sittlich gutes Handeln (in jeweiligen Handlungsbereichen oder Situationstypen) ist, um das dann bis in die Praxis des Unterrichts hinein durchzusetzen. Vielmehr kann (und soll) der Pädagoge als Wissenschaftler sich das Ziel setzen, seine Studenten nicht festzulegen, sondern zu befähigen, als spätere Lehrer der selbstverantwortlichen Entscheidung von Schülern nicht vorzugreifen, sondern diese Schüler ihrerseits zu befähigen, sich an der Bestimmung und an der Verwirklichung dessen verantwortlich zu beteiligen, was ein jeweils »sachlich richtiges und sittlich gutes Handeln« genannt zu werden verdient (→ *Lehrer/ Lehrerin;* → *Erziehen und Unterrichten als Beruf*). Man kann sich also der als typisch pädagogisch geltenden Neigung enthalten, Menschen auf ein inhaltliches Ziel guten Handelns zu verpflichten, und statt dessen sich selbst und die Adressaten seines Handelns verpflichten, an der Herstellung von Verhältnissen mitzuwirken, in denen alle Beteiligten möglichst weitgehend selbst zur Bestimmung des für sie guten Handelns beitragen können (vgl. auch HEID 1979). Insofern kann man sich darum bemühen, die Adressaten von Wissen auf allen Stufen der Wissensverarbeitung von jener »Vermittlung von Wahrheiten« zu verschonen, durch die nicht zugleich die Fähigkeit freigesetzt wird, zur Einlösung des Wahrheitsanspruchs einen je eigenen, kritischen und produktiven Beitrag zu leisten.

Literatur

ALBERT, H.: Wertfreiheit als methodisches Prinzip (1963). In: TOPITSCH, E. (Hrsg.): Logik der Sozialwissenschaften. Köln 1965, S. 181–210
BECK, K.: Leistungsmöglichkeiten sozialwissenschaftlicher Theorien. In: KRAPP, A./HEILAND, A. (Hrsg.): Theorieanwendung und rationales Handeln. Braunschweig 1981, S. 86–112

Beckmann, H.-K.: Das Verhältnis von Theorie und Praxis im engeren Sinne. In: Klafki, W./ Rüderem, G. M. u. a.: Funk-Kolleg Erziehungswissenschaft Bd. 3. Frankfurt/M. 1971, S. 184–202
Benner, D.: Das Theorie-Praxis-Problem in der Erziehungswissenschaft und die Frage nach Prinzipien pädagogischen Denkens und Handelns. In: Zeitschrift für Pädagogik 26 (1980), S. 485–497
Brezinka, W.: Metatheorie der Erziehung. München/Basel 1978
Bunge, M.: Epistemologie. Mannheim/Wien/Zürich 1983
Drerup, H.: Wissenschaftliche Erkenntnis und gesellschaftliche Praxis. Weinheim 1987
Fleck, L.: Entstehung und Entwicklung einer wissenschaftlichen Tatsache. Einführung in die Lehre vom Denkstil und Denkkollektiv (1935). Frankfurt/M. 1980
Geiger, Th.: Ideologie und Wahrheit. Wien 1953
Habermas, J.: Erkenntnis und Interesse. In: Merkur H. 213 (1965), S. 1139–1153
Heid, H.: Kritische Anmerkungen zu Einwänden gegen die Forderung, Ziele erzieherischen Handelns zu operationalisieren. In: Vierteljahrsschrift für Wissenschaftliche Pädagogik 55 (1979, Heft 4), S. 399–419
Herbart, J.: Die erste Vorlesung über Pädagogik (1802). In: ders.: Systematische Pädagogik, eingeleitet, ausgewählt und interpretiert v. Benner, D., Stuttgart 1986, S. 55–58
Herrmann, T.: Psychologie als Problem. Stuttgart 1979
Hofer, M.: Zu den Wirkungen von Lob und Tadel. In: Bildung und Erziehung 38 (1985), S. 415–427
Klafki, W.: Die Stufen des pädagogischen Denkens (1954). In: Röhrs, H. (Hrsg.): Erziehungswissenschaft und Erziehungswirklichkeit. Frankfurt/M. 1964, S. 145–176
–: Erziehungswissenschaft – Theorie einer Praxis. In: ders. u. a.: Funkkolleg Erziehungswissenschaft. Bd. 3. Frankfurt/M. 1971, S. 175–183
Knorr-Cetina, K.: Die Fabrikation von Erkenntnis. Zur Anthropologie der Naturwissenschaft. Frankfurt/M. 1984
Moritz, M.: Über Normen zweiten Grades. In: Ratio 10 (1968), S. 81–93
Nagel, E.: Der Einfluß von Wertorientierungen auf die Sozialforschung (1961). In: Albert, H./ Topitsch, E. (Hrsg.): Werturteilsstreit. Darmstadt 1971, S. 237–260
Popper, K. R.: Logik der Forschung (1934). Tübingen ²1966
–: Naturgesetze und theoretische Systeme (1949). In: Albert, H. (Hrsg.): Theorie und Realität. Tübingen 1964, S. 87–102
Spinner, H. F.: Das »wissenschaftliche Ethos« als Sonderethik des Wissens. Tübingen 1985
Waitz, Th.: Allgemeine Pädagogik (1852). 2., verm. Aufl. hrsg. v. O. Willmann. Braunschweig ²1875
Weber, M.: Wissenschaft als Beruf (1919). In: ders.: Gesammelte Aufsätze zur Wissenschaftslehre. Tübingen ²1951, S. 566f.
Weniger, E.: Theorie und Praxis in der Erziehung (1929). In: ders.: Die Eigenständigkeit der Erziehung in Theorie und Praxis. Weinheim o. J., S. 597
Westmeyer, H.: Die rationale Rekonstruktion einiger Aspekte psychologischer Praxis. In: Albert, H./Stapf, K. H. (Hrsg.): Theorie und Erfahrung. Stuttgart 1979, S. 139–161
Zecha, G.: Für und wider die Wertfreiheit der Erziehungswissenschaft. München/Paderborn 1984

Rudolf W. Keck

Erziehen und Unterrichten als Beruf

1 Begrifflich-systematische Ausgangspunkte. Identifikation von Erziehen und Unterrichten in der erziehungswissenschaftlichen Theoriebildung

Die Entfaltung der pädagogischen Profession ist eng verknüpft mit der systematisch-pädagogischen Fragestellung nach den »Grundfunktionen der Erziehung« oder nach der Ziel- und Sinnspannung des pädagogischen Handelns (→ *Schulpädagogik;* → *Unterricht und Erziehung in der Schule*).

1.1 Begrifflich-systematische Explikation
Die Entwürfe für das Verständnis von Erziehung und Unterricht sind unterschiedlicher Provenienz, sie sind, allgemein gesagt, am Material- oder Formalobjekt der Erziehung festgemachte Funktionsbestimmungen (→ *Theorien der Erziehung . . .;* → *Unterrichtstheorien . . .*).

Unter der Bestimmung des *Materialobjekts* resultieren sie aus der Entfaltung des pädagogischen Handelns am Erziehungsobjekt, dem Zu-Erziehenden, und seinen zu entwickelnden Verhaltensdimensionen, aus denen physisch-biologische, intellektuelle, ästhetische und moralische Funktionen für die pädagogische Profession abgeleitet werden. Ein anderer Gliederungsversuch ergibt sich aus der strukturtheoretisch konstruierten Beziehung des Zu-Erziehenden mit der Kultur- und Wertwelt; unter dieser Rücksicht wird vor allem von »Bildung« gesprochen aus der Sicht der »Grundrichtungen des objektiven Geistes« und dem Geltendwerden ihrer Werte im Individuum, so Spranger (1914, S. 413–522) in seiner Bestimmung von sechs »Lebensformen« (die theoretische, ökonomische, ästhetische, gesellschaftliche, politische und religiöse), denen entsprechende Aufgaben der »Bildung« korrespondieren (→ *Theorien der Bildung . . .*). Nimmt man das *Formalprinzip* der Erziehung in den Blick, so gilt grundsätzlich: Je nachdem, wie ich das Gesamtziel der Erziehung in Teilziele zerlege, können entsprechend funktionale Segmente (Teilfunktionen) bestimmt werden. Ausgehend von der klassisch-anthropologischen Vermessung menschlicher Existenz in drei Seelenteile (Vernunft-, Begierde- und Willensseele), dem Ternar: Erkennen, Fühlen und Handeln, die seit Platon und Aristoteles zur Grundorientierung abendländischen Denkens gehören, sind die folgenden pädagogischen Aufgaben normbildend: J. F. Herbart (1776–1841) benennt sie mit Regierung, Unterricht, Zucht (Herbart 1889, VI, S. 18 ff.) und O. Willmann (1839–1920) mit Fürsorge, Führung und Bildung (Willmann 1908, S. 1 ff.).

Erzieherische und unterrichtliche Akte gelten als am Erziehungsziel, der Bildung, festgemachte Funktionen; ihre Trennung und Identifikation gelingt nur unbefriedigend: Erziehung gilt als Oberbegriff aller »zwischenmenschlichen Einwirkungen« (Dolch ^{5}1965, S. 54), aus dem pflegerisch-fürsorgende, belehrende und charakterlich-bildende Akte ausdifferenziert werden. Typisch für diese Explikationen eines übergeordneten Verständnisses von Erziehung mit zugeordneten Unterrichtsfunktionen ist, daß sie am

»Soll«, an der Norm eines vollkommenen Menschen orientiert sind, an der Idee und Theorie von der Erziehung und Bildung des Menschen überhaupt.

1.2 Typologien pädagogischer Profession

Demgegenüber gibt es Explikationen erzieherischen Handelns, die an der *pädagogischen Profession*, vor allem des Lehrers als des von der Gesellschaft, ihren Bedürfnissen und Bedingungen entsprechend, ausgebildeten und freigestellten Erziehungsfachmanns, festgemacht sind (→ *Lehrer / Lehrerin*). Doch auch unter dieser Rücksicht ist die Entfaltung der pädagogischen Tätigkeiten an ideale Normen gegeben, so wenn Berufsfunktionen an eine ideale *Persönlichkeit* des Lehrers gebunden werden (→ *Persönlichkeit von Lehrern und Schülern*...), von dessen Charisma und Meisterschaft in der personalen Begegnung »Bildungswirkungen« beim »Zögling« ausgehen. »Bildung« ist dabei weniger eine Sache des »Was«, der Lehr- und Lernsachen, sondern der Person, die sie vertritt. Diese vor allem durch G. KERSCHENSTEINER begründete pädagogische Berufstheorie (KERSCHENSTEINER ³1930) läßt sich in Lehrerhandbüchern bis herein in die 60er Jahre verfolgen (vgl. HORNEY/MERKEL/WOLF ²1963). In dieser Hinsicht werden pädagogisch-professionelle Tätigkeiten mehr oder weniger an *Tugendkatalogen* festgemacht (vgl. GLÄNZEL 1967).

In gewissem Sinne weiterführend können hier auch *Lehrertypologien* genannt werden, insofern sie zwischen einer personalen und sachlichen Seite des professionellen Handelns unterscheiden. Dem Lehrersein komme, in unterschiedlicher Dominanz und Mischung, eine mehr *paidotrope* (= kindbezogene) oder eher *logotrope* (= sachbezogene) Tätigkeit zu, wie wir paradigmatisch an CH. CASELMANNS »Wesensformen des Lehrers« (³1964) eruieren können.

Doch auch diese am Beruf festgemachte Bestimmung pädagogischer Tätigkeiten orientiert sich an einer idealen Norm vom Lehrersein, sie entstammt wie die Tugendzuschreibung weniger einer Analyse des Berufs als vielmehr einer Auffassung von »Berufung«; sie ist ideale Einschätzung des Erziehungswirkens von Lehrern beim zu erziehenden Schüler.

1.3 Realitätsbezogene Bestimmung pädagogischer Funktionen

Die sogenannte »realistische Wende« der Erziehungswissenschaft in den 60er Jahren erbrachte eine Orientierung an den Sozialwissenschaften und in deren Gefolge Analysen zur Berufsrolle der Lehrer und eine im »pädagogischen Feld« Schule erhobene professionelle Aufgabenstellung. Aus dieser Konsequenz stammt auch der Entwurf des DEUTSCHEN BILDUNGSRATES zur Bestimmung der professionellen Tätigkeiten entsprechend den von der Gesellschaft in der Institution Schule gehegten Erwartungen. Das Spektrum herausragender Funktionen, denen Qualifikationen gegenübergestellt werden, ist: *Erziehen, Lehren, Beurteilen, Beraten und Innovieren* (DEUTSCHER BILDUNGSRAT 1970, S. 217 ff.).

In einer realistischen Analyse der Berufswirklichkeit des Lehrers in der Schule – einer gesellschaftlichen Institution, der neben der Qualifizierung durch Erziehen und Lehren auch die Aufgabe zugemutet wird, durch Noten und Zeugnisse und damit verbundene Disziplinierungs- und Selektionszwänge Chancen für Karrieren im Arbeitsmarkt zu taxieren und zu verteilen – gerät die Funktion »*Beurteilen*« in der Tat zu einer beängstigend sich verselbständigenden dysfunktionalen Aufgabenstellung; sie läßt *erzieherische*

Akte vornehmlich als disziplinierende und *unterrichtliche* als instrumentelle Prozesse erfahren (→ *Pädagogische Diagnostik*). »*Beraten*« wird so nicht zuletzt durch diese unzuträglichen Verschiebungen eine dem pädagogischen und didaktischen Handeln sowohl vor- wie nachgehende Notwendigkeit, sozusagen eine Reparaturfunktion (→ *Beratungslehrer*). »*Innovieren*« darf bei dem beschriebenen System eher als idealistischer Appell verstanden werden denn als professionell-realisierbare Möglichkeit.

Die verschiedenen Ansätze der Schulkritik und der Schulreform im Zuge des Strukturplans von 1970 haben denn auch, vor allem unter der analytischen Betrachtung der Qualifikations- und Allokationsfunktion der Schule (FEND 1974), die Dysfunktionalität aufgrund einer allgemeinen Reproduktionstendenz der Schule in ihrem Verhältnis zur Gesellschaft (vgl. u. a. OFFE 1975, S. 215–252; FLITNER 1977; ders. [Hrsg.] 1976), ihre Inhumanität (vgl. v. HENTIG 1976) bzw. ihre pädagogische Inkompetenz (vgl. FISCHER [Hrsg.] 1972, S. 7–42) zum Hauptpunkt ihrer Kritik gemacht, andererseits die Bedeutung von Erziehung und Unterricht in der Schule (Bonner FORUM »MUT ZUR ERZIEHUNG« 1978) neu herausgestellt (→ *Theorie pädagogischer Institutionen*).

2 Die anthropologische und gesellschaftliche Legitimation von Erziehung und Unterricht im Widerstreit

2.1 Erziehung – Enkulturation – Sozialisation

Als ein Kardinalsatz der begrifflichen Explikationen und funktionalen Tätigkeitsbeschreibungen muß herausgestellt werden, daß diese nur als künstlich isolierte Segmente einer prinzipiell ganzheitlichen Bemühung um und Einwirkung auf den Zu-Erziehenden verstanden werden dürfen. *Erziehung* ist »ein Grundphänomen des Menschlichen überhaupt« (EGGERSDORFER) (→ *Philosophische Anthropologie*; → *Pädagogische Anthropologie* . . .; → *Psychologische Anthropologie*). Was der Mensch in bezug auf Welt und Umwelt, Kultur und Natur, Gesellschaft und Staat, Vergangenheit und Zukunft ist, ist er kraft Erziehung, die ihn zum deutungsfähigen und sinnstiftenden Wesen macht. Der Mensch ist in diesen Bezügen auf Sinnverstehen und Sinnverwirklichung angelegt. Mit *Enkulturation* beschreiben wir dabei seine dialektische Verwiesenheit: er ist durch Kultur gemacht, und er schafft sich Kultur. PESTALOZZI: »So viel sahe ich bald, die Umstände machen den Menschen, aber ich sahe ebenso bald, der Mensch macht die Umstände, er hat eine Kraft in sich selbst, selbige vielfältig nach seinem Willen zu lenken« (PESTALOZZI 1938, Bd. XII, S. 57). Sowohl mit Hinsicht auf die Produkthaftigkeit wie seine Produktionsmächtigkeit ist er jedoch ein »Mängelwesen« (HERDER), angelegt auf eine bildungsfähige Ganzheitlichkeit. Zu dieser Ganzheitlichkeit gehört auch, daß der Mensch Gegenstand sowohl der beabsichtigten wie der unbeabsichtigten Erziehung (intentionale und funktionale Erziehung) ist in allen Dimensionen seiner Existenz, von seiner Leiblichkeit bis zu den höchsten intellektuellen und geistigen Wesensverwirklichungen seiner Person. Dieses Verständnis der geisteswissenschaftlichen Pädagogik kommt – mit zunehmender Mächtigkeit der soziologischen Theoriebildung im Bereich Erziehung – in Konkurrenz zum Begriff *Sozialisation* als bewußtem und unbewußtem Prozeß, der »dem Menschen die Fertigkeiten, Verhaltensweisen und Wertvorstellungen seiner Gesellschaft und Kultur vermittelt« (GROSS ⁷1979, Bd. 2,

S. 69). Im Nachgang zu BREZINKA (1957) und FEND (1969) scheint sich durchzusetzen, unter Erziehung die absichtlichen Akte und unter Sozialisation die unabsichtlichen Akte der Prägung und Anpassung zu verstehen, also Erziehung nur als Erziehungshandeln (intentional) und Sozialisation als Erziehungsgeschehen (funktional) zu interpretieren. »Unter Erziehung sind alle Maßnahmen – formelle und informelle – zu verstehen, die Erwachsene in Interaktion mit Heranwachsenden begreifen, um Lernvorgänge hervorzurufen, die zu wünschenswerten Ergebnissen führen« (FEND 1969, S. 52) (→ *Theorien der Erziehung* . . .). FEND unterteilt Sozialisation in »Sozialmachung« und in »Sozialwerdung«. Unter »Sozialmachung« werden die Verhaltensweisen von Erwachsenen unter dem Aspekt der gesellschaftlichen Funktion der Erziehung verstanden. »Sozialwerdung« sei jener Vorgang, der aufgrund der soziokulturellen Beeinflussung des Heranwachsenden als Verinnerlichung von Normen und Wertvorstellungen stattfindet (→ *Werte und Normen in der Erziehung* . . .; → *Pädagogische Soziologie* . . .).

Mit der Beschreibung der Erziehung aus sozialwissenschaftlicher Sicht treten zwei Aspekte deutlicher in den Blick:
– der Aspekt der Korrespondenz der Erziehung mit der gesellschaftlichen Umwelt (Sozialwerdung),
– der Aspekt der institutionell abgesicherten gesellschaftlichen Generationsverantwortung für organisiertes Lernen in der Schule in der Form des Unterrichts (Sozialmachung).

2.2 Unterricht als Form gesellschaftlichen Lehrens und Lernens und die Entfremdung der Erziehung

Je komplexer die gesellschaftlichen Rahmenbedingungen für die Organisation von Arbeit und je rigider die Arbeitsteiligkeit sich gestalten, um so notwendiger ist die Systematisierung der Erziehung und die Institutionalisierung einer systematischen Lernorganisation (Unterricht) (→ *Theorie pädagogischer Institutionen;* → *Präskriptive Unterrichtswissenschaft* . . .). Schule als Ort des systematischen Unterrichts wird zum Zentrum der öffentlichen Erziehung: ein in Schulform und -stufen gegliedertes Schulsystem mit abgestimmten Lehrplänen und Lehrqualifikationen. Kurzum: eine öffentlich institutionalisierte Lernorganisation in Form von Unterricht als der speziellen Art der Belehrung gliedert sich aus der allgemeinen Erziehungs-, Enkulturations- und Sozialisationsverantwortung der Gesellschaft aus. Diese Form des gesellschaftlich notwendigen »Instruktionscharakters« der schulischen Erziehung, die sich im 19. Jahrhundert in den Industriestaaten Europas durchsetzt, garantiert der Gesellschaft

(a) Planmäßigkeit für umfänglich organisierte Lehrgänge für viele zur gleichen Zeit,
(b) die »Sorge für die Aufnahmebereitschaft und dauerhafte Aneignung durch den Schüler« und
(c) Maßnahmen der für Lernen geeigneten Zucht und Ordnung (vgl. DOLCH ⁵1965, S. 126).

Unterricht in dem für ihn organisierten Schulsystem als spezielle Form der Erziehung und Belehrung steht in Konsequenz zur Gesellschaftspolitik und zum Arbeitsmarkt. Erziehung erfährt vor allem die Aufmerksamkeit, die in diesen Bedingungsrahmen paßt: in der Form des Unterrichts. Pädagogische Akte werden verkürzt zu instruktionell-didaktischen Organisationsformen mit Gebrauchswertcharakter. Der Begriff »Bildung« wandelt sich von einem reflexiv-intransitiven Verständnis (im klassischen Sinne Selbst-

Bildung) zu einem intransitiven: Bildung als Wissensvermittlung mit Berechtigungscharakter (»Bildung ist Macht«) (→ *Theorien der Bildung* ...).

In hohem Maße findet in der Zuspitzung auf Instruktion eine pädagogische »Entfremdung« statt, so daß – vor allem aus sozialen Schichten, die am Rande dieses gesellschaftlich produzierten Erziehungssystems stehen – die These von der »*Deschooling Society*« erhoben wird; denn – so die Sprecher ILLICH und REIMER (1972), der Slum-Schichten Nord- und Lateinamerikas – die Schule als staatliches Unterrichtszwangssystem stabilisiere nur die bestehende soziale Ungleichheit. Nur »Entschulung« und Reduktion der künstlichen Instruktionssysteme setze wieder die spontanen und auf die Lebenswelt abgestimmten natürlichen Lernformen in Gang (vgl. HENTIG 1971, 1973; RAMSEGER 1975) (→ *Schule als Lebensraum* ...). In der Tat läßt sich im historischen Prozeß der Institutionalisierung der Instruktionsschule verfolgen
- eine Reduktion des Pädagogischen zugunsten der Wissensinformation,
- eine künstliche Isolation des Lernens vom natürlichen Lebens- und Handlungszusammenhang und damit einhergehend eine Ausrichtung des Lernens auf die systematische Wissenschaftsentwicklung je Fach,
- eine Ausrichtung des Lernens auf den wirtschaftlichen und karrierebezogenen Gebrauchswert bei Verlust der allgemeinbildenden Orientierungsfunktion von Bildung,
- eine Instrumentalisierung des Lernens auf den Tauschwert der Noten und Zeugnisse und damit einhergehend eine Ausrichtung auf Kontrolle, Selektion und Disziplinierung.

2.3 Entfremdung und Aufklärung

Die »Entfremdung« des Erzieherischen durch die Überordnung des gesellschaftlich bedingten Unterrichtsaspektes, verbunden mit Chancen des Zugangs zum Erwerb schulischer Zertifikate, kann gleichwohl nicht dadurch wettgemacht werden, daß die Gesellschaft ›entschult‹ wird, denn der Zusammenhang von Bildungssystem und Arbeitssystem ist für hochindustrialisierte und hochrationalisierte Gesellschaften konsistent, und selbst die Entwertung von »Bildungspatenten« (WEBER) wie die ständige inhaltliche Erneuerungskonkurrenz bilden grundsätzlich ein »perpetuum mobile« des Systems (KELLERMANN 1988, S. 46). Wie also heraus aus der Sackgasse, daß Erziehung und ihre für das Menschsein ziel- und sinnweisende Funktion sich auf entfremdetes Lernen in der schulischen Unterrichtsorganisation und seine instrumentelle und arbeitsmarktabhängige Gebrauchswertzurüstung reduziert? Im Kalkül der ständig aufgegebenen Aufklärung des Menschen liegt der Weg nur in einer Neuorientierung am Zusammenhang von Erziehung und Unterricht, wie sie sich in Phasen der Reformpädagogik immer wieder zu Wort gemeldet hat und wie sie der »Club of Rome« – an der »Grenze des Wachstums« – von einer »intellektuellen Revolution« erwartet, um »das menschliche Dilemma« (CLUB OF ROME 1982) durch Schübe neuen antizipatorisch schöpferischen und partizipatorischen Lernens zu überwinden. Mehr denn je ist also die vom DEUTSCHEN BILDUNGSRAT apostrophierte pädagogische Tätigkeitsform des »Innovierens« gefragt, denn: »Es ist so bequem, unmündig zu sein.« (KANT 1784/1968, VIII, S. 35) Die anthropologische Legitimation von Erziehung und Unterricht steht im Widerstreit mit der gesellschaftlich-historischen. Wo Unterricht in Abhängigkeit zu Zwängen des institutionalisierten Bildungssystems und des der Gesellschaftsentwicklung zugeordneten

Arbeitssystems gerät, wird die Fähigkeit zu Aufklärung und zum Menschsein, das oberstes Ziel der Erziehung ist, verfehlt, denn: »Aufklärung ist der Ausgang des Menschen aus seiner selbstverschuldeten Unmündigkeit.« (KANT, ebd.)

3 Die bildungstheoretische Legitimation für die Einheit von Erziehung und Unterricht

3.1 Das Primat technokratischer Didaktik oder: Bildungstheorie in der Sackgasse?

Die aus der Erziehung abzuleitenden Akte der Belehrung – Unterricht ist, wie gesagt, nur eine idealtypische historische Form solcher – sind zu messen an der anthropologischen Legitimation, der Fähigkeit zu Aufklärung und Mündigkeit. Insoweit Erziehung ohne solchen ideologiekritischen Ansatz systemkonform diskutiert wird, steht sie im Defizit der »Entfremdung« und tritt die Flucht in eine kopflose Didaktik an.

In dem in der Bildungseuphorie konzipierten Funkkolleg »Erziehungswissenschaft« (KLAFKI u. a. 1970) wird die Problematik pädagogischer Institution am Beispiel Schule in Teil IV überschrieben mit dem konformen Selbstverständnis »Unterrichten und Beurteilen als Beruf«. »Unterrichten, Beurteilen, Korrigieren« werden herausgestellt als die »primären Tätigkeiten« eines »realistischen Lehrerbildes«; Aufsicht, Konferenzen, Wanderungen, Klassenfahrten und die Verbindung mit dem Elternhaus gelten als »sekundär« (ebd., Bd. 1, S. 215–237). Diese Hierarchie ist symptomatisch. Weil Unterrichtstätigkeiten, die der Kontrolle ausgesetzt sind, operationaler faßbar sind, wird ihnen gleich auch ein höherer Rang gegenüber dem Tätigkeitsspektrum Erziehung eingeräumt; ausgeführt wird in dieser Konsequenz, »daß vieles, was jetzt unter den Aufgaben von Erziehung in der Schule läuft, eindeutiger dem Lernbegriff zuzuordnen wäre« (ebd., S. 235). Der Kern der Kritik gegenüber solchen Positionen liegt also in dem zugrunde gelegten *Lernbegriff*, der sich aufgrund seiner behavioristischen Festlegung als Sackgasse für den Anspruch einer Bildungstheorie erweisen muß (→ *Lernen und Lerntheorien*).

Von derselben lernpsychologischen Grundlegung her sind Positionen etwa eines TH. WILHELM (1967) und W. SCHULZ (1969) zu verstehen, die eine Schul- und Unterrichtstheorie nahezu zeitgleich konzipieren. In der Zeitgleichheit kommt zum Ausdruck, daß eine pädagogische Schultheorie bis dahin kaum entwickelt war (KECK 1973, S. 52), was einerseits darauf zurückzuführen sein dürfte, daß Schulpädagogik als eine junge Teildisziplin der Pädagogik im wesentlichen in den 60er Jahren entstanden ist (→ *Schulpädagogik . . . ;* → *Theorie pädagogischer Institutionen*), und was andererseits erklärbar macht, daß nach der »realistischen Wende« der Pädagogik diese Diziplin sich der Theoriestützen der sozialwissenschaftlichen Verfahren und des behavioristischen Lernbegriffs bediente. Für WILHELM (^{2}1967, S. 80) ist Schule »der Ort, wo die Vorstellungswelt systematisch und nach ökonomischen Prinzipien gepflegt wird. Aufbau und Ordnung der Vorstellungswelt erfordern vor allem Denken lernen. Angesichts der ungeheuren Ausdehnung des Lernnotwendigen geht es nicht ohne strenge Ökonomie. Didaktik und Methodik stehen im Dienst dieser Ökonomie der Vermittlung und Aneignung.« Von Erziehung und ihren Bedingungen in der Schule und von der Verpflichtung gegenüber den Wertvorstellungen der Gesellschaft oder von einer paidologischen

Verpflichtung des Lernens für die ethische Grundlegung der Persönlichkeit des Kindes kein Wort (→ *Werte und Normen der Erziehung*). SCHULZ schließlich begnügt sich von vornherein mit dem »Umriß einer didaktischen Theorie der Schule« (1969, S. 61–72): »Eine erziehungswissenschaftliche Theorie der Schule ist nur als eine primär didaktische Theorie denkbar« (ebd., S. 64), im Kern wird eine Strukturanalyse des Unterrichts nach dem Vorbild HEIMANNS (1962) mit besonderer Berücksichtigung schulorganisatorischer Determinanten geleistet (→ *Didaktik und Curriculum / Lehrplan*).

Das beiden zugrunde gelegte Primat der Didaktik hat den Zusammenhang zur Einheitlichkeit und Unteilbarkeit des Menschen als Person verloren, wie ihn der Begriff »Bildung« in der erziehungswissenschaftlichen Denktradition faßte. Unterrichten richtet sich nicht auf die Ganzheit der Person und nicht auf ihre spontanen und selbstschöpferischen Akte, sondern auf jene, die mittels des vorgegebenen Lernbegriffs zu fassen und zu steuern sind. Sie wurden zur Leitspur der Schulreform im Banne des »Strukturplans« von 1970: die Berufsaufgabe des Lehrers steht einseitig im Fadenkreuz der Lerneffizienz und der institutionellen Transparenz demokratischer Vergabe von Karrierechancen.

3.2 Erziehen und Unterrichten als Dimensionen des einen und unteilbaren pädagogischen Prozesses

Es ist ein zentraler Ausgangspunkt der geisteswissenschaftlichen Bildungstheorie, daß Ganzheit und Unteilbarkeit des Menschen als Person auch die Einheit der pädagogischen und didaktischen Akte bedingt. Auch wenn, wie wir erkannt haben, Unterricht eine historisch-gesellschaftliche Ausprägung der der Erziehung und Bildung verpflichteten didaktischen Anstrengungen der Belehrung ist, so ist doch diese Form dem Zusammenhang der menschlich-personalen Ganzheit verpflichtet. Wie Erkennen, Fühlen und Denken, die durch Belehrung und Unterricht intendiert sind, zusammengehören, so auch deren Zusammenfassung im Wollen, autonomen Werten und Handeln des Menschen, die im engeren Sinne durch Erziehung angestrebt wird. Unterrichten als bestimmte Form der Belehrung findet immer im Zusammenhang mit Erziehung statt. Erziehung und Unterricht sind unterschiedliche Dimensionen des einen und unteilbaren pädagogischen Prozesses: »Bildung einer Person« als der »individuell organisierten Wertgestalt« (KERSCHENSTEINER 1926, S. 15ff.). Die »Sachlichkeit« der intellektuellen, affektiven und motorischen Akte ist zur »Sittlichkeit« zu führen, »Wissen« zur Verantwortlichkeit des »Gewissens« (PETZELT 1955, S. 64), insofern braucht das Erzieherische als das Vermittelnde »im Unterricht seine eigene Dimension und seine eigene Dignität« (HÜLSHOFF 1977, S. 121). Unterricht ist so »Brücke zur Erziehung« (PÖPPEL 1983, S. 55), unterrichtliche Akte bekommen von der übergreifenden Zielstruktur des Erzieherischen her erst ihre Bestimmung und ihren »bildenden« Sinn: zur sittlichen Autonomie des Menschen im Werten und Handeln zu führen. »Aber ganz ebenso wie die Belehrung kein für sich allein genügendes Erziehungsmittel auf irgendeinem der verschiedenen Teilgebiete oder Teilziele der Erziehung sein kann, ebensowenig kann es der Unterricht für sich allein sein, nicht einmal für die intellektuelle Bildung; er muß, wie jede andere Form der Belehrung, Hand in Hand gehen mit den übrigen Erziehungsfunktionen und -mitteln« (GÖTTLER [11]1961, S. 195). Wir sprechen so von der *Einheit von Erziehung und Unterricht.* Am Ende jener Epoche, in der das Aufklärungsdenken die Bedeutung des allgemein verpflichtenden Schulunterrichts neben der familiären Erziehung zur Sicherung der Elementaria der kulturstaatlichen Beteiligung durchsetzen konnte, konzipierte

HERBART die Theorie vom »erziehenden Unterricht«. »Und ich gestehe gleich hier, keinen Begriff zu haben von der Erziehung ohne Unterricht; so wie ich rückwärts ... keinen Unterricht anerkenne, der nicht erzieht.« (HERBART 1806/1887 Bd. II, S. 10) Die Konzeption der »Theorie vom erziehenden Unterricht«, also der Einheit von Erziehung und Unterricht, ist nach wie vor von fundamentaler Bedeutung für das dem Lehrer aufgegebene Handeln in der Schule (→ *Schulpädagogik*).

Wie aber nun sind Erziehung und Unterricht angesichts des »pathologischen Zustands« (v. HENTIG 1976) der Gegenwartsschule, in der diese Einheitlichkeit von Erziehung und Unterricht in Dysfunktionalität geraten ist, zu gestalten?

4 Erziehung und Unterricht als professionelle Handlungsdimensionen in der Schule

4.1 Einheit von Erziehung und Unterricht unter den Bedingungen der Professionalisierung und Bürokratisierung

4.1.1 Bedingung: Professionalisierung und pädagogische Berufsrolle

Eine Voraussetzung für die Durchsetzung einer von der Erziehungstheorie fundierten Einheitlichkeit von Erziehung und Unterricht ist, inwieweit diese im Prozeß der pädagogischen Verberuflichung eine Ausgestaltung erfahren hat. Hierbei sind wir an das Selbstverständnis von Schule im Rahmen staatlich-gesellschaftlicher Aufgaben verwiesen, da der moderne aufgeklärte Staat gegenüber der Kirche die Verantwortung für die Organisation und Ausgestaltung des öffentlichen Schulwesens um 1800 übernommen hat. Die Professionalisierung ist also im politischen und sozialgeschichtlichen Reflex dieser Übernahme zu sehen; die Verselbständigung zu einer pädagogischen Profession in der Schule ist dabei vor allem abhängig von dem von Staat und Gesellschaft bereitgestellten Qualifikationsrahmen, d. h. insbesondere von der Ausbildung und ihrem wissenschaftlichen Standard. Pädagogik als Berufswissenschaft, in deren Theorieverständnis die Einheitlichkeit von Erziehung und Unterricht im wesentlichen eine Fundierung und Ausgestaltung erfahren konnte, hat allerdings in unterschiedlichem Maße bei der Professionalisierung Beachtung gefunden. So ging vor diesem Hintergrund das Lehramt für höhere Schulen einen Weg der *Pseudoprofessionalisierung* insofern, als die Berufswissenschaft Pädagogik bis in allerjüngste Zeit verdrängt war durch ausschließliche Ausrichtung des Lehrberufs auf die Unterrichts-Fachwissenschaften bzw. auf seminaristische Standards im Referendariat verkürzt blieb, die Einheitlichkeit von Erziehung und Unterricht also keine professionelle Ausgestaltung erfuhr (→ *Professionalisierung ...*; → *Lehrer / Lehrerin*).

Der Weg des Lehrers anderer Lehrämter kann demgegenüber gekennzeichnet werden als der eines *»Semi-Professionals«* (LA VOPA 1980), insofern zwar Pädagogik als Berufswissenschaft – vor allem im letzten Drittel des 19. Jahrhunderts – sich in der Ausbildung etablieren konnte, aber ihre Geltung an seminaristische Ausbildungsformen bis in die Nachkriegszeit nach 1945 (von episodischen Durchsetzungen in der Weimarer Zeit in Form von Integration in die Universität oder eigenen Berufs-Hochschulen abgesehen) gebunden blieb, so daß der für Professionalisierung heranzuziehende Ausweis des Spezialwissens sowie der Kanon von Rollenerwartungen unklar war und entsprechend der Sozialstatus durch mangelnde Selbständigkeit geprägt blieb (MACK 1956; GROSS 1958). In der Regel geriet, ob des Stoffzwangs der Lehrpläne und der Stoffgängelung der Ausbildung, Pädagogik zur wissenschaftlichen Garnierung für einen un- oder halbwissenschaftlichen Ausbildungszuschnitt. Kurzum: Der »Beitrag zur Erhaltung zentraler sozial-kultureller Werte« für die Gesellschaft, ein Kriterium, das RÜSCHEMEYER (1961, 1964) in die Professionalisierungstheorie einbringt, bleibt reduziert. Erst die Hochschulausbildung aller Lehrer und die Klärung der Berufsanforderungen durch eine Neuzuschneidung des Berufsfeldes (Zwei-Fach-Lehrer und Organisation des Schulwesens nach Stufen) legen die Grundlagen für eine entsprechende Ausprägung der Berufswissenschaft Pädagogik vor dem Hintergrund der Anforderungen an Erziehung *und* Unterricht.

Die seit den 60er Jahren einsetzende Diskussion um die *Berufsrolle des Lehrers* (vgl. u. a. MOLLENHAUER 1962; BETZEN/NIPKOW 1971), die sich von der Frage leiten ließ, warum sich Lehrer anders verhalten, als ihre pädagogischen Zielvorstellungen erwarten lassen, hat nachdrücklich, aber auch einseitig und überzogen, auf die Determiniertheit des Lehrers durch einen Anpassungsdruck an das gesellschaftliche System abgehoben. Andererseits zeigt die *Rollentheorie* im Anwendungsfall »Lehrer«, wie wenig präzise die Verhaltenserwartungen sind, d. h., wie wenig ausformuliert im Falle des Lehrers die Rollennormen zur Geltung gelangen. Und das heißt doch wohl, daß da viel Spielraum ist, in der Unterrichtsfunktion Erziehungsverhalten zu integrieren, ja auch Spielraum für eine persönliche Interpretation der Erzieherrolle. Wir stoßen auf den Punkt, daß einerseits unpräzise Rollenerwartungen dem Lehrer »*pädagogische Freiheit*« und Spielraum lassen, andererseits diese Unschärfe und Vielfalt einer Professionalisierung (im bisherigen Verständnis einer fachlichen Spezialisierung – DIECKMANN/LORENZ 1968) hinderlich im Wege stehen. Entscheidend ist für die »Selbstrolle« des Lehrers: Spielraum wofür? Unseren bisherigen Ausführungen entsprechend ist die Professionserwartung fehlgeleitet, wenn die Spezialisierung sich nur auf fachliche Unterrichtskompetenz verlegt und nicht die Einheit von Erziehung und Unterricht im Lehrerhandeln zur Ausgestaltung bringt, für die ja gerade ein zuträglicher Freiraum Voraussetzung ist. Denn gerade dies, die autonome Fähigkeit zur Eigendefinition des Lehrers in kritischer Distanz zu Verhaltenszumutungen, ist der Ansatzpunkt des von MOLLENHAUER geprägten Theorems von der »pädagogischen« oder der »Selbstrolle« des Lehrers (MOLLENHAUER 1962) (→ *Lehrer/Lehrerin*).

4.1.2 Bedingung: Bürokratisierung

Die andere Voraussetzung ist, inwiefern der von Staat und Gesellschaft zur Verfügung gestellte pädagogische Handlungsraum Schule entsprechend der Erziehungstheorie i. S. der Einheitlichkeit von Erziehung und Unterricht gestaltet ist bzw. gestaltet werden kann. In kritischer Distanz gegenüber der sich entfaltenden Zuständigkeit des Staates für die Schule am Beginn des 19. Jahrhunderts stand z. B. für HERBART und andere Pädagogen wie DÖRPFELD und DIESTERWEG fest, daß als Orientierung für eine Schule, die das Theorem von der Einheit von Erziehung und Unterricht sichern könnte, nicht das staatliche Schulsystem dienen könne. Denn die »Natur des Staats« ziele auf Macht und »Unterordnung« (HERBART 1897, IX, S. 515) und nicht auf eine möglichst vollkommene Ausbildung der Individualität des einzelnen. Das Interesse des Staates am Individuum ist utilitaristisch und funktionalistisch darauf ausgerichtet, daß die Schulen »ihm die Subjecte liefern, die er braucht« (HERBART 1904, XII, S. 347). Verhaltener, aber in der Sache gleichsinnig, spricht BECKER von der »Gefahr«, daß Schule »nur noch Funktionäre« ausbilde (BECKER 1956, S. 35; vgl. auch ELLWEIN 1964, S. 209ff.; PÖGGELER 1960). Schon aus dieser Rücksicht gerät die Einheit von Erziehung und Unterricht in Widerspruch: »Brauchbarkeit« setzt das in der Aufklärung gewonnene Leitbild der Moralität und Selbständigkeit als erzieherisches Ziel außer Kraft, und Unterricht als Form organisierter massenhafter Instruktion gerät zur Disziplinierung. HERBART spricht von einem »völligen Gegensatz gegen die Erziehung« (HERBART 1896, VII, S. 77). Schulen werden »wie Fabriken durch Maschinenwerk, ohne Berücksichtigung der Individuen« (ders. 1904, XII, S. 349).

Mit »Lernschule« und »Zwangsschule« bezeichnet die reformpädagogische Kritik diese einseitige Ausrichtung der Schule auf Disziplin und Instruktion und stoffliche »Überbürdung« am Ende des 19. Jahrhunderts. Es liegt im System der Entsprechung von Staat und Schule, daß auch Erziehung und Unterricht dem staatlichen Bürokratisierungsprinzip unterworfen werden. Zieht man für diese Entsprechungsthese WEBERS Kategorien für die Organisationsform der klassischen Verwaltungsbürokratie heran (vgl. WEBER ⁴1956, I, S. 126ff.) und beschreibt die Erziehungs- und Lehrfunktion als ein System von Überordnungen mit je festumrissenen Befugnissen, so gerät der zwischen den Instanzen festgelegte Unterordnungs- und Kontrollaspekt in einen eklatanten Widerspruch zur notwendigen Autonomie im erzieherischen und unterrichtlichen Anforderungsfeld der Schule. Denn Erziehung und Unterricht sind abhängig von der möglichen Antizipation autonomer Mitwirkung der Zu-Erziehenden (pädagogischer Bezug) auf der einen Seite (→ *Lehrer-Schüler-Verhältnis*) und von der professionellen Autonomie des Erziehers, gegenüber gesellschaftlichen Ansprüchen ein Eigenrecht des Kindes auf geeignete Maßnahmen zur Geltung bringen zu können (pädagogische Freiheit), auf der anderen Seite. NOHL hat diesen Autonomieanspruch im pädagogischen Handlungsfeld am Beginn der gesellschaftlichen Neuformierung der Bundesrepublik 1948 mit großer Eindringlichkeit formuliert: »Die Wahrheit von dem Eigenrecht der Pädagogik ist der feste Boden, auf dem wir auch heute als Erzieher stehen. Sie allein erlaubt uns, mehr zu sein als Subalternbeamte anderer Mächte (›gesellschaftlicher Mächte‹; Verf.), und sie gibt uns ein Kriterium, das wir an jede Erscheinung des Lebens halten können, nämlich ob es der Seele unserer Kinder schadet oder hilft.« (NOHL 1948, S. 201)

Die Einheit erzieherischer und unterrichtlicher Tätigkeiten kann demnach nur dann zum Zuge kommen, wenn die Orientierung am Bürokratiemodell Schule, das den Lehrer als Unterrichtsbeamten und Disziplinator im Sinne funktionaler Verwaltungsverrichtung sieht, abgelöst wird durch ein »klienten-orientiertes« »Human-relations-Modell« (FÜRSTENAU 1967, S. 513), das der pädagogischen Freiheit für professionelles Handeln Raum gibt, und dabei ebendiese »Einheit« als der entscheidende Professionalisierungsaspekt herausgestellt wird (→ *Organisationssoziologie;* → *Professionalisierung . . .*).

4.2 Einheit von Erziehung und Unterricht als paidologisches Postulat an Lernort, Lehrplan und Lehrmethode

Erziehen durch Unterricht? Das setzt also neben der Bewußtseinsänderung gegenüber der pädagogischen Berufsrolle des Lehrers vor allem eine Blickwendung der Schule auf das Kind und den Jugendlichen voraus. »Erziehender Unterricht« verlangt notwendigerweise nach einer *paidologischen und entwicklungs- wie lebensweltbezogenen Ausrichtung der Schularbeit*. Hier sollen Konsequenzen in dreierlei Hinsicht angesprochen werden: mit Hinsicht auf eine pädagogische Vermessung des Lernorts, des Lehrplans und der Methodenkonzeption.

4.2.1 Die erzieherische Vermessung des Lernorts

Sie hat sich zu orientieren an der Grundlegung aller erzieherischen und unterrichtlichen Einwirkung, die Vertrauen heißt. Vertrauen ist eine paidologische Kategorie, die die spezielle Fassungs- und Erlebnis- und Gestaltungskraft des Kindes zum Bezugspunkt hat (NOHL ^{5}1961, S. 130): Erziehen und Unterrichten an der ganzheitlichen *Lebenswelt*eingebundenheit von Kindheit und Jugend (und entsprechend auch die Lernsachen) auszurichten (→ *Grenzen und Möglichkeiten*...). Diese Grundlegung wird vornehmlich immer dort und dann bemüht und eingeklagt, wo und wenn der Leidensdruck von Kindheit und Jugend an unserer Kultur besonders gefühlt wird. Die Geschichte der Pädagogik hält dafür genügend Beispiele bereit: PESTALOZZIS »Stanser Brief« und seine Kategorie der »Wohnstube«, HERBARTS Ausgang des Lernens an Umgang und Erfahrung der »nahen Welt«; besonders wird dies zum Thema der Reformpädagogik: von LIETZ über WYNEKEN bis REICHWEIN und PETERSEN.

(a) In dieser auch heute wieder beachtenswerten Tradition läuft erzieherische Vermessung des Lernorts Schule auf die Quintessenz hinaus: *Gestaltung der Schule als Lebenswelt des Kindes und Jugendlichen und des Schullebens*. Dies soll heißen, den Lernraum als »Wohnstube«, die Schule als Ort »gelebter Demokratie« (LIETZ 1911), als Gegenentwurf gegen die »Berechtigungsschule«, die als Lernantriebe nicht das »gelebte Leben«, sondern nur Noten kennt, zu erfassen. Schule als »Jugendschule« (KERSCHENSTEINER 1907) und Gestaltungsraum einer »Jugendkultur« (WYNEKEN 1913) bringt auf Lehrerseite die pädagogische anstelle der Amtsautorität zur Geltung, auf Schülerseite die Interessen- und Erfahrungsorientierung des Lernens, versteht Schule als »Lebensgemeinschaft« (PETERSEN 1926). Modelle solchen Schulverständnisses sind bis heute in der freien und alternativen Schulszene verfolgbar in den Anstrengungen um die Übertragung der Pädagogik der Landerziehungsheime, der Steiner-, Montessori- und Peter-Petersen-Schule (→ *Freie Schulen* ...). Insbesondere machen solche Anstrengungen sich fest an der Renaissance eines ergänzenden *Schullebens*, das Lernen einbindet in Erfahrungen in »gestalteter Atmosphäre« anstelle der sterilen Lernuniformierung: durch Gespräche und Beratung, durch Fest, Feier und Spiel, durch die Herstellung von »stillen« Zeiten und Zonen, die Gestaltung von Pausen sowie die soziale und gruppenbezogene Einbettung des Lernens, die das »gemeinsam Erlebte und Erfahrene« zum kindtypischen Lernanlaß und Unterrichtsgegenstand machen (vgl. KECK/SANDFUCHS 1979; KECK 1984; WITTENBRUCH 1980) (→ *Schule als Lebensraum* ...).

(b) Erzieherische Vermessung des Lernorts im Sinne der Gestaltung eines Schullebens heißt auch: *Lernen abholen, wo es außerschulisch organisiert ist*.

In aller Kürze sei hier die Aufmerksamkeit gelenkt auf die Einbeziehung von

Lerngängen und Erkundungen, auf die pädagogisch-didaktische Durchführung von Schullandheimaufenthalten, auf die Ausrichtung auf außerschulische Jugendarbeit und Freizeitaktivitäten, auf eine Kooperation mit Museum, Theater, Bibliothek und Betrieb (KECK/SANDFUCHS 1979, S. 140–180), vor allem aber eine Kooperation zwischen Elternhaus und Schule (Gemeinwesenorientierung der Schule) (→ *Das Verhältnis von Elternhaus und Schule*).

4.2.2 Die erzieherische Vermessung des Lehrplans

Diese Rücksicht mag angesichts des Einzugs curricularer Lernzielfelder und -kataloge, deren Leitziel die operationale und taxonomische Verschnürung des Lehrplans ist, fast restaurativ erscheinen. Jedoch sind eine Aufschnürung und ein Offenhalten der curricularen Lernpakete unter paidologischem Vorbehalt unabweisbar, wie z. B. die kurze Geschichte der Diskussion um den Sachunterricht zwischen 1970 und 1980 exemplifizieren kann. So erhält z. B. das reformpädagogische Lehrplanbeispiel »Heimatkunde« neue Aktualität, wenn man es erst vom ideologieanfälligen Begründungsrahmen nationalistischen, harmonistischen und realitätsverstellenden Zuschnitts befreit und auf den Punkt »Kunde« als didaktisch-curriculare Form der entwicklungspsychologischen und lebensweltorientierten Wissensorganisation bezieht (vgl. SCHUBERT 1987).

»Wissenschaftsorientierung« als durchgehendes Ordnungsprinzip schulischen Lernens, wie es der »Strukturplan« von 1970 auch für die Grundschule vorsieht, bedarf notwendig der Ergänzung durch paidologische Aspekte, d. h. die Orientierung des Lernens am Vorverständnis der Schüler, denn nur so kann Wissen zu selbstverfügbarer Bildung (SPRANGER: »Grundlegende Bildung«) gelangen. Wissenschaftsorientierung kommt damit zum Zuge in dem Sinne, daß das Vor- und Alltagswissen analysiert und strukturiert wird »in dem durch Fachwissenschaft eröffneten Erfahrungs- und Erkenntniszusammenhang« (HEILAND 1987, S. IX).

Auf analoge Weise kann auch das Curriculum der Sekundarstufe I mit einer »Kunde« als »jenem pragmatischen Wissen..., mit dem wir tatsächlich leben« (NOHL ⁵1961, S. 180) wieder vermessen werden (→ *Fachdidaktik, Bereichsdidaktik, Stufendidaktik*).

4.2.3 Die erzieherische Vermessung der Lehrmethode

Die Tätigkeit Unterrichten als bestimmende berufliche Aufgabe des Lehrers legt die Sicht nahe, daß er vor allem den formal qualifizierenden und selektierenden Auftrag der Gesellschaft zu erfüllen habe. Diese Sichtweise muß jedoch dem paidologischen Vorbehalt unterstellt werden, daß es in erster Linie um das Eigenrecht des Kindes und Jugendlichen geht, um die Bedürfnisse seiner individuellen Bildung, und erst in zweiter Linie um die Anforderungen der Gesellschaft zur allgemeinen Kultursicherung. Unterricht ist nicht isoliert zu sehen als Einweisung in und Training von kulturell notwendigem Wissen und Können, vielmehr ist bezüglich Unterricht von einer *Zwei-Aspekte-Theorie* auszugehen, wonach Unterrichten zwar notwendigerweise eine *Vermittlungskomponente* hat, die didaktisch planvoll und zielorientiert zu verfolgen ist entsprechend Lernstoff und Lernschwierigkeit, daß diese aber je individueller Persönlichkeitsstruktur in ein *soziales Beziehungsnetz* eingebettet ist, das Lehrer und Schüler eine *Zielverständigung* in der Sache auferlegt (KECK 1983).

Damit ist auch die Problematik des zu praktizierenden *Erziehungsstils* vorwegbestimmt. Um die schulische Lerngruppe, das »von oben her normierte Zwangsaggregat« (WEISS 1970), in eine Gruppe mit Zusammengehörigkeitsgefühl, in eine Lern- und Arbeitsgemeinschaft mit individuellem Freiraum überführen zu können, verbietet sich – um bei einer verbreiteten, aber Erziehungsprozesse nur ungenügend abbildenden Terminologie anzuschließen (LEWIN/LIPPITT/WHITE 1939) – ein autokratischer oder laissez-faire-Erziehungsstil. Ein demokratisch-partnerschaftliches, in der differenzierenden Terminologie von TAUSCH/TAUSCH (⁶1971): ein *sozialintegratives Verhalten* mit emotional-positiv gestimmter Stützung bietet allein die Gewähr dafür, daß – in idealtypischer Weise – die besondere Situation der Schüler, ihre Vorerfahrungen im Elternhaus, ihre Spontaneität und Selbständigkeit zur Geltung kommen können. Allerdings ist die Möglichkeit solchen nichtdirektiven Lehrerverhaltens nie unabhängig von der Klassenfrequenz, vom Herkunftsmilieu, von Schüler und Lehrer oder vom Standpunkt des Klassen- oder Fachlehrers zu sehen. Sie sind an ein hohes Maß sozialer Flexibilität des Lehrers gebunden, entsprechende *Sozialformen des Unterrichts* zur Geltung zu bringen, also einen pädagogisch geeigneten Wechsel zwischen frontalen, gesprächskreisorientierten, gruppen- wie einzelunterrichtsbezogenen Sozialformen vorzunehmen (SCHULZ 1965; KLAFKI 1970, II) (→ *Schulpädagogik* ...; → *Lehrer-Schüler-Verhältnis*; → *Methoden des Unterrichts*).

Fassen wir zusammen:

Erziehung und Unterricht sind Aufgaben des Lehrerberufs, die zwar theoretisch legitimiert, aber in der Praxis häufig nur in ungenügendem Maße zur Übereinstimmung zu bringen sind; dem stehen nicht nur mentale, sondern auch institutionelle Bedingungen entgegen. Als bedeutsam ist herauszustellen, daß der Lehrer Erziehen und Unterrichten gleichermaßen in sein professionelles Selbstverständnis aufzunehmen hat, um entsprechend Lernort, Lehrplan und Lehrmethode unter erzieherischer Rücksicht umzugestalten. Dabei verdienen Formen des Schullebens und der Gemeinwesenorientierung der Schule besondere Beachtung.

Literatur

BECKER, H.: Die verwaltete Schule. In: Kulturpolitik und Schule. Stuttgart 1956
BETZEN, K./NIPKOW, K.-E. (Hrsg.): Der Lehrer in Schule und Gesellschaft. München 1971
BREZINKA, W.: Erziehung als Lebenshilfe (1957). Stuttgart ⁸1972
–: Über Erziehungsbegriffe. In: Zeitschrift für Pädagogik 17 (1971), S. 567–615
CASELMANN, CH.: Wesensformen des Lehrers. Stuttgart ³1964
CLUB OF ROME: Die Grenzen des Wachstums. Reinbek 1982
DEUTSCHER BILDUNGSRAT (Hrsg.): Strukturplan für das Bildungswesen. Stuttgart 1970
DIECKMANN, J./LORENZ, P.: Spezialisierung im Lehrerberuf. Heidelberg 1968
DOLCH, J.: Grundbegriffe der pädagogischen Fachsprache (1952). München ⁵1965
ELLWEIN, TH.: Die verwaltete Schule. In: Das Argument 6 (1964), S. 209–220
FEND, H.: Sozialisierung und Erziehung. Weinheim 1969
–: Die gesellschaftlichen Bedingungen schulischer Sozialisation. Weinheim 1974
FISCHER, W. (Hrsg.): Schule und kritische Pädagogik. Heidelberg 1972
FLITNER, A. (Hrsg.): Der Numerus clausus und seine Folgen. Stuttgart 1976
–: Mißratener Fortschritt. München 1977
FORUM »MUT ZUR ERZIEHUNG«: Beiträge zu einem Forum am 9./10. Jan. 1978 in Bonn-Bad Godesberg. Stuttgart 1978
FÜRSTENAU, P.: Neuere Entwicklungen der Bürokratieforschung und das Schulwesen. In: Neue Sammlung 6 (1967), S. 511–550

GLÄNZEL, H.: Lehren als Beruf. Hannover 1967
GÖTTLER, J.: System der Pädagogik (1915). München ¹¹1961
GROSS, E.: Work and Society. New York 1958
–: Zur Soziologie und Psychoanalyse der Schule. 2 Bde. Bad Heilbrunn ⁷1979
HEILAND, H.: Einführung. In: SCHUBERT, U.: Das Schulfach Heimatkunde. Hildesheim 1987, S. V–XV
HENTIG, H. VON: Cuernavaca oder: Alternativen zur Schule. Stuttgart/München 1971
–: Schule als Erfahrungsraum? Stuttgart 1973
–: Was ist eine humane Schule? München 1976
HERBART, J. F.: Sämtliche Werke, hrsg. v. O. FLÜGEL/K. KEHRBACH. Bd. I–XIII. Langensalza 1887ff.
HORNEY, W., MERKEL, P., WOLF, F. (Hrsg.): Handbuch für Lehrer. 3 Bde. Gütersloh ²1963
HÜLSHOFF, R.: Zur Profilierung der Erziehung in der Freien Schule. In: PÖPPEL, K. G. (Hrsg.): Freie Schule als Beitrag zur Schulreform. Hildesheim 1977, S. 101–125
ILLICH, J.: Entschulung der Gesellschaft. München 1972
KANT, I.: Zur Beantwortung der Frage: Was ist Aufklärung (1784). In: Werke (Akademie-Ausgabe). Berlin 1968, Bd. VIII, S. 34ff.
KECK, R. W.: Theorie der Schule. In: NICKLIS, W. S. (Hrsg.): Handwörterbuch der Schulpädagogik. Bad Heilbrunn 1973, S. 52–56
–: Kooperation Elternhaus–Schule. Bad Heilbrunn 1978
–: Unterricht gliedern – Zielorientiert lehren. Bad Heilbrunn 1983
–: Schulleben – eine reale Utopie innerer Schulreform. In: Unterrichten und Erziehen 3 (1984), S. 6–11
–/SANDFUCHS, U. (Hrsg.): Schulleben konkret. Bad Heilbrunn 1979
KELLERMANN, P.: Organisierte Bildung und Arbeitsteilung im Rahmen gesellschaftlicher Entwicklung. In: Anstöße 31 (1984), S. 42–52
KERSCHENSTEINER, G.: Grundfragen der Schulorganisation. Leipzig 1907
–: Das Grundaxiom der Bildungsprozesse. Berlin 1926
–: Die Seele des Erziehers und das Problem der Lehrerbildung. Leipzig ³1930
KLAFKI, W./RÜCKRIEM, G. M. u. a.: Funkkolleg: Erziehungswissenschaft. 2 Bde. Frankfurt/M. 1970. Bd. 1 (Bearb. BECKMANN, H.-K.: S. 215–237). Bd. 2 (Bearb. KLAFKI, W., S. 127–167)
LA VOPA, A. J.: Prussian Schoolteachers. Profession and Office 1763–1848. Chapel Hill 1980
LEWIN, K./LIPPIT, R./WHITE, R.: Patterns of aggressive behavior. In: Journal of Social Psychology (1939), S. 271–299
LIETZ, H.: Die deutsche Nationalschule. Leipzig 1911
MACK, R. W.: Occupational Determinateness. Social Forces. Bd. 35, 1956
MOLLENHAUER, K.: Die Rollenproblematik des Lehrerberufs und die Bildung. In: Die Deutsche Schule 54 (1962), S. 463–480
NOHL, H.: Der lebendige Herbart. In: Die Sammlung 3 (1948), S. 200–215
–: Die pädagogische Bewegung in Deutschland und ihre Theorie (1930). Frankfurt ⁵1961
OFFE, C.: Bildungssystem, Beschäftigungssystem und Bildungspolitik. In: ROTH, H./FRIEDRICH, D. (Hrsg.): Bildungsforschung I. Stuttgart 1975, S. 215–252
PESTALOZZI, J. H.: Sämtliche Werke (Krit. Ausg.), hrsg. v. A. BUCHENAU/E. SPRANGER/H. STETTBACHER. 28 Bde. Berlin/Leipzig 1927ff., Zürich 1952ff.
PETERSEN, P.: Neueuropäische Erziehungsbewegung. Weimar 1926
PETZELT, A.: Wissen und Haltung. Freiburg 1955
PÖGGELER, F.: Der pädagogische Fortschritt und die verwaltete Schule. Freiburg 1960
PÖPPEL, K. G.: Erziehen in der Schule. Hildesheim 1983
RAMSEGER, J.: Gegenschulen. Radikale Reformschulen in der Praxis. Bad Heilbrunn 1975
REIMER, E.: Schafft die Schule ab! Reinbek 1972
RÜSCHEMEYER, D.: Rekrutierung, Ausbildung und Berufskultur. In: GLASS, D./KÖNIG, R. (Hrsg.): Soziale Schichtung und soziale Mobilität. Köln 1961, S. 115ff.
–: Doctors and Lawyers. In: Canadian Review of Sociology and Anthropology 1 (1964), S. 25–36
SCHUBERT, U.: Das Schulfach Heimatkunde. Hildesheim 1987
SCHULZ, W.: Umriß einer didaktischen Theorie der Schule. In: Die Deutsche Schule 6 (1969), S. 61–72

–: In: HEIMANN, P., OTTO, G., SCHULZ, W.: Unterricht – Analyse und Planung. Hannover 1965, S. 13–47
SPRANGER, E.: Lebensformen. In: Festschrift für Alois Richl. Halle 1914, S. 413–522
TAUSCH, R. u. A.: Erziehungspsychologie. Göttingen ⁿ1971
WEBER, M.: Wirtschaft und Gesellschaft, hrsg. v. J. WINCKELMANN. Tübingen ⁴1956. 1. Halbbd., S. 122 ff.; 2. Halbbd., S. 690 ff.
WEISS, C.: Pädagogische Soziologie IV. Soziologie und Sozialpsychologie der Schulklasse. Bad Heilbrunn ⁿ1970
WILHELM, TH.: Theorie der Schule. Stuttgart 1967
WILLMANN, O.: Die Fundamentalbegriffe der Erziehungswissenschaft. In: Jb. des Vereins für christl. Erziehungswissenschaft 1 (1908), S. 1 ff.
WITTENBRUCH, W.: In der Schule leben. Stuttgart 1980
WYNEKEN, G.: Schule und Jugendkultur. Jena 1913

Dietrich von Derschau

Erzieher/Erzieherin

1 Vorbemerkungen

Der Terminus »Erzieher« wird als Berufsbezeichnung für die Gruppe sozialpädagogischer Fachkräfte verwandt, die in der Regel eine sozialpädagogische Ausbildung auf der Fachschulebene absolviert hat. Die Erzieherinnen sind in der Berufs- und Ausbildungshierarchie im sozialpädagogischen Bereich angesiedelt zwischen der *Kinderpflegerin* (ausgebildet an Berufsfachschulen) und dem Sozialpädagogen/Sozialarbeiter und Diplompädagogen (→ *Sozialpädagoge/Sozialarbeiter...*; → *Diplompädagoge, Diplompädagogin*).

Auf die Berufsgruppe der Kinderpflegerin wird in diesem Handbuch nicht in einem gesonderten Artikel eingegangen, da aus pädagogisch-fachlicher Sicht die Einschätzung überwiegt, daß diese Ausbildung nicht den hohen Anforderungen qualifizierter sozialpädagogischer Arbeit in Einrichtungen der Jugendhilfe genügt: Ein angemessener Einsatz der Kinderpflegerin in Helferfunktionen würde voraussetzen, daß diese Arbeit sinnvoll auszudifferenzieren wäre. Da aber die Kinderpflegerin in der Jugendhilfe noch 8,7% des Personals ausmacht (im vorschulischen Bereich sogar ca. 15%, vgl. Tabelle 1, S. 974ff.), wird in diesem Beitrag diese Berufsgruppe auch mitberücksichtigt.

2 Ausbildung

2.1 Ausbildung der Kinderpflegerin

Die Ausbildung zur Kinderpflegerin erfolgt an Berufsfachschulen für Kinderpflegerinnen. Sie setzt in der Regel den Hauptschulabschluß bzw. einen gleichwertig anerkannten Schulabschluß voraus und dauert je nach Bundesland ein bis drei Jahre (zu den Regelungen in den einzelnen Bundesländern siehe LUCKS u. a. 1988).

Ursprünglich war diese bereits von FRÖBEL konzipierte *Ausbildung* zur Kinderpflegerin allein auf die Mitarbeit in der Familie mit Kindern ausgerichtet und umfaßte neben erzieherischen und pflegerischen Inhalten vor allem eine hauswirtschaftliche Vorbereitung. Als die Kinderpflegerin jedoch – meist wegen Personalknappheit und als billigere Arbeitskraft – in außerfamilialen Einrichtungen der Kindererziehung vermehrt tätig wurde, erfolgte neben der hauswirtschaftlichen und pflegerischen Orientierung auch eine sozialpädagogische Ausrichtung der Ausbildung (zur Entwicklung siehe v. DERSCHAU 1976, S. 99ff.). Dennoch bleibt die Kinderpflegerinnenausbildung umstritten: Viele Fachleute weisen angesichts der unbestritten großen Bedeutung der frühkindlichen Sozialisation darauf hin, daß die qualitativen Anforderungen an die Betreuungs-, Bildungs- und Erziehungsarbeit in Krippe, Kindergarten und Hort so hoch sind, daß dafür eine so kurze und niedrig angesetzte Ausbildung wie die der Kinderpflegerin absolut nicht ausreicht. Entsprechend dieser Auffassung bestand in den 70er Jahren in den meisten Bundesländern die Tendenz, Kinderpflegerinnen nicht mehr für die Arbeit in Kindergärten einzustellen. In den 80er Jahren wurde dann allerdings aufgrund des

Tab. 1: In der Jugendhilfe am 31. 12. 1986 tätige Personen*

	Insgesamt Anzahl/ Prozent aller in der Jugendhilfe Tätigen	Dipl.-Sozial-pädagoge/ Sozial-arbeiter (FHS)	Dipl.-Pädagoge/ Dipl.-Sozial-arbeiter/ Sozial-wissen-schaftler (Wiss. Hochsch.)	Fach-lehrer, sonstige Lehrer	Sonstiger Hoch-schul-abschluß	Erzieher	Kinder-pflegerin	med./ thera-peutische heilpäd. Ausbildung	Ver-waltungs-/ Hauswirt-schaftliche Aus-bildung	Sonstiger Ausbil-dungs-abschluß	noch in Aus-bildung	ohne abge-schlossene Aus-bildung
Heim für Kleinst- und Kleinkinder	226/0,1	8	1	–		63	42	45	18	19	12	18
Heim für Kinder und Jugendliche	33 174/11,0	3512	555	1379	875	10877	920	1313	2524	4457	1844	4891
Heim für behinderte Kinder und Jugendliche	12 719/4,2	589	136	350	225	2886	733	2311	697	1541	1108	2143
Aufnahme- und Über-gangsheim, Jugend-schutzstelle	598/0,2	157	14	12	19	157	4	11	43	46	57	60
Beobachtungsheim und Diagnosezentrum	92/0,03	16	1	3	11	18	1	26	9	5	3	14
Pädagogisch betreute selbständige Wohnge-meinschaft	982/0,3	348	65	37	68	212	6	45	60	71	50	37
Pädagogisch betreute Wohngruppe	959/0,3	265	26	29	29	356	7	65	34	50	45	73
Heim für werdende Mütter und Heim für Mutter und Kind	782/0,3	125	16	5	16	181	43	171	78	80	56	117
Kur-, Genesungs- und Erholungsheim für Kin-der und Jugendliche	2 025/0,7	63	10	45	9	549	184	488	210	281	121	381

Einrichtungsart												
Jugendwohnheim, Schülerheim, Wohnheim für Auszubildende	11322/3,8	816	152	970	373	2209	94	1145	1303	2325	616	1976
Krippe	6586/2,2	132	18	27	8	2208	1586	1288	76	275	272	884
Kindergarten	133741/44,5	2373	299	504	105	75897	19896	1108	840	4173	11800	16744
Hort	12847/4,3	674	61	236	45	7501	1009	39	167	570	869	1589
Tagesstätte für behinderte Kinder und Jugendliche	3754/1,3	119	23	63	9	1076	484	1147	116	1007	133	673
Großpflegestelle	7166/2,4	523	56	226	180	2268	812	3	252	522	445	733
Einrichtungen der Stadtranderholung	48/0,01	1	–	1	–	13	4	4	2	9	2	13
Ferien- und Erholungsstätte für Kinder und Jugendliche	7166/2,4	34	7	7	9	18	1	22	30	61	119	98
Familienferienstätte	1200/0,4	30	7	17	13	57	17	5	223	398	91	325
Pädagogisch betreuter Spielplatz	888/0,3	12	2	5	8	24	13	7	225	203	86	301
Jugendraum	1579/0,5	268	32	55	18	472	14	14	55	250	298	106
Jugendheim	1572/0,5	269	71	43	135	175	2	103	76	419	141	227
Jugendzentrum, Jugendfreizeitheim, Haus der offenen Tür	13914/4,6	8844	586	631	355	2073	44	1	462	2389	2037	1390
Jugendzeitplatz	164/0,005	4	–	2	–	2	–	35	34	73	15	33
Jugendherberge und Jugendgästehaus	3394/1,1	24	2	15	9	36	9	7	526	1363	196	1179
Jugendübernachtungshäuser	231/0,1	3	–	1	12	3	1	7	42	97	8	57
Jugendtagungsstätten Jugendbildungsstätten	4188/1,4	266	99	178	204	83	4	19	799	1217	389	934
Erziehungs-, Jugend- u. Familienberatungsstellen	7639/2,5	2103	342	230	2201	227	6	735	1006	391	206	192
Drogen- u. Suchtberatungsstellen	1765/0,6	954	76	14	200	25	–	70	219	88	71	48

Tab. 1 (Fortsetzung)

	Insgesamt	Dipl.-Sozialpädagoge/Sozialarbeiter (FHS)	Dipl.-Pädagoge Dipl.-Sozialarbeiter/Sozialwissenschaftler (Wiss. Hochsch.)	Fachlehrer, sonstige Lehrer	Sonstiger Hochschulabschluß	Erzieher	Kinderpflegerin	med./therapeutische heilpäd. Ausbildung	Verwaltungs-/Hauswirtschaftliche Ausbildung	Sonstiger Ausbildungsabschluß	noch in Ausbildung	ohne abgeschlossene Ausbildung
	Anzahl/Prozent aller in der Jugendhilfe Tätigen											
Einrichtungen der Mitarbeiterfortbildung	416/0,01	57	25	15	49	12	–	6	84	58	28	82
Einrichtungen der Eltern- und Familienbildung	3 639/1,2	543	213	288	233	346	25	404	513	835	113	146
Praxiseinrichtungen insges.	*250 120/83,3*	*14206*	*2142*	*4663*	*2499*	*109328*	*25929*	*2302*	*8064*	*20587*	*20371*	*34005*
Gemeinden ohne Jugendamt	452/0,2	161	33	26	9	15	–	3	148	22	26	9
Jugendämter	22 493/7,5	9934	269	254	442	409	26	82	8306	1303	809	649
Landesjugendämter	1 022/0,3	408	28	4	81	7	2	5	394	59	8	26
Oberste Landesjugendbehörde	676/0,2	180	7	5	98	11	2	13	246	84	4	26
Geschäftsstellen eines freien Trägers der Jugendhilfe	6 121/2,0	1656	231	165	544	197	7	87	1754	892	218	370
Arbeitsgemeinschaften und sonstige Zusammenschlüsse von Trägern der Jugendhilfe	1 530/0,5	365	111	148	105	112	3	31	212	263	103	77
Behörden, Geschäftsstellen u. ä. insges.	*32 294/10,8*	*12704*	*679*	*602*	*1279*	*751*	*40*	*231*	*11060*	*2623*	*1168*	*1155*
Insgesamt	300 292/100	30836	3576	5991	6677	110775	26005	9774	21767	25896	22354	36621

Quelle: eigene Berechnung nach Statistisches Bundesamt. Statistik der Jugendhilfe. Teil III: Einrichtungen und tätige Personen in der Jugendhilfe am 31. 12. 1986. Wiesbaden 1988.
* entsprechende Tabelle für 31. 12. 1982 s. GEW 1986. S. XI/10–XI/13

großen Arbeits- und Ausbildungsplatzmangels die Kinderpflegerinnenausbildung in nicht unproblematischer Weise wieder dadurch »aufgewertet«, daß sie häufig von Arbeitsvermittlungen als ein Ausweg, eine Art Berufsgrundbildung für nicht vermittelbare Hauptschulabsolventinnen empfohlen wurde. Nicht zuletzt vor diesem Hintergrund wurden die Diskussionen um eine Umwandlung und eine Neugestaltung dieser Ausbildung intensiviert (vgl. z. B. BEHLEN 1988), v. DERSCHAU 1986b); diese Diskussion blieb jedoch bisher weitgehend folgenlos.

Inzwischen beschäftigen die Anstellungsträger wieder vermehrt Kinderpflegerinnen besonders als Zweitkräfte, weil diese Lösung eindeutig kostengünstiger ist als die Finanzierung einer weiteren Erzieherin. Trotz zunehmend geforderter ganzhcitlicher Erziehungsbemühungen wird damit eine inhaltlich kaum zu rechtfertigende hierarchische Differenzierung des Personals in Fachkräftde und Hilfskräfte, in Gruppenleiterinnen und Helferinnen (mit den entsprechenden tariflichen Folgen) verfestigt.

Relativ häufig wird die Ausbildung zur Kinderpflegerin als Einstiegsberuf gewählt, mit dem Ziel, später eine zusätzliche Ausbildung im medizinischen, sozialen und pädagogischen Bereich anzuschließen, für die oft die bildungs- und altersmäßigen Voraussetzungen zum Zeitpunkt des Ausbildungsbeginns als Kinderpflegerin noch nicht erfüllt waren. Die Möglichkeit, in vielen Bundesländern zugleich mit diesem Berufsabschluß oder durch zusätzliche Prüfungen den Mittleren Bildungsabschluß zu erreichen, verstärkt diese Tendenz. Ebenso erscheint zur Erlangung der Zugangsvoraussetzungen für die Erzieherausbildung die Vorbildung als Kinderpflegerin vielen Interessentinnen attraktiver als eine berufsfremde Ausbildung oder ein zweijähriges kaum vergütetes Vorpraktikum.

2.2 Ausbildung der Erzieher

2.2.1 Aspekte der Entwicklung

Die Erzieherausbildung ist hervorgegangen aus den ursprünglich getrennten *Ausbildungs*gängen zur *Kindergärtnerin und Hortnerin* (Zusammenschluß zu einer zweijährigen Ausbildung an Kindergärtnerinnenseminaren ab 1929) und der ab 1922 entstandenen ein- bis zweijährigen Ausbildung zur Jugend- und Heimerziehung an Schulen und Seminaren für Heimerziehung. Die Integration erfolgte je nach Bundesland zwischen 1962 und 1972 zu einer dreijährigen Ausbildung zum »staatlich anerkannten Erzieher«. Mit diesem Zusammenschluß wurde der Annäherung der Inhalte der Ausbildungsgänge ebenso Rechnung zu tragen versucht wie der zunehmenden Überlappung der Aufgabenbereiche in einem immer differenzierteren und sich verzahnenden System von *Erziehungshilfe*- und *Jugendhilfeeinrichtungen*. Diese Ausbildung steht gleichermaßen Frauen und Männern offen (→ *Sozialpädagogische Institutionen*).

Eine spezielle Ausbildung für die Tätigkeit im vorschulischen Bereich bzw. für die Jugend- und Heimerziehung ist somit nicht mehr vorgesehen. Allerdings werden innerhalb dieses integrierten Ausbildungsganges von zahlreichen Fachschulen gegenwärtig, z. T. parallel, folgende Schwerpunkte bzw. Vertiefungsgebiete angeboten: Vorschulerziehung und Hort, Heimerziehung, Freizeitpädagogik, offene Kinder- und Jugendarbeit. Eine solche Differenzierung ist jedoch nicht unumstritten, da die *Erzieherausbildung* als breite, auf selbständiges Arbeiten in *allen* Bereichen der Jugendhilfe vorbereitende Grundausbildung konzipiert sein sollte, die einen vielseitigen Einsatz in der sozialpädagogischen Arbeit ermöglicht. Die angedeutete Kritik wird auch vorgebracht gegen eine in den letzten Jahren in Baden-Württemberg erneut eingerichtete spezialisierte dreijährige Erzieher*ausbildung zur Jugend- und Heimerziehung* (→ *Sozialpädagogik und Heimerziehung*).

Eine solche Ausdifferenzierung in spezialisierte Ausbildungswege für unterschiedliche Einrichtungen gab es jedoch in der ehemaligen DDR: Krippenerzieherinnen besuchten dort drei Jahre eine medizinische Fachschule, in der aber auch entwicklungspsychologische und pädagogische Fächer gelehrt wurden. Erzieherinnen für Kindergärten durchliefen eine dreijährige Ausbildung an Pädagogischen Schulen (Fachschulstatus, Voraussetzung 10. Klasse der Oberstufe). Horterzieherinnen haben eine Ausbildung als Lehrerin für die unteren Klassen (Einsatz im Unterricht oder im Hort möglich). Heimerzieher wurden in gesonderten Fachschulen ausgebildet.

Vor dem Hintergrund der anderen Tradition in den neuen Bundesländern, aber auch der bevorstehenden EG-Binnenmarkt-Öffnung wird die Diskussion um die zukünftige Gestaltung der Erzieherausbildung in den nächsten Jahren neu geführt werden müssen: Zum einen gibt es nur in der Bundesrepublik eine so breit angelegte sozialpädagogische Ausbildung, während alle anderen Länder spezialisiertere Qualifikationen für die Arbeit mit kleinen Kindern haben (vgl. HERZBERG/NISSEN 1983; Moss 1988). Zum anderen besteht angesichts der nur zweijährigen Dauer der rein schulischen Ausbildung in der Bundesrepublik (es ist fraglich, ob das Berufspraktikum bei der Regelung der wechselseitigen Anerkennung und Vergleichbarkeit der Ausbildungen als Bestandteil der Ausbildung gewertet wird) die Gefahr, daß der Erzieherberuf im europäischen Vergleich nur noch als Helferberuf eingestuft wird (Stand der Verhandlungen einer EG-Kommission, die Richtlinien zur Regelung der Anerkennung beruflicher Befähigungsnachweise erarbeitet, Sommer 1990). In dieser konzeptionellen Diskussion wird es vor allem darauf ankommen, darüber besteht in den Fachdiskussionen in der Bundesrepublik weitgehende Übereinstimmung, eine zu frühzeitige und einseitige Spezialisierung zu verhindern; ein Konzept einer breiten, dafür auch ausreichend langen Grundausbildung mit darauf aufbauender Fortbildung für die je spezifischen Arbeitszusammenhänge und ein System von Weiterbildungsphasen für die Vorbereitung des Wechsels von einem sozialen Arbeitsfeld in ein anderes sollten dem gegenübergestellt werden.

Ein charakteristisches Kennzeichen der historischen Entwicklung dieser Ausbildung bis in die Gegenwart hinein ist, daß die Ausbildung immer nur, meist zeitverzögert, auf die Anforderungen der jeweiligen sozialen und sozialpädagogischen Praxis reagierte. Eine Einbettung in die Fach- und Wissenschaftsdiskussion fehlte weitgehend, innovative Impulse gingen von ihr nicht aus. Damit beschränkte sie sich bis in die Gegenwart hinein weitgehend auf die Vorbereitung und Anpassung an die jeweils bestehende Praxis; eine planmäßige Qualifikation für eine antizipierte bessere Praxis fand und findet kaum statt.

Die lange Zeit deutlich sozialpflegerische Ausrichtung des *Kindergartens* (→ *Kindergarten- und Vorschulpädagogik*) mit seiner einseitigen Orientierung an der intakten Mittelschichtfamilie, seinen romantischen, oft antizivilisatorischen Zügen, seiner ideologischen Überhöhung des unbewußt ahnenden Kinderspiels und seiner bewußten Abgrenzung von der Schule hat eine Entsprechung in der Entwicklung der Ausbildung gefunden: Die inhaltliche Gestaltung blieb weitgehend sozialpädagogisch und pflegerisch orientiert, Niveau und Status der Ausbildung vergleichbar dem hauswirtschaftlichpflegerischer Berufe. Die Kindergärtnerin als »Tante« oder »Mutterersatz« brauchte demnach keine etwa der Lehrerin vergleichbare Ausbildung: eine Entfaltung der fraulich-mütterlichen Fähigkeiten, der Liebe zum Kind und des nachgehend beschützenden Umgangs, verbunden mit der Vermittlung eines reichen Repertoires an Beschäftigungsmöglichkeiten und musischen Fertigkeiten, erschien für lange Zeit ausreichend. Erst im Zusammenhang mit der Wiederentdeckung des bereits von FRÖBEL beschriebenen Bildungsauftrages des Kindergartens Ende der sechziger Jahre fanden Fragen nach der Qualifizierung der Fachkräfte wieder mehr Beachtung. (Zur historischen Entwicklung der Ausbildung siehe z. B. GEHRING 1929; v. DERSCHAU 1976.)

Ähnliches gilt für die Ausbildung der Heimerzieher, die erst nach der Neuorganisation der Fürsorge in den zwanziger Jahren institutionalisiert und durch die radikale Infragestellung von Heimerziehung in den sechziger Jahren problematisiert wurde.

2.2.2 Gegenwärtige Ausbildungsstruktur

Die Ausbildung wird im Schuljahr 1988/89 an 301 *Fachschulen* bzw. *Fachakademien für Sozialpädagogik* (in Nordrhein-Westfalen im Rahmen eines Schulversuches auch an *Kollegschulen*) durchgeführt, von denen sich ca. 45% in privater, meist kirchlicher *Trägerschaft* befinden (vgl. v. DERSCHAU/SCHERPNER [6]1989, S. 45ff.). Etwa drei Viertel der Fachschulen und Fachakademien sind nicht selbständig, sondern meist als Zweige oder Abteilungen an größere Schulverbunde, meist hauswirtschaftliche oder sonstige Berufs- und Berufsfachschulen, angegliedert. Ein großer Teil der Fachschulen ist relativ klein (häufig nur einzügig), so daß nur begrenzt differenzierende Angebote und Lehrformen möglich sind und hauptamtliche Lehrkräfte für die durchschnittlich etwa 18 zu unterrichtenden Fächer eingestellt werden können; ein erheblicher Teil des Unterrichts muß von Teilzeitkräften, nebenamtlichen oder hauptsächlich an anderen Schulen bzw. Schulzweigen unterrichtenden Kräften erteilt werden, was für die Kontinuität und die berufsspezifische Orientierung erhebliche Probleme mit sich bringt.

Die Vollzeitausbildung zum Erzieher dauert in der Regel drei Jahre. Der erste zweijährige schulische Abschnitt ist stärker fachtheoretisch orientiert und verbunden mit kurzen Praktika. Dabei erfolgt im ersten Jahr meist eine Konzentration auf die vorschulische, im zweiten Jahr auf außerschulische Erziehung. Daran schließt sich ein einjähriges Berufspraktikum an, das von der *Ausbildungsstätte* durch begleitenden Unterricht und Praxisbesuche betreut wird. Teilweise wird das Berufspraktikum auch in die schulische Ausbildung integriert. (Zu länderspezifischen Regelungen und Abweichungen hier und im folgenden siehe v. DERSCHAU/SCHERPNER [6]1989).

Als schulische *Zugangsvoraussetzung* wird in der Regel der Realschul- oder ein gleichwertiger Bildungsabschluß verlangt. Die Anforderungen an die berufspraktischen Vorerfahrungen sind auf der Grundlage der »Rahmenvereinbarung über die Ausbildung und Prüfung von Erziehern/Erzieherinnen« der Ständigen Konferenz der Kultusminister der Länder vom 24. 9. 1982 in den einzelnen Bundesländern erheblich angehoben worden: Reichte bis Anfang der 80er Jahre noch eine einjährige praktische Tätigkeit in einer sozialen oder sozialpädagogischen Einrichtung bzw. der mindestens einjährige Besuch einer berufsvorbereitenden oder berufsbildenden Vollzeitschule aus, so wird in der Zwischenzeit eine abgeschlossene Berufsausbildung oder eine mehrjährige Berufstätigkeit bzw. Vergleichbares verlangt. Das, was als vergleichbar anerkannt wird, ist in den Bundesländern unterschiedlich geregelt.

Die Struktur der Fachschule ist am Organisationsmodell des traditionellen berufsbildenden Schulsystems orientiert und eher an Prinzipien bürokratischer und schulrechtlicher Perfektionierung ausgerichtet als an pädagogischen Vorstellungen (vgl. AGJ 1983, S. 65); eine Verwissenschaftlichung der Ausbildung hat nicht stattgefunden. Die starke Verschulung äußert sich z. B. in der Einteilung in »Schul«jahre und Jahrgangsklassen, in Zeugnissen und Versetzung, der Bemessung der Wochenstundenzahlen nach den Regelungen der Sekundarstufe II, den Einstellungsvoraussetzungen für Lehrkräfte. Es besteht meist ein relativ autoritätsfixiertes Verhältnis zwischen »Lehrern« und »Schülern«, was seine Entsprechung in hierarchischen Schulleitungsstrukturen findet. Angesichts solcher Rahmenbedingungen ist eine spezifische Gestaltung der Ausbildung gemäß den spezifischen berufspraktischen Erfordernissen nur begrenzt und unter erschwerten Bedingungen möglich.

2.2.3 Inhaltliche Gestaltung

Rahmenrichtlinien, Lehr- und *Stoffpläne* lagen im Schuljahr 1988/89 nur in einigen Bundesländern vor, sie sind bis auf wenige Ausnahmen nicht auf dem neueren Stand wissenschaftlicher Diskussion. Es sind meist nur unter fachspezifischen Gesichtspunkten zusammengetragene Stoffsammlungen, die tradierte Ausbildungsziele und lehrerzentrierte Vermittlungsverfahren begünstigen und einem an den Problemen und Bedürfnissen der angehenden Erzieher und an der sozialpädagogischen Berufspraxis orientierten interdisziplinären Arbeiten kaum Raum lassen. Angesichts solcher Voraussetzungen und der fehlenden bzw. meist unzureichenden didaktischen Ausbildung der Lehrkräfte wird z. T. verständlich, daß für die Erzieherausbildung kein geeignetes Ausbildungskonzept realisiert worden ist: Eine Didaktik der Erzieherausbildung wurde bisher nur in den Anfängen entwickelt (vgl. z. B. FISCHER 1980; GRUSCHKA 1985), es gibt kaum qualifizierte Lehrbücher oder sonstige Medien, Curricula für einzelne Fächer oder thematische Einheiten liegen nur vereinzelt, häufig nur in Entwürfen vor.

Die Integration von Theorie und Praxis gelingt trotz zahlreicher Praktika, sie machen ca. 40% der dreijährigen Ausbildung aus, meist nur unzureichend. Eine wechselseitige Durchdringung, etwa in Form einer flexiblen Transformation des Grundlagenwissens auf jeweils konkrete Praxissituationen, fehlt oft ebenso wie umgekehrt die Reflexion solcher Situationen und Erfahrungen vor dem Hintergrund einer kritischen Theorie. Dies führt nicht selten dazu, daß praxisorientierte Ausbildungsfragen bzw. -fächer lediglich monokausal auf konkrete Phänomene und »Erfahrungen« der Berufspraxis in sozialpädagogischen Einrichtungen abheben, ohne jeweils die zugrundeliegenden gesellschaftlichen Ursachenzusammenhänge ausreichend einzubeziehen. Andererseits wird die Auseinandersetzung mit »Theorien« weitgehend auf die Übernahme von »Ergebnissen«, abgeleiteten Handlungsweisen und Erklärungsschemata verkürzt, ohne das Zustandekommen wissenschaftlicher Erkenntnisse, deren allgemeine Bedeutung und Praxisrelevanz auch im gesellschaftlichen Kontext, umfassender zu problematisieren (vgl. z. B. AGJ 1983, S. 19ff.).

In den letzten Jahren mehren sich jedoch die Bemühungen und Versuche, durch flexiblere Arbeitsformen, fächerübergreifendes Unterrichten, Nutzung der Möglichkeiten von projektorientierten Arbeitsphasen die Ausbildung junger Erwachsener zum Erzieher angemessener zu gestalten und zu einem anderen Verhältnis von Theorie und Praxis in der Ausbildung zu gelangen (vgl. dazu bes. ARBEITSGRUPPE 1979; POUSSET/v.

SCHACHTMEYER 1981 u. 1986; KRÜGER u. a. 1981; RABE-KLEBERG u. a. 1983 und 1986; BUNDESVERBAND EVANGELISCHER AUSBILDUNGSSTÄTTEN 1985; GRUSCHKA 1985).

3 Fort- und Weiterbildung

Die *Fortbildung der Erzieher* spielte lange Zeit eine sehr nachgeordnete Rolle, das Angebot von Fortbildungseinrichtungen wurde nur begrenzt wahrgenommen (vgl. KRAUSE 1978). Erst im Rahmen der Reformbemühungen im sozialpädagogischen Bereich in den 70er Jahren galt ein besonderes Augenmerk der Fortbildung und der Fachberatung, da man davon ausging, daß Innovationen in diesem Bereich nur mit entsprechend professionalisierten Erziehern möglich sind. Dabei zeigte sich, daß ein integriertes Modell von Fortbildung und *Fachberatung* bzw. *Supervision*, die inhaltlich, methodisch und organisatorisch aufeinander bezogen und koordiniert sowie personell verknüpft werden, den Zielen der Praxis und innovativen Veränderungen am ehesten gerecht wird (vgl. KRAUSE/KRÜGER 1985). Zwar erfolgte in den 70er Jahren eine erhebliche Ausweitung, der erstrebenswerte Ausbau dieser als Verbundsystem zu gestaltenden Infrastrukturangebote ist jedoch bis Ende der 80er Jahre nicht erfolgt.

Berufserfahrene Erzieher haben in den meisten Bundesländern auch die Möglichkeit, an Fachschulen für Heilpädagogik, die meist Fachschulen für Sozialpädagogik angegliedert sind, sich in einem 1½- bis 2jährigen Ausbildungsgang vollzeitlich (berufsbegleitend entsprechend länger) zum »Heilpädagogen« weiterzubilden (zur Ausgestaltung dieser Zusatzausbildung in den einzelnen Bundesländern s. FLOSDORF 1988). Diese Zusatzausbildung qualifiziert für die Arbeit mit behinderten und in ihrer Entwicklung gefährdeten oder gestörten Kindern, Jugendlichen und Erwachsenen. Weitere Zusatzausbildungen werden für eine Tätigkeit in Waldorf-Kindergärten und in Montessori-Kindergärten angeboten.

Es zeugt von der bildungspolitischen Geringschätzung der Erzieherausbildung, wenn ein bis in die 60er Jahre hinein ganz bedeutsamer Weiterqualifikationsweg in der Zwischenzeit weitgehend verschüttet ist: Die frühere Jugendleiterinnenausbildung war als eine auf die Kindergärtnerinnenausbildung *aufbauende* Qualifikation konzipiert gewesen. Erst mit deren Umwandlung zur Sozialpädagogenausbildung in den 60er Jahren wurde daneben auch ein grundständiger Ausbildungsgang geschaffen, der diese Vorbildung nicht voraussetzte. Bei der Überleitung der Ausbildung in die Fachhochschulen entfiel dann bis auf wenige Ausnahmen die Möglichkeit der Anrechnung der Erzieherausbildung und -tätigkeit. Fachschulen für Sozialpädagogik müssen inzwischen sogar noch Zusatzangebote zum Erwerb der Fachhochschulreife machen, damit die Erzieherinnen überhaupt die Zugangsvoraussetzung für ein Fachhochschulstudium erhalten. Das sozialpädagogische Fachhochschulstudium ist damit in der Regel nicht länger eine aufbauende Perspektive und Zusatzqualifikation für Erzieher; es ist vielmehr in den meisten Bundesländern auch für Erzieherinnen eine völlig neue, achtsemestrige Ausbildung.

Notwendig wäre eine sehr breite Palette an aufbauenden Zusatzqualifikationen – vor allem im Blick auf älter werdende Erzieherinnen. Sie fühlen sich bei den großen Gruppen physisch und psychisch immer mehr überfordert und suchen dann oft eine berufliche Neuorientierung auf der Grundlage ihrer bisherigen Qualifikationen und

Erfahrungen, z. B. eine Weiterqualifikation für die Altenarbeit, Haus- und Familienpflege oder Beratungstätigkeit.

So bedeutsam es ist, daß sich Erzieher in ihrer beruflichen Kompetenz weiterqualifizieren, so problematisch erweist es sich dann, wenn die *Weiterqualifikation* nur im Sinne einer Spezialisierung gesehen wird. Eine solche Ausrichtung birgt die Gefahr, durch spezialisierende Arbeit die komplexen Zusammenhänge des Alltagslebens zu zerstükkeln und Praxisabläufe anders zu definieren.

Auch hier wird wieder deutlich, daß eine hierarchische Gliederung der Ausbildung und des Personals in Praxiseinrichtungen der Jugendhilfe kaum funktional ist, wenngleich unterschiedliche zusätzliche Kompetenzen und ein gewisser Grad an Arbeitsteilung durchaus sinnvoll erscheinen kann. Ein Modell, das eine breit angelegte, einheitliche sozialpädagogische (Grund-)Ausbildung (gegebenenfalls mit gestuften Abschlüssen und Möglichkeiten für individuelle Studienprofile in der zweiten Ausbildungshälfte) verknüpft mit einem vielfältigen Angebot an Weiterbildung und postgradualer Ausbildung nach längerer Berufspraxis wird schon seit langem gefordert (vgl. dazu z. B. v. DERSCHAU 1976, S. 125ff.; AGJ 1983, S. 22ff., S. 102ff.). Eine solche Konzeption ist aber bisher noch nicht einmal ansatzweise realisiert, ebensowenig wie Versuche, die unterschiedlichen Ausbildungsgänge inhaltlich aufeinander zu beziehen und abzustimmen.

4 Arbeitsbedingungen

4.1 Beruflicher Einsatz

Die Erzieher werden in den sozialpädagogischen Einrichtungen meist als Gruppenerzieher bzw. Gruppenleiter eingesetzt, im Bereich der Tageseinrichtungen für Kinder oft auch als Leiter einer Einrichtung. Die Kinderpflegerinnen dagegen werden meist als Zweitkraft in der Gruppe eingesetzt oder mit Helferfunktionen betraut. Daneben werden Kinderpflegerinnen nach wie vor in Familien tätig, wenngleich eine entsprechende Nachfrage schon seit langem deutlich zurückgegangen ist.

Die *Arbeitsmarktsituation* war in den 80er Jahren besonders für sozialpädagogische und soziale Berufsanfänger extrem ungünstig, obwohl die Zahl der sozialversicherungspflichtig Beschäftigten im sozialen und sozialpädagogischen Bereich zwischen Juni 1980 und Juni 1988 um fast 44% gestiegen ist (zur Arbeitsmarktsituation s. z. B. v. DERSCHAU 1990). Der Grund für die relativ hohe Arbeitslosigkeit ist vor allem, daß in den letzten Jahren die Verweildauer der Erzieherinnen im Beruf erheblich angestiegen ist. Dies ist wesentlich dadurch bedingt, daß besonders für Frauen – sie machen ca. 96% der sozialversicherungspflichtig beschäftigten Erzieher aus; die wenigen Männer arbeiten vor allem in der Jugend- und Heimerziehung – die Tätigkeit in der sozialpädagogischen Praxis früher überwiegend ein Durchgangsstadium (meist in die Ehe) war, so daß die durchschnittliche Verweildauer im Beruf nur wenige Jahre betrug. Zunehmend entwickelten sich jedoch in den letzten Jahren ein professionelles *Berufsverständnis* (vgl. dazu z. B. COLBERG-SCHRADER 1985) sowie ein Lebensinteresse, das sozialpädagogische Erwerbsarbeit und Familienarbeit als günstig miteinander verbindbar betrachtet. Dabei bietet die im sozialpädagogischen Bereich weit verbreitete Möglichkeit zur *Teilzeitbeschäftigung* zusätzlich günstige Voraussetzungen.

Während in den Ländern auf dem Gebiet der früheren DDR durch Schließungen und Verkleinerung von Einrichtungen eine sehr schwierige Arbeitsmarktsituation für sozialpädagogische Fachkräfte entsteht, hat sich die Arbeitsmarktsituation in den westlichen Ländern in den letzten Jahren grundlegend geändert: Wirtschaftliche und frauenpolitische Forderungen nach Vereinbarkeit von Arbeits- und Familienzeit führen zu einer zunehmenden Ausweitung des Betreuungsangebotes, vor allem im Kindergarten-, aber auch im Krippen- und Hortbereich. Neben dem dadurch entstehenden zusätzlichen Bedarf an Fachkräften steigt inzwischen der Ersatzbedarf offensichtlich wieder an, da die durchschnittliche Verweildauer im Beruf nicht mehr weiter zu wachsen scheint (ein breiterer empirischer Beleg für diese auf Beobachtungen basierende Vermutung fehlt bisher): So sank z. B. zwischen 1982 und 1986 der Anteil der 40jährigen und Älteren am Erzieherpersonal; etwa ab 35 läßt offensichtlich die Attraktivität des Berufes besonders deutlich nach, setzt Berufsmüdigkeit verstärkt ein, führen fehlende berufliche Perspektiven und Aufstiegsmöglichkeiten im sozialen Bereich zum Ausstieg (vgl. v. DERSCHAU 1989, S. 28f.; NN 1990).

Der Zunahme des Neu- und Ersatzbedarfes steht jedoch ein Rückgang der Zahlen angehender Erzieherinnen gegenüber. Im wesentlichen aufgrund des Mangels an Bewerberinnen ging die Zahl der jährlich die Ausbildung Beginnenden in den letzten fünf Jahren um ca. 20% auf 12500 (Schuljahrbeginn 1988/89) zurück. In den nächsten Jahren muß mit einem weiteren deutlichen Rückgang der Bewerberzahlen gerechnet werden angesichts der weiter abnehmenden Jahrgangsstärke der in das Ausbildungsalter kommenden Jugendlichen einerseits und der zunehmend größeren Konkurrenz durch die Verbesserung der Berufschancen für junge Menschen, vor allem Frauen, in anderen Berufen andererseits. Dem entgegenzuwirken erfordert, daß die Erzieherausbildung und der -beruf insgesamt deutlich attraktiver gestaltet wird. Dazu gehört zum einen eine deutlich bessere Vergütung, die auch den hohen Zugangsvoraussetzungen und der Ausbildungsdauer angemessen Rechnung trägt, sowie eine entschiedene Verbesserung bei den Rahmenbedingungen der beruflichen Tätigkeit, zum anderen die Entwicklung von langfristig tragfähigen beruflichen Perspektiven.

Die Bedingungen, unter denen Erzieherinnen heute arbeiten, sind von Bundesland zu Bundesland und oft auch je nach Träger unterschiedlich. Bezahlt werden sie in der Regel nach einer kürzeren Einarbeitungszeit nach BAT VI (Kinderpflegerin BAT VII), in Leitungs- oder besonderen Funktionen zum Teil auch nach BAT Vc. Zeit für die Vor- und Nachbereitung der pädagogischen Arbeit, für Elternarbeit, Öffentlichkeitsarbeit, Teambesprechungen, Fortbildung u. ä. sind im Rahmen der Arbeitszeit – wenn überhaupt – kaum reserviert. Ebenso problematisch sind Entwicklungen, Kapazitätsausweitungen auf Kosten der Mitarbeiter zu erreichen: Vergrößerung der Gruppen, Verschlechterung des Personalschlüssels, Reduzierung von Fortbildung und Fachberatung, Abbau von Freistellungen für bestimmte Funktionen u. ä. sind Beispiele dafür. Hier erweist sich der geringe *berufspolitische Organisationsgrad* der Erzieherinnen und Kinderpflegerinnen als problematisch. Erzieherinnen neigen – wie viele andere Mitarbeiter in helfenden Berufen – dazu, Einsparungen, drängenden Bedarf und schlechte Arbeitsbedingungen vor allem durch höhere Ansprüche an sich selbst ausgleichen zu wollen.

4.2 Veränderung der Berufsanforderung

Die konzeptionelle Fortentwicklung der Einrichtungen der Jugendhilfe führt zu neuen, erweiterten Aufgaben und Qualifikationsprofilen. Eine kurze exemplarische Skizzierung von Entwicklungslinien und Perspektiven für den Kindertagesstättenbereich soll dies beispielhaft verdeutlichen: Diese Einrichtungen haben zunehmend die Aufgabe, Kindern angesichts veränderter Lebensbedingungen (z. B. zu wenig Geschwister- und Nachbarschaftserfahrungen, mangelnde Spielräume in der Wohnumgebung) Raum und Zeit für selbstgestaltetes Kinderleben (wieder) zuzugestehen und Formen der Teilhabe von Kindern am Leben ihres Wohngebietes zu befördern. Dabei muß die Erzieherin, entsprechend den regionalen Erfordernissen, immer auch Bedingungen und Orte schaffen, wo Kinder und Jugendliche erste Schritte in öffentliche Räume machen können, wo ihr sozialer Aktionsradius zunehmend erweitert werden kann und wo die Ablösung vom Elternhaus durch die dafür so wichtigen Gleichaltrigenkontakte und erweiterten Erfahrungsräume unterstützt wird. Jugendhilfe muß dabei Lernfelder und Räume ausbauen und neu schaffen, die auch wieder solche Erfahrungen ermöglichen (und nicht gleich pädagogisch kolonialisieren), die früher selbstverständlich mit den Geschwistern und auf der Straße gemacht werden konnten.

Eine solche Verbindung des ursprünglichen Bildungs- und Betreuungsauftrages mit einer förderlichen Alltagsorganisation mit Kindern unter Einbeziehung der regionalen Erfordernisse führt zu einem anderen Verständnis des Profils einer Einrichtung und des Arbeitsauftrages der Erzieherin. Dabei kann der Kindergarten auch zu dem von vielen Eltern gewünschten wohnungsnahen Begegnungsort, zu einer Anlaufstelle werden, wo Kontakte mit anderen Familien gefunden und wo eigenständige soziale Netze zu gegenseitiger Hilfe geknüpft werden können, wo neue Formen von Nachbarschaftlichkeit entstehen und wo Elterninitiativen Kooperationspartner und sachkundigen Rat finden, wo sich Elternöffentlichkeit für die Vertretung der Belange von Kindern im lokalpolitischen Raum formiert und artikuliert.

Allerdings, für eine so erweiterte Konzeption, auch für die damit verbundenen sozialplanerischen und sozialarbeiterischen Aufgaben, sind die Erzieherinnen aufgrund ihrer Ausbildung und ihrer Arbeitsbedingungen gegenwärtig kaum vorbereitet. Auch können sie aufgrund der Struktur und Finanzierungsmodi ihrer Arbeitsfelder diesen Aufgaben kaum nachkommen. Trotzdem zeigen verschiedene (bisher z. T. unveröffentlichte) Erfahrungen, z. B. aus einem Modellversuch des DEUTSCHEN JUGENDINSTITUTES (»Landkindergärten«), daß Erzieherinnen bei entsprechender Unterstützung durchaus in der Lage und bereit sind, sich so erweiterten Anforderungen zu stellen und in Verbindung von kinder- und frauenpolitischen Zielen kindgemäße, eltern- und nachbarschaftsnahe Betreuungsformen zu entwickeln (vgl. DEUTSCHES JUGENDINSTITUT 1990, S. 78 ff. und 1990b). Dabei erweitern die Erzieherinnen offensichtlich auch ihr eigenes Berufsverständnis so, daß sie dem Erzieherberuf mehr Zukunftsperspektiven als bisher abgewinnen. Es scheint so, als ob die Perspektive, ein Leben lang Erzieherin zu sein, viele besonders dann abschreckt, wenn damit ein ausschließlich auf den täglichen pädagogischen Umgang mit Kindern in den Einrichtungen reduziertes Verständnis verbunden ist. Der Beruf scheint dagegen wieder an Attraktivität zu gewinnen, wenn Umfassenderes praktiziert wird: Erzieherin nicht nur als Pädagogin, sondern als im umfassenden Sinne Zuständige für ein förderliches Zusammenleben von und mit Kindern, für die Gestaltung der Lebensräume und der Infrastruktur für Kinder.

In einem so erweiterten Berufsverständnis wollen die Erzieherinnen zunehmend vom Kindergarten aus auch koordinierend, beratend und die Belange von Kindern vertretend tätig werden. Sie suchen die Zusammenarbeit mit Selbsthilfegruppen und Elterninitiativen; sie wollen sich an regionalen Bedarfsplanungen beteiligen und in kommunale Entscheidungsprozesse eingreifen – soweit diese die Lebensbedingungen von Kindern betreffen. Bei einer entsprechenden Weiterentwicklung der Einrichtungen für Kinder ergeben sich, etwa bei der Vernetzung und Verortung des Kindergartens im Gemeinwesen, zusätzliche Aufgaben, die einen differenzierteren Personaleinsatz ermöglichen, z. B. durch Einbeziehung von weitergehenden Formen der Eltern- und Familienbegegnung, -beratung und -bildung, Aufbau und Unterstützung von Selbsthilfe und Eigeninitiativen, Betreuung von Hausaufgabenhilfe, Organisieren eines Kinder-/Elternsorgentelefons, Organisation und Begleitung von Spielkreisen für jüngere Kinder, Koordination verschiedener Kinderkulturangebote, vorübergehende Übernahme von Haus- und Familienpflege, planvolle und umfassende Anleitung und Begleitung von Praktikanten und mehr Unterstützung junger Kolleginnen. Hier findet sich eine breite Palette, wo auch langjährige Erfahrungen und Kompetenzen älterer Erzieherinnen voll zum Tragen kommen können.

Ob und inwieweit es sich bei einer solchen Ausdifferenzierung und Aufwertung der Erziehertätigkeit überhaupt noch sinnvoll sein wird, eine gesonderte Erzieherausbildung neben der der Diplom-Sozialpädagogen durchzuführen, muß sehr sorgfältig geprüft werden. Die Ausbildung kann bei einem so erweiterten Aufgaben- und Qualifikationsprofil wohl kaum in den tradierten schulisch orientierten Lernformen der Fachschule erfolgen. Langfristig erforderlich ist eine etwa der Lehrerausbildung in Anspruch, Dauer und Status vergleichbare Ausbildung, die allerdings nicht die bereits bestehenden sozialpädagogischen, pädagogischen oder sozialen Hochschulausbildungsgänge imitieren sollte, sondern eine eigene, aus den Erfordernissen einer reflektierten Berufspraxis erwachsende spezifische Ausgestaltung finden muß.

Literatur

ARBEITSGEMEINSCHAFT FÜR JUGENDHILFE – AGJ: Erzieherausbildung zwischen inhaltlich-organisatorischer Weiterentwicklung und administrativer Regelung. Bonn 1983
ARBEITSGRUPPE NIEDERSÄCHSISCHER LEHRKRÄFTE AN FACHSCHULEN FÜR SOZIALPÄDAGOGIK: Erzieherausbildung. Berichte und Materialien aus der Praxis. Marburg 1979
BEHLEN, H.: Zugangsvoraussetzungen zu Fachschulen für soziale Berufe auf dem Prüfstand – Perspektiven. In: Forum Jugendhilfe (1988) 1/2, S. 65–70
BUNDESVERBAND EVANGELISCHER AUSBILDUNGSSTÄTTEN FÜR SOZIALPÄDAGOGEN (Hrsg.): Veränderung in der Erzieherausbildung. Lebendiges Lernen durch Projektarbeit. Münster 1985
COLBERG-SCHRADER, H.: Berufsverständnis und Erzieherarbeit. In: ZIMMER, J. (Hrsg.): Erziehung in früher Kindheit. (Enzyklopädie Erziehungswissenschaft. Bd.6) Stuttgart 1985, S. 153–168
DERSCHAU, D. v.: Die Ausbildung für Kindergarten, Heimerziehung und Jugendarbeit. Gersthofen 1976
–: (1986 a): Erwerbslose Erzieherinnen – Zur Entwicklung des Arbeitsmarktes für Erzieher. In: RABE-KLEBERG, U. u. a.: Qualifikationen für Erzieherarbeit, a.a.O., Bd. 3, S. 145–156
–: (1986 b): Neuorientierung der Kinderpflegerinnenausbildung? In: Theorie und Praxis der Sozialpädagogik 94 (1986), S. 49–51
–: (1989): Die Zukunft der sozialen Berufe – Herausforderung für Ausbildung und Politik. In: Forum Jugendhilfe (1989) 2/3, S. 26–40

–: (1990): Erzieherinnenmangel trotz Arbeitslosigkeit? In: Theorie und Praxis der Sozialpädagogik 98 (1990) 4, S. 216–218
–/Scherpner, M.: Erzieher/Erzieherin. (Blätter zur Berufskunde. Bd. 2–IV A 20) Bielefeld ⁴1989
DIW – DEUTSCHES INSTITUT FÜR WIRTSCHAFTSFORSCHUNG: Beschäftigung im öffentlichen Dienst. In: DIW-Wochenbericht 51 (1984), S. 265–270
–: Grundlinien der Wirtschaftsentwicklung 1985. In: DIW-Wochenbericht 52 (1985), S. 1–28
DEUTSCHES JUGENDINSTITUT (1990 a): Projekt Landkindergärten – Projektblatt Nr. 11. München 1990
–: (1990 b) Projekt Landkindergärten – Abschlußbericht (vervielf. Manuskript). Dieser Bericht wird erweitert und ergänzt zu einem Lese-Buch, das voraussichtlich Ende 1991 unter dem Titel »Land-Kinder-Gärten« erscheinen wird.
EHRHARDT-KRAMER, A.: Erzieherfortbildung und Familie. In: EHRHARDT-KRAMER u. a. (1987), a.a.O. S. 217–305
– u. a.: Der Familienbezug in der Erzieherausbildung (Materialien zum Siebten Jugendbericht Bd. 8). München 1987
FISCHER, H.: Identität in der Erzieherausbildung. Düsseldorf 1980
FLOSDORF, P.: Heilpädagoge/Heilpädagogin (Blätter zur Berufskunde, Bd. 2 – II B 30). Bielefeld ⁴1988
GEHRING, J.: Die evangelische Kinderpflege. Berlin 1929
GEW – GEWERKSCHAFT ERZIEHUNG UND WISSENSCHAFT: »Datenservice«. – Kommentierte Daten zur Bildungspolitik. 3. Lieferung. Frankfurt 1986 (bes. Kap. X und XI)
GRUSCHKA, A.: Wie Schüler Erzieher werden. 2 Bde. Wetzlar 1985
–/Zern, H.: Familienunterstützung und Erzieherausbildung. In: EHRHARDT-KRAMER u. a. (1987), a.a.O., S. 105–216
HERZBERG, I./NISSEN, U.: Erzieherausbildung in sechs europäischen Ländern. München 1983
HESSISCHER SOZIALMINISTER (Hrsg.): Erzieher als Beruf – Die Erzieherin im Berufsfeld Kindertagesstätten (Reihe Kindergarten Bd. 7). Wiesbaden o. J. (1987)
KRAUSE, H.-J.: Zur Aus- und Fortbildung von Erzieherinnen – Bestandsaufnahme und Reformvorschläge. Marburg 1978
–/Krüger, A.: Fortbildung und Fachberatung. In: ZIMMER, J. (Hrsg.): Erziehung in früher Kindheit. (Enzyklopädie Erziehungswissenschaft, Bd. 6). Stuttgart 1985, S. 188–203
KRÜGER, H./RABE-KLEBERG, U./DERSCHAU, D. v. (Hrsg.): Qualifikationen für Erzieherarbeit. Bd. 1: Anforderungen, Veränderungen, Kritik. München ²1984
KRUG, M. (1989a): Laßt die Teams bunter werden – Anmerkungen zur Veränderung der Mitarbeiterschaft in Kindertageseinrichtungen. In: Theorie und Praxis der Sozialpädagogik 97 (1989) 4, S. 178–181
–: (1989b): Kinder verstehen, daß ihre Welt, so wie sie ist, geworden ist – Dorfkulturarbeit vom Kindergarten aus. In: Theorie und Praxis der Sozialpädagogik 97 (1989) 5, S. 251–253
–: (1990): Sozialpolitik für Kinder. In: Theorie und Praxis der Sozialpädagogik 98 (1990) 1, S. 7–9
LUCKS, M./FRIESE, I./KISCHKEL, G.: Kinderpfleger(in). (Blätter zur Berufskunde. Bd. 2–IV A 12) Bielefeld ⁴1988
MÜLLER, W. C.: Wie Helfen zum Beruf wurde. 2 Bde. Weinheim/Basel 1988
MOSS, P.: Childcare and Equality of Opportunity – Consolidated Report to the European Commission. Brüssel 1988 (vervielf. Bericht)
NN: Warum steigen Erzieherinnen aus. In: Kindergarten heute (1990), 4, S. 34–40
PROGNOS AG (Hrsg.): BAUER, R./SCHMIDT, R. u. a.: Entwicklung der Freien Wohlfahrtspflege bis zum Jahr 2000. Basel 1984
–: BROWA, H./BLOHM, T./WEIDIG, I.: Soziale Dienstleistungen als Träger potentiellen Wachstums und ihr Beitrag zum Abbau längerfristiger Arbeitslosigkeit. Bonn 1981
POUSSET, R./SCHACHTMEYER, E. v.: Arbeitsbuch Sozialpädagogik. Grundkurs für Lehrer und Schüler. Opladen 1981
–/–: Arbeitsbuch Kleinkindererziehung. Didaktische Bausteine für Lehrer und Schüler an berufsbildenden Schulen. Opladen 1986
RABE-KLEBERG, U./KRÜGER, H./DERSCHAU, D. v. (Hrsg.): Qualifikationen für Erzieherarbeit. Bd. 2: Kooperation in Arbeit und Ausbildung. München 1983

- (Hrsg.): Qualifikationen für Erzieherarbeit. Bd. 3: Beruf oder Privatheit – eine falsche Alternative. München 1986
RAUSCHENBACH, T.: Jugendhilfe als Arbeitsmarkt. In: Sachverständigenkommission 8. Jugendbericht (Hrsg.): Jugendhilfe – Historischer Rückblick und neuere Entwicklungen (Materialien zum 8. Jugendbericht, Bd. 1). München 1990, S. 225–297
STATISTISCHES BUNDESAMT: Einrichtungen und tätige Personen in der Jugendhilfe 1982. Stuttgart/Mainz 1985
–: (1988): Statistik der Jugendhilfe, Teil III: Einrichtungen und tätige Personen in der Jugendhilfe am 31. 12. 1986. Wiesbaden 1988

Hans Pfaffenberger

Sozialpädagoge/Sozialarbeiter, Sozialpädagogin/Sozialarbeiterin

1 Berufsbezeichnungen – Ausbildungsabschlüsse – Berufsfeld(er)

1.1 Berufsbezeichnung

Thematisiert sind hier zwei als Berufsbezeichnung übliche Begriffe in Schrägstrich-Notation. Berufsbezeichnungen sind bezogen auf Ausbildung bzw. Ausbildungsabschlüsse (»Ausbildungsberuf«) und/oder Tätigkeitskomplexe (»Ausübungsberuf«). Das Verhältnis beider Berufsbegriffe wird im Begriff »Fachkraft« definiert als Übereinstimmung von Ausbildung (Diplom, Zertifikat, Staatsexamen bzw. staatliche Anerkennung usw.) und Berufsausübung. Diese Deckungsgleichheit von Ausbildungsberuf und ausgeübtem Beruf trifft aber für verschiedene Berufe in unterschiedlichem Ausmaß auf die Berufswirklichkeit zu: In manchen Berufen durch gesetzliche Regelung (fast) zu 100% (z. B. Ärzte, Rechtsanwälte usw.); in anderen, ebenfalls relativ normierten Berufen, wie der Sozialpädagogik/Sozialarbeit, ist die Deckungsgleichheit zwar angestrebt (vgl. »Fachkraft«-Bestimmungen im Jugendwohlfahrtsgesetz und Bundessozialhilfegesetz, in Finanzierungs- und Zuschußbestimmungen), in der Berufswirklichkeit aber nicht gegeben. In der Sozialpädagogik/Sozialarbeit kann der Überschneidungsbereich trotz des Fehlens exakter Daten auf rund zwei Drittel geschätzt werden, d. h., rund ein Drittel der in diesem Bereich Tätigen hat keine spezifische oder adäquate Ausbildung, und rund ein Drittel der ursprünglich Ausgebildeten ist in anderen Tätigkeitsbereichen außerhalb der Sozialpädagogik/Sozialarbeit tätig.

Mit der Entwicklung und erheblichen Veränderungen der Ausbildungs- und Studiengänge waren oft auch Änderungen der Bezeichnungen von Ausbildung und Abschlüssen und damit auch von Berufsbezeichnungen verbunden. Dieser Prozeß hat sich zum Teil im Laufe eines Berufslebens, d. h. innerhalb einiger oder weniger Berufsgenerationen vollzogen und ist bis heute unabgeschlossen; das beeinträchtigt natürlich die Klarheit und Übersichtlichkeit, nicht nur für Außenstehende und Arbeitgeber, sondern teilweise sogar der Berufsstatistiken.

Die Berufsbezeichnung *Sozialarbeiter* hat sich nach dem Zweiten Weltkrieg – in Anlehnung an den anglo-amerikanischen »Social worker« und entsprechende international vorherrschende Äquivalente dazu – allmählich durchgesetzt, allgemein und offiziell mit der Ausbildungsreform 1959. Frühere Bezeichnungen waren: Wohlfahrtspfleger(in), Volkspfleger(in), Fürsorger(in) und teilweise auch spezialisiert nach den drei »Hauptfächern«: Jugendfürsorger(in), Gesundheitsfürsorger(in) und Wirtschafts- und Berufsfürsorger(in).

Die *Sozialpädagogin*, den *Sozialpädagogen* als berufsqualifizierenden Abschluß und Berufsbezeichnung gibt es erst seit 1966 (vier Modellversuche: Höhere Fachschule für Sozialpädagogik) und 1967 durch eine Rahmenvereinbarung der KMK, die eine neue grundständige sechssemestrige Ausbildung für Frauen und Männer geschaffen hat. Vorläufer war die »Jugendleiterin«, eine Aufbau-Ausbildung zur Kindergärtnerin – seit

1967 »Erzieher(in)« – ebenfalls ein sozialpädagogischer Beruf, aber auf Fachschulebene (→ *Erzieher, Erzieherin*).

1.2 Einheit oder Zweiteilung von Berufsfeld und Ausbildungssystem

Sozialpädagogik und Sozialarbeit sind Teilfelder gesellschaftlicher Praxis, die zwar aus verschiedenen historischen Wurzeln und Ansätzen stammen, zwischenzeitlich aber zu *einem* integrierten Feld gesellschaftlicher Praxis zusammengewachsen sind oder zumindest auf dem Wege dahin sich entwickeln, zu einem Gesamtfeld, das schon wegen der sehr weitgehenden Überschneidungen und des Fehlens eines durchgängigen logischen Unterscheidungs- bzw. Abgrenzungsprinzips nicht mehr einfach zweiteilbar, sondern nur noch mehrdimensional aufgliederbar ist. Nach diesem sogenannten Konvergenz-Theorem (PFAFFENBERGER 1966; TUGGENER 1971), also der These von der Entwicklung zweier Teilfelder zu einem umfassenden Gesamtfeld aus unterschiedlichen historischen Wurzeln, ist die traditionelle terminologische Zweiteilung, die zugleich historisch eine Zweiteilung der Berufe, der Berufsausbildungsgänge, der Berufsausbildungsstätten usw. war, historisch bedingt, aber zugleich heute und erst recht in Zukunft sachlich überholt. Deshalb wird *ein* das Gesamtfeld umgreifender Terminus vorgeschlagen und verwendet, nämlich »sozialpädagogisch/soziale Arbeit« für das Praxisfeld, »Sozialpädagoge/Sozialarbeiter« als Berufsbezeichnung und »Sozialpädagogik/Sozialarbeitswissenschaft« für die zugehörige wissenschaftliche Disziplin, wobei die Schrägstrich-Notation zeigen soll, daß es sich nicht um additive Zusammenfügung zweier unterscheidbarer Teilgebiete handelt. Dieser terminologische Vorschlag hat sich zunehmend durchgesetzt und zur weitgehend akzeptierten Berufsbezeichnung »Sozialpädagoge/Sozialarbeiter« geführt, während für den Ausbildungsbereich auch der Terminus »Sozialwesen« für Fachhochschulen, Fachbereiche usw. Verwendung findet.

2 Aufgaben und Tätigkeiten

2.1 Definition der Berufsaufgabe und des Berufsfeldes

Sozialpädagogisch/soziale Arbeit (oder Sozialwesen) ist ein Teilfeld des Systems gesellschaftlich organisierter und institutionalisierter Leistungsapparaturen, die die Funktionsfähigkeit der Gesellschaft und Dienstleistungen für deren Mitglieder zum Zwecke haben, wie etwa auch das Schulwesen, das Gesundheitswesen, das Rechtswesen usw. Sozialpädagogisch/soziale Arbeit ist ein gesellschaftlich-historisches Phänomen und als solches nicht abstrakt, sondern nur in einem raum-zeitlichen Koordinatensystem zu bestimmen; deshalb ist dieser Terminus eigentlich auch nicht auf die Armenpflege oder das Fürsorgewesen des 18. oder des 19. Jahrhunderts anwendbar, die wir historisch als Vorläufer der sozialpädagogisch/sozialen Arbeit betrachten, vielmehr müssen wir diesen Terminus für eine ganz bestimmte historische Ausprägung dieser gesellschaftlichen Praxis reservieren: er bezeichnet einen bestimmten Sektor gesellschaftlicher Praxis in westlichen, kapitalistisch organisierten Industriegesellschaften des 20. Jahrhunderts. Die unmittelbaren historischen Wurzeln, die wir in kontinuierlichem Zusammenhang mit der heutigen Erscheinungsform der sozialpädagogisch/sozialen Arbeit sehen, gehen zurück auf die industrielle Revolution, die dadurch geschaffenen politisch-ökonomischen und gesellschaftlichen Bedingungen und vor allem auch auf die Spannungserscheinungen, negativen Auswirkungen und Konflikte dieser Entwicklung.

2.2 Berufsfeld und Tätigkeitsgebiete

Im Gegensatz zur relativen Homogenität des Schulwesens zeigt der Bereich Sozialwesen eine außerordentliche Heterogenität, Vielfalt und Ausdifferenzierung von Institutionen, organisatorischen Formen, verschiedenen Trägerschaften usw. Aus dieser Vielfalt und Heterogenität werden erst durch theoretische Durchdringung der Materie und Abstraktion vereinheitlichende Strukturen des Praxisfeldes in bezug auf Aufgabe und Ziel und auf Feldgrenzen des Subsystems Sozialwesen, die etwa innerhalb des Gesamtfeldes von Erziehung und Bildung die Gesamtheit der außerfamiliären und außerschulischen Erziehungs- und Bildungseinrichtungen umfassen, zum Vorschein gebracht. Als Abgrenzung dient auch die Art der vermittelten Hilfeleistungen: es sind psychosoziale, agogische Hilfen, die organisationell und institutionell vermittelt sind.

2.2.1 Traditionelle Aufgabenfelder

Das gesamte Berufsfeld der sozialpädagogisch/sozialen Arbeit läßt sich traditionell nach der organisatorisch-administrativen Zuordnung in die Trias der Bereiche Jugendhilfe, Sozialhilfe, Gesundheitshilfe gliedern:

(a) Jugendhilfe

Die *Jugendhilfe* (Hauptträger: die Jugendämter) ist der wichtigste, umfangreichste und auch die meisten Studenten und Fachkräfte anziehende Teilbereich. Üblicherweise werden hier die Teilbereiche Jugendfürsorge, Jugendpflege und Jugendschutz unterschieden. Rechtsgrundlage der hier zu erledigenden Aufgaben ist vor allem das Jugendwohlfahrtsgesetzt (JWG), das Jugendgerichtsgesetz (JGG), das Jugendarbeitsschutzgesetz usw.

(b) Sozialhilfe

Die *Sozialhilfe* (Hauptträger: die Sozialämter) leistet wirtschaftliche Hilfe, Rehabilitationshilfe, einschließlich Beratung für Behinderte, Unfallgeschädigte und Kranke, Altenhilfe sowie Hilfe für sozial schwache und gefährdete Erwachsene einschließlich Vermittlung kultureller Hilfen, soziale Gerichtshilfe, Bewährungshilfe für Straffällige usw. Hauptsächliche Rechtsgrundlage sind das Bundessozialhilfegesetz (BSHG) und das Sozialgesetzbuch (SGB).

(c) Gesundheitshilfe

Die *Gesundheitshilfe* trägt durch Mitarbeit in allen Bereichen des Gesundheitswesens (öffentlicher Gesundheitsdienst in den Gesundheitsämtern als Träger, Sozialdienst in Krankenhäusern, Fachkrankenhäusern und Fachkliniken für psychisch Kranke, Suchtabhängige, in Sanatorien und Rehabilitationskliniken usw.) den sozialen und sozialpädagogischen Belangen und Bedürfnissen der behandelten bzw. betreuten Behinderten, Gestörten und Kranken aller Lebensalter Rechnung. Über diese sozusagen traditionellen Aufgaben hinaus hat sich das Arbeitsfeld der Sozialarbeit in neuerer Zeit sehr ausgeweitet und sie zu einem festen Bestandteil der psycho-sozialen Versorgung gemacht. Die Rechtsgrundlagen sind hier sehr vielfältig und nicht in einem Gesetz konzentriert.

2.2.2 Neue Tätigkeitsfelder

Die traditionelle Trias Jugendhilfe – Sozialhilfe – Gesundheitshilfe, die vor allem an der behördlichen Organisations- und Ämterstruktur orientiert ist, reicht heute bei weitem nicht mehr aus, um das volle Spektrum der Sozialarbeit/Sozialpädagogik zu beschreiben: An diesen Kern traditioneller Aufgaben und Tätigkeitsfelder im Bezugsrahmen staatlicher und städtischer Ämter und der großen freien Wohlfahrtsverbände haben sich neuerdings andere angelagert durch Ausweitung und Ausdifferenzierung bisher nur wenig entwickelter und nur am Rande besetzter Aufgabenfelder (z. B. Gesundheitsfürsorge auch außerhalb von Gesundheitsämtern und Betrieben), durch Eindringen in bisher anderen Berufen vorbehaltene Institutionen (z. B. Schulsozialarbeit, Vorschulklassen, Gesamtschule) (→ *Kindergarten- und Vorschulpädagogik;* → *Strukturveränderungen im Bildungswesen . . ., Die Gesamtschule*), durch Erschließung neuer Aufgaben gegenüber neuen oder neuerdings angewachsenen Problemen (z. B. Drogenabhängigkeit und Sucht).

Neue Aufgabenfelder haben sich entwickelt und ausdifferenziert; neben der institutionsgebundenen Sozialarbeit hat sich außerinstitutionelle Sozialarbeit in Form von Initiativen, Projekten, Selbsthilfegruppen usw. zum Nutzen und im Interesse von Betroffenen eingerichtet. In neuen Aufgabenfeldern hat sich auch die Arbeitsweise teilweise verändert: von direkter Hilfe zur Mobilisierung und Aktivierung, Unterstützung und Förderung von Betroffenen bei der Artikulierung ihrer Bedürfnisse und bei der Vertretung ihrer Interessen (→ *Sozialpädagogik und Heimerziehung*).

Solche Entwicklungen und Ausdifferenzierungen zeigen sich vor allem in folgenden Feldern:

(a) Sozialarbeit/Sozialpädagogik im Gesundheitswesen
Hier ist zu nennen die Hilfe bei der psycho-sozialen Versorgung von psychisch Kranken, Suchtkranken, Abhängigen usw., denen neben stationären vor allem auch ambulante Hilfen und Nachbetreuung, Leben in Wohngemeinschaften usw. verfügbar gemacht werden, die Prävention durch Aufklärung und Abstellung schädigender Einflüsse (z. B. Aids-Hilfe), durch Gesundheitserziehung usw.

(b) Erwachsenenbildung
Während außerschulische Jugendarbeit schon immer eine Aufgabe für Sozialpädagogen/Sozialarbeiter darstellte, sind diese neuerdings auch stärker in den Bereich der *Erwachsenenbildung* vorgestoßen und haben dort neue Arbeitsformen wie stadtteilorientierte Bildungsarbeit und Gemeinwesenarbeit, Alphabetisierungskurse und Bildungsangebote für benachteiligte Gruppen entwickelt (→ *Erwachsenenbildung und Weiterbildung*).

(c) Sozialpädagogische Hilfen bei Jugendarbeitslosigkeit
Es hat sich gezeigt, daß die herkömmlichen Formen von Ausbildung und Einführung in das Arbeitsleben für einen erheblichen Teil Jugendlicher nicht mehr ausreichen, sondern durch zusätzliche sozialpädagogische Hilfen (MBSE u. ä. Programme) ergänzt werden müssen. Da Jugendliche zunehmend von der Massenarbeitslosigkeit betroffen werden, findet die sozialpädagogisch/soziale Arbeit auch hier ein weites Feld, das weiterer Entwicklung (z. B. durch Projekte, Selbsthilfeprojekte und Initiativen) offensteht.

(d) Sozialgeriatrie und Sozialgerontologie
In ambulanten und stationären Formen der Altenarbeit wird der Beitrag der Sozialar-

beit/Sozialpädagogik zur Weiterentwicklung und Humanisierung dieses Arbeitsfeldes als immer wichtiger erkannt und anerkannt (→ *Altenbildung*).

(e) Multikulturelle und interkulturelle Sozialpädagogik/Sozialarbeit
Das Zusammenleben und Zusammenarbeiten von Menschen verschiedener Nationalitäten, Sprachen und Kulturen, das durch übernationale Zusammenschlüsse und wachsende wirtschaftliche Interdependenz immer wichtiger und umfangreicher notwendig wird, wurde als Arbeitsfeld der Sozialarbeit/Sozialpädagogik erkannt und in wachsendem Maße wahrgenommen, z. B. in der Sozialarbeit/Sozialpädagogik mit ausländischen Arbeitsmigranten in der BRD und im Einsatz von Sozialarbeitern/Sozialpädagogen in Ländern der dritten Welt und in internationalen Organisationen (→ *Ausländische Kinder in deutschen Schulen*; → *Interkulturelle Didaktik*).

Die neuen, sich noch weiter ausdifferenzierenden Arbeitsfelder finden auch in der Ausbildung zunehmend Berücksichtigung, als Studienschwerpunkte und Vertiefungsgebiete, Wahlpflichtfächer oder Aufbau- und Zusatz-Studiengänge.

3 Geschichte und aktueller Stand von Beruf und Ausbildungsgängen

3.1 Entstehung und Entwicklung

3.1.1 Sozialarbeit

Die ehrenamtliche *Armenpflege* (eine fast ausschließlich männliche Domäne) als Vorläuferin der Sozialarbeit entwickelte sich zur beruflichen Tätigkeit vor allem aus dem Engagement der (bürgerlichen) Frauenbewegung, die damit versuchte, Frauen neue, geeignete Berufs- und Erwerbsmöglichkeiten zu eröffnen, und sich dabei vor allem auf die sozialpädagogischen und sozialen Berufe konzentrierte, die von da an als »typische« oder gar »reine Frauenberufe« galten – ein Trend, der sich erst nach dem Zweiten Weltkrieg wieder umkehrte und mit der Schaffung der Fachhochschulen zu einer stärkeren Beteiligung der Männer in diesen Berufen führte. Mit der Transformierung von ehrenamtlicher zu beruflicher Tätigkeit war die Entwicklung und Schaffung einer formalen Ausbildung eng verbunden: ursprünglich einjähriger Kurs für Berufsarbeit in der Wohlfahrtspflege in Berlin 1899 und bald zweijährige Ausbildung an der Sozialen Frauenschule Berlin 1908. Etwa gleichzeitig entstanden noch acht weitere Schulen vor und 13 Schulen während des Ersten Weltkrieges. Es folgten der Zusammenschluß der Schulen in der *Konferenz der Sozialen Frauenschulen* 1917, die ersten staatlichen Regelungen und damit die Vereinheitlichung der Ausbildung 1918, 1920 und 1922 und die Gründung von Berufsorganisationen 1916 zwecks Interessenwahrnehmung und Berufsvertretung. Diesen Entwicklungsweg von kurzen Ausbildungskursen über Verlängerung und Höherqualifizierung, Formalisierung und staatliche Reglementierung finden wir auch bei allen anderen Ansätzen und Entwicklungen zu sozialpädagogischen und sozialen Berufen. Nach der Unterbrechung durch den Nationalsozialismus, der der Wohlfahrtspflege – im Gegensatz etwa zur Psychologie – keine quantitative und qualitative Weiterentwicklung, sondern eher Stagnation und zum Teil Perversion von Berufszielen und Berufsaufgaben brachte, mußte die Sozialarbeit nach dem Zweiten Weltkrieg wieder an die Ansätze der Weimarer Republik anknüpfen und führte deshalb eine

langanhaltende und lebhafte Reformdiskussion. Diese führte allerdings erst 1959 und 1971 zu zwei entscheidenden Änderungen, die zunächst und unmittelbar nur den formalen Rahmen der Ausbildung betrafen. Die *Ausbildungsreform von 1959* brachte folgende Änderungen:
- Berufsbezeichnung »Sozialarbeiter« (statt der bisher meist üblichen »Wohlfahrtspfleger«),
- Bezeichnung des Schultyps als »Höhere Fachschule für Sozialarbeit« (statt bisher »Soziale Frauenschule« oder »Wohlfahrtsschule«),
- Verlängerung der Ausbildung an den Höheren Fachschulen von zwei auf drei Jahre (6 Semester),
- Vereinheitlichung der Ausbildung durch Wegfall der sogenannten Dreiteilung in die drei Hauptfächer und die damit verbundenen Berufsbezeichnungen: Jugendfürsorge, Gesundheitsfürsorge, Wirtschafts- und Berufsfürsorge,
- Einführung von Vertiefungsgebieten, d. h. Studienschwerpunkten, im Hauptstudium (4.–6. Semester) anstelle der bisherigen Hauptfächer,
- Einführung eines Kolloquiums zum Abschluß des Berufspraktikums vor Erteilung der staatlichen Anerkennung und damit Betonung des Ausbildungscharakters des Berufspraktikums.

Die große *Ausbildungsreform von 1971* führte zu folgenden Änderungen:
- Anhebung der Ausbildung – von Höheren Fachschulen zu Fachhochschulen – und damit Einbeziehung in den tertiären (Hochschul-)Bereich des Bildungswesens,
- Konzentration auf eine geringere Zahl größerer und leistungsfähigerer Ausbildungsstätten, die zu einem erheblich höheren Anteil öffentlicher (staatlicher) Trägerschaft als bisher führte (vgl. *Tab. 1–3*),
- größere Flexibilität der Lehr- und Lernformen, Befreiung von schulisch reglementierten Lehr- und Stundenplänen, alters- und berufsgemäßere Gestaltung des Studiums,
- Einbeziehung in die Diskussion um Hochschulpolitik und Hochschuldidaktik,
- hochschulgemäße Autonomie und Selbstverwaltung unter Beteiligung aller relevanten Gruppen,
- erhöhte Qualifikationsanforderungen an die Dozenten (Promotion und fünfjährige Berufstätigkeit vor der Berufung),
- Zusammenführung von Sozialarbeit und Sozialpädagogik in gemeinsamen und umfassenden Fachhochschulen bzw. Fachbereichen für Sozialwesen unter weitgehender Aufgabe der traditionellen, aber sachlich überholten Zweiteilung,
- die Berufsbezeichnung bleibt noch uneinheitlich: in einigen Bundesländern werden die bisherigen Berufsbezeichnungen »Sozialarbeiter« und »Sozialpädagogen« für die Absolventen zweier getrennter Studiengänge beibehalten, teilweise wird die Bezeichnung »Sozialpädagoge« als Oberbegriff für alle Berufsvertreter des Gesamtbereiches angenommen, mehr und mehr setzt sich aber auch die Schrägstrich-Notation »Sozialpädagoge/Sozialarbeiter« als allgemeine und übergreifende Berufsbezeichnung durch.

3.1.2 Sozialpädagogik (im engeren Sinne)
Für das sozialpädagogische Arbeitsfeld im engeren Sinne trat eine vergleichbare Entwicklung zur formalen Ausbildung über kürzere bis einjährige Kurse und die Formalisierung in eigenen Ausbildungsgängen und Ausbildungsstätten für die Kindergärtnerin, für

Bundesland	N_1	N_2	Zahl der Hochschulorte mit Fachbereich Sozialwesen
Baden-Württemberg	7	6	Esslingen (ö), Freiburg (ev, k), Heidelberg (x), Mannheim (ö), Ravensburg (ö), Reutlingen (ev)
Bayern	10	9	Bamberg (ö-GHS), Benediktbeuren (k), Coburg (ö), Eichstätt (k-GHS), Landshut (ö), München (ö, k), Nürnberg (ö, ev), Regensburg (ö), Würzburg (ö)
Berlin	2	1	Berlin (ö, ev)
Bremen	1	1	Bremen (ö)
Hamburg	2	1	Hamburg (ö, ev)
Hessen	6	5	Darmstadt (ö, ev), Frankfurt (ö), Fulda (ö), Kassel (ö-GHS), Wiesbaden (ö)
Niedersachsen	6	7	Braunschweig (ö), Emden (ö), Hannover (ev), Hildesheim (ö), Lüneburg (ö), Osnabrück (k), Vechta (k)
Nordrhein-Westfalen	11	12	Aachen (k), Bielefeld (ö), Bochum (ev), Dortmund (ö), Düsseldorf (ö, ev), Essen (ö-GHS), Hagen (ö), Köln (ö, k), Mönchengladbach (ö), Münster, (ö, k), Paderborn (k), Siegen (ö-GHS)
Rheinland-Pfalz	3	3	Koblenz (ö), Ludwigshafen (ev), Mainz (k)
Saarland	1	1	Saarbrücken (k)
Schleswig-Holstein	1	1	Kiel (ö)
Bundesrepublik	50	47	

Tab. 1: Sozialpädagogik/Sozialarbeit/Sozialwesen als Fachhochschulstudiengang an Fachhochschulen und Gesamthochschulen/Universitäten

die Hortnerin und den Heimerzieher getrennt ein, die später – 1928 Kindergärtnerin und Hortnerin; 1967 Kindergärtnerin/Hortnerin und Heimerzieher – zusammengeführt wurden.

Die *»Jugendleiterin«* – die eigentliche Vorläuferin der »Sozialpädagogin« – entstand um die Jahrhundertwende als Aufbauberuf zur Kindergärtnerin für höhere Berufsanforderungen und Berufsqualifikationen. Auch hier ist ein ähnlicher Entwicklungsweg zu konstatieren: erst kürzere Kurse, ab 1880 ein halbjähriger, später ein einjähriger Ausbildungsgang, der erst nach dem Zweiten Weltkrieg 1947 auf eineinhalb Jahre und 1956 – verbunden mit dem Status der Höheren Fachschule – auf zwei Jahre verlängert wurde. Die entscheidende Reform fand 1967 mit der Einführung einer grundständigen sechssemestrigen Ausbildung mit anschließendem Jahrespraktikum statt, die hierin und in manchen anderen Merkmalen der Sozialarbeiterausbildung (entsprechend der Reform von 1959) angeglichen wurde und so zur Grundlage der Zusammenführung beider Studiengänge Sozialpädagogik und Sozialarbeit in Fachbereichen der neugegründeten Fachhochschulen ab 1971 werden konnte. Deshalb kann die Entwicklung von da ab und auch der heutige Stand für beide gemeinsam dargestellt werden.

3.2 Heutiger Stand der Ausbildung

Da einige Entwicklungslinien und Trends noch nicht endgültig fixiert, sondern sie und die damit verbundenen Problemkomplexe weiterhin wirksam und virulent sind, kann die Darstellung der heutigen Ausbildungssituation und der durch sie festgelegten Berufskonturen nur eine Momentaufnahme im Ablauf von Veränderungen sein. Infolgedessen

Bundesland	N_1	N_2	Hochschulorte mit Studienschwerpunkt Sozialpädagogik / Sozialarbeit
Baden-Württemberg	1	1	Tübingen
Bayern	2	2	Bamberg, Eichstätt (k)
Berlin	2	1	Berlin (FU und TU)
Bremen	1	1	Bremen (Studiengang SP)
Hamburg			
Hessen	2	2	Frankfurt, Marburg
Niedersachsen	6	6	Braunschweig (TU), Hildesheim (HS), Lüneburg (HS), Oldenburg, Osnabrück, Osnabrück-Vechta
Nordrhein-Westfalen	8	8	Bielefeld, Dortmund, Duisburg, Essen, Köln, Münster, Siegen, Wuppertal
Rheinland-Pfalz	4	4	Koblenz (EWH), Landau (EWH), Mainz, Trier
Saarland			
Schleswig-Holstein	1	1	Kiel (PH)
Bundesrepublik	27	26	

Tab. 2: Sozialpädagogik/Sozialarbeit als Studienschwerpunkt in Hauptfachstudiengängen der Pädagogik an wissenschaftlichen Hochschulen

Erläuterungen (Tab. 1 + 2):
N_1 = Zahl der Hochschulen mit SP/SA
N_2 = Zahl der Hochschulorte mit SP/SA
Trägerschaft: (ev) = evangelisch, (k) = katholisch,
(ö) = öffentlich, (x) = sonstige (Stiftung)
PH, EWH: Pädagogische bzw. Erziehungswissenschaftliche Hochschule
FU, TU: Freie bzw. Technische Universität
HS: Hochschule

In der Bundesrepublik Deutschland, wie sie bis zum Oktober 1990 bestand, gibt es 50 Fach- und Gesamthochschulen, die in 47 Hochschulorten einen Studiengang Sozialwesen bzw. Studiengänge Sozialpädagogik und Sozialarbeit anbieten *(Tab. 1)*. Die Differenz zwischen der Zahl der Hochschulen und der Hochschulorte ergibt sich daraus, daß 9 Hochschulorte je zwei Ausbildungsmöglichkeiten verschiedener Träger anbieten und konfessionelle Fachhochschulen z. T. aus Abteilungen an verschiedenen Hochschulorten gebildet sind (e: Bochum/Düsseldorf, k: München/Benediktbeuren, Osnabrück/Vechta, Köln/Aachen, Münster/Paderborn).
Nach Trägerschaft sind von den 56 Fach- und Gesamthochschulen und Abteilungen
33 öffentlich = staatlich (ö),
13 katholisch (k),
9 evangelisch (ev) und
1 sonstige (Stiftung: x).
Von 52 wissenschaftlichen Hochschulen mit einem Hauptfachstudiengang (Diplom oder/und Magister) Pädagogik bieten 27 an 26 Hochschulorten den Studienschwerpunkt Sozialpädagogik/Sozialarbeit in einem grundständigen Studiengang an, zwei weitere (PH Freiburg und Universität Bremen) als Aufbaustudiengang (5.–8. Sem.).

werden wegen der durch die Umwandlung zu Fachhochschulen und die Einbeziehung in den Hochschulbereich, also in der Folge auch durch das Hochschulrahmengesetz und seine Novellierungen, bedingten Veränderungen auch heute noch an einer Anzahl Fachhochschulen/Fachbereichen für Sozialwesen neue Studien- und Prüfungsordnungen geplant, vorbereitet oder eingeführt.

Für die sozialpädagogischen Berufe heute charakteristisch ist die *Mehr-Ebenen-Struktur* und *Mehr-Institutionen-Struktur* der Ausbildung. Berufsqualifizierende Ausbildungs- und Studiengänge gibt es:

Jahr	öff.		kirchl.		davon: kath.		ev.		freie		insges.	
	N	%	N	%	N	%	N	%	N	%	N	%
1964	12	27,3	28	63,6	14	31,8	14	31,8	4	9,1	44	100
1970	13	30,9	24	57,1	12	28,6	12	28,6	5	11,9	42	100
1973	30	63,8	17	36,2	8	17,0	9	19,2	0	0	47	100
1986	34	68,0	16	32,0	7	14,0	9	18,0	0	0	50	100

Tab. 3: Zeitlicher Verlauf von Verschiebungen des Anteils verschiedener Trägerschaft

Die beiden ersten Angaben (1964, 1970) beziehen sich auf die Höheren Fachschulen (HFS) für Sozialarbeit und zeigen schon eine Verschiebung im Vorfeld der Umwandlung zu Fachhochschulen (FH) zugunsten öffentlicher Trägerschaft; die anderen – 1973 und 1986 – beziehen sich auf FH (für Sozialarbeit *und* Sozialpädagogik) und zeigen eine weitere erhebliche Verschiebung zu staatlicher Trägerschaft bei Wegfall städtischer und freier nicht konfessioneller Trägerschaft. (Letztere betraf 1970 5 HFS der Arbeiterwohlfahrt (2 ×), des DRK, DPWV und des Schwäbischen Frauenvereins.)

- in Fachschulen (nur für Sozialpädagogik, nicht für Sozialarbeit): »Erzieher(in)« (→ *Erzieher / Erzieherin*);
- in Fachhochschulen und Gesamthochschulen als Studiengang Sozialwesen/Sozialpädagogik/Sozialarbeit: »Diplom-Sozialpädagoge/Sozialarbeiter(in)«;
- an wissenschaftlichen Hochschulen (Universitäten und pädagogischen Hochschulen) als Studienrichtung bzw. Studienschwerpunkt Sozialpädagogik/Sozialarbeit im Diplompädagogen-Studiengang (→ *Diplompädagoge / Diplompädagogin*).

Außerdem gibt es noch die Kinderpflegerin mit Ausbildung in Berufsfachschulen, die aber nicht als sozialpädagogische Fachkraft gilt (→ *Erzieher/Erzieherin* ...). Schwerpunktmäßig bezieht sich der Beitrag »Sozialpädagogen/Sozialarbeiter« nur auf die Absolventen der Fachhochschulstudiengänge, da die Fachschulebene ausführlich im Beitrag »Erzieher/Erzieherin« und die Studiengänge an wissenschaftlichen Hochschulen unter »Diplompädagogen« behandelt werden.

Die Mehr-Ebenen-Struktur in der heutigen Form entstand erst durch die Reform von 1969 bzw. 1971:

- Schaffung eines berufsqualifizierenden Diplom-Studienganges für Erziehungswissenschaft und Einführung einer Studienrichtung Sozialpädagogik/Sozialarbeit im Hauptstudium dieses Studienganges (1969),
- Umwandlung der bisherigen Ausbildungsinstitutionen »Höhere Fachschulen« in »Fachhochschulen« (1971).

In beiden Reformschritten wurde auch die bisherige Zweiteilung der Ausbildung in Sozialpädagogik und Sozialarbeit, der im Praxisfeld schon lange eine weitgehende Überschneidung der Einsatzfelder für beide Absolventengruppen entsprach, überwunden bzw. zumindest beide Studiengänge an einer Ausbildungsinstitution zusammengeführt. Genauere Angaben über beide Ausbildungsinstitutionen, Fachhochschulen bzw. wissenschaftliche Hochschulen, die diese Studiengänge führen, Anzahl und Lage der Hochschulorte und Trägerschaft sind den Tabellen 1 und 2 zu entnehmen. Die Angaben über die Trägerschaft machen auch die sonst nirgends in dieser Form im Hochschulsystem vorfindbare Dualität staatlicher und kirchlicher Trägerschaft deutlich: das Sondermerkmal konfessioneller Trägerschaft (das übrigens mit dem Merkmal koedukativer Ausbildung eng negativ korrelierte) wurde aus den Vorgängereinrichtungen im Sekundarbereich (»Höhere Fachschulen«) mit übernommen, wo es allerdings noch viel stärker ausgeprägt war und sich beim Übergang zur Fachhochschule in ein umgekehrtes Zahlenverhältnis verschob (siehe *Tabelle 3*). Ebenso charakteristisch für den Bereich Sozialpädagogik/Sozialarbeit war und ist die berufsspezifische Geschlechterproportion: Seit der Verberuflichung (aus einem fast ausschließlich von Männern ausgeübten Ehrenamt der Armenpflege) und Schaffung einer formalen Ausbildung, beides vor allem durch die Frauenbewegung gegen Ende des 19. Jahrhunderts betrieben, um neue Berufs- und Erwerbsmöglichkeiten für Frauen zu schaffen und damit zu ihrer Befreiung aus der traditionellen Frauenrolle beizutragen, ist die moderne Sozialpädagogik/Sozialarbeit ein typischer Frauenberuf und die Bezeichnung der Ausbildungsstätte deshalb lange Zeit »Soziale Frauenschule«. Als sich ein zunehmender Bedarf auch an Männern ergab und Männer auch Zugang zu diesem Beruf und den zugehörigen Berufsfeldern suchten, führte dies zur Schaffung eigener Männerschulen. Mit dieser Tradition der geschlechtergetrennten Ausbildung, die sicher nicht ohne Konsequenzen für den Beruf und die Fachkultur war, wurde erst im Übergang zur Fachhochschule (1971) gebrochen, der im übrigen durch Statusanhebung und verbesserte Berufsperspektiven Ausbildung und Beruf für Männer attraktiver machte und zu einem wachsenden Männeranteil führte, der sich seitdem bei etwa einem Drittel der Studenten und Absolventen einpendelte.

Ausbildungsform	insg.	w	m	koed.	insg.	w	m	koed.
Jahr	1964				1970			
Bundesland								
Bayern	5	2	1	2	4	–	–	4
Baden-Württemberg	6	3	1	2	6	1	–	5
Berlin	4	1	–	3	4	–	–	4
Bremen	1	–	–	1	1	–	–	1
Hamburg	2	–	1	1	2	–	1	1
Hessen	3	–	–	3	3	–	–	3
Niedersachsen	3	1	1	1	3	1	1	1
Nordrhein-Westfalen	17	9	4	4	16	7	3	6
Rheinland-Pfalz	2	1	–	1	1	–	–	1
Saarland	–	–	–	–	1	–	–	1
Schleswig-Holstein	1	–	–	1	1	–	–	1
BRD insgesamt	44	17	8	19	42	9	5	28

Tab. 4: Zur Entwicklung der koedukativen Ausbildungsform an den Höheren Fachschulen für Sozialarbeit 1964/1970

Noch 1964 – also Jahre nach der großen Reform von 1959 zur *Höheren* Fachschule (HFS) mit dreijähriger Ausbildung – war nur eine Minderheit, 19 von 44 HFS für Sozialarbeit (= 43%), koedukativ, nämlich alle staatlichen und städtischen, aber nur wenige konfessionelle, dagegen gab es 17 reine Frauen- und 8 reine Männerschulen. Dieses Zahlenverhältnis verschob sich im Vorfeld der Schaffung der Fachhochschule, vor allem durch Konzentration und Zusammenlegung zu größeren Ausbildungsstätten: 1970/71 waren bereits 28 von 42 HFS für Sozialarbeit, also genau zwei Drittel koedukativ und nur noch 9 reine Frauen- und 5 reine Männerschulen (wobei das Verhältnis zwischen beiden Schulformen mit 2:1 fast stabil blieb). Für die HFS für Sozialpädagogik fehlen entsprechende Daten, doch ist davon auszugehen, daß diese de facto reine Frauenschulen waren, da die Jugendleiterinnen-Seminare als Aufbauausbildung für Kindergärtnerinnen erst 1967 durch eine KMK-Rahmenvereinbarung in eine grundständige sechssemestrige Ausbildung umgewandelt wurden und erst in dieser Form Männer aufnahmen in allmählich wachsender Zahl, aber auch heute noch als klare Minderheit (→ *Hochschule, Universität*).

4 Zum Verhältnis Schulpädagogik – Sozialpädagogik

Schulpädagogik und Sozialpädagogik/Sozialarbeit bezeichnen unterschiedliche institutionelle Felder des Erziehungs- und Bildungswesens mit
– unterschiedlicher Genese und historischer Entwicklung,
– unterschiedlicher Institutionalisierung und unterschiedlichen Organisationsformen (Trägerschaft usw.),
– unterschiedlichen organisatorisch-administrativen und rechtlichen Rahmenbedingungen. (→ *Schulpädagogik ...*; → *Sozialpädagogik und Heimerziehung*).
Trotz aller Unterschiede sind die beiden Bereiche so sehr aufeinander bezogen, daß die Sozialpädagogik/Sozialarbeit auch als »außerschulisches Erziehungs- und Bildungswesen« bezeichnet wird. Zwischen beiden gibt es institutionelle Berührungen, Überschneidungen und Zuordnungen, z. B. Schulkindergarten, Hort, Tagesheim und Ganztagsschulen, Heimschulen in Erziehungsheimen usw., Schulsozialarbeit.

Die *Elementarerziehung* (5. und 6. Lebensjahr) (→ *Kindergarten- und Vorschulpädagogik*) ist in Deutschland – abweichend von fast allen ausländischen Strukturmodellen – der Jugendhilfe zugeordnet, doch wird die Zuordnung zu Jugendhilfe oder Schule immer wieder kontrovers diskutiert, und das hauptsächlich wegen der unterschiedlichen Trägerschaft, wegen der Eigeninteressen der in Frage kommenden Institutionen, wegen unterschiedlicher Auffassungen von Bedürfnissen und Erziehungszielen dieser Altersstufe. Ein Problem des Verhältnisses von Schule und Sozialpädagogik/Sozialarbeit liegt vor allem in der Zusammenarbeit: Problematisch ist, wie das Nebeneinander, verständlich aus der unterschiedlichen historischen Genese und der Eigendynamik der unterschiedlichen Organisationsapparaturen, vom Abgleiten ins Gegeneinander abgehalten und zu konstruktiver Zusammenarbeit optimiert werden kann (PFAFFENBERGER 1972). Hier geht es darum, die nachweisbaren Barrieren einer optimalen Zusammenarbeit – wie fehlende Konzeption einer solchen interprofessionellen Kooperation beider Bereiche, mangelnde Vertrautheit mit Zielen, Aufgaben und Methoden einer solchen Zusammenarbeit, besonders aber auch mit denen des anderen Bereiches, negative Arbeitsbedingungen der beiderseitigen Fachkräfte, Kommunikationsschwierigkeiten, die sich zum großen Teil aus der unterschiedlichen Ausbildung und beruflichen Sozialisation ergeben, unterschiedliche Ressortierung beider Bereiche auf allen Ebenen – in Optimierungsstrategien zu konzipieren und zu transformieren. Daraus würde sich das Entwicklungsziel einer »sozialpädagogisch orientierten Schule« (MEHRINGER 1961, PFAFFENBERGER 1972) und einer »bildungsrelevanten und bildungspolitisch orientierten Sozialpädagogik/Sozialarbeit« ergeben.

5 Arbeitsbedingungen und Arbeitsmarkt

5.1 Anstellungsträger und Arbeitgeber – Berufsvertretung und Arbeitnehmerorganisationen

Sozialpädagogen/Sozialarbeiter sind hauptsächlich in kommunalen oder staatlichen Ämtern und in freien Wohlfahrtsverbänden (MAAS 1985, BAUER 1984, BAUER/DIESSENBACHER 1984) angestellt (oder beamtet). Als Berufsvertretung agieren Berufsverbände und Gewerkschaften (ÖTV, GEW, DAG).

5.2 Tätigkeitsmerkmale und Besoldung

Der Bundesangestelltentarif (BAT) führt »Sozialpädagogen/Sozialarbeiter mit staatlicher Anerkennung« in zwei Merkmalsgruppen: »*im Sozialdienst*« und »*im Erziehungsdienst*«. In beiden Kategorien geht die Eingruppierung von V b bis III BAT; Sozialpädagogen/Sozialarbeiter ohne staatliche Anerkennung erhalten als Jahrespraktikanten ein tariflich festgesetztes Praktikantengeld. Als Beamte werden Sozialpädagogen/Sozialarbeiter als Fachhochschulabsolventen in den gehobenen Dienst nach A 9 bzw. A 10 bis A 13 (Sozialinspektor bis Oberamtsrat) eingestuft. Die Sozialpädagogen/Sozialarbeiter im kirchlichen Dienst bzw. in freien Wohlfahrtsverbänden sind nach Besoldung und anderen Tarifbestimmungen denen im öffentlichen Dienst angeglichen bzw. gleichgestellt. Für Absolventen wissenschaftlicher Hochschulen (Diplompädagogen – Studienrichtung Sozialpädagogik/Sozialarbeit) sind die Arbeitsverhältnisse tarif- oder dienstrechtlich nicht geregelt, doch haben sie im allgemeinen die gleiche Eingangsstufe und weitere Eingruppierung wie andere akademische Berufe (II a BAT bzw. A 13), soweit nicht Anstellungsträger die prekäre Arbeitsmarktlage zur Schlechterstellung nutzen.

5.3 Rechtliche und organisatorische Rahmenbedingungen

Die rechtlichen und organisatorischen Rahmenbedingungen sind in der Sozialpädagogik/Sozialarbeit ausgeprägter und für die tägliche Berufspraxis bestimmender als z. B. im schulischen Erziehungs- und Bildungssystem (vgl. KÜHNEL/RANDZIO 1987, KÜHNEL/RANDZIO/ROSCHER 1985). Sie finden deshalb auch umfangreichere und gewichtigere Berücksichtigung in der Ausbildung. Doch führt das dadurch akzentuierte sogenannte »Doppelmandat«, d.h. die doppelte Verpflichtung und Aufgabenbestimmung gegenüber dem Träger und Arbeitgeber einerseits und den Klienten (Betroffenen, Betreuten) andererseits zu besonderen und schwierigen Berufsanforderungen, zu Konflikten und Problemen der beruflichen Motivation (BILGER 1978, BLINKERT u. a. 1979, GERHARD 1979, SCHMIDBAUER 1983).

5.4 Arbeitsmarkt und Berufsperspektiven

Mit Abbau der »bereichsspezifischen Disparität« (PFAFFENBERGER 1969) der Ausbildung seit 1971 verbesserte sich auch die materielle Situation der Berufsvertreter durch Anhebung im Besoldungsgefüge und andere Verbesserungen der Arbeitsbedingungen. Dies führte zu einer höheren Attraktivität des Berufes und einer entsprechenden Zunahme der Studentenzahlen, die auch durch Ausbau der Fachhochschulen ermöglicht wurde. Mit der Wendepolitik der Haushaltskonsolidierung und des Sozialabbaus seit Anfang der 80er Jahre waren Kürzungen der Sozialleistungen für Leistungsempfänger, aber auch der personellen Leistungsangebote (»persönliche Hilfe«) und damit von Planstellen für Sozialpädagogen/Sozialarbeiter verbunden. Dieser Stop der bisherigen Stellenausweitungen (Sozialpädagogik/Sozialarbeit war der größte Beschäftigungsgewinner des vorangegangenen Jahrzehnts) bzw. Stellenkürzungen wurden etwa zur gleichen Zeit wirksam wie ein erhebliches Anwachsen sozialer Probleme in der Wirtschaftskrise und die Auswirkungen des Übergangs der höheren Studentenzahlen auf den Arbeitsmarkt. Damit haben sich die Berufsperspektiven für Sozialpädagogen/Sozialarbeiter ausschlaggebend verschlechtert und auch in diesem Bereich, der noch Anfang der 70er Jahre ein ausgesprochener Mangelberuf war, zu erheblicher Arbeitslosigkeit geführt, die der anderer akademischer – vor allem sozial- und geisteswissenschaftlicher Berufe – nach Art und Umfang vergleichbar ist.

Literatur

BAUER, R. (Hrsg.): Die liebe Not. Zur historischen Kontinuität der »Freien Wohlfahrtspflege«. Weinheim/Basel 1984
BAUER, R./DIESSENBACHER, H. (Hrsg.): Organisierte Nächstenliebe. Wohlfahrtsverbände und Selbsthilfe in der Krise des Sozialstaats. Opladen 1984
BILGER, H.: Konflikte in der Sozialarbeit. Weinheim 1978
BLINKERT, B. u. a.: Berufskrisen in der Sozialarbeit. Weinheim 1979
GERHARD, I.: Über die richtige Angst und die falsche Scham. Emotionale Beziehungen zu Klienten. Bedürfnis und Motivation in der Sozialarbeit. Gießen 1979
KLAPPROTT, J.: Berufliche Erwartungen und Ansprüche an Sozialarbeiter/Sozialpädagogen. Berufsbild, Arbeitsbedingungen und Arbeitsmarkttendenzen. Weinheim 1987
KÜHNEL, R./RANDZIO, J.: Recht der sozialen Arbeit. Weinheim 1987
– –/Roscher, H.: Dienstrecht für die soziale Arbeit. Weinheim 1985
LANDWEHR, R./BARON, R. (Hrsg.): Geschichte der Sozialarbeit. Hauptlinien ihrer Entwicklung im 19. und 20. Jahrhundert. Weinheim/Basel 1983
MAAS, U. (Hrsg.): Sozialarbeit und Sozialverwaltung. Handeln im Konfliktfeld Sozialbürokratie. Weinheim/Basel 1985
MEHRINGER, A.: Vom Gesicht einer sozialpädagogischen Schule und der Zusammenarbeit des Sozialarbeiters mit dem Lehrer. In: Neue Sammlung 1 (1961), S. 195–202
MÜLLER, C. W.: Wie Helfen zum Beruf wurde. Weinheim/Basel 1982
– (Hrsg.): Einführung in die Sozialarbeit. Weinheim 1985
PFAFFENBERGER, H.: Das Theorie- und Methodenproblem in der sozialen und sozialpädagogischen Arbeit. In: FRIEDLÄNDER, W. A./PFAFFENBERGER, H. (Hrsg.): Grundbegriffe und Methoden der Sozialarbeit und Sozialpädagogik. Neuwied 1966, ³1974, S. XIX–XLII
–: Bildungspolitische Aspekte der sozialpädagogisch/sozialen Berufsbildung. In: AURIN, K. (Hrsg.): Bildungspolitische Probleme in psychologischer Sicht. Frankfurt/M. 1969, S. 124–145
–: Zur Interaktion von Schule und Sozialpädagogik. In: INGENKAMP, K. H. (Hrsg.): Schulkonflikt und Schülerhilfe. Weinheim 1972, S. 403–429

SCHMIDBAUER, W.: Helfen als Beruf. Reinbek 1983
–: Hilflose Helfer. Reinbek 1981
SCHÖN, B. (Hrsg.): Die Zukunft der sozialen Berufe. Arbeitsmarkt, Ausbildung, Alternativen. Frankfurt 1986
TJADEN-STEINHAUER, M.: Die verwaltete Armut. Pauperismus in der Bundesrepublik. Hamburg 1985
TUGGENER, H.: Social Work – Versuch einer Darstellung und Deutung im Hinblick auf das Verhältnis von Sozialarbeit und Sozialpädagogik. Weinheim 1971

Ferdinand Graf und Konrad Ronecker

Lehrer/Lehrerin

1 Vorbemerkung

Das Wort Lehren bedeutet ursprünglich »wissen machen« (ahd. lêren, got. laisjan). Wahrscheinlich ist die Grundbedeutung von lais (gotisch: ich weiß) erfahren haben, erwandert haben, auf der Spur sein. In »Geleise« und »leisten« finden sich noch Reste des Wortstammes, ebenso im Wort »List« im Sinne von Klugheit (KLUGE 1921, S. 280). Somit wäre der Lehrer der Wissende, einfach der Gelehrte, der andere wissend machen kann. Von dieser Grundbedeutung her läßt sich die heutige Erscheinung des Lehrers nicht ganz erfassen: er ist nicht nur der, welcher lehrend wissend macht, sondern der, welcher im Lehren erzieht, und weiterhin der, welcher im Lehren und Erziehen zu bilden vermag. Es bedarf eines Blickes in die Jahrtausende alte Geschichte des natürlichen und des berufsmäßigen Lehrers, um die Vielfalt seiner Aufgaben im Blick auf die Zukunft richtig zu gewichten.

2 Geschichtliche Entwicklung des Berufs der Lehrerinnen und Lehrer in verschiedenen Schularten

Menschen, die lehren, finden wir in allen geschichtlichen Epochen und Kulturen. Der Vater zeigt dem Sohn, wie der Acker zu bestellen und das Haus zu bauen ist, er lehrt ihn, den Pflug zu richten und das Schwert zu schmieden. Die Mutter zeigt der Tochter die Kinderpflege und lehrt sie, das Haus zu halten. Väterliche und mütterliche, männliche und weibliche Elemente durchdringen einander. Nicht nur Techniken, handwerkliches Wissen und Können werden überliefert, sondern auch religiöse, kulturelle und geistige Inhalte und kultische Riten werden in der Familie (Großfamilie und Sippe) tradiert. Von diesem natürlichen Lehrertum hebt sich der berufsmäßige Lehrer ab. Der Lehrer scheint einen selbstverständlichen Beruf auszuüben, der bis heute kaum befragt wurde und bisher keiner Theorie zu seiner Begründung bedurfte. Das Lehren ist immer eingebunden in einen Sinnhorizont, in das Erziehungsphänomen eingetaucht und geschichtlich bedingt. Bei HOMER findet sich das mythische Bild: Die Göttin Athene selbst nimmt sich der Erziehung des Telemach, des Sohnes des Odysseus, an in der männlichen Gestalt des Mentes, dann des Mentors. In unserem Kulturraum begegnet uns der Lehrer bei den Griechen, dort entwickelte sich (um 400 v. Chr.) bei den Sophisten die erste Form des professionellen Lehrers. Ebenso geht die Ausprägung von drei verschiedenen Lehrerarten bis in die Antike zurück und korrespondiert mit den ungefähr ebenso alten Aufspaltungen von Bildung und Schule. »Jeder der drei Stufen – Elementarstufe, höhere Stufe, Hochstufe – entspricht für den Unterricht ein besonders qualifizierter Lehrer: Dem Elementarlehrer, *Grammatista*, folgt der ›Grammatiklehrer‹, *Grammatikos*, und diesem folgt der Redner, *Sophistes* oder *Rhetor*. Die theoretische Unterscheidung verwischt sich bisweilen in der Praxis.« (MARROU 1957, S. 235) Um eine »abgerundete Bildung« (enkyklios paideia) zu vermitteln, lehrten die Grammatikoi, schon damals auch Philologoi genannt, den Kanon der Sieben Freien Künste, nämlich das sogenannte *Trivium* aus Grammatik, Rhetorik und Dialektik, gefolgt vom sogenannten *Quadrivium* mit Geometrie, Arithmetik, Astronomie und Musiktheorie. Die Römer haben ihre eigene Gestalt der Erziehung in der Begegnung mit dem griechischen Geist bald aufgegeben und die griechische Erziehung angenommen: AUGUSTINUS (354–430), der durch die antike Schule geprägt war, warnt vor einer glänzenden, aber vordergründigen Rhetorik und hebt den christlichen Lehrer vom Rhetor ab. Der Lehrer habe für Klarheit zu sorgen und nicht für Beredsamkeit, weise, nicht beredt soll er sprechen (AUGUSTINUS: de doctrina christiana IV c5/c9). Durch die Schriften AUGUSTINUS' (de magistro und de doctrina christiana) erhält der christliche Lehrer eine theoretisch begründete, pastoral notwendige und geachtete Stellung. Noch stärker religiös bestimmt wird das Bild des Lehrers im abendländischen Raum durch den Ordensgründer BENEDIKT VON NURSIA (480–547). Jeder, der weise ist, jeder, der fortgeschritten ist, soll sich in Liebe und aus Liebe zu dem anderen zurückwenden und ihm behilflich sein. Dieses allgemeine Lehrertum, das bei BENEDIKT formuliert ist, beeinflußt das kulturelle Leben der Klöster und prägt die Klosterschulen. Erst im Laufe des sechsten Jahrhunderts macht die griechisch-römische Schule den Klosterschulen, den Bischofsschulen und den Pfarrschulen (auch auf dem Dorf) endgültig Platz. Diese sind häufig nicht Schulen für alle (außer den Pfarrschulen), sondern hauptsächlich dazu da, Mönche und Geistliche auszubilden. Dementsprechend sind die Lehrer in der Regel Theologen, die zugleich in den Schriften und in den Tugenden ausbilden, im übrigen sich nur sehr schwer in ähnlicher Weise wie im griechisch-römischen Schulwesen gliedern lassen. Das Neue und Besondere ist die Verknüpfung von literarischer Bildung und religiöser Erziehung auf allen Stufen durch eine Person, die zugleich geistlicher Vater und Lehrer ist.

Die Schulen werden durch KARL DEN GROSSEN stark gefördert. Beraten wurde er von ALCUIN (735–804), aus dessen Briefen sich eine große Achtung für die Lehrer und die Sorge um den Nachwuchs von Lehrern, die sich aus Liebe der Erziehung widmen, herauslesen lassen. Die Solidarität von Lehrenden und Lernenden, die ALCUIN herausstellt, dient der gegenseitigen Vervollkommnung. Die »auctoritas« des Lehrers (→ *Autorität und Disziplin*) gründet in der demütigen (dienenden) Hilfe an der Selbstvervollkommnung des anderen, die Demut aber wirkt auf die »sapientia« des Lehrers zurück. Benediktinisches Gedankengut wird zur Zeit KARLS DES GROSSEN in die staatlich geforderte Erziehung hineingenommen (EDELSTEIN 1965). Diese Bestrebungen werden vom Schüler ALCUINS, RHABANUS (HRABANUS) MAURUS (776–856), dem »princeps praeceptor Germaniae«, weitergeführt. Mit der Forderung nach Schulen in allen Pfarreien (Vorläufer der Volksschulen) werden mehr Lehrer notwendig. Zwar sind sie noch größtenteils Priester und Mönche, aber nicht mehr nur an Dom- und Klosterschulen, sondern immer mehr auch an Stadtschulen. Damit tritt der Lehrer aus einer bisher religiös aufgefaßten Funktion in eine eher gesellschaftlich orientierte innerhalb des städtischen Schulwesens. Es entwickeln sich Lese- und Schreibschulen, in denen auch die einfachsten Rechenarten gelehrt werden. Sie sind oft die Voraussetzung für die Gelehrtenschulen, die der höheren Bildung und dem Klerikernachwuchs dienen. Erstaunlicherweise ist auch durch das ganze Mittelalter hindurch der Unterricht in den gelehrten Schulen durch die *artes liberales*, die Freien Künste (die natürlich modifiziert und ergänzt werden) beherrscht. Er erfordert Lehrer mit guter Ausbildung: »Was zunächst die Lehrer angeht, so ist der Vorsteher der Schule ... wenigstens in den größeren Städten regelmäßig ein Mann, der auf einer Universität studiert und einen Grad erworben hat, den magister artium.« (PAULSEN 1919, S. 21) In diesem Lehrertypus setzt sich demnach die Linie fort, die mit dem Philologus der Antike begonnen hat und sich bis zum Lehrer am Gymnasium durchziehen wird, wie er sich dann im Laufe des 19. Jahrhunderts endgültig herausbildet.

Die ersten *Lehrerinnen* finden wir in den Frauenklöstern. Die Äbtissin LIOBA in Tauberbischofsheim (710–782) gilt als »erste Lehrerin Deutschlands«. In den Frauenklöstern werden hauptsächlich die Adelstöchter gebildet und auf den geistlichen Stand vorbereitet. Die Frauenklöster öffnen sich immer mehr für die Bildung der Allgemeinheit und sorgen sich zunehmend um die »weltliche« Bildung. Hier kann man den Ausgangspunkt der »weltlichen Lehrfrauen« annehmen, die die Töchter vornehmer Familien erziehen und bilden. 1389 läßt sich in einer Steuerliste in Bern eine weltliche Lehrfrau nachweisen. Den Zünften zugeordnet, gelten die Lehrfrauen (Lehrgotten) ebenso wie die Lehrer als Handwerktreibende. In Speyer mietet eine Lehrfrau 1362 ein Haus für eine Mädchenschule. Ähnliche Einrichtungen werden von anderen Städten berichtet. In manchen Schulordnungen (z. B. Bamberg 1491) wird von Schulfrauen verlangt, daß sie einen gewissen Bildungsstand haben sollen. Es handelt sich hier einmal um die Frauen von Schulmeistern, die im Unterrichten mithelfen, dann um Witwen, die das Schulgeschäft weiterführen, und schließlich um selbständige Lehrerinnen (BREHMER 1985, S. 143).

Mit dem Bestreben, Bildung nicht nur für den geistlichen Stand, sondern auch für den Handel und das Gewerbe vorzusehen, treten unterschiedliche Anforderungen an die Bildung und die Lehre auf. Es kommt zu einer immer stärkeren Trennung in höhere und elementare Bildung. Die Tendenz verstärkt sich im Zeitalter des Humanismus, unter anderem auch durch die reformatorische Forderung nach der Beschäftigung mit dem Urtext der Bibel und durch die Orientierung der »Gelehrsamkeit« an den alten Sprachen. (Nach MELANCHTHON [1497–1560] soll nur Latein, aber kein Deutsch gelehrt werden.) An den Gelehrtenschulen unterrichten meist Theologen, die den Lehrerberuf als Durchgangsstation für ein kirchliches Amt betrachten. Durch das protestantische Staatskirchentum gelangt die Schule unter die Hoheit des Fürsten als des obersten Kirchenherrn. Damit werden Schule und Lehrer zur Staatsangelegenheit. Nicht mehr der erlöste und sich vervollkommnende Mensch steht im Mittelpunkt, sondern der brauchbare Untertan. Durch die Anschauungen und politischen Entwicklungen der Reformation wird die Stellung des Lehrers grundlegend beeinflußt. Er wird vom Staat abhängig und – wenn auch die meisten Verordnungen die Schulen in städtischer oder kirchlicher Obhut belassen – ein vom Staat abhängiges durchführendes Organ. Viele Schulordnungen (z. T. Bestandteil der Kirchenordnung) enthalten genaue Vorschriften über und für den Lehrer, der oft auch zu Kirchendiensten verpflichtet ist.

Am ehesten ist noch der Lehrerberuf an den nun aufkommenden Landesschulen (staatlichen Gelehrtenschulen) und an großen städtischen Lateinschulen ein Dauerberuf; ebenfalls für diejenigen Lehrer mit Universitätsausbildung, die zwischen der Gelehrtenschule und der Artistenfakultät der Universitäten hin und her gehen (→ *Hochschule / Universität;* → *Hochschullehrer und wissenschaftlicher Nachwuchs*). Auch sie sind so Vorläufer des späteren Lehrers am Gymnasium, ebenso diejenigen, die an dem ebenfalls neuen Gymnasium academicum (mit seiner Komponente des universitären Unterrichts) lehren. In den vom Jesuitenorden neugeordneten Studienanstalten (Collegia) ist manches anders: Die Mitglieder des Ordens sind die Lehrer, sie haben meist ein besseres Studium hinter sich, und der Orden – das ist überhaupt neu – tut mehr für die Ausbildung und Fortbildung der Lehrer. »In gewisser Weise kann man hiernach sagen, daß die Kollegien zugleich die ersten Gymnasialseminare sind; die Tradition der Methode ist ein wichtiges Stück der Obliegenheit der Studienpräfekten. Man wird annehmen dürfen, daß die vielgerühmte Leistungsfähigkeit der Jesuitenschulen hiermit zusammenhängt.« (PAULSEN 1919, S. 397) Die Zielsetzung solcher Schulen ist allerdings kaum anders als die der anderen gelehrten Schulen: eloquens et sapiens pietas (Johannes STURM), Eloquenz, wissenschaftliche Erkenntnis, Frömmigkeit und Rechtschaffenheit.

Im großen und ganzen bewahrt das gelehrte Schulwesen beinahe zwei Jahrhunderte hindurch diese Gestalt, die es im Humanismus, in der Reformation und während der Gegenreformation angenommen hatte. Neu ist das Auftreten von Ritterakademien zur Bildung des Adels, neu ist das Paedagogium August Hermann FRANCKES in Halle (1696), angegliedert ein Seminarium praeceptorum, also ein Lehrerseminar. Aber immer noch sind wie eh und je die Lage und die Ausbildung der gelehrten Lehrer höchst unbefriedigend, da die Kandidaten der Theologie, die lediglich ein paar Jahre Philosophie und Theologie gehört haben, immer noch einen Großteil der Lehrer stellen. Einen neuen pädagogischen Ansatz finden wir bei J. A. COMENIUS (1592–1670). Getragen vom christlichen Glauben und seiner Philosophie, entwirft er einen Schulaufbau, ein Welt- und Lehrgebäude und beschreibt die Aufgaben des Lehrers. Der Lehrer ist bei COMENIUS pädagogisch aus Theologie, Philosophie und Politik begründet, er hat an der Erlösung der Menschheit mitzuwirken und alle zum vollen Menschsein zu führen. Rückwirkungen auf die Lehrerbildung der damaligen Zeit sind kaum nachzuweisen. Im Vorfeld der Aufklärung (Pietismus) hat A. H. FRANCKE (1663–1727) durch sein Seminarium praeceptorum einen großen Einfluß auf die Lehrerbildung. In seinem Seminar werden Lehrer für die deutsche Schule und für die Lateinschule ausgebildet. Die starke Betonung des Realunterrichts in seinen Anstalten führt zur Entstehung des *Fachlehrers*. So sind Lehrer nicht so sehr nach Niveau als vielmehr nach Fächern unterschieden. Damit sind die Grundlagen für den Realschullehrer gelegt. Weitere Ereignisse wirkten sich im 18. Jahrhundert auf den Lehrerstand aus: durch das Entstehen der ersten lateinlosen Bürgerschulen; durch die Einrichtung der ersten Realschulen (1747); durch die Eröffnung des Philologischen Seminars in Halle (1787), dessen eigenes Ziel die Bildung von gelehrten Schulmännern ist; durch die Anordnung von Abiturientenprüfungen (1788) und das heißt durch die Prüfung all derer, die zur Universität wollen, unter staatlicher Aufsicht; in der Folge davon durch »die beginnende Aussonderung der eigentlichen Gelehrtenschulen aus der Masse der Lateinschulen und die beginnende Umwandlung der letzteren in Bürgerschulen« (PAULSEN 1921, S. 17) (→ *Schulgeschichte als Bildungsreform* ...).

Das »Generallandschulreglement« in Preußen (1763/65) und vor allem die »allgemeine Schulordnung für die deutschen Normal- Haupt- und Trivialschulen« für die österreichischen Länder (1774) bringen den Lehrer in eine neue Position. Mit den Normalschulen werden die ersten staatlichen Lehrerseminare mit eigenem Lehrplan und eigenen Methoden verordnet und eingerichtet. Die Anstellung des Lehrers ist von der staatlichen Prüfung abhängig, und viele Lehrer nutzen die angebotenen Fortbildungskurse, um eine Prüfung nachzuholen. Aus dem Gelegenheitsarbeiter entwickelt sich nun der Beruf *Volksschullehrer* mit eigener Ausbildung und einem immer stärker werdenden

Selbstverständnis als eigener Berufsstand. Die Eröffnung des philologischen Seminars in Halle 1787 dokumentiert die Trennung von Lehrer und Predigerstand im evangelischen Raum. Durch die Auflösung des Jesuitenordens 1773, der bis dahin das katholische Schulwesen (→ *Freie Schulen* ...) maßgeblich beeinflußte, wird diese Trennung im Süden eingeleitet. Zwar unterrichten noch Exjesuiten an den Gymnasien, aber der Lehrernachwuchs wird unter Laien gesucht.

Unter JOSEPH II. wird die erste weltliche Anstalt zur Ausbildung von Lehrerinnen und Gouvernanten in Wien eröffnet.

Durch die Napoleonischen Kriege und die damit verbundenen politischen Wirren brechen viele dieser hoffnungsvollen Entwicklungen ab. Die Sorge um die pädagogische Ausbildung der Lehrer für die Gelehrtenschulen trat im 19. Jahrhundert eher zurück, weil man der fachwissenschaftlichen Lehre und Forschung nun alle Kraft widmen wollte. Für die weitere Herausbildung des Gymnasiallehrerstandes in dieser Zeit war nun ganz entscheidend die Einführung des Examen pro facultate docendi, also eines Ersten Staatsexamens, in Preußen im Jahre 1810, die Einführung eines Probejahres für die Lehramtsabsolventen in Preußen (1826) mit anschließendem Zweitem Staatsexamen in der Gestalt des Examen pro loco. Mit diesen Regelungen ist die Schaffung eines eigenen Gymnasiallehrerstandes abgeschlossen. Zugleich ist damit die Ausbildung festgelegt. Die Trennung von Lehramt und geistlichem Amt, die über tausend Jahre in einer Hand waren, ist damit endgültig, ebenso endgültig die Herauslösung der gelehrten Schule aus den Lateinschulen. Nur die Schulen, die zur »Entlassungsprüfung« berechtigt sind, erhalten nun offiziell den Namen *Gymnasium*. Diese Bestimmungen zu Beginn des letzten Jahrhunderts prägen Ausbildung, Status und Aufgaben des Lehrers am Gymnasium bis zum heutigen Tag.

Eine Neuorientierung des Lehrerberufs bewirkt J. H. PESTALOZZI (1746–1827). Er hat in nachhaltiger Weise das Bild vom Volksschullehrer und dessen Bildung geprägt (GRAF 1987 b, S. 29–34). Engagierte Lehrer und pädagogisch interessierte Pfarrer pilgern nach Iferten und verbreiten die Ideen PESTALOZZIS. Politiker und Pädagogen begutachten seine Werke. »Machen, daß sich der Zögling selbst finde«, so charakterisiert J. F. HERBART die Pädagogik PESTALOZZIS. Das kann der Erzieher nicht von sich aus, er kann nur die im Zögling vorhandene Kraft in die Lage versetzen, daß dies geschehe. Darin sind sich beide einig. Durch PESTALOZZI geschieht eine Neuorientierung der Pädagogik, er schildert und reflektiert sie. HERBART (1776–1841) baut eine neue Pädagogik als Wissenschaft theoretisch auf. Damit ist keineswegs eine Deckungsgleichheit der beiden unterstellt, aber ein unheimlicher Spannungsbogen für den Beruf des Lehrers und Erziehers bricht in dieser historischen Konstellation auf, regt die theoretische und methodische Diskussion an und zeigt deren praktische Relevanz, die ins Politische hineinragt. Geht man von der Eigenständigkeit der Pädagogik im Sinne HERBARTS aus, so muß auch der Lehrer und Erzieher von diesem eigenständigen Denken her betrachtet werden. Die Volksschulen werden immer stärker durch die staatlichen Verwaltungen bestimmt, ähnliches gilt für die Lehrerbildung. Viele Regierungen sind physiokratisch orientiert, andere eher merkantilistisch. Die Industrialisierung wirkt auf die Struktur und Orientierung der Schule und Lehrer, darum haben die Landschulen gute Landwirte zu erziehen, in den Städten sind die Bürgerschulen (Realschulen) für den Nachwuchs im Gewerbe zuständig. Dies hat Rückwirkungen auf die Lehrerbildung.

Die *Berufsbildung* ist seit dem Mittelalter von den Zünften getragen und in der

Meisterlehre durchgeführt. Mit der fortschreitenden technisch-ökonomischen Entwicklung sind die ausbildenden, überwiegend handwerklichen, Betriebe immer weniger in der Lage, die zusätzlich zur praktischen Ausbildung notwendigen differenzierten berufstheoretischen Kenntnisse zu vermitteln. Diese Aufgabe wird zu der Zeit von der Schule übernommen. Zunächst werden die Sonntagsschulen, die seit dem 16. Jahrhundert zur religiösen Unterweisung und Weiterbildung dienen, für diese Aufgabe herangezogen. Aus ihnen entwickeln sich die Fortbildungsschulen, deren Unterricht bis in unser Jahrhundert hinein von Volksschullehrern (nebenamtlich) besorgt wird – immer mehr unterstützt durch Praktiker des Handwerks und der Wirtschaft. Die Forderung nach Lehrern, die für diese Aufgabe besonders vorbereitet und fachlich qualifiziert sind, wird immer dringender. Diese Ausbildung übernimmt zum Beispiel in Baden die 1825 in Karlsruhe gegründete Polytechnische Schule. Sie ist für die technische Bildung im ganzen Lande Baden zuständig, gefolgt von mittleren Gewerbeschulen als Vollzeitschulen. Den städtischen Gewerbeschulen wird (1834) als niederen technischen Lehranstalten die Lehrlingsbildung neben dem Handwerksmeister (dual) übertragen (→ *Betriebliche Ausbildung*). Die rangniedrigsten bleiben die Sonntags- und Fortbildungsschulen vorwiegend für die ländliche Jugend. Für diese Schulen, die hierarchisch gegliedert für das Land Baden verordnet wurden, sind eigene Lehrer mit besonderen Qualifikationen, die sie sich in der Polytechnischen Schule, in einer Baugewerk- oder Ingenieurschule erworben haben, gefordert und 1834 in einer Verordnung festgelegt. Schon 1857 wird eine Ordnung zur Ausbildung und Prüfung der Gewerbelehrer an der Polytechnischen Schule (später Technische Hochschule, heute Universität) in Karlsruhe eingeführt. Damit ist der Lehrer an beruflichen Schulen als weiterer Lehrerstand geschaffen (→ *Das berufliche Bildungswesen* ...).

Die Bildung der Lehrerinnen wird zu Beginn des 19. Jahrhunderts immer mehr thematisiert. Eine *Lehrerin* aus dem Institut PESTALOZZIS gründet 1847 in Zürich ein Lehrerinnenseminar, das aber nur drei Jahre besteht. In der Regel wird die *Lehrerinnenbildung* in den katholischen Gebieten durch Frauenklöster besorgt. Nach der Säkularisation arbeiten diese (zum Beispiel legt im Großherzogtum Baden 1811 ein staatliches Regulativ die Ausbildung und Prüfung fest) als Lehrinstitute weiter und betreiben die Lehrerinnenbildung nach ähnlichen Lehrplänen wie die staatlichen Seminare für Lehrer und schließen die Ausbildung mit einer staatlichen Prüfung ab (GRAF 1987 b, S. 35–36). Die jungen ausgebildeten Lehrerinnen werden, obwohl sie staatlich geprüft sind, nicht in den öffentlichen Schuldienst übernommen. Im Jahre 1868 wird ein Antrag in der II. Kammer des badischen Landtages eingebracht, in dem gefordert wird, daß Frauen (nur ledige und verwitwete), welche die entsprechende Prüfung abgelegt haben, zum Schuldienst zugelassen werden und die Rechte von Hauptlehrern erhalten sollen. Zur Begründung des Antrags wurden drei Punkte angeführt: 1. sei das Unterrichten eine Tätigkeit, für die sich eine Frau besonders eigene, 2. die soziale Stellung der Frau würde gehoben, und 3. will man den akuten Lehrermangel durch die Übernahme von Frauen in den Schuldienst beheben. Der Antrag erhält nicht die erforderliche Zustimmung, er wird abgelehnt. Im Kulturkampf müssen in Baden die aus den Klöstern hervorgegangenen Lehrinstitute ihre Pforten schließen, da keine Person, die einer kirchlichen Organisation angehört, unterrichten darf. Nun werden staatliche Institute für die Lehrerinnenbildung gefordert und auch gegründet (z. B. 1878 in Karlsruhe). Einige höhere Mädchenschulen erhalten die Berechtigung, Lehrerinnen auszubilden und besondere Kurse einzurichten.

Erst 1880 wurde z. B. im Großherzogtum Baden die rechtliche Grundlage zur Anstellung von Lehrerinnen geschaffen, und erst durch die verfassungsmäßige Gleichstellung der Geschlechter im Jahre 1919 sind die geltenden Beschränkungen für die Anstellung von Lehrerinnen juristisch aufgehoben.

Mit der geregelten Berufsausbildung entwickeln sich mehr und mehr ein Selbstverständnis, ein Standesbewußtsein und das Bestreben nach eigenen Standesorganisationen. Erste Ansätze zu Beginn des 19. Jahrhunderts gedeihen nicht über das Stadium von Lesegesellschaften hinaus. Im Jahre 1840 findet sich in Württemberg der erste überregionale Lehrerverein. Der Allgemeine Deutsche Lehrerverband wird 1848 gegründet (HEINEMANN 1977, weitere Entwicklung siehe dort).

Inhalte und Form der Lehrerbildung wechseln zwar noch häufig, aber als eigenständige Ausbildung wird sie nicht mehr in Frage gestellt. Etwa ab 1850 ist die Ausbildung zum Lehrerberuf an einem staatlichen Lehrerseminar der Regelfall. Bis die geforderte akademische Lehrerbildung allgemein eingeführt wird, dauert es noch über ein Jahrhundert. Dahinter verbergen sich inhaltliche und standespolitische Probleme. Immer mehr wissenschaftliche Elemente bestimmen auch die Bildung des Volksschullehrers.

3 Gegenwärtige Lage

Erst in der zweiten Hälfte unseres Jahrhunderts setzt sich auch im Bereich der Volksschule das Prinzip des Fachlehrers durch (zwei oder drei Fächer). Die Differenzierung in Schwerpunkte im Grund- oder Hauptschulbereich wird in das Studium aufgenommen. Eigene erziehungswissenschaftliche bzw. pädagogische Hochschulen werden errichtet (→ *Hochschule/Universität*), und in den meisten Bundesländern sind diese in die Universitäten integriert. Nur Baden-Württemberg und Schleswig-Holstein haben noch eigenständige pädagogische Hochschulen mit eigenem Promotionsrecht. Dieser auf den ersten Blick eher äußerliche Unterschied hat Konsequenzen (→ *Das Bildungswesen in der Bundesrepublik Deutschland*). Die Entwicklung in den neuen fünf Bundesländern ist noch nicht abzusehen. Die pädagogischen Hochschulen sehen ihre Hauptaufgabe in der Lehrerbildung für Grund-, Haupt- und Realschulen. Sie sind bewußt auf diese Lehre und Forschung ausgerichtet (ROTH 1974, S. 319). Dies trifft sowohl auf die erziehungswissenschaftlich orientierten Fächer als auch auf die Fachdidaktiken zu, in denen ein enger Zusammenhang zwischen Fachwissenschaft und deren Didaktik gepflegt wird. Diese enge Verknüpfung, die für den Fachlehrer äußerst wichtig ist, steht in der universitären Lehrerausbildung in Gefahr (→ *Fachdidaktik, Bereichsdidaktik* ...).

Grundsätzlich unterscheidet sich die Lehrerbildung für alle Schularten in den Bundesländern hinsichtlich des Studienanteils der erziehungswissenschaftlichen Fächer gegenüber den fachbezogenen und didaktischen Anteilen, darüber hinaus in der Anzahl und Kombination der Fächer (Zwei- bzw. Dreifächerstudium). Die Studienanforderungen, die Prüfungs- und entsprechend die Studienordnungen wechseln von Land zu Land und in unterschiedlicher zeitlicher Abfolge für Lehrer aller Schularten. Die Ausbildung aller Lehrer ist grundsätzlich zweiphasig. Die zweite Phase wird an staatlichen Seminaren durchgeführt.

Nach seinem Selbstverständnis hat der *Lehrer am Gymnasium* vor allem die Aufgabe, junge Menschen unmittelbar auf ihr Studium an einer Universität (an einer Hochschule) vorzubereiten. Seine beiden anderen Aufgaben, die Vermittlung einer theoretischen Bildung und die Vorbereitung auf den unmittelbaren Übergang in den Beruf, sind nicht so ausschließlich. Demgemäß sieht sich der Lehrer am Gymnasium, noch mehr als die Lehrer anderer Schularten, in einer eigentümlichen Zwischenstellung: Einerseits muß er sich dem fachwissenschaftlichen Studium in zwei oder gar drei Fächern widmen, andererseits will er sich zum Experten für alles, was mit Bildung durch Erziehung und Unterricht zu tun hat, ausbilden. Da er beidem nicht gleichzeitig gerecht werden kann, ist sein Studium eh und je zweigeteilt: in eine erste Phase mit dem Schwerpunkt auf die Fachwissenschaften, in eine zweite Phase mit dem Schwerpunkt im Pädagogisch-Unterrichtspraktischen. Bemühungen um eine einphasige Ausbildung (HANSSLER 1971, S. 99–119) sind bislang nicht erfolgreich gewesen, so, wie auch das Gegenmodell einer Ausbildung nach Schulstufen, nämlich der Stufenlehrer bzw. der Gesamtschullehrer, sich bis heute nicht allgemein hat durchsetzen können (→ *Das allgemeinbildende Schulwesen* ...).

»Inzwischen spricht manches dafür, daß die Tage des Gymnasiums wie auch die Tage des Philologen gezählt sein könnten.« (GROOTHOFF 1972, S. 80) Diese Prophezeiung aus dem Jahre 1972 ist bis heute nicht eingetroffen. Gymnasium und Gymnasiallehrerschaft haben sich auch im zwanzigsten Jahrhundert, in der Zeit nach dem Zweiten Weltkrieg und in der Zeit der Umwälzungen in den sechziger Jahren, behauptet, indem sie auf der einen Seite den Grundgedanken des Gymnasiums – Studierfähigkeit, vertiefte und theoretische Bildung, Lebensvorbereitung – zäh und geschickt verteidigten, unterstützt von Eltern und Politikern, die von der Qualität dieser Schulart überzeugt blieben, sich aber auf der anderen Seite den Zeitläufen geschmeidig anpaßten. Trotzdem stoßen wir auf einige neuralgische Punkte in dieser Schulart und deren Lehrern. Der erste Zweck des Gymnasiums, die Studierfähigkeit, wird nach Ansicht mancher heutzutage nicht mehr erreicht; Hochschulen und Politiker spielen intensiver mit dem Gedanken besonderer Aufnahmeverfahren; der Zugang zu den Hochschulen ohne allgemeine Hochschulreife wird immer häufiger. Alle Schularten nehmen für sich in Anspruch, in irgendeiner Weise zu bilden. Es dürfte schwierig bleiben, nachzuweisen, daß der Bildungsauftrag des Gymnasiums und der Gymnasiallehrer sich nicht graduell, sondern prinzipiell von dem anderer Schularten unterscheidet: in der Gestalt einer theoretischen Bildung (→ *Strukturveränderungen im Bildungswesen* ..., *Die reformierte gymnasiale Oberstufe*). Einerseits leidet das Gymnasium immer noch unter dem Vorwurf, es neige einer (überholten, reaktionären) Elitebildung zu, andererseits nimmt es, vor allem auf der Mittelstufe, immer mehr die Züge einer heimlichen Gesamtschule an. Diesem Zustand könnten die Gymnasiallehrer am ehesten durch eine Verstärkung der inneren und der äußeren Differenzierung begegnen. Neue Inhalte drängen in die Schule, insbesondere auch Inhalte aus der Berufswelt, und das Gymnasium kann diese nicht, ohne seinen eigentlichen Sinn und das Selbstverständnis eines Großteils seiner Lehrer zu gefährden, aufnehmen. Vielen Lehrern am Gymnasium macht die Tendenz Sorge, die Orientierungsstufen und die Oberstufen zu verselbständigen, das Gymnasium also oben und unten zu amputieren. Die Lehrer an Gymnasien haben große Mühe, den vermehrten Ansprüchen ihrer Fächer und den vermehrten Ansprüchen der Pädagogik gerecht zu werden. Die Kooperation mit den anderen Schularten gelingt den Gymnasiallehrern nicht so, wie es wünschenswert wäre. Viele Lehrer am Gymnasium sagen nicht in der Weise »Ja« zu ihrer Ausbildungsinstitution, dem Studienseminar, wie die Lehrer anderer Schularten zu ihren Einrichtungen. Die Institute der zweiten Phase sind nicht so ausgestattet und strukturiert, wie es ihrem Ausbildungsauftrag entspräche.

Die Lehrerbildung für die *beruflichen Schulen* verläuft nicht nur in den Ländern sehr unterschiedlich, sondern entwickelt sich auch sehr differenziert für die gewerblichen, kaufmännischen, haus- und landwirtschaftlichen Schulen (→ *Das berufliche Bildungswesen* ...). Die Darstellung muß sich daher auf exemplarische Gesichtspunkte der Situation in Baden-Württemberg beschränken.

Eine eigene Entwicklung neben dem Lehrer an gewerblichen Schulen nahm der Lehrer an kaufmännisch orientierten Schulen. Von freien Trägern unterhalten, sind für diese Schulen nebenberufliche Lehrer aus dem schulischen wie auch aus dem wirtschaftlichen Bereich angestellt (→ *Freie Schulen* ...). Mit dem zügigen Ausbau der kaufmännischen Schulen entstand ein großer Bedarf an qualifizierten hauptamtlichen Lehrern. Bei der Konzipierung der angezielten eigenständigen Handelslehrerausbildung ging man (wie im gewerblichen Bereich) von der Notwendigkeit einer wissenschaftlichen Ausbildung aus. Diese kann, nachdem zwischen 1889 (in Leipzig) und 1919 (in Nürnberg) sieben Handelshochschulen gegründet wurden, auch durchgeführt werden (LÖBNER 1963, S. 53). Wie im gewerblichen Bereich wird in den zwanziger Jahren die zweiphasige Lehrerbildung mit Hochschulstudium und anschließendem Vorbereitungsdienst eingeführt.

Die Lehrerinnenbildung für die hauswirtschaftlichen Schulen entwickelte sich zeitlich etwa parallel zum kaufmännischen Bereich. Die eigenständige Lehrerbildung für die landwirtschaftlichen Schulen setzte dagegen erst nach dem Zweiten Weltkrieg ein und wurde wie die Lehrerinnenbildung für die hauswirtschaftlichen Schulen mit der Aufwertung dieser Schultypen durch den Schulentwicklungsplan für das berufliche Schulwesen ab Mitte der 60er Jahre dem allgemeinen Standard vergleichbar. Entsprechend der übernommenen Tradition wurde die Ausbildung in den beiden Phasen der Lehrerbildung für das berufliche Schulwesen nach 1945 zunächst für den gewerblichen, hauswirtschaftlichen, kaufmännischen und landwirtschaftlichen Bereich getrennt durchgeführt. Wichtigste Ergebnisse der Bemühungen um eine den modernen Erfordernissen angepaßte Lehrerbildung für die berufstheoretischen und allgemeinen Fächer sind:
– die Einführung des Zwei-Fach-Lehrers für die der Sekundarstufe II zuzurechnenden beruflichen Schulen,
– die Zusammenfassung aller Lehrämter in einer einheitlichen Lehrbefähigung für die beruflichen Schulen und
– die grundsätzliche Einführung von Staatsprüfungen.

Ein weiterer Schwerpunkt gilt der Bildung von Lehrern für Berufspraxis, die heute in den Kollegien der beruflichen Schulen einen Anteil von bis zu 25% ausmachen. Mit ihrer Einführung ergibt sich die Gefahr des Auseinanderdriftens von theoretischem und praktischem Unterricht.

In Baden-Württemberg werden 1964 zum ersten Mal die Schularten des beruflichen Schulwesens mit den traditionellen Schularten »als gleichzuachtende Glieder des Schulwesens« aufgeführt. Der DEUTSCHE BILDUNGSRAT hat die Bedeutung der beruflichen Schulen mit der Zuordnung zur Sekundarstufe II im »Strukturplan« unterstrichen (DEUTSCHER BILDUNGSRAT 1972, S. 177). Mit einer Rahmenvereinbarung schafft die Ständige Konferenz der Kultusminister im Jahre 1973 für die Lehrer an beruflichen Schulen im höheren Dienst in allen Bundesländern einheitliche Voraussetzungen für

Ausbildung und Prüfung, was eine einheitliche Einstufung in die Besoldungsordnung bewirkt (KULTUSMINISTERKONFERENZ 1975, S. 313). Mit der Übernahme der Amtsbezeichnung der Lehrer an den traditionellen Gymnasien (von Studienrat bis Oberstudiendirektor) ist die Gleichstellung der Lehrer an den beruflichen Schulen zu denen an Gymnasien abgeschlossen. Grundsätzliche Unterschiede zum Gymnasiallehrer bleiben durch die spezielle Aufgabenstellung des beruflichen Schulwesens bestehen. Als besonderes Problem stellt sich das Spannungsverhältnis zwischen Theorie und Praxis (→ *Das Theorie-Praxis-Verhältnis in der Pädagogik*) beim berufsbezogenen Unterricht dar: Einmal muß er in allen Klassenstufen und Schularten dem neuesten technisch-ökonomischen Entwicklungsstand entsprechen, dann muß er durch Praxisbezug den Erfordernissen der betrieblichen Wirklichkeit in der Weise gerecht werden, daß die vermittelten Unterrichtsinhalte tatsächlich anwendbar sind. Schon immer werden die Lehrer der beruflichen Schulen von der Wirtschaft zu vielfältigen Nebentätigkeiten herangezogen, die fundierte Sachkenntnis voraussetzen (Facharbeiter- bzw. Meisterprüfung, Fortbildung, Weiterbildung u. ä.). Aus diesen Anforderungen ergeben sich die Notwendigkeit der umfassenden wissenschaftlichen Qualifikation und der Praxisnähe als zwei wichtige Folgerungen:

– Die zur Verfügung stehende Studienzeit muß für die fachwissenschaftliche Ausbildung im ersten und zweiten Fach optimal ausgeschöpft werden. Die Vorgaben der KMK-Vereinbarung sind mit diesem Erfordernis nicht vereinbar: das grundsätzlich vorgesehene Studium von nicht affinen Fächern verhindert die erforderliche fachwissenschaftliche Durchdringung der beiden Fächer, und der hohe Anteil an Erziehungswissenschaft schränkt die Studienzeit für das erste und zweite Fach zusätzlich ein. Andererseits wäre eine umfassende (berufs)pädagogische Ausbildung besonders wünschenswert, weil die Schüler der beruflichen Schulen in der Regel junge Erwachsene sind (das Durchschnittsalter der im dualen System Auszubildenden lag beispielsweise schon 1984 bei über 18 Jahren) und zudem in der Regel über Erfahrungen in der Arbeitswelt verfügen. Anstelle einer kindbezogenen Entwicklungspsychologie treten daher die Erwachsenenpädagogik und die Berufspädagogik (→ *Erwachsenenbildung und Weiterbildung*) als Theorie des Lehrens und Lernens in der Schule und im Betrieb.

– Der Lehrer an beruflichen Schulen muß eigene praktische Berufserfahrungen gesammelt und die Erfahrungswelt seiner Schüler im Betrieb aus eigener Anschauung kennengelernt haben. Neben der Erziehungswissenschaft, den Fachdidaktiken und der Schulpraxis kommt daher die Betriebspraxis als vierte unverzichtbare Komponente hinzu (→ *Betriebliche Ausbildung*). Im Hinblick auf eine angemessene Gesamtstudienzeit hat es die Kultusministerkonferenz bei Lehrern mit berufsbezogenen Fächern bei einem einjährigen Betriebspraktikum belassen. Dessen Effizienz könnte allerdings durch eine noch bessere Abstimmung mit den Studieninhalten verbessert werden. Um einen Mindestbezug zur betrieblichen Praxis auch für die allgemeinbildenden Fächer zu erreichen, müssen alle Bewerber mit der wissenschaftlichen Prüfung für das Lehramt an Gymnasien für die Zulassung zum Vorbereitungsdienst an beruflichen Schulen eine Betriebspraxis von mindestens drei Monaten nachweisen. Alle Studienreferendare (also auch diejenigen mit allgemeinen Fächern) absolvieren im Rahmen des Vorbereitungsdienstes ein gelenktes und betreutes Betriebspraktikum von vier Wochen. Angemessen wäre sowohl eine umfassende fachwissenschaftliche (theoretische und praktische) als auch eine abgerundete (berufs)pädagogische Ausbildung der Lehrer an beruflichen

Schulen. Da sich beide Gesichtspunkte bei einer realistischen Ausbildungsdauer nicht gleichzeitig verwirklichen lassen, muß man entscheiden, ob man in der Lehrerbildung den Schwerpunkt eher auf berufsbezogene Inhalte oder mehr auf den Aspekt des Lehrers als Pädagoge legt, das heißt, ob man einen pädagogisch orientierten Techniker/Ökonomen oder einen technisch-ökonomisch orientierten Pädagogen anstrebt. Das Land Baden-Württemberg hat die Tradition seiner beiden Ursprungsländer übernommen, den Lehrer im Hinblick auf seinen vielseitigen schulischen wie außerschulischen Einsatz schon im vergangenen Jahrhundert mehr als Fachmann im Sinne einer fachbetonten Ausbildung zu sehen.

Seit der Einführung einer systematischen Lehrerbildung hat es kaum eine Phase gegeben, in der der Bedarf an qualifizierten Nachwuchskräften ausschließlich durch Absolventen eigenständiger Lehramtsstudiengänge gedeckt werden konnte. Mit der Betonung der fachwissenschaftlichen Kompetenz des Lehrers empfand man es nicht als besonderen Nachteil, daß man regelmäßig Bewerber in den Schuldienst übernehmen mußte, die ursprünglich auf die Bedürfnisse der Wirtschaft hin ausgebildet wurden. Andererseits war man auch immer auf diese sogenannten »Seiteneinsteiger« angewiesen, um berufserfahrene Spezialisten für solche Fachgebiete gewinnen zu können, für die es keine besonders ausgerichtete Lehramtstudiengänge gibt. Das Ministerium kann daher bei Bedarf andere Prüfungen an wissenschaftlichen Hochschulen (Diplomprüfung für Ingenieure, Volkswirte usw.) als Zulassungsvoraussetzung für den Vorbereitungsdienst anerkennen. So hat Baden-Württemberg in den vergangenen Jahren mit Anzeigeninitiativen in überregionalen Zeitungen besondere Fachleute für den Vorbereitungsdienst gewonnen.

Die Gründe für das Defizit an Nachwuchslehrern für die beruflichen Schulen, das man bis in das letzte Jahrhundert zurückverfolgen kann, sind vielfältiger Art. Sie reichen von den Auswirkungen der Kriege (wie bei anderen Schularten) bis zur fehlenden Attraktivität der materiellen Rahmenbedingungen, die von potentiellen Bewerbern immer mit denen der Wirtschaft verglichen werden. Die geringe Zahl von Studenten, die derzeit in eigenständige Lehramtsstudiengänge eingeschrieben sind, und die noch kleinere Zahl der an den Seminaren in Ausbildung stehenden Studienreferendare mit berufsspezifischen Fächern geben zu denken. Wenn es in absehbarer Zeit nicht gelingen sollte, den Beruf des Lehrers und Erziehers an beruflichen Schulen erstrebenswerter zu machen, dürfte sich der ohnehin in vielen Fachbereichen jetzt schon vorhandene Lehrermangel ab Mitte der 90er Jahre wegen des sich abzeichnenden Ausscheidens starker Jahrgänge in vielen Berufsfeldern drastisch verschärfen und zu einem ernsten Problem für die Kontinuität in den Lehrerkollegien und damit für die Sicherstellung einer qualifizierten beruflichen Aus-, Fort- und Weiterbildung werden.

Neben der Gewinnung von qualifizierten Lehrern stellt sich die Lehrerfortbildung als vordringliche Aufgabe. Sie muß sicherstellen, daß der Unterricht nicht nur dem aktuellen Stand der (Berufs-)Pädagogik, sondern auch den raschen Entwicklungen der Fachwissenschaften und der betrieblichen Praxis in der gegenwärtigen Phase eines revolutionären technischen Fortschritts entsprechen kann.

4 Theoretische Gesichtspunkte

Die »Professionalisierung« des Lehrerberufs ist zu einem vorläufigen Abschluß gekommen (→ *Professionalisierung* ...). Durch das Fachwissen in den einzelnen Fächern und die Einsichten in den Lehr- und Lernprozeß scheint der Lehrer dem Urteil und der Einmischung von Laien und der Bevormundung von außerhalb dieser »Profession« Stehenden enthoben. Jegliche Kontrolle kann nur noch intraprofessionell geschehen, das stützt und hebt das Standesbewußtsein. Es stellt sich aber die Frage, ob das dem Beruf des Lehrers und Erziehers adäquat ist und welche Folgen diese Entwicklung haben kann im Bereich der Erziehung. Denn trotz aller Beschreibung des Berufs bedarf es nach HOFSTÄTTER (1957) noch weiterer Forschung im Blick auf die Lehrerin und den Lehrer, deren »begriffliche Formulierung aber noch auf größte Schwierigkeiten stößt. Es gibt vielleicht kaum einen anderen Beruf, der sich einer ähnlich großen Anzahl verschiedener und einander zum Teil sogar widersprechender Bedingungsstrukturen einfügen muß: 1. Eigengesetzlichkeit des Lehrstoffes; 2. Technik seiner Vermittlung (Darlegung und Erweckung des Interesses); 3. Einstellung auf die persönlichen und altersbedingten Eigenarten der Schüler; 4. menschliche Vorbildwirkung; 5. dynamische Rolle im Gefüge der Schulklasse (Autorität und Disziplin sowie deren Grenzen); 6. Stellung im hierarchischen System der Schule; 7. Stellung gegenüber den Eltern (Anstreben einer Kooperation); 8. Sündenbockrolle für die erzieherische Selbstunsicherheit des Zeitalters; 9. Notwendigkeit eines Privatlebens.« (HOFSTÄTTER 1957, S. 223)

Obwohl die Professionalisierung weit fortgeschritten ist, machen Lehrer an Schulen und Hochschulen ihren eigenen pädagogischen Vollzug der Lehre selten zum Thema theoretischer Überlegungen. Bedingungen des Lernens sind untersucht, didaktische Modelle und methodische Konzepte werden aufgestellt, und die Lehr-Lern-Forschung erbringt wichtige Ergebnisse (→ *Didaktik und Curriculum / Lehrplan;* → *Methoden des Unterrichts;* → *Lernen und Lerntheorien*). Wir wissen, wie Schüler sich die Lehrer wünschen; Eigenschaften, Tätigkeiten und deren Voraussetzungen sind Gegenstände der Forschung. Rollen- und Funktionsbeschreibungen, Vorschläge und Analysen, Forderungen und Auswirkungen, Gesetze und Verordnungen scheinen das Bild des Lehrers sattsam zu umschreiben (→ *Lehrer-Schüler-Verhältnis;* → *Schule als Lebensraum* ...; → *Persönlichkeit von Lehrern und Schülern*). Psychologie und Soziologie (und andere Wissenschaftszweige) bieten Ansätze zur Erklärung des Lehrer- und Erzieherberufes, und die kritische Theorie befragt dessen Stellung. Was es bedeutet, Lehrer und Erzieher zu sein, sich auf die uns verschlossene, doch in den Möglichkeiten völlig offene Zukunft des anderen einzustellen, vielleicht sich dafür mitverantwortlich zu fühlen, was es heißt, das Feld der Erziehung als Umgang von Freiheiten miteinander zu betrachten, von Freiheiten, die sich um Wahrheit mühen, ist als Frage in der theoretischen Pädagogik kaum in den Blick genommen. Zu selbstverständlich erscheint das Geschäft des Lehrers und Erziehers, es bedarf nur der laufenden Anpassung und Optimierung im Sinne von verbesserten Techniken und Verhaltensweisen, denn daß dieses Geschäft einer Effizienzsteigerung bedarf, zeigt die hohe Versagerquote, der immer wiederkehrende Mißerfolg in diesen erzieherischen Bemühungen, die in der Sorge um den Menschen gründen (→ *Erziehen und Unterrichten als Beruf*).

Es geht in der Lehre ebenso um den Menschen wie in der Erziehung. Man kann diese Verwobenheit nicht auflösen, indem man den Lehrer vom Erzieher trennt. Jede Lehre und auch das gelehrte Wissen steht selbst in einem Sinnhorizont und ebenso der Lehrer – nur in einem sehr viel stärkeren Maße. Wenn wir vom Erzieher sprechen, kommt dieser Sinnhorizont eher in den Blick als bei der Rede vom Lehrer. Insbesondere beim Lehrer der höheren Schulen steht immer noch eher das Bild des Wissenschaftlers oder des Gelehrten im Vordergrund mit mehr oder weniger verdeckter Distanz zur Erziehung. Erziehung und Lehre sind verquickt in der Sorge um den Menschen. Sie holen die Unfertigkeit des Menschen und seine Problematik nicht ein und heben sie nicht auf, sondern setzen sie voraus. Da, wo keine Lösung in diesem menschlichen Bereich gefunden werden kann, wird allzuleicht von Mißerfolg gesprochen, ohne den vermeintlichen Erfolg zu kennen. Wer kennt schon das geglückte Leben – und dann noch das eines anderen, der dieses Leben noch vor sich hat. Dieser nicht vorzeigbare Erfolg läßt den Lehrer als eine »tragikomische Figur« erscheinen, die hohe Ziele vertritt und erfolglos bleibt. Gedankenträgheit und Mißverständnisse prägen dieses Zerrbild vom Lehrer (FINK 1959). In unserer arbeitsteiligen Gesellschaft wird auch das Erziehungsgeschäft von der Spezialisierung erfaßt und als Sonderfunktion betrachtet. Damit wird das menschliche Grundphänomen Erziehung aus dem Zusammenhang herausgenommen und sowohl lebensmäßig als auch personal isoliert. Wenn Lehre und Erziehung Grundphänomene menschlicher Existenz sind (das Tier kann nicht und Gott braucht nicht zu erziehen, der Mensch allein ist das Wesen, das auf Erziehung angewiesen ist) (→ *Pädagogische Anthropologie;* → *Philosophische Anthropologie;* → *Psychologische Anthropologie*), dann kann das Lehrersein keine isolierbare Teilfunktion im sozialen Feld sein, die Menschen nur zeitweise ausführen. Lehrersein bedeutet, mit seiner ganzen Existenzweise für das Bilden und Erziehen einzustehen. FINK zeigt drei Dimensionen des Lehrers beispielhaft auf. Der Lehrer der Wissenschaft führt über sich und sein Wissen hinaus und lehrt, die richtigen Fragen zu stellen, die die Forschung weitertreiben. Der Meister bringt dem Lehrling den Vollzug des Handwerks bei und vermittelt Selbstverständnis und Selbsterkenntnis im Umgang mit der Welt. Der Lehrer der Lebenslehre gibt Rat, er deutet den Sinn des Lebens und die Wahrheit, er versucht eine Gesamtschau der Welt zu geben, eine Sinnvergegenwärtigung des Daseins, zu der der Mensch dauernd aufgerufen ist. Dies geschieht in der *»Lebenslehre«*. Der Ort der Lebenslehre ist die Erziehung, hier wird nach dem Sinn gefragt, »Sinn entworfen« und in die Zukunft projiziert. So wird die Betrachtung des Lehrers und Erziehers ein Nachdenken über den Menschen. »Der Erzieher ist eine anthropologische Schlüsselfigur von ausgezeichnetem Rang« auch in seiner (vermeintlichen) Erfolglosigkeit.

Schwierig wird die Stellung des Lehrers und Erziehers, wenn er und seine Tätigkeit von außen verzweckt werden und zum Nutzen für dieses oder jenes, für den oder jenen erzogen werden soll, wenn der Erzieher »indienstgenommen« wird und er nicht mehr in erster Linie der Erziehung dient, sondern er die Erziehung in den Dienst anderer (oder von etwas anderem) stellt. Hier tritt die Schwierigkeit der Indienstnahme der Lehrer und Erzieher durch den Staat oder sonstige Gruppen auf. Der Lehrer kann nicht als ein Endglied der Exekutive aufgefaßt werden, sondern als Verantwortlicher im Dienste der Erziehung. Da, wo er nur als Instrument des Staates aufgefaßt wird, wird er zum »Exekutivorgan eines fremden menschenbildnerischen Willens herabgedrückt und gerät so in unwürdige Knechtschaft« (FINK 1959, S. 151) und kann wohl kaum zum freien Bürger, der den Staat trägt und mitgestaltet, erziehen. Damit ist der Lehrer nicht auf Distanz zum Staat gebracht, den er auch in der heranwachsenden Generation begründen und aufleben lassen muß, eine sachlich distanzierte Haltung läßt das Kind nur den institutionellen Zwang erfahren und nicht das Wohl. »Der Erzieher verwaltet daher den politischen Auftrag in seinem echten Erziehertum selbst. Er, der in der Hut und Auftrag des Staates steht, nimmt dessen Bestand selbst in die Behütung.« (SIEWERTH 1964, S. 113) Das ist eine hohe Anforderung an den Lehrer und Erzieher. Der Staat hat dafür Sorge zu tragen, daß für diesen Dienst bestqualifizierte und ideal gesinnte, sich unter den Ruf dieses Berufs stellende Lehrer und Erzieher der Gesellschaft zur Verfügung gestellt werden können.

Es genügt nicht, den Lehrer und Erzieher nur aus dem Elternrecht abzuleiten (→ *Bildungsrecht, Elternrecht*...) oder ihn da einzusetzen, wo die elterlichen Fähigkeiten nicht mehr zureichen. Der Lehrer und Erzieher bedarf einer Begründung aus der Erziehung selbst, aus der Erziehung als einem Grundphänomen menschlicher Existenz (FINK 1978). Damit ist eine wesentliche Dimension einer Theorie aufgezeigt, aber das Dilemma um eine Theorie des »Lehrererziehers« (KERSCHENSTEINER) nicht gelöst. Unterschiedliche Idealbilder können entworfen und deduziert werden je nach Auffassung von Menschen und von Erziehung (BRINKMANN 1976, S. 61 ff.). Sicherlich orientiert man sich an den Idealen, kann sich ihnen vielleicht annähern, sie doch nicht erreichen. In der Annäherung helfen die induktiv und empirisch gewonnenen Merkmale des »guten Lehrers«, die sein Scheitern einschränken können, die aber ihr Gewicht von der denkerischen Aufarbeitung des Begriffes Erziehung im oben genannten Sinn erhalten, in je individueller Ausprägung.

»... wir könnten heute ›Lehrer‹ nötiger denn je haben; aber das Wissen um ihre Möglichkeit und ihre Notwendigkeit ist uns vielleicht verloren gegangen, und wir verwechseln geschichtliche Erscheinungen mit der ›Wirklichkeit‹ der Lehrer. Der Titel ›Lehrer‹ könnte zu Unrecht Personen verliehen sein oder von diesen sich angemaßt worden sein.« (BALLAUFF 1985, S. 9)

Literatur

AUGUSTINUS: de magistro, bearb. v. H. HORNSTEIN. Düsseldorf 1957
AURIN, K.: Sekundarschulwesen. Strukturen, Entwicklungen und Probleme. Stuttgart 1978
BALLAUFF, TH.: Lehrer sein einst und jetzt. Essen 1985
BERKE, R./BLATT, R./FOCKS, C. (Hrsg.): Handbuch für das kaufmännische Schulwesen. Darmstadt 1985
BLÄTTNER, F.: Das Gymnasium. Aufgaben der Höheren Schule in Geschichte und Gegenwart. Heidelberg 1960
BREHMER, J.: Zur Geschichte weiblicher Bildung. In: VALDSTIN, R./WARM, U. (Hrsg.): Frauen machen Schule. Frankfurt 1985
BRINKMANN, W.: Der Beruf des Lehrers. Bad Heilbrunn 1976
BRUNNER, R.: Lehrerverhalten. Paderborn 1978
DEUTSCHER BILDUNGSRAT: Strukturplan für das Bildungswesen. Stuttgart 1972
DIETRICH, R./ELBING, E./PEAGITSCH, I.: Psychologie der Lehrerpersönlichkeit. München/Basel 1983
EDELSTEIN, W.: eruditio und sapientia, Weltbild und Erziehung in der Karolingerzeit. Freiburg 1965
FINK, E.: Die Fragwürdigkeit des modernen Erziehers. In: Die Deutsche Schule 51 (1959), S. 149–162
–: Grundfragen der systematischen Pädagogik. Freiburg 1978
–: Existenz und Coexistenz. Würzburg 1987

GRAF, F.: Zum Lehrerbild Eugen Finks. In: ders. (Hrsg.) Eugen-Fink-Symposium. Pädagogische Hochschule Freiburg 1987 a, S. 42–54
–: Lehrer und Lehrerinnenbildung in Baden im 19. Jahrhundert. In: HUG, W. (Hrsg.): Lehrerbildung und Erziehungswissenschaften 1987 b, S. 23–42
GROOTHOFF, H.-H.: Funktion und Rolle des Erziehers. München 1972
GRÖSCHEL, H. (Hrsg.): Die Bedeutung der Lehrerpersönlichkeit im Unterricht. München 1980
GRÜNER, G.: Bausteine zur Berufsschuldidaktik. Trier 1978
HANSSLER, B. (Hrsg.): Materialien und Dokumente zur Lehrerbildung. Deutscher Bildungsrat. Gutachten und Studien der Bildungskommission 17. Stuttgart 1971
HECKEL, H./LEMBERG, E./ROTH, H.: Pädagogische Forschung und pädagogische Praxis. Heidelberg 1958
HEINEMANN, M. (Hrsg.): Der Lehrer und seine Organisation. Stuttgart 1977
HELDEMANN, W.: Gymnasium und moderne Welt. Düsseldorf 1980
HERBART, J. F.: Allgemeine Pädagogik aus dem Zwecke der Erziehung abgeleitet (1806). Langensalza 1887
HOFSTÄTTER, P. R.: Psychologie. Frankfurt 1957
KLUGE, F.: Etymologisches Wörterbuch. Leipzig 1921
KULTUSMINISTERKONFERENZ – KMK (Hrsg.): Kulturpolitik der Länder 1973 und 1974. Bonn 1975
LÖBNER, W./PFEIFFER, A./SCHMITZ, E. (Hrsg.): Handbuch für kaufmännisches Schulwesen. Darmstadt 1963
MARROU, H. J.: Geschichte der Erziehung im klassischen Altertum. Freiburg 1957
PAULSEN, F.: Geschichte des gelehrten Unterrichts. 2. Bd. Leipzig 1919 u. 1921
PAUSE, G.: Merkmale der Lehrerpersönlichkeit. In: INGENKAMP, K. (Hrsg.): Handbuch der Unterrichtsforschung. Bd. II. Weinheim 1970, Sp. 1353–1526
RHEINBERG, F./MINSEL, B.: Psychologie des Erziehers. In: WEIDENMANN, B./KRAPP, A. (Hrsg.): Pädagogische Psychologie. München/Weinheim 1986, S. 277–360
ROTH, L.: Der wissenschaftsorientierte Lehrer in der verwalteten Schule. In: Westermanns Pädagogische Beiträge 26 (1974), S. 312–319
ROTHE, G.: Sechs Generationen Lehrer an gewerblichen Schulen. In: Jahresbericht 1980/81 des Instituts für Berufspädagogik Universität Karlsruhe
SIEWERTH, G.: Wagnis und Bewahrung. Einsiedeln 1964
WEIDENMANN, B.: Lehrerangst. München 1983

Karl Andre und Konrad Daumenlang

Erziehungsberater / Erziehungsberaterin

1 Allgemeines

Erziehungsberater sind die an der Institution »Erziehungsberatung« hauptamtlich tätigen voll- und teilzeitbeschäftigten Fachkräfte. Im Bundesgebiet und in Westberlin gab es (nach Angaben der »BUNDESKONFERENZ FÜR ERZIEHUNGSBERATUNG e.V.«, Kommissionsinformation 01/86) am 31. 12. 1984 achthundert Erziehungsberatungsstellen. Daneben gibt der Bericht noch 121 Außenstellen ohne eigene personelle Besetzung an; sie werden durch Mitarbeiter der Hauptstelle versorgt.

An den im Bericht erfaßten 762 Stellen – 38 Stellen haben keine Angaben gemacht – sind folgende Mitarbeiter tätig:

	hauptamtlich (voll- und teilzeit)	nebenamtlich
Diplom-Psychologen	1841	222
Sozialarbeiter/Sozialpädagogen	1038	107
Kinder- und Jugendlichenpsychotherapeuten	203	22
Diplom-Pädagogen	153	46
Heilpädagogen	126	37
Ärzte	89	269
sonstige Fachkräfte – z. B. Sprachheillehrer, Gymnastiklehrer, Musikpädagogen	251	408
Fachkräfte insgesamt	3701	1111
Schreib- und Bürokräfte (i. d. R. Sekretärinnen)	1005	17
Mitarbeiter insgesamt	4706	1128

Tab. 1: Anzahl der an der Institution »Erziehungsberatung« im Bundesgebiet haupt- u. nebenamtlich tätigen Fachkräfte

Dies ergibt als Schätzung für die 800 Stellen (die Angaben für 762 Stellen um 5% ergänzt) die Gesamtzahl von rund 3900 hauptamtlichen, 1170 nebenamtlichen Fachkräften und rund 1060 hauptamtlichen Bürokräften. Demnach waren Anfang 1985 rund 5000 Mitarbeiter an den Beratungsstellen hauptamtlich tätig, davon knapp 4000 Fachkräfte.

2 Zur geschichtlichen Entwicklung der Erziehungsberatung

2.1 Ausbau der Institution

Die Anfänge institutionalisierter Erziehungsberatung reichen bis zum Beginn dieses Jahrhunderts zurück. Der WUNDT-Schüler L. WITMER gründete 1896 in den USA (Universität Pennsylvania) die erste psychologische Klinik. Dort wurden besonders Kinder mit Intelligenzretardierungen, Lernstörungen, Sprachschwierigkeiten und sensorischen

Störungen behandelt (WITTLING 1980, S. 16). WITMER führte auch Ausbildungskurse in der »klinischen Methode« der Kinderbehandlung durch.

Im gleichen Jahr widmete sich SALLY in London in seinem »psychologischen Laboratorium« Problemkindern. 1906 gründete GODDARD die »Psychological Clinic for subnormal Children« in Vineland (USA). 1906 entstand in Berlin FÜRSTENHEIMS »Medicopädagogische Poliklinik für Kinderforschung und Erziehungsberatung«. FÜRSTENHEIM gründete 1916 auch die »Jugendsichtungsstelle« in Frankfurt.

1909 schuf der Psychiater HEALY in Chicago die erste »Child Guidance Clinic« unter der Bezeichnung »Juvenile Psychopathic Institute«. 1936 gab es in den USA bereits 678 Child Guidance Kliniken (RUDERT/STEIN 1959, S. 505).

Nach dem Ersten Weltkrieg wurden in Deutschland, Österreich und der Schweiz zahlreiche Erziehungsberatungsstellen gegründet. In Wien gab es 1920 durch die Mitwirkung des FREUD-Schülers AUGUST AICHHORN bereits 23 Einrichtungen (SCHMID/ARMBRUSTER 1980, S. 4). Das Reichsjugendwohlfahrtsgesetz von 1922 hat in § 4 Beratung in Fragen der Erziehung gesetzlich verankert. 1928 gab es in Deutschland bereits 42 Erziehungsberatungsstellen. Der Grund für diese »Bewegung« kann sowohl in den durch die Industrialisierung und den Weltkrieg bedingten zunehmenden Erziehungsproblemen als auch im Einfluß von Psychologie und besonders von Psychoanalyse und Individualpsychologie gesehen werden.

ADLER hielt 1928 am Wiener Pädagogischen Institut »Vorlesungen für Lehrer und Erzieher« zum »Umgang des Lehrers mit erziehungsschwierigen Schülern« (ADLER 1973, S. 7). Die Ideologie des Nationalsozialismus hatte ihre eigenen Vorstellungen, Erziehungsprobleme anzugehen!

Namhafte Fachleute emigrierten in die USA; sie trugen dort wesentlich zum weiteren Ausbau der Kinder- und Jugendberatung bei.

Nach dem Zweiten Weltkrieg wurden in vielen Städten der Bundesrepublik Erziehungsberatungsstellen nach dem Modell der »Child Guidance Clinic« gegründet. 1950 gab es 23 Stellen, 1955: 71, 1960: 113, 1965: 151, 1979: 728; zum 1. 8. 1980 werden 780 Stellen angegeben. Damit betreut eine Erziehungsberatungsstelle im Durchschnitt ca. 80 000 Einwohner (HÖLZEL 1981, S. 24). Um auf die Richtzahl von 50 000 Einwohnern pro Stelle zu kommen, ist der Ausbau auf 1200 EB-Stellen notwendig. Die auf 800 EB-Stellen (bei ca. 61 Mill. Bundesbürgern) bezogene Zuständigkeit für ca. 77 000 Einwohner stellt keine Verbesserung für Erziehungsberatung dar, da sich die Einrichtung zunehmend auch für Erwachsene mit anderen, nicht auf Erziehungsfragen bezogenen Problemen – z. B. für Ehe- und Lebensberatung – öffnet; in der Kommissionsinformation 01/86 sind 273 solche integrative Beratungsstellen angegeben. Zudem wird seit 1981 bei ca. 4–5% Zunahme der Nachfrage pro Jahr keine entsprechende Stellenvermehrung vorgenommen. So steigt z. B. die fallbezogene Inanspruchnahme durch Kinder, Jugendliche und junge Erwachsene (bis 25 Jahre) von 1981 bis 1984 von durchschnittlich knapp 71 auf über 79 pro Mitarbeiter im Jahr (SPECHT 1986, S. 3f.). Die »BUNDESKONFERENZ FÜR ERZIEHUNGSBERATUNG« als zuständige Standesorganisation (siehe Pkt. 5) hält bei ca. 250 000 »Fällen« im Jahr – mit steigender Tendenz – einen Zuständigkeitskreis von 30 000 Einwohnern pro Beratungsstelle für notwendig, um künftig möglichst effektiv arbeiten zu können (dpa-Gespräch mit dem Geschäftsführer, Juli 1987).

2.2 Berufsgruppen

Eine Erziehungsberatungsstelle sollte wegen der verschiedenartigen Aufgaben mindestens über folgende »Kompetenzen« verfügen: psychodiagnostische, psychotherapeutische, medizinische, sozialarbeiterische, sozialpädagogische, heil- und sonderpädagogische. Dazu können noch weitere aufgabenrelevante Angebote kommen; so z. B. musikpädagogische, bewegungstherapeutische, juristische u. a. Bereits die »Child Guidance Clinic« forderte dem Konzept der Arbeitsteilung gemäß von Anfang an die multidisziplinäre Zusammensetzung eines Teams (WITTLING 1980, S. 17).

Die genannten »Basisqualifikationen« sind weitgehend berufsübergreifend; sie lassen sich nur bedingt den einzelnen Berufsgruppen zuordnen. Das Bild der »klassischen Trias« Arzt–Psychologe–Fürsorger, wie die Besetzung einer Stelle um 1950 gefordert wurde, hat sich gewandelt: Der Anteil von Ärzten in Team und Leitung ist rapide zurückgegangen. Die Diplompsychologen wurden zur »dominanten« Gruppe. Sozialarbeiter und Sozialpädagogen, eigentlich »Experten für den Dschungel der sozialen Möglichkeiten, Hilfen und Institutionen«, sind überwiegend mit psychotherapeutisch/beraterischen Aufgaben beschäftigt (KLUGE 1986, S. 50). Dies führt zur Gefahr der Vereinheitlichung von Arbeit und Fortbildung nach dem Motto »Jeder kann alles und macht alles«. Innerhalb der Standesorganisation, der BUNDESKONFERENZ FÜR ERZIEHUNGSBERATUNG, findet eine lebhafte Diskussion darüber statt, ob die Arbeit im Team noch durch die Vielfalt der Kompetenzen geschieht (BKfE, 2. Arbeitsgemeinschaft 1986, S. 73f.).

2.2.1 Diplom-Psychologen in Erziehungsberatungsstellen

Über 80% der 663 Hauptstellen haben einen festen hauptamtlichen Leiter angegeben (Kommissionsinformation der BKfE 01/86, S. 13f.). Von 728 Beratungsstellen (Haupt- und Nebenstellen mit eigener personeller Besetzung) wurden in o. a. Untersuchung der Bundeskonferenz (Stand 31. 12. 1984) Angaben zur Ausbildung des Leiters gemacht. Von den 840 Angaben (Mehrfachnennungen waren möglich) sind: 676 Diplom-Psychologen (= 80%), 46 Sozialarbeiter/Sozialpädagogen, 39 Ärzte, 18 Kinder- und Jugendlichen-Psychotherapeuten. Die ohnehin größte Berufsgruppe, die *Diplom-Psychologen*, stellt also meistens auch den Leiter. Da das universitäre Lehrangebot nicht annähernd ausreicht, den praktischen Anforderungen von Beratung, Therapie und zunehmend »aktiver Lebenshilfe« zu entsprechen, werden verschiedene, auch in den Stellenausschreibungen geforderte Zusatzausbildungen vor und während der Berufstätigkeit wahrgenommen.

Einen Überblick über den Tätigkeitsbericht von Diplom-Psychologen liefert die Beschreibung von IMELMANN auf der Tagung der 2. Arbeitsgemeinschaft der BKfE 1986 in Bielefeld (BKfE 1986, S. 44f.). Er faßt in zwölf Punkten zusammen: Durchführung von Erstgesprächen in der Regel mit der ganzen Familie, Einzel- und Gruppentherapie mit Kindern und Jugendlichen, Beratungen und therapeutische Gespräche mit Eltern, Gruppentherapien mit Eltern, Familienberatungen und -therapien, Psychodiagnostik, Krisenintervention, Beratung von Lehrern, Erziehern, Sozialarbeitern, Ärzten u. a. im Zusammenhang mit der Betreuung einer Familie, Supervision bzw. Fachberatung für Kollegengruppen oder Kollegen aus angrenzenden Arbeitsbereichen, präventive Maßnahmen durch Öffentlichkeitsarbeit, organisatorische und Verwaltungsaufgaben sowie Mitarbeit in Dienstgremien, kommunalen und fachbezogenen Arbeitsgemeinschaften.

In der anschließenden Diskussion wurde die Liste IMELMANNS »sehr beeindruckend«

genannt und »weitgehend als ein Abbild dessen, was in der Erziehungsberatung vorgeht«, bezeichnet.

2.2.2 Sozialarbeiter und Sozialpädagogen in Erziehungsberatungsstellen
Sie sind – nach den Diplom-Psychologen – die nächstgrößte Gruppe der hauptamtlichen Fachkräfte.

»Von Anfang an dabei«, begründet sich ihr Arbeitsschwerpunkt aus der Notwendigkeit der Einbeziehung des sozialen Umfeldes der Klienten (KLUGE 1986, S. 49).

So hat die Fachgruppe »Sozialarbeit« der Landesarbeitsgemeinschaft hessischer Erziehungsberatungsstellen 1960 empfohlen, Sozialarbeiter sollten »fürsorgerische Gespräche mit den Eltern führen und die sehr ausführliche Anamnese erheben« (ebd.). Auf der genannten Arbeitsgemeinschaft in Bielefeld 1986 wurde beklagt, daß die Sozialarbeiter und Sozialpädagogen ihren eigentlichen Arbeitsauftrag verlassen haben und im Zuge der Professionalisierung »anderen Berufsgruppen, vornehmlich den Psychologen ... nahezu ausschließlich im therapeutischen Bereich gefolgt« sind (KLUGE 1986). Es wird eine Untersuchung von WALTER (FH Darmstadt) 1983 zitiert, wonach sich Sozialarbeiter und Sozialpädagogen »im überwiegenden Teil ihrer Arbeit mit psychotherapeutisch/beraterischen Aufgaben« befassen und dabei eine »eindeutige Orientierung an klinisch-psychologischen Verfahren festzustellen sei«. Auch verwenden sie für diese Art Fortbildung mehr Arbeitszeit als Psychologen. Diese Entwicklung habe dazu beigetragen, daß sich die institutionelle Erziehungsberatung eher in Richtung auf eine therapeutische Einrichtung ohne den notwendigen gemeindenahen oder stadtteilnahen Bezug entwickelte. Trotzdem – so KLUGE – »stehen die Sozialarbeiter und -pädagogen nach wie vor statusmäßig und besoldungsmäßig deutlich unter den Psychologen«. KLUGE stellt die Frage, ob der sozialarbeiterische Aspekt »wesentlich und unabdingbar der Erziehungsberatung einen Weg aus der Sackgasse des häufig ausschließlich therapeutischen Blicks weisen kann«. Sozialarbeit könne – so in der anschließenden Diskussion – zur Neuorientierung der Erziehungsberatung im Sinne gemeindenaher Versorgung und Öffnung der Beratungsstelle einen originären Beitrag leisten und so, ihrem gesellschaftlichen Auftrag gemäß, »die Individualisierungsbestrebungen der Therapeuten wieder vermitteln mit dem Umfeld« (ebd., S. 52).

Die Ausbildung hatten bis 1971 Fachschulen übernommen; ab 1972/73 übernahmen Fachhochschulen, Gesamthochschulen und (in Bremen) Abteilungen der Universität das Studium; Voraussetzung sind Abitur oder Fachhochschulreife. Trotzdem scheinen im Erwartungsprofil mancher Einstellungsträger gegenüber den »neuen« Diplom-Sozialarbeitern (FH), Sozialpädagogen (grad.) wissenschaftliche Kenntnisse über Methoden und Theorien wenig Platz zu haben (KLAPPROTH, zit. nach KLUGE, 1986, S. 52) (→ *Sozialpädagoge / Sozialarbeiter*).

2.2.3 Kinder- und Jugendlichenpsychotherapeuten
Die meisten Kinder- und Jugendlichenpsychotherapeuten (KJP) sind im Grundberuf Sozialarbeiter. Es gibt aber auch Sozialpädagogen, Diplom-Pädagogen, Lehrer, Ärzte, und Diplom-Psychologen, die sich durch das Studium einer tiefenpsychologisch orientierten analytischen Kinder- und Jugendlichenpsychotherapie zum Kinder- und Jugendlichenpsychotherapeuten ausbildeten (→ *Sozialpädagoge / Sozialarbeiter*; → *Diplompädagoge* ...).

In den 20er Jahren arbeiteten sie unter Anleitung von psychoanalytisch orientierten Ärzten in den Beratungsstellen. Nach dem Zweiten Weltkrieg bestand ein großer Bedarf nach psychotherapeutischer Hilfe für Kinder und Jugendliche. Es entstand 1948 bis 1950 am Institut für Psychotherapie in Berlin der Beruf des Psychagogen; 1950 wurde die erste Ausbildungs- und Prüfungsordnung erlassen (HOFMANN 1986, S. 41). Bekannt geworden ist auch die bereits Anfang der 50er Jahre in Heidelberg tätige Ausbildungsstätte für Psychagogen. Dem Wortsinn nach paßte »Seelenführung« nicht zur »aufdeckenden« Arbeitsweise; die verdrängten, abgewehrten Impulse sollten bei Kindern durch Spiel und bei Jugendlichen eher durch Gespräch wieder ins Erleben gerufen werden, um so mit Hilfe des Therapeuten den Konflikt bewältigen zu können. 1975 wurde die Berufsbezeichnung in die heute gültige geändert.

Die Kinder- und Jugendlichenpsychotherapeuten behandeln psychisch bedingte Störungen, die sich im Verhalten (z. B. Aggressivität, Stehlen, Streunen), im Erleben (z. B. Angst, depressive Verstimmungen, Beziehungsstörungen), in den Körperfunktionen (Einnässen, Einkoten, Eßstörungen, Asthma) und in den Leistungen (Lern- und Leistungsstörungen, Schulversagen) äußern (HOFMANN 1986, S. 40). Neben diesen speziellen Aufgaben soll sich der Kinder- und Jugendlichenpsychotherapeut an den allgemeinen Arbeiten einer Beratungsstelle in Zusammenarbeit mit den anderen Fachkräften beteiligen. Diese Mitarbeit scheint allerdings – wie z. B. die Diskussion in Bielefeld deutlich machte – häufig problematisch zu sein: Die Mitarbeitergruppe versteht sich als Therapeuten; was mit dem Begriff »Gemeinwesenarbeit« verbunden ist, ist eine Aufgabe anderer Art – trotz der Grundberufe! Viele Kinder- und Jugendlichenpsychotherapeuten behandeln nach Zuweisung durch Ärzte in privater Praxis. Die Erziehungsberatung sollte »an der Nahtstelle von individuellen Störformen und sozialstrukturellen Einflüssen arbeiten. Dies ist aber schwierig für eine Berufsgruppe, die von ihrem Problem- und Selbstverständnis her in einer privaten Praxis arbeiten könnte« (Diskussion zu HOFMANN 1986, S. 42).

2.2.4 Ärzte an Erziehungsberatungsstellen

Während in der Gründungszeit und nach dem Zweiten Weltkrieg die Ärzte sowohl anteilmäßig als vor allem auch als Leiter von Erziehungsberatungsstellen die führende Berufsgruppe darstellten, ist ihr Anteil als hauptamtliche Mitarbeiter und als Leiter in den letzten zwei Jahrzehnten rapide zurückgegangen.

Die Statistik der Kommissionsinformation 01/86 hat für die 762 Stellen zum Stichtag 31. 12. 1984 51 Ärzte als vollzeit-, 38 als teilzeit- und 269 als nebenamtlich tätige Fachkräfte erfaßt. Die meisten sind Fachärzte für Kinder- und Jugendpsychiatrie und für Kinderkrankheiten. 1965 wurden rd. 25% der Stellen von Ärzten geleitet (SPECHT 1986, S. 53); 1984 sind es noch rd. 5% (siehe Pkt. 2.2.1.).

1956 entstand auf Anregung der Weltgesundheitsorganisation (WHO) der »Leitfaden der Erziehungsberatung«. Er nennt als Regelbesetzung des Kernteams: »Arzt – Psychologe – Fürsorger«. Die Aufgabenbereiche waren relativ deutlich getrennt, wobei dem Arzt mit psychiatrisch-psychotherapeutischer Kompetenz die therapeutische und beratende Intervention zufiel (SPECHT 1986, S. 53). Nachdem nun die anderen Berufsgruppen der Erziehungsberater ebenfalls beratende und therapeutische Kompetenz haben und beanspruchen, stellt sich die Frage nach dem spezifischen, unentbehrlichen Beitrag der Ärzte im multidisziplinären Kanon der Mitarbeiter. Es ist dies »die Berücksichtigung somatopsychischer und psychosomatischer Zusammenhänge bei diagnostischer Klärung, Beratung und therapeutischen Interventionen« (ebd., S. 54). Erziehungsberatungsstellen, die weder haupt- noch nebenamtlich mit einem bestimmten Arzt zusammenarbeiten, haben meistens erprobte Verbindungen zu Ärzten, die in ihren Praxen im Bedarfsfall die notwendigen Untersuchungen vornehmen (Modell C nach SPECHT, S. 54): »Arzt untersucht/behandelt ausschließlich in der eigenen Praxis und berät bei Einwilligung der Betroffenen die veranlassende Erziehungsberatungsstelle.«

2.2.5 Diplompädagogen

Sie bilden in der institutionellen Erziehungsberatung noch immer eine relativ kleine Gruppe; die Übersicht über die Erhebung 01/86 an 762 Stellen nennt 112 vollzeit- und 41 teilzeitangestellte Diplompädagogen, außerdem 46 nebenamtlich beschäftigte. Während das Berufsbild des Diplom-Psychologen in der Öffentlichkeit und bei den Einstellungsträgern schon lange bekannt und relativ strukturiert war, wußte man nach der Einführung des Studienganges Erziehungswissenschaft/Diplompädagogik Anfang der 70er Jahre an den Universitäten und wissenschaftlichen Hochschulen trotz des vermuteten allgemeinen gesellschaftlichen Bedarfs nicht so recht, was deren spezifische Kompetenzen sind. Leichter fiel es, im Vergleich zu den Psychologen, die vermeintlichen Defizite zu nennen: Sie können nicht diagnostizieren, was vor allem den Einsatz projektiver Verfahren betrifft, und sie haben nicht die nötigen Grundkenntnisse und Fähigkeiten zu psychotherapeutischer Tätigkeit. So wurde – besonders bedingt durch die Sparpolitik Anfang der 80er Jahre – bei Neueinstellungen im Zweifelsfall der Diplompsychologe als ›all-round-man‹ häufig dem Diplompädagogen vorgezogen. Jedoch kann der mögliche Beitrag des Diplompädagogen in seiner Schwerpunktbildung im Studium gesehen werden. Die Rahmenordnung für die Diplomprüfung in Erziehungswissenschaft vom 20. 03. 1969 empfiehlt als Studienschwerpunkte im Hauptstudium (»Studienrichtungen«) unter anderen die für den Erziehungsberater so relevanten Bereiche wie »Sozialpädagogik und Sozialarbeit«, »Erwachsenenbildung und außerschulische Jugendbildung« und »Sonderpädagogische Einrichtungen«. Vor allem aber soll der Erziehungsberater (immer noch) »Fachmann/Fachfrau für Erziehung« sein (→ *Diplompädagoge/Diplompädagogin*).

2.2.6 Heilpädagogen

Mit 126 hauptamtlichen Mitarbeitern (104 voll- und 22 teilzeitbeschäftigt) vertritt die Gruppe der Heilpädagogen knapp 3,4% der Fachkräfte. Ihr Aufgabenfeld sind die verschiedenen körperlich, psychisch und sozialsituativ bedingten Störungen, Behinderungen und Beeinträchtigungen. Heilpädagogen sehen ihre Aufgabe in der »pädagogischen Integration der verschiedenen Hilfen«, »auf ganzheitliche Erziehungsziele hin« (FLOSDORF 1982, S. 2ff.). Erzieher und andere sozialpflegerische Berufe mit beruflicher Praxis können nach ein- bis zweijähriger Ausbildung an Fachschulen eine staatliche Prüfung ablegen, auf welche eine mindestens zweijährige einschlägige Berufspraxis erfolgt (ebd., S. 7).

3 Fort- und Weiterbildung

Als 1962 die BUNDESKONFERENZ FÜR ERZIEHUNGSBERATUNG E.V. gegründet wurde, gehörte bereits damals zu den formulierten vorrangigen Zielen die Fort- und Weiterbildung. Die für Jugendhilfe zuständigen Senatoren und Minister der Länder stellten 1973 »Grundsätze für die einheitliche Gestaltung der Richtlinien der Länder für die Förderung von Erziehungsberatungsstellen« auf. Darin heißt es zum Thema Weiterbildung unter anderem: »Jede in der Erziehungsberatungsstelle tätige Fachkraft ist zur beruflichen Weiterbildung verpflichtet.« Die Fachkräfte sollen zur Vorbereitung der Erziehungsberatungstätigkeit über eine geeignete Berufserfahrung von mindestens einem Jahr verfügen. Diese Einführungszeit solle in einer hierfür behördlich anerkannten EB-Stelle erfolgen, die nach Abschluß ein Zeugnis ausstellt (SPITTLER/SPECHT 1984, S. 79–87).

Gegenwärtig erstellt der Ausschuß für Zentrale Weiterbildung im Auftrag des Vorstandes der BUNDESKONFERENZ FÜR ERZIEHUNGSBERATUNG (und mit finanzieller Förderung durch das Bundesministerium für Jugend, Familie, Frauen und Gesundheit) ein reichhaltiges jährliches Weiterbildungsprogramm. Hierzu zählen Einzelkurse, Weiterbildungsfolgen in therapeutischen Verfahren, Werkstattgespräche und die Wissenschaftliche Jahrestagung (die XXII. fand vom 8. bis 10 Oktober 1987 in Hamburg statt. Sie hatte als Thema: »Erziehung, Familie, Beratung – 25 Jahre Bundeskonferenz für Erziehungsberatung«).

1986 wurden fünf Weiterbildungsfolgen und 32 Einzelkurse mit insgesamt 856 Teilnehmern durchgeführt. 1984 hat die BUNDESKONFERENZ eine Stellungnahme zur Notwendigkeit von Weiterbildung veröffentlicht (SPITTLER/SPECHT 1986, S. 37 ff.): Die Arbeitsweise der Erziehungsberatung erfordere Kenntnisse und Fähigkeiten, die durch die Ausbildung an den Hochschulen nur bedingt erreicht werden. Zudem stellten gesellschaftliche Veränderungen die Erziehungs- und Familienberatung vor neue Probleme – wie z. B. Arbeitslosigkeit, Ausländerproblematik, Randgruppenproblematik, neue Medien, Suche nach anderen Lebensformen (Jugendreligionen). Die Mitarbeiter sollten daher – unabhängig von der eigenen Verpflichtung – zur beruflichen Weiterbildung von den Trägern angeregt, freigestellt und finanziell gefördert werden.

Die BUNDESKONFERENZ weist auch auf die Notwendigkeit von Weiterbildung für Sekretärinnen hin. Für viele Ratsuchende stellt die Sekretärin den ersten Kontakt her. Sie bleibt auch während der weiteren Besuche Vermittlerin für die Ratsuchenden. Sie wird mit Problemen konfrontiert, auf die sie durch ihre Ausbildung gewiß nicht vorbereitet wurde (ebd., S. 41 f.). So enthält das Programm 1987 der Zentralen Weiterbildung einen 5tägigen Einführungskurs für Sekretärinnen in EB-Stellen – mit dem Hinweis auf die Möglichkeit, aufbauend auf diesen Kurs, weitere Folgekurse zu besuchen.

Jährlich erscheinen »Informationen für Erziehungsberatungsstellen« u. a. mit Hinweis auf Weiterbildungskurse. Auch in der Rubrik »Mitteilungen« der Zeitschrift »Praxis der Kinderpsychologie und Kinderpsychiatrie« werden laufend Hinweise auf Veranstaltungen bekanntgegeben.

Der andere Fachverband, die KATHOLISCHE BUNDESARBEITSGEMEINSCHAFT FÜR BERATUNG E.V., bietet ebenfalls Veranstaltungen zur Fort- und Weiterbildung an. So enthält z. B. der Informationsdienst Nr. 24, April 1987 den Hinweis auf Fortbildung in fünf einwöchigen Kurseinheiten zum Thema »Arbeit mit Familien« (ab Juni 1988 in der Fortbildungsakademie des Deutschen Caritasverbandes in Freiburg).

4 Besoldung

Für die Anstellungsbedingungen bei öffentlichen Trägern (etwa die Hälfte der Träger von Erziehungsberatungsstellen) gilt die Vergütung der Angestellten im öffentlichen Dienst nach dem Bundes-Angestellten-Tarif (BAT). Die freien und gemeinnützigen Träger haben z. T. eigene Arbeitsvertragsrichtlinien, die z. T. zwar Abweichungen aufweisen, sich mittlerweile aber weitgehend an denen des öffentlichen Dienstes orientieren. Der Träger kann bei der Besoldung z. B. höher gehen; der Landeszuschuß richtet sich jedoch nach dem BAT. Für die einzelnen Mitarbeitergruppen gelten danach – mit möglichen Abweichungen – folgende Richtlinien: Für Mitarbeiter mit dem Abschluß eines Universitätsstudiums (Diplompsychologen, Diplompädagogen, Ärzte) Besoldung nach BAT II; allerdings kann die Einstellung auch nach BAT III erfolgen, wenn z. B. nur eine kurze Praxiszeit nachgewiesen werden kann. Der Bewährungsaufstieg erfolgt nach BAT II a. Der Leiter einer Stelle kann nach I b, unter bestimmten Voraussetzungen (mindestens drei Mitarbeiter mit Universitätsexamen) auch nach I a besoldet werden. Dann kann der Stellvertreter nach I b besoldet werden. Mitarbeiter mit Fachhochschulexamen (Studium an Fachhochschulen oder Fachhochschul-Studiengängen an Gesamthochschulen) werden in der Regel nach BAT V a vergütet: Sozialarbeiter (grad.), Sozialpädagogen (grad.), Dipl.-Sozialpädagogen (FH). Höhergruppierung durch Bewährungsaufstieg und besondere Tätigkeitsmerkmale nach IV b/IV a und III sind möglich.

Für »Analytische Kinder- und Jugendlichenpsychotherapeuten«, deren Studium in der Regel an eigenen »Instituten für Psychoanalyse und Psychotherapie« (z. B. in Göttingen, Hamburg, Freiburg) erfolgte, gelten die Vergütungen in der Regel nach BAT IV b, IV a und III (SCHMID 1981, S. 15). Heilpädagogen (Erzieher mit Sonderausbildung) werden in der Regel wie Sozialpädagogen nach V a besoldet.

Schreibkräfte werden nach BAT IX b bis VII bezahlt, mit Examen als Sekretär/Sekretärin nach VI b/VI a; Bestrebungen, als Sachbearbeiter anerkannt und besoldet zu werden, hatten bisher in der Regel noch keinen Erfolg. Ohne Erfolg blieben auch grundsätzliche Bestrebungen nach einheitlicher Besoldung aller Fachkräfte, nicht nach Ausbildung/Studium, sondern nach ihrer Tätigkeit – vor allem in der Teamarbeit (»gleicher Lohn für gleiche Arbeit«).

5 Standesorganisationen

Die elf Landesarbeitsgemeinschaften für Erziehungsberatung, einschließlich Berlin (West), haben sich zur »*Bundeskonferenz für Erziehungsberatung e. V.* – Gesellschaft für Beratung und Therapie von Kindern, Jugendlichen und Eltern« – am 19. 01. 1962 in München zusammengeschlossen. Sie wurde am 08. 02. 1962 ins Vereinsregister in München eingetragen und versteht sich als Fachverband für die Angelegenheiten der Erziehungs- und Familienberatung. Die BUNDESKONFERENZ FÜR ERZIEHUNGSBERATUNG hat in ihrer Satzung in der Fassung vom 01. 07. 1978 unter anderem folgende Aufgaben formuliert: Förderung der Beratung und Therapie durch Erfahrungsaustausch und Vermittlung neuer wissenschaftlicher Erkenntnisse; Planung und Veranstaltung von Fort- und Weiterbildung, von Fach- und Informationstagungen; Planung und Durchführung von Forschungs- und Entwicklungsvorhaben; Aufklärung der Öffentlichkeit, der Behörden und Einrichtungen über Bedingungszusammenhänge von Problemen und Störungen der geistig-seelischen Entwicklung; Stellungnahmen und Beratung für Behörden; Verbindung und Zusammenarbeit mit Trägern, Behörden, Verbänden und Einrichtungen (SPITTLER/SPECHT 1984, S. 201 f.).

Dem Vorstand gehören an: die Vorsitzenden der Landesarbeitsgemeinschaften, der Geschäftsführer und je ein Vertreter der vier Fachrichtungen Diplompsychologen, Sozialarbeiter/Sozialpädagogen, Ärzte und Kinder- und Jugendlichenpsychotherapeuten. Die Geschäftsstelle hat ihren Sitz in 8510 Fürth, Amalienstr. 6, Tel.: 09 11/77 89 11. Die Bundeskonferenz für Erziehungsberatung e.V. ist Mitglied in folgenden Verbänden: »Deutscher Arbeitskreis für Jugend-, Ehe- und Familienberatung (DAK)«, »Bundesvereinigung für seelische Gesundheit e.V. (BSG)«, »World Federation for Mental Health (WFMH)«, »Deutsches Nationalkomitee (DNK)« der »Union Internationale des Organismes Familiaux (UIOF)«. Die Bundeskonferenz informiert durch ihre Hefte »Informationen für Erziehungsberatungsstellen« – 1986 sind drei Hefte erschienen. Weitere Informationen gibt die Zeitschrift »Praxis der Kinderpsychologie und Kinderpsychiatrie« in ihrer Rubrik »Mitteilungen der Bundeskonferenz für Erziehungsberatung«. In der Schriftenreihe »Neue Beiträge zur Erziehungs- und Familienberatung«, herausgegeben von SPECHT, GERLICHER und SCHÜTT, werden relevante Themen dargestellt. Der Band 7, herausgegeben von SPITTLER und SPECHT, enthält »Basistexte und Materialien zur Erziehungs- und Familienberatung«, erschienen im Verlag für Med. Psychologie (Vandenhoeck & Ruprecht) Göttingen 1984, 1. Ergänzungslieferung 1986.

Dem Deutschen Arbeitskreis für Jugend-, Ehe- und Familienberatung (DAK) gehören außer der Bundeskonferenz für Erziehungsberatung noch an:
– »Katholische Bundesarbeitsgemeinschaft für Beratung e.V.« mit ihrer Geschäftsstelle für Erziehungsberatung in 7800 Freiburg, Karlstr. 40
– »Deutsche Arbeitsgemeinschaft für Jugend- und Eheberatung e.V.«
– »Evangelische Konferenz für Familien- und Lebensberatung e.V.«
– »Pro Familia – Deutsche Gesellschaft für Sexualberatung und Familienplanung e.V.«

6 Zum Selbstverständnis des Erziehungsberaters

6.1 Fachliche Unabhängigkeit und Erwartungen des Trägers
Die oben genannten Fachverbände haben sich 1985 auf gemeinsame Grundsätze zum Verständnis von Jugend-, Ehe- und Familienberatung geeinigt (SPITTLER/SPECHT 1986, S. 17–21). Darin heißt es u. a.:
»In jede Beratung gehen von seiten der Berater und der Ratsuchenden besondere Wertorientierungen ein, die auf unterschiedlichen Welt- und Menschenbildern beruhen. Beratung ist also nicht wertfrei. Als Partner der Ratsuchenden müssen die Berater für deren Wertorientierungen offen sein ... Sie müssen bereit und fähig sein, auch solche Entscheidungen der Ratsuchenden zu respektieren, die nicht ihren eigenen Wertauffas-

sungen entsprechen. Eine Voraussetzung dafür, daß Berater ihre Wertvorstellungen den Ratsuchenden nicht aufdrängen, ist, daß sie ihre eigenen Orientierungen kritisch reflektieren.« (ebd., S. 19) In den »Grundsätzen« wird die »Notwendigkeit fachlicher Unabhängigkeit der Berater im Rahmen des Dienstauftrages des jeweiligen Trägers« herausgestellt.

Man muß nicht lange suchen, um Belege dafür zu finden, daß die Forderung nach »fachlicher Unabhängigkeit« und »klientzentrierter Beratung« in bestimmten Wertorientierungen ihre Begrenzung findet. BREUER (1979, S. 34f.) und HÖLZEL (1981, S. 19) ordnen diese Frage der »Ideologie des (kirchlichen) Trägers« zu. Bekanntlich halten sich jedoch diese Träger aus gutem Grund mit Veröffentlichungen zum Thema »Weltanschauung des Beraters« zurück.

Äußerungen aus dem Bereich von Fachverbänden und Standesorganisationen verstärken jedoch die Annahme, daß bestimmte weltanschauliche Positionen als fundamentale Rahmenbedingungen des Erziehungsberaters gewünscht und erwartet werden.

Die Katholische Bundesarbeitsgemeinschaft für Beratung und der Deutsche Caritasverband hatten zu einer Fortbildungsveranstaltung mit dem Thema »Kirchliche Beratung – Dienst am Menschen« im Oktober 1985 in Köln eingeladen.

Die Ergebnisse dieses Kongresses sind im Berichtsband mit dem Titel »Rat in ratloser Zeit« (KATHOLISCHE BUNDESARBEITSGEMEINSCHAFT 1986) erschienen.

Er enthält auch einen Seminarbericht von LAUN »Zur moraltheologischen Problematik der nichtehelichen Lebensgemeinschaften heute«. Darin heißt es u. a.: »Jeder Mensch guten Willens begreift zwar unmittelbar, daß Vergewaltigung, Verführung, Prostitution den Menschen besudeln und somit Sünde sind. Aber es ist ebenso klar, daß es zwar eine kleinere, aber eben doch eine Sünde ist, wenn zwei erwachsene Menschen, die sich lieben, geschlechtliche Gemeinschaft haben.« (LAUN 1986, S. 178) In den »Empfehlungen der Katholischen Bundesarbeitsgemeinschaft für Beratung« von 1981 (SPITTLER/SPECHT 1984, S. 125ff.) heißt es: »Erziehungsberatung in katholischer Trägerschaft ... stellt sich auch als ein Angebot von Lebensdeutung und Wertorientierung dar. ... Als Dienst der Kirche ist Erziehungsberatung nicht leistbar ohne eine Orientierung des beruflichen Handelns und persönlichen Lebens am Evangelium und an der Lehre der Kirche.« (ebd., S. 128) Vom Mitarbeiter in katholischen Erziehungsberatungsstellen wird »die Bereitschaft erwartet, sein Leben am christlichen Glauben zu orientieren und sich mit den daraus abgeleiteten Zielvorstellungen als Mitarbeiter im kirchlichen Dienst auseinanderzusetzen und sich darauf einzulassen« (ebd., S. 134). Äußerungen des Fachverbandes »Evangelische Konferenz für Familien- und Lebensberatung« in den »Leitlinien für die psychologische Beratung in evangelischen Erziehungs-, Ehe-, Familien- und Lebensberatungsstellen ...« (1981) sind noch eindeutiger: »Von Beratern in evangelischen Beratungsstellen wird erwartet, daß sie Glieder der evangelischen Kirche sind und ihre Glaubensüberzeugung in der Beratung nicht verleugnen ... Darum sollten Mitarbeiter einer Beratungsstelle durch gezielte und begrenzte Aktivitäten auch in den Kirchengemeinden präsent sein und mit Pfarrern oder anderen Gruppen kirchlicher Mitarbeiter in bestimmten fachlichen Fragen die Zusammenarbeit suchen.« (SPITTLER/SPECHT 1984, S. 141f.). Wir wollen solche Äußerungen der kirchlichen Fachverbände, die z. T. bestimmte Positionen der jeweiligen kirchlichen Träger spiegeln, inhaltlich weder kommentieren oder gar einseitig bewerten. Sie stellen aber mögliche Gegebenheiten dar, welche der Mitarbeiter in Institutionen mit kirchlichem Träger hinsichtlich

Einstellungsvoraussetzungen, Arbeitsweise und persönlicher Lebensgestaltung und Lebensführung zu bedenken hat.

6.2 Individuumzentrierte Einzelfallhilfe oder systemische Intervention
Etwa 90% der Arbeitszeit der Fachkräfte wird für Aktivitäten verwendet, die sich auf den Einzelfall beziehen (SPECHT u. a. 1986, S. 23). Das bedeutet jedoch nicht, daß diese Zeit ausschließlich dem Kind oder dem Jugendlichen als »Index-Patienten« gewidmet wird; ganz im Gegenteil: Es hat sich zunehmend die Erkenntnis durchgesetzt, daß viele Verhaltensstörungen »systemischer« Natur sind, also im sozialen Bedingungsfeld von Familie, Schule, Arbeitsplatz, Gleichaltrigengruppen und dgl. entstanden sind und dort auch angegangen werden sollten (→ *Pädagogische Intervention* ...).

Die verschiedenen Verhaltensstörungen sind hinsichtlich ihrer Bedingtheit schwerpunktartig voneinander zu trennen:
- Verhaltensstörungen, die vornehmlich durch mangelnde Ausprägung einzelner Funktionen (»Eigenschaften«) bedingt sind, wie z. B. manche Intelligenzdefizite. DIETRICH (1987, S. 30f.) spricht in seinem »Transaktionsmodell der Störungsentstehung und Störungsverfestigung« von »konstitutionellen Vulnerabilitäten«, die ein Individuum verletzlicher im Hinblick auf psychische Erkrankung machen, also »angeborene Verwundbarkeiten für bestimmte Milieueinflüsse« (ERNST/VON LUCKNER 1985, S. 154).

Das kann bedeuten, daß sich der Berater verstärkt solchen Einzelpersonen widmen muß. Bei Gegebenheiten, wo die systemischen Bedingungen kaum oder gar nicht zu ändern sind, kann ebenfalls intensivere Einzelintervention geboten sein, um z. B. dem Jugendlichen zu helfen, seine familiäre, schulische, berufliche oder gesellschaftliche Situation etwas besser zu ertragen. Das mag beim Berater zu Gewissenskonflikten führen. Die Institution Erziehungsberatung hat zwar durch das Jugendwohlfahrtsgesetz (§ 5) einen öffentlichen Auftrag; soll sie aber deshalb durch Anpassungsreparatur der schwächsten Glieder gesellschaftliche Mißstände und Fehlentwicklungen ungewollt stabilisieren helfen? Daher sieht der Erziehungsberater seinen Auftrag auch darin, sich mit anderen Institutionen auseinanderzusetzen und Erfahrungen und Veränderungskonzepte in der Öffentlichkeit bekannt zu machen.
- Verhaltensstörungen, die hauptsächlich Ergebnis einer gestörten Interaktion mit anderen Personen sind (Eltern, Geschwister, Partner etc.). In solchen Fällen sollte die Intervention der ganzen Gruppe der Interaktionspartner gelten – nicht nur dem »Vorweis-« oder »Anlaßpatienten«.

Die heikle Frage sei erlaubt, auf wessen Seite der Berater im Zweifelsfall steht. Auf seiten aller, die der Hilfe bedürfen? Das kann im Einzelfall zu allgemein sein. Wegen des Beratungserfolgs wird er stets bemüht sein, die Erzieher (Eltern u. a.) verstehend zu unterstützen. PANAGIOTOPOULOS (1985, S. 265f.) definiert, daß der Behandlungsgegenstand der Erziehungsberatung der Erziehungsprozeß sei. Ziel der Erziehungsberatung sei, die *Erziehungskompetenz* zu fördern. »Erziehungsberatung vollendet sich in der Erhöhung der Erziehungskompetenz.« Die Gültigkeit einer solchen Aussage hängt davon ab, was man unter »Erziehungskompetenz« versteht, ob zentral darin »Erziehung zur Selbständigkeit« und das »Wohl des Kindes« verankert sind. Wenn der Konfliktfall unvermeidlich ist, hat der Erziehungsberater Anwalt des Kindes und des Jugendlichen zu sein.

– Verhaltensstörungen, die vornehmlich auf Elemente eines größeren Systems zurückgeführt werden. Es sind Schwierigkeiten, für deren Entstehung und Verfestigung der gesamte sozio-ökologische Raum in Frage kommt, z. B. Arbeitslosigkeit des Vaters oder des Jugendlichen. Der Schwerpunkt der Hilfe liegt in solchen Fällen weniger in der Anwendung »klassischer« Psychotherapien, sondern in Formen gemeindenaher, offener Arbeit, die verstärkt sozialarbeiterischen Charakter hat. WEBER und FRIEBEL haben hierzu auf der Zweiten Arbeitsgemeinschaft in Bielefeld 1986 unter dem Thema »Öffnung der Beratungsstelle« eine Fülle praktischer Vorschläge gemacht und damit zusammenhängende Probleme aufgezeigt. In der Diskussion wird betont, daß die aufgezeigten Aktivitäten zu betrachten sind als »alte Ansätze eines gelebten Gemeinsinns in einem nicht professionell verengten Verständnis« (WEBER/FRIEBEL, in: BKfE 1986, S. 22–28).

Literatur

ADLER, A.: Individualpsychologie in der Schule. Frankfurt 1973
ANDRE, K./DAUMENLANG, K. (Hrsg.): Taschenbuch der Schul- und Erziehungsberatung. Baltmannsweiler 1983
BOMMERT, H./PLESSEN, U.: Psychologische Erziehungsberatung. Stuttgart 1978
BREUER, F.: Psychologische Beratung und Therapie in der Praxis. Heidelberg 1979
BUJ, V./SPECHT, F./ZUSCHLAG, B.: Erziehungs- und Familienberatung in der Bundesrepublik Deutschland. In: SPITTLER, H. D./SPECHT, F. (Hrsg.): Basistexte und Materialien zur Erziehungs- und Familienberatung. Bd. 7. Göttingen 1984, S. 13–35
BUNDESKONFERENZ FÜR ERZIEHUNGSBERATUNG – BKfE: Zentrale Weiterbildung. Programm 1987
– (Hrsg.): Bedingungen und Einflußmöglichkeiten institutioneller Erziehungs- und Familienberatung. Fürth 1985/Fürth 1986
DIETRICH, G.: Spezielle Beratungspsychologie. Göttingen 1987
ERNST, C./LUCKNER, N. v.: Stellt die Frühkindheit die Weichen? Stuttgart 1985
FLOSDORF, P.: Heilpädagoge/Heilpädagogin. In: Bundesanstalt für Arbeit – Blätter zur Berufskunde. Bd. 2. Bielefeld 1982
HÖLZEL, S.: Erziehungsberatung. München 1981
HOFMANN, K. W.: Der Kinder- und Jugendlichen-Psychotherapeut (KJP) ... In: BKfE 1986, S. 38–42
IMELMANN, H.: Eingangs- und Arbeitsbedingungen von Diplom-Psychologen in Erziehungsberatungsstellen. In: BKfE 1986, S. 44–47
KATHOLISCHE BUNDESARBEITSGEMEINSCHAFT FÜR BERATUNG (Hrsg.): Rat in ratloser Zeit. Kirchliche Beratung – Dienst am Menschen. Freiburg 1986
KLUG, H.-P./SPECHT, F. (Hrsg.): Erziehungs- und Familienberatung: Aufgaben und Ziele. Göttingen 1985
KLUGE, I.: Sozialarbeit und Sozialpädagogik in der Erziehungsberatung. In: BKfE 1986, S. 49–53
LAUN, A.: Zur moraltheologischen Problematik der nicht-ehelichen Lebensgemeinschaften heute. In: KATHOLISCHE BUNDESARBEITSGEMEINSCHAFT FÜR BERATUNG (Hrsg.): Rat in ratloser Zeit, a.a.O., S. 169–183
PANAGIOTOPOULOS, P.: Integrative Eltern-Kind-Therapie. In: Praxis der Kinderpsychologie und Kinderpsychiatrie 34 (1985), S. 263–269
PERREZ, M. u. a.: Erziehungspsychologische Beratung und Intervention. Bern 1985
RUDERT, R./STEIN, R.: Erziehungsberatung. In: HETZER, H. (Hrsg.): Handbuch der Psychologie. Bd. 10. Göttingen 1959, S. 502–522
SCHMID, H.: Analytischer Kinder- und Jugendlichenpsychotherapeut. In: Blätter zur Berufskunde. Bd. 2. Bielefeld 1981
SCHMID, H./ARMBRUSTER, E.: Institutionelle Erziehungsberatung. Weinheim 1980

SPECHT, F./SPITTLER, H.-D. (Hrsg.): Wie Berater helfen. Integration und Kombination von Methoden in der Erziehungsberatung. Göttingen 1982
– u. a.: Inanspruchnahme von Erziehungsberatungsstellen. In: Kommissionsinformation der BKfE 02/86
SPITTLER, H.-D./SPECHT, F. (Hrsg.): Basistexte und Materialien zur Erziehungs- und Familienberatung. Bd. 7. Göttingen 1984, Erste Ergänzungslieferung 1986
WITTLING, W. (Hrsg.): Handbuch der Klinischen Psychologie. Bd. I. Hamburg 1980

Christine Schwarzer

Beratungslehrer/Beratungslehrerin

1 Bildungspolitische Entwicklung

Das Interesse staatlicher Bildungsplaner an der Beratung in der Schule läßt sich seit 1970 durch mehrere programmatische Schriften belegen. Im »STRUKTURPLAN FÜR DAS BILDUNGSWESEN« (1970, S. 91) wird Bildungsberatung z. B. als »Strukturelement des Bildungswesens« definiert, das »im gegenwärtigen System vordringlich zur Milderung der Mängel einzutreten (hat), die durch geringe Durchlässigkeit verursacht sind, es muß dazu beitragen, daß das Angebot bestmöglich genutzt und die Chancen zunehmender Durchlässigkeit wahrgenommen werden«. Mit der Wahrnehmung dieser Beratungsaufgaben über die gesamte Schullaufbahn hinweg sollte nach dem Willen des DEUTSCHEN BILDUNGSRATES nicht nur jeder Lehrer, sondern auch professionelle Bildungsberater mit spezieller Hochschulausbildung betraut werden.

Auch die BUND-LÄNDER-KOMMISSION FÜR BILDUNGSPLANUNG nahm in ihrem Bildungsgesamtplan (1973, S. 74) Stellung zur »Beratung im Bildungswesen«, indem sie Aufgaben der Schüler-, Lehrer- und Elternberatung für hauptamtliche Schulpsychologen und nebenamtliche Beratungslehrer aufführte: »individuell orientierte Förderung, um in Zusammenarbeit mit den Bildungsinstitutionen dem einzelnen bei der Bildungs- und Berufswahl zu helfen. Orientierungs- und Entscheidungshilfe bei der zunehmenden Differenzierung im Bildungswesen. Informationen über die Möglichkeiten der finanziellen Förderung, die dem einzelnen zur Verfügung steht. Früherfassung genereller und partieller Behinderungen. Vermeidung von individuellen Fehlentscheidungen bei der Wahl von Bildungsgängen. Hilfe bei Lern- und Verhaltensstörungen.« Zur Verwirklichung dieser Ziele ging der Bildungsgesamtplan von Richtwerten aus, die für das Jahr 1985 einen Psychologen auf 5000 Schüler und einen Beratungslehrer auf 500 Schüler vorsahen (ebd., S. 80). Der Beschluß der Kultusministerkonferenz zur »Beratung in Schule und Hochschule« (1973) greift die genannten Planungspapiere auf und sieht die wesentlichen Aufgaben in der Schullaufbahnberatung, der »individual psychologischen Beratung« und der »Beratung von Schule und Lehrer«. »Beratung soll grundsätzlich als Teil der Aufgabe jedes Lehrers angesehen werden ... an den Schulen sind Beratungslehrer mit dem Schwerpunkt ›Schullaufbahnberatung‹ tätig. Sie müssen aber auch psychologische Kenntnisse besitzen, vor allem um Schülern, die intensiver individualpsychologischer Beratung bedürfen, die notwendige Hilfe zu vermitteln. Der Beratungslehrer sollte schließlich in der Lage sein, allgemeine Orientierungshilfen in Fragen der Berufs- und Ausbildungswahl unter Berücksichtigung der von der Berufsberatung zur Verfügung gestellten Informationen« zu geben (ebd., S. 6f.). Die Ziele der im Strukturplan geforderten und auf Länderebene jeweils unterschiedlich akzentuierten Beratung im Bildungswesen lassen sich wie folgt zusammenfassen: »Verbesserung von Bildungschancen, Selbstverwirklichung des einzelnen Schülers, Begabungs- und Bildungsförderung, Förderung der Zusammenarbeit von Schule und Elternhaus, Demokratisierung der Schule, Verwirklichung des Prinzips der Durchlässigkeit, Individualisierung des Lernangebots und Hilfe bei der Bildungsreform und Innovation.« (KULTUSMINISTER DES LANDES NRW 1980, S. 22–24)

2 Beratungslehrer in der Schulpraxis

2.1 Aufgaben des Beratungslehrers

Beratungslehrer sind Lehrer aller Schulformen und Schulstufen, die neben ihrem Hauptamt als Teilzeitberater (ca. fünf Wochenstunden) an der Schule tätig sind, an der sie auch unterrichten (vgl. HEYSE/KUHL 1977). Im Rahmen von Schulberatung können Beratungslehrer, auch Schuljugendberater genannt, ebenso an regionalen Bildungsberatungsstellen oder schulpsychologischen Beratungsstellen tätig werden (vgl. KULTUSMINISTER DES LANDES NRW 1980). Beratungslehrer sollen als Element in einem Beratungssystem verstanden werden, dem u. a. Lehrer, Schulpsychologen und Sozialarbeiter angehören (MOLL-STROBEL 1978, S. 349f.). Deshalb ist es unerläßlich, daß Beratungslehrer in der Lage sind, kompetent zu entscheiden, ob sie einen Fall selbst bearbeiten können, wohin er ggf. weitergeleitet werden muß oder ob er einer weiter gehenden diagnostischen Untersuchung bedarf, z. B. durch Spezialisten einer Bildungsberatungsstelle. Im übrigen übernimmt er vor Ort Beratungsaufgaben, die kein psychologisches Spezialwissen erfordern. AURIN, GAUDE und ZIMMERMANN (1973, S. 144) ordnen dem Beratungslehrer die Aufgaben Einzelfallhilfe, Schullaufbahnberatung, Fragen der Beurteilungsverfahren in der Schule und der wissenschaftlichen Begleitung von Schulversuchen zu (→ *Pädagogische Intervention;* → *Pädagogische Diagnostik*). Die Adressaten seiner Beratungsbemühungen können Schüler, Eltern, Lehrer und auch ganze Gruppen wie Kollegien oder Schulklassen sein (Systemberatung). Im Rahmen der *Schullaufbahnberatung* hilft der Beratungslehrer den Schülern bei der Wahl des Bildungsweges, gibt ihnen Informationen über das Schulwesen und begleitet unter Umständen ihre schulische Laufbahn, indem er Förderprogramme entwirft oder Lernstörungen vermindert (über die spezifischen Aufgaben der Laufbahnberatung in den verschiedenen Schulformen und Schulstufen vgl. z. B. HELLER 1975; ROSEMANN 1975; MARTIN 1980 und KULTUSMINISTER DES LANDES NRW 1980). Neben dieser Laufbahnberatung unterstützt der Beratungslehrer den Schüler auch bei emotionalen oder psycho-sozialen Problemen wie z. B. bei Ängsten, Motivationsproblemen, Aggressionen oder Kontaktschwierigkeiten. Die Aufgaben des Beratungslehrers den Eltern gegenüber beziehen sich ebenfalls auf die Laufbahnberatung, indem Informationen über Bildungsmöglichkeiten und Ratschläge für die konkrete Laufbahn des Schülers auf der Grundlage einer eingehenden Leistungs- und Begabungsdiagnostik gegeben werden. Weiterhin gehören Elterntrainings oder die Beeinflussung des Erzieherverhaltens dazu, z. B. bei psycho-sozialen Problemen der Kinder (vgl. auch ROSEMANN 1975) (→ *Das Verhältnis von Elternhaus und Schule*). Ist ein Lehrerkollege Adressat, so wird oft die didaktische Qualifikation des Beratungslehrers herausgefordert, wenn es um Unterrichtsstörungen oder Lernprobleme geht. Weiterhin wird der Beratungslehrer von seinen Kollegen als Experte für Interaktionen und Interaktionsprobleme in Anspruch genommen bei Konflikten mit Schülern oder Lehrerkollegen. Besteht die begründete Vermutung, daß Problemlösungen nur gefunden werden können, wenn alle Lehrer einer Schule, eventuell zusammen mit allen anderen Mitarbeitern der Schule wie Sekretärin oder Hausmeister, sich über das

Problem ausgetauscht haben, dann ist eine *Systemberatung* angezeigt. Im Gegensatz zur *Einzelfallhilfe*, die sich an einzelne Personen richtet, ist Systemberatung eine Gruppenberatung. Eine solche Systemberatung kann auch in hohem Maße präventiven (vorbeugenden) Charakter haben, indem sie z. B. ein Klima schafft, in dem Störungen seltener auftreten können, oder indem sie die Mitglieder einer Schule sensibler für bestimmte Probleme ihrer Schüler macht.

Tabelle 1 zeigt eine Übersicht der Aufgaben des Beratungslehrers nach den Adressaten (Eltern, Lehrer, Schüler) und den Beratungsanlässen geordnet, wobei deutlich wird, daß eine Klassifikation – nach welchen Kriterien auch immer – nur heuristischen Wert besitzt, denn Überschneidungen lassen sich weder bei den Adressaten, den Tätigkeiten des Beratungslehrers (wie diagnostizieren, informieren oder unterstützen) noch im Sinne der Beratungsanlässe oder -felder (vgl. ROSEMANN 1975) vermeiden. So darf sich Schullaufbahnberatung nicht im bloßen Informieren über die Wahlmöglichkeiten erschöpfen, sondern muß auch die psychische Befindlichkeit des Schülers bei einem Wechsel in eine andere Bezugsgruppe berücksichtigen (vgl. SCHWARZER 1980). Ebenso ist es möglich, daß ein Lernproblem nicht nur Gespräche mit dem Schüler selbst, sondern

	Eltern	Schüler	Lehrer
Laufbahnberatung (an den Nahtstellen des Bildungswesens)	– Information über das Bildungswesen – Rat bei der Laufbahnwahl des Kindes – Information über den Leistungs- und Begabungsstand des Kindes	– Information über das Bildungswesen – Rat bei der Laufbahnwahl – Abwägen von Wünschen und Fertigkeiten des Schülers	
Psychosoziale Beratung (meistens als Einzelfallhilfe)	Information und Hilfe bei psychischen Problemen ihrer Kinder – Lern- und Leistungsstörungen – eventuelle Mithilfe bei präventiven Maßnahmen durch die Eltern	– Ängste, Motivationsstörungen – Lern- und Leistungsstörungen – Kontaktprobleme	– Unterrichtshilfe – Verbesserung des Schulklimas – innere Differenzierung – Änderung des Lehrerverhaltens – pädagogische Konfliktfälle
Systemberatung/ immer als Gruppenberatung	*Elternhaus* – Elterntraining – Beeinflussung des Erzieherverhaltens	*Schulklasse* – Interaktionsprobleme – Konflikte – Klassenklima	*Lehrerkollegium* – Schulklima – Lehrerkonflikte – abgestimmte Bildungs- und Erziehungsmaßnahmen – Innovationen

Tab. 1: Klassifizierung der Hauptaufgaben des Beratungslehrers

auch mit den Eltern und den Lehrern erfordert. Die Verschränkung der verschiedenen Aufgaben und Tätigkeiten des Beratungslehrers wird besonders deutlich, wenn man sich vor Augen hält, was passieren würde, wenn er nur informieren oder nur unterstützen würde, ohne zu diagnostizieren, oder umgekehrt. Neben diesen Primäraufgaben des Beratungslehrers werden häufig noch folgende Sekundäraufgaben genannt (AURIN u. a. 1977): Lehrerfortbildung, Elternbildung, Mitwirkung im Unterricht, Entwicklung und Verbesserung von Methoden, wissenschaftliche Auswertungsarbeiten, eigene Fortbildung der Berater, Koordination, Mitarbeiteranleitung und -betreuung, Organisation und Verwaltung.

2.2 Kompetenzen des Beratungslehrers

Die vielfältigen Tätigkeiten erfordern vom Beratungslehrer ganz unterschiedliche Kompetenzen, für die er eine zusätzliche Qualifikation benötigt (→ *Lehrer/Lehrerin;* → *Erziehen und Unterrichten als Beruf*). Im Bereich der Schullaufbahnberatung muß er theoretisches Wissen über die Faktoren, die am Zustandekommen von Schulleistungen oder Schulleistungsschwierigkeiten beteiligt sind, besitzen (vgl. RÜDIGER u. a. 1976). Er darf nicht nur die Merkmale auf der Schülerseite, wie Intelligenz, Motivation und Ausdauer, für seine Prognose hinsichtlich der besten Laufbahnentscheidung berücksichtigen, sondern er muß auch die Anforderungsstrukturen und die Lernformen der künftigen schulischen oder beruflichen Lernumwelt berücksichtigen ebenso wie die sonstigen Lebensbedingungen und Wünsche des Schülers. Er muß wissen, daß es einen Unterschied macht, ob er Probleme als überwiegend durch die Schule, den Schüler oder die häusliche Umwelt induziert ansieht (Probleme der Ursachenzuschreibung, Kausalattribution). Um zu einer relativ zutreffenden Prognose zu gelangen, darf er diese Faktoren nicht nur intuitiv erfassen, sondern sollte sie möglichst objektiv, zuverlässig *(reliabel)* und gültig *(valide)* durch Arbeitsproben, systematische *Beobachtung, Tests* und *Fragebogen* erfassen. Dabei muß er sich bewußt sein, daß ein solches Schließen aus dem Status quo des Ratsuchenden auf dessen zukünftige Entwicklung bzw. den Erfolg in einer Schullaufbahnalternative immer fehlerbehaftet ist (vgl. TAYLOR/RUSSEL 1939; CRONBACH/GLESER 1957/1965). Dieses Problem von Zuordnungsentscheidungen (z. B. werden Schüler den einzelnen Schulformen zugeordnet) wird als Problem der *diagnostischen Validität* bezeichnet, das insbesondere dann verschärft auftritt, wenn die Ratsuchenden in eine völlig neuartige Lern- oder Arbeitsumwelt eintreten, für die sie bisher noch keine Erfahrungen sammeln konnten (→ *Pädagogische Diagnostik;* → *Pädagogische Intervention* ...). Wie wir vor allem aus der Streßforschung wissen, ist die regulative Auseinandersetzung einer Person mit einer unvertrauten Umwelt vorhersagbar. Für den Berater bedeutet dies, daß er eigentlich die sogenannte »Zone der nächsten Entwicklung« (GUTHKE 1972) antizipieren müßte (→ *Entwicklung und Förderung* ...). Aus der Sicht der Systemberatung käme es dann logischerweise darauf an, institutionelle Möglichkeiten zu schaffen, die eine solche »Umweltauseinandersetzung en miniature« erlauben würden (z. B. Erprobungsstufe/Orientierungsstufe, Probezeiten usw.). Probleme ergeben sich für den Beratungslehrer nicht nur daraus, daß er – wie dargestellt – Spezialist für Pädagogische Diagnostik samt daraus resultierenden Maßnahmen (Treatment) sein soll, sondern auch deshalb, weil sich der Beratungslehrer oft den unterschiedlichen Erwartungen der »Institution Schule«, des »einzelnen Ratsuchenden« und den »gesellschaftlichen Erfordernissen« gegenübersieht. So fordern viele Autoren und Ver-

bände (vgl. DEUTSCHER GEWERKSCHAFTSBUND 1979; KULTUSMINISTER DES LANDES NRW 1980), daß der Berater Partei für die Sache des Ratsuchenden nehmen, daß er kein »Büttel« einer Institution sein solle. Für den Bereich Schullaufbahnberatung müßte ein solcher sogenannter kritischer Berater zusätzlich folgende Aufgaben übernehmen: »... die Konsequenzen von Entscheidungen dem Ratsuchenden klarzumachen sowie den Beratungsprozeß selbst transparent zu gestalten. Dem Ratsuchenden deutlich zu machen, daß Eingangsvoraussetzungen variabel sind und daß das Noten- und Leistungssystem historisch gebunden ist. ... Dem Ratsuchenden die Abhängigkeit der sozialen Selektionsmechanismen von Schultypen, -formen und -lerninhalten aufzuzeigen ... Den Ratsuchenden zur selbstbestimmten Verwirklichung von Schullaufbahnentscheidungen zu ermutigen und nicht als Vertreter einer Institution mit Hilfe von Beratung auf subtile Art und Weise Schülerströme in bestimmte Schularten lenken oder sie davon fernhalten ...« (Deutscher Gewerkschaftsbund 1979, zit. nach BACHMAIR u. a. ³1985, S. 103f.) Angesprochen ist hier eine Beratung, die sich als eine emanzipatorische versteht, die den Gefahren einer »Abkühlungsfunktion«, wie sie schon CLARK (1973) beschrieben hat, widersteht. »Folgende Merkmale kennzeichnen den Abkühlungsprozeß:
– Angebot alternativer Ziele: Der Student, von dem angenommen wird, daß er sein Studium vermutlich nicht schafft, wird mit Alternativen konfrontiert. Er wird dazu veranlaßt, eine Ausbildung der zweiten Wahl als für ihn angemessen wahrzunehmen.
– Schrittweises Disengagement: Allmählich beginnt der Student, seine Motive zu ändern; die Wertschätzung seiner zuerst gewählten Studienrichtung sinkt.
– Objektivierung der Ablehnung: Die Dokumentation schlechter Leistungen und ihre Interpretation trägt dazu bei, die Angemessenheit der Umorientierung einzusehen.
– Trostspenden: Berater stehen zur Verfügung, um mit den Studenten über mögliche Enttäuschungen zu reden und sie in ihrem Entschluß zum Umsatteln zu bekräftigen.
– Vermeiden eindimensionaler Maßstäbe: Es wird vermieden, sich auf einen einzigen Beurteilungs- oder Qualitätsmaßstab für eine Ausbildung zu berufen.« (SCHWARZER/POSSE 1986, S. 652)

Aber nicht in allen Tätigkeitsbereichen lassen sich die notwendigen Kompetenzen bzw. das Anforderungsprofil an den Beratungslehrer so relativ eindeutig benennen wie bei der Laufbahnberatung. In der Literatur wird darauf hingewiesen, daß der Berater neben einer »gewissen Lebenserfahrung und psychischen Reife« (JUNKER/SCHUCH 1978, S. 763) noch Kompetenzen in einem zweiten Bereich haben muß:

Sach- oder Feldkompetenz, d. h. die Kenntnis und der sachgerechte Umgang mit dem Beratungsprozeß. Diese »Prozeßkompetenz« ist viel schwieriger zu operationalisieren als die erwähnte Kompetenz im Bereich der Laufbahnberatung, denn sie beinhaltet z. B. Kommunikationsfähigkeit und Kooperationsfähigkeit in aktuellen schwierigen Situationen sowie Gesprächstechniken und das Klären von Zielen und Erwartungen. Beide Kompetenzen, die Sach- und Prozeßkompetenz, werden in allen Beratungssituationen gefordert. Es lassen sich jedoch Schwerpunkte ausmachen: Bei einer eher informierenden Beratung überwiegt die Sachkompetenz. Bei Beratungsanlässen, die den Ratsuchenden z. B. emanzipieren wollen wie bei einer Kollegenberatung, ist eher die Kompetenz »Interaktions-Manager« und »Empathie-Spezialist« (*Empathie* = Einfühlen, sich in die andere Person hineinversetzen) gefordert. ROGERS gibt für Lehrer und Berater wesentliche Merkmale an, die auch in diesem Zusammenhang von Interesse sind (vgl. ROGERS 1974, S. 163–165; WULF 1978, S. 655–656).

2.3 Ausbildung zum Beratungslehrer

Bei der Ausbildung der Beratungslehrer muß einerseits das breite Anforderungsprofil berücksichtigt werden, andererseits sollte man aber auch im Auge behalten, daß der Beratungslehrer im Hinblick auf seine beruflichen Fähigkeiten eine Position zwischen dem Lehrer und Schulpsychologen einnimmt. Das bedeutet, daß er in Abgrenzung zum Schulpsychologen nicht so sehr als Therapeut oder Spezialist für Einzelfallhilfe ausgebildet werden soll, sondern eher als schulischer Fachmann für Lern- und Erziehungsprobleme sowie für Fragen des verzweigten Schul- und Berechtigungswesens (vgl. KULTUSMINISTER DES LANDES NRW 1980, S. 217). Der Beratungslehrer erfüllt zwar auf der einen Seite die üblichen Aufgaben eines Lehrers und nimmt im Rahmen seiner Tätigkeit insofern auch Beratungsaufgaben wahr; zusätzlich hat er aber für diesen Bereich eine spezielle Qualifikation erworben, die es ihm ermöglicht, helfende Tätigkeiten im schulischen Kontext professioneller anzugehen, wobei er jedoch kein »Mini-Psychologe« sein soll. So hat die SEKTION SCHULPSYCHOLOGIE DES BERUFSVERBANDES DEUTSCHER PSYCHOLOGEN (1983) nach der Veröffentlichung der Beschlüsse der KULTUSMINISTERKONFERENZ zur Beratung in Schule und Hochschule (KMK 1973) eine Stellungnahme an alle Kultusministerien verschickt, in der klargestellt wird, daß Beratungslehrer nicht alle Beratungsaufgaben übernehmen können (z. B. detaillierte psychodiagnostische Untersuchungen, therapeutische Maßnahmen), ihre Aufgabe insbesondere in der ersten psychologischen und pädagogischen Hilfe direkt in der Schule zu sehen sei und Beratungslehrer ausreichend ausgebildet werden müssen (→ *Lehrer/Lehrerin*; → *Schulpsychologen*).

Beratungslehrer werden in der Bundesrepublik nicht nach einem einheitlichen Konzept ausgebildet. Über die verschiedenen Ausbildungsformen in den einzelnen Bundesländern informiert HOFFMANN (1975) ausführlich. Prinzipiell lassen sich zwei Möglichkeiten der Ausbildung unterscheiden, ein universitäres (eher grundständiges) Modell, welches ein viersemestriges Studium an der pädagogischen Hochschule oder der Universität vorsieht und mit einer Staatsprüfung abschließt, und ein Fortbildungsmodell, das in der Regel über zwei Jahre läuft und mit einer Zusatzprüfung abschließt. Weiterhin können in einigen Bundesländern Lehrer unter bestimmten Voraussetzungen zu Beratungslehrern berufen werden. Das erste Modell wird z. B. in Berlin praktiziert, wo Mitarbeiter im »Schulpsychologischen Dienst« (MSD) eine Staatsprüfung im Fach »Pädagogische Psychologie« ablegen. Zusätzlich können in Berlin folgende Lehrer zum MSD berufen werden: »Sonderschullehrer, Lehrer mit abgeschlossener Psychagogenausbildung und Lehrer, die das Vordiplom bzw. Diplom im Hauptfachstudium Psychologie oder das Diplom in Pädagogik erworben haben« (persönliche Mitteilung des Senators für Schulwesen, Berufsausbildung und Sport 1987). Der zweite Weg, der den spezifischen Qualifikationserwerb durch Fortbildungsmaßnahmen ermöglicht, ist der häufigste, wie aus *Tabelle 2* hervorgeht.

Eine solche Fortbildungsmaßnahme umfaßt z. B. in Nordrhein-Westfalen das Selbststudium des Fernstudienmaterials des DEUTSCHEN INSTITUTS FÜR FERNSTUDIEN (DIFF) sowie zwei einwöchige Blockseminare und Hospitationen bei Schulpsychologen. So soll gewährleistet werden, daß nicht nur die Sach-, sondern auch die Handlungskompetenz der Beratungslehrer ausgebildet wird. Wie *Tabelle 3* zeigt, laufen solche Kurse über zwei Jahre und werden personell von einem Hochschullehrer als wissenschaftliche Begleitung und einem Schulpsychologen als Studienleiter betreut. Ebenfalls einbezogen in die

Beratungslehrer	1	2	3	4
	Zahl und Einsatz	Ausbildung/Referenten	Funktionsstunden	angestrebte Relation
Baden-Württemberg	920, vorwiegend GS, HS und RS	seit 1978 durch OSchÄ, Spsych. und Bild. Berater	2–4, je nach Schülerzahl	1:1000
Bayern	an jeder Schule bestellt; ausgebildet N 1422	Universität auch Spsych.	VS, RS: 1 GY, BBS: offen: ca. 1/500	1 BL für jede Schule
Berlin[1])	185	Universität	4	herkömml. Schularten: 1 BL Stunde/100 Schüler, sonst: 1 BL Stunde/60 Schüler
Bremen; B'haven	11, Gy, Ges.Sch. Berufl. Schulzentrum	Wiss. Institut f. Schulpraxis, SpD/Spsych., Berufsber., Verw.Beamte	ca. 6	offen: z. Z. kein weiterer Ausbau möglich
Hamburg	575, eingesetzt 342; GS + HS + FS: 121, Gy: 55, Ges.Sch.: 94, Berufl.Sch.: 72	SpD durch Inst. für Lehrerfortbildung/Spsych, Hochschullehrer	bis 5; Gesamtschulen mehr	1 BL für jede Schule; sehr große Systeme mehr
Hessen[2])	ca. 30 Grundschulen; Gesamtschulen	Schulpsych. Fortbildungsinstitute	3	1:500
Niedersachsen	794, GHS: 454, RS: 80, Gy: 28, Ges.Sch.: 115, Berufl.Sch.: 117	Hochschule Hildesheim/Schulpsych.	5	1:500
Nordrhein-Westfalen	440 ausgebildet/in Ausbildung, 290 eingesetzt: GS: 10, HS: 40, RS: 50, Gy: 55, Ges.Sch.: 80, Berufl.Sch.: 55	Landesinstitut in Neuss; Schulpsych., Hochschullehrer	bis zu 5	1:100
Rheinland-Pfalz	500 ausgebildet, eingesetzt ca. 200	Institute für Lehrerfortbildung/Psych. u. Pädagogen	1–4, je nach Schülerzahl u. Priorität i. d. Schule	1 BL für jede Schule
Saarland	25	Staatl. Inst. f. LFB/Dipl. Päd., Dipl.-Psych.	2	1:500, d. h. 1 BL pro Schule
Schleswig-Holstein	120, vorwiegend an HS	Inst. f. LFB, (IPTS)/Spsych., Psych. Uni HH	5	1:500

[1]) Angaben zu Fragen aus der ersten Umfrage 1981
[2]) Angaben aufgrund informeller Daten; Anfrage an KM wurde nicht beantwortet

Tab. 2: Länderspezifischer Stand über Beratungslehrer

	STUDIENBRIEFE/ LITERATUR	BLOCKSEMINARE	HOSPITATIONEN
VORKURS	Aufgaben des Beratungslehrers (1) Lern- und Arbeitstechniken	Aufgaben des Beratungslehrers/Motivation Lern- und Arbeitstechniken	Erziehungsberatungsstelle Berufsberatung Drogenberatung
1. HALBJAHR	Statistik Institution Schule (11) Analyse der Schulleistung (4) Schulleistungsschwierigkeiten (7) Bewältigung von Schulleistungsschwierigkeiten (8)	Schulleistungsbeurteilung Konstruktion und Auswertung informeller Tests Verhaltensbeobachtung Statistik Schülerbeurteilung und Schullaufbahnberatung	Anamnese und Exploration Verhaltensbeobachtung Soziometrie Standardisierte Tests
2. HALBJAHR	Schülerbeurteilung und Schullaufbahnberatung (5, 6, 5/6) Theoretische Grundlagen (15)	Psychodiagnostisches Gespräch Personenzentrierte Gesprächsführung Schullaufbahnberatung Gutachtenerstellung	Gutachtenerstellung Informationsvermittlung Beratungsgespräch
3. HALBJAHR	Entwicklungspsychologie Verhaltens- und Erlebnisstörungen (9) Psychosoziale Konflikte in der Schulklasse (10)	Diagnose und Beratung in der Einzelfallhilfe Interventionsverfahren Konfliktregelung Rollenproblematik des Beratungslehrers	Fallbearbeitung Zusammenarbeit mit anderen Diensten
4. HALBJAHR	Organisation der Beratung (16/I) Berufsrecht des Beratungslehrers (16/II) Schule als Bezugssystem für Beratung (2) Beratung durch Bildungsinformation (3) Sonderprobleme (Studienblock IV d. DIFF) – Ausländer (14/II) – Drogen (12) – phys. und psych. Gesundheit (14/I)	Gesprächsverhalten und Beraterverhalten in bezug auf die Adressaten Fallbesprechungen Untersuchungstechniken Interventionstechniken Planung der Zusammenarbeit in der Schule	Gesprächs- und Beraterverhalten Fallbearbeitung Untersuchungs- und Interventionstechniken Planung der Zusammenarbeit mit der regionalen Schulberatungsstelle

Tab. 3: Schematische Darstellung einer Fortbildung zum Beratungslehrer

Ausbildung sind die Mitarbeiter der Erziehungsberatungsstellen oder die regionalen Schulberatungsstellen eines Regierungsbezirkes, zu denen der Beratungslehrer dann künftig auch Kontakt halten soll.

1987 wird in Nordrhein-Westfalen erstmals ein einjähriger Kurs erprobt, zu dem nur Lehrer zugelassen werden, die bereits 50% Vorkenntnisse haben. Eigene Recherchen bei den zuständigen Ministern und Fortbildungsinstitutionen ergaben, daß eine schultypen- oder schulartspezifische Fortbildung der Beratungslehrer nicht stattfindet und auch nicht geplant ist.

Wie dringende praktische Probleme sich auf die Aus- und Weiterbildung von Beratungslehrern auswirken, läßt sich am Beispiel der Drogen- und Suchtprävention zeigen. In Hessen gibt es den »Beratungslehrer für Suchtprävention und Drogenfragen« (Schulrecht, Hessen, 1985), und auch in Nordrhein-Westfalen werden seit 1973 Lehrer für Aufgaben der Suchtvorbeugung benannt. Quantitativ gesehen ist die Ausbildung von Beratungslehrern daran orientiert, ein Verhältnis von 500 Schülern für einen Beratungslehrer (das Verhältnis differiert in den Bundesländern, vgl. *Tabelle 3*) zu erreichen. Diese Richtzahl wird aber in der Praxis derzeit selten erreicht. HETTWER/STOBBERG konnten in ihrer Befragung (1985, S. 21) in Nordrhein-Westfalen zeigen, daß 65,5% der Beratungslehrer für mehr als 500 Schüler zuständig sind.

2.4 Arbeitssituation und Selbstverständnis des Beratungslehrers

In der Alltagspraxis von Beratungslehrern scheinen »leichte Fälle«, bei denen eine Information oder ein Gespräch zur Problembewältigung ausreicht, durchaus nicht die Regel zu sein. So stellte HOFFMANN (1975, S. 276) in einer Studie zur Arbeit von Beratungslehrern fest, »daß über 90% der Beratungslehrer in unterschiedlicher Häufigkeit projektive Untersuchungsverfahren« einsetzen. Und HETTWER/STOBBERG kamen 1985 (S. 37) bei einer Befragung über die Verteilung der Tätigkeitsbereiche bei 87 Beratungslehrern zu dem Ergebnis, daß auf Einzelfallhilfe 44%, auf Schullaufbahnberatung 32%, auf berufsbezogene Beratung 13% und auf Systemberatung 11% entfielen. Sicher sind diese Befunde nicht repräsentativ; aber sie belegen, wie wichtig es ist, in der Ausbildung zum Beratungslehrer das »pädagogische Profil« stärker zu betonen und somit auch seine Fähigkeit, Fälle kompetent weiterzugeben, zu erhöhen. Aus derselben Untersuchung von HETTWER und STOBBERG stammt das Ergebnis, daß von den 111 Beratungslehrern, die 1973 in Nordrhein-Westfalen ausgebildet wurden, 82 nicht als Beratungslehrer eingesetzt wurden. Einer solchen Entwicklung kann ein Ausbildungskonzept entgegenwirken, welches eine starke Anbindung an die späteren Kontakt-Beratungsstellen berücksichtigt, damit der Beratungslehrer zukünftig nicht einsam und ohne Unterstützung an seiner Schule arbeitet (vgl. die neuesten Bestrebungen in Nordrhein-Westfalen).

Die Arbeitsbelastung der in Schulen tätigen Beratungslehrer ist heute meistens sehr hoch, weil einmal die Schüler-Beratungslehrer-Relation oft über dem Richtwert von 500:1 liegt und weil zweitens die Stundenermäßigung von fünf Wochenstunden bei weitem nicht ausreicht für eine intensive Beratung, für spezielle Sprechstunden und eine Aufarbeitung der Fälle. Die Länderübersicht zeigt zudem, daß diese fünf Stunden eher die Ausnahme als die Regel sind und viele Beratungslehrer weniger Stundendeputatsreduktion erhalten (KULTUSMINISTER DES LANDES NRW 1980, S. 78ff.). Für seine spezifischen Beratungstätigkeiten benötigt der Beratungslehrer eine Situation, wie sie für den

Diplompsychologen selbstverständlich ist: abgeschirmt vom Alltag ist es für ihn meistens möglich, in einem speziellen Beratungszimmer ohne Zeitdruck eine positive Beziehung zum Ratsuchenden aufzubauen. Der Beratungslehrer dagegen muß sehr häufig im Trubel des schulischen Geschehens agieren und hat dafür nicht immer die geeigneten Räumlichkeiten und Materialien zur Verfügung. Diese Probleme könnten sich verschärfen durch Intrarollenkonflikte des Beratungslehrers zwischen der Wahrnehmung von Beratungspflichten einerseits und Respektierung von Informationsbedürfnissen der Mitglieder schulischer Kollegialorgane mit Entscheidungskompetenz über Richtlinien oder Mittelvergabe andererseits (vgl. DIFF-Studienbrief 2, 1985, S. 107). Gemeint sind damit Probleme, die dem Beratungslehrer aus seinem Sonderstatus innerhalb des Kollegiums erwachsen. So muß er unbedingt die Verschwiegenheitspflicht wahren, was dazu führen kann, daß er Kollegen gegenüber nicht alle Informationen über Schüler preisgibt (vgl. Dienstanweisung/Richtlinien für Beratungslehrer der Länder). Weiterhin erwartet der Beratungslehrer von seinen Kollegen häufig Kooperation und Unterstützung, die weit über das übliche Maß hinausgehen. So kann der Beratungslehrer z. B. den Unterricht eines Kollegen besuchen und bewerten, von ihm Zeit für ein gründliches Gespräch erwarten und Einsicht in unterrichts- und klassenbezogene Unterlagen verlangen. Auf der anderen Seite kann der Beratungslehrer aber (mit Ausnahme) selbst die Einsicht in seine Akten verweigern. Aus dem Selbstverständnis des Beratungslehrers als Mittler zwischen Eltern und Lehrern, Lehrern und Psychologen, Lehrern und Schule, Schülern und Lehrern oder Schülern und Eltern und als professioneller Pädagoge und »semiprofessioneller« Helfer erwachsen ihm auf der einen Seite Handlungsspielräume, die es zu nutzen gilt, auf der anderen Seite aber auch eine Menge von Statusunsicherheiten und Rollenkonflikten, die in schulrechtlicher Hinsicht noch nicht immer befriedigend geregelt sind. Erwähnt sei hier nur der Zwiespalt zwischen den Funktionen Unterrichten und Beraten, auf den BENZ/CAROLI (1977) ausführlich eingehen. Die Konzeption zum Einsatz von Beratungslehrern bzw. die schulische Beratung an sich sind häufig kritisiert worden unter der Perspektive, daß die Beratungsproblematik aus dem normalen Unterricht ausgeklammert würde, was eine Vernachlässigung sozial-emotionaler Aspekte im Unterricht zur Folge habe (vgl. z. B. DAUBER 1976). Es wird eine Aufsplitterung der schulischen Aufgaben mit allen negativen Konsequenzen befürchtet (FATKE 1976). Die positiven Wirkungen der Arbeit des Beratungslehrers überwiegen aber bei weitem die negativen: solange Lehrer aller Schulformen und -typen nicht im pädagogisch-psychologischen Bereich so qualifiziert ausgebildet sind, daß sie schulische Beratungsaufgaben tatsächlich übernehmen können, benötigt das System Schule Beratungslehrer. Diese haben zudem gegenüber den externen Schulpsychologen den großen Vorteil, daß sie direkt im schulischen Feld tätig sind und deshalb über unmittelbare Erfahrungen verfügen. Weiterhin steht der Beratungslehrer dem Schüler oder dem Lehrer ohne lange Warte- und Fahrzeiten zur Verfügung. Für den Ratsuchenden ergibt sich zudem der Vorteil, daß er nicht unbedingt als solcher erkennbar wird, wie es z. B. der Fall sein kann, wenn er zu einer ausgelagerten Beratungsstelle geht (Vermeidung von Stigmatisierung). Die pädagogisch wichtigste Chance könnte aber in der Möglichkeit liegen, Beratungslehrer im Schulbereich präventiv wirken zu lassen. Da sie ihr Augenmerk nicht nur auf Einzelfälle lenken sollen, könnten sie als Systemberater im Sinne einer *Primärprävention* Fragen nachgehen wie: Welche spezielle Kombination von Umwelt- oder Klimaaspekten führt zur Schädigung von Lernprozessen oder der Identitätsentwicklung? Mit anderen Worten: Welches sind Risikoumwelten? Neuere Forschungen haben gezeigt, daß Leistungsdruck, Konkurrenzdruck, Anonymität, Unterrichtschaos und die soziale Bezugsnorm – um nur einige Faktoren zu nennen – ungünstige Folgen auf der Schülerseite nach sich ziehen können wie Angst, Schulunlust, Hilflosigkeit und Selbstwertminderung. Der Systemberater könnte sich angesichts solcher Befunde herausgefordert fühlen, die in einer Schule herrschende Atmosphäre von Anonymität zu ersetzen durch Geborgenheit, mitmenschliche Unterstützung und emotionale Wärme (vgl. SCHWARZER 1986).

3 Beratungswissenschaft – eine Herausforderung

Die zunehmende Bedeutung von pädagogisch-psychologischer Beratung wirft für die Wissenschaft vielerlei Probleme auf. An dieser Stelle soll der Blick auf zwei Bereiche gelenkt werden, einmal auf die Desiderata im theoretischen Bereich und zum anderen auf die lückenhafte pädagogisch-psychologische Evaluationsforschung (→ *Evaluation und Selbstevaluation*). Unter Erziehungswissenschaftlern herrscht bis heute keine Einigkeit darüber, was genau unter Beratung, speziell unter »pädagogischer Beratung« verstanden werden soll. Die Vorstellungen, die man in der Literatur findet, reichen von fast völliger Gleichsetzung mit Therapie bis hin zur »Beratung als Unterrichtsprinzip«. Es wird erkennbar, daß einige Autoren ›pädagogische Beratung‹ eher als Sonderform von Erziehung auffassen; andere sie eher in die Nähe von Therapie rücken, wie eine kleine Anzahl von Definitionsangeboten zeigt: Beratung heißt nicht helfen, sondern »Hilfe zur Selbsthilfe«, Beratung ist die nichtautoritäre Hilfe zur mündigen Entscheidung, Beratung heißt, dem Klienten, der sich in einem Zustand von Disharmonie mit sich selbst befindet, eine Beziehung anzubieten, die durch Akzeptierung seines Selbst und empathisches Verständnis seines Inneren gekennzeichnet ist. In *Tabelle 4* werden die drei Handlungsfelder Beratung, Therapie und Erziehung noch einmal überblicksartig charakterisiert. In Anlehnung an MANSTETTEN (1982, S. 14) kommen dabei folgende Kriterien zur Anwendung: Wie wird die pädagogisch-psychologische Tätigkeit in Anspruch genommen? Wie lange dauert die Intervention? In welcher Form findet die Intervention statt? Durch wen wird der Inhalt bestimmt? Welcher Art ist der Inhalt? Welches Ziel hat die Interaktion? Welche Methoden werden angewandt? Wer kann die Tätigkeit anbieten?
Eine Möglichkeit, den Problembereich »pädagogische Beratung« zu ordnen, ist die Suche nach dem Zeitpunkt, den man als günstig für das Einsetzen der Intervention oder Maßnahme ansieht. Eine recht bekannte Einteilung stammt von CAPLAN (1964). Er unterscheidet zwischen Primär-, Sekundär- und Tertiärprävention (*Primärprävention* hat zum Ziel, potentielle Risikogruppen so zu behandeln, zu unterweisen oder zu beraten, daß sie bestimmte Symptome oder Probleme gar nicht erst zeigen. Als *Sekundärprävention* wird ein Eingreifen bei akuten Störungen bezeichnet und als *Tertiärprävention* eine Behandlung im Sinne von Rehabilitation). Zu Recht bemängelt WEINERT (1977, S. 8), daß sich hinter der Definition einer pädagogisch-psychologischen Beratung keine einheitliche Konzeption, sondern eine Fülle von wissenschaftlichen und halbwissenschaftlichen Bemühungen verbergen, die darauf angelegt sind, »durch die Beschaffung, Bereitstellung, Deutung und Vermittlung relevanter Informationen zu helfen, um

Kriterium	Beratung	schulische Erziehung	Therapie
1. Motiv	freiwillig	nicht freiwillig (z. B. Schulpflicht)	freiwillig
2. Dauer	meist sporadisch, kurzfristig, situativ	kontinuierlich längerfristig	kontinuierlich längerfristig
3. Form	individuell Gruppen selten	individuell (Familie) Gruppen (Schule)	individuell Gruppen selten
4. Inhaltsbestimmung	selbstbestimmt (Klienten)	fremdbestimmt (Eltern, Lehrplan)	selbstbestimmt (Klienten)
5. Art des Inhalts	aktuelle Probleme ohne Krankheitswert	Erwerb von Verhalten Anpassung an Normen	Veränderung von Verhalten Probleme mit Krankheitswert
6. Ziel	individuelle Entscheidungshilfe zur Bewältigung aktueller Aufgaben	allgemeingültige Hilfen zur Bewältigung zukünftiger Aufgaben	individuelle Hilfe zur Bewältigung zurückliegender Probleme
7. Methoden	Gespräch – Information über Handlungsalternativen, übende Verfahren	Gespräch – Unterricht, übende Verfahren	Gespräch – regelgeleitete übende Verfahren
8. Kompetenz	jeder Studium u. Zusatzausbildung	jeder/Lehrer: Studium	Studium u. Zusatzausbildung

Tab. 4: Charakterisierung von Beratung, Therapie und Erziehung

Sozialisations-, Erziehungs- und Unterrichtsprozesse (bzw. deren Ergebnisse) zu verbessern, pädagogische Entscheidungen zu begründen, Fehlentwicklungen zu korrigieren und psychosoziale Konflikte zu lösen«. Anstelle der in der Praxis am meisten angewendeten Erklärung wie »Plausibilitätsaussagen der Psychoanalyse«, »Empirische Modelle der Prognose des Schulerfolgs«, »Lerntheoretisch fundierte Techniken der Verhaltensmodifikation« und »Annahmen und Techniken der nicht-direktiven Gesprächstherapie«, deren Schwachstellen WEINERT sehr treffend charakterisiert, fordert er eine pädagogisch-psychologische Beratung, die sich als »Vermittlung zwischen subjektiven und wissenschaftlichen Theorien« versteht. Mit subjektiven Theorien meint man subjektiv gewichtetes Überzeugungs- und Erfahrungswissen, das es dem Menschen ermöglicht, den Alltag zu bewältigen und Erklärungen zu finden für Ereignisse, eigenes und fremdes Verhalten, Prognosen anzugeben und zu handeln. Subjektive Theorien entstehen durch spezifische, individuelle Wahrnehmungen, Einstellungen und Erfahrungen. Subjektive Theorien sind nicht immer in sich stimmig, wie es wissenschaftliche Theorien sein müssen; sie besitzen aber einen hohen Plausibilitätsgrad und werden in der Praxis meistens bei »Erklärungslöchern« aktualisiert (zur subjektiven Theorie von Lehrern vgl. SCHWARZER/SCHWARZER 1982). Wird Beratung als Objektbereich einer Wissenschaft gewählt, so bedarf es nicht nur einer theoretischen Modellierung, sondern auch einer Evaluation, d. h. einer systematischen Untersuchung ihrer Bedingungen, Prozesse und

Wirkungen. Trotz der Tatsache, daß Erziehungsmaßnahmen als ganze sich solcher Effektivitätskontrolle nur schwer beugen, weil Erziehungsprodukte und -prozesse sich oft nicht exakt zählen und messen lassen, müssen Erziehungswissenschaft und Psychologie doch weiterhin Anstrengungen unternehmen, weitere Methoden zur Evaluation zu entwickeln. Ein Blick auf die Praxis der Arbeits- und Organisationsberatung im Wirtschaftssektor, die unter viel stärkerem Legitimationsdruck steht als die pädagogisch-psychologische Beratung und die dennoch nicht Aspekte wie »subjektive Befindlichkeit von Menschen in Organisationen« aus dem Auge verliert, dürfte einen positiven Einfluß auf die methodische Kreativität der Forscher ausüben.

Literatur

AURIN, K./GAUDE, P./ZIMMERMANN, K. (Hrsg.): Bildungsberatung. Frankfurt 1973
AURIN, K./STARK, G./STOBBERG, E.: Beratung im Schulbereich. Weinheim 1977
BACHMAIR, S./FABER, J. u. a.: Beraten will gelernt sein. Weinheim ³1985
BENZ, E./CAROLI, W.: Beratung im Kontext der Schule. Ravensburg 1977
BUND-LÄNDER-KOMMISSION FÜR BILDUNGSPLANUNG (Hrsg.): Bildungsgesamtplan. 2 Bde. Stuttgart 1973
CAPLAN, G.: Principles of preventive psychiatry. New York 1964
CAROLI, W./BENZ, E.: Zur Rollenproblematik des Lehrers als Bildungsberater. In: HELLER, K. (Hrsg.): Handbuch der Bildungsberatung. Bd. 1. Stuttgart 1975, S. 267–274
CLARK, B. R.: Die »Abkühlungsfunktion« in den Institutionen höherer Bildung. In: STEINOT, R. (Hrsg.): Symbolische Interaktion. Stuttgart 1973, S. 111–125
CRONBACH, L. J./GLESER, G. L.: Psychological tests and personnel decisions. Urbana 1957/1965
DAUBER, H.: Beratung zwischen Furcht und Hoffnung. In: betrifft: erziehung 2 (1976), S. 33–38
DEUTSCHER BILDUNGSRAT – BILDUNGSKOMMISSION (Hrsg.): Strukturplan für das Bildungswesen. Stuttgart 1970
DEUTSCHER GEWERKSCHAFTSBUND: Beratung im Bildungswesen. In: Gewerkschaftliche Bildungspolitik 5 (1979), S. 105–129
DEUTSCHES INSTITUT FÜR FERNSTUDIEN – DIFF: Fernstudienlehrgang: Ausbildung zum Beratungslehrer. Studienbriefe. 1–10. Tübingen 1985
FATKE, R.: Placebo mit Nebenwirkungen. In: betrifft: erziehung 2 (1976), S. 28–32
GUTHKE, J.: Zur Diagnostik der intellektuellen Leistungsfähigkeit. Berlin 1972
HELLER, K.: Einführung in den Problembereich der Bildungsberatung. In: ders. (Hrsg.): Handbuch der Bildungsberatung. Bd. 1. Stuttgart 1975, S. 749–750
–: Beratung beim Übergang von der Primar- zur Sekundarstufe I. In: ders. (Hrsg.): Handbuch der Bildungsberatung. Bd. 2. Stuttgart 1975, S. 473–490
HEYSE, H./KUHL, U.: Entwicklung eines Curriculums für den Modellversuch des Landes Rheinland-Pfalz: Entwicklung und Erprobung von berufsbegleitenden Fort- und Weiterbildungsgängen für Schulpsychologen. Mainz 1977
HETTWER, E./STOBBERG, E.: Beratungslehrer in Nordrhein-Westfalen. Landesinstitut für Schule und Weiterbildung. Informationen zur Lehrerfortbildung 26. Soest 1985
HOFFMANN, M.: Zur Situation der Beratungslehrerausbildung in der Bundesrepublik Deutschland. In: HELLER, K. (Hrsg.): Handbuch der Bildungsberatung. Bd. 1. Stuttgart 1975, S. 275–288
INGENKAMP, K.: Die Schulpsychologischen Dienste in der Bundesrepublik Deutschland. Weinheim 1966
JUNKER, H./SCHUCH, H. W.: Beratung als Beruf. In: HORNSTEIN, W. u. a. (Hrsg.): Funk-Kolleg Beratung in der Erziehung. Bd. 2. Frankfurt 1978, S. 757–777
KULTUSMINISTER DES LANDES NORDRHEIN-WESTFALEN: Gesamtkonzeption der Schulberatung in Nordrhein-Westfalen. In: Schriftenreihe des Kultusministers: Strukturförderung im Bildungswesen des Landes Nordrhein-Westfalen 39. Köln 1980

Kultusministerkonferenz – KMK, Beschluß vom 14. 9. 1973, hrsg. v. Sekretariat der ständigen Konferenz der Kultusminister der Länder in der Bundesrepublik Deutschland. Bonn
Manstetten, R.: Pädagogische Beratung. Darmstadt 1982
Martin, L. R.: Bildungsberatung in der Schule. Konzeption, Praktiken und Erfahrungen in den USA, England und der Bundesrepublik Deutschland. Bad Heilbrunn 1974
–: Beraten und Beurteilen in der Schule. Ziele, Möglichkeiten, Grenzen. München 1980
Moll-Strobel, H. (Hrsg.): Schullaufbahnberatung und schulpsychologische Beratung. In: Wege der Forschung 478 (1978)
Nickel, H./Bonn, R./Fenner, H.-J.: Das klient-zentrierte Beratungsgespräch. In: Heller, K. (Hrsg.): Handbuch der Bildungsberatung. Bd. 3: Methoden der Bildungsberatung und Bildungsforschung. Stuttgart 1976, S. 939–961
Rogers, C. R.: Encountergruppen. München 1974
Rosemann, B.: Prognosemodell für die Schullaufbahnberatung: Ein methodologischer Beitrag zur Bildungsberatung. In: Heller, K. (Hrsg.): Handbuch der Bildungsberatung. Bd. 2. Stuttgart 1975, S. 429–442
Rüdiger, D./Kornmann, A./Peez, H.: Schuleintritt und Schulfähigkeit: zur Theorie und Praxis der Einschulung. München 1976
Sekretariat der ständigen Konferenz der Kultusminister der Länder in der Bundesrepublik Deutschland (Hrsg.): Beratung in Schule und Hochschule. Beschluß der Kultusministerkonferenz vom 14. 9. 1973. Bonn
Sektion Schulpsychologie des Berufsverbandes Deutscher Psychologen: Bestandsaufnahme Schulpsychologischer Dienste und Beratungslehrer in der Bundesrepublik Deutschland. In: report Psychologie. März 1983
Schwarzer, C.: Gestörte Lernprozesse. München 1980
–: Perspektiven der Pädagogischen Beratungswissenschaft. In: Universitas 41 (1986), S. 495–503
–/Schwarzer, R.: Subjektive Theorie als Produkt der kognitiven Auseinandersetzung des Lehrers mit seinen Berufsanforderungen. In: Dann, H.-D./Humpert, W. u. a. (Hrsg.): Analyse und Modifikation Subjektiver Theorien von Lehrern. Forschungsberichte 43. Konstanz 1982
–/Posse, N.: Beratung. In: Weidemann, B./Krapp, A. u. a. (Hrsg.): Pädagogische Psychologie. München 1986, S. 631–666
Schwarzer, R. (Hrsg.): Beraterlexikon. München 1977
Strukturplan für das Bildungswesen, hrsg. v. Deutscher BIldungsrat – Bildungskommission. Stuttgart 1970
Taylor, H./Russel, J. T.: The relationship of validity coefficients to the practical effectiveness of tests in selection: Discussion and tables. In: Journal of Applied Psychology 24 (1939), S. 565–578
Weinert, F. E.: Pädagogisch-psychologische Beratung als Vermittlung zwischen subjektiven und wissenschaftlichen Verhaltenstheorien. In: Arnold, W. (Hrsg.): Texte zur Schulpsychologie und Bildungsberatung. Bd. 2. Braunschweig 1977, S. 7–34
Wulf, Ch.: Der Lehrer als Berater. In: Hornstein, W. u. a. (Hrsg.): Funk-Kolleg Beratung in der Erziehung. Bd. 2. Frankfurt 1978, S. 639–674.

Dirk Busch und Christoph Hommerich

Diplompädagoge / Diplompädagogin

1 Generelle Entwicklungslinien des Diplomstudiengangs in Pädagogik

Am Diplomstudiengang in Pädagogik, der seit Anfang der 70er Jahre an knapp 50 Hochschulen in der Bundesrepublik eingerichtet wurde, lassen sich einige markante Entwicklungstendenzen im Bildungssystem, aber auch im Verhältnis von Hochschule und Arbeitsmarkt beobachten:
– Der Diplomstudiengang in Pädagogik steht für den Versuch, traditionell an deutschen wissenschaftlichen Hochschulen nicht besonders gerne gesehene professionelle Ausbildungen einzuführen (vgl. hierzu BEN-DAVID 1972; 1977): Diplompädagogen sollten als gleichermaßen wissenschaftlich und praxisbezogen ausgebildete Experten zu einer Verbesserung der Leistungserstellung im Bereich pädagogischer und sozialer Dienstleistungen beitragen.
– Die Einrichtung des Diplomstudiengangs in Pädagogik ist darüber hinaus in engem Zusammenhang mit dem bildungspolitischen Ziel der sozialen Öffnung der Hochschulen zu sehen: er wurde u. a. gegründet, um vom numerus clausus betroffene Fachrichtungen zu entlasten und die Hochschulen für die ständig steigende Studiennachfrage offenzuhalten. Gleichzeitig sollte er – insbesondere als Aufbaustudium – für Studierende mit unterschiedlichen Hochschulzugangsberechtigungen offenstehen (→ *Hochschule / Universität*).
– Mit dem Diplomstudiengang verbindet sich nicht zuletzt auch das Experiment, ein im wesentlichen im Hochschulbereich entwickeltes neues Qualifikationsprofil am Arbeitsmarkt durchzusetzen. Als Mittler des Wandels sollten die Diplompädagogen diesem Profil zum Durchbruch verhelfen. Sie sollten damit die Verankerung einer personellen Innovation in den für sie einschlägigen Tätigkeitsfeldern einleiten (vgl. hierzu BUSCH/HOMMERICH 1980 b; HOMMERICH 1984).

Waren die Diplompädagogen somit zum einen durchaus »typische« Kinder der beginnenden Expansion des Hochschulbereichs, so wurden sie zum anderen schon bald zu ungeliebten Kindern dieser Expansion: gerade die Diplompädagogen blieben nicht von den vielfältigen Hindernissen verschont, denen notwendigerweise langfristig angelegte bildungspolitische Entwicklungsstrategien ausgesetzt sind. Aus dieser Perspektive heraus betrachtet, steht der neuentwickelte Studiengang in Pädagogik
– für die gleichsam naturwüchsige, ungesteuerte, wenn überhaupt steuerbare Entwicklung eines Studienganges;
– für die weitgehende Wirkungslosigkeit der Bedarfsprognostik als realistische Orientierungsgröße für faktische Arbeitsmarktentwicklungen;
– für die äußerst begrenzten Einflußmöglichkeiten der Hochschule wie auch der Bildungspolitik auf Entwicklungen am Arbeitsmarkt;
– für die weiterhin bestehende kollektive Machtlosigkeit einer im Werden begriffenen professionellen Gemeinschaft;

– schließlich für die vielfältigen Schwierigkeiten und Barrieren, denen die Träger einer neuen Qualifikation am Arbeitsmarkt konfrontiert sind.

2 Die Diplompädagogen der ersten Generation

Das Studium, der Berufseinstieg und die beruflichen Tätigkeiten von Diplompädagogen der ersten Generation wurden von uns am Ende der 70er Jahre untersucht.

Insgesamt wurden von uns bundesweit rund 2000 examinierte Diplompädagogen aus 43 Hochschulen befragt. Aus den vielfältigen Ergebnissen dieser Untersuchung sollen wegen der hier gebotenen Kürze nur einige wenige zusammengefaßt werden:

a) In den ersten Jahren seines Aufbaus wurde der Diplomstudiengang in Pädagogik von nicht weniger als zwei Dritteln der Studierenden als Aufbaustudium studiert. Die mit Abstand stärksten Studienschwerpunkte waren die Schwerpunkte Schule und Sozialpädagogik/Sozialarbeit, gefolgt von Sonderpädagogik, Erwachsenenbildung und Vorschulerziehung. Eine Reihe weiterer Studienschwerpunkte gesellten sich im Laufe der Jahre hinzu, blieben aber quantitativ weit weniger bedeutsam. Die intensive Nutzung des Diplomstudiengangs als Aufbaustudium weist vor allem auf zwei Tendenzen hin:
 – Nicht wenige Absolventen eines Lehrerstudiums versuchten bereits zu Beginn der 70er Jahre das Spektrum ihrer beruflichen Möglichkeiten über ein zusätzlich erworbenes Diplom zu verbreitern (insbesondere durch Wahl eines außerschulischen Studienschwerpunkts) (→ *Lehrer/Lehrerin*).
 – Der starke Zulauf von Studierenden aus der Berufspraxis ist ein Indikator dafür, daß gerade in pädagogischen und sozialen Berufen ein hoher Bedarf an beruflicher Fort- und Weiterbildung besteht, zumal ein Studium dieser Art von den Studierenden in der Regel unter Inkaufnahme starker persönlicher Belastungen aufgenommen wird.

b) Der Diplomstudiengang in Pädagogik wurde überproportional häufig von Arbeiterkindern studiert (24% der Studierenden gegenüber 14% an den Hochschulen insgesamt). Dies ist angesichts der Modebewegungen in der Sozialisationsforschung vielleicht kein in die Landschaft passender Hinweis mehr. Jedoch: Es sollte nicht übersehen werden, daß der allseits gerühmte Gesamtanstieg des Anteils der Arbeiterkinder auf deren überproportionale Nachfrage nach bestimmten Studiengängen zurückzuführen ist. Der Diplomstudiengang in Pädagogik ist hier eingeschlossen.

c) Die Diplompädagogen der ersten Generation hatten in ihrer Ausbildung die Last einer hektischen Aufbauphase des Studienganges zu tragen. Der Studiengang wurde bereits unmittelbar nach seiner Proklamation von Studierenden förmlich überschwemmt. Außer einem Rahmenkonzept gab es nur wenig konkrete Hinweise auf die zu lehrenden Inhalte, auf Ausbildungsstandards, auf Forschungsschwerpunkte oder auch auf institutionalisierte Kooperationsformen mit Praxiseinrichtungen, Trägerverbänden etc. Eine auch zwischen den Hochschulen koordinierte Studiengangsplanung fehlte. Ebenso fehlte eihe Forschung, die diese Planung hätte unterstützen können. Das Ergebnis: Studienordnungen blieben zum Teil über Jahre hinweg aus, und dementsprechend klagten Studenten – so auch in unserer Befragung – mehrheitlich über fehlende Transparenz der Studienbedingungen (vgl. hierzu WEISS 1975 u. 1976; THIERSCH 1976; HOMMERICH 1984, S. 71ff.).

Betrachtet man dies unter dem Gesichtspunkt der Professionalisierung (im Sinne eines schrittweisen sozialen Prozesses), so läßt sich resümieren: Die sich langsam formierende Professionsgemeinschaft verlor frühzeitig ihr Professionalisierungskonzept aus den Augen, und sie hat noch heute Mühe, es wiederzufinden und zu einem koordinierten, auf Konsens beruhenden Ausbildungskonzept zu gelangen (→ *Professionalisierung . . .*).

d) Erschwert wurde die Entwicklung des Diplomstudienganges jedoch zweifellos nicht allein durch die äußerst komplexe und wenig regelhaft angeordnete Dramaturgie der Bildungsplanung in Hochschule und Hochschulverwaltung. Die optimistischen Erwartungen eines hohen Bedarfs an pädagogischen und sozialwissenschaftlichen Experten brachen – jedenfalls soweit es sich um Erwartungen hinsichtlich der Einrichtung konkreter Arbeitsplätze handelte – mit der sich fortlaufend verschlechternden ökonomischen Situation und der Rücknahme einer Vielzahl bildungs- und gesellschaftspolitischer Reformprogramme schrittweise zusammen (vgl. hierzu bereits BUSCH/HOMMERICH/SCHÖNWÄLDER 1976). Die Diplompädagogen fanden sich etwa ab Mitte der 70er Jahre in der Situation wieder, unter sich fortlaufend verschlechternden Arbeitsmarktbedingungen über Arbeitsplätze verhandeln zu müssen. Für sie stellte sich die folgende Bedingungskonstellation:

– Sie hatten als Träger einer neuen Qualifikation gegenüber potentiellen Arbeitgebern die Beweislast für die Güte und Überlegenheit ihrer Qualifikation zu übernehmen.

– Sie hatten die hiermit verbundene Überzeugungsleistung ohne die Unterstützung von kollektiven Interessenvertretungen zu erbringen; ein Umstand, der sich bis heute nicht wesentlich verändert hat und zugleich auf die Schwierigkeiten der Bündelung berufs- und standespolitischer Interessen innerhalb einer neuen Professionsgemeinschaft hinweist.

– Schließlich hatten sie es als Mittler des Wandels, denen notwendigerweise die Aufgabe zufiel, eine personelle Innovation am Arbeitsmarkt durchzusetzen, mit potentiellen Arbeitgebern zu tun, die angesichts eines breiten Bewerberangebots über ein hohes Maß an Nachfragemacht verfügten.

e) Trotz dieser sicherlich schwierigen Bedingungskonstellation ist in der zusammenfassenden Rückschau die Feststellung zu treffen, daß die erste Generation der Diplompädagogen in kaum erwartbarer Weise in den Arbeitsmarkt »eingesickert« ist und dies, obwohl sie eigentlich niemand haben wollte. Diese Feststellung gilt zumindest insoweit, als Diplompädagogen der ersten Generation nicht überdurchschnittlich von Arbeitslosigkeit betroffen waren. Darüber hinaus ist es ihnen zumindest gelungen, in den für sie einschlägigen pädagogischen und sozialen Tätigkeitsbereichen eine Stelle zu finden.

Diese insoweit positive Bilanz des Berufseinstiegs der ersten Generation von Diplompädagogen ist zum einen darauf zurückzuführen, daß im Hochschulbereich selbst, im Schulbereich, aber auch in den außerschulischen pädagogischen und sozialen Tätigkeitsfeldern in der zweiten Hälfte der 70er Jahre größere Beschäftigungspotentiale vorhanden waren, als dies viele Marktbeobachter (insbesondere auch unter den Diplompädagogen selbst, aber auch unter den Repräsentanten der Trägerverbände pädagogischer und sozialer Einrichtungen) glaubten.

Zum anderen ist diese positive Bilanz dadurch bedingt, daß rund zwei Drittel der

Diplompädagogen ausgestattet mit einer Doppelqualifikation (z. B. als Lehrer, Sozialpädagoge/Sozialarbeiter, Erzieher) und zudem mit beruflichen Erfahrungen an den Arbeitsmarkt traten (→ *Lehrer/Lehrerin;* → *Sozialpädagoge/Sozialarbeiter;* → *Erzieher/Erzieherin*). Sie konnten damit eine *Kombination aus altbewährten und neuen Abschlüssen* anbieten. Dies erwies sich bei der Überwindung formaler Zugangsbarrieren etwa im Schul- und Sonderschulbereich oder auch in Teilen des Sozialbereichs als notwendig. Darüber hinaus wurde Arbeitgebern, die den Diplompädagogen als Innovation skeptisch gegenüberstanden, durch die Kombination »eingeführter« mit neuen Qualifikationselementen die Entscheidung erleichtert, ein Innovationsrisiko einzugehen (vgl. hierzu BUSCH/HOMMERICH 1982). Komplementär hierzu muß festgestellt werden, daß »einfach« qualifizierte Diplompädagogen, die keine zusätzlichen Abschlüsse bzw. allgemeine oder auch einschlägige Berufserfahrungen vorweisen konnten, erheblich größere Schwierigkeiten hatten, eine Stelle zu finden.

f) Diese Feststellungen dürfen allerding nicht darüber hinwegtäuschen, daß der Berufseinstieg vieler Diplompädagogen auch der ersten Generation mit ganz erheblichen Enttäuschungen ihrer beruflichen Erwartungen verbunden war. Dies gilt insbesondere für diejenigen Diplompädagogen, die im Schulbereich (Schule und Sonderschule) bzw. im Sozialbereich eine Beschäftigung fanden. Die von uns mit Hilfe von standardisierten und qualitativen Verfahren durchgeführten Analysen der Tätigkeiten von Diplompädagogen lassen eine Vielzahl von Ursachen für diese Erwartungsenttäuschungen erkennen, die hier nicht im einzelnen erörtert werden können. Einige Stichworte müssen genügen:

– Generell können Erwartungsenttäuschungen der Diplompädagogen hinsichtlich ihrer beruflichen Tätigkeit *nicht auf enttäuschte Einkommenserwartungen* zurückgeführt werden, mit anderen Worten: der Grad der Berufszufriedenheit von Diplompädagogen bemißt sich nicht ausschließlich danach, ob sie die sogenannte »Akademikerschwelle« der Bezahlung überschreiten konnten oder nicht. Es sollte aber auch nicht verschwiegen werden, daß z. B. zwei Drittel der im Sozialbereich beschäftigten Diplompädagogen (zum Teil erheblich) unterhalb dieser Schwelle entlohnt werden, womit angezeigt ist, daß ihnen zumindest auf der Ebene materieller Gegenleistungen die Anerkennung als Akademiker versagt blieb.

– Die stärksten Enttäuschungen ihrer beruflichen Erwartungen mußten – wie bereits angedeutet – die im *Schul- bzw. Sonderschulbereich* eingesetzten Diplompädagogen verbuchen. In diesen Feldern blieb die ursprünglich geplante funktionale Differenzierung, etwa in Form der Einführung von Beratungslehrern oder Schullaufbahnberatern, aus (→ *Erziehungsberater...;* → *Beratungslehrer...*). Die Ausbildungsinnovation Diplompädagoge wurde damit in diesen Feldern blockiert. Diplompädagogen fanden sich in »normalen« Lehrerfunktionen wieder. Ihre Hoffnungen auf spezialisierten Einsatz wurden enttäuscht. Hinzu kam ein ausgeprägtes Maß an Skepsis von seiten ihrer Vorgesetzten und Kollegen. So ist es nicht verwunderlich, daß rund ein Fünftel dieser Diplompädagogen in den Schulen ihr Diplom gegenüber Vorgesetzten und Kollegen »verheimlichten«.

– Im *Sozialbereich* sind Diplompädagogen der ersten Generation in nahezu allen Varianten des vielfältigen Spektrums der Helferrollen anzutreffen. Auch für die Diplompädagogen mit einem akademischen Abschluß bestätigt sich die These von

BOHLE und GRUNOW (1980) von der diffusen Allzuständigkeit der Sozialarbeiter/ Sozialpädagogen für all die Felder soziale Dienste, die ihnen bereits länger etablierte Professionen (Ärzte, Juristen, Psychologen) nicht streitig machen. Widerlegt wird damit die These, daß an wissenschaftlichen Hochschulen ausgebildete Sozialarbeiter/Sozialpädagogen in den klassischen sozialen Dienstleistungsbereichen einschließlich der Sozialverwaltung keinen Platz hätten, eine These, die noch heute allseits verbreitet wird, die jedoch keinen realen Kern besitzt (→ *Sozialpädagoge/Sozialarbeiter*).

Auch in diesen Feldern sind Diplompädagogen von ihren beruflichen Handlungs- und Entfaltungsmöglichkeiten stark enttäuscht. Ausnahme ist der engere Bereich beratender und therapeutischer Berufe, der für viele Diplompädagogen ein hochattraktives Wunschfeld ist.

Eine wichtige Determinante dieser Enttäuschung ist die Programmlosigkeit vieler, insbesondere kleiner Arbeitsorganisationen im Sozialbereich, deren *faktische* Programme sich in der Praxis in der Aufrechterhaltung einer äußerlichen Ordnung und entsprechender formeller Regularien erschöpfen (z. B. im Heimbereich). Gerade hier geraten Diplompädagogen in erhebliche Konflikte mit ihrer eigenen professionellen Orientierung, und zwar nicht im Sinne des »professional in organization«, der mit bürokratischen Kontrollstrukturen in Konflikt gerät, sondern im Sinne der Auseinandersetzung mit generalisierten und diffusen Helferorientierungen, hinter denen sich faktisch fehlende Konzepte der Hilfe verbergen.

Auch im Bereich der Sozialverwaltung kann berufliche Enttäuschung von Diplompädagogen nicht durchgängig auf den klassischen Konflikt des »professional« mit der Bürokratie zurückgeführt werden. Es läßt sich allerdings feststellen, daß Diplompädagogen, die unmittelbar adressatenorientiert arbeiten und sich damit – wie LUHMANN (1972) es nennt – an den Grenzstellen der Arbeitsorganisation nach außen bewegen, in erhebliche berufliche Identitätskonflikte geraten. Sie befinden sich hier in der Schnittlinie von Erwartungen der Adressaten, Erwartungen der Arbeitsorganisation und eigenen Zielvorstellungen (→ *Professionalisierung* ...).

Insgesamt gesehen ergeben sich bei der Betrachtung des beruflichen Einsatzes der Diplompädagogen im Schul- und Sonderschulbereich einerseits und im Sozialbereich andererseits fundamentale Unterschiede: während das Konzept des Diplompädagogen im Schulbereich einstweilen blockiert, wenn nicht gar gescheitert ist, hat der Diplompädagoge in den sehr unterschiedlichen Teilsektoren des Sozialbereichs seinen Platz gefunden, ohne daß jedoch bereits davon gesprochen werden könnte, daß den Diplompädagogen als einschlägig ausgebildeten Hochschulabsolventen bereits die Zugangswege zu leitenden Positionen im Sozialbereich und damit zu mehr Gestaltungsmacht geöffnet worden wären.

g) Weitaus günstiger ist die Beschäftigungssituation der Diplompädagogen in den anderen Tätigkeitsbereichen einzuschätzen. Im Bereich der *Erwachsenenbildung* (vgl. hierzu BUSCH/HOMMERICH 1980 b) sind Diplompädagogen – wenn auch nur in bescheidenem quantitativem Umfang und häufig vor allem aufgrund einer Doppelqualifikation als Lehrer und Diplompädagoge – aufgenommen worden (→ *Erwachsenenpädagoge* ...). Hier wie auch im *Hochschulbereich* finden sie weit eher professionelle Handlungsbedingungen vor als etwa in der Schule oder im Sozialbereich (→ *Hochschullehrer und wissenschaftlicher Nachwuchs*). Dementsprechend ist hier eine insgesamt hohe Berufszufriedenheit anzutreffen. Ähnlich verhält es sich bei den Diplompädagogen, die im Bereich der *Erzieheraus-, -fort- und -weiterbildung* (etwa an Fachschulen oder bei Trägerverbänden) beschäftigt wurden. Gerade auch für dieses Tätigkeitsfeld kann davon gesprochen werden, daß Diplompädagogen eine wichtige Aufgabe beim Transport neuen Wissens in die berufliche Praxis (in diesem Fall der Erzieher) übernommen haben (→ *Erzieher/Erzieherin*).

3 Die aktuelle Situation: Der Diplompädagoge am Beginn seiner Selbstbehauptung

Der Blick auf die Berufseinmündung der ersten Generation von Diplompädagogen kann in mancherlei Hinsicht bereits als historischer Rückblick auf einen – trotz aller Einschränkung – gelungenen Berufseinstieg eines neuen Qualifikationsprofils betrachtet werden. Die Arbeitsmarktentwicklung der letzten drei bis fünf Jahre gibt jedoch Anlaß zu der Behauptung, daß der Diplompädagoge erst jetzt am Beginn seiner Selbstbehauptung steht. Eine Reihe von Indikatoren zeigen dies an:
– Die Bereiche Schule und Hochschule, die knapp die Hälfte der ersten Generation von Diplompädagogen aufgenommen hatten, sind ihnen nunmehr – vom spärlichen Ersatzbedarf an den Hochschulen einmal abgesehen – nahezu vollständig verschlossen.
– Die außerschulischen pädagogischen und sozialen Tätigkeitsfelder, die ebenfalls nicht mehr expandieren, sondern in der Tendenz schrumpfen, sind zum Konkurrenzfeld einer immer größer werdenden Zahl von Sozialwissenschaftlern und nunmehr auch von arbeitslosen Lehrern geworden. Hinzu kommt eine ebenfalls laufend steigende Zahl von Sozialarbeitern/Sozialpädagogen mit Fachhochschulabschluß. Sie alle bewerben sich um verschwindend wenige Ersatzbedarfsstellen, soweit diese nicht dem Rotstift der Finanzminister zum Opfer fallen.
– Die Zahl von rund 4000 arbeitslos *gemeldeten* Diplompädagogen zeigt in bestürzender Weise an, wie gering aktuell die Chancen auf einen adäquaten Arbeitsplatz geworden sind.
Hält man sich vor Augen, daß zur Zeit die Zahl der Studierenden im Diplomstudiengang Pädagogik bei rund 30000 liegt (davon mittlerweile mehr als die Hälfte im Schwerpunkt Sozialpädagogik/Sozialarbeit) und wir bereits fast ebenso viele Absolventinnen und Absolventen auf dem Arbeitsmarkt (zumindest potentiell) vorfinden, so signalisieren alle diese Fakten zusammengenommen, daß der Diplompädagoge seine Bewährungsprobe als neues Qualifikationsprofil noch vor sich hat. Will man diese Situation nicht gleichsam fatalistisch hinnehmen, so ist es gerade in der aktuellen Lage geboten, über zukünftige Tätigkeitsfelder der Diplompädagogen nachzudenken. Hierbei geht es darum, Felder zu benennen, die auch in quantitativer Hinsicht mehr als nur Nischencharakter haben, zumal eine solche »Nischenpolitik« als Konzept für eine langfristig angelegte Studiengangsplanung und im Sinne fortschreitender Professionalisierung erheblich zu kurz greift.

4 Ansatzstellen für die Weiterentwicklung eines Professionalisierungskonzeptes für pädagogische Berufe

Der aktuell in immer schnellerem Tempo vollzogene Wandel hochindustrialisierter Gesellschaften in Richtung der von BELL (1975) skizzierten postindustriellen Dienstleistungsgesellschaften fordert den Menschen, die in ihnen leben, ein bislang ungeahntes Ausmaß lernender Anpassung an sozialen Wandel ab (→ *Sozialer Wandel*). Unabhängig von den Fragen, ob dieser Wandel als unabänderliches Schicksal in Kauf genommen werden muß bzw. ob dieser Wandel in seiner Qualität und seinem Tempo steuerbar ist, kann nicht darüber hinweggesehen werden, daß dieser Wandel bereits jetzt und in der absehbaren Zukunft eine Vielzahl von Folgeproblemen nach sich zieht:

- Immer mehr Menschen werden von Arbeit ausgeschlossen.
- Immer mehr Menschen kapitulieren vor den ihnen abverlangten Lernleistungen und Umstellungsprozessen.
- Immer mehr Menschen sind hilflos im Umgang mit neuen Techniken und neuen Medien, denen sie zunehmend konfrontiert sind (→ *Informationsgesellschaft, Qualifikation und Bildung* ...).
- Immer mehr Menschen verfügen über immer mehr Freizeit (→ *Freizeit und Pädagogik*).
- Immer mehr Menschen sind durch die Folgen der Umweltzerstörung in ihrer individuellen Lebensgestaltung bedroht.

Aus dieser Situationsbeschreibung ergeben sich für uns folgende Konsequenzen:

a) Der Diplomstudiengang in Pädagogik muß an *Zukunftsbereichen* orientiert werden. Wenn die Befunde von PFAFFENBERGER (1980) in ihrer Tendenz noch Gültigkeit haben, wonach an 45 von 48 Hochschulen der Studienschwerpunkt Schule vertreten ist, wohingegen die Schwerpunkte Medienpädagogik, Freizeitpädagogik und Ausländerpädagogik nur drei- bzw. zweimal anzutreffen sind, so signalisiert dies ein folgenschweres Defizit an innerer Differenzierung und Zukunftsorientierung des Studienganges.

Grundsätzlich ist davon auszugehen, daß der Bedarf an sozialen und im weitesten Sinne pädagogischen Diensten infolge fortschreitenden Wandels erheblich zunehmen wird. Soziale Problemlagen und Brennpunkte, angefangen von der Arbeitslosigkeit über das Ausländerproblem bis zu den Problemen des Umgangs mit mehr freier Zeit, werden bereits in nächster Zeit eine Eigendynamik entwickeln, die der aktiven Gestaltung bedarf (→ *Ausländische Kinder an deutschen Schulen*). Auch Politiker werden hierdurch notwendigerweise zum Handeln gezwungen sein. Diese aktive Gestaltungsaufgabe kann allerdings nur über den Einsatz professioneller Handlungskompetenz gelöst werden.

b) Der Bereich beruflicher und außerberuflicher Fort- und Weiterbildung muß weiter ausgebaut und differenziert werden, wenn den mit sozialem Wandel verbundenen Anforderungen an lebenslanges und relativ schnelles Lernen genügt werden soll. Eine erhöhte Umschlagsgeschwindigkeit des Wissens kann aktiv nur durch entsprechend leistungsfähige und differenzierte Institutionen der Fort- und Weiterbildung kanalisiert werden (→ *Institutionen der Erwachsenenbildung*).

c) Hiermit in engem Zusammenhang steht die rasante Entwicklung im Bereich der neuen Informationstechniken und der neuen Medien. Diese Entwicklung löst einen hohen pädagogischen Beratungs- und Übersetzungsbedarf aus. Mit anderen Worten: Die verantwortliche Durchsetzung des technischen Wandels bedarf pädagogisch geschulter »Dolmetscher dieses Wandels«. Wenn Pädagogik verhindern soll, daß immer mehr Menschen zu Objekten moderner Technik werden, muß sie dazu beitragen, daß Menschen lernen, Technik ebenso kompetent wie verantwortlich zu nutzen. Je mehr Menschen vor neuer Technik im Angststadium verharren, um so mehr sind sie ihr ausgeliefert. Sie verbleiben in der Abhängigkeit von sogenannten Experten (→ *Informationsgesellschaft, Qualifikation und Bildung;* → *Medien in Unterricht und Erziehung*).

Diese Handlungsfelder werden zur Zeit denen überlassen, die die sozialen Folgen ihres Handelns ausschließlich kommerziellen Interessen nachordnen. Jedoch es gibt einen Bedarf an verantwortlichem Umgang mit der Technik und den Medien, den z. B. Eltern aus Unsicherheit und Sorge um ihre Kinder oder auch Arbeitnehmer aus Sorge um ihren Arbeitsplatz gerade auch an Pädagogen richten.

d) Die *Prävention* im Gesundheits-, Verkehrs- und Umweltbereich wird zunehmend zu einer vorrangigen *pädagogischen* Aufgabe. Die sozialen und individuellen Kosten, die in diesen Feldern anfallen, sind auf lange Sicht nur aufzufangen, wenn eine wirksame Prävention kurzfristige, immer verspätete und im übrigen für die Gesellschaft und den einzelnen zu teure *reaktive* Handlungsstrategien ersetzt.

Wenn sich auch generell eine Reihe von Zukunftsbereichen für pädagogische und soziale Dienste identifizieren lassen, so stellt sich notwendigerweise auch die Frage nach der *Finanzierung* dieser Dienste. Zweifellos wird der Staat zukünftig gezwungen sein, wieder mehr personelle und sachliche Ressourcen bereitzustellen, will er nicht erhebliche Mißstände und gesellschaftliche Konflikte in Kauf nehmen.

Aktuell jedoch wird die Privatinitiative als Allheilmittel beschworen. Dann aber ist zu fragen, warum die Privatinitiative im Bereich pädagogischer und sozialer Dienste durch entsprechende Anreizsysteme nicht die gleiche Entfaltungschance erhält wie im ökonomischen Sektor. Risikokapital, steuerbegünstigt eingesetzt, kann ebensoviel, wenn auch einen qualitativ anderen Nutzen bringen, wie die Vielzahl von Abschreibungsmodellen, mit denen den Besserverdienenden die schwere Last der Steuerzahlung erleichtert wird.

Diese Überlegung mag auf den ersten Blick gerade für Pädagogen sehr fremd klingen. Jedoch: Milliardenbeträge werden in unserer Gesellschaft für die absonderlichsten und unproduktivsten Arten der Verlusterzielung mit entsprechenden Entzugseffekten in der Staatskasse ausgegeben, während die Systeme sozialer Hilfe und Sicherung vor dem Zusammenbruch stehen und zentrale pädagogische Zukunftsaufgaben aus Geldmangel nicht in Angriff genommen werden können.

Abschließend soll noch auf eine Finanzierungsmöglichkeit hingewiesen werden, die wir einmal »Finanzierung aus Einsicht« nennen möchten und die ein Modell der Mischfinanzierung darstellt: So wird aus Irland berichtet, daß – trotz bitterer Armut des Staates – relativ gut organisierte Sozialdienste im Bereich sozialer Brennpunkte entstanden sind, die getragen und finanziert werden von kommunalen Behörden, Industriebetrieben sowie mittelbar und unmittelbar betroffenen Privatpersonen. Soll sich die Situation der Pädagogen nicht weiter dramatisch zuspitzen, müssen sicherlich auch solche Überlegungen über alternative Finanzierungsmöglichkeiten von pädagogischen und sozialen Diensten intensiviert werden.

Dies alles setzt allerdings eine Ausbildung der Diplompädagogen (wie auch der

Pädagogen generell) voraus, die an wissenschaftlich hohen Standards orientiert ist und die Absolventen befähigt, als kompetente Problemlöser gegenüber bereits länger etablierten Professionen konkurrenzfähig zu werden. Der ängstliche Blick auf die Substitutionskonkurrenz durch die Absolventen der Fachhochschulen muß ersetzt werden durch eine selbstbewußte, auf eine Verbesserung der Ausbildungsqualität gestützte Orientierung an den Professionen der Juristen, Mediziner und Psychologen.

Literatur

BELL, D.: Die nachindustrielle Gesellschaft. Frankfurt/M./New York 1975
BEN-DAVID, D.: American Higher Education. Berkeley, Cal. 1972
–: Centers of Learning. Berkeley, Cal. 1977
BOHLE, H./GRUNOW, D.: Verberuflichung sozialer Arbeit. In: PROJEKTGRUPPE SOZIALE BERUFE (Hrsg.): Sozialarbeit: Professionalisierung und Arbeitsmarkt. Expertisen III. München 1981, S. 151–176
BUSCH, D. W./HOMMERICH, CH./SCHÖNWÄLDER, H. G.: Untersuchungen zur Situation des Diplompädagogen – Muster ohne Wert? In: Zeitschrift für Pädagogik 22 (1976), S. 572–591
–/–: Probleme der Berufseinmündung von diplomierten Sozialarbeitern/Sozialpädagogen. Expertise zum Symposium »Berufsfeld: Sozialpädagogik/Sozialarbeit«. Berlin 1980 a (erschienen in leicht modifizierter Form in: PROJEKTGRUPPE SOZIALE BERUFE [Hrsg.]: Sozialarbeit: Professionalisierung und Arbeitsmarkt. München 1981)
–/–: Diplompädagogen in der Weiterbildung – Empirische Befunde einer bundesweiten Untersuchung zur Berufssituation von Diplompädagogen. In: SEKTION ERWACHSENENBILDUNG DER DGfE/MADER, W. (Hrsg.): Forschungen zur Erwachsenenbildung. Tagungsberichte der Universität Bremen Nr. 1. Bremen 1980 b, S. 84–143
–/–: Lebensphasen und Wechsel von Lebenswelten: Der Übergang von der Hochschule in den Beruf. In: Zeitschrift für Sozialisationsforschung und Erziehungssoziologie 2 (1982), S. 21–37
HOMMERICH, CH.: Der Diplompädagoge – ein ungeliebtes Kind der Bildungsreform. Frankfurt/M./New York 1984
LUHMANN, N.: Funktionen und Folgen formaler Organisationen. Berlin 1972
PFAFFENBERGER, H.: Situation der Ausbildungsstätten für das Sozialwesen. Expertise zum Symposium »Berufsfeld: Sozialpädagogik/Sozialarbeit«. Berlin 22.–24. 9. 1980
THIERSCH, H.: Thesen zur Ausbildungs- und Berufssituation der Diplompädagogen. In: Neue Praxis 6 (1976), S. 240–249
WEISS, W.: Zur Ausbildungssituation der Diplompädagogen. In: Zeitschrift für Pädagogik 21 (1975), S. 548–562
–: Ergebnisse der Planlosigkeit. In: Neue Praxis 6 (1976), S. 256–267

Erich Perlwitz

Schulpsychologe/Schulpsychologin

1 Vorbemerkungen

Schulpsychologie ist ein speziell auf die Institution Schule bezogener Arbeitsbereich der Psychologie. Die Arbeit in ihm umfaßt drei inhaltliche Hauptaspekte: die empirisch fundierte und sich in der Praxis bewährende psychologische Theoriebildung über Schule, die Erarbeitung psychologisch begründeter Methoden zur Unterstützung schulischer Arbeit und deren Entwicklung sowie die Realisierung schulpsychologischer Unterstützung der alltäglichen Schularbeit. Diese schulpsychologische Praxis zu organisieren, funktionstüchtig zu halten und zu entwickeln ist die berufliche Aufgabe von Schulpsychologen.

2 Entwicklung der Schulpsychologie

Die historische Entwicklung dieser Berufsrolle ist mit der vor allem in den Industrienationen seit dem Anfang des 19. Jahrhunderts verstärkt aufgetretenen Verwissenschaftlichung des gesellschaftlichen Lebens und der beruflichen Spezialisierung einhergegangen. Durch HERBART wurde 1806 die dann nachfolgend immer wieder neu vertretene Sichtweise begründet, daß die Psychologie eine der für die Pädagogik unersetzbaren Hilfswissenschaften sei. Nach Gründung des ersten psychologischen Laboratoriums durch WUNDT 1879 in Leipzig erweiterten sich die empirische Basis der Psychologie und ihre Forschungsinteressen sehr schnell. Die von ihr für die pädagogische Praxis erwartete Bestimmung der Wege und Mittel der Erziehung schien um so wahrscheinlicher, als die Psychologie auch zunehmend pädagogisch relevante Zusammenhänge zu erforschen begann. MEUMANN – der Begründer der experimentellen Pädagogik – forderte 1901, das psychologische Laboratorium müsse der Ausgangspunkt pädagogischer Arbeiten werden. W. STERN, der eine differentielle Psychologie konzipiert hatte, setzte sich seit 1907 auch für die Schaffung von Schulpsychologenstellen ein. 1913 stellte die Londoner Stadtverwaltung einen weltweit ersten Schulpsychologen an. Der erste Schulpsychologe in Deutschland – H. LÄMMERMANN – begann erst 1922 seine Tätigkeit in Mannheim. Aber auch danach wurde in Deutschland bis 1947 kein weiterer Schulpsychologe tätig. Ob in einer Gesellschaft Arbeitsplätze für Schulpsychologen eingerichtet werden, ist offensichtlich nicht unmittelbar von der Existenz schulpsychologischer Konzeptionen und dem potentiellen Nutzen schulpsychologischer Arbeit abhängig. Historisch nachweisbar sind vor allem sechs gesellschaftliche Bedingungen, von denen die Entwicklung der Schulpsychologie bisher abhängig war:
– gesellschaftliche Verfügbarkeit realisierbarer psychologischer Konzeptionen für Schulpsychologie,
– ökonomische Realisierbarkeit,
– Wertschätzung des Bildungswesens in der Gesellschaft,
– Einstellung von Lehrern, Eltern, Schulverwaltung zur Schulpsychologie,

- Konkurrenzlage zwischen einander ähnlichen sozialen Diensten,
- Vereinbarkeit von Schulpsychologie mit den staatstragenden Auffassungen.

Die letzte Entwicklungsbedingung ist den zuvor genannten funktional übergeordnet. Keine von ihnen wird wirksam, wenn Schulpsychologen ideologisch unerwünscht sind. Im nationalsozialistischen Staat wurde kein Bedarf an Schulpsychologie gesehen. So stagnierte auch deren Entwicklung von 1933 bis 1945 völlig.

Mit dem Ende des Zweiten Weltkrieges wurde der Aufbau eines neuen Gemeinwesens möglich und notwendig. Über die tägliche Sicherung des bloßen Überlebens hinaus sollten gesellschaftliche Einrichtungen geschaffen werden, die das Zusammenleben in Deutschland und das Zusammenleben der Deutschen mit ihren Nachbarn auch für die Zukunft sicherer machen würden. Übereinstimmend wurde der Erziehung eine wichtige Funktion in der Entwicklung des gesellschaftlichen Lebens zuerkannt. Die speziellen Erziehungsprobleme der ersten Nachkriegsjahre und das Bemühen um die Verbesserung der Lebensbedingungen führten auch zu Innovationen und Investitionen in den sozialen Diensten. So erhöhte sich nach ersten Neugründungen um 1948 die Zahl der Erziehungsberatungsstellen in der Bundesrepublik von 93 in 1953 schon auf 220 im Jahre 1957 (RUDERT/STEIN 1959). Seit 1947 wurden aber auch einzelne Schulpsychologen tätig. Das Amt »Schülerhilfe« in Hamburg, eine Dienststelle innerhalb der Schulverwaltung, arbeitete schulpsychologisch. In Hessen wurden 1956 zwölf erste Schulpsychologenstellen geschaffen. Ein Jahrzehnt danach arbeiten in der Bundesrepublik bereits etwa 110 Schulpsychologen (INGENKAMP 1966). Gegen 1974 waren es schon 390 (AURIN u. a. 1977). Für 1982 wurde die Zahl der Schulpsychologen in der Bundesrepublik mit 720 angegeben (GAUDE/KAMRATOWSKI 1984). Sie arbeiteten 1986 in etwa 325 über das gesamte Bundesgebiet verteilten Beratungsstellen. Die Schulpsychologie wurde durch die nach 1965 verstärkt einsetzende Entwicklung in allen Bundesländern arbeitsfähig institutionalisiert. Die Kulturhoheit der Länder führte allerdings zu unterschiedlichen Entwicklungsergebnissen. So werden einander ähnliche Institutionen in einigen Ländern als Schulpsychologie und in anderen Ländern als Bildungsberatung bezeichnet. Zwischen den Bundesländern entstanden auch Unterschiede in der mit den Diensten erreichten Versorgungsdichte. Als ein Maß dafür wird das Zahlenverhältnis zwischen Schulpsychologen und zu versorgenden Schülern benutzt. Die BUND-LÄNDER-KOMMISSION (1973) plante für 1986 das Erreichen einer Relation von 1:5000. Während beispielsweise in Berlin (West) dieser Soll-Wert schon unterschritten wurde, besteht in anderen Bundesländern noch ein sehr deutlicher Mangel an Schulpsychologen und dies bei einem gleichzeitigen Überangebot an ausgebildeten Fachkräften auf dem Arbeitsmarkt. Unterschiede zwischen den Bundesländern bestehen auch in den Ausbildungsanforderungen für Schulpsychologen. Neben der in West-Berlin immer nachzuweisenden Doppelausbildung als Lehrer und Psychologe gilt in den meisten Bundesländern ein abgeschlossenes Psychologiestudium als Mindestvoraussetzung. Eine Ausnahme dazu besteht in Bayern, wo eine spezielle Ausbildung von Schulpsychologen als Variante des Lehrerstudiums eingeführt wurde. Gemeinsam ist allen Bundesländern, daß neben den Schulpsychologen auch speziell ausgebildete Beratungslehrer schulpsychologisch tätig werden können (→ *Beratungslehrer*).

3 Schulpsychologische Arbeit

Was unter schulpsychologischer Tätigkeit historisch oder aktuell jeweils verstanden werden darf, ist zumindest unter drei Aspekten zu beschreiben: als das, was sie sein könnte, was sie sein soll und was sie ist.

Die Möglichkeiten der Schulpsychologie sind identisch mit den für sie fachpsychologisch vertretenen Realisierungskonzepten. In der historischen Entwicklung professioneller Schulpsychologie veränderten sich vor dem Hintergrund einer sich selbst verändernden Psychologie auch die Vorstellungen über ihre Funktion im Schulwesen. Die jeweils fachpsychologisch vertretenen Konzeptionen schulpsychologischer Tätigkeit lassen sich in Funktionsmodellen wiedergeben, aus denen zu ersehen ist, welche Leistungen Schulpsychologie in welcher Weise und zu welchem pädagogischen Nutzen erbringen könnte. Ob diese Leistungen dann aktuell auch wirklich als gesellschaftliche Ziele für die schulpsychologische Praxis gelten, ist nicht an Funktionsmodellen abzusehen. Der Soll-Zustand wird auf unterschiedlichen Ebenen gesellschaftlich und sozial bestimmt. Mit Gesetzen und Verordnungen werden Tätigkeitsrahmen geschaffen, zu denen sich im weiteren sozialen Kontext entstehende Soll-Normen aus den sozialen Interaktionen von Beteiligten in Beziehung setzen. Inwieweit die fachlichen Möglichkeiten oder die sozial definierten Soll-Zustände dann von der praktischen Arbeit erreicht oder verfehlt werden, ist über empirische Tätigkeitsanalysen oder Erfolgskontrollen festzustellen, die den Ist-Zustand bestimmen helfen.

3.1 Modelle schulpsychologischer Arbeit
Auch die Modelle schulpsychologischer Arbeit haben eine historische Entwicklung durchlaufen. Sie vollzog sich in Abhängigkeit von gesellschaftlichen und von fachpsychologischen Bedingungen und Ereignissen.

3.1.1 Vorinstitutionelle Modelle
Die historisch frühen Funktionsmodelle psychologischer Arbeit für die Schule, wie sie seit der Begründung des WUNDTschen Laboratoriums in Leipzig bis zum Ausbruch des Ersten Weltkrieges diskutiert wurden, haben sieben charakteristische Gemeinsamkeiten: (a) Psychologie ist für die Schule existentiell notwendig und muß (b) durch Fachpsychologen vertreten werden, die (c) empirisch arbeiten. Sie setzen (d) diagnostische Verfahren ein, die (e) schülerzentriert verwendet werden und (f) als Beratungsgrundlage für Lehrer und Schulverwaltung dienen. (g) Psychologen und Lehrer arbeiten – in gegenseitiger Ergänzung – kooperativ. Die in dieser vorinstitutionellen Phase der Schulpsychologie vertretenen Vorstellungen über schulpsychologische Arbeit sind nur ansatzweise in der Praxis erprobt worden. Das Interesse der Lehrerschaft an der Psychologie wurde aber von Zeitgenossen als hoch eingestuft und veranlaßte sogar schon zur Kritik an den Folgen, die zur »Hegemonie der Psychologie in der Pädagogik« geführt hätten (KRETZSCHMAR 1912). Die Bedeutung der vorinstitutionellen Arbeitsmodelle für Schulpsychologie erweist sich an strukturellen Übereinstimmungen zwischen ihnen und einem Jahrzehnte später benutzten Modell, dem der Einzelfallarbeit.

3.1.2 Schulpsychologische Einzelfallarbeit

KIRCHHOFF und WIESE (1959) beschrieben sie noch als die eigentliche schulpsychologische Arbeitsweise.

Der Schulpsychologe ist im Funktionsmodell der Einzelfallarbeit ein im Schulwesen tätiger und insbesondere vom Lehrer ansprechbarer Fachpsychologe mit spezieller Handlungskompetenz für pädagogische Probleme. Im allgemeinen wartet der Psychologe darauf, daß einer der von ihm betreuten Lehrer ihn auf einen schulpsychologischen Arbeitsanlaß aufmerksam macht. Ein solcher Fall liegt vor, wenn Lehrer, Kollegium, Schulleiter und Eltern zu der Überzeugung kommen, daß ein bestimmter Schüler pädagogische Probleme schaffe, die mit schulischen Mitteln nicht zu überwinden seien. Dieser Schüler ist dann der Fall, der dem Schulpsychologen in einem speziellen Bericht dargestellt wird. Dieser Bericht ist zugleich Aufforderung an den Schulpsychologen, helfend tätig zu werden.

Die schulpsychologische Arbeit beginnt mit einem orientierenden Vorgespräch zwischen Schulpsychologen, Schüler und dessen Eltern. Nach Berichtslage und Gesprächsstand bildet der Schulpsychologe im Zusammenwirken mit den Eltern Hypothesen über das Zustandekommen der Problematik des gemeldeten Schülers. Diese Hypothesen werden nun nachfolgend in einer diagnostischen Untersuchung unter Einsatz von Tests zu überprüfen versucht. Ziel der Untersuchung ist es, herauszufinden, ob die Hypothesen über die Ursachen der Probleme des Schülers sich empirisch bestätigen lassen oder ob sie im Gegenteil als nicht haltbar verworfen werden müssen.

Aus der Zusammenschau von Lehrerbericht, Ergebnissen des orientierenden Vorgespräches und den psychologischen Untersuchungsergebnissen erstellt der Schulpsychologe eine Diagnose zur Problematik des Schülers. Dabei werden nach KIRCHHOFF und WIESE »das reine Bild der Schwierigkeiten«, »primärcharakterliche Daten« und »auslösende Krankheiten«, »wesentliche Umweltbedingungen« und »Angaben über die Verlaufsform der beobachteten Schwierigkeiten« dargestellt.

Die erarbeitete Diagnose dient nachfolgend als Grundlage für einen vom Schulpsychologen zu entwerfenden Plan für die von allen Beteiligten anzustrebende Problembewältigung. Der Schulpsychologe berät die Eltern über die von ihnen zu realisierenden Maßnahmen. Für den Lehrer fertigt er einen schriftlichen Bericht an, in dem dargestellt wird, welche schulischen und familialen Veränderungen im vorliegenden Fall anzustreben sind, warum sie notwendig werden, welche Bewältigungschancen mit ihrer Realisierung zu schaffen seien und welche Komplikationen unter welchen Umständen auftreten könnten.

Wenn notwendig, werden auch Ärzte oder andere Spezialisten und auch relevante Institutionen in die schulpsychologische Einzelfallarbeit einbezogen (→ *Erziehungsberater*; → *Sozialpädagoge / Sozialarbeiter*).

Die Realisierung der Maßnahmen ist dann Aufgabe der beteiligten Lehrer und Eltern. Der Schulpsychologe steht ihnen für Folgeberatungen zur Verfügung. Er selbst gewinnt durch die fortlaufende Einzelfallarbeit mit zahlreichen Schülern unterschiedlicher Schulstufen und durch Kooperation mit Lehrern und Eltern zunehmend differenziertere Informationen über den lokalen Schulbereich, für den er zuständig ist. Die auf diese Weise über die Einzelfallarbeit gewonnene Einsicht in lokale Schulprobleme gestattet es dem Schulpsychologen, auch Möglichkeiten zur problemvorbeugenden Veränderung von Schule zu erkennen, den Betroffenen Personen oder Institutionen zu nennen und die

Realisierung von Veränderungen im Interesse der Betroffenen und der Gesellschaft anzumahnen. Die Schulpsychologie wirkt so in ihrer schulnahen Arbeitsposition innerhalb des lokalen Gemeindebereiches, für den eine Beratungsstelle jeweils zuständig ist, als soziales Sicherungssystem gegenüber pädagogischen Unfällen jeder Art. Ein solches Sicherungssystem ist sinnvoll, weil eine störungsfreie Pädagogik auch unter günstigen Bedingungen wegen der prinzipiellen Fehlerhaftigkeit von Menschen nicht zu erwarten ist.

Das Funktionsmodell schulpsychologischer Einzelfallarbeit – auch Einzelfallhilfe genannt – ist im Verlaufe der Jahrzehnte seiner Anwendung vielfach variiert worden. Modellveränderungen bezogen sich vor allem auf den zu versorgenden Personenkreis, auf die Arbeitsmethoden und auf die Aufhebung des Prinzips, nur durch Beratung helfen zu wollen.

Der Personenkreis veränderte sich, indem auch Lehrer und Eltern und auch Schülergruppen oder Lehrer und Schüler gemeinsam als Klienten genommen wurden.

Die Arbeitsmethoden veränderten sich in Interaktion mit den allgemeinen methodischen Fortschritten in der Psychologie. Insbesondere die Entwicklung in der Klinischen Psychologie beeinflußte die Schulpsychologie. Durch Verhaltenstherapie (BELSCHNER u. a. 1980; EISERT 1977; PERLWITZ 1977) und Gesprächspsychotherapie (TAUSCH/TAUSCH 1977) wurden neue Ansätze und Methoden in die Fallarbeit vermittelt, die sehr bald mit weiteren Beratungsansätzen konkurrierten (WEINERT 1977). Insgesamt wurde das Repertoire an Beratungsmethoden erheblich erweitert und verfeinert (→ *Pädagogische Intervention . . .*).

Traditionell galt Einzelfallhilfe in der Schulpsychologie als Beratung. Der Psychologe beriet den Lehrer oder die Eltern eines Problemschülers. Die Umsetzung des Ratschlages in Unterrichts- oder Erziehungspraxis mußten Lehrer oder Eltern durch ihr Handeln selbst versuchen. Insbesondere mit den Fortschritten in der Verhaltenstherapie und auch mit der Erweiterung des zu versorgenden Personenkreises wurde die Begrenzung auf die durch Beratung immer nur zu vermittelnde Problembewältigung aufgegeben. Bei entsprechenden Problemlagen, insbesondere wenn Lehrer oder Eltern in ihren Handlungsmöglichkeiten überfordert waren, übernahm der Schulpsychologe selbst die Realisierung von Verhaltensmodifikationen bei Schülern, Schülergruppen, Lehrern oder auch bei Schulklasse und Klassenlehrer. Zu der durch Beratung vermittelten Problembewältigung kam als Alternative schulpsychologischer Arbeit die durch therapeutische Tätigkeit unmittelbar zu leistende Hilfe (PERLWITZ 1977).

3.1.3 Schulpsychologische Fallarbeit

Die aus der Einzelfallarbeit durch deren Erweiterung hervorgegangene *Fallarbeit* ist in ihrem gegenwärtigen Entwicklungsstand durch die nachstehenden funktionalen Aspekte gekennzeichnet:
- Der Schulpsychologe wird um Mithilfe bei der Überwindung eines Problemfalles gebeten. Als Fall werden alle die Psychologie berührenden Schulprobleme gesehen, gleich ob sie Schüler, Lehrer, Eltern einzeln oder in Gruppen betreffen.
- Der Schulpsychologe bemüht sich um die empirisch verläßliche Analyse der Problemsituation.
- Er entwickelt ein psychologisch und pädagogisch begründetes Konzept zur Problembewältigung.

– Er berät die Betroffenen (Lehrer, Schüler, Eltern oder andere) über die Bewältigungsmöglichkeiten.
– Er kooperiert (beratend oder in anderer Weise arbeitsteilig) mit Lehrern, Schülern, Eltern und anderen bei der Realisierung der Problemlösung.
– Der Schulpsychologe evaluiert die Problemlösungsversuche und gibt Rückmeldungen an die Beteiligten.
– Der Schulpsychologe weist, seinen Einsichten aus der Fallarbeit entsprechend, auf die Notwendigkeit der Änderung schulischer Bedingungen hin und berät sie.

3.1.4 Systemberatung in der Schulpsychologie

Ebendiese Reihenfolge der Problembearbeitung, bei der die Veränderung des schulischen Systems erst erfolgen kann, nachdem eine hinreichende Zahl spezieller Problemfälle beobachtet wurde, führte zur Kritik an der Fallarbeit und zur Entwicklung eines konkurrierenden Modells, das der Schulpsychologie als Systemberatung (STARK u. a. 1977; GAUDE/KAMRATOWSKI 1984; PIEPER 1986) (→ *Beratungslehrer*). Der Hessischen Schulpsychologie war schon bei ihrer Gründung 1956 der Auftrag zur Systemberatung mitgegeben worden (BACH 1972). Systemberatung zielt darauf ab, das System Schule psychologisch so zu beraten, daß Fallarbeit erst gar nicht notwendig wird. Systemberatung ist *präventiv*. Schulpsychologie bemüht sich forschend um Einsichten in die schulischen Prozesse und berät die Schulverwaltung, wie Schule organisatorisch zu optimieren ist. Sie berät den Lehrer methodisch-didaktisch. Dem Schüler wird über die Schullaufbahnberatung geholfen. Psychologische Elternschulung beugt Erziehungsproblemen vor. Wenn Systemberatung den Erfolgserwartungen gemäß wirksam werden könnte, müßte Fallarbeit zum Einzelfall werden. Die Notwendigkeit von Systemberatung wird allgemein kaum bezweifelt, wohl aber die Berechtigung von Erfolgserwartungen, nach denen die Notwendigkeit zu anderen schulpsychologischen Hilfen aufgehoben werden könnte.

3.1.5 Integrierte schulpsychologische Arbeit

Ein *integratives Funktionsmodell* schulpsychologischer Arbeit haben BABERG und PERLWITZ (BABERG u. a. 1977) beschrieben. Dieses Modell ist für pädagogisch und psychologisch sinnvolle Erweiterungen und für andere Revisionen offen. Der schulpsychologische Dienst wird darin als ein der Schule beigeordnetes Subsystem verstanden, dessen Funktion die Reduzierung schulischer Probleme und damit die Optimierung der pädagogischen Wirkung der Schule ist. Die dazu notwendigen schulischen Informationen werden über zwei beständig unterhaltene Verbindungen aufgenommen. Über die eine gehen Anforderungen schulpsychologischer Tätigkeit durch Lehrer, Schüler, Eltern, Schulverwaltung und von anderen Personen oder Institutionen ein. Über die andere Verbindung nimmt die Schulpsychologie selbständig relevante Informationen aus schulischen Prozessen auf. Die der Informationsaufnahme nachgeordneten Funktionsfelder des Modelles repräsentieren alle jene Arbeitsschritte, die zur verläßlichen Informationsauswertung und zur Bewertung der Fakten notwendig sind. Die Informationsbewertung führt zu schulpsychologischen Arbeitskonsequenzen, die in der jeweils gegebenen Situation als notwendige Maßnahmen zur Überwindung einer festgestellten schulischen Problematik aufzufassen sind. Die daraufhin zu realisierenden Arbeiten können unterschiedlichen Kategorien schulpsychologischer Tätigkeit zugeordnet sein. Das Modell umfaßt mehrere Tätigkeitskategorien: präventive Maßnahmen, Beratung, Änderung schulischer Bedingungen, Unterrichtshilfen, Organisation von Arbeitsgruppen für Lehrer, Schüler und Eltern, Therapie, Entscheidungshilfen für schulische und außerschulische Institutionen, Multiplikation schulpsychologischen Wissens, Zusammenarbeit mit anderen Institutionen, Mitarbeit in Gremien und Organisationen und Informationen über schulpsychologische Arbeit. Diesen Funktionsfeldern nachgeordnet sind dann Tätigkeitsfelder, in denen über Vollzugs- und Wirkungskontrollen und über die Bewertung der pädagogischen Effekte die weitere Steuerung und Regulation schulpsychologischer Arbeit und deren Revision in Kooperation mit der Schule vollzogen wird. Das Funktionsmodell konstituiert also Schulpsychologie als ein in Kooperation mit der Schule selbstlernendes und sich fortlaufend revidierendes Hilfssystem.

3.2 Gesellschaftliche Bestimmung der Schulpsychologie

Funktionsmodelle stellen dar, was Schulpsychologie in welcher Weise leisten kann. Sie sind fachpsychologisch zu begründen. Was Schulpsychologie leisten soll, wird demgegenüber gesellschaftlich und auf unterschiedlichen Ebenen zugleich bestimmt. Einen für alle Bundesländer als Empfehlung zu verstehenden Beschluß über Beratung in Schule und Hochschule haben deren KULTUSMINISTER 1973 in der KMK gefaßt. Die rechtlich bindenden Bestimmungen über Schulpsychologie aber sind auf der Grundlage der jeweiligen Schulgesetze in den Dienstvorschriften der einzelnen Bundesländer zusammengefaßt. Sie sind als Rahmenvorschriften ausgeführt und bieten damit Gelegenheiten zur Berücksichtigung der regional oder lokal zu erkennenden Aufgaben und Arbeitsmöglichkeiten.

3.3 Praxis der Schulpsychologie

Was Schulpsychologen bei gegebenen Möglichkeiten und gesellschaftlich definierten Forderungen in Zusammenarbeit mit Lehrern und anderen Beteiligten leisten, ist an der *schulpsychologischen Praxis* festzustellen. Allgemein gilt, daß insgesamt das Leistungsangebot sehr breit und pädagogisch nützlich ist. Schulpsychologen nehmen sich der Schulprobleme von Schülern an, helfen bei Lernproblemen, persönlichen Konflikten und sozialen Schwierigkeiten. Sie unterstützen Lehrer in der Unterrichtsführung und bei anderen pädagogischen Schwierigkeiten. Eltern finden kompetente Ratgeber und Hilfe in allen schulrelevanten Problemsituationen. Schulpsychologen arbeiten an der Entwicklung des lokalen schulischen Lebens mit und tragen zu pädagogischen Verbesserungen bei. Das Leistungsangebot in der Bundesrepublik ist aber gebietsweise noch immer sehr unterschiedlich. Keineswegs überall sind die Stellenplanvoraussetzungen für eine angemessene schulpsychologische Versorgung gesichert. Weiterhin sind der pädagogisch bestimmbare Bedarf und die Nachfrage nach schulpsychologischen Leistungen so gut wie überall größer als die verfügbaren Arbeitskapazitäten. Empirisch gesicherte Daten über die schulpsychologische Praxis in der Bundesrepublik, aus denen ein bundesweiter Tätigkeitsüberblick abzuleiten wäre, liegen nicht vor. Andererseits sind Zahlen aus einzelnen regionalen Statistiken wegen der gebietsweise sehr unterschiedlichen schulpsychologischen Versorgungsdichte auch nur regional aussagekräftig. Immerhin erlauben sie, wie am folgenden Beispiel ersichtlich, das Setzen von Bezugsgrößen.

Die nachfolgenden Angaben beziehen sich auf die Tätigkeit von Schulpsychologen in großstädtischen Schulbezirken mit einer um 1:5000 liegenden Versorgungsdichte. Von etwa 202 000 Schülern wurden im Jahresmittel von 1980 bis 1983 pro Jahr 5249 Schüler (2,6%) mit schulischen Problemen in der Fallarbeit einzeln betreut. Weitere 17 706 Schüler (8,75%) waren an Gruppenuntersuchungen beteiligt. Die schulpsychologischen Hilfeleistungen umfaßten pro Jahr durchschnittlich 5499 Beratungsfälle mit in der Regel mehreren zu beratenden Personen und mit unterschiedlichem Aufwand an Beratungszeit. In der Zahl sind 220 persönlich gewünschte schulpsychologische Beratungen von Lehrern enthalten (ca. 1,5% aller Lehrer). Therapeutische Hilfe in Einzeltherapien wurde jährlich für 146 Schüler (0,07%) geleistet. Durch Gruppentherapien konnten 1027 Schüler (0,5%) versorgt werden (→ *Pädagogische Intervention* ...). Innerhalb der Systemberatung waren pro Jahr durchschnittlich 36 mehr oder minder umfassende Projekte bearbeitet worden. Damit war jeder Schulpsychologe durchschnittlich an 1,5 Projekten jährlich beteiligt.

Im Vergleich mit entsprechenden Zahlen aus einem zehnjährigen Überblick sind für die hier exemplarisch angeführte Stichprobe einige Aussagen über den Entwicklungstrend in der schulpsychologischen Tätigkeit zu folgern. Die Zahl der mit Schulproblemen betreuten Schüler blieb trotz wachsender Versorgungsdichte mit etwa 3% von der Gesamtschülerzahl über Jahre konstant. Der Prozentsatz der Lehrer, die für sich schulpsychologische Beratung in Anspruch nahmen, stieg im Verlauf eines Jahrzehntes von faktisch 0% auf fast 2% der Lehrergesamtzahl an. Wenig Entwicklung zeigte sich in der Systemberatung, die als unterrepräsentiert gelten kann.

4 Entwicklungstrends in der Schulpsychologie

Über die regionalen und temporären Unterschiede hinweg ist weltweit die Gesamtentwicklung der Tätigkeit von Schulpsychologen seit 1900 als stetige Zunahme wesentlicher quantitativer und qualitativer Merkmale zu erkennen, die in der Bundesrepublik seit etwa 1970 relativ hohe Steigerungsraten aufwies. Der Entwicklungstrend verlief durchgehend in Richtung auf die Erhöhung der pädagogischen Nützlichkeit durch personellen und materiellen Ausbau der Beratungsstellen, durch Differenzierung des Leistungsangebotes und durch systematische Verbesserung schulpsychologischer Methoden. In der Bundesrepublik wurden die innovatorischen Bemühungen von der Sektion Schulpsychologie im BDP als Interessenvertretung der Schulpsychologen auch durch Fachkonferenzen unterstützt (ARNHOLD 1975; 1977; HEYSE/ARNHOLD 1978; TROLLDENIER/MEISSNER 1983; GREUER/WERNER u. a. 1985; HEYSE 1986).

Zu erwarten ist, daß der bisherige Entwicklungstrend sich zumindest in seinen fachlichen Aspekten fortsetzen wird. Für die weitere Entwicklung dürfte die Intensivierung der fachlichen Zusammenarbeit von Schulpsychologen innerhalb der Bundesrepublik und international von Nutzen sein. Als notwendig ist auch die verstärkte Repräsentation der Schulpsychologie in Forschung und Lehre aufzufassen. Dazu gehört vor allem die Lehrerbildung, weil die pädagogische Nutzung der Schulpsychologie eine kollektive Aufgabe für Lehrer und Psychologen ist (→ *Lehrer / Lehrerin*). Der Nutzen der in der Gemeinde schulnah verfügbaren schulpsychologischen Beratungsstelle ist nur durch die Zusammenarbeit von Verwaltungsstellen, Eltern, Lehrern und Psychologen zu erschließen. Die Entwicklung dieser Zusammenarbeit ist in der Bundesrepublik und WestBerlin eine gegenwärtig noch überall als vordringlich einzuordnende Aufgabe, weil nur über Zusammenarbeit die Schulpsychologie für alle Beteiligten nützlich wird.

Literatur

Arnhold, W. (Hrsg.): Texte zur Schulpsychologie und Bildungsberatung. Bd. 1 und Bd. 2. Braunschweig 1975 und 1977
Aurin, K./Stark, G./Stobberg, E.: Beratung im Schulbereich. Weinheim u. a. 1977
Baberg, M./Fuchs, R. u. a.: Handlungskompetenz als Determinante der Entwicklung von Curricula für Beratungslehrer. In: Arnhold, W. (Hrsg.): Texte zur Schulpsychologie und Bildungsberatung. Bd. 2, a.a.O., S. 324–350
Bach, W. (Hrsg.): Der Auftrag der Schulpsychologie für die Schule von morgen. Weinheim u. a. 1972
Belschner, W. u. a.: Verhaltenstherapie in Erziehung und Unterricht. Bd. 1 und 2. Stuttgart 1980
Bund-Länder-Kommission für Bildungsplanung (Hrsg.): Bildungsgesamtplan. Bd. 1. Stuttgart 1973
Eisert, H. G.: Beratung als Unterrichtshilfe – ein Beratungsansatz aus der Sicht der Verhaltensmodifikation. In: Arnhold, W. (Hrsg.): Texte zur Schulpsychologie und Bildungsberatung. Bd. 2, a.a.O., S. 85–94
Gaude, P./Kamratowski, J.: School Psychology in the Federal Republic of Germany. In: School Psychology Internt. 5,1 (1984), S. 5–19
Greuer-Werner, M./Hellfritsch, L. u. a.: Berichte aus Schulpsychologie und Bildungsberatung. Bonn 1985
Heller, K. (Hrsg.): Handbuch der Bildungsberatung. 3 Bde. Stuttgart 1975/76
Herbart, J. F.: Allgemeine Pädagogik aus dem Zwecke der Erziehung abgeleitet (1806). In: Sämtliche Werke, hrsg. v. K. Kehrbach/O. Flügel. Bd. 2. Langensalza 1887, S. 1ff.
Heyse, H. (Hrsg.): Erziehung in der Schule – Eine Herausforderung für die Schulpsychologie. Bonn 1986
–/Arnhold, W.: Texte zur Schulpsychologie und Bildungsberatung. Bd. 3. Braunschweig 1978
Ingenkamp, K.: Die schulpsychologischen Dienste in der Bundesrepublik Deutschland. Weinheim 1966
Kirchhoff, H./Wiese, H.: Schulpsychologie und Jugendberatung. In: Hetzer, H. (Hrsg.): Handbuch der Psychologie. Bd. 10. Göttingen 1959, S. 484–501
Kretzschmar, J.: Entwicklungspsychologie und Erziehungswissenschaft. Leipzig 1912
Kultusministerkonferenz – KMK, s. u. »Sekretariat der ständigen Konferenz ...«
Perlwitz, E.: Die Berechtigung schulintern angesetzter Therapien. In: Arnhold, W. (Hrsg.): Texte zur Schulpsychologie und Bildungsberatung. Bd. 2, a.a.O., S. 69–84
– (Hrsg.): Verhaltensformung in der Schule. Braunschweig 1978
–: Die Arbeitssituation der Beratungslehrer im Land Berlin. In: Grewe, N. (Hrsg.): Beratungslehrer – eine neue Rolle im System. Neuwied 1990
Perrez, M. u. a.: Erziehungspsychologische Beratung und Intervention als Hilfe zur Selbsthilfe in Familie und Schule. Bern u. a. 1985
Pieper, A.: Verbesserung der Zusammenarbeit im Lehrerkollegium als Aufgabe einer systembezogenen schulpsychologischen Beratung. Frankfurt/M. 1986
Rudert, R./Stein, R.: Erziehungsberatung: In: Hetzer, H. (Hrsg.): Handbuch der Psychologie. Bd. 10. Göttingen 1959, S. 502–522
Sekretariat der Ständigen Konferenz der Kultusminister der Länder in der Bundesrepublik Deutschland (Hrsg.): Beschluß vom 14. 9. 1973. Bonn
Stark, G./Aurin, K. u. a. (Hrsg.): Beraten in der Schule? Braunschweig 1977
Tausch, R./Tausch, A.: Erziehungspsychologie. Göttingen 1977
Trolldenier, H. P./Meissner, B. (Hrsg.): Texte zur Schulpsychologie und Bildungsberatung. Bd. 4. Braunschweig 1983
Weinert, F. E.: Pädagogisch-psychologische Beratung als Vermittlung zwischen subjektiven und wissenschaftlichen Verhaltenstheorien. In: Arnhold, W. (Hrsg.): Texte zur Schulpsychologie und Bildungsberatung. Bd. 2, a.a.O., S. 7–34

Klaus Künzel

Erwachsenenpädagoge und Erwachsenenpädagogin – Pädagogische Mitarbeiter im Weiterbildungswesen

1 Ein Beruf sucht Begriff und Identität

In amtlichen Berufsverzeichnissen sucht man nach ihnen vergeblich; kein Telefonbuch oder Firmenregister kennt die Eintragung »Erwachsenenpädagoge«. Auf die Notwendigkeit lebensumspannenden Lernens wird seit Jahren in fast beängstigender Weise aufmerksam gemacht – um die Makler und Organisatoren der »Zukunftsaufgabe Weiterbildung« (BEINKE u. a. 1980) aber bleibt es still wie um die Mitglieder eines Geheimordens. Jährlich drängt es Millionen von Menschen in die Seminarräume und Übungshallen einer vielfältigen Bildungsträgerschaft. Länderkommissionen sprechen vom »Innovationspotential« Weiterbildung als einer »Aufforderung an alle« (KOMMISSION WEITERBILDUNG 1984); bildungsgestützte Technologiepolitik und »Qualifizierungsoffensive« setzen auf das, was »Die Zeit« einfühlsam und prägnant ein »Pauken ohne Ende« nennt (Die Zeit, 27.3.87, S. 37). Die Tendenz zur Unentbehrlichkeit, wiewohl so unterschiedlich begründet, ist nicht zu übersehen, die Globalisierung ihrer Zuständigkeiten kaum aufzuhalten. Wer aber sind die Menschen, die dieses zukunftsträchtige Gut entwerfen, produzieren und vertreiben? Besitzt dieses zwischen Helfertum und Management pulsierende Tätigkeitssyndrom die Fähigkeit zur Ausbildung »beruflich geformter Arbeitskraft«? (BECK u. a. 1980, S. 111) Wäre dies denn ein »Beruf« – ließe er sich über die Gesamtbreite des Weiterbildungswesens, vom Großbetrieb der Elektroindustrie bis hin zu Robert Jungks »Zukunftswerkstätten« (JUNGK/MÜLLERT 1981), mit dem Gruppenattribut »pädagogisch« adäquat definieren und beschreiben?

An solchen Fragen ist zunächst einmal auffallend, daß sie symptomatisch sind für viele Versuche, die naturwüchsige, relativ staatsfrei verfaßte Organisationslandschaft der Weiterbildung (→ *Institutionen der Erwachsenenbildung*) unter die Obhut eines verbindenden erziehungswissenschaftlichen Leitbegriffs zu bringen (PETERS 1983; VATH 1979; BRÖDEL 1979). Dabei erweist sich das Nebeneinander unterschiedlicher Berufsbezeichnungen (Erwachsenenbildner, pädagogischer Mitarbeiter, Erwachsenenpädagoge) zwar als hinderlich, es vermag jedoch nicht zu verdecken, daß Bildungsbegriff und ein pädagogischer Normbezug zumindest stillschweigend als maßgebliche Definitionselemente akzeptiert werden (ARNOLD 1985).

Im Feld der »geschlossenen«, durch Betriebe, Verbände oder Behörden für interne Problembewältigungszwecke und *Personalentwicklung* eingesetzten Weiterbildung ist eine begriffliche Typisierung in pädagogischer Absicht nicht nachzuweisen (KÜNZEL 1984). Zweifel sind also angebracht, ob bei den hier zum Einsatz kommenden »Bildungsreferenten«, »Schulungsexperten« und »Trainern« (SCHRADER u. a. 1984) dem pädagogischen Moment berufsschneidende und durchgängige identitätsstiftende Wirkungen zugeschrieben werden können.

Der vorliegende Beitrag widmet sich mithin einer Gruppe weitläufiger Berufsverwandtschaften, deren verbindendes Merkmal die Verantwortung für das Zustandekommen organisierter, institutionell verorteter Lernprozesse Erwachsener darstellt. Es wird die erwerbsmäßige Ausübung von Weiterbildungsarbeit im Vordergrund stehen; nicht angesprochen werden andere Formen von Arbeitsvermögen wie Ehrenamt oder Laienmitwirkung, deren weitverbreitete Ausgrenzung in der Literatur allerdings zu Kritik am einseitigen Berufsbegriff in der Erwachsenenbildung geführt hat (JÜTTING 1987a, S. 4). Erwachsenenpädagogisches Tun ist weder an einen Arbeitsmarkt noch an das monetäre Tauschprinzip: Arbeit gegen Bezahlung gebunden. Dies trifft nicht nur für bestimmte Formen kirchlicher oder gewerkschaftlicher Erwachsenenbildung, sondern auch für den »*Lerninitiator*« zu, der innerhalb der politischen Arbeit der neuen sozialen Bewegungen »dialogische, problemformulierende Bildungsarbeit« leistet (BEER 1984, S. 157f.). Die Organisation von Lernen in einer umfassenden, alltagszentrierten »Widerstandsarbeit« begründet allerdings ein eigenes Thema. Ein so entgrenztes Konzept von Pädagogik und befreiendem Bildungshandeln (FREIRE 1977) verträgt sich schwerlich mit der hier pragmatisch begründeten Beschränkung auf institutionelles, auf *Professionalität* angelegtes pädagogisches Handeln.

2 Berufsforschung und berufskundliche Annäherung

Die Suche nach einem »innerberuflichen« Verbindungsglied aller erwachsenenpädagogischen Arbeit erweist sich als eine noch großenteils ungelöste Aufgabe. Zu diesem Ergebnis kommt auch die systematische Literaturanalyse JÜTTINGS zur »Mitarbeiterfrage« (1987b, S. 8), wo von »einer weitgehend unterentwickelten Forschungslage« gesprochen wird. Dabei ist das publizistische Aufkommen zu diesem Thema recht beachtlich; eine inhaltliche Rubrizierung der Texte macht allerdings deutlich, daß sich das Augenmerk vorrangig auf Qualifizierungsaspekte richtet: auf die wissenschaftliche Ausbildung der hauptamtlichen pädagogischen Mitarbeiter (GIESEKE 1982; PROJEKTGRUPPE WEITERBILDUNG 1975) sowie auf die Fortbildung der *nebenamtlichen Lehrkräfte* bzw. *Kursleiter* (KRULL 1982; BUSCHMEYER 1982; SCHMIDT 1983; SCHÄFFTER 1985). Ein weiterer Schwerpunkt liegt auf der *Professionalisierung* der Weiterbildung (SCHULENBERG 1972; KNOLL 1977; VATH 1984; HARNEY u. a. 1987) (→ *Professionalisierung* ...). Auf die konkreten Arbeitsbedingungen und beruflichen Handlungsmodalitäten gehen nur wenige Beiträge ein. Die empirische Gestalt dessen, was man den »Kernbereich« des Berufshandelns in der Weiterbildung nennen könnte, bleibt damit »weitgehend unerörtert« (JÜTTING 1987b, S. 20).

Noch ein Weiteres kann die Literaturanalyse aufzeigen: Der Mitarbeiter ist vor allem ein Thema der Weiterbildungsträger und ihrer Verbände, er wird häufig in den Kontext bildungspolitischen Planungsdenkens gestellt und ist auch dort, wo sich die Vertreter der erziehungswissenschaftlichen Forschung seiner annehmen, zunächst und vorwiegend »Volkshochschulmitarbeiter«. Das hat nicht zuletzt historische Gründe; denn Geschichtsschreibung, Publikationsmittel und die Institutionalisierung der Erwachsenenbildung im Wissenschaftsbetrieb sind zumindest perspektivisch eng mit der *Volkshochschule* verschränkt (→ *Institutionen der Erwachsenenbildung*). Vieles, was wir über den Erwachsenenpädagogen wissen, ist in Hinsicht auf diese – wohl auch transparenteste – Einrichtung zustande gekommen, statistisch profiliert, pädagogisch gedeutet und wissenschaftlich artikuliert worden. Damit ist ein Verständigungssystem, ein stillschweigender institutioneller »Referenzrahmen« geschaffen worden, von dem der Verfasser an anderer Stelle bemerkt hat, daß er durch ein »Schisma« von einem anderen Bezugssystem von Weiterbildung getrennt sei: der beruflichen Bildungsarbeit von Kammern, Betrieben und Verwaltung und ihren stark personal- und betriebswirtschaftlich ausgerichteten literarischen Darstellungen (KÜNZEL 1984, S. 104; PULLIG 1980; MEIXNER 1984; STORR 1980; GONSCHORREK/SAUL 1983).

Nach dem »*pädagogischen Mitarbeiter*« in der Weiterbildung zu fragen impliziert demzufolge nicht nur die Überschreitung von institutionellen Grenzziehungen. Die Frage bringt es auch mit sich, daß darüber nachgedacht werden muß, ob ein bestimmtes, erziehungswissenschaftlich genormtes Verständnis von Bildung und pädagogischer Arbeit maßgeblich sein soll für die Benennung des »beruflichen Kernbereichs«, der aus dem »vorgefundenen Zuschnitt der Arbeitsaufgaben« durch Aussondern »der betrieblichen Spezifika und das Weglassen regionaltypischer Besonderheiten« herausgeschält werden kann (STOOSS/STOTHFANG 1985, S. 66f.) (→ *Theorien der Bildung* ...). Eine berufskundliche Annäherung an den Erwachsenenpädagogen wird indes wenig Aussicht auf Erfolg eröffnen, wenn den zu ermittelnden »Schnittmengen« vorkommender »Ausübungsformen« (ebd., S. 77) das Netz einer verbindlichen pädagogischen Semantik übergeworfen wird. *Arbeitsplatzanalytische Methoden* der *Berufserkundung* sind auf induktive empirische Verdichtungsverfahren angewiesen. An ihrem Ende stehen Durchschnittsprofile realen Berufshandelns, die zwar nicht in einem »einheitlichen Typus« (TIETGENS 1981, S. 61) verschmelzen, aber gerade in Anbetracht der heterogenen Realisierungsformen von Weiterbildungsarbeit eine höhere Gültigkeit und Abbildtreue versprechen als ausbildungsanalytische Zugänge, wie sie beim Diplompädagogen angezeigt sind, da es hier u. a. um die »Nähe oder Distanz der Berufsausbildung zum typischen Arbeitsplatzprofil« geht (STOOSS/STOTHFANG 1985, S. 65). Was für alle Absolventen erwachsenenbildungsrelevanter Studiengänge gilt, trifft auch auf den *Diplompädagogen* zu: er kann nicht schon deshalb ein markantes Berufsfeld für sich reklamieren, weil er sich dafür wissenschaftlich qualifiziert hat (→ *Diplompädagoge*). Weiterbildungsbedarf und -strukturen sind nicht aufgetaucht, weil es Mitarbeiter gab, die sich auf ihre Entwicklung verstanden, sondern umgekehrt. Eine vorbehaltlose, träger- und bereichsübergreifende Berufskunde zum Erwachsenenpädagogen hat für das Verständnis seiner Handlungsbedingungen und -vollzüge, aber auch für die Einschätzung seiner pädagogischen Professionalisierungschancen konstitutives Gewicht. Erst auf der Grundlage derartiger Erkenntnisse dürfte die Frage nach der innerberuflichen Sinnausstattung erwachsenenpädagogischen Tuns mit Gewinn zu verfolgen sein.

3 Vom Wanderlehrer zum Bildungsdisponenten

Berufskunde und -forschung erschöpfen sich nicht in einer querschnitthaften Ermittlung charakteristischer Arbeitsplatzdaten. Deutung und Handhabung von erwachsenenpädagogischen Ereigniszusammenhängen sind keine Arbeitsakte, die auf das verzichten können, was an kollektivem Gedächtnis in diesen Beruf eingelassen ist. Gerade eine lebensgeschichtlich sensible, verstehende und nicht eingreifende Führung von Lernprozessen wird erkennen müssen, daß hermeneutische Leistungen nicht auf personale Interaktion und auf das »biographische Material« der Teilnehmer (BUSCHMEYER u. a. 1987, S. 18) beschränkt bleiben dürfen. Berufliches Handeln in der Weiterbildung benötigt die Konfrontation mit sich selbst in historisch nachvollzogenen Realisierungskontexten. Welche für heutige Beruflichkeit bedeutsamen Erinnerungen werden dabei wachgerufen? Diese großenteils unerledigte historiographische Aufgabe kann hier nur angedeutet und auf einen Aspekt konzentriert werden.

Die Geschichte der Erwachsenenbildung ist u. a. eine Geschichte des Seßhaftwerdens ihrer beruflichen Ausübung (→ *Erwachsenenbildung und Weiterbildung*). Das ist zunächst einmal wörtlich zu nehmen: Es betrifft die Entwicklung vom fahrenden Dozenten der Universitätsausdehnung (KÜNZEL 1974), vom Wanderlehrer der »Gesellschaft für Volksbildung« (DRÄGER 1975, S. 138f.) oder von den Agitations- und Vortragsreisen des Wilhelm LIEBKNECHT ab 1865 im Leipziger Arbeiterbildungsverein (WENDORFF 1978, S. 43f.) bis hin zur großflächigen *Vergesellschaftung der Weiterbildung* nach 1970, die vor allem eine politisch gewollte, pluralistisch geprägte Institutionalisierung war und die der Beruflichkeit von Weiterbildungshandeln eine lokalisierbare Heimat und feste Bleibe gab.

Was dazwischen lag, waren wechselvolle Schicksale der Gründung und Betreibung von Erwachsenenbildungseinrichtungen unterschiedlicher Herkunft: Akademien und Volksheime, Ausschüsse für Volksvorlesungen, Parteischulen (SPD 1906), Heim- und Abendvolkshochschulen. Auch die betriebliche Weiterbildung schickt sich zu Beginn dieses Jahrhunderts an, erste Konturen gleichsam »nebenbei« zu entwickeln, als Antwort auf technische Neuerungen oder organisatorischen Komplexitätszuwachs (UEBBING 1979, S. 94ff.).

Dazwischen liegen aber auch Hauptschulungsamt und Schulungsburgen der NSDAP, liegt vor allem das Amt »Deutsches Volksbildungswerk« in der NS-Gemeinschaft »Kraft durch Freude«, das mit der 1939 endgültig besiegelten Liquidation der letzten dezentral geführten Volkshochschulen einen Typus von »Volksbildungsstätte« schuf, in dem das »Ehrenamt« – in ein solches wurde ihr Leiter vom jeweiligen Kreisleiter der NSDAP berufen – eine neue, fatale Bedeutung erhielt (KEIM/URBACH 1976). Mit dem »Volksbildungswart«, im Schulterschluß zu Propaganda und nationalsozialistischer Staatsräson stehend, war auch das vorläufige Ende einer freien erwachsenenpädagogischen Beruflichkeit gekommen.

Mit der institutionellen Behausung seines Tuns verbindet sich das Seßhaftwerden des Erwachsenenpädagogen noch in einem anderen Sinn. Nach einem Jahrhundert z. T. ehrenamtlicher, z. T. über gelegentliche Honorartätigkeit ausgeübter Bildungsarbeit richtet man sich in der Erwachsenenbildung der sechziger Jahre allmählich auf eine Kontinuität des Arbeitshandelns ein: Bildungspolitische Aufwertung und lernorganisatorische Systematisierung zielen auf eine zunehmende Verzahnung der Weiterbildung mit Schule und Berufsausbildung ab. Ihre erziehungswissenschaftliche »Entdeckung« erlaubt erste empirische und theoretische Bestandsaufnahmen, und sie schafft die akademischen Ressourcen, die Professionalisierung der Weiterbildung lobbyistisch zu verfolgen: standes- und qualifikationspolitische Perspektiven, Nachwuchssicherung und Vermehrung hauptberuflicher Tätigkeitsstrukturen, Spezialisierung und Statussuche, Laufbahndesign und verwandte Fragen werden zu Brennpunkten der Professionalisierungsdebatte der siebziger Jahre (WEINBERG 1980; 1986; VATH 1984; BRÖDEL 1979; PLANUNGSKOMMISSION ERWACHSENENBILDUNG 1975).

Was diese mit Eifer geführte Diskussion leicht übersehen läßt, ist zum einen die Tatsache, daß sie in den geschlossenen Formationen betrieblicher Weiterbildung nahezu unbeachtet geblieben bzw. mit deutlich anderen Akzenten verfolgt worden ist (HÖLTER-HOFF/BECKER 1985), und zum anderen das Problem, daß sie auf den quantitativ größten Teil beruflich wahrgenommener Weiterbildungsaufgaben – die freie Kursleiter- bzw. Honorartätigkeit – so kaum anzuwenden ist. Deren spezifische Beschäftigungs- und Gewährleistungsproblematik aber ist es, die einen dritten Aspekt des Seßhaftwerdens tangiert: eine »verkürzte« Verberuflichung auf Teilzeitniveau und Widerruf. Damit soll der sich seit einigen Jahren verstärkende Zwang gemeint sein, die nebenberufliche Tätigkeit in (offenen) Veranstaltungen der Erwachsenenbildung als maßgebliche Quelle von Lebensunterhalt und Identitätsentwicklung betrachten zu müssen. Im Angesicht ihrer gravierenden Aufnahmeschwierigkeiten und Einstellungsblockaden drängen gerade Lehrer und Diplompädagogen in ein befristetes, sozial- und versicherungsrechtlich kaum geschütztes »Weiterbildungsengagement«, welches nicht mehr neben einem Beruf, sondern vermehrt neben Arbeitslosigkeit oder einem Studium, das sie verschleiern helfen soll, eingegangen wird. So gehörten 1985 bereits 18% aller Volkshochschulkursleiter in Nordrhein-Westfalen allein der Gruppe arbeitsloser Lehrer an (DEUTSCHER STÄDTETAG 1986). Im Bundesgesamt der ca. 118000 freien Mitarbeiter an Volkshochschulen (1984) dürften derzeit ca. 25000 einen Großteil ihrer existentiellen Sicherung und beruflichen Praxis auf einer solchen Teilzeitbasis abwickeln, wozu man noch die zählen muß, die eine vorübergehende Anstellung in einer Arbeitsbeschaffungsmaßnahme gefunden haben (DVV 1986).

In ihren historischen Erscheinungsformen hat die wesentlich über Einzelinitiativen und Vereinsgründungen verlaufende *Institutionalisierung* der *Erwachsenenbildung* auf einen Mitarbeitertyp bauen müssen, der sich, wie das Beispiel Wilhelm FLITNERs zeigt, von einer solchen Tätigkeit kaum materielle Vorteile versprechen konnte, ja dessen Wirken finanziell oft unbelohnt und nur im Schutz einer anderweitigen hauptberuflichen Tätigkeit möglich blieb (MÄRZ 1982, S. 163f.). Eine solche Konstellation ließ sich, auch international betrachtet, auffallend häufig unter Lehrern, Journalisten, Professoren und Juristen feststellen (HEITZER 1979; MINISTRY OF RECONSTRUCTION 1919). Mit der Durchsetzung öffentlich verantworteter, verbindlicher Weiterbildungsstrukturen heutiger Prägung wirkt diese Entlastungsrichtung nunmehr eher umgekehrt: Weiterbildungsarbeit wird zum Anstellungs- und Sozialisationspuffer für eine pädagogische Profession, die in angestammten Arbeitsstellen nicht mehr unterkommen und »Beruflichkeit« nurmehr »flankierend« entfalten kann (→ *Professionalisierung* ...).

4 Strukturbedingungen und Tätigkeitsmerkmale erwachsenenpädagogischer Arbeit

Berufliches Handeln in der Weiterbildung vollzieht sich in Zonen und Zielsystemen, in denen das Lernen Erwachsener nicht ausschließlich um seiner selbst willen organisiert wird: es ist immer auch ein mit spezifischen Aufgaben betrautes Mittel der Gestaltung gesellschaftlicher Realität. Institutionell verfaßte Weiterbildungsarbeit spiegelt in ihrem Gesamtbild die Interessen und Konfliktspektren, die im legitimatorischen Konstrukt des *Pluralismus* aufgehoben sind. Erwachsenenpädagogisches Tun und Professionalität lassen sich daher bedingungsmäßig kennzeichnen durch:

- deren Abhängigkeit von gruppenpolitischer Einflußnahme, wie sie u. a. in Verbänden artikuliert wird,
- das Nebeneinander von »offener« und »geschlossener« Weiterbildung: öffentlichem Versorgungsdenken und körperschaftsinterner Zweckbestimmung,
- die Existenz unterschiedlicher Institutionstypen: primäre Einrichtungen, die ausschließlich Weiterbildung betreiben und relativ selbständige Organisationsgebilde darstellen (Volkshochschulen, Akademien, Bildungszentren), sowie sekundäre Einrichtungen, die Weiterbildungsaufgaben in Ableitung aus übergeordneten Systemzielen versehen und organisatorisch integriert sind (Bildungsabteilungen, Schulungsreferate bei Verbänden und Körperschaften etc.) ($\rightarrow$ *Institutionen der Erwachsenenbildung*),
- institutionelle Grundoptionen der Angebotsgestaltung, wie z. B. Marktläufigkeit oder Gegensteuerung, Qualitätssicherung oder Qualitätsrisiko, Ausgewogenheit oder Spezialisierung (HAMACHER 1978, S. 103),
- die Geltung verschiedener Basisfunktionen von veranstaltetem Lernen: (a) der durch stoffliche Systematik, Nachweisbarkeit und Lernzielorientierung charakterisierbare *Qualifikationstypus*; (b) der *lebensweltlich-sinnorientierte Typus* »interpretationsfreigebender« Bewußtseinsbildung; (c) der auf die »Entfaltung fantasiebestimmter Kräfte und Betätigungsbedürfnisse« abzielende *musisch-kreative Typus* (TIETGENS 1978, zit. in SIEBERT 1984, S. 179); (d) der soziale Erfahrung und Kompetenz sowie Rollenlernen ermöglichende *interaktive, beziehungsorientierte Typus*; (e) der an einer teils rezeptiven, teils aktiven Teilnahme an einer komplexen Umwelt festmachende *Typus aufklärenden*, »realitätskontrollierenden« *Lernens* (SCHÄFFTER 1984),
- die ambivalente Rolle des Staates als bildungspolitische Ordnungsmacht, Finanzier und Anbieter von Weiterbildung,
- das Fehlen von verbindlichen bildungssystematischen Ordnungsstrukturen und problemorientierten, trägerübergreifenden Verständigungsformen.

Das komplexe Geflecht von pluraler Interessenlage, sozialstaatlichen Angebotsanreizen bzw. -regulativen und bildungsbetrieblicher Einzelräson schafft für das berufliche Handlungs- und Selbstverständnis systemische Bedingungen. In diesen ist die Entwicklung einer berufskennzeichnenden Professionalität einem kaum typisierbaren Wechselspiel von (trägerideologisch oder anderweitig normativ gesetzter) Notwendigkeit und (einzelbetrieblich und individuell produziertem) Zufall unterworfen. Ein verallgemeinerungsfähiger Kanon professioneller Berufsmerkmale ist damit ebensowenig zu garantieren wie deren gern angestrebter trägerspezifischer Zuschnitt.

Gleichwohl sind gewisse Grundkategorien erwachsenenpädagogischer Arbeit – *Modalitäten* dieses *beruflichen Handelns* – ableitbar. Sie werden allerdings weniger durch trägerspezifische Eigenheiten als vielmehr dadurch geprägt, daß sie in typischen Kombinationen an jeweils vergleichbaren Einrichtungstypen, Grundoptionen der *Angebotsgestaltung* und Basisfunktionen des Lernens auftreten bzw. ermittelbar sind. Solchermaßen klassifizierbares Handeln geschieht in der Weiterbildung überwiegend im Kontext mehrerer, bildlich in Form konzentrischer Kreise darzustellender »Handlungssysteme«. Im Zentrum dieser Aktionskreise angesiedelt, ist der pädagogische Mitarbeiter nächstliegend von »Unterricht« umgeben, sodann vom »Erwachsenenbildungsbetrieb« und schließlich, gleichsam als Megaebene fungierend, vom »Beschäftigungssystem Erwachsenenbildung« (JÜTTING 1987a, S. 10ff.). Jedem System entspricht ein charakteristischer Handlungsradius mit je eigenen überzufälligen Tätigkeitsprofilen. In der Praxis vorfindliche Handlungsmodalitäten ergeben sich nun insofern, als bestimmten Aufgabenzuschnitten bzw. Arbeitsplatzanforderungen ein entsprechendes Anteilsprofil aus dem potentiellen Handlungsgesamt zugeordnet werden kann. Die folgende, schematisch stark vereinfachte Aufschlüsselung soll das Abstraktum »pädagogische Arbeit« in konkrete, häufig aufeinander verwiesene Tätigkeitsmuster bringen:

Akquisition und Bedarfsermittlung:
- Einwerbung von Maßnahmen; Kontakt zu potentiellen Auftraggebern; Verhandlungen mit Arbeitsämtern
- Festlegung von Indikatoren und Methoden der Bedarfsermittlung

Didaktische Konzipierung und Planung:
- Programm- und Veranstaltungsplanung; Lehrpläne
- Entwicklung von Lehr-, Selbststudien- und Prüfungsmaterialien (→ *Didaktik und Curriculum / Lehrplan*)

Management und Verwaltung:
- organisatorische Durchführung und Überwachung von Maßnahmen
- Erstellung von Haushaltsplänen; Finanzierung
- Verwaltung, Buchhaltung (→ *Bildungsökonomie und Bildungsmanagement*)

Personalführung und -entwicklung:
- Führungsaufgaben im eigenen Mitarbeiterstamm (Auswahl, Koordination, Fortbildung, Förderung)
- Qualifizierungsplanung im Rahmen betrieblicher Personalentwicklung

Sicherungs- und Legitimationsarbeit:
- Außenbeziehungen: Öffentlichkeitsarbeit, Werbung, Repräsentation, bildungspolitische Gremienarbeit, redaktionelle Tätigkeiten
- Innenwirkung: innerorganisatorische Überzeugungsarbeit, Ausschußtätigkeiten, »internal relations«, Berichtswesen

Kooperation und Wettbewerb:
- Abstimmung mit anderen Trägern, gegebenenfalls gemeinsame Durchführung, Referententausch, eigene Maßnahmevergabe
- Beobachtung von Weiterbildungsmarkt und Wettbewerbern; Marketing

Lehre und Moderation:
- Tätigkeiten als Teamer, Referent, Moderator, Trainer, Diskussionsleiter, Lehrer etc. (→ *Lehrer / Lehrerin*)

Beratung und Betreuung:
- teilnehmerbezogen: Information, Lernberatung, sozialpädagogische Betreuung
- mitarbeiterbezogen: Beratung von nebenamtlichen Kursleitern und Lehrern, Hospitation
- organisationsbezogen: Beratung von Linienvorgesetzten in Weiterbildungsfragen

Evaluation:
- Auswertungs- und Nachbereitungsarbeiten zu eigener und fremder Seminartätigkeit (Beurteilungen; didaktische Revision; Korrektur von Testaten und Klausuren)
- Begleitung und Kritik durchgeführter Programme und Projekte
- Verfassen von Rechenschaftsberichten (→ *Evaluation und Selbstevaluation*)

Durch die institutions- und angebotsspezifischen Ausformungen der Weiterbildungsarbeit werden diese Modalitäten erwachsenenpädagogischen Handelns mehrfach

»gebrochen« und charakteristisch gruppiert. Anstellungsstatus und Berufsposition filtern zudem bestimmte Tätigkeitsmerkmale heraus, wie etwa das Gros der planenden, dispositiven und legitimatorischen Aufgaben bei hauptberuflichen, meist leitenden Funktionen dominiert, während die im engeren Sinn didaktischen und pädagogischen Arbeitsfelder (Veranstaltungsplanung, Lehre, Teilnehmerbetreuung) das Zentrum der nebenberuflichen bzw. Honorarmitarbeit bilden (BUTTLER 1976; VATH 1984). Obwohl dort nach eigenem Bekunden der »Experte für sein Fach« steht (KRULL 1982, S. 86), liegt der Gedanke nahe, daß die beziehungs- und subjektorientierten pädagogischen Definitionselemente des erwachsenenpädagogischen Berufs abseits von Hauptberuflichkeit und Führungspositionen entfaltet werden (NEWMAN 1979).

5 Unternehmer – Bürokrat – Menschenfreund: Der Erwachsenenpädagoge und seine Qualifikation

Ein Blick auf das Handlungsgesamt erwachsenenpädagogischer Arbeit läßt keinen Zweifel darüber aufkommen, daß der »ideale Fachmann« für Weiterbildung (URBACH 1984) Eigenschaften in sich vereint, die der Fleischwerdung des seelsorgenden Unternehmers und brillianten Kommunikators, der buchhalten und gelegentlich schlitzohrig verhandeln kann, sehr nahe kommen. Ohne Frage wird eine Einrichtung, die von der Marktgängigkeit ihrer Angebote leben muß, gut beraten sein, ihre Leitung nicht vorrangig hochgebildeten Menschen »mit warmem Herzen für das Volk« (SCHELER 1921, S. 171) anzuvertrauen; sie wird darauf sehen müssen, daß in dieser Person etwas »entrepreneur«, »wheeler-dealer« und »troubleshooter« stecken (NEWMAN 1979, S. 76 ff.). Gefordert sind hochgeneralisierte Arbeitsdispositionen, wie sie für alle instabilen, veränderungsträchtigen beruflichen Anforderungssituationen typisch und zunehmend wichtiger sind. Die Führungs- und Handlungsqualifikationen des Managers scheinen ebenso unabdingbar wie Einsatzfreude, Überzeugungskraft und ein »philanthropischer Grundakkord des Wesens« (KÜNZEL 1983, S. 184 ff.). Um seine Ideen und Programme »verkaufen« zu können, muß dem (hauptberuflichen) pädagogischen Mitarbeiter in der »offenen« Weiterbildung notwendigerweise die Pflege seiner diversen Außenbeziehungen (Teilnehmer, Kooperationspartner, Presse, Verbandsfunktionäre, Geldgeber) besonders am Herzen liegen. Eine dazu nötige extrovertierte, starke, aber flexible Persönlichkeit kommt auch dem Bildungsmanagement der »geschlossenen« bzw. »sekundären« Weiterbildung zustatten: Profil, Ausstrahlung und Überzeugungskraft zu besitzen erweist sich in Organisationen, deren primäre Aufgabe es keineswegs ist, Weiterbildung zu betreiben, sondern Wirtschaftsgüter und Dienstleistungen zu produzieren, als Erfolgsvoraussetzung schlechthin. Die nur mittel- und langfristig wirksamen Bildungsinvestitionen verlangen nach einem Fürsprecher, der ihre spezifischen Wertschätzungs- und Legitimationsbelange in nichtpädagogischen Zielformationen zur Geltung bringen kann.

Solcherlei Fähigkeiten eröffnen berufliche Erfolgsaussichten relativ unabhängig von der Art der Dienstleistung oder der Eigenschaft des Produkts, um dessen Vermarktung es geht. Nun erscheint der Gedanke nicht ganz abwegig, Bildung als Zweck und Aufgabe von Organisation verdiene einen Qualifikationsbegriff, den man »pädagogisch« nennen könnte und der mehr beinhaltet als das, was ein Generalist der guten Eigenschaften ohnehin zu bieten hat. In diesem Zusammenhang sind Orientierungswissen, sozialkommunikatives Wissen und didaktisch-methodisches Wissen benannt und auf ihre erwachsenenpädagogische Brauchbarkeit überprüft worden (GIESEKE 1982, S. 153f.). Gleichsam als »reflexive Erstausstattung« ist die Bedeutung eines erziehungswissenschaftlichen Studiums gekennzeichnet und neben anderen aufbauenden oder weiterbildenden Studienoptionen diskutiert worden (AUE 1983; WEINBERG 1980). Für einen strukturellen Bedarf an erwachsenenpädagogischen Qualifizierungsangeboten lassen sich in allen Weiterbildungssparten genügend Belege finden (WEINBERG 1986). Es betrifft nicht nur die nebenberufliche Lehrkraft, die für didaktische Reduktion und Teilnehmerorientierung nie ausgebildet worden ist. Auch der »Hauptamtliche« ist der Notwendigkeit einer pädagogischen Fortbildung nicht entzogen. Schließlich ist der Eindruck wohl so falsch nicht, die hauptberufliche Tätigkeit des Erwachsenenpädagogen sei eine faszinierend vielfältige, breite Gestaltungsmöglichkeiten eröffnende Aufgabe (FRYMARK 1982) – ihrer aufzehrenden Dynamik sei aber nur mittels kühlem Pragmatismus und bürokratischer Gelassenheit zu begegnen. Sollten die Praxisbedingungen der Weiterbildung ihre Mitarbeiter bereits genötigt haben, Management-Know-how als primäres Berufsleitwissen zu betrachten, so wird freilich ein Insistieren auf erziehungswissenschaftliche Kompetenznachweise allein wenig Eindruck machen. Vielversprechender scheint mir ein Rückgriff auf das, was das angelsächsische Schrifttum zur »adult education« »*educational leadership*« nennt (CAMPBELL 1977; MEE 1980; JARVIS 1985). Maßgaben pädagogischer Berufsführung können nicht prophylaktisch »ansozialisiert« werden, sie benötigen eine kontinuierliche Bewußtwerdung und Präzision in Praxis und eigener Fortbildung. Das hat nicht zuletzt positive Folgen für die Führung und Beratung der nebenberuflichen Mitarbeiter. Pädagogische Arbeit, die sich zum Mittler zwischen gesellschaftlichem Wandel und individuellen »Lernzumutungen« berufen läßt, darf die Fähigkeit zur Inspiration für Menschen, Ideen und Widerstand nicht verkümmern lassen.

Erwachsenenpädagogisches Können ist keine Waffe, die der Professional im Kampf gegen den didaktischen Dilettanten zu Felde führt; auch kein Ferment, das der Heranzüchtung einer neuen beruflichen Art dient. Die Qualifikation eines pädagogischen Mitarbeiters entscheidet sich eher daran, ob er seine »Agentur des Wandels« geschäftig, aber blind betreibt oder sie in der Absicht führt, ein Lernen zuzulassen, das Sinn wieder erfahrbar und Entwicklung im Erwachsenenalter ständig möglich werden läßt.

Literatur

ARBEITSKREIS UNIVERSITÄRE ERWACHSENENBILDUNG – AUE (Hrsg.): Weiterbildendes Studium Weiterbildung. Hannover 1983
ARNOLD, R.: Deutungsmuster und pädagogisches Handeln in der Erwachsenenbildung. Bad Heilbrunn 1985
BECK, U. u. a.: Soziologie der Berufe. Reinbek 1980
BEER, W.: (K)ein Feld für Pädagogen. In: ders. (Hrsg.): Ökopädagogik. Weinheim 1984, S. 151–163
BEINKE, L. u. a. (Hrsg.): Zukunftsaufgabe Weiterbildung. Bonn 1980
–: Der Weiterbildungslehrer. Weil der Stadt 1981
BRÖDEL, R.: Professionalisierungsdiskussion in der Erwachsenenbildung und die Situation des Erwachsenenpädagogen. Studienbrief der Fernuniversität Hagen. 1979

Buschmeyer, H.: Arbeitsplatznahe Mitarbeiterfortbildung. Frankfurt 1982
– u. a.: Erwachsenenbildung im lebensgeschichtlichen Zusammenhang. Bonn 1987
Buttler, I.: Arbeitsplätze in der Erwachsenenbildung – Angebote und Anforderungen. Hannover 1976
Campbell, D. D.: Adult Education as a Field of Study and Practice. Vancouver 1977
Deutscher Städtetag: Beschäftigung arbeitsloser Lehrer in den Kommunen des Städtetags NRW. Köln 1986
Deutscher Volkshochschulverband – DVV: Mitteilungen der Pädagogischen Arbeitsstelle 61, September 1986
Dräger, H.: Die Gesellschaft für Verbreitung von Volksbildung. Stuttgart 1975
Freire, P.: Erziehung als Praxis der Freiheit. Reinbek 1977
Frymark, H.-J.: Wirkungen institutioneller Bedingungen im Planungs- und Entscheidungsprozeß kommunaler Volkshochschulen. Diss. Speyer 1982
Hamacher, P.: Weiterbildungsentwicklungsplanung. Studienbrief der Fernuniversität Hagen. 1978
Harney, K. u. a. (Hrsg.): Professionalisierung in der Erwachsenenbildung. Frankfurt 1987
Heitzer, H.: Der Volksverein für das Katholische Deutschland, im Kaiserreich 1890–1918. Mainz 1979
Hölterhoff, H./Becker, M.: Aufgaben und Organisation der betrieblichen Weiterbildung. München 1985
Gieseke, W.: Rezeptionsgeschichtliche Anmerkungen zum Erwachsenenbildungsberuf. In: Tietgens, H. (Hrsg.): Zugänge zur Geschichte der Erwachsenenbildung. Bad Heilbrunn 1985, S. 163–174
–: Pädagogenqualifikation. In: Nuissl, E. (Hrsg.): Taschenbuch der Erwachsenenbildung. Baltmannsweiler 1982, S. 145–167
Gonschorrek, U./Saul, S.: Pädagogik in Wirtschaft und Verwaltung. Heidelberg 1983
Jarvis, P.: The Sociology of Adult and Continuing Education. London/Sydney 1985
Jütting, D. H.: Überblick über den Literaturbestand zur Mitarbeiterfrage in der Erwachsenenbildung. Paderborn 1987(a)
–: Die Mitarbeiterfrage in der Erwachsenenbildung, ein Forschungsbericht. Paderborn 1987(b)
Jungk, R./Müllert, N. R.: Zukunftswerkstätten. Hamburg 1981
Keim, H. U./Urbach, D. (Hrsg.): Volksbildung in Deutschland 1933–1945. Braunschweig 1976
Knoll, J. H.: Professionalisierung in der Erwachsenenbildung in der BRD und in der DDR. In: Theorie und Praxis der Erwachsenenbildung 10 (1977), S. 188–201
Kommission Weiterbildung (Bad.-Württ.): Weiterbildung, Herausforderung und Chance. Stuttgart 1984
Krull, M.: Nebenberufliche Mitarbeiter in der Weiterbildung. Weinheim 1982
Künzel, K.: Universitätsausdehnung in England. Stuttgart 1974
–: Strukturelle und pädagogische Aspekte beruflicher Weiterbildung in NRW. Dortmund 1983
–: Wie geht es weiter mit der Weiterbildung? Notizen zum »Beruf« heutige Erwachsenenpädagogik. In: Literatur- und Forschungsreport Weiterbildung 14. Dezember 1984, S. 85–112
März, F.: Pädagogenprofile. Donauwörth 1982
Mee, G.: Organisation for Adult Education. London 1980
Meixner, H.-E.: Aus- und Fortbildung in der öffentlichen Verwaltung. Köln 1984
Ministry of Reconstruction (Adult Education Committee): Final Report. London 1919
Newman, M.: The Poor Cousin. A Study of Adult Education. London 1979
Peters, S.: Pädagogische Qualifizierung als Handlungskompetenz für berufliche Weiterbildung. Bad Honnef 1983
Planungskommission Erwachsenenbildung (NRW): Zur Entwicklung der Weiterbildung. Köln 1975
Projektgruppe Weiterbildung: Hauptberufliche Mitarbeiter in der Weiterbildung. 2 Bde. Münster 1975
Pullig, K. K.: Personalwirtschaft. München/Wien 1980
Schäffter, O.: Veranstaltungsvorbereitung in der Erwachsenenbildung. Bad Heilbrunn 1984
–: Kursleiterfortbildung. Frankfurt 1985
Scheler, M.: Universität und Volkshochschule. In: v. Wiese, L. (Hrsg.): Soziologie des Volksbildungswesens. München/Leipzig 1921, S. 153–191

SCHMIDT, G.: Mitarbeiterfortbildung. Frankfurt 1983
SCHRADER, E. u. a.: Der Trainer in der Erwachsenenbildung. München 1984
SCHULENBERG, W. u. a.: Zur Professionalisierung in der Erwachsenenbildung. Braunschweig 1972
SIEBERT, H.: Erwachsenenpädagogische Didaktik. In: SCHMITZ, E./TIETGENS, H. (Hrsg.): Erwachsenenbildung. (Enzyklopädie Erziehungswissenschaft. Bd. 11) Stuttgart 1984, S. 171–184
STOOSS, F./STOTHFANG, E.: Berufskunde. Stuttgart 1985
STORR, R.: Akquisitorische Wirkungen betrieblicher Weiterbildung. Diss. Paderborn 1980
TIETGENS, H.: Weiterbildung – Angebotsplanung und -realisierung. Studienbrief der Fernuniversität Hagen. 1978
–: Die Erwachsenenbildung. München 1981
UEBBING, H.: Berufliche Bildung bei der Thyssen AG. Duisburg 1979
URBACH, D.: Weiterbildungspersonal in der Wirtschaft. In: WOORTMANN, G. (Hrsg.): Weiterbildungsmodelle und Weiterbildungspraxis. München 1984, S. 49–54
VATH, R.: Der Beruf des Erwachsenenpädagogen. In: SIEBERT, H. (Hrsg.): Taschenbuch der Weiterbildungsforschung. Baltmannsweiler 1979, S. 108–139
–: Professionalisierung in der Erwachsenenbildung. In: SCHMITZ, E./TIETGENS, H. (Hrsg.): Erwachsenenbildung. (Enzyklopädie Erziehungswissenschaft. Bd. 11) Stuttgart 1984, S. 303–316
WEINBERG, J.: Professionalisierung der Weiterbildung durch Ausbildung für typische Arbeitsplätze. In: BEINKE, L. u. a. (Hrsg.): Zukunftsaufgabe Weiterbildung. Bonn 1980, S. 403–424
–: Am Ende der Professionalisierung angesichts neuer Aufgaben und Anforderungen an den Erwachsenenbildner? Ms. Münster 1986
WENDORFF, W.: Schule und Bildung in der Politik Wilhelm Liebknechts. Berlin 1978

Karl-Heinz Flechsig
Interkulturelle Didaktik

1 Begriffsbestimmung

Unser Alltagsverständnis von Didaktik zeichnet sich noch immer durch nationale und kulturelle Beschränktheit aus, obwohl organisiertes Lernen, Lehren und Wissensvermittlung für viele Menschen unserer Gegenwart den Horizont der eigenen Kultur schon längst überschritten haben: Intensivierung der internationalen Beziehungen, weltweite Vernetzung aller Lebensbereiche, globale Wissensverbreitung über Massenmedien und vielfältige Formen internationaler Migration kennzeichnen einen kulturellen Wandel, der auch in der Didaktik begrifflich-gedanklich zum Ausdruck kommt. »Allgemeine« Didaktik (→ *Didaktik und Curriculum / Lehrplan*) differenziert sich in eine »intrakulturelle«, auf Wissensvermittlung *innerhalb* der eigenen Kultur bezogene und eine auf Wissensvermittlung *zwischen* den Kulturen bezogene »interkulturelle« Richtung. Die so entstehende »interkulturelle Didaktik« ordnet und verbreitet Wissen, das für diejenigen von Bedeutung ist, die als didaktisch Handelnde in interkulturellen Kontexten professionell oder semiprofessionell arbeiten oder selbsttätig lernen. Die folgende Darstellung versucht, einen Überblick über die für sie charakteristischen Handlungsfelder und Wissensgebiete zu geben und dabei in exemplarischer Weise auf disziplinäre Zusammenhänge, bedeutsame Inhalte, Interessen, Methoden und Institutionen hinzuweisen, die dabei eine Rolle spielen.

Wenn im folgenden Zusammenhang von »Handlungsfeldern« und »didaktischem Handeln« die Rede ist, so ist darunter nicht nur die Durchführung von Lehrveranstaltungen in Klassenräumen zu verstehen. Didaktisches Handeln kann auch auf der *Systemebene* (z. B. als Mitarbeit in Planungsabteilungen von Betrieben und Behörden), auf der *Programmebene* (z. B. in der Curriculumentwicklung) oder in Einrichtungen stattfinden, die der Aus- und Weiterbildung von Lehrern, Ausbildern, Dozenten und Trainern dienen, ferner in Einrichtungen, die mit der Produktion von Medien (z. B. Bildungsfernsehen) und Lehrbüchern (z. B. Verlage) befaßt sind. Didaktisches Handeln außerhalb von Klassenräumen ist für den Bereich der interkulturellen Didaktik insofern typisch, als die im folgenden skizzierten Handlungsfelder sehr häufig gerade »Experten«, »Berater«, »Gutachter« und »Organisatoren« verlangen, die eher mittelbar als unmittelbar mit Lehre beschäftigt sind. Außerdem spielt in interkulturellen Zusammenhängen auch nicht-formelle (non-formale) Bildung eine Rolle, die außerschulische Lernorte und selbstorganisiertes Lernen bevorzugt.

2 Interkulturelle Kontexte für didaktisches Handeln

Gegenstand interkultureller Didaktik im weiteren Sinne ist didaktisches Handeln in interkulturellen Kontexten. Deshalb gilt es zunächst zu bestimmen, was unter »interkulturellen Kontexten« zu verstehen ist. Im allgemeinsten Sinne sind dies Gesellschaften,

Nationen, Organisationen oder Situationen, in denen Angehörige verschiedener kultureller Zugehörigkeit zusammen leben, arbeiten und lernen, im besonderen
- *Übergangsgesellschaften*, in denen Elemente traditionaler und moderner Kultur nebeneinander bestehen, wie dies in den meisten Nicht-Industrieländern (Entwicklungsländern) der Fall ist,
- *multikulturelle Gesellschaften*, in denen Angehörige verschiedener kultureller Zugehörigkeit langfristig auf demselben Territorium leben,
- *Bereiche des Kulturaustausches*, in denen Schüler und Studenten, Wissenschaftler und Praktiker, Touristen und Journalisten für einen begrenzten Zeitraum im Ausland leben, um zu lernen und zu arbeiten,
- *internationale Organisationen*, in denen Angehörige verschiedener Partnerländer an Aufgaben arbeiten, die von nationen-übergreifendem Interesse sind, und schließlich
- *Projekte interkultureller Bildungsforschung*.

Eine weiter gehende systematische Ausdifferenzierung dessen, was sich als »interkultureller Kontext« bezeichnen läßt, findet sich bei BOCHNER (1982) (→ *Deutsche Bildungseinrichtungen im Ausland;* → *Ausländische Kinder an deutschen Schulen*).

3 Handlungsfelder für professionelle und semi-professionelle Tätigkeit auf dem Gebiet interkultureller Didaktik

Die vorstehend skizzierte Bestimmung des Begriffs »interkulturelle Didaktik« erlaubt es nun, Bereiche professioneller und semi-professioneller Tätigkeit auszuweisen, welche Qualifikationen auf dem Gebiet der interkulturellen Didaktik verlangen. Diese Bereiche sollen zunächst durch Angabe der potentiellen »Abnehmer« solcher Qualifikationen charakterisiert werden, nämlich derjenigen Organisationen, die in erheblichem Umfang Projektträger sowie Abnehmer und Beschäftiger von Personen sind, die auf dem Gebiet interkultureller Didaktik Handlungskompetenz erworben haben.

3.1 Handlungsfeld »Übergangsgesellschaft/Dritte Welt«

Als erstes Handlungs- und Berufsfeld sind hier Organisationen zu nennen, die mit der Vermittlung »modernen« Wissens an Zielgruppen aus traditionalen Herkunftskulturen in Übergangsgesellschaften, insbesondere in Ländern der Dritten Welt, befaßt sind. Dabei sollen allerdings nur die wichtigsten der in der Bundesrepublik auf dem Gebiet der ›Bildungshilfe‹ tätigen Organisationen genannt werden, welche Personen beschäftigen, die auf dem Gebiet interkultureller Didaktik qualifiziert sind oder sein sollten. Der herkömmlichen Gliederung in staatliche und nichtstaatliche Träger folgend, sind dies die »Deutsche Stiftung für Internationale Entwicklung« (DSE), der »Deutsche Entwicklungsdienst« (DED), die »Gesellschaft für Technische Zusammenarbeit« (GTZ) und die »Carl-Duisberg-Gesellschaft« (CDG) im staatlichen Bereich. Hilfsorganisationen der Kirchen (»Brot für die Welt«, »Misereor«), Stiftungen der politischen Parteien und eine Reihe weiterer privater Organisationen sind Träger nichtstaatlicher Bildungshilfe. Ein kurzer Überblick über den Gesamtbereich findet sich bei DANCKWORTT (1981).

3.2 Handlungsfeld »multikulturelle Gesellschaft«
Ein zweites Handlungs- und Berufsfeld, das Kenntnisse auf dem Gebiet der interkulturellen Didaktik erfordert, ist die Arbeit mit Angehörigen kultureller Minderheiten in multikulturellen Gesellschaften. Die in der Bundesrepublik als »Ausländerpädagogik« oder »Interkulturelle Pädagogik« bezeichneten Praxisrichtungen haben in anderen Ländern, etwa in europäischen Ländern mit kolonialer Vergangenheit oder mit keltischen, baskischen oder lappischen Minderheiten, aber auch in den USA und in Kanada (Quebec), eine längere Tradition vorzuweisen. Als Beschäftiger kommen hier vor allem die Schulbehörden sowie öffentliche und private (insbesondere kirchliche) Träger von Ausländerbetreuungs- und Sozialhilfeeinrichtungen in Frage. Weiterführende Informationen über dieses Handlungsfeld finden sich für den europäischen Bereich in dem vom Europarat in Straßburg herausgegebenen Übersichtsband »Compendium of Information on Intercultural Education Schemes in Europe« (1983) (→ *Ausländische Kinder an deutschen Schulen*).

3.3 Handlungsfeld »Kulturaustausch«
Als drittes Handlungsfeld interkultureller Didaktik ist Kulturaustausch zu erwähnen. Hierunter fallen alle Formen des organisierten Austauschs von Wissen (interkultureller Wissenstransfer), von Erfahrungen und Meinungen durch wechselseitige Besuche von Personen, die auf verschiedenen Gebieten der Wissens- und Kulturproduktion arbeiten und lernen. Jugend- und Schüleraustausch, Studentenaustausch, Wissenschaftleraustausch, Künstleraustausch und Expertenaustausch sind in diesem Zusammenhang ebenso erwähnenswert wie internationale Partnerschaften (Städtepartnerschaften, Schulpartnerschaften etc.). Da wechselseitiges Lernen eine der Hauptbegründungen für solche Austauschprogramme ist, kann interkulturelle Didaktik dazu beitragen, durch Analyse und Planung von Austauschpraxis deren Qualität zu verbessern.

In der Bundesrepublik existieren verschiedene Arbeitskreise und Organisationen, die Kulturaustausch in diesem weiten Sinn organisieren. Erwähnung verdienen hier der »Deutsche Akademische Austauschdienst« (DAAD), der Träger für den Studenten- und Wissenschaftsaustausch ist, sowie die »Goethe-Institute«, die primär für die Außendarstellung der Kultur der Bundesrepublik Deutschland zuständig sind. Einen guten Überblick über dieses wie auch über die anderen o. a. Handlungsfelder liefert das von der VEREINIGUNG FÜR INTERNATIONALE ZUSAMMENARBEIT herausgegebene »Handbuch für internationale Zusammenarbeit« (1959 ff.) (→ *Deutsche Bildungseinrichtungen im Ausland*).

3.4 Handlungsfeld »internationale Organisationen«
Die für den Bildungsbereich zuständigen internationalen Organisationen sind ein viertes großes Handlungs- und Berufsfeld interkultureller Didaktik. Hierzu gehören die »UNESCO« und ihre Unterorganisationen (z. B. »UNICEF«), die nicht nur auf zentraler, sondern auch auf regionaler und nationaler Ebene über Einrichtungen verfügen (wie z. B. die »Deutsche UNESCO-Kommission« mit Sitz in Köln). Auch die »Weltbank« in Washington sei als Träger wichtiger Bildungshilfe-Projekte erwähnt. Für den Bereich der Berufsbildung sind das »Internationale Arbeitsamt« (»ILO«) mit Sitz in Genf und für die Gesundheitserziehung die Weltgesundheitsorganisation (»WHO«) als Projektträger und potentielle Beschäftiger zu nennen, da hier die Bundesrepublik Deutschland als

Mitglied immer auch Anspruch auf eine bestimmte Anzahl freier Stellen hat. Dies gilt auch für diejenigen internationalen Organisationen, welche die Zusammenarbeit im Bildungsbereich auf europäischer Ebene (»Europarat« in Straßburg und »Europäische Gemeinschaft« in Brüssel) und innerhalb der westlichen Industrieländer (»OECD«) organisieren.

3.5 Handlungsfeld »interkulturelle Unterrichts- und Bildungsforschung«

Als fünftes und letztes Handlungsfeld interkultureller Didaktik ist die interkulturelle Unterrichts- und Bildungsforschung zu nennen. Zwar ist die Zahl der Personen und Institutionen, die in der Bundesrepublik auf diesem Gebiet arbeiten, derzeit noch relativ gering, doch gibt es mehrere Einrichtungen, die regelmäßig auch interkulturell-didaktische Forschungsprojekte durchführen. Zu erwähnen sind hier das »Deutsche Institut für Internationale Pädagogische Forschung« (DIIPF) in Frankfurt, das »Max-Planck-Institut für Bildungsforschung« (MPI) in Berlin, das »Internationale Schulbuchinstitut« in Braunschweig, das »UNESCO-Institut für Pädagogik« in Hamburg sowie Institute an verschiedenen Hochschulen. Die »Kommission Bildungsforschung mit der Dritten Welt« und die »Kommission für vergleichende Erziehungswissenschaft« der »Deutschen Gesellschaft für Erziehungswissenschaft« sind Zusammenschlüsse von Wissenschaftlern, die auf dem Gebiet der interkulturellen Bildungsforschung arbeiten. Als europäische Institutionen mit internationalem Einzugsbereich sind zu nennen das »International Bureau of Education« (IBE) in Genf und das »International Institute of Educational Planning« (IIEP) in Paris ($\rightarrow$ *Strukturfragen des Bildungswesens im internationalen Vergleich ...*).

4 Wissensvorräte und Wissensarten interkultureller Didaktik

Die o. a. kurze Darstellung charakteristischer Handlungs- und Berufsfelder für professionelles oder semi-professionelles didaktisches Handeln in interkulturellen Kontexten führt zu der Frage, auf welche Bestände gesicherten – vor allem auch wissenschaftlich gesicherten – Wissens diejenigen zurückgreifen können, die in ihnen tätig sind. Darüber hinaus stellt sich die Frage nach den wissenschaftlichen Disziplinen, die dieses Wissen erzeugen. Der folgende Überblick über die bislang erkennbaren Wissensbestände schließt sich eng an die o. a. Gliederung nach Handlungs- und Berufsfeldern an. Verzichtet wird auf eine Gliederung nach der disziplinären Herkunft dieses Wissens, und zwar deshalb, weil didaktisches Handeln in interkulturellen Kontexten in aller Regel eine interdisziplinäre Grundlage hat. Außer der Allgemeinen Didaktik und der Fremdsprachendidaktik tragen nämlich verschiedene Disziplinen zur Erzeugung handlungsrelevanten Wissens bei: Interkulturelle Psychologie, Erziehungsethnologie, Kulturphilosophie, Vergleichende Erziehungswissenschaft, Interkulturelle Kommunikationswissenschaft und Kultursoziologie, um nur die spezifischen Richtungen der größeren Disziplinen zu nennen.

Wenn in diesem Zusammenhang von handlungsrelevantem Wissen die Rede ist, so bezieht sich dies nicht nur auf Handlungs- und Problemlösungswissen (»know-how«), also auf Techniken, Fertigkeiten, Verfahren und Strategien der jeweiligen Handlungsträger (einschließlich der Lerner selbst). Deutungs- und Bewertungswissen (»know-why«) ist von gleichem Gewicht, also Wissen über Positionen, Wertvorstellungen, Motive, Begründungen sowie Deutungs- und Erklärungsmuster.

Das für interkulturell-didaktisches Handeln relevante *Handlungs- und Problemlösungswissen* beinhaltet außer gründlichen Kenntnissen auf dem Gebiet der Allgemeinen Didaktik im besonderen Sensibilität für kulturelle Kontexte, landeskundliche Kenntnisse sowie Wissen über spezifische Lernbedingungen und Lernvoraussetzungen der Zielgruppen. Es umfaßt außer Sprachkenntnissen auch Wissen über kulturspezifische Lern- und Kommunikationsformen sowie über zentrale Wertvorstellungen, Zeit- und Raumvorstellungen sowie Autoritätsstrukturen der jeweiligen Partnerkulturen. *Deutungs- und Bewertungswissen* bezieht sich demgegenüber vorwiegend auf einen aufgeklärten Umgang mit den eigenen Wertvorstellungen, aus denen die handlungsleitenden Motive erwachsen, so etwa die Klärung der eigenen Position zwischen universalistischen und kulturrelativistischen Optionen, zwischen Anpassung und Wahrung kultureller Identität sowie zwischen interkultureller und transkultureller Orientierung. Wichtige Hinweise hierzu liefert SCHÖFTHALER (1984).

Im folgenden wird eine exemplarische Auswahl von Beiträgen vorgestellt, in denen handlungsrelevantes Wissen auf dem Gebiet interkultureller Didaktik erzeugt, geprüft und angewendet wurde.

4.1 Organisiertes Lernen und Vermittlung modernen Wissens bei Zielgruppen mit traditionaler Prägung

Vor allem im Rahmen von Projekten der Entwicklungshilfe haben es Lehrende aus modernen Kulturen (Entwicklungshelfer, »Experten«) aber auch einheimische Lehrer und Dozenten häufig mit Zielgruppen zu tun, die in ihren Erfahrungen, Denkmustern, Lernstilen und Kommunikationsformen bereits geprägt sind, da in traditionalen (Stammes-)Kulturen sehr unterschiedliche Formen der intrakulturellen Überlieferung von Wissen vorkommen (SPINDLER 1974). Diese Besonderheiten traditional-kultureller Prägung gilt es zu berücksichtigen, wenn modernes Wissen erfolgreich vermittelt werden soll. In der Zusammenarbeit von Ethnologie, Psychologie und Didaktik gilt es dann, wissenschaftliche Erkenntnisse über angepaßte Handlungsformen zu erzeugen.

Ein klassisches Beispiel hierfür ist die Einführung der »Neuen Mathematik« in Schulen Liberias in den 70er Jahren. Die dabei auftretenden Probleme (z. B. Lernschwierigkeiten) wurden in einer ausführlichen Studie von GAY/COLE (1967) untersucht, die zu den »Klassikern« interkultureller Didaktik zählen. Dabei ist hervorzuheben, daß die Gestaltung der Praxis ebenso wie die Studie selbst in der Kooperation von afrikanischen mit euro-amerikanischen Praktikern und Wissenschaftlern erfolgte.

Von exemplarischer Bedeutung ist diese Arbeit jedoch vor allem, weil die am Projekt Beteiligten eine genaue Untersuchung des kulturellen Kontextes vornahmen und auf diese Weise besondere Lernschwierigkeiten der Kinder besser interpretieren und beheben konnten. Dabei wurden zunächst die bei den Kpelle traditionell üblichen Erziehungsformen analysiert, im besonderen Autoritätsverhältnisse, Mythen, Rätsel, Spiele und Entscheidungsverfahren. Sodann wurden traditionelle Klassifikationsweisen, Zahlsysteme, geometrische Formen, Maße, Äquivalenzvorstellungen und Zählverfahren untersucht, gleichzeitig Besonderheiten der Sprache und der logischen Operationen. Empirische Vergleichsuntersuchungen mit in den USA lebenden Kindern wurden durchgeführt, bei denen sich herausstellte, daß die Kinder der Zielgruppe wohl in der Lage waren, Neue Mathematik zu erlernen, wenn man auf eine Veränderung der Autoritätsstrukturen und der Kommunikationsmuster hinwirkte, so daß »entdeckendes Lernen« möglich wurde, und wenn man die Kinder aufforderte, Objekte und Erfahrungen aus ihrer außerschulischen Umwelt zu thematisieren und in den Lernprozeß einzubringen.

4.2 Lernen und Lehren bei kulturellen Minderheiten

Erstaunlicherweise ist die Erzeugung und Verbreitung von wissenschaftlich gesichertem Wissen über Lehren und Lernen bei kulturellen Minderheiten ebenfalls neueren Datums, denn nicht nur in Deutschland, wo bereits im 19. Jahrhundert im Ruhrgebiet eine größere Gruppe von Einwanderern aus dem polnischen Sprach- und Kulturgebiet Kinder zur Schule schickte, war die Berücksichtigung kultureller Verschiedenheit kein Thema der Pädagogik. Auch im klassischen Einwanderungsland USA herrschte die Auffassung vor, daß Einwanderer möglichst rasch zu assimilieren, nicht aber besonders zu betreuen seien.

Erst die Bürgerrechtsbewegung der 60er Jahre und mit ihr die Idee der »kompensatorischen« Erziehung brachten hier einen Wandel mit sich. Dabei stand zunächst vor allem der Aspekt der sozialschicht-bedingten Unterschiede hinsichtlich Sprache und Kommunikationsstil im Mittelpunkt (BERNSTEIN 1972) (→ *Sprache im Unterricht*). Wegen der Überlappung von Sozialschicht und kultureller Herkunft wurde damit teilweise auch die Forderung nach dem Abbau von Bildungsbarrieren für Kinder der kulturellen Minderheiten abgedeckt.

Eine neue Qualität erhielt dann die Forschung über die Erziehung von Kindern kultureller Minderheiten in multikulturellen Gesellschaften durch die Arbeit von RAMIREZ/CASTANEDA (1974). Zielgruppe waren Kinder mexikanischer Einwanderer im Westen der USA. Auf der Grundlage empirischer Untersuchungen sowie eigener didaktischer Experimente entwickelten die Autoren ein neues Erziehungskonzept, das nicht auf Assimilation, sondern auf »kulturelle Demokratie« gerichtet war. Sie bezogen nicht nur die Verwendung der Muttersprache im Unterricht und die Berücksichtigung der besonderen kulturellen Wertvorstellungen ihrer Zielgruppe mit in ihre Untersuchung ein, sondern versuchten, deren »biokognitive Entwicklung« durch Berücksichtigung ihrer kognitiven Stile und ihrer Lernstile zu fördern, und zwar durch entsprechend gestaltete Lernumwelten und Lehrverfahren. Sie verbanden damit die Hoffnung auf »Bikulturalismus«, d. h. die Fähigkeit, Kompetenz in zwei kulturellen Horizonten zu erwerben und situationsgerecht zwischen ihnen »umschalten« zu können. Zu erwähnen ist auch, daß die Autoren eine pauschale Charakterisierung ihrer Zielgruppe vermieden, indem sie auf interne Unterschiede achteten.

Seitdem haben sich auch die westeuropäischen Länder in Richtung auf multikulturelle Gesellschaften weiterentwickelt, so daß auch hier die Frage nach der schulischen Erziehung kultureller Minderheiten breiteres Interesse erhielt. Verständlicherweise hatten dabei die frühen Veröffentlichungen eher programmatischen und anekdotischen Charakter. Doch inzwischen liegen größere empirische Arbeiten und zusammenfassende Übersichten vor. Zu erwähnen ist vor allem die umfangreiche Studie von TAYLOR/ HEGARTY (1985), die in Großbritannien lebende kulturelle Minderheiten aus dem südasiatischen Raum als Zielgruppe hat. Gegenüber RAMIREZ/CASTANEDA kommt darin ein neuer Aspekt zur Geltung: Multikulturelle Erziehung kann sich nicht nur auf Minderheiten beziehen, sondern muß auch die Mehrheit mit einbeziehen.

In der Bundesrepublik Deutschland führte vor allem die Entstehung einer größeren türkischen Minderheit in bestimmten Ballungszentren zur Diskussion und Erforschung des Problems bikultureller, multikultureller oder transkultureller Erziehung. Zu erwähnen ist hier die empirische Untersuchung von AKPINAR u. a. (1977), die Sozialisationsbedingungen und Sozialisationsfelder analysiert, um daraus Handlungsempfehlungen für pädagogisch-didaktische Interventionen abzuleiten. Als Beispiel einer Fallstudie über das Verhältnis türkischer Eltern, die in Berlin leben, zu den Schulen ihrer Kinder sei die Dissertation von HERWARTZ-EMDEN (1986) erwähnt. Einen guten Überblick über den derzeitigen Stand der Diskussion um Ausländerpädagogik und Ausländerarbeit in der Bundesrepublik gibt die vom DEUTSCHEN JUGENDINSTITUT herausgegebene Sammeldarstellung »Ausländerarbeit und Integrationsforschung – Bilanz und Perspektiven« (1987).

Die meisten dieser in der Bundesrepublik unter dem Stichwort »Ausländerpädagogik« bzw. »Interkulturelle Pädagogik« erschienenen Veröffentlichungen haben jedoch vorwiegend programmatischen oder essayistischen bzw. anekdotischen Charakter. Sie nehmen auf die in anderen Ländern durchgeführten Forschungen keinen Bezug, so daß sich bei ihnen gegenüber den erwähnten Arbeiten aus den USA ein gewisses Hinterherhinken in theoretischer wie methodischer Hinsicht feststellen läßt (→ *Ausländische Kinder an deutschen Schulen*).

4.3 Interkulturelles Lernen und interkulturelle Trainings

Die Tatsache, daß Kulturaustausch und Kulturtransfer seit dem Zweiten Weltkrieg erheblich zugenommen haben und daß die Notwendigkeit hierzu immer weniger bestritten wurde, hat die Frage nach geeigneten Verfahren verstärkt. Insbesondere ist deutlich geworden, daß Menschen, die Kulturkontakte aufnehmen oder aufnehmen müssen, jedoch nicht darauf vorbereitet sind, statt der möglichen positiven Wirkungen (z. B. Abbau von Stereotypen und Vorurteilen) eher negative Wirkungen erfahren.

Auch in der Bundesrepublik haben sich aus frühen Anfängen, die vorwiegend analytisch und sozialpsychologisch orientiert waren (MÜLLER 1967), Ansätze einer »Didaktik interkultureller Kommunikation und interkulturellen Lernens« entwickelt. Sie bleiben jedoch sowohl dem Umfang als auch dem Differenzierungsgrad nach weit hinter dem zurück, was sich nach Ausweis des von LANDIS/BRISLIN herausgegebenen dreibändigen »Handbook of Intercultural Training« (1983) und des bereits in 4. Auflage erschienenen Readers »Intercultural Communication« (SAMOVAR/PORTER [4]1985) an analytischem und praktischem Wissen entwickelt hat.

Kern der so entstehenden »Didaktik interkultureller Kommunikation und interkulturellen Lernens«, die zur Vorbereitung auf Kulturkontakte der verschiedensten Art in professioneller Weise betrieben wird, sind außer sprachlichen und länder- bzw. kulturkundlichen Komponenten (»area studies«) vor allem Simulationen (Rollenspiele etc.), Fallstudien (»cultural assimilators«, »critical incidents«), in denen reale Kulturkontakte von Personen anglo-europäischer Herkunft mit Menschen aus Asien, Afrika und Lateinamerika analysiert und interpretiert werden, sowie verschiedene gruppendynamische Methoden, die in organisierten Begegnungen von Lernern unterschiedlicher kultureller Herkunft (»intercultural workshops«) angewendet werden.

In diesem Zusammenhang stellt sich auch die Frage, ob sich beim Aufbau interkultureller Kompetenz Entwicklungsstufen erkennen lassen, die vergleichbar sind mit Stufen kognitiver und moralischer Entwicklung oder die mit ihnen sogar in Zusammenhang stehen (HOOPES 1979) (→ *Entwicklung und Förderung* . . .; → *Moralische Entwicklung und Erziehung*).

4.4 Probleme interkultureller Unterrichts- und Bildungsforschung

Die Überzeugung, daß Wissenschaft auf die Erzeugung allgemeingültigen Wissens gerichtet sein müsse, verdeckt häufig den Aspekt der kulturellen Relativität wissenschaftlichen Wissens. Auch in der Unterrichts- und Bildungsforschung herrschen nicht selten euro- oder anglozentrische Sichtweisen vor, welche die kulturelle Begrenztheit ihres Erkenntnishorizonts ignorieren (HUBERMANN 1987).

Dieser Mangel an Bewußtsein für die kulturelle Relativität wissenschaftlichen Wissens kommt in den Erziehungs- und Sozialwissenschaften auf mehreren Ebenen zum Ausdruck und beeinflußt die Beziehungen zwischen Bildungsforschern und ihren Partnern (Zielgruppen, Versuchspersonen, Praktikern etc.) auf verschiedene Weise:

Auf der Ebene des *Grundverständnisses von Wissenschaft* gehen Forscher, die in der anglo-europäischen Tradition stehen, von weltanschaulichen Grundoptionen aus, die andere Kulturen so nicht teilen: Trennung von Erkennen und Handeln, von Subjekt und Objekt, von Analyse und Synthese (HORTON 1971) (→ *Wissenschaftstheorie*).

Auf der Ebene der *methodologischen Grundentscheidungen* werden »etische« Ansätze bevorzugt, bei denen der Forscher seinen Erkenntnisgegenstand »von außen« betrachtet, gegenüber »emischen« Ansätzen, bei denen er mit den seiner Zielgruppe immanenten kulturellen Kategorien arbeitet (BERRY 1980). Diese Einseitigkeit wird jedoch zunehmend unter dem Einfluß der Erziehungsethnologie überwunden.

Schließlich schlägt sich anglo-europäischer Ethnozentrismus auch in den *Verfahren und Instrumenten der Datenerhebung* nieder. Dies gilt für die Verwendung solcher Tests in außereuropäischen Kulturen, die ursprünglich für anglo-europäische Zielgruppen entwickelt worden waren, was zum Vorwurf mangelnder »kultureller Fairneß« führte. Es gilt aber auch für die Kommunikations- und Interaktionsstile, die Forscher oft wie selbstverständlich bei der Datenerhebung praktizieren, ohne sensibel zu sein für die Verstöße gegen den »guten Ton«, die sie in anderen kulturellen Kontexten damit begehen (HUI/TRIANDIS 1985) (→ *Forschungsmethoden der Erziehungswissenschaft*).

Forschung auf dem Gebiet interkultureller Didaktik muß sich nicht nur dieses Problems der kulturellen Voreingenommenheit des Forschers bewußt sein. Sie muß auch in der Entwicklung ihrer Methoden und in der Ausbildung ihres Nachwuchses besonderen Wert auf »interkulturelle Sensibilität« legen. Somit könnte sie auch einen Beitrag für die »intrakulturelle« Unterrichts- und Bildungsforschung bzw. für die Allgemeine Didaktik leisten, indem sie dazu anregt, auch in der wissenschaftlichen Beschäftigung mit Subkulturen im eigenen Land interkulturelle Sensibilität zu entwickeln.

Literatur

AKPINAR, Ü. u. a.: Pädagogische Arbeit mit ausländischen Kindern und Jugendlichen. Bestandsaufnahme und Praxishilfen. München 1977
BERNSTEIN, B.: Studien zur sprachlichen Sozialisation. Düsseldorf 1972
BERRY, J. W.: Introduction to Methodology. In: TRIANDIS, H. C./BERRY, J. W. (Hrsg.): Handbook of cross-cultural psychology. Bd. 2. Boston 1980, S. 1–28
BOCHNER, S.: Cross-cultural interaction: Theory and definition of the field. In: ders. (Hrsg.): Cultures in Contact. Oxford 1982, S. 1–44
CORNER, T. (Hrsg.): Education in Multicultural Societies. New York 1984
DANCKWORTT, D.: Bildungshilfe der Bundesrepublik Deutschland. In: GOLDSCHMIDT, D. (Hrsg.): Die Dritte Welt als Gegenstand erziehungswissenschaftlicher Forschung. 16. Beiheft der Zeitschrift für Pädagogik. Weinheim 1981, S. 265–271
DEUTSCHES JUGENDINSTITUT (Hrsg.): Ausländerarbeit und Integrationsforschung – Bilanz und Perspektiven. München 1987
EUROPARAT (Hrsg.): Compendium of information on intercultural education schemes in Europe. Straßburg 1983
GAY, J./COLE, M.: The New Mathematics and an old Culture. A Study of Learning among the Kpelle of Liberia. New York 1967
HERWARTZ-EMDEN, L.: Türkische Familien und Berliner Schule. Berlin 1986
HOOPES, D. S.: Intercultural Communication Concepts and the Psychology of Intercultural Experience. In: PUSCH, M. D. (Hrsg.): Multicultural Education: A Cross-Cultural Training Approach. Chicago 1979, S. 9–38
HORTON, R.: African Traditional Thought and Western Science. In: YOUNG, M. F. D. (Hrsg.): Knowledge and Control. London 1971, S. 208–265
HUBERMANN, M.: How Well Does Educational Research Really Travel? In: Educational Researcher 1987, 16. Jg., Nr. 1, S. 5–13
HUI, C. H./TRIANDIS, H. C.: Measurement in Cross-Cultural Psychology: A Review and Comparison of Strategies. In: Journal of Cross-Cultural Psychology 1985, S. 131–153
LANDIS, D./BRISLIN, R. W.: Handbook of Intercultural Training. 3 Bde. New York 1983
MÜLLER, H.: Rassen und Völker im Denken der Jugend. Stuttgart 1967
PUSCH, M. D. (Hrsg.): Multicultural Education: A Cross-Cultural Training Approach. Chicago 1979, S. 104–204
RAMIREZ, M./CASTANEDA, A.: Cultural Democracy, Bicognitive Development, and Education. New York 1974
SAMOVAR, L. A./PORTER, R. E.: Intercultural Communication: A Reader. Belmont '1985
SCHÖFTHALER, T.: Multikulturelle und transkulturelle Erziehung: Zwei Wege zu kosmopolitischen kulturellen Identitäten. In: Internationale Zeitschrift für Erziehungswissenschaft 1984, 30. Jg., S. 11–24
SPINDLER, G. D.: The Transmission of Culture. In: ders. (Hrsg.): Education and Cultural Process. New York 1974, S. 279–310
TAYLOR, M. J./HEGARTY, S.: The Best of Both Worlds. Windsor 1985
VEREINIGUNG FÜR INTERNATIONALE ZUSAMMENARBEIT (Hrsg.): Handbuch für Internationale Zusammenarbeit. Baden-Baden 1959 ff.

Dieter Lenzen

Hochschullehrer/Hochschullehrerin und wissenschaftlicher Nachwuchs

1 Begriffe

1.1 Hochschullehrer und Professor

Der Terminus Hochschullehrer bezeichnet eine Berufsgruppe oder einen Berufsstand, dessen Mitglieder an einer Hochschule, und zwar sowohl an wissenschaftlichen Hochschulen (z. B. Universitäten, Technische Hochschulen, Pädagogische Hochschulen, Medizinische Hochschulen) als auch an Fachhochschulen (→ *Hochschule/Universität*), in jeweils drei Bereichen tätig sind: in der Forschung, der akademischen Lehre und der akademischen Selbstverwaltung. Die Vertreter einzelner wissenschaftlicher Disziplinen wie der Medizin können darüber hinaus auch noch mit zusätzlichen Aufgaben in der »Praxis« ihres Faches betraut sein, etwa in der Krankenversorgung. Die Verwendungsweise des Begriffs ist relativ unabhängig von dem Beschäftigungsstatus des Hochschullehrers. So kann er Beamter (auf Zeit oder auf Lebenszeit) an einer öffentlichen Hochschule sein, aber auch Angestellter an einer vergleichbaren privaten Institution. Er kann hauptamtlich außerhalb der Universität beschäftigt sein und an der Hochschule gleichzeitig als außerplanmäßiger Professor, als Honorarprofessor oder als Privatdozent korporationsrechtlich zur Gruppe der Hochschullehrer gehören. Daneben ist eine erhebliche Zahl arbeitsloser Hochschullehrer nicht zu übersehen. Im Alltagssprachgebrauch wird der Terminus gelegentlich auch zur Bezeichnung des gesamten wissenschaftlichen Personals der Universität verwendet, in der Regel bleibt der Begriff aber auf das habilitierte bzw. den Habilitierten gleichgestellte Personal beschränkt. Die Berufsbezeichnung »Hochschullehrer« verdankt sich nämlich in erster Linie dem verwaltungsrechtlichen Bedarf an einer klar umrissenen Personengruppe mit besonderen Rechten innerhalb der Hochschule, die anderen Mitgliedern der Hochschule teilweise nicht zukommen, z. B. das Recht der Durchführung von bestimmten Lehrveranstaltungen und Examenstypen oder das Recht der maßgeblichen Beteiligung an Habilitations- und Berufungsverfahren. Auch für die Zusammensetzung der Selbstverwaltungsgremien innerhalb der Hochschulen bedarf es einer eindeutigen Beschreibbarkeit der betreffenden Personengruppe.

Während der Terminus Hochschullehrer noch im 19. Jahrhundert kaum erscheint, ist die Bezeichnung »Professor« älter und auch außerhalb der Hochschule verbreiteter. Diese Berufsbezeichnung, deren Abgrenzung zu einem akademischen Titel unscharf ist, reicht im Verständnis des »öffentlichen lehrer(s) an einer höhern schule, besonders an einer universität« (GRIMM 1889, Bd. 18, Sp. 2160) bis auf die ersten Universitätsgründungen in Europa (1088 Bologna) zurück, findet sich aber auch heute noch außerhalb der Hochschulen als Berufsbezeichnung für Gymnasiallehrer. Der lateinische Terminus als solcher ist indessen antiken Ursprungs, und er bedeutet wörtlich: »öffentlich Bekennender«.

1.2 Wissenschaftlicher Nachwuchs

Von »Nachwuchs« im Sinne nachwachsender Generationen innerhalb einer bestimmten gesellschaftlichen Gruppe zu sprechen ist eine Erscheinung der Romantik. Es handelt sich dabei um eine bildliche Übertragung eines Wortes aus der Forstwirtschaft, innerhalb deren »Nachwuchs« die natürliche Regeneration des Waldes durch junge Bäume bedeutet (vgl. GRIMM 1889, Bd. 13, Sp. 234). Die Rede vom »wissenschaftlichen Nachwuchs« läßt auf eine Störung der »natürlichen« Regeneration bei den wissenschaftlichen Berufen schließen, denn in der Tat taucht der Begriff der wachsenden Akademikerarbeitslosigkeit seit der Mitte der 70er Jahre des 20. Jahrhunderts vermehrt auf. Dennoch ist das damit gemeinte Problem früher entstanden. So liegt bereits 1908 eine »Untersuchung über die Lage und die Aufgaben der Extraordinarien und Privatdozenten« mit dem Titel »Der akademische Nachwuchs« vor (vgl. EULENBURG 1908). Heute ist demgegenüber der gesamte Nachwuchs in akademischen Berufen gemeint, wenn vom *akademischen* im Gegensatz zum *wissenschaftlichen* Nachwuchs gesprochen wird.

Die Konzentration auf Probleme des Nachwuchses in wissenschaftlichen und nicht bloß akademischen Berufen (zu denen alle Berufe gehören, für deren Ausübung ein Hochschulabschluß verlangt wird) legt es nahe, den Begriff an weitere Merkmale zu knüpfen. So hat der Wissenschaftsrat zur Vereinheitlichung der breiten Diskussion über die Zukunft des wissenschaftlichen Nachwuchses unlängst folgende Definition geprägt:

»Unter dem Begriff ›wissenschaftlicher Nachwuchs‹ werden ... Personen verstanden, die sich im Anschluß an einen ersten Studienabschluß durch wissenschaftliche Arbeit an einer Hochschule oder einer außeruniversitären Forschungseinrichtung für eine Tätigkeit qualifizieren, in der sie an der Mehrung und Weiterentwicklung der wissenschaftlichen Erkenntnisse und technischen Innovation mitwirken können. Je nach den angestrebten und erreichten Zielen dieser wissenschaftlichen Weiterqualifizierung läßt sich unterscheiden zwischen
- Hochschulabsolventen, die sich wissenschaftlich weiterqualifizieren, ohne damit eine Promotion anzustreben (Post-Graduierte);
- Hochschulabsolventen, die sich auf eine Promotion vorbereiten (Doktoranden);
- Hochschulabsolventen, die sich im Anschluß an die Promotion wissenschaftlich weiterqualifizieren, ohne mit einem unmittelbaren Verbleiben an der Hochschule oder vergleichbaren Institutionen zu rechnen (Post-Doktoranden);
- Hochschulabsolventen, die sich im Anschluß an die Promotion wissenschaftlich weiterqualifizieren mit dem Ziel eines Verbleibens in der Hochschule (Hochschullehrernachwuchs).« (WISSENSCHAFTSRAT 1980, S. 3)

Dieses Begriffsverständnis markiert die Absicht, die massiven Engpässe bei der Beschäftigung des wissenschaftlichen Nachwuchses im Hochschulbereich durch ein semantisches Mittel zu bewältigen. Das traditionelle Verständnis von wissenschaftlicher Forschung und Lehre wird ausgedehnt auf Arbeit im Bereich von »development« (Entwicklung) und »dissemination« (Verbreitung), die lediglich dem Kriterium der »Eigenständigkeit« genügen muß. Damit wird der auf eine Tätigkeit in einer Hochschule gerichtete Nachwuchs fast zu einer Randerscheinung. Die begriffliche und substantielle Ausdehnung des Begriffs von wissenschaftlichem Nachwuchs auf Tätigkeiten außerhalb der Hochschulen zielt auf die sogenannte freie Wirtschaft und damit nur noch auf bestimmte wissenschaftliche Disziplinen, insbesondere auf die Natur- und Ingenieurwissenschaften. Da es eine Tätigkeit für den wissenschaftlichen Nachwuchs in der Pädagogik außerhalb der Hochschulen aber nur noch in etwa 15 Forschungsinstituten gibt, die ausnahmslos Körperschaften des öffentlichen Rechts sind, muß die Betrachtung der Strukturprobleme des wissenschaftlichen Nachwuchses in der Erziehungswissenschaft auf die Darstellung von Konzepten verzichten, die sich mit der Förderung des wissenschaftlichen Nachwuchses in Wirtschaftsbetrieben befassen.

2 Geschichte

2.1 Der Hochschullehrerberuf, insbesondere im Fach Erziehungswissenschaft

Wenn man den Begriff der Hochschule weit auslegt, dann lassen sich, ganz abgesehen von vergleichbaren Einrichtungen in frühen Hochkulturen, ihre Spuren auch für die Geschichte des Hochschullehrerberufs bis in die Antike zurückverfolgen; zu den bekanntesten dürften die griechischen philosophischen Akademien in der Zeit des Hellenismus (ab 4. Jh. v. Chr.) gehören.

An diese Tradition wurde im europäischen Mittelalter angeknüpft. Dabei wurden allerdings bestehende Schulen des Rechts und der Medizin zum Ausgangspunkt von Universitätsgründungen, so bei der Universität von Bologna (gegründet 1088). Eine zweite frühe Gründung stellt die Universität von Paris dar (zwischen 1174 und 1231), die auf der Grundlage bestehender Dom- und Klosterschulen errichtet wurde und den in ihr tätigen Hochschullehrern, den Magistern, bereits eine privilegierte Stellung einräumt. Im 13. bis 15. Jahrhundert folgten dann auch auf deutschsprachigem Gebiet zahlreiche Universitätsgründungen, beginnend 1347 mit der Universität Prag. Bereits zu Beginn des 16. Jahrhunderts existierten in Europa insgesamt 75 Universitäten. Die soziale Lage der Professoren war jedoch keineswegs überall befriedigend, weil sie ihren Lebensunterhalt in der Regel durch eine ihrer »Wissenschaft« korrespondierende praktische Tätigkeit finanzieren mußten, z. B. als Juristen oder Ärzte (vgl. PAULSEN 1966) (→ *Hochschule / Universität*).

Erst mit einer neuen Phase in der deutschen Universitätsgeschichte im 16. und 17. Jahrhundert änderte sich diese Situation. Im Gefolge der Reformation und der Entstehung zahlreicher Territorialstaaten entstanden neue Universitäten auf Initiative und unter Aufsicht der Landesfürsten auf jeweils konfessioneller Grundlage. Die größere soziale Sicherheit der forthin als »Professoren« bezeichneten Hochschullehrer wurde allerdings um den Preis der akademischen Freiheit erkauft: sie wurden als Staatsbeamte auf Konfession und Staat verpflichtet.

Diese Entwicklung blieb indessen nicht ohne Wirkung auf die Anziehungskraft der Hochschulen, deren Besuch bis zum Ende des 18. Jahrhunderts stark zurückging. Erst unter den aufklärerisch motivierten preußischen Reformbemühungen entstand eine weitere Phase der Hochschulgeschichte. Die Universitäten wurden als *Aus*bildungsstätten (wieder-)entdeckt und auf Utilität verpflichtet. So gehörte zu dieser Phase neben der Einführung des Deutschen als Vorlesungssprache sowie der Aufnahme naturwissenschaftlicher und neuphilologischer Disziplinen auch die Gründung von Spezialhochschulen im medizinischen, technischen und agrarwissenschaftlichen Bereich (→ *Hochschule / Universität*).

In diese Phase fällt auch der Beginn der Pädagogik als Universitätsdisziplin und damit der Anfang des Hochschullehrers der Pädagogik. Institutionell kann dieser Anfang an die Übernahme des ersten Lehrstuhls für Pädagogik an einer deutschen Universität festgemacht werden: Ernst Christian TRAPP, ein Pädagoge der Aufklärung, nahm ihn 1779 an der Universität Halle ein. Dieser Vorgang verdankte sich einer Aufwertung der Philosophie als vormals »unterer« Fakultät gegenüber den »oberen« Fakultäten, der theologischen, juristischen und medizinischen. Es war eine Entwicklung, die in Halle als einer jungen Universität (gegründet 1694) mit der Wiederbelebung des Prinzips der Denk- und Lehrfreiheit eng verknüpft war, als deren Garant die Philosophie angesehen wurde (vgl. BLANKERTZ 1982, S. 55).

Ein Durchbruch wurde diese Lehrstuhleinrichtung aber nicht. Sie war Exempel einer vereinzelten Erscheinung. Aufklärungspädagogik blieb in der Mehrzahl ihrer Vertreter auf Kommunikationswege außerhalb der Hochschulen beschränkt, sei es in der Person eines Pietisten wie August Hermann FRANCKE, der als Pädagoge in den von ihm gegründeten Stiftungen in Halle wirkte, sei es in der Figur eines Johann Bernhard BASEDOW, der 1774 seine Musterschule »Philanthropin« in Dessau begründete, oder seien es Aufklärungspädagogen wie Joachim Heinrich CAMPE oder Christian Gotthilf SALZMANN, die eher durch ihre Publikationen wirkten. Allein, auf diese Weise ließ sich eine Universitätswissenschaft von der Erziehung und vom Unterricht nicht errichten. So erstaunt es nicht, daß die zeitlich parallele neuhumanistische Gegenbewegung das Projekt einer wissenschaftlichen Pädagogik konterkarierte, obgleich die Bedingungen für ihre Begründung nicht ungünstig waren. Durch die neuhumanistische Rehabilitierung der Antike und mit ihr der Altertumswissenschaften entstand nämlich ein von der Theologie unabhängiger Stand der Gymnasiallehrer, dem eine entfaltete wissenschaftliche Pädagogik sich hätte als Grundwissenschaft andienen können (→ *Lehrer / Lehrerin*). Aber die Philologen übernahmen aus der theologisch dominierten Ausbildung der Lateinschullehrer den grundlegenden Gedanken, daß der Altertumswissenschaft, genauer: den alten Sprachen, wie vormals der Theologie das erforderliche pädagogische Moment immer schon inhärent sei, weil die Kenntnis der alten Sprachen mit Bildung und ihrer Vermittlung synonym sei. Folglich war bereits der Nachfolger TRAPPS Philologe: Friedrich August WOLF. Sein philologisches Seminar bildete ausschließlich Lehrer für gelehrte Schulen aus. Wer Lehrer an einem (neuhumanistischen) Gymnasium werden wollte, hatte nach 1810 das von HUMBOLDT eingeführte »examen pro facultate docendi« abzulegen, welches an das Studium der Altertumswissenschaften gebunden war. So blieb, was die Universitäten betrifft, die Pädagogik ein Bestandteil der Aufgaben von Hochschullehrern der Philosophie, die (wie KANT 1776/77 und 1780) gelegentlich Pädagogik lasen. Auch die Ausbildung der Lehrer für die Elementarschule, deren Konsolidierung gleichfalls unter HUMBOLDT einsetzte, erbrachte keine universitäre Pädagogik. Unter dem Eindruck der Erfolge PESTALOZZIS wurde sein Schüler ZELLER in Königsberg damit beauftragt, ein »Normalinstitut« zu begründen, zu dem ein Lehrerseminar gehörte. Es sollte noch 150 Jahre dauern, bis die hier erstmals entschieden realisierte Institutionalisierung der Lehrerbildung für die späteren Volksschulen als Lehrer*ausbildung* zu einem Bestandteil der Universitätspädagogik wurde.

An dieser Gesamtlage hat sich im 19. Jahrhundert kaum etwas verändert. So stellt PAULSEN noch für das Jahr 1887 fest, daß in Preußen keine pädagogischen Universitätsseminare (Institute) existieren (vgl. PAULSEN 1897, S. 622) und daß der allenthalben aufkommenden Kritik an der philologischen Orientierung der Lehrer lediglich mit der

Errichtung von Lehrerbildungsanstalten an den Gymnasien begegnet wurde. Und auch das neue Jahrhundert brachte für den Rest der Kaiserzeit keine Änderung. Aber die Stimmen mehrten sich, die eine eigene Universitätsdisziplin »Pädagogik« forderten, wenngleich nicht ohne Bedenken (wie 1917 TROELTSCH), weil es keine studentische Klientel für ein solches Fach gebe und weil jede Form der Vermittlung praktischer Fertigkeiten der Erziehung und des Unterrichts in einer philosophischen Fakultät deplaziert sei. So verlangt TROELTSCH eine »rein theoretische Disziplin ... in dem Sinne einer historischen Erkenntnis der Institutionen und einer allgemein philosophisch-kulturgeschichtlichen Begründung ihrer Ziele« (TROELTSCH 1969, S. 212).

Aber die eigentliche Geschichte des Hochschullehrers der Pädagogik beginnt auch an dieser Stelle nicht, sondern doch über den Umweg einer Verwissenschaftlichung der Vermittlung praktischer Fertigkeiten für den Lehrer. Eduard SPRANGER sah 1920 in der Aufnahme derartiger praktischer Studien eine Gefahr für die Würde der philosophischen Fakultäten und trat gewissermaßen die Flucht nach vorn an mit der Forderung nach einer »Bildnerhochschule« (vgl. SPRANGER 1965, S. 44), einer pädagogischen Hochschule mit Akademiecharakter. Auf diese Weise rettete er den Philologenstatus gegenüber einer Vermengung mit dem Stand der Volksschullehrer (→ Lehrer/Lehrerin). Für den in den 20er Jahren errichteten neuen Typus der Akademie waren, wie die Denkschrift des Preußischen Ministeriums für Wissenschaft, Kunst und Volksbildung von 1925 zeigt, »Studenten und Studienräte« (PREUSSISCHES MINISTERIUM ... 1965, S. 94) vorgesehen. Schon 1930 fordert der Preußische Lehrerverein aus leicht durchsichtigen Gründen des Standesinteresses die Aufwertung der Pädagogischen Akademien und spätere Eingliederung in die Universitäten (PREUSSISCHER LEHRERVEREIN 1965, S. 190). Das würde die Aufwertung der Dozenten zu Professoren bedeutet haben, verbunden mit der Verleihung des Habilitationsrechts und der Einrichtung von Privatdozenturen sowie Assistentenstellen zur Sicherung des wissenschaftlichen Nachwuchses (ebd., S. 191 f.). Diese Forderungen haben sich in breiter Linie aber erst nach 1945 erfüllt, und zwar in zwei Schritten: Zunächst wurden die pädagogischen Akademien 1955 aufgrund des »Gutachtens über die Ausbildung der Lehrer an Volksschulen« des DEUTSCHEN AUSSCHUSSES FÜR DAS ERZIEHUNGS- UND BILDUNGSWESEN (vgl. 1966) zu Pädagogischen Hochschulen, d. h. also wissenschaftlichen Hochschulen mit weitgehenden Implikationen für die in ihnen tätigen Hochschullehrer umgewandelt. Eine völlige Gleichstellung der, nunmehr, Professoren der Pädagogischen Hochschulen mit ihren Kollegen an den Universitäten ergab sich indessen erst in einem zweiten Schritt nach den Auflösungen der Pädagogischen Hochschulen in etlichen Bundesländern und ihrer Integration in die Universitäten am Ende der 70er bzw. am Beginn der 80er Jahre. Hier trafen die Hochschullehrer der Pädagogik mit den Erziehungswissenschaftlern der Universitäten zusammen, deren Zahl im Zusammenhang der Bildungsexpansion zwischen 1965 und 1978 erheblich zugenommen hatte. Betrug die Zahl der Universitätsprofessoren der Pädagogik in der Bundesrepublik Deutschland noch im Wintersemester 1953/54 nicht mehr als 14, so umfaßte sie auf dem Höhepunkt der Bildungsexpansion nun nahezu 1000 Professoren der Erziehungswissenschaft (ohne Fachdidaktik). Noch ist aber der Vorgang der Integration Pädagogischer Hochschulen im Kontext einer Vereinheitlichung der Lehrerbildung nicht abgeschlossen. In einigen Bundesländern (Baden-Württemberg, Schleswig-Holstein, modifiziert in Niedersachsen und Rheinland-Pfalz) bestehen Pädagogische Hochschulen weiter, während in anderen (z. B. Berlin) die interne Struktur der Lehrerbildung nach der PH-Integration immer neuen Modifikationen ausgeliefert wird. In deren Zentrum steht die Frage des Verbleibs der Hochschullehrer der Fachdidaktik. Gerade in Berlin ist der konsequenteste Versuch einer Integration von Erziehungswissenschaft und Fachdidaktiken in einem Zentralinstitut (vgl. FISCHLER u. a. 1981) politisch gescheitert, so daß sich die Frage stellt, ob angesichts der quantitativen Überschwemmung der Universitätspädagogik durch die PH-Integrationen nicht Eduard SPRANGERS Befürchtung eingetroffen ist: »Denn was nun entsteht, würde nur noch dem Namen nach eine Universität, in Wahrheit aber ein Großbetrieb der Kenntnisvermittlung sein.« (SPRANGER 1965, S. 59)

Und in der Tat stellt sich die Gesamtstruktur der Hochschullehrerschaft im Fach Erziehungswissenschaft heute grundlegend geändert dar: Rein quantitativ überwiegen die Professoren an den Universitäten nach erfolgter Integration der pädagogischen Hochschulen. Unterhalb dieser Ebene hat sich eine Schicht von Fachhochschullehrern etabliert, die, vorsichtig beziffert, etwa 380 umfaßt. Oberhalb der Universitätsebene zeichnet sich nun eine Entwicklung ab, die SPRANGER für den Fall einer Aufnahme der Volksschullehrerausbildung in die Universitäten gleichfalls vorausgesagt hat: die Gründung von Akademien oder akademie-ähnlichen Institutionen, in denen nicht gelehrt, sondern nur geforscht wird (ebd., S. 51). Sieht man einmal von dem Berliner »Max-Planck-Institut für Bildungsforschung« (human development) ab, weil es sich sukzessive aus dem Zusammenhang mit der Erziehungswissenschaft löst, so ist beispielsweise das Berliner Wissenschaftskolleg zu nennen, ein »institute for advanced studies«, das bis dato nur zwei Pädagogen als Mitglieder gehabt hat.

2.2 Wissenschaftlicher Nachwuchs

Die sehr junge Geschichte des pädagogischen Hochschullehrerberufs macht verständlich, daß das Problem des wissenschaftlichen Nachwuchses sich in diesem Fach gleichfalls erst sehr spät gestellt hat. Außerhalb oder vor der Pädagogik konstatiert EULENBURG (vgl. 1908) eine historische Entwicklung, die die Existenzsicherung des wissenschaftlichen Nachwuchses, das waren damals die Extraordinarien und Privatdozenten, gefährde. Die Relation zwischen Nachwuchswissenschaftlern und Ordinarien habe sich nämlich seit dem 18. Jahrhundert derart verschoben, daß es eine quantitative Unterrepräsentanz von Ordinarien gegenüber den anderen Universitätswissenschaftlern gebe:

Jahr	1. Ordinariate	2. Extraordinariate	Privatdozenten	Relation 1:2
1758	376	86	38	100: 32
1796	619	141	86	100: 36
1840	633	253	325	100: 96
1860	605	610		100:101
1880	947	433	459	100: 94
1890	1051	581	693	100:121
1900	1135	745	860	100:140
1906	1247	767	1028	100:144

Abb. 1: Relation zwischen Ordinariaten und Stellen für Nachwuchswissenschaftler nach EULENBURG (1908, S. 10ff.)

Obwohl sich die Zahl der Studenten von 1880 bis 1906 verdoppelt hatte (21 000 zu 46 000), war die Zahl der Ordinariate praktisch gleich geblieben. Die sich darin spiegelnde Politik der Überbelastung des planmäßigen Personals und der Nötigung des wissenschaftlichen Nachwuchses zu einem starken Verdrängungswettbewerb hat sich seitdem nicht mehr geändert. Das »Privatdozentenproblem« wurde so dringlich, daß die Nationalsozialisten 1939 die Diätendozentur als Auffangstelle für nichtberufene Privatdozenten schufen, dieses allerdings um den bis heute verlangten Preis, daß die Ernennung zum Dozenten von den Fakultäten auf den Staat überging (vgl. BUSCH 1956, S. 39). Die Berufungschancen für den wissenschaftlichen Nachwuchs stiegen dadurch nicht. Die Relation blieb, wenn man die Zahlen für die Universitäten heranzieht, ähnlich ungünstig wie 1906:

Jahr	1. Ordinariate	2. Nichtordinariate	Relation 1:2
1953/54	1502	2066	100:137

Abb. 2: Relation zwischen Ordinariaten und Stellen für Nachwuchswissenschaftler nach BUSCH (1956, S. 41f.)

Für den wissenschaftlichen Nachwuchs der Universitätspädagogen (für die pädagogischen Akademien liegen keine Zahlen vor) war dagegen die Relation äußerst günstig:

Jahr	1. Ordinariate	2. Nichtordinariate	Relation 1:2
1953/54	12	9	100:75

Abb. 3: Relation zwischen Ordinariaten und Stellen für Nachwuchswissenschaftler im Fach Pädagogik nach ASEMISSEN u. a. (1956, S. 171)

Es herrschte Nachwuchsmangel, weil, wie die Befrager seinerzeit erfuhren, die begabten jungen Wissenschaftler der Philosophie den Vorzug gaben, da Pädagogik als Kuriosum innerhalb der Universität galt und junge Pädagogen an die Pädagogischen Hochschulen abwanderten (ebd.). Diese Mangelsituation hat in der sich seit 1965 zunehmend »Erziehungswissenschaft« nennenden Pädagogik wie in anderen kleinen Fächern, z. B. in der allgemeinen Sprachwissenschaft, unter dem Eindruck der nach 1968 einsetzenden Expansion im Bildungssektor zu einer planlosen Besetzungspolitik zahlreicher Lebenszeit-Professuren mit jungen, zum Teil fachfremden Wissenschaftlern geführt. So betrug der Gesamtbestand an Professoren aller Fächer einschließlich der Fachhochschulprofessoren 1972 bereits 21 119 (vgl. HOCHSCHUL-INFORMATIONS-SYSTEM GmbH 1976, S. 20). Das entspricht einer Steigerung von ca. 1300% in 20 Jahren. Bis 1984 hatte sich diese Zahl auf 33 615 erhöht; hinzu kommen 2401 unbesetzte Stellen (vgl. STATISTISCHES BUNDESAMT 1986, S. 51). Im Jahre 1986 hat die Gesamtzahl etwa 33 000 Stellen betragen. Stellt man dieser Zahl die der seit 1980 Habilitierten gegenüber, so entsteht das Bild einer äußerst günstigen Situation:

Jahr	1. Lebenszeitprofessuren	2. Habilitierte	Relation 1:2
1986	33 000	6 000	100:18

Abb. 4: Relation zwischen Lebenszeitprofessuren und Habilitierten an Universitäten und Hochschulen der Bundesrepublik Deutschland nach KARPEN (zit. n. FAZ v. 31. 7. 1986, S. 4)

Tatsächlich beträgt die Chance für einen Habilitierten, 1986 auf eine Lebenszeitprofessur berufen zu werden, aber nur 100:500. Diese Situation, in der Relationsberechnungen der traditionellen Art als Prognoseinstrument untauglich gewesen sind, hat sich durch eine Reihe von Fakten ergeben, die die neuentstandene, äußerst komplexe Lage im Bereich der Personalstruktur an den Hochschulen kennzeichnen. Trotz der hohen Zahlen an Stellen für Lebenszeit-Professoren beträgt der jährliche Ersatzbedarf jedoch nur 1%. Dieses ist in erster Linie zurückzuführen auf den Altersaufbau der Professorenschaft und in zweiter Linie auf den sinkenden Expansionsbedarf der Hochschulen. So gehört der größte Teil der Hochschullehrer der Gruppe der 35–48jährigen an, die erst nach 1995 emeritiert werden:

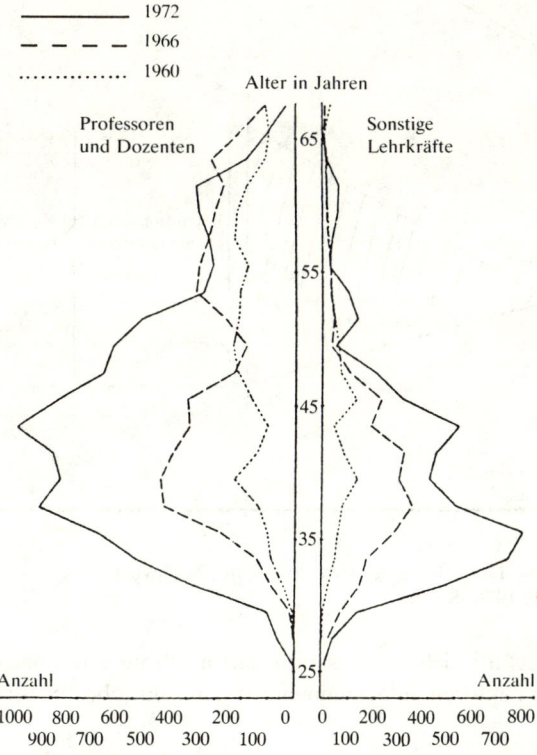

Abb. 5: Altersaufbau der Professoren und Dozenten sowie der sonstigen Lehrkräfte 1960, 1966 und 1972 (WISSENSCHAFTSRAT 1976, S. 117)

Hinzu kommt, daß die Studentenzahlen aus demographischen Gründen seit 1985 rückläufig sind und eine Bereitschaft zu einer inhaltlich motivierten Expansion des Hochschulbereichs mit Ausnahme einiger Fächer (z. B. Informatik, Gentechnologie) kaum noch besteht. Aus Gründen der erheblichen Komplizierung der Verhältnisse wird heute die Chancenberechnung für den wissenschaftlichen Nachwuchs nicht mehr in Relationszahlen zwischen Lebenszeit-Professuren und Habilitanden vorgenommen, sondern nach dem Manpower-Ansatz in Prognosen des Nachwuchsbedarfs. In diese Prognosen werden entsprechend der erweiterten Begriffsfassung für den »wissenschaftlichen Nachwuchs« nun auch Wissenschaftlergruppen vor der Habilitation aufgenommen. Der Nachwuchsbedarf berechnet sich aus Expansions- und Ersatzbedarf:

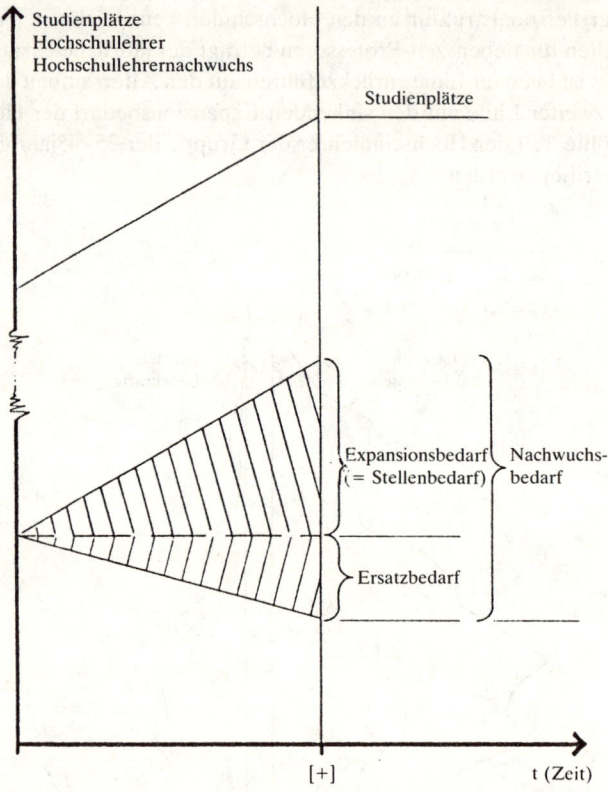

Abb. 6: Systematische Darstellung der Errechnung des Nachwuchsbedarfs (HOCHSCHUL-INFORMATIONS-SYSTEM GmbH 1976, S. 12)

Arithmetisch berechnet sich der Gesamtbedarf an Professoren nach einer Formel, in welche zahlreiche Faktoren aufgenommen worden sind (ebd., S. 9):

$$\text{Bedarf (Prof.)} = S \cdot \frac{\frac{1}{T}\left(\sum_{i=1}^{m} \frac{L_i \cdot F_i \cdot q_i}{G_i}\right)}{D_{\text{Prof.}}}$$

Dabei sind:
S = Anzahl der Studienplätze
T = Durchschnittliche Zeit für einen Studienabschluß
m = Anzahl der Lehrveranstaltungsarten
L_i = Anzahl der notwendigen Lehrveranstaltungen nach Lehrveranstaltungsarten
F_i = Faktor für Vor- und Nachbereitungszeit, mit $1 > F > 0$
q_i = Anteil der Professoren an der Lehre der Veranstaltungsart
G_i = Gruppengröße der einzelnen Lehrveranstaltungsarten
$D_{Prof.}$ = Lehrdeputat der Professoren

Ergänzt um Annahmen zu einem Expansionsbedarf aufgrund wachsender Studentenzahlen, Verbesserung des Lehrangebots, Verringerung der Deputatsverpflichtung sowie um Annahmen zu dem Ersatzbedarf durch Tod, Emeritierung oder sonstiges Ausscheiden, hat die HOCHSCHUL-INFORMATIONS-SYSTEM GmbH auf der Basis der Ist-Personalstruktur von 1972 im Jahre 1976 folgenden Nachwuchsbedarf bis 1995 berechnet:

Fächer	jährlicher Nachwuchsbedarf 1972–1995
Medizin	123
Naturwissenschaften	166
Ingenieurwissenschaften	123
Kulturwissenschaften	193
RWS-Wissenschaften	177

Abb. 7: Jährlicher Nachwuchsbedarf an Professoren von 1972 bis 1995 (ebd., S. VI)

Bei einer Gegenüberstellung des Nachwuchsbedarfs an Professoren mit dem Einstellungsbedarf an Assistenten und anderen »Mittelbauangehörigen« ergeben sich dann Prognosen über die Berufschancen für den wissenschaftlichen Nachwuchs:

Jahr	Einstellungsbedarf an Assistenten zum Stichjahr	Nachwuchsbedarf an Professoren 9 Jahre später	»Berufungschancen« in %
1972	12 000	690	5,7
1975	13 300	460	3,4
1980	15 700	600	3,8
1985	16 800	680	4,0

Abb. 8: Berufschancen für den wissenschaftlichen Nachwuchs von 1972 bis 1985 (ebd., S. VII)

Diese Art von Berechnungen enthält bei aller scheinbaren Präzision eine Reihe von Unsicherheiten. Dazu gehören die Nicht-Prognostizierbarkeit des Studienwahlverhaltens der Abiturienten, die Vernachlässigung von Personalstrukturänderungen und der übrigen Dienstaufgaben neben der akademischen Lehre und, von besonderer Wichtigkeit für die Erziehungswissenschaft, die Vernachlässigung des politischen Umgangs mit der Zukunft des Faches. So wurden Stellenstreichungen seinerzeit überhaupt nicht erwartet, obwohl davon inzwischen zahlreiche Kulturwissenschaften erfaßt worden sind.

Für die Berechnung der Verhältnisse im Fach Erziehungswissenschaft wurde deshalb ein Modell vorgelegt, das auf eine Bedarfsberechnung bewußt verzichtet, sondern lediglich auf der Basis des Stellenbestandes, des Freiwerdens der Stellen aufgrund

Erreichens der Altersgrenze und der Zahlen habilitierter unbeschäftigter Erziehungswissenschaftler die Aussichten des wissenschaftlichen Nachwuchses skizziert, auf eine Lebenszeit-Professur übernommen zu werden. Auf der Grundlage einer Befragung von 92% aller Hochschulen in der Bundesrepublik Deutschland einschließlich West-Berlins ergab sich folgende Situation:

Jahr	1. Professuren	2. Habilitierte	Relation 1:2
1985	935	28	100:3

Abb. 9: Relation zwischen Professuren und unbeschäftigten bzw. inadäquat beschäftigten Habilitierten im Fach Erziehungswissenschaft (vgl. KUCKARTZ/LENZEN 1986)

Rein rechnerisch übertrifft diese Relation alle nur denkbaren Chancen des wissenschaftlichen Nachwuchses in der Geschichte der Universität, insbesondere mit Blick auf die Prognosen in *Abb. 4.* Zieht man jedoch die erwartbaren Zahlen von Habilitierten von 25 pro Jahr sowie die aufgrund der Altersverhältnisse frei werdenden Professorenstellen (nur 32 bis 1990!) heran, so ist die Situation auch ohne Berücksichtigung der massiven Stellenstreichungen der letzten Jahre (97 Professuren von 1975 bis 1985!) folgende:

Jahr	1. frei werdende Professuren	2. Habilitierte	Relation 1:2
1990	52	155	100:298

Abb. 10: Frei werdende Professorenstellen und Habilitierte im Fach Erziehungswissenschaft bis 1990 (vgl. KUCKARTZ/LENZEN 1986)

Auch nach 1990 entspannt sich die Lage nicht, wenn wegen des Altersaufbaus zahlreiche Professuren frei werden, denn die »Althabilitierten« bleiben zumindest rechnerisch als Bewerber erhalten:

Jahr	1. frei werdende Professuren	2. Habilitierte	Relation 1:2
1993–1998	100	303	100:303

Abb. 11: Frei werdende Professorenstellen und Habilitierte im Fach Erziehungswissenschaft von 1993 bis 1998

Diese Gegenüberstellung zeigt deutlich ein Problem, welches sich durch den ungünstigen Altersaufbau der Professorenschaft auch bei den anderen Hochschuldisziplinen ergibt: bei steigenden Habilitandenzahlen (in der Erziehungswissenschaft verdoppelte sich die Zahl von 1980 bis 1985 gegenüber dem Zeitraum von 1975 bis 1980!) und stagnierender bzw. durch Stellenstreichungen sinkender Wiederbesetzbarkeit von Professuren wächst die Zahl hochqualifizierter unbeschäftigter Nachwuchswissenschaftler mit mehreren negativen Nebeneffekten:

- Die Ausbildungskosten für diese Habilitierten sind verloren.
- Das vorhandene Professorenpersonal, aber auch die Nachwuchswissenschaftler »vergreisen« kollektiv. (Das Durchschnittsalter der Habilitierten beträgt bereits 38 Jahre!)
- Zum Zeitpunkt des Ausscheidens großer Zahlen von Professoren stehen keine jungen, innovationsaktiven Nachwuchswissenschaftler zur Verfügung.

Diese Aussicht wird seit einigen Jahren von verschiedener Seite erkannt und führte zu unterschiedlichen Modellen der Förderung des wissenschaftlichen Nachwuchses.

3 Neuere Ansätze zur Förderung des wissenschaftlichen Nachwuchses

Ausdrückliche Ansätze zu einer Förderung des wissenschaftlichen Nachwuchses gibt es in Deutschland seit dem 1. deutschen Hochschullehrertag in Salzburg im Jahre 1907. Wurde dort die Aufgabe der Förderung noch eher in Maßnahmen erblickt, die den »unoffiziellen Lehrkräften«, also den Extraordinarien und Privatdozenten zu einem regelmäßigen Einkommen und zu Mitwirkungsmöglichkeiten in der engeren Fakultät verhelfen sollten, so wandelt sich der Begriff der Förderung später sukzessive. Nicht mehr nur die Versorgung eines ohnehin vorhandenen Nachwuchses steht im Vordergrund, sondern auch die Unterstützung der *Bereitschaft* von jungen Leuten, sich für eine wissenschaftliche Tätigkeit allererst zu qualifizieren. In diesem Sinne wurde bereits 1955 auf der Hochschultagung in Bad Honnef seitens des Nordrhein-Westfälischen Kultusministeriums von der Deutschen Forschungsgemeinschaft die Einrichtung von Habilitandenstipendien gefordert. 1961 wurden solche Stipendien mit Hilfe der Thyssen-Stiftung erstmals an Assistenten vergeben, die aufgrund einer erheblichen Belastung nicht in der Lage waren, eine Habilitation während ihrer Assistentenzeit zu erzielen (vgl. BOCK 1972, S. 197). Seit den 70er Jahren wurden zahlreiche Modelle für die Förderung des wissenschaftlichen Nachwuchses formuliert und teilweise realisiert (vgl. *Abb. 12*).

1986 wurde eine vergleichende Untersuchung über die Qualität der verschiedenen Förderungsmaßnahmen vorgelegt (vgl. BUNDESMINISTER FÜR BILDUNG UND WISSENSCHAFT 1986). Diese am Beispiel ausgewählter Fächer und Hochschulen durchgeführte Untersuchung erbrachte u. a. folgende Resultate:
- Die Zahl der durch Stipendien förderbaren Promovenden ist unzureichend.
- Die quantitative Orientierung von Förderungsmaßnahmen an dem Maß künftig frei werdender Professorenstellen führt zu einer Stagnation der Entwicklung jener Fächer, in denen die Studentenzahlen nicht steigen, weil daran die Meßzahlen für Professoren orientiert sind.
- Doktoranden und Habilitanden finanzieren ihren Qualifikationsprozeß in überwiegendem Maße aus mehr als einer Quelle, weil jede Quelle für sich in der Regel aus zeitlichen (kurze Förderungsdauer) oder ökonomischen (niedriger Stipendiensatz) Gründen nicht ausreicht.
- Die Förderung durch Beschäftigungsverhältnisse wird von der überwiegenden Zahl der Qualifikanden bevorzugt und gewählt, wobei in den Geisteswissenschaften Stipendien eine größere Rolle spielen als in den Ingenieur- und Naturwissenschaften.
- Doktoranden, insbesondere durch Stipendien geförderte, sind oftmals nur unzurei-

Pädagogen und ihre Tätigkeitsfelder

Organisationen / Fördermaßnahmen (Typen)	Bund Graduiertenförderungsgesetz v. 2. 9. 71 und v. 18. 12. 75 und v. 28. 3. 78	Deutsche Forschungsorganisationen	KMK	Bund-Länder-Kommission	Bundesministerium für Bildung und Wissenschaft	Westdeutsche Rektorenkonferenz	Wissenschaftsrat
PHASE I (vom Hochschulabschluß zur Promotion)							
Promotionsstipendien	1971: nicht zurückzuzahlen 1975: zurückzuzahlen und 1976 ausgelaufen. Das Konzept des GFG ist gescheitert: Anhebung als Überschreitungs-, Zwischen-, End- und Teilfinanzierung; schlechtere Abschlüsse als bei Förderung durch Nachwuchsstellen (vgl. BMBW 1978): z. Z. Stipendienprogramme der Bundesländer mit verlorenen (nicht zurückzahlbaren) Stipendien		*Grundstipendien:* bis 900,– DM 2 u. 1 Jahre *Anschlußstipendien:* (im Anschluß an ein Beschäftigungsverhältnis): ca. 1500 DM 1 Jahr Verstärkung der Promotionsförderung über DFG, MPG und private Organisationen	s. KMK 2 Jahre s. KMK	Verschiedene Grundstipendien zwischen 900,– und 1500,– DM Sonst: s. KMK allerdings Vorrang für: →	s. KMK allerdings: keine Regelförderung, sondern konkurrierendes Angebot	keine Festlegung auf bestimmte Förderungsform 3 Jahre, abzüglich Dauer des Beschäftigungsverhältnisses
Beschäftigungsverhältnisse für Hochschulabsolventen			als wiss. Mitarbeiter 2 u. 3 Jahre oder wiss. Hilfskraft, höchstens 4 Jahre	s. KMK aber: 2–3 Jahre	s. KMK aber: 2–3 Jahre	s. KMK	s. KMK aber: höchstens 3 Jahre

Phase	Maßnahme			s. KMK	s. KMK und Stellen in Sonderforschungsbereichen	s. KMK aber nicht ausschließlich
PHASE II (von der Promotion zur Habilitation)	Beschäftigungsverhältnisse für Promovierte		Hochschulassistenten i. V. z. Professorenstellen 1:5	s. KMK		
	Habilitationsstipendien		Erweiterung der Förderung durch die deutschen Forschungsorganisationen	s. KMK		post-Doktorandenförderung mit befristeten Zeitverträgen (3 Jahre) und dem Ziel der späteren Tätigkeit außerhalb der Hochschule
PHASE III (von der Habilitation bis zur Dauerstelle in Wissenschaft und Forschung)	Stipendien für Habilitierte	seit 1978 als »Heisenberg«-Programm realisiert: 5-Jahres-Stipendien für hochqualifizierte Habilitierte mit max. 33 Jahren. Entspricht ca. C 2	Heisenberg-Programm			
	Beschäftigungsverhältnisse für Habilitierte	ursprünglich als Dauerprofessur bis zur Berufung auf Lebenszeitprofessur. Höchstalter: 31-33 Jahre	Professur auf Zeit			»Fiebiger-Plan«: Einrichtung von personengebundenen Dauerstellen für Hochschullehrer
	Strukturelle Maßnahmen		Erhöhung der erforderlichen Erneuerungsrate für Professoren von 1% auf 3% (= jährlich 800 Stellen für Professoren). Stärkerer Austausch zwischen Hochschulen und Forschungstätigkeiten in Industrie und Wirtschaft			

Abb. 12: Übersicht über Modelle der Förderung des wissenschaftlichen Nachwuchses seit 1971

chend in den Forschungsbetrieb der Hochschule integriert und werden oftmals unzureichend betreut.
- Die Dauer der Promotion ist höher als angenommen. Sie beträgt durchschnittlich 5,2 Jahre.
- Bei den Habilitanden gibt es eine hohe Integration in den Forschungsbetrieb, in die wissenschaftliche »Gemeinschaft« und mit 16 Publikationen im Durchschnitt einen hohen »Output« wissenschaftlicher Tätigkeit. 75% möchten nach der Habilitation im Hochschulbereich weiterarbeiten, obwohl nur für einen Bruchteil von ihnen Stellen erwartet werden können.

Es muß offenbleiben, welche Konsequenzen aus solchen Analysen zu ziehen sind, zumal die Ergebnisse von Fach zu Fach sehr variieren. Fachspezifische Modelle für die Förderung des wissenschaftlichen Nachwuchses liegen zur Zeit für kaum ein Fach vor, auch nicht für die Erziehungswissenschaft. Es dürfte aber sicher sein, daß die Zukunft nicht nur der Erziehungswissenschaft zu einem erheblichen Maße davon abhängen wird, ob es gelingt, überzeugende und realisierbare Modelle für die Förderung und vor allem für den Verbleib des wissenschaftlichen Nachwuchses zu finden. Denn ohne eine Beschäftigungsperspektive für nennenswerte Zahlen von jungen Wissenschaftlern wird das antizipierende Wahlverhalten des akademischen Nachwuchses jene Fächer bevorzugen, die eine wissenschaftliche Berufszukunft versprechen, und die Erziehungswissenschaft auf den Status zurückfallen lassen, den sie vor 30 Jahren hatte, den eines Kuriosums. Daß zu den Berufsperspektiven in der Wissenschaft von der Erziehung allerdings auch die Aussicht auf eine wissenschaftliche Beschäftigung gehören muß, deren Gegenstand als solcher (noch) sinnvoll erscheint, darf bei aller bildungsökonomischen Kalkulation nicht unterschlagen werden.

Literatur

ASEMISSEN, J. u. a. (Bearb.): Nachwuchsfragen im Spiegel einer Erhebung 1953–1955. Göttingen 1956
BIBLIOGRAPHIE INTERNATIONALE DE L'HISTOIRE DES UNIVERSITÉS. 2 Bde. Genf 1973/1976
BLANKERTZ, H.: Die Geschichte der Pädagogik von der Aufklärung bis zur Gegenwart. Wetzlar 1982
BOCK, K. D.: Strukturgeschichte der Assistentur. Düsseldorf 1972
BUNDESMINISTER FÜR BILDUNG UND WISSENSCHAFT: (Hrsg.): Ziele, Mittel und Erfolge der Förderung des wissenschaftlichen Nachwuchses. Schriftenreihe Hochschule 29. München 1978
–: Künftige Förderung des wissenschaftlichen Nachwuchses. In: Mitteilungen des Hochschulverbandes 27 (1979), S. 205–218
–: Lage und Förderung des wissenschaftlichen Nachwuchses. Bonn 1986
BUND-LÄNDER-KOMMISSION: Beschluß zur Förderung des wissenschaftlichen Nachwuchses v. 10. 12. 1979. o. O. 1979
BUSCH, A.: Stellenplan und Lehrkörperstruktur der Universitäten und Hochschulen in der Bundesrepublik und in Berlin (West) 1953/54. Göttingen 1956
DEUTSCHE GESELLSCHAFT FÜR ERZIEHUNGSWISSENSCHAFT (Hrsg.): Pädagogen-Handbuch 1986/87. Weinheim/Basel 1986
DEUTSCHER AUSSCHUSS FÜR DAS ERZIEHUNGS- UND BILDUNGSWESEN: Gutachten über die Ausbildung der Lehrer an Volksschulen. In: ders.: Empfehlungen und Gutachten 1953–1965. Stuttgart 1966, S. 739ff.
EULENBURG, F.: Der »akademische Nachwuchs«. Leipzig/Berlin 1908

Frankfurter Allgemeine Zeitung – FAZ Nr. 174 vom 31.7. 1986: Für Habilitierte kaum Chancen, S. 4

Fischler, H. u. a.: Integrierte Lehrerbildung in Berlin. Strukturplan für ein Zentralinstitut für Unterrichtswissenschaften und Curriculumentwicklung an der Freien Universität Berlin. Weinheim/Basel 1981

Grimm, J./Grimm W.: Deutsches Wörterbuch. Bd. 13 und Bd. 18. Leipzig 1889

Hassinger, E. (Hrsg.): Bibliographie zur Universitätsgeschichte. Verzeichnis der im Gebiet der Bundesrepublik Deutschland 1945–1971 veröffentlichten Literatur. Freiburg 1974

Hempel, W.: Förderung des wissenschaftlichen Nachwuchses an den Hochschulen. Bad Honnef 1973

Hochschul-Informations-System GmbH (Bearb.): Hochschulabsolventen im Beruf. Vorausschätzung des Bedarfs an Hochschullehrern und des Hochschullehrernachwuchses an den Hochschulen der Bundesrepublik Deutschland bis 1995. München 1976

Huber, L./Portele, G.: Die Hochschullehrer. In: Huber, L. (Hrsg.): Ausbildung und Sozialisation an der Hochschule. (Enzyklopädie Erziehungswissenschaft, hrsg. v. D. Lenzen, Bd. 10) Stuttgart 1983, S. 193–218

Karpen, U.: Hochschullehrernachwuchs und Forschungssicherung. Bonn 1976

Kultusministerkonferenz – KMK: Bericht und Empfehlungen zur Förderung des wissenschaftlichen Nachwuchses. Von der KMK zustimmend zur Kenntnis genommen am 21./22. 2. 1980. In: Sammlung der Beschlüsse der Ständigen Konferenz der Kultusminister der Länder in der Bundesrepublik Deutschland. Loseblatt-Sammlung. Darmstadt/Neuwied

Kuckartz, U./Lenzen, D.: Die Situation des wissenschaftlichen Nachwuchses im Fach Erziehungswissenschaft. In: Zeitschrift für Pädagogik 32 (1986), S. 865–878

Paulsen, F.: Geschichte des gelehrten Unterrichts vom Ausgang des Mittelalters bis zur Gegenwart. Bd. 2. Leipzig 1897

–: Die deutschen Universitäten und das Universitätsstudium (1902). Hildesheim 1966

Preussischer Lehrerverein: Die Zukunft der Pädagogischen Akademien. In: Kittel, H. (Hrsg.): Die Pädagogischen Hochschulen. Darmstadt 1965, S. 158–208

Preussisches Ministerium für Wissenschaft, Kunst und Volksbildung: Die Neuordnung der Volksschullehrerbildung in Preußen. In: Kittel, H. (Hrsg.): Die Pädagogischen Hochschulen. Darmstadt 1965, S. 76–97

Spranger, E.: Gedanken über Lehrerbildung. In: Kittel, H. (Hrsg.): Die Pädagogischen Hochschulen. Darmstadt 1965, S. 17–65

Statistisches Bundesamt (Hrsg.): Personal an Hochschulen 1984. Stuttgart/Mainz 1986

Troeltsch, E.: Über Pädagogik als Universitätsfach. In: Nicolin, F. (Hrsg.): Über Pädagogik als Wissenschaft. Darmstadt 1969, S. 205–213

Westdeutsche Rektorenkonferenz: Zur Sicherung und Förderung des Wissenschaftlichen Nachwuchses. Empfehlung des 127. Plenums der Westdeutschen Rektorenkonferenz v. 12.2. 1979. In: dies.: Arbeitsbericht 1979. Bonn-Bad Godesberg 1980, S. 73–76

Wissenschaftsrat: Empfehlungen und Stellungnahmen 1975. Köln 1976

–: Empfehlung zur Förderung des Wissenschaftlichen Nachwuchses, verabschiedet am 25. 1. 1980. Köln 1980

Rüdiger Falk

Pädagoge und Pädagogin im Spannungsfeld zwischen konventionellen und alternativen Berufen

1 Vorbemerkung

Pädagogen im Spannungsfeld zwischen konventionellen und alternativen Berufen? Das Fragezeichen ist hier angebracht – und zwar in mehrfacher Hinsicht: Spannung ist die zwischen zwei Feldpunkten herrschende Potentialdifferenz. Die Potentialdifferenz bei Lehrerberufen stellt sich derzeit wie folgt dar: Konventionelle Berufe weisen das Potential annähernd Null auf, das Potential bei alternativen Berufen ist noch weitgehend unbekannt. Insofern ist das Spannungsfeld auch nur unzureichend zu beschreiben und zu definieren, eine Messung unmöglich.

Ist es also bereits fraglich, ob überhaupt eine Spannung zwischen konventionellen und alternativen Berufen für Lehrer festzustellen ist, so werden die *Meßprobleme* noch größer, wenn die beiden Spannungspole betrachtet werden. Zunächst einmal ist die Abgrenzung zwischen den sogenannten *konventionellen Berufen* und den *alternativen Berufen* zu treffen, wobei die einfachste Definition lautet, daß alle nichtkonventionellen Berufe *alternative Berufe* sind – eine These, die so durchaus zu bestreiten ist.

In der Debatte um *Polyvalenz* oder *Professionalisierung* der Lehrerausbildung sind vor allem von Vertretern der Professionalisierung die Grenzen einer konventionellen Lehrerbeschäftigung eng gesteckt worden. Fast ausschließlich das staatliche oder staatlich alimentierte Schulwesen wird seit Ende der 60er Jahre als konventioneller Arbeitsplatz für Lehrer gesehen (→ *Lehrer / Lehrerin;* → *Erziehen und Unterrichten als Beruf*). Dies hat im Laufe der Jahre dazu geführt, daß die Kompetenzdomänen für Lehrer außerhalb der Schule nicht oder nur in geringem Maße erhalten werden konnten. Untersuchungen, die die Eingliederung von Lehrern in außerschulische Beschäftigungsfelder untersucht haben, geben demnach auch nur wenig Auskunft über die realisierbaren Berufsmöglichkeiten. An die Stelle der empirisch erfaßten und nachprüfbaren Berufsmöglichkeiten für Lehrer treten deshalb verstärkt heuristische, zum Teil sogar rezeptologische Aufzählungen sogenannter lehrernaher Tätigkeiten: in Privatschulen als Ersatz- oder Ergänzungsschulen, in kommunalen Schulen, in der Erwachsenenbildung, in Hochschulen oder als Lehrer im Ausland in den unterschiedlichsten Facetten (→ *Freie Schulen . . . ;* → *Erwachsenenpädagogen . . . ;* → *Hochschullehrer und wissenschaftlicher Nachwuchs;* → *Deutsche Bildungseinrichtungen im Ausland*).

Wegen dieser oft unvollständigen und im Hinblick auf die quantitativen Dimensionen kaum ausgeloteten Aufzählungen lehrernaher Tätigkeiten ist es fraglich, ob hiermit tatsächlich die konventionellen Berufsmöglichkeiten für Lehrer aufgezeigt sind. Die übrigen, dann als *alternativ* bezeichneten Berufsmöglichkeiten wären mit dem Makel des *second best* behaftet; eine Bewertung, die den tatsächlichen Möglichkeiten oft entgegenläuft. Es ist daher sinnvoller, statt der Spannung zwischen konventionellen und alternativen Berufen die Möglichkeiten für Lehrer nach einem Modell konzentrischer Kreise aufzuzeigen, wobei es dem einzelnen überlassen bleibt, wie nahe er am inneren Kreis, der Tätigkeit im staatlichen Schulwesen, verbleiben möchte.

2 Ausgangssituation

Bereits Ende der siebziger Jahre zeichnete sich für den bis dahin mit einer Arbeitsplatzgarantie ausgezeichneten Lehrerberuf eine katastrophale Entwicklung ab: nur noch für wenige Absolventen sollten sich Einstellungsmöglichkeiten in den Schuldienst ergeben. Die Warnungen vieler Kultusministerien vor überfüllten Schulen – nicht mehr mit Schülern wie in den 60er Jahren, sondern mit Lehrern – hatten bis dahin kaum Wirkung gezeigt. Die Zahl der Studienanfänger mit angestrebter Lehramtsprüfung war zwar von 40404 im Jahr 1975 auf 28909 im Jahr 1980 gesunken, dies waren aber immer noch erheblich mehr, als der Ersatzbedarf des öffentlichen Schulwesens ausmachte.

Schon Anfang der 80er Jahre prognostizierte das Kieler Weltwirtschaftsinstitut angesichts dieser Entwicklungen für das Jahr 1985 85000 nicht in den Schuldienst übernommene Lehramtsabsolventen und schätzte diese Zahl für das Jahr 1990 sogar auf 150000 (SCHMIDT 1982). Wie hoch die tatsächliche Zahl arbeitsloser Lehrer zur Zeit ist, läßt sich nur sehr schwer abschätzen, denn die bei der Bundesanstalt für Arbeit als arbeitslos gemeldeten Lehrer stellen nur die Spitze des Eisbergs dar: Denn wie andere Akademikergruppen auch *überwintern* viele Lehrer in Aushilfsjobs. Auch die Einstellungspolitik der Länder mit ihren zeitlich befristeten Stellen, halben und dreiviertel Stundendeputaten kaschiert die tatsächliche Zahl der Lehrerarbeitslosigkeit.

Die tatsächlich schlechte Einstellungssituation – trotz aller Beteuerungen von Politikern für Einstellungskorridore – zeigt sich in der Dokumentation der Kultusministerkonferenz (KMK 1990): Obwohl 1986 nur 20995 Lehrer ihren Vorbereitungsdienst absolviert haben, bewarben sich 61395 Lehrer um eine Anstellung in den Schuldienst. Eingestellt wurden nur 7261 Bewerber; 1988 erreichte die Zahl der Einstellungen mit 6399 ihren vorläufigen Tiefpunkt. Zwischenzeitlich beträgt die Einstellungsquote wieder 72,9% (1989), von den 13911 Absolventen des Vorbereitungsdienstes wurden 10142 eingestellt. Auch die weiteren Indikatoren weisen darauf hin, daß sich die Situation am Lehrerarbeitsmarkt entspannt: Der Anteil der Lehrer mit Teilzeitbeschäftigung, der 1985 und 1986 mehr als die Hälfte aller eingestellten Bewerber ausmachte (54,0% bzw. 54,6%) ist 1989 auf 23,7% gesunken.

Die Überlegungen zu Beschäftigungsmöglichkeiten für Lehrer außerhalb des Schuldienstes konzentrieren sich vor allem auf die Mitte der 80er Jahre. Die BUND-LÄNDER-KOMMISSION FÜR BILDUNGSPLANUNG UND FORSCHUNGSFÖRDERUNG (BLK) hat 1985 im Rahmen ihrer Maßnahmenvorschläge zur »Lehrereinstellung/Lehrerarbeitslosigkeit« einen Hauptpunkt bei der »Unterstützung von Initiativen, die Beschäftigungsmöglichkeiten für Lehramtsabsolventen außerhalb der Schule suchen«, gesetzt. Die Notwendigkeit hierzu wurde gegen den erklärten Willen der Bildungspolitiker durch die Beschlüsse der FINANZMINISTERKONFERENZ und der MINISTERPRÄSIDENTENKONFERENZ vom Herbst desselben Jahres unterstrichen. Danach erscheint eine Lösung oder zumindest Entspannung des Problems der Lehrerarbeitslosigkeit durch verstärkte Einstellungen in den Schuldienst kaum wahrscheinlich.

Für die in den vergangenen Jahren nicht übernommenen Lehramtsabsolventen und diejenigen, die in den nächsten Jahren keine Anstellung erhalten, dürfte das Warten auf den Schuldienst keine sinnvolle Alternative sein. Die Ausübung sogenannter lehrernaher Tätigkeiten als Job ist keine echte Alternative – und dies nicht nur aus finanziellen Gründen. Denn dagegen sprechen auch das in zehn Jahren kaum noch akzeptable

Berufseintrittsalter, das bei der Mehrzahl dann zwischen 40 und 45 Jahren liegen dürfte, sowie die Obsoleszenz der fachlichen und pädagogischen Qualifikationen.

Angesichts der derzeitigen Situation auf dem schulischen Arbeitsmarkt haben Prognosen über einen erneuten »Lehrermangel« in den 90er Jahren für die derzeitigen Lehramtsabsolventen keine Bedeutung. Der zukünftige Lehrerbedarf in den Schulen ist in hohem Maße von politischen Setzungen abhängig. Dies gilt vor allem für den »besonderen Lehrerbedarf«, also z. B. für die Anzahl der Beratungslehrer oder die Zahl der Lehrer zur Förderung ausländischer Kinder (→ *Beratungslehrer*; → *Ausländische Kinder an deutschen Schulen*).

Obwohl der »graue Arbeitsmarkt« für einen Teil der Lehrer aufgrund der tatsächlichen oder vermeintlichen pädagogischen Möglichkeiten zur Zeit durchaus attraktiv ist, liegt die einzige quantitativ nennenswerte Alternative in den Tätigkeiten als abhängig Beschäftigte in der privaten Wirtschaft. Denn allein in diesem Sektor der Volkswirtschaft existieren die entsprechenden quantitativen Möglichkeiten. Hinzu kommt, daß durch den durch technologische Innovationen bedingten Strukturwandel sich hier – auch unter qualitativen Gesichtspunkten – Möglichkeiten einer Beschäftigung für Lehrer ergeben.

3 Untersuchungen und Modellversuche

Es ist deshalb verständlich, daß in den vergangenen Jahren verstärkt der Arbeitsmarkt »*Wirtschaft*« für Lehrer untersucht worden ist. In jüngster Zeit sind weitere Untersuchungen hinzugekommen, die zum Teil die Diskussion um die Berufseintrittschancen von Lehrern in die private Wirtschaft neu belebt haben. So haben HERLYN u. a. (1986) gerade im Hinblick auf den Modellversuch des »Instituts der deutschen Wirtschaft« eine empirische Untersuchung bei 47 Unternehmen im Großraum Göttingen vorgelegt, mit der sie nachzuweisen versuchen, daß Lehrer »ohne Betriebserfahrung und ohne Zusatzqualifikation so gut wie keine Chance zur Beschäftigung in dauerhaften und qualifizierten Positionen haben« (ebd., S. 72).

Inwieweit dies den Tatsachen entspricht, muß in Frage gestellt werden. Das »Institut der deutschen Wirtschaft (iw)« hat als erste Institution der Wirtschaft bereits Ende 1982 den Versuch unternommen, Beschäftigungsmöglichkeiten für Lehrer in der privaten Wirtschaft sowohl in quantitativer wie auch qualitativer Hinsicht zu untersuchen. Im Auftrag des Bundesbildungsministers wurde am 1. Februar 1983 ein eineinhalbjähriger Modellversuch gestartet. Im Herbst 1982 hatten sich innerhalb eines Monats 1012 Lehrer für den Modellversuch interessiert, 647 hatten ihre vollständigen Bewerbungsunterlagen übersandt. Obwohl vom »iw« 388 Kandidaten den beteiligten Unternehmen vorgeschlagen wurden, konnten letztlich nur 35 der bereitgestellten 78 Modellversuchsplätze besetzt werden.

Dieser zunächst ernüchternde Befund des Bewerbungsverfahrens zeigte die Probleme einer Lehrerbeschäftigung in der Wirtschaft erstmals deutlich auf. Mehr als die Hälfte der Bewerber (56%) sagten nach dem Vorstellungsgespräch ab. Viele zogen doch noch ein Referendariat vor, und – ein heute sicherlich kaum noch bedeutsamer Grund – ein großer Teil gerade der fachlich wirtschaftsnah qualifizierten Bewerber erhielt noch Stellen im Schuldienst: Mathematiker, Naturwissenschaftler, Fremdsprachenlehrer und

Bewerber mit vergleichbaren Qualifikationen wurden zum damaligen Zeitpunkt sowohl von der Wirtschaft wie auch vom Schuldienst vielfach umworben. Nicht verschwiegen werden darf neben diesen verständlichen Gründen aber auch eine zum Teil überzogene Erwartungshaltung der Lehrer: die Unsicherheit der Weiterbeschäftigung nach eineinhalb Jahren, ein als zu gering eingestuftes Praktikantengehalt von DM 19 500 im Jahr oder auch die Notwendigkeit eines Ortswechsels wurden oft nicht akzeptiert.

Im Gegensatz zu dem Bewerbungsverfahren verlief der Modellversuch selbst äußerst positiv. Dies bezieht sich sowohl auf die wissenschaftlichen Erkenntnisse wie auch auf die dauerhafte Integration der Teilnehmer in die Wirtschaft. Von den 35 Teilnehmern am Modellversuch haben 28 ihn erfolgreich beendet, wobei 23 Teilnehmer nach Abschluß der eineinhalb Jahre im betreffenden Unternehmen verblieben. Auch die übrigen Teilnehmer haben innerhalb kurzer Zeit dauerhafte Alternativen in der Wirtschaft gefunden. Aus wissenschaftlicher Sicht konnten durch den Modellversuch erstmals die Bedingungen einer erfolgreichen Integration von Lehrern in die Wirtschaft aufgezeigt werden. Besonders bedeutsam ist hierbei die Offenlegung von *Berufsfeldern*, die sowohl aus Sicht der Lehrer ihrer Vorbildung angemessen sind wie auch aus dem Blickwinkel der Wirtschaft dauerhafte Beschäftigungsmöglichkeiten versprechen. Hierzu zählen vor allem die Datenverarbeitung und der Vertriebsbereich. Neben der hohen Zahl qualifizierter Arbeitsplätze ist in diesen beiden Berufsfeldern vor allem die Möglichkeit einer Umsetzung der fachlichen und pädagogischen Qualifikationen möglich.

Der Bildungsbereich stellt sich als mögliches Einsatzfeld dagegen anders dar. Zwar fragen viele Lehrer hier Stellen nach, jedoch sind nicht nur unter quantitativem Gesichtspunkt Einschränkungen zu machen. Gerade Lehrer für allgemeinbildende Schulen bringen oft nicht die entsprechenden fachlichen Voraussetzungen für eine betriebliche Bildungsarbeit mit. Aber auch im pädagogischen Bereich zeigten sich Lücken: das Lernen von Erwachsenen stellt andere Anforderungen an den Trainer als das Unterrichten von Kindern in der Schule. Die gerade von den Lehrerverbänden und der Lehrerausbildung verteidigte Professionalisierung hat hier ihre Kehrseiten (→ *Professionalisierung ...*). Weitere lehrergeeignete Berufsfelder sind die Kommunikationstätigkeiten mit Public Relations. Oft sind hierbei aber die extrafunktionalen Qualifikationen wichtiger als das im Studium erlernte Fachwissen. Deutlich zeigte sich im Modellversuch aber auch eine Sackgasse in der Lehrerbeschäftigung: die vor allem vom INSTITUT FÜR ARBEITSMARKT- UND BERUFSFORSCHUNG DER BUNDESANSTALT FÜR ARBEIT (IAB) ins Gespräch gebrachte *objektbezogene Sachbearbeitung*. Abteilungsspezifische Sachbearbeitertätigkeiten ohne direkten Bezug zu den fachlichen Studienqualifikationen führten in keinem Fall zu einer dauerhaften Beschäftigung. Bei den unspezifischen Tätigkeiten stellten sich nach kurzer Zeit Unterforderungen ein. Dieses führte während des Modellversuchs in allen Fällen zu Konflikten und zur Beendigung dieser Tätigkeit. Fachlich interessante Tätigkeiten konnten von den Lehrern aufgrund fehlender Vorkenntnisse nicht eingenommen werden.

Oft wird gerade angesichts von Arbeitszeitverkürzungen im Freizeitbereich eine Möglichkeit zur Integration von Lehrern gesehen. Hierbei ist jedoch Skepsis angebracht: Freizeittätigkeiten dürften vor allem für Sportlehrer von Interesse sein. Fraglich bleibt hierbei, ob Tätigkeiten als Animateur, Sportwart oder Trainer tatsächlich dauerhafte Alternativen bieten (→ *Freizeit und Pädagogik*). Vor allem die Refinanzierung solcher

Positionen aus Teilnehmerbeiträgen dürfte kaum umfassend möglich sein. Interessanter ist für diese Lehrergruppe der Ansatz der *Fortbildungsakademie der Wirtschaft*, Lehrer zum Wirtschafts-Sportreferenten fortzubilden. Die Einbindung von Sport- und Gesundheitserziehung in die Arbeits- und Berufswelt wird in den nächsten Jahren an Bedeutung zunehmen und zu den erwarteten Sozialleistungen eines Unternehmens gehören.

4 Entwicklung

Seit Beginn der 80er Jahre wird versucht, neue Beschäftigungsmöglichkeiten für Lehrer durch zusätzliche Qualifizierungen sowie eine verbesserte Information von Lehrern und Betrieben übereinander zu eröffnen. Das »iw« und auch die Lehrerverbände haben durch Informationsangebote und die Beratung arbeitsloser Lehrer zur praktischen Verbesserung der außerschulischen Beschäftigungsmöglichkeiten beigetragen. Die Möglichkeiten der Arbeitsverwaltung – insbesondere der »Zentralstelle für Arbeitsvermittlung (ZAV)« und der einzelnen »Fachvermittlungsdienste der Arbeitsämter (FVD)« – wurden erweitert. Die siebte Novelle zum »Arbeitsförderungsgesetz (AFG)« hat darüber hinaus im Hinblick auf berufliche Fortbildung und Umschulung für Absolventen des zweiten Staatsexamens deutliche finanzielle Verbesserungen erbracht und damit die Teilnahme an berufsqualifizierenden Lehrgängen erleichtert.

Dieser Entwicklung steht allerdings auch ein Trend gegenüber, bei dem die Integration von Lehrern in die Wirtschaft durch die Übertragung mehr oder weniger erfolgreicher Rezepte versucht wird. Nachteilig ist hierbei insbesondere, daß die mit den einzelnen Berufsalternativen verbundenen quantitativen und qualitativen Probleme nur selten eingehend analysiert werden. Die Gefahr einer weiteren Enttäuschung nach dem Lehrerstudium ist hierbei groß – mit oft katastrophalen Folgen für die Betroffenen.

Eine Wertung, die das INSTITUT FÜR ARBEITSMARKT- UND BERUFSFORSCHUNG DER BUNDESANSTALT FÜR ARBEIT (IAB) auf der Basis vorliegender Studien verfaßt hat, kommt zu dem Ergebnis, daß Lehrer eher als Fachleute für pädagogische und didaktische Fragen Chancen auf dem Arbeitsmarkt haben denn als Fachwissenschaftler. Auch wird mit Nachdruck darauf hingewiesen, daß Arbeitsmarktstrategien, die auf dem Lehrer als Fachwissenschaftler aufbauen, rasch an die Grenzen der Aufnahmefähigkeit dieser Berufe stoßen.

Ob diese Thesen, die auf einer traditionellen Betrachtung des außerschulischen Arbeitsmarktes für Lehrer beruhen, zu quantitativ und qualitativ bedeutsamen Alternativen führen, kann hier nicht beurteilt werden. Unterstellt wird hierbei ein statischer Arbeitsmarkt mit weitgehend festliegender Struktur. Angesichts des sich vollziehenden Strukturwandels in der Wirtschaft, vor allem als Folge technologischer Innovationen, stellt sich die Frage, ob diese Betrachtungsweise der Situation angemessen ist. So ist vor allem in den Vereinigten Staaten eine wesentlich weiter fortgeschrittene Ausweitung des Dienstleistungssektors festzustellen, die sich auch in Europa vollziehen dürfte (→ *Sozialer Wandel*). Nicht unterschätzt werden dürfen auch die Effekte eines »Überangebots« von Akademikern auf dem Arbeitsmarkt, die auf das Rekrutierungsverhalten der Betriebe einen hohen Einfluß haben werden. Denn gerade die neuentstehenden Tätigkeiten und Berufe verlangen hohe Qualifikationsstandards.

Nach der mittleren Variante der Berechnungen des IAB wird sich bis zum Jahr 2000 das Arbeitskräftepotential um rund 400 000 Personen verringern, gleichzeitig aber das Angebot an Akademikern insbesondere auf dem privaten Arbeitsmarkt deutlich zunehmen. Nach Berechnungen der BLK erhalten rund 1,2 Millionen Akademiker bis zum Jahre 2000 keinen traditionellen Arbeitsplatz mehr. Der prognostizierte Trend zum Dienstleistungssektor kommt den Akademikern hierbei entgegen: der Anteil der »Dienstleister« an allen Erwerbstätigen dürfte von rund 50% im Jahr 1980 auf 58% im Jahr 2000 steigen. Damit ergeben sich auch latente Möglichkeiten für Lehrer.

Der Schwerpunkt der Veränderungen wird hierbei beim sogenannten *Mittelstand* liegen, so daß es von besonderem Interesse ist, wie dieser auf die Veränderungen des Arbeitsmarktes reagiert. In den bisher vorliegenden Untersuchungen ist diese Frage weitgehend vernachlässigt worden. Im Mittelstand – jene Unternehmen also mit bis zu 500 Beschäftigten und/oder bis 100 Millionen Jahresumsatz – sind 1,75 Millionen Unternehmen mit gut drei Fünftel aller abhängig Beschäftigten zusammengefaßt. Lehrer, die sich in erster Linie um die sogenannten unspezifischen Akademikerstellen bewerben oder um Stellen, für die es noch keine reglementierten Zugangsberechtigungen gibt, müssen deshalb verstärkt im Mittelstand ihre Chancen suchen. Denn in der Diskussion über berufliche Alternativen wird oft übersehen, daß viele freiberufliche Tätigkeiten, z. B. Arzt, Rechtsanwalt oder Wirtschaftsprüfer, aufgrund festliegender Zugangsberechtigungen nicht eingenommen werden können.

Die besondere Bedeutung des Mittelstandes wird auch beim Blick auf die Entwicklung in den Vereinigten Staaten deutlich: vier Fünftel der 14 Millionen in den Jahren 1975 bis 1982 neugeschaffenen Arbeitsplätze entfielen auf Unternehmen mit bis zu 100 Beschäftigten und Neugründungen. Neben der Tätigkeit als abhängig Beschäftigter in einem mittelständischen Unternehmen wird deshalb auch oft die Möglichkeit einer Existenzgründung in Betracht gezogen. Allerdings herrschen hier bei kaufmännisch nur wenig vorgebildeten Lehrern nicht selten romantische Vorstellungen über die Möglichkeiten und Probleme einer Existenzgründung. Das Scheitern oder eine Selbstausbeutung sind deshalb oft vorprogrammiert. Trotz aller ökologischen, alternativen oder auch kollektiven Wirtschaftsformen dürfte gerade für Lehrer die Möglichkeit einer erfolgreichen Existenzgründung eher die Ausnahme als die Regel sein.

5 Lehrer: Wünsche und Qualifikationen

Bisher wurde generell von den Einstellungsmöglichkeiten für Lehrer gesprochen. Der Begriff *»Lehrer«* muß auch für eine Analyse der Verwendungsmöglichkeiten in der Wirtschaft weiter differenziert werden. Bereits der Modellversuch des iw hat gezeigt, daß die Einsatzmöglichkeiten für einzelne Lehrergruppen sich deutlich unterscheiden. Ausschlaggebend ist insbesondere der jeweilige Studienschwerpunkt: Absolventen mathematisch-naturwissenschaftlicher, wirtschaftswissenschaftlicher und fremdsprachlicher Studiengänge haben dabei nicht nur ein erheblich größeres, sondern auch das qualifiziertere Arbeitsplatzangebot (→ *Lehrer/Lehrerin*).

Die Frage nach der Konkurrenzfähigkeit von Lehrern und nach der Adäquanz von Stellen in der Wirtschaft ist vor allem der Vergleich zwischen *Lehrerpositionen* und *Akademikerpositionen*: Inwieweit nehmen Lehrer traditionelle Akademikerstellen ein, oder konkurrieren sie eher um diejenigen Positionen, die bisher von Nichtakademikern, also Praktikern eingenommen wurden? Die Problematik dieses Vergleichs ergibt sich hierbei aus der oben beschriebenen Dynamik der Arbeitswelt; die Einrichtung oder Neubesetzung von Stellen geht häufig mit einer neuen Stellenbeschreibung einher, in die sowohl die veränderten betrieblichen Anforderungen als auch die Veränderungen des Arbeitsmarktes eingeflossen sind. Hierzu zählt insbesondere das Angebot an anderen, wirtschaftsnäher ausgebildeten Hochschulabsolventen, die zu einem großen Teil ebenfalls keinen sogenannten traditionellen Arbeitsplatz mehr finden und deshalb auch um sogenannte ehemalige Praktikerstellen konkurrieren.

Die Ergebnisse vorliegender Studien zeigen, daß bei der Bewertung der Integration von Lehrern in die Wirtschaft folgende Punkte zu beachten sind:

(a) Unter unmittelbarer Verwendung ihrer Studienqualifikationen können nur wenige Lehrer den direkten Einstieg auf adäquate Positionen in der Wirtschaft finden. Fragen, die eine solche direkte Verwendung von *Lehrern als Lehrer* zu überprüfen suchten, haben sich deshalb als nur wenig ergiebig erwiesen. Falsch ist es jedoch, deshalb auf fehlende Chancen für Lehrer in der Wirtschaft zu verweisen.

(b) Negative Attitüden gegenüber Lehrern oder mangelnde Kenntnisse über die vorhandenen und transferierbaren Qualifikationen können latente und potentielle *Tätigkeitsfelder* in der Wirtschaft überdecken. Hier haben die vom iw durchgeführten Vergleiche von Qualifikationsstrukturen der Lehrer mit den betrieblichen Qualifikationsanforderungen die potentiellen Möglichkeiten deutlich realistischer aufgezeigt.

(c) Weitgehend ungeklärt sind auch heute noch die Fragen nach der *Positionierung* von Lehrern in Betrieben. Im einzelnen zählen hierzu die potentiell konkurrierenden Beschäftigtengruppen und die Möglichkeiten der Integration, Verdrängung, Umstrukturierung, Substitution und Innovation von Arbeitsplätzen.

(d) Im Hinblick auf die neuentstehenden Arbeitsplätze erhalten die Begriffe *Lehreradäquanz* und Akademikeradäquanz eine andere Bedeutung. Bisher wurde die Adäquanz an der Zahl oder dem Anteil der Absolventen mit einem spezifischen Abschluß in dem betreffenden Beruf gemessen: je höher dieser Anteil ist, als desto adäquater wird der Beruf von den Angehörigen empfunden und umgekehrt. Bei hochprofessionalisierten Berufen ist also die Adäquanz, häufig auch über bestimmte Zulassungsvoraussetzungen, relativ leicht zu messen. Bei Berufen ohne diese ausgeprägte Professionalisierung, z. B. Journalisten, kann substitutiv die soziale Bewertung als Adäquanzkriterium herangezogen werden. In neuentstandenen, häufig auch weiter gehend unspezifischen Tätigkeiten sind solche Vergleiche nicht möglich. Für Lehrer, die über keine *Kompetenzdomänen* in der Wirtschaft verfügen, entfällt auch dieser Vergleichsmaßstab. Die einzige zur Zeit realisierbare Bestimmung der Lehreradäquanz liegt deshalb darin, zum einen die akzeptierten Positionen seitens der Lehrer festzustellen und sie mit Positionen zu vergleichen, die ähnliche Abschlußqualifikationen voraussetzen.

Zur Klärung der Integrationsbedingungen hat das »iw« im Auftrag des Bundesministers für Bildung und Wissenschaft (BMBW) eine Untersuchung der potentiellen und latenten Beschäftigungsmöglichkeiten für Absolventen von Lehramtsstudiengängen in der privaten Wirtschaft durchgeführt (vgl. FALK 1987). In diese Untersuchung aus den Jahren 1986/87 sind insbesondere die veränderten Einstellungsbedingungen für Lehrer, wie sie sich in den vergangenen fünf bis zehn Jahren ergeben haben, eingegangen.

Die Untersuchung zeigt, daß Lehrer seit Beginn der 80er Jahre überwiegend qualifizierte Berufe in der Wirtschaft eingenommen haben: Für 38,9 Prozent der Positionen wurde ein Hochschulabschluß vorausgesetzt. Für weitere 32,7 Prozent ist eine Berufsausbildung notwendig, für 8,6 Prozent zumindest das Abitur und für 6,2 Prozent ein Fachwirt oder vergleichbarer Abschluß. Ohne nähere Bestimmung der Eingangsvoraussetzungen waren 13,6 Prozent der Stellen. Der »Dr. phil.« als Taxifahrer ist eine – zwar oft und gern zitierte – Ausnahme.

Lehrer haben auch keinen Sonderstatus; üblicherweise finden sie eine *normale Stelle* im Betrieb: Zwei Drittel von ihnen nehmen eine bereits vorhandene Stelle ein, nur in wenigen Fällen werden neugeschaffene Positionen besetzt. Dies schließt allerdings nicht aus, daß auch bereits im Stellenplan vorhandene Positionen durch inhaltliche Umgestaltungen – job-enlargement oder job-enrichment – faktisch neue Stellen sein können. Die Reaktion der Betriebe auf das veränderte Angebot des Arbeitsmarktes wird auch hier deutlich: nur 22,8 Prozent der Positionen, die mit einem Lehrer besetzt wurden, hatten als direkten Stellenvorgänger einen Akademiker. Für fast 40 Prozent der Stellen wird jedoch jetzt ein Hochschulstudium vorausgesetzt, es findet – zumindest teilweise – eine Substitution von Praktikern durch Akademiker statt. Deutlich stärker als die sogenannten Praktiker wird die Gruppe der Abiturienten »verdrängt«. Im Hinblick auf die kommenden geburtenschwachen Jahrgänge, die das Gymnasium verlassen, treten an ihre Stelle Studienabsolventen.

Die Untersuchung zeigt auch, daß entgegen vielen Annahmen Lehrer in der ersten Hälfte der 80er Jahre durchaus Eingang in die Wirtschaft gefunden haben. Inwieweit diese Entwicklung in den nächsten Jahren anhält oder sich weiter ausdehnt, hängt von verschiedenen Faktoren ab: Insbesondere zählen hierzu die Qualifikationen, die Lehrer für die Wirtschaft mitbringen, die allgemeine konjunkturelle und arbeitsmarktliche Entwicklung, vor allem aber die bisherigen Erfahrungen mit Lehrern. Die Mehrzahl der befragten Betriebe (63,8%) hat bisher noch keine Erfahrungen mit Lehrern gemacht. Von denjenigen Betrieben, die bereits Lehrer eingestellt haben, beurteilen mehr als zwei Drittel (69,7%) den Einsatz positiv. Allerdings ist nur jeder fünfte Betrieb (22,1%) bereit, ohne Einschränkungen auch weiterhin Lehrer einzustellen. Nicht übersehen werden darf, daß fast jeder dritte Betrieb (30,1%) seine Erfahrungen mit Lehrern als weniger gut oder sogar schlecht bezeichnet, was darauf hindeutet, daß manche Möglichkeiten durch Lehrer *verschüttet* wurden.

Unterschiedlich sind die Chancen in einzelnen Branchen und Wirtschaftszweigen: Die relativ besten Möglichkeiten ergeben sich bei den *sonstigen Dienstleistungen* (Berufs- und Wirtschaftsverbände, kirchliche und karitative Organisationen). Mehr als die Hälfte der Betriebe der »non-profit-economy« halten eine Einstellung von Lehrern für möglich. Dieser Wirtschaftszweig kommt den beruflichen Vorstellungen der Lehrer weitgehend entgegen. Gute Chancen finden sich auch in der *chemischen Industrie*, wo fast die Hälfte der Betriebe zukünftig Lehrer einstellen wollen. Chemie und sonstige Dienstleistungen waren neben *Handel, Banken, Versicherungen* und *Verkehr* zu Beginn der 80er Jahre die Bereiche mit den höchsten Lehrer-Einstellungsquoten, wobei aber in den Bereichen Handel, Banken, Versicherungen und Verkehr die Entwicklung weniger günstig beurteilt wird: nur noch 32,3 Prozent der Betriebe halten auch in Zukunft den Lehrereinsatz für möglich.

In der *Metallindustrie* dagegen dürften sich die Einstellungsmöglichkeiten für Lehrer in der zweiten Hälfte der 80er Jahre verbessern. Vier von zehn Betrieben stehen einer Lehrerbeschäftigung positiv gegenüber. Insbesondere die elektrotechnische und die feinmechanische Industrie melden Bedarf an, während im Maschinen-, Fahrzeug- und Stahlbau die Chancen deutlich geringer einzustufen sind. Hieran wird deutlich, daß auch die Einstellungsmöglichkeiten von Lehrern in hohem Maße durch die allgemeine konjunkturelle Situation bestimmt werden (FALK 1987).

6 Bewertung

Die oft isolierte Betrachtung des Problems Lehrerarbeitslosigkeit führt zu einer Abkoppelung der Einstellungsmöglichkeiten von Lehrern von den allgemeinen Rekrutierungsbedingungen auf dem Arbeitsmarkt. Dieses Vorgehen bildet die Realität nur ungenau ab, denn die Beschäftigungsmöglichkeiten von Lehrern werden weitgehend von den üblichen Bedingungen auf den regionalen Arbeitsmärkten bestimmt. Die Betonung der Regionalität ist unabdingbar, denn gerade die von Lehrern angestrebten Stellen sind oft weder am Studien- noch am Wohnort zu finden. Generell gilt: Je spezifischer die Berufswünsche (geringe berufliche Flexibilität) sind, um so höher muß die *regionale Mobilität* sein.

In der Folge der Qualifizierungsoffensive mit den verbesserten Möglichkeiten der Bundesanstalt für Arbeit wird eine Erhöhung der individuellen Chancen oft über eine *Zusatzqualifizierung* angestrebt. Zum Teil wird der Eindruck erweckt, daß der Zugang in die Wirtschaft für Lehrer nur über eine berufliche Fortbildung oder Umschulung möglich ist. Eine generelle Beurteilung der Bedeutung von Zusatzqualifikationen ist nicht möglich, da es nicht *einen Weg in die Wirtschaft* gibt, sondern eine Anzahl unterschiedlicher Möglichkeiten. Für den einzelnen kann deshalb eine Fortbildung oder Umschulung durchaus sinnvoll sein, für einen anderen stellt sie einen vermeidbaren Umweg dar.

Dieser *Umweg* kann durchaus auch die Berufschancen verschlechtern: Lehrer haben bereits ein sehr hohes Berufseintrittsalter. Bedingt durch das von den meisten noch absolvierte Referendariat, die Wartezeit zwischen erster und zweiter Phase und eine eventuelle Desorientierungs- und Jobphase, liegt das eigentliche Berufseintrittsalter oft noch deutlich über dem anderer Akademikergruppen. Jede weitere Qualifizierung, die durch den Preis eines noch höheren Berufseintrittsalters erkauft werden muß, sollte deshalb genau auf ihre Notwendigkeit und Zweckmäßigkeit hin untersucht werden. Dieses bleibt letztlich im Entscheidungsbereich des einzelnen, die Beratungen der Arbeitsämter und anderer Stellen können hier nur eine ergänzende Funktion einnehmen.

Die Entscheidung ist für den Lehrer sicher nicht einfach. Zum einen ist sowohl der Stellen- als auch der Bildungsmarkt weitgehend intransparent. Zum anderen ist die Evaluation der eigenen Qualifikationen oft nur unzureichend im Hinblick auf Tätigkeiten in der Wirtschaft möglich, da die hierzu notwendigen Informationen und vor allen Dingen Erfahrungen fehlen. Aus dem – ökonomisch verständlichen – Eigeninteresse wird die Berufsorientierung nicht von allen Bildungsträgern ausreichend gewürdigt, sondern im Gegenteil oft mit wenig aussagefähigen Übergangsquoten in die Wirtschaft hantiert. Gerade bei *Umschulungen* wird nicht immer darauf hingewiesen, daß am Ende kein Akademikerabschluß steht und die Teilnehmer sich auch nach erfolgreicher Beendigung in ihren beruflichen Vorstellungen deutlich nach unten orientieren müssen. Dies gilt auch für eine Ausbildung in einem anerkannten Ausbildungsberuf, sofern die Maßnahme hiermit abschließt und es sich nicht um eine Zwischenprüfung handelt.

Literatur

BUND-LÄNDER-KOMMISSION FÜR BILDUNGSPLANUNG UND FORSCHUNGSFÖRDERUNG – BLK: Künftige Perspektiven von Hochschulabsolventen im Beschäftigungssystem (BLK-Drucksache K4/85). Bonn 1985
BUDDE, H./KLEMM, K.: Der Teilarbeitsmarkt Schule in den neunziger Jahren. Frankfurt/M. 1986
BUNDESARBEITSGEMEINSCHAFT DER REFERENDARE UND STUDIENRÄTE IM DPHV: Alternative Arbeitsmärkte für Lehrer. Landshut ²1986
DURRER, F./KAZEMZADEH, F.: Beschäftigungsprobleme nicht eingestellter Lehrer. Hannover 1981
FALK, R.: Auswertung und Analyse angebotener Lehramtsqualifikationen für eine Beschäftigung von Lehramtsabsolventen in der privaten Wirtschaft. Gutachten im Auftrag des BMBW. Köln 1984
–: Berufe für Lehrer in der Wirtschaft. Studie im Auftrag des BMBW. Köln 1989
–/WEISS, R.: Lehrer in der Wirtschaft. Hrsg. v. BMBW. Studien Bildung und Wissenschaft 18. Bad Honnef 1985
FINANZMINISTERKONFERENZ – FMK: Arbeitslosigkeit und Arbeitszeit der Lehrer. Stellungnahme der Finanzministerkonferenz vom 11. 10. 1985 in Stuttgart
HAVERS, N./PARMENTIER, K./STOOSS, F.: Alternative Einsatzfelder für Lehrer? Beiträge zur Arbeitsmarkt- und Berufsforschung Nr. 73. Nürnberg 1983
HEGELHEIMER, A.: Hochschulabsolventen – Herausforderung und Chance für Wirtschaft und Gesellschaft. Köln 1983
HERLYN, I./SCHMIDT, U./VOGT, D.: Arbeitslose Lehrer – Chancen in der Wirtschaft? Göttingen 1986
INSTITUT FÜR ARBEITSMARKT- UND BERUFSFORSCHUNG DER BUNDESANSTALT FÜR ARBEIT – IAB: Weniger Lehrer außerhalb ihres Berufs tätig. Kurzbericht intern. Nürnberg 1983
MALY, K.: Der Arbeitsmarkt für Lehrer – Berufsperspektiven und Alternativen. Hrsg. v. ZAV. AIS-Informationen Nr. 5/1985. Frankfurt 1985
MINISTERPRÄSIDENTENKONFERENZ – MPK: Ergebnisprotokoll der Besprechung der Ministerpräsidenten der Länder am 28. 11. 1985 in Bonn; Punkt 3 der Tagesordnung: Arbeitszeit der Lehrer, Arbeitslosigkeit der Lehrer. Bonn 1985
PARMENTIER, K.: Zum Problem der Lehrerabsorption. Mit.AB 4 (1978), S. 417–424
ROTHKIRCH, C./WEIDIG, J.: Die Zukunft der Arbeitslandschaft. BeitrAB 94.1. Nürnberg 1985
SCHMIDT, K. D.: Zum Problem der Lehrerarbeitslosigkeit. Hrsg. v. Institut für Weltwirtschaft Kiel. Kieler Diskussionsbeiträge Nr. 87. Kiel 1982
SEKRETARIAT DER STÄNDIGEN KONFERENZ DER KULTUSMINISTER DER LÄNDER – KMK. Dokumentationsdienst Bildung und Kultur: Beschäftigung von Lehrern 1980–1989. Sonderheft Statistik und Vorausberechnung Nr. 50. Mai 1990

Wiltrud Gieseke

Professionalisierung und Probleme multidisziplinärer Zugriffe

1 Begriffliche Abklärungen

Der Titel suggeriert erst einmal, es solle um die »Abwehr gegen Veränderungen« einer bereits etablierten Profession gehen. Man könnte den Eindruck haben, als ginge es um das Nachzeichnen eines professionsinternen Verkrustungsprozesses, der einem langen Ablösungsprozeß unterliegt, sich interdisziplinärer Herangehensweise beugen muß, weil neue Zeitströmungen, mehr Wissen etc. diese Entwicklung unumgänglich machen. Wenn die gleiche Auslegung des Titels nur aus der Sicht der Profession selbst erfolgt, sieht man sich in der Verteidigungsposition, in der es darum geht, eine Deprofessionalisierung mit Status- und Kompetenzverlust abzuwehren.

Mit einem Wort, der Titel setzt voraus, daß wir es bereits mit entwickelten, ja fest installierten Professionen im pädagogischen Bereich zu tun haben und aus Gründen, die es noch zu diskutieren gilt, Vertreter anderer Disziplinen in diesen Professionsbereich drängen. Dieses trifft für die pädagogische Disziplin nicht zu. Zwar haben oder besser, aus der Perspektive des Jahres 1987, hatten wir es mit Professionsdiskussionen zu tun, ja noch deutlicher, im bildungspolitischen Aufwind der 70er Jahre konnten im schulischen Bereich, aber vor allem auch in sozialpädagogischen Tätigkeitsfeldern und in der Erwachsenenbildung Arbeitsplätze geschaffen werden, die diese Tätigkeiten aus dem Status der Ehrenamtlichkeit in die Verberuflichung führten. Begleitet wurde dieser Prozeß von intensiven Bemühungen, nicht nur von wissenschaftlicher Seite, es nicht beim Stand der Verberuflichung zu lassen, sondern den Tätigkeiten im Bildungsbereich einen professionellen Charakter zu geben. Die forcierte Einstellung von Mitarbeitern, besonders im Erwachsenenbildungsbereich (→ *Erwachsenenpädagoge* ...) und im sozialpädagogischen Feld (→ *Sozialpädagoge / Sozialarbeiter*), konnte natürlich nicht im vollen Umfang auf durch einen entsprechenden Studiengang gerüstete Professionsvertreter zurückgreifen. Der jeweilige wissenschaftliche Zweig der Erziehungswissenschaft wuchs sowohl quantitativ als auch qualitativ erst parallel mit den entsprechenden Praxisfeldern. So gilt zumindest für die Erwachsenenbildung, daß die Verberuflichung, ich spreche bewußt nicht von Professionalität, mit »Nichtprofessionellen« begann. Wenn man von dieser Einschätzung her die Überschrift noch einmal betrachtet, gilt zumindest für pädagogische Teilbereiche, daß die Anstellung von Mitarbeitern und Mitarbeiterinnen ohne pädagogische Qualifikationen nicht Folge und Reaktion von oder auf Professionalität ist, sondern der Professionalisierung vorausging. Die Professionalisierung hat demnach nicht nur extern, sondern auch intern mit Widerständen zu rechnen.

Das Fehlen *einer* einzigen Bezugsdisziplin gilt es deshalb konstruktiv zu lösen, um für den Tätigkeitsbereich – gebunden in einer Disziplin – Qualitätsmaßstäbe für berufliches Handeln zu formulieren, Ansprüche an einen beruflichen Autonomiespielraum zu stellen und die eigene Weiterbildung aktiv zu gestalten. Dieses nur, um scheinbar selbstverständliche Prämissen einer Profession, die für pädagogische Berufsfelder keineswegs selbstverständlich sind, zu benennen.

Es gibt aber auch noch einen anderen Aspekt von Inanspruchnahme, der alle pädagogischen Arbeitsfelder trifft, die ich einleitend bereits erwähnen möchte, und zwar das »Durchregieren« politischer und administrativer Instanzen bis in die pädagogisch-inhaltliche Arbeit.

Ich werde also im folgenden unter instrumenteller Inanspruchnahme des pädagogischen Praxisfeldes alle Einflußnahmen, historisch gewordene Faktizitäten, auch historische Reminiszenzen, Modetrends in der erziehungswissenschaftlichen Diskussion verstehen, die dazu angetan sind, eine professionelle Auslegung und Wahrnehmung pädagogischen Handelns und Analysierens zu behindern. Dazu gehört auch die Infragestellung oder das Ignorieren einer wissenschaftlichen Bezugsdisziplin, die wissenschaftlich gestützte Maßstäbe für professionelles pädagogisches Handeln erbringen könnte. Dabei sind wir keineswegs der Meinung, daß durch die Aufhebung oder Beseitigung der Faktoren, die die Entwicklung von Professionalität beeinträchtigen können und als solche auszumachen sind, eine Professionalität in pädagogischen Arbeitsfeldern gesichert wäre.

Die Entwicklung, Reduzierung oder der Abbau von Professionen ist an den gesamtgesellschaftlichen Prozeß gebunden, der darüber entscheidet, welche gesellschaftspolitischen Strömungen sich mit welchen technologischen Umbrüchen verbinden und nach welchen neuen Berufs- und Tätigkeitsstrukturen er verlangt.

Fragen wir erst einmal danach, was Professionen auszeichnet und woran das Interesse gebunden ist, Berufe auf einen professionellen Standard zu bringen.

2 Professionelle Standards

Die berufssoziologische Beschäftigung mit Professionen und Professionsentwicklung war ursprünglich in den USA beheimatet. Bei der deutschen Rezeption ist zuwenig die völlig andere oder besser, in viel geringerem Maße vorhandene, durch den Staat organisierte Berufsstruktur mit bedacht worden. Berufsstrukturen sind dort in sehr viel größerem Maße durch Berufsverbände organisiert, um spezialisiertes Wissen zu schützen und zu einem möglichst hohen Preis und zu guten Bedingungen auf dem Arbeitsmarkt anzubieten (vgl. DAHEIM 1982). Berufe und Professionen sind Ersatz für Eigentum. Verantwortung und Kompetenzen waren die Legitimationsformeln zur Begründung einer professionellen Gesellschaft der 50er Jahre, um den gesellschaftlichen Vertrauensschwund in die Werte einer kapitalistischen Gesellschaft auszugleichen.

Für deutsche Verhältnisse beschreiben BECK u. a. (1980) den gesellschaftlichen Verberuflichungsprozeß, der hier nur stärker von staatlichen Instanzen festgeschrieben wird. Es wird versucht zu erklären, wie gesellschaftliche Arbeit sich mit dem Entstehen der Tauschgesellschaft zu Berufsstrukturen organisiert. Berufe sind danach Fähigkeitsschablonen, die gesellschaftlich ausgehandelt werden und Kompetenzbündelungen darstellen, die sich auf dem Arbeitsmarkt monopolisieren und sich für bestimmte Arbeitsfelder anbieten. Berufsstrukturen gewinnen dann mit der Zeit hohe Selbständigkeit, auch gegenüber den Arbeitsfeldern (vgl. BECK u. a. 1980, S. 35 ff.). Es kann durchaus der Fall eintreten, daß die qualifikatorischen Muster des Berufes den Veränderungen der Arbeitsfelder nicht mehr entsprechen, dann werden aber in den seltensten Fällen neue Berufe zugelassen, eher strukturieren sich die Tätigkeitsschablonen um. Berufe als gesellschaftlich strukturierte Fähigkeitsmuster mit entsprechendem Status und Qualifikationsprofil, die immer auch das monopolisierte Arbeitsfeld übersteigen, schützen das Individuum vor Dequalifizierung, Abwertung des Arbeitsvermögens und leichter Austauschbarkeit. Berufe gehen nicht auf in der funktionalen Entsprechung von unmittelbaren Detailanforderungen in Arbeitsfeldern. Sie legen Aufgaben und Anforderungen in einer größeren Breite aus und geben damit den Berufsträgern einen Kompetenzvorsprung gegenüber den unmittelbaren Anforderungen. Damit liefern sie auch einen aktiven Gestaltungsspielraum und ein Qualitätsbewußtsein, was wiederum selbstbewußtseins- und identitätsstiftenden Charakter hat.

Professionen weisen sich gegenüber Berufen aus durch
- einen noch erheblich höheren Autonomiespielraum, der vorrangig durch Selbstkontrolle sanktioniert wird,
- wissenschaftliche Standards, die durch professionsgesteuerte Forschung erweitert werden,
- hohes gesellschaftliches Ansehen und Privilegien.

Letzteres erwirkt – besonders bei den Ärzten – zumindest in der Öffentlichkeit die vorrangigste Kritik an dieser Profession (vgl. BOLLINGER/HOHL 1981, S. 440f.).

HESSE hat in einer vergleichenden Analyse als die am häufigsten genannten Charakteristika von Professionen herausgearbeitet:
- Organisation der Berufsangehörigen im eigenen Verband,
- Selbstkontrolle der Berufsangehörigen,
- theoretisch fundierte, lang andauernde Spezialausbildung,
- durch Verhaltensregeln bestimmte Umgangsformen mit der Klientel (vgl. HESSE 1968, S. 50).

Alle Arbeiten, ob sie sich nun über empirische Studien oder in Sekundäranalysen mit Professionalität beschäftigen, wiederholen in ähnlicher Weise diese Kriterien. Außen vor gelassen wird aber meistens der Aspekt, daß Professionen nicht zu Professionen werden, weil sie sich durch eine große Aktivität ihrer Interessenverbände und durch Kumulierung von theoretischem und empirischem Wissen auf hohem wissenschaftlichem Standard hervortun. Auch läßt sich das Modell von HARTMANN (1982), wonach Arbeit, Beruf und Profession auf einem Kontinuum liegen und als Maßstab für den qualitativen Wechsel von Beruf zu Profession der Grad der Verwissenschaftlichung, der sozialen Orientierung und der Dienstgesinnung dient, so funktionalistisch nicht als Erklärung für die gesellschaftliche Wirklichkeit nehmen. Die Kriterien mögen als Oberflächenbeschreibungen greifen. Sie lassen aber unberücksichtigt, daß nur das Zusammenspiel aktiver Professionsvertreter und gleichzeitig vorhandener gesellschaftlicher Interessen dazu führt, daß ein Stück Kontrolle über ein gesellschaftlich wichtiges Gut aus der Hand gegeben wird, damit ein Beruf zu einer Profession wird, wobei die erwähnten wissenschaftlichen Standards natürlich Voraussetzung sind. Für das Gut »Bildung« gibt es offensichtlich nicht das Interesse, es aus der gesellschaftlich-staatlichen Kontrolle zu entlassen.

Noch nicht erwähnt wurde – als ein spezifisches Charakteristikum von Profession – die enge Kopplung hohen wissenschaftlichen Wissens und unmittelbarer praktischer Arbeit am und mit Menschen. Ethische Verantwortlichkeit und wissenschaftliches Wissen müssen in dieser Tätigkeit eine Verbindung eingehen, die auch gerade die persönlichkeitsprägende Wirkung von Professionen ausmacht.

Gesundheit und Recht sind solche wichtigen Güter, die auf professionellem Standard geregelt werden, und Bildung könnte auch als ein solches gelten. Um den Preis politischer konservativer Loyalität, genannt politische Neutralität, entwickelten die Mediziner und Juristen interne normative Standards und Kriterien ihres Handelns, mit denen sie ihre inhaltlichen Aufgaben »heilen« und »Recht sprechen« sowie ihre Umgangsformen und Interventionen mit dem Klienten/Patienten regeln. Festgelegte Verkehrsformen definieren, wie sie ihre Aufgaben mit ihren Klienten/Patienten angehen, worin ihr Hilfsangebot besteht, wo die Grenzen liegen. Aber für diesen deutlich begrenzten Bereich wird die volle Verantwortung übernommen. Aus dieser selbst auferlegten Reduktion, so könnte man sagen, auf die sich auch die wissenschaftlichen Aktivitäten konzentrieren, erwächst die gesellschaftlich zur Verfügung gestellte relative Autonomie. Folgen liegen sicher in einer eher konservativen politischen Gläubigkeit und in einer auch oft zu reduzierten Wahrnehmung anderer Einflußfaktoren, die beim Heilen und bei der Rechtsprechung mit zu bedenken sind (psychologische, soziologische Auswirkungen etc.). Gerade aber dort, wo diese Grenzziehungen aufgehoben oder auch nur angetastet werden, wo neben interdisziplinären Wissensbeständen auch noch politische Infragestellungen, was die Gesundheit und das Recht gesellschaftlich betrifft, von Professionsvertretern vorgenommen wurden, greifen auch politische Instanzen in professionelle Auslegungen ein (siehe Juristen zur Volkszählung, zur Blockade des Militärdepots in Mutlangen). Steht die Gefahr auch der politischen Instrumentalisierung der Profession ins Haus? Aber hat nicht solche Instrumentalisierung unter dem Deckmantel der Neutralität Tradition (Juristen, Mediziner während der NS-Zeit)?

Aber wird die professionelle Arbeit am Patienten/am Klienten durch gesellschaftskritische Betrachtungsweisen verantwortungsbewußter, qualifizierter, weil ganzheitlicher? Sicher lassen sich diese Fragen nicht global beantworten. Wir haben es mit Verschiebungen in der Betrachtung zwischen professioneller Selbstgenügsamkeit und professionell begründeten politischen Interventionen zu tun. Am einfachsten ist es noch, die Konflikte nachzuvollziehen, interdisziplinäre Fragestellungen in einer Profession zuzulassen und zu integrieren, weil als Maßstab wieder auf die qualifizierte Versorgung des Patienten/Klienten zurückgegriffen werden kann. Soviel kann aber gerade auch unsere historische Vergangenheit noch bezeugen, daß ohne die Reflexion der politischen Außendimensionen professionellen Handelns auch interne professionelle Maßstäbe ihre Glaubwürdigkeit verlieren (→ *Pädagogik und Politik*).

Bei Professionalisierungsbemühungen von Pädagogen ist genau dieser Konflikt politischer Inanspruchnahme und Autonomie auf die Spitze getrieben. Pädagogische Berufe erhielten durch kräftige bildungspolitische Initiativen nicht etwa nur eine formale Aufwertung oder einen größeren Spielraum, sie gewannen über bildungspolitisch veranlaßte Vorhaben, wie die Gesamtschulen, neue, veränderte Vorstellungen. Die Sozialbeit wurde von den allein karitativen Begründungsmustern befreit, die Erwachsenenbildung erhielt Auftrieb durch bildungspolitisch vertretene Konzepte lebenslangen Lernens (Bildungsratsberichte, Bildungsgesamtplan) (→ *Strukturveränderungen im Bildungswesen ..., Die Gesamtschule;* → *Sozialpädagoge/Sozialarbeiter;* → *Erwachsenenbildung und Weiterbildung*). Bildung schien, das nahmen nicht nur die Erziehungswissenschaftler an, ein expandierender und sich qualifizierender gesellschaftlicher Pfeiler zu werden, auf den die gesellschaftliche Zukunft genausowenig verzichten konnte wie z. B. auf Gesundheit. Das für eine Berufsentwicklung Untypische lag und liegt nun darin, daß nicht von den Berufsvertretern selber die Initiativen ausgingen, sie nicht die inhaltlichen Aufgabenfelder absteckten. Es wurde versäumt, eine pädagogische Auslegung der Aufgaben vorzunehmen, den Umfang und die Grenzen der professionellen Verantwortung und den spezifischen Beziehungs- und Lernbezug zu den Schülern/Lernenden/Klienten zu definieren und Handlungskonzepte zu erarbeiten. Dieses wäre eine Perspektive, aber auch eine Bedingung gewesen, von wo aus die Pädagogen den gesellschaftlich positiven Aufwind hätten mit steuern können. Professionsvertreter, Wissenschaftler und Praktiker kämpften vorrangig an der bildungspolitischen Front und in den Gewerkschaften für die Verbesserung der Arbeitsbedingungen, der Organisationsstrukturen und der Bezahlung. Die Veränderung von Organisationsstrukturen, die Evaluation von Modellvorhaben und – als kulturelle Innovation – die Aufarbeitung oder curriculare Neubestimmung der Inhalte besetzten alle Initiativen.

Es soll keineswegs gesagt werden, daß damit nicht genug getan worden wäre und der Lernende, den man als Klienten definieren könnte, keine Rolle spielte. Für ihn sollten ja gerade, unabhängig von schichtspezifischen Beschränkungen, optimale Bedingungen geschaffen werden; nur blieb der Motor für diese Aktivitäten an die von außen kommenden bildungspolitischen Ansprüche und Vorstellungen gebunden. Die Schaffung neuer Organisationsstrukturen ließ nur am Rande die Erarbeitung professionsinterner Regulierungen zu (MOLLENHAUER 1975).

Wie reagierten dort die Berufsträger, als die politische Förderung von Bildung Ende der 70er Jahre zurückging, stagnierte oder umgepolt wurde? Gingen sie die neuen Wege weiter, resignierten sie, besannen sie sich auf die innere Definition ihrer Aufgaben, hielten sie das Erreichte auf diese Weise fest? Es wird kein Geheimnis verraten, und man kann auch nicht von »Entlarvung« sprechen, wenn gesagt werden muß, daß die Abnahme öffentlicher Beachtung, und damit ist nicht nur die Verkürzung finanzieller Ressourcen gemeint, Resignation nach sich zog. Um einem Mißverstehen vorzubeugen, ich bin nicht der Meinung, die Kürzungen und Streichungen seien kein Hemmnis in der Professionsentwicklung; sie erklären aber nur einen Teil der Resignation.

In der hohen politischen Außenlenkung, die von den Berufsträgern bewußt oder fraglos als inhaltlicher Kern des eigenen Tuns übernommen wurde, liegt mit eine wesentliche Ursache gescheiterter professioneller Entwicklung. Obwohl gerade das Gegenstandsfeld selber – Arbeit an und mit den Menschen zum Zwecke von Entwicklung – die optimale Bedingung für eine Profession erbringen könnte. Nur bedingt die hohe Außenlenkung auch, daß den internen Wissensbeständen zur Monopolisierung der Lösung von Handlungsproblemen (vgl. SCHMITZ 1979, S. 160 ff.) für einen bestimmten Bereich noch nicht ausreichend Beachtung geschenkt wird. Dieses bestätigt sich gegenwärtig wieder. So unterstützt die verstärkte bildungspolitische Bevorzugung der beruflichen Bildung, Folge gegenwärtiger technologischer Veränderungen, einen Professionalisierungsprozeß in der beruflichen Weiterbildung nicht. In der defensiven Argumentation gegen einen Verberuflichungsprozeß werden der beruflichen Erfahrung und dem Fachwissen die Dominanz für die Weiterbildungsarbeit eingeräumt (WEINBERG 1986). Selbst Weiterbildner können sich oft schwer in ihrer spezifischen Professionalität definieren (GIESEKE 1981). SCHMITZ (1979, S. 163) spricht nicht von politischer Außenlenkung, sondern von Eingriffen bürokratischer Organisationen, die die »professionelle Kompetenz« arbeitsvertraglich »bindet«. Dazu zählt er Lehrer, Sozialarbeiter, Betriebspsychologen, betriebliche Ausbilder etc. und nennt die Berufsgruppe im Anschluß an anglo-amerikanische Diskussionen *Semiprofession*. Sie umfaßt Berufe mit kürzerer Ausbildung, wenig legitimiertem sozialem Status, geringem Bestand an Fachwissen. Sie ist weiterhin zu erkennen an ihrer stärkeren Abhängigkeit von Aufsicht und externer Kontrolle (vgl. ebd.).

Nun wird aber auch in der amerikanischen Literatur mindestens seit einem Jahrzehnt ein schwächender Einfluß bürokratischer Arbeitsorganisation auf Dienstleistungen und professionelle Autonomie beklagt (WILENSKY 1972), so daß auch entwickelte Professionen, soweit es sich nicht um freie Berufe handelt, davon betroffen sind. In den Deprofessionalisierungsdebatten über und in der Medizin (BOLLINGER/HOHL 1981; HARTMANN/HARTMANN 1982), also bei sogenannten klassischen Professionen, häufen sich in den letzten Jahren entsprechende Debatten.

Uns soll es in den weiteren thesenartigen Ausführungen nicht darum gehen, das Professionalisierungskonzept für Pädagogen auch in die 90er Jahre hinein zu retten, auch nicht darum, die Berechtigung von Deprofessionalisierungsdebatten zur Verhinderung von »Pädagogisierung« und »Didaktisierung« gesellschaftlich-kommunikativer Handlungsfelder zu reklamieren. Uns sollte innerhalb der Erziehungswissenschaft mehr interessieren: Wo liegen Einflüsse und Behinderungen selbstbewußten qualifizierten pädagogischen Handelns, und welche Konsequenzen tragen diese Einwirkungen nach sich? Sicher verweisen die einzelnen Punkte dann wiederum auf einen unvollständig gegangenen oder versperrten Weg zur Professionalität.

Alle folgenden Einzelpunkte sollen am Beispiel der Erwachsenenbildung demonstriert werden. Für die Sozialpädagogen liegen ausführliche Analysen vor, auf die ergänzend zurückgegriffen werden kann.

3 Die Fragilität der Selbstdefinition in der Innen-/Außenrepräsentanz

Sicher macht es gerade die Qualität der Erwachsenenbildung aus, daß sie auf Aktualitäten schnell und unbürokratisch mit Bildungsangeboten reagieren kann und reagiert. Erwachsenenbildner bei den verschiedenen Trägern, auch im berufsbildenden Bereich, können deshalb durchaus als gesellschaftliche Seismographen gelten. Daß es immer auch Konstanten und Kontinuitäten im Angebot gibt, bleibt davon unbenommen. Der Erwachsenenbildner benutzt sich selber quasi als Filter. Er verarbeitet gesellschaftliche Themen und formuliert sie um zu Bildungsangeboten. Berufliches Handeln muß sich für viele Fachbereichsleiter in dieser Aufgabe erschöpfen, weil die Verberuflichungsebene erst für die makrodidaktische Planungsebene erreicht ist. Das gilt überdies nicht einmal für alle Bundesländer. Die finanziellen Ressourcenkürzungen in der Erwachsenenbildung haben die Arbeitsmöglichkeit darüber hinaus noch weiter gehend geschmälert. Zusätzliche Geldquellen, die erschlossen werden, sind inhaltsgebunden, sie sind von Modellförderung, insbesondere von der Arbeitsverwaltung für Bildungsarbeit mit Arbeitslosen, vorbestimmt. Strukturveränderungen in der Programmgestaltung (TIETGENS etc.) und der Personalzusammensetzung als Folge dieser befristeten »maßnahmengebundenen Finanzierung« kennzeichnen die aktuelle Situation. Um einen gewissen Handlungsspielraum zu erhalten, wird auf inhaltsgebundene Gelder zurückgegriffen, die noch einen gewissen finanziellen Spielraum schaffen helfen für die Sicherung organisatorischer Bedingungen in anderen Arbeitsfeldern.

Pädagogischer Erfolg, pädagogische Standards messen sich auf dieser makrodidaktischen Ebene – und dabei ist es unerheblich, ob es sich um eine starke Außenlenkung bei den gebundenen Mitteln oder bei den freien finanziellen Mitteln für die Planung in den verschiedenen Fachbereichen handelt – daran, ob ein Kurs zustande kommt oder nicht. Pädagogisches Arbeiten ist also eine gesellschaftliche Filterfunktion und an die Außenlenkung der Bildungsarbeit gebunden, gerade auch bei Verknappung der finanziellen Mittel. So ist die Erwachsenenbildung gezwungen, sich durch die internen knappen Personalressourcen und durch die äußeren Einflußrahmen über zusätzliche, wenn auch zeitlich befristete Geldausgaben in der pädagogischen Standortformulierung auf die Kursorganisation und die Ideenproduktion zu begrenzen. Dieses tägliche Handeln selbst hat prägenden Charakter für das berufliche Selbstbewußtsein, so daß gar nichts oder nur in geringem Maße ein schmerzlicher Verzicht gegenüber nicht leistbarer pädagogischer Kursbetreuung artikuliert wird. Externe Inanspruchnahme und interne Auslegung der Tätigkeit gehen hier ein Stück weit Hand in Hand und stoßen nur punktuell bei den Berufsvertretern auf Widerstand. Aus sehr naheliegenden Gründen nehmen Weiterbildungsinstitutionen gern »Bildungsmaßnahmen« der Bundesanstalt für Arbeit auf; nur fragt man sich zumindest verbandsintern, ob nicht die Eigenständigkeit der Bildungsinstitutionen untergraben wird. Die Janusköpfigkeit des Vielerlei an Geldquellen bei mangelnder gesetzlicher Grundfinanzierung wird deutlich. Diejenige von den konkurrierenden Weiterbildungsinstitutionen, die den niedrigsten Preis für ein Angebot macht, bekommt den Zuschlag. Über pädagogische Kriterien wird selten gesprochen, langsam kommen – manchmal nur auf Verbandstagungen – verschiedene Konzepte in Umlauf, wissenschaftliche Begleitung findet aber nur selten statt.

Man spricht von sozialpolitischer Inanspruchnahme der Bildungsarbeit (vgl. TIETGENS 1981), man wirft den Arbeitsämtern z. T. vor, in die Weiterbildungsinstitutionen hineinzuregieren. Die erlebte finanzielle Abhängigkeit führt dazu, daß man sich auch in der Festlegung von Maßstäben bei diesen »Bildungsmaßnahmen« selten auf pädagogische Mindestanforderungen besinnt und sich auf ein entsprechendes Aushandeln mit dem Arbeitsamt einläßt. Die pädagogischen Auslegungen der Tätigkeit zeigen eine hohe Unsicherheit (GIESEKE 1981), sie sind allenfalls dem Zeitaufwand verpflichtet, haben normativen Formelcharakter und müssen erst einmal nur für die Außenrepräsentanz genügen. Die Folge ist, daß man sich zu schwach fühlt, um bewußt aus einer pädagogischen Arbeitsperspektive beispielsweise dem Arbeitsamt oder den Anforderungen anderer politischer Einflußträger gegenüberzutreten. Die schnelle Verpflichtung auf die Tagesgeschäfte erlaubt es zuwenig, sich inhaltlich mit den pädagogischen Konzepten auseinanderzusetzen, den Verlauf auszuwerten, Konsequenzen durchzudiskutieren; d. h., sich einen pädagogischen Wissensfundus anzueignen, und sei es erst allein auf der praktischen Ebene.

Die faktischen Beschränkungen führen bereits dazu, daß professionsintern, entsprechend der herausragenden gesellschaftlichen Filtertätigkeit für Bildungsaufgaben, der Pädagoge als Schwerpunkt seiner Tätigkeit kommunikatives Handeln nennt (TIETGENS 1985).

Bei sozialpädagogischen Tätigkeiten wird ein Überhandnehmen administrativer organisatorischer Aufgaben beklagt, was dazu führt, daß die Beratungsgespräche zu kurz kommen. Anders herum erfährt gerade die Therapeutisierung, die sich bei den Beratungsgesprächen durchsetzt, um einen professionellen inhaltlichen Kern zu gewinnen, erhebliche Kritik in der Profession selbst (KARDORFF 1982).

Alles dies ist nicht den Berufsvertretern selber zuzurechnen, sondern hat mit der gesellschaftlichen Inanspruchnahme dieser Berufsvertreter, der Einstellungspolitik, den finanziellen Ressourcen und der relativen Neuheit der Berufszweige und der dazugehörenden wissenschaftlichen Disziplinen zu tun. Wichtig ist meiner Ansicht nach nur, daß es professionsintern an inhaltlicher Selbstbesinnung fehlt, diese aber nicht dadurch ersetzt werden kann, daß die Bedrohung allein von außen konstatiert wird. Auch wenn letzteres stimmt, kann nur *inhaltliche Selbstbesinnung* das nötige Rückgrat für Forderungen schaffen. Diskussionen über Identität der Disziplinen Erwachsenenbildung, Sozialpädagogik ersetzen die inhaltlichen Auseinandersetzungen um den professionellen Kern (vgl. SIEBERT 1985) (→ *Erwachsenenbildung und Weiterbildung;* → *Sozialpädagogik und Heimerziehung*).

4 Deprofessionalisierungsdebatten – zur Begründung einer Demontage von Expertenwissen und Verschulung

Eine Deprofessionalisierungsdiskussion hat in der Weiterbildung nie den Stellenwert erhalten wie in der vergleichbaren Semiprofession der Sozialpädagogik. Interne Methodendiskussionen sind hier sehr viel heftiger geführt worden, auch ist die bürokratische Einbettung bei der Arbeit mit der Klientel enger und forcierte höchstwahrscheinlich auch deshalb eine intensivere Kritik dazu. Inzwischen haben wir aber bereits die Zurückweisung der Deprofessionalisierung auch von Professionsvertretern, die sich gleichwohl gegen Bürokratisierung und Bevormundung der Klientel wehren (NIEMEYER 1984; KICK 1983; LESSING 1984). Professionalisierungs- und Deprofessionalisierungsdiskussionen büßen spätestens seit 1983 ihre Popularität ein, die Existenzsorgen sind viel substantieller; Stellen werden gestrichen, es gibt keine Arbeitsplätze mehr, finanzielle Ressourcen, gerade in allen sozialen und sozialreformerischen Bereichen, stehen nicht mehr zur Verfügung. Forderungen nach mehr beruflicher Weiterbildung als Folge technologischer Innovationen haben auch Professionalisierungsdiskussionen in der Weiterbildung wieder in Bewegung gebracht (WEINBERG 1986). Die Organisation der beruflichen Weiterbildung in der Industrie – dort findet gegenwärtig der aktuelle Ausbau statt – zeigt aber keine forcierte Tendenz zur Professionalisierung. Es ist nur mit einem spärlichen Ausbau des hauptberuflich tätigen Personals zu rechnen. Eine enge Anbindung an die Ziele und Arbeitsformen der jeweiligen Industrieverwaltung scheint selbstverständlich. Die aktuelle berufliche Weiterbildung, nicht nur in ihrer innerindustriellen Organisationsform, hat mehr den Charakter einer Saisonarbeit oder bekommt diesen Charakter zumindest zugesprochen, denn man organisiert hier mehr nach technologischen Maßstäben kurzfristig bedarfsgerechter Nachfrage, als daß Individuen aus den Angeboten in der beruflichen Weiterbildung eine Berufsbiographie selbst entwickeln könnten.

So ist denn die Deprofessionalisierung eine Realität in der Sozial- und der Weiterbildungsarbeit. Man könnte zynisch anmerken, sie braucht nicht mehr aus einer vermeintlich kritischen Position eingeklagt zu werden. Es gibt keine entwickelte Verberuflichung, keine relative Autonomie bei der Definition des Bildungsauftrages und – damit verbunden – auch keine an ethischen Prinzipien verpflichtete Verantwortlichkeit, zumindest was große Teile der Weiterbildung betrifft. ILLICHS Befürchtungen bezüglich einer

Expertendominanz (ILLICH 1979) durch Professionelle, die die Selbstbestimmungsmöglichkeiten rauben, in der die Bildungsarbeit zur gängelnden Bevormundung als Pädagogisierung und Didaktisierung gerät, sind nicht einmal auf dem halben Wege zur Wahrheit. Die Ursachen potentieller Verberuflichung, wenn man sie denn für eine Zeit beobachten konnte, in Richtung Professionalität bei gleichzeitiger Abkappung entwickelter Professionalität liegen nicht bei den Trägern der Berufsgruppen selber, sondern in einer verstärkten gesellschaftlichen Nachfrage, die ihre Janusköpfigkeit bereits in sich trägt.

Die verstärkte Bildungsnachfrage und das schnellere Veralten von Wissen in den letzten Jahrzehnten, der Akzeptanzverlust geteilter Normen und Werte in der Erziehung und in den Geschlechterrollen, in der Lebensgestaltung forderten einen Bildungsbedarf in Sinnkrisen, Sinnfragen an. Aufgaben, die bisher im Familienverbund gelöst wurden, sind durch den Trend zur Kleinfamilie, durch die Industrialisierung aller Lebensbereiche, beginnend mit der Lohnarbeit, zur gesellschaftlichen Aufgabe geworden. Besonders nachhaltige Resonanz hat die BECKsche Analyse der Moderne und seine Diagnose einer zunehmenden Individualisierung gefunden (BECK 1986). Die Expansion der Bildungs- und Sozialaufgaben als gesellschaftlich zu lösendes Problem schien zu den letzten Aufgaben einer zunehmenden Vergesellschaftung aller Lebensbereiche zu gehören. Unter der Flagge der Reformen sollten soziale Sicherheit, Hilfe für alle, gleiche Chancen für alle Bevölkerungsschichten eingelöst werden. Mit Organisationsformen, die sich aber zunehmend mehr technologisch entwickelten und auch so begründet wurden, schien die Einlösung der Demokratisierung über Organisationsformen und finanzielle Ressourcen erreichbar zu sein. Die Menschen gerieten dabei zusehends aus dem Blick, sie erhielten zu geringes Forschungsinteresse. In der Organisation, im Institutionellen wurde bereits der größte Teil der Lösung vorhandener Probleme gesehen. Das gilt für die Schulreform, für die Erwachsenenbildung – ob auch für die Sozialpädagogik, ist nicht so deutlich. Unbestreitbar war, daß diese organisatorischen Installierungen ein notwendiger erster Schritt waren, doch bedeutete die Konzentration vorrangig darauf bereits im ersten Beginnen der Verberuflichung eine Reduktion für die Entwicklung zur Professionalität, die die Kritiker der Professionalität auf den Plan rief. Je nach pädagogischem Arbeitszweig, aber immer rigoros, wurde »das Kind mit dem Bade ausgeschüttet«. Man sagte der Institutionalisierung, der Didaktisierung, der Entmündigung der Klientel durch die Professionellen den Kampf an (vgl. z. B. DAUBER/VERNE 1976; VON WERDER 1980). Die Sehnsucht nach heilen, emotional tragenden Gemeinschaften bestimmte das Klima. Bürokratisierung und Professionalisierung wurden häufig undifferenziert in einen Topf geworfen (OLK/OTTO 1981), wo nach konstruktiven Lösungen gesucht wurde, um das Demokratisierungspostulat aufrechtzuerhalten. In der Einsicht, Entwicklungen nicht zurückdrehen zu können, wurde eine klientenorientierte Professionalität gefordert, um sich von einer standesorientierten Auslegung, wie man sie bei den Ärzten und Juristen kannte, abzugrenzen. Man verlangte nach alternativen Konzepten dezentralisierten Vorgehens (OLK/OTTO 1981; DIECKMANN 1976). NIEMEYER formuliert in einer Nachreflexion der wirkungslosen Deprofessionalisierungsdebatte in der Sozialpädagogik die Forderung nach einer realistischen Deprofessionalisierungsfolie und einer differenzierten Analyse des unübersichtlichen, nicht in technologische Wirkungsforschungsmodelle zu pressenden Arbeitsfeldes. Die Sozialpädagogik hat, so formuliert er, ihre Spezifität nicht zum Thema gemacht (NIEMEYER 1984, S. 156). Gleichzeitig erteilt er auch den

Subjektivitätskonzepten der Alternativen eine Absage, weil er die Reflexivität über Subjektivität vermißt (ebd., S. 160).

Aber auch Autoren, die sich an der Kritik der Expertokratie beteiligten, bemühen sich gegenwärtig um die Unterstützung professionellen Handelns. Sie fordern eine fall- und feldbezogene Handlungskompetenz und betonen die Notwendigkeit von Vertrauensbeziehungen zwischen den Beteiligten (OLK 1986, S. 240f.).

Für die Erwachsenenbildung ließe sich in Teilen ähnliches sagen, andererseits zeigen aber auch Forschungsarbeiten, daß es Wege gibt (z. B. KEJCZ u. a. (Buvepprojekt) 1979; SIEBERT 1975), sich den Subjekten in den Lernprozessen zuzuwenden. Hier lassen sich auch KORINGS (KORING 1987, 1989, 1990) Arbeiten zur Professionalisierung für die Lehrerbildung und Erwachsenenbildung einordnen. Er rezipiert OEVERMANNS theoretischen Entwurf für pädagogisches Handeln als stellvertretende Deutung. Die von den Pädagogen nach OEVERMANN verleugnete therapeutische Dimension der pädagogischen Interaktion verlangt eine Professionalität, da sie weder technologisierbar noch standardisierbar sei. OEVERMANN und mit ihm KORING fragen nach dem pädagogischen Kern des Lehrerhandelns und der daran gebundenen Form der Professionalisierung. Sie fordern eine Kunstlehre im Sinne einer mäeutischen Pädagogik und ein hermeneutisches Fallverstehen im Studium und in Praxisphasen. Empirische Studien zur beruflichen Sozialisation von Erwachsenenpädagogen, die keine geteilte Bezugswissenschaft haben, zeigen die Zerrissenheit und die normatisierende Aneignung und Deutung der beruflichen Anforderungen. Man ist in der pädagogischen Problembearbeitung nur auf die eine Persönlichkeit zurückverwiesen (GIESEKE 1989).

Die Kritik an der beginnenden Professionsentwicklung oder besser Verberuflichung traf einen richtigen Kern, nur der Feind wurde an der falschen Stelle gesucht, zu grob und undifferenziert aufs Korn genommen. Sie paßte als Begründung für das konservative politische Spektrum, das genau diese Vergesellschaftung aufhalten wollte, um soziale Aufgaben wieder zu privatisieren, was letztlich auf Kosten der sozial schwächer gestellten sozialen Schichten und der Frauen geht. Die politische Steuerung, Beeinflussung oder der Mißbrauch professioneller Entwicklung, auch dort, wo das Gegenteil angestrebt wird, sind nicht zu übersehen und zeigen sich in der Deprofessionalisierungsdebatte in einer besonders widersprüchlichen Form.

In der berufssoziologischen Forschung wurde etwa zur gleichen Zeit, Anfang der 80er Jahre, eine Reduktion der professionellen Autonomie bei den Medizinern, besonders in Amerika (BOLLINGER/HOHL 1981, S. 442f.), festgestellt. Erklärt wird dieser Prozeß mit dem ganzheitlichen Anspruch der Professionen, der paternalistischen Prinzipien, die säkularisiert seien. Auch rekrutiert die Ärzteschaft sich nicht mehr selbstgewiß nur aus der großbürgerlichen Schicht, so daß auch hier Brüche im Selbstverständnis unvermeidlich sind. Die absolute Autorität wird überdies durch kritische Patienten, das Pflegepersonal und durch neue Berufe im sozialen medizinischen Feld in Frage gestellt. HARTMANN/HARTMANN (1982, S. 199f.) sehen Erscheinungsformen der Deprofessionalität vor allen Dingen dadurch begründet, daß professionalisierte Organisationsformen ersetzt werden durch bürokratische Einbindungen, die den Experten ihre Selbständigkeit in professionellen Entscheidungen nehmen (ebd., S. 202). Die gesamte gesellschaftlich zu beobachtende Akademisierung erhöht den Verdrängungswettbewerb untereinander, macht aber jede politische Frage zunehmend mehr zu einer Expertenangelegenheit, so daß die Wissenschaft in den Dienst verschiedener politischer Gruppierungen genommen wird. Der Experte argumentiert gegen den Experten und untergräbt damit auch ein Stück Vertrauen in die Wissenschaft, andererseits kann man sich auch in Bürgerinitiativen und anderen basisdemokratischen Bewegungen nur Gehör verschaffen, wenn man wiederum Experten zur Verfügung hat. Das Ansehen von Professionen und Experten wird dadurch auf dem Altar politischer Inanspruchnahme und Verwendung geopfert. Ob das ein Vorteil oder Nachteil ist, scheint damit noch nicht ausgemacht zu sein. In den Sozialwissenschaften wird dieser Bruch aber lange nicht in der Tragik erlebt wie in den klassischen Professionen, weil hier die Reflexion wissenschaftlich-theoretischer und politischer Gebundenheit von Forschungsfragen, Ansätzen und Ergebnissen ein selbstverständlicher Teil wissenschaftlichen Tuns und Wissens ist. Aber auch hier läßt sich aktuell ein Trend zur Professionalität, der stärker nach Forschungsstandards fragt, beobachten (Soziologenkongreß 1990). Die planenden, vermittelnden und interagierenden Aufgaben der pädagogisch Tätigen warten noch auf die identitätsstiftende professionelle Auslegung.

Literatur

BECK, U./BRATER, M./DAHEIM, H.: Soziologie der Arbeit und der Berufe. Hamburg 1980
–: Risikogesellschaft. Auf dem Weg in eine andere Moderne. Frankfurt/Main 1986
BOLLINGER, H./HOHL, J.: Auf dem Weg von der Profession zum Beruf zur Deprofessionalisierung des Ärzte-Standes. In: Soziale Welt 1981, S. 442f.
DAHEIM, H.: Zu einer Zwischenbilanz der soziologischen Berufsforschung. In: SCHMIDT, G./BRACZYK, H.J./KNESEBECK, J.v. (Hrsg.): Materialien zur Industriesoziologie. Sonderheft 24 der Kölner Zeitschrift für Soziologie und Sozialpsychologie. Opladen 1982, S. 372–384
DAUBER, H./VERNE, E. (Hrsg.): Freiheit zum Lernen. Hamburg 1976
DIECKMANN, B.: Professionalisierung und einige Folgen für die Curriculumplanung in der Erwachsenenbildung. In: Hessische Blätter für Volksbildung 1976, S. 127–135
GIESEKE, W.: Lernhandeln von Erwachsenenpädagogen. Das Aushandeln beruflicher Orientierungen von Erwachsenenpädagogen im arbeitsplatzbezogenen Lernprozeß. Ms. Frankfurt/M./Bremen 1981
–: Habitus von Erwachsenenbildnern. Eine qualitative Studie zur beruflichen Sozialisation. Hrsg. W. SCHULENBERG, Institut für Bildungsforschung und Erwachsenenbildung. Oldenburg 1989
HARTMANN, H./HARTMANN, M.: Vom Elend der Experten: Zwischen Akademisierung und Deprofessionalisierung. In: Kölner Zeitschrift für Soziologie und Sozialpsychologie 34 (1982), S. 193–223
HESSE, H.A.: Berufe im Wandel. Stuttgart 1968
ILLICH, I.: Entmündigende Expertenherrschaft. In: ders. u.a.: Entmündigung durch Experten. Zur Kritik der Dienstleistungsberufe. Reinbek bei Hamburg 1979, S. 7–35
KARDORFF, E.v.: Die Strategie der Therapeutisierung zum veränderten Handlungstyp in der Sozialarbeit. In: Neue Praxis 12 (1982), S. 1–11
KEJCZ, Y. u.a.: Bildungsurlaubs-, Versuchs- und Entwicklungsprogramm der Bundesregierung. 8 Bde. Heidelberg 1979–1981
KICK, H.-W.: Perspektiven der Professionalisierung im außerschulischen Bildungs-, Erziehungs- und Sozialwesen. In: KNOLL, J. (Hrsg.): Internationales Jahrbuch der Erwachsenenbildung 10 (1982), S. 142–152
KORING, B.: Erwachsenenbildung und Professionstheorie. Überlegungen im Anschluß an Oevermann. In: HARNEY, K./JUTLING, O./KORING, B.: Professionalisierung der Erwachsenenbildung. Frankfurt am Main 1987, S. 358–400
–: Theorie und Professionalität in der Erwachsenenbildung. Ein kritischer Literaturbericht. In: Zeitschrift für Pädagogik 36 (1990), S. 259–273

–: Zur Professionalisierung der Lehrtätigkeit. In: Zeitschrift für Pädagogik. 35 (1989), S. 771–788
LESSING, H.: Sozialarbeit ist keine Alternative. In: Soziale Arbeit 33 (1984), S. 197–201
MOLLENHAUER, K.: Die Rollenproblematik des Lehrerberufs und die Bildung. In: ROTH, H./BLUMENTHAL, A. (Hrsg.): Freiheit und Zwang der Lehrerrolle. Hannover 1975, S. 5–20
NIEMEYER, CH.: Die mißlungene Deprofessionalisierungsdiskussion in der Sozialarbeit/Sozialpädagogik. In: Neue Praxis 14 (1984), S. 153–170
OLK, TH./OTTO, H.-U.: Wertewandel und Sozialarbeit – Entwicklungsperspektiven kommunaler Sozialarbeitspolitik. In: Neue Praxis 11 (1981), S. 99–146
–: Abschied vom Experten. Sozialarbeit auf dem Weg zu einer alternativen Professionalität. Weinheim 1986
SCHMITZ, E.: Erwachsenenbildung, Arbeitsteilung und soziale Verteilung von Wissen. In: RASCHERT, J. (Hrsg.): Jahrbuch für Erziehungswissenschaft 1979. Stuttgart 1979, S. 129–168
SIEBERT, H.: Identitätslernen in der Diskussion. BuP Reihe. Frankfurt 1985
–/GERL, H.: Lehr- und Lernverhalten bei Erwachsenen. Braunschweig 1975
TIETGENS, H.: Sozialpolitische Aspekte der Weiterbildung. Braunschweig 1981
–: Hauptberufliche Mitarbeiter an Volkshochschulen (Arbeitspapier). Frankfurt/M. 1985
WEINBERG, J.: Am Ende der Professionalisierung angesichts neuer Aufgaben und Anforderungen an die Erwachsenenbildner? Ms. September 1986
WERDER, L. V.: Alltägliche Erwachsenenbildung. Weinheim/Basel 1980
WILENSKY, H.: Jeder Beruf eine Profession? In: LUCKMANN, TH./SPRONDEL, W. M.: Berufssoziologie. Köln 1972, S. 198–215

Angaben über die Autoren und Autorinnen

Hans-Jürgen Albers, Dr. rer. pol. habil., Prof. für Wirtschaftswissenschaft und Wirtschaftsdidaktik, Päd. Hochschule Schwäbisch Gmünd und Apl. Prof. für Berufs- und Wirtschaftspädagogik, Universität Stuttgart.
Veröffentlichungen (Auswahl): Zufriedenheit in Arbeit und Ausbildung. 1977 – Allgemeine sozio-ökonomisch-technische Bildung. Zur Begründung ökonomischer und technischer Elemente in den Curricula allgemeinbildenden Unterrichts. 1987 – Doppelqualifizierende Abiturientenausbildung für handwerkliche Berufe. 1987 – Computereinsatz im Wirtschaftsunterricht. 1990 – Aufsätze in Fachzeitschriften und Sammelwerken.
Beitrag: Das berufliche Bildungswesen in der Bundesrepublik Deutschland

Wiebke Ammann, Dipl.-Päd., Dr. phil., Prof. für Behindertenpädagogik im Fachbereich Sozialwesen der Evangelischen Fachhochschule Hannover.
Veröffentlichungen (Auswahl): (mit H. Peters): Stigma Dummheit. 1981 – Schullaufbahn mit Umwegen. Rücküberweisungen aus der Sonderschule. 1984 – Hrsg. (u. a.): Pädagogik: Theorie und Menschlichkeit. Festschrift für Enno Fooken zum 60. Geburtstag. 1986 – Hrsg. (u. a.): Sorgenkinder/Kindersorgen, Behindert-Werden, Behindert-Sein als Thema in Kinder- und Jugendbüchern. 1987 – Aufsätze in Fachzeitschriften und Sammelwerken.
Beitrag: Institutionen der Sonderpädagogik

Karl Andre, Dipl.-Psych., Prof. für Psychologie an der Universität Koblenz-Landau, Abteilung Landau.
Veröffentlichungen (Auswahl): Themen-Wahl-Verfahren TWV 4–9, Interessenfragebogen für 4.–9. Klassen. 1980 – Hrsg. (mit K. Daumenlang): Taschenbuch der Schul- und Erziehungsberatung. 1983.
Beitrag: Erziehungsberater/Erziehungsberaterin (mit K. Daumenlang)

Kurt Aurin, Dr. phil., Dipl.-Psych., Prof. für Erziehungswissenschaft, Universität Freiburg.
Veröffentlichungen (Auswahl): Ermittlungen und Erschließungen von Begabungen im ländlichen Raum. 1965 – (mit P. Gaude und K. Zimmermann): Bildungsberatung in der Bundesrepublik Deutschland. 1971 – Hrsg.: Schulversuche in Planung und Erprobung. 1973 – Sekundarschulwesen, Strukturen, Entwicklungstendenzen... 1978 – Hrsg.: Beratung als pädagogische Aufgabe. 1983 – (mit B. Schwarz u. a.): Schulvergleichsuntersuchung des Landes Baden-Württemberg. 1986 – Hrsg.: Schulvergleich in der Diskussion. 1987 – Hrsg.: Gute Schulen – worauf beruht ihre Wirksamkeit? 1990 – Aufsätze in Fachzeitschriften und Sammelwerken zur Schulreform und -entwicklung, Allgemeinen Pädagogik, Bildungsforschung, Schulberatung und Politischen Bildung.
Beitrag: Strukturveränderungen im Bildungswesen der Bundesrepublik Deutschland: Die Gesamtschule

Siegfried Baske, Dr. phil., Prof. für Vergleichende Erziehungswissenschaft an der Freien Universität Berlin.
Veröffentlichungen (Auswahl): Bildungspolitik in der DDR 1963–1976. 1979 – Hrsg.: Bildungsreformen in der Bundesrepublik Deutschland und in der Deutschen Demokratischen Republik. 1981 – Hrsg.: Erziehungswissenschaftliche Disziplinen und Forschungsschwerpunkte in der DDR. 1986 – Aufsätze in Fachzeitschriften und Sammelwerken.
Beitrag: Pädagogik und Bildungswesen in der ehemaligen DDR

Jürgen Baumert, Dr. phil., Wiss. Mitarbeiter am Max-Planck-Institut für Bildungsforschung in Berlin, Privatdozent an der Freien Universität Berlin.
Veröffentlichungen (Auswahl): Vom Experiment zur Regelschule (u. a.). 1978 – Aspekte der Schulorganisation. 1980 – (mit D. Hopf): Curriculumentwicklung und Lehrerfortbildung. 1980 – Between Mass and Elite Education (u. a.). 1983 – (mit A. Leschinsky): Berufliches Selbstverständnis und Einflußmöglichkeiten von Schulleitern. 1986 – Zur Kompatibilität von Leistungsförderung und Divergenzminderung (u. a.). 1987 – Zur institutionellen Stratifizierung im Hochschulsystem (u. a.). 1987 – Reputation – A Hard-currency Medium of Interchange. A Structural Equation Approach (u. a.). 1990 – Das Bildungswesen in der Bundesrepublik Deutschland (u. a.). 1990.
Beitrag: Das allgemeinbildende Schulwesen der Bundesrepublik Deutschland

Peter Becker, Dr. phil., Prof. für Psychologie an der Universität Trier.
Veröffentlichungen (Auswahl): (mit *L. Schmidt*): Psychogene Störungen. 1977 – (mit *A. Schmidtke* und *S. Schaller*): Manual zum RAVEN-Matrizentest. 1978 – Studien zur Psychologie der Angst. 1980 – Psychologie der seelischen Gesundheit. 2 Bde (Bd. 2 mit *B. Minsel*). 1982 und 1986 – Manual zum Interaktions-Angstfragebogen (IAF). 1982 – Manual zum Trierer Persönlichkeitsfragebogen (TPF). 1989 – (mit *A. Abele*): Wohlbefinden. Theorie, Empirie, Diagnostik. 1990 – Aufsätze in Fachzeitschriften und Sammelwerken.
Beitrag: Persönlichkeit von Lehrern und Schülern: Seelische Gesundheit, Verhaltenskontrolle und damit zusammenhängende Eigenschaften

Hans-Karl Beckmann, Dr. phil., Prof., Lehrstuhl II am Institut für Pädagogik der Friedrich-Alexander-Universität Erlangen–Nürnberg.
Veröffentlichungen (Auswahl): Lehrerseminar – Akademie – Hochschule. 1968 – (mit *W. Klafki* u. a.): Funkkolleg Erziehungswissenschaft, 3 Bde. 1971 – (mit *H. Ruprecht, F. v. Cube, W. Schulz*): Modelle grundlegender didaktischer Theorien, ³1976 – (mit *C. Menze, H. Fend*): Problemgeschichte der neueren Pädagogik. Bd. I. 1976 – Schule unter pädagogischem Anspruch. 1983 – (mit *W. Fischer*, Hrsg.): Herausforderung der Didaktik. 1990.
Beitrag: Fachdidaktik, Bereichsdidaktik, Stufendidaktik

Hans Werner Bedersdorfer, Dr. phil., Dipl.-Päd., Lehrer, Leiter des Instituts für Lehrerfort- und -weiterbildung (ILF), Saarbrücken.
Veröffentlichungen: Angstverarbeitung von Schülern. 1988 – (mit *P. Strittmatter* u. a.): Konkretisierung, Durchführung und Evaluation pädagogischer Maßnahmen zum Abbau von Angst in schulischen Leistungssituationen. 1986 – (mit *B. Jacobs*): Angstentstehung und Bedrohungsverarbeitung in Annäherung an eine Prüfung. Differentielle Analyse von Reaktionen auf die Bedrohung 1983 – (mit *B. Jacobs* und *N. Bohse-Wagner*): Angstverarbeitung durch Transparenz. 1983 – (mit *B. Jacobs*): Differentielle Analyse von Reaktionen auf die Bedrohung im Vorfeld einer Prüfung. 1983.
Beitrag: Präskriptive Unterrichtswissenschaft. Ein Beitrag erfahrungswissenschaftlicher Unterrichtsforschung zur Lösung praktischer Probleme (mit *P. Strittmatter*)

Dietrich Benner, Dr. phil., Prof. für Erziehungswissenschaft am Institut für Allgemeine und Historische Erziehungswissenschaft der Universität Münster.
Veröffentlichungen (Auswahl): Theorie und Praxis (Systemtheoretische Betrachtungen zu Hegel und Marx). 1966 – (mit *W. Schmied-Kowarzik*): Prolegomena zur Grundlegung der Pädagogik. Bd. I. u. II. 1967/1969 – Hauptströmungen der Erziehungswissenschaft (Eine Systematik traditioneller und moderner Theorien). 1973; ²1978 – (mit *F. Brüggen / H.-W. Butterhof / H. von Hentig / H. Kemper*): Entgegnungen zum Bonner Forum »Mut zur Erziehung«. 1978 – (mit *J. Ramseger*). Wenn die Schule sich öffnet (Erfahrungen aus dem Grundschulprojekt Gievenbeck). 1981 – Die Pädagogik Herbarts (Eine problemgeschichtliche Einführung in die Systematik neuzeitlicher Pädagogik). 1986 – Allgemeine Pädagogik (Eine systematisch-problemgeschichtliche Einführung in die Grundstruktur pädagogischen Denkens und Handelns). 1987 – Wilhelm von Humboldts Bildungstheorie (Eine problemgeschichtliche Studie zum Begründungszusammenhang neuzeitlicher Bildungsreform) 1990 – (mit *H. Kemper*): Einleitung z. Neuherausgabe des Kl. Jena-Plans. 1990.
Beitrag: Systematische Pädagogik – die Pädagogik und ihre wissenschaftliche Begründung

Irmgard Bock, Dr. phil., Prof. für Pädagogik an der Universität München.
Veröffentlichungen (Auswahl): Das Phänomen der schichtenspezifischen Sprache als pädagogisches Problem. ²1975 – Kommunikation und Erziehung. Grundzüge ihrer Beziehungen. 1978 – Pädagogische Anthropologie der Lebensalter. Eine Einführung. 1984 – Geschichtsschreibung im Rahmen der Systematischen Pädagogik. Untersuchungen zu ihrer theoretischen Fundierung im 20. Jahrhundert. 1990 – Aufsätze in Fachzeitschriften und Sammelwerken.
Beitrag: Pädagogische Anthropologie

Manfred Bönsch, Dr. phil., Prof. für Schulpädagogik an der Universität Hannover.
Veröffentlichungen (Auswahl): Situationen im Unterricht. 1965 – Beiträge zu einer kritischen und instrumentellen Didaktik. 1975 – Differenzierung des Unterrichts. ³1976 – Wie sichere

ich Ergebnis und Erfolg in meinem Unterricht. ⁴1977 – Ideen zu einer emanzipatorischen Didaktik. 1978 – Hrsg., zusammen mit *K. Schittko:* Offener Unterricht. 1979 – Moderne Unterrichtsgestaltung. 1981 – Unterrichtskonzepte. 1986 – Lernökologie. 1986 – Schüler aktivieren. ²1990 – Aufsätze in Fachzeitschriften und Sammelwerken.
Beitrag: Methoden des Unterrichts

Dirk Busch, Dr. rer. pol., Prof. für Soziologie/ Schwerpunkt Berufssoziologie an der Universität Bremen.
Veröffentlichungen: Zahlreiche Publikationen im Bereich der Berufsfeld- und Arbeitsmarktforschung, insbesondere zu Problemen von Hochschulabsolventen. Darüber hinaus Publikationen zum Thema Schulstreß. Auswahl: Berufliche Wertorientierung und berufliche Mobilität. 1972 – Tätigkeitsfelder und Qualifikationen von Wirtschafts-, Sozial-, Ingenieur- und Naturwissenschaftlern. 1981 – Schul-Arbeit, Belastung und Beanspruchung von Schülern. 1982 – Schulstreß, Schülerstreß, Elternstreß. 1988 – Akademiker für das Jahr 2000. 1989.
Beitrag: Diplompädagoge/Diplompädagogin (mit *Chr. Hommerich*)

Felix von Cube, Dr. rer. nat., o. Prof. für Erziehungswissenschaft an der Universität Heidelberg, Direktor des Erziehungswissenschaftlichen Seminars.
Veröffentlichungen (Auswahl): Allgemeinbildung oder produktive Einseitigkeit? 1960 – Kybernetische Grundlagen des Lernens und Lehrens; 1965, ⁴1982 – Was ist Kybernetik? 1967; ⁴1972 – Erziehungswissenschaft – Möglichkeiten, Grenzen, politischer Mißbrauch. 1977 – (mit *D. Alshuth*): Fordern statt Verwöhnen – Die Erkenntnisse der Verhaltensbiologie in Erziehung und Führung. 1986; ⁴1989 – Besiege deinen Nächsten wie dich selbst – Aggression im Alltag. ²1989 – Gefährliche Sicherheit – Verhaltensbiologie des Risikos. 1990.
Beiträge: Verhaltensbiologie und Pädagogik; Informationsgesellschaft, Qualifikation und Bildung – eine kritische Analyse

Konrad Daumenlang, Dipl.-Psych., Dr. phil. habil., Prof. für Psychologie an der Universität Koblenz-Landau, Abteilung Landau.
Veröffentlichungen (Auswahl): Hrsg. (u. a.): Stufen der Mathematik. Rechenbücher, Lehrer- und Arbeitshefte für die 1. bis 4. Jahrgangsstufe. 1971–1979 – (mit *E. Roth* u. *W. D. Oswald*): Intelligenz. ⁴1980 – Hrsg. (u. a.): Taschenbuch der Schul- und Erziehungsberatung. 1983 – Hrsg. (u. a.): Aspekte psychologischer Forschung. 1986 – Hrsg. (u. a.): Problemfelder betrieblicher Aus- und Weiterbildung II. 1987.
Beitrag: Erziehungsberater/Erziehungsberaterin (mit *K. Andre*)

Dietrich von Derschau, Dr. phil., Leiter der Abteilung Vorschulerziehung am Deutschen Jugendinstitut, München.
Veröffentlichungen (Auswahl): Die Erzieherausbildung. 1974 – Die Ausbildung für Kindergarten, Heimerziehung und Jugendarbeit. 1976 – Hrsg.: Hausaufgabe als Lernchance. 1979 – Hrsg.: Entwicklungen im Elementarbereich. 1981 – Hrsg. (u. a.): Qualifikationen für Erzieherarbeit. 3 Bde. 1980–1986 – (mit *M. Scherpner*): Erzieher/Erzieherin. ⁶1989. – Aufsätze in Fachzeitschriften und Sammelwerken.
Beitrag: Erzieher/Erzieherin

Georg Dietrich, Dr. phil., Prof. für Psychologie an der Universität München.
Veröffentlichungen (Auswahl): Allgemeine Beratungspsychologie. 1983 – Pädagogische Psychologie. 1984 – Erziehungsvorstellungen von Eltern. 1985 – Spezielle Beratungspsychologie. 1986.
Beitrag: Pädagogische Psychologie im Unterricht

Lutz Dietze, Dr. jur. Dr. phil., Prof. für Öffentliches Recht/Bildungs- und Rehabilitationsrecht an der Universität Bremen.
Veröffentlichungen (Auswahl): Modell einer demokratischen Schulverfassung. 1970 – Die Reform der Lerninhalte als Verfassungsproblem. 1976 – Von der Schulanstalt zur Lehrerschule. 1981 – Elternrecht macht Schule. ²1987 – Integration! oder: Wie verfassungswidrig sind Sonderschulen in NRW? 1987 – Weitere Veröffentlichungen zum schul- und hochschulischen Bildungsrecht, zum Recht der beruflichen Bildung, zum Rauschmittelrecht, zum Apotheken- und Gesundheitsrechts, zum Behindertenrecht, zur Rechtsdidaktik und -argumentationstheorie sowie zu den Erziehungswissenschaften.
Beitrag: Bildungsrecht, Elternrecht, Bildungsverwaltung, Lehrplanrecht

Annegret Eickhorst, Dipl.-Päd., Dr. phil., Lehrbeauftragte an der Universität Bremen.

Angaben über die Autoren und Autorinnen

Veröffentlichungen: Der Innovationsbegriff. Ergebnisse einer Bestandsaufnahme und Inhaltsanalyse. In: Unterrichtswissenschaft 5(1977) – Handlungsorientierung durch Ergebnisse empirischer Unterrichtsforschung. In: Unterrichtswissenschaft 8(1980) – Innovation im Unterricht. Bestandsaufnahme und Klassifikation empirischer Forschungsergebnisse zur Lernorganisation. 1981 – Tutoring im Unterricht der Grundschule. In: Ehrenwirth Grundschulmagazin 8(1981) – Kurzaufsätze zu Begriffen aus den Bereichen Schulpädagogik, Freie Schule und Wissenschaftstheorie.
Beiträge: Die pädagogische Wissenschaft in ihrer Literatur – Handbücher, Lexika, Periodika (mit *H. Steinforth*); Freie Schulen und ihre pädagogischen Konzeptionen

Wolfgang Einsiedler, Dr. phil., Prof. für Grundschuldidaktik an der Universität Erlangen–Nürnberg.
Veröffentlichungen (Auswahl): Lehrstrategien und Lernerfolg. 1976 – Arbeitsformen im modernen Sachunterricht der Grundschule. ⁷1978 – Schulpädagogischer Grundkurs. ³1979 – Lehrmethoden. 1981 – Faktoren des Unterrichts. ²1982 – (mit *R. Ubelohde*): Modellversuche im Grundschulbereich. 1985 – Hrsg. (u. a.): Konzeptionen des Grundschulunterrichts. 1979 – (mit *R. Rabenstein*): Grundlegendes Lernen im Sachunterricht. 1985 – Aufsätze in Fachzeitschriften und Sammelwerken.
Beitrag: Schulpädagogik – Unterricht und Erziehung in der Schule

Rüdiger Falk, Dr. rer. pol., Dipl.-Hdl., Geschäftsführer der Fortbildungsakademie der Wirtschaft, Köln.
Veröffentlichungen (Auswahl): Probleme in der Anfangsphase der betrieblichen Berufsausbildung. 1982 – (mit *W. Schlaffke*): Kosten betrieblicher Weiterbildung im IHK-Bereich. 1984 – Ausbildungsplätze. 1984 – (mit *R. Weiß*): Lehrer in der Wirtschaft. 1985 – (mit *R. Weiß*): Starthilfe: Lehrer in die Wirtschaft. 1986 – Hrsg. (mit *R. Weiß*): Mikro-Computer – Herausforderung für das Bildungswesen. 1987 – Berufe für Lehrer in der Wirtschaft. 1989.
Beitrag: Pädagogen im Spannungsfeld zwischen konventionellen und alternativen Berufen

Hans-Joachim Fischer, Dipl.-Päd., Dr. phil. habil., Prof. am Institut für Erziehungswissenschaft der Universität Oldenburg.

Veröffentlichungen (Auswahl): (mit *H. Freiwald, G. Moldenhauer* u. a.): Deutschlandproblem in Schulbüchern der Bundesrepublik Deutschland. 1973 – Altsprachenunterricht in der DDR. 1974 – Kubanische Bildungsreform. 1978 – (mit *R. Brämer*): Bildung als Exportartikel. 1985 – Deutschlandbild und Deutsche Frage in den Unterrichtswerken der beiden deutschen Staaten (Hrsg. *W. Jacobmeyer*). 1986 – Aufsätze in Fachzeitschriften und Sammelwerken.
Beitrag: Deutsche Bildungseinrichtungen im Ausland

Karl-Heinz Flechsig, Dr. phil., Prof. am Institut für Interkulturelle Didaktik der Universität Göttingen.
Veröffentlichungen (Auswahl): Quellen zur Didaktik des neusprachlichen Unterrichts. 1968 – (mit *H.-D. Haller*): Entscheidungsprozesse in der Curriculumentwicklung. 1973 – (mit *H.-D. Haller): Einführung in didaktisches Handeln. 1975 – (mit L. Huber* und *H. Plander*): Integrierte Gesamthochschule. 1975 – Leitfaden zur praxisentwickelnden Unterrichtsforschung. 1979 – Der Göttinger Katalog Didaktischer Modelle. 1983 – Kleines Handbuch Didaktischer Modelle. ³1990.
Beitrag: Interkulturelle Didaktik

Lilian Fried, Dr. phil., Akad. Rätin am Seminar Pädagogik der Universität Koblenz-Landau, Abteilung Landau.
Veröffentlichungen (Auswahl): Spiele und Übungen zur Lautbildung. 1981 – Prävention bei gefährdeter Lautbildungsentwicklung. (Eine Untersuchung über die Förderungsmöglichkeiten von Kindergartenkindern). 1985 – Neue Übungen und Spiele zur Lautunterscheidung. 1987 – Hrsg. (mit *N. Kluge*): Spielen und Lernen mit jungen Kindern. 1987 – Hrsg.: (mit *B. Paetzold*): Einführung in die Familienpädagogik. 1989 – Aufsätze in Fachzeitschriften und Sammelwerken sowie Testverfahren.
Beitrag: Kindergarten- und Vorschulpädagogik

Erich E. Geißler, Dr. phil., Prof., Direktor des Instituts für Erziehungswissenschaft der Universität Bonn.
Veröffentlichungen (Auswahl): Erziehungsmittel. ⁶1982 – Analyse des Unterrichts. ⁵1982 – Allgemeinbildung in einer freien Gesellschaft. 1977 – Allgemeine Didaktik. ²1984 – Die Schule. 1984 – Welche Farbe hat die Zukunft?

1986 – Aufsätze in Fachzeitschriften und Sammelbänden.
Beitrag: Autorität und Disziplin (mit *H. W. Wollersheim*)

Wiltrud Gieseke, Dr. päd. habil., Dipl. Päd., Akad. Rätin an der Universität Oldenburg, Fachbereich Pädagogik/Erwachsenenbildung, z. Z. Vertretungsprofessorin in Bremen.
Veröffentlichungen (Auswahl): Bildungsarbeit mit Zielgruppen. 1985 – Bildungsarbeit mit arbeitslosen Jugendlichen. 1989 – Fortbildung und Beratung von Erwachsenenpädagogen. Studienbrief der Fernuniversität Hagen. 1981 – Habitus von Erwachsenenbildnern. 1989.
Beitrag: Professionalisierung und Probleme multidisziplinärer Zugriffe

Ferdinand Graf, Dr. phil., Prof. für Erziehungswissenschaft/Allgemeine Pädagogik an der Pädagogischen Hochschule Freiburg.
Veröffentlichungen (Auswahl): Südwestdeutsche Schulreform im 19. Jahrhundert. 1962 – Verschiedene Beiträge zum Bildungs- und Schulfernsehen u. a. Schüler und Lehrerrolle im Rahmen von Medienverbundsystemen. 1977 – Lernen ist menschlich. 1984 – Zum Lehrerbild Eugen Finks. 1987 – Lehrer- und Lehrerinnenbildung in Baden. 1987.
Beitrag: Lehrer/Lehrerin (mit *K. Ronecker*)

Helmut Heid, Dr. rer. pol., o. Prof. für Pädagogik an der Universität Regensburg.
Veröffentlichungen (Auswahl): Die Berufsaufbauschule. 1966 – (mit *H. Daheim* u. a.): Untersuchungen zum 4. Jugendbericht: Sozialisationsprobleme arbeitender Jugendlicher. 1978 (2 Bde.) – Mit-Hrsg.: Zeitschrift für Berufs- und Wirtschaftspädagogik – Aufsätze in Fachzeitschriften und Sammelwerken u. a. zur Berufs- und Wirtschaftspädagogik, Wissenschaftstheorie der Pädagogik, zum Normenproblem, zu bildungspolitischen Themen, zur Begabungsproblematik und zur Ideologiekritik der Pädagogik.
Beiträge: Pädagogik und Politik; Das Theorie-Praxis-Verhältnis in der Pädagogik

Hans-Georg Herrlitz, Dr. phil., Prof. für Pädagogik an der Universität Göttingen.
Veröffentlichungen (Auswahl): Der Lektüre-Kanon des Deutschunterrichts im Gymnasium. 1964 – Hochschulreife in Deutschland. 1968 – Studium als Standesprivileg. Die Entstehung des Maturitätsproblems im 18. Jahrhundert. 1973 – (mit *W. Hopf* u. *H. Titze*): Deutsche Schulgeschichte von 1800 bis zur Gegenwart. Eine Einführung. ²1986 – Aufsätze in Fachzeitschriften und Sammelwerken zu Didaktik des Deutschunterrichts, Schulgeschichte und Bildungspolitik.
Beitrag: Schulgeschichte als Bildungsreform – Intentionen und Perspektiven

Hans-Dieter Heun, Dr. phil., Prof. für Jugendhilfe und Heimpädagogik an der Ev. Fachhochschule Darmstadt, Lehrbeauftragter der Universität Frankfurt/M., Diplomsozialarbeiter.
Veröffentlichungen (Auswahl): Pflegekinder im Heim, eine Untersuchung über Anzahl, Ursachen und Auswirkungen abgebrochener Pflegeverhältnisse von Minderjährigen in hess. Kinder- und Jugendheimen. 1984 – Zur Ausbildung der staatlich anerkannten Erzieher. 1977 – Hrsg.: Elternarbeit im Heim. 1980 – Beiträge in Sammelwerken.
Beitrag: Sozialpädagogik und Heimerziehung (mit *D. Wiesenfeldt-Heun*)

Christoph Hommerich, Dipl.-Volkswirt, Dr. phil., Leiter des wirtschafts- und sozialwissenschaftlichen Forschungs- und Beratungsinstituts »Forschung für die Praxis«, Bergisch Gladbach.
Veröffentlichungen: Zahlreiche Buch- und Zeitschriftenpublikationen im Bereich der Berufs- und Qualifikationsforschung. U. a.: Einstellungen der Bevölkerung zu Recht und Justiz. 1974 – (mit *Dirk Busch*): Tätigkeitsfelder und Qualifikationen von Wirtschafts- und Sozialwissenschaftlern. 1981 – Der Diplompädagoge – ein ungeliebtes Kind der Bildungsreform. 1984 – Die Anwaltschaft unter Expansionsdruck. 1988.
Beitrag: Diplompädagoge/Diplompädagogin (mit *D. Busch*)

Ludwig Huber, Dr. phil., bis 1989 Prof. für Hochschuldidaktik an der Universität Hamburg, Interdisziplinäres Zentrum für Hochschuldidaktik. Seitdem Prof. für Pädagogik und wiss.schaftl. Leiter des Oberstufenkollegs der Universität Bielefeld.
Veröffentlichungen: Zahlreiche Aufsätze in erziehungswissenschaftlichen und hochschuldidaktischen Zeitschriften und Sammelwerken; letzte Buchpublikation: (mit *R. Holtkamp* und *K. Fischer-Bluhm*): Junge Wissenschaftler an den Hochschulen. 1986 – Hrsg.: Ausbildung

und Sozialisation. Bd. 10 der Enzyklopädie Erziehungswissenschaft. 1983.
Beitrag: Lehren und Lernen an der Hochschule

Karlheinz Ingenkamp, Dr. phil., Prof. für Pädagogik an der Universität Koblenz-Landau, Abteilung Landau.
Veröffentlichungen (Auswahl): Die deutschen Schulleistungstests. 1962 – Schulleistungen – damals und heute. 1967 – Zur Problematik der Jahrgangsklasse. 1969 – Hrsg.: Die Fragwürdigkeit der Zensurengebung. ⁸1989 – Lehrbuch der Pädagogischen Diagnostik. 1985 – Pädagogische Diagnostik in Deutschland 1885–1932, 1990.
Beitrag: Pädagogische Diagnostik

Eiko Jürgens, Dr. phil. habil., Dipl. Päd., Priv.-Doz. für Erziehungswissenschaft an der Universität Bremen.
Veröffentlichungen (Auswahl): Der Schülerbeobachtungsbogen in der Orientierungsstufe des Landes Bremen. 1983 – Die Orientierungsstufe im Urteil von Eltern und Lehrern – unter besonderer Berücksichtigung von Schullaufbahnempfehlung und Elternentscheidung. 1989 – Aufsätze in Sammelwerken.
Beitrag: Strukturveränderungen im Bildungswesen der Bundesrepublik Deutschland: Die Orientierungsstufe

Elisabeth Kaiser, M. A., Akad. Oberrätin an der Universität Hildesheim.
Veröffentlichungen: Formen der Differenzierung und Individualisierung unter dem Aspekt effektiver Lehr- und Lernorganisation. In: *L. Roth* (Hrsg.): Effektiver Unterricht. 1972 – Differenzierung und Integration. In: *L. Roth* (Hrsg.): Handlexikon zur Erziehungswissenschaft. 1976 – Innere Differenzierung (Binnendifferenzierung) in Schule und Unterricht. In: *W. Twellmann* (Hrsg.): Handbuch Schule und Unterricht. Bd. 8.1. 1986 – (mit *H. Schaub*): Grundzüge der historischen Entwicklung von Schulsystem- und Schuldifferenzierung zwischen 1800 und 1970. In: *W. Twellmann* (Hrsg.): Handbuch Schule und Unterricht. Bd. 8.1. Düsseldorf 1986.
Beitrag: Unterrichtsformen, Differenzierung und Individualisierung

Rudolf W. Keck, Dr. phil., Prof. für Schulpädagogik an der Universität Hildesheim.
Veröffentlichungen (Auswahl): Geschichte der Mittleren Schule in Württemberg. 1968 – Zielorientierte Unterrichtsplanung. 1975 – Schulreformerische Ansätze zur Ganztagsschule. 1978 – Hausaufgaben – empirisch untersucht. 1978 – Kooperation Elternhaus–Schule. 1978 – (mit *U. Sandfuchs*): Schulleben konkret. 1979 – Erziehung ist unteilbar. 1981 – Unterricht gliedern – Zielorientiert lehren. 1983 – Hrsg.: Lernbuchreihe Erziehen und Unterrichten in der Schule. 1979 ff. (16 Bde.) – Documenta Paedagogica. 1981 ff. (5 Bde.) – Beiträge zur Historischen Bildungsforschung. 1985 ff. (10 Bde.) – Aufsätze in Zeitschriften und Sammelwerken.
Beitrag: Erziehen und Unterrichten als Beruf

Herwart Kemper, Dr. phil., apl. Prof. für Erziehungswissenschaft an der Universität Münster.
Veröffentlichungen (Auswahl): Schultheorie als Schul- und Reformkritik. 1983 – Theorie und Geschichte der Bildungsreform. Eine Quellensammlung von Comenius bis zur Gegenwart. 1984 – Schule und bürgerliche Gesellschaft. 1990 – Erziehung als Dialog. 1990 – (mit *D. Benner*): Einleitung zur Neuherausgabe des Kleinen Jena-Plans. 1990 – Aufsätze in Fachzeitschriften und Sammelwerken.
Beitrag: Theorie pädagogischer Institutionen

Gerhard Kleining, Dr. phil., Prof. für Soziologie an der Universität Hamburg.
Veröffentlichungen in Fachzeitschriften über Vorstellungsbilder (Images): Geschlechter, Nationen, soziale Schichten u. a. Verfahren zur Messung sozialer Schichtung, Theorie sozialer Schichtung, empirische Erhebungen zur Klassen- und Schichtungsforschung und sozialen Mobilität. – Lebenswelt – Forschung. – Methodologie qualitativer Sozialforschung.
Beiträge: Sozialer Wandel; Soziale Klassen, soziale Schichten, soziale Mobilität

Eckard König, Dr. phil. habil., Prof. für Allgemeine Pädagogik an der Universität Paderborn.
Veröffentlichungen (Auswahl): Theorie der Erziehungswissenschaft. 3 Bde. 1975/78 – (mit *P. Zedler*): Einführung in die Wissenschaftstheorie der Erziehungswissenschaft. 1983 – Aufsätze in Fachzeitschriften und Sammelwerken.
Beitrag: Werte und Normen in der Erziehung

Rimmert van der Kooij, Associate Professor an der Reichsuniversität Groningen.
Veröffentlichungen (Auswahl): Über das Spiel:

That's All in the Game. 1977 – Play, Play Therapy and Play Research. 1986 – Research on Children's Play. Unesco's Prospects. 1986 – In *deutscher Sprache:* zwei Beiträge im Handbuch der Spielpädagogik (hrsg. v. *K. J. Kreuzer.* 1983) – in Aspekte des Kinderspiels (hrsg. v. *W. Einsiedler.* 1985) und – im Handbuch der Sonderpädagogik (hrsg. v. *H. Goetze* und *H. Neukäter.* 1989) – Research on Children's Play, Play and Culture. 1989 – Publikationen über Diagnostik: Differentiatietoets Individueel Beroepsonderwijs (Differenzierungstest für die Berufsschule). 1980 – Tussen Klacht en Handeling (Zwischen Beschwerde und Handlung). 1986 – Diagnostische Expertmodellen. 1990.
Beitrag: Pädagogik und Spiel

Rudolf Krüger, M. A., Prof. für Schulpädagogik an der Pädagogischen Hochschule Flensburg.
Veröffentlichungen (Auswahl): Lernen an der Wirklichkeit. 1965 – Pädagogik der Hauptschule. 1968 – Projekt Lernen durch Lehren. 1975 – Der Schüler, Beruf und Rolle. 1978 – Schulleitung und Klassenlehrer. 1986 – Schulstunde Null in Schleswig-Holstein. 1987 – Klassenräume. 1987 – Das Kollegium ist das Seminar. 1988 – Schulleiteralltag. 1989 Kleine Schule – Kleine Schulleitung? 1990 – Aufsätze in Fachzeitschriften und Sammelwerken bes. zur Lehrer- und Unterrichtsforschung.
Beitrag: Lehrer-Schüler-Verhältnis

Volker Krumm, Dr. phil., o. Prof. für Erziehungswissenschaft an der Universität Salzburg, Leiter der Abteilung für Bildungsforschung und Pädagogische Beratung.
Veröffentlichungen (Auswahl): Das Zukunftsbild der Jugend. 1967 – (mit *G. Eigler*): Zur Problematik der Hausaufgaben. ²1979 – Wirtschaftslehreunterricht. 1972 – (mit *G. Seidel*): Wirtschaftslehretest. 1973 – Auswirkungen des Blockunterrichts auf Einstellungen von Berufsschülern und Berufsschullehrern. 1978 – Hrsg.: Zur Handlungsrelevanz der Verhaltenstheorien. 1979 – Hrsg.: Aufgaben. 1985 – Aufsätze und Buchbeiträge zur Lehrer- und Erzieherausbildung, Schulleistungsmessung, Pädagogischen Verhaltensmodifikation, zum Elternverhalten, zu Lern- und Lehrschwierigkeiten, zur Unterrichtsorganisation, zum Theorie-Praxis-Problem in der Pädagogik und zur Metatheorie der Erziehung.
Beitrag: Das Verhältnis von Elternhaus und Schule

Klaus Künzel, Dr. phil., Prof. für Allgemeine Pädagogik und Erwachsenenbildung an der Universität Dortmund.
Veröffentlichungen (Auswahl): Universitätsausdehnung in England. 1974 – (mit *J. Hüther* u. a.): Berufsförderlehrgänge für nicht berufsreife Jugendliche. 1978 – (mit J. H. *Knoll*): Von der Nationalerziehung zur Weiterbildung. 1980 – Strukturelle und pädagogische Aspekte beruflicher Weiterbildung in Nordrhein-Westfalen. 1983 – Werbung für Weiterbildung. 1988 – Aufsätze in Fachzeitschriften und Sammelwerken.
Beitrag: Erwachsenenpädagoge und Erwachsenenpädagogin – Pädagogische Mitarbeiter im Weiterbildungswesen

Rüdiger Lautmann, Dr. phil., Dr. jur., Prof. für Soziologie an der Universität Bremen.
Veröffentlichungen (Auswahl): Wert und Norm. 1969 – Justiz – die stille Gewalt. 1972 – Der Zwang zur Tugend. Die gesellschaftliche Kontrolle der Sexualitäten. 1984 – Die Gleichheit der Geschlechter und die Wirklichkeit des Rechts. 1990 – (mit *M. Schetsche*): Das pornographierte Begehren. 1990 – Hrsg. (u. a.): Lexikon zur Soziologie. ²1978.
Beitrag: Pädagogische Soziologie – Gesellschaft, Organisation, Interaktion (mit *M. Meuser*)

Dieter Lenzen, Dr. phil., M. A., Prof. für Philosophie der Erziehung im Forschungszentrum für Historische Anthropologie der Freien Universität Berlin.
Veröffentlichungen (Auswahl): Didaktik und Kommunikation. 1973 – Die Struktur der Erziehung und des Unterrichts. 1975 – (mit *D. Wunderlich*): Thema: Sprache. 1977 – Curriculumentwicklung für die Kollegstufe. 1977 – (mit *A. Flitner*): Abitur-Normen gefährden die Schule. 1977 – Pädagogik und Alltag. 1980 – Hrsg. der »Enzyklopädie Erziehungswissenschaft«. 1982 ff. – Mythologie der Kindheit. 1985 – Melancholie als Lebensform. 1989 – Kunst und Pädagogik. 1990 – Beiträge für Fachzeitschriften, Sammelwerke und Rundfunkanstalten.
Beitrag: Hochschullehrer, Hochschullehrerin und wissenschaftlicher Nachwuchs

Fritz W. Loser, Dr. phil., Prof. für Schulpädagogik an der Universität Osnabrück.
Veröffentlichungen (Auswahl): Konzepte und Verfahren der Unterrichtsforschung. 1979 – (mit *Th. Heinze* und *F. Thiemann*): Praxisfor-

schung. 1981 – Hrsg. (mit *E. Terhart*): Theorien des Lehrens. 1977 – Beiträge in Fachzeitschriften und Sammelbänden zur Theorie des Lehrens und Lernens, zur Lehr-Lern-Forschung und zur Lehr-Lern-Planung.
Beitrag: Schule als Lebensraum – Schüler und Lehrer (mit *E. Terhart*)

Walter Mattl, Dr. phil., Prof. für Allgemeine Pädagogik an der Pädagogischen Hochschule Freiburg. Arbeitsschwerpunkte in der Lehrerbildung und in der Erwachsenenbildung.
Veröffentlichungen (Auswahl): Kleingruppenarbeit in Verbindung mit fernstudiendidaktischem Material. 1973 – (mit *K. Mutschler* und *E. Nipkow*): Medien im Religionsunterricht. 1978 – Notengeben in der Schule. 1978 – (mit *J. Gruchel*): Kontaktstudium für haupt- und nebenberufliche Mitarbeiter in der Erwachsenenbildung. In: Literatur und Forschungsreport Weiterbildung 17 (1986).
Beitrag: Institutionen der Erwachsenenbildung

Hans Merkens, Dr. phil., Prof. für Erziehungswissenschaft an der Freien Universität Berlin.
Veröffentlichungen (Auswahl): Teilnehmende Beobachtung und Inhaltsanalyse in der erziehungswissenschaftlichen Forschung. 1984 – (mit *H. Seiler*): Interaktionsanalyse. 1978 – Hrsg. (mit *W. Dürr* und *F. Schmidt*): Unternehmenskultur und Sozialisation. 1987 – (mit *F. Schmidt*): Enkulturation in Unternehmenskulturen. 1988 – Hrsg. (mit *F. Schmidt* und *F. Dürr*): Strategie, Unternehmenskultur und Organisationsentwicklung. 1988 – Aufsätze in Fachzeitschriften und Sammelwerken.
Beitrag: Wissenschaftstheorie

Michael Meuser, Dr. phil., Wiss. Assistent am Institut für empirische und angewandte Soziologie der Universität Bremen.
Veröffentlichungen: Stärkung von Handlungskompetenz. Zum Verhältnis von Verstehender Soziologie und Sozialpädagogik. 1982 – Gleichstellung auf dem Prüfstand. Frauenförderung in der Verwaltungspraxis. 1989.
Beitrag: Pädagogische Soziologie – Gesellschaft, Organisation, Interaktion (mit *R. Lautmann*).

Wolfgang Mitter, Dr. phil., Prof. für Erziehungswissenschaft und Direktor des Forschungskollegiums des Deutschen Instituts für Internationale Pädagogische Forschung in Frankfurt am Main.
Veröffentlichungen (Auswahl): (mit *L. Novikov*): Sekundarabschlüsse und Hochschulreife im internationalen Vergleich. 1976 – Secondary school graduation: University entrance qualification in socialist countries (A comparative study). 1978 – Education for all/Education pour tous. 1984 – Schule zwischen Reform und Krise (Zur Theorie und Praxis der vergleichenden Bildungsforschung. Gesammelte Aufsätze). 1987 – Hrsg.: Hochschulzugang in Europa. 1979 – Kann die Schule erziehen? (Erfahrungen, Probleme und Tendenzen im europäischen Vergleich). 1983 – Transfer (Wissenschaft, Vermittlung, Praxis). 1986 – (mit *K. J. Klauer*): Vergleichende Sonderpädagogik. 1987 – Aufsätze in Fachzeitschriften und Sammelwerken zur vergleichenden Erziehungswissenschaft, Bildungsforschung und Bildungsgeschichte.
Beitrag: Strukturfragen des Bildungswesens im internationalen Vergleich mit besonderer Berücksichtigung der Industrieländer

Hildegard Müller-Kohlenberg, Dipl.-Psych., Dr. phil., Prof. für Sozialpädagogik/Sozialarbeit an der Universität Osnabrück.
Veröffentlichungen (Auswahl): Das Berufsbild des Heimerziehers. Weinheim 1972 – (mit *K. Münstermann* und *G. Schulz*): Die Lernfähigkeit einer Institution, geleistete und ausstehende Reformen in der Heimerziehung. 1981 – Aufsätze in Fachzeitschriften, Handbüchern und Readern.
Beitrag: Sozialpädagogische Institutionen

Ursula Neumann, Dr. päd., Prof. für Erziehungswissenschaft an der Universität Hamburg. Arbeitsgruppe FABER (Folgen der Arbeitsmigration für Bildung und Erziehung).
Veröffentlichungen (Auswahl): (mit *H. H. Reich*): Türkische Kinder – deutsche Lehrer. 1977 – Erziehung ausländischer Kinder. 1981 – (mit *A. Yakut*, *H. H. Reich*, *U. Boos-Nünning*): Zwischen Elternhaus und Arbeitsamt: Türkische Jugendliche suchen einen Beruf. 1986 – Berufsorientierungsmedien – Aufsätze in Fachzeitschriften.
Beitrag: Ausländische Kinder an deutschen Schulen

Josef Martin Niederberger, Dr. phil., Priv. Doz., Lektor für Sozialpsychologie der Schule und der Familie an der Universität Basel. Lehrbeauftr. des Pädagogischen Instituts und Projektleiter am Soziologischen Institut der Universität Zürich.

Veröffentlichungen (Auswahl): Zur Organisationssoziologie der Schule; Motivation, Verwaltung, Differenzierung. 1984 – (mit *K. Weber*): Von der Nachwuchs- zur Mittelbaupolitik. 1984 – Die Konfiguration des Helfens im gesellschaftlichen Wandel. 1985 – (mit *D. Bühler*): Gemeinschaften und Organisationen. 1987.
Beitrag: Organisationssoziologie und -psychologie von Bildungsinstitutionen

Jürgen Oelkers, Dr. phil., o. Prof. für Allgemeine Pädagogik an der Universität Bern.
Veröffentlichungen (Auswahl): Die Vermittlung zwischen Theorie und Praxis in der Pädagogik. 1976 – (mit *Th. Lehmann*): Antipädagogik. Herausforderung und Kritik. ²1990 – Erziehen und Unterrichten: Grundbegriffe der Pädagogik in analytischer Sicht. 1985 – Die Herausforderung der Wirklichkeit durch das Subjekt. Literarische Reflexionen in pädagogischer Absicht. 1985 – Die große Aspiration. Zur Konstitution der Erziehungswissenschaft im 19. Jahrhundert. 1989. Dazu zahlreiche Aufsätze in Fachzeitschriften und Editionen, vor allem zur historischen Pädagogik.
Beitrag: Theorien der Erziehung – Erziehung als historisches und aktuelles Problem

Rolf Oerter, Dr. phil., Prof. für Psychologie an der Universität München.
Veröffentlichungen (Auswahl): Die Entwicklung von Werthaltungen während der Reifezeit. 1966 – Moderne Entwicklungspsychologie. ¹1967, ³⁰1984 – Struktur und Wandlung von Werthaltungen. 1970 – (mit *E. Dreher, M. Dreher*): Kognitive Sozialisation und subjektive Struktur. 1977 – Hrsg.: Entwicklung als lebenslanger Prozeß. 1978 – (mit *H. Walter* als Hrsg.): Ökologie und Entwicklung. Mensch-Umwelt-Modelle. 1979 – (mit *L. Montada*): Entwicklungspsychologie. 1982, ²1987 – Hrsg.: Lebensbewältigung im Jugendalter. 1985.
Beitrag: Entwicklung und Förderung: Angewandte Entwicklungspsychologie

Horst W. Opaschowski, Dr. phil., Prof. für Erziehungswissenschaft/Schwerpunkt Freizeitpädagogik und Freizeitwissenschaft an der Universität Hamburg. Vorsitzender der Sachverständigenkommission »Arbeit – Technik – Freizeit« im Bundesministerium für Forschung und Technologie; Vorstandsmitglied der Kommission Freizeitpädagogik d. Dt. Gesellschaft für Erziehungswissenschaft.
Veröffentlichungen (1987–1990): Pädagogik und Didaktik (Bd. 1 der Freizeit- und Tourismusstudien). 2. Aufl., 1990. – Konsum in der Freizeit. Zwischen Freisein und Anpassung (Bd. 7 der B·A·T Schriftenreihe zur Freizeitforschung). 1987 – Freizeit und Sport. Motive, Erwartungen, Wirklichkeit (Bd. 8 der B.A.T Schriftenreihe zur Freizeitforschung). 1987 – Freizeitalltag von Frauen (Bd. 9 der B.A.T. Schriftenreihe zur Freizeitbildung). 1989 – Wie leben wir nach dem Jahr 2000? 1987 – Urlaub 90/91. 1991 – Urlaubs- und Tourismusforschung (Bd. 3 der Freizeit- und Tourismusstudien). 1988 – Ökologie von Freizeit und Tourismus (Bd. 4 der Freizeit- und Tourismusstudien). 1990.
Beitrag: Freizeit und Pädagogik

Gerhard E. Ortner, Dr. rer. soc. oec., Dr. rer. comm., Prof. für Bildungsökonomie und Bildungsmedien und geschäftsführender Direktor des ZIFF an der FernUniversität in Hagen, Hon. Prof. für Schulbetriebsinformatik an der Freien Universität Berlin.
Veröffentlichungen (Auswahl): – Managementausbildung in Österreich. 1971 – (mit *W. Faber*): Erwachsenenbildung im Adressatenteil. 1979 – (mit *G. Krieger*): Medienverbund im Organisationsverbund. 1984 – (mit *H. Frommberger*): Bildungsmittelberatung. 1983 – Positive Pädagogik. 1987 – Hrsg. (u. a.): Bedarfsorientierte Entwicklungsplanung in der Weiterbildung. 1981 – Bildschirm-Bildung? Pädagogische und politische Perspektiven der Neuen Medien. 1984 – Fachzeitschriften »SchulPraxis« seit 1981, »Computerbildung« seit 1987, »Umwelt Lernen« seit 1989.
Beitrag: Bildungsökonomie und Bildungsmanagement

Erich Perlwitz, Prof. für Psychologie an der Freien Universität Berlin.
Veröffentlichungen (Auswahl): Hrsg.: Verhaltensformung in der Schule. 1978 – Lehrziel: Selbststeuerung (Ein Handlungsmodell zur Anleitung von Selbstmodifikation in der Schulklasse). 1978 – Aufsätze in Fachzeitschriften und Sammelwerken.
Beitrag: Schulpsychologe/Schulpsychologin

Wilhelm H. Peterßen, Dr. phil., Prof. für Erziehungswissenschaft/Schulpädagogik an der Pädagogischen Hochschule Weingarten.
Veröffentlichungen (Auswahl): – Handbuch Unterrichtsplanung ⁴1991. – Wissenschaftliches Arbeiten – nicht leicht, aber erlernbar. ²1987. – Lehrbuch Allgemeine Didaktik. ²1989

– (Übers. u. bearb.): Rollenspiel effektiv *(H. v. Ments)*. 1985 – Lebensraum Klassenzimmer. 1980 – Gegenwärtige Didaktik. 1977 – Hrsg.: Orientierungsstufe. 1975 – Grundlagen und Praxis des lernzielorientierten Unterrichts. ³1978 – Didaktik als Strukturtheorie des Lehrens und Lernens. 1973 – Aufsätze in Fachzeitschriften und Sammelwerken. Herausgeber der EGS TEXTE (Erziehung-Gesellschaft-Schule) München.
Beitrag: Didaktik und Curriculum/Lehrplan

Gerhardt Petrat, Dr. phil., Prof. für Erziehungswissenschaft an der Universität Bremen.
Veröffentlichungen: zahlreiche Publikationen, darunter: Reifenormen der öffentlichen Schulen Preußens. 1962 – Soziale Herkunft und Schullaufbahn. 1964, ²1969 – (als Mitautor): Prozeßorientierter Unterricht. 1977 – Schulunterricht. 1979 – Schulerziehung. 1987 – Einem besseren Dasein zu Diensten. Die Spur der Aufklärung im Medium Kalender zwischen 1700 und 1919. 1990.
Beitrag: Grenzen und Möglichkeiten einer aus der Geschichte des Schulalltags hergeleiteten Praxis

Hans Pfaffenberger, Dr. phil., Dipl.-Psych., Prof. für Sozialpädagogik/Sozialarbeit an der Universität Trier Fachbereich I – Pädagogik.
Veröffentlichungen: rd. 180 Beiträge in Sammelwerken, Lexika und Handbüchern sowie Artikel in Fachzeitschriften.
Beitrag: Sozialpädagoge/Sozialarbeiter, Sozialpädagogin/Sozialarbeiterin

Hans-Werner Prahl, Dr. sc. pol. habil., Akad. Rat an der Universität Kiel, Priv. Doz. an der Universität Osnabrück.
Veröffentlichungen: Hochschulprüfungen – Sinn oder Unsinn? Sozialgeschichte und Ideologiekritik der akademischen Initiationskultur. 1976 – Prüfungsangst. Symptome – Formen – Ursachen. 1977, 1979 (Taschenbuchausgabe) – Freizeit-Soziologie. Entwicklungen – Konzepte – Perspektiven. 1977 – Sozialgeschichte des Hochschulwesens. 1978, 1987 (Tokyo) – Die Universität. Eine Sozial- und Kulturgeschichte. 1981.
Beitrag: Hochschule/Universität

Siegfried Prell, Dr. phil., Dipl.-Psych., Prof. für Erziehungswissenschaft mit Schwerpunkt Empirische Unterrichtsforschung an der Universität Gießen.
Veröffentlichungen (Auswahl): Leistungsdifferenzierung und individuelle Förderung. 1972 – Soziale Interaktion im Unterricht. 1974 – Empirische Forschungsmethoden. 1975 – Gutachten zur Orientierungsstufe in Bayern. 1977 – Lernzielschätzskala als Mittel curricularer Diagnostik. 1977 – Analyse- und Planungssystem für sozialkundlichen Unterricht. 1977 – Innere Differenzierung in der Berufsschule. 1979 – Instruktionstheorie. 1981 – Forschungswörterbuch. 1982 – Handlungsorientierte Schulbegleitforschung. 1984 – Evaluation. 1986 – Medien werben für ›Mädchen in Männerberufen‹. 1990.
Beitrag: Evaluation und Selbstevaluation

Manfred Prenzel, Dr. phil. habil. PD, Akad. Oberrat an der Universität München.
Veröffentlichungen: (mit *H. Kasten* u. *L. Tusch-Kleiner*): Entwicklung und Förderung von sozialem Verständnis von Kindern im Vorschulalter. 1980 – Die Wirkungsweise von Interesse. 1988 – (mit *A. Krapp*): Neuere Ansätze zu einer pädaogisch-psychologischen Interessentheorie. 1990 – Aufsätze in Fachzeitschriften und Sammelwerken.
Beitrag: Motivation und Interesse (mit *H. Schiefele*)

Brigitte Rollett, Dr. phil., Prof. für Entwicklungspsychologie und Pädagogische Psychologie an der Universität Wien.
Veröffentlichungen (Auswahl): Stereotype Interaktionsformen in der Familie. 1977 – (mit *M. Bartram*): Die hierarchische Clusteranalyse in der pädagogisch-psychologischen Forschung. 1976 – (mit *M. Bartram*): Der Anstrengungsvermeidungstest. 1977 – Einführung in die pädagogische Psychologie und Entwicklungspsychologie. 1990 – Neue Forschungen z. Problem der Entwicklung der Begabung – Aufsätze in Fachzeitschriften und Sammelwerken.
Beitrag: Pädagogische Intervention, Anamnese, Gutachten, Therapieformen

Konrad Ronecker, Prof., Dipl.-Ing., Direktor des Staatlichen Seminars für Schulpädagogik (Berufliche Schulen) in Freiburg.
Beitrag: Lehrer/Lehrerin (mit *F. Graf*)

Detlef H. Rost, Dipl.-Psych., Dr. phil., Prof. für Psychologie am Fachbereich Psychologie der Philipps-Universität Marburg.
Veröffentlichungen (Auswahl): (mit *K. H. Roberts*): Analyse und Bewertung empirischer Untersuchungen. 1974 – Hrsg. (mit *P. Grunowe* und *D. Dechsle*): Pädagogische Verhal-

tensmodifikation. 1975 – Raumvorstellung. 1977 – (mit *R. Rabenstein & G. Kalb*): Lesen und Verstehen (LUV)-Diagnose. 1979 – (mit *R. Rabenstein & G. Kalb*): Lesen und Verstehen (LUV)-Training. 1979 – Entwicklungspsychologie für die Grundschule. 1980 – Hrsg.: Unterrichtspsychologie für die Grundschule. 1980 – Hrsg.: Erziehungspsychologie für die Grundschule. 1982 – Dimensionen des Leseverständnisses. 1985 – Herausgeber der »Zeitschrift für Pädagogische Psychologie« (1987 ff. mit *A. Knapp* und *F. Rheinberg*) sowie der Buchreihen »Ergebnisse der Pädagogischen Psychologie« (1985 ff., mit *A. Knapp*), »Studienbücher zur Pädagogischen Psychologie« (1989 ff., mit *A. Knapp*), »Begabungs- und Persönlichkeitsforschung« (1988 ff.) und »Forschung Psychologie« (mit *J. Kriz* u. *E. Pflaum*). Associate Editor von »School Psychology International« – Mitglied im Editorial Board der Zeitschrift »Creativity Research Journal«. Zahlreiche Artikel in Fachzeitschriften und Sammelwerken.
Beitrag: Der hochbegabte Schüler

Erwin Roth, Dr. phil., Prof. für Psychologie an der Universität Salzburg.
Veröffentlichungen (Auswahl): Einstellung als Determination individuellen Verhaltens. (Die Analyse eines Begriffes und seiner Bedeutung für die Persönlichkeitspsychologie). 1967 – Persönlichkeitspsychologie. 1969 – (mit *W. D. Oswald* und *K. Daumenlang*): Intelligenz. 1972 – Hrsg. (u. a.): Reihe Führungskräfte und Führungsstrukturen in Wirtschaftsunternehmen. 1972 – (Hrsg.): Sozialwissenschaftliche Methoden. 1984 – Aufsätze in Fachzeitschriften und Sammelwerken zu den Bereichen Lernen, Intelligenz, Persönlichkeitspsychologie, Einstellung, -änderung, Medienwirkung, Werte und -wandel, Organisationspsychologie.
Beitrag: Intelligenz, Begabung und Umwelt (mit *M. Zsifkovics*)

Leo Roth, Dr. phil., Prof. für Erziehungswissenschaft, Theorie der Schule und des Unterrichts, empirische Methoden und quantitative Verfahren der Schul- und Unterrichtsforschung, Psychologie und Soziologie der Schule und Erziehung an der Universität Bremen.
Veröffentlichungen: Beiträge zur empirischen Unterrichtsforschung. ²1974 – Effektivität von Unterrichtsmethoden. ²1977 – Hrsg. (mit *G. Petrat*): Unterrichtsanalysen in der Diskussion. 1974 – Effektiver Unterricht. 1972 – Hrsg.: Handlexikon zur Erziehungswissenschaft. 1976 – Hrsg.: Methoden erziehungswissenschaftlicher Forschung. 1978 – Hrsg.: Handlexikon zur Didaktik der Schulfächer. 1980 – Hrsg. der Reihe: Beiträge zur empirischen Unterrichtsforschung – Hrsg. der Reihe: Ratgeber für Eltern – Hrsg. der Reihe: Beiträge zur empirischen Erziehungswissenschaft und Fachdidaktik – Zahlreiche Beiträge zur Unterrichtsforschung, Hochschuldidaktik, Pädagogischen Psychologie, Schulpädagogik, Forschungsmethoden und Wissenschaftstheorie in Handbüchern und Fachzeitschriften.
Beiträge: Forschungsmethoden der Erziehungswissenschaft;
Strukturveränderungen im Bildungswesen der Bundesrepublik Deutschland: Die reformierte gymnasiale Oberstufe;
Allgemeine und berufliche Bildung

Wolfgang Royl, Dr. phil., Dipl.-Psych., Prof. für Allgemeine Didaktik/Unterrichtswissenschaft an der Universität der Bundeswehr München.
Veröffentlichungen: (mit *W. R. Minsel*): Teachertraining. 1973 – Lernerfolgsmessung im Schulversuch. 1975 – Die Orientierungsstufe. 1975 – Unterrichten und Diagnostizieren. 1978 – Curriculumbausteine Deutsch. 1979 – (mit *G. Mosenthin*): Textiles Werken in der Sekundarstufe I. 1982 – (mit *Chr. Faul*): Sicherheitspolitik und Verteidigungsbereitschaft. 1990.
Beitrag: Militärpädagogik

Hans Schiefele, Dipl.-Psych., Dr. phil., Prof. für Empirische Pädagogik und Pädagogische Psychologie an der Universität München.
Veröffentlichungen (Auswahl): Motivation im Unterricht. 1963 – Programmierte Unterweisung. 1964 – Schule von heute – Schule für morgen. 1969 – Schule und Begabung. 1970 – Lernmotivation und Motivlernen. 1974; ²1978 – (mit *M. Prenzel, A. Krapp, A. Heiland, H. Kasten*): Zur Konzeption einer pädagogischen Theorie des Interesses. 1983 – (mit *K. Stocker*): Literaturinteresse. 1990 – Aufsätze in Fachzeitschriften und Sammelwerken.
Beitrag: Motivation und Interesse (mit *M. Prenzel*)

Rudolf Schmitt, Dr. rer. soc., Dr. phil. habil., Prof. für Grundschulpädagogik mit dem Schwerpunkt Entwicklungspsychologie an der Universität Bremen.
Veröffentlichungen (Auswahl): Soziale Erzie-

hung in der Grundschule. 1976 – Kinder und Ausländer. Einstellungsänderung durch Rollenspiel – eine empirische Untersuchung. 1979 – Herausgabe und Redaktion der Zeitschrift »Dritte Welt in der Grundschule« (seit 1979) – Aufsätze in Fachzeitschriften und Sammelwerken.
Beitrag: Moralische Entwicklung und Erziehung

Alfred Schöpf, Dr. phil. habil., Prof. für Philosophie an der Universität Würzburg, seit 1986 Psychoanalytiker an den Instituten für Tiefenpsychologie und analytische Psychotherapie in Würzburg und Stuttgart.
Veröffentlichungen (Auswahl): Wahrheit und Wissen. Die Begründung der Erkenntnis bei Augustin. 1965 – Augustinus. Einführung in sein Philosophieren. 1970 – Sigmund Freud. 1982, ital.: Freud e la philosophia contemporanea. 1985 – Mitarbeiter am Lexikon der Ethik, hrsg. v. *O. Höffe.* ³1986 – Herausgeber der Reihe Studien zur Anthropologie. 13 Bde. 1981 ff.; insbes.: Das anthropologische Problem der Phantasie. 1981 – Aggression und Gewalt. 1985 – Bedürfnis, Wunsch, Begehren. Probleme einer philosophischen Sozialanthropologie. 1987.
Beitrag: Philosophische Anthropologie – Sozialanthropologie und Kulturanthropologie

Günther Schorch, Dr. phil, Akad. Oberrat am Lehrstuhl für Grundschuldidaktik I, Erziehungswissenschaftliche Fakultät der Universität Erlangen–Nürnberg.
Veröffentlichungen (Auswahl): Kind und Zeit (Entwicklung und schulische Förderung des Zeitbewußtseins). 1981 – Hrsg.: Schreibenlernen und Schriftspracherwerb. 1982 – Hrsg.: Grundlegende Bildung (Erziehung und Unterricht in der Grundschule). 1988 – Aufsätze in Fachzeitschriften und Sammelwerken: Grundschulunterricht, Schreibenlernen, Zeitbewußtseinsbildung, Sicherheitserziehung.
Beitrag: Unterrichtsplanung und Unterrichtsvorbereitung

Christine Schwarzer, Dr. phil., Prof. für Erziehungswissenschaft an der Universität Düsseldorf, Leiterin der Abteilung für Bildungsforschung und Pädagogische Beratung.
Veröffentlichungen (Auswahl): Gestörte Lernprozesse. 1980 – Einführung in die Pädagogische Diagnostik. ²1982 – Emotions in the Elderly. 1984 – Perspektiven der pädagogischen Beratungswissenschaft. 1986 – (mit *M. J. Kim*): Development of the Korean Form of the STPI. 1984 – (mit *N. Posse*): Beratung. 1986 – (mit *R. Schwarzer*): Praxis der Schülerbeurteilung. ²1979 – Aufsätze in Sammelwerken und Fachzeitschriften.
Beitrag: Beratungslehrer, Beratungslehrerin

Horst Siebert, Dr. phil., Prof. für Erwachsenenbildung an der Universität Hannover.
Veröffentlichungen (Auswahl): Die Erwachsenenbildung in der Erziehungsgesellschaft der DDR. 1970 – Erwachsenenbildung – Aspekte einer Theorie. 1972 – Curricula für die Erwachsenenbildung. 1974 – Praxis und Forschung der Erwachsenenbildung. 1977 – (mit *W. Dahms, Ch. Karl*): Lernen und Lernprobleme in der Erwachsenenbildung. 1982 – Erwachsenenbildung als Bildungshilfe. 1983 – (mit *G. Michelsen*) Ökologie lernen. 1985.
Beitrag: Erwachsenenbildung und Weiterbildung

Helmut Skowronek, Dipl.-Psych., Dr. phil., Prof. für Pädagogische Psychologie an der Universität Bielefeld.
Veröffentlichungen: Psychologische Grundlagen einer Didaktik der Denkerziehung. ²1969 – Lernen und Lernfähigkeit. ⁶1976 – Hrsg.: Umwelt und Begabung. ³1982 – (mit *D. Schmied*): Forschungstypen und Forschungsstrategien in der Erziehungswissenschaft. 1977 – (mit *F. Lösel*) Hrsg.: Beiträge der Psychologie zu politischen Planungs- und Entscheidungsprozessen. 1988 – (mit *M. Brambring, F. Lösel*) Children at risk: assessment, longitudinal research and intervention. 1989 – Aufsätze in Fachzeitschriften und Sammelwerken.
Beitrag: Lernen und Lerntheorien

Karl-Heinz Sommer, Dr. rer. pol., Prof., Direktor des Instituts für Berufs- und Wirtschaftspädagogik der Universität Stuttgart.
Veröffentlichungen (Auswahl): Die Gewerbelehrerbildung. Eine Untersuchung über Studiengang und Kandidaten des Gewerbelehramts an der Universität Köln. 1968 – Fernunterricht und objektivierte Lehrerverfahren. 1972 – (mit *Stührmann / Jacobs / Fix*): Arbeitslehre als sozio-ökonomisch-technische Bildung. 1974 – Hrsg.: Berufsbildung zwischen Pädagogik und Politik. 1976 – Ingenieurpädagogik oder die Befähigung von Ingenieuren zu pädagogischem Handeln. In: Erziehung zum Handeln (Hrsg. *J. Baumgardt / H. Heid*). 1978 – Berufserziehung in westlichen und östli-

chen Ländern. In: Handbuch der Berufs- und Wirtschaftspädagogik (Hrsg. *U. Müllges*). 1979 – Hrsg.: Brennpunkt der Berufsbildung. 1980 – Hrsg.: Stuttgarter Beiträge zur Berufs- und Wirtschaftspädagogik. 1984 ff. – (mit *M. Schmiel*): Lehrbuch Berufs- und Wirtschaftspädagogik. 1985.
Beitrag: Betriebliche Ausbildung

Dieter Spanhel, Dr. phil., Prof. für Allgemeine Pädagogik, Erziehungswiss. Fakultät der Universität Erlangen-Nürnberg. Arbeitsschwerpunkte: Pädagogik des Jugendalters, Entwicklungspädagogik, neue Medien und Computer, Spielforschung.
Veröffentlichungen: Die Sprache des Lehrers. ³1977 – Spiel bei Jugendlichen. 1985 – Jugendliche vor dem Bildschirm. Neueste Forschungsergebnisse über die Nutzung der Videofilme, Telespiele und Homecomputer. ²1990 – Hrsg.: Curriculum vitae. Beiträge zu einer biographischen Erziehungstheorie. 1988 – (mit *St. Hotamanidis*) Hrsg.: Die Zukunft der Kindheit. 1988.
Beitrag: Sprache im Unterricht

Gerd Stein, Dr. paed. habil., Prof. für Politikwissenschaft und Privatdozent für Erziehungswissenschaft sowie Direktor des Instituts für Schulbuchforschung (IfS) e. V. an der Universität Duisburg.
Veröffentlichungen (Auswahl): Plädoyer für eine Politische Pädagogik. 1973 – Hrsg. (mit *S. Jenkner*): Zur Legitimationsproblematik bildungspolitischer Entscheidungen. 1976 – Schulbuchwissen, Politik und Pädagogik. 1977 – Hrsg.: Schulbuch-Schelte ... 1979 – Ansätze und Perspektiven kritischer Erziehungswissenschaft. 1980 – Hrsg.: Politikdidaktik als praxisbezogene Theorie. 1981 – Ferner Hrsg. der Schriftenreihen »IfS-Impulse« (1981 ff.) und (mit *E. H. Schallenberger* und *G. Neumann*) »Zur Sache Schulbuch« (1973 ff.).
Beitrag: Schulbücher in Lehrerbildung und pädagogischer Praxis

Harm Steinforth, Dr. phil., Lehrkraft für besondere Aufgaben für Medienpraxis an der Universität Bremen.
Veröffentlichungen (Auswahl): (mit *G. Schümer*): Zur Problematik von Unterrichtsanalysen nach dem Verfahren von Bellack. In: *L. Roth / G. Petrat* (Hrsg.): Unterrichtsanalysen in der Diskussion. 1974 – Handbücher, Lexika, Periodika. In: *L. Roth* (Hrsg.): Handlexikon zur Erziehungswissenschaft. 1976 – (mit *G. Petrat / J. Timm / W. Wosniok*): Prozeßorientierter Unterricht. 1977 – Schulfunkverwendung im Unterricht – Vergleichende Analyse struktureller Merkmale. 1980 – Medien zur Friedenserziehung. In: *D. Hoerder / M. Meyer* (Hrsg.): Frieden, Paix, Peace. 1984.
Beitrag: Die pädagogische Wissenschaft in ihrer Literatur – Handbücher, Lexika, Periodika (mit *A. Eickhorst*)

Gerald A. Straka, Dr. phil., Prof. für Erziehungswissenschaft, Institut für interdisziplinäre Alternsforschung, Universität Bremen.
Veröffentlichungen (Auswahl): (mit *G. Macke*): Lehren und Lernen in der Schule. 1979 – Lehren, Lernen und Bewerten. 1983 – Lehr-Lern-Theoretische Didaktik. In: *H. Twellmann* (Hrsg.): Handbuch Schule und Unterricht. Band 8.1. 1986 – Television and the elderly. In: *D. A. Peterson, J. E. Thornton, J. E. Birren* (Hrsg.): Education and Aging 1986 – (mit *T. Fabian* und *J. Will*) Hrsg.: Aktive Mediennutzung im Alter. 1990 – Aufsätze in Fachzeitschriften, Sammelwerken und Handbüchern.
Beitrag: Altenbildung

Peter Strittmatter, Dr. phil., Prof. für Erziehungswissenschaft an der Universität des Saarlandes.
Veröffentlichungen (Auswahl): Präsentationsmodi von Lehrprogrammen. 1970 – (mit *G. Eigler / H.-G. Schönwälder / G. Straka*): Wissenschaftliche Begleitung an Modellschulen. 1970 – Lernzielorientierte Leistungsmessung. 1973 – (mit *B. Jacobs*): Der schulängstliche Schüler. 1979 – Modellversuche zum Schulfernsehen. 1979 – (mit *W. Schäfer*): Studienmaterial zur Entwicklung curricularer Lehrpläne. 1980 – (mit *H. Scheidgen* und *W. H. Tack*): Information ist noch kein Wissen. 1990 – Aufsätze in Fachzeitschriften und Sammelwerken.
Beitrag: Präskriptive Unterrichtswissenschaft. Ein Beitrag erfahrungswissenschaftlicher Unterrichtsforschung zur Lösung praktischer Probleme (mit *H. W. Bedersdorfer*)

Ewald Terhart, Dr. phil. habil., Dipl. Päd., Prof. für Schulpädagogik an der Universität Lüneburg.
Veröffentlichungen: Interpretative Unterrichtsforschung. 1978 – Unterrichtsmethode als Problem. 1983 – Lehr-Lern-Methoden. 1989 – Hrsg. (mit *F. Loser*): Theorien des Leh-

rens. 1977 – (mit *H. Drerup*) Hrsg.: Erkenntnis und Gestaltung. 1990 – Hrsg.: Unterrichten als Beruf. 1991 – Aufsätze in Fachzeitschriften, Sammelbänden und Nachschlagewerken.
Beitrag: Schule als Lebensraum – Schüler und Lehrer (mit *F. Loser*)

Hans Thomae, Dr. phil., emerit. Prof. für Psychologie an der Universität Bonn, Dr. psychol. h. c. Universität Leuven, Belgien.
Veröffentlichungen: ca. 210 Publikationen über Entwicklungspsychologie, Persönlichkeit und Motivation, u. a. Die Psychologie in der modernen Gesellschaft. 1977 – Hrsg. (mit *G. Jüttemann*): Biographie und Psychologie. 1987 – Das Individuum und seine Welt. Eine Persönlichkeitstheorie. 1988 – Hrsg. (mit *K. Gottschaldt, Ph. Lersch, F. Sander*): Handbuch der Psychologie. 1966 ff.
Beitrag: Psychologische Anthropologie

Wolfgang Tietze, Dr. phil., Prof. für Erziehungswissenschaft (Schwerpunkt Vorschulische Erziehung) an der Universität Münster.
Veröffentlichungen (Auswahl): Chancenungleichheit bei Schulbeginn. 1973 – Früheinschulung – Auswirkungen einer bildungspolitischen Maßnahme. 1978 – Was soll in der Früherziehung evaluiert werden? In: *W. E. Fthenakis* (Hrsg.): Tendenzen der Frühpädagogik. 1984 – Aufsätze in Fachzeitschriften und Sammelwerken.
Beitrag: Familienerziehung und Kleinkindpädagogik

Gerhard Tulodziecki, Dr. phil., Prof. für Schulpädagogik und Allgemeine Didaktik an der Universität-GH-Paderborn.
Veröffentlichungen (Auswahl): Hrsg.: Schulfernsehen in der Bundesrepublik Deutschland. 1977 – (mit *W. Hagemann*): Einführung in die Mediendidaktik. 1978 – (mit *W. Hagemann*): Unterrichtsplanung und Medienentwicklung. 1979 – Einführung in die Medienforschung. 1981 – (mit *K. Breuer* und *A. Hauf*): Konzepte für das berufliche Lehren und Lernen. 1984 – Unterricht mit Jugendlichen. 1987 – Medienerziehung in Schule und Unterricht. 1989 – Aufsätze in Fachzeitschriften und Sammelbänden zur Allgemeinen Didaktik, Mediendidaktik und Medienerziehung.
Beitrag: Medien in Unterricht und Erziehung

Franz-Josef Wehnes, Dr. phil., Dipl.-Psych., Prof. für Systematische und Historische Erziehungswissenschaft an der Universität/Gesamthochschule Essen.
Veröffentlichungen: Pestalozzis Elementarmethode im Urteil der modernen Kinderpsychologie. 1955 – Schule und Technik Ost und West. 1964 – Schule und Arbeitswelt. 1964 – Mensch und Arbeit. 1969 – Schule in freier Trägerschaft. Essen 1969 – Mitbestimmung im Schulwesen. Essen 1972 – Erziehung von heute – Erziehung für morgen. Essen 1980 – Kritische Aspekte der Waldorfpädagogik. In: *F. J. Krämer, G. Scherer, F. J. Wehnes*): Anthroposophie und Waldorfpädagogik. 1987.
Beitrag: Theorien der Bildung – Bildung als historisches und aktuelles Problem

Dorothea Wiesenfeldt-Heun, Dipl.-Päd., Dipl.-Sozialpädagogin, Prof. für Vorschulpädagogik und Päd. Medien an der Ev. Fachhochschule Darmstadt.
Beitrag: Sozialpädagogik und Heimerziehung (mit *H. D. Henn*)

Heinz-Werner Wollersheim, MA, Dr. phil., wissenschaftlicher Mitarbeiter am Institut für Erziehungswissenschaft der Universität Bonn.
Beitrag: Autorität und Disziplin (mit *E. E. Geißler*)

Mercedes Zsifkovics, Dr. phil., Assistentin am Forschungsinstitut für Organisationspsychologie an der Universität Salzburg.
Beitrag: Intelligenz, Begabung und Umwelt (mit *E. Roth*)

Personenregister

Institutionen, auch Begriffe, die mit Namen verbunden sind (z.B. **Hornsches Intelligenzmodell**), finden sich nicht im Personen-, sondern im Sachregister. Bekannte historische Personen sind unter ihrem vollen Namen eingeordnet (z.B. Thomas von Aquin). Vornamen sind nur aufgeführt, wo sie zur alphabetischen Unterscheidung dienen.
Die Verfasser der einzelnen Beiträge des Handbuchs werden in ihrem eigenen Artikel nicht gesondert zitiert; das gilt ebenso für die Autoren in den jeweiligen Literaturangaben am Schluß aller Beiträge.

Abelmann 850
Abraham 492, 494
Ach, A. 111
Ach, N. 814
Achenbach 148
Achtenhagen 683
Adams 190
Adelmann 494
Adelman 59
Adler, Alfred 1018
Adler 496
Adorno 7, 27, 199, 637, 909
Aebli 720
Affeldt 401
Ahlheim 637
Aichhorn, August 613, 888, 1018
Akert 139
Akpinar 1079
Albers 480, 493, 500
Albert 37, 43, 692, 840, 842, 952
Albrecht 836, 850
Alcuin 1003
Alex 309, 432, 497
Alheit 636
Alkin 871
Almstedt-Munkwitz 622
Almstedt 524, 605
Alshuth 125, 501
Althaus 778
Alt-Sutterheim, von 383
Altvater 310
Amelang 145
Anastasi 833
Andersch 458
Anderson 788
Andreesen, Alfred 422, 424
Anschütz 903
Antor 413
Anweiler 472
Apeltauer 440
Apel 224
Appelhans 413
Appel 849
Argyris 331
Ariès 99, 212, 322
Aristoteles 8, 69, 306, 958
Armbruster 311, 1018
Arnhold 1060
Arnold 99, 460, 1062
Aschersleben 718
Aschner-Gallagher 876
Asemissen 1088
Atkinson 110, 814, 871
Auer 941

Aufenanger 227
Augustinus 466, 1003
Aurin 1031, 1033, 1054
Auler 70
Austin 849
Ausubel 789
Autorenkollektiv 615
Avenarius 418
Axline 242

Baacke 744
Baberg 1058
Bach 1058
Bachmair 773, 1034
Bachtold 849
Backmann 226
Bacon, Francis 69, 472
Bader 207
Badry 423
Baethge 216, 445, 926
Baier 191, 224
Baker 353
Baldwin 110
Ballauff 5, 7, 259, 299, 638, 641, 1015
Ballerstedt 202, 206
Baltes, P. 163, 641, 880
Bandler 225
Bandura 155, 175
Bang 889
Bany 794
Barbee 834
Barbe 835
Bargel 927
Barnes 765
Barres 608
Barsig 704
Bartels 801, 805
Bartenwerfer 837
Barth 458
Bartnitzky 774
Bartram 145, 881, 885, 889
Bartussek 145
Basedow, Johann Bernhard 78, 298, 1085
Bastian 810
Bateson 61
Bauch 901
Baudissin, Graf 539
Bauer, A. M. 901, 902
Bauer, H. 427
Bauer, K.-O. 337
Bauer, R. 999
Baumeister 70
Baumert, 404

Baumgärtel 145
Baumgarten 836
Baurmann 767, 829
Bayer 311
Bayles 69
Bayley 159
Beaune, La 902
Beauvais, V. 69
Beauvoir, Simone de 115
Beccaria 40
Bechterew 112
Beck, H. L. 608
Beck, J. 417
Beck, K. 491, 955
Beck, O. 768
Beck, U. 127, 201, 205, 1062, 1109, 1116
Beckedorff, Ludolph von 450
Becker, E. 721, 921, 924, 926, 927
Becker, G. 424, 753, 833
Becker, G. E. 656, 805
Becker, H. 427, 495, 544, 967
Becker, L. A. 847
Becker, M. 1066
Beckmann, H.-K. 650, 652, 655, 705, 950
Beckmann, M. 608
Beeby 870
Beelitz 311
Beer 1063
Behlen 977
Behnke 361
Beiderwieden 440
Beinke 1062
Bell R. Q. 102
Bell, Daniel 201, 236, 1050
Bellack 825, 876
Beller 160, 523, 592
Below 773
Belschner 1057
Belsky 594, 596
Benbow 835, 840
Benedikt von Nursia 1003
Ben-David 1044
Benner 19, 221, 299, 301, 342, 774, 863, 954
Benning 631
Benschop 207
Bentham 40
Benz 1039
Berg 466
Berg, van den 99
Berger 21, 602, 925
Bergius 118

Personenregister

Bergstraesser 283
Berkmüller 704
Berkowitz 227
Berliner 656, 795
Berlyne 242, 817
Bernfeld 298, 613f., 802
Bernstein 924, 1078
Berry 1080
Bertram 181, 214, 592
Besser 773
Bessoth 314f.
Bettelheim 613, 888
Betz 766
Betzen 966
Beutler 907
Bidwell 328
Biedermann, G. 77
Biermann 671
Bilger 999
Biller 705, 805
Bilsky 607
Binet, Alfred 135, 159, 761, 833
Birch 110, 847
Birkel 765f.
Birren 641
Birtsch 621f.
Birx 841
Bischoff 344
Bishop 852
Bittner 605
Bjerstedt 51
Black 237
Blättner 487
Blandow 621
Blankertz 373, 377, 470, 484, 492, 494, 664, 668, 706, 718, 1085
Blankertz, S. 235, 902
Blanke 606, 609
Blase 866
Blau 207, 330
Blaug 307
Bleidick 342, 407, 409, 412
Blickle 608
Blinkert 999
Blochmann 602
Blonskij 472
Bloom 738, 886, 896
Blossfeld 353
Blumenberg 58
Bobertag 761, 768, 773, 778
Bochner 1074
Bock 480
Boehm 37
Böhm, W. 299
Böhme, J. 260
Böhme, G. 41
Boettcher 804
Böttcher 901
Bohle 1048
Bohse-Wagner 690, 692, 694, 695
Bois, Du 763
Bois-Reymond, Du 865
Bokelmann, H. 7

Bolles 110
Bollinger 1110, 1117
Bollnow 103, 464, 800, 826
Bolte 207
Bombach 307
Bonsall 850
Boos-Nünning 432, 434, 435, 437
Bopp 419
Bossing 717
Bourdieu 204, 208, 213, 460, 920
Bowlby 100, 522, 592
Boyer 876
Bracken, von 115
Brack 880f.
Bradley 593, 849
Brandt, D. 924
Brandt, H. 401
Brandtstädter 160, 880
Braswell 151
Braune 315
Braunmühl 907
Brehmer 1004
Breinbauer 604
Breitenbach 405
Breitschuh 763
Breloer 640, 645
Breuer 1026
Brezinka 222, 226, 287, 952, 961
Briel 596, 603f.
Briggs 767
Brinkmann 1015
Brislin 1079
Brödel 1062, 1065
Brody 850
Bromme 650
Bronfenbrenner 160, 384, 592, 861
Brophy 794, 865
Broskowski 871
Brown 191, 887
Brück 151, 804, 866
Brüggen 9f., 51
Brügge 419
Brühl 898
Brumlik 56
Bruner 742, 789
Brunkhorst 919, 927
Brunnengräber 426
Bruns 520
Bruskin 242
Buber, Martin 633, 800
Bubolz 640, 644
Buchmann 866
Buck 39
Budde 339
Büchler 427
Büchner 212
Bühler, Ch. 118, 242
Bühler, Karl 114, 681
Bülow 926
Bürmann 875
Bullinger 501
Bunge 286, 952, 955
Bunk 492, 497, 501

Burgess 58
Burks 834, 850
Burk 683, 774
Burns 325, 327
Buros 768
Burt 136
Busch 617, 1088
Buschmeyer 1063, 1064
Busch-Rossnagel 161
Busemann 836, 839
Buttler 1069
Buytendijk 242

Caldwell 593, 596
Campanella 472
Campbell 47, 1070
Campe, Joachim Heinrich 77, 397, 893, 1085
Campione 887, 887
Caplan 880
Capra 62
Carl 837
Carnap 24, 42
Caroli 1039
Carroll 738
Carter 768
Case 163, 192
Caselmann 959
Castaneda 1078
Cattell 135, 145, 146, 819
Cecco, De 789
Charlton 747
Charms, De 792
Chase 767
Château 242
Chauvin 836
Chess 149
Chomsky 56
Christiani 774
Christie 909
Christmann 591, 594
Cicero 470
Cicourel 56
Claesens 380
Claessens 95, 106, 589, 912
Claparède 819
Clark 896, 1034
Clemens 927
Clement 309, 310, 312
Clevinghaus 314
Clift 902
Coch 330
Coerper 116
Coffman 767
Colberg-Schrader 982
Colbert 306
Cole 1077
Coleman 463, 894, 903
Collins 191
Combe 866
Comenius, J. A. 22, 298, 397, 633, 660, 662, 680, 681, 717, 744, 860, 1005

1135

Personenregister

Comte, August 41, 195
Condorcet, A. de 195, 397, 575, 633, 681
Conrady 755
Copei 704, 721
Corwin 900
Coulthard 829
Covington 887
Cowles 186
Cox 850
Cremer 700
Cronbach 884, 1033
Cropley 642, 837, 852
Cross 645
Crutchfield 191
Csikszentmihalyi 817
Cube, von 501, 658, 666, 706
Cudmore 845
Cyster 902
Czeschlik 838, 849

Daheim 1109
Dahlgren 927
Dahme 837, 842
Dahrendorf 205, 308, 311, 349, 360, 372, 380, 445
Damanakis 432, 440
Dammann 601
Danckwortt 1074
Dann 866
Dannenmann 427
Dannhäuser 898
Dansereau 887
Darlington 160
Darwin, Charles 90, 196
Darwin, E. 40
Datan 165
Datler 885
Dauber 636, 1039, 1116
Daumenlang 132
Davids 469, 500f.
Davidson 840
Davies 34, 61, 155, 205
Davis 850
Daxner 929
Day 40, 887
Deci 817f.
Denison 307
Denton 845f.
Derbolav 7, 68, 346f., 658
Derry 776
Descartes 87, 479
DeVoss 834
Dewey 233, 717, 819, 860
D'Heurle 850
Dichanz 344, 704
Dick, von 863
Dickopp 437
Dickson 330
Diderot 69
Dieckmann 966, 1116
Diederich 49, 771
Diegritz 829, 831

Dienelt 103
Diessenbacher 999
Diesterweg, Adolf 78, 397, 451, 633, 678, 966
Dietrich, G. 119, 1027
Dietrich, Th. 233, 343, 422, 677, 681
Dietz : 893
Dikow 426
Dilthey 7, 20, 35, 62, 222, 664
Ditton 58
Doeberl 918
Doehlemann 102
Dörger 340
Döring 314, 744, 800f.
Dörner 138, 191, 776, 838
Dörpfeld, F. W. 661, 893, 966
Doerry 875
Dörschel 493
Döscher 760
Dohmen 259, 483
Dolch 68, 660, 958, 961
Dollard 154
Dollase 51
Doyle 874
Dräger 630, 1065
Draper 849
Drechsler 561
Dreeben 323
Dreitzel 197
Drerup 224, 950
Drewek 347, 352
Drexler 389
Dürr 492
Duhm 778
Duncan 207
Durkheim 197, 210, 286
Duval 869
Dyer 160

Ebbinghaus 761
Ebert 635
Echelmeyer 881
Eckerle 383
Eckes 370
Eckhart 259
Edding 304
Edelbrock 148
Edelhoff 733
Edelmann 464
Edelstein 424, 1003
Eder 849
Edgeworth 40
Edlich 685
Edvardson 458
Eells 767
Eggersdorfer 69, 680, 960
Eheim 773
Ehlich 829
Ehmann 497
Eichner 693
Eigler 898, 900
Eilers 383, 385
Einsiedler 342, 608, 718, 793

Eisenmann 674
Eisert 1057
Elaragno 901
Elias 199, 457
Elkonin 246
Ellett 870
Ellis 850
Ellwein 70, 283, 334, 967
Elzer 459
Engelhardt, von 864
Engelmayer 773, 792, 794
Engels 196, 910
Engfer 608
Erasmus von Rotterdam 260, 470
Erbe 422
Erdmann 334
Erdmann, Karl Dietrich 452
Erickson 60
Erikson, E. H. 107, 116, 226, 912
Erlinghagen 426, 426
Erning 601
Ernst 522, 1027
Eschenburg 907
Esmer 353
Ettlinger, M. 69
Etzioni 197
Eulenburg 1083, 1087
Evans-Pritchard 58
Even 440
Ewert 384
Eysenck 138, 146, 833, 909

Faller 309
Farber 842, 867
Fatke 1039
Faulstich-Wieland 352
Faulstich 478
Fauser 861
Feger 762, 836f.
Feldhusen 134, 837, 852
Feldmann 843, 865, 875
Fellsches 226
Fend 145, 213, 299, 344, 384, 402, 651, 653, 738, 874, 960f.
Ferdinand 767
Fernau 895
Feuerstein 886
Feyerabend 34
Fichte, J. G. 20, 92
Fietkau 637
Fillangiers 40
Fingerle 378
Fink, E. 7, 1014
Fischer, A. 43, 79, 483
Fischer, B. 471, 474
Fischer, H. 980
Fischer, K. W. 166
Fischer, W. 5, 299, 960
Fischler 1087
Fisher, G. 768
Fix 496, 501
Flaig 607
Flammer 134, 738

Flanders 23, 49, 876
Flavell 136, 181, 886f.
Flechsig 684, 744, 921
Fleck 950
Flitner, A. 102, 247, 445, 550, 960
Flitner, W. 7, 347, 378, 633, 676, 685, 716, 1066
Flössner 733
Flora 202
Florio-Ruane 61
Flosdorf 981, 1022
Fluck 643
Fooken 645
Ford 165
Fosburg 595
Fourastié 201
Fourier 472
Framhein 922, 927
Francke, August Hermann 456, 1005, 1085
Frank 315, 331
Freeman 835
Freinet 437
Freire 437, 1063
French 330
Frese 887
Freud, Anna 888
Freud, S. 96, 1018
Freudenfeld 311
Freund 281
Frey 428, 668
Freyer 596
Fricke 53, 770, 871
Friebel 1028
Friedeburg, v. 417
Friedl 608
Friedmann 62
Friedrichs 50
Friesenhahn 432
Frisch, v. 113, 541
Frobenius 538
Fröbel 524, 601, 860, 973
Fröhlich 383, 743, 744
Fröhlich-Kiauka 874
Froese 102, 259, 778
Fromm 199, 909
Frommberger 314
Frymark 1070
Fthenakis 592
Fuchs 434, 440
Fühne 616
Führ 334
Fülgraff 640
Fürstenau 296, 866, 967
Fung 848
Funke 927
Furck 764, 801

Gadamer 36, 94
Gadenne 26, 693, 700
Gaedicke 776
Gage 650, 788, 795
Gagné 464, 787

Galbraith 643
Galilei 41
Galton, Francis 135, 761, 833
Gamm, H.-J. 7
Garfinkel 56
Garlichs 707
Garvey 244
Gassen 677
Gasset, Ortega y 909
Gaude 733, 771, 1031, 1054, 1058
Gaudig 717, 860
Gay 1077
Gebauer 779
Gebhard 295
Geheeb, Paul 397, 423
Gehlen, A. 87, 109, 293
Gehmacher 898
Gehring 979
Geiger, Th. 214, 287, 633, 921, 952
Geissler 299, 363, 495, 637, 653f., 675, 717
Gellert 260
Georg 493, 494
Geppert 735
Gerbaulet 418
Gerhard 999
Gerl 634
Gerlicher 1025
Gerner 100, 800
Gerspach 925
Gesell 159
Getzels 841
Geulen 211, 224
Giannangelo 902
Giddens 201
Giesche 1117
Giesecke 267, 335, 807, 1063, 1070
Giesen 207
Gillis 99
Gilson 230
Ginsburg 191
Glänzel 959
Glaser 191, 636, 738
Glass 870
Glatzer 202, 206
Glendenning 641
Gleser 1033
Glöckel 652f., 675, 682, 704
Gloger-Tippelt 607
Glumpler 440
Goddard 1018
Göldner 900
Göpfert 437, 440
Goeppert 829
Goerth 461
Göstemeyer 5
Goethe J. W. v. 264, 476
Göttler 964
Goetz 59
Goetze 242
Goffman 408, 518
Gogolin 436
Goldstein 884

Goldthorpe 205
Gonschorrek 1064
Goodenough 159
Goodman 235
Good 794, 865
Gordon 225, 805, 809
Gorschenek 220, 226
Gottschaldt 115
Gottsleben 501
Grande 885
Grau 767
Graumann 138, 225
Gray 594
Greiffenhagen 283
Grell 792
Greuer 1060
Greverus 198
Grimm 560
Grimm, Gebrüder 133, 1082, 1083
Grinder 225
Groeben 692f., 698
Groffmann 775
Gronemeyer 640
Groos 241
Groot, De 772
Groothoff, H.-H. 70, 295, 1009
Gross 960, 966
Grossmann 602
Grüneisl 943
Grüner 499
Grundtvig 630
Grunow 1048
Grunwald 370
Gruschka 474, 980f.
Gstettner 360
Guardini 910
Gudjons 718, 803, 806
Günder 622
Guilford 136, 146, 819, 841
Gurlitt 233
Guthke 134, 1033
Gutkin 795
Guts-Muths, J. Ch. F. 78
Guttmann 53

Haan 165
Habermann 626
Habermas 36, 95, 200, 224, 466, 667, 921, 952
Hacker 533, 757
Hadley 768
Haeberlin 889
Haefner 495
Hähn, J. Fr. 77
Haenisch 366, 370, 402, 779
Haferkamp 207
Haft 659, 668
Hage 344
Hagen, E. 837, 844, 847
Hagen, J. W. 163
Hagen, W. 146
Hahn 837
Hahn, Kurt 424, 622

1137

Haiiy 409
Hall 241, 693
Haller 383f.
Halliday 824
Hamacher 1067
Hamburger 432
Hammann 928
Handl 353
Hanel 816
Haney 761
Hanf 197, 206
Hansen 339, 351, 353
Hansmann 421
Hanssler 1009
Hany 838, 842
Hardörfer 684
Hare 219
Hargreave 58, 864
Harney 352, 1063
Harnisch, W. 70, 678
Harnischfeger 788
Harper 102
Harter 849
Hartig 114
Hartke 773
Hartmann 226, 1110, 1113, 1117
Hartmann, Nicolai 221
Hartog 765
Hartwich 281
Hasselhorn 887
Haucke 607
Haug 137
Haupt 412
Hauser 139, 286
Hausser 732
Havighurst 159, 644
Hayslip 642, 646
Healy, William 1018
Hebenstreit 609
Heck 685
Heckel 315, 418, 427
Heckhausen 118, 167, 777, 789, 814ff.
Hegarty 1078
Hegel, G. W. F. 92, 482
Hegele 433, 437
Hegelheimer 304, 311, 346
Heger 637, 924
Heid 492
Heidegger, M. 7, 94
Heidt 747
Heidtmann 68
Heiland 863, 969
Heilmann J. G. 870
Heilmann, K. 69
Heim 898
Heimann 665, 705, 718, 964
Heinbokel 837, 841
Heinemann 69, 1008
Heinsohn 250
Heinze 35, 297, 300, 861f.
Heinzelmann 458
Heipcke 460, 464, 873
Heisenberg, Werner 61

Heiss 882
Heitger 5, 492
Heitzer 836, 1066
Helberger 499
Helbig 281, 839
Held 314
Heldmann 388, 685
Heller 134, 795, 837, 843, 1031
Heller, E. 861f.
Helmke 145
Helmreich 48
Helvétius 231
Henderson 896
Henningsen 630
Hennis 281
Hentig, von 586, 863, 921, 927, 960, 962, 965
Henz 221
Heraklit 194
Herbart J. F. 6, 19, 221, 298, 653, 663, 678, 680, 705, 717, 800, 819, 950, 958, 965f., 968, 1006, 1053
Herbig 53
Herder, Joh. Gottfr. 960
Hergang, K. H. 73
Herlyn 1100
Herrlitz 347
Herrmann, K. 74
Herrmann, T. 955
Herrmann, U. 298
Hertel 492
Hertz 207
Herwald 862
Herwartz-Emden 1079
Herzberg 331
Hesse 1110
Hesse, H. 906
Hettwer 1038
Hetzer 159, 246
Heydorn 257, 263, 287, 294
Heyse 1031, 1060, 1060
Hiemstra 646
Hierdeis 800f.
Hildreth 850
Hilgard 112
Hilgendorf 839, 851
Hill 186
Hiller 828
Hillmann 219
Hirst 238
Hitpass 383, 387f., 779
Höck 410
Höffe 224
Högemann 603
Hölterhoff 1066
Hölzel 1018, 1026
Hömberg 650
Hörner 773
Hofbauer 499
Hofer 499, 788, 876, 954
Hoffer 903
Hoffmann E. 602, 820
Hoffmann L. 440, 820

Hoffmann M. 1035, 1038
Hofmann 1021
Hofmeier 426
Hofstätter 133, 839, 1013
Hoge 845
Hohl 1110, 1117
Hohmann 436
Hollingworth 834, 850
Holmes 763
Holmstedt 902
Holstein 178, 831
Holz 220
Holzkamp 693, 926
Homer 1002
Homeyer 425f.
Homfeldt 295, 435, 440, 921
Honig 160
Hoof 679
Hoopes 1080
Hopf 282, 342, 354, 451
Hopmann 659, 668
Horkheimer, Max 28, 199, 908
Horlebein 495
Horn 341, 835
Horney 959
Horowitz 840
Horstkemper 352
Horton 1080
Hoselitz 201
Howe 842
Hradil 207, 214
Hubermann 1080
Huber, F. 717, 726
Huber, G. L. 698
Huber, L. 875
Hüffner 607
Hüfner 335
Hülshoff 895, 901, 964
Hui 1080
Huisken 310, 667
Huizinga, J. 241
Hull 186
Humboldt, Wilhelm von 347, 375, 448f., 449, 470f., 476, 482, 510, 685, 893, 919, 1085
Hummer 379, 383, 387, 388
Humphreys 840
Hunt 817
Hunter 206
Hurrelmann 211, 880
Huschke-Rhein 5, 20
Huss 778
Husserl, E. 57, 93, 480
Huth 773
Hutt 244
Hylla 761, 768

Iben 607
Illert 421
Illich, I. 235, 298, 863, 962, 1115
Im 839
Imelmann 1019
Ingenkamp 359, 1054

Personenregister

Inglehart 201
Ipfling 800
Ismail 849
Iverson 896
Iwanicki 877

Jackson 331, 841
Jacob 383
Jacobs 692, 694, 804
Jaede 242
Jäger 136, 778
Jahoda 909
Jaide 226
Jakobson 95
James 767, 788, 819
Janis 112
Jannasch 717, 726
Janos 848
Jansen 387
Jarvis 1070
Jaspers 538
Jeismann 293
Jencks 140
Jensen 104, 138, 833, 840
Joas 920
Johansen 590
Johnson 794, 889
Johnston 885
Jonas 638
Joppich 717, 726
Jopt 816
Juda 836, 839
Judges 761
Jütting 1063, 1067
Juhos 25
Jungblut 926
Jungermann 874
Jungkunz 383, 387
Jungk 1062
Junker 1034
Jutzi 552, 553

Kade 637
Kagan 150
Kagen 841
Kahl 861
Kahlert 306
Kail 163
Kaiser, A. 347, 541
Kaiser, F. J. 473
Kaiser, M. 501, 926
Kallert 421
Kalpaka 440
Kambartel 219, 927
Kamin 833
Kammhöfer 524
Kamper 102
Kamratowski 1054, 1058
Kant, Immanuel 6, 19, 298, 962, 1085
Kaplan 848
Kappert 435
Kardorff 1114

Karl der Große 1003
Karpen 1089
Kasten 607, 820
Kastner 161
Kau 497
Keating 840
Keck 717, 861, 893, 902
Keesling 901, 902
Kehrbach, K. 78
Keil 592
Keim 1065
Kejcz 634, 1117
Kell 669
Keller 383, 838
Kellermann 962
Kelly 118, 869
Kemmler 772, 881
Kendall 150
Kennelly 642, 646
Kern 777, 803
Kernchen 68
Kerschensteiner, G. 221, 471, 483, 661, 819, 860, 959, 964, 968, 1015
Kerstiens 227
Kessler 767
Key 233
Khoury 849
Kick 1115
Kiersch 421
Kilpatrick 717, 860
Kimmich 761
Kirchhoff 1056
Kirchner 77, 418
Kiresuk 873
Kirk 59
Kirkendall 849
Klafki 7, 381, 405, 478, 495, 637, 658, 664f., 669, 670, 674f., 681, 705, 706, 735, 919, 950f., 963
Klages 225f.
Klapproth 1020
Klauer 219, 768, 770, 833, 886
Klaus-Roeder 898
Kleber 773
Klein 411
Kleinert 74
Kleitmann 113
Klemm 286, 337, 339, 370, 433, 437, 439, 478
Klewitz 343
Kliegl 163
Klingler 901
Klink 343, 649, 686
Klix 138
Klüver 920, 927
Kluge, F. 133, 1002
Kluge, I. 1002f
Kluge, N. 608, 923
Kluwe 793
Kmieciak 201, 225
KMK 376, 400
Knake 898
Knapp 405

Knauer 306
Knieper 250
Knoll 428, 635, 1063
Knopf 943
Knorr-Cetina 953
Knostmann 388
Kob 212, 900
Kobasigawa 163
Köck 730
Koehler 151
Köhler 186, 336f, 352
König, E. 219, 224, 677, 686, 690, 692, 705f.
König, R. 207
Körkel 887
Kötter 767
Koffka 118, 187
Kogan 841
Kohl 497
Kohlberg 163, 221
Kohn 148, 214, 776
Kolakowski 41
Kolligian 110
Kolping, A. 631
Koneffke 294
Kopp 426, 674, 684
Korczak 613f
Kordes 873
Koring 1117
Kormann 776
Kornadt 379, 383, 387
Kornmann 778
Korthals-Beyerlein 219
Koselleck 235
Kotovsky 843
Kotzmann 925
Koyre 230
Kraak 383
Krafeld 295
Kraft 24
Kramer 178
Kramp 296, 664, 680
Kranich 420
Krapp 26, 148, 776, 820
Krappmann 342
Krause, F. 387
Krause, H.-J. 981
Krausser 38
Krebs 413
Kreckel 207
Kreitler 110
Kretschmann 717
Kretschmer 833
Kretzschmar 1055
Kreuzer 893
Kreuzig 138
Krings 936
Krockow, von 284
Kroh 159, 681
Krohne 153
Krommweh 314
Kron 800, 810
Krotz 208

1139

Personenregister

Krüger, A. 981
Krüger, G. 943
Krüger, H. 594f.
Krüger, H.-H. 299
Krüger, H.-J. 918
Krug 816
Krull 1063
Krupskaja 472
Kuckartz 1092
Kuckuck 929
Kühn 929
Kühnel 999
Külpe 814
Kümmel, K. 70
Künzli 428, 668
Kuhl 814, 1031
Kuhlmann 334, 452
Kuhn 55, 223, 603
Kuhs 437
Kunert 805
Kunze 493f.
Kupfer 800f.
Kurth, I. 433
Kurth, W. 882
Kurtzman 849
Kurz 383
Kutscha 491, 496
Kutschera 219
Kutzschbach 389f.

Laabs 564
Lacan 95, 96
Lähnemann 387
Lämmermann, H. 762, 1053
Laing 20
Lally 160
Lambert 62
Landé 340
Landis 1079
Lange-Eichbaum 833
Langeheine 458
Langer 95, 927
Langeveld, M. J. 7, 103
Larkin 192
Laubenfels 836
Laun 1026
Lautmann 55
Lauwerys 763
Laux 153
Lavater 260
Lawrence 325, 328
Lay 23
Lay 787
Lazar 160
Lazarus 165, 241, 694
Leber 420
Le Bon, G. 204, 909
Le Compte 59
Lederer 307
Lee 20
Legewie 880
Legler 682
Lehmann 235, 458

Lehr 100, 116, 592, 640ff., 880
Lehrke 820
Leibniz, Gottfr. Wilh. 260
Leisewitz 206
Leitner 919, 929
Lempert 492
Lenhardt 353
Lenneberg 114
Lennert 417
Lenzen 5, 6
Leontjew 109, 166
Lerner 161, 167, 201
Lersch, Ph. 118, 299, 819
Leschinsky 293, 330f., 334, 342f., 353, 457
Lessing 1115
Levenstein 160
Levine 878
Levi-Strauss 57
Levy 201
Lewin 118, 330, 970
Lewontin 833
Lexis 918
Leyhausen 133
Lichte 432
Lichtenstein-Rother 649, 764
Liebau 401, 927
Liebknecht, Wilhelm 1065
Liedtke 651
Liegle 160, 296, 603
Lienert 51, 769
Lietz, Hermann 422, 968
Lietzmann 761
Likert 330
Lind 227
Lindenberg 420
Lindner, G. A. 74
Lindsay 189, 693
Link 608
Linn 767
Lioba 1004
Lipman 886
Lippitt 330, 970
Lippitz 863
Lipps 828
Lith, van 903
Litt, T. 20, 79, 471, 483
Littig 866
Little 161
Loch 103, 825
Lochner 43, 222
Locke, John 40
Löbner 1010
Lörcher 433
Löschenkohl 777
Löwe 634, 646
Löwenthal 199
Lohe 383, 389
Lohmar 311
Lohölter 925
Lombroso 833
Lompscher 886
Loos, J. 74, 906

Lorenz, Konrad 89, 123
Lorenz, P. 966
Lorenzen 161, 224, 692
Lorsch 325, 328
Lortie 330f., 864
Loser 649, 788
Lowy 644
Luckmann 21, 195, 480
Luckner, von 522, 1027
Lucks 973
Ludwig 310
Lühr 637
Lüscher 592
Lütgert 677
Lüth 471
Luhmann 200, 213, 231, 300, 324, 1048
Lukács 199
Lukesch 251, 402
Lumsden 643
Lund 873
Lunk 819
Lunt 204
Luria 159
Luther, Martin 260, 470
Lutz 541
Lyotard 301

Maas 999
Maccoby 592
Mack 966
Macke 646
Mackensen 334
Mader 635
März 1066
Mager 666, 706
Maier 306, 310
Makarenko 613f.
Maletzke 748
Mandl 698, 887
Mann, Heinrich 906
Mann, L. 112
Mann, Thomas 906
Mannheim 199
March 328, 331
Marcuse, H. 199
Marklund, S. 572, 586
Marks 196
Marland 841
Marplan 938
Marrou 294, 1002
Marshall 539, 767
Marsolek 761, 768
Martin, B. 590, 592
Martin, K.-R. 283
Martin, L.R. 1031
Martinak 761
Martucci 850
Marx, H. 77
Marx, Karl 95, 265, 472, 910
Maskus 345
Maslow 331, 883
Mastmann 733

1140

Personenregister

Masuch 310
Mattern 286
Matthews 243
Maurer 159, 862
Max von Baden 424
Mayer 207
Mayo 331
Mayr 607
McCall 47
McCartney 168
McClelland 814
McClusky 643
McCune-Nicolich 242
McGrath 48
McLeod 852
McNaughton 902
Mead, G. H. 20
Mead, Margaret 115
Medley 49
Mee 1070
Mehler 604
Mehringer 613f., 999
Mehrländer 439f.
Meichenbaum 788
Meier 631
Meili 136
Meissner 1060
Meixner 1064
Melanchthon 1004
Melzer 865, 898
Memmert 730
Menck 718
Menze 259, 483
Merkel 959
Merkens 49, 438
Merker 606
Merleau-Ponty, M. 92, 96
Merriam 643
Mertens 773
Merz 138
Messer 814
Messerschmid 283
Meulemann 353
Meumann 24, 787, 1053
Meuser 56
Meyer, E. 806
Meyer, H. 677
Meyer, H. L. 666, 870
Meyer, J. 328
Meyer-Drawe 863
Meyer-Ingwersen 433
Michael 294
Michelsen 492
Mickel 754
Mihçigazgan 439
Milgram 849, 849
Mill 40, 235
Miller, A. 907
Miller, G. A. 189
Miller, L. B. 160
Miller, L. C. 148
Miller, M. L. 59
Mills 206

Minsel 146, 804
Mirandola, Pico della 260
Mitscherlich 909, 916
Mitter 873
Mitterer 553
Mitzel 49
Möckel 409f.
Möller 383, 706
Möllhof 622
Mönks 836, 839, 843
Moers 118
Mohrhardt 893
Mohrmann 704
Mollenhauer, K. 6, 7, 269, 706, 806,
   927, 966, 1112
Moll-Strobel 1031
Molt 419
Montada 160
Montesquieu 231
Montessori, Maria 428, 437, 914
Moody 640
Moor 889
Moore 205f.
Morawietz 401, 733, 735
Moritz 950
Morstain 643
Morus, Thomas 472
Mowrer 184
Muchow 773
Müller, A. 306
Müller, C. W. 594
Müller, D. K. 451
Müller, D. K. 295, 347
Müller, H. 837, 1079
Müller, W. 608, 754
Müller-Fohrbrodt 866
Müller-Kohlenberg 612
Müller-Petersen 45
Müllert 1062
Müllges 486f., 494
Münch 489, 496
Münder 296
Müssener 680
Murphy 776
Musil, R. 906
Muth 800
Myklebust 889

Nagel 499, 952
Nagy 819
Nahrstedt 301
Natorp 633
Naumann 335, 564
Nave-Herz 591
Nave 452
Nebcr 793
Neef 928
Negt 636
Neill, A. S. 888
Netzer 801
Neubauer 609
Neubert 717
Neugarten, B. L. 641

Neugarten, D. A. 641
Neugarten, L. B. 165
Neuhaus 341
Neuhaus-Siemon 342
Neukäter 251
Neumann, D. 236
Neumann, H. 363, 408, 685
Neumann, K. 601, 747
Neurath 24
Neusel 922f.
Nevermann 315, 893
Newell 138
Newman 1069
Nickel 604, 607, 767
Nickerson 790
Nieke 437
Niemeyer 435, 1115f.
Niethammer, F. 482
Nietzsche, F. 88
Nipkow 966
Nipperdey 284
Nisbet 58, 833
Nitsch 919, 921, 927, 929
Nock 926
Noeke 315
Nohl, Hermann 422, 456, 663f.,
   800, 967, 969
Norman 113, 189
Nündcl 825
Nuttin 118

Oblinger 651
O'Brien 840
O'Connor 644
Oden 834f., 842
Odenbach 680
Oertel 383
Oerter 110, 804
Österreich, Paul 397
Oetinger 260
Oevermann 204, 1117
Offe 300, 960
Ogburn 198
Ohm 606
Olbrich 165, 630
Olechowski 105
Oliver-Shaver 876
Oliverio 138
Olk 297, 300, 1116
Olsen 328
Olson 742
Olzog 533
Oomen-Welke 437
Opp 693f.
Oppolzer 421
Orlik 836
Ornestein 852
Osborne 885
Oser 227, 697
Osnes 767
Ostermann 819
Oswald 132
Ott 730

1141

Personenregister

Otto, B. 860, 865
Otto, G. 705, 718, 860, 865
Otto, H.-U. 1116
Owen 472

Pache 70
Pätzold 495f., 500
Paetzold 771
Palamidis 499
Palincsar 887
Pallat, E. 79
Pallat, L. 69
Palmer 160
Panagiotopoulos 1027
Paracelsus 260
Parsons, T. 89, 199, 230, 651, 920
Paschen 538
Passeron 204, 213
Passmore 231
Passow 367
Patrick 241
Patry 697, 701
Paulsen, Friedrich 264, 376, 417, 453, 471, 483, 678, 1004f., 1084f.
Pawlik 143
Pawlow 112
Peek 608
Pegnato 847
Peisert 349, 922
Peltzer 221
Perez 233
Perkins 790
Perrez 701, 896
Perry 437
Persson-Benbow 850
Pestalozzi, J. H. 78, 104, 417, 422, 427, 472, 613, 633, 678, 800, 860, 893, 960, 968, 1006, 1085
Petermann, F. 888
Petermann, U. 888
Peters 1062
Petersen, Peter 397, 653, 968
Peterson 641, 645f.
Peterssen 674, 704
Petillon 772
Petrat 26, 829
Pettinger 590
Petzelt, Alfred 7, 800, 964
Petzold 640, 644
Peuckert 220
Peukert 16
Pfeiffer 337
Philipp 700
Phillipson 20
Piaget, J. 172, 819, 886
Picht 360, 372, 380, 445, 513, 602
Pieper 1058
Platon 8, 259, 297, 470, 538, 958
Platt 230, 920
Pleines 257
Plessner, H. 92, 96
Plowden 894

Pöggeler 103, 220, 226, 426, 476, 541, 629, 967
Pöppel 417, 964
Pollock 199
Polya 191
Pommerin 433, 437
Popp 707
Popper, Karl 25, 950, 955
Portele 180
Porter 849, 1079
Porterfield 62
Portner 541
Porttner 160
Posse 1034
Postlethwaite 845f.
Postmann 862
Poten 537
Potthast 425, 427
Pourtois 592
Pousset 980
Power 227
Powers 767
Prahl 925
Pramling 927
Prange 419, 421
Preiser 776
Preiss 636
Preissler 79, 84
Pressey 765
Preuss 286, 735
Preuss-Lausitz 342, 410, 412
Preyer 233
Priesemann 825f.
Priestley 40
Pritz 766
Prohaska 865
Prokop 477
Provus 871
Prüser 601
Pütt 465
Pullig 1064
Putnam 237

Quadt 640, 646f.
Quilisch 903
Quillian 190
Quintilian 470

Raapke 483
Rabe-Kleberg 981
Rabenstein 684
Raddatz 940
Radtke 436
Raederscheidt, G. 69
Räthzel 440
Rahmel 389
Rahn 836f.
Rall, J. W. 457
Ramirez 1078
Ramseger 19, 299, 342, 707, 774, 863, 962
Randelzhofer 281
Randzio 999

Rang 298
Rang-Dudzik 298
Rasch 53
Raschert 227, 404
Rathje 837, 842
Ratke 662, 680
Rauh 592f.
Rauhut 259
Rauschenberger, H. 70
Rawls 181, 224
Raz 224
Reble 685
Reddies, Cecil 422
Redl 613, 888
Rehbein 829
Rehm 722
Reich 432, 436f.
Reichenbach 43, 44
Reichwein 968
Reimann 888
Reimer 296, 962
Rein 717
Rein, W. 74
Reiners-Logothetidou 387
Reinert 806, 829
Reinhold 383
Reins, Wilhelm 422
Reissert 918
Renckstorf 747
Renner 440
Renzulli 841f.
Resewitz, von 78
Retter 605
Reuter 360
Reyer 295, 590, 601
Reynolds 795, 849, 889
Rhabanus (Hrabanus) Maurus 1003
Rheinberg 816
Rhodes 765
Rice, Joseph M. 761, 768
Richter 315
Rickert 221
Rieck 875, 925
Riedel 706
Rieger 135
Riese 308
Riesman 205
Rinneberg 494
Rissmann, R. 78
Ritsert 924f.
Ritter 875, 925, 929
Ritz-Fröhlich 831
Rixius 435
Robinsohn 287, 361, 659, 667f.
Robinson 848
Rodax 344
Röbe 686
Roedell 835, 837
Roeder 49, 293, 336, 343f. 377, 417, 457, 829, 831
Röhrs 422
Röhr-Sendlmeier 433
Röper 614

1142

Personenregister

Rösing 606
Rösner 345f., 351
Roether 634
Roethlisberger 330
Rogers 889, 1034
Rohracher 133
Rohwer 787
Rokeach 110, 225
Rolff 298, 308, 337, 339, 353, 397f., 478
Rollett 145
Roloff, E. M. 74
Romagnosi 41
Rombach 219
Ropohl 478
Rosch 243
Roscher 999
Rose 833
Rosemann 771, 795, 1031
Rosen 539
Rosenberg 767
Rosenbusch 829, 831
Rosenmayr 103, 640
Rosewitz 217
Rosman 148
Rossbach 342
Rost 152f.
Roth, E. 132
Roth, H. 7, 296, 298, 359, 378, 397, 721, 773, 833, 836, 851
Roth, L. 675, 682, 684, 829, 1008
Rothacker 113
Rotthaus 885
Rousseau, J. J. 10, 261, 422, 860, 914
Rowan 328
Rubin 242
Rubinstein 109, 167
Rudert 1054
Rüdiger 777, 1033
Rüfner 114
Rüschemeyer 966
Ruhloff 437
Rumpf 102, 326, 495
Runkel 48
Ruppelt 594, 606
Russel 1033
Russell, B. 286
Rutter 653, 808, 810, 861
Ryan 818

Sagi 603
Sahmel 863
Saint-Simon 472
Sally 1018
Salomon 747
Salzmann, Christian Gotthilf 77, 1085
Sambale 525
Samovar 1079
Sander 70, 82, 397, 408, 889
Sandfuchs 861, 902, 968
Sang 350

Sass 151
Sato 113
Sauer 612, 655, 676
Saul 1064
Scarr 168
Schaarschmidt 259
Schachtmeyer, von 981
Schaefer 251
Schäfer, K. H. 268, 658, 667
Schäfer, W. 424f., 690f., 694f., 697
Schäffter 1063, 1067
Schaie 642
Schallenberger 752, 754, 756
Schaller 268, 658, 667
Schanz 492
Schatzman 59
Schaub 731
Scheckenhofer 773
Scheele 693, 698
Scheerer 342, 774
Scheffler 237
Scheibe 61, 287, 298, 343, 679
Scheler 221, 1069
Scheler, Max 87, 93, 221, 633, 1069
Schelsky 205, 286, 293, 920
Schepp 283, 294
Schermer 152, 153
Scherpner 979
Scheuerl 85, 230, 241, 334, 347
Schiefele 389, 792
Schier 677
Schiessl 405
Schietzel 806
Schiff 35
Schiller 261
Schindler 374, 376, 594
Schittko 707, 726, 733
Schläfli 227
Schlaffke 307, 635
Schleicher 893
Schleiermacher, F. 6, 19, 222, 258, 684, 806, 893
Schleuning 421
Schlichting 836, 850
Schlieper 492
Schlömerkemper 734
Schlottke 151
Schlüter 494
Schlutz 637
Schmack 774
Schmalohr 609
Schmerl 383
Schmid 1018
Schmid, K. A. 74
Schmidbauer 999
Schmidt, G. 1063
Schmidt, H. 304, 313, 836,
Schmidt, H. J. 774
Schmidt, M. H. 836
Schmidtbauer 866
Schmidt-Denter 896
Schmidt-Kolmer 166, 597
Schmidt-Müller 820f.

Schmidt-Mummendey 910
Schmied 342, 383, 385f., 607
Schmiederer 226
Schmied-Kowarzik, W. 7
Schmiel, M. 485, 496, 499, 501
Schmirber 674
Schmithals 919
Schmitt, G. 433
Schmitz 350, 1112
Schmitz-Scherzer 640, 646f.
Schneewind 608
Schneider 644
Schnitzler 927
Schober 829
Schöfthaler 1077
Schönwälder 864, 1046
Schorb 308, 380, 608
Schottmayer 591
Schrader 49
Schrader, A. 440
Schrader, E. 1062
Schratz 929
Schreckenberg 809
Schreiber 457, 780
Schröteler, J. 69
Schröter 767, 772
Schubert 969
Schuch 1034
Schuchardt 635
Schülein 921, 925
Schümer 829, 831
Schütt 1025
Schütz 5, 20, 56, 195, 480
Schütze 590
Schulenberg 483, 1063
Schuller 637
Schulmeister 925
Schulte 773
Schultz 309
Schulz 658, 669ff., 705, 718, 963f.
Schulze 718
Schuppe 418
Schurz 62
Schwager 87, 664, 719
Schwander 677
Schwartz, E. 340, 684
Schwartz, H. 74
Schwarz, F. H. G. 258
Schwarz, H. 525
Schwarz, K. 424, 622
Schwarzer 774
Schweikert 440
Schweim 448, 451
Schweinhart 880
Schwemmer 161, 224, 692
Scott 330
Scott-Jones 896
Scriven 870f.
Sears 834
Secord 226
Seel 747
Seelig 771
Sehling 493

1143

Seidel 360
Seidenstücker 627
Seidl 389
Seiler 23, 49
Seipp 315
Seligman 149
Selzl 138
Sendelbach 777
Senghaas 201
Seuse 259
Shea 901, 902
Shorter 589
Siebenmorgen 595
Siebert 480, 943, 1067, 1115, 1117
Siegler 843
Siewerth 1015
Silbereisen 161
Silbermann 631
Simmel 909
Simon 138, 159, 331, 833, 876
Sinclair 829
Sitzmann 644
Skiera 807
Skinner, F. B. 91
Skowronek 138, 788, 797
Slavson 888
Smart 643
Smith 876
Smith, Adam 306
Smith, E. E. 790
Smith, J. 163
Smith, M. L. 60
Snow, C. P. 62
Snow, R. E. 884
Sokrates 297
Solarová 409
Sommer, K.-H. 485, 487
Sommer, M. 339
Sonntag 495
Sontheimer 283
Sorokin 207
Spada 888
Sparty 414
Spearman 135, 840
Specht 1018, 1021, 1023, 1025
Speck 607
Spencer 241
Spener, Ph. J. 260
Spiel 889
Spieler 68
Spindler 59, 1077
Spinner 952
Spittler 1023, 1025
Spitz, N. 344
Spitz, R. A. 100, 522
Spradlin 62
Spranger, Eduard 457, 464, 471, 483, 800, 958, 1086f.
Springer, J. 463
Springer, M. 437
Sprinthall 866
Sroufe 167
Stake 871, 876

Stalker 325, 327
Stallmann 425f.
Stammer 281
Stanford 805
Stanley 47, 835, 840
Stark 1058
Staudt 609
Steffen 437
Stefflre 850
Stegmüller 25, 43
Stein, von 538
Steinack 150
Steinberg 596
Steindorf 730
Steiner, Rudolf 397, 419, 474
Steinkamp 214
Stein, Hess. K. M. 452
Stein, L. 40
Stein, R. 1054
Stenzel 435, 440
Stern 118, 938
Stern, W. 134, 778, 839, 1053
Sternberg 793, 840
Steuer 315f.
Stewart 206
Stief 214
Stiksrud 225
Stobberg 1038
Stock 676
Stocker 820f.
Stöcker, K. 717, 726
Stöcker, H. 735
Stölting 435
Stooss 497, 1064
Storr 1064
Stothfang 1064
Stoy 69
Strätz 607
Straka 35
Strasser 213
Stratenwerth 491
Stratmann 487, 491, 494f.
Strauss 59
Strelau 146
Strittmatter 53, 747, 804
Strom 902
Strong 819
Struck 343, 806
Strumilin 306
Strzelewicz 483, 634
Stuckmann 380
Stüven 841
Stufflebeam 871
Sturm, Johannes 1005
Sturzebecher 384f.
Stuzmann 461
St. Victor, Hugo von 662
Suchman 871
Sühl-Strohmenger 675
Süss 281
Süvern 375, 681
Süvern, J. W. 375, 482, 681
Sullivan 902

Sully 233
Sutton-Smith 244
Switalla 825, 829

Taba 876
Tannenbaum 841
Tarnai 342
Tarski 955
Tauler 259
Tausch, R. u. A. 49, 788, 793, 803, 889, 909, 970, 1057
Taylor, C. W. 843
Taylor, F. 329
Taylor, H. 1033
Taylor, M. J. 1078
Teichler 922, 926
Tenfelde 315f.
Tenorth 8, 347
Tergan 888
Terhart 788
Terman 833f., 842
Teschner 732f., 771
Teske 718
Thiele 656, 829
Thiemann 707, 862
Thienel 861
Thiersch, F. W. 482
Thiersch, H. 621, 1045
Thies 866
Thimm 414
Thomae 642, 773, 813
Thomas 149, 898
Thomas von Aquin 69, 908
Thomasius 77
Thompson 327
Thoring 862
Thorndike, R. 850
Thürmann 435
Thurstone 135
Tietgens 530, 631, 635, 1064, 1067, 1113f.
Tietze 342, 607f., 778
Tillmann 340, 352, 478
Tippelt 607
Titze 281, 451
Todt 819
Tönnies 909
Togh 646
Tolman 187
Tomasevski 520
Torshen 886
Touraine 201
Trapp, E. Ch. 23, 40, 77, 661, 893, 1085
Travers 796
Treiber 154, 776, 788, 796
Treiman 207
Treinies 871
Triandis 1080
Tröger 221
Troeltsch 1086
Trolldenier 1060
Trommer-Krug 353

Personenregister

Trost 388, 766, 837
Trudewind 791
Tuggener 989
Tuttle 847
Twellmann 682, 684
Twellmann, W. 71
Tymister 79

Uhle 39
Uhsadel 426
Ulich 26, 110, 656, 773, 801f.
Ullrich 420f.
Ulshöfer 347
Undeutsch 359, 779
Ungelenk 604, 607
Urbach 1065
Urban 836, 851
Urbschat 486

Vaillant 148
Valck, de 253
Valtin 342
Vandenberg 115, 242
Vaskovics 591
Vath 1062f., 1065
Veblen 204
Veenman 866
Verlinden 607
Vernberg 900
Verne 636, 1116
Vernon 136, 833
Vierkandt 909
Vietor, W. 78
Visher 850
Vock 594
Vogel, A. 705, 730
Vogel, C. 78
Vogel, P. 8
Vogel, U. 926
Vogt 537
Vohland 677
Vopa, La 965
Vorbrodt, W. 74
Voss 459
Vygotsky 109, 159, 242

Wadsworth 165
Wagemann 919
Wagenen, van 159
Wagenschein 278
Wagner, A. C. 793, 804
Wagner, E. 470
Wagner, H. 134, 145, 836, 840f., 887
Wahl 153, 698
Wahse 310
Walberg 896
Walford 68
Wallach 841f.
Walser 820f.
Walter 331, 464
Wandersman 594
Warnecke 497
Warner 204

Waters 167
Watson 112, 184
Watzlawick 225
Webb 837
Weber 1028
Weber, A. 198
Weber, E. 653, 686
Weber, H. 424
Weber, W. 306
Weber, Max 204, 222, 281, 324, 327, 910, 953, 962, 967
Webler 921f.
Wedekind, F. 906
Wehnes 417
Weick 328
Weidenmann 148, 786
Weikart 880
Weiland 734
Weimann 25
Weinberger 224
Weinberg 1065, 1070, 1112, 1115
Weiner 815
Weinert 134, 776, 786, 788, 796, 836, 1040, 1057
Weingart 281
Weintraub 148
Weisberg 842
Weishaupt 873
Weishuhn 459
Weiss, R. 767
Weiss, C. 970
Weiss, W. 1045
Weissbach 351f.
Weisshuhn 286, 304
Weitbrecht 119
Weizsäcker, von 309
Wellendorf 215, 865
Wellmer 223
Weltner 887
Wendeler 771, 776
Wendorff, R. 465
Wendorff, W. 1065
Wengel 773
Weniger, E. 456, 649, 658, 662, 664, 680f., 950f.
Wenzel 114
Wenzl 134
Werder, von 1116
Werner, E. G. 849
Werner, H. 553
Wertheimer 187
Wesemann 864
Wessling-Lünnemann 792
Westmeyer 219, 881, 955
Westphalen 685
Weymann 217, 632, 634f.
White 817, 970
Wichern, J. H. 427, 631
Wichmann 383
Wicke 378
Wickelgren 191
Wicker 861
Wicklung 869

Widdershoven 28
Widmaier 296
Wieberg 770
Wieczerkowski 145, 767, 836, 840
Wiedl 606
Wieland 478
Wiersing 824, 829f.
Wiese 353, 1056
Wiese, L. v. 633
Wigger 421
Wilcox 150
Wild 61, 838
Wilde 374
Wilden 315
Wildt 921, 923
Wilensky 1113
Wiley 788
Wilhelm, Th. 682, 963
Wilkening 523
Williams 58, 220
Willig 225
Willis 643f.
Willmann, O. 74, 658, 680, 958
Wilpert 439f.
Windelband 221
Windisch 926
Wineman 613, 888
Wing 841
Winkel 296, 658, 669, 671, 718, 805, 810
Winkeler 361, 735
Winkler 397
Winnefeld 49, 787
Winteler 875
Winter 893
Winterhoff-Spurk 465
Witmer, L. 1017
Wittek 432, 435
Wittenbruch 707, 805, 808, 861, 968
Wittgenstein 95, 466, 824
Wittig 553
Wittling 1018f.
Wittmann 697, 699, 873
Witzenmann 419
Wocken 413
Wöhler 686
Wolf, B. 605, 609
Wolf, Friedrich August 262, 1085
Wolf, F. 959
Wollenweber 345f.
Wollmann 434, 440
Wolsing 495
Wolter 306
Woods 59
Wottawa 874
Wright, von 219
Wulf 876, 1034
Wundt, W. 112, 761, 1017, 1053
Wylick, van 246
Wyneken, Gustav 423, 968

Yakut 439

1145

Personenregister

Zacharias 943
Zapf 197
Zazzo 115
Zdarzil 101
Zecha 952, 955
Zedler 221, 497, 501
Zedlitz, von 446, 448
Zeichner 866
Zeller 1085

Zetterberg 46
Ziefuss 500
Ziegenspeck 360, 363, 366f., 424, 685, 763, 773, 779
Zielinski 788
Zigler 842
Ziller 717
Ziman 61
Zimmermann, B. 840

Zimmermann, D. H. 216
Zimmermann, K. 1031
Zimmermann, M. 623
Zinnecker 226, 298, 323, 862
Zuckrigl 408
Zulliger 175
Zumkley-Münkel 794
Zymek 352

Sachregister

Das Sachregister stellt an dieser Stelle mit zusätzlichen Stichwörtern nur eine *Ergänzung* zum ausführlichen Inhaltsverzeichnis dar.
Namen von Organisationen und Begriffe erscheinen alphabetisch nach dem vollen Wortlaut ihrer Bezeichnung (z.B. Hamburger Persönlichkeitsfragebogen...; Ständige Kommission der Kultusminister der Länder in der Bundesrepublik Deutschland [KMK]; Thurnstonesche Intelligenzfaktoren).
Zur schnelleren Information erscheinen alle aufgeführten *Schulen* noch einmal gesondert alphabetisch zusammengefaßt.

Abbotsholme 422
ABC-Differenzierung 733
Abendgymnasium 631
Abendvolkshochschulen 630
Abgrenzungskriterium 42
Abitur 450
Abnormität 833
Absorptions-Ansatz 311
action-research 35
Adressatenorientierung 723
advance organizers 645
Ätherleib 420
Aggressivität 115
Akademien
– evangelische 533
– katholische 533
– pädagogische 1086
Akademie der Pädagogischen Wissenschaften 563
Akademiker, der 1103
Akkommodation 136
Aktionsformen 718
Aktionsforschung 928
Aktivitätsclub, therapeutischer 888
Aktivitätsstruktur der Schule 317
Alexander-von-Humboldt-Stiftung 558
Alliierter Kontrollrat 1947, 361
Alleinarbeit 731
Allgemeinbildung 265, 636
Allgemeiner Deutscher Lehrerverband 1008
Allokationsfunktion 651
Alltagsforschung 464
Alltagstheorien 195
Alltagswende 55
Alltagswissen 21
Alternativhypothese 46
Alternativschulen, freie 416
Altersbildung 641
Altersnormen 159, 164
Altersphasen 99
Altertumswissenschaft 1085
Amtsautorität 915
Analyse, didaktische 665, 705
Anamneseschemata 881
Andragogik 103, 629
Aneignungsebenen 735
Anēr 127
Angebotsrahmen 724
Angstfragebogen für Schüler 145, 151
Angstneigung 151

Anlernberufe 492
Anna-Schmidt-Schule 428
Anschauungsmittel 744
Anschlußkurs 733
Anstrengungsvermeidungstest 145
Anthropologie
– biologische 89
– historische 94
– soziologische 90
Antipädagogik 235, 907
Antizipation 118
Antwort-Auswahl-Aufgabe 769
Appetenzverhalten 124
Aptitude-Treatment-Interaction-Forschung 747
Arbeiterbildung 630
Arbeitsausschuß für Berufsausbildung (AfB) 495
Arbeitsformen 711
Arbeitshaltung 842
Arbeitslehre 266
Arbeitsmarkt 926
Arbeitsmarkt, der graue 1100
Arbeitsmarktsituation 982
Arbeitsmigration 432
Arbeitsmittel 744
Arbeitsprojektion 743
Arbeitsschule 265, 486, 717
Arbeitsspeicher 189
Arbeitstechniken 382, 712, 887
Arbeitsteilung 319
Arbeitstransparent 744
Arbeit 95, 262
Armenpflege 992
Armenschule 486
artes liberales 509, 1003
Artikulationsschemata 707
Arzt, der 1021
Assimilation 136
Assoziationspsychologie 138
Assoziation 789
Astralleib 420
Attributionstheorie 815
Aufgabenfeld 377
Aufgabenschwierigkeit 52
Aufklärung 230, 963
Aufmerksamkeit 113
Aufsatz 767
Ausbilder 501
Ausbildung
– einphasige 928
– handwerkliche 494
– industrielle 494

Ausbildungsabbrecher 499
Ausbildungsbereich 499
Ausbildungsberufe 491
Ausbildungsmarkt 497
Ausbildungsordnungen 496
Ausbildungsroutine 539
Ausbildungssektor, politische Ökonomie des 310, 492
Ausbildungswechsler 499
Ausbruchsversuche 217
Ausdifferenzierung 322
Ausländerkinder 353, 523
Ausländerpädagogik 432
Auslandsarbeit, pädagogische 560
Auslandsschulen, deutschsprachige 555
Auslandsschulwesen 552
Auslegen 94
Aussagen, präskriptive 689
Außenwohngruppen 521
AV-Materialien 743

Babytreffs 594
banding 580
Basissätze 25, 42
Bausteinkonzept 745
Bedarfs-Ansatz, institutioneller 308
Bedarfserhebung 310
Bedarfskomponenten-Ansatz 312
Bedarfsprognose 310
Bedingungsfelder 705
Bedürfnisansatz 643
Bedürfnisse 95, 746
Befragung 50
Begabungsförderung 837
Begabungskonzept 839
Begabungsmodell 842
Begabung 145
Begegnungsschule 555
Begleitforschung 387
Begleitung, wissenschaftliche 396
Begriffsbildung 188
Begründungszusammenhang 44
Behaviorismus 111, 137
Behinderte
– Integration 412
– Werkstatt für 414
Behindertenpädagogik 407
Benefizienzeugnis 763
Beobachtung
– nicht teilnehmende 49
– teilnehmende 49
Beobachtungsbogen 773, 1033

1147

Sachregister

Beobachtungseinheit 50
Beobachtungslernen 155, 175
Beobachtungssprache 42, 48
Beraten 960
Beratung
– konzeptuelle 161
– praktische 161
– psychosoziale 522
– technische 161
Beratungspsychologie 786
Berechtigungswesen 449
Berliner Modell 665
Berliner Wissenschaftskolleg 1087
Berufsakademie 487
Berufsaufbauschule 487
Berufsausbildung 491, 543
Berufsbildungsbericht 498
Berufsbildungsgesetz 491
Berufsbildungswerke 534
Berufsbildung 265, 1006
Berufserziehungsgeschichte 493
Berufsfachschule 487
Berufsfürsorge 993
Berufskolleg 487
Berufsoberschule 487
Berufspädagogik 536
Berufsschule 447, 486, 487
Berufsschulpflicht 486
Beruf 926
Beschäftigungsmöglichkeiten für Absolventen von Lehramtsstudiengängen 1104
Beschäftigungssystem 308, 926
Bestandsstruktur der Schule 317
Betrieb 485
Betriebspraktika 928, 1011
Beurteilen 959
Bewältigungsprozesse 165
Bewegung
– antiautoritäre 804
– curriculare 667
– pädagogische 661
Beziehungsdimension 667
Bezug, pädagogischer 799, 967
Bezugsgruppensysteme, soziale 403
Bezugsperson 100
Bezugswissenschaften 686, 920
Bikulturalismus 1078
Bildplattensystem, interaktives 745
Bildplatte 743
Bildsamkeit 10, 101, 103
Bildschirmtext 743
Bildung
– ästhetische 746
– formale 13, 717
– kategoriale 267, 664, 705
– materiale 13
– politische 285, 533
– polytechnische 266, 561, 566
– Theorie der 12, 99
Bildungsauftrag 601, 958, 1110
Bildungsbegriff, dialektischer 301
Bildungsbegriff 257

Bildungsbenachteiligung 352
Bildungsberatung 1030
Bildungsbetriebslehre 315
Bildungsexpansion 313, 337, 1086
Bildungsformen 730
Bildungsgänge 399
Bildungsgesamtplan 445
Bildungshäuser 535
Bildungshäuser, alternative 632
Bildungsideal 662
Bildungsinhalte 484, 664
Bildungsjurist 543
Bildungskatastrophe 445
Bildungskategorien 267
Bildungslehre 663
Bildungsmächte 662
Bildungsmedien 755
Bildungsökonomie
– ökonomische 312
– pädagogische 312
Bildungsplanung 308, 1046
Bildungspolitik 308, 338
Bildungs-Rahmenpläne 309
Bildungsreform 296, 307, 337, 445, 454
Bildungsurlaub 632
Bildungsverwaltung 547
Bildungsweg, zweiter 629
Bildungswerk 531
Bindung 593
Binnendifferenzierung 400, 731
Biographieforschung 635
Bischofsschule 1003
Blindenschulen 409
Bürgerrecht auf Bildung 308
Bürgerschule 1005
Bürokratie 197
Bürokratisierung 966
Bundesminister für Bildung und Wissenschaft (BMBW) 851, 1093, 1104
Bundessozialhilfegesetz 617
Bundesverband der Deutschen Industrie (BDI) 376
Bundeswehrhochschule 514
Bundeszentrale für politische Bildung 533
Bund-Länder-Kommission für Bildungsplanung und Forschungsförderung (BLK) 309, 364, 397, 873, 923, 1030, 1054, 1099, 1103

carbage can model 328
Chancengleichheit 452
Checklisten 846
Club of Rome 939, 962
College 586
community education 437
comprehensive school 397, 575
Computersimulation 743
Contentanalyse 51
Copingverhalten 885
cultural lag 198

Curriculum
– geschlossenes 668
– offenes 668, 805
– Strukturgitteransatz 668
– Funktionsansatz 605
– Situationsansatz 605, 721
Curriculumansätze 605
Curriculumansatz
– qualifikatorischer 668
– situationsanalytischer 668
Curriculumbegriff 667

Darstellungsform 742
Datenanalyse 44
Definition, operationale 45
Defizithypothese 642
Defizittheorie 436
Denkoperationen, formale 886
– konkrete 886
Denkpsychologie 137
Dependenz-Theorie 201
Deprofessionalisierung 1115
Design 44
Determination 91
Deutscher Akademischer Austauschdienst (DAAD) 558, 1075
Deutscher Ausschuß für das Erziehungs- und Bildungswesen 362, 398, 528, 1086
Deutscher Ausschuß für das Technische Schulwesen (DATSCH) 495
Deutscher Bildungsrat 307, 363, 366, 370, 373, 397, 398, 455, 471, 959, 1010
Deutscher Philologenverband 383
Deutscher Volkshochschulverband 532
Deutsches Institut für Fernstudien (DIFF) 433, 1055
Deutsches Institut für Internationale Pädagogische Forschung (DIPF) 1076
Deutsches Institut für Technische Arbeitsschulung (DINTA) 495
Deutsches Studentenwerk 1986 384
Diagnosebogen 772
Dialektik 196
Diapositiv 744
Diaprojektion 743
Didactica Magna 22
Didaktik 40
– allgemeine 649, 674
– animative 943
– besondere 674
– bildungstheoretische 664
– geisteswissenschaftliche 664
– informationstheoretisch-kybernetische 666
– kommunikative 667
– kritisch-kommunikative 671
– kritisch-konstruktive 669
– lerntheoretische 665
– lernzielorientierte 666

1148

Sachregister

– realistische 705
– systemtheoretische 706
– Inhaltsdimension der 667
Didaktisches Dreieck 719
Differenzierung
– äußere 731
– flexible 401
– gleitende 367
– innere 731
Differenzierungsaspekte 735
Differenzierung 329
Dilemmata, moralische 178
Dimensionenschema 735
Diplompädagoge 1022
Diplom-Psychologe 1019
Diskulturation 518
Diskurs 60
– praktischer 692
– rationaler 667, 804, 829, 927
Distanz im Lehrer-Schüler-
 Verhältnis 810
Disziplinierung 911
Disziplinschwierigkeiten 915
Disziplin 150
Domschulen 417
Doppelqualifikation 391, 489
Dozent, der 531
Dreigliedrigkeit 334
Dreiphasenmodell 597
Dreistadiengesetz 195
Dreistadienlehre 41
Dritte Welt 1074
DT-PI-Modell 887
Düsseldorfer Abkommen 348
Durchlässigkeit 398, 399, 585
Dyade 22

école maternelle 578
economics of education 304
educational gerontology 641
éducation nouvelle 572
Eheberatung 522
Ehrgeiz 145
Eigensteuerung 730
Eingangsdiagnose 885
Eingangsqualifikation 500
Eingangsstufenmodelle 603
Einheitsschule 373, 575
Einheitswissenschaft 44
Einschulungstests 777
Einzelarbeit 731
Einzelfallarbeit, schulpsycho-
 logische 1056
Einzelfallhilfe 654, 889, 1031
Einzeltherapie 884, 1060
Elementarschule 1085
– allgemeine 448
elementary school 578
Elitebildung 836
Elternabend 898
Elternarbeit 602
Elternbildung 589, 865
Elterninitiativen 596

Eltern-Kind-Gruppe 595
Elternrecht 546
Elternteil, alleinerziehender 594
Elternvertretung 547
Emanzipation 226, 256, 667, 681
Emotion 110
Empathie 1034
Empirie 16
Empirismus 833
– logischer 25
Enkulturation 960
Enrichmentansatz 886
Entdeckungszusammenhang 44
Entscheidungsfelder 706
Entscheidungskriterien 695
Entscheidungstheorie 693
Entschulung 860, 962
Entwicklung, Zone der nächsthöhe-
 ren 159, 162
Entwicklungsaufgaben, Hierarchie
 von 165
Entwicklungsaufgabe 159
Entwicklungsbegriff 160
Entwicklungsdiagnostik 158
Entwicklungsförderung 161
Entwicklungshilfe 1077
Entwicklungspläne 161
Entwicklungspsychologie, ange-
 wandte 160, 164
Entwicklungsstufe 158
Entwicklung 158
Enzyklopädie 69
Epochenunterricht 421
Erfahrungswissenschaft 41, 231
Erfahrung 742
Ergänzungsschulen 418
Erkenntnistheorie 6
Erklärung 43
Erkundungen 731, 928
Erleben 21, 95
Erlebnis 35, 717
Erprobungsprogramm 605
Ersatzschulen 418
Ertrags-Ansatz, individueller 309
Erwachsenenbegegnungsstätten 532
Erwachsenenbildung
– gewerkschaftliche 534
– kirchliche 631, 991
Erwachsenenpädagoge 1062
Erwachsenensozialisation 217
Erweiterungskurse 733
Erzieher, Fortbildung der 981
Erzieherausbildung 977
Erzieherverhalten 608
Erziehung
– christliche 425
– funktionale 13
– humane 425
– intentionale 13
– moralische 163
– negative 10, 99
– Theorie der 12
– im engeren Sinne 653

– im weiteren Sinne 652
Erziehungsbedürftigkeit 103
Erziehungsbegriff, dialogischer 301
Erziehungsberatungsstellen 521
Erziehungsberatung 1024
Erziehungsfähigkeit 101
Erziehungsgeld 591, 958
Erziehungshilfe, freiwillige 614
Erziehungskompetenz 1027
Erziehungskunst 421
Erziehungsprozeß 563, 606
Erziehungspsychologie 786
Erziehungsschule 653
Erziehungssituation 606
Erziehungsstil 654, 969
Erziehungstheorien 230
Erziehungstheorie, progressive 233
Erziehungswissenschaft 24, 950, 1088
– empirische 222
– Gegenstand der 954
– vergleichende 35
Erziehungsziel 606
Erziehung und Gesellschaft 210
Es, das 174
Ethik 6
Europarat 1076
Europäische Schule 555
Eurythmie 420
Evaluation 668, 1041
– entscheidungsorientierte 871
– entwicklungsorientierte 870
– formative 402
– summative 402
– systemorientierte 871
– theorieorientierte 871
Evaluationsforschung 1040
Exhaustion 693
Existenzphilosophie 92, 119
Experiment 46
– exploratives 47
– ökologisches 162
Expertenschule 555
Explorationsverhalten 244
Ex-post-facto-Experiment 47
Extraversion 146

Fachakademien 487
Facharbeiterbrief 583
Fachhochschule 981
Fachhochschulreife 487
Fachlehrersystem 802, 1005
Fachleistungsdifferenzierung 401
– äußere 733
– flexible 733
Fachoberschule 487
Fachschulen 487, 979
Fachschulreife 487
Fachsprachen 824
Fächerkanon 679
Faktorenanalyse 143
Fallarbeit, schulpsychologische
 1057
Falsifikationsprinzip 42, 952

1149

Sachregister

Falsifikation 25
Familienarbeit 897
Familienberatung 522, 1024
Familienbildungsstätten 532
Familienbildung 589
Familienerziehung 589
Familienlastenausgleich 591
Familienmodell, bürgerliches 592
Familiensystem 592
Familientherapie 522
Familie 211
FEGA-Modell 733
Feinlernziel 770
Feldexperiment 47
Fernsehen 743, 744
Fernstudium 719, 925
Fernuniversität 513
Fertigkeiten 166
Film 743, 744
Firmenschulen 558
Flow-Zustand 817
Flüchtlingskinder 438, 620
Förderfunktion 367
Förderkurse 400, 733
Förderstufe 362, 681
Förderung 158, 326
Förderunterricht Deutsch 433
Formalqualifikationen 307
Formalstufen 663
Forschung, qualitative 61
Forschungsarrangement 44
Forschungsmethoden 6, 510
– geisteswissenschaftliche 35
Forschungspläne, quasi-experimentelle 47
Fortbildung, berufliche 491
Fortbildungsschulen 486, 1007, 1045
Fortbildung 485
Fortgeschrittenenkurse 733
Fortschritt, technischer 307
Fotografie 744
Fragebogen 50, 1033
Frankfurter Schule 199, 212, 213, 310, 706, 927
Frauenbewegung 927
Frauenkloster 1004
Frauenstudium 511
Freiheit 91
– pädagogische 545, 966
Freizeitbewußtsein 933
Freizeitwissenschaft 942
Freizeit 638
Fremdsteuerung 730
Frontalunterricht 730, 803
Frühförderungsprogramme 880
Frühförderung 523
Frustrations-Aggressions-Hypothese 154
Führung, innere 536
Führungsstruktur 331
Fürsorgeerziehung 617
Fundamentum, das 733
Funktionslust 129

further education 576

Ganzheitspsychologie 109
Ganztagseinrichtungen 604
Ganztagsschule 524
Geburt, physische 420
Gedächtnisstrategie 162
Gehörlosenschulen 408
Gehorsam 14, 912
Geisteswissenschaft 35, 93
Geistigbehinderte 411
Gelehrtenschule 1003
Gemeinnützige Gesellschaft Gesamtschule (GGG) 398
Genie 834
Geragogik 104
Gesamthochschule 514
Gesamtlebenssinn 941
Gesamtschule (GS)
– additive 399
– integrierte (IGS) 399, 449
– kooperative (KGS) 399
– schulformbezogene 399
Gesamtunterricht, gebundener 680
Geschichtlichkeit 101
Gesellenprüfung 495
Gesellschaft, multikulturelle 1074
Gesellschaftsanalysen 750
Gesellschaftslehre 399
Gesellschaft 90, 210, 212
Gesprächspsychotherapie 1057
Gestaltpsychologie 138, 787
Gestalttherapie 925
Gesundheitsfürsorge 993
Gesundheitshilfe 990
Gewalt 281
Gewerbeordnung 494
Gewerbeschulen 486, 1007
Gewerkschaft Erziehung und Wissenschaft (GEW) 398
Gewissensangst 174
Gewöhnung 14
Globalvergleich 403
Glocksee-Schule 416
Goethe-Institut 558, 1075
Göttinger Schule 664
Großgruppenunterricht 718, 734
Grundbildung
– allgemeine 578
– informationstechnische 749
– informationstechnologische 267
– kommunikationstechnologische 267
Grundkurs 733
Grundlagenforschung 516
Grundschule 336, 451
Grundwerte 220
Gruppenarbeit 718
Gruppendynamik 805, 925
Gruppenklima 584
Gruppentherapie 884, 1060
Gruppenuniversität 374
Gruppenunterricht 331

Gruppierungsspiel 244
Gültigkeit 768
Gutachten, pädagogisches 882
Gymnasiallehrer 678, 1006, 1009
Gymnasium, berufliches 487
Gymnasium 337, 448

Habilitierte, der 1082
Hamburger Abkommen 342
Hamburger Modell 671
Hamburger Persönlichkeitsfragebogen für Kinder 145
Handelsschule 487
Handlungsebenen 735
Handlungsforschung 35
Handlungskompetenzen 827
Handlungstheorie 6, 664
Handwerksordnung 491
Hauptschule 337, 342, 396, 493, 579
Hausaufgaben 896
Head-Start-Programm 160
Heilpädagoge 981, 1022
Heilpädagogik 407, 889 889
Heimerzieher 979
Heimerziehung 519, 978
Heimvolkshochschulen 532, 630
Heime 519
Hermeneutik 35
Hibernia-Schule 374
High-School-System 397, 584
Hilfsmittel 712
Hilfsschulen 410
Hochbegabtenförderung 851
Hochbegabte 887
Hochschuldidaktik 874, 918
Hochschule
– pädagogische 1086
– technische 511
Hochschulexpansion 515
Hochschulrahmengesetz 513, 923
Hochschulreife 347, 376
Hochschulzulassung 780
Höhlengleichnis 259
Hörfunk 743, 744
homo faber 943
Honorarprofessor, der 1082
Hornsches Intelligenzmodell 642
Hortnerin 977
Hospitalismus 123, 518
Humanismus 260, 1004
Humankapital 307
Hypothese 44

Ich 174, 420
Idealismus, deutscher 92
Idealnorm 25
Idee 537
Identität 107, 540
Ideologiekritik 35
Imitationsspiel 244
Imitation 242
Imperialismustheorie 196
Impulsivität 150

Sachregister

Impulsunterricht 718
Indikatoren, soziale 307
Indoktrinationsverbot 549
Industriefacharbeiterprüfung 495
Industrieländer 572
Industrieschule 486
infant school 578
Informationssystem, computer-
  gestütztes 745
Informationsverarbeitung 184, 749
Inhaltsanalyse 51
Innovation 924
Innovieren 960
Instinktreduktion 89, 124
Instinktsystem 123
Institut für Auslandsbeziehungen
  558
Institut der deutschen Wirtschaft
  1100
Institution, totale 518
Institutionalisierung 293
Institutionalität 461
Institutionen, Theorie der pädago-
  gischen 12
Instruktionspsychologie 789
Instruktionstheorie 163
Instrumental Enrichment 886
Integration, soziale 397, 573
Integrationsfunktion 651
Integrationskonzepte 434
Intelligenz 397, 842
Intentionalität 706, 744
Interaktionen, pädagogische 215
Interaktionismus, symbolischer 56,
  215, 635, 743
Interaktionsanalysen 23
Interaktionskonzept 745
Interaktion 23
Interdependenz 666
Interesse, erkenntnisleitendes
  35
Interferenzen, proaktive 645
Interferenzen, retroaktive 645
International Bureau of Education
  1076
International Institute of
  Educational Planning 1076
Internationales Schulbuchinstitut in
  Braunschweig 1076
Inter-Nationes 558
Internatsschulen 409, 418
Intersystemforschung 387
Intervention, pädagogische 881
Interventionsplanung 690
Interview 50
– biographisches 60
– narratives 60
Introspektion 184
Introversion 146
Invarianzthese 178
IPI-Projekt 739
Isomorphie 169
Itemreliabilität 52

Jahr, praktisches 928
Jenaplan-Schule 397
Jesuitenorden 1004
Jesuitenschule 1005
Jugendarbeitslosigkeit 991
Jugendarrest 520
Jugendbewegung 423
Jugendbildungsstätten 524
Jugenddorf-Christophorus-Schule
  427
Jugendfreizeitstätten 525
Jugendfürsorge 993
Jugendgerichtsgesetz 520
Jugendhilfe 612, 977, 990
Jugendkultur 216
Jugendleiterin 995
Jugendlichenpsychotherapeut 1020
Jugendstrafanstalten 520
Jugendstrafvollzug 520
Jugendzentrum 525
Jugend 99, 166

Kausalanalysen 47
Kernfamilie 589
Kernkurse 399
Kernunterricht 732
Kieler Einschulungsverfahren 778
Kindchenschema 106
Kindergärtnerin 977
Kindergartendidaktik, offene 606
Kindergartenpädagogik 603
Kindergarten 523, 601, 978
Kindergeld 591
Kinderhort 524
Kinderkrippenerziehung 160, 522
Kinderkrippen 590
Kinderladenbewegung 604
Kinderpflegerin 973
Kinderpsychotherapeut 1020
Kinderregierung 14
Kindertagesstätten 984
Kindheit 99
Kirchen 532
Klassen, kleine 806
Klassengruppe 794
Klassenlehrer 806
Klassenunterricht, lehrerzentrierter
  731
Kleingruppe 734
Kleinkindforschung 597
Kleinkindpädagogik 589
Klosterschulen 417, 1003
Kodierung 190
Körperbehinderte 411
Kognitionshilfen 790
Kollegium 865
Kollegstufe 285, 374, 484
Kommunikation
– nonverbale 829
– symmetrische 667, 743, 794,
  805, 827
– Beziehungsebene 830
– Inhaltsebene 830

Kommunikationsfunktion, inter-
  individuelle 825
Kommunikationsfunktion, intra-
  individuelle 824
Kommunikationsmodell 748
Kommunikationsstörungen 831
Kommunikationstraining 925
Kommunikation 95
Kommunikatoranalysen 749
Kompetenz, interkulturelle 1080
Kompetenz, kommunikative 60
Kompetenzen 167
Konfliktbewältigung 805
Konkurrenz 130
Konsensverfahren 224
Konstruktionsspiel 244
Konstruktvalidität 873
Kontrollprozesse, exekutive 190
Konzentrationsfähigkeit 145
Konzentration 680, 793
Konzepte, mediendidaktische 744
Koop-Schule 285
Kosten-Nutzen-Analyse 315
Kreativitätstests 842
Kreativität 247, 776, 842
Krippenerzieherin 978
Kriterienschema 735
Kulturaustausch 1074
Kultusminister Nordrhein-West-
  falen 312, 1031, 1035
Kulturkampf 544
Kulturpolitik 554
KMK s. Ständige Konferenz Kultur
  198, 651
Kunde, die 662
Kursleiter 1063
Kurswechsel 733
Kurzschulen 424
Kurzzeitgedächtnis 189
Kybernetik 123

Laborexperiment 47
Laborschule Bielefeld 416
laissez faire 181
Landerziehungsheimbewegung 422
Landesschule 1004
Landeszentralen für politische
  Bildung 533
Landschulreform 341
Langzeitgedächtnis 190
Lateinschule 1004
Lateinschullehrer 1085
Lebensformen 958
Lebensgemeinschaftsschule 863
Lebensgemeinschaft 860
Lebensphilosophie 35, 92
Lebenswelten 54, 56, 200
Legastheniker 778
Legitimationsfunktion 651
Lehrberufe 492
Lehrbrief 925
Lehreradäquanz 1104
Lehrerarbeitslosigkeit 1099

1151

Sachregister

Lehrerausbildung 1085
Lehrerberuf 1098
Lehrereinschätzung 845
Lehrerinnenbildung 1007
Lehrer-Kooperation 806
Lehrerpersönlichkeit 806, 959
Lehrer-Schüler-Interaktion 400
Lehrerseminare 678, 1005, 1085
Lehrerteam 734
Lehrertypologien 959
Lehrerurteil 359
Lehrerverein 1008
Lehrerverhalten 804
Lehrervortrag 723
Lehrer 330, 493
Lehrfrauen 1004
Lehrfunktion 719
Lehrgang 660
Lehrkunst 662
Lehr-Lern-Forschung 788, 789
Lehrplan, heimlicher 226, 326, 802
Lehrplanrecht 549
Lehrplantheorie 661
Lehrstoff 739
Lehrstrategie, genetische 277
Lehrtechnik 712
Lehrveranstaltungen 874, 922
Lehrweisen 730
Leiblichkeit 102
Leistung 153, 764
Leistungsangst 403
Leistungsbeurteilung 816
Leistungsdruck 386
Leistungsentwicklung 845
Leistungsfächer 377
Leistungsfähigkeit, kognitive 843
Leistungsgesellschaft 764
Leistungskurse 399
Leistungsmodell 842
Leistungsmotivation 404, 813
Leistungsniveau 400
Leistungsprinzip 549
Leistungsstatus 401
Leitfrage, methodische 718
Leitsymptome 882
Lenkungsfunktion 367
Lernaktivitäten 721
Lernarrangement 720
Lernbegriff 963
Lernbehindertenschulen 410
Lernbereich 674
Lernen
– arbeitsmotorisches 501
– einsichtiges 787
– entdeckendes 721
– instrumentelles 185
– soziales 398, 523
– strukturierendes 192
– zielerreichendes 738
– durch Versuch und Irrtum 184
– am Modell 175
Lernerfolgskontrolle 714, 764
Lernergebnisse 257

Lernfortschritt 739
Lerngruppensprache 828
Lernhilfen 191
Lernkompetenz 787
Lern-Lehrziel-Priorität 668
Lernmotive 723, 791
Lernorte 491, 869
Lernprojekte 646
Lernpsychologie 786
Lernschwäche 889
Lernsituation 928
Lerntechniken 712
Lerntheorien, kognitive 186
Lerntherapie 885
Lerntransfer 190
Lernumgebung 745
Lernumwelt 776
Lernvoraussetzungen 747
Lernwirkung 747
Lernzeit 738
Lernziele, operationalisierte 738
Leseschule 1003
Lexikon 68
Liebe, pädagogische 800
life long learning 936
Logik 94
loose coupling 328
Lustempfindung 128
Lyzeum 583

Macht 281, 910
Mädchenbildung 575
Mädchenschule 1004
Mädchenschulwesen 426
Mängelwesen 88
Magister, der 1084
Management 304
Mannheimer Schuleingangs-
 Diagnostikum 778
Manpower-Ansatz 1090
Manpower-Approach 308
Manufaktur 519
Marktwirtschaft 311
Maschinenmodelle 109
Masse, die 909
mass higher education 513
mastery learning 738, 886
Matching-Familiar-Figures-Test 150
Materialismus 196
Max-Planck-Institut für Bildungs-
 forschung (MPI) 1076, 1087
Medien, elektronische 750
Medien, technische 743
Medienalltagsforschung 748
Medienbegriff 743
Mediendidaktik 743
Mediendistribution 746
Medienerziehung 608, 712, 743
– kritisch-kulturorientierte 746
– präventive 746
Medienkonsum 750
Medienpädagogik 743
Medienproduktion 746

Medienrezeption 746
Medientaxonomien 747
Medienverbundsystem 745
Medienwahl 744
Medienwirkungsforschung 748
Meditation 113
Medium 742, 754
Mehrebenenmodell 210, 216
Menschenbildung
– allgemeine 448
– militärische 536
Menschenkunde 421
Menschenwürde 539
Meßfehler 769
Metagedächtnisfunktion 887
Metakognition 886
Metakommunikation 877
Metamemory 886
Metasprache 826
Metatheorien 20
Metaunterricht 877
Methodik 717, 744
Milieutherapie 888
Militärdoktrin 536
Miniclubs 594
Mitbestimmung 319
Mittelbau, akademischer 514
Mittelschule 344, 576
Mittelstand 1103
Mittlere Reife 335
Mobilität, soziale 204
Modellschule 873
Modellversuche 603
Modellwirklichkeiten 722
Monadenlehre 260
Montessori-Schule 968
Moral
– autonome 177
– heteronome 177
Moralität 105
Motivation, intrinsische 813
Motivationshilfe 791
Motivationstheorie 110, 110, 331
Multitrait-Multimethod-Paradigma
 48
Museumspädagogik 677
Mutter, erwerbstätige 594
Mutter-Kind-Beziehung 589, 591
Mutter-Kind-Treffen 594

Nachfrage-Ansatz, individueller
 309
Nationalerziehung 575
Nationalsozialismus 512
Nativismus 833
Naturwissenschaften 21, 122
Neopositivismus 42
Netzwerk
– assoziatives 184
– soziales 593
Neugiertrieb 128
Neuhumanismus 482, 678
Neurotizismus 146

1152

Sachregister

Niedersächischer Kultusminister 363, 370
Nominaldefinition 45
Non-Statement-View 25
Normalisierungsprinzip 414
Normalverteilung 53
Normen 90
Noten 332
Nullhypothese 46
Numerus clausus 311, 377
Nutzen-Ansatz 748

Oberrealschule 375
Oberschule
– erweiterte allgemeinbildende polytechnische 568
– erweiterte 584
– zehnklassige allgemeinbildende polytechnische 568
Oberstufe
– gymnasiale 404
– neugestaltete, gymnasiale (NGO) 375
Oberstufenkolleg 586
Oberstufenreform 390
Objektivität 49, 768
Objektsprachen 826
Odenwaldschule 397, 423
OECD 310, 1076
Ödipuskomplex 174
Ökonomie 304
Operationalisierung 666
Ordnungsformen 730
Organisationsstruktur 326
Organisation 215, 322
Orientierung
– konventionelle 177
– postkonventionelle 177
– präkonventionelle 177
Orientierungsfunktion 366
Orientierungsstufe 399
– schulformabhängige 365
– schulformunabhängige 365
Orthogenic School 888

Pädagogik
– allgemein 5
– emanzipatorische 223
– evangelische 426
– experimentelle 787
– geisteswissenschaftliche 222
– katholische 426
– praktische 649, 678
– vergleichende 564
– als Universitätsdisziplin 1084
– vom Kinde aus 423
Pädagogisierung 217
Paedagogium 1005
Panel-Verfahren 48
Paradigma 6
Parallelität, didaktische 486, 496
Partizipation 330
Partnerarbeit 718

Peer-group 106, 384
Peers 846
Penetrations-Ansatz 311
Periodika, pädagogische 68
Persönlichkeitseigenschaften 143
Persönlichkeitsentwicklung 787
Persönlichkeitspsychologie 143
Persönlichkeitstest 145
Persönlichkeitstypen 144
Persönlichkeit 114
Personalisationsfunktion 651
Personalität 107
Personinvolvement 867
Peter-Petersen-Schule 968
Pfarrschule 1003
Pflegekinderwesen 590
Pflichtenlehre, ethische 181
Phänomenologie 92
Phasen, sensible 105
Philanthropin in Dessau 1085
Philanthropinismus 261
Philologe, der 1086
Philosophie
– Erlanger 224, 510
– für Kinder 886
Philosophischer Fakultätstag 1983 381
Planspiel 501
Plazierungsfunktion 213
Polarisierung im Bildungssystem 439
Positivismusstreit 41
Prävention 880
– primäre 408
– sekundäre 408
– sekundäre 880
– tertiäre 408
– tertiäre 880
Pragmatismus 234
Praktika 928
Praxis
– pädagogische 6
– pädagogische 951
Praxisschock 866
Preparatory Schools 577
Primärprävention 1039
Privatdozent, der 1082
Privatschulen 416
Problemanamnese 881
Problemlösen 188
Problemlöseprozeß 696, 721
Problemlösungsforschung 137
Produktanalysen 749
Produktionen 190
Produktionsfaktor 307
Professionalisierung 965, 1046, 1101
Professionalität 540
Professor, der 1082
Prognose 43, 309
Programm-Evaluation 871
progressive education 572
Projektarbeit 731
Projektgruppe 367

Projektstudium 516, 924
Projektunterricht 437
Projekt 717
Proposition 190
Protokollsätze 24, 42
Prozesse, kognitive 790
Prozeßforschung 136
Prüfung, mündliche 765
Prüfungsangst 151, 403
Prüfungswesen 494
Psychagoge 1021
Psychoanalyse 174
Psychodiagnostik 145
Psycholinguistik 114
Psychologie, humanistische 109, 111, 389
Psychologie, pädagogische 786, 1053
Psychometrie 135
Psychotherapie 884, 1021
Psychotizismus 146
Psydata 938
Public Schools 577
Pygmalion-Effekte 865

Quadrivium 1003
Qualifikationsfunktion 213, 651
Qualifikationsprofil 1044

Rahmenrichtlinien 980
Rate-of-Return-Approach 309
Rationalisierung 198
Rationalismus, kritischer 25
Realgymnasium 375
Realkapital 307
Realschule 335, 1005
Realschullehrer 1005
Rechtsdidaktik 543
Rechtskunde 389, 543
Rechtspositivismus 180
Reduktion, didaktische 710
Re-education 524, 631
Reflex, bedingter 184
Reflexivität 101, 112, 150
Reformation 573
Reformpädagogik 422
Regelkreis 666
Regellernen 188
Register, sensorisches 189
Rehabilitation 880
Reiz-Reaktions-Lernen 187
Reiz-Reaktions-Verbindung 185
Rekonstruktion 35, 39
Reliabilität 49
Religiosität 101
Remigration 440
Repräsentation, mentale 748
Rettungshausbewegung 519
Revierverhalten 124
Revolution, industrielle 573
Rezeptionsanalysen 749
Rezipienten 746
Rhetorik 1003

1153

Sachregister

Risikowahl-Modell 814
Ritterakademie 1005
Rolle 90, 380
Rückmeldung 190
Rücküberweisung 413

Säugling 592
Säulenmodell 445
Salem 424
Satisfaktion 331
SAT (Scholastic Aptitude Test) 887
Sauberkeitserziehung 105
Schallplatte 743
Schlüsselqualifikationen 489
Schreibschule 1003
Schülerrückgang 336, 405
Schüler 331, 865
Schulangst 692
Schulartprofile 660, 674
Schuldifferenzierung 732
Schulen
 Abendgymnasium 631
 Abendvolkshochschule 630
 Akademie
 – katholische 533
 – pädagogische 1086
 – evangelische 533
 Akademie der Pädagogischen Wissenschaften 563
 Alternativschulen, freie 416
 Anna-Schmidt-Schule 428
 Arbeitsschule 265, 486, 717
 Armenschule 486
 Auslandsschule, deutschsprachige 555
 Begegnungsschule 555
 Berufsakademie 487
 Berufsaufbauschule 487
 Berufsfachschule 487
 Berufskolleg 487
 Berufsoberschule 487
 Berufsschule 447, 486, 487
 Bischofsschule 1003
 Blindenschulen 409
 Bürgerschule 1005
 Bundeswehrhochschule 514
 comprehensive school 575
 Domschulen 417
 école maternelle 578
 Einheitsschule 373, 575
 Elementarschule 1085
 – allgemeine 448
 elementary school 578
 Ergänzungsschulen 418
 Ersatzschulen 418
 Erziehungsschule 653
 Europäische Schule 555
 Expertenschule 555
 Fachakademie 487
 Fachhochschule 981
 Fachoberschule 487
 Fachschule 487, 979
 Fernuniversität 513

 Firmenschule 558
 Fortbildungsschule 486, 1007, 1045
 Ganztagsschule 524
 Gehörlosenschulen 408
 Gelehrtenschule 1003
 Gesamthochschule 514
 Gesamtschule
 – additive 399
 – integrierte (IGS) 399, 449
 – kooperative (KGS) 399
 Gewerbeschule 486, 1007
 Glocksee-Schule 416
 Goethe-Institut 558, 1075
 Grundschule 336, 451
 Gruppenuniversität 374
 Gymnasium, berufliches 487
 Gymnasium 337, 448
 Handelsschule 487
 Hauptschule 337, 342, 396, 493, 579
 Heimvolkshochschule 532, 630
 Hibernia-Schule 374
 high school 584
 Hilfsschulen 410
 Hochschule
 – pädagogische 1086
 – technische 511
 Industrieschule 486
 infant school 578
 Internatsschulen 409, 418
 Jesuitenschule 1005
 Jugenddorf-Christophorus-Schule 427
 kirchliche 425
 Klosterschulen 417, 1003
 Koop-Schule 285
 Kurzschulen 424
 Laborschule Bielefeld 416
 Landesschule 1004
 Lateinschule 1004
 Lehrerseminar 678, 1005, 1085
 Lyzeum 583
 Mädchenschule 1004
 Mittelschule 344, 576
 mit verstärktem Deutschunterricht 555
 Modellschule 873
 Montessori-Schule 968
 Oberrealschule 375
 Oberschule
 – erweiterte allgemeinbildende polytechnische 568
 – erweiterte 584
 – zehnklassige allgemeinbildende polytechnische 568
 Odenwaldschule 397, 423
 Orthogenic School 888
 Paedagogium 1005
 Peter-Petersen-Schule 968
 Pfarrschule 1003
 Preparatory Schools 577
 Privatschulen 416

 Public Schools 577
 Realgymnasium 375
 Realschule 335, 1005
 Ritterakademie 1005
 Schreibschule 1003
 Schwerhörigenschulen 408
 Sehgeschädigtenschulen 410
 Seminare 922
 Sonderschulen 409
 Sonntagsschule 486
 Sprachheilschulen 410
 Stadtschule, allgemeine 448
 Stadtschule 1003
 Standesschule 447
 Steiner-Schule 968
 Studienseminar 1009
 Stufenschule 373, 681
 Taubstummenschulen 410
 Teilzeitschulen, berufsbegleitende 486
 Unterweisungsstätten, überbetriebliche 485
 Volkshochschule 631, 1063
 Volksschule 334, 493, 576, 660
 Vollzeitschule 578
 Vollzeitschulen, berufliche 486
 Waldorfschulen 397, 418
 Werkhaus-Schule Merz 428
Schulethos 405
Schulfernsehsendung 744
Schulfunksendung 744
Schulgemeinde, freie 423, 423
Schulklima 403, 861
Schulkonzept 808
Schullaufbahnberatung 1030
Schullaufbahnen 399
Schullaufbahnwahl 309
Schulleben 654, 968
Schulleistungstest 768
Schulleistung 140
Schulleiterrolle 328
Schulleiter 306
Schulorganisation 445
Schulpädagogik 963
Schulpflicht, allgemeine 573
Schulpraktika 928
Schulpsychologenstelle 1054
Schulpsychologe 1031
Schulreifetests 777
Schulreife 777
Schulstreß 386
Schulstufe 674
Schulsystem, gegliedertes 398
Schulsystemdifferenzierung 732
Schultheorie 649, 963
Schulträger 397
Schultypen 585
Schulvergleichsuntersuchung 400
Schulversuch 873
Schwangerschaftsberatung 522
Schwerhörigenschulen 408
scientific management 329
Seele, die 112

1154

Sachregister

Segmentierung im Bildungssystem 439
Segregationskonzepte 434, 573
Sehgeschädigtenschulen 410
Sekretariat der Ständigen Konferenz der Kultusminister der Länder in der Bundesrepublik Deutschland 366
Sekundärprävention 1040
Sekundarbereich 576
Sekundarstufe I 339
Sekundarstufe II 339
Selbstbestimmung 818
Selbstbeurteilung 877
Selbstbild 646
Selbstdisziplin 916
Selbsterfahrungstraining 925
Selbstforderung 128
Selbsthilfegruppen 632
Selbstinstruktionsmaterial 924
Selbstkontrolle 150, 911
Selbstkonzept 816, 849
Selbstreflexion 88
Selbstregulierung 604
Selbsttätigkeit 10, 717
Selektionsfunktion 213, 651
Seminare 922
Semiprofession 1112
septem artes liberales 660
settings 161, 402, 732
Sexualberatung 522
Sexualerziehung 547, 604
Shell-Studie Jugend '81 983
Signallernen 185, 187
Sinnkriterium 42
Sinnorientierung 941
Sinnvermittlung 824
Sittlichkeit 107, 231
Situationsbegriff 460
Sitzordnung 738
skills 166
social agents 61
Social-Demand-Approach 309
Sonderkindergärten 408
Sonderschulen 409
Sonntagsschule 486
Sowjetpädagogik 563
Soziabilisierung 912
Sozialarbeitswissenschaft 989
Sozialarbeit 518
Sozialberatungsstellen 522
Sozialbeziehungen 794
Sozialformen 711, 718, 730
Sozialfürsorgeanliegen 601
Sozialgeriatrie 991
Sozialgerontologie 991
Sozialhilfe 990
Sozialisationsforschung 211
Sozialisationsfunktion 651, 960
Sozialisationstheorien 117
Sozialisation 99, 115, 211
Sozialität 100
Sozialkompetenz 607, 787

Sozialmachung 961
Sozialpädagogik 989
Sozialpsychologie 925
Sozialschichten 453
Sozialwerdung 961
Sozialwesen 989
Soziologie 210, 216
Soziometrie 51
Spiel 608
Spielverhalten 244
Spielzeug 249
Sprachambulanzen 408
Sprachdiplom 555
Sprache, theoretische 42, 100
Spracherwerb 827
Sprachheilschulen 410
Sprachlernsituation 831
Sprachspiele 466, 824
Sprechakte 830
Sprechhandlung 824
Stadtschule, allgemeine 448
Stadtschule 1003
Stammgruppe 401, 734
Ständige Konferenz der Kultusminister der Länder in der Bundesrepublik Deutschland (KMK) 374, 376, 400, 1011, 1035, 1059, 1099
Standesschule 447
Statistik 44
Steiner-Schule 968
Steuerungshilfen 793
Steuerungsprozesse 793
Stil, kognitiver 150
Störungen
– diagnostische 151
– psychische 151
– statistische 151
streaming 401
Streß 153
Struktur
– informelle 330
– kognitive 748, 790
– kognitive 110
Strukturgitter, bildungsbetriebliche 316
Strukturierung, kognitive 789
Strukturmomente 718
Strukturplan 445, 960
Strukturvergleich 575
Studien, schulpraktische 655
Studienberatungstests 780
Studienberechtigte 500
Studienplätze 311
Studienreferendar 1011
Studienreformkommission 923
Studienseminar 1009
Studierfähigkeit 388
studium generale 508, 929
Stützgruppe 367
Stützkurse 400, 733
Stufenfolge 711
Stufenlehren 172
Stufenmodell 445

Stufenschema 711
Stufenschule 373, 681
Stundenplan 326
Subjektivität 236
Subjektmodell
– behaviorales 693
– reflexives 693
Subsidiarität 529
Suchsonden 723
Summerhill 889
Supplantationskonzept 747
Symbol 114
System, duales 492
Systemberatung 1032
Systeme, soziale 199
Systemstruktur der Schule 316
Systemtheorie 200, 316

Tagebuchaufzeichnungen 60
Tagesmütter 160, 594
Tagespflege 590, 595
Takt, pädagogischer 800
Takt 24
Talent 834
Tatsachenforschung 24
– pädagogische 787
Taubstummenschulen 410
Teacher Evaluation Needs Identification Survey (TENIS) 877
Team-Kleingruppen-Modell 734
Team-Kleingruppenorganisation 401
Team-teaching 718
Technologien, neue 629, 690
Technologie 325
Teilzeitschulen, berufsbegleitende 486
Temperamentseigenschaften 145
Temperamentstypen 144
Tertiärbereich 576, 584
Tests 51
Test
– bezugsgruppenorientierter 769, 1033
– formeller 770
– informeller 770
– kriteriumsorientierter 770
Testbatterie für entwicklungsrückständige Schulanfänger 778
Testtheorie 769
Thematik 744
Theorie
– kritische 27, 223
– subjektive 1041
– kognitive 110
Theorie der Schule 295, 651, 963, 964
Therapie, klientenzentrierte 889, 1019
Thurnstonesche Intelligenzfaktoren 642
Tischgruppe 734
Tonband 743

1155

Sachregister

Trainingsprogramm 885
Transfer 791
Treatmentevaluation 873
Trennschärfe 52
Triebreduktion 186
Triebsystem 123
Trivium 1003
Tutor 387, 734, 924

Üben 791
Übergangsauslese 779
Übergangsgesellschaft 1074
Übergangsproblematik 386
Übertrittsquoten 309
Umfragen 47
Umgangssprache 824
Umschulung 485, 1106
– berufliche 491
UNESCO 1075
UNESCO-Institut für Pädagogik 1076
Ungelernte 501
Ungleichheiten, soziale 213, 404
Universität 1084
Unterichtsdifferenzierung 400
Unterricht
– erziehender 653, 965
– Erziehung durch 15
– handlungsorientierter 749
– offener 437
– programmierter 718
– schülerorientierter 804
– Sozialformen 970
Unterrichtsanalyse 655, 714
Unterrichtsbeobachtung 49
Unterrichtsdifferenzierung 732
– bewegliche 733
Unterrichtsdurchführung 656, 745
Unterrichtsfilm 744
Unterrichtsformen 711, 718
– darstellende 730
– erarbeitende 730
Unterrichtsforschung 650
Unterrichtsgespräch, freies 731
Unterrichtsgestaltung 711
Unterrichtsgrundsätze 718
Unterrichtshospitation 895, 898
Unterrichtsklima 150
Unterrichtslehre 649, 653, 663, 678, 786, 958
Unterrichtsmethode 723
Unterrichtsmittel 712
Unterrichtsorganisation 712
Unterrichtsphase 735
Unterrichtsplanung 656, 745
– lernzielorientierte 706
– offene 707
– Perspektivenschema zur 670
Unterrichtspsychologie 786
Unterrichtssprache 824
Unterrichtstechniken 712
Unterrichtsweisen 730
Unterrichtsziele 709

Unterweisung 14, 496
– programmierte 739, 745
Unterweisungsstätten, überbetriebliche 485
Urteilsformen 718
Utilitarismus 181

Validität 49, 769
– diagnostische 1033
– ökologische 160
Vater 592
Verbalbeurteilung 774
Verein Deutscher Ingenieure (VDI) 495
Verein Deutscher Maschinenbauanstalten (VDMA) 495
Verband Deutscher Privatschulen e.V. 427
Verberuflichung 1117
Verfahren, psychotherapeutisches 883
Vergleich,
– differentieller 403
– internationaler 575
Vergleichsuntersuchungen 747
Verhalten, operantes 91, 110
Verhaltensgestörte 411
Verhaltensmodifikation 803, 896
Verhaltensstörungen 1027
Verhaltenstherapie 1057
Verhaltenstraining 925
Verifikationsprinzip 42
Verlaufsplanung 706, 713
Vermittlung 717
Verstärkung 91, 186
– sekundäre 186
Verstärkungskontingenzen 186
Verstärkungsreiz 186
Verstehen 21, 35, 94
Versuchspersonen 111
Versuchsplan 44
Verteidigungswürdigkeit 536, 541
Verwissenschaftlichung 685
Verwöhnung 126
V-G-Training 886
Video 743
Volksbildung 630
Volkserziehung 633
Volkshochschulen 631, 1063
Volksschule 334, 493, 576, 660
Volksschullehrer 678, 1005, 1086
Vollzeitschulen, berufliche 486
Vollzeitschule 578
Vorbereitungsklassen 433
Vorbildleistung 537
Vorbild 831
Vorführen 720
Vorklassenmodelle 603
Vorlesungen 922, 924
Vormachen 720
Vortragen 719

Wahldifferenzierung, innere 735

Wahlpflichtbereich 732
Wahlpflichtdifferenzierung 346
Wahlpflichtfach 401
Wahlpflichtkurse 399, 732
Wahrnehmung 748
Waldorfpädagogik 418
Waldorfschulen 397, 418
Wandel, sozialer 1050
Wehrunterricht 569
Weimarer Republik 511
Weiterbildung 217, 485, 528, 1023, 1045, 1063
– berufliche 490
– betriebliche 534
Weiterbildungsentwicklungsplanung 312
Weiterqualifikation 982
Werkhaus-Schule Merz 428
Werkzeugkonzept 744
Wertbasis 223
Werte 90
Wertfreiheit 43, 222
Wertorientierungen 654
Wertphilosophie 221
Wesenserfassung 93
Westdeutsche Rektorenkonferenz 376
Wettbewerbsteilnahme 837
Wiederholungsspiel 244
Wiener Kreis 42
Wirtschaftsfürsorge 993
Wirtschafts-Sportreferent, der 1102
Wirtschaftswachstum 307
Wissen
– deklaratives 190
– prozedurales 190
Wissenschaftliches Institut für Schulpraxis (WIS) 381
Wissenschaftsforschung 927
Wissenschaftsfreiheit 545
Wissenschaftsorientierung 340, 381, 969
Wissenschaftsrat 922, 1083
Wissenschaftstheorie 6
Wissensrepräsentation 888
Wissensstrukturen 191
Wohlfahrtsverbände 525
Wohlstandsgesellschaft 126
Wohngruppen 520
Wohnkollektive 521
Wünsche 95

Zeitschriften 68
Zeitsouveränität 938
Zensur, Berechtigungsfunktion der 763
Zentralabitur 390
Zentralstelle Bildung 425
Zentralstelle für das Auslandsschulwesen 554
Zeugnisberichte 774
Zeugnisse 332
Ziel-Mittel-Argumentation 694

Sachregister

Ziffernzensur 771
Zirkel, hermeneutischer 38
Zivilisation 198

Zügellosigkeit 154
Zukunftsbereiche 1050
Zusatzangebote, schulische 733

Zusatzqualifizierung 1106
Zuverlässigkeit 768
Zweisprachigkeit 435

Hartwig Schröder
Grundwortschatz Erziehungswissenschaft
Ein Wörterbuch der Fachbegriffe. Von „Abbilddidaktik" bis „Zielorientierung".
2., erw. und aktual. Auflage, 418 Seiten, Pbck.
ISBN 3-431-02741-5.

»Alle wichtigen erziehungswissenschaftlichen Fachbegriffe aus Pädagogik und Didaktik sowie aus den Nachbarwissenschaften Psychologie und Soziologie werden kurz, präzise und dabei in allgemeinverständlicher Sprache erläutert. Bei der Auswahl der Stichwörter war der Praxisbezug von besonderer Bedeutung. Zahlreiche Querverweise und sorgfältig ausgewählte Literaturangaben erhöhen den Wert des Werkes.«
Amtl. Schulanzeiger Niederbayern

Wilhelm H. Peterßen
Handbuch Unterrichtsplanung
Grundfragen – Modelle – Stufen – Dimensionen.
5., überarbeitete und aktualisierte Auflage, 418 Seiten, mit zahlreichen Abbildungen, Pbck.
ISBN 3-431-02363-0.

»Das Buch kann inzwischen als ein Standardwerk für Unterricht und Unterrichtsplanung, für seine theoretische Reflexion und praktische Durchführung eingestuft werden. ... Das unverkennbare Plus dieser übersichtlich angelegten und gut lesbaren Publikation ist insbesondere darin zu sehen, daß sie sowohl dem Anfänger als auch dem Routinier effiziente Planungs- und Evolutionshinweise für den schulischen Alltag anbieten kann.«
Amtl. Schulblatt Arnsberg

Wilhelm H. Peterßen
Lehrbuch Allgemeine Didaktik
Reihe EGS TEXTE
3., überarbeitete und erweiterte Auflage, 192 Seiten, Pbck.
ISBN 3-431-02561-7.

Diese umfassende Darstellung der didaktischen Theoriebildung und aller damit zusammenhängenden Probleme ist als Lehrbuch konzipiert und in verständlicher Sprache geschrieben.

Wilhelm H. Peterßen
Wissenschaftliche(s) Arbeiten
Eine Einführung für Schüler und Studenten.
3. Auflage, 152 Seiten, Pbck.
ISBN 3-431-02852-7.

Ehrenwirth Verlag München